W0086673

Charlotte Schiller

Literarische Schriften

Charlotte Schiller

Literarische Schriften

Herausgegeben und kommentiert
von Gaby Pailer,
Andrea Dahlmann-Resing
und Melanie Kage

Unter Mitarbeit von
Ursula Bär, Florian Gassner,
Laura Isakov, Joshua Kroeker,
Rebecca Reed, Karen Roy
und Zifeng Zhao

Diese Publikation wurde gefördert durch den Wilhelm-Weischedel-Fonds
der Wissenschaftlichen Buchgesellschaft.

Die Deutsche Nationalbibliothek verzeichnet diese Publikation
in der Deutschen Nationalbibliografie;
detaillierte bibliografische Daten sind im Internet über
www.dnb.de abrufbar.

Die Herausgabe des Werkes wurde durch
die Vereinsmitglieder der WBG ermöglicht.
Satz: Janß GmbH, Pfungstadt
Umschlaggestaltung: Finken & Bumiller, Stuttgart
Umschlagabbildung: Charlotte Luise Schiller, geb. von Lengefeld.
Ölgemälde von Ludovike Simanowiz (1794).
© Deutsches Literaturarchiv Marbach.
Printed in Germany

Besuchen Sie uns im Internet: www.wbg-wissenverbindet.de

ISBN 978-3-534-23912-2

Elektronisch sind folgende Ausgaben erhältlich:
eBook (PDF): 978-3-534-71353-0
eBook (epub): 978-3-534-71355-4

Inhalt

Zur Edition von Charlotte Schillers *Literarischen Schriften*

> Im Traum sah ich ein dickes schön gedrucktes und gebundnes Buch daß ich geschrieben hatte und war mir doch gar nicht erinnerlich daß ich diesen Reichthum hervorgebracht hätte, dies war ein guter Traum, vorher hatte ich aber einen bösen Traum, nehmlich meine *guitarre* war zerfallen […].[1]

In ihrem Brief an Charlotte Schiller setzt Charlotte von Stein ins Bild, in welcher Situation sich Autorinnen ihrer Zeit befunden haben mögen. ‚Traumhaft' imaginiert sie einen Reichtum an eigenen, als Buch gedruckten und gebundenen ‚Werken', der für sie selbst überraschend zustande gekommen ist. Verstärkt wird der Überraschungseffekt durch ein zweites, ‚traumatisch' vor das erste geschobene Bild, den Verlust des poesiefördernden Instruments, hier der Gitarre (anstelle der antiken Lyra). Für kaum eine Autorin der Kunstperiode um 1800 könnte dieses ambivalente Traumbild besser zutreffen als für die von Stein Angesprochene.

Die vorliegende Edition präsentiert erstmals Charlotte Schillers gesammelten literarischen ‚Reichtum', den sie selbst nicht ausdrücklich zur Veröffentlichung autorisiert hat. Der Titel *Literarische Schriften* wurde gewählt, um zu markieren, warum ein emphatischer ‚Werk'-Begriff in ihrem Fall verfehlt wäre: Unter der Vielzahl von Autorinnen im Umfeld der klassischen und romantischen Literaturproduktion, die es aufgrund geschlechtlicher Codierungen gewiss nicht leicht hatten, sich mit ihren ‚Dichtungen' zu behaupten, nimmt Charlotte Schiller, geborene von Lengefeld (1766–1826), eine besonders merkwürdige Position ein. Im kulturellen Gedächtnis firmiert sie als Gattin eines (schon zu Lebzeiten) gefeierten Dichters, der man in reziprokem Verhältnis zu seinem kulturleistenden Vermögen in der biographischen Imagination von anderthalb Jahrhunderten (mit steigender Tendenz) Talentlosigkeit unterstellt.[2]

Der zweite Grund, von *Literarischen Schriften* zu reden ist, dass es nicht um Wertungen geht. Fragen der ästhetischen, philologischen oder kulturhistorischen Bedeutung von Schillers Schriften, des ‚literarischen Werts' oder der ‚Originalität', können erst dann angemessen erwogen werden, wenn diese in kritischer Edition vorliegen. ‚Kritisch' bedeutet dabei, Kenntnisse zur Handschriftenlage, zum Produktionsprozess sowie zu verarbeiteten Anlässen, Stoffen und Quellen bereitzustellen. Präsentiert werden die Texte in solcher Gestalt, dass Charlotte Schillers Werke ebenso für ein wissenschaftlich wie für ein allgemein interessiertes Publikum lesbar werden unter gleichzeitig möglichst dichter Information über die Originale.

1 Charlotte von Stein an Charlotte Schiller, 18. September 1798, in: GSA 83/1856,3.

2 Die erste Biographie stammt von Karl Fulda: Leben Charlottens von Schiller, geborene von Lengefeld. Berlin 1878, die bislang jüngste Biographie von Eva Gesine Baur: „Mein Geschöpf musst du sein." Das Leben der Charlotte Schiller. 2. Aufl. Hamburg 2005.

Ein Anspruch auf Vollständigkeit wird dabei nicht erhoben. Umgekehrt soll das hier erstmals präsentierte Material zu weiterer Forschung anregen.

Zugrunde liegen der Edition die Handschriften, wie sie Emilie von Gleichen-Rußwurm (die jüngste Tochter der Schillers) erstmals gesammelt und gemeinsam mit Ludwig Urlichs erschlossen hat. Diese sind mitsamt den Bearbeitungsspuren von Urlichs in Rötel in beschrifteten Umschlägen nebst Umschriften etlicher Texte in Gleichen-Rußwurms Hand im Goethe- und Schiller-Archiv Weimar als Teil des Schiller-Bestandes erhalten. Während Urlichs' darauf basierende dreibändige Ausgabe *Charlotte von Schiller und ihre Freunde* (1860–1865)[3] nur wenige literarische Texte und überwiegend Briefwechsel enthält und auch weitere Editionen sich grundsätzlich archivalischen Brief-, nicht Werkbeständen zuwenden, werden hier erstmals alle Schriften literarischer Art, basierend auf dem Weimarer Bestand, wiedergegeben. Briefbestände und Bildquellen des Deutschen Literaturarchivs Marbach am Neckar und des Freien Deutschen Hochstifts in Frankfurt am Main wurden insbesondere für den Kommentarteil ausgewertet.

Die Edition der *Literarischen Schriften* bildet die zweite Komponente eines seit 2007 an der University of British Columbia Vancouver angesiedelten Schiller-Forschungsprojektes. Einen wesentlichen Unterschied zu Editionsprojekten, die etablierten Autoren gewidmet sind, bildet, dass mit einer Aufarbeitung der biographischen Mythenbildung um ‚Schillers Gattin' begonnen werden musste, die sich zunächst in einer wissenschaftlichen Monographie des Titels *Charlotte Schiller. Leben und Schreiben im klassischen Weimar* niederschlug.[4] Mittels dieser konnte erstmals angerissen werden, in welchen Genres und mit Blick auf welche Stoffe, Traditionen und Motive ihre literarische Produktivität sich äußerte. Im Anschluss an die Werkedition wird die dritte Komponente der gesamten Korrespondenz der Autorin gelten (nach derzeitiger Zählung circa 5000 Briefe), denn auch bisherige Briefeditionen verfuhren selektiv und mit einem leitenden Erkenntnisinteresse an Friedrich, nicht Charlotte Schiller.

Zur Textkonstitution

In die Edition wurden vorwiegend Texte aufgenommen, die handschriftlich überliefert sind, in der Regel in Charlotte Schillers eigener Hand. Eine Anordnung nach Genres bot sich an, da eine chronologische Aufreihung aufgrund der oft unsicheren Datierung knifflig wäre. Am Beginn stehen die Großformen der Dramatik und Epik, jeweils untergliedert nach Subgenres; im letzten Viertel folgen sodann die Lyrik (unterteilt in Erzählgedichte sowie Gelegenheits- und Erlebnisgedichte) und Literarische Selbstzeugnisse (Reiseschilderungen, Erinnerungen und Reflexionen). Innerhalb der einzelnen Sparten wird möglichst chronologisch geordnet unter Berücksichtigung der archivalischen Datierungshinweise. Auf eine Hierarchisierung nach dem Grad der ‚Originalität' der Texte im Verhältnis zu verarbeiteten Stoffen und Quellen wurde dagegen verzichtet, da Adaptions- und Übersetzungsvorgänge kreative Leistungen

3 Ludwig Urlichs: Charlotte Schiller und ihre Freunde. Stuttgart 1860–1865.

4 Gaby Pailer: Charlotte Schiller. Leben und Schreiben im klassischen Weimar. Darmstadt 2009. Dasselbe als Hörbuch in der Reihe Audimax, Darmstadt 2010.

eines kulturellen Transfers darstellen.[5] Im Vordergrund der Kommentierung stehen also Fragen nach Schillers Arbeitsweise im intertextuellen und kulturgeschichtlichen Bezug, nicht solche der Einordnung in einen literarhistorischen Kanon, der ohnehin und gerade in Bezug auf Autorinnen weiterhin revisionsbedürftig ist.[6]

Jede auf Handschriften basierende Edition – statt nach gedruckten Fassungen letzter Hand – muss sich der Herausforderung stellen, latente Handschrift in manifeste Druckschrift zu transferieren. Das einführende Zitat Charlotte von Steins macht sinnfällig, wie es um die Orthographie und Interpunktion um 1800 bestellt ist: Artikel und Relativpronomen „das" werden häufig mit „ß" geschrieben, und „nämlich" häufig, jedoch nicht immer, mit „eh". Ein editionswissenschaftlicher Ehrenkodex gebietet, Handschriften originalgetreu zu transkribieren, auch wenn aus moderner Sicht vieles als falsch empfunden wird und oftmals – gerade bei Entwurfsfassungen, die zunächst nicht für andere geschrieben sind – nicht einmal konsistent ist. Eingeweihten der Schiller-Philologie ist bekannt, dass Charlottes Handschrift zwei große Bereiche der Inkonsistenz aufweist.

1) Zum einen lässt sich keine trennscharfe Distinktion zwischen Groß- und Kleinschreibung ausmachen; statt Majuskeln und Minuskeln verwendet sie in vielen Fällen Mischformen, d. h. ‚größer gezogene' Kleinbuchstaben. Entschieden wurde hier zugunsten einer grundsätzlichen Großschreibung am Text- und Satzbeginn, von Namen und Substantiven (es sei denn, es handelt sich um fremdsprachliche Ausdrücke, die in der Originalsprache in Kleinschreibung als richtig gelten) sowie Worten, bei denen eindeutig eine Majuskel vorliegt.

2) Die zweite, vermutlich der regionalen Mundart zuzuschreibende, Inkonsistenz liegt in den Akkusativ- und Dativflexionen auf „-n" und „-m". In manchen Texten erscheinen diese systematisch vertauscht, in anderen entspricht die Schreibweise weitgehend zeitgenössischer grammatischer Praxis. Zuweilen hat die Autorin selbst im Schreibprozess oder nachträglich Korrekturen vorgenommen. Auch hier wurde anstelle einer überstrengen Zuordnung nach wohlwollendem Ermessen (‚in dubio pro reo') entschieden. Gemminationsstriche wurden als Verdoppelung aufgelöst.

Die gleichfalls inkonsequente Verwendung von „s", „ss" oder „ß" wurde nicht korrigiert. Eine Grauzone bildet schließlich die Interpunktion, wo nach redlichem Bemühen zwischen Punkt und Komma bzw. Semikolon und Doppelpunkt unterschieden wurde. Die Verwendung von Apostrophen scheint sporadisch. Satzpunkte, die gelegentlich zusätzlich nach einem Ausrufe- oder Fragezeichen stehen, wurden nicht übernommen. Anführungszeichen verwendet Schiller grundsätzlich nicht; da von fremder Hand, wurden sie durchgehend weggelassen.

Offenbar verschriebene Stellen (z. B. durch verdrehte Buchstaben) wurden im Textteil stillschweigend berichtigt und im Kommentar entsprechend ausgewiesen; Emendationen erscheinen in spitzer Klammer 〈 〉.

5 Vgl. hierzu: Brunhilde Wehinger und Hilary Brown (Hg.): Übersetzungskultur im 18. Jahrhundert. Übersetzerinnen in Deutschland, Frankreich und der Schweiz. Hannover 2008.

6 Kurz vor Abschluss dieser Ausgabe erschienen zwei Buchveröffentlichungen, die sich in ähnlicher Weise um eine Revision des Charlotte Schiller-Bildes bemühen: Silke Henke und Ariane Ludwig: „Damit doch jemand im Hause die Feder führt". Charlotte von Schiller. Eine Biographie in Büchern, ein Leben in Lektüren. Weimar 2015; Helmut Hühn, Ariane Ludwig und Sven Schlotter (Hg.): „Ich bin im Gebiet der Poesie sehr freiheitsliebend". Bausteine für eine intellektuelle Biographie Charlotte von Schillers. Jena 2015.

Zur Editionspraxis

Für den edierten Haupttext wurde folgende grundsätzliche Präsentationsform gewählt:

Text von Charlotte Schiller: recte.

Lateinische Schrift: *kursiv.*

Hervorhebungen: S p e r r d r u c k.

Titel von Charlotte Schiller: Recte.

Titel der Editorin oder fremder Hand: ⟨Recte⟩.

Texte oder Textteile, die nur in fremder Hand vorliegen: Sans Serif.

Emendationen werden gekennzeichnet durch spitze Klammer: ⟨z⟩, ⟨ü⟩. In seltenen Fällen werden offenbar fehlende Zeichen ergänzt, Vokale in entsprechende Umlaute verwandelt, und Gemminations- oder Flexionsfehler emendiert.

Textverlust oder -abbruch, z. B. durch abgeschnittenen Blattrand oder beschädigtes Papier: ◊.

Paginierung Charlotte Schillers in der Handschrift: in eckiger Klammer, recte, hochgestellt, am Seitenbeginn: [1]. Unregelmäßigkeiten in der Paginierung werden im Kommentar vermerkt, bei doppelter Zählung einer Seite erfolgt der Zusatz „A“: z. B. [5A].

Paginierung der Editorin in Ergänzung: in eckiger Klammer, kursiv, hochgestellt, am jeweiligen Seitenbeginn, unter Hinweis auf Vor- und Rückseiten (recto: r, verso: v): *[1r] [1v]*.

Leerstellen im Text, die auf eine später geplante Einfügung hindeuten: ⟨*⟩. Auslassungszeichen für Figuren- oder Ortsnamen werden einheitlich durch Asteriskus gekennzeichnet: z. B. Frau von *.

Als Spiegelstrich wird einheitlich verwendet: –. Trennstriche oder -symbole zwischen Kapiteln, Szenen oder Strophen werden grundsätzlich nicht wiedergegeben.

Zur Kommentierung

Innerhalb der einzelnen Gattungen wird jeweils ein Sammelkommentar gegeben, gefolgt von Kommentaren zu den Einzeltexten. Die Kommentierung gibt jeweils Informationen zur Handschriftensituation, ggf. zur archivalischen Erschließung und zu früheren Drucken, und dient dem Verständnis des Produktionsprozesses, insbesondere was Schillers Anregungen, Stoffe und Quellen betrifft. Dem einführenden Kommentar zu jedem Einzeltext folgt ein Stellenkommentar, der an erster Stelle textkritische Informationen, an zweiter Informationen zu Quellen und Kontexten enthält. Textvarianten, die nicht in den Haupttext aufgenommen wurden, werden an der entsprechenden Referenzstelle zum Haupttext wiedergegeben. Falls es sich um vollständige Zweitfassungen handelt, stehen diese am Ende des Stellenkommentars. Das heißt, die Dokumentation der Bearbeitungen durch die Verfasserin selbst oder fremde Hand während des Produktionsprozesses (z. B. durch Friedrich Schiller) erfolgt nicht in Form von Fußzeilen innerhalb des edierten Textes, sondern im Kommentarteil. Zur Anwendung kommen dabei eine Reihe von diakritischen Zeichen[7], um das Verhältnis des edierten Textes zur Handschrift zu dokumentieren. Von Fall zu Fall wurde auch entschieden, Varianten (z. B. Konzeptfassungen oder Bruchstücke) im diplomatischen Abdruck unter Verwendung des diakritischen Apparats zu präsentieren. Alle im Folgenden nicht genannten Vorkommnisse werden paraphrasiert.

Kommentartext: *kursiv.* Titel und Blockzitate Charlotte Schillers: recte. Alle anderen Zitate und zitierten Werktitel: „*kursiv*". Verfassernamen: *KAPITÄLCHEN.*

Lemmata: Entsprechend dem Haupttext recte oder *kursiv*, gefolgt von eckiger Schlussklammer:].

Textkritischer Stellenkommentar: entsprechend dem Haupttext.

Editorischer Stellenkommentar: *kursiv.*

Auslassung der Editorin im Lemma und Kommentar: ‹…›.

Vers- bzw. Strophenumbruch bei gebundener Rede: / bzw. //.

Diakritische Zeichen: Streichungen und Einfügungen werden in der Reihenfolge ihres Auftretens indiziert, es sei denn die Einfügung steht deutlich vor dem gestrichenen Text.

Streichung oder Einfügung über der Zeile: ⌈~~Text~~⌉ bzw. ⌈Text⌉, ⌈Tex~~tes~~⌉.

Streichung oder Einfügung rechts bzw. links neben der Zeile: ⌈~~Text~~⌈, ⌈Text⌈ bzw. ⌉~~Text~~⌉, ⌉Text⌉.

Streichung oder Einfügung unter der Zeile: ⌊~~Text~~⌋, ⌊Text⌋.

Einfügung innerhalb der Zeile: ⟨Text⟩.

Streichung innerhalb der Zeile: ~~Text~~.

Ergänzung über der Zeile oder am oberen Blattrand: ↑Text↑.

Ergänzung unter der Zeile oder am unteren Blattrand: ↓Text↓.

Ergänzung neben der Zeile oder am linken / rechten Blattrand: ←Text← bzw. →Text→.

Differenzierung zwischen einfacher Streichung und Streichung innerhalb der Streichung: ~~Text~~, ~~**Text**~~.

Korrektur, Überschreibung: Überschriebene Zeichen werden durchgestrichen, neue Zeichen fett gesetzt: z. B. da~~ß~~**s** oder Tex~~t~~**es**.

Absatzmarke bzw. in der Handschrift Haken zur Kennzeichnungen eines neuen Absatzes: ʃ.

Unsichere Lesung: Gepunktete Linie unter dem Wort: Text.

Unleserlicher Text: + pro Wort, z. B. ⌈+⌉, ⌊~~++~~⌋, ⟨+++⟩, bei längeren Passagen: +‹…›+ bzw. ~~+‹…›+~~; bei teilweise leserlichem Text: Te+.

Textverderbnis durch Tintenfleck: Grau unterlegt, z. B. Text bzw. +.

Verschriebene Stellen oder dysfunktionale Getrennt- oder Zusammenschreibung: im Haupttext und Lemma korrigiert, im textkritischen Kommentar mit Wellenlinie unterlegt: eineim oder zus ammen.

Worte, die versehentlich nicht gestrichen wurden, werden gekennzeichnet als: ~~Text~~.

Zeitgenössische Überarbeitungen von fremder Hand: Sans Serif.

Einfügezeichen Charlotte Schillers: #. Falls numerisch oder alphabetisch: 1), 2), a), b), werden diese Anordnungszeichen hochgestellt: [1)], [2)], [a)], [b)].

7 Inspiriert ist diese Praxis durch: Johann Wolfgang Goethe: Briefe. Historisch-kritische Ausgabe. Im Auftrag der Klassik-Stiftung Weimar Goethe- und Schillerarchiv hg. von Georg Kurscheidt, Norbert Oellers und Elke Richter. Berlin 2008 ff.

Diese Praxis eines kombinierten Stellenkommentars, der Textkritik und kontextuelle Informationen umfasst, ist im ungewöhnlichen Material begründet. Nur in wenigen Fällen bilden Reinschriften die Vorlage, und für keinen der Texte existiert ein von Charlotte Schiller autorisierter Druck. Trotz größter Anstrengung zu editorischer Konsequenz und Kohärenz waren Variationen im Stellenkommentar, je nach Materiallage (Überlieferung, Art und Umfang der Bearbeitungen durch eigene oder fremde Hand) nicht zu vermeiden. Als Leitprinzip galt, bei höchstmöglicher Originaltreue eine möglichst lesefreundliche Organisationsform von Text und Kommentar zu finden. Verbunden mit diesem Stück editionswissenschaftlicher Handarbeit im digitalen Zeitalter ist insbesondere der Wunsch, dass Charlotte Schiller – auch repräsentativ für andere Autorinnen um 1800 – künftig mit einem von klassischen Vorstellungen abweichenden Verständnis von ‚Werkpolitik'[8] wahrgenommen werde. Dass Frauen aufgrund ihrer anderen kulturhistorischen Bedingungen in ihrem literarischen Schaffen einer ‚eigensinnigen' Programmatik zu folgen haben, diese Einsicht legt die Autorin Schiller ihrer Romanfigur Marie in den Mund – in der Rezeption ihres Freundes Berwick:

> Werden wir nicht von der frühsten Jugend an schon gewöhnt, mehr in unsern innern Gefühlen zu leben, [91]ist es nicht das Loos unsres Geschlechts, durch den Anstrich der Freude, und SelbstUeberwindung denen wohl zu thun die wir umgeben. Muß nicht schon das kleine Mädchen ein freundlicher Gesicht der Gesellschaft zeigen, als der Knabe dem es vergönnt wird, ruhig bey seinem Spielzeug zu bleiben, und sich nicht um andre zu kümmern während das Mädchen sich nach der Laune der Gäste richten muß? So geht es durch jede Bedingung des Lebens fort. Und uns liegt nicht allein das Geschäft ob, Euch das Leben zu erleichtern, sondern auch zu schmücken.
>
> Ich horchte ihr schweigend zu, und glaube daß sie recht hat.[9]

Dank

Die editorische Wiederherstellung eines Œuvres, dessen Urheberin einem von klassischen Modellen abweichenden Werkverständnis folgte, erforderte auch auf Seite der Herausgeberin ein gehöriges Maß Eigensinn. Nach meiner Wiederentdeckung der Handschriften in Weimar 1996 sollte es bis 2007 dauern, bis ich Schillers ‚anderer Hälfte' dieses dreigliedrige Projekt im transatlantischen Raum widmen konnte: Initiale Unterstützung erfuhr es durch zweimalige Stipendien der Klassik-Stiftung Weimar (1996 und 2007) sowie durch einen Hampton Research Grant der University of British Columbia Vancouver (2007–2009) mit dem Ergebnis der *Charlotte Schiller*-Monographie. Dem folgte ein Stipendium des Deutschen Literatur-Archivs Marbach am Neckar (2010) sowie die Bewilligung eines großzügigen Druckkostenzuschusses durch den Wilhelm Weischedel Fonds der Wissenschaftlichen Buchgesellschaft Darmstadt (2011) für die hier vorgelegten *Literarischen Schriften.* In Vorbereitung ist derzeit die dritte, der Briefkultur

8 Zur Denkvorstellung der „Werkpolitik" für Konzepte literarischer Autorschaft vgl. Steffen Martus: Werkpolitik. Zur Literaturgeschichte kritischer Kommunikation vom 17. bis ins 20. Jahrhundert mit Studien zu Klopstock, Tieck, Goethe und George. Berlin 2007.

9 Charlotte Schiller: ⟨Berwick⟩, S. 510.

um Charlotte Schiller gewidmete Komponente, die seit 2014 durch den kanadischen Social Sciences and Humanities Research Council (SSHRC) gefördert wird.[10]

Unter zahlreichen Bibliotheken und Archiven, die wertvolle Auskünfte und Materialien bereithielten, seien insbesondere diejenigen genannt, die Kopien der französischsprachigen Vorlagen für Schillers Dramen- und Novellenadaptionen bereitgestellt haben: neben der UBC Vancouver die University of Saskatchewan Library, die Bibliotheque Nationale de France Paris und die British Library London. Insbesondere bin ich den Mitarbeitern und Mitarbeiterinnen des Goethe- und Schiller-Archivs Weimar, des Deutschen Litraturarchivs Marbach am Neckar sowie des Freien Deutschen Hochstifts in Frankfurt am Main äußerst verbunden. Den Institutionen selbst sei freundlich für die Erteilung der Druckgenehmigungen gedankt.

In der Konzeptionsphase erwiesen sich Prof. Dr. Lothar Ehrlich (Klassik-Stiftung Weimar), Prof. Dr. Norbert Oellers (Bonn) und Prof. Dr. Peter-André Alt (Berlin) als äußerst hilfreich und ermutigend. Dankbar verbunden für ihre Gesprächsbereitschaft und ihren stets klugen Rat bin ich Dr. Silke Henke (GSA Weimar). Mit Freude erinnere ich mich der Gespräche mit Dr. Michael Davidis (DLA Marbach), Dr. Nikolas Immer (Trier), Christine Theml (Jena), Diana Turtenwald (Schiller-Museum Rudolstadt), Bettina Zimmermann (Freies Deutsches Hochstift) sowie in jüngerer Zeit Dr. Helmut Hühn (Schillerhaus Jena), Dr. Sabine Fischer (DLA Marbach) und Dr. Ariane Ludwig (GSA Weimar). Die Darmstädter Merck-Herausgeberin Dr. Ulrike Leuschner hat das Projekt mit großem Interesse und kollegialem Rat begleitet. Für die Ermittlung französischsprachiger Vorlagen danke ich Prof. Dr. Thea Lindquist (Boulder, Colorado), für den herzlichen Empfang zur Einsicht des Nachlasses von Caroline von Wolzogen danke ich Prof. Dr. Peter Boerner und Nancy Boerner (Bloomington, Indiana).

Für ihre studienbegleitende Mitarbeit als Research Assistants in den Jahren 2007–2012 bin ich Dr. Ursula Bär, Dr. Karen Roy, Rebecca Reed und Dr. Florian Gassner herzlich verbunden. Die Herausgabe erfolgte seit 2012 in höchst erfreulicher Zusammenarbeit mit den Vancouveraner Doktorandinnen Andrea Dahlmann-Resing, die mit großer Selbstständigkeit die Abteilungen Lyrik und Literarische Selbstzeugnisse bearbeitete, und Melanie Kage, die insbesondere für die Einrichtung der Dramatik und der Zeitgeschichtlichen Erzählungen verantwortlich war. Bei der Endkorrektur haben sich als neue Research Assistants Laura Isakov, Joshua Kroeker und Zifeng Zhao außerordentlich verdient gemacht.

Der Wissenschaftlichen Buchgesellschaft Darmstadt – Lektorat, Satz und Graphik – danke ich für die Betreuung und Umsetzung dieses arbeits- und zeitaufwändigen ‚Herzstücks‘ zu Charlotte Schillers literarischem Schaffen. Das Department of Central, Eastern and Northern European Studies der UBC Vancouver war so freundlich, aus dem Ulrich Maché-Fund einen abschließenden Zuschuss zu den Produktionskosten beizusteuern. Nicht nur Verlag und Kollegium, auch meinem Familienkreis habe ich viel Geduld abverlangt bis zum Abschluss des ‚dicken, schön gedruckten und gebundnen Buches‘. Gewidmet ist es meiner lieben Mutter.

Gaby Pailer
Vancouver, B. C., und Dobel, Schwarzwald, im Dezember 2015

10 SSHRC Insight Grant Project „Epistolary Culture circa 1800: The Letters of Charlotte Schiller“ (2014–2019), geleitet von Gaby Pailer in Zusammenarbeit mit Florian Gassner (UBC) und Franziska Schößler (Universität Trier).

Dramatik

I. Lustspiele

Der verunglückte 5te März

[1]Herr Firlefanz.
Gesellschaft von Herren u. Damen.
Firlefanzens Mutter.
Träger.

(Die Scene ist in einem Zimmer, neben an ein grosser verschloßner Saal, im Stadthause. Träger bringen eine Trage mit Theater Garderobe, u. sezen sie keuchend nieder.)

Erster Träger. Der Plunder ist schwer!
Zweiter Träger. Doch nicht so sehr!
Ist leichte Waar
Die Trompete das Flügel-Paar,
das pappirne Haus,
Ist der ganze Schmaus.
Bruder glaub mir
Gäb nicht einen Kreuzer dafür.
[1v]Firlefanz. *(geht gefällig auf u. ab)*
Es haben die Wände
seit dem sie stehen
noch nicht so viel geschickte Hände
und Köpfe in Bewegung gesehen.
Denn zur grossen Gesellschaft ist der Saal gebaut
Die ist niemals erfreulich das sprechen laut
die alle, die je hier zusammen kamen.
Aber jezt solls losgehn ihr Herren u. Damen
Um Kurzweil und Freud in dies Haus zu bringen.
Auch der Stadt dazu, ders daran fehlt vor allen Dingen.
Um aber dies alles auf festem Grund
gedeihen zu sehn zu jeglicher Stund
wollen wir wählen dies Bürgerhaus.
[2r]Eine Dame. *(nähert sich der Theatergarderobe)*
Ach Himmel, da fallen Flügel heraus!
wo zu dies alles? ein Sternenkranz?
Firle. Sie scheinen nicht unterrichtet ganz
mein schönes Fräulein, sollen alles wissen.
Dame. Ach wär ich doch auch der Kunst beflissen
und dürft an Ihrer Lehr mich laben,

wollt keinen andern Himmel auf Erden haben
als Ihre Worte zu repetiren.
Firle. So hör ichs gern mein schönes Kind.
Aber nicht allen die Kräfte gewachsen sind.
Doch guter Will und guter Muth
das Genie auch ersezen thut.
Vor allen Dingen gut memorirt
das man des Dichters Wort nicht verliehrt.
Eine feine Stellung, gute *action*
das lernt sich aber alles schon.
[2v]*Eine Dame mit der andern zur Thür herein. Als Jungfrau von Orleans u. Königinn von Spanien gekleidet.*
Jungfrau. Plaz mir gemacht; die Jungfrau naht
Mit Helm und Schwerdt.
Königinn. Auch Plaz für mich, der Königinn.
Jungfrau. Ey seht mir doch den hohen Sinn,
Wollen auch hier bey uns regieren?
K⟨ö⟩niginn. Wollen auch hier das Schwerdt wohl führen!
Jungf. Ey ganz dazu bin ich gemacht.
Wer wollt auch weiter mit mir sich messen.
Ich habe von Jeher das Recht besessen
das sagt mein Blick, mein ganzes Wesen
Ich bin zur Jungfrau wie auserlesen.
K⟨ö⟩niginn. Doch nicht so ganz, denn verstand ich recht
So steht diese Grosse Gestalt doch schlecht.
[3r]Der Dichter selbst, der sagt es an,
Wenn man diese Stelle verstehen kann,
was will die zarte Jungfrau unter Waffen?
(höhnisch lächelnd) Ich bin viel besser dazu geschaffen.
Firlefanz. O ganz vollkommen sind beyde Schönen
Und keine brauchte die andre zu höhnen.
doch können alle nicht eines treiben
die eine muß herrschen als Königinn.
Die andre in niedrer Demuth bleiben.
Und nur mit des Geistes Gewalt u. Sinn
das Reich sich gründen,
mit Stärcke des Arms, doch warum sich streiten?
O sehen Sie lieber gefälligst an
welch Wunder meine Erfindung gethan,
das hohe mit den niedren zu paaren.
Schauet die Glocke von schlechter Pappe
das Bildnis von schwerer Masse an.
[3v]Die Glocke soll es bedecken, und dann
wenn es rechte Zeit ist, zerspringt sie mit Krachen
der Genius nur muss geschickt es machen

Und schnell den Kranz zum Kopfe bringen.
Und den Dichter krönen zur guten Stund.
Leichtes und schweres doch paart sich im Grund
Stets in der Welt, die Phantasie
Lassen wir hüpfen bald dort, bald hie.
In unserm Gebiet. Und kümmern uns schlecht
wenns nur gefällt; um das was Recht.
Wenn es Effect macht die Menge entzückt
So ist es uns schön, und macht uns beglückt.
So hab ich es stets suchen zu halten.
Drum bin ich geehrt von Jungen und Alten.

FIRLEFANZENS MUTTER. Ach wie das alles ergözlich klingt
Wie das Herz mir schier vor Freuden springt.
[4r]wie der sie packen kann!
Er darf nur reden, und wenn sie ihn sehn,
Möchten alle fast vor Lust vergehn.

FIRLEFANZ. *Oefnet einen Packt. Theilt Flügel aus, eine Tuba, und Kränze.*
Aber in aller Welt wie wird der sich freuen
sieht er, wie wir seinen Ruhm erneuen.
Ach ihr Freunde ich kann's kaum erwarten.
Der wird Euch gepriesen nach Hause geschickt!
wie macht unsre Artigkeit ihn beglückt.
Uns ists doch ein leichtes, denn bey dem allen
Thun wir uns doch selbst den grössten Gefallen.
Wir hören uns gern, lassen gern uns sehn.
Und das Publikum ruft dann o wie schön,
wie glücklich der Herr Firlefanz uns doch macht,
dies alles hab ich mir wohl bedacht.
[4v]*(Bedienter bringt einer* DAME *ein billet sie wird blaß.)*
O Himmel wer hätte dies gedacht!

FIRLEFANZ. Theure Freundin was ists? ich bitte nur sacht.

DAME. Der verbittet sich alle unsre Ehre.
O daß er doch wo anders wäre.
Hab in meinen Leben niemand gesehen,
der so schnöd gegen Ehre, daß muß ich gestehen
daß mag er nicht wieder probieren ich wette.
Es krönt ihn kein Mensch mehr.

FIRLEFANZ. Thut nichts, wird sich geschwind ein andrer finden
Dem wir auch eine Nase aufbinden.
will sogleich an einen andern denken,
den wir mit unsrer Ehr beschenken.
[5r]Laß Euch, ihr Freunde dies nicht irren
Unser Plan soll sich nicht verwirren.
Ich steh für alles, will niemand sich zeigen.
So ehr ich mich selbst.

Alle. Das ist am Besten!
Firlefanz. Aber Ihr Freunde seh ich klar.
Die Büste fehlet auch fürwahr,
die schicklich die Glocke sollte umhüllen.
Auch hierin thut man uns nicht den Willen
Doch thät dies im Grunde nichts zur Sache
Mit einem leichten Pinselstrich mache
Ich das auf der Leinwand wieder gut
Mein Genie sich in allem zeigen thut.
Mutter. Glaubts wohl, glaubts wohl, du lieber Gott!
Ein Kind. *(kömmt weinend)* wo soll ich hin mit meinen Flügeln?
was soll nun der Kranz.
wozu nun mein Tanz?
[5v]Firlefanz. Quälst du kleines Gezücht mich auch?
Nicht allein die lieblichen Schönen
machen Gesichter bunt und kraus,
kommst du auch noch? fort, fort nach Haus.
(Kind geht mit Geschrey ab)
Doch verzeiht mir den Groll
da man die Krönung nicht sehen soll
So bleibts doch beym alten Plan.
Aber wo mag der Bürgermeister bleiben.
Und die Zimmerer, mit ihren Gesellen?
Bürgermeister, ein Rathsherr.
Firlefanz. Willkommen ihr kommt nun eben Recht
Hochedle Herren bin Euer Knecht
Gebt schnell mir den Schlüssel ich öfne die Thür.
(Damen u. Herren drängen sich an die Wand, um die nächsten an der Thür zu sein).
Bürgermeister. *(gravitätisch)* Mit nichten, sage doch wofür
den Schlüssel behalt ich in meinen Händen
[6r]dies fodert mein Amt, und sage du mir
Wie wolltest du es anders wenden.
Ich geb den Schlüssel dir nicht sag ich.
Herr Firlefanz sage verstehst du mich?
Firlefanz. *(pocht wüthend an die Thüre)* Den Schlüssel her.
Rathsherr. Glaubt ihr das Eurentwegen allein
dies alles erbauet sey, nein nein.
Ich spreche im Nahmen der Bürger alle.
Du hast erregt ihnen bittre Galle
daß du willst ohne sie zu fragen
Bey uns deine Possen zu Marckte tragen.
Quälte deswegen spät und früh
der Bürger sich ab, mit saurer Müh.
Sparte Geld in den Seckel, entzog sich selber
die fetten Schweine, verkaufte die Kälber,

Und tröstete sich in seinen Sinn
daß es gält, um reinen grossen Gewinn.
[6v]Daß der Stadt zur Freude und grosser Pracht
der Saal erstehet aus des Dunkels Nacht.
Und sollt ich auch manche Nacht mich abhärmen
dachte jeder, so will dereinst ich auch schwärmen
In diesem Gemach. Aus den hohen Wänden
des Waldes holte mit starcken Händen
der Zimmerer die Eiche, sie krachte laut
Unter des Eisens Schlägen. Die Steine behaut
der Maurer mit Fleis, und geübter Hand.
Und jeglicher seine Kraft anwandt,
daß einst noch möchte in späten Tagen
der Nachruhm von diesem Gebäude etwas sagen.
Und du willst führen den bunten Schwarm
In diese Mauern, das leichte Gerüst, das Gaukelspiel
deines eignen Hirns? o geh nach Haus!

[7r]FIRLEFANZ. Schwachköpfige Bürger, wird nichts daraus.
Den Schlüssel her.

BÜRGERMEISTER. Nein, nein, nein.
Es kann nicht seyn. *(hält den Schlüssel in die Höhe).*

Firlefanz u. die Gesellschaft gehn schweigend mit verbissnem Grimm ab.

Der Vorhang fält.

Die beyden Wittwen oder Der Brief ohne Aufschrift

Lustspiel in zwey Akten

[1]PERSONEN

CONSTANZIA DELVAL. Junge Wittwe. } Zwey Schwestern.
LAURA DELVAL. Wittwe. }
CELICOUR. Artillerie Hauptmann.
JUSTINE. Kammermädchen der zwey Schwestern.
LA FLEUR. Kammerdiener des Hauptmanns.

Die Scene ist im Hause der Frauen von Delval. Der Ort eine belagerte Stadt. (Man erblickt durch ein geöfnetes Fenster des Vorsaals das Innre eines Festungwerks. Ein Tisch mit dem Frühstück steht da. Im Vorgrund steht ein Sopha, u. gegenüber ein Schreibtisch.)

[1v]Erster Ackt

Erster Auftritt

La Fleur. *Allein, hält einen Brief in der Hand. (reibt sich die Augen und sieht sich um.)* Welche Nacht war das! Kein Auge könnt ich zuthun. Es ist schrecklich in einer belagerten Stadt zu wohnen. Dort fliegt eine Kanonen Kugel durch die Luft, da sprengt eine Bombe. *(gähnt)* Sie haben uns noch tüchtig beschoßen, die Feinde. Recht treflich geschoßen vor den Abzug, so daß kein Mensch seines Lebens mehr sicher ist. Ich hoffe doch der heutige Ausfall soll diese Herren auf eine entscheidende Weise vertreiben. Ach der Krieg ist gar nicht meine Sache! ob ich gleich den Rock da trage. *(zeigt auf seine Uniform)* Wem schaft das ewige Streiten auch Nuzen als den Comißairs die sich ihre [2]Kräfte bereichern, durch den Schaden andrer. Denn nach dem Ruhm streben wenige Menschen; ich liebe die Ruhe. *(Sieht sich um)* Ich habe doch den rechten Weg gefunden scheint es. Es ist das Haus der zwey Schwestern. Nun nur den rechten Zeitpunkt noch abgepasst wenn ich den Brief übergeben muß, so wird mein Herr mit mir zufrieden sein hoffe ich. An Madame Delval ist die Aufschrift, an welche ist der Brief gerichtet? ist er an beyde? Wenn ich nur keinen dummen Streich mache! Ha! Das Klügste wäre – zu warten bis mein Herr selbst kommt, er versprach mir, bald zu kommen. Ein bischen hizig wird er wohl werden, wenn er sieht wie schlecht ich seinen Auftrag besorgt. Warum macht er aber auch solche Poßen! Er kommt, er ists.

[2v]Zweiter Auftritt

Celicour. La Fleur.

Celicour. *(sieht schüchtern aus der Coulisse hervor) La Fleur, La Fleur*, kann ich kommen?

La Fleur. O je mein Herr, man hat mir die Erlaubniß gegeben; noch sind die Damen zwar nicht sichtbar, aber sie werden bald selbst erscheinen, sie frühstücken gewöhnlich hier im Vorsaal, der Kühlung wegen.

Celicour. Wie werde ich die Ungeduld meines Herzens bis dahin mässigen können?

La Fleur. Ists aber so ernsthaft mein Herr, können Sie würcklich mitten unter den Schrecken des Kriegs, in einer belagerten Stadt, sich mit Ihrer Liebe beschäftigen, gar an eine Heyrath denken?

Celicour. Spar mir deine Moral, soll ich darum nicht nach dem Glück streben, [3]weil es ungewiß ist, wie lange ich es geniessen kann? Es wird aber heute der lezte Ausfall den wir erheben. Ach es ist so schön dem Ruhm und der Liebe zu leben. Der Morgen führt mich gegen den Feind, da kann ich mir den Ruhm erwerben, im Kampf muthig dem Feind die Spize bieten. Und der Abend wo wir von unsren Thaten ruhen, führt uns der Liebe entgegen. Wir vergeßen beym Scherz und frohen Mahle, den nahenden Schreckenvollen Todt der uns mit Anbruch des Tages von neuem verfolgt.

La Fleur. Es klingt recht schön, aber in der Wircklichkeit ist es ganz anders, denn die Göttin des Kriegs, lohnt es öfter ihren Helden sehr übel, und mishandelt sie schrecklich. Sie wißen aber gar nicht, mein Herr wie glänzend Sie den Frauenzimmern erscheinen, man spricht nur vom Held *Celicour*. Zumahl der Einfall alle Woche zweymahl [3v]Bälle zu geben solange die Stadt belagert ist, ist vortreflich! Man weis daß er von Ihnen kömmt. Welcher Mensch ist dieser *Celicour* ruften die zarten Stimmen der Damen. Wie allerliebst ist er spricht eine! Ach sagt eine andre den Plaz wird er nicht überwinden lassen durch den stolzen Feind, aber unsre Herzen wird er erobern.

Celicour. Was sollen diese Albernheiten? – Du hast doch meinen Brief übergeben?

La Fleur. Nein mein Herr. Die Aufschrift taugt nichts. Sie müssen Sie besser machen.

Celicour. Du konntest zaudern Dum⟨m⟩kopf! Du gabst ihn also nicht? Und ich dessen Augenblicke gezählt sind, komme voller Hofnung zu den Damen, bilde mir ein sie haben meinen Brief schon in Händen, u. hoffe er hat alle Würckung gethan die ich mir versprach, und du hältst ihn noch in deinen Händen es ist unerhört.

[4]La Fleur. Um Gottes Willen beruhigen Sie sich, ich ging wahrhaftig gestern Abend noch aus, um den Brief zu übergeben, aber eine Bombe zischte mir um die Ohren – und – verzeihen Sie, ich konnte unmöglich stehen bleiben, u. sie erwarten.

Celicour. Feigherziger!

La Fleur. Um so einer Stückchen Pochen willen, wird man auch stehen bleiben.

Celicour. Ich möchte rasend werden.

La Fleur. Meiner Treu! Ich sollte es wohl schon sein. Denn wie es in meinem Kopf aussieht begreift kein Mensch. Der Ausfall auf den Feind; Ein Masquenball, Trommeln, Tambourins, Fagots und Kanonenschüsse, das zischt alles im Wirrwarr in meinen Kopf herum. – Entscheiden an welche Schwester der Brief gerichtet sey, müssen Sie sich aber vor allen Dingen gnädiger Herr.

*[4v]*Celicour. Das ist unmöglich *La Fleur.* Bedenke nur beyde junge Wittwen sind allerliebst, die Eine ist lebhaft geistreich, die andre gefühlvoll und sanft. –

La Fleur. Und beyde haben gleich viel Geld, das lieb ich mir am meisten.

Celicour. Das Geld ist meine geringste Sorge. Beyde Damen haben sich mit einer Art feiner Coquetterie gegen mich betragen. Sie sind beyde unaussprechlich reizend, jede kann einem für sich allein den Kopf verdrehen. Wie schwer wird es zu wählen! Denke ich die eine hat mich allein mit ihren verführerischen Reizen gewonnen, so zieht die andre mein besiegtes Herz an sich mit aller Gewalt. Die Braunlockigte erweckt die süßeste Neigung, und die Blonde mit den schmachtenden blauen Augen ist zum bewundern! [5]Wenn mich die Eine einen Augenblick fesselt, so fürchte ich gegen die andre eine Untreue zu begehen.

La Fleur. *(für sich.)* Ich stehe da wie versteinert, die Liebe macht ihn ganz zum Poeten. *(laut)* Und darum?

Celicour. Darum richte ich meinen Brief – –

La Fl. An beyde zugleich?

Celi. Nun ja doch.

La Fleur. Nach reifer Ueberlegung aber mein Herr deucht mir aber doch – daß – Sie beyde nicht auf einmal heyrathen können?

Celicour. Mein Gemüth wird mit jedem Tag mehr zum Argwohn geneigt. Ich muß um glücklich zu sein mein Herz fesseln. Es ist nicht mehr die Rede von einer Geliebten. Eine Gattin, eine Gefährtin durchs Leben *[5v]*suche ich. So leichtsinnig ich dir erscheinen mag, so will ich doch nicht bereuen meinem Geschmack mehr als meiner Vernunft gefolgt zu haben.

La Fleur. Ich sehe nun wohl daß Sie diese Dame wählen die Ihren Brief an⟨n⟩immt.

Celi. So mags seyn.

La Fl. Sollte ich Ihnen aber verbergen daß es thörigt scheint sich dem Zufall so blind zu überlassen.

Celi. Er leitet uns oft besser als eigne Wahl.

La Fleur. Sie mögen Recht haben, aber es dünkt mir doch, Sie geben in Ihrem Herzen einer der schönen Wittwen den Vorzug!

Celicour. Ich läugne es gar nicht *La Fleur.* Auch kann dieser Vorzug ohne Grund sein. Ein Versuch kann mir vielleicht heute Licht schaffen. – O wie glücklich wenn mich dieser Versuch nicht irre führt!

[6]La Fleur. Sie wollen also ernstlich keine solche Heyrath machen, die nur ihren Reiz von der Phantasie borgt; und deren Glück nicht länger Dauer hat, als eine Intrigue in der Comödie?

Celi. Schweig *La Fleur.* Geh lieber und suche von Justinen zu erfahren, wenn du den Brief übergeben darfst. Du kennst sie doch?

La Fleur. O ja mein Herr! Es ist eine Alte Liebschaft von mir. Sie betete mich an, ehmals, noch ehe sie zu den Damen in Dienste kam. Aber seit die Belagerung angefangen feuerte man aus diesem Quartier so lebhaft, daß die Gluth meines Herzens dadurch abgekühlt ist. Mir fällt aber ein da Sie einmahl hier sind, wenn Sie [6v]nun selbst zu den Damen gingen?

Celicour. Das geht nicht, es ist zu wichtig daß sie zuerst meinen Brief lesen, ehe ich mich selbst zeige. Der Dienst ist heut an mir. Man hat einen Ausfall vor. Ach es würde mir wohl Glück bringen, die schönen Kinder vorher zu sehen! Doch es geht nicht. Sie müssen erst meinen Brief in Händen haben. Die Pflicht ruft mich, es ist hohe Zeit zu gehen. Wird mir diesen Morgen noch ein freyer Augenblick so werfe ich mich zu ihren Füssen.

La Fleur. Zu ihren Füssen? Aber welche wird dies Glück haben.

Celi. *(geht aber kehrt schnell um)* Zu den Füssen der einen, oder der andern.

La Fleur. *(lacht)* Zu den Füssen beyder vielleicht.

[7]Celi. Wenn du nach Hause gehst *La Fleur* so vergiß meine Aufträge nicht. Hörst du? Meinen Säbel, meine Bouquets. Frage beym Schwerdtfeger an, bey den Blumenmädchens hörst du? Meine Pistolen müssen vor allen Dingen geladen sein. Die Musikanten vergiß ja nicht; dann laß meine Pferde sattlen. Die Einladungsbillets zu dem Morgenden Ball trag zu den Damen. Hörst du? Vergiß mir ja nichts von diesen Aufträgen. Sey nicht täppisch. *(Er geht)*

La Fleur. Ueber den Leichtsinn! Wie der läuft! Um sich zu schlagen! Das begreife wer es kann! Es ist eine kizliche Sache der Brief muß übergeben werden, ich bin in keiner geringen Verlegenheit, wie ich mich da herausziehen werde. Da kömmt Justine eben zu rechter Zeit.

[7v]Dritter Auftritt

La Fleur. *Justine.*

Justine. Sie hier Herr *La Fleur. (eine grosse Verbeugung)*

La Fleur. Ja da bin ich.

Justine. Dieser Besuch ist ein seltnes Glück, denn der Herr ist sehr geizig mit seinen Besuchen.

La Fleur. *(beugt sich tief)* Ich verliehre am meisten dabey.

Justine. Der Verlust ist auf meiner Seite.

La Fleur. Es ist zu schmeichelhaft für mich, wenn Sie es bemerken.

Justine. In der That Sie beschämen mich. *(will gehen)*

La Fleur. Liebe Justine!

Justine. Was soll das?

La Fleur. Höre mich doch. Wenn du mich anhörtest, würdest du gleich erfahren daß es nicht meine Schuld ist, wenn ich ausblieb. Meine Geschäfte hielten mich ab, die Belagerung, unsre Gefechte. –

[8]Just. O ich glaube es, du wirst grosse Gefahren überstanden haben!

La Fleur. Wenn es auch nur war um der Gefahr auszuweichen, das nimmt Zeit weg. Gesteh mir aber nur daß du dich getröstet hast. Denn in der That ich habe kein Wort von dir gehört.

Justine. Meint denn der Herr man würde ihm nachlaufen? Ich kenne Euer Geschlecht. Es dient zu gar nichts Euch zu quälen, ihr entfernt Euch nur weiter von uns.

La Fleur. Aber mein schönes Kind, wollen wir uns versöhnen?

Justine. *(tragisch)* Ich fluche dir Ungeheuer! Ich würde Nein sagen *(zärtlich)* wenn ich nicht vor Ungeduld stürbe dir zu vergeben.

La Fleur. Nicht wahr auch du giebst lieber der Liebe als dem Zorn Gehör? *(giebt ihr die Hand)* Schlag ein.

*[8v]*Justine. *(Giebt ihm die Hand)* Von Herzen gern.

La Fleur. Sieh mich aber einmahl recht ernstlich an, denn ich bin ein Gesandter.

Justine. Du ein Gesandter! o sage lieber ein Abgeschickter.

La Fleur. Laß uns jetzt nicht über Worte streiten. Es wäre doch nicht unmöglich Eine oder die andre Stelle zu haben. Aber jezt muß ich vor allen Dingen vom Glück gesendet werden.

Justine. *(feyerlich)* Lasst doch hören, mein Herr Gesandter, welche Sendung habt ihr?

La Fleur. Sieh liebe Justine, diesen Brief, soll ich im Namen meines Herrn übergeben. An Madame Delval.

Justine. Es sind zwey dieses Nahmens, weisst du es auch? Die eine heisst Constanze, die andre Laura.

[9]La Fleur. Was thut das zur Sache?

Justine. An welche dieser Damen ist das Billet deines Herrn aber gerichtet?

La Fleur. Das ist sein Geheimniß.

Justine. Der Fall ist ganz neu. Diesen Brief bestell ich dir nicht. Vernimm mein Freund unsre Gesinnung in kurzen Worten. Wir mögten lieber man denkt unser gar nicht, als uns nur einen Augenblick dem Schatten einer Rivalin zuzugesellen.

La Fleur. Liebe Justine von allem dem ist kein Wort wahr. Eine Frau möchte lieber todt als vergeßen sein.

Justine. Da du einmal dies Geheimniß weißt so wollen wir dir nicht widersprechen. Selbst wenn du auch von dem Muster einer Frau so gar sprächst.

La Fleur. Laß uns wieder zu meinem Auftrag kommen, er ist nicht leicht sage ich dir.

*[9v]*Justine. Ich habe einen Einfall, wie wärs wenn wir ihn ausführten? In Kurzem werden die zwey Damen hier frühstücken. Da dein Herr in seiner Neigung unentschieden ist, u. die Aufschrift vergessen die die Dame seines Herzens bezeichnet, so will ich den Brief auf den Tisch legen.

La Fleur. Vortreflich!

Justine. Wer nun von beyden Lust zum Billet hat, mag es nehmen.

La Fleur. Ich höre kommen. Laß uns gehen, *(legt den Brief auf den Tisch, geht ab).*

Laura. *(hinter der Scene)* Du hast doch das Frühstück noch nicht bereitet Justine, bring geschwind den Thee.

Justine. Hier ist alles schon fertig.

[10]Vierter Auftritt

Laura. Constanze.
(Sie sind im eleganten Morgenanzug, u. sezen sich an den Tisch.)

Laura. Du wirst Recht behalten fürchte ich liebe Schwester, wir werden allein frühstücken.

Constanze. Desto besser! Wir können uns von dem Geräusche der Welt desto mehr erholen. Wir sahen auf dem Ball gestern, so viele Menschen und so lange; Indeß gefällt es mir nicht so gefällt es andren, der Geschmack ist verschieden.

Laura. Aber von dem Ball zu reden, bemerktest du den jungen Hauptmann, er hat eine sehr intereßante Gestalt, mir dünkt wir beyde beschäftigten ihn nicht wenig.

Const. O ja! – –

Lau. Heisst er nicht *Celicour.*

Const. Ich glaube ja.

*[10v]*Lau. Er ist sehr liebenswürdig in der That. Wenn ihm während der Belagerung ein Unglück begegnen könnte, so würde ich verzweifeln. Man sagt er sey es, der den Einfall gehabt, seinen Kameraden vorzuschlagen, zweymahl in der Woche Ball zu geben so lange die Belagerung dauert.

Const. Sie wird unverzüglich aufgehoben werden.

Lau. Diese Mischung von Tapferkeit und Galanterie finde ich sehr anziehend.

Const. Ich hörte sehr viel Gutes von diesem *Celicour* sprechen; Er ist überall geliebt und geachtet.

Lau. Ich sage dir er ist allerliebst.

Constanz. Du sprichst sehr lebhaft von ihm.

Laura. Wie von einer angenehmen Erinnerung *(seufzt).*

Constanze. *(Erblickt den Brief)* Sahst du diesen Brief noch nicht Laura, er ist mit unsrer Aufschrift.

Lau. *(liest)* An Madame Delval – Er ist an [11]dich u. Er könnte auch an mich sein. Es muß ihn doch jemand im Hause abgegeben haben, ohne Zweifel hat Justine ihn hingelegt, ich denke wir rufen sie. *(sie klingelt)*

Constanze. Allerdings sie wird uns die beste Auskunft geben können.

Fünfter Auftritt

Vorigen. Justine.

Lau. Antworte Justine, legtest du diesen Brief auf den Tisch.

Just. Ja gnädige Frau.

Const. Warum hast du ihn nicht ohne Umschweife übergeben?

Just. Lesen Sie, lesen Sie: dies sey meine ganze Entschuldigung.

Const. Wüsstest du woher dieser Brief käme?

Lau. Was kümmert uns dies, ich bin überzeugt daß unser beyderseitigen Vortheil im Spiel ist, denn man überhäuft uns ja ohnehin mit Geschäften [11v]seit dem Tode unsrer Männer. Ich will dir ihn gern überlassen.

Just. *(für sich)* Lasst doch sehen ob sie ihre Sprache nicht ändert. *(laut)* So wollen Sie beyde den Brief nicht nehmen? Gut so werde ich ihn denn öffnen müssen mit Erlaubniß meine Damen.

Const. Nein gieb mir den Brief, ich will den Streit endigen.

Lau. Ich will mich ohne ihn zu hören entfernen. *(sie will gehen)*

Constanze. *(liest)* Himmel, eine Liebes Erklärung in aller Form.

Lau. *(die stehen geblieben kömmt lebhaft zurück)* Schwester was sagst du? eine Liebes Erklärung?

Constanze. In aller Form.

Justine. *(zu Laura)* Sie wollten uns verlassen?

Laur. Jezt kann ich es nicht, denn der Wohlstand fodert daß ich mich mit meiner Schwester über eine so unerwartete seltsame Sache gemeinschaftlich bespreche.

[12]Const. Und ich denke das Gegentheil. Denn mir dünkt der Brief eines Unbekannten in einem solchen Ton ist wenig schmeichelhaft. Ich überlasse dir daher gern die Antwort, liebe Schwester. *(will gehen)*

Just. *(für sich)* Es soll mir nur ein Wort kosten, so bringe ich sie zum Wanken. *(laut)* Weiß ich doch auch gar nicht was mir im Kopf ist, ob ich gleichwohl nicht bestimmt weis von wem der Brief ist, von wem er sein kann, so fällt mir doch ein daß *La Fleur*, Herrn *Celicours* Bedienter mir ihn gegeben.

Const. *(wendet sich um)* Von wem sagtest du?

Justine. Vom Herrn *Celicour* dem Artillerie Hauptmann.

Const. *(kömmt zurück)* Du richtest deine Aufträge schlecht aus.

Laura. Sieh doch, wir hätten dich ertappt du kommst wieder. *(scherzhaft)* Hätte dieser Nahmen einen eignen Zauber für Dich?

[12v]Constanze. Für mich Schwester?

Lau. Verzeih ich betrog mich, ich sehe du bleibst weil du vernünftig bist, und dieses Geständniß dich eben so wenig wie mich beleidigen kann.

Justine. Ich sollte denken es sey das nothwendigste zuerst den Brief zu lesen; der Styl lässt uns vielleicht entdecken an wen er gerichtet sein kann.

Constanze. Schwester lies du.

Lau. *(greift begierig danach u. liest)* Madame. Ich würde zu kühn sein, wenn ich Ihnen mit deutlichen Worten sagte, daß ich Sie liebe, und doch schmeichelte ich mir Ihre Nachsicht zu verdienen. Denn selten ist man von dem beleidigt was man so sehr gewohnt ist zu hören. Darf ich hoffen das Ihre Frau Schwester die mir so viel Güte zeigte auch für mich sich verwenden wird? Darf ich hoffen daß die Menschlichkeit sich [13]mit den Grazien die Sie umschweben zu meinem Vortheil vereinigen könnte? Aber warum nicht mit Vorliebe diese angebetete Schwester beurtheilen? Ich würde eben so diese Zeilen an sie richten wenn mein ganzes Wesen nicht auf ewig Ihnen eigen wäre: dürfte ich hoffen daß Sie mir Ihre Thüre nicht verschließen, wenn ich mich bey Ihnen zeige?

Laura. Wäre dieser Brief an mich?

Constanz. Oder an mich? *(für sich)* Dürfte ichs hoffen!

Justine. *(für sich)* Er fängt die Sache klug an! Für den Erfolg stehe ich. *(laut)* Ich bin nicht so kühn, frey zu entscheiden.

Lau. Laß mich den Brief noch einmal lesen. Diese Sprache *(wiederholt)* Ihre Frau Schwester die mir so viel Güte zeigte: Hm! – Ich weis wohl, ich suchte ihm zu gefallen; der Vorwurf kann mich nicht ohne Grund treffen daß ich ihn zu lange anhörte, als einen Unbekannten, *[13v]*den ich zum erstenmahl sah.

Cons. Ich hoffe er kann auch über mich nicht klagen seine Artigkeit ist von Herzen.

Laura. *(bey sich)* Sie wird nicht aufgeben.

Constanze. *(bey sich)* Sie behält richtig das Billet.

Laura. Die Ungewißheit die Zweifel in der er uns lässt, ist unerträglich.

Justine. Ganz gewiß.

Lau. Und wenn ich nicht fürchtete unhöflich zu scheinen so würde ich zugeben daß Constanze allein antwortete, ich zweifle auch keinen Augenblick daß der Brief nicht an sie sollte gerichtet sein. *(für sich)* Ich glaube kein Wort von allem was ich sage.

Constanze. Es ist wahr der Brief ist sehr undeutlich. Unhöflich mag man freylich nicht gern sein. Aber ich bin sehr überzeugt daß der Brief für dich ist Laura. *(für sich)* Ach wie sehr fürchte ich es!

[14]Justine. Es ist doch nöthig meine Damen, daß wir wißen woran wir sind, diese peinliche Lage muß endigen. Ich fühle wohl daß diese Zeilen Sie beleidigen müssen, aber ich fühle auch daß wir in dieser kizlichen Sache mehr dem Kopf als dem Herzen folgen müßen. Wärs nicht am besten ich suche den strafbaren Verfasser selbst auf. Flieht er uns, so sehen wir am besten was er zu schreiben fähig ist. *(sie geht geschwind)*

Constanze. *(will ihr nach)* Bleib Justine, Justine, welche Unbesonnenheit!

Sechster Auftritt

Die vorigen ohne Justine.

Laura. Liebste Schwester sprich aufrichtig mit mir.

Constanze. Ich war es immer, glaub mir, Laura.

Laura. Doch nicht zu sehr, darf ich sagen was ich denke?

Constanze. Ohne Hinterhalt.

*[14v]*Lau. Nun ich lese in deinen Augen daß – – *Celicour* – – dir – nicht gleichgültig ist.

Const. Warum sollte ich Dir dies auch verbergen?

Laura. So müssen wir uns verstehen, liebe Schwester.

Const. *(für sich)* Dürfte ich in mir der süßen Hofnung Raum geben daß er mir sein Herz bewahrt.

Laura. *(für sich)* O es ist meine süsseste Hofnung daß er mir sein Herz bewahrt.

Constanze. *(für sich)* Ihr Geheimniß ist mir unergründlich.

Constanze. *(für sich)* Ich kann nicht einmal erfahren ob er ihr gefällt.

Siebenter Auftritt

Die vorigen. Justine.

Justine. Der Zeitpunkt nähert sich, der alle Zweifel lösen wird.

Constanze. *(hastig)* Weißt du nun an wen [15]der Brief ist?

Laura. Ist das Räthsel gelöst?

Justine. Noch nicht völlig. Der Verfasser selbst aber ist ganz in der Nähe. *(ruft in die Coulisse)* Kommen Sie näher mein Herr, meine Damen erlauben es. *(sie geht)*

Achter Auftritt

Constanze. Laura. Celicour.

Celicour. *(sich schüchtern verbeugend)* Ich nahe Ihnen meine Damen, meine verehrten Damen, mit ehrerbietiger Schüchternheit. Eben da ich Ihrer Güte, Ihrer Nachsicht bedarf werden Sie mich vielleicht für strafbar halten?

Constanze. So gern wir es wollten, können wir es uns doch nicht verbergen mein Herr *[15v]*daß wir Sie in Ihrem Betragen für unbesonnen, ⟨i⟩ch möchte nicht sagen leichtsinnig finden könnten. Und Sie selbst müßen es fühlen, schon jezt möchte ich glauben.

Laura. *(hastig)* Da zumahl auch die Ungewißheit, welcher Gegenstand Ihnen diese Gefühle einflößen konnte, unser Misvergnügen billig erhöhen sollte.

Constanze. *(bey Seite zu Laura)* Ich beschwöre Dich Schwester mässige dich.

Celicour. Ungewißheit sagen Sie! O Sie quälen mich zweyfach. Sollte diejenige der ich die Gefühle meines Herzens aussprach nicht fühlen, verstehen, daß der Brief nur an sie gerichtet sein kann, so bin ich der Unglücklichste Mensch unter der Sonne.

[16]Laura. *(für sich)* Ich glaube er sah nach mir, es ist mir gar nicht zweifelhaft!

Constanze. *(für sich)* Sollte dies mir gelten?

Celicour. Wenn der Mund schweigen muß, entdeckt ein einziger Blick die Gefühle des Herzens dem geliebten Gegenstand. Nur allein die Liebe kann sich das Stillschweigen erklären.

Laura. *(heimlich zu* Celicour*)* Ich verstehe nur was man mir mit klaren Worten sagt.

Celicour. Werde ich Verzeihung finden schöne Damen, wenn ich zu kühn bin, wenn ich Ihnen – sonderbar erscheine. Je länger ich hier bin, je mehr wächst meine Innige Liebe, aber da der Gegenstand dieser heißen Verehrung mich nicht verstehen will, so lassen Sie mich diesen Zweifel benuzen, der meiner Eigenliebe nicht schmeichelt *[16v]*aber meinem Gefühl Sicherheit giebt. Ich schwöre Ihnen, ich selbst werde den glücklichen Irrthum verlängern bis ich hoffen kann mich erkären zu dürfen ohne abgewiesen zu werden. Dieses Schicksal würde zu schmerzlich sein, und würde mich zu Boden drücken.

Laura. *(heftig in die Rede fallend)* Mein Herr Sie werden bey Ihren Maasregeln, die Höflichkeit verlezen.

Constanze. Man möchte hinzufügen Sie könnten strafbar erscheinen, denn es hätte den Schein daß Sie die Achtung und Ehrfurcht die Sie uns schuldig sind verlezen.

Celicour. Achtung, Ehrfurcht, welche Ausdrücke.

Constanze. *(bedeutend)* Wer uns mit seiner Zuneigung überraschen möchte, schadet sich oft selbst am meisten, denke ich. [17]Ach die allzusichre Eitelkeit hat zu oft den Frieden einer reinen Seele auf ewig getrübt.

Celicour. Wenn ich mir diese Bemerkung auf mich deuten sollte, so müsste meine Wahl unentschieden sein. Mein Herz würde schwanken zwischen zwey Gegenständen, und dies werden Sie mir schwerlich beweisen können.

Laura. Wir können Ihnen keine andre Antwort geben mein Herr, als Sie zu bitten den bewußten Brief wieder zurück zu nehmen. Es müsste denn entweder auf der Aufschrift stehen, ob er an Constanze oder Laura Delval gerichtet sey!

Constanze. Ich sollte denken Laura hat Recht.

Celicour. *(Entzückt)* Laura! Constanze! Es sind göttliche Nahmen. Ich höre sie in diesem Augenblick zum erstenmahl. Ich bin also zu entschuldigen. Ach Constanze! – –

*[17v]*Laura. *(führt* Celicour *an Tisch)* Schreiben Sie, schreiben Sie!

Constanze. Laura was hast du vor?

Celicour. *(nähert sich dem Tisch nimmt die Feder, will schreiben hält aber plözlich inne und wirft die Feder hin)* Können Sie mich zwingen mein Geheimniß zu enthüllen.

Laura. Zögern Sie so ists vorbey. *(kalt)* So wird man sich von Ihnen ohne Mitleid zu fühlen entfernen.

Constanze. Was können Sie aber fürchten?

Celicour. Alles! Der Zorn einer der schönen Schwestern ist mir das schrecklichste was ich zu befürchten habe! O wie glücklich wenn nur eine allein mir Gehör geben wollte!

Constanze u. Laura *sehen sich unschlüssig fragend an.*

[18]Celicour. Was beschließen Sie. *(für sich)* O welche wird sich wohl zuerst entfernen?

Constanze. *(für sich)* Können wir das eingehen ohne den Anstand zu beleidigen?

Laura. *(für sich)* Welche von uns kann nun bleiben.

Celicour. *(Man hört von weitem den General Marsch)* Es ist zu spät, ach ich ahndete es, die köstliche Zeit ist vorbey, ach ich muß, muß Sie verlaßen!

Laura. Sie gehen *Celicour*? ohne Erklärung!

Constanze. Sie geben sich der Gefahr preis!

Celicour. Gönnen Sie mir Ihr Andenken, so werde ich alle Gefahren glücklich überstehen. *(geht unruhig ab).*

*[18v]*Neunter Auftritt

Laura. Constanze.

Laura. Fort war er, und wir Schwester, noch in der nehmlichen Ungewißheit. Dies Betragen ist ohne Beispiel. Er würde als Ehmann recht unerträglich sein, glaube ich, *(für sich)* wenn es mir gelänge sie abwendig zu machen.

Constanze. *(für sich)* Wenn sie nur recht schlimm von ihm dächte. *(man hört Kriegslärm u. Kanonen)*

Laura. Es ist unverzeihlich wahrhaftig! Daß er so ohne Erklärung gehen konnte. Seine Augen allein haben gesprochen.

Constanze. *(schüchtern)* Seine Augen?

Laura. Ich versteh diese Sprache, du aber warst allein schuld daß er schwieg, du schreckst alles durch dein kaltes, steifes Wesen ab.

[19]Constanze. Sollte die Unbesonnenheit und der Leichtsinn mehr Zutrauen erwecken?

Laura. Ich stehe dafür er hätte sich ohne deine Gegenwart gewiß erklärt.

Constanze. *(für sich)* Ich merke es nun, sie ist unzufrieden.

Laura. Du warst so kalt, so abgemessen, daß konnte ihm nicht gefallen unmöglich.

Constanze. Er ist so lebhaft, so grazios.

Laura. Du darfst dich wohl hüten die Huldigungen anzunehmen aber deswegen doch die Männer nicht ganz abschrecken. *(man hört Schießen)* Hörtest du den Schuß? Das Lärmen wird unbeschreiblich groß. Ach wenn *Celicour* nur kein Unglück begegnet!

Constanze. *(für sich)* Wie sollte ich meine Angst verbergen!

Laura. Werden wir ihn auch wiedersehen!

*[19v]*Const. Könnte er sich in deiner Gegenwart auch erklären. Gewiß Laura du bist ungerecht, der Zorn macht dich ungerecht.

Laura. Du warst auch unbeweglich, er würde sich erklärt haben wenn du weggegangen wärst. Aber dein Herz ist unzufrieden daß man zwischen uns beid⟨en⟩ unentschieden sein kann nicht wahr?

Constanze. Wird ihn denn Coquetterie fesseln können?

Laura. O zwischen uns beyden sollte man nicht lange wählen denke ich. Dein ernsthaftes pedantisches Wesen kann ihm unmöglich gefallen.

Constanze. *(gerührt)* Dein lebhaftes leichtes, anmuthiges Geschwäz wird die stillen Wünsche meines Herzens zum Schweigen bringen. *(gefasst)* Ich werde ihn nicht wiedersehn.

[20]Laura. Deiner Prüderie allein haben wirs zu danken, wenn wir nun auf ewig von ihm getrennt sind. *(Jede geht an einer andren Seite hastig nach der Thüre)*

Ende des Ersten Acktes.

Zweyter Ackt

Erster Auftritt

La Fleur *allein (kommt lustig herein und reibt sich die Hände)* Vicktoria, die Belagerung ist aufgehoben! Unser ist der Sieg, ich war schon seiner gewiß, denn wir haben uns tüchtig geschlagen. – Ich sage wir, unsre Leute thaten Wunder, der Feind kam zu weichen, kann *[20v]*ich doch auch sagen, daß ich mich nicht schlecht gehalten habe, und nicht wenig geholfen ihn zu verjagen. Ja! Durch meine Wünsche. Seit der Feind im Abmarsch ist, habe ich allen Muth wieder gefunden. – – –

Nun lasst auch sehen, wie wir unserm Herrn dienen. Justine bestellte mich her, und kömmt doch nicht. Sie muß meines Herrn neuen Plan wißen, sie muß uns behilflich sein. Darf ich ihr aber vertrauen was wir vorhaben? Sie würde mich errathen denn fein ist sie, es ist besser in ihren Augen uns noch das Verdienst erwerben, daß sie unser Zutrauen besizt. Da ist sie ja schon, lasst uns sehen was zu thun ist.

[21]Zweyter Auftritt

Justine. La Fleur.

La Fleur. Schönes Kind, ich habe dich lange erwartet. Dein Ausbleiben fing an mein Misfallen zu erregen.

Justine. Du beklagst dich mit Unrecht, weißt du nicht Herr *La Fleur* daß ein Versprechen schon etwas heißen will und die entfernteste Hofnung schon Genuß ist.

La Fleur. Diese Worte habe ich Gelegenheit alle Tage zu wiederholen aber du mußt rathen gegen wen?

Justine. Nun *La Fleur*: Ich hoffe doch nicht daß ich eine Rivalin habe?

La Fleur. Nein, nein schönes Kind, unsren Gläubigern nur werden solche Worte widerholt. Doch gelingt es uns nicht immer sie damit abzuspeisen. [*21v*]Wo ist deine Herrschaft? Ich möchte es wohl wissen.

Justine. *(zeigt nach der Thüre)* Da, in ihrem Zimmer aber beyde haben weislich die Fenster geöfnet von wo aus man den Wall übersehen kann.

La Fleur. Sie wollen also mit eignen Augen den Ausgang des Gefechts sehen?

Justine. Es kann wohl sein?

La Fleur. Desto besser, desto besser. Ich hoffe mein Kind die Nähe der Gefahr wird dem Gegenstand ihrer Aufmerksamkeit mehr Werth geben. Er wird ihnen wichtiger werden, u. die Liebe wird eine Stimme mehr in ihren Herzen haben.

Justine. Sey ohne Sorgen, keine von beyden ist weit von der Liebe entfernt.

La Fleur. Säume nicht es ihnen ohne Verzug zu verkündigen, daß die Belagerung aufgehoben, daß der Sieg unser ist.

Justine. Himmel welches Glück!

[22]La Fleur. Dieses Glück muß uns noch näher zum Ziel führen. Wir haben im Vertrauen gesagt einen Plan ersonnen, der dir vielleicht überspannt scheinen wird, aber!

Justine. Und was wäre dieser Plan?

La Fleur. Sprich aufrichtig liebe Justine, gefalle ich dir wircklich?

Justine. Es ist nicht unmöglich.

La Fleur. Ha ha wenn du mir auch sagtest daß ich ein hübscher Kerl bin, du wärest nicht die erste. – Aber zur Sache. Bilde dir ein ich käme aus dem Gefecht, das Auge mit einem breiten Pflaster bedeckt, bey jedem Schritt die Beine über einander, hier hin, dort hin geworfen. Den Arm ausgerenkt. Ha was sagtest du da, wenn der Kriegsgott mich so bezeichnet hätte!

Justine. Ich würde dich sehr häslich finden, denn ich bin keine Heldin.

La Fleur. Würde deine Liebe aber wanken können?

Justine. *(nachsinnend)* Lieber Freund aufrichtig gesprochen, sie würde wanken.

[*22v*]La Fleur. Nun beym Himmel so ist mein armer Herr verlohren.

Justine. Wozu aber dies alles?

La Fleur. Höre liebe Justine, in diesem eben beschriebnen Aufzug wird mein Herr in wenig Augenblicken erscheinen.

Justine. Ums Himmelswillen du ängstigst mich *La Fleur.*

La Fleur. Ja im Ernst, so ists, daß hat er von seiner Tapferkeit. Armer Herr! *(weint)*

Justine. Ists wircklich so, ist er verwundet! Sage mir um alles in der Welt die Wahrheit.

La Fleur. Wenn du denn die Wahrheit wissen willst so höre, er ist nur im Scherz verwundet.

Justine. Dies alles wäre nur Scherz?

La Fleur. Verwundet ist er, aber nicht körperlich. Sein Geist mag verwundet sein, denn er hat sich Eigenmächtig aller Vorzüge beraubt die er ehmahls besaß.

Justine. Aus welcher Absicht sage mir?

[23]La Fleur. Du musst wißen liebes Kind, daß wir andern nicht die Gefühle wie jedermann

behandeln. Bey uns muß man es lernen die grösste Zartheit der Empfindungen zu bewundern, oder die romanenhafteste Grille belachen, wenn du es so nehmen willst. In der Liebe ist mein Herr von dem größten Mistrauen, und hat sich fest im Kopf gesezt durch sich selbst allein zu gefallen, und nicht durch seine schöne elegante Gestalt zu bezaubern. Das heutige Gefecht giebt ihm die günstigste Gelegenheit sich von der Kanonen Kugel der er entging zum Schein verwunden zu laßen. Er wird sich daher als ein Krüppel seinen schönen Freundinnen zeigen.

JUSTINE. Wär es dein Ernst: So will er den Verwundeten spielen um meine Herrschaften auf die Probe zu stellen?

LA FLEUR. Du wirst ihn bald sehen, hinkend, das Auge verbunden, und bedeckt mit Narben. [23v]So will er Aufmerksamkeit erregen.

JUSTINE. Glaubt er aber durch diese Poßen zu gefallen?

LA FLEUR. Mehr will er nicht gefallen, aber eben so als vorher, und diejenige wird seine Hand davon tragen, die am wenigsten Widerwillen für ihn zeigt. Glaubst du daß ihm diese Probe gelingt?

JUSTINE. Der Fall ist sehr kizlich dünkt mir, was mich betrift, ich wäre sehr verlegen.

LA FLEUR. Ich denke die zwey Damen werden es nicht weniger sein was hältst du davon.

JUSTINE. Wer für sich selbst nicht stehen kann, wie kann der es für andre?

LA FLEUR. Welcher aber von den Schwestern traust du am meisten Solidität zu.

JUSTINE. Sachte, sachte, Herr *La Fleur*, daß ist mein Geheimniß. Ich weis sehr gut für welche ich stehe, und weiß welche den Sieg über deines Herrn List davon tragen wird.

[24]LA FLEUR. Wir haben deinen Beystand aber sehr nöthig.

JUSTINE. Wozu, um eine Lüge zu machen, vortreflich!

LA FLEUR. Sie gereicht aber zum Glück deiner Dame.

JUSTINE. Wer ist mir Bürge, daß dein Herr auch dieses Glückes werth ist?

LA FLEUR. Ich stehe dafür.

JUSTINE. Nun ich wills wagen, deine Ueberedung hat mich bestimmt. Du musst hier im Vorsaal recht laut jammern über das Schicksal deines Herrn. Ich werde dich zu trösten suchen, so gut ichs vermag, aber du musst dich natürlicherweise nicht trösten lassen. – Meine Damen werden dich hören, sie werden kommen, und da beginnt deine Erzählung. Da es einmal betrogen sein soll, so mach es auch klug.

LA FLEUR. Ich lache schon im voraus.

JUSTINE. Weine lieber. Denn ich höre jemanden kommen.

[24v]LA FLEUR *(weint)* O der verdammte Krieg! ich verwünsche alle Wunden! Die unglücklichen Kugeln, wie zerstören sie die schönste Gestalt! Wird er sich nun mit Ehren zeigen können der schöne *Celicour*, der allen Frauenzimmern gefiel!

DRITTER AUFTRITT

Justine. La Fleur. Laura.

LAURA. Was weint der arme Mensch.

JUSTINE. Ach Sie werden es nur zu bald erfahren.

LAURA. Sprich. Ich zittre.

JUSTINE. Bey dem totalen Ausfall – –

Laura. *(heftig)* Ist *Celicour* geblieben?

Justine. Nein. Ach es wäre viel besser für ihn!

La Fleur. *(tragisch)* Er hat seine schönen Augen eingebüsst, das eine ist völlig zugefallen, und das andre betrübt sich über dem Verlust seines Bruders. [25]Die schöne Form seiner Füsse! Alles ist dahin!

Laura. Verschone mich mit dem übrigen. *(seufzt)* So soll ich ihn denn so entstellt wieder sehen!

La Fleur. Er ist nicht allein entstellt, sage ich Ihnen, er ist abscheulich!

Laura. Diese schönen Formen!

La Fleur. Aber bey alle dem ist sein Muth unbeschreiblich.

Justine. Wißen Sie was sein erstes Wort war nach der fürchterlichen Betäubung, in die ihn die Kanonen Kugel versezte? Es war –

La Fleur. *(hastig einfallend)* Es war, gehe zu den schönen Schwestern, bereite sie auf den Anblick vor, damit meine Häßlichkeit sie nicht zu sehr entseze. Ich werde diesen Abend mich selbst zeigen.

Laura. Behüte Gott! Sein Anblick würde mich viel zu sehr betrüben. Sein Leben könnte in Gefahr kommen, wenn er sich der Abendluft aussezte wär es auch möglich zu uns zu kommen?

[25v]La Fleur. Langsam wird es freilich gehen. Aber es ist nicht das erste Wunder was die Liebe hervor bringen kann. Ohngeachtet seines Zustandes wird die Ungeduld Sie zu sehen doch seine Schritte beflügeln. Ich bin überzeugt er folgt mir auf dem Fusse nach, und es wundert mich nicht im geringsten.

Laura. Justine geh zu meiner Schwester. Bereite sie vor, und sage ihr daß *La Fleur* ihn angemeldet.

Justine. *(die aus der Coulisse zurück kommt) La Fleur* hat nur zu wahr gesprochen! Da ist Hauptmann *Celicour.*

La Fleur. *(heimlich zu Justine)* Ich beschwöre dich verrathe uns ja nicht. Sonst wäre alles verlohren. *(beyde gehen ab)*

[26]Vierter Auftritt

Laura. Celicour.

Laura. *(für sich)* Wär es möglich! Welche Veränderung, es ist nicht der nehmliche. Er ist abscheulich.

Celicour. *(verbeugt sich)* Sie sehen hier schöne Freundin, ein Beispiel wie traurig das Loos eines Soldaten ist, den sein Muth zu weit führt.

Laura. Der Ruhm wird Ihnen für alles Ersaz geben mein Herr.

Celicour. Dies ist für mein Herz ewiger Trost, aber doch giebt es einen noch süssern Lohn.

Lau. Ihr Anblick mein Herr bewegt mich tief.

Celicour. Sie könnten mich fliehen, ach es würde mir nicht vergönnt sein Sie einholen zu können! Aber sagen Sie mir aufrichtig komme ich Ihnen nicht abscheulich vor? Wie finden Sie mich?

[26v]Laura. In der That Sie sind – – ein bischen verändert finde ich Sie freilich. Aber man verspricht Ihnen doch gänzliche Genesung?

Celicour. *(für sich)* Sehr erfreulich ist diese Frage eben nicht. *(laut)* Nein schöne Dame. Nein, man konnte es mir nicht verheelen. Ich bin nicht mehr zu heilen, jede Hofnung ist vergebens.

Laura. Wißen Sie wohl daß dieser Zustand mich betrübt.

Celicour. Mich beunruhigt er nicht im geringsten. Ach ich lese in Ihrem Herzen. *(mit Wärme)* Die schöne Laura ist nicht so leichtsinnig, sie wird einen vergänglichen Vorzug nicht beklagen. Ist unsre Gestalt nicht jedem Zufall Preis gegeben? O man knüpft das Schicksal eines ganzen Lebens nicht an solche vergängliche Reize. Schmeichelte ich mir zuviel?

[27]Laura. Sie haben nicht Unrecht *Celicour.* – – Man – sollte so denken. Lassen Sie mich aufrichtig sprechen, man betrügt sich selbst, ich fühle es. Die Binde um Amors Augen, dient eben auch dazu Reize die man besizt für fremde Eindrücke zu bewahren, als Fehler zu verhüllen.

Celicour. *(für sich)* Sie sprach sich selbst das Urtheil. Aber wir wollen uns ein bischen darüber lustig machen. *(laut mit Lebhaftigkeit)* Ich werde die Meinung von Ihnen doch nicht fassen, die Sie mir geben wollen. Der süsse Wahn macht mich zu glücklich. Sollte ich den süssen Irrthum nicht der schmerzhaften Wahrheit vorziehn. Wünscht die zärtliche Liebe sich nicht Blindheit, das Licht daß Sie verwundet nicht zu erblicken?

Laura. *(gerührt) Celicour* verlaßen Sie mich, gehen Sie. Ich bin mehr zu beklagen als *[27v]*Sie selbst. Sie haben nur Ihre Schönheit verlohren, aber ich, ich verliehre die hohe Meinung die ich von mir selbst hatte. Ich bin nur ein gewöhnliches Wesen, mein Herz ist wie das eines jeden Weibes nicht über den Zufall erhaben. Gehen Sie ich bitte Sie.

Celicour. Laura Sie verwunden sich selbst, glauben Sie mir.

Laura. *(fasst gerührt seine Hand)* Wie glücklich wär ich vielleicht ohne diesen schrecklichen Unfall.

Celicour. O jezt erst fühl ich, wie glücklich ich in meinem Unglück bin, denn Ihr Herz theilt es mit mir.

Laura. Ich würde Sie beklagen, Sie betrauern. Dringen Sie nicht weiter in mich. *(Constanze nähert sich den beyden)* Hier ist meine Schwester. *(sie giebt ihr den Brief)* Ich weiß es nun gewiß daß der Brief an dich gerichtet war. *(sie geht ab)*

[28]Fünfter Auftritt

Constanze. Celicour.

Celicour. *(für sich)* Ach Constanze! Könnte ich es hoffen, daß mein Herz in dir sich nicht täuscht.

Constanze. So ist es denn wahr, nur zu wahr *Celicour* was das Gerücht zu mir brachte. Sie erschrecken beunruhigen mich, warum verlassen Sie in diesem Zustand Ihr Zimmer, wirklich Sie sind sehr unvorsichtig.

Celicour. Ihnen bin ich nicht so zuwieder, schöne Constanze! Ach ich nahte mich mit zagendem Herzen!

Constanze. So waren Sie sehr ungerecht, wie konnten Sie mein Herz so schlecht beurtheilen? Jezt brauchen Sie Trost, Erleichterung, *(sie sezt sich neben ihn aufs Sopha),* und diese sollen Sie bey mir finden.

Celicour. Von diesem Herzen erwartete ich diese Sprache, mit Recht.

*[28v]*Constanze. Jeder Leidende hat Ansprüche auf mein Mitleid, aber mein Herz wird doch

minder oder mehr gerührt, je nachdem der Gegenstand mir werth ist. Ja *Celicour*, die Gleichgültigkeit verlässt unser Herz, beym Anblick des Leidens.

Celicour. *(lebhaft)* O könnte die Gleichgültigkeit der Liebe Plaz machen!

Constanze. Dies ist nicht ganz der Sinn meiner Worte.

Celicour. Dürfte ich frey reden! Kann ich Verzeihung hoffen! Ach dieser *Celicour* den ich diesen Morgen Ihnen zeigte, ist jetzt ein ganz andrer wie er nun vor Ihnen steht.

Constanze. Leider hat er sich sehr geändert!

Celicour. *(für sich)* Jezt naht der Critische Zeitpunkt. *(laut)* Aber eben weil es ein ganz andrer ist, können Sie mir auch [29]ohne Zurückhaltung antworten.

Constanze. Aber ich möchte zuerst Ihnen eine Frage vorlegen, ehe ich Ihnen antworte.

Celicour. Reden Sie, ich beschwöre Sie.

Constanze. Hat die Liebenswürdigkeit meiner Schwester ihre lustige heitre Gemüthsart, mich nicht bey Ihnen verdrängt?

Celicour. Sie konnten mir so unrecht thun! Konnten Sie es glauben daß ich einen Augenblick unschlüßig seyn konnte, unter Ihnen beyden zu wählen?

Const. Hatte ich nicht alle Ursache es zu befürchten.

Celicour. Sprechen Sie mein Urtheil.

Constanze. Wenn der *Celicour* den ich diesen Morgen sah mit seinen Reizen, seinem liebenswürdigen Wesen Eindruck auf mich gemacht hätte? – –

Celicour. Reden Sie aus, um alles in der Welt reden Sie. O welchen Preis er*[29v]*hält mein Leben, wenn ich nicht mehr zweifeln darf.

Constanze. So will ich denn alle falschen Ansprüche bey Seite sezen. Ich läugne nicht daß jener *Celicour* mir gefallen könnte.

Celicour. *(für sich)* Ich bin auf der Folter, was wird sie sagen! Es muß entschieden sein. Gefühlvolle Constanze, sprechen Sie ohne Umschweife, ohne Schonung mein Urtheil aus. Konnte meine Gestalt Ihnen gefallen, Sie zu meinem Vortheil einnehmen? Was wird nun der Eindruck sein, da ich verwundet, entstellt vor Ihnen da stehe, mich dahin gebracht sehen muß, über mich selbst eifersüchtig zu werden. – –

Constanze. *(lebhaft)* Weiter. Weiter.

Celicour. Könnte ich in Ihrem Herzen, diese tröstende, beruhigende Nachsicht finden?

[30]Constanze. Können Sie noch zweifeln? Wir können sehr wohl einem Liebhaber wiederstehen, eine Schwachheit überwinden, aber ihm nicht unsre Liebe, unser Mitleid versagen, wenn er unglücklich ist.

Celicour. Englisches Wesen! Ich bin ausser mir, Constanze! Sie entzücken mich, ich vergesse die ganze Welt um mich her. Darf ich gestehen *(Er will seinen Verband abreißen, indem erscheinen Laura, Justine u.* La Fleur *im Hintergrund) (für sich)* Da ist Laura, sie muß noch in ihrem Wahn bleiben.

Constanze. Ich sehe meine Schwester! Wir wollen ihre beleidigte Eigenliebe nicht verlezen. Wenn es unsre Freundschaft stören könnte, so würde mein Glück nur unvollkommen seyn.

*[30v]*Celicour. O was dankt Ihnen mein Herz nicht! Mein Glück, das Gefühl meiner baldigen Genesung die schon beginnt. *(Er steht mit Mühe auf)*

Sechster Auftritt

Constanze. Laura. Celicour. *Justine.* La Fleur.

Constanze. Sein Sie vorsichtig *Celicour.* Sie beunruhigen mich.

Celicour. *(lehnt sich auf Constanzens Arm und geht.)*

Constanze. Dieser Arm sey Ihre Stüze.

Celicour. *(küsst die Hand)* Dieser Arm soll mich sanft führen.

Constanze. Ich habe alle Faßung verlohren.

Laura. *(im Hintergrund des Theaters)* Wie, wärs möglich! Was seh ich. Sie spricht zärtlich mit ihm! Ist sie blind, ist sie [31]bey Verstande?

Constanze. Liebster *Celicour.* Ich bin sehr in Angst, ich zittre für Sie, gehen Sie mit Vorsicht.

Celicour. Fürchten Sie nichts.

Laura. *(für sich)* Das geht weit! Er gefällt ihr wirklich.

Celicour. *(wirft sich zu Constanzens Füssen, und küsst ihre Hand)* O ich bin der glücklichste Mensch unter der Sonne!

Laura. *(für sich)* Schöner wird er deswegen doch nicht.

Constanze. Stehen Sie auf *Celicour* was soll das bedeuten?

Laura. *(für sich)* Ich wills ihm rathen. *(laut)* Jezt bin ichs völlig überzeugt liebe Schwester du hast in der That viel Verdienste.

Constanze. Nicht doch Schwester, nur ein wenig mehr Vernunft, denn seines Unglücks *[31v]*ohngeachtet konnte ich ihn wählen, einen Mann den du veschmäht hast. Wär aber *Celicour* nicht sehr unglücklich wenn er keine von uns beyden hätte rühren können?

Celicour. Es scheint daß die schöne Laura es ernstlich unbegreiflich findet, daß eine so liebenswürdige Frau einen solchen Mann wie ich, ohne Widerwillen ansehen könnte.

Laura. Ja wenn ich offenherzig reden darf, so muß ich es gestehen, daß es mich nicht wenig wundert.

Celicour. Wenn aber der Kranke geheilt werden könnte? Denn Liebe und das Glück sind die geschicktesten Aerzte.

Laura. O nicht geschickter als die andern auch!

Celicour. Sollten Sie nicht vom Gegentheil überzeugt werden? Ich dächte für einen Lahmen wäre mein Gang nicht schlecht. *(Er wirft den Stock weg und geht.)*

[32]Laura. Wahrhaftig er geht.

Constanze. Welches Wunder geht hier vor!

Laura. Es ist unglaublich. *(sieht ihn forschend an)* Wenn diese Binde nicht so fest auf dem Auge bliebe, so glaubte ich – –

Celicour. Nein ich halte es in dieser Lage nicht länger mehr aus. Diese Binde kann ich abwerfen sobald sie Ihnen misfällt. Ja ich muß sie abwerfen *(Er reißt sie ab).*

Laura. *(lebhaft)* Er hat uns beyde betrogen Schwester, es ist abscheulich.

Constanze. So konnten Sie uns hintergehen *Celicour*? Ich verzeihe Ihnen, denn mein Herz scheut keine Probe.

Celicour. Wie schön lächelt mir das Glück, nach diesem stürmischen, unruhigen *[32v]*Tage. Denn mein Herz erfreut sich Ihrer Liebe. Lassen Sie mich rein das Glück genießen mich an Ihrer Schönheit erfreuen zu können. Die Binde fällt vom Auge, der Schleyer zerreißt den ein falscher Wahn um mich her zog. Es ist nicht die Einzige Binde, die von meinen Augen fällt.

LAURA. Hüte dich liebste Schwester, die List dieses Mannes ist strafbar. Er wäre alles fähig. *(für sich)* Ich sehe nur Fehler an ihm, seit einigen Minuten.

CONSTANZE. Vertheidigen Sie sich *Celicour.*

CELICOUR. Sie Geliebte Constanze machen mir die Probe die Sie so glänzend bestanden zum Verbrechen?

LAURA. Ich meinestheils könnte sie Ihm niemals vergeben.

CONSTANZE. Ich vergebe sie Ihm nicht allein, sondern danke Ihm dafür.

Sie umarmen sich.

Der Vorhang fällt.

Die Wanduhr oder Der Gukguk

Nach dem Französischen, in einem Ackt

[1r]PERSONEN

NICOLAS. ein Invalid.
LUKAS SCHMIDT. Er hinkt und hat nur ein Auge.
THOMAS. Knecht des Nicolas.
DIEGO. Spanischer Soldat.
EIN FRANZÖSISCHER CORPORAL.
VIER SOLDATEN. STUMME PERSONEN.
MARCELLINE. Nicolas Frau.
BABETTE. Lukas Frau.

Das Stück spielt zur Zeit des Kriegs mit Spanien und Frankreich. In einem Dorfe auf der Spanischen und Französischen Gränze.

[1v]*Das Theater stellt eine Pächterstube vor, im Hintergrund ist ein Fenster daß nach der Strasse geht, zur rechten Seite eine Wanduhr mit grossen hölzenem Gehäusse, ein Schiebfenster ist in der Mitte, der Thüre angebracht. Die Thüre ist verschlossen gegenüber steht ein Schrank. Im Vorgrund steht ein Tisch daran sitzen Thomas, und Nicolas und trinken.*

ERSTER AUFTRITT

Nicolas. Thomas.

THOMAS. *(stösst an)* Es lebe das Geld!

NICOLAS. *(stösst an)* Die Fröhlichkeit lebe! und auf baldigen Frieden Thomas.

THOMAS. Von ganzem Herzen trink ich das mit, da die Franzosen den Frieden wünschen, müssen die [2r]Catalonier ihn noch herzlicher wünschen.

NICOLAS. *(trinkt)* Der gestrige Tag war heiß! hm! was sagt Ihr dazu?

THOMAS. Ohne Zweifel war es ein schlimmer Tag. Ich kann mich auch rühmen Herr daß ichs Pulver gerochen, ich habe die feindlichen Säbel blinken sehn! Das war ein prächtiges

Feuer Herr Nicolas! Auf dem Boden vom Dachfenster sah ich auch das Gemezzel mit an. *(für sich)* Jezt ists Zeit daß ich gehe.

Nicolas. Und welche Thaten sind geschehn! Noch lange werden die Spanier daran denken daß sie es wagten unsre Gränzen zu betreten.

Thomas. *(trinkt)* Poz Wetter wie ihr sie zurück geschlagen habt; es war eine Freude Euch zu sehen, wie Ihr die [2v]Flüchtlinge verfolgt habt. Mir nichts, Dir nichts die Bajonette in die Hüften gestoßen! Ha man hätte Euch für einen Jüngling von Achtzehn Jahren halten sollen so rüstig wart Ihr auf den Beinen. Ja Bürger Nicolas. Ihr habt grosse Thaten vollbracht. Thaten die ich nicht gethan hätte.

Nicolas. Feige Memm! *(stehn beyde vom Stuhl auf.)*

Thomas. Jeder nach seiner Weise. Habt Ihr auch nun was davon?

Nicolas. Die Ehre!

Thomas. Bah das ist schlechte Münze.

Nicolas. *(begeistert)* Es ist ein Wechselbrief auf die Nachwelt ausgestellt.

Thomas. Nachwelt und ewig Nachwelt! Es kann wohl eine Ehre sein, das Leben zu wagen. Wenn ich mich nicht fürchtete Herr Nicolas, ich hielt auch etwas [3r]von der Nachwelt. Aber wenn ich mein Leben für sie wagen soll, so muß die Nachwelt auch etwas für mich gethan haben.

Nicolas. Pinsel!

Thomas. Seyd ihr auch reicher geworden?

Nicolas. Der Soldat strebt niemals nach Reichthum. Unser Wahlspruch ist Lachen, Singen, Trinken und Siegen. Indem der Mäckler die Welt im Flug aussaugt, das Geld in seine Kästen einsperrt, geht der Soldat langsam aber sicher, den Weg zur Ehre.

Thomas. Sprecht lieber von den Mäcklern, das ist mir ein Stand, höchstens sechs Monat braucht es, und ein ehrlicher Mann ist im trocknen, statt daß nach dreissig Jahren, mit Wunden bedeckt der Soldat. – –

Nicolas *(heftig ins Wort fallend)* Still, still! Was mich betrift, so bin ich mit meinem [3v]Zustand zufrieden. Schirmt mich nicht dieses Dach? meine Pension reicht zu meinen Ausgaben hin. Mein Arm ist noch lange dem Vaterland zu dienen bereit, wenn es wohl thut.

Thomas. Verzeiht Meister Nicolas, alles was ich sagte streitet gar nicht gegen Eure Rechschaffenheit. Ihr seyd von allen die Euch kennen geschäzt. Eure Frau die brave Wittwe die Euch ehmahls so gut gepflegt in Eurer Krankheit, wünscht Euch langes Leben.

Nicolas. Das hoffe ich!

Thomas. Ob ich ihrs gleich versprochen habe, sie zum drittenmal zu heyrathen wenn der Fall einträte.

Nicolas. Dafür bedanke ich mich.

Thomas. Ich werde Euch nicht sagen je früher, je beßer. Das wäre unhöflich. Aber wenn ihr ja einmal sterben sollt [4r]so habe ich doch pränumerirt.

Zweiter Auftritt

Die vorigen. Marcelline.

Marcelline. Trinkt ihr schon wieder?

Nicolas. Sieh da Weibchen bist du auch da? Wein her, frischen Wein sage ich.

MARCELLINA. Du musst Durst haben! es ist schon die dritte Bouteille.

NICOLAS. So bringe die vierte, ich halte von ungleichen Zahlen gar nichts.

MARCELLINA. *(will gehen, kehrt aber um weil man eine Trommel hört)*

THOMAS. Was hör ich!

NICOLAS. Still.

(Man hört eine STIMME *von der Strasse.)* Der Chef von der HauptArmee gebietet Euch, da er vernommen daß sich feindliche Soldaten in dieses Dorf geflüchtet, sogleich Haussuchung vornehmen zu laßen. Jeden feindlichen Soldaten [4v]dem man habhaft werden kann, soll man als einen Spion zum Tod verurtheilen. Und diejenigen die dem Feind eine Zuflucht verstatten, nach militairischer Weise, aufs stengste bestraft werden. *(Man hört wieder die Trommel).*

MARCELLINE. In der That das ist sehr streng!

THOMAS. Aber es ist auch kein Spaß!

NICOLAS. Komm Thomas, laß uns sehen was es draussen giebt, vielleicht giebts auch Beute zu machen.

THOMAS. Gleich Herr; aber ich muß auf den Weg. Meister Lukas den Schmidt besuchen, er hat den Uhrschlüssel machen wollen; Es betrübt mich alle Tage, daß ich den Uhrschlüssel verlohr, seitdem hör ich auch den Gugkuck nicht.

NICOLAS. Jezt ists nicht an diese Poßen zu denken, komm nur, komm nur.

[5r]MARCELLINE. *(tritt ihm im Weg)* Du giebst mir keinen Kuß zum Abschied?

NICOLAS. Es hat Zeit bis ich wiederkomme.

THOMAS. *(verbeugt sich ungeschickt)* Wenn ich wiederkomme. *(gehen beyde ab).*

DRITTER AUFTRITT

MARCELLINE *allein.* Wenn ich wiederkomme! Die alten Soldaten sind doch recht plump! Sie haben nur Sinn für den Ruhm. Wann wird die Noth enden, wann der Krieg aufhören Grosser Gott? Werden die Menschen niemahls müde werden sich unter einander zu zerstören! Bedächtet ihrs doch die ihr uns den Krieg macht, daß es süßer ist einem guten Bürger das Leben zu laßen, als eine Schlacht zu gewinnen. O wie schön wär es in der Welt. *(wischt sich die Augen).* [5v]Wie sie mir die Stube in Unordnung gebracht haben! *(sie räumt auf, trägt die Gläser im Schrank)* Seh ich auch recht? Dort in der Ecke des Schranks hängt ein Schlüssel, wahrhaftig der Uhrschlüssel! Nun will ich sie auch gleich aufziehen. *(Sie öfnet den Uhrkasten, und lässt die Thüre offen).*

VIERTER AUFTRITT

Marcelline. Babette.

BABETTE. Guten Morgen Frau Nachbarinn! so allein?

MARCELLINE. Freylich wie immer!

BABETTE. Ich habe ein Stündchen Zeit, und komme Sie zu besuchen. Der Mann ist ausgegangen, die vier kleinen Bälge schlafen wie die Katzen.

MARCELLINE. Es freut mich recht daß Sie kommen, ach ich bin so unruhig!

[6r]Babette. Wer könnte jezt ruhig sein. Der Krieg ist eine böse Sache. Und wenn der Spanier gewonnen hätte, säh es schlimm bey uns aus. Wir müssten alles erwarten, Mord, Plünderung!

Marcelline. Ach Gott! noch viel ärgere Dinge!

Babette. Der Soldat ist so frech!

Marcelline. Und der Sieger hätte uns Geseze vorgeschrieben. Sezt Euch doch Nachbarinn. *(giebt ihr einen Stuhl)*

Babette. Von Herzen gern, ich hatte so noch keinen Augenblick Ruhe, den ganzen Tag nicht.

Marcelline. Ihr habt wohl ein bischen Noth?

Babette. Freylich wohl! Ja wer einmahl einen Mann hat, mit dem ißts vorbey, da ist keine Ruhe mehr zu hoffen. Dort schreyen die Kinder, da hat man seine Noth, dann muß man dem Mann [6v]noch oben drein aufwarten, dem mans auch niemals Recht macht, er schilt einen noch oben drein tüchtig aus, und macht ewig der Frau den Krieg. Könnt ihrs glauben Frau Gevatter, daß mein Mann gar so weit geht und mich schlägt?

Marcelline. Ihr beklagt Euch darüber? Ihr habt sehr Unrecht Nachbarin, das ist ein Zeichen der Liebe.

Babette. daß ich entbehren wollte.

Marcelline. *(ärgerlich)* Wollte Gott mein erster selger Mann lebte noch! Der gute Narr! Den Abend vor Sanct Peter starb er mir. Da hieß es. Guter Tag, gutes Jahr! Wenn er nicht dann und wann ein bischen zu tief ins Gläsgen geguckt hätte, wenn ich offenherzig werden soll, ich hätte gar nichts an ihm auszusezen gehabt. Die Fehler lies ich ihm [7r]hingehen, weil er so viele gute Eigenschaften hatte, übrigens. Mit Zeit und Geduld hätte ich ihn gebessert. Ich sagte es oft. Aber lieber Mann, sey doch auf deiner Huth, trinke mässig, Nüchternheit und Mäßigkeit sind schöne Eigenschaften; Er versprachs mir auch wenn er von mir ging. Aber kam doch alle Abende toll und voll nach Hause! Tobte schimpfte! und machte höllischen Lärm! Der Auftritt endigte sich freilich immer mit blauen Flecken, an den Schultern. Aber er betete mich auch an, liebte mich. *(sie wischt sich die Augen)* Ich muß immer weinen so oft ich daran denke.

Babette. Eine schöne Liebe in der That.

Marcelline. Frau Gevatterin, das Sprüchwort lügt nicht. Wer recht liebt, straft recht. Ohne Eifersucht besteht keine wahre Liebe. Eifersucht erregt Streit, [7v]und der Streit endigt sich mit Schlägen. Also behaupte ich: daß ein Mann der seine Frau prügelt sie anbetet.

Babette. Sie würden also von meinem Mann angebetet werden, wenn wir tauschen könnten.

Marcelline. Man darf nicht denken daß ich mich über meinen zweyten Mann beklage; bewahre der Himmel! Nicolas ist ein verschlossner Mann. Widersprechen thut er mir gar selten, und ich bin übrigens Herr im Hause, wenn er mir nur mehr Aufmerksamkeit zeigte, sich ein bischen mehr um meine Person bekümmerte. Mich dann und wann lobte. *(brüstet sich)* In jungen Jahren hielt man mich für sehr hübsch, glauben Sie mir: Kein Mädchen sah mich ohne Neid; Aber da leider die Reize entfliehen muß ich freilich sehen, [8r]daß ich auch ausser dem Hause vernachlässigt werde. *(seufzt)* Ich verändere mich freilich Augenscheinlich. Sehen Sie nur Frau Nachbarinn. Sonst waren meine Arme so rund, so voll, und jezt sind sie mager, abgezehrt! Leider seh ich mir gar nicht mehr ähnlich. Aber freilich wenn man einem auch gar keiner Aufmerksamkeit werth hält so vernachlässigt man freilich wohl immer mehr das bischen was man noch hat.

Babette. Ach davon kann ich auch reden!

Marcelline. O jetzt sind die Männer ganz anders! In den alten Ritterzeiten da war Sch⟨ö⟩nheit noch ihren Preis werth. Da thaten sie auch noch etwas aus Liebe. –

Babette. Ich muß Ihnen doch etwas erzählen Frau Marcelline, da wir einmal dieses Gespräch angefangen. Einen Zug von Eifersucht den ich an meinem Mann entdeckt habe. Als ich eines Tages am Fenster stand, in der Absicht frische Luft zu schöpfen. [8v]Das Fenster war wie hier; gerade so *(sie tritt zum Fenster, indem erscheint Diego von aussen, und springt in die Stube)* Ach Himmel *(sie läuft erschrocken fort).*

Fünfter Auftritt

Marcelline. Diego.

Marcelline. *(steht unbeweglich vor Schrecken da).*

Diego. Rettet mich ich beschwöre Euch bey dem Mitleid daß zu allen gefühlvollen Herzen spricht, rettet mich!

Marcelline. *(halb laut)* Zu Hülfe! zu Hülfe!

Diego. Ums Himmelswillen schweigt, ich bin verlohren wenn man es gehört hat.

Marcelline. Sprecht was verlangt ihr von mir?

Dieg⟨o⟩. Gute Bürgerinn mein Leben verlang ich.

Marcelline. *(erschrocken)* Wer seyd Ihr?

Diego. Ein unglücklicher Spanier, der dem Todt [9r]entfliehen will. Versagt Ihr mir diese Zuflucht so bin ich verlohren.

Marcelline. Ich sollte Euch verbergen? Es ist unmöglich, wie könnt ihr es verlangen. Habt ihr nicht die *proclamation* gehört? Ich beschwöre Euch flieht! Ich wäre verlohren, ohne euch retten zu können!

Diego. *(ausser sich)* Zu Euren Füssen beschwöre ich Euch, seyd nicht unerbittlich. Habt Mitleid. Versagt Ihr mir diese Bitte, so ist dies meine einzige lezte Zuflucht. *(er zieht eine Pistole aus dem Gürtel).*

Marcelline. Gerechter Gott! Haltet ein, was soll das heißen. *(sie schließt die Thüre zu, und kömmt zurück)* Armer Junge! wohin kann ich ihn verstecken.

[9v]Diego. Nur ein kleiner Winkel genügt mir, nur bis die Nacht heran kommt, gute Frau. Der unglückliche bedarf nur eines engen Raums, wenn die Verschwiegenheit ihn bewacht.

Marcelline. *(nach einer Pause)* Mir fällt etwas ein, vortreflich! ich stecke ihn da in die Wanduhr. Kein Mensch vermuthet daß ich den Schlüssel wiedergefunden habe. Nachbar Lukas bringt sicher den neuen Uhrschlüssel nicht vor Morgen, und dann kommt Zeit, kommt Rath.

Diego. Edles Weib! *(will ihr zu Füssen fallen, sie hält ihn zurück).*

Marcelline. Jezt spart Euren Dank, geschwind, geschwind nur hinein.

Diego. Macht das Maas Eurer Güte voll, gebt mir auch Brodt, seit vier und zwanzig Stunden aß ich keinen Bißen.

Marcelline. So lange habt ihr nichts gegessen! Armer Mensch. Ihr sollt gleich Brodt [10r]haben. *(sie geht nach dem Schrank zu, indem klopft man von aussen stark an die Thüre)* Verbergt Euch ums Himmelswillen. *(sie schlägt die Thüre des Uhrkastens zu, und stellt einen Tisch dafür)* Auf Deine Hülfe allein verlasse ich mich guter Himmel!

Sechster Auftritt

Marcelline. Thomas. Diego in der Uhr versteckt.

Thomas *(tritt schwer bepackt herein. Er trägt einige Kleidungen Spanischer Soldaten. Das Orchester spielt langsam die Arie* Malbroucks) Alle Wetter Frau Marcelline, ihr habt Euch tüchtig verschanzt. Man sollte glauben Ihr fürchtet Euch.

Marcelline. *(verlegen)* Ich mich fürchten? und wofür? Sag Thomas, ist der Uhrschlüssel noch nicht fertig?

Thomas. Nein! vor morgen könnt ihr ihn nicht haben da ist nicht daran zu denken.

Marcelline. *(für sich)* Das ist vortreflich! *(laut)* [10v]Mir scheint die Herren haben sich nicht wenig bereichert.

Thomas. *(pralend)* Es sind Kleidungsstücke unsrer Feinde, die ich verjagt habe.

Marcelline. O wahrhaftig ich glaube sie wären noch alle hier, wenn solche Menschen wie du ihnen nachgesezt hätten.

Thomas. *(wirft den Bündel hin)* Wäre nicht gar hier auch noch ein Feind verborgen.

Marcelline. *(für sich)* Ich zittre an allen Gliedern.

Thomas. Gottlob das Pack werden wir gewiß los, denn es soll auch noch Haussuchung geschehen, und die ersten die man findet, denen sey Gott gnädig.

Marcelline. Glaubst du wircklich es könnten sich feindliche Soldaten verborgen haben?

Thomas. *(lacht)* Ja ja ich glaub es, und könnte ich einen auffinden, mein Glück wäre [11r]gemacht, Frau Marcelline.

Marcelline. Dein Glück! und du möchtest dich durch solch ein Mittel bereichern? Es bringt keinen Seegen auf solche Weise reich zu werden, denn es raubt die Ruhe des Gewißens.

Thomas. Wie Ihr so lebhaft werdet Frau Marcelline. Man sollte glauben Ihr hättet selbst jemand verborgen.

Marcelline. *(für sich)* Er ist verlohren! *(laut mit Sicherheit)* und wenn es denn auch wäre?

Thomas. Ach da wärt ihr nicht so ruhig! Bey Euch ist so etwas gar nicht zu befürchten. Ihr seyd eine viel zu gute Bürgerinn.

Marcelline. Ja das bin ich Thomas. Aber wenn man ohne das Gesez zu verlezen, menschlich wäre? Mir dünkt die besten Bürger, sind die menschlichsten.

Thomas. Menschlichkeit! Menschlichkeit! das Wort muß ich auch ewig hören. Jeder Mann führt es im Munde heut zu Tag.

[12v]Marcelline. Schlimm genug wenn es nur im Munde und nicht im Herzen ist. Ach die Bösen gedeihen niemals!

Thomas. Man sagt doch, daß nur der Böse Glück hat in der Welt.

Marcelline. *(für sich)* Noch ahndet er nichts! Geschwind zur Nachbarinn. Sie muß vor allen Dingen zum Schweigen gebracht werden. Zaudre ich länger so ist alles verlohren *(laut)* Ich bin gleich wieder da Thomas. *(geht schnell ab).*

Achter Auftritt

Thomas allein.

Thomas. Geh nur! ich will das Hauß schon hüten. – *(sieht sich um)* Sie ist richtig fort! Ich muß mir doch den Magen stärcken da ich allein bin; Ich muß meine kleinen Vorräthe hervorholen. *(Bringt ein Stück* [12r]*Schinken aus der Tasche, und alerley Eßwaaren u. sezt sie auf den Tisch der an der Wanduhr steht.)* Ohne einen Trunk geht es gar zu schwer hinunter, der Hals ist so trocken. Ich will doch sehen ob da nichts im Brodtschrank steht. Meister Nicolas liebt sich auch Magenstärckungen. *(während Thomas im Schrank sucht langt Diego seine Hand aus dem Schiebfenster des Uhrgehäuses, und holt ein Stück nach dem andern von den Eßwaaren. Thomas kömmt mit einer Flasche am Tisch)* Da wäre nun was ich brauche. *(Erblickt den abgele⟨e⟩rten Tisch)* Ach, ach, mein Schinken! meine Würste! Wo ist alles hin gekommen? *(mit lauter Stimme.⟨)⟩* Wären Spizbuben hier verborgen! Spizbuben! Es giebt heutzutage keine Spizbuben mehr. Die Stände haben sich mit ihren eignen Gewißen abgefunden. Man betrügt sich nicht mehr heimlich in der Welt. – *(sieht sich um)*. Hm. Es war die Katze, richtig, richtig. [12v]*(besinnt sich)* Sonderbar ists bey alle dem, mein ganzer Vorrath ist fort. Wer konnte mir ihn weg prackticiren? *(furchtsam)* Wenn es nun Gespenste wären? Wartet ihr sollt Euch fürchten. Meine Spanische Uniform ziehe ich an; ich sehe recht martialisch aus, ich sehe gewiß besser aus darinn als sonst in einer Uniform. *(Er zieht eine der mitgebrachten Uniformen an, die der des Diego ähnlich ist)*: Allerliebst! Man möchte sagen der Rock wäre für mich gemacht. Ich sehe recht kriegerisch aus! Ich fürchte mich beynah für mich selbst. *(nimmt den grossen Säbel)* Das wichtigste hätt ich doch beynah vergessen! Der Hieber ist etwas werth! Ich sollte denken, ich könnte sogar den Teufel verjagen. *(geht auf eine lächerliche Art in der Stube auf und nieder).*

Siebenter Auftritt

Thomas. Marcelline.

Marcelline. *(für sich im Hereintreten)* Die Nachbarinn hätte ich vorbereitet; nun bin ich ruhiger.

⟨Steinberg⟩

[1]Personen

Baron Steinberg.
Baronin seine Frau.
Nelly Kammerjungfer der Baronin.
Joseph Bedienter des Barons.
Herr von Steinberg Onkel des Barons.
Graf Wimpfen.
Bettina eine Italienerin.

Marie ihre Kammermädchen.
Franz Bedienter des Grafen.
Kellner.
Bediente die nicht sprechen.

Die Scene ist in einem Gasthof in einer Deutschen Stadt.

Erster Aufzug

Erster Auftritt

(Ein grosser Saal mit vielen Thüren.⟨)⟩

Joseph *kömmt aus einer Seitenthüre heraus wirft sich unwillig auf einen Sessel.* Wahrhaftig das ist ein schönes Leben, *(zählt an den Fingern)* Eins, zwey, drey, ja ganz richtig schon seit drey Monaten haben wir England verlassen, und sind noch immer weit genug vom lieben Vaterlande, und nach unsrer Art zu reisen kann es noch, wer weis wie viele Monate dauren. Ja ich wollte anders mit einer Frau umgehen! Nicht warten und horchen bis sie ihren Willen zu verstehen giebt, sondern ich sagte mein Wille ist der beste, und damit holla wer nicht mit will, bleibe zurück. Hier sizen wir nun schon wieder acht Tage ohne Ursache, und der Herr zögert noch immer das einpacken zu befehlen. Ach die Zeiten sind nicht mehr wo ich alter ehrlicher Diener [2]ein Wort sprechen durfte, meine Meinung auch sagen, der Herr war wohl gar so gefällig wenn es mir igendwo gefiel länger zu bleiben als er sonst gethan hätte, aber jezt; hat er ja selbst keinen Willen, und die gnädige Frau auch nicht, oder sie will nicht das Ansehn haben als wollte sie etwas. Da vergeht nun unser Leben in ewiger Unbestimmtheit. Wenn aber nur Joseph dabey Ruhe hätte, seinen Körper pflegen könnte, ach so gut wird mirs nicht! Da sizen sie nun wieder drinnen, einander gegenüber ohne viele Wort zu sagen, und im dumpfigen Zimmer da alles so schön draußen ist, und ich auch gern ein Gläsgen Wein im Grünen verzehrte. Da sizen sie nun da, sehen sich an, und trinken Thee. Der unseelige Trank kostet mir meine ganze Mühe denn es giebt immer was neues dabey zu thun. [3]Den Kessel zu füllen, Kohlen zu blasen, man wird ganz eingeräuchert von dem vielen rösten; und die Nase stärckt nicht einmal ein erquicklicher Geruch, wär ich nur zu Hause da seze ich mich ruhig ans Feuer, und lasse die jungen Burschen die unseeligen Geschäfte thun. Ach die Ruhe wird mir schmecken!

Zweyter Auftritt

Nelly. Joseph.

Nelly. *(kömmt eilig gelaufen)* Joseph, geschwind bitte ich.

Joseph. Was beliebt, schöne Jungfer soll ich Postpferde bestellen? Hat es endlich der gnädigen Frau beliebt zu sprechen? Ich will geschwind laufen, will gern auf ein aufgespartes Gläschen Wein Verzicht thun wenns fort geht.

Nelly. Wie er nur so viel sprechen kann?

Joseph. Ja manchen wird es freylich schwer zu begreifen daß man seinen Mund brauchen kann.

[4]Nelly. Aber gehe er geschwind, geschwind.

Joseph. Wohin *charmantes* Kind? Wenn diese Augen nicht so eine artige Sprache hätten wär ich schon lange auf dem Rückmarsche, mir nichts, dir nichts.

Nelly. Wozu jezt dies alles, geh er lieber Joseph, der Theekeßel ist leer.

Joseph. Da haben wirs! um einer so lausigen Ursache willen soll man die Beine so anstrengen. *(seufzt)* Wenn der Thee nur eine Eigenschaft hätte!

Nelly. Welche?

Joseph. Daß er die Zunge löste, den Gedanken einen freyen Durchbruch ließ, aber ich fürchte er trocknet immer mehr aus. Meines Herrn wegen wollte ich gern gehen, laufen, Wasser zu tragen daß die Zimmer überschwemmt würden.

Nelly. Was sollen diese Anspielungen?

Joseph. Sind denn bey Ihnen alle vornehmen Damen so – – – stumm?

[5]Nelly. Sind die Bedienten in seinem Vaterland alle so vorlaut?

Joseph. Wie mans nimmt. Aber bey uns ist es ganz anders, da sind die Frauenzimmer in ewiger Bewegung. Die Hausfrauen aeugeln, schwazen, das es eine Lust ist. Wenn so gar der Hausherr ungedultig wird über die langen Erzählungen, den Tisch in der Stille verlässt, des Lezten den feisten Hammelbraten stehen lässt und sich empfiehlt, die Kinder sich in die Ecke drücken um der geschwäzigen Mama zu entgehen. Wenn die Noth der Dame gar zu groß ist, sie gar niemand hören will, was denken Sie das geschieht? Ha! So steht die Hausfrau auf, ruft den ersten besten Bedienten ins Zimmer und sagt vertraulich, hier Casperle trink ein Gläschen Tokaier, ich will dir das Ende der angefangnen Geschichte erzählen. Da lässt sich dann freylich zuhören wenn die Gurgel geschmiert wird.

[6]Nelly. Wahrhaftig eine schöne Beschreibung. Finden sich viele solche Frauens noch?

Joseph. O ja, aber uns wird das so gut nicht werden, wir werden bald keinen Laut mehr von unsern Herrschaften vernehmen. Denn der gnädige Herr wird auch alle Tage stiller, beym Auskleiden erzählte er mir doch zuweilen eine lustige Geschichte. Jezt spricht er nur noch mit der gnädigen Frau.

Nelly. Man klingelt. Der Kessel ist noch nicht gefüllt. Geh er doch nur. Die gnädige Frau wird sonst böse.

Joseph. Spricht sie nur da?

Nelly. *(verdrieslich)* Ich werde auch ungeduldig. Joseph geh er doch nur.

Joseph. Wenn ich wüsste daß ich sie sprechen hörte wie sichs gehört, so wollte ich so gar ihren Zorn auf mich laden. *(läuft hurtig ab).*

[7]Dritter Auftritt

Baron. Nelly. (Baron kömmt schnell aus dem Zimmer)

Baron. Nelly. Joseph, ist niemand da?

Nelly. Ich bin hier gnädiger Herr.

Baron. Wo bleibt ihr aber zusammen, niemand kömmt.

Nelly. Ich muß es nur sagen, meine Schuld ist es nicht, Joseph ist so geschwäzig und geht einem nicht von der Stelle bis er sich ausgeplaudert hat.

Baron. Meine Frau ist unzufrieden, ungehalten, ich sah es ihr an. Lauf dem Joseph nach.

Nelly. Schon wieder geklingelt, ich kann wahrhaftig nicht hinein gehen, mit leeren Händen.

Baron. Aber hör Nelly da wir hier allein sind, möchte ich dich etwas fragen.

Nelly. Wenn ich antworten kann, so soll es nicht an mir liegen, Sie zu befriedigen.

Baron. Sag mir merkst du nicht daß es meiner Frau hier misfällt? Wir leben so einförmig.

[8]Nelly. Sie hat nichts gesagt.

Baron. Ich weiß nicht wie ich mich verhalten soll, soll ich gehen oder bleiben, frage ich so sagt sie immer nur wie Sie wollen, aber ich lese in ihrem Gesichte daß sie sich doch für die Reise fürchtet. Frage sie doch ob sie unsere Kleider ausgepackt haben will.

Nelly. An Ihrer Stelle gnädiger Herr, sagte ich ihr ohne Umstände, daß wir keinen Beruf hier haben so lange hier zu verweilen, daß Ihre Familie ungedultig ist Sie wiederzusehen wär ein Hauptgrund sollte ich denken, und sie könnte nicht anders als eine bestimmte Antwort geben.

Baron. Das geht nicht! ich sah es ihr am Gesicht an. Bist du lange bei meiner Frau Nelly? Ich hab dich doch niemahls im Hause meines Schwiegervaters begegnet.

Nelly. Schon lange gnädiger Herr. Aber ich lebte immer in den Zimmern meiner Dame, und sah niemahls Fremde. *(seufzt)* Ich liebe nicht Fremde zu sehen.

[9]Baron. In deinen Jahren ist es aber eine ungewöhnliche Erscheinung. Was war nur deine Beschäftigung?

Nelly. Ich arbeitete, und in den Stunden die andre zur Belustigung anwenden, las ich, die Bibliothek meiner Gebieterin gab mir viel Unterhaltung, und Belehrung.

Baron. Sage mir aber Nelly, da du so lange mit meiner Frau gelebt hast, hat sie denn gar nichts was sie besonders lebhaft interessirt? Keine Lieblings Neigung? ausser der Astronomie?

Nelly. Verzeihen Sie daß ich Ihnen eine Frage vorlegen muß, die mir immer dringender wird.

Baron. Recht gern will ich es erlauben. Sprich.

Nelly. Sie haben doch meine Herrschaft geheyrathet, und wißen so wenig von ihren Neigungen, wie geht das zu. Halten Sie mich nicht für unbescheiden.

Baron. Du bist nicht wie die Mädchen Deines Standes gewöhnlich sind, man sieht es dir wohl an, daß du [10]mehr unter Büchern als unter Menschen lebtest. Deine Frage ist so vernünftig, daß sie auch eine solche Antwort verdient. *(faßt ihre Hand)* Du bist ein vernünftiges gutes Mädchen Nelly?

Nelly. Es freut mich wenn Sie mich dafür halten. *(man klingelt)* Wo nur Joseph bleibt. Ich muß wirklich fort, auf ein ander Mahl hoffe ich Sie stillen vielleicht meine Neugierde.

Baron. Bleib noch Nelly, ich rede sehr gern mit dir, und höre gern deine Antworten.

Nelly. *(ängstlich)* Ich kann wahrhaftig nicht.

Vierter Auftritt

Die Vorigen.

Joseph. *(kömmt athemlos herein, und lacht, und wirft den Kessel in das Zimmer.)* Da haben wirs! Aber gnädiger Herr, wenn mich auch die gnädige Frau aus dem Dienste jagt lachen muß ich. [11]Denn denken Sie nur. *(lacht).*

Baron. *(Ernsthaft)* Meine Frau wartet schon so lange, was sollen jezt Poßen?

Joseph. Denken Sie nur wie ich da unten stehe auf das Wasser warte sehe ich zum Fenster heraus.

Baron. Aber wozu diese Erzählung?

Joseph. Ja wahrhaftig sie muß sein, denn sonst kömmt Ihnen das Unglück auf den Hals ehe Sie sichs vorsehen.

Baron. Was ists denn?

Joseph. Ja wie gesagt ich sehe zum Fenster heraus, da kömmt *(man klingelt)* verdammt warte du!

Nelly. Ich muß fort, hinein ins Zimmer, schon zum drittenmahl klingelt die Herrschaft. Was soll ich nun sagen?

[12]Joseph. Ey daß es auch am Ende warmes Wassers genug wäre.

Baron. Du wirst sehr unhöflich Joseph, nur daß du ein alter treuer Diener meiner *Familie* bist kann dich in meinen Augen entschuldigen. Ich würde mich sonst nicht lange besinnen, dein Betragen misfällt mir sehr.

Joseph. Habe ich denn nicht auch ein Recht meine Meynung zu sagen, ich bin ein freyer Mensch wie Sie Herr trotz aller Ehrfurcht die ich für Ihren Carakter habe, so schäze ich den und nicht Ihre Würde. Diese Redensart lernte ich unterwegs von einem reisenden Gelehrten, am Wirthstisch, ich muß doch auch zeigen daß ich mit Nuzen reise.

Baron. *(schüttelt den Kopf.)* Dich hat das wandernde Leben auch verwirrt.

Joseph. Aber nun meine Erzählung müssen Sie hören. Es [13]ist nothwendig: Denken Sie nur wie ich zum Fenster heraus sehe, sehe ich.

Baron. Was? Was?

Joseph. Einen alten großen Staatswagen, noch von der Krönung her, vom Carl dem Sechsten oder dem – Sechszehnten was geht das mich an. Nein Carl der Sechste, richtig.

Baron. Was geht mich das an, mache daß du zu Ende kömmst.

Joseph. Ach mir liegt selbst am meisten daran, aber man muß doch schwazen wie einem die Gedanken eben kommen. Auf dem Bock sizt ein Bedienter mit schweren silbernen Tressen bedeckt.

Baron. Wo soll das hinaus?

Joseph. Und im Wagen sizt ein dicker Herr der kaum Plaz hat, denn der Wagen sah aus wie eine Räucherkammer, wenns noch eine Rußkammer [14]wäre, so etwas kann man auf Reisen brauchen, wissen Sie noch der Straßenräuber bey Windsor?

Baron. Was soll daraus werden? auf diese Art kömmt deine Geschichte schwerlich zu Ende.

Joseph. Gleich, gleich. Schinken, geräucherte Zungen, Würste hingen an den Kutschen Fenstern. Und wie der Herr ausstieg erkenne ich unsern Herrn Onkel.

Baron. Welchen?

Joseph. Je, der dort auf dem alten Schloß wohnt, nicht weit von der Landstrasse, der die dicke Frau hat, und die schlanke Tochter.

Baron. Onkel Steinberg! Ich hoffe er hat dich nicht gesehn, er darf uns jezt nicht sehen.

Joseph. Freylich weis er dass wir hier sind, denn troz Ihres strengen Verbots habe ich gesagt Sie wären hier. Die Freude mich unter Landsleuten zu finden war zu mächtig in mir, [15]ich vergaß alles. Der Herr Onkel erkannte mich gleich. Glück zu Joseph rief er mir entgegen, ist dein Herr da? Ja, ja rief ich aus, wo versteigen sich aber Ew. Gnaden hin fragte ich. Ich mache eine grosse Reise war seine Antwort. Er stieg aus, aber er hat so viele Mühe sich aus seinen Mänteln und Kappen zu wickeln, daß es noch eine Weile dauern wird, aber er wird Sie sogleich aufsuchen gewiß.

Baron. *(für sich)* Daß gerade dieser der Repräsentant meiner *Familie* bey meiner Frau seyn muß! Wenn ich ihn nur erst allein sprechen könnte.

Fünfter Auftritt

Die vorigen. Baronin. *(tritt mit feyerlicher Miene ins Zimmer, und sieht die übrigen verwundert an)*

Nelly. Gnädige Frau Es ist nicht meine Schuld daß ich so lange ausblieb. Joseph war Schuld.

Baronin. So!

[16]Nelly. Es ist ihm etwas ausserordentliches begegnet.

Baronin. Ich will Thee haben.

Joseph. *(für sich)* So viel Worte hab ich noch nicht gehört.

Baron. *(der am Fenster während dem gestanden, tritt zu ihr)* Ich sehe eben die Gegend an. Sie sind schon so lang hier, und haben noch keine Spazierfahrt gemacht, ist es Ihnen gefällig, Soll ich vielleicht den Wagen bestellen?

Baronin. Ich denke.

Baron. Es soll auch Komödie hier seyn, hätten Sie nicht Lust dazu?

Baronin. Ich? Nein.

Baron. Es wäre doch die beste Art Sie auf unsre Deutschen Sitten vorzubereiten, denn man stellt sie treu genug auf dem Theater dar.

Baronin. So?

[17]Baron. Auch soll heute Masquenball seyn, wo der schönste Cirkel der Stadt versammelt zu finden ist. Machte Ihnen nicht so etwas Freude?

Baronin. Nein.

Baron. *(fasst ihre Hand)* Wenn Sie nur Ihr Vaterland nicht zu sehr vermißen, da Sie gar keinen Antheil an dem meinigen nehmen wollen!

Baronin. Sorgen Sie nicht.

Baron. Und doch müssen Sie meiner Liebe verzeihen daß ich nicht ganz ruhig bin, bis ich auf dieser Stirne keinen Zug der Traurigkeit mehr sehe.

Baronin. Sie irren.

Baron. O gern will ich irren!

Joseph. *(für sich)* So spräch ich meiner Treu nicht! Ich kenne gar den raschen Herrn nicht mehr. Aber sein Sinn wird zahm endlich, die Bürde die er sich auf den Hals geladen hat, macht ihn mürb. Gnädiger Herr ich höre jemand die Treppe herauf kommen.

[18]Baron. *(mit Verlegenheit).* Sey still, er wird nicht sogleich unser Zimmer finden können. Ich möchte Sie auf diese Erscheinung vorbereiten. Ein alter Onkel der auf dem Lande lange Jahre lebte, der mit seinen Gewohnheiten und Vorurtheilen grau geworden ist, findet sich ganz unvermuthet hier mit uns zusammen. Er wird ungedultig seyn Sie zu sehen, und mich, denn er hatte stets viel Anhänglichkeit für mich. Darf ich Ihn Ihrer Güte empfehlen. Ihrer Nachsicht?

Joseph. *(für sich)* Der gute Herr was er vor viele Worte macht! Er will das einbringen was die gnädige Frau zu wenig sagt.

Baronin. Verzeihen Sie jezt nicht. *(geht ab mit Nelly).*

Baron. *(steht betroffen still.)* Wie soll ich das deuten?

[19]Fünfter Auftritt

Baron. Herr von Steinberg.
(Joseph in einiger Entfernung)

Steinberg. Ach da ist er ja! *charmanter* lieber Vetter Grüß Sie Gott. Herzlich, herzlich bin ich erfreut Sie hier zu finden.

Baron. Gleichfalls, gleichfalls lieber Onkel. Welches Wunder führt Sie gerade hieher? und so allein?

Steinberg. Ja nur für wenige Tage, meine Frau und Tochter kommen nach.

Baron. Ich kann mich doch nicht genug wundern Sie so unerwartet zu sehen, Ihnen meine Freude nicht genug zeigen, nach einer so langen Abwesenheit.

Steinberg. Ja wohl lange genug! Aber sagen Sie mir kann ich Ihre Frau nicht gleich sehen, meine neue *Cousine*?

[20]Baron. *(verlegen)* Sie freut sich außerordentlich auf meine werthe *Familie*.

Steinberg. Führen Sie mich doch gleich zu ihr, ich bin sehr ungedultig, neugierig.

Baron. Erst sagen Sie mir bester Onkel was macht meine Mutter?

Steinberg. Freut sich sehr auf die Schwiegertochter aus fremden Landen, die doch besonders liebenswürdig seyn muß und artig, daß sie der Herr Vetter so weit her geholt hat. Denn was gewöhnliches hätte der Herr auch bey uns gefunden. Ich habe auch Töchter.

Baron. Sie sind immer so lustig bester Onkel, aber erst sagen Sie mir wo bleibt die Tante.

Steinberg. *(horcht an den Thüren, der Baron tritt auf eine geschickte Art in Weg)* Ich muß nur horchen ob ich kein Geräusch höre, ob ich die *Cousine* nicht selbst ausfindig machen kann. [21]Da der Mann zögert sie zu zeigen. Ich glaube gar der Herr Vetter fürchtet sich noch für mich? ich bin auch eben noch nicht so wenig gefährlich für ein Herz. Vor zwanzig Jahren wars freylich anders, da die Backen noch voll und roth waren und der Zopf steif, und reich mit Haaren geschmückt. Jezt aber ist das ganz vorbey, die heutige Tagsordnung zeigt nur den Kopf, er mag innen voll oder leer seyn, wenns nur recht kahl und abgestumpft von aussen aussieht. Recht jämmerlich. Aber ich bin immer bitter wenn mir die jezige Zeit einfällt. Wieder auf mich zu kommen. Vor zwanzig Jahren hätte ich Ihnen wohl ins Gehege kommen können Vetter.

Baron. *(mit gezwungnem Lächeln)* Auch jezt noch Onkelgen. Nur vor allen Dingen sagen Sie mir, wohin denken Sie zu reisen, und warum zögert die Tante, Ihnen zu folgen.

Steinberg. Bey der *Cousine* sollen Sie alles erfahren. Nur zu ihr, nur zu ihr. Aber von meiner Frau noch ein Wort, der Stuhl war noch nicht fertig [22]den sie mitzunehmen gedenkt, und alle andre bequeme Meubles.

Baron. Wohin reisen sie denn aber? doch nicht gar auf eine wüste Insel?

Steinberg. Ach nein! wenn Sie es nun ja wissen wollen nach Rom geht die Reise.

Baron. Aber lieber Onkel warum wollen Sie reisen? Sie und die Tante lieben die Bequemlichkeit, und könnten es nirgend besser finden als in Ihrem Hause.

Steinberg. Es hat seine Ursachen.

Baron. Verzeihen Sie wenn meine Frage vielleicht fürwizig war.

Steinberg. Nein behüte Gott das war sie nicht. Aber ich muß nun die neue *Cousine* begrüßen.

Baron. *(verlegen)* Lieber Onkel nur noch einen kleinen Aufschub. *(bey Seyte)* Wenn es mir nur gelänge ihn in eine weitläuftige Erzählung zu verwickeln!

[23]Steinberg. *(will ihn fort führen)* Kommen Sie, kommen Sie.

Baron. Eine einzige Frage noch. Ist meine geliebte *Cousine Nanette* die Ursache dieser Reise? *(scherzend)* Sie haben wohl geheime Absichten? Irgend eine grosse Verbindung? Hab ichs nicht errathen?

Steinberg. Bewahre Gott, für grosse Verbindungen. Nur die Ahnen vollzählig dafür bete ich alle Tage. Fürs zu viel ist heutzutage gesorgt, du lieber Himmel! Es wird kein Mensch mehr etwas von seinen Vorfahren wissen in kurzer Zeit wenns so fort geht.

Baron. *(für sich)* Ueber diesen Punkt war er immer gesprächig, ich muß fortfahren. *(laut)* Aber sagen Sie wie hat Ihre Tochter gar keine Neigung zu einer Heyrath?

Steinberg. Ich wüsste nicht. Aber wer kann jezt etwas wissen, da alle Elterliche Autorität wankt, der Herr Vetter ja selbst haben gewählt ohne Ihre *Familie* zu fragen. Alles wird jezt anders.

[24]Baron. Das weiß der Himmel!

Steinberg. Aber auf Ihre Frau zu kommen. Sie ist wohl von Altem Geschlecht? Hat es bey ihrer Familie gar keine Schwierigkeit gesezt? Hat man Sie so freywillig ziehen lassen? Oder der Herr hat einen Ritterstreich gemacht so wie Entführung he? Je mehr ich die sonderbare Wahl bedenke je mehr wächst meine Neugierde. Eine sehr grosse Neigung muß Sie dazu bestimmt haben, eine Ausländerin zu wählen. Wenn ich nur wüsste wie sie aussähe, ist sie lebhaft, gesprächig? Wie sie aussieht darf ich Ihnen nicht fragen, denn Ihr Herrn denkt alles was ihr wählt muß auch schön seyn – Ist sie zärtlich? lustig? Ernsthaft?

Baron. Ich getraue mir selbst nicht zu urtheilen, kann Ihre Fragen nicht beantworten. Aber urtheilen Sie nicht nach dem ersten Anblick, der ersten Zusam⟨m⟩enkunft, sie scheint kalt, zurückhaltend wie es bey den Frauens ihrer Nation meist der Fall ist, je mehr sie bey näherer Bekanntschaft auch gewinnen.

[25]Steinberg. Ich will sie schon lustig machen, nur zu ihr. *(er will fort)*

Baron. *(tritt ihm in Weg)* Nur noch eine Frage erlauben Sie mir. Ich werde sobald noch nicht fertig mit fragen denn denken Sie nur wie lange sah ich Sie nicht, hörte nichts ausführliches von meiner so werthen *Familie*.

Steinberg. Allzugütig in der That. Aber?

Baron. Es ist mir gar traurig daß Sie eben die weite Reise antraten Onkelgen, gerade jezt da ich von der meinigen zurückkehre.

Steinberg. Es muß seyn mein liebster, sage ich. *(nähert sich einer Thüre)*

Baron. War kein Aufschub möglich?

Steinberg. Nein. Jezt gar nicht mehr, da das Reisen so Mode wird, ist man solchen Ueberfällen alle Tage ausgesezt.

Baron. Ich erstaune immer mehr. Sollten Sie in Ihren Besizungen gestört werden können, sollte der Staat gar etwas gegen Sie unternehmen wollen? Sollte man einen falschen Verdacht haben können? [26]Es ist mir alles ein Räthsel. Könnte man Sie gar aus dem Reiche verdrängen wollen ein reisender Staatsinquisitor sollte vielleicht zu viel Behaglichkeit bey Ihnen gefunden haben?

Steinberg. Damit hats keine Noth, ich ehre den Staat, und das Reich. Aber in einem andern Reich will man uns Layen nichts gelten lassen.

Baron. Meine Neugierde ist auf den höchsten Grad gestiegen. Erklären Sie mir das Räthsel ich bitte.

Steinberg. Sie sind ärger wie eine Frau Vetter! Des Hausfriedens wegen will ich einmal nachgeben. Aber die *Cousine*, die *Cousine*.

Baron. Ums Himmelswillen bester Onkel zuerst Ihre Erzählung.

Steinberg. Nun drum. Was mich umgiebt ist Ihnen bekannt. Sie wißen daß ich alles aufbot um mein Schloß zu einem der schönsten Pläze zu machen.

Baron. Wer kann daran zweifeln?

[27]Steinberg. Es ist die schönste Wildniß um mich herum, die englischen Anlagen sind mir aufs glücklichste gerathen. Ich bin mit der Zeit fortgegangen. Jeder Fremde rühmt mich, man reisst sogar manche Meile um meine Güther zu besehen, und mancher ergözt sich an meinen Gärtens. Sie wißen das ist mein Steckenpferd Vetter.

Baron. Immer fort bester Onkel, ich bin sehr neugierig.

Steinberg. Aber ich muß zu lange auf die Bekanntschaft warten.

Baron. Jezt wollen Sie gerade meine Erwartung auf den höchsten Punkt spannen?

Steinberg. Ich will ja fortfahren. Ich stehe an einem schönen Tag auf meinem Balkon, als zwey Fremde sich melden lassen und um die Erlaubniß bitten herum geführt zu werden.

Baron. Nun? Nun?

[28]Steinberg. Ich sah sie von weitem emsig herum laufen, alles begucken. Bey jedem Schritt zeichneten sie etwas in ihre Brieftaschen auf. Ich dachte gar es wären Spione, und wollte ihnen doch auf den Zahn fühlen. Ich lasse sie zu mir einladen zum Essen, sie sehen hungrig abgemattet aus – sie nehmens mit Freuden an.

Baron. Es klingt so mährchenhaft, wie es nur aber mit Ihrer Reise zusammenhängen kann? *(für sich)* Jezt ist es mir gelungen er hat die *Cousine* vergessen.

Steinberg. Am Tisch nachdem die Herren sich recht satt gegessen, und ich immer noch speculirte wer sie seyn möchten, fangen sie plözlich an über den Deutschen Geschmack zu schimpfen. Das Bild meines Urgroßvaters im Eßsaal, mit dem grossen weissen Hund, machen sie mir herunter daß ich ganz beschämt [29]wurde, denn ich hielt es immer für ein grosses Kunstwerk. Ich glaubte es wären Mahler, und foderte sie heraus uns ihre Arbeiten zu zeigen. *Point du tout*, sagte einer, wir sind nur Liebhaber. Sagen sie doch Kenner von sich, fiel ihm der andre ins Wort. Nun lobten sie sich wechselweis daß ich ganz roth wurde. Dazu gehört etwas riefen Sie.

Baron. Aber wie kann nur diese Geschichte auf Ihre Reise Einfluß haben?

Steinberg. Hören Sie nur weiter. In kurzen Worten die Herren fingen an über Rom zu sprechen, machten uns die so etwas nicht gesehen hätten zu Dummköpfen, Blinden. Schwazten vom Torso von – – wie heisst doch der Mann dem die Schlangen umwunden, mit seinen Söhnen?

Baron. Die Gruppe des *Laocoon*.

Steinberg. Richtig so wars. Meiner armen Frau die sich doch für nicht wenig klug hält merkte ichs gleich [30]an, daß sie nun fürchtete für dumm von den Herrens gehalten zu werden da sie von allem was sie erzählten nichts wußte. Meine Tochter wurde auch ganz traurig daß eine so schöne Welt für ihrem Blick verschlossen seyn sollte. Als die Herren sich satt gegessen hatten schlichen sie sich fort, und wir – – standen wie versteinert da. In dem ersten Augenblick gelobte ich heilig meiner Frau und Tochter eine Reise nach Italien. Damit wenn wieder solche Kerls kämen daß man ihnen auch antworten könnte.

Baron. Ich bin ganz verwundert über die Unverschämtheit der Reisenden.

Steinberg. Es ist noch nicht alles. Beym Weggehen warfen sie noch meinem Heilgen Georg auf dem Brunnen der die ganze Gegend ziert, die Nase ab, weil es keine Antique sey. Hätte ich ihnen ihre Grillen angesehn ich hätte [31]an die mein Essen nicht gewendet, die dünnbeinigten Schwäzer! Die Kritiker! Seine Meinung mag ein jeder haben, aber nur nicht andre irre machen dadurch.

Baron. Aber lieber Onkel warum sich an solche Menschen kehren, wem es in seinem Innern wohl ist der treibe sein Wesen fort. Die Menschen tadlen nur die mit sich selbst unzufrieden sind.

Steinberg. Mag wohl wahr seyn. Aber es ärgert einen doch, wenn man sich kein Geld und keine Mühe hat verdriessen lassen, wenn da einer kömmt, dort einer, und etwas wegspiegelt. *(tritt wieder an die Thüre)*

Baron. Aber noch eine Frage.

Steinberg. Nun erfüllen Sie meine Bitte, oder ich mache mir selbst Weg.

Baron. Noch einen Augenblick bitte ich um Gedult. *(horcht an der Thüre)* Es ist so still im Zimmer ich glaube sie schläft.

[32]Steinberg. Was ist doch ein zarter Gemahl! Er horcht doch erst an der Thüre, tritt nicht hastig und gebietherisch ins Zimmer. *(Er tritt immer näher am Baron der versucht ihm in Weg zu treten, öffnet plözlich die Thüre, und fällt ins andre Zimmer hinein da der Baron ihn zurück halten will.)* Nun hab ich mir Weg gemacht. *(lacht).*

Sechster Auftritt

Joseph *tritt hervor.* Gut daß das Gespräch ein Ende hatte, das Horchen dauerte mir fast zu lang. Wie mein armer Herr auf Kohlen stand! Aber es wird lustig werden, was sie nur sagen wird? Herausjagen läßt sich der Onkel nicht. Das steife lange Gesicht möcht ich sehen. *(lacht)* Wie der Herr Fragen [33]auf Fragen häufte um Zeit zu gewinnen; Aber mehr ists doch daß ein Unglück immer noch grösser seyn könnte, denn wäre die Tante Steinberg auch mitgekommen, der Herr hätte sich aus Angst ins Wasser gestürzt, denn sie ist aus einer so vornehmen *Familie* und fragt so viel wies bey Damen der Brauch ist daß man schon über die Fragen allein ängstlich werden kann. Mit dem Alten allein kann er doch noch am Ende fertig werden. Wenn ich aber nur wüsste warum die gnädige Frau so einsilbig ist? Warum sie ganze Stunden stumm dasizt? Ob Nelly nichts weis? Mir ist immer als müsste ich die Worte herauspreßen helfen, wenn ich hinter ihr stehe. Wenn ich sie nur früher gekannt hätte, ich hätte alles aufgeboten um den Herrn andren Sinnes zu machen. Hätte ihm wieder von seiner Italienerinn vorgeschwazt die er meinetwegen immer lieber wieder hätte aufsuchen können. Ach die englischen [34]Frauenzimmer, mit ihrem eingezognen Leben, ihrer Zartheit, ihrem Anstand, wie das alles heisst, da weis kein Mensch wie man mit ihnen dran ist, und wenns zum Treffen kommt, sind sie so gut wie die Deutschen, haben so gut ihre Mucken, nur das mans bey jenen früher merkt weil sie nicht so zimperlich thun. Da kann man sich doch *precautioniren.* Wie ich mich aber doch auf der Reise gebildet habe. Die Sprache fliesst mir so, man wird sich wohl über den alten Joseph noch wundern. Aber was thuts nicht wenn man die Welt sieht! *(geht ab).*

Siebenter Auftritt

Herr von Wimpfen. (Bediente, mit Koffers folgen)
Der Kellner schliesst Zimmer auf.

Wimpfen. Ich wünsche besonders ein Zimmer mit einer schönen Aussicht doch auf keine lebhafte Strasse.

[35]Kellner. Ew. Gnaden haben die Wahl. Zwey Zimmer auf dieser *Etage* sind schon besezt, doch noch höher giebt es auch luftige Zimmer, mit schöner Aussicht.

Wimpfen. Ich bleibe doch lieber hier unten. Es giebt doch gute Betten?

Kellner. Ich hoffe Ew. Gnaden werden zufrieden seyn, mein Herr lässt an nichts fehlen um die hohen Gäste nach Würden zu bedienen.

Wimpfen. *(giebt ihm Geld)* Nehm er guter Freund, sey er recht aufmerksam, wir bedürfen viel dienstbare Geister.

Kellner. Danke unterthänig, wenns zum Anfang so geht wie wird es erst am Ende kommen.

Wimpfen. *(sieht sich um)* Sag er mir doch was ist für ein Zusammenlaufen von Menschen hier vor dem Hause?

[36]Kellner. Ach ja man holt Billets zur Redoute die heut Abend hier ist im Hause. Ich hoffe Ew. Gnaden beehren uns auch – die vornehmste beste Gesellschaft aus der Stadt spricht bey uns ein.

Wimpfen. Ich bin kein Freund von solchen Lustbarkeiten. Aber hör er guter Freund sag er den Frauenzimmern nichts davon die mit mir gekommen. Hör er: Ich habe Ursachen.

Kellner. Ganz wohl Ew. Gnaden.

Wimpfen. Franz sieh doch zu wo die Damen bleiben. Sie werden den Weg nicht wißen. *(Franz geht ab)*

Kellner. *(öffnet Zimmer)* Schauen Ew. Gnaden selbst hinein.

[37]Wimpfen. Gut recht gut. Aber die Bilder hätte ich gern abgenommen, lieber die Wand.

Kellner. Es würde doch nicht schön aussehn Ew. Gnaden. Mein Herr hat die Gemählde erst aus einer *Auction* erkauft, es sind lauter hohe Häupter.

Wimpfen. Thut nichts. Ich bitte ihn guter Freund thue er sie weg. Das Zimmer ist mir übrigens recht.

Kellner. Ganz wohl Ew. Gnaden. *(geht ab).*

Achter Auftritt

Bettina. Maria. Wimpfen.

Bettina. *Ganz athemlos ohne Huth und Mantel, mit leerem Geldbeutel an der Hand.* Ach da sind Sie ja, ich konnte Ihnen nicht nachkommen. Ich wurde aber auch am Thorweg aufgehalten.

[38]Wimpfen. Ich wusste es wohl, aber wo haben Sie Ihre Reise *equipage* hingethan, die Zugluft im Saal möchte Ihnen schaden.

Bettina. Alles fort lieber Freund. *(führt ihn zum Fenster)* Da sehen Sie, wie das halbnackte Mädchen sich gut mit dem Mantel bedeckt, die alte Schwarze Frau den Huth auf den Kopf drückt, und ein Mann bindet sich um seinen Kittel mein *Schawl.* Mein Geld war alle und die Leute baten mich so dringend, ich kann keine Klage hören. Ich hätte bald gar das *Medaillion* mit Ihrem Bilde weggeschenkt wenn Marie mich nicht bey Zeiten erinnert hätte Sie möchten böse werden.

WIMPFEN. *(sie bey der Hand fassend)* Sie sind sehr gut. Sie geben so gern, aber wissen Sie auch ob es die Menschen bedürfen, was soll dem Bettler ihr *Schawl* zum Beispiel, und der alten Frau Ihr Huth.

[39]BETTINA. Das ist nicht meine Sorge, geben muß ich etwas wenn man mich bittet.

WIMPFEN. Wenn Sie erst die Menschen mehr kennen, wird diese Gutmüthigkeit von der Ueberlegung begleitet werden.

BETTINA. *(schnell in die Rede fallend)* Still, still ich liebe Sie recht, aber nur den ernsthaften Ton hör ich ungern. Waren Sie selbst so streng als Sie eine gewisse *Familie* in Rom fanden, haben Sie auch untersucht ob wir alle Ihrer Wohlthaten so werth wären, haben Sie da auch moralisirt?

WIMPFEN. *(freundlich)* Nein; weil mein Herz mir sagte, daß das Glück nur dieser *Familie* seine Güther versagte, nicht ihre eigene Schuld; weil sie werth war alles zu besizen um den Werth, die Freude des Lebens zu fühlen die sie selbst in so reichem Maase verbreitete.

[40]BETTINA. Es gefällt mir gar wohl hier, der Ort macht einen sehr freundlichen Eindruck, die Armen sind reizend. Ich möchte lange hier bleiben lieber Freund.

WIMPFEN. Wie sie wollen Liebste.

BETTINA. Es ist auch Schauspiel hier, es giebt Gärtens wohin man Lustfahrten anstellt. Wir müssen doch hinaus ins freye, ich will mich gleich anziehen.

WIMPFEN. Wie sind Sie schon von allem unterrichtet?

BETTINA. Ich hab gleich den Wirth gefragt. Und denken Sie auch Redoute ist heut. Sie gehen doch hin.

WIMPFEN. *(verlegen)* Wohl nicht Liebste. Ich hoffe Sie leisten mir Gesellschaft. Denken Sie an die schlaflose Nacht in dem elenden Wirthshaus vorige Nacht.

BETTINA. Ich bin recht munter.

WIMPFEN. Wenn Sie nicht schläfrig sind, so höre ich vielleicht etwas von Ihnen auf der *Mandoline*? Wir haben [41]auch noch manche Handzeichnungen anzusehen. So wird uns die Zeit hoffentlich angenehm und nüzlich vergehen.

BETTINA. Ich bin recht gern bey Ihnen. – Aber die Zeit vergeht doch nur nüzlich wenn man vergnügt ist. Auf Ihrem Alten Schloß von dem Sie mir erzählten da haben wir noch Zeit zu all dem. Da will ich spielen und singen bis Mitternacht, bis die Geister Ihrer Ur, ur, ur Väter kommen und ihren Umgang halten. Sie haben wohl viele Ahnen?

WIMPFEN. Wie kommen Sie darauf, glauben Sie an Geister?

BETTINA. Ich weis es selbst nicht. Sie haben aber zuweilen eine so feyerliche Mine um auf die Ahnen zurückzukommen, daß mir gleich der Ur, ur, ur Großvater einfällt. Lachen Sie doch auch, ich bin so lustig.

WIMPFEN. Es freut mich. Zuweilen steigt die Zeit wo wir vereinigt auf meinen Güthern leben werden wie ein schönes Traumbild in meiner Seele auf. Nüzlich und angenehm wird unser Leben verstreichen. Sie Geliebte deren Herz so empfänglich [42]für das Gefühl des Wohlthuns ist, finden dort eine reiche Erndte. Sie werden glücklich machen, und selbst glücklich seyn.

BETTINA. *(Gähnt)* O gewiß! Aber lieber Freund die Sonne ist noch gar zu freundlich lassen Sie uns den schönen Abend in jener Allee genießen.

Wimpfen. Wenn Sie es wünschen. Ich möchte alle Ihre Wünsche erfüllen können! Aber Sie stehen so in Gedanken was ist Ihnen.

Bettina. Ich dachte mich jezt eben über die Alpen. Die Mutter wird wohl eh die Nacht kömmt noch Messe hören, und ihres Wohlthäters, ihrer fernen Tochter gedenken. *Camilla* wird auf unsre Gesundheit Gefrornes Essen, sich mit ihren Freunden lustig machen! Es ist doch ganz anders bey uns als hier in dem traurigen ernsthaften Deutschland. Da singt niemand bey seinen Geschäften, niemand treibt sein [43]Gewerb auf den Strassen. Bey uns geht das Leben doch viel leichter hin, und darum ist es uns doch zu thun!

Wimpfen. Wo kommen alle diese Reflexionen her?

Bettina. Wenn ich lange ganz allein mit Ihnen bin werde ich doch auch recht ernsthaft. Ich bitte führen Sie mich unter Menschen. Sie sind so gut, aber seyn Sie nur auch lustig. Mit der Schilderung unsres künftigen Lebens haben Sie mich ganz nachdenkend gemacht. Die Mutter würde wohl fragen warum so eine düstre Falte auf deiner Stirn Bettina? Wenn ich traurig war, wenn ich keinen guten Freund hatte der mich aufsuchte, oder eifersüchtig war, saß ich auch still und sah vor mich hin. Aber die Mutter lief schnell fort holte mir ein schönes Tuch, ein Band, warf mir Orangen im Schoß und sagte lach nur *Bettina*, das Ernste Wesen macht dich alt, verdirbt dein Gesicht; und ich lachte hüpfte fort, und der Kummer war vergessen. *(lehnt ihr Gesicht gerührt an Wimpfens Schulter).*

[44]Wimpfen. Liebste Bettina, mich freut es unendlich wenn Sie mir von sich erzählen, jeder Zug der mir mehr Ihr Wesen enthüllt ist meinem Herzen werth. Doch bitte ich Sie, sprechen Sie nur mit mir über Ihre vorige Lage. Hören Sie n u r m i t m i r.

Bettina. Gut recht gut. Aber jezt wollen wir in die Allee. *(reisst ihn mit sich fort).*

[45]Neunter Auftritt

Steinberg. *(mit glühendem Gesicht tritt aus dem Zimmer. Nach der Thüre sprechend).* Bleiben Sie Herr Vetter, ich verbitte mir die Begleitung. Dir komm ich nicht wieder, du allerschönste *Cousine*! In der That, so etwas kam mir noch nicht vor, statt mir aufzuhelfen geschäftig zu seyn, stand sie unbeweglich da, wendete nur gravitätisch den Kopf, zischelte ein paar unverständliche Worte. Wenn ein ganz fremder Mensch so einen Unfall gehabt hätte, wäre ich zugesprungen hätte meine Hülfe angeboten. Und der Mann sagte ihr doch gleich es ist unser Onkel! Verdammt! Mein Stand verdiente schon eine Verbeugung und nun folgends mein Verhältniß als Verwandter. Unbegreiflich in der That. Hm. Ernsthaft, kalt, zurückhaltend sagte er von ihr. Aber sie ist mehr als das, sie ist ein Stein, so viel weis ich. Ob sie sich wohl gar zu vornehm dünkt [46]nur um mit dem Kopfe zu nicken! Das ist zu toll sage ich. Ich kann mich von meiner Verwunderung nicht erholen. Wie nur der leichte lustige Geselle an die *morose* Dame kam! Mancher Vater hätte ihm seine Tochter gegeben, so einen Bissen hätte er nicht so weit holen dürfen. Meine Kniee schmerzen mich noch! Ich muß noch hier im Saal bleiben. Da kömmt Joseph, vielleicht kann er mir Aufschluß über die sonderbare Verbindung geben.

Zehnter Auftritt

Joseph. Steinberg.

Joseph. Ach da sizen ja Ew. Gnaden. Schmerzen die Kniee noch? Ich habe den Unfall recht bedauert.

Steinberg. Du thust mehr als gewisse Menschen thun sollten. Aber sage mir wie ging es dir auf deiner Reise?

[47]Joseph. Ganz gut Ew. Gnaden so weit.

Steinberg. Sag mir doch wo gefiel es dir am besten?

Joseph. Sind allzugnädig meine Meinung wissen zu wollen.

Steinberg. Ich mag es gern hören. Und über dem so wenig es meine Sache ist mich mit *Domestiquen* abzugeben, so sehe ich dich auch nicht so an, sondern mehr als eine Person die an meine Familie *attachirt* ist. Deine treuen Dienste verdienen Auszeichnung.

Joseph. Ich weis recht gut daß Sie den Unterschied der Stände nicht aus den Augen sezen gnädiger Herr.

Steinberg. Es hat sich vieles verändert seit du von uns gingst.

Joseph. Ja wohl!

Steinberg. Du hast deine Aufträge genau erfüllt, meiner Schwester treue Rechenschaft gegeben.

[48]Joseph. So gut ich konnte.

Steinberg. *(bey Seite)* Ich weis den Kerl nicht zum plaudern zu bringen, und bin so herablassend. *(laut)* Sag mir doch warum bliebt ihr nicht länger in *Italien*?

Joseph. Die Verzweiflung trieb uns fort. Wären wir nur da geblieben!

Steinberg. Du schriebst ja einmal so etwas von einer Liebesgeschichte, wars nicht so?

Joseph. *(verlegen)* Ja, nein.

Steinberg. Rede frey, du siehst ja daß ich auch vergesse wer ich bin.

Joseph. Ach der Stand macht mich gerade nicht verlegen. Aber ich wollte mich nicht gern aushorchen lassen. Es schickt sich nicht für einen Bedienten. Der gnädigen Frau schrieb ich alles um sie über [49]ihren Sohn zu beruhigen, weil sie der Einfall so in der Welt herum zu ziehen schmerzte. Aber sie fragte mich nicht aus Neugierde.

Steinberg. *(für sich)* Der Kerl wird grob ich muß es nur einstecken, sonst komme ich nicht zum Ziel. *(freundlich)* Jezt kannst du mir wohl ein Wort von der *Italienerin* sagen, die mein Vetter in Neapel liebte, jezt da er verheyrathet ist, wo ist sie nur hingekommen?

Joseph. Das weis ich nicht!

Steinberg. Du bist auch verwünscht Einsylbig.

Joseph. Man lernt es am Ende auch.

Steinberg. Rede offenherzig mit mir guter Joseph, den Abend wenn deine Herrschaft zu Bette ist, komm zu mir, du sollst auch etwas aus dem Flaschenkeller kosten, es ist nicht schlecht.

Joseph. Zehn Worte für eins Ew. Gnaden. Ich will haarklein erzählen was ich weis, von dem Schäzgen [50]von allem was Sie wollen. Der Herr liebte die Schöne zum tollwerden. Sie hatten eine Spazierfahrt des Nachts bey Mondschein gemacht, und der Herr kam entzückt nach Hause wie aus dem Himmel. Am andern Morgen schickte er mich mit reichen Geschenken zu der Schönen, und siehe da, das Haus war leer, ausgeräumt, alle Fenster offen. Endlich bemerkt mich ein Nachbar und ruft mir zu, es sey niemand zu Hause, die schöne Fremde sey diesen Morgen mit einem grossen Gefolge abgereist. Ein Mann sey schon viele Tage immer um ihr Haus geschlichen, sie habe ihn hinein gelockt, und nun sey die Bekanntschaft so *intim* geworden, daß sie mit ihm fort sey. Keine Entführung sey dies nicht zu nennen, denn sie wäre freywillig mit ihm gegangen.

Steinberg. Unerhörter, unbegreiflicher Leichtsinn! und sie liebte auch den Baron!

Joseph. Ew. Gnaden in Italien treibt man die Liebe ganz anders als bey uns.

[51]Steinberg. Aber wie fasste er nur den Entschluß nach England zu reisen so plözlich.

Joseph. Der Herr wurde anfangs ganz wüthend als er es erfuhr daß er betrogen sey, er wusste fast nichts von seinen Sinnen. Er wurde so Ernsthaft traurig, abgemeßen, daß man ihn überall wo er hinkam für einen reisenden Engländer hielt, der um den *Spleen* zu vertreiben, sich tüchtig herum schütteln lies. Selbst die Engländer täuschten sich durch sein Ansehn, hielten ihn für einen Landsmann, und machten Freundschaft mit ihm, da beredete ihn einer seiner neuen Freunde die Reise nach England mit ihm zu machen, so kamen wir hin.

Steinberg. *(freundlich)* Du verdienst zwey Flaschen *Tokaier* Joseph, rede nur weiter.

[52]Joseph. Wenns nur schon Nacht wäre! Gebe nur der Himmel meiner Herrschaft einen tiefen Schlaf! Aber wo war ich nun geblieben?

Steinberg. In England. Rede, rede.

Joseph. Als mein Herr dort war fing er auf einmal an ganze Nächte zu studiren, wurde ein Bücherwurm, und wurde am Ende ruhiger in seinem Gemüth, aber er sah keine Frau.

Steinberg. Unbegreiflich!

Joseph. Bis ihn endlich der Ruf eines gelehrten Frauenzimmers anlockte, er dachte wohl daß sein Herz da nicht Gefahr laufen könnte, bilde ich mir ein, daß er seinen Vorsaz vergaß, und besuchte das Haus fleissig des alten Barons, den Nahmen kann ich nicht aussprechen.

Steinberg. Also doch Baron?

[55]Joseph. Obs so ist weis ich nicht. Aber mir ist alles gleich was ich für einen Titel sage, es kommt auf eins hinaus in der Welt.

Steinberg. Fahr fort guter Joseph.

Joseph. An einem schönen Tage kommt mein Herr ganz unerwartet und sagt mir⟨.⟩ In acht Tagen heyrathe ich Joseph. Es war mir nicht recht, ich hätte es gern erst der gnädigen *Mama* geschrieben, und ihre Meinung gefragt. Aber ich kannte die Dame auch nicht. Ich wusste nur daß in dem Hause wo mein Herr aus und einging ein Frauenzimmer von grosser Gelehrsamkeit sey. Ich musste auch mich bald todt schleppen an die grossen Bücher die sie dem Herren schickte, und immer Briefgens mit. Das schreiben muß ihr besser von der Hand gehen als das Sprechen.

Steinberg. Das muß wohl seyn.

[56]Joseph. Ich kanns aber immer nicht begreifen, wie der Herr so eine gelehrte Frau nehmen konnte, zur Gesellschaft geht sie wohl an, aber im Hause! Aber sie hilft auch nichts in der Gesellschaft. Da er die Frauen so hasste weis ich gar nicht wie er sich zur Heyrath entschließen konnte. Mich haben viele betrogen, ich hasse sie aber nicht, und betrüge sie lieber wieder. Damit ist unsre Rechnung gemacht.

Steinberg. *(Ernsthaft)* Von dir Joseph sey so gut dieses Mahl zu schweigen, ich bin kein Vertrauter für deinesgleichen.

Joseph. *(bey Seite)* Wenn mir dein *Tokaier* nicht am Herzen läge, solltest du etwas andres hören du Alter! … *(laut)* verzeihen Ew. Gnaden.

[57]Steinberg. Aber noch eine Frage, merkst du nichts an deinem Herrn, ist er glücklich jezt?

Joseph. Ach Ew. Gnaden ich höre gar nichts von ihm, so viel er in Gegenwart der Gnädigen Frau auch spricht um sie zu unterhalten so merkt man nicht, daß es von Herzen geht. Mit mir spricht er gar nichts über sich, und wird alle Tage stiller, zuweilen aufgebracht, hizig, aber gegen seine Gemahlin ist er sanft nachgebend, daß es mir unbegreiflich ist, daß ich den raschen Herrn gar nicht mehr kenne, da er doch gewiß noch seinen alten Groll gegen die Frauen im Herzen trägt, denn die kann er gewiß nicht lieben. Ob ihn nur ihre Gelehrsamkeit so fesselt davon versteh ich nichts. Mich fesselte sie nicht so viel weis ich. Meine Frau soll nicht einmal lesen können, wenn man davon so stumm u. so alt wird, das weis ich.

[58]Steinberg. Gut, gut nun Joseph. Ich höre gehen, mach daß du fortkömmst, daß man uns nicht zusammen findet. Diesen Abend also, vergiß nicht.

Joseph. Gewiß nicht. *(gehen von verschiednen Seiten ab)*

Ende des ersten Akts.

Zweyter Akt

Erster Auftritt

Baron allein, nach einer Weile, Joseph in einiger Entfernung nähert sich wieder heran.

Baron. *(Hastig auf und abgehend)* Meine Geduld ist fast erschöpft. Jede meiner Bemühungen ist fruchtlos, sie bleibt unveränderlich. Lange könnte ich das schweigen, diese Zurückhaltung in jeder Sylbe nicht aushalten. *(steht in [59]Gedanken)* Noch bin ich mir selbst ein Räthsel, aber weis ich auch daß ich lebe, wie ich lebe? Seit mein Herz der Liebe nicht mehr leben kann. Ach eine Nacht konnte alle meine schönsten Hofnungen vernichten! Vergebens streb ich das Bild aus meinem Herzen zu reissen das mich so verführerisch anlockte. Ach die Weiber! Die Weiber! Die eine lies mich alle ihre Liebenswürdigkeit fühlen, und – – – verließ mich. Die andre reizte mich durch ihren Verstand, ihre Kenntnisse da mein Herz nicht mehr rührbar ist, und was ensteht nun? Wirklich, man bedarf doch noch etwas ausser dem Verstand, und der Cultur um glücklich zu seyn. Man kann doch liebenswürdig sein, Grazie besizen, wenn auch der Geist zu hoch steht um sich zu den nichtigen Ausdrucksregeln herabzulassen. Könnte ich meine Ketten abschütteln, ich würde vorsichtiger sein! *(Erblickt Joseph, und erschrickt)* Hast du mich gehört, Joseph?

[60]Joseph. *(verbeugt sich stotternd)* Nein Gnädiger Herr. *(wischt sich die Augen)* Ach es rührt mich so daß Sie für sich allein sprechen.

Baron. *(gutmüthig)* Du schweigst Joseph wenn du verstandest was ich sagte.

Joseph. Wie ein Fisch will ich so stumm sein.

Baron. Aber geh Joseph. Sieh ob der Onkel nicht zu trösten ist. Ich muß bey ihm den kalten Empfang meiner Frau entschuldigen.

Joseph. Ja der ist nicht zum Besten zu sprechen.

Baron. Weist du etwas?

Joseph. Nein, nein gnädiger Herr. *(läuft schnell fort)*

Baron. Wunderlicher Mensch! Er läuft um sich nicht zu verrathen. *(geht ab.)*

[60A]Zweyter Aufritt

Franz. Der Kellner.

(Beyde tragen grosse Kisten die sie kaum fort bringen können).

Franz. Nur hierher indessen die Sachen gestellt. *(wirft sich ab)* Puh, puh das ist heiß, es wird einem auch recht viel aufgepackt.

Kellner. Ja wohl, wie die gnädige Herrschaft nur alles fortbringen will?

Franz. Ja dafür fragt sie nicht, Franz muß für alles Plaz finden. Ein Pferd mehr oder weniger macht nichts aus. Wenn wir noch lange reisen, so müssen wir eigne Bagage Tragen haben.

Kellner. Wer hat nun eigentlich aber Freude an so vielen Sachen? Man braucht ein ganzes Jahr dazu sie nur anzusehen dächte ich.

[61]Franz. In einem Monat ist alles alt und verschleudert. Ja da hätten die Frauen viel zu thun, wenn sie solchen Plunder ein ganzes Jahr aufheben müssten. Und zumahl solche lustige Damen.

Kellner. Ihre Dame ist aber recht holdseelig und wohlthätig. Ich thäte doch gern alles für sie. Sie hat heut ihre ganze Börse an die Armen vertheilt.

Franz. So etwas ist ihr was Leichtes. Sie hat gut geben.

Kellner. Aber ich muß fort man braucht mich unten.

Dritter Auftritt

Joseph. Franz.

Joseph. *(will eilig vorbey, erblickt Franz und bleibt verwundert stehen.)* Was seh ich! Was ist das, kann ich meinen Augen trauen? Du Franz.

Franz. Du Joseph! Wie in aller Welt finden wir uns hier?

[62]Joseph. Ich glaubte dich noch mitten in *Italien.*

Franz. Und ich dich über dem Meere, und hier mitten in Deutschland finden wir uns wieder. Es geht doch sonderbar zu.

Joseph. Nicht so sonderbar, so natürlich wie was, denn solche wandernde Menschen müssen sich endlich wieder zusammenfinden.

Franz. Mein Herr wird sich recht freuen über den deinigen. Bist du schon lange hier? Wir sind vor einer Stunde erst angekommen.

Joseph. Wir sind schon acht Tage hier. Mein Herr freut sich gewiß recht herzlich, daß er jemand findet mit dem er ein ordentliches Gespräch führen kann.

Franz. Aber verflucht was fällt mir ein. Ich darf meinem Herrn gar nicht sagen daß Ihr hier seyd.

[63]Joseph. Und der meinige wird sich auch nicht wollen sehen lassen, denn er verläugnete sich gern seiner eignen Mutter wenn sie käme.

Franz. Sollte beyde gleiches Schicksal treffen? Oder hat dein Herr der rasch, lebhaft ist etwas verbrochen, hat er jemanden im Duell erstochen wohl gar?

Joseph. Ach nein! Es ist ganz ein andres Unglück.

Franz. Kömmt sein Unglück auch durch die Frauenzimmer? Ach wer kann an seine Brust schlagen und sich frey von dem Bösen Geist fühlen der durch den Leichtsinn aufwacht in uns. Solang es leichtsinnige Mädchen giebt und leichtgläubige Männer solang ist die Welt nicht ruhig.

JOSEPH. Die Rede verstehe ich nicht, die du wohl irgendwo geschnapt hast Herr Franz. Ach unser Uebel kömmt aber wahrhaftig nicht vom Leichtsinn.

FRANZ. Da seyd Ihr glückliche Menschen. Wie wir uns zulezt in Paris sahen ahndete keiner von uns [64]daß sich unsre Zustände ändern könnten, noch viel weniger unsre Herren, die doch die Noth also wohl am meisten fühlen.

JOSEPH. Was ist nur deinem Herrn begegnet, hat er doch seine fünf Sinne noch. Ich traute ihm immer nicht recht, er war so nachdenkend, so grübelnd, und so kränklich, bey denen Menschen steht der Kopf nicht feste.

FRANZ. Und der deinige war immer lustig, und sah die Welt freundlich an.

JOSEPH. Das lässt sich nun halten. Zwey Jahre können viel ändern, manche Falte ins Gesicht bringen.

FRANZ. Aber Joseph sage mir doch ob du auch unglücklich bist, du bist ganz abgezehrt, dein Gesicht glänzt nicht mehr. Die Nase ist ganz blaß.

JOSEPH. Ja es sezt unser einem freylich zu wenn man Tag und Nacht keine Ruhe hat, nicht seinen Leib [65]auch pflegen kann. –

FRANZ. Rede nur liebster Joseph. Theile mir doch dein Unglück mit. Kann ich dir nichts helfen?

JOSEPH. Ach nein. Du müsstest denn meinem Herrn von seiner Frau helfen können, die er so unglücklicher Weise gewählt hat.

FRANZ. Dein Herr ist verheyrathet?

JOSEPH. Ja wohl!

FRANZ. Aus welcher Gegend hat er sich seine Dame geholt.

JOSEPH. Ach er hat sie übers Meer hergeholt.

FRANZ. Und du seufzest dazu?

JOSEPH. So höre nur, ob wir nicht unglücklich zu nennen sind. Als es meinem Herrn einfiel nach Schottland zu reisen, hasste er die Frauen wie – – ich mags nicht aussprechen wie. Ich war recht sicher daß ihm sein Herz nicht wieder so einen Streich spielen würde [66]als schon einmahl geschah. Als ich auf einmal bemerkte er käme doch wieder mit einem Frauenzimmer zusammen. Er schrieb Stundenlang an einem *Billet*, ließ sich große Bücher aus allen Gegenden herkommen, und ich musste alles herum schleppen was in meinen Kräften stund. Ich denke nun da die Gelehrsamkeit so groß ist, so wird an keine Neigung gedacht werden, und war in meinem Herzen ruhig, ich dachte die Gelehrten haben sich halt vieles zu sagen, und ließ das hingehen. [67]Auf einmahl wird aus der gelehrten Unterhaltung eine Heyrath. Ich fragte allerley nach der Braut, aber der Herr sagte immer darnach hast du nicht zu fragen Joseph.

FRANZ. So unrecht hatte er eben nicht.

JOSEPH. Als ich den Herrn am Trauungstag ins Haus begleitete sah ich erst die Braut die gar nicht erfreulich zu sehen war. Alt, ernsthaft, steif wenn sie nicht ihr Puz ausgezeichnet hätte, die hätte ich für die Braut am lezten genommen wenn sie nur gut und lustig seyn kann dacht ich in meinem Sinn. Da der gute Herr sich dem Ansehn nach so vergallopirt hat.

FRANZ. Unbegreiflich in der That, er suchte ja immer sonst die schönen Frauenzimmer am liebsten auf.

[68]Joseph. Wie ich nun gar die Dame näher kennen lernte fiel mir ihre Einsylbigkeit schon aufs Herz, denn das ist unser Hauptunglück daß sie nicht spricht, höchstens erfährt mans wenn sie Thee verlangt daß sie sprechen kann mit unser einem, mit dem Herrn wird sie bald auch nicht mehr sprechen, ob er sich gleich die Lunge bald ausspeiht, und er erfährt doch nicht was sie eigentlich will. Man kan⟨n⟩ sie nicht aus dem Hause bringen, an keinem Ort wo es noch so viel zu sehen giebt, da sizen sie immer im Zimmer mit verschlossnen Fenstern wo keine Sonne noch Mond hineindringen, und trinken den ganzen Tag Thee. Von Fremden lässt sich die Dame nicht bedienen, da ist nun mein Beynwerk Theewasser bestellen, Kohlen blasen, und es giebt dabey ein ewiges Laufen und Rennen, ich komme auf keinen Stuhl – da kann das Gesicht nicht glänzen und die Nase denn der goldene Wein röthet sie nicht guter Franz, ich hab keine Zeit mehr dazu.

[69]Franz. Du ruhst doch aber zuweilen, und siehst doch die Stühle, ich muß aber den ganzen Tag auf der Strasse sein, und komme gar nicht ins Zimmer. Du bist doch nicht so übel dran wie ich.

Joseph. Nun wie kömmt das?

Franz. Mein Herr hat eine leichtsinnige Begleiterin gefunden die uns alle in einiger Bewegung erhält. Ein allerliebstes Schäzgen zwar – –

Joseph. Wenn ich nur auch so sprechen könnte! Ich hätte doch eine Ergözung fürs Auge wenn ich so hinter dem Stuhl stehen muß und aufpaßen. Aber wie fand sie denn dein Herr mit seinem griesgramigten Gesicht?

Franz. Unsre Geschichte ist ganz kurz, an einem Festtag Nachmittag wo alles in Rom spazieren geht, und die Frauen und Jungfern ihre Freunde zur Schau führen, geh ich mit einem artigen freundlichen [70]Kinde mit grossen schwarzen Augen, in den Strassen herum, den Herrn hatte ich gar nicht um Erlaubniß gefragt, als ich mich so recht durchdrängen muß durch das Volck seh ich plözlich meinen Herrn vor mir stehen. Da fuhr ich nun freylich zusammen, aber wie mir wurde als ich sahe daß er sich ängstlich bemüht Plaz zu machen, um einer schönen freundlichen Dame durchzuhelfen, ihr zärtlich die Hand drückt, da erholte ich mich von meinen eignen Schrecken. Ich merkte bald daß er fleissig ausging den Weg zehnmahl des Tags durch eine Strasse nahm zu Hause war er unsinnig, hatte nicht Ruhe noch Rast, endlich als wir abreisen wird ein Koffer mehr aufgepackt und das schöne Kind in aller Frühe abgeholt. Sie hat eine Mutter und Schwester zu Hause die bekommen reichliche Pension, und sie geht mit uns auf die Güther.

Joseph. Deine Geschichte klingt so lustig daß ich nicht weis wo dein Unglück steckt. Warum soll ich nur meinem Herrn nicht sagen daß ihr hier seyd, es wird ihm auch wohlthun einmal ein freundlich schönes Gesicht zu sehen.

[71]Franz. Mein Herr ist so erschrecklich eifersüchtig, auf seinen eigenen Schatten könnte ers seyn. Er hat mir aufs strengste befohlen ihn zu verläugnen wir möchten unterwegs finden wen wir wollten, wenn es sein bester Freund wäre. Freylich ist den alten Freunden oft am wenigsten zu trauen. Es kostet meinen Dienst wenn ich ihn verrathe.

Joseph. Ich möchte aber wohl mit dir tauschen können. Dein Dienst ist doch unterhaltend.

Franz. Du würdest es bald satt haben, denn unsre Dame hat immer neue Wünsche, wo sie etwas sieht da will sie es haben, da muß man laufen, rennen aus allen Orten zusammen tragen. Sie hat gar zu viel Bedürfnisse. Ueberdem muß man noch dazu allen alten schmuzigen Bettlern nachlaufen, ihnen Geld nachtragen. [72]Tausend Einfälle hat sie wohl des Tags wenn ihr die Zeit lang wird. Der Herr versagt ihr nichts, ich glaube wenn man den

Mond holen könnte, so müßte Franz hinaufsteigen. Da hat man freylich keine Zeit zu ruhen, und seinen eignen Spässen nachzugehen.

Joseph. Das wohl nicht, aber man kann sich doch im Freyen herumtreiben.

Franz. Aber was hat denn dein Herr für Gründe uns nicht sehen zu wollen, da es bey Euch so *serios* und abgemessen hergeht so dächte ich lebte er gern mit lustigen Menschen.

Joseph. So recht weis ichs selbst nicht. Ich denke mir eben er will sein *malheur* andren so lang verbergen als möglich, denn man erfährt so etwas noch immer zeitig genug. Es ist eine rechte Qual so eine stumme steife Gefährtin. Da führt uns das Unglück seinen Onkel auf den Hals, der wollte nun gleich die neue Nichte sehen, da stand mein guter Herr [73]wie auf Kohlen, aber er konnte es am Ende nicht mehr vermeiden, und der Onkel fiel sogar ins Zimmer hinein. Da war nun aber grosse Noth bey dem Herrn. Doch sah mirs so lustig aus, und ich hätte gar gern das Gesicht wie von Pappendeckel geschnizt dazu sehen mögen, das immer dem Weinen näher ist als dem Lachen.

Franz. Lachen sehe ich leider genug. Aber ich fürchte auch mein Herr wird so ein Gesicht wie deine Dame annehmen, wenn ihn die Eifersucht so plagt.

(Nelly *hinter der Scene.* Joseph!)

Joseph. Man ruft, ich muß fort. Der Theekessel ist gewiß wieder leer! Ich habe doch keinen ruhigen Augenblick. Es bleibt dabey ich sage nicht das du hier bist.

Franz. Gut und ich auch nichts von dir. Sobald wir können, kommen wir doch aber wieder heimlich zusammen?

[76]Joseph. Ja wohl das versteht sich. Leb wohl.

(gehen beyde an verschiednen Seiten ab).

Vierter Auftritt

Bettina. Wimpfen.

Wimpfen. Sie sind ermüdet so dünkt mir.

Bettina. Ja der Weg hat mich doch abgemattet. Und Sie sind so ernsthaft mein Freund.

Wimpfen. Der heitre Glanz der Jugend belebt meine Seele nicht mehr, ich sehe die Welt durch ein finstres trübes Glas an zuweilen. *(fasst sie zärtlich bey der Hand)* Aber in diesen Blicken finde ich wieder was ich verlohr Ruhe, Heiterkeit, Glück.

Bettina. Sie sind recht gut, wenn es mir aber nur gelingen könnte Sie heiter zu machen. Wenn Sie mir es noch so viel sagen, so seh ich doch immer das ernste abgemessne Wesen vor mir. [77]Lustig das Leben angesehen, so genießen wir es auch doch. Es kömmt nur auf uns an.

Wimpfen. Aber bleiben Sie gern hier im Saal; es ist doch besser im Zimmer denke ich.

Bettina. Gehen Sie voraus, oder gute Nacht jezt, ich möchte auf meinem Zimmer bleiben diesen Abend, ich bin müde, mein Kopf ist nicht ganz leicht. Gehen Sie. *(reicht ihm die Hand)* Gute Nacht.

Wimpfen. Ich will Sie erst in Ihr Zimmer begleiten, es möchten noch fremde Menschen über den Saal gehen, sie kämen in Verlegenheit dadurch.

Bettina. Mich macht nichts so leicht verlegen. Gehen Sie, ich bitte um meinetwegen keinen Zwang sich aufgelegt. Sie sind erschrecklich müde ich seh es Ihnen an. Ich erwarte nur Marie hier.

Wimpfen. Weil Sie es wollen. *(geht langsam und dreht sich oft um mit Ängstlichkeit).*

[78]Fünfter Auftritt

Bettina. Marie.

Bettina. *(winkt ihr)* Geschwind Maria komm, ich habe dir etwas zu sagen. Der Freund ist zur Ruhe gebracht hoffe ich. Dir allein will ichs sagen.

Maria. Von welchem Freunde sprechen Sie *Signora*?

Bettina. Ach ich habe ja jezt nur einen. Der andre lebt nur hier. *(aufs Herz deutend)*

Maria. Warum soll er aber zur Ruhe? Sie liebten sonst seine Gesellschaft. Ändern sich Ihre Neigungen so schnell?

Bettina. Ach ja, länger wie einen Monat hält mich jezt nichts mehr fest. Man muß den Wechsel lieben. Alles wechselt ja um uns her, der Mond, die Sterne, nur die Sonne scheint unveränderlich, deswegen seh ich sie auch nicht gern. Aber ist dir das Einerley so lieb, so geh doch wieder in dein Kloster, du gute einfältige Maria. [79]In der Welt ist es nur freundlich wenn man Abwechslung sucht. *(singt mit leiser Stimme)*

Wie durch die Fluren,
Die Wolken sich winden,
Wie ihre Spuren,
Die silbernen schwinden,
Nimmer die nehmliche wiederkehrt
So auch das Herz nur den Wechsel begehrt.

Maria. Wahrhaftig ich begreife Sie gar nicht.

Bettina. Schweig Kind, ich erwartete doch nicht deswegen daß du dich verwundern sollst. Merk recht was ich dir sagen will. Ich will auf den Ball noch diesen Abend. Geh mach mir die bewusste Knabenkleidung zurechte.

Maria. Was würde aber der Graf sagen? Sie hörten ja daß er es nicht gern sieht. Gefällig ists doch nicht wenn Sie gerade seinem Willen entgegen [80]handeln.

Bettina. Wer mit mir leben will muß sich daran gewöhnen keinen Willen zu haben. Bin ich ihm deswegen in das ernsthafte Land gefolgt, daß ich gar keine Vergnügungen aufsuchen sollte? Es giebt so wenig Gelegenheit dazu, und gerade die sollte ich versäumen? Die Deutschen sind überhaupt ein närrisches Volck, sie können nichts thun ohne lange Vorbereitungen, damit man es hernach auch recht nach Regeln genießen kann. Wenn mich nicht goldne Fäden umsponnen hätten, ich kehrte gleich nach meinem lustigen Lande zurück, da ist es doch ganz anders!

Maria. Wollen Sie denn aber stets die Welt nach sich formen und nicht sich in die Umstände fügen, wie es doch uns Frauens geziemt, so lernte mir es meine Vorgesezte im Kloster.

[81]Bettina. Ich wollte du wärst in deinem Kloster, du taugst doch auch gar nicht zu mir. Ich glaube aber der Freund hat dich mit Fleiß für mich erwählt damit du mir etwas von deiner Ernsthaftigkeit mittheilen sollst. Aber er irrt der gute Mann. Lustig muß ich leben können sonst ist mir das Leben nichts werth. Morgen soll er aber wissen daß ich auf dem Ball war da wird wohl eine Falte mehr auf der Stirn erscheinen. Es ist nichts ganz heimliches, du machst also kein so strenges Gesicht mehr Maria.

Maria. *(freundlich)* Nein liebe Gebieterin, nur weil ich Sie liebe bin ich streng, denn auf Ihrem Weg werden Sie wohl nicht glücklich bleiben.

Bettina. Gutes Kind! Geh aber mach die Knaben Kleidung in Ordnung. Du musst auch mit. Ich bin dein Führer.

[82]Maria. Ich kann nicht, soll ich das Ansehn haben als hätte ich Sie dazu beredet?

Bettina. Geh, man wird mir immer lieber einen leichtsinnigen Schritt zurtrauen als dir. Die grossen schwarzen Augen blicken so fromm in die Welt. Aber ich hoffe auch du wirst noch anders. Wenn du nur erst einen Liebhaber hast. Ich war sonst auch frömmer, aber so etwas verlernt sich. Ach wenn ich nur meinen deutschen Baron wieder finden könnte, der mich zuerst bekehrt hat. Ich selbst habe ihn schlecht genug dafür belohnt. Aber das Schicksal wollte es!

Maria. Ja das Schicksal ist recht bequem das wankelmüthige Herz zu entschuldigen.

Bettina. Du thust mir doch unrecht, denn ich liebe ihn noch. Aus meinem Herzen kann keine Zeit sein Bild ganz verlöschen. Er ist der einzige an dem ich nicht ohne stille Vorwürfe gedenke. Ach in seinen Armen hätte ich vielleicht mein leicht be[83]wegliches Herz auf ewig festhalten können! Und wäre glücklich, aber so träume ich nur ich wär es, oder könnte es sein. Ich mache mir die Form des Genusses so vielfältig als möglich, denn wenn man geniesst lebt man doch nur.

Maria. Dies Geständniß überrascht mich wirklich.

Bettina. Aber wir plaudern zu lang hier mach daß du fortkömmst, daß uns der Graf nicht hört. Unsre Freude würde gestört. *(zieht sie mit sich fort.)*

Sechster Auftritt

Die Baronin. Nelly. (erstere in einem nachlässigen Negligée*)*

Nelly. Es ist alles still, niemand ist hier, soll ich den Tisch hier heraus tragen?

Baronin. Ja.

Nelly. *(trägt ein Tischgen mit Fernröhren und Winkelmaß heraus)* Wo soll ich die Sachen hinstellen?

[84]Baronin. Ans Fenster. Da muß ich die *Venus* gut sehen können. Aber das Licht weg.

Nelly. Was für ein Gewühl auf der Strasse ist, wie die Wagen rollen. Der Saal muß ganz voll sein. Man hört auch die Musik.

Baronin. Da oben ists ruhig, kein Gewühl, kein Getöse.

Nelly. Obs aber besser ist wie hier?

Baronin. Ich hoffe es.

Nelly. Aber aus welchen Gründen.

Baronin. Solche Thorheiten wiederholen sich nicht.

Nelly. Es giebt doch wohl auch Thorheiten da oben.

Baronin. Schweig.

Nelly. Ich hörte gern noch mehr über Ihre Meinungen, nun sind Sie schon wieder still.

Baronin. Bin ichs denn nicht immer?

Nelly. Ja wohl, aber jezt dünkte es mir nicht zur unrechten Zeit.

[85]Baronin. Was sollen wir ungeweihte sprechen wo wir nur muthmaßen können. Frage mich jezt nichts mehr.

Siebenter Auftritt

Vorige. Bettina als Knabe mit Marien tritt ins Zimmer.

Bettina. Komm Maria geschwind. Es ist ganz Nacht hol aber doch lieber das Licht daß wir den Weg nicht verfehlen. *(Maria bringt das Licht, Bettina erblickt die Baronin, fängt laut an zu schreien).* Welche Gestalt!

Baronin. *(sieht sich kalt und ruhig um)* Das Licht weg Nelly bedeute sie, ich verliehre sonst meinen Planeten.

Nelly. Wer wagt es da herein zu kommen, der Saal ist noch weit von uns. Wie haben Sie sich hieher verlaufen?

[86]Bettina. Auf eine ganz natürlich Art, denn unser Zimmer ist ganz nah an dem Ihrigen.

Nelly. Wir haben also Nachbarn? Wie lässt man aber so einen kleinen Knaben allein mit seiner Schwester gehen, dafür halte ich Sie.

Bettina. *(leise zu Maria)* Da könnte ich noch dazu ein Abentheuer haben, sie hält mich auch wirklich für einen Knaben. Wissen Sie denn schöne Dame daß meine Gestalt nur jung ist, aber nicht meine Erfahrung. *Amor* sieht auch wie ein Kind aus.

Nelly. Die Antwort klingt nicht kindisch. Ich möchte doch den klugen Knaben näher belauschen.

Bettina. So gar noch lässt er sich nicht gern sehen, lieber treibt er sein Wesen aus der Ferne her, auch so geht es mit dem *Amor*, man darf ihn nicht zu nahe sehn, sonst erblickt man die Tiegerklauen ehe man sichs versieht.

[87]Nelly. Mein Erstaunen wächst mit jedem Worte. Ich möchte den wizigen Knaben festhalten.

Bettina. Aber sagen Sie mir wie können Sie in der Gesellschaft bleiben? *(zeigt auf die Baronin)* während alles um Sie herum lustig ist. Kommen Sie mit uns.

Nelly. Ich kann nicht, ich muß bey meiner Dame bleiben.

Bettina. Wer ist sie diese wunderbare Gestalt?

Nelly. Sagen Sie mir erst wer sind Sie?

Bettina. Ich darf nicht.

Nelly. Und ich möchte es nicht sagen.

Bettina. Wir sind also fertig, aber komm Maria man könnte uns hier finden. So viel wissen Sie nun daß wir gern geheim bleiben möchten, zumahl wenn ein ernsthafter finstrer Mann käme uns zu suchen, und nach uns fragte. So verrathen Sie uns nicht.

[88]Nelly. Soll ich Sie auch morgen nicht sehen, wollen Sie mir Ihr Geheimniß nicht entdecken?

Bettina. Wohl nicht. Ich empfehle mich meine Dame. *(zur Baronin).*

Nelly. Meine Gebieterin hört uns nicht.

Bettina. Ist sie taub?

Nelly. Ach nein, aber es ist ihre Art so, sich in ihre ernsthaften Wißenschaften so zu vertiefen daß sie nichts hört was um ihr herum vorgeht.

Bettina. Sie sieht wohl gar nach den Sternen, hat sie nichts mehr auf der Erde zu sehen?

Nelly. O ja recht viel, wenn Sie nur wollte.

Bettina. *(zu Maria)* Diese Dame sollte mit dem bewussten Freund zusammen seyn, der sich auch so weise dünkt, und von der lustigen Erde nichts mehr sehen will. Aber gute Nacht schöne Dame.

[89]Nelly. Gute Nacht artige Kinder.

(Gehen ab).

Achter Auftritt

Wimpfen. (mit einem Licht ohne die Vorigen gewahr zu werden)

Wimpfen. Meine Unruhe lässt mich nicht schlafen. ich hörte weibliche Stimmen. *(geht an eine Thür)* Es ist alles still, sie schläft. Bettina o verzeih mir wenn ich mistrauisch war; Aber die Weiber! Ach man ergründet sie niemahls, und haben sie auch nicht immer den Willen ihrem Leichtsinn zu folgen so reisst sie doch die unwiderstehliche Neigung hin. Ob ichs wage ob ich anklopfe? Aber mein Mistrauen würde sie errathen, wenn ich zu einer so ungewöhnlichen Zeit anklopfe. – Und doch ist mir der Glaube an sie, an ihre [90]Festigkeit so nothwendig das Vertrauen und die Wahrhe⟨it⟩ ist das einzige was ich aus den Trümmern eines stürmischen quälenden Lebens noch rettete. Täuscht sie mich einmal so ist meine Ruhe auf immer verlohren, und doch wärs möglich, die Musik kann sie gelockt haben, sie wollte schon längst gern einen Masquenball sehen, sie ging zu einer sonst ungewöhnlichen Zeit von mir. Aber Bettina du fühlst selbst zu gut wie viel du deinem Freunde bist, du hintergehst mich nicht. *(er erblickt die Baronin)* Wie ich bin nicht allein? Verzeihung meine Damen daß ich es wage zu einer solchen Zeit in das Zimmer zu kommen, aber da es am gemeinschaftlichen Plaz ist so erwarte ich ihre Vergebung.

Baronin. *(antwortet nicht)*

⟨Wimpfen⟩ Verzeihen Sie aber noch mehr wenn ich Ihnen meine Verwundrung ausdrücke über Ihre Beschäftigungen.

Nelly. *(für sich)* Ich muß nur das Wort nehmen, denn die Dame ist nicht auf der Erde. Mein Herr es mag Ihnen befremdend sein, in der That.

[91]Wimpfen. Ich läugne es nicht, zumahl in einer Stunde wo die Musik zum Tanz anlockt, wo alles fröhlich ist befremdet es mich nicht wenig.

Nelly. Verzeihen Sie wenn meine Dame Sie nicht zu bemerken scheint, sie ist aber zu sehr in ihre Beobachtungen vertieft. Es muß Ihnen sehr aufallend sein, Frauenzimmer auf solche Art beschäftigt zu sehen.

Wimpfen. Auf⟨f⟩allend und erfreulich, denn es ist selten der Fall daß man so viel Liebe zu ernsten Dingen bey den Damen findet.

Nelly. Sie scheinen unserm Geschlecht nicht miszudeuten wenn wir aus unsrem Kreis heraustreten.

Wimpfen. Ganz und gar nicht, ich ehre Ihre Neigungen auf welche Gegenstände auch sie sich richten.

Nelly. Sie sind sehr verbindlich. Ich habe nicht gedacht daß die deutschen Männer so artig wären. Mein Herr zwar ist auch eine Ausnahme.

[92]Wimpfen. Ich muß bey jedem Worte mehr Ihnen meine Verwunderung ausdrücken, und meine Neugierde. Sie sprechen von Ihrem Herrn? und eine solche Gestalt wie eine solche Art sich auszudrücken sucht man nicht unter dem Schein der Abhängigkeit. Ihrer Aussprache nach sind Sie eine Ausländerin.

Nelly. Ganz recht.

Wimpfen. Aus welchem Lande?

Nelly. Aus Schottland.

Wimpfen. Allerliebst jezt erfahr ich es auf einmal, aber wer ist Ihre Herrschaft? Und diese Dame? *(auf die Baronin deutend)*

Nelly. Mein Herr ist ein deutscher, seine Gemahlin aus meinem Vaterlande.

WIMPFEN. Aber Ihr Nahme? Der Nahme Ihrer Herrschaft?

[93]NEUNTER AUFTRITT

Joseph. Die vorigen.

JOSEPH. Um Gotteswillen sagen Sie unsre Nahmen nicht, es kostet uns den Dienst, wissen Sie es nicht?

NELLY. Wie Herr Joseph er schleicht hier herum andre Menschen zu behorchen?

WIMPFEN. Irre ich nicht so habe ich ihn schon sonst gekannt guter Freund?

JOSEPH. Sie irren sehr mein Herr, ich bin ganz fremd, und will es seyn. *(für sich)* Du magst wohl nicht unrecht haben. – Aber hören Sie nur schöne Jungfer wo ist nur unser Herr?

NELLY. Wie soll ich es wissen, ich sah ihn seit ein paar Stunden nicht.

JOSEPH. Ist er nicht bey der Gnädigen Frau? *(erblickt die Baronin.)* Ach ja so da ist sie ja selbst. Es ist mir ein förmliches Räthsel. Ich kann jezt [94]nicht sagen was ich denke.

NELLY. Red er nur Joseph. Meine Herrschaft hört uns nicht.

JOSEPH. Nun das ist sonderbar!

NELLY. Das Haus könnte einfallen in einer solchen Stunde würde sie es nicht gewahr werden.

JOSEPH. Ich habe rechte Sorge um den Herrn, er ist nirgends zu finden.

NELLY. Er erschreckt mich.

JOSEPH. Ja wenn Sie ihn heute gehört hätten wie ich, wie er so im Saal auf und ab lief, für sich allein sprach! Das ist mir noch gar nicht vorgekommen. Er klagte über die Frauens, ich sollte es nicht sagen was ich von ihm hörte, aber meine Angst ist zu groß. Ach Gott daß er sich nur kein Leid angethan hat, wenn ich nur eine Spur von ihm hätte!

NELLY. Was sind das für Gedanken.

[95]JOSEPH. Ich muß nur in Garten da ist ein Teich.

NELLY. Wozu das Scherzen?

JOSEPH. Sehen Sie ich sagte es wohl es geht nicht gut ab es endigt sich gewiß traurig, denn er hat sich schrecklich in seiner Wahl betrogen.

NELLY. Still, still sey er doch nicht zu laut, aber steh er nicht so da, such er doch unsern lieben Herrn, ach wenn ich die Wege kennte ich bliebe nicht müssig da stehen!

JOSEPH. Es ist unerhört so lange ging er niemahls ohne mich fort seit vieler Zeit nicht. Es muß ihm ein Unglück begegnet sein!

NELLY. Um Gotteswillen weg mit diesen Gedanken.

(beyde gehen mit Ängstlichkeit nach dem Hintergrund)

WIMPFEN. *(der die Zeit über in tiefem Nachdenken gestanden)* Es ist eine feine Erscheinung diese *Familie*. Das Mädchen spricht so vornehm. [96]Ich glaube sie verbirgt ihren Stand, gar nicht wie eine Kammerjungfer, oder sie muß sehr gebildet sein. Die Angst der beyden um ihren Herren; alles ist mir ein Räthsel. Eben so sehr jene Gestalt. Aber wie überrasch ich mein Herz, ach ich nehme keinen Theil mehr an den Sorgen meiner Mitgeschöpfe, ich bin kalt gefühllos, sonst war ich hülfreich mitleidig. Jezt habe ich nur einen Gedanken, nur das leicht bewegliche Herz fest zu halten ist mein Streben. Ach das vielleicht nicht für mich Liebe schlägt! Mitleid Dankbarkeit können sie an mich fesseln, vielleicht nicht Liebe! Zu ewigen Zweifeln ist dieses Herz verdammt, die Welt ist mir kein ruhiger Schauplaz mehr, ewig bewegt schwanke ich von dem unruhigen Sinn getrieben, hin und her. Ach Bettina! Bettina! Aber sie kann nicht schlafen denn das Geräusch ist zu groß, sie hätte unsre Stimmen gehört. Ob ichs wage, und hineingehe? – –

[97]Zehnter Auftritt

Baron in einem tavaro. *Die vorigen.*

Nelly. *(läuft ihm freudig entgegen)* Ach Gott da ist unser Herr. Wir hatten rechte Angst Ihrentwillen.

Joseph. Ja wohl, ja wohl lieber gnädiger Herr, ich habe recht gefühlt wie lieb Sie mir sind. Gottlob daß meine Ahndungen nicht eingetroffen sind.

Baron. Ich versteh Euch nicht Kinder. *(Erblickt die Baronin)* Was meine Frau hier?

Nelly. Sie weis nichts von unsrer Angst, denn sie hat die Erde über dem Himmel vergessen. Ach nun weis ich wo Sie waren. *(deutet auf die Masque)*

Baron. Ja Nelly. Sag mir weis meine Frau daß ihr mich vermißtet?

Nelly. Nein.

Baron. Also schweigt von diesem Auftritt. *(Erblickt Wimpfen der verwundert in einer Ecke steht)* [98]Trügen mich meine Augen nicht? ist ers wirklich? Du, liebster, bester Freund, was führt dich hierher, und in dieses Zimmer?

Wimpfen. *(fällt in seine Arme)* Ja Liebster ich bin hier, und finde dich auf eine sehr sonderbare Art.

Baron. Und ich dich auf eine eben so sonderware Weise, mitten unter meiner – – *(hält plözlich inne)*

Wimpfen. So unerwartet, ich hörte lang den Gesprächen deiner Angehörigen zu, ohne zu wissen wer der Herr sey an dem man so viel Antheil nahm. Dieser Mensch da *(auf Joseph deutend)* wollte mir deinen Nahmen verschweigen. Aber sage mir *(tritt näher zur Baronin)* darf ich nicht wissen wer diese Dame eigentlich ist?

Baron. *(verlegen)* Es ist, es ist meine – – hast du es noch nicht gehört?

Wimpfen. Nein, denn was ich vorhin zufällig hörte ist mir nicht glaublich, und überhaupt ist mir ich gestehe es dein ganzes Wesen etwas räthselhaft, und ich wage nicht zu urtheilen, dein Aufzug was dich um[99]giebt ist mir so geheimnißvoll, daß ich es von dir selbst hören will. *(für sich)* Wer hilft mir meine Angst verbergen, wo nur Bettina seyn mag! ach daß sie nur der Baron nicht sieht.

Baron. Komm in mein Zimmer liebster Freund, ich will Dir aufklären was dir dunkel scheint, aber nur unter vier Augen. Joseph führ den Herrn in mein Zimmer ich folge dir, in einem Augenblick noch bin ich bey dir. *(Wimpfen geht unruhig ab)*

Eilfter Auftritt

Die vorigen ohne Wimpfen und Joseph.

Baron. *(hat den* tavaro *abgeworfen tritt näher zur Baronin)* Sie sind so vertieft in Ihre Betrachtungen darf ich Sie stören?

Baronin. *(wie aus einem Traum erwachend)* Wo bin ich? Ich hörte viele Stimmen um mich; Sie sind hier zu [100]einer so ungewöhnlichen Stunde?

Baron. Ja ich suchte Sie auf. Sie hörten gar nichts von allem was um Sie herum vorging!

Baronin. Nein.

Baron. Ich habe unerwartet einen alten Freund in Ihrem Zimmer gefunden.

Baronin. Was! Wer wagt es zu mir zu kommen?

Baron. Sie bemerkten keine fremde Gestalt? es ist mir sehr aufallend.

Baronin. Mir nicht, denn da oben wo ich war, sieht man nicht auf die Erde und ihre Kleinheiten.

Baron. Sind Ihnen meine Freunde so unbedeutend?

Baronin. Nicht Ihre Freunde sondern die Menschen überhaupt.

Baron. *(empfindlich)* Diese Stimmung ist mir leid. Aber ich mag Sie nicht länger stören, schlafen Sie wohl Sie werden durch dies Nachtwachen ermüdet seyn.

Baronin. Ein wenig. Gute Nacht. *(geht mit Nelly ab). (Der Baron nach der andren Seite zu)*

Ende des zweyten Ackts.

[101]Dritter Ackt

Erster Auftritt

Bettina. Maria. Bettinas Zimmer.

Bettina. *(nachdenkend auf einem Sessel mit der Masque in der Hand).*

Maria. Der Graf könnte unerwartet uns überraschen. Wollen Sie nicht die Masque hinlegen, sie verräth uns zu schnell.

Bettina. Was sagst du Maria? Ist dir auch die Nacht zu schnell entflohen! der Ton seiner Stimme tönt aber hier. *(aufs Herz deutend.)* Auch ohne ihn zu sehen.

Maria. Sie verstehen mich gar nicht.

Bettina. So? Nicht, nicht wieder meinst du!

Maria. Welche Veränderung ist mit Ihnen vorgegangen, ein einziges Gespräch konnte das bewircken; Sie sprachen nur mit einer Masque den ganzen Abend.

Bettina. Ach nein es war nicht ein einziges Gespräch, mit diesen Worten kam die Erinnerung der seeligsten Zeiten meines Lebens mir wieder zurück, die nur Dauer für mich hatte im Gedächtnis, während die übrigen Tage [102]in einer traurigen Verwirrung vor meiner Seele liegen. Nur Er steht hell und klar vor mir.

Maria. Wer?

Bettina. Hast du nicht geahndet wer der schwarze *tavaro* sein könnte? Arme Maria, ach du hast nicht der Liebe Augen! Wie kann ich dich fragen.

Maria. Nur erst die Masque weg. Dann will ich Ihnen mit Muße zuhören. Sehen Sie hier ist auch der Huth des kleinen Knaben, geschwind bey Seite mit. Sie scheinen mir gar nicht in der Stimmung eine bestimmte Erklärung jezt von sich geben zu können wenn der Freund unerwartet käme.

Bettina. Welcher Freund? Sollte er ahnden, wißen können daß ich hier wohne, sollte er mich aufsuchen?

Maria. Natürlich er hat Ihnen ja selbst das Zimmer angewiesen.

Bettina. Du träumst. Ich kenne nur einen Freund, und den sah ich erst diese Nacht wieder.

[103]Maria. Sie sprechen in lauter Räthseln.

Bettina. *(ohne auf Maria zu hören)* Der Ton meiner Stimme lockte ihn an, er wollte an mir vorbey gehen, hörte mich Orangen fodern, da wandte er sich schnell um. Welche Stimme rief er aus; und aus eines Knaben Munde erschallt sie mir entgegen! Ach wie mir wurde als ich diesen sprechen hörte. Die ganze Zeit die ich ihn nicht sah war aus meinem Gedächtniß verwischt, ich vergaß selbst daß ich ihn verlassen hatte, weit weit war ich weg von dem Orte wo ich wircklich war, ich stand noch an dem Ufer des Meers, Hand in Hand mit ihm in der schönen schauerlichen Nacht. Ich griff nach seiner Hand, wollte sie fassen, aber er zog sie bestürzt zurück. Seit diesem Moment weis ich nichts mehr von dem übrigen Gespräch.

Maria. Liebe, liebe *Signora.* Sie träumen. Sie sind nicht wohl, was soll ich nur machen? Soll ich den Grafen bitten zu kommen.

Bettina. *(bestürzt)* Ums Himmelswillen nein, nein, ich kenne keinen Grafen. Wenn Er käme und fände mich mit diesem, er glaubte, müsste es wieder glauben [104]ich wollte ihn verlassen aufs neue ihn hintergehen.

Maria. *(nimmt ihre Hand)* Ihre Hand ist heiß, die Stirn glüht, es ist Ihnen Ruhe nöthig. Kommen Sie ins Schlafzimmer.

Bettina. Ach nein nicht doch ich bin wohl, sehr wohl, laß mich gute Maria. Laß mich allein.

Maria. Was soll ich aber sagen wenn der Graf kommt?

Bettina. Daß ich heute niemand sehen will.

Maria. *(ängstlich)* Das geht nicht.

Bettina. *(Gebietend)* Ich will es so. *(geht in ein Cabinet)*

Zweiter Auftritt

Maria. Wimpfen.

Wimpfen. Ist es mir vergönnt herein zu kommen?

Maria. Sehr gern gnädiger Herr.

Wimpfen. Wo ist deine Dame?

Maria. Sie ist in ihrem Kabinet. *(verlegen)* Sie ist nicht ganz wohl aufgestanden, ich war schon recht ängstlich wollte Sie rufen. *(vor sich)* Nun ists doch heraus!

[105]Wimpfen. Was Bettina krank!

Maria. So dünkt mir.

Wimpfen. Darf ich nicht zu ihr?

Maria. Wohl nicht, sie wollte niemand sehen sagte sie mir.

Wimpfen. *(schmerzlich)* Auch mich nicht?

Maria. *(bewegt)* Nein gnädiger Herr lassen Sie ihr einige Stunden Ruhe, es wird ihr besser werden.

Wimpfen. *(unruhig)* Aber wie fang ichs nur an, ich habe unerwartete Briefe bekommen, ich muß meine Abreise beschleunigen in einer Stunde wollte ich fort.

Maria. Können Sie diese Reise gar nicht verschieben? Oder lassen Sie uns hier einige Tage wir folgen Ihnen nach.

Wimpfen. *(sieht sie bedenklich an)* Was fesselt dich an dem Ort? Solltest du Bekanntschaften gemacht haben die ich nicht wüsste? *(vor sich)* Sollte der Baron sie schon ausgefunden haben! Ach wenn ich wüsste ob sie nicht auf der Redoute war! Aber Mistrauen darf ich wieder nicht zeigen: Man muß die Möglichkeit [106]nicht ahnden, daß ich zu hintergehen seyn könnte. *(laut)* Gefällt es Bettina noch immer so wohl hier?

Maria. O ja; Ich will hinein und will ihr sagen daß Sie hier sind, vielleicht giebt ihr Ihr Entschluß Gnädiger Herr einen Anstoß, und sie hat mehr Kräfte als sie sich jezt vielleicht zutraut, wenns mit dem Reisen Ernst würde; Es ist zuweilen mit unsern Krankheiten so.

Wimpfen. Du bist ganz verändert Maria, du bist lebhaft weisst die Worte schnell zu finden woher diese Verwandlung? Ich muß ihr auf die Spur zu kommen suchen. *(geht unruhig auf und ab und sieht sich dabey im Zimmer um)*

Maria. *(ängstlich für sich)* Wenn ich nur entwischen könnte wenn er mich so scharf ansieht erräth er gewiß daß ich kein gutes Gewißen habe. Lügen möchte ich auch nicht gern es ist doch nicht recht. *(laut)* Gleich will ich zu ihr, will sie fragen.

[107]Wimpfen. Nein bleib Maria, denkst du daß deine Gebieterin doch reisen wird?

Maria. O ja, wenn Sie es so wollen.

Wimpfen. Hat sie gar niemanden gesprochen, als du mit ihr gestern herum gingst? Es sind viele Fremde hier noch im Gasthof.

Maria. Daß ich nicht wüßte. *(Für sich)* Er hat doch keine Spur von der Redoute?

Wimpfen. Es war so ein Geräusch hier im Saal diese Nacht hat Bettina nicht darüber geklagt? Es hat mich recht besorgt gemacht für sie.

Maria. Ich hörte nichts.

Wimpfen. Du schliefst wohl so fest?

Maria. Ja – – sehr wenig. (Ich kann gar nicht lügen.) Ich höre daß meine Herrschaft mir ruft; geschwind muß ich fort. Soll ich sie auf die Reise vorbereiten? *(Maria springt ins Nebenzimmer)*

[108]Dritter Auftritt

Anfangs Wimpfen allein hernach Joseph.

Wimpfen. *(durchsucht neugierig das Zimmer und findet die Masque)* Was find ich da! Ach nun ists klar, sie war auf dem Ball! – So hab ich mich doch nicht betrogen, aber du hast mich betrogen Bettina! Und die fromme Marie! Auch die! wer kann aber diesem leichten Geschlecht auch trauen? Wir bleiben immer die Thoren. Aber nun will ich, nun muß ich fort. Der Baron hat sie gewiß gesehen, und bleib ich dann wehe mir. Er ist seiner Frau herzlich satt scheint es, und hat doch den Muth nicht zu brechen, die Gesellschaft seines alten Freundes, und der schönen Bettina käme ihm erwünscht. – Und ich – – ich – wäre betrogen! Die Freundschaft zu mir giebt ihm ein Recht auf ihre Gefälligkeit, ihre Höflichkeit; Nein; ich gehe ich kann nicht einmal sehen wenn sie die kleinste freundliche Mine an einen Fremden verschwendet. Sie darf auf meinem Schlosse nichts sehen als mich, [109]so bleibt sie mir am sichersten. Ich will ihr Herz an mich fesseln durch ununterbrochne Liebe u. Aufmerksamkeit, will ihren Geist bilden das sie mir höhere Freuden verdanken soll. *(nachdenkend)*. So will ich sie strafen, will ihr das Unrecht fühlen lassen daß sie mir erwies, weil sie mich hinterging ich muß nicht das Zutrauen in ihr erweckt haben was Liebe erweckt. Ach sie liebt mich nicht! – –

Vierter Auftritt

Wimpfen. Joseph.

Joseph. *(sieht neugierig ins Zimmer)* Um Verzeihung wenn ich störe. Ich wollte nur ins Zimmer schauen.

Wimpfen. Wer bist du? Ach ich erkenne dich nun du bist des Barons Bedienter.

Joseph. Zu dienen Ew. Gnaden.

Wimpfen. Wem suchst du? *(Sieht neugierig seine Hände an).*

Joseph. So eben niemand, Ihnen nicht Ew. Gnaden.

Wimpfen. Ich nicht wem denn?

[110]Joseph. Ach – – ach ich wills nur nicht sagen.

Wimpfen. *(ängstlich für sich)* Sind sie schon so weit bekannt daß sein Bedienter sogar auf ihre Zimmer eindringen kann! Sag mir Freund bist du ein guter ehrlicher Mensch.

Joseph. Das hoffe ich, verzeihn Ew. Gnaden es hat mich noch niemand für einen Spizbuben gehalten.

Wimpfen. Liebst du die Wahrheit?

Joseph. Sehr, sehr aber wenn es ein schwieriger Fall ist halte ich doch eine kleine Lüge auch nicht für Sünde, es kömmt nur auf den Fall an denke ich halt.

Wimpfen. Man darf niemals lügen.

Joseph. *(lächelnd)* Das denke ich nicht. Schaun Ihr Gnaden wenn ich nun einen Fall sage, wo ich doch lügen müsste.

Wimpfen. Welchen? Sprich.

Joseph. Wenn ein Mann einen Mord begangen hätte und ich versteckte ihn für seine Richter, das dünkt mich Recht, denn ein Leben retten ist mehr Wert [111]als diese Lüge.

Wimpfen. Entsezlich! Welche Grundsäze! Du würdest also wohl auch deinem Herrn die Geliebte eines andern zuführen um sein Leben zu retten wenn er aus Sehnsucht sterben wollte?

Joseph. Meinem Herrn thäte ich alles zu gefallen.

Wimpfen. Mit diesen Grundsäzen wirst du nicht glücklich werden Glaub mirs.

Joseph. Ich bin recht glücklich Ew. Gnaden, wenn ich volle Gläser sehe, und Ruhe für mich habe.

Wimpfen. Um glücklich zu sein, musst du so handeln; daß du das Gesez der Wahrhaftigkeit nicht verlezest das in dir ist. Du musst mehr sein, fühlst du.

Joseph. Das versteh ich nicht Ew. Gnaden, verstehen Sie es denn? Es klingt gar zu wunderlich.

Wimpfen. Natürlich. Aber geh in dich, lüge nicht mehr, du wirst den Frieden in deinem Herzen finden.

Joseph. Ich habe keinen Krieg in meinem Herzen.

Wimpfen. Ehre dich selbst, sag mir die Wahrheit, was suchst du hier in diesem Zimmer?

[112]Joseph. Ich suche jemanden den ich nicht sehe.

Wimpfen. Ein Frauenzimmer?

Joseph. Ja – nein. *(für sich)* Er ist gar zu neugierig ich muß ihn foppen.

Wimpfen. Hast du kein Billet in der Tasche, ich wills abgeben.

Joseph. Ach für Sie nicht.

Wimpfen. Die Dame ist krank zu der du vermuthlich willst ich will es ihr übergeben.

Joseph. Das geht nicht. *(für sich)* Ich darf ihm wirklich nicht sagen daß ich den Franz nur suchte, er wird sonst böse.

Wimpfen. Was murmelst du?

Joseph. Nichts Ew. Gnaden, verzeihen Sie ich muß fort da ich meinen Zweck nicht erreichen kann. *(will fort, Wimpfen fasst ihn heftig an der Brust)*

Wimpfen. Nicht von der Stelle Bursche, sag wer sandte dich? was bringst du?

Joseph. *(erschrocken)* Sachte, sachte mich sandte niemand, ich suchte nur Franzen auf. *(läuft fort)*

[113]Fünfter Auftritt

Wimpfen allein, hernach Bettina & Marie.

Wimpfen. Wie tief liegt die Welt noch in ihrer Verblendung! Wie weit ist sie noch von dem Wege auf dem sie seyn sollte, um glücklich zu seyn! Armer Verblendeter. *(schlägt sich für die Stirn)* Du suchst umsonst das Ideal der Vollkommenheit unter den Sternen. Wenn man erst dahin gekommen wäre stets der Wahrheit zu huldigen! ohne sie keine Glückseligkeit zu finden. Mich schaudert für den Menschen wie sie jezt sind. Aus dem Munde dieses rohen Naturkindes schallte mir die Sprache der ganzen Generation entgegen. Alles lügt, belügt sich wechselsweis, und ein jedes nur um sich wohl zu machen. Der Egoismus herrscht mit fürchterlicher Gewalt über die Seelen der Menschen. Alles will man nur für sich, um seinet[114]willen glücklich sein, nicht um den Frieden in seinem Herzen sich zu erhalten, edel handeln – da kömmt Bettina! wie werde ich ihr entgegen kommen? sie soll nicht merken daß ich ihren Betrug errathen habe, nur durch Nachsicht kann ich sie bessern und ihre Bildung vollenden wenn ich erst keine Falte mehr in diesem Herzen entdecke wenn ihre Seele rein und klar vor mir offen liegt dann bin ich glücklich! Aber jezt! Auch sie liebt die Wahrheit nicht! – *(steht nachdenkend auf einen Stuhl gelehnt)*

Bettina. Maria.

Maria. *(im Hintergrunde)* Thun Sie mir den Gefallen *Signora* sein Sie freundlich, heiter, daß sie ihn nicht betrüben. Willigen Sie in die Reise.

Bettina. *(leise zu Maria)* Du bist ein sonderbares Geschöpf Maria mit allen deinen heiligen Worten [115]willst du doch ich soll den Freund betrügen. Aber ich kenne euch frommen Weiber schon, wenns darauf ankömmt ein Plängen auszuführen seyd ihr eben so pfiffig wie wir, habe ich nicht recht?

Maria. Ich habe keine Plane als Ihre Zufriedenheit zu befördern. Folgen Sie mir nur diesmal ich bitte Sie.

Bettina. *(tritt zum Grafen freundlich und heiter)* Guten Morgen liebster Freund; Mir war nicht wohl, aber es geht besser.

Wimpfen. Es freut mich sehr liebste Bettina, um so mehr da ich den Vorschlag machen muß, noch heute abzureisen, wichtige Briefe bestimmen mich dazu.

Bettina. Ich folge Ihnen wohin Sie gehen. *(leise zu Marien)* Ist es so recht?

Maria. *(nickt)*

Bettina. Wenn Sie sagen daß Sie wichtige Ursachen [116]haben, dann bin ich gleich bereit. Aber sie schenkten mir ja sonst Ihr Vertrauen, darf ich diese Ursachen nicht wissen? Ich bin neugierig Sie kennen diese Untugend an mir.

Graf. *(verlegen)* Diese Untugend führt zu der schönsten Eigenschaft Ihres Geschlechts die man nicht genug hegen und pflegen kann, die Wißbegierde, und deswegen ehre ich sie.

Bettina. Sie sind recht sinnreich gleich mir etwas schönes zu sagen. Aber lassen Sie mich die Briefe sehen.

Graf. Ich habe sie nicht bey mir.

Bettina. Ist etwas auf ihren Güthern vorgefallen daß Ihre Gegenwart nöthig macht?

Graf. *(verlegen)* Ja allerley wichtige Begebenheiten, fodern meine Anwesenheit.

Bettina. Ich bin einmal kindisch. Sie haben mich verwöhnt ich möchte bestimmt wissen, warum auf einmal [117]Ihre Anwesenheit so nothwendig ist, da Sie ganze Jahre abwesend waren.

Wimpfen. Eben deswegen haben sich die Geschäfte so gehäuft. *(für sich)* Wie ich nur da heraus komme! Ich muß lügen, muß selbst die Wahrheit verlezen! es geht mir so schwer ein. Die Umstände zwingen mich, aber es ist mir schrecklich meinen philosophischen Grundsäzen nicht treu bleiben zu können.

Bettina. *(heimlich zu Marien)* Er belügt mich gewiß auch, er hat gewiß andre Ursachen warum er auf unsre Abreise dringt. Allerliebst! Da ist die Welt erst artig wenn alles sich belügt und belügen lässt, so hab ichs gern. *(laut)* Sie sind nachdenkend liebster Freund, es müssen wichtige, sehr wichtige Begebenheiten vorgefallen sein.

Wimpfen. Ja meine Liebste; ich bin in einer kleinen Verlegenheit. Sie sollen niemahls Ursache haben an meinem Zutraun zu zweifeln, und doch [118]tritt der Fall ein wo ich es Ihnen nicht beweisen kann. Sie sollen einmal die Ursache unserer schnellen Abreise gewiß erfahren, aber nur jezt nicht.

Bettina. *(weint)* Ich merkte es wohl daß Sie nicht mehr wie sonst gegen mich denken, so seyd Ihr Männer! undankbar! grausam! Sie wissen nun wohl daß ich Sie zu sehr liebe, da ich Ihnen so weit gefolgt bin, nun wollen Sie auf einmal Ihr Betragen gegen mich ändern. O ich kenne Euch!

Wimpfen. *(zu ihren Füssen)* Engel! Geliebte wüssten Sie wie es in meinem Herzen aussieht! würden Sie es nicht so grausam peinigen.

Sechster Auftritt

Die vorigen, Baron hinter der Scene.

Baron. Ich muß hinein; der Graf ist mein Freund ich darf ihn überall aufsuchen, ich habe das Recht. *(tritt ins Zimmer und erblickt Bettina [119]und Wimpfen ihr zu Füssen)* Wimpfen! Bettina!

Bettina. *(springt heftig auf und will ihm zu Füssen fallen)* Dieser Plaz gehört mir, hier will ich knieen bis Sie mir verzeihen.

Wimpfen. *(sieht beyde starr an)* Was ist das. So konnte Bettina handeln, da sie mir noch vor einer Minute die heiligsten Versicherungen ihrer Liebe gab!

Baron. Welche Sprache! *(hebt Bettina auf)* nicht diese Stellung ich muß erst Ihre Rechtfertigung hören, ehe ich verzeihen kann. Sie haben mich bitter gekränkt, und viele Jahre meines Lebens den Frieden meines Herzens gemordet, ich kann nicht so schnell verzeihen.

Bettina. *(zu Wimpfen)* Ich will wahr sein, ich war es immer im Herzen gegen Sie, denn ich liebte Sie nie, fragen Sie sich selbst ob Sie mir nicht jede Versicherung meiner Zärtlichkeit abgezwungen haben, durch Ihr Betragen, durch Ihre Anhänglichkeit zu mir. [120]Es wäre grausam von mir gewesen Ihnen den Irrthum zu benehmen, der Sie glücklich machte und mich nicht ganz unglücklich. Denn schon lange kenne ich das Gefühl glücklich zu sein nicht mehr. Seit ich hier hin, seit ich – – *(zum Baron)* Darf ich Ihnen sagen seit wann der Zwiespalt mir im Herzen erwachte daß es noch ein Glück für mich giebt.

Baron. *(sieht sie zärtlich an)* Sagen Sie alles.

Bettina. Seit ich Sie wiederfand; *(fasst des Barons Hand)* Ich bin es dem beßten edelsten Mann schuldig dies Bekenntnis abzulegen. Er ist der einzige den ich liebte, den ich je lieben kann.

Baron. Halt ein Geliebte, jedes Wort stößt den Dolch mir tiefer ins Herz. Diese Sprache kann, darf ich nicht mehr hören. Ich muß dein Herz, deine Liebe zurückweisen.

Bettina. Um Gottes willen was sagt er. Nein, nein es ist nicht möglich!

[121]Maria. Liebste, beste *Signora* wie ist Ihnen? Wir wollen das Zimmer verlassen wie sehen Sie so entstellt aus.

Bettina. Nein, ich bleibe, ich möchte hier sterben, an seiner Seite.

Wimpfen. Ich bin aus einem süssen Traum aufs schrecklichste erweckt worden. *(Bettinens Hand fassend)* Sie führten mich in einem schönen Wahn durch das Leben, ich zürne nicht daß Sie mich betrogen denn ein glücklicher Tag an Ihrer Seite gab mir mehr als mein voriges ganzes Leben. Aber nur eine Bitte möchte ich erfüllt sehen. Wie lange kannten Sie den Baron wollen Sie mir auf diese Frage antworten?

Bettina. Als ich sie kennen lernte war er schon einige Jahre aus Italien.

Baron. Bettina auch ich wünschte nur ein Wort zu hören; kannst du ohne Reue an die Untreue denken die du auch an mir begingst?

[122]Bettina. *(fest)* Ja das kann ich. Die Umstände zwangen mich. Ein Brief meiner Mutter die den Fremden mir zuführte, dem sie viele Verbindlichkeiten hatte, der ihr das Leben gerettet hatte. Dem sie die Hand ihrer Tochter zur Belohnung versprach dafür, bewog mich aus Neapel zu fliehen. Wüsstest du was es mir gekostet hat! – – Ich erhielt dir mein Herz. Der Fremde war edel und verlangte kein Opfer was ich ihm nicht willig darbringen wollte. – – Er entsagte seinen Ansprüchen. Und ich war frey. – Als ich Erkundigungen nach dir einziehen ließ, hörte ich mit Schrecken daß du Neapel verlassen hättest. Deine Leiden über meine vermeinte Untreue wogen gewiß meine Angst, meinen Kummer nicht auf, die ich zu ertragen hatte.

[123]Baron. *(finster)* Jedes Wort ist ein fürchterlicher Zeuge meines Unglücks, dem ich selbst freywillig entgegen ging, und nun nur desto schrecklicher.

Bettina. Was ist geschehen sag?

Baron. Ich, ich bin – –

Bettina. Nun!

Baron. Nicht mehr frey.

Bettina. Du liebst mich nicht mehr!

Baron. Könnte dir mein Herz sich entfalten, wüsstest du wie ich kämpfte die Ungetreue aus meinem Herzen zu verbannen, deren Bild sich so schmeichlerisch immer von neuem wieder einschlich.

Bettina. Ich ahnde es du bist verheyrathet.

Baron. Ja, es ist heraus das schreckliche Wort.

Bettina. Und liebst, oder wirst geliebt.

BARON. Nein.

[124]BETTINA. Du wurdest gezwungen?

BARON. Nein. Es wird dich verwundern, auf welche Abwege mein Kopf kam. Seit ich alles verlohren hatte was meinem Herzen werth war, wollte ich nur durch den Verstand noch glücklich seyn, ich legte mich auf die Wißenschaften.

BETTINA. Nun was hatten die Wißenschaften mit deiner Heyrath zu thun?

BARON. Sehr viel, denn ich wollte mich nun durch andre Bande an dem weiblichen Geschlecht fesseln lassen. Ich fand eine Frau deren Gelehrsamkeit mich anlockte und die Umstände fügten es sonderbar daß ich ihr meine Hand anbieten musste.

BETTINA. Nun bin ich ruhig durch dieses Geständis, denn deine Liebe ist noch dieselbe, und bleibt mir immer.

BARON. Ich kann nicht ruhig sein!

[125]WIMPFEN. *(für sich)* Bey welchen Entdeckungen muß ich Zeuge sein. Hat mich so das Schicksal züchtigen wollen! Bin ich nicht genug noch geprüft!

BETTINA. *(Erblickt Wimpfen)* Ich hoffe Sie sind edel mein Freund. Sie verzeihen diese Geständniße in Ihrer Gegenwart. Sie haben nichts verlohren dadurch das ich den Geliebten wieder fand. Sie bleiben mir als Freund, ich werde nie vergessen was ich meinem Wohlthäter schuldig bin.

WIMPFEN. *(küßt gerührt ihre Hand)* Für jezt verzeihen Sie mein Schweigen. *(geht ab).*

SIEBENTER AUFTRITT

Joseph. Die vorigen.

JOSEPH. Meinen Herrn such ich überall und kann ihn nicht finden. *(Erblickt Bettina des Barons Hand haltend,* [126]*bei Seite)* Was seh ich! Er ist so vertraut mit einem fremden Frauenzimmer. *(laut)* Ihr Gnaden ich habe etwas mit Ihnen zu sprechen.

BARON. *(wie aus einem Traum erwachend).* Wer ruft mir?

JOSEPH. Ich Ew. Gnaden. Ich alter Joseph.

BARON. Was willst du?

JOSEPH. Ich suchte Sie überall im ganzen Hause, und der Herr Graf kam eben aus dem Zimmer und lies in Gedanken die Thüre offen so sah ich Sie.

BARON. Was soll aber diese Erzählung.

JOSEPH. ⟨Nelly⟩ hat mich aufgesucht, und gefragt ob ich nicht wüsste, wo Sie wären, die gnädige Frau habe Lust bezeigt weiter zu reisen.

BARON. Gut, gut, ich reise nicht, jezt nicht.

JOSEPH. Ich dachte Sie wollten so gern fort.

[127]BARON. Ich sage dir nein.

JOSEPH. *(blickt Bettinen an)* Was erblick ich, trügen mich meine Augen nicht?

BARON. *(zu Bettinen)* Erinnern Sie sich des treuen Dieners noch der uns so oft nach Hause leuchtete.

JOSEPH. Der am frühen Morgen kam und das Haus leer fand. Doch daran denkt niemand gern.

BARON. Schweig Unverschämter.

BETTINA. Ich kenn dich wohl noch guter Freund.

Joseph. So eine Anrede thut doch wohl, man sieht doch daß die Menschen auf unser einen reflektieren. *Sieht sich im Zimmer um.* Auch kein Theetopf ist Gottlob im ganzen Zimmer nicht. Wenn Sie nur bey uns blieben, schöne freundliche Dame.

Baron. Verzeihen Sie, es ist ein alter treuer Diener. Er hat einmal das Vorrecht sich angemasst zu scherzen, [128]was ihm verkömmt.

Bettina. Er ist Ihnen treu gelieben, und deswegen ist er mir doppelt lieb. Geh Maria hohl eine Flasche von dem starcken Wein, du sollst meine Gesundheit trinken Joseph.

Joseph. Ach wahrhaftig das ist ein Engel! Ich danke unterthänig allerschönste Dame.

Achter Auftritt

Die vorigen. Nelly.

Nelly. Man hat mich hier in dieses Zimmer gewießen weil ich den Herrn suchte, aber ich komme doch Unrecht an merke ich.

Joseph. Gar nicht, gar nicht schöne Jungfer hier ist unser Herr, und hier eine wunderschöne freundliche Dame.

Nelly. *(beschämt, will fort)* Welcher Unstern hat mich hier herein geführt?

[128A]Baron. Nelly und Joseph. Ich kenne Euch zu gut, ich bin gewiß ihr verschweigt Eurer Herrschaft wo ihr mich gefunden habt, sie soll es selbst wissen selbst von mir erfahren, bis dahin also wißt ihr was ihr zu thun habt.

Nelly. Sie wissen das ich Ihre Befehle verehre.

Joseph. Und ich bin stumm wie eine Mauer, und will mir den Mund ganz verschliessen. *(sezt die Flasche an)*

Baron. Warum suchst du mich Nelly?

Nelly. Meine Dame hat ein unbeschreibliches Verlangen weiter zu reisen. Zumahl da sie heute früh einen Brief von einem berühmten Astronomen erhalten hat, seinen Nahmen weis ich nicht.

Baron. Der thut auch nichts zur Sache.

Nelly. Sie ist zu einer astronomischen Zusammenkunft eingeladen, die sie nicht versäumen möchte. Sie möchte bestimmt Ihre Antwort, Ihren Entschluß wissen [129]ob und wann Sie reisen können.

Baron. Ich kann nicht reisen, doch man sag ihr das nicht. *(steht lang in Gedanken still)*

Bettina. Nun erklärt sich mir alles. Das freundliche artige Mädchen das wir diese Nacht ſanden, ist also Nelly? und die Dame! Ich kann mir selbst nicht aussprechen wer sie ist, welche Rechte sie hat! *(Sie sezt sich und stüzt traurig ihren Kopf auf Mariens Arm).*

Maria. *(zu Nelly)* Wir sehen uns doch wieder?

Nelly. Es freut mich ich habe die artigen Gestalten nicht vergessen.

Baron. Ich weis nicht was ich thun soll. Nelly geh sage du habest mich nicht gefunden. Ich muß Zeit haben, mein Schicksal steht jezt in meiner Hand, ich muß auf die klügsten Mittel sinnen. [130]Reiche mir die Hand Bettina, zum Abschied, wir sehen uns bald wieder. Sage könntest du mir folgen, mein Schicksal theilen wollen auf ewig? Wenn ich deiner gewiß bin unternehme ich alles.

Bettina. Ich folge gern wohin du mich führest.

Baron. Himmel gieb mir Muth, und Klugheit ein. *(geht schnell ab.)*

Achter Aufritt

Die Scene ändert sich in des Barons Zimmer.
(Steinberg mit zwey Trägern die Bücher auf einer Trage bringen)

Onkel Steinberg. Sezt nur hier nieder lieben Leute, es ist schwer zu tragen nicht wahr? Trinkt auch ein Gläschen mehr. *giebt ihnen Geld.* (*Träger gehen ab*)

[130A]Baron. *(tritt mit einem verstörten Gesicht herein)*

Onkel Steinberg. Sieh da lieber Vetter, verzeihen Sie daß ich Sie so mit meinem Kram belästige, ich störe Sie doch nicht?

Baron. *(zerstreut)* Ganz und gar nicht.

Onkel Steinberg. Meine Plane haben eine andere Wendung genommen als ich dachte.

Baron. So?

Onkel Steinberg. Fürs erste reis ich nun nicht nach Italien, und werde Sie zu Ihrer Mutter begleiten.

Baron. *(zerstreut)* Allerliebst *charmant.* Sie wollen einen eignen Wagen nehmen der die Bücher Ihnen nachbringt, ein neuer Einfall in der That.

Onkel Steinberg. Liebster Herzensvetter Sie scheinen mich gar nicht verstanden zu haben.

[131]Baron. O ja bester Onkel.

O. Steinberg. Ich denke gar nicht mehr an die Reise. Aber hören Sie eine Bitte hab ich an Sie wollen Sie einen Plaz in meinen Wagen einnehmen, damit wir recht scherzen können.

Baron. Sehr gern.

Onkel St. *(für sich)* Da weis der Himmel was der im Kopfe hat. Ich merke wohl ich komme nicht zur gelegnen Zeit. Es hat Sie etwas verstimmt vielleicht eine kleine häusliche Scene, nicht wahr, doch ich will nicht unbescheiden sein. Aber mit den Jahren lernt sich so etwas auch ertragen. Ich weis es an mir. Meine gute Frau mag jezt reden und zanken wie sie will, es geht doch jedes seinen Weg.

Baron. Sie irren bester Onkel. *(gezwungen lächelnd)* Sagen Sie was sollen etwa die Bücher?

Onkel St. Diese sind mir von einem unendlichen Werth. [132]Denn sie machen mich klug, und meine ganze *Familie* und wir bleiben auf unsrem Plaz, gehen nicht von der Stelle, das ist mir sehr erfreulich, ich kann die Reise hieher nicht mit tausend Thalern bezahlen, sie trägt mir gewiß zehn Mahl so viel ein.

Baron. Was sind es nur für wunderbare Bücher?

O. Steinberg. Denken Sie nur, ich gehe aus Langerweile in einen Kaufladen, Sie wissen ich lese sonst nicht, aber die Büchertitel haben eine Art Reiz für mich. Da fallen mir eine Menge Titel in die Hände von Reisebeschreibungen, mit den prächtigsten Kupfern ich wußte in einer halben Stunde wie Italien aussieht. Die Kupfer sind treu nach der Natur wie die Reisebeschreiber versichern. Was soll ich nun andres suchen?

[133]Baron. *(immer in Gedanken)* Natürlich! Es wäre thöricht.

Onkel Steinberg. Haarklein, steht jede Stadt in den Büchern beschrieben. Alle Kunstwerke, alle Früchte die der Himmelsstrich hervor bringt. Die Erde, die Steine sind beschrieben, auch das Gras! Man braucht sich nur das bisgen grün, roth, und blau dazu zu denken steht die ganze Natur leibhaftig vor einem. Nein wahrhaftig ich habe den grössten Respeckt für die Gelehrten die Bücher machen.

Baron. Ich auch.

Onkel St. Wenn nun meine dünnbeinigten Herrn Kunstrichter wieder kommen sollten, wenn ihnen mein Wein geschmeckt hätte. Ha, ha, ha, da will ich sie von Italien unterhalten u. Frau und Tochter sollen scherzen davon als wenn sie alles gesehn hätten. [134]Nun troze ich allem Geschwäze. Es ist ein gar zu glücklicher Zufall. Sehen Sie, lesen Sie nur *(liest eine ganze Reyhe von Reisebeschreibungen und statistischen Werken von Italien ab; während dem geht der Baron mit der höchsten Ungedult im Zimmer herum)*

Baron. *(für sich)* Wie soll ich die Unruh meines Herzens nur verbergen, in dem entscheidensten Moment meines Lebens, muß ich solche Dinge anhören. *(Sieht nach der Uhr)* Verzeihen Sie bester Onkel. Ich muß einen Augenblick ausgehen ich habe jemanden in das nächste bessre Haus bestellt, der nicht länger warten kann.

Onkel Steinberg. Da geh ich auch mit liebster Vetter.

Baron. Es ist jemand der verlegen würde über Ihren Anblick. Erlauben Sie daß ich für jezt allein gehe. Sie verzeihen mir meine Freymüthigkeit hoffe ich. *(läuft schnell ab.)*

[135]Onkel Steinberg. *(gezwungen höflich)* O ja, ja! Ich weis recht gut daß die alten Onkels nicht jeden Weg ihrer Neffen wissen dürfen noch ihre Verhältnisse. Die Zeit in der wir leben benimmt alles Zutraun, der Bruder wird selbst gegen seinen eignen Bruder hinter dem Berg halten, wenn es sein Interesse so mit sich bringt. Das Interesse ist das grosse Triebrad aller menschlichen Handlungen jezt. Aber wir müssen uns in die Zeit schicken lernen wir Alten von anderm Schrot und Korn. *(mit einer Verbeugung ab, der Baron folgt ihm)*

Ende des dritten Ackts.

⟨Bruchstück B²⟩

Onkel Steinberg. *(sich verwundernd umsehend).* Fort ist er! Mit dem da mag manches angegangen seyn! er ist ja ganz verrückt. Wäre er auf seinen Landsizen geblieben, mit solchen Schäzen *(auf seine Bücher zeigend)* Er würde nicht das halbe Leben verträumt haben, um am Ende den Kopf doch zu verlieren. – Wenn die Schriftsteller es so weit bringen daß wir ganz in ihren Ansichten leben können, warum brauchen wir selbst uns die Mühe auch noch zu geben, uns die Köpfe zu verwirren? – *(geht ab.)*

Der Vorhang fällt.

II. Historisches Schauspiel

⟨Elisabeth⟩

[1r]*Als Magnus König von Schweden gefangen wurde, so wurde Hacon sein Sohn, schon König von Norwegen, auch von den Schweden zu ihrem König gewählt, als die lezte Hofnung. Sie krönten ihn 1362 und die Stände führten den alten Plan aus, ihn mit der Schwester Heinrichs von Holstein, Elisabeth, zu vermählen. Der ihr Bruders Freund war, als Feind Waldemars, Königs von Dänemark.*

Sie verbanden sich Magnus der Königswürde zu entsezen, wenn er sich gegen die Heyrath erklärte. Aber dieser schwache König, oder vielmehr die Königinn Blanca seine Gemahlin, hatte ganz entgegen gesezte Verträge mit Waldemar geschlossen. Sie hatten diesem Prinzen versprochen daß er keine andre Gemahlin als ihre Tochter Margaretha haben sollte. Hakon selbst hatte sein Wort gegeben, und es [1v]*fanden sich schon die Ehe verträge zum Bündnisse aufgezeichnet und besiegelt. Dieses alles ist nöthig zu wissen, um mit Unpartheilichkeit das Betragen des Königes in einer so feinen Zusammenstellung zu beurtheilen. Die Schwedischen Stände sandten einen Edelmann, von Wizen nach Hollstein, um im Nahmen des Königs Hakon die Vermählung zu vollziehen. Mit grosser Pracht ging diese vor sich, und die Ringe wurden feyerlich gewechselt, wie es Sitte war.*

Die Neue Königinn von Schweden u. Norwegen, schiffte sich in Lübeck ein, um die Thronen zu besteigen, deren ihre Tugenden, u. Schönheit sie werth machten. Aber ihrer harrte ein ganz entgegengeseztes Schicksal: Der Sturm verschlug sie vor die Küsten Dännemarks, von wo Waldemar sie an seinen Hof führen ließ. –

[2r]*Man gab ihr dort so einen ehrenvollen Empfang, und alles was einer Frau unter andern Umständen hätte schmeichelhaft seyn können.*

Diese Ehrenvolle Sklaverey dauerte einen ganzen Winter, von dem Waldemar nicht einen Augenblick unbenüzt gelassen. Er hatte so viel Einfluß über Hakon einen schwachen kurzsichtigen Menschen, daß es gelang ihn zu einer Reise nach Dannemark zu bereden und dort die Vermählung mit Margaretha zu vollziehen. Magnus hatte sich verstohlen von seinem Hof entfernt, und Blanca war ihm gefolgt. Diese Verbindung die so merkwürdige Folgen hatte, daß sie drey Kronen auf ein Weibliches Haupt in der Folge der Zeit brachte, wurde mit grossem Pomp in Coppenhagen gefeyert, und erfreute eben so sehr dort, als sie die Bestürzung in Schweden verbreitete. [2v]*Indessen wurde diese Freude mit Trauer vermischt, den⟨n⟩ Herzog Cristoph, Einziger Sohn des Königs, wurde von einem hizigen Fieber ins Grab gebracht. Zu gleicher Zeit starb auch seine Mutter die Königinn Blanka.*

Die Prinzessinn Margaretha die mit Hakon vermählt war nur eilf Jahre alt, und diese Heyrath wurde, so scheint es, erst nach drey Jahren vollzogen, wo sie der König nach Norwegen führte.

Man hatte Elisabeth in Hollstein die Wahl gelassen in ihr Vaterland zurückzukehren. Aber vom Schmerz überwältigt, beschloß sie einer Welt zu entsagen die so ungerecht sie behandelt, und in einem Kloster diesen Schimpf zu verbergen. Sie ging nach Schweden, u. nahm in dem Kloster Wadstena den Schleyer. –

Aus Mallets Geschichte von Dännemark.

[1]Erster Aufzug

Erste Scene

König Waldemar. Tritt herein, u. begrüsst seine Höflinge. Ein ehrerbietiges Schweigen herrscht in der Versammlung, tiefe Verbeugungen folgen von allen Seiten.

König. Gott sey mit Euch ihr Edlen Dänen, die mich
lang mit Treu und Eifer an der Krone
habt gehalten, und fest wie Ihr mich liebtet
wollt ich Euer Wohl. Ist eine Stimme die
mich Lügen straft?
Graf Knuth. Wie sollten wir vergessen je
die Vaterhand, die uns die Lasten abnimmt.
Wie täglich unser Wunsch Dein Glück erschafft, so
ist auch treu Dir dienen, unser Streben, und
immer wird der Wille noch verdoppelt, denn
wir Allein, sind wohl die glücklichen, denn
Allen Völckern ist das Glück nicht günstig.
Nicht Jedes Haupt, umschließt die Krone würdig.
Wir Dänen kehren immer gern zur Heymath,
Das Irren in der Fremde zeigt uns nur, daß
Wenn auch unvermeidliches uns trifft, wenn
Jeder nicht sein Schicksal preisen kann, und keinem
Ist wohl je das Loos geworden, mit seinen
Herrscher⟨n⟩ gleiches Glück zu finden. Des Menschen
Sinn ist nicht nach einem Maaßstab, und jeder
will nach seinem Dünkel schalten! Darum ist
nicht Zufriedenheit die Loosung, bey jedem
[1v]der den Herrscher anerkennet. Verzeih mir
König, ich bin so lang das so gewohnt zu
sagen was mir vorkömmt, Lob und Tadel.
Sie strömen aus des Herzens Tiefe mir, nicht
sagen könnt ich, daß du alles kannst, daß wo
du dich auch zeigst der Schmerz verstumme, in
keiner Brust der Klage Laut erschalle. – Es
giebt der Schmerzen die des Königs Hand nicht lindern kann,
denn nur wos Menschlich ist, da gilt sein Recht –
Du gönnst uns Leben, Sicherheit – was soll es
weiter? – Du weisst warum wir dienen, Du
befiehlst. – und wir gehorchen so gebeut die Pflicht.

KÖNIG. Du bleibst der alte, immer! willst stets noch mehr
als andre auch besprechen was du thust, wenn andre
sich in Worten streng verbinden der Pflicht zu
folgen, die das Recht uns auflegt, und noch sich
recht auch geltend machen daß sies thun, und Lob
erwartend sich bemühn um uns. Da sprichst du
ueber Menschen Recht, und Willen, und streitest,
dennoch bist du mir der treusten einer der
an meinem Hof. Ich weiß was du für meine
Ruhe thatest, und was du thun wirst; zählen
kann ich auf deinen Arm, wenn ich dich brauche?
GRAF KNUTH. Mein König, ich erwarte deinen Willen.
[2]KÖNIG. *(sich zu den andern Höflingen wendend.)*
Ich dank Euch allen, daß Ihr Euch mir zeiget.
Wir sehn uns wider an der Tafel, lebet wohl.
(leise zu Knuth) Doch Knuth du bleibst; mit dir muß ich erwägen
was jetzt mein Innerstes beschäftigt. Hören
sollst du worauf ich meine Hofnung gründe,
des Reiches Hofnung, meiner Tochter Glück; –
(der Hof entfernt sich)

ZWEYTE SCENE

K⟨ö⟩nig Waldemar.

KNUTH. Sprich König welchen Dienst du mir bestimmet.
KÖNIG. Vernimm daß während man in Schweden längst, die
Königin erwartet, die Hakon wählte
die er sich durch fremde Hand schon am Altar
verlobt, der Freyher Wizen ward nach Hollstein
gesendet, mit des Königs Prunk, heim führend sie –
doch anders wills das Schicksal. Sie soll den Thron
der Schweden nicht besteigen, meine Tochter
hat höhre Rechte, dem Zufall dank ich was
mein Herz gewollt. Der Sturm von vorger Nacht hat
mir die königliche Braut gesendet. Sie
ist in einer Schrecken vollen Stunde mit
ihrem Schiff das kaum dem Untergang entrann,
gestrandet. Doch gerettet ist alle Mannschaft.
Eine Fischerhütte birgt die Königs Braut.
Dem Glückeswechsel sollten wir nicht nuzen?
[3]Und nun gebt gütger Richter meines Schicksals,
daß ich das Spiel zu meinem Vortheil wende.
Was werden diese stolzen Nachbaren beginnen?
Die Feste die sie zum Empfang bereitet
sind nun umsonst! Doch der Gemahl wird nicht

zur schnellen Hülfe sich bereiten wollen.
Die Wogen schlagen feindlich an die Küsten
und jene Welle die empöret uns die Braut
die blühende, ans Ufer brachte, ist nun
besänftiget und sicher könnten die Schweden
heim führen sie, wenn Hakon nicht sich rührend,
der Stände rasche Wahl nicht Beyfall gebend
noch zaudernd findet, was wohl das beste sey?
Ob er noch könne, was er lang gehoffet. –

KNUTH. Ich staune Herr! wie wär es möglich daß Er
noch in diesem Augenblick erwäge, was
noch für Mittel finden, das Bündniß lösend
daß Er als König nun geschlossen? Hat nicht
der stolze Wizen, am Altar die Hand empfangen,
für Ihn? ist solch ein Schritt zu wiederufen?

[3v]WALDEMAR. Das Herz kann andre Mittel heilig finden
und Liebe einen andern Ausspruch thun.
Doch kann da Liebe reden wo der Staat
gebietet? Du lebst so lang in unserm Kreis,
o sprich! und glaubst noch, daß das Reich auch frage
Ob sich die Herzen wählen. Was frommet ist Gesez.
Und weislich hat Elisabeth erwogen, daß
Hakon mit zwey Kronen sie beschenkt, und nicht
ob Liebe sie mit ihren Kränzen umschlingend
je dies düstre Reich geleite! Kann der Herrscher
auch an sich selbst gedenken?

KNUTH. Mein König!
Hör ich wohl recht! Für wahr mich hat ein andrer
Glaube bisher geleitet!

WALDEMAR. So lerne nur
daß Staatskunst andre Rechte fodern möchte.
Und wird Margretha nicht auch weiblich denken,
sie liebt ihn weil sie muß und lernet früh
daß ihr Gefühl dem Vater zum Beherrscher
auch anerkennend seine Winke ehrt.
Die Weiber sind weich und zart, und fügen
dem Willen ins Gebot, wenn frühe schon sie
kennen, daß des Vaters Macht und Willen allein
das Herz verschenkt und das Gefühl bestimmend
für welche Krone sich das Herz soll wenden.
So dachte Blanka meine Königinn, die Tochter
[4]wird recht der Mutter hohen Sinn auch nähren!
Wärs anders! muß sie wollen, und Neigung kann
das Herz sich schaffen. Seys auch Liebe nicht Ihr habt
In Eurem Kreise andre Sorgen. Ihr theilt

so eigentlich das Tagewerk des Lebens.
Die Gattin ist Gefährtin Euch, nicht uns –
Wir brauchen nur Gehülfinnen, die uns
die Kronen tragen, und wie viel Gewicht sie
in der Schaale bergend, ob Ansehn, Reiche,
Verbindungen die Ehe noch verschönen
das ist die Frage; du staunst; Ich sage
nur, was längst die andern meines Stammes schon
gedacht, geübt, und meine Ahnherrn sollen
den Enkel nicht unwürdig ihrer finden.

KNUTH. Du ehrest König mich mit dem Vertrauen
und heilig werd das Schweigen ich nicht brechen.
Ob wohl mein Herz mit Stolz empor gehoben
daß es auch Freuden kennt, die es sich selbst
verdanken darf. Denn Höhres giebt es nichts, als dies
sich in des Lebens Spiel verschlungnen Wegen
von einem treuen Weib begleitet wißen.
Und schöner lacht des Lebens Freud uns an
wenn Treu und Liebe hold bey uns verweilen.
Und dieses reine Glück entbehrt der König
und wenn er alle Schäze um sich häufet
so kann ihm dieses Eine nichts ersetzen.

[4v]WALDEMAR. So gehe jeder seinen Lebensweg und
tadele den nicht des Schritt sich anders schlingt
Und um die Axe seine Poles sich die
Blumen oder Lorbeer Kronen winden, so
folgt er doch dem mächtigen Geschick, daß er
durch Neigung, oder durch den Ruhm bestimmt
sich hat errichtet. Ich habe keine Rast
Drey Kronen soll die Tochter mir besizen,
seit mir ein Mißgeschick den Sohn entrißen.
Die grünen Inseln meines Reiches sollen
die rauhen Höhn des Nachbar Reichs begränzen
und da wo lange Dämmrung die Natur
in Schatten hüllt, der Sonne Licht entbehrend
der Mensch geduldig sich in seine Hütte
vergräbt und Tag sich in der Nacht verschafft,
wo der Polar Stern seine Sonne ist; dort
soll das Bild der königlichen Frau ein Schuz
ein holder Geist, der jugendlich voll Anmuth
erschienen, den Müttern, Töchtern tröstlich seyn.

KNUTH. Herr wird sie wollen, willig Dir gehorchen?

WALDEMAR. Sie wird es müssen zweifle länger nicht.
Geh, rufe die Königinn.

KNUTH. Ich eile.

[4A]3te Scene

König Waldemar. *(Graf Knuth nachblickend)*
Geh nur! Du weisst nicht was ich will, doch allein
nur in des Herzens eigner Tiefe fühl ich
was Alles möglich; und welche Mittel mir
der Kopf gebietet. Der Höfling übe nur was ihn
der Feiertag heisst, doch denken ob es recht ist,
das ziemt ihm nicht. Was frommt es mir, wenn Ihr
auch glücklich seyn wollt, in des Hauses Kreise.
Für Euer Wohl trübe meine Stirne sich nicht.
Dafür hab ich in eigner Empfindung
nicht Raum; Wie Alle gleisnerisch mir Treu
geheuchelt! wie kann ich solche Stimmen wohl
für Preis, für Lob das übers Leben reicht auch
zählen? Und will ich denn für künftige Zeit
vergöttert werden? von künftigen Geschlechtern –
diesem gleich? – Die ich nicht achten will, und kann.
Wenn ihr das Rechte fodern wollt von uns, seyd
selbst erst, was ihr von dem König fodert. Ich!
Ich sollte, Euers Lebens mich bestreben,
nur eine Stunde glücklich im Genuß, für
Einen unter Euch, zum Opfer bringen? Nein!
Soweit hat mich nicht der Wahn gebracht! Für Euch
Mein eignes Glück als ein Opfer Euch bringend, selbst
vergessend meine Wünsche. – Meine Wünsche?
*[4Av]*Sie sinds, mein alles was des Nordens Meer
umspült, von meinem Herrscher Stab berührt mir
gehörend durch der Tochter Hand, die ich verschenkt,
mir doch gehört, und ihre Reiche die sich
unter Hakons Macht für mich auch öffnen, wenn –
mein Wille herrscht, so bin ichs selbst. Verträge?
Was gelten sie? In meiner Hand ist bald die
Braut, die Braut soll bleiben. So erwart ich es.
Schon hat mir Hakon sein Geschick in meine
Hand gegeben. So bald ers möglich sieht, daß
er Verträge brechen kann, so heilger Art
so ists auch schon geschehen. – Daß Margaretha
nicht ein gleiches Loos von der Vergelterin
erstehe, bürgt mir meine Klugheit; Ja, es
giebt Vergeltung, jeder Unthat fühl ich; doch
ob Sie auf mein eignes Haupt auch eben fällt,
und nicht die Enkel erst die Rache fühlen
das ist die Frage! Sollt ich eines Wahnes
willen mein eignes Glück, und unsreseinen Vortheil

verschmähen, für ein ungewißes Schicksal?
Erst will ich leben, will genießen, handeln,
wie mir es gut; Der Enkel mag für eigne
Schuld des Herzens sich bewahren. –
Da kommt die Mutter, mit der zarten Tochter.

[5]Vierte Scene

Königin Blanka. Margaretha. König Waldemar.
Graf Knuth begleitet die Königinn, entfernt sich aber im Hintergrund.

Königin Blanka. Du hast uns rufen lassen, mein Gemahl, was
sollen wir? Dein Wille ist Befehl, du weists.
Ich zeige gern die Tochter deinen Blicken,
und immer möcht ich deinen Beyfall fodern?
Denn dieser lohnt der Mutter Müh und Sorge.
König Waldemar. Ihr Frauen, seyd sehr sonderbar dünkt fast mir
denn immer sucht ihr Lob und Beyfall auf; und
wo wir handeln möchten, für Euch wirken,
da sucht Ihr nur ein Loblied zu vernehmen
von dem was Ihr gethan, nicht was Ihr thun sollt.
Das Handeln ziemt wohl eher dem Vater denk ich
auch. Doch gern erblick ich Euch, daß ihr erscheint,
als stünd ich nicht alleine, wenn es gilt, das
ich für meine Tochter entscheidend. Wenn es
zur Sprache kömmt, was ihre Zukunft sey. Denn nicht
will ich ein harter Vater gelten, die Welt
soll lieber sagen, daß ich Euer Glück weit
höher achte, als der Nachwelt Preis.
*[5v]*Wenn auf dem Grabstein der mich einst verschliesset
und Kron und Scepter nur im Stein mich schmücken,
dann ist der Menge Lob und Tadel gleich. Doch
nicht was ich im Herzen der Tochter bleibe
ist es mir. Denn wenn des Herzens lauter Schlag
verkündet, daß sie die Liebe treu mir noch
erzeigt, die lebenwarme Hand, den Stein noch
fassend, und mir Seegen zollend; das ists
warum ich gern für sie nur handle.
P. Margaretha. Vater!
Warum so weich mich machen? Denkest du daß
wenn du solche Bilder mir erweckst, sie mich
zu trüben Zeiten lebhaft tragen, daß ich
die heitere Stirne zeigen kann und mag?
Ach aus der Kindheit lichten Zauber Welten
ruft mich das Schicksal ohnehin zu früh.

Ich soll in eine andre Stufe schreiten
des Lebens; soll die frohe Zeit vergeßen
so früh! Soll an des grössern Lebens Prunk mich
freuen; wenn ich mit Blumen die der Lenz uns
beut, die Stirn bekränzen möchte, drückt mich Pracht!
[6]König Waldemar. So weich musst du die Welt nicht anschaun Tochter.
Du sprichst von Blumen? Der Natur gehöret
die Zierde. Wie der Sand der sich an öden
Küsten des Meeres bildet, ist der Blumen
Flor; dem Aug erfreulich, wie des Meers Gebild,
das sich von Klippen fest gebildet hat. Doch
die Blumen schwinden, und des Meeres Frucht! Doch
was des Menschen Geist erschaft in der Natur,
was sich der Stolz ersann, was er vermehrte,
das ist ein bleibend Bild, und würkend bildet
sich fort, was wir gedacht, und was geleistet. –
Mir ist das was nicht Leben hat, nicht nöthig
und schwärmerisch erscheint die Liebe mir, zu
Wesen die nicht denken – Darum versteh ich
Geliebte Tochter diese Sprache nicht; verzeih,
ich liebe dich aus anderm Grunde; dieser da
gilt nichts in meinen Augen. –
Prinzessinn Margaretha. Ich weiß es wohl.
Doch vergönne Vater, daß ich dir erscheine
so wie ich bin; ich müsste mich verbergen
dir falsch erscheinen wär ich anders drum
[6v]laß mir die Liebe zu den Wesen die mich
in meiner Kindheit freundlich angeblickt. Du!
hast Kronen, über Menschen zu gebieten.
Ich habe Alles dies noch nicht gelernt, und werd'
nicht lernen was Du übst.
König Waldemar. Du wirst es lernen.
Und weil die Stunde naht, die dein Verhängniß
entscheidet, sollst du andre Pflichten lernen.
Vernimm nicht lange mehr gehörst du uns, der
König der Schweden wird um deine Hand sich
mühen. Er wirbt um dich. In meiner Macht
ist sie die königliche Braut, die er nicht
warb, die nur des Adels stolze Schaar ihm gab.
Die Stände wollten es. Doch muß es ihnen
lehren, daß sie beschließen können, was des
Reiches, was des Landes wohl. Doch in des Hauses
Verfaßung wo der König Liebe geben,
und fodern soll; das ziemt den Ständen nicht zu
deuten: Sie sollen anders ihres Königs Loos

betrachten lernen wenn der Eidam, mir folgt,
und folgen will. – Die Stolzen Schweden, sollen
erfahren, daß man doch die Mittel kennet
die ihren Sinn zu bändigen vermögen. –
[7]P. Margaretha. Gehorchen soll ich Vater dir, das weis ich!
Doch zürne nicht, wenn mit unwillgem Herzen
ich des Geschickes Weg betrachte, warum
soll ich auf Kosten andrer glücklich werden?
Wenn eine Thräne bittrer Sorge nun, am
Tage wo ich mein Geschick vollende, in
jenes neue Schicksal mich verfolgt. – Denn
weinen wird Elisabeth! Wenn ich mich
freue; was soll ihr Schicksal seyn? Die Zukunft?
Wird jeder Tag des Lebens, sie mahnen nicht
An den Verrath des Glückes?
König Waldemar. Daran zu denken
ziemt nicht Dir. Sie wird im stillen nach ihrer
Heymath wieder ziehen, und dort beweinen
was sie nie besessen. Sie kann die Krone
als ein Traumbild schauen, das ihr des Morgens
kühler Hauch entführte. Die Frauen frühe
gewöhnet an die Kunst, sich selbst zu trösten wenn
das Schicksal zürnt, sie haben auch die Mittel
in ihrer Brust, den Wandel zu ertragen, nicht
frag ich auch wie sie den Schmerz empfinden –
Wenn wir uns glücklich fühlen, unsre Wünsche
sich freudiger Erfüllung nahn. Das ists was
mein Gemüth im Drang des Lebens hebt oder
[7v]sinken lässt; die andern Sorgen sind im Wahn.
P. Margaretha. *(für sich)* Zu welcher strengen Pflicht, hat mich mein Daseyn
gerufen? Wie anders lebt in meiner Brust
was ich erfüllen möchte? und es soll nicht
seyn! In diesem Irrgang des Gefühls
geh ich unter. *(laut)* Verzeih mir Vater, ich
habe den Willen mich ganz zu unterziehn,
dem, was du foderst; dies ist Kinder Pflicht; doch
daß auch mein Gedanke ganz dir eigen, dies
kannst als Mensch du mir verzeihen sollte wohl
ich hoffen? Oder wärs umsonst?
König Waldemar. Was deine Schule
dich gelehrt, was du gedacht, wie du auch es
denken sollst, ob unter dem Gebot der Macht,
dem Ausspruch Aller Weisen, die du kennst,
des Vaters Wille auch dem Grübeln unterthan
das mögen die bewerthen, die dich lehrten.

Mein Wille war es nicht! wozu braucht ihr zu
wissen, was die Alten Weisen sprachen, dies
Alles ist Unsinn! Denn nur zu denken,
Verbrechen gegen die Natur, die anders
[8]uns lehrt, zu thun was uns auch angenehm.
Ob es das Gesez der Tugend fodre? Ich
habe dies alles wohl vernommen in früher
Zeit, doch in der Welt zu leben fodert mehr
und alles Grübelns hab ich mich begeben.
Die Stimme, die Gewißen ihr habt benannt,
ist mir mit meinem Jugend Traum entflohen.
Nicht will ich wieder zu der Kindheit Wahn als ein
verjährter Bürger dieser Welt zurücke
kehren. Was mir gefällt ist auch was ich für
Recht erkenne. Was ich will ist gut für mich.
Obs auch für Andre darum frag ich niemals.
du sollst als meine Tochter dich bemühn,
dem Zweck den ich mir vorgesteckt zu folgen:
Ich will nun, daß du Königinn dich nennest,
von Schweden, Dännemark. Norwegen soll dir
huldigend, die Alte Nacht vergessen. Nichts,
hör ich mehr, und schweigend meinen Willen, zu
thun, das kann als Herrscher ich befehlen, drum
klügle nicht, und sey gehorsam. *(bleibt nachdenkend stehn)*

P. Margaretha. *(für sich)* Wie hart! Der
Rede Sinn, wird in des Herzens Tiefen nicht
[8v]verklingen. Hartes Loos! o wäre ich doch
nicht gebohren eines Königs Kind! wenn ich das
Leben unter dieser Schmach ertragen soll?
Die Hirtin die des Vaters Schaafe hütet
Ist glücklicher! Sie zählet, wenn die Nacht den dunklen
Mantel über uns verbreitet die Heerde,
fehlt der Schaafe keins, und kehren alle ohn
Unheil heim, so ist der Vater gütig, gönnt
an dem warmen Heerde, der Tochter Ruhe,
wärmt die kalten Glieder, mit dichter Hüll, und
giesst den Labetrunk, in irrdne Schaale.
Goldene Pokale sind nicht vermögend
Durch den hellen Schein, das Herz zu wärmen, wenn
nicht Liebe es giebt. –

König Waldemar. Du bist verstummt? Margaretha ich erwarte
daß du erwägen, was der Vater fodern
kann? Drum nehm ich dieses Schweigen als Gehorsam.

P. Margaretha. *(für sich.)* Glückseliger Wahn, der Vater hörte nicht
was mir des Herzens innrer Drang geboten,

zu sprechen aus dem tief bewegten Busen
[9]*(laut.)* Mein Vater! ich gehorche deinem Willen.
Du sollst die Tochter wiederstrebend nicht als
ungehorsam ferner finden, hoff ich, denn
lieber will ich, eignes Glück nicht suchen, und
nur wenn ich mir sage, daß du's willst, wird mich
des Herzens innrer Friede nicht verlassen.

König Waldemar. So recht mein Kind. Denn darum nur, gab uns das
Schicksal die Macht; daß wir die andern leiten
die es selbst nicht wissen, was ihnen frommen
kann. Du wirst auch diese Kunst erlernen, glaub
es mir. Nach zehen Jahren eines regen
Lebens, wenn du erst mehr die Welt gesehen,
nicht mehr der Menschen achtest, wirst du glücklich.
Dann sollst du deinem greisen Vater zeigen
daß keines seiner Worte, nicht verstanden,
auf gutem Boden, reiche Frucht gebracht. Dann
wird er dir als Weiser mehr erscheinen, als
Alle Weisen, die, die Schule preist. Ich hoff
es zu erleben. Kleiner Starrkopf, glaube
nur an meinen Rath, und meinen Vorsaz auch. –
*[9v]*Der dich des Lebens Kunst ganz lehren möchte.
Dich ausgebildet sehn den Thron besteigen,
der deiner wartet. –

P. Margaretha. Es sey. Doch gönne mir
daß ich mich darf entfernen, in meiner Brust
erwägen, was mir ziemt –

König Waldemar. Nein nicht in deine
stille Kammer sollst du gehn. Es sollen dich
die Feste die an Fest sich schließen, schön
ergözen und zerstreuen. Wenn es gelingt die
Königinn der Schweden, die nur den Nahmen
trägt; an unsern Hof zu bringen, soll es nicht
an Festen, Spielen, fehlen sie zurück zu
halten, bis der König sich mit seinem Reich
verständigt, seinem Stolzen Adel gezeigt
daß er eignem Willen folgt, den Freunden.
Doch meine Königinn wo ist sie?

Königinn Blanka. Ich bin
in der Entfernung wie sichs ziemt geblieben.
[10]Du sollst allein als Vater deine Rechte
ausübend zeigen, diesen Sieg will ich dir
gerne gönnen, muß ich doch als treue Dir
ergebene Gemahlin, den Beyfall geben.
Die Mutter muß schweigen, wenn der König will.

König Waldemar. So recht du meine theure Königinn.
Geh lerne deiner Tochter wie Gehorsam
die schönste Pflicht des Weibes schön auch lohnet.
Dich treu verehren werd ich lebenslang, und
stets werd ich gedenken, des Eheband das
friedlich uns umschliesst. Auch Schmerzen theilen wir,
des Sohnes Tod hat in die Krone Dornen
auch geflochten. Doch jezt da der Verlust uns
belohnet wird durch unsrer Tochter Loos, so
wär es Unrecht länger noch zu klagen, und
freudig wollen wir ins Künftge schauen,
denn Freuden hoher Art sind unsre Loosung.
Margaretha. *(für sich)* Ach auf der Tochter wundem Herzen sucht ihr
Ruh, das Opfer meines Friedens fodern die
Eltern, unbedingt! Ich soll gehorchen nur!
[10v]Königinn Blanka. Was fehlt dir Kind? du siehst so bleich, was soll es seyn?
P. Margaretha. *(küsst ihr die Hand)* Du irrst dich Mutter, bald wird mir anders seyn.
Geduld nur, habt mit mir. Ich will es gern, daß
Euer Wille siegt! Ihr glücklich Euch nennt.
So ist es mir kein Opfer, glaubet mir. Doch
dies verzeiht dem schwachen Mädchen, daß sie sich
nicht ohne Schwanken festen Trittes daran
gewöhnen kann, an das was ihrer harret.
Zu fremd, zu unerwartet nähert sich mein
Loos. Befremden müsst es mich in jedem Fall.
Wenn anders auch Alles schön und gut erschien
dem Herzen, das sich in den Willen fügen
soll. – *(sie verhüllt ihr Gesicht)*
König Waldemar. Verlasst mich, Mutter. Tochter bitte ich Euch
es ist so schwer, mit Jugend, mit Gefühl sich
streiten. Ihr glaubt am Ende doch, Ihr hättet Recht.
Und ich kann nur Gehorsam von Euch fodern.
Und will es auch – Ihr seyd entlassen.
[11]P. Margaretha. Nein nicht so.
Giebt mir der Vater nicht noch seinen Seegen?
Ich will ja Alles was sein Wille fodert,
mit Eifer will ichs auch erfüllen, die Lust
soll kommen wenn das Recht mich leitet. Wenn ich
mit mir zufrieden, will ich freudig die Welt
begrüssen, die sich mir eröffnet, doch nicht
den Seegen seines Herzens soll der Vater
mir entziehn. Des Vaters Seegen ist ein Gut
daß unser Herz mit banger Sorge suchet.
König Waldemar. Wenn du dem Seegen trauest, ist er dein, des
Vaters Liebe bleibet stets ein Gut; wenn auch wir

andern Sinn in unsre Wort legen, drum
biet ich dir mit meinem Herzen gerne was
du auch für das deine billig hältst. –
Ich seegne dich geliebtes Kind, dein Glück wird es
bestimmen. Ob wahr und treu die Lippen dir
gesprochen. Doch glaub es deinem Vater daß
der Besten Seegen deine Brust bewahrt, denn
du allein hast dein Geschick in Händen. Leb wohl.
(Prinzessin geht ab.)

[11v] Vierte Scene

König Waldemar. Königinn Blanka.

Königinn Blanka. Noch bist du nicht versöhnt mein theurer Herr!
Noch ziehen sich die Augen wild im Kreise
du hast die Züge milden Mitleids nicht, o!
sey uns gütig! Mich rührt der Tochter zartes
Flehn, und ob ich wohl die Pflicht des Kindes kenne
so wagt das Herz doch stille Klage Laute,
daß die Natur der Liebe Stimme nicht mit
der des Reiches wohl zusammen verschmelzen
kann. Das Herz der Tochter fodert, daß sie
dem freyen Trieb der Liebe folgen könnte
und Liebe darf das Herz doch nicht bekennen!
König Waldemar. Die Tochter hat mit Schmerzen mich verlassen.
Ich habe ihren innern Sinn verstanden.
Die Mutter will nun auch mich nicht verstehen?
Wo soll ich Ruh in meinem Innern finden?
[12]Des Herzens Stimme sucht ich zu ersticken,
und Ihr bringt immer diese Töne wieder,
die Ich in früher Zeit vestummen hieß – Ihr
könnt den Mann, zum Jüngling nicht mehr machen
dem längst das Fabelland der Jugendwelt
mit seiner Liebe seinem Haß entfremdet.
Hab ich darum so harten Kampf bestanden?
Mit Vorurtheil, des Pöbels Wahn, gestritten?
Damit am End ich wie ein weicher Mann, mich
ueber des Geschickes Macht beklage. Nein!
So solls nicht seyn, nicht werden, glaube Blanka
mir, wenn auch die Tochter wähnt, sie sey das
Opfer meiner Ehrsucht, wenn sie sich beklagt. –
Ich will es doch; und sie ist mein, sie werde
was ich beschloßen, glücklich oder nicht. Dafür
will ich hüfort nicht mehr verpflichtet seyn zu

sorgen. Kurz mein Wille sey der Ihre. Ist
ers nicht, so solls Allein der Meinige, der
Ihren Starrsinn bricht, dem sie gehorchen
muß, und soll. Damit ists nun beendigt, sag
es Ihr, die Mutter und Tochter sollen dem
Willen nicht wiedersprechen den ich ihnen
verkündet. Darum ists mein leztes Wort.

Königinn Blanka. Hört ich doch so ernste strenge Töne
[12v]niemals von dir, Gemahl und König, immer
mischtest du im Ernst des Vaters mildre Töne!
Entdecke mir, was du verhängtest über uns,
was soll die Tochter tun? die würdig deinen
Willen ehren wird! –

König Waldemar. Sie soll dem König Hakon
nicht fremd und kalt begegnen wenn er kömmt.
Mein Plan ist es daß er verkleidet komme
geheim mit mir verhändle, sey die Braut auch
da. Vor ihr kann sich das Welthaus denn drehen,
wenn sie in meiner Macht. Das Herz der Jungfrau
soll ihr Schicksal tragen; gar leicht ist uns ihr
vorzuschlagen was sie muß: Ich führe sie
nach dem entfernten Lustschloß, dort soll der Hof
belustigen die Wahnes Königinn, und
während Hakon unsrer Tochter Hand gefasst,
mag sie am Schein des Königthums sich sonnen.
Der Traum soll bald in strenger Wahrheit schwinden.
Was geht das Schiksal Einzelner mich an? Soll
Ich auch fragen, wie ich ihr den Raub erseze?
So eines kleines Fürsten Tochter sollte nicht
nach einer Krone streben. Stolz muß, und soll
[13]das Schicksal fühlen, daß er eitel; nur wir,
die Könige, wir können Bündniß stiften, und
lösen, wie es uns am besten dünkt. Glaub mir
so eine Prinzeßinn, die in strenger Stille
erzogen ward, weiß nicht, was sie verliehret –
Nach Deutschland soll sie wieder, soll in stiller
Abgezogenheit des Glückes Wechsel, und
des Königs Untreu beweinen; soll an des
Bruders Hof, die Königinn noch seyn, die sie
an Schwedens Hof, vergeblich zu erlangen
sich bemüht. Kann der Bruder doch den Verrath
wie er es nennen wird nicht rächen! Kann Er
die Hand voll Mannschaft gegen uns auch stellen?
Kann mit dem Schwerdt versuchen der Schwester
das Recht zu sichern, was sie nicht beseßen?

Wer wagt es sich von dieser Küste aus nach
unserm Meer umspülten Eiland zu steuern?
Dies alles glaube mir hat Waldemar, gut
überlegt, und alles ist ihm günstig. –
KÖNIGINN BLANKA. So sey es denn, ich ehre deine Klugheit
die alle Mittel reiflich hat erwogen.
[13v]KÖNIG WALDEMAR. Ich höre Stimmen, man naht, ich möchte nicht
den Anschein haben, daß ich mich berathe
mit der Gemahlin. Dieses steht dem festen
Willen Waldemars nicht zu, der immer strebt,
die Macht zu zeigen, die ihm ziemt. –
BLANKA. Ich gehe schon.
(für sich) Ob ich viel glücklicher den Kampf bestanden,
ob ich auch ruhig den Gemahl verlasse,
das ist in seinem Herzen nicht die Frage.
Darum kann es das meinige nicht fodern,
daß er bedenke was zu meinem Heil. Wenn
wir dem Willen, seinem Kopfe folgen –
so sind wir ihm geliebte Mutter, Tochter.
(laut) Wann sehen wir uns wieder Waldemar?
KÖNIG WALDEMAR. Wenn ich es nöthig finde Euch zu sprechen.
Für jezt bedeute nochmahls meinen Willen
der Tochter. Ohne Widerspruch, soll sie mir
nun folgen, so ists mein Befehl, und Wille
leb wohl. –
(Königinn geht ab)

[14]FÜNFTE SCENE

König.

GRAF KNUTH. *(hastig herein tretend).* In jener Nacht, wo uns des Sturmes Toben
die Königinn von Schweden zugeführt, hat
auch der König Hakon vor der Küste sich
gezeigt: Er ist auf unsrem Boden –
KÖNIG WALDEMAR. Welch Glück!
Geh eile ihn zu suchen, verborgen will
er sein, und jezt da unser eigenes Wohl
es fodert, so müssen wir noch heiliger
den Wunsch erfüllen. Nach Drontheim soll die Braut.
Dort wo die Sage geht, von grausen voller
Mühe; die Geister Welt sich öffnet, dort soll
die Königinn der Schweden, auch im Reiche
der Geister schalten. Erst wenn Hakon wieder
fern, soll in der HauptStadt sie sich zeigen, soll

uns den Triumph verschönern, den die Staatskunst
fodert, denn klug und fein hab ich das Schicksal
dieser Beyden verwirrt, und nur die Hand die
dies geleitet, kann den Knoten lösen, den
sie selbst geknüpft. – Doch besser ists, du gehst
Die Königinn der Schweden zu begrüssen.
In meinem Nahmen ihr Schuz, ihr Sicherheit
[14v]versprechend. Sie soll sich recht der Ruhe freuen
und Nichts soll Mangeln was zur Freude nöthig!
Vernehme dies, versammle einen Hof, erwähle
die klügsten Höflinge, die besten Frauen.
Ich sähe einige der schlauen Männer gern
in dieser Zeit vom Hof entfernt, denn ihre
Blicke spähen den Zwiespalt aus, der in der
Stimmung waltet. Die Tochter soll das Gemach
der Königinn auch nicht verlassen. Man soll,
nicht wähnen, daß sie ungeneigt sich ihres
Vaters ernstem Willen zeigte. Die klügern
des Hofes, sind ihr zugethan, und eine Wolcke
auf der schönen Stirn, kann Mitleid wecken in
der Männer Herzen, und Mitleid will ich nicht
von denen, über die ich herrsche. –

[1]Zweyter Aufzug

Erste Scene

Schiffer Hütte.

Frauen. Kinder stürzen entsezt hervor. Anna mit ihrem Kind im Arm.

Erste Frau. Hörst du den Sturm? Hörst du die Zeichen daß ein
Schiff am Strand? Der Himmel mög bewahren die
Armen Menschen! Welch ein Elend Toben! Horch!
Zweyte Frau. Ein Nothschuß wars, noch einmahl! wieder! Länger
kann ichs nicht tragen! Mein Sohn ist auf dem Schiff.
Erste Frau. Mein Bruder auch.
Anna. Liebe Nachbarn wer von Euch
hat an das Meer die Hofnung nicht gebunden?
Wenn Claß nicht wieder käme! Wär ich doch allein!
verlassen auf der ganzen weiten Erde!
Und dennoch hilft voreilig Klagen nichts, denn
der die Wellen schleudert, dem Meer gebietet,
kann aus solcher Noth allein nur retten. Die
Hütte schwankt, der bange Schein erlischt! und wenn
die Flamme nicht mehr anzufachen, da kann

der kalte Morgenwind, uns wohl erstarren!
Doch so lang ich Wärme hab und Odem soll
Auch der kleine Knabe, der Mutter Liebe
nicht entbehren – Ruhig, ruhig nur, denn nur
Geduld versüsst die Angst. –

Erste Frau. Du kannst noch trösten?

Anna. So lang ich sprechen kann werd ich dies thun. Denn
[1v]was nur der Mensch im Schmerz des Lebens spreche
das fällt vergeblich nicht in andrer Herzen. –
Ich höre Tritte, immer näher kommt der
Stimmen Ton – Ach ich hör ihn. Für diesmahl
liebe Frauen, sind die unsrigen mit uns
gerettet. Danket Gott. – –

2te Scene

Claß. Prinzeßin. Freyher von Wizen und Seefahrer.

Class. Gott grüß dich liebes Weib, da bin ich wieder.

Anna. Wie viele Sorge hatt ich deinetwegen!
Sieh um dich Claß, wir alle glaubten daß das
Meer verschlungen Euch, und wir verschmachten
müßten. Ich wollte den Nachbarn nicht zeigen
welche Sorge mich befallen, doch war mirs
nicht wohl ums Herz. – Aber Hülfe kommet immer
wenn die Noth am größten scheint.

Class. Nicht Worte wollen wir verliehren. Siehe
dort naht ein Engel, den uns Gott gesendet.
Denn ohne sie wär alles verlohren. Sie
hat durch frommes Beten unser Schiff gerettet.
Gieb Alles was die Hütte vermag! Du lächelst?

Anna. Ja wohl! Denn unser Haabe ist nicht reichlich.
Wo soll für solche Menge Brodt ich schaffen?
Für dich hab ich das lezte noch verborgen.

[2]Prinzessinn. Gott sey mit Euch ihr guten Leute nehmt
mich auf mit willgem Sinn. – Die Flüchtige
die statt des Throns, ein Obdach findet an dem
fremden Ufer. – Was sagt Ihr Freyherr zu dem
Wechsel?

Freyherr. Ein kurzer Wechsel des Glückes lehrt
das Ziel uns höher schäzen, das uns winkt. Doch
Alles was in diesen Stunden ich empfunden,
das leidet niemahls Wechsel. – Sah ich doch Grösse,
und hohen Adel in der bangen Stunde
nicht von Euch weichen, königliche Frau. Da

wo der Mensch nur gegen Mensch sich zeigt, da scheints
als hörte jede Trennung auf. Die Seele
nur spricht sich an Seele aus. Ihr wanktet nicht
erwartetet der Welle dunklen Arm, die
rasend unser Fahrzeug zu verschlingen
den schwarzen Abgrund furchtbar hatt eröffnet. Ihr
blicktet heiter zu der schwarzen Decke, als
wär des Himmels schönster Stern erschienen.

PRINZESSINN. Mir winkte schön des innren Himmels Schimmer,
denn freudig blickt ich stets in andre Welten.
Den Weg dort hin, hat nie mein Herz gefürchtet. –

FREYHERR. So früh habt ihr der Erde schon entsagt?
Jezt da das Leben Eure Wünsche fodern will?
Prinzeßinn! Eure Heymath ist nicht hier wo
unsre ungewissen heftgen Wünsche noch
[2v]für sich um Glück und Seegen flehend schweben?
Da wollt ihr schon der Engel Heymath suchen?
Bedenkt, zu welchem Loos Ihr seyd berufen!

PRINZESSINN. Zum Leiden, wie zum Leben rief man mich. Doch
Alles lenkt des Schicksals weise Hand. Folgend
dem Ruf, gehorch ich nur. – Doch lieber Freyherr,
seht Euch um. Es harren viele unser noch,
Bedenkt des Lebens, daß die Menge fodert.
Lasst Wein, beste Speise bringen, seht die Armen,
sie haben nicht umsonst den Wellen diese
Leute abgekämpft.

FREYHERR. Wenn wir zu vieles doch
der Menge geben, bleibt am Ende für Euch
nichts übrig. Sollte der Mangel, so noch am
Hafen uns befallen?

PRINZESSINN. Ich bedarf so wenig!
Wenn jene mir mit nassen Blicken gerührt
ihr Leben danken, leb ich nicht auch? o seht!
Wie dort die Frau den Gatten froh empfängt,
der Knabe fasst des Vaters krausse Locken.
Das liebe Wiedersehen rührt mich innig.
Schenkt reichlich aus dem Seckel bitt ich Euch was
meine Eltern, die geliebten! wohl geben
würden, diese Armen lohnen; wüssten sie
[3]von dieser Stunde! Sähen die Tochter die
das stille Zimmer sollen verlassen, an
der andern Küste weilen! entblösst von dem
was sie ihr stets gewährten. Doch! glücklich
daß wir nur das nächste wissen. Daß Hofnung
freundlich unsern Blick umfängt. Wie würden wir doch

sonst das Leben ertragen mögen? Das am
Wechsel reicher wie an Freuden, die Wahrheit
zeigt. Die Jugend nur glaubt mir vermag es wohl
den Sternenschimmer bleibend sich ums Haupt zu
träumen. –

FREYHERR. Wie weis ist jedes Wort Prinzeßinn,
wie tief hat Euer Geist geblicket in den
krumm verschlungen Wegen des Lebens, schon
frühe habt ihr seine Täuschungen gefühlt!
Wie sollte nicht ein ewig frischer Kranz, das
Haupt umblühet haben, daß so reich in sich
mit allen Gaben sich sein Schicksal hätte
wohl schmücken können? – und doch? verzeiht mir wenn
ich kühner frage als sich ziemt. –

P. Gar manches
ist anders als man denkt, und sollten wir ein
[4]Recht wohl über das Geschick uns geben,
und sollen nicht warten so wie der Faden sich
entwickeln kann? Denn das erwartet jeden,
sey er klar, und fein von Gold gesponnen
oder groben Stoffs, zerreissen wird er doch –
und dann – ists gut. – Das Leben lehrte mich
nicht viel zu hoffen, – darum verzeiht mir Freyherr,
wenn ich klügelnd wäge was mir zu Theil geworden,
denn Ernsten Sinns lehrt ich das Leben prüfen.

FREYHERR WIZEN. Jezt fühl ich doppelt dieser Rede Ton der
wie ein Trüber Geist den Sinn umwunden.
Denn noch sind alle Hofnungen erfüllet nicht!
die mir das Recht der glücklichsten Erwartung
gab! – Du bist die Königinn der Schweden. Doch
statt dem Throne der dein harrt, muß hier dein
Fuß verweilen, wo das Edle und Aermste,
die rohen Kräfte der Natur, sich streiten.
Der frohen schönen Zukunft freudig Hoffen
ist verstummt! Was uns erwartet wenn es freudig giebt –
Noch ist der Tag uns fern, den wir erflehen
dich an des Reiches Boden fest gebunden
zu sehen dem dein Engelbild bestimmt, ach!
welch ein trauervoller Wechsel!

ELISABETH. Nicht wollen wir gedenken was uns mangelt.
Die Tage werden kommen wo ich Euch wohl
hoffe das Gelübde zu erfüllen daß
in Eure Hand, dem König ich gelobt, denn
stets gedenken werd ich auch an Euch wenn ich
des Schicksals Ruf gedenke daß mich zu Euch

[4v]geführt. Ihr geht mit mir zur neuen Heymath
und dankend werd ichs immer dem gedenken
der jenes Land mich tiefer lieben lehrt, durch
seine Sitte, seinen klugen Geist. Sagt mir
mein Freyherr, sind die Schweden alle wie Ihr?

Freyherr. Ich wollte Königinn, ich wäre was
sie sind, denn kräftig strebt ich stets des Volckes
werth zu seyn dem ich entsproßen. Es war
mir Vorbild stets, und wenn ich nicht gering vor
Euch erschien, könnt ichs mir selbst nicht danken.

Königinn. Wohl ziemet Euch bescheiden so zu sprechen;
doch mir? – zu glauben was ich gerne möchte.
Denn glücklich nur ist, wer ans Gute glaubt,
an jenen Wiederschein der höhern Wesen
der aus dem feinen Blick des Edlen glänzet.

Freyherr. In andren Blicken seh ich was den Himmel
was uns die Erde glänzend schön erhellt.
Wenn man dem Leben muthig rasch entsagen
dich sah, da muß ein andrer Stern gen Himmel
führen, nicht am niedren Stoff des Lebens kann
ein solches Herz mit seinen Kräften hängen.
[5]Kennt ich das Thun, das Edle des Herzens
doch! Wer das Gemüth in solchen Stunden prüft
wo nur der Mensch dem Menschen sich enthüllet,
da wähnt man über Zeiten und Raum hinweg,
des Herzens innerstes Gefühl erhöht, glaubt
wenn künftig in des Lebens leerem Drange
geistlos des Menschen Treiben mir erscheint,
dann will ich an das ungemeßne Meer mich
stellen und auf seinen Wellen, das schwache Boot
mir zaubern das Dich trug, Dich hohe holde Frau.
So viel Prinzeßinn darf ich Euch gestehen?
Ihr werdet nicht der Ehrfurcht Schweigen bieten?
Wie eine Heldin habt ihr Euch gezeigt. – –

Prinzessinn. Wisst Ihr nichts? und seyd schon so erfahren, denn
das Leben scheint mir, hätte auch Euch oft prüfend
angeschaut? Oft kömmt der Muth aus Lebenslust
uns nicht! Bloß weil wir ruhig sind, und nichts
erwarten, nichts ängstlich zu erstreben hoffen
erscheint die Hülfe; nicht Kampf hab ich gewagt.
Es hätte der Woge weisse Decke mich
umhüllt, wie einst der Marmor, der mein Grab soll
zieren. – Doch eines ist mir tröstend, meine
Brüder, die Mutter, hätten nicht die Stelle
gefunden, wo mein treues Herz verborgen. –

Viel Thränen hätte man um Euch geweint?
Habt ihr auf dieser Welt nicht vieles was ihr
willig nicht zu früh verlassen möchtet? Sprecht.
[5v]Baron W. In dieser schweren Stunde dacht meiner nicht
das Herz. – Ich dachte an das was mir die Pflicht
zu retten befahl. Der König hat mir diesen
Schaz vertraut. Ich bin mit meinen Pflichten wohl
einverstanden. Hätte lieber den Todt, als
einen Freund erfleht, um Eures Lebens schön
geschlungne Bahn, in den Wellen nicht verlohren zu
erblicken. Und auch des Todes Nacht hätt ich
mit Euch ja theilen müssen, so war es mir Pflicht.
Prinzessin. *zu Anna (die am Feuer geschäftig ist.)*
Ihr arme Frau! viel Mühe geb ich so spät
Euch noch! Doch sorget für die andern zuerst,
sie haben Nahrung, Wärme nöthig ich fühls
ich bin nicht schwach. –
Anna. *(die während des Gesprächs mit Wizen in der*
Hütte geschäftig war, tritt näher, mit dem Knaben.)
Sey ruhig Knabe! Ach der wacht schon wieder.
Class. Gieb mir den Knaben dazu wird der Arm
noch Kraft behalten, ihn zur Ruh zu bringen.
Du kleiner Wicht! du lachst den Vater aus
vor Einer Stunden dacht ich nicht, daß ich dich
wieder halten könnte, die Mutter küssen!
Anna. Du weckst den Knaben Claß zu früh, denn sieh
die Gäste doch.
Prinzessinn. Gebt mir den Knaben gute
Frau!
Anna. Ach nein! Er ist so schüchtern. Sah niemand
noch als seine Eltern, den Himmel, Sterne.
[6]Wizen. Glückseelig Kind! das nur den Himmel kennt, nichts
als der Mutter Lächeln auf der Erde! Uns
ward es anders des Glückes Loos hat nur mit
Sturm des Lebens Spiel gedeutet. Des Knaben
Brust wird keine Sorge trüben als wenn der
Mond die Wolcken Hülle hebt. – Wenn über
seinem Scheitel Blize zucken. – Doch anders
soll des Lebens Kranz uns blühen, uns denen
Meer und Welle Bild nur sind, vom höhern Loos. –
(Prinzeßinn nimmt den Knaben auf den Arm,
der sich freundlich an sie schmiegt. Wizen in einiger
Entfernung sich das Gesicht verhüllend für sich).
Nein! nicht ertrag ich diesen Anblick länger!
Ein höhres Wesen rettet sie, wenn einst ihr

Sohn *(mit tiefem Schmerz)* Ach warum dieses Bild vor meinem Blick!
Ein fremdes Herz soll diesen Schaz besizen! *(geht ab)*

Dritte Scene

Hofdamen der Prinzeßinn und Kammerfrauen.

Prinzessinn. *(hat Anna das Kind gegeben).*
Da nehmt ihn wieder, gute Frau! Der Mutter
Arme sind doch stärker. Da kommt Ihr meine
Damen, und schön geschmückt als wie zum Feste?
Hat nicht das feuchte Meer vermocht dem Puz zu
schaden? Seht doch wie die armen Frauen sich
verwundern; *(scherzend)* Die Gewohnheit scheint mir hat
[6v]grosse Rechte, die ihr anerkennt, und wohl
geziemt es Eurer künftgen Lage daß ihr,
dem Schmuck des Lebens immer huldiget, denn
dies wird wohl des Hofes Sitte heischen wenn
ich es Euch auch gern erlassen möchte. Doch!
Das befremdet mich, ich sag es laut daß Ihrs
Erste nach der Gefahr, die uns betraf
Euch angelegen ließet seyn, an Puz zu
denken?
Erste Hofdame. Das geziemt unserm Stande, ist uns
Pflicht, da wo die Augen der künftgen Herrscherin
uns treffen können, sollen wir mit Würde
Ihr huldigen. –
Prinzessinn. Doch wenn sie selbst Euch dieser
Pflichten frey spricht?
Erste Hofdame. Sobald es nicht ausdrücklich
befohlen wird, erscheinen wir nicht ohne
Puz vor Euren Augen.
Prinzessinn. Recht schnell gesteh ich
habt ihr aus dem Engen Kreis des Lebens
Euch auf den größern Standpunkt stellen lernen.
Ihr werdet mir mit Eifer dienen am Hof;
[7]wo ich noch manches lernen soll. Mir dünkt es
nicht so leicht! als Ihr es denkt das Recht der
Krone die ich trage stüzt sich auf
höhern Anspruch. – Nicht auf den Glanz auf Schimmer
nur. – Gebieten, Helfen, da, wos das Geschick
erlaubt, die Sorgen heilen in des Kummers
Brust, dafür ist mir das Diadem ein Schaz,
den ich mit frommem Sinn vertheilen möchte. –

Erste Hofdame. Verzeiht Prinzeßinn! Alles kann bestehen
vereint sich zeigen, da wo Ihr erscheinet
Ihr habts nicht nöthig, dem zu entsagen was
das Leben ziert. Der Jugend ziemt, die Zierde
der Glanz der Königinn. – Wenn Ihr dabey noch
an das Leben andrer denken möget, so
seyd Ihr billig sehr gepreiset und geliebt.
Prinzessinn. Wo ist der Freyherr? Dieser würde beßer
der Rede Sinn zu fassen wissen die ich
unbedachtsam sprach. Ich merke wohl man kennt
allein nicht mit dem Herzen uns, wenn uns die
Andern verstehen sollen – *(sie geht im Kreise ihrer Diener herum)* Sagt lieben Leut
Ist Euch nichts geschehen? Ihr habt doch nichts
verlohren? Ist doch dies alles welch ein Sturm!
welch Unglück traf uns! tief in der Heymath denkt
man wohl mit Sorgen an uns, hat die Kunde
[7v]erhalten, von des Fahrzeugs Untergang. Doch,
Gott gebe! daß sie es nur nicht allzuschnell
durch das unseelige Gerücht vernehmen!
Nichts wißen, ehe sies von uns vernommen
haben. Doch für alles dies soll Trennung
sie schon vorbereitet haben, denn alles
ist in solcher Form ja möglich! Jedem
Schicksal sind wir ja preisgegeben in der
Fremde! und fügen in den Willen des Herrn
der uns in Meeres Boden wie auf Bergen
mit Milde lenkt, das ist was wir zu leisten
haben in jeder Noth. Und zu dem Schmerz möge
das Herz sich immer nur mit Freudigkeit an
diese Pflicht gewöhnen. – So wird das Leben
wo wir auch es suchen müssen, ohne Trost nicht
seyn! – *(sie erblickt einen Greis und reicht ihm einen Becher.)*
Trink alter treuer Diener! stärke dich.
Alter Diener. *(Die Hände faltend.)* Mit Euch sey Gott wo Ihr auch möget weilen.
Prinzessin *(gerührt)*. Du hast die Jugend des geliebten Bruders
gepflegt. Du bist der Schwester nun ein heilig
liebes Vermächtniß; Die weißen Locken hat
die treue Sorge um ihn zu früh gefärbt.
Auch jezt noch willst du gern der Schwester dienen;
und folgst ihr willig in die neue Heymath.
Ich danke dir! – – – –
Alle. *Einstimmend in des Alten Rede.* Wir folgten dir bis an das
[8]Ende, der bewohnten Erde, Dir unsrer Fürstin!
Prinzessinn. Habet Dank! Glaubt daß ich Eure Liebe gern
erwiedre – und Euch wohl auch nicht verlaßen

würde; am wenigsten in der Gefahren
Drang. –

Vierte Scene

Prinzeßinn, die vorigen, Freyherr von Wizen. Ein dänischer Kammerherr, Graf Knuth.

Freyherr von Wizen. Vergönnet königliche Frau daß ich
des Königes von Dännemarks Gesandten
Euch bringe! Er hat von seinem Herrn zu sagen,
was er ihm geboten. Unser Unglück trieb
Ihn an, die Hülfe Euch zu leisten die wir
brauchen.
Prinzessinn. Wer uns in dieser Lage hilfreich
naht, ist doppelt uns willkommen. Ich fühle
tief was man der treuen Schaar erzeigen will
die sich um mich versammelt. Wir alle die
ein ähnliches Geschick an diese Küste
trieb, sind dankbar Euerm König; Euer Nahme?
Graf Knuth. Ich heisse Knuth, bin lang im Dienst des Königs.
[8v]Prinzessinn. So seyd ihr sicher, treuer Dienste Lohn auch
zu empfangen: Sagt welche Kunde kam Euch
von unserm Schiffbruch zu? so früh erfuhret
Ihr was uns betroffen? Gerettet ist alles,
Mannschaft und Gepäck. Der Himmel waltete
sehr hilfreich über uns, denn keiner fehlt uns.
Graf Knuth. *(mit Wichtigkeit)* Des Königs Arm reicht weit. Ob seine Insel auch
im grossen Raum des Meeres sich verliehret,
das sie umspült, so ist ein König dennoch mehr
und weit bekannt, mit dem was sich begiebt. Denn
die Arme der Gewalt erreichen jeden
Punkt der Erde schnell. So kann in seinem Reich
wohl nichts begegnen, daß nicht zu seinem Ohr
gelangen muß. In aller Schnelle die auch
nur denkbar ist. Ein Sturm ist ohnedies nichts
Kleines. Wir müssen in dem Hafen sicher
sehen was Alles an der Küste sich begeben.
Wenn auch kein König seine Wächter hätte
die dazu leben, ihn von aller Noth zu
unterrichten. –
Prinzessinn. Doch eben denk ich daß des
Königs Majestät, wir viel zu klein und
wenig wichtig scheinen, daß seine Augen
unsre Bahn verfolgen. Um desto mehr bin
ich sehr Dank erfüllt, und sehr geehrt, diese

[9]königliche Milde empfindend, bitt ich
Euch, Ihr wollet dieses wieder Ihm melden.
Graf Knuth. Doch nicht allein, den Antheil soll ich Euch
ausdrücken Königinn! der König will noch
mehr; Er will daß ich euch bitte, seinen Hof
als wie den Euren zu betrachten. Ihr sollt
bey Ihm von den Gefahren Euch erhohlen
sollt bey Ihm erwarten, Eure weitre
Ueberfahrt. Der König Euer künftiger
Gemahl, könnte wohl wenn es die Sitte so
wollte, statt in Stockholm Euch zu erwarten
In Dänemarks Hauptstadt die Gemahlin hohlen?
Herr Wizen. Das wird er nicht. – Es ist der Schweden eigner
Stolz! die Königinn auf eignem Boden zu
begrüssen, mit dem Glanz der ihrer werth. Glaubt
daß der König Hakon dankend ehrt daß Ihr
den grossen Unfall der uns jezt betroffen,
mit Gastfreyheit vergütend Euch uns naht.
Was Ihr der Königinn erzeiget, ist sehr
dankenswerth. Doch glaubt mir es Herr Graf, daß wir
die treuen Schweden, unserm Land die schönste
Blume selber zeigen mögen, die fortan
[9v]den Boden zieren soll, der liebend ihrer
harret. Wie sie dem königlichen Gatten
hold als wie ein Engelsbild erscheinen wird
so wird sie über uns auch herrschend walten.
Und ob der Rauhe Sohn des Nordens vielleicht
nicht so geschmeidig ihr erscheine, als die
Nachbarn, die dem Meer angehörend, das
sie umspült mit trügerischer Fläche, auch
trügend locken können durch den Schein – so
haben wir mit unsern Eichen Stämmen die
Alte Kraft des Nordens uns erhalten. Ihr
wisst sehr wohl daß wir nicht Eines Sinnes, nicht
waren, noch es werden können. Doch ziemet
mir in dieser Stunde nicht, da ich vor Euch
als Hülfe suchend erscheine, der Alten
Rechte streitend zu gedenken. –
Prinzessinn. *(rasch einfallend)* Sprecht Freyherr!
Darf ich auch als Deutsche meiner Rechte mich
rühmen? Des dritten Volcks will ich vertheidigend
gedenken, und so den Streit zu schlichten streben
der entbrannt. –
Graf Knuth. Ihr dürft nur eurer Stimme Ton
befehlen, so ist der Streit in tiefe Brust

versenkt. Seyd holde Frau Vermittlerin uns
stets. – Gutmütig auch der Friedens Engel der
[10]die Reiche schüzt, wenn starrer Sinn der Männer
Kräfte fodert. So haben wir umsonst nicht
hoffend Euren Schuz vertraut. Selten sind wir
wohl gerecht so wie wirs sollten darum erscheint
der Frauen Milde uns ein schäzbar Eigenthum.

Prinzessinn. – In Wahrheit gütig ist wohl Euer Herr zu
nennen. Er sendet uns den viel gewandten
Mann, und prüfend sollen wir an seiner Art
wohl lernen, wie der Hof uns wird erscheinen,
wo der Höfling sinnvoll stets vergeßend nicht,
Der Worte Innhalt, der Plaz thut nichts dazu,
sey es in goldner Sääle Pracht, umgeben
von der Diener Gepränge, ob an der Küste
deren weisser Sand nur Meeres Ungeheuer
ans Ufer spült. Der ächte Hofmann sieht nur
stets sich selbst; und wo er ist den Schimmer des
Ruhms, der ihn umgiebt. –

Graf Knuth. Welche Frau! erscheinet Ihr!

Prinzessinn. *(nachsinnend)* Freyherr! was dünkt Euch?

Freyherr Wizen. Königinn! nur Euer Wille.
Mir Befehl ist dieser, entscheidet Ihr selbst. –

[10v]Prinzessinn. Ich selbst bin nicht gesonnen zu verweilen
doch wenn die Mannschaft neue Kraft bedarf, so
wie es menschlich nicht, dem Ruf nicht erschadet, dem
König der Dänen bin ich schuldig Dank zu
sagen, auf kurze Zeit muß ich den Hof wohl
sehen, der mir in solcher Zeit ein Obdach
entbietet, künftge Nachbarn, sollen wir Gastrecht
üben. –

Freyherr Wizen. Wenn dieses Euer hoher Wille wär, so
dächt ich, gönnts mir, daß ich nach Schweden eile,
ein kleines Fahrzeug bringet leicht dahin, mich
kann mein Sturm verschlagen, in wenig Stunden
mach ich diese Fahrt. Zur andern Küste soll
das flüchtigste der Rosse bald mich tragen.
Denn Flügel giebt die frohe Kunde mir, und
König Hakon wird die freudge Aussicht, daß
solches Glück sein wartet, daß solcher Himmel
seiner Liebe winkt, zu frühe erfahren
nicht. Er selbst wird eilen dieses Kleinod nach
Würden zu empfangen, nach der HauptStadt im
Jubel führen unsre Königinn.

Königinn. *(bey Seite zu Wizen)* Nein, Freyherr, bleibt ich bitte, nicht werdet ihr

die Fremde des grössern Hofes Glanz nicht kundig
[11]in einer fremden Welt allein nicht lassen!
So lang der König Hakon fern mir bleibet
seyd ihr verpflichtet, mir den Schuz zu geben
den Er der Jugend meines Herzens schuldig.
Drum bitt ich bleibet hier verlasst mich ja nicht.
FREYHERR. Es sey Befehl mir, deinen Willen ehren wird
stets mein Herz als Unterthan des Königs, soll ich
auch nicht verlassen die Gemahlin, das fühl
ich wohl. Doch auf drei Stunden möcht ich Flügel
leihen die dich dem neuen Vaterlande
zeigen. Wer dich besizen kann, verliehret
in jedem Augenblick wo du ihm fern –
Doch folg ich dem Befehl aus deinem Munde.
Auch soll es König Hakon dennoch wißen
und schnell wird auf der Liebe Flügel rasch
Er eilen. –
*[11v]*KÖNIGINN. Kann ich den Worten trauen die er schrieb
so wird er fortan länger nicht verweilen.
So bald die Stürme schweigen an der Küste
(zu Graf Knuth der sich indessen mit den Hofdamen unterhalten)
Mein Graf! lasst Euch es nicht befremden daß
wir prüfen still, was uns das beßre wäre,
und glaubt daß ich des Königs Gunst empfinde,
mich stets bestreben, sie zu verdienen.
Erst gönnt uns Ruh in dieser engen Hütte.
Der nächste Morgen bringt mich an die Thore
der Stadt, die gastlich mir ein Obdach bietet.
Entlaßen muß ich Euch, denn solches Obdach
daß nur nach Sturm und Ungewitter wirthbar
kann keinem weich gewöhnten Höfling günstig
erscheinen. Darum seyd dankbar nun von mir
entlaßen bald werd ich Euch wiedersehen.
GRAF KNUTH. Vor dieser Hütte bleib ich wachend liegen.
Indessen Ihr der wohl bedürftgen Ruh Euch
freut, denn nicht verlassen soll ich Euch gebot
mein Herr und König. – –
KÖNIGINN. Fürwahr ein gütger Gastfreund ist der König!
[12]PRINZESSINN. So gehet Freyherr denn mit Gott, ungern wohl
entlaß ich Euch, denn ihr allein habt immer
mir Trost und Frieden in das Herz gesenkt. Und
diese werd ich stets bedürfen fühl ich wohl.
Doch diese Worte bleiben Euch im Herzen,
Mit Dank und Freundschaft, scheide ich von Euch.
Elisabeth vergisst nicht, was ihr theuer ward.

Ihr seyd es mir, geworden glaubt es Freyherr!
Freyherr. Auch Ihr o Königinn! ich darf es sagen
habt an das Leben fester mich gebunden.
Das Grosse, Edle, soll der Mensch erkennen
und jedes Herz daß nach dem Gute strebt,
ist auch gewiß, daß es verstanden wird.
Wir sind uns nah, wenn Zeit und Stand uns scheidet
so bald wir stets mit Treu das Gute üben.
Gott schüze Euch! – Mehr kann ich jezt nicht sprechen!
(verhüllt sein Gesicht.)
Prinzessinn. *(sieht gerührt ihm nach)* Lebt wohl.

Ende des Ersten Ackts.

[1r]Dritter Aufzug

Erste Scene

Elisabeth *allein, auf einer Terasse herum gehend, wo alte zerfallene Mauern, und Ulmbäume zu sehen, in der Ferne das Meer, und eine oede Felsen Parthie.*

Die Sonne will die Nebel nicht durchbrechen
und oede wies im Herzen bange schlägt, liegt die
Gegend vor mir! – Nach Schwedens Küsten ist der
Blick versperrt! Der traurigen Zerstörung nur,
wie dem Gedenken an vergangnes Glück ist,
diese Wohnung mir ein Bild des Lebens, daß
jezt zu führen ich gezwungen scheine! Denn
wie der Wille frey, wie schnell sollt ich vom Ufer
von dem traurigen den Fuß erheben, und
in das stolze Schiff mich schwingen. Ein Freund der –
Ja ich darf es sagen Wizen ist mir Freund
und Bruder, an seiner Hand geleitet will
ich fröhlich in das Land hinüber seegeln daß
mir ein trüber Nebel jezt verbirgt. Der Freund
bleibt mir auch dort. – Mit meinem Herzen bin ich
einverstanden. Wie die Freundschaft sich, wie sich
die Liebe an die Erste bindet, und doch
verschieden, unser Herz beseeligt – hab ich
empfunden; der Frauen Herz daß Ewige Liebe
erfüllet, kann sich auf Erden vieles Glück
[1v]bereiten, und darf nicht wanken, kläglich wohl
bedenken was jener oder dieser Pflicht
geziemt. So wie mir in dies hohen Aethers Blau
herrscht das Gefühl verbindender Gewalt.
Wer Hohes hat erkannt, geht nicht zurück, wie

hab ich wohl den Edlen Freund geprüft? Nicht in
der Jugend Glanz, und Uebermuth, nicht scherzend
mit dem Gefühl das früher oder spät sich
in des Busens Tiefe regt. Entgegen kam
uns nicht der Freude Ruf: Ernst stand ich neben
ihm an dem Altar, gelobte was ich dem
König halten werde, in des Freyherrn Hand.
Der Ehe Rechte stets werd ich bewahren;
doch einer Freundin darf ich mich vertrauen.
Fänd ich in einem weiblichen Gemüth was
dieser Freund in seinem Herzen trägt! wie wollt
ich diese Freundin zärtlich lieben. Mein Stand
verbietet mir Vertraulichkeit; des Mädchens Wunsch
der Kleines oft begehrte, kann sich am leichten
Spiele nicht erfreun. Sorgen der Königinn
kann nur ein Freund verstehn. Drum bleibt er theuer
mir, wo er auch sey. Denn er hat spähend in
des Herzens Tiefe meinen Wunsch gelesen.
In der Gefahr des Todes fand ich ihn, und
[2r]so bleibt er mir theuer. Die Welt die solches
Bündniß nicht erkennt, die nicht für Wahrheit und
für Edles streitet, die kann nicht richten wo das
Herz gebietet, auch soll sie nimmer richten,
zwischen uns. – *(sie erblickt von fern eine verhüllte Gestalt)*
Was seh ich? an weissen Klippen
an dem hohen Seegras streift eine männlich
hohe Gestalt, und scheint nicht sichern Tritts. Sie steht,
sie sieht nach diesem festen Schloß empor. Ists
ein Reisender, der so wie ich von Meeres
Ungeheuern das Leben hat gewonnen? –
O könnt ich Hülfe leisten, retten! Ach ich
kann! ja in den alten Mauren, nicht den
Diener, wie den Roßes Hufschlag leiten!
Gefangen bin ich. Ja das ist das Wort! doch
näher immer näher kömmt der Mann. – was soll
ich thun? bedürft er meiner Hülfe wär es
Unrecht, ihm zu entfliehen. –

(Ein Unbekannter naht; er sieht trauernd die Königinn an, und scheint verwundert, sie hier zu finden.)

UNBEKANNTER. Hohes Wesen!
Wenn Du auf Erden noch die Pflichten hast, auf
Menschen blickend, unsern Weg zu seegnen, so
thue dich in holden Reden kund, wo bin ich?
Sag es mir, wo bist auch du? –

[2v]ELISABETH. Ich bin der Erde

angehörend hier, nicht wie Ihr wähnt ein
Geist, dem höhere Ordnungen vertraut. Ihr habt
Euch wohl verirrt? ich weis recht was es heisse,
Schiffbruch leiden. –
UNBEKANNTER. Nein Schiffbruch litt ich nicht, doch
geht mein Weg nicht auf gebahnter Strasse.
Und menschlich hab ich lange nicht vernommen
die süsse Stimme, die mir hier erschallt, der
Möwen Krächzen, und der Jungen Schreye nach
Nahrung, und das traurige Getön der
Winde, die sich an den Felsen brechen, hat
nur mein Ohr berührt. –
ELISABETH. Ich sags Euch Pilger gern
daß Obdach ich und Nahrung Euch gewährt,
doch bin ich fremd in jenen Mauern. Gastlich
nur empfangen sie die Flüchtige, die in
des Meeres Stürmen Schuz hier fand. –
UNBEKANNTER. Ein Räthsel
seyd ihr mir, und könnt ich fragen, ob Ihr wohl
vom Räthsel mir die Auflösung vergönnen? –
[3r]KÖNIGINN. Hier bin ich nicht, wo es mir ziemt zu seyn.
Doch hält unbillig wohl mich höhere Macht
so ziemt es mir nicht, Fremden zu vertrauen
was ich wohl auch unschuldig möcht erleiden –
UNBEKANNTER. *(sieht sich staunend um!)*
Mich kann von dem Erstaunen nichts betragen.
In Mauern, eingeschlossen Euch zu sehn, wo
nur des Himmels Sterne schön Euch leuchten
denn dieser Steine dicke Wand, von hohen
Sträuchen bedeckt, die keine Menschenhand seit
Jahren berührte, der Schuz der Mauren, der
mit Epheu dicht umfangnen, und fest umklamert,
zeigt nur andre Fernen. Es ziehn die Wolcken
schwer und grau an Euch vorüber, selten nur
belebt das düstre Blau der Sonne Glanz, denn
schwarz erscheint des Himmels Bogen ausgespannt.
Zwar haben alle, die dem Norden heimisch,
ein finstres Loos, doch ists nicht überall so oed
wie diese Küste. – Kennt ihr ein bessres Land
so schmerzt es mich, Euch hier zu finden.
[3v]KÖNIGINN. Mein harret noch ein Land das mehr verheisst.
Doch eh ich es betrete sollt ich manches noch
leiden, was das Schicksal einst vergüten wird.
Ists nicht der Wandel den das Herz empfindet,
und höher fühlen sollen wir nach Stürmen

des Glückes Leuchten, wie der Sonne Strahlen nach
wild verstürmter Orkans Gewalt.
Unbekannter. *(sieht sie mit lebhaftem Ausdruck an).*
Ich möchte fragen, möchte Kunde haben.
Und immer mächtger reist das Herz mich hin. O!
Sprich du holde Frau; sag soll ich nicht von Dir
erfahren wer du bist?
Königinn. Jezt kann und darf ich nicht, auch hat mein Herz
gewählt das Schweigen.

⟨Bruchstücke⟩

⟨B[1]⟩

[1r]Erste Scene

(Saal) Rathsherren.

Abgeordneter der Stadt Koppenhagen. So sind wir hier die Königinn
des hohen Nordens freundlich zu begrüssen.
Schon glänzt an ihrer Hand des Königs Ring
Und bald wird Schwedens Thron sie schmücken.
Eine holde Blume aus ihres Vaters Gärten
kühn verpflanzt. – Fürwahr ein eignes Schicksal.
Erster Rathsherr. Ja wohl! Der Ehe Bande sind nicht leicht.
Wenn Liebe nicht den Knoten schnürte,
ohne an des Lebens wechselhaftem Spiel
An launenhaftem Schicksal Theil zu nehmen
Wenn Herz und Kopf nicht einen Weg
sich bahnen. –
Abgeordneter. Ich weis nicht welche Ahnung
mich befällt; ich sehe bleich entstellt
das holde Antliz, im Geist vor mir
Wenn auch die Freude lächelt;
wenn alle Hofnung gaukelnd sie umdrängt
Ich kann nicht sagen welche Rührung
das Herz ergreift beym freudevollen Anblick.
[1v]Gesandter von Frankreich. Ihr seyd ein Deutscher? Dies versteh ich gleich.
Wenn wir in heller Gegenwart uns freuen
und gern die Zukunft in der Hofnung leben,
so bringt ein angewöhntes Minenspiel
in Träume Euch, und trübe Ahnungen.
Ihr könnt nur klagen, wo wir jubeln.
Abgeordneter. Hier ist nicht der Ort, Herr Graf!
Euch auszusprechen, was ein Herz empfindet,

verzeiht! man kann nur da Gefühle finden,
wo sie sind. Ich habe nie mit Euch
mich meßen wollen. – Lasst den Deutschen fühlen.
Geniesst das Leben, nur Genuß ist Euer.
GESANDTER. Ich schweige. Aber mir erscheint Elisabeth
ein holder Engel. Alle Lebensfreuden
stehn ihr zu Gebot, sie wird nicht
nach dem Herzen des Königs fragen.
Glaubt mirs, eine Frau hat andre Wünsche,
wenn die Stimme schweigt, die ihr die Pflicht
gebietet. –
ABGEORDNETER. Haltet ein Herr Graf. Nicht Euren Spiegel
will ich borgen, Weiberherzen zu erspähn.
Denn trüb ist Euer Glas, die Leidenschaft
verhüllt das schöne Bild gewaltsam Euch.
[2]Von Euch des Weibes Pflichten zu erfahren
ist niemahls mir in Sinn gekommen. –
FR. GESANDTER. So übel stehts mit uns, in Eurer Meinung?
ABGEORDNETER. Geht und berichtet Eurem König
was wir treiben, wie wir mit unsern
angebohrnen Freunden verbunden sind,
wie unser Handel steiget oder fällt.
Sagt ihm wie unsre Gränzen streng bewacht
des Alten Nordens Sitte heilig Recht.
Doch waget nicht, des launigen Herzens Spiel
durch eigene Erfahrung zu verdunkeln.
Denn ahnden nicht könnt ihr dies heilge Land
von aller Engeln Schuz umgeben.
In der Jungfrau Brust. Ihr habt nur trübe
Bilder noch gesehen. – Doch sie naht.

Vorige. P. Elisabeth. und Gefolge.

Im Nahmen unsrer aller treuen Stadt.
Im Nahmen der Bewohner dieses Landes
will ich der Königinn der Schweden Treu geloben
und treu ergebenst Huldigung ihr bringen.
ELISABETH. Jezt da die deutsche Erde ich verlassen
denkt lieber daß ich von der Heymath fern
daß fremdes Land jezt mir die Zuflucht bietet
daß fremde Stimmen meinem Ohr ertönen!
*[2v]*Wünscht mir ein heitres Loos im fremden Land.
Der Mutter zarte Pflege schüzt mich nicht.
Des Bruders strenger Blick folgt mir nicht mehr!
Und kindlich hoffend traut ich seiner Strenge,
die mich zurecht gewiesen wo mein Herz zu

richten nicht vermochte: Alle diese Bande
sie sind gelöst! Verzeiht mir, Herr!
Ich fühle, was ich dem unbekannten Gatten gelobte.
Es sind nicht leichte Pflichten. Eh ich sie erfüllen kann
so wendet noch der Blick der frohen Jugendwelt
sich zu! und wie ein abgeschiedner Geist
blick ich auf die entflohne goldne Zeit zurück.

Kunigunde. O meine Königinn! blickt froher in die Welt.
Der fühlt nicht holden Glauben mehr der Zukunft
der an verlohrnen Freuden sehnend hängt!
Euch kann des Schicksals Gunst das beste geben
mit Eurem hohen Sinn, vereint ihr Liebe.
Und Lieb und Glauben sind des Himmels Guth.
Wer die besizt dem lächelt das Geschick.

Elisabeth. Doch bürgt ihr mir daß beyde Him⟨m⟩els Gaben
das Herz empfinden wird? Mein Lebensweg
kann ohne dieser Götterkinder Leuchten
bestimmt mir sein. – den Willen hab ich
glücklich zu machen, dies genüge Euch
Was auch aus diesem Faden sich entwickelt
den mir die Parze drehte, so wie der Schwester.

⟨B²⟩

[1r]Erster Ackt

Erster Auftritt

Königliches Vorzimmer. Kämmerer. Güldenstern. Pagen. Knuth herein tretend.

Knuth. Darf ich den König sprechen? noch ists früh am Tag.
Und beßer käm ich an, wenn seiner Wünsche
ich die Erfüllung freudig ihm verkündend
ein froher Bothe guter Bothschaft wär!

Güldenstern. Es fragte erst nach Euch der König, ließ
der Winde Wehen wie die Küsten Nebel
nicht aus den Augen, zählete die Tage.
Wohl wisst ihr, daß die Könige ein andres
Zeitmaß haben als wir andren und daß
die Macht, die sich gebietend sieht, gebieten
möchte, wo sie's nicht vermag. –

Knuth. Nicht Wind und Wellen hören Menschen Stimmen
gebietend auch wie Menschenwillens Eigenmacht.
Sie fragt nach Wünschen heisser Sehnsucht nicht
die Sturmbewegte Welle, bricht sich, wie das Herz

an schroffer Küste, ohne zu zerschmettern.
Und horch an wie des weissen Schaumes Blasen,
dem Blau des Himmels sich mit Kraft gesellen,
so folgt des Herzens freyer Trieb dem Zug.
Ich könnt Euch viel drüber sagen Güldenstern.
GÜLDENSTERN. Brecht Euer Schweigen nicht dem Höfling ziemt
[1v]nicht zu vernehmen, was den Herrn betrift,
wenn jener nicht gefällig ihm verbindend
das Herz enthüllt. – Wollt ihr nicht angemeldet seyn?
KNUTH. Ja freylich will ich das, noch bitt ich Euch
da Ihr so gar nichts wissen wollt, und doch wohl?
Es gern erführet was ich heiter bringe?
Daß Ihr den König vorbereitet –
GÜLDENSTERN. wie vorbereitet?
KNUTH. Daß ich nicht ihn überaschen will nicht hoffen
soll er daß ich Freude bringe.

⟨B^{3}⟩

[1r]ERSTER AUFZUG

ERSTER AUFTRITT

(Eine Schifferhütte von einer Aermlichen Lampe erhellt. Fischergeräthe und Hausrath. Eine Frau und ein Knabe im Hintergrund)
Claß, Anna, Knabe, Prinzeßinn u. Baron Wimpfen.

CLASS *hereinkommend.* Wo seyd Ihr? Anna komm ermuntre Dich, du
hast den Sturm, Gott geb es! verschlafen? Sprich!
CLASS. Dacht ichs doch! Daß du nicht
schweigen kannst, auch in der Freude. Ihr Frauen
habt das lezte Wort doch immer! Doch Eile
Sieh her, da kommen Gäste in die Hütte
Du magst nur schwatzen. – Zaudre wie dus willst. –
Daß Claß dir noch an deinem Herzen liegt, wenn
du auch nicht mehr so ängstlich um sein Leben
dich härmst, denn seit der Knabe dir Ersatz; dünkt
mir, da steht der Mann dir etwas weiter?
PRINZESSINN. *(tritt näher)* Gott grüß Euch gute Frau! nehmt freundlich auf die
[9]Euch um Hülfe fleht; lasst Eure Haab mich theilen –
ANNA. Gott schüze Euch! Claß hohle näher des Vaters
Lehnstuhl. Der Einzige der so bequem ist
für solche zarte Glieder. –
P. – – Gar manches soll
man früh entbehren lernen. Nicht wahr, Baron?

Daß endlich Euch eins solcher Hütten Obdach
Euch als das schönste Prunkgemach erscheine. –
Der Einzige Trost der feste Boden sey?
B. Wizen. Doch mehr als Trost! Der schönste Fleck der Erde.
Denn wo die Engel sichtbarlich erscheinen
da ist die Erde, und die Nacht erhellt. Glaubt
Prinzeßinn, daß ich die Scenen dieses Tags
werde so treu bewahren in dem Herzen mir?
Pr. Blickt um Euch Freyherr, seht wir sind noch hier, da
wo des Lebens wiedersinnges Spiel, sich zeiget
denn in der Hütte, wie in dem Pallast, kommt
des Menschen irr geleitet Herz zur Sprache.
Hört wie der Fischer mit dem Winde rechtet.
Wie immer das geschieht, im Lauf des Lebens,
was nicht geschehen sollte. –
B. W. *(Etwas empfindlich)* Ich verstehe, denn
jezt ist es Zeit für die Ermatteten, zu
sorgen! Doch wenn das geistge Bild uns anzieht
möchten wir der Welt, mit ihrem niedern Zweck
so gern vergeßen. – Von diesem Himmel *(deutet auf sein Herz)* nicht
mag des Geschickes Woge mich verschlagen.

⟨**B**[4]⟩

[1r]Schiffer *kommt herein gestürzt.*
Hilf heilger Gott! die Hütte bricht zusammen
solch einen Sturm erlebte der aelteste Schiffer nicht!
Seyd ruhig Kinder! *(die Kinder machen Getöse)* Die Flamme erlöschet, und wer
weis ob wir sie wieder lodern sehen! Horch immer näher
des Strudel Kraft, und krachend stürzen die Balken
unsrer Hütte.
Margarethe. Wo hin mit uns? mit deinen Kindern Vater.
Ich sterbe gern, die Welle fasse mich. Doch warum sollt ich sterben?
Ihr armen Kleinen! Ihr kennt nicht die Welt, die Euch verstösst.
Und über unsre kalten Leichen wogt die Welle fort,
Nicht wißend welchen Schaz sie mir verwehrt.
[1v]Sie hohlen aus den Lüften und der Erde Schoos, was ihnen lüstet.
Baron Wizen. Wie? Spricht dein Mund, die Worte aus, nicht
deinem Wesen glaubte man sie eigen!
Hatt dir die Einsamkeit des Meeres rollen, Kräft verliehen
Das Innere der Herzen zu erspähen? Siehst du im Spiegel
der Welt, wie in des Meeres Grund hinab? Fürwahr! ein seltsam Weßen.
Margaretha. Ich weiß auch wie ihrs treibt, es hat nicht diese Hülle
verborgen mich, so lang ich lebe. Träumend schilt der Gatte mich

Doch nur ein Nachhall meiner Träume, leb ich jezt.
Doch still! Das will mir nicht gelingen, mich der Hütte anzuschmiegen
die mich umgiebt.
[2r]Schiffer. Richte nicht! Gott hat es so verhängt, und was er will bewahren
für Trug und List, der Welt *(hält inne voll Schrecken)*
was hör ich? Kanonen?
Sollte Schiffe auf ofnem Meer der Sturm erreichen!
Betet Alle, nur Gott weiß wie viele Seelen jezt in
Todes Angst *(Tritt an die Öfnung der Hütte)*
Der Mond zerreisst die Wolcken dennoch?
Doch furchtbar schauerlich! *(Ein Matrose tritt ein)* Bist du ein abgeschiedner Geist.
Matrose. Herbey, herbey! wir bringen reichen Fund.
Margarethe. O welche Menschen! noch in dieser Angst
zu denken an Besiz der Güther.
Matrose. So meyn ichs nicht! Frau! Helft doch denn seht draussen
sind Menschen, die der Sicherheit bedürfen. –
Margarethe. Sind wir denn sicher?
[2v]Matrose. So lange ihr noch fußen könnt auf
festerm Boden als wir waren, glaub ichs doch drum Rettet.
Rettet noch so lang ihr könnt.
Margarethe. Seht meine Kinder bleich, in Todes Angst der Vater! nicht
weiß er was die nächste Stund uns bringt? wir sollten noch für
Andre denken? Hülfe geben? Doch was wir noch
Bieten können, gehöre Euch; so lange wirs besizen.
Matrose. Die Weiber bleiben doch sich gleich! Im Sturm und Sonnenschein
Sie wollen klügeln, schwazen, und entscheiden.
Margaretha. Wild seyd ihr wie das wilde Element und nur die Seegel wisst
ihr anzufassen, die Kanonen zünden, sonst nichts.

[3r]*Baron Wizen. Die vorigen.*

B. Wizen. Ich höre Stimmen! Menschen Worte tönen⟨,⟩ mir tobt das
dumpfe Rollen in das Ohr. Barmherzigkeit! Helft. Helft.
Matrose. Da seyd Ihr ja! wo ist die schöne Frau die Ihr begleitet?
Wär ich nicht im Streit gewesen, hätt ich schon geholfen.
B. Wizen. Jezt noch im Streit! da kaum das Leben Euch geschenkt?
So ist der Mensch! er kann das Maaß nicht finden
Im Unglück wie im Glück; welch Wort! Mir dünkt es habe längst
das Ohr des Klanges sich entwöhnen müssen! Man spricht von
Dir Fortuna! Doch Du schwebest in andern Welten
deine flüchtge Sohle hat unsern Erdtheil flüchtig nur berührt.
[3v]Wir stehen alle träumend, wißen nicht! was wir beginnen.
Und Elisabeth ist hülflos! Todtenbleich lag sie im Boot.
Hat dieser Kampf der Sinne uns beraubt!
Matrose. Herr sagt was soll
ich thun?

SCHIFFER. Gott sey gelobt! das ärgste ist vorüber!
Von fern nur hör ich die Wellen brausen, wir sind gerettet.
(Kinder hängen sich freudig an des Vaters Hals)
Ja jezt ists vorüber! Komm Margaretha, sag ein freundlich Wort.
Du hattest ganz die alte Art vergeßen, du sprachst so hoch.
Und sahst so vornehm aus, bey uns ists ja nicht angewandt.
Das vornehm Thun.
[4r]Den Seehund, und den Wallfisch sehn wir nur
auf dieser menschenleeren Küste.

⟨**B**^{5}⟩

[12]GRAF KNUTH. Doch ehe Ihr die HauptStadt Dänemarks mit Eurer
Gegenwart erfreut, entbietet Euch mein König,
wenn Ihr's vorzieht, zuerst Euch Ruh zu gönnen.
So ist sein Schloß in Drontheim, zwar nur Jagdschloß
für Euch geöffnet, und dort könnt Ihr mit
Schwedens König erst berathen wie es
ihm auch Recht; an Allem was das Leben schmückt
soll es nicht fehlen. Ein kleiner Hofstaat soll
der Königinn die Zeit verkürzen.

⟨**B**^{6}⟩

[1r]*Prinzeßinn Elisabeth. Fräulein Kunigunde. (aus dem Saal stürzend)*

ELISABETH. Nein länger trag ich diese Bürde nicht mehr!
Unselger Zwang der mir die Zunge bindet!
Der König, seines Hofes stolze Schaar, die
gleißnerisch und tückisch mich umschlinget.
Wie sind sie mir aus Herzens Grund verhasst.
FRÄULEIN KUNIGUNDE. *(sieht sich schüchtern um).*
Noch sind wir nicht allein geliebte Fürstin
selbst diese Wände haben dünkt mir Ohren.
In allen Zweigen dieses Goldgewebes
scheint schalkhaft mir das Horchers Ohr zu lauschen.
ELISABETH. Ach damahls als die strenge Meereswelle,
das Schiff umfing, und drohend Untergang uns
fürchten lies, da war ich nicht allein wie jezt!
Der Schmerz gethürmter Wolcken Donner Töne,
braussten verkündend treu mir daß ich gefährdet sey.
Und nach dem aufwärts, hob ich meine Blicke,
der Sturm und Wogen lenkt nach seiner Macht.
Doch nicht des Höflings Tücke kann ich kennen

wenn Falschheit aus Verräthers Auge blizet,
da bin ich über der Natur Gewalt enthoben.
Und frecher Willkür die die Leidenschaft gebohren
Ist dieses arglose reine Herz dahin gegeben.
Hast dus vernommen, Kunigunde sprich?
wie lauernd meine Blicke mir gedeutet – als
er den Brief empfing von Schwedens König.
Es geht hier etwas vor, das ahnd ich wohl. Doch
welcher Tücke fähig dieses Herz, das wird mir
[2r]leicht zu finden nicht! Denn nicht gewohnt in lieber
Eltern Nähe verheimlicht jeden offnen Schritt
zu sehen, mein Herz war frey, wie meine Liebe es war.
Warum sollt ich verlangen, daß ich leide?
Fürwahr nicht glücklich sind die Zeichen die mir nahn
mit Hofnung meinem Reich zu nahn, umgeben
von Allem was die Zukunft mir verheissen.
Die Krone Nordens glänzt auf meinem Haupt,
und als den Boden meines künftgen Lebens
ich kühn betrete, mit der Liebe Hofnung
da kommt ein Sturm, und stößt mich an das Land,
wo keine meiner Hofnungen sich löset.
Und statt der Liebe heiligem Vertraun, wohl
nur der bangen Königinn Gemüth, nur wenn
es Unheil über mich verbreitet, fasst mich
als mit Erz gefesselt Grausen an!
Warum entließ ich Schwedens Edlen Ritter!
Er brach durch Sturm und Orkan, kühn sich Bahn.
Und ich blieb hier, an dieser Klippen Rand!
Seit Wizen auch noch fern bin ich allein, und
trauernd nur erscheint das Hofes Leben! und
in all der Feste prahlerischem Pomp,
such ich nach einem Herzen daß empfindet
wie tief ich traure über dem Verschub.
Ach nicht auf Menschen Hülf geziemts zu bauen
nur von des Himmels Höhn kommt Trost u. Rath. –

[2v]Vorige. Oberhofmeisterin. Hofdamen und Kämmerer. Versammelter Adel.
(Pagen öffnen die Thüre)

Elisabeth. Was seh ich! Der ganze Hof folgt meinem Tritt?
Oberhofmeisterin. Nicht ists der Majestäten hoher Wille
daß eine künftge Königinn allein.
Wir dringen Ehrerbietig ins Gemach der
Hohen Fürstin, ihres Winks gewärtig. Doch
stets bereit, nur Ehrfurcht ihr zu stammeln.
Allein zu sizen ziemt nicht der Hoheit Glanz.

ELISABETH. Verehrte Frau, ich weiß ihr tadelt mich,
daß ich des Hofes Sitte nicht geehrt, und
mich entfernte aus dem bunten Kreis. Doch glaubt
daß ich die Fremde, Flüchtige auch mit dem
Herzen manches zu berathen das ängstlich
manche Sorg in sich bewahrt – daß ich Einsam
zwingen könne mein Geschick, und meine Sorgen.
OBERHOFMEISTERIN. Ihr sprecht von Kummer, bewölckt ist euer Aug?
Majestäten wollen, an ihrem Hof gern
frohe Menschen sehen, und ihre Huld, gesendet
kann den Sturm des Herzens stillen wie der
Sterne Glanz, des Nordens düstre Nebel hellt.
ELISABETH. Die Könige vermögen viel, das weiß ich.
[3r]OBERHOFMEISTERIN. Doch hohe Fürstin, seht auch was sie wollen.
Ihr sollt in ungetrübtem Glanz erscheinen
und Fest auf Feste sollen Euch verblenden
damit des Nordens Glanz Euch offenbar. –
ELISABETH. Zu gütig!
OBERHOFMEISTERIN. *(gezwungen)* Wie glänzt das Diadem auf Eurem Haupte,
wie schön ist des Gewebes goldner Grund, das
an der hohen Brust herunter wallt, und der
hohe Kragen! sagt aus welchem Land liesst ihr
die schönen Kleider bringen. Aus Frankreich? Dort
ist der wahre Siz des guten Tons! und wie die
Sitten wie des Landes Lernen so steigt auch
die gute Neigung, uns zu zeigen, zu scheinen
was der Stand gebietet.
ELISABETH. Hör ich auch recht? wie?
Ihr wollt mich glauben machen daß fremde Sitte
uns nöthig sey? soll darum nur das Diadem
noch schöner glänzen weils ein fremder Geist mit
Kunst geordnet? Ich liebe nur was mir
des Vaterlandes Fleiß und Sitte bringt, denn
ehe wir es selbst uns klar bewusst, kömmt mit dem
fremden Wesen fremder Sinn und fremd nicht soll
die Königinn dem Reich erscheinen daß sie
[3v]Einst beherrscht. Corallen, Bernstein lieb ich mehr.
Die Thränen wie die Sage uns erzählt, die
Ranna weinte über Baldurs Todt. Sie sind
ein Vorbild daß man sich mit Thränen schmücke,
wenn Kronen unser freyes Haar umschliessen,
daß weit geringelt schön im Wind verfliesst.
Und frey dem Spiel der Lüfte hingegeben,
das Haupt an manchem schweren Wahne hält.
OBERHOFMEISTERIN. Ach ja, das glaub ich wohl. Doch Lüfte mögen

der Schäferinnen Haar zum Spiel sich wählen.
Wenn der Königinn, das Licht des Tages neue
Pflichten zeigt, nicht eine Heerde lenkt des
Scepters Wink, und wo der Mensch der Erde nah
sich fühlet mag er schalten. Das trift uns nicht wir
leben jeden Tag in Spielen. Freuden Fest
ist uns der Beyfall unsres Herrscher Stamms.
Und wenn ein Lächeln unsres Königs Stirn
umzieht, gleich ist der Hofstaat heiter, um nur
dem König zu gefallen sind wir nahe.
An niedere Standes Freuden denken wär's erlaubt?

ELISABETH. Ich fühle was dem Menschen nah am Herzen
das wär das Beste was ihn zieren kann.

OBERHOFMEISTERIN. So haben Eure Dichter, Eure Weisen
und Eure hohen Schulen Euch gelehrt.
[4r]Verzeiht! wenn ich Euch unrecht zugedacht, denn
daß ihr, gelehrt erscheinen wollt glaub ich
fast! Man sagt im deutschen Lande sey es Sitte,
Eure Dichter, die Lehrer der Schulen mögen
Euch wohl belehret haben – – Mir ist alles fremd!
was nicht den Kreis des Hofes umschließt willenlos
bin ich, müßt lang ich denken ohne meine Fürstin. –

ELISABETH. Ihr seyd dem Hofe ergeben, Edle Frau und
Euer Eifer freut mich sehr.

OBERHOFMEISTERIN. Mein Eifer wär es
nein Prinzeßinn! Pflicht und Ehre fodern
daß ich die Erste nach der Königinn an
ihrem Hofe, den andern Frauen Beyspiel
bin, und zeige wie man die Gunst des Schicksals
auch geniesst, sich über jene Menge stolz
zu heben, die das Glück nicht hat, das ich erfuhr.

Epik

I. Zeitgeschichtliche Erzählungen

Die heimliche Heyrath

[1]Auf einer Reise durch Portugal, führte mich der Zufall mit einem Mann zusammen, der meine ganze Aufmerksamkeit auf sich zog. Wir wurden Freunde, und beschloßen uns während der Zeit unsrer Abwesenheit aus unserm Vaterlande nicht mehr zu trennen. Wir traten unsern Rückweg nach Paris zusammen an. In Rochelle ließ sich mein Freund Herr Saligny einen Bestätigungsschein über den Tag seiner Landung geben, und auf seinem Weg nach Paris erhielt er auf jeder Poststation Briefe. Diese auf⟨f⟩allende Art beunruhigte mich anfänglich, aber doch fragte ich ihn nicht um eine Erklärung; Aber als wir einige Meilen noch von Paris waren, legte er selbst mir sein Geständnis ab.

Ich muß Ihnen nun die Ursache meiner Entfernung von Paris entdecken, sagte er. Die Scheine, die ich mir ausstellen ließ, in Rochelle an dem Tag meiner Rückkunft nach Frankreich werden Sie nicht mehr verwundern, wenn Sie die Ursache davon erfahren. Sie werden zugleich fassen, daß jede Hofnung meines künftigen Glücks auf der Treue eines Weibes beruht, und daß ich in einer Unruhe bin, die ich nicht bekämpfen kann, bis ich sie wiedergesehn habe.

Meine Familie ist eine der angesehensten aus dem Bürgerstande; als mein Vater starb, blieben viel Kinder unversorgt, und in einem Zustand, der uns nicht erlaubte, dem Ehrgeiz zu folgen, der der Jugend so eigen ist, und *[1v]*den Aufwand zu machen, den wir gern gemacht hätten. Mein Vater bekleidete eine Gerichtsstelle, und auch ich und meine Brüder mußten uns entschließen, diese Lebensart zu ergreifen. Einige erwählten sie aus Neigung und andre aus Noth, unter den leztern war auch ich. Sobald meine Studien zu Ende waren, so zog ich den Mantel an, um nach dem Palais zu gehen, und da ich keine Aussicht vor mir sah, je etwas anders als Advokat zu werden, so ergab ich mich mit ganzem Herzen meiner künftigen Bestimmung. Ich hätte mir schmeicheln können Ruhm in meiner neuen Laufbahn zu erwerben, wenn die Liebe mich nicht auf Abwege geleitet hätte, sie zwangen mich alles zu verlassen gerade in dem Zeitpunkt, wo ich anfing mich bekannt zu machen. Ich erwarb mir einige gesellschaftliche Talente, und brachte es in der Musik sehr weit. Meine Stimme bildete sich aus, und man bewunderte sie, sie war mir doppelt wichtig, weil ich mir dadurch den Eintritt in das Haus des Herrn von Anville bahnte.

Er hatte mehrere Kinder, ein Sohn von meinem Alter wurde mein Freund, er war von unermeßlichen Vermögen, und von einem Stand, der weit über den meinigen erhaben war. Eine Nichte von ihm, die beyde Eltern verlohren hatte, war unter seiner Aufsicht, er war ihr Vormund, sie war die einzige Erbin eines großen Vermögens. Anville erzog sie mit seinen Kindern, und machte keine Unterscheidung zwischen ihnen; nur [2]in ihrem Anzug, der etwas beßer war, als der ihrer Verwandten unterschied sie sich etwas.

Als ich sie zuerst sah war es eine der schönsten weiblichen Gestalten, unaussprechliche Anmuth in jeder Bewegung, und die feinsten, lebhaftesten Züge mit dem reinsten Ausdruck belebten ihre Phisionomie. Ihre Augen, die lebhaft waren, konnten wenn sie einen traurigen Ausdruck annahmen, das Herz aller, die sie ansah, gewinnen. Die Eigenschaften ihres Körpers sind es aber nicht allein die sie so liebenswürdig machen. Ihre Seele ist eben so schön als ihre Gestalt. Sie hat Festigkeit des Geistes und Offenheit. Sie haßt die Verstellung und Schmeicheleyen. Sie ist großmüthig, kühn und unternehmend, aber sie bleibt ihren Vorsäzen treu, ihre Geistesbildung ist nicht die eines gewöhnlichen Frauenzimmers. Ihr Verstand ist leicht, sie drückt sich lebhaft und natürlich aus. Sie war sonst zum Scherz geneigt, aber wenn ich ihren Briefen glauben soll, so haben die traurigen Schicksale, die sie erfahren hat, nicht die gewöhnliche Wirkung auf ihr Gemüth gemacht, sie ist nicht erbittert, sondern milder geworden.

Ihr Vetter sagte ihr, daß er einen Freund habe, der gut singen könnte. Da sie eine sehr schöne Stimme hatte, und Menschen, die ein gleiches Talent haben, sich gern aufsuchen, so bat sie Anvillen, mich zu ihr zu bringen. Ich säumte nicht ihre Wünsche zu erfüllen, und fand mich ein. Sie [2v]weigerte sich nicht mir ihre Stimme hören zu lassen, und ich wurde beschämt, nach ihr zu singen. Es dünkte einem, sie hätte tausend Nachtigallen in ihrer Kehle. Sie war mit meiner Stimme zufrieden und bat mich einen Vertrag einzugehen, und uns alle Musikalien mitzutheilen, die wir fänden. Diese Verbindung ging ich gern ein, und unter diesem Vorwand verging kein Tag, an dem ich sie nicht sehen konnte.

Wir hatten uns immer etwas neues mitzutheilen, jeden Tag fast eine neue Arie zusammen zu lernen. Wir hatten oft kleine Conzerte bey ihr, und nach einigen Monaten war es zu meinem Glück nothwendig, sie jeden Tag zu sehen. Die Liebe mischte sich in mein Intereße so daß ich kaum wußte wie schnell die Fortschritte geschahen. Es war nicht anders möglich, als daß wir in einer so langen Zeit nicht Momente gefunden hätten, wo wir uns allein sprechen konnten. Ich entdeckte so viel gute neue Eigenschaften mit jedem neuen Tage an ihr, daß ich Marien zu viel für meine Ruhe liebte. Auch glaubte ich zu bemerken daß sie mich nicht gleichgültig ansah. Ihre Augen, selbst oft ihre Handlungen ließen mich errathen, daß sie meine Gefühle theilte. Aber der Abstand unsrer Glücksumstände war zu groß, so daß ich nicht wagen durfte die Gelegenheit einer Erklärung zu benuzen. Die Lieder, die ich sang, athmeten nur Liebe, ich klagte über den Zwang, der mir Stillschweigen [3]auflegte; aber dabey blieb es lange, sie sang auch mir meine Worte nach. Ich mußte nun dem Drange meines Herzens folgen, und entschloß mich so deutlich zu reden, daß Marie nicht ausweichen konnte, es war kein andres Mittel, sie mußte mich verstehen. Ich sang ihr ein Lied, worin ich mich beklagte, daß sie nicht die Sprache meiner Augen verstehen wollte, daß sie die Töne, die die Liebe bildete, nicht hörte, selbst nur für ein Lied hielt. Der Gedanke belustigte die Gesellschaft, man wollte den Verfaßer wissen, ich gestand daß es von mir käme, daß ich beydes für ein Mädchen gemacht hätte, die ich sehr geliebt habe; in dem Moment blickte ich nach Marie Montargis hin, und sie verstand mich. Sie sang mein Lied nach, und beßer als ich es gesungen hatte. Mein Herz dankte es ihr, aber es war dadurch nicht befriedigt. Sie sollte sich auch noch erklären. Ich war sehr überzeugt, daß eine mündliche Erklärung nicht übel aufgenommen werden würde, aber ich eilte nicht. Ich wollte erst mehr Gewißheit haben, daß man meine Erklärung nicht übel aufnähme. Aber eine Heyrath die mir meine Verwandten um diese Zeit vorschlugen, that mehr als ich erwartet hatte.

Meine Familie fand eine sehr gute Parthie für mich. Es war ein schönes, reiches Mädchen in Mariens Alter. Die Heyrath übertraf in jeder Rücksicht meine Erwartung. Marie von Montargis wußte um meine Aussichten, und sie bot alle Kräfte auf, meine bestimmte Braut [3v]zu sehen. Ihre Schönheit machte sie bestürzt, und sie sezte alle Rücksichten aus den Augen, als sie erfuhr, daß wir schon einig wären, die Heyrathsartikel zu unterschreiben … Seit zwey Tagen hatte ich sie nicht besucht, an dem dritten, welches der Tag war, an dem die Artikel unterschrieben werden sollten, fand ich dieses Billet in meiner Wohnung:

> Uebereilen Sie nichts in Ihren Heyrathsangelegenheiten, Sie könnten es in der Folge bereuen. Es findet sich eine andre Parthie für Sie, statt der die man Ihnen vorschlug, die noch annehmlicher ist. Kommen Sie unverzüglich zu mir. Ich erwarte Sie. Adieu.

Ich ging hin, und hofte zeitig genug wieder zurück zu seyn, um mich bey der Versammlung meiner Verwandten einzufinden. Ich fand Marien allein, und in tiefem Nachdenken. Ihre Augen waren geschwollen, und rothgeweint, und sie überzeugten mich, daß sie geweint habe. Ich betrog mich nicht. Ich komme mein Fräulein sagte ich beym Eintritt, Ihre Befehle zu vernehmen, und von Ihnen zu hören was aus mir werden soll, und welche andre Heyrathsvorschläge Sie mir anbieten? Sie erröthete bey dieser Frage. Herr Saligny, ehe Sie diese Erklärung von mir hören, sagte sie, so ist es mir nöthig zu wissen, ob Sie das Mädchen, mit der Sie sich verheyraten wollen, wirklich aufrichtig lieben, und ob das Herz bei dieser Wahl intereßirt ist? Nein gewiß nicht, mein Fräulein, sagte ich, wenn ich meinem Herzen folgte, so würde ich meine [4]künftige Braut nicht wählen. Sie ist liebenswürdig, aber ehe ich sie sah, war ich von einer frühern Neigung hingerißen. Doch die Vernunft widersezt sich den Wünschen meines Herzens, sie ist zu weit über mich erhaben, als daß ich Ansprüche auf ihre Hand machen könnte. Meine Leidenschaft erreichte den höchsten Grad, und nur die Vernunft überzeugt mich von der traurigen Nothwendigkeit, daß ich von dieser Seite auf kein Glück zu rechnen habe, und mich bestreben muß zu vergessen. Meine Verwandten zeigten mir ein Mittel, ich nehme es an, weil ich hoffe, daß die Pflichten, die mich an eine Frau binden, die Zerstreuungen der Wirthschaft, die Geschäfte meines Berufs, und mehr noch als dies alles die Nothwendigkeit, in meinem Herzen Gefühle zu ersticken, die ich meiner Ruhe willen nicht nähren darf, mir über meine Leidenschaft den Sieg verschaffen werden.

Und wer ist diese erste Liebe, die Sie unterdrücken wollen, unterbrach mich Marie mit Verwirrung? In dem Zustand, in dem Sie mich sehen, sagte ich, und fiel ihr zu Füßen, ist es mir nicht mehr erlaubt, mich zu verstellen. Meine Augen, meine Handlungen, meine Verlegenheit in Ihrer Nähe, haben Ihnen zeigen müssen, daß Sie es selbst sind, die mir Empfindungen eingeflößt hat, die mir fremd waren, ehe ich Sie gesehn hatte, und mein Mund gesteht es Ihnen zum erstenmahl. Ja mein Fräulein, sagte ich, und drückte meinen Kopf auf ihre Knie, Sie sind es *[4v]*selbst, die ich anbete. Ich verletzte die Ehrfurcht niemahls, die ich Ihnen schuldig bin, ich schwieg so lange, und würde auch jezt noch nicht reden, wenn Sie mir nicht selbst die Nothwendigkeit aufgelegt hätten, mich zu erklären.

Ihr Entschluß, antwortete Marie, ist eines Romanheldens würdig. Sie lieben mich, und willigen doch ein eine andre zu heyrathen, und fast muß ich glauben, wenn Sie mich nicht liebten, so würden Sie auch keine andre Wahl treffen. Nein rief ich aus, wäre mein Herz ruhig, so würde ich nicht suchen es so grausam zu beschäftigen. Nur aus Verzweiflung, daß ich Ihnen nicht angehören kann, werfe ich mich in die Arme einer andern, und diese Verzweiflung zwingt mich zu einem so gewaltsamen Mittel.

Aber worauf gründen Sie diese Verzweiflung? sagte sie.

Auf alles, was mich umgiebt war meine Antwort. Meine Familie ist nicht ansehnlich genug, um mich bis zu Ihnen erheben zu dürfen. Unter unsern Vermögensumständen ist ein so unermeßlicher Abstand, daß ich mir nie schmeicheln darf, ein so großes Hinderniß zu überwinden.

Sie sah mich unbeweglich an. Lieben Sie mich auch, fragte sie, so sehr als Sie mich überreden wollen?

Mein Fräulein, Sie thäten Unrecht, wenn Sie daran zweifelten.

Gut, sagte sie, wer hat es Ihnen gesagt, daß Sie keine Ansprüche auf mich machen könnten? Ist nur der Stand, das Vermögen das einzige Hinderniß? Das Vermögen gehört mir, und es ist mir erlaubt, den [5]Gebrauch davon zu machen, den ich will, wenn ich in das Alter komme, wo ich darüber gebieten kann. Ich schwöre es Ihnen, Sie sollen Herr davon seyn. Unser Stand scheidet uns nicht, es ist kein großer Unterschied. Fräulein Grandet ist von edler Herkunft, mein Adel schreibt sich nur von meinem Großvater her, den sein Amt adelte. Sie können künftig auch ein solches Amt kaufen, weil ich die Mittel dazu in Händen habe, mein Onkel, obgleich er mein Vermögen verwaltet und mein Vormund ist, ist doch nicht Herr darüber. In kurzer Zeit kann ich mich in den Besitz meines Vermögens und aller meiner Rechte setzen. Nun! Habe ich nicht recht, daß meine Hand annehmlicher ist als die des Fräulein Grandet, vorausgesezt, daß nur die äußern Verhältnisse ohne Liebe Sie zu ihr hintreiben?

Mein Fräulein erwiederte ich, wie glücklich machte mich diese Großmut, wenn ich sie annehmen dürfte. Aber ich verdiente wenig Ihre Güte, wenn ich so unedel wäre, sie zu benuzen. Nein mein Fräulein, Sie verdienen einen beßren Mann als mich zu finden. Ich darf nicht einmal Ihren Hofnungen Gränzen sezen, und noch weniger Sie herabziehen. Wählen Sie sich einen Mann, der Ihrer werth ist, und sehen auf mich als den Gegenstand, der Ihre Zärtlichkeit, Ihr Mitleid verdient.

Von Ihnen hätte ich einen solchen Rath nicht erwartet, sagte sie, diese Großmut ist zu einer unrechten Zeit angebracht, um wahr zu seyn. Ich sehe wohl [5v]Sie lieben das Fräulein Grandet. Gehen Sie mein Herr, sagte sie mit Verdruß, ich will nicht länger Ihr Glück verhindern, gehen Sie ihr diese Aufopfrung zu rühmen; lassen Sie mich Meisterin meines Schicksals bleiben; ich bot es Ihnen an mit mir zu theilen, Sie schlagen es aus. Das Kloster soll mich davon retten, je wieder eine solche Schwachheit zu begehen.

Mein Fräulein rief ich aus, indem ich inniger ihre Knie umfaßte (denn sie versuchte es sich zurückzuziehn). Ich liebe Sie mit aller der Wärme, die ein Herz empfinden kann das so tief bewegt ist als das meinige. Ich bewundre Ihre Güte für mich, aber ich sehe kein Mittel, um davon Gebrauch machen zu dürfen. Sie sind noch zu jung; Ihre Familie wird sich immer meinen Wünschen widersetzen, Sie selbst könnten Ihre Gesinnungen ändern, und mich dadurch doppelt unglücklich machen nachdem ich einmal so schmeichelnde Hofnungen genährt hatte!

Dafür lassen Sie mich sorgen, sagte sie, die Zeit und Umstände werden Ihnen die Mittel darbieten, die meine Familie verlangen kann. Was mich angeht, sagte sie erröthend so wird es nur bey Ihnen stehn mich so fest an sich zu binden, daß Sie von meiner Wankelmüthigkeit nichts zu befürchten haben können! Brechen Sie ganz mit der Grandet, aber auf eine Art die mich keine Rückkehr mehr fürchten läßt, ich werde von allem unterrichtet, und stehe Ihnen dafür daß ich es Ihnen anrechnen werde. Gehen Sie nun die Menschen [6]aufzusuchen die auf Sie warten, es ist Zeit. Sehen Sie mich nicht eher wieder bis Sie sich gänzlich losgesagt haben, aber verbergen Sie die Ursache, ich allein will den Antheil wißen den ich daran habe. Es ist Ihr Intereße, mir nicht den kleinsten Schatten von Verdacht im Herzen zu laßen, denn ich bin eifersüchtig.

Sie werden alle Ursache haben, mein Fräulein das Opfer, das ich Ihnen bringen soll, für aufrichtig zu halten. Den Kummer meiner Verwandten seh ich voraus, ich sehe auch, daß ich mich der Rache einer Person aussetze, die sich von mir verachtet glauben muß, ohne eine gerechte Ursache, aber ich gehe dem allen muthig entgegen, um Ihnen zu beweisen, daß nichts in meinen Augen Gewicht hat als Ihre Meinung von mir. Sie sollen noch heute von mir hören, sey es schriftlich oder mündlich.

Gehen Sie denn sagte sie, und kommen wieder, so bald Sie können, aber nicht anders als wenn Sie sich von aller andern Verbindung losgesagt haben.

Ich ging von Marien in einer großen Verlegenheit. Wo sollte ich einen Vorwand finden, mich loszusagen, ohne schuldig zu erscheinen?

Ich ging zum Fräulein Grandet, meine und ihre Verwandten waren versammelt, sie schien mir schön wie ein Engel. Fast reute es mich, eine so schöne Beute fahren zu laßen, die mir [6v]sicher war, aber diese Aufwallung war fruchtlos. Ich begrüßte sie höflich, und sezte mich zu ihr. Meinen Verwandten ließ ich die Sorge den Heyraths Vertrag in Ordnung zu bringen, und während der Zeit sann ich auf ein Mittel, uns zu entzweyen. Ich sagte ihr in einem rauhen Ton, daß ich sie zu prächtig angekleidet fände, daß ich solchen Aufwand in Kleidern bey meiner künftigen Frau nicht dulden würde, da sie nur ihrem Mann allein gefallen sollte. Höflich antwortete sie mir, daß sie sich immer nach dem Willen ihrer Mutter gekleidet habe. Nichts ist aufallend in meinem Anzug sagte sie, bis zu meiner Heyrath muß ich mich nach dem Willen meiner Mutter richten, aber hernach sollen Sie Herr sein, und wäre mein Anzug wirklich zu prächtig, so sollen Sie die Freyheit haben daraus zu verbannen was Ihnen nicht anständig ist. Die Antwort die so artig und dehmüthig war machte mich stuzen, aber doch wankte ich nicht. Ich fing an vom Spiel, von Gesellschaften zu sprechen, wie ein eifersüchtiger Mann mit der größten Brutalität nur sprechen kann. Ich zwang mich sogar mehr zu sagen, als ein Eifersüchtiger in der That denken könnte. Ich erklärte ihr den Krieg auf jede Weise, und ließ ihr merken [7]daß wenn sie mich heyrathete sie stets unglücklich seyn würde. Sie fing an zu weinen, ich verdoppelte meine Unart, und trieb es so weit, daß auch sie die Geduld verlohr, und mir sagte, sie wäre sehr betrübt daß die Sachen schon so weit gekommen wären, daß nach allem was ich ihr von mir sagte, sie mich nicht anders als mit dem größten Widerwillen heyrathen würde.

Schwerlich konnte man einen üblern Streich spielen als der war, den ich ihr spielte, und keine ärgere Verrätherey. Sie war von einer Güte und Rechtschaffenheit ohne Gränzen. Auch ihr Betragen in der Folge bestätigte es, denn sie heyrathete wirklich so einen Mann bey dem sie alles das wirklich erdulden mußte, womit ich ihr nur drohte. Ich ließ mich durch nichts von meinem Plan abbringen die Unterhandlungen abzubrechen, und ergriff schnell die Gelegenheit, die mir ihre Antwort darbot. Da Sie mich mit Widerwillen zu Ihrem Gemahl nehmen sagte ich laut, so ist es nicht mein Wille Sie zu zwingen, und ich gebe Ihnen von meiner Seite Ihre Freyheit wieder. Es ist unnöthig sagte ich, indem ich mich zu den Verwandten kehrte daß Sie sich so viele Mühe geben, unsren Heyraths[7v]Vertrag abzuschließen. Wir sind nicht für einander gemacht. Fräulein Grandet macht sich mit Freuden von mir los, und ich ziehe mich ohne Reue zurück.

Die Gesellschaft hatte nur die lezten Worte unsrer Unterredung angehört. Man glaubte das gute Kind hätte mir etwas ungeschicktes gesagt. Man verlangte eine Erklärung und wollte mich zurück halten, aber ich wollte nicht bleiben. Ich erzählte auf eine einfache Weise, daß das Fräulein mir gesagt habe sie heurathe mich mit Widerwillen, und daß ich als ein rechtschafner Mann es verschmähe das Ansehn ihrer Familie zu misbrauchen. Nach dieser Erklärung verließ ich das Zimmer.

Sobald ich fort war bestürmte man das arme Mädchen mit einem Schwall von Fragen. Sie erzählte auf eine unschuldige natürliche Art, was ich ihr gesagt hätte, und ihre Antworten. Da man mich nicht aus einer so rohen Seite kannte, als sie mich schilderte, und wie ich ihr auch wirklich vorkommen mußte, so glaubte ihr niemand. Da außerdem die Heyrath für mich so vortheilhaft war, so konnte mir niemand zutrauen daß ich aus Leichtsinn und ohne [8]Ursache eine solche Verbindung würde aufgehoben haben. Zumahl die Mutter des Fräuleins war heftig gegen sie aufgebracht. Ihr allein gab man die ganze Schuld des Vorfalls, und ihre Verwandten wollten ihr so übel in der Folge, daß sie sich um ihren Verfolgungen zu entgehen entschloß, ihre Hand ganz gegen ihre Neigung weg zu geben.

Nach der schönen That suchte ich Marie Montargis auf. Ich erzählte ihr was ich gethan hätte. Sie tadelte den Vorwand den ich gebraucht hatte, und der ein liebenswürdiges Mädchen unschuldiger Weise dem Zorn ihrer Verwandten preis gab. Ich selbst fühlte Reue in meinem Herzen, und fand ihre Gedanken zu richtig, um mich darüber beklagen zu können, aber so bald ich ihr bewies, daß ich kein andres Mittel hätte finden können, um auf der Stelle alle Verbindung mit Fräulein Grandet aufzuheben, so erschien ich ihr weniger strafbar.

Acht Tage nach dieser Begebenheit, gab ich ihr zu verstehen, daß ich einer solchen schönen Beute nur in der Hofnung entsagt hätte, eine andre zu erhalten. Sie verstand mich, und glaubte ich traue ihren Worten nicht. Ich gestand ihr daß ich fürchtete ihr Onkel möchte ihr spät oder früh *[8v]*eine Heyrath vorschlagen, wenn sie es vielleicht am wenigsten erwarte, daß sie wenn ihre Vorstellungen fruchtlos blieben doch zuletzt nachgeben könne, daß der Ehrgeiz, oder das Intereße, oder die Gefälligkeit gegen ihre Verwandten oder alle diese Gründe sich vereinigen könnten, um ihren Entschluß zu ändern. Ich erinnerte sie an das was sie mir gesagt, daß es nur von mir abhinge uns so fest zu verbinden, daß ich für ihre Unbeständigkeit nichts mehr zu befürchten hätte. Ihre Liebe zu mir vollendete was die Ueberredungskunst nicht allein vermochte. Wir versprachen uns die Ehe, eine schriftliche Versicherung vertrat die Stelle aller Ceremonien, wir schwuren uns ewige Treue, und sahen uns von diesem Augenblick als verheyrathet an.

Ich glaube nicht daß es ein größeres Glück giebt in der Welt, als unsre Verbindung. Sechs Monate genossen wir es ohne Unterbrechung und Störung. Dieß sind die einzigen glücklichen Momente die ich in meinem Leben verlebte, sie wurden aber die Ursache aller meiner künftigen Leiden.

Marie fühlte daß sie einem Wesen sein Dasein geben würde. Dieser Umstand sezte uns [9]in große Bestürzung, um so mehr da zu eben der Zeit ihr Onkel auf den Gedanken kam, sie zu verheyrathen. Man trug ihr eine große Parthie an, jeder sah irgend einen Vortheil in dieser Verbindung. Mariens Vermögen war nicht das einzige was den Cavalier anzog der um ihre Hand warb; es war ein Mann von großem Stand, ein schöner Mann, von gutem Ruf, und großem Verstand, kurz ein vollkommner Freyer. Sie hatte keinen gültigen Vorwand ihn auszuschlagen, und doch konnte sie seine Hand nicht annehmen. Ich konnte darüber nicht böse sein; er war selbst so liebenswürdig, daß ich ihre Untreue gegen mich hätte entschuldigen können, denn ich selbst konnte ihm meine Achtung nicht versagen. Beynahe hätte ich den Entschluß ausgeführt, ihm unsre Lage zu entdecken.

Wer fühlt nicht mit uns, in welcher Verlegenheit wir uns fanden! Marie war jung, beide waren wir ohne Erfahrung, und die nächste Gefahr dünkte uns die größte. Es war als hätten wir nichts anders zu fürchten als das Aufsehn das ihre Umstände machen würden, und den Zorn ihres Onkels, und des übrigen Theils ihrer Familie. Es war [9v]auch nichts als dieses, was wir in der That zu fürchten hätten, aber es war auch alles zu fürchten.

Ich schlug vor, Marie sollte mit ihrem Onkel durch jemand sprechen laßen deßen Meinung Gewicht bey ihm hätte. Sie wollte nichts davon wißen, und gab mir nur zur Antwort daß sie über ihren Zustand in Verzweiflung wäre; aber da es nicht zu ändern sey, und kein Mittel dafür zu finden, so müßten wir den Entschluß faßen zu entfliehen. Wir würden auch in der Entfernung leichter mit der Familie Friede machen können, als in der Nähe; übrigens verlaße sie sich gänzlich auf mich, daß ich sie nicht verlaßen würde. Ihr Geld das sie vorräthig habe reichte hin um aus Frankreich zu reisen, und uns so lange außer Landes aufzuhalten, biß sie Herr ihres Vermögens sey. Aber zu diesem Schritt sey eine Entführung nothwendig, sie wäre bereit, mir zu folgen wohin ich wolle. Die Schuld sey von beyden Theilen gleich groß, also müßen wir beyde auch gemeinschaftlich dafür büßen.

Dieser Vorschlag machte mich zittern. Ich sagte ihr daß dies der einzige Weg sey mir ein schimpfliches Ende zu bereiten. Sie wäre [10]zehn Jahre jünger als ich; da ihr Stand, ihr Vermögen so weit über dem meinigen erhaben wäre, so würde man mich der Verführung und des Raubes beschuldigen. Das wenigste was uns bedrohte wäre für ihre Person zeitlebens in einem Kloster eingesperrt zu bleiben, und für mich, durch die Hand des Henkers hingerichtet zu werden. Man würde unser erstes Vergehen nicht so schwer bestrafen; denn dieses verdiente nicht den Tod. Wohl aber der Raub der so hart bestraft würde, zumahl da das große Vermögen eines Mädchens, und ihre zarte Jugend bey so viel reiferm Alter des Mannes diesen dem Verdacht aussezte daß schädliche Habsucht ihn geleitet habe.

Sie fand an keinem meiner Gründe Geschmack, und bestand darauf daß ich sie entführen solle. Alles, was ich ihr dagegen sagte, konnte ihre Meinung nicht ändern. Ich wiedersezte mich mit solcher Gewalt, daß sie mir endlich gar Mangel an Liebe vorwarf. Ich werde Ihnen nichts mehr sagen, sagte sie, und sah mich unverwandt an; aber Morgen werden Sie das Mittel erfahren, das ich gefunden habe, dieser Sache plözlich ein Ende zu machen, und mich heraus zu ziehen.

[10v]Ich wußte ihr nichts zu antworten und verließ sie in der größten Verlegenheit, mir war bange für dieses Mittel, von dem sie mir mit einem drohenden Tone sprach. Als ich sie den folgenden Tag aufsuchte, klärte sich mir dieser Entschluß auf.

Ich erwartete Sie längst, Herr Saligny sagte sie mir –

Nun, da wir allein sind, so reden Sie ohne Zurückhaltung mit mir; was haben Sie beschloßen? Verlaßen Sie mich oder werden Sie mir folgen?

Ich komme sagte ich, um Sie von Ihrem gestrigen Entschluß abzubringen, Frankreich zu verlaßen, ich sehe unglückliche schreckliche Folgen für Sie und mich daraus entspringen.

Und doch habe ich ihn nicht geändert sagte sie. Aber da Sie gleichgültig genug sind, und hart genug, mich einem Zustand zu überlaßen, wo ich nur den Eingebungen der Verzweiflung folgen kann, so will ich Sie auf einmal von aller Unruhe befreien, und mich selbst dafür strafen, daß ich einen Mann lieben konnte, der mich nur zu seinem Vergnügen und nicht aus Anhänglichkeit an meine Person liebte.

Kaum hatte sie diese Worte gesprochen, so zog sie aus einem Koffer ein zusammengelegtes [11]Briefchen heraus, in welchem ein gelbes Pulver war, das ich nicht kannte. Sie that den dritten Theil davon in einen silbernen Becher, und rührte es in Waßer um. Den übrigen Theil mischte sie unter Zuckerwerk und gab ihrem kleinen Hunde etwas davon. Kaum hatte das kleine Thier das Zuckerwerk verzehrt, so fiel es todt zu den Füßen seiner Gebieterin. Ich sah das Thier an, und war so erstaunt über das was ich sah, daß ich ohne Bewegung stehen blieb. Aber als ich Marien nach dem Becher langen, und ihn zum Munde führen sah, erwachten meine Sinne, ich fiel ihr in den Arm und schüttete das Glas auf die Erde, doch blieb noch so viel darin zurück, daß als ich den Rest davon im Hof warf, ein großer Hund des Herrn von Anville der davon trank, auch todt zur Erde fiel.

Wär es dieses Mittel, rief ich erstaunt aus, was Sie zu unserer Rettung gefunden hätten, theure Geliebte?

Ja es ist es, antwortete sie mir. Sie allein verhinderten mich, hier vor Ihren Augen zu sterben. Sie warfen das Giftpulver weg, daß ich eben verschlucken wollte; aber es ist mir lieb daß [11v]Sie meinen Entschluß wißen. Morgen finden Sie mich in dem nehmlichen Zustand in den ich meinen Schoßhund versezte. Ich habe noch so viel von dem Pulver übrig als ich nöthig habe.

Nein rief ich und umarmte sie, zu dieser schrecklichen Nothwendigkeit wird es bey Ihnen nicht kommen dürfen, ich bin zu allem entschloßen was Sie von mir verlangen. Tausend Todesmartern die ausdrücklich für mich nur ersonnen würden, können mir nichts so Schreckliches darbieten, als Ihren Tod.

Ich führe Sie hin wo Sie wollen, und sobald es Ihnen gefällt. Sie sind Herr meines und Ihres Schicksals, nur eine Bitte gewähren Sie mir, mir den Rest dieses Pulvers in die Hände zu geben.

Sie gab mirs, und ich warf es ins Feuer. Nehmen Sie es sagte sie, es kümmert mich nicht, denn ich bin sicher genug, andre Mittel zu finden, wenn Sie mir nicht Wort halten. Fürchten Sie nichts, rief ich, ich werde Sie nie verlaßen. Will es unser Unglück sagte sie daß man unsre Flucht aufhält, so werde ich Sie im Angesicht der ganzen Welt rechtfertigen.

Und welchen Tag bestimmen Sie zu unsrer Reise? Den nächsten Morgen sagte sie.

[12]Aber wir haben nichts vorbereitet, und keine Maasregeln getroffen, daß man uns nicht gleich den ersten Tag einholen könnte.

Das thut nichts sagte sie, ich habe Geld und wir müßen alles wagen.

Es war mir schlechterdings unmöglich, sie zu einem andern Entschluß zu bringen. Wir beschloßen also nach Lyon zu gehen, und von da nach Avignon.

Am folgenden Morgen fand ich Marien schon an dem Ort wo wir verabredet hatten uns zu finden. Eine Kammerfrau der sie sich anvertraut hatte, war ihre einzige Begleitung. Da wir nichts bestellen konnten, so mußten wir die erste beste Gelegenheit ergreifen, die wir fanden, und wir kamen glücklich genug acht Meilen von Paris. Aber hier am dritten Tag unsrer Reise wurden wir angehalten.

Mariens Abwesenheit hatte ihr ganzes Haus in Verwirrung gebracht, man wußte nicht was aus ihr geworden sey. Überall wurde sie gesucht, und da man sie nicht in Paris fand so sezte man uns nach. Noch ist es mir ein Geheimniß auf welche Art man uns auf die Spur gekommen ist. Man folgte uns, und holte uns ein. Wir waren noch nicht aufgestanden als man uns überfiel. Ich wehrte mich, so gut es mir nur möglich [12v]war; aber die Anzahl meiner Feinde war zu mächtig, sie gewannen die Oberhand. Man mishandelte mich, aber dafür war ich weniger empfindlicher als für die Art und Weise mit der man meine Geliebte behandelte. Der Mann in deßen Hände wir geriethen, konnte schon durch seinen Stand und seine Gewalt sich ein Ansehn über uns geben, und er that es auch, und misbrauchte sein Ansehn über Marien auf alle mögliche Weise, dies brachte mich zur Verzweiflung; aber ich war nicht im Stande, Marien anders zu rächen als durch meinen Schmerz. Ich bat, ich flehte daß man mir alles thun sollte, was man nur wollte, daß man alle Rache gegen mich kehren solle. Tausend ähnliche Dinge sagte ich die von diesen gefühllosen Menschen nicht gehört wurden.

So wie ich für die Leiden empfindlich war, so war sie es nicht minder gegen die meinigen. Ich wurde als der größte, strafbarste Verbrecher gebunden. Umsonst rufte sie, daß ich ihr Gemahl wäre! Umsonst fragte sie welche Macht uns zu trennen vermöchte, und warum man mich eines Verbrechens wegen strafen wollte, deßen sie allein schuldig sey.

Man führte uns nach Paris zurück, und ich wurde ins Gefängniß gebracht. Marie die nicht zu [13]Anville zurückkehren wollte, wurde unter der Aufsicht eines Verwalters der Justiz gelaßen. Man fing an mir den Prozeß zu machen, und so wie ichs befürchtet hatte beschuldigte man mich des Raubs und der Verführung. Ich rechtfertigte mich so gut ich konnte, denn ich wußte zu gut daß ich Marien nicht beleidigte, wenn ichs bewies daß sie mir zuvorgekommen sey, und die ersten Schritte zu unsrer Verbindung gethan hatte. Ich zeigte ihre Briefe, sagte die Wahrheit offenherzig, und doch glaubte man mir nicht. Die Gemüther waren nicht zu meinem Vortheil gestimmt, und wahrscheinlich hätten meine Feinde den Sieg über mich davon getragen, wenn Marie nicht ihr Versprechen erfüllt, und selbst daran gearbeitet hätte mich zu rechtfertigen.

Unerschüttert bey den Drohungen ihrer Verwandten, konnte man sie nicht bewegen, daß sie einwilligte mir zu entsagen. Wir wurden zusammen bey meinen Richtern verhört, aber ihre Gegenwart verhinderte Marien nicht, mir um den Hals zu fallen und mich mit ihren Thränen zu benezen. Sie bat mich um Verzeihung, weil ich so viel um ihrentwillen leiden müßte. Sie schwur mir von neuem daß sie mich nicht verlaßen würde: Sie wißen, sagte sie *[13v]*daß der Tod mir nicht furchtbar ist. Alles was man auch über Sie beschließen mag, so theile ich es mit Ihnen, und werde Sie nicht überleben. Sie warf sich den Richtern zu Füßen, flehte sie an, ihr ihren Gemahl wiederzugeben, versicherte sie, daß sie allein die Schuld habe, daß ich nicht in die Flucht habe willigen wollen, als bis ich gesehn habe, daß sie im Begriff gewesen sey sich zu vergiften; daß ich ihr selbst das Pulver aus der Hand gerißen habe. In diesem Tone fuhr sie fort, meine Rechtfertigung zu machen, daß ich tief bewegt dastand. Ich hatte mein Unglück bis jezt mit Standhaftigkeit ertragen, bey dieser Probe ihrer Zärtlichkeit verließ mich meine Stärke.

Mein Herz wurde gewaltsam zusammengepreßt, ich sank ohne Bewußtseyn zur Erde. Als ich wieder zu mir selbst kam fand ich mich auf einem Bette. Ich erfuhr nachher, daß die Richter, da sie mich weniger strafbar fanden als sie anfangs glaubten, und vielleicht auch gerührt von dem Auftritt, davon sie Zeugen waren, die Strenge der Geseze zu unsrem Vortheil auslegten. Auch mochten sie vielleicht sich überzeugen, daß meine Gegner aus Feindschaft gegen mich handelten.

[14]Der Procurator des Königs selbst, der sein Urtheil versiegelt überreichte, sagte mit der Festigkeit eines wahren Rechtsgelehrten, daß die Pflichten seines Amtes ihn zur Strenge geneigt hätten, aber die Umstände, von denen er Zeuge gewesen, zwängen ihn seine harten Aussprüche zurück zu nehmen, und er entscheide zu meinem Vortheil. Das Alter des Fräulein von Montargis war den Richtern nicht unbekannt, und so fiel das Urtheil dahin aus, daß sie unter den Schuz ihrer Verwandten zurückkehren, oder in einem Kloster daß man ihr wählen würde die Zeit ihrer Mündigkeit abwarten sollte. Ich wurde auf sieben Jahre aus Frankreich verbannt, von dem Tage daß ich es verlaßen würde gerechnet. Das Ende meiner

Verbannung fiel gerade in die Zeit, die die Geseze einem Mädchen vorschreiben, um über ihre Hand gebieten zu können.

Ich wurde verdammt alle Unkosten des Prozeßes zu tragen, und für die Erhaltung und Erziehung des Kindes zu sorgen, auch der Mutter sollte ich eine beträchtliche Summe bezahlen. Aber sie ließ sich nichts vorschreiben, und entsagte gegen den Willen ihrer Familie, allen Ansprüchen, welche ihr dieser richterliche Ausspruch an mich geben konnte. Auch unser Heyrathsversprechen erklärte man für ungültig.

[14v]Bald nach diesen Vorfällen wurde Marie Mutter eines Knaben. Ich kam aus dem Gefängniß, und sah mich nun vor allen Dingen nach Mitteln um, ihr meine Briefe richtig in die Hände zu bringen, und ihre Antworten zu erhalten. Ich mußte Paris gleich am Tag meiner Befreyung verlaßen, ohne Marien noch einmal zu sehen! Seit dem lezten traurigen Tage, an dem wir beyde vor Gericht standen sah ich sie nicht wieder. Ich konnte mich nicht aus der Nähe meines Vaterlandes entfernen, und blieb seitdem immer in Holland, Deutschland, Spanien, oder Italien, bis auf die zwey lezten Jahre meiner Verbannung die ich in Portugal zubrachte. Unter meinem wahren Nahmen, ließ ich mir einen Schein an der Gränze Frankreichs geben, aber nicht so als ich das Land wieder betrat; meine Feinde sollen mich nicht länger drücken und mir Vorwürfe machen, wenn ich die Zeit meiner Verbannung vielleicht noch überschreiten könnte. Sieben Jahre und acht Tage habe ich Paris verlaßen, und noch einen Monat außerhalb der Stadt zugebracht, wo ich auch nicht früher wieder erscheinen werde, als bis meine Geliebte es verlangt. Sie wird kommen sagte er, ich werde sie bald sehen. Ein langer Brief von ihr der mir dieses ankündigt, hat mich zugleich so ausführlich von ihrer [15]Lage unterrichtet, als hätte ich Paris nie verlaßen.

Wenige Tage nach ihren Wochen, sie war in ihrem neunzehnten Jahre, ging sie ins Kloster, wo sie drey Jahre blieb. Nach Verlauf dieser Zeit kehrte sie zu ihrem Onkel zurück, ohne nur den mindesten Anschein zu haben, als ob sie noch irgend einen Antheil an mir nähme. Mein Nahme wurde in ihrem Beysein nie ausgesprochen, sie selbst sprach ihn nie aus in Gegenwart ihrer Freunde oder Verwandten. Sie schien sich nie nach mir zu erkundigen. Insgeheim sah sie unser Kind zuweilen, übrigens lebte sie von der Welt ganz abgeschieden, und hatte ganz das Ansehn einer Betschwester. Das Aufsehn das unsre Begebenheit erregt hatte, hatte sich verlohren, und man hatte auch keine Muthmaßung über unsern Briefwechsel.

Ihre jezige Lebensweise hatte einen Schleyer über das Vergangene geworfen, und es fanden sich noch Männer ein, welche ansehnliche Heyrathsanträge machten. Einer von diesen, von gleichem Range mit ihr, dem auch unsre Geschichte nicht fremd war, liebte Marien von ganzer Seele. Sie schlug jeden Antrag aus, und den leztern mit weniger Höflichkeit als die andern. Endlich wurde sie dahin gebracht, laut sich [15v]zu erklären, daß sie sich niemals verheyrathen würde, und allein leben würde.

Sie that diese Erklärung einige Zeit nach dem Gerücht von meinem Tode, daß wir selbst ausgestreut hatten. Wir fanden es nöthig diese Nachricht zu verbreiten, damit sie weniger belästigt, und ich selbst freyer würde. Wir wählten dazu folgendes Mittel:

Ich nahm einen andern Nahmen an, den ich auch bis zu unsrer Landung in Rochelle beybehielt, jezt erst kennen Sie mich unter meinem wahren Nahmen. Der Zufall wollte es, daß ich in Madrid einen jungen Franzosen antraf der Saligny hieß, wie ich, er war nicht im Gefolge des Gesandten, und war auch nicht Kaufmann. Ich fragte ihn über seine Familie aus, und erfuhr bald, daß wir nicht verwandt wären. Er wußte meinen Namen nicht, nur aus

Landsmannschaft hielt ich mich verbunden, ihm bey seiner Lebensart, die sehr ausschweifend war mit gutem Rathe zu dienen. Vorsicht ist in einem Lande äußerst nöthig wo so viele Eifersucht herrscht, und die Männer alle Mittel für erlaubt halten, um ihre beleidigte Ehre zu rächen. Aber der junge Saligny machte von meinen guten Lehren keinen Gebrauch; er unterhielt [16]einen großen Aufwand, durch die Freygebigkeit einer Dame begünstigt, was in Spanien nicht selten der Fall ist. Als ich einmal von einer kleinen Reise zurück kam, so erfuhr ich, daß er ermordet worden.

Man wußte daß ich ihn kannte, und unterrichtete mich von seinem Schicksal. Ich er⟨fuhr⟩ von dem Sekretair des Gesandten, daß er meinen Verwandten die Nachricht gäbe, daß ich gestorben sey. Er mußte im Brief sezen, daß der junge Mensch auf seinem Todbette ihn darum ersucht habe. Ich bat ihn auch einen Todtenschein, und Nachrichten über mein Begräbniß beyzulegen.

Es wurde meiner Familie so glaublich gemacht, daß sie mich ganz ernstlich als einen Todten betrauerte, bis ich sie von dem Gegentheil überzeugte, weil es nöthig ist, daß wir zusammen die Welt täuschen. Ich schrieb an Marien, um sie nicht auch von dieser Nachricht hintergehen zu laßen, wie sich die Sachen verhielten. Zugleich schickte ich ihr ein Packet an meinen Bruder das sie ihm übergeben sollte, wenn sie es für gut finden würde. Einem französischen Kaufmann vertraute ich diese Papiere an. Er überlieferte sie treu an Duval der mein Correspondent war. Dieser überlegte mit Marien den Zeitpunkt, wenn sie den Brief an meinen Bruder am besten übergeben könnten.

*[16v]*Duval nahm den Brief für meinen Bruder mit sich, und übergab ihn dem Kaufmann wieder, der ihn meinem Bruder selbst bringen sollte. Mein Bruder fragte nach allem was mich anging, mit der größten Genauigkeit, aber erfuhr weiter nichts, als daß die Franzosen die in Madrid wohnten, durchgängig sagten, daß ein Herr von Saligny der aus Paris wäre, dort gestorben sey. Mein Bruder legte Trauer um mich an, und ließ Meßen für meine Seele lesen. Ich erfuhr durch Marien daß er sich gegen unser Kind so betrage, als wär es sein leiblicher Sohn. Dieses machte mir nicht wenig Freude, und erweckte meine ganze Dankbarkeit für ihn.

Die Nachricht meines Todes verbreitete sich schnell, meine Verwandten wendeten sich an den Gesandten, um mehr Gewißheit zu haben und erhielten so wie Herr von Anville, der sich auch darnach erkundigte die Bestätigung davon. Niemand zweifelte an meinem Tod, nur meine Geliebte und Herr Duval wißen die Wahrheit.

Diese Nachricht war der Hauptgrund, daß Anville seine Nichte nicht ferner mehr beunruhigte. Der Geldzufluß von meiner Familie hörte auf, aber meine Geliebte die nun in die Rechte eingetreten war, von ihrem Vermögen Gebrauch machen zu können, und die [17]ihre Einkünfte nur halb brauchte, weil sie einfach lebte, theilte das ihrige mit mir, sie schickte mir mehr, als ich annehmen wollte. Ich wendete den Ueberschuß meiner Einkünfte dazu an, um mich in mehrere Handelsspeculationen einzulaßen, und habe beträchtlich gewonnen. Meine Geliebte die von jedem Schritt Rechenschaft erhielt billigte mein Verfahren, seit anderthalb Jahren schickt sie mir auf meine Bitte kein Geld mehr.

Sie hat sich gestellt als ob sie mit ihrer Kammerfrau unzufrieden sey, und sie unter einem schicklichen Vorwand verabschiedet; dieses Mädchen hat in Verabredung mit Duval in einem von der Wohnung des Herrn Anville weit entlegenen Viertel der Stadt ein Haus gemiethet. Marie von Montargis versah sie mit dem benöthigten Geld um das Haus gut einzurichten, sie hat selbst auch Bedienten angenommen die ich dort finden soll, und die sie selbst nicht kannten. Ich sollte nichts vermißen was zu einer gut eingerichteten Wohnung gehört. Bald werde ich sie nun wiedersehen, sie wird mir in unsrem eignen Wagen entgegen kommen. Es verlangt mich unaussprechlich sie zu sehen, und ich kann hoffen, daß ich sie treu wiederfinde.

Sieben Jahre in Erwartung zu leben ist eine lange Zeit, und man kann sie sicher als eine ungewöhnliche Gränze ansehen! Fügen Sie hinzu wie lange sie ihr [17v]Onkel verfolgte, wohl ists wahr daß sie ihrer eignen Ehre wegen, ihr Versprechen zu halten verpflichtet war, aber doch ist es sehr selten, daß das andre Geschlecht diese Ehre so zart fühlt, zumal wenn sich immer neue Anträge, und Aussichten öfnen.

Ich hoffe daß wir nun einer frohen ruhigen Zukunft entgegen gehen. Mariens Verwandten haben ihre Gewalt über sie verlohren, denn sie ist nun mündig, und kann über ihre Hand gebieten. Ich habe das Ziel meiner Verbannung nicht übertreten, und wir werden nun beyde durch eine rechtmäßige Heyrath die Gesetze versöhnen, die wir durch unsre frühere Verbindung beleidigten. Wir werden uns nun in der Stille verheyrathen. Man hat soviel über uns gesprochen daß es Zeit ist, dem Geschwätz der Menschen und unsrer Trennung ein Ende zu machen und unserm Kinde eine Existenz zu verschaffen wie wir sie ihm schuldig sind.

Hier endigte Saligny seine Erzählung. Nur dieses bitte ich Sie mein Herr, sagte er zu mir, daß Sie mit mir hier meine Geliebte erwarten. Sie sollen uns nicht verlaßen, bis Sie den Ausgang unsres sonderbaren Romans mit angesehen haben. Sie sollen uns zum Zeugen dienen bei unsrer Verheyrathung wenn nichts anders Sie davon abhält.

[18]Ich nehme zu viel Antheil an einer so außerordentlichen Begebenheit als die Ihrige, war meine Antwort, um nicht auch zu wünschen ein Augenzeuge des glücklichen Ausgangs zu seyn. Ich versprach ihm, ihn nicht zu verlaßen.

Wir sagten uns noch manches Verbindliche, als wir durch das Rasseln eines Wagens, der an der Thür des Gasthofes halt machte, unterbrochen wurden. Ich trat ans Fenster und sah einen ganz neuen Wagen mit vier Pferden, drey Bedienten und ein Kutscher in einer einfachen grauen Kleidung begleiteten den Wagen. Ein Herr und ein Frauenzimmer die prächtig angezogen war, und von einem Mädchen begleitet die ein Kind führte, zogen meine Aufmerksamkeit auf sich. Ich zweifelte nicht mehr daß es Marie von Montargis selbst wäre, und Salignys schnelles Eilen bestärkte mich darin. Er war eh ich mirs versah hinunter gesprungen, hob das Kind auf, in seine Arme, brachte es schnell zu mir und eilte die Mutter zu empfangen, die eben zur Thüre hereintrat. Wer kann die Freude dieser beyden schildern? Marie wollte sich anfangs gegen Salignys Umarmung sträuben, aber er nannte mich ihr, fürchten Sie nichts es ist mein Freund, und wird hoffe ich auch der Ihrige werden. Sprachlos [18v]lag eins an des andren Brust, und Saligny hielt seine Geliebte ohne Bewußtseyn in seinen Armen, und wurde es erst lange Zeit nachher gewahr. Die Freude sich nach so langer Trennung wieder zu sehen, würckte zu lebhaft auf ihr Gemüth.

Ich trennte sie, denn ich befürchtete einen neuen Anfall der Ohnmacht, als sich Marie kaum wieder erholt hatte. Sie konnten kein Wort hervor bringen, Thränen erstickten jedes Wort das sie sagen wollten.

Auch Duval wurde mit herzlicher Freude empfangen. Als das Frühstück gebracht wurde, wobei ich Marie von Montargis in der Nähe betrachten konnte, entdeckte ich immer neue Schönheiten an ihr. Die neu angekommenen Bedienten kamen, um den Dienst zu versehen. Marie sagte in ihrer Gegenwart daß sie erst diesen Morgen aus dem Kloster gekommen wäre, um Saligny entgegen zu fahren, daß Herr Duval sich die Mühe gegeben habe ihre Bedienten zu wählen. Denn sagte sie zu Saligny, da Sie nicht zugegen waren in Paris, so wollte ich kein Haus machen, und zog es vor, im Kloster bis zu Ihrer Zurückkunft zu bleiben.

Als wir wieder allein waren, und nur Mariens treue Kammerfrau dabey war, so berathschlagten wir was nun weiter zu thun sey. Duvals Rath wurde für den besten erklärt. Er schlug vor da man die Taufzeugniße der Eltern, und des Kindes [19]hätte, so wie auch das Urtheil das man über ihre Trauung gesprochen, so solle man in einer Bittschrift an den Erzbischoff von Paris die ganze Geschichte erzählen, und um seine Erlaubniß anhalten, daß die beyden, sobald wie möglich durch priesterliche Einseegnung verbunden würden, um allem Gerede ein Ende zu machen.

Wir sezten uns alle in den Wagen, und legten in einigen Stunden den Weg nach Paris zurück, wo Saligny und Marie von Duval in ihre neue Wohnung eingeführt wurden.

Als ich mich wieder bey ihnen einfand, war der Notarius bey der Hand, der alles was man ihm vorsagte aufsezte, und so die Bittschrift ausfertigte. Saligny und Marie von Montargis unterschrieben sich. Der Notarius kam nach einer Stunde vom Erzbischoff zurück und brachte die gewünschte Erlaubniß mit, die Trauung vollziehen zu laßen, in welchem Kirchspiel man es für gut fände. Diese Erlaubniß wurde schnell benuzt, und die Trauung vollzogen.

Es war unmöglich daß Anville entdecken konnte was vorging. Als die Trauung vorbey war, so ließ Saligny seine Bedienten auf das Chor in der Kirche treten, und erklärte ihnen seine Heyrath, er sagte ihnen seinen wahren Nahmen und was ihnen nöthig war, von seiner Geschichte zu wißen, er sagte ihnen, daß sie nun seine Heyrath erzählen könnten, wo es ihnen gut dünkte.

*[19v]*Diese Leute waren über diese Beweise des Vertrauens so erfreut, als hätten sie große Geschenke von ihrer Herrschaft bekommen, und schienen entschloßen sich lieber in Stücken hauen zu laßen, als zu dulden daß ihrer Herrschaft die kleinste Beleidigung widerführe. Die Freude war allgemein. Als die Trauung vollzogen und das Kind in seine Rechte eingesezt war, fuhren wir in unsre Wohnung zurück.

Den folgenden Tag beschloß Frau von Saligny daß sie selbst ihrem Onkel ihre Heyrath melden wolle. Sie fuhr zu ihm, ihr Onkel war sehr erstaunt sie so prächtig angekleidet zu sehen, da sie sich seit langem in dem Costüme einer Betschwester gezeigt hatte. Er fragte sie woher sie käme, und wo sie den ganzen vorigen Tag zugebracht habe? Statt aller Antwort zeigte sie ihm ihren Taufschein, und erklärte daß sie nun über fünfundzwanzig Jahr alt sey, und über ihre Hand nach ihrer Wahl gebieten könne. So habe sie sich für sich eingerichtet, und bäte ihren Onkel und seine Familie ihre neue Einrichtung zu sehen, und den Abend bey ihr zuzubringen. Niemand konnte über eine solche Antwort erstaunter seyn als Anville. Sie erbot sich noch, ihn gegen Abend durch ihre Equipage abholen zu laßen, und verließ ihn. Dieser Auftritt machte großes [20]Aufsehen in der Familie, und gab ihren Muthmaßungen ein freyes Feld, da die Bedienten zumahl im Hause geplaudert hatten. Es war unmöglich zu errathen wer der Gewählte seyn könnte, weil Saligny von der ganzen Familie schon längst für todt gehalten wurde. Dies ganze Verhältniß war ein Räthsel für sie, sie ahndeten weder seine Auferstehung noch den Briefwechsel beyder Liebenden. Und wenn sie auch glauben konnten, daß Saligny noch lebe, so war es doch so zauberhaft daß er gerade in dem Augenblick auferstand wo die Zeit seiner Verbannung zu Ende war, und die Minderjährigkeit seiner Geliebten zugleich aufhörte. Demungeachtet beschloß doch die Familie die Einladung anzunehmen, und fand sich zur bestimmten Zeit ein. Sie fanden eine gut gewählte Gesellschaft, denn Saligny hatte seinen beyden Brüdern Nachricht von sich gegeben, einige genaue Freunde seiner Frau hatten sich auch eingefunden und Anville fand schon vierzehen Personen zusammen als er mit seiner Gemahlin und zwey Kindern ins Zimmer trat.

Mit jedem Schritt wuchs ihr Erstaunen, die große Versammlung schien sie zu befremden, das Zimmer war prächtig, nichts fehlte an der Einrichtung. Man trug das Eßen auf, und immer erschien Saligny nicht. Seine Gemahlin unterhielt die Gäste, man nahm Plaz, aber niemand konnte das ernsthafte Schweigen unterbrechen, denn die Lage des Onkels, und der Tante die sich in der größten Verlegenheit befand⟨en⟩, war nicht aufmunternd. Ein Couvert an der S⟨eite⟩ der Frau von Saligny blieb leer, sie befahl ⟨dem⟩ [20v]Bedienten ihren Gemahl zu rufen; Er habe noch Briefe zu endigen war ihre Antwort, und man begnügte sich damit. Aber das Erstaunen des Onkels war unbeschreiblich, als die Thüre sich plözlich öffnete, und Saligny von einem Bedienten der ihm leuchtete begleitet, herein trat; ohne Huth, und wie der Herr des Hauses, doch prächtig gekleidet.

Verzeihen Sie sagte er verbindlich im Hereintreten zu Herrn von Anville und seiner Frau, die ihn schnell erkannten, u. ihr Erstaunen sich durch ein lautes Geschrey äußerten. Sie sehen mich hier von den Todten erstanden, fuhr er fort, im Schooße meiner Familie, Sie um Ihre Freundschaft bitten, die ich treu erwiedern werde, wenn Sie mir sie gönnen. Aber Onkel und Tante standen schnell ohne Antwort zu geben von der Tafel auf, und verließen troz allen Vorstellungen das Haus. Die Tochter folgte, nur der Sohn blieb zurück, lobte das kluge Benehmen seiner Verwandtin, und versprach die Aussöhnung zu bewirken. Die übrige Gesellschaft beschloß den Abend vergnügt, und Saligny mit seiner liebenswürdigen Frau, lebten im Kreise ihrer Freunde geschäzt, durch ihre Liebe glücklich, noch lange froh unter ihnen.

⟨Rosalie⟩

[1]Mein Vater sandte mich in einer frühen Zeit nach *Paris*, um die Kriegswissenschaft zu erlernen, besonders die der Befestigungen, und alles was nöthig ist, einen jungen Krieger zu bilden. Frankreich war in einer tiefen Ruhe, aber seine Nachbarn ließen es nicht lange über diesen Genuß sich erfreuen. Kaum konnte ich mein Pferd regieren so mußte ich meinem Stand folgen, der Krieg rufte uns nach Flandern. Ich wurde verwundet, und man brachte mich nach *Calais*, theils um dort besser verpflegt zu werden, theils weil ich von meinen Verwandten, die ich in England hatte, leichter unterstüzt werden könnte, als von meiner übrigen Familie. Ich machte Bekanntschaft mit einem *Pariser*, der auch Officier und verwundet war, er war nicht viel älter als ich. Wir wurden bald bekannt, und errichteten eine Freundschaft, die nur mit dem Leben aufhörte.

Er hieß *Belfort* u. war aus einer der reichsten Familien. Wir giengen zusammen nach *Paris*, wo ich in die RitterAkademie zurückkehrte, aber nur bis zum nächsten Feldzug darinn blieb. Es traf sich nach manchen glücklichen Umständen, daß ich eine Compagnie in dem Regiment meines Freundes erhielt. Wir waren unzertrennlich, und machten auch noch zwey Feldzüge zusammen. [1v]Sein Vater erfreute sich über unsere Verbindung, er zeigte mir so viel Freundschaft, als er mir in der Folge Härte zeigte.

Belfort liebte eine sehr schöne Frau, aber dies störte unsre Freundschaft nicht, er liebte mich noch stärker, weil ich ihm nöthiger wurde. Ich scherzte oft mit ihm, daß er die Nächte so wenig bey sich zubrachte, er wollte mich überzeugen, daß es das einzige Vergnügen des

Lebens wäre, eine Geliebte zu besizen, die unsre Liebe erwiederte. Ich scheltete über seine Moral, und würde es noch lange wiederholt haben, wenn ich nicht seine Schwester gesehen hätte.

Er sagte mir eines Tags, daß er mit seiner verheiratheten Schwester verabredet hätte, ihre jüngern Schwestern zu besuchen, die in einem Kloster einige Meilen von *Paris* als Kostgängerinnen lebten. Es würde ihnen Vergnügen machen, wenn ich sie begleiten wollte. Ich kannte seine ältere Schwester, hatte aber nie von den beiden jüngern sprechen hören. Die Familie meines Freundes war mir zu lieb, als daß ich sie nicht gern ganz gekannt hätte, zumal da er die älteste der Schwestern, die im Kloster waren, sehr liebte, und mit Wärme von ihr sprach.

Ich hatte nie geliebt, ich sah sie, und ward bezaubert. Sie war eine der vollkommensten Schönheiten. Ihr bescheidner Anzug machte mir sie noch liebenswürdiger, sie trauerte noch um ihre Mutter. Man sagte mir unterwegs, daß der Vater sie zum Kloster bestimmt habe: Ihr Unglück erweckte mein Mitleid. [2]In ihren Augen glänzte ein unterdrücktes Feuer, sie schienen mir für das Kloster zu lebhaft; ihr Wesen hatte Feinheit und Lebhaftigkeit, in ihrem Betragen war ein Anstrich von Zerstreuung: Es erbitterte mich, da ich so wenig Anlage an ihr zu ihrer künftigen Bestimmung entdeckte, daß man sie dazu zwingen wollte, ich konnte nicht darüber schweigen.

Wie? sagte ich ihrem Bruder, du sprachst mir als wir hieher kamen, von deinen Schwestern, als von Mädchens die nur zum Kloster taugten, und sagtest mir nicht, daß das Fräulein schön wie ein Engel ist?

Nur die häßlichen und entstellten Frauen soll man einmauren, fuhr ich fort. Aber es ist eine Entweihung und Gotteslästerung, ein Frauenzimmer daß so schön, so verständig ist als das Fräulein verspricht, zu einem solchen Stand zu verdammen. Ich kann nicht zugeben daß ich schön bin, sagte sie bescheiden, aber wär ich es auch, so sähe ich keine Gotteslästerung darin, ich finde im Gegentheil, daß man Gott nicht anbieten soll, was die Welt ausstößt. Schmeicheln Sie sich nicht mein Fräulein, erwiederte ich heftig, daß man Sie Gott weiht, weil Sie schön sind. Die Frömmigkeit gilt hier für nichts, es sind ganz andre Absichten, die es bestimmen. Man opfert Sie nicht Gott, sondern dem Glück Ihrer Geschwister auf. Wären Sie die Ältste ihrer Schwestern, oder von einem andren Geschlecht, das Kloster würde nie eine Zuflucht für Sie sein, und es wird es auch jetzt nicht sein, wenn *[2v]*man es Ihnen glaubt, oder ich verstände mich übel auf die *Phisionomik*. Gestehen Sie es uns offenherzig, sezte ich hinzu. Sie werden Nonne, aber nicht I h r e Gelübde, sondern die Ihrer Familie werden Sie Gott darbringen. Meine Schwester ist zu vernünftig, unterbrach sie Frau von *Beville*, die mein Gespräch übel erbaut hatte, daß sie einen Stand ergreifen sollte, zu dem sie keinen Beruf fühlte. Man muß einen Beruf fühlen, zum Kloster, und ich glaube gewiß daß niemand wer es auch sein möchte, ihr Gewalt antun wird. Wenn das Fräulein Freyheit hat ihre Handlungen zu bestimmen sagte ich, so wird sie Nonne wie Sie; zum wenigsten wenn sie mir glaubte. Ich werde der Vernunft glauben sagte Rosalie. Anfangs, ich gestehe es, hatte ich einige Mühe mich zu entschließen, mein Leben hier zuzubringen; aber jetzt bin ich entschlossen. Das wenige das ich von der Welt gesehn habe, hat mir nicht sehr gefallen, und die Nonnen die mich daran unterhalten haben, stellten mir den Contrast ihres stillen Lebens so gut gegen die Verwirrungen und Unordnungen der Welt vor, daß ich einen Wiederwillen dagegen habe!

Ließen Ihnen Ihre Nonnen auch den Unterschied fühlen, von dem bessren Glück, das eine Frau in den Armen eines rechtschafnen Mannes fühlt, und von dem das Sie finden bey ihrem harten Schmerz ihrer strengen Geiselungen? Was Sie da sagen ist nicht [3]artig, sagte

Frau von *Beville*, die für Zorn erröthete. Ich berufe mich auf Ihr Urtheil, sagte ich, indem ich mich zu ihr wendete: Ich möchte es wohl von Ihnen selbst wißen, ob Sie gern jetzt noch Nonne würden? Ja! sagte sie seufzend und in ihren Augen glänzten Thränen. Ich drang nicht auf eine Antwort. Aber nach einigen Tagen erzählte mir ihr Bruder die Ursache ihrer Thränen, und ihrer beständigen Schwermuth.

Unsere Unterhaltung ging noch über diesen Punkt, und ich glaubte nicht der Frau von *Beville* mich dadurch gefällig zu zeigen, und auf der andren Seite fühlte ich daß ich einen großen Theil ihrer Entschlüsse in *Rosaliens* Herzen wankend gemacht hatte.

Mein Freund nahm wenig Theil daran, er sagte mir in einem geheimen Gespräch, daß er die Grausamkeit seines Vaters nicht billigte, da er einen Theil seiner Kinder einkerkern wollte, um die andren zu bereichern. – Solange ich konnte, blieb ich am Sprachgitter, und ich bemerkte, daß mich *Rosaliens* Augen ohne Haß anblickten. Ich sprach auf unsrer Rückreise in eben dem Tone fort als am Sprachgitter, und noch dreister, da ich nur mit einem Mann und einem verheiratheten Frauenzimmer zu thun hatte. Frau von *Beville* sagte daß ich ihrem Vater kein Vergnügen machen würde, wenn ich ihrer Schwester solche Dinge anhören lassen würde. Ich werde nie in ihr Kloster gehen sagte ich, ob ich gleich anders dachte. Ich mußte mich, so viel ich konnte, für dieser scharfsichtigen Frau verstecken. [3v]Ihrem Beichtvater kommt es zu Ihnen von der Heiligkeit zu sprechen, aber mir als einem Weltmann gehört es, ihren Entschluß zu beklagen. Bin ich in einem Alter, und ist es mein Amt, wie Geistliche zu sprechen? Es würde mich übel kleiden, von Entzückungen, von Erleuchtungen und der Einsamkeit zu sprechen, und wie diese Kunstwörter alle heißen, die ich nicht kenne; Andere mögen dafür sorgen, aber von der Welt will ich mit ihr reden, dies ist meine Sache. Einer andren, wie ihr, würde ich noch mehr gesagt haben und noch mit mehr Wärme: denn ich hätte dabey nicht Ihr beiderseitiges Interesse vor Augen gehabt, das Sie haben müssen, sie von der Welt zu entfernen. So that ich alles, was ich konnte, um alle wiedrigen Eindrücke aus dem Verstand dieser Frau zu entfernen, die ihr mein zu lebhafter Ton mochte gegeben haben. Aber ich versuchte es vergebens. Sie war Schuld, daß man mich bei einem zweiten Besuch im Kloster nicht zur Parthie zog.

Meinem Freund verheimlichte ich keinen Gedanken meines Herzens. Seine Antwort hierauf befriedigte mich, sie bestand in der Enthüllung seiner Familien Geheimnisse. Es überrascht mich nicht, sagte er, indem er mich umarmte, was du mir entdeckt hast; ich erwartete, seit wir das Kloster meiner Schwester verliessen, von Dir zu hören. Ich werde herzlich gern dir alle Dienste erzeigen, die in meinen Kräften stehen. Aber ihr habt große Hindernisse zu überwinden, [4]fürchte ich, das größte ist der feste Wille meines Vaters, der darauf bestand, daß seine jüngsten Töchter ins Kloster gingen, zumal *Rosalie*, die er nie liebte, und die auch von unserer Mutter gehasst wurde, weil sie ihr nicht genug Unterwürfigkeit zeigte, bey tausend kleinen Gefälligkeiten die sie von ihr erwartete. Ich liebte sie immer; und auch ich werde von ihr geliebt. Aber was konnte ich thun, da wir alle von einem Vater abhängen, der nur seinem Eigensinn folgt, ohne die Neigung seiner Kinder zu fragen? Meine Schwester *Beville* ist gegen ihre Neigung verheirathet, sie wollte sich verheirathen, aber nicht mit ihrem jezigen Mann, aber mein Vater bestand darauf, daß sie nur ihn oder das Kloster zu wählen habe.

Da es ein roher Mensch ist, der sie übel behandelt, so ist sie sehr unglücklich. Sie ist kränklich; und hat kein Ansehn, die arme Frau! Im Gegentheil bringen sie Mann und Vater zur Verzweiflung, und bestehen darauf, sie solle dafür bürgen, daß meine jüngern Schwestern das Kloster wählen. Aber sie sind beide so ungern im Kloster als der Vogel in einem Käfig, und wollten sie nicht gutwillig ihre Gelübde ablegen so zwänge sie die Noth: denn meine Aeltern, um meine aeltste Schwester gut zu verheirathen, haben ihr so viele Vortheile in Ansehung des Vermögens gemacht, daß sie und ich, der sich seinen Vortheil mit der Pistole in der Hand erkämpft hat, alle Güther der Familie brauchen werden. Ich würde gern darauf Verzicht tun, aber es ist keine Hofnung zu [4v]der Ausführung dieses Plans, so lange mein Vater lebt, da er einer der festesten und heftigsten Menschen ist, die ich kenne.

Du kennst mich nicht sagte ich, wenn Du glauben kannst, daß das Vermögen mir ein Hinderniß wäre, um Deiner Schwester meine Hand anzubieten. Ich bin reich genug für sie und für mich; und werde es einst noch mehr sein. Und schwöre dir seit diesem Augenblick auch niemals einige Ungelegenheit von dieser Seite zu machen. Ihr sollt ruhig euer Vermögen besitzen und wäre es noch zehnmal größer. Auch den Verstand meiner Schwester hast du noch zu bekämpfen, erwiederte er. Sie ist das stolzeste Mädchen, und entschlossen, nichts kann sie von ihrem Vorhaben abwenden. Noch kürzlich wollte mein Vater sie nicht im Kloster laßen. Sie blieb nur im Kloster weil er keine Mädchen um sich haben wollte. Selbst die *Beville* kam erst aus dem Kloster, weil sie ihre Hochzeitskleider anordnen musste, und nicht mit Anstand im Kloster ihre Besuche empfangen konnte. Mein Vater wollte beide Töchter zugleich verheirathen. Aber *Rosalie* weit entfernt ihrer Schwester Beyspiel zu folgen, und ihrem Vater zu gehorchen, behandelte ihn als einen Tirannen seiner Kinder, und sagte ihm da sie wohl sähe daß sie zum Unglück bestimmt wäre in dieser Welt, sie möchte entweder einen Mann heirathen, den sie nicht liebte, oder gegen ihre Neigung im Kloster bleiben. Da sie weder glücklich in diesem Leben noch seelig in einem andren werden würde, so wollte sie doch [5]nicht lebendig sich in die Arme eines Teufels werfen. So nannte sie ihren ihr zugedachten Gemahl, der in der That sehr abschreckend war; aber meine Schwester handelte thöricht, überdem daß diese Heirath ein Deckmantel für die Welt war, so konnte er bald sterben. Ich erschöpfte mich in Bitten, sie zur Heirath zu bereden. Sie machte es noch schlimmer. Sie wollte meinem Vater nicht Lebewohl sagen, als er von ihr ging; meiner Mutter sagte sie, sie könnte den schönen Herrn den sie ihr geben wollte für sich behalten, wenn er ihr so sehr gefiele; man würde sie niemahls im Verdacht mit ihm haben, da er so ungestaltet wäre, daß er dem Ruf einer Frau nicht schaden könnte. Sie brachte meine Aeltern so auf, daß sie sie in ihrem Zorne enterben wollten. Sie bereut es jezt vielleicht, aber es ist zu spät, denn seit einem Monat starb meine Mutter. Sie bereute es auf ihrem Sterbebette, daß sie ihre Töchter mit solcher Härte behandelte, und die aeltre Tochter zu einer Heirath gezwungen, aber das Geschehene war unwiderruflich. Ich glaube, Frau von *Beville* kehrte gern ins Kloster zurück, so ist eine unglücklicher als die andere. Ich sehe nichts das dir vortheilhaft werden könnte. Aber willst du es versuchen, so werde ich keinen Beistand versagen, den ich zu leisten vermag.

Ich nahm sein Anerbieten an, und suchte *Rosalien* auf. Sie sprach mir vom Kloster, als wenn sie es nach ihrer Neigung gewählt hätte, aber ihre Augen drückten das Gegentheil aus. Ich sagte ihr alles, was ich für sie fühlte, zeigte ihr meine Verzweiflung, [5v]sie in dieser Lage zu sehen. Ich versprach ihr, wenn sie mir ihre Einwilligung geben wollte, ich bald Mittel finden würde, sie nachts diesen Mauren und Gittern zu entreißen; und ihren harten Verwandten. Sie antwortete immer in ihrem ersten Ton, und machte Zeichen mit den Augen, die ich mir nicht zu erklären vermochte. Sie überraschten mich wie ihre Worte. Aber bald löste sich mir das unerklärbare. Nach einem Zeichen das sie mir machte, indem sie sich auf die Lippen biß und die Augen zum Himmel hob, verließ sie mich schnell und sagte, es würde ihr lieb sein, mich den Nachmittag wieder zu sehen, damit ich den Brief für ihren Bruder abholen könnte. Aus einer Ecke des Sprechzimmers sah ich eine Nonne schleichen, die mein Gespräch angehört und durch ihre Gegenwart *Rosaliens* Offenherzigkeit Zwang aufgelegt hatte.

Im heftigsten Zorn verließ ich das Kloster, und als ich wieder hinein kam, so gab ich *Rosalien* ein Billet, worin ich sie meiner ewigen Liebe versicherte; ich sagte ihr daß ich auf jeden Vorfall bereit wäre, um sie aus diesem Ort zu entreißen. In drei Tagen würde ich wieder kommen ihre Antwort zu holen, und bat sie mir die sichersten Mittel anzugeben, um sie aus dem Gefängnisse zu befreyn. In wenig Worten sagte ich ihr die Meinung ihres Bruders und die meinige. – Sie gab mir den Brief [6]an ihren Bruder, der für ihn sehr unverständlich sein musste. Sie bat ihn nicht mehr zuzugeben, daß ich sie aufsuchte, weil ich ihr nur unschickliche Anträge gemacht habe, die einer Nonne, die unsre Unterhaltung behorcht hätte, sehr anstößig gewesen wären.

Sie hätte alle Mühe anwenden müssen es zu verhindern daß sie der Äbtißin nichts davon gesagt hätte. Sie habe ihr auch Stillschweigen gelobt, wenn sie meine Besuche nicht mehr erlauben wollte. Sie selbst hätte nichts gegen meine Reden einzuwenden, weil sie längst ihren Entschluß gefasst habe, aber dieses Mädchen wäre nicht in gleichem Fall. Sie bäte ihn noch, sie zu besuchen, wie er es ihr versprochen habe.

Dies ließ uns errathen daß der Brief für mich bestimmt war, und daß sie ihn im Beisein der Schwester geschrieben habe, der sie den Brief gezeigt habe, und wir betrogen uns nicht. Ich bat ihren Bruder nichts davon zu verrathen, er versprach mir es heilig, alles zu unserm Vortheil zu thun was ihm nicht nachtheilig bey seinem Vater werden könnte, der ihm nie einen solchen Betrug verzeihen könnte.

Ich nahm alle Bedingungen an, und war fest entschlossen mein Ziel zu verfolgen, und lieber das Kloster in Flammen zu sehen als *Rosalien* gegen ihren Willen darinnen laßen. Ich kehrte nach drey Tagen ins Kloster zurück. Aber die Nonne *[6v]*hatte ihr Geheimniß nicht verwahrt, und als ich nach *Rosalien* fragte, kam sie statt ihrer ans Sprachgitter, und sagte mir ohne Umstände, daß ich sie nicht sehen würde. Dieses *Compliment* sah ich für die Folge ihrer Sorgfalt an, und dankte ihr auf eine Art, an der sie sich sehr ärgerte. Die Äbtissin kam zu uns, und ich änderte meinen Ton nicht, sie behandelte mich dafür als einen bösen Geist, und wollte mir Weihwasser nachschütten.

So kam ich unverrichteter Sache zurück. Ich bat *Belfort* selbst hinzugehen, oder hinzuschicken; Er sagte mir, daß er seinen Vater nicht verlassen dürfe, aber einen seiner Bedienten hinschicken wollte, wenn ich es wünschte. Aber er warnte mich für den heiligen Schwestern, und bat mich, mehr als je auf mich acht zu geben. Er habe selbst Briefe von den Nonnen, die ihm sagten, daß ein Weltkind es versucht habe, *Rosalien* vom Kloster abtrünnig zu machen. Der Mann wäre gefährlich, und daß mehr als je zu befürchten wäre, daß sich *Rosalie* bereden laßen könnte, daß sie selbst seit seiner Anwesenheit weniger Frömmigkeit zeigte, und mehr als je Abwesenheiten hätte.

Belfort schrieb seiner Schwester, daß sie dem Bedienten trauen könnte, und ihm alles für mich mitgeben, was sie wolle. Auch ich fügte einige Worte hinzu die dasselbe sagten. Dieser heimliche [7]Brief begleitete einen zeigbaren, wo er ihr sagte, daß ihn die Klagen der Nonnen sehr erstaunten, und mehr noch, daß sie einen Mann im Kloster dulden könne der solch ein Ärgerniß gäbe. Dies wäre unrecht; er wüsste nicht, wer der Mann sein könnte, und er wollte es auch nicht wissen, weil ein Unglück daraus entstehen würde. Es müsste ein vornehmer Mann sein, weil er dreist genug wäre seinem Vater und ihm die Spize zu bieten; und sich ihrem Zorn aussezte, und damit dieser kühne Mensch auch selbst den Bedienten nicht bestechen könnte, den er ihr zuschicken würde, so wollte er ihr immer neue Gesichter zuschicken. So schrieb er denn ganz in einem pädagogischen Ton, weil er nicht zweifeln konnte, daß sein Vater diesen Brief sehen würde; er war nicht böse darüber, weil er überdies auf diese Art sich in seine Gunst sezte, und dieses Mittel ihm manche Gelegenheit darbot, uns Dienste zu leisten.

So schickten wir einen meiner Bedienten in *Belforts* Livree ab, den ich am geschicktesten dazu hielt. Er brachte mir eine erwünschte Antwort. Man macht in der Liebe viel leichtere Fortschritte bey den eingeschlossenen Frauenzimmern, als bey denen, die in der Welt leben. Die Männer sind für die erstern viel verführerischer, und da das Papier sie nicht erröthen macht, so sind sie [7v]viel kühner in ihren Ausdrücken auf dem Papier als sie es in Gesprächen sein würden und verstricken sich unauflöslicher. Sie haben selbst eine Art von Gewohnheit sich zärtlicher Ausdrücke zu bedienen. Gelingt es dem Geliebten sie zu sehen, so kostets ihm weniger Mühe, das in Erfüllung zu bringen was sie schriftlich versprechen konnten. Auch ich wurde in meiner Meinung durch einen Brief von *Rosalien* bestärkt. Sie schrieb mir.

Ich bin sehr verlegen auf welche Art ich meine Antwort einrichten soll. Ich fürchte Ihnen für meine Ehre zu viel zu sagen, und auch zu wenig, um all Ihr Mitleid zu erregen. Ich fürchte von Ihnen hintergangen zu werden; schlage ich Ihr Anerbieten aus, so fürchte ich niemals wieder die Mittel finden zu können, mich aus diesem Aufenthalt zu befreien: Ihrer Sorgfalt möchte ich auch gern meine Freyheit danken. Aber wenn ich davon Gebrauch mache, so fürchte ich selbst bey Ihnen zu verlieren. Ich schwanke zwischen den Mitteln die ich wählen soll. So gern ich meine Freiheit annehme, so möchte ich Sie doch überzeugt wissen daß es nur um Ihrentwillen mir wünschenswerth ist, und doch möchte ich in [8]Ihren Augen nicht so leicht zu bestimmen sein. Was man mir von Ihrem Geschlecht gesagt hat, so weis ich daß die Männer den Werth ihrer Eroberungen nur nach der wenigern, oder grössern Mühe die sie ihnen gekostet haben, bestimmen.

Bei Ihrem ersten Besuch konnten Sie meinen Abscheu für das Kloster in meinem Herzen lesen, haben Sie nicht auch die Bewegungen bemerkt, die Ihr Anblick in meiner Seele erweckte? Ich habe noch keine Erfahrung von der Welt gemacht, was ich Ihnen sage scheint mir zu gewagt für ein Mädchen und doch kommt es mir zu schwach vor, wenn es darauf ankömmt, Sie mit meinen Gefühlen für Sie bekannt zu machen. Ich fürchte ewig nicht mit den Verhältnissen der Welt einzustimmen, wenn das wahr ist was man mir davon sagte; aber ich kann mich eben so wenig zur Einsamkeit entschließen, weil ich Sie nicht mehr sehen würde. Ich muß entsagen, Sie zu sehen, denn das ganze Kloster hat an Ihren Äußerungen Ärgerniß genommen. Man hält Sie für einen bösen Dämon, den die Hölle sendete, mich zu versuchen. Nur ich allein billige was ich von Ihnen hörte. Mein Herz hört nur seine eignen Gründe, es rechtfertigt sie aus eignem Antrieb, und stützt sich auf sein Urtheil. Sie sagten [8v]mir Ihre Beweise, daß sie mich lieben; und ich glaube, daß ich ebenso wahr gegen Sie bin, wenn ich es Ihnen auch sage, daß ich sie liebe. Für jetzt nehme ich Ihr Anerbieten nicht an, man eilt nicht mir meine Gelübde ablegen zu lassen. So lange man mich nicht dazu zwingt, lassen Sie mich in meinen Verhältnissen. Wollte man Gewalt brauchen, so werde ich Sie an Ihr Versprechen erinnern. Wünschen Sie nicht daß man mich zwingen möchte, meine Wünsche möchten mit den Ihrigen übereinstimmen! Welches Schicksal führte Sie in mein Kloster? Warum mussten Sie mich so großmüthig vertheidigen? Warum mich vom Klosterleben abschrecken? Ich sah nur allen Kummer, den mir meine Familie bereitet hatte, er ließ mich das Kloster als einen sichern Hafen ansehn, wo ich für dem Unglück der Welt geborgen wäre. Der Liebhaber den man mir anbot, hatte mir am meisten Abscheu eingeflößt. Ich sah nur alte Geistliche, die zu abschreckend waren um Neigung zu erwecken, sie sprachen mir nur von den Stürmen des Lebens. Ich kannte nur einen heftigen, ungerechten Vater, mein Bruder war der einzige Mann den ich hätte lieben können. Aber die Natur und die Pflicht hatten mein Herz gegen ihn verwahrt. Dies alles ließ mir meinen [9]Zustand erträglich finden. Ich sah Sie und alle diese Betrachtungen verschwanden. Die unglückliche Heirath meiner Schwester macht mich nicht zittern. Nur das Kloster däucht mir ein trauriges Gefängniß; und ich fürchte die Noth der Welt nicht mehr.

Unterhalten Sie immer die Freundschaft mit meinem Bruder. Sie kann nicht ohne Nuzen sein. Suchen Sie ihn zu gewinnen daß er unsern Briefwechsel begünstigt. Unsere Verbindung ist gegen seinen Vortheil, und vielleicht bin ich thöricht genug zu glauben, daß er uns gern die Hände dazu böte.

Aber er ist ein rechtschaffner Mann, und ich rechne auf seine Freundschaft. Handeln Sie mit Vorsicht, mit Klugheit. Es hängt nicht von mir ab die Gelegenheit zu finden Sie zu sehen. Würden Sie etwas versuchen wollen, so würde ich noch mehr gebunden werden; und doch machten Sie keine Versuche mich zu sehen, so würde ich verzweifeln. Schicken Sie nur gut unterrichtete Leute zu mir, und immer mit devoten Briefen begleitet die ich zeigen kann; die Aebtissin sieht alles. Ich werde auch die meinigen immer mit einem sichtbaren Brief begleiten. Leben Sie wohl, ich selbst bemerkte es nicht wenn ich zu ausführlich war. Aber geben Sie es dem müßigen Leben des Klosters Schuld, und vielleicht auch, daß ich jetzt mehr als *[9v]*ich sollte, der Unruh meines Herzens nachhänge, bald mich in Hofnungen wiege, und der Furcht die mich anfällt, überlassen habe.

Ich zeigte *Belfort* diesen Brief, und er sagte lächlend. Dies geht schnell, und es ist eine grosse Erfahrung darin für ein Alter von achtzehn Jahren, und der wenigen Kenntniß der Welt. Man könnte dieses einen langen Weg in kurzer Zeit vollbracht heißen. Wie vieler Gefahr sezen die Aeltern doch die Tugend ihrer Kinder aus, wenn sie sie zu einem eingeschloßnen Leben verdammen zu dem sie keinen Beruf fühlen! Aber nur offenherzig, welchen Weg willst Du mit meiner Schwester nehmen, daß sie niemals das Klostergelübde ablegt sehe ich wohl, ich bin überzeugt daß sie sein wird wozu sie den Willen hat; aber was willst Du daß aus ihr werden soll? Nichts werde ich von ihr verlangen, was ihr nachtheilig sein könnte. Dies weiß ich, sagte ich ihm. Für Gott und für den Menschen soll nichts geschehen, was ihr Nachtheil bringen soll. Fürs erste nur will ich sie abhalten den Schleier zu nehmen. Der Zorn Deines Vaters kümmert mich so wenig als der Wind der schon seit tausend Jahren brauste. Ich verlange nur ihre Hand, und dazu erbitte ich mir nur, daß Du uns nicht entgegen bist. Dies verspreche ich Dir bey allem was heilig ist, und [10]würde es durch die größten Betheuerungen bestätigen sagte *Belfort*, daß ich alles thun will was ich kann, daß ich dir in allem und zu allem dienen will. Ich werde ein unverbrüchliches Geheimniß geloben. *Rosaliens* Entführung werde ich auf jede Weise begünstigen, wenn es nöthig wäre, dahin zu kommen, um sie in deine Arme zu führen. Aber auch dieses versprich mir, sie in nichts hineinzuziehen, ohne meine Theilnahme, ich kenne ihren unternehmenden Geist, wärest du niedrig genug sie zu betrügen, es würde dir gelingen; aber Dein Leben oder das meine würdest du aufs Spiel sezen. Ich sagte willig alles zu, und unsre Verbindung wurde seit diesem *Moment* so daß wir uns nur als Brüder behandelten.

Belforten fesselte eine Geliebte in *Paris*, und mich seine Schwester, wir wären gern dort geblieben. Aber der König fragte nicht um unsern Rath, und wir erhielten Ordre zu Ende Jänners abzureisen; es war eine üble Zeit, die er wählte, um Krieg zu beginnen. Aber der König selbst schonte sich weniger als der geringste *Volontär*, hatte seine Truppen unvermerkt entwöhnt auf günstige oder ungünstige Jahreszeiten zu achten. Wir mußten uns also zum Aufbruch entschließen. Ich wollte den Feldzug nicht machen, *[10v]*ohne *Rosalien* noch zu sehen. Ich begleitete ihren Bruder ins Kloster. Er sah sie und sprach mit ihr, aber mir versagte man den Eingang, so aufgebracht *Belfort* auch darüber war. Der Vater hatte endlich erfahren was vorgefallen war, er hatte mich entdeckt, und hatte nachdrücklich verboten, *Rosalien* niemanden sehen zu lassen, als ihre Verwandten. Mein Freund ließ mir seinen Kummer sehen, ich war in Verzweiflung, aber doch ließ ich mich nicht abschrecken, und dachte so lange nach, bis ich eine sonderbare Auskunst fand.

Mein⟨em⟩ Kammerdiener, dem ich trauen konnte, theilte ich meine Unruhe mit, und wir erdachten ein Mittel, meinen Wunsch zu erfüllen: Er hatte mahlen gelernt, und es gelang ihm, mich so unkenntlich zu machen, daß ich mich selbst nicht erkannte. Ich wußte daß *Belfort* seiner Schwester noch Bücher zuschicken wollte. Ich holte sie von ihm, in seiner Livree. Mein Kammerdiener hatte mir mit Pastellfarben das Gesicht gemahlt, ich zog eine Livree meines Bedienten an und brachte *Belfort* ein Billet von mir, worin ich ihn bat mir zu antworten. Er kannte meine Bedienten; da ich ihm fremd war, so fragte er mich, seit wenn ich im Dienst bey meinem Herrn ◊ [183]bey Herrn Saint Amand angetreten hätte? Ich mußte lachen, und meine Stimme hatte mich verrathen. Er bewunderte sehr meinen Einfall, und ich trug zu seiner Geliebten, die von einem eifersüchtigen Mann beobachtet wurde, auch ein Abschiedsbillet in dieser Verkleidung.

Da ich nicht mehr fürchten durfte, erkannt zu werden, so nahm ich den Weg nach dem Kloster. Ich fragte im Nahmen ihres Bruders nach *Rosalien;* einen Brief von ihm, und einen von mir, hatte ich ihr zu übergeben, worinn ich sie auf den Ueberbringer aufmerksam machte. Als ich sie ihr übergab, verstellte ich meine Stimme, so gut ich konnte, [184]und sagte ihr, daß ich den Nachmittag wieder käme, um die Antwort zu hohlen. Aus Furcht entdeckt zu werden, blieb ich so kurz als möglich, und spielte, so gut ich konnte, die Rolle eines dummen Menschen. *Rosalie* schien mir erschöpft und sehr verändert: auch ihre Schwester sah ich, sie sah mir mehr darnach aus, um eine Figur auf einem Ball zu spielen, als im Kloster. Sie blieb auch nicht lange darinn, ich glaubte bloß *Rosalien* zu befreien, und es fügte sich, daß ich ihrer jüngern Schwester die nehmliche Wohlthat erzeigte. Als ich meine Aufträge für *Belfort* im Kloster abhohlen wollte, fand ich die beyden Schwestern, und unter dem größten Anstrich von Albernheit, sagten *Rosalie* und ich uns Dinge, die von der größten Wichtigkeit für uns waren, und die wir allein uns erklären konnten. *Rosaliens* Brief war von diesem Inhalt:

> Ihr Besuch sezt mich der Gefahr aus, strengen klösterlichen Bußübungen unterworfen zu werden, obgleich er mir nur eine unvollkommene Freude macht. Ich habe keinen Ihrer Züge erkannt, die sich doch so tief in mein Herz eingegraben haben. Ihre Verkleidung war mir zu täuschend, wie sollten Sie gleichgültige Menschen erkannt haben, da ich selbst mich dadurch hintergehen ließ. Kommen Sie noch ein[185]mal, wenn es

> möglich ist, aber doch kann ich Sie nicht erwarten, weil Sie morgen schon abreisen. Was wird aus mir werden? Fand ich Sie nur, um Sie wieder zu verlieren! Sie versprachen mir, mich aus diesem Ort zu befreyen, Sie gehen und lassen mich zurük. Hätten Sie mich nicht zwingen können, Ihnen zu folgen! Sie hätten mich eben so unkenntlich gemacht, wie es Ihnen selbst gelungen ist. Aber was sage ich? Alle Vernunft macht der Verzweiflung Plaz, in die mich Ihre Abreise stürzt! Ich kenne mich selbst nicht mehr – welches Leben werde ich führen; und was geben Sie mir für eine Sicherheit, daß Sie meiner nicht vergessen? Soll ich Ihren Briefen, Ihren Schwüren trauen? Widerspricht Ihnen nicht Ihre Abreise? Wie soll ich nun noch auf Ihre Offenherzigkeit bauen! Ich bin nicht wie Sie, ich werde mein Versprechen halten. Ich werde Sie nie vergesssen, bei allen den Bitterkeiten, die mein ganzes Leben vergiften, werde ich nur Sie anrufen. Jezt sehe ich das Kloster als meine Zuflucht an, denn was sollte ich nun für Freude in der Welt hoffen können. Es genügt Ihnen, mich überwunden zu haben, Sie verachten Ihren Sieg. – Ich schlug einen Mann aus, der mir angeboten wurde, der, dem ich mich anbot, verläßt mich! Ich Un[186]glükliche verlasse alles! Leben Sie wohl, mein Herr, Ihre Abreise lehrt mich auf nichts mehr von Ihnen zu rechnen, und die übrige Welt ist nichts mehr für mich. Widersezen Sie Sich nicht länger der Ruhe meines Lebens, die ich suchen will. Aber nein! Ich kann den Gefühlen nicht wieder Ruhe gebieten, die der einzige Gedanke an Sie in meiner Seele hervorbringt. Ihr Brief, Ihre Verkleidung haben zu Ihrem Vortheil gesprochen. Meine Eigenliebe sagt mir, daß Sie mich noch lieben, Ihre Entfernung will mir diese Täuschung entreissen. – Welchem Gefühl soll ich nun glauben? Ich gebe Ihren Gründen Gehör, ich will glauben, daß Sie mich lieben. Aber beweisen Sie mirs dadurch, daß Sie mit leichtem Herzen Ihr Leben für etwas anders als unsere Liebe in Gefahr sezen? Ich will Ihre Befehle erfüllen, ich will mich der Nothwendigkeit unterwerfen, und mir keine Feinde mehr machen. Ich will versuchen, meines Vaters Zutrauen wieder zu gewinnen. – Aber wenn man dahin käme, mich zu zwingen, Ihnen ganz zu entsagen, dann schweigt die Verstellung, und ich werde wieder ich selbst. Sie sollen von allem unterrichtet werden, was mich angeht. Die Liebe wird mir die Mittel dazu zeigen, und Sie werden Mittel finden. Aber wenn [187]Sie mir nicht zu Hülfe eilen, so seyn Sie versichert, daß ich eher sterben, als das Gelübde ablegen werde, das mich von Ihnen auf ewig trennt! Ich übertrete die Sittsamkeit, ich fühle es, aber die Leidenschaft ist mächtiger als meine Vernunft. Leben Sie wohl, tragen Sie Sorge für meinen Bruder und bleiben Sie sein treuer Freund. Unterrichten Sie mich von allem, was Sie thun, und kommen Sie wieder, sobald als es nur möglich ist.

Wir reisten ab, Belfort und ich, und giengen zusammen nach Freyburg. Ich folgte dem Marschall von Türenne nach Strasburg, und Belfort dem Detaschement, das Herr von D. kommandirte. Wer kennt [13]nicht die glorreichen Feldzüge des großen Mannes, den wir bald darauf verlohren? Wir schlugen die Deutschen zurück und verfolgten sie so weit wie möglich; Aber als ich hoffte mit *Belfort* wieder vereinigt zu werden, erfuhr ich die traurige Nachricht, er sey drey Tage vorher – bey Offenbach geblieben. Was ich bey diesem Verlust empfand, läßt sich fühlen. Von *Rosalien* erhielt ich auch nicht wenige traurige Nachrichten, sie schrieb mir daß ihre Schwester, Frau von *Beville*, gestorben sey. Sie habe gegen ihren Vater und Gemahl in den lezten Stunden ihres Lebens die größten Verwünschungen ausgestossen, daß man

Rosalien auf Befehl ihres Vaters aus dem Kloster geholt habe. Ich beklagte den Tod dieser Frau aufrichtig, sie schien mir immer tugendhaft; aber ich hoffte nun auch, daß der alte *Belfort* seine andern beiden Töchter nicht mehr so hart behandeln werde und so strenge Maasregeln ergreifen; dieses traurige Bespiel, hofte ich, sollte ihn milder gestimmt haben. Seine beiden Töchter bekamen nun ein großes Vermögen, und ich hofte, der Vater würde ihnen nun ihre Freyheit lassen. Ich überließ mich der Freude *Rosalien* nicht mehr eingekerkert zu wißen; ich schmeichelte mich der Einwilligung ihres Vaters, und kam mit froher Hofnung nach *Paris* zurück.

*[13v]*Aber bald zerstreuten sich diese Hofnungen! Ich fand *Rosalien* bey ihrem Vater, der sehr krank war; nicht der Kummer über den Tod seiner Kinder hatte ihn aufs Krankenlager gebracht, sein Herz war zu hart eines solchen Gefühls fähig zu sein. Er war aus Erschöpfung krank geworden, weil er sich so angestrengt hatte, seinen Schwiegersohn zu beleidigen, um das Heirathsguth seiner Tochter wieder zu erlangen. Es waren beides Menschen von gleicher Denkungsart, ihre Verbindung war zerrißen, weil sich beider Vortheile theilten. Der Schwiegervater opponierte unaufhörlich. Und er suchte auf alle Weise seine Ansprüche geltend zu machen gegen den Schwiegersohn, der auch gegen ihn keine Schonung hatte, und jeder hatte einen Mann gefunden, der ihm die Spize bieten konnte. Die Klage wurde bald zu einem Criminal Prozeß; ein Theil klagte den andern über den Tod der Tochter an. Der Vater beschuldigte den Sohn, daß er sie zu hart behandelt hätte, er schilderte ihre Lage mit den rührendsten Farben. Der Vertheidiger hatte ihn über seinen Carackter erhoben; um ihn seine Tochter mit mehr Enthusiasmus beklagen zu lassen, lieh er den Worten alle Zärtlichkeiten eines liebenden guten Mannes, und das Gefühl des lebhaftesten Mitleidens.

Beville zeigte von seiner Seite des Vaters Falschheit, und erklärte, er habe seine Frau gegen ihren [14]Willen geheirathet; dies Geständniß bedeckte ihn selbst mit Schande, aber er wollte zeigen, wie hart der Vater seine Kinder behandelte, auch die Lage der beiden andern Schwestern, die so wenig Beruf zum Kloster fühlten kam zur Sprache. Er beschuldigte ihn noch, daß er sich so weit vergessen, seine verheirathete Tochter zu schlagen. Diese beyden Männer gaben sich solche Blößen, daß das Publikum sich nur darüber belustigte. Ihre gemeinschaftlichen Freunde verdeckten endlich dieses Ärgerniß, und söhnten die beiden Parthien aus, aber so sehr hatte diese Geschichte den Schwiegervater angegriffen, daß er am Geist und Körper krank wurde. – Aber er erholte sich von seiner Krankheit, nachdem er vier Monathe das Bette gehütet. Ich sah *Rosalien* täglich während dieser Zeit ohne Wißen des Vaters, denn sobald er meine Rückkunft erfuhr, verbot er seiner Tochter mich weder zu sehen noch zu sprechen.

Er wußte, daß ich die Person war, die seiner Tochter den Abscheu gegen das Kloster beibrachte. Nur diese Ursache konnte er haben, mich zu haßen. Gewiß hätte er seine Einwilligung zu unsrer Verbindung gegeben, wenn er geglaubt hätte, daß wir uns nicht liebten, denn es ist seinem Gemüth eigen, nicht ohne Kummer eine glückliche Verbindung *[14v]*zu sehen. Um seinen Beifall zu erhalten, mußte man im ewigen Streit leben.

Ich wußte sein Verbot nicht und ging zu ihm. Ich wurde übel empfangen, aber ich schrieb es auf die Folgen seiner Krankheit. Ich sah daß seine Tochter um seine Neigung zu gewinnen, sich zu den niedrigsten Diensten herabließ, die einer Person von ihrem Stande nicht zukamen, die selbst ihre Bedienten nicht würden gethan haben. Ich sah nie einen Kranken der so viel Roheit zeigte. Selbst meine Gegenwart konnte ihn nicht hindern, nach seiner Tochter zu schlagen, und ihr ein Glas ins Gesichte zu werfen, das sie ihm zum Trinken reichte. Mein

Besuch war kurz, denn es war mir zu schmerzlich, ihn zu verlängern. Ich erwartete *Rosalien* in einem Nebenzimmer, und es war das erstemal daß wir uns ohne Zeugen sahen. Wie beklagte ich sie! aber sie versicherte mir daß es noch nicht alles wäre, was ich gesehn hätte, und daß sie sehr unglücklich wäre. Wir verabredeten uns, einander alle Tage zu sehen. Das ganze Haus misbilligte das harte Betragen des Vaters gegen die Tochter, sie verabscheuten ihren Herrn. Alle zeigten sich ihrer jungen Gebieterin gefällig, und standen ihr bey mit Liebe. Ich sah sie alle Tage, und immer erfuhr ich neue Ausfälle ihres Vaters; Aber so sehr sie sich beklagte, so verlezte sie doch niemals die Ehrfurcht, die sie ihrem Vater schuldig war.

[15]Sie sagte mir oft daß sie sich nach dem Kloster zurückwünsche, und nur meinetwegen, um mich leichter zu sehen, blieb sie noch bei ihrem Vater.

Ich fühlte wohl, daß ich unter solchen Umständen wenig Schwierigkeiten finden könnte, *Rosalien* zu einer Entführung zu bereden, und um einen Vorwand zu einem solchen gewaltsamen Schritt zu finden, ließ ich durch einen meiner Bekannten bei *Belfort* um seine Tochter werben. Ohne Eitelkeit ließ sich behaupten, daß *Rosalie* nicht eine bessere Wahl treffen konnte. Unsre Bekannten sahen die Sache für entschieden an, aber weder ich noch *Rosalie* glaubten der Hofnung. Der Vater wusste daß ich seine Tochter liebte, daß auch ich ihr nicht gleichgültig war, und dies war Grund genug, sie mir abzuschlagen. Er gab keinen Grund der seine lächerliche abschlägliche Antwort beschönigen konnte, und das Ende seiner Rede war, daß er seine Tochter lieber einem bösen Geist als mir geben wollte. Uns überraschte diese erwartete Antwort nicht; und wir machten den Plan, nun ernstlich die Entführung ins Werk zu sezen. Wir wollten aus Frankreich flüchten, und uns im Auslande trauen lassen; denn ⟨++⟩ Heirath in *Paris* nicht heimlich thun. Viele wichtige Hindernisse waren uns im Wege. Die größte war, daß ich zu dem reformierten Glauben *[15v]*mich bekannte.

Wir wollten nach England flüchten, wo ich Unterstützung und Schutz gefunden hätte. Im Grund war ich ein eifriger Katholik, nur eine alte Tante die ich zu erben hofte hielt mich noch zurück mich zu erklären. Sie würde mich enterbt haben, wenn ich einen solchen Schritt gethan hätte, ich suchte mir dieses Verhältniß zu erhalten, denn sie besaß ein grosses Vermögen. Auf ihre Unterstützung konnte ich rechnen, sie versprach es mir schon ehmals, als ich ihr meinen Vorsaz sagte, ein Mädchen vom Kloster abzuhalten, die man gegen ihren Willen dazu zwingen wolle. Sie schrieb mir wieder und eiferte gegen das Kloster und sah dieses als ein Werk der Christlichen Liebe an. Sie konnte mit freyem Herzen alles sagen, was sie gegen ein so eingezognes strenges Leben hatte. Die Gelübde der Keuschheit, die man dort ablegte, waren ihr entsezlich verhaßt. Sie liebte diese Tugend so wenig auszuüben, daß sie, als sie zum vierten mal Wittwe geworden, in ihrem zwey und funfzigsten Jahre noch nach dem fünften Mann sich umsah. Ihr ansehnliches Vermogen ließ sie auch nicht lange vergeblich suchen, aber der Magistrat protestierte gegen dieses Aergerniß. Auf diesen Beystand konnte ich sicher rechnen; ich schrieb ihr in dieser Meinung, und versuchte sie dazu zu bewegen, alles für uns zu thun, und erzählte ihr, daß meine Geliebte dieselbe Nonne wäre, [16]die sie schon aus meinen Briefen kennte, und fügte hinzu, daß sie nicht säumen würde in England die Religion zu ändern. Ich machte ihr die Ehre recht fühlbar, die sie erreichte, wenn sie Gott eine Seele erhalten könnte, die sie dem Papst entriß. Mein Brief war im Ton eines völligen Kezers. Sie hätte auch sicher alle ihre Künste aufgeboten, und Gut und Haabe verkauft um eine Seele zu retten, aber der Brief kam zu spät, denn sie war schon seit zwey Tagen gestorben als er anlangte; und ich erhielt eben die Nachricht zu der Zeit wo ich alles zu meiner Unternehmung bereit hielt.

Ich theilte *Rosalien* diese Nachricht mit, u. bat sie nur noch eine kleine Zeit die Laune ihres Vaters zu ertragen; ich überzeugte sie von der Notwendigkeit, in der ich mich befände selbst nach England zu reisen, um diese Erbschaft zu holen. Ich versprach ihr eine schnelle Rückkunft mit aller Baarschaft die ich finden würde. Unser Plan änderte sich nun, und statt nach England zu gehen, wollten wir nach *Avignon* flüchten, wo ich Bekanntschaften auf meinem Wege machen wollte, die mich dahin führten. Ich hatte es *Rosalien* versprochen ihre Religion anzunehmen, und ich hielt Wort.

[16v]Zu *Paris* in dem Kloster der ⟨*⟩ legte ich mein Glaubensbekenntniß ab in die Hände eines Geistlichen, der mich schon früher zu bewegen suchte meinem Glauben zu entsagen. Ich beruhigte durch diesen Schritt mein Gewissen, und den frommen Glauben meiner Geliebten. Eine Freundin, auf deren Treue *Rosalie* zählen konnte, erlaubte daß wir ihr unsre Briefe schickten. Ich nahm den Nahmen meines Bedienten an, unter dessen Aufschrift sie mir zukamen, die meinigen richtete ich an die Freundin. Ich verließ *Paris* nachdem ich zuvor mein Glaubensbekenntniß abgelegt. Als ich zu einer Tante von mir nach *Grenoble* kam, war sie sehr erfreut einen so eifrigen Katholiken in mir zu finden. Dort bekam ich diesen Brief von meiner Geliebten.

> Ich versprach Ihnen bis zu Ihrer Zurückkunft die harte Behandlung meines Vaters zu ertragen. Aber er hat sie verdoppelt seit den zwey Monaten, daß er Sie nicht mehr in *Paris* glaubt. Sie sollen nicht hören was ich aushalten mußte. Sie wissen, daß er alles fähig ist. Es ist wunderbar, daß er mich nicht wie seine Tochter sondern als seine Magd ansah. Er konnte nur mich um sich dulden, ich mußte ihm jeden Dienst erzeigen, und doch waren nur Mishandlungen meine Belohnung! Doch hätte ich Ihnen Wort gehalten, ich hätte mich unempfindlich [17]gegen seine Härte zu machen gesucht, ich ertrug sie mit Gedult, aber so konnte ich es nicht ertragen, daß er uns trennen wollte. Mit seiner wiederkehrenden Gesundheit begann eine neue Verfolgung: Er wollte mich nach seiner Wahl verheirathen. Nur zwey Tage ließ er mir Zeit, mich zu bedenken, und den dritten sollte die Heirath vollzogen werden. Er wollte mich zwingen den Contrakt zu unterzeichnen. Ein Officier, der anfangs um meine Hand sich des Vermögens willen bewarb, war nun, da er mich gesehn hatte, und die Liebe sich ins Spiel mischte, noch dringender. Es ist ein Mann von Stand, aber unredlich genug mir seine Hand aufzudringen, nach dem ich ihm ein offenherziges Geständniß von dem Zustand meines Herzens ablegte. Ich liebe Sie zu sehr, um nicht treu zu bleiben. Zwey Tage war ich eingesperrt, man wollte mit Gewalt mich überwinden, mir meine Einwilligung abzuzwingen. Ich blieb standhaft: entschlossen lieber zu sterben als meiner Liebe zu entsagen, als einem andern anzugehören. – Der Haushofmeister meines Vaters war von meiner Lage gerührt, er verschaffte mir die Mittel, mich frey zu machen. Zwey Tage verbarg ich mich bei meiner Freundin, und hernach flüchtete ich in ein Kloster, das meinem Vater unbekannt ist, denn in dem wo ich war, hat er zu viele Freunde. Ich habe meinen Nahmen geändert. Ich that es, um das Kloster zu verlassen. Sobald Sie zurück sind, eilen Sie mich [17v]daraus zu befreyen. Richten Sie immer Ihre Briefe an meine Freundin. Machen Sie keine Aufschrift von Ihrer Hand, sie wird es selbst thun, daß man weibliche Züge auf der Aufschrift erkennt. Nur Sie erwarte ich, sobald Sie zurückkommen, eile ich in Ihre Arme, flehe um Ihren Schuz.
>
> Gott mag meines Vaters Härte gegen mich verzeihen, aber er hat alle Schuld an den Schritten die mir die Verzweiflung eingiebt. Seine Grausamkeit spricht mich von

der Pflicht los, seine Einwilligung zu verlangen. Ich sehe ihn nicht mehr für meinen Vater an, nur als meinen Tirannen. Meine Verzweiflung hat ihre höchste Stufe erreicht, sie ist so groß, daß wenn auch Sie mich verlaßen könnten, so würde ich durch einen freywilligen gewaltsamen Tod alles Unglück enden was mich so lange schon verfolgte. Kommen Sie bald! ich kann es Ihnen nicht genug wiederholen. Ihre treue

Rosalie.

Ich eilte nach *Paris*, so sehr es mir möglich war. Ich stieg in meinem gewöhnlichen *Logis* ab. *Belfort* hatte auch dort seine Aufpasser hingesendet. Er wußte den Aufenthaltsort seiner Tochter, und zweifelte nicht, daß ich davon unterrichtet wäre und sobald er meine Ankunft in *Paris* wußte, so ließ er mich überall bewachen, und mir auf jeden Tritt folgen. Mein erster Gang war zu *Rosaliens* Freundin, die [18]mir das Kloster sagte, wo ich sie finden würde. Ich ging zu *Rosalien*, und fand sie fester entschloßen, sich meinem Schuz zu vertrauen als ich hoffen konnte; wir wollten den nächsten Morgen den Plan ausführen.

Der alte *Belfort* ließ mich auch bis ins Kloster verfolgen, und erfuhr dadurch den Zufluchtsort seiner Tochter. Und kam den folgenden Morgen selbst sie aufzusuchen, und empfahl der Aebtissin strenge Aufsicht. Unter meinem Nahmen ließ er seine Tochter rufen; was sie bey diesem Anblick empfand, lässt sich leicht fühlen. Sie sagte kein Wort als sie ihn erblickte, und ging schweigend nach der Türe zurück. Er hatte also Zeit, die Aebtißin zu sprechen und *Rosaliens* Flucht zu verhindern.

Ich kam eben mit meinem Wagen, und wurde nicht angenehm überrascht, als ich ihn fand. Wir waren zu wenig Freunde, um uns mit guten Augen zu finden, und unsre Begrüßung war mit fürchterlichen Blicken begleitet. Ob er gleich der Vater meiner Geliebten war, wären wir zu einem Gefecht gekommen, wär er mit mir in gleichem Alter, und von meinem Stand gewesen. Aber da er nur die Feder und nicht den Degen führen konnte, so mußte ich ihn als einen Verräther bestrafen. Ich hatte einen Stock, und gewiß hätte ich mich in *[18v]*meiner Wuth zu einem Schritte verleiten lassen, für den ich schwer gebüsst haben würde, durch meine Reue, wenn mein Kammerdiener mich nicht zurückgehalten hätte, der klüger wie ich war in diesem Moment. Ich erkannte meinen Fehler, und kam zurück, ohne *Rosalien* gesehn zu haben. *Belfort* wollte mich des Raubes seiner Tochter anklagen, und wollte mir den Prozeß machen, aber er konnte nichts durch die That beweisen und der Wille lässt sich nicht strafen. Man widerrieth ihm diesen Schritt. Da seine Rache von dieser Seite unbefriedigt bleiben musste, so wollte er sie auf eine andre Art ausüben, und drohte mit dem künftigen Schwiegersohn, aber jeder Schritt mislang ihm. *Rosalie* schrieb mir einen traurigen Brief.

Bewundern Sie nicht unser Unglück mein Geliebter. Ohne mich wären Sie immer glücklich gewesen. Ich ziehe alles was sich mir naht in mein Unglück hinein. Man bewacht mich strenger hier als eine Gefangne, doch wird es mir erlaubt sein zu schreiben. Denn wenn man es nicht unternimmt aus dem Kloster zu gehen, so verbietet man nichts weiter. Ich werde immer meine Briefe an meine Freundin schicken, sie hat hier im Kloster eine Person die ihr ergeben ist, die mir ein unverbrüchliches Geheimniß angelobt hat, bedienen Sie sich dieses Weges, wie ich. [19]Man versichert mich, daß mein Vater nicht hier ist mich von hier wegzuholen, und daß ich gegen seinen Willen hier bleiben darf. Aber schenken Sie einer Unglücklichen Ihr ganzes Mitleid. Meine Börse ist erschöpft, bezahlen Sie das Kostgeld für mich, um das Kloster zu bewegen, daß es mich behält, auch möchte ich Herrn von *Belfort* keine Verbindlichkeit mehr haben, den ich nicht mehr als meinen Vater ansehen kann. Wenn ich Ihnen gehöre, können Sie alles wieder erhalten, denn das Vermögen meiner Mutter darf man mir nicht verweigern. Ich habe keine Hofnung mehr als diese glückliche Zeit, aber wann wird sie kommen? Die schönsten Jahre meines Lebens muß ich im Kummer zubringen. Aber es muß sein, mein Geliebter, wir müssen Geduld haben! Wenn ich nur nicht fürchten müsste, daß der Kummer und die Zeit Sie zurückbringen könnten, daß auch der Glanz meiner Schönheit entschwindet, die Sie so oft vor mich priesen. Ich fürchte mich, Ihnen nicht immer liebenswürdig vorzukommen, dies ist die einzige Sorge, die mich beschäftigt. Das übrige ist zu weit unter mir. Bleiben nur Sie mir treu, so werden Sie sehen, daß ich alles verachte, wofür ein andres Mädchen zittern könnte. Wenn Sie aufhören könnten mich zu lieben, so würde ich selbst mein Unglück enden! Ich würde mich selbst strafen, über die Verbrechen meines Vaters, und *[19v]*die Zeit anklagen die mir raubte, was Sie an mir liebten! Meine ganze Zeit verlebe ich mit den Gedanken an Sie. Schreiben Sie sobald Sie können.

Ich antwortete eilig auf diesen Brief, und legte dreymal so viel Geld bey, als ich nöthig glaubte; aber doch war es nicht hinreichend für einen Zufall, der bald uns beschäftigte. Ich war nun entschlossen, *Belforts* Todt zu erwarten, oder warten bis die Geseze Rosalien mündig erklärten. Aller Mittel einer Entführung war ich beraubt. Ich bereitete mich vor einen Posten im Hofstaat des Königs zu suchen; ich unterhandelte mir auch einen Plaz, aber ich hatte nicht Zeit den Vorsaz auszuführen.

Belforts Geist konnte nur sich in der Unordnung gefallen, und seine größte Freude bestand darinn, Streitigkeiten zu erregen. Diesen Hang konnte er nie verläugnen. Sein erwählter Schwiegersohn war in der That ein Kriegsman⟨n⟩, der sich Ruhm erworben hatte. *Belforts* Vermögen wäre ihm sehr zu statten gekommen, um seiner zugrundgerichteten Familie wieder aufzuhelfen. Bey allen den Unthaten hatte auch *Rosalie* ohne es zu wollen, das Geheimniß gefunden, sein Herz zu gewinnen. Er war in der grössten Wuth, seinen Plan zerstört zu sehen. Er wußte, daß ich die Schuld hatte, u. kannte [20]meinen Nahmen. *Belfort* hatte ihm von mir in einem Ton gesprochen, aus dem er schließen musste, ich wäre noch so jugendlich und kindisch daß ich nur kindische Züchtigungen verdiente. Er glaubte ihm, und hatte Lust Händel mit mir anzufangen: Er suchte mich auf und da ich mich nicht verbarg, so hatte er leicht Gelegenheit mich zu finden.

Er knüpfte ein Gespräch an, wobey wir viele Zuhörer hatten, ohne sein Vorhaben zu verrathen, aber mit einem Gesicht mit dem man Kinder fürchten machen kann. Er fragte mich, ob ich nicht einen Spaziergang mit ihm machen wollte, an einen gewißen Ort. Da ich sehr froh war, seine Erklärung in guter Gesellschaft zu hören, so sagte ich ihm ohne Umstände, daß ich wichtige Geschäfte hätte, die meine Gegenwart in Frankreich nöthig machten, und daß ich es nicht dem Zufall überlassen wolle, entweder das Land zu fliehen, oder meinen Kopf auf dem Blutgerüste zu verliehren. Er glaubte nun desto fester, was ihm *Belfort* gesagt, und nichts dachte er weniger, als daß ich ihm auf eine solche Art geantwortet hätte, um mir keine Blöße zu geben: Er gerieth in einen heftigen Zorn, daß er sein kaltes Blut ganz verlohr; er begegnete mir mit einer Ungezogenheit und Heftigkeit, die alle Gränzen überschritt. Das wars, wohin ich ihn bringen wollte, um die andren Zeugen auf meiner Seite zu haben. Wie ich sah daß er ⟨+⟩ ganz aus seinem Gleise kam, so sagte ich mit sanfter

[20v]Stimme. Ich bitte Sie unterthänig, mein Herr, mich in Frieden zu lassen, oder aufzuhören sich zu ärgern, denn auch ich fange an böse zu werden, und würden wir beyde zu gleicher Zeit aufgebracht, so weiß ich nicht, welcher von uns beyden lachen wird über den Ausgang. Die Ruhe und Kälte, mit der ich sprach, zwang den Zuhörern ein Lächeln ab. Mein Rival erröthete für Zorn und legte die Hand am Degen; und eh ich den meinigen noch ziehen konnte, verwundete er mich leicht am Arme. Der Anblick meines Blutes machte mich wüthend, und man mochte Mittel anwenden welche man wollte, so wurde es den Zuschauern schwer uns auseinander zu bringen. Ich brachte ihm zwey Stiche in die Seite bey, die ihn zu Boden warfen.

Er war aus einer mächtigen Familie, und ich mußte nun auf meine Flucht denken. Man hörte die Aussage der Zeugen an, die für mich sehr vortheilhaft sprach. Ich hatte in *Paris* viele gute Freunde, die eifrig für mich arbeiteten. Ich nahm mir kaum Zeit einige Zeilen an *Rosalien* zu schreiben, da ich mir vorbehielt ihr das nähere in einem längern Brief zu sagen. Diese Nachrichten erschracken sie so heftig, daß sie krank wurde; Ich erfuhr es erst als ich zurück war. Mir fiel diese Trennung nicht so empfindlich, da ich sie in Sicherheit glaubte. Auch schmeichelte ich mir, daß sie ihr Vater weniger strenge behandeln würde, wenn ich abwesend wäre.

[21]Ich wurde nicht verfolgt, und schiffte mich in *Calais* ein, ich suchte in England einen nahen Verwandten auf, der dort eine grosse Rolle spielte. Ich blieb nicht lange bey ihm, denn ich hatte grosses Verlangen, Holland zu sehen. Es war im ärgsten Winter, alle Kanäle zugefroren, so daß man überall trocknes Fusses hingehen konnte. Ich schrieb an *Rosalien* und an einige meiner Verwandten, die für mich um Begnadigung gebeten hatten. Alles war zu meinem Vortheil eingerichtet, und ich kehrte nach *Paris* zurück. Ich reichte meine Bittschriften ein, und empfing Briefe von *Rosalien*. Sie sagte mir, daß ihr Vater ihr glimpflich begegnete, daß sie ausgesöhnt wären, und er sie oft besuchte, ohne daß er ihr von einer Heyrath sprach. Sie habe ihm von mir gesprochen aber ohne Erfolge, und außer diesem Vorfall lebe sie übrigens in grosser Ruhe. Ich schrieb, daß ich jetzt noch nach England zurückgehe um ein Theil der Zeit noch dort zuzubringen in der sie noch im Kloster sein würde. Ich ging in der That wieder zu meinen Verwandten.

Drey Monathe blieb ich ohne einige Nachricht von *Rosalien*, dieß beunruhigte mich; und schon war ich entschlossen, nach Frankreich zurück zu kehren als ein übel gekleideter Mann, der im Aufzug eines Couriers erschien, mich von dem unterrichtete, was vorgefallen war. Ich kannte ihn von vorigen Zeiten, denn er stand ehmals unter meiner [21v]Compagnie. Er gab mir einen Brief von *Rosalien*. Es war manches seit meiner lezten Abreise vorgefallen. *Belfort* hatte *Seraphinen* aus dem Kloster kommen lassen, es war *Rosaliens* jüngste Schwester. Da man sie für die einzige Tochter ansah, denn es war ihr ernstlicher Wille diesen Plan auszuführen, so fand sich bald eine grosse Parthie für sie. Sie war angenehm und gut gebaut, nicht schön noch häßlich, aber von einem bösen Herzen, der Geist ihres Vaters ruhte auf ihr. Sie war betrügerisch, versteckt, und interessirt wie ein Jude. *Belfort* kam in *Rosaliens* Kloster, und bezeigte ihr viele Freundschaft; das arme Mädchen traute diesen Versicherungen und glaubte sie aufrichtig. Er hatte der Klostergemeine versprochen, seine Tochter sollte ihre Wohlthäterin werden, wenn sie sie dahin brächten, den Schleyer zu nehmen. Er versprach ihnen eine so ansehnliche Mitgabe, daß die guten Damen sich ein so grosses Vermögen nicht konnten entgehen lassen, und hatten es dahin gebracht, *Rosalien* wirklich zu dem Entschluß zu bringen. Ihre Schwester wartete nur mit ihrer Verbindung biß sie ihre Gelübde abgelegt haben würde, und *Belfort* der gern gewünscht daß es schon geschehen wäre überhäufte seine Tochter mit vielen Gunstbezeugungen.

Es war ihnen gelungen die Nonne zu entdecken, die unsren Briefwechsel erleichtert hatte, und sie [22]ließen sie ihre Zelle hüten. *Rosalie* glaubte wie die andern Nonnen auch, daß dieses Mädchen in ein andres Kloster gekommen wäre wie oft der Fall ist. Nur die alten frommen Schwestern waren in die Verschwörung verwickelt; alles machten sie mit einem Geheimniß und einer Stille und Schnelligkeit, daß *Rosalie* mich nicht einmal durch ihre Freundin, die sie besuchte, davon konnte unterrichten lassen. Man sagte dieser, sie wäre von ihrem Vater in ein andres Kloster gebracht worden, kurz kein Mensch durfte sie sprechen.

Sie vertraute sich einer andern Nonne an, die sie betrog. Man erzählte ihr, ich sei in England verheirathet, und habe mich dahin zurückgezogen. Sie glaubte es nicht. Diese falschen Erzählungen, mit dem vereinigt, daß sie alle Welt verließ, ließ sie über alles in Ungewißheit bleiben. Da zumahl Vater, Schwester, Nonnen und Beichtvater sie unaufhörlich verfolgten, ihre Gelübde abzulegen, und so sehr trieben, daß sie sie bereden wollten eine Bittschrift an den Erzbischoff zu unterschreiben, worin sie seine väterliche Milde ansprachen, ihre Gelübde in drey Monathen, nachdem sie den Schleyer genommen, ablegen zu dürfen, weil sie einen zu grossen Beruf dazu in sich fühlte, da sie seit ihrer frühsten Kindheit die Grundsätze des Klosters eingesogen, weil sie darin erzogen worden und solche Gründe mehr, die alle falsch waren. Aber dieser lezte Angriff [22v]ließ sie das sicherste Mittel ergreifen, das in der Folge uns rettete.

Sie erbot sich die Bittschrift zu unterzeichnen, aber sie gestand daß sie in der Welt vieles Geld schuldig sey, was sie geborgt habe; und daß sie erst dieses zurückgeben müsste, ehe sie sich Gott weihte. Sie foderte dreyhundert *Louis d'ors*. Man versicherte sie sie solle für nichts sorgen, daß man alle ihre Schulden bezahlen würde. Sie wendete ein, daß sie selbst die Schulden abtragen müsse, weil sie ihre Gläubiger verschweigen müsste, denen sie das Geld durch ihren Beichtvater zuschicken wollte, oder durch jemand dem sie recht verschwiegen glaubte. Und selbst wollte sie nicht früher unterschreiben, als wenn sie drey Tage im Besiz des Geldes wäre, und Gebrauch davon gemacht hätte. Sie wollte den uneingeschränkten Gebrauch des Geldes haben, um darüber gebieten zu können, und wollte sie nicht, daß man Erkundigungen einziehen könnte, wo sie es hingeschickt. Hätte man diese Bedingungen erfüllt, so wollte sie auch unterschreiben. Aber wenn man noch zwey Tage anstehen würde ihr das Geld zu geben, so würde sie gar nichts unterzeichnen. Da man ihren festen Geist kannte, so gab man ihr um so freywilliger die verlangte Summe, weil es nur noch drey Wochen Zeit hatte, bis sie ihr Gelübde ablegen werde. Auch glaubte man nicht, [23]daß sie in einer so kurzen Zeit Nachricht von mir erhalten könne, und daß ich antworten könnte, denn nach allen Vorkehrungen hielt man es für unmöglich daß wir noch einen Briefwechsel unterhalten könnten. Es war auch in der That nahe dabey, daß die Zeit sie täuschte; doch es geschah nicht; sie wendete das Geld auf eine Art an, die ihrer Entschlossenheit Ehre machte, und unsrer wechselseitigen Liebe.

Im Kloster war eine Pförtnerin, die *Rosalien* eben so wenig Neigung und Beruf, zum Kloster zu haben schien, als sie selbst. Diesem Mädchen entdeckte sie sich. Sie fiel ihr zu Füßen, versprach ihr, daß sie ihr in der Welt viel Geld geben wollte, um sich gut zu verheirathen, wenn sie mir einen Brief könnte zukommen laßen; zum Lohn ihrer Dankbarkeit gab sie ihr den dritten Theil des Geldes. Die Pförtnerin vom Glanze des Goldes geblendet, und von der Aussicht, einen Mann zu finden, beides wünschenswerthe Dinge in den Augen eines

Mädchens, die nur aus Nothwendigkeit da im Kloster ist. Sie wiederstand nicht lange und versprach ihren Beistand. Da sie einen Bruder in *Paris* hatte der von seiner Hände Arbeit leben mußte, so suchte sie diesen auf, versprach ihm goldne Berge, wenn er sichs gefallen lassen wollte einen Brief nach England zu bringen und eine Antwort zurück. *Rosalie* schenkte ihm auf der Stelle zweyhundert *Louis d'ors*, und diese [23v]würkten kräftiger als alle Ueberredungskunst.

Man unterrichtete ihn genau von allem was er mir sagen sollte, und wo er mich finden könnte. Auch hatte er den Auftrag mich aufzusuchen, wenn er mich nicht in London finden sollte. Er betheuerte daß er keine Zeit verliehren wollte, und ging denselben Tag noch ab. Da er glücklicherweise als *Sergeant* in meiner *Compagnie* gedient hatte, und mich liebte, so war sein Herz bey der Handlung; aber da er kein grosser Reiter war, so konnte er nicht sehr eilen. Er kam aber doch glücklich an, und suchte mich bey meinen Verwandten auf wo er mich auch fand. *Rosalie* schrieb mir:

Ich schreibe Ihnen diesen Brief, mein Herr, ohne auf eine Antwort zu hoffen. Ich werde nicht über Ihr Betragen in unnüze Klagen ausbrechen. Die wenige Aufmerksamkeit, die Sie mir bezeigten seit drey Monathen, wo ich nicht einmal Nachrichten von Ihnen erhielt, hat mich in Verzweiflung gestürzt. Mehr als zwanzig Briefe schrieb ich Ihnen, man versichert mich, daß Sie sie erhalten haben, und sie nicht geachtet. Ich schmeichle mir nicht mehr, daß ich Ihnen wert bin. Alles ist vorbey für mich, wo sind Ihre Schwüre? In dem Entschluß bestärckt mir das Herz ◊ [208]zu durchstossen, kann ich mir den traurigen Trost nicht versagen, Ihnen einiges Licht über meine lezten Augenblicke zu geben, da Sie den unglüklichen Anfang meines Lebens wissen. Für Sie lebte ich nur. Sie nur waren der Grund, warum ich Sorge für mein Leben trug, ich erhielt es nur, weil ich glaubte, daß Sie Antheil daran nähmen. Sie haben kein Interesse mehr dafür, und ich willige in das Urtheil, das Ihre Gleichgültigkeit über mich ausspricht. Ich muß es immer wiederholen, für mich ist alles vorbey! Man ließ mich Ihre Untreue fürchten, und da Sie mich vergessen haben, bin ich davon überzeugt. Man hat mir gezeigt, wie wenig auf die Treue der Männer zu bauen sey. Was man aber auch bey mir in Bewegung sezte, um Ihnen meine Neigung zu entreissen, man hat es nicht erreicht, man hat mir nur die Welt zuwider machen können.

Meine Schwester ist nun bei meinem Vater; sie besucht mich oft, und bekennt, daß sie sich unglüklich fühlt. Kann man das seyn, wenn man die Freyheit genießt? Ich möchte diese Freyheit genießen, ich würde Sie aufsuchen, um Ihnen Ihre Untreue vorzuwerfen. Man hat meine Schwäche benuzt, und mir den Entschluß entrissen, mich einkleiden zu [209]lassen. Ich habe den Schleyer genommen, und die Zeit, da ich mein Gelübde ablegen werde, naht heran; ich habe nichts gethan, es zu verhindern.

Aber ich bin getäuscht, man wollte mich misbrauchen, man verrieth mir zu sehr, daß man nicht ohne Leidenschaft handle. Die Wärme, mit der man in meine Einwilligung drang, und die man Schlag auf Schlag verdoppelte, hat mich mistrauisch gemacht. Ich zweifle nicht mehr. Sie blieben mir immer treu, ob Sie gleich an meinem Untergang Schuld sind. Ich habe eingewilligt, Sie zu verlassen; Sie können mich dafür strafen. Nur mein Mund, meine Hand sind strafbar, mein Herz hat Sie nicht verrathen. Von allen Seiten war ich von den Nonnen belagert, ihrer Ueberredung, ihren Schmei-

cheleyen konnte ich nicht widerstehen; ihre falschen Liebkosungen haben mich überrascht. Aber diese Hartnäkigkeit, von allen Seiten mir ein Gelübde aufzudringen, das ich verabscheue, hat mich aus meiner Erschlaffung gewekt, und mir ein furchtbares Licht gegeben.

[25]Ich bin entschlossen, sie alle zu betrügen, da die Reihe an mir ist. Sie wollten mich eine Bittschrift unterzeichnen laßen an die geistliche Gewalt, um mir zu erlauben Prozeß zu thun, den Eid drey Monate früher ablegen zu dürfen, wenn ich den Schleyer genommen habe, weil mein Beruf sagen sie zu mächtig wäre in meinem Herzen. Welche Betrügerei! Mein Vater hat sich von der Tigerhaut entblößt und ist wie ein Lamm erschienen, aber er ist mir nur tausendmal mehr zu fürchten. Er hat mich mit Liebkosungen überhäuft; auch meine Schwestern, die Nonnen mischten sich unter uns. Was konnte ich thun da ich nicht mehr von Ihnen unterstüzt wurde, wie den ewigen Versuchungen wiederstehen! Ich versprach die Bittschrift zu unterschreiben, mit der Bedingung daß sie mir dreyhundert *Louis d'ors* bewilligten. Aber welche Mühe kostete es mich sie zu erhalten! Ich habe sie endlich, und ich unterschreibe was man will. Am Dreyeinigkeitstag werde ich meine Gelübde ablegen. Es ist nur noch ein Monat bis dahin! Ich schmeichle mir daß Sie meine Briefe nicht erhalten haben. Ich wende das Geld an, um Ihnen diesen Courier zu schicken; er wird Ihnen den Brief sicher überliefern. So weit was ich gethan habe; und nun *[25v]*was ich thun werde. Bis zum Tag meiner Einkleidung will ich zubringen Verwünschungen über die Stunde meiner Geburt auszustoßen, ich will lernen, das Leben zu verachten, und grausam gegen mich alles zu wenden, ich will mich entschließen, mir zu den Füßen meines grausamen Vaters, das Herz zu durchstoßen. Ich trage stets einen Dolch bey mir, aus Furcht man möchte ihn in meiner Zelle finden. Ich werde nicht Gott auf eine solche Weise lästern und ihm ein unfreywilliges Opfer bringen, ich will mich meinem Unglück aufopfern. Ich sagte Ihnen daß ich nicht Sie anklagen werde, ich will mich nicht über Sie beklagen; ich würde sonst zweifach unglücklich. Nein, im Gegentheil, ich will Ihr Verfahren loben, damit Sie erfahren, daß ich mich für Sie aufgeopfert habe. Wäre mir Ihre Untreue gewiß so würde ich Sie über meinen Tod anklagen, und ich will sterbend bekennen, daß ich den Todt wählte, weil ich Ihnen nicht angehören durfte. Ach die Zeit ist zu kurz! ich schmeichelte mir sonst mit der Hofnung nicht zu sterben! Der Gedanke an Sie lässt mich zur Welt zurückkehren, er schmeichelt meiner Verzweiflung, und doch stillt er sie nicht. Aber nein! Der fürchterliche Tag ist schon zu nahe, man bereitet schon das Fest. Ach warum so viel Pracht und Glanz für eine Unglückliche, um das Schlachtopfer [26]des Ehrgeizes, des Hasses dem Tode zu weihen! Ich verlasse das Leben ohne Klage, es war zu unglücklich um es beklagen zu können. Der Todt wird mich schüzen für die Stürme des Lebens, eines Lebens, das unglücklicher als der Todt war. Was sollte ich im Kloster thun? Bin ich werth eine Braut des Herrn zu sein, da ich für einen Sterblichen nur lebe? Ist der heilige Ort nicht durch meine Gegenwart entweiht? Nein die Heiligkeit herrscht da nicht! Ich sehe in dem Innern des Klosters nur den Ehrgeiz, den Geiz und den Neid herrschen. Man sagte mir wenn ich die Hofnung verlöhre in die Welt zurück zu kehren so würde ich mich ganz davon losmachen. Aber welche *Philosophie*! Ist es nicht nöthig daß um eine gute Nonne zu sein, man sich ganz von der Welt losgerißen haben muss, ehe man ihr entsagen kann? Ist es nicht besser zu gestehen, daß da man immer unglücklich war, und

bestimmt ist es immer zu bleiben, es großmüthiger ist, selbst so viele Leiden zu enden, als so lange zu wiederstehen, und sie fruchtlos bekämpfen zu wollen? Leben Sie wohl, mein Geliebter, mein Andenken sei Ihnen theuer; Ahmen Sie meiner Verzweiflung nicht nach. Erhalten Sie sich. Dies ist die einzige Bitte die ich an Sie thun kann.

[26v]Dieser Brief, und die Erzählung die man mir machte, erschrekten mich heftig. Ich hatte nur noch acht Tage Zeit. Ich verließ London ohne Abschied, und ging in dem Augenblick fort, als ich diesen Brief gelesen hatte; um meine Ungeduld auf ihren höchsten Gipfel zu bringen, war der Wind heftig und uns zuwieder, das Meer heftig bewegt, und ich wurde drey Tage in Dover aufgehalten. Ich fuhr endlich nach *Calais* über, und kam mit Mühe noch den Abend vor dem Dreyeinigkeitstag in *Paris* an. Es war der Abend vor dem Tage, an dem *Rosalie* ihr Gelübde ablegen sollte; Ich stieg nicht in meinem sonstigen Gasthof ab, denn ich fürchtete *Belforts* Spione. Ich blieb bis zu der Dämmerung in der Vorstadt *Saint Germain*. Meinen Courier schickte ich zu seiner Schwester, und ließ ihr meine Ankunft wißen. Ich gab ihm ein Billet für *Rosalien* mit, in dem ich sie bat, es so einzuleiten bey der Pförtnerin, daß ich den Abend noch eingelaßen würde. Ich empfahl meinen Boten denselben Auftrag bei seiner Schwester. Er war kaum eine halbe Stunde fort, so setzte ich mich aufs Pferd, um den Weg nach dem Kloster zu nehmen, ich erwartete nicht weit davon die Antwort. Ich erhielt sie so wie ich sie wünschte.

[27]Ich wurde im Hof eingelassen, und bald in das Zimmer der Pförtnerin, zu der ich mit einem ansehnlichen Geschenk ins Zimmer trat und mit der Versicherung ihr ganzes Leben für sie zu sorgen. *Rosalie* kam, und sprachlos lagen wir lange eins in des andern Armen. Sie sprach zuerst wieder. Wir dachten bald an die Maaßregeln, die der folgende Tag nöthig machte. Ich war fest entschlossen als ich das Kloster verließ, *Rosalien* gegen den Willen der ganzen Welt öffentlich zu entführen, im Angesicht ihres Vaters, ihrer Schwester und ihres Liebhabers. In Gegenwart des ganzen Klosters. Hätte ich ihr gefolgt, so hätte ich sie gleich den ersten Abend entführt; aber die Pförtnerin wiedersetzte sich und ich erklärte ihr, daß es viel besser sey, um tausend Verwickelungen und Zwistigkeiten eines Prozesses zu entgehen, daß sie mir ihre Hand öffentliche gäbe, als so allein mit mir zu entfliehen. Es kostete ihr Mühe sich dazu zu entschließen. Aber sie gab meinen Bitten nach.

Als ich aus dem Kloster kam, setzte ich mich wieder zu Pferde und nahm gerade den Weg zum Herzog von L., der mit mir verwandt war und mir mit Achtung [27v]stets begegnet hatte. Er war fünf grosse Meilen von *Paris* entfernt. Ich kam früh um zwey Uhr bey ihm an, und ließ mich zu ihm führen. Ich erzählte ihm mein Abentheuer, und meine Plane, und bat ihn um eine Zuflucht bey ihm. Er gewährte sie mir, und versprach noch auch im Kloster sich einzufinden mit einer Begleitung von starcken Leuten, die mir im Fall ich Gewalt brauchen müßte, helfen könnten. Der Herzog ging ins Kloster unter dem Vorwand eine Messe zu hören, und die Ceremonie mit anzusehen. Ich ging nachdem meine Geschäfte geendigt waren, nach *Paris* zurück, ich versicherte mich eines Wagens mit acht guten Pferden, ein Kutscher, und ein Postillion auf deren Treue ich rechnen konnte, führten den Wagen. Ich hatte viele brave Leute unter meinen Bekannten, die fähig waren mir Dienste zu leisten: ich suchte sie auf, sie schworen mir, sich für mich aufzuopfern. Und ich führte sie zu dem Plaz, wo ich den Wagen halten ließ. Hier entdeckte ich ihnen mein Geheimniß, und gab ihnen Pferde, nach dem Kloster zu sprengen. Die Freude, mit der sie mir folgten, ließ mir einen glücklichen Erfolg hoffen.

[28]Wir nahmen einen andern einsamern Weg, als den gewöhnlichen der nach *Paris* führte, um nicht entdeckt zu werden. Fünfhundert Schritte davon machten wir halt. Es war noch nicht acht Uhr des Morgens als wir ankamen, und es schien nicht daß uns jemand zuvorgekommen wäre. Ich hatte keine Zeit verlohren, aber ich war so erschöpft und ermüdet daß ich mich kaum aufrichten konnte; aber der Zorn und die Leidenschaft gaben mir Kräfte mich zu erhalten. Wir frühstückten lustig bis zum Mittag, wo der Moment der Ausführung nahte. Ich schickte meinen Kammerdiener in die Kirche des Klosters, um mir Nachricht zu geben wann es Zeit sey daß ich erscheinen sollte. Er war so verstellt, daß der Teufel selbst ihn für einen Padern hätte nehmen müssen; er war obendrein wie ein Bettler angezogen; um für alles sicher zu sein hatte ich noch acht Männer in die Kirche geschickt, die Entschlossenheit hatten, und bewaffnet waren: Sie hatten strenge Befehle *Rosalien* nicht mehr ins Kloster zurück zu lassen, wenn sie einmal heraus wäre. Auch von den andern in der Nähe stehenden Haufen war ich versichert, daß sie bey dem geringsten Tumult zu Hülfe eilen *[28v]*würden. Einige von meinen Freunden zogen einzeln um das Kloster herum, um sich der Thüre beym ersten Zeichen zu bemächtigen. Sie waren fest entschlossen alles niederzumachen, was sich ihnen wiedersezen würde.

Da alles so eingerichtet war, so erwartete ich den Moment wo meine Erscheinung nöthig war. Dieser war einige Augenblicke ehe *Rosalie* das Gelübde aussprechen sollte. Ich ließ die Kutsche vorfahren; und die Pferde meiner Freunde, die vor dem Thore warteten nahmen von dem Eingang Besiz, um zu verhindern daß niemand nach mir herein käme. Man hatte bemerkt, daß *Rosalie* immer nachdenkend und traurig dastand, bis ich ankam, aber bey dem Geräusch daß ich machte änderte sie ihre Farbe. Ich erschien in dem Aufzug eines Courriers, worin ich auch auf meiner Reise von London geblieben war, voller Staub, und unansehnlich mit einem großen Bart und eine lange Peitsche in der Hand. Der Lärm den ich machte, ließ die Zuhörer die Köpfe wenden. *Belfort* erkannte mich und fühlte nun wohl, daß die Ceremonie nicht so ruhig abgehen würde, als sie anfing, [29]weil ich mich dazu eingefunden hatte ohne eingeladen zu sein: Aber die Ceremonie war schon zu weit, um sie unterbrechen, und aufschieben zu können, überdies war ich im Stande seiner Tochter im Angesicht der ganzen Versammlung eine Erklärung abzudringen, und wir hatten sehr gute Maasregeln getroffen, um einen Aufschub unmöglich zu machen. Ich drängte mich durch die Menge. Der Herzog von L. hatte Wort gehalten, und hatte einen abgesonderten Plaz eingenommen der nur durch einen leeren Raum von *Rosalien* getrennt war. Der Herzog umarmte mich mit Lebhaftigkeit, als wenn er mich lange Zeit nicht gesehn hätte, und ließ mich Plaz neben sich nehmen, nach der Seite meiner Geliebten hin.

Ich kniete einen Augenblick nieder, und ohne die würdige Versammlung anzusehen, grüsste ich heimlich die vorgebliche Nonne. Sie bewegte sich nicht, und erhob nicht einmal ihre Augen. Der Purpur ihrer Wange und ein Schimmer von Fröhlichkeit der sich über ihr Wesen ausgoß, blieb dem Herzog nicht unbemerkt, er sagte mir lächlend ins Ohr, daß sie nicht immer so ausgesehn habe, und mich gewiß mehr wie einmal im innersten Herzen einer Nachlässigkeit beschuldigt habe und Furchtsamkeit. Ich mußte lachen, über diese Anmerkung. *Belfort* bemerkte es wohl und so viel ich ihn verstand, wurde er sehr aufgebracht darüber. Die Ceremonie wurde nicht unterbrochen, ich wusste wenig davon, ich sahe und dachte nur an *Rosalien*, die ganz fest *[29v]*und entschlossen antwortete. Als man die Frage an sie richtete, was sie verlange? so sagte sie: Ich verlange den Grafen *Saint Arnaud* zum Gemahl, wenn er mich zu seiner Gemahlin machen will; zu gleicher Zeit warf sie sich in meine Arme. Meine Freunde und die Leute des Herzogs stellten sich um uns, und hielten das Gedränge von uns ab.

Der Vater, die Tochter, der künftige Schwiegersohn und die ganze ehrwürdige Gesellschaft waren sehr erstaunt über diese Antwort, die sie nicht erwarteten. Die Nonnen nahmen ein grosses Ärgerniß daran, und die Geistlichen waren erstaunt. Es entstand ein starckes Gemurmel, daß in der Nähe des heiligen Sakramentes sehr wenig anständig und ehrfurchtsvoll war. Ich hatte *Rosalien* in meinen Arm geschlossen, in der Kirche, im Angesicht der ganzen Versammlung. Der Priester der die EinweihungsCeremonie vornehmen sollte war so sehr erstaunt, daß er nicht vermochte ein Wort zu sprechen, und stand unbeweglich. Er sah uns mit grossen Augen an, den Mund weit geöffnet, ohne Bewegung. Er schien ganz steif zu sein oder in Entzückung: zu einer andern Zeit hätte sein Anblick mich zu lachen gemacht, aber jetzt hatte ich wichtigere Dinge zu thun.

Das Gemurmel wollte sich nicht legen; ich wurde ungedultig, ich wendete mich zu *Belfort*, und sprach [30]mit einer für die Zuschauer vernehmlichen Stimme. Kaum hatte ich das erste Wort ausgesprochen, als mir alles zuhorchte. Mein Herr sagte ich ihm, Gott will nur freywillige Opfer von uns, und Sie entheiligen seine Nähe durch eine Lästerung. Er wollte nicht, daß Ihr Verbrechen vollendet würde, weil Unschuldige darunter leiden müssten. Er nur allein kennt unser Herz, es ist nun an Ihnen zu sehen wie es in dem Ihrigen aussieht, und für Ihren bösen Willen zu büßen. Hier diese Ihre Tochter erwähle ich zu meiner Gemahlin, in der Gegenwart des Gottes selbst, der hier in dem heiligsten unsrer Sacramente aufbewahrt ruhet. Ich erwähle sie für der ganzen Versammlung. Wollen Sie auch mich zu Ihrem Gemahl haben, mein Fräulein, fragte ich indem ich fortfuhr zu sprechen. Ja mein Herr sagte sie. Sprechen Sie laut, sagte ich, daß niemand daran zweifeln kann. Ja mein Herr, sagte sie wieder, ich nehme Sie an als meinen Gemahl. So erkenne ich Sie denn hier feierlich, sagte ich wieder, und steckte ihr einen Ring an, und umarmte sie zum zweytenmal. Ich fuhr fort mich an *Belfort* zu richten. Sie sehen, sagte ich, mein Herr, daß der Wille Ihrer Tochter nicht erzwungen ist. Ihre Einsprüche wären fruchtlos. Sie geben zu, daß sie in einem Alter ist, daß sie über sich gebieten kann im Laufe ihres übrigen Lebens, *[30v]*da sie zugeben wollten, daß sie sich zum Kloster bestimmt. Ich bin aus einer Familie die Ihnen Ehre machen kann. Sie giebt sich mir ohne sich von Ihrer Wahl aufhalten zu lassen, und sie macht mich glücklich, ob sie Ihnen auch glücklich macht, dafür sorge ich nicht. Ich verlange von Ihnen nichts zu ihrer Aussteuer. Ich könnte verlangen, daß Sie mir eben das gäben, was Sie für das Kloster bestimmt hatten. Aber dieses äußre Interesse verdient jetzt keine Erwähnung, und wir werden zu einer andern Zeit davon sprechen. Weder *Rosalie* noch ich selbst entsagen den Ansprüchen auf ihr mütterliches Vermögen. Uebrigens mein Herr hoffen wir, daß, wenn Sie dahin kommen Gott Rechenschaft abzulegen von Ihren Handlungen, so werden Sie Ihrer Tochter zurückgeben, was ihr von Ihnen zukommen muß, wenn Gott Ihnen nicht seinen Reichthum entziehen soll. Wollen Sie, mein Herr sagte ich dem Geistlichen, der eben die EinweihungsCeremonie vornehmen sollte, die priesterliche Einsegnung zu unsrer Ehe geben? Wollen Sie es so werden Sie uns Vergnügen machen, wo nicht so können wir Ihrer entbehren. Sprechen Sie, mein Herr, ohne Anstand sprechen Sie. Nein sagte er, ich kann es nicht! Wohlan so wollen wir Ihrer entbehren sagte ich. Kommen Sie mein Fräulein, nehmen Sie Abschied [31]von der Gesellschaft, sagte ich *Rosalien*. Sie machte eine tiefe langsame Verbeugung. Darf ich ihr einen Kuß geben? sagte der Herzog von L. und ergriff ihre Hand. Sehr gern sagte ich lachend.

Er küßte sie, und flüsterte ihr ins Ohr, daß er ihr Dank wisse für die kühne Handlung. Sie solle herzhaft fortgehen, er würde es wohl zu verhindern wissen, daß man uns daran hinderte. Sie ging mit einem sichren gewissen Tritt durch die Menge. Ihre Bewegung und die

Wärme der Handlung hatten ihre Gesichtsfarbe erhöht, sie schien der Menge wie eine der schönsten Frauen, die man jemahls sah. Ich war entzückt über ihren Anblick. Wir sahen nicht rechts noch links beym herausgehen, unsre Freunde machten uns Plaz, wir stiegen so schnell wir konnten im Wagen, und machten die Kirchthüre zu, damit man uns nicht so schnell folgen könnte. Die Pförtnerin wurde nicht vergeßen und sie stieg mit uns im Wagen. Unsre Freunde begleiteten die Kutsche zu Pferd, und wir nahmen alle den Weg nach L. –

Man folgte uns nicht. Der Herzog von L. und andre Menschen, wie Verwandten, die zu meinem Vortheil entschieden versuchten anfangs *Belforts* Hize zu mässigen, der gegen uns tobte, mit den grössten heftigsten [31v]Ausdrücken. Sie nahmen das Mahl ein, daß für das Einkleidungsfeste bereitet war, und feierten nun das Hochzeitsfest der Frau von *Saint Arnaud*, dem sie aber nicht beywohnte. Sie betrug sich mit vielen Anstand und Grazie, bey Tische übergab sie mir in Gegenwart meiner Freunde und der Pförtnerin den Dolch, den sie in der That bei sich trug.

Mein Schwiegervater blieb unerweichlich. Ohngeachtet aller Schritte die wir thaten. Unsre Verbindung war aber deswegen nicht minder glücklich, und meine Gemahlin ist mir noch immer so theuer, daß ich auch jetzt, da ich dieses schreibe, alle die Schritte, für sie thun könnte, die ich that, um ihre Hand zu erhalten.

⟨Marianne⟩

[1r]Herr von *Saint Hilaire* war der Sohn einer reichen Magistratsperson, und viele Güter erwarb er sich noch, weil er wichtige Staatsämter bekleidete; er erwarb sie nicht durch Begünstigungen der Partheyen, sondern durch Verlaßenschaften. Er war edel; seine Familie hatte sich immer durch ihre Anhänglichkeit an die Person des Königs ausgezeichnet, aber sie war mehr durch Civil-Aemter, als durch den Degen berühmt geworden. Sein Ansehn und Vermögen vermehrten sich noch durch eine vortheilhafte Heirath. Ein einziger Sohn war der Erbe aller dieser Reichthümer, und er verlor seinen Vater, da seine Mutter noch in dem Alter war, daß sie andere Verbindungen wieder hätte eingehen können; aber sie zog vor, Wittwe zu bleiben, um ihren sechsjährigen Sohn zu erziehen, das Einzige, was ihr übrig blieb, nach dem Verlust eines Mannes, den sie so zärtlich geliebt hatte. Der Sohn besaß bei einer vortheilhaften Bildung einen guten Charakter; es fehlte ihm nicht an Verstand, doch wurde er oft durch eine gewisse Schüchternheit verborgen. Er war ein rechtschaffener Mann, theilnehmend als Freund und mit einem sanften Gemüth, aber doch einer starken Anhänglichkeit fähig. Seine Heirath bewieß, daß er sein Wort halten konnte, denn durch seinen Stand berechtigt und durch sein Vermögen, konnte er auf die größten Parthien Ansprüche machen. Seine Mutter hatte viele Pläne zu Verbindungen für ihn, die ihn hätten glücklich machen können; aber er unterstützte sie nicht, er schlug alle Vorschläge aus und richtete seine Aufmerksamkeit auf ein Mädchen, die weit unter seinem Stand zu seyn schien.

Ihr Vater war ein Edelmann, aber der jüngste Sohn eines jüngsten aus seiner Familie, es blieb ihm keine Wahl als die Kutte oder der Degen, sein Vermögen war klein und wurde nicht durch eine ihm an Glücksgütern gleiche Heirath [1v]vergrößert. Sein Unglück band ihn an den Marschall von *H.*, wo er in einem Gefechte gegen die königliche Parthei sein Leben verlohr. Sein Tod ließ seine Wittwe mit ihrer kleinen Tochter ohne alle Hülfe und Unterstützung, denn auch der Marschall, der allein die Pflicht auf sich hatte, sie nicht zu verlassen, verlohr bald nach dem Tode ihres Mannes sein Leben auf ähnliche Weise, und es blieb der armen Frau nichts übrig, als auf eine Versorgung zu denken. Sie begab sich in Dienste, und die Tochter nahm in ihrem siebenten Jahr Herr von *Clairval* aus Mildthätigkeit in sein Haus. Seine Frau nahm sich der kleinen Marianne thätig an, und ließ sie gut unterrichten. In dieser Lage blieb sie bis in ihr vierzehentes Jahr, wo der Tod sie von ihrer Wohlthäterin trennte. Schon wollte sie Herr *Clairval* ins Kloster schicken, wo seine einzige Tochter erzogen wurde, da bat sich eine seiner Freundinnen Mariannen aus, um bei ihrer Tochter angestellt [2]zu werden, die Hofdame bey der Prinzeß E. werden sollte. Er überließ sein Pflegkind der Sorge dieser Frau die er als gut und vernünftig kannte, und entließ Marianne mit vielen guten Rathschlägen zu ihrer neuen Herrschaft.

Ihre junge Gebieterinn war in gleichem Alter mit ihr. Diese neue Lage war der erste Grund zu ihrem künftigen Glück. Sie war eine der ersten Schönheiten, und besaß Verstand, den sie gut zu ihrem Vortheil zu brauchen wußte. Sie hatte viel gelesen; und besaß viel gesellschaftliche Talente und Kenntniße. Als Kammermädchen des Fräuleins von *Harcourt* suchte sie sich so viel Kenntnisse zu erwerben, als möglich; sie war immer um sie, und nahm Theil an ihrem Unterricht, und alles was ihre Gebieterinn lernte brachte sie zu einem gewißen Grad von Vollkommenheit. Zumahl in der Musik machte sie grosse Fortschritte. Das Fräulein *Harcourt* musste Familien Geschäfte wegen Frau von *Saint Hilaire* besuchen. Sie nahm Marianne mit sich; der Sohn sah sie und fühlte gleich beim ersten Anblick eine unüberwindliche Neigung zu ihr. Er sprach kein Wort; es genügte ihm nur sie zu bewundern. Die Geschäfte des Fräuleins waren sehr verwickelt, sie musste oft Frau von *St. Hilaire* besuchen, und immer begleitete sie Marianne. Der junge *Saint Hilaire* sah sie jedesmahl, und seine Liebe nahm immer mehr zu. Als einen Tag das Fräulein sich mit der Mutter in ihr Cabinet verschloß blieb Marianne im Vorzimmer allein. *St. Hilaire* nahte sich ihr. Es ist mir erwünscht, schönes Mädchen sagte er, Sie oft hier zu sehn. – Es scheint so, antwortete Marianne, denn Sie und Ihre Mutter veranlassen mein Fräulein sehr oft zu kommen. – Ist es Ihnen [2v]ungelegen fragte er? – Zum wenigsten sagte sie bin ich nicht froh, daß ich sehen muß, daß das Fräulein so viele vergebliche Schritte thut, auch daß sie so oft eine Rolle hier spielen muß, die ihrer nicht würdig ist. – Sezen Sie hinzu, erwiederte er daß es auch Ihnen nicht angenehm ist, in einem Hause so vergeblich zu warten, wo Sie niemand kennen, und wo Sie die Zeit vielleicht verliehren, die Sie sonst besser, vielleicht mit einem Geliebten hinbringen könnten. – Ich kann nichts darauf antworten mein Herr. Die Einsamkeit erschreckt mich nicht in einem Hause wie das Ihrige, und so nahe bey Ihrer Mutter. Sezen Sie den Fall, daß ich hier die Gesellschaft eines Geliebten vermißte, so sind Sie doch zu weit über mich erhaben, um sich zu mir herabzulassen um meine Vertraulichkeiten anzuhören; Aber sey es, welche Ursache es wolle, hätte ich etwas zu sagen, so würde ich keine Schritte weiter verliehren, eine Kleinigkeit zu erlangen, die man mir abgeschlagen hätte; u. Sie nicht die Gefälligkeit hatten, gleich bey der ersten Bitte mein Gesuch zu erfüllen, dem Sie aller Bemühungen ungeachtet nicht einmahl erfüllen werden. – Können Sie wissen sagte er, ob man nicht ein verborgnes Interesse haben könnte, die Bitte abzuschlagen, und Sie recht oft zu veranlassen, sie zu wiederholen? – Dieses Mittel wäre nicht rechtlich, erwiederte Marianne, könnte man nicht eben so gut das Fräulein aufsuchen. – Wenn Sie es aber wären die man zu sehen wünschte sagte er? – Auf dieses *Compliment* kann ich nichts antworten, sagte sie erröthend. Die Menschen, die verlangen könnten, mich hier zu sehen, sind wohl zu unbedeutend, um über den Gang der Geschäfte zu entscheiden, die uns herführen. Sie wären zwar [3]nicht so bedeutend in der Welt, um glauben zu können, daß es ihnen nachtheilig sein könnte, uns zu besuchen. – Und wär ich es selbst sagte er erröthend? – Gewiß nicht, fiel sie ihm schnell in die Rede; denn die Besuche eines Mannes wie Sie könnten einem Mädchen wie ich nur gefährlich werden, man würde nur strafbare Absichten vermuthen, und ich will der Verläumdung kein Recht über mich einräumen. Aber gehen Sie nicht weiter mein Herr, in Ihrem Stande glaubt man ein Mädchen zu ehren, wenn man sie anredet; ich strebe nicht nach solcher Gunst, und sie würde mich sogar schmerzlich betrüben. – So wundern Sie sich nicht, wenn ich meine Mutter veranlasse Ihnen nichts zu bewilligen, da es das einzige Mittel bleibt, Sie zu sehen, wenn Sie verbunden sind, zu uns zu kommen. – Treiben Sie Ihren Scherz nicht weiter, sagte sie mit Verlegenheit. Ich muß alles erdulden von Ihrem Stand; aber bedenken Sie daß es einem rechtschaffnen Manne nicht geziemt, die Unglücklichen zu beleidigen, die das Glück weit unter sich gesezt hat, und am wenigsten mein Geschlecht. – Ist es Beleidigung, rief er aus, wenn ich Ihnen sage, daß ich nicht leben kann, ohne Sie zu sehen? Daß Sie das liebenswürdigste Geschöpf sind das ich je sah. – Ich weiß nicht welchen Unterschied Sie unter Beleidigungen und Scherz machen, aber ich fühle, daß ich beyden bey Ihnen ausgesezt bin. – Dies sind Sie nicht, im Gegentheil sind Sie der Gegenstand meiner innigsten Bewundrung; ich würde verzweifeln wenn Sie meine Worte für Scherz nehmen könnten. Ich kann es nicht oft genug wiederholen, Sie sind mir die liebenswürdigste und geliebteste Person auf der Welt. Erleichtern Sie mir die Mittel Sie zu sehen. Und ich schwöre es Ihnen, daß Sie nicht mehr genöthigt werden sollen zu uns zu kommen, weil es Sie schmerzt. – *[3v]*Ich müsste sehr verblendet sein, um dem, was Sie sagen so viel zu glauben. Doch will ich den Schein haben, als wenn ich es wirklich thäte, sagte Marianne, weil Sie uns versprechen, uns dadurch fernere Umwege zu ersparen. Geben Sie mein Herr dem Fräulein die Papiere, die sie verlangt, bringen Sie sie ihr; sie wird Ihre Besuche nicht abschlagen, und Ihre Höflichkeit hoch anrechnen, wenn Sie sich Zutritt zu ihr erbitten. – Wohl wahr, versetzte *Saint Hilaire*, aber ich würde doch Sie nicht sehen! – Mich sehen Sie immer wenn Sie das Fräulein besuchen. – Aber sprechen könnte ich Sie nicht? – Wenn dies die zweite Bedingung ist war ihre Antwort, so werden Sie hier weniger erlangen als in unserer Wohnung. Ich versichere hiermit feierlich daß ich nie wieder den Mund in Ihrer Wohnung öfnen werde. Und bey uns werde ich nicht die Gelegenheit vermeiden mit Ihnen zu reden. Selbst die Mittel die Sie dazu anwenden werden, wird mein Herz Ihnen anrechnen. – Wollen Sie mir, sagte er, alle diese schönen Vorschläge machen, damit ich darum beraubt sein soll, Sie zu sehen. – Und haben Sie Ihre Wünsche erlangt, wer bürgt mir dafür daß Sie meiner nicht spotten? – Gewiß nicht, aber da Sie nach Ihrem eignen Geständnis die Macht haben, uns zu befriedigen, und doch immer aufs neue uns veranlassen Schritte zu thun die uns zu nichts führen, so versichre ich daß ich das Fräulein nicht mehr begleiten werde. – Durch diesen Schritt werden Sie mich nicht verbinden. – Ich suche es auch nicht, denn auch Sie wollen daß wir Ihnen keine Verbindlichkeit haben sollen, sagte sie. Aber wenn ich dies doch wollte? Auf welche Art würden Sie mir Ihre Dankbarkeit zeigen? – Durch was Sie wollen. – Ach dies heißt große Versprechungen [4]machen um nichts zu halten. – Aber versprechen Sie lieber weniger, und halten, was Sie versprechen! – Aber was verlangen Sie sagte sie lachend – und er sagte darauf ganz ernsthaft – Daß Sie glauben sollen, daß ich Sie liebe! – So will ichs glauben sagte Marianne. – Aber welche Gewißheit soll ich dafür haben? – Welche Sie wollen, wenn ich sie Ihnen geben kann. Das Fräulein trat eben aus dem Cabinet der Mutter, und das Gespräch wurde unterbrochen.

Marianne hütete sich sorgfältig dem Fräulein nichts von dieser Unterredung zu sagen, die ihr doch so sehr am Herzen lag, und seit dem Moment gründete sie eine große Hofnung auf die Worte des jungen Mannes. Sie hatte erraten, wie alles aus dem Herzen kam, was er ihr sagte, aber um zu prüfen, ob sie sich nicht betrogen hätte, entschloß sie sich, Wort zu halten und ging das folgende Mal, als das Fräulein genötigt war, Herrn *Saint Hilaire* zu besuchen, nicht mit ihr. Jene kam weniger befriedigt zurück als je und ärgerte sich über die abschlägigen Antworten dieser Frau. Marianne hörte ihre Klagen und schmeichelte sich von ihrem Geliebten, daß dieser um ihrentwillen Genugtuung verschaffen würde. Sie betrog sich nicht. Er kam den folgenden Tag, aber da er gar nicht nach dem Fräulein wollte, so erspähte er mit Klugheit den Zeitpunkt, da sie mit der Prinzessin ausging, und als man ihm sagte, daß sie nicht zu Hause wäre, antwortete er, er wolle ihre Zurückkunft erwarten. Er ging in ihr Zimmer und fand Mariannen allein.

Sie haben Wort gehalten sagte er, Sie haben das Fräulein nicht mehr begleitet, werden Sie es nun auch durch ihre Dankbarkeit zeigen, die Sie mir versprachen, wenn ich [4v]die Foderungen des Fräuleins befriedigte? Hier, indem er ihr ein Papier zeigte, ist die Versichrung daß wir ihre Foderungen bewilligen, aber welchen Dank kann ich von Ihnen erwarten? – Ihr Geschenk verliert von der Großmuth, da Sie Ihr Interesse damit vermischen, sagte sie lächelnd, und ich traue den Bedingungen nicht. – Keinen Scherz, sagte er, reden Sie auch so ernstlich wie ich Sie frage. Soll ich auf einen solchen flüchtigen Gegenstand ernsthaft antworten? Können Sie glauben, daß ich so einfältig wäre, mir einzubilden, daß Sie mir gewähren was Sie dem Fräulein abschlagen. – Es wäre sehr lächerlich von mir, und meine Ernsthaftigkeit würde sehr töricht sein in diesem Fall, aber es ist doch wahr, sagte er ernsthaft. Sie haben erlangt was weder das Fräulein noch ihre Verwandte hätten bey mir und meiner Mutter ausrichten können. Eben so wahr ist es auch, daß ich Sie liebe wie noch niemand geliebt hat. Ich schwöre es bey allem was heilig ist. Können Sie nach solchen Versichrungen noch zweifeln, noch an die Wahrheit meiner Liebe nicht glauben? Antworten Sie mir auch so als wenn Sie mir glaubten. Um ohne Zeugen mit Ihnen zu sprechen, habe ich einen Zeitpunkt gewählt das Fräulein aufzusuchen, ich wußte es wohl, daß ich sie nicht finden würde. Ich werde gehen, ehe sie wieder zurück kommt, um noch öfter den Vorwand zu finden, Sie aufzusuchen. Antworten Sie mir offen! – Ihr Gespräch, sagte sie erröthend, überrascht mich so, daß meine Heiterkeit verschwindet, und dem größten Ernste Plaz macht. Ich will Ihnen in dem Ton antworten den Sie verlangen. Ich glaube daß Sie mich lieben, weil Sie mir es sagen; aber welchen Zweck haben Sie? Sezen Sie den Fall daß ich diese [5]Liebe nicht erwiederte was würden Sie tun? – Ich würde unglücklich sein, und Sie doch lieben sagte er zärtlich. – Aber wenn ich Sie nun liebte was würden Sie dann tun? Wenn ein Mann von Ihrem Rang ein armes Mädchen liebt, ist es entehrend für sie wenn es die Welt erfährt, und für ihn auch wenn er sich seiner Leidenschaft überläßt, und sie befriedigt. Denken Sie an das was ich Ihnen sage. Ich ziehe es weit vor, mein Leben in Armuth zuzubringen, als Reichthum auf eine tadelhafte Weise zu erlangen. Meine Tugend ist mein einziger Reichthum, ich werde sie nicht hingeben. Also können Sie nichts von mir hoffen, was meiner Ehre nachtheilig ist; von Ihnen werde ich nichts verlangen, was Sie verächtlich in den Augen der Welt machen könnte. Meine Glücksumstände verbieten mir Ansprüche auf Ihre Hand zu machen, mein Herz ist zu groß, um eine andere Verbindung mit Ihnen einzugehen. Ich sollte ernsthaft antworten, ich glaube nun, es gethan zu haben.

Ich gestehe sagte er, daß ich eine solche Antwort von Ihnen erwartete, aber nicht auf eine so entscheidende Art. Ich weiß wohl daß die Welt mirs verargen könnte, wenn ich eine solche

Heirath – – Ich weiß zu gut fiel sie ihm in die Rede, daß ich nur ein Kammermädchen bin; ersparen Sie sich die Mühe, mich daran zu erinnern. Aber ich weiß auch, daß ich es zeitlebens bleiben werde, wenn es einer Niedrigkeit bedarf um mich aus meinem Stand zu erheben. Sie sind nicht der einzige der mir seine Hilfe anbot. Aber mein Beichtvater und mein Herz lehrten mich frühe, daß Armuth kein Laster ist, daß vor Gott ein armes tugendhaftes Mädchen mehr gilt, als eine reiche Buhlerin. Dies ist meine Gesinnung, richten Sie die Ihre darnach. Ich mache keine Anspüche auf Ihre Hand, aber ich bitte Sie, [5v]mich nicht mehr zu beunruhigen. Wollen Sie das Fräulein erwarten so steht es Ihnen frey, es ist mir so gleichgültig, wie Ihre Handschrift. Ich lasse Sie allein, um mich nicht mehr Gesprächen auszusezen die ich nicht anhören darf. Sie ging zur Thüre, er wollte sie vergebens zurückhalten.

Er verließ das Haus ohne Fräulein *Harcourt* zu sehen, und unentschlossen, was er tun sollte; Er dachte noch nicht daran, Marianne zu heirathen, und sie zu verlassen war ihm unmöglich. Sie bemerkte von ihrer Seite die heftige Liebe zu ihr in seinen Augen, und war entschlossen ihr Glück so weit zu verfolgen als möglich. Sie fühlte zu gut, daß er zu sehr fest gehalten wurde und daß sie mit der Zeit ihn dahin bringen würde, den grossen Entschluß zu fassen; und daher entwarf sie den Plan, mit aller Tugend und dem Stolz eines Mädchens zu verharren, ohne ihn jedoch durch Unhöflichkeit abzuschrecken und es gelang wohl schwerlich je einem Mädchen so wie ihr, sich klug aus einem so gefährlichen Fall zu ziehen.

Sie sagte ihrer Gebieterin den Besuch des jungen *Saint Hilaire*, aber ohne ihr die Ursache zu entdecken, weil sie fürchtete, ihn in Verlegenheit zu sezen. Auch den folgenden Tag kam er wieder, als Fräulein *Harcourt* nicht gegenwärtig war. Marianne verneigte sich bescheiden, als er zu ihr ins Zimmer trat, aber ohne zu sprechen, und ohne ihm auf seine Fragen zu antworten. Sie verließ ihn, um ein andres Mädchen zu holen, und fing alsdenn an zu sprechen. Sie erzählte ihm daß sein Besuch dem Fräulein nicht verborgen wäre, aber sie wüsste nicht die Veranlassung. Wäre sie heute nicht auch schon mit der Prinzeß ausgegangen, sezte sie hinzu, so würde sie Ihnen die Mühe [6]ersparen, wieder zu kommen. Sie ist nach *Luxembourg* gefahren und wird nicht früher als diesen Abend zurück erwartet. – Er wollte ihre Zurückkunft doch erwarten, und bat Marianne ihm Gesellschaft zu leisten.– Ich habe Ihnen nichts zu sagen mein Herr, und ich fühle daß unter uns kein Gespräch sein kann, das Ihnen nicht langweilig sein müßte. Sie sind gewiß an einem andern Ort notwendiger als hier, und könnten wohl nicht so viel Zeit hier unnütz verlieren. Das Fräulein wird diesen Abend zu Ihnen kommen. – Er konnte nach manchen Versuchen nicht den Wunsch erreichen, mit ihr allein zu sprechen, denn das Mädchen hatte ruhig Besiz von ihrem Plaz genommen und es blieb ihm nichts übrig, als fort zu gehen. Marianne begrüßte ihn ehrerbietig beim Abschied, und er verließ sie.

Noch denselben Abend suchte das Fräulein die Mutter auf, der Sohn war nicht zu finden, aber sie erfuhr daß sie beide sich entschlossen hätten, das Gesuch ihres Verwandten zu bewilligen, und daß der Sohn dem Fräulein die schriftliche Versichrung selbst überbringen wollte. Es geschah auch den folgenden Morgen; und *Saint Hilaire* sezte noch manche Entschuldigungen hinzu, daß es so viel Zeit gekostet hätte, die Sache zu entscheiden. Das Fräulein dankte ihm doppelt, da sie von seiner Mutter erfahren hatte, daß er sich ganz allein mit so viel Wärme zum Vortheil ihres Verwandten verwendet habe. Marianne war bei den Gesprächen zugegen, und *St. Hilaire* bat das Fräulein um Erlaubnis seine Besuche wiederholen zu dürfen, was sie ihm auch mit vieler Artigkeit zugestand. Beim Hinausgehen machte er den Versuch, Mariannen einen Brief zu geben, aber sie suchte geschickt [6v]auszuweichen. Doch im Herzen wußte sie ihm Dank für seine Standhaftigkeit, auch die Freude die er ihrem Fräulein machte, rechnete sie ihm an. Er kam alle Tage wieder, und sezte einen Monat seine Besuche so anhaltend bei dem Fräulein fort daß die Welt bald glauben mußte, daß er sie liebte. Ihre Bekannten wurden aufmerksam auf sie, selbst die Prinzeßin wünschte ihr Glück, und sie wiederlegte sie nicht, und gestand vielmehr, daß ihr eine Verbindung mit *St. Hilaire* Freude machen würde, weil seine Person, wie sein Vermögen ihr beide gleich wünschenswert schienen. Aber, sezte sie hinzu, weil die Prinzeßin Miene machte, ihn zur Erklärung bringen zu wollen, daß sie sie dringend bäte, sein Geständnis zu erwarten, denn er selbst habe noch kein Wort darüber gesagt. Die Fräulein *Harcourt* war liebenswürdig, und schön; die Vermittlung der Prinzeßin hätte ihn in Verlegenheit gebracht und Mariannen zur Verzweiflung gebracht. Diese wurde sehr dadurch in Bewegung gesezt und konnte die Freude nicht zurück⟨halten⟩ als er es wagte, ihr den zweiten Brief insgeheim zu geben. Sie nahm ihn mit zitternder Hand, als ob sie ein Verbrechen begehen wollte, und eilte sobald sie allein war, ihn zu lesen. Der Brief war in einem Tone, der ihr alles hoffen ließ, wenn sie sich klug betragen würde.

> Dieses ist der sechste Brief, sagte er, den ich Ihnen schreibe, schöne Marianne, ohne zu wissen, ob er ein beßres Schicksal haben wird, als die erstern. Ich sage Ihnen nicht daß ich Sie liebe, ich hoffe daß Sie dieses nicht mehr bezweifeln auch verlange ich nicht daß Sie meinen Worten trauen sollen, nur meinen Handlungen sollen Sie trauen. [7]Ich sage Ihnen nicht daß ich bereit sey, Ihnen meine Hand anzubieten, Sie würden mir selbst es nicht raten wenn Sie meine Gründe wüßten. Aber ich entsage auch nicht der Hofnung, Sie vor Gesezen durch die Rechte zu besitzen. Ich würde vergebens den Plan machen. Die Bewegung meines Herzens ist unaussprechlich. Verlassen Sie die unglückliche Lage in der Sie jetzt sind, ziehen Sie sich zurück in die Einsamkeit, verlassen Sie diesen Theil der Stadt, wo man Sie kennt, nehmen Sie Geschenke von mir an, um mir Ehre zu machen, aber machen Sie sich zu nichts verbindlich. Wären wir in einem Lande wo man Sie nicht kennt, so würde ich nicht zögern, Sie wären mein so bald Sie es selbst wollten; aber hier in *Paris* ist es unmöglich! Alles abgerechnet, der Zauber Ihres Wesens, die Liebe die ich für Sie fühle, könnte ich Entschuldigung in den Augen der Welt finden wenn ich Sie in Ihrem jezigen Stand heirathete? Ich begrenze Ihre Hofnungen nicht; aber ersparen Sie mir die Schande eines solchen Falls. Nur eine Unterredung mit Ihnen allein gewähren Sie mir, Sie werden die Gefühle meines Herzens auflösen die so verwirrt sind, daß ich selbst sie nicht zu entwickeln vermag, Ihre Antwort erwarte ich wie mein Todesurteil, mit der größten Ungedult. *adieu*.

Aber auch jezt vergaß Marianne ihre Rolle nicht. Ihr Liebhaber kam den andern Morgen, nachdem sie den Brief empfangen hatte. Zum wenigsten schmeichelte er sich daß sie mit ihm sprechen würde, ihm eine Zusammenkunft versprechen. Aber er betrog sich. Es war nicht in ihrem Plan, ihm einen Schritt nur entgegen zu kommen, und er mußte das Mittel noch einmal gebrauchen das Fräulein aufzusuchen wenn er wußte daß sie nicht zu Hause sein würde. Erst acht Tage hernach gelang ihm der Versuch. Unterdessen weidete sich Marianne an *[7v]*seiner Unruhe, seiner Ungedult, und dem Triumph ihrer Schönheit. Endlich fand er sie allein, und sie war herzlich froh darüber, denn einige Worte der Prinzessin hatten ihre Eifersucht entzündet.

Was haben Sie über mich beschlossen, schöne Marianne sagte er, ist es Ihr Plan mich zur Verzweiflung zu bringen? Bin ich nicht schon dahin gebracht? Hoffen Sie vielleicht daß meine

Liebe sich vermehren soll, dies ist unmöglich. Entscheiden Sie Ihr Glück und das meine! Sehen Sie was es Ihnen gefällt aus mir zu machen. – Ich will, antwortete sie, daß Sie mir Ruhe lassen. Ich billige die Ursachen die Sie haben mir Ihre Hand nicht zu geben. Billigen Sie die meinigen, Sie nie wieder zu sehen. Wiederstreben Sie mir nicht mehr, Sie würden nur die Zeit verlieren, oder mich unglücklich machen, wäre ich leichtgläubig genug Sie anzuhören. – Aber sagte er, was wollen Sie daß ich thun soll, ich bin zu allem bereit. Sie sollen darauf denken, will ich, sagte sie, dem Fräulein *Harcourt* Ihre Hand anzubieten. Sie denkt an Ihnen, diese Heirath wäre schicklich für Sie, und eine mit mir würde es nicht sein. – Aber ich dachte niemals daran sagte er, und wollte Gott, es könnte Eindruck auf Ihr Herz machen, das Opfer das ich Ihnen brächte, würde Sie von meinen Gesinnungen überzeugen. – Gut sagte sie bringen Sie mir dieses Opfer, und kommen Sie nicht mehr zu mir. – Ich werde sie nicht mehr sehen sagte er. – Dadurch werden Sie mich am besten überzeugen, unterbrach sie ihn. – Doch genug, dies sei mein lezter Besuch, sagte er. Ich erfülle Ihre Befehle, und dieses Opfer kostet meinem Herzen nichts. Aber schöne Marianne setzte er hinzu und warf sich ihr zu Füßen, und benezte ihre Hände mit Thränen. Ich kann nicht leben ohne [8]Sie zu sehen, ohne Sie zu sprechen. – Ihre Briefe werde ich nicht zurückschicken sagte sie. – Und doch wollen Sie in einer Lage bleiben, die mir verbietet an Sie zu denken. Verlassen Sie sie, ich beschwöre Sie; ich habe Mittel Sie anderswo anständiger und prächtig zu unterhalten. Ohnmöglich kann ich Sie in einer Lage sehen, wo Sie Ihre Zeit in einem Dienst verleben, der Ihrer unwürdig ist und doch indessen sich mit meiner Zärtlichkeit für Sie beschäftigen könnten. Wählen Sie eine andere Wohnung, seien Sie selbst nur Ihre Gebieterin, wohnen Sie mit Ihrer Mutter, die Besuche die ich Ihnen geben werde, erhalten alsdann einen schicklichern Vorwand. Was würde man bey Ihnen sagen, wenn man erführe, daß ich, da ich die gute Meinung der Gebieterin besize, ihr ein Mädchen vorziehen kann, die ihr dient? Sie verbieten mir zu kommen, ich werde gehorchen. Ich darf Ihnen schreiben, aber wer wird mir Ihre Antworten bringen? Wen können wir in unser Geheimniß ziehen, der ein solches Stillschweigen beobachtet, das für uns so wichtig ist? Wohnten Sie in einem entfernten Theil der Stadt, wo Sie, noch Ihre Mutter nicht gekannt würden, so könnten Sie, indem Sie Ihre Rolle veränderten, vergessen lassen, was Sie jezt sind, und sobald Sie den äußern Schein meiden, werde ich das übrige tun. Fragen Sie Ihre Mutter um Rath, ich verlange keine Gunst die Ihrer Tugend nachtheilig sein könnte. Ich verlange keinen Dank für die Geschenke, die ich Ihnen machen werde, als dem, daß Sie sie annehmen, und daß Sie mir die Beruhigung geben möchten, daß ich Sie in einer Lage sehn darf, wo ich nicht immer mich zwingen muß, der Welt die zärtlichsten [8v]und innigsten Empfindungen meines Herzens zu verbergen. Würden Sie es billigen, wenn ich der Welt erklärte, daß ich der Geliebte eines Kammermädchens wäre? Und doch würde ich bald gezwungen werden, es zu thun, wenn Sie mir nicht selbst die Hand reichen, mich vom Abgrund zu retten; aber wenn Sie Ihre Lage verändern, wenn Sie Ihre niedrigen Glücksumstände verbergen, würde es mir eine Ehre sein, Allen die Zärtlichkeit zu gestehen, die ich für Sie fühle!

[9r]Es sind die Gesinnungen eines vollkommen ehrlichen Mannes, die Sie mir eben zeigen, antwortete sie. Nein! gewiß ich würde es nicht billigen, daß Sie sich für den Liebhaber eines Kammermädchens erklärten. Ich selbst würde Sie minder achten. – Aber könnten Sie auch mein Betragen für recht halten, wenn ich die Mittel annähme, die Sie mir anbieten, um mich aus meinem Stand zu erheben? – Käme meine Tugend nicht mit in Anschlag? Und wäre es in der That nicht so, als ob man mich verkauft, wenn ich die Hülfe annähme, die Sie mir anbieten? Was würde man sagen, wenn ich mich plötzlich in einer andern Gestalt zeigte? Man würde

mich erkennen, und was würde man da nicht alles zu meinem Nachtheile glauben? Würde man selbst Ihre Besuche für unschuldig halten? – Sie geben mir gewiß recht, daß es nicht genug für ein Mädchen ist, fromm und tugendhaft zu sein, sondern es auch zu scheinen. Würde ich der Welt so vorkommen in dem Stande, den Sie wünschen, daß ich ihn annehmen möchte? Würde die Welt glauben, daß Sie alles nur aus Barmherzigkeit für mich thäten, ohne daß ich Ihre Geschenke durch Gewährung strafbarer Gunstbezeugungen erwürbe? – Und was würde aus mir, wenn ich eine Lage ergriffen hätte, in der ich nicht Kräfte hätte, mich zu erhalten? Ich will nicht [9v]von einer Veränderung Ihres Vorhabens sprechen, ich baue auf Ihre Treue, oder rechne doch auf Ihre Großmuth. Aber Sie sind nicht unsterblich, was würde aus mir, wenn ich mich in der Lage erhalten wollte? – Dem Spott der Welt ausgesetzt, müsste ich vielleicht dahin gebracht werden, durch ein freies Leben in der Wirklichkeit den Anschein eines frühern ausschweifenden Lebens auf mich zu laden? Ich ließ Ihren Gründen Gerechtigkeit wiederfahren, sind aber die meinigen weniger gerecht und verdienen sie nicht Ihren Beifall?

Ja, schönste Marianne, rief er aus, bis jetzt bewunderte ich nur Ihre Schönheit, aber in diesem Moment entzücken mich Ihr Verstand und Ihre Tugend eben so sehr; und da Sie zum erstenmal sich auf eine Erklärung einlassen wollen mit mir, so erlauben Sie mir nun auch, daß ich Ihnen meine Gesinnungen sage, und was ich beschlossen habe. Ich sah voraus – – – Kaum wollte er weiter sprechen, als Fräulein *Harcourt* ins Zimmer trat. Er blieb nur einen Augenblick bei ihr und ging in seine Wohnung, um Mariannen das Ende seines Gesprächs zu schreiben. Er tat es, aber er fand keinen sichern Weg, ihr seinen Brief zuzustellen, und auch den folgenden Tag gelang es ihm nicht. Endlich erfuhr er die Krankheit ihrer Mutter und auch dieses, daß Marianne bei ihr war, um sie selbst zu warten; denn ihre Armuth erlaubte es ihnen nicht, sich fremder Hülfe zu bedienen. Mit vieler Mühe fand er das Haus endlich nach rastlosem Suchen, und er ging zu ihnen.

Marianne war auf eine nicht gewöhnliche Weise erstaunt, ihn an einem Orte zu finden, wo sie ihn so wenig erwarten könnte; aber noch mehr war es ihr Geliebter, als er die äußerste Armuth der Mutter und Tochter entdeckte. Er fand, daß sie seiner Mildtätigkeit bedürften, und daß sie es werth wären. [10r]Er verließ das Haus eben so schnell wieder, als er hineingekommen war. Einen Augenblick lang glaubte sie, daß sie ihn nie wiedersehen würde; aber nach einigem Nachdenken urtheilte sie anders, und er kam auch in der That nach einer halben Stunde wieder zurück.

Sie sind hier nicht in dem Zustande, schöne Marianne, daß man Sie sprechen könnte, sagte er, ich darf nicht länger hier bleiben. Ich verlasse Sie, aber ich werde jeden Tag wieder kommen, um von Ihnen zu hören und von der Gesundheit Ihrer Mutter. Tragen Sie Sorge dafür, aber auch für die Ihrige, sie ist mir zu teuer, als daß ich nicht Antheil daran nähme. Der Zustand Ihrer Mutter betrübt mich, und noch mehr, daß ich ein Mädchen, welches ich anbete, an einem Ort wissen muß, der ihrer so wenig werth ist. Ich muß fort, geben Sie Achtung, daß sich niemand Ihrem Schrank nähert; morgen werde ich sehen, ob Sie für mich einige Achtung haben. Er verließ sie und sie ging zu ihrem Schrank. Sie fand einen schönen Geldbeutel darinnen, den sie, ohne es zu überlegen nahm; er war voll Gold, ein Billet fiel heraus, folgenden Inhaltes:

Sie sind nicht in dem Zustand, schöne Freundin, die Hilfe abzuschlagen, die man Ihrer Mutter anbietet, und der Zustand, in dem ich sie gefunden, verpflichtet mich, ihr meinen Beistand anzubieten. Ich verlange nicht, Ihnen ein Geschenk damit zu machen, die

> Noth in der sie ist, bestimmt mich dazu. Sie müßten vor Gott den schlimmen Ausgang ihrer Krankheit verantworten, wenn Sie sich aus Stolz die Mittel versagten, ihr die nöthige Hilfe zu verschaffen. Ich verlange nicht von Ihnen, daß Sie mir für das verbindlich sein sollen, was ich thue. Die Wohltätigkeit allein treibt mich dazu. Die einzige Verbindlichkeit, die Sie dafür haben sollen, ist der Gebrauch, den Sie von dem machen werden, was ich [10v]zurückließ. Suchen Sie die Verzierung Ihres Zimmers zu ändern, dies ist möglich ohne Aufsehen zu machen, und ich werde daraus erkennen, ob ich Achtung für mich bei Ihnen erweckt habe, wenn Sie auch Ihrer Mutter welche bezeigen. Sowohl in der Zierlichkeit Ihres Zimmers, als auch in dem, was die Nothwendigkeiten des Lebens und Ihre Gesundheit erfordern.

Marianne befand sich nie in einer größern Verlegenheit, als da sie dieses Billet gelesen hatte. Sie fühlte die dringendsten Bedürfnisse aller Art, ihre Mutter war in Lebensgefahr und ohne Hilfe; man bot ihr welche an, aber sie kam von ihrem Liebhaber und sie befürchtete, sich eine Art Verpflichtung gegen ihn aufzulegen, wenn sie von seinem Anerbieten Gebrauch machen würde. Sie gestand nachher, daß sie auch nicht so wenig Zeit zu ihrem Entschluß gebraucht haben würde, wenn nicht ein Kapuziner, der Beichtvater ihrer Mutter, dem sie ihre Lage unter dem Siegel der Beichte entdeckte, sie dazu bestimmt hätte. Er sagte ihr, daß sie ohne ihr Gewissen zu verletzen von seinem Beistand Gebrauch machen könnte, und den Inhalt des Billets wörtlich befolgen, ohne sich zu etwas zu verbinden. – Sie machte also Gebrauch davon, und war froh, daß der Rat eines Geistlichen mit ihrem Herzen übereinstimmte, denn im Grunde war sie nicht beleidigt, gegen ihren Geliebten, den sie so liebte, Verbindlichkeit zu haben, da er sich auf eine so artige und großmüthige Weise betrug. Sie kaufte eine Tapete, Sessel, und richtete ihre Wohnung, wo nicht prächtig, doch aber so ein, um rechtliche Leute mit Anstand empfangen zu können. *St. Hilaire* besuchte sie den Tag darauf, und sie wußte ihm Dank für diese Veränderung und er dankte auch ihr. Sie dankte ihm für seine Freigebigkeit gegen ihre Mutter, und gestand ihm mit aller Unschuld, [11r]daß sie nichts gethan habe, ohne erst ihren Beichtvater um Rat zu fragen. Er tadelte diese Vorsicht, aber nur im Scherz, und setzte hinzu: er verlange nicht, daß sie ihm einige Verbindlichkeit in ihrem Namen schuldig seyn solle; aber doch, schöne Marianne, steht es nur bei Ihnen, mir Verbindlichkeit schuldig zu seyn, wenn Sie mir eine Gefälligkeit erzeigen wollen, die jedoch wieder Ihre Mutter betrifft. Sie sind nicht bestimmt, eine Krankenwärterinn zu seyn; Ihr Körper ist nicht stark genug, um die Beschwerlichkeiten des Tages und der Nächte auszuhalten. Sie sind zu jung, um des Nachts zu wachen, Sie müssen eine Wärterinn nehmen, müssen ein Bett in dieses Cabinet stellen, um allein zu sein, und nicht diese eingeschlossene Luft einathmen. Ihre Mutter wird viel besser versorgt werden, und ich werde nichts mehr für Sie zu befürchten haben. Sie dankte ihm im Stillen für seine unermüdete Aufmerksamkeit, und ob sie gleich mit Widerstand seine Bitte zu erfüllen schien, so willigte sie doch freudig ein.

Er schickte ihr zwei Schüsseln, zwei Teller, Messer, Löffeln und Gabeln, zwei Fackelträger von Silber, kurz alles, was einer Kranken zu ihrem Gebrauch nöthig war. Er wollte mit Fleiß nichts mehr, als was zu den nöthigsten Bedürfnissen gehörte, hinbringen lassen, denn er fürchtete fast, Marianne möchte sie nicht annehmen. Eine so fortgesetzte Aufmerksamkeit und Artigkeit machte sie bekannter mit ihm. Wie er sie um Erlaubnis bat, seine Besuche fortsetzen zu dürfen, willigte sie ein, doch mit der Bedingung, daß er seine Besuche heimlich ablegte, weil sie sich fürchtete Aufsehen zu machen, deswegen sollte er nur abends kommen, wenn niemand mehr auf der Straße wäre, [11v]und niemals sollten sich weder sein Wagen noch seine Leute dem Hause nähern. Man soll nicht einmal vermuthen, wer Sie sind, sagte sie. Weil Sie es wünschen, will ich eine Wärterinn annehmen, aber auch diese soll nichts gegen Ihre nächtlichen Besuche einzuwenden haben, und daher ist es nöthig, daß Sie für meinen Verwandten, einen Neffen meiner Mutter gehalten werden. Ich habe keine Verwandte, aber die Wärterinn wird Sie nicht kennen; wir wollen ihr selbst sagen, daß Sie die Tage nicht frei hätten, und nur kämen, wenn Sie es möglich machen könnten. Sie wird auf diese Art glauben, daß Sie uns als ein guter Verwandter besuchen, und ich hoffe, Sie werden sich mit mir so betragen, als wenn ich in der That, die Ehre hätte, Ihnen anzugehören. Er that alles, was sie verlangte, und es verging kein Tag, wo er sie nicht besuchte, wo er nicht Geschenke brachte oder zuschickte, die sie verbunden war anzunehmen, so sehr sie es dem Schein nach gegen ihren Willen that. Aber doch war sie in ihrem Herzen froh ein so großmüthiges Betragen gegen sie beobachtet zu sehn. Er betrug sich in Gegenwart der Wärterinn, als wäre er wirklich ihr Verwandter, und da er immer seine Besuche spät gab, so wurde er nicht gesehn, noch erkannt.

Mariannens Mutter fing an sich zu erholen, er hatte eben die Freude, als wäre es seine eigene Mutter, und Marianne dankte ihm in ihrem Herzen dafür. Er fragte sie bald, ob sie Lust zum Essen habe, und die Wärterinn antwortete für ihr, daß sie ihr den folgenden Tag zum Abendessen ein Huhn braten würde. So werde ich auch bei Ihnen sein, gute Tante sagte er schnell; sorgen Sie aber nicht für die Mahlzeit, ich werde Sorge dafür tragen, morgen gehöre ich zu Ihnen, meine schöne Cousine, fuhr er fort, und [12r]wendete sich zu Mariannen. Diese ganz erstaunt über den Ausbruch seiner Freude, konnte kein Wort hervorbringen. Den folgenden Morgen überschickte er einen kleinen verschlossenen Koffer, und kurz darauf ein Billet mit einem Schlüssel, worinn er sie bat, ihn zu öfnen, ohne daß die Wärterin etwas davon wüsste. Sie eröfnete ihn, als sie alleine war, und fand ein schönes silbernes Service, vollständig zu dem, was ihr noch fehlte. Hin und wieder war es mit Baumwolle ausgefüllt. Sie war mehr über dieses Geschenk erstaunt, als sie sagen konnte, und als sie es besah, fiel ihr folgendes Billet in die Augen:

> Es würde unanständig sein, schöne Cousine, wenn Ihr Tisch nicht vollständig mit Silber besetzt wäre, und damit die Wärterinn es nicht gewahr werde, daß es zu unserm Gebrauch erst heute angekommen ist, so stellen Sie alles in Ihren Schrank. Es wird bis diesen Abend Zeit sein, es der Luft auszusetzen. Ich erwarte mit Ungeduld den Abend. Hätte ich Ihre Höflichkeit erst erwarten wollen, so würde ich diesen Abend noch nicht bei Ihnen seyn, aber so ladete ich mich selbst ein, und ich glaube, wohl gethan zu haben.

Man konnte nichts artigers als dieses Geschenk sehen, und die Art mit der es gegeben wurde, erhöhte noch seinen Werth. Er versäumte nicht den Abend zu kommen, und trug selbst zu, was er eingekauft hatte; er kam zu Fuß in einem großen Mantel gehüllt, aus Furcht erkannt zu werden. Die Wärterinn drehte den Bratenwender, und unterdessen blieben sie am Bette der Mutter allein. Marianne wollte den Zeitpunkt benutzen, und ihm für seine Geschenke danken, aber immer unterbrach er sie, um ihr seine Freude zu zeigen, daß es das erstemal wäre, daß sie zusammen äßen. Marianne entdeckte ihrer [12v]Mutter auf den Rath des Geistlichen, wer er wäre, und sie war erstaunt, daß ein Mann von seinem Rang so eine Liebe für ihre Tochter haben könnte, da sie zumal sah, daß er mit so großer Freude die Gelegenheit ergriff, mit ihr zu essen, eine Ehre, die sie nie hatte hoffen können. Sie wußte seine Geschenke, seine Mildthätigkeit für sie, die nicht wenig zu ihrer Genesung beigetragen hatte, und ihre Gesundheit verbesserte sich täglich mehr. Beim Nachtessen gab es keinen glücklichern Menschen als *Saint Hilaire*. Marianne hat oft gestanden, daß das, was sie ihn für sie thun sah, ihre Überzeugung bestärkt hätte, daß seine Gesinnungen offen und wahr wären.

Kaum konnte die Mutter das Bette verlassen, so wendete er sich an ihr, um ihre Tochter zu vermögen, das anzunehmen, was er für sie bestimmte. Die Wärterinn suchte er durch einen Vorwand zu entfernen, und er sprach mit der Mutter im Beiseyn der Tochter. Es ist unnöthig, Madame, sagte er, daß ich Ihnen entdecke, daß ich Ihre Tochter liebe; ich zweifle nicht, daß sie es Ihnen gesagt, und daß meine Schritte Sie davon überzeugten. Ich verlange nur auf eine rechtmässige Weise Begünstigungen von ihr. Eine Heirath ist mein Zweck, aber es erfodert Zeit, bis ich dahin kommen kann. Ohngeachtet der Liebe, die ich für sie habe, werde ich mich doch nie entschließen, die Ehrfurcht zu verletzen, die ich meiner Mutter schuldig bin. Ich habe gegen ihr zu viel Verbindlichkeiten, um es zu wagen, ihr den kleinsten Kummer zu verursachen. Sie selbst werden mir beistimmen, daß es nicht möglich ist, mit ihr von einer Heirath Ihrer Tochter zu sprechen, und noch weniger ihre Einwilligung zu erlangen. Ich weiß, daß sie beschlossen hat, mich zu verheirathen, aber ich werde ihr ausweichen, und niemals jemand anders angehören, als meiner theuren Marianne, darauf kann sie rechnen. Aber von der andern Seite können [13r]Sie urtheilen, daß es traurig für mich wäre, wenn ich einem Mädchen meine Hand gäbe, die man als Kammermädchen gekannt hätte. Was geschehen ist, ist nicht mehr zu ändern, aber ich beschwöre Sie beide, für die Zukunft einen andern Lebensplan zu entwerfen. Ich habe ihr angeboten, diesen Teil der Stadt zu verlassen, und wiederhole es auch jetzt, Ihrer Wärterinn sind Sie bis jetzt unbekannt, sie soll nie etwas erfahren, bedienen Sie sich Ihrer, bis Sie ein andres Mädchen und Marianne eine Jungfer und einen Bedienten gefunden hat. Ich werde für alles sorgen was Sie an Meubles und Kleidungen brauchen können, und weil ich sterblich bin und Sie nach meinem Tode nicht imstande seyn könnten, diese Art zu leben fortzusetzen, so ist hier, (indem er drei verschiedene Dokumente vorbrachte), eine Leibrente auf das Rathaus, die ich auf Ihren Namen erhalten habe; eine andere auf die Gemeine, und eine Wohnung nahe am Thore Bussy, die ich verschrieben habe. Heirathe ich Sie, so fällt mir alles zurück, und sollte mein Tod unsre Plane vereiteln, so haben Sie hinreichend Vermögen, um mit Anstand Ihre Tage zu verleben. Aber, theure Marianne, damit Sie sich überzeugen, daß meine Freigebigkeit ohne Eigennutz ist, so bitte ich Ihre Mutter in Ihrer Gegenwart, uns nie zu verlassen, wenn ich bei Ihnen bin. Auch versichere ich Sie heilig, daß ich Sie nicht eher besuchen werde, als bis es Ihnen gefällt, mir die Erlaubnis zu geben, und zwar so selten, daß meine Besuche Ihnen keine üble Nachrede zuziehen werden. Ich werde Sie mit solcher Ehrfurcht behandeln, als wären Sie so weit über meinen Stand, als Sie es wirklich verdienten zu seyn, wenn Ihr Glück mit Ihren Verdiensten übereinstimmte.

[13v]Können Sie noch an der Reinheit meiner Gesinnungen zweifeln? – Ich gehe aber noch weiter: Sie sind sich selbst überlassen, denn Sie können nicht für Ihr Herz stehen, und wäre ich so unglücklich, daß Sie mir Ihre Hand mit Widerwillen geben würden, so sind Sie ganz unabhängig, wenn Sie durch das, was Sie von mir erhalten, eine gute Parthie finden. Wenn ich Sie nur glücklich und vergnügt wissen kann, so dünkt mir, könnte ich es auch seyn; und im Gegentheil würde mich der Gram und die Verzweiflung töten, wenn ich, indem ich Sie heirathete, nicht ganz Ihr Glück so machen könnte, wie ich hoffen kann, daß Sie das meinige ganz machten.

Marianne erwartete weder solche Geschenke, noch solche grossmütige Versichrungen, sie war so davon gerührt, daß sie keine Antwort finden konnte. Sie fiel ihm weinend, mit einem gepreßten Herzen zu Füssen. Sie spotten meiner, sagte er, indem er ihre Hand küßte und sie fest hielt. Aber sie aus Dankbarkeit, oder Liebe die sie für ihn hatte, oder von einer andern Bewegung geleitet, die sie nicht überwinden konnte, fiel ihm um den Hals, und hielt ihn fest umschlungen. Er erwiederte die Umarmung und hielt sie, so lang er konnte, in seinen Armen. Sie zog sich endlich beschämt und verwirrt zurück. Bereuen Sie es nicht, schöne Marianne, daß Sie mir zeigten, daß ich Ihnen nicht so gleichgültig bin, als ich es befürchtete. Es war die erste Gunst, die Sie mir zeigten, aber ich bin tausendmal mehr von dem Ausdruck Ihrer Liebe entzückt, als über alles, was Sie mir hätten sagen können. Ich weiß nicht, ob es recht oder unrecht war, sagte sie beschämt, aber obgleich die Handlung gewagt und selbst frei war, so gestehe ich doch, daß ich sie nicht bereuen kann. – Was bin ich Ihnen nicht schuldig, rief [14r]er aus, und drückte ihre Hände; aber fahren Sie fort, werden Sie die Anerbietungen auch annehmen? Ich werde alles thun, was Ihnen gefällt, antwortete sie, Ihr Verfahren ist zu schön und scheint mir zu edel, um Mißtrauen bei mir zu erwecken. Ich nehme Ihre Geschenke an, um Ihrer nicht unwerth zu seyn, und ich glaube, meine Mutter wird darein willigen. Sie versprechen mir meine Gemahlinn zu werden? sagte er, und umarmte sie. So schwöre ich Ihnen auch, daß ich der Ihrige bin, so bald als ich es sein kann ohne unser Ansehn zu verletzen, und ich ganz unabhängig bin. Nehmen Sie, sagte er lächelnd, diese Kette, die Sie an mich bindet, und band eine Perlenschnur ihr um den Hals, und diesen Ring, der Sie meiner Treue versichert. Sie ließ es ohne Widerstand geschehen, denn es war nicht mehr möglich, sich anders zu benehmen. Gedenken Sie daran daß es nicht diese Dinge sind, die uns an einander binden, sondern daß es das Herz ist. Er bat sie noch, sich schön einzurichten, und sich gut zu kleiden, und er brachte den folgenden Morgen dreimal mehr Geld, als zu ihren Ausgaben nöthig war. Er sagte seiner Geliebten, daß sobald sie eingerichtet seyn würden, er sie in ihr Haus führen werde, wo er die Hauptwohnung für sie leer gelassen habe, und bat sie, sobald als möglich, ihre jetzige Wohnung zu verlassen.

Sie blieben auch nicht lange; zuerst änderte Marianne ihren Anzug und kleidete sich sehr zierlich. Er sorgte für feine Wäsche, schöne Aufsätze und Spitzen, und für alles, was ein Mann nur bei einem weiblichen Anzug bedenken kann. Alles war aufs beste gewählt, und sie erhielt dadurch neuen Glanz. Er führte sie in ihr Haus, und sie fand ihr Zimmer sehr angenehm und das Haus schön. Er stellte sie den Bewohnern des Hauses als die Besitzerin desselben vor, denn [14v]den übrigen Theil hatte ein Geschäftsmann inne. Vierzehn Tage verstrichen, ohne daß *St. Hilaire* sie besuchte, denn sie sollten zu ihrer Einrichtung Zeit haben, weil er keinen Antheil daran nehmen wollte. Er war vergnügt, als er sie wieder sah, denn er fand, daß nichts weder an Bequemlichkeit, noch an Reinlichkeit mangelte. Marianne hatte eine Jungfer und einen Bedienten, und die Mutter ein Mädchen, das für die Küche sorgte. Ein prächtiges Zimmer und schönes Cabinet hatte Marianne für sich eingerichtet. Die Mutter hatte ein großes Zimmer und Vorsaal. Auch die Bedienung war gut; die Küche war groß und schön geschmückt, in dieser schlief der Bediente. Die Wohnung bestand in sechs Abtheilungen in gerader Linie; man konnte von einem Zimmer ins andre kommen, ohne die Haupttreppe auf den Vorplatz zu betreten. Marianne hatte selbst die Türen ihrer Zimmer, die dahin führten, vermauren lassen, so daß man durch eine Seitentreppe zu ihr kam, die auf den Hof führte, und von der Gallerie durch eine eiserne Thüre getrennt war, die stets verschlossen blieb. Der Hof war auch vom Garten getrennt, den *St. Hilaire* Mariannen vorbehalten hatte, man konnte aus ihren Zimmern dahin kommen, ohne den Hof zu betreten. Ohne dieses hatte er auch zwei bedeckte Salons im Garten bauen lassen, die schön gemalt waren und mit Sesseln und Tischen geschmückt; zwei grüne Lauben waren an beiden Enden des Gartens. Also vereinigten sich die Zimmer der Mutter und Tochter von beiden Seiten; der übrige Theil des Hauses war an einen Advokaten vermietet, der wieder andre hinein nahm, so daß Marianne noch tausend Livres von ihrem Hause einnahm. –

Alles, was *St. Hilaire* in diesem Hause erblickte, gefiel ihm, am meisten aber Marianne, die weit entfernt, sich ihrer niedrigern Glücksumstände zu erinnern, alle Manieren eines wohlerzogenen, gesitteten Mädchens an[15r]nehmen lernte. Er bat sie, den Unterricht im Singen fortzusetzen, Tanzen zu lernen, einige Instrumente zu spielen, und noch manche andre Vollkommenheiten sich zu erwerben, und es gelang ihr vorzüglich. Sie las viel in ihren müßigen Stunden, auch die Miniatür-Malerey gelang ihr und sie erwarb sich eine große Fertigkeit darin, denn binnen einem Jahr brachte sie es so weit, daß sie das Bild ihres Geliebten malte; sie gab ihm auch das ihrige, das sie selbst zwischen zwei Spiegeln gemalt hatte. Für ihn waren alle ihre Arbeiten bestimmt, die er als Geschenke vom größten Werth annahm. Alle, die sie in der Nachbarschaft kennen lernten, bewunderten sie. Sie ging wenig aus, theils, um nicht gesehen zu werden, und theils weil sie *St. Hilaire* immer zu Hause finden sollte. Er besuchte sie nicht so häufig, und nie gab er der Verleumdung einigen Anlaß. Wenn er sie mit ihren Hausgenossen in Gesellschaft fand, so blieb er, ohne ein besonderes Gespräch mit ihr anzuknüpfen, und dies verhütete, daß man ihnen etwas Böses nachredete. Man kann leicht glauben, daß *St. Hilaire* viel Stoff zu Unterhaltungen mit ihr hatte, die sich nicht so bald erschöpft haben würden, wenn er seine Absichten erreicht hätte. So viele Vorschläge er ihr auch machen konnte, die ein andres Mädchen schwerlich ausgeschlagen hätte, so war doch bei Mariannen alles vergeblich. Je größere Verbindlichkeiten sie ihm schuldig war, je mehr nahm ihre Zurückhaltung zu.

Sie hatte alles, was eine edle Herkunft bezeichnete, auch wurden die Familien, bei denen sie ihre erste Bildung erhalten hatte, für die Schule der guten und feinen Lebensart gehalten. Aber so war es nicht der Fall bei ihrer [15v]Mutter, die nicht so leicht wie ihre Tochter fremde Eindrücke aufgenommen hatte, da die Tochter mit Recht befürchten mußte, daß, wenn diese Frau in eine Art Affekt käme, sie im Zorn Ausdrücke gebrauchen könnte, die keinen vortheilhaften Eindruck gegeben hätten. Marianne hatte daher alle Arten Gefälligkeiten für sie, um sie nicht zu reizen, ob sie gleich oft genug ihrer Mutter unschuldigerweise Anlaß zur Unzufriedenheit gab, denn sie wurde alt und empfindlich. Auch die traurigen Lagen, in denen sie einen Theil ihres Lebens verlebt hatte, hatten ihren Geist erbittert, da sie meist auf dem Lande unter dem Landvolke gelebt hatte, oder in Paris nur Menschen aus niedrigen Klassen gesehen hatte, so hatte sie wenig Anlage zur Höflichkeit. Sie wurde oft hart gegen ihre Tochter, wenn sie abends, da sie schon zu Bette war, durch ihr Zimmer ging, da sie die Abende meist mit den jungen Mädchens, die in ihrem Hause wohnten, im Garten zubrachte, und spät dort blieb, so entstand dieser kleine Anlaß zur Unzufriedenheit oft bei der Mutter.

In kurzer Zeit bekam sie einen Rückfall ihrer ersten Krankheit, und sie starb. Die letzten Zeichen ihres Bewußtseins und ihrer Geistesgegenwart äußerte sie darin, daß sie *St. Hilaire* für seine Güte dankte, und ihm ihre Tochter empfahl. Auch Marianne gab sie die Lehren, gut zu bleiben, und sich immer gegen ihren Liebhaber so zu betragen, daß sie weder seiner Achtung, noch seiner Zärtlichkeit verlustig würde. Aber diese Lehre war ziemlich überflüssig, sie selbst fühlte nur zu gut, wie nothwendig es ihr sey, sich klug zu betragen, weil ihr Glück von ihrem Betragen abhängig war. Die Mutter wurde anständig begraben. Marianne bedachte, daß, wenn sie für sich allein bleiben wollte, ihr Geliebter sie in den Augenblicken aufsuchen könnte, wo er sie allein wüßte, und sie könnte dann [16r]vielleicht ihre Grundsätze der Ehre und Klugheit verletzen; sie fühlte, daß die Gegenwart ihrer Mutter *St. Hilairen* oft in den Grenzen der Ehrfurcht und Achtung erhalten hätte, in denen er vielleicht unter vier Augen nicht geblieben wäre. Sie wollte sich dieselbe Achtung bewahren; und dies war nicht der Weg dazu, oft mit ihm allein zu seyn. Ihre Jungfer war nicht unbestechlich gegen einen so freigebigen Mann, um sie nicht bei seinen ersten Winken zu verlassen. Sie sah den Zufall, dem sie überlassen wurde, hätte sie ihm einige Freiheiten erlaubt, die ihr Verderben werden konnten, so hätte sie seine Liebe verloren; ihre Weigerungen aber hätten ihn betrübt, und er hätte vielleicht denken können, daß sie ihn verachte. Alle diese Überlegungen bestärkten sie, sich nicht zuviel zuzutrauen und fremden Beistand zu Hülfe zu nehmen, um ihre eigene Klugheit in Sicherheit zu bringen. Sie bat ihren Geliebten, ihr zu erlauben, sich dem Schutz eines Klosters anzuvertrauen, aber sie wußte wohl, daß er es nicht zugeben würde, und sie verlangte daher das größere, um wenigstens den kleinen Wunsch in Erfüllung gebracht zu sehen. Dieser Vorschlag machte ihn zittern und er schlug ihre Bitte ab, doch setzte er hinzu, daß es bei ihr stünde und sie freie Wahl hätte. Aber da sie nur diesen Vorschlag gethan hatte, um seine Einwilligung leichter zu dem zweiten zu erhalten, so bestand sie auch nicht darauf, sondern bat nur, daß er ihr erlaube, sich von ihrer eignen Wirtschaft los zu machen, weil sie gegen ihre Leute mißtrauisch wäre, und daß sie in die Kost bei dem Advokaten gehen dürfe, der im Hause wohne. Er lächelte über diesen Vorschlag, weil er die Gründe wohl einsah, und gab es zu.

[17]So sehr er fühlte, daß ihn diese Veränderung nicht begünstigte, so vermehrte sich doch seine Achtung für Mariannen. Er sagte ihr scherzend, er sähe wohl, daß er nicht so wenig zu fürchten wäre als er selbst glaubte, weil sie es so sorgfältig vermeiden wollte mit ihm allein zu sein. Sie ging in die Kost, und es war ein Grund zu ihrem Glück, durch die Bekanntschaft, die sie dadurch anknüpfte. Marianne that noch mehr, als sich in die Kost des Advokaten zu begeben, sie nöthigte auch die Töchter des Hauses, immer mit ihr zu sein, und gab ihnen das Zimmer ihrer verstorbenen Mutter, neben dem ihrigen. Sie mußten auch darin schlafen, so wollte Mariannen immer Zeugen ihrer Handlungen um sich haben. Es war eine rechtschafene gute Familie, mit der sie lebte, zwey Töchter und ein Sohn lebten mit ihren Eltern. Die Töchter waren nicht häßlich, und gut erzogen. Die beiden Mädchen wurden immer vertrauter mit ihr, und verließen sie nicht. Die Älteste war Kostgängerin gewesen in dem Kloster, wo Fräulein *Clairval* erzogen worden. Sie kannten sich gut, und hatten eine Art freundschaftliches Verhältniß zueinander. Im *Palais Royal* begegneten sie sich wieder, ein Regen, der sie plötzlich überfiel, brachte sie einander näher. Da Fräulein *Clairval* wußte, daß jene den Weg nach der Vorstadt *St. Germain* nahm, bot sie ihr einen Plaz in ihrem Wagen an. Sie nahm es an und erzählte ihr unterwegs viel von Mariannens Schönheit, und ihrem Verstand, und prächtiger Lebensart. Aber ohne sie zu nennen. Des Fräuleins Neugierde wurde erregt. Sie stieg mit der Tochter des Advokaten aus, als sie an ihr Haus kamen; sie sah [17v]Mariannen, und gleich fiel ihr ein, sich zu besinnen wo diese Gestalt ihr schon begegnet sein könnte. Auch Marianne erkannte sie beim ersten Anblick, verbarg es aber ihrer Gesellschaft. Fräulein *Clairval* konnte immer ihren Augen nicht trauen, als sie aber Mariannens Familien Nahmen hörte, sah sie, daß sie sich nicht betrogen hatte. Und es wurde ihr immer klärer, daß es dasselbe Mädchen sein müsste, die sie bey ihrer Mutter gesehn hatte.

Nach zwey Tagen kam sie wieder zu ihnen, und blieb den ganzen Tag in ihrer Gesellschaft. Marianne führte sie in ihre Zimmer und der Reichthum, den das Fräulein sah überraschte sie.

Marianne bemerkte ihr Erstaunen, und sagte, daß sie ihr noch andre Dinge zeigen wollte, und sie öfnete ein Seitenkabinet, wo sie Schmuck von großem Werth aufbewahrte. Ich möchte Sie einen Augenblick allein sprechen, sagte die *Clairval* zu ihr, ganz erstaunt über alle die Reichthümer, die sie da erblickte. Ich verstehe was Sie sagen wollen, fiel ihr Marianne lachend in die Rede, ich verlange nur Verschwiegenheit; alles, was ich Ihnen zeigte, soll Sie vorbereiten auf das was Sie wissen wollen. Fräulein *Clairval* versprach es ihr, und sie folgte ihr in den Garten. Es ist unnöthig mich Ihnen zu verbergen, sagte Marianne. Sie kennen mich zu gut, aber Sie haben mir Verschwiegenheit gelobt, und auf Ihr Versprechen will ich Ihnen sagen, wer ich jetzt bin. Denn gewiß haben Sie schon ein nachtheiliges Urtheil über mich gefällt, [18]daß der Wahrheit zuwieder ist. Alles, was ich denke, sagte Fräulein *Clairval*, ist, daß Sie vortheilhaft verheirathet sind, aber heimlich. Ich gelobe Stillschweigen, wenn Sie mich Ihres Vertrauens werth halten. Ich bin noch ein Mädchen, sagte Marianne, noch so rein und unbefangen als in meiner ersten Jugend; und doch ist's ein Mann der mich in diese Lage versetzt hat, in der Sie mich finden. Sie erzählte ihr nun ihre Geschichte weitläuftig, die das Fräulein nicht wenig verwunderte. Und sie konnte sich der Zweifel über Mariannens Frömmigkeit und Tugend, deren sie sich rühmte, nicht so erwehren. Sie versprach ihr aber die strengste Verschwiegenheit, und erkundigte sich genau nach ihrer Lebensart; und nach den Menschen, die ihr Haus besuchten. Sie erfuhr nichts, was nicht zu dem paßte, was ihr Marianne erzählt hatte. Sie erfuhr, daß sie keinen Ort besuchte, als nur die Kirche, und nie ohne die zwey Schwestern, aber mit ihrer Mutter. Daß der einzige Mensch der sie besuchte, *Saint Hilaire* sey, und daß er nie eine besondre Unterredung mit ihr habe, ohne daß man sie beobachten könne: daß er selten käme. Sie erfuhr, daß Marianne sehr streng lebte und eingezogen, ihr Kammermädchen schlafe in einem Zimmer mit ihr, und in dem Zimmer, durch das man zu ihrem Schlafzimmer komme, die beiden Töchter des Advokaten, daß kein Eingang in ihre Wohnung sey, als der, den die Hausleute sehen könnten, die immer die eiserne Thüre öfnen müssten, die zu ihr führe, die immer fest verschlossen sey. Noch zwey Jahre nach dem Tode ihrer Mutter lebte Marianne auf diese Art fort, bis der Zufall und das ⟨Glück⟩ *[18v]*sie begünstigten.

Die Prinzeßinn von E. besuchte eines Tages die Messe von *Saint Germain*. Fräulein *Harcourt* war noch bey ihr, und begleitete sie. Diese Dame handelte zwey Kronleuchter von Crystal bei einem Kaufmann. Ein Stallmeister und nur ein Page mit zwey Bedienten machten ihre Begleitung aus. Ohne sich dieser Begegnung zu versehen, trat Marianne in das Gewölbe von ihren Freundinnen begleitet. Sie suchte einen kleinen Spiegel für ihren Geliebten, und ließ sich mehrere bringen, um die Wahl zu haben. Sie war prächtig angekleidet, mit gold gestickten Kleidern, Halsband und Ohrgehänge, und Ringe, Agraffen von Brillanten, nichts fehlte zu ihrem Anzug, und alles ganz vom feinsten Stoff, die schönsten Spizen. *Saint Hilaire* hatte nichts gespart, das Schönste, was er auffinden konnte, hatte er ihr als Neujahrsgeschenk gegeben. Sie trug es so, weil er es wünschte, und sie oft darum gebeten hatte. Diesesmahl war sie prächtiger als gewöhnlich angezogen, weil er sie auf der Messe mit einigen seiner Verwandten begegnen wollte, wo es ihm erwünscht war, sie ihnen zufälliger Weise zu zeigen. Ein Bedienter folgte ihr, und ihre Jungfer. Der Kaufmann, der nur den äußren Schein beurtheilte, nannte sie Frau. Es war der schönste Spiegel unter seinen Waaren, um den sie handelte. Die Prinzessin von E. kam noch einmal zurück nach seinem Gewölbe das sie erst verlassen hatte, um nun Vorschläge zum Handel zu thun.

*[17v]*Die Spiegel *[18r]*fielen ihr in die Augen, sie kam näher hinzu, und erkundigte sich nach den Preisen. Marianne erkannte sie und wollte fortgehen, aber sie konnte es nicht, ohne von

der Prinzessin bemerkt zu werden, die, ohngeachtet sie sich seit vier Jahren nicht gesehen hatte, und so sehr auch ihr Anzug verändert war, doch erkannte. Marianne schien bestürzt, und dies trug noch mehr zu ihrer Erkennung bei. Die Prinzessin redete sie an: Sie sind in einem sehr kostbaren Aufzug, Madame, sagte sie, und Sie haben sich sehr verändert, seit Sie von mir gingen. Wer ist Ihr Mann? fuhr sie fort, ohne Mariannen nur Zeit zu lassen, sich von ihrer Bestürzung zu erhohlen. Hätten Sie uns Nachricht von Ihrem Glückswechsel gegeben, wie es schicklich gewesen wäre, dünkt mir, wir würden Sie nicht davon abgehalten haben, und im Gegentheil, das Fräulein *Harcourt* und alle meine Leute würden sich mit mir gefreut haben. Aber wer ist Ihr Mann, um Sie in einem so hohen Ton sprechen zu lassen? – Diese Worte bestürzten sie unaussprechlich. Ich bin noch unverheirathet, sagte sie mit der größten Verlegenheit. Noch nicht verheirathet? erwiederte die Prinzessin mit einem verächtlichen Ton. Sie sind sehr artig, fügte sie hinzu, und drehte ihr den Rücken mit einem Blick der tiefsten Verachtung, denn sie mußte glauben, daß sie zu den öffentlichen Mädchens gehörte, die durch ihren Erwerb so reich geworden, daß sie sich mit einer solchen Pracht zeigen könnten.

Marianne blieb wie todt auf demselben Platz. Sie war in Verzweiflung, daß man sie erkannt habe, und daß sie von der Prinzessinn für etwas gehalten werden mußte, was sie doch nicht war. Dieses hatte sie immer gefürchtet. Sie erholte sich dem Schein nach und verließ das Gewölbe, sie nahm den Spiegel, um welchen Preis der Kaufmann nur wollte, denn sie hatte keine Zeit mehr zu handeln. Die beiden Schwestern, die mit ihr waren, waren sehr über das kurze [18v]Compliment der Dame aufgebracht, die sie nicht kannten. Sie wußten nicht, was sie davon denken sollten, und sie erstaunten zumal über Mariannens Bestürzung.

Sie war wirklich in einem Zustand, der ihr den Tod wünschen ließ, denn die Verachtung der Prinzessinn hatte ihr das Leben verhaßt gemacht, und sie verließ die Messe, ohne *St. Hilaire* aufzusuchen. Sie stiegen im Wagen, und auf dem Wege suchte sie eine Entschuldigung bei ihren Begleiterinnen hervor; sie sagte ihnen, sie wäre Hofdame bei der Prinzessinn von E. gewesen, welches die Dame sey, die sie gesehen hätten. Sie hätte den Dienst gegen den Willen der Prinzessinn verlassen unter dem Vorwand einer Heirath; sie hätte sich nicht prächtig bei ihr kleiden dürfen, weil sie sehr streng wäre, und nun, da sie von ihr, und reich genug sey, solchen Aufwand zu machen, und da sie niemandem Rechenschaft von sich zu geben nöthig hätte, so hätte sie ihre Art des Anzugs geändert, und folgte nun ihrer Eitelkeit. Sie wäre bestürzt, setzte sie hinzu, daß die Prinzessinn glaube, sie sei verheirathet, und da sie es nicht wäre, so hätte sie sich nun entdeckt, daß sie nur den Vorwand gebraucht habe, ihren Dienst zu verlassen. Da ihre Erzählung so viel Wahrscheinlichkeit hatte, und alles mit den Worten der Prinzessinn von E. übereinstimmte, so glaubten es die Mädchens ganz gutwillig und trösteten sich.

St. Hilaire kam noch denselben Abend zu ihr, aber sie ließ ihm nicht Zeit, seine Frage anzubringen, warum er sie nicht auf der Messe gefunden habe. Sie gab ihm den Spiegel und sein Dank war feurig, denn alles, was nur von ihr kam, war ihm theuer. Ängstlich fragte er, ob sie krank wäre, denn er sah ein ungewöhnliches Feuer in ihren Augen und eine gewaltsame Anspannung in ihren Zügen. Sie antwortete, daß eine geringe Ursache dieses Übelbefinden veranlaßt habe, und erzählte ihm, daß sie der Prinzessinn E. begegnet habe. Sie vergaß weder die [19r]Anrede, noch die Antwort von sich zu erzählen und den Abschied. Es machte ihm einen großen Kummer, zumal er sahe, welche Mühe es Mariannen machte, ihre Tränen vor ihrer Hausgesellschaft zurückzuhalten, die ihr zuhörten. Der Vorfall erfoderte ein Gespräch unter vier Augen, und sie gingen der Kälte ohngeachtet im Garten.

Sie sehen, mein Herr, sagte sie weinend, daß es eingetroffen ist, was ich vorher sah. Ich bin entehrt, und ich werde mich nie mehr darüber beruhigen, daß die Prinzessinn eine schlechte Meinung von mir hat. Ich liebe Sie, Sie haben ein zu großes Recht auf meine Liebe, um sie Ihnen zu verbergen, meine Neigung gründet sich auch auf Dankbarkeit. Ihnen bin ich alles schuldig, und Sie sind mir theurer, als die ganze Welt, aber doch nicht so theuer, wie mein guter Nahme. Ich opfre alles auf, um nicht für ein öffentliches Mädchen gehalten zu werden. Ich will meine Aufführung in den Augen der Prinzessinn rechtfertigen. Ich will Ihnen alles zurückgeben, was ich von Ihnen empfing und von Ihrer Großmuth. Ich entsage allen Hofnungen, die Ihre Güte mir in der Ferne zeigten; aber erlauben Sie, daß ich meinen guten Nahmen rechtfertigen darf. Morgen gehe ich zu ihr, lieber will ich alles entdecken, als für niederträchtig angesehen werden.

Wie ein Blitzstrahl rührte *St. Hilairen* diese letzte Erklärung. So ist dies alles, was Sie beschlossen haben, Marianne, sagte er, Sie wollen mich auf immer verlieren, und vier Jahre einer gegenseitigen Treue können einen kummervollen Augenblick nicht versüßen? – Dieser kummervolle Augenblick wird so lange dauern, als mein Leben, sagte sie. Es ist selbst Ihrer Ehre wichtig, daß ein Mädchen, die Sie für sich bestimmen, ohne Argwohn tugendhaft ist, denn es ist das einzige Gut, was sie Ihnen zubringt. Ach, fügte sie noch hinzu, und fiel weinend in seine [19v]Arme: Sie sind es, der mein Unglück wollte, hätten Sie mich nicht veranlaßt, mich so prächtig zu kleiden so würde ich die Aufmerksamkeit der Prinzessinn nicht auf mich gezogen haben, sie würde mich nicht aus der gemeinen Menge unterschieden haben! Ich hätte nicht weniger Ihnen zugehört, und mein guter Nahme wäre so vollkommen, als meine Unschuld. Aber es ist beschlossen, und sollte ich mein ganzes übriges Leben das unglücklichste Geschöpf seyn, und in meine ersten Umstände zurück sinken, so werde ichs nicht ertragen, daß man so entehrende Urteile über mich fällt. Ich bin zu tief gerührt über die Art, wie mich die Prinzessinn behandelte, um mich nicht lieber selbst aufzuopfern, als ihr die Gedanken von mir zu lassen, die Abscheu in mir erwecken. Sie möchten mir sagen, was Sie wollten, ich stürbe für Gram, wenn ich Sie nicht eines andern überzeugen dürfte. Ich werde sterben, wenn ich Sie verliere, aber der Tod ist mir auf gleiche Weise gewiß; erlauben Sie also wenigstens daß ich gerechtfertigt sterbe und in den Augen der Welt unschuldig.

Alles was ihm möglich war, tat St. *Hilaire*, um sie zu beruhigen und ihren Entschluß zu ändern; zwei Stunden blieb er bei ihr, er wollte wenigstens versuchen, Aufschub nur um einen Tag zu erlangen, aber sie blieb unbeweglich, und er konnte nichts ausrichten. Sie wollte ihren Zweck erreichen, wollte es dem Zufall überlassen, was sich entscheiden würde, und wollte nicht länger als den nächsten Tag mehr abwarten. Warte ich länger, sagte sie, so weiß es das ganze Haus der Prinzessinn, Fräulein *Harcourt* hat mich selbst gesehen und sie werden es ihren Bekannten sagen. Die öffentliche Verläumdung wird mich verfolgen, mich bis in meine Einsamkeit zu entehren trachten; dieses würde mich Ihrer ganz unwürdig machen, aber wenn ich durch mein Geständniß zuvorkomme, so wird das Geheimniß alsdann nicht weiter entdeckt werden, und das Gerede schläft ein, [20r]ohne mir Schaden zu tun. Aber, sagte ihr *St. Hilaire*, hoffen Sie, daß man Ihren Worten glaubt? – Ich nenne Ihren Nahmen, sagte sie, Sie sind viel zu rechtschaffen, als daß Sie mich länger strafen sollten. Aber was werden Sie alsdann anfangen, wenn man weder Ihnen, noch mir glauben wird? fragte er. Ach, seufzte sie, und ihre Tränen flossen stärker, hier ist der Punkt, der mich zur Verzweiflung treibt. Glaubte man uns nicht, und Sie wollten mir das Wenige geben, was ich bedarf, so ist mein Entschluß fest, ich gehe ins Kloster. Sollte ich in der Welt bleiben, nach dem Verlust meines guten Nahmens und meiner Ehre? Sollte ich in meiner Lage bleiben, die mir den Vorwurf zuzöge, daß ich mich selbst nicht leiten könnte? Dies werde und kann ich nicht thun.

So lieben Sie mich denn gar nicht? sagte er ihr – Beweise ich Ihnen nicht das Gegentheil, denn liebte ich Sie weniger, würde ich nicht so für Ihre Ehre besorgt seyn, die an diese fest geknüpft ist, und die sich das Mädchen erhält, die Sie zu Ihrer Gattin wählen wollen. Ich würde aufhören, Sie zu lieben, wenn Sie zu wenig empfindlich dafür wären, wenn Sie ein Mädchen zu Ihrer Gefährtin wählen wollten, die in den Augen der Welt ihren guten Nahmen verlohren hat, so unschuldig sie auch in der That ist.

Es war ihm unmöglich, andre Gründe von ihr zu hören, und diese Beharrlichkeit auf ihrer Ansicht könnten wohl am besten glauben machen, daß ihre Tugend in seinem Umgang nicht verlebt wurde; hätte sie sich eine Blöße gegeben, so würde er es über sie vermocht haben, sie von einem Schritt zurück zu halten, der gegen seinen Willen war, und der von so wichtigen Folgen für ihn seyn mußte. Ihr einziges Interesse war ihn zufrieden zu wissen, aber indem sie ihrem Willen folgte, opferte sie ihn ihrer Tugend auf. Gewiß ists, daß die Empfindlichkeit, die sie ihm über ihren gekränkten guten Nahmen zeigte, ihn noch mehr ihre Tugend bewundern ließ, und er [20v]schätzte sie nur um desto mehr. Aber er war doch in die größte Verzweiflung gebracht; wohl zwanzig mal fiel er ihr zu Füssen, um sie von diesem Schritt zurück zu halten, aber er siegte nicht, und es war beschlossen, daß der Schritt, der eine gänzliche Trennung befürchten ließ, nur dazu beitragen mußte, sie auf ewig zu verbinden.

Sobald *St. Hilaire* Mariannen verlassen hatte, legte sie sich zu Bette, und dachte nach, was sie zu thun hatte, aber die Mittel schienen ihr immer schwieriger. Sie befürchtete die Prinzessinn möchte ihr den Zutritt versagen, wenn sie sich zeigte. Sie befürchtete beleidigende Ausdrücke der Bedienten, die sie auch mit den Augen der Prinzessinn ansehen würden. Es fiel ihr ein, sich an Fräulein *Clairval* zu wenden, und sie um die Gefälligkeit bitten, ihr einen Dienst zu leisten. Sie wollte selbst zu ihr gehen, aber sie fühlte sich so schwach, daß sie das Bette nicht verlassen konnte. Kaum als es Tag war, sandte sie dem Fräulein einen Wagen und folgendes Billet:

> Ein Zufall, der mir gestern begegnete und den ich nicht vorher sehen konnte, nöthigt mich Ihre Hilfe zu suchen, um den nachtheiligen Folgen zuvorzukommen, die er nach sich ziehen könnte. Mein Zustand wird Ihnen den Schlag fühlbar machen, der mich auf eine so empfindliche Weise getroffen hat. Sie werden erfahren, daß es nur in Ihrer Gewalt steht, mich zu retten, mir das zu erhalten, was mir nach meinem ewigen Wohl am theuersten ist. Ich kann nichts mehr schreiben. Kommen Sie um Gotteswillen, so bald es Ihnen möglich ist.

Sie schickte den Wagen mit dem Billet in aller Frühe zu Fräulein *Clairval*. Sie empfing es auch sogleich; der Bediente sagte ihr, daß er geglaubt hätte, seine Herrschaft stürbe diese Nacht, und daß sie sie mit der größten Ungeduld erwartete. Fräulein *Clairval* kannte kein andres Vergnügen, als andern welches zu geben, sie nahm sich daher nur so viel Zeit, um ein leichtes [21r]Morgengewand anzuziehen, und stieg im Wagen. Sie fand Mariannen in einer großen Ermattung und Fieber, denn sie konnte kaum sprechen.

Alle Anwesenden mußten sich aus ihrem Zimmer entfernen. Sie entdeckte dem Fräulein ihre Begebenheit und ihren Zustand. Erlaubten es meine Kräfte, sagte sie, so würde ich sie nur gebrauchen, um aufzustehen, und mich Ihnen zu Füßen zu werfen, und Sie zu bewegen, ins Hotel der Prinzessinn E. zu gehen, und zu erfahren, was man dort von mir denkt. Sie sollen mich nicht rechtfertigen, wenn es nicht in Ihrem Vermögen steht, aber nur dies bewürken Sie, daß die Prinzessinn sich ihres Urtheils enthält, nur diesen einzigen Tag. Sie soll mir nur erlauben, mich selbst zu rechtfertigen, sie soll mich nicht verschmähen, mich anzuhören. Sie soll mir erlauben, daß ich ihr eine genaue Rechenschaft von meinem Leben ablege. Die gestrige Aufnahme der Prinzessinn verwundet mein Herz grausam, ich kann diesen Auftritt nicht überleben, nur von Ihnen hängt es ab, noch ein Rettungsmittel zu versuchen. Zögern Sie nicht, um Gotteswillen, denn jeder Augenblick macht das Übel unheilbarer. Gehen Sie, retten Sie mir das, was mir theurer als das Leben ist. Seufzer und Thränen erstickten und unterbrachen ihre Stimme. Das Fräulein konnte ihr den Beistand unmöglich versagen, sie hatte Mitleid mit ihr, und statt die Zeit mit unnützem Trost zu verlieren, stieg sie im Wagen und nahm den Weg zum Pallast der Prinzessinn E.

Fräulein *Harcourt* war eben aufgestanden, sie war über einen so frühen Besuch sehr verwundert, aber noch mehr als sie die Ursache davon erfuhr: Wollen Sie Mariannen das Leben retten?, fragte Fräulein *Clairval*, denn nur von Ihnen hängt es ab. Sie ist in einem Zustand, der alles Mitleid verdient. Was soll ich für so ein verlornes Geschöpf thun können? – Sie Ihrer Achtung *[21v]* wieder würdigen und sie auch in den Augen Ihrer Prinzessinn zu rechtfertigen, erwiderte Fräulein *Clairval*. Ich versichere Sie von ihrer Tugend, wäre sie nicht, für was ich sie halte, so würde ich nicht für sie zu sprechen wagen. Die verächtliche Art, wie die Prinzessinn sie gestern behandelte, hat sie so erschüttert, daß ihr der Kummer darüber eine heftige Krankheit zugezogen hat; sehen Sie hier das Billet, was sie mir geschrieben, ich habe ihren dringenden Bitten nicht wiederstehen können und ihrem Schmerz, ich habe mich verbindlich gemacht, ihre Fürsprecherin zu werden, daß sie sich in Ihren und der Prinzessinn Augen rechtfertigen darf. Sie bittet nur die Erlaubnis zu erhalten, sich zu Ihren Füssen zu werfen. Ich kenne ihre Unschuld. Aber, unterbrach sie Fräulein *Harcourt*, wie räumt sich die Armuth des Mädchens mit der Pracht, in der sie erschien, mit ihrem schuldlosen Leben? Denn Reichthum kommt nicht leicht durch so unschuldige Wege. Sie wird es Ihnen selbst erklären, wenn Sie ihr gefällig zuhören wollen, sagte Fräulein *Clairval*, aber dürfte ich wissen, was die Prinzessinn darüber denkt? Sie sagte wenig, aber dies wenige läßt alles andre vermuten und der ganze Pallast weiß die Geschichte. Desto schlimmer, sagte die Fürsprecherin, Marianne wird sich darüber niemals trösten. Könnte man aber doch nicht Mittel finden, daß sie das Gerede nicht weiter fortpflanzte? Retten Sie ihren guten Nahmen, er ist es werth gerettet zu werden. Alle Welt wird der Prinzessinn Glauben beimessen, auf ihre Versichrung, sie ist so gut, so großmütig, und sie würde es gewiß bereuen, den guten Nahmen eines Mädchens getrübt zu haben, deren Ehre ihr nicht gleichgültig seyn kann, weil sie Ihnen einst angehörte, da sie fast in Ihrem Pallast erzogen worden. – Die Prinzessinn wird sich nicht wenig verwundern, sie so empfindlich über den Punkt der Ehre zu wissen. – Und doch ist sie es, sagte das Fräulein und mehr, als Sie es denken. Ich kann es Ihnen nicht genug wiederholen, wenn Sie meine Fürsprache annehmen, ich bürge *[22r]* für ihre Tugend. Dies ist alles gesagt, erwiederte Fräulein *Harcourt*. Auf Ihre einzige Versichrung ist meine Meinung jetzt schon ganz anders, als diesen Morgen noch. Ich will zur Prinzessinn gehen und mit ihr sprechen.

Sie ging zu ihr, und erzählte ihr alles, was Fräulein *Clairval* ihr gesagt hatte. Die Prinzessinn fand soviel Wahrscheinliches in der Erzählung, daß sie das Fräulein zu sich kommen ließ. Sie bestätigte nur noch mehr, was sie der Hofdame erzählt hatte und ging bei der Prinzessinn noch weiter, indem sie ihr erzählte, was sie selbst von Mariannen wußte, und als wäre sie selbst auch völlig davon überzeugt; sie versicherte, daß man noch mehr von Mariannen selbst erfahren würde, und flehte sie nur an, sie nicht zu verurtheilen, ehe sie Mariannen selbst gehört hätte. Die Prinzessinn erlaubte ihr zu kommen und setzte noch hinzu, daß es ihr sehr freue, Mariannen so empfindlich über den Punkt der Ehre zu wissen, und dieses ließ sie voraussetzen, daß sie sich immer vorsichtig betragen habe. Ich will ihr zeigen, setzte sie hinzu, daß ich durch ihre eigene Erzählung bestimmt nicht mehr zweifelhaft über sie sey, so sollen Sie ihr erzählen, was Sie eben sehen werden.

Zu gleicher Zeit gab sie den Befehl, daß sich ihr ganzer Hofstaat in ihrem Zimmer versammeln sollte, sie trat zu ihnen und sagte: Hört, was ich Euch jetzt sagen werde. Gestern abend sprach ich übel von einem Mädchen, die einige von Euch wohl kennen, weil sie in meinen Diensten war. Ich war nicht so von ihrer Lage unterrichtet, als ich jetzt bin, ich wiederrufe also mein Urtheil, das nicht zu ihrem Vortheil ausfiel. Weil ich sie für ein frommes Mädchen halte, deren guter Ruf keinen Vorwurf verdient, so soll das, was ich gesagt haben kann, keinen Eindruck bei Euch machen. Ich bin ganz vom Gegentheil überzeugt, und es würde mir Leid sein, wenn ich ihr durch einen ungegründeten Verdacht schädlich wäre. Diese Handlung der Prinzessinn machte tiefen Eindruck, sie that noch mehr, sie trug dem Fräulein [22v]*Harcourt* auf, Mariannen zu besuchen, und ihr selbst zu erzählen, was sie eben gehört hatte, und sie ließ sie noch einladen, so bald es ihre Gesundheit erlauben könnte, sich selbst zu zeigen, und daß sie sie einer gütigen Aufnahme versicherte. Die beiden Fräuleins stiegen sogleich in den Wagen, um zusammen Mariannen zu besuchen, die sie aber nicht allein fanden.

St. Hilaire, den sie Abends vorher sehr von ihrer Tugend erbaut hatte, aber der wenig über ihre Gefälligkeit gegen ihn erfreut, sie verlassen hatte, war in aller Frühe zu ihr gegangen, um zu erfahren, was sie beschlossen habe. Er wollte noch alles versuchen, sich ihrem Entschluss entgegenzusetzen, der sie nach aller Wahrscheinlichkeit auf immer von einander trennen würde. Es lag in seinem Plan gleichgültig zu scheinen, und sich von ihr aufsuchen zu lassen, aber der Zustand, in dem er sie fand, ließ ihm alle Härte vergessen, die er sich vorgesetzt hatte. Das Fieber wurde bei ihr immer heftiger, es machte ihn für sie zittern, und mehr todt als lebendig warf er sich zu ihren Füssen. Ohne eine Silbe hervorbringen zu können, weinten beide. Er hielt beide Hände seiner Geliebten, die er mit seinen Thränen benetzte. In diesem Zustand blieben sie lange, und die beiden Damen fanden sie noch in derselben Stellung.

Marianne schrie laut auf, als sie die Damen erblickte und erweckte ihren Geliebten aus der Traurigkeit, in die er versunken zu seyn schien. Er sprang auf, begrüßte die Frauenzimmer so gut, als es in dem Zustand der Zerstreuung möglich war. Fräulein *Harcourt* und er waren einige Momente in Verlegenheit, aber Fräulein *Clairval* ließ ihnen nicht Zeit, weiter darüber nachzudenken. Es ist mir gelungen, schöne Marianne, rief sie ihr zu, der Besuch des Fräuleins *Harcourt*, den sie auf Befehl der Prinzessinn bei Ihnen abstattet, ist davon ein sichrer Beweis. Nur von Ihnen wird es nun abhängen, sich ganz kennen zu lassen, die Prinzessinn ist bereit, Sie anzuhören; das Fräulein hat den Auftrag, Sie dessen zu versichern und Ihnen zu [23r]wiederholen, was die Prinzessinn gethan hat. Es ist die Handlung einer Heiligen, die die Bewundrung der ganzen Welt verdiente. Sie erzählte ihr hierauf alles, was sie selbst gesehen hatte, und die Güte, die ihr die Prinzessinn erwiesen. Fräulein *Harcourt* erzählte nun die Verwundrung der Prinzessinn, da sie Mariannen in solch einem Aufzug erblickte, daß sie nicht anders habe glauben können, als daß sie verheirathet sey, und daß sie, als sie erfahren, daß es nicht so wäre, keinen Grund zu ihrer Entschuldigung in ihrem Herzen habe finden können. Doch habe sie lieber ihre ausschweifende Lebensart nicht sowohl ihrer Neigung zugeschrieben, weil sie Mariannen immer für ein frommes Mädchen hielt, sondern geglaubt, daß die Not sie gezwungen habe, die Gefühle der Tugend in ihrem Herzen zu unterdrücken.

Marianne dankte dem Fräulein *Harcourt* für ihre gütige Gesinnung, sie bat um ihre Verzeihung, daß sie sich für ihr verborgen habe, und erzählte in *St. Hilaires* Gegenwart ihre Geschichte, die die Wahrheit davon bestätigte. Sie schloß damit, daß da aller Anschein gegen sie zeugte, sie sich nicht über den Verdacht der Prinzessinn verwundern könne, sie glaubte ihn zu verdienen, wenn sie nicht besorgt wäre, der Sache eine andre Wendung zu geben. Konnte ich weniger für einen Mann thun, den ich liebe? fragte sie das Fräulein. Konnte ich ihm die einzige Gefälligkeit versagen, die er foderte, mich so zu kleiden, daß ich seiner nicht würdiger erschien? Alles, was ich höre, freut mich, sagte Fräulein *Harcourt*. Eine andre, als ich könnte sich beleidigt finden, sagte sie lachend, daß *St. Hilaire* mich zum Vorwand seiner Besuche nahm; aber die Heftigkeit Ihrer Liebe, Ihre Treue und Ihre Klugheit vereinigen mein Interesse mit dem Ihrigen, kann ich Ihnen nützlich seyn, so werde ich Ihnen jeden Dienst erzeigen, zu dem Sie mich fähig glauben. Ihre Freundschaft erbitte ich mir, auf die meinige können Sie rechnen. Ich will mit der Prinzessinn sprechen, und ich hoffe, sie für Sie zu gewinnen. Beruhigen Sie sich also über dieses; es ist nöthig, daß Sie [23v]sie selbst sprechen, ich will Sie bei ihr einführen. Die Liebenden dankten ihr herzlich, und versicherten ihr mit Wärme ihre Freundschaft. *St. Hilaire* erbat sich die Verzeihung des Fräuleins, daß er ehemals ihren Nahmen zum Vorwand seiner Besuche bei Mariannen brauchte. Sie lachte in einem gefälligen Ton und sagte: daß die Ehen im Himmel geschlossen würden, ehe man sie auf Erden erführe, und ohnedem ist niemand Herr über die Bewegungen seines Herzens. *St. Hilaire* machte Marianne nur Zeichen und sie bat das Fräulein, einen diamantnen Ring anzunehmen, den sie ihr nicht abschlagen konnte.

Die Gesellschaft blieb zum Frühstück beisammen, auch die Frau des Advokaten mit ihren Töchtern kamen zur Gesellschaft, man hatte nichts mehr für sie verheimlicht, das Frühstück war kurz, aber lustig, man saß an Mariannens Bette. Die beiden Fräuleins verließen die Gesellschaft bald, und Marianne blieb mit *St. Hilaire* und den beiden Schwestern allein, doch bat Marianne bald, sie allein zu lassen, und sie schlief ein, da der Kummer, der ihre Krankheit verursachte, der Freude Platz machte, sich Genugtuung auf eine so glückliche Weise verschafft zu haben. Das Fieber verließ sie bald, und sie erwachte nach sechs Stunden ohne Fieber, doch noch sehr schwach. Sie konnte den ganzen Tag das Bette nicht verlassen, ihr Geliebter mit den beiden Schwestern blieben bei ihr.

Am folgenden Morgen fanden sie die beiden Fräuleins, die sie besuchten, vollkommen hergestellt. Die Hofdame sagte ihr, daß die Prinzessinn sehr ungeduldig sey, sie selbst zu sehen, und Marianne versprach den folgenden Tag zu kommen. Sie hielt Wort, sie war einfach und bescheiden gekleidet, aber sehr reinlich. *St. Hilaire* gab ihr seinen Wagen. Wer sie sah, wurde von ihrem Wesen bezaubert. Sie warf sich der Prinzessinn zu Füssen, und wollte ihr Kleid küssen, aber sie hob sie auf und blieb drei Stunden mit ihr allein in ihrem Cabinet. Sie ließ sich die kleinsten Umstände [24r]ihrer Geschichte erzählen. Marianne fuhr fort, indem sie ihr erklärte, daß es ihr unmöglich gewesen sey, anders zu handeln, wenn sie nicht auf immer hätte unglücklich bleiben wollen, und wie hätte sie dem Glück entsagen können, das sie zu suchen schien? Konnte ich die Geschenke ausschlagen, sagte sie, die mir bestimmt waren, die man mir so freigebig anbot, wenn ich nicht ganz mit ihm brechen wollte? Seine Betheurungen in der Gegenwart meiner Mutter, nie die Ehrfurcht zu vergessen, die er mir schuldig war, seine Bitte an sie, uns nicht allein zu lassen, die beständige Gesellschaft der Töchter des Hauses, wo ich in der Kost bin, die mich seit dem Tode meiner Mutter nicht verlassen haben; die Sorgfalt die ich hatte, mich niemals mit ihm allein zu finden weder in meinem Zimmer, noch anderswo, wo man uns aus dem Gesicht verlieren könnte, sagt dies alles nicht laut genug, daß ich immer recht lebte? Können meine Gründe nicht gelten, mich so zu betragen, daß ich mir nie Blößen gab, die mir ohne Zweifel mein Glück hätten verscherzen lassen? – Hätte er meine Tugend besiegt, so wäre ich von ihm abhängig geworden, er hätte es nie zugegeben, daß ich einer solchen Prinzessinn die Sache anders dargestellt hätte, als sie wirklich war, weil es so grosses Aufsehn gemacht hätte. Er hätte nur seine Befriedigung gesucht, ohne meine Rechtfertigung zu achten. Ohne seinen Beifall hätte ich nichts thun dürfen; aber Gottlob, daß ich mich ohne meinen Geliebten rechtfertigen kann! Ich opfre ihn selbst der Furcht auf, mich zu verlieren und erhalte mir ihn dadurch noch zärtlicher und noch fester von meiner Tugend überzeugt, die nicht den Schatten eines Verbrechens, noch den mindesten Argwohn auf sich lassen wollte. Die Prinzessinn mußte ihr gestehn, daß alles zu ihrem Vortheil spreche; sie theilte ihre Empfindungen und freute sich ihres Glücks. Sie bezeigte ihr ihren Kummer, daß sie sie gekränkt habe, und versprach aus großer Gutmüthigkeit, sich zu ihrem Besten zu verwenden. Sie mußte in ihrem Hotel bleiben, [24v]und der Wagen wurde zu *St. Hilaire* zurückgeschickt, denn die Prinzessinn wollte sie selbst nach Hause begleiten. Sie hatten noch mancherlei zu überlegen, und ihre Gespräche dauerten lange, wo die Prinzessinn auch noch von Mariannen erfuhr, daß sie nicht von geringer Herkunft sey, sondern von Adel. Die Prinzessinn ließ Herrn von *Clairval* darüber befragen. Seine Tochter brachte die Antwort, daß er Mariannens Vater gut gekannt habe, und daß er aus einem sehr alten Hause aus *Anjou* herstamme, und einer der vorzüglichsten Offiziere seines Regiments gewesen sey.

Die Prinzessinn konnte ihre Freude darüber nicht verbergen, sie sagte Mariannen, daß die Tugend jeden Stand kleidete, aber daß sie doch dem Adel noch mehr Glanz gäbe; sie ließ sich von Mariannen versprechen, daß sie den folgenden Tag ihren Geliebten zu ihr bringen sollte. Sie stiegen zusammen im Wagen mit den beiden Fräuleins, und die Prinzessinn brachte Mariannen in ihre Wohnung. Sie war neugierig genug auszusteigen und ihr Zimmer zu sehn; sie untersuchte alles, ließ die drey Frauenzimmer allein, und suchte noch die Hauswirthin und ihre Töchter auf, um sie auszufragen. Bei ihrem Weggehen bestand sie darauf, daß sie Mariannens Geliebten sprechen wolle, und daß sie sie beide den nächsten Tag erwartete.

St. Hilaire, begierig zu erfahren, was vorgefallen war, besuchte seine Geliebte noch am Abend, und er war entzückt über die gütige Aufnahme der Prinzessinn. Es ist nicht alles, fuhr Marianne fort, sie will Sie selbst sprechen, und ich mußte es ihr versprechen, Sie morgen zu ihr zu führen. Soll ich eine leere Versprechung gethan haben? – Nein, schöne Marianne, ich nehme zu lebhaften Antheil an dem, was Sie angeht, um mich nicht innig zu freuen über das, was eine grosse Prinzessinn für Sie thun will. Ich vereinige mit Freuden Ihren Dank mit dem meinigen. Ich werde kommen, Sie abzuholen, bitten Sie Fräulein *Clairval*, [25r]daß sie uns begleitet. Aber, schönste Marianne, so schön Sie in Ihrem Negligee sind, so geben Sie sich doch noch vor den Augen des Publikums alles, was Ihnen die Kunst noch borgen kann. Ich verstehe Sie, ich werde mich bestreben, Ihnen Ehre zu machen, sagte sie, und Sie sollen mich in einem Glanz sehen, der Sie überraschen wird.

Als sie den folgenden Tag ihren Besuch ablegten, empfing sie die Prinzessinn auf die freundlichste Art. Nach einer allgemeinen Unterhaltung führte die Prinzessinn *St. Hilaire* in ihr Cabinet, er mußte ihr da alles wiederholen, was sie schon von Mariannen wußte. Er that es mit so einem leidenschaftlichen Ausdruck, daß er die Prinzessinn ganz auf seine Seite brachte.

Aber, fragte sie, warum heirathen Sie das Mädchen nicht, da Sie doch in einem Alter sind, wo Sie keiner fremden Einwilligung bedürfen? Dieses läßt mir noch Argwohn über Ihre Absichten. Sie gestehen selbst, daß Sie ihr Vorschläge machen konnten, die ziemlich leichtfertig waren, hofften Sie nicht am Ende, daß sie sich ergeben müsse? – So dachte ich nicht, grosse Prinzessinn, antwortete er, und um Sie zu überzeugen, daß meine Absichten immer rein waren, so möchte ich Sie bitten, Mariannen in Ihr *Hotel* aufzunehmen, Sie werden da am sichersten über unser Betragen wachen. Wenn ich Mariannen keine heimliche Heirath vorschlug, so war es nur die große Ehrfurcht, die ich für meine Mutter habe, die mich davon abgehalten hat. Tausend Vorfälle, denen keine menschliche Klugheit ausweichen kann, würden ihr meine Heirath entdecken. Nicht die Furcht, von ihr enterbt zu werden, hält mich zurück, die Güte, die sie immer für mich hatte, verbietet es mir. Diese Zärtlichkeit, die sie mir immer bewies, zwingt mich, diese Ehrfurcht nicht zu verletzen, und die ich ihr übel vergölte, wenn ich sie nur im geringsten bekümmerte. Ich wollte lieber immer unglücklich seyn, als ihre Liebe so zu erwiedern. Ich opfre ihr meine Zufriedenheit, aber mein Herz bleibt meiner geliebten Marianne. [25v]Schon mehrere Heirathsvorschläge that mir meine Mutter, die ich unter verschiedenen Vorwänden ausschlug; dies machte es ihr glaublich, daß mein Herz mit einem Gegenstand beschäftigt wäre, ich gestand es ihr selbst, aber ich nannte ihr meine Geliebte nicht. Ich bat sie, nicht in mein Geheimniß zu dringen, und sie hat mirs auch zugesagt. Nur dieses habe ich angelobt, nicht ohne ihr Wissen mich zu verheirathen, und dagegen habe ich ihr Versprechen, daß sie meiner Neigung nicht Gewalt anthun will; sie hat mir ihr Wort gehalten, und ich bin gesonnen, das meinige zu halten. Selbst aus Furcht, daß man meine öftern Besuche bei Mariannen entdecken könnte, habe ich mich freiwillig aus ihrer Gegenwart verbannt. Ich ließ mehrere Monate hingehen, ohne sie zu besuchen. Ich liebe mit der größten Heftigkeit, aber ich habe keine Hofnung. Ich kann nicht hoffen, meiner Mutter Einwilligung zu erhalten, um die ich sie nie bitten werde, und ich liebe sie zu sehr, um Wünsche in meiner Brust zu nähren, die gegen die Ehrfurcht stritten, die ich für sie habe.

Die Prinzessinn müßte dieses Betragen bewundern, aber sie sagte, daß es ihr Plan wäre, selbst mit Frau von *St. Hilaire* zu sprechen. Nein, rief er aus und warf sich zu den Füßen der Prinzessinn, ich flehe Sie an, keinen Schritt zu thun. Meine Mutter würde ihre Einwilligung geben, Ihre Fürsprache würde ihr kein ander Mittel zulassen, sie würde alles bewilligen, aber es wäre denn doch eine erzwungene Einwilligung, und mein Glück wäre nur unvollkommen, wenn meine Mutter auch nur mit dem kleinsten Wiederwillen darein willigen sollte. Sie sind ein guter Sohn und ein guter Liebhaber, sagte die Prinzessinn, und noch dazu scheinen Sie mir ein rechtschaffener Mann, aber verlassen Sie sich auf mir, ich werde Sie nicht in Verlegenheit bringen. Gelingt es mir, so sollen Sie mir dafür danken, wo nicht, und ich sehe, daß ich nicht den Vortheil mit gutem Herzen gewinnen kann, so ist nichts für Sie verlohren, und Sie bleiben ohne Tadel. Es war vergebens, sich ihrem Willen zu wiedersetzen; sie [26r]war dazu entschlossen, und *St. Hilaire* ging von ihr ungewiß, wie er die Sache aufnehmen sollte; sollte er sich über solch eine mächtige Vermittlerinn freuen, oder sollte er sich betrüben, daß endlich doch seiner Mutter das Geheimniß entdeckt würde.

Er suchte Marianne auf, als er die Prinzessinn verlassen hatte, und erzählte ihr den Entschluß, den sie gefaßt hatte. Ihre Freude war rührend, und sie konnte sich nicht zurückhalten, sie bezeigte sie ihrem Geliebten durch tausend Liebkosungen. Auch er ließ ihr seine Freude sehen, und beide wünschten sich Glück zu der Unterstützung einer solchen Prinzessinn, der Frau von *St. Hilaire* nichts abschlagen könnte. Welche Aussicht für zwei Liebende! Sie sahen sich nun dem Ziel ihrer Vereinigung entgegen. Die beiden Fräuleins theilten ihre Freude mit aufrichtigem Herzen, und sie umarmten sich wechselweise mit Thränen in den Augen. Die Prinzessinn ließ Mariannen rufen und deutete ihr an, daß sie die Bitten ihres Geliebten erfüllen und sie zu sich in ihr *Hotel* nehmen wollte. Marianne sagte ihr tausend Danksagungen für ihre Güte, und *St. Hilaire* sprach seit diesem Tag nicht mehr allein mit ihr.

Voll froher Hofnungen, die glückliche Entscheidung ihres Schicksals nun erreicht zu sehen, verließen sich die beiden Liebenden. Aber sobald sie sich nicht mehr sehen konnten, schwand ihre Ruhe. Sie sahen die schöne Hofnung wie ein Luftbild verschwinden, das sie freundlich betrogen hatte. Marianne konnte sich nicht schmeicheln, daß die stolze Frau von *St. Hilaire* jemals ihre Verbindung zugeben würde. Sie sah nur nach einer abschlägigen Antwort dem Aufenthalt in einem Kloster entgegen oder denen zum Mährchen zu dienen, die ihre schmeichelhaften Hofnungen kennten. Auch *St. Hilaire* war von seiner Seite nicht ruhiger; so lange er seine Geliebte sah, schmeichelte ihm die Liebe nur mit freudigen [26v]Hofnungen. Der Besitz eines reizenden Mädchens war alles, was er vor sich sah. Aber als die Einsamkeit ihn andern Betrachtungen preisgab, fühlte er nur, daß man seiner Mutter Gewalt anthun wollte, indem er sie um ihre Einwilligung durch eine Person bitten ließ, der sie nichts abschlagen durfte. Er fühlte, daß eine so erzwungene Einwilligung ihn nicht wenig strafbar in den Augen einer guten Mutter erscheinen ließ, der er so viel Dank schuldig war, die seine Liebe so sehr verdiente. Er fürchtete den Schlag zu empfindlich für sie, und er verabscheute sich, ihr ihre Zärtlichkeit so schlecht zu lohnen. Der gute Sohn überwand den Liebhaber, und er überließ sich dem Gefühl seiner Pflicht.

Diese grausamen Betrachtungen hatten ihn so verändert, daß es seiner Mutter, als er zu ihr kam, nicht verborgen bleiben konnte. Sie fragte ihn, ob ihm etwas fehle, und nahm einen solchen Antheil an seiner Gesundheit, daß er beschloß, sich ganz zu überwinden. Es ist geschehn, sagte er zu sich selbst, ich will nicht mehr daran denken. Die Mutter glaubte, daß ein Fieber plötzlich seinen Kopf angegriffen habe, und daß er sehr übel wäre. Sie that alles, um ihm Erleichtrung zu verschaffen. Halten Sie ein, liebe Mutter, sagte er, ich habe keine körperliche Krankheit, mein Geist allein ist beunruhigt. Verzeihen Sie, daß ich nur einen Augenblick darein willigen konnte, Ihnen zu mißfallen. Geben Sie Befehl, daß man uns allein läßt, ich werde Ihnen mein Verbrechen gestehen, aber auch zugleich meine Reue.

Als sie allein waren, warf er sich ihr zu Füßen und blieb so ohngeachtet aller ihrer Kräfte, die sie anwendete, um ihn aufzurichten. Er verbarg ihr nichts von seiner Liebe und gestand ihr die ganze Stärke seiner Leidenschaft. Er erzählte ihr alles, was er für seine Geliebte gethan habe; durch welchen Zu[27r]fall er die Bekanntschaft der Prinzessinn gemacht habe, und alles, was sich dort zugetragen, auch ihr Versprechen, sie für ihn um ihre Einwilligung zu bitten. Er gestand ihr, daß er sich nicht so leicht gleich im ersten Moment von so schönen Hofnungen habe trennen können, aber bald habe die Reue dem Vergnügen Platz gemacht, und diese habe ihn in den Zustand versetzt, in dem sie ihn jetzt erblicke. Thränen erstickten seine Stimme. Er flehte die Mutter um ihre Vergebung an, daß die Prinzessinn ihr ein so wenig annehmliches Compliment machen würde. Er versprach nicht mehr daran zu denken, oder zum wenigsten ihr niemals wieder etwas davon zu sprechen, sich zu entfernen, wenn sie es verlange, um der Zeit es zu überlassen, aus seinem Herzen eine Neigung zu reißen, die so wenig ihren Beifall verdiene. Er gestand ihr frei, daß er seit vier Jahren alle Heirathsvorschläge abgewiesen habe, die sie ihm gethan, weil sein Herz gebunden war. Sie sah zu gleicher Zeit seine leidenschaftliche, heftige Liebe für Mariannen und die tiefste Ehrfurcht fur sie.

Die Mutter hatte allen Anlaß, sehr zufrieden mit ihrem Sohn zu seyn, und nur, wenn es Heirathsangelegenheiten betraf, sonst hatte er immer ihren Willen befolgt. Nie hatte er ihre Güte gemißbraucht und immer ihre Zärtlichkeit mit einer frommen Offenherzigkeit erwiedert. Sie ließ ihn ausreden, ohne ihn zu unterbrechen. Sein Zustand flößte ihr Mitleid ein, sie tröstete ihn selbst und verwies ihn zur Ruhe. Sie selbst ging zu Bette in der Ungewißheit, was sie thun wollte, aber noch ehe sie einschlief, war ihr Entschluß gefaßt.

Ihre Kammerfrau weckte sie mit dem frühen Morgen, um ihr zu sagen: daß ein Page von der Prinzessinn E. sie zu sprechen wünsche. Sie ließ ihn ins Zimmer kommen. Er sagte ihr, daß er den Auftrag habe, sie zu fragen, wann *[27v]*die Prinzessinn sie besuchen könnte. Eine wichtige Sache, über die sie selbst mit ihr sprechen müßte, wäre die Ursache ihres Besuchs. Als Frau von *St. Hilaire* erfuhr, daß die Prinzessinn schon sichtbar wäre, eilte sie so sehr sie konnte mit ihrem Anzug und ließ sich von dem Pagen ins Hotel der Prinzessinn bringen.

Sie wünschte längst ihren Sohn verheirathet zu sehn; da das Mädchen, was er liebte, aus einer guten Familie war, so entschloß sie sich, über das Vermögen gleichgültig zu seyn. Ihres Sohnes heftige Liebe rührte sie tief, und seine Ehrfurcht für sie war ihr schmeichelhaft. Sie ließ sich erkundigen, wie er die Nacht zugebracht habe, und sie erfuhr, daß er so sehr unruhig gewesen und immer geseufzet habe, seit kurzer Zeit schlummre er aber. Sie wollte seine Ruhe nicht stören, und verbot, daß man ihm nicht sage, wo sie hingegangen, weil sie befürchtete, seine Unruhe und Ungeduld zu vermehren.

Die Prinzessinn, vorbereitet für ihren Besuch, wußte ihr für diese Höflichkeit vielen Dank. Sie ging ihr bis an die Treppe entgegen, umarmte sie, und sie gingen allein in ihr Cabinet. Nach Verlauf von zwei Stunden kamen sie ins Zimmer zurück, und die Prinzessinn gab Befehl, Mariannen zu holen. Sie war während der Zeit in keinem ruhigen Zustand. Fast gegen ihren Willen hatte man sie auf Befehl der Prinzessinn prächtig angekleidet. Sie war erstaunt, als man sie rufen ließ und ging mit einer Schamhaftigkeit hin, die ihrem Gesicht eine neue Anmuth gab, und ihr das Herz der Frau von *St. Hilaire* gewann. Kommen Sie näher, Marianne, sagte die Prinzessinn, die sie bei der Hand nahm, sie fuhr fort, indem sie sie der Frau von *St. Hilaire* vorstellte, hier ist das Frauenzimmer, was Sie verlangten. Sehen Sie selbst, ob Ihr Sohn eine schönere Wahl treffen konnte; Sie werden sie lieben und schätzen, wenn Sie ihre schöne Seele mehr kennen werden.

*[28r]*Marianne war bei diesem Gespräch fast ohne Bewußtsein. Ich gestehe, sagte Frau von *St. Hilaire*, indem sie sie umarmte, wenn mein Sohn zu verdammen ist, so hat er doch eine schöne Entschuldigung. Ich kenne kein so schönes Mädchen in Paris. Aber doch ists nicht allein diese schöne Außenseite, sagte sie, indem sie sich zu Mariannen wendete, der Sie meine Einwilligung zu der Heirath mit meinem Sohn verdanken. Der erste Grund ist die Empfehlung der Prinzessinn von E. und Ihre Tugend und Frömmigkeit, der sie mich versicherte. Danken Sie ihr, so viel Sie können; auch die Unterwerfung und die Ehrfurcht, die mir mein Sohn immer zeigte, kommen in Anschlag. Ich hoffe, Sie werden mir eben so viel im Herzen bewahren, und ich werde es nicht bereuen, Sie in meine Familie aufgenommen zu haben. Nur Thränen waren Mariannens Antwort.

Die Prinzessinn ging einen Augenblick in ihr Cabinet, um einen Rosenkranz zu holen. Da Marianne sich allein mit der Mutter ihres Geliebten sah, benutzte sie den Moment und warf sich zu ihren Füßen, weil sie es nicht in der Gegenwart der Prinzessinn thun durfte. Sie küsste ihrer künftigen Schwiegermutter die Hände, sagte ihr die wärmsten Danksagungen und gelobte ihr Achtung und Ehrfurcht, die der nichts nachgeben sollte, die ihr Sohn für sie fühlte.

Frau von *St. Hilaire* wollte sie mit Gewalt aufheben, und die Prinzessinn fand sie noch in dieser Stellung, sie zeigte ihre Freude darüber und küsste Mariannen, indem sie sie aufhob. Ich habe gern, sagte sie, daß Sie mich überzeugen, daß Sie der Güte der Frau von *St. Hilaire* nicht unwerth sind. Frau von *St. Hilaire* mußte den Rosenkranz aus der Hand der Prinzessinn annehmen, der ein fürstliches Geschenk war. Sie wußte, daß Fräulein *Harcourt* vor den Lohn war genöthigt worden, einen diamantnen Ring anzunehmen, und wollte dadurch nichts schuldig bleiben. – Sie konnte nicht aufhören ihre Freude zu bezeigen, daß sie zu dem Glück von beiden so viel [28v]beigetragen habe, und sie erklärte, daß sie für die Hochzeit sorgen wollte. Marianne wird Ihrem Sohn keine Aussteuer bringen, sagte sie, indem sie sich zur Mutter wendete, aber ich verpflichte mich, dafür zu stehen, sey es durch meinen Credit oder den meiner Freunde. Ihr Sohn kann auf meinen Schutz rechnen, und vielleicht wird er früher davon überzeugt, als er es selbst denkt.

Den Nachmittag ging Frau von *St. Hilaire* mit Mariannen und den beiden Fräuleins in das Zimmer ihres Sohnes, der noch im Bette war und sich sehr übel befand. Seine Krankheit dauerte einige Monathe. Marianne pflegte ihn treu, und verließ ihn selten. Sie betrug sich auf so eine schöne Art mit Frau von *St. Hilaire*, daß sie ihre Neigung und Liebe so sehr gewann, daß sie selbst den Aufschub der Hochzeit ungeduldig beklagte.

Dieser Zeitpunkt kam endlich. Sie blieben bei der Schwiegermutter, die Mariannen anbetete und sich in kurzer Zeit eben so wenig von ihr trennen konnte, als *St. Hilaire* selbst. Sie war eine der glücklichsten Frauen und besaß das Geheimniß, sich von allen die ihr nahten, geliebt zu werden. Die Prinzessinn blieb ihre treue Freundin und interessierte sich immer lebhaft für ihr Glück, und durch ihre Verwendungen gelangte *St. Hilaire* zu ansehnlichen Ehrenstellen.

Wer fühlt nicht, daß Marianne nun den Zufall segnet, der ihr auf der Messe von *Saint Germain* so große Beschämung und Verlegenheit verursachte, weil daraus ihr Glück hervorging.

Autun und Manon

[1]Als ich eines Tags eine meiner Freundinnen besuchte, fiel es mir nicht wenig auf eine ältliche Frau, begleitet von einem jungen Frauenzimmer ins Zimmer treten zu sehen. Die Schönheit der jungen Dame übertraf alles was ich bisher noch gesehn hatte, sie war ohngefähr fünfzehn Jahr. Es war die Tochter des ältern Frauenzimmers, wie ich nachher erfuhr. Sie war kaum aus dem Kloster gekommen um ihren Vater zu sehen, und sollte nach drey Monaten wieder dahin zurückkehren weil ihre Mutter nicht wünschte, daß man eine so große Tochter bey ihr sehen sollte, da sie selbst noch so viele Ansprüche auf Schönheit machte. Da sah ich zum erstenmal eine Person die so viel über mein künftiges Schicksal bestimmte. Herr von *Ribaupierre* war Offizier, er hatte die Welt gesehen und große Reisen gemacht, durch die er an Erfahrung reicher geworden aber sein Vermögen hatte dabey nicht zugenommen. Er war ein Mann von Verstand frey, und offen und hatte gewiß niemanden in der Welt betrogen, ausgenommen seine Tochter. Alle seine Plane die er zur Vergrößerung seines Vermögens entwarf mißlangen, er hatte große Verluste erlitten, und hatte zulezt gelernt dem Glück nicht mehr zu trauen. Bey der Belagerung von *Charenton* wurde er mit drey Stichen im Leibe tödlich verwundet.

Man gab ihm die lezte Ölung, und nach einer allgemeinen Beichte erhielt er nicht eher die Absolution, bis er gelobt hatte sich mit seiner Frau mit der er längst schon auf einem vertrauten Fuß gelebt hatte, trauen zu lassen. Sie wurden auf seinem Bette getraut, und da er sich wieder erholte, streute man aus, daß er schon seit einem Jahr heimlich verheirathet gewesen. Nach sechs Monaten erfolgte die Niederkunft des Fräuleins *Ribaupierre*; ihr Gemahl wollte es niemals erlauben, daß man sie Frau nennen durfte. Sie gebahr ihm eine Tochter. [1v]Nach der Geburt dieses Kindes lebte die Mutter sehr gut mit ihrem Gemahl; aber da sie schön war, und jung, und Herr von *Ribaupierre* in seinem acht und funfzigsten Jahre von seiner beschwerlichen Lebensart, und seinen Wunden zu Grund gerichtet, so bekam er bald die unheilbare Krankheit der alten Männer. Er wurde mißtrauisch, ganz in entgegen gesezter Art behauptete er, mehr wie andere Menschen das Betragen seiner Frau beurtheilen zu können, und lebte nicht in einer großen Harmonie mit einer Frau, der man weiter keine Vorwürfe machen konnte, als daß sie vielleicht nur sich lieber puzte und gern gesehen wurde, als einer Frau erlaubt ist.

Als der Todt diese Ehe zerriß, war es gerade die Zeit der Masquenbälle, und Herr von *Ribaupierre* besuchte eben einen Ball bey dem Marquis von ⟨*⟩ der sonst ein Freund der Fräulein *Ribaupierre* war. Er wußte die Nachricht von ihrem Tod, und sie betrübte ihn nicht wenig; ehe man sichs versah trat Herr von *Ribaupierre* in einer eleganten Masque in den Saal, wo er schöne Gesellschaft fand, er präsentierte dem Marquis einen Beutel von *Louisd'ors*, der Marquis und mehrere andere von der Gesellschaft ließen sich ins Spiel ein und verlohren. *Ribaupierre* gewann ansehnlich, und er gestand nachher daß es der einzige glückliche Tag in seinem Leben gewesen sey, und sezte den Verlust seiner Frau mit seinem Gewinn im Spiel in eine Classe.

Da er sich so groß im Spiel angekündigt hatte, so nahm man ihn für einen reichen Mann und bat ihn sich zu erkennen zu geben, er weigerte sich anfangs, aber als er die Masque vom Gesichte zog, erkannte ihn der Marquis, und der Schrecken preßte ihm einen lauten Schrey aus. Wie sagte er, ein Mann, dessen Frau eben verschied, kann sich in einem solchen Aufzug sehen lassen? [2]Unglücklicher Mann, fuhr er fort, sind dieses die Thränen die Sie vergießen, und die Ihnen der Verlust einer Gattin entreißen sollte, die eine der schönsten und tugendhaftesten Frauen der Welt war. Mildern Sie Ihre Ausdrücke mein Herr gab ihm jener zur Antwort, mäßigen Sie sich mein Herr, der Verlust meiner Gemahlin ist vielleicht größer für Sie als für mich, sie gehörte mir an aber Sie besaßen sie, ein Vortheil wiegt vielleicht den andern auf. Ich würde weinen wenn ich mein Geld verlohren hätte, oder wäre doch traurig geworden, und dadurch vielleicht hätte ich den Damen gefallen, die meine Betrübniß auf die Rechnung meiner verstorbenen Gemahlin geschoben hätten, aber jetzt habe ich das Recht mich zu freuen. Ich verliehre eine Frau die mich immer betrübte, und gewinne sechshundert *Louisdors*. Ich muß mich freuen, aber nicht Sie Herr Marquis, Sie verlohren Ihr Geld, und eine Geliebte; und hiermit gute Nacht. So verließ er den Saal ohne eine Antwort abzuwarten.

Der Marquis schalt ihn als er fort war, einen Narren und rohen Menschen und bat seine Freunde die Zeugen dieses Auftritts gewesen um Verschwiegenheit, auch seinem Bedienten gebot er Stillschweigen und erklärte feyerlich, daß er in seiner künftigen Frau so viel Tugend möchte erwarten können, als er in der Gemahlin des Herrn von *Ribaupierre* gefunden. Der Wittwer, der Verstand hatte, und fühlte, daß sein Mißverhältnis mit seiner verstorbenen Gemahlin bekannt war, so fürchtete er Händel, die man ihm zuziehen könnte, zumahl da schon hin und wieder ein Gerede entstand, und man von Vergiftung spach. Er ließ Ärzte und

Wundärzte herbeyrufen, und den Leichnam öffnen. Da man den Todt seiner Gemahlin natürlich fand, so ließ er sie beerdigen. Übrigens gab er selbst die erste Veranlassung, [2v]seine Gemahlin für untreu zu halten, weil er behauptete, daß niemand ihre Aufführung kenne als er selbst, denn dieser Grundsaz ist so oft in der Welt angenommen, daß sobald ein Mann selbst über die Treue seiner Frau Zweifel aufwerfen kann, so berechtigt es zwiefach die andern das Böse zu glauben.

Aber seine Tochter konnte man troz den Äußerungen ihres Vaters nicht verkennen, sie war ihm zu ähnlich, und je größer und schöner sie wurde, je mehr nahm diese Ähnlichkeit zu, und doch war er selbst einer der häßlichsten Menschen. Der Todt ihrer Mutter brachte keine Veränderung in der Lage des Fräuleins von *Ribaupierre* hervor denn der Vater wollte nicht die Last auf sich nehmen, Aufsicht über eine Tochter von siebzehn Jahren zu haben. Doch da er selbst zu schwächlich wurde, rufte er sie zu sich. Sie erschien in der Welt, und trug Sorge für ein Vermögen das sie einst zu erwarten hatte. Zu dieser Zeit, da sie im zwanzigsten Jahr war sah ich sie zum ersten Mahle wieder, seit der Zeit daß ich sie bey meiner Freundin gesehen hatte.

Schon damahls war ihre Schönheit bewundernswürdig, aber doch als ich sie zum zweitenmale sah, hatte sie noch unendlich gewonnen. Ihr Wuchs war majestätisch, ihr jugendliches Aussehn war durch die Weiße der Gesichtsfarbe erhöht, schöne schwarze Augen und schmachtend, aber auch lebhaft wie sie sie selbst haben wollte, ihre Nase schön geformt, ein kleiner rother Mund, und alle Gesichtszüge in schöner Harmonie, wie einer heiligen Jungfrau. Ihr Anstand war edel und fest, ihre Bewegungen waren lebhaft, aber erfüllt von einer natürlichen Sittsamkeit, die mich entzückte. Ich konnte nicht wiederstehen und folgte ganz der Neigung meines Herzens. Bis zu diesem Zeitpunkt hatte ich mein Herz verwahren können, ich gab es hin, ich liebte *Manon* oder vielmehr ich betete sie an seit dem ersten Augenblick, [3]da ich sie sah. Man kann nicht über sein Herz gebieten wie man es möchte. Umsonst stellte ich mir die Gerüchte vor die bey dem Tod ihrer Mutter verbreitet wurden, das wenige Vermögen was ihr zu Theil werden würde, und ich glaubte, obwohl sie die schönste Person von der Welt wäre, die ich je gesehn hätte, so sähe ich sie doch mit Gleichgültigkeit an. Aber ich betrog mich, ich sah sie den folgenden Tag in der Messe, ein einziger Blick den sie auf mich warf, der mich wähnen ließ, er fodere mein Herz, zerstörte alle meine Entschließungen. Ich entschuldigte die Mutter, ihr Vater dünkte mir nur ein Unmensch, ein Verräther, und ich dachte mir eine Frau die nicht vollkommen tugendhaft wäre hätte einer solchen Tochter das Leben geben können. Ich überließ mich meiner Leidenschaft, und meine Aufmerksamkeit wurde nicht gleichgültig aufgenommen. Ich sprach, sie hörte mich an, aber ohne mir eine entscheidende Antwort zu geben; lange schwebte ich in Ungewißheit, und nur eine Begebenheit riß mich aus dieser, und ließ mir sehen, daß *Manon* mich genug liebte, um im Ernst daran zu denken mir ihre Hand zu geben.

Eines Tages fand sich ein Geistlicher bey ihr ein, und nach manchen gleichgültigen Gesprächen kamen wir auf die Ehe zu sprechen, und was sie aufheben könnte oder verhindern. Der Geistliche sagte daß die Kirchengeseze ehmals strenger als jezt gewesen und erzählte einige Beispiele, daß man sonst nicht einmal erlaubt habe daß zwey Menschen die zusammen ein Kind aus der Taufe gehoben sich verheirathen dürften. Daß man jezt keine Gewissenssache mehr daraus mache. Obgleich diese geistige Verbindung eine körperliche aufheben sollte so sähe man⟨,⟩ sezte er in heiligem Eifer zu⟨,⟩ täglich diese Erfahrung bestätigt, daß die Kinder die aus einer solchen Ehe kämen, eben so gut wie diese die aus einer Ehe erzeugt wären, wo die Eltern zu nahe verwandt wären, immer unglücklich würden in ihrem Leben, und [3v]auch in ihren Sitten spürte man den verderblichen Einfluß. Daß Gott dadurch zeigte, welchen Abscheu er für solche Verbindungen habe, weil er keinen Segen dazu gäbe, so oft und viel man auch Lossprechungen dafür zu erlangen suche, die die Kirche gäbe, um dem Ärgerniß nur vorzubeugen, oder mit dem Mantel der christlichen Liebe solche Vergehungen zu decken.

Noch erzählte er uns, daß er bei einem rechtschaffnen Mann im Hause wohne, dessen Frau ehestens niederkommen wolle, und längst schon darauf gedacht habe, mich und *Manon Ribaupierre* zu Pathen ihres Kindes zu wählen. Die Niederkunft erfolgte, der Vater trug mir die Pathenstelle an, und ich wie die Eltern des Kindes glaubten *Manon* würde ihre Einwilligung geben. Aber die Rede des Geistlichen hatte tiefern Eindruck auf sie gemacht, und da der Vater kam um sie um die Erfüllung dieser christlichen Pflicht anzusprechen, und ihr sagte daß er auch von mir das Versprechen habe, so sagte sie lächelnd: Ich habe mich nur im Scherz dazu verstanden, das Leben ihres Kindes hängt davon ab, alle bey denen ich schon Pathenstelle vertrat, und es sind schon mehr als zwanzig sind gestorben. Alle Ueberredung war umsonst sie wollte nie darein willigen mit mir die Pathe des Kindes zu sein. Ihr Betragen machte mich empfindlich, und ich machte ihr Vorwürfe über ihre Hartnäckigkeit als ich sie sah. Sie lachte der Vorwürfe, und erinnerte mich unvermerkt an die Worte des Priesters. Mein Gedächtnis ist treu, fuhr sie erröthend fort, und verließ mich. Diese unerwartete Erklärung, so verfänglich sie für ein Mädchen auch war, so war sie mit so viel Schamhaftigkeit begleitet, daß ich nicht wußte ob ich mehr erstaunen sollte, oder mehr entzückt darüber sein. Aber auf einmal wurde das Gespräch [4]mit dem Geistlichen mir wieder gegenwärtig. Ich ernannte eine andre Pathe, und *Manon* war nur bey dem Gastmahl gegenwärtig.

Ich dankte ihr für eine so außerordentliche Erklärung, wir vereinigten uns über unsre Hofnungen, und es wurde beschlossen daß ich um sie bey ihrem Vater werben lassen sollte. Ich war unabhängig da ich in dem Alter war wo ich niemanden mehr schuldig bin Rechenschaft abzulegen, und keine Verwandten mehr, die ich über meine Handlungen hätte um Rath fragen müssen. *Ribaupierre* hätte keineswegs Ursache gehabt über einen Antrag dieser Art beleidigt zu werden, meine Familie war der seinigen gleich, mein Vermögen weit ansehnlicher als das seine, und ich konnte in der That noch Ansprüche auf eine weit vortheilhaftere Verbindung machen. Alles dies ließ uns hoffen daß er uns nicht im Wege sein würde, und daß er so gleich meinen Vorschlag annehmen würde. Aber wir betrogen uns.

Er antwortete meinem Fürsprecher, daß er mir sehr verbunden wäre für die Ehre, die ich ihm erzeigte, aber daß er sie nicht annehmen könne, weil er, sezte er hinzu, sich nicht von einem großen Theil seines Vermögens entblößen könne, wovon er anständig leben könnte; wenn er es aber mit seinem Schwiegersohn theilen solle so würde er sehr eingeschränkt leben müssen, außerdem habe er das wenige was er mit großer Mühe von den Trümmern seines Vermögens gerettet habe, für sich selbst gerettet. Nur um ihn in seinem Alter zu pflegen und ihm das beschwerliche Leben zu erleichtern, habe er seine Tochter aus dem Kloster gezogen, wo er sie sonst gelassen hätte, und nicht, um sie in die Arme eines Mannes zu führen, der sie vielleicht gar noch abhalten könnte, für ihren Vater die Anhänglichkeit und Achtung zu haben, die ihr gebühre als Tochter. [4v]Wenn sie nicht seinem Willen gemäß handeln wolle, so wisse er zu gut was er besäße, und daß sie nichts von ihm verlangen könne als was ihrer Mutter gehöre, und seine Tochter wisse selbst zu gut daß diese nicht so viel besessen hätte daß ein Blinder davon hätte singen können. Sie müßte um sein Vermögen nach seinem Tode erhalten zu können, durch ihre Anhänglichkeit an ihn es sich erwerben. Wo nicht so wüßte er woran er sich zu halten habe. Dies ist mein lezter Entschluß sezte er noch hinzu, den ich nicht ändern werde, auch bäte er daß man ihm nie davon sprechen solle seine Tochter zu verheirathen, wenn man sein Freund bleiben wollte.

Diese so bestimmte Antwort war ein entscheidendes Urtheil. Seine Tochter weinte darüber, und ich war in Verzweyflung, aber es gab kein Mittel dagegen. *Ribaupierre* war zu bestimmt in seinem Willen, und er hatte Zeit gebraucht diesen Entschluß reifen zu lassen, und es wurde uns daher unmöglich ihn wanken zu machen, wiewohl wir alles in Bewegung sezten. Das lezte Mittel das wir ergriffen, weit entfernt uns weiter zu bringen wie wir es gehoft hatten, hätte uns können unwiederruflich zu Grunde richten. Wir steckten uns hinter seinen Beichtvater der ihm vorstellte, daß seine Tochter nicht leicht eine so vortheilhafte Heyrath thun könnte wie mich, daß sie bald ein Alter erreichte, worauf man nöthig hätte Rücksicht zu nehmen, daß es hohe Zeit sey, sie zu verheirathen; daß ich darein willigte, sie ohne Heyrathsguth zu nehmen, nur die Versicherung verlange ich, daß er mir sein Vermögen nach seinem Tode zusichern wolle, daß er es also jezt ganz genießen könne. Und indem er sich [5]einen Schwiegersohn wähle, so hätte er statt einer Stüze an seiner Tochter zu haben, zwey. Selbst sein Gewissen nahm er in Anspruch, und stellte ihm vor, daß er dazu verpflichtet wäre und tausend bösen Vorfällen vorbeugen könnte, wenn er seine Tochter verheirathete, denn ein Mädchen dem man Zwang auflegte, die von der Leidenschaft beherrscht würde, wäre leicht auf Abwege zu bringen. Man sähe täglich Beispiele davon wie weit ein Frauenzimmer sich verirren könne, und er könnte mit Recht fürchten daß seine Tochter auch auf solche Abwege kommen könnte.

Kurz der Geistliche erschöpfte mit der größten Beredsamkeit die ihm die geistliche Liebe nur eingeben konnte, alle Gründe für unsre Vereinigung, aber es gelang ihm nicht. Er hatte mit einem Mann zu thun, dessen Gemüth durch sein eignes Unglück erbittert war, den die Erfahrung belehrt hatte. Er antwortete ihm auf seine Weise, auf jeden Punkt.

Er gäbe gern zu sagte er daß unsre Verbindung für seine Tochter dem Anschein nach vortheilhaft wäre, da er aber niemandem Rechenschaft von dem Zustand seines Vermögens gegeben hätte, so könnte es sich doch vielleicht nach seinem Tode finden daß sie eine so vortheilhafte Partie wäre als ich. Ihr Alter wäre noch nicht so gefährlich, um die Sache so sehr zu beeilen. Drey oder vier Jahre mehr würden nicht mehr Falten in ihr Gesicht bringen, und wenn sie spät heirathe, so würde sie wenig Kinder bekommen, aber sie würde gesund seyn, und von einer starken Constitution. Sie würde sich ihren Verstand vollkommen ausgebildet haben, und besser ihre Wirtschaft zu führen im Stande seyn, und nicht mehr Gefahr laufen in die Zerstreuungen der Jugend zu fallen. Was den Punkt meines Vermögens betreffe, *[5v]*daß ich mich erboten hätte ihm ganz zu überlassen, so lange er lebe, so verstünde man es nicht übel wenn man ihm die Gnade erzeige es ihm genießen zu lassen so lange er lebe, und das ihm als Eigenthum gehöre. Beides der Gebrauch des Geldes, wie das Recht daran gehörten ihm zu, und er wolle es sich auch bis an sein Ende bewahren, denn wenn er einmal sich des Rechts entäußert hätte, darüber zu gebieten nach seiner Phantasie, so würde sein Sohn wie seine Tochter glauben daß dieser Genuß ein Raub wäre den er an ihnen begehen wollte. So gut bin ich nicht sagte er, um zu sterben weil es ihnen Freude macht, auch sollen sie nicht die Sünde auf sich laden, Gott zu beleidigen und meinen Todt wünschen. Die Welt giebt Beispiele genug von Greisen die einfältig genug gewesen sind, um sich aus misverstandener Güte für ihre Kinder unglücklich zu machen, die sie der Religion und der Frömmigkeit zum Ärgerniß verachteten, nachdem die Väter ihnen alles aufgeopfert, diese sollen nicht mir zum Muster dienen. Meine Tochter soll so ist mein Wille immer von mir allein abhängen, ohne mich wie sich selbst dem Zufalle zu überlassen von einem Schwiegersohne abhängig zu sein.

Ich betheure bey Gott sezte er hinzu daß sie nie dieser Gefahr ausgesezt sein soll. Ich bedarf auch der Unterstüzung eines Schwiegersohns nicht, meine Geschäfte bedürfen keines Beschüzers, noch keine rechtliche Fürsprache, alles ist im Klaren und in Ordnung, ich habe keine gerichtlichen Verfolgungen zu befürchten, weil ich niemand einen Heller schuldig. Ich für mich selbst brauche nur die Dienste einer Köchin, und eines [6]Bedienten, um mir den Stock zu reichen wenn ich aufstehen will. Was mein Gewissen angeht so bin ich kein Casuißt aber ich finde nicht daß ich dem gemeinen Menschenverstand zuwieder handle, und ich verstehe nicht wie von einer Heirath meiner Tochter mein Heil abhängen sollte. Fast scheint es daß man mich einige Abweichungen von ihrer Seite wolle befürchten lassen, um mich bey einem höhern Gericht verantwortlich zu machen wenn ich sie nicht verheirathen wollte. Aber auf dieses habe ich nur ein Wort zu erwiedern. Ich gebe gern zu daß die Väter oder Mütter bey einer übeln Aufführung ihrer Kinder nicht schuldlos sind, wenn sie ihre Neigungen zwingen wollen, sey es durch eine Heyrath oder durch das Kloster. Aber das wird mich rechtfertigen daß ich sie nicht heyrathen lasse so lange ich lebe, bin ich todt so ist sie frey, und kann nach ihrer Neigung eine Wahl treffen. Noch weniger bin ich gesinnt sie wieder ins Kloster zu schicken, ich habe sie für mich und weil ich ihrer bedarf heraus geholt. Aber doch wenn es ihr Wille wäre, würde ich meine Tochter nicht zurückhalten, aber doch fürchte ich dieses nicht, da es ihr so am Herzen liegt, sich zu verheirathen. Was die Befriedigung der Bedürfnisse unserer Kinder angeht, so finde ich die Eltern sehr strafbar wenn sie ihre Kinder in die Nothwendigkeit versezen zu der Börse anderer ihre Zuflucht zu nehmen. Aber bey meiner Tochter ist dies nie der Fall gewesen, sie hat alles was sie bedarf, und mehr noch zum Überfluß, sowohl an Kleidung als zu den Bedürfnissen für ihr Vergnügen. Ich versagte ihr nichts, und war immer der erste, ihre Bedürfnisse zu befriedigen, und ihren Beutel zu füllen, ohne erst zu erwarten daß sie mich darum bat, und sie [6v]brauchte mir nie Rechenschaft darüber abzulegen. Darum würde es nicht die Noth sein, die sie zu Ausschweifungen führte, sondern nur Sinnlichkeit, und dafür kenne ich ein untrügliches Mittel, ich werde sie niemals aus dem Gesichte verlieren, oder ihrer Kammerfrau auf die ich mich verlassen kann, befehlen sie niemals aus den Augen zu lassen. Ich werde sie immer mit in die Messe begleiten, und sie immer in meinem Zimmer beschäftigen, ohne sie herausgehen zu lassen, daß sie nicht von sichern Leuten beobachtet wird. Ich werde sehr gut jede Art von Andachtsübungen und Wallfahrten zu hindern wißen, die ausser meinen Wänden geschehen könnten. Briefe erlaube ich herzlich gern zu schreiben, denn diese sind es nicht, die das Geschlecht vermehren. Auch selbst werde ich Herrn *d'Autun* nicht verbieten sie zu sehen, aber dies werde ich so einrichten daß es unter meinen Augen geschieht. Sollte ich aller Maasregeln ungeachtet betrogen werden, so würde *Manon* schuldiger vor Gottes Augen seyn, als ich und andre Menschen. Denn ich werde nicht fremder Sünden willen verdammt werden, und ich überlasse sie ihrem eigenen Gewißen, und würde keinen Antheil ferner mehr an ihr nehmen. Ich hoffe sie ist zu klug und zu gut erzogen um Thorheiten zu begehn; aber würde sie sich welcher schuldig machen, so muß sie allein dafür büßen, sie würde aller Ansprüche auf mein Vermögen verlustig werden. Seine lange Antwort war hier zu Ende, aber nicht sein Gespräch mit dem Beichtvater. Er hörte ein Geräusch, und konnte nicht zweifeln daß ich mit seiner Tochter gehorcht hätte, wie es auch der Fall war, wir waren in der grössten Verlegenheit; er brach in laute Schmähungen [7]aus, und beschämte seine Tochter so sehr daß ihre Thränen flossen. Wir zogen uns zurück, mußten aber zuvor noch eine treffliche Ermahnung hören, die er an den Beichtvater richtete, ohne das Ansehn zu haben, als spräche er mit seiner Tochter.

Bin ich nicht recht unglücklich mein Herr sagte er, ich habe mich erschöpft, und mein ganzes Leben alle Kräfte angewendet mehr als man mir glauben würde, und jeder Versuch schlug mir fehl. Schreckliche Unglücksfälle haben mich des besten Theils meines Vermögens beraubt, über diese klage ich nicht, Gott wollte es; ich habe vielleicht nur wenige Zeit noch zu leben, von vielen Uebeln gedrückt fast ganz gelähmt will man mich meines Vermögens berauben, und wer ist es? Meine einzige Tochter! die mir alles verdankt, und der allein meine Güte einiges Recht auf mich nach meinem Tode giebt. Man will mich überreden mein Vermögen wegzugeben daß ich nicht entbehren kann, um es einem Menschen zu geben, der mir es vielleicht nie danken wird. Denn meine Tochter ist nicht dazu gemacht allein das Glück zu haben, daß sie einen Mann fünde, der von anderm Teig geformt wäre als wir alle, und der nach eignen Grundsäzen handeln wird. Ich beurtheile ihn nach mir, ich hätte ihrer Mutter in den Tagen meiner Liebe geschworen, sie ewig zu lieben. Sie war unverständig genug, mi⟨r⟩ so zu glauben, und erlaubte mir alles. Drey glückliche Tage dauerte diese Verblendung, diese Freuden, die wir verstohlen genießen mußten, nach dieser Zeit war es das Herz nicht mehr, das mich zu ihr zurückführte, es war nur [7v]ein Bedürfnis der Sinne. Auch ist es wahr daß wenn sich nicht die Folgen dieser Liebe gezeigt hätten, und ich meine Krankheit nicht tödlich geglaubt hätte, ich sie nie geheiratet hätte, ohngeachtet meiner Schwüre und meines Versprechens. Ich heirathete sie nur meines Kindes willen, man machte es mir zur Gewißenssache, und es war mir unmöglich dem Jesuiten zu wiedersprechen dem ich meine Beichte ablegte. Ich liebte sie nicht mehr, der Genuß hatte die Liebe getödet. Noch ist es mir unbegreiflich wie ich dahin gebracht werden konnte, aber man sagte mir jeden Augenblick daß ich sterben müsse, weil ich es so oft hörte so glaubte ich es am Ende selbst, und die Furcht des Todes hatte mich meiner ruhigen Überlegung beraubt. Man sieht in einem solchen Zeitpunkt die Dinge aus ganz einem andern Gesichtspunkt an als in gesunden Tagen. Meine Frau war tugendhaft sagte man mir, und ich glaubte es, und man knüpfte meine ewige Seeligkeit an ihre Hand. Ich nahm sie nicht aus Liebe zu ihr, sondern um die Frucht unsrer Liebe rechtmäßig anzuerkennen, und für mich das Paradis zu erwerben. Ich erwarb es nicht weil ich noch auf der Erde bin; aber doch war ich nicht in der Hölle sondern im Fegefeuer wo ich dafür büßte daß ich am Leben blieb. Sie starb endlich, und ich gestehe es offenherzig ihr Tod machte mir Freude. Und es ist so wahr, daß ich keine Liebe für sie mehr hatte, daß ich eine Stunde nach unserer Trauung ein Testament machte, wo ich ihr sehr wenig bestimmte, und auch nicht die Verwaltung des Vermögens den Händen meiner Frau anvertrauen wollte, das ich für unsre Tochter ausgesetzt hatte. Da sie früher [8]starb so hebt sich dieses Testament auf. Ich lebte ziemlich ruhig mit ihr, weil ich es nicht ändern konnte, aber ohne den Gedanken an meine Tochter, die ich immer liebte, und noch liebe, hätte ihre Mutter sicher kein gutes Leben bey mir gehabt. Ich verschloß meine Augen über ihr Betragen, aber nichts entging mir, und ich wollte nur das Aufsehn vermeiden, was ich nie liebte. Ich selbst wollte nicht Dinge enthüllen, die mir die Ehre ⟨ge⟩bot zu verbergen, und die mehr auf die Tochter als auf die Mutter nachtheilig hätten wirken müssen, und zudem hat sie immer den äußern Schein beybehalten, der mir bey dem Betragen einer Frau das Wesentlichste dünkt, denn das übrige ist unbedeutend.

Ich sage es Ihnen ehrwürdiger Vater fuhr er fort unter dem Siegel der Beichte, und Ihnen fühlen zu lassen daß ich immer unglücklich war, sey es in meiner Jugend durch meine Anstrengung, oder durch meine Verluste, oder in spätern Jahren durch meine Heyrath, da meine

Frau das Geheimniß besaß mich wüthend zu machen, und doch die Herrschaft in Händen zu behalten, daß ich schweigen mußte. Zulezt bin ich es jezt durch meine Kränklichkeit und durch eine Tochter, die mir so viele Verbindlichkeiten hat, und mich doch verlassen will, mich entblößt zurücklassen, und vielleicht sieht sie mich gar als ihren Verfolger an. Aber weil es ihr so wenig kostet sich von mir loszureißen, so will ich auch versuchen mich von ihr loszumachen, und das erstemal, daß ⟨man⟩ mir wieder von einer Heirath spricht, und wo ich vermuthen kann, daß es von ihr gebilligt wird, oder die erste Thorheit die sie begeht die ich erfahre, wird mich bestimmen sie zu verlassen. Ich werde an einen Ort flüchten, dem ich alles was mir übrig geblieben ist übergebe, und wo ich das Glück finden werde, ruhig zu sterben. [8v]Ich weiß nicht ob er mehr sagte, denn seine Tochter zog sich zurück, sehr gebeugt durch ihre Neugierde, und daß ich alles mit gehört hatte, und sie bewog mich wahrscheinlich aus diesem Grunde mich auch zurück zu ziehen.

Wir hatten alle Ursache zu glauben, daß er die Bosheit hatte, bey uns wechselsweis Wiederwillen gegen einander zu erregen, *Manon* sollte durch sein Beispiel von mir abgebracht werden, und ich von ihr durch das Beispiel ihrer Mutter. Diese Gedanken brachten uns in eine solche Verwirrung daß wir nicht wagten uns anzusehn. Endlich kam der Beichtvater heraus, und theilte uns das Resultat seiner Unterhaltung mit was die Heyrath betraf. Von *Manons* Mutter, wie von allem was uns betrüben konnte, schwieg er. Er sagte uns nur wir sollten nicht an eine Heyrath mehr denken, weil es verlohrne Zeit, und Mühe seyn würde. Er wollte selbst nicht rathen Herrn von *Ribaupierre* darüber noch zu sprechen, er wäre nur zu fest und unerschütterlich in seinem Entschluß; und würden wir darauf bestehen ihn zu einer Sinnesänderung zu bewegen so würden wir uns selbst am meisten schaden. Er würde niemals mehr für uns bey Herrn von *Ribaupierre* sprechen und lebte er auch hundert Jahre. Gott bewahre rief ich aus. Und ich weis selbst nicht mit welcher Mine ich es muß gesagt haben, denn der Beichtvater und das Fräulein schlugen ein lautes Gelächter auf.

Der Vater lies seine Tochter bald nach dem Gespräch des Geistlichen abrufen. Sie bat mich noch den Abend wieder zu kommen, wir könnten, wenn das Wetter nicht günstig wäre zum Spaziergang, unter ihre Thüre sie aufzusuchen, und so verließ ich sie.

[9]Glaubst du sagte er seiner Tochter als sie in sein Zimmer trat daß die Welt schon so nahe ihrem Ende sey, daß ein Priester wieder deine Sache ausfechten solle, und erlangen was ihr wünscht, wie es deine Mutter angestiftet hat? Aber entsage diesem Wahn, man hat nicht alle Tage so eine andächtige *Crisis*. Laß dirs nicht einfallen mich in meinen Handlungen zu leiten, ich bin zu alt um Lehren anzunehmen, ich selbst gebe dir keine. Ich lasse dir deinen Willen dich nach deiner Phantasie zu betragen, aber beobachte dich wohl, daß ich nicht Ursache finden kann, mich über dich zu beklagen. Es war mein Entschluß dir den Umgang mit deinem Geliebten *d'Autun* zu untersagen, der ein so höflicher, geschäzter Liebhaber ist, aber es möchte den Leuten zu vielen Gerede Anlaß geben, und ich habe meine Meinung geändert. Deine Mutter gab viel Anlaß zu Geschwäzen, und dir will ich sie ersparen. Willst du daß ich an dich denke so erinnre mich selbst nicht daran. Betragt euch klug, du sowohl, wie dein Geliebter, und so daß das Publikum wie ich zufrieden sein können mit Eurem Betragen. Du kennst mich zu gut und weißt daß die Sprache eines Pädagogen nicht meinem *Carackter* angemessen ist. Ich sagte dir nie etwas über diesen Punkt, und ich glaube daß du immer weise warst, und hoffe du wirst es ferner sein. Ich werde niemals mit dir wieder über diesen Punkt sprechen, aber gieb mir nie Gelegenheit zum Handeln. Es brauchte nur eines Augenblickes um dich unglücklich zu machen, und du würdest dein ganzes Leben beweinen. Nach dieser

Anrede schwieg ⟨er⟩, er hielt Wort, und seit dieser Zeit öfnete er den Mund nicht mehr über diese Angelegenheit. [9v]Ich mußte denn mich entschließen das Vaterland zu verlassen, oder als ein treuer Roman-Held mein Leben im Gewebe der Liebe hinträumen, bis zu dem Tod des Herrn von *Ribaupierre*.

Ich hatte alle Ursache zu glauben daß ich geliebt wurde. Jede Gunst die nicht strafbar war, wurde mir erlaubt, ich sahe *Manon* täglich, und wir machten sogar zuweilen Spaziergänge mit einander. In *Ribaupierres* Hause war ich willkommen, er bezeugte mir seine Freundschaft durch tausendfache Ausdrücke, ob er gleich wohl im Herzen dachte daß wenn es in meiner Macht wäre, ich ihn gern in eine andre Welt gesandt haben würde.

FamilienGeschäfte nöthigten mich selbst nach A. zu reisen weil ich dabey das meiste Interesse hatte. Auch hoffte ich in höchstens sechs Wochen wieder in Paris zu seyn. Ich bat *Manon* beym Abschied mir ihr Bild zu geben; nach einigem künstlichen Wiederstand versprach sie mirs, und erbat sich das meinige. Ich hielt Wort und gab ihr das meinige zuerst, wie sie es gewünscht hatte. Es war in einer einfachen emaillirten Dose, mit einem Spiegel in der Mitte dem Bild gegenüber. Sie gab mir das ihrige nur erst den lezten Tag für meiner Abreise. Es war auf *Emaille* vortreflich gemahlt, und sehr ähnlich. Eine Einfaßung von Perlen umgab es, und eine zweite auf der andern Seite dem Spiegel. Die Dose war auch *Emaille*, und stellte auf der einen Seite *Dido* vor, die auf den Scheiterhaufen steigt, mit dem Dolch in der Hand; das Meer mit Schiffen bedeckt war im Hintergrunde, und deutete auf die Flucht des *Aeneas*, um den Rand waren diese Worte eingegraben: Ihrem Beispiele würde ich folgen. [10]die andre Seite auf dem Rücken des Spiegels stellte einen Reiter vor, dessen Pferd im vollen Lauf war, vor ihm her flog ein *Amor*, that als wollte er den Zügel halten, und es von einer Stadt zu entfernen suchen, die im Hintergrunde war, und wo man mehrere weibliche Figuren erblickte. Unten standen die Worte: Nichts hält einen Liebhaber auf, den die Liebe leitet.

Dies Geschenk war von großem Werth, und ich erfuhr von dem Goldschmidt der das meinige gearbeit⟨et⟩ hatte, daß es wohl hundert *Louisdors* werth sein könnte, weil es eine sehr vollendete Arbeit wäre. Diese Artigkeit war geistvoll. Der Reuter legte mir ans Herz bald zurückzukehren; so schnell als möglich, und die Gelegenheit zu vermeiden wo ich die Treue verlezen könnte die ich ihr geschworen hatte. *Dido* versicherte mich der ihrigen bis zum Tod. Wir gelobten uns unzähligmahl ewige Treue. Ich reiste ab, und konnte nicht so schnell zurückkehren als ich hofte, meine Reise verzögerte sich immer, und statt sechs Wochen blieb ich viele Monate abwesend. Aber ohngeachtet dieser langen Abwesenheit, kam ich noch mit mehr Leidenschaft zurück. Auch mir schien es daß *Manon* mehr Lebhaftigkeit in den Ausdrücken ihrer Liebe zeigte, als vor meiner Abreise. Ich schrieb ihr mit jedem Posttage, und erhielt auch jede Woche Briefe von ihr. Auch fügte ich von Zeit zu Zeit kleine Geschenke hinzu, die sie mehr an mich erinnern sollten.

So bekannt mir ihr Verstand durch unsre Gespräche war, so übertrafen doch ihre Briefe alle Vorstellung. Selten hatte wohl ein Frauenzimmer einen leichtern, mittheilendern Verstand. Sie denkt nicht nach über das was sie sagen will, und doch ist alles was sie sagen kann richtiger und schöner gesagt als andre [10v]denken. Ihr Stil ist bestimmt, natürlich und pathetisch, mit einem gewissen rührenden Ausdruck begleitet, der tausendmahl mehr das Herz ergreift, als ihr belebtes Gespräch, das der Ton ihrer Stimme und die schönsten Bewegungen ihres Körpers begleiten. Ich war so erfreut eine solche Geliebte zu besizen, daß ich um mich bey einigen Damen in der Provinz zu rechtfertigen, die es nicht artig fanden daß ich bey ihnen so gleichgültig wäre, *Manons* Bild zeigte. Die reiche Außenseite erregte ihr Erstaunen, aber mehr noch wunderten sie sich über die Schönheit die sie verbarg, und sie sagten mir daß die Devisen die darauf stünden wohl nicht von ihr erfunden sein könnten. Sie sezten hinzu es müsse eine vollkommene Person sein, wenn sie so viel Geist hätte als Reize in ihrem Gesicht. Ich erwiederte hierauf daß gewiß alles von ihrer Erfindung wäre; und um sie zu überzeugen, so zeigte ich ihnen einen Brief den ich eben empfangen hatte. *Manon* schrieb mir:

Wenn ich mir selbst glaubte so schriebe ich Ihnen nicht, denn ich bin in allem Ernst böse auf Sie. Nichts ist für mich so beleidigend als die Freyheit Ihres Geistes in Ihren Briefen, und diese vollkommene Gesundheit deren Sie sich rühmen. Tausendmal sagten Sie mir daß Sie mich liebten, und ich glaubte es. Sie versprachen mir in einem Monat zurück zu kehren, und unter dieser Bedingung ließ ich Sie abreisen. Schon sind vier Monate seit dieser Zeit verfloßen, und nach einer solchen Abwesenheit sind Sie noch vergnügt, und wohl. Wie glücklich sind Sie, ein Herz und einen Verstand zu haben, die die Probe bey einer solchen Abwesenheit und der Eifersucht aushalten können! Wie ungleich bin ich Ihnen in diesem Punkt! Ich bin bis zur Wuth eifersüchtig, ich wünsche selbst daß [11]⟨Sie⟩ von aller Welt gehaßt würden, daß Sie von allen Seiten zurückgestoßen, genöthigt würden zu mir zurück zu kehren. Aber diese Gesinnung ist für Sie zu beleidigend als daß ich ihr Dauer wünschen könnte, und schon in diesem Moment sage ich mir, daß je mehr Sie geliebt werden, je mehr werde ich in meinem Herzen meine Neigung und Anhänglichkeit für Sie rechtfertigen. Ich möchte daß alle Mädchens um Sie zu sehen meine Augen borgten, aber ich möchte daß Sie nur mich ansähen! Allen Ihren Geliebten wünsche ich Verdienste, ⟨damit⟩ das Opfer das sie Ihnen brächten dem meinigen eine Folie unterlegte. Aber glauben Sie nicht, was ich da sage, meine Eigenliebe spricht aus mir, und ich verlange kein Opfer, ich verlange nur Liebe. Könnten Sie es thun so sagen Sie mirs nicht, ich würde versuchen mich selbst zu betrügen. Aber wo finde ich ein Mittel Ihre Nachlässigkeit zu verdecken, Ihre Kaltblütigkeit in Ihren Briefen, Ihre lange Abwesenheit und die trefliche Gesundheit; und das Mittel Ihnen weniger Gutes zuzutrauen, so daß ich mich selbst verblende, und sogar glaube, daß Sie mich immer lieben. Aber doch ist es mir fast zur Gewißheit geworden daß Sie untreu sind. Die Schönheiten in der Provinz haben mich verdunkelt. Der gegenwärtige Gegenstand ist immer anziehender als eine abwesende Geliebte. Sie haben nichts als ein Bild, daß nur eine Idee ist, und Farbe. Ich möchte verzweifeln, daß ich es Ihnen geben konnte. Sie vergleichen es nun mit Ihren Schönen, und sie gefallen Ihnen, und ich nicht mehr. Die vortheilhafte Abwechslung findet auch ihre Entschuldigung in einem untreuen Herzen: Wie viele Gründe sind dies gegen mich! Wenn werden Sie zurückkehren? Soll ich Sie nicht mehr sehen? Werden Sie mich vergessen? Wenn Sie mich so lieben, wie Sie sagten, wie Sie mirs *[11v]*überreden möchten, würden Sie nicht die Liebe allem andern vorziehen? Können Sie mir kein Zeichen geben als die Schrift, die mich vielleicht betrügt? Leben Sie wohl ich bin so bewegt daß meine Ungeduld auf dem Papier sichtbar wird. Ich hatte beschlossen, mit Ihnen zu zanken, aber der Gedanke an Sie ist mir lebhafter geworden und hat meinen Zorn verlöscht. *Mlle. M.* hat heute ihre Gelübde abgelegt, nun ist sie endlich Nonne geworden! Wie glücklich ist sie, wenn ihr Herz frey ist! Aber wie unglücklich ist sie wenn sie an B. denkt, nur mit einem Theil der Gefühle, die in meinem Herzen erwachen, wenn ich an Sie denke!

Dieser Brief vollendete bey den Damen, die Schilderung des Fräuleins *Ribaupierre*. Sie waren davon entzückt, und ohne daß ich selbst wollte gewannen sie mein Zutrauen. Ich suchte meine Geschäfte so viel wie möglich zu beschleunigen, und doch mußte ich noch länger als zwey Monathe nach Empfang dieses Briefes dort bleiben, und unter der Zeit machten die Briefe die ich von *Manon* erhielt den größten Stoff meiner Unterhaltungen. Man wünschte mir Glück über meine Wahl, man munterte mich selbst auf gegen ein solches Mädchen, die es so verdiente, nie die Treue zu verlezen.

Ich bekam in der lezten Zeit meiner Abwesenheit einen Nebenbuhler. Herr von *Melville* war es, der Sohn eines *Officier de la maison du Roi*. Er ließ sich einfallen, dem Fräulein seine Liebe zu zeigen; aber es war ein Jüngling, der kaum aus der Classe kam, wo er die Rechte studiert hatte, und dabey so albern wie ein Pariser der niemals andere Aussichten hatte, als den Kirchturm seines Kirchspiels. So belustigte sich *Manon* über ihn, und schrieb mir in einem Ton von ihm, der selbst [12]der Gravität eines Cato hätte ein Lächeln abzwingen können. Alle denen ich ihre Briefe zeigte bewunderten die Feinheit ihrer Satire, sie gewann sich dadurch eine Menge warmer Bewundrer, denn nicht wenige sahen ihre Briefe.

Ich kam nach Paris zurück mit mehr Liebe im Herzen, als da ich abreiste, und in der Absicht alles Mögliche zu versuchen, um unsre Heirath zu Stande zu bringen. Der alte *Ribaupierre* hatte einige Briefe an seine Tochter von mir über diesen Gegenstand gesehen, und hatte seine guten Vorkehrungen getroffen. Wer begreift nicht mit welcher Freude wir uns zum erstenmahl wieder umarmten! Wir vergossen heisse Thränen, und ich blieb beynahe unbeweglich zu den Füssen meiner Geliebten liegen. Ich entschloß mich fest den lezten Versuch zu wagen, und unsre Heirath zu vollziehen koste es auch was es wolle. In der Absicht ging ich den folgenden Morgen *Ribaupierre* zu besuchen, während seine Tochter in der Messe war, ich wählte mit Absicht diesen Zeitpunkt.

Ich warf mich ihm zu Füssen, und bat ihn um die Hand seiner Tochter. Ich erbot mich sie ohne Vermögen, ohne alle Verbindlichkeit von seiner Seite einzugehen, ohne alle Hofnung auf seine Erbschaft. Nur seine Einwilligung verlangte ich, er selbst solle die Ehepakten aufsezen. Ohne je etwas von ihrem Vermögen zu hoffen, sollte er seiner Tochter alle möglichen Vortheile von meiner Seite zusichern, auch wollte ich es selbst öfentlich bekennen, daß er ihr eine Aussteuer gegeben habe, die er selbst bestimmen solle.

Wie konnte ich mehr thun? Er schien verlegen über meine Heftigkeit. Aber da er nicht unvorhergesehenes Spiel spielte, da er einige Briefe von mir an seine Tochter gesehen hatte, und darauf vorbereitet war, so antwortete er mir: Daß meine lange Abwesenheit ihn habe glauben lassen, ich denke nicht mehr an *[12v]*seine Tochter, und daß die Dinge sehr ihren Gesichtspunkt verändert hätten seit meiner Abreise. Ich habe mich in eine Verbindung mit einem meiner ältesten Freunde eingelassen, dessen Sohn meine Tochter gewiß ebenso liebt wie Sie, und der ihr wie ich glaube auch nicht misfällt. Ich habe sie ihm versprochen, und alle Geister der Hölle könnten mich nicht dahin bringen mein Wort zurückzunehmen. Gleichwohl will ich meiner Tochter Neigung keine Gewalt anthun. Willigt sie nicht in die Verbindung die ich für sie einging so darf man nicht mehr daran denken. Fahren Sie fort rief ich aus, und warf mich noch einmal ihm zu Füssen, und weil Sie endlich Ihre Einwilligung geben daß sie heyrathen soll, so geben Sie sie mir wenn sie es will.

Die Bewegung in der ich war, ließ mir noch manche Gründe hinzufügen die mir entfallen sind, aber von denen er so lebhaft gerührt wurde, daß er versprach sie mir zu geben, wenn sie sich für mich erklärte, wo nicht und sie erklärte sich für den Andern so solle ich eine andre

Verbindung suchen. Ich will es gern sagte ich, ich glaube nicht daß es schwer sein wird Ihre Tochter zur Erklärung zu bringen, und ich bin ihrer Einwilligung gewiß. Desto besser für Sie war seine Antwort. Aber hüten Sie sich, sich selbst zu täuschen. Sie kennen die Frauen nicht, sie sind feiner als Sie wohl glauben, und bewahren sich oft solche Ausflüchte auf, daß auch der feinste aller Männer sie nicht voraussehen kann. Ich hoffe nicht war meine Antwort daß das Fräulein welche finden könnte, die mich betrüben würden. So ist es gut für Sie sagte er noch, und ich konnte nichts weiter von ihm herausbringen. Aber da er es der Wahl seiner Tochter überließ, so hatte ich gewonnen Spiel. Er wollte meine Eifersucht erwecken, ich fühlte sie in mir erwachen, aber sie wurde bald wieder zerstreut.

Ich erwartete *Manon* in einem Zimmer des untern Stock[13]werk; sie war verwundert mich so früh bey sich zu sehen, denn ich ging nur des Nachmittags gewöhnlich zu ihr. Aber noch mehr wuchs ihr Erstaunen als ich ihr sagte was mich zu ihr führte. Sie wollen uns verderben sagte sie, der Schritt den Sie gethan haben ohne mich zu fragen, kann sonderbare Folgen haben, Sie hätten nicht sollen dahin kommen, ohne mich vorher zu fragen, und ohne meine Einwilligung.

Ihre Antwort brachte mich auf, und ich sagte ihr daß ich die Folgen nicht fürchtete, und wäre etwas zu befürchten, so wäre es nicht für sie. Der Ton in dem Sie mit mir sprechen, fuhr ich fort, lässt mich wohl glauben daß Ihr Vater nicht Unrecht hatte wenn er Ihren Ausspruch zu meinem Vortheil bezweifelte, und allem Anschein nach bestimmen Sie sich dem neuen Liebhaber von dem Ihr Vater mir sprach. Ich sprach in einem so hohen Tone, und war so lebhaft, daß ich nicht weiß ob ich nicht gar in Schmähungen ausgebrochen wäre, wenn *Manon* mir Zeit gelassen hätte. Mein Vater hat Ihnen dieses gesagt rief sie aus und hob die Hände zum Himmel, sagte er Ihnen daß ich einen neuen Liebhaber hätte! Er sagte mir mehr, er sagte auch, daß Sie ihn lieben. Hören Sie mich sagte sie ruhig, dies lässt mich einen neuen Kunstgriff seiner Art argwöhnen. Ich habe Ihnen niemals Anlaß gegeben, Mißtrauen in meine Offenheit zu sezen. Die Erklärung die wir hier haben könnten, könnte nicht vor sich gehen ohne daß wir gehört würden. Aus mehr als einem Grund ist uns das Geheimniß nothwendig. Finden Sie sich um drey Uhr heute im Garten des Arsenals ein, wir können unter vier Augen dort ohne unterbrochen zu werden sprechen, ich werde mich mit Ihnen auf eine Weise erklären, die Sie befriedigen wird. Diese Worte waren mit einem so sichren Aussehen und mit so vieler Gutmüthigkeit gesprochen, daß ich mich ergab, und die Zusammenkunft annahm. Unsre Unterredung dauerte lange, und ich erzählte ihr Wort für Wort *[13v]* was ich ihrem Vater gesagt hatte, und seine Antwort. Ich weiß nicht sagte sie, was ich Ihnen darauf sagen soll ich bin in einer größern Verlegenheit als Sie. Die Ehrfurcht die ich ihm schuldig bin verhindert mich, etwas gegen ihn zu sagen; aber so viel wie ich davon beurtheilen kan⟨n⟩, so betrügt er uns; er weiß zu gut daß ich niemals in eine andre Heirath einwilligen würde als mit Ihnen, und aus dieser Lust will er mich nicht verheirathen so lange er lebt. Was den Liebhaber betrifft den er mir giebt, so weiß ich nicht auf wen ich rathen soll, denn seit Ihrer Abreise sah ich niemanden als den jungen *Melville*. Sein Vater ist der Freund des meinigen. Aber die Art mit welcher ich Ihnen von ihm schrieb, überzeugt mich, daß Sie es nicht glauben! Selbst mein Vater sieht ihn noch wie ein Kind an. Hätte sein Vater mit dem meinigen gesprochen, was ich nicht weis, so giebt es dafür ein gutes Mittel. Da er Ihnen sagte daß ich die Ihrige würde wenn ich darein willigte, so wird die Sache bald zu Ende sein. Denn ich bin bereit ihm meine Gesinnungen zu erklären, sobald es Ihnen gefällt, obgleich er sie weiß, denn ich habe mich mehr als einmal darüber erklärt, aber ich werde es für ihm, wie für der ganzen Welt thun wenn es nöthig sein sollte; und heute noch wenn Sie wollen. Ich glaube nicht daß man richtiger sprechen kann. Sehen Sie was Ihr Wille ist, was ich thun soll, ich werde es ohne Anstand thun. Glauben Sie mir, eilen Sie ihn zu einer bestimmten Erklärung zu bringen, weil er sein Wort gab, sezen Sie ihn in die Nothwendigkeit es zu halten, und aus diesem Grund geben Sie zu, daß ich zu ihm, und in seiner Gegenwart spreche. Ich hielt sie beym Wort, und bat, daß es in demselben Augenblick geschehen solle.

[14]Wir stiegen zusammen in die Kutsche, die sie hergeführt hatte, es war ein Fiacre, sie hatte mit Fleiß weder den Wagen ihres Vaters, noch den meinigen angenommen. Wir kamen an in der Meinung ihn beide zu sprechen, und plötzlich Ja oder Nein von ihm zu hören. Aber wir hatten mit einem Manne zu thun der sich nicht zu beherrschen wußte wie wir glaubten. Die Wärme mit der ich zu ihm am Morgen sprach, und die heftigen Äußerungen meiner Liebe die aus meinen Worten hervor leuchtete hatten ihn überrascht und einen Moment von Mitleid bey ihm erweckt, deßen selbst die bösen Geister sich nicht erwehren können, gegen ihren Willen. Er hatte mich angenommen, und bereute es in dem nächsten Augenblick schon wieder denn er wollte seine Tochter niemals verheyrathen. Er suchte also Mittel auf, das Versprechen abzuheben das er eingegangen war sie mir zu geben, wenn sie es wollte; aber doch wollte er auch nicht daß ich seine Tochter zuerst unsres Bruchs beschuldigen sollte. Denn er sahe mich doch als ihren künftigen Gemahl an, ob er es gleich nicht bey seinem Leben erlauben wolle. Sein Wille war nicht mich wegzustoßen, sondern nur wegzuschieben. Aus dieser Absicht war er wirklich während meiner Abwesenheit in Tracktatten mit *Melville* dem Vater getreten, ob er gleich in der That seine Tochter niemals einem Mann von so geringen Verdiensten geben wollte, und der so wenig in guten Umständen war, da er nicht zweifelte, daß ich ihn bald nöthigen würde zum Entschluß zu kommen; da ich seine Tochter in seiner Gegenwart zu einer Erklärung gegen mich treiben würde, so beschloß er, uns zuvorzukommen.

Er wußte unsre Zusammenkunft, und kaum war seine Tochter aus dem Hause, so schickte er zu *Melville* dem Vater einer dringenden Angelegenheit wegen ihn einzuladen. Der Sohn der eben [14v]dem Fräulein einen Besuch abstatten wollte, fand sich zu gleicher Zeit mit seinem Vater zufällig an der Thüre. Sobald *Ribaupierre* sie ankommen sah, beschloß er sie eben so gut zum Besten zu haben, wie mich und seine Tochter. Nach den ersten Höflichkeitsbezeugungen sagte er *Melville* dem Vater, daß er nachgedacht hätte über das was sie zusammen über die Heirath ihrer Kinder ausgedacht hätten; da er sich alt und gebrechlich fühle, so hätte er beschlossen die Sache so schnell als möglich zu beendigen. Der jüngere *Melville* konnte diese Rede nicht ohne Kizel hören, er ließ nicht einmal seinem Vater Zeit zur Antwort, sondern sprach zuerst, und so wenig man seinen Verstand aus den Reden erkennen konnte so viel Liebe sah man doch darin für das Fräulein. Er schlang sich um ⟨den⟩ Hals seines neuen Schwiegervaters, und sagte ihm daß es neues unerwartetes Glück für ihn sey, aber daß er es mit dem besten Herzen annähme. Der Vater, der mässiger war in seinen Ausdrücken, dankte dem alten *Ribaupierre* eben mit solchem Vertrauen als wenn er wirklich gute Absichten gehabt hätte. Da seine Anträge ihm sehr vortheilhaft waren, so nahm er sie auf der Stelle an. Man sprach schon von den Artikeln des Ehekontractes. *Melville* beraubte sich zur Gunst seines Sohnes seiner Bedienung und trat sie ihm ab. Sie bewilligten alle Foderungen die *Ribaupierre* ihnen machte, und die Sache wurde mit solchem Ernst betrieben, daß sie als geschehen müsste angesehen werden, und wo auch *Ribaupierre* selbst sich nicht mehr hätte lossagen können, wenn seine Tochter eingewilligt hätte, aber er wusste sehr wohl daß sie dieses nicht thun würde, und alles geschah nur in der Absicht, um ihr selbst [15]einen solchen Streich zu spielen. Sie sollte genöthigt werden, sich ⟨dem⟩ zu wiedersezen, was er wünschte, da er immer betheuert hatte keine Gewalt zu brauchen. Er bereitete sich also ohne irgend Gefahr zu laufen eine Comödie, die unnachahmlich war, weil die Spieler so natürlich ihre Rolle spielen mussten, und nichts eingelernt noch falschen Schmuck hatte.

Wir kamen eben dazu, als sie noch bey der Aufsezung der Artikel von dieser vorgeblichen Heirath beschäftigt waren. *Melvilles* Anblick den ich nicht kannte, brachte mich für einen Augenblick zum Schweigen. Doch blieben sie mir beyde nicht lange fremd. *Melvilles* Anrede an das Fräulein unterrichtete mich bald von ihren Absichten. Mein Fräulein sagte er zu ihr, wollen Sie mir erlauben Ihnen meine Freude über das Glück zu zeigen, dessen mich Ihr Vater versichert hat, da er mir Ihre Hand giebt? Ich glaube Sie zu gehorsam um ihm zu wiedersprechen. In einem solchen beleidigenden Ton hätte er noch lange fortgeredet wenn ich ihn nicht unterbrochen hätte. Sie sagen Herr von *Ribaupierre* giebt Ihnen sein Wort mein Herr, Ihnen die Hand seiner Tochter zu geben? Ja mein Herr war seine Antwort. Nun dann erwiederte ich Herr von *Ribaupierre* versprach mir noch diesen T⟨ages⟩, es auf seiner Tochter Entscheidung ankommen zu lassen. Ich habe eben so gut Ansprüche auf sie, und eben so gegründete, und doch überlasse ich sie ihrer Wahl; und Sie mein Herr da Sie sie zu gehorsam glauben ihrem Vater zu wiedersprechen, so glaube ich doch Sie sind zu klug, und zu edelgebohren, und selbst zu rechtschaffen, um ihr Zwang anzuthun, und um sich nicht dem zu unterwerfen was ihre Neigung entscheiden wird. Sprechen Sie nun selbst mein Fräulein, sagte ich ihr. Diese Gelegenheit ist zu schön und zu günstig. Sie erröthete, *[15v]*aber sie blieb keinen Augenblick unentschloßen. Sie fiel ihrem Vater zu Füssen, ohne *Melville* anzusehen, und ich hörte von ihr alles, was ein kluges, frommes, und rechtschafnes, geistvolles Mädchen sagen kann. Mit dem Ausdruck der heftigsten Leidenschaft begleitet hatte sie ihren Worten noch mehr Gewicht gegeben. Sie endigte damit daß sie ihrem Vater die Versichrung gab, daß sie niemals nichts thun würde, was der Tugend zuwieder, und was sein Misfallen erwecken könnte; aber sie bät ihn sehr daß er sie nicht zwingen solle, indem er ihre Hand ohne ihre Neigung vergeben wollte.

Auch ich fasste einen Entschluß, und ob ich gleich die Betrügerey ahndete, so unterließ ich nicht so gut zu meinem Vortheil zu sprechen, daß selbst *Melville* der Vater, der ein sehr rechtschafner Mann war zu unsrem Beschützer sich aufwarf. Er sagte dem alten *Ribaupierre* wenn ihm die Gesinnungen seiner Tochter, und ⟨die⟩ meinigen wären bekannt gewesen, so würde er niemals an die Verbindungen gedacht haben, die sie eben hätten eingehen wollen; er könnte nichts Beßeres thun als zwey Menschen zu verbinden deren Herzen so fest aneinander gebunden wären. Dies sey der Rath den er ihm als Rechtschafner gäbe, und um dessen Befolgung er ihn als Freund bitte.

Ribaupierre der eine solche Bitte nicht erwartete war einen Augenblick verlegen darüber, aber da er längst seinen Entschluß gefasst hatte, so sagte er ohne Umschweife daß seine Tochter ein unverschämtes Mädchen sey, in einem solchen Tone bey so vielen Menschen zu sprechen, sie verleze [16]die ihm schuldige Ehrfurcht, und die Zurückhaltung, die sie sich selbst schuldig sey, daß er nichts Bessres thun könnte, um sie zu bestrafen, als sie zu laßen wer sie wäre. Er würde ihr niemals Zwang auflegen, weil er es ihr versprochen, aber er würde auch nicht seine Einwilligung geben, weil sie es wünschte. Aber mir versprachen Sie, sie mir zu geben wenn sie darein willige, und nun fodere ich Sie selbst auf mir Wort zu halten sagte ich. Das sind Kleinigkeiten, war seine Antwort. Sie hielten mir damals den Degen in die Seite, und ich vergaß es, daß ich *Manon* schon an Herrn von *Melville* versagt habe. Ich gebe Ihnen Ihr Wort zurück sagte dieser; dieses soll Ihnen nicht abhalten mit diesem Herrn in Verbindung zu treten. So wird es auch nichts, sagte *Ribaupierre* erzürnt, und drehte sich nach der entgegengesezten Seite seines Bettes um, und in der That machte er es uns unmöglich, noch eine Antwort herauszubringen.

Melville der Vater wußte nicht was er davon denken sollte, der Sohn wollte verzweifeln, seine Hofnungen verschwinden zu sehen. Das Fräulein verließ uns mit Thränen in den Augen, aber ich konnte nicht länger schweigen, da ich die ganze Betrügerey kannte. Sie wißen mein Herr sagte ich daß ich schon längst an Ihre Tochter gedacht habe. Sie wißen auch daß ich ihr nicht gleichgültig bin. Sie lassen Herrn von *Melville* zwischen uns treten, und geben ihm den Vorzug. Ich habe nicht die Ehre ihn zu kennen, aber meine Eigenliebe schmeichelt mir genugsam, um zu meiner Gunst jeden Unterschied aufzusuchen der zwischen uns sich finden mag; ich glaube daß dieser Herr mir sie nicht streitig machen könnte, wenn ich ganz von [*16v*]ihm gekannt wäre, ich möchte wenigstens mich in nichts verändern um seinetwillen, auf welche Art es auch sein möchte. Es wird mir schwer mich auf eine solche Art zu erklären, aber die Ungerechtigkeit die Sie an mir begehen, zwingt mich dazu. Wie es auch sey mein Herr, was Sie bewegen kann so zu handeln, so werde ich dem Beispiel Ihrer Tochter folgen, ich werde schweigen, weil ich fürchten muß daß die Leidenschaft die in mir erweckt ist, mich die Gränzen der Ehrfurcht überschreiten lassen möchte, die ich dem Vater eines Mädchens schuldig bin, das ich liebe, ja ich möchte sagen das ich bis zur Raserey liebe. Ich verließ das Zimmer in der That, und suchte sie auf. Sie weinte, ich bedurfte des Trostes, aber ihr Schmerz rührte mich stärker als der meinige. Wir sagten uns was uns im Mund kam, aber wir beschlossen nichts, als uns ewig zu lieben, was auch der harte Vater ersinnen möchte um uns zu trennen. Sie ließ mir eine zärtliche Furcht in ihrem Herzen lesen, daß ich doch abgeschreckt werden könnte, aber ich versicherte ⟨sie⟩ darüber, und gelobte ihr ewige Liebe und Treue.

Die beiden *Melvilles* verließen das Haus. Ich fürchtete einem Zwist nicht ausweichen zu können, aber ich betrog mich. Der Vater war rechtschafen, er sagte mir die Art wie ich die Sache genommen, habe ihn nicht beleidigt, noch die Verachtung mit der ich von seinem Sohn gesprochen hätte in seiner Gegenwart; er schrieb alles auf Rechnung meiner Leidenschaft, und es wäre unvernünftig auf Vernunft in der Verzweiflung der Liebe zu rechnen. Diese Äußerungen mußten mich Entschuldigungen auffinden lassen, und das Fräulein that noch einen nachdrücklicheren Schritt, denn nachdem sie sich über [17]die Nothwendigkeit ihrer freyen Erklärung entschuldigt hatte, so sezte sie hinzu, indem sie ihr Gespräch an den Sohn richtete. Sie wissen sehr wohl mein Herr daß man nicht Herr seines Herzens ist, hätte ich Sie früher als Herrn von *Autun* gekannt, Ihre Verdienste würden mein Herz gerührt haben, aber Sie erschienen mir, da mein Herz schon von einem andern Gegenstand erfüllt war. Ich könnte Ihnen nichts geben, als meine Achtung und Sie sind zu rechtschaffen um es übel aufzunehmen was ich Ihnen sage, auch verzeihen Sie mir die Bitte die ich im Beiseyn Ihres Vaters an Sie thue, nie mehr einen Anlaß zu irgend einer Art von Aufsehen zu geben. Ich verstehe Sie wohl sagte der Vater, denn für ⟨den⟩ Sohn war es zu schwer aufzulösen, Sie haben mein Ehrenwort, daß er Sie niemals wieder belästigen soll, und in diesem Augenblick befehle ich es, von Ihnen auf ewig Abschied zu nehmen. Niemals fuhr er fort, und wendete sich zum Sohn, muß ein rechtschaffner Mann überflüssig irgendwo scheinen, sey es wo es wolle. Du spieltest hier eine schlechte Rolle, seze Dich niemals wieder dieser Gefahr aus, und versprich es dem Fräulein in meinem Beyseyn, sie niemals wieder zu besuchen, da deine Liebe nicht gut aufgenommen wurde, so sey wenigstens Dein Gehorsam gegen sie in ihren Augen ein Verdienst. Er folgte seinem Vater wie ein junger lenkbarer Mensch und wir schieden nach vielen wechselseitigen Höflichkeitsbezeugungen von einander.

So war ich denn von meinem Nebenbuhler befreyt, ohne deswegen glücklicher zu sein! *Manon* wie ich kannten wohl die Betrügerey ihres Vaters. Jeder Versuch war uns abgeschnitten, und wir hoften uns von der Zeit allein noch eine günstige Wendung, und doch ward ich vom Schmerz verzehrt, ja [17v]mußte jemand leben sehen, dessen Tod mir nicht unerwünscht gewesen. Dieser Jemand sprach seiner Tochter kein Wort mehr, weder von *Melville* noch von mir, es war als hätten wir nie gelebt. Er machte ein finstres Gesicht, ich ging beständig zu ihm. Er beobachtete aber ein tiefes Stillschweigen zu allem was uns anging, daß wir verlegen waren; aber wir hatten nichts zu befürchten, er wollte uns nicht übel. Er hatte uns ermüdet, und zurückgestoßen, und dieses war es was er verlangte.

Er hatte sein Versprechen erfüllt, er wollte unsre Verbindung aufheben, ohne daß seine Tochter mir den kleinsten Anlaß zur Unzufriedenheit geben sollte. Er sah mich als den Mann an den er ihr bestimmte, aber ich wußte nicht daß er mich wirklich liebte; und doch war es so, denn er bewies mir es einige Monate nachher, auf eine sehr großmüthige Weise.

Ich hatte längst eine Stelle zu finden gesucht, und nun fand sich eine erledigt, aber es kam nun die Rede von der Bezahlung. Ich hatte ohngefähr zwey Drittheile von dem Geld was mir nöthig war; aber ich hatte mich verbindlich gemacht die ganze Summe in einem einzigen Termin zu bezahlen. Zu meinem Unglück starb in dieser Zeit der Banquier der mehr als zwanzigtausend Thaler von mir hatte; und da diese Herren oft einen Lärm auf andrer Unkosten machen, und die Sachen so standen, daß man außer Stand war, mir so bald zu zahlen, so hielt ich mein Geld für verlohren, oder wenigstens sehr dem Zufall überlassen. Ich suchte Geld aufzutreiben wo ich nur konnte, aber mein Credit war nicht so sehr befestigt, als daß ich eine solche große Summe hätte bekom[18]men können, zumahl zu einer Zeit, wo die Banquerotte so häufig waren. Ich weiß nicht durch welchen Zufall *Ribaupierre* es erfuhr, denn seine Tochter wußte nichts von mir, und es wurde ihr erst bekannt, da sie ihr Vater zu mir schickte. Er borgte Geld wo er nur welches bekommen konnte, selbst einen Theil seines Silberzeugs sezte er zum Pfand, und als ich mir es am wenigsten vermuthen konnte, so sah ich sie in mein Zimmer treten, und sie brachte mir zwölftausend Thaler, und sagte mir, ihr Vater habe erfahren, daß ich Geld nöthig hätte, und hätte ihr aufgetragen daß ich es ihm sagen solle wenn es nicht hinreichte, er stünde für alles, und würde alle Kräfte aufbieten, mir das Nöthige zu verschaffen. Es war mehr als ich brauchte mit dem Geld, was ich noch vorräthig hatte. Sie sagte, sie hätte befürchtet er würde ihr einen neuen Streich spielen, da sie auf einmal gesehn hätte daß er all sein Silber verkaufte (sie glaubte er habe alles verkauft), aber jetzt wäre ihre Freude sehr groß da sie sähe welche Absichten er hätte.

Diese Großmuth von seiner Seite erweckte in meinem Herzen eine tiefe Rührung, da ich zumal in einer Lage war wo mir bares Geld so nöthig war. Er sandte mir am Morgen des nämlichen Tages das Geld, an dem ich die Zahlung machen sollte. Meine erste Sorge war ihm zu danken. Ich zeigte ihm ganz wie groß meine Dankbarkeit sey, und sagte ihm ofenherzig aus welcher Verlegenheit er mich gerissen habe. Er unterbrach mich in meinen Danksagungen, und ohne die Art und Weise zu ändern mit der er mich sonst behandelte, so sagte er mir ganz trocken, ich solle nun gehen meine Geschäfte zu endigen. Man lerne seine Freunde in der Noth vorzüglich kennen, [18v]und er wäre der meinige mehr, als ich dachte, ob er gleich überzeugt wäre, daß ich ihm im Herzen oft verwünscht hätte. Kommen Sie zum Abendessen wieder, sagte er noch. Da ich sah daß er ohne Zwang mit mir umging, so behandelte ich ihn auf eine ähnliche Weise. Ich ging meinen Geschäften nach, und endigte sie nach Wunsch.

Ich brachte den Abend in *Ribaupierres* Hause zu, und wollte immer noch in meinen Danksagungen fortfahren, und ihm sagen, welche Verbindlichkeit ich ihm hätte. Aber immer unterbrach er mich, und da ich oft das vorige Gespräch wieder anknüpfen wollte, so sagte er: Ey zum Henker, weil Sie so oft wieder dasselbe Lied beginnen so muß ich auch reden. Ists nicht wahr daß wenn ich Ihnen meine Tochter gegeben hätte mit meinem Vermögen, so hätte ich Ihnen keinen Dienst geleistet, weil ich es hernach vielleicht nicht mehr hätte thun können, oder Sie hätten es wohl nicht nöthig gehabt: und hätten Sie meine Tochter ohne Vermögen erhalten, wie Sie sie verlangten, so würden Sie glauben es sei Ihr Guth was ich Ihnen gegeben hätte, und nicht das meinige. Und ist es nicht auch noch wahr daß Sie mir jetzt mehr Verbindlichkeit haben, für das was ich für Sie gethan habe, als wenn Sie mein Schwiegersohn wären? Ist es nicht so daß Sie mehr Dankbarkeit empfinden, und mit einem Wort mehr gerührt sind? Ich gestand es ihm zu. Und das ists eben mein lieber Freund erwiederte er, indem er mich treuherzig auf die Schultern klopfte. Sey immer Herr des Deinigen, und überlaß deinen Kindern wenn du welche hast die Sorge, dir den Hof zu machen, ohne dich jemahls zu zwingen, sie in den Fall zu sezen, daß du ihnen den Hof machst. Es ist sehr angenehm sein eigner Herr zu [19]seyn, und zumahl bey sich. Du wirst auch einst Kinder haben, handle auch mit ihnen wie ich mit dir handelte und *Manon* (denn ich behandle Euch auf gleiche Weise), so wirst Du immer gefürchtet und geehrt sein.

So sehr mich seine Moral auch erbitterte, so mußte ich sie doch sehr vernünftig finden, und wenn alle Eltern mit ihren so Kindern so handelten, so würden die Kinder mehr Achtung und Ehrerbietung haben. Denn er sagte sehr wahr, daß die Kinder immer ihre Eltern wiederfinden; aber die Väter und Mütter nicht immer ihre Kinder; und dann ist es auch beschämend von denen abzuhängen, die uns das Leben verdanken; und im Gegentheil ist sehr natürlich und ein heiliges Gesez daß wir von denen abhängen, die uns unser Dasein verliehen haben.

Ich mußte den Mann bewundern, der mir willig sein Vermögen anvertraute, und mir doch seine Tochter versagte, weil er den festen Entschluß hatte sich nicht zu entblößen; denn im Grunde liebte er mich, und so treu, daß er eine solche Anhänglichkeit zu mir hatte, daß nie davon die Rede war daß ich ihm eine schriftliche Sicherheit geben sollte, und als ich ihm einen Theil des überflüssigen Geldes zurück gab was er mir zuviel gegeben hatte, und für das übrige eine schriftliche Versicherung brachte, so nahm er das übrige wieder, aber fragte mich dabey ob ich dächte früher als er zu sterben, und sezte noch hinzu, daß Leute von Ehre nicht solche Arten von Vorsicht fassen dürfen, die ihren Ursprung immer dem Mißtraun zu danken hätten. Da diese Gelegenheit mir bewies welchen Antheil er an mir nahm, und an meinem Vortheile, so erfolgte noch ein Vorfall der mir seinen Antheil an meiner Person zeigte.

*[19v]*In dem Hause, wo ich wohnte, fand sich ein schönes junges Mädchen, ich hatte keine eigne Haushaltung und ich aß bey der Dame, bey der ich wohnte. Man sagte, das Mädchen sey von einer guten Familie, und wirklich hatte auch sehr gute Sitten und nicht den gemeinen Anstand. Sie hatte oft Verrichtungen in meinen Zimmern, wo sie erschien noch öfter als es nöthig war und machte sich zuweilen unnöthige Geschäfte. Ich war jung, die Leidenschaft für *Manon* hatte meine Sinne aufgeregt, und ich, je reiner und heiliger unser Verhältnis war, so regten sich doch in meinem Herzen Gefühle, die es nicht hätte aufnehmen sollen, ich suchte Zeitvertreib, das Mädchen war leichtfertig, und froher Laune und wir kamen weiter als es die

Sittsamkeit erlaubte, und sie spürte bald die Folgen unsres Verständnisses, daß eine lange Zeit ohne Aufsehn zu machen fortdauerte, man hatte keinen Verdacht auf mich, aber endlich wurde es doch entdeckt.

Ribaupierre der weitläuftige Verbindungen hatte, und überall Freunde, war auch davon unterrichtet, als das Mädchen ihrer Niederkunft nahe war und daß sie mir einen Rechtshandel auf den Hals bringen würde, da sie mich schon bey den Gerichten verklagt hatte. Am Morgen schon war die Klage ausgestellt und der Verhaftbefehl ausgefertigt. *Ribaupierre* erzählte mir daß ihm alles bekannt sey, und stürzte mich durch dieses Geständniß in die größte Verlegenheit, in die ich je in meinem Leben gekommen bin. Zwar wollte er mir nicht in Gegenwart seiner Tochter darüber sprechen, aber sie behorchte uns. Es ist nur eine Kleinigkeit sagte er nachdem er [20]seine Rede geendigt hatte, aber sie könnte Ihnen doch durch ihre Folgen Kummer machen, wenn Sie verhaftet würden, und es würde noch dazu schlimmen Eindruck machen, da Sie im Begriff sind eine Stelle zu erhalten, wo man von dem Mann, der sie begleitet, verlangt, daß er sich von Vergnügungen dieser Art losreißt, und dessen Sitten ohne Flecken seyn sollten. Bleiben Sie bey mir: Hier wird man Sie nicht suchen, und man wird Zeit gewinnen um die Sachen auf einen guten Weg einzuleiten; aber gut ists immer zu wissen, ob Sie nicht in Ihren Versprechungen zu weit gegangen sind, da Sie das Mädchen zuerst zu einem solchen Umgang beredeten, oder ob Sie ihr Geschenke gemacht haben. Ich versprach nichts, war meine Antwort, aber dreißig *Louisdors* gab ich ihr. Lachend sagte er, dies ist eine Todtsünde theuer genug bezahlt! Gaben Sie ihr seit der Zeit nichts mehr? Nein, denn sie wollte nichts annehmen, ob ich es ihr gleich verschiedene Male angeboten habe. So hatte sie ihre Absichten, war seine Antwort, aber mag es seyn, daß das erstemal das Interesse sie zu einem solchen Schritt brachte, das Vergnügen leitete sie die anderen Male und zu ihrem Nachtheil. Aber lassen Sie mich machen, wir werden uns gut heraus zu ziehen suchen, bleiben Sie hier, und erwarten mich.

Er ließ eine Sänfte holen, und ohngeachtet seine Tochter und ich ihn baten nicht auszugehen, denn er hatte seit sechs Monaten das Zimmer nicht verlassen, weil er selbst die Erlaubnis hatte in seinem Hause Messe zu hören, so hörte er unser Bitten nicht an und verließ das Haus.

Er ging überall hin wo er hin wollte, und es ist mir unbegreiflich, daß er in der Zeit von Stunden wieder zu Hause war, mit einem großen Dokument versehen [20v]in Händen. Sehen Sie sagte er und zeigte mirs *emplastrum contra contusionem*: Nun kann Ihre Schöne Sie nicht mehr fest halten, und Sie können sie in Ihrer Wohnung einziehen lassen. Aber doch hoffe ich ⟨Sie⟩ sind nicht Bösewicht, uns das arme Geschöpf ins Gefängniß zu schicken, aber Sie müssen ihr doch die Furcht dafür einflößen da es in Ihrer Gewalt ist. Alle Gerichtsdiener wissen, daß Sie einen Verhaftungsbefehl gegen sie in Händen haben. Sie wird es bald selbst erfahren, lassen Sie sie kommen, sie wird mit sich reden lassen, und wir werden sie bringen können wozu wir nur Lust haben. Er ließ in der That einen Unterofficier holen, von dem er wußte daß er ein Freund des Mädchens war. Er gab den Verhaftsbefehl in seine Hände, aber er gab ihm kein Geld, um nicht das Ansehn zu haben er wolle ihm bestechen; er versprach ihm nur ihm, nachdem er seine Geschäfte vollbracht hätte eine Belohnung. Der Sergeant that was er gehoft hatte daß er thun würde. Er gab dem Mädchen Nachricht, sie sah sich in großer Verlegenheit; denn sie fühlte wohl daß man ihr unangenehme Händel zuziehen könnte, wenn sie darauf bestehen wollte mich zu heirathen, da sie es gegen den Willen von Leuten thun wollte, die unendlich reicher und mächtiger waren als sie. Zu dieser Zeit wurde ihr von einem

Vergleich gesprochen, und *Ribaupierre* betrieb es mit einem solchen Feuer, daß die ganze Sache in Zeit von zwei Tagen abgethan war und mit wenigen Kosten. Es ist wohl wahr daß es mir viel Geld kostete da ich noch versprach, mich des Kindes anzunehmen, aber es starb einige Wochen nach der Geburt. *Ribaupierre* und seine Tochter aber thaten noch mehr um sich zu beruhigen denn sie verheiratheten das Mädchen. *Ribaupierre* stattete sie aus, gab ihr eine Hochzeit.

[299]Diese Geschichte aber hatte doch zwischen *Manon* und mir Zwist erregt, sie behauptete, daß ich die Treue gegen sie verletzt habe, und wurde nicht eher ganz beruhigt, bis das Mädchen mit ihrem Mann so Paris verlassen hatte. *Ribaupierre* lachte darüber. Er war keineswegs zum Vorteil des andern Geschlechts gestimmt; und pflegte sich bei solchen Unterhaltungen eben nicht zu mäßigen, noch seine Worte in seiner Tochter Gegenwart genau abzuwägen. Es ist ein schrecklicher Zustand, sagte er, wenn die Mädchen sich von der Sinnlich[300]keit hinreißen lassen, zumal in ihrer Jugend. Aber die Beispiele so vieler Unglücklichen dienen ihnen nicht zu Warnung, ob sie sie gleich täglich vor Augen haben, im Gegentheil, je mehr Unglückliche es gibt, die sich ihren Begierden überlassen, desto mehr Nachahmerinnen finden sie. Ich stelle mir vor, sezte er hinzu, sie sagen zu sich selbst, diese und so jene haben ihre gute Ehre verloren, und ihren guten Ruf, aber sie hatten nicht Verstand genug, ihr Geheimnis zu verwahren, wie so manche andere, deren man gar nicht erwähnt. Auch selbst Weiber gaben uns Beispiele, daß man nicht nöthig habe, den Männern die Treue zu halten, und ungeachtet sie die größten Gefahren bei ihrer Niederkunft ausstehen, so vergessen sie leicht die vorhergegangenen Schmerzen, und folgen den Trieben ihrer Sinnlichkeit. Die Neugierde ist [301]der erste Schritt zur Ausschweifung, das Nachdenken erweckt die Sinne; endlich unterliegt man aus Schwachheit, und nun ist der erste Schritt gethan, der unwiderbringlich weiter fortreißt. Ribaupierre sprach in diesem Ton fort, der seiner Feinheit keine Ehre machte, aber doch seiner guten Laune; es war unmöglich, ihn über diese Gegenstände mit Ernsthaftigkeit anzuhören. Selbst seine Stimme änderte sich, er hatte einen gewissen schreienden Ton, der das Gespräch noch belustigender machte. Seine Tochter verließ das Zimmer, so oft sie merkte, daß er in einen solchen Ton fallen wollte, aber er besaß das Geheimnis, sie zum Bleiben zu zwingen, denn er pflanzte sie an eine Ecke des Tisches, wo sie nicht heraus konnte. Sie mußte sich endlich gewöhnen, ihn anzuhören, erst antwortete sie ihm sogar, und verteidigte ihr Geschlecht, so [302]gut sie konnte, ohne ihn jedoch in seiner Meinung irre zu machen.

Aber, sagte sie einmal zu ihm, wenn Sie von der Schwachheit meines Geschlechts so überzeugt sind, warum erlauben Sie, daß ich auf Treu und Glauben leben darf, wie ich lebe? Warum glauben Sie nicht, daß ich auch Torheiten begehen könne, wie jede andere? Glauben Sie, daß ich eine Ausnahme von der Regel sei, und mich allein gut zu betragen wisse, Sie, der allen Glauben an die gute Aufführung eines Mädchens verloren hat? Würde mich jemand abgehalten haben, mich schlecht aufzuführen, wenn ich die Neigung dazu hätte, da Sie mir alle Freiheit ließen? Selbst der Umgang mit Herrn *d'Autun* könnte weit führen, er würde mich nicht auf den rechten Weg zurückbringen, oder ich müßte mich sehr betrügen. [303]Dies würden Sie nicht, sagte ich, und ich möchte Ihnen offenherzig in [22]Ihres Vaters Gegenwart gestehen, daß Sie thöricht sind, nicht auch durch Ihr Beispiel noch die Meinung zu bestätigen, die er von Ihrem ganzen Geschlecht hat. Davon ist nicht die Rede sagte *Ribaupierre*, jeder handelt in der Welt nach seinen Einsichten. Ich bin weder Spanier, noch Italiener, oder Türke, und traue der Frauen Enthaltsamkeit nicht viel, wenn sie durch Schlösser verwahrt sind. Die gute Aufführung eines Mädchens hat keinen Werth, wenn sie nicht aus ihrer eigenen Tugend ihre Anschauung verdankt, und weder fremder Hülfe. Es ist eine Eigenthümlichkeit der Menschen besonders der Frauen, mit Wärme gerade das zu ergreifen was unerlaubt ist. Dies ist gewiß der Grund, daß es in Spanien, und Italien mehr verdorbene Sitten giebt als in Frankreich, und mehr Libertins, als bey uns, wo die Frauen Freyheit haben und wo sie sehr selten zuerst zuvorkommend sind. Die wahre Tugend der Frauen besteht, der Versuchung zu wiederstehen, und nicht zu unterliegen, und eben deswegen sind die Französinnen, die ihre Reinheit bewahren, viel mehr zu preisen, als Frauens andrer Nationen, die ich eben nannte; denn sie sind immer in der Lage den Versuchungen ausgesezt zu sein durch ihre Verbreitung in den Gesellschaften. Sie wiederstehen, da hingegen die andern nur ihre Sittlichkeit den Mauren verdanken, die sie einschließen. Jeder Zwang ist drückend, und ein Mädchen, das eingeschränkt ist, ist weit entfernt nicht der Tugend überdrüssig zu werden, die ihr sollte Bürgen stellen, statt daß sie sich ihres Reizes erfreuen sollte, und sie wird ihr Möglichstes [22v]thun, die Wünsche eines Liebhabers zu erhören und jedem Zufall Troz bieten.

Hätte ich, sagte er zu uns beiden, da ich Euch nicht verheirathen wollte, dir *Manon*, verboten *d'Autun* zu sehen, hättest du mir gehorcht, gesteh es aufrichtig. Wenn ein Mädchen heimliche Zusammenkünfte mit ihrem Geliebten hat, ohne den Willen ihrer Eltern, so ist es immer Zeit die sie heimlich dazu bestimmt, aber wo sie auch keinen Augenblick verliert. Der Geliebte bringt seine Angelegenheiten weiter in einer Viertelstunde, als wenn er seine Geliebte täglich sehen kann. Nur in solchen Fällen hätte ich fürchten müssen, daß du zu sehr den Neigungen deines Herzens folgtest: aber da ich dich mit ihm leben ließ, so nach deiner Phantasie, so bin ich gewiß daß er nun seine Zeit dazu verwendet, um zu klagen, oder mich zum Teufel zu wünschen, und ihr hättet eure Zusammenkünfte unter anderen Umständen nicht so unschuldig gehalten. Außerdem ich nichts für *Autun* in meinem Hause befürchten konnte, so hat mich auch meine Erfahrung belehrt.

Ich war auch jung wie ihr. Ich liebte ein Mädchen, mit der ich mich ehlich verbinden wollte. Ich wurde von ihr geliebt und so dreust und kühn ich mit den andern Frauens war, so war sie die einzige, die mir Achtung einflößte. Vielleicht hat mich die Liebe mit der ich sie liebte auch verschämt gemacht, und nie hat mich meine Kühnheit verleitet. Ich weiß also aus Erfahrung, daß man ein Mädchen, um dessen Hand man sich bewirbt mit ganz andern Augen ansieht als eine andre. Hab ich mich nicht betrogen? sagte er zu mir, hätten Sie die Zeit außer meinem Hause auch auf eine so unschuldige Art zugebracht? Ich weiß nicht sagte ich, aber das weiß ich, daß ich die Ehrfurcht für das Fräulein nie würde verlezt haben, [23]und sie sich immer gleich anständig betragen haben würde!

Und ich glaube es nicht, sagte er, wenigstens bin ich nicht gewiß, ob Sie ihr immer von der Tugend gepredigt hätten, und ich hätte es haben fürchten müssen, daß sie ⟨I⟩hrem Rath hätte folgen können, wenn ein Mädchen Zutraun in die Menschen sezt, so überläßt sie sich ihrer Führung, und Gott weiß, wohin Sie sie geführt haben könnten. Aber welches Vergnügen ist es für Sie uns der Gefahr auszusezen und dem Zufall der Versuchung zu unterliegen? Warum willigen Sie nicht in unsre Verbindung, da Sie sie nicht mißbilligen?

So endigte sich immer unser Gespräch und *Ribaupierre* änderte entweder den Gegenstand seines Gesprächs oder er sagte daß wir nichts zu eilen hätten.

So verlebten wir die Zeit, jeden Augenblick konnte ich zu ihm gehen, ich aß täglich bey ihm, und es fehlte nichts daß ich würklich sein Schwiegersohn war, als daß ich mit der Tochter in einer solchen Entfernung lebte. Ich that was ich konnte ihn zu bewegen seine Einwilligung zu geben. Vergebens erschöpfte ich meine Beredsamkeit bey ihr, und suchte durch alle Gründe die ich finden konnte, uns einander näher zu bringen, aber sie blieb unbeweglich, und ließ sich zu nichts bereden.

Ich hatte eine Art zu leben, die mir selbst unbegreiflich war. Täglich sah ich einen Mann, dessen langes Leben mir Kummer machte, und den ich nicht hassen konnte: Alles abgerechnet was er für mich gethan hatte, so empfing er mich immer wie seinen Sohn, und belustigte mich durch seine gute Laune, und wizigen Einfälle. Täglich [23v]fand ich mich in der Gesellschaft eines Mädchens, die ich bis zur Raserey liebte, und von der ich mich geliebt glaubte, und doch fühlte ich keine dieser stürmischen Empfindungen die die Liebe in uns erweckt, wenn die Leidenschaft sich des Herzens bemächtigte. Es ist als wenn nach so vielen fruchtlosen Versuchen, das Herz und der Körper sich der Gewohnheit unterworfen hätten sich von der Vernunft leiten zu lassen, die über beide ihre Herrschaft ausübte.

Nachdem wir lange auf diese Weise fortgelebt hatten, überfiel den alten *Ribaupierre* unerwartet eine solche Schwäche, der die Natur in wenig Momenten unterlag. Er hatte lange genug gelebt, um sich noch über den Tod zu befremden, und bereitete sich zu diesem Schritte als ein Christ und da er fühlte, daß er nicht wieder genesen könne, so wollte er auch mit mir sich aussöhnen, und mich in seinem Herzen lesen lassen. Nachdem er die lezte Ölung empfangen hatte, ließ er mich und seine Tochter an sein Bette rufen.

In wenig Worten und ohne sich zu schmeicheln erzählte er mir sein Leben. Ich sah daraus eine einzige Folge von erlittenem Verlust und Unglücksfällen; aber bey allen traurigen Zufällen und vieler Schuld die er durch eine unordentliche Lebensart auf sich geladen hatte, bemerkte ich doch einen unerschöpflichen Grund von Rechtschaffenheit. Gewiß war er einer der rechtschaffensten Menschen, dessen Gewissen rein war; wäre er es weniger gewesen, so hätte er einen Theil seines Unglücks weniger erfahren, er würde unermeßliche Reichtümer erworben haben, die er aber lieber [24]verachtete, als die Stimmung seines guten Gewissens und sein gutes Herz zu betäuben.

Er gestand mir daß die Gewißheit die er schon längst gehabt hätte daß er nicht zum Glück gebohren sey, ihn gezwungen hätte, sich auf alles gefaßt zu machen und sich zu verwahren. Nie hätte er im Ernst gezweifelt, daß ich und seine Tochter ihn nicht gut behandelt hätten, wenn er unsre Heirath erlaubte; aber doch gestand er mir daß die Furcht für die Zukunft in seinem Herzen zu groß und unüberwindlich gewesen wäre. Ich gebe Ihnen nichts wenn ich Ihnen meine Tochter gebe, sie gehört Ihnen schon an, aus vielen Gründen. Ich bitte Euch beide um Eure Verzeihung, daß ich mich so lange Eurer Verbindung wiedersezte; aber ich verdiene mehr Entschuldigung als Verzeyhung, ich konnte eine Schwachheit in mir nicht unterdrücken, die die Annäherung des Todes allein bekämpft. Ich weiß Sie lieben *Manon* aufrichtig, und ich kann sie in keinen bessern Händen zurücklassen als in den Ihrigen. Sie sey Ihnen auch um ihrer selbst willen empfohlen, auch um meinetwillen darf ich hinzusezen, es ist die Bitte eines Sterbenden, der Ihnen mit Wahrheit betheuert daß er Sie immer unendlich geliebt und geschäzt hat bey seinem Leben. Gebt Euch die Hände sagte er. Ich hoffe sie wird Ihnen nach der Heyrath eben so theuer sein als sie es je war, weil ich hoffe daß sie immer die nämliche bleibt, und sie wird niemahls Anlaß geben daß Sie Ihre Wahl bereuen. Ich bitte Gott daß er Euch seinen Seegen gebe, den meinigen gebe ich Euch, aber indem er sich zu seiner Tochter wendete, unter der Bedingung daß du durch Tugend dich dessen würdig machst, und durch eine wahre unverbrüchliche Anhänglichkeit an Herrn *d'Autun*. [24v]Danke Gott daß er dir einen solchen Mann bestimmte, habe alle die Zärtlichkeit für ihn die er verdient, und alle Dankbarkeit für die Ehre die er dir erzeigt, denn er konnte natürlich auf eine höhere Verbindung Ansprüche machen. Bewahre ihm alle Treue, und Ergebenheit, und Ehrfurcht, die eine tugendhafte Frau ihrem Mann schuldig ist; dies sind die Bedingungen unter denen ich dir meinen Seegen gebe. Gehen Sie nun sagte er zu mir, sagen Sie meinem Beichtvater was ich Ihnen sagte, und fragen, ob es nicht erlaubt ist Euch in meinem Zimmer zu trauen. Ich habe keine Foderung mehr an die Welt zu machen, ich stürbe völlig beruhigt wenn ich Euch noch verbunden sehen könnte, und meine Tochter nach meinem Tode noch unter sichren Schuz, und in einer Verbindung die vielleicht manchen Hindernissen ausgesetzt seyn könnte wenn ich nicht mehr bin. Eilen Sie, wenn Sie wollen daß ich noch diesen Wunsch erfüllt sehe. Ich fühle meine Kräfte, und ich kann länger nicht als drey Stunden noch leben.

Es war als wenn er voraussähe was nach seinem Tode geschehen könnte. Ich wollte gern diese gute Stimmung nuzen. Aber ich glaubte nicht daß es schon so weit mit ihm wäre; denn seine Sinne waren stark, sein Urtheil bestimmt, seine Gespräche reichhaltig, und zu dem hatte er eine starke Stimme, und lebhaft feurige Augen. Sein Zustand schmerzte mich aufrichtig, die Thränen seiner Tochter die aus einem wahrhaft gerührten Herzen flossen, durchdrangen mich. Ich bewunderte die Ruhe mit der ihr Vater ihr Trost einsprach; und es ist gewiß, [25]daß er mit dem Muth eines Streiters starb. Kein Zeichen von Ungeduld gab er von sich, kein Wort verrieth den Wunsch zur Welt zurückkehren zu können. Ich sprach in seiner Gegenwart mit dem Beichtvater, und er bestätigte alles was ich sagte. Der Geistliche durfte uns aber nicht trauen, ohne die Einwilligung des Erzbischofs von Paris. Aber er versicherte, daß er keine Sorge hätte, daß er sie unter diesen Umständen nicht erhalten würde. Wir baten ihn sich selbst hin zu bemühen. Er that es, nachdem er vorher unsern Nahmen und Stand aufgezeichnet hatte, und ließ bey dem Kranken einen andern Geistlichen. Auch wir blieben bey ihm, und ich sah in einem Sterbenden eine wahre Ergebung, und eine ungeheuchelte Entsagung aller irdischen Dinge; mit einem Wort solche Gesinnungen, wie sie sich jeder wünschen sollte. Er sagte uns ein Gedicht auf seinen Zustand wovon er selbst der Verfasser war. Ich bat ihn sie uns nachschreiben zu lassen. Er diktierte sie mir, und es waren seine lezten Worte, er drückte mir die Hand, verlangte Gebete, und verschied in meinen Armen. Ich weinte unaufhörlich über seinen Tod, und stimmte in den Schmerz seiner Tochter, der unaussprechlich war.

Die Erlaubniß zu unsrer Trauung kam zu spät – eben als er seine Augen geschlossen hatte; sie wurde uns unnöthig, denn der Geistliche wollte nicht davon Gebrauch machen. Er sagte, der Erzbischof hatte nur die Erlaubniß ertheilt um das Gewissen eines Sterbenden zu beruhigen, und um sein Herz von weltlichen Angelegenheiten loß zu machen, indem er ihn darauf verpflichtet hätte nicht mehr ihrer zu gedenken. Und er würde uns sehr gern vertrauen, wenn Herr von *Ribaupierre* noch im Stande wäre *[25v]*Zeuge unserer Verbindung zu seyn. Aber sein lezter Seufzer habe alle diese Ansichten verändert, und unsre Heyrath ginge niemand mehr etwas an als uns selbst, und nicht den Todten, dem es jetzt gleichgültig wäre, und wir wären auch nicht mehr in der Lage, uns den gewöhnlichen Ceremonien der Kirche zu entziehen.

Es war nothwendig, und wir mußten diesen Schritt thun. So wenig ich in der Folge auf den Geistlichen zürnen konnte, so wünschte ich ihm doch im ersten Augenblick alles Böse der Welt über ihm zusammen. Im Grunde war sein Eifer nicht zu verdammen, aber ein Sakrament ändert nicht seinen Werth, mag es ertheilt werden unter welchen Umständen es auch will. Und ich hätte mich was mich betrifft ebenso gültig verheirathet geglaubt, als wenn ich durch den Papst selbst in Angesicht des ganzen Europa die Einsegnung vollzogen hätte.

Aber der Beichtvater war vorsichtiger, ich erschöpfte meine Beredsamkeit, so gut wie die Tante des Fräuleins, und thaten unser Möglichstes. Aber die untreue *Manon* hatte ihren Planen in meinen Gedanken schon damahls wohl folgen wollen. Sie bat den Geistlichen uns zu trauen, bot ihm eine ansehnliche Summe Geld an, um ihn dahin zu bringen, uns den Seegen zu geben, aber um⟨sonst⟩.

Alles ausgenommen was nicht den Wiederstand *Ribaupierres* gegen unsre Verbindung betraf, war kein Vater der seine Tochter besser behandelt hätte als er seine Tochter, und ich konnte ihren Schmerz über seinen Verlust nicht tadeln. Ich tröstete sie so gut ichs vermochte, oder ich weinte mit ihr. [26]Ich führte sie in mein Haus, und bat die Freundin bey der ich sie zum erstenmahle sah, ihr Gesellschaft zu leisten, und ging in *Ribaupierres* Wohnung zurück, wo ihre Tante mit ihrem Sohn noch war, und noch mehrere Verwandten des Verstorbenen. Sie betrachteten mich alle als Herrn des Hauses, und überließen meiner Einsicht die Einrichtungen. Ich ließ versiegeln, ordnete das Leichenbegängniß, und die Seelenmessen, kurz ich bemächtigte mich aller Kostbarkeiten als wäre alles für mich geschehen. Aber *Manon* unterschrieb alles was ich wollte, kurz sie verließ sich ganz auf mich. Ihre Erbschaft machte wenig Umstände, sie war die einzige Tochter, und Erbin, also waren keine Einsprüche zu befürchten. Und wurde bald in alle ihre Rechte eingesezt, und als ich sie wieder in ihr Haus zurückführte war sie so erschöpft, und bewegt, daß ich nicht wagen durfte, ihr sobald von unsrer Heyrath zu sprechen.

Ihre Tante aber erklärte ihr in meiner Gegenwart, daß sie sich nicht so bald nach dem Tode ihres Vaters verheirathen dürfe, weil dieser Schritt zu vielen Gesprächen Anlaß geben könnte, die Welt würde sonst gern das Gegentheil der Wahrheit behaupten, ihre Betrübniß bezweifeln. Sie war die erste, die darein willigte, dies bedrückte mich, aber doch folgte ich ihrem Willen, und zumal desto eher weil Geschäfte mich wieder nach A. ruften. Ich mußte einen Monat dort bleiben, und die Zeit der Reise dazu gerechnet, betrug es wohl so viel als sie Aufschub wünschte. Und da ihre Tante ihr noch sagte, daß es nicht anständig sey, daß ein unverheyrathetes Frauenzimmer *[26v]*allein wohne mit so vielen Bedienten, so gab ich ihr den Rath, sie solle die Zeit meiner Abwesenheit bey ihrer Tante zubringen, auch hoffte ich von der Zerstreuung der Gesellschaft und dem muntern Geist ihres Vetters einige Erheiterung. Sie folgte meinem Rath.

Nach vierzehn Tagen ging ich zum letztenmal vor meiner Reise zu ihr, ich sah sie Briefe schreiben und auf die Post geben. Aber ich beunruhigte mich nicht, da ich wußte daß sie Herr über ihr Vermögen war und ein Theil davon in einer entfernten Provinz war, so konnte sie wohl Veranlassungen zum Schreiben haben. Aber ich entdeckte doch daß ein Brief darunter war, dessen Aufschrift sie mir verbergen wollte. Will man einem Liebhaber etwas verheimlichen, so ist es eben ein Mittel, seine Neugierde zu erregen. Unser Verhältnis erlaubte mir die Frage an sie zu thun, an wen dieser Brief gerichtet sey, aber ich that sie nicht, und begnügte mich damit daß ich einen Handschuh fallen ließ, und erhob den Kopf indem ich ihn aufhob; da die Adresse umgekehrt lag so konnte ich nur den Nahmen *Rosier* lesen ohne zu sehen nach welchem Ort er gerichtet war; ich hatte niemals einen ähnlichen Nahmen gehört, und bekümmerte mich nicht weiter darum.

Ich trat meine Reise an, nach deren Ende unsre Verbindung vollzogen werden sollte. Unser Abschied war zärtlicher als das erstemahl. Dies Mahl war ich wie ein Mann der vor Begierde brennt des Besizes sich zu erfreuen. Ich sah einzig die Menschen in A. die Geschäfte mit mir hatten, selbst einen Theil meiner Ansprüche und Rechte opferte ich auf, um meine

Geschäfte schnell zu endigen [27]und war vierzehn Tage früher wieder in Paris, als man mich erwartete.

Ich ging sogleich zu *Manon*, selbst früher als in meine Wohnung; sie war nicht zu Hause. Es kamen zwey Briefe an sie an, da ich ihre Geschäfte zu besorgen gewohnt war, so ließ mich die Kammerfrau die Briefe in Empfang nehmen. Ich empfahl ihr meine Ankunft zu verschweigen, weil mirs einfiel einen Brief von meiner Hand in einen von diesen einzuschieben, um sie in Verlegenheit zu sezen, und mich über sie lustig zu machen. Die Kammerfrau versprach das Geheimnis zu bewahren und ich ging in meine Wohnung um mich umzukleiden. Ich war überzeugt, daß die Briefe nur von Geschäften handelten die ihre Erbschaft beträfen, und daß sie nicht böse werde, wenn ich einen davon aufbräche. Ich zauderte nicht lange, aber wer begreift wohl wie ich selbst meine Verzweiflung, meine Wuth, da ich nicht denken konnte, daß von *Manons* Seite ein Scherz darunter verborgen wäre. Und der Brief war *Rosier* unterschrieben. Dies erinnerte mich an die Sorgfalt die sie gebraucht hatte, einen Brief zu verbergen mit dieser Aufschrift. Meine Gedanken verwirrten sich, und ich wußte keinen Ausweg, der Inhalt des Briefs machte mich schaudern, man schrieb ihr:

> Mit der größten Freude, mein Fräulein, empfing ich Ihren Brief vom 19ten und ich erfuhr daß Sie nicht mehr unter der Tyranney eines Vaters seufzen müssen. Tausendmahl habe ich Ihre Gefälligkeit für ihn bewundert, und Ihre Tugend mit der Sie seine üblen Launen ertrugen. Ich glaubte nicht, daß die kindliche Liebe so weit Grenzen haben könnte *[27v]*und solche Dienste leisten wie Sie ihm leisteten während seiner Krankheit. Endlich sind Sie frey, ich danke Gott täglich dafür um meinetwillen, und Ihretwillen. Ich bleibe nur noch kurze Zeit hier, spätestens in vierzehn Tagen hoffe ich zu Ihnen zu kommen und ich hoffe in Ihrer Nähe alle Freuden zu genießen die eine glückliche Liebe verspricht, nach so vielen Durchkreuzungen des Schicksals, und nach den Hindernissen die ein glücklicherer Nebenbuhler, von einem Manne begünstigt, von dem Sie abhängig waren, uns im Weg legte. Mag er seyn wer er will, dieser Nebenbuhler, so schwöre ich es Ihnen zu er ist verlohren, bey meiner Ankunft, oder meine Mutter wird mich von dem schrecklichen Anblick befreyen, Sie in seinen Armen zu sehen. Sie wollen mein seyn, nichts wird mich von meinem Glück abhalten, und ich werde Ihnen Beweise geben daß wohl nie jemand zärtlicher und treuer seyn kann als *Rosier.*

Könnte der Schmerz tödten, so wäre ich in diesem Moment gestorben. Eine ganze Stunde blieb ich fast ohne Bewußtseyn, ein solch unerwarteter Schlag hatte mich betäubt. Aber die Wuth folgte dem Schmerze bald nach, ich horchte nur auf die Stimme der Rache, und entschloß mich, diesem Menschen zuvor zu kommen, der mir den Todt drohte, ehe er mich gesehn hatte. Ich nahm die Feder, aber ich weiß nicht was ich in der Bewegung niederschrieb. Ich sandte *Manon* die Briefe zu, auch den meinigen. Ich stieg wieder aufs Pferd, und nahm den Weg nach *Grenoble.* Ich hatte [28]den Plan den Herrn *Rosier* selbst aufzusuchen und zu sehen ob er so boshaft in der Nähe als in der Ferne wäre. Der Zorn gab mir Flügel, in dreißig Stunden war ich dort; ohne auszuruhen, machte ich Anstalt den Menschen aufzusuchen, wo ich nur hoffen konnte Nachrichten von ihm einzuziehen, versuchte ichs. Aber ich konnte ihn nicht finden. Endlich von den so vielen mislungnen Versuchen abgeschreckt, mehr noch als wüthend über die Untreue meiner Braut, durchreiste ich das *Lyoner* Gebiet und den Wald, und ging nach A. wo ich entschlossen war zu bleiben bis die Zeit das Andenken an *Manon* in meinem Herzen verlöscht haben würde. Vier Monathe blieb ich dort, aber ich erreichte nicht meinen Zweck. Ich wäre länger geblieben, hätte mich meine Stelle nicht gezwungen nach Paris zurückzukehren.

Manon kam den andern Tag zu mir in mein Haus, als sie hörte ich sey wieder in Paris. Ich ließ mich verläugnen, und verbot meinem Bedienten, sie niemahls zu mir zu führen, so oft sie auch kommen möchte. Sie schrieb mir einige Mahl, aber ich schickte die Briefe unerbrochen zurück. Auch ihr Bild, und die Briefe die ich von ihr hatte schickte ich ihr zurück. Ihre Verwandten machten viele fruchtlose Versuche zu unsrer Aussöhnung, aber diese Verrätherey war zu schwarz in meinen Augen, als daß ich hätte leicht verzeihen können. Ich suchte aber ihren *Rosier* nicht mehr aus, denn ich hielt es für die beste Rache die ich nehmen konnte, sie beyde zu verachten. [28v]So lebte ich eine geraume Zeit mit dem Anschein einer ruhigen Kälte, aber doch merkten meine Freunde, daß mein Herz schwerer Kummer drückte. Einer von ihnen der mir am nächsten war, und mein Vertrauen mehr besaß als die andern, nahm sich das Herz in einem Gespräch meine Verhältnisse mit *Manon* zu berühren, da wir einmal mehr als gewöhnlich auf eine vertrauliche Art zusammen sprachen.

Ist das Fräulein sagte er dir untreu so billige ich dein Verfahren sehr. Sie verdiente alsdenn nicht daß ein rechtschaffner Mann an sie denkt; aber ich der ich nicht so befangen urtheile, so wollte ich fast schwören daß ein Mißverständniß zum Grunde liegt. Wie hätte sich in der That so ein Verhältniß entspinnen können, mit diesem Herrn *Rosier* den du niemals gesehn hast, und doch täglich bei ihr warst. Warum sollte sie zwey Menschen zugleich ihre Hand versprochen haben? Warum dir ihr Versprechen nicht halten nachdem sie so viele Schritte zu deinem Vortheil gethan hatte? Warum hatte sie dich so oft aufgesucht, was wäre aus *Rosier* geworden, und warum sollte sie dir noch schreiben; warum, da sie dir untreu ist, eine Versöhnung mit dir versuchen wollen? Dahinter steckt ein Geheimniß, das sich dir schon hätte aufklären müssen; und ich bin sicher daß ein Mißverständniß oder zum wenigsten eine Uebereilung deiner Seits, und des Zufalls von der ihrigen zum Grunde liegt, oder sie ist die größte Betrügerin, die in der Welt ist.

Seine Gründe machten auf mein Herz tiefen Eindruck, ⟨ich⟩ gerieth tiefer mit ihm über diese Materie ins Gespräch als sonst, bat ihn endlich, wenn er *Manon* sähe so sollte er das Gespräch suchen auf mich zu leiten: Tue, was [29]du kannst um die Wahrheit zu entdecken. Als ich sie lezt begegnete, machte mich ihr Blick, der gerade auf mich gerichtet war stuzen, und zerstreute einen Theil meines Zornes, darum möchte ich nicht gern mit ihr selbst sprechen, weil ich mein Herz fürchten könnte. Aber suche du sie auf.

Ich werde heute Gelegenheit haben sie zu sehen sagte mein Freund da ich ihren Verwandten besuchen muß, und erlaubest Du es mir, so will ich suchen *Manon* zu sprechen und das Gespräch auf dich lenken. Er ging, und ich erwartete mit Unruhe seine Zurückkunft. Kaum war er wieder ins Zimmer getreten, so ging ich hastig auf ihn zu. Welche Nachrichten bringst du mir? Hast du mir Gute zu bringen? Nein sagte er lächelnd, aber ich soll mit dir schelten in *Manons* Nahmen, die sehr unschuldig ist wegen des Briefes, von dem du sie die Heldin geglaubt hast. Man liebt dich immer, und ist auch deiner Liebe gewiß. Man hält dich nur für einen Thoren und unhöflichen Menschen, aber man läßt dir Gerechtigkeit wiederfahren und ist bereit dir die Hand zu geben. Hier ist das Bild der Braut wieder zurück. Er übergab es mir in der That, und der schöne Brief den du ihr schriebst. Du sollst den ganzen Irrthum erfahren, sobald du sie sehen wirst. Nun nachdem ich das wußte, was meinem Herzen am nächsten lag, so erzählte er mir den Inhalt und die Wendung seines Gesprächs.

Bey seinem Eintritt ins Zimmer war *Manon* sehr erfreut ihn wiederzusehen denn er war lange abwesend gewesen. Er sagte ihr, da er als ein Fremdling wieder in seinem Vaterlande [29v]sich fände, so wär er sehr glücklich gewesen, Herrn *d'Autun* zu begegnen, der ihn sehr gütig aufgenommen habe, und ihm dadurch gezeigt hätte daß er immer die Freundschaft noch für ihn habe die sie beyde in ihrer frühern Jugend verbunden hätte. Es ist sezte er hinzu ein rechtschaffner Mann dem ich gern dienen möchte. Sie können es, sagte *Manon*, wenn Sie ihm seine Vernunft wiedergeben die er seit acht Monathen verlohren hat. – Mir schien er ganz vernünftig erwiederte mein Freund – Und doch ist er von Sinnen sagte sie. Sie werden mir Recht geben wenn Sie hören welcher Thorheiten er sich gegen mich schuldig machte. Ich weiß sagte mein Freund was zwischen Ihnen beyden vorgefallen. – Hat er Ihnen die schönen Träumereyen erzählt die er sich im Kopf gesezt hat, fragte *Manon*? Anfangs hatte ich Mitleid mit ihm fuhr sie fort. Ich that mein Möglichstes ihm die Wahrheit zu enthüllen, selbst damit war ich nicht zufrieden mehrere Mahle zu ihm zu gehen, ob er gleich so unhöflich war mich so an seiner Thüre abzuweisen beym ersten Male schon. Dieses Betragen hat der Welt ein großes ⟨Ä⟩rgerniß gegeben, man erfuhr es, aber es hat mich doch nicht abschrecken können und ich schrieb ihm einen Brief nach dem andern, aber auch diese schickte er mir zurück ohne sie zu lesen. Aber er thut noch mehr, er sucht mich zu beleidigen, wo er mich begegnet, und ist weit entfernt nur die gemeinste Höflichkeit gegen mir zu zeigen, die sein Geschlecht dem meinigen schuldig ist; und alles nur um eines Briefes willen, dessen Inhalt ich ihm hundertmal habe erklären wollen, ohne daß er mich hören wollte. Offenherzig gestanden fügte sie noch hinzu, ist es nicht zum Erstaunen daß ein Mann der thöricht genug ist nach dem *Dauphiné* zu reisen, um [30]sich mit einem Nebenbuhler zu schlagen, es abschlagen kann nur einen Schritt der Aussöhnung gegen ein Mädchen zu thun, das er liebt? Denn was er auch für eine Miene machen kann und mich hassen, so betrügt sich doch der arme Junge. Ich kenne ihn zu gut, um an eine Verändrung Glauben zu haben. Ich für mich verberge es nicht, obgleich ich sehr große Ursache hätte abgeschreckt zu sein und sein weniges Vertrauen zu mir mich beleidigen könnte, so ist meine Liebe doch gleich stark. Ich wollte seine Eifersucht wecken, um eine Erklärung aufzusuchen. Ich verlohr meine Zeit fruchtlos. Nur von mir hing es ab mich zu verheirathen, und auf eine vortheilhafte Art; aber ich kann nur an ihn denken, und ich sterbe unverheirathet, wenn ich ihm meine Hand nicht geben kann. Ich sehe ihn nicht allein als meinen Verlobten an weil es meines Vaters lezter Wille war, sondern weil ich ihn liebe. Lange habe ich seine Veränderung beweint, oder vielmehr seine Halsstarrigkeit, ich habe noch keinen Trost finden können! Aber es muß aufhören. Sie sind sein Freund, haben Sie Mitleid mit unserm Zustand; ich bin es müde mich unnüzer Weise so zu quälen; erzeigen Sie uns diese Gefälligkeit, ihm nur zu fragen, wenn er meine Rechtfertigung anhören will, es wird bald geschehen sein. Ich brauche nur zu wiederholen, was ich ihm schon oft geschrieben habe. – Aber wenn Sie sich nicht versöhnen wie dann? fragte mein Freund. – So werde ich Ihnen danken daß Sie in mir den Entschluß befestigt haben, ins Kloster zu gehen, ehe noch diese Woche zu Ende ist. Aber ich hoffe wir knüpfen wieder an, denn ich bin sicher [30v]daß er mich liebt wie ehemals; und Sie sollen sehen, in welchem hohen Grad ich ihn liebe, da sogar dieser Brief nicht meine Liebe verwunden konnte. Sie gab ihm den Brief, den ich damals in der Wuth schrieb, dessen Inhalt mir selbst fremd war, weil ich meiner Sinne nicht mächtig war, da ich ihn schrieb. Jezt erst las ich ihn.

Der Zufall, schrieb ich, entdeckt mir Ihre Treulosigkeit, den Brief Ihres theuren Liebhabers sende ich Ihnen zurück, dem ich selbst die Antwort bringe über das was mich darin angeht. Sie haben ihm ohne Zweifel gesagt daß ich ein feiger Mann bin, weil er mein Verderben beschließt ohne mich zu kennen. Ich muß diesen neuen Mars sehen, mein Leben bringe ich ihm, oder nehme das seinige. Ich will Ihnen nicht von ihm losmachen, Sie verdienen es nicht. Ich würde mich betrüben einen solchen Schritt einer Treulosen willen gethan zu haben. Er soll sehen, daß Sie nicht die Wahrheit sagten, wenn Sie ihm sagen konnten daß ich keinen Muth hätte. Ich habe doch so viel um mich an Ihnen zu rächen, und Sie zu verachten als ein niedriges Geschöpf. Sie verdienen weder Mitleid noch Haß. Leben Sie wohl, Ihr Schicksal wird mich rächen. Wenn Sie sich Mühe geben wollen so finden Sie vielleicht ein Hälmchen Ihres Verdienstes wieder, an das Sie sich stüzen können. Alles was ich von Ihnen erhielt, schicke ich zurück. Ihre Briefe habe ich verbrannt, denn Ihr Verstand, der fruchtbar ist schöne Sachen zu sagen, bedarf keiner Vorbilder mehr, und Ihre Gunstbezeugungen sind mir nicht mehr werth, als die der leichtsinnigsten Ihres Geschlechts –

Sie sehen daraus sagte *Manon* meinem Freunde, nachdem er den Brief gelesen hatte, daß Ihr Freund zu leicht Verdacht geschöpft hat, und Sie sehen wohl auch, daß ich ihn nicht wieder [31]aufsuchen sollte, aber ich liebe ihn zu sehr, um nicht Mitleiden mit dem Kummer zu haben, den er sich selbst bereitet. Ich vertraue Ihnen den Brief an, lassen Sie ihn Ihren Freund noch einmal lesen. Ich sah ihn längst als meinen Gemahl an, und nur in dieser Rücksicht auch kann ich ihm seine üble Laune vergeben und will ihn behandeln als wäre ich seine Gattin, weil ich es auch in der That sein werde sobald er es verlangt. Und ich gehe über die Achtung weg, die ich mir schuldig bin, als Mädchen. Aber wenn er noch einmal meine Güte mißbrauchen könnte so versichern Sie ihm, daß es das letztemahl sein wird.

Aber alles in Anschlag genommen, sagte mein Freund zum Fräulein *Ribaupierre*, der Brief, den *d'Autun* öfnete, war an Sie gerichtet, er stimmte mit Ihren Begebenheiten zusammen, er war von einem begünstigten Liebhaber, und ich sehe nicht ein, warum *Autun* nicht sollte Feuer fangen. Es ist wahr daß der Brief an mich gerichtet war, aber es ist nicht wahr, daß er für mich war; ich werde ihm, sobald er verlangt, den Mann zeigen der ihn schrieb und das Frauenzimmer an das er gerichtet war. Sie sind jetzt verheirathet, und ich bin nicht länger verpflichtet ihr Geheimnis auf Unkosten meiner Ruhe zu bewahren, sie sind in Paris, und in ihrer Gegenwart will ich mich erklären wenn es *Autun* verlangt. Mein Freund wird ihm gern seine Handschrift zeigen, und er wird hören warum die Briefe an mich gerichtet wurden. Ich hofe er wird kommen und meine Rechtfertigung hören, und wir werden als Freunde schon auseinander gehen oder ich müßte mich sehr irren. Aber was soll ich ihm sagen wenn er nicht kommen will, fragte ⟨der Freund⟩ lächlend. Daß ein Plaz im Irrhaus seiner wartet sagte *Manon* gleichfalls lächlend. Und um ihm zu bezeugen [31v]daß Sie auf meinen Befehl sprechen, so bringen Sie ihm seinen schönen Brief, mit meinem Bilde zum Pfand. Geben Sie es ihm zurück, und sagen ihm daß er ein Thor war, mir es zurück zu schicken, ich bewahre das seinige stets, und werde es behalten solang ich lebe. Ich sehe wohl sagte mein Freund daß Ihre Aussöhnung leicht gemacht seyn wird; wenn Sie ihn lieben so schwöre ich Ihnen zu daß er Sie nicht weniger liebt, und daß nur ein verliebter Groll ihn zurückhält. Gestehen Sie ofenherzig sagte *Manon*, daß es ein Schwärmer ist und daß er in Verzweiflung ist, daß er die Mittel nicht gebrauchte, die ich ihm zeigte, den Irrthum aufzuklären. Bringen Sie ihn zu mir sobald er will, wenn er meiner Versicherung Glauben beymißt.

Wie glücklich war ich über den Versuch meines Freundes, und über den glücklichen Erfolg seiner Bemühungen. Ich eilte zu *Manon*, warf mich ihr zu Füßen. Von Ihnen will ⟨ich⟩ meine Verzeihung hören, schönste *Manon* rief ich aus, in Ihren Blicken lese ich Ihre Unschuld, und mein Irrthum bringt mich zur Verzweiflung. Es ist Ihnen alles vergeben, sagte sie, und umarmte mich mit Thränen. Nicht an mir ist es, falsche Ansprüche zu machen, ich will alles vergessen, und indem ich es Ihnen zusage so bitte ich Sie, sich ins künftige nicht so leicht durch den Schein täuschen zu lassen.

Ich habe ihr Wort gehalten, wir sind glücklich, und ich sehe nicht mehr in die Vergangenheit zurück als um mein Schicksal zu preisen, daß mir selbst meine Irrthümer lieb macht, weil ich durch sie den Werth meines jezigen Glücks doppelt fühle.

Nancy

[1]Ich bin der älteste Sohn einer der angesehnsten Familien in Frankreich, aber nicht so reich als meine Verwandten einer andern Linie, weil mein Vater den Millitär Stand erwählte, in dem man nicht die Reichthümer erwerben kann, als in Civilbedienungen, die aber oft nicht auf die rechtmässigste Art und Weise erworben werden. Mein Vater verlohr das Leben in der Schlacht bey *Valencienne*, die von den Herrn von *Teuremac* und *de la Lerte* geleitet wurde. Auch ein aelterer Bruder von der ersten Frau meines Vaters fand da den Tod, und ich blieb einziger Sohn meiner Mutter. Sie war aus einem grossen Hause, hatte aber wenig Vermögen. Mein Vater hatte viele Schulden hinterlassen, die wir bezahlen mussten. Das wenige Vermögen meiner Mutter, ließ uns in eine traurige Gestalt sinken, die noch auf⟨f⟩allender wurde wenn man den Reichthum meiner beyden Onkels damit verglich, die eine glänzende Rolle in der Welt spielten, noch tiefer fühlte ich es, da sie sich eine gewisse Art von Aufsicht über uns erlaubten, und eine Gewalt die ich nicht gewohnt war zu ertragen. Mein Vater hatte sich immer bestrebt mir Grundsäze einzuflössen die mich über meine Glücksumstände erhoben, und mich meiner Geburt würdig machten; von seinen Brüdern sprach er immer mit einer Art Verachtung über die Art zu leben die sie erwählt hatten, er nannte sie immer Schwämme die alles einsaugten, und Juden. Diese Art sie zu beurtheilen flößte mir früh eine gewisse Verachtung gegen sie ein. *[1v]*Ich konnte niemals diese Achtung für sie haben die ihr Verhältniß von mir foderte.

Als ich meine Studien geendigt hatte wollt man mich bey einem Rechtsgelehrten schulen. Ich ging hin, aber ich war von Natur zu losgebunden, und konnte mich weder an die Unterwürfigkeit, noch die Pünktlichkeit gewöhnen die man beobachten muß bey dieser Art Geschäften. Der Rechtslehrer dem ich untergeben war beklagte sich bey meinen Oheims. Ich erfuhr es; gerrieth in einen lebhaften Streit mit ihm und kehrte nach *Paris* zurück ohne Befehl dazu zu haben, und überließ die Geschäfte dem ersten besten. Ich lernte aus eignem Antrieb gut Reiten und Fechten. Dies war meine Neigung. Man war sehr erstaunt über meine unvermuthete Ankunft, man fragte mich um die Ursache, und ich antwortete mit wenig Worten den Oheims daß ich mich mit dem Direktor nicht vertragen könne, weil eine angebohrne Antipathie zwischen uns herrsche. Meiner Mutter sagte ich auf eine natürliche Art alles was mich entschuldigen konnte. Ich sagte ihr meine Gedanken freymüthig daß ich lieber der ärmste unglückseligste Edelmann in Frankreich seyn wollte, eh ich mich dazu erniedrigte der Verfolger und Unterdrücker des Volcks zu seyn. Daß ich zu weich wäre und zu viel Ehrgefühl hätte um freywillig die Hände zu den Grausamkeiten zu bieten die die Rechtsgelehrten gegen die Bauern ausübten, unter dem Vorwand die Rechte des Königs zu erhalten. Ich führte alle [2]Gründe an die mir mein Herz eingab und endigte meine Rede damit daß ich wohl sähe daß ich der wahre Sohn meines Vaters sey, daß ich nicht von ihm gelernt hätte ein strenger Zolleinnehmer, noch ein Parteygänger zu werden, weil sich beydes nicht mit meinem Gewissen noch mit meiner Ehre vertrügen.

Meine Mutter die eine längere Bekanntschaft mit der Welt unterrichtet hatte, fand keinen Geschmack an meinen Gründen. Sie hatte alle diese Vorurtheile unterdrückt, die ihr mein Vater beygebracht hatte. Sie war überzeugt daß nichts vorzüglicher sey als der Reichthum; und da ihr Ehrgeiz sie nicht verlaßen hatte, so ertrug sie sehr ungeduldig die Pracht und den Glanze ihrer Schwägerinnen, die sie so lang mein Vater noch lebte nur über die Achsel angesehn hatte, weil sie nur Kaufmanstöchter waren. Sie machte mir sehr gerechte Vorwürfe und lebhafte Einwendungen. Ich hätte sie benuzen sollen! Aber ich war bestimmt mich zu verliehren! Ich stellte ihr vor daß wenn sie meinen Vater geliebt hätte bey seinem Leben, und sich ihrer Geburt erinnre, so sollte sie mir es durch die Achtung seines Andenkens beweisen, sie solle ihn nicht entehren indem sie ihren einzigen Sohn zwingen wollte nach Grundsäzen zu handeln die er immer verachtet habe. Mein Zorn ging so weit daß ich selbst die Achtung gegen sie aus den Augen sezte, ich trennte mich auf eine Art von ihr, die sie schmerzlich betrübte. Sie fiel in eine schwere Krankheit aber sie verbarg die Ursache davon allen Menschen. Nur mit mir sprach sie darüber [2v]aber mit einer solchen Zärtlichkeit von ihrer Seite, und einer so grossen Beschämung von der meinigen, daß ich ihr alles versprach was sie verlangte. Ihre Gesundheit kehrte wieder, sie versöhnte mich mit meinen Oheims, die mir eine neue Comission antrugen, zwölf Meilen von *Paris*, sie war noch schöner als die erste die ich verlaßen hatte.

Ich hatte die Aufsicht über eine Zolleinahme, ich war darin nicht sehr unterrichtet, aber ich hatte einen Commis der alles besorgte, und ich unterschrieb nur meinen Nahmen. Aber in kurzer Zeit kam ich so weit daß ich geschickter wurde als er, denn ich entdeckte seine Betrügereyen. Acht Stunden des Tags musste ich in meinem Büreau zu bringen. Den Winter verhielt ich mich ganz still bey meinen Geschäften, aber als der Frühling kam, und die Jahreszeit immer günstiger wurde sah ich mit Unbehaglichkeit die Jungen Leute meines Alters sich vergnügen, Spaziergänge anstellen, und mein Büreau wurde mir zum Gefängniß, und ich beschloß mich daraus zu befreyen.

Aber ich wollte doch mein gutes Verhältniß mit meiner Mutter unterhalten, und meine Oheims nicht beleidigen, ich schrieb daher eine Menge Unwahrheiten über meinen Zustand, Krankheit war eine der hauptsächlichsten. Aber bald wurde man vom Gegentheil überzeugt, man antwortete mir in einem boshaften Ton, man machte mir den Krieg, und ich verdiente es, aber ich war deswegen nicht weniger zornig. Drey Briefe gleiches Innhalts erhielt ich in einer Stunde, ich wiederholte mehr als ein mal diese Lektüre, um mich während [3]ich las auf neue Erfindungen zu besinnen, weil die ersten so wenig Glauben gefunden. Ich verlohr mich so in nachdenken daß ich der Stunde vergaß die mich zu meinen Geschäften rufte. Man erinnerte mich endlich daß viele Menschen mich erwarteten. Ich fand unter andern vor meinem Büreau einen Mann der sich für sehr wichtig in der Stadt und folglich im Staat hielt, er begann mich im Angesicht der übrigen Welt zur Rede zu sezen und behandelte mich als den untersten Bedienten. Ich ertrug diese Erniedrigung gelassen, denn ich wusste zu gut daß wenn er mich ernstlich über die Besorgung meines Amts zur Rede sezte, daß ich übel bestehen könnte, meine Cassen waren in Unordnung, das Register nicht im guten Stand, und ich fühlte daß wenn ich mit ihm in Streit käme, es böse Händel bey dem Intendanten der Stadt sezen könnte der eben zugegen war, es war ein rechtschafner Mann, streng und pünktlich, und also natürlicher weise sehr wenig geneigt die Commis der Pächter zu unterstüzen die ihre Pflicht verlezten. Er würde tiefer in meine Geschäfte geblickt haben und dies wäre für meinen Vortheil nicht günstig gewesen, und alles dies hätte schlimme Händel nach sich ziehen können.

Diese Betrachtungen kosteten mir wenig Zeit und ich lies den Richter daher alles sagen was er wollte. Ich befriedigte sein Verlangen so schnell wie möglich, weil ich hoffte er würde hernach früher fort gehen. Aber es geschah nicht, er sezte seine Predigt fort: sprach in einem strengen Ton daß der König verlange daß die Commis sich ordentlich betrügen, daß ich zur bestimmten Zeit im Bureau seyn müsste, um nicht den Staatsbeamten die Mühe zu machen mich zu erwarten. Er drohte mit dem Intendanten, dies war es was ich *[3v]*fürchtete. Aber ich hörte alles kaltblütig an, ich that mehr ich überhäufte ihn mit Höflichkeit; und gestand mein Unrecht ein. Ich behielt meinen Ton, und begleitete ihn endlich noch an die Thüre, aber das Herz war mir tief verwundet und ich beschloß mich zu rächen, und zu beleidigen sey es auf welche Art es wolle.

Noch den selben Abend sah ich meine Rechnungen durch und es war bald alles in Ordnung, und ich konnte nun gelassen einen Besuch des Intendanten entgegen sehen, womit mich der Richter bedroht hatte.

Unsre Geschichte hatte Aufsehn erregt, der Richter war so voll seines Siegs, daß er sich rühmte wie erniedrigend er mich behandelt habe ohne daß ich ihm etwas dagegen hätte sagen dürfen. Man verwunderte sich darüber denn man hielt mich nicht für duldsam. Man befragte mich über diesen Vorfall, ich erzählte ihm mit aller Mässigung die mir möglich war, man wollt uns wieder versöhnen und er entschuldigte sich bey mir, über seine Hize, ich wollte mich aber auf keine Weise in eine Erklärung einlaßen, und gestand ihm immer zu daß ich Unrecht habe; doch im Herzen fest entschlossen mich zu rächen. Ich fürchtete nichts mehr denn meine Rechnungen waren in Ordnung, ich konnte Rechenschaft darüber ablegen, und ich hätte gern einen solchen Dienst verlassen.

Einige Zeit nachher kam der Richter wieder in Geschäften zu mir. Ich berichtigte sie alle, gab meine Unterschrift und er schien zufrieden. Ich war noch nicht [4]mit dem Unterzeichnen der Scheine fertig, als es zwölf Uhr schlug, ich hielt das lezte Papier in der Hand, und es hätte einen Augenblick gekostet, er hofte ich würde meine Geschäfte erst endigen. Aber er betrog sich, ich stand auf, und sagte ganz kaltblütig er müsse sich die Mühe geben nach dem Essen wieder zu kommen. Dies Compliment bestürzte ihn, er bat mich verbindlich das Geschäft noch zu beendigen, aber ich war unerbitterlich. Mein Gedächtniß ist zu gut sagte ich stolz, um mich nicht Ihrer Lehre zu erinnern. Der König will daß ich um zwey Uhr in meinem Büreau seyn soll, ich werde es nicht vergessen, aber noch weniger auch daß ich um zwölf Uhr ihm zuschließen darf. Alles was er dagegen sagen konnte war unnüz. Das trieb seinen Zorn aufs äußerste; aber noch weit mehr brachte es ihn auf, daß ich in seiner Gegenwart meinen Bedienten befahl zwey Herren zu mir auf den Mittag einzuladen, von denen ich wusste das sie seine Todtfeinde waren. Er verließ mich; leben Sie wohl Herr Richter, bis um zwey Uhr sagte ich lachend.

Als ich um zwey Uhr wieder in meine Schreibstube kam, fand ich einen Bedienten des Richters, der die übrigen Unterschriften abholen sollte. Ich sagte aber ich müsse sie in die Hand des Eigenthümers übergeben. Er ging fort, und brachte mir einen Zettel des Richters worinn er mich bat sie zu übergeben. Aber ich blieb unerbittlich, und er musste sich entschließen selbst zu kommen; aber er kam mit einem so linkischen Anstand, daß ich kaum das Lachen verbergen konnte. Ich fürchtete den Besuch des Intendanten nicht mehr, und [4v]sprach in einem hohen Ton mit dem Richter, daß er wohl sah es blieb ihm nichts übrig als den Weg nach der Thüre zu suchen. Der Vorfall wurde bald bekannt denn meine zwey Gäste waren Augenzeugen, die nicht fehlten ihm zu erzählen wo sie nur konnten. Der Intendant erfuhr die Geschichte, und der Richter der wenig Freunde hatte wurde die Fabel der Stadt.

Ich war gerächt, aber ich hatte mein Amt nicht verlohren. Es dünkte mir beschämend, daß der Sohn eines braven Mannes der im Dienste seines Prinzen gestorben war, sein Leben in einer kleinen Provinz verliehren sollte, und an die schmuzigen Geschäfte eines Büreaus gebunden, während die andren jungen Leute von meiner Geburt bey der Armee waren, oder in andern Pläzen wo sie sich durch die Waffen den Weg zum Ruhm bahnen konnten. Der Gedanke bewegte meine Seele so heftig daß ich ernstlich krank wurde. Und meine Stelle wurde indeßen einem andren anvertraut. Als ich wieder hergestellt war sah ich daß mein Nachfolger sich gut in seine Stelle fand, ich wollte ihn nicht daraus vertreiben. Ich schrieb am Indentanten, entdeckte ihm meinen Kummer, meine Abneigung gegen diese Art Geschäfte. Er beruhigte meine Verwandten, indem er ihnen über mich schrieb, sie willigten endlich ein, daß ich diesen Plaz verlaßen sollte, und ich verließ mit einem leichten Herzen die Provinz.

[5]Ich kam nach *Paris* zurück, da ich kein Amt mehr zu bekleiden hatte. Meine Verwandten die mir eine Stelle aussuchen wollten behielten mich ein halbes Jahr ohne Beschäftigung bey sich, und ich lebte mein Leben in einem ruhigen Gang fort.

Ich hörte einen Morgen die Messe, in Notre Dame, und hatte mich an einen Pfeiler angelegt. Eine graue Nonne von denen, die die Sorge für die Findelkinder tragen kam zu mir, und bat mich eins aus der Taufe zu heben, daß man in der Nacht gefunden hatte. Gewöhnlich machten sie Complimente dieser Art nur denen die den Anschein eines gewissen Standes hatten, um desto gewisser ein Allmosen zu erhalten. Ich schlug ihre Bitte nicht ab. Sie fragte ob ich eine Gevatterin wisse, und ich zeigte ihr ein junges sehr gut gekleidet Frauenzimmer, in kalter Trauer, sie war mit einer älteren Person gekommen, die ihre Kammerjungfer schien. Die Nonne ging zu ihr mit ihr zu sprechen, aber ich hörte daß sie einige Schwierigkeiten machte über den Antrag. Ich trat näher begrüsste sie, und sie erwiederte mir mit Höflichkeit meinen Gruß. Sie willigte endlich ein, sie sprach so gut und gestand, daß ich nicht zweifeln konnte, daß sie von einem vornehmen Stand sey. Ich gab meiner Gevatterin die Hand, ein kleiner Bedienter machte noch ihr Gefolg aus, dies alles vermehrte meine hohe Meinung von ihr. Wir hielten das Kind; wir stritten wies gewöhnlich ist, mit vieler Höflichkeit über dem Vorzug, den Nahmen für das Kind zu finden, und sie gab endlich nach weil es ein Mädchen war, und gab einen Nahmen; die Kinder kamen nach geendigter Ceremonie um Allmosen zu sammeln; der Anblick dieser kleinen unschuldigen Geschöpfe [5v]die wirklich unser Mitleid verdienen erwürkte noch mehr meine Mildthätigkeit, auch war ich im Herzen froh meiner Gevatterin eine gute Meinung von mir zu geben, ich gab ein beträchtliches Allmosen, daß wohl meinen Gesinnungen entsprach die ich im Herzen für sie erwachen fühlte, aber nicht meinem Beutel. Sie ihrer Seite gab mit Anstand, und mehr als man von einem jungen Frauenzimmer fodern konnte.

Meine Freygebigkeit gab mir auf eine gegenseitige Gefälligkeit Anspruch, ich fragte die Nonne ob man uns nicht im Hospital ein Frühstück geben könnte. Ich wäre noch nüchtern, und könnte den Geruch der durch die Menge kleiner Kindern entstünde nicht ertragen. Ich fühlte eine Schwäche sezte ich hinzu. Die Nonne schien mir zu glauben oder sah sie in meinem Gesicht wirklich eine Veränderung, genug sie führte mich in eine kleines Refectorium, wo ich auch meine Gevatterin hinbrachte die sich nicht lange bitten ließ. Man gab uns Fleisch aus dem Topf, und Coteletes. Ich sagte meiner Gevatterin daß wenn es von mir abhing ich ihr ein beßres Frühstück bereitet hätte, aber ich hätte es nicht wagen wollen sie an einen andren Ort zu führen. Sie nahm das Compliment gefällig auf, und sagte daß wenn sie geglaubt hätte daß ich ihrentwegen ein Frühstück verlangt hätte, so würde sie mir nicht gefolgt seyn; aber die Blässe die mein Gesicht bedeckt hätte, hätte sie überzeugt daß es mir nothwendig sey Speise zu mir zu nehmen, und um mich nicht durch einen Aufschub [6]krank zu machen so habe sie mir ohne Umstände nachgegeben.

Mein Bedienter hatte auf meinen Befehl einen Wagen geholt. Ich bot ihr den Arm an, sie stieg hinein mit ihrer Jungfer die sie nicht verlassen hatte. Sie hatte keineswegs das Betragen daß die Parieser Frauens beobachten, und noch weniger die Manieren von denen die zu wenig Lebensart besizen um zur unrechten Zeit höflich zu seyn. Sie stieg auf eine Art in den Wagen, die mich überzeugte, daß sie den Ton der Welt mit der Sittsamkeit ihres Geschlechts zu vereinigen wisse, und daß sie diese Sicherheit in ihrem Betragen die sich nur durch den Umgang mit Menschen aus den besten Gesellschaften erwirbt sich erworben hatte. Meine hohe Meinung von ihr vermehrte sich mit jedem Augenblick; die Leichtigkeit ihrer Unterhaltung; die Fruchtbarkeit und Natürlichkeit ihres Ausdrucks verminderte sie nicht. Und ich wurde immer im Herzen überzeugt daß man kein schöneres noch vollkommners Frauenzimmer finden könnte als sie.

Sie war kaum neunzehn Jahre alt, von einer mehr als mittlern Gestalt: Ihre Haare waren einen Fuß länger als sie selbst, von dem schönsten Castanienbraun, und fielen geringelt um die Schultern. Sie musste auf einen Tisch steigen wenn sie sich durchkämmen lassen wollte, und zwey Frauens waren damit beschäftigt, die Stirn war weiß und glatt, und große schwarze Augen, mit einem schmachtenden Blick. Die Nase schön geformt, ihre Wangen glänzten immer von einem schönen natürlichen Roth, daß auf ihrer weissen Gesichtsfarbe [6v]einen schönen Abstich machte. Ihr Mund war klein und lächlend, die Lippen rund und roth, ihre Zähne schön gestellt, das Kinn rund mit einem Grübchen geziert, und die Gesichtsform ein schönes Oval. Ihre Gestalt war zart, doch nicht schwächlich. Ihr Gang war der einer Königinn. Sie tanzte vortreflich, sang auch so, und war sehr starck in der Musik.

Es schien nichts schöneres zu geben als ihr Körper, und ihr Verstand schien dem Äussren zu entsprechen. Sie hatte mehr als alle betrügerischen Frauen zusammen. Sie war verstockt, und änderte eben so leicht ihre Gesichtszüge und ihre Gespräche, wie die geschickteste Schauspielerin es nur kann, nachdem sie ihre Rolle recht gelernt hat. Während sie den Schein der Offenherzigkeit annahm, war sie doppeltzüngig und untreu. Sie liebte das Vergnügen zumahl das der Liebe, und auf einen Grad alles dafür aufzugeben, Ehre Tugend, Reichthum und ihre Pflicht. Kühn bis zur Frechheit; kurz ihr Verstand hatte alle die bösen Eigenschaften wie ihr Körper in einem so hohen Grad sie vortreflich besaß, aber sie kannte die Kunst sich zu verstellen, man nahm sie für ganz anders als sie war. Ich selbst nach einer genauen Bekanntschaft von zwey Jahren, hätte einen Eid ablegen wollen, daß sie offen, treu und uninteressirt sey; so wie sie den Anschein hatte, wäre ich nicht in der Folge eines andren überzeugt worden.

[7]Ich brachte *Nancy* nach ihrer Wohnung als das Frühstück geendigte war. Sie wohnte mit einer Frau zusammen die man für ihre Tante hielt. Sie bat mich bey ihr abzusteigen; und ich ließ mich nicht lange bitten. Das Haus hatte ein gutes Ansehn, und ihr Zimmer war prächtig meublirt. Ihre Tante war nicht zu Hause, und ich fand mich mit *Nancy* allein, ich konnte nicht viel Umstände machen. Der Zustand indem ich mich fand war nicht ruhig genug um eine Unterhaltung in der Form zu beginnen. Ich erbat mir nur von ihr daß sie meine Besuche annehmen wolle, sie gab mir mit vieler Artigkeit diese Erlaubniß, und es war alles was ich nur verlangen konnte.

Ich verließ sie so plözlich in meinem Innern verändert, ich war nachdenkend, still, so daß ich selbst mich nicht mehr kannte. Meine Liebe konnte nicht sich vermehren denn ich liebte seit diesem Augenblick mit der grössten Zärtlichkeit. Die Höflichkeit erlaubte es nicht, in zu kurzer Zeit, sie wieder zu besuchen, ich wollte diese Pflichten erfüllen, aber mein Herz widerstand nicht der Versuchung. Ich ging noch denselben Abend an ihrer Thüre vorbey; sie saß mit einigen jungen Frauenzimmern aus der Nachbarschaft vor ihrer Thüre, aber es war kein Mann mit ihnen. Ich that nichts als einige mal an ihr vorüber gehen, bis sie sich zusammen entfernten. Den folgenden Tag wiederholte ich meinen Spaziergang durch die Strasse, und ich sah daß *Nancy* mit einigen jungen Mädchens den Weg nach den Boulevard nahm. Sie sezten sich auf den [7v]Rasen und sangen. *Nancy* sang allein eine Arie der Aretuse in der Proserpina.

Je crains enfin qu'il ne m'engage
Et sa Constance me fait peur!
Non si le voi⟨s⟩ davantage,
Je ne repond plus de mon Cœur.

Sie sang göttlich, und ich konnte der Versuchung nicht länger wiederstehn. Ich kam näher, sie erkannte mich, und empfing mich sehr höflich, Ich war auf eine Art gekleidet den jungen Bürgermädchens Ehre zu machen, *Nancys* Gesellschafterinnen waren nichts anders. Sie empfingen mich freundlich. Ich fasste *Nancys* Hand. Die Freyheit mit der ich und auch sie uns betrugen erstaunte ein wenig unsre Gesellschafterinnen. Aber uns machte dies nicht verlegen.

Sie haben einen Liebhaber schöne Gevatterinn, sagte ich der Ihnen Furcht einflösst, aber was ist diese Furcht angenehm, und wie glücklich ist der Mann der sie einer Person wie Sie sind einzuflössen vermag! Mein Herr antwortete sie lachend, meine Gesinnungen sind nicht in der Arie ausgedrückt die ich eben sang. Sie ist neu, und schön, man sagte daß ich sie richtig singe, und dies ist die einzige Ursache die sie mir im Mund legte, ohne mit meinen Gedanken übereinzustimmen. Wir hatten eine lange Unterredung. Jedes Wort daß sie sprach bezauberte mich, ich bewunderte die Zartheit ihrer Gedanken, die artige Wendungen die sie ihrem Audrucke gab, in einem Wort ich wurde bezaubert.

[8]Ich begleitete sie an ihre Thüre beym Rückweg, die Tante saß da, ich war sehr verbindlich und artig gegen sie. *Nancy* sagte ihr daß ich die Person sey die erst vor zwey Tagen ein Kind mit ihr zur Taufe gehoben. Ich wurde gut aufgenommen von ihr und trennte mich von ihr, das Herz mit tausend angenehmen Ideen erfüllt. Ihre Sanfte Stimme hatte meine Liebe nicht schwächer gemacht, denn ich liebte von jeher mit einer grossen Leidenschaft den Gesang. Den folgenden Tag machte ich bey *Nancy* einen förmlichen Besuch; sie schien mir liebenswürdiger als jemals, sie spielte einige Instrumente und alle vortreflich. Wir sprachen über gleichgültige Gegenstände. Und nach einem Besuch von drey Stunden war es mir als wäre ich nur einen Augenblick bey ihr gewesen. Den Abend ging ich wieder zu ihr und sagte

daß ich einer ihrer Nachbarn sey, und bat um Erlaubniß mit ihr und ihrer Gesellschaft den Abend zubringen zu dürfen. Es war nicht schön genug zu einem Spaziergang, wir gingen in einen Sallon, wo wir nach dem Gesang tanzten. Ich verließ das Haus meiner Sinne kaum mächtig, ich konnte nichts zu mir selbst sagen, als daß ich niemals ein so vollkommnes Mädchen gesehen hätte.

Einige Tage nachher ladete ich die Gesellschaft die aus der Tante und den drey Nachbarinnen bestand zu einem Spaziergang außer der Stadt ein. Wir mussten auch den Mittag zusammen zubringen. Ich machte den Wirth so gut ich konnte, und meine Gäste schienen mit mir zufrieden, ich war es desto weniger mit mir selbst, *[8v]*weil ich nicht Zeit gehabt die nöthigen Aufträge zu einer guten Bewirthung zu geben. Beym Heruntersteigen that *Nancy* auf den Stufen einen Fehltritt; meine Besorgniß ließ ihr sehen welchen Anteil ich an allem nahm was ihr begegnete. Ich sandte einen Boten nach *Paris* um eine Kutsche zu holen, denn wir hatten den Weg zu Fusse gemacht, da der Ort nur eine Viertelstunde von der Stadt lag: Sie dankte mir herzlich für meine Sorgfalt. Der Fuß war stark geschwollen, und sie musste vierzehn Tage das Bett hüten. Ich hatte sie hinein getragen. Ich verließ sie nur um zum Essen zu gehen. Die Tante war gefällig genug mehr als sonst die Tanten gewöhnlich, die meistens schwer zu behandeln sind. Nichts war mir im Wege, ich war immer willkommen. Ohngeachtet meines Stillschweigens war die Veranlassung meiner Besuche nicht unbekannt; denn meine Augen und meine Handlungen sprachen deutlich. Ich war gewiss verstanden zu seyn. Obgleich *Nancy* mit mir auf eine sehr zurückhaltende Weise lebte, so entdeckte ichs doch daß ihre Augen die Verräther des Geheimnisses ihres Herzens waren.

Aber endlich entdeckte ich mich ihr, ich gestand ihr daß ich sie mehr liebte als man je geliebt hätte, und bat sie mir zu sagen an wen ich mich wenden sollte um sie zu erhalten. Sie antwortete mir auf eine natürliche Art, nicht wie die Mädchens gewöhnlich zu thun pflegen in einem solchen Fall. Sie dankte mir im Gegentheil für die Gesinnungen die ich für sie in meinem Herzen bewahrte, und sagte sie fühle die Ehre die ich ihr ◊

[9]Sie bäte mich meines eignen Vortheils wegen mich nicht den Regungen einer Leidenschaft zu überlaßen, die vielleicht vorübergehend wäre, und die ich in der Folge bereuen könnte. Ich schwor ihr ewige Liebe, sagte daß sie jede Probe aushalten könnte; Bey der Wärme mit der ich sie liebte würde ich niemals die Verbindung bereuen die ich mit ihr einginge. Sie wäre die Erste die ich liebte, und würde gewiß auch die Einzige seyn. Ich kann mir es nicht schmeicheln antwortete sie gefällig daß ich so viel Schönheit, so viel Verdienste besizen kann, um Ihnen eine solche heftige Leidenschaft einflössen zu können. Glauben Sie mir sagte sie wenden sie sich an einen vortheilhafteren Gegenstand: Sie glauben mich zu lieben, aber Sie betrügen sich; und ich würde mich selbst betrügen wenn ich es glaubte. Sie wissen nicht wer ich bin, noch wer ich seyn kann. Ich bin vielleicht so weit unter dem Stand, den Sie verlangen können, daß Sie sich vielleicht einer Verbindung schämen würden die so tief unter Ihnen ist; also sey es Ihrentwegen oder meinetwegen machen Sie sich von mir los jezt da Sie es noch mit Ehren thun können.

Nein sagte ich. Ihr Rath kömmt zu spät, es ist nicht mehr in meiner Gewalt mich von Ihnen loszureissen. Von allem was Sie mir sagen kann ich nichts fürchten als eine Ungleichheit des Standes mit der Sie mir drohen. Ich hege keinen *[9v]*Wunsch der vortheilhaft für Sie wäre, er wäre mir zu nachtheilig. Sind Sie in Ihrer Geburt so weit über der meinigen erhaben daß ich mich nicht zu Ihnen erheben könnte, meine Verzweiflung wird Ihnen die Wahrheit meiner Zärtlichkeit und Ehrfurcht bezeugen, die sich nicht vermehren können für Sie. Aber sind Sie von einem Stande unter dem meinigen, so wird meine Liebe den Sieg davon tragen. Geben sie acht auf daß was Sie sagen sprach Sie; betheuren Sie nicht was Sie bereuen möchten ich wiederhole es noch einmal Sie kennen mich nicht. Ich kenne Sie so wie ich Sie immer kennen werde, als das schönste, vollkommenste Frauenzimmer, das übrige ist mir gleichgültig, und Sie allein. … Sie haben einmal das Vorurtheil sagte sie in mir alle Vollkommenheiten zu finden. Wenn Sie die Augen mehr öffneten würden Sie sie vielleicht nicht lange mehr so sehn. Glauben Sie mir beharren Sie nicht darauf mir treu bleiben zu wollen. Ich verdiene nicht die Wärme mit der Sie mich lieben. Kehren Sie in sich selbst zurück. Uebereilen Sie nichts. Und um nicht gerechte Ursache zu haben, mich einst mehr zu hassen, als Sie mich jezt lieben, so rechnen Sie es sich nicht zur Ehre an einer Verbindung nicht zu entsagen, die Sie beschämen würde.

[10]Umsonst wandte ich lange alle meine Künste an um Sie zu einer nähern Erklärung zu bringen, und zu entdecken was Ihr ihr Herz für mich sagte, aber es gelang mir nicht. Ich sah wohl aus ihren Betragen daß ich ihr nicht gleichgültig war, aber sie sollte es selbst sagen, und dies war mir unmöglich. Ich war nicht Eifersüchtig, ich sah nie einen andern Mann bey ihr, noch sprach sie außer dem Hause mit jemand anders als mit mir, ich war der Einzige der Zutritt hatte. Die Nachbarn bey denen ich Nachrichten einzuziehen suchte, sagten mir ihr Haus sey einem Kloster ähnlich man erblicke nie eine Männliche Gestalt darin. Was *Nancy* betraf so ging sie wenig aus, nur zuweilen bey ihren Nachbarinnen mit ihrer Arbeit. Die einzigen Besuche die sie erhielt waren von ihnen. Ihre Familie war unbekannt, man sagte mir nur daß es ohngefähr achtzehn Monate sey daß ihre Tante mit ihr in diesem Hause wohne, und sie wären in tiefer Trauer gewesen als sie zuerst dahin kamen. Sie lebten ganz abgeschieden, und ich wäre der Einzige Mann den man seitdem hätte das Haus besuchen sehen. Alles dies erweckte in mir eine schreckliche Unruhe. Ich suchte vergeblich den Geheimnissen vollen Schleyer der ihre Geburt umhüllte zu zerreissen; aber die Zeit war noch nicht gekommen.

Meine Onkels hatten indessen eine neue Stelle für mich ausgefunden; aber ich sollte *Paris* verlaßen, und ich *[10v]*schlug sie aus. Ich gab meiner Mutter zu verstehen, daß ich von ihr erwartete mir die Wahl eines Etablißements selbst zu überlaßen. Daß eine Advokaten Stelle mir annehmlicher wäre, da sie mein väterliches Vermögen durch ihre kluge Einrichtung wieder vermehrt hätte, so würde ich im Stande seyn können, eine Stelle zu kaufen, die nicht so gering wäre, und daß ich dadurch meiner Familie keine Schande machte. Sie fand an meinen Gründen Geschmack, oder hatte doch den Anschein; und sie und meine Oheime beschlossen endlich mir freyen Willen zu lassen. Ich kam wieder in die Rechte. Ich hatte vorher eine unüberwindliche Abneigung gegen dieses Studium, und wenig hätte doch gefehlt daß ich jezt mich im Palais herum gedrängt hätte. Ich war mit mir selbst unzufrieden daß die Liebe mich in einen solchen Zustand versezen konnte, aber es ist nicht die einzige Thorheit die sie hat begehen laßen, sie war stärcker als ich selbst, ich opferte ihr alles auf, Ehre, Tugend, Freunde und Glück und Neigung, ich übersah dies alles in der Wärme meiner Leidenschaft.

Da meine Beharrlichkeit in den Besuchen bey *Nancy* zu groß war, um verborgen zu bleiben, so bekam auch meine Mutter Nachricht davon. Man wusste daß ich bis [11]zur Raserey verliebt sey. Sie zweifelte nicht mehr die Ursache errathen zu haben, warum ich die Stelle abgeschlagen hatte die man mir geben wollte. Doch sagte sie ihren Schwägern nichts davon, und war so gut mich zu schonen. Sie wusste daß man über meinen Verstand nichts durch Gewalt ausrichten konnte, sie wollte mich durch Sanftmuth gewinnen und hatte keinen Nachtheil daran, denn *Nancy* kam mir nur schöner vor. Alle ersinnlichen Mittel versuchte man nun mich von *Paris* zu entfernen. Man verband die Ansichten der Ehre mit denen des Glücks, aber ich verachtete alles. *Nancy* blieb es nicht verborgen, daß ich Kummer hatte, daß ich ihrentwillen litt, daß die Art zu leben die ich erwählt hatte die Wirkung meiner Liebe und ihrer Reize war. Sie nahm die Mine an mich wieder zu Verstand bringen zu wollen da sie wohl sah daß ich ihn ihrentwillen verlohren hatte, aber sie benahm sich auf eine Art die mich vom Gegentheil überzeugte.

Ich bot all meine Kräfte auf das Geheim⟨n⟩iß ihrer Geburt zu enträthseln, ich bat sie oft mir es zu entdecken, aber ich richtete nichts aus, noch lange würde es mir unbekannt geblieben sein, wenn ich es nicht durch einen außerordentlichen Zufall erfahren hätte.

An einen Winterabend im Jänner ging ich sehr spät aus ihrem Hause. Es war beynah Mitternacht, der Himmel war finster, man sah keinen Stern, noch erkannte man die Erde. Die Fackel die mein Bedienter [11v]trug hatte der Wind ausgeblasen. Keine Laterne brannte mehr auf der Strasse; ich suchte tappend den Weg, als ich plözlich jemanden neben mir bemerke, ich frage wer da? Und eine männliche Stimme erwiedert ob ich Herr *Fontanges* sey? Ich bin es war meine Antwort, was wollt Ihr? Hier mein Herr ist ein Packet daß man mir auftrug in Ihre Hände zu liefern. Fragen Sie nicht wo es her kömmet, aber unterrichten Sie sich von seinem Innhalt, von den Wahrheiten die es enthält, sie sind Ihnen sehr wichtig. Er gab mir das Packet in meine Hand, und schlich an der andern Seite fort. Ich konnte nicht sehen wo er hin ging, denn ich hatte ihn selbst nicht gesehen; ich rufte ihm aber ich bekam keine Antwort. Voll Angst sezte ich meinen Weg fort, ich war besorgt was man mir wohl durch einen so außerordentlichen Weg wolle wissen lassen, und was der Innhalt seyn möchte. Ich riß ungeduldig das Siegel auf, als wenn ich hätte lesen können, an einem Ort wo ich kaum die Strasse erkennen konnte! Im nehmlichen Augenblick bemerkte ich diese lächerliche Neugierde. Ich steckte alles sorgfältig in die Tasche und kam in meine Wohnung. Sobald ich allein war in meinem Zimmer nahte ich mich des Lichts und warf meine Blicke auf diesen Brief der mir auf eine so Geheimnißvolle Weise war gegeben worden. Die ersten Worte die mir ins Auge fielen waren,

[12]Rath an Herr *Fontanges*, über seine Liebe zu *Nancy*.

Drey Bogen von einer männlichen Hand vollgeschrieben hielt ich in der Hand. Man sagte mir, ich glaubte eine Vestalinn zu lieben, und eine Person von Stande, daß die Verbindung die ich eingehen wollte denen Menschen schrecklich wäre die einigen Antheil an mir nähmen. Meine Verbindung sey auf alle Weise beschimpfend. Man sagte mir daß man Mitleid habe mit mir mich von einem Mädchen betrogen zu sehn die es so wenig werth sey. Ihr Vater und Mutter wären ihr unbekannt, und da wo sie mit mir das Kind aus der Taufe gehoben habe, sey auch sie erzogen worden. Ihre Eltern hätten sie verlassen in dem Augenblick ihrer Geburt, und an eine Thüre gelegt. Man habe sie gefunden, in das Findelhaus gebracht, wo sie bis in ihr achtes Jahr geblieben sey. Daß *Nancy* schön sey gestand man ihr zu, auch sey es die Ursache die die verstorbne Herzogin von *C.* bewogen habe sie aus diesem Hause zu sich zu nehmen weil sie selbst keine Kinder hatte, so habe sie sie sich vom Hospital erbeten. Bey dieser sey sie bis ins achzehnte Jahr geblieben. Dieser Dame habe sie ihre Bildung zu verdanken, sie habe alles gelernt was einem Frauenzimmer von gutem Ton zukomme. Aber obgleich sie lauter Beispiele der Tugend gesehn habe in diesem Hause so wäre ihre Aufführung verdächtig geworden: aber man könnte sie ihres [12v]Verbrechens nicht überführen; und hätte die Herzogin von *C.* am Ende nicht ganz zufrieden mit ihr geschienen weil sie ihr nicht alles Vermögen hinterlassen hätte was sie ihr sonst versprochen, statt allen diese hätte sie *Nancy* wenig baar

Geld hinterlassen, einige Meubles, und eine Leibrente. Das Gerücht erzähle daß *Nancy* einverstanden mit einer ehmaligen Kammerfrau der Herzogin, zu der sie am meisten Zutrauen sonst gehabt, manches entwendet habe. *Nancy* wohnte bey ihr und gäb sie für ihre Tante aus. Sie hätte viel baares Geld und vielen Schmuck, von dem man sonst bey der Herzogin gewusst habe zu sich genommen. Man hätte alle Kasten leer gefunden. Man sagte noch daß *Nancy* es nicht für sich allein gethan habe, sondern einem jungen Menschen zu lieb, der sich *Breton* nannte, er sey der *Secretair* der Herzogin gewesen, und habe ihr angegeben wo das Geld läge. *Breton* habe ihr versprochen sie zu heyrathen. Mit diesem allein habe man ihr einen strafbaren Umgang schuld gegeben, aber alles dieses wäre nur beym Verdacht geblieben, denn *Breton* sey im Gefängniß gestorben, wohin ihm die Erben der Herzogin die ihn des Diebstahls verdächtig gehalten, hätten sezen lassen.

Noch sezte mein Rathgeber viele Anmerkungen hinzu. Das Ende war daß man mir sagte daß man mir nicht rathen wolle, weil man mich für zu klug und großmüthig hielt, um etwas zu unternehmen was eines [13]Mannes von einer so ausgezeichneten Familie unwerth sey. Man beklagte meine Verblendung für dieses Mädchen. Und gab mir noch die Nachricht daß auch meine Mutter eine Abschrift dieses Briefs erhalten habe, man hätte mir ihn nicht wollen in meiner Wohnung übergeben, damit ich nicht glauben möchte, er käme von meinen Verwandten die unschuldig an der ganzen Sache wären; auch selbst am Tage hätte man mir ihn nicht geben wollen, aus Furcht ich möchte den Ueberbringer sehn, weil er auch derselbe sey der mir den Rath gäbe, der auch das Geheimniß niemand als sich selbst anvertrauen wollte. Ich könnte *Nancy* den Innhalt des Briefs sagen, ohne ihr den Brief zu zeigen; sie würde nicht wiedersprechen können; Auch die Leute die man mir nannte, und deren Wohnung man mir anzeigte könnten mir alles aufklären was sie beträfe; man hätte sie zu allen Zeiten bey der Herzogin gesehen, sie wären Bedienten gewesen zu der Zeit da *Nancy* durch einen so zweydeutigen Weg ins Haus gekommen sey, auch beym Todt der Frau von *C.* seyn sie zugegen gewesen.

Wer fühlt nicht mit mir, was ich bey einer solchen Lektüre denken musste. Bald hielt ich alles für Erdichtung, bald glaubte ich alles, und war unentschieden was ich thun wollte. Es fiel mir wieder ein daß sie mir nicht ihre Geburt entdecken wollte. Dies bestätigte mir, daß *[13v]*man mir keine Unwahrheit sagte. Tausend Entwürfe gingen in meinen Kopf herum, ohne einen festzuhalten. Ich las den Brief immer von neuem und verwünschte den Verfaßer; ich wollte ihm übel daß er mich aufklären wollte. Bald nachher war ich einig mit der Vernunft und gestand mir zu daß ich ihm alle Verbindlichkeit habe, daß er mich aus einem Abgrund der Schande gerettet habe. So wechselte der heftigste Kampf in meinem Herzen ab, zwischen der Liebe, und der Ehre. So kam der Morgen, und ich hatte noch keinen Entschluß gefasst, endlich trat meine Mutter ins Zimmer, mit vielen Papieren in der Hand.

Ich weiß was Sie mir sagen wollen rief ich ihr zu: Der Brief den Sie mir bringen wollen ist der nehmliche von dem man mir spricht. Es ist ein schöner Brief sagte sie, ließ ihn und bring ihn mir in mein Zimmer zurück. Sie verließ mich und warf mir einen Brief von der nehmlichen Handschrift hin als der meinige war. Die Anschrift war.

Rath an Frau *Fontanges*, über das Betragen ihres Sohnes.

Man schrieb ihr, daß man alles gethan habe um mich von *Nancy* abzuschrecken, und sie mir verhasst zu machen: Aber man habe keinen Rath hinzu[14]gefügt, weil man es für besser halte, daß ich selbst meinen Entschluß fasste der meiner würdig sey, als mir vorzuschreiben, daß ich zu viel Ehrgefühl habe und genug Verstand um eine gute Wahl treffen zu können. Man habe geglaubt sagte man daß es das einzige Mittel seyn könnte mich zu empören, wenn man mir Geseze vorschrieb, man habe geglaubt, daß dieses Mittel dadurch am besten gelinge wenn man sich auf mein eignes Gewissen verließ. Meiner Mutter Klugheit wäre es überlassen mir das abscheuliche einer solchen Verbindung recht darzustellen. Man rieth ihr mich eine Reise thun zu lassen, oder mir eine Stelle auf dem Land zu verschaffen, auf diesen beyden Wegen würden die bösen Eindrücke sich verwischen mit denen sich mein Kopf angefüllt hätte. Man benachrichtigte sie noch daß *Nancy* wie Frau *Morin* zwey äusserst gefährliche Personen wären. Sie hätten so gleich anfangs den Entschluß gefasst als ich zu ihnen gekommen mich zu fangen, die Erstere durch einen Anschein einer strengen Tugend, die zweyte indem sie sich für die Tante ausgäbe, und mir doch oft allerley kleine Freyheiten bey ihrer vorgeblichen Nichte erlaubte. Sie hätten sich von meinen Familien Verhältnissen genau unterrichtet. Sie hätten gleich gehoft da sie erfahren daß ich einziger Sohn sey und unabhängig wäre, daß ich Vermögen genug besässe um es ihnen wohl zu machen; was die Einwilligung meiner *[14v]*Mutter beträfe, und meiner übrigen Verwandten, so hätten sie sich den Plan gemacht mich über diesen Punkt leichtsinnig zu machen, wenn nur erst meine Liebe so groß würde als ich fähig wäre sie zu fühlen. Nur die zweydeutige Geburt der schönen *Nancy* machte noch die grösste Schwierigkeit, sie hätten einen Bettler von Edelmann hundert Louisdors geboten um *Nancy* für seine Tochter auszugeben, er hätte die seinige die in einem Alter mit *Nancy* war, auf der Reise nach *Paris* verlohren. Selbst den Nahmen und die Wohnung des Edelsmans zeigte man an. Man sezte hinzu daß *Nancy* vielleicht noch eine andere Belohnung dem Edelman versprochen was man von ihm selbst am besten erfahren könnte, denn er liebte den Wein, und wäre oft in einem Zustand wo er seiner Zunge nicht mächtig sey. Man hielt meine Heyrath mit *Nancy* für so gewiß nach allen diesen sichern Maaßregeln daß selbst die *Morin* es einer Frau ihrer Bekanntschaft gesagt habe daß sie und ihre Freunde glaubten, *Nancy* heirathe einen jungen Mann von guter Familie und sehr vielen Vermögen, der ihr ganzes Glück dadurch machte.

Man sagte ferner meiner Mutter daß wenn ich auf meinen Willen beharrte, gegen die Ehre und die Tugend diesem Mädchen meine Hand zu geben, so sollte sie Gewalt brauchen um mich davon abzuhalten, selbst das Mittel des Verhafts gegen *Nancy* und Frau *Morin* könnte man brauchen die man als Verführerinnen bestrafen könnte. Auch mich selbst könnte man in Sicherheit bringen [15]wo ich genöthigt sein würde strenge Rechenschaft von meinen Handlungen zu geben. Man sagte ihr daß keine Zeit zu verlieren wäre, und sie müsse sich bald entschließen denn sobald die Briefe ihr Siegel unsrer Verbindung aufgedrückt habe, so wäre das wenigste was mir begegnen könnte, die Beschimpfung der ich mich ausgesezt sähe, und die ungeheuren Kosten die mich träfen; Nicht der ewigen Reue zu gedenken die mich foltern würde, sobald durch den Genuß meine Einbildungskraft den Zauber verlohren hätte, und ihre Gewalt. Man betheuerte daß nicht Haß gegen *Nancy* den Verfasser diese Sprache führen ließ, und meiner Mutter diese Rathschläge gäbe, nur allein die Achtung für eine so ansehnliche Familie, und das Mitleiden gegen einen jungen Menschen der sich selbst zu Grunde richtete durch seine Blindheit, und der nicht alles Entehrende und Beschimpfende einer solchen Anhänglichkeit führte.

Das Bild was man von mir von diesem Mädchen entwarf, flößte mir Wiederwillen ein. Ich stand auf, und trat zu meiner Mutter ins Zimmer. Was haben Sie beschlossen mein Herr rief sie mir schon an der Schwelle zu. Können Sie zweifeln an dem was ich thun werde? sagte ich lachend! Ich hielte mich für unwürdig den Nahmen Ihres Sohnes zu führen, wenn ich die Zeit die ich in einem solchen Wahn zubrachte nicht für verlohren hielt. Ich danke dem Verfasser dieses Briefs, ohne ihm zu kennen, halte ich ihn für meinen besten *[15v]*Freund, der den zärtlichsten Antheil an dem nimmt was mich am nächsten angeht. Sie habe nicht nöthig die strengen Maasregeln zu befolgen, die man Ihnen an die Hand giebt. Ich würde eine Verrätherey begehen wenn ich nicht gestehen wollte daß ich *Nancy* geliebt habe, aber ich kannte sie nicht, das Gemählde was man mir von ihr entwirft, flösst mir Verachtung ein. Ich erbitte mir die einzige Gunst, meine Beschämung nicht zu verdoppeln, ich fühle tiefer was Sie mir sagen könnten als wenn Sie es selbst sagten. Ich will nur noch an diese Geschichte denken um mich darüber lustig zu machen; ich würde den Spott der ganzen Welt verdienen wenn ich diese Begebenheit ernsthaft tracktiren wollte: Um Sie zu überzeugen daß es meine wahren Gesinnungen sind so ersinnen Sie einen Vorwand daß ich *Paris* verlassen kann, sey es auf welche Art es wolle.

Ich bin froh sagte meine Mutter dich von diesen Tollheiten geheilt zu sehn. Ich will gern glauben daß du mir Wahrheit sagst. Ich werde dieser Geschichte nicht mehr erwähnen; Das Andenken daran würde deine Beschämung vermehren, der Gegenstand selbst ist beschämend genug. Ich glaube du wirst in Zukunft weiser seyn. War aber *Nancy* auch immer anständig mit dir, fuhr sie fort. O gewiß war meine Antwort, sie war es, die Tugend deren Schein sie annahm, und die ich wahr glaubte hat nicht wenig dazu beigetragen, meine Liebe für [16]sie zu erhöhen. Denn es ist gewiß daß ich untreu geworden wäre, wenn sie sich eine Schwachheit erlaubt hätte. Ihr wart ein schönes Paar fuhr meine Mutter scherzend fort. Schelm gegen Schelm; aber sie war doch feiner als du, sie täuschte dich. Ich will sehn was ich bey deine Oheime ausrichten kann: Aber ich bin müde so viele Schritte zu thun um deine schlechte Aufführung zu verbergen. Auch die Geduld der Oheime wird am Ende ermüden fürchte ich, so wie die meinige. Denn immer muß man von vorn wieder anfangen. Ich bitte dich bey allem was heilig ist wähle einmal eine Art zu leben wie sie ein rechtschafner Mann wählen kann. Zwinge die Welt gut von dir zu sprechen: Kann dich diese Begebenheit nicht klüger machen, so wirst du es niemals. Alle deine Betheurungen sind die schönsten Worte von der Welt, aber doch traue ich ihnen noch nicht so ganz daß ich nicht noch mehr Sicherheit durch deine Entfernung haben wollte. Bereite dich also zu deiner Reise.

Ich betheuerte ihr daß mein Herz durch meinen Mund spräche; ich wäre in diesem Augenblick bereit zu reisen wohin sie wollte. Ich würde im Leben dieses schändliche Geschöpf nicht wiedersehen, und selbst mit Schrecken würd ich ihrer nur denken. Kurz ich sagte alles was nur ein Mann sagen kann der seine Thorheit bereut. Ich glaubte es wären meine eignen Gedanken, ich hätte darauf schwören wollen, aber ich war mit aller meiner Schwäche noch nicht *[16v]*oder ich ahndete es vielmehr nicht daß mein Unstern meinen Untergang beschlossen hätte. Ich war bestimmt die Gefahr die mein Loos war zu kennen, ohne Stärcke genug zu besizen ihr ausweichen zu können.

Kaum hatte ich meine Mutter verlaßen, so wurde mein Herz von Unruh gefoltert. Ich wollte *Nancy* nicht mehr sehen, ich sah sie meines Zorns unwürdig an, und meiner Verachtung, ich fühlte alle mögliche Verachtung für sie deren ich fähig war; aber mein Zorn fand noch Vergnügen darin die Betrügerin zu entlarven, der Edelmann sollte noch zur Strafe gebracht werden der mein vermeintlicher Schwiegervater seyn sollte; ich wusste seinen Aufenthalt, und suchte ihn auf. Ich suchte ihn unter dem Vorwand auf, zwey Pferde von ihm zu kaufen, da ich vorgab ich wüsste daß er welche zu verkaufen habe. Der Zufall führte uns zusammen ich nahm Veranlaßung ihn mit guter Manier zum Frühstück einzuladen.

Er nahm es an, ich schenkte ihm reichlich ein, ohne selbst zu trinken, es war seine schwache Seite. Er fing bald eine lange Unterhaltung an, und auf eine natürliche Art kamen wir auf Familien Verhältnisse zu sprechen, und auf seine Geschäfte in der Hauptstadt. Ich begleitete jede seiner Fragen mit einem vollen Glas Wein. Und er antwortete mir so offenherzig [17]als hätte er zu den Füßen seines Beichtvaters gesessen. Er war wirklich ein Edelmann und hieß *Gourville*, er war in der äussersten Armuth, weil er immer seiner Anhänglichkeit an einen Prinzen treu blieb, der sein eignes Glück selbst nicht achtete, und den grössten Theil seines Adels der ihm während den Unruhen gedient hatte ebenfalls aufopferte. Er erzählte mir sein unglückliches Schicksal, sagte mir daß er mit seiner Tochter die Reise nach *Paris* gemacht habe um sie bey einer vornehmen Dame anzubringen, aber sie sey zwey Tagereisen vor seiner Heymath krank geworden und kurz darauf gestorben. Er hätte seinen Weg fortgesezt, in der Hofnung bey dem Sohn seines ehmahligen Herrn der ihm sehr viel Verbindlichkeit habe um eine Pension anzuhalten, damit er seinen Unterhalt gesichert wüsste für die Kost seines Lebens, oder vielleicht könne er noch eine Stelle bey der Armee finden, die ihn versorge. Alles stimmte mit den Nachrichten überein die man meiner Mutter gegeben hatte. Schon wollte ich fragen ob er *Nancy* und ihre Tante kenne als er von selbst von ihr sprach.

Er sagte mir daß er ehmals die Herzogin von *C.* gekannt habe, die seit zwey Jahren gestorben wäre. Er beklagte sie weil sie ihm vielleicht hätte nüzlich werden können, vielleicht hätte sie sich meiner Tochter angenommen sezte er hinzu, die wohl eben so gut war als eine andre die die Herzogin aus dem Hospital *[17v]*zu sich genommen. Ich that als wäre mir diese Begebenheit ganz fremd, ohne nur einigen Antheil daran zu zeigen, fragte ich, was dieses bedeuten sollte? Er fing nun an mir *Nancys* Geschichte Wort für Wort zu erzählen. Er verläumdete ihre Auf⟨f⟩ührung, sprach über den Secretair der im Gefängniß gestorben und endigte seine Rede damit daß er mir sagte, es gäbe nur Glück und Unglück in der Welt. Denn dem ohngeachtet fände *Nancy* doch eine gute Versorgung weil ein junger Mann von gewaltigem Reichthum, der unabhängig wäre, der niemand mehr hätte als seine Mutter, die eine Betschwester wäre, um ihre Hand sich bewürbe, und es für das grösste Glück hielt sie zu besizen. Es ist wahr, sagte er daß mir ihre Abentheuer unbekannt sind, wie ihre Geburth; aber sezte er lachend hinzu, aber die Schönheit des Mädchens, und der Umstand, daß die *Morin* die für ihre Tante gehalten wird, und die nur durch den gemeinschaftlichen Diebstahl mit ihr in Verbindung steht, es will daß ich Mithelfer bin um den armen Schelm zu betrügen. Sie verspricht mir Wunder zur Belohnung. Hundert *Louisdors* hat sie mir angeboten. Aber wozu können Sie ihr helfen fragte ich erstaunt? Ich soll den Heyraths Contrakt dieser Schönen unterzeichnen, indem ich sie für meine Tochter erkennen soll. Der Adel den ich ihr gebe, würde sie nicht in den Augen ihres Liebhabers häßlicher machen. Aber sagte ich ernsthaft, diese Geschichte [18]könnte üble Folgen haben, wenn man sie erführe. Die Justiz könnte sich darein mischen und Sie könnten hart für dieses Schelmstück büssen; Bey meiner Treu sagte er, es ist wohl wahr, aber wo soll man mich finden, ich habe keinen eignen Heerd; und wer wird ein solches Geheimniß aufdecken? *Nancy* gewiß nicht, weder die *Morin*, und der Mann wird mit gutem Herzen alles glauben, er wird nicht ausspüren daß ich eine Tochter von gleichem Alter hatte, man kannte sie nur in meiner Provinz, und sehr wenige, denn sie war bey meiner Schwester im Kloster, und niemand weis noch daß sie todt ist. Nancy wohnt auch um nicht erkannt zu werden in einer abgelegnen Gegend der Stadt, und wird es schon zu machen wissen daß sie gleich nach ihrer Trauung mit ihrem Gemahl nach *Poitou* reißt, wo er wie man sagt Güther hat.

Die Zeit wird auf eine oder andre Weise dieses Geheimniß enthüllen sagte ich. Dies kümmert mich wenig war *Gourvilles* Antwort, denn ich werde mich nicht aufhalten um den Ausgang abzuwarten. Was könnte Sie aber sonst kümmern fragte ich? Die Reue ein Kind aus einem guten Hause so zu betrügen, man sagt auch es sey ein rechtschaffner Mann; aber doch werde ich mich über alles hinwegsezen wenn *Nancy* mir mein Verlangen gewährt. Lachend fragte ich, was können sie noch verlangen? Thut sie nicht alles was möglich ist, giebt sie nicht [18v]reichliche Belohnung? Was das Geld anbetrift sagte er bin ich zufrieden, denn ich hoffe auch dem vorgeblichen Schwiegersohn noch manche Feder auszurupfen, aber ich verlange noch eine andre Gunstbezeugung von der Schönen, Sie verstehen mich. Der Streich ist eines Verräthers würdig sagte ich noch immer mit Lachen. Aber ist es Ihnen nicht genug, diesen Mann so grausam zu betrügen, ohne noch andre Beschimpfungen ihm zuzufügen? Gut, sage er und schüttelte den Kopf, Sie haben gute Gründe mit ihren Gewißensbissen! Bin ich nicht eben so gut als der Haushofmeister der Herzogin von *C.* mit dem Sie einen Liebeshandel hatte? Der neue Ehmann kann seinem Schicksal nicht entgehen. Ich habe an *Nancy* geschrieben fuhr er fort, sie gibt mir noch immer abschlägige Antworten, sie thut stolz, und doch sehe ich nicht ab von meinem Vorschlag. Sie ist schön, und jung. Ich habe in meinem Leben mehr Todtsünden begangen, die nicht so angenehm waren, diese Einzige noch wird mein Gewissen nicht zu sehr belasten.

Ohngeachtet des Zorns den mir die Gegenwart eines solchen Menschen einflösste, der so gefährlich und so abscheulich war, so gewiß ich der schwärzesten Betrügerey war, so sagte er doch alle diese Sachen mit einem so naiven Ton, und auf eine so lustige Weise, daß ich lachen musste.

[19]Ich wurde meiner Sache mit jedem Worte gewißer, denn er sezte hinzu, es muß sich bald entscheiden was ich zu erwarten habe, man treibt mich mein Wort zu geben, und man will es nur haben, um hernach dem Herrn die Geburt der Schönen zu entdecken. Noch gestern schrieb mir die Tante diesen Brief. Hier ist er fuhr er fort, sehen Sie selbst ob ich lüge. Ich kannte die Handschrift dieser Frau so gut wie meine eigne. Sie war es in der That, ich las den Brief, und fand diese Worte.

> Sie lassen sich lange bitten mein Herr, und haben alle Schuld, daß so viel Zeit verlohren geht. Schon seit vierzehn Tagen hätten Sie sollen den Handel geendigt haben. Wir sind darüber in Verzweiflung; und *Nancy* ist im Begriff alle Unterhandlungen mit Ihnen abzubrechen. Sie müssen nicht mehr daran denken an das was Sie verlangten; sie wird nie darein willigen sollte auch alles beym Alten bleiben; lieber will sie Ihnen noch ihre Börse öffnen. Ist es nicht zum Erstaunen daß ein Mann von Ihrem Alter noch auf solche Dinge denkt? Sie ist über einen solchen Vorschlag sehr aufgebracht. Finden Sie sich Morgen Mittag vor dem Ort ein wo wir uns gewöhnlich finden; wir wollen versuchen ob wir nicht durch neue Vorschläge uns vereinigen können; schlagen Sie die unsrigen aus; so werden wir einen andren aufsuchen, der wenn er auch nicht weniger auf seinen Vortheil denkt doch enthaltsamer seyn wird.

[19v]Ich hatte kaum dies Billet gelesen, als ich Lust bekam es zu behalten. Ich zog ein andres Papier aus der Tasche, und da mein Mann so betrunken war, daß er nicht Achtung gab, so tauschte ich es aus; und gab ihm den Rath das Billet der *Morin* zu verbrennen; weil man solche Geheimnisse nicht dem Zufall überlassen dürfe. Er gab mir recht, und lachte indem

ich den untergeschobnen Zettel ins Feuer warf. Sie sind mir nur zuvor gekommen sagte er, ich habe es mit den übrigen auch so gemacht. Aber ich bin Schuld daß Sie eine Zusammenkunft versäumten sagte ich. Dies thut nichts zur Sache, ich habe schon andere versäumt. Es ist gut sich von solchen Art Frauen aufsuchen zu lassen, man kommt leichter zum Ziel; aber warum Zusammenkünfte an einem Dritten Ort fragt ich wieder? Sie schwächen sich ja mit mehr Sicherheit bey *Nancy*! Verwünscht rief er aus. Da sizt eben der Knoten. Da wäre alles verdorben denn der Liebhaber belagert ja immer das Haus, man soll mich ja nicht sehen ehe wir einig sind, *Nancy* und ich, und dann adieu dem schönen Spiel. Er würde mich so gut erkennen als die Nachbarn, und deswegen kamen wir am Dritten Ort zusammen, und einem entgegen gesezten Ende der Stadt. Immer in den Tuilerien, bey dem grossen Bassin, um Ein Uhr wo niemand dort ist, und auch die Jahreszeit ist jezt nicht zu Spaziergängen günstig.

[20]Wir haben schon alles verabredet; so bald der Vertrag abgeschlossen ist, kehre ich nach der Provinz zurück. Man erklärt *Nancy* für meine Tochter; der Liebhaber wird dahin gebracht mir zu schreiben; und selbst die Briefe auf die Post zu geben, damit er sich weniger des bösen Streichs versieht. Ich werde seine Briefe empfangen dort, sie zeigen, und wieder nach *Paris* kommen. Da wird mir *Nancy* und ihr Geliebter entgegen kommen. Ich werde ihn als meinen Schwiegersohn, und *Nancy* als meine Tochter umarmen. Ich werde bey ihr wohnen, und die *Morin* als meine Schwester behandeln.

So haben wir die Sachen eingeleitet, was sagen Sie dazu? fuhr er fort. Haben wir nicht alles aufs Beste ausgedacht? Kann es uns noch fehlschlagen? O gewiß nicht rief ich aus, der Vogel wird ins Nez fliegen: Ohne Schwierigkeit ist dies eine allerliebste Intrigue; aber für Sie könnte ich fürchten daß es eine Tragödie werden könnte, wovon die ersten Ackte sich im *Chatelet* anfingen, und die Entwicklung auf dem Rathhaus. Ich befürchte nicht der Held zu sein sagte er wieder. Sobald die Trauung vorbey ist, und nachdem ich den Gimpel gesehen habe, und ihm noch ein paar Federn ausgerupft habe. So werde ich nach dem Sprüchwort ein Loch in den Mond machen.

Er sagte mir noch viele andere Dinge über diesen Gegenstand. Und wir kannten uns. Mein Blut war in Wallung, alles was ich den Tag gehört hatte *[20v]*brachte eine sonderbare Stimmung in mir hervor. Ich fand einen Bekannten von Ehrgefühle auf der Strasse wir gingen in ein Caffeehaus, ich wurde in mehrere Gesellschaft durch ihn verwickelt, und der Tag verging in einem Taumel von dem ich mir selbst keine Rechenschaft geben konnte.

Es war spät als ich die Gesellschaft verließ. Es war eine helle kalte Winternacht; ein Junge aus dem Wirthshaus leuchtete mir, denn mein Bedienter hatte mich nicht finden können. Ich hatte mehr Wein als gewöhnlich getrunken, und in mein erhizten Kopf stieg der Gedanke auf, mit meiner Schönen Comödie zu spielen, ich wollte über die Verlegenheit dieser Ungetreuen triumphiren, mein Herz nahm so wenig Antheil an dieser Scene, daß ich mir vornahm zu lachen, und den Scherz so weit als möglich zu treiben; aber ich kannte meine Schwäche nicht. Ich durchstrich beynahe ganz *Paris*, vom *Palais Royal*, bis zur *Bastille* und war so mit dem Auftritt beschäftigt der meiner wartete, daß ich nicht daran dachte dem Menschen der mir leuchtete zu sagen, daß er mich erwarten sollte, er hielt das Haus für meine Wohnung und verließ mich. Es war so spät daß die Frauenzimmer im Begriff waren zu Bette zu gehen.

Was kann Sie in einer solchen Stunde zu uns führen rief mir die Untreue entgegen, als sie mich erblickte. Ist es eine schickliche Stunde, um Mitternacht einen Besuch [21]zu geben. Warum kommen Sie diesen ganzen Tag nicht? Wir sahen Sie lange nicht, was konnte Sie abhalten? Ich war besorgt um Sie. Dies ist nur eine Kleinigkeit, sagte ich mürrisch, die ihrer ehrwürdigen Tante, Frau *Morin*, und Herrn von *Gourville*, und Ihnen vielleicht auch schönes Kind, den Hals kosten kann. Bey dem Namen *Gourville*, und bey meiner beleidigenden Art sie zu behandeln, war es als wenn *Nancy* und die *Morin* aus den Wolkchen gefallen wären. Ich lachte aus vollem Halse. Wahrhaftig rief ich aus, und wendete mich zu *Nancy*. Ich bin wohl eben so viel werth als ein Alter Mann: anstatt Hundert *Louisdors* zu fordern, kann ich sie dir geben; aber auch die verlohrne Zeit solltest du mir anrechnen. Ich werde nicht sagen daß ich dich als eine erkaufte Geliebte behandelte: und nun meine gute Frau *Morin* der allerliebste Bruder hat sich heute nicht in den *Tuillerien* gefunden? Hier ist Ihr Billet, schreiben Sie ihm eilig ein andres, um den Handel zu beschleunigen, die Zeit ist kostbar. Wenn *Gourville* ja seine Tochter küssen will, so soll er eine andre suchen, die mehr Festigkeit hat, sollte es auch mehr kosten. Und Sie meine Schöne, wie hoch haben Sie ihren Ammen den Sold angerechnet, fragte ich *Nancy*? Es ist doch Schade daß *Garreau* im Gefängniß starb, man sagte ihr hättet Euch so geliebt, ihr würdet Euch durchs ganze Leben begleitet haben. Sie hätten [21v]ihm Gesellschaft geleistet. Selbst der Ausspruch des Richters hätte sie verbunden. Aber aufgeschoben ist nicht aufgehoben. Fahrt so fort, und Sie und die würdige Frau *Morin* werden treue Gefährten bleiben, und ein gleiches Schicksal theilen.

Man kann sich denken in welchen Zustand dieser Auftritt die beyden Frauens sezte. Ich triumphirte und genoß mit Vergnügen eine völlige Rache. Sie schwiegen beyde, und ihre Beschämung war unaussprechlich. Der Auftritt obgleich stum⟨m⟩ ihrerseits, war sehr belustigend. Adieu schöne Kinder sagte ich; ich will Gott um Eure Bekehrung bitten, denn ich fürchte daß der Satan dem ihr angehört, euch entführt.

Ohne Antwort zu erwarten wollte ich sie nach diesem schönen Compliment verlaßen; aber es war mir unmöglich. *Nancy* stemmte sich vor die Thüre die sie verschloß: ich stieß sie mit Härte weg; aber sie ließ sich nicht abschreken, und fiel mir mit Thränen zu Füssen. Was wollen Sie Treulose sagte ich, laßen Sie mich; begnügen Sie sich damit daß ich meinen Zorn unterdrücke, daß ich nicht das äußerste wage, daß mir erlaubt wäre. Nein mein Herr, rief sie aus, und umfasste meinen Fuß mit aller Kraft, und ich konnte mich nicht losmachen, Sie werden dies Zimmer nicht verlassen ehe Sie mich [22]angehört haben; nur diese einzige Gunst erbitte ich, bey allem was Ihnen Theuer seyn kann. Was kann ich von Ihnen hören? Verlangen Sie daß ich noch Ihren Betrügereyen glauben soll? Können Sie hoffen sich von den schwärzesten, den niedrigsten Gewebe des Betrugs frey zu sprechen, was je erdacht worden ist. Ich kann mich nicht rein sprechen mein Herr, ich gestehe mein Unrecht: aber zum wenigsten wird mich die Aufklärung über mein Verbrechen, minder strafbar erscheinen laßen. Ich bin nicht unschuldig, aber es ist auch wahr daß mein Verbrechen mehr aus Unglück als aus dem Plan entstand, Sie vorsezlich zu beleidigen. Nur weil ich fürchtete Sie zu verliehren, verlohr ich meine Unschuld, könnte ich Sie weniger lieben, so würden Sie mir nichts vorzuwerfen haben.

Ein Blick der auf ihre Gestalt in diesem Moment fiel, war mein Verderben. Noch lag sie zu meinen Füssen, und einen Zustand der meine Grausamkeit entwaffnen konnte: Durch ein leichtes Nachtgewand konnte ich ihre schöne Gestalt besser erkennen, ihre Haare aufgelöst fielen an die Solen herunter, sie war ganz von ihnen bedeckt. Ihre schönen Augen glänzten von Thränen. Ihre natürlichen Reize, die [22v]die Betrübniß noch rührender machte; mein Geschick riß mich vom Abgrund, ich sah nichts als den Gegenstand meiner Liebe, den Abgott meines Herzens. Sie schien mir eine zweyte büßende Magdalene. Ich wurde bewegt, hob sie auf, und sie durfte alles sagen was sie wolle. Ich hörte nicht was sie sprach, meine Aufmerksamkeit war verlohren, ich gehörte nicht mehr mir selbst an. Tausend Gedanken stiegen im Inneren auf und zerstörten sich wechselsweis wieder; oder war ich vielmehr in einen Zustand der Gleichgültigkeit, die ob ich gleich lebte mir nicht mehr die Besinnung ließ. Lange blieb ich in einem solchen Zustand. Als ich wieder zur Besinnung kam, war im Herzen Zwiespalt erwacht; ich begnügte mich ihr zu sagen daß ich den folgenden Tag wieder kommen würde, wenn mein Geist ruhiger wäre. Sie solle die Papiere untersuchen die ich ihr zurück ließ, sie sollte suchen sich zu rechtfertigen, da sie sie nicht wiederlegen könnte. Sie musste mir ihr Wort geben sie wieder in meine Hände zu geben, und zur Sicherheit gab sie mir einen kostbaren Ring den sie am Finger trug. Ich machte keine Schwierigkeiten ihn zum Pfand anzunehmen; beym Herausgehen warf ich einen Blick der tiefen Verachtung auf die [23]vorgebliche Tante, der sie zittern machte. Ich legte meine Hand an den Degen, und vielleicht hätte ich ihr ein schlimmes Spiel bereitet, wenn der Degen sich nicht in das Gehänge verwickelt hätte. Die Zeit die es mir kostete ihn loszumachen, gab mir auch Zeit mich zu besinnen was ich machen wolle. Der Todt einer solchen Frau war meiner unwürdig. Ich begnügte mich also nur ihr zu sagen, daß ich sie ihrem bösen Geschick überlasse, daß früh oder spät das Gericht mich rächen würde, für ihre Treulosigkeit. Und so verließ ich das Haus.

Die verschiednen Bewegungen die meinen Verstand zerütteten hatten auch meinen Körper durch ihre Gewalt erschüttert. Ich fühlte nicht mehr den Taumel des Weines. Mein Zustand war beklagenswürdig, ich war sehr schwach; Am zweyten Haus mußte ich anklopfen, ich sah Licht; ich bat daß man mir eine Sänfte holen lassen möchte die mich nach meiner Wohnung brächte.

Die zweyte Nacht war eben so wenig ruhig als die vorhergehende, und im Gegentheil das Gefühl meiner eignen Schwachheit, von dem ich in der Gegenwart dieses Mädchens mich überzeugt hatte, war nicht beruhigend für mich; mein Herz hatte sich gegen allen Anschein zum Rückfall bereit gesehen; die wenige Festigkeit die *[23v]*ich meinen Entschlüßen zutrauen musste in dem was *Nancy* betraf: die Scham über eine mir so entehrende Rückkehr, alles dies mit meinem vorhergegangnen Zustand verglichen, brachte mich in eine so schwache, traurige Gemüthsstimmung, daß ich mir selbst zum Abscheu wurde, und mich zugleich beklagte. Ich fiel in ein Fieber, und ich blieb krank am Körper und Geist. Ich glaubte nicht an den Wiederstand meiner Natur, ich hatte keine Anhänglichkeit an das Leben. Ich hofte nur daß der Todt mich von dem Unglück befreyen könnte daß mich immer verfolgt hatte, und daß auch noch in der Zukunft mir drohte, da meine Schwachheit mich noch viel Unglück ahnden ließ. Niemals war wohl ein solcher Seelenzustand schrecklicher, und grausamer. Die Kämpfe die, die wieder sprechenden Leidenschaften in mir erweckten, machten mir alles zuwieder. Sicher hätte ich in einem solchen Zustand mit Freude mein Todesurtheil angehört, oder doch wenigstens mit Gleichgültigkeit. Aber meine Stunde war noch nicht gekommen; Mein Schicksal war noch nicht ganz bestimmt, der Abscheu am Leben war mein Rettungsmittel, denn ich blieb standhaft bey einer strengen Diät. In acht Tagen war das Fieber vorbey.

[24]Ein Unbekannter hatte sich oft nach meinem Befinden erkundigt; ich zweifelte nicht daß *Nancy* ihn abgeschickt habe. Diese Sorgfalt rührte mich, und der Wunsch sie unschuldig zu wissen wurde lebhafter. Ohngeachtet ich ihres Betrugs so sicher war, so hofte ich doch daß sie mir weniger strafbar scheinen würde wenn ich sie angehört hätte.

Meine Mutter wusste nicht daß ich so schwach gewesen war sie wieder zu sehen, sie hatte sich nicht darum bekümmert daß eine unbekannte Person so viel Antheil an mir zeigen konnte. Sie zweifelte gar nicht daß der Zustand in dem sie mich fand die Frucht der Entschließungen war die ich genommen hatte, die mir die Ehre eingab. Ich hatte meine Pferde zur Reise bereit, und sie sah daraus daß ich den festen Entschluß gefasst hatte mich von der Treulosen zu entfernen. Sie fühlte durch die Gewalt meiner Krankheit wie mächtig die Verbindung mein Herz gefesselt hielt, da ich so viel durch diese Anstrengung leiden musste. Mein Zustand erweckte ihr Mitleid. Ohne mir ein Wort von *Nancy* zu sprechen, so nahm sie so vielen Antheil an meinem Kummer als wenn sie meine beste Freundin wäre. Ihre Herablassung, ihre Güte so grossmüthig an meinen Empfindungen theil zu nehmen, und die Zärtlichkeit die sie mir zeigte, niemals mein Zimmer zu verlaßen, alles dies mit der Ehrfurcht vereinigt die ich immer für sie fühlte, sagte mir zu gut [24v] daß ich das Leben nicht verdiene, wenn ich einer solchen Mutter den Kummer machte, mich wieder in den Abgrund zu stürzen, den ich so gut fürchtete wie sie. Ich entschloß mich; ich glaubte gewonnen zu haben, ich wollte *Nancy* nicht wieder sehn. Aber die Sorge um meine Gesundheit rührte mich doch, ich wünschte sie möchte unschuldig seyn, ich wollte sie verlassen, aber doch noch einmal sie besuchen.

So kurz meine Krankheit währte, so sehr hatte sie meine Gestalt verändert. Mein Geist aber noch mehr erschöpft als mein Körper fühlte sich noch schwächer. Ich war fest vorbereitet, ihr den Ring wieder zu geben, meine Papiere zurück zu fodern, und ihr ein leztes Lebewohl zu sagen. Ich hatte Festigkeit genug zu haben diesen Vorsaz auszuführen, aber ich blieb nicht lange in diesem Wahn. Ich fand auch sie ganz verändert, blaß zum erstaunen, sie war in einem Zustand der Erschöpfung wie ich selbst; Ihre helle Gesichtsfarbe war erloschen, die Augen hohl, ich sah in ihrem Schönen Gesicht etwas Sanftes daß ich noch niemahls so gesehn hatte. Es war mein Geschick jeden Tag neue Reize bey ihr zu finden. Ihr Zustand erweckte mein Mitleid. Meine Zärtlichkeit erwachte. Ich vergaß meine Entschlüsse; weit entfernt ihr hart zu begegnen, dachte ich nur darauf sie zu trösten. Ich trocknete die Thränen, die um mich flossen. [25]Ich beschwor sie ihren Lauf zu hemmen, die harten Ausdrücke die ich gebraucht hatte dem ersten Ausbruch eines Zorns zuzuschreiben den ich nicht hätte ⟨ü⟩berwältigen können, meine Reue darüber hatte mich genug bestraft, und hätte mich selbst in diesen traurigen Zustand versezt. Ich bat sie meinen Schmerz nicht zu vermehren, indem sie mir allen ihren Gram zeigte; kurz ich vergaß nichts um sie zu beruhigen, um ihr sehen zu laßen, daß sie stets über mich die vorige Gewalt behauptete.

Diese zärtliche ehrerbietige Begegnung gegen ihre Erwartung beruhigte sie ein wenig. Ihre schmachtenden Blicke die sie auf mich richtete, ihre tiefgeholten Seufzer, vollendeten folgends mir das Herz zu durchbohren. Sie wurde meiner Bestürzung nur zu bald gewahr, und benuzte den günstigen Zeitpunkt für sich selbst, nicht um sich zu rechtfertigen sagte sie, sondern um mir aufzuklären und mir sehn zu lassen, wie wenig sie eine solche unwürdige Begegnung verdiene, mit der ich ihr begegnet.

Hier mein Herr sagte sie gebe ich Ihnen ihre Papiere zurück; ich kenne den Verfaßer und die Handschrift; er hat wohl recht⟨,⟩ der Schurke⟨,⟩ zu sagen daß ihn nicht das Gefühl des Hasses gegen mich handeln ließ; denn es ist im Gegentheil das Gefühl einer verschmähten Liebe.

[25v]Aber sind Sie auch im Stande mich anzuhören sagte Sie, und ergriff meine Hand? Ja sagte ich, ich höre Sie an; nicht um mich eines andren zu überzeugen, mein Herz hat Sie schon gerechtfertigt, aber zu Ihrer eignen Beruhigung.

Nun denn mein Herr fuhr sie fort ich will die Wahrheit nicht bestreiten. Alles was man Ihnen schrieb ist wahr durch die Umstände, und nach allem Anschein, aber falsch durch die Gründe die noch unbekannt sind; und deren Geheimniß nur drey Personen kennen. Der Commandeur V., Frau *Morin*, und ich; und dieses sollen Sie nun hören.

Ich freute mich nicht wenig als ich den Nahmen des Commandeurs hörte, er war ein naher Verwandter meiner Mutter, ein ganz vortreflicher, rechtschaffner Mann, der unfähig war nur zu der kleinsten Betrügerey die Hand zu bieten; Dadurch hofte ich desto sichrer die Wahrheit oder die Lüge zu enthüllen, Ich behielt es aber im Herzen; doch war dieser Umstand eine Ursache mehr, ihrer Erzählung alle Aufmerksamkeit zu widmen die ich nur fähig wäre.

Sie begann. Wohl ist es wahr daß ich weder meinen Vater noch Mutter kennte; doch weiß ich zu gut wer sie sind. Auch bin ich nicht die Frucht einer rechtmässigen Ehe; aber bin ich dafür verantwortlich wenn sich meine Eltern [26]früher für verbunden hielten, ehe der Priester seinen Segen gab? Auch daß ist wahr daß ich ins Findelhaus gebracht wurde, aber in einem Alter von Acht Jahren zog man mich heraus. Auch war es der Herzogin von C. lange vorher ehe sie mich sah nicht unbekannt wer ich bin; Aber Sie sollen hören wie meine Geschichte zusammen hängt.

Der Bruder der Herzogin von C. war der Marquis von B. er starb in *Candia*, mit Herrn von *Beaufort*; dieser war mein Vater. Er wurde tödtlich verwundet und ehe er starb hatte er noch Zeit seinen lezten Willen aufzusezen, oder er schrieb vielmehr seiner Schwester einen langen Brief, sagte ihr da er nun an den Pforten der Ewigkeit stehe, und Rechenschaft von seinen Handlungen ablegen wollte, so wollte er sein Gewiß⟨en⟩ entledigen; er machte ihr die Entdeckung einer Liebes Geschichte die er mit einer Fräulein seiner Mutter hatte, die ihm eine Tochter gab; aber er konnte nicht Sorge für dieses Kind tragen, da er der jüngste von drey Brüdern war, und obendrein zum Maltheserorden bestimmt, er hatte niemanden dem er dies Kind anvertrauen konnte denn die Mutter starb in Wochen. So sezte er das Kind aus. Er gab genau seiner Schwester den Tag, die Stunde und den Ort an, gab alle Zeichen an die mich kenntlich machen konnten. Und bat seine Schwester noch das Kind aus dem Hause zurück zu nehmen. Er bereute *[26v]*es schmerzlich daß er es nicht selbst gethan hatte, als der Tod seiner Aeltern Brüder ihn zum Ältesten in der Familie gemacht hatte; er entschuldigte sich mit der Schande die es ihm gemacht haben würde, daß er so lange sein Kind einer solche Lage hatte preis geben können. Er beschwor die Herzogin als seine Schwester und Einzige Erbin seines Vermögens Sorge für mich zu tragen; und damit sie selbst in Ansehung meiner grosmüthiger sein möchte so machte er selbst kein Vermächtniß, und legte in ihre Hände, als ein Depot für seine Tochter alle diese, von denen sie die Verbindlichkeit auf sich geladen hätte sie zu bezahlen wenn er selbst welche gemacht hätte.

Die Herzogin erhielt diesen Brief offen durch den Commandeur de V. dem mein sterbender Vater dieses Geheimniß entdeckt hatte, den er selbst in diesen Brief auch nannte; damit er desto besser bey seiner Schwester um die Erfüllung seines lezten Willens anhalten könne.

Frau von C. war sogleich entschloßen mich aus dem Hause zu ziehen, aber sie hatte ihre Ursachen nicht öffentlich den lezten Willen ihres verstorbenen Bruders zu erklären. Diesen Brief zeigte sie nur der Direktorin des Hospitals; und Frau *Morin* die das Vertrauen der Herzogin besaß erhielt den Auftrag mich aus den andren Kindern meines Alters heraus zu finden, damit die Herzogin [27]keinen Misgriff thun könne, in ihrer Wahl. Man zeigte mich der Frau *Morin*. Die Herzogin besuchte das Hospital, und sah die Kinder die eben anfingen wirkliche Arbeiten zu lernen. Herr von *V.* begleitete sie. Das Signal über das sie übereingekommen waren, daß Frau *Morin* mir einen Kuß geben sollte. Sie that es als die Herzogin ins Zimmer trat, aber die Herzogin fand bald daß es eine unnöthige Mühe gewesen, denn sie hätte mich unter tausend Kindern erkennen wollen, weil ich eine sprechende Aehnlichkeit mit ihrem armen Bruder habe. Sie erbat sich das kleine Mädchen von der Direktorin, machte dem Hospital ein grosses Geschenk, und führte mich in ihre Wohnung.

Sie sehen nun mein Herr auf welche Art ich den Eintritt in das Haus der Herzogin bekam, es ist nicht von einer Laune des Zufalls, weil ich in der That ihre Nichte war. Sie haben auch nicht unrecht zu sagen daß ich *Garreaus* Todt beklage, denn er besaß den Brief meines Vaters den die Herzogin ihm zur Verwahrung gegeben hatte. Aber wollen Sie noch mehr Sicherheit so fragen Sie selbst, es leben noch einige Aufseher des Hospitals. Sie sind zu rechtschaffen als daß sie mir nicht alle Gerechtigkeit wiederfahren laßen werden, die ich von dieser Seite von ihnen verlange. Auch der Commandeur de V. lebt, gottlob ich bedarf noch einmal im Lauf meiner Erzählung mich auf ihn zu berufen. Ihn selbst sah ich seit einem halben Jahre [27v]nicht, aber wohl Frau *Morin*. Er wird Ihnen von der Wahrheit unterrichten können, er wird Ihnen sagen können, ob ich nur eine Silbe mehr sage als die strengste Wahrheit fodert, dieses ist es was meine Geburt betrift.

Die Herzogin ließ mich mit aller Sorgfalt erziehen, dieses beweisst genug für sich selbst daß sie einen nähern Antheil an mir nahm als man gewöhnlich an einer Person nimmt, die man aus bloßer Mildthätigkeit aufnahm, man wird nicht so besorgt seyn einem solchen Mädchen, die man zum Dienst einer Kammerjungfer bestimmt, Sprachen lernen zu lassen, ihr Musik, Tanzen zu lehren, solche Talente, die nur zu der Bildung eines Frauenzimmers von grosser Geburt nothwendig sind. Meine Ausgaben waren beträchtlich; ich hatte eine eigene Gouvernante, Frau *Morin*; eine Kammerjungfer und einen Bedienten es sind dieselben die ich noch jezt habe. Aber nun zu dem wichtigsten zu meiner Aufführung.

Der Verläumder beschuldigt mich so gar eines geheimen Verständnisses mit *Garreau*; auch selbst die Herzogin soll darüber unwillig geworden seyn und es durch ihr Testament bewiesen haben. Auch darüber müssen Sie eine Erklärung haben.

Die Herzogin hatte Lust mir eine Versorgung zu geben, sie richtete ihre Augen auf *Garreau*, der ein junger verständiger Mann war, gut gebaut, von einer guten Bürgerlichen Familie. Mehr zu seinem Loben zu sagen wäre hier nicht am rechten Orte, [28]es könnte Ihnen verdächtig werden aus meinem Munde zu hören. Also werde ich nichts mehr über ihn sagen. Die Herzogin bemerkte seine Neigung zu mir, er gestand ihr seine Liebe, und sie fand daß dieser Mann mir annehmlich wäre und unterstüzte seine Anträge. Er zeigte mir eine große Anhänglichkeit, und Aufmerksamkeit, dieses gab Anlaß zu den Gerüchten die gegen uns zeugten, von einem zu vertrauten Umgang. Ich konnte seine Besuche nicht abweisen, weil ihn mir die Herzogin zum Mann bestimmt hatte. Seine Besuche waren häufig, weil wir in einem Hotel wohnten. Die Herzogin begünstige seine Besuche, ohne daß die andern die Ursache wussten, ausgenommen Frau *Morin*. Sie hatte uns befohlen, unser Verhältniß geheim zu halten. Alle übrigen Bedienten des Hauses waren um so mehr geneigt uns streng zu beurtheilen und jede Handlung zu beobachten, weil sie mich beneideten; meine Abkunft aus dem Hospital, meine Erscheinung im Hause auf eine so zweydeutige Art, man behandelte mich als die Tochter der Herzogin. Dies alles musste ihren Neid erregen, und ihre Aufmerksamkeit auf meine Aufführung doppelt spannen: Der Haushofmeister der Herzogin *Valeran* der so gar mich dahin brachte, mich über den Mangel an Achtung die er mir zeigte bey der Herzogin zu beklagen waren am meisten aufgebracht gegen mich, weil ich ihm einst darüber eine strenge Behandlung zuzog von Seiten der Herzogin.

[28v]Sie müssen wissen um diesen Menschen näher kennen zu lernen wie ausgeartet er war. Er war mit einer Kammerfrau der Herzogin verheyrathet, aber er wollte noch auf eine andre Weise, seine Sinnlichkeit befriedigen. Er stellte mir nach. Oft sagte er mir mit Frechheit daß die Herzogin kränklich wäre, daß sie nicht lange leben könnte, so müsse ich mir suchen

Freunde zu erwerben um mich in den Stand erhalten zu können in den sie mich gehoben habe. Ich solle mir auf keine Weise schmeicheln daß wenn sie mir noch so viel Vermögen hinterlassen könnte, ihre Erben doch das Testament für ungültig erklären würden, zum wenigsten was zu meinem Vortheil wäre. Ich sollte mir also bey Zeiten eine Stüze auswählen, und auf eine solche Art suchte er mir seine Person geltend zu machen. Ich nahm ihn so auf, wie es eine solche kühne Ungezogenheit verdient, und außer eine Ohrfeige die ich ihm gab, bedrohte ich ihn auch, die Herzogin von seiner Unverschämtheit zu unterrichten. Ich konnte denselben Tag meine Klage nicht anbringen, weil seine Frau die Herzogin nicht verließ, ich wollte nicht in ihrer Gegenwart über ihren Mann sprechen aber ich that sehr übel.

Er erfuhr durch sie daß ich der Herzogin nichts von ihm gesagt habe. Und er wurde dreist genug mich sogar des Nachts in meinem Zimmer aufzusuchen. Ich weiß nicht, wie es ihm gelang in mein Zimmer zu ⟨dringen⟩ [29]mein Mädchen die bey mir schlief hörte aber so wenig wie ich die Thüre öfnen. Ich erwachte durch ein leises Geräusch an meinem Bette. Und schrie um Hilfe, er wendete alle Kräfte an mich zum Schweigen zu bringen, aber vergebens, man hörte meine Stimme kam hinzu und befreyte mich aus den Armen dieses Satyrs. Ich ging in demselben Augenblick wie ich aus dem Bette kam, zu der Herzogin, deren Zimmer weit von dem meinigen war. Die Frau dieses Menschen that was sie konnte mich zurück zu halten aber vergebens, sie warf sich mir zu Füssen bat mich um Verschwiegenheit, ich wartete den folgenden Morgen ab, beklagte mich alsdenn bey der Herzogin, und noch in derselben Stunde wurde *Valeran* aus dem Hause gejagt, mit Stockschlägen belohnt in meiner Gegenwart. Sie befahl den Schweizer bey Verlust seines Dienstes diesen Menschen niemals mehr ins Haus zu laßen.

Zwey Monate blieb er verbannt, aber hernach wurde er wieder aufgenommen, weil die Herzogin zu gut war, sie ließ sich erbitten, durch das Flehen seiner Frau die sie liebte; überdies war er lange bey der Familie der Herzogin, und schon bey ihrem Gemahl und Schwiegervater gewesen. Er versprach beßer zu leben. Ich selbst bat für ihn, und ohne meine Bitten hätte sich die Herzogin nicht entschlossen ihn wieder zu sehen, sie sagte es ihm in Beseyn aller Bedienten. Er kam aber wieder, und bat mich knieend um Vergebung, und stand nicht früher auf, *[29v]*als bis ich es ihm erlaubte, denn die Herzogin konnte ihn nicht genug demüthigen. Ich vergab ihm seine Unverschämtheit, und weit entfernt ihm unrecht zu thun, erzeigte ich ihm alle mögliche Dienste die von mir abhingen. Ohne der Beleidigung zu gedenken die er mir zufügen wollte, begnügte ich mich nur sorgfältig die Gelegenheiten zu vermeiden, wo ich mich allein mit ihm finden konnte.

Aber die Liebe die er sonst zu mir hatte, war in Wuth und Verzweiflung verwandelt, er war es der die andern Bedienten anfeuerte über meine Aufführung sich lustig zu machen. Sie bemerkten zuerst *Garreaus* Aufmerksamkeiten, von denen keiner den Grund wusste. Einer der Bedienten hatte mir es gesteckt. Und da das Gerede zu laut wurde, musste ich selbst in seiner Gegenwart wieder über ihm mich beklagen.

Der Commandeur war eben im Hotel, ich hatte keine Ursachen mich für ihm zu verbergen, und zumahl noch weniger weil er immer den Schein hatte meinen Vortheil in seinen Händen zu bewahren, und weil die Herzogin aus den bekannten Gründen, die mir aber damals noch unbekannt waren ihm alles sagte was mich betraf, und alle meine Handlungen. Ich aß gewöhnlich allein mit ihr. Unter allen Leuten im Hause zog sie nur mich an ihren Tisch. Die Gesellschafterin, der Stallmeister, und der *Secretair* alles war davon ausgeschlossen. Der Commandeur blieb zum essen und wir drey saßen nur am Tisch.

[30]Der Haushofmeister trug wie gewöhnlich den Tisch ab. Bezeigen Sie mir die Gnade sagte ich zur Herzogin, *Valeran* zu unterrichten, oder sich von ihm unterrichten zu laßen, ich sagte nicht Herr hinzu. Es ist nicht die Zeit solche Dinge über mich zu sagen wie er es thut, ist es die Wahrheit, oder ist es falsch, es ist nicht recht daß Sie darinne unwißend sind. *Valeran* sagte ich ihm mit einen verächtlichen Ton, ich möchte wohl wißen welche Gewalt Sie berechtigt meine Handlungen zu beurtheilen? und mich zum Gegenstand Ihrer impertinenten Gespräche zu machen mit andern ihres gleichen, wie die Bedienten? Sollten Sie etwas ausfälliges an mir finden warum sagen Sie es nicht zuerst unsrer Gebieterin, ohne Menschen davon zu unterhalten wie Sie, die unfähig sind Einhalt zu thun? Ich hofte meine Güte hätte Sie gebessert, und immer von neuem ziehet man auf mich los. Rechtfertigen Sie mich im Angesicht unsrer Herzogin, in der Gegenwart des Herrn Commandeurs, gestehen Sie es ein daß Sie ein Schurke, ein Betrüger sind, und sagen Sie woher Sie wissen daß ich mich übel betrage. Giebt es wieder eine neue Klage, fragte die Herzogin? Ja Gnädige Frau, sagte ich auf *Valeran* deutend, diese würdige Person ziehlt nicht weiter als Sie zu entehren, und glaubte man ihm so erzeigten Sie einem Mädchen ohne Stand, ohne Ehre, die Gunst sie an [*30v*]Ihre Tafel zu ziehn, und nehmen sie so gar in Ihr Bette auf, darüber muß ich von Ihrer Gerechtigkeit Schuz verlangen.

Valeran war mehr todt als lebendig bey dieser Anrede, aber er war es noch mehr als die Herzogin sich zornig zu ihm wendete. Gehet aus meinem Hause *Valeran* sagte sie, sezet den Fuß nicht mehr über meine Schwelle, oder entschliesst Euch kein Wort mehr mit *Nancy* zu sprechen, als mit derselben Achtung mit der ihr mit mir selbst sprecht. Ihr erkennt schlecht die Güte die sie für Euch hat, da sie mich beredete Euch wieder in meine Dienste zu nehmen. Sie meine Liebe sagte sie zu mir, handeln Sie wie es Ihnen gefällt; Sie allein sind Ursache daß dieser Mensch wieder in mein Haus aufgenommen worden ist; er ist Ihnen übergeben für die Zukunft, schaffen Sie sich selbst Genugthuung. Mag er unter Stockschlägen seufzen, oder behalten Sie ihn, es ist mir gleichgültig, aber so viel weiß ich, daß sollte ich noch einmal von seinen Grobheiten hören so werde ich Rechenschaft von Ihnen dafür fodern. Sie sollen eben das Ansehen über meine Leute gebrauchen als ich selbst habe. Thun Sie was diesen Schurken angeht was Sie selbst für gut finden. Ich billige alles. Der Commandeur wandte sich zu mir, und bat für *Valeran*. Ihr seyd glücklich Herr sagte [31]er zu ihm daß diese Dame sich nicht wo anders beklagt hat als bey der Herzogin; denn alle Ehrfurcht die man für sie hat hätte es nicht finden können daß man Sie anders gerächt hätte. Ihr wisst wer sie ist, glaubt mir, seyd verschwiegen über das was sie angeht. Dies ist alles was ich verlange, mein Herr, sagte ich mich zum Commandeur neigend. Sagen Sie ihm fuhr die Herzogin zu mir fort, was aus diesem Menschen werden soll, was Sie befehlen soll geschehen. Ich beschwöre Sie gnädige Frau, halten Sie ein – – Sie sollen selbst mit ihm sprechen sagte sie, und unterbrach mich. Gut *Valeran* sagte ich ihm, rechnen Sie darauf daß ich zum zweytenmal vergessen will; aber so gewiß ist es auch daß ich das drittemal mich der vorhergehenden Beleidigungen dreyfach gedenken werde. Erfüllen Sie ihre Pflicht, wie ich die meinige, und gedenken Sie daß meine Gedult nun erschöpft ist.

Glauben Sie mir Herr, sagte *Nancy* zu mir, daß man sich für des Interesses eines Mädchens mit mehr Würde verwenden kann? und doch war es mir noch unbekannt, daß ich die Ehre hatte die Nichte dieser Dame zu seyn. Alles was ich gethan hatte, hatte ich bis jezt nur gethan, weil sie mir befohlen hatte, mich ohne Ausnahme über alle andern die ihr Hotel bewohnten zu erheben, und nichts von ihnen zu leiden. Man kann nicht mehr gekränkter werden, als es *Valeran* [31v]wurde, über mich, und von mir selbst, und doch ist er es wieder, der sich einfallen lässt Ihnen und Ihrer Mutter diese Rathschläge zu geben. Ich kenne seine Hand, die der niederträchtige Mensch nicht versteckt hat, er begnügte sich nur Sie zu bitten, mir den Brief nicht zu zeigen. Er zog sich alles durch seine Unverschämtheit zu, dies machte ihn klug. Er durfte nicht mehr über mich, noch über *Garreau* sprechen, der sich nicht mit bloßen Worten rächte, und ihm eines Tags in der Gegenwart der ganzen Dienerschaft Stockschläge gab, und sich dadurch einen unversöhnlichen Feind erwarb.

Bey Lebzeiten der Herzogin wagte *Valeran* nicht Rache zu nehmen; aber er hat nicht seinen Vorsaz vergessen, und sich nach ihrem Tode auf eine Art seiner würdig gerächt; Er allein ist schuld an *Garreaus* Gefangennehmung, an seinem schimpflichen Todt. Es ist Zeit daß ich es Ihnen sage, denn bey der Ueberzeugung meiner Unschuld ist auch die seinige gerettet, weil es den Diebstahl betrift den ich mit ihm und Frau *Morin* vereinigt, verübt haben soll.

Sie wissen daß die Herzogin mir ihn zum Mann bestimmte, als sie wirklich diese Heyrath vollziehen wollte wurde sie krank. Zu eben der Zeit erhielt sie eine ansehnliche Summe Geldes, für ein Guth, dessen Antheil [32]noch vom Marquis von B. meinem Vater zu kam; ich kann also mit Recht sagen daß das Geld mir zu kömmt, weil die Herzogin als einzige Erbin nach den Gesezen, mir es geben wollte. Diese Summe baares Geld daß sie nun besaß, brachte eine Aenderung ihrer Plane mit mir hervor, sie wollte mich als ihre Nichte verheyrathen; und mir durch den Heyraths Contrakt und in ihrem Testamente ansehnliche Vortheile verschaffen. Aber jezt konnte Sie alles bey ihrem Leben erfüllen was sie mir versprochen. Sie liebte mich, wollte mich nicht nach ihrem Tode der Gefahr aussezen, gegen ihre Erben zu klagen, die mächtig sind, die mich vielleicht nicht für ihre Verwandte erkennen würden. Sie hätten durch ihren Condit das Testament leicht für null können erklären lassen, ich wäre nicht allein hülflos gewesen, sondern eine elende Bettlerin, obgleich der Brief meines Vaters, den sie anerkannt hatte, die Wahrheit bezeugen konnte; so hätte man doch diesen Brief für untergeschoben halten können, und mich selbst nicht für die, die ich wirklich bin; man wäre zu Untersuchungen gekommen, die langwierige Processe hätten nach sich ziehen können, Ausgaben die ein Mädchen aller Hülfe beraubt sehr hätte fürchten müssen in der Folge. Um allem diesen vorzubeugen fragte sie den Commandeur um Rath, lange waren sie zusammen in einem Cabinet eingeschlossen, er war auch [32v]selbst noch zugegen da wir, *Garreau*, ich, und Frau *Morin* die allein um das Geheimniß wusste zu ihr gerufen wurden.

Hier erfuhr ich nun endlich wer ich sey. Sie können fühlen welche Freude ich empfand. Die Herzogin gab den Brief meines Vaters in *Garreaus* Hände, der es bescheinigte, und auch der Commandeur unterschrieb seinen Nahmen. *Garreaus* Freude war unaussprechlich als er erfuhr daß meine Geburt nicht unbekannt sey, daß ich aus einer so vornehmen Familie abstamme, wie er es doch in der Stille immer gehoft hatte; aber auch so die übrigen, und ich selbst hatte die glückliche Vermuthung, weil das Betragen der Herzogin, einige hingeworfne Worte, die sie zuweilen im Übermaß der Freude hinwarf, hatten mir die Wahrheit ahnden lassen, die sich endlich so glücklich enthüllte.

Die Herzogin sage *Garreau* daß sie ihre Meinung geändert habe, über die Vollziehung unsrer Heyrath. Sie sagte auch ihm die Gründe, die ich anführte: ich will sezte sie hinzu Euch auf keine Weise der Unannehmlichkeit aussezen, mit meinen Erben in Prozesse verwickelt zu werden, und gebe Euch also jezt sogleich das Geld was ich eben eingenommen habe. Nehmen Sie das Geld sagte sie zu *Garreau*, tragen Sie es in Ihre Wohnung es soll *Nancy* allein angehören, bis zu Eurer Verbindung, [33]und nach dieser, euren Erben. Ich werde Vorkehrungen treffen daß man es ihr nicht streitig machen kann, weil ich erklären will daß ich schon darüber disponirt habe, ohne zu sagen auf welche Art und Weise. Was das übrige betrifft so werde ich *Nancy* selbst meine kleinen Kostbarkeiten in die Hände geben, und in Beyseyn deren die Ansprüche nach meinem Tode davon machen könnten, was ich ihr in meinem Testamente hinterlassen kann, wird von so weniger Bedeutung seyn, daß mein Neffe, und meine Nichte, es ihr nicht streitig machen werden.

Sehen Sie hier die Usache warum die Herzogin von *C.* mir in ihrem Testament nicht mehr hinterließ als zehntausend *Livres*, Meubels, und eine Leibrente von zwölfhundert *Livres*, und nicht wie *Valeran* sagt weil sie über mich und *Garreau* misvergnügt war. Wir folgten ihrem Willen, und ich verwahrte das Geld. Ich gab ein schriftliches Heyrathsversprechen an *Garreau,* und er mir das seinige. Diese beyden Schriften haben auch die Unterschrift der Herzogin und des Commandeurs. Wir gelobten uns in ihrer Gegenwart sobald wie möglich unsre Verbindung zu vollziehen.

Den folgenden Tag nach diesem Gespräch, fanden sich die Erben der Herzogin bey ihr ein. Sie ließ den Commandeur auch einladen, auch mich ließ sie rufen, und als wir allein waren sprach sie zu ihren Verwandten daß der Todt sie bald in den Besiz ihren [33v]Vermögens sezen würde. Ich habe ein Testament gemacht sezte sie hinzu, daß Euch aber nicht betrüben soll, den meisten Antheil hat *Nancy* daran, die ihr hier seht. Ich schenke ihr die kleinen Kostbarkeiten die ich besize, und ich bin froh es noch sagen zu können in Ihrem Beiseyn, damit man sie ihr nach meinem Tode nicht streitig machen kann. Sie ließ sich ihren Schmuckkasten bringen. Hier arme *Nancy* sagte sie, ist ein kleines Andenken, trage etwas davon aus Liebe für mich, verkaufe das übrige, um nöthigere Bedürfnisse dafür anzuschaffen, zu deiner Einrichtung, es gehört alles ⟨dir⟩, ich nahm mit Thränen in den Augen diese Geschenke an.

Sie wandte sich zu ihrer Nichte, sagte ihr, daß sie diese kleinen Sachen nicht ihrer Aufmerksamkeit werth hielt, und überreichte ihr einen prächtig gefassten Schmuck und bat sie, ihn zu ihrem Andenken zu tragen. Auch zu ihrem Neffen dem Marquis wendete sie sich, und machte ihm das Geschenk ihres Hotels, und alles was sich darin fände, nach ihren Tode. Sie sollen nicht sezte sie hinzu Ursache haben sich über mich zu beklagen. Nur meine Garderobe nehme ich aus, und die Meubles deren sich *Nancy* immer bediente, sie sollen ihr angehören, und ich möchte sie eher bitten, sie zu vermehren als ihr etwas streitig zu machen. Ich lasse ihr noch ein kleines Capital, und eine Leibrente, [34]und bitte sie beyde sie zu achten da sie ihre Achtung verdient. Versprechen sie mir, Sorge für sie zu tragen, und alles zu thun für sie was ihnen möglich ist, ich sage Ihnen nicht was mich bewegt eine solche Bitte an Sie zu thun. Sie versprachen ihr alles, und haben ihrem Andenken Wort gehalten, denn ich habe nur Ursache sie zu loben.

Sie empfahl ihnen *Garreau* als einen treuen und anhänglichen Menschen, der durch seine Sorgfalt und Mühe nicht wenig dazu beygetragen hatte sie im Stand zu sezen alle Schulden der Familie zu tilgen. Sie winkte mir mich zu entfernen, und wahrscheinlich war ich der Gegenstand ihres Gesprächs, denn als sie das Zimmer der Herzogin wieder verließen, so umarmte mich die Nichte, und der Marquis mit vieler Zärtlichkeit, und versicherten mich ihrer Freundschaft, dies alles ließ mich glauben daß die Herzogin ihnen von meiner Geburt Nachricht gab.

Sie haben sich beyde zusammen verheyrathet fuhr *Nancy* fort, Leute von solchen Ansehn, machen zu viel Aufsehn als daß sie Ihnen nicht bekannt seyn sollten, ich erbiete mich daß sie Ihnen bezeugen sollen ob ich wahr rede.

Die Herzogin starb zwey Tage nach diesem Auftritt. Der Marquis bat mich ein Auge auf die Verlassenschaft seiner Tante zu haben, aber ich konnte seine Bitte nicht erfüllen, der Verlust meiner [34v]Beschüzerin fiel mir zu empfindlich, ich konnte nur den Verlust einer solchen großmüthigen Frau beweinen. Ich zog mich in mein Zimmer mit Frau *Morin* zurück der die Herzogin befohlen hatte mich nicht zu verlassen bis zu meiner Heyrath.

Valeran war der erste, der mich wollte fühlen lassen daß mein Ansehen gesunken sey. Kaum hatte die Herzogin die Augen geschlossen, so kam er mit Heftigkeit in mein Zimmer, und unter dem Vorwand, dem Befehl seines neuen Herren zu folgen, unterstand sich unanständiger Weise, von meinem Bett ⟨den⟩ Vorhang abzunehmen, und die reichen Ueberzüge meiner Stühle abzureissen. Der Schmerz meines Verlusts, mit der Unverschämtheit seines Betragens, ließ mich alle Rücksichten vergeßen. Ich rufte Menschen zusammen, und da ich mich durch ihre Anzahl für seine Ungezogenheit sicher sah, so nahte ich mich ihm, und gab ihm eine derbe Ohrfeige. Zu gleicher Zeit suchte ich den Marquis auf, und beklagte mich bey ihm. Er entschuldige sich über die Dreistigkeit dieses Menschen und ließ mir alles was er genommen wieder übergeben, und fügte noch ein Geschenk von Silberzeug hinzu; das mir mit allen Meublen die Sie hier sehen geblieben ist.

[35]Aber dabei ließ es *Valeran* nicht bewenden. Er wusste daß die Herzogin zehn Tage vor ihrem Tod viel Geld bekommen hatte. Er sagte es dem Geschäftsmann des Marquis, dieser glaubte ihm; man machte ein Inventarium, die Summe fand sich nicht, denn es war dieselbe die mir die Herzogin übergeben hatte. Man fragte *Garreau* darüber, er sagte die Verstorbene habe selber darüber disponirt, ohne ihm von dem Gebrauch Nachricht zu geben. *Valeran* beschuldigte ihn des Diebstahls, und auf seine Aussage, wurde er ins Gefängnis gesezt. Der Marquis war abwesend, ich suchte ihn auf, bewies die Ungerechtigkeit die man gegen einen Menschen zeige der ihm selbst sey empfohlen worden. Ich erinnerte ihn an die Erklärung der Herzogin, erklärte ihm die Gründe die *Valeran* bewogen so zu handeln. Erinnerte ihn daß sie selbst, ihm gesagt sie habe über ihr baares Geld schon eigenmächtig sich bestimmt. Er war sehr verwundert daß man *Garreau* so behandelt habe gegen die ausdrücklichen Befehle die er vor seiner Abreise gegeben hatte. Er misbilligte alles schriftlich, und versprach bey seiner Rückkunft sich selbst bey *Garreau* zu entschuldigen. Er kam nach zwey Tagen wieder; aber der junge Mann wollte nicht das Gefängniß verlassen, wenn ihm nicht sogar sein Ankläger, eine Ehrenerklärung machen würde, aber sie konnte nicht zu bald geschehen. *Valeran* [35v]der selbst den Gerichtsdienern beygestanden hatte, die *Garreau* in Verhaft nahmen, war so grausam ihn so mishandeln zu lassen, durch diese Menschen die eben so wenig Mitleid fühlten als er selbst. Es war etwas im Körper verlezt worden, und *Garreau* starb den fünften Tag nach seiner Einkerkerung; das Blut strömte gewaltsam aus allen Theilen seines Körpers heraus; noch gelang es mir nicht, den Brief meines Vaters den er in Verwahrung hatte zu bekommen noch das Heyrathsversprechen das ich ihm gegeben habe.

Nun wissen Sie wie es mit dem Diebstahl zusammen hängt dessen uns *Valeran* beschuldigt. Urtheilen Sie nun selbst wie es damit zusammen hängt. Die Edelsteine die der Marquis der den Zusammenhang wusste nicht verlangte, aber wohl die Diener vermissten, gab man mir auch schuld entwendet zu haben und *Valeran* war nicht müssig den Verdacht zu bestärken.

Sie wissen nun alles mein Herr was zur Rechtfertigung meines Betragens nöthig ist. Sie werden sehn daß meine Unschuld nicht mehr verdächtig ist. Sie können selbst die Wahrheit erforschen, denn die Zeugen die ich Ihnen anführte sind glaubwürdig genug, nur *Gourville* ist noch übrig. Ich rechtfertige mich nicht über diesen Punkt, der gegen mich zeugt. Es ist eine Betrügerey [36]deren ich mich gegen Sie schuldig machen wollte, aber kann ich durch eine solche Falschheit strafbar scheinen, können Sie mich verdammen? Nein, Sie würden es nicht, fuhr sie fort, und blickte mich zärtlich an! Sie sehen es zu gut daß ich nur um Ihre eigne Feinheit zu schonen meine Unschuld aufopfen wollte. Ich wollte lieber in Ihren Augen für die Tochter eines armen Edelmann's gelten, als Ihnen gestehn daß ich aus einem edlen Hause abstammte ohne die Beweise geben zu können, ohne Ein Aufsehn zu erregen, was Sie vielleicht misbilligten. Ueber mich selbst werde ich nicht nöthig haben mich zu rechtfertigen; denn Sie werden es nicht vergessen haben, welche Schwierigkeiten ich machte da Sie wissen wollten wer ich sey. Bey einem Mann wie Sie war es mir verhasst die vornehme Geburt geltend zu machen, durch die ich mich in den Augen eines andern geehrt gefühlt hätte. Ich durfte Sie nicht selbst darüber aufklären; ich suchte Sie zu betrügen; aber *Gourville* wird es Ihnen nicht verschwiegen haben, um welchen theuren Preis ich den Namen seiner Tochter erkaufen wollte. Es war seine ewige Entfernung die ich foderte, und die ich noch theuer erkauft haben würde, außer dem grossen Geschenk das ich ihm anbot. Sie kennen diesen Mann. Kaum konnte ich mich erinnern ihn gesehn zu haben, *[36v]*da ich in Unterhandlung mit ihm getreten. Urtheilen Sie selbst ob die Betrügerey hätte fortgesezt werden können: denn wie mein Vermögen mit dem Nahmen seiner Tochter vereinigen? Konnten Sie meinen Nahmen in dem Kirchenbuch aufsuchen, wo er aufgezeichnet wurde als wir das Kind zusammen aus der Taufe hoben, vor fünf Monathen: zeigt Ihnen dies nicht genug daß allein meine Geburt mir Schreckenvoll war, und daß ich mich nicht darüber erhob? Ist dies eine Betrügerey, die von Menschen geführt wird, die an dieses Handwerk gewöhnt sind? Aber sicher der wenige Zusammenhang den das ganze hat, überzeugt Sie daß mir das Verbrechen nicht gewöhnlich ist zu begehen, weil es so leicht kenntlich ist.

Meine Betrügerey wurde durch eine andre entdeckt, dieses bringt mich zur Verzweiflung, nicht daß sie mislungen ist, aber daß Sie glauben können daß es mir an Offenherzigkeit gegen Sie fehlt. Sie wissen nun endlich meine Geburt; so wenig ich schuldig dafür bin, so sehr fühl ich doch daß ich Ihnen dadurch unwerth bin; Ich mache keine Ansprüche mehr an Ihr Herz, mein weniges Zutraun verbannt mich daraus; aber unterscheiden Sie wenigstens die Verbrechen der Natur von den meinigen; und ich werde wieder Ihre Achtung erhalten, das ist mein einziger Wunsch. [37]Das ist das einzige was ich noch von Ihnen erwarte. Sie selbst werden gestehn müssen, daß in meinen Betragen mehr Unglück als Bosheit ist.

Ich verlasse Sie mein Herr, und bin noch glücklich daß Sie aufgeklärt sind, daß Sie die übeln Eindrücke die ein Bösewicht Ihnen von meiner Tugend geben wollte nicht aufgenommen haben. Ja mein Herr ich habe alle Rechtschaffenheit des Blutes in mir erhalten dem ich mein Dasein verdanke, obgleich die Geseze meine Geburt für schimpflich erklären. Ich habe nie für irgend jemand eine Schwäche gezeigt, und ich schmeichle mir auch niemals gegen jemand eine zu haben, weil ich mein Herz gegen Sie starck genug halte. In Ihren Armen schmeichelte ich mich einer glücklichen Zukunft! sagte sie und Thränen glänzten in ihren schönen Augen, ich hoffe es nun nicht mehr, aber niemand soll auch wieder die Stelle in meinem Herzen einnehmen die Sie besassen. Ein Kloster wird mich verbergen, dort werde ich meine Schande und meine Thränen verbergen; Sie werden sich überzeugen daß ohne die Schuld des Glücks daß mich zur Verbrecherin machte, ich doch würdig war Ihnen zu gehören. Die Unschuld meiner Sitten und die Tugend die ich in meiner Einsamkeit ausüben werde, wird Sie davon überzeugen.

Nur zwey Sachen habe ich noch Ihnen vorzutragen: der Ring hat Ihnen gefallen, behalten Sie ihn. *[37v]*Er wird zuweilen mein Andenken bey Ihnen zurückrufen, wird Sie erinnern daß mein Unglück allein und nicht meine Schuld uns trennte. Noch erbitte ich mir von Ihnen keinen Groll auf Frau *Morin* zu werfen. Sie that nichts als durch meine Befehle, sie glaubte gut zu handeln, und nur einzig aus dem Grund um mich Ihnen würdiger zu wissen, und Ihnen das zu verbergen was ich um den Preis meines Lebens mir selbst hätte verbergen mögen. Mir hat sie nie einen Antrag gethan, der einer Frau von Ehre nicht zu käme. Nur *Gourville* war so unverschämt mir ehrlose Anträge zu thun. Ich zerriß in der ersten Aufwallung meines Zorns seinen Brief: glücklicher weise aber haben sich die Stücke nicht verlohren, hier sind sie, und sie gab sie mir. Sie können sie wieder zusammen sezen. Frau *Morin* hat ihm geantwortet, auf meinen Befehl; es ist umsonst wenn Sie auch Mistrauen gegen sie hegen. Das Haus wo sie immer lebte, war der Tempel der Tugend. Wäre sie nicht sittsam gewesen, so würde die Herzogin von *C.* sie nicht gedultet haben, noch sie zu ihrer Vertrauten gemacht, noch ihr die Leitung meiner Jugend anvertraut. Sie hat sich mir ganz aufgeopfert, und ehrt in mir einen Abkömmling einer Familie die ihr ewig schüzbar bleiben wird. Nun habe ich Ihnen meine Wünsche [38]vorgetragen, ich verlasse nun die Welt ruhig; Aber sehen Sie mich nicht mehr. Jeder Umgang sey zwischen uns abgebrochen, denn ich könnte Sie nur mit Beschämung ansehen; ich will nicht daß Ihre Mutter den mindesten Anlaß habe, Sie meinetwegen zu kränken. Gehen Sie mein Herr, zerbrechen Sie die Ketten, die Ihnen keine Ehre bringen; geben Sie sich selbst wieder, lassen Sie es zu, daß ich mich in ein Kloster flüchten darf, mit dem traurigen Trost im Herzen, mir selbst sagen zu können daß Sie mich nur verlassen konnten weil ich Sie darum bat, und nicht weil Sie mich aufopferten. Ich halte Ihre Schritte nicht mehr auf, und will Ihnen nun das lezte Lebewohl sagen.

Sie stand auf, nachdem sie lange ohne von mir unterbrochen zu werden gesprochen hatte. Ich richtete meine Augen auf sie, und sah die ihrigen voll Thränen. Sie gab sich Mühe sie zu verbergen; aber sie drangen unwillkürlich hervor. Sie wollte das Zimmer verlassen, um ihre Erregung zu verbergen; aber ich hielt sie zurück ich führte sie wieder ihren willen zum Sessel zurück ich fiel ihr zu Füssen, küsste ihre Hand die ich fest in der meinigen hielt, ich weinte wie sie, und war unvermögend ein einziges Wort hervor zu bringen. Ihr Abschied hätte mich erschüttert, lange blieb ich in der nehmlichen Stellung. Unsre Herzen *[38v]*waren tief gerührt, nur die Augen allein hatten eine Sprache. Was wollen Sie von mir sagte *Nancy* die zuerst das Schweigen brach: warum mich zurück halten? warum verlassen Sie mich nicht? Kann ich es auch? war meine ganze Antwort? Ich blieb lange stumm und unbeweglich. Sie hob mich wieder auf, und ich sezte mich wieder auf den Sessel, wo ich eine Stunde saß, ohne ein Wort zu sprechen. Nur dies einzige weis ich noch von diesem Auftritt, daß sie eben so wenig ruhig war als ich selbst.

Ich fasste mich endlich, und gab ihr schweigend ihren Ring zurück: aber sie weigerte sich ihn wieder zu nehmen. Ich nahm Abschied, aber meine Augen wiederstrebten, dem Herzen zu folgen! Wie schön war sie in diesem Moment! Jeder andre an meiner Stelle würde sich eben so wenig haben vertheidigen können! Wie süß war die Sprache unsrer Augen! Ich versprach den Ring ein andermal wieder zu bringen; daß ich noch nicht Abschied nehmen könne. Ihre Augen nur gaben eine Antwort; und ich verließ sie im Herzen mehr als je von ihr bezaubert.

Nachdenkender als ich meine Mutter verlassen hatte, kam ich zurück. Alles misfiel mir, ich selbst mir am meisten. Diese *Nancy* die sich vor kurzem mir so abscheulich darstellte, stand [39]nun vor mir, nicht als eine Betrügerin mehr, als ein göttliches Geschöpf, durch ihre Geburt beklagenswerth, unschuldig in ihren Sitten, aber voll leidenschaftlicher Liebe, in ihren Kunstgriffen. Meine Liebe sah die Betrügerey die sie mir machen wollte nicht mehr als unter dem Schein ihrer Leidenschaft für mich an, zu der sie die Furcht mich zu verliehren bewog. Sie erschien mir in allem Glanz ihrer Schönheit wieder, die mich einst so lebhaft rührte. Mein Entschluss mich an ihr zu rächen, die Verachtung die ich ihr zeigte, waren nur zu triftige Gründe um mich aufs tiefste für sie zu demüthigen. Die Drohung die ich gegen sie gebraucht hatte, sie durch die Hand des Henkers entehrt zu sehn, stand so schrecklich vor mir da, schien mir eine so empfindliche Beleidigung, daß mein Blut, mein Leben selbst nicht einen so hohen Preis für mich hatten, um eine Beleidigung der Art wieder gut machen zu können. Wie konnte ich mich gegen mein feindliches Gestirn verwahren, wie mich gegen seinen Einfluß schüzen, der mich am Abgrund brachte?

Ich folgte meinem Schicksal, aber doch nicht ohne Reue. Wie sollte ich meine neuen Entschließungen die denen so entgegen gesezt waren die ich meiner Mutter gezeigt hatte, ihr verbergen? Wo sollte ich [39v]eine Auskunst finden, um mich über mein Bleiben in *Paris*, über meine Rückkehr zu *Nancy* rechtfertigen zu können? Wie konnte Sie meine Gründe billigen? Eben so wenig war es mir möglich ein Mittel aufzufinden mich mit meinen Verwandten auszusöhnen, die eine so schnelle Aenderung meines Willens, die Schlag auf Schlag erfolgte aufbringen müsste. Gab ich Ihnen nicht das Recht mich für einen Mann ohne Festigkeit zu halten, für einen rasenden? So beschämend diese Betrachtungen für mich waren, so wenig erschütterten sie mich doch.

Nicht mit der stolzen Mine die ich bey meinen vorhergehenden Besuchen angenommen hatte kehrte ich zu *Nancy* zurück, aber demütig und verlegen. Denn ich war es in der That. Ich kleidete mich so prächtig als möglich: sie bemerkte es, und schien mir Dank zu wissen dafür. Ich fand sie niedergeschlagen, ihr Zimmer ganz leer, und einen Theil ihres Meubles eingepackt: was wollen Sie hier fragte sie mich? Ihnen ihre Eroberung wieder zu führen, war meine Antwort; ich fühle nur zu tief daß ich für Sie nur gebohren bin; und wie mich der Gedanke schmerzt, daß ich Ihnen misfallen konnte.

Sie wollte ihr gutes Herz nicht geltend zu machen suchen, statt der vielen Schwierigkeiten, die ich [40]erwartete von ihr zu hören, versprach sie mir alles zu vergessen. Aber fuhr sie fort Glauben Sie nicht daß Sie allein meiner Güte unsre Versöhnung danken; mich lässt ein wichtiger Grund handeln; meine Neigung, meine Liebe für Sie. Sie opfern der Neigung zu mir die Neigung ihrer Mutter auf. Sie unterwerfen sich dem Zorn ihrer Verwandten und allen seinen Folgen. *Valerans* Rathschläge lässt mich alles vorhersehen; Sie sezen sich über alles weg. Ich meines Theils opfre Ihnen die Furcht auf, die sie in mir erweckt haben; Der Entschluß in ein Kloster zu flüchten, ist Ihrentwegen aufgegeben. Ich will alles Harte vergeßen was Sie mir sagten, weil Sie die Ursache davon vergeßen. Alles was nur über einen solchen Gegenstand sich sagen ließ, brachten wir wechselsweis zu unsrer Rechtfertigung vor. Wir ueberzeugten uns immer mehr daß wir für einander geschaffen wären. Ihre Zimmer wurden wieder eingerichtet; und ich brachte den Tag mit ihr zu, der uns unter unsren Betheurungen verstrich.

Wir dachten auf alle möglichen Mittel, *Valerans* Beleidigungen zu entgehen dem unsre Schritte nicht unbekannt bleiben konnten; dessen Wuth sich eher vermehren als vermindern würde, durch unsre Beharrlichkeit. *Nancy* sagte mir selbst daß sie beym Commandeur gewesen sey, um sich [40v]seinen Schuz gegen diesen Bösewicht zu erbitten, aber er sey verreisst. Selbst bey dem Neffen der Herzogin wollte ich Schuz suchen sezte *Nancy* hinzu. Nach vielen Berathschlagungen, wollten wir es wagen, *Valeran* zu *Nancy* selbst zu führen. Sie sollen ihn selbst hören sprach sie, ich verspreche Ihnen Sie noch heute von Ihrem Verdacht zu befreyen den Sie gegen mich hegen könnten. Wie sollte ich noch Verdacht haben können war meine Antwort. Aber doch ists nöthig daß ich ihn spreche, hören Sie was er mir antwortet. Aber wie ist dies möglich? Er soll gleich bey uns seyn. – Wieder kommen nach einem solchen Streich den er uns gespielt hat? Ich fürchtete es wie Sie sagte sie, wenn ich ihn nicht besser kannte. Ich kenne ihn zu gut, es ist ein unvernünftiger roher Mensch, ohne Verstand, und Urtheil ohne einen Keim der Tugend im Herzen, und unempfindlich für die Schande; ich weiß gewiß daß er kommen wird, und noch dazu glaubt daß ich ihm Verbindlichkeit habe. Ich ließ sie machen und sie schrieb ihm ein Billet.

Sie schickte ihren Bedienten hin und ließ ihm sagen sie sey allein. Aber was in aller Welt wollen Sie mit diesem Menschen fragte ich? Er soll mir die Ursach seines Betragens erklären, was ihn dazu vermocht hat, mich bey Ihnen bey Ihrer Mutter so zu verläumden. [41]Ich muß fuhr sie fort auch wissen woher ihm manche Dinge bekannt sind, von denen er spricht. Kurz auch den Grund seines Betragens muß ich erfahren, welche Zwecke er damit verbindet. Ich beschwöre Sie hören Sie unser Gespräch an, Sie können sich zeigen wenn es Ihnen gut dünkt, aber werden Sie nicht ungedultig; Ihrer Klugheit sey es überlaßen.

Ich verbarg mich, sobald ich *Valerans* Tritte vernahm. Was steht zu Ihrem Befehle meine Dame, sagte er im Hereintreten, ich erhalte eben Ihr Billet, könnte ich so glücklich seyn Ihnen irgend einen Dienst leisten zu können? Mit meinem Blute erkaufte ich gern eine solche Gelegenheit. Sezen Sie sich sagte *Nancy.* Er machte Umstände, aber er gehorchte ihr, und sie schickte ihren Bedienten fort. Ich freue mich unendlich Sie zu sehen fuhr sie fort. Sie können wohl glauben daß es eine Sache von grosser Wichtigkeit ist, die mich nöthigt Sie rufen zu lassen. Ich bin überzeugt meine Dame daß meine Gegenwart hier Ihnen nur insofern lieb ist, als sie nothwendig ist, sagte er. Wir sind allein unterbrach sie ihn, ich vergesse nicht der Gefahr, der ich mich jetzt ausseze aber ich fürchte doch nicht daß Sie in meinem Hause die Ehrfurcht verlezen werden, die Sie mir schuldig sind. Er versicherte Sie daß sie *[41v]*von ihm nichts mehr zu fürchten habe, weil er nicht gewusst habe wer sie sey, und in ihrem vorgeblichen Stand hätte er so eine Behandlung nicht für beleidigend gehalten. Ich will alles vergessen sprach sie, ich verspreche selbst wenn Sie mir offenherzig gestehn wollen was ich fragen werde, alle mein Ansehn bey Ihrer vorigen Herrschaft anzuwenden, um Sie wieder an den alten Plaz zu bringen. Mit dem fürchterlichsten Eid bekräftigte er ihr die Wahrheit zu sagen. Ich glaube Ihnen nun fuhr sie fort. Alles was ich von Ihnen verlange, ist mir ohne Verstellung die Wahrheit zu sagen; können Sie errathen was ich wohl von Ihnen wissen möchte? Ja sagte er, wahrscheinlich betrift es Herrn ⟨*⟩ und seine Mutter. Errathen, sagte *Nancy*, aber sagen Sie mir warum schildern Sie mich diesen Personen als eine Betrügerin, als ein Mädchen, daß *Garreau* verführt habe? Was Sie über meine Geburt sagen verzeih ich, weil sie Ihnen nicht bekannt ist; aber wissen Sie auch daß der ehrlichste Mann ihrer Classe, sichs für eine Ehre anrechnen muß jemand von meiner Familie zu dienen. Antworten Sie mir kurz und offenherzig, wissen Sie daß Ihr Leben daran hängt. Geben Sie mir selbst Rechenschaft über ihr Betragen, und [42]zwingen Sie mich nicht sie durch andre zu fodern. Ein Mensch Ihres Rangs könnte gegen mich nicht Stand halten; seyn Sie dessen überzeugt verdienen sie ihre Vergebung durch Offenherzigkeit.

Diese stürmische Anrede brachte ihn aus der Fassung, er wollte ausbeugen, und sich in grosse Erklärungen einlassen. Ich will nichts wissen fuhr sie heftig fort; nur recht geantwortet, welche Gewißheit haben Sie über meine Lebensart, und des Raubes dessen Sie mich beschuldigen? Ich sagte es war seine Antwort als einem Verdacht, und des Gesprächs des

Publikums nach. Sie sind der Urheber davon, warum regen Sie diese Gespräche wieder auf, nach dem was Ihnen von der Herzogin in Gegenwart des Commandeurs darüber gesagt wurde? Warum bringen Sie sie wieder in Anregung. Ach seufzte er zu was bringt nicht eine Eifersüchtige Liebe? Ihnen sind meine Empfindungen nur zu gut bekannt; ich war in Verzweiflung daß *Garreau* besser aufgenommen wurde als ich. Aber gegen einen Menschen wie Sie war er ein vornehmer Herr, sagte sie, was konnten Sie hoffen, als verheirathet, er war ledig, konnte ohne Beleidigung Anspruch auf meine Hand machen und nicht Sie. Er wiederholte nochmals die Entschuldigung daß er ihren Stand nicht gewusst habe. Aber welchen Grund mögen Sie jezt haben *[42v]*einem Mann von dem Sie glauben daß er sich um mich bewirbt meine Verhältnisse auf zudecken? Was kann Sie dazu bewegen? Ach rief er aus und fiel ihr zu Füssen. Kennen Sie sich selbst nicht, glauben Sie nicht daß wenn man einmal Sie liebt diese Liebe sich je verlöschen kann? Ich habe den Brief an Mutter und Sohn geschrieben, um ihn von Ihnen abzubringen, um ihn zu zwingen daß er Sie verlässt, wenn er es nicht freywillig thut, ich kann es nicht über mich gewinnen Sie in dem Arm eines andern zu sehn; Ich bin unverändert was meine Neigung angeht, aber nur der Unterschied ist in meiner Leidenschaft, daß auch ihre Tugend jezt da ich sie kenne mir Ehrfurcht einflösst. Aber die Vernunft wird von der Leidenschaft verdrängt. Ich weiß zu gut daß der Abfall zu mir von ihm zu groß wäre; aber ich hoffte daß wenn Sie sich von ihm verlaßen fühlten, wenn die Auflösung Ihrer Verbindung Aufsehn gemacht haben würde, würden Sie mirs nicht abschlagen den Plaz einzunehmen der durch den Todt meiner Frau erledigt ist. So konnten Sie hoffen rief *Nancy* daß der Verdruß mich in Ihre Arme führen würde? Könnte ich durch die Verachtung die ich in den Augen der Welt erwecken sollte, Ihnen auch nicht misfallen? Es sind wahrhaftige Gesinnungen; eines solchen Nichtswürdigen wie Sie.

[43]Solltest du aber auch noch dazu das Maas deines Verbrechen voll gemacht haben Elender! durch den Todt deiner Frau, so ist es doch vergeblich. Unser Stand, unser Blut ist zu ungleich um sich zu vermischen; aber ich bin froh, daß ich den Grund deiner Handlungsweise aufdeckte. Aber sezte sie gemässigter hinzu, wie erfuhren Sie die Familien Verhältnisse des Herrn ⟨*⟩ und alles was Sie schrieben? Ich schrieb hier was mir wahrscheinlich dünkte.

Und wie erklären Sie sich über *Gourville*? Wie wurde er Ihnen bekannt? Erlassen Sie mir's meine Dame mich über diesen Punkt zu erklären. Sie bestand drauf. Nur dann sagte er, muß ich es sagen, muß ich Ihrer Last verdoppeln? Im Gegentheil sagte *Nancy*, je offenherziger Sie sind je großmüthiger werde ich seyn. Ich suchte Sie längst auf, gleich nach dem Tode meiner Frau, ich erfuhr im nächsten Wirthshause Ihre Wohnung, erfuhr noch mehr, daß Sie sehr von einem jungen Mann von Stande aufgesucht würden; ich lauerte eines Abends an Ihrer Thüre wo ich Herrn ⟨*⟩ erkannte, alle Mittel die mir die Verzweiflung eingab, die Furcht Sie zu verlieren bewegten sich in meinen Gedanken herum. Ich durchdachte, überlegte alle Wege Sie zu überzeugen *[43v]*sey es auch um welchen Preis es wolle. Ich ging nachdenkend herum als ich *Gourville* begegnete. Bald hatten wir unsre Bekanntschaft erneuert. Ich kannte ihn längst für einen Mann der zu allem fähig ist, dem die grössten Verbrechen nichts kosten. Er wurde mein Vertrauter, ich wollte ihm die Pflicht durch mein Vertrauen auflegen mir zu dienen, sey es durch seine Gewalt, oder durch seine Geschicklichkeit. Er sagte mir er könne für jezt nicht bleiben, weil er eine Zusammenkunft habe um diese Zeit. Die Person kennte mich, und es wäre nicht rathsam daß sie uns zusammen fände. Ich entfernte mich, die Person kam; und ich erkannte Frau *Morin*. Ich eilte als sie fort war mich *Gourville* wieder zu bemächtigen es lag mir viel daran ihre Unterhaltung zu erfahren.

Die Schwäche des Alten war mir zu bekannt, ich führte ihn zum Mittagsessen, er trank mehr als er sollte, und ich erfuhr bald seine ganzen Anschläge. Ich war es der ihm zuredete, ihm eingab Gunstbezeugungen von Ihnen zu fodern, zu denen Sie sich nicht so schnell entschließen konnten, um ihre Unterhandlungen zu verlängern, ich sprach ihm von Ihnen von [44]Frau *Morin*, von *Garreau* in Ausdrücken wie sie mir vor den Mund kamen. Ich wusste zu gut daß Sie selbst zu viel Tugend haben, um ihm etwas zuzugeben, was zu Ihrem Nachtheil gereichen könnte. Daß es ihm fehlschlagen würde war ich zu sicher, aber ich wollte Zeit gewinnen meine Briefe auszudenken, und meine Aussichten zu befestigen; Aus diesem Grund beredete ich ihn in meiner Gegenwart an Sie zu schreiben, durch meine Vermittlung ist der Brief in Ihren Händen. Mit einen Eid gelobte mir *Gourville* nicht abzugehen von dem was er verlangte.

Ich schrieb sodann an Frau ⟨*⟩, an Herrn ⟨*⟩. Ich rechnete darauf daß er Sie nicht wiedersehen würde; daß meine Handschrift niemals bis zu Ihnen gelangen würde, daß er nur an Frau *Morin* und *Gourville* Rache nehmen würde, und nicht an Ihnen, mir war es gleich ob diese aufgeopfert würden, wenn ich meinen Entzweck erreichen konnte; Dies ist reine Wahrheit; Sie erfahren alle Verbrechen die mir die Liebe die ich stets für Sie im Herzen trage eingab. Der Zorn den ich in Ihren Blicken sehe, verhindert mich nur Ihnen zuzuschwören daß diese Liebe ewig seyn wird. Aber darf ich noch eine Frage thun? sezte er hinzu. Warum [*44v*]machen Sie gegen mich Ihre hohe Abkunft geltend und doch wollen Sie *Gourvilles* Nahmen borgen. Warum soll es Ihnen ehrenvoller seyn seine Tochter zu heissen. Es ist wahr daß er ein Edelmann ist aber seine Handlungen entehren seine Geburt.

Ich habe mich nicht verbindlich gemacht Ihnen zu antworten erwiederte *Nancy*. Ihnen mag es ein Räthsel bleiben daß ich nicht aufzulösen willens bin. Aber warum fürchten Sie nicht daß ich nicht übel willens seyn könnte Sie *Gourvilles* Rache und der der Frau *Morin* zu übergeben? ich glaube nicht daß Sie mit Ehre sich aus einer solchen Sache ziehen könnten, denn ich kenne Ihre Feigheit.

Aber Sie haben nichts zu befürchten, ich versprech alles zu vergeßen, und selbst Ihnen zu dienen wo es mir möglich ist. Ich werde beydes thun; aber gedenken Sie auch sich gut aufzuführen, und nicht anders von mir zu sprechen, als mit der Ehrfurcht die Sie dem Nahmen Ihrer ehmaligen Herrschaft schuldig sind, vergessen Sie nicht was die Herzogin, was der Commandeur ihnen über diesen Gegenstand ehmahls sagten; wäre er gegenwärthig in der Hauptstadt, so würde ich Sie für diese Art Rath zu geben anders belohnt haben. [45]Glauben Sie mir mischen Sie sich nicht mehr in meine Angelegenheiten, noch in die des Herren ⟨*⟩.

Einem solchen niederträchtigen Menschen kömmt es nicht zu Rathschläge zu geben, die Zwietracht in einer so ansehnlichen Familie erwecken müssen. Wer giebt Sie das Recht ihnen zu rathen mich in Sicherheit zu bringen, einen Menschen um seine Freyheit zu bringen, der Sie nie beleidigt hat, den Sie nicht kennen, und wo es selbst Ihr Vortheil ist, ihm unbekannt zu bleiben. Wüsste er wer Sie sind, so wären Sie jezt schon von seinen Schlägen zu Boden gestreckt, ich brauchte nur seinem Zorn freye Gewalt zu lassen. Ich verzeihe Ihnen weil ich es versprochen habe; aber denken Sie daran, daß Sie mein einziger Feind sind den ich in der Welt habe, und daß ich alle Macht habe, Sie ins Unglück zu stürzen. Gehen Sie verlassen Sie mich, vergessen Sie meine Rathschläge nicht; aber vergessen Sie mich selbst, um meiner und Ihrer Ruhe willen. Mein Zimmer würde entheiligt wenn in der Zukunft noch ein solcher Bösewicht wie Sie die Schwelle beträte. Sie sezte noch einiges hinzu, und führte ihn an die Thüre ohne Umstände.

Ich kam nun aus meinem Hinterhalt herfür und war erschrocken daß es einen solchen vollkommnen Bösewicht geben könne. Ich sann auf alle mögliche Mittel *[45v]* mich zu rächen. Ich fühlte mich selbst zu sehr um mich persönlich an einem solchen Menschen rächen zu wollen. Aber ich fiel auf ein Mittel die zwey Bösewichter durch sich untereinander bestrafen zu lassen.

Ich würde dieses Mittel sehr billigen sag⟨t⟩e *Nancy* wenn ich nicht befürchten müsste daß wir beide zu sehr darunter leiden könnten. Man würde sie auseinander bringen, man würde den Gegenstand ihres Streites erfahren. Man würde natürlich meines Rufs dabey nicht schonen, weil ich nicht so günstig beurtheilt werden würde als es nöthig ist. Das Gerücht würde bald in der Stadt laut werden, und Ihre Mutter würde davon unterrichtet werden, und nur zu gern die Stimme des Publikums hören.

Glauben Sie mir mein Freund überlassen Sie diese Menschen ihrem eignen Schicksal, das sorgen wird sie zu bestrafen.

Ich gestand ihr nun auch offenherzig was ich meiner Mutter versprochen hätte, was ich über sie selbst in der Aufwallung meines Zorns ihr gesagt, daß sie erwarte ich werde nun *Paris* verlassen, wie sollte sie nun den Grund meines Bleibens nicht errathen, was sollte ich ihr zu meiner Rechtfertigung sagen können nach einer [46] solchen Entdeckung. Heimlich Sie sehen liebste *Nancy* ist unmöglich, man wird mich beobachten, jeden meiner Schritte ausspähen wenn ich durch mein Bleiben einmal Verdacht erwecke. Könnte meine Mutter erfahren daß ich sie betrüge, so kann sie auf das äusserste gebracht werden gegen mich selbst, wie viel weniger würde sie Ihrer schonen. Man hat es nur zu sehr aus der Erfahrung daß die gemäßigsten Gemüther wenn sie einmal sich aufbringen lassen ihre Rache weit treiben, wenn der Zorn einmal der Geduld Plaz gemacht hat. Dies ist der Carackter meiner Mutter. Ich habe sie zu sehr überzeugen müssen durch die Art wie ich von Ihnen sprach wie groß, wie heftig mein Zorn ist, daß ich nicht mehr an Sie denken kann. Sie würde mir ewig einen solchen zweydeutigen Auftritt nicht vergeben können, wenn sie erführe wie gut wir einverstanden sind. *Nancy* weinte heftig. Es ist geschehen rief sie aus, wir müssen uns auf ewig trennen. Das haben wir *Valerans* That zu danken. Ich sehe nur zu gut alle Uebel voraus die uns drohen, wenn wir darauf bestehen, uns treu zu bleiben.

Ich klage nicht war meine Antwort. Sie sollen nur wissen was ich that. Ich verlange keine Rathschläge. Mein Herz würde sich empören wenn ich Sie verlaßen könnte; wir wollen nur auf Mittel denken, *[46v]* die uns einander erhalten, die uns für die traurigen Folgen bewahren, die wir zu fürchten haben. Die selbst unvermeidlich sind fiel sie mir ins Wort. Wir müssen uns trennen. Ich sehe nur diese Mittel. Sie allein aber haben es in der Gewalt diese Trennung so kurz dauern zu lassen als nur möglich. Aber fürs erste ist dieser Schritt nothwendig. Sie müssen Ihrer Mutter Wort halten, ihre Bereitwilligkeit *Paris* zu verlaßen; Der Schein jede Anhänglichkeit an mich verlohren zu haben, wird ihr jeden Verdacht nehmen; Man wird Sie nicht verfolgen, nicht ihre Schritte ausspähen. Manche schwarze Wolcke die uns jezt Verderben droht, wird während Ihrer Abwesenheit sich zerstreuen. Unser Briefwechsel wird unsre Unterhaltung fortsezen. Ich sehe nicht was wir beyde von einer Trennung fürchten könnten, wir sind beyde über die Zufälle die uns drohen könnten erhaben. Da Sie wieder zu mir zurückkehrten, ist mir die sicherste Gewährung, daß Sie mich ewig lieben werden. Ich kann mir nicht denken, daß Sie mich je verlassen können, da daß was jezt geschehen ist nicht mächtig genug war Sie von mir zu entfernen. Sie werden mich um keiner andern Frau willen verlassen. [47] Was mich angeht so fühle ich nur zu tief, daß da ich es möglich machen konnte, sogar aus Liebe für Sie in eine Berügerey, die ich verabscheue zu willigen, es mir auch unmöglich seyn wird Sie je weniger zu lieben. Ich erhalte Ihnen gewiß ewig diese Liebe. Mit einem Wort glaube ich, daß wir unsrer Herzen gewiß Sind. Fassen Sie einen Entschluß mein Geliebter fuhr sie fort, und schloß meine Hand in die ⟨i⟩hrige. Wir wollen uns selbst zu erst überwinden, es ist das einzige Mittel über die andren Hindernisse zu siegen. So beschloß sich unser Gespräch, und nur dies noch verabredeten wir, daß wir uns nicht so plözlich trennen wollten. Ich kehrte zu meiner Mutter zurück, dem Anschein nach ruhig, aber im Herzen von tausend traurigen Vorstellungen bewegt.

Ich aß mit meiner Mutter den Abend, als wir allein waren fragte ich sie was sie und meine Verwandten über meine Reise beschlossen hätten. Sie antwortete mir daß es ihr sehr viel Mühe gekostet habe, sie zu bereden, aber man habe endlich beschlossen, daß ich reisen solle. Ich sollte mit dem *Cardinal R.* nach Rom reisen. Dort ein oder zwey Jahre bleiben, bis mich die Zeit Umstände gebildet hätte, bis [47v]dahin wolle man meinen eignen Kräften noch nicht trauen, und erst wenn ich mich ihres Vertrauens würdig gemacht, wollte man auf eine Stelle denken, die mir für mein ganzes Leben eine ruhige und angenehme Existenz zusichern würde. Dies erfuhr ich von ihr, es überraschte mich nicht, und ich schien darüber zufrieden. Und deine *Nancy* sagte meine Mutter⟨,⟩ du sagst mir nichts von ihr, wie steht ihr zusammen? Urtheilen Sie selbst sagte ich in einem so gleichgültigen Ton als möglich, ich sah sie nicht einmal seit den bewussten Briefen. Wäre sie allein in der Stadt, so möchte ⟨ich⟩ sie stürzte zusammen. Desto besser sagte sie freundlich, erhalte dir diese Gesinnungen; du wirst durch sie deine Ruhe, deine Ehre und dein Glück dir erhalten.

Im Herzen war der Entschluß fest, obgleich ich ganz das Gegentheil sagte, *Nancy* so bald als möglich wieder zu sprechen. Ein Zufall der mich veranlasste einen Freund aus einer Verlegenheit zu ziehen, wo ich der Hülfe eines Menschen bedurfte der nichts zu verlieren hätte, ließ mich auf *Gourville* denken. Ich musste ihn aufsuchen, sobald er mich ansichtig wurde fing er an mir grosse Vorwürfe zu machen, wäre ich in der Laune gewesen, mich aufbringen zu lassen von dem was er mir sagte, so würden wir bald gesehn haben, wer am meisten aufgebracht wäre. Nachdem er alle seinen [48]Zorn ausgelassen, sagte ich ihm daß ich selbst der ⟨*⟩ sey, von dem die Rede wäre. Ich erzählte ihm was *Valeran* gemacht, was er von ihm gesagt, ich wendete alle meine Beredsamkeit an; um ihm zu zeigen daß ich wahr spräche, so ließ ich die Handschrift *Valerans* sehen, und dies was ihn anging in den Rathschlägen die man meiner Mutter gegeben hatte. Er kannte glücklicherweise die Handschrift dieses Menschen, diese Entdeckung machte ihn so bestürzt, daß er wie aus den Wolcken fiel. Er entschuldigte sich bey mir so gut er konnte, sezte hinzu daß er sich um so leichter habe bereden lassen können mich zu betrügen, da ich ihm unbekannt gewesen – auch habe die Noth ihn dazu angetrieben, da Hundert *Louisdor* für ihn ein Artikel von der grössten Wichtigkeit wären in seinen Umständen. Seine Entschuldigungen begleitete er mit Lobeserhebungen meiner Geliebten, und der Frau *Morin*, er ließ mir *Valerans* ganze Bosheit sehen, der so weit gegangen war, ihn sogar zu bereden daß er mich sollte umbringen, als die ganze Ursache ihres Unglücks. Er wurde so heftig gegen *Valeran*, und sagte mir die schrecklichsten Sachen über ihn. Ich goß noch Oel ins Feuer indem ich Mine machte es auszulöschen. Er schwor sich zu rächen, und verließ mich in der größten Hize.

Ich erzählte *Nancy* alles was ich *Gourville* über *Valeran* gesagt hatte: daß jener sogar diesen erstern noch aufge[48v]sucht habe, ihm gesagt daß er sich einen Verräther anvertraut habe, daß *Nancy* alles wiße; sie ihn selber habe kommen lassen, daß er ihn überredet habe, sich von diesem Verräther zu befreyen; mich umbringen. Sie erfuhr auch *Gourvilles* Vorsaz, der auch bald nach unsrer Unterredung ausgeführt wurde, er tödtete *Valeran* durch einen einzigen Stoß mit dem Degen. *Valeran* fiel ohne einen Laut von sich zu geben zu Boden und *Gourville* wurde flüchtig, wir hörten nie wieder von ihm sprechen.

So starb *Valeran*; doch leistete ihm *Gourville* einen grössern Dienst als er selbst ahndete in dem Augenblick seines Todes. Denn er wäre nicht lange mehr frey geblieben, die Justiz hätte ihn zur Rechenschaft gezogen, und er wäre am Galgen gestorben. *Nancy* that ihm nicht Unrecht wenn sie ihm Schuld gab daß er seine Frau vergiftet habe, es war in der That so.

Ich bereitete mich zu meiner Abreise, und sah *Nancy* die vierzehn Tage die ich noch in *Paris* war nicht in ihrer Wohnung sondern am dritten Ort alle Tage. Sie begleitete mich noch vier Meilen von *Paris*, wo wir manches noch verabredeten. Sie fragte mich ob ich ihr erlaube Frau *Morin* bey sich zu behalten? ich erfuhr daß diese Frau noch bey ihr war, und sich nur aus Furcht für mich verborgen gehalten habe, seit dem Auftritt mit ihr. Es sey die einzige Person sezte sie hinzu der sie sich anver[49]trauen könnte, sie kennte sie seit ihrer Kindheit, und die Gewohnheit habe sie noch mehr an sie gebunden. Doch ließ sie mirs frey, sie wollte lieber sagte sie alle Rücksichten bey Seite sezen, als es zu wagen mir den geringsten Kummer zu verursachen.

Ich sagte ihr daß ich nicht frey von Verdacht wäre daß ihr Brief an *Gourville* nicht die beste Meinung bey mir erweckt habe. Sey es wie es wolle sezte ich hinzu. Ihrer Tugend vertraue ich genug, und mag Sie nicht von einer Person trennen die Ihnen nüzlich ist. Alles was ich Sie bitten kann ist nur, nicht uns die Rathschläge zu hören die sie Ihnen geben kann; Sie irren sich immer noch sprach *Nancy*, sie war immer ihnen ergeben, und liebt Sie. Nur die Furcht Ihnen meine Geburt zu entdecken, und meine Bitten haben sie bewegt mit *Gourville* in Unterhandlung zu treten. Auch ausser dem daß sie mir zu unsrer Verbindung von Herzen Glück wünscht, und sich über meine Wahl freut, möchte ich wohl daß Sie sie auch ihrer selbst willen ehrten, Sie werden von allen erfahren bey denen Sie sich nach ihr erkundigen, daß sie tugendhaft ist, und von guten Sitten. Behalten Sie sie denn sagte ich zu ihr, ich willige herzlich gerne ein. Plözlich trat Frau *Morin* selbst hinter einem Bett hervor und schwor mir ewige Treue und Anhänglichkeit. Sie that alles was sie konnte mich zu überzeugen daß sie immer nur meiner Geliebten die besten Rathschläge gegeben *[49v]*habe, daß sie ihr niemals etwas gesagt was nicht mit der strengsten Tugend sich vertrüge. Aber es wurde mir schwer mich so schnell zu überzeugen und ich ging leicht über ihre Versuchungen weg. Es vergingen noch einige Stunden in vertrauten Gespräche und ich musste mich endlich trennen. Aber nicht eher als bis wir uns wechselseitig unsre Bilder gegeben hatten.

Fünf Monate brachte ich theils in Rom theils auf Reisen zu, sodann nahm ich den Vorwand Herrn von *C.* in mein Vaterland zu begleiten, wohin mich die Liebe schon längst wieder zurück rufte. Ich hatte oft Nachricht von *Nancy*, aber was sind diese todten Zeilen, gegen eine mündliche Unterhaltung! Sie wusste den Tag meiner Ankunft, und kam mir sechs Meilen weit entgegen. Man konnte nichts Zärtlicheres sehn als diese Zusammenkunft; ich liebte bis zum Wahnsinn heftig, und schmeichelte auch mir so geliebt zu werden. Ich sagte ihr den Beschluß den ich gefasst hatte, sie ohne Wissen meiner Verwandten zu heirathen. Meine Gründe misfielen ihr nicht, der Hauptgrund war daß meine Mutter wenn ich sie um ihre Einwilligung bäte, sie nicht allein wegen *Valerans* Briefen sie versagen würde, weil sie bis jezt noch nicht eines andern überzeugt wäre, da sie die Nachrichten von *Nancy's* Geburt nicht wisse. [50]Sie würde so gute und kluge Vorkehrungen treffen können daß wir niemals früher als nach ihrem Tode unsre Verbindung eingehen könnten. *Nancy* fand meine Bemerkungen richtig, hätte auch Ihre

Mutter keine andern Gründe als daß Sie eine vortheilhaftere Heyrath thun könnten des Standes wegen, denn was das Vermögen betrifft so glaube ich die Rechte aufbringen zu können. Aber sie ist nicht von meiner Geburt unterrichtet, sie würde es nicht zu geben daß ihr Sohn ein ausgeseztes Mädchen ihr ins Haus brächte. Ich wollte es nicht so sagen, sprach ich, aber sie haben meine Gedanken errathen; es sind die einzigen Ursachen die mich dazu bewegen können ein Geheimniß daraus zu machen. An ihre ganze Familie denke ich nicht, sagte sie, Sie sind in dem Alter wo Sie niemand mehr Rechenschaft zu geben haben den Rechten nach. Ich gehöre niemand und bin die Ihrige sobald Sie wollen. Ich nahm Geld von ihr an, um bey meiner Mutter für einen guten Wirth zu gelten, wenn ich es ihr zeigte. Unser Entschluß war fest; und wir trennten uns eine Meile von *Paris*, und jedes nahm seinen Weg.

Es ist mir immer gewißer daß ein eignes Schicksal über die Ehen waltet, denn hundert Mal kam mir die Neigung an so sehr ich *Nancy* liebte nicht bis zur Ehe zu kommen. Ich fühlte etwas in meinem Innern was mich zurückzog. Aber ich ließ meine wahren Gefühle nicht laut werden und bat, und flehte um die Vollziehung unsrer [50v]Ehe. Zu dieser Zeit waren noch nicht so viel Formalitäten nothwendig, und wir beschlossen uns in drey Tagen trauen zu lassen.

Wir sezten einen Heyrathscontrackt auf, *Nancy* nahm den Nahmen ihres Vaters darinn an, ich erklärte daß ich keine Ansprüche auf ihr Vermögen mache, und sezte ihr eine jährliche Leibrente von dem meinigen aus; aber sie gab mir mehr Geld in die Hand, als ich ihr zubringen konnte, sie wollte keine Verschreibung darüber, denn sie erkannte mir alle Rechte darüber zu, weil sie keine andre Verwandten anerkannte. Nur mir und unsren Kindern sollte künftig alles angehören. Sollte ich früher als Sie sterben sagte sie gerührt, so bleibt Ihnen und unsern Kindern wenn wir welche haben sollten, alles was ich besize. Sollten Sie mich zuerst verlassen so mag ich Kinder haben oder nicht, nichts wird mich können auf der Welt mehr halten, denn ich würde mich für den übrigen Theil meines Lebens in ein Kloster zurückziehen.

Wie glücklich musste mich dieser Beweis ihrer Liebe machen, sie zeigte mir so gewiss daß sie nur mich liebte, daß ich nicht zweifeln konnte in diesem Augenblick, hätte dieser glückliche Wahn sich niemahls aus meinem Herzen entfernt! Nach einer so grosmüthigen Erklärung von ihrer Seite konnte ich nicht mehr zögern, [51]auch that ich es nicht, und in zwey Tagen war unsre Hochzeit festgesezt. Aber den Tag nach diesen Vorfall bekam ich einen Brief von einem Freund dem Graf B. Er bat mich inständig zu ihm zu kommen. Ihm hatte ich meine Rückreise zu verdanken, und ich hatte ihm zugesagt daß ich mich auf einen bestimmten Tag bey ihm einfinden wollte, weil er sonst nicht mir zu meiner Rückreise nach Frankreich behülflich gewesen wäre. Der Termin war verstrichen bis auf vier Tage ausser der Zeit die es bedarf um dreyhundert Stunden zu machen.

Ich konnte mich nicht entschliessen *Nancy* zu verlaßen ohne ihr ganz anzugehören, ohne sie mit fester Ueberzeugung die meinige zu nennen. Ich sagte ihr meine Verlegenheit, sie versuchte alles mich zu bereden meine Reise noch zwey Tage zu verschieben. Ich sagte ihr daß meine Ehre darunter litte, daß der Erzbischoff von ⟨*⟩ der mir den Brief seines Bruders gegeben hätte, ihm Rechenschaft geben würde, von meinem Zögern, oder meiner Nachlässigkeit. Ich sähe kein Mittel als durch meine Abreise mich meiner Verbindlichkeit zu entledigen. Sie weinte, ich wurde gerührt; aber da es eine Ehrensache betraf, die nur durch meine Gegenwart entschieden werden konnte, nur durch das Persönliche Interesse daß ich daran nahm, so war ich unbeweglich.

In ihrer Gegenwart hatte ich nicht Stärcke genug ihr ihre Bitte abzuschlagen; ich übergab ihr die Schlüssel zu ihren Koffers wieder die sie mir aufgedrungen hatte, ich ver[51v]ließ sie und ging zu dem Erzbishoff, den ich fragte ob er an seinen Bruder schreiben wolle, auf daß ich so viel wie möglich meine Reise beschleunigen würde. Dies schien ihm viel Freude zu machen. Er schrieb den Brief an seinen Bruder, und während dem schrieb ich meiner Geliebten.

> Wären Ihre Thränen mir weniger empfindlich gewesen so hätte ich ein mündliches Lebewohl genommen, aber es war mir unmöglich! meine Standhaftigkeit hätte mich bey Ihrem Anblick verlaßen können. Meine Ehre ist dabey verwickelt meine Geliebte, ich würde mich Ihrer unwerth halten wenn ich ihren Rufen nicht folgte. Ich verlasse Sie, aber ich fühle tiefer als ich es auszudrücken vermag Ihre Zärtlichkeit für mich. Verzeihen Sie mir meine Entfernung, ich schmeichle mir daß Sie mich so lieben daß Sie wie ich die Schmerzen der Trennung fühlen; aber diese Trennung wird von kurzer Dauer seyn. Die Gewalt mit der ich mich von Ihnen losreiße, kann es Ihnen gewiß machen daß ich alles meiner Ehre und meinem gegebnen Wort wegen aufopfre, ich seze Ihnen beydes zum Pfand daß ich in Zeit von einem Monat wieder bey Ihnen bin. Erhalten Sie sich für mich, ich habe Ihnen keine Verbindlichkeit wenn der Kummer Ihrer Schönheit nachtheilig seyn könnte. Sie sollen mir Rechenschaft über Ihre Gesundheit geben, und wenn Sie gestört ist, so werde ich es dem geringen Bestreben zuschreiben das Sie haben mir zu gefallen.

[52]Auch meiner Mutter schrieb ich, und gab ihr Nachricht von meiner schnellen Abreise. Ich gab diese Briefe einem Geistlichen zur Besorgung mit dem Befehl sie erst zu überliefern wenn ich abgereist sey. Ich sezte mich aufs Pferd, und kam glücklicher Weise vier Tage früher an als man mich in Rom erwartete. Die Geschäfte die auf mich warteten betrafen eine Liebesgeschichte des Grafen C. und ich musste mehr Zeuge als Freund seyn, er hatte zwey Nebenbuhler die ihn um seine Geliebte bringen wollten, die ihn hassten als wären sie Franzosen, und nicht wie Italiener. Aber wir endigten die Sache zu unsrer Befriedigung.

Ich erhielt einen Brief von Frau *Morin* die mir schrieb daß *Nancy* in Ohnmacht gefallen seye bey Lesen meines Briefs, daß sie sich von mir verlassen glaube. Man fürchtete ein hiziges Fieber, so sehr sey ihr Blut bewegt, man habe ihr zweymahl eine Ader gelassen in einem Tag. Es war noch derselbe Tag meiner Abreise von *Paris* wo sie mir schrieb.

So schnell ich konnte bat ich um Erlaubniß zu reisen, die Erlaubniß verschafte mir der *Cardinal N.* durch seine Vermittlung. Ich nahm Rast, und reisste so schnell ich konnte, aber doch gelang es mir nicht meine Ungedult und Sorge zu bändigen. Ich wurde von Räubern angehalten, geplündert. Von einer Bande Räuber die in den Alpen und den *Savoyischen* [52v]Gebirgen ihren Aufenthalt haben. Sie zogen mich ganz aus. Glücklicherweise aber konnte ich den Ring retten den mir *Nancy* gegeben hatte. Die Dunkelheit hatte sie vielleicht diesen Juwel nicht bemerken lassen, da sie mir auch sogar *Nancys* Bild nahmen.

Mit vieler Mühe erreichte ich *Grenoble*, und in einem Zustand indem ich mich selbst nicht erkannte. Ich ging in den kleinsten Gasthof, weil es mir unmöglich war in einem grossen Hause auf gut Glück aufgenommen zu werden, mein zerrißnes Hemd das einzige was ich hatte zeugte zu sehr gegen meine Aussage. Ein guter Genius führte einen *Carmeliter* Mönch an der Thüre vorbey. Ich hielt ihn an, erzählte ihm mein Unglück, er wurde gerührt, und glaubte gutmüthig meinen Worten. Ich gab ihm meinen Ring und bat ihn, ihn als Pfand zu versezen, und mir Geld zu verschaffen, bis ich ihn auslösen könnte, weil ich so gleich nach *Paris* schreiben wollte. Er führte mir auch einen Juvelier zu.

Ich kehrte hernach zu meinem gewöhnlichen Gasthof zurück wo ich sonst schon war. Ich kleidete mich neu und musste gegen meine Willen länger dort bleiben.

Ich schrieb meiner Mutter meinen Unfall, bat sie um eine kleine Summe, auch *Nancy* schrieb ich, und bat sie mir etwas zu schicken. Sie schickte mir mehr als ich brauchte, und ich erhielt zugleich diesen Brief.

> [53]Ihr Unglück hat mich über Ihre Härte gerächt. Ich hätte es den Räubern Dank gewusst wenn Sie von Ihnen bey Ihrer Heimreise so behandelt werden. Aber doch bin ich froh daß nicht auch mein Ring ihre Beute wurde, denn ohne ihn wären Sie der wahre Ritter von der traurigen Gestalt gewesen; aber eigentlich ist es mir nur betrübt daß Sie nicht so bald bey mir seyn können als sonst, über diesen Vorfall. Der Postmeister wird Ihnen die beigefügte Summe übergeben, kommen Sie so eilig zurück als es Ihnen möglich ist: Aber doch bitte ich Sie Ihrer Gesundheit zu schonen. Wünschen Sie daß ich Ihnen entgegen komme so schreiben Sie mir den Tag, den Ort, die Stunde. Leben Sie wohl Geliebter mir deucht daß ich die Post aufhalte, daß sie nur meinen Brief erwartet um abzureisen; daß ich darüber so viel Zeit verliehre die sie mir raubt, weil Sie nach der Ankunft dieses Briefes sogleich abreisen können.

Ich erhielt den Brief und das Geld und eilte meinen Ring auszulösen. Ich kam glücklich ohne weitern Zufall bis acht Stunden von *Paris* an, wo ich *Nancy* fand, die mir bis dahin entgegen kam.

Sie umarmte mich zärtlicher als sonst bey unsren Wiedersehen. Die Furcht mich zu verliehren, hatte mich ihr noch lieber gemacht sagte sie. Wir beschlossen daß *[53v]*ich so lange bey ihr verborgen bleiben sollte, bis wir getraut wären. Meine Mutter hatte nicht sobald als *Nancy* mir Hülfe geschickt, sie konnte also meine Zurückkunft nicht so berechnen. Ich brauchte diesen Zufall, und blieb so lange bey *Nancy*, bis man mir von *Grenoble* aus den Brief meiner Mutter zurücksenden würde.

Ich machte sobald ich nach *Paris* kam Anstalt zu unsrer Trauung. Doch verzögerten sie sich noch länger als ich dachte, aber ich lebte indessen in süsser Vertraulichkeit ein ruhiges Leben im Hause meiner Geliebten. Meine Garderobe kam durch *Nancys* Sorgfalt wieder in Ordnung, und ich fand den Morgen unsres Hochzeittags ein schönes Kleid, und alles was zu einem guten Anzug gehört in meinem Zimmer, und ich konnte mit Anstand zu meinem Hochzeittage erscheinen.

Die Stunde kam näher, um sechs Uhr des Abends versammelten sich die Menschen die als unsere Zeugen nothwendig waren. Wir assen zusammen, und um Mitternacht gingen wir in eine nahe Kirche, und wurden getraut. Wie glücklich ich mich in *Nancys* Besiz fühlte glaubt man mir wohl.

Acht Tage verlebte ich bey ihr, ohne den Fuß vor das Haus zu sezen, als in aller Früh die Messe zu besuchen. Welches glückliche Leben, wie glücklich wäre der Mensch wenn so etwas Bestand haben könnte! So wohl mir war, so musste ich endlich mich der Welt wieder zeigen. Ich musste daran [54]denken meine Gattin zu verlassen, so sehr sie mit jedem Tag mein Herz mehr an sich zog. Wir nahmen vor den Leuten im Hause den Vorwand einer Spazierfahrt, wir nahmen den Weg nach *Fontainebleau* weil es rathsam war daß es den Schein hatte als wär ich von dieser Seite gekommen. Wir trennten uns nicht weit davon, und *Nancy* nahm den Weg nach *Paris*. Ich suchte den Hof auf weil ich hoffte dort einige Freunde zu finden, die nicht versäumen würden es zu sagen daß sie mich gesehn hätten. Sie waren auch ohnedies schon von meinem Zufall der mich in *Grenoble* so lange hielt unterrichtet.

Ich kam bey meiner Mutter an, sie kleidete mich aufs neue, und freute sich mich wieder zu haben. Die Abende besuchte ich *Nancy*, und fand mich immer glücklich. So lebten wir

Sechs Wochen. Als der Commandeur V. ein sehr naher Verwandter meiner Mutter bey uns den Mittag zubrachte. Ich erzeigte ihm alle Höflichkeit und war fest entschlossen ihm in Gegenwart meiner Mutter *Nancys* Geschichte erzählen zu lassen, und seine Erzählung mit der ihrigen zu vergleichen. Ich fing allerley Gespräche an, wir kamen auf das Capitel des Kriegs, und ich leitete die Unterhaltung auf den Krieg in *Candia*, er sprach davon wie ein Augenzeuge, er erzählte mir daß er in diesen Gefechten manchen Freund verlohren habe, und nannte den Marquis von B. [54v]einen der angesehensten Officiere, der sein vertrautester Freund gewesen, einer der tapfersten Menschen und sehr rechtschaffen. Er sprach von seiner Familie, und nannte die Herzogin von C. Soweit wollte ich ihn führen und ich fragte so unbefangen wie möglich ob er sich wohl erinnere ein Mädchen bey der Herzogin gesehn zu haben, gegen die sie besonders sehr mildthätig gewesen sey? Ich kenne sie sehr wohl und schäze sie war seine Antwort, ich würde sie aufsuchen wenn ich wüsste wo sie wäre.

Sie würde Ihnen sehr verbunden seyn fuhr ich fort. Denn Mädchens ihrer Art gewinnen selten die Achtung eines Mannes wie Sie sind. Ich achte Sie aus ganz andren Gründen als die Sie wissen können antwortete er, überdem war sie sonst eins der schönsten Frauenzimmer in *Paris*. Er sagte so viel zu ihrem Vortheil, und immer mehr, je mehr ich Mine machte daran zu zweifeln. Mit inniger Freude hörte ich ihn *Nancys* Sitten in Schuz nehmen, und ihre Liebenswürdigkeit bewundern. Kennen Sie sie denn fragte er endlich erstaunt?

Dafür stehe ich daß er sie kennt fiel uns meine Mutter in die Rede, er kennt sie so gut, daß wenn man nicht sich die Mühe gegeben hätte ihn von der Mädchens übler Aufführung Nachricht zu geben, er wer weis wie weit gegangen wäre. Sie erstaunen mich meine *Cousine* sprach der Commandeur, wenn Sie mir in einem solchen Ton von *Nancy* sprechen; wer sie auch beobachtet hat sagte mir immer daß ihr Betragen völlig mit dem [55]übereinstimmte was man nur von einem Mädchen verlangen könnte, die die strengste Tugend ausübte. So ist sie denn sehr verändert jetzt sezte meine Mutter hinzu? Um die Tugend eines solchen Mädchens anzugreifen fuhr der Commandeur nun hizig auf, bedarf es mehr Beweise, man muß überzeugende Gründe dazu haben an ihrer Tugend zu zweifeln, man kann nicht dem Geschwäz andrer glauben. Ich gestehe daß ich vielen Theil an ihr nehme, und an allem was ihr angeht, und ich kann nicht ohne Beweise glauben, daß sie das Blut entehrt, aus dem sie entsprungen ist.

Von welcher Geburt ist sie denn, fragte ich? Kann da ein edles Blut entspringen, aus dem Ort wo man sie fand? Ich würde es Ihnen entdecken wenn Sie noch ihr Freund wären sagte er, sanft. Ob mir's gleich manche hohen Personen nicht danken würden, die sie gern vergessen wollen. Ich warf immer noch Zweifel auf, und brachte endlich meine Beweise herfür, es waren *Valerans* Briefe. Er las sie von einem Ende zum andren, und nahm als er geendet hatte von neuem das Wort. Er entdeckte uns endlich *Nancys* Geburt, und alles was ihn im Hause der Herzogin begegnet sey. Er sezte nur hinzu daß er einen einzigen Umstand noch wisse der *Nancy* unbekannt sey, daß ihre Mutter nicht ein Fräulein der Mutter des Marquis gewesen [55v]sondern eine Dame von hohem Rang, die sich in einen verbotenen Umgang mit dem Marquis eingelassen habe. Sie hätten sich wahrhaftig geliebt, und wären fest entschlossen gewesen sich zu heirathen, aber beyde hätten nicht über ihr Schicksal gebieten können, sie hätten ihre Verbindung nicht entdecken dürfen, dies sey die Ursache gewesen, daß man *Nancy* bey ihrer Geburt ausgesezt habe, aber mit allen Zeichen daß man sie wieder habe erkennen können. Die ⟨ä⟩ltesten Brüder des Marquis wären gestorben, und er hätte nun die Verbindlichkeit auf sich gehabt, für die Familie zu sorgen, er habe sein Ordensgelübde als Maltheser wieder aufgehoben, und wäre nach Frankreich zurückgekehrt, um dort seiner Geliebten seine Hand anzubieten. Aber er habe sie verheirathet gefunden an einen Mann, zu dessen Hand man sie gezwungen habe, ohngeachtet ihres Wiederstandes. Er habe aber den Ruf seiner Geliebten doch schonen wollen, und seiner Schwester berichtet, daß *Nancys* Mutter bey ihrer Niederkunft gestorben sey; Aber die Untreue seiner Geliebten habe ihn so geschmerzt daß er aufs neue sein Gelübde abgelegt, und nach *Candia* gegangen, dort sey er in *Pension* geblieben und seine Geliebte habe ihn nur kurze Zeit überlebt.

Der Commandeur bat mich ihm die Papiere zu überlassen weil er zu seiner eignen Beruhigung darüber [56]mit *Nancy* zu sprechen wünsche, und sich eine Erklärung ausbitten wolle über ihre Pläne sich für *Gourvilles* Tochter auszugeben. Machen Sie was Sie wollen sagte ich und gab ihm die Papiere, der wenige Antheil den ich daran nehme macht sie mir gleichgültig, ich versichre Sie daß wenn Sie auch unschuldig wäre, unglücklich oder strafbar, ich würde nicht mehr daran denken, ihr meine Hand zu geben. Sie müssen sehr aufgebracht seyn, sagte der Commandeur, daß Sie eine so lebhafte Erklärung gegen sie thun können. Ich versichre Ihnen sagte er unter andrem, daß *Nancy* gewiß nicht willens ist, sich jemandem an Kopf zu werfen, noch sich einer Abschlägigen Antwort sey es bey wem es wolle auszusezen. Wie erfreut war ich im Herzen, meine Geliebte auf eine solche Art vertheidigt zu sehen, ich spielte meine Rolle so gut, daß selbst meine Mutter von meiner Bitterkeit beleidigt wurde, und sie sah voll Angst den Zorn des Commandeurs ausbrechen, der so viel Antheil an *Nancy* nahm, sie bat ihn in meinem Nahmen um Verzeihung, und winkte mir mich zu entfernen.

Ich that es, aber ehe ich mich entfernte bezeigte ich noch dem Commandeur viel Höflichkeit. Ich ging in dem Augenblick zu *Nancy*. Ohne ihr ein Wort zu sagen, legte ich ihr Tinte und Feder und Papier hin *[56v]*und diktirte ihr ein Einladungsbillet, ich ließ ihr nicht Zeit zu fragen an wen es gerichtet wäre, und lachte immer nur. Sie schrieb.

> Ich habe überall gute Spione mein Herr, und danke Ihnen daß Sie so grosmüthig meine Vertheidigung über sich nahmen vor weniger Zeit, in dem Hause der Frau ⟨*⟩. Sie haben mich gegen ihren Sohn vertheidigt der ein roher Mensch ist. Ich wäre sehr froh Ihnen die Gründe meines Betruges aufzuklären, ich habe der guten Meinung nicht entsprochen die Sie immer von mir hatten, und Ihre Güte für mich macht mir es nöthig mich in Ihren Augen zu rechtfertigen. Wollen Sie wohl zu mir kommen? Ich erwarte Sie mit der grössten Ungedult. v *C.*

Ich siegelte den Brief, und wie groß war ihr Erstaunen als ich ihr sagte daß er an den Commandeur sey. Sie war ausser sich vor Freude. Er hatte kaum das Billet erhalten so kam er, und ich hatte kaum Musse *Nancy* unsre Unterhaltung zu erzählen *Nancy* ging ihm entgegen und ich verbarg mich für die erste Zeit. Sie empfingen sich sehr freundschaftlich. Nach vielen Scherzen sagte *Nancy* endlich daß sie einen guten Geist habe, der ihr schnell die Unterhaltung im Hause der Frau ⟨*⟩ wiedergesagt. Der Commandeur staunte im Ernst, und konnte es nicht begreifen. Komm [57]rufte sie mir endlich zu, und ich trat herfür, kann ich wohl besser unterrichtet seyn als durch diesen Zeugen mein Herr! Hier ist mein guter Geist. Nun versteh ich wohl sagte der Commandeur was diesen Herrn so sprechen ließ, ich habe Sie wohl sehr glücklich gemacht sagte er und umarmte mich. Ich habe eine sehr naive Rolle dabey gespielt in der That. Sie hatten wohl recht zu sagen daß Sie *Nancy* niemahls heyrathen würden weil es schon geschehen ist wie ich sehe und ohne Wissen der Mutter.

Ich erklärte ihm die Ursache unsres Geheimnisses, weil er nach Lesung der bewußten Briefe wohl sehen konnte, wie wenig meine Mutter gern in eine solche Verbindung einwilligen würde. Meine Mutter glaubt an *Valerans* Aussage wie an Glaubensartikel sezte ich noch hinzu, da ich nicht sichre Beweise habe, so wagte ich lieber ohne ihre Einwilligung den Schritt zu thun, als in Gefahr zu kommen *Nancy* zu misfallen, denn sie würde nie mir ihre Einwilligung gegeben haben zu einer Aufklärung ihrer Geburt.

Ich weiß sehr gut wie wir zusammen stehen, und wie es sich mit den bewussten Verläumdungen verhält, und ich bin glücklich daß ich meiner Geliebten glaubte. Nicht um von Ihnen zu erfahren ob mir *Nancy* ganz offenherzig alles gesagt habe, lies ich unser Gespräch auf sie fallen, sondern Sie Herr Commandeur, sollten die Sache zur Sprache bringen, meiner Mutter auch die Geschichte erzählen. Sie konnten es unter diesen [57v]Umständen besser leisten, weil Sie nicht fürchten könnten ein Geheimniß aufzudecken. Sie haben mir eine unausprechliche Freude gemacht, Sie so sprechen zu hören, Sie *Nancys* Sache so gut vertheidigen zu hören. Ihre Hize war ein Triumph für mich, ich brachte Sie im Zorne, und ohne die Ehrfurcht zu verlezen die ich Ihnen schuldig bin, hätte ich Sie gern noch weiter geführt, um meine Mutter desto mehr zu überzeugen.

Unter solchen Gesprächen verging die Zeit seines Besuchs, und er machte gegen *Nancy* so schmeichelhafte Aeusserungen daß ich deutlich fühlte, wie sehr er sie schäzte. Er bot uns sogar seine Vermittlung bey meiner Mutter an. Er wollte von *Nancy* hören wie es ihr seit dem Tode der Herzogin ergangen, sie erzählte ihm alles ohne Rückhalt, er billigte jeden ihrer Schritte, nur die kleine Betrügerey mit *Gourville* konnte er ihr nicht ganz verzeihen. Er sagte ihr daß die Wahrheit allem andern vorzuziehen sey. Sie vertheidigte sich nicht, und begnügte sich nur zu sagen, daß sie niemals ein solches Mittel würde ergriffen haben wenn sie es hätte können beweisen, daß sie wirklich die Tochter des Marquis d. *B.* sey. Aber da es nicht möglich gewesen, so habe sie lieber zu diesem Mittel ihre Zuflucht nehmen wollen; aber sie bereue es schmerzlich und habe manche Thräne darüber vergossen. Er bewieß ihr daß sie sich selbst über diesen Punkt [58]habe betrügen wollen. Die Lüge dauert nur eine Zeitlang, sezte er hinzu, aber Wahrheit dauert ewig; welche Ehre würden Sie von so einem Vater gehabt haben, wie *Gourville* war, es war beschimpfender seine Tochter zu heissen, als die niedrigste Abkunft zu haben, da er seinen Stand beschimpfte. Er nahm die Sprache eines zärtlichen Vaters gegen seine Tochter an, und ich hörte gern diese Unterredung.

Ich hatte viel baar Geld von meiner Frau, und sie trieb mich an eine Stelle zu kaufen, ich wiedersezte mich nicht. Meine Mutter erfuhr diese Unterhandlungen und verwunderte sich daß ich eine so ansehnliche Summe zu meiner Disposition ⟨hatte⟩. Ich sagte ihr meine Freunde leihten mir sie, sie schien zu zweifeln, und ich wollte mit Fleiß Sie nicht ganz gewiß machen. Ich wendete mich an Commandeur, und er nahm es auf sich sie zu sehen, und ihr alles zu entdecken,

Er ging zu ihr, brachte ihr den Brief des Marquis *d. B.* mit, um seine Beweise gültig zu machen, und erklärte endlich meiner Mutter den Vorfall. Er verwendete sich bey ihr für *Nancy* als wenn sie seine eigne Tochter wäre, und es gelang ihm sie vergab mir die Verheimlichung meiner Heyrath nach langer Ungewißheit was sie thun sollte und durch vieles Zureden des Commandeurs die Geschichte mit *Gourville* die er sehr zu entschuldigen suchte, war ihr sehr anstößig. Was diesen Zug [58v]betrifft sagte meine Mutter, vergebe ich ihr am wenigsten, für ein Mädchen von zwanzig Jahren ist es zu viel Feinheit und List. Ich kann ihr diesen Streich allein nicht vergeben, und nur deswegen könnte ich sie nicht bey mir sehen, so wenig ich meines Sohns Verbindung aufheben kann.

Uebrigens danke ich *Nancy* für die Liebe die sie für meinen Sohn hat. Sie liebt ihn, er ist ihr Gemahl, und sie erfüllt ihre Pflicht. Ihre ansehnlichen Geschenke die sie ihm macht beweisen mir auch wie lieb er ihr ist.

Sie hat ihn durch alles was nur einigen Werth haben kann in den Augen der Welt an sich gezogen. Ich liebe ihre Großmuth, ihre Tugend und Stärcke ihm alles aufopfern zu können. Gebe Gott daß sie es nicht bereut, und daß sie immer dieselben Gesinnungen behält, aber das übrige verzeih ich ihr nicht.

Sie sagte dem Commandeur noch, daß sie sich entschlossen habe, *Nancy* nie in ihr Haus aufzunehmen, sie könne mit einem solchen unruhigen Geist nicht in Ruhe leben. Was die Heyrath meines Sohnes betrift so kann ich sie nicht misbilligen weil er nicht meine Einwilligung dazu verlangt hat. Er hat alle Freyheit nach seinem Willen zu leben sezte sie hinzu, ich kann keine Einsprüche thun und will im Gegentheil sie wenn wir allein sind als meine Tochter behandeln. Aber er erlasse mir sie vor den Augen der Welt zu erkennen. Die Welt nimmt ein einmal gefasstes [59]Vorurtheil nicht so schnell wieder zurück. Man würde ihr nicht die Achtung bezeigen die ihr gebührte als meiner Tochter, als Frau meines Sohnes, zumahl meine Schwägers die alles umständlich wissen was man über sie gesprochen hat würden es mir nicht vergeben. Ich werde *Nancy* besuchen, ihre Besuche wieder annehmen, aber ich verlange ausdrücklich daß die Heyrath so lang ich lebe ein Geheimniß bleibt. Daß ich nicht den Kummer erlebe eine Tochter die ich anerkannt habe, von der übrigen Familie verachtet zu sehen. Es ist das Interesse meines Sohnes daß wir so handeln, mit seinen Verwandten darf er sich nicht entzweyen, und den guten Ruf seiner Frau ist er schuldig zu erhalten oder vielmehr sie nicht der Gefahr aussezen ihn gänzlich zu verlieren.

Er soll seine Wohnung bey mir behalten und seine Frau die ihrige, damit wir das Geschwäz verhüten. Man soll ihr Verhältnis nicht erfahren, ich werde so viel wie ich kann ihre Zusammenkünfte erleichtern, weil die Ehe geschlossen ist. Aber niemand soll sie als meine Tochter erkennen, weil sie mir keine Ehre machen wird. Hier mein Herr ist meine Erklärung will mein Sohn meine Bedingungen eingehen, seine Heyrath heimlich halten so vergebe ich ihm, und wir bleiben Freunde, ich verzeihe ihm auch daß er so wenig Rücksicht auf seine Mutter bey seiner Wahl nahm. Besteht er darauf seine Heyrath bekannt zu *[59v]*machen, so sehe ich ihn in seinem Leben nicht mehr, und noch weniger seine Frau.

So erklärte sich meine Mutter nachdrücklich, der Commandeur konnte ihren Entschluß, und ihre Gründe nicht misbilligen. Er suchte uns auf, und er erzählte uns umständlich die ganze Unterhaltung. Daß meine Mutter doch die Sache mit einer solchen Ruhe aufnehmen würde konnte ich nicht erwarten. Und ich fühlte wohl daß ihr Betragen nur die Frucht des vollkommenen Vertrauens wäre, daß sie in den Commandeur sezte, und eine Folge seiner Sorgfalt. Ich dankte ihm dafür, aber ich fürchtete daß *Nancy* eine solche Erklärung nicht gut aufnehmen könne, die mir sehr hart vorkam, was sie anging. Aber ich wurde sehr angenehm überrascht, als sie mich in Gegenwart des Commandeurs wo ich ihr meine Sorgen entdeckte, an ihr Herz drückte, und zärtlich sagte. Kennst du mich so wenig, habe ich verlangt mich mit deiner Familie zu verbinden, da ich dir meine Hand gab? Deswegen ist es mir auch gleichgültig ob deine Oheime wissen oder nicht, daß ich deine Frau bin. Sie kennen mich nicht, und ich habe für mich kein Verlangen sie kennen zu lernen. Ueber Deiner Mutter Betragen gegen mich bin ich zufrieden. Ich billige ihre Gründe sogar die sie bewegen unsre Verbindung geheim zu halten. Sie glaubt was sie [60]angeht an meine Unschuld, dies ist mir genug. Denn ich hatte nur den Wunsch bey ihr gerechtfertigt zu seyn deinetwillen, da sie die Wahrheit weiß, ist es mir gleichgültig was die andern denken. Wenn wir unsre Heyrath geheim halten, so habe ich einen Gewinn, die Meinung deiner Verwandten, die mich nicht achten, könnte auf deine Liebe zu mir Einfluß haben. Du könntest aufhören mich zu lieben. Weil man nicht lange liebt was andre verachten. Ich nehme gern die Bedingungen deiner Mutter an, und bitte dich sie auch gut zu finden.

Diese großmüthige Antwort bezauberte mich, und der Commandeur gab ihr seinen Beyfall. Wir machten in kurzem Anstalt eine Wohnung für *Nancy* zu finden, die noch näher an der meinigen war, ich fand ein Haus, dessen Garten durch eine kleine Strasse zu dem Garten meiner Mutter führte; Ich konnte sie immer besuchen ohne auf die Strasse zu gehen, und diese Einrichtung machte uns viel Freude.

Die Schönheit des neu ankommenden Unbekannten Frauenzimmers machte in dem Viertel der Stadt viel Aufsehn. Meine Freunde sprachen mir von dieser schönen Dame, aber ich that als kennte ich sie nicht. Ich war fest entschlossen der ganzen übrigen Welt zu verbergen, daß *Nancy* meine Frau sey. Ich sah sie selten öffentlich, und es schien im Gegentheil als wäre ich von einer andern Schönheit gefesselt. [60v]Ich hatte meine bestimmte Stunde zu der ich *Nancy* besuchte. Ich mochte auch in Gesellschaft sizen in welcher ich wollte so verließ ich sie um zu ihr zu eilen. Meine Freunde waren es an mir gewohnt und fragten auch nicht weiter wo ich hinging. *Nancy* lies sich auch zuweilen von mir die Gesellschaften schildern, die ich besuchte, und meine Freunde. Von einem derselben sagte ich ihr zu viel, leider war es der, der mich am empfindlichsten in der Folge beleidigte. Sie selbst wurde sehr zu seinem Vortheil eingenommen, und sprach mir auch mit einem Antheil von ihm der mir hätte auffallen sollen.

Sie lebte sehr eingeschränkt, niemand besuchte ihr Haus. Sie hatte alles Aeussere was eine Person von Stand verrieth, ihre Bedienung war gering, aber sehr anständig; sie selbst war sehr gut angezogen, hatte zumahl schöne Wäsche, prächtige Spizen, und einen Schmuck, der von ansehnlicher Grösse war. Kurz was man von einer Frau von hohem Rang fodern kann, fand sich bey ihr vereinigt. Mancher Liebhaber der auf Eroberungen ausging machte Jagd auf sie, und hielt sie seiner Aufmerksamkeit werth. Sie liebte nicht den großen Haufen der Gesellschaft, und zog einen kleinen ausgesuchten Cirkel aus, mit dem sie lebte. Unter diesem befanden sich zwey junge Fräuleins *Desmoulins*, ihr Bruder, der Freund dessen schon erwähnt [61]erhielt Zutritt in der Gesellschaft, durch Verwendung seiner Schwestern. Ich bemerkte mit Vergnügen wie *Nancy* die Herzen einnahm, wie alles sie liebte. Ohne Unruhe bemerkte ich auch *Desmoulins* Aufmerksamkeit für sie, denn ich war gottlob ein echter Pariser ohne Eifersucht, und war recht froh daß sich *Nancy* belustigte; ich selbst machte ihr Vorschläge mehr und grössere Gesellschaften zu sehn, sie scherzte mit mir über die Artigkeiten die man ihr erzeigte, und über die Art wie man sie in ihrem kleinen Kreis aufnahm. Sie bat mich aber ihr zu erlauben daß sie so fort leben dürfe, und wie ehmals nur Frauen und Mädchens in ihr Haus aufnähme. Ich wollte es nicht. Aber konnte ich auch vorher sehen, daß eine Frau die so viel für mich gethan hatte, deren Zärtlichkeit für mich sich mit jedem Tag vermehrte, mir untreu werden könnte?

Sie hatte lange meine Mutter nur vorbey gehen sehen, ohne ihr näher zu kommen. Beyde hatten den Wunsch im Herzen sich zu sehen, sich ohne Zeugen zu sprechen. Aber ich wusste nicht unter welchem Vorwand ich *Nancy* ins Haus meiner Mutter bringen konnte. Meine Mutter war sehr eingenommen von *Nancys* Wesen, ihr Äußres gefiel ihr sehr, sie wollte nun gern auch durch eigne Erfahrung wissen ob ihr Verstand dem schönen Gesicht entspräche. Der Commandeur riß uns aus Verlegenheit, er führte *Nancy* bey meiner Mutter ein, als seine Verwandte. Meine Mutter [61v]machte ihr den Gegenbesuch und ich hörte mit Vergnügen daß sich beyde gefallen hatten. Sie wiederholten diese Besuche dem Anschein nach aus Höflichkeit aber im Grunde aus wahrer Neigung und Pflicht. Meine Mutter hatte für *Nancy* wahre Zärtlichkeit, und sie ging so weit daß sie im Begriff war, meinen Oheimen das Geheimniß zu entdecken, und mit ihnen daran arbeiten wollte, unsre Heyrath öffentlich geltend zu machen. So weit war es als ich genöthigt war schnell auf meine Güther zu reisen. Eine Feuersbrunst hatte mein Haus auf dem besten meiner Güther, weggenommen, es war das einzige was mir von meines Vaters Vermögen geblieben war.

Ich musste eilen an Ort und Stelle zu kommen, und ich fand die Sachen schlimmer als ich dachte. Man hatte auch den Pachter ins Gefängniß gesezt, weil man ihm schuld gab, daß er das Feuer angelegt habe, um einen Diebstahl auszuführen. Ich musste weitläuftige Untersuchungen über diese Geschichte anstellen, es kam zu einem Prozeß, und ich wurde genöthigt mehr als vier Monathe von *Paris* entfernt zu bleiben. Ich wurde endlich des Aufenthalts müde, übergab meine Sache einem Advokaten, und wollte die Freude haben *Nancy* zu überraschen; ich benachrichtigte sie nicht von meiner Rückkunft. – Aber warum muß ich nun das Andenken eines Auftritts erneuern, der mir so furchtbar ist!

[62]Ich hatte einen Schlüssel des Hauses, des Gartens bey mir. Niemand wusste von meiner Rückkunft. Ich wollte ankommen wenn schon alles in tiefem Schlaf läge. Es war nach Ein Uhr, ich fand die Gartenthüre nur mit einem Riegel zugeschoben der sich leicht öffnen ließ ohne Schlüssel, ich schob die Schuld auf die Nachlässigkeit der Bedienten. So leise als es mir möglich war schlich ich um *Nancy* nicht zu wecken, ich wollte sie im Schlummer überraschen, aber mehr noch wurde ich selbst überrascht als ich beym Schimmer eines Lichts der neben dem Bette brannte Kleider eines Mannes auf dem Sessel liegen fand. – Ich fand *Nancy* in *Desmoulins* Arm!

Wer fühlt nicht welche Verzweiflung, welche Wuth mein Herz zerreißen musste! bey diesem Anblick. Ich griff nach dem Degen, wollte beyder Herzen durchstossen; aber eine Bewegung die *Nancy* machte entwaffnete mich. Meine Wuth verließ mich, ich hörte nur die Stimme der Verzweiflung in meinem Herzen die mich mein bittres Schicksal beklagen ließ; Jezt ist's mir kaum begreiflich wie ich meine Schwachheit so weit treiben konnte. Ich fürchtete sie zu beschimpfen wenn ich den Augenblick ihrer Schande aufdeckte. Ich hatte Ehrfurcht für ihr Ehrgefühl in diesem Augenblick wo sie das meinige so grausam beleidigte.

[*62v*]Mich durch eine Grausamkeit zu rächen, die obgleich in diesem Augenblick nicht unerlaubt war, doch nicht mit meiner Zärtlichkeit für *Nancy*, mit meiner Grosmuth gegen sie übereinstimmte war mir unmöglich. Welche Ehre eine Frau zu tödten, sagte ich mir im Herzen, und noch mehr einen schlafenden Nebenbuhler, der nicht im Stand ist sich zu wehren.

Ich nahm diesen Gedanken für eine Bewegung der Grosmuth im Herzen, die nur eine Folge meiner Schwäche war. Ich entschloß mich kurz, und nahm nur das Halsband meiner Ungetreuen Gemahlin, das neben ihr auf einem Tisch lag. Ich nahm es mit mir um sie des größten Verbrechens überführen zu können, dessen sich eine Frau schuldig machen kann, und verließ das Zimmer.

Der Schmerz tödet nicht, fühlte ich nur zu tief. Kaum hatte ich das Zimmer hinter mir so fühlte ich Reue meine beleidigte Liebe nicht gerächt zu haben. Im andern Augenblick wusste ich mir Dank für meine Mässigkeit, die mich verschonte zur Fabel der Stadt zu werden. Ich fand keine Ruhe, und reisste so gleich wieder in der Nacht wieder nach meinem Guth ab. Da bereitete ich alles, um mich zu rächen, und auf eine Art meiner Leidenschaft, meiner Beschimpfung angemessen, die Beleidigung war zu [63]empfindlich. Ich hatte *Nancys* Leben nur im ersten Augenblick geschont um es für längere Qualen aufzubewahren, in einem Kerker, bey Wasser und Brodt sollte sie für ihr Verbrechen büssen. Ich fand ein Vergnügen darin mich ihrer zu berauben, ich sah sie meiner Umarmung unwürdig an, sie sollte ihrem Geliebten entführt werden, so daß er wiße woher ihm der Streich gespielt würde. Ich schrieb ihr in dieser Absicht daß ich bald nach *Paris* zurückkehren würde. Und sie antwortete mir, schrieb mir Dinge die mich zittern machten, die noch größern Abscheu in mir erregten, sie beklagte sich über meine Abwesenheit, sprach von ewiger treuer Liebe, und bat mich zurückzukommen.

Ich kam in *Paris* wieder an, aber so verändert so entkräftet von den langen Kämpfen meines Herzens, daß man mich kaum wieder erkannte. Ich ging nicht zu *Nancy*, und blieb bey meiner Mutter. Den Morgen nach meiner Ankuft erhielt ich ein *Billet*, daß nur Klagen von ihr enthielt über meine Gleichgültigkeit; ich gab keine Antwort; Sie wurde ungeduldig darüber und kam zu mir in mein Zimmer.

Ich empfing sie mit einer tödenten Kälte; sie that alles was sie konnte um mich zu erwärmen. Sie wendete alle verführerischen Künste an, aber ich blieb bey meinem Vorsaz. Welche Bewegungen in meiner Seele vorgingen ist unmöglich zu schildern. Nie hatte ihre Leidenschaft eine solche Sprache, je mehr ich [63v]ihre Lebhaftigkeit fühlte, je mehr wurde ich erzürnt, ich war in Gefahr meinem Zorn oder meiner Schwachheit zu unterliegen, als glücklicher Weise meine Mutter zu uns ins Zimmer trat, und mich von einem so harten Herzen befreyte.

Noch denselben Tag ging ich aus, und suchte *Desmoulins* auf. Er überhäufte mich mit Höflichkeit; aber dies war es nicht, was ich von ihm verlangte. Ich spann einen kleinen Zwist an, wurde immer heftiger, und er musste den Degen ziehn. Ich verwundete ihn, und ich würde meine Rache ganz an ihm ausgelassen haben, hätte man uns nicht getrennt. Ich war der Anstifter des Streites, und alle Stimmen waren gegen mich. Ich ging in das Haus meiner Mutter, nahm alles Geld daß zu einer grossen Reise nöthig war zu mir und entdeckte meiner Mutter, daß ich genöthigt wäre mich den Händen der Gerechtigkeit zu entziehen. Sie wusste daß ich den Streit angefangen, und ahndete daß ich geheime Ursachen haben müsse die mich dazu verleitet hätten, weil sie mich übrigens als einen ruhigen friedfertigen Menschen kannte, zumahl gegen meine Freunde. Sie fragte mich so dringend nach der Ursache unsres Zweikampfs, daß ich mich ihr entdeckte.

Nun war ihr meine Veränderung bey meiner Rückkehr kein Räthsel mehr; sie verwunderte sich im Gegentheil über meine Mässigkeit, daß ich nicht *Nancy* mit *Desmoulins* in der ersten Hize umgebracht hätte. [64]Sie fragte mich nach meinen fernen Planen und dankte dem Himmel daß niemand um meine schändliche Heyrath wisse. Ich wollte zurück nach der Provinz reisen, um mir Zeit zu lassen meinen Schmerz zu stillen, ich wollte wiederkommen, und meine Heyrath vernichten, mich von solchen entehrenden Banden losreißen. Sie sollte *Nancy* einen Brief von mir geben, aber sie wollte mir die Hände bieten zu einer Verrätherei; und entschloß sich zu ihrem Bruder zu reisen, um einem Besuch von *Nancy* auszuweichen. Frau *Morin* war todt, kurz vorher ehe ich die Verrätherrey meiner Frau entdeckte, sie war sicher darinn verwickelt, und hatte ihr Anschläge gegeben, denn sie war zu vertraut mit ihr. Man sagte ihr Todt sey plözlich erfolgt und wäre nicht ganz natürlich gewesen. Sey es wie es wolle, so war ich froh sie nicht mehr zu sehen. Denn nie war mir recht wohl in ihrer Gegenwart, und jezt in einer solchen Lage, hätte sie meinen Zorn noch schrecklicher gefühlt.

Ich schrieb *Nancy* eh ich abreiste den zärtlichsten Brief, so zärtlich als ich noch keinen geschrieben hatte, ich hatte alles hervorgesucht was mir möglich war. Sie sollte jeden Verdacht über mich verliehren, der auch in ihrem Herzen sich hätte regen können. Ich schlug ihr vor zu mir auf mein Guth zu kommen. Sie antwortete mir sie sey bereit mir bis ans Ende der Welt zu folgen.

[64v]Ich schrieb ihr ich hätte nicht wollen mehr nach *Paris* zurück zu kehren, daß der Zwang in dem wir da lebten mir verhasst sey, ich wollte unsre Heyrath nicht mehr verborgen halten. Alles sey zu ihren Empfang auf meinem Guthe bereit, ich wollte so sey es meine Meinung mich für immer da aufhalten. Wenn sie so liebte als sie mir es so oft versichert hätte, so sollte sie nicht zögern mir zu folgen. Je schneller sie käme je mehr würde ich mich über den Beweis ihrer Liebe freuen. Sie sollte wenn sie wirklich willens sey zu kommen, ihr Hausgeräthe, und Silberzeug verkaufen, weil wir in der Provinz alles wohlfeiler haben könnten. Ich bat sie mir den Weg zu schreiben den sie nehmen wollte, weil ich ihr ⟨in⟩ der nächsten kleinen Stadt entgegen käme. Ich bat sie noch nicht von mir zu sprechen noch jemandem zu sagen daß sie meine Frau sey, damit meine Verfolger mich nicht entdecken könnten.

Alles wurde so ausgeführt nach meinen Planen. Aber wenn ich verwundert war, *Nancy* in den Armen eines Andern zu finden, so war sie es noch viel mehr über die Art wie sie von mir empfangen wurde. Ich hatte einen Menschen aus der Provinz bey mir, dem ich gesagt hatte daß ich ein junges schönes Mädchen aus *Paris* entführt habe, die nun mich hier suchte. Ich durfte ihr nicht entgegen gehen damit mich [65]niemand erkenne. Mein Haus war eine Meile vor der kleinen Stadt, wo der Wagen der von *Paris* nach *Poiteau* die Nacht bleibt. Mein Abgeordneter ging hin, und fragte nach einer Frau von B. Sie gab sich zu erkennen und er überreichte ihr ein Billet worin ich ihr schrieb daß ich vom Pferd gestürzt sey, und ihr nicht entgegen kommen konnte. Ich bat sie ihr Mädchen mit dem Bedienten bis den folgenden Tag in der Stadt zu lassen, und meinem Abgeordneten auf einen Pfad zu folgen, damit wir uns ohne Zeugen sähen.

Mein Bedienter führte sie in das Haus, wo ich sie erwartete. Es war der Ueberrest des Gebäudes was das Feuer nicht zerstört hatte; und ich hatte es zur Ausführung meines Plans ausbessern lassen. Ohne daß *Nancy* wusste wer sie ins Zimmer führe, folgte sie mir, in ein Zimmer, das nur ein schlechtes Feldbett, einen Strohsack, hölzerne Stühle statt aller Verzierung hatte. Keine Tapete, kein *Camin*, keine Fenster waren darin zu sehen, nur ein kleines rundes Fenster das ich in der Höhe gelassen hatte, mit eisernen Stäben verwahrt erblickte man. Die Sonne war untergegangen, aber doch war es noch hell genug, um diese traurigen Gegenstände unterscheiden zu können.

Welcher Ort ist dies mein Herr fragte sie? es ist wie ein Gefängniß: Es ist Ihr Zimmer meine Dame, [65v]antwortete ich kaltblütig. Dies ist der Ort den ich Ihnen bestimmt habe, um da Ihr Verbrechen und meine Schande zu bereuen. Ohne Laut von sich zu geben fiel sie mir zu Füssen, ohne Bewegung; Ein Todesurtheil daß man über einen Verbrecher ausspricht kann wohl keine traurigere Wirkung thun. Lang hatte der Entschluß in mir gelegen, und ich war unvermerkt zu einem solchen Grad von Härte des Herzens gelangt. Dies war das erste Vergnügen bey meiner Rache. Der Zustand in den sie mich gebracht hatte, lies mich den ihrigen mit Verachtung ansehen, mein Abscheu für sie verdoppelte sich, das Mitleid bewegte nicht mein Herz. Ich durchsuchte ihre Kleider, nahm ihr alles was ihr hätte dienen können Hand an sich zu legen. Ich behandelte sie als einen verurtheilten Verbrecher dem man nur das Leben erhält, um durch seinen Todt ein öffentliches Beyspiel zu stiften.

Ich schüttelte sie gewaltig, aber meine harten Stösse konnten sie nicht erwecken: Ich machte mir ein Vergnügen mich an dem Anblick zu weiden, der so grausam, und so rührend zugleich war. Welcher Wechsel! Tausendmahl fragte ich mich selbst wo ich so viel Grausamkeit in mir finden konnte, für eine Frau die ich anbetete, für die ich noch diese Gefühle bewahrte? Ich ließ sie in diesem hülflosen Zustand, und aus Furcht daß ein Gefühl des Mitleidens mich ergreifen könnte, verließ ich [66]das Haus, und besuchte einen benachbarten Edelmann. Den folgenden Tag kam ich spät nach Hause. Ich ließ das Kammermädchen und den Bedienten aus der Stadt holen. Ich war überzeugt daß sie von den Verbrechen nichts wussten. Ich sagte ihnen ihre Herrschaft sey verreisst zu einer Verwandten, sie würde sie bald wieder sehen. Ich hatte mir ausgedacht bey der ersten Gelegenheit sie beyde fortzuschicken. Aber um meines Geheimnisses desto sichrer zu seyn, schickte ich den Bedienten fort der *Nancy* abgeholt hatte, er erhielt so viel daß er das Königreich verlassen konnte, und seiner eignen Sicherheit willen that er es gern. Ich hatte Anfangs den Plan, daß *Nancy* in einem ewigen Gefängniß ihr Leben veliehren sollte.

Ich besuchte ihr Zimmer, sie lag noch auf den Boden, von ihrer Ohnmacht zurückgekommen aber nicht von ihren Erstaunen. Sechzehn Stunden war sie in dem selben Zustand geblieben. Er übertraf alles was die Einbildungskraft zu erfinden vermag. Sie wendete sich nach mir um, aber weit entfernt in mir einen unterworfnen Liebhaber, einen mitleidigen Gatten zu finden, fand sie in mir ihren Richter, ihren unerbitterlichen Gebieter. Sieh hier Treulose sagte ich, und hielt das Halstuch ihr vor die Augen, bist du überzeugt? Deinen Geliebten hat man mir aus den Händen gerissen, aber du *[66v]*sollst nicht meiner Rache entgehen, ihr werdet beyde noch meine Rache empfinden. Sie antwortete nicht, fiel mir zu Füssen und weinte. Ich war von meiner Thorheit geheilt und antwortete ihr nur mit einem verächtlichen Lachen. Ich legte ihr ein Bündel mit Kleidern hin, deren sich nur die schlechteste Bäuerin bedienen kann: Sie musste sich auskleiden, ich selbst gebot ihr sich ihre schönen Haar abzuschneiden, und ich verbrannte sie in ihrer Gegenwart. Sie musste die Kleider anziehen die ich ihr gebracht. Einen Krug mit Wasser, und ein Stück schwarzes Brod legte ich dazu, ihr zur Nahrung. Und nur alle drey Tage erneuerte ich die Lebensmittel.

Desmoulins Wunde war nicht so gefährlich als es den Anschein hatte anfangs; er erholte sich wieder und schneller eh ich es hoffen konnte war mir die Rückkehr nach *Paris* wieder offen. Aber ich hatte keine Lust dahin zu gehen. Meiner Mutter hatte ich es geschrieben auf welche Art ich *Nancy* behandele, sie hatte Mitleid mit ihr, und bat mich für sie um Verzeihung. Sie empörte sich gegen die grausamen Züchtigungen die ich ihr auflegte. Sie sezte hinzu daß diese Strafe zu hart sey, daß sie es verhindert haben würde daß *Nancy* zu mir reise, wenn sie solche schreckliche Aeuserungen meines Zorns hätte vorher sehen können. Sie gab mir den Rath, unsre [67]Heyrath für null und nichtig zu erkennen, und entweder *Nancy* als dann ihrem Schicksal zu überlaßen, oder sie in ein Kloster zu schicken. Denn diese Art mich zu rächen sey mehr eines Barbaren, als eines rechtschaffnen Mannes würdig. So gut der Rath meiner Mutter war, so wenig war noch die Stunde gekommen in der ich von ihm Gebrauch machen wollte; drey Monat blieb *Nancy* in ihrem engen Gefängniß, und erhielt keine andre Nahrung. Ich wendete die Zeit an mein Haus wieder bauen zu lassen, und schöner als es war, weil ich darauf rechnete, mein Leben dort zu beschließen. Nur von Zeit zu Zeit machte ich mir das barbarische Vergnügen *Nancy's* Leiden durch meine Vorwände noch zu erhöhen. Hundert Mal fiel sie mir zu Füssen; sie bat nicht um Verzeihung, denn sie gestand sie verdiene sie nicht, aber sie bat mich durch einen schnellen Todt dies Leben aufzulösen, das schrecklicher als der Todt sey. Aber ich verließ sie ohne Antwort zu geben.

Aber die Zeit erschöpfte meine Wuth. Ich fühlte nur zu gut daß ich nicht glücklich war, wenn ich *Nancy* unglücklich sah. Tausend ungleichartige Gefühle bestürmten mein Herz. Meine eignen Gewißensbisse bestraften mich mehr wie ich sie bestrafte, und rächten sie an mir. Ich sah das schreckliche ihrer Lage ganz, und mein Mitleiden erwachte. Es erweckte auch von neuem meine Zärtlichkeit für sie. Fast war ich im Begriff ihr zu verzeihen, sie um [67v]Verzeihung zu bitten, wegen meiner Grausamkeit. Ich war bereit ihr meine Arme wieder zu öffnen, nur unter der Bedingung daß sie sich bessern wolle.

Ich ließ ihr ehmaliges Kammermädchen wieder kommen, ihren Bedienten. Ich ging zu ihr, gab ihr ihre Kleidung, ihren Schmuck, ihre Wäsche wieder, kurz alles was sie nur verschönern konnte. Ich führte sie nachdem sie angezogen war in mein Haus das fertig war, und gut angeordnet. Ich verbot ihr nur irgend jemand zu sagen, wo sie während der Zeit gewesen, und welche Behandlung sie erfahren habe. Sie sollte eine Reise vorgeben, von der sie zurückgekehrt sey. Sie wurde nicht mehr wie eine Gefangne behandelt, sondern alles was man in der Gegend seltnes aufbringen konnte, schmückte ihren Tisch. Ich sah sie lange nicht nach dieser großen Veränderung. Ich wusste selbst nicht was mich abhielt. Sie durfte die Messe hören, durfte Spaziergänge machen, aber sie misbrauchte ihre Freyheit nicht. Ihre Gesundheit erholte sich, und so kehrte ihre Schönheit auch zurück. Mit Wohlgefallen hörte ich dies an.

Ein ganzer Monat war verstrichen seit sie ihre Freyheit genoß, daß ich sie noch nicht gesehen hatte. Ich ließ sie fragen ob ich mit ihr essen dürfe und sie antwortete höflich daß es ganz von mir abhinge. Ich ging zu ihr. Ihre Niedergeschlagenheit [68]die sich nicht verlohren hatte, ihre Bestürzung, in meiner Nähe, ihre niedergeschlagenen Augen, die sie nicht zu mir zu wenden wagte, und mehr noch als alles meine eigne Schwachheit, meine Neigung zu ihr, zeigten sie mir liebenswürdiger als je.

In einer unbeschreiblichen Verwirrung verließ ich ihr Zimmer. Die Gefahr in der ich schwebte war mir klar, ich kannte mich selbst nicht mehr. Ich ging die Einsamkeit eines Waldes aufzusuchen, und untersuchte da mein Herz. Ich fühlte nur zu gut daß ich unvermerkt wieder anknüpfen würde, wenn ich länger eine solche gefährliche Nachbarin duldete. Ich sah zu wohl ein daß meine Liebe nicht vermindert war, daß sie selbst heftiger als je zu erwachen drohte; daß sie nur ihr Spiel mit mir getrieben unter der Masque der Rachsucht. Ich fürchtete eben so gut meine Schwachheit als meine Neigung. Ich fürchtete neue Schande, und mehr noch als alles einen neuen Ausbruch meiner Wuth. Zu sehr fühlte ich daß es nur eines Augenblicks bedürfte, eines Augenblicks der Wuth um ihr ein Leben aufzuopfern daß mir bis jetzt heilig war. Lebhaft fühlte ich das Glück, daß mir's ein guter Genius eingegeben habe, *Nancys* Kammermädchen in meinem Hause zu behalten, weil sie sie kannte, weil mich ihre Gegenwart abhielt einen Angriff auf das Leben ihrer Gebieterin zu wagen, meine Hände in ihr Blut zu tauchen, ich hätte mich vielleicht sonst den grausamen [68v]Eingebungen meiner Verzweiflung überlassen, die meine Verzweiflung oder vielmehr die betrogne Liebe in mir erwecken könnten.

Immer wurde es mir deutlicher daß ihre Entfernung mir nothwendig wurde, ich würde mich sonst in einen Abgrund der Vergehungen gestürzt haben. Oder ihr Herz durchbort. Mit diesen Gefühlen ging ich zurück, suchte *Nancys* Zimmer auf und den Brief meiner Mutter in der Hand. Sie fiel mir weinend zu Füssen. Sie war in einem schönen Morgenanzug, in einem Anzug von dem ich ihr hundertmahl gesagt hatte, er sey für mich anziehender als der grösste Puz. Ihren Plan mich wieder anzuziehen fühlte ich zu gut. Einen Augenblick dankte ich ihr dafür, und in dem andern sah ich dieses Zuvorkommen als einen neuen Verrath an.

Diese Demüthigungen sagte ich ihr, sind nicht passend, und hob sie auf, ich habe nicht mehr die Absicht Sie zu verfolgen, aber diesen Brief sollen Sie lesen. Sie werden darin lesen wer mir den Rath giebt den ich befolgen will wenn Sie darein willigen. Wo nicht so haben Sie alle Freyheit sich hinzuwenden wohin es Ihnen gut dünkt, entschließen Sie sich. Ich bin bereit

Ihnen alles was Ihnen gehört wieder zu geben: aber hoffen Sie niemals wieder mit mir in ein Verhältniß zu kommen. Ich bin durch Sie [69]zu unglücklich geworden, und habe Sie zu hart behandelt, um je wieder eine aufrichtige Versöhnung hoffen zu dürfen.

Sie musste meiner Mutter ihren Brief lesen, kaum war sie im Stande zu endigen, so sehr verfinsterten ihr ihre Thränen die Augen. Auf der Stelle wählte sie das Kloster, und meine Freude über diese Wahl konnte ich ihr kaum bergen, ich suchte ein Kloster aus, und fand bald eins in der Nähe. Mit den Bedingungen kamen wir nicht so schnell aufs reine! als mit dem ersten Schritt man erfuhr daß *Nancy* verheirathet sey, und daß es ihr freystehen solle wieder heraus zu gehen wenn sie wolle. Die Nonnen befürchteten daß die zu grosse Freyheit ihren Gesezen der Einschränkung schädlich seyn möchte. Aber die grosse Summe die ich für *Nancy* und ihr Kammermädchen anbot, bewegten sie endlich. *Nancy* hatte bald ihre Sachen in Ordnung gebracht, und war bereit mir zu folgen wohin ich sie bringen würde. Den lezten Abend vor unsrer Abreise bat sie mich mit ihr zu essen, aber ich fürchtete mich für mich selbst und schlug es ihr ab.

Aber den Morgen kam ich zu ihr, als ich hörte daß sie aufgestanden sey, ich wollte sie in keinem andren Zustand sehen; die Nachlässigkeit in der ich sie gefunden hätte, hätte in mir Zwist erregen können. Sie war *[69v]*unaussprechlich schön! Ich fühlte mein Herz gerührt, Thränen füllten meine Augen. Sie kannte mich zu gut um nicht gewahr zu werden in welche Verwirrung mich ihre Gegenwart brachte. Sie wollte sie vermehren, und befahl ihrem Kammermädchen uns zu verlassen, weil sie mich ohne Zeugen zu sprechen wünsche. Aber plözlich sah ich alle Folgen ein, die ein solches *tête-a-tête* haben könnte, ich durfte mich der Gefahr nicht aussezen, ich rufte das Mädchen zurück, verließ das Zimmer, und sie folgte mir mit Thränen, in ihren schönen Augen.

Ich übergab ihr Wechsel, gab ihr eine schriftliche Versichrung meines Pachters, daß die Einkünfte meines Guthes zu ihrem Gebrauch bereit lägen. Ich gab ihr ihr Geld zurück, und eine Berechnung von dem übrigen. Sie mußte alles dies annehmen, so sehr sie sich streubte. Dann ließ ich sie in eine leichte *Chaise* mit ihrem Mädchen sezen, und ich selbst begleitete sie zu Pferd. So kamen wir an das Kloster, was ich für sie bestimmt hatte.

Stillschweigend trat sie in die Thore; aber ihre Tritte wankten, und ich hörte ihr Schluchzen. Sie ließ mich noch um eine Unterredung bitten, ehe ich wieder abreisste. Da ein Gitter zwischen uns war schlug ich ihr es nicht ab: sie kam allein, aber [70]so schwach, daß sie kaum sich zu halten vermochte. Sie sezte sich, weil ich ihr sagte ich würde sie sonst nicht anhören.

So ist es denn für immer mein Herr, fing sie an, daß ich mich von Ihnen trennen soll, daß ich keine Hofnung nähren darf, Sie je wieder zu sehen! Es war ⟨I⟩hr Wille, antwortete ich, Sie allein waren Meister unsres Schicksals, Sie hatten darüber zu gebieten und machten uns beyde unglücklich: Aber ich bin es noch weit mehr als Sie selbst. Sie sind nicht gefangen in diesen Mauren, es hängt von Ihnen ab, ob Sie heraus gehen wollen, nur mich müssen Sie nicht mehr zu suchen verlangen, das übrige ist mir gleichgültig wo Sie sich hinwenden. Nur von Ihnen hing es ab unser Schicksal beneidenswürdig zu machen, aber Ihre Untreue hat drüber entschieden.

Ich kann die Vergangenheit nicht wieder zurückrufen, sagte sie mit einem schmerzlichen Ausdruck. Was Ihre Rache Ihnen eingab, musste ich billigen, mein Betragen kann ich nicht rechtfertigen, es scheint zu strafbar. Mir dünkt daß meine Verblendung nur ein Traum sey. Je mehr ich mich selbst frage, je mehr ich die Gesinnungen untersuche die ich immer für Sie im Herzen aufbewahre, je weniger kann ich mein Vergehen begreifen. Nicht mein Schicksal

[70v]klage ich an, nicht den Zauber der meine Sinne bethörte, eine übernatürliche Macht hat mich dazu gezwungen. Ohne zu Murren habe ich Ihre Züchtigungen ertragen; Ich habe selbst den Schuz des Klosters angenommen, aber ich gedachte nicht an das was das Schrecklichste für mich ist, von Ihnen auf Ewig mich getrennt zu sehen. Ob ich gleich hier ruhiger dem Geist, und dem Cörper nach seyn kann, als ich es in dem fürchterlichen Plaz war in dem Sie mich so lange schmachten ließen. Ob vielen schlimmen Behandlungen ich auch noch könnte ausgesezt werden, so kann ich nicht darein willigen hier zu bleiben, denn ich bin zu weit von Ihnen entfernt. Ihre Mishandlugen will ich erdulten nur entfernen Sie mich nicht. Lassen Sie mich im Kerker bey Wasser und Brodt schmachten, thun Sie mir alles was Ihre beleidigte Liebe Ihnen eingeben kann; wenn ich nur Sie bey mir weiß, meine Strafe kann mich nicht so in Verzweiflung stürzen als die Entfernung von Ihnen. Haben Sie nicht auch bey sich Riegel, und Gitter, und Thore, um sich meiner zu versichern, mehr als hier? Ich unterwerfe mich Ihnen willig bis an das Ende meiner Tage. Sie versprechen mirs, strafen Sie mich, nur entfernen Sie mich nicht. Ich würde die Hand ehren die mich züchtigt, nur muß ich sie sehen!

[71]Diese Zeiten sind nicht mehr, wo ich diesen Gründen Gehör geben kann, wenn ich der Liebe die ich für Sie hatte, die ich vielleicht noch für Sie habe glaubte, würde ich nachgeben, aber jetzt glaube ich nur meiner Ehre. Wie können Sie mir treu bleiben, wie Ihren Verfolger lieben? Da Sie mich betrogen mit all Ihrer traurigen, leidenschaftlichen Liebe. Hier oder wo anders können Sie ein ruhiges Leben führen. Aber ich der ich keine Ruhe mehr zu finden weis, als im Todt den ich bald suchen werde, der mich aber nicht so bald finden wird als ich es wünschen kann, denn ich werde ein Leben führen daß mich an meine Beschämung, meine Verzweiflung erinnern wird. Leben Sie wohl …

Genug rief Sie aus; ersparen Sie mir das übrige. Ich werde Ihnen von nichts mehr sprechen was Ihnen Kummer machen könnte. Nehmen Sie meinen Schmuck zu sich, den ich in meinem Zimmer unter dem Bette verborgen hatte, Ihre Papiere, Ihr Geld alles nehmen Sie zurück; ich bedarf nichts mehr. Ich gab Ihnen alles, und auch jezt gebe ich es Ihnen zurück, denn ich weis zu gewiß daß ich nichts mehr vermisse. Ich blieb in der Welt um Ihrentwillen, da ich Sie verlohren habe, weis ich nichts mehr darinne zu thun. Ich habe keine Freude ins Leben zurück zu blicken [71v]es wird bald vorüber seyn, aber die wenige Zeit die mir noch bleibt, wird Sie überzeugen daß ich ein Verbrechen wahrhaftig gebüsst habe, daß unwillkührlich war. Sehen Sie mich nicht wieder, ich beschwöre Sie, helfen sie mir selbst Sie zu vergessen; fragen Sie nicht mehr nach mir. Ich will mich überreden Sie wären gestorben; dies wird genug seyn, um mir ein Leben zu verleiden, was mir zur Last ist. Ich will versuchen in meinem Herzen die Sehnsucht nicht nach der Welt sondern nach Ihnen zu unterdrücken. Bald werde ich als Opfer eines wirklichen Verbrechens fallen, aber auch im Gefühl meiner Unschuld. Die Tugend hat mich niemahls verlassen. Grosser Gott rief sie schmerzlich aus, durch welchen Zauber ists möglich, daß so wiedersprechende Neigungen in mir herrschen? Ach es ist nur zu wahr daß die Kinder durch die Verbrechen Ihrer Eltern bestraft sind! Ich büße alle deren ich durch meine Geburt schon mich theilhaftig machte. Verzeihen Sie, sagte Sie sich zu mir wendend, meinem Andenken, nach meinem Tode, den Abscheu den ich Ihnen im Leben einflösste. Rächen Sie nicht noch sich an meiner Asche. Ich verdiente Ihre Liebe einst, jetzt zog ich mir Ihren Haß zu; aber mein leztes Unglück verdient [72]auch Ihr Mitleiden. Leben Sie wohl, denken Sie meiner nicht mehr, Sie werden glücklicher leben. Ich will für Sie beten, daß Ihnen Gott gnädig seyn mag, und mich allein als Opfer annehme. Dieses ist der einzige Wunsch den ich habe, mit dem ich Ihnen das lezte Lebewohl sage.

Ganz in Thränen gebadet verließ sie mich: ich weinte still ans Sprachgitter gelehnt. Gott rief ich aus als sie von mir ging: kann eine solche zärtliche Liebe, die ehmals so leidenschaftlich war, so schrecklich enden! Beynah hätte ich *Nancy* zurück gerufen; und lange blieb ich noch im Sprechzimmer. Aber endlich verließ ich den Ort, blieb einige Zeit noch in der Einsamkeit des Landlebens, von innren Vorwürfen gequält, und von meiner Liebe bestürmt. Man brachte mir meine Papiere und das Geld zurück das ich nicht von *Nancy* annehmen wollte. Man wählte die Zeit wo ich nicht zu Hause war, damit der Pachter das Packt annehmen musste. Aber kein Brief begleitete diese Sendung. Auch den Schmuck den *Nancy* verborgen hatte fand ich. So viel Grosmuth rührte mich, aber sie änderte mich nicht.

Um mich von den Kämpfen zu befreyen die mein inneres bestürmten, beschloß ich Frankreich zu verlaßen. Ich schrieb es meiner Mutter die meinen Vorsaz billigte. Meinem Pachter trug ich [72v]auf von Zeit zu Zeit nach dem Kloster zu gehen, und sich zu erkundigen ob *Nancy* etwas bedürfe. Um ihn selbst durch seinen eignen Vortheil anzutreiben sich fleissig zu erkundigen, so versprach ich ihm immer selbst eben so viel für sich, als *Nancy* verlangen würde. Aber diese Vorsicht war unnüz. Sie nahm niemahls etwas von ihm an, auch selbst sprechen wollte sie ihn nicht, ihn nicht sehen, noch weniger jemand anders der mit der Welt in Verbindung stand. Sie hatte allem entsagt, sobald sie mich aus den Augen verlohren hatte.

Ich wollte nach Italien reisen, über all misfiel mir die Welt wo ich auch war, ich nahm meinen Weg über *Lion*, bis dahin kam ich erschöpft an. Ein Fieber hatte sich meiner bemächtigt, denn ich schonte mich nicht, ich wollte den Weg weiter fortsezen und ließ mich nach *Grenoble* bringen, dort nahm das Fieber so überhand daß ich bleiben musste. Im Gasthof wo ich bekannt war, gab man mir alle Hülfe die möglich war zu geben. Mein Kopf wurde immer schwächer, und ich fiel in ein hiziges Fieber, wo ich oft den Verstand ganz verlohr. In einem ruhigen Augenblick fiel mir der Carmeliter Mönch wieder ein, ich ließ ihm rufen. Er kam, meine Raserey wurde immer heftiger. [73]Er verließ mich nicht, und benuzte den ersten freyen Moment, mir zu sagen daß ich wenig Zeit mehr zu leben hätte nach dem Ausspruch der Ärzte. Kaum hatte er den Mund geöffnet, um seine Rede anzufangen so errieth ich was er sagen wollte. Ich umarmte ihn herzlich und sagte ihm daß er mir noch nie eine solche freudige Nachricht gesagt habe. Ich überhob ihn der Mühe mich zu bereiten, aber ich bat ihn mir als Christ beyzustehen.

Immer war *Nancys* Nahmen auf meinen Lippen bey meinen Anfällen, und auch *Desmoulins* Nahmen wiederholte ich oft. Ich entdeckte dem guten Mönch mein ganzes Schicksal, daß er aus meinem Wahnsinn schon errathen hatte. Aber dieses Geständnis erhöhte noch meine Reizbarkeit, und die Zufälle wurden heftiger als je. Ich wähnte *Nancy* im Arm zu halten, *Desmoulins* entriß sie mir mit Gewalt, und da er sie nicht habhaft werden konnte, durchbohrte er ihr Herz. Solche traurige, schreckliche Bilder erfüllten mein Gehirn. Meine Wuth stieg auf den höchsten Grad, und man musste mich binden. Nach einer langen Ohnmacht kam ich wieder zu mir, und sah meine Hände gebunden. Ich fragte warum, und mein guter Mönch erzählte mir alles was vorgefallen war. Meine Beschämung war groß, und ich beschloß ihm nun das ganze Geständniß meiner Sünden in der [73v]Beichte abzulegen, ich bat um die Absolution, und mit einem rührenden ruhigen herzerhebenden Ton ermahnte er mich erst meiner Frau und *Desmoulins* zu vergeben, weil er mich sonst nicht ganz von Sünden freysprechen könnte, wenn ich es nicht thäte; hätte er mir auch die Absolution versagt. Er ließ mich einsehen daß es von mir abhängen würde in Zukunft ihr die Gelegenheit zur Sünde zu nehmen. Daß ich fast mir allein ihren Fall zuzuschreiben hätte, nicht allein durch meine zu lange Abwesenheit, sondern auch daß ich sie gezwungen hätte, gegen ihre Neigung Gesellschaft zu suchen. Er ließ mir die Nothwendigkeit einsehen, seinen Feinden zu vergeben. Auch die Pflichten der Ehelichen Treue denen eben so gut der Mann wie die Frau unterworfen seyn würde. Nur die Verderbheit der Männer, und ihre Uebermacht die sie weniger strafbar scheinen ließ, verdammte die Frauens zweifach. Er brachte es durch seine Beredsamkeit so weit, daß ich ihn mit gutem Herzen bat an *Nancy* zu schreiben ihr zu sagen daß ich das Vergangne ganz vergessen wolle. Er that es, und ich unterzeichnete meinen Nahmen. Aber die Aufschrift war nicht von meiner Hand, und deswegen wollte sie niemahls den Brief annehmen, noch ihn erbrechen; denn sie hielt sich zu einer [74]völligen Enfernung von allem was die Welt anging verdammt, durch kein Band wollte sie sich wieder an sie knüpfen.

Ich glaubte noch dem Todt nicht zu entgehen und alle glaubten es. Aber eine glückliche *Crise* gab mir wieder Hoffnung. Mein Carmeliter Mönch verließ mich nicht, und trug Sorge meinen Entschluß den ich gefasst hatte nicht zu ändern, und mich wieder mit meiner Frau zu vereinigen; Der offenherzige Entschluß den ich gefasst hatte, trug nichts wenig dazu bey. mein Gemüth zu beruhigen. Meine Gesundheit fand sich wieder, nur eine Schwäche blieb mir noch lange zurück. Mein erster Ausgang war in die Hauptkirche in *Grenoble*; Im Vorbeygehen blickte ich in einen Kaufmannsladen, und erkannte sogleich *Nancys* Bild aufgehängt, es war daßelbe was mir die Räuber auf meiner Rückreise aus Italien genommen hatten, als ich die Alpen durchreisste. Dieser Anblick erweckte alle meine Liebe die ich ehmals für sie hatte. Ich fiel in Ohnmacht. Der Mönch hielt diesen Anfall für eine Folge meiner Schwäche. Mein Bedienter der uns folgte, konnte selbst nicht der ersten Aufwallung seiner Freude wiederstehen, und rief aus, Gott es ist das Bild unserer Frau! Der Mönch errieth nun leicht was mich bewegte. Er sprach mit dem Kaufmann, der ihm erzählte daß er auf eine [74v]zufällige Art dazu gekommen sey. Ich riss es aus den Händen meines Bedienten, küsste es weinend und drückte es an mein Herz. Ich trug es fort, denn der Kaufmann wurde bald mit uns einig, und seit der Zeit hat es mich nicht verlassen.

Meine Entschließung wurde noch immer mehr befestigt durch den Anblick dieses Bildes. Ich wollte eilig zu *Nancy* zurückkehren; ich brannte für Ungedult das Pferd zu besteigen. Es war zwey Monathe nach meiner Ankunft in *Grenoble*, und der vierte nach der Entfernung meiner Frau. Der gute Mönch begleitete mich auf mein Bitten; wir machten so grosse Tagereisen als es meine Schwäche nur erlaubte. Endlich langten wir auf meinem Guthe an, und die erste Nachricht die ich erhielt, war *Nancys* Todt. Sie war vor zwey Tagen gestorben.

Diese unerwartete Nachricht schlug mich folgends zu Boden. Ich dachte nicht mehr an ihre Treulosigkeit, ich dachte nur an unsre Liebe. Da bedurfte nun der gute Mönch alle Trostgründe aufzusuchen. Ich klagte mich laut ihres Todes an, und wollte mich selbst dafür strafen. Man nahm mir den Degen weg, mit dem ich mich durchstoßen wollte. Länger als sechs Wochen hütete man mich als einen Wahnsinnigen; aber endlich verlohr ich [75]den Wunsch mir selbst das Leben zu rauben, ohne den Wunsch nach dem Tode zu unterdrücken. Der fromme Mönch allein hielt mich zurück, und milderte meine Verzweiflung.

Wir wallfahrteten zusammen nach dem Kloster wo *Nancy* gestorben war, und auf ihrem Grabe erneuerte sich mein Schmerz. Ich ließ ihr ein Monument errichten, und machte eine Stiftung zu ihrem Andenken. Wer urtheilt nicht von meinem Schmerz, der schon so groß war, da ich *Nancy* verlohren hatte, und sie noch nicht ganz unschuldig glaubte. Was ich nun erfuhr, entfernte auf ewig aus meinem Herzen jede Ruhe, und jedes Glück. –

Ich besuchte einen Freund den ich lange nicht gesehn hatte. Mein Anblick beunruhigte ihn. Es gelang seiner Freundschaft mir das Geheimniß meines Kummers zu entreißen. Warum sah ich ihn nicht früher! Meine Geschichte war ihm unbekannt. Aber nicht das Verhältniß von *Nancy* mit *Desmoulins*, dessen Vertrauter er gewesen war. Er hatte ihn gepflegt zu der Zeit da ich ihn verwundet hatte. *Desmoulins* glaubte sich dem Tode nahe, und sprach offenherzig über sein vergangnes Leben. Er entdeckte ihm daß er *Nancy* beym ersten Anblick aufs heftigste gleich geliebt habe. Er habe das möglichste versucht [75v]um Zutritt bey ihr zu erhalten, es sey ihm gelungen, denn ich habe ihn zu ihr geführt, und mehrere Mahle. Er habe eine gewisse Vertraulichkeit zwischen mir und *Nancy* wahrgenommen, und habe deswegen nicht gewagt ihr sein Herz zu entdecken, während ich noch in *Paris* war, aus Furcht übel aufgenommen zu werden bey einem Mädchen deren Herz er schon nicht mehr frey geglaubt habe. Alles was ihm die Umstände erlaubt haben war eine öftere Zusammenkunft mit seinen Schwestern und *Nancy* zu veranstalten. Da habe er die Zeit meiner Abwesenheit genuzt und ihr sein Herz entdeckt. Nicht Aufmerksamkeiten, nicht Thränen, nicht Versprechungen habe er gespart um ihr Herz zu rühren. Selbst hätte er sie durch Geschenke bestechen wollen, durch Heyraths Anträge; aber *Nancy* sey unbeweglich geblieben. Er habe ihr wollen das Leben aus Verzweiflung rauben, und sich selbst hernach tödten, wenn sie nicht darein willigte seine Leidenschaft zu befriedigen, weil er sie als zu standhaft kannte, dem Tod für sich allein nicht Troz zu bieten.

Alle Mittel habe er versucht, auch sogar ein Geheimniß habe er benuzt was unerlaubt sey, er habe durch ein Zaubermittel, sich ihres Herzens bemächtigen wollen. Um dem Mittel seine ganze Kraft zu geben, habe es Blut erfodert. Er habe es suchen so zu machen daß sich *Nancy* bey seiner Schwester [76]auf einen Stickrahmen legte, sie habe sich durch eine Bewegung am Arm verwundet, er sey zu ihr geeilt, habe mit einem dazu bereiten Schnupftuch daß er schon lange bey sich trug ihr Blut aufgetroknet, er habe eine Dienstfertigkeit geäussert, die ganz ohne Absicht herbey geführt schien. Er habe das Schnupftuch fort getragen, da ihm auch zu seinem Zweck etwas nöthig war, was *Nancy* immer an sich trug, so suchte er auf eine geschickte Art ihr Halsband los zu binden, welches sie nie losband, im Scherz. Er habe ein andres Band da das alte zerrissen war hineinbinden wollen, und bey dieser Gelegenheit es zu sich genommen, und auch einen andern Faden hindurchgezogen der mit *Nancys* Blut und dem Seinigen sey bestrichen gewesen. So habe er ihr am folgenden Morgen das Halsband wieder gegeben.

Die Wirkung sagte *Desmoulins* weiter, war unfehlbar, und zum verwundern, denn kaum hatte *Nancy* die Perlen um ihren schönen Hals, als ihr Gesicht einen andern Ausdruck bekam, ihre Augen funkelten, sie blickte mich mit einer Zärtlichkeit an die unbeschreiblich war, ich konnte ihre Liebe nicht mehr verkennen und der Sieg wurde mir leicht. Sie wurde so zärtlich, ihre Liebkosungen gingen beynah in Frechheit über, sie bot mir selbst den Schlüssel zu ihrem Garten, und versprach mir, mich zu erwarten, und alle ihre Leute zu entfernen, nur der einzigen *Morin* traute sie [76v]nicht. Ich versprach ihr auf ein Mittel zu denken daß, sie auf den nächsten Abend zeitiger einschläfern sollte, ohne ihr schädlich zu seyn. Mit Thränen in den Augen ließ sie mich aus ihren Armen.

Mit Verwundern sagte *Desmoulins*, sah ich die Fortschritte dieser Leidenschaft an, und obgleich eine so erzwungene Liebe keinen Reiz hätte für mich haben sollen so war die meinige immer heftiger. Ich bereitete eine Art Betäubungs-Pulver für die Frau *Morin*, das ich des Abends in eins ihrer Lieblingsgerichte mischen wollte. Ich that es, im Scherz hielt ich *Nancy* selbst davon zurück von diesem Essen zu kosten. Kaum hatte Frau *Morin* das Gericht gegessen, als sie uns verließ, denn der Schlaf bemächtigte sich ihrer Sinne, es war unmöglich sie wieder zu erwecken. Die Bedienten hatten auch von dem übrigen Gerichte etwas gegessen, und fielen auch bald in Schlaf, aber nur dauerte er nicht so lange als bey Frau *Morin*, denn sie erwachte nicht wieder, und ich trage auch diese peinliche Ueberzeugung in meinem Herzen, daß ich allein Schuld an ihrem Tode bin, und sie das Opfer meines Verbrechens ist.

Ich war der erste der am andern Morgen erwachte. Ich hielt *Nancy* noch im Arm, aber als sie erwachte sah ich nicht mehr das Mädchen vor mir, daß mich den Abend mit einer solchen Leidenschaft gelockt. [77]Sie war sich alles bewusst was unter uns vorgefallen war, aber sie verabscheute mich. Ihre schönen Züge verwandelten sich in die Züge einer Furie. Sie blickte mich mit Verzweiflung an, der Zauber war verschwunden. Sie schrie um Hülfe, aber ihre Bedienten schliefen noch tief, und Frau *Morin* konnte ihre Stimme nicht vernehmen.

Alle diese grausamen Gegenstände die ich erblickte liessen mich mein Unternehmen verabscheuen. Aber ich verschwieg *Nancy* die Mittel die ich angewendet hatte, um über sie zu siegen. Auch den Todt der Frau *Morin* durfte sie noch nicht wissen. Ich flehte um ihre Verzeihung, ich stellte ihr vor daß das geringste Lärmen, sie zu Grunde richtete, ich bat sie um ihre Hand. Aber sie verwarf mich, sie sagte mir daß sie mich als einen Unmenschen verabscheute. Sie verlange nichts von mir als Verschwiegenheit. Ich gelobte es ihr mit einem Eyd, sie drohte mir daß die geringste Aeußerung von mir über diesen Vorfall, mir das Leben kosten würde, wie ihr selbst.

Ich sah bald daß sie ihr Halsband verlohren hatte, ich fühlte nun nur zu gut daß der Zauber nicht mehr wirken konnte; und verließ das Haus, mit einem Herzen voll Reue über mein Verbrechen, daß mich nun zu nichts weiterm führen konnte, und das Leben einer Frau kostete, die ein andres Schicksal verdiente. Nur erst um Mittag erwachten die andern Bedienten, deren Jugend *[77v]*über meine Kunst glücklicherweise besser siegte, als bey Frau *Morin*.

Nancy ließ mich um ihr Halsband bitten, daß ihr fehlte, aber ich war eben so besorgt wo es hingekommen sey, als sie selbst. Doch ließ ich es ihr nicht wissen. Aber um sie zu beruhigen, sagte ich daß ich es habe. Sie selbst habe ich nicht wieder gesehn, nur einen Brief von mir hat sie angenommen, die übrigen aber alle in Gegenwart der Personen die sie überbrachten verbrannt.

Dies waren *Desmoulins* eigne Geständnisse fuhr mein Freund fort. Er liebte *Nancy* noch immer mit der grössten Heftigkeit, und wollte noch einmahl versuchen ob sie nicht durch wiederholten Heyrathsanträge, durch das Geständniß seiner unveränderlichen Liebe zu erweichen sey. Aber vergebens, der Brief kam unerbrochen zurück, und wir hörten sie sey fort, niemand wisse wohin. Sie habe alle Meubles und Silbergeräthe verkauft, ihre Leute verabschiedet und nur ihr Kammermädchen, und ein Bedienter sey ihr gefolgt. Wir erfuhren die Nachricht nach acht Tagen als *Nancy* schon weit von uns seyn musste, und unsern Nachforschungen die vergeblich waren entgangen. Aber nach vier Monaten als *Demoulins* längst von seinen Wunden geheilt war, erhielt er einen Brief von *Nancy*, aus dem Kloster.

> [78]Wäre ich nicht überzeugt, schrieb sie, daß Sie mich so sehr lieben als es nur möglich ist, ich würde sie nicht von der Ungedult befreyen, in der sie über mich seyn mögen. Die Verbindung die zwischen uns herrschte, war zu strafbar, um dauern zu können. Gott mußte sie strafen, weil ich Ihnen meine frühere Verbindung verschwieg, und der Treue ich gelobte, eh ich Sie kannte. Ich bin am Geist und Körper für ein solches Versprechen bestraft, schon in dieser Welt. Ich habe gelitten was man leiden kann, ohne zu sterben. Ich habe es tausendmahl bereut und bereue es noch jezt, daß

ich auf eine Art nur das billigen könnte, und zulassen was unter uns vorgefallen ist. Es war doch eine Einwilligung wo mein Herz keinen Theil daran hatte. Meine Beschämung, mein Schmerz darüber ist so unendlich, daß sie nur mit meinem Leben aufhören werden, das länger seyn wird als ich es wünsche und zu kurz alle meine Vergehungen abzubüssen. Auf ewig nehme ich Abschied von Ihnen, denken Sie meiner nicht mehr, ich will und darf es nie mehr thun. Geschieht es jetzt daß ich mich mit Ihnen beschäftige, so geschieht es mehr Ihrentwegen als für mich selbst. Gedenken Sie des Geheimniß daß sie mir zugeschworen haben, brechen Sie nie diesen Eyd oder vielmehr vergessen Sie mich bis auf meinen Nahmen. Dieses sey der erste und lezte Brief dem Sie von [78v]mir erhalten; Denken Sie meiner nicht mehr, nichts wird Sie an mich erinnern können. Ach ich glaubte immer in meiner Unschuld fort zu leben. Mein Leben war in einer Stille hingeflossen, die mich einschläferte. Die Tugend die ich immer ausübte, schien mir auch für die Zukunft zu bürgen. Aber ich habe mich betrogen! Jetzt kann mich nichts mehr täuschen, ich kenne meine Schwäche zu gut, um mich nicht zu demüthigen. Die Mauren, die Gitter eines Klosters entreissen mich künftig der Gelegenheit die mir so schrecklich war. Grosser Gott kann ich nur meine Tugend, der Unmöglichkeit dich zu beleidigen verdanken? Triumphieren Sie sich nicht über meine Schwäche gesiegt zu haben; es war Gottes Wille der meinen Stolz dehmüthigen wollte. Er bediente sich Ihrer um mich zu züchtigen; geben sie acht daß er sich jezt Ihrer nicht als eines unnüzen Werkzeugs bediene. Glauben Sie ja nicht daß mein Fall eine Folge Ihrer Verdienste, noch Ihrer Ueberredungskunst war. Sie betrügen sich selbst. Es ist eine Folge der Blindheit in die mich Gott wollte fallen lassen, seine Hülfe hatte mich verlaßen, und einen andern eben so gut als mit Ihnen, würde ich eben so leicht von meiner Höhe gefallen seyn. Was ich Ihnen da sage ist gewiß, und eben so gewiß ist es daß ich niemals etwas für Sie gefühlt habe in meinem Herzen, als eine [79]wahre Gleichgültigkeit. Gottlob mein Fall dauerte nur einen Tag, aber um mich wieder zu erheben muss ich mein ganzes Leben beweinen. Nie mahls werde ich wieder in der Welt erscheinen. Ich nehme auf ewig von ihr Abschied, nichts hält mich mehr. Denn ich selbst betrog was ich am liebsten hatte, was mich am meisten daran fesseln musste. Ihrer gedenke ich nur mit Reue und Schrecken. Sie erfahren nicht welches Kloster mich aufnimmt, weil ich nie wieder Ihren Nahmen hören will. Sie werden auch den meinigen nicht mehr hören. Ich könnte Sie als Ursach meines ganzen Unglücks anklagen. Sie haben ein Leben getrübt, das ohne Sie ganz glücklich gewesen; aber ich wünsche Sie nichts böses. Gott der das innre meines Herzens kennt, weis daß ich ihn für Sie nur um Seegen bitte. Aber ich bins unwerth daß er auf meine Gebete hört. Ich kann nur wünschen daß Ihnen meine Strafen nicht auch treffen mögen. Leben Sie glücklich in der Welt, wenn Sie darin leben können, aber gedenken Sie daß Gott gegen Sie erzürnt ist, weil er Sie zum Werkzeug meines Untergangs bestimmt hat. Dies ist der einzige Vorwurf den ich wünschte in Ihrem Herzen zu wissen, weil Sie dadurch zur Frömmigkeit getrieben werden, und sich aufrichtig bekehren werden. Haben Sie sich noch keine Vorwürfe gemacht, über ein Opfer daß Ihnen so leicht wurde zu erlangen, und von dem eben die Leichtigkeit mit der [79v]Sie es gewinnen konnten, Ihnen selbst musste fühlen lassen, daß eine Macht die stärker als Sie war, Ihnen zu Hülfe kam. Ein Mann von ungleich grössrem Verdienst als Sie, den ich liebte so sehr als man zu lieben vermag, hat wohl lebhaftere Angriffe auf mei-

> ner Tugend gemacht. Er hat Sie erschüttert, aber obgleich mein Herz auf seiner Seite war, hatte er doch nicht den Sieg davon getragen. Den Sieg den ich über mich selbst so oft gewonnen habe, hatte mich die Kämpfe nicht fürchten lassen, welches blinde Vertrauen riß mich hin! Wie strafbar bin ich dadurch geworden. Ich wähnte da ich mich meiner selbst beherrschte der ohnmächtigen Versuche einer rohen Liebe zu trozen! Ich rechnete auf meine Festigkeit, auf meine Tugend! Die mich noch nie betrogen hatten. Welche Beschämung, o Gott, nach einer solchen *Scene*. Ich wiederhole es noch einmal, eine andre Gewalt als die Ihrige kämpfte mit mir. Fürchten Sie nichts als das Werkzeug Gottes zu meiner Beschimpfung gewesen zu seyn. Ich kann mich dieser Sorge für Sie nicht verwahren, weil es nur Ihr Seelenheil betrifft. Leben Sie wohl. Sie stürzten mich in den Abgrund, denken Sie daran daß ich dafür büsse, und daß es ihr ewiger Vortheil verlangt daß Sie auch mich nachahmen, sich von der Welt zurückziehen wie ich mich, [80]der Sie mich in den tiefen Abgrund der Schmerzen, und der unaufhörlichen Klagen gestürzt haben.

Zu gut erkannte ich aus den Zügen Ihrer Hand, aus der Zusammenfügung der Worte, den Zustand ihrer Seele. Und alles erneute doppelt meinen Schmerz. Ich erfuhr daß *Desmoulins* ihrem Rath gefolgt habe, und ins Kloster ging, und als ein Capuziner sich den strengsten Regeln seines Ordens unterwarf. Wer fühlt nicht mit mir wie trüb und traurig mein Alter seyn mag, von allen verlassen, steh ich einsam und blicke in die Vergangenheit, die mir so traurige Erinnerungen gibt, die Gegenwart ist leer und freudlos, nur der Schwache Strahl der Hofnung einer bessren Zukunft, lächelt mir nun freundlich zum Grabe.

⟨Der Prozeß⟩

[67]Zwey Freunde, die lange Zeit von einander getrennt gewesen, fanden sich unvermuthet wieder zusammen. Montval, der seinen Freund Rigaud sonst als einen heitern Mann gekannt hatte, dem die Welt in einem lachenden Licht erschien, wunderte sich sehr, ihn so verändert zu finden; er war blaß, eingefallen und niedergeschlagen. Montval glaubte, er sey von einer schweren Krankheit befallen gewesen, und fragte ihn darüber, aber Rigaud fühlte an sein [68]Herz mit einem Blick der tiefsten Verzweiflung und sagte: Hier ist die Wunde, die nichts zu heilen im Stande ist! Montval beschwor ihn bei ihrer Freundschaft, ihm sein Herz zu entdecken, und Rigaud begann endlich nach vielen Bitten seine traurige Geschichte.

Sie kannten, fing er an, die schöne Anna d'Albini, sie war die älteste von vier Geschwistern, zwey Töchtern und einem Sohn, die ihr Vater, der frühe starb, der Aufsicht ihrer Mutter übergab.

Er war ein Italiener von Geburt, von wenigem Vermögen, und war dem Cardinal Mazarin nach Frankreich gefolgt, der ihm auch eine Stelle verschaffte, die er bis an sein Ende bekleidete. Er ließ seiner Wittwe eine Menge unbeendigter Familien-Geschäfte zurück, die sie nun allein zu besorgen hatte, unter diesen war ein Prozeß, [69]der mein ganzes Unglück gemacht hat. Mein Vater, der wie Sie wissen, ein Parlamentsglied war, hatte großen Einfluß auf die Entscheidung dieses Rechtsstreits. Sie hatte ihre Wohnung nahe bei der unsrigen und kam oft selbst, ihre Bittschriften einzureichen. Sie war meinem Vater durch mächtige Freunde empfohlen; aber in meinen Augen war ihre liebenswürdige Tochter, die sie bei diesen Besuchen immer zu begleiten pflegte, die beste Empfehlung. Mademoiselle d'Albini war sehr schön, groß, wohlgebaut, ihr Haar von der schönsten hellen Farbe, die ich je gesehen habe, ihr Gesicht hatte ein schönes Oval. Der Ton ihrer Stimme war sanft, wohlklingend und einschmeichelnd. Ihr ganzes Betragen war liebenswürdig, jede ihrer Bewegungen schien Zärtlichkeit und Liebe einzuflößen.

Ich sah sie zum erstenmal im Audienz[70]Zimmer meines Vaters, wo sie mit ihrer Mutter auf den Augenblick wartete, da derselbe aus dem Kabinet treten würde. Ihre Schönheit blendete mich, ich überließ mich den heftigen Bewegungen meines Herzens, indem ich glaubte, nur der Höflichkeit zu folgen, ich erbot mich die Damen zu meinem Vater zu bringen, und führte sie ins Kabinet. Hier mein Vater, sagte ich zu ihm, stelle ich Ihnen die Mutter und Tochter vor, sie warteten lange, und ich glaubte sie auszeichnen zu müssen, sie haben ein zu bedeutendes Ansehn, um sie nicht den andern Clienten vorzuziehen; wenn meine Empfehlung von Nutzen seyn könnte, so würde ich Sie bitten, ihnen zu dienen. Ich ging aus dem Zimmer, und die Unterredung der Mutter dauerte beynahe eine Stunde. Ich fand mich wieder bei ihnen, als geschäh es zufällig, wie sie das Zimmer verlassen woll[71]ten. Ich fragte sie, ob sie Ursache hätten, zufrieden zu seyn. Ja, mein Herr, sagte die Mutter, wie haben Ihnen große Verbindlichkeit. Ich konnte Ihren Herrn Vater von allen Chikanen unterrichten, die man gegen mich im Schilde führt, und ich hoffe er wird mir bald Gerechtigkeit widerfahren lassen. Ich wollte, es hinge von mir ab, Madame, sagte ich, so würden Sie noch heute Ihre Wünsche erfüllt sehen. Sie dankte mir verbindlich, und entfernte sich mit ihrer Tochter; ich bemerkte, daß mich diese immer mit Erröthen ansah, und ihr Gesicht wegwendete, wenn ich sie dabei überraschte.

Ich trug einem Bedienten auf, Achtung zu geben, wenn die schöne Anne mit ihrer Mutter und ihren Schwestern des Abends unten an ihrer Thüre seyn würde; ich ging zu ihnen, wir wiederholten diese Zusammen[72]kunft, zuweilen führte ich sie auch auf die Boulevards, aber es gelang mir nicht, mit der schönen Tochter ein besonderes Gespräch anzuknüpfen. Man empfing mich artig, nicht allein der kleinen Dienste wegen, die ich ihnen leistete, auch um der größern willen, die man von mir erwartete.

Da die Jahreszeit nicht mehr erlaubte, uns Abends auf den Spaziergängen zu sehen, so besuchte ich sie in ihrer Wohnung; wir spielten kleine Spiele zusammen, es waren gewöhnlich unsrer acht. Annens beide Schwestern, zwey Mädchen aus der Nachbarschaft, und ihre Liebhaber. Wir spielten niedrig und machten aus, den Gewinnst in eine gemeinschaftliche Kasse zu legen, um nach einiger Zeit, wenn wir Mittel dazu hätten, eine Lustbarkeit zu veranstalten, die einem jeden wieder zu gute käme. Zu diesem Ende erwählten wir durch die Mehr[73]heit der Stimmen eine Schatzmeisterin welche die Verluste einnehmen, und im Schatz aufbewahren mußte, bis die gehörige Summe beysammen seyn würde. Wir verabredeten mit einander, alle Abende zusammen zu kommen: sollte einer von uns fehlen, so wurde ein Strafgeld bestimmt, wovon die Frauenzimmer aber befreit waren. Wir gaben nicht viel Gelegenheit dazu, den Schatz zu vermehren; jeder von uns hatte seine Absichten, die Gesellschaft so wenig wie möglich zu versäumen. Die Frauenzimmer mußten uns zur Strafe küssen, wenn sie eine Zusammenkunft versäumten. So kamen wir ununterbrochen zusammen, aber ich suchte vergebens eine Gelegenheit Annen allein zu sprechen, und kam nicht vorwärts. Zurückhaltender konnte man nicht seyn, als sie es seit vier Monaten gewesen. Es entging ihr nicht, daß sie mir nicht gleichgültig war. Sie [74]sah recht wohl ein, aus welchem Grunde mich das Spiel anzog; aber sie vermied so sorgfältig mit mir allein zu sprechen, daß ich keine Gelegenheit finden konnte, ihr etwas zu sagen.

Unser Schatz wurde am Martinstag geöffnet, und so kleines Spiel wir auch gespielt hatten, so war er doch reich genug, um uns zu unserer Zufriedenheit belustigen zu können. Wie brachten einen Abend so angenehm zu, wie ich ihn noch niemals erlebt hatte. Unser Schatz war noch nicht erschöpft, wir beschlossen daher, weil jedes so vergnügt war, unsere Spielpartieen fortzusetzen, um noch mehr solche kleine Feste anstellen zu können. Am Fastnachtstage sollten die Zusammenkünfte für den Winter mit einem Ball feierlich beschlossen werden; die Gesellschaft verband sich dadurch noch fester, und die Kasse wurde bereichert.

[75]Aber ohngeachtet meiner Beharrlichkeit kam ich nicht weiter. Immer war meine Geliebte mit ihrer Mutter, oder ihren Schwestern; des Abends gab die Gesellschaft tausend Mittel an die Hand, mich zu vermeiden, ohne eine Absicht zu verrathen. Aber ich wollte mich erklären, und mein Schicksal erfahren, ich liebte zu sehr, um die Ungewißheit lange ertragen zu können. Da ich sie nicht sprechen konnte, so schrieb ich ihr dieses Billet:

> Sie besitzen zu viel Klugheit um nicht zu wissen, was ich für Sie empfinde. Ich konnte mich keiner andern Sprache als der meiner Augen bedienen, doch glaube ich, es ist ihnen gelungen, sich verständlich zu machen. Die Gegenwart so vieler Menschen, die Sie umgeben, und ihr eigenes Bestreben mir auszuweichen, legten mir Stillschweigen auf. Haben Ih[76]nen meine Augen noch nicht genug meine Liebe verrathen: so ist es ihre Schuld, denn diese Sprache ist ihnen noch fremd; aber wenn Sie Sich meine Blicke erklärten: so klage ich Sie der Gleichgültigkeit, oder vielmehr noch der Härte gegen mich an. Reißen Sie mich aus der peinlichen Ungewißheit, das ganze Glück meines Lebens hängt von Ihrer Antwort ab.

Ich drückte ihr das Billet in die Hand, eine Bewegung ließ mich fürchten, sie möchte es nicht annehmen. Aber sie nahm es mit Erröthen, ohne mich anzusehen. Sie spielte diesen Abend nicht mit ihrer gewöhnlichen Lustigkeit. Am folgenden Tag versäumte ich nicht sie zu besuchen, und setzte mich ihr zur Seite. Sie ließ etwas fallen, und indem sie sich bückte, suchte sie ein Billet in meine Hände zu spielen. Meine Ungeduld, seinen Inhalt zu wissen, war zu groß. Ich [77]verließ augenblicklich das Spiel, in einem Nebenzimmer las ich ihre Antwort, es waren nur wenige Zeilen, sie versprach mir eine Zusammenkunft in der heiligen Kapelle, während ihre Mutter, ihrer Geschäfte wegen im Palais seyn würde. Ich nahm mit leichtem Herzen mein Spiel wieder, und freute mich, daß meine Liebesgeschichte mit einer Intrigue begann.

Ich stellte mich den folgenden Tag um die bestimmte Zeit zur Messe ein; sie kam einen Augenblick nach mir an. Als die Zuhörer die Kapelle verlassen hatten, blieben wir fast allein in der Kirche zurück. Die Augenblicke waren zu kostbar, um sie zu verlieren, ich trat näher zu ihr.

Soll ich heute erfahren, was Sie über mich bestimmt haben?

Ich weiß nicht, war ihre Antwort, was aus Ihnen werden soll; aber was mich be[78]trifft: so sagt mein Herz mir nichts Gutes von dem, was aus Ihrer Bewerbung entstehen kann. Glaubte ich meinen Ahndungen, so würde ich Ihnen alle Hoffnung rauben; ich würde Sie sogar bitten, nicht mehr in unser Haus zu kommen, und vielleicht Sie im Leben nicht wieder sehen.

Die Ahndung Ihres Herzens ist traurig für mich, sagte ich, aber fühlen Sie keine Stimme dagegen, die sie bekämpfte?

Es ist so, sagte sie, und es muß etwas seyn, das stärker ist, als meine Ahndungen, denn in Ihrer Nähe fühle ich meinen Entschluß nicht mehr so fest, als ich ihn vorgestern Abend in meiner Seele fühlte: dieser Entschluß führte mich her. Ich wollte die Verbindung mit Ihnen nicht aufgeben, da keine unter uns bist jetzt statt fand, aber ich wollte Sie bitten, keine unter uns anknüpfen zu wollen, ich wollte Ihnen sagen, daß [79]Sie mir zu gleichgültig sind, um Sie mit andern Augen anzusehen, als die Pflicht es mir gebietet – Aber – – Sie hielt mit Thränen im Auge ihre Stimme zurück.

Fahren Sie fort, rief ich aus, erklären Sie mir dies Aber!

Was soll ich Ihnen sagen, sprach sie erröthend, ich fühle mich seit diesem Morgen ganz verändert –

Die Heiligkeit des Ortes verhinderte mich nicht ihre Hand zu fassen, und sie zu küssen, ich dankte ihr mit einem Entzücken, wie ich es niemals gefühlt hatte.

Der Ort war zu einer Unterhaltung nicht bequem, die Hereintretenden hätten ein Ärgerniß daran genommen. Ich führte Annen zu einem Buchhändler in der Nähe, wir setzten uns in den Laden, es war der Weg, den ihre Mutter auch nehmen mußte. Der Buchändler war mein Freund, und wir [80]konnten uns ungestört bey ihm unterreden. Ich dankte ihr für ihre Offenherzigkeit. Sie sagte mir, daß ich darum nicht schlimmer von ihr denken möchte, sie habe mich geliebt, ehe ich noch mit ihr gesprochen hätte. Ich wäre die Ursache, daß sie ihrer Mutter ohne Widerwillen zu meinem Vater gefolgt sey, weil sie die Hoffnung im Herzen getragen, daß sie mir vielleicht begegnen könne. Ich lege Ihnen gern dieses Geständniß ab, sagte sie, Sie sollen nicht glauben, daß meine Zärtlichkeit für Sie die Folge meiner Dankbarkeit ist, noch Ehrgeiz zum Grunde hat; Sie sollen sich überzeugen, daß mein Herz allein gewählt hat.

Alles was ich konnte, sagte ich ihr, um ihr zu zeigen, wie glücklich sie mich durch diese Erklärung mache. Ich glaube gern, sagte sie, daß es so ist, und ich wünsche es auch, aber Sie sind doch schuld, daß ich jetzt [81]einen Schritt thue, den ich fürchten muß lange zu bereuen. Sie lieben mich, Sie sagen es mir und ich glaube es gern, auch ich lasse Sie in mein Herz sehen, aber wohin führet uns dies alles? Sehen Sie nicht, daß wir nicht für einander geschaffen sind? Meine Familie ist nicht unedel, aber doch kömmt sie nicht der Ihrigen gleich. Das Vermögen setzt Sie weit über mich, und ich ehre die Tugend zu sehr, um Ihnen etwas zu gewähren, was mich in Ihren Augen herabsetzen kann. Dies sind Gründe genug, die mich fast bestimmen sollten, Sie nicht mehr zu sehen. Welchen glücklichen Ausgang kann ich unter diesen Umständen voraussehen? Sie verlieren die Zeit bey mir, Sie werden sich Feinde machen unter denen, von welchen Sie abhängen. Auch wird man Ihre Besuche zu meinem Nachtheil auslegen, weil alle Welt überzeugt ist, daß [82]ich keine Ansprüche auf Ihre Hand machen kann. Wenn auch meine Unschuld gerettet wird, wie ich hoffe, so werde ich doch mit meinem guten Ruf das Vergnügen erkaufen, Sie zu sehen.

Alle diese Gründe habe ich mir schon selbst gesagt, entgegnete ich ihr, aber mein Entschluß bleibt fest. Wahr ist es daß wir keine Hoffnung haben, so lange mein Vater lebt, an eine Heirath zu denken; aber ist es nicht erlaubt, uns zu lieben? Dürfen wir uns nicht ohne sein Wissen verbinden? Ich bin in dem Alter, einen solchen Schritt thun zu dürfen, ich finde Priester, die es wagen, uns zu trauen, wenn Sie darein willigen, schönste Anne, und die Provinzen oder das Ausland bieten uns eine Freystatt an, so lange der Zorn meines Vaters dauert.

Sie antwortete auf alles was ich sagte, nichts, als: dieses alle wäre nur Schwär[83]merey. Sie könne nicht in eine Heirath willigen, die mich dem Zorn meines Vaters aussetzte, und uns ein fremdes Land müßte suchen lassen! Auch wenn ein Priester, sagte sie, sich fände, der kühn genug wäre, uns heimlich zu trauen, so würde doch Ihr Vater, der die Macht in Händen hat, eine solche Verbindung für heimlich erklären lassen. Sie würden freygesprochen, und ich dahin gebracht, meine Tage in einem Kloster zu beschließen, verhöhnt und entehrt, und was noch trauriger wäre, Ihrem Herze gleichgültig, denn der Besitz meines Herzens würde Sie nicht lange erfreuen. Nur dieses ist es, was ich fürchte, das übrige kümmert mich wenig, ich will nur Ihr Herz und sein Verlust würde mich in Verzweiflung stürzen. Würden Sie mich noch lieben, so würde es nur eine Neigung des Anstandes seyn, die nicht gegen die üble Be[84]handlung Ihres Vaters Stich halten könnte, und die Schönheit einer Gemahlin, die er Ihnen antrüge, würde mir Ihre Liebe zuletzt ganz entwenden.

Ich suchte sie über diese Furcht zu beruhigen, und sagte ihr alles was ein Mann sagen konnte, der so heftig gerührt ist. Ich erschütterte ihren Vorsatz, aber ich überredete sie nicht.

Die Mutter ging an uns vorbey, und fand uns zusammen, ohne die Ursach unserer Zusammenkunft zu vermuthen, im Gegentheil sagte sie mir: Ich finde sie zum guten Glück, mein Herr, denn ich bedarf Ihrer Unterstützung. Sie erzählte mir, daß man Gelder, die ihr rechtmäßig gehörten, unterschlagen wolle, nannte mir denjenigen, der es thun wollte, es war einer meiner genauen Bekannten. Ich führte sie zu ihm, er hörte den wahren Verlauf des Vorfalls, [85]ihre rechtmäßigen Ansprüche: meine Bitten stimmten ihn noch günstiger, sie erhielt ihr Geld zurück, und ich begleitete sie nach ihrer Wohnung.

Denselbigen Abend fand ich mich zum Spiel ein wie gewöhnlich. Anne schien mir nachdenkend, und traurig, man fragte sie, ob sie krank sey. Nein, sagte sie, und setzte hinzu: Ich und Herr Rigaud lasen im Buchladen, wo meine Mutter uns diesen Morgen fand, eine Geschichte zweyer Liebhaber, denen ihre Liebe das Leben kostete. Ich gestehe, daß mir diese Geschichte einen traurigen Eindruck zurück gelassen hat.

Mir gefiel diese erdichtete Erzählung nicht ganz. Am folgenden Morgen schrieb ich ihr, sie antwortete nicht, und ich konnte sie zu keiner Zusammenkunft bewegen, auch keinen Brief mehr von ihr erhalten. Ich betrübte mich darüber, aber es tröstete mich [86]zu bemerken daß sie sich Zwang anthat, um gegen mich ein so grausames Betragen zu beobachten.

Das Weihnachtsfest kam, und die Zeit der Neujahrsbescheerungen. Ich machte der ganzen Gesellschaft Geschenke, um den Vorwand zu haben, auch Annen welche zu machen. Ich gab ihr ausser einem Paar Handschuhe, die ich ihr öffentlich überreichte, noch eine Repetiruhr, von einem Brief begleitet, der nichts von Liebe sprach. Ich wußte wohl, daß man ihn sehn würde, und nahm eine scherzhafte Wendung. Ich schrieb ihr, weil alle Abende Streitigkeiten über die Zeit entständen beim Aufbruch der Gesellschaft, so wäre es sehr gut, daß man sich ins künftige allein auf ihren Ausspruch verlassen könne, da niemand Anstand nehmen würde, ihr zu glauben, weil sie auch schon den Schatz der Gesellschaft in Verwahrung hätte. Man las [87]meinen Brief öffentlich vor, und man beredete sie die Uhr zu behalten, die sie sich weigerte, anzunehmen. Dies war was ich wünschen könnte. Einen andern Brief gab ich ihr ingeheim, worin ich ihr meine Absichten entdeckte. Ich sagte ihr, mir sey es ziemlich gleichgültig, wenn das Spiel zu Ende ginge, nur wünschte ich, da ich jeden Moment des Tages ihrer gedächte, daß sie auch an mich denken sollte, so oft sie nach der Zeit sähe. Ich bat sie mir zu sagen, wann die Stunde kommen würde, wo ihr Herz mehr Zärtlichkeit fühlte, ich bat sie um eine Zusammenkunft und erhielt keine Hoffnung dazu. Der Dreikönigstag kam, wir veranstalteten kleine Lustpartieen, das Karneval verging, und ohngeachtet der freyern Existenz, die man unter manchem Vorwand genießen konnte, kam ich doch keinen Schritt weiter. So sehr mich der geringe Erfolg [88]meiner Bemühungen schmerzte, so war ich doch gewiß, daß ich geliebt wurde: die Blicke, die Anne zuweilen auf mich richtete, bestätigten mir es. Dennoch war ich nicht glücklich; der Zufall endlich führte Umstände herbey, die mir günstiger waren, als alles was ich hätte selbst thun können.

Mein Vater hatte entdeckt, daß ich das Haus der Frau von Albini besuchte; den ganzen Winter hatte er Stillschweigen darüber beobachtet; auch die Karnevalszeit schwieg er noch; da er aber sahe, daß ich mich in der ruhigern Zeit nicht zurückzog, so fürchtete er, die Mutter möchte mich zu Schritten verleiten, die seinen Absichten zuwider wären. Ob er sich gleich nicht vor den Folgen fürchtete, so wollte er sich doch nicht in die Nothwendigkeit gesetzt sehen, eine Verbindung gewaltsam zu trennen, der er zuvorkommen konnte. [89]Er fing an, mich im Scherz damit aufzuziehen, als er aber sahe, daß ich meine Besuche demohngeachtet nicht einstellte, so verbot er mir dies Fräulein von Albini zu besuchen. Ich gehorchte nicht, und erwähnte dieses Verbots weder bey der Mutter, noch bey der Tochter. Bald setzte er sich in den Kopf, daß diese Frau mich zum Ungehorsam gegen seine Befehle verleite, er wurde sehr über sie aufgebracht, und wenig fehlte, daß er ihr bey ihrem Prozeß nicht einen übeln Dienst geleistet hätte; doch that er es nicht, und begnügte sich ihr die Furcht dafür einzuflößen. So leicht er in Zorn zu bringen war, so hatte ihn doch seine Hitze niemals zu einer Ungerechtigkeit verleitet.

Der Prokurator der Frau von Albini überraschte sie sehr, als er ihr sagte daß mein Vater ungehalten über sie sey. Sie wollte die Ursache seines Zornes wissen. [90]Noch denselben Abend sagte sie mir, was ihr der Prokurator gesagt hatte. So gut mir die Ursache bekannt war, so hütete ich mich doch sehr, sie ihr zu verrathen. Nach einigen Tagen kam die Mutter und bat mich, ihr Gehör bey meinem Vater zu verschaffen. Es war ihr noch unbekannt, welche Ursachen man haben konnte, einen Groll auf sie zu werfen, denn ihre Tochter und ich hatten uns mit einer solchen Zurückhaltung gegen einander betragen, daß man ohnmöglich Verdacht auf uns werfen konnte. Aber dennoch wollte ich gern eine Erklärung zwischen ihr und meinem Vater vermeiden, und sagte ihr, daß mein Vater nicht im Stande wäre, sie zu sprechen, daß er ein Geschäft hätte, das ihm alle seine Zeit raubte. Ich bat sie nach ihrer Wohnung zu gehen, und versprach ihr mich selbst zu erkundigen, zu welcher Stunde des Tags mein Vater würde zu sprechen [91]seyn. Sie glaubte mir und wollte das Haus verlassen; aber indem ich ihr die Hand bot, um sie nach der Treppe zu bringen, begegneten wir Herrn Rigaud, er war durch eine heimliche Thür aus seinem Kabinet herausgekommen.

Mein Erstaunen, als ich ihn sah, vermehrte seinen Verdacht. Sie wollten nicht zu mir, meine Dame? sagte er zu meiner Begleiterin. Verzeihen Sie, mein Herr, sagte sie, ich kam in der Absicht zu fragen, wie – Auch ich, unterbrach er sie hastig, hatte längst den Wunsch mit Ihnen zu sprechen. Bemühen Sie sich in mein Kabinet, ich werde Ihnen dort sagen, wovon ich wünsche, daß es Ihnen nicht länger unbekannt seyn möchte. Sie folgte ihm, und ich stand mehr todt als lebendig an der Treppe.

Sachte nahte ich mich der Kabinetsthür, wo ich alles hörte, was gesprochen wurde. [92]Anfangs sprach er sehr höflich, und dann nahm er den Ton eines Mannes an, der Gehorsam fodert. Ich zweifle gar nicht, sagte er, daß Sie, meine Dame, wie Ihre Töchter, sich in Ihrem Hause auch so gut aufführen, als sie es öffentlich thun. Ich glaube nicht, daß Sie und die Ihrigen bloß den äußern Schein der Tugend annehmen, die ich immer an Ihnen bemerkte, wenn Sie sich öffentlich zeigen. Ich bin überzeugt, daß im Innern Ihres Hauses eine solche Ordnung herrscht, als in Ihrem Äussern; dessen ohngeachtet besucht Sie mein Sohn täglich trotz meines Verbotes. Ich will nicht glauben, daß Sie ihm das väterliche Ansehn verachten lehren, aber das Publikum nimmt Ärgerniß an seinen fleißigen Besuchen, und könnte Sie einer Nachgiebigkeit beschuldigen, die Ihnen nicht ehrenvoll seyn würde. Kommen Sie den Nachreden der [93]bösen Menschen zuvor, verbannen Sie Rigaud aus Ihrem Hause, denn ich halte Sie für zu klug, als daß Sie glauben könnten, daß seinen Bewerbungen rechtmäßige Absichten zum

Grunde liegen. Wäre eine Ihrer Töchter unerfahren genug, seinen Betheurungen Glauben beyzumessen, so würde sie Ursache haben, ihre Leichtgläubigkeit zu bereuen.

Nichts konnte dem Erstaunen der Mutter gleich kommen. Hätte sie ihren ersten Bewegungen gefolgt, so würde sie meinem Vater hart geantwortet haben, aber sie bedurfte seiner, und stimmte einen niedrigen Ton an. Sie überraschen mich sehr, mein Herr, sagte sie. Es ist mir ganz unbekannt, ob Ihr Sohn eine Verbindung in meiner Familie hat, und ich schwöre Ihnen, daß ich noch nichts bemerkt habe. Und wenn es so wäre, so wissen diejenigen, die ein Ärger[94]niß daran nehmen könnten, mehr von meinem häuslichen Zirkel, als ich selbst. Ihren Sohn duldete ich, weil es Ihr Sohn ist, und weil er mir die Mittel erleichtert, mit Ihnen über meine Angelegenheiten zu sprechen. Wir hatten eine kleine Spielgesellschaft bey uns, er nahm Theil daran, ein anderer Grund seiner Besuche ist mir nicht bekannt. Ich weiß zu gut, daß in einem Lande, wo nur der Vortheil die Verbindungen stiftet, meine Tochter keine Partie für Ihren Sohn seyn kann; aber dieses bitte ich Sie zu glauben, daß ich sie zu gut erzogen habe, um für ihre Ehre etwas befürchten zu dürfen. Erzeigen Sie mir noch die Ehre, mein Herr, mir zu sagen, auf welche unter meinen drey Töchtern das Publikum seine Augen gerichtet hat? Man nennt keine besonders, sagte er; man tadelt nur die Beharrlichkeit seiner Besuche. So ist der [95]Verdacht aus der Luft gegriffen, sagte sie, aber ich verspreche Ihnen doch, daß es ein Ende haben soll. Von diesem Tag an werde ich mir die Besuche Ihres Sohnes verbitten, und ich werde es auf eine solche Art thun – –

Es ist nicht nöthig, sagte mein Vater, ein großes Aufsehn zu machen. Das würde die Aufmerksamkeit noch mehr erwecken, man würde sagen, Sie hätten nur aus Ärger so gehandelt; eine sanftere Art ist der Höflichkeit mehr angemessen. Sie versprach ihm zu folgen; beym Abschied erwähnte sie noch des Prozesses, er verhieß ihr allen Beistand. Ich verließ den Platz, wo ich das Gespräch mit angehört hatte, in einer großen Ungewißheit. Ich wußte das Compliment, das meiner wartete, wenn ich die Gesellschaft aufsuchte; ging ich nicht hin, so war es, als wüßte ich schon was kommen wür[96]de. Ich schrieb Annen einen Brief den folgenden Tag und ging hin.

> Ihre Weissagungen fangen an, in Erfüllung zu gehen, hatte ich geschrieben, die Treue, die ich Ihnen geschworen habe, ist mir nun nöthig. Ich weiß den Empfang, den mir Ihre Mutter bereitet, ich werde ihm nicht entgehen, auch wenn ich erst heute komme, es ist mir unmöglich zu leben, ohne Sie zu sehen. Gestern habe ich zu viel gelitten, und darum will ich mich heute erst allen Schrecken meines Schicksals aussetzen. Das Urtheil, das ich hören werde, wird mir den Tod geben; aber ich werde Sie doch sehen, ehe ich sterbe. Warum sprach ich Sie nicht gestern? Ich würde Sie gebeten haben, Ihre Empfindungen zu verbergen. Scheinen Sie grausam gegen mich, lassen Sie Ihre Blicke schweigen; zeigen Sie mir nur [97]Gleichgültigkeit, ich werde den Grund davon errathen, und die Welt wird sich betrügen. – Aber nein! der Schmerz würde mich tödten, wenn ich keine Liebe, keine Zärtlichkeit in Ihren Augen sähe! Jetzt ist keine Zeit mehr zur Zurückhaltung; wir müssen uns heimlich sehen. Bestimmen Sie mir den Ort unserer Zusammenkünfte! Mir kömmt es nicht zu, ihn zu bestimmen, ich werde Morgen die Messe bey den Minoriten hören. Sie fängt für mich um acht Uhr an, und wird erst um zwölf Uhr aufhören.

Ohne daß es jemand bemerkte, gab ich Annen meinen Brief, und nahm meinen gewöhnlichen Platz neben ihr ein. Die ganze Gesellschaft war versammelt, und jeder war von der

Anrede im Voraus unterrichtet, die meiner wartete. Lange beobachtete man ein [98]Stillschweigen, und die Mutter nahm zuerst das Wort.

Sie wollten mich betrügen, Herr Rigaud, Sie wollten es wagen, mich der guten Meinung Ihres Vaters verlustig zu machen, deren ich so sehr bedarf. Welchen Grund Sie dazu haben konnten, so zu handeln, weiß ich nicht, aber das weiß ich, daß ich bald mein Spiel verloren hätte. Ihre häufigen Besuche erwecken Verdacht. Ich erfuhr aus dem, was mir Ihr Vater sagte, welche Folgen er befürchtet, und Sie, mein Herr, werden es mir nicht verargen, wenn ich alles zu vermeiden suche, was mir einen Feind zuziehen kann. Welche Ehre mir Ihre Besuche auch machen, und wie Ihr Vater selbst glaubt, mehr als ich ihrer werth bin, so bitte ich Sie, mich ins künftige damit zu verschonen. Erlaubten es meine Verhältnisse, setzte sie mit verbissenem Zorn hinzu, und [99]wäre mein Prozeß geendigt: so würde ich vielleicht weniger Willfährigkeit zeigen, den Willen Ihres Vaters zu erfüllen. Es ist nicht hinreichend, daß Ihr Betragen unschuldig ist, es muß auch den Anschein so haben. Man legt Ihre Besuche auf eine Art aus, die dem guten Rufe meiner Töchter nachtheilig seyn kann, welchen zu schonen ich eben so sehr Ursache habe, als die günstigen Gesinnungen Ihres Vaters. Das ganze künftige Glück meiner Töchter hängt davon ab. Ich weiß, Sie selbst sind zu vernünftig, um auf mich böse zu werden, ich bin zu diesem Schritt aus so vielen Ursachen genöthigt.

Ich gebe es zu, Madame, sagte ich, daß mein Vater Sie auf alle Art kränken würde, weil er es sagte. Ich will nicht Schuld an Ihrem Unglück seyn, was mich zu Ihnen führte, ist, daß man nirgends eine so angenehme und ausgesuchte Gesellschaft kann [100]versammelt finden, als hier. Aber ich verlasse Sie ohne Groll, denn ich weiß, Sie sind gezwungen, mich aus Ihrem Zirkel zu verbannen. Daß ich nie aufhören werde, Ihr bester Freund zu seyn, glauben Sie mir, Sie können auf mich zählen, wenn es darauf ankommt, Ihnen zu dienen, aber Sie müssen mir auch versprechen, daß Sie mich nicht hassen wollen. Ich schmeichle mir, daß ich Ihnen durch mich selbst keinen Anlaß dazu gegeben habe; und es wäre ungerecht, mich um meines Vaters willen zu hassen. Erlauben Sie mir aber, nur zuweilen Ihnen meine Ergebenheit bezeugen zu dürfen. Ich werde so wenig von dieser Erlaubniß Gebrauch machen, daß Sie nicht in neue Verlegenheit darüber kommen sollen.

Man gab mir die Erlaubnis, und so wurde ich aus dem Hause meiner geliebten Anna verbannt, aber obgleich ich sie nicht [101]alle Tage sah, so nahmen meine Herzensangelegenheiten deswegen keinen langsameren Gang.

Den folgenden Morgen kam Anna zu den Minoriten; ich hatte ihr geschrieben, daß sie mich dort finden würde. Sie konnte nur so lange bleiben, um mit mir für den folgenden Tag eine Zusammenkunft in einer Kirche in der äußersten Vorstadt zu verabreden. Der Morgen kam und wir fanden uns wieder vereinigt. Mehr als drey Stunden brachten wir mit einander zu, und der Abschied war uns traurig. Ich sagte ihr, daß es mir unmöglich sey zu leben, ohne sie zu sehen, und wenn sie nicht Mitleid mit mir hätte, so würde ich ein Kloster aufsuchen, wenn der Schmerz meinem Leben kein Ende machte. Endlich stellte ich vor, so viele Zusammenkünfte könnten uns endlich verrathen, wenn sie nicht an einem verborgnen [102]Ort seyn könnten. Würden Sie aber, Geliebte, unter einem andern Titel, als unter dem meiner Gattin diesen Schritt wagen: so möchte man Sie erkennen, und es wäre das Schrecklichste, was uns begegnen könnte. Entschließen Sie sich, ich habe das Alter erreicht, wo ich Ihnen meine Hand anbieten kann. Mag meines Vaters Vermögen in seinen Händen bleiben, da er die Gewalt hatte, mich aus Ihrem Hause zu verbannen: das Vermögen meiner Mutter gehört mir. Über mein Herz und meine Treue bin ich nur allein Herr. Nehmen Sie die Mittel an, die ich

Ihnen anbieten kann, verbinden Sie sich mit mir, ohne daß jemand dieses Band zerreißen kann.

Welches Mittel ist es? fragte sie. Ich wage alles, wenn meine Tugend gesichert ist, und ich mich selbst unschuldig glauben kann.

[103]Lassen Sie uns einander heimlich heirathen, war meine Antwort, niemand braucht es zu wissen, als der Geistliche, und die Zeugen, die zu unserer Verbindung nöthig sind.

Machen Sie, was Sie wollen, sagte Anna; im Unglück bleibt keine Wahl. Ich kann meinem Schicksal nicht entgehen, und ich will Ihnen lieber alles aufopfern.

Der Schritt, den ich Sie thun lasse, geliebte Anna, werden Sie, hoffe ich, nicht bereuen: sagte ich ihr mit Entzücken. Sie sollen Antwort von mir haben, wenn ich alles in Richtigkeit gebracht habe. Sie können Ihrer Mutter unsere Gesinnungen erklären.

Dies werde ich nicht thun, sagte sie, vor ihr möchte ich mehr als vor allen andern Menschen unsere Verbindung geheim halten, denn aus Furcht, ihren Prozeß zu verlieren, [104]würde sie mich aufopfern, und das Kloster würde meine Bestimmung seyn.

Aber wie sollen wir es anfangen, einander zu sehen, wenn uns niemand eine hülfreiche Hand bietet?

Überlassen Sie es der Zeit und der Gelegenheit, sagte sie. Aber welche Plane haben Sie?

Sie sollen es erfahren, wenn alles in Richtigkeit ist; ich werde keine Zeit verlieren, mich glücklich zu machen, ich bin zu ungeduldig, und liebe Sie zu sehr, um zu zögern.

Wir machten ein Mittel aus, unsern Briefwechsel zu unterhalten, aber sie bat mich, so wenig als möglich zu schreiben, um nicht entdeckt zu werden. Wir machten aus, daß ich an der Mauer vor ihrem Fenster ein weißes Zeichen machen sollte, sie wolle alsdann ihr Fenster öffnen, und des Abends [105]im Vorbeygehen sollte ich den Brief hineinwerfen. Wenn sie selbst mir etwas zu sagen haben würde, so wollte sie einen Blumentopf an ihrem Fenster auf eine andere Seite stellen, als gewöhnlich, dies würde das Signal seyn, daß sie mir etwas zu sagen habe. Des Abends sollte ich mich alsdann um eilf Uhr unter ihren Fenstern finden, und sie wollte mir den Brief herauswerfen. So wurde unser Briefwechsel veranstaltet.

Nach dieser Unterhaltung kehrte ich zu meinem Vater zurück. Ich bemerkte in seinem Gesicht einen boshaften Zug von Freude, doch that ich, als ob ich nichts sähe, und weil ich sehr gut glauben konnte, daß man mir bey jedem Schritte folgen würde, so blieb ich lange acht Tage, ohne meine Geliebte zu sehen, selbst ohne ihr zu schreiben. Ich blieb mehr zu Hause als sonst.

Meine Vorsicht war nicht unnütz, man [106]beobachtete jeden meiner Schritte: auch Frau von Albini wurde davon unterrichtet. Ich begegnete dreymal demselben Gesicht auf meinem Wege, aber ich that nicht, als ob ich es bemerkte, indessen wollte ich doch seinem Geschäft auf die Spur kommen, und machte einen Versuch, der den Kundschafter verrieth. Ich machte mit einem meiner Verwandten eine Landpartie, ohne daß mein Vater davon unterrichtet war. Als ich in den Wagen stieg, bemerkte ich, daß der verdächtige Mann mit einem andern lange sprach und dabey auf mich deutete. Als ich zurückkam, fragte ich den Thürhüter meines Vaters nach dem Manne, der mir des Morgens so oft begegnete. Er erzählte mir, er habe früh um zehn Uhr meinen Vater zu sprechen verlangt. Da man mich um Mittag vergeblich erwartet hatte, so sey mein Vater den Nachmittag ins Haus der Frau [107]von Albini gegangen, aber glücklicherweise fand er sie dort ruhig mit ihren drey Töchtern an ihrer Arbeit beschäftigt.

Ich wurde immer vorsichtiger. Meiner Geliebten schrieb ich, daß sie sich nicht wundern sollte, wenn sie mich lange nicht zu sehen bekäme, und wenn ich so wenig an das zu denken schien, was mich so einzig beschäftigte. Sie schrieb mir den sonderbaren Besuch meines

Vaters, empfahl mir das Geheimniß so streng wie möglich zu beobachten, und versicherte mich von neuem ihrer unverbrüchlichen Treue. Mein Betragen in den zwey nächsten Monaten war so abgemessen, daß es mir gelang, jeden Verdacht von mir zu entfernen, man folgte mir nicht mehr, wenn ich ausging, und ich benutzte nun den günstigen Zeitpunkt.

Ich hatte mehrmals einen Menschen bey dem Secretair meines Vaters gesehen, des[108]sen Physiognomie mir gefiel: dieser, hoffte ich, würde mir gern dienen. Ich lies ihn zu mir kommen, gab ihm den Auftrag, einige zärtliche Briefe zu schreiben, und empfahl ihm Verschwiegenheit. Am folgenden Tag ließ ich mich zu ihm führen. Ob ich wohl wußte, daß er meine Aufträge noch nicht besorgt haben könnte; so nahm ich doch den Vorwand, ihn aufzusuchen. Ich wollte seine Wohnung sehen, ob sie tauglich wäre zu der Ausführung des Plans, den ich entworfen hatte. Das Haus war groß und gut gebaut, es war in einem entfernten Theil der Stadt, und daher tauglicher zu meinem Gebrauch. Ich fand auch angeschlagne Zettel, daß die Zimmer zu vermiethen wären. Er war überrascht, mich zu sehen, die Armuth seiner Meublen verrieth mir sein Elend. Ich ließ ein Frühstück holen, und machte ihm ein Geschenk, unter dem Vorwand das [109]zu bezahlen, was er schon für mich geschrieben habe. Dies gewann mir seine Neigung ganz, die schon durch meine Herablassung bestochen wurde. Er hatte eine Frau, die mir sehr zur Intrigue aufgelegt und wenig gewissenhaft schien. Ich beschloß, mich ihr zu entdecken, und verließ beide mit einer guten Meinung von mir.

Als ich einige Tage darauf den Mann nicht zu Hause wußte, suchte ich ihn in seiner Wohnung auf, die Frau wollte ihn holen, ich hielt sie aber zurück, und sagte ihr, da ich keine Geschäfte hätte, so wollte ich ihn bey ihr erwarten, und fing ein Gespräch an. Sie hatte Verstand: bey aller ihrer Häßlichkeit war ihre Unterhaltung nicht unangenehm. Ich unterhielt sie über Gegenstände, die ihrem Gesichtskreis angemessen waren. Sie klagte bald über die schlechten Zeiten, daß sie und ihr Mann so wenig [110]verdienten, und nur mit großer Mühe leben könnten.

Würden Sie, fing ich endlich an, wenn Sie ein Mittel fänden, sich ohne Gefahr viel zu erwerben, es aus den Händen lassen? Nein, gewiß nicht: sagte sie mit einer Miene, die mir zu verstehen gab, daß sie von Herzen sprach.

Könnten Sie ein Geheimniß bewahren? fragte ich noch. Ja, sagte sie, meine Zunge hat nie Schaden gethan.

Das ist etwas seltnes für eine Frau, sagte ich lachend. Aber hören Sie mich, fuhr ich in einem ernsthaften Tone fort; wenn es so ist, daß Sie sich geneigt fühlen, jemandem einen Dienst zu erzeigen, so verspreche ich Ihnen funfzig Louisdors, so bald die Sache richtig ist, und eine Pension von zwanzig Thalern monatlich auf eine lange Zeit, ich verlange nur Verschwiegenheit.

[111]Die Freude, welche die Gesichtszüge dieser Frau belebte, war ohne Heuchelei. Sie betheuerte mir, wenn es so wäre, so sollte ich mich offenherzig erklären. Sie gelobte mir mit dem größten Eydschwure Verschwiegenheit über das, was ich ihr entdecken wollte.

Ich sagte ihr, welchen Dienst sie mir erzeigen könnte, daß ich ein Mädchen liebte, die kein Vermögen hätte: mein Vater würde nie in diese Verbindung willigen, ob sie gleich von guter Familie wäre. Auch mich, fuhr ich fort, liebt dieses Mädchen mit Leidenschaft: aber sie ist zu tugendhaft, um mir etwas zu gewähren, was ihr die Pflicht verbietet. Selbst ihre Mutter würde unsere Heyrath nicht zugeben. Ich sagte ihr die Gründe. Was ich Ihnen jetzt sagen will, fügte ich hinzu, ist, daß wir uns heimlich verheirathen wollen. Sie ist noch unter der [112] Vormundschaft: aber ich bin mündig. Von Ihnen verlange ich ein Zimmer zu unsern Zusammenkünften, das uns allein gehört. Nur vor allen Dingen aber kann ich Ihnen nicht genug

Verschwiegenheit empfehlen. Nicht allein mich würden Sie dem Zorne meines Vaters aussetzen, auch meine Geliebte würde verloren seyn, ihre Mutter und ihre ganze Familie. Hier ist, was ich verlange, überlegen Sie nun, ob Sie uns beystehn wollen.

Sie sagte mir vieles, mich von meinem Vorhaben abzubringen, was sehr vernünftig war, und erweckte mir dadurch noch mehr Zutrauen, da sie so gegen ihren Vortheil sprach. Sie stellte mir alle Nachtheile einer heimlichen Verbindung vor, und machte mich auf alle Fälle aufmerksam. Der wichtigste Umstand war noch, den Priester aufzufinden, der uns trauen könnte. Ich wollte kei[113]nen Geistlichen aus Paris haben, weil uns mein Vater dadurch leicht auf die Spur kommen könnte.

Aber auf welche Art wollen Sie es einrichten? fragte sie.

Wir brauchen nur einen Priester, der uns heimlich trauen will; wir werden ihm selbst nicht einmal den Trauschein abfodern.

Aber, war ihre Antwort, der Prediger hat allein nicht die Gewalt, Sie zu trauen, und die Heirath wird nichtig erklärt.

Unsere Verbindung soll nicht in den Augen der Welt gültig seyn, denn wir verlangen nicht einmal einen Trauschein, aber das Frauenzimmer, von dem ich Ihnen spreche, verlangt ihr Gewissen zu beruhigen vor Gott durch eine priesterliche Einseegnung; und übrigens verläßt sie sich auf meine Treue.

Sie gab mir nun den Anschlag einen andern als Priester zu verkleiden, und Anna [114]zu betrügen. Ihr Vorschlag erschreckte mich, ich hatte ihr diese Bosheit nicht zugetraut, als ich ihr aber meinen Unwillen darüber zu erkennen gab, zog sie sich mit einer scherzhaften Wendung, die sie dem Gespräch gab, aus dem Spiel. Endlich fiel ihr ein Geistlicher ein, der von ihrer Bekanntschaft war: sie wollte ihn fragen, und versprach mir den nächsten Tag Antwort.

Meine Geliebte wurde von meinen Schritten unterrichtet, und ich bat sie um eine Zusammenkunft, um ihr die Antwort mitzutheilen, die mir die Frau den folgenden Tag überbringen sollte. Ich suchte auch den Tag darauf die Frau des Schreibers auf, und fand auch ihren Mann bei ihr, der schon von unserer Verabredung unterrichtet war: ich hatte alle Mühe, ihm seine Einwilligung abzugewinnen. Die Frau sagte mir, daß sie den bewußten Geistlichen gesprochen, und [115]sie erbot sich, ihn zu holen. Auf jeden Fall, versicherte sie mir, daß das Geheimniß bewahrt sey, denn sie habe es ihm unter dem Siegel der Beichte vertraut, sie habe ihm auch unsre Namen verschwiegen; da er mich nicht kenne: so könnte ich ihm ruhig vors Gesicht treten. Wollte er sich gewinnen lassen, so wäre die Sache richtig, wo nicht, so wäre sie wenigstens nicht schlimmer. Übrigens wäre der Priester arm. Aber es ist ein guter Geistlicher, und rechtschaffen: setzte sie hinzu. Ich ließ ihn zum Frühstück holen, und bestellte guten Wein, denn ich wollte ihn gern in eine gute Stimmung versetzen.

Sie holte den Pater, und führte ihn mir zu. Wir gingen zusammen in ein abgelegenes Zimmer. Ich redete ihn an: Es ist wohl unnöthig, mein Herr, daß ich Ihnen den Gegenstand meines Gesuchs wiederhole, die Frau vom Hause wird Sie davon un[116]terrichtet haben. Es ist wahr, sagte er, sie sprach mir von etwas, aber da die Frauen sich gewöhnlich nicht deutlich erklären, so bitte ich Sie mich selbst noch davon zu unterrichten.

Ich glaubte die beste Erklärung, die ich geben könnte, wäre, daß ich ihm von Geld sprach. Ich erzählte ihm nur oberflächlich, was er zu wissen brauchte, und zeigte ihm zufällig meinen gefüllten Beutel. Hier ist, worauf es ankommt. Wollen Sie diesen Beutel? so gehört er Ihnen, wo nicht, so haben Sie keine gute Wahl getroffen; denn funfzig Louisdors sind nicht so leicht erworben, und mit so weniger Gefahr.

Ehe wir dahin kommen, war seine Antwort, ist es wichtig über die Sache einig zu seyn. Er hielt mir eine langweilige Predigt, und ich merkte nur zu bald, wie schlecht sein Rednertalent geübt sey. Er sagte mir [117]viel von dem Gehorsam der Kinder gegen ihre Eltern, citirte mir Beispiele aus der Schrift und aus der Geschichte, die er ziemlich am unrechten Orte anbrachte, und von dem göttlichen Fluch. Ich empfand herzliche Langeweile. Glücklicherweise meldete man uns, daß der Tisch aufgetragen sey, dieß unterbrach ihn in seiner längsten Tirade. Er schien der guten Bissen nicht gewohnt, und aß mit dem größten Appetit, was er fand. Nun begann er seine Predigt von neuem, aber über einen andern Gegenstand, der die Anhänglichkeit der Eheleute untereinander betraf. Ich ließ ihn meine Gesinnungen von den Verhältnissen des Mannes gegen das Weib wissen, und sagte: wenn ich die Pflichten verletzen könnte, so geschäh es nicht aus Unwissenheit von meiner Seite. Ich gelobte ihm, meiner Gemahlin ewig treu zu bleiben. Er wurde endlich gewonnen, und [118]versprach nicht allein, uns zu trauen, sondern auch sogar einen Trauschein mit der Bedingung, daß ich sowohl wie meine Geliebte alles thun würden, was er zu unsrer wechselseitigen Sicherheit für nöthig erachte. Sie und ich sollten uns das gegenseitige schriftliche Versprechen geben, durch eine Wiederholung der Trauung noch einmal unsere Verbindung zu bestätigen, wenn die Umstände es nöthig machen würden, und man die jetzige nicht für ganz gültig erkennten sollte. Dieses sollte sobald geschehen, als wir es ohne Gefahr könnten. Auch sollten wir uns durch eine Beichte und einen heiligen Schwur verbinden, daß wir das Sakrament für wichtig und gültig erkennen, das er uns reichte. Noch eine Erklärung von meiner Hand mußte ich ihm geben, daß alles aus meinem freyen Willen geschähe. Ich war weit entfernt, seine Vorsicht zu misbil[119]ligen, und versprach alles zu thun, was er von mir verlangte; auch meine Braut sollte ih⟨re⟩ Einwilligung dazu geben.

Nachdem alles fest bestimmt war, beschlossen wir, daß den folgenden Morgen, in demselben Zimmer die Trauung vollzogen werden ⟨s⟩ollte, und um ihn noch fester an sein gegebnes Wort zu binden, gab ich eine ansehnl⟨i⟩che Summe aus meinem Beutel. Einen Theil meines Geldes gab ich meiner Wirthin, um unsere Wohnung einzurichten. Ich empfahl ihr, alles auszusuchen, was sie Anständiges und Schönes finden könnte, nichts sollte fehlen.

Ich wußte nicht, wie ich meine Geliebte von ⟨d⟩em, was vorgegangen, unterrichten sollte, aber sie hatte schon dafür gesorgt, und als ich meine Wohnung erreicht hatte, begegnete mir noch eine alte Frau, die ein Allmosen verlangte, wobey sie ein Stück Pa[120]pier hinwarf, und mir winkte, es zu nehmen. Ich hob es auf, es enthielt nur di⟨es⟩e Worte: Finden Sie sich um drey Uhr ⟨a⟩n demselben Ort ein, wo man Sie zum letztenmal gesprochen hat. Ich zweifelte kei⟨n⟩en Augenblick, woher dies Billet kommen könnte, und ging zur bestimmten Zeit in die Kirche in der Vorstadt. Schon glaubte ich mir eine vergebliche Mühe gemacht zu haben, da ich die Kirche verschlossen fand, ab⟨er⟩ indem ich mein Gesicht wendete, sah ich Annen, die mir ein Zeichen gab, stehen zu ⟨b⟩leiben. An der Ecke einer kleinen Straße erwartete ich sie, und sagte ihr: wenn sie wollte so könnte ich sie an einen Ort führen, wo wir uns lange und mit aller Sicherheit sprechen könnten. Sie schlug mir es an⟨f⟩angs ab; aber als ich ihr sagte, wo es wä⟨r⟩e, so willigte sie ein. Wir hatten unsre F⟨i⟩acres wieder fortgeschickt, und nahmen nu⟨n⟩ einen [121]andern, der uns an unsere neue Wohnung brachte. Wir stiegen die Treppe hinauf, ein Kind überreichte mir den Schlüssel.

Nun liebstes Kind, sagte ich ihr, werden wir bald einander gehören. Sie sind jetzt in dem Zimmer, in dem das glückliche Band unsrer Liebe soll geknüpft werden. Hier, sagte ich und fiel ihr zu Füßen, ist der Ort, wo ich hoffen kann, zu mir selbst zu sagen, daß ich durch den Besitz von allem, was die Erde liebenswürdiges hat, der glücklichste Mann seyn werde.

Stehen Sie auf, sagte sie mit Thränen im Auge, ich will nur Ihre Zufriedenheit, aber ich fürchte, es entspinnt sich daraus für mich ein fürchterliches Schicksal! Ach, warum muß das Glück einen so großen Abstand zwischen uns machen, da der Himmel unsre Herzen verbindet! Ich sehe voraus, [122]daß ich Ihr Unglück mache, indem ich den Willen habe, Sie glücklich zu machen.

Ich that, was ich konnte, um aus ihrem Geiste die traurigen Ahndungen zu verbannen. Sie verbarg mir ihre Gefühle, aber die Ahndungen, die ihr Herz erfüllten, deuteten nur zu früh auf das traurige Schicksal, was sie von mir trennen sollte. Ich unterrichtete sie von allen meinen Schritten, und daß ich auch für ihr Jawort gut gesagt hätte. Habe ich Ihre Befehle überschritten, fragte ich, und werden Sie mir verzeihn, daß ich so weit ging?

Ich habe nur einen Ausspruch zu thun, sagte sie mit Güte, ich werde alles thun, was Sie wünschen, und werde nicht fehlen, mich den folgenden Tag in diesem Zimmer einzufinden. Sie erzählte mir, in welche Ungeduld sie mein letzter Brief gesetzt habe, sie hätte mich gern den nehmlichen Tag noch [123]gesprochen. Sie habe das Billet in die Hände der armen Frau gespielt mit dem Befehl es mir selbst zu geben, und ihr doppelte Bezahlung versprochen.

Aber auf welche Art, fragte ich, werden wir unsere Zusammenkünfte in Zukunft einrichten? Darüber, erwiederte sie, seien Sie ohne Sorgen, ich werde es schon zu machen wissen, und werde mich immer einfinden, sobald Sie es wünschen.

Sie sagte mir, daß sie ihrer Mutter jetzt nichts sagen würde, jetzt würde diese noch alles aufbieten, um unsre Verbindung zu stören, weil sie den Zorn meines Vaters befürchte. Aber wenn wir ohne sie die Sache ausgeführt hätten, so würde sie die erste seyn, das strengste Geheimniß zu bewahren, weil sie fürchten würde, mein Vater möchte unsre Heirath entdecken, und an ihr Rache [124]nehmen für den Kummer, den wir ihm machten.

Aber wird Frau von Albini auch die Cäremonien und Form unsrer Verbindung billigen? fragte ich. Wäre sie gegen das Gesetz, sagte Anna, so würde ich auch nicht darein willigen. Sagten Sie mir nicht, daß der Geistliche selbst alle Vorsichtsregeln gebrauche? Ja, erwiederte ich. Nun, so ist unsre Heirath gültig, und es wäre unnütz, sie meiner Mutter zu verbergen!

Aber versprachen Sie mir nicht, meine Geliebte, mein seyn zu wollen, wenn nur Ihr Gewissen ruhig wäre? Ich verspreche es Ihnen noch, sagte sie; doch wenn nur mich allein die Heirath beruhigen kann, so kann ich nicht so viel Pünktlichkeit versprechen; kann aber auch meine Mutter dadurch zufrieden gestellt werden, so verspreche ich Ihnen alles. Für mich wird die Heirath [125]gültig seyn, wenn nur der, der uns den Segen giebt, ein Priester ist. Für mich allein verlange ich nichts weiter, aber für meine Mutter bedarf es noch mehr. Sie verstehen, was ich sagen will. Ich gebe mich Ihnen ganz hin, und will nur in Gottes Augen für Ihre Gattin gelten, Sie haben es in Ihrer Gewalt, mich in den Augen der Welt zu beschimpfen.

Nein, rief ich aus, Sie werden nicht betrogen; ich werde Ihr Vertrauen nicht misbrauchen, vor Gott und vor Menschen kann nur der Tod uns trennen. Ich hoffe es, sagte sie gerührt, ich habe einen zu festen Glauben an Ihre Rechtschaffenheit, um zu fürchten, daß Sie mich verlassen.

Unsre Wirthin unterbrach uns hier, um alles zu zeigen, was sie eingekauft hatte, aber wir gaben wenig Achtung darauf. Sie sah meine Geliebte und wurde von ihrer [126]Schönheit bezaubert. Wir blieben nicht lange mehr zusammen und Anna versprach den folgenden Tag um neun Uhr sich einzufinden.

Wir fanden uns zugleich in unserm neu eingerichteten Zimmer ein, und Anna war über die Einrichtung desselben erfreut. Unsre Hauswirthin hatte alles gethan, was für eine so kurze

Zeit möglich gewesen. Wir schickten nach dem Geistlichen. Ich hatte noch viele Zweifel und trübe Ahndungen zu bekämpfen, die in Annens Seele Platz nehmen wollten. Sie sagte zwar nichts bestimmtes über ihren Zustand, aber das wachsame Auge eines Liebhabers bemerkt jeden Wechsel der Empfindungen in der Seele der Geliebten. Annens Augen glänzten von Thränen.

Ist noch etwas in Ihrem Herzen, Geliebte, was Sie beunruhigen kann? fragte ich; um Gotteswillen, theilen Sie meine [127]Freude mit mir, ich kann sie nicht rein genießen, wenn es mir nicht ganz klar ist, daß Sie sie auch in dem nehmlichen Grade theilen.

Ich nehme Theil soviel ich vermag, sprach sie in einem schwermüthigen Ton, doch ich kann mir nicht verwehren in die Zukunft einen Blick zu werfen, der mich erschreckt. Aber lassen Sie sich das keinen Kummer machen, nur für Sie fürchte ich, und wenn Sie glücklich sind, wenn es wahr ist, wie Sie sagen, daß Sie nur durch meinen Besitz glücklich werden, so wirds mich nie reuen, was ich für Sie thun kann. Ich glaube auch gewiß, fuhr sie mit einem zärtlichen Tone fort, daß ich niemals durch Ihre Schuld unglücklich bin. Was mir auch hartes widerfahren kann, nicht Sie, nur die Neigung, die mich hinreißt, und mein böses Verhängniß werde ich anklagen – Thränen rollten bey diesen Worten ihre Wangen herab und [128]ob ich gleich mein möglichstes that, sie zu zerstreuen, so wurde mein Herz doch tief gerührt.

Der erwartete Geistliche kam, und wir blieben länger als eine Stunde mit ihm allein. Da er ein Frauenzimmer sah, die nicht allein eine vollkommne Schönheit besaß, wie ich ihm auch schon gesagt hatte, sondern auch durch ihr Benehmen Ehrfurcht einflößte: so sagte er wider meine Erwartung nichts, was nicht einen Anstrich von Verstand und Artigkeit hatte. Er gab uns eine kurze, sehr passende Ermahnung über die Verbindlichkeit, die wir auf uns nähmen, führte die stärksten Beweise an aus heiligen und profanen Schriften, die uns die Wichtigkeit unsrer Verbindung doppelt und dreyfach fühlbar machten, und that, was er konnte, uns zu Herzen zu führen, daß wir mehr als andere Eheleute die Pflicht der Treue auf uns hätten, weil [129]wir uns selbst ganz allein gewählt, und wenn wir nicht glücklich wären, wir uns allein die Schuld zuschreiben könnten.

Wir hielten eine kleine Mahlzeit zusammen, die lustig genug war. Nach dem Essen mußten wir beide ein Heirathsversprechen aufsetzen, das bei einer geistlichen Untersuchung gewiß würde gültig befunden worden seyn. Wir schwuren ein ewiges unverbrüchliches Geheimniß, und nach diesem allen fragte ich ihn, wann er die priesterliche Einsegnung vollziehen wollte? Er sagte, wir müßten zuvor bey ihm Messe gehört, und gebeichtet haben, wir verabredeten die Zeit unsrer Zusammenkunft, und der Geistliche verließ uns.

Anna und ich blieben noch allein. Sie war mit dem Geistlichen zufrieden, und meinte, daß ihre Mutter nichts dagegen haben könnte, weil alles in der Form ginge, [130]und nichts fehlte als das Aufgebot, und das Einschreiben der Heirath in das Kirchenbuch der Gemeinde. Sie besah noch einmal ihr Zimmer, ließ die Hauswirthin kommen, und gab ihr die Hälfte der funfzig Louisdors, die ich der Frau versprochen hatte.

Ich bin mit Ihren Anstalten zufrieden, sagte sie zu ihr, und danke Ihnen für Ihre Sorgfalt. Gerne gebe ich meinen Theil zu dem, was Ihnen Herr Rigaud versprochen hat. Ich sehe wohl, fuhr sie fort, daß wir das nächstemal hier zu Mittag essen werden, und ich will für die Mahlzeit sorgen. Hier haben Sie Geld, sorgen Sie für eine gute Wahl der Speisen, denn es ist mein Hochzeitmal, ich muß mich auch lustig machen; die Frau versprach es ihr, und verließ uns.

Wir blieben allein, meine Phantasie war lebhaft bewegt, ich sah Annen als meine Gattin an, und wurde zudringlicher. Nein, [131]sagte sie, Sie werden nicht über meine Schwäche siegen! Ich bat sie um Verzeihung und suchte der Vernunft die Oberhand über die Sinne wieder zu verschaffen. Wir verabredeten noch, wie sie es das nächstemal anstellen würde, um einen ganzen Tag von ihrem Hause abwesend seyn zu können. Sie hatte eine Freundin, die sie bitten wollte, sie zu einer Landpartie einzuladen. Ich werde Morgen zu ihr gehen, sagte sie, und ihr entdecken, daß ich sehr wünschte, eine Partie nach Mont Valerien zu machen, aber da meine Mutter es nicht erlauben wollte, so würde ich heimlich hingehen, und bäte sie daher mir den Dienst zu erzeigen und zu thun, als hätte ich den ganzen Tag mit ihr zugebracht. Sie wird meine Bitte erfüllen, weiß ich gewiß. Käme es zum Schlimmsten und meine Mutter erführe, daß ich allein gegangen wäre, so würde sie schelten, aber [132]da sie schon so oft um Kleinigkeiten mit mir schmälte, so hat das nicht viel zu sagen. Eine Gelegenheit wie diese verdient es wohl, daß ich es auf ein bischen Schelten meiner Mutter wage! Ich werde mich gewiß einstellen, auf welche Art es seyn mag! Wir umarmten uns herzlich und schieden von einander.

Den Tag vor unserer Verbindung begegnete ich zufälligerweise dem Geistlichen, ich ging mit ihm in den Garten der Kapuziner, ein Mönch von seiner Bekanntschaft kam zu uns und mischte sich in unser Gespräch. Da ich sie beide noch nicht genug kannte, um über andre als geistliche Dinge zu sprechen, so knüpften wir ein Gespräch über dieselben an. Es war ein eigner Zufall, der gerade meinen Vater in den Klostergarten führte, er sah mich mit einem Geistlichen und einem Mönch in einem ernsthaften Gespräch und [133]wurde neugierig, es zu hören. Wir sprachen über einen Gegenstand, den wir nicht besser hätten wählen können, über den verlornen Sohn. Die Predigt über eine wahre Bekehrung, nach vielen Verirrungen, wurde recht gründlich gehalten, die Art, wie der Geistliche und der Mönch darüber sprachen, bewegte mich bis zu Thränen.

Ich trat zurück, um meine Bewegung zu verbergen, und wie groß war mein Schrecken, als ich im Umwenden meinen Vater erblickte, der sich hinter eine Hecke verborgen, und unser Gespräche mit angehört hatte. Ich hatte Mühe, mich von der Bestürzung zu erholen, in die mich sein Anblick versetzte; er wurde es gewahr, und sagte; das Übel, mein Sohn ist nicht so groß, Sie hätten Ihre Zeit noch schlimmer anwenden können, ich wußte nicht, daß Sie ein so rechtschaffner Mensch sind. Ich antwortete kei[134]ne Silbe, machte ihm eine tiefe Verbeugung und verließ den Garten mit dem Geistlichen, der mich hergebracht hatte.

Als ich am Abend nach Hause kam, erfuhr ich, daß mein Vater sehr aufgebracht über mich wäre, dreymal hatte er schon nach mir geschickt und fragen lassen, ob ich nicht zurückgekommen, und wollte ohne mich nicht zu Nacht essen. Ich glaubte mich verloren und fürchtete, er habe etwas von unsrer Heirath gehört, ob ich gleich mich nicht erinnerte, daß ich mit dem Geistlichen darüber gesprochen. Ich war in Verzweiflung, aber ich betrog mich glücklicherweise ganz. Ich konnte niemals erfahren, warum er einen solchen Groll auf Mönche hatte, und besonders gegen die Bettelorden, er haßte sie wie die Pest. Wie ich aus dem Kloster war, fragte er den Pförtner, ob ich das Kloster oft besuche, dieser sagte Ja, denn einer mei[135]ner Freunde hatte sich in diesen Orden begeben, und diesen besuchte ich oft. Diese Antwort und mein Gespräch mit den beyden Geistlichen machten ihn stutzen, dazu kam noch, daß ich meinem Bedienten den Abschied gegeben hatte, ohne noch einen andern zu haben, der von ihm abhängig wäre, und daß ich nicht anders als zu Fuß ausging, weil ich nicht wollte, daß man meine Gänge ausspähte. Seine Muthmaßungen wären nicht unrichtig gewesen, wenn mich nicht andere Plane bestimmt hätten, so zu handeln.

Er hatte schon viel Verwünschungen gegen die Klöster ausgestoßen, und als ich zu ihm kam, wurde er noch heftiger.

Du bereitest mir eine schöne Belohnung, rief er mir mit Hitze entgegen! Fürchtest du dich, nichts mehr zu leben zu haben, oder nichts zu erwerben, daß du den Bettler-Eid [136]schwören willst? Wenn ich deine Denkart niedrig genug glauben könnte, dich in ein Kloster stecken zu können, so drehte ich dir den Hals um, oder ich sperrte dich in einen Ort ein, wo du besser eingemauert seyn würdest.

Diese Furcht von seiner Seite war mir nicht unlieb. Ich begnügte mich ihm eidlich zu versichern, daß ich einen solchen Entschluß nie ohne seine Einwilligung fassen würde. Er fuhr den ganzen Abend in seinen Verwünschungen fort, und setzte die Mönche herunter. Ich weiß nicht woher ihm dieser Haß kam: weit entfernt seine Mildthätigkeit gegen sie zu üben, beleidigte er sie wo er nur konnte. Ob er gleich die Austheilung der Allmosen besorgte, so war er doch nur gegen Krüppel und unehliche Kinder freygebig, die sich nichts selbst erwerben konnten. Er verspottete nun die Bettelmönche mit solcher [137]Bitterkeit, daß alle Bedienten glauben mußten, er wäre von meinem Vorhaben unterrichtet, und ich wollte im Ernst in den Orden treten. Den Bedienten, den ich fortgeschickt hatte, ließ er wieder holen, und befahl ihm, von allen meinen Schritten Rechenschaft zu geben. Gehorchst du nicht meinen Befehlen, sagte er zu ihm, so siehst du in mir den Mann, der dich wird aufhängen lassen. Ich halte Wort und ich werde erfahren, ob du mir gehorchst! Ich wußte genug, um zu erwarten, daß jeder meiner Schritte an dem folgenden Morgen würde ausgespäht werden; deswegen kam ich der Wachsamkeit des Bedienten zuvor, eilte ehe der Tag kam durch den Garten, und machte solche Umwege, um zu der Kirche zu kommen, die ich suchte, daß er ärger als ein Dämon hätte seyn müssen, wenn er mich hätte auffinden wollen.

[138]Ich traf um die bestimmte Stunde in der Kirche ein, man erwartete mich in einer Seitenkapelle, die verschlossen wurde, sobald ich darin war. Wir wurden sogleich getraut. Man öffnete alsdann die Thüren und der Priester las eine öffentliche Messe. Meine Gemahlin ging zuerst heraus, und die andern folgten ihr. Ich allein blieb noch zurück mit dem Geistlichen um ihn reichlich zu beschenken. Ich führte ihn zu einer kleinen Mahlzeit in unsre Wohnung, meine Frau machte ihm auch ein Geschenk. Er nahm unsre Heirathsversprechen, die er fünf Tage bey sich in Verwahrung gehabt, ließ uns unsre Unterschrift dazu setzen, unterschrieb es selbst und ließ sich noch durch fünf Personen, die um unser Geheimniß wußten, ein Zeugnis darüber ausfertigen. In ihrer Gegenwart ließ er uns den Eid schwören, den er verlangte, er gab mir das Versprechen, von [139]der Hand meiner Gattin unterschrieben, und führte mich in ein Nebenzimmer, wo ein Notarius sich fand, in dessen Beiseyn ich das, was ich geschrieben, einwickelte, und mit meinem Familien-Siegel versiegelte. Auf den Umschlag schrieb ich noch zum Überfluß, daß ich es für meine Unterschrift erkenne, und daß meine wahre Willensmeinung darin enthalten sey. Der Notarius glaubte nichts anders, als daß ich mein Testament in die Hände dieses Geistlichen niederlegte.

Wir kehrten zur Gesellschaft zurück, und der Priester überreichte meiner Gemahlin das Paket. Hier, sagte er, haben Sie alle Sicherheit, die in den Augen der Menschen nöthig ist, vor Gottes Angesicht können Sie mit ruhigem Gewissen treten. Ihre Heirath hat alle mögliche Gültigkeit, bewahren Sie dieses Paket, entsiegeln Sie es nicht früher, als es nothwendig seyn wird, und beobach[140]ten Sie, wenn Sie es öffnen, alle mögliche Vorsicht, die Ihnen geschickte Rechtsgelehrte rathen werden.

Ich glaubte meines Theils, daß nach allen Sicherheits-Regeln nichts mehr einzuwenden war, und Anna konnte mich nun ohne Schwierigkeit als ihren Gemahl erkennen. Sie machte auch keine weitere Umstände, und ich hatte alle Ursache, mit ihrem Betragen zufrieden zu seyn.

Sie war in einem einfachen Putz gekommen, und ich freute mich über diese Nachläßigkeit im Anzug, der mich immer neue Reize an ihr entdecken ließ. Während der Geistliche und ich entfernt waren, hatte sie ihren Putz verändert, und zeigte eine Eleganz in ihrem Anzug, die ihrem Geschmack Ehre machte: sie war zum Entzücken schön. Unsere Zeugen waren die Hochzeitgäste, die Gesellschaft entfernte sich bald zu meiner [141]Freude, und meine Geliebte war mit mir allein. Wie glücklich fühlte ich mich in ihrem Besitze! Wir blieben bis den Abend zusammen, und ehe mich Anne verließ, bestimmten wir die nächste Zusammenkunft in zwey Tagen, denn früher konnte sie nicht kommen.

Ich gab ihr einen Schlüssel zum Zimmer, und stellte auf den Tisch alles, was zum Schreiben nöthig war, denn wir verabredeten uns, daß so oft eins von uns käme, und das andre nicht fände, so wollten wir eine andere Zeit zu unserer Zusammenkunft bestimmen. Ich empfahl unsrer Hauswirthin noch einmal unsere Angelegenheiten, gab ihr auch einen Schlüssel zu unserm Zimmer, und verließ das Haus als der glücklichste der Menschen.

Nur meinen Bedienten hatte ich noch zu fürchten. Um ihn zu täuschen, miethete ich [142]noch ein Zimmer in einem Nebenhause, und ließ mit Bewilligung des Eigenthümers eine Thür durchbrechen; auf diese Art ging meine Frau niemals in das nehmliche Haus wo ich war, und mein Bedienter, der immer mir folgte, und bey dem Schreiber blieb, so lange ich im Zimmer war, sah Annen nicht herein-, noch herausgehen. Wenn ich Annen in ihrem Zimmer wußte, welches mir vermittelst einer kleinen Schnur angedeutet wurde, so schickte ich meinen Bedienten mit Aufträgen aus dem Hause, und ließ eine jede Kleinigkeit einzeln holen, um ihn recht zu beschäftigen. War sie nicht da, so ging die Hauswirthin hinein, um die Briefe zu holen, die sie könnte da gelassen haben; und ich beantwortete sie. Ich ging also niemals in Gegenwart meines Bedienten in das Zimmer, und niemals, wenn meine Frau darinnen war. Aber täglich besuchte ich das [143]Haus, unter dem Vorwand, daß der Schreiber für mich Geschäfte habe.

Auch die Erfindungskunst meiner Frau war groß und fruchtbar. Wir fanden uns einen Nachmittag zusammen, und glaubten nicht, daß wir uns unter drey Tagen wiedersehen könnten. Aber den folgenden Tag konnte Anna wiederkommen; nun mußte ich sobald wie möglich von dieser Veränderung unterrichtet werden. Ich ging eben auf den Wällen mit zweyen meiner Freunde spazieren, sie sah mich aus ihrem Fenster und schrieb: Ich gehe in unser Zimmer und erwarte Sie.

Sie kam auf den Platz, wo wir waren, nahm der Gelegenheit wahr, als wir vor ihr hergingen, und rief mich ganz laut bey meinem Namen, ich wendete mich um, und sah sie. Hier, mein Herr, sagte sie mit einem lustigen Ton, ein Billet, das Sie aus [144] Ihrer Tasche verloren haben! Ihre Geliebte ist zu beklagen, daß sie einen so wenig vorsichtigen Liebhaber hat.

Sie reichte mir das Billet hin, ohne sich aufzuhalten, meine Freunde kannten sie wohl; aber da ich sie in der Welt nicht sah, und keine lebende Seele unser Verständniß muthmaßen konnte, so machten sie mir den Krieg über meinen Mangel an Aufmerksamkeit gegen ein so schönes Frauenzimmer. Ich las das Billet und zerriß es mit so vieler Gleichgültigkeit, daß jene in der festen Überzeugung blieben, es habe mich wenig gerührt. Als wir uns trennten, und jeder seinen Geschäften nachging, so schien ich am wenigsten eilfertig. Ich fand Annen auf unserm Zimmer meiner warten, und bewunderte ihre Geistes Gegenwart, empfahl ihr aber doch mit mehr Vorsicht zu handeln und solche Versuche nicht oft zu wagen.

[145]Ich sah sie eines Tags in der Messe, sie sah krank aus, und ich war unruhig darüber, ich ging diesen Tag noch in unsere Wohnung, hoffte aber nicht, sie zu finden. Sie war da, und

hatte sich eingeschlossen, die Wirthin, die mich hörte, machte ein Zeichen ruhig zu seyn; sie sagte mir, meine Gemahlin wäre seit einer Stunde schon im Zimmer und hätte über Kopfweh geklagt, das ihr die Nacht den Schlaf geraubt habe. Sie hätte sich aufs Bette geworfen, um ein wenig zu ruhen, weil sie mich nicht erwartete. Ich bitte Sie, fügte die Frau hinzu, gönnen Sie ihr die Ruhe, sie bedarf es. Ich gehorchte ihr, und als ich nach einigen Stunden wieder kam, fand ich Annen nicht mehr, sie war eben fort, ich fand auf dem Tisch dieses Billet:

> Ich glaubte nicht, daß ein Mann den Schlummer seiner Frau ehren müßte. Ich [146]danke Ihnen für Ihre Bescheidenheit, mir ist wohl und ich bin froh, daß ich es Ihnen sagen kann. Sie fürchteten wohl ich möchte Ihnen mein Übelbefinden mittheilen? Ich habe den Zweck, Sie zu sehen, nicht erreicht, meine Schritte waren vergeblich, vor drey Monaten würden sie es nicht gewesen seyn. Die Liebe, die Sie damals zu mir hatten, war nicht so ehrerbietig, als sie es nun geworden. Ich komme morgen wieder zur selbigen Stunde und Sie sollen mich nicht schlafend finden.

Das Billet fand ich sehr geistreich, die Klage über die Erkältung meiner Liebe war mir neu und zärtlich, meine Antwort war in demselben Ton.

> Ich ehrte Ihren Schlummer, weil ich glaubte, er wäre Ihnen nothwendig, und Ihre Krankheit wäre nicht erdichtet. Sie [147]können heute schlafen, so lange es Ihnen gefällt, denn mein Herz sagt mir, daß ich krank bin, wenn Sie dieses Billet lesen. Sie sollen nicht von meinem Übelbefinden angesteckt werden, und wir werden uns erst in drey Monaten wieder hier zusammen finden. Die Liebe wird unterdessen wieder an der Lebhaftigkeit zu nehmen, die sie verloren hat, und wird alsdenn nicht mehr so ehrerbietig seyn.

Die Wirthin unterrichtete ich vom Inhalt des Billets, und von meiner Antwort, und unterrichtete sie, wie sie sich dabei verhalten sollte. Ich kam den folgenden Tag früher an als Anne, und versteckte mich, als ich sie kommen hörte. Die Wirthin sagte ihr, daß ich den vorhergehenden Tag ganz zornig das Zimmer verlassen, und ihr das Billet für sie zurückgelassen habe. Gott, ists möglich? rief sie aus, und Thränen traten [148]ihr ins schöne Auge, nachdem sie das Billet gelesen hatte, kann er durch einen bloßen Scherz beleidigt worden seyn? Ich konnte es nicht übers Herz ⟨b⟩ringen, ihr länger Kummer zu machen, trat hervor, wir umarmten uns, und der Friede war gestiftet.

Ich veranlaßte sie zu einem Spaziergang aufs freye Feld, es war das einzige mahl, daß wir uns öffentlich mit einander zeigten: wir waren auch sicher niemand zu begegnen, als ein böser Zufall uns in große Verwirrung setzte. Es war einer der schönsten Sommertage, das Feld mit Korn, das reif zur Ärnte war, bedeckt. Ein kleiner Regenguß hatte am Morgen den Staub gedämpft, die Sonne war bedeckt, und ein leichter Wind mäßigte die Hitze der Jahreszeit. Das Korn war so hoch, daß es unsere Köpfe bedeckte, die Einsamkeit des Orts war einladend für uns, wir setzten uns zutraulich ins Feld und [149]Anne lag mir in den Armen. Plötzlich fühlte ich mich von dem Arm eines Mannes festgehalten, meine Frau schrie laut auf, und wollte entfliehen, ich wollte sie bedecken, und packte den Mann an, der uns unsanft aus unserm traulichen Gespräch störte. Ich fürchtete einen Spion meines Vaters, fürchtete er habe unsere Gespräche gehört. Er schien berauscht, und erlaubte sich unanständige Deutungen unseres

Zusammenseyns. Ich gerieth in Hitze und rufte Annen zu, indem ich ihn festhielt: sie solle meinen Degen ziehn, tödte den Spitzbuben, rief ich ihr zu. Sie wollte es ohne weitere Umstände thun, als der Mann sich von mir losmachte, und uns flehend bat, seines Lebens zu schonen. Ich drohte ihn zu durchbohren, wenn er die mindeste Bewegung machte aufzustehen. Nun nahm ich Annen den Degen aus der Hand, und hieß sie nach unserer Wohnung gehen. [150]Du bist des Todes wenn du dich rührst, sagte ich zu dem Mann, den ich für einen Bauer erkannte.

Der Unglückliche war so bestürzt, daß er alles that, was ich verlangte; er wäre des Todes gewesen, wenn er sich gerührt hätte. Als ich meine Frau in ihrer Wohnung glauben konnte, ließ ich ihn los, bezahlte ihm den Schaden, den unser Handgemenge in seinem Kornfeld angerichtet hatte, und nahm ihn auf einem andern Weg, als den Anne genommen hatte, mit mir fort. Wir traten in eine Vorstadt, und hier versuchte ich meinen Stock noch einmal an seinem Rücken. Zwey Bediente, die mich erkannten, und ihren Herrn im nächsten Garten erwarteten, halfen mir noch, ihm seinen Lohn geben, und sie benahmen ihm gewiß die Lust, wieder ein Gespräch zu stören.

Ich sah nicht weit von mir eine Dame [151]in Trauer gehen, die denselben Weg ging, den wir genommen hatten. Ich fragte die Bedienten, ob sie keine Frau in Trauer hätten vorbey gehen sehen, sie sagten ja, aber sie wäre schon weit von uns, weil sie schnell gegangen wäre. Sie glaubten, ich wäre mit dieser Dame gegangen, ich ließ sie in dem Wahn, ich begnügte mich, sie zu bitten, nichts von dem Vorfall mit dem Bauer zu sagen, und bezahlte sie für ihre Mühe.

Noch denselben Abend erfuhr mein Vater die Geschichte. Er hatte selbst die Neugier die Bedienten auszufragen, ob sie das Frauenzimmer nicht gesehen hätten; sie sagten ihm, sie sey hübsch und jung und in Trauer, aber sie kennten sie nicht; jeder Verdacht wurde gehoben, da er zumal meine Frau so gut kannte, wie ich selbst. Er scherzte mit mir über mein Abentheuer, aber weit entfernt, aufgebracht zu seyn, that er nichts [152]als darüber zu lachen. Ich habe lieber, sagte er, daß man dich mit einer hübschen Frau findet, als im Kloster.

Wir verlebten ein ganzes Jahr in einem glücklichen Traum unsrer Liebe. Ich war der glücklichste Mann aus der Welt, meine Frau schien mir mit jedem Tage liebenswürdiger und schöner; niemals verstanden sich wohl zwey Herzen besser. Wenn wir uns öffentlich begegneten, so begrüßten wir uns höflich, aber gleichgültig. Es ging so weit, daß selbst Annens Mutter betrogen wurde, sie beklagte sich bitter, daß ich sie ganz und gar vernachläßigte, und trug sogar einem Herrn unsrer ehmaligen Spielpartie auf, mich aufzusuchen, und auszufragen, ob sie mir Ursache gegeben hätte, mich über sie zu beklagen. Dieses zuvorkommende Wesen war nicht ohne Interesse von ihrer Seite, denn sie brauchte meiner Hülfe noch einmal in [153]der Angelegenheit mit meinem Freund, wo ich ihr schon einmal gute Dienste geleistet hatte. Meine Frau gab mir Nachricht davon, und wir verabredeten die Antwort, die ich der Frau von Albini geben sollte. Sie enthielt die Versicherung, daß ich ihr immer gleich ergeben sey, und gern meine Dienste ihr anböte, aber sie möchte mich davon frey sprechen, sie zu besuchen, weil es gegen den Willen meines Vaters geschehen müßte, mehr um ihrentwillen, als um meinetwillen müßte ich streng auf das Verbot halten; denn ich würde jede Stunde bey ihr sein, wenn ich meiner Neigung folgen dürfte. Wir fanden uns im Palais zusammen ein, ich führte sie hin, wo sie meines Beistandes bedurfte, und sprach in ihrem Beysein mit ihrer Tochter über das, was sich in ihrem gesellschaftlichen Zirkel zugetragen hatte. Ich hatte selbst die Vorsicht gebraucht, meinen [154]Vater zu fragen, ob es ihm auffallend wäre, wenn ich der Dame einige Dienste leistete, die in meiner Gewalt ständen, ihr zu erzeigen? Er sagte mir, daß es ihn im

Gegenteil freue, er bäte mich selbst darum; denn er habe sich meinen häufigen Besuchen nur entgegen gesetzt, weil er die Folgen gefürchtet habe.

Unmöglich war es zu glauben, daß zwey Personen, die sich öffentlich so betrugen, als wir es gegen einander thaten, Mann und Frau seyn könnten; wenn wir einander begegneten, wie oft geschah, so begrüßten wir einander so kalt, wie man die gleichgültigsten Menschen in Gesellschaft begrüßt, und vielleicht kurz vorher oder nachher umarmten wir uns mit der heißesten Zärtlichkeit.

Im Herbst zeigten sich die Folgen unsrer Verbindung. Anne entdeckte es mir, und ich freute mich darüber. Da die größte [155]menschliche Klugheit nicht alle Zufälle voraussehen kann, so ruhte ich nicht, bis Anne eine ansehnliche Summe Geldes von mir annahm, was sie bis jetzt immer ausgeschlagen. Der Winter verging ruhig; aber man sahe die Veränderung ihrer Gestalt nun so deutlich, daß es unmöglich schien, solche länger zu verbergen. Wir mußten nun darauf denken, uns ihrer Mutter zu entdecken. Anne hatte sich dieses so leicht vorgestellt, aber da es nun zur Ausführung kommen sollte, so fand sie tausend Schwierigkeiten, die sie nicht bedacht hatte. Sie fürchtete mehr als jemahls, daß die Mutter ihre Wahl misbilligen würde, zumal da ich der Gegenstand derselben war, weil sie alles von dem Zorn und der Rache meines Vaters besorgte. Ich tadelte ihre Furchtsamkeit, und beruhigte sie so gut ich konnte. Nach allem dem, sagte ich, ist es doch eine Sache, die ich nicht be[156]reuen kann, möchtest Du, wir wären nicht verheirathet? Nein, antwortete sie, und noch heute würde ich denselben Schritt noch einmal thun, wenn ich ihn nicht gethan hätte! Einen Ausweg schlug ich ihr vor, und wollte Gott, sie hätte mir gefolgt! Sie sollte nicht zu ihrer Mutter zurückkehren, in unsrer Wohnung bleiben, und heimlich ihre Niederkunft abwarten. Ihrer Mutter sollte sie schreiben, daß sie sich in einem Kloster befinde. Glaubt es deine Mutter oder glaubt sie es nicht, so haben wir doch unter zwey notwendigen Übeln das kleinste gewählt: ihre Ehre fordert, daß sie sich vor der Welt den Schein giebt, dir zu glauben. Zugleich werde ich dich alle Tage sehen können. Aber nur setze dich nicht mehr den Augen der Menschen aus, die dich kennen, zumal in dem Viertel der Stadt, wo du wohnst.

Du hast Recht, Liebster, war ihre Ant[157]wort, aber meine Mutter muß meinen Zustand kennen lernen, ich beschwöre dich, darein zu willigen. Ich gab endlich nach.

Wir beschloßen, ihre Mutter in unsre Wohnung zu führen, ich wollte ihr in Annens Gegenwart unsre Lage entdecken. Darauf mußten wir uns gefaßt machen, alles anzuhören, was ihr Zorn ihr eingab. Wir beschloßen, allein herzukommen und sie hernach holen zu lassen; diese Zusammenkunft wurde auf den folgenden Morgen festgesetzt.

Wir fanden uns zur bestimmten Zeit ein, wir schickten einen Wagen fort mit einem Billet an Frau von Albini. Anna hatte ihr geschrieben:

> Ein Umstand, der mir begegnet, liebste Mutter, und der Ihre Gegenwart nöthig macht, läßt mich die Feder ergreifen, um Sie zu bitten, eilig in den Wagen zu steigen, der Ihnen diesen Zettel bringt. [158]Lassen Sie sich hinführen, wohin der Kutscher angewiesen ist. Sie werden da erfahren, was ich Ihnen nur mündlich erklären kann, und in Gegenwart der Menschen, wo ich jetzt bin.
>
> Ihre treu ergebene Tochter Anna.

Sie erwartete die Ankunft der Mutter mit mehr Fassung, als ich hoffen konnte. Der Kutscher hatte Befehl, die Dame vor unsre Wohnung zu führen, wenn sie allein käme; wenn in Gesellschaft: so sollte er sie in die nächste Kirche führen, wo ich sie hernach abgeholt haben würde; aber sie kam allein.

Während daß wir sie erwarteten, verabredeten wir, daß ich sie zuerst empfangen sollte; weil ich eine heimliche Furcht hatte, meine Geliebte dem ersten Ausbruch des Zorns einer solchen Frau zu überlassen, die [159]mir wie ein böser Geist vorkam. Ich machte eine Kopie von dem Heirathsversprechen, was ich meiner Frau gegeben hatte, um es ihr zu zeigen. Kaum hatte ich dies beendigt, so hörte ich den Wagen kommen. Schnell ließ ich meine Frau ins Nebenzimmer gehen, schloß sie ein, und stellte Stühle vor die Tapetenthüre, daß man den Eingang nicht sehen konnte, und ging der Frau von Albini getrost entgegen.

Sie war sehr verwundert, mich da zu finden. Kommen Sie getrost herauf, Madame, sagte ich ihr, und bot ihr den Arm an, ich ließ Sie einladen. Ihre Tochter hat mir ihre Handschrift dazu geliehen. Wo ist sie, fragte sie hastig? Gleich wird sie hier seyn, sie ist in der Messe, sagte ich – Sie ging ins Zimmer, und ich hinunter, um den Kutscher fortzuschicken, damit Frau von Albini nicht den Einfall bekommen sollte, uns [160]sobald zu verlassen. Als ich ins Zimmer trat, drehte ich den Schlüssel zweymal herum, und schloß die Thüre unvermerkt ab, ohne daß sie es gewahr wurde. Sie fand das Zimmer sehr gut eingerichtet, und fragte wem es gehöre. Ich ging leicht über ihre Fragen weg, und bot ihr einen Sessel auf einer Stelle an, wo ich glaubte, daß meine Frau unser Gespräch würde vernehmen können.

Wissen Sie wohl, Madame, fing ich an, und rückte den Stuhl näher zu ihr, wer Ihre Tochter veranlaßt hat, Sie holen zu lassen, und Sie doch nicht selbst zu empfangen? – Mir ist die Ursache unbekannt, mein Herr, sagte sie; sollten Sie sie wissen? – Ja ich weiß sie sehr gut. Anna hat einen Schritt gethan, ohne sich vorher Ihrer Einwilligung zu versichern, aber sie hat nicht die Ehrfurcht verletzt, die sie Ih[161]nen schuldig ist, und sie glaubte, Sie achteten mich genug, um ihr um meinetwillen zu vergeben. Sie hat geglaubt, fuhr ich fort, sich ohne Ihre Einwilligung verheirathen zu dürfen, die Sache ist geschehen, alles, was Sie dagegen sagen könnten, kommt zu spät. Auch das soll ich Ihnen noch sagen, das sie schon im fünften Monat ihrer Schwangerschaft ist, seit zehn Monaten ist sie meine Gattin.

Ich hatte Mühe, meine Rede zu endigen, so oft wurde ich von ihr unterbrochen. Was, sagte sie, die Buhlerin ist verheirathet, und hat mir es verschwiegen! und in solchen Umständen! Ich will dir den Hals umdrehen, wo ist sie? In diesem Ton fuhr sie eine gute Zeit fort zu sprechen, und nun kam die Reihe an mich. Sie haben sie verführt, fuhr sie fort. Ihr Vater soll es gleich auf der Stelle wissen, in Saint Lazare soll [162]er Sie einsperren lassen. Was meine Tochter angeht, dafür will ich sorgen, sie soll in Klostermauern wohl verwahrt werden. Wie unglücklich bin ich! sie war so wohl erzogen, ihre Erziehung hatte mir so viel gekostet, und nun bin ich zu Grunde gerichtet. Mein Prozeß verloren, ich bin zur Bettlerin gemacht! Sagen Sie mir, wo sie ist, daß ich sie ersticken kann, die Unglückliche!

So wechselten in ihren Ausrufungen Mitleid und Zorn ab, und sie ließ ihrer gemeinen Denkart freyen Lauf.

Ich bedachte mich lange, was ich zu thun hätte. Unterbrach ich sie, so war zu besorgen, daß es nur ihre Wuth vermehren würde; schwieg ich aber, so mußte sie doch vor Erschöpfung aufhören. Ich ließ also ihrer Zunge freyen Lauf, ihre Wuth war entsetzlich. Sie suchte unter dem Bette, und wo nur irgend ein Anschein war, daß sich ihre [163]Tochter versteckt haben konnte; aber das Kabinet konnte sie zum Glück nicht finden. In der höchsten Wuth fragte sie mich immer, wo die Tochter sey, weil sie sie ersticken wollte, und je mehr ich diese gemeine Natur beobachtete, je leichter war mirs ums Herz, meine Frau vor dem ersten Ausbruch ihrer

Wuth gesichert zu haben. Sie ging zur Thüre, aber sie war verschlossen. Von neuem begannen nun ihre Verwünschungen, und ich sah dem Augenblick entgegen, wo sie mir ins Gesicht springen würde, um mir die Augen auszukratzen. Dieser Zustand dauerte zwey Stunden, ohne daß ich den Mund zum Sprechen öffnen konnte, und da ich endlich sie ein wenig beruhigt sah, nahm ich das Wort, und zwar in einem stolzen Tone, weil es bey gewissen Menschen nicht rathsam ist, sich den Schein der Demuth zu geben.

Ich sagte ihr ohne Umstände, daß ich ih[164]re Tochter geheirathet habe ohne ihre Einwilligung, weil ich auf diese kein Gewicht legte. Ich glaubte nicht, sie zu beschimpfen, wenn ich mich in ihre Familie eindränge, auch selbst ihre Tochter verdiente keinen Tadel darüber, daß sie mir ihre Hand gegeben hätte. Ich wäre in dem Alter, wo ich wählen könnte. Nähme sie ein Ärgerniß daran, so möchte sie thun, was ihr gut dünke. Sie möchte sich, wie sie gedroht hatte, bey meinem Vater beklagen, der mich genug durch seine Beleidigungen rächen würde. Ich würde damit loskommen, wie sie selbst sagte, einige Zeit in Saint Lazare eingesperrt zu seyn; aber ich würde die Gunst meines Vaters wieder gewinnen, sobald ich ihre Tochter verlassen wollte, sie als Mutter hingegen würde alle Achtung in den Augen der Menschen verlieren, weil sie ihre Tochter, die eine rechtmäßige Verbindung eingegangen [165]wäre, der Schande Preis gegeben. Ihr Prozeß würde dadurch um nichts gefördert werden, weil mein Vater, der die Ehre liebte, weit entfernt, ihr für ihr niederträchtiges Opfer zu danken, sie als eine Furie ansehen würde, die ihr eignes Blut einem kleinen Interesse aufgeopfert habe. Wollte sie im Gegentheil den Weg einschlagen, den die Ehre und die Klugheit ihr vorschrieben, so würde sie auf keinen dieser Abwege gerathen. Da wir ihr unsre Verbindung so lange verheimlicht hätten, ohne bey ihr den mindesten Argwohn zu erregen, so könnten wir es auch ferner so halten. Was das Aufsehn beträfe: so könnte sie öffentlich so thun, als wenn sie ihre Tochter in ein Kloster brächte, warum diese sie öffentlich bitten sollte; sie sollte alsdann wieder an den Ort zurückkommen, wo wir jetzt wären, und hier ihre Niederkunft abwarten. Ich würde ihr [166]bey ihrem Prozeß auf jede Art behülflich seyn, weil mein Vortheil mit dem ihrigen enge verbunden wäre. Sie selbst würde nicht mehr genöthigt seyn, bey fremden Menschen Geld zu borgen, weil meine Börse ihr offen sey, und ich würde alles thun, was sie von einem guten Sohn nur erwarten könne. Aber wäre sie nicht geneigt uns zu verzeihen, so würde ich Himmel und Erde bewegen, um mich zu rächen. Ihre Tochter könnte ich dem Zorn meines Vaters entreißen, weil ich sie ihm verbergen könnte. Es ist wahr, sagte ich mit einem zornigen Tone, daß ich mich nicht widersetzen kann, wenn man meine Heirath für ungültig erklärt; aber man wird nicht hindern können, ihr so viel zu geben, daß sie unabhängig von Ihnen leben kann. Sie haben jetzt Ihre Tochter zum letztenmahl gesehen. Ehe eine Stunde vergeht, wird sie nicht mehr in der Stadt seyn, [167]und ich werde sie nicht verlassen, bis ich sie an einem sichern Ort weiß, wo sie nichts mehr zu fürchten haben soll, weder von Ihrer Wuth, noch von dem Zorn meines Vaters. Sie haben nur zu wählen, sagte ich, und öffnete die Thüre, Sie können herausgehen, wenn es Ihnen gefällt, ich werde Sie nicht zurückhalten, da Sie so wenig vernünftig sind. Aber denken Sie an das, was Sie thun, und hüten Sie sich wohl, sich für Ihr ganzes Leben Vorwürfe zu bereiten.

Ich hatte mit Recht vorausgesetzt, daß dieser heftige Ton mich besser vorwärts bringen würde als alle Unterwürfigkeit. Sie fragte mich nach ihrer Tochter, aber mit einem Tone, der mich vernehmen ließ, daß sie anfing, sich zu besänftigen. Ihre Tochter ist in der Nähe, sagte ich; sie hört unser Gespräch, und sie thut wohl sich nicht zu zeigen, um einer übeln Behandlung auszuwei[168]chen. Es hängt nur von ihr ab, sich zu zeigen, aber käme sie ungerufen, so würde ich ihr in Ihrer Gegenwart zeigen, daß ich ihr Gemahl und ihr Herr bin, und würde ihr übel lohnen, sich so zur unrechten Zeit der Gefahr einer übeln Behandlung auszusetzen. Sie wurde ganz beruhigt und sanft, als sie mich so im Zorn sah.

Aber, mein Herr, sagte sie endlich, wenn Herr Rigaud erfährt, wie die Sachen stehen, was wird er machen? Ich bin nur um seinetwillen böse.

Da ich sie auf diesem Weg sah, so konnte ich ihr endlich verständlich machen, wie nöthig es sey, die Sache ganz geheim zu halten. Sie gab mir Recht, und verlangte sehr nach ihrer Tochter. Ich sagte immer, daß dies keine Eil hätte, und sie sollte sich erst wieder ganz beruhigen.

Ich stellte ihr noch einmal die Rechtmä[169]ßigkeit unsrer Verbindung vor, daß man sie nicht aufheben könne, ohne eine höhere Gewalt zu Hülfe zu rufen. Alle Vorsicht, die wir gebraucht hatten, machte ich geltend, und um sie ganz zu beruhigen, versprach ich noch, ihr den Priester kommen zu lassen, der uns getraut hatte. Sie bat mich, es zu thun.

Er war erschrocken, als er ins Zimmer trat, denn er erwartete sie nicht; aber doch faßte er sich bald wieder. Da er alles auf sich genommen hatte, und da seine eigene Ehre dabey im Spiel war, so that er, was er konnte, um Frau von Albini von der Rechtmäßigkeit unsrer Ehe zu überzeugen. Er bewieß, daß das Sakrament der Ehe heilig und unverletzlich sey, und daß ich mich in dem Alter befinde, um eine solche Verbindung einzugehen, ohne jemandem Rechenschaft von meinen Handlungen zu geben. Der Wunsch, ihre Tochter zu sehen, wurde [170]nun immer lebhafter, und da ich glaubte, daß für meine Geliebte nichts zu fürchten sey, so öffnete ich die Thüre des Nebenzimmers, nahm Annen bey der Hand, und führte sie zu ihrer Mutter, der sie zu Füßen fiel. Diese hob sie mit weinenden Augen auf; Anne weinte auch, und entschuldigte sich, so gut sie konnte. Ich schloß beyde in meine Arme, und fühlte mich glücklich, daß ich endlich so viel über die Mutter gewonnen hatte.

Wir blieben mit dem Geistlichen den Mittag zusammen, und beschlossen nun, daß Madame Rigaud gleich den folgenden Tag ihre Wohnung beziehen, und zu diesem Zwecke noch diesen Abend in öffentlicher Gesellschaft ihre Mutter um Erlaubnis bitten sollte, auf einige Zeit ins Kloster zu gehen.

Madame Albini war die erste, die uns verließ. Anne blieb noch mit mir allein. Sie [171]sagte mir, daß es sie nicht wenig befremdet habe, mich in einem so hohen Tone mit ihrer Mutter sprechen zu hören, aber zuletzt hätte sie wohl gefühlt, daß ich den besten Weg erwählt habe. Ich küßte ihre Wange statt aller Antwort. Nun wird es mir auch vergönnt seyn, liebste Anne, einige ganz ruhige Tage bey dir zuzubringen? Sie antwortete mir mit einer Umarmung und einem Lächeln. Ich bat sie, noch denselbigen Tag alles nöthige einzukaufen, damit sie alsdann nicht mehr auszugehen brauche. Sie sagte mir aber, daß sie nichts brauche, und daß unsre Hauswirthin für alles sorgen würde. Die Gunst dieser Frau hatte sie auf einen solchen Grad gewonnen, daß sie alles that, was sie nur aufbieten konnte, um ihr ihre Ergebenheit zu zeigen. So war alles bestellt, und ich hatte Annen versprochen, den folgenden Mittag bey ihrer Mutter zu seyn.

[172]Diese befolgte ihrerseits alles, was wir beschlossen hatten. Ich fand Mutter und Tochter zusammen, und wir aßen mit einander. Darauf führte ich Annen in ihre Wohnung, wir verlebten noch manche glückliche Tage, und vier Monate verstrichen in diesem glücklichen Traum, den ich leider durch meine Unvorsichtigkeit grausam zerstörte.

Die Zeit ihrer Niederkunft nahte heran: ich hatte sie seit zwey Tagen nicht sehen können. Sie fühlte sich krank, und schrieb mir ein Billet, das mir unser Hauswirth überbringen mußte.

Ich las es, und eilte zu ihr zu gehen. Als ich auf unsern Hof zuging, begegnete mir mein Vater, der mir winkte, ihm in sein Kabinet zu folgen. Er sprach mit mir von einer Stelle, die er mir verschaffen wollte, und warf einige Worte hin über einen Heirathsplan, den er für [173]mich entworfen habe. Obgleich er mir alles dieß nur in einer Entfernung zeigte: so wurde ich doch so bestürzt darüber, daß ich keine Antwort finden konnte. Ich zog mein Schnupftuch heraus, um meine Bewegung zu verbergen, und zum Unglück fiel der Brief meiner Frau, den ich eben empfangen hatte, mit heraus, ohne daß ich es bemerkte.

Ich ging zu meiner Geliebten, und sah sie zum letztenmal. Nach dem ersten freundlichen Willkommen sagte sie mir, daß sie sich sehr übel befände, auch hätte man in ihrem Hause nicht die gehörige Aufmerksamkeit, die ihr Zustand erfoderte. Sie bat mich, ihr zu erlauben, daß sie ihre Niederkunft bey ihrer Mutter erwarten dürfte; Ihre Schwestern wüßten, daß sie verheyrathet wäre, aber nicht mit wem, und die ganze Familie wäre sehr erfreut, sie wieder zu haben, ohne sich an dem geschehenen Schritt [174]zu ärgern. Ihre Niederkunft würde ein tiefes Geheimniß bleiben, denn es wären die besten Anstalten getroffen. Ihre Mutter, die das Gespräch mit anhörte, trat ihrer Tochter bey, und überredete mich nachzugeben.

Man hat ein Vorgefühl des Unglücks, und doch kann man ihm nicht entgehen! Tausend Ursachen konnten mich verhindern, meine Einwilligung zu dieser Änderung des Aufenthalts zu geben, ich nannte sie alle, und vereinigte Bitten mit Vorstellungen. Ich hatte ihnen unzählige male gesagt, daß ich selbst bey der Niederkunft zugegen seyn wollte, daß ich einen geheimen Abscheu für diesen Vorschlag habe. Das Unglück meiner Geliebten wollte es, daß sie sich aller Gewalt, die sie über mich hatte, bedienen mußte, um mich zu überreden. Ich hielt es für eine unverzeihliche Härte, meiner Frau in ihren Umständen etwas abzuschlagen; sie [175]stand mit der Miene und dem Ansehn einer Flehenden vor mir, und ich ließ mich besiegen.

Am folgenden Morgen sollte sie in ihr mütterliches Haus zurückkehren. Ich verließ sie erst in der Nacht, und war tausendmal im Begriff, mein Versprechen zu widerrufen; ich glaubte sie in langer Zeit nicht wieder zu sehen, unser Abschied war zärtlich, immer zog es mich wieder zu ihr zurück, wenn ich schon die Thüre in Händen hatte; es war, als trennte ich mich von jeder Freude des Lebens.

Ich kam zu meinem Vater zurück, wo ich nichts außerordentliches bemerkte, obgleich alles sein Ansehn für mich verändert hatte; niemand warnte mich, weil es allen unbekannt war, und ich selbst bereitete mir den tödtlichen Streich der mich treffen sollte!

Als ich aus dem Kabinet meines Vaters [176] ging, wo ich die Unterredung gehabt hatte, die mir so viel Bestürzung erweckte, so verließ auch er das Kabinet; er fand den Brief am Boden, sah ihn aber nicht an, weil er glaubte, daß er von seinem eignen Schreibtisch herabgefallen sey, und legte ihn zu andern Papieren, ohne etwas arges zu denken. Aber unglücklicherweise kamen durch die Bewegungen, die er machte, andre Papiere in Unordnung, und da sich dieser unglückliche Brief wieder darbot, so sah er, daß es die Hand eines Frauenzimmers sey. Beym Anblick einer unbekannten Handschrift öffnete er den Brief, und fand diese Zeilen:

Hast du mich verlassen, liebster Gemahl? In diesem Zustand, wo ich mich langsam verzehre, wo ich nur dem Zeitpunkt entgegen sehe, Dir das erste Pfand unsrer Zärtlichkeit in Deine Hände zu ge[177]ben, kannst Du zwey Tage vergehen lassen, ohne mich zu sehen! Ach, die feste Gesundheit, die ich genoß, ist zerstört, weil ich einen Tag zubringen mußte, ohne Dich zu umarmen! Jetzt bedarf ich mehr, wie je Deiner Gegenwart, Du sollst mich stärken, mir Muth einsprechen, um die Leiden, die mir drohen, standhaft ertragen zu können. Aber, wie es scheint, hast Du mich vergessen. Um Gotteswillen, zögre nicht noch einen Tag, wenn Du das Leben Deiner Anne retten willst.

Welchen Eindruck dieser Brief auf meinen Vater machte, läßt sich fühlen. Die Menschen, die von Natur gewaltthätig sind, sind mehr durch ihr Schweigen furchtbar, als wenn sie sich dem Ausbruch ihres Zorns hingeben. Er sagte kein Wort, aber es war in seinem Herzen beschlossen, uns auf ewig zu trennen, er wollte sich meiner versichern, [178]und Mutter und Tochter sollten auf alle ersinnliche Weise gedrückt werden. Er ging seinen Geschäften nach, wie gewöhnlich. Aber er gab einem Exempt Befehl, sich den folgenden Morgen in der Straße Saint Martin einzufinden, beym Büreau der Posten, die nach den Niederlanden gehen. Er that alles, was er mußte, um seine Schritte geltend zu machen, und trieb es so geheim, daß keiner seiner Bedienten etwas davon merken konnte. Er aß zu Mittag außer dem Hause, und kam erst Abends zurück; beym Hereingehen gab er Befehl, mich zu ihm zu bringen, sobald ich nach Hause käme.

Es war eilf Uhr des Nachts. Er sagte mir kein Wort, das den geringsten Verdacht erwecken konnte. Er fragte, ob ich für den folgenden Morgen keine Geschäfte habe, und sagte, er hätte Lust, mich an einen Ort zu führen, wo er mich schon längst hätte hin[179]bringen sollen. Ich glaubte, daß die Rede von dem Vater des Fräuleins sey, die er mir bestimmt habe, und in dieser Voraussetzung antwortete ich, daß ich folgen würde, wohin er mich führte; das einzige Geschäft, was ich hätte, wäre, den Gerichtshof zu besuchen. Desto besser, sagte er, wir werden zusammen um Sechs Uhr hingehen.

Wir stiegen den andern Morgen früh um Sechs Uhr in seinen Wagen, es war der längste Tag im Jahr, der neunzehnte Junius: dieses unglücklichen Tages werde ich ewig gedenken! Er ließ am Büreau der Niederländischen Posten Halt machen, und hieß mich in ein Zimmer gehen. Da der Vater des mir bestimmten Fräuleins, den ich zu sehen erwartete, aus der Provinz war, so glaubte ich, er sey erst vor kurzem angekommen, und wohne im Hause; und ging also, ohne Verdacht zu schöpfen ins Zimmer. [180]Aber kaum war ich darin, so fühlte ich mich von vier starken Männern festgehalten, die damit anfingen, mir den Degen zu nehmen. Ich blieb mehr todt als lebendig auf der Stelle feststehen. Hier werden Sie nicht lange bleiben, mein Herr, sagte mein Vater, man wird Sie an einen andern Ort führen. Dies ist die Ursache, sagte er, und hielt den unglücklichen Brief in die Höhe; kennst du den Brief?

Ich wollte ihm zu Füßen fallen; aber er drehte mir den Rücken zu und sagte zu dem Exempt: Erlauben Sie nicht, daß er jemanden spreche, und führen Sie ihn in einer halben Stunde ganz in der Stille an den Ort, den ich Ihnen gesagt habe.

Er verließ uns und wahrscheinlich ging er nach Saint Lazare, um Befehle zu meiner Aufnahme zu geben. Der Exempt, bey dem ich blieb, bat mich, meine Kleider zu [181]wechseln, und reichte mir eins meiner Kleider, das ganz neu und prächtig war.

Warum, fragte ich ihn, mich besser zu kleiden, um mich ins Gefängniß zu führen?

Ihr Vater will es so, war seine Antwort, man soll glauben, Sie seyen aufs Land gereiset. Ich sah wohl ein, daß wenn ich mich nicht gutwillig auskleidete, so würde man es wider meinen Willen doch thun. Ich zog den Rock aus, und späterhin erfuhr ich, daß man einen Gerichtsdiener damit ankleidete, der von meinem Alter und von meiner Gestalt war, und dieser Schelm, von meinem Bedienten begleitet, setzte sich auf meine Pferde, und sprengte in Gallop durch die Straßen. Einer meiner Bedienten mußte in einem Wirthshause aussprengen, ich reise aufs Land, um nicht so bald wieder zu kommen. Dadurch entstand das Gerede, daß ich meine Frau verlassen hätte.

[182]Ich protestirte gegen die Gewaltthätigkeit, mit der man mich behandelte, und berief mich auf mein Alter; man wollte mich nicht anhören. Ich bot dem Exempt meine Börse, meinen Ring, meine Uhr, wenn er mir erlauben wollte, ein Wort an meine Frau zu schreiben, ja ich versprach ihm mein ganzes Vermögen mit ihm zu theilen, wenn er mir diese Gunst erzeigen wollte. Als Versprechungen nichts halfen, drohte ich ihm, daß er alle meine Rache fühlen sollte, die ich fähig wäre, anszuüben. Er war so gleichgültig gegen meine Drohungen, als gegen meine Versprechungen. Um acht Uhr führte man mich nach Saint Lazare. Es war gerade die traurige Stunde, wo meine Anne ihr Auge auf ewig schloß.

Herr Rigaud kam in seine Wohnung zurück, als er mein Gefängnis verließ, und ging von da zu Fuß zu Frau von Albini. [183]Sein Besuch erregte ihre Verwunderung; aber noch mehr stieg ihr Erstaunen, als er ihr die Veranlassung seines Besuchs meldete, und in Ausdrücken, die nur die heftigste Leidenschaft entschuldigen kann. Er behandelte sie als das niedrigste Geschöpf. Sie mochte versichern, was sie auch wollte, daß sie an unserer Heirath keine Schuld habe. Er hörte sie nicht, sondern behandelte sie immer als eine Kupplerin; von meiner Frau sprach er, wie von dem verworfensten Geschöpf, und betheuerte mit einem Eydschwur, sie sollte auch ins Gefängniß gebracht werden.

Eben als er am ärgsten wüthete, kam meine Anne in das Zimmer. Sie hatte einen Schlüssel, der ihr einen verborgnen Gang ins Haus aufschloß. Der lange Gang, durch den sie gehen mußte, war abgelegen, sie konnte der Entfernung wegen, nicht vernehmen, daß man stark in dem Zimmer ih[184]rer Mutter sprach, und als sie näher kam, war es zu spät, auszuweichen. Niemand war im Hause, der sie von dem Besuch unterrichten konnte.

Sie kam in das Zimmer ihrer Mutter, der Zorn und die Wuth meines Vaters erwachten bey ihrem Anblick aufs neue, er sprach in Ausdrücken zu ihr, die sie nicht gewohnt war zu hören; sie floh aus der Thüre und stürzte ohnmächtig die Treppe hinunter, wohl zwanzig Stufen. Die Mutter, anstatt bey einem solchen Anblick Zärtlichkeit und Mitleid zu fühlen, behandelte sie in diesem schrecklichen Zustand mit der empörendsten Härte. Sehen Sie, sagte sie zu Herrn Rigaud, ob ich an dieser Heirath Schuld bin? Sie ließ eine Sänfte holen, und ließ ihre Tochter ohnmächtig in Blut schwimmend von den groben Händen der Sänftenträger anpacken, die sie bey den Hän[185]den und Füßen in die Sänfte schleppten, und in diesem Zustand schickte sie ihre Tochter ins Hotel Dieu!

So groß der Zorn meines Vaters war, so entwafnete ihn dieser rührende Anblick. Die Härte dieser unnatürlichen Mutter erweichte ihn, er stand da, ohne ein Wort sprechen zu können. Das Mitleid nahm in seinem Herzen Platz. Er wollte ihr nur übel unsrer Verbindung wegen, aber nicht das Leben sollte sie verlieren, nicht ihr Kind sollte das Opfer seyn. Aufgebracht über sich selbst und die Heftigkeit verwünschend, zu der er sich verleiten lassen, verließ er das Haus, tiefer beschämt über den Auftritt, wovon er Zeuge gewesen, als die unnatürliche Mutter, die ihn veranlaßt hatte.

Er ließ ihr sagen, daß er sie gar nicht verhindern wolle, ihrer Tochter alle Dienste und Hülfe zu leisten, die sie in ihrem Zu[186]stand bedürfe, und er bäte sie sehr, Sorge für sie und das Kind zu tragen, dem sie das Leben geben würde. Die Mutter, wie sie nachher selbst gestand, hatte alles nur aus einer verdammungswürdigen Politik gethan; sie wollte die Gunst meines Vaters nicht verscherzen, und Verzweiflung nahm bald in ihrem Herzen Raum, da sie sahe, daß sie durch ihre Strenge das Herz meines Vaters nicht gewann. Sie hatte ihre Tochter nach dem Hotel Dieu bringen lassen, um ihm zu zeigen, wie wenig Antheil sie an ihr nähme; aber ihre Absicht war, sie von da zurück zu holen, sobald er fort seyn würde.

Sie eilte, sobald mein Vater sie verlassen hatte, in das Hospital; sie fand ihre Tochter; aber Gott! in welchem Zustand! die Bewegung der Sänfte hatte sie aus ihrer Ohnmacht erweckt. Sie fiel zum zwey[187]tenmal in denselben Zustand zurück, ohne die Kraft zu haben, ein Wort hervorzubringen. Als sie aus der zweiten Ohnmacht erwachte, fand sie sich auf einem schlechten Bette, und in der Gesellschaft der verworfensten ihres Geschlechts; welche Abscheulichkeit!

Kaum öffnete sie ihre brechenden Augen, so trug man sie in ein kleines einsames Zimmer, ihre Mutter war bey ihr. Man suchte sie zu beruhigen, aber umsonst! der Schlag war zu hart, um nicht tödtlich zu sein. Eine Stunde wohl blieb sie ohne ein andres Lebenszeichen zu geben, als nur durch starre, zerstreute Blicke, die sie nach allen Seiten hinrichtete; endlich öffnete sie den schönen Mund. Ihre erste Sorge war sich nach mir zu erkundigen; man sagte, ich sey nicht da. Sie verlangte Tinte und Feder: man gab [188]sie ihr. Sie schrieb so lange, bis die schrecklichsten Krämpfe sie ergriffen.

> Ich sterbe: ich erwartete nicht so viel Unglück auf einmal. Ich will nicht nach den Urhebern meines Todes fragen, denn ich habe allen vergeben. Lebe wohl, theurer Gemahl, es wird dir nichts von mir übrig bleiben als mein Andenken. Ich fühle Dein Kind, es ist todt. Ich sterbe auch. Könnte ich Dich umarmen, ehe ich…

Hier wurden die Convulsionen heftiger, sie konnte nicht mehr schreiben: ihre Besinnung kam zurück, und sie verlangte die Absolution, die man ihr gab. Sie gebar ein todtes Kind, und starb in den Geburtsschmerzen; sie ertrug alles, ohne ein Wort gegen jemanden zu sprechen, ohne einen Laut von sich zu geben.

Ich war eingeschlossen in Saint Lazare, und konnte nichts von dieser schrecklichen Ca[189]tastrophe erfahren, denn eben, als ich in das Haus trat, starb meine Anne. Acht Tage blieb ich in der unbeschreiblichsten Ungeduld und Unruhe. Ich war wenig allein, denn immer war einer der guten Missionairs bey mir; sie versuchten, mich zu trösten, und ließen mich nach und nach größere Übel befürchten, als meine Gefangenschaft. Endlich gaben sie mir die Nachricht von dem Tode meiner einzig geliebten Gattin. Da erst betrauerte ich den Verlust meiner Freyheit, ich konnte mich nicht rächen, mir nicht selbst das Leben rauben. Ich war von Sinnen. Vergebens bemühte man sich, in einem Zeitraum von drei Monaten mir einigen Trost zu geben. Die Ursache meines Schmerzens war zu gerecht, um mich nicht ihm ganz zu überlassen.

Die frommen Brüder ehrten meinen Schmerz. Sie trauerten mit mir, um mich weicher zu machen. Sie konnten mir keinen [190]Trost geben, aber sie hatten doch meine Wuth gestillt, und mich von einem Selbstmord zurückgehalten. Ich verließ sie erst, als man mich genug beruhigt sah, um keine Gewaltthätigkeit mehr von mir zu befürchten; Ich konnte aber nicht in Paris bleiben, sondern ging zu meinem Schwager in die Normandie.

Als ich wieder nach Paris kam, war mein erster Gang ins Hotel Dieu, ich ließ mir den Platz zeigen, der alle meine Hofnungen verschließt. Auf dem Grabe meiner Gattin, die mit ihrem Kinde in einer Gruft liegt, lag ich lange ohnmächtig, man brachte mich fort, und ich hatte nicht den Muth, noch einmal hinzugehen. Ich lebe nur noch in der Aussicht, mich an dieser unnatürlichen Mutter zu rächen. Auch der Exempt ist nicht frey von meinen Verfolgungen, der mir den [191]einzigen traurigen Trost versagte, meiner Anne ein Wort schreiben zu können.

Mein Vater hatte einen unauslöschlichen Haß auf Frau von Albini geworfen, er konnte ihren Anblick nicht mehr ertragen, noch es über sich gewinnen, ihren Prozeß bey ihren Lebzeiten zu ihrem Vortheil zu endigen. Was er that geschah zu Gunsten der Geschwister meiner geliebten Anna, die ihren Verlust tief betrauerten; für sie hob er den günstigen Urtheilsspruch auf, denn es war ihm unmöglich dieser Frau einen Vortheil zu gönnen, den sie durch eine so abscheuliche Handlung zu erreichen hoffte.

II. Historische Erzählungen

Der Bastard von Navarra

[1]In der Zeit da die Christen in der berühmten Schlacht bey *Xeres* in Andalusien gänzlich geschlagen von den Mauren, und selbst der lezte König der Gothen Rodrigo sein Leben verlohr, fanden jene nirgends mehr Wiederstand, und überschwemmten den grössten Theil von Spanien.

Die Christen die ihren Anführer verlohren hatten, flüchteten sich eines theils in die Andalusianischen Gebürge, theils nach den Pyrenäen. Der eine Theil der sich nach Asturien flüchtete, wählte Pelagus einen Abkömmling *[1v]*der gothischen Könige zu ihrem Herrscher, von ihm stammen die Könige von *Oviedo* und *Leon*.

Der andere Theil, der in den Felsen der Pyrenäen seinen Schuz fand, erwählte einige Zeit darauf Inigo Garzia zu ihrem Könige. Selbst den Mauren war der Muth dieses neuen Anführers bekannt, und kaum ließen sie ihm Zeit, sich seiner Gewalt zu erfreuen, und rückten ihm mit einem zahlreichen Heere entgegen. Aber die Christen von neuem Muthe beseelt unter der Anführung eines solchen Feldherrn hatten das Glück, die Ungläubigen gänzlich zu schlagen und nahmen wieder die Städte Arragoniens, [2]und Navarra in Besiz.

In kurzer Zeit nahm die Macht der Christen so sehr überhand, daß Don Sancho der Große, ein Enkel und Nachfolger Inigos sich im Besiz der Reiche Navarra, Arragonien, Sobrarbo und des Herzogthumes Cantarbien befand, die er sich alle durch seine Tapferkeit erhielt; sogar gelang es ihm die Mauren von seinen Gränzen gänzlich zu entfernen. Noch nie war eines Königs Macht so gestiegen, als es dem Don Sancho gelungen war sie auszubreiten. Seine Unterthanen mussten nicht allein seine Tapferkeit bewundern, sondern eben so wohl sein edles Betragen, und seine Anstrengung das Wohl des Staats zu befördern.

*[2v]*In Navarra wo er sich aufhielt stellte man unaufhörliche Lustbarkeiten an, und bestrebte sich mit Vergnügungen abzuwechseln um diesen Preiswürdigen zu ergözen. Selbst die Frauen die sonst in der grössten Eingezogenheit lebten, glaubten daß es ihnen vergönnt sey einmal von ihrer gewohnten Strenge abzuweichen, und sich zu bemühen einem Prinzen zu gefallen, der so weit über die andern Männer erhaben war. Aber manche Schöne bestrebte sich umsonst seine Aufmerksamkeit zu gewinnen. Da Don Sancho die grösste Feinheit in diesen zarten Verhältnissen zeigte, so erwiederte er ihre Bemühungen mit Höflichkeit, und bewies nur Belinden [3]dem liebenswürdigsten Frauenzimmer des Königreichs mehr wie Achtung. Er vergaß nichts um sie zu überzeugen daß er sie allein mit der heftigsten Leidenschaft liebte. Doch sie betrug sich mit einer Würde daß der König lange vergebens um Erhörung seiner heissen Liebe flehte, und endlich zur Verzweiflung überging da sie ganz unempfindlich für seine Bestreben ihr zu gefallen schien. Immer versuchte er einen neuen Vorwand zu finden sie zu sehen, und je mehr er sie sah, je mehr entdeckte er neue Reize,

neue Eigenschaften die ihn fesselten. Seine Leidenschaft wurde so heftig daß er ohne sie nicht leben konnte.

Erschrocken und verwundert über die starke Neigung des Königs, stellte Belinda [3v]ihm vor, daß die Ehre die er ihr erzeige nur zu ihrem Verderben diene, mit Thränen im Auge beschwor sie ihn sie nicht mehr zu sehen. Da Sancho sie so bewegt sah, versprach er in dem Moment heftiger Rührung was sie von ihm verlangte; aber bald vergaß er des gegebnen Wortes wieder, und schilderte ihr seine Liebe mit der glühendsten Beredsamkeit, daß es ihm leichter sey zu sterben, als sie nicht mehr zu sehen. Endlich entlockte er auch ihr das Geständniß, daß nur sein Stand ihrem Herzen die Pflicht auflege kalt zu sein, daß wenn er kein König wäre es ihr Mühe kosten würde unempfindlich gegen die Liebe eines solchen Mannes zu sein der so weit durch seine Bildung wie durch seine Verdienste über [4]die andern seines Geschlechts hervor ragte. Eure Krone sagte sie, sezt Euch so weit über alle andre, daß man die Empfindungen der Ehrfurcht nicht mit andern niedern vermischen kann. Gedenket nur meiner Liebe beschwör ich Euch schönste Belinde, sagte er wieder. Ueberzeugt Euch daß ich mich stets als Euren Sklaven und nicht als Euren König betrachten werde. Diese Antwort rührte sie nicht, sie lies ihn merken daß es ihm eher gelingen würde sie zur Königinn zu machen als sich selbst zum Sklaven einer Frau die ihm ihre Liebe nicht geben könne ohne unglücklich zu werden. Er versprach ihr in der Entzückung seiner Liebe sie zu heyrathen. Aber doch erklärte er ihr dabey, Er fühle zu gut die Unmöglichkeit ihr etwas abzuschlagen [4v]wenn sie seine Wünsche erfülle; Aber doch wünschte er daß sie nicht so lange sein Glück verschieben möchte bis es ihm gelungen sey, die Gemüther seiner Grossen zu einer solchen Verbindung geneigt zu machen; Er würde ewig dieser Grosmuth eingedenk seyn, wenn sie seinen Worten Vertrauen schenken wolle. Doch würde er blindlings ihrem Willen folgen.

Ueber die Güte des Königs beschämt glaubte Belinde sich mehr durch unbegränztes Vertrauen ihrer würdig zu zeigen, als die Achtung die sie dem König in ihrem Herzen bewahrte durch Bedingungen zu verlezen. Sie verlohr endlich den Muth ihm länger [5]zu wiederstehen. Ein liebenswürdiger Knabe war die Frucht ihrer Verbindung; der König der ihn über alles liebte gab ihm den Nahmen Ramiro. Schon fing er an die Gemüther der Grossen des Reichs auf seinen Entschluß vorzubreiten als er durch eine Krankheit sich Belinden auf ewig entrissen sah. Tief fühlte sein Herz diesen Verlust, u. nur die Zeit vermochte diese Wunde zu heilen. Seine Stände drangen lebhaft in ihn eine Gemahlin zu wählen, er konnte ihren Bitten nicht wiederstehen, und wählte Nunna älteste Tochter des Grafen von Castilien zu seiner rechtmässigen Gemahlin. Es war eine Prinzeß die grosse Tugenden besaß, und nicht weniger schön war. Er hatte in dieser Ehe mehrere Kinder, und er sah jeden seiner [5v]Wünsche in Erfüllung gehen, nur einer nagte an seinem Herzen, es war ihm unmöglich die Abneigung der Königinn gegen Don Ramiro zu überwinden. Der König sparte keine Mühe und Sorgfalt für seine Erziehung, und er wurde dadurch in dem Alter von zwanzig Jahren einer der artigsten Ritter des Königreichs.

Oft versuchte die Königinn Nunna, die im Herzen entrüstet war über die Zuneigung ihres Gemahls zu seinem Bastard, vielleicht auch gesellte Eifersucht über seine Vorzüge sich hinzu, den Gemahl zu bereden daß er seinen Sohn zum Mönche bestimmen solle. Sie wendete vor daß es ihm einst einfallen könne im Reiche Zerüttungen anzustellen; aber der König der zu gut wusste wie sein [6]Sohn stets seinem Befehl gehorsam blieb u. fühlte daß er niemals die Ehrfurcht verlezen würde die er ihm schuldig sey, wollte niemals in ihre Plane willigen. Im Gegentheil erlaubte er es dem Don Ramiro seiner Neigung folgen zu dürfen, und unter den Truppen des Königs von Leon, Don Alfonso Dienste zu nehmen, der eben im Begriff stand mit den Mauren einen Krieg anzufangen.

Don Alfonso hatte drey Kinder, *Bermudo* ein Sohn, und zwey Töchter, davon die ⟨Ä⟩ltste Tigride, und ihre jüngere Schwester Elvire hieß. Der Prinz war schön von Gestalt und besaß Verstand genug; selbst in seinen gleichgültigsten Handlungen verkannte man [6v]seinen Muth nicht, ob gleich der Vater es ihm nicht vergönnte ihn in einem Feldzug gegen die Mauren zu prüfen.

Tigride so jung sie war, schien noch jünger. Ihr stolzer u. majestätischer Wuchs, ließ durch ihren königlichen Anstand ihre Geburth errathen, denn auch von ihrem Vater hatte sie diese Vorzüge schon zum Erbtheil empfangen. Ein schöner Wuchs, hellblonde Locken die reichlich um ihre Schultern flossen feurige Augen, doch nicht ohne Sanftheit zu verrathen glänzten unter der Stirne hervor. Die ganze Bildung des Gesichts war vollkommen, und alles war von einer Grazie übergossen, daß es schien es hätte die Natur sich erschöpft um eine solche Schönheit zu bilden. [7]Mit dieser Schönheit verband sie viel Verstand, und suchte mit aller möglichen Strenge ihren Pflichten gehorsam zu seyn, ohne daß sie die Mühe scheute. Sie besaß Festigkeit um ihren Wünschen eifrig nachzustreben, aber sie wusste auch sich der Gemüther so zu bemächtigen, und die Mittel zu ihren Zwecken aufzusuchen, daß sie nichts aufgab was sie einmal unternahm. Man musste ihr wohlwollen denn die Macht ihrer Schönheit nahm alle Herzen gefangen. Aber sie war stolz und schien die Bewunderung nicht zu bemerken die man ihr zeigte. Sie hatte schon meh⟨r⟩ere Prinzen die sich in *Leon* einfanden in der Hofnung ihr zu gefallen, zurückgewiesen, und abgestossen durch ihre Kälte.

[7v]Elvire war weniger auf⟨f⟩allend, ihre Gesichtszüge waren fein und zart, ihr Gemüth sanft u. sie bewahrte eine unversiegbare Quelle von Zärtlichkeit im Herzen, doch misbrauchte sie niemals diese Gefühle, und war sie weniger schön als ihre Schwester, so war sie doch nicht weniger zärtlich. Beyde Schwestern waren durch innige Liebe verbunden, u. lebten in einem so vertraulichen Einverständniß, daß keine der andern ein Geheimniß verbarg.

Die Königinn Nunna die für Schönheit in jeglichem Geschlecht Sinn hatte, und sich daran ergözte, wünschte sehnlich daß ihr Bruder *Don Garzian* von Castilien die schöne Tigride zu gewinnen vermöchte. Er selbst [8]that in dieser Hofnung eine Reise am Hof des Leonischen Königs, in der Erwartung durch seine schöne Gestalt wie durch das Feine seiner Sitten das Herz der Prinzessin zu gewinnen. Aber Tigride weit entfernt auf seine Bemühungen zu achten sah ihn mit Stolz an. Elvire hingegen war minder grausam gegen ihn gesinnt, und schmeichelte sich im Stillen mit der Hofnung daß Don Garzian, sein Herz zu ihrem wenden könne, wenn der Stolz ihrer Schwester ihn abgeschreckt haben würde. Sie unterhielt nicht ungern in dem Herzen ihrer Schwester eine Gleichgültigkeit gegen den Grafen von Castilien, und versäumte nicht leicht ihrestheils einer Gelegenheit in ihm Neigung für sich zu erwecken. Aber ihre [8v]Kunstgriffe hatten nicht den Erfolg den sie erwartete. Don Garzian hatte nur Augen für die Reize ihrer Schwester, auch selbst ihr Stolz war ihr erträglich, weil er Hofnung schöpfte ihn durch seine Beharrlichkeit einst überwältigen zu können.

Don Alfonso der die Anträge des Grafen von Castilien für seine Tochter sehr vortheilhaft fand, und eben so sehr für seine Staaten, entfernte sie nicht; aber er wollte doch ehe er seine Einwilligung bekannt machte, die Grafschaft Castilien in ein Königreich umgeschaffen sehen. Noch verzögerten Schwierigkeiten die Ausführung dieser Plane, und Don Garzian entfernte sich von *Leon*, um die Castilianischen [9]Staaten zusammen zu rufen, und um andre Mitteln zu erbieten, seine Hofnungen wircklich zu machen.

Indessen erfocht Don Ramiro jeden Tag neue Siege über die Mauren. Er diente dem *Leonischen* Hofe oft zum Gegenstand der Bewundrung. Man unterhielt sich von seinen Thaten, selbst Tigriden rührten die Verdienste dieses Prinzen, sie besaß eine grosse Neugierde ihn zu sehen. Die Mauren von manchem beträchtlichen Verlust erschöpft, entschlossen sich einen neuen Versuch zu wagen, um Don Ramiro zu überfallen, sie wollten sich für alle die übeln Begegnungen rächen die sie von ihm erduldet hatten. Eine ganze Nacht hindurch [9v]dauerte der Marsch ihrer Truppen, um diejenigen die noch im *Leonischen* Lager waren zu überfallen, jene wähnten der Feind sey noch weit von ihnen entfernt; alles was fähig war Widerstand zu leisten fiel unter des Feindes Klinge, nachdem sie durch alle Truppen Furcht u. Schrecken verbreitet hatten zogen sie sich endlich mit einer grossen Anzahl Gefangener zurück unter denen sich viel Anführer befanden. Don Ramiro stand in einiger Entfernung von den übrigen, sobald er von dieser Unordnung benachrichtigt war, kam schnell von wenigen Gefährten begleitet den Seinigen zu Hülfe. Sobald er den weichenden Feind gewahr wurde fiel er auf ihn ein, mit eben so viel Vertrauen als wenn ihm eine ganze Armee gefolgt wäre; er stürzte [10]die Reyhen der Mauren zu Boden, brachte alles in Verwirrung, und nachdem er die Gefangnen die sie gemacht wieder befreyt hatte, und sie von neuem bewaffnet fiel er so gewaltig auf den Feind ein, der schon ermüdet von einem langen beschwerlichen Weg war, daß ihm kein einziger entging. Don Ramiro selbst erhielt einige Wunden, aber zum Glück keine gefährliche. Dieser Vorfall der des Königs beste Truppen gerettet hatte machte in Spanien ein so grosses Aufsehn, und vermehrte Ramiros Ruf so sehr daß jedermann mit Bewundrung von ihm sprach. Don Alfonso nannte nie seinen Nahmen, ohne ihn mit Lobeserhebungen zu begleiten; und im Stillen wusste es sich seine Tochter selbst Dank daß sie einem [10v]Mann von solchen Verdiensten ihre Achtung geschenkt hatte, diese lezten ruhmvollen Thaten vermehrten noch den Wunsch u. die Neugierde ihn zu sehen.

Da die Mauren das Feld geräumt hatten, so kam Don Ramiro der keinen Feind mehr zu bekämpfen hatte an den Hof des Königs. Er wurde von Alfonso mit allen den Zeichen von Achtung und Dankbarkeit empfangen, wie nur die Könige gewohnt sind grossen Kriegern zu huldigen. Auch Prinz Bermudo unterließ nicht ihm die Achtung zu bezeigen die er für ihn empfand. Tigride so viel Neugierde sie auch gezeigt, den Helden zu sehen, war bestürzt als sie erfuhr daß ihr Vater begleitet von Don Ramiro ins Zimmer treten würde. [11]Sie fürchtete nun seinen Anblick eben so sehr als sie ihn gewünscht hatte, seine Gegenwart vesezte sie in eine unerklärliche Verlegenheit. Schon längst hatte sie gewünscht seine Züge genau betrachten zu können, und jezt wagte sie nicht ihre Augen aufzuschlagen. Schaam und Verdruß über diese Verlegenheit kämpften in ihrer Brust. Auf einige Augenblicke siegte der Stolz, und sie blickte nach ihm, und erkannte gleich das gefällige Äußere Don Ramiros, ein edles Feuer glänzte aus seinem Gesichte; manichfache Empfindungen bestürmten ihr Herz sie verstand nicht warum sie so lebhaften Theil an diesem Prinzen nehmen musste, denn es betrübte sie als der König mit seinem Gast ihr Zimmer verließ. Dieser Schmerz enträthselte ihr die wahren Gesinnungen [11v]ihres Herzens zu wohl, sie fühlte die Gewalt der Neigung, die heimlich in ihrem Herzen für Don Ramiro aufkeimte, so wenig sie sonst ein Geheimniß für Elvire hatte, so verbarg sie ihr doch mit Sorgfalt die Bewegung ihres Herzens, und bemühte sich gleichgültig über den Prinzen zu sprechen.

Auch Don Ramiro dem bis jezt die Liebe noch unbekannt war, und nur für den Ruhm empfänglich, wurde von Tigridens Schönheit so geblendet, daß auch er in diesem ersten Moment, eine ihm sonst unbekannte Regung empfand. Er suchte gern den Ort auf wo er hoffen konnte sie zu sehen. War er bey ihr u. begegnete den Augen der Prinzessinn so blickte er aus Ehrfurcht weg; Tigride die beleidigt wurde daß er sie überrascht hatte schlug die ihrigen eben so schnell zu Boden.

[12]Beyde waren weit entfernt sich dieser glücklichen Simpathie zu freuen, und wurden nur um so mehr verlegen. Don Ramiro halb beleidigt daß sie ihn des Vergnügens beraubte sie anblicken zu dürfen, die Prinzeßinn hingegen beschämt immer des Prinzen Augen zu begegnen der sie immer starr ansah wünschte oft weniger beobachtet zu seyn.

Je mehr er sie sah, je nachdenklicher entfernte er sich von ihr, und da er seine Gedanken so gern mit ihr beschäftigte so suchte er genau nach ihren Neigungen und Gemüthsart zu forschen. Aber als er erfuhr daß sie die Huldigung der grössten Prinzen verschmäht habe, so fürchtete er daß ihr Stolz *[12v]*sich nicht mit der Neigung eines Abentheurers ohne Land begnügen würde. Er warf sich seine Kühnheit vor an eine solche Prinzeßinn zu denken. Aber troz aller seiner Betrachtungen hatte er doch nicht Stärcke genug die Gedanken an Sie zu unterdrücken. Noch voll von dem Bilde der schönen Tigride, erhielt er Briefe von Don Sancho dem Grossen seinem Vater. Er hatte mit Entzücken die grossen Thaten seines Sohnes vernommen, und war ungedultig ihn selbst zu sehen, er befahl ihm in diesem Brief, sich unverzüglich nach *Pampelona* zu begeben. So sehr ihm anfangs dieser Befehl Freude [13]machte, denn er hofte es sollte ihm gelingen sich mit Gewalt aus seinen Träumereyen reissen zu können. Aber bald ließ die Betrachtung daß er die schöne Tigride nicht mehr sehen könne ihn seine Abreise als das grösste Unglück betrachten. Der Befehl seines Vater⟨s⟩ schien ihm grausam. Er wollte die Prinzeßinn nicht wieder sehen, aus Furcht daß er nicht mehr Gewalt über sich haben würde sich von ihr zu entfernen; und doch fand er eine Art von Trost seine Abreise noch zu verschieben.

Aber er musste doch endlich einen Entschluß faßen, er fand keine Ausflucht mehr sich seines Vaters Befehl zu wiedersezen, u. er nahm Abschied vom König, Bermudos führte ihn auch in das Zimmer der Prinzessinnen, und sagte *[13v]*in einem scherzhaften Ton, daß Don Ramiro sich nur von ihnen entferne, weil ihre Reize keine Gewalt hätten ihn zurückzuhalten. Dieser Ausfall der auf Tigridens Wangen eine Röthe lockte, beschämte auch den Prinzen, es wurde ihm schwer in der Verwirrung den Zusammenhang seiner Rede zu fassen. Auch Tigride die anworten wollte, konnte eben so wenig Worte finden, und diese gemeinschaftliche Verlegenheit trug nicht wenig dazu bey ihnen die Harmonie ihrer Gemüther zu erklären, und da beyde sehr aufmerksame Beobachter waren, so wurde es ihnen nicht schwer sich in dieser stummen Sprache manches Zärtliche zu sagen.

Ramiro begann schon eine höhere Meinung von sich zu fassen, da er sah daß [14]eine Prinzeßinn die schon manchen Grossen ihre Gleichgültigkeit gezeigt hatte, ihm mit so günstigen Augen betrachte, und der Gedanke an seine Abreise wurde immer schmerzlicher⟨.⟩ Immer stand Tigridens Bild vor seinen Augen jeden ihrer Blicke deutete er sich auf eine günstige Weise, u. so schmeichelte sich sein Herz mit der süssen Hofnung der Liebe. Gern hätte er seine Abreise immer aufgeschoben, aber da er schon Abschied vom König genommen so konnte er des Wohlstands wegen die Abreise nicht länger verschieben: In dieser äusserst traurigen Verlegenheit, fasste er den Entschluß an Tigriden zu schreiben, und nie wieder ihr unter die Augen zu treten wenn sie seine Kühnheit misbilligen sollte:

> *[14v]*Ich zittre sagte er in diesem Brief, den er ihr durch einen sichren Menschen zukommen ließ, indem ich dieses schreibe, indem ich Ihnen meine Gefühle nieder schreibe,

> die mein Herz überwältigen, die ich nicht zu entdecken wage; denn nichts fürchte ich so sehr als Ihnen zu misfallen, und doch kann ich mich nicht zurückhalten Ihnen zu sagen wie ich immer und immer mit Ihnen beschäftigt bin; daß ich nur in den Gedanken an Sie wahres Vergnügen finde; mein Leben daß sonst nie in Anschlag gebracht wurde, daß ich für nichts zählte, und dem kleinsten Zufall preis gab, fängt an mir wichtig zu werden, durch den Gedanken es für Sie aufopfern zu können. Die Aufnahme die Sie diesen Zeilen [15]gönnen werden, wird über mein Schicksal entscheiden: Ach verwürfen Sie nicht die Empfindungen die mein Herz für Sie beleben! Mein Glück würde ohne Gränzen sein; oder sprächen Sie im Gegentheil mein Unglück aus, so giebt es nichts unter dem weiten Blau des Himmels, was mich trösten könnte.

Don Ramiros Besuche wie seine Gespräche hatten eben so viel beygetragen, Tigridens Leidenschaft anzufachen; aber da die gefällige Art mit der sie ihn aufnahm, nicht ihn bewegen konnte sie noch einmahl zu sehen, noch Abschied wenigstens von ihr zu nehmen, so befürchtete sie daß mehr Artigkeit als Leidenschaft seine Schritte gelenkt habe. Aber sein Brief überzeugte sie bald eines andern, und mit Vergnügen las sie daß sie sich in ihrem Urtheil *[15v]*über ihn betrogen. Sie bereute es nicht dem einzigen Mann ihre Liebe geschenkt zu haben, deren er ganz werth war. Sie hätte ihm auf der Stelle geantwortet, ohne sich an die Rücksichten die weibliche Delikatesse ihr auflegen mussten zu stoßen, aber bey ruhigren Nachdenken behielt Schaam über ihre Schwacheit die Oberhand, und ihr Herz bald von Stolz erhoben, bald von dem Wunsche belebt ihrem Geliebten zu antworten, blieb lange unentschieden. Wohl hundertmahl las sie den Brief des Prinzen wieder; und immer konnte sie keinen Entschluß fassen. Der Gedanke daß ihr Schweigen ihm Kummer mache beunruhigte sie; und die Vorstellung auf welche Art er ihre Antwort aufnehmen würde machte sie schon im Voraus glücklich, und doch [16]versuchte sie vergebens, zu schreiben. Die sprach mächtig in ihrem Herzen für Don Ramiro, aber ihr Stolz und ihre Sittsamkeit wiedersezten sich den Eingebungen der Liebe. Endlich nach manchen fruchtlosen Versuchen gelang es ihr diese Zeilen zu schreiben.

> Wie sehr danke ich es Ihrem Herzen daß es so vortheilhafte Gesinnungen für mich hegt; aber noch mehr danke ich Ihnen selbst daß Sie schnell nach der Entdeckung die Sie mir machten abreisen. Denn ich läugne nicht daß ein längerer Aufenthalt bey uns mich hätte beunruhigen können. Ihre Aufmerksamkeit für mich, mit der Achtung verbunden die ich in meinem Herzen für Sie bewahre, hätten mich nicht in meiner gewohnten Ruhe erhalten.

*[16v]*Don Ramiros Reise ging langsam, und er erhielt Tigridens *billet* noch auf dem Wege, welche Freude er empfand vermochte er nicht auszudrücken, als er es unzählige Mahle durchlesen hatte, fühlte er sich zu schwach, seine Reise fortzusezen, und die dringenden Befehle zur Abreise, die ihm sein Vater gab, vergeßend, kehrte er nach *Leon* zurück.

Da er sich des Wohlstandes wegen nicht öffentlich in *Leon* am Hof zeigen durfte, da er zu förmlich Abschied genommen, so verbarg er sich am Tage, und brachte die Nächte in den Gärten des Königs unter Tigridens Fenstern zu, in der Hofnung daß ein gutes Gestirn ihm eine Gelegenheit gönnen würde sie zu sehen.

Zufällig fand sich an Tigridens Fenstern eine ihrer Sklavinnen, und entdeckte ihn [17]beym Schimmer des Mondes. Als Ramiro dieses bemerkte versuchte er sich zu verbergen, fest überzeugt daß es nicht möglich sey ihn zu entdecken. Aber eben diese Vorsicht ließ die Sklavinn fürchten daß der Mann böse Absichten habe. Sie benachrichtigte die Wache, und diese fand leicht den Ort wo sich Don Ramiro verborgen hatte. Aber er schlug sie muthig zurück. Erschrocken über diese Unordnung weckte die Sklavinn alle Frauen der Prinzeßinn. Sie selbst kam ans Fenster, und es entging ihr nicht wie muthvoll ein Einziger Mann sich gegen eine ziemliche Anzahl Soldaten vertheidigte, und siegte. Sie sah noch mehr daß er sogar einige ausser Stand gesezt hatte das Gefecht fortzusezen. Ihr Staunen wuchs bey der bewundrungswürdigen Tapferkeit dieses Mannes, und da sie ein [17v]gefühlvolles Herz hatte, und sie gern alles was sie sah ins Gebiet der Liebe zog, so zitterte sie für den tapfern Unbekannten, und gedachte ihres Geliebten. Es wurde ihr immer gewisser daß er allein es nur sein könnte, der so vielen Feinden die Stirne bot. Niemand wagte sich mehr an diesen Unbekannten, die Wache die anfing zu verzweifeln, war entschlossen da sie ihm nicht wiederstehen könne, ihn zu belagern bis am nächsten Morgen, aber die Prinzeßinn befahl ihnen sich zurück zu ziehen; gegen den Unbekannten sich wendend sagte sie ihm, daß sie seiner Tapferkeit wegen ihn begnadigen wolle. Sie versprach selbst ihre Vermittelung beym König ihrem Vater, wenn er ihr seinen Nahmen entdecke, und die Ursache die ihn zu einer so [18]ungewöhnlichen Zeit an diesen Ort führe.

Ramiro erkannte bald die Stimme seiner angebeteten Prinzeßinn, und antwortete daß er aus der Art wie sie ihm das Leben rette wohl sehe daß sie die großmüthigste Prinzeßinn der Erde sey, aber seine Geschäfte wären so geheimnißvoll daß er sie nicht in Gegenwart so vieler Menschen davon unterrichten könne. Auch Tigride erkannte die Stimme des Geliebten, seine große Tapferkeit, der Ton indem er sprach bestätigte sie noch mehr darinn. Und doch wusste sie daß er abgereißt sey, und sah keine Wahrscheinlichkeit daß er in so kurzer Zeit zurückkommen könne. So ungewiß sie war, [18v]so unterließ sie es doch nicht ihren Frauen den Befehl zu geben sich in einiger Entfernung von ihr zu halten, indem sie ihnen zu verstehen gab, daß vielleicht dieser Mensch wichtige Geheimnisse zu entdecken habe die er nicht in Gegenwart so vieler Menschen entdecken könne.

Als sie allein waren sagte sie ihm daß er ihr nun offenherzig sein Unglück entdecken könne, ohne Furcht gehört zu werden. Mein Schicksal war seine Antwort ist so unglücklich, daß ich nur den einzigen Trost darinn finde wenn ich mich Ihnen entdecken darf. So sind Sie es denn wircklich, rufte Tigride, die keinen Zweifel mehr haben konnte, aus. [19]Sie Ramiro wagen Ihr Leben daß dem Staate so wichtig ist, und den Feinden der Christen so unglückbringend, so leichtsinnig. Mein Herz hatte wahr gesagt als ich Sie durch Ihre Tapferkeit erkannte, denn nur Sie allein konnten so viele Menschen besiegen; aber doch gab mir Ihr Brief Hofnung daß Sie Ihr Leben nicht so leicht aufs Spiel sezen würden. Sagen Sie mir welcher Zufall bringt Sie zurück, der ganze Hof glaubt Sie längst in *Pampelona*. Schon war ich auf dem Wege dahin, fiel Ramiro ein, aber Ihre Zeilen die ich auf der Reise erhielt erfreuten mich zu sehr, und der Gedanke einer Entfernung von Ihnen war mir unerträglich, [19v]es wäre mir unmöglich gewesen meine Reise fortzusezen. Ohne Hofnung Sie zu sehen kam ich zurück, nur der Gedanke die Nächte in Ihren Gärten zuzubringen, Ihren Pallast in der Ferne sehen zu können war mir tröstend, ich wollte mich nur an dem Gedanken weiden in Ihrer Nähe mich zu wissen. Ich gestehe sagte Tigride daß ich Sie achtete noch ehe ich Sie kannte, aber jezt da ich Sie kenne beunruhigt mich der Gedanke daß ich Sie nicht oft sehen konnte, so wenig ich in meinem Herzen Ihre Zurückkunft tadle so weis ich nicht ob ich es nicht lieber sähe Sie hätten Ihre Reise ohne Unterbrechung fortgesezt, denn Ihre Reise ist nöthig, und jezt verspätet sich [20]die Zurückkunft an der ich schon mein Herz ergözte. Nur zu gut fühle ich es daß diese Unterredung nicht die Ungeduld vermindern wird mit der ich Ihre Rückkunft erwarte.

Als Ramiro eben antworten wollte, näherte sich eine Hofdame Tigridens die einiges Ansehn über sie hatte. Sie unterbrach das Gespräch mit der Vorstellung, daß es Tädel verdiene, zu einer solchen Tageszeit eine Unterredung am Fenster zu haben. Aber der Prinzeßinn die viel Geistesgegenwart besaß fiel es nicht schwer eine Geschichte zu erfinden, und nachdem sie dem Prinzen zugerufen er solle seine Reise fortsezen, und versichert sein, daß sie seines Vortheils gedenke, machte sie der Hofdame eine so glaubwürdige *[20v]*Geschichte, daß jene nicht den geringsten Verdacht wegen dem Einverständniß der Liebenden schöpfen konnte. Don Ramiro war über diese Unterredung so entzückt daß er mit neuem Muth seine Reise antrat, fest entschlossen so bald als möglich am Hof des Königs von *Leon* zurück zu kehren.

In Gedanken wiederholte Tigride sich tausendmahl was ihr ihr Geliebter sagte. Seine schnelle Zurückkunft war ihr der größte Beweis von der Heftigkeit seiner Leidenschaft. Sie rechnete ihm die Gefahren die er ihrentwillen erduldet, die Nächte die er ohne Schlaf ihr zu liebe in den Gärten ihres Vaters zubrachte doppelt und dreyfach an. Und war tief erschüttert über [21]den Gedanken aller Gefahren denen er um ihrentwillen muthvoll getrozt hatte. Stets war sie mit etwas in ihrem Geiste beschäftigt was auf ihre Liebe Bezug hatte. Sie suchte so viel es ihr die Verhältnisse des Hofes erlaubten die Einsamkeit, um so ungestört der Neigung ihres Herzens nachhängen zu können.

Ihrer Schwester Elvire die sie genau beobachtete entging die Bemerkung nicht, daß sie schwermüthiger als je sey, daß sie des Don Ramiro mit einer grossen Achtung erwähnte, und sie machte den Schluß, daß dieser Antheil an der traurigen nachdenkenden Stimmung haben könne. Alles wollte sie anwenden beschloß sie in ihrem Herzen *[21v]*sich das Geheimnis aufzuklären, und wusste stets mit Geschicklichkeit das Gespräch auf den Prinzen zu lenken. Sie sprach von ihm auf eine Art die zeigte daß sie seinen Werth fühle, und ihre Meinungen stimmten so treu mit denen ihrer Schwester zusammen daß jene den Entschluß vergaß, ihr ihre Neigung verborgen zu halten.

Die Absichten die Elvire auf das Herz des Castilianischen Grafen hatte, trugen nicht wenig dazu bey, Don Ramiro in dem Herzen ihrer Schwester noch einen höhern Plaz anzuweisen, sie strebte so viel sie es vermochte, die Gedanken Tigridens immer weiter noch von Don Garzian zu entfernen. [22]Jeden günstigen Augenblick benuzte sie, und rief die grossen Thaten Ramiros in das Andenken seiner Geliebten zurück. Sie gefiel sich seine Gestalt, seine Reize noch durch die glühende Farbe der Phantasie zu erhöhen. Selbst über seine unächte Geburt deckte sie einen Schleyer, und tadelte den Irrthum der Natur, und mehr noch die Ungerechtigkeit der Geseze. Wie unbillig fand sie es daß er der Erbe der Schönheit seines Grossen Vaters, der nicht minder seiner Tapferkeit geerbt hatte, nicht auch sein Reich sich erwerben sollte. Tigride gern von den Gründen ihrer Schwester bestochen, versicherte sie daß sie zu einer Zeit da das Reich in solchen traurigen Umständen sey, *[22v]*und der Feind jeden Tag mächtige Fortschritte mache, sie viel mehr Gewicht auf die persönliche Tapferkeit eines Feldherrn lege, der jeden Tag neue Eroberungen machen könne, als auf die Macht eines ruhliebenden Prinzen der jeden Tag mit dem Verlust seines Landes bedroht würde. Da man der Beispiele so viele habe von Prinzen die der Feind vertrieben.

So tief Tigride die Wahrheit der Schilderung ihrer Schwester fühlte, so schien es ihr zu befremden daß jene mit so einer Wärme des Prinzen gedenke, und es erwachte Eifersucht in ihrem Herzen. Sie fürchtete in ihrer Schwester eine Nebenbuhlerin zu finden, und der Gedanke so viel wie möglich ihre Gefühle ihr [23]zu verbergen, und nur der Einsamkeit ihre Seufzer zu vertrauen. Sie wurde immer zurückhaltender.

Mit der größten Freude und Zärtlichkeit empfing Don Sancho der Grosse seinem Sohn, und die alte Eifersucht der Königinn Nunna erwachte aufs neue. Sie hatte auch drey Söhne in dem Alter, daß sie fähig waren in Krieg zu ziehen, aber sie liebten mehr die weichlichen Ergözlichkeiten des Hoflebens, als die Gefahren des Kriegs. Selbst ihre Mutter trug nicht wenig dazu bey, sie in dieser Unthätigkeit zu erhalten, weil ihre Zärtlichkeit für sie, den Wunsch sie stets um sich haben zu können lebendig im Herzen erhielt. Die Rückkunft Ramiros beunruhigte [23v]sie nicht wenig, denn sie fürchtete, daß sein erworbner Ruhm in den Gefechten mit den Mauren, Don Sancho bestimmen könne, den Bastard in die rechtmässige Erbfolge eintreten zu lassen, man hatte in Spanien selbst schon Beispiele davon. Sie versuchte daher alles mögliche um ihn zu stürzen, und zuerst suchte sie nur einen Vorwand Ramiro so schleunig wie möglich wieder vom Hof und den Augen seines Vaters zu entfernen.

Don Sancho bot sich bald von selbst aber wieder eine Gelegenheit dar, seinen Sohn in Thätigkeit zu sezen. Die Cantabrer betrogen durch einen verführerischen Zuruf eines Druiden, hatten sich unter einem [24]falschen Vorwand der Religion empört. Er musste Truppen zu ihnen senden, um die Empörer zu ihrer Pflicht zurück zu rufen. Die Königinn wohl unterrichtet von dem Muth, u. der Hartnäckigkeit dieses Volckes, sah bald ein wie gefährlich und blutig dieser Krieg werden könnte. Sie beredete daher ihren Gemahl Don Ramiro hinzusenden, in der Ueberzeugung daß er dort seinen Todt finden würde. Der Vater der die grosse Meinung von der Tapferkeit seines Sohnes hegte, befahl ihm gegen die Rebellen zu Felde zu ziehen. So erfreulich dieser Befehl ihm zu jeder andern Zeit gewesen sein würde, so gab er ihm jezt die grösste [24v]Unruhe, denn er hatte den Vorsaz, so gleich wieder zu seiner angebeteten Tigride zurück zu kehren. Wie hatte er schon in der Hofnung gelebt sie zu sehen, wie hatte er sich gedacht daß sie ungedultig schon seiner Zurückkunft harren würde, auch er hatte schon jede Minute erzählt. Und auf einmal trennte ihn der Befehl seines Vaters von seinen Hofnungen. Schimpflich wäre es ihm gewesen in seinem Alter ein solches Anerbieten abzulehnen, das ihm das Vertrauen seines Vaters ans Herz legte, und doch vermochte er noch weniger den Entschluß zu fassen sich von seiner Geliebten zu trennen. Der Ruhm rufte ihn an die Spize des Heers, [25]und die Liebe nach *Leon*. Zuweilen war er fest entschloßen seiner Liebe alles zum Opfer zu bringen; und bald nachher dachte er nur darauf seinem Vater gehorsam zu seyn, er fühlte sich unwerth ihm zu folgen, da er habe daran denken können ihn zu verlaßen, indem ihn Don Sancho zu so grossen Thaten erkohren hatte; Noch immer blieb er ungewiß, schwankend zwischen der Liebe, und dem Ruhm, seiner Pflicht, und es wurde ihm schwer seinen Entschluß zu fassen, als der Gedanke die Oberhand behielt, durch neue ausserordentliche Thaten der Tapferkeit noch mehr das Herz der Prinzeßinn zu gewinnen, und er hatte es fest beschlossen ins Feld gegen die Cantarbrer zu ziehen. Aber vor seiner [25v]Abreise schrieb er noch folgende Zeilen.

Ich war in dem Glauben, daß ein Leben das Ihnen die Rettung verdanke nicht anders als glücklich seyn könne, und ich bereitete mich schon zu meiner Reise zu Ihnen, als ich den Befehl des Königs erhielt, mich zu einem Feldzug gegen die Cantarbrer zu rüsten. Brauche ich Ihnen diese schreckliche Verzweiflung zu schildern in die mich dieser Befehl stürzte? Ich schwankte lange, ob ich nicht alles verlassen solle um zu Ihnen zu eilen, oder das Commando der Armee zu übernehmen. Der Gedanke daß ich nicht Ruhm genug erwerben kann um mich Ihrer würdig zu machen hat den Entschluß der Armee zu folgen in mir bestärckt. [26]Ich folge meines Vaters Befehle, weil ich glaube daß der Krieg nicht von langer Dauer sein kann, denn es ist mir als könnte keine Macht mir wiederstehen, wenn der Wunsch mich beflügelt, nach geendigtem Krieg zu Ihnen zurückkehren zu können. Dies sey der Lohn meines Siegs.

Da Don Ramiro nicht vorher sehen konnte, was ihm am Hofe seines Vaters wichtiges begegnen könnte um nicht eilend wieder nach *Leon* zurückzukehren, hatte ⟨er⟩ dort einen Menschen zurückgelassen auf dessen Treue und Klugheit er zählte, der auch schon sein *Billet* in Tigridens Hände gebracht hatte. Er *[26v]*⟨sah⟩ sich in nicht geringer Verlegenheit auf welche Art er ihr dieses zukommen lassen könne. – Die Vorsicht und Sorgfalt, mit ⟨der⟩ er die Besorgung dieses neuern Briefs empfahl erregte Verdacht bey dem Ueberbringer desselben, dieser feile niedrige Mensch glaubte den Innhalt sehr wichtig. Er kannte den Haß der Königinn gegen Don Ramiro, er hofte sie würde ihn sehr freygebig belohnen, wenn er ihr den Brief des Prinzen in die Hände lieferte, und unterließ nicht sobald als Don Ramiro abgereißt war, den Brief in die Hände der Königinn zu übergeben. Nunna über diese Entdeckung erfreut [27]sah voraus, wie vortheilhaft eine solche Verbindung für Don Ramiro sey, und war sogleich fest entschlossen alle ihre Kräfte aufzubieten um diese Verbindung zu hintertreiben, und wollte die Abwesenheit Don Ramiros nuzen, um die Verbindung ihres Bruders des Grafen von Castilien zu beschleunigen. Sie glaubte nun es sey nöthig Don Ramiros Brief an Tigriden zu unterschlagen. Sie fürchtete daß eine Entdeckung ihres Bruders, dieses Einverständnißes der beyden Liebenden ihn abschrecken möchte seine Bewerbungen fortzusezen. Sie vermochte es also über Don Garzias nach *Leon* zurück zu kehren, und es dem K⟨ö⟩nig nahe zu legen *[27v]*seine Tochter nicht zu versagen; Sie schrieb selbst an Don Alfonso, bat ihn ihren Bruder zu begünstigen, und versicherte daß ihm nichts im Wege stehe, Castilien zu einem Königreich zu erheben.

Don Garzias der die Vorschläge seiner Schwester ehrte, reißte unverzüglich nach *Leon*, und ließ kein Mittel unversucht um sich Tigridens Liebe zu erwerben. Diese die Ramiros *Billet* nicht erhalten, und keine Nachricht von ihm hatte war in der grössten Ungeduld etwas zu vernehmen. Ihr Stolz war unzufrieden über sein Stilleschweigen, und sie suchte mit aller Gewalt selbst ihre Leidenschaft zu [28]verbergen, da sie seit dem Gespräch mit ihrer besten Freundin ihrer Schwester auch selbst ihr nicht vertrauen konnte, weil sie ihre Liebe zu Don Ramiro entdeckt zu haben wähnte. So viel Kummer ihr die Wiederkunft des Grafen von Castilien auch machte, so empfing sie ihn doch weit gütiger als bey seiner ersten Anwesenheit.

Da Elvire die Leidenschaft ihrer Schwester zu Don Ramiro entdeckt zu haben glaubte, und es ihr nicht unbekannt war, wie vortheilhaft es für die Staaten von *Leon* und Castilien sein würde eine Verbindung zu treffen, um die alten Mishelligkeiten ganz zu lösen, schmeichelte ⟨sie⟩ sich längst, daß Don Garzias von Castilien, abgeschreckt *[28v]*durch die Kälte ihrer Schwester, sich um ihre Hand bemühen würde! Aber die Bemerkung daß Tigride die Ankunft des Grafen, und seine Aufmerksamkeiten für sie, ohne Kummer aufnahm und ihn sogar mit einer Art von verbindlichem Wesen empfing, vernichtete schnell ihre eignen Hofnungen, und sie glaubte sich in dem Urtheil über ihre Schwester betrogen zu haben. Da sie jener ihre wahren Gesinnungen so gern erforschen wollte, so nahm sie Tigriden zu ihrer eignen Vertrauten, und gestand ihr mit einer erkünstelten Freymüthigkeit daß sie sich unwürdig der Freundschaft Tigridens halte [29]weil sie anstehe, ihr länger ihre geheime Neigung zu Don Ramiro zu verbergen. Wie sehr Tigride selbst aller Mässigung bedurfte um ihr eignes Herz bey dieser Entdeckung nicht zu verrathen, da sie ein Geheimniß erfuhr welches ihrem eignen Herzen so nahe anging, lässt sich begreifen. Aber die Gewohnheit die sie frühe hatte üben müssen, ihre wahre Neigung zu verbergen kam ihr zu Hülfe; aber doch konnte sie sich nicht enthalten ihrer Schwester zu versichern daß sie diese Entdeckung überrasche, weil sie zu gut wüsste daß es Frauen von ihrem Stande nicht erlaubt sey, selbst zu wählen, sondern daß allein vom König ihre Bestimmung abhing. Elvire wunderte [29v]sich nicht wenig über diese Strenge in ihren Grundsäzen, und fürchtete daher doppelt daß ihre Schwester keinen Wiederwillen zeigen würde da sie den Willen ihres Vaters so ehrte, der Leidenschaft des Grafen von Castilien Gehör zu geben; diese Entdeckung brachte sie zur Verzweiflung. Während beyde Schwestern so erfinderisch waren, sich wechselseitigen Kummer zu bereiten, und so sorgfältig sich die Neigungen ihrer Herzen verbargen, erklärte Don Garzias seinerseits die Veränderung in Tigridens Betragen zu seinem Vortheil, er schmeichelte sich daß es ihm gelungen sey sie endlich durch seine Liebe zu erweichen. Von dem [30]Gedanken gerührt, eilte er sich zu des Königs Füssen zu werfen, ihn mit einer Lebhaftigkeit zu beschwören, nicht länger mehr sein Glück zu verschieben. Don Alfonso gerührt von der Heftigkeit seiner Liebe, und ungeduldig die Mishelligkeiten mit Castilien geendigt zu sehen, gab seinen Bitten nach, und versprach ihm die Hand seiner Tochter.

Elvire zuerst von dieser Uebereinkunft unterrichtet, wurde heftig aufgebracht darüber. Sie trat ohne um sich zu sehen in das Gemach ihrer Schwester und indem sie ihr diese traurige Nachricht verkündigte, entdeckte sie ihr auch daß sie Don Ramiro nicht liebte, und machte ihr bittre [30v]Vorwürfe daß sie ihr den Grafen von Castilien entreisse. Thränen erstickten die Stimme. Tigride der diese schnelle Entwicklung sehr unerwartet kam, und die gehoft daß es ihr möglich sey, Zeit zu gewinnen, um mit Don Ramiro die Maasregeln verabreden zu können, wie sie dieser Heyrath entgehen könne, war betrübt über diese traurige Nachricht die ihre Schwester ihr brachte. Sie weinte ohne ein Wort zu sagen, als sie die Sprache wieder erhielt brach sie zuerst in bittere Klagen aus, daß ihr ihre Schwester ihre wahren Gesinnungen verborgen habe, und gelobte ihr heilig, niemahls mit ihrem [31]Willen ihre Hand dem Castilianischen Grafen zu geben.

Schon in derselben Stunde ließ der König Tigriden zu sich rufen, und verkündigte ihr ihr Schicksal, und fügte hinzu er könne ihre Hand nicht länger dem Grafen verweigern, weil er eine so große Achtung und Ehrfurcht für dem Grafen hege. Tigride die schnell ihren Entschluß zu fassen wußte, fiel dem König ins Wort, und beschwor ihn zu seinen Füssen, sie nicht zu einer Heyrath zu zwingen, denn sie habe längst beschlossen sich in das Kloster von Onia zu begeben welches in grossem Ansehn stand. Der König erstaunt [31v]über diesen Entschluß, stellte seiner Tochter mit lebhaften Farben alle Mühseligkeiten des Klosterlebens vor. Er schilderte ihr den Kummer der die Jugend über die zu schnell ausgesprochnen Gelübde in der Folge verzehrte. Er bot alles auf um sie von diesem Entschluß zurück zu bringen. Aber Tigride blieb unerschüttert, und beschwor ihren Vater mit Thränen ihr keine Gewalt anzuthun, in einer Angelegenheit wo das Heil ihrer Seele auf dem Spiel stehe. Mit traurigem Gemüthe entfernte sich der König von ihr, und ließ ihr vierzehn Tage Bedenkzeit.

Schon genoß Don Garzians Gemüth in der Einbildung alles Glück was ein [32]so feuriger Liebhaber hoffen kann, daß er aufs empfindlichste über diesen Entschluß der Prinzeßinn sich gekränkt fühlte. Er bot alle seine Kraft auf um sie in ihrem Entschluß wanken zu machen. Als er sah, daß jedes Mittel fehlschlug erbot er sich sogar die Prinzeßinn gegen ihren Willen zu heyrathen, es gelang ihm einen Minister zu gewinnen, der dem König vorstellte, daß seine

Töchter auch dem Staat gehörten, und daß es den Königen zukäme sich von den Schwachheiten der Natur los zu machen, daß es ihre Pflicht sey ihren Vater Rechten zu entsagen wenn das Wohl der Kirche oder des Staats auf dem Spiel stehe. Allen diesen Gründen [32v]gab Alfonso seinen Beifall, und machte neue Versuche die Prinzeßinn von ihrem Vorhaben abzubringen. Aber Tigride die anfangs nur darauf dachte das Kloster zu ihrem Aufenthalt zu wählen, um Don Ramiro Zeit zu lassen zu seiner Zurückkunft, bestärckte sich in dem Entschluß immer mehr, weil sie sah daß sie nichts von ihm vernehmen könne, und gelobte sich wenn sie so unglücklich sein solle den Einzigen Mann der ihrer Liebe würdig war zu verliehren, oder seine Liebe nicht erwiedert zu sehen, den Schleyer zu wählen.

Da Don Alfonso ein eifriger Anhänger seines Glaubens war, so fürchtete [33]er nichts mehr als den Zorn des Himmels auf sich zu laden wenn er Gewalt brauchen würde seine Tochter zu zwingen dem Kloster zu entsagen, er gab seine Einwilligung zu ihrer Reise nach Onia, bat sie aber nur Sechs Monate dort zuzubringen ohne den Schleyer zu nehmen. Tigride deren Plane mit diesem Gebot übereinstimmten fügte sich willig, und reißte in wenigen Tagen ab. Elvire durch die Abreise ihrer Schwester zu günstigen Aussichten berechtigt, schmeichelte sich daß nun Don Garzias genöthigt seyn müsse seine Augen auf sie zu wenden. Auch unterliessen die Minister nicht ihm diese Vorschläge zu thun; aber der Prinz nur für die Schönheit der Prinzeßinn Tigride empfänglich, gab [33v]diesen Vorschlägen kein Gehör, und verließ auch den *Leonischen* Hof, nach der Abreise der Prinzessinn. Elviren die den unglücklichen Ausschlag ihrer Plane sah, stürzte ihre Liebe in Verzweiflung, sie fiel in eine Krankheit die ihr Leben in Gefahr sezte. Sie würde unfehlbar der Raub ihres Kummer⟨s⟩ geworden seyn, wenn ihr Vater es ihr nicht erlaubt hätte, sich zu ihrer Schwester zu begeben.

Während der Graf von Castilien sich nicht über Tigridens Verlust zu trösten vermochte, dachte er unaufhörlich daran ihren Entschluß wankend zu machen, und die Zeit die sie in Onia zubringen musste ehe sie das Gelübde ablegen konnte [34]zu seinem Vortheil zu benuzen. Die gewalthätigsten Mittel dachte er aus, selbst ging er so weit dem Gedanken Raum zu geben, Tigriden zu entführen, er hofte so gar daß der König von *Leon* nicht darüber sich entrüsten würde, weil er schon seine Einwilligung zu ihrer Verbindung gegeben hatte; Aber sein Vertrauter rieth ihm sich doch lieber noch der Einwilligung der Prinzeßinn zu versichern ehe er einen so gewaltsamen Schritt wage, er entdeckte ihm zugleich daß er eine Schwester im Kloster zu Onia habe, und sie vielleicht dem Prinzen nüzlich bey Tigriden werden könnte.

Don Garzias beschwor seinen Freund alle Mittel anzuwenden, um seine ⟨Schwester⟩ [34v]zu gewinnen, er versprach es ihm gewiß, und trat seinen Weg zu ihr an. So gut er es vermochte, suchte er seiner Schwester die Wichtigkeit des Dienstes vorzustellen den sie dem König Alfonso leisten würde, wenn sie Tigriden dahin vermögen könnte sich ihres Vaters Willen zu unterwerfen und dem Grafen ihre Hand zu geben, über diese Versicherungen der Wichtigkeit ihres Auftrags wurde die Nonne so sehr erfreut daß sie mehr versprach als man von ihr foderte. In der That säumte sie nicht, die Prinzeßinn aufzusuchen, und ihr Beweise der grössten Anhänglichkeit zu geben. Tigride wusste ihr Dank dafür, aber nur so lange als sie entdeckte, daß die Nonne es sich zu sehr angelegen seyn ließ, von [35]der blinden Unterwürfigkeit zu sprechen, die man gegen den Willen des Königs haben müsse, und zumahl Personen von Tigridens Rang. Auch unterließ sie es nicht von Zeit zu Zeit eine kleine Lobeserhebung des Grafen von Castilien mit einzumischen. Seit diesen Äußerungen erlaubte ihr Tigride nicht mehr eine lange Unterredung anzuknüpfen. Sie vermied am Ende sogar sich mit ihr an einem Orte zu finden. Aber die Nonne vergaß kein Mittel um ihr Unternehmen gelingen zu machen, sie besaß selbst diesen Kunstgriff die besten Freundinnen Tigridens in ihr Interesse zu ziehen, und suchte jene zu bereden zuweilen ein Wort zum Vortheil des Grafen zu sprechen, der von allen Schritten wohl unterrichtet war, denn er hatte einen [35v]vertrauten Beobachter in Onia zurückgelaßen.

Don Ramiro that indessen die außerordentlichsten Thaten, um den Krieg früher zu beendigen. Es war ihm gelungen sich des Anführers der Empörer eines Druiden zu bemächtigen. Er hatte schon die Befehle ausgestellt daß alles wieder in den eroberten Provinzen zur alten Ordnung zurückkehre, als er auch die Veränderungen erfuhr, die sich während er den Feind aufsuchte, im *Leonischen* Reiche zugetragen. Auch Tigridens Entschluß lieber das Kloster zu wählen, als dem Grafen von Castilien ihre Hand zu geben hatte er erfahren, und diese Nach[36]richten beunruhigten sein Gemüth. Manchmahl schmeichelte er sich daß er auch Antheil an diesem Entschluß haben könnte, und an der Abneigung der Prinzeßinn gegen den Grafen, aber es gab auch Momente wo er fürchtete Tigriden beleidigt zu haben, durch seine späte Zurückkunft, und er glaubte sie wolle auch ihn nicht wieder sehn. Die Strenge des Ordens, zu dem sie ihre Zuflucht genommen brachte ihn folgends zur Verzweiflung, denn er sah voraus daß es ihm unmöglich seyn würde sie zu sehen. Alle diese traurigen Betrachtungen, schlugen ihn nieder, er überließ sich ganz seinem Schmerz, und dachte nur sein Leben zu enden daß er nicht mehr lieben könnte, wenn ihm der Anblick seiner Geliebten versagt würde.

[36v]Aber in der äussersten Noth ist die Liebe reich an Erfindungen, und sie gab dem unruhigen Ramiro einen Weg ein, auf dem er vielleicht seinen Zweck erreichen könne. Der Druide der sein Gefangner war, stand im Ruf eines Propheten, ganz Spanien hatte Ehrfurcht für ihm. Ramiro hatte oft Unterredungen mit ihm, und forschte die Mittel aus die er anwendete, um das Zutraun des Volckes zu erwerben, und die Ungläubigen zu bekehren. Er ließ sich einen Anzug nach dem seinigen machen, der sehr wiedersinnig war, ein Theil des Gesichtes wurde glücklicher Weise durch diesen Anzug verborgen. Der wahre Druide wurde unter einem gültigen Vorwand nach Pampelona ge[37]sendet, und Ramiro fand noch gültige Vorwände seinen Aufenthalt in Catarbien zu verlängern.

Er entfernte sich auf eine gute Art von seinem Gefolg, und ließ sie glauben daß er am Hof eilig berufen wäre, aber statt [37v]dessen suchte er in der Kleidung des Druiden den Weg nach Onia, wo schon jeder Mund die Lobeserhebungen des Don Ramiros aussprach, der durch seine Tapferkeit allein die Cantarbrer gezwungen hatte sich unter den Schuz des Königes von Navarra zu begeben. Man bemitleidete aber doch das Schicksal des Druiden den der König gewiß mit dem Leben strafen würde.

Tigride die Ramiros *Billet* nicht erhalten hatte, überzeugt daß ihr Geliebter sie nicht mehr liebe brachte ihre Tage in der grössten Traurigkeit zu, auch um das Maaß ihres Kummers voll zu machen sah sie sich von [38]lauter Menschen umgeben die ihr unaufhörlich von dem Grafen von Castilien sprachen, den sie hasste. Die sechs Monate die sie zu Onia zugebracht waren verflossen, und sie wurde immer fester bestimmt den Schleyer zu nehmen. Aber plözlich erhielt die Aebtißin des Klosters Nachricht, daß der Druide der so viel Aufsehn in Cantarbrien erregt hatte im Anzuge gegen das Kloster sey, er habe sprengte das Gerücht aus die Wachsamkeit seiner Wächter getäuscht und sey entflohn. Er komme nach Onia um dem Kloster künftige grosse Wunder die geschehen würden vorherzusagen. Natürlich waren die Nonnen sehr neugierig einen so außerordentlichen Menschen zu sehn, auch die Neugier zu wißen was er ihnen wohl sagen würde mischte sich mit ins Spiel. Die ganze heilige Gemeinde war versammelt ihn zu empfangen. Der falsche [38v]Druide von dem Ansehn des Wahren begünstigt machte alle nur ersinnliche Gaukeleyen, um die gute vorgefässte Meinung von ihm nicht zu täuschen, er erzählte auf welche wunderbare Weise er seinem Gefängniß entgangen, auch erklärte er mit einem ernsten, feyerlichen Ton daß ihr Kloster vom nahen Untergange bedroht sey wenn sie nicht bey Zeiten den Zorn des Himmels von sich abwendeten, denn sie würden nur zu bald seine Rache fühlen. Die Nonnen erschreckt durch diese Drohungen beschworen ihn, ihnen zu sagen auf welche Art es ihnen gelingen könne die Rache des Himmels von sich abzuwenden. Der falsche Druide sagte: daß sie den Zorn des Himmels durch die Kühnheit gereizt hätten, in ihren Mauren den zwey grössten Prinzeßinnen der Welt, eine Zuflucht zu bieten, davon die eine bestimmt sey, einem Helden [39]die Hand zu geben der die Mauren besiegt habe, daß aus dieser Ehe ein Sohn entspringen würde der dieses Volck gänzlich ausrotten würde, und der auch im ganzen Spanien die christliche Religion ausbreiten würde. Sie beraubten also dem Reiche einen grossen Vortheil, daß Sie die Prinzeßinnen aufnähmen, und prägte ihnen mit bedeutenden Worten ein, daß sie nicht länger anstehen sollten die Subjecte der Welt zu entziehen, die zu solchen Wundern bestimmt seyn.

Die Nonnen erstaunten nicht wenig solche außerordentlichen Dinge zu hören, und hielten mehrere geheime Versammlungen um Rath zu halten; Des Grafen von Castilien Vertraute wollte diese günstige Gelegenheit benuzen, und sprach kräftig für den Druiden, und versuchte alles ihre Mitschwestern zu bereden daß man die Ankündigung eines solchen Mannes der so großen Ruf habe *[39v]*benuzen müsse. Als die Aebtißinn den Druiden fragte ob er sagen könne welche von den beyden Prinzeßinnen verheirathet werden müßte, so antwortete er daß er ihre Nahmen nicht kenne; aber wohl sey ihm das Bild der Prinzeßinn wie das ihres Erwählten, und des künftigen Erben lebhaft in seiner Einbildungskraft gegenwärtig. So gar traute er sich zu ihre Bilder zu entwerfen als habe er sein ganzes Leben mit ihnen zugebracht. Da die Nonnen fest überzeugt waren, daß er nie die Prinzeßinnen gesehen habe, so sagten sie ihm daß er in ihrer Gemeinde diejenige aussuchen solle die zu so vielen Wundern bestimmt sey.

Nach einem Vorwurf wegen ihres Unglaubens nahm der Druide den Vorschlag an. Aber Tigride die in den Reden des Druiden nur Kunstgriffe des Grafen von Castilien zu entdecken vermeinte, ihn [40]vielleicht gar für einen Abgesandten deßelben hielt, machte grosse Schwierigkeiten für ihm zu erscheinen. Aber endlich war es ihr unmöglich dem Zureden der ganzen Schwesterschaft zu wiederstehen und sie willigte ein, aber nur mit der Bedingung daß sie und Elvire Nonnenkleider anziehen wollten, um den Propheten besser zu betrügen. Die Vertraute des Don Garzias die überzeugt war, daß der Druide auf Befehl des Grafen so handle befürchtete jener möchte sich vielleicht dadurch in Verlegenheit gesezt finden, bot alle ersinnliche Gründe auf um dieses Vorhaben zu vereiteln. Aber es gelang Tigriden ihr Vorhaben durchzusezen, sie wurde am folgenden Morgen dem Propheten mit den übrigen Nonnen vorgestellt. Er blieb erstaunt vor ihnen stehn, und der Gedanke bewegte lebhaft sein Gemüth, daß Tigride den Schleyer *[40v]*schon genommen haben möchte, er vergaß beynahe seine Rolle darüber, der Anblick ihrer Schönheit die er auch unter dem Schleyer nicht verkennen konnte erweckte seine Leidenschaft mit neuer Heftigkeit. Hier ist sie die mir erschien, ruft er aus, und zeigte auf Tigriden. Er sagte aufs neue was nur die heftigste Leidenschaft eingeben kann, vermahnte noch einmal die Nonnen dieses kostbare Pfand nicht länger in ihren Mauren zu vergraben.

Niemand wagte mehr nach diesem ueberzeugenden Beweiß an des Druiden Kunst zu zweifeln. Selbst Tigride die Don Ramiro unter dieser Verkappung nicht erkannte war bestürzt darüber. Ob sie gleich nicht zum Vortheil des Druiden eingenommen war so stieg doch ein Zweifel in ihr auf, ob unter diesem Prinzen der die Mauren vertilgen solle, nicht der Druide ihren geliebten Don Ramiro gemeint habe. Auf der andren Seite hofte die Nonne⟨,⟩ [41]der der Vortheil des Grafen von Castilien am Herzen lag, der Druide würde unfehlbar zu seinem Vortheil bey der Prinzeßinn sprechen. Sie schlug sogar vor, daß Tigride versuchen solle eine geheime Unterredung vom Druiden zu erbitten, um sich genauer nach dem was sie anginge zu erkundigen. Einige Zeit stand sie an, aber sie hatte schon eine zu gute Meinung von dem Druiden gefasst als daß sie nicht lieber hofte er würde sie von Don Ramiro als Don Garzias unterhalten, und diese lezte Meinung bestaerkte sie auch in dem Entschluß, ein Gespräch unter vier Augen zu verlangen.

Als sie sich mit ihm allein sah, beschwor sie den Druiden ihr eine treue Schilderung von dem Prinzen, der ihr zukünftiger Gemahl werden solle zu machen. Der falsche Druide der sich alle Gewalt anthun musste um seine Stimme zu verstellen, versicherte sie hingegen, daß der Prinz so vollkommen von [41v]ihren Verdiensten überzeugt sey, daß es ihm selbst unmöglich sey ihr die Gesinnungen der Achtung und Ehrfurcht die er für sie hege zu schildern. Tigride fand mit gerührtem Herzen, daß alles was er sagen könne so genau mit der Meinung die sie von ihrem Geliebten bewahrte übereinstimme. Sie gestand dem Druiden zu daß sie schon eine frühere Neigung zu einem Prinzen gehabt der diesem Bild entspräche; aber sezte sie hinzu, es ist nicht wahrscheinlich daß er meiner gedenkt, weil seine Seele die so kriegerisch gestimmt ist, viel zu sehr mit seinem Ruhm sich beschäftigt, und für die Stimme der Liebe nicht mehr empfänglich ist. Diese lezten Worte rührten sie tief, und mit grosser Mühe verbarg sie ihre Bewegung, dem Druiden entging es nicht, daß Thränen diesen schönen Augen entfielen, und [42]ihn selbst ergriff der Schmerz heftig, und er vermochte eine zeitlang keine Worte zu finden. Als er sich gesammelt hatte ersuchte er sie ihm noch mehr Aufklärung über diesen Gegenstand zu geben, der über ihr Gemüth einen schwarzen Schleyer geworfen, und stellte ihr ihre Ungerechtigkeit vor, die sie gegen einen so großmüthigen Prinzen ausübe, der sie immer mit gleicher Stärcke und Leidenschaft liebe.

Jedes Wort des falschen Druiden vermehrte immer mehr das Erstaunen der Prinzeßinn, und stieg noch immer mehr als sie die treue Schilderung ihres Geliebten entworfen sah. Vergeblich fuhr der Druide fort verbergen Sie mir ihre Gesinnungen. Auch die geheimsten [42v]Gedanken und Handlungen ihres Geliebten sind mir nicht unbekannt, ich kenne seine Liebe wie die Leiden die er ertrug, als er auf Befehl seines Vaters sich entfernen mußte von dem Gegenstand seiner warmen Liebe, um den Cantarbern den Krieg zu machen; Eben so gut weis ich wie schrecklich ihn die Ungewißheit peinigt in der er jezt schwebt, ob Sie ihn auf die ungerechteste Weise beschuldigen, daß er aufgehört habe, Sie zu lieben.

Erstaunt über die Divinationsgabe des Propheten, und erfreut daß ein Mann auf den sie vertraue, ihr die Treue, die leidenschaftliche Liebe ihres Geliebten versichre, fragte Tigride erröthend, ob sie hoffen könne ihn bald zu sehn? Jezt vermochte der falsche Druide gerührt [43]über die heissen Wünsche seiner Geliebten, die ihm so günstig waren, sich nicht länger zu verbergen, er enthüllte sein Gesicht plözlich daß er ihr bisher mit so vieler Sorgfalt verhüllt hatte. Tigride über diese plözliche Veränderung verwundert hatte Mühe sogleich ihren Geliebten wiederzukennen. Muß ich noch einmal rief er gerührt, Ihnen meinen Nahmen aussprechen, ohne daß ihn Ihr Herz errathe? Fühlen Sie nicht daß nur eine so heftige Leidenschaft als die meinige im Stand seyn kann einen solchen Schritt zu wagen? Lange schwieg Tigride ergriffen von Freude und Staunen. So schwer es mir geworden wäre Sie zu erkennen sagte Sie endlich, so schwer wäre es mir auch geworden Sie der Vergeß⟨en⟩heit zu beschuldigen. Ihre Thränen liessen dem glücklichen Ramiro Zeit [43v]sich zu rechtfertigen, und ihr alles zu widerholen was er ihr geschrieben hatte. Er schilderte ihr seinen Schmerz als das Gerücht zu ihm gelangt sey sie habe den Schleyer ergriffen. War es Ihnen möglich zu zweifeln, daß es nicht aus Liebe für Sie geschehe? Konnte Ihnen nicht Ihr Herz auch für das meinige antworten fragte Tigride? Diese Unterredung beyden Liebenden so erquickend dauerte lange in dem Tone fort, und am Ende verabredeten sie noch die Maasregeln die sie ergreifen müßten um diese Zusammenkunft zu wiederholen. Ramiro wurde von Tigride von allen besonderen Verhältnißen des Klosters unterrichtet, und es gelang dem falschen Druiden so gut Nuzen von diesen Nachrichten zu ziehen, daß er den Nonnen [44]ihre freundschaftlichen Verbindungen wie ihre kleinen Zwiste enthüllte, und mit so vielem Geist, und so richtig über ihre geheimsten Angelegenheiten sprach und urtheilte, daß sie immer mehr über seine Einsichten sich wunderten. Keine unter den frommen Schwestern wünschte sich, nicht auch eine Unterredung haben zu können, aber Tigride die ihn am angenehmsten beschäftigte, ließ den andern nicht Zeit ihre Neugierde befriedigen zu können.

Da Don Garzias durch seine Vertraute von allem unterrichtet wurde, so vernahm er es auch bald welche Verbindlichkeit er dem Druiden haben müsse, dessen Rathschläge so gut mit seinen Wünschen übereinkamen, und er unterließ es nicht, ihm ein ansehnliches Geschenk [44v]zu senden welches jener anzunehmen sich weigerte. Diese Uneigennüzigkeit trug nicht wenig dazu bey die grosse Meinung die er von dem Druiden gefasst hatte, zu bestätigen, und eben so sehr gewann er in den Augen der Vertrauten. Die Liebenden hatten mehr als eine Zusammenkunft, die das günstige Vorurtheil für den Druiden begünstigte, und sie sagten sich alles was eine so zärtliche Leidenschaft zwey liebenden Gemüthern einflößen kann, die nur allein schon in der Gegenwart des geliebten Gegenstandes ihr Glück finden. Tausendmahl beschworen sie einander ewig unverbrüchlich treu zu seyn, was auch das Schicksal ihnen bestimmen möge in der Zukunft. Sie sahen sich so oft bis das Schicksal ihnen Trennung gebot, denn Don Ramiro hatte Befehl erhalten [45]seinen Vater aufzusuchen. Er hatte fest beschlossen, daß er ihm bey der ersten Zusammenkunft seine Liebe entdecken wolle, und ihn beschwören Alle seine Macht anzuwenden, um seine Liebe zu begünstigen; daher verschwand der falsche Druide plözlich aus dem Kloster Bezirk von Onia, ohne von jemand Abschied zu nehmen; und als er den Nahmen und den Anzug des Prinzen Ramiro wieder angenommen sezte er seinen Weg nach dem Hof Don Sancho des Grossen eilig fort, während man im Kloster sich nicht wenig über die schnelle Abreise des Druiden wunderte, und manche Anmerkung von den Nonnen gemacht wurde. Tigride sprach davon wie die übrigen auch, ohne sich je zu verrathen daß sie mehr wiße als die übrigen.

[45v]Der König von *Leon*, den die Aebtißin nicht unterlassen hatte von allen Gesprächen des Druiden wohl zu unterrichten, erfuhr zu gleicher Zeit daß Tigridens Entschluß anfing wankend zu werden, gab sich keine weitere Mühe zu untersuchen, ob der Prophet ein Betrüger seyn könne, und dachte nur daran die für ihn günstige Stimmung der Prinzeßinn zu benuzen. Er war so ungeduldig sie ausser dem Kloster zu wißen daß er selbst nach Onia reisste um seine Töchter abzuholen. Tigride machte jezt keine Schwierigkeiten das Kloster zu verlassen und gab vor daß sie sich nicht dem Willen des Himmels wiedersezen dürfte. Aber Elvire beschwor ihren Vater so dringend ihrem Wunsch den Schleyer zu nehmen nicht ungünstig zu seyn, daß er endlich doch nach vielen Schwierigkeiten nachgab. Tigride wurde mit Jubel [46]empfangen, daß Volck zeigte alle Rührung deren es fähig ist wenn es seine Beherrscher liebt. Meh⟨r⟩ere Tage hintereinander wurden auch ihm zu Ehren öffentliche Feste angestellt.

Auch der Graf von Castilien sobald er von der Rückkunft der Prinzeßinn benachrichtigt war, säumte nicht sich nach *Leon* zu begeben, er war überzeugt daß sie nur durch seine Sorgfalt von dem Plan abgebracht worden den Schleyer zu nehmen, und daß er durch seine Geschicklichkeit allein den Dank dafür verdiene. Er erneuerte seine Anträge, und vergaß nichts was zu seinem Vortheil sprechen konnte. Auch die Räthe des Königs zu seinem Vortheil gestimmt, lagen ihn an die Heyrath zu vollziehn, aus Furcht die Prinzeßinn möchte noch einmahl ihren Vorsaz ändern. Don Alfonso sprach darüber mit seiner Tochter [*46v*]die keine gültigen Gründe mehr fand sich dem Plan entgegen zu sezen. Sie konnte also nichts als ihren Vater beschwören nichts in dieser Sache zu übereilen, die so delikat wäre, und zu erwarten ob nicht noch andre Prinzen um ihre Hand sich bewerben würden, weil es ihr sehr lebhaft im Gedächtnis sey, daß das Bild das der berühmte Druide ihr von ihrem künftigen Gemahl entworfen keine Ähnlichkeit mit Don Garzias habe.

Der Graf von Castilien wurde nur allzubald mit den neuen Hindernißen die ihm von Seiten der Prinzeßinn in Weg gelegt wurden bekannt, und strengte alle seine Kräfte an um den König zu bereden einen bestimmten Entschluß zu faßen. Selbst entführen wollt er die Prinzeßinn, wenn es ihm nicht gelänge andere [47]Mittel als die der Gewalt anwenden zu dürfen. Auch gab er zu verstehn, daß vielleicht ihre Abneigung eine gewisse Schamhaftigkeit sey, die ihrem Geschlecht eigen, und daß die Gewohnheit in der Ehe ihren Widerwillen leicht überwinden würde. Sehnlich wünschte der König selbst diese Angelegenheit beendigt zu sehn, denn die Zudringlichkeit der Königinn Nunna in ihren Briefen, wie die Freunde des Grafen trugen nicht wenig dazu bey ihn zu beunruhigen. Er gab endlich sein Wort, daß Tigride in einer bestimmten Zeit ihre Hand dem Grafen geben solle; da er aber befürchtete durch ihre Thränen erweicht zu werden, so ließ er ihr seinen Entschluß durch seinen Sohn Bermudos bekannt machen. Diese Nachricht bewegte das Gemüth der Prinzeßinn auf eine [*47v*]unaussprechliche Weise, diese Aussicht entsprach so wenig ihren Hofnungen, daß sie sich der grössten Verzweiflung überließ. Sie verlohr so gar den Muth einen Ausweg zu suchen um diesem schrecklichen Schicksal zu entgehen; auch der Gedanke stellte sich ihr in den Weg, daß es Frauenzimmern ihres Standes nicht zieme den Gehorsam den sie ihren Königen schuldig wären zu verlezen, daß die Pflicht sich für den schnöden Urtheilen der Welt zu hüten in ihrer Lage noch heiliger sey, weil sie mehr beobachtet würde; sie war also weit entfernt die Strenge ihrer Grundsäze, ihrer Liebe aufzuopfern, so viel auch ihr Herz dadurch leiden mochte. Aber endlich siegte doch die Liebe über diese Vernünfteleyen, und sie fand keine Zuflucht [48]als den Todt. Da sie fest entschlossen war, was sie thun wollte, so wollte sie doch ihren geliebten Ramiro nicht in Ungewißheit über sich lassen, und sie schrieb ihm durch einen Mann den sie an ihn abschickte, dessen Treue und Redlichkeit sie erprobt hatte, folgende Zeilen.

> Scheint es doch als hätte ich mich nur von Onia entfernt, um den Verfolgungen des Grafen von Castilien mich wieder aufs neue ausgesezt zu sehn. Dieser unerbittliche Feind meiner Ruhe, hat sich der Einwilligung meines Vaters zu versichern gewusst; und ohne sich um die meinige zu bekümmern brachte er es dahin, daß in Zeit von einem Monat ich gezwungen werde ihm meine Hand zu geben. Seitdem habe ich schon sechs Tage in Thränen verlebt, denn ich konnte nichts als mein unglückliches Loos beweinen. Meine Verzweiflung könnte [*48v*]mich an meinen Verfolgern grausam rächen, aber indem ich dem Schmerz unterläge, indem ich mich auf ewig von dem

Anblick eines mir verhassten Menschen befreyte, würde ich mich auch Ihres Anblicks auf ewig berauben, dieser Gedanke allein hat für mich so etwas Schreckliches, daß ich erst dieses Mittel versuchen will Ihnen Nachricht von mir zu geben. Vielleicht kann ich hoffen daß Ihre Liebe Ihnen ein Mittel eingiebt, um mich von der schrecklichen Aussicht zu befreien die auf mich wartet.

Ramiro hatte während die arme Tigride, von allen Seiten gequält wurde, schon manche Unterredung mit seinem Vater über eine Verbindung mit ihr gehabt. Auch Don Sancho wünschte sie, und gab seinem Sohn Hofnung ihn in Besiz des Herzogthums Cantabrien zu sezen, und [49]auch zu gleicher Zeit einen Gesandten an Don Alfonso abzufertigen, der förmlich seine Bewerbungen für Don Ramiro um Tigridens Hand anfangen sollte. Aber es war nöthig mit der größten Vorsicht bey diesem Plan zu Werke zu gehn, denn so wenig als Ramiro wünschen konnte seine Stiefmutter davon unterrichtet zu wissen, so wenig wollte er auch in dem Herzen seines Vaters Verdacht gegen sie erwecken, und musste daher sein Gemüth über diesen Punkt mit der äussersten Schonung behandlen. Mit einem Eifer der seiner Liebe gleichkam arbeitete er an der Ausführung seines Plans, als Tigridens Bote ankam.

Er wollte dem König diese Nachrichten sogleich mittheilen, aber die Furcht nach reifem Ueberlegen zu spät zu ihrer Hülfe zu kommen, der Gedanke daß seine Geliebte gezwungen *[49v]*würde einem andern ihre Hand zu geben, betrübte ihn so tief, daß er keine Ruhe länger haben konnte, und sich entschloß ohne Aufschub abzureisen.

Die Königinn Nunna, die längst befürchtete daß Don Ramiro ihrem Bruder im Wege stehe, ließ ihn so genau als möglich beobachten, es war ihr Plan ihn so lange in Pampelona mit Lustbarkeiten aufzuhalten, bis die Heyrath des Don Garzias vollzogen sey. Als sie also erfuhr daß Ramiro ohne Abschied zu nehmen abgereisst sey, ergriff sie die Gelegenheit ihm bey dem König zu schaden. Sie erregte allerley Verdacht gegen ihn, und brauchte alle ihre Kunstgriffe um den König zu überzeugen, daß der Prinz geheime Plane mache, eine Empörung im Reich anzuspinnen, und daß er mit dem Vorsaz abgereisst sey, sich der festesten Pläze im Königreich zu bemächtigen.

[50]Anfangs gab der König diesen Geprächen keine Aufmerksamkeit weil er seines Sohnes Liebe für ihn kannte. Aber die Königinn wußte es so wahrscheinlich zu machen, und that so viele Winke über Don Ramiros geheime Verbindungen, beschwor ihren Gemahl so feyerlich auf die Ruhe seiner Familie und das Glück seines Volckes zu denken, daß der König stuzig gemacht durch des Prinzen schnelle Abreise doch seine Einwilligung endlich gab, daß man den Statthaltern in seinem Reiche den Befehl senden sollte, daß sie Don Ramiro an der Gränze festhalten sollten, so bald er sich zeige. Dieser Befehl wurde so schnell ausgeführt, daß Don Ramiro sich eh er wusste auf welche Veranlaßung sich gefangen sah, und zu einer Zeit wo die Freyheit ihm so nothwendig zu der wichtigsten Angelegenheit seines Lebens war. Die Unruhe die er zeigte als er sich gefangen, und aufgehalten ⟨sah⟩ *[50v]*vermehrte noch den Verdacht, den die Königinn über sein Betragen erweckt hatte. Seine Verzweiflung würde ihm gewiß zu einem schrecklichen Entschluß gebracht haben, wenn der König der ihn liebte nicht Befehl gegeben hätte, ihn nach Pampelona zu führen. Der Vater wollte ihn sogleich selbst nach seiner Ankunft sehen, und rief ihm mit wehmüthiger Stimme entgegen. Du den ich stets mit so vieler Zärtlichkeit liebte wolltest mich verrathen mein Sohn? Dem ich selbst so viel Vertrauen zeigte ihm den Befehl über meine Truppen anzuvertrauen.

Ich mein Vater dich verrathen? gab ihm Ramiro zur Antwort, wohl wüsste ich daß meine

Siege über die Mauren, meine Züchtigung der Cantabrer, genug Verbrechen in den Augen der Königinn sind, aber von dir, der mir mit dem Nahmen deines Sohnes schmeichelte [51]erwartete ich besser gekannt zu seyn, und du würdest einer solchen Abscheulichkeit mich nicht fähig halten. Als der König aber um die schnelle Abreise fragte, gestand Ramiro sein Unrecht ein, ohne Erlaubniß diese Reise angetreten zu haben, er mahnte auch seinen Vater an das Geständnis seiner Liebe zu Tigriden. Er sezte hinzu daß er erfahren habe daß er ihr einen wichtigen Dienst zu leisten im Stande sey, und er sey abgereisst ohne zu untersuchen ob er Recht habe zu reisen oder nicht, denn der Gedanke für sie etwas thun zu können sey zu mächtig in seiner Seele gewesen.

Hier ist mein Verbrechen mein Gebieter, fuhr er fort. Jezt werden meine Feinde über mich triumphiren, weil ihr Befehl mir eine Gelegenheit raubte, die jezt unwiederbringlich verlohren ist, über die ich mich nicht zu trösten vermag, und jezt muß ich mich eines eingebildeten Verbrechens wegen, so hart bestraft sehen! Der König dem *[51v]*seine Unruh, und sein Zustand tief rührte, der ganz von seiner Unschuld überzeugt war, fragte noch, fürchtest du nicht der Prinzeßinn zu misfallen, durch den Dienst den du ihr erzeigen wolltest? Ich will meine Freyheit keiner Unbescheidenheit verdanken erwiederte Don Ramiro mit Heftigkeit; der König schwieg; lies ihn reisen so schnell er wollte, und erbot sich noch dazu zu seinem Vortheil sich für ihn bey dem König von *Leon* zu verwenden.

Es gelang dem Prinzen mit einer solchen Eilfertigkeit zu reisen, daß er gerade an dem Tag noch ankam, der zur Vermählung der Prinzeßinn mit Don Garzias bestimmt war. Ohne einen Augenblick zu verliehren warf er ein Pfand auf den Turnierplaz, und ließ den Herold ausrufen, daß niemand der Gemahl einer solchen Prinzeßinn [52]zu sein verdiene als der, der dieses Pfand aufheben würde. Don Garzias der viel Muth hatte wollte sogleich in die Schranken treten, und diesen kühnen Abentheurer bestrafen; aber der König davon unterrichtet, verbot den Kampf und erklärte der Ritter sey zu spät erschienen, denn dieser Tag sey zur Trauung, und nicht zum Kampfe bestimmt. Dieses Fehlschlagen seiner Bewerbung schmerzte Ramiro tief, aber er unterließ es dennoch nicht dem Grafen von Castilien eine Ausforderung zuzuschicken, und erklärte ihm daß er ihn der Hand der Prinzessinn unwürdig halte, so lange er seine Waffen mit den seinigen versuchen würde. Den Grafen erzürnte diese beleidigende Ausforderung aufs heftigste, er entzog sich dem Hof und eilte den Ritter aufzusuchen. Sie fielen so heftig über einander her, daß der Graf von Castilien zwey tödliche Stiche erhalten hatte, *[52v]*eh man im Stand war die Kämpfenden auseinander zu bringen. Der kühne Ritter der es gewagt hatte sich ohngeachtet des königlichen Verbotes zu schlagen wurde gefangen genommen, und der Graf von Castilien starb zwey Stunden darauf an seinen Wunden.

Tigride die mit Recht fürchten musste ihr Geliebter habe ihren Brief nicht erhalten, und nur von ihrer Verzweiflung noch Erlösung hoffen konnte, erfuhr den Todt des Grafen von Castilien, durch einen Unbekannten, der sich auch nicht zu erkennen geben wollte. Aber kaum als sie der Freude in ihrem Busen wieder Raum gab, die ihr eine so unerwartete Befreyung geben musste, erfuhr sie auch, daß der König erzürnt über einen Zweykampf den er [53]so nachdrücklich verboten habe, das Todesurtheil über den Fremden auszusprechen bereit sey, ohne auf die Fürsprache seiner tapfersten Ritter zu achten, die ihr Klagen laut werden liessen, daß der König es wage einen solchen Mann der so viele Proben seiner Tapferkeit und seines Muths abgelegt habe, mit einem schimpflichen Tod zu bestrafen. Aber niemand vermochte es ihn von seiner Meinung abzubringen.

Als die Prinzeßinn hinlänglich unterrichtet war, daß dieser Ritter kein andrer als Don Ramiro seyn könne, wirckte ihr Schrecken über den Zorn des Königs so mächtig, daß sie ihren Frauen ohnmächtig in die Arme fiel. Alle denen ihr Abscheu für [53v]den Grafen von Castilien unbekannt war, hielten diese Ohnmacht für Betrübnis über seinen Tod. Als man den tapfern Ritter erkannt hatte, war der ganze *Leonische* Adel bereit ihn mit bewaffneter Hand zu befreyen. Der König sobald er von seinem Stand Nachricht erhielt, ließ den Schuldigen in eine Festung bringen wo er mit grosser Sorgfalt und Strenge bewach⟨t⟩ ⟨wurde⟩. Als die Prinzeßinn ihre Augen wieder aufschlug, war ihre erste Frage nach dem fremden Ritter, und die Anwesenden wurden noch mehr in dem Glauben dadurch bestärkt daß sie sehr aufgebracht gegen ihn sey. Man säumte nicht ihr zu erzählen, daß der Gegner des [54]Grafen von Castilien der berühmte Don Ramiro sey, und sey so eben durch des Königs Befehl in eine Festung gebracht worden um ihn sicher zu verwahren. Tigride wußte wohl in welchem Ansehn Don Ramiro bey ihrem Vater stand, war nicht mehr um sein Leben besorgt, aber doch machte ihr seine Gefangenschaft viel Unruhe, und zumahl da bald nachher Abgeordnete von Castilien nach Leon kamen, die sehr dringend den König baten ihnen den Gefangnen zu überlaßen.

Die Mauren fingen an sich in dieser Zeit wieder an den Gränzen des *Leonischen* Reichs zu zeigen, und hatten schon mehrere mahl die Truppen des Köngs zurückgeschlagen. Die Soldaten die zu lebhaft die [54v]Siege im Gedächtnis hatten die sie unter Don Ramiros Anführung erfochten hatten, belagerten mit Tumult die Festung, die ihn verwahrte, und machten ihn frey, troz der tapfren Gegenwehr seiner Wächter. Diese Begebenheit gab zu dem Gerücht Anlas daß sich bald an den Hof des Königs verbreitete: es sey hieß es den Castilianern gelungen, Don Ramiro zu entführen, und nun würde er dem Namen ihres erschlagnen Herrschers aufgeopfert werden. So unwahrscheinlich diese Nachricht war, so wenig sie Glauben verdiente, so konnte sie doch Tigridens Herz beunruhigen, die ins geheim manchen Boten ausschickte, um die Wahrheit zu erforschen.

Don Ramiro, der gegen seinen Willen die Freyheit erhalten hatte, schlug es aus [55]sich an die Spize der Truppen zu stellen, und schrieb dem König um ihn zu beschwören, den unzeitigen Eifer seiner Befreyer zu vergeben, daß er selbst keinen Theil an dieser Handlung habe, und daß er nur durch diese Nachricht wünsche dem König aufs neue Gelegenheit zu geben, seine Gerechtigkeit zu zeigen, da er bereit wäre wieder in sein Gefängniß zurückzukehren, oder in ein andres wohin es dem König gefallen würde ihn zu senden, er würde sich selbst jeder Strafe unterziehen die er ihm verschreiben würde. Selbst mitten in der Armee bliebe er noch des Königs Gefangner, bis er eine Antwort von ihm erhalten.

Ramiros Brief der alle falsche Gerüchte über seine Lage zerstreute, gab Tigriden die seitdem in einer beständigen Unruhe und Ungeduld gelebt hatte neues Leben.

[55v]Der König selbst war über die großmüthige Unterwerfung eines Prinzen gerührt der nicht sein Unterthan war, er vergab ihm, er glaubte der Zweykampf mit dem Grafen von Castilien sey die Folge eines alten geheimen Grolls, ohne zu ahnden welchen Antheil seine Tochter selbst daran hatte. Er antwortete ihm auf eine sehr verbindliche Weise, und stellte ihn an die Spize seines Heers.

Ramiro wünschte nichts so sehr als die Gunst des Königs zu erwerben, und des Vertrauens das man ihm erzeige werth zu sein. Aber er wollte auch zugleich den Soldaten durch glänzende und bedeutende Handlungen zeigen daß sie sich nicht in ihrer guten Meinung von ihm geirrt hätten. Er hatte sich bald von zwey der wichtigsten Pläze [56]Meister gemacht, und nachdem er die Tapfersten im Heer darinn zurückgelassen hatte um ihm den Rückzug zu decken, so drang er immer tiefer ins Land hinein das von den Mauren besezt war. Er begegnete feindlichen Truppen die sich seinem Vordringen widersezen wollten; aber schlug sie gänzlich; und drang immer tiefer ins Land, und machte sich auch Meister von einem Jagd Schloß des Maurischen Königs *Izcam*, wo er sich oft aufhielt um sich mit Jagen zu belustigen. Dieser Prinz hatte kaum einige Minuten das Schloß verlassen, so stürzte Don Ramiro von der andren Seite herein. Die Tochter des Königs *Haca* eines der schönsten Frauenzimmers wurde noch überrascht da sie eben fliehen wollte, und sie sah sich bald mit ihrem kleinen Gefolge die Gefangne des kühnen tapferen Feldherrn.

[56v]Ramiro zog sich in guter Schlachtordnung zurück, und bestrebte sich so viel es in seinen Kräften stand jedes drückende der Gefangenschaft den Augen der Prinzeßinn zu entziehen, niemand durfte die Ehrfurcht verlezen die man ihr schuldig, auf diese Weise ertrug die schöne Haca die sich eine so schreckliche Vorstellung von der Grausamkeit der Feinde des Gesezes gemacht hatte, nun sogar mit Geduld ihr hartes Schicksal.

Die Mauren die gehoft ihn in seinem Rückzug zu hindern versuchten einige Ausfälle, aber immer wurden sie mit Gewalt von dem Prinzen zurückgeschlagen, er erhielt selbst in der Gegenwart der schönen *Haca* einige Wunden, die ihren Kummer darüber nicht verbergen konnte. Da man endlich jede Vorsicht gebraucht hatte, um die Maasregeln der Mauren zu zernichten, die alles anwendeten [57]ihren Feind wieder von den Gränzen des *Leonischen* Reiches weiter zu entfernen, so kehrte doch Ramiro wieder an den Hof des Königs zurück, beladen mit den glorreichen Trophäen seiner Siege. Das Volck empfing ihn mit Jauchzen, und Freudengeschrey. Der König über die Verbindlichkeit verlegen die er ihm schuldig war, und betrübt über die Wunden die er davon getragen, empfing Don Ramiro mit einer mit Zärtlichkeit gemischten Rührung. Tigride zu angenehm durch seine glückliche Rückkehr überrascht, wagte nicht nach allen Sorgen und Jammer die sie seinetwegen erduldet, ihn zuerst unter dem Haufen des Hofstaats, der ihn umgab, wiederzusehen. Ihre Liebe fürchtete sich zu [57v]verrathen, und sie war bange Gefühle ihres Herzens zu enthüllen die ihr der Anstand verbiete laut werden zu lassen.

Ramiros Ungeduld seine Geliebte wieder zu sehen war auf den höchsten Gipfel gestiegen, er bat den König ihm zu vergönnen, seine Gefangne dem Schuz der Prinzeßinn zu empfehlen nur unter diesem Vorwand konnte er zu ihr kommen. Er wurde mit den Zeichen der grössten Achtung und Zärtlichkeit empfangen. Wer vermag da zu beschreiben wo das Gefühl so laut seine Stimme erhebt als in den Herzen der Liebenden! Die Maurische Prinzeßinn die Tigriden von Ramiros Wunden erzählte, hinderte eine längere Unterhaltung, denn beyde Prinzeßinnen baten ihn nun so innständigst an sich selbst zu denken, daß er gezwungen [58]wurde sich früher von ihnen zu entfernen als er es wünschte.

Aber die Freude seine Geliebte wieder zu sehen, trug so viel zu seiner Erholung bey, daß er sich bald völlig von seinen Wunden geheilt sah. Er fühlte aber wohl daß so lange die Königinn Nunna noch über den Todt ihres Bruders trauerte, würde er nicht schicklicher weise bey seinem Vater Don Sancho dem Grossen von einer Verbindung sprechen dürfen, und er beschloß daher einen günstigern Zeitpunkt abzuwarten, und einstweilen einen neuen Feldzug gegen die Mauren wieder an⟨zu⟩fangen, da er befürchtete sie möchte sich mit neuer Macht rüsten, um sich wegen des Verlustes zu rächen an ihm, den er ihnen verursacht hatte. Als er sich nun aufs neue von der schönen [58v]Tigride trennen mußte vermochte es fast sein Herz nicht. Warum rief sie mit Thränen erstickter Stimme aus, soll ich Sie niemahls ausser Gefahr wißen, und immer wieder Sie in neue Gefahren verwickelt sehn, die vielleicht grösser als die vorigen werden. Können Ihnen nicht die vielen schon errungnen Siege genügen? Haben Sie nicht schon Ihren Ruhm gegründet? Warum müssen Sie von neuem sich dem Zufall des Gefechtes preiß geben! Soll ich stets nur für Ihr Leben zittern, und nie eines ruhigen Augenblicks genießen, wo ich Sie sehen kann, der nicht durch viel tausend Unruhen vermischt wäre. Nein dies sind nicht die Früchte der Hofnung die ich mir versprach. Sollen dieser Liebe die uns so viel versprach nur Thränen und ewige Unruhe zu Theil werden! Dieser Ausbruch [59]ihrer Klagen, gab dem Herzen des Prinzen, die schrecklichste Unruhe, er gab zu daß er der unglücklichste Mench sey, sich so oft von ihr getrennt zu sehen, von der Geliebten die er seiner Liebe, wie der Liebe der ganzen Erde so würdig fühlte, aber er schilderte ihr auch seine Ungeduld mit der er wieder in ihre Arme eilen würde so lebhaft, daß Tigride bald fest überzeugt wurde daß ihr Geliebter sich nicht ohne die dringenste Nothwenigkeit von ihr entferne. Sie ließ seine Abreise zu, nachdem er ihr heilig versprach bald zurück zu kehren.

Die schöne Prinzeßinn *Haca* und die Geschichte ihrer Entführung wurde bald das Gespräch des *Leoner* Hofes, man konnte sie mit allem Recht in Ansehung ihrer Schönheit mit Tigriden vergleichen. Auch *[59v]*Bermudos fand sie sehr liebenswürdig und ließ keine Gelegenheit vorbey gehen, wo er ihr nicht seine Ergebenheit bezeigte. Da die Gläubigen Könige sich von jeher ein Verdienst daraus machten die Mauren zu bekehren, die ihre Gefangenen wurden, so wünschte Don Alfonso eben auch nichts so sehnlich als die Prinzeßinn *Haca* zu bereden ihre Religion zu ändern, und er lag seiner Tochter an so oft er sich mit ihr allein fand alle ihre Beredsamkeit anzuwenden. Aber Tigride die sie sehr niedergeschlagen fand, wünschte lieber sie zu zerstreuen, als sie zu bekehren.

Bermudes mischte sich oft in die Unterredung der beyden, dieser aber wendete alle [60]seine Beredsamkeit an um der schönen *Haca* mit lebendigen Farben die Glückseeligkeit derjenigen zu schildern die im Schooß der christlichen Kirche aufgenommen worden. Suchte er vielleicht nur Gelegenheit eine längere Unterredung mit der schönen Prinzeßinn zu haben, oder war es Eifer für seinen Glauben, genug das Gespräch lenkte sich immer auf diesen Gegenstand. *Haca* konnte zuweilen ungeachtet ihrer Schwermuth sich nicht des Lachens verwahren. Tigride schien dieses zu verwundern, und sie fragte nach der Ursach, endlich gestand ihr *Haca* mit vieler Naivität, daß sie freilich ⟨sich⟩ nicht des Lachens erwehren könne, einen so schönen jungen Prinzen zu sehen, der die Zeit *[60v]*die man ihm vergönnte in ihrer Gesellschaft zu seyn, nur dazu verwendete, um über so ernsthafte Gegenstände zu sprechen. Tigriden war die Frivolität der maurischen Damen nicht ganz fremd, daher sie diese Antwort nicht wunderte. Sie scherzte auch darüber mit ihrem Bruder, und gab ihm den Rath, seine Zeit künftig in einer solchen Gesellschaft besser zu benuzen zu lernen. Anfangs nahm der Prinz diesen Scherz empfindlich auf, und entschloß sich, der schönen *Haca* zu zeigen, daß die Spanier den Mauren in der Galanterie nichts nachgäben. Die Zeit die er dazu verwendete, konnte er nicht besser als zu Betrachtungen ihrer Reize brauchen, und es erwachte in seinem Herzen eine leidenschaftliche Liebe für die Prinzeßinn.

[61]Aber *Haca* schien weit entfernt zu sein des Prinzen Aufmerksamkeit zu bemerken und begegnete ihm immer mit Gleichgültigkeit.

In dieser Zeit schickte König *Izam* einen Herold am *Leonischen* Hof der um die Auslösung seiner Tochter unterhandeln sollte. Aber Alfonso dem die Bekehrung der Prinzeßinn so sehr am Herzen lag, und der grösste Vortheil daraus zu erwachsen schien den man nur erwerben könne, machte so außerordentliche Foderungen, und sein Sohn bestrebte sich nicht minder ins geheim neue und immer neue Hindernisse in Weg zu legen, daß sogar der Herold ganz unverrichteter Sache abziehen musste. Bermudos war ein schüchterner Liebhaber, aber doch wuchs seine Aufmerksamkeit von Tag zu Tag, und er [61v]nährte die Hofnung die Neigung der schönen Maurin zu gewinnen. Aber Alfonso dem nichts entging in des Prinzen Betragen, wollte diese Liebe im ersten Keim ersticken, und schritt zu dem wircksamsten Mittel in seinen Augen, denn er befahl und beredete seinen Sohn eine Reise zu unternehmen, und rieth ihm an den Hof des Königes von Navarra zu besuchen. Er schrieb an den König Sancho, den er wie seine Gemahlin dringend bat, den Prinzen so lange wie möglich an ihrem Hof zu behalten. Er wurde freundlich vom König empfangen, und seiner Ankunft zu Ehren wurde manches Fest veranstaltet. Aber es war vergebens ihn zu zerstreuen. Bermudos war es nicht so leicht sich über die Entfernung seiner schönen *Haca* [62]zu trösten, er war unempfindlich gegen alles und nur die Ungeduld so bald als möglich zurück zu kehren belebte einzig sein Herz.

Die Königin Nunna die der Todt ihres Bruders sehr gegen Don Ramiro entrüstet hatte, und die wohl ahndete daß Tigride mit ihm einverstanden sey, weil sie durch den aufgefangnen Brief schon unterrichtet war, versuchte alle Mittel um den Liebenden Hindernisse in Weg zu legen. Sie fasste daher den Entschluß Bermudos Anwesenheit zu ihrem Vortheil zu benuzen, und machte manche Versuche ihn in ihr Interesse zu ziehn, und hofte Ramiro einen Feind zu erwecken, der gegen ihn handelte.

Während Bermudos am Navarrischen Hofe unter der peinlichsten Langeweile schmachtete, und [62v]Ramiro den Krieg gegen die Mauren mit erneuertem Muthe begann, knüpfte sich unter den beyden Prinzeßinnen die engste Freundschaft. Tigride konnte nicht satt werden sich von *Haca* Ramiros Thaten erzählen zu lassen, mit welchem Muthe er die Mauren zurückgetrieben, und *Haca* sprach gern von ihm, und mit vieler Achtung und Antheil. Tigride untersuchte nicht die Gesinnungen der Prinzeßinn, und fand sie immer liebenswürdiger je mehr sie erzählte, und dankte ihr oft im stillen für die gute Meinung die sie von ihrem Geliebten habe. *Haca* gab immer mehr Hofnung daß sie von ihrem Glauben abgehen würde, und erhöhte dadurch Tigridens Freude, die diese günstige Aussicht ihrem Vater sogleich mittheilte.

[63]Aber ihre Freude wurde nicht wenig getrübt, da sie sahe daß sie mehr bey der Prinzeßinn ausgerichtet habe durch ihr Vertrauen, als sie erwartete, denn jene gestand ihr daß sie keinen Wiederwillen fühle eine Christin zu werden, wenn sie gewiß sein könnte den Prinzen zum Gemahl zu bekommen der sie zu seiner Gefangenen gemacht hätte.

Nicht wenig wurde Tigride von dieser unerwarteten Entdeckung überrascht, sie wusste lange nicht was sie antworten sollte, aber endlich gab ihr ihre Liebe Beredsamkeit. Sie sprach der Maurischen Prinzeßinn so viel von der Erhabenheit und Reinheit ihres Glaubens, der nicht erlaube daß man Nebenzwecke dadurch erreichen wolle und jeder andre Grund eine Entheiligung sey, und beredete sie endlich ihre Bekehrung [63v]aufzuschieben, bis sie mehr von der Hoheit der Religion die sie annehmen wolle überzeugt seyn würde, um in die Geheimnisse derselben aufgenommen zu werden, weil nicht irrdische unlautre Absichten den Weg dazu bahnten.

Aber *Haca* gestand eben so freymüthig, so gut und wahr diese Gründe sein möchten, so würden sie ihr doch noch überzeugender aus Ramiros eignem Munde klingen.

Der König der ungeduldig wurde, das glückliche Werk der Bekehrung vollendet zu sehen, trieb eifrig seine Tochter die Fortschritte zu vollenden die sie in dem Herzen der schönen Ungläubigen gemacht habe, aber mit kluger Ueberredung überzeugte Tigride ihren Vater daß man zu einem solchen Geschäft Zeit brauche, u. nichts übereilen müsse.

[64]Ramiro kehrte nach neuen Siegen nun wieder an den Hof des Königes von *Leon* zurück, er hatte aufs neue unglaubliche Thaten der Tapferkeit gethan, eine bedeutende Festung erobert, und die Mauren zum Rückzug gezwungen. Nach den grossen Beschwerden des Kriegs, ward es ihm süß in den Armen der Liebe Ruhe suchen zu können. Aber er war erschreckt durch ein abgemeßnes Betragen der Pinzeßinn, und fürchtete die Verminderung ihrer Liebe, und die Tage denen er mit frohen Hofnungen entgegen gesehen, brachte er in trauriger Ungewißheit zu. Er hatte aber keinen Grund an den Gesinnungen seiner Geliebten zu zweifeln, die nun *[64v]*⟨aus⟩ Klugheit öftere Zusammenkünfte mit ihm vermied, denn die schöne Ungläubige *Haca* war ihre unzertrennliche Gefährtin. Sie fürchtete Ramiros Umgang möchte der Liebe ihrer Freundin mehr Nahrung geben als sie unterdrücken, und sie möchte die Früchte ihrer wohlgemeinten klugen Rathschläge verliehren. Sie wählte daher lieber so schmerzlich es ihrem Herzen auch fiel, ihn selbst weniger oft zu sehen. Ein günstiger Zufall verschafte ihm endlich eine Unterredung mit ihr, sie überzeugte ihn bald daß sie seine Vorwürfe nicht verdiene, aber ohne die Ursache ihm zu entdecken, warum sie seine Gesellschaft zu meiden schien, bat sie ihn, sie mehr zu [65]zu beklagen als zu tadeln, aber die Gründe die sie habe wären von der grössten Wichtigkeit, und sie selbst litte am meisten dabey. Diese Antwort beruhigte Ramiros Herz, aber noch mehr die Versicherung ihrer ewigen treuen Liebe; sie klagten das Schicksal an, daß der Erfüllung ihrer Wünsche so viele Hindernisse in Weg stellte.

Ramiro drang darauf nach Pampelona abzureisen, um seinen Vater aufs neue in sein Interesse zu ziehen, und um ihn zu bewegen sobald wie möglich einen Ab⟨g⟩esandten nach *Leon* zu senden, sich öfentlich um die Hand der Prinzeßinn zu bewerben. So traurig den Liebenden diese neue Trennung war, so lächelte ihnen doch die schöne Hofnung, eines baldigen *[65v]*ungetrennten Zusammenseins.

Da Ramiro von der Geschäftigkeit der Königin Nunna seiner Liebe alle möglichen Hindernisse in den Weg zu legen, alles fürchtete, so beschloß er ins geheim nach dem Hof des Königs von Navarra zu reisen, fest entschlossen nicht öffentlich zu erscheinen, wollte er den König um eine geheime Unterredung bitten, und ihn beschwören seine Liebe zu begünstigen; aber kaum war er angelangt, als er erfuhr in welcher Verwirrung der ganze Hof sey, daß die Königinn Nunna keine gefährliche Feindin mehr sey, denn sie werde im Gefängniß auf das strengste bewacht.

[66]⟨Durch⟩ Zügellosigkeit ihrer eignen Kinder, die sie in ihrer Erziehung ganz verwahrlost hatte, waren ⟨diese⟩ aufgebracht gegen ihre Mutter daß sie ihnen nichts von der Erbschaft des Grafen von Castilien ihres Oheims habe zukommen lassen, und beschlossen ihren Untergang. Durch einen Undank geleitet, der unerhört war, gaben sie vor, daß die Aufmerksamkeit der Königinn gegen *Bermudo* aus strafbaren Absichten entstehe. Sie hatten die Unverschämtheit ihre Mutter des Ehebruchs anzuklagen. Nunna wie Prinz Bermudos wurden gefangen gesezt, und Don Sancho der den Beynahmen der Grosse auf eine so preiswürdige Art erworben hatte, wurde durch eine so schreckliche Beleidigung aufs Äusserste gebracht, und *[66v]*beschloß seine Gemahlin die seinen Ruhm durch solche Schändlichkeiten befleckt hätte, der Strenge der Geseze Preis zu geben, die das Urtheil über sie gesprochen, daß man sie lebendig verbrennen solle, wenn ihre Unschuld nicht in einem bestimmten Zeitraum, durch die Waffen entschieden würde. Der Zeitpunkt war beynahe verfloßen, und kein Ritter fand sich der die Waffen ergriffen hätte, um gegen die Erben der Krone zu fechten.

Als Ramiro in Pampelona angelangt war ließ er sich durch seinen Vertrauten vom Verlauf der grossen Begebenheiten unterrichten; da man an Höfen nur zu oft [67]niedrig denkende

Gemüther findet, die ihren Obern im Glück schmeicheln, aber eben so wohl bereit sind ihnen zu schaden, wenn das Glück jenen den Rücken kehrt, so glaubte auch der Vertraute des Prinzen, ihm zu dem Unglück der Königinn Glück wünschen zu müssen, weil es ihn an einer Feindin rächte, die ihn lange schon verfolgt u. gehasst habe. Aber Ramiro weit entfernt ihm Zutrauen zu schenken, und über jede Niedrigkeit zu erhaben, ließ ihm keine Zeit seine Verläumdungen zu vollenden, und gebot ihm Stillschweigen. Aber nicht von ihm allein erfuhr er die Begebenheiten auf eine solche Art vorgestellt, er blieb aber dennoch überzeugt von der Unschuld der Königinn, und nur seiner Pflicht blieb er treulich eingedenk, u. [67v]vergaß grosmüthig jede Beleidigung die ihm die Königinn zufügte; und der Entschluß sie zu vertheidigen stand fest in seiner Seele. Er blieb zum Tage der zum Kampf bestimmt war verborgen, u. suchte nur sich guter Waffen zu versichern.

Das Unglück der Königinn erweckte das Mitleid aller ihrer Unterthanen, es war keiner der nicht im Herzen von ihrer Unschuld überzeugt war, und die Bosheit ihrer Ankläger verwünschte. Der König selbst dem sein Betragen zu hart schien, dem das Andenken an ihre Tugend, die sie stets in ihren Betragen zeigte lebendig wurde, fing an seine Härte sie den Haß ihrer Feinde preißgegeben zu haben zu [69]bereuen, und nichts hätte ihm erwünschter kommen können, als einen Beweiß ihrer Rechtfertigung zu erhalten. Schon hatte sich das Volck versammelt daß mit Schrecken erfüllt an das Ende des Tages dachte, der so unglücklich für die Königinn sein würde. Ihre Söhne begannen schon über ihre Bosheit zu triumphieren, und sahen stolz in die Schranken in denen niemand sich zeigte, für Nunna zu kämpfen, als ein ganz gewaffneter Ritter plözlich erschien. Von einem Herold begleitet erklärte er, daß er gekommen sey, die Ehre der Königinn zu vertheidigen, gegen jeden der es wagte sie anzugreiffen. Gonsalvo, zweyter Sohn der Königinn trat hinaus [69v]in die Schranken, der fremde Ritter ging mit einer Sicherheit auf ihn los, die von guter Vorbedeutung für die Zuschauer war. Herzhaft stieß ihn anfangs Gonsalvo zurück, und der Sieg blieb lange zweifelhaft. Aber Ramiro ungeduldig den Sieg zu erringen trieb ihn mit solchem Muth, und solcher Geschicklichkeit in die Enge, daß er ihm das Feld endlich räumen musste, aber nicht um von seinem Vortheil Nuzen zu ziehen schien er zu kämpfen, sondern er schenkte seinem Ueberwundnen das Leben, obgleich er hartnäckig darauf bestand, daß er seine Verbrechen läugnen sollte. Nun stellte sich Ramiro dem zweyten Ankläger auch die Spize zu bieten.

[68]Aber Gonsalvo der schon seine Treulosigkeit bereute, und der gehoft, der Tod den er von dem fremden Ritter zu erhalten strebte, würde ihn auch zugleich von der Schande befreyen das Bekenntniß einer so abscheulichen That ablegen zu müssen. Aber er wurde so sehr von der Grosmuth des Unbekannten gerührt, daß er der Königinn Unschuld öffentlich bekannte, und freywillig erklärte daß er mit seinen Brüdern vereinigt diese schändliche Anklage ausgedacht hätte.

Man überhäufte den Unbekannten mit Seegenswünschen. Der König der ihn selbst der Königinn zuerst vorstellen wollte, befahl ihm den Helm abzunehmen. Ramiro der den Lohn seiner guten Handlung rein genießen wollte [68v]weigerte sich lange, aber Don Sancho bestand darauf daß er sich zu erkennen gebe. Wie groß war des Königs Freude als er den Helm fallen ließ, und er seinen Geliebten Sohn Ramiro erkannte. Er weinte lange vor Freude; und Nunna von dieser edlen großmüthigen Handlung durchdrungen erhielt auf der Stelle das Versprechen des Königes ihn auf gleichen Fuß mit seinen Rechtmäßigen Söhnen zu setzen.

Ramiro säumte nicht das Geschäft das seinem Herzen am wichtigsten war, zu ⟨e⟩rreichen, und Sancho der die Verdienste seines Sohnes fühlte, die er nicht genug belohnen zu können glaubte, fertigte auf der [70]Stelle einen Abgesandten nach dem *Leonischen* Hof ab, um bey dem König, um die Hand seiner Tochter zu werben, und damit es Alfonso keinen Kampf kosten möchte seiner Tochter Don Ramiro zuzusagen, so trat er ihm feyerlich das Königreich Arragonien ab.

Auch Bermudos deßen Liebe für die schöne Maurische Prinzeßinn eher zu als abgenommen hatte war ungeduldig zu ihr zurück zu kehren; Aber Don Sancho der ihm gern die übeln Behandlungen die er erduldet hatte, hätte aus seinem Gedächtnis verlöschen mögen, bat so flehentlich um Aufschub seiner Abreise daß Bermudos diese Bitte erfüllen mußte, er unterließ es [70v]aber nicht seine Schwester Tigride in einem Briefe zu bitten, daß sie seiner bey der schönen *Haca* gedenken solle. Jene die sie ganz von ihrer Liebe zu Ramiro geheilt hatte, that alles was sie vermochte, um zu Gunsten ihres Bruders zu wircken, und es gelang ihr, ihr Gemüth mit den wärmsten Gefühlen für ihrem Bruder zu beleben.

Alfonso erfuhr durch den Abgesandten des Königes Sancho daß auch sein Sohn ihm bald folgen würde. Er nahm die Anträge des Don Ramiro den er längst seiner besondren Achtung werth hielt mit Freuden an, aber doch besorgte er von dem Stolz seiner Tochter, die die Anträge der mächtigsten Spanier verschmäht hatte, sie würde den Anträgen [71]Bastards noch weniger Gehör geben. Er rufte sie also eines Tags zu sich, und nachdem er ihr die zärtlichsten Versicherungen seiner Liebe gegeben, entdeckte er ihr daß er als Vater nicht als König gegen sie handeln würde, und beschwor sie, ohne Wiederstand die Wahl die er für sie zu thun bereit sey anzunehmen, indem er ihre Hand einem grossen Prinzen, dem Sohn des Königes von Navarra bestimmt habe.

Tigride der es nicht unbekannt war, daß ihr Vater im Briefwechsel mit der Königinn Nunna stand, und die nicht glaubte daß es so grosser Vorbereitungen bedürfe ihr Ramiros Hand anubieten, stand in dem Wahn, daß ihr Vater ihr einen Sohn der Königinn [71v]Nunna anbiete; dieser Gedanke bestürzte sie so sehr, daß sie kein Wort hervorzubringen vermochte. So sehr der Vater sie bat ihre Gesinnungen ihm nicht zu verbergen, so wenig war sie im Stande, ein Wort hervor zu bringen. Diese Art sich zu betragen bestärckte den König immer mehr, daß ihr Stolz bey einer solchen Verbindung keine Rechnung fände. Er wurde zuletzt sogar heftig und machte ihr die bittersten Vorwürfe daß man ihn des Undanks beschuldigen müsse, daß er einem Prinzen ihre Hand versagen müsste, der nicht allein das Reich aus den Händen der Feinde gerettet, sondern er auch das Leben seines einzigen Sohnes seiner Hülfe zu verdanken habe. –

[72]Aber Tigride war gar zu wenig vorbereitet, bis sie endlich erfuhr was in Pampelona vorgefallen, die Art u. Weise wie Nunna vertheidigt worden gegen ihre eignen Söhne erfuhr sie, aber nicht den Nahmen des Vertheidigers. Wär es Ihr Wille rief sie endlich bewegt aus, und Zorn erstickte ihre Stimme, soll ich die Belohnung einer so niedrigen Handlung sein? Solltest du es niederträchtig finden rief Alfonso aus, einer unschuldig Angeklagten das Leben zu retten, hat wohl je ein Prinz seines Alters seine Tapferkeit so weit getrieben als Don Ramiro? Wer mahlt das Erstaunen der Prinzeßinn als sie diesen theuren Nahmen aussprechen hörte, aber immer noch wurde es ihr schwer zu begreifen ob der König auch in der That [72v]sich für ihn verwendete, bis es ihm gelang sich umständlich über die Verbindlichkeit zu erklären die er mit Don Sancho eingegangen sey, und ihr die Briefe zeigte, worinnen er sich für seinen Sohn verwendete, und erklärte daß er ihm so eben das Königreich Arragonien abgetreten habe.

Als sie ihren Irrthum eingesehen hatte, und der Uebergang eines schmerzliche Zustands zu der grössten Freude ihre Sinne wieder beruhigt hatte, war sie aufs eifrigste bemüht die übeln

Eindrücke zu vertilgen, die sie durch ihren Wiederstand erweckt hatte. Schon wollte sich ihr Vater zornig von ihr entfernen, als sie ihm zu Füssen fiel, und ihn um Verzeihung bat wegen ihren Weigerungen, [73]und ihn versicherte sich nun in seinen Willen fügen zu wollen.

So groß Ramiros Ungeduld war, sich seiner angebeteten Tigride zu Füssen zu werfen, so mußte er doch seines Vaters willen die Abreise verschieben, denn er wollte nicht zugeben daß er früher abreiste, ehe der abgeschickte Gesandte wieder zurückgekehrt. Bermudos indeßen der nicht dieselben Gründe hatte seine Reise nach seiner Heymath aufzuschieben verließ den navarrischen Hof, und eilte auf den Flügeln der Liebe zu seinem Vater und der liebenswürdigen *Haca* zurück. Er vernahm mit Freude wie sehr seine Schwester zu seinem Vortheil bey ihr gesprochen, und *[73v]*welche Hofnungen sie hege, daß er ihr nicht gleichgültig sey. Er versäumte keine Gelegenheit der schönen Maurin Beweise seiner Liebe zu geben, seine treue Anhänglichkeit erreichte ihr Herz, und sie willigte in die Bitten der Schwester, sich aus Liebe für den Bruder in der christlichen Religion unterrichten zu laßen.

Bermudos schien den Gipfel seiner Wünsche erreicht zu haben, aber wie unbeständig sind alle irrdischen Dinge! Denn kaum genoß er das Glück der Liebe, so erschienen Abgesandte des Königes *Izam* in *Leon*, und verlangten die Auslösung seiner Tochter. Sie boten Alfonso wichtige Vortheile an, und waren [74]bereit die wichtigsten Pläze die die Mauren den Christen abgenommen zurück zu geben, die Alfonso schon oft zurückverlangt hatte. Diese Nachrichten verbreiteten grosse Bestürzung am *Leonischen* Hof, denn die schöne *Haca* ward allgemein geliebt.

Der König Alfonso dem die Ehre seiner Religion am Herzen lag, fürchtete sehr daß *Haca* nun ihre Bekehrung aufgeben möchte, weil sie sähe daß ihr Vater bereit sey für ihre Einlösung alles aufzuopfern. Der Prinz fühlte seine Leidenschaft mit jedem Tag heftiger werden, weil er fürchten musste sie zu verliehren. Auch Tigride war untröstlich, bey dem Gedanken sie zu verliehren, auch dies beunruhigte sie sehr, daß ihre *[74v]*Freundin nun auf immer die Lehren des Christlichen Glaubens entbehren sollte. *Haca* selbst sey es der Reiz der neuen Lehre der sie fesselte, sey es Liebe zu dem Prinzen, oder Dankbarkeit gegen Tigriden, genug ihr Herz war von den entgegen geseztesten Gefühlen bestürmt. Ihre reine unverdorben Natur, die Dankbarkeit gegen ihren Vater zogen sie zu ihrem Vaterlande hin, auf der andern Seite hatte der christliche Glaube von dem sie sich zu überzeugen begann ein grosses Gewicht, auch die warme Freundschaft die sie für Tigriden fühlte, und vielleicht Bermudos Aufmerksamkeit für sie fesselte sie mit starcken Banden an den *Leonischen* Hof.

[75]Alfonso aber durfte sie nicht mehr zurückhalten, ohne die Geseze des Kriegs zu verlezen, er durfte ihr die Freyheit nicht versagen, denn die Anerbietungen König *Izams* waren zu bedeutend, es blieb ihm nichts übrig als seine Tocher zu beschwören ihre Freundschaft in diesem entscheidenden Moment handeln zu lassen, und die Maurische Prinzeßinn zu überzeugen daß sie verpflichtet sey das Heil ihrer Seele allen andern irrdischen Vortheilen vorzuziehen.

Tigride die selbst nichts so sehr wünschte als *Haca* zurückhalten zu können, hatte lange Unterredungen mit ihr. Sie wusste die Vortheile der Religion, die Süßen Gefühle der Freundschaft, und die Liebe ihres Bruders so gut gegen einander zu stellen, daß *Haca [75v]*ihr endlich gestand, daß sie ohne Widerwillen bleibe, wenn sie Hofnung hätte Prinzeßinn von *Leon* zu werden. Es gelang auch Tigriden das Gemüth ihres Vaters so geschickt zu behandeln daß er darein willigte daß Bermudos um die Hand der schönen *Haca* sich bewerben dürfe, doch sollte seine Heyrath verschoben werden bis zu Ramiros Ankunft, die aber schneller erfolgte als man erwartete. König Alfonso unterließ nicht ihm seiner Tochter mit vielen Pomp vorzustellen, und hielt eine lange wohlausgedachte aber unüze Rede, um sie zu ermahnen daß sie Don Ramiro treu und aufrichtig lieben sollte. Nie war wohl eine Zusammenkunft zärtlicher. Ramiro gestand seiner Geliebten daß er nur um [76]ihrentwillen durch das Geschenk seines Vaters der ihm das Königreich Arragonien gegeben beglückt worden sey, weil er auch bey seiner heftigen Liebe zu ihr, selbst nicht allein Befriedigung gefunden, wenn er ihr nicht auch zugleich einen Thron hätte anbieten können.

In dem Streit über die Uneigenüzigkeit ihrer beiderseitigen Liebe verging manche Stunde ihrer Gespräche. Tigride bot alles auf ihren Geliebten zu überzeugen, daß ihr Herz der Glanz einer Krone nicht blenden könne, nur der Besiz ihres Geliebten allein, könne sie beglücken. Ramiro entzückt durch diese Versicherungen fand keine Worte ihr genug für ihre Güte zu danken und sank sprachlos zu ihren Füssen.

Den Tag nach Ramiros Ankunft machte man schon Anstalten zu der Vermählung. [76v]Die Geschwister wurden in derselben Stunde getraut, und *Haca* und Bermudos fühlten sich nicht minder glücklich zusammen, als Tigride und Ramiro. Eine Menge von Festen und Turnieren feyerten diese zweyfach glücklichen Verbindungen. Man schreibt noch der Pinzeßinn *Haca* die Einführung der Maurischen Tänze an den Europäischen Höfen zu, in denen sie sich an diesen Festen als eine große Meisterin zeigte.

Die Königinn von Navarra

Nach dem Französischen frey bearbeitet

[1]Die Herzogin von Angouleme, Mutter Franz des Ersten hatte sich mit der Königinn von Navarra, und andern Damen, in ihr Zimmer begeben, und saßen ohne Zwang zusammen, um sich zu unterhalten. Als Franz der Erste mit eine⟨m⟩ Brief in der Hand zu ihnen trat, als er ihnen bekannt machte, daß ⟨der Kaiser⟩ den Herzog von Bourbon an die Spize seiner Truppen gestellt, um nach Mailand zu ziehen, überzog eine glühende Röthe das Gesicht der Mutter, die einen drohenden Blick auf ihre Tochter warf, und jene senkte bestürzt die schönen Augen die sich vergebens bemühten des Herzens Gefühle zu verbergen. Mutter und Sohn sprachen lange leise untereinander: Die Königinn nahm die beyden Prinzeßinnen von Arragonien an der Hand führend ohne Verbeugung den Weg nach ihren Zimmer⟨n⟩. Kaum waren sie allein, so nahm eine der Damen das Wort.

Nach Allem was wir in Madrid sahen, meine Königinn ist uns des Connetables unglückliche Leidenschaft wohl bekannt. Dürfen wir Sie an das uns in Spanien gegebene Versprechen jezt erinnern? Sie versprachen uns einst, die Geschichte dieser unglücklichen Liebe zu entdecken, sobald Sie die Kraft gewönnen, sie erzählen zu können! –

Was verlangt Ihr von mir meine Freundinnen antwortete die schöne Königinn mit bewegtem Gemüth; soll ich meine Schwacheit, dies Vergehen des Connetables, und den Zorn meiner Mutter selbst aussprechen! Ich will Wort halten, aber nicht ich selbst kann diese Reyhe schmerzlicher Begebenheiten erzählen; meine Freundin die Gräfin *Sancerre* soll Ihre Neugier befriedigen, sie liebt mich, sie kennt die Gesinnungen des Connetables, wie die Meinigen, und [1v]kennt auch das Unheil welches diese unglückliche Liebe über diesen Hof nicht allein, sondern über die Welt verbreitete.

Ein Page bekam Befehl zu erforschen ob die Gräfin von *Sancerre* nach *St. Germain* zurück gekehrt sey, da sie eine Reise nach der Hauptstadt gemacht hatte. Sie erschien selbst, und die Spanischen Prinzeßinnen erstaunten nicht wenig bey ihrem Anblick.

Jugend und Anmuth folgten ihr. Ihr Gesicht war voll Ausdruck eines reifen Verstandes die blonden Locken spielten um einen glänzend weißen Nacken, ihre Wangen glühten vom Hauch der Jugend, man liebte sie beym ersten Anblick⟨.⟩ Anmuthig küsste sie der Königinn die Hand, u. neigte sich sittsam gegen die Anwesenden. Nach einigen gewechselten Worten begann sie.

Sie müssen fühle ich der Königinn sehr werth seyn: da sie es erlaubt die Geschichte ihres Lebens zu enthüllen; mir wurde es zu Theil selbst mehr davon zu wißen als der unglückliche Herzog je erfahren. Ich weiß daß meine Gebieterin öfter Ihrer mit Liebe gedachte, seit sie Spanien verlaßen, der Verlauf meiner Erzählung wird Ihnen zeigen wie Groß das Vertrauen seyn muß, daß man in Sie sezt. –

Die Prinzessinn von *Valois*, so nenn ich sie am Liebsten, wurde mit ihrem Bruder Franz dem Ersten vortrefflich erzogen. Die Mutter Wittwe seit dem siebenzehnten Jahr, kann sich des Ruhms erfreuen, alles aufgeboten zu haben, was in ihren Kräften stand, dieser liebenswürdigen Familie jede nur ersinnliche Bildung zu geben. Ludwig der Zwölfte war ohne Nachkommen, er foderte die Familie zu sich an Hof: *Claude* die Aelteste Prinzeßinn war mit Carl dem Fünften verlobt, der König der diese Heyrath nicht gern sah, berief sie zu sich, um sie an den Herzog von *Angouleme* zu vermählen.

Beyde Geschwister erschienen am Hofe Ludwig des Zwölften, gleich zwey Sonnen, die jegliches Gestirn neben sich verdunkelten. Das Herz der Prinzeßinn *Claude* verlohr seine Freyheit beym ersten Schritt in die [2]ihr fremde Welt. Sie liebte mit einer Leidenschaft die nicht in dem Grade erwiedert werden konnte, denn ihr großes, und reiches Gemüth aller Liebe würdig konnte nicht verstanden werden. Der Herzog von *Alencon* war der Erste deßen Liebe ihr Unglück war, zwey andre Nebenbuhler *Lautrec*, und *Bonnivet* besassen alle die Kühnheit, die sie weit führen konnte.

Anna von Bretagne ließ es bald ihren schönen Verwandtinnen fühlen, wie wenig sie von ihrer Neigung erwarten konnten, ihr Stolz fühlte sich nicht wenig gekränkt eine eben so schöne Frau, als sie selbst war neben sich zu sehen. Sie wiedersezte sich dieser Heyrath mit Gewalt, doch endete ihr Todt früher als sie es ahnden konnte ihren Widerstand, und Ludwigs Willen wurde erfüllt, und bald nach ihrem Todt, vergaß man beym Jubel der Hochzeitfeyer, die Trauer in welche ihr Ableben den Hof versezte; sie störte nicht die glänzenden Feste, die man bei dieser Vermählung ersann, und eben so Glanz voll ausführte. In diesem Augenblick trat der Herzog von *Bourbon* auf, damahls noch Graf von *Montpensier*, Mutter und Tochter bemerkten ihn zugleich. Und als er bey einem Turnier als ein Unbekannter in Pracht voller Rüstung erschien, und die Preise erhielt in jeglicher Uebung die Kraft und Gewandheit nur erringen können, ward sein Bild noch tiefer ins Gemüth der beyden schönen Frauen geprägt. Die Augen, wie die Herzen wusste der Fremdling zu feßeln. Wir drey, denn auch ich muß mich freymüthig unter die Besiegten rechnen wünschten ihn beständig Sieghaft zu erscheinen. Keiner kam ihm gleich, niemand übertraf ihn.

Als der Tag des Festes mit einem Ball beschloßen wurde trat der Unbesiegte in die Gesellschaft, eben so prächtig als geschmackvoll gekleidet. Frohes Erstaunen erregte seine Erscheinung, auf jeder Lippe tönte sein Nahme. Die Prinzeßinn von *Valois* blieb ohne sichtbare Bewegung; doch nicht so die Mutter. Mehr als sie hätte sagen dürfen verriethen ihre feurigen

Blicke, doch er verstand sie nicht, und war mit ganz andren Gegenständen [2v]beschäftigt, während die Blicke der Mutter die seinigen aufsuchten, ruhte der Seine auf dem reizenden Gesicht der Prinzeßinn, und im innersten Gemüth gelobte er ihr das Opfer eines Herzens, daß nur ihr ewig schlagen wird.

Die Feste beschäftigten den Hof viele Tage, und die Gelegenheit daß der Graf dem Gegenstand seiner erwachenden Leidenschaft nahen konnte, zeigte sich nur zu häufig für seine Ruhe. Auch *Lautrec* blieb immer der heftig Liebende, auch *Bonnivet* verrieth sich unzählige mahl, so liebte und suchte jeder auf seine Weise, dem Geliebten Gegenstand ein Zeichen der Aufmerksamkeit zu entlocken. Und keiner könnte sich des Glückes rühmen; doch so war es nicht bey der Mutter: ungeduldig ihre Gefühle auszusprechen, sezte sie ihr Ansehn und den Einfluß den sie hatte in Bewegung, und als der Herzog von *Montpensier* eines Morgens Ludwig den Zwölften aufsuchte, so erhielt er eine Botschaft der Herzogin, sich zu ihr zu verfügen. Er kam, und fand sie allein. Ich ließ Sie rufen Prinz begann sie, um Ihnen zu sagen, daß Sie zum Anführer der Truppen ernannt worden, die für jezt noch in *Guienne*, oder nach Italien bestimmt sind. Mir sey die Sorge fortan überlassen, Ihr Glück zu begründen, wenn Sie mich Ihres Zutrauens werth halten so kann es Sie weit bringen, wollen Sie mir den Ruhm gönnen einen Jüngling geleitet zu haben, zu dem hohen Ziele, den ich schäze, zu dem Ziele welches den Ehrgeizigsten Mann begnügen könnte.

Er erwählte *Guienne*, und sie selbst ertheilte ihm diese Anstellung, und verkündigte ihm daß er bereit seye, den nächsten Morgen abreisen zu können. Nicht umsonst beschleunigte sie diese Abreise so sehr, denn schon war das Geheimnis der Liebe des Prinzen zu ihrer Tochter verrathen. Er musste entfernt werden, damit sie die Plane zur Reife bringen könne, die sie zur Verbindung ihrer Tochter mit [3]dem König von Spanien entworfen; der als er sah daß die Prinzessinn von Frankreich ihm ihre Hand versagte, die Seinige der Prinzeßin von *Valois* anzubieten gedachte.

Doch alle diese Entwürfe kamen nicht zur Reife, wie sie wähnte. Der Prinz von *Montpensier* der sie nicht ahnden konnte, fühlte nur den Schmerz der Trennung. Der Ruhm lockte ihn freundlich, und er war nicht unbekannt mit dem Vortheil seiner Lage, und fühlte die Freude dies hohe Ziel zu erreichen, aber die Liebe behielt doch ihre Rechte, und sprach lauter als der Ruhm, und er fühlte nur den Schmerz. Der heftige Streit seiner Gefühle erweckte den Wunsch lebendig den Versuch zu wagen, der Prinzeßinn seine Liebe zu entdecken. Er wusste wohl die Stunde wo sie sich in ihr Gemach zurück zog, um ihren Ernstern Trieb nach Wißenschaften zu befriedigen. Unversehens trat er in ihr Zimmer, ihre Hofmeisterin saß dort beschäftigt, u. sie selbst in einem Cabinet, nachdenkend an einem Tisch, dem Spiegel gegenüber. Sie las in der Römischen Geschichte; Er stand am Sessel gelehnt, u. erblickte sie im Spiegel.

Die Prinzeßinn rief heftig bewegt das Buch weglegend aus: Welche Thaten begeht dieses Ungeheuer! warum lässt dieser schändliche Nero den tugendhaften Thraseas sterben!

Die Hofmeisterin wollte antworten, und ein Gespräch anknüpfen, aber schnell verkündete der Prinz seine Nähe. Warum Geliebte Prinzeßinn sind fremde Leiden, die die Vergangenheit schon längst in ihrem Schooß verborgen, der Gegenstand Ihres Mitleids? Sollten Sie nicht lieber diese fühlen die Sie denen bereiten die Sie sehen u. anbeten? Die Prinzeßinn so ergriffen von ihrem Gegenstand, fühlte ihre Seele nur davon ergriffen, doch erstaunt sich nicht ohne Zeugen zu wißen, sagte leise, daß sie sehr erschrocken sey, er schien zu lesen, doch sagte er ihr, der Dame nicht vernehmlich: Ich gehe Prinzeßinn rief er bewegt, mein Schicksal ruft mich nach *Guienne*, dort wartet mein eine [3v]bedeutende Stelle, morgen schon soll ich abreisen! und es bleibt mir vielleicht nicht vergönnt zu erfahren, wie Sie diesen verwegnen Schritt aufnehmen. Sie erröthete, ihre schönen Augen fielen auf das Buch. – Sprechen Sie Prinzeßinn! Ich liebe Sie, ich fühle es mehr als je, aber beleidigt Sie dieses Geständniß, oder mein Gefühl?

Warum sprechen Sie in solchem Tone zu mir Prinz? Ich bin nicht gewöhnt solche Worte zu hören, und eben so wenig zu beantworten! Ich möchte Sie bitten zu schweigen, niemals wieder so etwas auszusprechen, bitten will ich darum, oder es fodern, wenn es wahr ist, daß ich es Ihnen befehlen kann. Ohne seine Antwort zu erwarten ging sie ins Zimmer zurück. Ich saß nahe an der Thüre, kommen Sie, sagte sie heiter lächlend, nehmen Sie Abschied vom Grafen, der Morgen nach *Guienne* abzureisen gedenkt! – Mich erschreckte diese Abreise sehr, und sagte es ihm wie weh es mir thue, er nahm nach einiger Zeit Gespräch Abschied von der Prinzeßinn, und als ich ihn begleitete, wurde unser Gespräch sehr lebhaft. Die Freundschaft die ich damahls gelobte ist noch dieselbe, nur noch inniger, und troz seines Unglücks werde ich sie ihm bewahren.

Als ich zurück kam war die Prinzeßinn auf den *Balcon* getreten, wo ich sie in nachdenklicher Stellung fand. Auch mir war die Verlegenheit des Prinzen bemerklich geworden, durch heitre Gespräche suchte ich ihre Aufmerksamkeit zu erwecken, aber es gelang mir nicht diese Schwermuth zu lindern, in welche sie versunken schien. Wohl verstehe ich Ihre Gedanken, ohne Worte, Geliebte Prinzeßinn? Könnte ich nicht ahnden was Ihre Gedanken beschäftigt? Ich kann dir Alles erlauben rufte sie schmerzlich aus! Du wußtest bis jezt nur um die kleinen Geheimnisse meiner Kindheit. Möge Gott geben, daß ich dir keine zu verbergen habe die mich schmerzlicher ergreifen, u. für die Zukunft wichtiger sein können.

[4]Es gelang meinem Herzen, das ihrige mir zu enthüllen, und ich enthüllte den Reichthum ihrer Liebe. Sie erfuhr daß auch der Graf von *Montpensier* mich in seine Seele blicken laßen, daß er der Einzige Mann sey der sie zu lieben verstehe, mit der ganzen Kraft seines Wesens. – Nur von der Gegenwart wollen wir sprechen, denn es ist Thorheit die Zukunft errathen zu wollen: Wohl wähnt Er jezt mich zu lieben; doch kann ich das Geständniß seiner Liebe nicht billigen. Sollte es Sie so sehr befremden können Prinzeßinn?

Es ist mir wohl bekannt, daß er die Form des feinen Walthens nicht beleidigt hat, und sein Betragen ist voll Würde. Wir sind nicht durch unsern Stand getrennt. Aber in der Lage in die mich die Verbindung meines Bruders sezt, spricht Alles gegen diesen Schritt, der die Erklärung veranlasste, denn ohne die Beystimmung meiner Verwandten, konnte er nicht in dem Ton sprechen, den er gegen mich annahm.

Aber nur ein Wort des Beyfalls, unterbrach ich sie. Denn es giebt keine Menschen mehr, die es so werth sind sich gefunden zu haben und der Innigen Liebe so werth, als Sie beyde. Mögen Sie sagen was Sie auch wollen, dem Grafen muß ich Gerechtigkeit wiederfahren laßen.

Ich erkenne alle seine großen Eigenschaften, sprach sie, wohl weiß ich wie du Alles Große und Schöne dieser Gesinnungen, und wie sie ihn einst noch auszeichnen werden: Wäre es mein Loos, einem *Vasallen* meine Hand geben zu dürfen, so würde ich ihn allein wählen. Selbst meinem Bruder der mir so theuer ist, würde ich gern seinem Scepter mich unterwerfen. Aber mir ist eine Krone zugedacht, scheint es. Der König von Spanien wirbt um meine Hand, und dieses Herz wird ein Opfer der Staatskunst.

*[4v]*So enthüllte mir diese Schöne Seele ihr Herz, diese Reinheit ihrer Empfindungen hätte selbst einer strengen Beurtheilung, und einen andern Richter wie mein Herz, ertragen können.

*[6v]*Den Prinzen von *Bourbon* riefen die Waffen aus dem Schosse der Liebe, und des Friedens; Der Graf von *Longueville* verlohr die berühmte Schlacht gegen die Engländer, und

wurde gefangen. Er kan⟨n⟩te in London die Prinzeßinn von England. Sie bezauberte ihn, und entdeckte sich Ludwig, doch dieser that selbst in seinem eignen Nahmen Heyraths Anträge, und Heinrich der Achte der im stillen erfreut war die schöne Schwester entfernen zu können, nahm sie bereitwillig an, denn er fürchtete nicht mit Unrecht daß die Macht ihres Zaubers die Grossen seines Reiches entzweyen könnte, und mächtige Feindschaften erwecken. In *Boulogne* wurde die Vermählung im Nahmen des Königes vollzogen; Als er selbst ihr entgegen kam, fühlte er nur zu tief den Zauber ihres Wesens, der alle die sie sahen ergriff. Er hätte sich der Neigung zu seiner schönen Gemahlin ganz hingegeben, wenn ein Freund zu ihrem Unheil, nicht die Liebe mächtiger als den Ehrgeiz werden zu laßen ⟨geraten hätte⟩. Ein König sagte dieser Freund sollte nicht durch die Liebe, der Herrschaft entsagen, und es gelang ihm, dieser Leidenschaft im Herzen des königlichen Freundes allen Zwang anzulegen.

Der Graf von *Montpensier* kehrte als Sieger zurück, und der Hof empfing ihn mit glänzenden Ehrenbezeugungen. Franz der Erste der stets eine große Anhänglichkeit an ihn zeigte, äußerte sie nun öffentlich bey jeder Gelegenheit wo er ihm begegnete. Die Mutter wagte es, die ganze Macht ihrer Gefühle aussprechen zu wollen, und gerieth auf Abwege, die ihrem Zarten Geschlecht so wenig zukamen als ihrem Stand. Eine Feindin, die sie lieblos beobachtete war die Herzogin von *Beaujeu*, dem rächenden Auge gelang es zu gut u. zu leicht die Fehler des verhassten Gegenstandes gewahr zu werden, die unerlaubten Neigungen der Herzogin dienten oft in vertrauten Cirkeln zum Spott. –

Nach seiner Rückkehr aus *Guienne* erhielt er erst den Titel eines Herzogs von *Bourbon*. Man erkannte seine Großen, glänzenden Eigenschaften [7]täglich mehr, aber desto lebendiger wurde auch der Wunsch diesen Großen mit Ruhm bekränzten Helden, als ihren Sohn zu erkennen, und indem sie das Schicksal ihrer Tochter, der reichsten Erbinn in Frankreich, ihm anvertrauen wollte, wollte sie auch ihrer Feindin einen empfindlichen Schmerz verursachen. Sie ließ ihre Anträge wiederhohlen. Er wurde überrascht, fühlte alle Vortheile dieser glänzenden Aussichten; aber die Erste Liebe behauptete ihre Rechte.

Er konnte noch keine Gelegenheit finden sie zu sprechen, umsonst strebte sein Herz sich diesen Ausdruck ihrer Milde deuten zu wollen, der in ihren Augen glänzte; und doch schmeichelte er sich daß die Prinzeßinn nicht gegen ihn sich verbergen wolle; dies sezte ihn in Verlegenheit die selbst dem Brautwerber nicht entging, der den Antrag der Herzogin von *Bea⟨u⟩jeu* auf sich genommen; in einem der bedeutendsten Augenblicke fanden sich zwey Nebenbuhler zusammen, keiner hatte in der Seele des andern gelesen und keiner wusste welches gleiche Schicksal ihrer Liebe, wie ihrem Leben gebot. –

Lautrec war nicht wenig verwundert, als er den Herzog von *Bourbon* so wenig erfreut über die glänzenden Anträge fand, er warf ihm seine Kälte vor; doch der Herzog bat sich statt aller Antwort einen Tag Bedenkzeit aus. Der Freund fand dies unbegreiflich und bat ihn endlich, ihm die Antwort zu überlassen. –

In diesem Augenblick suchte der Herzog mich auf, er enthüllte mir seinen Kummer. Er beschwor mich ihm nur zu sagen, ob er je die Hofnung hegen könne, seine Liebe von der Prinzeßinn nicht verschmäht zu sehen. Ob sie nur ihm die Anhänglichkeit an sie nicht versage? Da ich ihre geheimen Wünsche nicht errathen und ihre Gefühle für Achtung und Wohlwollen hielt, so fand ich keinen Anstand, ihn mit den Planen der Familie bekannt zu machen. – Ich entdeckte ihm [7v]da er mir seine Aussichten mittheilte, die Staats Geheimnisse und die festgesezte Verbindung mit dem König von Spanien. Verschmäht sie meine Liebe nur nicht fing er mit Rührung an, so werde ich meine Hand keiner andern Gemahlin geben; nur mit dem Glück welches mir durch meinen Degen zufällt will ich mich verbinden. Möge sie Königinn des Erdkreises seyn, sie werde ich ewig verehren, und ihr allein meine Dienste widmen.

Mein Bestreben ihn zu beruhigen blieb fruchtlos, nur das Versprechen ihm eine Unterredung mit der Prinzeßinn zu verschaffen beruhigte ihn.

Ihrer großmüthigen Gesinnung vertrauend, konnte ich es wagen, ihr das Herz des Herzogs zu zeigen, ihr seine Neigung und Erklärungen mitzutheilen. Eine leichte Röthe überflog ihr Gesicht, als ich von den Heyraths Anträgen sprach, die man dem Herzog gethan, doch bald erhielt sie alle Unbefangenheit wieder, und sprach selbst mit Freude davon, und versicherte mich wie sehr es ihr schmerzen würde, wenn der Herzog eines eiteln unerfüllten Strebens willen, dieser vortheilhaften Aussichten aus Liebe zu ihr verscherzen könnte. Sie wollte ihm bey der ersten schicklichen Gelegenheit selbst sprechen. So verließ sie mich eilig. – Der Ausdruck ihrer Minen befremdete mich, ich konnte sie nicht so ruhig verlassen; und als wir uns den Abend in der Versammlung bey der Königinn fanden, schien sie mir sehr zerstreut, so oft ich es wagte sie anzusprechen. Der Herzog war auch in tiefen Gedanken verlohren. Sie vermied sorgfältig ihn anzusehen, und flüchtig nur ruhten ihre Blicke auf den Gegenständen. – Am fröhlichsten war die Herzogin von *Beaujeu* gestimmt, und es schien der Prinzeßinn schwer zu fallen, diese fröhliche Laune zu ertragen.

[8]Der Herzog selbst, schien alle Gewalt über sich zu verliehren, und es war als habe er seiner Leidenschaft jezt zuerst allen Lauf gelassen. Die Prinzeßinn verstand ihn nur zu gut! Sie fühlte daß sie am Abgrund stehe, auf dem Weg dem Einzigen Mann den sie ihrer werth glaubte zu verliehren. Neben sich ihre glückliche Nebenbuhlerin! zu der auch der Triumph der Mutter sich gesellte denn sie, wie der ganze Hof kannten ihre Schwachheit zu gut. Welches zarte Herz hätte da nicht gefürchtet sich zu verrathen. Jezt kannte das ihrige keine Schranken mehr. Sie fürchtete Alles, und bat die Prinzeßinn Renee, die sie zärtlich liebte, einen Vorwand zu ergreifen um sich ohne Verlezung des Anstandes zu entfernen; es gelang unter dem Vorwand einer Unpäßlichkeit, und sie führte die Prinzeßinn von *Valois* mit sich in ihr Zimmer.

Als sie allein waren, sprach sie zu ihr. Ich verstehe Ihre Gefühle, ich weiß daß Sie geliebt werden, und kenne eben so gut die nicht sich ziemende Leidenschaft Ihrer Mutter. Darf ich aber sagen was ich fühle? über Ihr eignes Gefühl: Hat er nicht Ihr ganzes Mitleid erweckt? Bestürmt durch die Anträge die man ihm zu machen wagte, fühlt er seine Liebe stärker als je erwachen. Es ist wohl wahr, antwortete ihr die Prinzeßinn! darf und kann ich es Ihnen verbergen daß auch mich dieser Blick in seine Seele verändert hat? Wohl kannte ich seine Liebe zu mir, kenne sie noch, und ich zittre für mich selbst, daß mich, daß seine Heyrath mich zu betrüben vermag, daß er mir nicht gleichgültig ist! Ihr Auge voll Thränen sezte sie hinzu: Ich kann den Gedanken dieser Verbindung nicht ertragen, und doch will ich, muß ich rathen sie einzugehen, denn wir sind nicht für einander bestimmt.

[8v]Er darf, er kann keiner Hofnung Raum geben, Sie zu besizen, sprach Prinzeßinn Renee mit erkünstelter Faßung, denn ruft uns Beyde nicht das Schicksal aus dem geliebten Lande, welches uns zur Wiege geworden. –

Ich muß mein Schicksal auch erfüllen sprach die Freundin klagend. Es wird mich nur bald aus den Armen meiner Geliebten, meines Bruders in jenes Barbarische Land führen! warum sollte ich nicht auch suchen Ihn mit Ruhe den Armen einer andern Gemahlin zueilen zu sehen! –

Faßung, Faßung meine Freundin, was soll ich dem Herzog sagen? Ich muß Ihn sprechen, war ihre Antwort, seine Heyrath muss er vollziehn, ich werde es ihm befehlen.

Bey allen Ergießungen dieser Schönen Seele war ich zugegen, und beyde Freundinnen hielten dieses Wechselgespräch ohne Furcht überrascht zu werden, es regte sich etwas an der Thüre, ich trat hinzu sie zu öffnen.

Es war der Herzog, in Begleitung seines Freundes *Lautrec*. Wir waren alle drey nicht wenig verlegen doch Prinzeßinn Renee als die lebhafteste nahm das Wort, und sagte zum Herzog: Sie haben mir etwas zu vertrauen; auch Sie sollen hören, womit ich soeben die Prinzeßinn von *Valois* unterhielt. Ich verstand ihre Absicht und mich zu dem Begleiter wendend sagte ich scherzend hätten Sie mir gar nichts zu vertrauen? Ich könnte Ihnen vieles sagen, und erfreulichere Dinge als die Prinzeßinnen. Sagen Sie mir Alles, war seine Antwort. Doch es gelang mir nicht seine Aufmerksamkeit zu feßeln, da sein Herz an den Gesprächen des Herzogs eben so viel Antheil nahm. Seine Antworten waren so ungeschickt, daß ich ohngeachtet meines Kummers über Alles was ich vernommen, über ihn lachen musste.

[9]Sein Betragen ließ mich bald errathen, welchen Antheil auch sein Herz an jener Unterhaltung nahm, u. ich schwieg am Ende ganz.

Die drey Sprechenden hatten sich von uns entfernt; und der Herzog bestürzt über das was sie ihm sagen möchten spielte keine glänzende Rolle, in diesem Augenblick. Ich sprach so eben von Ihrer Verbindung sagte Prinzeßinn Renee, und ich möchte sie bitten, fiel die Freundin schnell ein, so bald wie möglich Ihre Gesinnungen an den Tag zu legen, wenn man zweifeln könnte, daß Sie nicht bereitwillig wären, einer solche Verbindung entgegen zu kommen; Ach! seufzte er tief welche Prinzeßinn der Welt, vermöchte es wohl, mich über das Unglück zu trösten, von Einer Einzigen nicht geliebt zu werden! Ich weiß, daß ich in der Gegenwart der Edlen Renee offen sprechen, meine Gefühle enthüllen kann. Ich ahnde, daß Sie von meiner Kühnheit beleidigt; daß Ihr Herz nicht mehr frey ist, und daß Sie mich haßen; Haßen sollte ich Sie Herzog rief sie schmerzlich aus; Eben so offen sage ich es Ihnen in der Nähe meiner Freundin, daß ich auf ganz andere Weise, über mein Geschick gebieten möchte, wenn es in meiner Macht stünde! Auch das Ihrige würde anders seyn Herzog!

Er war außer sich über diese Wende, beugte seine Kniee, und ergriff ihre Hand, die er traurig küsste.

Ein Schauder überfiel den Armen *Lautrec* der geduldig neben mir stand; und ich vermochte es kaum ernsthaft zu bleiben.

Ich würde, fuhr die Prinzeßinn fort, stünde es bey mir, diese Ordnung der Dinge zu ändern wünschen; Begnügen Sie sich mit diesem vergeblichen Wunsch: Es wird Ihnen nicht unbekannt seyn, für Wem ich bestimmt bin; Es wird mir zum Trost gereichen auch Ihr Schicksal erfüllt zu sehen, auf eine so günstige Weise; Eilen Sie der Herzogin Ihre Entschließung bekannt zu machen. –

*[9v]*Viel lieber überlasse ich Sie der Prinzeßinn von *Bourbon*, als einer andern. Das ganze Glück dieser lezten Worte fiel mit Zunderkraft auf das Herz des Herzogs. Eilen Sie rief er hastig, seinem Begleiter zu, sagen Sie der Herzogin, daß ich ihrer Tochter meine Hand anbiete. – *Lautrec* wusste nichts von allem was um ihn bisher vorgegangen, so tief war er selbst in seine Gedanken vertieft, doch verbeugte er sich, und verließ schnell das Zimmer.

Nun wurde die Unterhaltung allgemein; und der unglückliche Herzog mit der süßen Hofung einer erkannten Liebe im Herzen, ergriff dies Gefühl als den lezten Trost; er zeigte eine unschuldige, rührende Freude. – Aber bald wurden wir erschreckt, als wir die Stimme der jungen Prinzeßinn von *Bourbon* im Nebenzimmer vernahmen. Wir hatten alle Ursach zu wünschen, daß diese Zusammenkunft verborgen bleiben könnte, da die Gemüthsbewegung der Prinzeßinn von *Valois* zu sichtbar war. Der Herzog trat auf den Balkon vor ihrem Fenster, und verschloß hinter sich die Thüre, die Prinzeßin Renee gewann so viel Zeit sich auf einen *Divan* auszustrecken, und wir saßen zu ihren Füßen. Das vorgebliche Uebelbefinden der Prinzeßinn veranlasste den Besuch. Die Herzogin von *Angouleme* begleitete sie, und lehnte sich so kräftig an die Thüre des Balkons an, daß wir grosse Angst hatten: Es schien ihr bey uns zu gefallen. Doch gelang es der Prinzeßinn Renee einen glücklichen Moment zu ihrer Entfernung zu finden, und der Gefangne wurde entlaßen.

In aller Form hielt der gute König Ludwig den folgenden Tag für seinen Verwandten bey der Herzogin von *Bourbon* um die Tochter an, und die Verlobung welcher die Vermählung sogleich folgte, wurde noch den nehmlichen Tag vollzogen. –

[10]Unbeschreiblich war der Schmerz wie die Ueberraschung der Herzogin von *Angouleme*; Sie glaubte diese Begebenheit nicht zu überleben. – Da sie zumahl nichts aufzufinden vermochte, wodurch sie dieses Schicksal ändern konnte. Es blieb ihr nichts als die Rache übrig, und auch daran schien sie zu verzweifeln. –

Sie hatte den Muth dennoch das Brautgemach nicht zu verlassen, die ledigen Damen entfernten sich, die Herzogin versuchte alle Mittel den Blicken des Herzogs zu begegnen, aber sie suchten nur die Prinzeßinn von *Valois*, ihre Tochter: Sie belauschte einen Wink der Schwermuth der den Liebenden Einziger Trost war; und dies Eifersüchtige Gemüth frohlockte über diese Entdeckung; sie ging unruhig in den Zimmern des Brautpaars umher, ohne dennoch es enträthseln zu können, ob die Braut, oder ihre Tochter der Gegenstand der Neigung des Herzogs sey.

Ihre unruhigen Blicke vermissten endlich die Tochter, sie suchte sie in dem entlegnensten Zimmer der Prinzeßinn Renee auf, und sie fand beyde beschäftigt einen Brief zu lesen; den sie sorgfältig zu verbergen suchten als die Mutter ins Zimmer trat.

Sie hatte mit dem Späher Auge der Eifersucht die Handschrift des Herzogs erkannt: Sie machte den Freundinnen bittre Vorwürfe daß sie sich von den Festlichkeiten entfernt hielten, daß ihre Geheimniße von der Art seyn müßten, sie den Augen der Welt zu entziehen; sie verließ sie mit einer leidenschaftlichen Heftigkeit und sie waren genöthigt ihr zu folgen.

Sie war aufs höchste gereizt und suchte einen Wortwechsel mit der sanften Tochter herbeyzuführen; als sie sich immer näher zu ihr drängte, wurde ihr die heftige Bewegung ihrer Tochter merklich, ihr Busen hob sich empor, und sie entdeckte daß jene ein Papier verborgen, sie entriß es ihr; die Prinzeßinn wollte diesem *[10v]*Raub nicht gestatten, doch vergebens! – Wüthend verließ sie die Freundinnen, und in ihrem Kabinet öffnete sie mit bebender Hand und las diese Zeilen.

> Sind Sie nun befriedigt Prinzeßinn! Schon diesem ganzen Tag sind Sie Zeuge des fürchterlichen Kampfes, des Zwanges den ich leide. Ich gehorche; ich vermähle mich mit einer Gemahlin, die ich niemals lieben kann, und trenne mich dadurch auf ewig von Einer Geliebten, die mich allein beglücken konnte! Gott welches Opfer! Und Sie konnten es mir gebieten? Ich werde sterben! Ihre Freundin Renee menschlicher als Sie selbst hat mir schon oft versichert wie sehr sie mich beklage.

Es war als hätte der arme Prinz diese lezten Worte hinzu fügen müssen, um die Mutter nicht länger in Zweifel zu laßen, an wen dieser Brief gerichtet seyn könnte. Die Wuth bemeisterte sich ihres ganzen Wesens, und ihr Herz ersann die schwärzesten Plane zur Rache. Unter denen Männern die durch die neue Vermählung ihre Ansprüche vernichtet sahen auf die Hand der reichsten Erbin von Frankreich war der Herzog von *Alencon*. Man hatte auf ihn keine Rücksicht genommen, und er fühlte sich empfindlich beleidigt.

Die Herzogin von *Angouleme* fasste den Entschluß, ihre Tochter aufzuopfern, um ihre Rache zu befriedigen. Sie erklärte dem König, sie wolle selbst über die Hand ihrer Tochter verfügen; und daß dem König von Spanien eine königliche Prinzeßinn würdiger sey. Der gute bethörte König gab ihr geneigtes Gehör, und sie säumte nicht die Hand ihrer Tochter dem Herzog von *Alencon* anzutragen, mit dem Zusatz, nach der Vermählung, eine Ausfoderung an den Herzog von *Bourbon* zu senden. – Er nahm alle Bedingungen an. –

[11]Und als sie mit ihm einverstanden war, sandte sie zu ihrer Tochter, welche sie seit dem Auftritt des entwendeten Briefes nicht wieder gesehen hatte. Ueberrascht und betroffen vernahm die erstaunte Prinzessinn die Befehle der Mutter: die hinzusezte, sie zweifele nicht daß eine so wohlgesittete, und wohlerzogne Prinzeßinn mit Ehrfurcht die Befehle ihrer Mutter annehmen und erfüllen würde; Der unglücklichen Tochter blieb nichts übrig, sie musste gehorchen, ihr Erstaunen verbergen, und den Schmerz überwinden; zu diesem Sturm ihrer Seele kam der Spott ihrer Mutter, die thörichten Anordnungen ihres Puzes anzuhören, da sie so wenig zum Glanz in solch einem Augenblick gestimmt war. Sie verbarg sich so schnell wie möglich in ihr einsames Zimmer, und schrieb diese Worte an ihre Freundin Renee.

> Kommen Sie, um das schreckliche meines künftigen Schicksals zu vernehmen. Nimmer hätte ich geglaubt daß ich in Frankreich unglücklich seyn sollte. Ich bedarf Ihrer Nähe.

Dieser Zettel wurde in der grössten Geheimhaltung, durch eine ihrer Frauen der Prinzeßinn Renee übergeben; Der Herzog von *Bourbon* war so eben bey ihr; der Schrecken, die Bestürzung die sie ergriff, ließen sich dem forschenden Blicken des Herzogs nicht verbergen, er errieth nur zu bald daß ihr Herz bestürmt wurde, und eine Ahnung durchbebte das seinige. Er erschrack ohne die Ursache zu wißen, und fragte heftig.

Prinzeßinn was ist Ihnen? darf man ohne die Ehrfurcht zu verlezen eine Frage wagen?

Ich weiß kaum selbst was ich fühle war ihre Antwort, errathen Sie es wenn Sie können? Lesen Sie selbst. Sein Herz war durch ihren Schmerz gebrochen, er erschöpfte sich in Muthmaßungen: Sey es was es auch wolle rufte er schmerzlich aus, wenn Sie leiden, so kann ich ihr Unglück allein nur beseufzen, denn was ihr Herz trift, beugt auch das meinige. Eilen Sie Prinzeßinn geben Sie uns Aufschlus über etwas *[11v]*was auch diesen Engel betreffen mag. Nur die einzige Gunst erflehe ich, laßen Sie mich es nur bald wißen, verhehlen Sie mir nichts! Die Prinzessin suchte die Freundin ihres Herzens auf. Sie fand sie in Thränen. Der Dauphin ihr Bruder kniete neben ihr. Seine Gemahlin schloß sie an ihr Herz, und alle vermischten ihre Thränen. Ich und *Bonivet* waren die Einzigen die sie umgaben. Auch unsre Thränen ließen uns keine Worte finden. Denn auch *Bonivet* war von den Reizen dieser Prinzessinn verwundet, und er vermochte es kaum die Gewalt sich aufzulegen, die seine Lage ihm gebot.

Geben Sie uns Trost, rief der Dauphin ihr entgegen, wenn Sie es können; die Prinzeßinn von *Valois* soll dem Herzog von *Alencon* ihre Hand geben! Kann der König dieses zugeben, fragte die erschrockne Prinzeßinn? Wer konnte eine solch unsinnige, unglückliche Verbindung ersinnen? Die Herzogin unsre Mutter, gab man ihr zur Antwort. – Man sollte dem

Herzog einen Dolch ins Herz stoßen, rief *Bonivet* in der Verzweiflung, denn er ist der unwürdigste aller Menschen. – Stille! rief der Dauphin, wir haben bey diesem Unglück Ein Gutes zu erwägen: Wir werden zusammen leiden. – Nur dieser Gedanke hindert mich, mir den Todt zu wünschen, sagte die Prinzeßinn mit schmeichlender Stimme. Jede fremde Verbindung war mir in dieser Rücksicht schmerzlicher. In der Nähe des Geliebten Bruders werde ich immer einen Trost finden, die Innige Liebe zu Ihm, wird mich für das andre schadlos halten; Beyde umarmten sich zärtlich – die Königinn unterbrach diesen Auftritt, und man ließ die beyden Prinzeßinnen allein, um in der Einsamkeit ihr Geschick zu beklagen. Die Freundin konnte den Gedanken nicht von sich weißen, der in ihrer Seele stand, daß da ihre geliebte Prinzeßinn von *Valois* einem [12]Unterthan des Königs ihre Hand reichen sollte. Daß es doch der Herzog von *Bourbon* hätte seyn dürfen! Ihres Versprechens eingedenk schrieb sie ihm diese wenigen Worte.

> Der Herzog von *Alencon* erhält die Hand der Prinzeßinn. Sie errathen ohne Mühe die Stifterin dieser Verbindung? Sie armer Prinz sind Schuld an diesem Unheil.

Nun stieg die Verzweiflung des Herzogs aufs höchste: Er wußte nicht daß die Herzogin von *Angouleme* den Brief gesehen, den er am Tage seiner Vermählung der Prinzeßinn schrieb, und er konnte es nicht errathen welche Schuld er haben könne. Fruchtlose Vermuthungen bestürmten sein Herz, er brachte in dem traurigsten Zustand die Nacht bey seinem Freund P. zu, und auch diesen ergriff das Gefühl schmerzlich, daß er nicht der Glückliche seyn könnte, der die Hand der Prinzeßinn erhalten könne, da ihr das Schicksal nicht bestimmt habe, eine Krone zu tragen. Allein die Eifersucht der Mutter, die er genug kannte ließ bald den Gedanken an das Traumbild, solcher Hofnungen verschwinden.

Er eilte sobald es der Anstand erlaubte, in das Zimmer der Königinn, um die Prinzeßinn Renee aufzusuchen. Es brauchte weniger Worte, ihm das ganze Räthsel zu lösen, und den Grund aufzufinden welcher die Herzogin von *Angouleme* bestimmte die Hand ihrer Tochter keinem der Ersten Königlichen Prinzen zu geben. Als er die Prinzeßinn von *Valois* erblickte, die ihm reizender als je erschien vermehrte sich der Schmerz noch mehr.

Die schlaflose Nacht hatte sie angewendet, um sich Muth zu erkämpfen, um sich gegen die Schläge des Schicksals zu waffnen, und die Abneigung zu unterdücken die ihr diese Verbindung noch schrecklicher machte: doch wollte sie sie *[12v]*jedem Auge verbergen. Sie fühlte zu gut, daß es vergeblich sey, die Liebe zum Herzog zu unterdrücken. Doch gelobte sie in der Tiefe ihres Herzens sich heilig an jede Schwäche zu verbergen, die seine Liebe nähren könnte, und jede ihrer Handlungen in ihrer Gewalt zu behalten.

Sie trat Helden mässig, mit sich selbst im Einklang auf, ohne die Kämpfe ihres Busens zu gestehen, ihre Augen nur schienen weniger lebhaft als sonst umher zu blicken, eine sanfte Schwermuth hatte ihr Feuer mit einem Schleyer umhüllt, ihrer eignen Kraft und Sittsamkeit gelang es, die Blicke des Herzogs zu vermeiden, die sie stets suchten. War es ihr unmöglich, so senkte sie schnell die ihrigen zur Erde. Unbemerkt blieb ihr die Verzweiflung die sie im Herzen des Armen Herzogs nährte, und sie hatte den Anschein über jeden Eindruck erhaben zu sein.

Die unglückliche Stunde der Vermählung nahte, die Prinzeßinn hatte sich von mir ausgebeten, daß ich meine Hand zu einer unter günstigern Zeichen geschloßnen Wahl in der nehmlichen Stunde dem Grafen *Sancerre* geben sollte. Wir vier standen am Altar, aber da schien sie ihre Faßung zu verlassen, als sie die traurigen Worte einer unauflösbaren Verbindung dem Priester nachsprechen sollte. Ein Seufzer erstickte ihre Stimme, und als sie im Gedränge des Volckes, die Gestalt eines Freundes ihres unglücklichen Geliebten erblickte, erblasste sie, und wendete matt ihre Blicke nach mir, die mir das Herz verwundeten, und das tiefste Mitleid erweckten.

Der Herzog begab sich zwey Tage vor dieser Vermählung auf sein Landguth, und P. mußte ihm die traurige Rechenschaft von dem, was vorgegangen ablegen; wo sein Schmerz, u. seine Verzweiflung gränzenlos war. – Der Kummer den er in diesen Tagen empfunden, hatte einen so schmerzlichen Eindruck auf seine ganze Gestalt gemacht, daß er ganz verändert wieder am Hof erschien.

[13]Bey Allen die ihn erblickten, weckte sein Anblick das tiefste Mitleid. Selbst die Herzogin von *Angouleme* die Einzige Ursache seines Unglücks wurde da durch erschüttert. Doch ihre Liebe kannte den Anstand so wenig, den sie sich schuldig war, daß sie alle Achtung in der Meinung des Hofes verlohr. – Bey aller Heftigkeit ihrer Liebe, zeigte der hohe Sinn der Prinzeßinn ihrer Tochter keine Schwäche. Sie gebot dem Herzog mit aller Würde und Strenge, sich künftig keine Äußerung seiner Liebe zu erlauben; und die Mutter suchte jede Gelegenheit auf, um ein Zeichen der Liebe zu erlangen, die er für sie nicht fühlen konnte.

Der Herzog von *Alencon* prieß sich glücklich die schönste Frau zu besizen, er vergaß bald daß der Herzog von *Bourbon* sein Feind, und gedachte nicht der Zusage die er seiner Schwiegermutter gethan. – Auch sie selbst hatte diese Gefühle der Rache verkannt, und ergab sich aufs neue ganz der Gewalt ihrer Leidenschaft. Alle Zärtlichkeit erwachte in ihrem Herzen. Als ob sie die Strafe leiden sollte, für alles Unglück das sie gestiftet.

Sie wurde von Tag zu Tage sanfter, und mild, auch gefälliger gegen ihre Tochter, welcher sie weniger Härte zeigte, weil sie an ihre Tugend glaubte.

So waren die Verhältnisse, als der gute König Ludwig der Zwölfte sein Ende heran nahen sah. Er starb von allen beklagt, und betrauert. Franz der Erste bestieg den Thron seines Vaters, und man kann mit Recht sagen, daß er als ein Nachfolger Großer Könige in den Augen seines Volcks nichts verlohr, und die Liebe der Unterthanen sich bald zu ihm wendete.

*[13v]*Die Erste Gunst die die Herzogin Mutter sich von ihrem königlichen Sohn erbat, war der Degen des Connetables, für den Herzog von *Bourbon*. Dem König war dieser Eifer für das Wohl des Herzogs ein Räthsel, doch ertheilte Er ihm diese Gunst mit willigem Herzen, um der Mutter gefällig zu seyn. Aber weit entfernt diese Gunstbezeigung aus einer solchen Quelle zu schäzen, empfing er mit Abneigung, was ihm aus der Hand des Königs ein hohes Geschenk geworden. Die Dankbarkeit gegen die Mutter des Königs war ihm eine Last, und doch gebot es der Anstand sie zu zeigen. Er nahm zur Ehrfurcht seine Zuflucht, und diese eben sezte sie in nicht geringe Verlegenheit.

Die Herzogin von *Bourbon* gab ihrem Gemahl eine Tochter, der König verlangte Pathen Stelle zu vertreten, er besuchte ihn in *Chantelle*, wo der Herzog ihn mit einer ungewöhnlichen Pracht empfing; fünfhundert Edelleute trugen die Farbe der Prinzeßinn. Der Herzog selbst war wie sein Gefolge in grünen Sammt gekleidet. – Aber der Ausgang des Festes das so schön begonnen war um so trauriger, denn Mutter und Kind waren das Opfer des Todes; und der Herzog wurde aufs Neue, da seine Hand frey war, der Gegenstand der Nachstellungen einer ungezügelten Leidenschaft. Während die Herzogin von *Angouleme* schon Plane schmiedete, und sich thörichten Hofnungen hingab, vernahm die Herzogin von *Alencon* diese Begebenheit mit inniger Rührung. – Ihre Seele verrieth den Kampf in welchem sie mit ihrem Herzen lebte.

Ach dieser Mann ist zum Unglück gebohren, rief sie schmerzlich aus! Liebt er mich, wie meine Freunde, wie ich es selbst glauben muß, so ist er zu beklagen; und ist mein Schicksal glücklich? [14]Warum dürfen, können wir unsre Neigungen nicht uns frey bekennen! und doch soll Er seine Leidenschaft bezwingen wie ich die Meinige! mein Herz liebt, und muß allein stehn! allein handeln, mein Wille, meine Vernunft kämpfen dagegen; vermag er es nicht seine Neigung zu bekämpfen, so ists gegen meinen Willen, ich leide, warte und niemals wird sie sich entdecken.

Der neue König hatte Gesandte nach Italien abgehen lassen, und bereitete sich selbst zu dieser Reise. Sein Weg führte nach *Lyon*, bis dahin begleitete ihn die Königinn mit ihrem Hofstaat, die sich dort länger aufhalten wollten.

Die Reise begünstigte manche Gelegenheit, daß der Connetable sich der Prinzeßinn nahen konnte. Er war glücklich sie zu sehen, zu sprechen, es gab keinen Vorwand ihn zu entfernen, aber doch war sie grausam genug ihm die Unterhaltung oft abzuschneiden. Ein ununterbrochnes Fest wurde diese Reise, die ohne Beschwerde von einem Lustigen Hof vollbracht wurde. Jagdparthien, Reiten, verkürzten die Reise, und am Abend wechselten Bälle, und Musick in den Nachtlagern ab. Auch Ritterspiele wurden erfunden, die ganz im Geist der Ritterlichen Artigkeit doch dem Geist jener Zeiten getreu ausgeführt wurden. Man erkannte die Erfinder, *Bonivets* Neigung konnte sich nicht verbergen, man erkannte daß die Herzogin von *Alencon* die Königinn des Festes sey, dem König entging es nicht, und er scherzte darüber mit ihrem Gemahl, welcher es auch als Scherz aufnahm – doch die Herzogin wurde von Stunde zu Stunde ernsthafter, und zeigte dem Admiral eine beynah verachtende Kälte darüber.

Der Connetable schien dieses mit Vergnügen zu bemerken. Bestrafen Sie jede Kühnheit dieser Art mit solcher Strenge, fragte er sie, nur ihr vernehmbar? und doch giebt es Kühnheit mit aller Ehrfurcht verbunden, die wohl Verzeihung verdiente. – Nirgends, wo ich sie auch *[14v]*fände, erwiederte die Herzogin – Es giebt Freyheiten die ich mit Verachtung und Abneigung bestrafe; Es giebt unglückliche Neigungen die ich beklage, aber nicht weniger sie von mir zu entfernen wünsche. Sie eilte fort, doch hielt er ihr Gewand fest, und rufte schmerzvoll. Ach Prinzeßinn meine Wunde ist unheilbar! Sie können nicht hoffen das Ende meiner Liebe zu sehen, denn es ist auch das Ende meines Lebens. Ihr Blick senkte sich voll Milde zu ihm; deßen ganzen Zauber er fühlte. Sie sah ihm nach als er sich entfernen musste, und eine Empfindung die auch Er längst nicht mehr in ihr zu finden hoffte, bemächtigte sich ihres Herzens. – So wenig Er glücklich war, so wenig war auch sie es. Auch litte sie mehr als Er, denn immer mit sich selbst kämpfend, war ihr Leben eine Reyhe von Aufopferungen, jeder Augenblick kostete ihr eine Ueberwindung, denn nur zu groß war ihre Zärtlichkeit für den Connetable, und dem Auge der Liebe blieb keiner seiner Schritte verborgen. Sie empfand tief die Anstrengung ihres Herzens, nur die Tochter Ludwigs, und ich wußten um dieses unschuldige Geheimniß.

Eine Unpäßlichkeit befiel sie und veranlasste sie die Gunst zu erbitten, in kleinen ruhigen Tagereisen dem Hof folgen zu dürfen, ihr Hofstaat sollte dennoch den König begleiten. Wir hatten wenig Gepäck, und im leichten Fuhrwerk, und raschen Pferden gelang es uns doch, den König des Abends einzuholen, und der Zwang der Reise wurde vermieden.

Die lezte Tagereise vor *Lyon*, führte unser Weg über eine blumenbesehte Wiese. Das rasche Gespann berührte wie im Flug das frische Grün. Aus einem Hinterhalt von Baumgruppen drangen Faunen auf uns ein, griffen den Pferden in die Zügel und versuchten den Wagen auf einen andern Weg zu leiten. Der Kutscher leistete Widerstand, doch musste er endlich nachgeben. Ehe wir es nur [15]dachten umringten den Wagen eine Gruppe ähnlicher Gestalten, und Schalmeyen ertönten, und sie tanzten um den Wagen her. Die Bedienten sprangen vom Wagen der Herzogin Befehle zu vernehmen. Man solle es ihnen gewähren lassen, gab sie zur Antwort. Die Waldgötter schlugen einen kleinen Seitenweg abwärts mit uns ein, und wir sahen uns bald an einem der lieblichsten Pläze. Sie nahten dem Wagen mit Ehrerbietung und nöthigten die Damen auszusteigen, ein Triumph Bogen umfing uns, an den Wänden die verschlungne Kränze verzierten erblickten wir die Nahmenszüge der Herzogin. Ein Thron von Laubwerk war für sie bestimmt, welchem gegenüber ein Theater erbaut war, aus Zweigen, eine schöne Musick ertönte, und die Waldgötter begannen einen der schönsten, und sonderbarsten Tänze. Sie stellten den Raub einer Nymphe in künstlichen Gruppierungen vor. Alle Leidenschaften dieses Zustandes wurden ausgesprochen in diesem Mimischen Tanz. Als dieser geendet, erschienen Schäferinnen, die das Lob der Herzogin sangen, Früchte, Erfrischungen aller Art standen zierlich geordnet um uns herum. Die Haupt Tänzer hoben die Prinzeßinn in Wagen, und Musick, und Tanz folgte uns auf den rechten Weg den wir bald wieder einschlugen.

Einer der Faunen, weniger abschreckend als die Andern, war nur Zuschauer des Ganzen geblieben, und folgte der Herzogin immer nach wo sie stand: Es wurde mir nicht schwer zu errathen, Wer sich unter dieser Hülle verborgen. Der Herzog war es, der dieses Fest ersonnen und ausgerüstet; – Als die Nacht uns überraschte, und diese Verspätung uns nicht wenig besorgt machte; Erschienen plözlich zwanzig Ritter mit Fackeln, alle in die Leibfarbe der Herzogin gekleidet, doch mit Masquen verhüllt. Ach nun weiß ich, daß der Connetable dieses Fest veranstaltete, sagte sie seufzend; O warum sucht er keinen Andern Gegenstand der die Wünsche seines [15v]Herzens aufzunehmen vermag! da er mit so vieler Zartheit zu Lieben vermag! Warum versagte es mir das Schicksal diese Neigung zu erwiedern! Sie versank in tiefes Nachdenken; Ein Faun hatte ihr gewandt ein Billet in die Hände gespielt. – Sie wollte es in der Nähe so vieler Zeugen nicht öffnen. In einiger Entfernung von der Stadt kamen ihr die Herren des Hofes entgegen, unter ihnen der Herzog; man war um ihre verspätete Ankunft in Sorgen. *Bonivet* kam am Wagen, und heiter erzählte ihm die Herzogin die angenehm überraschende Scene, die sie abgehalten früher zu kommen. Der Admiral erröthete; der größte Theil des Hofes schloß daher fälschlich dieses Zeichen des Zornes auf den Urheber des Festes. Aus Eitelkeit die sich geschmeichelt fühlte, wiedersprach er nicht, obgleich sein Gemüth sich bitter gekränkt fühlte, daß dem Connetabel der Ruhm dieses Tages zu Theil werden solle; seiner List entging es nicht, den Urheber in der That zu entdecken, doch ward er selbst am sorgfältigsten bemüht dies Geheimniß zu verbergen.

Die Freude des Königes die geliebte Schwester wieder zu sehen war groß, es war als begrüßte ⟨er⟩ sie nach einer langen Trennung. Ihre Abentheuer hatten manches lustige Gespräch herbey geführt, als sie in ihr Zimmer kam, öffnete sie das Billet, und erkannte die Handschrift.

> Kann ich auch nicht, so lautete es, unter der Hülle der Artigkeit, die die Sitte heiligt, Ihnen ernstlich Zeichen meines Gefühls geben, und Ihnen angebete⟨te⟩ Prinzeßinn sagen, daß jegliches Fest, alles was man nur ersinnen möchte, für Ihre Erheiterung, nur aus der reinsten Quelle der Gesinnungen und Gefühle meines Herzens entspringen. – Die tiefste Leidenschaft gab sie ein, doch wird es die Folge lehren, daß sie Einzig, wahr und treu sind. –

[16]Können getheilte Leiden das Deinige lindern, armer Prinz! rief sie bewegt aus, du würdest es weniger fühlen. – So verließ ich ihr Zimmer, und glücklich der die Ruhe, die er suchte zu finden vermochte! –

Die Erfindung dieses Festes hatte der Herzogin einen so angenehmen Eindruck gegeben, daß sie ein Gedicht darauf machte welches man lange noch pries als die Hand nicht mehr war, die es aufzeichnete. Dianens Nimphen, und Satyrn, war die Ueberschrift. Die Feste und Ergözlichkeiten dauerten fort bis zum Aufbruch nach Italien; Als der König sich beym Abschied zeigte, flossen manche Thränen aus schönen Augen; Auch ihm wurde es schwer sich zu trennen, besonders von der geliebten Schwester, dem Gegenstand seiner ganzen Zärtlichkeit; Ihr Schmerz erfüllte ihr ganzes Gemüth, und als der Connetable in der traurigen Abschieds Stunde zu ihr trat, gelobte er ihr treu, für des Königs, des geliebten Bruders Wohl zu wachen. – Glauben Sie Herzogin fuhr er fort, meinen Worten, meiner Liebe, die mir Alles möglich macht, die mich selbst unüberwindlich machen wird, wie das Herz meines Herrn, und Königes. Nur ein Blick von Ihnen, der den Weg zum Herzen findet, sey mir dafür, zum Abschied gegönnt.

Großmüthiger Prinz sagte sie mit Anmuth nicht Thränen verbergend. Bringen Sie mir den König zurück wie sie es geloben, darum beschwör ich Sie, durch diese Bitte erfüllen Sie mir es zu glauben, daß mich nichts abhalten wird, Ihrer Tugend ihr gebührende Gerechtigkeit wiederfahren zu laßen.

Von allen Seiten, war die Trennung schmerzlich. –

*[16v]*Mit der größten Achtung und Ehrfurcht empfing der Herzog von *Savoyen* Franz den Ersten, von da zog er nach *Mailand*. Der Ernsten Geschichte gebührt seinen Ruhm wie seine Thaten aufzubewahren. Vor der Stadt von Marignan ließ der König sich vom *Bayard* zum Ritter schlagen, mehr als ihn als den Einzigen auszuzeichnen dem solch eine Gunst vorbehalten, als daß Franz es bedürfte solcher Hand seine Waffen danken zu müßen. Er zeigte sich als Held, der Connetable war so tapfer als sein König, und ihm allein war der glänzende Sieg dieses Tages zuzuschreiben.

Man empfindet mit welchem Jubel der König wieder zu seinem Volck, wie zu seinem Familien Kreis zurückkehrte, und begrüßt wurde. Die geliebte Schwester dankte es gern diesmahl dem unveränderten treuen Geliebten, daß er Wort gehalten, und sein Versprechen so glänzend gelöset. Unter Allem was mich je betraf, was mich allein beglücken konnte meine Prinzeßinn, bringe ich Ihnen ein Herz voller Liebe wieder, wie ich es hinwegnahm.

Sezen Sie diesmahl meiner Dankbarkeit keine Schranken, fiel sie ihm in die Rede, und laßen mir den Genuß sie Ihnen auszusprechen. Der Krieg wie die Rückkunft hatten wie alle menschlichen Begebenheiten, ihre Spuren nur in dem treuen Gedächtnis zurückgelaßen, und das äussre Leben des Hofes ging bald seinen gewöhnlichen unveränderten Weg fort.

Unter Allen denen ihr Herz erregt war, und die Ruhe wieder zu erlangen strebt⟨en⟩, war doch das der Mutter des Königs nicht mit dieser Ruhe zufrieden, denn es war ihr unmöglich, ihre Plane wie ihre unglückliche Leidenschaft für dem Herzog von *Bourbon* aufzugeben; Sie ließ kein Mittel unversucht sich seines Herzens zu bemeistern. Sie wußte alle stummen, wie sprechenden [17]Zeichen um diese Gesinnungen zu verkünden. Der Herzog welcher ihre Macht, und Einfluß auf das Gemüth ihres Sohnes wohl kannte, beobachtete gegen sie ein immer gleichbleibendes Betragen; seine angebohrne eigne Anmuth ließ selbst da wo andre kalt scheinen, noch Täuschung Raum; und das unglückliche Wesen konnte sich aus einem so heftig bewegten Gemüth nicht so schnell verliehren. Sie wagte es sogar ihm eines Tages ihre

Neigungen zu enthüllen, und alle Schwachheit ihres Herzens zu bekennen, aber mit Würde, wie mit Klugheit wußte er sich aus dieser gefährlichen Unterredung zu ziehen. Die Herzogin von *Alencon* nicht unbekannt mit dem entehrenden Betragen ihrer Mutter fürchtete alles von der verschmähten Liebe, und wußte zu gut, daß sie kein Mittel scheuen würde, ihn unglücklich zu machen.

Selbst so weit brachte es diese Thörichte Frau daß der Herzog in Gefahr kam sein Vermögen durch einen gegen ihn entsponnenen Prozeß zu verliehren, öffentlich verfolgte sie ihn, um ihn in geheim die ansprechendsten Anträge thun zu laßen, wechselsweis verfolgte ihn Wuth und Liebe. Er wurde endlich dahin gebracht so viel es der Anstand möglich machte ihre Gegenwart zu vermeiden. Eben dieses unseelige Verhältniß entfernte ihn auch von dem geliebten Anblick, nur bey grossen Feyerlichkeiten wo seine Würde es erfoderte zeigte er sich am Hofe. – Die Herzogin von *Alencon* verstand es zu gut, daß ihre Mutter, die sich in einer ihrer heftigen Aufwallungen verrieth, sie anklagte daß sie ihr das Herz daß sie bestürmte entwendet habe. Die größte Zurückhaltung und Ernst, im Betragen, wurde ihr immer mehr zur Pflicht. –

Der Prozeß den die Verwandten der Gemahlin des Herzogs gegen ihn angesponnen, wurde verlohren. Dadurch sah er sich seines Vermögens das nur in der reichen Erbschaft bestanden beraubt; zum Kummer den ihm dieser Verlust gab, gesellte sich die entschiedenste Abneigung [17v]gegen die Herzogin von *Angouleme*, unverhohlen zeigte er ihr seine Gesinnungen, und seine Verachtung gegen sie war die Einzige Rache die er sich erlaubte. Man erfuhr in der Fremde, diese ungerechte Behandlung, und die Mächte die den Herzog von der ehrenvollsten Seite anerkannten, säumten nicht diesen bedeutenden Mann durch große Anerbietungen zu sich zu ziehen. Carl der Fünfte sandte einen geheimen Abgeordneten zum Herzog, aber seine Tugend empörte dieses Anerbieten.

Seinem König, seinem Vaterlande wollte er treu verbleiben, doch der staatskluge Abgesandte, ließ sich nicht sogleich von der Tugend des Herzogs abschrecken er erkannte zu bald, daß andre Neze ihn umstrickten, daß er nicht jeder Gefahr entgehen könne. Es ereigneten sich auch bald Vorfälle die sein Herz verwunden mussten: Er wurde verkannt von seinem geliebten König. Die Herzogin von *Angouleme* mit ihren Nachstellungen, Alles erschütterte seine Grosse Seele, und er unterlag dem nur zu gewöhnlichen Schicksal, er wurde das Opfer, und hörte die neuen Versprechungen mit gefälligem Ohr! Er sank in den Abgrund. Sein Vaterland ⟨war⟩ ihm zur Hölle geworden, verdunkelt alle schönen Aussichten, die ihm in den neuen Verhältnissen lachend erschienen, in die er gezogen wurde. – Seine Hand streckte sich unwillkührlich nach der Krone, die er zu erreichen wähnte, und die Rache die er in der Folge auf eine glänzende Art und Weise nehmen könnte erfüllte sein Gemüth. Hinzu kamen unangenehme Auftritte mit denen, die er unter sich hielt, unter diesen war der Admiral. Obgleich Franz dem Admiral günstig, so verlezte er doch nicht die Achtung gegen den Connetable, und selbst in der Folge der Zeiten verminderte sich nicht seine Neigung, er blieb ihm stets gewogen weder äußre Verhältniße noch der Haß seiner Mutter konnten seine Zuneigung rauben. –

[18]Die Güte des Königes, der Anblick der Geliebten Herzogin, dem er nicht freywillig entsagen konnte, stritten gegen seine neu eingegangnen Verbindlichkeiten. Er kehrte für Augenblicke leider nur! zur Tugend zurück. Doch selbst vermochte er sich nicht zu erhalten in diesem Streben da jeder Augenblick neue Beleidigungen und Ungerechtigkeiten gegen ihn erzeugten. Wie eine der Rachegöttinnen verfolgte ihn der Haß der königlichen Mutter. Sein Gemüth war in der peinlichsten Lage; Seiner ehmaligen Freundin, mir selbst wollte er ein so

gefährliches Geheimniß nicht anvertrauen, und bat nur um eine geheime Unterredung mit der Herzogin von *Alencon*. Nur Ihr allein wollte er sein Herz öffnen, ihr sollten selbst die glänzenden Anerbieten des Kaisers nicht unenthüllt bleiben: Hätte er es gethan, Frankreichs Unglückesfälle, die es so lang gebeugt, hätten vielleicht zur Rechten Zeit verhütet werden können. Aber das Schicksal das uns bedroht ist unvermeidlich. Die trügerische Klugheit verleitete die Herzogin ihm die Unterredung zu versagen, die er mit der leidenschaftlichsten Sehnsucht begehrte. – Sie wußte ihrer Seits wohl, daß seit den traurigen Begebenheiten die den Herzog betroffen, ihre Mutter wachsamer als je ihn beobachtete. Aber die Gunst, die der arme Herzog von allen Seiten gedrückt, vergebens erwartete, vergönnte ihm der Zufall.

Prinz sag⟨t⟩e die Herzogin von *Alencon* als dieser Zufall die Beyden Liebenden zusammen brachte. Ich vermag es nicht auszusprechen wie tief ich den Kummer empfunden der Sie betraf. Möchte Ihr Geschick sich wieder aufhellen! Ihre Tugenden werden ewig in meinem Andenken leben, wäre meine Achtung nothwendig zu Ihrem Glück, so w⟨ü⟩rden Sie es stets seyn, nichts kann je dieser gleichkommen. Leben sie wohl, gedenken Sie unser! Sie reichte ihm die Hand zum Kuß, er faßte sie mit leidenschaftlicher Zärtlichkeit, Prinzeßinn Renee u. ich boten ihm *[18v]*die Wange dar, wir umarmten herzlich den Scheidenden Freund, und unsre Worte gab uns das Herz ein. Selbst der fühllose Admiral der gegen jedes fremde Leiden abgestumpft war, stand beschämt als Zuschauer. Er hatte weder diese Worte, noch die Äußerungen der Herzogin geahndet. Und er stand in aller Nichtigkeit vor uns. –

Prinzeßinn Renee und mich fasste die Herzogin an, sie wollte sich schnell entfernen. Doch bedachte sie daß die Beyden Feinde sich alsdenn allein mit einander finden würden. Sie blieb stehen und gab dem Admiral den Befehl die Seneschallin zu ihr zu rufen. Er verbeugte sich ehrerbietig, und sie verließ das Zimmer nicht ohne zuvor den Kopf zärtlich nach dem Herzog gewendet zu haben.

Das Unglück des armen Prinzen schien in diesem Augenblick nicht mehr so wichtig für ihn, denn sobald er Zeit gewann den Worten der Herzogin nachzudenken, je tiefer fühlte er allen Zauber ihres Innhalts. Jezt erst empfand er denselben mit aller Macht, denn die Zurückhaltung der tugendhaften Prinzeßinn, die bis zur Strenge ausartete, hatten ihn jezt zum erstenmahl solche Worte vernehmen lassen. Dies⟨e⟩ einfachen, nicht ungewöhnlichen Worte, die nicht die Regeln der Höflichkeit sogar überschritten, erhielten doch durch die Art wie sie ausgesprochen wurden, einen unschäzbaren Werth.

Der König entließ den Connetable noch den selbigen Abend, denn es war diesem nicht unlieb, ihn auf eine bestimmte Zeit entfernt zu wißen, denn die leidenschaftlichen Schritte die seine Mutter zu thun fähig war, sezten ihn immer in Gefahr neue Verlegenheiten befürchten zu müssen. –

[19]Mit aller Lebhaftigkeit ihres Gemüths, empfand die Herzogin von Angouleme diese Abreise des Connetables. Sie sah ihn weit lieber undankbar als gar nicht. – Ihre fromme Tochter empfand alle üble Laune, der ganze Hof wurde unwillig über diese Behandlung, sogar der Herzog von *Alencon* der Gemahl, der alle Tugenden seiner Gemahlin anerkannte, konnte sich nicht enthalten seiner Schwiegermutter Vorwürfe darüber zu machen. Der König spach ihr darüber mit gebeugtem Herzen. Doch fand die Herzogin, die in ihrem ehre⟨r⟩bietigen klugen Betragen fortfuhr, daß es besser sey, sich auf einige Zeit vom Hofe entfernt zu halten, zum wenigsten bis der Zorn der Mutter gestillt seyn würde. Dem Könige, wie dem Gemahl wußte Sie diese Entfernung annehmlich zu machen. Sie wählte eine angenehme prächtige Wohnung ziemlich entfernt von der Hauptstadt, zum Aufenthalt, damit nicht zu viel über-

lästige Besuchende sie stören könnten. Der ganze weibliche Hofstaat hätte sie gern begleitet, um den ihrigen zu bilden. Doch dankte sie Allen mit Anmuth, und erbat sich vom Grafen *Sancerre* meinem Gemahl, daß ich sie begleiten dürfe, und ich folgte freudig dieser Einladung.

In dieser selbst gewählten Einsamkeit blieben wir vier Monate. Die Königinn, ihre Schwester, besuchte uns. Der König kam öfter. Doch blieben wir den grössten Theil des Tages allein. Wir lebten ohne allen Zwang und der Geist der Prinzeßinn wusste einen Zauber über unsern engen Kreis zu verbreiten, der mich nichts vermißen ließ. Sie selbst war nicht heiter, doch wusste sie sich angenehm zu unterhalten. Musick war ihre Lieblings Unternehmung, und sie hatte einen guten Tonkünstler mit genommen, jede Dame ihrer Begleitung konnte *[19v]* im Neben Zimmer Musick machen. Beynah jede Stunde des Tages ließen sich angenehme Symphonien hören. Die zarten reichen Töne brachten oft das Andenken der angenehmen Zeiten zurück, in denen wir diese vernahmen, nur die Musick vermag es, jeden Zauber der Erinnerung zu wecken; Zuweilen rufte die Herzogin aus, diesen Tanz tanzte ich mit dem Herzog. Bald zog eine Arie sie an, und sie gedachte daß der Connetable sie ihr lehrte. – Denkst du noch dieses Tages als wir in einer Farbe gekleidet waren, fragte sie mich zuweilen, und so wusste alles, selbst gegen ihren Willen ihr tausend günstige, glückliche Zustände zurück zu rufen; und immer erschien das geliebte Bild des abwesenden Freundes mit einer Glorie umgeben.

Eines Abends wo sie in ihren Träumen vertieft unter uns saß, und die Instrumente ertönten, vernahm sie die Musick des Ballets, die sie im Walde bey *Lyon* vernommen; sie wurde heftig bewegt, das Bild des Geliebten erschien lebhafter im Gemüth, und sie verhüllte traurend ihr schönes Gesicht mit beyden Händen; lange flossen ihre Thränen, denn sie fühlte erschrocken ihre Schwachheit, ihre schönen Augen nach dem Himmel gewendet, verließ sie so schnell sie konnte diesen Plaz. Sie verlohr sich im Schatten des Waldes, um ihren eignen Gedanken zu entfliehen. Doch dem Schmerz konnte sie nicht entfliehen! Ermüdet von dem schnellen Gange sank sie athemlos auf den weichen Rasen, die Hände nachlässig über der Brust gefaltet; der Körper wurde gestärkt, doch das Herz vergeblich den Frieden suchend fand seine Kraft nicht wieder! Vergeblich rufte diese edle Seele die Vernunft zu Hülfe, der ihr Herz so oft gehorcht hatte; Doch giebt es Zeiten wo alle Bemühungen den Gefühlen spotten; Ein Strom von Thränen erleichterte ihr das Herz am meisten, und so fand ich sie, als ich sie nicht ohne Unruhe [20] früher vermißt hatte, und sie aufsuchen wollte.

Ich erschrak sie in diesem Zustand zu finden! Geliebte Prinzeßinn was fehlt Ihnen? Hätten Sie beunruhigende Nachrichten erhalten? rief ich aus. Könnte ein Unfall unsern Herrn betroffen haben? Nein! Nein! rief sie aus. Mich selbst bewein ich! – Ach eine grausame Erinnrung des verlohrnen Freundes erwachte zu mächtig in mir! Schelte nicht über den Zustand in welchem du mich findest; ich selbst fühle mich am meisten beschämt, denn ich fühle mein Herz in seiner ganzen Schwäche. –

Ich suchte alle Mittel auf sie zu trösten; und tadelte den so lang verborgnen gerechten Schmerz nicht. Ich sagte ihr auch, wie ich diesen Zwang beklage in dem sie längst gelebt, und stets nur ihre Gefühle sich hätte bestreben müssen zu verbergen. – Sie sind selbst am strengsten, und zu streng gegen ihr Herz Prinzeßinn! Wie glücklich würde der Herzog sich finden, wüßte er es, könnte er glauben, daß sie nur einen Augenblick seiner so gedenken.

Ach zu oft für die Ruhe meines Lebens, denk ich seiner antwortete sie seufzend; heut zumahl ist sein Bild mit aller Macht in meiner Seele erwacht: – Jeder Auftritt, jedes Fest, die Musick die uns auf der Reise nach *Lyon* überraschte, das ländliche Fest, jene Gesänge, haben meine ganze Einbildungskraft aufgeregt, aber die Vernunft so sorgfältig erbaut ist zernichtet!

Mir selbst muß diese Vernunft fremd, unerkannt seyn, da ich es sogar wage, dir das Geständnis meines Zustandes zu enthüllen. –

Mit diesen Worten enthüllte mir diese schöne Edle Seele ihre Gefühle, während der Herzog nie wagte diese gewählte Einsamkeit zu stören, da er fürchten musste sie zu beleidigen, so glücklich ihn ein solcher Besuch auch gemacht hätte. Sie hatte es mit aller Vorsicht eingeleitet, denn sie [20v]glaubte nicht ohne Ursach, daß er solche Plane entworfen, und ich hatte von ihr den strängen ausdrücklichen Befehl erhalten, ihm jeden Versuch dieser Art zu verbieten.

Unmöglich konnte der König diese geliebte Schwester lange mißen, er kam, mit ihm die Prinzeßinn Renée, sie abzuhohlen. Sie musste folgen, mit großer Kälte empfing sie die Mutter, doch mit sichtbarer Kälte, war es daß sie suchte dem König sich gefällig zu machen, oder hatte sie ihre Ungerechtigkeit erkannt. –

Da der König mit aller Gewalt strebte, das Herzogthum Mailand wieder zu erobern, so berief er sein Heer, schrieb dem Connetable der es anführte, zu ihm zu stoßen. Doch er entschuldigte sich mit einer Krankheit. Die Mutter des Königs wusste diese abschlägige Antwort noch bittrer empfinden zu laßen, ihr grausamer Haß verfolgte nun den Unglücklichen, und sie brachte die Entdeckung des Bündnisses mit dem Kaiser daß zwey Freunde, denen ihr Gewißen keine Ruhe ließ entdeckten. Man musste bald dieser traurigen Wahrheit Glauben beymeßen, denn die Abschließung des Bündnisses mit dem Herzog von *Roeux*, der triumphierend diesen Sieg gewonnen zu haben zu laut verkündigte, und ⟨i⟩m Frohlocken dem König Franz einen solchen mächtigen Großen seines Reichs abtrünnig zu machen, schnell die Bestätigung dieses Vertrags von Kaiser Carl dem Fünften foderte. Die Welt kennt nur zu gut, die traurigen Folgen dieses Verraths, aber sie unterscheidet nicht wie viel die Gewalt einer unglücklichen Leidenschaft Antheil daran hatte! die zu leicht von der Verblendung zum Verbrechen übergehen kann.

Ihm hatten sich die schönsten Aussichten für die Zukunft geöffnet, die Krone von Burgund sollte ihn zieren, doch eine Bedingung war ihm unmöglich zu erfüllen, es war eine Heyrath mit Carls Schwester, der Königinn Eleonore von Portugall; sie sollte selbst Erbin von Oesterreich werden, wenn Kaiser Carl ohne Kinder geblieben. –

[21]Es schien dem Grafen *Roeux* eine Thronsache, den Connetable zur Unterschrift zu bewegen, weil er eine solche Verbindung nicht eingehen konnte. Hätte er wiederstanden. Aber die Herzogin von *Angouleme* beförderte diese folgenreiche Entscheidung! Nicht allein ihr eignes Unglück beförderte sie, sie zerstörte das Schicksal ihrer Tochter, des Prinzen, und das Glück Frankreichs! Der König liebte selbst nach dem Geständnis seines Verraths den Herzog noch, und wollte seinen Abfall nicht glauben, auch sogar als er die traurige Gewißheit hatte, hofte er immer noch ihn zurück zu bringen.

Auf dem Weg nach *Lyon* wollte er eine Zusammenkunft mit ihm haben; Der Connetable nahte sich ihm, mit der Mine eines Schuldig Verlegnen; aber der König überließ sich seiner natürlichen Güte ganz. Er sagte ihm, wie er alle Verträge kenne, die er gegen ihn zu schließen vermocht habe, er gestand ihm frey und offen die Art u. Weise wie er sie erfahren, und versprach ihm sogar Verzeihung nach einem offnen Geständniß. Das großgesinnte Herz, des Irregeleiteten Unterthans fühlte tief die Leiden die solch eine Großmuth ihm bereitete. Er gestand alles, und suchte selbst keine Entschuldigung. Er gestand daß die kränkende Behandlung der Herzogin von *Angouleme* die ihn seiner Güther beraubt, ⟨ihn⟩ vorzüglich erbittert habe. – Der König ging so weit ihm zu versprechen, sie ihm nach dem Tode seiner Mutter zurück zu geben. – Der Herzog mehr ergriffen, von der Zärtlichkeit dieser Gesinnungen, als über dies Anerbieten, versprach seine Unterhandlungen abzubrechen, und sagte dem König zu, sobald es seine Gesundheit erlauben würde, zu ihm zu kommen.

Tief fühlte der Connetable die offne Edle Art des Benehmens des Königes, und sein eignes Gefühl für die Ewig Geliebte Schwester [21v]dieses Monarchen erweichte sein Herz nur zu leicht. Er war auf dem Wege zu seiner Pflicht zurück zu kehren, und mit tiefer Reue. Alles wäre geschehen, was er dem König versprochen, wenn das beleidigte Betragen der Herzogin von *Angouleme* nicht alles vernichtet hätte. Sie erlaubte sich ungeziemende Scherze über die Verbindung mit der Königinn Eleonore. Sie gab ihm sogar Schuld daß er sich deren nur gerühmt, weil keine Verträge unterzeichnet worden; und sprach laut aus, daß der König wie seine Schwester keinem Rebellen ihre Gunst schenken würden.

Diese ehrenbrächende Beschuldigungen konnte der Herzog nicht mit Kälte anhören; und er beschloß eine schleunige Rache. Eilig unterzeichnete er zur Befriedigung des Grafen von *Roeux* was er verlangte, und war froh der Herzogin von *Angouleme* beweisen zu können, daß ein Mann seines Sinnes allem was Macht und Ansehn gewähren konnte, entgegen zu gehen im Stande war, und daß er allen Ehren Stellen das Recht habe entgegen zu gehen, und sie zu erreichen.

Er verließ Frankreich daß ihn mit Schmach bedekte, nur von seinem Diener Pomperan begleitet kam er nach Spanien. Der König erfuhr in Lyon diesen Uebergang, und deswegen auch hielten es seine Minister nicht rathsam, daß er für diesen Augenblick nach Italien gehe, wo man nicht ohne Grund einen Aufruhr befürchten könnte, sogar einen Bürgerkrieg, da die Nation eine Gränzenlose Liebe für den Herzog hegte, und seine Tapferkeit ehrte. Die Verwandten des Herzogs wetteiferten ihrer Seits unter einander so sehr sie ihn auch liebten, dennoch ihrem rechtmässigen König Beweise von Treue zu geben, ihr Betragen wie ihr Eifer rettete Frankreich. In vielen glänzenden Thaten zeigten sich die Herzöge [22]von Lothringen, mehrere Grafen, zur Ehre ihres Vaterlandes. *Guyenne* verdankt dem muthvollen *Lautrec* seine Rettung, und *La Tremouille* besezte die *Picardie*.

Der Connetable wollte nun sogleich den Kaiser aufsuchen, doch dies wiederrieth *Roeux* der alles geleitet, und sagte daß es seiner Ehre nicht würdig, vor dem Kaiser wie seiner Schwester Eleonore, als ein Beraubter, Flüchtiger zu erscheinen, nur als Sieger zieme es ihm sich zu zeigen, erst nachdem er sich seine Provinzen wieder mit den Waffen errungen, und seine Feinde überwunden haben würde.

Durch diesen Gedanken wurde er bestimmt in Genua zu bleiben und Unterhändler abzusenden damit sie den Aufruhr in Frankreich begönnen; Doch dieses frevelhafte Unternehmen gelang ihm schlecht! von einem finstern Geist geleitet, stürzte ihn sein Schicksal von einem Unheil zum andern. Seine Anhänger verlohren Theils ihr Vermögen, einige das Leben, *Lautrec* selbst ein warmer Freund des Herzogs wurde genöthigt Bayonne gegen ihn zu vertheidigen.

Der Admiral vernahm die Nachrichten dieses Abfalls mit einer großen Freude. Doch seinen Truppen that dieser Schritt sehr weh; sie achteten diesem nicht, und konnten sich nicht enthalten eine Vergleichung mit ihrem Anführer, und dem Erhabnen Herzog von *Bourbon* anzustellen, deßen Flucht sie einig betrauerten.

Bonivet überzog Mailand, und seine Eitelkeit erwartete die größten Siege. Der Carackter des Connetables der sich selbst als Staatsverbrecher in unendlichen liebenswürdigen, und edlen Zügen aussprach verläugnete sich niemahls. Jeder Tag wurde mit [22v]einer Handlung der Tapferkeit bezeichnet. Er begegnete in einem Gefechte dem Admiral, dieser wollte voll Uebermuths sein Glück versuchen, aber eine Wunde im rechten Arm endete den Angriff;

Doch weit entfernt von seinen errungnen Vortheilen Gebrauch zu machen, sagte der Connetable nichts als diese Worte als er ihn entließ. Geh unglücklicher, und trage das Gefühl in Dir fortan, von deinem tödlichsten Feind, das Geschenk des Lebens zu erhalten. Nach ihm bekam Ritter *Bayard* das Commando. Er sah nur zu bald die Gefahr seiner Mannschaft ein, und fühlte daß Rettung unmöglich. Er wollte sterben, um sein Heer zu retten, und er hielt Wort. Sein Todt besiegelte sein Tapfres Leben: Sterbend fand ihn der Connetable unter einem Baum liegen, und Thränen stürzten aus den Augen, daß er diesen Großen Menschen, der Einzig zu nennen, hülflos, allein, ohne Rettung sah! So soll die Zierde der Ritter, der Edle *Bayard* so verlaßen sterben? rufte er schmerzvoll aus. – Dieser antwortete kaum hörbar mit matter Stimme. Nicht Ihr Mitleid fodre ich Herzog. Als ein braver Ritter, treu meinem König, und dem Vaterland sterbe ich. Aber Sie Herzog was konnte Sie vermögen Ihre Waffen gegen die großmütige Nation zu richten, die Sie liebt? Mussten sie Beleidigungen die Ihnen der Hof zufügte an dem Volck rächen? Noch viel andre ergreifende Worte sprach er zum Herzog, und tiefe Reue erwachte in seinem Herzen. Es ist bekannt genug, wie dieser Edle Ritter alle Hülfe und Pflege in den lezten Stunden seines Lebens gefunden, er fand alles, was er nur im Schooß einer liebenden Familie hätte finden können. – Sein Verlust war es der ganzen Nation.

[23]Nach diesem entscheidenden Sieg, den der Herzog von *Bourbon* gewonnen kehrte der Admiral an Hof zurück. Zu seiner Ehre sey es gesagt daß er Scham fühlte. Doch das Unglück welches das Heer betroffen, wusste er auf das schwankende Glück der Waffen zu leiten, das selbst, das oft in dem Augenblick den Helden verlässt, wo er es am wenigsten glaubt. Es gelang ihm den König zu bereden, die Belagerung von Mailand selbst in Person zu leiten, und als dieser allen Gründen und Vorstellungen dafür Gehör gab, so betraf ihn der Schmerz seine Gemahlin zu verliehren, die Tugenden ihres Vaters Ludwig des Zwölften, die im lebhaften Andenken blieben, wie ihr eignes edles, und liebenswürdiges Gemüth hatten ihr die Liebe des Volcks erworben, das sie tief verehrte, wie ihre nähern Freunde. Und der Schmerz dieses Todes war wahr und aufrichtig.

Als der Hof in tiefer Trauer war, kam der König von *Navarra*, der selbst bey den Trauer Feyerlichkeiten, und ernsten Tothen Amt, nicht den äußern Eindrücken zu wiederstehen vermochte. Die Herzogin von *Alencon* war unbeschreiblich schön und rührend im düstern Gewande. Aber die Liebe fand keinen glücklichen Augenblick, sein Herz zu entzünden. Denn die Herzogin viel zu bewegt über den Verlust ihrer Freundin, ihrer königlichen Schwester, daß sie es unmöglich hielt, selbst nur die gewöhnlichsten Zeichen der Ehrfurcht welche sein Stand fodern konnte ihm geben zu können. – Ihre Thränen floßen unaufhaltsam. Doch der König konnte nicht schweigen. Wie gefährlich ist es, rief er aus, Sie Prinzeßinn in Ihrem Schmerz zu sehen, wie unwiederstehlich muß der ruhigere Augenblick seyn! warum führte *[23v]*mein unseeliges Geschick mich hieher! denn ich habe weder Kraft noch Muth noch den Willen, einem solchen Anblick zu wiederstehen! Sie antwortete nicht, ein einziger bescheidner Blick war ihre ganze Antwort, der junge König als er gewahr wurde, daß ihre Damen sich ihr näherten, und fühlte daß sie der Ruhe bedürfe, verließ sie nach einer tiefen Verbeugung.

Franz des Ersten Schmerz schien nicht unüberwindlich, und die Anwesenheit des Ehrsüchtigen Admirals, dem sein erlittnes Unglück im Krieg den Wunsch einflösste, den Versuch zu wagen, ob er es verschmerzen könne, durch neue glänzende Unternehmungen, war dazu geschickt, den König auf dem Weg des Ruhms Zerstreuung hoffen zu laßen. Er verließ seinen Hof, und rüstete den Weg nach Lyon. Während er in *Savoyen* verweilte, nahm der Herzog von *Bourbon* alle Festungen ein. Ein Spanischer Abgesandter wurde ihm zur Seite gegeben, Theils um ihn selbst zu beobachten, und seine Anschläge zu leiten und zu begünstigen. Das Commando der Seetruppen war auch in seinen Händen. Seine Fortschritte wurden immer gefährlicher, schon verwüstete er die schöne Provence, und wollte seinen Weg nach Rom richten. Aber nachdem er Marseille belagert, doch die Belagerung wieder aufgehoben, kehrte er nach Mailand zurück. Die Schlacht von *Pavia* so ruhmvoll für den Sieger als den Besiegten, war entscheidend. Der berühmte Herzog von *Bourbon* war allgegenwärtig, und er erschien mehr als ein Rächender Dämon, vom Schicksal gesendet als ein Mensch. –

[24]Der König selbst, dessen Ruhm ewig beständig, sezte sich allen Gefahren wie der gemeinste Krieger seines Heers aus. Er vollbrachte Wunder der Tapferkeit. Aber denoch konnte sein Muth der Uebermacht keine Schranken sezen, und er unterlag, entweder der Macht oder dem Glück des Herzogs. Er erhielt viel Wunden, als er sich von Feinden eingeschloßen sah.

Pomperan drang durch die Haufen, und erkannte bald, obwohl mit Blut bedekt und unkenntlich seinen König, er warf sich auf die Kniee vor ihn, dem der Anblick eines alten bekannten Dieners erfreulich war. Aber als der Herzog von *Bourbon* sich zeigte, so behandelte er ihn mit aller Kälte eines beleidigten Königs; sein Anblick war ihm unerträglich, und er betheuerte daß er keinem Rebellen sich ergeben würde, noch in solche Hände seine Waffen geben, da das treulose Glück ihm solche Schmach bereitet habe. Mit einem Anstand der den Sieger an der Spize seines Heers bezeichnet haben würde, und geziemt, sprach er diese Worte. Er verlangte Herrn von *Lanoy*, um in seine Hände den Eid abzulegen, und wurde in das feindliche Lager gebracht. Bey seiner Abend Tafel knieete der Herzog von *Bourbon* neben ihm, um das Tuch zu halten. Er kämpfte in seinem Gemüth, wie er das wohl abzulehnen vermöge, aber als er den unglücklichen Sieger näher ins Auge fasste, und sein Gesicht entstellt, mit tiefen Spuren der Trauer, so erwachte in seiner Seele das Gefühl des Mitleids und er ließ sich diese Dienste ohne zu wiederstreben gefallen.

Die Spanischen Soldaten drängten sich herzu, um den grossen *[24v]*Monarchen zu sehen, den das Glück der Waffen, ihnen in die Hände gab. Mit Huld nahm er sie auf, lobte sogar die Tapferkeit der Anführer, wie der Untergebnen, den Marquis von *Guast* zumahl pries er hoch. Der Schrecken überfiel selbst die Spanier, als sie in solch einem Unglück ihn Meister seines Schmerzens erblickten. Ihre Seele erfüllte sich mit Bewunderung, und die Vergleichung des müssigen Lebens ihres Herrschers fiel zum Vortheil des Ueberwundnen aus, und sie wünschten ihn zum Herrn. Lauter als die Befehlshaber sprach das Heer diese Wünsche aus. Als sie von diesen entlassen vernahm es der König mit einem stillen Selbstgefühl. –

Die Geschichte dieses Tages ist uns eine traurige Erinnerung. Zahllos waren die Todten, wie die Verwundeten. Ich verlohr meinen Gemahl, auch der Herzog von *Alencon* fiel! Die Herzogin hatte ähnliches mit mir zu tragen, und die Gelübde die an einem Tag, in einer Stunde, an einer Stelle, ausgesprochen, löste auch ein Todt. –

Der Admiral, Schöpfer dieses unerhörten Unglücks, bereute zu spät, seine Fehltritte, und gab nur der Verzweiflung Gehör. Er veschmähte seine eigne Rettung, und nachdem er fruchtlos den Tod von der Hand des Herzogs gesucht, bot er dem ersten nächsten Soldaten seine Brust dar, entseelt und bewusstlos fand ihn der Herzog von *Bourbon*, alles ehmahligen Glanzes und Schmuckes beraubt, er fühlte auch seine Rache entwaffnet, bey diesem schrecklichen Anblick. – Er konnte ihm nur noch nachrufen⟨.⟩ Du trägst nun Unglückseeliger, die Schuld. Frankreichs [25]Unglück und das meinige sind gerächt. – Ein schwerer tiefer Athemzug war das Einzige Lebenszeichen das seinen scheidenden Geist befreyte, der unwillig eine Welt verlassen sollte, die er so grausam zerstört hatte.

Das zarte Gemüth der Herzogin litt bey diesen Unglücksfällen was ein Menschliches Wesen nur zu leiden vermag. Es war wohl nie ein Herz so verwundet als das ihrige! und doch wenn sie es sich gestehen wollte, so war das empfindlichste Unglück ihr der Abfall des Connetables. Wechselsweise kämpfte Erbitterung und Liebe in der Seele. Der Sieg des treubrüchigen Herzogs, die Gefangenschaft des Geliebten Bruders ein Unglück folgte dem Andern. Kannst du es fassen rief sie mir schmerzlich zu, als ich in ihr Zimmer trat. Daß der Herzog von *Bourbon* eine Schlacht gewinnen kann, die Frankreich nicht den Sieg giebt! Er der schüzende Genius unsrer Feinde! unser Land verheerend. Seine Brüder tödtet er, macht selbst seinen angebohrnen König zu seinem Gefangnen! und dies Alles vollbringt ein Mann der mich liebt! er stösst in das Herz das für ihn schlägt, fühllos den Dolch! Gab es je ein unglücklicheres Geschöpf als deine Freundin? Und doch ist es der Unglückliche nicht der uns alle dies Unheil zuziehen will, es ist das Geschick, daß ihn grausam führt. Er wird sein Glück beweinen, seine Siege, und unser Unglück. Er ist mehr, vielmehr zu beklagen als wir. Wir sind es alle, mehr vermochte ich nicht zu sagen. Du haßest ihn also nicht, fragte die Herzogin seufzend. Soll ich allein ihm meinen Haß geben. –

Mit solchen schmerzlichen Gedanken beschäftigte sich die gute Seele, und betrog sich selbst. Denn als wir einige Zeit nach diesem Gespräch im Garten gingen, wurden wir einem Gärtner gewahr, der seine Arbeit niederlegte, und der Herzogin Blumen überreichte. – Mit Güte nahm sie *[25v]* den Srauß, und als der Gärtner bemerkt hatte, daß ich allein die Begleiterin war, überreichte er einen Brief. Wie groß war unsre Verwunderung als wir einen Vertrauten des Herzogs in diesem Gärtner erkannten. Sie wollte den Brief nicht annehmen, aber er sprach in so rührenden Worten seine Bitte aus, daß sie nachgab. Sie öffnete das Papier und las folgende Worte.

> Darf ich wagen zu Ihnen zu sprechen Prinzeßinn? werden Sie den treusten Geliebten, unter der Masque des schrecklichsten Feindes erkennen? Fühlten Sie was ich gelitten, ehe ich diese schrecklich traurige Nothwendigkeit ergreifen mußte: – Sie kennen und wißen alle Beleidigungen die man mir zufügte. Doch Ihre Grausamkeit hat mich in diese Reyhe von Verbrechen verflochten, ich habe am tiefsten meines Vaterlandes Unglück empfunden! und jede Wunde die es betroffen, fühlte mein Herz am empfindlichsten selbst. Unaufhörlich verfolgt mich die Reue. Darf ich Ihnen meinen Entschluß gestehen, und entdecken! Ich werde den König meinen Herrn entführen, ihn in Madrid zu suchen eilen, ich habe mächtige Freunde im Spanischen *Cabinet*, selbst den Einfluß der Königinn werde ich aufbieten, deren Hand man mir als Preis meiner Treulosigkeit anbot. Ich werde niemahls ihr angehören. Nie werden erzwungene Verbindlichkeiten die ich eingehen sollte, diese Gelübde aufheben, die ich mit aller Freyheit meines Herzens ehmals aussprach! Der Erste Thron der Welt würde mich nicht locken, wenn ich der kleinsten Hofnung Raum geben dürfte. – Darf ich, kann ich diese Hofnungen verschweigen! Könnten wir ein Mittel finden, den beyden mächtigsten Reichen den Frieden zu geben, würden Sie es mir alsdann verbieten in Ihrer Nähe zu leben? –

[26]Der Ueberbringer dieser Zeilen, der vermeinte Gärtner, gab uns ausführliche Kunde, er erzählte auch wie der Connetable sich dem Marquis von P. entdeckt, um alles anzuwenden den König zu befreyen. Er habe es ihm auch zugesagt, und die grössten Versprechungen

gethan. Doch wurden leider diese Anschläge verrathen, der König als eine Folge dieser Entdeckungen nach Madrid in die Nähe des Kaisers geführt!

Die Herzogin verwarf meinen Rath nicht, und antwortete dem Herzog von *Bourbon*, da es ihre Pflicht schien nicht zu versäumen was das Glück ihres geliebten Bruders betreffe. Prinzeßinn Renee billigte diesen Schritt, und sie antwortete.

> Ich erkenne Sie wohl Herzog, troz dem schrecklichen Zustand in dem sich Ihr Herz befinden muß. Stets werde ich Sie anhören wenn es das Glück meines geliebten Bruders, wenn es seine Befreyung betrift. Verlieren sie keinen Augenblick dies Edle Vorhaben auszuführen, welches selbst Ihr eignes Verbrechen auslöschen kann, und den Schleyer darüber werfen. Sezen Sie alle Mittel in Bewegung, benuzen Sie selbst die Macht der Königinn Eleonore. Diese Frau die sich zwischen uns drängt verbietet mir mehr zu sagen.

In Eile wurden dies Zeilen geschrieben, und eben so abgesendet, denn sie erwog wohl daß sie nicht überlegen wollte, und wenn sie lange das Papier in ihren Händen behielt, sie es nicht absenden würde. Sie sagte Er wird mir sehr schwer glauben daß allein des Königes Wohl die Ursache ist, warum ich ihm antworte; vergeblich wird er sich überreden wollen, daß das Wohlwollen deßen er unwürdig die Veranlaßung dieser Zeilen ist! denn er kann mich nicht ungerecht gegen sich glauben! [26v]Warum auch dürfte Er sich dieses Wohlwollens nicht schmeicheln, fragte ich? Würde Er nicht dem König desto eifriger dienen, um den süßen Lohn zu erlangen?

Was würde aus der Königinn von Portugall, fragte sie bebend? Sollte sie nicht seine Gemahlin werden?

Hat er sie nicht schon aufgegeben: ist diese Verbindung unumstöslich. Lösen sich nicht die stärksten Bande auf, wenn die Staatskunst Opfer fodert?

Du bist grausam! in solch einem Ton mit mir zu sprechen, nur die Befreyung meines Bruders laß mich erblicken, und wecke nicht gefahrvolle Wünsche für meine Ruhe! wohl weiß ich daß ich frey bin, daß ich ohne Scham das Bild des Freundes im Herzen bewahren darf; daß ich dadurch keine meiner Pflichten verleze. Und dies Gefühl ist vielleicht das Einzig mir beschiedne Glück, daß ich ihn unschuldig lieben darf, doch mit Furcht genieße ich das Glück. Denn wie würden wir es tragen, wenn wir uns nach so langem Schmerz endlich vereinigt sähen! Ach ich darf keiner Hoffnung Raum geben, unterstüze nicht diese Schwäche, denn ich werde nur tiefer schmerzlicher künftig mein Unglück fühlen, wenn ich noch mehr leiden sollte. –

Doch ist uns alles günstig sprach ich; warum allen Hofnungen entsagen! Leise lispelte sie mir zu, als wenn selbst die Luft um uns her diese Töne der Welt verrathen könnt. – Wär es möglich daß ich noch mit Ihm, mit dem liebenswürdigsten Menschen verbunden seyn könnte? Ach ein volles Herz wie das meinige trüge solches Glück nicht. Warum solch unerreichbare Bilder eines schönen Lebens in mir aufwecken!

[27]Doch zwischen d⟨ie⟩ schönsten Hofnungen der Liebe, trat eine neue Schreckensgestalt, denn der König von *Navarra* machte aufs neue seine Ansprüche geltend, die er glaubte auf die Hand der Herzogin von *Alencon* durch den Verlust ihres Gemahls zu erhalten. Er wurde immer zudringlicher je lebhafter sie ihre Abneigung aussprach auch von ihrer Mutter ward er auf alle mögliche Art und Weise begünstigt.

Ob man gleich nichts unterließ die Unterhandelungen der Befreyung des Königes zu begünstigen, so sind diese Gespräche doch nicht so schnell beendigt als sie das Schicksal herbey führt. Am lebhaftesten empfand die Herzogin dieses Säumen, und jeder Schritt der langsam geschah war ihr peinlich. Eines Abends fand ein vermummter Mann den Weg zu mir, und verlangte ausdrücklich die Herzogin zu sehen. Es war Peloux, der uns schon einmahl Briefe des Herzogs von *Bourbon* überbracht hatte, und jezt erblickte die Herzogin mit der innigsten Freude die Handschrift des geliebten Bruders.

> [27A]Der Herzog von *Bourbon* sagte Er thut alles was er kann um die Fehler die er begangen wieder zu vertilgen; Er arbeitet an meiner Befreyung und für die Geliebte die er mir abtritt, gelobte ich ihm die Hand meiner Schwester. Wiedersprich nicht diesen Verfügungen Geliebte! Bewahrst du einige Zärtlichkeit für mich, so sieh in dem Herzog den Mann den ich dich bitte als Gemahl anzunehmen. Seine Treue, seine Beständigkeit fodern mit Recht diese Belohnung⟨.⟩ Diese Friedensbedingung ist nur dem Kaiser, Ihm und mir bekannt. Du fühlst es geliebte Schwester, daß wir Gründe haben für jezt das strengste Geheimniß zu beobachten. Sey eine Theilnehmerinn unsrer Verträge, und Liebe mich so, daß du mit Vergnügen dieses Zeichen erkennst, und sprich es dem aus, dem ich so viel zu verdanken habe. Du bist das Einzige Glück welches mir der Himmel erhalten, und das Einzige Geschenk mit dem ich meine Befreyung würdig belohnen kann.

Die Bestürzung der Herzogin über diese Zeilen nahm bey jeder Sylbe die sie las zu, und indem sie ihre Empfindungen vor dem Ueberbringer verbergen wollte, öffnete sie schnell den Brief des Herzogs, welcher ihr sagte

> Zu Ihren Füssen Prinzeßinn! würde ich die Entscheidung meines Schicksals am liebsten vernehmen, aber das Beste des Königs fodert noch meine Gegenwart. Werden Sie die ruhmvollen Versprechungen die er mir gab, nicht erfüllen? Ich hab alles zu seinem Vortheil hier umgeändert die Gemüther zu seiner Gunst gestimmt; selbst diese Herzen haben nicht wiederstanden, könnte ich keine Stimme für mich in dem Ihrigen erwecken? Dürfte ich nicht Gefühle ahnden die sich mit den süßen Hoffnungen die man mir zeigte verbinden?

*[27Av]*So klar sie den Innhalt dieser Briefe fühlte, so konnte doch ihr Verstand in einem solchen Augenblick den Faden der diese glücklichen Begebenheiten aneinander reihete nicht finden, noch sich das Räthsel lösen. Sie fragte den Peloux um den Zusammenhang, und er war im Stand ihr Rechenschaft zu geben. Er sagte ihr daß der Kaiser und der Königliche Bruder die Vermählung mit der Königin Eleonore bestimmt, daß ihre eigne Verbindung mit dem Herzog eben so fest beschloßen, daß nur die Königin Eleonore dem Herzog zeigte, für den sie eine Neigung gefasst, daß sie ihn ungern verlöhre. Er sezte hinzu daß man bald kein Geheimniß mehr daraus machen, und der Friede alle diese Plane zur Reife bringen würde.

Unsre Gefühle als wir uns ohne Zeugen fanden, sind nicht auszudrücken. Nachdem wir uns gefasst, fühlte die Herzogin, daß sie dem König antworten, und den Abgesandten zurück senden müsse. Sie schrieb ihrem Bruder.

Sie können über alles gebieten, über mein Leben, wie über meine Hand. Ist daß was man so liebt, um einen zu hohen Preis zu erlangen? Ich werde Sie wiedersehen mein Bruder! und Ihr geliebter Anblick wird mich glücklich machen.

Dieser Brief der alle Neigungen ihres Herzens frey aussprechen durfte, war bald geschrieben, mehr Erwägung foderte dieser an Herzog.

Beendigen Sie alles Prinz, was Sie unternommen; und weil der König mich selbst auffodert Ihnen mein Herz zu zeigen, so wünsche ich daß alle Plane in Erfüllung gehen mögen; und daß das Schicksal Ihnen nicht mehr feindseelig behandle.

Der Herzog von Bourbon fühlte lebhaft den Zauber dieser Zeilen, und ich weiß, daß er vor Freude beynah gestorben. Er bot alle seine [28]Kräfte auf diese wichtigen Unterhandlungen zu beschleunigen. Aber es war als hätte ein böser Geist der Herzogin von *Angouleme* Winke von der Lage der Dinge gegeben, von den Planen die man in Madrid anspann um Ihrer Liebe Hindernisse in Weg zu legen. Sie verfolgte die Herzogin unaufhörlich mit der Liebe des Königs von *Navarra*, und sprach mehr als Er selbst wagen durfte, von seinen Absichten. Mit süßer Ruhe überließ sich die Herzogin von *Alencon* ihren Gefühlen und fand eine Freude die ihr bis jezt unbekannt, denn sie hatte ihrem Herzen bis jezt nicht erlaubt die Gränzen zu überschreiten, und ihre Zärtlichkeit tief verwahrt, am strengsten hatte sie sie dem Connetabel verborgen, so lang sie lebte, und nun war das Glück dieser Liebe mit dem Beyfall ihres Bruders Raum geben zu dürfen, das Reinste was sie je empfunden. – Die Zudringlichkeit des Königes von *Navarra* wie die Verfolgungen ihrer Mutter ermüdeten sie, aber doch konnte sie der Hoffnung nachhangen die ihr das Schiksal zeigte, und die sie jezt erst nähren durfte. Sie war über alles was sie umgab mit diesem Glück ihres Herzens erhaben.

Mit außerordentlicher Ungeduld erwarteten wir Nachrichten aus Spanien. Aber sie zögerten so sehr, daß uns Furcht befiel. Ich konnte der Prinzeßinn meine Sorgen nicht ganz verbergen, denn ich verfiel in eine Art Schwermuth die das Gemüth ergreift, und aus der man sich auch leicht den unthätigen Schmerz zu erklären vermag. Nicht so die Herzogin, die die Sorgen lebhaft fühlte, und gerechte Ursache hatte, neues Unglück zu erwarten. Sie war bewegt, unruhig und suchte alles zu erforschen was ihr Aufschluß zu geben vermochte, aber vergebens! Endlich überfiel auch sie diese tiefe Schwermuth, und sie suchte die Einsamkeit, die ich selbst mit ihr nicht theilen konnte, weil ich zu viel selbst empfand.

Eines Tages fiel mir ihr schmerzlicher Zustand mehr wie gewöhnlich auf. Ich wankte nach ihrem Zimmer, wo ich sie schreibend fand. Ihr schöner Kopf gesenkt, und helle Thränen aufs Papier *[28v]*stürzend worauf sie eben schrieb, ich lehnte mich am Sesseln und blickte ins Papier, und las folgendes.

Habt Augen Ihr noch Thränen um zu weinen?
Hast du o Herz noch Seufzer zu verhallen?
Von neue⟨n⟩ Schrecken ahnd ich mich befallen,
Und größers Unglück soll mir wohl erscheinen?

Ich legte meine Hand sanft auf dieses Papier. Nein geliebte Herzogin nicht grosser Schmerz wird Sie von neuem treffen. Trocknen Sie diese Thränen, und denken an das Sie erwartende

Glück. Ich hatte kaum diese Worte geendigt, die so weit von der Wahrheit entfernt waren, als schon eine Unglücksbotschaft uns erreichte. Denn eben langte eine Couriere an aus Spanien, mit der Nachricht von des Königes Krankheit. Er brachte Pässe mit für die Herzogin, seine Schwester, weil er sie dringend bat, die Reise zu ihm zu machen, weil er gefährlich krank sey.

Diesen Schmerz kann nur ein Herz nachempfinden, welches liebt. Die Prinzeßinn war in Verzweiflung, rang ihre schönen Hände, und rufte den Tod als Ende ihrer Schmerzen an. Aber bald erhielt ihr klarer Verstand wieder seine Gewalt über ihr Gemüth, und sie bereitete sich zu der Abreise, die sie noch in der nehmlichen Nacht antreten wollte. Die Regentinn warf immer neue Hindernisse auf, und wollte eine Reise hintertreiben deren Ausgang und Folgen sie fürchtete, und war ausser sich, als die Herzogin von *Alencon* ihr erklärte, daß der Befehl des Königes, ihr Recht gäbe, ihren Rathschlägen einmal in ihrem Leben untreu zu werden.

Sie reisste ab, und ich konnte ihr nicht folgen, die erste Trennung die uns traf, seit früher Jugend. Man weiß wie sie aufgenommen wurde, wie alles sich bestrebte am Spanischen Hof ihr zu huldigen, und selbst die Ernsthaftesten Männer sich von der Bewunderung ergriffen fühlten für solch eine Erscheinung, die die Jugend sonst nur empfinden kann.

[29]Aber was die Verhältnisse der beyden Liebenden betraf, wussten nur ihre Freunde – der König verlangte daß der Connetabel bey der ersten Zusammenkunft des Königes mit seiner Schwester zugegen. Der Kaiser allein kam also der Herzogin entgegen. Man wollte Anfangs die Regentin schonen, und beobachtete sorgfältig die äußern Verhältnisse, da diese Schritte nicht unbeobachtet bleiben konnten. Man wusste zu gut, daß sie alle Mittel anwenden würde um die Plane zu hintertreiben, die der König für seine geliebte Schwester hegte, aber Es entstanden andre Schwierigkeiten an diesem Hof selbst, und der Gott der Liebe der sich Opfer der Thränen und Zwietracht ohne Unterlaß bringen lässt, hatte noch nicht aufgehört diese reine Liebe zu verfolgen.

Beym Ersten Blick auf die Herzogin fühlte der Kaiser selbst sich überwunden, und er gelobte sich, sie selbst dem Connetable zu entreißen. Sein Erstaunen über diese bewundrungswürdige Frau verrieth sich zu bald in seinem ganzen Wesen. Die Herzogin zeige Eine Ernsthafte, doch gefällige Würde, und ihr erster Wunsch war den König ihren geliebten Bruder zu sehen. Der Kaiser selbst führte sie in sein Gemach, sie lag an seiner Brust; der Herzog von Bourbon musste ihn unterstüzen. Er sah in die Augen der schönen Prinzeßinn und sie blickte ihn mit Antheil an, der Kaiser selbst fühlte beym Wiedersehen dieser Liebenden, daß sein eignes Herz Liebe und Eifersucht zugleich empfand.

Auch die Königinn von Portugal, unterließ nicht, die Herzogin sobald es der Anstand erlaubte aufzusuchen. Man bemerkte daß sie erröthete, und einen Seufzer zu verbergen sich bemühte. Kaum sah sich die Herzogin allein von ihrem Hofstaat umgeben, als der Connetabel in Begleitung seines treuen Pomperans ins Zimmer trat, und ihre Kniee umfasste. Sie befahl ihm aufzustehen und reichte ihm die Hand, ihre Augen verriethen ihre Bewegung, und es war als fühlte sich das Herz des Herzogs das so viel Kummer ertragen hatte, nicht stark genug [29v]die Freude zu ertragen. Eine lange Pause folgte, und diese beyden sonst so geistvollen Menschen konnten in einer solchen Zusammenkunft nichts auffinden, ihre Gefühle auszusprechen. Doch der Herzog unterbrach dieses Schweigen am ersten. Darf ich meinen Augen trauen, erblicke ich endlich meine Geliebte Prinzeßinn ohne den dichten Schleyer der sie sonst umgab! der sie so oft meinen Blicken verhüllte, und in Spanien soll ich sie sehen?

Ja Prinz, sagte sie mit Anmuth. Ich zeige mich Ihnen, wie mein Bruder der König mir es befiehlt. Er kniete von neuem. Sie willigen ein Prinzeßinn; belohnen Sie durch ein Einziges

Wort alle die langen Schmerzen die ich erlitten. Ich willige ein war ihre Antwort, ohne Ihnen zu sagen daß der Wille des Königes der meinige ist; und daß ich nichts sehnlicher wünsche als daß das Schicksal unsere Herzen wie unser Geschick nicht mehr trenne. Wir haben beyde genug Leiden gefühlt; und sobald der König genesen, wird er hier den Kummer zu vergüten suchen der uns traf, auch soll die Regentinn nicht durch diese Verbindung aufs neue gekränkt werden. Wir folgen dem König nach Frankreich, und mir wird die süße Belohnung, Sie Ihrem Vaterland zurückzugeben.

In solchen Gesprächen gab das Geschick diesen beyden Liebenden eine süße Entschädigung für das, was sie so lange leiden müßten.

Am folgenden Tag hohlte der Kaiser die Herzogin ab, um sie zum König zu führen, und als er sie so eifrig fand, die Bedingungen zur Freyheit des geliebten Bruders vorzuschlagen, eilte er eine Auskunst mitzutheilen, die Niemand errathen hätte.

Das schönste Mittel Prinzeßinn sagte er, daß uns am schnellsten zum Ziel führen würde haben Sie in Händen. Sie könnten die ganze Lage der Dinge verändern. Ich glaubte mich frey bis ich Sie sah, und ich fühle daß ich selbst Ihr Gefangner bin. Der König kann nach Frankreich zurück, sobald er es gut findet. Wenn Sie in Madrid zurückbleiben. Ich sollte billig erwarten, bis die Zeit selbst, meine Gesinungen u. [30]auch meine Aufmerksamkeit und Ergebenheit enthüllt, aber ich fühle daß Sie die Zeit für zu kostbar halten. Ich lege mein Herz wie mein Reich in Ihre Hand; nehmen Sie diese Gabe an, so können Sie selbst über das Schicksal ihres königlichen Bruders gebieten, und ich billige im voraus alle Ihre Bedingungen.

Die Herzogin von einer schnellen Erklärung erschreckt, die sie nicht erwarten konnte, antwortete mit Fassung: *Sire* Sie wollen mir eine Ehre erzeigen auf die ich nicht hoffen konnte mir je Rechnung zu machen, da mir keiner der Verträge die Sie mit dem König eingingen unbekannt geblieben sind. Ich weiß daß die Infantin Isabella mit Ihnen verlobt ist, und ich weiß daß der König mein Bruder auch über meine Hand bestimmte. Ihre Erklärung ist für ganz Europa wichtig, und mir kömmt es nicht zu zu entscheiden. Ich werde meinem Bruder die Absichten Eurer Majestät entdecken, da ich nur meine Handlungen seinen Befehlen unterwerfe. Sie ergriff diesen Ausweg um diese Unterhaltung endigen zu können.

Sie unterließ nicht dem König Rechenschaft davon zu geben, und sezte hinzu, daß es ihr zu ihrem Glück nöthig, daß er nicht mehr über ihre Hand Verfügungen träfe, wer es auch seyn könnte. Er gelobte ihr sie zu nichts zu zwingen, und um dem Kaiser mit Anstand zu antworten würde er erklären, daß sie allein ihr Schiksal in Händen habe; und daß er gelobt sich nicht darein zu mischen. Vortreflich mein König fiel sie ein. Ich werde Ihnen die Freyheit bald verschaffen, und den Kaiser zu seiner ersten Liebe zurück bringen. Sie hielt auch Wort, sie hatte solchen Eifer, und Lebhaftigkeit daß die Verhandlungen schnell vorwärts rückten. Denn der ganze Staatsrath des Kaisers war von ihren Reizen hingerißen. Alle waren von der Größe ihres Geistes und ihrer Fähigkeiten bezaubert, die grösste Staatsklugheit verfehlte ihre Zwecke, bey so viel Anmuth; und mancher fühlte sich geneigt ihr gefällig zu sein, weil eine dunkle Macht ihre Reize ihren Einfluß *[30v]*günstig zu behaupten wusste. Der Herzog von *Alba*, der Cardinal *Salviati* der vom Pabst gesandt war, die Sache des Glaubens zu sühnen, fühlte mit Schmerz, daß sein Herz zu bezwingen jezt die grössre Angelegenheit sey.

Der Herzog von *Bourbon* schien die Gewalt ihrer Reize auf den König wie auf seine Granden zu fürchten und wünschte sehnlich daß sie alle Schwierigkeiten überwinden möchte.

Fürchten Sie nichts sagte sie, ich werde dem Kaiser keine Hofnung geben, und doch ihn meinen Willen thun lassen.

Der Kaiser war ungeduldig eine Antwort zu erhalten, aber er selbst wurde beschämt und schüchtern in seiner Liebe, der so eine Kühnheit sonst bey den Gefahren gezeigt.

Ich komme mein Schicksal zu vernehmen Prinzeßinn; und der Friede zwischen mir und dem König ist bestätigt. Ihre Majestät erwiederte sie die Besiegten geben nicht Geseze. Der König wie ich wissen zu gut, daß Sie uns welche vorschreiben können. Denn die Artigkeiten die mich persönlich schwächen könnten, haben darauf keinen Einfluß. Der König lässt mich frey über meine Hand gebieten, und wird meiner Neigung nicht Zwang anlegen.

Darf ich nicht hoffen daß Sie Prinzessinn mit mir über den grössten Theil der Erde die Regierung theilen wollten.

Dieser Ehrgeiz mein K⟨ö⟩nig ist weit von mir entfernt! Ich kenne und schäze zu sehr meine Freyheit, daß ich jezt da ich so oft das Opfer der Politik war, nicht lieber sie genießen, als mir neue Fesseln anlegte. Ich werde sie genießen, und den Rest meiner Tage in Ruhe bey meinem Bruder erleben. Doch erlauben Sie mir die Versicherung daß sollte ich ein Opfer der Verhältnisse werden, ich Sie allen Königen der Welt vorziehen würde, nicht um Ihres Reichs willen, Ihrer selbst, der Achtung wegen, die Sie mir einflössten. Worte können mir nicht schmeicheln! rief der Kaiser schmerzlich aus, deren Gehalt dem so sehr wiederstrebt was ich hoffte u. erwartete! [31]Ist die Abneigung gegen mich so unüberwindlich Prinzeßinn! so dürfte doch die warme Freundschaft für Ihren Bruder Ihnen eingeben daß er noch mein Gefangner, daß Frankreich leidet, und darüber klagt.

Der König ist Ihr Gefangner es ist wahr fuhr sie fort; Sie selbst haben nicht nöthig mich daran zu mahnen, und wir können andre Mittel finden, seine Freyheit zu erlangen. Frankreich leidet durch dieses Schicksal, aber es hat auch hunderttausend Arme bereit, die Launen und Beleidigungen des Schicksals mit den Waffen auszugleichen. Sie sagte diese Worte mit Verachtung, aber der Kaiser fühlte nur ihre Abschlägige Antwort.

Sein Haß gegen den Connetabel vermehrte sich immer mehr weil er wohl wusste daß er die Ursach ihrer Weigrung sey: Er verlängerte den Gang der Unterhandlungen so viel er vermochte, und bis zu dem Zeitpunkt wo die Pässe der Herzogin von *Alencon* gültig waren, doch bemerkte sie es nicht.

Sie legte sich eines Abends früh ins Bette, als der Hofnarr des Kaisers, der eigentlich mehr Verstand zeigen wollte unter seiner Masque als Narrheit, mit Geräusch und Lermen an die Thüre pochte. Die Damen der Herzogin öffneten ihm. Er warf sich auf die Erde, und verlangte sehnlich, die Eine Dame zu sehen, die ihm gefiel, und die ihm einen süßen Traum verursacht hätte. Er rief sie mit lauter Stimme ohne an die Herzogin zu denken. Die Dame kam aber *Papethun* schrie, und wollte sie nicht erkennen, und klagte man habe sie verwechselt, und flüchtete in seiner Verzweiflung ans Bette der Herzogin, er steckte seinen Kopf in die Vorhänge, fasste die Decke die er mit einer Hand hielt, und mit der andern warf er einen Brief ihr zu, mit dem Zusaz der Herzog von *Bourbon* sende ihn. So nach vielen thörichten Streichen verließ er das Zimmer, und die Herzogin gewann Zeit zu lesen.

*[31v]*Sie ahndete, daß es etwas außerordentliches sein müsse, weil der Herzog dieses sonderbare Mittel gewählt ihr sich mitzutheilen. Sie fand es auch bald, und laß folgendes.

Man will Sie überraschen Prinzeßinn! Sie mit leeren Belustigungen hinhalten bis der Zeitpunkt Ihres Urlaubes vorüber: Er wird in fünf Tagen zu Ende sein; Finden Sie sich als denn noch auf Spanischem Boden, so würde man ohne die Geseze der Sicherheit zu verlezen alle Rechte haben, Sie als Gefangne zurückhalten zu können. Ich bin empört über die Plane die man wagen kann zu schmieden. Sie müssen so bald als möglich das Uebel kennen, denken Sie an ein Mittel. –

Wie sehr die Prinzeßinn erstaunte, deren offnes natürliches Wesen keine Gefahr kannte, und die jeden Eingriff in ihre Freyheit als Verrath ansah, ist leicht zu glauben! Bald erschrack sie von neuem als sie etwas von Gewicht auf ihr Bett fallen hörte, es fand sich daß es ein Stück Bley war, an einen Faden befestigt, um das Bley war ein Zettel gewunden, der den selben Rath enthielt, wie den, welchen sie so eben empfangen. – Sie dankte auch im Herzen diesem Freund, und sann schnell auf Mittel ihre Reise anzutreten. Sie befahl ihren Frauen Anstalten zu treffen, und ihren Hofstaat zu benachrichtigen; und bey Anbruch des Tages ließ sie den Kaiser wecken, um ihn von ihrer Abreise zu unterrichten. Sie umarmte den König ihren Bruder, mit der süßen Hofnung baldigen Wiedersehns; sagte dem Herzog einige Worte, die ihn befriedigen konnten, wandte sich scherzhaft noch zum Kaiser und sagte ihm noch einige empfindliche doch mit Anmuth verbundne Worte, und sagte ihm auf Ewig lebewohl; Sie schwang sich auf ein muthigs Roß, von wenigen Gefolge begleitet die übrigen folgten in Wagen nach; ohne auszuruhen [32]sezte sie diese⟨n⟩ abentheuerliche⟨n⟩ Reitweg fort, und wusste die Reise so sehr zu beschleunigen, daß sie im Königreich *Navarra* anlange, ehe die Stunde verfloß, in welcher ihre Pässe aufhörten gültig zu sein. Man erzählte mir daß sie nie heitrer als auf dieser Reise gewesen, und ihre Abentheuer in geistreichen Liedern besang. Eine sichere Bedeckung braver Franzosen, mit dem König von *Navarra* empfingen sie an der Gränze, denn Leztrer benuzte gern die günstige Gelegenheit seinen Eifer zu zeigen. Sie empfing ihn auf eine ganz gewöhnliche Weise, und wendete sich zu den beyden Herren *Caumont* und *Lautrec*, die die Regentin ihr entgegen sandte auf die angenehmste Weise, und zeigte ihnen ihre Freundschaft.

Sie erhielt bald einen Courrier nachgesendet, wobey der Kaiser ihr meldete daß er von ihrer Reise unterrichtet zu seyn wünschte, daß er dem Herzog von *Bourbon* das Herzogthum Mailand geschenkt, und daß er andre Foderungen nächstens erklären werde. Sie war nicht verwundert über die Äußerungen des Kaisers. Sie war schon mit dem Herzog von *Bourbon* einverstanden über ihre nähere Verbindung und antwortete dem Kaiser im scherzhaften Tone, doch mit einer ihr eignen Feinheit und Anmuth, und machte ihm leichte Vorwürfe über sein Betragen, mit allem nur möglichen Verstand, und Schonung.

Nach einigen Tagen Erhohlung sezte sie ihren Weg zur Regentin fort, die sie nicht so empfing als einer zärtlichen Mutter ziemte. Sie sprach spöttisch, daß wenn die Herzogin sich anders betragen, sie ihren geliebten Sohn früher wiedersähe, und daß er selbst seiner Schwester zu viel Nachgiebigkeit zeigte, daß er ihr nicht befohlen dem Kaiser ihre Hand zu geben – [32v]daß sie wenig Liebe für ihren Bruder, wie für ihr Vaterland zeigte. Sie suchte sich zu verstellen aber die Bitterkeit dieser Rede war nicht zu verbergen; die Herzogin antwortete daß der König sie nicht habe zwingen wollen, mit wenig Worten.

Er that wohl daran erwiederte sie heftig, daß Er dich mehr als seine Freyheit selbst liebt. Sie vermied über die Anträge des Königes von *Navarra* zu sprechen, und er verschwendete alle seine Aufmerksamkeiten vergeblich! –

Sie erhielt in öftern Briefen die Versicherung vom Herzog von *Bourbon*, daß er Sie zu sehen hoffe sobald der König seine Freyheit erlange.

Dieser so sehnlichst gewünschte Zeitpunkt erschien endlich und der König wie die Söhne des königlichen Hauses erhielten ihre Freyheit. Der König betrat wieder die Gränzen seines

Reiches, aber dennoch war es nur als genösse er dieses Glück rein, wenn er sich mit seiner geliebten Schwester besprechen konnte. Beyde waren ungeduldig über die Zögerung des Herzogs, der nicht eher nachfolgen konnte, bis er seiner Dienste beym Kaiser entlaßen; und sie wussten sich dieses Zögern nicht zu deuten. Als die Regentinn die Geschwister bey einander wusste, trat sie mit erschrockenem Gesicht zu ihnen ins Zimmer.

Ich erfahre eben sprach sie daß in Paris sich einer der Edelleute des Herzogs von Bourbon in geheim befindet; Er kann keine gute Absichten haben, denn alles ist bey solch einem Brief Verdacht erweckend: Ich habe Befehle gegeben daß man ihn verhafte. Man hat sie erfüllt, und man rief ihn hürher führen. Der König wie seine Schwester gaben dieser Äußerung Glauben, und dachten daß da dieses schon öfter [33]geschehen, daß die Herzogin sich der Briefe die er ihnen überbringen sollte, versichert haben würde. – Sie glaubten daß die argwöhnische Mutter nun alle ihre geheimen Plane errathen.

Man brachte den Verhafteten in das Cabinet, wo der König mit seiner Mutter und Schwester sich allein befanden. Sie erkannten in ihm den getreusten Diener, des Herzogs *Leurcy* und dieses überzeugte den König noch mehr, daß er gekommen, um der Herzogin von *Alencon* Briefe zu überbringen. Er war kaum ins Zimmer getreten, als die Regentinn ihn mit Stolz fragte, was er in diesem Lande zu suchen? Seine Antwort war, daß er in seinen eignen Angelegenheiten zurückgekehrt. Der König wie der Herzog von *Bourbon* stehen so schlecht mit einander waren seine Worte, daß uns allen die Hofnung geraubt in unser Vaterland zurück zu kommen; denn der Herzog der seine Gelübde gebrochen, und nicht hielt was er zusagte, und selbst die Hand der Prinzeßinn, die ihm der König versprochen wenn er seine Freyheit erhalten nicht annimmt, alles dieses macht unsre Rückkehr wie unsre Lage hier zweifelhafter, und ich konnte nicht genug Vorkehrungen zu meiner Sicherheit treffen.

Wie versezte die Regentin indem sie sich zum König wendend die Verwunderte spielte. Sie haben die Hand meiner Tochter versagt, ohne die Güte zu haben mich davon zu benachrichtigen? Ersparen wir uns diese Aufklärungen, und hören an was dieser Mensch zu sagen, war seine Antwort.

[33v]*Leurcy* mag fortfahren fügte er hinzu, und aussagen warum sein Herr die Ehre abgeschlagen, die ich ihm erzeigte, indem ich ihm die Hand meiner Schwester anbot? *Sire*! war seine Anwort der Herzog bewahrt immer die Gesinnungen der Ehrfurcht in seinem Herzen für die Herzogin von *Alencon*. Doch hat es ihn gekränkt daß Sie selbst ihm die Hand der Königinn von Portugal abwendeten, deren Besiz ihm so viele Vortheile verschafft haben würde. Der Kaiser der noch alle Liebe für Ihre Prinzeßinn Schwester bewahrt, bat ihn, sie ihm abzutreten. Er bot ihm so viele Vortheile an, daß ein Mann der weniger Ehrgeiz noch hätte als mein Herr, sie nicht abzuschlagen vemochte. Welches sind diese Vortheile! fragte der König.

Das Herzogthum Mailand, daß er eben in Besiz genommen, wie daß Königreich Neapel erhält er zur Morgengabe bey seiner Vermählung mit der Infantin.

Die lezten Worte, hatten das Herz der Herzogin von *Alencon* aufs empfindlichste getroffen; aber bald gelang es ihr, sich zu überwinden, und sie hörte alle diese Erzählungen mit äußerlicher Ruhe an. Die Regentin beobachtete sie genau. Als der Mareschall *Montmorenzi* herein trat, und dem König *Moncade* einen Gesandten des Kaisers anmeldetete. Der König blickte nach seiner Schwester, ohne etwas sagen zu können⟨.⟩ Es war ihm als würde durch diese Ankunft die Außsage des Dieners des Herzogs bestätigt. Er sah daß er nichts mehr zu verbergen haben könnte, und befahl daß man den Graf *Moncade* ins Zimmer führe.

[34]Der erste Auftrag dessen er sich entledigte, war dem König ein Packet zu überreichen. Das indem dieser es öffnete den Heyraths Contrackt des Herzogs von *Bourbon* mit der Infantin von Portugal enthielt;

Es war des Herzogs Unterschrift. Die Regentinn verlangte sie zu sehen, und die Augen der Herzogin erkannten schmerzlich bewegt diese ihr so geliebten Züge. Der König las auch des Kaisers Brief, indem er um die Herzogin von *Alencon* förmlich anhielt, und gab wichtige Gründe an, warum er die Heyrath des Herzogs von *Bourbon* mit der Prinzeßinn Isabelle begünstigte.

Als der König den Ueberbringer dieser Nachrichten zum Sprechen auffoderte, erfuhr er, wie schwer es gefallen, den Herzog zu diesem Schritt zu bringen; aber die Rücksicht so vieler Vortheile womit der Kaiser ihn überhäufte, mit der persönlichen Bekanntschaft der Infantin verbunden, die er in *Sevilla* gesehen, habe den Ausschlag gegeben. Nun glaubte die Regentinn den Zeitpunkt günstig allen ihren Groll gegen den Herzog zu zeigen, sie überhäufte ihn mit Verwünschungen. Der König eben so beleidigt blieb doch Meister seinen Zorns, und bat sie, sich zu mässigen. Sie gehorchte, und fiel ihm mit einer stillen Rede ins Wort, um den König zu bewegen, daß es die Politik verlange, daß er den Anträgen des Kaisers Gehör gäbe und verschaffe, und daß die HauptBedingung sey, daß beyde Partheyen dem undankbaren Herzog den Untergang bereiten, und ihn bis zum Ende der Welt verfolgen würden.

Der König versicherte die Herzogin sey frey, und er würde ihrer Neigung keinen Zwang anthun. *Moncade* überreichte Ihr einen Brief *[34v]*des Kaisers, den sie aber nicht ohne erst Erlaubniß von ihrem Bruder erhalten zu haben annahm; der König erlaubte *Moncade* sich zu enfernen, und versprach ihm eine schnelle Antwort.

Als dieser sich wegbegeben, wandte er sich gegen *Leurcy* und befahl ihm auf der Stelle das Reich zu verlaßen, und sich ihm niemahls mehr zu nähern. Dies sollte seine einzige Strafe seyn. Als die Familie allein war, so fing die Regentin an von neuem ihren Zorn auszulaßen, und entfernte sich auch voller scheinbarer Wuth gegen den Connetable.

Als die Schwester sich mit dem geliebten Bruder allein fand konnte sie ihr Herz ausschütten, und ihren Schmerz frey äußern. Auch die treue Prinzessinn Renee nahte wie ein schüzender Genius. Alle schmerzlichen Gefühle theilend. Nun konnte sie weinen, und das gepresste Herz sich dadurch erleichtern. Denn die Gewalt die sie sich anthat sich in Gegenwart ihrer harten Mutter ruhig zu stellen, würckte so heftig auf sie, daß sie zu sterben wähnte. Sie bat den König um Verzeihung, als wäre er ein so strenger Richter gewesen, er hielt sie schweigend umarmt, und die Freundin versuchte schmeichelnd sie zu trösten.

Es wechselten Thränen und Vorwürfe ab, und sie dachte daß ein Undankbarer nicht dieses Schmerzens werth sey, daß sie sie den Augen der ganzen Welt verbergen wollte; sie flehte nur den König an um diese Gunst daß er die Abreise des Spaniers um drey Tage verschieben solle, damit sie Zeit gewinne den Herzog von *Bourbon* zu benachrichtigen, der wie sie wusste seine Vermählung noch nicht vollzogen. Ich wähle denn den König von *Navarra*! Schwester! Freundin! riefen beyde verwundert aus, welcher Entschluß! Ihr würdet mir es selbst rathen diese Wahl zu treffen, wenn Ihr in meine Gesinnungen einzugehen vermöchtet. Ich will dem [35]Herzog zeigen, daß ich ihn verachte, und zugleich mich von der Gewalt meiner Mutter befreyen, und doch mich nicht von meinem geliebten Bruder, und meiner Freundin trennen, sagte sie mit Zärtlichkeit zum König. Aber sollst du denn einen Gemahl nehmen, so sey es lieber der Kaiser. Ich werde mich dafür zu hüten wissen. Der Herzog würde glauben daß der Ehrgeiz meine Wahl geleitet. Ich will daß er es wisse, daß ich Kaiserinn hätte werden können;

Er soll aber glauben daß der König von *Navarra* meine Neigung gefesselt. Alle Anstalten wurden gemacht, und den folgenden Tag die Verlobung mit dem König von *Navarra* vollzogen. Die Vermählung folgte bald. *Moncade* war noch der traurige Zeuge dieser Verbindung, und kehrte zurück dem Kaiser diese sonderbare Neuigkeit zu bringen.

Die Regentin spielte ihre Rolle meisterhaft, und verbarg ihre heimtückische Freude. Der König von *Navarra* war unaussprechlich glücklich und fühlte seine Liebe immer mehr zunehmen, zu seiner bewunderten Gemahlin. Franz der Erste heftig erzürnt über die Treulosigkeit des Herzogs sandte nach Italien, ihn seiner ewigen Feindschaft zu versichern, und verbot ihm je wieder den Fuß in sein Reich zu sezen, bey Strafe seines Lebens verlustig zu werden.

Der Connetable musste wohl durch diese Schritte ersehen, wie groß die Feindschaft des Königs. Die Geschichte kennt die Schritte die er gethan, daß er sich an die Spize des kaiserlichen Heers stellte, bedeutende Fortschritte machte, und man sah ihn für einen der grössten Anführer des Kaisers an. –

Diese Begebenheiten hat uns so sehr beschäftigt und bewegt, daß wir kaum den Freund des Herzogs Peloux bemerkten, der am Hof ankam. Er erschien ohne Furcht, und Vorkehrungen zu seiner Sicherheit, weil er glaubte die Ankunft seines Herrn die in wenig Tagen erfolgen sollte verkünden zu dürfen. –

[35v]Der Herzog schrieb der Herzogin von *Alencon* einen Brief mit den Farben der höchsten Leidenschaft aufgetragen. Welches Schrecken, welches Staunen den armen Peloux Ueberbringer dieses Briefs befiel, als er in diesem Moment ankam wo so viele traurige Begebenheiten sich häuften, die Vermählung der Königinn von *Navarra*, und alle Nachrichten über die des Herzogs mit der Infantin, machten ihn ganz bestürzt. Er bewies nur zu leicht, daß es jenem nie in Sinn gekommen, daß es ein Schelmstück sey welches die Bosheit ersonnnen um das Glück seines Herrn zu untergraben. Er wusste so viele Umstände aufzuzählen, daß der König wie sei⟨n⟩e eignen Vertrauten, mit dieser Lage, ganz irre wurden, als ein Mönch um die Erlaubniß bat bey der Königinn vorgeführt zu werden.

Er erzählte daß *Leurcy* in seinen Armen seinen Geist aufgegeben, daß er statt wegzugehen, wie man es geglaubt, im Kloster eine Zuflucht gesucht, und nur zuweilen verkleidet ausgegangen sey. Eines Morgens sey er ganz bleich und entstellt zurükgekehrt, und habe sich so krank gefühlt, daß er sein Gewißen entlasten wollte, und der Mönch es ihm habe zusagen müssen, alles dem König und seiner königlichen Schwester zu berichten nach seinem Tode. Sie erfuhren nun daß *Leurcy* von der Regentinn bestochen diese Gerüchte aufbringen musste, daß er den Connetable schändlich verrathen der nie einen andern Gedanken als an die Herzogin in seinem Herzen bewahrte, nichts auf der Welt liebte als sie, daß der Kaiser sobald er die Liebe für die Königin fühlte, mit der Regentin Unterhandlungen eingegangen, und ihr verrathen, wie der König ihr Sohn, dem Connetable seine Schwester zugesagt. Dieses unglückliche Bündniß ging so weit, daß die Rathschläge der Regentin die Schritte des Kaisers leiteten: Daß sie einen falschen [36]Heyraths Contrackt schmiedeten und glücklicher Weise zu ihren schändlichen Vorhaben eine Unterschrift des Herzogs besassen, sie wollte die erste Bestürzung der Tochter benuzen, die ihr diese Untreue des Herzogs einflößen sollte, um sie zu bewegen, des Kaisers Anträge günstig aufzunehmen. Er zeigte den Contrackt zur Bestätigung den ihm der Sterbende hinterlassen, um ihn in *Moncadens* Hände zu überliefern, der auch mit dem *Leurcy* einverstanden, und dieser sollte ihn der Regentinn übergeben. Aber da er reuig gestorben, so wollte er keines neuen Betrugs sich schuldig wißen, und befahl alles in die Hände der königlichen Geschwister zu übergeben.

Die Königinn dankte dem guten Mönch, und entließ ihn; sie war mehr todt als lebendig nach allem was sie gehört! Das ganze abscheuliche Betragen der Regentinn lag ihr nun vor Augen, und war ihr Schrecken voll. Die unglücklichen Bande die sie sich selbst durch ihre Heyrath geschmiedet, wurden ihr verhasst, und die Unschuld wie das Ungück des Herzogs stand hell und lebendig in ihrer Seele, und erfüllte sie mit Mitleid und tiefem Schmerz.

Der Vertraute des Herzogs eilte zu ihm, um ihm alles neue Unglück zu verkünden; Die Königinn lebte seitdem in immerwährendem Zwang; Aber ihre grosse Seele, die unbeschreiblichen Muth hat, weiß den Schmerz zu verbergen. Nur ihre Freundinnen und ihr Bruder kennen diese Gefühle. Keine Freude belebt mehr ihr Gemüth; So weit war die Gräfin *Sancerre* in ihrer Erzählung gekommen. Die Freundinnen weinten dem traurigen Geschick dieser Edlen Frau manche Thräne, und bewunderten ihre seltne Größe und Faßung.

Die Feste des Hofes wechselten ab, und alles bestrebte sich, der Freude zu leben, wer dafür noch empfänglich sein konnte. Ein glänzender Ball erwartete die Gesellschaft, und jede Schönheit suchte ihre Reize geltend zu machen. Doch unter allen zeichnete die Königinn von *Navarra* sich immer aus, und zog die Bewundrung der Mänge auf sich.

[36v]Geschmackvolle Masquen wechselten in Erfindungen ab. Es war eine Volcksmasse versammelt durch die man kaum zu dringen vermochte. Die Königinn und Gräfin *Sancerre* blieben ungekannt, und die Wachen hatten große Mühe ihnen Plaz zu schaffen. Zwey Masquen ganz verhüllt in großen Mänteln folgten ihnen nach, sie waren beynah wie Armenier gekleidet. Sie baten unter dem Schuz der Damen eingelassen zu werden. Die Königinn sagte zur Gräfin, diese Masquen suchen Schuz, und wir auch, sie reichte der Einen die Hand und die andre bemühte sich der Gräfin durch das Gedränge Weg zu machen. Im Gedränge fühlte die Gräfin deren Hand nahe am Herzen der Masque lag, daß es fürchterlich schlug. Sie konnte ihr Erstaunen nicht verbergen, und sagte Arme Masque, dieses Herz ist sehr bewegt! Sie antwortete nichts, aber ein tiefer schmerzliche Seufzer verbarg sich nicht. Sie drückte ihre Hand, als sie im Ball Saal angelangt. Als die Masquen für beyde Damen Plaz gefunden, wollte die Eine die Gräfin *Sancerre* anhalten, doch kehrte sie zurück und rief. Was seh ich! Sie sagte was suchen Sie? aber nach einigen Minuten stillschweigen verbeugte sich der Armenier tief, und verlohr sich im Gedränge. –

Der andre hatte sich der Königinn von *Navarra* zu Füßen gelagert, sie war so düster gestimmt daß sie wenig um sich her bemerkte. Der Armenier versuchte in verschiednen fremden Sprachen sie anzureden, sie fand so viel Verstand in allem was Er sagte, daß sie ihn endlich anhörte. Er sagte Er sey ein armenischer Kaufmann, und habe einen grossen Strich der Erde durchreißt.

Haben Sie viele Kostbarkeiten gekauft, fragte die Königinn? Die Kostbarkeiten machen meinen ganzen Handel, war die Antwort zumahl der Besiz zweyer Gemählde. Es ist eine Schwester der *Sophi* von der ich sprechen will. Ein *Mingrelischer* Prinz liebte sie, als er kaum die Liebe noch kannte. Nach tausend Hindernissen, und Zeichen einer dauernden Liebe, entführte im Augenblick seines Glücks ein Ungeheuer die Prinzeßinn. Königinn fühlen Sie Mitleid bey diesem Unglück.

[37]O gewiß! antwortete sie! Sie sollen die Bildnisse beyd⟨e⟩r Liebenden sehen; Ihr Herz wird verrathen, ob es zu fühlen fähig ist: Er zog eine kostbare Dose hervor, und als sie sie geöffnet, erblickte sie ihr eignes Bild! –

Ihr Erstaunen war unaussprechlich, und nahm noch zu, als die andre Dose die er ihr reichte das Bild des Connetables enhielt. – Sie erröthete. Obgleich der verkleidete Kaufmann diese Bildnisse mit aller Geschicklichkeit zeigte, so fürchtete sie er könne entdeckt werden, und das Bild des Herzogs. Sie deckte es leise mit ihrer Hand zu. Was denken Sie über diesen Unglücklichen? Hat man ihn zu ewigem Kummer verurtheilt? Kann seine Unschuld, seine Liebe nie eine glückliche Veränderung hoffen? Die Unruh der Königinn stieg aufs Höchste, sie antwortete nur flüchtig, ich fühle lebhaft die Lage des Prinzen von *Mingrelien*; aber die Masque wollte noch mehr hören. Die Königinn verlegen und ungeduldig sagte endlich: Hören sie auf mit diesen Anspielungen, und tragen andern Damen ihre Scherze vor. Sie hielt immer noch das Bild in ihrer Hand um es zu verbergen, die Masque schien beleidigt, und verließ sie; und das Bild blieb in ihren Händen zurück. Sie konnte es nicht verbergen noch zeigen u. suchte es einzustecken. Tausend Gedanken und Vermuthungen stiegen in ihrer Seele auf. Sie glaubte nur ihre Freundinnen könnten sich solche Scherze erlauben, aber bald ahndete sie daß dieses Spiel eine tiefere Bedeutung habe.

Geliebter Prinz! sagte sie zu sich selbst welcher günstige Dämon spricht mir deinen Nahmen, wer wagt es die Gefühle zurück zu rufen, die ich vergeblich zu unterdücken strebe! Aber die nachdenkende Stimung nahm bald wieder ihre Rechte, und sie saß untheilnehmend in dem lustigen, lärmenden Haufen. Sie konnte kaum ihrer Vertrauten, diesen Auftritt mittheilen, Als eine andre Masque von einer schönen Gestalt, reich gekleidet, sich näherte. Sie sprach frey und ohne Zwang mit den Damen, [37v]und wusste so manche ihrer kleinen Angelegenheiten, daß die Neugier aller lebhaft erregt wurde. Der König selbst wünschte die Masque zu entdecken. Man wollte sie an ihrem Gang erkennen, und eine der Damen, zulezt die Königinn selbst tanzten mit ihr. Als sie zum Reyhen geführt wurde, sah die Gestalt sie lang unbeweglich an; und indem sie sich halb zur Königinn hingewendet, sagte sie. Führe ich wirklich die Königinn von *Navarra* zum Reyhen? Wer hätte mir vor Sechs Monaten sagen dürfen daß Sie diesen Titel führen würden! Sie hielt inne und schien eine Antwort zu erwarten. Aber sie hatte zuviel täuschende Bilder in diesen Stunden erblickt! und wusste nicht ob es Wahrheit sey, dieses Gespräch; und konnte nicht Worte finden. Ach seufzte die Masque die den Zustand bemerckte. Für diesen Ausdruck habe ich keine Worte; Sie hatten ihren Plaz gefunden, und die Masque tanzte mit dem feinsten Anstand. Der Ball ging zu Ende. Der König brach auf, die Masque trat ihm in Weg, warf sich ihm zu Füßen, mit entblösstem Gesichte, und man erkannte den Günstling des Herzogs von *Bourbon*, den der König auch schon in Madrid auszeichnete. Er hatte die Erlaubniß erhalten, in sein Vaterland zurück zu kehren, so oft er es für gut finde. Der ganze Hof war erfreut ihn wieder zu sehen, denn er war ein Mann von grossen Verdiensten. Die Königinn empfing ihn mit sanftem Erröthen.

Der König entfernte sich, und der Hof folgte ihm. – Die Hälfte der Nacht war vorüber und die schönen Augen der Königinn von *Navarra* suchten vergebens den Schlummer – Jezt erst fühlte sie, als sie ohne Zeugen war, welche Erinnerungen der Anblick des Günstlings ihres unglücklichen Geliebten in ihrem Herz erweckt hatte! Sie dachte dieser habe den Armenier gewählt um ihr von seiner Liebe zu sprechen; und doch [38]konnte sie nicht glauben daß ein Dichter über dieses Geheimniß sprechen dürfe, noch daß er diesen unbescheidenen Auftrag einem fremden Zeugen gegeben. Das Bild des Prinzen in ihren Händen zu sehen befremdete sie noch mehr, denn sie hatte von jeher jeden Anlaß vermieden ihm eine Gunst zu gewähren, welche er nur verlangen könnte. – Diese Gedanken die ihr Gemüth bestürmten verscheuchten den Schlaf. Schlummerte sie zuweilen auch ein, so fuhr sie schreckhaft aus dem Schlum⟨m⟩er, und das Bild des Geliebten stand wieder lebendiger vor ihrer Seele, als je. –

Es entdeckte sich den folgenden Tag, daß der Begleiter Pomperans der Marsquis von

Guast war. Alle Damen fanden ihn liebenswürdig und kühn, er benuzte diese günstige Meinung die man von ihm hatte, und suchte auch Zutritt bey der Königinn von *Navarra*, und als er sich unbemerkt glaubte sagte er. Sollte der Tag mir auch so günstig wie die Nacht werden? Dürfte der Armenier Ihre Majestät noch von dem Prinzen von Mingrelien unterhalten? Ach sagte die Königin die Geschichte ist zu Ende, und man kann nur noch traurige Bemerkungen darüber anstellen; Verzeihung Königinn unterbrach er lebhaft: Es bedarf mehr als dieser, die Güte ist nothwendig. Ich verließ ihn erst kürzlich. Ich sah Ihn: Versagen Sie ihm Ihre Hülfe, so kann die Verzweiflung ein Unglück anstiften, welchem die schönsten Augen der Welt nicht Thränen genug geben könnten. Man kann nicht genug die schrecklichen Eindrücke ausmahlen die ihm die Nachricht seines lezten Unglücks gab! Ich nahm diese Schmerzen alle in meinem Busen auf, und fühlte sie zweyfach mit ihm. Welcher Schlag, welche Verätherey, konnte man sie je ahnden? Er klage Himmel und Erde an, und überwand nur seine Schmerzen wenn er es vermochte Sie selbst anzuklagen. Aber seine Reue über diese Ungerechtigkeit bestürmte nur stärcker sein Herz, und die Verzweiflung behielt ihre Rechte! um sein Herz zu zerreißen.

*[38v]*Er hätte noch viele Worte verschwenden können, die Königin hatte den ersten Schlag empfindlich gefühlt. Sie ergriff seine Hand und die der Prinzessinn Renee, und führte sie in ihr Kabinet, und sagte laut daß er ihr da die Geschichte der armen Clarissa zu Ende erzähle. Sie sagte dieses um die Gesellschaft irre zu machen, und als sie von niemand gehört wurde, sagte sie. Um Gottes willen schweigen Sie Marquis. Sie sagen mir Dinge die ich weder hören soll, noch kann, in der Lage wo ich jezt bin. Ich gebe zu daß ich das Unglück des Connetabels gemacht. Aber wer musste sich nicht täuschen? Hätten Sie ihn gesehen wie ich, erwiederte der Marsquis, Sie würden ohne aufhören von ihm sprechen, und selbst die strengste Tugend würde Sie dazu auffodern. Königinn! er ist zu unglücklich durch Sie geworden! Sie müssen, Sie können sein Schicksal lindern.

Was soll ich thun fragte sie bebend?

Ihn sehen, seinen Frieden mit dem König befördern. Ihn nach Frankreich zurück rufen. –

Dafür behüte mich der Himmel! ich soll ihn seinen Feinden in die Hände führen? mich seinen gerechten Vorwürfen aussezen! Er soll leben und doch fern von diesem unglücklichen Lande. Sein Anblick ist mir nicht verhasst. Doch stehe ich nicht an, lieber den Todt zu wünschen, als zuzugeben, daß er sich mir wieder nahe. –

Sie sprach diese Worte mit festem Ton aus, und der Marquis fand diese Härte unverzeihlich. Er sagte erzürnt. Sie haben nie geliebt! Ich kann die Gefühle nicht fassen, die Ihr Herz bewegen. Möchte der Himmel, daß Er so frey wäre als Sie es sind! Die Königin seuzte tief. Der Marquis von *Guast* wurde Pomperan ansichtig, er nahm Ihn bey der Hand, um ihn zur Königinn zu führen. Kommen Sie, diese Unmenschlichkeit zu rügen. Entwerfen Sie eine Schildrung der Auftritte von denen wir Zeugen waren; Sagen Sie Ihr alles was Ihnen das Mitleid für den Unglücklichen eingiebt.

[39]Nein! rief sie Ihnen entgegen, ich sterbe lieber ehe ich ihn wiedersehe! Wissen Sie auch Königinn was er leidet? fragte Pomperan bewegt. Können Sie ahnden zu welchem Schritt ihn seine Wuth u. Verzweiflung führen können?

Ich weiß alles sagte die Königinn, aber gönnen Sie mir auch Erhohlung Pomperan, denn der Marquis hat mich mit seinen heftigen Reden betäubt, mir nicht Zeit zur Faßung gegönnt.

Und ohne Erfolg sagte er beleidigt.

Mehr mit Erfolg als sie denken antwortete sie kaum hörbar. Ihr Gesicht wurde bettenblaß, die Augen von Thränen schwer schlossen sich dem Licht, und ihr schöner Körper lag leblos in den Armen ihrer Freundinnen. Der Marquis den sie so bitter beleidigte, war in Verzweiflung und konnte diesen traurigen Anblick nicht ertragen.

Pomperan gefasster, glaubte man müsse diesen Zufall verbergen und nur wenige Personen versuchten die Königinn ins Leben zurück zu rufen. Er fand Wasser, schüttete es ihr ins Gesicht, und nach einer langen Zeit gelang es der Bemühung ihrer Freunde, sie zu erwecken. Sie seufzte und war beschämt sich in einem so hülflosen Zustand zu finden, verhüllte ihre Augen mit der Einen Hand, und mit der andern gab sie das Zeichen daß man sich entfernen solle. Nur Eine Freundin durfte nahe bleiben, als sie sich mit ihr allein sah, ließ sie ihren Thränen freyen Lauf die sie so lange zurückgehalten.

Sie nahm der Prinzessinn von Arragonien die Hand. Sie wissen meine unglückliche Geschichte?

Ich fühle und theile sie, antwortete jene, Sie können sie kaum lebhafter als ich selbst fühlen. Aber wollen Sie gar nichts für den Connetabel mehr thun?

Was kann ich?

Ihn trösten, Ihn sehen. –

[39v]Ihn sehen niemahls! sagte sie mit Entschlossenheit. Würde er glücklicher dadurch? und ich würde sterben.

So unterhielten sie sich noch, und es schien die Königinn zu erleichtern aber die Prinzessinn bemerkte, daß sie Fieber habe, und bat sie sich ins Bette zu begeben. Prinzeßinn Renee und die Gräfin *Sancerre* wurden gerufen. Die Königinn theilte ihren treuen Herzen allen Kummer mit, und sie ersahn ihre ungewöhnliche Bewegung.

So viele Kämpfe die im Laufe ihres Lebens ihr Herz bestürmten hätten leicht dieser Edlen Natur in jedem Sinn des Wortes, zulezt die Kraft versagen können sich wieder zu erholen. Aber diesmahl war es nur eine lange Krankheit die ihrem Leben öfters das Ende drohte, und doch fand sich die Natur noch starck dem physischen Schmerz nicht zu erliegen. Der ganze Hof war in Trauer, der König verließ selten das Bette seiner geliebten Schwester, die Prinzessinn Renee, eben so wenig, und die Gräfin *Sancerre* zeigte alle Liebe, nun in thätiger Sorgfalt und Pflege, die sie ihrer geliebten Königinn seit früher Jugend geweiht, und bewahret hatte, doch ihre eigne Gesundheit litt zusehends, und nur die Bitten der Königinn konnten sie bewegen sich von Zeit zu Zeit aus dem Krankenzimmer zu entfernen, und die freye Luft zu genießen. Sie fuhr oft in Begleitung einer Vertrauten spazieren. Sie wollte eines Morgens, eine Schwägerin besuchen die krank war, und nahm ihren Weg nach *Meulan*, die Prinzeßinn von *Salerno* war mit ihr in dessen Nähe sie eine schöne Wohnung bewohnte. Sie sprachen unterwegens von den Damen des Hofes und von dem Schicksal der Königinn, von den Schmerzen des Herzogs über dem ein finstres Gestirn beym Eintritt seines Lebens waltete. Ich verzeih es der Königinn nicht sezte sie hinzu, daß sie den bloßen Nachrichten zu leicht glauben schenkte, daß er eine Verbindung mit der Infantin [40]eingehe. Obgleich seine Feinde den Plan so künstlich ersonnen so würde ich an ihrer Stelle niemahls den Ersten Schritt der Untreue gewagt haben und nicht eher meine Hand vergeben als bis ich die Vermählung des Untreuen Geliebten gesehen.

Ich gebe Ihnen nicht unrecht erwiederte die Gräfin *Sancerre*. Aber es ist nicht mehr zu ändern! Folgen Sie genau dem Gang ihres Schicksals, so müßen Sie finden, daß zu Allem was sie treffen konnte sie wie von einer unsichtbaren Hand geleitet wurden, und dieses zeigt uns deutlich daß der Verstand, Klugheit und Muth gegen den Schluß eines unvermeidlichen Schicksals scheitern können. –

Aber erwiederte jene ⟨,⟩ die Königinn weiß es nun daß der Herzog nicht treulos, und weil sie selbst ihn zum unglücklichsten Manne machte, warum ihm Trost versagen, den sie noch geben kann? Sie ist zu streng gegen ihn und gegen sich selbst grausam; denn geben Sie nur zu daß ihre Krankheit von den Folgen herrührte, die ihr die Anstrengung kostete, die sie sich anthat, um ihre Gefühle zu verbergen. – Vielleicht können wir sie bewegen dem Herzog zu schreiben.

Ich weiß ein Geheimniß welches ich Ihnen gern vertrauen würde sagte die Prinzeßinn von *Salerno*. Man erblickte von fern zwey Reiter in Mäntel verhüllt. Sie kamen näher, die Gräfin *Sancerre* stürzte aus dem Wagen, und fiel dem Einen davon der vom Pferd gestiegen, um den Hals mit dem ganzen Ausdruck des Gefühls. Es war der Herzog von *Bourbon* selbst.

Was sehe ich. Trügen mich meine Sinne, großer Prinz? Sie sind es selbst?

Ja ich bin es; sagte er, aber bedenken Sie daß in diesem Land [*40v*]ich als Feind angesehen bin.

Sie erschrack über ihre Unbedachtsamkeit, und sagte, die Freude beraubt mich der Vernunft. Vergebung! Sie suchte den Schatten dichter Bäume auf, um frey sprechen zu können.

Sie konnte kaum alle Fragen zurückhalten die sie hätte thun mögen. Seit wann sind Sie hier? und warum? warum mir Ihrer trauten Freundin diese Anwesenheit verbergen?

Ich werde stets dieser Freundschaft mit Rührung gedenken, die so oft das Bittre meines Schicksals versüsste; Ich wollte Sie sehen, Sie früher zu sprechen suchen, und erwartete diesen Augenblick mit Sehnsucht. Pomperan konnte nur nicht sich Ihnen nähern, um dies zu sagen.

Erzählen Sie mir alles was ich wißen möchte. Wie konnten Sie nach dem Verlust Ihrer süßesten Hofnungen sich entschließen, dieses undankbare Land zu betreten?

Sie sollen alles wißen sagte der Herzog. Es ist Ihnen nicht unbekannt, daß nach der Abreise der Prinzeßinn von Madrid der Kaiser den unedlen Betrug ersann, der meinen Untergang bewürckte; Er Trug mir das Herzogthum Mailand an ich schlug es aus, weil ich nichts von einem Nebenbuhler annehmen wollte, aus dessen Dienste ich bey dem ersten Anlaß zu verlassen willens war.

Mit seiner gewohnten Verstellungskunst hörte er mich an, und änderte sein Betragen nicht. Als ich nach Italien abreisen wollte, bat er mich zu erst nach *Sevilla* zu reisen, um der Infantin Isabella sein Bild zu überbringen. Der Wunsch daß ich dadurch ihn Ehrte und die beschlossne Vermählung wurde so laut, daß ich mit willigem Gemüth diese Gunst erfüllen wollte, die er von mir zu erwarten schien. Ich war glücklich durch diesen Schritt ihn auf einmal allen Ansprüchen an die Prinzessinn entraten zu sehen.

[41]Ich vollbrachte seine Befehle, ging nach *Sevilla* und richtete den mir gegebenen Auftrag aus. Als ich zurückkam, sprach ich Carl dem Fünften ganz natürlich von der Schönheit der Infantin Isabella, ich hatte sie so eilend ich konnte wieder verlassen, um nach Mailand zu gelangen. Wer hätte ahnden können, daß er mir aus dieser Reise so viel Unglück bereite!

Mein Aufenthalt in *Italien* däuchte mir sehr lang, denn ich hoffte daß des Königs Lage meine baldige Rückkunft beschleunige; ich hatte meinen Vertrauten Peloux nach Paris gesandt, zu der Herzogin: Er kam zurück aber mit welchem Schmerz! Er durchbohrte mein Herz durch die Nachrichten der Vermählung! Sie können sich nur ein unvollkomnes Bild meines Zustands entwerfen, meiner Verzweiflung! Pomperan wie der Marsquis von *Guast* versuchten beynah umsonst meinen Schmerz, wie meinen Zorn zu mässigen!

Sie sollen nicht hören, zu welchen Entschlüssen mich mein Wahnsinn brachte. Ihr Herz würde durch diese Wiederhohlung leiden, wie ich in der Wircklichkeit; Der Kaiser, die Regentin, Heinrich von *Albret*, alle sollten meine Rache empfinden; selbst die geliebte Herzogin verfolgte ich im Geist, ihr Unglück bringend, mit meiner Rache. Der Marsquis von Guast vernahm daß eine ihm sehr geliebte Person am französischen Hof weile, er beschloß sie aufzusuchen, und ich fasste den Entschluß ihn gegen seinen Willen zu begleiten. Er stellte mir die Gefahr meines Schrittes vor, weil ich alles gethan um in Frankreich als Feind betrachtet zu werden, denn mein erster Schmerz brachte mich in die Stimmung, daß ich meine Landsleute bekriegen wollte, ich hatte sie durch die Waffen bezwungen, hatte den König tödlich beleidigt. Er ließ mir als Folge meiner Siege verbieten mein Vaterland je wieder zu betreten; zu dieser Zeit wurde mir der Besiz des Herzogthums Mailand zugesichert, den ich [*41v*]ausschlug. Ich war nicht sicher für mich, wenn ich den Marsquis begleitete, aber ich vergaß alle Rücksichten, weil ich den Todt suche und gern mein Leben ja um den Preis erkaufen will, die Prinzeßinn noch einmal zu sehen. Wir kamen mit den Pässen die Pomperan zu allen Zeiten gebrauchen konnte ins Land, ohne daß man ahndete wer ich seyn könnte.

Seit einigen Tagen sind wir in *St. Germain*, wir kamen in der Nacht an. Ich ließ sogleich *Montpezat* rufen, der beym König immer daßelbe Vertrauen behält, weil er die Dienste erkennt die er ihm bey seiner Gefangenschaft geleistet. Der König liebt ihn immer. Er war ehmahls in meinen Diensten, und ist mir ewig ergeben.

Er erblickte mich mit Schrecken. Mein Herr rief er mir entgegen, sind Sies? welche finstren Plane gegen sich selbst, bringen Sie in dieses Land? Ich konnte ihm meinen ganzen tiefen Schmerz zeigen. Ihm meinen Wunsch entdecken, daß ich nur die Königinn noch einmahl sehen wollte, daß ich mich seiner Leitung ganz überlasse. Mein Vertrauen erweckte seine ganze Dankbarkeit. Er sagte daß Sie alle in Paris wären, und versprach mir mich so lange heimlich zu verbergen, bis der Hof nach *St. Germain* zurückkehre. Es ist mir gelungen durch ihn zum wenigsten die Königinn zu sehen.

Durch einen sonderbaren Zufall traf ich mit *Lautrec* zusammen, der mir mit aller Freundschaft und Grosmuth begegnete, die ich immer an ihm erkannt; Ich sprach ihm über mein Vorhaben, und da keiner meiner Plane, weder dem König nachtheilig, noch meinem Vaterland, so erbot er sich mit aller Wärme der Freundschaft mir hülfreich zu sein. Mein trauriges Schicksal presste ihm Seufzer aus, und er gelobte mir zu dienen, selbst auf Kosten seines Lebens, wenn seine Ehre nicht darunter leide.

[42]Ich habe wenig mehr zu sagen, als daß es mir gelang unentdeckt den Masquen Ball zu besuchen, wo ich mit dem Marsquis, so glücklich war, die Königinn, und Gräfin *Sancerre* zu finden. Ich gab beyden den Arm, aber meine Bewegung war so groß, daß ich kaum weiß wie ich dort angenommen. Dem Marsquis wurde es möglich die Königinn von mir zu unterhalten, und in der Verkleidung des Armenischen Kaufmanns gelang es ihm, ihr mein Bild zu geben. –

Die unglückliche Krankheit der geliebten Königin ließ meine Freunde den Entschluß fassen, mich lieber in eine entferntere Wohnung zu verfügen; er zeigte mit der Hand nach einem kleinen Landhause, und hier besuchen mich meine drey redlichen Freunde täglich.

Diese Erzählung hatte die Gäfin *Sancerre* und Alphonsine ihre Begleiterin tief bewegt. Nach einer schlaflosen Nacht suchten sie die erfrischende Kühle des Morgens, als sie in der einsamsten Gegend des Parks waren, sagte die Gräfin. Das Bild des unglücklichen Connetabels verfolgt mich unaufhörlich! Sein Unglück erfüllt mein Herz mit Kummer, ich erwäge jedes Mittel wie ich es erleichtern könnte.

Das Einzige was wir jezt thun können erwiederte die Freundin, ist; daß er die Königinn sehen muß.

Sie wird nie dazu ihre Einwilligung geben antwortete jene.

So müssen wir sie selbst täuschen, es wird nicht schwer sein, sobald sie besser ist, daß wir sie veranlassen eine von uns in ihren Zimmern zu besuchen. Ihr⟨e⟩ Strenge mag sich dann beklagen, der Connetabel soll sich zeigen⟨,⟩ ich würde selbst ihren Zorn nicht achten, wenn der Arme Prinz nur einen glücklichen Augenblick geniesst. Aber warum sich sehen, sagte seufzend die Gräfin? Was können sie sich sagen! Welche Verzweiflung wird sich in ihre Zärtlichkeit einmischen!

Nein sagte Alphonsine; die Liebe die sie wechselseitig für einander fühlen und bewahren, wird die Bitterkeit ihres Unglücks mildern.

[42v]Ich kann diesen Augenblick des Wiedersehens nicht erwarten; Er wird schrecklich sein dieser Augenblick, ich fühle schon im voraus seine Leiden. Aber wir wollen diesen Abend noch den Herzog wieder aufsuchen. –

Der Tag verging in Festen, die Franz der Erste durch seine Anmuth und Liebenswürdigkeit immer aufs neue bedeutend und belebend zu machen wusste. Die Königinn von *Navarra* fühlte lange noch die Folgen ihrer Krankheit und ihre Schwäche erlaubte ihr nur zuweilen den Hof um sich versammelt zu sehen. Die lustige laute Gesellschaft hatte ihr Zimmer verlassen, nur Pomperan blieb länger zurück, und als er sie allein traf, nahte er leise ihrem Bette. Er kniete nieder mit aller Ehrfurcht und sagte. Wollen Sie Königinn uns allen den Todt geben, durch Ihre lange Krankheit? Ich darf Ihnen nicht von dem Unglücklichen zu sprechen wagen, der Sie ewig verehrt, denn die Worte die wir einst Ihnen sagten, haben Ihrer theuren Gesundheit Schaden gebracht! Die Königinn schon von seiner Annäherung bewegt; hörte ihn aber mit Milde an. Sie wendete ihre schönen Augen auf ihn, die mehr Sehnsucht als Zorn ausdrückten.

Wie grausam sind Sie gegen mich Pomperan! warum mir vom Herzog sprechen? Glauben Sie nicht daß wenn es der Anstand vergönnte, ich zuerst von Ihm spräche? Sie kennen die Gefühle die ich ihm bewahrte; er verdient sie noch stets weil er unschuldig ist; Aber sein Unglück wie das Meinige verbieten uns sie auszusprechen. Gut! fiel Pomperan ins Wort, so lieben Sie Ihn nicht mehr. Aber erlauben Ihm Sie zu lieben, vergönnen Sie selbst daß er ohne Ihnen zu sagen wie er Sie liebt, Sie sehen darf: Erlauben Sie Ihm unerkannt ins Reich zurückzukehren.

Was verbergen Sie vor mir Pomperan, sagte die Königinn kaum vernehmlich. [43]Soll ich denn indem ich gegen alle Vernunft handle, selbst der Freundschaft entsagen, die ich dem Herzog bewahre? soll ich ihn der Gerechtigkeit des Königes in die Hände geben? der seinen Rebellischen Unterthanen ein grausames Urtheil sprechen muß. Soll ich Ihn ohne Mitleid dem Zorn meiner Mutter aussezen?

Ich sagte war Pomperans Antwort, daß er unerkannt kommen könnte meine Königinn! daß ich für seine Sicherheit hafte. Wär es möglich unterbrach ihn die Königinn? Können Sie diesen unglücklichen Prinzen lieben, und ein so theures Leben der Gefahr preisgeben? Sie erröthete bey diesen Worten, und ihre Hand verhüllte ihr schönes Gesicht.

Fürchten Sie nichts meine Königinn, rief er schnell aus. Ich stehe für sein Leben, als ein treuer Diener meines Herrn. Nur Ihre Einwilligung verlange ich.

Ich zittre nur für diesen Gedanken allein, sagte sie schwach; wir wollen nur daran denken, uns diesen Prinzen zu erhalten, vielleicht hat der Himmel uns glücklichere Zeiten aufbewahrt, wo er glücklicher sein wird als jezt. Leben Sie wohl, und verlassen mich Pomperan.

Er gehorchte, und war voll Freude über die Milde, die er in ihren Worten, und in ihrem

Wesen gefunden; er schmeichelte sich mehr Furcht für die Gefahr des Herzogs, als Abneigung ihn zu sehen in diesen Worten zu finden. Er warf sich eilig auf sein Pferd um diese Gedanken seinem unglücklichen Herrn mitzutheilen.

Aber in dem Herzen der Königinn hatte ein trauriges Nachdenken Plaz genommen, und die Zärtlichkeit bewegte ihr Herz schmerzlich; Hätte der Connetable diese Gefühle theilen können, wie würde er sich glücklich gepriesen haben! Sie blieb lang, unbeweglich, nachdenkend in ihrem Bette. Als sie sich wieder bewegte, war sie sehr erstaunt, in den Decken ein Papier zu finden. Sie erieth schnell, daß es ein Brief des Herzogs sey, den Pomperan ihr geschickt hineingelegt habe. Sie wollte mit Muth, ihm das Papier ungeleßen zurückgeben, aber das Blatt *[43v]*war nicht versiegelt, sie vermochte es doch nicht über sich sich nicht an dem Zeichen einer solchen Liebe die so sehr ihr Herz bewegte zu ergözen. Sie las folgendes.

> Wenn das Andenken meiner Liebe Ihnen nicht verhasst ist Königinn! so vergönnen Sie es mir Ihnen zu nähern, ich will Sie nur sehen. Ihnen sagen daß ich Sie anbete, und mich entfernen. Sie mögen beschließen was Sie wollen, ich muss Sie sehen oder sterben; möchte die Liebe meine Gestalt annehmen können, um sich Ihnen zu zeigen! Diese Gottheit, der ich so treu diente, bewirke dieses Wunder! zu meiner Gunst. Glauben Sie mir Königinn, der Geist der mein Herz beseelt wird Ihnen erscheinen, er wird Ihnen meine reine, treue Liebe schildern; Sie werden sich überzeugen, daß wenn Sie wollen daß ich leben soll, ich für Sie leben darf.

Lang hielt die Königinn diesen Brief in ihren Händen, sie las ihn wieder, dachte nach, und als sie noch einmal lesen wollte, so verdüsterten die Thränen ihren Blick.

Gerechtigkeit des Himmels rief sie aus; fester als je ist dieses Andenken in meinem Herzen! Aber hätte ich je zweifeln sollen?

Ihre Seele schien von neuem sich den Eindrücken ihrer Liebe hinzugeben. Unbedeutende Aufträge die sie ihren Frauen geben musste, unterbrachen ihre Träume, sie entließ sie sobald als nur immer möglich, und überließ sich ohne sich selbst zugestehen, den Gedanken von neuem die ewig in ihrer Seele lebten.

Die Prinzessinn Renee, suchte noch die Gräfin *Sancerre* auf, und sie vernahm endlich von der Gräfinn daß der Connetable zurückgekehrt sey, daß er nichts wünsche als sie noch den selben Abend zu sprechen: Die Prinzeßinn bedurfte aller Stärke des Gemüths, eine solche Ueberraschung zu ertragen.

[43A]Glücklich diesen theuren geliebten Freund wiederzusehen, erwachte doch alle Furcht der Gefahren deren er sich preisgab. Nach vielem Überlegen verstanden sie sich, daß der Abendspaziergang den der Mondschein begünstigte ihren Planen behülflich seyn könnte. – Der muntre Hof hatte sich in den lustigen Parthieen des Gartens zerstreut, jeder suchte sich die Freuden auf, die er hoffen konnte zu erlangen. Die Prinzessinn Renee und Gräfin *Sancerre,* vom Marquis de *Guast* begleitet, suchten dem Herzog von *Bourbon* entgegen zu gehen. Pomperan war gegangen ihn aufzusuchen und vorzubereiten, daß er die Prinzeßinn Renee sehen sollte. Er erzählte ihm in Eile die Unterhaltung die er mit der Königinn hatte. Der Prinz hatte zu oft schmerzliche Erwartungen unerfüllt gesehen, konnte nur dankbar zum Himmel blicken, u⟨m⟩ die Bestätigung der Worte die Pomperan gesprochen zu erflehen. *Lautrec* war bei ihm, der ehmahls die Königinn auch mit heißer Liebe aber unerkannt geliebt.

Er enthüllte ihm sein Herz in dem ersten Augenblick seiner Freude; *Lautrec* hörte es ruhig an, denn eine andre Liebe hatte ihm Muth gegeben, sein Herz von seiner Leidenschaft zu heilen; das Unglück des Herzogs rührte ihn so sehr, daß er von ganzem Herzen Theilnahme zeigte. Der Prinz erfuhr daß die Königinn viel beßer; und als er fühlte daß er viel Gefahr laufe sich lange in der Nähe des Hofes aufzuhalten, so versprach man ihm, daß er die Königinn bald sehen sollte. Dieses schöne Versprechen belebte das Herz des armen Herzogs. Er gelobte ihm nur dies Glück noch zu erwarten, und dann auf seine Sicherheit denken, er entdeckte ihm daß der Prinz *Philibert* von Oranien, ihn sorgfältig bey sich verborgen halten würde, unter dem Vorwand seiner erdichteten Krankheit, die er ersonnen um niemand zu sich lassen zu dürfen.

Sie waren nun an den Ort gekommen, wohin sie kommen sollten. Sie stiegen ab, und Peloux blieb in einiger Entfernung bey ihren Pferden. Von der andern Seite gab der Marsquis ein Zeichen von der Nähe der Damen, und sie fanden sich ein, wo der Connetable ihrer wartete.

[43Av]Er ging der Prinzessinn Renee entgegen und wollte ihr die Hand küssen. Sie hielt ihn ab, und fiel ihm in die Arme. Glaube ich meinen Augen, sehe ich Sie wirklich Prinz! Sie sinds. Ich sehe Sie! aber sähe ich Sie auch glücklich! Ich gäbe die Hälfte meines eignen Lebens darum sagte sie bewegt, und hielt ihn fest umschlungen.

Ich danke alles Ihrer Güte Prinzessinn! und dieser treuen beständigen Freundschaft die Sie mir bewahren. Ob ich gleich ein Verbrecher, und verbannt bin.

Lassen Sie uns nur Ihres Unglücks nicht gedenken fiel sie ins Wort, wir würden nur die Zeit dazu verwenden um zu klagen, wir wollen lieber Mittel ersinnen es zu mildern.

Nur eine Gunst erbitte ich mir sprach er, die Königinn nur zu sehen.

Ich kenne diesen Wunsch, und wir müssen gemeinschaftlich an dessen Erfüllung denken; Ich denke es kann vielleicht Morgen geschehen.

Morgen rief er aus! Der König fuhr sie fort, hat mir den Plan eines Festes vertraut; Es wird eine Feuerwerck seyn; die Königinn darf nicht zugegen seyn, ihrer Gesundheit wegen; sie wird auf einer Terrasse am Schloß sich befinden, um alles übersehen zu können; – Sie sollten dahin sicher geleitet werden mit der grössten Vorsicht wenn diese möglich.

Ich stehe dafür rief *Lautrec* aus. – Sie kamen nun überein daß die Gräfin *Sancerre* deren Hand der Herzog lang in der Seinigen hielt, bey der Königinn allein sich finden sollte, denn sie wußte daß sie ihrem ganz⟨en⟩ Hofstaat Befehl gegeben, sich aufs sorgfältigste zu puzen, um bey dem Feste nicht zu fehlen. So vereinigten sich alle Umstände die schöne Aussicht des Herzogs zu erheitern, als die Begleiter Zeichen gaben, daß der König sich nähere. Man suchte den Herzog zu enfernen, und die Damen näherten ihm scherzhaft, und diese Zusammenkunft ging glücklich vorüber.

Während dem die schöne Königinn in den Träumen ihrer Liebe lebend nicht ahndete welche Ueberraschung ihre treuen Freundinnen [44]ihr bereiteten und der Herzog beglückt über die nahe Hofnung nach vielen kummervollen Stunden endlich sich ruhiger fühlte, schlich die Regentin am Arm einer Vertrauten in den vielen Räumen des Gartens umher, und ihr Herz öfnete sich dem Vertrauen.

Ich weiß nicht sagte sie ihrer Begleiterin, warum ich heut mehr als gewöhnlich sonst an den Herzog von *Bourbon* denken muß! Bin ich nicht feigherzig diese Leidenschaft nicht zu überwinden? Welche Beleidigungen hat er mir nicht zugefügt und jede neue Begegnung die ich erlitt, ließ mir nur meine Liebe aufs neue heftiger empfinden statt meinen Zorn zu nähren.

Es giebt Beispiele solcher unglücklicher Leidenschafen, sagte die Begleiterinn auch nicht ohne Seufzer diese Worte begleitend. Doch sollte ich denken, hätte die Ihrige niemahls Nahrung erhalten.

Mein Herz ist sehr von andern verschieden sagte die Regentinn; Ich glaube daß es durch Widerstand nur noch mehr die Liebe nährt, ein grosses Herz duldet nicht willigen Widerstand; es verlangt alles zu überwinden, und mir dünkt daß so viele Hindernisse mir doch zulezt den Sieg gewähren werden. –

Doch hat er aufs neue Verbrechen gegen den Staat begangen, seit der Vermählung der Königinn! erwiederte die Vertraute. Der König hat ihm ewigen Haß andeuten lassen. Er steht von neuem an der Spize des Kaiserlichen Heers. Es scheint als könne ihn nichts mehr zurückrufen. Es ist manches noch möglich; Du siehst in meinem Wahn, was die Hofnung nicht vermag; doch bin ich unruhiger seit Pomperan hier ist; du entsinnest dich wohl, daß ich am lezten Ball ungewöhnlich bewegt war, daß als ich Pomperan erblickte, ich einen Fieberschauer fühlte. Kurz ich bin in einem Zustand wo man etwas erwartet, und doch nicht weiß was es seyn kann?

Sie waren an einen Seitengang gekommen, durch den eine weibliche Gestalt sehr schnell durchging; sie zog ihr Tuch aus der Tasche, und es fiel etwas zur Erde, was sehr kostbar und glänzend erschien. Die Regentinn hatte es wohl bemerkt. Sie gingen vorwärts als die Dame weiter und fanden eine Dose, reich mit Diamanten besezt. Die Regentinn lachte. Bedürften wir der Kostbarkeiten, so könnte uns dieser Fund [*44v*]befriedigen, doch laß uns sehen was dieses Kleinod bewahrt. Der Mond leuchtete hell, u. wie groß war ihre Verwundrung das geliebte Angesicht zu entdecken mit einem Wort es war das Bild des Herzogs von *Bourbon*! Sie war bestürzt Grosser Gott was seh ich! Was sehen Sie rief die Vertraute.

Siehst du Ihn! Ja Prinzeßinn, und bin eben so erstaunt als Sie selbst. Ists Ihr beleidigter Schuzgeist der Ihnen dieses Bild in die Hand giebt, um Sie von neuem zu prüfen.

Wozu führte dieser Zufall? Ist er nicht tausend Mahl mehr, in meiner Seele lebendig. Sie musste sich niedersezen und die Vertraute neben ihr.

Sah man jemahls eine ähnliche Begebenheit, rief sie aus! Wohin kann dies führen; warum an Connetabel so innig eben jezt denken? warum muß ich auf eine so unvorhergesehene Art, sein Bild finden? Sie dachte lange nach, und schwieg. Endlich mit tiefer Schwermuth fing sie wieder zu sprechen an.

Ach wenn ich den Lauf meines Lebens nachdenke, wie viele Widerprüche sehe ich! Ich schmeichle mir gar nicht. Ich weiß zu wohl, welches Bild die Nachwelt von mir entwerfen wird. Ich sehe von der einen Seite, nichts als Hohes an mir. Einen glänzenden Ursprung, ein eben so glänzendes Loos und mit Ruhm bedeckt. Kaum hatte ich die glückliche Kindheit verträumt, als ich mit dem Edelsten Mann der Welt verbunden. Unsre Ehe gab uns zwey Kinder die so vollkommen sind, sezte sie seufzend hinzu. In meinem siebenzehnten Jahre wurde ich Wittwe. Es schien als wäre mir dies Loos vom Himmel bestimmt gewesen um durch mein Betragen, und die Erziehung meiner Kinder für die ich lebte, mir den grössten Ruhm zu erwerben. Das Geschick rufte meinen Sohn auf den Thron, und ich erhalte eben die Macht in seinem Reich, die ich auf sein Herz habe. Die Handlungen der Tugend des Muths preiset man, wie meinen Ruhm! Ach welcher Ruhm! Aber nun stechen mich die Dornen die ich selbst in diese Blumen preße!

[45]Mein Herz wurde durch Leidenschaft überrascht, und ich muß einen Mann lieben, der mich nur verachtet! Meine Tochter die er liebt, wird das Opfer meiner Eifersucht, mein unge-

rechtes Ansehen und meine Grausamkeit zwingen sie sich zweymahl zu vermählen. Ich verfolgte den mir so theuren Mann. Ich zwang ihn mich zu fliehen, Treulos, Verräther zu werden. Meine Rache ging so weit meinem Sohn selbst zu rathen die Waffen zu ergreifen. Mich trifft die Schuld von Frankreichs Unglück, von dem schrecklichen Tag bey *Pavia*! Schreckliche Fackel des Krieges die ich anzünden konnte! Ich bin Schuld an der Verwüstung eines Landes worinn man mich anbetet! Und diese Unthat schliesst den Reyhen: Du weisst daß ich *Leurcy* zum Verbrechen, zur Lüge anführte, daß ich meine Tochter die Königinn zur unglücklichsten Frau machte, und daß das Schicksal des Herzogs von *Bourbon* nicht glücklicher ist. Was sagst du, wie die Nachwelt mich richten wird?

Diese traurigen Geständniße konnten nicht erfreulich anzuhören seyn, und die Vertraute wollte sie beruhigen, und sagte. Ihre Tugenden werden Ihre Fehler der Nachwelt verhüllen. Sie geben die innigsten Neigungen Ihres Herzens an Jemand der nicht mehr über das Seinige gebieten kann, und dies ist das Unglück welches nicht zu ändern. Aber könnte Es nicht auch anders werden? könnte man keine Mittel ersuchen. Nein! nein! er verabscheuet mich. Sie sprachen noch vieles, und die Regentinn verlohr sich in vielen Klagen und die Freundin in Trostgründen. Der Fund der sie so glücklich machte war ihr aber ganz räthselhaft, und da sie wusste daß die Königinn krank, so wusste sie nicht welche Dame dieses Kleinod besizen könnte, und ihre Eifersucht verlohr sich dennoch in fruchtlosen Vermuthungen. – Sie fiel auf die Prinzessinn Isabella, die sie zur Entschädigung des Herzogs vom Kaiser bestimmt [45v]glaubte. Sie dachte Pomperan sey gefangen auch am Hofe, und die Königinn die immer den Herzog liebe, aber zu tugendhaft sey ihre Gesinnungen laut werden zu lassen, habe doch diese Verbindung nicht ertragen können, und sie schob auf ihren Schmerz darüber, die Krankheit der Königinn. Sie konnte aber ihr eignes Gemüth nicht besänftigen und fest entschlossen jede Heyrath mit dem Herzog von *Bourbon* zu hintertreiben, verfiel ihr unruhiger Kopf auf tausend Einsprüche und Hindrungen.

Hätte sie gewusst daß nach einigen Stunden Alphonsine das Bild des Connetables, welches ihr die Königin von *Navarra* übergab, um es dem Marquis de *Guast* wieder zurück zu geben, ängstlich vermisste, und Alles aufbot ins Geheime es wieder zu finden, so würde vielleicht diese natürliche Auflösung dessen was ihr so wunderbar vorkam, der Blick in ihr innres nicht geschehen sein; denn das Wunderbare Ereigniß hatte ihre ganze lebhafte Einbildung aufgeregt, und die Wunden ihres eignen Herzens aufgerissen.

Der Abend der zum Feuerwerck bestimmt war erschien. Die reichste Erfindungskunst hatte sich erschöpft, und der König wie sein anmuthiger Hof genoß mit heitrem Sinne das Fest, wie es die Erfindung pries. Der Theil des Schlosses wo die Königinn von *Navarra* aus ihrem Zimmer zum *Balcon* gelangen konnte, war nur von wenigen Lichtern beleuchtet. Sie saß im Gespräch mit der Gräfin *Sancerre* vertieft, die es wagte einige Worte über den Herzog von *Bourbon* hinzuwerfen um die Königinn nicht ganz unvorbereitet für seine Erscheinung zu wißen. Doch war sie und eine vertraute Freundin die mit ihr war, nicht ohne geheime Angst über den Auftritt der ihrer wartete, da die Königinn noch wenig Kräfte hatte; Sie schien ihre Gesellschaft ganz vergeßen zu haben und war in tiefe Träume versunken. Sie lehnte sich auf den *Balcon* und schwieg. Oft schon hatte die Gräfin *Sancerre* sich ängstlich nach *Lautrec* umgesehen, der den Herzog zu ihr bringen sollte, [46]und als sie ihn wenige Schritte von sich entfernt sah, wurde sie von Angst überwältigt die ihr dieser gewagte Schritt eingab. – Das sonderbare Geheimniß einer innigen Neigung, welches seine Macht äußert wo es Menschen die wir liebten nicht zu ahnen vermögen enthüllte sich auch hier: Als der Herzog in die Nähe der Königinn von *Navarra* kam, überfiel sie so eine Mattigkeit. Sie rief zitternd ich sterbe! und sank ohnmächtig in ihren Lehnstuhl. Die Bestürzung der beyden Damen war unaussprechlich. Aber wer vermöchte es den Zustand des armen Herzogs zu schildern. Er fiel auf seine Kniee, suchte die kalten Hände durch seine Küsse zu erwärmen.

Aber die Zeichen seiner heissen Liebe waren fruchtlos verschwendet. Seine Seufzer, seine Klagen schienen auch sein Herz zu zerreissen, man glaubte auch ihn leblos zu ihren Füßen zu sehen, und die Damen, wie der Begleiter des Herzogs wussten keine Auskunst zu finden. Hat sie ihn gesehen fragte *Lautrec*? Nein erwiederte die Gräfin. Es ist eine schreckenvolle Ahndung, ihr treues Herz hat ihr davon das Vorgefühl gegeben. –

Schöne Königinn erwache rief der Connetabel endlich mit schwacher Stimme von Thränen erstickt. Zu deinen Füßen liegt der Unglückliche der dich anbetet. Aber diese unglückliche Königinn konnte nicht die Stimme des Geliebten vernehmen! Welchen Erfolg konnten die Bemühungen ihrer Freundinnen hoffen da sie die Stimme des Geliebten nicht zu erwecken vermochte! So sollen deine Augen mich nicht mehr sehen rief er von neuem! Geliebte Prinzeßinn, soll auch ich hier sterben? Sie ist todt! und neue Thränen stürzten aus seinen Augen. Sie ist todt! ich muß und will sterben; Ihre kalten Hände vor *[46v]*sein Herz haltend: Ich bin ins Unglück gehüllt, und in dieser ewigen Nacht die mich ewig dünkt, hoffe auch ich kein Licht des Tages mehr zu sehen. Nur dich möchte ich noch sehen, von dir gesehn werden. Du sollst nur hören, nur einmal! daß ich dich anbete, was um uns vorgegangen hat nichts mit meiner Liebe zu dir zu thun. Ich betete dich an, u. thue es immer!

Diese Ohnmacht war so fürchterlich, daß die Freundinnen beynah selbst glauben mussten, daß der lange lezte Schlaf die schönen Augen verschlösse, daß es der Todt sey. – Sie wollten daß der Herzog sich entferne. Sie beschlossen es, aber umsonst, anfänglich wollte er Wiederstand leisten, endlich gelang es *Lautrec* mit Klugheit ihn von dem Plaz zu entfernen. Er hatte heftige Kämpfe zu bestehen. Der Connetabel verließ in der schmerzlichsten Verzweiflung den Ort, er sagte diesem großmüthigen Freund Worte, die nur sein Schmerz dulden ließ. – Er hatte sich kaum entfernt, als die Gräfin *Sancerre* Hülfe rufte. Man brachte die Königinn zu Bette und nach vielen fruchtlosen Versuchen gelang es endlich sie ins Leben zurück zu bringen: Als der Zustand ruhiger ward, fragte die Gräfin *Sancerre* wie dieser Zufall gekommen?

Ich weiß nichts antwortet die Königinn; ich entsinne mich nur daß ein fürchterliches Schlagen meines Herzens mich ängstigte, ein unerklärlicher Zustand befiel mich, eine Last auf dem Herzen. Ich glaubte es könnte zerreissen, und so verließ mich das Bewußtseyn.

Dieses zärtliche Gefühl, diese Ahndungen, versezte die beyden Freundinnen in große Verwunderung. Sie sprachen noch eine kurze Zeit, und verließen das Kabinet der Königinn, damit sie schlafen sollte. Aber ihr Schlaf war unruhig: Ihre Träume zeigten ihr den Connetabel in hundert veränderten Gestalten.

[47]Der ruhige Schlaf hatte die Bewohner des Schloßes verlassen. Man erfuhr nicht das traurige Schicksal durch welches man hätte können in so grossen Schmerz versinken, und neue Feste und neue Plane zu Lustbarkeiten beschäftigten die lustige Welt. –

Die glückliche Natur der Königinn von *Navarra* besiegte auch den lezten Stoß; und sie erschien bald wieder schöner als je in den Circeln der großen Welt. Doch ihr Gemüth konnte sich nicht erheitern, ob sie gleich die Gabe hatte sich leicht vor den Augen der Menschen gefaßt zu halten, wenn auch das Herz blutete. Eine sonderbare Erscheinung war am Hofe Franz des Ersten für diesen Moment, ein Mann der sonderbar tiefe Kenntnisse der Astronomie und Astrologie hatte, die gerade zu der Zeit eine Periode hatte, wo sie gläubende Seelen vorbereitet zu ihrer Lehre fand, und manche schöne Frau wünschte ihr bessres Schicksal über den Sternen zu lesen, da unter den Sternen so viele feindtseelige Gewalten sich vereinigten ihr Hofnung und Aussichten des Glücks zu rauben. – Die Prinzeßinn Renee die viele Kenntnisse besaß, in den höhern Wißenschaften, mehr wie viele andre ihrer schönen Landsmänninnen, freute sich besonders den Astrologen *Gauric* am Hof zugegen zu sehen, und unterhielt sich oft im geheim mit ihm in ihrem Kabinet.

Als er eines Morgens bey ihr war, erschien die Regentinn im nachlässigen Morgen Anzug. Ihre unruhigen Begierden ließen sie nicht Ruhe finden. Sie wollte immer durch Hofnungen noch ihrer Leidenschaft schmeicheln, die sie der Tochter Ludwigs nicht verborgen hielt. Als sie aber ihre Neugier stillen wollte, vermehrte die Königinn von *Navarra* die Gesellschaft, diese hätte ihre Mutter sehr gern entfernt; doch wurde das Gespräch allgemein, und die Königinn schlug eine Spazierfahrt vor, nach dem Lustschloß welches Franz der Erste eben bauen ließ; Prinzeßinn Renée die jeden Augenblick erharren wollte, der vielleicht dem armen Connetabel günstig [47v]sein könne war sehr geneigt diese Spazierfahrt anzunehmen.

Niemand machte Einwendungen dagegen, und das Gespräch mit *Gauric* begann aufs neue; Die Königinn gab der Astronomie den Vorzug, und konnte nicht den Bezug auf Astrologie immer auffinden, und bezweifelte so gar den Nuzen der Wißenschaft. *Gauric* sprach aber zu ihrem Vortheil was er vermochte und wünschte sich das Glück zu haben, der Königinn Glück aus den Sternen zu lesen. Gäbe es etwas woraus wir mit Gewißheit das künftige sehen können sagte sie anmuthig, so würde ich lieber die Phisionomik zu diesen Wercken anwenden, und bin überzeugt mehr in den menschlichen Zügen als in den Constellationen der Sterne gegeneinander zu finden; ich fühle daß man in den Gesichtszügen eben so gut das Gemüth wie die außerordentlichen Begebenheiten lesen kann.

Alles was Sie sagen meine Königinn, ist nicht allein gewiß, sondern auch unfehlbar.

Würden Sie wenn man ein Bild zeigte, daß vollkommen ähnlich, alles sagen was die Person betrifft? fragte eine Dame.

Ohne Zweifel, würde ich mich nicht täuschen.

Die Regentinn ungeduldig daß sie unterbrochen worden, sagte so dann einige bittre Dinge, und suchte die Königinn mit ihrer Gesellschaft zu entfernen.

Sobald sie allein waren, zog sie in Gegenwart der Prinzessinn Renee des Connetabels Bild hervor; sprechen sie nichts sagte sie zu ihr. Laßt hören was *Gauric* von diesem Gesicht sagt.

Er nahm das Bild sah es lange mit Wohlgefallen an: welches angenehme Gesicht rief er aus, welche Verwirrung von seltnen Dingen erblick ich. Grösse! Erfahrenheit! der Seele! Doch welche Mischung von Guten und Bösen Begebenheiten! Welches Grosse zerstört die Liebe in seinen Tugenden, und zu wieviel Fehltritten veranlasst er seine Verfolger!

Die Regentinn seufzte tief, bey diesem wahren Ausspruch; Aber was wird er noch, wohin führt sein Schicksal? fragte sie hastig.

[48]Sein Ehrgeiz wird ihm die größten Plane eingeben, die je eines Helden Geist zu ersinnen fähig. Die grösste Neugier herrschte in ihren Zügen, weiter, weiter, rief sie: Und doch wird er zulezt sich in den Armen seiner grausamsten Feindin finden, ohne daß menschliche Macht es zu verhindern vermag. Hastig veschloß er die Dose, und gab sie kalt der Regentin zurück.

Sie konnte ihre Freude kaum verbergen, denn die lezten Worte hatte sie ganz zu ihrer Gunst gedeutet, und schmeichelte sich in Kurzem mit diesem grossen Mann verbunden zu sein.

So erstaunt wie sie war auch die Prinzeßinn, und wollte gern auch noch einige Fragen wagen, aber er bat daß sie ihn damit verschonen möchten, er war sehr beschäftigt, und schwieg. Doch hatte er genug gesagt, um die Hoffnungen der Regentin zu erwecken.

In einer glanzvollen Gesellschaft fanden sich alle Damen des Hofes den Nachmittag ein. Doch hatte die Prinzeßinn Renee nicht versäumt die Freunde des Connetabels zu bestimmen, ihn nach dem neu erbauten Lustschloß hurtig zu führen, wo sie in ihrem *Pavillon* den Connetabel verbergen konnte bis der Zeitpunkt wo er erscheinen sollte sich zeigte.

Die Königinn nicht ahndend welcher unschuldige Betrug ihr gespielt wurde, sah noch ruhig den Tanzenden zu, und unterhielt sich mit *Gauric*, der an ihrem Stuhl stand: Er warf einige sonderbare Bemerkungen, und Prophezeihungen hin, die sie belustigten aber auch stuzen machten. – Endlich sagte er ihr, es ist sehr befremdend Ihre Majestät daß Sie in meine Kunst so wenig Glauben sezen, was würden Sie aber sagen, wenn ich Ihnen versichre daß dieser Tag der grösste Ihres Lebens ist, daß die Sonne nicht sinken wird, ehe Sie die grösste Ueberraschung haben werden, die Sie je hatten. Sein Ton war sanft, und er sah starr nach ihr hin. Ach antwortete die Königinn, diese Worte zerstören allen Glauben den ⟨ich⟩ je in Ihre Kunst sezen konnte; was könnte mich überraschen? und wie könnte mein Herz je Vergnügen finden, daß keins mehr auf Erden zu finden mehr hoft! – Ich werde es Erfahren, sagte er immer ernster: Das Gemüth meiner Königinn wird [48v]große Bewegung erleiden. Die Königinn schüttelte den Kopf und sah sehnsuchtsvoll zum Himmel; zum Glück warf sie nicht die Augen auf ihre drey Freundinnen; denen die Worte des Astrologen die Wangen geröthet, sie konnten ihre Verlegenheit kaum verbergen da er der Königinn so bestimmt verkündigte was unfehlbar geschehen sollte.

Sie bestiegen einen leichten Wagen von einigen Coursfrauen begleitet, und von wenigen Wachen, und kamen auf das Lustschloß *Surrene* an. Die Prinzessinn Renée schlug zu erst einen Spaziergang in ihrem Garten vor, und wer genau beobachtet hätte würde die Unruh der Prinzessinn Renée nicht entgangen sein; sie führte bald die Königinn in einen kleinen Thurm, von wo aus man den Fluß übersehen konnte; sie weideten sich nicht lange an der reichen Aussicht. Die Ungeduld des Connetabels länger verborgen zu bleiben war unbeschreiblich, er fürchtete jeden Augenblick Weg verlohren den er länger zögern würde sich zu entdecken. Er trat aus dem Kabinet daß auf die Terrasse ging, heraus. Zwey Freunde gingen vor ihm her, um ihn nicht zuerst sehen zu lassen; aber er stürzte ihnen voraus; Die Königinn ihre Augen nach dem Fluss gewendet erblickte als sie sich umdrehte zuerst die Freunde, und sagte man gehorcht schlecht Ihren Befehlen, Prinzessinn; der Connetabel vermochte es nicht länger zurückzustehen. Er fiel zu ihren Füssen; und ihr Herz erkannte ihn, doch zürnen konnte sie nicht, den Mann zu sehen, der immer in ihrer Seele lebendig war.

Gott! Gott! rief sie aus, die eine Hand sank auf das Haupt des Herzogs, sie drückte seine Locken an ihre Brust, die andre Hand hielt er fest und bedeckte sie mit Küssen, und Thränen fielen darauf. Er blieb sprachlos. Die Königinn noch weniger, denn wie können Worte diese Gefühle schildern! Sie vergaß alles um sich, und sah nur den lang entbehrten Freund. Endlich fand sie Worte und sprach leise. Sind Sie es wircklich? und der mitleidige Himmel vergönnt mir noch daß ich Sie wiedersehe! Sie weinte, und sagte⟨.⟩ Ich kann nicht klagen daß ich Sie wiedersehe; Er erhob langsam seinen Kopf, sah ihre schönen Augen, voll von den schönen Zeichen seines Glücks; und er war in einer überirrdischen Begeisterung.

[49]So sind Sie nicht mehr beleidigt Prinzeßinn? meine Kühnheit misfällt Ihnen nicht? Wollen Sie den Unglücklichen sehen, der Sie anbetet? Ach er ist sehr unglücklich! Großer

Gott welches schreckenvolle Schicksal! Ich empfinde es in allen seinen Schmerzen. Beklagen Sie mich Prinzeßinn, Sie können es mir nicht zu oft sagen.

Wer fühlt Ihre gerechten Schmerzen tiefer als ich? sind es nicht auch die meinigen? kann man mich tadeln, ihnen nachzuhängen? denn ich habe Sie verlohren, für mich verlohren. Ich hätte weder der Arglist meiner Mutter noch den Kunstgriffen des Kaisers Glauben beymessen sollen. Hassen Sie mich nicht deßwegen! Sie nicht, Sie nicht! rief er aus, aber ich hasse die Feinde, die mich meines Glücks beraubten! Was verlohr ich nicht alles! Königinn ich bin ein Elender, ich lebe, ich sehe Sie, höre Sie, und doch hab ich Sie verlohren! –

Ja sagte sie mit Seufzen, die ihre Worte unterbrachen, lieber Prinz, Sie haben mich verlohren, aber nur von einer Seite, denn mein Herz können Sie nicht verliehren. –

Bey diesen Worten fasste er ihre Kniee heftig in seine Arme; und seine Sprache hatte wenig Worte: Dieses Herz bleibt uns also, welche Art des Glückes will es mir gönnen! Es wird Ihnen treu bleiben, versezte die Königinn; Dies ist alles, seufzte er.

Es ist vielleicht zu viel, wenn ich streng meine Pflichten erwäge; sie bebte gewaltsam bey dem Wort der Pflicht; sie sah plözlich nach den Vier Vertrauten die sie umgaben, und die kaum zu athmen wagten. Ich beklage mich nicht über Euch. Ihr habt dem Herzog dienen wollen, und mich verbunden; Aber warum ihn in Gefahr sezen? Wer könnte, wer vermöchte ihn zu retten wenn er entdeckt würde? was würde der König, was die Regentinn sagen? was würde mein Ruf leiden. Von Ihrem Ruf ist nicht die Rede, sagte die Prinzeßinn, wer vermag ihm einen Flecken anzudichten! Diesen theuren Prinzen werden wir auf alle Art zu verbergen wißen. Wir haben ihn schon länger verborgen gehalten. Wie schon länger rief die Königinn erstaunt.

Ist er lang schon ins Reich zurückgekehrt?

[49v]Man eilte ihr von allem Rechenschaft zu geben, und erzählte alles was vorgefallen.

Wie beklage ich die Zeit rief sie mit Wärme aus, die ich nicht benuzen konnte! in der ich so viel Glück hätte finden können! Wir fürchteten Ihre Strenge sagt die Gräfin *Sancerre*, wir durften ihn nicht sehen lassen.

Da er nahe war hätte ich ihn immer sehen mögen gab sie zur Antwort. Sehen Sie mich denn nun desto länger sagte er bittend. Nein, welche Vorschläge! Sie müssen jezt zurück, ich würde es gleich vom Augenblick an gesagt haben da ich Sie sah, denn hier ist keine Sicherheit. Ich zittre für Ihr Leben welches in Gefahr hier ist, und in Spanien Ihr Glück, wenn der Kaiser erführe daß Sie bey uns wären.

Aber Königinn ich fürchte nur das Unglück mich von Ihnen zu trennen, lassen Sie mich Ihres Anblicks geniessen.

Ich möchte Sie immer sehen, erwiederte sie, aber dieses Sehen ist zu gefahrvoll. Ich geniesse nur mit Schrecken ein so theures Glück; Ich liebe Sie. Schonen Sie ein Herz daß schwach ist, beklagen Sie mein Geschick daß mich zwingt Sie zum gehen zu bewegen, wenn ich nur wünsche, daß Sie bleiben möchten. Der Prinz wiedersezte sich so lebhaft dieses Befehls, die Freunde vereinigten sich mit Bitten, und man ließ ihr leicht einsehen, daß da er schon so lang verborgen gelebt, so könnte er es noch ferner wagen⟨.⟩ Sie willigte endlich ein, ihn noch drey oder vier Tage zu sehen, und man beredete sich daß es folgenden Tag in *St. Germain* geschehen solle, wo er in den Zimmern der Prinzeßinn sich unbemerckt aufhalten könne.

In lieblichen Gesprächen verging den Glücklichen der Abend, ihre unschuldige Liebe ließ ihnen reine Freuden des Herzens genießen; die gewißenhafte Königinn wusste jedem Ausdruck zu heftiger Leidenschaft Gränzen zu sezen und blieb sich immer gleich, doch suchte der Connetabel gern die zarten Ergießungen ihres Herzens. Er war der glücklichste Mensch unter der Sonne; Der Tag begann zu dämmern, und mit seinen nahenden Strahlen [49A]verfinsterte sich der Himmel der Liebenden; man musste sich trennen. Die Freunde führten den Herzog mit sich fort, Er konnte nun an die Königinn denken, und füchtete sich vom Schlaf übermannt zu werden. Welches Glück kann ein Liebender wo anders finden, als in dem Andenken, an das was er verlaßen musste!

Auch die schöne Königinn gab dem Schlaf wenig Gewalt über sich. Ihr Herz war voller Bewegungen die keine Ruh vergönnen wollten, ob sie gleich durch Angenehme Empfindungen sie verscheuchte. Sie konnte sichs kaum überreden daß alles wircklich sich zugetragen, was sie empfunden. Sie konnte kaum den Zustand des Wachens glücklich finden. Sie dachte es sey unmöglich daß sie den Mann wieder mit ihren Augen gesehn den sie so unglücklich wusste! Dessen Leben durch ihre Schuld mit so sonderbaren einzigen Begebenheiten durchwebt war. Nur mit schüchterner Freude nährte sie die Träume ihres Herzens die Freude ihn gesehen zu haben, und so zärtlich gefunden zu haben. Die Furcht verbitterte ihr Glück; sie hatte alle Ursach zu befürchten, wenn die Regentinn erführe, daß er in der Nähe sey. Sie fürchtete eben so sehr die politischen Rücksichten des Königes; für sein Herz hatte sie nicht zu fürchten, denn es war ihr nur zu wohl bekannt, daß nie persönlicher Haß für den Connetabel in seinem Herzen war, und sobald nur sein Aufenthalt nicht im Lande ruchsbar, so wusste sie daß der geliebte Bruder keine Strenge zeigen würde aus Liebe zu ihr, und aus eigner Güte.

Auch die Tochter Ludwigs nahm Theil an ihren Gefühlen, wie an ihren Gedanken. Sie machten eine kleine Reise nach Paris mit einander, und zur Tafel des Königes fehlten sie nicht. Er empfing sie mit der Zärtlichkeit die eine freundliche Erinnerung für alle Zeiten bereitet. Die Königinn wurde nicht wenig verlegen, als sie den Propheten ansichtig wurde, und schlug sittsam ihre Augen zur Erde, als sie den seinigen begegnete. Er hatte ihr so sicher die Begenheiten des vorigen Tages geweissaget, daß eine geheime Furcht sie bey seinem *[49Av]*Anblick befiel. Sie hielt ihn für einen Zeugen ihrer geheimen Gefühle, der mehr von ihr wisse als sie es selbst wünschte.

Die Prinzeßinnen konnten sich nicht enthalten, über die sonderbare Weißagung *Gaurics* zu lächeln, aber noch mehr erstaunten sie als die Prinzessinn Renee den Auftritt mit der Regentinn erzählte, und die sonderbare Antwort des Wahrsagers. Die Prinzessinn von Arragonien erfuhr nun endlich, wer das Bild des Herzogs von *Bourbon* gefunden, welches sie von der Königinn von *Navarra* bewahrt hatte, um es dem Marquis de *Guast* wieder zuzustellen, der es ihr am Abend des Masquenballs in die Hände zu spielen wusste.

Die Königinn von *Navarra* verließ bald die muntre Gesellschaft um sich mit ihrem Königlichen Bruder in sein Kabinet zu begeben, wo es schien als hätte sie ihm Dinge von Wichtigkeit vorzutragen. Die erste Einleitung war die Heyraths Angelegenheit der Prinzeßinn Renee, die den König der ihr so wohl wollte sehr beschäftigte. Der Prinz von Ferrara war ihrer Liebe ganz würdig, ⟨die⟩ dieses seltne Glück unter Personen ihres Standes verdiente, ihre edle Seele war der Freundschaft und reinen Liebe offen, und werth. Nach vielen Gesprächen konnte die Königinn keinen schönern Moment finden als auch dem Geliebten Bruder ihr Geheimniß zu entdecken, da der Bruder so weich und theilnehmend gestimmt war. In dem Augenblick der höchsten Rührung, wo sein Herz das Glück fühlte, im hohen Grade, eine solche Schwester zu besizen, die seine Freundin zugleich war. Mit dem einschmeichelnden Ton der Liebe fiel sie ihm auf einmal zu Füssen, und hielt ihn fest umschlossen.

Ich verbarg meinem geliebten Bruder keine Begebenheit meines Lebens, und selbst meine geheimsten Gedanken legte ich in seiner schönen Seele nieder. Ein Geheimniß liegt auf meinem Herzen, es möchte sich dem geliebten Freund enthüllen, aber zuerst muß er mir schwören, daß er seine Handlungen auch meinem Willen unterwerfe. –

[50]Der König hatte sich niedergesezt, und küsste sie mit Herzlichkeit. Seit wann schöne Schwester, zweifelst du an der unumschränkten Gewalt, die du über mich errungen? Sprich als Gebieterin mit deinem Diener. Nun denn antwortete sie, so will ich mit allem Vertrauen reden: Der unglücklichste aller Prinzen, die Stimme versagte, sie eröthete, und stammelte leise kaum hörbar, ihre schönen Hände bedeckten ihre Augen, und die Gluth ihrer Wangen. Sie beugte sich immer tiefer, des Koniges Hand zu fassen auf welche sie heiße Küsse drückte, und ihre Thränen fielen darauf.

Der König dessen weiches Herz für alle Rührung empfänglich war, verstand doch den Sinn ihrer Rede nicht sogleich, wie ihre Bewegung. Doch wiederholte er und der unglücklichste Prinz, was soll er? Befiehlt meine geliebte Schwester seine Gnade?

Die Königinn fasste bei diesen Worten neuen Muth. Er ist hier, ich habe ihn gesehen sagte sie bebend.

Was hör ich! Der Herzog von *Bourbon*; welche Verwegenheit! aber die Liebe führt ihn zurück, er ist entschuldigt. Aber alles was du weisst laß mich hören, denn ich bin über alles dies sehr verwundert.

Ich bitte um Gehör, doch ohne Unterbrechung sagte sie gelaßen. Die Verwundrung wird immer mehr steigen. Von dem tödenten Schmerz den er bey der Nachricht meiner Vermählung fühlte, schweige ich lieber: Ich glaubte bey der Schildrung deßelben zu sterben, die, du weisst es, ich durch Pomperan vernahm. Aber dies weisst du nicht, daß er schon damahls wagte mit seinen Vertrauten zurück zu kommen!

Er wäre hier rief der König! Und ich sah ihn erst gestern fuhr die Königinn fort: Es ist derselbe Unbekannte der den Herzog von Nagera tödete, weil er übel von seinem Freund sprach. Er sah uns bey dem kleinen Fest im Walde, er war auf den Masquenball; er kam selbst am Abend des Feuerwerks auf die Terrasse an meinem Zimmer; Eine schreckenvolle Ahndung befiehl mich, ich sank in Ohnmacht; und dieser Augenblick, den er zu seinem Glück vom Schicksal ersehen zu seyn hofte, war für mich verlohren! und in seiner Seele *[50v]*erneuerte sich nur der Schmerz, unsrer unglücklichen Lage. – Denn er musste von mir eilen, in dem Augenblick wo ich sterbend war! Wüßtest du geliebter Bruder wie er jede Gelegenheit ergriff, um von Dir mit der Ehrfurcht mit der Liebe zu sprechen wie kein anderer deiner Freunde noch je gesprochen; und du kennst die Ursach aller seiner Leiden. Meine Freundinnen scheinen gegen mich verschworen zu seyn; sie veranstalteten gestern in *Surene* eine Zusammenkunft; Die Prinzeßinn Renee wird mir so gar heut eine Zusammenkunft in ihrem Kabinet mit ihm verschaffen. Beschließ den Untergang dieses Rebellen, sagte sie lächlend, er hat viele Mitschuldige, und zu erst sey deine Schwester das Opfer.

Der König konnte kaum von seiner Verwunderung sich erholen, und ließ sich die kleinsten Begebenheiten wiederholen; Noch ist dir nicht alles bekannt, Geliebter Bruder; Du musst ihn selbst sehen, ihm seine Verzeihung aussprechen; Er hat große Plane die deinen Ruhm erhöhen wie die größten Vortheile deinem Reiche bringen werden; so weiß ich durch unsren gemeinschaftlichen Freund *Lautrec*; dieser kann dir selbst alles aufklären, und ich ahnde daß wenn Ihr Euch verbunden, Euch nichts wiederstehen kann, und Ihr jegliches Hinderniss besiegen werdet.

Ich glaube es, meine Schwester, Ich neige mein Herz gern zur Menschlichkeit, du weißt es? Ich verzeihe dem Unglücklichen Herzog, der es am meisten hierdurch ist, daß er dich nicht besizen kann. Wann soll ich ihn sehen fragte er noch. Zur Stunde wo du deinen Spaziergang zu machen pflegst. Er soll eben so überrascht werden, und ich bitte, ihn nicht vorbereiten zu dürfen.

Selbst die Prinzeßinn Renee soll es nicht erfahren, sezte der König hinzu, denn auch sie soll uns durch ihre Ueberraschung belustigen.

Ich werde gehorchen sagte die Königinn, und beyde öffneten die Thüre des Kabinets und kehrten zur Gesellschaft zurück.

[51]Die Königinn von *Navarra* ging in der Stunde, die sie zu ihren Absichten bestimmt sah, zur Prinzeßinn Renee, von der Gräfin *Sancerre* begleitet; Der König kam auch, und sie begannen ein Gespräch, als plözlich die K⟨ö⟩niginn an der Thüre des Kabinets klopfte; Der König hatte sich hinter ihr verborgen, man öffnete sie, und sie, halb sich hinein beugend sagte laut zum Herzog von *Bourbon*. Ich führe Ihnen einen alten Freund zu Herzog! ich weiß nicht ob Sie Ihn sehen wollen; Der König stand vor Ihm, und der Herzog fuhr erschrocken zurück; Die Vertrauten die sie umgaben waren eben so überrascht, nur die Prinzeßinn Renee nicht, die die Königinn wie ihren großgesinnten Bruder wohl kannte; Der König streckte dem Herzog seine Arme entgegen aber er fiel auf die Kniee nieder, und hielt sie lang, und schweigend umfasst; er konnte nur mit den Innigsten Gefühlen seine Hände küssen.

Der König verlangte daß er aufstehen solle, und zeigte ihm so viele Liebe, als wenn sie niemahls das Schicksal entzweyt hätte, – bald nahm er des Connetabels Hand und sage, er wollte ihn jezt bey dieser Prinzeßinn allein lassen, während er über die Herzensangelegenheiten der andern zu sprechen habe. Auch Sie sind eingeladen Connetabel, als Gast zur Vermählungsfeyer. Er führte Prinzessinn Renee in ihr Kabinet, und die Königinn von *Navarra* konnte sie beobachten und beobachtet werden. Der König ließ sich aber noch einmahl alle Abentheuer der heimlichen Anwesenheit des Connetabels erzählen, und lobte die Damen, daß sie verhindert hätten, daß er öffentlich erscheine. Denn meiner Mutter willen würde ich haben Strenge zeigen müssen sagte er, und die Feindschaft die ich als König gegen ihn haben mußte, ist zu bekannt.

Er erfuhr auch die sonderbaren Weißagungen des Propheten, und die Geschichte des Bildes, er war erstaunt über den ersten Theil dieser Wahrsagung, und vermochte nicht den zweyten zu deuten.

[51v]Während diesen Gesprächen war die Unterhaltung der beyden Liebenden nicht weniger belebt.

Ich habe Sie verrathen sagte sie scherzhaft, aber doch hoffe ich Verzeihung zu erhalten, und die Versöhnung mit dem König kann nur glückliche Folgen haben. Auch mich hat *Lautrec* in Ihren Planen nicht fremd gelaßen; Ich bin überzeugt daß der König in Alles eingehen wird, was zu Ihrem Vortheil gereichen kann.

Der Connetabel verneigte sich ehrfurchtsvoll, doch fasste er eine ihrer schönen Hände und küsste sie:

Ich sehe mit einiger Freude was Sie für mich alles thun, meine Königinn! Wäre es in des Himmels Macht daß Sie auch noch für mich das Höchste thun könnten was ich vom Schicksal erflehen möchte! Doch bleibt Ihnen noch viel andres zu meiner Glückseligkeit zu vollbringen übrig, welches in Ihrer Macht steht. Vergönnen Sie, dulden Sie die Beständigkeit meiner Gesinnungen, die Sie nicht ändern können; Erlauben Sie noch, daß ich unaufhörlich beweise davon Ihnen gebe; und erwiedern Sie sie zuweilen mit der Güte welcher selbst der König seinen Beyfall nicht versagt.

Ja Herzog! Meine Güte ist mit der seinigen im Einklang. Sie sehen daß ich Ihnen nichts von meinen Gefühlen verberge, meine Freude Ihren Frieden bewürckt zu haben ist unaussprechlich! Bleiben Sie immer mit ihm Einverstanden, alles was ich bestätigen kann, ist, daß mein Herz unfähig ist, sich zu verändern gegen Sie.

Diese lezten Worte hatte der König mit angehört, und er nahm den zu glücklichen Freund an der Hand, und sagte: Ein paar Worte mit Ihnen allein, als denn sollen Sie dahin zurückkehren wo Sie immer seyn möchten. Der Connetabel entdeckte nun selbst dem König seine Plane. Er sprach ihm von der Ergebenheit der Spanischen Truppen davon er sicher wär, von der Freundschaft des Prinzen von Oranien, deßen Herz jedem Plan den seine Ehrsucht auch entworfen beystimme; Er entdeckte seinen Entschluß Rom zu belagern, und sich zum König von Italien zu machen, [52]da Mailand schon ihm gehöre: Er sprach unverhohlen wie die Behandlung die er von Carl dem Fünften erduldet, alle Bande zerrissen die ihn an sein Interesse knüpfen könnten, und er selbst das heiligste Recht sich erworben, für sein Glück zu sorgen; alles gelinge ihm durch die Anschläge die er entworfen, von Rom wollte er nach Neapel, wo er auch Meister zu werden hofte, durch seine Verbindungen, auch so säh er sich Meister von *Sicilien*, und so führten seine hochfliegenden Plane ihn von einer Höhe zur andern.

Franz der Erste bewunderte seine Entwürfe, eines solchen Herzens würdig. Aber mein König sagte der Erstere, dies sind die stolzen Aussichten und Entwürfe die ich für mich schuf. Doch von jezt an habe ich sie für Sie entworfen, und unter Ihrem Schuz will ich Siege erwerben. Mit meinen Kräften will ich Ihnen beystehen, antwortete jener. *Lautrec* den ich als Feind gegen Sie senden wollte, soll nun nach Italien ziehen um Sie zum König dieses grossen ausgedehnten Strich Landes zu machen. Ich, für mich habe meine eignen Beleidigungen mit dem Kaiser auszumachen.

Aber mein König vergönnen Sie mir, daß ich alles für Sie thun darf! Nein antwortete Er, ich will Ihnen meine Hülfe gern leisten, in diesen glorreichen Unternehmen, es wird ein Theil seines Glanzes auf mich fallen, durch den Antheil den ich daran nehme, es wird kein geringer Vortheil auch selbst für mich entstehen, in dem schönsten Theil der bewohnten Welt, einen Prinzen meines Hauses, walten zu sehen.

Es wurde nun festgesezt daß nach der Vermählung der Prinzeßinn Renee, alles in Bereitschaft sein sollte, zur Ausführung dieser großen Plane. Während allen diesen Unterredungen, die heilenden Balsam in die verwundeten Herzen gegossen, war noch ein Gemüth irr und rastlos; die Regentinn war ewig durch ihre unglückliche Leidenschaft gepeinigt, und suchte immer neue Nahrung, seit die Weißagung *Gaurics* so süße Hofnungen wieder erweckt hatte. – Sie suchte alle einsamen Gänge des [52v]Gartens, von einer Freundin begleitet, und es war als ahndete ihr Herz die Begebenheiten die um ihr sich anspannen, ihr unbewusst. –

Der König brach sich sogar von seinem Schlaf ab, um sich mit dem Herzog von *Bourbon* noch zu besprechen, und ließ ihm in seinem Schlafzimmer ein Bett anordnen. Er sollte auch durch diese Anordnung immer im Kabinet des K⟨ö⟩niges bleiben, um so bald als möglich auch die Königinn sehen zu können. Er verließ die Geliebte Gesellschaft nur, um sich den Träumen seines Glücks überlassen zu können.

Die Königinn von *Navarra* hatte sich von allen Festen des Hofes seit der Nähe ihres Geliebten zurückgezogen, und währenddem daß die andren laute Freude suchten, fand sie ihr Glück in der stillen Unterhaltung mit dem Herzog, ihre Freundinnen verließen sie nicht, um dem Geräusch zu folgen, und manchen Abend brachte die kleinere Gesellschaft auf einem Rasenplaz im Form eines Theaters zu, wo sie niemand entdecken konnte. Der treue *Lautrec*, der sein eignes Herz belohnt fühlte, indem er dieser schuldlosen Liebe hülfreich war, u. den Werth davon doppelt fühlte, weil er selbst so tief der Königinn Zauber ehmals empfand, brachte den Connetabel zur frohen Versammlung und als er sie in dieser ländlichen Umgebung erblickte, und an die Freuden des Hofes gedachte denen sie entsagten, sagte er verbindlich. Sie suchen die Einsamen Pläze, sich zu verbergen um meinetwillen Königinn? während der Hof sich belustigt? Nur der Prinzessinn Renee konnte diese Bemerkung gelten sagte die Königinn höflich, auf mich angewendet wäre sie ungerecht. Sie kennen mich hoffe ich zu gut, daß mir nichts Freude machen kann als Sie zu sehen! Sie können es kaum fühlen wie glücklich ich bin? Durch Ihren Frieden mit dem König, und dadurch verliehre auch ich alle Furcht, die der Gedanke einer heimlichen Zusammenkunft erwecken möchte; Aber Königinn sagte Er, um mich dieses Glücks immer versichern zu können, so bereden Sie den König daß Er die Krone [53]auch annehme, die ich ihm vererben will. Seine Großmuth will mich damit beschenken. Ich weigere mich sie anzunehmen, denn sie würde mich von Ihnen entfernt halten. Erlauben Sie, billigen Sie es angebetete Königinn? sagte er indem er zu ihren Füßen sank, daß ich, nachdem ich alles für den König und seinen Ruhm gethan, und das Andenken meiner Verbrechen verlöscht habe, werde ich den übrigen Theil eines Lebens, daß nur Ihm geweiht ist auch bey ihm zubringen. Ich sage bey Ihm aber ich fühle daß auch Sie Ihn nicht verlaßen. Laßen Sie mir den traurigen Trost, nach so vielen überstandnen Leiden, lassen Sie mir ein Glück daß so groß es auch sein mag, doch dem nicht beykäme was ich einst erwartete! – Es ist einer der bittersten Schmerzen Sie zu sehen, zu lieben, und Sie in dem Besiz eines Andern zu wißen.

Gedenken wir nicht mehr eines Schmerzens der unheilbar ist antwortete sie mit sanfter Stimme; ich bin ganz der Meinung meines Bruders, Herzog! Sie sind unglücklich genug; und deßwegen wäre das Schicksal gerecht wenn das Glück Ihnen durch Tapferkeit zukommen ließ was Ihre Tugend von ihm erwarten dürfte.

So dehnte sich dieses lange zärtliche Gespräch aus, nicht zu lang für die Liebenden, doch die Zuhörer hatten alle die Zeit sich ihren eignen Gedanken und Empfindungen zu überlaßen.

Der festgesezte Zeitpunkt der Vermählung der Prinzeßinn Renee mit dem Prinzen *Hercules* von *Ferrara* rückte heran. Drey Paare waren es, unter denen auch die Gräfin *Sancerre* einem treuen Geliebten am Altare die Hand gab. Er hatte sie schon vor ihrer Verbindung mit ihrem ersten Gemahl geliebt, und gab ein seltnes Beispiel der Treue, die er ihr so viele Jahre bewahrte. Sie selbst wie ihre Freundinnen fühlten daß es ihr auch Pflicht sey belohnen zu müssen. Alphonsine gab dem Prinzen Alphonso die Hand, der ihr aus Spanien gefolgt. Unter allen zeichnete sich Prinzeßinn Renee mit königlichem Anstand und Zierde versehen aus, die andern Damen wetteiferten in Anmuth und Liebenswürdigkeit ihr nach.

[53v]Nach dem Königlichen Mahl entfernten sich die Männer, denn ein glänzendes Turnier sollte die Gäste erfreuen. Die Regentin, und Königinn von *Navarra* begaben sich mit ihren Damen auf ein erhöhtes Gerüste, mit den schönsten Goldstoffen behangen, die Kampfrichter ihnen gegenüber eben so prächtig.

Die Ersten Kämpfer waren die flüchtigen Liebhaber, mit blau und gelben Rüstungen. Sie waren so schön, daß man gern bey ihrem Anblick, der aber so vorübergehend wie der Nahme den sie sich erwählten, verweilt hätte. Die Treuen Liebhaber folgten, und ihr unvergleichbarer Anführer war der König Franz der Erste, der alle Welt mit seinem Anstand bezauberte. Die glücklichen Liebhaber folgten ihnen. In Feuerfarbe gekleidet, der König von *Navarra* war der Anführer.

Ihnen folgten die unglücklichen Liebhaber. Gold und Edelsteine waren auf eine ungeheure Weise bey diesen Festen verschwendet, und die Anzüge waren so geschmackvoll als geistreich gewählt.

Mitten unter die Fechtenden gesellte sich zu den Treuen Liebhabern eine große prachtvolle Gestalt. Er begrüsste die Damen auf dem Gerüste, und stellte sich mit Edlem Anstand neben den König. Das Schild des Ritters hatte eine Weltkugel mit diesen Worten: Der Himmel und die Erde. Dieser stolze Wahlspruch gab den Zuschauern nicht wenig zu denken. Man erräth leicht daß der Connetabel dieser Ritter war, der mit der Bewilligung des Königes sich in dieser Gestalt zeigte. Sein Wahlspruch deutete auf den Himmel seiner Liebe, und die Erdkugel auf die Kronen die er zu erkämpfen willens war.

Der Schöne Unbekannte gewann alle Preise im Lanzenspiel, und erhielt den Preis des Kampfes aus den Händen seiner angebeteten Königin. Aber als Alle ihn kennen wollten, und die Neugier aufs Höchste gespannt war, verursachte der König eine kleine Unordnung, und erleichterte ihm die Mittel sich unerkannt zu entfernen.

[54]Die Festlichkeiten dauerten spät in die Nacht, und während der Morgen mit seinem Glanz die Glücklichen zu neuem Glück erweckte, fand er die schöne Königinn in Thränen; Sie fühlte alles Glück der Aussöhnung, daß sie durch diese mit dem König, und dem Herzog bewirckt hatte, aber sie fühlte es nicht weniger schmerzlich daß der König dies Fest der Vermählung zum Zeitpunkt der Abreise des Herzogs bestimmt hatte; Ob sie gleich sich mit der Hofnung schmeicheln durfte Ihn eines Tages wiederzusehen, und so wiederzusehen daß er mit Ruhm bedeckt, seiner selbst würdig erscheinen werde, so fühlte sie doch die Schmerzen dieser schrecklichen Trennung nicht leicht zu ertragen.

Doch der Herzog war noch mehr zu bemitleiden, denn die kurze Zeit des glücklichen Zusammenlebens mit der Königinn hatte so viel Wonne ihm gegeben, er konnte nur mit Verzweiflung allen Freuden die er verließ entsagen; und wenn er dachte daß er sie vielleicht niemahls wiedersehen könnte, so ward er unbeschreiblich unglücklich!

Doch unerbittlich eilt die Zeit und verweilet weder bey den Freuden noch Schmerzen die sie darbringt. Der Augenblick dieser Ewigen Trennung nahte. Die Liebenden sagten sich Lebewohl im Kabinet des Königes, in seiner Gegenwart. Der Connetabel war so heftig bewegt daß er nicht ein Wort sagen konnte; Gehen Sie Herzog sagte die Königinn erwerben Sie sich Ruhm durch Ihre schönen Unternehmungen. Wir werden täglich für Sie unsre Wünsche zum Himmel schicken; Ich bin bey Ihnen in jedem Unternehmen was Sie auch beginnen.

Der Prinz fiel auf seine Kniee, und hielt die Hand der Königinn fest an seinem Herzen.

*[54v]*Ich gehe rief er wie ein Verzweifelter aus! Ich fühle nur meinen Schmerz, keine schmeichelnde Hofnung begleitet mich. Alles ist nur in diesem Augenblick begriffen: Ich bete Sie an so lange ich lebe. O warum kann ich nicht der ärmste Ihrer Unterthanen seyn, und doch immer in Ihrer Nähe bleiben!

Der König theilte die Schmerzen mit ihm, gewann es aber über sich, Ihn mit Gewalt von dieser Stelle zu reissen, er führte ihn fort.

Leb wohl, liebenswürdigstes Wesen, und geliebt wie keines je ward. –

So trat dieser große Edle Mensch von der Bühne ab, trennte sich von Allem was ihm theuer war, und die Geschichte dieser Liebe ist zu Ende, denn auch die Geschichte des Lebens endigte sich: In der Belagerung von Rom fand der heldenmüthige Herzog den Todt, nachdem er noch die Frucht seines Sieges gesehen.

So wurde auf eine Art die Weißagung des Propheten erfüllt doch nicht im Sinne des Worts.

Das Schicksal führte alle die treuen Freunde, und Freundinnen die diese Geheimniße der Edelsten, reinsten Liebe wussten⟨,⟩ bald auseinander. Die Königinn trug Standhaft den Schmerz, und blickte nur wie in ein verlohrnes Paradies in die lezten Tage ihres Zusammenlebens mit dem theuren Freund zurück. Kein Gefühl der Freude konnte sie mehr mit Gewalt ans Leben binden, daß keinen Reiz mehr für sie hatte. Sie hatte aber doch den Trost, den geliebten Bruder nicht verlassen zu müssen. Auch die Prinzeßinn von *Ferrara* blieb ihre treue Begleiterinn durchs Leben, die ihr unaussprechliches Glück einst, wie nun ihren unaussprechbaren Schmerz theilte.

[55]Eine Tochter war die Einzige Frucht ihrer Ehe mit dem König von *Navarra,* und diese köstliche Tochter zog noch die Aufmerksamkeit aller Könige auf sich, die nach ihrer Hand strebten. Es war die berühmte Johanna Königinn von *Navarra* Mutter des großen Heinrichs.

Johanna

[1]In einer der stillen Abendstunden, wo das Herz wie der Körper sein physisches Tagewerk abgethan fühlt, wo der Geist am liebsten in sich selbst zurückkehrt um stille Betrachtungen über Vergangenheit und Zukunft anzustellen: von keinem freundlichen mitfühlenden Wesen in der Wircklichkeit umgeben, sondern nur durch den Glauben der Nähe ihrer geliebten Unsichtbaren gestärkt, saß Frau Clotilde von der Wart, in ihrem hohen einsamen Saal, die Abendsonne vergoldete die falben Blätter der Linden die an die gothischen Fensterscheiben anschlugen und der zitternde Lichtstrahl der ihr Gemach durchbebte, hellte phantastisch die reich mit Schnizwerk verzierten Pfeiler der Fenster; An einer Wand den Fenstern gegenüber, waren seltsame Bilder aufgehängt. Zwey Jünglinge, die in aller Rüstung sich umschlossen hielten, in Fülle der Jugend und Kraft prangend. Zu ihren Füssen lagen gebrochne Schilde, und Waffen; im Hintergrunde sah man eine Capelle, und am Fuß des Altars kniete eine weibliche Gestalt, und hinter ihr ein Knabe, dessen blühende Gesichtsfarbe nicht von den prangenden Farben der Blumen zerstört wurde die er eben die Stufen des Altars besteigend, dort sie in den Krügen aufzustellen im Begriff war. Einer der besten Künstler jener Zeit hatte dieses Gemählde verfertigt, und lange war es das Einzige freundliche Zeichen der Vergangenheit für die trostbedürftige Mutter, die einst von drey blühenden Söhnen umgeben, jezt einsam in das herannahende Alter blickte, und nur durch ihren milden Sinn durch den Reichthum ihrer Liebe noch die Wesen um sich her beleben und zu gestalten vermochte. Aber sie selbst hatte den Trost und die Kraft nicht mehr sich durch ihren eignen Willen zu stärcken und nur eine unsichtbare Hand der Liebe und des Mitleids trug sie über dies Leben hinweg. Sie handelte noch für die Welt die sie umgab, und war ein schüzender Genius ihrer Unterthanen, und ihrer Diener, aber indem sie beglückte, war sie selbst unglücklich, und nur die entfernte Hofnung *[1v]*nach einem gewißen Ziel des Leidens konnte die Gegenwart ihr erträglich machen. –

Sie saß wehmüthig sinnend auf ihren Arm gestützt, die bleichen Züge nur von dem Glanz heimlicher Hofnung belebt, als der muntre Ton einer ländlichen Musick sie aus ihren Träumen erweckte; die Weinberge hatten nun ihres Schmucks sich entlastet, und die schwellenden Trauben in den Strahlen einer milden Sonne gereift, füllten die Eymer, Winzer und Winzerinnen kehrten jubelnd heim, und ein Kranz der schönsten erlesensten Trauben und Blumen des Herbstes, sollte der Gebieterin dargebracht werden und die vielen leeren Gänge der Vorhalle tönten vom lauten Geräusch der frohen Menschen. Zwölf Jungfrauen des Ortes, deren Frau Clotilde sich von dem Tag an mütterlich annahm, als sie die Schreckenspost erhielt, daß zwey ihrer Söhne im Kriege gefallen waren. Einfach (aber geschmackvoll) gekleidet; die bunten Blätter des Weinstocks schmückten die blühenden Stirnen; und die weissen Gewänder Zeichen der Unschuld u. Reinheit ihres Gemüths, waren recht eigentlich ein Bild ihrer Herzen. Sie kamen schüchtern sich der Edlen Frau zu nahen, und legten den Kranz ihr zu Füssen, und sangen diese Worte. Die Winzer schlossen den Reihen, und begleiteten mit ländlichen (wohl gewählten) Weisen den Gesang.

[2]Ich dank Euch meine Kinder sagte Clotilde gefasst, freut Euch dieses Tages nach Eurer Weise, der Eure Hofnungen erfüllte, ein Herz das hoffen kann, findet das Glück des Lebens noch in vielen Gestalten uns –. Freut Euch, seyd fröhlich mit Euren Verwandten u. Gespielen aber mir vergönnt heut, mich nicht in Euren fröhlichen Reyhen zu mischen. – Sie winkte ihnen mit der Hand, sich zu entfernen, und schnell als hätte jedes diese Worte vernommen, verließ die bunte Menge den Saal, und Clotilde, mit ihrer getreuen Johanna war allein zurückgeblieben. Du lässt deine Gespielinnen von dir sagte sie mild, du hast ihre Arbeiten getheilt, und willst nun nicht ihre Freude auch theilen? Ach Johanna, sey froh u. heiter erseze ihnen dadurch wieder, was ihnen der Gedanke raubte, daß sie mich nicht froh machen können. Ich gehe nicht edle Frau sagte Johanna bescheiden, soll ich froh sein wollen wenn ich in diesen Augen Spuren der Thränen sehe? Du sollst es seyn es geziemt deinem Alter.

Aber nicht meiner Neigung, laß mich bey dir bleiben, laß mich still neben dir deine Gefühle theilen. Nur dieses ist meine Freude: Glaubst du daß ich dein Herz gefunden hätte, wenn das meinige nicht auch vertraut mit dem Kummer wär? –

Ein neues Geräusch unterbrach dieses Gespräch, eine Schaar von blühenden Kindern stürzte in bunter Unordnung in den Saal, alle trugen Sinnbilder des Herbstes, sie kamen mit kindischer Eile, legten ihre Gaben auf den Teppich zu Clotildens Füssen, und wollten eben ihre kindisch frommen Wünsche aussprechen als jene sich langsam von ihrem Sessel in die Höh richtete, und einen Blick des Mitleidens u. Wohlwollens auf die kleinen Geschöpfe warf, aber der Schmerz überwältigte sie, u. sie verbarg ihr Gesicht in Johannas Busen. Ach diese Kinder verstehen nicht, wie sie mich schmerzen! warum hast du es geduldet daß sie zu mir kamen? –

[2v]Man entdeckt mir diese Geheimnisse nicht, schon zu oft habe ich diese guten Menschen abgehalten, dir ihre Freude zu zeigen, und deswegen verbirgt man mir ihre Einfälle nun. Habe Nachsicht Edle Frau. Du machst sie so glücklich, und sie wollten dich auch gern glücklich machen, sie fühlen nicht daß ein jeder seine Weise des Lebens und der Ansichten hat; nur einen freundschaftlichen Blick auf die holden Kleinen; und sie werden mit sich zufrieden zurückgehen. – Du hast Recht Johanna, man soll kein Gefühl des Wohlwollens zurückstossen, wenn man es auch nicht zu bedürfen scheint. Nehmt es mir nicht übel gute Kinder, sagte sie mild, daß ich Euch nicht ganz fröhlich empfing, aber ich bin krank. Johanna soll Euch zu den Grossen führen, dort sagt Euren Eltern daß ich ihnen durch Euch danke, daß ich mit Euch u. ihnen zufrieden sey. –

Als Johanna die Kinder zu ihren Eltern begleitet hatte kam sie ohne Kranz; und mit gesenktem Haupt zu ihrer Gebieterin zurück, jene stand an dem grossen Gemählde, und ihre Augen standen voll Thränen. Sie war in einen Schleyer gehüllt; Was beginnst du Edle Frau? Komm treues gutes Wesen dem das Gefühl, eine einsame verlassne Mutter zu trösten mehr giebt als sich in den Jubel froher Menschen zu mischen. Du sollst mich dahin begleiten wo ich nur mich hinsehne. Sie öffnete eine kleine Thür die bis jezt auch dem Mädchen unbekannt war, und durch verschlungne Wege, in einem Gewölbe kamen sie an eine eiserne Thüre, die Frau Clotilde öfnete, u. sie waren in der Kapelle, zwey große Jünglingsgestalten standen sich umfassend auf einem Grabmahl, auf den vier Seiten waren die vier menschlichen Alter abgebildet; – Keine Worte verzierten dieses Denkmahl, so wie das blutende Herz keine fand, um den Schlag des Schicksals zu beschwören, der schnell ungeahndet es betroffen. – In einer Seiten Nische war ein Vorhang in Marmor ausgehauen zu sehen. Die durchsichtige Klarheit des Steins war von einer Lampe beleuchtet, und er erschien Johannen so [3]täuschend, daß sie ihn zurückziehen wollte; Sie bebte zurück als sie nur die kalte Masse des Steins berührte. Clotilde die betend an dem Grabmahl stand, wendete ihre Blicke zu ihr. Du erschrickst wohl mit Recht gutes Kind. Aber wenn du die Bedeutung dieses Vorhangs erfährst wirst du es noch mehr. Zwey Söhne verlohr ich in dem Kampf für Recht, und das Schicksal hat mir noch die schmerzliche Wolthat erzeigt, daß ich ihre Körper auffinden konnte, und sie in dem kalten Stein mir bewahren, wie ich sie einst lebend unter dem Herzen trug. Aber dieser dritte und lezte Sohn, der lezte Zweig eines blühenden ehemahls glänzenden Hauses, ist mir auch durch den Tod entrissen worden, aber ungewiß ist die Kunde zu mir gekommen: Er hatte ein unbegränztes Streben ins weite, es konnte ihn nicht der Enge Raum meines Hauses zwingen noch die kleinen Sorgen für das gewöhnliche Treiben der Menschen in den stillen Thälern, die mein Eigenthum sind, die ich so gern beglückte, wenn ich noch selbst an Glück glaubte! – Seine Neigung trieb ihn in die besuchtesten Pläze der Welt. In den Seehäfen, wo er so recht das Streben in das unermessliche ahndete, da war seine Heymath. Er hatte den besten Willen mein Alter mir zu erheitern, aber ich sah daß er durch das Streben und den Kampf seiner Wünsche sich aufreiben würde. So wie der Ruf fürs Vaterland zu kämpfen, die beyden Aeltern Söhne von mir trennte, wie ich lebhaft fühlte es sey unmöglich sie zurückzuhalten, so musste auch ich dem jüngsten Einzigen Sohn noch selbst gebieten mich zu verlassen, weil er bey mir nicht Frieden fand. Es waren hohe Kämpfe, aber mein Herz ertrug sie, weil es doch die Liebe nicht aufgab. – Dieses Denkmal daß sein Schicksal mir deutete ließ ich ihm errichten. So im Dunkeln schwebt sein Schicksal, wo hat er es erfüllet? Ach was mich am meisten quält, wenn ich mir denke, daß er auf dem ungewissen Meer sein Grab gefunden, daß meine Arme umsonst die Stelle erstreben möchten, die ihn verbirgt. – Leben kann er nicht mehr, er müsste denn seiner Mutter nicht mehr gedenken! – und doch, könnte ein sonderbarer Drang der Umstände, ihn von mir entfernen! ach zuweilen kann ich sogar hoffen daß er lebe! aber nichts nüzt!

[3v]Warum mir heut alles so lebhaft wird, warum es mir ist, als hätten die Jahre keine Zwischenräume ausgefüllt? warum ich dir erst in dieser Stunde davon spreche? Es ist der Tag der meine Söhne mir einst gab, wie ich in den Hoffnungen des Lebens mich wiegte, damahls, wie ich dachte als ich zwey blühende Knaben statt einem an meine Brust drückte, so werden sie einst beyde über deinem Grabe weinen, und die kalte Hülle vereinigt in die lezte Wohnung einführen, so wähnte ich! sie werden sich dann mit Bewußtseyn aufeinander stüzen, wie sie es in den ersten Momenten ihres Daseins einst bewusstlos thaten. – In den frommen strengen Pflichten des klösterlichen Lebens erzogen, dachte ich nicht an meine künftige Bestimmung.

Als es meinem Vater gefiel, um seine Besizthümer zu erweitern und sich selbst eine natürliche Stüze in seinem SchwiegerSohn zu suchen, rief er mich aus dem Kloster. Ich sah meinen Gemahl, ich liebte ihn nicht, denn das Geschlecht war mir fremd, mit seinen wilden heftigen Begierden: Die Art wie man uns behandelte, uns unsern Plaz in der Gesellschaft verwies, war mir in der Jugend gleichgültig, weil ich keine Neigungen kannte, ich fürchtete die Männer nicht, aber ich liebte sie auch nicht. Ich war nicht unglücklich mit meinem Gemahl, denn ich lebte eigentlich nicht für ihn, sondern nur für seine Besizthümer. Er zog zu Felde, er zog auf die Jagd, in Zeiten der Ruhe. Zechte alsdann mit seinen Kampfs u. Jagdgenossen, und wenn die Schüsseln gefüllt waren und der volle Becher erklang da gedachte er auch zuweilen der Hausfrau, und zollte ihr das ihr gebührende Lob. Alle Liebe meines Herzens erwachte erst als ich mich Mutter sah, als ich in der zarten Anhänglichkeit meiner Kinder, das zartere Gefühl kennen lernte, was uns Frauen an die Männliche Natur bindet. – Ich dachte so lang ich konnte Einfluß auf die Bildung meiner Söhne mir zu erhalten, u. durch diese Existenz wurde ich erst reich an Gefühlen der Liebe. Einmal muß dieses Gefühl in seiner ganzen Kraft in einem weiblichen Gemüth erwachen, wohl dem Herzen dem die Natur den Weg zeigt, [4]wohin diese Liebe ziehe! Unser Herz kann leicht durch den Zauber fremder Verdienste verblendet, Menschen und Neigungen einen Werth andichten, den sie nicht haben, und eine lange Täuschung wird endlich um desto schmerzlicher je länger wir unsere Existenz darinn suchten. – und sie dann aufgeben mussten! –

Dir werden diese Bemerkungen fremd scheinen, liebes Mädchen, denn Du hast noch nicht Veranlassungen gefunden, zu diesem Nachdenken; ich hoffe Dich hat das Schicksal ungekränkt, wohl nicht ungetrübt entlassen.

Du Irrst Edle Frau, sagte bebend das Mädchen, wie auf einem Abhang dessen Gränze der Todt ist, noch Blumen blühen, und sich in schönen wellenförmigen Schwingungen um die Klippen schlingen, so erscheint oft ein beruhigtes, aber nicht ruhiges Gemüth, im Leben. – Aber allen ist es auch nicht geworden, sich glücklich zu fühlen, wohl dem der sagen kann, ich war es einst! –

Was ich in der Tiefe meines Herzens über das Wesen und Leben eines weiblichen Gemüths erwogen habe, sprech ich dir zu erst aus. Die starken, ungebändigten Männer, die nur auf den Besiz des Augenblicks ihre Kräfte wenden, diese würden meine Sprache wenig gefasst haben, und du weisst, daß unter Rittern, oder Mönchen, kein Mittelstand ist. Die leztern die ihren Kenntnissen leben, wenn sie dem rechten Trieb ihres Geistes folgen, sind nicht gemacht um uns verstehen zu wollen, ihr heiliger Eifer nach Wahrheit regt die besten Kräfte ihres Wesens auf, und verschlingt durch die Abgeschiedenheit in der sie leben, auch alle Gluth eines Gefühls der Mittheilung; für das was sie nicht berührt. Die andern die dem Schein ihres Amtes nur bedür fen, um eine armselige Existenz zu verhüllen, die ihren stillen, dunklen Neigungen folgen und die Andacht brauchen, um die Gemüther zu täuschen, und nur andre in den Abgrund ziehen, den sie selbst betreten. Diese habe ich stets von mir entfernt gehalten. In der Einsamkeit wurde mir durch Nachdenken noch die Einzige Be[4v]ruhigung. Keiner meines Geschlechts theilte ich mich je mit, als dir denn du fühlst mit mir, was auch dein Geist nicht fasste, das würde deine Liebe ahnden. Du bist der beste Strahl der mir das Leben erhellt Johanna! die lezte Stüze an die ich mich mit den wunden Gefühlen meines Herzens lehnen kann. – Laß die andern ihren Neigungen folgen, laß sie durch üppigen Trunk ihr Leben verschwenden, oder welchen ihr unbefriedigtes leeres Gemüth nichts darbietet, als eine fromme Dumpfheit des Sinnes. Laß sie in dem Leben was sie glücklich macht mir ward dieses nicht gegeben!

Ich dachte an ganz andre Dinge in meiner stillen Zelle (oder unter dem Haufen der frommen Nonnen, unter dem ich erzogen wurde!) ich strebte aus den engen Verhältnißen heraus; mit meinen Betrachtungen und suchte den Himmel, aber nicht in den schwülstigen Lehren der Heiligen und in ihren wundervollen Begebenheiten, die eine so ängstliche Phantasie nach einander ausmahlte, nicht bey der dumpfsten Andacht verfinsterter Gemüther die weil sie kein lebendiges Leben in sich fühlen, und doch Leben ahnden, sich in Worten gefallen, deren Sinn sie nicht zu erreichen vermögen. – Ich folgte den Gebräuchen der Kirche, und that was ich konnte, die menschlichen Pflichten zu erfüllen, ohne zu überlegen warum ich sie erfüllen sollte. In dieser Geschichte meiner LebensAnsichten wirst du fühlen, daß ich eigentlich nicht für die Welt passte, für die ich bestimmt war zu leben, denn der grössre Theil meines Geschlechts that nichts als den Kunstfleiß auszubilden und mit dem Gemüth sich in einer phantastischen Welt Gestalten zu erbauen, da das unerreichbare Streben in uns, doch so wenig es sich selbst klar wird, wohin es weiter führt, über den Kreis der uns umgiebt hinausstrebt. Es ist ein rastloses Bemühen in uns, aus unsrer Gränze zu schreiten, und dahin wo die Menschen gestellt sind, gehören Sie selten. –

[5]Wenn von den tiefen Kräften eines menschlichen Gemüths aus es mir zuweilen wiederfuhr von Dingen über die ich gedacht hatte zu sprechen, und man sah mich an, als käme ich zu früh in die Welt, die mich umgab, und der bessre Theil hatte nur Mühe mein Streben nach Wahrheit zu deuten, weil sie mir wohl wollten, da fühlte ich erst recht wie wenig die Welt mit ihren Eindrücken mich berührt hatte. Und doch danke ich dieser Neigung meines Wesens allein noch die Kraft das Leben zu dulden. Wohl ist es eine traurige Kraft! aber wäre ich weniger unglücklich, wenn ich in einer stillen Zelle das Heil suchte, was ich nirgend mehr finde? – Wären die Klöster was sie sein könnten, so wären sie recht eigentlich kein irrdischer Wohnplaz, sondern nur nach dem Leiden der Welt eine Ruhestätte, um uns zu dem andern Leben vorzubereiten. Aber da müssten keine menschlichen Leidenschaften u. kleinliche Wünsche auch hinein dringen. Eben weil wir nicht aufhören können Menschen zu sein, sollen wir auch unter Menschen fortleben, wenn uns der Sturm des Schicksals auch gebeugt hat, so soll er uns doch nicht zersplittern. –

Was ich vermochte versuchte ich, um auf meine geliebten Söhne gut zu würken, Ich hatte ein paar gelehrte Mönche in ihrer Nähe, die sie bilden sollten, weil ich doch fühlte, daß sie weiter gehen müssten als ihre Väter, und daß die Wißenschaft auch da heilbringend ist, wo sie nicht wirkt, nach außen sondern wo sie nur bedacht ist, das Gemüth zu reinigen, und den Sinn zu veredeln. Mein Gemahl gewährte mir meine Wünsche, und ich folgte meinen Ansichten. Dabey hielt ich aber eben so streng meine Söhne zu allen Männlichen, Ritterlichen Uebungen an. Der Erste Jagdzug den die Zwillingsbrüder im Geleit ihres Vaters hielten, war für diesen ein Festtag, und gefällig lächelnd reichte er ihnen den Becher, und freute sich der rüstigen Zecher, die er doch hofte auf seine Bahn zu führen, wenn sie erst männlicher würden, und der Mutter Zucht entlaufen sein. Wenn ich dir sie schildern könnte Johanna! wie sie [5v]auf zwey Rossen, stattlich einher zogen, wie die blühenden Gesichter wenn sie von der Jagd heimkehrend mir ihre Beute zeigten, meine ganze Seele erhellten! Wenn sie mich an den hohen Fenstern erspähten an denen ich oft sorgsam dem Laut des Jagdhorns lauschte, wenn sie mir zu lang ausblieben! – wie eine Henne die Enten unter ihren Fittichen ausbrütete, sind wir Mütter, wenn die Enten ihrem Instinkt folgend, das Schwimmen versuchen, geht die Henne fein sorglich am Teich umher, und ruft ängstlich ihre Kinder.

So sind wir Mütter wie die Geschlechter sich scheiden, wir können nur am Ufer noch stehen, und die geliebten Söhne mit den Blicken verfolgend für Unheil behüten; Aber wir haben nur den Willen, nicht die Macht sie zu schüzen. –

Wie sie männlicher wurden, wie die Kriege begannen, die so viele aus ihrer Heymath lokten um für den Glauben zu fechten, da verlohr ich meinen Gemahl. Er wurde auf der Jagd von einem wüthenden Eber getötet, und gab unter seinen treuen Zechbrüdern seinen Geist auf. Sein Blick suchte nicht seine Gattin! und so viel ich für seine Seele schon Gebete zum Himmel sandte, so kann ich mir doch nicht dies zum Vorwurf machen, daß ich in den lezten Augenblicken seines Lebens ihn nicht suchte. Hatte er mich nicht im Leben gefunden, wie hätte er mich in den lezten Stunden seines Todes aufsuchen sollen! Ich verzeih ihm alles, und habe alle Pflichten der Treue auch nach seinem Leben erfüllt. Er ruht in der schönen Kappelle dort im Walde, wo er seinen Geist aushauchte, und jeglichen Tag, liest ein Mönch aus dem nahen Kloster eine Messe für seine Seele; du weisst wie wir immer den Tag seines Todes im treuen Andenken feyern, und ich bin beruhigt über das was ich noch so lang ich lebe für ihn thun werde. Mit Gelübden, und Geboten kann ich der Welt zeigen, daß ich ihn als Gemahl ehrte, aber nicht durch die ⟨Ä⟩usserungen eines ewigen Schmerzens, den ich nicht zu fühlen vermag, seinen Todt beklagen. –

[6]Meine Söhne, die in den Reichtümern ihres Vaters alles hätten finden können was ihre Wünsche befriedigen konnte, wählten das Leben in Gefahren, und das herbe Loos des Krieges. – Ihr Vater hätte ihnen dieses nicht zugestanden, aber ich ehrte ihre Neigung, und gab ihren Wünschen nach, ihren Wünschen die sie, ach, aus meinen Armen, in den Todt führten! – Wenn man das Schicksal eines Menschen ermisst, und sieht wie das Leben doch eigentlich nur in Täuschungen besteht, der kann die seelig preisen die dem Land des Wahns entflohen sind. – Aber doch weil wir selbst leben, so geben wir auch dem Augenblick des Lebens einen Werth, u. wünschen unsre Geliebten zurück. Die beiden Edlen Jünglinge starben recht für einander; denn so wie der Aeltere beym Scheiden mir gelobte er würde nicht ohne seinen Bruder zurückkehren, so erfüllte er sein Wort; – Dieser Tag wo ich Ihrer Wiederkehr hofte, wo ich schon den Tritt ihrer Pferde zu hören wähnte! – Ach Johanna! ich muß ewig dieser schmerzenvollen Stunde gedenken. Beyde Brüder schrieben mir, auf einem Blatt. Kurze Worte, denn sie liebten nicht mit der Feder sich zu üben. Wir haben gesiegt; wir kehren heim zu dir, wie soll es uns ein Schooß der Ruhe wohl sein, wie wollen wir nach dem schrecklichen Anblick des Krieges, uns an dem Anblick unsrer Mutter ergözen, u. sie seegnen, die im Schooß der Ruhe, ihren Pflichten lebt, und durch ihr reines stilles Leben das Verbrechen vieler Tausende versöhnt. Nur Muth u. Kraft hat uns vorwärts gebracht. Wir dürfen dir mit reinem Gewissen nahen, denn wir sehen unsre Pflichten erfüllt, und dabey nicht der Menschlichkeit vergeßen.

So zog das Heer, nach Siegen, getäuscht zum lezten mahl vom Feind zurück. Dann in einer wildigten Anhöhe fand sich ein Trupp verborgner Reuter. Sie wolten dem Tapfern Vortrab, den Weg ⟨verrammen⟩, und dieser lezte Versuch gelang; und kostete den muthig Edlen Söhnen das Leben. Wer vermag das verworrne Knäuel menschlicher Begebenheiten abzurollen! Nach Jahren von Anstrengung, nachdem sie den Todt in allen Gestalten um sich erblickt hatten, kostet ein einziger Augenblick so vielen das Leben! – Dieser schreckliche Haufe [6v]der sich u. dem Anführer noch das Leben retten wollte, strengte seine lezten Kräfte an, die Verzweiflung gab ihnen die treulosen Anschläge ein. Mit den Zweigen der Eichen geschmückt, zog der siegende Vortrupp, die wilden unwegsamen Höhen hinauf, jeder wiegte sich ein, in die Träume des Wiedersehens: Die Brüder ritten neben einander u. stolz einer auf des andern

Narben, gedachten sie gewiß welchen Trost ihr Anblick mir geben würde! – Plözlich sahen sie sich von Menschen umringt, sie fochten lange, endlich traf ein Streich des Speers das Herz meines geliebten Cyprianus. Wolfgang sein Bruder sieht ihn sinken, hebt drohend seinen Speer, u. schwingt fürchterlich seine Lanze, er war vom Pferde gestiegen, u. hielt den sinkenden Bruder auf, da ersah der Mörder den Zeitpunkt und sein Speer traf sein Herz. – Er sank über den Bruder, und nur noch so viel Zeit lies ihm der Himmel, seinem treuen Reitersknecht zuzustammeln daß er unverzüglich sie beyde mit den Rossen in meine Burg bringen sollte; Der Seegen ihrer Söhne sey Trost meiner Mutter! wenn die Sterne leuchten u. das Zwillingsgestirn über ihrem Fenster, dann sind wir ihr beyde nahe, sie soll für uns beten, und weinen. – Ich habe meinen Bruder auch im Tod nicht verlassen. Ein Grab gebe sie uns! – Ich sage dir nichts von der Trauer unter ihren Gefährten. – Als sie die beyden Gestalten sinken sahen, vermehrte sich ihre Wuth, sie hieben auf die Feinde wie Löwen ein, und der Nachtrupp erreichte sie so zeitig, daß ihrer keiner entkam. Aber ach für mich zu spät! – Denk dir mein Erwarten, meine Hofnung überraschte meine Berechnungen, jeder Fustritt bewegte mich, ich sah sie schon im Geist, in das geöfnete Thor eindringen. So horchte ich mehre Tage. – Aber plözlich erfüllen Klagetöne das ganze Thal, einen Zug gewahrt man, an dem Wartthurm, und ehe man mir rechte Kundschaften geben will, tritt der Reitersknecht meines Cyprianus an der Hand die zwey weissen Rosse im Hof ein. – Ich entgegen; und gleich niedergeschmettert mit der Botschaft des Todes. –

[7]Ich weiß nicht was geschehen war. Aber als ich Leben u. Besinnung meiner selbst wieder fand, war ich in den Armen der frommen Aebtißin, die mich erzogen hatte. Zu meinen Füßen saß Adelbert stumm, u. blickte treu nach mir, ob ich auch wieder leben könnte. Es warn in diesem Zustand einige Tage vergangen, ach der Schmerz vermag nicht zu zählen –

Der Reitersknecht musste kommen, mir alles erzählen, so viel Kraft fühlte ich in mir, aber nur so lange als ich die Kunde vernommen, alsdenn fand ich wieder in eine Bewusstlosigkeit, die mir den Trost hätte geben sollen! –

Als ich erfuhr daß man ihnen den lezten Dienst erwiesen hatte, u. meine Wünsche geahndet, in meiner Cappele sie zu versenken, war ich stiller, u. fand den lezten Trost in den Gedanken ihrer Nähe, ihrer traurigen Nähe!

Adelbert mein jüngerer Sohn hatte alle seine Kräfte aufgeboten so schien es um mir durch seine Liebe, das verlohrne zu ersezen, eine ungewöhnliche Entsagung war seinem Alter eigen, denn statt der Knabenspiele die er sehr liebte, ersann er sich täglich neue Beschäftigungen die ihn mir nahe ließen. Ich gewann es endlich über mich, meinen Schmerz in meinen eignen Busen zurück zu drängen, um ihm nahe zu sein mit meinem Antheil. Er liebte mehr die Künste, und spielte die Zither, meisterhaft auch liebte er Bildnisse zu machen, und ich fand einen guten Meister, der ihn lehrte, den Pinsel führen. An dem stillen Leben fand er Freude, und nur zuweilen besuchte er die nahgelegene Abtey um dort die schönen kunstreichen Gemählde zu bewundern, und die Bauart der Kirche. Da konnte er Tage lang herum gehen. Zuweilen gesellte sich ein alter Pater zu ihm, den ein eignes Schicksal aus fernen Landen in die einsame Wohnung der frommen Ordensbrüder getrieben. Der erzählte ihm so gern von seiner Heymath, seinen Wanderungen, er war aus dem schönen Lande das nahe an Italien gränzt, wo das Mitteländische Meer die Küsten bespült, zum Kriegsdienst erzogen; aber ein unglücklicher Zweykampf, in den ihn die Jugendliche Hize hineinzog, raubte seinem Gegner das Leben, jener war aus einem Geschlecht das herrsüchtig über die andern hervortrat u. blutige Rache foderte.

[7v]Lang durchzog er die Länder als ein Pilger verkleidet, und flehte am Fuß des heiligen Stuhls Ablaß seines Vergehens. Dieser wurde ihm zu Theil aber nur wenn er zeitlebens seine Schuld in einem Ordenskleid bergen wollte; der unruhige Rittergeist war in der Kutte nicht zu dämpfen, u. da er selbst seine Gluth in sich verlodern fühlte, so suchte er die Lust des Lebens und Wanderns in ein fremdes Gemüth überzutragen. Tagelang saß Adelbert bey ihm, und ließ sich die fernen Gegenden schildern. Das Meer besonders lockte ihm an, u. seitdem brachte er auf seinen Bildern immer ferne Gegenden u. Meeresküsten an. Es foderte ihm viel, den guten Jüngling mir die unüberwindliche Neigung zu gestehen, die er in sich mit aller Kraft erwacht fühlte, aber endlich entdeckte er mir, daß das stille Leben sein Todt sey, er müsse und sollte hinaus in eine freyere Region, und Länder u. Meere sehen. Seine erste Reise ging nach *Trieste*: wie entzückt und neu belebt flog er wieder an meine Brust. Jezt erst Mutter fühl ich was Leben ist, rief er mir zu. Wenn man so hinaus blickt in die unendliche Welt, u. erwägt wie der Geist der Menschen es vermochte, zwischen Himmel u. Meer dahinzuschweben, und selbst den Elementen zu trozen, so fühlt man was Kraft ist u. fester Wille, denn selbst die Elemente fügen sich unter der Hand des Menschen. – wie ein Glücklicher in allem Bewusstseyn seines Genusses schwelgt, so lebte Adelbert nun in der Erinnrung von dem, was er sah, und die lebendige Beschreibungen die er mir machte, gaben ihm neues Leben. Immer, und immer fand er einen neuen Wunsch und zog immer weiter, aber doch am liebsten in die Gegenden die er zuerst sah. Eins Mahls war er zurückgekehrt bewegter als sonst in seinem Gemüth, er erzählte nicht mehr so lebhaft, und sein Geist schien in sich gezogen beschäftigt, es war nicht mehr der frohe muthige Jüngling, den der kühne Lebensmuth frisch in die Welt treibt. Er fand nirgends Rast. Seinen Pater fand er nicht mehr, als er zurückgekehrt, man fand ihn eines Morgens todt auf seiner Zelle, in einer betenden Stellung. Ich schrieb diesem Verlust die stille Bewegung des Gemüths zu. – Ich wollte Adelbert trösten. Nicht um die Todten sollen wir weinen, Geliebte Mutter, sie sind dem Schmerz des [8]Lebens entflohen, um uns die leben müssen, denen die Stunde einer ewigen Ruh noch fern ist, sollen wir klagen. – Auch du Adelbert fühlst schon das traurige Loos der Sterblichen, du den das Schicksal so begünstigt hat? Was soll ich thun, da nichts blieb, als die Hofnung dich glücklich zu sehen, und meine Geliebten zu beweinen? – Um alle deine Söhne weinen Mutter! sagte er, senkte seinen Kopf an meine Brust, u. weinte lang. – Bald sollst du über das Leben u. Glück deines Sohnes entscheiden sagte er mir, als er zur Reise wieder gerüstet in mein Gemach trat. Ich komme vielleicht mit freudigen Hofnungen beglückt wieder zu dir liebe Mutter. – Laß mich bis dahin noch schweigen. Ich will mir selbst das heiligste verdanken was ich erwerben kann, diesen Stolz laß mir. – Der Seegen deiner Mutter sey mit dir, und Frieden kehre in deine Brust. – Findest du deine Mutter nicht mehr in ihrer einsamen Wohnung, für dich auch in der Ferne sorgend und würkend, und für deine Liebe leben, so bete an ihrer Gruft, wo sie zwey ihrer Lieblinge freudig aufsuchen wird.

Mutter wenn meine Hoffnungen erfüllt würden, so würdest auch du noch lächeln über das Glück deines Sohnes. – Er drückte seine heisse Wange an mein Gesicht, und verschwand eilend aus dem Hause wie aus dem Gebirg, auf dem ich seine Gestalt noch schweben sah, wie eine ferne Schattengestalt. – Nun war ich ganz einsam! und ketten, zurückhalten meinen Sohn, wenn er auch nur einem Wahn des Glücks nachgegangen wäre, konnte, wollte ich nicht. Wir sind ja nur glücklich durch uns, und kein drittes kann uns eine Art des Glücks vorzeichnen, die wir ergreifen sollen, wir müssen es selbst wollen sonst sind wirs ja nicht –

In dem Kreis der Thätigkeit wo du mich jezt siehst, für meine Unterthanen thun was ich kann das Leben zu erleichtern, die Jugend zu bilden, durch die Mittel die mir das Glück gab, dazu nur kann ich eine Kraft in mir finden. Nur zu frühe kömmt eine jede Menschliche Natur zu dem Bewusstseyn, daß das Leben nur ein Traum ist, und nichts wahres u. wirkliches uns bleibt, als das Vermögen die Begebenheiten aufzufassen, und durch ein reines Gemüth unsern Willen zum Guten zu leiten. – Wir können keinem Einzelnen sein nothwendiges Geschick [8v]abnehmen und erleichtern, aber wir können, durch die Richtung die wir seinem Wesen zu geben suchen, ihn stärcken das unvermeidlich nothwendige mit einer menschlichen Fassung zu ertragen, und deswegen müssen wir, u. können auch hoffen zum Glück des Lebens durch Erziehung etwas beyzutragen. Jedes Gefühl des Wohlseyns welches ich wähne meinen Unterthanen gegeben zu haben, söhnt mich mit meinem eignen Kummer aus, u. heiligt mir ihn weil ich ihn enger an mein eignes Herz schliesse, weil die Last des Leidens einem andern Gemüth doch entronnen ist.

Die Lampe in der Capelle fing an schwächer zu brennen, und Clotilde nahm das gerührte Mädchen bey der Hand, und leitete ihre Schritte durch die düstren verborgnen Gänge, in die Wohnung des Lebens zurück. – Von fern erschallte noch die frohe Musick des Winzerfestes, und eine anständige Fröhlichkeit erheiterte die lustige Schaar, denn es war ein Geist der Sittlichkeit unter diesen Menschen, durch die fromme Leitung ihrer Gebieterinn gekommen, der sie nie verließ. Man hatte wenig gegen Neid und Bosheit in diesem stillen Thale zu kämpfen, weil denen die den Unfrieden liebten dieser kleine Bezirk bald zu eng wurde, und sie flohen lieber in Gegenden wo sie für ihr unruhiges Gemüth in den herrschenden bößen Neigungen Nahrung und für den Streit empfängliche Gemüther finden. –

So viele kleinliche Rücksichten fielen auch weg, unter der Verwaltung der Edlen Frau, denn alle wussten, daß sie Hülfe bey ihr finden konnten. Und wie auf ein höheres Wesen stüzten sie in jedem Drang des Lebens ihren Glauben. Niemand bemühte sich ängstlich, um die vergänglichen Dinge des Lebens, keiner hatte einen Kampf des Bedürfnisses zu erwarten, denn wer mässig in seinen Wünschen war, fand auch bey ihr immer die Erfüllung, und ihr Herz war mit Trost und Frieden immer bereit, wie ihre Hand hülfreich alle Arten Unterstüzung zu reichen.

Unter allen die sie glücklich machte war nur sie selbst nicht glücklich. Du bist mir heut um vieles näher gekommen Johanna sagte die Edle Frau von Wart als sie diese mit kindlichem sorgsamen Bemühen an ihren Ses⟨s⟩el lenkte, auf dem sie ermattet hinsank. Du allein vermagst [9]mich an etwas zu fesseln, in diesem Leben deine immergleiche Sorge für mich, lässt mich keinen Wunsch vermissen. Du hast das Herz einer Tochter, die zarte Sorge eines kindlichen Herzens für mich. Du erscheinst mir wie ein Guth des Himmels, unvorgesehen und ungeahndet. Was soll ich aber denken über dich, auch dein Herz hege keine verborgnen Wünsche mehr? Du bist zu viel über alle deines Standes erhaben, so natürlich und leicht es dir auch wird dich in sie zu fügen. Aber ich erblicke dich oft mit Bewunderung wie du doch auch bey den gewöhnlichsten Beschäftigungen deines Standes, näher zum Befehlen als zum Dienen gebohren erscheinst. – Du bist mir ein Räthsel geliebtes Mädchen, sage, womit kann ich dir deine Treue für mich auch würdig lohnen, deine Liebe kann nur meine Gegenliebe fodern, aber was deine Wünsche für das Leben? –

Mit dem Gefühl des innigsten Schmerzens sank Johanna neben ihrer Gebieterin hin, ihr Gesicht in den Falten des Gewandes verhüllend. Du kannst für alles was du wähnest daß ich dir bin nur eins mir gewähren Edle Frau.

Sprich, Geliebtes Kind, was wär dies?

Verzeihung! meine Gebieterin. Ach diese Johanna, die du dir allein durch Liebe zugesellt fühlst, die du wähnest daß ihr kindliches Gefühl allein sie zu dir hinneige, büsst nur die Schuld ihres Herzens indem sie selbst ihr Leben nicht hinreichend fühlt dir zu ersezen was sie dir raubte.

Wie von einer Geistigen Gewalt getrieben, richtete sich Frau von der Wart auf, sie hatte die höchste Erwartung in ihren Zügen, und ihr Herz schlug ängstlich. Du bist von Sinnen Johanna! Komm zu dir. Du kannst keine Schuld haben, besinne dich frommes Mädchen, welches Schreckbild könnte dir deine Phantasie geschaffen haben, welche erdichtete Verwirrung in dir zunehmen.

Ach zum lezten mal laß mich deine Hand küssen, noch mit dem Gefühl deines Glaubens an meine Unschuld, dann laß mich von dir. –

Nein Johanna ich lasse dich nicht, auch selbst wenn du in einer herzlichen Umarmung fähig sein könntest den Dolch in mein Brust zu stossen, ich [9v]würde dich, für die Liebe des Vergangnen seegnen. –

Dieses Mädchen, sagte Johanna bebend, die du so liebst, diese Mädchen dem du dein jeziges Glück so gern zurechnest, ⟨i⟩st – – o laß mich noch einmal alle Huld deiner Züge sehen, ehe du mir fluchen wirst – dieses Mädchen, ist die, die dir deinen Adelbert raubte! – und vielleicht Ursach eines unseeligen, geheimnißvollen Todes. –

Leb wohl Mutter, Morgen, seh ich dich wieder, oder nie mehr, wenn du mich nicht mehr in deiner Nähe dulden kannst. – Du warst noch der Einzige Zweck meines Lebens. Der Gedanke an dich entriß mich aus der Verzweiflung in der ich dich aufsuchte, dich so fand wie du bist, gewann ich wieder Glauben und Muth, meine Schuld abbüssen zu können, durch stillen Gehorsam gegen dich. Du hättest mich können wie ein Tyrann behandlen, u. ich hätte gefühlt daß ich es von dir ertragen soll: Deine gränzenlose Liebe söhnte mich immer mehr mit mir selbst, mit meinem Herzen aus, aber dort an dem Denkmahl meines Adelbert fühlte ich mit deinen Leiden, jedes Gefühl meiner Schuld Zehnfach erwachen. Noch meine Geschichte sollst du Morgen vernehmen, alsdenn richte über mein Leben, glaubst du nicht meinem Gefühl so kann ich auch für dich nicht mehr leben, auch für mich nicht. Gott wird entscheiden! –

Soll mich auch der lezte Stoß treffen Johanna, durch dich! – Noch einmal geleite mich schweigend zu dem Lager, wo ich mit Thränen meine freudeleeren Tage begrüsse. – Laß uns Ruhe suchen; ich muß morgen deine Geschichte hören. – Du kannst dich in meinen Augen nicht so schnell verurtheilen. Geh! Geh aber jezt, und suche auch du Ruhe auf. Schweigend verrichtete das Mädchen die kleinen Dienste, und zündete die Lampe an, und verließ mit Eile das Zimmer. –

Ruhe fand weder Clotilde von der Wart, noch Johanna, in der ein gewaltsamer Entschluß kämpfte. Die muntre Schar der Winzer, [10]denen diese Stunden im lauten Jubel des fröhlichen Beysammenseyns schnell verschwunden, wollten auch noch ihrer Freundin, ihre frohe Stimmung mittheilen und als sie aus ihrem Schlafgemach, das Licht erblickten, zogen sie lärmend unter ihr Fenster, u. wollten sie durch Musick in leichten Schlummer wiegen. Aber wie Todtengesang erschien ihr der Ton der Hörner. Sie lag in stummer Betrübung. Der Schmerz hatte ihr Gemüth verwirrt. Sie wusste nicht welchen Entschluß sie zu fassen vermochte, den folgenden Tag. – Willst du auf immer stumm bleiben schöne Johanna, lispelte leise eine Stimme unter dem Fenster?

Es war Siegmund der vertraute Geschäftsführer der Frau von Wart. Eben dieser der den lezten Auftrag ihrer Söhne an sie brachte. – Sie ließ ihn seit dieser Stunde nicht mehr aus ihrem Hause; Er stand an der Spize der Haushaltung, und wie Johanna den weiblichen Dienerinnen gebieten konnte, so war er es unter den Knechten, der die Geschäfte des Tages vertheilte. –

Wer hat nicht gefühlt wie der Ruf der Freude ein wundes Herz, noch stäcker verwundet! Ueber Berge u. Thäler wäre Johanna gern bey diesem Gruß geflohen. Eine stille schweigende Anhänglichkeit hatte Siegmund nur für Johanna gezeigt. Sie konnte nur Liebe erwecken, wenn man sie erblickte. Denn ein seltner Reiz umgab sie, und unwiederstehlich zog ihre Gestalt wie ihr Wesen an. Selbst die Spuren des Kummers auf ihrem Gesicht, waren ein neuer Reiz. Aber kalt und streng wies sie die sonst im Leben so mild war, jede Spur einer Neigung des Herzens von sich. –

Als die grauen Bergspizen die an den Himmel ragten, noch mit Nebelwolcken umzogen, und der belebende Strahl der Sonne, nur erst sie röthen, nicht zu erhellen vermochte, und an den einsamen Wohnungen in den Thälern der Morgen heraufzog, und Geschäfte und Lebendigkeit in den Hütten erwachten, da erst gelang es der Armen Johanna ihre schwerbeladne Brust im Schlummer zu wiegen; Ihr Erwachen war aber nur das Gefühl eines langen schmerzlichen Tages, denn es war in ihr der Beschluß fest der Gebieterin ihr Schicksal zu entdecken, und selbst das Gefühl ertragen zu wollen, alle Liebe des Herzens, deren Sorgen nur auf ihr allein noch ruhten, *[10v]*aufzugeben, um der Wahrheit willen. – Sie ging durch die wohlbekannten Gänge, in denen sie sonst mit dem Gefühl einer sichren Freyheit beruhigt wandelte, mit Zagen, zog die Klinke an der Thüre des Schlafgemachs leise an, und wollte nur noch einmal sich an den ruhigen, ihr so milden Zügen der geliebten Frau von der Wart weiden die nur im Schlummer noch Ruhe andeuteten. Denn in den Geschäften des Lebens war über ihr Wesen ein Anstrich von bitteren verflossnen Grams gegossen und eine Unruhe sichtbar die durch keine Vernünfteley unterdrückt werden konnte, so sehr sie sich es auch angelegen seyn ließ. – Aber Johanna fand ein glühendes Auge und bleiches Gesicht, und heftig richtete sie sich empor. – Warum suchst du so früh mich auf Johanna, ist irgend ein Unglück unter uns vorgefallen? – Nein Edle Frau; Mein Herz ließ mich nicht ruhen. Ich wollte dich nicht stören, nur noch einmal dich sehen, im lindreichen Gefühl des Schlummers eingewiegt, noch einmal deine schönen Augen geschlossen sehen, und die Wonne fühlen, dich im süssen Bewußsteyn einer Ruhe zu glauben, die du im Treiben des Lebens nicht mehr findest. Morgen vielleicht darf ich deine Schwelle nicht mehr betreten. –

Höre Johanna, hier bey dem heiligsten Nahmen, gelobe ich dir es⟨,⟩ indem sie ein Crucifix an ihre Brust drückte, du magst bekennen was es auch sey, du wirst mir immer bleiben was du warst. Nicht über dein vergangenes Leben habe ich zu richten, sondern nur die Treue, und Liebe die du mir zeigtest entscheidet über die Gefühle für dich. So lange ich dich kannte, lebtest du wie eine Heilige –

Nicht diese Güte Edle Frau;

Gleich jezt Johanna, Ehe wir an die Geschäfte des Tages gehen, laß uns mit uns selbst aussöhnen. – Bekenne mir frey was dein [11]Herz beschweren kann.

So wisse denn Edle Frau, daß du, die Ursache deines tiefen Kummers vor dir siehst.

Täusche dich nicht Johanna. Klage dich nicht ungerecht an.

Ich bin es, ich. (Hier erstickten Thränen ihre Stimme), die dir deinen lezten Sohn raubte. Kannst du mich nach diesen Worten, noch anschauen.

Ja, ich kann es! denn erst wenn ich weiß wie du mir ihn raubtest kann ich dich verdammen. Erzähle mir mit Klarheit deine frühern Schicksale, und alsdenn gieb mir Zeit zu erwägen.

Ich habe schon zu viel gesagt, du weisst nun genug, um ein Recht zu haben, mich auf immer von dir zu verstossen. Also auch das lezte Bekänntniß soll gethan werden.

Ich bin nicht wie du wähnest gebohren, um in einer Abhängigen Lage zu leben; Mein Vater einer der Edelsten Grossen in Italien, wurde in dem Zwist der Gibbelinen und Guelfen ein Opfer der Parthey Sucht. – Er fühlte daß er nichts für sein Vaterland thun konnte, und unterdrückte aus Liebe zu seinen Kindern seinen Groll: Er war allein uns geblieben. Denn meine Mutter die ihm einen Sohn, und eine Tochter gab, war zu schwach durch Krankheit geworden, um auch den Unseegen der Verwirrungen politischer Meinungen zu ertragen. Sie unterlag dem Schmerz, der Furcht ihrem väterlichen Land den Rücken kehren zu müssen. Und nachdem sie die lezte ihres Hauses, den einzigen leeren Raum ihrer Familiengruft noch ausfüllte, und uns in einer Lage zurückließ wo wir allen Stürmen preisgegeben waren, verließ mein Vater heimlich mit seinen Schäzen sein Vaterland, und es gelang ihm in einer Seestadt unerkannt aufgenommen zu werden. Dort blieb nichts von dem ehmahligen Glanz unsrer Verhältnisse, als eine gewisse Gleich[11v]förmigkeit des Lebens. Meine Erzieherin, und ein frommer Mönch, den sein Eifer aus seinem Kloster trieb, um Theil an den öffentlichen Begebenheiten zu nehmen, und dem auch Parthey Sucht zulezt, die Pforte verschloß, war der Erzieher meines Bruders. Diese Menschen schlossen sich enger an einander, durch das Verhängniß. – Als mein Vater festen Fuß gefasst hatte, als ihm niemand mehr seines angenommenen Stand bezweifelte, fing er in der Stille an, nach seiner alten Weise zu leben. Seine Wohnung vergrösserte ein Garten am Meer; Säulengänge verzierten sein Haus, und die Bilder der alten Götter und Heroen, die mich von meiner ersten Lebens⟨zeit⟩ an begeisterten, kamen mir wie Traumbilder meiner frühen Jugend wieder entgegen, wenn ich des Nachts in den Gärten herumstrich, und die Wellen des Mittelländischen Meeres sich an den Mauren brachen. –

Ich wurde nun immer aelter, und selbständiger, und wurde in den frommen Uebungen unsres Glaubens erzogen, und ein nahes Kloster war der Einzige Ort den ich ausser unsrer Besizungen besuchte.

Eines Tages nahte ein furchtbarer Sturm unsrer Küste, der schwarze Himmel dessen schwere Wolcken auf uns herniederzustürzen drohten, und der weisse Schaum auf den schwarzen Meereswellen, die die Farbe des Himmels eingenommen, liessen einen einzig fürchterlichen Eindruck in mir. Die Vögel flogen scheu an den Küsten herum, und die ganze Natur schien dem lezten Sturm entgegen zu gehen. Fürchterliche Regengüsse strömten hernieder. Ich ahndete nicht alle Gefahr der wir entgegen sahen, ich sah nur den finster sorglichen Blick meines Vaters, und die zum Himmel gewendeten Augen meiner Erzieherin. Der Mönch betete unaufhörlich vor dem kleinen Haus Altar, und mein Bruder blickte scheu das Grosse Schauspiel der Natur an.

[12]Aber es giebt über uns eine Macht, die Wind und Stürmen gebietet, und die Stürme der Natur gebähren Ruhe, wenn der Sturm den die Leidenschaften des Menschen erregen, Unheil verbreitend, immer neues Unheil ausstreu⟨t⟩. Da kann nicht der Ruf der Gottheit Ruhe gebieten, als durch den Todt. Denn der Mensch hört nicht in seinem blinden Wahn den Ruf eines Höhern Wesens, und wer einmal der wilden Macht seines bösen Willens in sich Raum lässt, der ist taub jeder höhern Stimme. Edle Frau von der Wart, ich kenne wenig die Welt, aber die

Verbohrtheit, der Irrthum des menschlichen Gemüths kenne ich doch, wie ich das Höchste, Reinste, einen Abglanz der Gottheit in Euch liebe. –

Wozu soll dies alles aber jezt Johanna? Rede daher fort, damit ich höre, wie die Schilderung deines Lebens zu meinem Unglück hätte beytragen können.

Als der Sturm augetobet, und der erste Sonnenstrahl wieder die Meeresfläche erhellte, u. der blaue Himmel mit den grünen Bergspizen sich vermischte: Da ergriff uns alle ein freudiges Gefühl. Wo hätten wir sollen unser dankerfülltes Gemüth aussprechen, als am Fusse des Altars? Es wurde beschlossen daß die ganze Familie, nach der benachbarten Abtey wallfahren sollte – Einige von uns hatten durch das Toben des Windes, das Glöcklein eines Schiffes vernommen u. erwarteten immer die Zeichen eines gestrandeten Fahrzeugs zu sehen. Wir zogen am Ufer hin, auf unsern Maulthieren, und erblickten bald am Strand, ein Schiff daß die Spuren jenes furchtbaren Sturmes an sich trug. Wenige Menschen sahen wir auf dem Vordeck, u. als wir uns nach ihnen erkundigten, sagte man uns, sie seyen zu schwach um ihren Gefährten zu folgen, die nach der Kloster Kirche gewallfahrtet, um dort für ihre Rettung zu danken. Sie hatten ganz todtenbleiche Gesichter, und die Spuren der Angst lagen in jedem Zug.

*[12v]*Wir traten in die Kirche ein, ein Schauer umfing mich. Da knieten mit frommer Andacht die Reisenden, und hielten den festen Boden auf dem sie mit dem Angesicht so fest ruhten, wie ihr gläubiges Herz in sich, an den Himmel.

Der Anblick rührte mich tief, ich war ermattet von der langen Sorge und Angst, und lehnte mich an einen Pfeiler. Ich fühlte mich sinken, und wähnte die Schulter meiner Alten Pflegerinn zu fassen; als ich die Augen wieder aufschlug, fühlte ich mich in den Armen eines Mannes, nicht das bleiche Gesicht meiner Freundin beugte sich über mich, sondern ein blühendes Gesicht, mit wallenden Locken, sah mir zuerst in die Augen u. sagte mit einer sanften Stimme, aber fremden Ausdruck. Seyd getrost, sie lebt; Mein Vater u. Bruder, u. Pflegerinn waren bleich und unthätig über mein Sinken geworden, einer geängstigten Phantasie erscheint jede Begebenheit sogleich mit allen ihren Folgen, und die Folgen des Kampfs mit der Angst selbst, drücken das stärckste Gemüth nieder. –

Der Priester kam, und die Messe wurde gelesen, ich saß auf einem Sessel, den man mir gab, neben mir kniete mein Unbekannter, und stüzte sanft von Zeit zu Zeit seinen Arm an die Lehne des Sessels, um mir eine Haltung zu sichern. Als wir alle niederknieten, hielt mich seine Hand leise. Er sah flehend zum Himmel, und auf mich. – Wir wollten aus der Kirche, als er aufstand, und unter der Menge sich umsah. Noch einen Augenblick verweilt, meine Freunde, meine Unglücksgefährten. Wir haben Gott für unsre Rettung, für unsre wunderbare Rettung gedankt. Vergönnt mir noch einen Augenblick, Euch zum Zeugen meiner kindlichen Liebe zu machen, die ihr meine Lage theilet. Hier auf diesen Altar lege ich ein heiliges Kleinod nieder, daß nicht von mir kam; Es sey ein Andenken meines Danks gegen den Himmel, aber ihr der ich dies Leben erhalten mochte, meiner geliebten Mutter sey diese Stunde des Andenkens geweiht, [13]auch in fernen Zeiten. Dieses Bild, sey auf dem Altar der Heiligsten Mutter aufgestellt, als ein Zeichen der Liebe eines Sohnes. Und (indem er sich zu dem Priester wandte, und ihm einen Beutel mit Geld darbot). Dieses sey bestimmt, für alle Zeiten in dieser Stunde ein heiliges Gebet für die Edelste Frau der Welt zu thun. Die Edle Frau Clotilde von der Wart, sey fortan Euren Gebeten empfohlen, sie bedarf des Gebetes frommer Seelen, denn sie ißts auch, und hat auch des Lebens Stürme erfahren. – Eine Thräne entrollte dem schönen Edlen Aug des Jünglings. Ich gelobte in der Tiefe meines Herzens, diese Messe nie mehr zu versäumen, so lange ich in dieser Gegend weilte.

Die ganze Versammlung war von einem heiligen ehrfurchtsvollen Gefühl ergriffen, und einfach, und groß, stand der Edle Jüngling unter uns. Ich konnte nicht Worte finden, und sann lange nach was ich ihm sagen möchte. Endlich nahte ich ihm und sagte. Edler Fremdling, auch ich will dieser Stunde gedenken, und euerer freundlichen Hülfe. Er sah mich an und sagte mild. Edles Fräulein. Es war mir immer der wärmste Wunsch, Eurem Geschlecht eine Stüze zu sein, der Zufall erwirkte mir aber nur euren Dank, denn er nur führte uns an einen Pfeiler. Während dem hatten die Männer unter sich berathschlagt, und es trat einer aus der Mitte, u. rief. Auch wir wollen Gelübde darbringen, für einen Edlen, der uns in der grössten Noth, wie ein Engel beystand. Dieser Edle Jüngling, dessen Nahmen wir nicht wussten, sey fortan auch unsrem geistigen Andenken nahe so oft wir in Noth u. Gefahr kommen. Seiner Kraft seiner Wachsamkeit haben wir unser Leben zu danken. Adelbert soll uns ein heiliger Nahme seyn, u. wir wollen ihn in unsere Gebete einschließen. Und ihm allen Schuz und Hülfe geloben, in jedem Zufall, es sey früh oder spät. Es lebe Adelbert erscholl es durch die hohen Gewölbe der [13v]Kirche, und im Triumph wurde er beynah empor getragen.

Still liebe Gefährten, sagte er mit unendlicher Anmuth. Und wandte sich zu mir. Edles Fräulein, wenn ihr hier aus der Gegend seid, so vergönnt mir Euch zu geleiten, denn diese blassen Wangen verkündigen mir, daß ihr noch einer Stüze bedürfen könntet.

Mein Vater trat näher, er hatte ein Gefühl der Liebe für den Jüngling in dem ersten Moment gefasst, und bot ihm sein Haus an, und er willigte ein, mit uns dahin zu gehen. –

Wie in einer neuen Welt, wandelte ich an seiner Seite bis zu unsern Maulthieren. Er wollte mich hinauf heben, aber ich war zu schwach, ich konnte mich nicht halten; Er fand schnell eine Auskunst und schwang sich hinauf, um mich an seiner Seite fest zu halten. So ihn umfassend, saß ich neben ihm, und wir zogen am Ufer des Meeres fort, wie in einem glücklichen Traum.

Es war eine Stille in der Natur, ein Friede wie der Friede des Himmels. Seine schönen klaren Augen, sahen nach mir, und dann wieder aufs Meer; Seht wie alles so besänftigt nun ist, wie die Ströme wieder ihren Lauf nach dem Ocean nehmen, wie das hohe Schilf, sich wieder leis im Winde bewegt, wie die Natur beruhigt ist nach dem Toben der Elemente, so fühl ich auch mein Herz beruhigt, wenn ich nach den fürchterlichen Erscheinungen der vergangenen Nächte, diese Gefahr, diese friedlichen Züge erblicke. Er drückte sanft meinen Arm an sich, und ich schwieg, ich konnte für den Frieden der in mir war keine Worte finden. –

Ach warum starb ich nicht an seiner Brust! in diesem heiligen Moment meines Lebens. – Es war mir als sey ich ewig so heimisch gewesen in seiner Nähe. Glaubt nicht daß ich zu leicht gewöhnt war den Eindrücken meines Herzens Gehör zu geben. Dieser Fall war zu Einzig, dieses Edle Wesen [14]daß mir in einem solchen Moment erschien, das zu Einzig war, musste auch allein, einen solchen tiefen unauslöschlichen Eindruck machen. – Wie die Liebe sich bald entschieden aussprach, wie wir lebten und liebten, dieses erlaß mir Edle Frau dir zu sagen. Denn keine Worte können es sagen! Wer denkt an sein Leben, wenn er glücklich ist, er hält nur das Gefühl der Liebe das ewig im Busen glüht, für etwas und glaubt das Leben müsse ewig so sein, weil das Gefühl ewig ist – Aber das Schicksal ergreift mit rauher Hand die Blüthen des Lebens, und erst wenn der Sturm über das wunde Herz wegstreift, und das Gefühl unsres Elends erwacht, erwacht auch das reine Bewußtseyn unsres warmen Gefühls.

Deiner wurde in unsren seeligsten Augenblicken nicht vergessen, wir wallfahrteten oft nach der Kirche, und so wenn der fromme Sohn für dein Wohl Wünsche zum Himmel sandte, kniete ich schweigend und betend neben ihm, und gelobte dir, wie ihm Liebe bis in den Todt. –

Mein Vater, mein Bruder, alle hatten sich an dem milden Umgang deines Edlen Sohnes erfreut, und es war als sey ein Sonnenblick über die Auen geleuchtet; und im erhöhten Glanz erschien uns alles was uns umgab. So viel vermag ein liebendes Gemüth in seiner ganzen Kraft und Fülle. Einige Wochen verstrichen uns wie Stunden; Adelbert wagte nicht meinen Verwandten seine Hoffnungen auszusprechen, ob ihnen gleich seine Neigung zu mir nicht fremd sein konnte. – Hätte er damals gesprochen, so hätte dies ganze Gewebe von Unglück und Jammer, nicht unsre Gemüther umwirkt. – Aber die Liebe zu dir blieb ihm das heiligste erste Gefühl.

Er kannte vielleicht deine Gesinnungen über seine selbst gewählte Neigung nicht, denn er hatte nie als bey mir zuerst den Zwist in seinem Innern empfunden, und keine andre Liebe als die heilige zu seiner Mutter gekannt. – Er verließ uns, diese Trennung war schrecklich.

Ich sah die Segel des Schiffes, das ihn von mir führte. Ich sah das [14v]geschäftige Treiben des Schiffsvolcks, die Freude, wieder in ihrem Element zu leben, und zum ersten Mahl wurde mir dieser rohe Trieb in des Menschen Brust zum Schrecken, daß er nur immer im Kampf seyn muß wenn es ihm wohl sein soll! Und jene innre Wuth die ihre Kräfte nicht im bürgerlichen Leben ausbilden kann, treibt die rastlose Thätigkeit an mit den Elementen zu kämpfen. Wenn ich nun dachte, daß Adelbert von mir gerißen, unter dem rohen Haufen leben sollte, und dieses Schiff die ganze Ruhe meines Lebens mit sich fort trug und kein Herz neben ihm den Schmerz der Sehnsucht zu fühlen vermochte! Ach wie lag das unendliche Meer, wie ein schwarzer Teppich vor meinen Blicken, kein Spiegeln der Sonne, kein Leuchten der Sterne in der ruhigen Fläche, freute mich mehr. Ich fühlte nur daß Er mir geraubt wurde, in dem ich Himmel u. Glück fand. – Ich hielt ihn lang, lang umfasst, als die Schiffer das erste Zeichen zur Abfahrt gaben. Er richtete sich schnell auf, aus meinen Armen, aber Johanna, auch in der heiligen Stunde unsrer ersten Trennung, laß uns zu dem Ort noch gehen, wo alle die Gefühle die mich so gränzenlos glücklich machen, erwachten. An den Altar wo ich dich zuerst erblickte, da laß uns in der bittersten Stunde hinflüchten; Ich säumte nicht lange. Man war gewohnt uns zu dieser Capelle allein gehen zu sehen und Adelbert hatte so sehr das Vertrauen meiner Verwandten erworben, daß ich ihnen unter dem sichtbaren Schuz eines Engels zu seyn schien. – Mit welchem Herzen ging ich diesen Gang! – Stumm sanken wir am Altar. Ich legte Blumen auf dein Bild, und gelobte alle Tage für dich und den Geliebten an dieser Stätte zu beten, nur die Stunde des Todes sollte mich dieses Gelübdes entbinden. –

Ich bitte dich nicht um deine Hand, Edles Mädchen an dieser Stelle, ich fodre keine Eydschwüre deine Liebe zu binden. Finde ich meine Mutter lebend, so eile ich bald zu dir zurück, und dann entscheide der Wille deines Vaters und deine Neigung mein Schicksal.

[15]Immer lauter wurde das Signal zur Abfahrt, und die Ruderschläge tönten stärcker; die Gefährten drängten in die Kirche und ich konnte ihm nur zum leztenmal stumm die Hand reichen, und so entriß man ihn meinen Augen. Dein Bild an meiner Brust haltend, so fand mich ein frommer Mönch, halb leblos in der Capelle; Als ich zum vollen Gefühl meines Lebens erwachte, und ganz das trostlose meines Schicksals fühlte, konnte ich dem frommen Bruder meine Gefühle nicht verbergen. Er hörte mich bewegt an. Ich theile deine Leiden, armes Mädchen, dir hat das Schicksal zu dem den Weg gezeigt, der auch ein Geschick mit dir theilte. Mein Herz versteht deine Schmerzen. Mich trieb die Liebe in diese Mauern, und der Schmerz der Liebe; – Ich habe jezt mit der Welt mich abgefunden, und theile mein Leben mit Gott, u. dem Andenken einer unglücklichen Leidenschaft. Dir wird das Schicksal aber nur die Schmerzen der Sehnsucht geben, und deine Liebe wird endlich belohnt werden. – Aber so nicht mir! –

Der Mönch hatte mir ein sichres Maulthier gewählt, und er leitete es selbst mit sorgsamer Hand bis an die Mauern meines Gartens. – Diese Tage der Sehnsucht, des Grames schildre ich dir nicht; Ich sah wie durch einen Nebel die Gegenstände, die mir in Adelberts Nähe verklärt erschienen, und langsam entstieg ein Tag nach dem andern der Nacht, und ausgedehnt in eine unendliche Weite lag die Welt und die Stunde des Tages vor mir. –

Mir die den Himmel im Herzen trug, war das Leben um mich fremd worden. Ich hatte es nicht bemerkt, daß mein Vater ungewöhnlich beschäftigt war, viele Boten kamen u. gingen, und es war ein eigner Geist der Hurtigkeit in unsren Familien Cirkel gekommen. – Den Vater sah ich nur beim Mahle, wo er selten allein war, und meist reisende Mönche theilten unsre Mahlzeit, wie unsre Wohnung. Zuweilen erblickte ich Spuren der Waffen, von Rüstungen, u. mein Bruder war in einer ungewöhnlich lebhaften Geistesstimmung. – Je weniger man von mir verlangte, je glücklicher war ich, denn ich hatte nur ein Streben, *[15v]*den Zug der Wolcken, und die Bewegung des Meers zu beobachten, u. jeden Tag den Weg nach dem Kloster zu machen. Sonst war ich für alles was mich umgab verlohren; – Nur der Wechsel des Lichts und der Finsternis bewegten mein Gemüth. Der Klarstern leuchtete mir tröstend, denn er war mir ein Boote daß die Nacht ihren Mantel über die Erde deckte, und der folgende Tag herannahte; das erste was ich erblickte war sein Leuchten des Morgens, wenn der Himmel röther flammte, u. die graue Ferne der Welt röthete. Da stand ich auf vom Lager, und eilte die ersten Strahlen der Sonne auf dem Altar leuchten zu sehen. Sie fand mich täglich, dein Bild auf dem Herzen haltend. – Des Tages wenn ich die gewöhnlichen Geschäfte verrichtete, fand man mich still und ermüdet. Mein Vater sah mich dann u. wann bedeutend an; wenn ihm seine neue Unruhe Zeit ließ, u. er sagte. Du allein *Jeanetta* theilst nicht die Thätigkeit deiner Familie, aber lebe sorglos fort, und laß uns das Steuerruder im Sturm ergreifen, und dich erst wenn es heitrer Himmel ist, mit deinem Schicksal bekannt werden. Ich habe gern daß du in diesem Zeitlauf, die Hülfe des Himmels erflehst, und den Schuz der Heiligen. –

Man gab mir einen entferntern Flügel des Schlosses ein, nahe am Meer. Mein Vater ließ mir eines Tages sagen, es zieme sich nicht mehr, daß ich sein Mahl theile, da zu viel, u. zu sonderbare Gäste sich einfänden, u. ich als Mädchen sollte im Innern des Hauses walten. – So wurde ich immer mehr von der selben Welt getrennt, die ich ehmahls bewohnt, u. flüchtete in die Welt meiner Liebe allein. Wenn ich früh zum Kloster ging sah ich von fern die LandStrasse. Da wogte es von Kommenden u. Gehenden, [16]und ich höhrte das Wiehern der Rosse, und das Klirren der Waffen, ein sichrer Reutersknecht begleitete mich. Denn ich ging seit dem Gespräch meines Vaters nicht mehr heimlich zu dem Ort meiner Andacht. Ich ehrte das Geheimniß mit dem der Vater jezt seiner Lebensweise folgte, und fragte nicht wohin und woher diese Züge führten. –

So vergingen mehrere Monate wie eine Unendlichkeit. Eines Morgens fand ich ein schönes Gewand, u. einen golddurchwebten Schleyer bey meinem Bette, und einen Zettel meines Vaters. Nimm sagte er, diese Kleidung. Ein reich geschmücktes Pferd wartet dein an der Pforte des Gartens. Du wirst bald erfahren was dies bedeute. Aber es ziemt deinem Stand nicht länger, ohne Zierathen dich zu zeigen. – Bete und schweige. – Bebend hüllte ich mich in dies Gewand, und mit einer Brust, die der Schmerz zusammen presste, eilte ich durch den Garten. Ich fand was mir mein Vater verkündigt hatte, ein fremder Reutersknecht hob mich auf das Pferd. Als ich an die Cappelle kam, fand ich gewaffnete Ritter an dem Eingang. Der Mönch kam mir bleich entgegen. Bet in der Stille meine Tochter, und vertraue dich dem Schuz einer höhern Macht die auch deine Liebe schüzen wird. – Als ich so betete Edle Frau vernahm ich deutlich das Signal eines kommenden Schiffes, der Donner der Kanonen, verkündigte seine Ziele. Ich eilte erschrocken an die Thür der Kirche und erblickte, deinen Sohn, den ein Ritter zurück hielt in die Kirche zu dringen. Kein Fremder wage sich in das Heiligthum, ruft er ihm zu. Denn unsre Gebieterin betet. – Gebieterin! rief Adelbert schmerzlich. Sie ist nur die Gebieterin eines Einzigen! Frage den Grafen Uberto, sagte der Ritter höhnisch, und fasste meine Hand, und geleitete mich wieder willen auf mein Roß. Sogleich umgab mich eine Schar Reuter, und so wurde ich fortgezogen. – Doch ich konnte kein Zeichen an Adelbert geben, und beim eignen tiefsten [16v]Schmerz u. Schrecken in meinem innern, musste ich ihn der bittersten Ungewißheit überlassen! – Der Mönch war mein einziger Trost in meinem Herzen; er wird ihn aufsuchen, wird ihm vielleicht mehr von meinem Schicksal sagen, als ich selbst weiß, dachte ich; aber so oft ich dies dachte, so schmerzlicher fühlt ich doch meine Lage, Seine Ungewißheit über mich: – Mehr todt als lebend hob man mich vom Pferd, an der Thüre des Gartens stand mein Vater, mit einem Ritter, dessen Rüstung glänzend war. Sein schwarzes Haar, hing finster über seine Stirn, und seine Augen blickten mich freundlich aber wild an.

Zum lezten Mahl sagte mein Vater, ist meine *Jeanetta* unter meinem Schuz zu ihrer Morgen Andacht gewallfahrtet. Von heut an Gnädiger Herr, steht es bei Euch auf welche Weise sie ihre Andacht verrichtet; der Ritter konnte nicht antworten beynah, er presste meine Hand heftig an sein Herz. An diesem Herzen! möchte ich daß sie ihren Gott, u. ihren Glauben suchte.

Um Aller Heiligen Willen, mein Vater gebt mir Erlaubniß in meine Zimmer zu eilen, ich verstehe Euch so wenig als diesen da. –

Weder Ihr mein Vater, noch irgend ein Fremder kann mir den Weg zeigen, den ich zum Himmel wandlen werde. Und ich kenne nur ein Herz, daß mich den Weg dahin geleiten soll, u. kann.

Du irrst dich thörichtes Mädchen sagte mein Vater finster. Deine Hand ist bestimmt, und dein Herz soll sich bestimmen, wenn du diesen Edlen Beschüzer deines Vaters, vor deine Familie kennen wirst. Ich verzeyhe dem Unerwarteten deiner Lage, dein Befremden, und deinen Starrsinn. – Wir kommen in einer Stunde zu dir, u. ich hoffe dich gefasst zu finden, deinen Gemahl anzunehmen.

[17]Wie wenn der Wandrer von dem heitern Blau des Himmels von dem er umgeben war, plözlich in ein düstres Gewölck sich eingehüllt sieht, u. die Schweren Tropfen um ihn herum fliegen, und es ihm scheint als sollte in ewigen Stürmen die Welt untergehen so war es mir, als ich an den schnellen Wechsel meines Schicksals dachte. –

Keine Macht vermochte mir Trost anzubieten, unter den Schreckgesichten die mich umgaben war es mir noch ein schwacher Trost daß ich denken konnte, die Gestalt Adelberts sey mir Trugbild gewesen. – Denn ich hatte sein Bild zu lebendig in mir, um ihn nicht gleich auch für mich hinschwören zu können. Ich kniete an meinem kleinen Altar, u. erwartete betend die Stunde, mit der mir mein Vater drohte. Im Glauben und Vertrauen auf eine Macht die nur von Oben Hülfe sendet, schwebte meine Seele dahin auf über Geist u. Leben u. ich vergaß die Welt u. ihr Elend, bald in dem festen Glauben daß mir nichts geschehen könne, als was mir fügsam sey. Die Stunde war vorüber, und niemand zeigte sich. Immer dunkler schwebten die Schatten herbei. Der Abend kam, und niemand zeigte sich. Plözlich riß man die Thore auf. Eine Menge Menschen strömte herein, u. Pferde und Bewaffnete. Mein Vater trat wüthend herein zu mir. Du bist frey meine Tochter, es ist der kräftigen Hand deines wunderbaren

Freundes, dem Fremdling gelungen, dich von deinem erwarteten Schicksal zu befreyen. Er hat den Grafen Uberto gefodert; sie haben wie Löwen gekämpft, aber der Graf ist das Opfer gefallen. Doch dieser Trost ist mir geblieben, daß sein Gegner nicht weiß daß er ihn getödtet, er soll sich nie freuen, dich befreyt zu haben. Die Qualen der Eifersucht sollen ihn verfolgen, er glaubt sich schuldig ungetreu. So leicht soll diesem Abentheurer der Sieg nicht werden, er soll eine solche Braut nicht als den Preis eines Mordes davon tragen. –

[17v]Du bist eine Gefangene, bis die Familie des Grafen entschieden hat. –

Von einer wunderbaren Lage in die andre gedrängt, konnte ich kaum das Leben zu tragen wähnen; die sonderbaren Auftritte hatten mich erschöpft. Ich blieb mehrere Tage ohne Bewußtseyn. Meine Erzieherin war die Einzige befreundete Gestalt die ich erblickte, wenn ich aus dem Wahnsinn erwachte in den mich die Begebenheiten dieses einzigen Tages gestürzt hatten. – Ich genas langsam, meinen Vaters sah ich nicht, wenn ich etwas fragen wollte, so winkte sie mir still zu bleiben nach dem Himmel deutend, u. auf ihre Brust schlagend. – Die Natur war das erste was mich freundlicher wieder ansprach. Der kommende Tag, und des Abends die Sterne waren das Einzige was mich rührte. Die erste Freude eines Bewußtseyns hatte ich, als ich eines Morgens dein Bild neben mir erblickte. Jezt wurde mir es klar, daß ich es an dem Tage als ich zulezt am Altar kniete, es zu mir genommen, u. so war es wie ein Talisman, wie ein Bürge eines gemilderten Schicksals. – Es war als wären zu meinem Trost alle trüben Erinnerungen ausgelöscht. Ich hörte nur das Signal des ankommenden Schiffes, sah Adelberts Gestalt, u. sonst hatte ich von nichts ein Bild mehr in meiner Seele. –

Aber wo ist mein Vater fragte ich endlich.

Es sind wunderbare Begebenheiten, die ihn vielleicht auf immer von dir entfernen, *Jeanette*; sagte die Alte; suche nur zu genesen, dann soll der fromme Bruder *Jerome* dein Schicksal dir erklären. –

Der Tag kam, wo ich endlich für starck genug gehalten wurde, um den Mönch zu sehen. Auch von Adelbert wird er mir sagen, rief ich freudig. Hoffe nicht zu viel meine Tochter. Der Störer Deines ganzen Familien Glücks, soll dir kein freudiges Andenken geben. – Er ist ohne Schuld, und sollte man ihm alles schreckliche Schuld geben. Ach welches Leid wird er nach den lezten Worten meines Vaters von mir haben! nie erkennen soll er mich daß ist mir schrecklich! –

[18]Der Abend kam und die Erzieherin führte den Mönch herein, den ich mit inniger Rührung wieder sah. – Mein Vater, der ich Euch wieder sehe, u. dieses Bild an mein Herz drücke, dünkt mir, ich könne nichts verlohren haben. – Du weißt meine Tochter, nicht du hast durch deine Schuld dein Schicksal verdient, dir ist nichts zu verzeihen als das Geheimniß daß du deinem Vater von deiner langen Liebe machtest.

Aber daß du liebtest, das ist keine Schuld. Das Schicksal hat sich schnell gerächt. Dein Vater wie der Graf Uberto, die nur das unreine Interesse, der Herrsucht zusammen führte, dem dein Vater deine Hand geben wollte, um seine Ehrgeizigen habsüchtigen Absichten auszuführen, die haben alle Aussichten aufgeben müssen. Der Graf ist todt, dein Adelbert erschlug ihn im Zweykampf; nachdem er von mir erfahren daß er dein Verlobter sey; Ach erfuhr aber auch Adalbert meine Unschuld, die Unwißenheit meines eignen Schicksals. Daran war es ihm schwer zu glauben: denn dein Vater hatte sorgfältig alle Gerüchte verbreiten lassen, von deiner nahen Vermählung, von deiner Liebe zu dem Grafen. Adelbert entfloh als er seinen Gegner todt vom Roß sinken sah, denn die Reuter wollten ihn umringen: wie ein Löwe schlug er sich durch u. rief noch diese Worte. Wenn ich auch hier auf diesem Plaz mehr als mein Leben lasse, meine schönsten Hofnungen auf Glück und Vertrauen auf Liebe, so habe ich doch den getödtet, der noch mehr wie eine Existenz verwirken konnte, und ist *Jeanette* schuldig, so leidet sie für ihre Untreue an mir, durch seinen Todt, an ihr selbst sey dies meine Einzige Rache. – Dein Vater wollte auf ihn losstürmen, aber wie ein höheres Wesen, schwenkte er sein Roß, seine Augen funkelten wie die eines verklärten, und wir verlohren sein weisses Roß bald aus den Augen, niemand vermochte aufzuhalten, ihm nachzusezen. Es hatte uns der Ton seiner Stimme, und sein hohes Wesen bezaubert, und in Staunen gefaßt.

[*18v*]In einer gewaltsamen Zeit wenn Leidenschaften der Ehrsucht und Habsucht die Welt leiten, wenn von dem Sturm weg⟨g⟩ezogen, der Mensch nicht des heiligsten schont, wenn er das stille Glück seines Lebens aufgiebt, u⟨nd⟩ seine eigne Existenz wie die seiner Familie unberufen und ungefodert zu dem Zweck gebrauchen will, den nur eine herrschsüchtige Seele adeln kann, da zeigt die Rachegöttin oft nur zu schnell das alles Bestreben Eitel ist, was nicht der reine Wille fürs Gute adelt. Dein Vater wollte dich zum Preis einer Untreue am Vaterland bestimmen, und indem er seine Parthey verließ, dich zum Unterpfand des Verraths in die Hände des mächtigen Grafen Uberto geben.

Aber ein Einziger Beschluß Friedrichs des Zweyten, der in dem er Toscana verließ, die Guelfen verjagte, und Florenz in eine unumschränkte Gewalt des Guibellinschen Erbes gab, vernichtete die Plane deines Vaters, und der Todt des Grafen, war nur das Vorspiel, er selbst ist flüchtig. Dein Bruder kämpft noch im Lande und sucht durch ungerechten Partheyhaß seine Existenz zu sichern, aber es wird vergebens sein. Der schwache Mensch indem er der Gewaltthätigkeit seines Herzens folgt wähnt einen Streit mit der Welt und der gerechten Sache zu schlichten, während in der Hand des Ewigen Vaters, die alles mit Liebe lenkt und auflöst, jedliches Dasein sich zu dem Zweck neigt, den er ihm vorzeichnet. –

Aber wo ist Adelbert? frommer Vater?

Forsche nicht weiter meine Tochter. Beweine ihn für dein übriges Leben, und trage schweigend dein Schicksal. Ich will dir nicht wehren, aber ich glaube beynah daß ein Kloster die Einzige Freystatt für dich sein kann. –

[19]Nein mein Vater, dieses Herz kann ich nicht mehr dem Himmel weihen, daß noch so viel auf der Erde sucht. Wenn ich Adalbert nicht die Gelübde meines Herzens halten kann, so will ich keine Gelübde mehr aussprechen, die mich fesseln. Den Himmel und Ihn will ich lieben, u. in der Welt leiden und handeln.

Hier kannst du nicht bleiben *Jeanetta*, die Güther deines Vaters sind den Guibellinen zugefallen. O warum hielt er nicht seinen Vertrag der schon einmal so viel durch den Streit der Partheyen verlohr, keinen Theil mehr daran zu nehmen! warum musste er nur seine Kinder auch noch aufopfern wie er seine Gattin aufopferte!

Der Mönch verließ mich, und als ich allein war, da erwachte plözlich der Gedanke in mir, dich aufzusuchen Edle Frau, dir unerkannt zu dienen wenn es mir das Schicksal vergönnte, deine Liebe zu gewinnen, u. so deine Leiden zu theilen, die ich verschuldete. Ach hätte Adalbert mich nicht gefunden! wär er zu dir zurück gekehrt. Hätte eine treue Gattin gefunden, die dir eine Tochter war. Du hättest in dem Herzen deiner Familie die Trauer über deine Schmerzen gelindert gefühlt. – Und nun! Ach nur deine Klagen noch tönen in meinem Herzen wieder, denn es ist mir als büsste ich mein Schicksal ab, wenn ich fühlte daß ich noch unglücklicher bin als du.

Johanna Edles, unglückliches Wesen, rief Frau von der Wart bebend; wir wollen nicht streiten fort an wer unglücklicher seyn kann. Auch du bist schuldlos. Deine treue Liebe zu

Adalbert hätte keinem Zweifel unterlegen aber du solltest diese Probe nicht bestehen; – Sage mir noch wie du mich fandest. Wie ich dich fand [19v]weiß ich, denn nie vergaß ich jenes schauerlichen Abends, wo Wind und Frost um uns wütheten, und Siegmund mir andeutete er habe ein Läuten der kleinen Glocke vernommen, daß wie eine Geisterstimme im Thorweg verhallt sey; die Frauen die mich umgaben, wollten es ihm wehren, nicht ans Thor zu gehen, weil sie böse Geister um sich wähnten die uns täuschten; er kam brachte dich halb lebend nur an das Feuer wo die Flamme endlich dein bleiches Gesicht erhellte, u. ich diese Züge erblickte, die mir ewig im Herzen leben werden. Es war schnell ein Band der Liebe und des Vertrauens gefunden, und schon in der Sorge um dich, liebte ich dich. Am Morgen desselben Tages da du zu uns kamst fiel ein erstarrter Vogel in meinen Schooß, indem ich die Fenster öffnete um den armen kleinen Vögeln Futter zu streuen. Es gelang mir ihn ins Leben zu bringen, u. der erste Strahl der Sonne leuchtete aus feuchten schweren Wolcken als er die Augen wieder aufschlug. – Dieses rührte mich tief. Allem was ich Leben gab ist vor mir wieder erstarrt, und ich kann keine Flamme wieder erwecken die mein Herz belebte! Ach Johanna so sucht in jeder wiederkehrenden Scene des Lebens, mein Herz seinen eignen Schmerz nur!

In kalter stummer Trauer verlebte ich den Tag, und als du mir des Abends erschienst, war es als verführe mich eine dunkle Gewalt, mein Herz hatte ein Gefühl der Hofnung auf einmal wieder in sich gefunden, und wusste es nicht zu deuten! –

Ach, ich hatte auch keine Hofnung in mir, Edle Frau! ein Strom der Sehnsucht und Liebe brachte mich zu dir. Ich verließ meine Haabe, meine väterliche [20]Wohnung nicht mit dem Schmerz, mit dem ich mich deiner Burg nahte. Dort wo ich alles verlohren hatte, trieb mich der Kampf meines Herzens fort, wie aus kommenden Wolcken, die sich herab senken um die Erde zu verheeren, stieg ich aus der lezten Umgebung des väterlichen Grundstücks. Meiner Erzieherin hatte ich so viel gelassen, daß sie sich in ein Kloster einkaufen konnte und dem frommen Bruder daß er täglich eine Messe lesen sollte, um für die Seele meines Vaters und Bruders zu beten. Auch für den Geliebten hatte ich Gebete gelobt; Damit wenn nichts mehr von mir, noch von meiner Familie übrig, noch der stille Wunsch meines Herzens in den Mauren der Capelle ertönte, wo ich das Glück und Unglück meines Lebens fand. – Niemand wusste, wo ich hingegangen. Eine einfache Kleidung und einige Juwelen, u. Wechsel die mich für den Hunger schüzten hatte ich bey mir; dein Bild auf meiner Brust. So zog ich durch das Gebirge, denn ich vermied die LandStrassen. Adelbert hatte mir oft in den schönen Stunden unsrer Liebe, dein Haus, den Plaz beschrieben wo du lebtest. Viele Tage zog ich umher, wie und was ich da fand u. sah weiß ich nicht. War ich zu ermüdet so suchte ich ein Nonnenkloster zu erreichen wo ich dann blieb bis ich wieder neue Kräfte gefunden. Niemand fragte mich wer ich sey, denn man sah daß ich unglücklich war, und jeder der mich entließ, gab mir schweigend den Wunsch mit, daß ich das Glück finden möchte was ich suchte. In den stillen steilen FelsThälern war es mir am wohlsten. Da dünkte es mir, es schwebe ein Wolckengebild in Adelberts Gestalt vor mir her, u. zeige mir den Weg zu dir. Ich achtete nicht die Stürmenden Winde, noch der Ankunft des Winters um mich. Den Elementen trozend zog ich durch die Schnee bedeckten Wege. Und jede der [20v]Blüthen des Frühlings, die er über unsre verödete Wohnung ausgiessen würde, die kein fühlendes Herz mehr empfangen wird. – Auch in der Zerstörung der Natur fand ich Linderung für meine brennenden Schmerzen. Es war mir als sollte ich aller Blüthen entsagen, und nur das stumme Bild des Todes, der Zerstörung in mir aufnehmen. –

Hätte ich dich nicht gefunden, so war mein Entschluß gefasst, so lange in der Gegend zu bleiben, bis ich Kunde von Adalbert hätte, und hätte ich gewusst daß er nicht mehr sey, so hätte ich das nächste Kloster in deiner Herrschaft aufgesucht, um mich da auf immer zu verschließen.

Wir sind einander zum Trost gegeben Johanna! und jezt erst löst sich mir das Räthsel deiner Ankunft. Der leise Zug der Sympathie der mich zu dir zog war mir so unerklärlich. Es war mir als wenn du nur allein mein Leiden verstehen könntest, und aus der lauschenden Menge Menschen die mich umgeben, die nicht unbekannt mit dem was ich duldete, doch noch Hoffnung nähren konnten, daß der Schmerz sich lindern würde, die mich für getröstet hielten wenn ich nicht jammerte, Heiterkeit in mir fanden, wenn ich um sie nicht von mir zu scheuchen eines milden Blicks mich bestrebte. Da war es mir so wohl wenn ich deinen ernsten Blick sah, wenn ich dich festhalten konnte, denn der leise Hauch der Schwermuth, der so schnell deine Augen erfüllte, wenn du dich unbemerkt glaubtest war mir mehr, als alles gutmüthige Mitleiden, u. Bestreben derer die mich umgeben, mich an etwas Freude finden zu lassen wo mir keine mehr werden kann! –

Jezt fallen mir die Tage und Stunden ein, wo Adelbert mit dem Gefühl der Sehnsucht gequält bey mir weilte, seit seiner ersten Ausflucht war eine Veränderung mit ihm vorgegangen. Das Gegenwärtige konnte ihm nicht mehr genügen. Seine Liebe zu mir [21]siegte über die Aeusserung seiner Gefühle, er wollte mir noch alles seyn, was er seyn konnte, und das Edle Herz vergaß sich in diesem Bestreben. O nur einen Blick Allmächtiger in die Vergangenheit! diese Unwißenheit über sein Schicksal ist so schmerzlich! – Er ist entflohen aus deiner Gegend mit dem bittren Gefühl getäuschter Liebe, seine Sicherheit erfoderte schnelle Flucht, das fühl ich. – Aber auf dieser Flucht fand er den Todt wohl? Könnte er nicht durch sonderbare Verwickelungen des Schicksals noch leben! – Aber so lange zu schweigen wenn er lebte! –

Komm gutes Mädchen sagte Frau Clotilde zum Zeichen daß ich dein Herz nicht verkenne, daß ich an deine Unschuld und Treue glaube, so laß uns dahin flüchten wo nur ein Höheres Wesen in unser Herz sieht. An der Heiligen Stätte las uns knieen und uns geloben uns nie zu verlaßen. –

Seit diesem Tage war ein neues zärteres Verhältniß unter den beiden Frauen enstanden. Es war als wollte Johanna alle ihre Liebe der Mutter ihres Adelbert zeigen, die sie so lang in sich verbarg. Und die Rührung mit der die Mutter sie anblickte, die nun doch die Tochter lieben konnte, die sie so gern an ihr Herz gedrückt mit dem glücklichen Sohn, war ein neues Lebensgefühl daß sie belebte. –

Sie wollte kaum mehr dulden daß Johanna nicht in alle Rechte einer Tochter auch treten sollte. Doch schmerzvoll sagte Johanna. Laß mich dir dienen, ein gebeugtes Gemüth, sucht gern auch alle aeussre Veranlassung sich vor dem Schicksal zu beugen; und ich diene dir ja nur dem Schein nach, ein einziger mütterlicher Blick von dir mahnt mich an dein inniges Verhältniß zu mir. – Ach gäb es Büssungen in der Welt, mein Gemüth in trüben Augenblicken zu beruhigen es könnte mir nichts zu schwer dünken! – O warum war ich nicht starck genug, in diesem Einzigen Moment, da alles enschieden, [21v]meine Natur zu besiegen. Hätte ich Kraft besessen, laut Adelbert zugerufen, es ist alles nur Schein, ich bin dir treu bis im Todt, ach er hätte unter dem Geklirr der Waffen diese Stimme vernommen, u. nicht in der Verzweiflung betrogner Liebe, sich in das wilde Leben gestürzt! –

So vergingen Tage und Stunden, wo die Armen Gemüther sich Trost suchen wollten, und keinen fanden! denn immer klagten sie sich selbst an über des unauflöslichen Schicksals des Geliebten u. Sohns. Frau Clotilde hatte fest beschlossen ihre Güther so viel sie darüber gebieten konnte, nach ihrem Tode in Johannas Hände zu geben, und sie sah sie seitdem als die künftige Besizerinn an, und führte nichts ohne ihren Rath aus, in stiller Thätigkeit und wohlthuend für andre, ohne selbst Wohlthun zu empfinden suchten sie Ruhe zu erringen, und doch grub der Schmerz sich immer mit tiefren Spuren in das Herz, weil sie durch die lebhafte Erinnerung der Vergangenheit aufs neu die leere Gegenwart fühlten. – Siegmund der eine tiefe Anhänglichkeit für Johanna gefasst, betrachtete sie mit dem feinen Sinn der Liebe, ihm entging es nicht, daß das Wesen beyder Frauen verändert war, daß Clotilde sich getrösteter fühlte, u. Johanna trauriger schien. Denn jezt gestand sie sich selbst mehr was in ihr vorging, weil sie es der Geliebten Mutter nicht mehr verhehlte, und keine erkünstelte Fassung mehr bedurfte. –

Siegmund sah sie oft bedeutend an. Ich kann mich nicht in dein Wesen mehr finden Johanna; warum bist du anders? Findest du deine Lage nicht deinen Neigungen mehr angemessen? fragte er sie einst; O wenn es ein Mittel gäbe dich zu erheitern! – deine Wünsche an die Welt zu knüpfen! – Wer wünschte es [22]sehnlicher als ich! Mit Thränen im Auge verließ er sie schnell, wenn alsdenn ein ernster strenger Blick ihm sagte daß sie niemals auf diese Gefühle eine Antwort geben könnte. –

An einem der ersten Frühlingstage, wo die jungen zarten Blätter sich mit dem Blau des Himmels zu vermischen schienen, wo die duftende Erde deren Schooß von der Pflugschaar geöffnet, Seegen verbreitet, wo die Menschen hoffend ihren Schweiß nicht ersparen, um der Erde was möglich abzugewinnen, die jungen Lämmer das keimende Gras suchen, und der Strom von dem Wiederschein der ihm umgebenden Gegend glänzend leise seine Wellen an das Ufer trug; da kam Mutter und Tochter an der wohlbekannten Wallfahrt, und erbaten noch den Seegen des Himmels zu dem Seegen der Erde, und reine Sehnsucht hob die Herzen über diese Welt hinweg. Sie erblickten in der Ferne Staubwolcken und es war als wenn die Berge von dem Klang einer Trompete wiederhallten. Bald sahen sie bestimmter Ritter u. Knappen sich nahen, und ein Herold sprengte voran, um sich den Weg zum Schloß zeigen zu laßen. –

Was wollen diese fremde Gestalten, Johanna rufte die Edle Frau schmerzlich aus. Soll aus unsrer schmerzlichen Ruhe uns das Bild der Vergangenheit wieder zu weitern Schmerzen wircken? Ach diesen Weg her spähte ich ehmahls die Rückkunft meiner Geliebten erwartend, jezt sollen sich alle Scenen erneuernd vor das Auge stellen, und nur die Erfüllung keines Glücks mehr verkünden! –

So klagte sie leise dem Mädchen. Als schon der Herold sich nahte. Zu welcher dieser Edlen Frauen soll ich mein Wort richten *[22v]*fragte er Siegmund, den dieser Anblick schnell u. sorglich zu der Gebieterin führte. – Dieses ist die Edle Frau von der Wart, Gebieterin dieses Bezirks. –

Der Ritter Adelbert entbietet Euch seinen Gruß, Edle Frau. Kaum hatten die Frauen diesen Nahmen vernommen als sie sich in die Arme fielen, und der Schmerz der Erinnerung mit all seiner Macht hatte sie ergriffen, nur Siegmund konnte das Wort nehmen. – Was verlangt dein Herr? fragte Siegmund?

Er ist noch wenige Stunden von hier, im Kloster, wo er einige Tage seiner Andacht widmet, aber uns sandte er voraus, die Edle Frau um seine Aufnahme zu bitten. Uns führt ein Bündniß unsren Freunden Beystand zu leisten, aus einem fremden Welt⟨t⟩heil wieder in unsre Heymath; Unser geliebter Anführer den lange Gefangenschaft in der Barbarey fest hielt, hat endlich durch seinen Edelmuth seine Freyheit wieder erlangt, und der erste Gebrauch seiner Kraft ist, seinen Freunden Hülfe zu leisten, die ihn aus seinen Ketten befreyten. – Er machte einen grossen Umweg um dieses Thal, dieses Schloß wieder zu sehen, wo er wie er sagt bey den Bewohnern nicht fremd vielleicht sey. –

Der Hof füllte sich immer mehr mit Kommenden an, und kaum hatte Frau Clotilde Zeit sich in ihr inneres Haus zurück zu ziehen. Aber Johanna konnte diesmal ihr nicht Trost bringen, denn die Geschäfte des Hauses warteten auf sie. Sie vertheilte die Ritter, während Siegmund die Rosse besorgte, und schnell sahen sich jene einheimisch, in den Mauern, wo ihre Gestalten so fremd waren, aber der Geist der Ordnung und Sitte der in diesem Raum herrschte, hatte es ihnen schnell fühlen [23]lassen unter welchem Dach sie sich befänden. – Mancher Knappe blickte wundernd der schönen Johanna nach, die gebietenden Blicks selbst höhere Befehle zu erfüllen schien, und mit einer Art Scheu und doch Edel sich den unerwarteten gefürchteten Gästen nahte, und es einem jeglichen wohl zu machen wünschte. –

Die Nacht brach herein u. als Johanna die Ritter beym Mahl wusste, sie laut den Becher anschlugen, um die Edle Wirthin, und Schöne Schaffnerin hoch leben zu lassen, schlich sie leise erst zu der Mutter, die sanft ruhend auf ihren Polstern lehnte. Die Lampe war erloschen und der Mond erhellte das Zimmer. Leise schlich sie in ihre Kammer, und suchte Ruhe die sie nicht fand. –

Man klopfte an ihre Kammer: Erwache Johanna, suche mit mir ein Geheimniß aufzuklären, dessen Entdeckung unsre geliebte Gebieterin glücklich machen würde. – So erhallte ihr Siegmunds Stimme. Sie erwog nichts, sie hörte nur den Sinn der lezten Worte, u. trat aus der Kammer.

Siegmund stand mit glühendem Gesicht vor ihr. Wie werden wir zwey Sorge tragen Johanna, der Frau von der Wart eine Nachricht zu sagen, die das Glück ihres Lebens sein wird, wie wird sie Freude ertragen können, nach so langem Schmerz?

Johanna stand in der höchsten Erwartung. Sprecht Siegmund um aller Heiligen willen, was soll sie erfahren?

Nach allem was mir diese Ritter erzählen, ist der Ritter dessen Ankunft sie morgen erwarten, der Sohn, der lang beweinte Adalbert! –

Johanna hatte Mühe alle ihre Kraft zusammen zu nehmen, um diese Nachricht zu ertragen und doch gelang es dem *[23v]*zum ertragen des Schmerzes gewohnten Gemüth jezt peinlicher, die Freude zu verbergen. –

Siegmund wurde abgerufen; – es war als wenn ein Guter Genius sie in diesem Augenblick von diesem Zeugen befreyte, sie stand unbeweglich, die Augen zu den Sternen gerichtet. Der Mond sank hinter die Berge, und der lezte Strahl der auf die Mauern fiel, erreichte den Eingang der Capelle, da stand eine männliche Gestalt, warf sich nieder auf die Stufen und küsste sie. Der Mond war hinab gesunken, und es war finster, sie glaubte sich getäuscht zu haben, aber zu laut war es im Herzen, daß der Geliebte ihr nahe sey. –

Eilig kam Siegmund wieder: Johanna du sollst heut keine Ruhe haben; eben meldet man mir, daß ein Ritter angelangt sey, die andern wollen es verbergen, aber mir dünkt es sey ihr Gebieter. Sie bitten um ein abgesondertes Gemach für ihn, und für Stärckung, denn er habe viele Tage keine Speise zu sich nehmen wollen. –

Halb lebend nur ereilte Johanna den gothischen Saal, wo die Fackeln erlöschen wollten, und die Ritter verwundert umher standen von dem langen Weg ermüdet, und doch nicht kraftlos schienen sie noch etwas erwarten zu wollen. Alle Zimmer waren besezt, nur das Eine nicht, wo Adalbert ehmahls wohnte, welches Johanna noch nie betreten hatte; sie überlegte mit Siegmund was wohl zu thun sey, denn dies Eine Gemach war aller heilig, und man wusste daß kein Gast darinnen wohnen durfte u. zwischen Furcht des Unmöglichen, und leiser Hoffnung entflohen ihr die Augenblicke.

[24]Sie ordnete an weil sie es musste, daß man den Saal für den Ritter anrichten sollte, u. suchte die übrigen Ritter zu ihrem Lager zu senden. Er kommt. Er kommt! ruften alle freudig jubelnd aus, und schwankend trat die hohe Gestalt in die Thür ein. – Einer seines Gefolgs nahte sich ihm, sprach lang lebhaft, und deutete auf Johanna.

Ist dies die Gebieterin des Schlosses, fragte er mit unsicherer Stimme? Nein Edler Herr! sagte kaum hörbar Johanna; Die Jahre, und ihre Gesundheit erlauben meiner Frau nicht so lange Nachtwachen zu halten. Mir hat sie die Sorge für Eure Bewirthung aufgetragen – Warum kommt ihr schon heut Herr, fiel ein junger Ritter in die Rede? –

Du weisst nicht welcher Zauber mich an diesen Ort fesselt. Morgen sollst du es erfahren, oder nie! –

Sagt schöne Jungfrau seid ihr lang schon im Schlosse?

O ich weiß die Zeit nicht zu zählen Herr Ritter! – Ihr seyd wohl müde? ruhet nur einstweilen. –

Kaum konnte Johanna diese Worte hervor bringen, es war ihr nun immer gewißer daß es Adalbert sey. – Ihre jungfräuliche Schamhaftigkeit hielt sie zurück, zuerst ihn zu erkennen – Auch war ihr das Gefühl für die Mutter zu heilig, er sollte an der Brust dieser leidenden sein echtes kindliches Gefühl Ihr geben; Sie sollte die Erste Glückliche seyn. Ich habe so viele Opfer gebracht sagte sie in sich selbst. Auch dieses sey gebracht; kann ich reden, da ich nicht weiß ob er mich nicht noch immer erkennt? –

Keinem der Mädchen des Hauses überließ sie die Sorge das Lager zu bereiten. Sie selbst ordnete die Polster, breitete [24v]mit ihren Händen die Decken aus; sie brachte ihm einen Becher; er saß wie im Traum versunken, sein Herz arbeitete mächtig, er wollte fragen, sprechen und doch hielt ihn ein geheimes Grausen zurück, er wollte nicht von dem schmerzlichen Leben der Mutter hören, nicht wißen daß sie ihn beweine. Siegmunds Anblick schien er zu vermeiden, und als Johanna den Becher ihm reichte, und er die Augen aufschlug, sie anzusehen, bedeckte er schnell sein Gesicht mit seinen Händen.

Welche Züge werden mir lebendig! rief er aus. Es ist ein Traum. Du weisst nicht freundliches Wesen welchen Traum in mir dein Anblick erweckt! –

Johanna fühlte sich zu kraftlos, zu bleiben. Sie verließ eilend diesen Ort, und hatte nur noch so viel Kraft den Mädgens den Auftrag zu geben, es dem Gast an nichts fehlen zu laßen. –

Sie konnte kaum ihre Kammer erreichen, und in einer todtähnlichen Beteubung sank sie auf ihr Lager. Sie kam wieder durch ihre Thränen zu sich, und die Nacht war die fürchterlichste ihres Lebens. Nicht die Sehnsucht nach dem Geliebten, nicht der Zwang ihres Vaters, noch die Flucht aus dem Vaterlande, sollten diese Gefühle in ihr erwecken können. – Sie sah ihn lebend, vielleicht noch unglücklich, und doch konnte sie nicht das Schweigen brechen. –

[25]Die Scenen des Tages hatten Johannen beunruhigt. Der Anblick der Waffen der Krieger, hatte ihr Bilder in die Seele zurück gerufen die ihrem Herzen seiner Ruhe willen hätten fremd bleiben sollen. Auch seit dem sie ihrer Gebieterin offen über Ihre Vergangenheit gesprochen, war es ihr als wären diese Bilder des Lebens aus der Ferne wieder hervorgehoben. Nach einigem Nachdenken befremdete es sie nicht mehr, daß der Anblick des fremden Gastes sie gerührt habe. Sie glaubte eine Aehnlichkeit zu entdecken, in der schönen Senkung seines Kopfes, um den die blonden Locken sich ringelten, als er nachdenkend sich umsah in dem Zimmer, u. die alten Gewölbe mit den Augen durchmusterte. Plözlich verhüllte er sein Ge-

sicht, als die Leuchte, die Gestalt des Mädchens beleuchtete, und seufzte tief. Er verlangte keine Speise, sondern bat die Schaffnerin möchte ihm einen Becher Wein reichen. –

Die übrigen Gefährten ließen es sich an der wohlbesezten Tafel wohl sein. Als auch sie die Ruhe suchten, und Johanna beunruhigt noch die vielen einsamen Gänge des Schosses durchwandelte, um Theils Befehle zu ertheilen, Theils um der Unruh ihres Herzens Luft zu machen, trat ihr Siegmund in den Weg. – Du gehst herum Johanna, als wäre dieser Tag nicht von den andren gewöhnlichen verschieden, u. doch ist uns vielleicht eine Begebenheit nahe, die allem was bisher geschah eine ganz neue Wendung geben kann. – Fühlst du gar nichts, bey dem Anblick [25v]dieser Männer? Glaubst du in der That, sie wären nur aus Zufall in diese Gegend gekommen? –

Ich glaube nichts sagte Johanna betreten –

Du kennst die geheimsten Gefühle unsrer Edlen Frau. Dir ist der Verlust ihres jüngern Sohnes nicht unbekannt. Dieser Fremdling hat so viel Aehnliches mit ihm; die Erzählungen seiner Gefährten sind so räthselhaft; Er soll ihnen plözlich in den Syrischen Wüsten wie ein Engel erschienen sein, indem sie im Gefecht mit Räubern waren. – Er hat sie mit einem kleinen Trupp Reuter befreyt, ihnen ihr Habe wieder erobert, u. die verwundet waren, hat er selbst gepflegt. In Jerusalem in dem Hause der Hospizreiter, sey seine Heymath gewesen niemand wisse woher er gekommen, u. die Veranlaßung seines Aufenthalts. Er habe streng die Pflichten seines Ordens gehalten, die Pilger begleitet, u. die Kranken gepflegt. Plözlich sey ihm der Gedanke gekommen, nach Europa zu schiffen, u. dies Häuflein daß er so großmüthig erettet, und die Kranken die er gepflegt, haben gelobt ihn nicht zu verlassen. An der *Venetischen* Küste haben sie gelandet, u. vom Schiff sey er zu Pferd gestiegen, und ⟨habe⟩ sie in die *Friaulischen* Thäler geführt. – Dieser Ort sagten sie müsse ihm vorzüglich lieb sein, denn er habe heisse Thränen geweint, als er ihn erblickt. An einer Capelle im Walde habe er lang gebetet – [26]nach den Besizern dieses Schlosses nicht gefraget, sondern ihnen gesagt, wenn es noch da wie ehmahls wäre, so würden sie freundlich empfangen werden. – Er müsse hier bekannt sein, ohne es sagen zu wollen. Er sey voraus geritten, an der Capelle des Schlosses abgestiegen; u. hätte eine lange Zeit dort gebetet. –

Liebe Freunde habe er zu einigen gesagt, Ich hoffe der Himmel hat mir noch Hoffnungen für das Leben erhalten; bleibt nur einige Tage ruhig, in dieser Gegend entweder es wird sich aufklären was mir dunkel war, oder ich entscheide schnell über mein Schicksal, u. trenne mich von der Welt, und von Euch, denn der Plaz wo ich seit meiner frühesten Jugend gern lebte, ist dieser Gegend nahe. –

Gehe Johanna horche ob deine Gebieterin noch wacht, nur den Schlummer der ihr Kräfte ihre Freude zu ertragen geben wird wollen wir ihr nicht rauben. Mir ists kein Zweifel noch, daß der Geliebte Adelbert noch lebte, seit dem ich den Ritter erblickte.

Hier konnte Johanna sich nicht mehr aufrecht halten; alle ihre Besinnung verließ sie. Er sollte leben! rufte sie bebend, u. sank leblos zur Erde. –

Johanna sie stirbt! rief Siegmund, mit der Angst des Schreckens! Es war niemand in der Nähe, der Hülfe schaffen konnte, er wusste kein Mittel, als sie auf seine Schultern zu laden, und nach ihrer Kammer zu bringen. – Er trug sie leise [26v]durch die Gänge des Schlosses bis an ihre Thür. – Dort fand er noch Jungfrauen, die auf ihre Winke warteten. Er übergab sie ihnen, denn eine Ehrfürchtige Scheu hielt ihn ab, die Schwelle zu betreten wo die lebte, die er so heiß u. innig liebte, u. die ihn doch durch alle Art von Kälte, doch nicht ohne Theilnahme von sich zu entfernen strebte. –

Sie erwachte unter ihren Mädchens, die mit treuer Sorge sie ins Leben zurückzubringen suchten. –

Sie schloß die Augen wieder, u. rief schmerzlich⟨.⟩ Ich will den Tag nicht mehr sehen, wenn ich nicht rein in deinen Augen erscheinen kann! –

Diese Sprache befremdete die sorglichen Mädchen, aber gewohnt ihr das Edelste zuzutrauen, erklärten sie sich diese Rede nicht; u. dachten still, wie sie sie beruhigen könnten. –

Sie bat bald als sie sich ganz wieder fühlte, daß man sie allein laßen möchte. Die Mädchens gehorchten, aber eine die eine geheime innige Neigung an sie feßelte, blieb vor ihrer Thüre sizen, u. suchte ihre Bewegungen zu erspähen. – Sie ging unruhig auf und ab, schrieb, zerriß wieder das Papier, und zu lezt, schrieb sie lang, und schien beruhigter. Die frische Morgenluft ermüdete endlich die Lauscherinn, und sie sank an die Schwelle der Thüre, und schlief fest ein. – Nach langem Schlaf, war es ihr als habe sie im Schlummer ein unbestimmtes Geräusch vernommen, u. als sie die Thüre der Kammer öffnete fand sie [27]Johanna nicht mehr darinn. – Sie glaubte der Morgen habe sie überrascht, u. machte sich Vorwürfe so lange geschlafen zu haben. Sie ging in den untern Raum des Hauses, u. glaubte Johanna schon da zu finden, aber es war alles still, sie suchte sie bey ihrer Gebieterin, u. versuchte die Thüre zu öffnen, aber sie war noch fest verschloßen, so suchte sie sie auf allen Pläzen wo man sie sonst des Morgen⟨s⟩ fand. Aber vergebens. –

Die Ritter wurden wach, alles was sie bedurften, ward in der besten Ordnung schon bereitet gefunden. Siegmund freute sich die Spuren der Sorgfalt der thätigen Jungfrau zu finden, während er sie noch im Schlummer wähnte, als er das Mädchen, das sie so eifrig suchte erblickte. – Wie verließest du Johanna! fragte er eifrig? – Ich hoffe der Zufall von gestern hat keine Folgen, denn ich sehe schon die Spuren ihrer sorgenden Hand, ohne sie selbst zu sehen. –

Johanna ist schon lang aus ihrem Zimmer, sagte das Mädchen. Sie war so wunderbar gestern Abend, so befremdende Dinge sprach sie, daß ich sie nicht allein lassen wollte, aber sie gebot es uns, von ihr zu gehen, ich blieb aber auf der Schwelle ihrer Kammer. Sie ging viel herum, schrieb, seufzte, u. endlich wurde sie ruhiger. – Als ich erwachte glaubte ich sie im tiefen Schlaf, und wie verwundert war ich, als ich das Lager leer fand, u. alles in der grössten Ordnung schon in dem Zimmer. Ich gehe aus sie zu suchen, aber noch habe ich sie nicht gefunden. –

Als sie noch so sprachen, sahen sie eine ganz unerwartete Erscheinung, denn Frau Clotilde von der Wart, die sich sonst [27v]nie in den untern Gängen des Hauses sehen ließ, stand vor ihnen. – Wo find ich jemanden fragte sie sanft? Ich wache schon lange, und erwarte Johanna, u. niemand zeigt sich mir, wo ist sie? – Sie war in meiner Kammer, schon, denn ich fand das frisch geschöpfte Wasser u. frische Blumen in meinen Krügen, und einen Kranz um die Bildnisse meiner Geliebten. – und sie selbst die mir die einzige Freude des Lebens noch ist, finde ich nicht. –

Im Gang wo Frau von der Wardt sich mit Siegmund besprach, standen in langen Reihen, mit ihren Waffen geschmückt, die Bildsäulen der Verstorbenen des Hauses. Die Sonne warf einen feurigen Schein auf die so alten grauen Waffen, durch die bunt gemahlten Fenster Scheiben. Es war eine rothe Dämmerung um die Gegenstände, und Frau Clotilde stand, in dem glänzend weissen Gewande, wie mit einem Heiligen Schein umgeben. Die blassen Wangen färbte der künstliche Schein mit einer Röthe, und es überfiel Siegmund eine heilige Ehrfurcht als sie so vor ihm stand. –

Eben erschollen die Fußtritte eines Mannes auf dem steinernen Boden. – Ein schwarzer Helmbusch wehte dran, und zu ihren Füssen lag, ehe sie sich nur umwenden konnte, Eine schöne Gestalt; – Soll ich noch einmahl das holde Angesicht meiner Mutter sehen! Soll ich ihre Vergebung erhalten, oder ihren Zorn. Fluchen, kann sie mir nie mahls. – Das weiß ich so gewiß, als mein Herz sie ewig liebt. –

[28]Welche Bilder, welche täuschende Bilder reihest du noch vor meine Augen, heilige Vorsicht! – Sie hob die Hände zum Himmel, dann umfassten sie den Ritter. – Seys Wahn, oder Wahrheit: Ich danke dir Gott für den Wahn auch! und so stürzte sie weinend an die Brust des Sohnes. Ewig konnte sie das Übermaaß von Glück nicht tragen, sie bedurfte neue Kräfte des Lebens, und sank halb ohnmächtig in des Jünglings Arm. –

Siegmund kam herzu, und sein Herz freute sich der Erfüllung seiner Ahndung. Es gelang ihm mit Adelberts Hülfe sie in ihr Gemach führen zu wollen, aber wie von einer heiligen Gewalt ergriffen streubte sie sich gegen ihre Führer. Der Erste Gang mit meinem Wiedergefundenen sey in die Capelle. Dort wo ich so oft Gott u. die Heiligen um Licht über sein ungewisses Geschick bat, dort soll auch der erste Dank ausgesprochen werden.

Nach vieler Mühe gelang es, sie dorthin zu bringen. Eine ungewöhnliche Helle kam ihnen entgegen. Alle Kerzen flammten, u. Blumengewinde verzierten den Altar. Mitten auf der Stufe des Altars, lag ein gefaltetes Blatt; – Clotilde hob es auf, und nachdem sie da ihre Wünsche u. Dankgebete ausgesprochen; ihren wiederkehrenden Sohn geseegnet, und über dem Denkmahl der andren geweint, gedachte sie wieder des Blattes. *[28v]*Sie öffnete es, es war Johannens Hand. –

> Auf der Stelle wo du zuerst mit deinem Wiedergefundenen wallfahrten wirst, nach deinen Gefühlen die ich so oft theilte Edle Frau, kann ich dies voraussehen, sollst du dieses Blatt finden, wenn deine Johanna auf rauhen Pfaden irrt; und dem Glück entflieht, daß sie durch Trug verlohren, wirst du doch glücklich sein in den Armen deines Adalbert, u. nur dieser Wunsch bleibt uns, und folgt mir in die Einsamkeit. – Ich muß dich verlassen. Dein Sohn den mein Unglück von dir entfernte, ist wieder bey dir, diese Gebete hat der Himmel erhört. Ich habe erfüllt wonach ich strebte. – Möchtest du ihn von meiner Unschuld überzeugen können, so habe ich nichts mehr gut zu machen! u. in seinem Andenken lebend, verlasse ich eine Welt, die so früh mir ihre Leiden fühlen ließ. – Lebe du glücklich, und erfreue dich deines Sohns! Ich kann ihn nicht wieder sehen, denn die Erinnerung der Vergangenheit, der Gedanke daß er mich verkennte vielleicht, entfernt mich von ihm und der Welt, der ich nicht angehören soll. Lebe für mich Edle Frau, möge Euch Gott seegnen! –

Soll kein Glück rein seyn auf dieser Erde! rufte Frau von der Wart schmerzlich! Sieh mein Sohn diese Handschrift, diese Johanna, die der Schmerz um mein Schicksal zu mir führte, die [29]das Schicksal versöhnen will durch das Opfer daß sie mir brachte. Sie läugnete ihren Stand, ihre Ansprüche auf die Welt, diente mir, und nur durch ihre Tugend, ihre Anhänglichkeit bewogen, gelang es mir sie über die andren Frauen meines Hauses zu erheben: Sie selbst glaubte immer nicht genug Demüthigungen zu erfahren, um das Leiden ihres Herzens abzubüssen. – Ach warum soll sie uns nun fehlen da sie so lang meinen Schmerz theilte. Soll sie nicht auch mein Glück theilen. – An diesem heiligen Ort sollst du erfahren was sie mir vertraute. Löse mir deine Zweifel, dein Betragen, und wir wollen alles aufbieten sie wieder zu finden. – Sie erzählte ihm nun was ihr Johanna vertraut, und er gab alles zu, und beschwor nur die Mutter ihm sein Schweigen gegen sie zu vergeben. – Als ich wieder mit aller Hofnung zu Johanna eilen wollte sprach Adalbert, bekam ich einige mahl Briefe von unbekannter Hand. Man sagte mir, ich solle der Treue eines Mädchens nicht vertrauen. Die Liebe zum Reichtum, zu Ansehn, sey oft Schuld an dem Wankelmuth des weiblichen Herzens. Von ihr war ich sicher, denn über solche Rücksichten erschien sie mir immer erhaben. Aber es war dem Vater u. Bruder gelungen, der Welt es glauben zu machen die sie umgab! – Kannst du mir es verargen Mutter, wenn ich mich in meinen schönsten Hofnungen getäuscht sah, und das Herz voll Sehnsucht der Liebe; [29v]wenn ich da mistrauisch gegen das Schicksal, gegen ein weibliches Herz werden konnte; ihre Briefe kamen nicht mehr zu mir, überhaupt konnten wir uns nur selten diese zukommen lassen, und ein Wort von ihr war mir mehr als zehn Briefe von andren. Denn ihr Wesen lag blos u. rein in meiner Seele. Der kleinste Verdacht ihres Wankelmuths brachte mich zur Verzweiflung. –

Ich riß mich mit Ungeduld von dir, das weißt du noch Edle Mutter. Du verzeihst mirs! wie mir's Gott vergeben mag; ich wollte dir nicht sagen was mich fort trieb, denn mein Entschluß war fest, ohne Johanna nicht zurückzukommen. – Auf den Flügeln der Ungeduld, der Sehnsucht eilte ich fort. Tag u. Nacht wandte ich an, ich kam zu dem Kloster; mein alter Freund der Mönch empfängt mich schweigend; Auch ihm war das Gerücht zu Ohren gekommen, Johanna habe dem Wunsch ihres Vaters nachgegeben u. sey entschlossen Gräfin von Uberto zu werden, der Stand, das Ansehn ihres Bewerbers habe sie geblendet; Auch er war einst in der Liebe getäuscht worden, und er glaubte leicht die Bestätigung seiner eignen Schmerzlichen Erfahrungen. Er wollte mich vorbereiten, mir Muth geben. – Der Morgen der kam, fand mich auf dem Wege zur Capelle, ich höre Stimmen von weitem, u. Pferde; die Ritter des Grafen hatten [30]sich an den Pfeilern der Kirche gelagert. Sie sprachen von vielerley Begebenheiten. Der Eine sagte scherzend, ich glaube alles nun, da ich es sehe, daß selbst die festesten Gemüther wanken, das Fräulein hat so lange ihrem Vater ihrem Bruder wiederstanden, der Graf hat so viele vergebliche Versuche gemacht, u. nun da man sie eine zeitlang vor der Welt ganz absonderte, da man sie ihrer Freyheit beraubte, jezt ist ihre Liebe zu dem ehmahligen Geliebten verstummt, und sie folgt willig dem Befehl des Vaters, und wird heut von uns begleitet nach Hause kommen. Nachdem sie dieses zugab wird sie bald auch den Gemahl anerkennen. Vielleicht heute schon giebt sie ihm die Hand am Altar; denn wer einmal nachgegeben geht schnell vorwärts. – Die Weiber bleiben sich gleich in jedem Stande. –

Kannst du fühlen Mutter wie das Herz mir erbebte? wie ich aus der Täuschung erwachte! – Wuth, Verzweiflung, riß mich hin. Ich konnte den stolzen triumphirenden Mann nicht sehen Der mir nicht allein sie selbst, sondern auch den Glauben an alles Gute u. Heilige in der Welt raubte. – Ich stellte mich ihm in den Weg als er triumphirend zur Kirche ritt, ich foderte ihn; warte rief er höhnisch du wüthender Ritter, bis ich vom Altar komme, erst muß ich die Braut haben, dann ihren Geliebten besiegen. –

[30v]Ich war erkannt. – Den Ausgang des Gefechtes weißt du. Wäre dieser Mensch Edel gewesen, so würde es mir nicht gelungen sein zu entkommen, aber kaum hatten die Ritter den Ausgang dieses Gefechtes vernommen, während dem auch keiner ihm zu Hülfe kam, so war kein Schwerdt daß sich zu seiner Rache erhob. – Die Kampfgefährten hatten nur das Bedürfniß, der augenblickliche Einfluß des Grafen an ihn gefesselt; und nicht Neigung noch Pflicht. Sie flohen zerstreut auseinander, u. kaum blieb einer übrig seinen Leichnam zu schüzen. – Ich selbst wollte in der Nähe bleiben; wollte die Reste eines Nebenbuhlers schüzen, als der Mönch mir erschien. Eile sprach er zu fliehen, Unglücklicher! Gott vergebe dir diesen

Mord. Die Leute des Grafen sind erschrocken nach dem Schlosse geflohen, jezt noch kannst du entkommen. Ich wurde von einer unsichtbaren Gewalt fortgetrieben. – Nicht der Tod des Grafen quälte mein Herz, aber der Zweifel über Johannas Beständigkeit! – Der Ton indem der Ritter von ihr sprach, das Schweigen des Mönchs Alles ließ sie mir schuldig glauben. –

Ich musste diese Gegend verlassen – Hätte ich dir als ein Mörder erscheinen sollen? in deiner reinen Gegenwart mein blutbefleckten Gewißen fühlen? Ich fand ein Schiff im Hafen, daß nach *Palästina* seegelte, dort wollte ich mein Unheil abbüssen, und Gelübde ablegen, die mich auf ewig von der Welt trennen sollten – der ich nicht mehr angehören konnte.

[31]Aber geliebte Mutter laß uns Eilen. Statt dir die Gefühle meines Unglücks zu deuten, laß uns handeln. Sie muß gefunden werden, zu ihren Füssen will ich das Bekenntnis meines Lebens ablegen. – Du musst mit uns geliebte Mutter, denn dem Kloster wohin sie wahrscheinlich sich geflüchtet hat, darf unser Tritt nicht nahen. –

Noch einmal geliebte Freunde und Begleiter, fodre ich Euch auf, mir Hülfe zu leisten. Sattelt eure Rosse. Suchet auf unbekannten Wegen die nahen Städte auf, und die Strassen, wie die wilden Waldwege: Ach wo sie auch irren mag, wer von Euch sie erspäht, wer ihr meine Reue, meine Liebe schildern kann, Der hat sein Gelübde gelöst, daß mir Eure Dankbarkeit in den Syrischen Wüsten zusagte. –

Siegmund hatte der Edlen Frau das Roß gezäumet, und Adelbert ritt schweigend neben ihr her. Zu viele Gefühle kreuzten sich in seiner Brust. – Durch Felsen und Wald zogen sie hin, und gegen Abend als der Klang des Klosterglöckleins die Ruhe verkündet und die frommen Seelen zum Gebet ermuntert, um noch einmal des vergangnen Tages zu gedenken, da zog Frau Clotilde an dem Strang der Pforte; Adelbert war zurück geblieben, unter dem Schatten einer Linde. – Die Pförtnerin kam, sie schien betroffen!

Euch erwartete ich nicht hier, Edle Frau! *[31v]*Ihr verlasset so selten Eure Burg, und es ist kein frommes Fest jezt in unsren Mauern.

Die Begebenheit die mich her führt ist ungewöhnlich, wie die Zeit. Antwortet mir fromme Schwester, habt ihr keine Pilger hier aufgenommen?

Die Pförtnerin schwieg, u. küsste ihr die Hand. Du bist selbst so fromm Edle Frau. Du wirst kein Geheimniß verrathen, wenn du schweigen gelobtest.

Du sollst die Aebtißin sprechen, ich darf nicht reden.

Clotilde folgte der Pförtnerin, im Schlafzimmer standen die Nonnen u. schauten neugierig die Edle Gestalt an. Die Aebtißin erschien. Sie führte Frau von der Wardt in das innre des Klosters. Darf ich Euch um ein Nachtlager bitten fromme Mutter? in Eurer stillen Zelle will ich Fragen an Euch thun, die zu meinem Glücke nöthig sind. Aber die erste Sorge ist jetzt meinen aufs neu gefundenen geliebten Sohn zu beruhigen. Sagt mir, ist Johanna bey Euch?

Dir will ich es gestehen, sie ist bey uns. Jezt kniet sie in der Innern Kapelle des Klosters, denn sie hat gebeten, gefleht sie für aller Welt zu verbergen, nie zu verläugnen. – Ich will dich dein frommes Gelübde nicht zu brechen veranlassen. Aber es giebt Fälle wo es die heiligste Pflicht ist, ein verwundetes Gemüth zu heilen, und wo Gelübde selbst aufhören wirksam zu sein. Ich will nicht sprechen, aber nur diese Rose laß mich, meinem Sohn senden, der unter der Linde am Eingang in peinlichen Sorgen harret. –

[32]Die halbe Stunde, die Adelbert hier zubrachte, war die schrecklichste seines Lebens. Muth, Hofnung, und der schmerzlichste Unglaube wechselten in seiner Brust. Er stand in tiefen Träumen versunken, sein Roß wieherte ungeduldig, und zerstampfte den Boden. – Eine leichte schlanke Gestalt, von einem Knappen begleitet kam den Fußpfad herab; Sie nahte

schüchtern dem Roß, und forschte nach der Nähe des Reiters. – Seyd Ihr Adelbert von der Wart? Ich soll Euch im Nahmen Eurer Mutter diese Rose bringen; und Euch für diese Nacht bitten in die nächste Stadt zu eilen. Sobald der Morgen dämmert, findet Euch wieder hier. – Ruhe. Hofnung. Geduld soll er suchen. Dies sind die Einzigen Worte, die Eure Mutter mir sagte. – Ich soll Euch erst sehen den Weg dahin nehmen wo Ihr der Mutter versprecht hinzugehen. Als so geleit Euch Gott. –

Wie ein Träumender bestieg er sein Roß. – winkte schweigend dem Mädchen, und sie verlohr ihn aus den Augen.

Als Frau von der Wardt der frommen Aebtißin ihr Anliegen offenbart, und zu ihrer Beruhigung erfahren, daß Johanna noch keine übereilten Gelübde in der ersten Stunde ihres Hierseins ausgesprochen, so harrte sie ruhig ihrer Rückkehr aus der Capelle. – Sie vernahm ihre Stimme aus den langen Kreuzgängen, und eine Nonne die neugierig sich zu Johanna gedrängt hatte, u. den ersten Augenblick erwarten wollte, wo sie wieder sprechen würde, fragte eifrig; Nicht der weite Weg den du machtest, [32v]schöne Fremde, hat dich wohl ermüdet? Du hast auch noch keine Nahrung den ganzen Tag zu dir genommen. Johanna sagte seufzend, nicht die Bedürfnisse des Lebens bedarf ein bewegtes Gemüth zu stillen. – von dorther muß es Ruhe erflehen, und ihr grosses Auge blickte sehnend zum Himmel. –

Die Äbtissin hat die Stärckung bereitet, da du sie von uns nicht annehmen willst, sagte die Nonne u. führte sie in das Zimmer. – An einen Pfeiler gelehnt, halb verborgen, stand Frau von der Wardt. Johanna kam ermattet mit wankenden Schritten. Sie fiel in die Arme des Mädchens. Glaubtest du Johanna, daß du unsrer Liebe so schnell entfliehen kannst? Komm in meine Arme geliebte Tochter. – Adelbert ist bey mir, er ist gefunden, ganz so wie er mich verließ, aber das Herz zerrissen an dem peinlichsten Gefühl dich unglücklich gemacht zu haben. – Diese lezten Worte hatte Johanna noch vernommen. Kalt und schwer lag sie an der Brust ihrer Mutter. –

Man brauchte Zeit sie ins Leben zurück zu rufen, und als sie erwachte, stand die Aebtißinn, u. Clotilde ihr zur Seite. –

Ich soll wieder zum Leben und Glück erwachen? So will es der Himmel und all die Angst der lezten Tage soll sich in Freude auflösen?

Ja meine Tochter, sey ruhig jezt und gedenke nur einer frohen Zukunft. –

Morgen musst du mit mir dieses Kloster verlassen, und dem wieder in die Arme eilen, der dir so viel Schmerz gab. –

[33]Adelbert konnte den Morgen nicht erwarten, jeder Laut weckte ihn aus dem Schlummer, der ein wacher Traum war. – Als das erste Licht des Morgens erschien stand sein Roß gezäumt und er schwang sich hinauf. Die Rose, das Zeichen der Hofnung auf seinem Helm.

Um das Kloster war noch alles still, und die Gewalt des Schlummers schien alle Wesen noch zu binden. – Er umging die Mauer u. stieg an den Felsen Wänden herab u. hinauf und nur Einzelne Stimmen der Vögel begrüssten ihn. –

In der Kirche schimmerte die Ewige Lampe dem Licht des Tages entgegen. Wie der Glanz des Lebens, für den Glanz des Himmels schwindet, so wurde ihr Schein immer blässer bey dem lebhaften Schein des Tages.

Endlich hörte er Tritte, die Pforte öffnete sich, und die Frau von der Wart kam auf Johannas Arm gestützt heraus. – Er traute nicht seinem Glück in dem schönsten Augenblick, er sah nur auf die Mutter. Langsam knarrend schlugen die Flügel der Pforte zusammen hinter den Heraustretenden, und Frau Clotilde fasste stärcker Johannens Arm, um ihre süsse Beute nicht wieder zu verliehren. Der erste Strahl der Sonne übergoldete die Linde, die Glocken der Frühmette ertönten anschon, und in diesem Augenblick des vollen seeligen Erwachen des Tages, schloß Adelbert, die lang beweinte Geliebte in seine Arme. Sie ist dein rief die bebende Mutter. Sie will zur Welt, zu uns zurückkehren, und dein schüzender Engel werden in einem glücklichen Leben, wie sie der meine, in dem traurigen Laufe meines einsamen Lebens ward.

*[33v]*Das Glück des Wiedersehens hatte schnell mit seiner heilenden Kraft Johannens Gemüth belebt. Sie bestieg das Roß, das Siegmund ihr zuführte, den die Ungeduld der Entwickelung bestürmte, er war seiner Gebieterin gefolgt. Er las in den entzückten Blicken der Mutter was das Schicksal ihm bereitet hatte, aber sein Herz zu groß um sein Glück auf Kosten andrer rein genießen zu können, war ganz der Freude des Augenblicks würdig. Die Tagereise wurde durch wenig Worte abgekürzt u. eher schweigend genoß jedes die günstige Wendung seines Schicksals. – An der Pforte der Burg der Edlen Frau Clotilde von der Wart, erschien ein Ordensbruder, der sie zuweilen besuchte, er hatte die frohe Kunde vernommen, die die Landleute schnell verbreiteten, denn die Freude ihrer Gebieterin war Allen ein Fest.

Diese Begegnung ist ein Wink des Schicksals, meine Kinder, rufte Frau Clotilde den Liebenden zu, die mit verschiedener Empfindung die Geliebte Schwelle wieder betraten. – Dieser fromme Bruder soll uns zu der Heiligen Stätte begleiten, und da Euer Gelübde Ewiger Treue und Liebe bestätigen. Du sollst nun als meine Tochter in jedem Sinn des Worts die Schwelle wieder betreten, Johanna die du mit Thränen verlassen.

Ich weiß du baust auf die Liebe meines Sohns, ohne weitere Erklärungen. Dies Glück, das so unverhofft erscheint ist eine Gab⟨e⟩ von Oben, darüber sollen wir nicht grübeln. –

[34]Noch hingen die Kränze an dem Denkmahl, u. die Kerzen flimmerten noch, und an dem Altar, wo Johanna ihren Abschieds Brief niederlegte, gab sie jezt die bebende Hand in Adelberts Hände, und die Kränze die die Bilder schmückten, blühten jezt aufs neue in der Hand der Liebe. Dieses Denkmahl der Sehnsucht wurde jezt das Denkmahl des Glücks, und indem Frau von der Wardt ihrer Abgeschiedenen gedachte, mischte sich stiller Dank in die Rührung, für das was sie wieder gefunden.

Lange lebten Johanna und Adelbert selbst beglückt, und andre beglückend in diesen Mauern. Frau von der Wardt hatte noch die Freude einen blühenden Enkel am Altar dankbar dem Himmel zu weihen und gab ihm den Nahmen ihres Erstgebohrnen. Sie starb in Johannas Armen und ruht zwischen ihren geliebten Söhnen. Johanna die die Tugenden ihrer Mutter besaß, pflanzte sie fort und wurde ein Glück denen die sie umgaben eben so liebreich wie ihre Edle Mutter ihnen in ihren Schmerzen ward.

Sie ward durch alle Bande der Liebe an das Leben festgehalten. Aber doch wallfahrtete sie täglich zu der Kapelle, um ihre Gedanken dort hin zu richten wo erst dauerndes Glück und Freuden unser Loos sein werden. –

Aus Athanasiens Taschenbuch.

III. Romane

⟨Wallberg⟩

[1]Englands weiße Küsten schallten vom Donner der Kanonen wieder die ein reichbeladnes amerikanisches Schiff begrüssten, das im Hafen einlief. –

Mannichfach waren die Gefühle des Volcks, daß sich im Hafen drängte um die ankommenden zu begrüßen, dort berechnete der nimmer ruhende Rechnungsgeist des Kaufmanns den Gewinn seiner Ladung. Dort suchte manches sehnende Auge ob es den Geliebten erspähe. Ein harrender Vater stand bebend da, die Soldaten zu erwarten, die das Schiff an Bord hatte. Sie kehrten nach manchen Gefahren eines blutigen Kriegs im Schooß ihres Vaterlands zurück, um ihren eben so ruhmbegierigen Landsleuten in jenem Welt⟨t⟩heil Plaz zu lassen, aus dem sie ehrenvoll sich zurückzogen. – Muntre junge Frauen hoben heiter ihre Kinder in die Höhe, um ihren Männern gleich alles zu zeigen was sie wiederfinden, die entzückten Väter überzählten schnell den Kreis ihrer Familie den sie übersehen konnten u. seegneten des Geschicks wenn sie niemand vermißten. Wer vermag das Entzücken des Wiedersehens zu schildern! Ein thränender Blick blieb starr auf die Wellen geheftet, und eine hell geöffnete Lippe sprach leis den Ton des Schmerzens aus. Er ist nicht unter ihnen! Unter den zuströmenden Menschen stand eine lange schöne Gestalt, auf ihre Begleiterin gelehnt, ein großer langer Schleyer verbarg sie, ihre wankenden Schritte vermochten sie noch von dem für sie traurigen Schau[1v]plaz hinweg zu lenken, und die Begleiterin fasste sie kräftiger an, u. sprach beruhigend. Wir wollen uns von dieser lebendigen Welt in unsre Einsamkeit flüchten, unser Schmerz taugt nicht in diesen Ruf der Freude. Und sie folgte, willig –

Es war als wenn ein neues Leben für die fröhliche Schaar aufging, die sich wiedergefunden hatte. – Unter dem Gedränge des Volcks bemerkte man bald den Kapitain des Schiffes, eine junge Frau hing an seinem Arm, sie sah mit hellem freundlichem Blick auf die Matrosen die ein kleines Mädchen von 8 Jahren u. einen kleinern Knaben noch in ihren starcken Armen festhielten, u. sie mit dem Ausdruck ihres heftigen Gefühls an die Scenen ihrer Seereise erinnerten, und sie baten sie nie zu vergeßen. Die schöne Frau gab eine Geldbörse in die Hand des einen Matrosen, und sagte sie sollten in dem besten Wirthshaus den Abend ihrer Gesundheit trinken. Kaum hatte es die rohe Bande vernommen so ruften sie laut mit wildem Geschrey. Hoch lebe die schöne Frau Clara Walberg.

Ein alter ehrwürdiger Mann war am nächsten am Strande, und, kaum hatte er das Geschrey der Matrosen vernommen, als er die Abschiedsscene beobachtet hatte, so stellte er sich dem Kapitän im Weg, und bat höflich ihn anzuhören. Ich vernehme einen Nahmen hier der mir sehr nahe angehört, mein Herr, vergönnen Sie mir eine Frage. –

Ungern hör ich diese Unterbrechung, sagte der Kapitain [2]ernst und heftig, denn alles liegt mir daran, meiner Begleiterin mit ihren Kindern ein Obdach zu verschaffen, das Volck drängt uns, das schüchterne Weib scheut sich, sich den Blicken der Menge preisgegeben zu sehen.

Kommen Sie in meine Wohnung mein Herr. Nicht doch sagte der Greis, dringend, ist diese Frau für was ich sie halte, so bedarf sie keines fremden Schuzes mehr. – Aber der Kapitain hörte nicht mehr die lezten Worte und schon war er seinem Ziel näher, aber der alte Mann ging standhaft hinter drein, und murmelte es ist doch sonderbar, höchst sonderbar, daß er mich nicht hören will. Er hatte sie bald erreicht, und eben sezten die Reisenden den Fuß ins Gasthaus; Clara wandte ihre Augen auf den Alten der sich ihr hier gleich wieder entgegen stellte, u. rufte entzückt. Lieber Kapitain so dankbar ich Ihnen für Ihren Schuz ewig sein werde, so muß ich jezt einer süßern Stimme folgen, dieser Edle Mann der mich so standhaft aufsucht ist Alexanders Vater. Ich erkenne die Züge meines Geliebten. Meine Tochter, du bists, rief der alte Wallberg entzückt, und Clara lag in seinen Armen. Die Kinder drängten sich zu, und bald erklärte sich in ihren Gefühlen daß sie wussten wie sie zu einander gehörten.

Als der erste Taumel der Freude vorüber war, fasste sich Clara zuerst, und sagte zu ihrem neugefundnen Vater. Welchem glücklichen Zufall danke ich, daß ich Sie hier finde. *[2v]*Je näher ich die weissen Spizen vor mir ausgedehnt erblickte, je weiter mir der Blick auf dies Land, sich ausdehnte, je enger wurde mein Herz; denn ich fühlte mich in eine ganz fremde Welt verschlagen, dieser Mann sagte sie indem sie freundlich dem Kapitän die Hand reichte, war mir der lezte Freund, denn ich musste zu schnell Amerika verlassen und Alexander konnte uns keine Briefe an seinen Vater geben, denn der Wind der uns vom Ufer trug kam so schnell daß das Boot das er mir nachsenden wollte, uns nicht mehr vor Anker fand. Je näher ich kam, je schwerer lag die Ungewißheit meiner Aussichten, auf meinem Herzen. Wo sollte ich meinen Vater, meine Mutter finden? – Aber jezt, diese unvermuthete Zusammenkunft, sie ist mir der schönste Bürge für meine Hofnungen.–

Es ist nicht so sehr Zufall meine Tochter als du denkst denn ein kleineres Fahrzeug das schneller seegelte, als Euer Schiff brachte mir Alexanders Briefe, er verkündigte mir daß du im nächsten Schiffe ankommen würdest. Und ich eilte von dem freudigen Donner des Geschüzes begleitet am Haafen, um Dich zu erspähen. – Meine Hofnungen, nicht die deinigen sind am schönsten erfüllt, denn in diesen Zügen, in dem schönen Ausdruck deines Wesens sehe ich alles was ich erwartete. Was du in uns finden wirst, dies steht noch bey den Göttern. –

Mein Herz sagt mir alles Glück, und alles Gute, sey in Ihrer Nähe, was ich ohne Alexander finden kann, finde [3]ich gewiß in ihrem Kreis. Schwere Tropfen rollten aus den blauen Augen, und alles blieb stumm um sie herum. Der Kapitän war in stummes Nachdenken versunken, und als er erwachte, fasste er schnell Claras Hand, aber er suchte vergebens Worte. Clara verstand sein Gefühl das sie mit gleichdauernder Anhänglichkeit und Antheil während ihrer Reise ahndete, und wollte durch Worte diese Scene erleichtern. So ganz kurz können wir, mein Freund, uns nicht trennen, ich weis zu gut wie viel ich Ihrer Pflege, Ihrer wachsamen Freundschaft für mich und meine Kinder zu danken habe, Sie müssen uns in das Haus meines Vaters begleiten, Sie müssen sehen zu welchem Glück in dieser ehrwürdigen Familie mich mein Schicksal führte, und wenn Sie in dem Sturm mit den Wellen kämpfen, so mögen Sie freundlich meiner gedenken, die aus dem Sturm des Lebens sich im Schooß des Friedens und der Ruhe flüchtete. –

Wüssten Sie mein Vater wie viel dieser edle Mann für uns that, wären Sie ein Zeuge dieser Aufopferung geworden, Sie würden ihn als ein höheres huldreiches Wesen verehren. Um alles in der Welt schweigen Sie, ich stehe beschämt für dem edlen Greis, denn ich fühle daß ich alles was ich thun konnte nicht deswegen that um meine Pflicht zu erfüllen, sondern mein

Wille folgte nur der Stimme meines Herzens. Sie wähnten sich unter rohen ungebildeten Menschen, schöne Frau, und ahndeten nicht welcher Zauber in der Schönheit liegt mit dem Sie [3v]die Natur ausstattete. Wären Sie auch nicht was Sie sind schon diese schöne Hülle müsste Antheil und Liebe einflössen, und ich der Sie kennen lernte, Sie in den unbedeutendsten Momenten, wie in den wichtigsten beobachten konnte, sollte ich allein ungerührt bleiben. – Hätten Sie die Ruhe, die Heiterkeit gesehen mit der dieses glückliche Weib in der größten Gefahr in der sich unser Fahrzeug einige Stunden befand, sich betrug. Sie sah einem traurigen Tod mit ihren Kindern entgegen, fern von ihren Geliebten, unbeweint und ohne Hülfe, sah sie die Wellen sich öffnen, kein freundlicher Arm hielt sie aufrecht, und kein Freund blieb ihr zurück der ihren Standhaften Todt noch ihrem Gatten verkündet hätte, ich fühlte dies alles für sie. Aber sie gleich ruhig, bot so lange nur ein Funke Leben in ihr war, ihre Kräfte auf, ihrer Kinder Leben zu fristen, dachte auf Möglichkeit sie vielleicht zu erhalten, und als der Stoß kam der unser Schicksal entschied, fasste sie beyde Kinder im Arm und so wollte sie sterben. Keine Thräne trübte dies Auge. Alexanders Nahmen sprach sie leise, und sah uns heiter an. –

Entzückt hörte der alte Wallberg das ungekünstelte Lob seiner gefundnen Tochter, und der Kapitain wurde ihm noch lieber über den reinen Ausdruck seiner Anhänglickeit, und er gelobte ihm ewige Dankbarkeit und Freundschaft. – Sie müssen ein Mitglied unsrer Familie werden, Sie gehören zu uns, und so schloß [4]er den Kapitain an sein Herz und weinte. Gebe auch ein gutes Schicksal daß Sie uns bey Ihrer nächsten Zurückkunft Alexander zuführen, damit Clara Ihnen auch dies zweyte Leben verdanken könne. –

Alles Gute wird mir das Schicksal nicht geben, sagte der Kapitain. Mein Schicksal ist wie das Element in dem ich lebe. Nicht lauter Windstille; und so werde ich auch endlich in dem Hafen der Ruhe einschiffen, mit Sturm und Windstoß. – Sie meine Freundin mögen glücklich sein. Sie wißen warum und für wen Sie leben. Sie treibt nicht ein geheimnißvolles Verhängniß den Kreis des Lebens zu erfüllen den ein böser Dämon vorgezeichnet hat. – Uns gehört zu tragen was das rächende Geschick auflegt. An Sie werde ich in dem glücklichsten Moment meines Lebens denken, denn Sie sind mir ein Pfand des Himmels. Ich habe doch einmal eine Schuld gegen den Himmel abgetragen. – Ich bin nicht was ich Ihnen scheine. Aber ich will suchen dieses Andenkens werth zu werden. –

Die Thüre des Zimmers ging auf und eine bejahrte weibliche Gestalt trat herein. Die edelsten Gesichtszüge, und die Spuren der Schönheit konnte auch das Alter nicht verdrängen, obgleich leichter auftragen.

Glaube nicht daß ich so ruhig und müßig zu Hause war Guter Vater rief sie Wallberg zu. Meine Kundschafter [4v]haben dir gefolgt, und ich warte eben so ungeduldig auf den Augenblick meine Kinder an mein Herz zu schließen. Nimm sie die geliebte Tochter, ihr seyd werth einander anzugehören. Und nun lagen beyde in den Armen des Vaters. – Der Kapitain stand und sah forschend Frau Wallberg an. – Nach langer Pause führte der Vater auch ihn seiner Gattin zu, erzählte schnell und geschwäzig was er alles seiner Tochter gewesen und wollte ein ganzes Leben in die wenigen Worte drängen, um das Herz der Mutter dem fremden Gast geneigt zu machen. Sie sah ihn bedeutend an, hörte gefällig die Erzählung des Vaters. Ich fühle alles was Sie für Clara, für ihre Kinder thaten mein Herr, ich möchte es Ihnen sagen können. Aber so sehr ich mich freue, so liegt etwas in Ihren Zügen, das mir den Ausdruck zu lähmen scheint. Eine unwiederstehliche Gewalt ruft mir bey Ihrem Anblick eine Erinnerung zurück die zu nahe mit dem schmärzlichsten Gefühle meines Lebens verwebt ist. Ich muss es Ihnen sagen, denn Sie müssen und sollen auf meine ganze Dankbarkeit rechnen. Aber nur über dies eine Gefühl vermag ich nicht Meister zu werden.

Ihr werdet Euch näher kommen, er ist unser theurer Gast, unser Bestreben ihm zu gefallen soll von unsrem Gefühl der Dankbarkeit geleitet werden. – Aber warum sind wir hier? in einem fremden Hause. Eilst Du Geliebte, [5]Clara in das Haus ihrer Eltern zu bringen. Sie kann nicht früh genug darin erscheinen. –

Der Kapitain nahte sich Clara und drückte ihre Hand fest an sein Herz. Eilen Sie, folgen Sie Ihren geliebten Eltern, ich kann jezt nicht sogleich Ihnen folgen. Die Kinder wollten ungestüm ihn mit fort reißen, aber er nahm sich zusammen, wies sie freundlich bewegt zurück, und sagte jezt nicht sogleich liebe Kleinen. Ich muß noch mein Schiffvolck sehen. Ihr seyd geborgen in den Armen Eurer Mutter, dieser edlen Menschen. Geht, geht.

Er schlug die Thüre heftig zu, und lag todtbleich im Fenster. Doch lies er sich der Familie nicht sehen in diesem Zustand, und barg sein weinendes Gesicht im Vorhang. Unbewusst welchen Schmerz dieser Tag erweckt hatte, eilten die Glücklichen in Wallbergs Haus, das in einer schönen Gegend der Stadt lag, und durch den Eindruck den es machte auf die Bewohner schließen lies. Schön und bequem, ohne unnöthige Pracht, fand man alles darin, was zum Reiz des Lebens gehört, und Friede und Heiterkeit war auf jeglichem Gesicht zu lesen, denn die Herrschaft verband jede Tugend des geselligen Lebens, mit dem strengsten Sinn der Ordnung und Thätigkeit. Ein jeder Mensch, wie der unbedeutendste Hausrath war an seinem Plaz. – Für Clara die mehrere Monate die eingeschränkte Existenz des Schifflebens gewohnt war, [5v]die nur sorgen konnte für den nächsten Moment das nöthige zu thun, in ihrer eingeschränkten Cajüte, hatte das schöne hohe geräumige Haus einen eignen Reiz. Sie hielt sich ohne es zu wißen, fest an dem Arm des Vaters, und glaubte noch immer der Boden wanke unter ihren Füßen.

Die Kinder freuten sich an den schönen Spiegeln, in denen sich ihre Gestalt wie die Reyhe der Zimmer vervielfältigte. – Wallberg ordnete alles zum Empfang des Kapitains an. Clara dachte mit einer Art Bangigkeit an ihn, und fühlte sich wunderbar bewegt, bey seinem Druck der Hand; die Kinder hatten keine Ruhe bis sie ihrem Freunde die schönen Zimmer gezeigt haben würden, und Mutter Wallberg saß in stiller Rührung und betrachtete bald die schöne Tochter, bald die blühenden Kinder, und zeigte mit Freude jeglichen Hausgenossen die Fremden, und freute sich ein neues Leben zu beginnen im Kreis ihrer Kinder. – Alle Abende versam⟨m⟩elte sich ein kleiner Kreis von Freunden im Wallbergischen Hause, wo es einem jeden wohlging. Sie kamen auch heut, und Clara betrug sich mit aller der Feinheit einer gebildeten Europäerin, zur Freude ihrer Verwandten, und zum Erstaunen der Gäste. Sie war in keinem Fache fremd und verrieth ungewöhnliche Bildung, ohne sie entdecken zu wollen. – Sie war im Hause ihrer Eltern gewöhnt worden jeden Reisenden von Bedeutung zu sehen, und diese hatten ihrer Tochter willen keine Gelegen⟨heit⟩ [6]ungenuzt gelassen, um ihre Bildung so vielseitig als möglich zu machen. Sie kannte mehrere Sprachen, und sprach sie leicht und mit Fertigkeit und hatte die bedeutendsten Schriftsteller kennen lernen aus jeder Nation. Ein Cirkel gebildeter Franzosen hatte sich in Claras Elterlichem Hause versammelt die ihr zumahl die leichte Gewandheit der Unterhaltung lehrten, aber sie hatte mit feinem Sinn sich noch über ihre Muster erhoben. Sie verband diese anmuthige Leichtigkeit mit einem tiefren Gehalt und besaß mehr Kenntnisse als sie, aber auch weniger Anmaßung. Musterhaft war ihr Benehmen in der Gesellschaft wenn sich über ernstere Gegenstände das Gespräch zu verbreiten begann. Sie nahm Antheil und lies es merken, aber sie vergaß nie die Gesellschaft um sich herum, der sie vielleicht nicht so ernsthaft scheinen wollte, oder fürchten musste nicht verstanden zu werden. Man merkte selten wenn man sie zum erstenmahl sah, welche ernste Bildung ihr Geist empfangen. Sie blieb immer weiblich, und hatte den Anschein das unbedeutende des Lebens eben so wichtig zu nehmen als das bedeutende. –

Der alte Wallberg hatte von jeher sich gewöhnt, den Genuß des Lebens mit seinen Freunden gern zu theilen. Im innren seines Herzens erfreut, hörte er seiner Tochter zu, bewunderte die Feinheit, die Anmuth mit der sie sich zeigte. Und er bemerkte mit Wohlgefallen jeden Ausdruck der Bewunderung der seinen Freunden entschlüpfte.

[6v]Clara war als wäre sie nie anders gewesen. Hätte nicht unwillkürlich ihr schönes Auge sich zu Boden gesenkt und ein trüber Blick die Sehnsucht ihres Herzens verrathen! Auch die Unruhe mit der sie den Kapitain erwartete war groß, denn sie ahndete er habe Abschied genommen, und wollte sich selbst es nicht gestehen wie tief sie dieser Abschied doch schmerzte, es war ihr als wäre ein Band weniger, woran sie das Andenken ihres Alexanders anknüpfen konnte; Sie war nur auf dem Schiff, durch das Meer getrennt, und nur mit Menschen die auch das Land kannten daß sie verlies. – Aber auf dem Plaz auf dem sie nun das Schicksal hinstellte, war der Boden ihr ganz fremd, ganz von dem verschieden was sie ehmahls sah – und doppelt fühlte sie das verlassne ihrer Lage, ohne den Gefährten ihrer lezten Wanderung –

Sagen Sie mir holde Tochter fragte der Vater zutraulich wie Sie so schnell und unverwartet den Entschluß fassen konnten Alexander, Ihr Vaterland zu verlassen? Sein Brief enthält nur Klagen über das Schicksal, über die Trennung von Ihnen, keine klare deutliche Vorstellung seiner Lage. Mir selbst ist es noch räthselhaft Bester Vater! Ach der Todt meiner Mutter die so schnell aus unsren Armen gerißen wurde, hat jede Sicherheit und Ruhe unsres Lebens uns geraubt, jeden Plan zerstört. Wir sind unstät in unsrem Sein seitdem der hohe Geist dieser Mutter uns nicht mehr lenkt! Mein Vater der zu heftig nur allein seinen [7]Schmerz fühlte, wollte nun einzig seinem Vaterlande die übrigen Tage seines Lebens weihen. Die kriegerischen Zeiten brauchen starcke Seelen. So zerriß mein Vater auch das Band unsrer Liebe, in dem Wahn daß es des Mannes Pflicht sey fürs Vaterland zu leben. Seit dem Tag der uns die Entschlafne entrißen, war es wild und stürmend um uns herum, mein Vater konnte das eintönige Leben unsrer Ruhe nicht ertragen. Seine Seele suchte in glühenden Bildern aufzuwachen um die Leere seines Herzens auszufüllen. Auch der Muth eines jungen feurigen Gemüths wie Alexanders musste die Begeisterung eines Greises hinreißen und beleben. Der Gedanke durch ihre Kräfte die Sicherheit ihrer Nachbarn, ihrer Besizungen zu sichern, war zu hinreißend. Und Alexander bot einer künftigen Hofnung zu lieb, alles auf, was ihn vor den Augenblick ganz glücklich zu machen schien. Zurückhalten konnte ich ihn nicht! Ob ich gleich lebendig fühlte, daß weder sein Muth, noch seine Ehre leiden könnte, wenn er dem Streit falscher Meinungen, ohne mit zu handeln zusehen wollte. Aber ich bekam auch Muth unter diesen kriegslustigen Männern, und bereitete mich mit Entschloßenheit unser stilles Landhaus, zulezt gar unsern Welttheil zu verlassen, als Gatte und Vater zugleich auf den Einfall kamen ich sollte nach England reisen. Alles Glück hoffe ich bey Ihnen zu finden, Theure Eltern, was ich ohne Alexander finden kann, aber [7v]Ihre Liebe zu Ihrem Sohn wird auch meinen Schmerz nicht heilen wollen, und die Thränen der Sehnsucht durch die sich das gepreßte Herz Luft machte nicht tadeln. Das weiche Herz der Mutter schloß die klagende Tochter mit inniger Empfindung an sich, und fühlte lebhaft was sie empfand mit. Du weinst nicht allein diese Thränen der Sehnsucht geliebte Tochter, flüsterte die Mutter ihr zu, die ihr tiefes Gefühl dem besorgten Gatten wie den Gästen verbergen wollte.

Aber der Kapitain kömmt nicht fragte Wallberg? –

Laß ihn sagte die Mutter, er hat seinen eignen Gang, seine eigne Geschäfte. – Es schmerzt mich aber einen Menschen der meiner Clara, ihren Kindern ein so treuer Freund war, nicht auch durch die Rechte der Gastfreundschaft zu ehren. – Warum schweigst du liebe Elise? und es befremdet mich daß du allein diesem Mann dein Gefühl der Dankbarkeit nicht zeigen willst, daß der schönste Beweis deines edlen Herzens ist, in jeder Angelegenheit deines Lebens. –

Laß mich schweigen mein Feund, kömmt er nicht, so weis ich gewiß welche Ursachen er haben kann, mein Gefühl war zu lebendig. – Er kann nicht wünschen uns wiederzusehen. – Du sprichst in Räthseln. – Laß mich immer in Räthseln sprechen, die Wahrheit ist schmerzlich. Laß uns die Freude die wir heute fühlen rein genießen. – Es ist spät. Clara bedarf der Ruhe, zum erstenmahl kann sie ohne Sturm zu fürchten mit ihren Kindern sicher schlafen. – Morgen [8]wird sie Zeit haben ihr gutes Herz von dem Gefühl der verschwiegnen Dankbarkeit zu befreien. Sie wird ihren Beschüzer noch einmahl sehen, oder danken können, heute muß sie ruhen. So führte sie schnell die Tochter in ein schönes Schlafzimmer, wo die Kinder in süsser Unbefangenheit schlummerten. Der erste Gegenstand den sie unterschied war Alexanders Bild, sie streckte sehnsuchtsvoll die Arme nach ihm aus, und traurend schloß sie sie fest auf ihre Brust, als sie fühlte daß sie sich täuschte. Die Mutter hatte sich weggeschlichen, und weinte still über die Trennung ihrer Kinder, und suchte die Gefühle die der heutige Tag in ihr erweckt hatte zu unterdrücken um Wallberg, und seinen Gästen die noch bey der Punschschale, die Begebenheiten des Tages feierten, und in Lobsprüchen über die schöne junge Frau ausbrachen, auch ein ruhiges Gesicht zu zeigen.

Clara warf sich bewusstlos auf ihr Lager, sie war wie in einem Traum. Sie ahndete nur daß das Erwachen schön sein würde, und konnte die Gegenwart nicht ergreifen. Verworrne Träume und Bilder des Lebens und lebendige Sehnsucht war alles was ihr Gefühl belebte. Sie ging ans Fenster. Der Mond beleuchtete die Gärten die die Wohnungen umgaben, weiter hin erblickte sie den Hafen, und es dünkte ihr es sey lebendiger dort als sie in der Nacht erwartet hatte. – Aus einer weiten Entfernung tönte ihr der Ton einer Zither entgegen, und mit Anstrengung unterschied sie diese Worte.

*[8v]*Nicht wo in grauen Nebelduft gehüllet
Die Sonn entsteiget dichter Wolcken Schoos
Dort ruhst du nicht, da wurde nicht erfüllet
Was Dir beschied der strengen Parze Loos.

Du seegeltest auf ungewisse Meere
Zu suchen – was? ach wehe! nicht die Ruh.
Wo tönte aus des Lebens traurger Leere
Mir eine Stimme süssen Trostes zu?

Soll ich an jenes finstren Abgrunds Rande
Der aus dem Dasein in ein fremdes führt
Wenn nun zerreißen dieses Lebens Bande
Erblicken dich, den nie mein Herz verliehrt?

Sinds Schatten nur, nur Träume die mich binden,
An dein Geliebtes Bild, bleibt nichts von dir?

O laß die Schatten Hofnung! nicht verschwinden
Du sey der lezte tiefre Leitstern mir.

Eine weibliche Stimme unterbrach oft mit Bewegung diesen Gesang. – Wer ist sie, rufte Clara bewegt aus; welches gepresste Herz spricht einsam in der Stille der Nacht seine Klagen aus! Klagen der Sehnsucht die auch mein Herz heben? Ein Strom von Thränen erleichterte die bewegte Brust, und der Schlaf goß heilend seinen Balsam auf die Augen herab, die die Thränen verdunkelten. –

Frühe am Morgen erwachte Clara, aber nicht gestärckt, sondern ermüdeter als sie im Schiff erwachte. Sie vermisste [9]beynah das rege lebendige Treiben des Schiffvolcks. Das freudige Rufen der Matrosen, die den neuen Tag mit Jubel begrüßen, und den heitern blauen Himmel und die belebende Sonne als einen Vorboten einer günstigen Fahrt doppelt freudig begrüssen.

Der alte Wallberg war längst schon am Zimmer seiner Tochter, und fragte leise bedächtig ob sie erwacht sey? – Er trat ins Zimmer freute sich der glühenden Wangen seiner Enkel die heiter lächelnd schlummerten. Erst muß ich mich an freudigen Eindrücken des neuen Tages erquicken denn liebste Clara es ist uns schon heut etwas begegnet was dich schmerzen wird. – Sieh hier diesen Brief, der Kapitain wird nicht zu uns kommen. Der Matrose der ihn brachte sagte sein Herr habe einen Freund hier gefunden dem er sein Schiff anvertraut, und sey diesen Morgen ganz früh in einem kleinen Boot abgeseegelt wohin wisse man nicht. –

So will ich denn in der Stille in meinem Herzen ihm ewig danken. Aber es schmerzt mich, schmerzt mich innig daß ich ihn nicht mehr sehen soll. Sie öfnete bebend den Brief, der kurz war, aber mit sichtbarer Anstrengung geschrieben.

> Ihr gutes Herz meine Freundin wird es tief fühlen, daß Sie mir Ihr Lebewohl, Ihren Seegen zur Reise nicht geben konnten, und ich fühle es nicht minder tief daß ich Sie nicht mehr sehen soll. Auf ewig von Ihnen *[9v]*mich trennen soll! Ich habe Sie zweyfach verlohren. Denn selbst Ihrer denken kann ich nicht mehr ohne Schmerz. Da ich weis wem Sie angehören – Ich hätte noch mehr für Sie thun müssen, unendlich mehr, als ich gethan habe, wenn ich das Unrecht vergüten wollte was ich einst that. – Ich schweige! Leben Sie glücklich im Schooß des Friedens. Und wenn Sie auch Ihren Gatten sicher wieder in Ihren Armen sehen, so gedenken Sie mit Antheil an mich.
>
> In Ihrem Herzen und Andenken möchte ich rein bleiben. Haßen Sie mich nicht wenn Sie einst mehr von mir hören. Der Seegen dem mein Schuzgeist mir feindseelig entwandt hat, ruhe auf Clara und ihren Kindern. Wenn Sie diese Zeilen erhalten bin ich schon wieder auf den blauen Fluthen des Oceans, ich erwarte auf einer der Inseln mein Schiff wieder. Ich kann hier nicht, ich kann nicht in Europa bleiben. –
>
> Einsam will ich meine Schmerzen männlich bekämpfen, und Ihr Bild soll wie ein Engel des Friedens mich mit mir selbst aussöhnen. – Ich möchte Ihnen etwas an Ihre Eltern sagen, – aber Mutter Wallberg fühlt zu lebendig daß ich schweigen muß. – Ach warum muß ich Ihr Bild mit den schmerzlichen Gefühlen meines Lebens zusammen stellen. – Wozu zwang mich das [10]Schicksal! – Meinen Seegen, kann ich Ihnen geben. Ihr reines Gemüth wird ihn heiligen. – Leb wohl Clara. –

Dieser Brief ist mir unbegreiflich, wie das schnelle verschwinden unsres Freundes, aber sey ruhig Clara. Die Mutter kam, und fand beyde in grosser Bestürzung, Wallberg gab ihr den

Brief. Sie erblickte schnell die Handschrift, und gab ihn bebend zurück, doch sagte sie gefasst zu ihm. Der Brief ist an Clara, ich habe nichts mit diesem Mann mehr zu thun. – Nimm ihn wieder geliebte Tochter. – Der Vater klagte über die unbegreiflichen Ursachen die den Kapitain bewogen sein Haus so schnell zu verlassen. – Clara im innersten ihres Herzens gerührt über dem Schmerz ihres Freundes, wagte nicht ihre Gefühle auszusprechen. Und Frau Wallberg war im heftigsten Kampf mit ihrem Gefühl das sie schonend verbergen wollte, und doch erschütterte sie dieses Bestreben aufs heftigste. Als sie einen Augenblick allein war, sagte sie ihrer Tochter.

Um alles in der Welt geliebte Tochter, zeige dich mir als ein schüzender guter Geist. Ich kann deinem Vater nicht sagen was in mir vorgeht, und kann die Gefühle dieser Brust nicht unterdrücken. Dein Vater ahndet nicht was ich bey dem Anblick des Mannes den er so beklagt empfand. – Ein wohlthätiger Genius hat ihm [10v]die Eindrücke seiner Schmerzen verlöscht. Es ist einmahl das eigne unsres Geschlechts, daß wir nicht vermögen über die Eindrücke des Lebens Meister zu werden, wir lieben eben deswegen auch ewig weil wir in uns in jedem Moment die Seite der Empfindung wieder zu berühren wißen, die einmahl uns mit Harmonie erfüllte. Aber wir hassen auch ewig, weil Liebe und Haß gegen einander stehen müssen. – Im Gemüth des Mannes verklingt mancher Ton ganz, daher dürfen wir sie nicht des Wankelmuthes anklagen, wenn die Bilder des Lebens verbleichen, die in uns ewig mit frischen Farben prangen, wir müssen sie gar nicht nach uns beurtheilen. Ich werde schweigen, immer schweigen, mein geliebter Wallberg soll nicht mehr an jene Begebenheit, die unser ganzes Glück zerstörte gemahnt werden, wenn es seinem Geist gelang, dies Andenken von sich zu entfernen. – Dich bitte ich aber um alles was dir lieb ist. Rede nicht mehr von deinem Freund in meiner Gegenwart. –

Ich ehre die Gefühle meiner Mutter, sagte Clara mit einem beruhigenden Ton, und küsste der Mutter Hand. Das Frühstück erwartet Euch, kommt, rief Wallberg, ich sehe schon daß ich schlimmes Spiel haben werde unter zwey Frauens, und werde Alexander zu Hülfe rufen, wenn ihr gegen mich vereint aufstehen wollt. Denn ich sehe schon, wie die Mutter und Tochter mich nicht im Bund ihres Vertrauens und Liebe aufnehmen werden da ich [11]durch meine Ansichten Euch fremder sein muß. Aber Euer Vertrauen, eure Uebereinstimmung ist mir ein Glück was das Schicksal in der Form mir zeigt, als ein schöner Trost für die unabänderlichen Stürme, die auch uns nicht verschonen werden, meine Geliebten. – Aber Clara muß uns von ihrer Lage in Amerika, von ihrem stillen Leben erzählen – wir müssen schnell uns ganz kennen lernen geliebte Tochter.

Von der letzen Zeit meines Lebens wüsste ich wenig zu sagen, wir fühlten daß wir uns liebten, und der Liebe lebten. Den Begebenheiten des Tages sahen wir mit Ruhe zu. Wir glaubten nicht daß der Geist der Zwietracht die Gemüther die uns umgaben auffachen würde, denn sie fühlten sich freyer als wir selbst. Wir selbst dachten nur der Bande der Bürgerlichen Geseze, aber bestrebten uns stets unsren Sklaven, nicht das Gesez fühlen zu lassen, sondern sie thaten alles um unser selbst willen. Seit dem wir die unruhige Stadt verlassen hatten, uns aus Philadelphia tiefer ins Land flüchteten, da fühlten wir erst unser Leben. Der schnell wechselnde Kreis von Gestalten der die Gesellschaft dort ausmacht, beginnt bald in spätren Jahren dem reifen Gemüth lästig zu werden, denn es sind ewig die selbigen Erscheinungen die die Zauberlaterne zeigt. Auch sogar die Thorheiten der Menschen sind nicht abwechselnd! Die meisten Ausländer treibt ohnehin der Speculationsgeist in fremde [11v]Welttheile, wer in seinem angebohrnen Heimatsstrich sein Glück machen kann, wird es selten auswärts suchen. Diese Menschen geben der Gesellschaft wenig denn ihr eignes rastloses

Streben eilt immer nur ihren Wünschen zu, des ewigen Treibens und Forschens wie sie sich am schnellsten bereichern, wird kein Ende; und diese Gemüther die den eigenen Standpunkt der Ruhe nicht kennen, geben auch andern keine Ruhe. Und dies ist der bessre Theil denn es giebt andre, die gierig und noch allein ihren Zweck verfolgen, und alles um sich verachten was nicht zur Goldmine führt; sie wollen nur sammeln um in Europa zu glänzen; andre Aussichten kennen solche Menschen nicht. Wie kann diesen ein gesellschaftliches Verhältniß reizen, wenn es nicht den Weg zum Erwerb zeigt. O gewiß der bessre Theil der Europäer kam nicht zu uns.

Aber dann und wann erscheinen uns auch solche Gestalten, die wir als Helden verehren, und außerordentliche Menschen. Entweder Krieger die ihre Pflicht, oder Menschen die der Durst nach Wißenschaften zu uns führt.

Die traurigsten Mitglieder der Gesellschaft sind diejenigen die ein Verbrechen unstät in der Welt herum treibt, die ihren eignen dunklen Weg gehen. Dann und wann kehren diese in einer unbekannten Welt zu ihrem ersten reinen Weg zurück, und sie werden nüzliche Mitglieder des Staats. Aber leider sind es wenige, und die Natur unterliegt endlich doch, in dem Kampf des Bösen, [12]mit dem Guten. Wie können solche irre Gemüther Fremden wohlthuend sein? Ich war sehr froh als meine Eltern aus diesem bunten Kreis sich zurückzogen. Alexander der längst schon die Geschäfte meines Vaters theilte, bedurfte keiner Ueberwindung, um sich mit uns aus der geräuschvollen Welt zu entfernen, da er in meiner Liebe einen Reichthum fand den kein Schicksal ihm zu rauben fähig war. – Dort in der Nähe der grossen Natur, die in Amerika allein verdient groß genannt zu werden, lebten wir, wie im Paradiese. Alles war noch in ewiger Jugend und Fülle um uns. Die mehr als hundertjährigen Bäume, die in üppigen breiten Blättern uns erschienen, prangten in rauhen Klüften, als wären sie eben erst der Erde entstiegen, kein Eisen hatte die saftvolle Rinde noch berührt. Und die blauen Ströme die in unermeslicher Breite, in grossen Wellen daher rauschen, sind ein einziger grosser Anblick. Wenn dann und wann die Gewalt des Stroms an den Wurzeln eines Baumes dringt, und es ihm gelingt die unendliche Masse auf seinen Wellen zu tragen, so sah es wie als eine grünende Insel aus. – Möchte in diese heiligen Einöden kein menschlicher Fuß je treten! und feindlich mit dieser grossen Vegetation schalten, die gemacht ist sich selbst zu schaffen und zu zerstören! –

*[12v]*Als die Gährung der Gemüther höher und immer höher stieg, starb gerade meine Mutter. Sie ahndete nur halb welches Schicksal ihr Vaterland verheeren würde, und auch ihre stille Familie in seinem Sturz mit sich fortreissen sollte. Sie ging groß und in sich gekehrt in das unbekannte Land über, wie sie lebte. – Ehe ich von mir schließe, saget mir geliebte Eltern wie konntet ihr den einzig geliebten Sohn in dies ferne Land gehen lassen? Ach es ist schrecklich wenn man weis mit welchen Anlagen dieser Mensch gebohren ist, mit welchen Fähigkeiten, ausgerüstet! Ach ein Elender kann ihn tödten, dessen Seele nie fassen kann, nie zu ahnden fähig ist welches Meisterstück der Natur er zerstört! – Der Gedanke wirkte zu heftig auf Claras Gemüth, und sie sank erschöpft an den Busen ihrer Mutter. Beide weinten, und der alte Vater fühlte sich nicht starck genug den Faden des Gesprächs wieder anzuknüpfen und schweigend verließ er das Zimmer.

Du hast grosse Zweifel in mir rege gemacht meine Tochter, über deine Frage sagte der alte Wallberg nach einiger Zeit zu ihr. Ich durchging in diesen Tagen die Scenen meines Lebens, Alexanders Jugend, und konnte mir selbst nicht Rechenschaft geben, warum er gerade unser einziger lezter Sohn, im Wohlstand erzogen, und auf sein Leben reichlich mit allem versehen,

[13]mit dem Besiz alles dessen was ihm leicht und mit mässiger Anstrengung seiner Kräfte zu einem bedeutenden Plaz in der Gesellschaft verhalf, verließ er diesen Welttheil um sich den Gefahren preiszugeben, als müsse er sich mühsam sein Dasein erkämpfen. – Aber alle unsre Grübeleyen führen ins Dunkle wenn wir es wagen dem Gang eines Menschen zu folgen, und die Blinde Gewalt des Schicksals mit einem Strahl unsrer Vernunft beleuchten wollen. – Eben weil Alexander alles besaß was er bedurfte, weil er im Ueberfluß, lebte, dehnten sich die Wünsche seines Herzens in das Unbedingte hinaus. Die Beweglichkeit des Kreises der uns hier in Portsmuth umgiebt, das ewige Treiben, und Leben, die Schiffe die stets bereit liegen, und eine Brücke in jeglichen Theil der Erde schlagen, erregte seine Phantasie lebendig. Ich konnte der Lebhaftigkeit seiner Vorstellungen keine Zügel anlegen. – Und da mir ein dunkles Geschick in frühen Zeiten den Wink gab, nicht auf unsre Kinder zu rechnen, so entließ ich auch willig meinen Sohn. – Aber wenn ich dich ansehe, meine Tochter, deine blühenden Kinder, dann fühle ich warum Alexander diesen Welttheil aufsuchen musste, dich finden. Die Liebe scheint mir der Zweck seines Lebens. – Er wird uns bald wieder erscheinen, [13v]und ich werde Euch seegnend das überlassen was mir meine Kräfte gewinnen halfen. –

Es ist ja nur für diesen einzigen Sohn, daß ich jede Sorge des Lebens übernehme – Glaube mir meine Tochter ihr werdet hier alles finden was ihr in der glücklichen Einöde verlassen mußtet. Aber sage mir wie fand dich Alexander?

Es wird mir schwer werden dieses zu erzählen geliebter Vater. Denn noch in grösserm Dunkel als die Hand des Geschicks, wirckt die Hand der Liebe. Ein einziger Moment entscheidet fürs ganze Leben. – Ich war früh gewöhnt mich für fremde Eindrücke zu verwahren, und konnte nicht wie manches Mädchen mich jedem Schimmer einer Täuschung hingeben. Ich war zu viel mit der Bildung meines Geistes beschäftigt, und ohne mich zu bestreben die Weisheit des Lebens zu erlernen, strebte ich die bedeutendsten Winke für mich aufzusuchen, und mir festzuhalten. Ohne daß ich es wollte, erschien mir die Welt und mein Leben in einem höhern Gesichtspunkt, und das leichte bunte Spiel des menschlichen Eiteln Strebens lies keine Eindrücke die mich verwunden konnten in mir zurück. – Alexander erschien mir zuerst als Held. Er hatte meinen Vater auf einer Jagd, die man im innern des Landes anstellte und wozu sich viele Gesellschaft verband kennen lernen. Man erzählte mit Bewundrung von dem jungen [14]schönen Fremden, der mit einer unbeschreiblichen Gewandheit des Körpers, und Gegenwart des Geistes einen Tiger bezwungen, der der lustigen Gesellschaft die nur das zahmere Wild zu erlegen ausgezogen war, im Weg kam. Als jedes seinen Plaz eingenommen, und forschend lauerte, erschien dieser in der Ferne, den die Raubgier und der Hunger weiter ins bebaute Land getrieben hatte. – Mancher alte Graukopf zitterte bey dem Anblick dieser Erscheinung, und ein unmässiges Geschrey erhob sich um das Thier zu verjagen. Alexander blieb ruhig auf seinem Posten, und als der Tiger immer neu erschrockner nahte, ging er allein ihm entgegen, traf ihn mit einer Fertigkeit auf den Kopf daß er zu Boden stürzte.

Mehrere Frauens waren in leichten Wagen von fern der Gesellschaft gefolgt und auf einem zierlich englisch angelegten Landsiz erwarteten die zurückgebliebnen die Jäger um mit ihnen ihre Beute zu genießen. Ein lauter Ton der Hörner verkündigte uns die Ankunft der Jäger. Alles versprach die reichlichste Beute, aber doch sahen wir keine beladnen Wagens, und keine Spur einer reichlichen Ausbeute. Mit Zweigen bedeckt war der ganze Zug, und in einiger Entfernung erschiehn ein Wagen, reicher mit Zweigen geschmückt, darauf lag der Tiger, und neben ihm saß Alexander, und [14v]blickte glühend vor Freude auf die Begleiter.

Mein Vater entzückt über ihn, führte ihn zuerst wie im Triumph bey uns ein, erzählte seine Heldenthaten, und jeder pries seinen Muth. Das erste Wort von Alexanders Lippen fand den Weg zu meinem Herzen. Jezt erst fühle ich, wie wenig ich diese Ausdrücke Ihrer Freude verdiene, denn meine That war nicht die Frucht irgend einer Ueberlegung, und jezt da Sie mich einem zärtren Gerichtshof vorführen fühle ich erst wie wenig ich geleistet. – Vergeßen Sie schöne Dame⟨,⟩ sagte er zu mir⟨,⟩ daß ich bey Ihnen unter diesen Umständen eingeführt werde. Ich wünschte von einer ganz andern Seite Ihnen bekannt zu sein. Hier unterbrach uns der Jubel der lustigen Gesellschaft, und Alexander musste den vollen Becher zuerst leeren. Die schönste Hand soll ihn kränzen rief einmüthig die Gesellschaft, und man reichte mir, die sich bey dem lauten Getöse der lustigen Gesellschaft hinter meine Mutter verborgen, einen Kranz. Ich trat erröthend bey Seite. Aber lebhaft zog mich mein Vater selbst hervor, und ich folgte ihm bebend. – Das schöne dunkle Auge das so nah an meinem Herzen mich anblickte, als ich mich verbeugte um den Eichenkranz auf die Lichtbraunen Locken zu drücken, blieb tiefer im Gedächtniß als ich es selbst wusste. – Und so [15]entstand aus einem unbedeutenden Einfall einer solchen Gesellschaft, eine ernsthafte Scene des Lebens, denn der schöne Fremde wurde bald innig mit meinem Vater vertraut, der die Kraft und das Gefühl seines jugendlichen Muths in seinem Liebling mit Entzücken wieder fand. Wir blieben nach der Jagdpartie den Abend zusammen, die junge Gesellschaft tanzte, und zum erstenmal in meinem Leben tanzte auch ich mehr aus Neigung als aus gesellschaftlicher Pflicht. Wie nah können ein paar flüchtige Stunden uns ein uns fremdes Wesen bringen! Ein einziger Augenblick und die Liebe öfnet dem Vorhang hinter dem ein ganzes Leben verborgen lag! –

Wie wir uns dann immer fester, und inniger an einander anschlossen, wie mein Vater, meine Mutter, fühlten, daß wir unzertrennlich sein müssten, dies fühlt ihr nun geliebte Eltern meines Alexanders.

Als Euer Ausspruch unsre Verbindung begünstigte, zögerten meine Eltern nicht jedes Hinderniß aus dem Wege zu räumen, und mit Entzücken gedenk ich gern der ersten seelige Tage unsrer Liebe. Alexander ist der liebenswürdigste Mann den ich kenne. Nach acht Jahren unsrer Verbindung ist dieses Gefühl noch eben so lebendig als da ich ihn zuerst sah. – Er hat mich so glücklich gemacht als ich seyn konnte, eine Frau sein kann. Unser Herz hat uns nie *[15v]*betrogen, der freundliche Schimmer der ersten Erinnerung lebt noch im lieblichen Glanz in meiner Seele. Und nur das Schicksal hat den Schleyer mit dunkeln Farben gemischt, der uns wie in einer Lichtwolcke das übrige Leben ehmahls verbarg. Das Schicksal entlädt keinen ungekränkt! sagte längst schon ein Weiser. –

Aber geliebte Mutter sie hatten nicht diesen einzigen Sohn ehmahls?

Ich hatte eine Tochter sagte Frau Wallberg ganz leise, damit ihr Gatte sie nicht hören möchte. –

Clara spielte mit einem Miniatur Bild, daß ihr ihr Knabe gereicht hatte und sah es plözlich an. Sind Sie dieses selbst meine Mutter?

Frau Wallberg erblickte das Bild und nahm es hastig. Diese Erinnerung soll jezt nicht den Genuß unsrer Freude stören. – Ich bin es nicht! –

Clara sah sie forschend an. Soll ich nicht auch das Gefühl ganz haben daß ich deine Tochter bin, meine geliebte Mutter?

Warum soll ein Geheimniß zwischen uns sein? dieses Bild wer ist es?

Es ist meine Tochter! nun weisst du alles.

Alexander sagte mir nie daß er eine Schwester habe.

Er kannte sie nicht. – Jezt schweig meine Geliebte, um alles was dir heilig ist bitte ich dich. Wir müssen [16]uns diesen Abend heiter zeigen. Dein Vater rechnet auf uns. Der erste Tag wo wir uns allein überlassen sind, sey dazu bestimmt dir mein Schicksal zu erklären. Mein Vertrauen meine ganze Liebe erwacht bey deinem Anblick, ich glaube wieder an Glück, daß ich selbst haben kann, denn längst suchte ich nur allein mich zu vergeßen, um deinem Vater alles seyn zu können. Ich war vom Schicksal zu dieser Aufopferung bestimmt, meine Gefühle in mir zu verbergen – und ich trug aus Liebe es willig. – Clara küsste ihr mit dem Gefühl der kindlichsten reinsten Treue die Hand, und heisse Thränen fielen auf die glühenden Wangen der Tochter.

Mancher Tag verging indeßen in Geschäften des gewöhnlichen Lebens, und lies keine Spur zurück, als das Gefühl der immer wachsenden Annäherung und Liebe. Die Eltern fühlten sich glücklich in dem Besiz dieser Tochter, und die lieblichen Kinder gaben ihnen die schönsten Hofnungen für spätere Jahre. Clara konnte nicht zum Ziele ihrer Wünsche gelangen, die Mutter zu beruhigen, und wenn sie die Frage aufwarf ob sie endlich ihr Stillschweigen brechen würde, wurde sie mit Liebe zur Geduld verwiesen. – Wallberg bekam unerwartet eine Aufoderung nach London zu reisen, er wusste seine Gemahlin nun nicht mehr allein, und ging ruhiger ohne sie.

*[16v]*Sie hatte eine Abneigung sich unter grössere Verhältnisse der Gesellschaft zu sehen. Und hierin gab sie ihrem Gemahl nicht mit der weichen gewöhnlichen Sanftmuth nach, wenn er ihr Vorschläge machte, ihr eignes Gesellschaftliches Leben auszudehnen. Sie war gastfrey und freundlich gegen ihre Gäste, die sie aber immer in geringer Anzahl um sich versammelte. Sie selbst ging aber nie ausser ihrem Haus zu einer Gesellschaft. Wallberg reisste ab, und die erste ruhige Stunde des Tags, trat Clara in das Cabinet ihrer Mutter. Sie schwieg lange, und betrachtete das Miniatur Gemählde, was sie schon einmahl bemerkt hatte. – Wie Aehnlich ist dieses Bild, meine Mutter! Wie wenn Sie es selbst wären.

Nein mein Kind, ich bin es nicht! ach es ist eben die unglückliche Schwester deines Alexanders, die uns zu den schönsten Hofnungen berechtigte, und die nun unser Alter uns kinderlos beweinen lässt. Ach ohne diese gänzliche Umwälzung unsres Schicksals, ohne unsre Verpflanzung in dieses fremde Land, wäre auch Alexander uns nicht entrißen worden!

Ich habe diesen Morgen da ich so allein war, über meinem Schicksal und Lebensweise ernsthaft nachgedacht, und will dir eine kleine Geschichte meines Lebens geben. Ich muß von mir selbst anfangen, ob ich gleich wenig zu sagen habe. Wir Frauens sind ein wenig reicher Gegenstand für eine fremde Anschauung, wenn wir nicht aus dem Kreis den die Natur uns vorzeichnete, gewaltsam [17]heraus treten. Sey es durch Anstrengung des Geistes, oder durch Ringen nach Freyheit in dem gesellschaftlichen Leben.

Ich wurde einfach und beschränkt erzogen, meine Eltern waren sehr reich, aber eben weil mein Vater sich selbst durch seine Kräfte seine Existenz erschaffen, so hatte er das sorgliche seines Gemüths nicht ablegen können, und wollte jegliches Aufstreben über das ungewöhnliche nicht willig dulden. Ueberhaupt war in jener Zeit der Kreis der Frauen enger in ihrem Hauswesen beschränkt. Wir hatten auch weniger Eifersucht nach aussen zu streben, weil wir uns gefielen in unsrem Gebiet unumschränkt zu herrschen. Ich war aber eben in dieser Einfachen Lebensweise, lange in dem glücklichen Zustand der Unbefangenheit und Ruhe die mir meine Jugend auch lange sicherte. Mein Geist trieb nicht in dem ungewissen Reiche der Phantasie sein Spiel, und ich verlohr nicht die Gluth meines eignen warmen Gemüths in erschaffnen Bildern meines Kopfs. Ich hatte nie einen Roman gelesen. Ob ich so geistreich war als manches junge Mädchen einer spätern Zeit, kann ich nicht entscheiden, aber ich war reger für das Leben meines Kreises der mich umgab, und gab lieber mich mit ernstern Dingen ab, wenn ich die Geschäfte meines Hauses vollendet hatte. Die Geschichte, und Natur Geschichte liebte mein Vater besonders; er theilte mir seine Kenntnisse mit, und so wurde ich in den Stunden meiner Musse [17v]aus der Eintönigkeit der weiblichen Arbeiten entrückt.

Wie oft kommt es im Leben nicht zur Sprache, was man den Frauens lehren soll, was in ihren Kreis gehöre oder nicht und mir däucht es hat noch niemand die Frage entschieden. Und es ist noch kein Beispiel vorhanden, was die verschiedenen Theorien über weibliche Bildung rechtfertige.

Dieses weis ich aus meinem Gefühl daß ich darin glücklicher mich dünkte als die Mädchens unsrer jezigen Zeit, daß mich die Vorsicht meiner Eltern für Romanlesen bewahrte. Es war mir eine ganz fremde Idee, das Verhältniß beyder Geschlechter zu einander mir auseinander zu sezen. Kein Gedanke einer Leidenschaft war früher in meinem Herzen als der Gegenstand selbst, und mein Gatte war meine erste innigste Liebe, und mit vollem Vertrauen gab ich ihm meine Hand! – Ein glücklicher Zufall brachte Wallberg in unsre Gegend, er reißte in Handelsgeschäften, und es mochte oft ihn sein Weg an unsren Landsiz vorüber geführt haben, ohne in ihm den Wunsch zu erwecken, die Bewohner des Orts kennenzulernen.

Ein Gewitter nöthigte ihn ein Obdach zu suchen, und mein Vater gewöhnt niemand von sich zu lassen, ohne ihn gastfreundlich bewillkommend zu haben, nahm den Fremden auch mit Güte auf. Eine schöne Gestalt mit edlem Anstand, erschien uns dieser Fremde. Den Eindruck den noch jezt in später Zeit [18]Wallbergs Anblick machen muß, machte er auch damahls, nur der Zauber der Jugend ist entflohen, aber den Ausdruck dieses schönen reinen Sinns kann keine Furche des Alters verhüllen. Er war früh mit den Sitten der feinen Welt bekannt, er fühlte mit Dankbarkeit die Aufnahme, die man ihm vergönnte, und bot alle seine Gewandheit auf, um liebenswürdig zu scheinen. Der Vater fühlte sich von dem Eindruck seiner Erscheinung hingerissen, und bot ihm bald sein Haus an, darinn so lang zu verbleiben als er es sich gefallen lassen wollte. Ich saß still neben der Mutter mit einer Handarbeit beschäftigt, er benahm sich mit Ehrerbietung gegen uns Frauenzimmer, ohne den Anstrich von *Galanterie* den sich manche Männer zu eigen gemacht haben, wodurch oft ein Anspruch von bedeutender Art in den unerfahrnen Gemüthern der Mädchen entsteht, ohne daß jene nur eine Ahndung davon haben. Als der Vater in ihn drang unser Gast auf länger zu bleiben, sah ich dem Mann mit dem ich vielleicht mehrere Tage leben sollte, zum erstenmahl schärfer ins Gesicht, und als ob ich mir selbst es nicht mehr zulaßen wollte zog ich schnell die Augen zurück, denn der erste Anblick dieser reinen hohen Züge entschied auf immer. – Wo frohe Mittheilung des Geistes, und der Ausdruck einer holden Unschuld mir winken, sagte er mit einer gefälligen Verbeugung, ist es schwer diesem Wunsch [18v]nicht Gehör zu geben. Wollen Sie mir einige Tage vergönnen, mich Ihres Umgangs zu erfreuen, so werden Sie einen glücklichen Menschen machen.

Mir ist es gar nicht als sey ich fremd unter Ihnen, und der dichte Schleyer den die Natur im Sturm um sich warf, als das Gewitter mich in Ihr freundliches Asyl drängte, hat in meinem innern nur einen Schleyer aufgehoben, hinter dem Ihre Wesen schon verborgen waren, eh ich Sie mit den Augen meines Körpers sah. – Dies fühl ich jeden Moment mehr, den ich in Ihrer Nähe erlebe. Das Gefühl der hohen Reinheit des Wesens, ist immer in uns lebendig, aber nicht wircksam, weil wir durch die äußern Erscheinungen nur getrübte Bilder erblicken, aber wo das Gefühl fürs Gute rein und unverdorben ist, da fühlt der Geist lebendig die Sprache des andern, und versteht sich im ersten Moment der Sinnlichen Erscheinung. – Bin ich auch dieser holden Gestalt nicht unwillkommen? Ich schlug langsam die Augen zu ihm auf, wollte antworten, und meine Stimme konnte keinen Ton finden. –

Gewiß fühlt meine Elise wie wir, Wohlwollen für den freundlichen Gast, sagte mein Vater.

Dieses Schweigen ist mir mehr wehrt als Versicherungen, sagte meine Mutter, möchten Sie es nicht für Kälte halten. – Immer wusste ich noch nichts zu sagen.

[19]Er kam zu mir, fasste meine Hand, die sich scheu und ängstlich loswinden wollte, aber er küsste sie – Holde Unschuld der reinen Natur, rief Wallberg mit Wärme, wie ehre ich diese Schüchternheit! –

Er blieb einige Tage mit uns, und erst nach und nach gewöhnte ich mich an den fremden Umgang, ich trieb aber meine gewöhnlichen Geschäfte eben so ruhig in seiner Gegenwart, als wie bey meinen Eltern allein. Aber mit ihm selbst frey und unbefangen zu reden, wagte ich nicht, ich vermied sogar das Zimmer wenn ich ihn allein darinn wusste. Länger als sonst verweilte ich bey meinem Anzug, und zum erstenmahl fühlte ich mich besorgt ob ich auch die rechte Farbe, und Form gewählt habe, um meine Gestalt nicht unangenehm zu zeigen. – Ich war ämsiger noch in meinen häuslichen Beschäftigungen, besorgte die Unterhaltung meines Gartens mit mehr Antheil, und mein Gefühl war erhöht in dem innern meines Wesens. Wallberg ehrte meine Thätigkeit, und er sah mir mit stillem Wohlgefallen zu.

Des Abends versammelte sich die kleine Gesellschaft zu einer Lektüre, die in Reisebeschreibungen, und Geschichten meistens bestand; Aber bey recht erh⟨ö⟩hter Stimmung holte mein Vater die Ilias, oder Odyssee, dies waren die einzigen Werke der alten Zeit die ich kannte. Aber mit Innbrunst lebten die Gestalten der Helden auf in meiner Seele. – Und reich wiederholte sich mir *[19v]*die Ansicht des Lebens in allen Erscheinungen meines Gemüths, durch diese Bilder. – Ich wurde aufgeregt meine Kraft zu beleben. Ohne im selbst erschaffnen phantastischen Unglück mein Leben zu verträumen, lag die Natur und die Begebenheiten der Welt klar vor mir. Ich konnte keinen Achill, keinen Hektor mehr finden, und war mit den Menschen zufrieden die ich fand –

Dies sey dir der kurze Umriß meines frühern Lebens, ich kann unsre Existenz nicht deutlicher dir vor Augen legen, wie sie durch ihre Einfachheit im Aeussren keine Schilderung zulässt. – Wallberg verlies uns, bat aber um die Erlaubnis wieder zu kommen. Er schied mit Unruhe von mir; und ich war bewegt ohne es gestehn zu wollen. Meine innre Welt wurde mir zerstört, ich war nicht ohne Fassung, aber ich fühlte daß mir alles fehlte was mir ehmahls den Reiz des Daseins gab. –

Meine Mutter beobachtete mich still, sie war stets gewohnt mir mit Liebe zu begegnen, es war als wollte sie ihre Sorgfalt verdoppeln, ohne sich auszusprechen. Mein Vater sprach oft mit Feuer und Innigkeit von unserm neuen Freund, und ich hörte ihm gern zu. –

Nach einigen Monaten kam er wieder, neue Unruhe überfiel mein Gemüth die ich nicht beschreiben konnte, wohl zehnmahl versuchte ich die Stufen hinab zu gehen, um meinen Vater aufzusuchen, wo Wallberg sich fand, aber seine Ankunft über[20]raschte mich, so sehr ich sie gewünscht hatte.

Meine Mutter hielt diese schnelle Wiederkunft, zu einer solchen Zeit des Jahres, wo man keine Besuche auf dem Lande mehr macht, für ein Zeichen daß der Freund ganz andre Absichten habe als das Landleben zu genießen. Sie kam als ich eben wieder auf der Treppe umkehren wollte, um mich noch einmahl im Spiegel zu sehen, denn ich war gar nicht zufrieden von mir. Unser Freund ist schneller wieder hier, als ich ihn erwartete, sagte sie bedeutend; –

Ich freue mich ihn wieder zu sehen, sagte ich schnell, und dem Vater der sich seiner so gern erinnert, wird er eine angenehme Erscheinung sein.

Auch mir ist er willkommen sagte die Mutter.

Gewiß auch mir von Herzen. –

Elise! rief hier eine sanft gerührte Stimme, ich bin Ihnen also keine unwillkommne Erscheinung? u. er fasste meine Hand mit Rührung. Er hatte unsre Tritte gehört, und öfnete schnell die Thür um mich zu begrüßen. Mein Vater trat zu uns, führte Wallberg näher zu mir, und sagte⟨.⟩ So empfängt man einen Freund, und ich musste es zulassen daß er meinen Mund küsste. Er drückte mich fest an sein Herz. Ich wusste nicht wie mir geschah, vor einigen Monaten zog ich scheu meine Hand zurück, und jezt [20v]wiederstrebte ich seiner Umarmung nicht. – Es kostete mir lange Zeit eh ich diesen Eindruck vergeßen konnte, und so oft mich Wallberg anredete fuhr ich unwillkührlich zusammen.

Er war wie sonst, aber nachdenklicher zuweilen, und beobachtender. Mir war als sey er immer da gewesen, und ich hatte mich an nichts neues zu gewöhnen, als der erste Eindruck der Ueberraschung vorüber war. – Wir lebten mehrere Wochen in Ruhe und Gleichförmigkeit fort, als unser Leben einen andern Gang begann, denn eines Abends sassen wir zusammen um unsre Lektüre zu halten. Mein Vater war von einer leichten Unpäßlichkeit befallen. – Er hörte wie es schien Wallberg aufmerksam zu, aber endlich wurde er ganz still, meine Mutter, die jeden Augenblick seines Lebens ihn zärtlich beobachtete, wurde aufmerksam auf ihn, sie sieht ihn an, und er saß starr und unbeweglich neben uns, leise sagte sie ⟨*⟩ was fehlt Dir? Krampfhaft faßte er die Hand meiner Mutter, ein gewaltiger Athemzug hob seine Brust, und er war dahin! – ein Schlagfluß den er lang befürchtete riß ihn aus unsern Armen, es war der erste Schmerz meines Lebens. – !

Ich erwachte schnell aus dem glücklichen Traum meiner Jugend, frühe gewohnt mich seiner Leitung zu überlaßen, wusste ich nicht was aus mir werden sollte, [21]da seine Liebe mich nicht mehr lenkte. – Meine Mutter der auf einmal alles einfiel was sie verlohr, war ohne Bewußtseyn. Wallberg zeigte sich als treuer Freund, so fremd er unsern Verhältnissen war. Er unterzog sich jeder Sorge die uns Frauen zu schmerzlich gewesen seyn würde, und war nur mit den Ueberresten seines Freundes beschäftigt. Wir selbst vermochten an nichts als unsern Schmerz zu denken.

Die ersten Tage kam er nicht einmal in unser Zimmer. Aber als er keine Pflichten für meinen Vater zu erfüllen hatte, als er ihn zur Gruft begleitet hatte, kam er in das Zimmer meiner Mutter mit einem edlen Selbstgefühl.

Ich fühle wohl, daß es jezt nicht Zeit ist, meine verehrte Frau, sagte er mit festem Ton, andern Empfindungen als denen des Schmerzens Raum zu geben, denn ich fühle was Sie, und Elise verlohren haben, aber selbst Ihr Schmerz treibt mich an in dieser Stunde zu sprechen. Und da ich das süßeste Gefühl meines Lebens, mit dem schmerzlichsten vereinige, so wird mir die Erinnerung dieses Moments, die heiligste in der spätesten Zukunft bleiben. –

Nicht als ein fremder Zuschauer Ihres Lebens, war ich unter Ihnen, mein Herz nahm bey meinem ersten Eintritt in Ihr Haus, einen thätigern Antheil an diesem Zirkel, als ich aussprach. – Dem Fremden [21v]ziemt es nicht mehr unter Ihnen zu leben, da die Stüze des Hauses nicht mehr ist. Aber wohl dem Sohn. Dürfte ich dieser Rechte mich erfreuen, so wäre es mir in diesem Moment das schönste Glück, die Versicherung zu hören, um mich mit erneuter Kraft für das Leben aufzurichten, in neuen Hofnungen, ach sie sanken immer tiefer, und schwerer auf mein Gemüth herab, als ich an dem dunkeln Grabe meines Freundes stand, der

Ihnen alles war, was einem ein Mensch nur seyn kann. – Die Sehnsucht für Sie zu leben, die gleich beym ersten Blick den diese schönen Augen auf mich richteten, sich in meinem Busen erhob, hat sich unaufhaltsam erneut, und verstärckt, ach ich fühle wenn Sie mich von sich trieben, daß ich lieber aufhören möchte zu leben. – Sprechen Sie mein Urtheil geliebte Freundin. – Frey und unabhängig vom Schicksal steh ich da, nur Ihr Herz kann über mich gebieten. Niemand lebt mir, dem ich Rechenschaft von mir zu geben schuldig bin. Mir zerrißen sich die Bande des Lebens, die süßesten, in früher Zeit. Mein Vermögen, wie ich selbst gehört mir allein. –

Der Geist meines Vaters war um mich. Ich fühlte in diesem Moment der tiefsten Rührung, daß ich über alle Regeln der Convenienz erhaben [22]sey, daß meine Gefühle sich rein und heilig aussprechen durften, wie ich sie im Herzen bewahrte. Und ich sagte mit kaum hörbarer Stimme, daß mein Herz sich des ersten Eindrucks eben so wenig erwehrt habe, daß er mir unauslöschlich in der Seele lebe – meine Mutter die der Schmerz unbeweglich auf ihrem Lager festgehalten, stand schnell auf, fasste meine Hand, legte sie in Wallbergs Rechte, und seegnete uns. Sie wandte sich mit Begeisterung zu dem Bilde meines Vaters. Du der du uns nahe bist, höre die Gelübde deiner Kinder. Möge ihre Ehe so seyn wie die unsrige war. So wird ein gleiches Gefühl, uns nach dem lezten Ziel unsres Daseins führen, und wir werden ewig unzertrennlich sein. – Ach es ist nur noch diese Hofnung die mich die Trennung von dir ertragen lässt. –

Unsre Verbindung wurde bald vollzogen. Wallberg ist treu den Pflichten eines Gatten und Sohns geblieben in jedem Verhältniß. Meine Mutter theilte noch einige Jahre das Gefühl unsres Glücks, in dem sie allein lebte mit uns, und ging beruhigter über die Trennung von mir, weil sie mich glücklich sah, still und leicht in das Land des Todes. Und die süsse Hofnung ihren Gatten wieder zu finden, verließ sie nicht in keinem Moment ihres Lebens. Ich fühle daß es keine Trennung in der Natur giebt, als die scheinbare, die ewige Harmonie zieht gleichartige Wesen *[22v]*ewig zu einander hin, in welchem Zustand es auch sein mag. –

Ich konnte es nicht länger über mich gewinnen, es zuzulaßen, Wallbergs schöner Thätigkeit Gränzen zu sezen, ich fühlte daß sein jugendlicher unternehmender Geist, nicht für den einförmigen Kreis des Landlebens gemacht sey; daß nur dem ermüdeten im Strudel der Welt ein sichrer Hafen ist, aber nicht für einen rastlosen Geist gehört, der ins unendliche mit seinen Entwürfen strebt. Ich erbot mich also eine deutsche Handelsstadt zum Wohnplaz auszusuchen, und Wallberg deßen Geschäfte, und Speculationen an keinem Ort bestimmt seyn mussten, wählte H*. Es war der nächste Plaz an unsrem Landguth, den wir hätten mit unsren Zwecken zusammen passen können, denn wir hatten gelobt uns alle Jahre an dem Tag unsrer Verbindung dorthin zu begeben, und die Grabstätte unsrer Eltern zu besuchen. Ich lies nichts verändern in ihren Zimmern, und es war nach Jahren als wären die Bewohner nur hinaus gegangen; nicht als hätte der Todt auf immer sie draus vertrieben. Eine alte treue Kammerfrau musste heilig die Ordnung beobachten, und alles an seinem Plaz halten, und lassen. Wir hatten den Obern Theil des Hauses zu unsrem Wohnplaz eingerichtet, [23]und brachten dann und wann einige Wochen dort zu. – Jezt ist dieser Wohnplaz auf immer verlaßen, niemand kennt mehr seinen Gebieter, denn alles was meinen Eltern angehörte von Bedienten, ist todt, ein neues Geschlecht dient einem Herrn den es nicht kennt, und oed und verwüstet mag manche Stelle jezt sein, die mein Fleiß, meine unermüdete Thätigkeit urbar machte. Aber so geht es mit den Werken, die der menschliche Wille erschaft. Sie sind nicht für ein Individium, unser Stolz, oder unsre Eigenliebe, legt auf das was um uns herum ist den höhern Werth, nur –

Du wirst fragen geliebte Tochter wie ich mich an den stillen Kreis meines Lebens gewöhnt, in die verwickelten Verhältnisse der größern Welt fand? –

Da ich ohne Vorurtheile erzogen war, und nichts übermässig ehrte, noch gering schäzte, so lernte ich bald den Gegenständen um mich her ihre Würdigung geben – ich beobachtete ruhig, und blieb selbst unberührt, in dem innern meines Gemüths, daß nur mit aller seiner Kraft an Wallbergs Liebe, und später an meinen Kindern hing. Dadurch gewann ich eine Oberhand über die Leidenschaftlichen Gemüther der Menschen, die man mir als eine höhere Bildung des Geistes anrechnete. Den heiligen Gefühlen meiner Liebe treu suchte ich meinem Geliebten das Leben zu verschönern, und mein Gefühl für ihn erwarb mir auch für [23v]andre Menschen ein Vertrauen, weil ich sie um seinetwillen ehrte. Da ich meinen Grundsäzen treu blieb, erwarb ich mir die Achtung meiner Bekannten. – So empfing mich zuerst die Welt, der ich angehören sollte. – Bald sollte ich eine neue unbekannte Freude empfinden, ich wurde Mutter – Ich gab einer Tochter das Leben, zur doppelten Freude für den besorgten traurenden Gatten, der mich mehr als einmal verlohren glaubte, in diesen Momenten des höchsten Schmerzens. Welches Gefühl gleicht diesem, die ersten Zeichen des Lebens an einem Wesen zu erblicken dem man das Dasein gab. Wie fühlt eine Mutter zweyfach wie es ihr gehört! wie fühlt sie ihr Leben in ein andres Leben ausströmen, in ein Wesen durch ihre Liebe geworden, durch ihre Liebe erhalten. –

Hättest du diese Tochter gesehen! von ihrem ersten Eintritt ins Leben blieb sie schön, und wurde immer schöner, je fähiger sie nach und nach wurde die Eindrücke des Lebens in ihrer Seele aufzufaßen. Ich dünkte mich die glücklichste Mutter, als ich erst die Freude empfand ihre geistigen Kräfte sich entwickeln zu sehen. Wallberg theilte jegliches Gefühl mit mir über unser Glück, beinah war er noch reiner glücklich als ich, denn sein ganzes Wesen und Wirken war auf diese Tochter einzig gerichtet. Sie hat alle ihr Glück in der ersten Hälfte ihres Lebens genossen, jezt wird sie es desto bittrer [24]fühlen, wenn sie noch lebt! –

Sie lebt sagte Clara mit Feuer! sie lebt, und du Mutter weisst nichts von ihrem Leben, wie ist dies möglich?

Es ist doch möglich geworden, sagte jene bewegt, wie seltsam wird dir meine Erzählung noch scheinen, wenn du jezt es schon fühlst, daß das unmögliche geschehen kann. Zehn Jahre hatte ich für *Cecilien* allein gelebt, sie allein geliebt. Niemand wie ich bemerkte was ich stets zögerte mir selbst zu gestehen, daß sie diese Liebe nicht so erwiederte als ich sie fühlte. Sie empfand es bald selbst zu lebhaft daß sie ein außerordentliches Wesen sey. Ihr erster Blick im Spiegel, den sie mit Ueberlegung that, mußte ihr zeigen wie schön sie gebildet sey, alles was sie sah musste bey einer Vergleichung mit ihr verliehren. – Der Vater wurde immer thätiger je schöner seine Tochter wurde, um durch grosse Unternehmungen ihr Glück zu sichern, auch von der unbeständigsten Seite, und es sollte ihr nichts zu wünschen übrig bleiben.

Ich selbst indem ich sie zu bilden strebte gewann an Bildung des Geistes, und erfuhr manches was mir in meiner einförmigen Existenz auf dem Lande fremd geblieben war. Alles was *Cecilie* unternahm gelang ihr. Sie war glücklich gebohren in jedem Sinn des Worts. Aber je mehr sie sich verfeinerte, je mehr nahm meine stille unentdeckte Trauer zu denn sie verlohr die Innigkeit ihres Gemüths immer mehr. [24v]Nur das forschende Aug einer Mutter entdeckte daß sie eine scheinbare Wärme hatte. Sie zeigte oft Enthousiasmus, aber ohne gerührt zu sein in der Tat. Wenn sie mit uns zufrieden, mir oder ihrem Vater ein Gefühl ausdrücken wollte, so war ein flüchtiger Blick nach dem Spiegel wo sie prüfend ihre Stellung erwog der Verräther ihres verunglückten Gefühls in diesem Moment. Der Vater der den grossen Reichthum seines eignen Herzens in das der Tochter legte, war in solchen Augenblicken selbst zu bewegt um es bemerken zu können.

Cecilia hatte ihr zehntes Jahr erreicht, als ich noch einmahl alle Sorgen einer Mutter fühlen sollte. Ich gab meinem Gatten einen Sohn, und seine Freude war unaussprechlich! Die ersten Zeiten eines solchen Lebens fühlt nur eine Mutter, mein Leben das ich mir aufs neue geschenkt fühlte gehörte ganz meinen Kindern. Alexander war früh ein bedeutendes Kind, voll Liebe und Feuer, und stets war seine Seele in seinen Handlungen. Er hat rührende Beyspiele von Großmuth und Aufopferung gegeben, als er noch ein Kind war. Eine der rührendsten Geschichten seiner Jugend muß ich Dir erzählen.

Politische Verhältnisse hatten eine englische Familie genöthigt sich nach H* zu flüchten. Sie lebten dort in der grössten Einschränkung, und Verborgenheit. [25]Sie hatten so schnell aus ihrem Vaterland fliehen müssen und konnten nicht auf Sicherheit ihrer Existenz denken. Ein Mann mit seiner Gattin und Sohn machten diese Familie aus. Wallberg war in jedem Verhältnisse als ein Edler Mensch bekannt, und der Fremde Flüchtling fand bald Mittel seine Bekanntschaft zu machen, und entdeckte ihm frey seine misliche Lage. Der Sohn war sechs Jahre alt wie Alexander, und glich ihm im Wuchs, und in Gesichtszügen so sehr, daß nur das scharfe Auge einer Mutter sie zu unterscheiden vermochte.

Fremde nahmen sie für Zwillingsbrüder, ich benuzte diese Aehnlichkeit, um auf eine feine Art die Bedürfnisse der Frau zu vermindern, und bestand darauf die Kinder gleich zu kleiden. Die Eltern selbst sah ich nicht. Sie waren so scheu, und fürchteten so sehr entdeckt zu werden, daß es grausam gewesen wäre sich aufzudringen. Mit grosser Mühe hatte Wallberg den Sohn in unser Haus gebracht. Sie wurden sich in gleicher Kleidung noch ähnlicher, und ich drückte oft Edmunden an mein Herz u. glaubte Alexander zu halten. Aber ein scheuer Blick, eine Unruhe des Wesens das nicht Liebkosungen aufzunehmen vermochte, ließ mich stets meines Irrthums gewahr werden. Alexander vergaß sich ganz in seinem neuen Freund, und sah sich selbst als zweyfach an. – Die Regierung immer wachsam auf ihre Reiche, und das gute Verhältniß mit größern Mächten, spürte aber leider den [25v]*Squire* aus, und man glaubte man könne ihm ohne Schaden keinen Aufenthalt gewähren. –

Wallberg erfuhr es glücklicher Weise so früh, um den Vertriebnen zu warnen, um Mittel zu seiner Flucht auszufinden. Er veranstaltete alles zu seiner Reise nach Amerika, die schnell geschehen musste. Alexander konnte es kaum begreifen daß er sich von seinem Edmund trennen sollte, er sah eine Seereise wie seinen Todt an, und beschloß in der Stille sich für seinen Freund aufzuopfern. – Wallberg hatte es ihm entdeckt daß er den lezten Abend mit seinem Freund verlebte, weil er ihn frühe gewöhnen wollte, das Nothwendige des Schicksals mit Muth zu erwarten. Alexander geschäftiger als je, konnte mit Mühe seine Unruhe verbergen. Er beobachtete seinen Vater genau, der in aller Stille der Nacht die Reisenden an das Boot bringen wollte, er vernahm ein leises Geräusch. Da kommt mein Vater rief er heftig aus, und umarmte mich. Er war aus dem Zimmer, Wallberg kam nicht. – Ich wusste die Stunde des Aufbruchs, und saß mit Edmund dem ich noch manches anempfahl, und wartete auf Wallberg. Er und Alexander kamen nicht wieder. Ich gehe endlich auf Alexanders Schlafzimmer, da fand ich mit undeutlichen Zügen, diesen Zettel.

> Dir allein liebe Mutter, vertraue ich meinen Entschluß. Denn dich zu betrügen ist mir unmöglich. Laß mich zu Edmunds Vater gehen! [26]er soll auf dem tiefen schwarzen Meer nicht sterben, ich will für ihn sterben denn ich weis ihn ruhig bey dir, liebe ihn

> wie mich, ob ich dir gleich ganz ewig gehöre, so laß ihn dir so lieb sein wie mich. Morgen wenn du diesen Zettel findest bin ich weit von dir. Edmunds Mutter soll nie wissen daß ich nicht ihr Sohn bin, ich habe ihm alles abgelernt.

Als ich in aller Angst meines Herzens diese Zeilen las, kam Wallberg mit Alexander an der Hand zu mir herein. Er eilte was er konnte um den vermeinten Edmund zu seinen Eltern zurück zu bringen, ehe man sie entdecken konnte. – Ich schloß meinen Sohn in meine Arme, und es war mir als hätte ich ihn wirklich verlohren. Wallberg erzählte mir als er zurückkam, daß er an der Schwelle des Zimmers den Knaben gefunden, der ihm mit verstellter Stimme zugerufen⟨.⟩ Alexander ist bey seiner Mutter, laß uns gehen, Vater Wallberg. So sey er ihm gefolgt ohne zu sprechen. Als er aber ans Schiff gekommen, da sey die Stimme der Liebe in Alexander zu lebhaft geworden, und er habe sich schnell zu ihm gewandt, seine Kleider gefasst, und mit starcker Stimme gerufen. Vater ich bin dein Sohn. Da habe er auf einmahl alles ihm entdeckt, und die lezten Momente der Trennung wären ihm durch diese Liebe des Knaben noch unvergeßlicher. – Erst als Alexander wieder um uns war, unsre Bewegung fühlte, sah er was er hatte thun wollen, und es war als wenn dieser [26v]Moment festere unzerreißbare Fäden der Liebe um uns geschlungen. Aber Alexander der Edmund zu starck liebte konnte sich lange nicht beruhigen, daß sein Freund diesem unsichren Element angehöre, und wäre dem kindlichen Gemüth nicht der heilende Leichtsinn verliehen, so hätte er sich nie wieder beruhigt, denn ich sah nie ein Kind daß so lebhaft fühlte. –

Doch wieder zu *Cecilien*, die sich täglich mehr ausbildete, und immer schöner wurde. Sie gab unsrem gesellschaftlichen Leben einen Reiz den nichts andres geben konnte. Sie bildete jedes Talent in sich aus, und die anmuthige Tochter gab der Gesellschaft der Eltern doppelten Werth.

Es war ohnmöglich sie zu sehen ohne sie zu lieben. Auch fühlten dieses die jungen Männer bald, und ein Schwarm Verehrer begleitete uns wo wir uns erblicken ließen. Aber ein Mensch der eben so begünstigt von den Grazien als von den Reichthümern des Lebens war, schloß sich bald ernstlicher und inniger an unsre Familie. F. war aus eines der Besten ⟨ä⟩ltesten Häuser der Stadt, und war mit der Freyheit des Geistes, und ohne Einschränkung erzogen, wie es dem Reichen geziemt. Er hatte sich eine seltne zarte Fühlbarkeit in sich erhalten, dabey männlich fest, nur in der Liebe zu *Cecilien* schien er nicht seines Geistes mächtig zu sein. So bald es das Schicksal beschloß Hindernisse im Weg zu legen.

[27]Wir waren genöthigt Wallbergs Handelsverhältnisse wegen Fremde von allen Nationen aufzunehmen, denn dieser Handelsplaz war von jeher häufig besucht. Die Engländer die Wallberg am meisten schäzte unter den Fremden, wurden stets freundlich bey uns aufgenommen. Ein Mann noch in den besten Jahren mit seiner Schwester, *Watson* war sein Nahme drängte sich in unsren Cirkel. Doch schien es anfänglich es sey ihm darum zu thun seiner Schwester *Isabella* gute gesellschaftliche Verhältnisse zu verschaffen als seiner selbst willen. Er schien ganze Stunden in seinen Träumen versunken, bey der Gesellschaft zu sein, und doch nicht Antheil zu nehmen. Und *Isabella* sagte einst scherzend. Haben Sie Geduld mit diesem wunderlichen Mann. Es haben seltsame Begebenheiten, und Schiksale sich in dieser Seele gespiegelt, er darf wohl nachdenken: aber er fühlt den Zauberkreis der ihn umgiebt doch; so wenig es den Anschein hat! und sah scherzhaft lächelnd nach dem Bruder hin, der erröthete, und seine Augenbraunen zusammen zog. Aber eben diese scheinbare Vernachlässigung, und Unachtsamkeit auf sie selbst, gefielen meiner Tochter. Sie schloß sich fester an die

Schwester um des Bruders willen, und versuchte jedes Mittel diesem unzugänglichen Gemüth beyzukommen, während F. sich in stiller Liebe verzehrte. Sie war freundlich gegen F. weil sie überhaupt gegen Männer freundlicher als gegen Frauens war, und *Cecilie* hatte ausser *Isabella* auch im eigentlichen Sinn des Worts keine Freundin, bey aller Liebenswürdigkeit ihres Wesens. [27v]Ihre ehmaligen Spielgenossinnen traten immer mehr mit Kälte zurück, je mehr sie sich dem reifren Alter näherten, und je mehr sie in *Collisionen* kommen konnten. Den allgemeinen Ton der Bewunderung konnten sie nicht ohne Gefühl ihres eignen Unvermögens vernehmen. – Sie nahm F.'s Aufmerksamkeiten, die Beweise seiner Liebe mit Gefälligkeit an, aber ohne Rührung. Sie bestrebte sich ihm zu gefallen, aber doch war nie eine Spur herzlichen Antheils an ihm sichtbar. Auch wir wurden uns in unsren eignen Kreisen fremd ohne es zu wißen, und ohne es uns zu gestehen. Wir waren plözlich zu viel in fremde Verhältnisse verflochten. Die Uebereinstimmung unsrer Gefühle fand kein Organ mehr sich auszusprechen. – *Cecilie* gewohnt zu leicht der Schmeicheley ein williges Ohr zu leihen, war immer und immer mehr bemüht ihren eigenen Kreis zu vergrössern, und dieses Streben machte sie kälter gegen ihre Familie. Selbst daß wir ihre kleinen Mängel ahndeten, misfiel diesem stolzen Gemüth, je mehr sie sich bestrebte ihre Empfindungen der Liebe stärker auszudrücken, um eine kleine Kränkung zu verbergen. Alles war Kunst in dieser seltenen Erscheinung, und sie gefiel sich selbst nur in dem Bewußtseyn, über ihre Natur gesiegt zu haben.

Ein einziger Blick in dieses Herz hätte ihr vielleicht ein trübes Schicksal erspart, und uns diesen ewigen Schmerz. –

Watson wurde gefälliger nach und nach, doch war eine bleibende Kälte und Resignation in seinem Wesen, eine [28]fromme Schwärmerey war der herrschende Zug dieses Gemüths, wenn er sich aufschloß, er wurde begeistert und hinreißend eines Abends als er uns von seinen Verbindungen sprach die er einst gemacht habe, die ihn auf die Spur des einzigen wahren Glücks geführt haben. Er sprach nicht aus welche Verbindungen er meinte, aber wir bemerkten bald daß er zu einer frommen Sekte gehöre. Es war als habe er jedes glühende Gefühl seines Herzens auf heilige Gegenstände gewendet, und weltliche Dinge könnten seine Sinne nicht mehr rühren.

Die Stimmung eines solchen Gemüths hatte *Cecilie* wie geahndet, die fromme Sprache riß sie hin, und ich sah sie zum ersten Mahl in meinem Leben tief gerührt. Als *Watson* von dem Glück der Menschen sprach, die sich in heiliger Absicht verbunden hätten, das Wohl der Menschheit zu befördern, und alle unsre weltliche Zwecke aufzugeben sich selbst lebten, und nur nach einer Vollkommenheit und Harmonie strebten. – Wo sind die Glücklichen, rief *Cecilie* entzückt aus? in welcher Gegend der Welt kann man sie finden, und warum möchte ich fragen, konnten Sie sich dem Gewühl einer thörichten Welt hingeben, die kein Zweck, keine Hamonie in ihren Handlungen sucht, und findet!

Watson stutzte; Sie fragen mich *Cecilie*? Muß nicht jede Tugend durch Aufopferung erst erstrebt werden? Kann ich wißen, was ich einst diesen frommen Bruderschaften nuzen kann, wenn ich nicht selbst erst weis wie starck ich gegen die Welt bin? wie meine Innern Kräfte zum höhern Zwecke streben, mich führen können und sollen. Es giebt keine Tugend ohne Prüfung. Sie werden dies nie fühlen lernen. Das Schicksal wird Sie nicht dazu erwählen, [28v]die Tugenden die es Ihnen schenkte, die Sie immer ausüben wenn Sie nur Ihr Daseyn verkünden, durch Prüfungen zu bewähren. Gehen Sie Ihren Weg fort, Sie sind gut, und sind glücklich – er fasste ihre beyde Hände, verbarg sein Gesicht, und verließ uns schnell. – Ich suchte seit dieser Zeit die Unterredungen dieser Art zu meiden. Aber ich konnte es nicht hindern daß *Cecilie*, die *Isabelle* oft und viel besuchte einst mit *Watson* zusammen traf. *Isabelle* ganz verschieden von ihrem Bruder in der Äußerung Ihres Geistes, war froh, leicht und weltlich gestimmt. Sie war eine sinnliche lebhafte Natur, der alles nur zu ihrem eignen Wohl da zu sein schien. Fein gebildet im Leben, wusste sie mit Weichheit ihre geistische Tendenz zu erfüllen, und indem sie allen glauben machte sie lebte für andre, folgte sie nur ihren eignen Grundsäzen, und Neigungen. Der Bruder schien oft über sie zu trauren, aber er war nicht unzufrieden.

Er hatte mannichfaltige Kenntnisse sich erworben, und versuchte gern den Fähigkeiten seiner Schwester einen bestimmten Gesichtskreis anzuweisen. Auch *Cecilie* wurde seine Schülerin, und wir konnten es nicht verhüten daß sie oft mit einander die grösste Zeit des Tages zubrachten. Denn *Watson* war unermüdet, und die lernbegierigen Mädchens eben so unermüdet weitere Fortschritte zu machen. –

F.'s Bewerbungen wurden immer lebhafter, er sprach seine Wünsche endlich bestimmt aus, und wir, die wir nicht die Neigung unsrer Tochter beschränken wollten, wießen ihn mit seinen Wünschen an sie. –

[29]Lange schien sie unentschloßen, und kämpfte mit sich, aber endlich kam sie mit gefasstem Muth zu mir, sagte daß sie lieber frey geblieben, und ihrem Herzen keine Fesseln angelegt hätte, aber um unsertwillen, um unsrer Zufriedenheit ein Opfer zu bringen koste es ihr nichts ihre Hand zu verschenken. Ich wollte sie bey diesem Geständniß nicht einen Schritt thun lassen den sie nicht mit Neigung that. Aber sie blieb dabey sie wollte F.'s Gattin werden. Sie werde ihn glücklich machen, und es auch selbst noch werden. Gegen ihn selbst schien sie eben so offen gesprochen zu haben, aber er war zufrieden, und hielt dieses Geständniß für die Ruhe seines Herzens hinreichend, er liebte sie so unaussprechlich daß er nur ihren Besiz wünschte und da sie einmal so viel zugegeben, so schmeichelte er sich ihren Stolz zu gewinnen durch seine Liebe. Ihrer Neigung war er gewiß, und wollte der Zeit seine Hofnungen vertrauen ihre Anhänglichkeit immer mehr und mehr zu gewinnen. Wie anders war mir die Sprache der gebildeten Welt, mein Herz daß sich gleich für Wallberg entschied, wusste nur daß es ihn ewig lieben würde, ich erwartete nichts von der Zeit, denn meine Liebe kannte nur die Gegenwart. Und so ist dieses Gefühl nur durch das Gewebe des Lebens anders nüanciert, aber immer mit frischen glühenden Farben in mir neu geblieben. – *Watson* war zu oft in unsrem *Familien Cirkel* als daß er hätte mit den Begebenheiten des Tags unbekannt bleiben sollen, er erfuhr bald F.'s Wünsche und *Ceciliens* Zusage. – Und *[29v]*es schien tiefen Eindruck auf ihn zu machen. Doch blieb er in einer anscheinenden ruhigen Stimmung; sein Gesicht verrieth aber oft ohne daß er es wollte, seinen innern Kampf. Er war sanfter wie vorher, und sprach lieber von ernsthaften Dingen, sein frommer Enthousiasmus schien höher zu steigen und selbst seine Schwester konnte dieser Wärme nicht wiederstehen, und es schien als sey ihr Gemüth ungewiß. Sie schien auch sich inniger an *Cecilien* zu heften, und es war als könnten diese beyden Mädchens nicht getrennt leben. Der Bruder begleitete stets die Schwester, und so stieg diese Freundschaft, die sich längst schon entspann zu einer hohen Leidenschaft. *Watsons* Frömmigkeit seine Resignation gegen die Welt ließ mich lange nichts ahnden. – F. war mit den ersten Familien der Stadt in Verbindung. Sie beeiferten sich alle, ihren Antheil zu zeigen. Man ersann die artigsten Feste. *Cecilie* gefiel sich der Gegenstand der öffentlichen Aufmerksamkeit zu sein, und F. wurde mit Gefälligkeit von ihr behandelt. Er war unaussprechlich glücklich, seine Hofnungen stiegen mit jedem Moment höher.

Watson besuchte nie eine Gesellschaft dieser Art, und war einsilbig und in sich gekehrt in den Stunden wo er unser Haus besuchte.

Cecilie hatte sich bey ihrem Vater ausgebeten durch ein Fest von ihrer Erfindung die Schuld gegen die Gesellschaft wieder abtragen zu dürfen, und der Vater, der seiner Tochter gern jeden Wunsch gewährte fand sich willig dazu.

[30]Unser Landsiz war der Plaz den sich *Cecilie* erwählte, dort verschönerte die Natur, die freundlichen Einwohner des stillen Ortes dieses Fest durch ihren Antheil den sie an unserm Hause nahmen noch mehr. *Cecilie* hatte sich einen Masquenball im freyen ausgedacht, ein grosser grüner Plaz mit hohen Linden umgeben war zur Versammlung bestimmt. Die Bäume die sich hoch in den Lüften wölbten, waren in Alleen getheilt, und ganz in der Entfernung liefen sie in einen grossen buschigen Wald zusammen.

Isabella und *Watson* sollten mit uns, aber er entschuldigte sich auf eine feine Art, und die Schwester verabredete mich zu begleiten. *Cecilie* hatte sich ausgebeten 8 Tage früher dort allein sein zu dürfen, sie wollte uns selbst überraschen. Aber der ungeduldige Bräutigam vermochte nicht so lange zu warten als *Cecilie* bestimmt hatte, und bat mich flehentlich einen Tag früher zu reisen. *Isabelle* begleitete uns; F. forschte begierig warum ihr Bruder so hartnäckig darauf bestünde keines der Feste zu besuchen, er war immer freundlich und zuvorkommend mit *Watson*, eine reine offne Natur konnte nicht mit einem Wesen zusammen leben, ohne das Herz zum Wohlwollen gestimmt zu fühlen; Seine Anhänglichkeit an meine Tochter hielt er für den ihr gebührenden Zoll, denn er fühlte daß kein Mann kalt bey ihrem Anblick bleiben könne.

Die Schwester machte manche Entschuldigungen, als uns F. verließ, sagte sie. Verzeihen Sie edle Frau wenn *Watson* Ihnen kalt scheint, aber er war lange *[30v]*Herr seiner Gefühle, jezt muß er sich verbergen, oder fliehen – O warum sind die Fäden des Schicksals so verworren! Warum sind wir so fern von dem was uns alle zum Glück führen könnte!

Wir kamen an unsre ländliche Wohnung, und *Cecilie* hatte von fern den Wagen erblickt. Sie kam freudig auf mich zu, lebhaft umarmte sie *Isabella*, und hielt uns beyde an ihre Brust gedrückt. Liebe Freunde, sagte sie mit innigem Gefühl, ich habe in diesen Tagen, wo ich mein Gemüth sammeln konnte aufs lebhafteste gefühlt wie nothwendig Sie zu dem Glück meines Lebens sind. Kommen Sie Mutter dieser Tag sey uns der freundlichste unsres Lebens, denn wir wollen ungestört uns über einander freuen, wie reich bin ich in Ihnen. Jezt wagte F. zum erstenmahl sein Gesicht zu ⟨ent⟩hüllen, er trat aus dem Hintergrund wo er sich verborgen hatte. Feurig und schmerzlich bewegt rief er aus. Hat *Cecilie* mir nichts, gar nichts zu sagen? Komme ich gar nicht in Anschlag wenn vom Glück ihres Lebens die Rede ist? – Erröthend und kalt sprach sie mit unwillem Ton. Hierher gehörte der Ausdruck meines Gefühls nicht: Sie sind mir willkommen und verbeugte sich. – So schmerzlich rührte mich diese *Scene*, daß ich sehr bereute F.'s Ungeduld gefolgt zu haben, aber es war zu spät! –

[31]Indessen besaß *Cecilie* zu viel Coquetterie. Sie konnte niemand unzufrieden mit sich und gar gekränkt sehen, sie sammelte sich wieder, und war gefällig und freundlich, den ganzen Abend; und F. schien beruhigt. Er hielt sich zu leicht an den äußren Erscheinungen, und täuschte sein Gemüth so gern, da es seine Liebe betraf.

Die Gesellschaft folgte uns den folgenden Tag. *Cecilie* merkte immer auf *Watson*, und traute der Schwester nicht, die ihr versicherte er würde gewiß nicht kommen.

Der Tag verstrich uns in der Gesellschaft ziemlich lärmend, und *Cecilie* war so beschäftigt jeden nach seiner Art zu unterhalten, daß sie keine Zeit hatte, nachdenken zu können. F. dem sie mit aller Aufmerksamkeit begegnete war zufrieden. –

Der Abend kam heran, und der grüne *Sallon* erschien prachtvoll mit unzähligen Lampen erhellt, die in lieblichsten Farben durch das üppige Laubwerk glühten. Ueber dem schönen Anblick hatten wir die Erfinderin des Festes aus den Augen verlohren. Als eine sanfte Musick aus einer entfernteren Gegend der Büsche ertönte. Ein schlafender Knabe auf einer Rosen bekränzten Rasenbank lag in einer malhlerischen Stellung vor uns. Seine Umgebungen ließen uns seine Person errathen, er war nur halb beleuchtet. Eine ausdrucksvolle Musick ging in einen ernsthaften Ton über, und *Cecilie* erschien als Psyche mit einer unaussprechlichen Grazie. Sehnsucht und Liebe war die Sprache der Töne. [31v]Ein Schleyer verhüllte den schlafenden Amor wie eine durchsichtige Wolcke. Sie nahte mit einer Lampe, wollte sein Gesicht beleuchten, den Schleyer aufheben, und das Geheime Wesen entschleyern, aber immer hielt sie eine schauderhafte Empfindung zurück, und sie trat erschrocken zurück wenn sie den Schleyer berührt hatte. Endlich siegte die Neugier über der Mutter Verbot. Sie trat näher, hielt die Lampe an seine Gestalt und hob den Schleyer auf.

Ein Ausruf des Entzückens war die allgemeine Stimme: denn so reizend war noch kein Wesen erschienen. Als sie die Lampe hinwarf, den Schleyer mit schreckenvoller Gebehrde über den Knaben hinwarf und todt neben ihn hinsank war kein Zuschauer mehr seiner mächtig, der täuschende Todt hatte uns alle mit Schrecken erfüllt. – Als eine unsichtbare Musick von lieblichen Stimmen begleitet diese Worte uns vernehmen lies. Die Lampen ◊

[32]Die Lampen verlöschten wie durch Zauberey, und der Mond der eben seine Strahlen durch die Buchen warf machte diese *Scene* noch schauerlicher. Niemand wagte noch der schönen Gestalt zu nahen die hingestreckt da lag, es war als hätte ein Zauberkreis sie umgeben. F. war seiner Gefühle nicht mehr mächtig, es schien ihm das höchste Gefühl, dieses Wesen sein nennen zu können. Als wir in eine stille Stimmung versunken noch über das vergangne nachdachten, verdrängte eine *Scene* ganz andrer Art diese Eindrücke, aus einer einsamen Gegend des Waldes trat ein Pilger hervor, und sang diese Worte. ◊

[32v]Er nahte sich *Cecilien*, sah sie mit einem schmerzhaften Ausdruck der in seiner ganzen Gestalt verbreitet war an, und verschwand unsren Blicken. Einer aus der Gesellschaft wagte es ihm in den Weg treten zu wollen, aber er ging wie ein höhres nicht menschliches Wesen an ihm vorüber, und war uns verschwunden. Der fremde sonderbare Anblick hatte mich einen Augenblick *Cecilien* aus dem Gesicht verliehren laßen, ich blickte nach ihr mich um, und fand sie ohne Bewusstseyn in den Armen ihres Mädchens. Alles gerieth in Bestürzung. F. war aus der Stimmung fürs höchste Glück in eine Verzweiflung übergegangen die mir schrecklich war, er fürchtete mehr als eine Ohnmacht – denn *Cecilien* lag unbeweglich. – So wurde dieser schönste Tag meines Lebens gestört und scheu und geängstigt suchte die Gesellschaft sich von uns loszumachen. –

Für mich war die Ruhe auf länger als diese Stunde wie verlohren. – Die *Scene* dieser Nacht ist mir unvergeslich. *Cecilie* die vor wenigen Stunden das Entzücken, die Bewunderung der ganzen Gesellschaft war, lag da das bleiche Bild des Todes. F. unbeweglich an ihrer Seite, sinnend und die Hände aufgehoben um Hülfe flehend, blieben lang starr in derselben Stellung. Und er fiel endlich bewußtlos zu *Ceciliens* Füssen nieder. So war er noch als *Cecilie* die Augen aufschlug, und ihr erster Blick fiel auf den Unglücklichen.

Sie konnte diesen Anblick nicht ertragen. F. rief sie heftig bewegt aus, diese Trauer ist um meinetwillen! Sie warf sich an meine Brust, er ist todt! – um meinetwillen!

[33]Ihn tödete der Schmerz um mich! um mich die in ihrem Herzen keine Stimme für ihn sprechen lies. – o Mutter! Bringen Sie ihn ins Leben ich will ihn ewig lieben. Der Ton der geliebten Stimme und unsre Bemühungen beseelten ihn endlich wieder, mit Entzücken stand er

auf küsste *Ceciliens* Stirn. Geliebte du lebst! sprach er mit schwacher Stimme. Und für dich will ich leben sagte sie leise. –

Glücklicher weise war unser Arzt unter den Gästen, er suchte beyde Kranken zu beruhigen, und brachte endlich F. in ein andres Zimmer.

Cecilie lag in Ermattung da, und Fieberphantasien erfüllten ihr Gemüth. Sie schreckte bey jedem Geräusch auf, fasste mich an, u. fragte ängstlich ob ich den Wald sehe? ob der Pilger nicht mehr kommen könnte? es gelang mir endlich sie vor diese Nacht zu beruhigen, und ihr die wohlbekannten Gegenstände ihres Zimmers zu zeigen, und sie glaubte mir.

Sie blieb lange krank ein heftiges Fieber war die Folge dieser *Scene*, und sie genoß unsrer innigsten Sorgfalt und Pflege. F. wich nicht von uns, und zeigte sich mit unbeschreiblicher Zartheit als theilnehmender Freund. Es war als habe sie ihm ihre ganze Zärtlichkeit seit jener traurigen Stunde gegeben. Aber es war eine Art ernster *Resignation* in ihrem Wesen. Sie sprach von den ungewißen Hofnungen auf Ruhe, und dem dauernden Glück in dem menschlichen Herzen. –

Diese Stimmung war mir nicht unwillkommen, denn ich hofte sie würde sich an die ernstern Ansichten des Lebens für die Zukunft gewöhnen, die ihr bis jezt fremd waren. Unter Umständen gebohren die ihr keine Wünsche unerreicht ließen, *[33v]* von allem was sie umgab bewundert, konnte ihr keine getäuschte Erwartung irgend einer Art das zerbrechliche Bild des Lebens vorhalten, bis jezt.

Was mich am meisten befremdete war *Watsons* und seiner Schwester Stillschweigen. Sie war mit den erschrocknen Gästen nach der Stadt zurück. Die Freunde ohne die wir nicht leben zu können glaubten verließen uns in diesem Moment der so bedeutend für uns war, wo sie eben ihren Antheil am lebhaftesten hätten zeigen müssen. Einige Mahle wunderte *Cecilie* sich auch warum ihre Freundin nicht bey ihr sey, aber so bald sie *Watsons* Nahmen aussprechen wollte, fuhr sie zurück, und blickte scheu um sich. Ich wagte es ihr eine Unwahrheit zu sagen, und machte ihr glauben *Isabelle* sey selbst krank, und könnte dies Zimmer nicht verlassen. – Sie schien beruhigt über meine Auslegung. Wallberg musste nothwendig verreisen seine Handelsgeschäfte foderten es; er veließ uns mit der Bitte wir möchten alle Anstalten treffen bey seiner Zurückkunft wenn seine Tochter hergestellt sey die Hochzeit vollziehen zu können. Wir lebten still und einförmig in unsrer ländlichen Einsamkeit, ich musste es F. vergönnen bey uns zu bleiben. Denn die Sorge um seine Geliebte war zu mächtig in seinem Gemüth, er glaubte sie nicht sicher und sich nicht ruhig in der Entfernung. – Sie gewöhnte sich mit jedem Tag mehr an seinen Umgang, und sie war gleichförmig und mild gegen ihn gestimmt. Ohne Coquetterie suchte sie seine Aufmerksamkeit zu feßeln, und er war seelig. – O hätte dieser Zustand für ihn dauerhaft seyn können! –

In einer Abendstunde wo unsre Gemüther rein und erhaben gestimmt waren, wo wir uns glücklich fühlten durch uns [34] selbst, wo *Cecilie* mit F. in dem besten Vernehmen war, und er wie ein Seeliger Geist auf die Irrgänge und Verwirrungen des Lebens herab blickte, seine Stimmung, sein reines zartes Interesse an *Ceciliens* Anmuth rührte den gefühllosesten Menschen. – Da trat unvermuthet *Isabella* in unsren Cirkel wie ein böser Genius der Gewalt und Mord ausstreut wo er sich naht. So trat sie in unsren heiligen Kreis. Sie wollte ruhig und zusammenhängend sprechen, aber ihre Züge waren bleich und entstellt. Mit Freundlichkeit redete *Cecilie* sie an, machte ihr Vorwürfe über ihre anscheinende Kälte, und Mangel an Theilnahme.

Sie können scherzen *Cecile*? fragte sie unwillig. Hätten wir Ihrer doch so leicht vergeßen können, als Sie unser! Sie führte *Cecilie* aus dem Zimmer, und als nach langer Zeit, sie wieder herein traten war es mir, als sehe ich das Gebäude meiner ganzen Glückseligkeit plözlich versinken. Ein Zug von Schwermuth und scheuer Kälte hatte sich auf ihrem Gesicht verbreitet, den ich noch nie bemerkt hatte. Sie war still in sich gekehrt, und F.'s Bemühungen sie zu erheitern waren vergebens, er war ein feiner Beobachter in Gesellschaft, und hatte eine Grazie in seinem Wesen die unbeschreiblich war, sobald er absichtlich jemandem eine unangenehme Lage erleichtern, oder für den Augen andrer verborgen halten wollte. Er machte Musik suchte kleine Lektüren vor *Cecilie* strengte alle Kräfte an aufmerksam zu scheinen aber man merkte wie ihr Herz gewaltig bewegt war. *Isabella* beobachtete sie aufmerksam, und sah mit einem Ausdruck von Strenge und Kälte sich verstohlen nach ihr um. – Der Abend war mir sehr peinlich, und ich ergriff freudig einen Vorwand mich zu entfernen und die Gesellschaft ging früher als sonst auseinander.

*[34v]*Nie war ich gewohnt geheime Nachrichten über das Betragen meiner Kinder anzuhören, und niemand in meinem Hause war darauf gestimmt ihre Schritte zu beobachten, und eine Rechenschaft davon zu geben. Aber als ich in mein Zimmer kam, schlich meine alte Kammerfrau leise zu mir, und fragte ängstlich⟨.⟩ Haben Sie unsre Geliebte *Cecilie* nicht angesehen? Haben Sie nichts gar nichts an ihr bemerkt?

Sie ist wohl hoffe ich, du denkst doch nicht daß sie kränker noch ist als sie sagt? war meine Antwort.

Ach nein, nein, wenn nur das Gemüth ruhig bleibt! sagte sie bedächtig. Ach es ist nicht wie es sein sollte! Ich liebte den Bruder und die Schwester niemals, sie sind uns allen fremd, und sehen so im Geist mit Stolz auf uns andre herab, die nicht so im Licht wandeln. Ach sie bringen keinen Seegen in dieses Haus! Gott wird richten. Da ich heut als es dunkel wurde, fuhr sie fort, mich im Garten von meiner Arbeit erholen wollte, sah ich einem verhüllten Mann ums Haus herum schleichen, eine weibliche Stimme rufte ihm aus *Ceciliens* Fenster zu, in einer Sprache die ich nicht verstand, gab ein Zeichen und er ging mit grossen Schritten gegen den Eingang des Hauses zu. Ich selbst wusste nicht was zu thun sey, denn ich wußte mir in ungewöhnlichen Fällen nicht leicht zu helfen, in meinem ganzen Leben. Aber dem Zug wiederstand ich nicht, unter ⟨*Ceciliens*⟩ Fenster zu schleichen, ich konnte nichts vernehmen, als eine Stimme die heftig redete, seufzte mitunter, aber länger im starcken Tone sprach. *Cecilie* weinte laut, und sprach wenig aber klagend – Nach einer Stunde kam die Gestalt wieder aus dem Hause und nun erkannte ich deutlich [35]den Pilger im Walde, und Herrn *Watsons*, denn nun bin ich sicher, daß sie eine Person sind.

Sie sahen mich befremdend an als ich diesen Abend ins Gesellschaftszimmer trat, und mir unnöthige Befehle erbat, aber ich wollte meinen Pflegling, meine Tochter sehen! Wie sie da saß stumm, und traurig nachdenkend, als ich die Verstimmung der ganzen Gesellschaft bemerkte, reimte ich mir noch mehr zusammen, und nahm mir fest vor Ihnen diesen Vorfall nicht zu verschweigen.

Die Nacht schien mir unendlich, ich schlief nicht, in *Ceciliens* Zimmer bemerkte ich lange Licht, und sah ihren Schatten auf der gegenüber stehenden Mauer lange sich lebhaft bewegen. *Isabella* war nicht bey ihr, sie war sonst gewohnt in ihrem Zimmer zu bleiben, aber *Cecilie* hatte diesen Abend ausdrücklich bestellt ein andres Zimmer für *Isabella* zu bereiten. Sie wollte also allein sein.

Den andern Morgen ging ich frühzeitig ins Besuchzimmer, und *Cecilie* und *Isabella* standen schon am Fenster. Sie erwarteten mich nicht, und waren eben in heftigem Gespräch begriffen. *Cecilie* sagte ernst und heftig⟨.⟩ Verfolgen Sie mich nicht länger, nach schweren Kämpfen in dieser Nacht habe ich meine Pflicht erwogen, und fühle daß ich F. alles schuldig bin. Wären Sie in jener furchtbaren Nacht bey mir gewesen! Sie hätten müssen überzeugt werden, daß seine Sorge und Liebe für mich die Liebe meines ganzen übrigen Lebens fodert. –

*[35v]*Hartes undankbares Geschöpf, sagte *Isabella* mit unterdrückter Wuth. So wird er sterben! – Meine Gegenwart die ich nicht länger verbergen wollte machte diesem Gespräch ein Ende. *Isabella* nahm kalt und ernsthaft Abschied von mir, und von meiner Tochter, u. ich sah sie niemals wieder. –

Der Zufall hatte mir schnelle traurige Entdeckungen machen laßen! Du wirst mich billig fragen meine Clara, warum ich selbst mich nicht an *Cecilie* wendete, um freye Blicke in ihr Herz thun zu können? Aber bey diesem Wesen war nicht an Freyheit und Unbefangenheit des Geistes zu denken. Wenn man sie am innigsten zu fesseln dachte, glaubte ihres Wesens gewiß zu sein, wie sein selbst, so überfiel einen plözlich ein Gefühl der Kälte, der Entfernung, und man war weit von ihr entfernt.

Sie hätte mir niemals mit Wahrheit geantwortet, denn einmal mit der Lüge vertraut, die durch ihr ganzes Leben sich zog, einmal mit den Grundsäzen vertraut nie ihr innres so wie es war zu zeigen, hätte sie mir niemals mit Wahrheit und Offenheit geantwortet, mir war es versagt dieses Gemüth lenken zu können, daß für unsre Liebe keine wahre Empfänglichkeit hatte. Ein einziger freyer Blick in ihr Gemüth hätte uns unabsehbaren Kummer erspart, und ihr ein bittres Schicksal vielleicht! – O diese Ungewißheit über sie ist der ewige Schmerz meines Lebens!

Wallberg musste länger abwesend bleiben als wir anfangs dachten: Er schrieb und bat dringend alle Anstalten zu [36]treffen daß er bey seiner Ankunft sogleich seine geliebte Tochter zum Altar führen könnte. Da sie ungewiß war, und er keinen Tag bestimmen konnte, so waren wir unaufhörlich beschäftigt. Seine Stimmung beunruhigte mich, ich hatte ihn nie aus diesem Ton sprechen hören. Er schrieb

> Ich bitte Euch Geliebte suchet alle Hindernisse, und Verzögerungen aus dem Wege zu schaffen, um keinen Aufschub der Heyrath mehr zu haben. Eine heimliche Angst um *Ceciliens* Sicherheit ist in meiner Brust, die ich nicht überwinden kann, erst wenn ich sie fest verbunden mit meinem theuren Sohn weis, wird das Gefühl der Ruhe in mir zurückkehren. Sezt alle kleinen weiblichen Rücksichten aus den Augen, und erfüllt seine Wünsche die hoffentlich auch die Euren sind. Es sind Zeiten der Unruh und Sorgen, und mir ist es, als könnte ich auch über mich selbst unsicher werden. Das Verhängniß der Menschen ist ungewiß, wie leicht könnte ich Euch entrissen werden, und wie tröstlich wird es mir sein, Euch geliebten, meinen unerfahrnen geliebten Sohn in sichren treuen Bruders Händen zu wißen. Sind wir arme Sterbliche Wesen nicht an so schwache Fäden gebunden? nur in unsrem Uebermuth könne wir wagen uns auf unsre eignen Kräfte zu verlaßen!

Der Brief ängstigte *Cecilien*; es entging mir nicht. Aber F. war unaussprechlich glücklich. Mit glühendem Gesicht sagte er. So quälend mir die Angst unsres Vaters ist, so ist es mir doch so wunderbar wohl daß er mein Glück beschleunigt wißen will, und ich mildre auch seine Sorgen mit meinem Glück. *Cecilie* nicht wahr auch du bist glücklich, sage es mir aus deinem schönen Munde⟨,⟩ laß mich die Bestätigung deines Glücks hören! Sie lehnte bewegt ihr Gesicht an seine Brust, *[36v]*und er drückte sie mit Inniger Liebe an sein klopfendes Herz.

Die Anstalten nahmen uns Weibern viel Zeit weg, *Cecilie* war bey allem gegenwärtig, und nichts ging vor, was auf der künftigen Erscheinung in der Gesellschaft Bezug hatte, was sie nicht anordnete. Sie war freundlich zuvorkommend gegen F. Er begleitete sie auf ihren Spaziergängen, und war immer mit ihr nur beschäftigt.

Die Alte Kammerfrau warnte mich einige Mahle und sagte sie habe die verhüllte Gestalt wieder ums Haus schleichen sehen, aber der Anschein von Ruhe und Harmonie, war mir so süß, ich traute so gern den Hofnungen meines Herzens! und achtete nicht die Stimme der guten Alten. – *Cecilie* hatte viel Bestellungen nach der Stadt, aber das kam mir natürlich vor, denn wie viel bedarf ein Mädchen nicht! Sie blieb oft lange allein noch Abends, während ich und F. uns mit Träumen und Planen in die nahe frohe Zukunft einwiegten. F. wurde mir in diesen stillen Stunden unaussprechlich werth. Wenn er sein Herz offen vor mir aufschloß, lernte ich ganz den Werth und Reichtum dieses schönen Herzens kennen. Er war eine der reichsten Naturen in sich selbst, und vielseitig, von einer geselligen Bildung die mich oft wunderbar überraschte. Dabey hatte sich sein Herz einen Schaz von tiefer inniger Liebe bewahrt, wie daurend hätte er für das Glück einer Gattin mir gebürgt! Aber sein Schicksal sollte enden wie die Blume des Waldes! Einsam und ungeliebt sollte er sein Wesen dem Schoos der Natur zurückgeben, von keiner mildern Sonne erwärmt und belebt! Warum musste er so an dieses einzige Wesen sich heften, daß den Reichtum seiner Liebe nicht zu bewahren verstand! –

[37]Ein Eilbote meldete uns endlich daß mein Mann den folgenden Tag ankommen würde. Lasst mich den Priester finden bey dem Eintritt in meine Wohnung, schrieb er flüchtig, daß der Tag des Wiedersehens auch mich ganz glücklich mache. F. mußte ohne Verzug nach der Stadt um die nächsten seiner Verwandten abzuholen. *Cecilie* bat mich sie bis zur Ankunft ihres Vaters ungestört in ihrem Zimmer zu lassen um sich zu sammeln. Ich gewährte es ihr, denn ich ehrte dieses Gefühl daß in sich selbst sich zurückzuziehen strebte, und freute mich daß sie den wichtigsten Tag ihres Lebens sich nicht auch bestrebte den größt möglichsten Eindruck hervor zu bringen durch ihre Erscheinung.

F. verließ uns mit sichtlicher Bangigkeit. So nah am Ziel meines Glücks rief er schmerzlich aus, ist es mir so beklommen ums Herz als wär ich noch unabsehbar weit davon entfernt. Er drückte mit weinenden Augen *Cecilien* an sein Herz. Deine Liebe macht mich zu glücklich, ich kenne mich selbst nicht mehr, jeder Augenblick den ich fern von dir, ist mir peinlich, Ach wie werde ich die Stunden, die langen aushalten, mit Ruhe und Faßung! Sie erröthete und sagte mit Festigkeit. Dem Mann ziemt mehr Faßung, und ich wünschte daß Sie indem Sie Ihre Pflichten gegen mich, und das Leben erwägen, mehr Stärcke des Geistes sich erringen möchten. Glauben Sie mir, es steht Ihnen *[37v]*Besser uns zum Muth anzufeuern, als es einem Weib ziemt. – Doch fühle ich mit einer grossen Freude daß Sie mich so lieben. Leben Sie wohl.

Er ging eilend fort, und sie eilte nach Ihrem Zimmer. Mir verstrich unter Anordnungen der Tag. Es war der Tag an dem auch wir die Gelübde unsrer Liebe aussprachen, der *Cecilie* und F. verbinden sollte. Ich wollte an dem Fest meiner Tochter auch das Andenken unsrer Verbindung feiern, und hatte mit eignem Fleiß selbst alles geordnet. Alexander war unendlich glücklich, er ordnete mit mir an, half Kränze und Blumengewinde flechten, um die Wände des Saals zu verzieren, und vergaß nicht die Bilder meiner geliebten Eltern zu schmücken, die er mit kindlichem Gemüth ehrte.

F. kam früh aus der Stadt zurück mit seinen Verwandten; *Cecilie* hatte verboten niemand diesen Tag zu ihr zu laßen, sie wollte uns alle nicht eher sehen als ihren Vater sagte sie mir, und hatte alle ihre Anstalten getroffen, damit wir sie von ihrem Zimmer nur zum Altar abholen konnten. – F. war traurig daß er *Cecilie* nicht früher sehen sollte, doch suchte er seinen Gästen und Freunden mit Artigkeit Unterhaltung zu verschaffen, und [38]gab sich ganz der Gesellschaft hin die die zarte Sorgfalt des geliebten Freundes mit Rührung erkannte. Er kommt. Er kommt stürzte Alexander athemlos in den Saal und Wallberg trat mit dem Geistlichen ins Zimmer. Unsre Freude war allgemein. Ich hoffe Dank zu verdienen liebe Kinder sagte er zu F. ich habe den Geistlichen gleich selbst abgeholt. Die Frauen wollen immer aufschieben nicht wahr? Aber wo ist *Cecilie* hin? wär sie nicht da ihren Vater zu empfangen? – Sie hat sich als die einzige Gefälligkeit erbeten erst zu erscheinen wenn sie zum Altar abgeholt wird, war die Antwort. Sie will ihrem Vater und Bräutigam zugleich erscheinen. Wir wollen nicht säumen sagte er freudig und nahm F. bey der Hand. Zur Trauung ist hoffe ich alles bereit? – Sie gingen nach *Ceciliens* Zimmer, aber die Thüre war verschloßen. Sie kamen so lange nicht wieder daß ich auch die Gesellschaft verließ, und als ich hin zu Wallberg kam, stand er mit der Anschauung der größten Angst im Gesicht und rufte *Cecilie*?

Es kam keine Antwort.

F. wurde unruhig, er fürchtete *Cecilie* sey von einer Ohnmacht befallen, und versuchte alles die Thüre zu öfnen. Plözlich sprang das Schloß auf, der Vater und Bräutigam stürzen hinein. Aber wer mahlt unsern Schrecken, es war keine Spur von *Cecilien* *[38v]*zu sehen. F. eilt bleich athemlos in Garten, nach ihrem Lieblingsplaze hin, aber er kam mit dem grössten Schrecken im Gesicht zu uns denn er fand keine Spur von ihr. – Die Bekannten in der Gesellschaft machten allerhand Vorschläge, wir beyde saßen sprachlos und stumm. Es war uns als hätten wir keinen Begriff von unsrem Schicksal. Die Verwandten schikten Reuter aus, sie glaubten *Cecilie* sey entführt, aber es war keine Nachricht zu bekommen. – Laß mich schweigen von diesen Tagen meine Clara, schon zwanzig Jahre sind vorüber und die Erinnerung dieses Schmerzens bleibt ewig dieselbe. –

Wir blieben in der fürchterlichsten Ungewißheit über unser schreckliches Schicksal. Die Aengstlichkeit meines Mannes die Hochzeit zu beschleunigen. F.'s Traurigkeit beym Abschied, alle diese traurigen Ahndungen wurden mir nun erfüllt! – F. konnte diese Catastrophe nicht ertragen. Sein Gemüth erlag diesem Schicksal, und ein hiziges Fieber nahm ihn in glücklicher Unbewußtlosigkeit dahin, er gab in meinen Armen sein Herz und seine Liebe einer beßren Welt. – Mein Mann selbst war in tiefe Schwermuth gesunken. Ich allein mit meiner eignen Sorge im Herzen musste der Trost deines Vaters sein. Alexander allein richtete mich auf, und erhielt mein Gemüth mehr ver[39]wahrt gegen die Gewalt des Kummers durch seine eigne Unbefangenheit. Er wusste nicht was wir betrauerten und konnte den Verlust der Schwester ertragen, die ihm ganz fremd war. Der Gedanke wenn auch ich meinem Schmerz unterliegen sollte, Alexander ganz hülflos zu wißen hielt mich aufrecht, und gab mir unvermerkt Kräfte das Schreckliche zu überstehen. Ich hatte den Willen dem Schicksal zu wiederstreben, das mich niederdrücken wollte, und es gelang mir. Denn es liegen unendliche Kräfte in uns, unsre Schmerzen zu heilen, wenn wir nur den Willen haben sie brauchen zu wollen. –

Laß mich einen dichten Schleyer über dieses Gemählde werfen. Es wurde uns unmöglich nach * zurückzukehren. So unglücklich durch uns selbst wir auch schon waren, wurden wir es noch mehr durch die Verläumdungen unsrer Mitbürger. Jezt fühlten wir erst wie sehr unsre Lage ihnen beneidenswerth erschienen sein musste, denn sie freuten sich mehr über unser Unglück als daß sie uns ihren Antheil gezeigt hätten. F. war zu allgemein geliebt, seine

Verwandten die zwar weitläufige Ansprüche nur auf ihn hatten, waren mächtig, und hatten geltenden Einfluß. Sie suchten alles hervor, uns den Todt ihres Freundes noch bittrer zu machen wenn es möglich gewesen, durch ihre lieblosen Auslegungen.

Die Mütter die mich beneidet hatten, urtheilten nun mit Kälte und Verachtung von den Vorzügen meiner Tochter *[39v]* und tadelten mich mit Härte. –

Wallberg richtete sich früher wieder auf als ich hoffen durfte, er war nicht ruhig aber er wollte es scheinen, und nahm eine rastlose leidenschaftliche Thätigkeit zur Stüze seine Gefühle zu betäuben. Aber er konnte nicht in dem Lande bleiben, und sobald ich ihn starck genug sah meinen Rath anzunehmen, schlug ich ihm eine Reise nach England vor. Ich blieb mit Alexander noch zurück, und rüstete mich sobald Wallberg einen Ort gefunden haben würde wo es ihm gemüthlich zu leben sein würde, ihm zu folgen. Er sagte er wolle alle seine Thätigkeit anwenden, für Alexander nüzlich zu sein, und dieser Gedanke knüpfte ihn allmählich wieder ans Leben. Es gelingt überhaupt dem Manne mehr über sich selbst zu gebieten, wenn er einmal der heftigen Bewegungen des Gemüths Meister geworden, und nur einen Zweck verfolgen will. Da wo wir Jahrelang unsre Schmerzen uns zu halten versuchen und in stiller *Resignation* das Leben annehmen, vergisst der Mann bald seine Gefühle, und strebt nur der Gegenwart gewiß zu sein. –

Wallberg schrieb mir nach wenigen Monathen, er sey willens in *Plymouth* sich niederzulassen. Die fremden Erscheinungen eines Hafens hatten Reiz für ihn, er war unter ganz fremden Menschen die den Schmerz seines Gemüths nicht kannten, und indem er ihnen, u. sie ihm fremd waren, schien er selbst ein andres Wesen zu seyn. Ich sollte mit Alexander noch vor dem Winter [40] die Reise auch unternehmen, und unser Hausarzt der mich seit den traurigen Störungen unsres Schicksals nicht verlaßen hatte, und unser einziger vertrauter Freund war, sollte und wollte auch mit uns gehen, und mich auf der Reise begleiten. – So viel wie möglich ließ ich alles zurück was mich an meinen vorigen Zustand erinnern konnte. Nur *Ceciliens* Bild, u. ein *Miniatur* Gemählde was F. seiner Braut bestimmt hatte, konnte ich nicht zurücklaßen. Es war unmöglich etwas zu erfahren was aus *Cecilien* geworden sey, keine Spur von ihr war zu finden. *Watson* und seine Schwester waren eben so wohl nicht aufzufinden, er war schon mehrere Wochen vor *Ceciliens* vorhabender Hochzeit in unsrem Cirkel unsichtbar geworden, und ein kaltes Abschiedsbillet kündigte uns ihre Abreise aus der Stadt an, aber sie hatten nicht bestimmt gesagt wohin sie gehen wollten.

In den lezten Tagen meines traurigen Aufenthalts auf dem Landguthe meines Vaters, wo ich die glücklichsten Zeiten meiner Jugend verlebt hatte, die glücklichsten meiner Ehe, musste ich mich noch von dem Ort trennen, der mir auch zugleich die schrecklichsten Erinnerungen meines Lebens gegeben. Oft war mir als könnte ich nicht die Last des Lebens tragen, und sehnte mich nach dem stillen Ruheplaz neben F.

Ein schwerer drückender Herbsttag, wo der Nebel kalt und feucht auf den gelben Blättern der hohen Pappeln *[40v]* dampfte, und die Sonne vergebens kämpfte durch die grauen Wolcken die zerstörte Gegend zu beleuchten hatte ich noch den Abschied von F.'s Grab zu nehmen, ich konnte den Ort nicht verlassen ohne die Stelle noch zu besuchen wo meine Freuden und Hofnungen des Lebens auf ewig ruhten. – Wie anders war der Tag an dem ich einst in dem schönsten Frühlingstag diesen Ort besuchte wo die Gräber meiner Eltern waren. F. kam mir an dem Gitterthor damahls entgegen, schalt mich freundlich, daß ich gegangen sey meine Schmerzen zu erwecken, u. die traurigen Erinnerungen meines Verlusts, da ich alles um mich im Leben hatte was mich beglücken könne. Für das was Sie dort aufbewahren, sagte er mit sanfter Stimme, sehen Sie nur das was Ihnen hier geblieben. *Cecilie* und ich werden auch durch neue Bande, durch die süßen verknüpft, die ihre Eltern, die Sie und Wallberg vereinigen. Wir wollen unsre geliebten Todten ehren aber sie jezt nicht beweinen. Sondern uns bestreben so glücklich zu werden wie sie im Leben waren, und spät erst neben ihnen die stille Ruhestätte einnehmen. Das Leben dünkt unendlich, unermeßlich wenn die Liebe mit ewigter Fackel die Bilder erhellt. –

Ach er dachte nicht daß der Herbst der Erde ihn in dem Frühling seines Lebens schon in ihren Schoos aufgenommen! Damahls lachte ihm Himmel und Erde in Jugendfülle, wie der Frühling seiner Liebe! [41]Wankend trat ich aus dem Thore des Kirchhofs, wo die Einwohner des Orts traurig theilnehmend um mich herum standen, auf die Kniee geworfen, mir stumm andeuteten, was ihr Herz für mich thun wollte. Sie liebten mich wie die Schuzheilige ihres Lebens, denn ich war gern ihnen hülfreich und theilnehmend wo ich es vermochte. – Ein Matrose zog ihre Aufmerksamkeit von mir ab, der fremd und scheu sich umsah, und mehr durch Zeichen als Worte sich ausdrückte. Er ging auf mich zu, und sagte auf englisch. Sie sind wohl die Gebieterin dieses Ortes? und ich komme eben dahin zuerst wohin meine Sendung gerichtet? –

Ich sagte ja, und fragte was er zu bringen habe. Vielleicht viel für Sie, wenn Sie auch an das junge Frauenzimmer so ängstlich denken als sie an Ihnen, das mir diesen Brief heimlich gab.

Gebt her um Gotteswillen rief ich aus! und er reichte mir einen Brief mit *Ceciliens* Handschrift. – Dieser Anblick wurde mir unmöglich zu ertragen ich wusste nichts mehr von mir. Und als ich mich wieder besinnen konnte, war ich in meinem Zimmer, der Arzt freundschaftlich mit mir beschäftigt, und es war mir als sey ich von einem Todtenschlafe erwacht. – Träum ich rief ich aus. Wo war der Mann? wo ist der Ort, wo ich *Ceciliens* Handschrift erblickte?

Der Mann ist nicht mehr zu sehen, meine theure Freundin, sagte der Arzt sanft. Aber der Brief ist in meiner Hand, und in einer ruhigen Gemüthsstimmung sollen Sie ihn haben. – Jezt gleich, um alles was Ihnen heilig ist! *[41v]*ich habe ja das schrecklichste schon erfahren, nichts ist mir mehr unerwartet. Er wollte zögern, ich rief unwillig, das nennt ihr Klugheit, Sorgfalt wenn ihr auf diese Art ein Leben fristen wollt, was keinen Werth hat, ohne Friede ohne Ruhe des Herzens! –

Mit wankenden Schritten stieg die bewegte Mutter auf u. hohlte eine Brieftasche hervor, deren Farben bleich waren, und das Papier kaum mehr so erhalten, daß man die Schriftzüge erkennen konnte. Lies Clara sagte sie, ich kann es nicht. Heute ist mir das geliebte Bild meiner Tochter lebendiger als es je war, in der Seele. Sie fuhr ängstlich zusammen, drückte Clara heftig an ihre Brust, und ging lebhaft nach ihrem Cabinet. Clara war allein. Von der heftigen Bewegung ihrer Mutter ergriffen, nahm sie schaudernd das Papier in die Hand und las.

An Bord des Schiffes *

Ihr Herz hat mich vielleicht schon auf ewig von dem Antheil Ihrer Liebe ausgeschlossen, theure unvergessliche Mutter, wenn diese Zeilen ein glücklicher Zufall in Ihre Hände bringt! Nur zu tief fühle ich daß meine Flucht Ihren Zorn erwecken musste. Daß Sie mich auf ewig vergessen sollen, und aus Ihrem liebenden Herzen verstossen! – Mutter Nein du kannst das nicht, du kannst dein Kind nicht hassen! Es sind die Bekenntnisse einer Sterbenden, die ich in Deine Hand lege! Der Himmelsstrich, die Fluthen die uns fortan trennen sind ein fremder Welttheil für dich, für mich! Als ein abgeschiedner Geist sehe ich mich an, und blicke noch einmal auf die Irrthümer des Schauspiels [42]was wir Leben nennen. Noch einmal erwachen die Gefühle die mich sonst beglückten! Vater! Mutter! süsse Nahmen, ich werde Euch nicht mehr aussprechen! Fremd werde ich ewig seyn, wo ich Euch nicht angehöre. Die stille Stunde des Abends nehme ich zu Hülfe um Euch das lezte Lebewohl zu sagen. – Das Schiffsvolck ist eben im Gebeth begriffen, eine sichre Fahrt zu erflehen, auf dem unsichern Element. Brennend taucht sich die Sonne in die Fluthen des Meers. Die Feuersäule liegt glänzend vor meinem Blick, und scheint unendlich wie der Himmel mit dem das Meer in dunstiger Ferne zusammen fließt. Nur von fern noch sehe ich Wohnungen; – Ich blicke auf das feste Ufer, und zum erstenmahl konnte ich weinen, konnte ich fühlen was ich verlassen kann. – Ueber dich Mutter konnte ich weinen! Diese Thränen rechne mir der Himmel nicht zu. Sie haben ja ihren Ursprung aus dem Herzen aus dem auch die heiligsten Gefühle meiner Pflichten entspringen. – Ich habe zu lange im Taumel der Welt gelebt, vergessen was ich bin, wofür ich eigentlich lebe. In fremde Länder ruft mich der Geist der Liebe, fort will ich in Demuth mich selbst prüfen, und andre Menschen zu dem höhern Zweck bilden, den ich lange selbst versäumte. Nur dadurch kann ich die Irrthümer meines vorigen Lebens ab⟨b⟩üßen, dies ist mir ganz klar, denn es ist der einzige Gedanke der mich beruhigen kann, und eben deswegen ist es mir vom Himmel gegeben. – Lange trug ich schon den Entschluß in mir, nur die Liebe zur Welt war stärcker, als mein Geist seine Fesseln abgeworfen hatte, da fühlte *[42v]*ich was ich thun sollte, was mir übrig blieb. Ich hätte in deiner Nähe dies heilige Leben führen sollen, und mögen. Oft war mein Herz in deiner Nähe voll davon, ich wollte dir zu Füssen fallen, dich beschwören auch dein Gemüth von der Welt ganz abzuwenden. Aber du bedarfst es nicht. Du hast durch keine Aufopferung den Irrthümern deines Lebens zu entsagen, dein einziger Fehler ist die Liebe zu mir, die allzugrosse Freude an meinen Vorzügen, aber ich habe ihn dir vergeben. – Wenn der Schleyer zerreisst, wenn wir als reine Geister uns wiederfinden, dann erst bin ich auch deiner ganz werth. –

Viel hat mich der lezte Entschluß gekostet! Sie waren schrecklich diese lezten Stunden die ich in der Nähe von Euch zubrachte. – Ich musste Euch fliehen, der bessre Geist in mir trieb mich muthvoll die Bande zu zerreißen, mit denen die Welt mich umstricken wollte, und ich bekam Kraft zu fliehen, mich aus Euren Armen loszureißen. Nun kann ich alles überstehen, da ich diesen lezten Kampf bestand. Ohne die Hülfe den Trost meines frommen Freundes, wär ich aber vielleicht nicht so starck gewesen. Seine Hand hielt mich zurück als der Fuß sich aufheben wollte, zu Euch zurückzukehren. – Als ich mich vor Euch verbergen wollte, als du glaubtest Mutter, ich wollte mein Gemüth sammeln zu dem Tag der mich erwartete, da zog ich mich zurück, um mich zu einem ganz andren Schicksal vorzubereiten. Ich wollte umkehren zu dir, dir entdecken was ich vorhatte, dich bitten von dem Gedanken einer Verbindung [43]mit F. abzusehen. Als ich ein Zeichen von *Watson* erhielt der mich benachrichtigte daß er in der Nähe sey. Ich schämte mich meiner Schwachheit gegen ihn, und so war es möglich, dir mich zu verbergen. – Es ist die lezte Lüge meines Lebens, dadurch daß ich sie dir gestehe, büsse ich sie ab. –

Als ich den Wagen meines Vaters rollen hörte, das Gefühl der Liebe zu ihm mich überwältigen wollte, da kam *Watson* – wir stiegen die kleine Treppe hinunter, wo du oft in der stillen Abendstunde dich hinabgestohlen, um unerkannt deine Wohlhaten auszutheilen. Dort stand deine Tochter, einsam, schaudernd über das was sie thun wollte. – Ihr alle strömtet nach dem Haupteingang des Hauses, um voll Freude den geliebten Vater zu umarmen und die deren Glück er zu machen dachte, stand unglücklich die Qualen der Hölle im Herzen, mit einem Fremden, unbekannten und entfloh, da ihr sie mit Hofnung und Liebe erwartetet. F.! verzeihen Sie auch mir, seyen Sie glücklich an der Hand einer Gattin, die den Reichthum Ihrer Liebe zu fühlen vermag. – Mehr als einmahl wollte ich umkehren, Gott ist mein Zeuge! *Watson* trat als ein Begeisterter zu mir, wie ein höhres Wesen. Soll der Himmel rief er aus! keine Opfer fodern! *Cecilia*? – Die Welt ruft mit ihren Lockungen, nicht die Stimme der Natur. – Denn das heilige Gemüth unterdrückt sie. Wenn könnte sich sonst der Himmel seiner Heiligen erfreuen – – Gedenken Sie [*43v*]was Sie gut zu machen haben, ehe Sie für die gränzenlose Eitelkeit dieses Herzens abgebüsst haben, nur den lezten Kampf noch, und der Himmel sieht auf eine Heilige herab. – Wir waren am Ausgang des Hauses, *Watson* trug mich mit seinem Reitknecht durch die Allee, zu den Ruinen im Walde, die uns oft zum Ziel unsrer frohen Wandrungen dienten. Das Gewölbe schien über mich zu stürzen, und die Tannen wachten schaurig; der blaue Himmel über mir schien eine schwarze Decke. Ich fiel auf die Kniee, der Wagen kam, und *Watson* trug mich ohne Besinnung hinein, so muß ich lange geblieben seyn. – – Wie der Tod durch dunkle Wege uns aus dem Leben führt, so wurde ich in der Dunkelheit meines Bewußtseins aus Eurem lebendigen Kreis herausgezogen. –

Als ich erwachte aus der Betäubung waren schon viele Meilen zwischen uns, Tag und Nacht fuhren wir, u. ich wusste nicht wohin mein Weg mich führte. *Watson* saß fast still im Wagen neben mir, und sorgte nur für mich wie ein Kind. – Als ich schreckenvoll an Euch dachte, an Euren Schmerz über mich, und laut weinte, verließ er mich, und ich war ganz allein, der Wagen ging unbegreiflich schnell, und erst als ich am Hafen ankam, sah ich ihn wieder.

Ich fand *Isabellen* in C. – Sie ist nicht was ich dachte, nicht *Watsons* Schwester! Auch sie war verirrt, und er führte sie durch Prüfungen zu dem bessren Weg. – Es ist ein edler Mensch, er hat [44]den besten Willen, sein Herz ist nicht streng, nur verbirgt er hinter dieser kalten Außenseite seine heftigen Gefühle. – Wir müssen mit bittrer Strenge zum Wege eines daurenden geistigen Glücks geführt werden. – Verzeiht *Watson*, dankt ihm daß er mich lehrte wie ich Euch einst ewig angehören kann. –

Ein andrer Welttheil wird mein Vaterland. – Ich kann jezt nicht mehr. – Der Matrose der Euch diese Zeilen hoffe ich überbringen wird wollte fliehen, er entdeckte sich mir als ich auf dem Vordeck war, ich habe sein Vertrauen gewonnen, und es erwiedert. Ich beschwor ihn diesen Brief dir zu überbringen.

Sieh mich als eine Verstorbne an, und verzeih mir die Irrthümer meines vorigen Lebens. Bitte mit deiner sanften Stimme, die mir ins Herz dringt wenn ich sie mir zurückrufe, daß er mir verzeihe. Sein edles männliches Herz wird starck seyn, er wird mir verzeihen, meiner ohne Zorn gedenken. Wenn es mir gelingt eine Heilige zu werden, und die Vergehungen meines vorigen Lebens, meines Herzens abgebüsst habe, dann vielleicht kann ich mich Euch wieder nahen, wenn ich Eurer werth bin!

Seegne Euch Gott wie ich Euch seegne.

Cecilia.

Die lezten Worte waren zitternd geschrieben, und die Zeit hatte die Spuren der grossen Thränentropfen nicht vertilgen können, mit denen *Cecilia* das Blatt benezt hatte.

Auch Clara konnte nicht weiter lesen, es war ihr als träten die Geister abgeschiedner Freuden zu ihr, sie [44v]fühlte lebendig den Schmerz ihrer Mutter, und that heilige Gelübde in ihrem Herzen, ihre Liebe ihre Sorgfalt für sie zu verdoppeln, um die Eindrücke des tiefen Schmerzens den sie erduldet zu mildern. –

Sie ging leise an das Kabinet. Frau Wallberg saß unbeweglich da. Clara sank zu ihren Füssen und keine Sprache konnte die Liebe der Tochter, und den Schmerz schildern in diesem Moment. – Nach einer Pause fing die Mutter an. Jezt bin ich gefasst, und du sollst das Ende hören. – Jezt nicht Mutter, rief Clara ängstlich! Nein ich bin starck, glaube mir man kann alles ertragen lernen, wenn man den Willen hat, und einen Zweck, den die Liebe uns zeigt. Die Mauren meines Hauses drohten über mich einzustürzen, als ich den Brief gelesen hatte, ich fand keine Ruhe. Ich schlich mich unbemerkt nach der Treppe hin, die die unglückliche Tochter zum leztenmahl betreten und hin zu dem Kirchhof. Es war mir als müsste F.'s Schatten dort meine Gefühle besser verstehen. – Ich schlich durch das feuchte kalte Gras, die gelben Blätter rauschten auf mich hernieder, und der Todt der Natur war mir eine willkommne Erscheinung, in diesem Moment.

In solcher Jahreszeit sollte man solch Ortes vorzüglich besuchen, denn die Natur ruft zum Schlummer, und man fühlt inniger die Wandelbarkeit des Lebens. Keine Hofnung zeigt sich lächelnd dem trüben Blick, ohne Hofnung ging ich auch noch einmal zu dem Hügel meines Sohns, und sank an den Obelisk. [45]Schatten meines Freundes rief ich, verzeih der Irrenden die dich verlies: Es ist das lezte Opfer daß ich dir bringe. Von mir wird dein Grab nicht mehr besucht werden. Keine treue Hand wird dir Blumen streuen. Aber mein Geist wird deine stille Ruhestätte aufsuchen, und dein frühes Grab beweinen, wo ich auch seyn mag.

Ich war zu schwach und sank leblos an den Obelisk. Ein lautes Weinen erweckte mich aus dem betäubenden Schmerz. Ich schlug die Augen auf, und Alexander saß mit dem tiefsten Schmerz und bleichen Zügen neben mir, und glaubte mich todt. Ich sah in sein Auge, und ich fühlte Leben in mir zurückkehren. Der Arzt kam, man brachte mich im Wagen, und wir eilten mit der grössten Schnelle fort. – So schmerzlich diese lezten Begebenheiten für mich waren, so danke ich ihnen doch, auch das gestärckte Bewußtseyn, für das was mir übrig blieb. Ich fühlte zuerst wieder als ich Alexander neben mir sah, was ich vor mir sah, was mir in Alexander geblieben, und welche Pflichten ich hatte, Wallbergs Leben zu erleichtern, durch den Anblick meiner eigenen ruhigen Ergebung in mein Schicksal.

[43A]Wir reissten nach *Plymouth* ab, ich fand Wallberg dort eingerichtet, in einer ruhigen Stimmung. Er berührte nie die Saite unsres Herzens, die unsre Wunden aufreißen konnte, und er hatte eben deswegen England zu seinem Aufenthalt gewählt, weil der Geist der Nation einem ewig fremd bleibt sobald man sich nicht anschließen will, und gleichsam seine eigene Nation vergessen. – Man sah uns gut eingerichtet, Wallberg seine Handelsgeschäfte treiben, mich mit der Erziehung meines Sohns beschäftigt, und niemand fragte warum wir hier wären. Man war gefällig gegen uns, wenn es galt uns einen Dienst zu erzeigen, man besuchte uns wenn wir Menschen einladeten, und jeder zeigte seine gute Gesinnung für uns, wenn der Zeitpunkt kam es uns zu zeigen. Aber kein Freund legte die Hand an unser Herz, um uns nach unsrem Innern Gemüthszustand zu fragen. – Aber eben dies wollte Wallberg u. es war die einzige Nation in der Welt unter welcher er noch leben konnte. –

Alexander wurde groß und schön. Sein herzliches, warmes Gefühl gab mir seelige Momente, er war bildsam, und nahm gern alle Bildung an, die er bedurfte um sich mit Vortheil in der Gesellschaft zu zeigen. Am glücklichsten war er aber, wenn er Landkarten um sich haben konnte, mit dem Compaß spielen, sich Fahrzeuge erbauen. Wenn ein Schiff aus fremden Welttheilen ankam, war er nicht mehr zu halten, und blieb unermüdet dabey um es ausladen zu sehen. Er stand stundenlang am Meer u. sah hinüber in den weiten Ocean, und seine Träume u. Wünsche trugen ihn in fremde Welttheile. Wallberg der ihn in keiner Neigung stören wollte, ließ diesen Wünschen Nahrung, und bald ward der muthige Knabe [43Av]nicht mehr zu halten. – Ich fühlte mit Schmerzen diese lebhafte Neigung, und wollte sie gern bekämpfen da sie mir zu ernsthaft wurde. Aber Wallberg sagte mir eines Tags gerührt. Laß uns geliebte Elise, die Wünsche des Knaben nicht beschränken. Geht er wircklich in einen fremden Welttheil, nun so laß ihn dort sein Glück machen. – Wir wollten einst das Glück einer geliebten Person, und sie wiederstand uns, und machte sich vielleicht auf immer unglücklich. Seit diesem Moment gelobte ich heilig Alexander sollte nie erfahren was ich für ihn wünschte, damit er nicht mir noch einmal diesen bittren Schmerz wiederholte. – Er sey ganz seinen Wünschen überlassen, wir sollen dem Schicksal trauen, sind wir doch zusammen, u. bleiben ewig vereinigt. Denn ich fühle daß keins von uns, den Todt des andern überleben würde. Laß uns für unser Kind thun was wir können, um jegliche Kraft seines Geistes zu wecken, dann überlaß ihn seinen Neigungen. Es ist doch das Schicksal das ihn leitet, und wir müssen Vertrauen haben. – So beruhigte mich der Edle Mann, und ich nahm mir vor, auch diesen Kummer sollte die Liebe zu ihm überwinden. – Als Alexander sein zwanzigstes Jahr erreicht hatte, bot ein Handelsfreund meines Mannes, der lange schon Alexanders geheime Wünsche kannte uns an, er wollte ihn mit nach Amerika nehmen, dort sollte er unter seiner Aufsicht die Handlung führen, und in einigen Jahren zurückkehren. – Ich gab es mit blutendem Herzen zu. Still rüstete ich alles was er zur Reise bedurfte, Wallberg stand zuweilen bey mir, wenn ich es am wenigsten vermuthete, wenn ich stille Thränen meinem Schicksal weinte, [44A]daß mich kinderlos machte, bey diesem Gefühl im Herzen für die süßesten Bande der Natur – Er drückte sich an mein Herz. Sey starck Elise rufte er bewegt, und ich vergaß mich. – Er verschwieg mir lange den Tag der Abreise. Eines Morgens erwachte ich von der Angst meines Herzens. Es war lebhaft im Hause, die Thüre öfnete sich, u. Wallberg trat mit Alexander herein, der zur Abfahrt gerüstet dastand. Deinen Seegen treue Mutter, sagte der Vater mit erkünstelter Faßung. Das Schiff ist zur Abfahrt bereit. Ich drückte ihn an mein Herz, und der Schmerz machte mich sprachlos. Er ging und ich sah mich wieder von jeder Freude des Lebens getrennt, die ich ausser mir sah, denn im Herzen bleibt immer das Gefühl der Liebe zu dem Geliebten mein Trost. – Die zarte Schonung, Sorgfalt und Liebe des guten Mannes danke ich ihm so lange ich lebe. Er wollte mich nicht mit Gewalt zerstreuen, er suchte nur unvermerkt alle Geschäfte geltend zu machen, die mich aus mir selbst bringen konnten. Seine liebende Sorgfalt verlohr mich nicht aus den Augen; so gewöhnte sich nach u. nach mein Herz an diese Lage. – Was Alexander in Amerika begegnete, weisst du besser als ich. – Die Jahre vergingen und er kam nicht! – Wir erfuhren was ihn fesselte – und ich konnte endlich die Wünsche meines Herzens besänftigen. Mein Geist war Euch nah in den seeligsten Momenten Eurer Liebe. – Jezt hat mich das Schicksal belohnt für die Ueberwindung meines Kummers, denn ich habe dich, habe deine Kinder. Auch Alexander soll uns nicht fehlen, und er wird den Wünschen seiner Mutter wiedergegeben. Und den deinen⟨,⟩ Geliebte Tochter. Laß uns alles hoffen.

[44Av]Mit einer zärtlichen langen Umarmung schloß endlich diese Unterredung. Und Mutter und Tochter verließen einander, mit inniger Bewegung.

Wallberg lebte aufs neue auf so schien es, mit seinen Enkeln. Dem Knaben besonders hatte er alle seine Sorgfalt gewidmet. Von dem Mädchen dachte er oft mit einer Art von Bitterkeit. Geh, du bist von dem beweglichen Geschlecht mit aller seiner Liebenswürdigkeit, wirst du einst wenn du der Stolz deiner Eltern bist dich freiwillig von ihnen losreißen ihre Hofnungen zerstören, und sie elend machen. – Dem Knaben suchte er Festigkeit, und Selbständigkeit zu geben, zu seiner grossen Freude bemerkte er, daß er nicht die Neigung wie sein Vater habe das Meer zu beschiffen. Ich hindre keine Neigung meiner Kinder sagte er. Aber es freut mich sehr daß der Knabe mit meinen Neigungen übereinstimmt, er wird ruhig mit sich, und der Welt zufrieden, einst an dem Heerd seiner Väter leben, und erhalten was sie ihm erwarben. Sein ruhiger Geist wird nicht auf die ungewißen Hofnungen des Lebens bauen. Das Streben in das unbekannte, und das wegwerfen der nahen und umgebenden Dinge, ist eine Krankheit des Gemüths, der wir wiederstehen sollten, bey uns selbst; durch Vernunft, und bey denen die wir zu bilden haben, durch klare Ansichten der Verhältnisse des Lebens. Wie oft täuscht sich das Gemüth durch Hofnungen wo anders in der Ferne es besser zu finden, und bedenkt nicht daß eine einzige helle Beleuchtung unsrer eignen Wünsche uns mehr Ruhe und Zufriedenheit geben könnte, als rastlos herumzuschweifen. [45A]In solchen Gesprächen deren Schmerzen sich immer tiefer einprägten je mehr sie gehalten wurden verging eine Zeit nach der andern. Wallbergs Haus schien wieder von neuem belebt. Fremde aller Art hatten Zutritt zum Kreis seiner Familie, u. gastfrey nahm er jeden auf. Unter den neuen Bekannten zeichnete sich ein Bergschotte auf eine eigene aufallende Art aus. Seine Phantasie von früher Jugend an mit den wunderbaren Erscheinungen seines Vaterlandes beschäftigt, hatte einen traurig einförmigen Gesichtspunkt. Aber eine Tiefe und Weichheit des Gefühls war in ihm sichtbar, die kein Zufall des rauhen Lebens zerstören konnte. – Die Ohnmacht seines Vaterlandes hatte ihn in einen fremden Welttheil getrieben. Aber er blieb der einfachen Natur treu, und ein nebelichter Himmel, durch den der Mond schien, u. eine oede Fläche beleuchtete rührte ihn bis zu Thränen, so hart er sich sonst selbst durch Vernunft war. Er hatte in den Hesperischen Gärten sich nach einer rauhen Felsspize die er in seiner Jugend bestieg sehnen können. – Er hatte in Amerika sein Glück gemacht, u. kaum hatte er sich etwas gesammelt als er eilte zu dem väterlichen Heerd zurück zu kehren, um dort mit seinem erworbnen Vermögen seinen Landsleuten aufzuhelfen. – Er war zufällig länger in P. geblieben, u. schloß sich an Wal⟨l⟩bergs Familie immer fester an, je mehr er sie kennen lernte. Claras Vollkommenheiten blieben ihm nicht unbemerkt, u. in einem Moment von Entzücken rief er aus. O warum ist das Schicksal so wunderbar; warum verbirgt es oft die glücklichsten Anlagen eines Weibes in einer Einöde! während sie in dem Kreis einer geliebten Familie, die schönsten [45Av]Pflichten der weiblichen Bestimmung erfüllen könnte. Clara rufte er aus, könnte ich Ihnen eine *Scene* meines Lebens in Amerika schildern, Sie würden das vollkommenste weibliche Wesen mit mir lieben u. schäzen lernen! – und bedauren. – Es war das einzige Weib daß mich wankend machen konnte in meinem Entschluß, ihre Liebe ihr hoher Geist, hätten ihr mein armes Vaterland zum glücklichsten Himmelsstrich umschaffen können, und mir keinen Wunsch übrig gelassen für mein ganzes Leben. Sie hat mein Urtheil gesprochen, ich werde kein Weib mehr finden daß mich glücklich machen kann; und habe ihr ewig Treue gelobt. Clara überrascht von dem Ausdruck eines solchen Gefühls wurde heftig bewegt. Wo ist dieses außerordentliche Wesen rief sie? wo ist sie!

Ihren Nahmen kenne ich nicht, wenigstens gewiß nicht ihren rechten Nahmen, denn sie kann nicht auf diesem Fleck wo ich sie fand, an den Ufern des *Delaware* gebohren sein. –

Sie lebt dort wie eine Heilige, in einem Ort den die Mährischen Brüder sich erbauten; sie gehört nicht zu ihnen aber sie geniesst ihren Schuz.

Und dies nennen Sie eine Einöde?

Ja für Euch gebildete Frauen wär es eine, mit Eurem Geist, das einfache Tagwerk der weiblichen Arbeiten zu verrichten, wo alle, u. jede Zerstreuung des Geistes ausgeschlossen; das einzige was noch begegnen kann, ist die Ankunft eines Mißionsverwandten, der aber eben so eng in der Wirkung seines Geistes ist, als die Wilden, [46]die er belehren kann, gleichförmig wie die F⟨ä⟩den des Gewebes in einander laufen, die die fleissigen Hände zu Gewanden bereiten, windet in einer solchen engen Umgeb⟨ung⟩ auch das Leben sich ab. – Denken Sie sich nun unter solchen Menschen, die wie Maschinen ihr Tagwerk verrichten, sich freuen wenn sie da eine Blume, dort eine ⟨+⟩ vollendet haben; sich zur Ruhe legen mit dem Gedanken was sie morgen wieder anfangen werden, denen die übrige Welt nicht gehört, weil sie sie nicht kennen; denken Sie sich, in dieses Leben eine Europäerin, mit der feinsten Bildung, mit den höchsten entwickelten Anlagen ihres Geistes, wie eines jeden Talents. Die in den glänzendsten Cirkeln von Europa noch ein unerreichbares Wesen wäre, unter diesen Halbmenschen – und sie trägt dieses einförmige Leben mit einer Faßung, und Geduld, da ist kein Streben nach etwas unbestimmten. Sie weiß warum sie da ist, und unterdrückt jeden Wunsch nach einer andern Existenz, ihr Geist muß durch das Schicksal grausam gelähmt worden sein, und das ist das einzige was mich glauben lässt sie wolle sich selbst zur Busse so leben, daß sie keinen Wunsch äussert nach einem andren Zustand.

Ich war fuhr er fort, in den meisten Europäischen Besizungen in Amerika, ich wollte das Land kennen lernen, und wo ich Europäer zu finden wusste die mir Aufschlüsse geben konnten, ging ich sie aufzusuchen.

*[46v]*Ich hatte so viel von de⟨m⟩ Verfolgungsgeist des Ehrgeizes geduldet, hatte so traurige Erfahrungen gemacht, daß die Menschen wo sie sich auch hinflüchten, doch nicht vor sich selbst Ruhe haben können, und ermüdet von meinem rastlosen Leben, beschloß ich einige Zeit noch mich in einer Brüdergemeine aufzuhalten. Daß ich auch da unter dem Anschein einer Ruhe des Gemüths, einer Hofnung des Geistes, – die aber leider auch – – nur künstlich ist, nicht fand was ich suchte, brauche ich Ihnen nicht zu sagen. –

Die Blattern waren auf eine furchtbare Art in der kleinen *Colonie* ausgebrochen, da ich viele Erfahrungen hatte, so vergönnte man mir mich in den Häusern der Brüder u. Schwestern umzusehen, zu dem leztern ist den Männern der Zutritt versagt. Ehe ich die Erlaubniß erhielt, streifte ich in der Gegend umher – Am Eingang eines Waldes von ewig grünen Eichen, der zu der Besizung des Schwesternhauses gehörte, fand ich eine zierliche kleine einfache Wohnung eines Tags. – Die Hize hatte mich ermüdet, u. ich wagte mich unter einen Eichbaum der das Haus schüzte, unter dem eine ländliche einfache Bank stand. Eine alte Amerikanerin kam heraus, sah mich forschend an, aber sagte gebrochen Englisch. Bleibt ruhig sizen Herr, es ist Euch vergönnt hier zu ruhen; –

Gehört diese Wohnung Euch zu fragte ich?

Nein Herr, sie ist einer Fremden, sagte sie zufrieden, [47]wir haben nicht gelernt an unsre Bequemlichkeit zu denken, wie ihr Europäer, denn der Herr ist so wenig Einheimisch als meine Herrschaft, sehe ich wohl. –

Kann ich Eure Herrschaft nicht sehen?

Nein Herr, sie sieht keinen Fremden, als nur die ihrer Hülfe bedürfen können, auch ist sie fort im Schwesternhause, wo sie ein paar kranke Kinder pflegt die sie sehr liebt. Es ist eine brave Frau! Der grosse Geist mag sie seegnen, u. sie nicht hier unter fremdem Himmel sterben lassen, ist mein tägliches Gebet. Kommt herein Herr, sagte sie mit Geschwäzigkeit, ruht lieber im Hause aus, ihr sollt auch der Dame Zimmer sehen. – Ich folgte ihr – das innre des Hauses war klein aber reinlich, u. heiter, die Zimmer so viel wie möglich bequem eingerichtet. Ein Clavier, einige Zeichnungen, waren alles was ich von Europäischer Cultur erblickte. Einige Bücher lagen umher, u. zu meiner Freude erblickte ich Ossian, ich war auf einmal begeistert, küsste das Buch u. weinte Thränen der Freude. – Auch dies ist der Freund deiner Gebieterin rief ich entzückt aus! Die Frau sah mich an, verstand mich nicht. –

Nach langer Pause fragte ich endlich, wie lange lebt ihr hier?

Einige Jahre war ihre Antwort. Der Plaz gehörte mir u. meinem Mann lange, aber eine kleine schlechte Hütte von Schilf stand an der Stelle des Hauses; wir waren im Wald, als uns eine Erscheinung überraschte, ein fremdes Weib stand vor uns mit einem Päckgen unter dem Arm, u. machte uns Zeichen, sie aufzunehmen. [47v]Sie schien ängstlich sich umzusehen, u. sprach englisch. Mein Mann der zuweilen den Brüdern hilft, u. kleine Aufträge für sie besorgt, verstand sie. Sie bat ihn, sie aufzunehmen, sie zu verbergen, u. wenn jemand komme nach ihr zu fragen sie ja nicht zu verrathen. Wir trugen sie beynah leblos in unsre Hütte, ich zündete Feuer an, legte sie auf meine Matte, u. so schien sie sich allmählich zu beleben. Als sie sich erholt hatte, unser Mahl getheilt, bat sie meinen Mann als sie vernahm wie nahe sie der Brüdergemeinde sey, einen Brief an den Oberen zu bringen, er that es, u. jener suchte gleich so bald wie möglich zu ihr zu kommen. Sie hatte eine lange Unterredung, wovon ich nichts verstand, denn ich erfuhr hernach daß es deutsch wäre. Sie machte bewegliche Geberden, u. schien seinen Schuz anzuflehen; als er ging sagte er uns, wir möchten Sorge tragen für das Weib, u. sie vor jedem andern verläugnen als vor ihm. Er wolle Erfrischungen u. Lebensmittel schicken, u. bald wieder kommen. – Er schickte einige Teppiche u. wir machten ihr ein eignes Behältniß in unsrer Hütte, wo sie ruhig blieb, und des Nachts musste sie mein Mann vor die Hütte führen, wo sie lang den Himmel u. die Sterne ansah. –

Nach einigen Tagen kam der Obere wieder. Sie sprach wieder lang mit ihm u. als er zu uns heraus kam, sagte er, die Dame wolle uns den Plaz abkaufen, sich eine Wohnung bauen lassen, u. hier bleiben. Mein Mann u. ich sollten bey ihr leben u. sie schüzen [48]vor Räubern; bald aber war unser Schuz ganz unnöthig, denn alle Wilden, in der ganzen Gegend verehren sie, so freundlich u. hülfreich ist sie jedem. Es würde das ganze Land verheert werden, wenn man sie beleidigen könnte. – Sie zog einige Zeit in das Schwesternhaus, wo sie blieb bis ihre Wohnung die sie selbst anordnete fertig war. – Dort hat sie sich auch die Liebe aller erworben, u. Alt und Jung betet sie an. Den alten Schwestern, erleichtert sie ihre Arbeiten, u. die jüngern Kinder die sie zumahl liebt, erzieht sie. Sie weiß alles, u. kennt alles, wäre sie nicht so gut, so wüsste ich nicht ob ich sie nicht für eine Zauberin und kein menschliches Wesen halten möchte. – Sie sagt nichts über sich, nur zuweilen ist sie traurig u. weint viel. Lezt hatte sich eine Tochter heimlich von ihren Vater u. Mutter entfernt, da war sie ausser sich, u. ich dachte, sie würde krank. Sie hat so lange u. herzlich mit dem Mädchen gesprochen, daß sie endlich zurück ging zu ihren Verwandten. – Ich hörte der einfachen Erzählung dieser Frau mit inniger Theilnahme zu. Dieses wunderbare weibliche Wesen interessirte mich lebhaft, u. meine Freude Ossian bey ihr gefunden zu haben, vermehrte mein Interesse. – Ich suchte noch denselben Tag Eintritt in das Schwesternhaus zu bekommen. Ein Bruder führte mich hin. Es war mir als wär ich in einer neuen Welt. Der Ausdruck der Frömmigkeit in den weiblichen Gesichtern hatte weniger den Schein von verstellter Anstrengung, [48v]als bey den Männern. –

Nur hin u. wieder sah ich lebhafte Augen, die schon in die Welt geblickt hatten, u. die den Fremden mit mehr Lebhaftigkeit als andre begrüssten. – Ich ging ins Krankenzimmer, u. bald fanden meine Blicke den Gegenstand den ich suchte. Eine schöne weibliche Gestalt, mit den feinsten Gesichtszügen, in denen eine schmerzhafte Anstrengung herrschte, war eben beschäftigt, ein kleines Kind zu reiben, u. alle Versuche anzustellen, die Erstarrung in die es gefallen war aufzuheben. – Ich konnte nicht auf das Kind sehen, sondern auf die Edlen Bewegungen des Frauenzimmers das neben dem Bette stand, mit einer Art hohen Rührung um Hülfe sich umsah, und doch wieder gefasst war, das äusserste zu ertragen; Ich besann mich nicht lange, nahm das Kind, hob es in die Höhe, u. trug es an ein ofnes Fenster. – Sie sah mich bestürzt an. Mein Herr was machen Sie? sagte sie halb zürnend u. bestürzt. – Die arme Mutter des Kindes die fern ist, rechnet nicht darauf, daß wir durch unzeitige Versuche das Leben ihres Kindes aufs Spiel sezen. – Wäre es nicht das äusserste, so würde ich keinen Versuch wagen, *Madame*, war alles was ich sagte, u. – brachte ihr das Kind lebend, u. vernünftig um sich blickend. So ist mein Versuch abgelaufen. –

Sie sah das Kind an, drückt die kleinen Hände lebhaft an ihr Herz, u. sagte verbindlich. Ich that Ihnen Unrecht, verzeihen Sie, mein Herr, [48A]daß ich in Ihre Erfahrungen ein Mistrauen sezte, da mein Gefühl sich empörte, durch einen gewagten Schritt ein Leben zu verkürzen, was ich glaubte durch keine gewaltsamen Mittel erhalten zu können, ich wollte nur die Flamme nicht verlöschen lassen, u. suchte den Körper nicht in gänzlicher Ruhe zu lassen, so lange noch das kleinste Anzeichen von Leben übrig. – Nun Sie es dem Leben wieder gegeben so werden Sie mir auch noch wircksame Mittel angeben können die kleine Maschine nicht stoppen zu lassen. – Ich bin kein Arzt Madam. – Ich habe nur neuerdings Erfahrungen gehört, die man mir als sicher mittheilte, u. ich glaubte sie wären hier am rechten Orte.

Sie folgte jedem Wort was ich sagte mit Aufmerksamkeit, aber doch sah sie immer das Kind an. – Ich glaubte es sey ihr lieber wenn ich mich entfernte, u. zog mich zurück. Sie bemerkte es. Sollen wir Sie nicht wieder sehen fragte sie? – Ich hoffe ja; Sie haben ein Wort zu sagen, ein Wort der Verzeihung – Ich bin Ihnen nicht so fremd als Sie glauben, oder Sie mir nicht, eine lebhafte Röthe überzog ihr Gesicht –

Auch hier in der Wohnung der Unschuld, des Friedens, bin ich nicht sicher, sagte Sie schmerzlich. –

Ich that als bemerkte ich es nicht, u. ahndete in dem Augenblick, daß sie nicht an ihr voriges Leben wollte erinnert sein, u. erzählte ihr, wie ich an ihre Wohnung gekommen diesen Morgen, u. wie die alte Frau, *[48Av]*mich aufgenommen. Ich konnte ihr nichts verbergen, so ein Gefühl von Hoheit und Reinheit ihres Wesens überfiel mich, daß ich ihr nichts verschweigen konnte. Ich erzählte ihr mein Erstaunen, meine Freude daß ich meinen einzigen höchsten Freund in ihrer Wohnung angetroffen habe, daß ich das Buch mit heiliger Ehrfurcht geküsst habe, u. daß ihre Alte Amerikanerin geglaubt habe, es sey einer ihrer Religionsverwandten, der dem Buch die Ehre erzeigen müsse aus Pflicht.

Der Freude wegen, die Sie fühlten, indem Sie so bekannte Gegenstände wieder fanden, mag der Alten ihre Geschwäzigkeit vergeben sein, sagte sie mild. – Auch ich lebte oft in der Ossianischen Welt, wenn der Wind meine Eichen duchsausste, und die Nebelgestalten, um die Zweige gewunden, in die Luft sich zerstreuten – ich saß und dachte der Tage die nicht mehr sind! – Ihr Auge wurde trüb, sie verbarg ihr Gesicht; Ich bin weich geworden. Die mannichfaltigen Bewegungen meines Gemüths, in die mich just die Sorgfalt für andre versezte, hat mich selbst weicher gemacht. –

[49]Ich habe auch auf eine eigenwillige Weise mein Schicksal gemacht, und muß auch zufrieden seyn, da es nicht wiederrufen werden kann;

Möchte die Harmonie die in Ihrem Aeussren herrscht, auch stets die Stimmung ihres Geistes sein! – Möchte nichts die ruhige Stimmung Ihres Gemüths in dieser friedlichen Wohnung stören können.

Sie sind sehr gut mein Herr; und ich freue mich Sie gefunden zu haben denn Ihr reines kindliches Gemüth hat mir Vertrauen erweckt, mehr als sonst mir die Menschen einflössen konnten, in den gebildetsten Cirkeln, ach da bleibt man sich am meisten fremd, weil jeder beschäftigt ist seine Individualität geltend zu machen!

Sie machen mich mit jedem Wort daß sie sprechen aufmerksamer. Wie kommt diese Erscheinung in die amerikanische Einöde?

Es ist alles möglich in der Welt, sage ich mir auch oft selbst und zweifle über nichts mehr. Es war mein Schicksal daß mich führte! mein Herz nicht immer! Aber jezt bin ich dahin gekommen mein Herz mit meinem Schicksale auszugleichen. In dieser stillen Thätigkeit für andre zu leben ist meine Bestimmung. Ich denke nur an den künftigen Morgen. Ich erzähle Ihnen so offen von mir selbst, als wären Sie mir nicht fremd.

Ich bin es auch nicht, rief ich bewegt.

Ich sah sie unverwandt an, und Thränentropfen rollten schwer über mein Gesicht. So früh schon von der Hofnung des Lebens geschieden!

Sie sah meine Thränen. Guter theilnehmender Mann! ich danke Ihnen. Sie nehmen Antheil an mir. Jezt lassen Sie mich abbrechen. Es gehört nicht mehr zu meinem Leben, an die Zukunft und noch weniger über eine schmerzliche Vergangenheit nachzudenken. Streng die Pflichten der Menschlichkeit erfüllen, ist alles worauf ich noch denken soll u. darf, und mich selbst vergessen. – Leben Sie wohl, wir sehen uns wieder, wenn ich ruhiger bin, aber lassen Sie uns das heutige Gespräch nicht *[49v]*mehr berühren. – Meine Pflegekinder müssen jezt ruhen. – Sie ging in das Krankenzimmer mit einem edlen festen Schritt u. ich stand leblos an der Thüre, u. wagte nicht einmal sie zurückzuhalten. –

Den folgenden Tag fragte ich wieder nach dem Kind. Die fremde hülfreiche Frau sagte man mir sey nicht gekommen. Sie müsse krank sein, sagte mir eine der Schwestern. –

Wie man sich gleich im ersten Moment an ein Wesen heften kann, daß auch vorher uns ganz fremd war, gar nicht in unsrem Sinn existirte, daß fühlt ein jeder der einen ofnen Sinn hat für's Gute und in einem fremden Land, unter einem fremden Himmel knüpft das Band sich viel schneller, als im Vaterland. Die Existenz der Fremden war zu meiner eignen nothwendig, das fühlte ich tief, als ich hörte sie sey krank. – Der Wohlstand verbot mir sie aufzusuchen, und doch wuchs meine Sehnsucht nach ihr mit jedem Moment. – Ich ging zu dem Oberhaupt der Gemeine, um nur etwas von ihr zu erfahren, da ich sie nicht sehen durfte u. konnte. – Dieser sagte mir als ich ihm ohne Rückhalt von der schönen Fremden sprach, wie sehr mich dieses Wesen befremdet habe. Es sey ihm selbst ein Wunder gewesen diese Erscheinung in Amerika zu haben; Sie sey eine Deutsche, durch sonderbare Schicksale nach Amerika gekommen, u. auch da wieder eben so sonderbar in die Gemeinde gekommen. –

Sie habe sich für einen Menschen geflüchtet, der sie betrogen habe, so viel dürfe er sagen ohne sie zu verrathen. Welche Schicksale sie aber aus Europa geführt wisse er nicht, u. sie müsse Schuld an ihrem Unglück sein, dies merke er aus jedem Bekenntniß daß sie zuweilen unwillkührlich über sich selbst machte. Denn es sey ihm oft vorgekommen sie wollte ihm ihr voriges Leben entdecken, doch wollte er nie den Anschein haben, ihr Vertrauen zu entlocken, so sehr er wünschte von ihr zu wissen. – – Es gehört uns nicht zu, unsre Phantasie [50]mit fremden Bildern anzufüllen, die der Welt zugehören. Der Gegenwart u. einer glücklichen Zukunft in einer bessren Welt müssen wir leben. Meine Blicke wenden sich nicht nach der trugvollen Welt zurück, mein Herr, sagte er u. schlug fromm seine Augen zum Himmel auf. –

Unbefriedigt verließ ich ihn, u. unruhig irrte ich manchen Tag in den Wald, so daß ich die Wohnung von fern erblicken konnte, aber ich sah sie nicht. – Endlich gelang es mir mich dem Hause zu nähern. Schüchtern sah ich mich um, u. wurde die Alte Amerikanerin gewahr. Ich frug sie nach ihrer Dame, u. sagte ihr daß ich sie im Schwesternhause gesehn habe. – Sie sagte, die Madam Therese sey einige Tage krank gewesen. Die Sorge für die Kinder, die sie mehrere Tage unaufhörlich gepflegt habe, habe sie selbst krank gemacht. Sie sey still in ihrem Zimmer geblieben, aber keinen Arzt verlangt. Ich sagte ihr sie solle ihrer Gebieterin sagen, daß der Fremde ein Schottländer der sie im Krankenhause gesehen habe, sehr unruhig um sie sey, u. wissen möchte daß sie nicht mehr krank sey. Der Mann kam aus der Wohnung u. winkte der Frau zu kommen, u. ich blieb unruhig in der Nähe der Wohnung. Sie kam nach einiger Zeit zurück u. brachte mir einen offnen Brief. – Er enthielt wenige Worte, daß sie mir für meine Sorgfalt für sie danke, sie sey krank gewesen, u. habe ganz einsam gelebt. Sie hoffe mich den folgenden Tag unter der Eiche zu finden, in der Mittagsstunde, wo sie der Luft genießen wollte.

Mit welcher Erwartung sah ich dem folgenden Tag entgegen. Früher als ich selbst wusste war ich an der Eiche, sah in den wunderbar grossen Zweigen u. verschlungnen Aesten des Baumes lange hinein, denn ich hatte Zeit für mich Beobachtungen anzustellen, weil ich viel zu früh gekommen.

[50v]Endlich vernahm ich Stimmen, u. als ich um mich blickte, stand die schöne Fremde neben mir, bleich und ermattet auf die Schulter der Alten gelehnt. Sie sah leidend aus, aber heiter glänzten ihre Augen.

Seh ich Sie wieder rief ich aus, wüssten Sie die Angst die ich jezt unter diesem Baum fühlte, da ich ungewiß über Sie sein musste, kein lebendges Wesen erblickte daß mir Auskunft über Sie geben konnte.

Sie sind sehr gut mein Herr, auf das Schicksal einer Fremden so viel Werth zu legen –

Sie müssen, Sie sollen glücklich sein, und dies zu wissen gehört seit dem Moment wo ich Sie zuerst sah zu meinem eignen Glück. Sie sind nicht allein glücklich wenn Sie es sind. –

Glauben Sie mir Ich bin glücklich, ich wählte dieses Leben, u. diese Welt um mich, u. es hat noch keine Reue über das Gegenwärtige mein Leben getrübt.

Wenn Sie den Willen haben glücklich zu sein, so sind Sie es, einer solchen kraftvollen Natur ist nichts unmöglich. –

Sie haben viel Glauben in mir, mehr als ich selbst mein Herr; Halten Sie mich ernstlich für starck; so werde ich vielleicht auch Ihnen zeigen wollen daß Sie mir es nicht umsonst zutrauten. – Sie wollte mehr sagen, aber sie griff bewegt an ihr Herz, u. sagte. Ich kann nicht mehr sprechen. Der Schmerz nimmt zu, führen Sie mich zu meiner Wohnung. Ich führte sie mit der Alten. Ich fürchtete eine Ohnmacht, u. trug sie in ihr Zimmer.

[51]Als wir angekommen waren u. sie auf ihrem Sessel saß u. ihre Lebensgeister zurückgekehrt waren, sah sie sich verwundert um, ergriff meine Hand, u. sprach. Guter Mann! Ihre Sorgfalt für mich rührt mich tief! wozu dies alles? wissen Sie auch warum Sie einem Geschöpf so mühsam das Leben zu erhalten suchen? – – Können Sie nicht auch denken, es wäre besser anders! Doch so eine gänzliche Vergessenheit alles was uns im Leben drückend war; wäre dies nicht noch besser als mit der Bewegung des Pulses mit der Kraft zum Leben, auch das Gefühl des Schmerzens zurück zu rufen? –

Ich sah sie mit dem Gefühl der bängsten Erwartung an. Es ist nur ein Wahn der Sie zum Gefühl des Schmerzens zurückruft. Zur Freude, zum Glück sollte ein solches Wesen gebohren sein.

Dazu wird niemand gebohren, sagte sie schwach. Zum Handeln und Leiden. –

Ich kenne Sie nicht, aber ich weiß daß Sie nicht zum Leiden allein da sind.

Es war anders, wäre anders gewesen. Sie haben recht ich war nicht dazu bestimmt ein freudenloses Leben zu leben. Ich hätte können glücklich sein! andre glücklich machen! – Mit einer bleichen bebenden Wange lehnte sie sich an meine Schulter, blickte zum Himmel, u. sprach heftig. Ich wollte nicht. Mich allein habe ich anzuklagen, nicht das Schicksal. –

[51v]Aber warum die Wunden meines Herzens aufreissen rief *Macdonald* aus. Ich bin noch nicht starck genug, alles wieder aufzuzeichnen was mir begegnete mit diesem Einzigen Wesen. In diesem Moment fühl ich es lebhafter als je. Ich will kurz sein, um meiner eignen Ruhe willen. Sie fühlen beßer als ich selbst, wie das Herz durch Mitleid und Neigung geleitet, sich eng u. schnell aufschließt, u. wir unbewusst uns ein Wesen aneignen können, was uns nicht angehört. Mehrere Monate vergingen in der Nähe dieser geliebten unvergeßlichen, mein Herz liebte ganz in dem Moment wo ich sie mir nahe fühlte. Ich dachte es müsste ewig so sein! Aber in eben der Zeit wo ich hoffte mein Schicksal auf ewig an das ihre zu heften, riß sie sich los, und versagte mir alles – was ich für sie thun wollte. – Ewig werde ich ihr Andenken in den kleinsten unbedeutendsten Zügen im Herzen bewahren.

Dieser Brief sagte er u. zog ein beynah ganz unscheinbares Blatt aus seiner Brieftasche, ist alles was mir von ihr blieb. Diese Züge sind beynahe unkenntlich, aber die Worte stehen hier in diesem Herzen! Ich will kurz sein, ich muß es meiner Ruhe willen, denn ich fühle diesen Abend so lebendig meine Gefühle wieder erwachen mit aller Sehnsucht meines Herzens! Ich wurde der Brüdergemeinde von * nicht unwichtig, u. sie brauchten dann u. wann meine Hülfe zu ihren Aufträgen. Eine kleine Reise hatte mir 8 Tage gekostet. Wie ungern fühlte ich mich [52]fern von dem Plaz, der meine ganze Seeligkeit aufbewahrte. Aber ich gewöhnte mich stets im Leben, dem Ruf der Pflicht zu folgen, selbst auf Kosten meines Bewusstseyns eigner Glückseeligkeit. – Ich musste reisen ohne Sie gesehen zu haben, als ich wiederkam war mein erster Gang zu der geliebten Wohnung. Die Amerikanerin kam mir entgegen. – Die Fremde Frau wird Sie nicht wiedersehen, mein Herr rief sie mir entgegen, sie will keinen Fremden mehr sehen.

Woher dieser schnelle Entschluß, rief ich bestürzt? Hat man wagen können, in diese Wohnung zu dringen mit kühnem frechen Sinn? Hat man selbst auch diese Wohnung der Unschuld nicht verschont?

Die Frau sah mich verwundert an. Ich verstehe diese Aufwallung nicht. –

Ach ich verstehe sie! rief ich.

Um Ihnen vielleicht ein Räthsel zu erklären, so lesen Sie diesen Brief, an Sie allein noch hat sie diese Worte gerichtet. – Mit einer Art heiliger Ehrfurcht gab sie mir diesen Brief in die Hand. Ihr seyd wunderbare Menschen, daß ihr eure Gedanken auf ein solches Blatt sezen könnt, und nicht ueber den natürlichsten Weg von Mund zu Mund euch mitzutheilen, aber ich ehre doch eure Kunst, euch einander zu erklären durch solche Zeichen. Ihr seyd ein sonderbares Geschlecht. Ich nahm den Brief mit Zittern in meine Hände und eilte unter die Eichen.

[52v]Dort wo ich mir die Plane des glücklichsten Lebens dachte, wurde ich auch aus den Träumen meines Herzens aufgeschreckt. Er las mit bewegter Stimme.

Noch einmal wage ich die Feder in die Hand zu nehmen. Sie sollte mir zu diesem Endzweck nicht mehr nöthig sein, hofte ich einst! Als ich mich von allem losriß was mir lieb war! Aber mein Freund auch von Ihnen muß ich mich losreissen. – Dringen Sie nicht mehr in mich, mich zu sehen. Es ist alles vergeblich. Zum lezten Mal reisse ich mich von allen Gefühlen des Glücks los. Ich will an kein Glück mehr glauben, denn ich zerstöre mir stets mein Schicksal selbst. Mein Leben war ein Bestreben durch mich selbst alles zu sein, nun muß ich diese Aufgabe die ich mir selbst machte auch lösen. Eben deswegen auch darf ich Sie nicht mehr sehen. – Nachdem ich die heiligsten Bande der Natur, der Liebe zerriß, kömmt es mir nicht mehr zu, diese Ansprüche zu machen, zu dem Glück eines solchen Mannes etwas beytragen zu können. – Sehen Sie mich wie ein abgeschiednes Wesen an. Aber wenn Sie mich so ansehen so denken Sie auch dabey daß ich mir Sie unter dem Bilde eines Edlen Mannes denke, der aller heiligen Gefühle eines weiblichen Herzens werth ist, der mir ewig lieb u. theuer bleiben wird. – Sie sollen mich nicht vergessen, als Ihre Freundin aber unter dem Bilde wie Sie meiner denken wollen, wie ich fühlte, daß auch ich Ihrer gern gedacht hätte. Sollte kein Gefühl für mich in diesem einen hohen Gemüth fortleben.

Ihr Schicksal sey Ihres Herzens werth.

Die Züge des Geliebten Nahmens, hatte eine Thräne verwischt.

[53]Mutter und Tochter beugten sich auf das Papier, um die Züge dieser Hand zu sehen. Plözlich fiel Frau Wallberg mit einem Ausruf des Schmerzens Clara um den Hals. Diese Handschrift, Clara! es ist, – die Hand meiner Tochter, sagte sie leise. Entferne dich, entferne den Freund. Ich muß meine Gefühle wieder beruhigen. – Clara selbst wurde innig bewegt durch die Rührung ihres Freundes, und noch schmerzlicher durch die Entdeckung ihrer Mutter. – Aber es gelang der Mutter nicht, sich so schnell zu entfernen, als sie den Willen hatte, sie sank leblos an der Seite ihrer Tochter nieder. Man eilte, rufte nach Hülfe, u. es gelang Clara's Sorgfalt, die Mutter wieder ins Leben zu rufen. – Sie wollte ganz allein sein, u. endlich verließ Clara das Zimmer, u. eilte ihren Freund aufzusuchen. – Ein trauriger Zufall hat uns unterbrochen, sagte sie ihm, er stand in tiefem Nachdenken verlohren u. hörte sie nicht. Seine Augen waren auf ein *Miniatur* Bild gefallen. Es ist Therese rief er aus. Wie ist dieses Bild in die Hände Ihrer Mutter gekommen Clara? –

Dieser Aufschluß war ein neuer Beweis, daß die fromme Büßende in Amerika, keine andre Person sein konnte, als Wallbergs verlohrne Tochter. – Clara konnte u. durfte sich jezt nicht erklären. Lieber Freund sagte Sie sanft, dieser Augenblick ist so erschütternd gewesen, daß es kein Wunder wäre, wenn unsre Phantasie uns Traumbilder vorführte. Wir nehmen so warmen Theil an Ihnen, u. eben wie uns die Erklärung dieser Edlen Unbekannten, *[53v]*Ihr eigner Schmerz, mit innigem Mitleid erfüllt, wird meine Mutter mir auch ein Gegenstand der Sorge. Auch Sie nehmen den Antheil an uns, daß es Ihre Phantasie auch erschüttert hat uns leiden zu sehen. – Ich kenne dieses Bild nicht fuhr sie fort. – Sie ging leise in das Schlafzimmer der Mutter, die vom heftigen Anfall der Schmerzen in wohlthätigen Schlummer gefallen.

Sie schläft die gute geliebte Mutter, ihr Schmerz ist nun im Schlummer aufgelöst, u. dieser Anfall wird keine Folgen haben. – Ich kann ihrentwillen ruhig sein. Aber um Ihrentwillen noch nicht mein Freund, ich muß alles wissen, jezt da die Wunde wieder blutet müssen Sie mir das Geständis Ihres Leidens ganz ablegen.

Meine Geschichte ist zu Ende, sagte der Schotte. – Denn sie hielt Wort, mit Strenge erfüllte sie das Versprechen, mich nicht wieder zu sehen. – Ich konnte auch kein Zeichen mehr von ihr erhalten. Der Oberste der Brüdergemeinde wurde zu ihr gerufen; und durch ihn ließ sie mich bitten ihre Nachbarschaft zu meiden; Er sagte mir nachdem er sie gesehn hatte: Es sey eine seltsame Veränderung in diesem Wesen vorgegangen. Sie habe ruhig scheinen wollen, aber er habe deutlich gemerkt daß sie in einem gewaltsamen Zustand sey. – Sie habe von ihrem lezten Willen mit ihm gesprochen, weil sie fühlte, sie könne nicht lange mehr leben. – Der Todt sagte sie ihm, ist das einzige was Sie mir wünschen können. – Sagen Sie *Macdonald* er sollte denken ich wäre todt, denn da ich es mir übergewinnen konnte mich auch von ihm zu trennen, [53A]so scheid ich auch leicht aus dem Leben. – Mein ganzes Dasein war ein verfehlter Zweck. In den ersten Jahren meines Lebens bot ich nur meine Kräfte auf, meine Fertigkeiten zu übertreiben, ich wollte stets mehr scheinen als ich war. – Eine seltne Fügung des Schicksals lehrte mich endlich mich selbst zu kennen, und der Natur durch eine völlige Entsagung der künstlichen Verhältnisses des Lebens, das Wesen wieder zurückzugeben, was von ihr entfernt war. – Ich habe die heiligsten Bande zwar zerrißen, die Bande der Verwandtschaft, aber aus keinem bösen Zweck, sondern um mein Herz von der Welt loszureissen, die ich zu sehr liebte. Wohin mich nun das Geschick führte, da habe ich nicht mehr widerstrebt. – Die die mich in diese Lage brachten, waren nur Werckzeuge einer höhern Macht. – Die Menschen waren nicht reine Wesen, – ich verzeihe es Ihnen, daß sie mich betrogen haben; ich bin hier glücklicher als ich es je hätte sein können in einer andern Lage; – Mein Herz darf nur keine Ansprüche auf Glück mehr in sich selbst machen, das fühlte ich bey *Macdonalds* Bekanntschaft u. deswegen entsage ich ihm. Ich fühlte seine Empfänglichkeit, und möchte ihn nicht in mein Verhängniß mit ziehen; – Sagen Sie es ihm sagte sie bewegt. Es ist das Bekenntniß einer Sterbenden. Ich darf frey von meinen Gefühlen reden. – Ich trenne mich nun ganz von der Welt – Ich will auch Ihnen frommer Vater nicht mehr sehen, als wenn [*53Av*]es Ihre Pflicht fodert. Auch die Schwesterngemeinde werde ich nicht mehr besuchen. Ich bringe den Menschen, denen ich mich nahe kein Glück. Ich will allein stehen, und leiden. Ich kann die Thränen, die ich fliessen machte, durch kein Opfer abbüssen, wie ich mir träumte. – Es ist besser ich erwarte ruhig was das Schicksal über mich verhängt – und lebe unbekannt, u. unbeweint. – Gehen Sie, frommer Vater, ich bitte Sie verlassen Sie mich, und beruhigen *Macdonald* – So schloß der Obere seine Erzählung u. war innig gerührt. Jezt machen Sie keinen Versuch mehr sie zu sehen, erfüllen Sie ihren Willen, es ist der grösste Beweis Ihrer Liebe. – Ich hörte mit Schmerz mein Urtheil, u. werde ewig dieses einzige, sonderbare Weib betrauern. – Sie kann nicht schuldig sein, an ihrem Schicksal, es ist nicht möglich! – Diese Dunkelheit über ihre Lage, diese Ungewißheit ist mir in manchen Momenten sehr peinigend. –

Auch von dem Obern haben Sie nichts weiter von ihr vernommen fragte Clara angstvoll? – Nein, sagte *Macdonald* ich schrieb ihm als ich abreisste, beschwor ihn mir nach Schottland zu schreiben. Aber der Krieg der seitdem ausbrach, hat vielleicht seiner eignen Existenz gedroht, u. er hatte zu viel mit seiner Gemeinde selbst zu thun, als an mich zu denken. – Oder lebt er nicht mehr. Sie ist vielleicht ganz ohne Schuz, ohne Mittheilung denn sie hält ihr Gelübde das fühl ich. Sie wird keinen Menschen mehr gesehen haben, als ihn allein. –

[54]Mit Treue und Liebe folgte Clara den Wünschen ihrer Eltern, und suchte ihre Kinder auch nach ihren Neigungen zu bilden. Sie vergaß sich selbst in dem Bestreben, andrer Existenz zu verschönen. Die traurige Geschichte der Mutter hatte ihr sie noch werther gemacht. Sie fühlte daß das Schicksal sie aus dem fremden Welttheil nicht umsonst geführt habe. Und

söhnte sich dadurch mit dem Gedanken aus, von ihrem Gatten getrennt seyn zu müssen. Es kamen oft Briefe von ihm, und die stille Sehnsucht rechnete sorglich die langen Zwischenräume aus. Der Vater wie ihr Mann schrieben immer im hohen Enthousiasmus von ihren Pflichten und Willen, nüzliche Glieder des Staates zu seyn; Alexander hatte unzählige Proben der Tapferkeit abgelegt, sagte *Belton* unter anderm in einem Brief an seine Tochter.

Du hättest Zeuge seyn sollen Geliebte Tochter, von dem festen Muth, und dem Betragen unsres Alexanders. Deine Bewunderung würde ohne Gränzen sein. – Wie oft hat er für seinen König sein Leben gewagt! Ohne an sich zu denken. Welche Reden hat er gehalten um das aufgeregte Volck zu beruhigen, sie zu ihrer Pflicht zurückkehren zu machen. Wenn sein Arm ruhte, war sein Geist thätig für das Wohl seines Vaterlands. Können die Rebellen bezwungen werden, so ißt's durch solche Geister, solche Thaten wie Alexander ihnen zeigt. – Aber der Ruhm allein erfüllt nicht sein Gemüth meine Clara. Wenn wir nach langen ermüdeten Märschen endlich eine Zuflucht finden vor dem Feind, [*54v*]wenn uns freundlich gesinnte Amerikaner aufnehmen, uns ihren Heerd ihre Hütte anbieten, und Alexander dann in dem Kreis einer glücklichen Familie sich findet, dann hebt schmerzlich sich seine Brust, und er steht in sich gekehrt untheilmehmend bey uns, u. seufzet nach dir nach seinen Kindern! Diese Stunden die für uns Erholung sein sollten, sind die schmerzlichsten unruhigsten unsers kriegerischen Lebens. Nur in rastloser Thätigkeit ist deinem Mann wohl, er tritt auf als wollte er mit Titanen kämpfen, und steht wie ein höhres Wesen unter uns. – Die geschreckten Wilden die seiner Fahne folgen, sehen ihn mit Ehrfurcht an, und haben mir oft versichert, Er sey von einem feurigen Schein um seine Gestalt umgeben, und sie möchten oft vor ihm niederfallen, als vor einer Gottheit. So viel kann dieser Mensch auf Menschen wircken, die nur die Hülle seines Geistes kennen, fühle also was er denen ist, die dein Geist der diese Formen belebt anschauen. – – Sobald wird ers noch nicht glauben genug für seine Ehre gethan zu haben. Er könnte in diesem Moment die Waffen niederlegen, und niemand würde auftreten, um ihn der Feigheit zu beschuldigen, er hat mehr gethan, als der tapferste. Selbst der, der für die Rechte Sache sein Leben verliehrt, ist weniger ein Held als Alexander, der jeden Moment neue Proben seines Muths, seiner unerschütterlichen Treue giebt. – –

[55]Freue dich seiner, und sey stolz auf deinen Gatten. An unsrer Seite würdest du wie er, von Muth beseelt unglaubliche Dinge thun. – Sey kein gewöhnliches Weib. Klage nicht um die Entfernung deines Freundes, fällt er, ist er dir für diese Welt verlohren, so laß dich nicht beugen, hebe stolz dein Herz, wie dein Haupt empor und suche ihn in den Regionen wo solche Kräfte erst den Lohn ihrer Thaten erwarten können. – Ich selbst weiß nicht wie lange ich lebe, aber weine nicht um mich, was kann ich in meinem Alter schöners erwarten, als den Todt, und einen ehrenvollen Todt. Ich werde nicht einsam und verlaßen auf meinem Lager schmachten, nach einer Quelle des Trostes mich sehnen u. Hülfe von oben so zerbrechlichen Wesen wie ich selbst erflehen. Schnell und leicht wird mein Geist aus der unbequemen Hülle entfliehen u. unerwartet. – Meine Waffenbrüder werden das Blut meiner Wunden stillen, sie werden redlich sich bemühn mich ins Leben zurück zu rufen, ists vergebens, nun so werden sie mich theilnehmend bey Seite legen, u. ein ehrenvolles Grab wird mich aufnehmen, mit meinen Brüdern die neben mir fielen. –

So muß man in unsrer Lage denken lernen; um das Leben von Stunde zu Stunde zu genießen muß man immer denken man könne es in der nächsten verliehren.

[55v]Ich habe keine Zuflucht mehr auf der Welt als an deinem Herzen. Jede Spur unsres ruhigen Daseins ist in diesem wilden kriegerischen Leben untergegangen, nicht einmal das Grab meiner unvergeßlichen Gattin hat man verschont, unser Landhaus steht in Trümmern. Wenn ich nicht hier falle, so soll mich auch dein Arm noch umfangen, so gehe ich übers Meer zu Euch, dort mein Grab zu suchen. Auch kann ich nach allem was ich jezt erlebte nichts mehr finden, nirgends mehr! Will ich eine ruhige Idee fassen, so steht gleich das Bild des schauervollen Kriegs vor mir, und es ist mir als müsste ich den Menschen zurufen⟨.⟩ Hütet Euch vor dem wilden Ungeheuer das Euch zu Grunde richtet.

Es ist schrecklich daß eine verschiedene Meinung die menschlichen Gemüther so im Harnisch bringen kann! Was ein kleiner Kreis von Menschen bös aufnimmt, wird zum Unheil von Tausenden.

Aber es müssen Stürme in der physischen Welt wie in der moralischen sein dem ganzen zum Nuzen vielleicht. Was hier untergraben wird, steigt neu aufblühend woanders wieder auf. Es hebt u. hebt sich, bis es auch wieder untergeht. – O wer baut sicher auf etwas, wo nichts bleibend ist! – Clara ich bin nur noch der Schatten von dem was ich an der Hand deiner Mutter war! Sie allein konnte die Zweifel meines ernstern Gemüths lösen. – Leb wohl, ich werde dir so bald nichts mehr sagen, denn uns rufen neue Auftritte zu kriegerischen Unternehmungen. Empfange meinen Kuß u. Seegen.

[56]Schmerzlich bewegte dieser Brief das Gemüth der Tochter. Sie hatte längst schon das alles sich klar gemacht, was ihr Vater ihr sagte. – Alexanders Muth freute sie, doch hätte sie wohl aus Liebe zu ihm auch auf den Stolz über seine Tapferkeit Verzicht gethan, denn sie traute es ihm schon zu, ehe er handelte. Aber doch war die Sehnsucht, der Wunsch ihn ausser Gefahr zu wissen stärker als die Freude über seine Thaten, in manchen Stunden der Sehnsucht, die immer schmerzlicher wurde je länger die Trennung dauerte.

Thätig für ihre Kinder zu sein war ihr einziger Trost, ihr Herz wurde leichter wenn sie fühlte daß sie den Eltern ihres Alexanders das Leben erleichterte, u. manche Wolcke des Grams zertheilte sich, in dem redlichen Bemühen ihres liebenden Gemüths. –

So war manches Jahr hingegangen, in diesen Gefühlen u. Erwartungen, aber keine Hofnung wurde erfüllt. An einem Winter Abend, wo der Sturm die Wellen des Meers an die Mauren des Hafens schlug u. der Mond durch zerrißne Wolcken, die weißen schäumenden Wellen einzeln beleuchtete, ertönte das *Signal* vom Leuchtthurm daß ein Schiff nahe sey. Bange Ahndung ergreift das Gemüth der schönen Clara, sie fasst der Mutter Hand. Gott wenn Alexander auf diesem Schiff wäre! wenn er so nahe am Hafen noch stranden könnte! Du hast mir eine Bangigkeit eingeflösst Clara, die mich furchtbar befällt. – So hatte beyde zugleich das *Signal* mit Schrecken erfüllt.

[56v]Als man dumpfe Stimmen des herbeyströmenden Volcks vernahm, ein Boot ist gelandet schrien einige Stimmen! und der Tumult zog sich immer näher nach Wallbergs Wohnung zu. Alles lief unruhig und sorgenvoll gegen einander, und niemand wusste eigentlich den Grund der Unruhe. – Plözlich stürzte Wallberg ins Zimmer, ein Matrose ist im Vorhaus, er will uns sprechen, er bringt Nachricht. Elise Wallberg war zu schwach sie konnte nichts als winken, daß man den Matrosen lieber ins Zimmer zu ihr führen sollte. Bleich stand Clara

neben ihr u. hielt zitternd sich an der Schulter der Mutter. Der Matrose kam von Wallberg begleitet ins Zimmer, er fühlte an den Wänden als ob er sich fest halten wollte, u. konnte kaum vernehmlich sprechen. – Wir sind auf einem kleinen Boot angelangt der Herr u. ich, sagte er endlich, u. noch wenige. Niemand wollte so nahe am Hafen noch sein Leben wagen, aber der Herr ist so ungeduldig, seine Heymath wieder zu ereichen. Er hätte gern geschrieben, aber kann nicht, denn sein rechter Arm ist in einer Binde, und sein Auge unbrauchbar. – Da ist er, aber wie! – O wenn er nur lebt, wenn er unser ist, rief Clara ängstlich aus, so ist alles gut. – Aber ist kein Alter Mann mit Euch fragte sie noch. – Nein, nein rief der Matrose. – Wo ist mein Sohn fragte der Vater? Führt mich hin, daß ich ihn in meine Arme schließe. – Folgt mir, folgt mir Herr sagte der Matrose, u. beyde verließen das Zimmer. –

[57]Wer kann die Gefühle der liebenden Mutter u. Gattin schildern, die in solcher Erwartung schweben. Clara konnte nichts als die Mutter weinend umfassen, und ihr Herz schlug ängstlich. – So lohnt das Schicksal seine Helden, rief die Mutter bewegt. – Er ist gerettet, er ist unser. Sein Herz bleibt ihm, unter der zerbrechlichen Hülle, u. sein Muth hat dies ehrenvolle Zeichen ihm aufgedrückt. – Sein klares Auge! – Thut nichts liebe Mutter, das gesunde wird um so schöner glänzen. Ich vergesse alles wenn nur nicht auch seinem Gemüth eine Zerstörung drohen konnte! –

Wallberg kam nicht, es waren drey peinliche Stunden verflossen. Endlich brachte ein treuer Diener Wallbergs das Billet.

> Beruhigt Euch Theure, wir kommen diese Nacht nicht. Begnügt Euch an dem Bewusstsein, Euren Geliebten so nahe zu wissen. Er bedarf Ruhe, er hat viel gelitten. Er ist uns geschenkt aufs neue. Sein Geist u. das Gefühl seiner Tapferkeit sind unvertilgbar, obwohl der Zufall seine schöne Gestalt vernichten konnte. –
>
> Du meine Tochter fasse dich zu hören was er dir sagen wird. – Du meine geliebte Elise blicke dankbar zum Himmel, dir wird ein Glück nachdem so viele Mütter vergeblich seufzen. Genieße es. –

Es war eine schreckliche Nacht die beyde zubrachten. Clara ahndete was ihr bevorstand. Sie fühlte daß sie ihren Vater verlohren hatte. Das kindliche Gefühl kämpfte lange in ihrem Herzen mit dem der Freude *[57v]*ihren Alexander wiederzuhaben. – Die Mutter war bewegt u. unruhig. Sie sah das Bild ihres Sohnes starr an, es ist vielleicht kein Zug mehr übrig von diesen göttergleichen Formen, sagte sie seufzend. O warum beseufzen wir das Vergängliche, da wir selbst so vergänglich sind! –

Es war kaum Tag, den andern Morgen, so waren Claras Kinder schon auf dem Wege zum Vater. Clara wollte selbst sich nicht mehr halten lassen, als der Wagen vorfuhr u. Wallberg mit Alexander ausstiegen.

Langsam und muthlos schlich die sonst so hohe Gestalt des schönen Jünglings hinter dem Vater her, seine Kinder umhüpften ihn fröhlich. Mutter und Tochter hingen an seinem Hals, er war innig bewegt. Clara verdient dieser Alexander so viel Liebe! rufte er schmerzlich aus. – Was ich an dir liebe kann kein Zufall zerstören. Kein Wort mehr was in diesem Ton gesprochen wäre, sagte sie begeistert. – Was eine Wolcke des Grams über meine Freude ziehen kann ist, daß ich ahnde was du mir sagen wirst, daß ich dich allein kommen sehe. – O mein Vater!

Er ist ins Land der Ruhe gegangen, sey ruhig. Meine Liebe soll dir seinen Verlust tragen helfen. Wir wollen ihn beweinen, u. sein Andenken ehren. – Alexander wurde bald von den

Armen seiner Mutter umfasst, bald drückte in Clara an ihre Brust. Der Vater schüttelte die linke Hand treuherzig, u. die Kinder beschauten die Waffen des Vaters. –

[58]Was sich ehmahls so schön in seinen belebten Zügen ausdrückte war verschwunden! Es war als sey der Hauch des Geistes verweht der die schönen Formen belebte. Er hatte eine scheue Ernsthaftigkeit, die ihn oft in den vertraulichsten Momenten anwandelte. – Es blieb ein Räthsel wie ein Mensch sich so ungleich wenden konnte. Seine Neigungen waren dieselben, aber der Geist der Anmuth der sie aussprach war verschwunden.

Selbst für seine Kinder die er sehr liebte, hatte er nicht das anzügliche was Clara erwartet hatte. Er liebte nur sie allein, und oft wenn ein Gefühl des Schmerzens sie überfiel, daß ihre Seelen in dem schönsten Berührungspunkt in der Liebe zu den holden Gesprächen sich selbst nicht wiederfanden, suchte sie wehmüthig einen Vorwand sich zu entfernen, u. fand in der Einsamkeit ihren Trost. Ohne daß sie es selbst wusste, neigte sich ihr Herz inniger zu ihren Kindern, in des Knaben Gesicht fand sie mit Entzücken und Wehmuth die Züge des Vaters wieder, wie er sonst war, als sie ihn zuerst sah. – In manchen Momenten ihres Lebens schalt sie sich selbst, daß man bey dem Anerkannten Werth ihres Gatten, noch etwas vermißen könnte. Und wenn sie durch ihr eignes Nachdenken sich über ihr Gefühl nicht beruhigen konnte, so warf sie sich mit Strenge ihre Weiblichkeit vor, ⟨die⟩ auf äussre vergängliche Vorzüge so viel Werth hatte legen können. –

[58v]In den schönen FrühlingsAbenden, kam Mutter leise an die Thüre ihrer Tochter, und rief sie mit ihr in den Garten zu gehen, der Garten hatte mannichfache Partien, eine Anhöhe mit Bäumen bepflanzt, war der Lieblingsplaz der Familie. Man sah nach dem Meer daß in blauer Fläche sich ausbreitete, ganz in der Ferne sah man die Schiffe am Horizont schweben.

Diesen Anblick liebten die Frauen am meisten, dort hatte Elise Wallberg oft ihren Träumen nachgehängt an ihre entfernten gedacht, von dort war sie dem Schiff das ihren Alexander von ihr trug mit nassen Augen gefolgt. Sie und Clara beklagten noch immer daß Alexander nicht am Tage angekommen sey, damit sie auch von dem Plaz wo sie so oft ihn beweint hatten, sein Schiff erblickt hätten. Er kam zu mir in der Hülle der Nacht sagte die Mutter seufzend; – – Es sollte uns andeuten daß auch sein Schicksal sich in Nacht hüllte als er von uns allen fern war; – Es müssen ihm sonderbare Dinge begegnet seyn, sezte sie hinzu, er ist so stumm über sein Leben, seit er von dir sich trennte. – Kaum einzelne Züge nur hat er uns mittgetheilt. –

Clara sagte sie u. blickte zum Himmel, kein Glück ist ungetrübt; Er ist uns nach vielen Gefahren wiedergeschenkt worden. –

[59]Alexander war nun aber doch in ihrer Mitte, das fühlten die liebenden Herzen, u. es brauchte manche Erfahrung ehe sie sichs selbst gestehen konnten welche gänzliche Veränderung dies Wesen erlitten hatte. Die Mutter bestrebte sich es weniger zu fühlen, aber Clara so sehr ihr Herz kämpfte konnte sich diese Entdeckungen nicht verhelen, daß sie andre Hofnungen ihres Wiedersehns hatte. Auch an den Erzählungen seiner Thaten konnte sie nicht sich ergözen, denn er war so einsilbig u. ließ nur erathen was er gethan haben konnte. Das einzige herrschende Gefühl seiner Seele war seine Leidenschaft für Clara. Wenn sie unvermuthet in sein Zimmer trat, so ward sein ganzes Gemüth begeistert. Er fiel auf seine Knie u. weinte heisse Thränen. – In einem solchen Moment wagte Clara ihre Gefühle auszudrücken, u. sagte halb unwillig. Fasse dich Alexander. So hätte ich den Helden nicht erwartet, den die wilden Horden der Amerikaner für einen Gott hielten. –

Habe Nachsicht Clara, Du weisst noch nicht alles was diesen Busen bewegt, sollst es nicht wißen, wohl ists ein andrer Alexander der jezt vor dir steht, als der den du in Amerika verließest. – Aber wenn ich dir sagen könnte, welches Leben ich führte, dir die schrecklichen Bilder alle vorführen könnte die meine Phantasie ewig nicht vergessen kann, du würdest meine jezige Stimmung nicht befremdend finden. Jezt erst ist die Zeit des ruhigen Nachdenkens gekommen, in der steten Lebensgefahr dachte ich gar nicht, nur der Kampf mein Leben von Stunde zu Stunde zu fristen, war das einzige Geschäft was lange meine Brust [59v]bewegte. Für dich wollte ich leben, Clara. Aber das Leben ist auch das einzige was ich für dich rettete.

Und dein Herz Alexander, fiel sie zärtlich ins Wort? Sollte es auch Jahre brauchen bis du dich wieder ganz einheimisch fühlst, o wir wollen gern mit treuer Liebe diesen Augenblick erwarten, u. pflegen, denn du bist doch bey uns, u. wir dürfen keine Gefahr mehr fürchten die wir nicht mit dir theilen. So endigten sich immer die Gespräche beyder wenn sie auf diesen Punkt kamen, aber immer kamen diese Gespräche wieder, u. Clara fühlte schmerzlich daß auch die Vereinigung mit dem Liebsten was wir besizen, nicht das unwandelbare Glück des Lebens ist. Eine stille Resignation die sie sich selbst kaum auszusprechen wagte, war in ihren ganzen Wesen u. Gefühlen ausgedrückt.

Alexander nahm Theil an des Vaters Geschäften, u. war thätig. Der Vater freute sich am meisten über die Veränderung seines Sohnes. So sehr er ihn ehmals liebte, so wenig konnte er dem hochfliegenden Geiste des Jünglings immer folgen. Jezt lebte er mehr in der Wircklichkeit, besorgte die nothwendigen Geschäfte, als hätte er weiter nichts dabey zu finden, u. folgte mit mehr Antheil dem Leben in der Wircklichkeit, u. dies freute den Vater. – Jezt ist er im ganzen Sinn des Worts mein, sagte er scherzend zu seiner Frau und Tochter. Wenn ihr Weiber gleich nicht ganz zufrieden sein mögt, so müsst ihr mir doch gestehen, daß er ein brauchbarer Mensch für mich ist. Wär er immer so gewesen, er wäre noch der schöne Mann, mit der Gestalt eines Helden. Da würde er Euch auch lieber sein, aber da ich nun diesen besize, u. ihn ganz mein nenne, ist es eine W⟨onne⟩ des Lebens.

[60]*Macdonald* wiederholte Clara oft seine Geschichte, und sezte seufzend hinzu, mein Leben ist zerstört, und ohne Hoffnung wie sie selbst, soll ich nun auch leben, sagte er schmerzlich.

Auch mir haben Sie einen tiefen Schmerz gegeben, mein Freund sagte Clara mit gerührtem Blick. Sie selbst können nicht glücklich mehr seyn, und diese seltne Erscheinung Ihrer Freundin giebt das gleiche Gefühl.

Sie war werth Ihre Schwester zu seyn, Clara! wie würden zwey solche vollkommne Wesen nicht jeden Kreis beglücken, den ihnen das Schicksal anweisst. –

Wallberg der Sohn trat ins Zimmer, und das Gespräch nahm eine andre Wendung. Elise Wallberg zu lange gewohnt die Tochter die ihr verschwunden aufzugeben, konnte einer Möglichkeit, die sie nur ahnden konnte, nicht mehr Raum geben. Wenn der Schmerz das Gemüth zu lange bewegt, ist selbst Hofnung erst zu erringen, ehe sie der Leitstern unsres Lebens wieder werden kann.

Auch konnte der schweigende Wallberg, der so wenig über sich selbst sich aussprach, und Clara immer fremdartig heftig zurückwieß, wenn sie etwas von ihrem frühern Leben erwähnte, an dem wahrscheinlichen Schicksal seiner Schwester nicht den Antheil nehmen, da sie als Kind ihm erschienen, und so nur durch der Mutter Erzählung, ein Bild ihres Wesens ihm geben konnte. – Clara wunderte sich oft im stillen wie das Leben des Kriegs, so manche Saite des Herzens zu zertrümmern vermochte! Für fremde Gefühle war Wallberg beynah unempfindlich zu nennen – und je weicher und empfänglicher Clara selbst wurde, je mehr ihr Blick für [60v]das Leben an Umfang gewonnen, je tiefer wurde der Schmerz, daß dieser

Charackter, der so sehr mit ihr übereinstimmte in der frühern Zeit der Jugend und der Liebe, in späteren Tagen so anders war! Sie bedachte schaudernd was sie entbehren sollte. Um ihm selbst in ihren Augen einen gleichen Werth zu lassen, hielt sie sich selbst lieber schuldig, und glaubte daß sie auch weniger empfänglich mehr sey. Dann und wann, wenn er sie gar nicht zu verstehen schien fragte sie schmerzlich. Ist denn jedes Gefühl verschwunden Geliebter, was sonst deinem Leben so viel Reiz gab!

Alexander wurde dann bewegt, und suchte mit scheuer Ängstlichkeit einer Erklärung auszuweichen. Die Leiden, die ein Krieg hervor bringt, könnten das Andenken an den Himmel selbst verlöschen geliebte Clara! war alsdenn was er sagte! Laß uns statt der Vergangenheit die Gegenwart festhalten, sie allein ist uns gewiß. Ich habe Dich, Du bist mein, mein nach so langen Gefahren, dies Gefühl ist mein Himmel. – Zukunft wie Vergangenheit sind für mich nicht da. – Clara schwieg immer nach solchen Gesprächen, denn diese Äußerungen wiedersprachen ihrem Gefühl. Sie wollte dem Gelieben nicht für eine Zeit ihre Liebe gegeben haben und wie sie an die Ewigkeit einer reinen Liebe glaubte so wollte sie auch sie aussprechen. –

[61]Da wir meist finden daß die Gegenwart nicht die Erwartungen einer frohen Hofnung erfüllt, die so oft in der Nähe betrachtet als ein falsches Glanzbild erscheint, so wendete sich auch Claras ganze Empfindung in die Freude der Erinnerung der Vergangenheit. Die Zukunft fällt anders aus, als wir es hoffen. Die Gegenwart ist dem Wechsel unterworfen, dem Zufall; aber was war, ist unserm Herzen gewiß. –

Die Verschloßenheit in Wallbergs Wesen, wurde wie oft dem liebenden Gemüth immer schwerer zu ertragen. Sie hätte die grössten Opfer gebracht, um ein offnes Geständniß des Schicksals ihres Gatten zu vernehmen, aber es wurde immer unmöglicher! Die Mutter war zu fein um es nicht zu fühlen, was der Tochter Herz bewegte, aber es gelang ihr eben so wenig die Saiten anschlagen zu können, die seinem Gemüth den Anklang zu geben vermochten. – – Und so war ein daurender bleibender Schmerz in ihrem Herzen, den die Begebenheiten des gewöhnlichen Treibens des Lebens schwächen konnten, aber nicht verdr⟨ä⟩ngen.

Öffter befiel die sorgliche Mutter wenn sie die ganze Lage überdachte eine grosse Angst. Sie fühlte zu gut daß die Gemüther sich nicht so wieder vereinigen konnten, wie ehemahls. Der Erste schöne Zauber der Liebe war unwiederruflich verschwunden! So dünkte ihr. Beyde drückte jezt das Gefühl, ohne es sich selbst zu gestehen, daß diese Stimmung nicht *[61v]*wieder zu finden sey; Ihr schien es selbst so, daß der Sohn in dem Leben mit den rohen Kriegsgefährten, dem Kampf mit den Gefahren des Lebens, manche Gefälligkeiten des Umgangs verlohren hatte; Es schien ihr als habe er sich an eine zu heftige Art des Ausdrucks seiner Empfindungen gewöhnt. Das Feuer seines Gefühls, welches ehmahls durch eine rasche Empfänglichkeit für Alles was Groß und Schön zeigte, schien verloschen. –

[62]An einem schönen Frühlingstag war die Familie im Garten, frühstückte wo die blühenden Bäume mit den rothen Blumen und zarten Grün zum Himmel strebten, ein leiser warmer MorgenHauch reckte die ungebohrnen Kinder des Frühlings der Sonne zu. Alles war geschäftig sich zu regen, um die Düfte der Blüthen reicher Erde einzufangen, und auszuströmen. Es war als wäre es die Ruhe des zarten Frühlingstages. – Auch am Meer ward es lebendig und Schiffe verkündigten ihre Ankunft. Mutter! Mutter! rief Clara bewegt. Hörst du die Kriegslieder? die uns unter dem Donner des Geschüzes ertönen. Es sind dieselben die Alexander einst in seinem Regiment lehren ließ. Dieser Marsch war der lezte den ich in Amerika vernahm! Vater und Geliebter rissen sich von mir los, als die nehmlichen Töne mir klangen! O warum ist nur Alexander noch nicht hier, diese Erinnerung würde sein Herz uns

öffnen. Der lange bange Zwischenraum würde ihm nicht lebendig in der Seele stehen, der uns trennte, der sein Herz uns ihm fremder macht als wie ers selbst uns und sich gestehen will. –

Es wurde stiller und stiller. Der Jubel des Schiffsvolcks verzog sich in den Strassen der Stadt. – Der Mittag führte die Familie wieder in die Wohnung. Dort ruhte Clara an die Mutter sich lehnend unter einer Säulenhalle aus. – Als plözlich mit wildem Getöse die Flügel des Thores sich öfneten, eine Stimme rief heftig laut. Clara Wallberg hier, mit ihrem Mann! es ist unmöglich!

Ich sage die Wahrheit rief ein alter Handlungsdiener aus. *[62v]*Er ist schon seit Jahren wieder bey uns.

Wer? rief der Oficier mit der grössten Anstrengung mehrmahls, und erblickte die Frauen, in der Halle, die sich staunend ansahen, und Stimmen der Geister zu hören wähnten. –

Vater Wallberg kam herzu, und wollte den Streit schlichten, denn er hatte nur heftige Worte gehört; er wollte der Mutter und Tochter zu Hülfe eilen. – Aber er konnte nicht sprechen – Der Fremde umfasste seine Kniee, weinte laut und rief. –

Kennst Du Deinen Alexander nicht mehr? Spricht nichts mehr in deinem Herzen für ihn?

Clara und die Mutter eilten auf den Plaz zu. Sie blickte auf. Sie sah dem Fremden ins Gesicht, und rief. Mutter! Mutter! meine Augen trügen, aber doch mahlt sich Alexanders Bild in meinem Herzen. So sah er einst aus! und doch kann er es nicht seyn!

Mutter sprach Alexander, denn wer zweifelt noch daß er es seyn musste: Mutter! Doch noch deine Mutter? und du konntest mich so bald vergeßen, konntest einem Andern die Hand geben! weil du mich todt glaubtest! Hätte unsre Liebe nur für diese Welt uns beglückt? – Gott im Himmel! in dem Augenblick des seeligsten Gefühls muß ich in Trauer zereißen, in aller Heiligkeit der Liebe. – Clara hatte diese Worte nicht mehr vernommen. Sie war ohnmächtig hingesunken. Die Mutter quälte das schmerzlichste Gefühl der Ungewißheit. – Wo ist mein Sohn? rief sie angstvoll! – An deinem Herzen Mutter rufte der wahre Alexander, auch dir schweigt dein Gefühl? Auch du bedenkest dich mich [63]an die Brust zu drücken, die mich nährte. –

Jezt ward auf einmahl das Räthsel des Lebens dieser sonst so glücklichen Familie gelöst. Es war nicht Alexander, der sich in die Arme der Liebe gedrängt, der es wagen konnte das heilige Vertrauen einer Familie zu täuschen. – Er hatte Clara vermisst, und da er sie immer ängstlich zu suchen gewohnt war, wenn er sie lange nicht sah, so zog ihn sein Herz nach dem Garten, welcher Auftritt des Entsetzens erwartete ihn!

Er fand Clara leblos, und Alexander mit der Verzweiflung ringen. Die Mutter sah ihn zuerst. – Nun wird es klar!

Welcher von euch ist mein Sohn! rief sie schmerzlich aus! Ach daß mein Herz in die Lage kommen soll, an dem höchsten Glück meines Lebens zweifelhaft zu werden!

Doch der Streit ihres Herzens war bald entschieden, denn der falsche Alexander konnte diesen Anblick nicht ertragen, er stürzte in sein Zimmer, und nicht lange nachher fiel ein Schuß, und die herzueilenden Diener fanden ihn bewusstlos in seinem Blute schwimmen.

Clara war und blieb lange leblos, und als sie erwachte fand sie sich in ihrem Zimmer, und Alexander saß neben ihr. Die Kinder umfassten weinend ihre Füsse. – Sie fürchtete sich die Augen zu öffnen, um in eine Welt voll Verwirrung zu blicken.

Zu welchem Jammer bin ich erwacht! rief sie aus!

Alexander sagte lebhaft ergriffen: Dein Jammer soll schwinden geliebtes Weib, wenn dein klares Bewußtseyn zurückkehrt.

Ach ich war dir so treu, und doch treulos! Jezt fühle ich bey deinem Anblick alle Gewalt der Liebe wieder, und doch kann mein Herz diese Vorwürfe nicht ertragen. Ach daß ich dich verkennen konnte, dich in einem andern Wesen wieder finden konnte, und du warst es nicht! – Laß mich sterben! denn wie vermag ich es die nächste Vergangenheit zu ertragen. –

*[63v]*Während Clara u. Alexander mit Liebe auf der einen Seite, und mit den schmerzlichsten Vorwürfen in Claras Brust kämpften, war alles in der grössten Bewegung – Der Schmerz, die Freude, das Glück des Wiedersehens, Alles wechselte in der Familie ab; Die Beweise daß der Neuangekommne wircklich der Sohn des Hauses sey waren nicht mehr zweifelhaft. Ueber das Schicksal des Unglücklichen der nicht mehr von sich, noch von dem traurigen Einfall Rechenschaft zu geben vermochte, der ihn bewogen sich in eine Familie, in ein Verhältniß zu drängen, welches er nun grausam zerstörte, war ein Schleyer gehüllt, den niemand mit ruhiger Hand zu zerreissen wagen wollte, und doch musste es seyn. Man fand in einem verborgenen Fach seiner *Chatoulle* alle Beweise seines unschuldigen, und doch schuldvollen Betrugs.

Man hatte den Körper in einem Mantel gehüllt auf dem Bette liegen lassen, wohin er gebracht wurde. Die Gerichtspersonen unter welchen Wallberg viele Freunde hatte, wollten mit aller Schonung der Familie verfahren, und alle Spuren aufsuchen die die Handlung des Unglücklichen veranlasst haben mochte. Doch Alexander selbst konnte die besten Aufschlüsse geben, und sobald ein wohlthuender Schlummer Claras Schmerz und Freude, in eine glückliche Vergessenheit aufgelösst, suchte er seinen Vater auf. Die Mutter konnte auch den heftigen Gemüthsbewegungen nicht mehr die Spize bieten, und die treue Kammerfrau die sie aus ihrer Jugend begleitete, blieb neben ihrem Bette wo sie entkräftet lag. –

Alexander trat zu dem Leichnam des Unglücklichen, und erkannte das Gesicht troz der gewaltsamen Anstrengung der Züge – es war das Gesicht eines seiner Waffenbrüder, an dessen Seite er in der Schlacht von Bunkers Hill verwundet, und dem Todt ähnlich dahin gesunken. – Er wurde aufgehoben und während die Englischen Truppen aufbrachen, lag er bewusstlos, unter den Händen eines Amerikaners.

Es war in einem Augenblick der Verwirrung, wo selbst die menschlichste Gesinnung nicht für Unordnung zu stehen vermag, wo der Einzelne dem Besten der Menge weichen muss. Niemand fragte nach ihm, und seine Streitgenossen hielten ihn für verlohren. –

Am Abend vor dem Gefecht erinnerte er sich deutlich, mit dem Engländer [64]über seine Lage, und seine Trennung von seiner Clara gesprochen zu haben. Er schilderte ihm seine Eltern, seine Familienverhältnisse, mit lebhaften Farben, und feyerlicher als sonst im Leben gestimmt, gab er ihm das *Medallion* mit Claras Haaren, es ihr zu übersenden, wenn er fallen sollte. So viel war ihm noch gegenwärtig von den *Scenen* vor der Schlacht. Er kämpfte heiß, und ein feindliches Geschüz streckte ihn am Boden. Als er erwachte, sah er sich in einer Hütte, eine Alte Amerikanerin kniete neben ihm, hielt seinen sinkenden Kopf, und eine Weibliche Gestalt, nicht wie die andre, stand mit einer Lampe neben ihm. Das Heer war weiter gezogen und in den dichten Wäldern, war es möglich daß eine stille Hütte die Zuflucht der Unschuld bleiben konnte.

Welcher Sorgfalt Alexander sein Leben verdankte, wer die Frauen waren, welchen nahen Bezug sie unter sich fanden, wird der Verlauf dieser Geschichte enthüllen.

Das Einzige Bestreben Alexanders war seine Clara mit ihrem Herzen auszusöhnen, denn sie konnte sich nicht beruhigen, daß ein andrer ihre Liebe habe theilen können, und ein langer zweifelhafter Zustand drohte ihrem Leben.

Was man unter des Unglücklichen Papieren fand, zeigte ganz seine Stimmung. Sein Vorhaben, das Glück zu erstürmen; dessen ihm das Schicksal alle Mittel entzogen es zu erhalten in dem ruhigen Berufe des Lebens, was ihn zum Sturm, und Kampf umher trieb in der Welt, das sprachen seine aufgeschriebnen Empfindungen aus. –

Der fürchterliche Eintritt in das geliebte väterliche Haus, hatte den wahren Alexander so erschüttert daß er an nichts denken konnte, als Clara zu besänftigen. – Er hatte sogar noch nicht der Mutter Rechenschaft gegeben, wer ihm das Leben [64v]erhalten, in den Amerikanischen Wäldern. – Es war niemand anders als *Cecilia* – und nicht allein hatte sie sich überzeugt, daß Alexander ihr nahe angehöre, sondern die Sehnsucht nach den geliebten, beleidigten Eltern, hatte ihr ganzes Wesen ergriffen, und unter Alexanders Schuz war sie zurückgekehrt. –

Kaum schlummerte Clara, nach vielen Leiden, und die Mutter und Alexander die es allein über sich genommen, die Kranke nicht zu verlassen, und dem schwachen Gefühl nur liebende Bilder zu zeigen. –

Der Vater besorgte mit seinen thätigen Freunden, die lezten Reste eines Unglücklichen zur Ruhe zu bingen, und mit so viel Schonung wie nur möglich behandelte man ihn. Denn die zurückgelaßnen Papiere zeugten Gutes für ihn, und das Mitleid heiligte ihre Vorsäze.

Alexander saß eines Morgens mit der Mutter in einem Nebenzimmer, wo Clara ruhte. Er fasste plözlich ihre Hand. Theure Mutter! wenn Clara von uns scheiden soll, wenn es eine höhere Macht gebietet, daß sie einem Leben voll innrer Vorwürfe entgehen soll, dem ihr zartes Herz sich vielleicht ewig Gehör giebt, um rein in höhern Welten den Lohn ihrer Treue zu empfangen, dann wird Gott dir doch einen Trost senden, er ist dir näher als du ahndest. – Ich habe in diesen Tagen auf allen Trost für mich selbst Verzicht geleistet. [65]Was würdest du sagen, geliebte Mutter, wenn Du, den Trost hättest *Cecilien* wieder zu finden? ihr vergeben zu können? –

Es ist nicht möglich! ich habe seit der kurzen Zeit, daß so viel Glück und Unglück um uns verging, alle solche Hofnungen aufgegeben! –

Es ist möglich! mein eigner Schmerz brachte mir diese Angelegenheit aus dem Sinn. *Cecilie* ist nahe, sie erwartet nur ein Zeichen deiner Verzeihung. Sie war es die mich rettete. Als der Amerikaner, der ihre Hütte bewachte, mich Todten ähnlich auf dem Schlachtgefielde fand, war er's der mich zu ihr brachte. – Was sie für mich that, als sie nur erst die Pflichten der Menschlichkeit zu erfüllen glaubte, ist mehr Bürge für ihr Edles Gemüth, als was sie dem Bruder erzeigte. Und doch ist dies schon aller Bewundrung und Dankbarkeit werth. Sprich ein Wort theure Mutter, und *Cecilie* ist noch ehe die Sonne sinkt, in deinen Armen.

Der Vater trat zu ihnen, und wollte nur in dem Ergebenen Blicken der Mutter, und der Haltung des Sohnes sich Trost schöpfen, – als er die Augen der Mutter zum Himmel blickend in Thränen wie eine Verklärte ansehen musste.

Was ist dir Elise? Komm theurer Freund, rief sie aus, der Seegen der Versöhnung ist das heiligste, sprich ihn; Er war bestürzt. – Ich kann nur [65v]da verzeihen, wo ich gekränkt wurde, und mit Gott kann ich nicht rechten. Wir haben durch eine unglückliche Verkettung der Dinge, die nicht von gewöhnlichem Leiden entstanden, das schwerste erfahren, und da ich so glücklich bin, da ich es seyn könnte durch die Befriedigung meiner sehnlichsten Wünsche, es doch mit Recht nicht seyn kann. Das unser Glück eine Schuld entstehen ließ dies raubt mir den Frieden meines Herzens. – Ich verzeihe aber Elise, wenn es dein Wille ist, denn du willst nur Gutes.

So wisse denn, lieber Freund sagte die Mutter, von diesen Vorzeichen hängt das Glück deiner Tochter ab. *Cecilie* lebt. Sie rettete Alexander das Leben, und es hängt von dir ab, ehe die Sonne sinkt, sie an deiner Brust zu finden. – Unter Alexanders Schuz hat sie den Weg nach Europa zurückgelegt, sie will deine Kniee umfaßen und den Seegen wieder erflehen, deß sie sich selbst beraubte. –

Wo ist sie? rief er freudig bewegt aus! wo finde ich sie? Ach ich will nicht säumen Seegen zu verbreiten, so lange es Gott mir vergönnt. Warum führtest du uns die Tochter nicht im ersten Augenblick zu? – –

Sie bat mich, flehte ängstlich, erst ihre Vergebung auszumitteln, und jezt indem er auf Clara zeigte, die in einem Todten ähnlichen Schlummer lag, ach jezt konnte ich nur an diesem Engelsbild Herz und Auge festhalten, die Welt ist mir entschwunden! Jezt da ich an diesen Schreckens Anblick [66]auch durch die traurige Gewohnheit mich angezogen fühle, jezt überdenke ich erst das Vergangne. – Bey einer Freundin des Vorstehers der Brüdergemeinde, lebt *Cecilie* ganz verborgen jedem Aug der neugierigen Menge. Sie will nur erst erkannt seyn, wenn sie bey Euch ist. –

Claras trauriger Zustand griff so tief in jedes Mitglied der Familie ein, daß sie kaum wagten, nur auf etwas andres Rücksicht zu nehmen als sie; und doch war es das Einzige heiß ersehnte Glück, was die liebenden Aeltern noch hoffen konnten. Wie war ihr Herz zwischen Freude und Furcht getheilt! Sie beschworen Alexander er selbst solle ihnen die verlohren beweinte Tochter zuführen, und wollten ihn doch nicht von Claras Bette entfernen. Aber er entschied sich schnell, und während Vater und Mutter sich schweigend neben das Bette der Bewusstlosen krancken sezten, und kein Auge von ihr verwendeten, ging Alexander seine Schwester in das väterliche Haus zu führen.

Er wagte nicht, die Gründe die ihn abhalten konnten, nicht in den ersten Tagen, seine Schwester abzuholen, ganz auszusprechen; Er erzählte nur kurz den traurigen Zusammenhang, und die Furcht das Liebste zu verliehren, was ihm das Schicksal nach so viel Unheil behalten hatte. – *Cecilie* so lange von dem Schicksal in einer Art von Vergeßenheit zurückgesezt, zweifelte an der Verzeihung ihrer Eltern, denn sie konnte sich Alexanders Zögern nicht anders deuten, und war in dem Zustand eines demüthigen Entsagens, wo man nichts hoft, keine Gunst des Geschicks zu erwarten berechtigt ist.

[66v]Nun aber schien der Wagen ihr zu langsam, jede Minute, die ihr überschlich, und doch war der Kampf in ihrem Herzen noch weit unabsehbarer! als der Wechsel ihres Schicksals. Endlich hielt an dem grossen weiten Thore, der Wagen, alles war still, und alle Vorkehrungen getroffen, daß kein Raßeln des Rades, Clara stören konnte. Kaum hörbar, standen Schwester und Bruder im Vorzimmer, und Alexander konnte nur seiner Mutter winken heraus zu kommen. Er selbst warf sich bebend an das Lager seiner Geliebten, während die Eltern das Einzige, so ganz unerwartete Glück fühlten, einer geliebten Tochter verzeihen zu können, und sie zu seegnen. –

Es war als ob ein SchuzEngel die Wohnung der Glücklichen umschwebte, und mit heilenden Kräften sein Füllhorn ausgießen wollte. Denn als Alexander die Eltern mit der geliebten Schwester vereinigt sah und in stummem Schmerz an Claras Seite saß, öffnete sie ihre schönen Augen, fasste innig seine Hand, und alle Spuren eines beruhigten Bewusstseyns waren zurückgekehrt.

Gott hat vergeben geliebter Alexander, sagte sie schwach, in den Stunden meiner Schwäche, meiner aufkeimenden Bewusstlosigkeit habe ich mich mit höhern Gegenständen umgeben gefühlt. Meine Liebe ist klar, sie hat gesiegt, – und ich würde zum Leben, zum zweyten Mahl mit Dir mich zu vereinigen zurückkehren wenn es Gott wollte. – Der düstre Traum ist vorüber, die ungewißen Zweifel. Ich glaube daß du versöhnt werden kannst, aber mein Leben wird dir zeigen, wie die Eine heilige Empfindung für dich [67]mein ganzes Leben erfüllt hat. Soll ich leben, so wirst du es erfahren, aber verspreche mir, wenn ich doch die Erinnerung der lezten Zeiten, als schrecklich mir denke, wenn ich schaudernd den Blick in mein innerstes zurückwende, dir so treu und doch treulos! ach wer kann die Schwere des niederschmetternden Gedankens ermeßen!

Der Zustand Claras blieb schmerzlich, ihre Kinder sassen weinend an ihrem Lager. Es war als wollte die Kraft des Gefühls die physische Kraft vernichten. Sie lag ganze Stunden in Todten ähnlichem Schlummer. Alexander verließ sie nicht mehr, seit dem er die Eltern in den Armen der verlohrnen, wieder gefundnen Tochter wußte.

Einen Abend sah Clara lang in die röthlichen Abendwolcken, die die Sonne bestrahlte. Sie hob die Arme der Sonne entgegen. Stern des Tages rief sie aus. Da wo du jezt hinsiehst, wo du die Gräber meiner geliebten Todten bescheinest, dort war ich glücklich! Ach von Euch entfernt, in einem fremden Welttheil fand ich bittren Schmerz. So bitter daß er mein höchstes Glück mit Finsterniß bedeckte. – Laß mich im Schooß des Ewigen Friedens Ruhe finden Geliebter. Liebe mich in den Kindern, die ich für dich pflegte, die ich erzog dich zu lieben. Sie werden dich, wenn du empfänglich für Tröstungen wirst, an die Liebe deiner Clara sanfter mahnen, als wenn ich selbst um dich sichtbar wäre. – Denn unsichtbar sind wir nicht getrennt, das fühle ich. Hoffe, glaube es sogar, als das höchste Glück wozu ich berufen bin. Was wäre Liebe, die uns zu den seeligsten Wesen auf Erden macht, wenn sie rein, und hoher Art ist, wenn sie uns nicht in die beßren Welten folgte, und auch da höher, schöner aufblühte. – Blicke zu mir, in die schweigende Nacht, wenn die Ewigen Sterne still und groß ihre Bahn vor unsren Augen durchwandlen, wenn der Lauf menschlicher Thorheit nicht in die beßernden Träume des Himmels dringt. Wenn das Herz schweigend im eignen Schmerz, nach der Stille über uns hinblickt, und du Gott, Glauben und Frieden findest. – Dann finden wir uns in unsren [67v]Herzen doch vereinigt, und uns seelig und nahe. – Ich sollte nicht zum Glück mit dir für Ein Leben verbunden seyn. Was hat nicht alles diese Verbindung zerstört! wie ich mein Erstgebohrnes Kind an meinem Busen hielt, wie ich deine Freude mit Stolz empfand daß ich Mutter geworden, um dich zu beglücken. Das war ein Vorschmack höhrer Freuden! Sie verschwanden; Fremde Meinungen, Kämpfe für die Unabhängigkeit zerstörten unser äußres Leben. Du musstest als Mann für deine Pflichten kämpfen, wir mussten uns trennen, weil unsre Sicherheit in Gefahr war. – So wurde unsre Liebe getrennt. – Damahls als ich auf deinen Armen, dem Wolckenbewegten Meer mich anvertrauen musste, da war die bitterste Scheide Stunde!

Jezt fühle ich, daß mich kein Weltliches Beginnen, noch Streben mehr von dir trennen kann, ich halte noch deine geliebte Hand, mein⟨e⟩ seegnende Rechte erreicht Eure geliebten Häupter, und doch, doch! Scheide ich von Euch für kurze Zeit, wohl, denn was ist das Leben, wie kann ein Sterblicher auf seine Dauer bauen? Aber ich scheide doch. –

Laß mich das bange Lebewohl nicht aussprechen. Alexander, ich liebe, ich seegne dich, Euch alle. – Sie lächelte entzückt, die treuen Augen erglühten von einem Höhern Licht. Und sie war hinüber geschlummert. –

Den Schmerz der Kinder, die die Mutter nicht anders als wenn sie schlummerte da liegen sahn, der Ernste, hohe Mann, lag an ihrer Brust, lautlos, beynah ohne Lebenszeichen. – Auch so knieten die Kinder bey ihrem Vater. Mutter, und die gefundne Tochter empfanden die schauderhafte Stille. Sie traten näher, und wer beschreibt diesen Schmerz! Dieses Bild stummer Verzweiflung. –

⟨In den Papieren des falschen Alexander Wallberg …⟩

[1]In den Papieren des falschen Alexander Wallberg fanden sich manche Spuren seiner Vergangenheit. Abgerißne Blätter über sein leztes Unternehmen sich in eine ihm fremde Familie einzuschleichen, zeigten auch daß eine frühere Bekanntschaft mit Wallberg dem Sohn ihn mit Claras Wesen bekannt gemacht hatte. In der Schlacht von Bunkers Hill focht er neben Alexander, und sah diesen fallen. Die Fechtenden mussten weichen, und er konnte es wohl glauben, daß dieser wahre Alexander niemahls wiederkehren würde. Ein Blatt auf den Kampf seiner Seele anspielend fand sich.

An Bord des Schiffes.

Sey mir gegrüßt Land meiner Jugend! Die Berge und Spizen des klaren Hochlandes enthüllen sich aus dem Nebel. Die heymathliche Luft umgiebt mich nun. Die Wiederkehrenden freuen sich der Heymath, der wiederzufindenden Freunde; warum soll ich wiederkehren, da mich kein Herz an sich drückt, das für mich schlägt! – Vater, dem ich das Daseyn schuldig bin, danken kann ich dirs nicht! denn ich kannte dich nicht, erkannte dich nur an den Thränen meiner Mutter, die mein Daseyn bewe⟨i⟩nte wie den verschwundnen Zauber der Liebe!

Einmal nur möchte ich mich an dem Herzen eines Weibes, in den Armen meiner Kinder fühlen! Etwas mein nennen auf der weiten Erde, und dann dem Todt in die Arme eilen.

Er der dieses Glück nun empfinden könnte, liegt in den kalten Armen der Erde, über seinem Hügel weint nur die *Mimosa*, und die blauen Vögel zwitschern den tauben Ohren, vergebens! Also haben die Feinde ihn wilden Raubthiern zur Beute gelassen? Armer Wallberg! Deine Clara wartet vergebens! Deine blühenden Kinder reichen ihre Arme zu dir empor, sie wollen den Vater umfangen, und wo ist Er? Wie wenn ich versuchte glücklich mich zu machen? mich in das Herz, in die Liebe solcher Weisen eindrängte? – Soll ich aber nicht mir selbst diesen Zauber denken? – soll ich die erworbne Braut nicht mit Liebe mir [1v]eigen machen können, im Laufe meines Lebens?

Nein, meiner selbst willen liebt mich niemand! Es würde mir gelingen den Familienkreis zu täuschen! Die Kinder kennen nicht den Vater, die Eltern nicht den Sohn unter der Hülle des Krieges, der gewaltsam die Züge verändert. Clara allein wird nicht Alles wieder finden, was ihr Herz in Alexander gefunden. – Aber wenn sie glücklich durch mich dennoch würde! Wenn die Wahrheit ihr den Todt gäbe, wäre da nicht Täuschung erlaubt? – –

Armes Herz du zweifelst und zagest, und dennoch locken dich die Träume eines möglichen Glücks! –

Man erblickt unser Schiff, schon wallt das Volck uns entgegen. Eben hat mich eine Stimme gerührt, an das innerste Herz angesprochen. Man hat mich Wallberg genannt. – Ich muß ihm ähnlich sehen! – Der Versuch wäre zu wagen. Gelingt er, welches Glück wartet meiner. Der Zufall spielt nicht vergebens, denn oft erträumen wir nur den günstigen kurzen Augenblick, und Jahre voll Kummer hätte ein Einziger Entschluß abgewendet. – Mich unkenntlich durch ein verbundnes Auge zu machen, würde gelingen. – Immer lockender zeigen sich die Bilder des künftigen Glücks. – Verzeih Edler Schatten, Deine eigne Liebe gab mir diesen Gedanken. Als du mir unter Leichen zuwinktest und der Nahme Clara den Lippen entfuhr, mit dem lezten Hauch; da eröffnete mir dieser Ton den Himmel. –

Ich bin da, bin erkannt, bin geliebt! und doch nicht glücklich? Wie das Edle Weib mit heiliger Ehrfurcht den Verwundeten empfing! – Jezt erst bist du mein Alexander, sprach sie, denn du hast um dein Leben für mich gekämpft. Du hast der guten Sache dies Opfer gebracht. – Deine verwundete Gestalt ist mir heilig, mit der Liebe der Jugend umfängt dich mein Arm, drückt dich ans Herz, das nur für dich schlug. – Ach Gott gieb mir Kraft dieß immer zu verstehen, zu fassen. –

[2]Bekenntnisse meines Lebens

Die frühste Erinnerung meiner Jugend war eine große Einsamkeit. Die Geschicke des Lebens gingen ihren Gang. Bey einer Lampe an Winter Abenden saß meine Pflegemutter Anna Morris und hörte von ihren Nachbarn, während sie am Spinnrocken saß die Geschichten ihrer Schiffhelden, des Fischfangs erzählen, und sobald ich Antheil an der Welt außer mir nahm mahlte meine Phantasie sich die geschilderten Gegenstände aus. Klippen Felsen Rieffe. So groß so theuer waren die ersten Bilder die in meine Seele kamen, von Familienverhältnissen war gar nicht die Rede. Den süßen Nahmen Vater vernahm mein Ohr niemahls! Von meiner Mutter hörte ich sprechen, doch immer mit einem frommen Seufzer begleitet, sagte Frau Anna. Gott vergebe ihr die Irrthümer ihrer Jugend!

Waren wir allein, so laß meine Pflegemutter ein Capitel in der Bibel, oder fromme Betrachtungen und BibelErklärungen. Ich besuchte die Schule des KirchSprengels, und ein Weg der zur Schulwohnung führte, ging an einem der häufigen Seen, des Hochlandes vorbey; so viel ich nur es möglich machen konnte, verweilte ich an den schilfigten Ufern, die Seevögel brüteten in den hohen Pflanzen, und mit Geschrey zogen sie mit ihren Jungen in den Frühlingstagen davon. Sie segelten in den blauen Lüften, und leichte Silberwolcken umfloßen die wandernde Schar; wie sehnte sich mein Herz, ihnen nachzueilen! Alles was an die unübersehbare Weite des Meers, die Unendliche Welt mich erinnerte, lockte mir Thränen in die Augen. Wenn ich meine Sehnsucht vergeblich empfunden, und in die enge dumpfe Schulstube kam, wo der Lehrer sich ämsig rührend uns die Formeln lehrte, wie des Gebots, wir die Gebete mit zitternder Stimme hersagten, denn ein verfehltes Wort das einen falschen Sinn andeuten konnte, war ein Verbrechen, daß der Lehrer streng uns fühlen lies, durch seine Handgerte durch einen langen Stab. So konnte das was ich lernen sollte mir nicht genügen. So oft es nur ein Mittel gab eine Ausflucht zu suchen, so versäumte ich die Schule, wiegte mich in den schlanken Zweigen der Weiden, unter mir den feuchten grünen Rasen und über mir die unendliche blaue Weite des Himmels. – Und dies waren meine schönsten Augenblicke. – Mit finstrem Ernst trat der Schullehrer einst in unser Zimmer hinzu. Anna lassen Sie ihren Pflegesohn [2v]ein andres Geschäft wählen, denn meine Schule wird ihm wenig nuzen. Er ist eine träumerische Natur, die nicht sich selbst anstrengen mag oder kann. Er muß durch andre Mittel dazu gebracht werden, etwas in der Welt zu finden. Durch mich lernt er es nicht. – Denn weder meine Mittel noch sanfte Strafen vermögen seinen Fleiß zu wecken, wenn er sich nicht selbst anstrengen will. – Lassen Sie ihn Schiffbaukunst lehren, unter den Matrosen mag er hernach sich in das Leben zu finden. Mit der Mathematik wird er am besten bestehn, und mir dünkt es ist ein Mittel, ihn auf einmahl in das thätige Leben zu bringen, wenn er sich behelfen lernte. –

Diese Rede hörte ich mit Erstaunen an, denn ich hatte mir selbst noch nicht Rechenschaft über mich gegeben, was das äußre Leben für Foderungen an mich machen könnte? Meine Träume waren so süß, die Betrachtung der Welt zog mich an! aber ohne andren noch mich mittheilen zu können; deswegen wurde ich nicht verstanden. Haben Sie noch Geduld lieber Herr. Halten Sie Ihn streng, bis in sein vierzehntes Jahr habe ich der Mutter gelobt ihn zu behalten. Dies Gelübde muß ich erfüllen. – Was hat der Vater aber jezt dazu zu reden?

Der Vater? Sie wißen ja wie die Herren der Großen Welt sind? Sie finden sich mit ihrem Gewißen durch Geld ab; und andre müssen sich abmühen, um für sie ihre Pflichten zu erfüllen. Das Schicksal dieses armen Knaben hat mir manchen Kummer gemacht. Wir wollen mild seyn, wenn es die nicht sind, die die Rechte der Natur dazu auffodert!

Ich selbst wäre ohne ihn so einsam in der Welt! Als mein Gatte starb und ich die Pfarrwohnung verließ die wohl kein Eden für uns war, doch ein ruhiger Standpunkt im Sturm des Lebens, da war ich ganz verlassen. – Gott gab mir diesen Knaben in meine Pflege, und nun stehe ich nicht allein in der Welt; wie sollte ich da ihn früher als es seine Bestimmung verlangt von mir lassen!

Folgen Sie bey ihm den Lehren, die Sie so oft andre auffodern zu erfüllen. Thun Sie an ihm, was Sie möchten, daß andre für Sie thäten. Sein Herz ist gut, und seine Empfindungen wahr; was er unter meiner Aufsicht ausführt gelingt ihm stets, denn Geduld habe ich gelernt. Fragen Sie ihn nach den Biblischen Geschichten, nach den Lehren der Moral, er wird nicht stumm bleiben. –

Ich war im Nebenzimmer, und verfertigte mir ein Ruder, und beyde glaubten, daß das Getöse meiner Arbeit mich verhinderte, ihren Gesprächen [3]Gehör zu geben. Mir selbst war es bewußt, daß meine Pflegemutter mich beßer verstand als mein Lehrer. So gab ich auf, wo ich aus innerm Reichthum meines Gefühls schon über seine Ansichten erhaben war; – Das schmerzliche was ich vernommen hatte, war wie meines Vaters gedacht wurde; sein Nahme, seine Verhältnisse blieben mir fremd. In wie vielen Tagen träumte ich mir ihn! immer hofte ich, daß ich ihn einst sehen, einst seinem Herzen näher kommen sollte. Ein altes Schloß, mit runden Thürmen! und gross behaunen Steinen, die eine schöne rothe Farbe hatten, aus deren Rizen sich üppig der Epheu heraus wand und einen seltnen Anblick gewährte, stand am Ausgang des Thales. Auch die Besizer hatten längst dieses Erbtheil ihrer Vorfahren verlaßen, um in der Hauptstadt zu glänzen. So hatten nach und nach die Besizer sich in dieses Erbe getheilt, bis es zulezt einer entfernten Linie zufiel, die lezte Besizerinn dieser Familie hatte ihren Gemahl in einem Zweykampf verlohren. Der lezte Sprößling der Edlen Schotten, die früher ihr Land, wie ihre Verfaßung aufrecht erhielten, war das Opfer seines Leichtsinns. Das Leben in der großen Welt, die Neigung zum Spiel, hatte seiner Wittwe mit einer Tochter von Achtzehn Jahre, dies alte, halb verfallne Schloß, als Einziges Erbe hinterlaßen; Frau von Montalban lebte lange still, und unbemerkt, nur die müssigen Bewohner der Gegend waren ihre Bekanntschaften. Ein alter Diener, ging in den zerstreuten Hütten der Landleute herum, suchte ihre Bedürfnisse wie ihre Lage zu erforschen. Die Kranken, Hülfsbedürftigen besuchte das Fräulein, brachte ihnen Stärckungen, und Heilmittel, und bald erschienen diese zwey weiblichen Wesen, als gute Schuzgeister, wo sie sich zeigten, folgte ihnen Dank und Seegen nach. – Alle Jahre im Herbst, besuchten einige Freunde das Schloß und die Jagdhörner ertönten, auf den Hügeln. Am See wurde es lebendig, man verfolgte die vielen Enten, u. Tauben.

An einem Abend wo ich mit Frau Anna am Feuer saß und wir unser mässiges Abendbrodt selbst zubereiteten, entstand ein lautes Pochen an der Thüre! Hülfe! Herbey gute Leute, rufte man ängstlich! Wir öffneten die Thüre. Eine Menge Jäger mit Fackeln, standen vor uns; Ist niemand da, der den Nachen lenken kann? Unser Herr [3v]ist in den See gestürzt, sein Pferd wie Er kämpfen vergebens mit den Waßern. In meiner Hütte ist niemand als dieser Knabe, rief Frau Anna, er ist zu schwach zu helfen. – Nein Mutter, da es darauf ankommt ein Menschenleben zu retten, wird Gott mir Kraft geben. –

Ich nahm das Ruder und die Fackeln hatten kaum die Stelle beleuchtet, wo der Reiter gegen den Sumpf sich stemmend, an das Ufer strebte. – Der Kahn erreichte ihn, er fasste die Spize, und schwang sich hinein, eine Edle Grosse Gestalt; nun Knabe rette auch das Roß rief er mir zu, und hielt den vollen Beutel in der Hand. – – Die Jäger hatten Mittel gefunden daß Pferd zu erheben, und ich führte Reuter und Roß triumphirend an das Land. Doch bald lag der Reuter ermattet da. Die kalte feuchte Luft, seine nasse Kleidung, hatten ihm ein Fieber zugezogen. – Nur eine Hütte, ein Obdach, und ein Feuer, sonst sterb ich, rief er verstört aus. –

Ich bahnte den Weg, und ehe wir selbst es wussten wie es möglich sey, ward die kleine stille Wohnung ein bunter Tummelplaz. Der Jäger wurde halb ohnmächtig zu uns getragen, und die Gefährten hohlten alle Lebensmittel, Wein, aus den Jagdtaschen. Sein Haupt von dem schöne dunkle Locken zerstreut herunter hingen, hielt ich in meinem Schooße, denn ich ließ mir dies Recht nicht nehmen. Frau Anna wärmte Wein, und suchte grosse Tücher um dem Fremden das Lager zu bereiten, und er lag beynah bewußtlos unter uns, und tiefe Seufzer nur hoben seine Brust, und waren Lebenszeichen. Er hatte kaum Kräfte gefunden, so dankte er mir mit Blicken, streichelte meine Stirn, sah mir theilnehmend ins Gesicht. Daß ich Worte der Liebe aus einem mir fremden Mund vernahm, war ein eignes Gefühl. Ich empfand es tief, und alle meine Kräfte waren darauf gerichtet, das Leben eines Fremden zu erhalten. Ich verließ ihn des Nachts keine Minute, und nur wenn mein Haupt ermüdet an das Kissen sank, fühlte ich daß seine matte Hand sich nach mir aufhob. Der Kranke sprach viel, und unvernehmlich. Wo mag der seyn, der vielleicht im gleichen Alter dieses Knabens, ohne Schuz, ohne Liebe in der Welt herum irrt! – rief er einmal aus. Doch bald sah er mich an, fragte hastig. Schläfst du Knabe? – Glaube nicht meinen Träumen. – [4]Meinem ermattenden Kopfe stellten sich nur Angstgebilde vor. –

Der Morgen kam, und eine Botschaft der Frau von Montalban, ließ sich nach dem Befinden des fremden Herrn erkundigen. – Der Arzt kam und billigte die Mittel der Frau Anna, die ihr die Angst in der Nacht eingegeben, und versicherte, daß es rathsamer sey, sobald der Fieber Anfall nicht da sey, den Kranken in eine bequemre Wohnung zu bringen. –

Eine Bedingung möchte ich machen, sagte er: Darf dieser Knabe während meiner Krankheit bey mir bleiben? Seine Nähe hat einen so beruhigenden, heilenden Einfluß. Ich war sehr erfreut, über diesen Wunsch, denn das neue der Lage, regte meine Neugierde, wie's meinem Herzen wohlthat, von diesem Fremden für unentbehrlich gehalten zu werden. –

Erst erlaubt ihm, sagte Frau Anna, daß er einige Stunden der Ruhe genieße, denn sein muthiges Benehmen in dieser Nacht hat in ihm eine Art von Anstrengung hervorgebracht, die seinen Kräften noch nicht angemessen ist.

Um meinetwillen hat ein Geschöpf so viel gethan, rief der Fremde schmerzhaft! Mit seinen Hofnungen, und unerfüllten Ansprüchen an die Welt, hast Du so viel aufs Spiel gesezt, guter Knabe! und weisst du wofür du dein Leben selbst preisgabst? –

Mein Herr! Dies hat meine Pflicht mir nicht aufgelegt, zu fragen warum das Gute geschehen muß? Gott gab mir in diesen Augenblicken Kräfte, und diese gebrauchte ich zum Wohl eines Menschen.

Frau Anna weinte. Der Fremde drückte ihr die Hand, und sagte. Gott möge Euch seegnen, daß ihr dieses Kind so bildetet. – Ist es Euer Sohn?

Nein Herr. Wem gehört er? Ich kann es nicht sagen, und darf es nicht. – Indes Gefühl des

Mitleides, der Liebe, ist ein Guth welches ihm werth ist, denn das Schicksal versagte ihm, sich mit Recht aller Neigungen die das Leben verschönen, erfreuen zu dürfen. – Er hat nur Ein Herz noch das für ihn schlägt, und dies ist das meinige. – In solchen Gesprächen ging der Tag beynah hin.

Der Fremde wurde schwach. Der Arzt befürchtete einen heftigen Anfall, und wollte gewaltsam die Natur anregen. Er wurde in Wagen gebracht, ich sollte erst ausruhen, aber das war vergebens, ich sprang rasch in den Wagen, hielt den Kopf des fremden Freundes mit beyden Händen aufrecht, er war sehr ermattet, und lehnte sich an meine Schultern. So fuhren wir langsam an das Alte feste Schloß an. –

[4v]Eine Menge Bedienten und Frauen drängten sich am Wagen, und mehr getragen als gehend erreichten wir ein Obdach. Der Arzt war zu Pferde vorausgeeilt, und empfing uns in einem finstern Zimmer mit dicken Mauern, mit alterthümlichen Geräthschaften, aber für jedes Bedürfniß war Sorge getragen. – Die Frau des Hauses mit ihrer schönen Tochter bewillkommnete uns bald. Der Fremde bat um Erlaubniß, daß der Retter seines Lebens ihm nun als Gesellschafter dienen dürfte? und so war ich eingeführt. Ein Feldbett wurde in den Ercker des Zimmers gebracht, und so konnte ich das Lager des Kranken übersehen, und seine Bewegungen beobachten, auch selbst wenn ich nicht immer wachen konnte. Man sprach wenig, mit stiller Sorgfalt wurde alles nöthige herbeygeschafft; und als ich des Abends die Schatten der dunklen Ahnen die den Wall umgaben, an den weissen, aber ungezierten Wänden meines kleinen Thurms, deutlich werden sah, als das Abendroth düster die grauen Berge röthete, und durch den blauen und dunstvollen Himmel, die Sterne blickten im weissen Schein, da saß ich an dem knisternden Feuer eines Kamins, und während der Fremde unruhig schlummerte, bald Trank begehrte, bald sein heißes Gesicht an meine Brust legen wollte, dachte ich des veschiedenartigen Lebens nach, das ich führte, und die dicken Wände, die mich für Sturm und Ungewitter schüzten, wo ich bey Frau Anna oft die Flamme des wankenden Lichts nicht halten konnte. – Daß ich fremd auf der Welt sey, niemand angehöre wurde mir sehr lebhaft im Herzen, und die Angst des Lebens überfiel mich in einem, während ich meinen Kranken zur Ruhe beten musste, und alle Gründe aufbot ihn zu beschirmen, seine Genesung nicht zu verspielen – durch eigne Schuld.

Du weisst nicht Robert sagte er bey ruhiger Besinnung, wenn er ermattet vor mir lag, wie eine Schuld ich selbst habe, daß mich jezt das Leben so grausam in den schönsten Hofnungen betrügt. Die vergeltende Hand des Rachegeistes, die wir zu oft nicht erblicken wollen, wo wir nur zu deutlich ihre Spur wahrnehmen und verstehen sollten, folgt uns immer im Leben – und niemand wähne daß diese innre Stimme verhalle. – Wie tröstend mir dein Anblick ist, wie ich in deinen kindlichen Zügen das Gefühl der Liebe, des Wohlwollens erspähe, und dich für ein Zeichen einer versöhnenden Macht ansehe, kannst du noch nicht verstehen. –

[5]Dies ersah ich deutlich das der Fremde dessen Pflege mir anvertraut war, aus wichtigen Gründen da sey, daß die schöne Mis Montalban ein Grund seines Aufenthalts sey. Daß er ihre Gunst gewinnen wollte, und daß er Hofnung hatte sie zu gewinnen, sah ich aus der Aufmerksamkeit mit der sie ihn behandelte. Blumen, Früchte, ausgewählte Speisen, wurden ihm durch ihren Alten Bedienten überbracht, der sich immer freundlich mit mir unterhielt, und nach des Herrn Worten spähte, und mich oft schwatzen ließ, wenn wir auf diesen Gegenstand kamen. – Endlich fragte er mich eines Tages, ob dem Fremden kein weiblicher Nahme entschlüpft sey, ob er von keinem Kinde spreche? – und sich um ihr Schicksal bekümmre? So ging es immer weiter. Man sagt so vieles sprach er meist am Ende solcher Unterhaltungen;

die Jungen Männer nehmen das nicht so genau in dieser Zeit. – Ein junges leichtgläubiges Mädchen wird zu leicht überredet: daß man sie liebe, ewig lieben wolle, – und am Ende, ist der Lohn ihrer Treue verlassen zu werden, und hülflos mit einem Geschöpf das ihr das Daseyn verdankt in einer Welt zu leben, die selten nachsichtig urtheilt und mit Bitterkeit noch dazu.

Wer sind deine Eltern Robert, fragte er mich theilnehmend eines Tages, ich wusste nichts zu antworten: Frau Anna hat mich erzogen, meine Mutter starb bey meiner Geburt. Der Vater sorgt für mein Leben, aber ich kenne ihn nicht. Wir sprachen lauter als gewöhnlich. Der Kranke erwachte. –

Er rufte mich unruhig. Als wir allein waren sagte er. Ich habe deine Rede vernommen Robert. Dein frühes Schicksal scheint dir unbekannt. Doch sey muthig, du wirst nicht verlassen werden. Du wirst nicht die Hülflosigkeit derer erfahren, über die der Alte Diener eben gesprochen. Dein jeziges Benehmen hat mir Beweise gegeben, daß du's recht bist dich nicht verlaßen fühlen zu dürfen, und sind's auch nicht die heiligsten Bande der Natur, die dir das Leben veschönern, so wird Wohlthätigkeit, Dankbarkeit die Pflichten der Natur an dir erfüllen. – Sprich niemand mehr von deiner Lage, sage du seyst ganz unwißend. – Ist deine Geburt so wie du es dir einbildest, und du kennst deine Eltern nicht, so ehr ihr Geheimniß.

Das war alles was ich über mich selbst mit ihm sprach, doch wurde der Trieb den zu kennen, der mir das Leben gegeben, immer lebendiger. –

[5v]Frau Anna wurde immer zurückhaltender, je länger ich von ihr entfernt war, und sah ich sie zuweilen und bestürmte sie mit Fragen so wurde sie unwillig. Die Krankheit dauerte Monathe, und der Kranke wurde immer zärtlicher gegen mich; so wie die Aufmerksamkeit der schönen Montalban zunahm. Er wagte es ihr zu schreiben, und erhielt Antwort. – Die Mutter kam aber als die grösste Gefahr vorüber war immer ohne die Tochter, doch war sie freundlich und sorgsam. – Aus diesem Lebenskreis rief mich die plözliche Krankheit der Frau Anna. Ich war dem Fremden noch nicht entbehrlich und doch wies mich meine Dankbarkeit zu meiner Pflegemutter. Sie war nicht allein, ihre eigne Hülfe versagte sie niemand, und eben deswegen fand sie auch Pflege und Trost in ihren Umgebungen, da sie ihrer selbst bedurfte.

Ich musste ihr ihre Geschäfte besorgen, ihre Briefe schreiben. Als ich unter ihren Papieren nach Rechnungen suchen musste, fiel mir ein Blatt in die Augen was die Handschrift des Fremden enthielt, ich nahm es eilig zu mir, und als ich allein war, las ich folgende Zeilen.

Ein Fremder, Ihnen unbekannter, wagt es in einer Angelegenheit sich Ihnen zu nahen, die als menschlich betrachtet, auch Ihre Menschlichkeit in Anspruch nimmt. – Sie haben sich der unschuldigen (mit innerm Schmerz muß ich sagen) verführten Sydney angenommen. – Sie hat ausgelitten, und ihr Engel gleiches Gemüth, hat dem vergeben der ihr die lezten Stunden ihres Lebens so schmerzlich machte. Sie hat nicht gefühlt welch ein Leben von innrer Reue den erwartet, der ihr Schicksal, ihren Frieden getrübt hat! Was ich noch thun kann, ist die Pflichten zu erfüllen, auf die unser Kind Anspruch hat. – Bleiben Sie ihm die Mutter, und Pflegerinn. Ich füge an Doukaten bey was ich vermag, verschweigen Sie ihm den Nahmen des Vaters, dem er sein Leben schenkte. Aber suchen Sie ihm frühzeitig das Gefühl für Unschuld und Reinheit des Herzens lebendig zu machen. Denn dieses kann allein sein künftiges Leben für Schmerz bewahren. –

Ich hoffe die Welt wird mit ihren höhern Eindrücken diese Wunde meines Herzens heilen. Ich werde alle Mittel dazu aufsuchen denn wir sind nicht geschaffen um Ewig nur Reue und Gewißensbisse zu nähren, und der Ruf der Natur zur Freude, ist mächtiger als zum Schmerz. –

[6]So trüb mir das Bild des Unglücks woran ich Schuld habe vorschwebt, so muß ich als Mensch der noch Ansprüche an Glück hat, suchen den innern Ruf zu übertäuben. Auch Sydney ist nicht ganz ohne Tadel, warum lieh ihr Ohr meiner Stimme Gehör! – Sollte in einem weiblichen Herzen nicht der Stolz der Unschuld das Höchste seyn? Die innre Stimme, stärcker als der Taumel der Leidenschaft! –

Bewahren Sie meinem Knaben, die Freude an Unschuld und Güte; und prägen ihm ein sie heilig zu halten. – Mein Seegen kann ihm nur wohl thun aus der Ferne, denn meine Handlungen möchten diesem Seegen Hohn sprechen.

George Fizallen, Hauptmann

So erfuhr ich auf einmal wem ich das Leben zu danken hatte, und die dunkle Gewalt die mich zu dem Fremden hinzog wurde nun Gewißheit, daß ich ihm unerkannt angehörte. Meine Pflichten der Menschlichkeit verwandelten sich nun in Kindespflicht. –

Mein Schicksal wurde immer trüber, denn Frau Anna fand man todt, in ihrem Bette, mit gefalteten Händen. Die Wächter hatten sie kaum, wie sie wähnten ihrem ruhigen Schlummer überlaßen, so verschlummerte sie zu der langen Ruh, ohne gewaltsame Zeichen des Kampfes, denn wie den lezten Wonnen.

Ich kam weinend in das Zimmer des Hauptmanns.

Warum so bleich Robert? und warum diese Thränen?

Ich habe in dieser Nacht die Einzige Stüze meiner Jugend verlohren, sie allein war mir übrig, und die Dankbarkeit feßelte mich an sie, wie die Natur mich an die feßelt, die mir das Leben gaben. Mein Herz war zu voll, ich weinte laut, fiel dem Capitain in die Arme, und ich wollte den süssen Nahmen Vater aussprechen, als er mich von sich wies, mit einem kalten herzzerschmetternden Blick. – Du bist in dem Alter wo die kindischen Fodrungen des Herzens schweigen müssen. – Dein Beschüzer will ich seyn. – Aber nur unter der Bedingung daß du ganz entfernt von mir lebst, denn eine nähere Sorge und Liebe für dich, würde mich verdächtig machen. – Ich gehe in neue Lebensverhältnisse ein: Miss Montalban giebt mir ihre Hand, meine Neigung wie meine Sorgfalt darf nicht getheilt werden.

[6v]Jezt geh in deine ehmahlige Wohnung, erfülle gegen deine Pflegemutter die lezten Pflichten, während dem sorge ich für dein künftiges Schicksal, und verfüge das nöthige. Du wirst nicht lange mehr hier bleiben, gelingt es so wirst du als Seecadet das Schiff besteigen, und dich da zu deiner künftigen Wircksamkeit vorbereiten. – Ich wagte es nicht noch einmal nach der Hand zu langen, die mich von sich wies, und eilte nach der Wohnung meiner Pflegemutter. – Die Todten starren Züge umfloß ein milder Zug von Wohlwollen, von Liebe. Das Leben hatte mich schwer und kalt von sich gestoßen, und der Todt empfing mich freundlich. –

Ich weinte, und klagte, und wollte immer nicht zugeben, daß man Frau Anna aus ihrem Bette, aus ihrem Zimmer bringe. Die Nacht saß ich bey ihr, die kalten liebenden Züge bewachend, aber es wollte sich keine Regung des Lebens mehr zeigen! Der Morgen dämmerte kalt und ohne Sonnenblick, die Natur war oed um mich wie mein Herz. Die Einsamkeit des Winters, die Todten Stille der Natur erfasste mich schaudernd, ich sah ein Bild meines Lebens vor mir. –

Immer bleicher wurde die Lampe, die grauen Schatten des Tages zeigten mir die starren Züge deutlicher. Ach nun wusste ich gewiß, daß sich diese Augen nicht mehr öffnen würden! – Ich konnte es nicht verhindern, so gern ich in solchen dumpfen Sinnen über meinen Verlust, und mein Schicksal geblieben, die Lebenden übten ihre Rechte, und entfernten so gern das Bild des Todes von sich, so bald wie möglich. – Alles war bereit, und die Schmerz umfangene Wohnung verkündigte das Scheiden der Besitzerinn. Die Nachbarn kamen, legten Kränze von Immergrün auf den Sarg, und aus aller Munde erscholl das Lob der Verstorbnen. – Jedes Wort weckte meine Schmerzen, meine Thränen floßen immer aufs neue. Die Versammlung wurde vermehrt, und Miss Montalban trat unter uns, wie ein milder, wohlthuender Geist. – Ich kann die Hülle dieser guten Seele nicht von uns lassen, ohne sie noch einmahl zu sehn, und sie zu seegnen, sagte sie ernst und rührend. –

[7]Sie hat uns durch ihr stilles Beyspiel Vertrauen und Liebe erweckt. – Wer ist ihr hier am nächsten. Mein lautes Weinen gab zu erkennen, was sie mir gewesen. Du bist verlassen, armer Knabe! Doch sollst du es nicht bleiben, wir kennen deine zarte Sorge und Liebe für Leidende, auch bey uns im Schloß ist ein Zeuge der von deiner Trauer spricht. – Fasse Muth, sieh diesen Schritt aus dem Leben für einen Seegen an für die, die du beweinst. Sie ist ein Licht, und wir klagen noch. – Sie hat würdig ihr Leben bezeichnet, und dieser Seegen wird ihr in eine andere Welt folgen. Sie legte einen Cypressen Kranz auf den Sarg, und wie ein höhres Wesen schritt sie durch die weinende Menge. –

Den andern Morgen kam ein Diener des Schlosses, und brachte mir stärckende Mittel, von Miss Montalban. Der Hauptmann ließ sich auch nach mir erkundigen. Ich wollte die Zimmer meiner Pflegemutter so spät wie möglich verlassen, und eignete mir ihre Papiere zu, die sie mir noch bey ihrem Leben anvertraute, und suchte in den Schriften die sie besessen Trost. Nichts stärckte mein Gemüth mehr als das Lesen der Bibel. Und Vertrauen auf die Vorsorge des Vaters ohne den kein Sperling zur Erde fällt, belebte mein Herz mit Muth und Ergebung. –

Nach mehrern Wochen, wo ich immer durch allerley Vorwand zu verlängern gesucht hatte, meine Traurigkeit war ein Vorwand, den das Herz der fühlenden Tochter des Schloßes verstand. Sie selbst hatte mir versprochen, mich bey ihrem Gast zu entschuldigen, wenn mein Ausbleiben ihm auf⟨f⟩allen sollte. Sie hatte für mich die Nachbarn gewonnen, und von ihnen erhielt ich, was mir zum Leben nöthig war. Diese wenigen Wochen waren die Einzigen die ich für mich anwenden konnte, und die Einsame Hütte, für andre ein trauriger Anblick, war mir eine tröstliche Zuflucht. Ich glaubte, ich sey der lieben Pflegemutter näher, jedes Geräth daß sie besaß, war mir heilig. – Aber dennoch musste ich endlich in die Welt zrückkehren, denn es erschien ein Bothe vom Hauptmann, mich zu ihm zu laden. Ich kam, und das erste Wort was ich hörte, war, daß man die Verlobung des Hauptmanns mit Miss Montalban eben feyerte.

*[7v]*Er trat in das Zimmer, die schöne Braut an der Hand. –

Robert sagte er milder als je, dein Schicksal ist entschieden, du sollst in den Haafen von *Halifax*, in die SchiffsSchule kommen, dort dich zum Seedienst ausbilden. Das Leben ist rauh, und die Menschen mit denen du künftig leben wirst, kennen nicht die Reize der Ruhe, und des stillen Nachdenkens. Gewöhnt das Element das sie bezwingen wollen, nur mit Kraft zu unterjochen, geht das eigene Weiche ihres Wesens zu Grund. Dem schwingt kein freundlicher Laut in der Seele, der immer nur der Gewalt der Natur die Spize bieten muß: aber es ist auch schön, mit den Elementen zu streiten und nicht mit dem Willen bösgesinnter, kurzsehender Menschen. –

Du wirst dein ermüdend Tagewerck beginnen, und enden, ohne in dein Bett zu kommen, mit irgend eines menschlichen Wesens zu verkehren, weder ihr Tadel wird dich kränken, noch ihr Beyfall erfreuen. – Die Richtung des Compasses nach den Heimatsgegenden zu beobachten, die Fährzeuge nach dieser Voraussetzung im Hafen ziehn, oder in die offne See seegeln lassen, dies ist dein Geschäft. Der Lauf der Sterne kann dich nur beschäftigen, um ihre Richtung zu beobachten. Du darfst im eignen Sinn des Wortes nur beobachten, nicht empfinden, was um dich herum vorgeht. Denn dies allein ist das Geschäft des Seemannes. – Die Menchen um dich her werden einsylbig und gefühllos scheinen, weil der ewige Kampf mit dem Element, die Stimme des Mitleids, wie der Liebe verhallen lässt. Sobald es nicht mehr auf den Kampf ankömmt, so ist ein Trieb nach den Rohen Freuden des Lebens ihr Ziel. – Bewahre die Grundzüge der Tugend und Frömmigkeit die dir deine Pflegemutter einflöste, und suche deine Pflichten zu kennen, und zu erfüllen, damit du mit dir zufrieden seyn kannst. –

Mit angstvollen Zügen sah Miss Montalban auf mich. Warum das Leben ihm so schrecklich ausmahlen, mein Freund? und doch haben Sie diese Bestimmung für ihn gewählt, und kennen alles was ihm drohen kann? –

[8]Es giebt Zustände, die die Nothwendigkeit fodert. Glauben Sie daß ich gewiß Roberts Bestes im Sinn habe. Der Ruhm, das Ehrenvolle seiner Bestimmung ist auch die Folge solcher Opfer, und Anstrengungen. Ich kann über sein Schicksal gebieten, und finde es ist das Beste was ich wählen kann. – Wem gehört dieser Jüngling? fragte sie leise.

Ich habe kein Recht dies zu entdecken, meine Freundin, aber er sey Ihrem Mitleid empfohlen, wenn er hülflos zu euch kehrte, von seinen Fahrten.

Es ist schwer, sehr schwer den eignen Willen der Männer zu erkennen, zu billigen! – – rief sie schmerzlich aus. –

In der nächsten MorgenStunde findest du dich auf dem Weg nach *Halifax*. Geh mit Gott. – Er reichte mir die Hand. Miss Montalban zog einen Ring von ihrem Finger. Robert bewahre dies Geschenk, verschenke es nicht leichtsinnig, und wenn du in Noth geräthst, so kehre zurück, so bald ich diesen Ring noch erblicke, wird er mir ein Zeichen seyn, daß du der Tugend und dem Andenken derer werth geblieben, die Antheil an deinem Schicksal nehmen. Gott stärcke dich! – So verließen mich die beyden, und mit Dank und Schmerz blickte ich Ihnen nach.

Der Hauptmann, den ich als meinen Vater erkennen musste, denn die Züge seiner Hand hatten mir es verrathen, erschien mir als ein harter rauher Mann; ich konnte nur einmahl in der ganzen Zeit, daß ich bey ihm war, den Seegen eines liebenden Gemüths empfinden. – Ach nur Einmahl konnte ich ihm nicht verständlich den Nahmen Vater lispeln, und mich wie ein Kind an seinem Busen festhalten. –

Das Element, das nur durch die Roheit des Menschen überwunden werden kann, deßen Ueberwältigung mein Loos seyn sollte, nahm mich allein in seinen Schoos. Die Wellen des Meeres schlugen mir Schrecken voll an mein Ohr, als ich näher und näher an den Ort meiner Bestimmung kam. Nicht zur freudigen Fahrt nach der Heymath wo liebende Verwandte, treue Freunde unser harren, wo man nach [8v]der Mühe des Tagwercks, Schuz und Obdach suchet, und findet, sollte ich mich je bereiten! – Seit ich den Einzigen Ort verlaßen hatte, an welchem ich noch Anspruch auf dem festen Lande zu machen hatte, das stille Grab meiner Pflegemutter, fühlte ich mich ganz einsam. Alles war kalt, und leer um mich –

Das Leben eines Seemanns ist ein einziger Kreislauf von Beobachtungen. Bald den Stand der Gestirne zu beobachten, die Grade der Breiten zu bestimmen. Die Nähe nach den Polen zu und den Stand der Magnet Nadel zu beschauen, ihre Abweichnungen aufzuzeichnen. Den Mast zu besteigen, auf den Bau des Schiffes zu sehen, zu bezeichnen wo etwas mangelhaft seyn könne. Dies war mein Tagewerck. Einer von den Seeleuten musste immer wachen, und so war das tägliche Treiben und Leben. Am eigenen Denken konnte keiner sich erhohlen, aber meine Mitbrüder bedurften dieses Vorrechts der menschlichen Wesen selten, und jede Stimme eines feinern Gefühls, versenkte sich in die Tiefe meines Gemüths, und nur im Traum beßrer Zeiten erschien mir meine Jugend, wo im engen Kreis des Lebens, jedes Gefühl zur Sprache kam. Denn eben meine Abgeschiedenheit von den Freuden der Jugend, erweckte früh mein Nachdenken. Die Lehren der treuen Frau Anna, ihre Ergebenheit, hatten meinem eignen Herzen eine Kunst der Entsagung gegeben, die ich mir selbst gefällig dabey, gern übte. – Was ich der Welt nicht anrechnen konnte und durfte, erhob mich über mein Wesen, und ich wähnte die Welt beßer, weil ich die Beßre Seite in ihr zu empfinden vermochte. – Wie anders war mirs als ich sah: nigends ist die Roheit peinlicher als wo man ihr nicht zu entfliehen vermag. –

So verging der schönste Anfang meines männlichen Alters. Ich kämpfte um meinen sichren Besiz, um ein Gefühl, daß ich einem menschlichen Wesen angehöre, und immer verhallte dieser Ton des Schmerzens in die grauen Wellen des Oceans! Wenn die Sonne über dem Meer stand, und die grauen Tiefen in dunkles Purpurroth gefärbt erschienen, und der weisse Schaum alle Farben des Regenbogens annahm, da war mir als gehörte ich dem Licht, der Sonne. [9]Doch die Eile der Schiffe, die von günstigen Winden getrieben, schneller zu seegeln scheinen, brachten mir auch das Gefühl der Eile des Tages lebendiger ins Gemüth; nur in der Tiefe der Nacht, wo der Himmel schwarz, die Sterne dunkel schimmern, und kein Hauch des Lebens die Natur unter mir, über mir in Bewegung brachte, da dünkte mir mein Loos auch stillzustehen! Furchtbar allein war ich, wenn die Schiffsleute um mich herum schliefen, oder wenn ein lustiges Gelage sich hören ließ, und die Lieder der lauten sinnlichen Freude, auf dem offnen Grab zu verhallen schienen. Der Blick in mein innres, die Bilder meines Lebens, erwachten schrecklicher! Nur einmahl, an dem Busen einer treuen Gattin! zu ruhen! die geliebten Kinder auf dem Schoos zu wiegen, dies war noch, wonach mein Herz sich sehnte. – Ein Tag glich dem andern, in meinen Wünschen, wie in meinem Schmerz. – Wie viele Zeit eigentlich so vergehen mochte, weiß mein Herz sich nicht zu enthüllen. Wir kamen endlich an die Küste des neuen Welttheils, und landeten bey Neu Orleans, und da war es ganz anders als wir ahnden konnten. Der Krieg wüthete in dem Theil von Amerika, alle waffenfähige Mannschaft wurde ausgehoben um sich gegen die Englischen Angriffe zu vertheidigen. Mein Herz war zertheilt, ich wollte die Freyheit als das höchste Gut im menschlichen Daseyn erringen. Kaum aus dem Schiff gestiegen, wo ich alle Unterdrückungen erfahren, sollte ich gegen die Rechte kämpfen, die ich in mir so fest begründet hatte. – Niemand hatte ich Rechenschaft meiner Handlungen zu geben, ich hatte keinem Staat Unterwürfigkeit geschworen, denn niemand kannte mein Daseyn. Keine bürgerlichen Rechte knüpften mich an meine Nation, denn ich gehörte niemand an, und so entschloß ich mich nach langem Hin- und Hersinnen, was ich zu thun das beste hielt: heimlich meine Schiffsgesellschaft zu verlassen und an die Küsten von Amerika mich zu retten. –

Ich irrte lange durch unwegsame Gegenden, die Früchte des Waldes, Wurzeln, und die klaren Quellen die aus unbewohnten Einöden hervor rauschten, hielten mein Leben hin. – Ich war wieder allein, und die unendlichen Wälder vor mir, hinter mir das Rauschen des

Meers, umfingen mich schauervoll. Ich wagte es aus der Wildniß heraus zu treten; je näher ich den Wohnungen der Menschen kam je mehr Unruh wurde ich gewahr. Es war ein Moment, den alle benuzen wollten, die Eingebohrnen, die Landbesizer, bildeten ein Heer, und die [9v]Werber riefen geschäfftig Menschen zu ihren Herren zu werben, und versprachen ihnen Ueberfluß an Land, und alle Vorrechte des menschlichen Vereins die nur glaublich waren. Aber es war eine vernünftige Freyheit, kein Losringen von allen Banden der sittlichen Welt, um die eignen Gewaltthätigkeiten des Gemüths freyer walten zu laßen; Ein Gesez der Milde sollte herrschend werden, sich an das höhere Gesez in der menschlichen Brust anschließend. Nicht Gesezlosigkeit ist Freyheit, sondern die Ehrfurcht für göttliches Gesez, die sich durch ein Gesez der Ordnung in den menschlichen Verfaßungen ausspricht. – Sie ehrt. So kam ich mit diesem Wünschen und Streben immer näher. Ich hatte eine körperliche Gewandtheit und Kräfte. Der Soldat erwägt das Äussre mehr, wie das Innre; man hielt mich für brauchbar, die Musquete zu tragen, und so zog ich mit den Vertheidigern ihrer Rechte, und ihres Bodens fort. –

Der Geist der unter der Mannschaft herrschte, war sehr ehrenvoll. Sie hingen mit blindem Glauben und Eifer an ihren Führern, und ein solches kühnes Vertrauen auf eine menschliche Natur, ist das schönste Band der Verbrüderung. Ich sollte auf einmahl die Würde des Menschen in einem Sterblichen ehren lernen; ich sah Alexander. Ein Triumphzug war sein Erscheinen unter den Kriegern. Er war menschlich, mild, achtete auf jeglichen der unter seiner Fahne stand, immer das grosse Ziel vor Augen habend; was er erreichen wollte, vernachlässigte er nicht die allgemeinen Kräfte auf denen er seine Siege baute. Einigkeit, Brüderliches Vertrauen zogen alle Bande um ihn fest und fester. Man hätte nur mit ihm sterben oder siegen können.

Es gelang mir seine Aufmerksamkeit zu gewinnen, und in den Stunden wo der Krieger zu der Gesellschaft zurückkehrt, wo er in stiller Hütte die Vortheile der Begebenheiten bedenkt, neue zu gewinnen hoft, saßen Oficiere und Gemeine unter einem Dach, und da erst konnte man die Menschlichkeit kennen, wie die Bildung der Kämpfer für das gesellige Leben. – Viele blieben in jeder Zeit, auch unbeholfen und hart. Manche wurden durch den Augenblick der Ruhe leichtsinnig. Sie wollten recht genießen, weil sie nicht wussten wie lange sie es konnten. Manche saßen in sich gekehrt, und erwarteten sorgenvoll den Ausgang dieses Krieges. Andre erzählten sich von den Verhältnissen die sie hatten verlaßen müssen, und beklagten von allen Geliebten entfernt sterben zu müssen vielleicht. – –

[10]An dem bedeutenden Vorabend der Schlacht von *Bunkers Hill*, hatte ein Geist des Zagens uns überfallen. Manche klagten laut. Als Alexander diese Stimmung bemerkte, trat er freymüthig unter uns, und sagte mit Rührung. Freunde! Kameraden! soll ich Euch ein Beyspiel geben, wie man dem ungewissen Schicksal des Krieges entgehen soll? soll ich Euch sagen, die ihr so viele Gefahren schon bestanden wie man den Tod ruhig ins Auge fasse? Die Welt ist gewiß wenigen so lieb wie mir, denn ich habe alles verlaßen, was mir am theuersten war. Eine geliebte Freystatt, einen Vater den ich über alles ehre, der schwach und krank das Leben als eine Prüfung nur erträgt, ich war ihm alles! Ein theures, liebes heldenmäßiges Weib, sandte ich mit zwey blühenden Kindern nach England. Ich werde hier einsam fallen, und nur aus der Ferne her werden ihre Klagen auf meinem Grabhügel ertönen. – Mein Eigenthum ist vielleicht jezt schon ein Raub der Flammen, und ich kämpfe doch muthig für meine Ueberzeugung, für Euer Wohl, für das Heil meines Welttheils. Mit Ruhm fallen wollen wir, oder mit unsrem Blut unsre Gesinnungen besiegen, und ins Land der Freyheit blicken, wo keine Fessel

mehr uns drückt. Wo wir wieder finden, oder wiedersehen was wir verlohren haben, und wieder finden was uns nacheilen wird.

Er sah sich auf einmahl umringt von allen, die die Hütte aufzunehmen vermochte. Alle drängten sich an ihn, und schüttelten seine Hand, berührten seine schönen braunen Locken, die aus dem Helm hervor wallten. Wir wollen dir nachreiten. Führe uns morgen, wohin du willst. Sieg oder Todt. Alles wollen wir mit dir theilen. – Sein grosses Auge glänzte in Thränen. Ich finde Euch wieder Freunde! finde den alten Muth wieder erwacht. Glaubt nur an das Glück, so wird es Euch treu bleiben. –

Er verließ uns, und suchte einen einsamen Ruheplaz aus. –

Erst am folgenden Morgen in der Dämmrung kam er zu uns und ordnete ruhig und besonnen die Eintheilung unsres Zuges an. Wir kamen den feindlichen Haufen immer näher, und näher, wir fanden viel Widerstand, aber es gelang uns, die Haufen zu durchbrechen.

[10v]Mein Plaz war im⟨m⟩er neben Alexander, es war mir als müsste ich sein Beschüzer seyn. Wie das traurige Rückschlagen und Andrängen einer Schlacht schildern! Man glaubt kaum in einem ruhigen Lebensgange, das so etwas möglich seyn könne, denn man bedenkt nicht, wie der Mensch gegen Menschen sich rüsten könne, um ihn zu zerstören. – Tausende von Kriegern werden diese Beobachtung gemacht haben, und so wenig es ihnen begreiflich wird, so wenig werden sie doch auch dieser Betrachtungen sich erwehren können. Ohne die Gefühle der Menschlichkeit zu unterdrücken, gilt im Krieg nur traurige Nothwendigkeit. Keiner darf zurückbleiben, und muß sich an die Menge anschließen, sey es Recht oder nicht, in solchen Augenblicken muß das Gewißen schweigen. –

Indem Alexander mit mir über diese Gegenstände sich besprach, überfiel ein Schmerzlicher Zug sein Gesicht. Eins muß ich dir sagen junger Freund, was mich sehr beruhigen wird, und du scheinst mir menschlich, und fein fühlend genug dich in Andrer Lage versezen zu können. Wir können schnell getrennt werden, das Loos des Kriegs geht einen raschen Gang. – Falle ich neben dir, so löse mir das Band selbst welches auf meiner Brust ruht. Es enthält wohl verwahrt die Bilder meiner Eltern, meiner Kinder. Geh nach England überbring es dem Edlen Vater, meinem Vater! Wallberg ist sein Nahme, er ist durch seine Tugend und Edlen Sinn in den Englischen Handelsverhältnissen reichlich bekannt. Dort wirst du erfahren, wo meine holde Clara zu finden. Sag ihr, daß ihr Andenken mich bis zum lezten Hauch meiner Brust beseeligte. Sie war zu groß, um den Ruf für ein erworbnes Vaterland nicht höher zu achten, als ihr Glück. Hätte mein eignes Herz mich nicht getrieben, ich hätte ihren Bitten müssen Raum geben. –

Ach indem ich dem Glück meiner Liebe nachhänge schwindet mir die übrige Welt! Ich soll starck mich zeigen in Gefahr, darum sollen alle andern Wünsche schweigen. Kaum hatte er ausgeredet, so fiel eine Kugel zwischen uns, und er wurde zu Boden geschlagen, von meiner Seite getrennt! Er reichte mir noch die Hand. Clara! Clara! dort Vater der Liebe laß sie mich wieder finden! –

Dies war alles was er sagen konnte. Die Feinde sahen des Edlen Fahne fallen, und nun war es als wenn alle Stürme des Kampfes unsre Häupter allein träfen –

[11]Ich hatte nur noch so viel Zeit, das Bild in einer seidnen Binde gehüllt, von Alexanders starrem Körper zu lösen, und so – von dem Haufen nahender Krieger vorwärts getrieben, eilte ich fort.

Bis jezt war ich schuldlos, treu den Gelübden die ich einem Edlen Menschen ablegte. – Das Schicksal wollte unsre Erhaltung, in der Unordnung des Weichens wurde der Einzelne nicht bemerkt, und mir gelang es mit einigen Kameraden, die das Leben auf dem festen Land eben so wenig ansprach, uns zurückzuziehen, und unsern eignen Weg zu gehen. Es wurde mir schwer, auch körperlich, denn schon damahls fühlte ich, daß meine Wunde am Fuß mir ihn endlich rauben würde.

Wir kamen nach Neu Orleans. Ein Schiff war bereit nach England abzuseegeln, und der Schiffskapitain, den der Verlust seiner Waffengefährten ohne eignes Zuthun zu diesem Plaz gebracht hatte, war sehr froh anständige Menschen zu finden, die seine Rotte ersezen konnten. Wir waren mit allen Kenntnissen der Schifffahrt vertraut, und so gelang es mir insbesondre, bald ganz die Leitung des Fahrzeugs in meine Hand zu bekommen.

In den ruhigen Augenblicken, trat Alexanders Bild mit allen Farben geschmückt in meiner Seele empor, aber ich konnte ihn mir doch nicht mehr lebend denken! Die rohe Einsamkeit des Elements, ließ mich das Entgegengesezte Bild stiller, friedlicher Häuslichkeit schmerzlicher vermissen. Diesem Himmel sollte ein unstäter Geist wie der meinige, den das Schicksal von allem verstoßen was an Glück der Erde nur Anspruch machen durfte nie erreichbar?

Wenn ich mir Alexander dachte, aus den Armen der zärtlichsten Gattin gerissen, auf fremdem Boden sein Blut versprüzend; und selbst die Stelle unbekannt seinen Geliebten, wo sein Geist aus dem Gefängniß des Lebens entfloh, ich durfte, konnte nicht bey ihm bleiben, so wenig an mir selbst auch gelegen. Kein liebendes Auge sah sich nach mir um! auch selbst wenn ich nicht mehr lebte, wer sollte nach mir weinen, und mich unter den Wohnungen der Seeligen aufsuchen! Wenn die Nacht mit allen ihren Sternen, uns das Geheimniß der Unendlichen Ewigen Welten aufschliesst wer sollte da mein Andenken segnen und mein Fortleben unter den ewigen Welten wo nichts velohren geht, nur wünschen, nur vom Himmel erflehen. –

[11v]Ein Gedanke der mich oft quälte, wiegte mich oft in süssen Traum auch ein. Wie wenn es mir gelingen könnte, Alexanders Nahmen zu führen und sein Wesen anzunehmen. Die Wunde am Fuß konnte nicht heilen, eine Binde um das Auge, konnte die schönsten Züge verlöschen. So wurde es mir immer wahrscheinlicher, daß ich mich in diesen Kreis drängen könne. Es war mir als wenn ich nur einmahl es in meiner Gewalt hätte, mich zu beglücken. – Ich landete in Portsmuth, noch da erfuhr ich daß Clara lebte, daß ich dort den Himmel erstürmen könne. – Hättest du die Angst gefühlt theures Wesen, hättest du den zerrißnen verwundetend Busen ergründet! aber nein, du täuschtest dich selbst. Hätte ich da zurück treten können, als du mich in deinen Armen hieltest, als deine Kinder den Nahmen Vater, aussprachen! Als der Vater seegnend die Hände hob, und die Mutter meine Locken anfasste. – Ich fühlte ich war Euch ein Trost, wie hätte ich der Liebe, dieses Vertrauens entsagen können! freywillig mich wieder ins Elend verdammen!

Die Einzigen seeligen Zeiten meines Lebens, werden auch vergehen, denn lange lässt mich der Himmel, ein gestohlnes Glück nicht genießen; Aber Alexander zeigte mir den Weg zu diesem Glück, er kann es nicht mehr auf der Erde finden! – Clara fühltest du, wie mein Herz blutet, wenn ich fühle, daß du mich doch nicht so lieben kannst! wenn du zwecklos erwägst, wie die kurze Trennung von dir, das Wesen deines angebeteten Alexanders, zerstörte! Alles was dich an mir kränken konnte, was dir in meinem Wesen als eine Andeutung vorkam, war der natürliche Abstand von dem Alexander, der dir entrißen war. – Auch nur am äussern fand ich bey Euch den Schimmer von Glück, denn mein Herz fand den Frieden nicht. –

[12]An Clara

Ich kann unmöglich, dir geliebtes Wesen, ewig ein Räthsel bleiben und bin dies Bekenntniß meines Vergehens, der Wahrheit schuldig, die ich stets höher als mein Leben hielt! Sie suchte ich immer! und doch konnte mich Sehnsucht nach einem Irrdischen Besiz, diese heilige Wahrheit verlezen laßen! Ach Clara hättest du nicht deinen Ersten Geliebten so gränzenlos geliebt! du hättest einen zweyten, zwar nicht so geliebten, doch durch die wenigere Liebe noch zum glücklichen Wesen umschaffen können! Dies fühlte ich oft mit zerrißnem Herzen. – Aber Clara, du hättest nie einem Andern diese Rechte des Herzens zugestanden, dies eben gab mir Muth, dich zu täuschen.

Jezt büße ich schwer, in den schönsten Augenblicken meines Lebens. Wenn ich empfinde, daß du mein bist, daß du dich durch deine Liebe selbst über manche Widersprüche meines Wesens erhoben hast, fühle ich den Schmerz der Verzweiflung doppelt! dreyfach! Daß ich dir nichts seyn kann, nichts! auf der ganzen weiten Erde! Und ein einziges Geständniß, daß ich nicht bin, wofür du mich hältst, würde mich weit, weit von dem Himmel deiner Nähe wegschleudern, in endlosen Schmerz, und Kummer!

Ich sah ihn ja erbleichen, sah wie er sein Herz mit der Hand fest hielt, und das Blut entströmte der Wunde. [12v]Wie ich den Hinsinkenden unterstüzen wollte, seine Wunde verschließen, entstand ein Getöse. Der Feind! der Feind! schallte es laut. Alexanders Auge hob sich zu mir. Clara stammelte die Lippe, und er senkte langsam sein schönes Haupt der Erde zu! und ich musste fort! fort! – Warum stritt ich nicht dem Feind seine blutige Beute ab! Fechtend hätte ich ein Leben für seines hingegeben, was allen Glanz entbehrt, – ich theilte seine Liebe dort schuldlos mit ihm, und nun! Unglücklich! Schuldig! und Verräther der heiligsten Freundschaft. –

Präge deinen Kindern das beste heiligste Gesez der Wahrheit tief ein. Clara, sie werden Engel wie du sein! – Aber können sie dem Fluch des Daseyns entgehen? Entweder täuschen sie andre oder sich! – Oder erfahren von andern, daß es keine Wahrheit des Lebens giebt! –

Ich sehe wohl, wie dein klares Auge sich trübt, wenn du zuweilen fühlst, ich fasse dich nicht! – Großmüthig überdenkst du mein Leben, das rauhe Leben des Krieges, und suchst den Verhältnissen beyzumessen, was die traurige Verschiedenheit unsrer Gesinnungen begründet; – Der arme Einsame von allen schönen Verhältnissen des Lebens fern, unter fremden, kalten, herben Menschen erzogen, kannte nie die Bande der Familien Liebe; Er wusste nie, wie süß es ist, Einem Herzen zu folgen, dem wir angehören. – Und er sollte nun den ganzen Reichthum eines Himmels empfinden können, der ihm verschlossen blieb, und in welchen er sich durch Verrath eindrängte.

[13]Wenn ich dich befremdend anblicke, wenn du in Gefahr kömmst irre an deinem Alexander zu werden: – Da ist die Hölle in meinem Busen, und du ahndest es nicht! –

Lasst mich los Träume des Lebens! nur Wahrheit kann Glück bringen, Glück geben.

Es ist doch leichter, sich einsam verstossen aus den Bürgerlichen Verhältnissen der Gesellschaft entfremdet zu sehen, als den Glauben an Liebe und Wahrheit empfinden, und seiner nicht werth zu seyn. –

Nur die rastlose Thätigkeit ist ein Mittel meinen Gram zu lindern. – Wenn der ehrliche edle Greis denkt, sein Sohn theilt mit willigem Herzen die Bürde eines rastlosen Lebens, um für ihn, für seine Kinder zu wirken, ahndet er nicht, daß es ein Herz ist, daß in sich zerrißen, sich für eignes Nachdenken bewahren will! O gäbe es Lasten zu tragen, die Arbeit des Sysiphus, jedes zurückrollende Felsstück würde ein Gewinn seyn und würde peinvoll die Qual des innern Nachdenkens hemmen. Aber so welchen Kreislauf kleiner Thätigkeit soll ich durchirren, und soll ich wo Frieden finden? – da er nicht in mir selbst seine Quelle hat. –

[13v]Ich würde den Todt geseegnet haben, der mich abgerufen, da als ich Alexander die kalte Hand fest hielt, da ich in der Angst des Lebens gelobte, seinen lezten Seufzer seiner Clara zu bringen, hätte dort noch der fliehende Feind mich ergriffen, fortgeschleppt, wäre ich in den düstern Wäldern ein Raub des Hungers geworden! ich hätte das Schicksal geseegnet. – Aber unverdient Liebe, Treue, Ehrfurcht zu genießen! Dies sollte ich erfahren!

Clara als du von dem Frieden eines reinen Herzens sprachst; als du das Wort sprachst. Nur dies suche der Mensch, sein Herz ohne Vorwurf sich zu erhalten. Alles was das Schicksal würckt, kann sich durch Betragen, durch Entsagen wieder erringen, – wenn wir einmahl erkannt haben, daß das Glück des Lebens, nicht eine Bedingung zu unsrer Existenz ist, daß uns Leiden oft heilsamer sind, als Glück. Aber wenn wir denken, wir selbst haben uns das Glück verbittert, wir allein tragen die Schuld eines freudlosen Daseyns, – ach da ist die Welt erst schrecklich! Das sprachst du? Du warst dem Wesen so nah, das Alle den Jammer fühlt.

Ich glaube, ich muß selbst diesen Streit im Innern schlichten, muß freywillig mich opfern. – Aber auch Clara würde zu Grunde gehen.

⟨Berwick⟩

[1]Erstes Kapitel

Es war der schönste Frühlingstag, heller schimmerte von der Sonne beleuchtet das zarte Grün, fruchtbar duftete die Erde, und glänzend lagen die frisch aufgerißnen Erdschollen unter dem Pfluge, man ahndete ein fruchtbringendes Jahr nach dem schönen Frühling. Mit Wohlgefallen blickte der Junge Reisende um sich her, der hofnungsvoll wie die Natur die ihn umgab die Welt anblickte, um dessen Haupt noch die Phantasie ihren rosenfarbnen Schleyer geworfen hatte.

Schon mehrere Monate war er auf einer Reise begriffen, wo er die [1v]merkwürdigsten Gegenden besuchte, in jeder Stadt die es verdiente sich verweilte, aber nicht allein die Städte suchte er, sondern die Natur konnte ihn eben so reizen als die Werke der Menschen. Auch zu D. wollte er verweilen, u. sehen was der Fleiß der Menschen und der Zufall ihm günstiges darboten. Aus dem Hause wo der Wagen still hielt schalte ihm gleich eine fröhliche Musick entgegen; Es versammelten sich in dem Grossen Garten des Gasthauses ein zahlreicher Theil der Stadt. Grosse Linden Alleen verzierten ihn, wo Size die Ruhenden einladeten, während wieder andere [2]in drehenden Kreisen sich fortwälzten, und jedes seinen Zweck verfolgte.

Auch die einkehrenden Fremden besuchten sogleich den Garten weil sie sicher waren dort Bekanntschaften zu machen mit den Einwohnern. Kaum hatte auch Julius von seinem Zimmer Besiz genommen, so folgte er auch dem Gewühl der Menschen. Doch bald irrte ihn das Getöse, da sein Kopf von dem Stossen des Wagens und langen Fahren noch betäubt war. Er fühlte sich auch so fremd unter diesen unbekannten Gesichtern, wo jeder nur seinen eignen Zwecken nachging. Aber bald zog ein Frauenzimmer nicht mehr in der ersten Blüthe der Jahre seine Aufmerksamkeit auf sich. [2v]Eine jüngere Person begleitete sie, die ihre Tochter schien, und ein Knabe zwischen acht und neun Jahren. Wie er schienen sie ihm Fremde zu seyn, und keinen Antheil an den übrigen Menschen zu nehmen. Sie suchten geschäftig das Ende der Allee zu erreichen, wo das Gedränge sich verminderte, zumahl da der grösste Haufen sich eben auf einen Punkt zog, um eine Mordgeschichte von einem Bänkelsänger rezidiren zu hören.

Das junge Mädchen sah sich oft bedeutend um, und jedesmahl entdeckte Julius einen neuen auf⟨f⟩allenden Zug in ihrer Gestalt; bald weilte er auf den grossen blauen Augen, die von dunkeln langen Wimpern beschattet, [3]bald auf dem Nacken der sich gefällig bog, bald auf den regelmässigen Wuchs, den er troz des faltreichen Gewandes durchscheinen sah. Die jüngere Gestalt erkannte er bald für die Tochter, denn sie war ganz das Ebenbild ihrer Mutter, auch auf dem Gesicht der leztern verweilte das Aug gern, nur schienen die gefälligen Formen, die runden Züge in dem Gesicht der Mutter durch einen Ausdruck von Gram bestimmter, und Ernst u. Trauer schienen in ihrem Wesen vermischt. Sie suchten einen einsamen Weg auf, auch Julius der die lieblichen Gestalten nicht gern aus dem Gesicht verliehren wollte, entfloh der grossen Allee, und fand einen Plaz wo in manichfaltigen fremden Straucharten sich artige *[3v]*Gänge bildeten wo er herum wandern konnte. Es war ihm unmöglich der Freude zu entsagen, die Frauenzimmer nicht zu beobachten, die ihm unter der bunten Menge als keine fremden Gestalten erschienen. Er blieb ihnen so nahe zur Seite daß er ohne es zu wollen ihr Gespräch anhören musste das weil sie sich allein glaubten ziemlich laut gehalten wurde.

Unser Freund wird lange bey seinem Besuch aufgehalten sagte die Aeltere Dame.

Ob er nur etwas ausrichtet! sagte die jüngere seufzend, ich hoffe es. Ich nicht sprach die andre; mir lächelt nicht so leicht die Hofnung, die mich schon oft im Leben irre führte. Der Jugend ist diese Begleiterinn [4]erwünscht. Dir gönne ich sie gern liebste *Laurette*.

Liebe Mutter wünschest Du auch gar nichts mehr.

Viel sehr viel für dich, für *James* war die Antwort, bey der sie ihre Wange freundlich streichelte.

Aber warum nicht für dich Mutter. Ach nein! nicht für mich! Meine besten Hofnungen ruhen da. Sie deutete weinend zur Erde. Ich wünschte um Euerent-willen eine günstige Aufnahme bey unserm Oheim; wünschte daß sie wäre wie mein verstorbner Gatte sie mir hoffen lies. Ihr habt Schuz, Unterstüzung in einem fremden Lande nöthig. Ich bin vielleicht bald da, wo man keiner Fürsprache mehr *[4v]*bedarf. Glaubt nicht meine Kinder, daß ich nicht gern bey Euch bin, daß ich Euch nicht liebe; aber die süsse Gewohnheit mit meinem Gatten das Leben zu theilen, um durch ihn es zu genießen erweckt die unaussprechliche Sehnsucht in mir, die keine Vernunft stillen kann.

Sie weinten alle, Julius hätte die Welt in diesem Augenblick hingegeben um sich der traurenden Gruppe nahen zu dürfen. So wenig er aus Unbescheidenheit horchte so konnte er sich doch nicht erwehren auf das Gespräch zu merken was so nahe bey ihm gehalten wurde, was ihn durch seinen Innhalt, durch die Personen die es sprachen, so unendlich anzog.

[5]Ein Mann in mittelern Jahren in der Uniform eines Englischen Seeoficirs gekleidet kam mit hastigen Schritten auf die Damen losgegangen.

Morton kömmt rief mitten im tiefsten Schmerz das Mädchen aus.

Es war als ob sein Herz sich eilte sie zu erreichen, und doch kämpften seine Züge mit einer heftigen Bewegung die er zurückhalten wollte. Sie empfingen sich schweigend. Der Knabe unterbrach am ersten die Pause, u. fragte neugierig. Will der Onkel uns denn nicht sehen? So laß uns wieder nach *Domingo* gehen Mutter, dort sieht man uns gern.

Der Oficier sagte endlich: Sie scheinen so gleichgültig erwarten zu wollen, wie meine Mission abgelaufen, und doch sehe ich die Spuren einer sorgenvollen Erwartung in diesen schönen [5v]Augen, er fasste *Laurettens* Hand. Mir kömmt es nicht zu zuerst zu reden, wenn die Mutter spricht sagte sie freundlich.

Frage nur sagte diese, mir ist nichts neues was ich vermuthlich hören werde.

Ein sonderbarer Mann in der That! sagte der Oficier. Er ist höflich gefällig will alles thun um Ihnen Ihren Aufenthalt angenehm zu machen, wünscht daß Sie freundlich hier existieren mögen. Aber nur sehen will er Sie nicht.

Und gerade dieser Wunsch allein brachte mich her. Denn ich kann in Frankreich eben so freundlich leben als hier, wenn es nur nicht darum zu thun ist, Balsam für die Wunden meines Herzens zu finden. Nur in der Nähe eines Wesens, das meinen verewigten Freund ehrte, [6]u. kannte, wünschte ich meine Tage zu verleben. Diese Hofnung hat mich übers Meer geführt!

Ich fürchte es kann nichts seinen Sinn ändern, denn so oft ich von Ihren Wünschen, Ihrer Sehnsucht nach seinem Umgang auch sprach, daß Sie seines Raths, seiner freundschaftlichen Leitung bedürften, ihm Ihre Kinder empfehlen wollten als die Angehörigen eines ihm Geliebten verstorbnen, überzog eine finstere Mine sein Gesicht, sein Gesicht verzog sich convulsirisch. Sagen Sie sprach er meiner Nichte alles verbindliche, freundliche von mir was Sie wollen, nur sehen kann ich sie unmöglich, unmöglich! ist der Schluß seiner Rede. Es ist mir ganz unbegreiflich, er ist nicht Menschenfeindlich gesinnt, denn mich selbst [6v]empfing er nicht kalt. Auch fand ich eine Gesellschaft von Männern bey ihm, die sich zutraulich mit ihm unteredeten.

Ein wohlgekleideter freundlicher Mann unterbrach hier das Gespräch. Da finde ich Sie wieder mein Herr sagte er zum Oficier, nachdem ich Ihren Gesprächen mit vielem Intereße bey dem Grafen zuhörte. Die Erzählung Ihrer Reise, die Verwendung für Ihre Damen haben mich sehr angezogen, möchten Sie doch nicht vergeblich diesen Besuch gethan haben!

Dies sind wohl Ihre Freundinnen? indem er sich höflich zu den Frauenzimmern wendete. Ob ich gleich oft mit dem Grafen lebe, so habe ich doch nichts weniger [7]seine Eigenheiten angenommen.

Was wollen Sie damit sagen fiel ihm *Morton* ins Wort. Sie mein Herr scheinen den Grafen genau zu kennen, könnten Sie uns vielleicht Ihren Rath ertheilen wie wir diese Dame seine Nichte, die die grosse Reise von *Domingo* nur seinetwillen fast unternahm bey ihm einführen können? Er verkennt uns ganz, er scheint zu glauben als kämen wir um Hülfe bey ihm zu suchen, und Schuz während nur das Bedürfnis des Herzens diese Edle Frau zu ihm zieht. Sie wußte wie sehr ihr Gatte diesen Oheim verehrte, und da sie nur noch Berührungspunkte mit der Welt hat durch das was Bezug auf ihn hat, so möchte sie ein Herz finden das ihre Trauer mit ihr theilte, das den Werth ihres Geliebten [7v]kannte. Aber davon will er nichts hören, er bot mir Geld über Geld an, Hülfe jeder Art, aber nur dieses was ihm gerade am leichtesten sey⟨n⟩ müsste versagt er hartherzig.

Der Frauenzimmer wegen ist es mir sehr leid, sagte der Fremde, aber er geht nicht von seinem Eigensinn ab, dafür stehe ich, ich weis nicht wie ich diesen Zug nennen soll?

Sagen Sie ich bitte, was meinen Sie damit, mein Herr?

Es ist nicht fein in Gegenwart der Damen es zu sagen, es ist ganz gegen den guten Ton.

Keine Komplimente jetzt fiel *Laurette* heftig ins Wort, mein Herr wir können alles hören, wenn es nicht unanständig ist.

[8]Seit zehn Jahren beynahe kenne ich den Grafen fuhr der Fremde fort, und sah ihn niemals in Gesellschaft eines Frauenzimmers. Selbst in seinem Hause erblickt man keine weibliche Bedienung. Wären Sie von unsrem Geschlecht er würde Sie mit Liebe aufnehmen, denn er fühlt, er bedarf Liebe. Ich habe aber die grössten Ursachen zu glauben, daß er Ihr Geschlecht hasst. Diese Abneigung ist stärcker als er selbst, denn so gar im Gespräch ändert sich der Ausdruck seines ganzen Wesens wenn man Geschichten erzählt wo Frauens die Heldinnen sind. Dieser Ausruf es ist unmöglich! ist mir der sicherste Beweis daß er auch in Rücksicht Ihrer seinen Plan nicht aufgeben wird.

Die Dame weinte. Sehr schmerzlich ist mir diese Eröfnung mein Herr, denn ich *[8v]*sehe meine ganze Erwartung auf mein künftiges Leben vereitelt! Aber ich hörte nie mahls meinen Gatten dieses eignen Zuges erwähnen.

Vielleicht verließ er ihn früher als diese Abneigung sich zeigte sagte der Fremde, wie lang ist es seit er ihn zu lezt sahe?

Es ist wohl zwanzig Jahre oder länger sagte die Dame.

Seine Geschichte ist uns allen unbekannt fuhr der Fremde fort. Er wohnt wohl schon achtzehn Jahre hier, wie man mir sagte, und er lebte immer so wie jezt, das weis ich. Er selbst verlässt niemahls seinen Bezirk, ein grosses Guth, welches er in der Stadt an sich kaufte ist sein Aufenthalt. Haus und Garten sind geschmackvoll angelegt, und darauf scheint er Werth zu [9]legen. Er ist ruhig aber nicht heiter in Gesellschaft, doch mild gestimmt. Einen festgesezten Tag in der Woche dürfen ihn seine Freunde besuchen, sonst lebt er so viel ich weis meist allein, nur die Künstler aller Art haben freyen Zutritt bey ihm, auch ist die Kunst noch das einzige Studium was er mit Interesse betreibt.

Aufmerksam hörte der kleine Zirkel der Erzählung des Fremden zu, der Oficier unterbrach sie aber und sagte zur Dame. Kommen Sie liebe Madame Berwick, Sie bedürfen Ruhe in Ihrem Zimmer, ich sehe es in Ihrem Gesichte. Dieser Herr wird verzeihen –

Sie bleiben stets der treue sorgfältige Freund sagte die Dame verbindlich. Sie *[9v]*errathen meine Gefühle. Ihr Herz würde uns anders aufnehmen sagte sie seufzend.

Der Fremde empfahl sich, und bat um Erlaubniß, den Oficier wieder aufsuchen zu dürfen. Auch Sie meine Damen wünschte ich nicht zum leztenmahl gesehen zu haben.

Mein Herr Sie sind sehr gütig, sagte *Laurette* u. neigte freundlich den schönen Kopf. Julius konnte noch einmal bey dieser Wendung ihr schönes Gesicht beobachten, und der Eindruck blieb starck den sie auf ihn machte, auch wollte er sie nicht vergeßen. Alles was er so durch den glücklichsten Zufall gehört hatte, machte tiefen Eindruck auf sein Herz. Der sonderbare Oheim war ihm eine eigne Erscheinung. Gern hätte er ihn aufgesucht [10]hätte ihm gern seine schönen Verwandten so gezeigt wie sie ihm vorkamen, und die traurende Mutter mit der liebenswürdigen Tochter im Triumph in seine Wohnung einführen mögen.

Ohne Aufmerksamkeit durchging er noch einige Gänge des Gartens, bis ihn eine weibliche Gestalt anzog. Sie saß einsam u. schien im Nachdenken vertieft. Sie erinnerte ihn lebhaft an seine Mutter, er liebte sie so unaussprechlich, das die leiseste Erinnerung an sie ihn schon begeisterte. Sie war auch die treuste Gefährtin seines jungen Lebens, denn er kannte seinen Vater nicht, er wusste nur daß er im Amerikanischen Kriege gedient, und dort geblieben sey. Mit unaussprechlicher Sorgfalt wurde er *[10v]*von seiner Mutter gebildet, die durch die schöne Entwickelung seines Geistes auch reichlich dafür belohnt wurde. – Mehr als gewöhnlich fühlte er eine bange Sehnsucht nach der Entfernten Geliebten, die ihn mit willigem Herzen von sich gelassen, weil sie wohl fühlte, daß ihr Sohn nun das Alter erreicht habe, wo er für sich selbst handeln, wo die Welt ihm durch den freyen Gebrauch seiner eignen Kräfte seine Ausbildung vollenden müsse.

Während der Zeit hatte sich die Mutter zu einer Freundin aufs Land begeben, und sah nur die Welt durch die Briefe ihres Sohnes. Er gab ihr sorgfältig und treu jeden Tag Rechenschaft von sich, so blieb sie troz der Entfernung, ungetrennt von ihm. Julius suchte nachdem alle Gestalten die ihn anzogen aus seiner Nähe verschwunden, sein Zimmer auf, u. gab noch den Abend seiner Mutter Nachricht von sich, seinen Erfahrungen, und vergaß nicht des sonderbaren Oheims u. der schönen Damen zu erwähnen.

[11]Am folgenden Tag wollte er alles versuchen, um mit dem Oficier bekannt zu werden, um Zutritt bey Madame Berwick zu erhalten, u. mit diesen Planen schlief er ein.

Zweites Kapitel

Die Sonne die sich durch schwere düstre Wolcken durchdrängte strahlte bei ihrem Aufgang dem jungen Reisenden lebhaft und glühend ins Gesicht, er fuhr erschrocken aus seinem unruhigen Schlummer auf, denn *[11v]*er hatte sich mit der Gestalt der schönen *Laurette* unterhalten, und da er halb träumend nicht Schlaf von Wachen zu unterscheiden vermochte, so kam es ihm vor, als hörte er indem er die Augen aufschlug das Geräusch eines Gewandes, und die Thüre leise zudrücken. So lebhaft war schon *Laurettens* Bild in seiner Seele, seine Stirn glühte heis von den halbwachen Träumen. Schnell kleidete er sich an, und suchte ins Freye zu kommen. Seit seiner frühsten Jugend hatte er sich gewöhnt, zu der Natur aus den Armen des Schlafes zu fliehen, und wenn er die erste halbe Stunde des Tags nicht im Freyen sein konnte, so war ihm der Morgen kein freundlicher Bote des Tags.

Er eilte auf die Landstrasse die mit [12]hohen Italienischen Pappeln bepflanzt, dem Wandrer einen freundlichen Anblick gewährte, die Thore der Stadt waren schon geöfnet, und fröhlich drängte sich das Landvolck hinein, um die Städter mit ihrem Fleiß zu ergözen, u. sich zu bereichern. Die Erndte der fleissigen Menschen die in den schönsten Früchten und Pflanzen bestand zierte die Körbe der Frauens, die mit frischen blühenden Gesichtern die aufgehäufte Last leicht trugen, die Männer an deren Starcken u. kräftigen Ausdruck sich Julius ergözte trieben ihre starcken Stiere, oder gehäuften Wagen vor sich her. Und sangen fröhliche Lieder. Es war ihm als sey die ganze Welt zu einem fröhlichen Festtag erwacht. Bald aber sah er einen anlockenden Seitenweg der durch Wiesen *[12v]*auf denen das Gras aufwogte, ihn führte. An der einen Seite der Wiesen zog sich ein klarer Fluß, u. an der andern ragten weisse Mauren eines Gartens entgegen. Eine kleine Thüre öfnete sich in der Mauer, und ein junger Mann mit einem artigen Mädchen traten heraus, sie wollte fliehen, u. ließ den Korb fallen der mit Blumen angehäuft war. Alles sagte sie, geht mir doch verkehrt, u. wurde roth; da liegen nun meine Blumen, man wird dich noch dazu auszanken guter Friz, denn du gabst mir viel zu viel Blumen.

Der Blumen wegen gewiß nicht, aber deinetwegen Margaretha, aber es liegt mir doch nichts daran, so lieb mir auch mein Dienst ist, u. so gut der Herr übrigens [13]so verlange ich doch auch Freyheit. Ein alter Mann von kleiner Gestalt, weis gepudert, und einer hochrothen Weste, u. einem Kleid von dem ältesten Schnitt, öfnete leise die Thüre, u. erblickte die beyden. Ertappe ich Euch noch ihr Schelme rufte er in einem unwilligen Tone; Friz hätte ich geglaubt daß du so früh von schönen Mädchen Besuche annähmst?

Das Mädchen wurde immer verlegner, u. stotterte. Ich wollte so gern Blumen haben, und hier sind sie am schönsten. Seyn Sie ja nicht böse mein Herr Haushofmeister. Friz ist nicht schuld daran daß ich komme.

Ich vertheidige mich gar nicht sagte der junge Mann trozig, ich thue [13v]meinen Dienst wie sichs gehört, u. hernach will ich sehen wen ich will.

Der kleine Mann zog eine ungeheure Dose hervor, bot dem Mädchen eine Prise Toback u. sagte so böse ists nicht gemeint. Dir sehe ich gern durch die Finger, aber um's Himmels willen, daß nur niemahls mein Gnädiger Herr das Mädchen begegnet. Sonst kämen wir alle in Ungnade, u. du um deinen Dienst, Friz. Es hätte sich leicht treffen können, daß er Euch hier begegnet wäre, denn er will im kleinen Sallon frühstücken.

Geh du zu ihr, so viel du willst, wenn deine Arbeit nicht darunter leidet, nur laß sie niemahls wieder in Garten. Macht ja daß ihr fortkommt. [14]Das Mächen lief eilig fort. –

Des Unbekannten Erzählung am vorhergehnden Tage, seine Schilderung des Grafens, die Erinnerung an *Lauretten* machten Julius auf dieses Gespräch aufmerksamer als er sonst wohl würde gewesen seyn. Der grosse gut angelegte Garten, an dessen Ende man ein schönes Wohnhaus erblickte, daß in einem Edeln einfachen Geschmack erbaut war, ließ Julius schliessen, daß dies wohl gar die Wohnung des sonderbaren Mannes sein könnte. Er trat so nah er konnte an die Gartenthüre u. that als suchte er etwas im Grase. Dem kleine Alten Mann, der gesprächich war, [14v]wie die Menschen seiner Classe, war es unmöglich ein menschliches Gesicht so nahe zu sehen, ohne einen Laut zu vernehmen, er drängte sich also zudringlich an Julius an, und fragte ob er etwas verlohren habe?

Er beantwortete seine Frage mit Ja, und suchte immer fort, durch diese Emsigkeit wurde die Neugier des Alten immer mehr erregt, bis er endlich so glücklich war, ein Gespräch anknüpfen zu können, nun wusste Julius in Zeit von einer halben Stunde die ganze Geschichte des Gartens, die Entstehung jeder Anlage, mit einer Beredsamkeit die nicht ihres gleichen hatte, erzählte der Alte fort, und man brauchte nur dann u. wann ein [15]Zeichen des Beyfalls zu geben, so wurde er wieder frisch angefeuert. Zulezt erbot er sich auch ihm den Garten zu zeigen. Julius nahm es an, und erkannte in den Anlagen manche Spuren des Geistes seines Besizers. Ernst und traurig war der Eindruck des Ganzen, weder Ruinen noch Grabmähler waren angebracht, um den Geist zur Trauer einzuladen. Der Eindruck war durch die Wahl der Baumarten erreicht, und die Natur sprach in einem traurenden Tone; Blühende Rosen schlangen nicht sich lustig um fröhliches grün, kein üppiger Farbenwechsel lockte das Auge an. Melancholisch war der Ton einer Quelle die langsam aus dem [15v]Boden quoll, und zur Schwermuth begeisterte. Ganz hinter dichten Hecken verborgen hatte der Gärtner sich lustige Blumenstücke angelegt, aber man sahe wohl daß es nicht zum Plan des Ganzen gehörte. Verschiedne Nadelhölzer machten einzelne Parthien aus, und hin und wieder nur belebten Bäume mit weissen Blüthensträuchen das Dunkle. Einzelne Gruppen von Statuen waren glücklich angebracht, aber nur männliche Figuren, deren Gestalten den Ausdruck von Kraft oder Schmerz hatten. Gute Abgüsse der Fechter, des *Laocons*, und Flussgötter und Faunen waren mit Geschmack angebracht, und so ungern man eigentlich diese Kunstwercke [16]höhrer Art als einen Zweck der Verzierung ansieht, so waren sie doch so gestellt daß die Gegenstände neben ihnen keine kleinliche Wirkung thaten. Nahe an der Wohnung wurde eine Parthie fremder Sträuche von zwey Sphinxen geheimnisvoll bewacht, die einzige Erinnerung an weibliche Wesen in dem ganzen Umkreis. Man fand den Eingang ins Haus durch verschlungne Gänge. Einfach wie das ganze waren die einzelnen Verzierungen.

Eine sonderbare Bewegung befiel den jungen Mann als er die Schwelle des Hauses jezt betrat, Gefühle mit Grauen und Wehmuth vermischt belebten seine Brust, es dünkten ihn die [16v]hohen leeren Zimmer wie in einem Feenpalast, und es würde ihn gar nicht gewundert haben, wenn aus irgend einem Winkel des Hauses, ihm die klagende Stimme eines Prinzen der Schwarzen Inseln entgegen gekommen, und seine Hülfe angefleht hätte.

Eben verweilte er bey einem *bas relief* das ringende Faunen vorstellte, als der alte kleine Mann im zurief, da kömmt der Herr Graf selbst, er sieht es zwar nicht ungern wenn man seine Wohnung besieht, aber erzeigen Sie mir den Gefallen und geben sich für einen reisenden Künstler aus, Ihnen thut es ja nichts, und mir erspart es doch vielleicht Verdruß, denn ich kann niemahls meines Herrn Laune vorher wißen. [17]Ein Mann in einem einfachen Anzug der eine ernsthafte Farbe hatte, trat ins Zimmer. Er mochte weit über vierzig Jahre hinaus sein, obgleich sein Gesicht nicht Jugendlich war, so war seine Bildung der Art daß die festen Formen nicht so leicht durch die Gewalt der Jahre leiden konnten. Ein feurig sprechendes Auge sah lebhaft doch nicht mit Leidenschaft unter der schön gewölbten Stirn hervor. Nicht leidend aber ernst und nachdenkend sah er aus.

Geschwäzig eilte der Haushofmeister auf ihn zu, erzählte daß der Fremde durch das schöne Aeussre seines Gartens angelockt, sich der [17v]Seitenthüre genähert habe, daß er ihn dort gefunden u. mit sich geführt, weil er entdeckt daß er ein Künstler sey, bey denen er wohl wisse daß sie ihm willkommen wären. Der Graf warf prüfende Blicke auf den jungen Fremden der verlegen vor ihm stand, denn der erstere fuhr unwillkührlich zusammen als er sein Gesicht näher betrachtet hatte, und trat zurück.

Julius hatte glücklicher weise stets viel über Kunst gedacht, und gelesen und es wurde ihm leicht ein geistvolles Gespräch über diesen Gegenstand anzuknüpfen. Er warf bedeutende Ideen hin, die der Graf [18]mit Wohlgefallen auffasste, und führte das Gespräch mit Wärme fort. Wenn Julius mit Eifer sprach weilte oft unwillkührlich das Auge des Grafen traurend auf den belebten Zügen, u. es war ihm als müsste er seinem Herzen Gewalt anthun um seinen Antheil an Julius nicht zu lebhaft zu zeigen.

Ihr Gespräch wurde durch Bauleute unterbrochen, die die Befehle des Grafen von ihm selbst vernehmen wollten. Er wandte sich zu Julius u. sagte, ich gestehe daß das Bauen meine Lieblingsneigung ist, ich mag gern um mich herum etwas erschaffen, [18v]was mein Daseyn verkündigt, daher hat das Entstehen eines Gebäudes unendlichen Reiz für mich. Wie Dieter von *Sicilien* von den Aegyptern sagt, so geht es mir, das Leben selbst ist mir zu unbedeutend, und zu wenig der Mühe werth, aber was nach mir noch von meinem Gedächtnis übrig bleibt ist mir wichtig. – Ich habe niemand mehr dem ich durch meine Existenz, durch meine Empfindungen wohlthun könnte. Mein Andenken wird vergehen, es ist schon vergangen, denn niemand lebt mehr der mich kennte, der mich liebte. –

Wär es wirklich so fiel Julius heftig ein, täuschten Sie sich nicht vielleicht selbst? Verzeihen Sie Herr Graf diese [19]Frage. – Der Graf schwieg eine Weile, ich täusche mich nicht mehr, einst war eine Zeit wo ich mich täuschen konnte. Gehen Sie nicht junger Mann, rief er ihm zu, oder kommen Sie wieder, und oft, so lange Sie hier sind. Er fragte ihn nicht nach sich aus, noch den Zweck seiner Reise, sondern sagte nur noch verbindlich. Ihre Gespräche haben viel Reiz für mich, und selten giebt mir die Unterhaltung mit fremden Menschen solches Wohlbehagen, als ich gleich in der ersten Viertelstunde unsres Gesprächs empfand. – Ist es wirklich so rief Julius aus! Sind Sie mir nicht allein werth, bin ich es auch Ihnen, bin ich Ihnen keine unangenehme Erscheinung? Aber ehe [19v]ich mich von Ihnen trenne, erlauben Sie mir ein

Geständniß, werden Sie mir es verzeihen, wenn der Wunsch mit Ihnen bekannt zu werden mich zu einer Unwahrheit brachte? – Ich bin kein Künstler, der Wunsch Sie kennen zu lernen erwachte zu lebhaft bey Ihrem Anblick, ich wollte dem Mann nicht widersprechen, der mich bey Ihnen einführte, aus Furcht nicht von Ihnen einiger Aufmerksamkeit gewürdigt zu werden, die ich jezt erhalten habe, u. die mir schmeichelhaft sehr schmeichelhaft ist.

Sie mögen seyn wer Sie wollen, sagte der Graf freundlich, mir sind Sie eine angenehme Bekannschaft.

[20]Julius verließ mit Bewegung diesen wunderbar anziehenden Mann, nicht ohne festen Vorsaz seine Winke zu benuzen, die günstige Art wie er ihn aufgenommen schien ihm von günstiger Vorbedeutung für die Erreichung seiner Wünsche. Denn wie er sich in der Nähe des Grafen fühlte, so wurde es ihm ganz klar, daß er *Laurettens* Oheim seyn müsse. Er schmeichelte sich daß es ihm vielleicht gelingen könne, ihm von seinen Verwandtinnen zu sprechen, ihn zu ihrer Aufnahme bey sich bereden zu können, seine Wünsche überflügelten seine Hofnungen, er glaubte in manchen Momenten einem reinen Gemüth sey alles möglich zu erreichen.

*[20v]*Bey seiner Zurückkunft sah er sich vergeblich im Garten des Wirthshauses nach den Frauenzimmern um, auch an den Fenstern des Hauses strebte er vergebens eine weibliche Gestalt zu erspähen. Der ganze Tag verstrich ihm ohne etwas von ihnen ansichtig zu werden, und er wurde traurig, denn es war ihm als ob sein Aug nicht allein nach ihrem Anblick verlange, sondern auch sein Herz Antheil an seinen Wünschen habe.

Er gab seine Empfehlungs Briefe in der Stadt ab, und machte weitläuftige Bekanntschaften; die meisten empfingen ihn freundlich und, [21]man bemerkte es bald, daß die Bewohner der Stadt die Fremden gern und gefällig aufnahmen, daß sie in der Unterhaltung geübt, leicht das verschiedenste Interesse aufzunehmen vermochten, und gewohnt waren durch mannichfaltigen Umgang leicht in andrer Vorstellungsarten einzudringen. Die Männer fragten nach den Wißenschaften zuerst, nach dem Ton der Universitäten, flochten Aneckdoten über die Gelehrten ein, und hielten sich für recht bedeutend wenn sie nach tabellarischer Ordnung ihre Gelehrsamkeit ausformen konnten, und alles hererzählen konnten *[21v]*was sie ehmahls gehört hatten. Sie unterließen keine Frage, die nicht auch ihre eignen Ansprüche auf wißenschaftliche Bildung kund that, u. schienen mit Julius Antworten, wie mit ihren eignen Gesprächen zufrieden. Der junge Mann benahm sich in jeder Unterhaltung mit dem gebührenden Anstand mit Männern war er ernst, und froh und leicht mit den artigen jungen Frauenzimmern, aber er bemerkte es nicht, wenn ein heimliches Flüstern, ein Zeichen des Beifalls einem schönen Munde entlockt wurde. Er legte nicht den Werth auf sein Wesen den so mancher Jüngling früh [22]gewöhnt wird, auf sich zu legen, er ging bescheiden und anspruchlos durch die Welt, und gefiel ohne gefallen zu wollen.

Unwillkührlich drängte sich die Vergleichung seiner neuen Bekanntschaften ihm auf, er fand keine *Laurette* unter den Mädchens – so gern das Auge auch auf ihren blühenden Gestalten verweilen konnte. Das ernste einfache Wesen des Grafen, das auf sich selbst ruhende in sich verschlossne Gefühl, daß er beym ersten Anblick gleich in den Zügen des Grafen las, fand er nirgends. Die Freude an Kunstgegenständen die ihn bey dem Grafen ergözte, war bey andern nur *Affectation* merkte er bald. *[22v]*Manche lenkten zu absichtlich das Gespräch sogleich auf diese Gegenstände, weil sie selbst Kunstwerke besassen die sie zeigen wollten, oder wollten nur zu verstehn geben, daß ihre Bildung sich auf alle Fächer erstrecke. Viele nannten die berühmtesten Kunstwercke u. Künstler her, wie die Büchertitel. Andre die sich in Details einlassen wollten, wurden dunkel, und die mit dem grössten Feuer beschreiben wollten, sahen so kalt wie Eis aus. Ermüdet und unerquickt verließ er die bunten, sonderbar gemischten Zirkel, und schlich in seine Wohnung bescheiden zurück.

[23]Drittes Kapitel

Drey Tage waren vergangen, während er auch gar nichts von den Frauenzimmern ansichtig wurde, eben so wenig konnte er den englischen Oficier ausfindig machen. Er fürchtete daß die Familie den Entschluß gefasst haben könnte den Ort wieder zu verlassen, weil sie den Oheim unerbittlich gefunden. *Laurettens* Bild lebte noch in seiner Seele so lebendig als hätte er diese Zeit beständig mit ihr gelebt.

Es wurde düster um ihn herum, der Abend Himmel war trüb, keine untergehende Sonne beleuchtete freundlich noch zum Abschied die Natur um ihn herum, ermüdet und abgespannt kam er in sein Zimmer von einem Spaziergang im Garten. Das unerfüllte Sehnen nach *[23v]*etwas ausser uns, die weiten unbegränzten Wünsche der Jugend erfüllten seine Brust, und hoben sie hoch empor, er umfasste reich an Liebe mit glühendem Gemüth die Welt, aber es war ihm traurig, kein Herz zu finden in dem er sein volles, warmes Gefühl niederlegen konnte.

Er fühlte die Einsamkeit in seinem grossen weiten Zimmer drückender als je, die graue Farbe des Himmels machte es nur noch trauriger. In Gedanken verlohren saß Julius da, als ihm eine Stimme nah genug zurief.

Laurette n'est point perdu⟨e⟩ pour toi. Kein Menschliches Wesen wusste er in seiner Nähe, er stand auf, suchte be[24]stürzt im Zimmer umher, und fand keinen Plaz wo der Ton herkommen konnte. Sein Zimmer war von den andern des Hauses weit entfernt. Er wusste nicht wie er die Erscheinung sich erklären sollte, gehört hatte er sie wircklich die Stimme, sie war sanft und vernehmlich. Endlich sah er aus den weiten Vorhängen seines Bettes einen schön gefiederten Cakadu heraus schlüpfen. So schwärmerisch er auch die Erscheinungen der sichtbaren Welt aufnahm in seinem Gemüth, so wenig hatte er doch Glauben an die übernatürlichen Erscheinungen, und er fiel bald auf den Gedanken, daß dieser Vogel die Stimme gewesen die ihn durch so freundliche Worte aus seinen Träumen geweckt. Er versuchte ihn zahm *[24v]*zu machen, lockte ihn durch Näschereien an sich, und er wurde bald vertraut mit ihm, aber doch wollte er noch keinen Laut von sich geben.

Mit neuen lebendigen Farben erwachte das Bild der artigen Gestalt in seiner Seele, und die Sehnsucht sie nur von fern wieder zu erblicken wurde immer stärcker, ohne es selbst zu wollen seufzte er u. sprach den Nahmen *Laurette* aus, sogleich wurde der Cacadu aufmerksam, richtete sein Köpfchen empor, und sagte noch einmahl vernehmlich *Laurette n'est point perdue pour toi.*

Nun löste sich das Räthsel ganz auf, und Julius entzückt durch die lebafte Erinnerung drückte den [25]Cacadu an sein Herz; wärst du ein guter Wahrsager rief er zärtlich aus!

Ein leises Klopfen an der Thüre weckte ihn aus seinem Entzücken, ganz scheu blickte ein schön gelockter Knabenkopf herein, und fragte, verschämt, dürfte ich einen Augenblick herein kommen?

Es war *James*, verzeihen Sie mir mein Herr sagte er, ich war schon dreymahl an dieser Thüre, wahrscheinlich waren Sie nicht zu Hause, ich ⟨bin⟩ nun schon in allen Zimmern des

Hauses gewesen, bey Ihnen wage ich den lezten Versuch. Wir haben etwas vermisst, was uns sehr schäzbar ist, [25v]meine Schwester hat schon den ganzen Tag geweint, die Mutter darf es noch nicht wissen, erst wenn keine Hofnung mehr ist soll sie es erfahren. Wir hatten einen Cacadu aus *Domingo* mitgebracht, diesen vermissen wir, und begreifen nicht wie er sich verlaufen hat, weil *Laurette* immer sorgfältig seinen Käfig verschliesst. Sie war aber diese Tage hier unruhig, und hat wohl vergessen den Käfig so zuzuschließen. – Der Vogel hatte sich in Julius Busen verborgen, er wollte den Kleinen erfreuen, u. sagte indem er ihn auf die Hand sezte. Hier kleiner Freund ist was du suchst. Des Knaben ganzes Gesicht erhellte sich. Was wird die Schwester [26]sagen rief er freudig! Aber Sie wollen ihn uns doch zurückgeben, fragte er furchtsam. Er hat sich schon recht an Sie gewöhnt. Zu mir will er niemahls, weil ich ihn necke, und böse mache. *Laurette* schickte mich deswegen auch ungern nach ihm aus, denn sie fürchtete er würde nicht mit mir gehen. Aber für ein Mädchen schickt es doch nicht an die Thüren herum zu gehen dies weis sie wohl. Aber warum spricht der Cacadu immer dieselben Worte, fragte Julius?

Sie haben ein recht gutes Gesicht sagte der Knabe, u. verdienen wohl mein Vertrauen. Sie sagen es auch wohl meiner Schwester nicht wieder?

[26v]Herr *Montval* in *Domingo* hat ihn ihr geschenkt, er war trostlos über unsere Abreise, ich sehe noch wie er uns an Bord des Schiffes begleitete, die Mutter reichte ihm ihren Backen zum Kuß, und *Laurette* musste folgen, sie that es nicht gern denn sie hat ihn nicht lieb, sagt die Mutter, aber der Abschied machte sie doch weich. Mich drückte er so fest an seine Brust daß ich schreien musste, u. ging eilends weg, wir konnten noch vom Vordeck aus sehen, daß er auf den Boden fiel, und schwach u. langsam von zwey Menschen in eine Wohnung am Ufer geführt wurde.

[27]Als wir in unsre *Cajüte* kommen, hängt ein Käfig darinn mit diesem Cakadu, und ein Brief von Herrn *Montval* lag dabey, ich habe ihn nicht selbst gelesen, die Mutter aber weinte sehr, rufte einmal über das andre, armer, redlicher *Montval*! *Laurette* aber war still, u. konnte lange sich nicht über den Cacadu freuen. Bis sie endlich die Langeweile auf dem Schiff auch zu dem Vogel hinführte, der gar sehr zu schmeichlen weis. *Laurette* nun hat ihn recht lieb gewonnen, wenn er aber zu oft ihren Nahmen nennt, wird sie doch böse, und deckt den Käfig zu.

Julius hätte dem Knaben stunden[27v]lang zuhören können, wenn er von *Lauretten* sprach, aber das peinliche Gefühl der Eifersucht erwachte eben so schnell in seinem Herzen, wie der Antheil an *Lauretten* – Der Gedanke, daß sie von einem andern geliebt sey, der der Mutter Mitleid, u. Antheil hatte, ließ ihn fürchten, daß auch ihr Herz endlich erweicht werden könne. Dies Mittel was sein Nebenbuhler erwählt hatte sich in *Laurettens* Andenken zu erhalten war so zart berechnet, und gefühlt, daß er selbst schon Mitleid mit dem armen *Montval* fühlte. – Aber er konnte sich doch nicht erwehren sich heimlich zu freuen wenn er sich das Mädchen [28]vorstellte, wie sie den Käfig verhüllt, um die Sprache des Vogels nicht zu vernehmen. Er sann auf eine schickliche Einkleidung den Verlohrnen seiner Gebieterinn wieder in die Hände zu geben, doch konnte er nicht sich bey *Lauretten* allein einführen da die Mutter nichts von dem Vorfall wißen sollte, auf der andren Seite war es ihm unmöglich die glückliche Art eine Bekanntschaft anzuknüpfen vorbey gehen zu lassen. Darf ich deiner Schwester den Vogel selbst bringen fragte er?

Jezt eben geht es recht gut an war des Knaben Antwort, die Mutter ist im Kabinet und schreibt, [28v]nur Herr *Morton* ist bey meiner Schwester, der weis unser Geheimnis. Kommen

Sie geschwind mein Herr, und so fasste er ihn an und zog ihn mit sich fort, denn er war ausser sich vor Freude, seiner Schwester den Vogel wieder geben zu können.

Ich lasse dich ungern von mir sagte Julius im *Affect*. Doch du gehst zur schönen *Laurette*! Der Vogel wollte bey dem Nahmen seine alte Phrase wiederholen, aber nun waren sie auch in Julius Herzen eine unangenehme Empfindung, so angenehm sie ihn anfangs überrascht hatte, u. er verhüllte den Kopf des Cacadu in seinen Busen.

[29]Des Knaben Ungeduld ließ ihn nicht ruhn, er rief schon an der Thüre, da ist er! da ist er! der Herr will ihn dir selbst bringen *Laurette*! Das Mädchen stand verlegen vom Seßel auf, *Morton* saß neben ihr, und las ihr vor, während sie mit ihrer Arbeit beschäftigt war. Ihr schönes Colorit wurde durch ihre Verlegenheit noch erhöht.

Sie verzeihen sagte Julius, eben so verlegen wie sie selbst, der sich in diesem Moment wo er plözlich sich auf der Schwelle sahe, die er so sehnlich schon gewünscht hatte, betreten zu dürfen, tausend Meilen weit wegwünschte. Er fing noch einmal an, verzeihen Sie meine Zudringlichkeit, meinen Eintritt in Ihr Zimmer, da ich als ein Ihnen Unbekannter mich selbst bey Ihnen einführe, aber der Kleine durch seine unschuldigen *[29v]*Geständnisse ist schuld: Er gestand es mir selbst daß er von dem Cacadu nicht zum besten gelitten sey, und ich fürchtete er könne ihm sogar wieder entlaufen, und ich wünschte ihn in Sicherheit, denn ich habe das zierliche Thierchen recht lieb gewonnen, auch er selbst ist mit mir schon recht vertraut.

Morton der *Laurettens* Verlegenheit bemerkte, mischte sich als thätiger Freund in das Gespräch. Ohne die Dame zu kennen erzeigen Sie ihr eine Verbindlichkeit mein Herr, wofür sie Ihnen sehr dankbar sein muß. O gewiß fiel das Mädchen in die Rede, ich danke es Ihnen recht sehr. Sie rufte dem Vogel, der bey ihrer Stimme wie neu belebt wurde, und schnell aus Julius Händen auf ihre schön geformte länglichte Hand hinüber hüpfte, und seinen Schnäbel [30]auf ihre rothen Lippen drückte. – Darf ich wissen fragte *Morton* auf welche Art sie den Flüchtling, der uns manche Unruhe machte fanden?

Er saß in den Vorhängen meines Bettes, und überraschte mich unlaublich, da ich mich ganz allein wusste, und plözlich eine menschliche Stimme vernahm ohne eine menschliche Gestalt zu sehen, die mir zurief *Laurette n'est point perdu⟨e⟩ pour toi.*

Auch gesprochen hast du, sagte *Laurette* mit einer leisen zitternden Stimme! Eh ich mich über mein Erstaunen erholt hatte, kam der Kleine und erklärte mir bald das Räthsel wem der schöne Cacadu angehöre. Die Ungeduld die auf seinen Zügen sichtbar war, ließ mich nur zu deutlich fühlen, welche Sorge Sie um ihren Verlust tragen mussten, und ich glaubte, *[30v]*es sey das sicherste Mittel, lieber Ihnen zudringlich zu scheinen, als Sie in Gefahr zu sehen, den geliebten Vogel noch einmal zu verliehren, er sträubte sich so gut er konnte, nicht in die Hände Ihres Bruders zu gerathen.

In Wahrheit! mein Herr sagte *Laurette* endlich mit einem festern Ton, die durch den Anblick des jungen Mannes auf dessen Rede sie freundlich horchte, Muth gewonnen hatte, ich kann Ihnen meine Dankbarkeit nicht genug ausdrücken, das Thier ist mir sehr lieb, es ist mir durch die Gewohnheit, auf unsrer langen Reise übers Meer mit ihm zu leben noch lieber geworden, die Sorge für seinen Unterhalt hat mich doppelt an ihn gewöhnt. – Ich vermisste recht viel die paar Stunden, da ich ihn [31]entbehren musste. –

Das Nebenzimmer öffnete sich, und Madame Berwick trat zur Gesellschaft. Sie war verwundert einen Fremden unter ihrer Familie zu finden. *James* aber nahm zuerst das ⟨Wort.⟩ Mutter. – Wir haben diesem Herrn viel Verbindlichkeit Mutter, und du mußt ihn freundlich aufnehmen. Jezt da das Unglück vorüber ist, sollst du es wißen, denn ich lüge nicht gern, und verheele dir ungern etwas, aber wir thaten es nur, um dir den Kummer zu ersparen, den wir ertrugen, nun sollst du auch wißen, warum die Schwester heut zu Tisch kam, u. sagte sie sey nicht wohl, sie war es auch in der That nicht, denn sie weinte so viel, weil Cacadu fort war. Er erzählte mit kindischer Geschwäzigkeit so fort, und wie ⟨er⟩ [31v]sich bey Julius eingedrungen, und seine Bekanntschaft gemacht habe. Madame Berwick nahm ihn eben so verbindlich auf, als der übrige Theil ihrer Familie, und nach manchen Gesprächen die der Zufall entsponnen hatte, die Julius ausdehnte so weit es ihm möglich war, denn es lag ihm daran gekannt zu werden. Dadurch hatte sich ohne daß sie es selbst wussten, eine Art Vertraulichkeit entsponnen.

Madame Berwick war nichts weniger als streng in ihren Sitten und Anstand, dieser war ihrem Gemüth angebohren wie das feine Gefühl fürs Schickliche. Sie kam daher manchen die anders als sie dachten kalt, zurückstoßend vor, weil sie nicht mit Leichtsinn auf der Bühne der Welt erschien, sondern stets in ihrem Sinn [32]das was sich zieme oder nicht, abwog. Diese Ueberlegung den Anstand nicht zu verlezen ließ sie oft kalt scheinen in den Augen deren die sie beobachteten, u. die durch die Lebhaftigkeit ihres Gefühls sich hinreissen ließen, mit Wärme zu handeln, und daher selbst unüberlegt erscheinen. Sie war freundlich und beynahe zuvorkommend gegen Julius. So wenig sie es sonst auch ihrer Tochter gern zuließ, mit jungen Männern umzugehen, und ihr lieber einen Umgang erlaubte wo der Unterschied der Jahre eine Scheidewand aufwirft. Aber sie unterhielt doch gern das Gespräch zwischen beyden, und gab ihren Naturen freyen Spielraum sich ungehindert zu unterhalten. Die angebohrne Sittsamkeit in Julius [32v]Wesen, die seine Mutter sorglich ausgebildet hatte, die Achtung die er für den weiblichen Carackter hatte, und zeigte wo er verstanden zu werden glaubte, gewann ihm bald das völlige Zutraun der Madame Berwick, und in einem Zeitraum von wenigen Tagen, war diese Bekanntschft so eng und vertraulich verbunden, daß ein jedes glaubte es sey immer so gewesen. Julius fühlte sich so zwanglos in dem angenehmen Zirkel, als sey er immer darin gewesen, er gab nicht erst sich zu erkennen, sondern ließ jedem Zufall freyes Spiel sein Wesen auszusprechen. So lebten diese Menschen durch ein glückliches Gestirn zusammen geführt von einem Winkel der Erde zum andern, [33]als wäre dies zusammen seyn der einzige Zweck ihres Strebens gewesen. Und jedes fühlte was es in dem anderen gefunden. –

Viertes Kapitel

Ich wäre sehr begierig die Art und Weise Ihrer Bildung zu kennen, sagte Madame Berwick eines Tages vertraulich zu Julius. Sie, in einen glücklichen Himmelsstrich gebohren, wo die Cultur des Geistes, mit der der Natur im gleichen Fortschritte aufwärts strebt, haben vieles voraus. Was ich meinen Kindern lernen konnte, musste ich nur aus mir selbst nehmen, denn die Menschen die uns umgaben, hatten entweder ihre frühere Bildung des Geistes, durch den Trieb des Gewinnes, und Ehrgeizes unterdrückt, oder [33v]mußten aus Bedürfniß jedes andre höhere Streben unterdrücken, um sich eine sichre Existenz zu erschaffen. Dies ist überhaupt der Geist in den Pläzen wo der Handel die Menschen bildet. Ich und mein verstorbener Gatte, der auch nicht zu diesen Geschäften des Lebens gebohren war, suchten uns so viel als möglich war, mit der geistigen Welt in Verbindung zu erhalten, um unser eignes Gemüth rein zu erhalten, und unsren Kindern zum Vorbild dienen zu können. Denn wir waren die einzigen um sie, die ein höheres geistiges Bedürfnis in ihren Wercken kannten. Manche Abende, die der

Kaufmann in rauschenden Cirkeln verschwendet, um seinen Reichthum zu zeigen, brachten wir [34]still mit unsren Kindern zu, und suchten sie durch *Lectüre* zu ernstern Gefühlen fähig zu machen. Was ich in dem Gewühl der grossen Welt in der ich sonst lebte, als ich in Paris war, von Eindrücken retten konnte in meinem Gedächtniß theilte ich ihnen mit, um sie auch nicht fremd mit der Welt zu lassen.

Wie kamen Sie aber möchte ich wohl fragen aus dem grossen Paris, auf diese Insel wo Sie lebten? wär es nicht neugierig wenn ich fragte? sagte Julius⟨.⟩

Sie sollen alles wißen, war die Antwort. Aber erst möchte ich von Ihnen hören, wer Sie gebildet mein Freund. Sie sprachen uns immer nur von Ihrer Mutter, sollte diese allein Sie gebildet haben? Ich gebe es sehr gern zu, daß wir Frauens nicht dazu taugen einen Mann fürs Leben auszubilden, *[34v]*wir haben so vielseitige Ansichten, wir auch aufzufassen im Stande sind, doch zu wenig Selbständigkeit, die ich von der Beständigkeit die wir in einem hohen Grad besizen, sehr unterscheiden möchte. Aus Grundsäzen aber bleiben wir doch bey unsrem vorgesteckten Ziel, wo es den Männern Nothwendigkeit ist stehen zu bleiben, weil ihre strebende Natur die Dinge auf dem Grund kommen und untersuchen will und muß; wir wünschen hundertmahl ab⟨b⟩rechen, aufhören zu können, weil es unsrer Neigung wiederstrebt, aber wir bleiben dem Vorsaz der in uns entstand treu, aus Pflicht. Wie wir dies in uns selbst ausführen und ausgleichen, das wissen wir wohl, aber dieses Ausharren, [34A]aus Vernunft, dieser Streit mit den Neigungen; einem andern Gemüth verbergen zu müssen, daß es an unserm Geist nicht irre gemacht wird. Dies ist dünkt mir die schwerste Aufgabe. So sehr ich auch mit meiner Tochter schon darüber einig bin in ihrem Wesen, so schwer wird es mir doch mit meinem Sohn, den ich mir ohne Hilfe *Mortons* thätigen männlichen Geistes, nicht zu bilden wagen würde. – Sie haben den vielseitigen beweglichen Sinn eines Weibes mit dem ernsten forschenden festen Geist eines Mannes vereinigt. Konnte Ihre Mutter allein Sie so bilden?

So viel ich weis sagte Julius, hatte kein Mann den ich kannte, Einfluß auf die Bildung meines Geistes. Meine Lehrer waren, jeder in seiner Wißenschaft etwas, und jeder also einseitig. Von ihnen konnte *[34Av]*ich nichts aufnehmen, was zur reinen menschlichen Bildung allein führt. – Meine Mutter lebt in gewißer Art eben so abgesondert von den Männern als der Oheim Ihres Gemahls von dem Sie uns erzählten sich von den Frauen entfernt. Doch scheut sie ihre Gegenwart nicht, und geht oft mit Männern um, doch merkt man aber ganz klar, daß bey ihrem Umgang mit Männern nur das Interesse des Kopfes ins Spiel kömmt, und kein Interesse der Empfindung. Auch giebt sie einem jeden der sie genau beobachtet diesen Eindruck, daß man ihrem Herzen nicht beyzukommen vermag. Obgleich ihr Wesen den reinen Ausdruck des Wohlwollens hat, so ahndet man daß [35]es nur ein menschliches Gefühl ist, dessen Ausdruck ihr schönes Wesen sich erhalten hat. Ich fühlte zuweilen ganz klar, daß sie nur um meinetwillen den Umgang mit Männern unterhielt, damit ich unter der Pflege einer weiblichen Hand nicht zu weich gebildet würde.

Ich möchte wohl Ihre Mutter kennen, sagte *Laurette* gerührt. Sie würde Sie lieben schöne Freundinn, sagte er und fasste ihre Hand fester. Die Mutter unterbrach klug dies Gespräch, daß sie nicht gern in einen zu weichen Ton fallen ließ, mit einer allgemeinen Bemerkung, und beyde fügten sich wieder in den natürlich ofnen Ton, ohne daß sie es selbst wussten.

Die vier verschiednen Menschen, machten *[35v]*eine sehr angenehme belebte Unterhaltung möglich. *Morton* hatte viele und weite Seereisen gemacht, alle Welttheile gesehen. Er war von Natur zum tiefen Nachdenken gebildet, und hatte daher eine Menge ausgebreiteter Kenntnisse, von allen Gegenständen die seinem Wesen interessant schienen. Seine Unterhaltung war nie leer, er theilte sich gern mit. Mit den Weibern legte er den ernsten trocknen zuweilen gar rauhen Ton ganz ab, den man übrigens einem Seeoficier wohl verzeihen konnte. – und war biegsam und geschmeidig bey Menschen denen er wohl wollte, u. stets thätig und hülfreich um es ihnen wohlzumachen.

[36]Seinem Freund Berwick versprach er auf dem Todtbette seine Familie nach Europa zu begleiten, und sie nicht zu verlassen, bis er *James* Erziehung hätte vollenden helfen; Er hielt treu sein Wort, sorgte für die Familie als wäre sie seine eigne, und Dankbarkeit von der einen, und Neigung auf der andern Seite, hatten eine Art von Anhänglichkeit und zärtlicher Theilnahme unter ihnen erhalten, die man leicht hätte können für mehr nehmen. Es war ihm als wäre die feine fühlende kluge Berwick seine Schwester, *Laurettens* Schönheit die ihn anzog, an deren Entwicklung er mit Wohlgefallen Antheil nahm *[36v]*entlockte wohl seinem Herzen eine feurigere Zuneigung, als das Gefühl für die Mutter war, denn die Männer in einem reifern Alter, verweilen lieber beym aufblühen eines schönen Gesichts, als bey den Spuren ehmahliger Schönheit. Doch war seine Neigung für *Lauretten* mit dem Antheil eines Vaters zu eng verbunden, als daß er hätte können gefährlich werden. Er gewann auch Julius eben so lieb als sie, und bald wurde es ihm schwer eines ohne das andre in seinem Herzen zu wissen. –

Madame Berwick besaß nicht die allzugrosse Beweglichkeit einer Französin, ihr Schicksal hatte ihrem Gemüth [37]mehr Ernst und Ruhe gegeben, im Handeln. Im Denken aber besaß sie die Fertigkeit die Ideen andrer schnell aufzufassen und eines lebhaften Interesses fähig zu sein in einem hohen Grade, und freute sich an jeglicher schönen rein menschlichen Erscheinung. So leer ihr das Leben wurde, wenn sie ihres Verlustes gedachte, und die Sehnsucht nach dem Geliebten Verstorbnen zu heftig erwachte, so gab ihr doch die Ansicht der Welt und ihre mannichfaltigen Erscheinungen wenn ihr Geist gestimmt war sie aufzunehmen viel Genuß. Sie war eine sehr angenehme Gesellschafterin, weil ihrem Geiste nichts entging was den Menschen interessieren kann, und sie immer *[37v]*gefällig und theilnehmend die Vorstellungsarten andrer aufnahm.

Laurette spielte keine stumme Rolle in der Gesellschaft und Unterhaltung der übrigen, mit Grazie und Feinheit drückte sie ihre Gefühle aus. Noch nicht so empfänglich für das rege Leben ausser sich, weil ihre Phantasie zu viel Reichthum in sich selbst aufbewahrte, schien manche Erscheinung des Lebens nicht tief auf sie zu würcken, weil ihr Gefühl keinen Antheil daran zu nehmen vermochte. Aber sie gab doch stets auf eine gewiße Art ihren Antheil zu erkennen der befriedigte.

Julius reich in sich selbst, u. offen und empfänglich, mit einem [38]hohen reinen Sinn fürs Leben, machte den kleinen Familiencirkel um vieles weiter. Sie waren obgleich sie meist unter verschiednen Menschen lebten, doch gewißermassen an das Eiland mit ihren Begriffen mehr gefesselt, als der freie Bewohner des festen Landes der sich nicht durch die Fluthen des Meeres bechränkt fühlt, der keine Bedürfnisse der Verfeinerung erst aus dem cul⟨t⟩urirten Europa zu erwarten hatte, der an der Quelle der geistigen Ausbildung lebte, manches was ihnen noch fremd dünkte, waren für Julius schon alte Erscheinungen.

Seine Gefühle für das liebenswürdige Mädchen wurden in einem vertrauten Umgang gemildert, aber nicht unter⟨drückt⟩.

*[38v]*Er fühlte zu wohl daß es einem Jüngling nicht zieme, der ohne Bestimmung noch in der Welt auftrat, seine Wünsche für das übrige Leben auszusprechen. Er hätte in diesem schönen Kreise stets so fort leben mögen, er war ruhig in *Laurettens* Nähe, weil er schon Ersaz fühlte jeden Eindruck ihres Herzens zu beobachten. –

So verfloßen die Tage in einer gleichförmigen Existenz im sanften stäten Laufe fort. – Er suchte dann und wann den Grafen auf, und fand stets eine reiche Erndte für seinen [39]Geist, in der Unterhaltung mit ihm. Der Graf besaß einen unendlichen Reichthum von Kenntnissen aller Art, und theilte diese auch gern mit. Aber sobald man auch nur an die leiseste Ahndung eines Gefühls Anspruch zu machen verlangte, blieb man ohne Antwort. Julius sann oft Tage lang nach wie es anzufangen sey seinem Herzen beyzukommen aber vergebens!

Er hatte nun die näheren Verhältnisse der Madame Berwick erfahren. Der Vater ihres Gatten war der Bruder des Grafen. Der Vater dieser beyden war ein Deutscher, der als Gesandter in Paris leben musste. Den Aeltern Sohn hatte er auf eine vortheilhafte Art in Militair Dienst [39v]angebracht, er verheirathete sich mit einer liebenswürdigen Pariserinn, u. war ganz naturalisirt in Frankreich, er hatte zwey Söhne, der Aeltere hatte früh die Neigungen seines Vaters, u. bestimmte sich zum Militär. Sein kühner Muth, der seiner Gewandheit zuvorstrebte, zog ihm eine Ehrensache zu, und er verlohr in einem Zweykampf das Leben. Der Jüngere hatte früh Neigung zum Seedienst, und als zweyter Sohn der Familie, die nun ganz naturalisirt war in Frankreich, hatte er wenig Hofnung zu einem Vermögen zu gelangen wenn er es nicht selbst erwürbe. Er machte in früher Jugend schon weite Seereisen.

[40]Als er von einer mühevollen Expedition zurückkehrte zu seiner Familie, fand er seine Eltern über den frühen Tod seines Bruders in tiefer Traurigkeit. Sein Großvater war durch eine langwierige Krankheit seinen Diplomatischen Geschäften abgestorben. Sein Oheim den er sehr liebte war fort, es war eine Art Geheimnißnisvollen Wesens über die Verhältnisse seiner Familie verbreitet. Er war zu discret um Fragen zu thun, die er wohl merkte, daß man sie ihm ungern beantwortete. Und schuf sich einen andren geselligen Circel. Er fand durch einen glücklichen Zufall eine Frau, die mit ihrer Tochter ganz abgetrennt von der [40v]geräuschvollen Welt lebten, sie hatte sich seit mehreren Jahren aus der Gesellschaft zurückgezogen – Er wusste niemahls daß *Madame Le Blanc* mehr wie eine Tochter habe. Die die bey ihr lebte war in ihrer Jugend so liebenswürdig und schön als sie in spätren Zeiten durch ihren Gebildeten Geist u. wohlwollendes Gemüth die Menschen fesselte. Berwick sahe sie, u. liebte sie beym ersten Anblick, er fühlte daß er bey diesen Menschen wieder finden würde, was er in dem Circel seiner Familie vermisste, er war ihrer froh, und lebte gern mit solchen Menschen, er ergözte sich an der stillen heitern Stimmung der beyden Frauenzimmer, und suchte sie gern [41]wenn er aus dem gedrückten bangen Kreise seiner Verwandten floh, um sich zu stärken, und sein Gemüth wieder zu erheben. Er vermochte nicht lange die Wünsche seines Herzens zu verbergen, und er erhielt die Einwilligung seiner Familie, und die Hand der schönen *Antonie*. Als er endlich bei *Madame Le Blanc* als Sohn aufgenommen war, erblickte er einst in ihrem Cabinet ein schönes Miniatur Gemählde, er fragte begierig wer es sey. *Antonie* suchte einen leichten Ton anzunehmen, und verbarg es mit ihrer Hand. Sie sollen das Bild nicht sehen mein Freund, es könnte mir vielleicht Ihr Herz rauben. Es ist ein unglaubliches Mädchen, die zu spät fühlen konnte was die Bestimmung eines Weibes seyn soll. Es ist meine Aeltere Schwester. [41v]Still sagte die Mutter, erwecke nicht das Andenken an sie in meinem Herzen. Sie hat sich dem Busen ihrer Mutter entzogen um sich in die Arme der Kirche zu werfen. Lebt sie noch, so ist es nicht mehr in unsrer Macht etwas für sie zu sein. Sie hat durch einen einzigen unbesonnen Schritt die Regeln ihres Ordens verlezt, und ist nun auf ewig von aller Verbindung mit der Welt geschieden. Ich habe sezte sie tief bewegt hinzu das schrecklichste ertragen müssen indem ich meiner Tochter entsagen musste. Ein frommer Wahn trieb sie in einer Periode ihres Lebens dem Beruf zum Kloster zu folgen, wo sie die Welt noch nicht

kennen konnte – Die Welt hat sich gerächt [42]und sie muß gewiß bitter dafür büssen. Sprich nicht mehr von ihr, ich bitte dich. Ich kann nichts als um Ruhe für ihren Geist bitten. – Dies thue ich jeden Tag.

Den ganzen Abend war die Unterhaltung ernsthaft und traurig, und Berwick, der den tiefen Schmerz der Mutter fühlte, wagte keine Frage mehr. Niemand wusste ihm etwas von dieser Geschichte zu sagen, als daß *Antonie* längst schon in dem Viertel der Stadt lebe mit ihrer Mutter, und sie als die einzige Tochter gekannt sey. Die Familie erwähnte nie etwas von ihren frühern Verhältnissen und kein Mensch wagte sie darum zu fragen. –

Als er glücklich mit *Antonien* verbunden war, erwachte in seinem Herzen, der Wunsch *[42v]*wieder lebhafter der ihn stets begleitete aber nur zu schlafen schien, da seine Liebe seinen Geist belebte. Das Leben in Paris war ihm zu wenig befriedigend, er sehnte sich nach dem Leben das er in seiner frühsten Jugend gewählt hatte. Er fühlte wohl daß er *Antonien* nicht verlassen könne, und er sie noch weniger das rauhe Leben eines Seemannes mit ihm theilen lassen. Seine Aeltern die sich über den Tod des Ältesten Sohnes nicht trösten konnten, schienen ungerecht gegen den zweiten, ob sie ihn gleich liebten, so ward ihnen seine Nähe nicht zu der Freude ihres Lebens nothwendig. Sie selbst also hatten nichts einzuwenden als er von seinen Planen [43]sprach, ausserhalb Europa sich seine Existenz zu gründen. Auch Antoniens Mutter, die durch eine Bekanntschaft mit einem Ordensgeistlichen, von der stillen Ruhe des Klosters erzählen hörte, wünschte jezt in einer heiligen Gemeinde leben zu können, und empfahl ihre Tochter dem Schuz ihres Gatten, und ging als Pensionärin in ein Kloster.

Antonie durch treue Liebe an das Schicksal ihres Freundes fest gebunden, hatte gar keine Einwendungen zu machen als er ihr vorschlug in *Domingo* auf eine Reihe von Jahren ihren Wohnplaz aufzuschlagen. Sie lebte nur für ihn, und den Pflichten ihres Standes, und jeder *[43v]*Ort war ihr gleichgültig, wo sie mit ihm das Leben theilen konnte.

Sie fanden die Aussichten in *Domingo* viel vortheilhafter noch, als sie es erwarten konnten, und *Antonie* die ihrem Gatten eine Tochter gab, wurde durch dies neue Band, noch fester an den Boden gebracht, wo sie diese seeligen Gefühle der mütterlichen Liebe hatte kennen lernen. Nach einigen Jahren die er zu seinen Geschäften, und seine Gattinn mit der Bildung *Laurettens* zubrachten, gab sie ihm noch einen Sohn, der eine andre Art der Existenz in den stillen Familien Cirkel mitbrachte. Neue Sorgen, neue Behandlungsart des muthwilligen starken Knaben, machten [44]der Mutter manche Mühe. – *Antonie* zu sehr in den Geschäften ihrer Bestimmung verlohren, und zu sehr der freundlichen Aussicht auf eine ungetrübte Reihe von Jahren, vertrauend, sah einst daß ihr Gatte, einen innren tiefen Schmerz zu bekämpfen schien. Er selbst fühlte zu gut, daß er nicht lang die Stüze seiner Geliebten sein würde. Ein verborgnes Uebel daß ihn längst quälte, untergrub plözlich schneller seine Gesundheit, er wagte es nicht, in bestimmten Worten seine Gattin von den Aussichten ihres künftigen Lebens zu unterhalten, er suchte nur in ihrem Geist wieder mehr die Bilder ihres vergangenen Lebens anzufrischen, *[44v]*und sie mehr mit den Verhältnissen ihres Vaterlands wieder bekannt zu machen. Die Liebste Erinnerung seines Lebens im väterlichen Hause war ihm sein Oheim. Dieser hatte in Berwicks frühern Jahren mit seinem Vater gelebt, u. ob er gleich seinem Großvater erst später nach Frankreich folgte, und seine Bildung in Deutschland erhielt, so war er doch gerade da in Berwicks Nähe, als dieser am empfänglichsten für die guten Eigenschaften andrer war, und mit warmem glühenden Sinn jede schöne Erscheinung festhielt. Der Oheim der allen die ihn sahen, als ein hohes reines Wesen erschien, schritt mitten [45] durch die Welt die ihn umgab, wie eine Heldengestalt früherer Zeit.

Ein edler, erhabner Carackter. Er hatte eine Art sein Wesen zu verkündigen ohne sich mittheilend zu zeigen, die alles für ihn einnahm. Mit diesem Bild in seiner Seele verließ Berwick Europa.

Er kannte die Großmuth seines Oheims von der glänzendsten Seite, u. traute seinem Herzen alle Liebe und Theilnahme für ihn zu. Es war natürlich daß er bey einem solchen Mann auf eine sichre Zuflucht für seine verwaiste Familie sich Hofnung machte; Stundenlang sprach er seiner *Antonie* von ihm, was man von den frühern Anlagen dieses seltnen edlen Menschen sich für [45v]Erwartungen machen sollte, u. durfte. Früher noch als er selbst glaubte, sah sich seine geliebte *Antonie* in die Nothwendigkeit versezt an ihre künftige Existenz zu denken denn Berwick fühlte sich plözlich sehr schwach, u. nicht im Stande auf das Leben länger zu rechnen. In den lezten Stunden seines Lebens war es seine einzige Sorge, Anstalten zu der Rückkehr seiner Familie nach Europa zu machen. *Morton* der sich durch Dankbarkeit und zulezt innige Liebe an die Familie gefesselt fühlte, gab sein Wort, sie nicht zu verlassen, bis er sie in Europa, sicher und glücklich wusste, und erfüllte treu die Pflichten der Freundschaft.

[46]Als ein redlicher Freund des rechtschafnen Berwicks ward er nun der Trost seiner weinenden Gattin; oft wenn sie in das Andenken ihres verewigten Freundes verlohren war, und in den Träumen einer glücklichen Zukunft wo sie wieder mit ihm vereinigt seyn würde verlohren war, blickte sie mit Vertrauen zu *Morton*, und erhielt von ihm das Versprechen ihre Kinder nicht zu verlaßen, wenn sie ihrem Berwick nachgefolgt sein würde.

Als sie nach Paris zurückkamen fand die arme Berwi⟨c⟩k bald, wie verlassen sie ohne *Morton* sein könnte, ihre Mutter lebte nicht mehr; von Berwi⟨c⟩ks Familie erfuhr sie, daß sie nach England gezogen, von dem [46v]Oheim war in Paris keine Spur zu finden. Nach langen thätigen Bemühen von *Mortons* Seite, erfuhr er endlich, daß der Graf gar keine *relationen* mehr in Paris hatte, ein einziger Kaufmann der die Geldgeschäfte besorgte, gab ihnen Auskunft, daß er Befehl habe, die Gelder zu bestimmten Terminen in eine grosse Stadt Deutschlands zu senden. Es blieb nichts übrig, da ihr England zu fremd war, und sie als eine Französin, nicht mit einer Zuneigung gegen diese Nation gebohren war, als nach Deutschland zu reisen und den Oheim aufzusuchen. Sie erfuhren auch bald als sie in D. ankamen daß ein [47] Mann dieses Nahmens u. Standes sich da aufhalte; und *Morton* eilte zuerst zu ihm, um ihn auf die Erscheinung seiner Nichte u. ihrer Kinder vorzubereiten; die Art wie der Graf *Morton* aufnahm ist uns bekannt. –

Da Madame Berwick bald jede Hofnung aufgab das kalte Herz ihres Oheims zu rühren: Sie war gewöhnt den Freuden des Lebens zu entsagen, u. so schmerzlich sie dieses Betragen zu jeder andern Zeit gefühlt haben würde, so ertrug sie es mit Resignation. So beschloß sie aber doch an dem Ort noch zu verweilen. Die glückliche Lage der Stadt bestimmte sie dazu, und die leichte Art ihren Kindern Unterricht zu verschaffen. Dieser glückliche Zufall war es, der die Bande die Julius an diesen schönen Kreis knüpfte, immer enger und enger machte, weil die Zeit ihnen Freiheit und Ruhe gab, ihre Gefühle und Empfindungen [47v]gegen einander auszusprechen.

Julius wagte nicht die Art wie er den Grafen hatte kennen lernen, seinen Freunden mitzutheilen. Sein Plan den er in dem Feuer seines Gefühls entwarf war, durch seinen Einfluß das Herz des Oheims zu erweichen, und ihm sollte die liebenswürdige Mutter mit der schönen Tochter es zu verdanken haben. –

Julius Mutter erfuhr treulich alles was er vornahm, und durch seine Schilderung lernte sie *Lauretten* lieben. Was sie eigentlich dachte aber, theilte sie ihrem Sohn noch nicht mit. Es war bisher ihr einziges Bestreben gewesen, ihn für eine Neigung zu bewahren. Aber wie es jezt in dem Herzen ihres Sohnes aussah errieth sie leicht. [48]Doch schwieg sie gegen ihn, und nur als er mit mehr Freyheit als sonst sich einst über die Verhältnisse beyder Geschlechter ausließ antwortete sie ihm diese Worte.

Ich errathe aus dem ungewöhnlichen, mir neuen Ton Deines Briefes Geliebter daß Dein Herz einer Crisis entgegen geht, für die ich Dich lieber bewahrt haben möchte, wenn ich meine Erfahrungen zu einer Richtschnur Deines Schicksals machen könnte; doch es sey! Du bist Edel und gut, und die Gefühle eines weiblichen Herzens werden Dir heilig sein – Ich kann nichts als dich der Reinheit des Deinigen überlassen. –

[48v]Fünftes Kapitel

Als Julius nach manchen froh durchlebten Tage⟨n⟩ mit der liebenswürdigen Familie, sein Herz offner für das Grosse des Lebens fühlte, für die ernste Bestimmung des Menschen sein Gefühl höher gestimmt fand, und er fest in seinem Herzen das Gelübd niederlegte, ein nüzliches Mitglied der Menschlichen Gesellschaft zu werden, wie von einem magischen Zauber behaftet lag ⟨da⟩ sein künftiges Leben vor ihm. Nicht mit Widersprüchen, und Kämpfen mit Meinungen u. Schwächen der Menschen hatte er zu thun. Seine Laufbahn wie die des Gestirn des Tags ging in gerader Bahn, zu einem glücklichen reichen Leben [49]nur sein Herz, seine Fähigkeit konnten ihm den Kreis seines Lebens weit oder eng vorzeichnen. – In einer solchen betrachtenden Stimmung, kam er mit einem glühenden Sinn zu dem Grafen. Eine unwiderstehliche Sehnsucht zog ihn zu diesem hin, und so oft er seine Schwelle betrat, so oft fühlte er auch den lebhaftesten Wunsch daß dieser ihm endlich sein Herz öffnen möchte, u. er fühlte sich stärker und stärker zu ihm hingezogen.

Er fand ihn ernst und in sich gekehrt mit einer Zeichnung beschäftigt, die die Stimmung seines Gefühls ausdrückte. –

Sie sind immer so allein, sagte Julius als er zu ihm trat; wohl Ihnen daß Sie [49v]der Welt nicht bedürfen, wie groß muß der Reichthum von Zufriedenheit in Ihrem Busen sein den Sie in sich bewahren, von Heiterkeit nicht? sollte ich meinen, und sah ihn bedeutend an. –

Sie haben nicht unrecht lieber Freund, ich bin auch nicht heiter, ich bedarf es auch nicht. Eure hellen Farben mit denen ihr die Gegenstände des Lebens euch ausmahlt sind nicht die meinigen; Muß man aber das Leben auch heiter ansehen?

Man ist es sich selbst doch schuldig – Geh, geh rief er bewegter aus, und sein Auge glänzte. Flattre auf den rosenfarbnen Flügeln der Jugend, in wircklichen oder erträumten Paradiesen; Ich gönne Dir das Glück – wenn die [50]Freude Dir hold ist, so geniesse sie. – Mein Weg geht nicht mehr in die lachende Welt; Auch ich war einst glücklich! –

Sie könnten es noch; fiel Julius heftig ein, und fasste des Grafen Hand. O gewiß klingen diese Saiten noch harmonisch, wenn der rechte Ton erklingt.

Nein, nein; sagte er, und wollte einen Seufzer unterdrücken.

Könnte ich wissen welcher bösen Macht es gelungen wäre, die Bilder Ihrer schönen Seele zu verdunkeln? – Warum schweigen Sie so unerbittlich? Kann auch vertrauende Hingebung an den Busen eines Freundes, eines theilnehmenden Wesens, Ihnen keine Freude mehr gewähren? Kann nichts den Schmerz [50v]lindern, der durch diese festen Züge durchschimmert, wenn gleich der Wille fest u. starck ist sich zu verbergen. Glauben Sie mir. Sie mögen sich noch so fest überredet, oder es sich anvernünftelt haben daß Sie andrer Menschen nicht bedürfen, und weder Liebe noch Vertrauen. Einst wird der Augenblick doch kommen, daß Sie es fühlen werden, daß es das seeligste ist was dem Menschen aufbewahrt ist, sich einem gleichgestimmten Herzen mitzutheilen, hinzugeben. Aber vielleicht ist es dann zu spät. –

Wenn ich Sie mir denke sagte er mit einer Stimme der Begeisterung, wie anders Sie das Leben sehen könnten, mit dem grossen reichen Geist, der so hochgesinnt die Welt umfasst, wenn es auch Augenblicke gäbe, wo Sie sich der Gefühle Ihres Herzens erfreuen könnten – [51]wo Sie auch andre neben sich reicher machen könnten, durch das Aussprechen dieses Geistes! –

Nicht weiter junger Mann mein Weg geht nicht mehr diesem Himmel zu. – So gut Sie sind, aber doch weder Sie noch irgend jemand kann mir zurück geben was ich bedarf.

Sie irren, ich selbst wollte Sie glücklich sehen, wollte entzückt das Geständnis auf Ihrem Gesichte lesen, daß Sie mir den Frieden Ihres Herzens verdanken, wenn Sie nur wollten. – – *Laurettens* Bild stand in allem Zauber des Reizes vor seiner Seele, und flösste ihm Muth ein, über sie zu sprechen. Sie haben sich selbst ein Glück versagt das Ihnen nahe ist. In diesen Mauren ist ein Schaz der Ihnen unbekannt ist, unbekannt bleibt *[51v]*durch Ihre Kälte, Ihre Härte. Ein einziger Blick würde Ihnen einen Himmel öffnen, den die Unschuld eines hohen reinen weiblichen Geistes um Sie schaffen würde. – Ihre Verwandten haben Sie von sich gestossen, und bey ihnen hätten Sie vielleicht allen verlohrnen Frieden wiedergefunden.

Als er nach dieser Rede schüchtern zum Grafen hinauf sahe, stand dieser unbeweglich da, eine kalte finstre Mine hatte sich über sein Gesicht verbreitet. Er schwieg lange.

Ich weis nicht was Sie berechtigt hat, mich zur Rechenschaft zu fodern, mir meine Handlungen vorzuwerfen – ich verzeihe es diesem jungen gutartigen Gemüth, aber wenn ich Sie gern wiedersehen soll so sprechen Sie nicht mehr mit mir über das, was ich thun [52]soll. – Anders kann ich nicht seyn. – Sprechen Sie nie mehr mit mir über eine Angelegenheit wo das andre Geschlecht erwähnt wird, gewiß ich kann nicht anders. – Und wollen es nicht fiel Julius ein. O ich verstehe nun bald wie es mit diesem Herzen aussieht. –

Möchten Sie nie dahin kommen auch diese Sprache zu verstehen! Die ich hoffe es, Ihnen noch unverständlich ist. – Ich muß heute gegen die Regeln des Wohlstandes sündigen: Ich muß Sie bitten mich zu verlaßen, denn unser Gespräch hat eine Wendung genommen die keinen von uns beyden befriedigen kann und wird. Glauben Sie wenn ich Ihnen auch anders scheine, ich fühle was Sie mir seyn möchten. – Aber Jeder ist nicht fähig den Weg des *[52v]*andern zu gehen, den er sich erst mühsam so bahnte. Die Dornen sind nur aus dem Wege geräumt, um die Wunden nicht wieder aufzureissen. Aber zum Frieden führt noch keine Bahn. Sey du glücklich wenn du es kannst. Er verbarg schnell sein Gesicht in seine beyden Hände, und verließ das Zimmer. Julius hörte ihn im Nebenzimmer tief Seufzen.

Er stand wie am Boden festgewurzelt da. Sein Gefühl war beleidigt, heftig gereizt durch diese undurchdringliche Kälte; Auf immer sah er der ihm geliebten Familie den Weg verschlossen, zu dem Herzen des hart gesinnten Oheims. – Auf der andren Seite hatten die lezten Worte des Grafen sein ganzes Mitleid *[52Ar]*aufgefodert, u. sein Herz auf ewig zu ihm hingeneigt. –

[53]Er ging in einer tiefen Bewegung nach seiner Wohnung, an *Laurettens* Fenster hörte er sich leise rufen, wohin lieber Julius? Kommen Sie zu uns, der Tag ist so unruhig gewesen, ein ruhiger Spaziergang wird uns allen wohlthun. – Die Mutter ist so traurig mismuthig möchte

ich sagen, u. ich kann selbst auch zu keiner ruhigen Empfindung kommen in meinem Sinn. Die Natur soll wieder den Wohlklang erwecken. – Auch Sie sehen bewegt aus mein Freund? was ist Ihnen? Nichts meine Theure, wenn es Ihnen nur wohl wäre, mein Herz hat sich lang gewöhnt [53v]nur aus diesen Blicken sein Glück zu lesen, bey Ihnen wird es mir wieder wohl werden.

Mit einem innigern Gefühl seiner Anhänglichkeit an die liebenswürdige Familie sah Julius sich von allen freundlich empfangen, als er ins Zimmer trat; der unbegreifliche Sinn des Oheims wurde ihm immer räthselhafter und immer drückender, denn er hätte sein bestes hingegeben, diese Menschen glücklich zu wissen und Jener entfernte sie auf ewig von sich. Was Julius ganzes Glück gewesen wäre, wies der Oheim kalt und störrisch von sich weg, würdigte sie nicht einmal eines Blicks. – –

Der Abend ist so schön sagte die Mutter, wir wollen ihn im Freyen geniessen. *James* [54]fehlte nur noch.

Sie gingen auf lieblichen Wiesen am Ufer des Flusses hin, deßen Lauf sie durch eine blaue Ferne noch lang verfolgen konnten. Die schön gewölbten Bogen einer Brücke verbanden die laufenden Ufer die mit reichen Anpflanzungen prangten, die fernen Hügel schmückten Weinpflanzungen, u. die zarten grünen Blätter mischten sich bald in die blaue Luft, bald ragten weisse Felszacken hervor auf denen schwarze Kreuze aufgerichtet standen. Die Luft war mild und erquickend, auf der Wiesen tönten die Glocken der Heerden, die nach Hause zogen, und in den Dörfern läuteten die Glocken zur Abendfeyer, alles war belebt um die Wandrer, und bereitete die Welt wie die Natur zur Ruhe vor.

[54v]Madam Berwick warf dann u. wann ängstliche Blicke um sich her, wo nur *James* sein mag fragte sie ängstlich, ich läugne nicht daß ich nicht ganz ruhig bin seinetwegen; er verfehlt sonst nicht uns bey unsren Spaziergängen zu begleiten; heute gerade da ich ihm so streng verbot sich zu baden, weil er mir zu erhizt schien, ist er nicht bey uns; Ich bot alle meine Beredsamkeit auf, wo der Vater mit Strenge verbietet, kann die Mutter nur sprechen. Ach wie vermisse ich stets die Leitung deren wir alle entbehren müssen! Ich sehe zu deutlich wie meine Vorstellungen fruchtlos sein werden, *James* ging schnell von mir, denn ein böser Vorsaz trieb ihn fort. Ums Himmelswillen *Morton* sehen Sie nach jener Krümung hin, ein weisser Körper scheint dort! – –

[55]Es ist nichts sagte *Morton*, sehen Sie nicht hin und wieder Felsspizen aus dem Wasser ragen, die Wellen brechen sich dort stärker, dies lässt sie uns als einen Körper erscheinen. – Ihr Gemüth ist einmal von traurigen Bildern erfüllt. *James* da er uns nicht fand wie er in die Wohnung kam wird unser dort warten. Es ist kein Fels, heiliger Gott es ist mein Bruder! rief *Laurette*, er winkt mir ihm zu helfen, sie warf schnell ihren Strohhut von sich, und ihr langes Haar fiel in Wellen herab, ihren Schaal schwang sie in die Luft, und ergriff den Zweig eines Busches, und schwang sich leicht ins Wasser. Die Mutter erschreckt in ihrem Gemüth über die Gefahr ihrer Kinder, sank Ohmächtig in Mortons [55v]Arme. Julius von Schmerz und Angst egriffen wusste nicht wie er auf einmal allen helfen wollte, er schlang *Laurettens* Schaal um seine Brust, dies war das einzige was er that, er wollte nach in den Strom, als *Laurettens* Stimme ihn aus dem Traum weckte. Er lebt, er lebt, rief sie entzückt, und hatte den Bruder den sie ans Ufer ziehen wollte, jezt fühlte Julius was er thun musste, er ergriff *James* und zog ihn heraus, kaum waren beyde gerettet, so sank *Laurette* leblos auf den Teppich der Wiese hin, matt sagte sie nun kann ich ruhen, und nickte lächelnd Julius und ihren Bruder an.

[56]Während dem hatte sich die Mutter erhohlt, u. Freude u. Furcht hätten sie bald wieder

in denselben Zustand zurückgebracht, denn sie sah ihren verlohren geglaubten Sohn, aber die Tochter leblos an die Brust des Bruders gelehnt.

Morton der thätig immer dachte den Bedürfnissen abzuhelfen, weckte Julius am ersten aus seiner schmerzlichen Betäubung. Gehen Sie, eilen Sie rief er, vielleicht ist ein Haus in der Nähe was die Frauenzimmer aufnimmt, *Laurette* muß ihre Kleider wechseln, auch *James* bedarf noch Ruhe, eilen sie, stehlen Sie einen Wagen wenns kein andres Mittel giebt, nur schnell, schnell! Ich bin schon in so manchen Fällen dieser lieben, liebenden Familie tröstlich gewesen, ich kann sie nicht verlassen; Auch ich kann nicht, jezt nicht von *Lauretten* rief Julius, dessen ganzes Gefühl erwachte.

*[56v]*Wenn sie stürbe, und ich wäre nicht bey ihr! Sie lebt rief die Stimme des Mädchens; versuchte sich zu bewegen u. fasste der Mutter Hand. Eilen Sie junger Freund, wir sind alle schwach, ich möchte Sie wohl bitten für unser Fortkommen zu sorgen, ich habe viel gewagt merke ich an Ihrer Bestürzung.

Ja wohl, ja wohl, rief *Morton* Julius sprang auf u. trat nach den Mauren u. Hecken der Gärten hin. Er fand bald eine ofne Thüre, ein paar Weiber Personen und ein *Pavillon* stand offen, er führte die Weiber fort erklärte ihnen was sie thun sollten, daß sie die Damens holen sollten, u. bereitete einstweilen Ruhepläze in dem *Pavillon*.

Es geht wohl an junger Herr sagte eine der Frauen daß Sie die Frauenzimmer hierher führen, weil wir da sind, denn da kömmt [57]auch sicher der Gnädige Herr nicht, der fürchtet unser Geschlecht gar gewaltig. An diesem Zuge erkenne ich den Besizer des Gartens rief Julius aus, aber er muß sie aufnehmen, ich dringe darauf. Es soll mir gelingen; ich will ihn aufsuchen, *Laurettens* That erzählen, das Bedürfnis nach Ruhe schildern was sie alle fühlen, sie können ohnmöglich nach ihrer Wohnung zurück. Nimmt er sie nicht auf, so bringe ich selbst alles her was Sie bedürfen u. *Morton* u. ich sind Ihre Wächter diese Nacht. Ihre Wohnung zu erreichen ist unmöglich zu Fuß gar nicht, u. ehe die Thore geschlossen werden ist es unmöglich in die Stadt zu kommen. –

Sollten wir auf diese seltsame Weise uns bey unsrem Onkel einführen rief Madam Berwick *[57v]*vielleicht hat dieser traurige Vorfall für uns die glücklichsten Folgen sagte Julius. Halten Sie sich nur ruhig für jezt, die Weiber sollen Ihnen Erfrischungen bringen, ich eile den Grafen aufzusuchen. Aber erst sagen Sie mir daß Sie sich leicht fühlen, daß Sie leben wollen und – – Thränen erstickten seine Stimme er drückte *Laurettens* Hand an seine glühende Stirn, er wagte es nicht einen Kuß darauf zu drücken, sie war ihm zu heilig.

Kaum wusste er selbst wie er den Garten durchflog, u. ehe ers dachte fand er sich an der ernsten Wohnung, den Sphinxen gegenüber. Der Graf stand bey dem Gärtner der junge Bäume stüzte, die die vollen Früchte zur Erde gebeugt hatten. Willkommen junger Freund rief er ihm zu, ich bin hier mich über meine Zög[58]linge zu freuen. Sie sollen auch Theil nehmen. Ich komme aus ganz andern Absichten theurer Graf rief ihm Julius entgegen. Ich komme Ihre Theilnahme, Ihre Hülfe anzuflehen. Ich beneide Sie in dem Augenblick, denn Sie sind der erste der eine so schöne That belohnen kann, u. wird, ich irre mich gewiß nicht in Ihnen. In Ihrem *Pavillon* am Ende des Gartens hat die schönste edelste Familie auf einige Stunden ein Obdach gefunden. Eine Mutter mit zwey Kindern, die sie beide zu verliehren fürchten mußte, haben sich hierher geflüchtet, um auszuruhen von den mühsamen, schreckensvollen Begebenheiten.

Was wollen Sie von mir rief der Graf, der unwillkührlich den Fuß schon aufgehoben hatte um weiter zu gehen denn er fürchtete die Frauenzimmer möchten nachkommen. – Sie stüzen diese Bäume, die es Ihnen nicht danken können, [58v]und *Laurette* sollte Ihnen nicht Ihre Pflege danken dürfen, Ihre Unterstüzung!

Um Gotteswillen reden Sie aus, was soll ich thun, was kann ich. Um alles in der Welt nur – – – schonen Sie meines Gefühls.

Mit einem Feuer einer Lebendigkeit trug Julius nun die Begebenheit vor, die zu leicht ahnden ließ daß er mehr als menschlichen Antheil an den Personen nahm. Diese Schwester die mit dem kühnsten Muth sich ins Wasser stürzte um ihren Bruder zu retten, ist – die Tochter Ihres wärmsten zärtlichgeliebtesten Freundes, ihre Mutter seine Wittwe. Ihre nächste Verwandte der Sie Ihren Schuz versagten, sezte er hinzu, u. sah den Grafen starr an. Haben Sie nur einen Funken Gefühl so wird Ihnen ihr Herz sagen was Ihre Pflicht jezt ist.

[58A]Sollten Sie mich an meine Pflicht mahnen? Sie sind kühn junger Mann, welche Gewalt heisst Sie so zu mir reden? Aber wagen Sie es nicht wieder⟨,⟩ wir haben uns sonst zum leztenmahl gesehn.

Julius wurde immer heftiger, in seinem Gemüth, er sprach nicht mehr aber er stand unbeweglich. Mit einem bitter verachtenden Blick sah er den Grafen an. Sie wollen um Ihr Gefühl nicht zu beleidigen lieber hart handeln? Ich sehe auch Sie nicht wieder. Schonen Sie Ihr Herz, immerhin, versagen Sie sich das süsseste höchste Glück des Lebens, sich an andrer, fremder Vollkommenheit zu erfreuen, und leben Sie wohl. Sollten wir nicht mehr in die Stadt kommen durch die Thore, so werden Sie uns doch vielleicht erlauben die Damen durch Ihre Wohnung zu führen, wo sie vor der Thüre einen [58Av]Wagen finden werden, den ich zu bestellen rufen will. Es ist die lezte Gefälligkeit um die ich Sie ersuche. Leben Sie wohl Graf; er konnte nichts mehr sagen, u. ging schnell nach dem Hause zu. Julius, Julius! rief ihn sanft eine Stimme, wende deinen Blick nicht so auf ewig von deinem Freund weg. Er sah sich um, der Graf stand hinter ihm, stürzte in seine Arme, – bleib, bleib. Führe die Frauenzimmer in meine Wohnung laß ihnen alle Hülfe reichen, nur heute Morgen, laß mich sie nicht sehen. Dies einzige bitte ich von dir. –

Sie sind unbegreiflich, sagte jener der sich nicht zu fassen wusste.

Ich mag es wohl sein, aber laß mich meinen Weg gehen, den ich mir durch viele Dornen u. Irrgänge so gebahnt habe. –

[59]Wüßtest du alles was ich erlebte wie ich wirklich dazu kam so unbegreiflich wie du es nennst geworden zu sein! – Aber geh jezt führe die Familie ein, in einigen Tagen sehen wir uns wieder. Ich verlasse den hintern Theil meiner Wohnung so lange ihr da sein werdet, nicht, im Vorhause könnt ihr euer Wesen treiben. Ich bin krank sagst du indessen. Das übrige wird die Zeit lehren. Mein Kammerdiener soll alles anordnen. – Du selbst suchst mich wohl auf? Leb wohl junger, kühner Ritter sagte er halb scherzend. Du bist mir von irgend einem Zaubrer zugeschickt, der mein Verderben will. Ich fühle wenn ich dich ansehe daß ich meinem Schicksal nicht entrinnen kann.

[59v]Sechstes Capitel

In einen schönen geräumigen Wohnplaz, sah Madame Berwick sich mit ihren Kindern vereinigt. Ein einfach edler Ton war in dem kleinsten Theil der Anordnung sichtbar, u. bildete ein Ganzes, das seinen Eindruck nicht verfehlte.

Laurette war noch sehr matt, es schien ein starckes Fieber auf dem Wege, u. der Arzt der hinzukam gebot die größte Ruhe, und lies merken daß es kein vorübergehendes Uebel seyn würde sondern lang dauren. *James* war schon jezt besser nur die Folgen des Schreckens lähmten noch seine Kräfte. *Morton* zeigte sich als treuer thätiger Freund, sorgfältig suchte er alles auf was *Lauretten* wohlthätig sein könnte; wenn die Mutter ihrem [60]weichen Gefühl nicht trauend, sich nicht zu der Tocher Bette wagte, so suchte jener so viel er konnte, diese Aengstlichkeit der Tochter zu verbergen, um ihr ihren Zustand nicht durch die Furcht noch zu verschlimmern. Es war rührend zu sehen wie der Mann der nur zu dem rauhen Leben eines Seemannes gebildet schien, die sanftesten Sitten, u. Aufmerksamkeiten einer feingebildeten Frau zeigte, wenn er seinem Herzen folgte, u. seine Gutmüthigkeit allein die Oberhand hatte.

Es schien einem Dritten beinah unbegreiflich wie ein Mensch so viel für andere thun konnte, man hätte auf eine heimliche Neigung zu *Lauretten* fallen müssen; wer aber den hohen reinen Sinn eines Mannes zu [60v]fassen vermag, der seine Beruhigung darin fand, treu das Versprechen zu erfüllen was er von sich gab, was er in den lezten feierlichen Stunden eines scheidenden Freundes gelobte, und ihm dadurch den Abschied vom Leben erleichterte, den wird es nicht befremden daß er nun dieser liebenden Familie, ohne alle Zwecke u. Absichten sein Leben widmete. Es war ihm ein schöner Genuß sich an diese Menschen anzuschließen, u. durch das was er für sie that, sie sich ganz anzueignen; die Mutter liebte er als seine Freundin, als seine Schwester. An *Laurettens* schöner reizenden Jugend ergözte er sich, ohne sie zu lieben, er freute sich ihrer Vollkommenheiten aber er wünschte nicht sie zu besizen. *James* liebte er wie er seinen [61]eignen Sohn geliebt haben würde, und gelobte ihm heilig, ihn nicht zu verlassen bis er sich selbst lenken könnte. Er unterrichtete ihn in allem was er selbst wußte, und wo seine eigne Bildung ihm Schranken sezte, unterzog er sich gern dem Urtheil und der Leitung andrer. – Ueber Julius hatte er einen Einfluß und Ansehn den nur wenig Menschen sich anzumassen vermochten, und er folgte ihm wie den reinen Gefühlen seines eignen Herzens, denn er verfehlte gewiß nie den rechten Weg wenn er ihm folgte.

Julius so sehr er in Sorgen und Angst *Laurettens* wegen schwebte, war doch beruhigter als ers sonst gewesen sein würde, weil es ihm dünkte es wäre ein bedeutender Schritt geschehen dem eigengesinnten Oheim die [61v]Familie näher zu bringen. – Dieser ließ sich nicht sehen, die strengsten Befehle waren seinem Haushofmeister gegeben, die Gäste aufs Beste zu bewirthen, und alle mögliche Aufmerksamkeit für die Wünsche der Kranken zu haben. Keine weibliche Bedienung war aber nirgend zu erblicken. Wozu die Männer nicht taugten, waren ein paar Knaben die gewandt u. geschickt gezogen waren, und ihren Pflichten treu oblagen. Auch nach der Kranken nur fragen zu lassen wäre ihm unmöglich geworden. Es schien als wollte er auf ewig vergessen, daß es ein zweites Geschlecht gäbe. Am zweiten Morgen ließ er Julius rufen.

Ich hoffe Ihre Freunde sind wohl aufgehoben bey mir, und Sie bereuen nicht, daß Sie [62]mir sie anvertrauten, was machen die Kranken?

Der Sohn ist besser, aber noch nicht die Tochter; Sie sind alle gerührt über Ihre Aufnahme. Die Sorgfalt die alles was zu Ihnen gehört ihnen erzeigt. Sie ahnden die schüzende Gottheit, der sie sich dankbar nähern möchten. –

Sagen Sie ihnen fiel er ernst ein, daß sie so lange bleiben möchten als es ihnen hier gefiele, daß ich gern ihnen mein Haus als eine Zuflucht ansehen liesse, und sie bitte mit dem guten Willen vorlieb zu nehmen. –

Julius blieb stumm neben ihm stehen. Er sah in seinem Gesicht eine mehr als gewöhnliche Anstrengung, als hätten seine Züge Mühe die Aufwallungen seines Herzens zu verbergen.

[62v]Ich habe fuhr er nach einer Pause fort, in meinen Papieren Briefe meines verstorbnen Neffen gefunden, ich liebte ihn sehr; sein Andenken würkte schmerzlich lebhaft auf mein Herz. – Möchte ihn der Tod nicht so früh entführt haben! Ich wurde zu einer Zeit von ihm getrennt, wo ich mit mir selbst zu viel zu thun hatte, aber er war und ist mir ewig theuer. Wenn sein Geist uns umschwebte, rief Julius auf, würde er nicht seufzend nach dem Raume hindeuten wo das einzige Theuerste geblieben ist, was er besaß, was der Freund auf den er all seine Hofnung sezte freiwillig von sich stösst! – – – Lassen Sie mich nicht ausreden. – Ich fühle daß ich Sie nicht fasse, daß ich die Art sich zu betragen nicht verstehen kann, die vielleicht zu nah mit dem Schicksal [63]Ihres Lebens verflochten ist. – –

Halt ein, halt ein rief der Graf ängstlich. Alles, alles will ich der theuren Familie meines *Georgs* gewähren; nur kein Weib laß mich sehen – – Es ist mir unmöglich. – – Jezt ist es fest bei mir beschlossen, sie sollen nicht wieder aus meinem Hause. Sie sollen nicht unter Fremden leben, die mir so nah angehören. Aber sehen kann ich sie unmöglich. Er verließ hastig das Zimmer.

Am folgenden Morgen brachte man Julius einen Brief vom Grafen. Er sey hieß es in aller Frühe abgereist, sein Kammerdiener bleibe zurück. Ueber seine Zurückkunft sey man ungewiß, doch werde sie vor vierzehn Tagen schwerlich erfolgen. [63v]Julius erbrach hastig den Brief, und las Folgendes.

Nach langem Ueberlegen, lieber junger Freund, fand ich es sey besser für uns alle, mich jezt zu entfernen. Sie müssen mich unanständig finden. Aber ich mag Sie lieber zuweilen durch meine Sonderbarkeiten anstossen, als Sie mit mir näher bekannt machen. Nur dies beschwör ich Sie, trauen Sie mir. Suchen Sie in Ihrer reinen Seele Glauben an die meinige sich zu erhalten. Das Vertrauen auf die Vollkommenheit, ist das nöthigste was wir in uns zu erhalten suchen müssen, es hilft uns selbst weiter und höher streben –

[64]Suche es meinen Hausgenossen wohl zu machen, mein Lieber; Tadle mich nicht, daß ich dir hart scheine. Sondern trage mich, und schweige.

Manches habe ich mit schwerer Mühe, und bittern Erfahrungen erringen müssen im Leben. Ich finde daß es zu meinem ganzen Glück, was ich noch finden kann nöthig ist, daß ich mich nicht mehr dem andern Geschlecht nähere. Ich kann keine Frau mehr sehen. – Dies ist mir diese Nacht wieder ganz klar geworden, da ich überlegte, was am besten für mich sey, was am besten für die Familie meines inniggeliebten Neffens. Sein Bild ist lebendig in mir erwacht, in den stillen Stunden der Nacht. Er ging seufzend an mir vorüber.

[64v]Meine Phantasie ist aufgeregt. Ich sehe was ich will, und alle Geister können mir erscheinen. – Sey nicht bange über meinen Zustand, wenige Tage in der Abtey zu * verlebt, werden mich mir selbst wiedergeben.

Ich will mit den frommen Brüder⟨n⟩ heilig und einfach leben, ihren Garten bestellen helfen, beten, u. an meinem Grab arbeiten, das endlich dies müde Herz mit all seinem Gram und erlittnen Unrecht aufnehmen wird.– Hörst du nicht bald von mir, so sey nicht in Sorgen, denke nur daß mein Herz noch nicht den Frieden wieder erlangt hat dem es bedarf um in der Welt zu leben, um dich zu sehen. Mein Kammerdiener wird es Euch an nichts [65]fehlen lassen hoffe ich. –

Ich beschwöre dich laß meine Verwandten nicht aus meinem Hause. Sie vertreiben mich nicht; dieser Zeitpunkt musste wieder kommen, die Erinnerungen meines Herzens können auf ewig, nicht schlafen. – Ich fliehe auch dich, auch wenn jene mir nicht näher gekommen wären, nicht in meinem Hause, u. ich hätte dich in Fällen gesehen wo dein Herz allein Sprache hatte. Ich hätte dich fliehen müssen zu meinem Frieden. Du weisst nicht, welche Bilder meines verschwundnen Lebens, meines Glücks, dein Anblick, deine Züge in mir wieder erwecken.

[65v]Ich möchte dich oft an mein Herz drücken, und dein Bild in meiner Seele fest wurzeln lassen; und es ist mir als wenn ich meinen Sohn vor mir sähe. – Solltest du mir ganz fremd sein? – Ich schwärme – Du siehst diesem Brief die Unruh eines bewegten Gemüths an. Leb wohl, morgen wenn du diesen Brief erhältst, bin ich schon bey den frommen Brüdern, die in heiliger Einfalt, und Unbefangenheit in die Welt und ihre Verhältnisse blicken. Diese mir fremden Ansichten besänftigen am ersten mein bewegtes Gemüth. – Sage nichts von diesem Brief. Sage meinen Verwandten daß mich ein Geistlicher dessen Freund ich sey zu sich ins Kloster beschieden habe. –

[66]Leb wohl, leb wohl. Alle guten Geister mögen Dich Liebling meines Herzens umschweben.

So sonderbar hatte noch nichts auf den jungen Mann gewirckt. Jeder Blick den er in das Gemüth diesen seltsamen Mannes that befremdete ihn, die Welt war ihm zu wenig bekannt. Er dachte sich unzählige Arten der Verhältnisse, und konnte keins auffinden was gerade diese Gemüthsstimmung hervor zu bringen vermocht hätte. Eng und enger wurde sein Herz an ihn gefesselt, und Mitleid und Neugier lebhaft erregt.– Er hielt jeden Ausdruck dieses Briefs heilig, er zeigte ihn nicht, sprach auch nicht davon. Auch selbst seine Mutter lies er keinen Blick in das Gemüth dieses [66v]fremden Wesens thun. Es war ihm eine zu heilige Empfindung die er im innern fühlte, als daß er sie hätte mittheilen können. Ein zeigbarer Brief war klug mit beigelegt, worinn der Graf Julius bat seine Gäste wohl zu pflegen, und zu unterhalten, sie ganz in Besiz seines Hauses zu sezen. Er sprach in einem gefälligen Tone, erzählte die angebliche Veranlassung seiner Reise, und fügte hinzu, wie lieb und werth ihm das Andenken seines verstorbnen Neffen sey, und daß er seine Familie gern überzeugen möchte davon, wenn es in seiner Macht stünde.

Julius ahndete den Plan des Grafen, er fürchtete dieser Brief sey ein förmlicher Abschied von der Welt, und er würde vielleicht [67]gar den Entschluß fassen, im Kloster zu bleiben, und der Familie des Neffen sein Haus überlassen und sie in seiner Nähe leben zu lassen, ohne sie zu sehen. Julius glaubte, sein Herz habe sich seine seitherige anscheinende Härte gegen sie vorgeworfen und wolle ihnen nun auf einmal alles vergüten. Er war lange unschlüssig ob er ihm schreiben sollte, da aber vierzehn Tage vorüber waren und keine Nachricht vom Grafen ankam, wurde er zu unruhig, und er schrieb ihm.

Die Zeit die Sie zu Ihrer Rückreise bestimmten ist verflossen, noch geben Sie mir keinen Wink daß Sie zurückkehren wollen. Meine Unruhe steigt mit jedem [67v]Tage, ich möchte sagen mit jeder Stunde. Wollen Sie uns ganz verlassen? Mich nie wieder Ihres Anblicks geniessen lassen? – Ich beschwöre Sie bey der Liebe, die Sie mir versicherten bey allem was Ihnen theuer war, oder noch ist. Fassen Sie keinen Entschluß der uns auf immer von Ihnen trennt. – Ich sehe Sie schon im Geist das Gelübde ablegen. Einer Welt entsagen die für Sie vielleicht keine Freude mehr hat. – Ich ahnde den

Entschluß, und mir ist unbeschreiblich bang. Kommen Sie zurück, noch einmahl in eine Welt die vielleicht noch Freuden für Sie haben kann, die Sie nicht ahnden jezt. –

Ich ehre Sie in Ihren Handlungen auch die ich nicht begreife. – Ich werde nie mehr in [68]Sie dringen, Ihre Verwandtinnen zu sehen. – Nehmen Sie zum ersten u. lezten mal dies Bekenntnis von mir an. Ich glaube daß dieser eine unbegreifliche Zug Ihres Wesens zu viel auf das Schicksal Ihres Lebens Einfluß hatte; und daher eine Abneigung für ein Geschlecht daß sie ehren würden. Seine Repräsentanten die ich bis jezt kenne, würden in Ihnen nicht solche Eindrücke erweckt haben, und sie würden Ihrer Liebe werth sein, werth die edelsten, höchsten Gefühle der Menschheit mit Ihnen zu theilen, und zu empfinden. –

Ich kann nichts mehr hinzufügen. Auf die Gefühle Ihres Herzens möchte ich Ihnen antworten können. Aber ich kann diese Sprache nicht annehmen: *[68v]*denn ich sehe noch Welt u. Menschen, aus einem Gesichtspunkt der von dem Ihrigen zu weit entfernt ist. – Ihre Liebe nährt mich: Bey dieser Liebe zu mir beschwöre ich Sie kommen Sie zurück.

Siebentes Kapitel

Julius war nach Absendung seines Briefs nicht ruhiger, denn er bekam keine Antwort und der Graf kam noch weniger zurük. *Laurette* genaß langsam, und in tausend kleinen Anordnungen, und der Pflege für Sie verging ein grosser Zeitraum, der dem liebenden Herzen genug Anlaß gab sich zu zeigen, u. die Gegenwart wichtig zu machen – [69]Aber Julius konnte doch nicht ruhen, er fasste endlich den Entschluß den Grafen selbst aufzusuchen.

Trübe Nebel Wolcken bedeckten den Himmel als er sich auf den Weg nach dem Kloster machte. Durch enge Thäler mit Fichten eingeschloßen führte ihn der Pfad, in der Tiefe rauschte ein Waldstrom auf Felsenstücken fort. Die Gegend wurde immer einsamer, anfangs erinnerten kleine Dörfgens an die bewohnte Welt, aber sie nahmen ab, und nur hie u. da lag noch eine einsame Hütte in der Ferne. Auf den Höhen der Berge ragten kleine Kapellen und Kreuze hervor, und ermahnten den frommen Wandrer *[69v]*der Heiligen zu gedenken. – Auf einer isolirten Höhe von noch höhern Bergen umschlossen lag das Kloster da. Kühn und stolz ragten die Thürme hervor, als wenn es der Mensch hätte wagen wollen, sich mit dem Bau der Natur zu messen; Neben dem Kloster lag ein Wirthshaus, um die wallfahrenden Pilger einzunehmen, die bey einem berühmten Bilde der heiligen Jungfrau manches Gelübde ablegten. –

Julius kam ermüdet an, sein Herz war bewegt, und seine innere Unruh griff ihn mehr an als die Weite des Wegs. Er ging nach dem Kloster, die Mönche hatten eben die Hora gesungen, und mit heiligem Eifer zogen sie schnell die Capuzen [70]übers Gesicht, um sich nicht in ihrer Andacht stören zu lassen. Der Reisende verbarg sich hinter einer Säule, und kam erst hervor als er den Grafen allein langsam aus der Kirche kommen sah.

Er ging in tiefen Gedanken verlohren, sein Gesicht hatte nicht den Ausdruck der frommen Ruh, es war als ob ein leichter Hauch des Friedens über ihm wehte, deßen in der Entfernung von den verwirrten Meinungen, u. Handlungen der Welt, das Herz genaß. Er sah nicht aus als ein Büssender, sondern man las in seinem Anblick daß er nichts bereute, sondern nur vergeßen wollte. Schüchtern trat Julius hervor. Ist es mir *[70v]*vergönnt Sie zu sehen? Ich will

Sie nicht sprechen, nur sehen um mich beruhigen zu können, über Ihr Wohlseyn; Sie haben zu meinem Trost nichts von Ihrer Kleidung verändert, man sieht keine Spur des Layen Bruders an Ihnen.

Die wirst du nicht sehen, sagte er ihm mit einem milden ernsten Tone. Diese Furcht kann ich dir ganz benehmen, Lieber. Ich bedarf nicht mich von der Welt zu trennen, die mir jezt schon fremd ist. Wärst du einige Tage hier u. lebtest mit diesen Menschen so würdest du fühlen können, wie dies einfache gleichförmige Leben, wohl thuend ist. Alles kehrt wieder im ruhigen Kreislauf, und man freut sich [71]das Beständige fest halten zu können. Des Menschen Gemüth füget sich in diese Weise und die Wünsche und Hofnungen schweigen, die so oft traurig genug in der Welt die Gemüther trennen, und verwirren. – Ich habe mich stets selbst wiedergefunden in diesem Bezirk, wenn die Gefühle meines Herzens wieder Zwiespalt erregen wollten. –

Auch für Dich war ich thätig mein Freund, ich habe meine Papiere geordnet; du sollst mich kennen lernen. – Es ist die Verlassenschaft eines Freundes aus der sie wieder in meine Hände kamen. Ich schrieb diesen Aufsaz einst um ihm Rechenschaft von meinem Leben abzulegen. Morgen wenn das Kloster wieder geöffnet wird, komme herein, und du sollst diese Papiere haben, als dein Eigenthum.

[71v]Dein Herz verdient dieses Vertrauen. Der Wunsch dich durch mein Beispiel zu warnen ist zu lebendig in meiner Seele. Blicke mich nicht an. Deine Züge erinnern mich zu lebhaft an unwiederbringliche Zeiten. – In solchen Momenten ist es mir als müsstet du mir nahe angehören. – Ach du könntest mein Sohn seyn! – Sag wer ist deine Mutter? Nein, sage mir nichts, nichts. – Ein einziger Laut deiner Stimme könnte mir eine Erscheinung zurück rufen, die ich ewig von mir weisen muß und will. – Ich schwärme. Geh, geh. – Auf morgen.

Julius verließ ihn, aber immer stieg seine Erwartung, und er erwartete sehnlich den ersten Strahl des Tages der durch [72]die hohen Fichten durchdrang. Die Glocke zum Gebet ertönte und hallte feierlich aus den öden Bergen wieder. Ein Bedienter nahete sich dem Hause, und überreichte ein versiegeltes Kästgen. Er fragte nach Julius, und wollte nur ihm selbst diesen Auftrag ausrichten. Ein Zettel lag dabey vom Grafen.

> Nach einer schlaflosen, hingeträumten Nacht, findet mich die Glocke die zum Morgengruß der Königinn des Himmels läutet, noch wachend. Ich kann dich heute nicht sehen; weis auch nicht wann ich dich werde sehen können. Ich beschäftigte mich diese Zeit über mit so vielen Scenen meines verflossnen Lebens; Dein Anblick, deine Ahnlichkeit – – hat Erinnerungen, Träume [72v]in mir erweckt, denen mein Herz kein Gehör geben sollte, zu meinem Frieden nicht. Lies diese Briefe, die ich in einer frühern Periode schrieb. Sie sind an einen Freund gerichtet. Darin sich auch mir einst nur in einem rosenfarbnen Lichte die Welt zeigte, aber nur um über mich im Alter den dunklen Schleyer des Grams auszubreiten. – Komm nicht mehr zu mir, ohne mich vorbereitet zu haben, ich bedarf dieser Schonung. Meine Ruhe wird bestimmen wann wir uns wiedersehen können. Leb wohl, Du kannst fühlen wie ich Dich liebe. Da ich dir das Geheimniß meines Lebens anvertraue.

[55]Briefe des Grafen an seinen Freund

Erster Abschnitt

Erster Brief

Der Tag ist gekommen Lieber, wo ich nun zu dem Mittel dir meine Gedanken mitzutheilen schreiten muß. Wir sind getrennt. – Wir sehen uns vielleicht nie wieder! Oder vielleicht in einem Zeitpunkt, wo die Hand des Schicksals alle Blüthen der Freude von unsren Leben gestreift hat wo andre Wünsche, andre Hofnungen diese Herzen beleben die jezt nur das Gefühl unsrer Liebe belebt. Dein Weg führt dich ab von dem meinigen, aber dein Herz bleibt mir, wo du auch seyst. Wir beginnen eine merkwürdige Periode unsres Lebens, wir handeln für uns selbst, unsre Pflichten rufen uns dazu auf. Als ich zu meiner Tante kam, fand ich einen Brief meines Vaters, der mich nun [55v]zu sich verlangt; Er sey des Lebens u. Treibens, der diplomatischen Geschäfte bald müde sagt er; Er wünsche mich in seiner Nähe um ihm manches zu erleichtern.

Ich reise also nach Paris. Dies ist für jezt meine Bestimmung. Ich werde oft vergebens nach den Zeiten mich sehnen wo wir zusammen die Tage froh u. einförmig verlebten. Verlohren in den hohen Welten der Poesie! wie wird die Wirklickeit dagegen uns kalt anhauchen! weißt du noch wie wir glücklich uns in den Zeiten verlohren, in den Zeiten der Alten Welt, wo wir mit Achilles, seinen Freund Patroklus beweinten [56]und *Virgils* Muse nach dem Schattenreiche folgten. So tief hat mich kein Bild getroffen, als das Wiederfinden der Troyanischen Helden im Schattenreiche, wie Dido still u. ernst, verschleyert vor ihm vorüber schwebt! Der Groll schweigt, nur der Schmerz in diesen Regionen ist nicht vergeßen, und schweigend deutet Dido auf ihren Gram der sie hinab brachte in das stille Land. –

[56v]Bey unsrer Art uns zu entwickeln, uns zu bilden, wird der Keim dieses Gefühls der Liebe zart gepflegt, und erhalten. Wir sind der Natur treu geblieben, und daher unsern Herzen. Ich weis nicht wie mir die Frage aufstösst, ob du lieben könntest, da ich dein Herz kenne? Aber hast du noch keinen Gegenstand gefunden den du lieben könntest? dies wollte ich eigentlich fragen. Bey unsrer Art in der Gesellschaft zu existieren wird es uns schwer gemacht das andre Geschlecht kennen zu lernen. Denn der Ton eines Cirkels ist zu sehr nach einem Schlag, da nimmt jedes Individium die Gestalt des andren [57]an, und keins zeigt sich als eine freye NaturErscheinung selbst. Um blos der Form wegen eine Erscheinung fest halten zu wollen dazu haben wir beide zu ernsthaft schon gedacht, wir möchten gern auch das Innre erspähen, und dies fält in unsren verfeinerten Cirkeln schwer. – – –

Manche Tage schrieb ich dir nicht theils wollte ich erst abwarten daß du mir schreiben solltest, um deine Addresse zu erfahren, theils folgte sich eine Lustparthie nach der andern. Briefe aus Paris die ich beantworten musste nahmen mir Zeit. Ich soll noch wenige Monathe [57v]hier bleiben verlangt mein Vater um die Geschäfte meiner Familie in Ordnung zu bringen. Mein Bruder hat sich ganz in Frankreich *nationalisirt*, er hat Militär Dienste genommen, und wird dort suchen seine Laufbahn zu durchlaufen. Ich bin froh daß mein Vater mich nicht in der Jugend mit sich nach Frankreich nahm, daß ich den Vortheil deutscher Erziehung genoß, und erst in einem Zeitpunkt meines Lebens in jenem Lande auftreten werde, wo ich meine Nation selbst zu sehr liebe um ihr untreu zu werden, und die Blösse der andern zu gut kenne. – Der Caracter der Deutschen ist mir immer der heiligste.

[58]Zweyter Brief

Ich besinne mich lang ehe ich dir schreibe u. möchte manchen Umweg machen Lieber. Denn ich habe dir Dinge zu erzählen, die mir viel Worte kosten werden, ich fühle viel, und möchte nicht zu viel sagen, und auch nicht mit Kälte über einen Gegenstand sprechen der mir heilig, verehrungswerth geworden, das wahre Wort wage ich noch nicht auszusprechen. Weis ich doch kaum selbst wie lebhaft und überraschend auf einmal eine Gestalt vor mir stand die ich ewig festhalten werde.

Meine Tante bereitete mich vor. Sie sagte mir neulich daß sie einen Besuch einer Alten Freundin erwarte, die so eben eine Reise durch Italien und die Schweiz geendet *[58v]*habe, ihre Töchter haben sie begleitet, und sollten sehr liebenswürdig sein sezte sie hinzu. –

Der Besuch kam, und ich fand mehr, viel mehr als ich erwartete. Die Mutter in einem Alter wo sie noch selbst Anspruch machen kann zu gefallen, ist sehr gebildet, und leitet mit stiller Liebe die Töchter nach einem ungewöhnlichen Ziel des Lebens, weil sie die Existenz der Frauen, durch die hergebrachten eingeschränkten Begriffe zu sehr eingeengt fühlte. So wollte sie den Töchtern kein Mittel versagen, sich selbst ihre Kräfte so auszubilden als sie nur vermöchten; Sie machte ihren Geist reich durch mannigfaltige Blicke über die Gegenstände der Welt, und versäumte nicht sie zu den gewöhnlichen Beschäftigungen ihres Geschlechts [59]nicht zu verwöhnen. Auch die Geschicklichkeit der Töchter in weiblichen Arbeiten ist musterhaft ausgebildet.

Ich bin in eine neue Welt versezt. – Ich kann dir nicht beschreiben welchen Eindruck diese hohen einfachen Wesen auf mich machten! Ich bin auf einmal aus dem gewöhnlichen Kreise meiner Gefühle entrückt, eine neue Welt liegt vor mir da, deren Seeligkeit ich nicht zu ahnden wage, und doch strebt mein Herz von süsser Sehnsucht getrieben, das leicht bewegliche Gefühl fest zu halten, mir klar zu machen, um es recht zu genießen. Leb wohl Geliebter eine Lustreise mit meinen lieblichen Freundinnen wird mich einige Tage *[59v]*von hier entfernen. Du wirst den Zustand des Herzens enträthseln durch diese unvollständigen Erklärungen.

Ich lebe jezt nicht in einer Welt, wo Raisonnement und Vernunft das Herz leiten. Die Liebe ist aus dem Lande der Träume herab gestiegen. Darum lebt das Herz daß sie erfüllt so gerne in der Dämmerung. Die Klarheit der Seele ist kein Zustand für warme Liebe. Ihre Zaubergestalten entfliehen für dem Schein der Wahrheit. –

[60]3ter Brief

Ich schreibe bald wieder, ich glaubte nicht daß ich dir sobald etwas sagen würde. Aber mein Herz verlangt nach dir, du verstandest mich immer, sollte ich dir in den seeligsten Momenten meines Lebens unverstehbar sein? Nein, Nein du fassest mich. Bey den heiligen Thränen die uns einst vereinigten, die wir in der Begeisterung des höchsten Genusses der Kunst weinten. Solltest Du mir da verlohren sein, in dem Moment da ich die seeligsten Gefühle und Genüsse meines Geistes in ein Wesen niederlege, daß alles vereinigt was mir einst zerstreut und einzeln in den Augenblicken der hohen Begeisterung vorschwebte.

*[60v]*Ich habe alles in ihr gefunden, wieder gefunden mein ganzes Wesen. – Durch die Liebe wird der Mensch erst vollendet wie glücklich macht mich diese Reise! Ich war oft allein

um meine Geliebte, wir lernten uns verstehen, uns fassen. Durch die Uebereinstimmung unsrer Gefühle. Wenn mein Auge an den Schönheiten der Natur verweilte, und sie nicht bemerkte, hatte auch sie den selben Gegenstand ergriffen und festgehalten. Plözlich riefen wir eins nach dem andern. Sehen Sie dort diese Berge, wie die Spizen sich in den Wolcken verliehren, wie die Sonne sie mannichfaltig beleuchtet, [61]wie der Fluß sich dort in die Grüne weiche Ebne verliehrt, und die hohen dunklen Bäume das Ufer magisch bekränzen! – Die Mutter lächelte, und sagte⟨.⟩ Es ist wunderbar daß sie und Marie immer dieselben Gegenstände auf dieselbe Art ansehen. – Ich freute mich im Stillen, und schmiegte meinen Arm leise an den Ihrigen, um mich auch körperlich unzertrennlich von dem lieblichen Wesen zu wähnen.

So sind ein paar Tage verstrichen, wir haben alle Merkwürdigkeiten der Gegend gesehen, sind in den Tiefen der Erde gewesen; mit unterschiedlichem Ernst forscht die Mutter wie ihre Töchter nach *[61v]*allem was Licht über die Erscheinungen der Natur oder Kunst verbreitet. Sie wollen nicht bloß sehen um zu sehen sondern sie wollen um ihrer eignen Kenntnisse wegen die Dinge auf dem Grund untersuchen. Dieser Zug ist mir äusserst selten bey ihrem Geschlecht.

Du solltest oft denken Marie wüsste nichts als was wißenschaftliche Dingen beträfe, sie spricht mit einer Klarheit und Reife über die Gegenstände die unbegreiflich ist. Die Menschen von *Metier* die so viele Jahre ihres Lebens über einer Untersuchung zugebracht haben, sich recht viel einbilden, sehen sich oft ganz verwundert an, wenn ein Mädchen mit aller Grazie ihres Geschlechts auftritt, und [62]ihnen mit Einfachheit und Klarheit alles erklärt in einem Moment, wozu die Männer Jahre brauchten und grau über ihre Arbeiten geworden sind. – Dabey ist sie so weiblich sagt die Resultate eines tiefen Nachdenkens mit einer Unbefangenheit her, als müsste es allen Menschen zur andern Natur geworden sein, die Dinge so tief zu kennen, wie sie.

Ich bin um vieles weiter gekommen in meinem Begreifen auf meiner Reise. Die Natur hat sich meinen Blicken geöfnet, das Reich der Wircklichkeit wie das Reich der Phantasie liegt ausgebreitet vor mir da. –

Seit wenigen Tagen weis sie daß ich sie liebe, daß mein Herz nur für sie *[62v]*lebt. Mit einer Hoheit u. Anmuth nahm sie das Geständniß meiner Liebe auf, die mich auf eine eigne unbeschreibliche Weise fesselten.

Es war einer der schönsten Morgen meines Lebens, auch die Natur hatte sich mit seltnen Reizen geschmückt, die Sonne schien glänzender des Himmels Teppich war blauer über dem Glücklichen ausgebreitet, als ich in ihrem Auge den ersten Blick der Liebe erspähte. Wir waren den Tag vorher in einem der berühmtesten Bergwerke gewesen, die seltne Formen der grossen Felsmassen in dem Schoosse der Erde, die hohen gewölbten Gänge, die durch den Schein der Lampen uns die seltensten Mischungen [63]von Farben glänzend zeigten, bewegten wunderbar die Phantasie. Wie war mir da als ich den eigenen Windungen der Gewölbe nachspähte, mich verlohr von der Gesellschaft und eine ziemliche Zeit brauchte mich heraus zu finden! Als plözlich Marie vor mir steht an dem Ausgang des Ganges! Sie hatte dem Knappen das Licht aus der Hand genommen. Ihre schöne Gestalt mit einem weissen Gewande verhüllt, die Locken wallten in grossen Massen um ihren Nacken, denn die Feuchtigkeit der Luft hat sie entrollt. Die Fackel beleuchtete ihr Gesicht das von einer schönen Röthe belebt war. Die blauen Augen blickten aus den langen dunklen Augenwimpern glänzender als sonst hervor.

*[63v]*Sie schwang die Fackel mit unbeschreiblicher Anmuth. Da sind Sie endlich lieber Graf, rief sie freundlich. Wir fürchteten unsrem freundlichen Führer sey eine Göttin dieses unter-

irdischen Tempels sichtbar geworden, und habe ihn uns entführt. – Ich allein bin muthig in der Höhle geblieben um Sie zu erwarten, denn meine Mutter fühlte sich beklommen in der dicken Luft, und wird jezt unser am Ausgang des Gewölbes warten, mit meiner Schwester. Kommen Sie, kommen Sie rief sie lebhaft.

Ich hätte ihr zu Füssen fallen mögen, ihr da das Geständniß meiner Liebe ablegen! Sie wollte die Fackel aus der Hand legen. Behalten Sie sie rief ich bewegt aus.

[64]Bleiben Sie mir das Bild eines hohen Genius, mit dieser Fackel. Möchten Sie mich so durch die düstern Wege des Lebens führen! Ich fasste ihre Hand, und Thränen fielen darauf; Halb lächelnd sagte sie bewegt. Sie halten mich vielleicht noch immer für eine Erscheinung dieses geisterhaften Plazes. Bald werden Sie sehen wer ich bin. – Sie wollen mich nicht verstehen Fräulein seufzte ich leise. Ich weis zu gut wo ich bin, wo ich ewig sein möchte. – Eine unvermuthete Wendung brachte uns dem Ausgang nahe. Die Schwester kam uns entgegen, und scherzte als sie mich erblickte, Marie hielt sich fest an mich an, denn der Boden war abhängig, und das ungewohnte Licht [64v]des Tages verblendete sie. Jezt fehlt Ihnen noch die Leyer sagte die Schwester. Sie könnten sonst ein schönes Bild des Orfeus abgeben, wie er *Euridicen* aus der Schattenwelt heraus bringt. – Möchten es keine Schatten Erscheinungen sein die die Erinnerung an diese Höle Ihnen geben soll, sagte ich leise zu Marien, die sich freundlich nach der Mutter hingewendet hatte, und nach ihrem Befinden fragte. Die Luft ist mir so drückend geworden, und es war mir als ob ein Fieberschauer mich befiel sagte sie zu der Tochter. Eine ruhige Nacht wird mich stärken, hoffe ich. – Wir sind der unterirdischen dumpfen Luft nicht gewohnt, dies ist [65]der ganze Zufall. Jezt lassen Sie uns nach dem Wirthshause eilen; der Wagen fuhr vor, und schnell rollten wir fort; wir sprachen wenig, der Zufall der Mutter schien allein das zarte Herz der Tochter zu beschäftigen. Mich umschwebten die Bilder der Höle, und ich saß in meinen Träumen versunken, die die Gesellschaft nicht störte. Ich wagte nicht Marien die neben mir saß anzublicken. – Den Abend ging alles zeitig zur Ruhe. Nur mein Herz konnte nicht ruhen. Ich war fest entschlossen keinen Tag mehr zu erleben, ohne Marie das Geständniß meiner Liebe gethan zu haben.

[65v]Der Morgen fand mich noch wach, aber es war die seligste Unruh die mich nicht ruhen lies. Ich sah sie vor mir stehen, ich sank an ihr Herz, legte ihr da das Geständniß meiner Liebe ab, meine glühende Sehnsucht schuf mir ihr Bild in mannichfaltiger Gestalt. – Ich hörte früh Stimmen vor dem Hause, und öfnete schnell das Fenster. Marie stand an der Thüre und gab Befehle. Schüchtern riß ich das Fenster auf. Sie sind schon auf? rief sie mir zu, Sie reissen mich aus einer Besorgniß. Meine Mutter ist diese Nacht kränker geworden, und da sie nicht schlief, so ist es ihr nothwendig daß sie jezt nicht [66]gestört werde. Verzeihen Sie daher, daß wir Sie um einen halben Tag bringen, da Sie uns so gütig Ihre Zeit schon aufopferten. Ich zweifle aber ob meine Mutter vor heut Nachmittag reisen kann. Können Sie so lange warten?

Ich kann so lange bleiben als ich will mein Fräulein. Meine Zeit hängt von Ihnen ab. Sein Sie unbesorgt um mich. Rechnen Sie mir es zu keinem Verdienst an, daß ich um Ihnen sein kann ist meine schönste Belohnung. Sie beugte sich, und ich zog mich aus Bescheidenheit vom Fenster zurück. – Aber unruhig folgte ihr verstohlen mein Blick, ich sah Marien schnell mit einem Kind des Wirthshauses durch die Hecken gehen, und den Weg nach einer Wiese hinnehmen, die mit den buntesten Farben des Frühlings [66v]noch prangte. Nur durch die dichten Laubpartien sah ich dann u. wann ihre Gestalt glänzen. Ohne Unbescheidenheit konnte ich ihr nicht so gleich folgen. Ich nahm langsam vorsezlich einen entgegengesezten Weg, und hofte auf den Genius der Liebe.

Durch mancherley Krümmungen durchstrich ich die Gegend, und kam an eine reizende Partie, der waldigte Berg zog sich in Absäzen an die Wiese herab, und die hohen alten Buchen breiteten ihren Schatten in das Thal, einige Felsstücke begränzten Pans Gebiet; die den Ursprung eines kleinen Quells verbargen. Mit voller Gewalt quoll der weisse Schaum aus den Felsen und [67]hohes duftiges Gras begrünte die Stein Massen. In ein Becken von weissen Kieseln daß die Schäfer während sie ihre Heerden weideten mit grosser Sorgfalt gearbeitet hatten, rann die klare Quelle plätschernd. Es war mir so einladend hier zu verweilen. Möchte auch meine Marie hieher geleitet werden! seufzte ich heimlich.

In Träumen versunken in einen seligen Zustand verlohren saß ich da. Es giebt Augenblicke im Leben, wo man sich ganz selig fühlt, wo der Zweck des Lebens rein vor der Seele liegt, von keiner Leidenschaft getrübt. – Wenn es Seeligkeit giebt so ist es dieses Gefühl. – Ich war nicht mehr auf der Erde, diese lag weit unter mir, mit *[67v]*all ihren Kleinheiten.

In diesen süssen Einklang meines Wesens vertieft, erweckten mich zarte weibliche Stimmen. Aus dem Wald hervor klimmt mühsam ein Mächen, und scheint Bahn brechen zu wollen durch die Hecken.

Nein kehren Sie nicht um ruft Sie ins Gebüsch jezt sind wir an der Quelle. Es würde Sie gereuen wenn Sie nicht kämen. Diese lezten Worte waren kaum gesprochen, als Mariens Gestalt sich mit Anstrengung durch die Hecken drängt. Ihr freundlicher Blick fiel auf die hohen Gegenstände um uns herum. Sie trat schüchtern zurück als sie mich erblickte, und sagte eilend zu der kleinen [68]Begleiterin, Du hast mich doch unrecht geführt. – Verzeihen Sie daß wir Sie stören sagte sie verlegen. – – Mein Fräulein Sie können niemanden stören. Ich möchte Ihnen sagen dürfen daß ich Ihre Gegenwart gewünscht habe, wenn Ihre Delikatesse es erlaubte. – Wollen Sie die Schönheit dieses bezaubernden Ortes geniessen, so will ich gehen um Sie nicht zu stören.

Sie werden bleiben hoffe ich sagte sie. Ich möchte Sie nicht verdrängen.

Der Ort ist wunderbar schön, ich fand lange nicht solche Natur Erscheinungen. Die hohen Buchen dieses Waldes, durch denen der Himmel in aller Klarheit *[68v]*durchglänzt machten einen hohen Eindruck auf mich. Mir däucht wir wären in dieser Natur freyere Wesen, und unabhängig von den kleinen Meinungen der Welt. Mein Genius giebt mirs ein Sie zum Bleiben zu bewegen. Denn ich darf es Ihnen wohl sagen daß es mir Freude macht mit Ihnen dieser Schönheiten zu genießen.

Macht es Ihnen wirklich Freude?

Ich sage nie was ich nicht auch denke.

Möchte ich dieser Wahrheit Ihres Herzens ganz vertrauen dürfen!

Auch mich hat dieser Ort über die kleinen *Conventionellen* Förmlichkeiten der Welt erhoben. Mir dünkt ich dürfe nur Ihnen [69]gegenüber mein Herz enthüllen, wie der wohlthätigen Gottheit dieses Ortes. Darf ich alle Gefühle dieses Herzens hier Ihnen niederlegen? – – Sie schwieg. –

Maria! rufte ich bewegt, ergriff ihre Hand. Können Sie sich nicht das Räthsel meines Herzens lösen? Bedarf es der Worte, da wo die heiligsten unnennbaren Gefühle der Liebe sprechen. Thränen rollten aus den dunklen Augenwimpern hervor. – Ich habe keine Sprache jezt in meiner Gewalt. Gehen Sie! ich bitte Sie. –

Ich muß deutlicher sprechen, und sollten Sie mich zum leztenmahl in meinem Leben anhören. Dieser Moment ist der *[69v]*heiligste meines Lebens. – Auch ich kann da den Worten nicht gebieten.

Können Sie dieses Herzens Wünsche erfüllen? Ist das Ihrige frey?

Ich bin frey, sagte sie bebend; Lassen Sie mich in diesem Moment über die kleinen Bedenklichkeiten meines Geschlechts den Sieg davon tragen. Ich will Ihnen gestehn daß ich Sie liebe, daß noch kein Mann einen so tiefen Eindruck auf mich machte. –

Maria! rief ich aus. Hier der Teppich des Himmels der klar über uns hängt, die hohe Natur die uns umgiebt, sey Zeuge des Gelübdes der ewigen Treue und Liebe das ich hier ablege.

[70]Ich fasste ihre Hand, sie zog die ihrige nicht zurück, und drückte sie beschämt an ihr Herz.

Aber Sie schweigen! Giebt es keinen Laut in Ihrem Busen, der das Glück meines Lebens mir bekräftigen soll? – Sie sank auf mein Gesicht, Thränen erstickten Ihre Stimme. Ewig, ewig werde ich dieser Stunde gedenken. Ich kann nichts sagen, die Gefühle die mir zu neu sind, finden keine Worte. Aber ich fühle daß ich Sie liebe, daß ich Sie ewig lieben werde.

Hier endigte der seeligste Moment meines Lebens. Mariens Begleiterin die Blumen auf der Wiese gesucht hatte, [70v]kam zu uns. Schnell zog Maria ihre Hand aus der meinigen, und eine schöne Röthe bedeckte ihr Gesicht. Sie hörte aufmerksam das Geschwäz der Kleinen an, und schien ruhig. – Aber ich muß jezt zum Gasthofe zurück, meine Mutter wird erwacht sein, meine Schwester möchte mich suchen. – Eine Bitte noch habe ich, sagte sie leise. Suchen Sie den Ausdruck Ihrer Gefühle zu verbergen. Ersparen Sie mir noch die Verlegenheit eines Geständnisses gegen meine Mutter. Ich kann noch niemandem die heiligen Gefühle enthüllen, die dieser Morgen in mir erweckt hat. – Lassen Sie mich allein nach Hause gehen. Ich muß mich in der Einsam[71]keit erst selbst wiederfinden. – Sie drückte mir bewegt die Hand, und leicht wie eine Nimphengestalt entschwebte sie in den hohen Grashalmen der Wiese meinen sehnenden Blicken.

Könnte ich dies klar machen wie seit dem mein Wesen verändert ist! Wie ich von einer glänzenden Höhe herab auf die Welt schaue. – Die übrige Zeit unsrer Reise verging mir wie ein seeliger Traum. Ich war kaum aus dem Plaze wo ich zum glücklichsten Wesen erhoben wurde entfernt, als ich nicht mehr allein sein konnte. Ein naher Weg nach dem Wirtshause zeigte sich [71v]mir, und ich ging ruhig zurück, aber im Herzen mit Kummer und Seeligkeit wechselten die höchsten Gefühle. Wie Odem der aus dem Paradiese gestossen auf einer Sandwüste sich findet, so war mir als ich aus dem Himmel meiner Träume schied; als ich zum wircklichen des Lebens zurückkehren sollte.

Ein Bedienter wartete auf mich, mit der Nachricht daß Frau von * erwacht sey, und sich leichter fühle. Die Aeltere Tochter kam mir entgegen, Marie saß in der Entfernung, das kleine Mädchen neben sich, der sie die Blumen kennen [72]lehrte. Sie selbst betrachtete jede Blume mit Aufmerksamkeit, und legte sie sorgfältig in Papier. – Nach Erkundigungen über der Mutter Zufall führte uns das Gespräch mehr zusammen. Ich wagte nicht Marien zu nähern, ich konnte sie nicht gleichgültig ansehen, u. ich fürchtete mein Gefühl zu verrathen. Endlich wagte ich es das Wort zu nehmen, ich nahte mich unbefangen, sie selbst war noch bewegt, und konnte die Thränen nicht verbergen. Aemsig rauschte sie mit den Blättern und dem Papier, um nur die Aufmerksamkeit nicht auf ihr Gesicht zu ziehen. Sie scheinen sehr beschäftigt mein Fräulein, [72v]stammelte ich. – Wollen Sie mir auch Ihre Kenntnisse mittheilen? Sehr gern war die Antwort. Ich kann Ihnen vielleicht in der Folge nüzlich sein, wenn Sie mich jezt unterrichten wollen. Sie sollen mich nicht ungelehrig finden. Ich war geschäftig so gut ich konnte, Marie war ernsthaft, und erzählte mir mit Ordnung u. Bestimmtheit ihre Botanischen Kenntnisse her, wenn niemand uns bemerken konnte, fiel mancher Blick der seeligsten Liebe auf ihr schönes Gesicht, ihre Augen waren milder, und glänzten sanfter. Ich las in ihrer Seele, u. war auch ohne ihr meine Gefühle auszusprechen, nur glücklich in ihrer Nähe.

[73]Ehe wir es uns versahen kam Frau von * selbst heraus aus ihrem Schlafzimmer, Maria war lebhaft erfreut, sie so munter zu sehen, küsste ihre Hand mit inniger Liebe. Ich hätte mögen allein seyn, mir das Bild ausmahlen, wenn Maria einst unter ihren Kindern so sein wird, wenn alle Blicke ihr die Liebe gestehen dürfen die sie erweckt, dachte ich mir welche seelige Zeit wird dies seyn! –

Die übrige Hälfte des Morgens verging in gleichgültigen Gesprächen, die belebt u. unterhaltend für jeden waren, nur nicht für den, dessen Herz ein höheres Bedürfniß fühlt. – Nach dem Essen fühlte sich die Mutter doch [73v]starck genug die Reise zu unternehmen, und ehe wirs dachten kam der Wagen, alles war bereit. – Marie war von uns gegangen. – Die Mutter rufte, die Schwester ging im Hause herum sie zu suchen. Maria ist gewiß mit der Tochter des Hauses in die Details ihrer Wirtschaft eingegangen, u. verweilt sich da länger, sagte die Mutter. Sie ist so gutmüthig und zieht jeden an dadurch der sich ihr nähert. Sie hat für einen jeden, der sich ihr nahet einen freundlichen gutmüthigen Ausdruck, und erweckt Vertrauen wo sie sich zeigt. Ich habe noch niemanden gesehen der sich so leicht in die Menschen finden kann, sagte [74]sie wieder. Ich hörte Stundenlang der Mutter zu, wenn sie so voll Liebe von der Tochter spricht. – Wie glücklich sind Sie alle drey eins durch das andre, rief ich bewegt. Diese Tage die ich so glücklich war mit Ihnen verleben zu dürfen werden mir ewig heilig sein. Ich habe durch Sie das Bild der höchsten Reinheit, und Güte, erblickt. Es herrschen Tugenden in Ihrem Herzen die jedem Beobachter unvergeslich sein müssen. Glückliche Mutter, glückliche Töchter! Ich weis nicht wer durch das andre glücklicher ist, sagte die Mutter gerührt. Ich freue mich Sie, als einen Mann dessen Wesen und Laufbahn so verschieden von dem [74v]unsrigen ist, so empfänglich für das Reine und Gute der Natur zu finden. Es sind wenige Männer fähig, dem reinen Sinn der Frauen zu verstehen, ihnen nachzuempfinden. Aber Maria wo bleibst du sagte sie freundlich zu ihr, die eben zu uns trat. – – Ich war noch einen Augenblick am Ufer des Baches, noch einen Blick nach dem Walde hin zu werfen. Dieser Ort ist mir unvergeslich. Sie lies Blumen fallen, ich beugte mich hob sie auf, ihre Hand berührte die meinige, mein Mund näherte sich der Hand, indem ich mich aufrichtete, und ich fühlte von dem Druck ihrer Hand, daß sie mich verstand. [75]Mit einer natürlichen Offenherzigkeit sprach Frau von * mir von ihrer Lage, ihren Familien Verhältnissen, ihren Planen bey der Erziehung ihrer Töchter. So verstrichen die Stunden der Reise. Aengstlich bewegt sah ich die Thürme der Stadt die sich aus den Schatten der Linden heraushoben. Ich bin nun so nah am Ziel, und werde mich bald von Ihnen nun wieder getrennt sehen, wieder in das Treiben des gewöhnlichen Lebens verflochten. Aber die Erinnerung der verflossnen Tage wird ewig in meiner Seele leben durch Unschuld und Geist begleitet entfloh mir jede Stunde in [75v]Ihrer Nähe. Meiner Tante werde ich es ewig danken daß sie mich zu Ihrem Führer erwählte. Auch wir werden es ihr hoch anrechnen, daß sie uns werth hielt, eines guten freundlichen Andenkes gewürdigt zu werden von Ihnen, lieber Graf, daß sie uns ihre nähere Bekanntschaft auf eine so angenehme Art machen lies. Wir haben uns schneller kennen lernen in diesen wenigen Tagen als in den geselligen Cirkeln der Stadt, wo Jahre vergehen können, ehe solche Gefühle des Mittheilens erweckt werden. Und nur durch Mitteilung, durch Offenheit, kommen sich die Herzen näher. [76]Ich hoffe diese Tage haben uns Ihre Freundschaft erworben. –

Ich bin zu glücklich verehrungswürdige Frau, durch dieses Geständniß. Erhalten Sie mir das Gefühl im Herzen lebendig, diese Freundschaft die der Zufall so schön geknüpft hat. Gedenken Sie mein mit Antheil wo Sie auch sein mögen. Ich nahm ihre Hand. – Sie ergriff die Hände ihrer Töchter, und reichte sie mir; die Zeit soll diesen Bund der Freundschaft eher befestigen als zerstören hoffe ich. Meine Töchter denken wie ich, dies fühl ich. – So rollte der Wagen über die Zugbrücke des Thors. Das Klirren der Ketten schreckte mich zusammen. Ach! [76v]Nun sind wir von der holden Welt der Natur geschieden, rief ich aus. Diese Ketten erinnern uns grausam, an eine Welt der Wircklichkeit, und Armseeligkeit, die diese Verschanzungen, die Trennung von der Natur nothwendig machte. –

Meine Tante die ihre liebenswürdigen Gäste längst erwartete, hatte eine Gesellschaft für sie geboten, mir wurde Angst in den beleuchteten Zimmern, unter denen Gestalten die an den Spieltisch gefesselt dasassen, u. keins von ihnen einen Zug von menschlichem Gefühl nur ahnden ließ! Sie sassen wie Automaten vor mir. Durch die hohen Fenster blickte ich mit Sehnsucht nach der freyen Natur zurück, noch glänzten die lezten rothen [77]Strahlen der scheidenden Sonne in leichten Lichtstreifen an dem schwarzen Wald hin; Die Sterne glänzten groß und prächtig an dem dunkeln Bogen des Himmels, ich sah mit Wehmuth nach der Gegend zurück die ich verlassen hatte, wo mir ein glücklicheres Gestirn aufging.

Die jungen Frauenzimmer hatten sich vom Spiel los gemacht, und sassen in einem Cabinet, u. spielten auf einem Flügel, eine Stimme sanft u. melodisch fiel mir auf, wie ich sie noch nie hörte, das Ohr wurde auf den Wogen des Wohllautes fort gehoben, die liebste Empfindung brachte die Töne aus der Brust. Ich trat näher u. Marie war es die diese Töne in mein Herz sandte.

[77v]Sie sang ein Lied, was mit dem Zustand meines Herzens übereinstimmte. Sehnsucht und Hofnung sprach ihr Gesang aus. Ich war unbeweglich, ich getraute mir nicht Athem zu schöpfen, ich fürchtete durch die kleinste Bewegung mein Gefühl zu verrathen. – Wie ich aber den Zustand aushalten kann, und werde steht bey den Göttern, und doch; ist dies verbergen des seeligsten Gefühls mir wieder zur Natur. Ich könnte niemandem sagen daß ich Marien liebe, es wäre mir als verlöhr ich etwas aus meinem Herzen. – Und doch fodert diese so unbeschreibliche Anmuth, jede Bewunderung allein, man gehört nur ihr, wenn [78]man sich ihr nähert, die ganze übrige gegenwärtige Welt ist als wäre sie nicht da. – Warum bist Du gerade fern jezt! Du Einziger der mich versteht, an dessen Brust ich mein Herz kehren könnte, aussprechen die unendliche Fülle meiner Gefühle.

4ter Brief

Ich habe dir seit mehreren Wochen nicht geschrieben, mir entflieht das Leben wie den Himmlischen im Olymp. Ach daß dieser Traum einst aufhören wird, aufhören muß!

Ich habe Mariens Mutter mein Herz entdeckt, sie misbilligt nicht unsre Liebe, nur bittet sie mich noch zu verbergen, bis ihr Sohn da gewesen sey, dem man so eine Angelegenheit des Herzens nicht vertrauen könne noch dürfe. Welche Gründe sie hat, weis ich nicht, aber sie muß wichtige Gründe haben. Er ist uns fremd sezte sie hinzu, und noch nicht in einem Alter u. in einer Stimmung, andere Herzen [78v]zu beurtheilen. Der Strom der Welt hat manche Blüthe eines zarten Geistes weggewischt, sagte sie mir. Ich habe ihn nicht selbst bilden können sezte sie hinzu, und musste einem Freund seines Vaters Eduards Bildung überlassen, er ist mir daher fremder geblieben. Er hatte gute Anlagen und ein gutes Herz ehmals. Seit einiger Zeit herrscht aber ein so seltner Ausdruck in seinen Briefen daß er mir fremder als je geworden ich kann ihm also nicht ehe ich ihn mehr beobachtet habe, das schönste heiligste Geheimniß seiner Schwester vertrauen, ehe ich weis wie er es aufzunehmen fähig ist. – –

Welche Zukunft liegt vor mir! wenn ich einst Marien besize, mich laut ihrer Vortreflichkeiten erfreuen kann, sie als mein Werk mit ansehen! Denn alles was sie ist, was sie besizt eigne ich [79]mir zu, durch die Liebe mit der ich sie ansehe. Auch durch die Freyheit mit der wir neben einander existieren erhält sich jedes ein Recht auf des andern Vollkommenheiten, wir nähren jedes Gute und Schöne in uns, und dadurch eignen wir es uns zu. –

Kannst du den Himmel fassen? Kannst du fühlen wie ich glücklich bin? wie ich glücklich sein werde.

5ter Brief

Der junge Eduard ist gekommen, ein eignes seltsames Gemüth von Menschen. Er hat viel Geist, viel Bildung, aber man vermisst in jedem Zuge das Herz, das aus der Mutter wie aus den Töchtern spricht. Er raisonirt so kalt alle Gefühle weg, spricht mit einem entscheidenden Tone über die heiligsten Empfindungen, über die schönsten Erscheinungen der menschlichen Natur *[79v]*daß es einem schwindelt, man blickt mit Schaudern in die kalte Welt hinein die er sich schaft, u. es ist als wenn nur Worte wiederhallten aus dem Herzen aus dem man warme hohe Ausdrücke des Gefühls vernehmen möchte. Er raubt mir selbst die Seeligkeit meines Herzens, denn es ist als wenn in dieser Nähe kein Laut der Zärtlichkeit aufkommen könnte. Mir wird bang bey dem Anschauen dieses sonderbar gestimmten Gemüths, das sich eine so unbeseelte Welt erschaffen hat! Durch keine trüben Erfahrungen hat sich ihm das Bild der Welt verdüstert, kein trauriges Schicksal hat die Blüthen der Freude abgeschnitten. Ich würde ihn beklagen, u. ihn suchen zu erreichen. Es ist das kalte egoistische Gemüth das er besizt, daß er so in sich ausgebildet hat, das ihm die Welt in solchen Formen zeigt.

[80]Welcher *Generation* sehen wir entgegen? Viele solche vernünftige Menschen wie Eduard, könnten die Welt umformen, nicht durch ihre Macht, sondern durch ihren Willen, das Gemüth will solche Formen anschauen u. es sieht sie. Aber die Phantasie die aus ihrem Lichtkreise herabgezogen ist entweicht dem kalten zersplitternden Verstand, und verbirgt ihre Zaubergestalt in der Wolckenhülle, und entschleyert sich nur wenigen glücklichen noch. – Wie mir diese kalte Natur die schönsten Dichtungen zerstört! Er wird nie nach dem Eindruck eines Kunstwerkes auf sein Gefühl fragen, sondern wenn er eine Dichtung es sey welcher Art es wolle, würdig findet, gelesen zu werden, so zergliedert er dir erst alles einzeln, ob jede Denkform nach Prinzipien *a priori* so entstehen könne, *[80v]*ob jede Vorstellung auch logisch richtig ist. Wenn er sich von allen dem treu Rechenschaft gegeben hat, so kömmt er noch am Ende u. vergleicht mit den Griechen, die sein Ideal sind. Er lässt nichts neures gelten, was nicht auf Griechischem Boden fortgepflanzt ist. Wie enge machen sich doch die Menschen selbst die Welt! Die Griechen wären so wenig stehen geblieben wenn ihre Blüthe gereift wäre, wir die wir die Blüthe kennen, sollten auch nach der Frucht streben, und mit unsren Kräften danach streben und ringen noch höher zu streben, das Ideal ist uns gegeben, aber nicht um es in sich selbst zu umschreiben, sondern es höher, u. höher streben zu lassen. Ich glaube es liegt in der Menschlichen Natur, im unendlichen, unbegränzten Trieb das Hohe zu erreichen [81]und warum sollte die Seele durch gegebne Vorstellungsarten sich Fesseln anlegen? Sie muß selbst schaffen.

6ter Brief

So oft, wohl hundert mahl habe ich es versucht es Eduarden anschaulich zu machen aber er bleibt unbekehrt, so einen Menschen kann niemand überzeugen, niemand wankend machen in der ersten Meinung die er einmal gefasst hat, er hört mich nicht einmahl an. – Durch jede Handlung seines Lebens, auch die unbedeutendste schimmert sein eigner Geist durch, wie er sich die Welt u. Dinge schaft so muß es seyn, u. so ists gut. Er ist nimmer zufrieden mit sich, und seiner Vorstellung, und beklagt nur die andren die [81v]im Wahn leben, und in der Dämmerung.

Wenn du hören solltest wie er über die Liebe räsonirt, wie er das höchste schönste Gefühl im menschlichen Herzen analisiren will, dir deduzieren was Gefallen sey, Liebe aus Eigennuz enstehe u. s. w. Kurz du möchtest rasend werden. Ein Blick auf Marien söhnt mich nur allein wieder mit solch einer Vorstellungsart aus. Sie fühlt daß sie in meinem Herzen lebt, ohne sich zu zergliedern warum sie in mir Wohlgefallen erweckt. Wenn er so stundenlang uns seine Art u. Weise vorgeschwazt hat, u. Herz und Gefühl kalt bleiben, bey diesem Wortgeklingel, und er wendet [82]sich von uns, und ich verstohlen Mariens Hand fasse, und sie an mein Herz drücke und es fühle daß sie meine ganze Seeligkeit ist, wie arm und klein steht der raisonirende Bruder vor meinem Geiste da.

Die schönsten besten Stunden vergehen uns bey dem armseligen Geschwäz. Mein Vater schreibt immer, und bald wird er auf meine Abreise dringen. Mein Aeltrer Bruder der Obrister ist in französischen Diensten, der eine liebenswürdige Frau hat, u. mehrere Söhne ist jezt bey ihm. Die Familie wünschte auch mich zugegen. Ach wenn man wüsste welche Bande mich hier festhalten! Mit welchem zerrißnen Herzen ich Deutschland verlasse! – –

[83]Kan⟨n⟩st du dir denken Lieber, wie Eduard das Verhältniß der Frauen zu uns ansieht? Aus Goßmuth lieben wir, Mitleiden möchte der Selbstgefällige Herr wohl hinzusezen, denn sein Herz möchte doch bewegt werden vielleicht, wenn er sieht wie ein weibliches schönes Wesen, aus Liebe für ihn sich ganz hingibt. Er selbst fühlt kein Behagen dabey, ist nicht glücklich in sich, nur leben u. leben lassen will er, u. deswegen neigt er freundlich sein Herz ohne selbst zu fühlen, zu einem Mädchen! Möchte er nur ein Herz finden, das simpathetisch zu dem seinigen schlägt, nie eine Seele sich an die seine heften! Welch einer Zeit gehen wir entgegen! Einer eisernen Zeit möchte ich sagen.

[83v]Wenn die Jugend so raisonirt, die doch allein noch Wärme haben kann, wie wird das Alter erst sprechen. Ach wenn ihr nicht wie die Kinder die Welt ansehen lernt, werde ihr umsonst nach dem Gefühl des Glücks haschen. Auch das Glück streicht er aus der vorgezeichneten Baahn des Menschen Weg. Wir sollen nicht glücklich sein; Ewig nur kämpfen zwischen Neigung und Pflicht, und dadurch wird uns eben ja ewig der Genuß des Glücks geraubt.

Gerade jezt da ich so glücklich bin, möchte ich die ganze Welt glücklich wissen. Ich bin sonderbar gestimmt, meine Liebe zu Marien hat mich in die höchste reinste menschliche Stimmung des Gemüths gesezt. Mein Herz ent[84]faltet sich dem Gefühl des reinsten Lebens, wie die Blume ihren Kelch dem Strahle des Tages. – Wenn ich denn nun im Uebermaß seelig bin, greift der fürchterliche Philosoph jedes Gebäude meines Glücks an; Er hat kein Bild von meinem Wesen, kann nicht fühlen was Liebe ist. Ich sag es mir hundert Mahl aber ungeduldig über all das, möchte ich ihn wiederlegen. Diese ganze Classe zu Boden treten können, mit allem ihrem leeren kalten Geschwäz; – weil sie nie fühlten, stossen sie sich selbst aus der

Classe der seeligsten Wesen, läugnen sich lieber das Gefühl ganz ab, damit sie in ihren egoistischen Träumereyen nicht gemahnt werden an ihren eignen Mangel, des Gemüths.

[84v]Um alles in der Welt Liebster, sagte mir lezt Marie, werden Sie kein Philosoph wie jene. Wir wollen lieber in dem Land der Dämmerung des Lebens bleiben, wenn einem das Denken über sich, so stimmt, wie meinen Bruder. Das Licht ist schrecklich, wenn es uns jeden Punkt des Daseins so beleuchten will. Die Menschen sind noch aber so wenig reif für diese Begriffe, und ich zweifle ob sie es je werden. Ich hoffe sie kehren wieder zurück zu dem reinen Anschaun der Gegenstände, u. ermessen sich nicht zu grübeln. So viel Wahrheiten vielleicht aufgedeckt worden sind, so viele neue Irrthümer sind dafür auch wieder entstanden. – Ich glaube sie hat recht, ist es dir nicht auch so?

[85]7ter Brief

So ruft denn auch Marien ihr Schicksal von mir! Heute hab ichs erfahren. In dem Tempel der Natur sprach ich zuerst das Gelübde meiner Liebe zu ihr aus, u. auch unter den blauen Bergen des Himmels über uns vernahm das Gelübde der ewigen Treue, u. Liebe, da das Schicksal uns trennt.

Die Freunde meiner Tante hatten ein artiges Fest veranstaltet zu ihrem Geburtstag. In der seeligsten Unbefangenheit eilte ich in die Gesellschaft, ahndete noch viele Tage wie diesen, u. es war vielleicht der lezte. – Eine Lieblingsidee meiner Geliebten wurde ausgeführt, ein Fest auf dem Wasser veranstaltet. Die kleinen Schiffgen zierlich gepuzt, machten einen ansehnlichen Zug aus. [85v]Uns folgte ein Kahn mit Musik, die eine Hälfte des Stroms gab harmonisch den Schall zurück. Ich saß neben Marien im Kahn, die Wellen erhoben sich das Fahrzeug schwankte stärker. Sie bebte u. lehnte ihr Gesicht an meinen Busen, es schien unwillkührlich, u. die jungen Mädchens lächelten über diesen Zufall der mich so seelig machte. Wie oft fällt mir jezt da mein Herz zu voll ist, die Leerheit der Weltverhältnisse auf, und stört mich. Da ist alles abgezirkelt, nach einem strengen Gesez, das nicht der Anstand, die Sittsamkeit erschuf. Nur das Bedürfnis, das Innre zu enthüllen, schuf den Zwang. Solche hohe reine Naturen wie Marie, bedürfen nicht eines solchen künstlichen Lächeln, die Gefühle der Sittlichkeit leben in ihr, sind in ihrem innersten Wesen einheimisch. Sie sollte lehren, wie die Jungfrauen züchtig sich zeigen sollen, wie die Jünglinge diese Sittsamkeit ehren müssen. Und nicht diesen dürftigen Lehren einer er[86]künstelten Dezenz die eben deswegen weil sie sich eines Halts bedürftig fühlt, so feste Wälle um sich aufrichtet.

Sie bog sich absichtlich zuweilen näher an mein Gesicht wollte mir etwas sagen, u. es war als ob es ihr die Stimme versagte. – Auch waren wir der andren Gesellschaft zu nahe.

Durch Felsenstücken die sich am Ufer thürmten gleiteten die Fahrzeuge, lauter tönte das Echo den Schall der Hörner wieder, der Boden des Stromes schimmerte grün, und klar, und der blaue Himmel spiegelte sich in den Wellen. Durch manche Krümmungen zog sich der Weg, u. an den Felsen versteckt lag eine kleine grüne Ebne, dort stiegen wir aus, eine Hütte, mit Säulen gestüzt lud uns ein. Die alten Baumstämme umwanden die schönsten Blüthen des Herbstes, vertrauliche Size von Rosen zierten das Innere, u. [86v]eine geschmackvoll geordnete *Collation* verschönerte den Anblick des Ganzen. Da sassen wir lange, plauderten scherzten. Die Musick tönte fort, jedes war nach seiner Art und Weise froh, alles schwäzte munter. Marie die anfangs auch leicht gestimmt schien, nahte sich mir ernsthaft.

Ihre Stimme war angestrengt. Lassen Sie uns einen Vorwand finden, der uns einige Zeit von der Gesellschaft entfernt, ich vermag das Geräusch nicht länger mehr auszuhalten. Mein Herz ist eingeengt von der tiefsten Wehmuth, und ich kann die Larve der Munterkeit nicht mehr behalten. Kommen Sie liebster Freund. Sie zog mich fort. Mit einem freundlich scheinenden Blick zur Gesellschaft sich wendend sagte Sie. Sie wissen meine Liebhaberey zur Botanik; ich werde nie wieder diesen Ort betreten, also vergönnen Sie mir daß ich diesen Felsen näher betrachte. [87]Der Graf der mein Interesse theilt dafür wird mein Führer sein. Sie verzeihen, daß ich auch ihn der Gesellschaft entführe. So eilten wir fort, u. lange sprach Marie kein Wort. Als wir den felsigten Hügel erstiegen hatten, der Fluß, das Ufer weit unter unsren Füssen lag, stand sie still.

Was ist Ihnen Marie rief ich aus? Sie schweigen, lassen mich in der peinlichen Ungewißheit.

Ich bedarf dieser Pause lieber Freund, mein Herz stürmt zu mächtig in meiner Brust, ich möchte ewig schweigen denn es ist mir als spräche ich des Urtheils meines Todes aus, indem ich Ihnen die Nachricht verkündige die Sie wissen müssen. – Wir müssen uns trennen, Geliebter. Ich kann der schrecklichen *[87v]*Ahndung mich nicht erwehren, daß wir auf ewig uns trennen.

Ewig, ewig, so hast du denn keinen Glauben an die Treue meines liebenden Herzens, so traust du dem deinigen nicht.

Ich glaube an beydes, denn dieser Glaube ist das einzige was mich aufrecht hält. Aber die Umstände können Hindernisse in unsre Verbindung legen, was kann nicht alles vorgehen um unsre Herzen unwillkührlich zu trennen. Wenn du wanken könntest Geliebter! ich gebe dem Gefühl das voll schwerer Ahndungen mein Herz quält die manichfaltigsten Bedeutungen, bald traue ich meinem [88]eigenen Herzen selbst nicht mehr. Aber Marie erkläre mir warum auf einmal du von Trennung sprichst, noch ist mir alles ein Räthsel.

Meine Mutter sprach sie, die mir mit schonender Liebe begegnet, hat mir so lange es thunlich war die Nothwendigkeit verborgen uns zu trennen. Heute da sie die Antwort an ihren Bruder nicht länger aufschieben darf, die Zeit ihrer Ankunft bestimmen muß, erklärte sie sich. Ich erfuhr nicht allein daß ich von dir mich trennen muß, auch die Veranlassung dieser Reise ist mir betrübt. Mein Onkel der Lieblingsbruder meiner Mutter, ist in der traurigsten Lage, in wenigen Monathen verlohr er eine Gattin die *[88v]*unendlich liebte; und zwey hofnungsvolle Knaben. Wir sind das Einzige Band das ihn noch an die Welt bindet, und er fodert meine Mutter feyerlich auf ihm jezt die Liebe thätig zu zeigen die sie ihm stets bewahrte im Herzen. Wir müssen fort; weit von dir Geliebter wird Marie jeden Tag als ein Jahr verleben. Langsam wird das Rad der Zeit fortrücken, denn das Licht des Tages zeigt mir nicht deine Gestalt. Ach ich fühle schon die lang ausgedehnte Strecke des Lebens daß ich ohne dich verleben muß, ohne Nachricht von dir, denn auch Briefe gehen schrecklich langsam, und was ist mir diese Unterhaltung, wenn ich dich, dich selbst entbehren muß.

[89]Das Schicksal das uns so schrecklich auf einmal erscheint, ist gerecht Marie, es erinnert mich, daß auch ich seinem Rufe hätte früher folgen sollen, denn jeder Brief meines Vaters giebt mir einen Dolchstoß, er wirft mir mein Zögern vor, und bald fängt er an, an meiner Liebe für ihn zu zweifeln. Ich sehe dieser Trennung muthiger entgegen, ich werde mich meinem Vater entdecken. Die Mittel unsrer frühern Verbindung aussinnen, und mit beglückender Hofnung dich aufsuchen, und dann sind wir ewig verbunden. –

Das gebe der Himmel rief Marie, und blickte ernst nach dem Himmel. Sehen wir uns aber *[89v]*nicht wieder; nimmt vielleicht das Grab schon das Herz deiner Marie auf, wenn du zurückkehrst. So gedenke meiner auch dann mit Treue. Bewahre mir dies Herz, dieses ist meine einzige Beruhigung. Laß es nie einer andern gehören. Gelobst du mir dieses?

Ich bleibe treu dem Gelübde unsrer ewigen Liebe. Eine lange schweigende Umarmung bekräftigte den Bund unsrer Herzen. So trenne ich mich beruhigter von dir. Ich habe dir entdeckt was mich lang beunruhigt hat. Es kann dich niemand so lieben wie ich; Geh auch du in einen andern Kreis und lebe dort getrennt von mir; ich bin ruhiger, denn auch selbst der Tod trennt uns nicht.

Dies war das lezte was wir sprechen konnten, denn einige von der Gesellschaft waren uns [90]gefolgt. Ich bewunderte wie leicht es den Frauen wird sich zu verbergen; wie ihre zartere Organisation sich jeder Stimmung schneller zu bemächtigen weis; Marie war als wir den Fels erstiegen in einem Gemüthszustand der mich unaussprechlich ängstigte, ihr Gesicht bleich die Augen die ein milder Glanz beseelt, waren ermattet; sie vermochte kaum mit der größten Mühe zu sprechen. Jezt da die Gesellschaft sich näherte, überzog eine leichte Röthe ihr Gesicht, sie trat eifrig neben mir und suchte schnell ein Gespräch hervor, daß es den anderen scheinen musste wir hätten immer davon gesprochen.

Als wir noch enfernt von der übrigen Gesellschaft waren, sagte ich ihr noch, ich bitte dich Geliebte schone dich mehr, Du wirst so geschickt *[90v]*deine wahre Stimmung zu verbergen, und so leicht in andrer Vorstellungen einzugehen, daß ich fürchte du thust deinem Herzen zu viel Gewalt an; Reibt dieser Zwang nicht die edelsten Kräfte deines Wesens auf. Ums Himmels Willen schone dich. Scheine nicht mehr was du nicht bist Geliebte, deine innre Ruhe leidet dabey.

Du weist mein Freund, sagte sie lächelnd, wir wären nicht, was wir sein sollten, wenn wir nicht lernten uns selbst zu bekämpfen und gewohnt den Ausdruck des tiefsten Gefühls zu verbergen. Du wirst mich nie wieder so schwach sehen als bey unserm Gespräch. Ich verspreche es dir. – Werden wir nicht von der frühsten Jugend an schon gewöhnt, mehr in unsern innern Gefühlen zu leben, [91]ist es nicht das Loos unsres Geschlechts, durch den Anstrich der Freude, und SelbstUeberwindung denen wohl zu thun die wir umgeben. Muß nicht schon das kleine Mädchen ein freundlicher Gesicht der Gesellschaft zeigen, als der Knabe dem es vergönnt wird, ruhig bey seinem Spielzeug zu bleiben, und sich nicht um andre zu kümmern während das Mädchen sich nach der Laune der Gäste richten muß? So geht es durch jede Bedingung des Lebens fort. Und uns liegt nicht allein das Geschäft ob, Euch das Leben zu erleichtern, sondern auch zu schmücken.

Ich horchte ihr schweigend zu, und glaube daß sie recht hat.

Der Abend war himmlisch, der Mond beleuchtete die Wellen des Stroms, und wir theilten mit den Fahrzeugen die Lichtsäule die er in das Wasser warf. Die Ruder glanzten, auf dem dunklern Boden. Die Berge neben uns lagen in einen leichten Duft gehüllt, *[91v]*und die Sterne traten einzeln glanzvoll aus dem dunkeln Teppich der Nacht hervor. Aber nicht wie sonst lachte mir die Natur, der schöne Anblick erweckte mir Schrecken. Ach ich dachte der Zeit wenn ich nun traurig den Abend erscheinen sehe, u. den Morgen ohne Hofnung das schöne Bild meiner Geliebten zu erblicken.

Sie saß auch ernst neben mir, denn die laute lustige Gesellschaft war ernster geworden, theils ermüdet, theils durch die Stille des Abends zu ernstern Betrachtungen gestimmt, fast jedes in sich gekehrt neben dem andern. Der Tante die einen frohen heitern Sinn hat, behagte es nicht. Sie foderte Marien auf einen Gesang anzustimmen. So kamen wir wieder in unsre Wohnung.

[1]Briefe Lyon

8ter Brief

Jezt Geliebter bin ich wirklich ganz allein, ganz verlassen, auf der weiten grossen Welt die mich umgiebt. Noch hör ich nur bey jedem Schlag der Glocke die fürchterliche Minute bezeichnen, die mich auf ewig aus dem Anblick aller Seeligkeit verbannte. Marie hat mir ihre Ahndungen mitgeteilt, jezt da ich nicht mehr den Trost in ihren Augen lesen kann, da kein Strahl der Hofnung durch ihre Blicke auf mich dringt, ist das schrecklichste mir möglich geworden. Ich sage dir nichts von meiner Reise, in einer todtenähnlichen Betäubung verließ ich *. Wenn ich zuweilen zu mir selbst [1v]kam, mich allein fand in dem Wagen der mit jedem Schwung der Räder mich weiter von meinem Glück entfernte, war es mir schrecklich zu Muthe. Ich sah niemanden, gab keine Briefe ab, in Genf erwachte zuerst meine Seele, aus der trüben Betäubung. Als ich den grossen Anblick der Natur vor mir schaute, als der *Leman* mit aller seiner Pracht vor mir ausgebreitet lag. – Aber die Natur vermag auch das Herz nicht lange zu trösten das von aller Freude geschieden ist, sonst freut man sich des ewigbleibenden [2]der treu wiederkehrenden Erscheinungen der Natur, und das Herz lehnt sich mit Trost an das bleibende leblose wenn alles lebendige die Gestalt wechselt, aber selbst diese Vorstellung tröstet mich nicht. Ach ich sehe in dem immer wiederkehrenden Strahlen der Sonne, in dem treuen Laufe der Natur nur das Zeichen das ich allein meine Stelle verändern musste, nicht wiederkehren zu dem engen Kreis der alle meine Wünsche einschliesst. Noch ist mein Herz zu sehr gebeugt, ich hoffe die Zeit wird die Gefühle lindern. Aber ich kenne mich zu gut. Ich weis wie fest und [2v]innig ich meinen Gefühlen nachhänge, wie ich nur in einer Vorstellung leben kann. Das Fremde hat keine Anziehungskräfte für mich. – Wo mag Marie jezt sein, in welchem Raume schwebt ihr reines hohes Wesen? Auch schreiben will ich ihr noch nicht bis ich ruhiger bin. Ich machte sie ungücklich durch meine Stimmung. Dir allein treuer inniggeliebter sey mein ganzes Herz offen, die Geschäfte die mir die heiligsten sind bewahre ich in deinem treuen Herzen, am liebsten. Deine Freundschaft hat mich schon oft tröstlich gestüzt, Dir allein gehört es, die leisesten Wünsche, [2Ar]Ahndungen meiner Seele aufzunehmen. – – Du liebst mich wie dein eignes Wesen, deine treue Seele nimmt ungetrübt jede Vorstellung der meinigen auf. Ich bin reicher als alle, weil ich dich habe, und Marie. Sie empfängt nur die frischen, ungetrübten Bilder meiner Seele, denn auch sie bedarf sich festzuhalten, sie darf nicht wissen wie ich lebe ohne sie, denn ihr zartes Herz würde dem Gefühl meines Schmerzes unterliegen. Du wirst ewig die leiseste Stimme meines Herzen verstehen, und vernehmen, darum sey dir aufs neue gelobt, unverbrüchliche Wahrheit und Treue. – Du Einziger Freund.

[2Av]Von Genf kam ich durch Gegenden, bey denen mein Blick lieber verweilte, als bey den löchernden unwegsamen Strassen durch Felsen, und Klippen, selten Wohnungen, und wo man ein Dorf erblickte, sah man nur Spuren des Jammers. Die bleichen Gesichter der Frauen u. Kinder die am Wagen scharenweis zogen, erweckten mich zuerst aus meinem Gram. Ich fühlte tiefer ihr Elend, und der Muth sie fröhlich machen zu wollen, belebte mein eignes Gemüth mit Hofnung. Ich theilte reichlich meine Baarschaft mit ihnen, und manche Familie mag sich einen Festtag gemacht haben. – Die Einwohner [3]Savoyens machten einen unauslöschlichen Eindruck auf mich, die Männer starck gebildet, und voll Kraft, haben den Ausdruck scheuer Frömmigkeit und Dumpfheit; Sie fühlen die Lasten ihrer Verfassung, aber nicht die Mittel sich zu helfen, durch Fleiß und eignen frohen Willen. – –

Ich war wie in einem andren Welttheil, ach ich sahe keine Spuren, die mir meine liebsten Vorstellungen näher bringen konnten. Nur den Lichtgestalten der Wolcken, konnte ich meine Trauer vertrauen, sie zogen an der blauen Fläche des unendlichen Himmels hin, der auch sie umschließt, die mir Licht *[3v]*und Beleuchtung des Lebens giebt.

Sonderbare Erscheinungen die ich an den Gränzen Frankreichs hatte, machten mich auf einmal so weich, stimmten mein Wesen so sehnsuchtsvoll daß ich gern den Lauf des Wagens wieder nach dem Lande richten lassen, wo ich eigentlich nur lebe.

Die Berge wurden immer höher, immer enger das Thal, der Abendschein röthete die grauen Felsmassen, mein Postillon rief, zum erstenmahl wie aus einem Schlaf erwacht. Steigen Sie aus, die Gegend verdient bemerkt zu werden; ich stieg aus, sah hinunter in das Thal, in dem die Rhone [4]mild rauschte, von einer Klippe zur andern. Sie verliehrt sich ganz, und geht eine ganze Strecke unter einem Berg fort. Schauerlich eng ist hier das Thal. An den Bergen windet die Landstrasse sich hin, und erinnert nur allein an die Verbindung dieses schauerlichen Plazes mit der übrigen Welt.

Es wurde finstrer, als wir an eine Festung kamen, die sonderbar in einen Felsen gehauen ist. Es ist der Paß der Frankreich von Savoyen trennt, ich war in einem Lande der Feen, denn nichts erinnerte mich an etwas was ich schon ehemahls gesehn hatte. Ich hätte mich eben so gut *[4v]*auf den Höhen der Cordilleres befinden können, als in einem so cultivirten Theil von Europa. Ich konnte nicht müde werden mich umzusehen, als ich plözlich durch die Stimme des *Invaliden* der mir einen Paß abfoderte aus meinen Träumen erwachte. Ich sagte daß ich keinen habe.

Sein störrisches Gesicht heiterte sich auf. Sie sind Deutscher sagte er gerührt, reisen Sie in Gottes Nahmen. Dies sagte er in seiner Muttersprache, ich bin ihr Landsmann. – Jezt erst fühlte ich was der Begriff des Vaterlandes für einen Zauber hat. Ich sprang auf, drückte dem Deutschen die Hand, und warf einige Goldstücke in den Huth. Laß dirs wohl sein Landsmann [5]und liebe treu dein Vaterland. – Was erwacht mit dem Nahmen Deutsch nicht alles auf einmahl in meinem Herzen. Wäre Marie nicht ewig mein einziger Gedanke, so hätte bey der Erinnerung an mein Vaterland, der Gedanke an sie einen hellern Schein auf meine Begeisterung werfen müssen. – Auf einmal fühlte ich mich mit allen Wesen verbunden und eins. –

Aber traurig weckte schon die folgende Stunde mich aus meiner phantastischen Stim⟨m⟩ung. Die romantische Gegend war verschwunden, noch von ferne nur sah ich die Felspizen, wo der redliche Deutsche *[5v]*seinen Paß bewacht. – Das Thal war düster, und die finstren Häuser des kleinen Dorfes, die unsichern Blicke der Bewohner flösten mir weder Freude noch Vertrauen ein.

Ein feuchter Nebel lag auf dem Thale, ich wollte mich durch ein warmes Zimmer in ein bessres *Clima* versezen, da brachte man mir feuchtes Schilf, und wollte mich erwärmen. Der Rauch der in dickem Qualm aufstieg verjagte mich aus dem einzigen kleinen Zimmer, u. ich musste mich in die Küche des Wirths flüchten, die von Soldaten und reisenden Bettlern erfüllt war. So schnell konnte sich wohl niemand aus [6]einer entzückenden Stimmung herab gestimmt u. verstimmt fühlen wie ich. Ich beschloß nun auch fest Tag u. Nacht zu reisen bis *Lyon*. Da bin ich nun, u. in wenig Tagen werde ich weiter reisen. Ich kann auch hier noch keine Menschen sehen, wozu sie suchen? Jede Gestalt die ich sehe, würde mich schmerzlich mahnen an die geliebten Gestalten von denen ich mich immer mehr entferne.

9ter Brief. Paris

Da bin ich Geliebter seit wenigen Stunden, und Du bist mein treuer Gesellschafter, mitten in diesem Gewühle der Welt. Treu u. einzig wie das Bild meiner Geliebten, steht das deine in meiner Seele neben [6v]dem ihrigen. Ach welche Welt wird sich denn meinem Blick öfnen, wenn ich Dich nicht mit ihr in der Wircklichkeit neben mir sehe! Wenn sie aus deinem Munde die Wiederholung meiner Liebe hört, wenn auch aus deinem Munde sie es vernimmt wie ich einzig nur ihr lebte. Schmerzlich steht die Erinnerung an Euch, lebhafter in meiner Seele, ich fühle aufs neue daß ich von dem Himmel meines Glücks geschieden bin. Daß Leiden, Sorge, sich zwischen uns aufthürmen, daß Euer Aug nicht die Erscheinungen des meinigen theilt, ganz andere Menschen, andre Sitten, andre Gebräuche. Mit dem Gefühl daß ich [7]in einem fremden Lande bin, eine fremde Sprache reden muß, dehnt sich der Raum der uns trennt immer weiter, und weiter aus.

Ich sage dir nichts von meiner Reise. Sie war ohne Zufall; Der Anblick von *Paris* hatte nichts was mich wundern konnte. Die Vorstädte sind groß, aber schlecht gebaut. Wenn nicht hin und wieder ein hochgepuderter u. frisirter Kopf aus den kleinen rauchreichen Fenstern heraus blickte, und eine Hand mit einer langen Manschette geziert zeigte, so dächtest du nicht daß du in dem Siz des Geschmacks dich fändest. Die Franzosen entbehren lieber des Brots dünkt mir, als einen ungepuderten Kopf. [7v]Das Kleid mag durch die Länge der Zeit alle *Nüanzen* erhalten, geflickt seyn, wenn nur das Hirn geziert ist. So viel ich bemerkt habe, hat die *Nation* kein Gefühl für ein gewisses Wohlbehagen zu Hause. Man findet oft die elegantesten Menchen von den gewöhnlichsten Bedürfnissen des Lebens entblösst die zur Bequemlichkeit uns nothwendig geworden sind. Die Gemüther sind zu lebhaft, als daß sie lange auf einen Punkt ihr Vermögen richten sollten.

Meine Familie fand ich nicht, sie werden erst Morgen zurück kommen. Wenn Du aber den ächt französischen Ton der Alten *Gouvernante* des Hauses hörtest, die flüchtigen Bedienten, [8]die Gelenkigkeit sähst mit der sie einem jeden gleich helfen wollen, und den Enthusiasmus mit dem sie mich empfangen haben, ach Du würdest Dich betrüben.

Que Dieu vous bénisse, que notre bon maitre, qui est si bon père sera charmé de avoir son bon fils! So erschallt es aus allen Ecken. Und ich wette sie empfinden nichts dabey, wenn der erste beste Herr morgen sie in Dienst hätte, so würden dieselben Wendungen wiederkehren. Wir Deutschen sind karger in unsren Worten, aber dafür ist es auch wichtig und bedeutend, wenn das Herz spricht; es ist eine ganz andre Stimme als die dieser [8v]Schwindelköpfe! –

10ter Brief

Nun habe ich meine Verwandten gesehen; mein Vater ist ganz wie er mir vorkam in der Ferne, seit meinem zehnten Jahre sah ich ihn nicht. Er hat ein Ehrfurcht erweckendes Gesicht, eine schöne Gestalt, einen gebildeten Ton; den deutschen Ernst, mit der französischen Liebenswürdigkeit schön vermischt. Mein Aeltrer Bruder der meinen Vater nach Frankreich begleitete ist ganz im Lande *nationalisirt*. Seine Frau ein artiges lebhaftes Wesen, liebt ihn zärtlich, ihr Aeltester Sohn ist nicht sehr an Jahren von mir verschieden. Unsre erste Zusammenkunft war rührend.

[9]Mein Gesicht fiel meinem Vater aufs neue auf, die Ähnlichkeit mit meiner Mutter über-

raschte ihn schmerzlich. Er stand zwischen uns, fasste gerührt meine Hand, ach wenn der reine Geist unsrer ewig geliebten *Leonore* unter uns wäre, wenn er die Stimme ihres Freundes vernähme, wie würde sie sich dieses Augenblicks freuen, und uns seegnen. Du warst ihr Liebling! Zeige durch deine Handlungen mir daß du werth bist der Sohn dieser Edlen Frau zu sein. Ich hoffe alles Gute von dir, u. schaue gerührt diese Stelle an, die jezt alles vereinigt was mir auf der Welt lieb sein kann. Es wird mir glücken einst, den Geist meiner Mutter, in einer anderen ihr werthen Gestalt wieder in diesen liebenden Cirkel ⟨zu⟩ bringen mein Vater, sagte ich gerührt. Ich bin zu bewegt, als in dem [9v]schönsten heiligsten Moment meines Lebens dieses Bild aus meinem Herzen fern zu wissen. Ich fiel in seine Arme. Die Zeit wird Ihnen enthüllen, daß ich Ihrer werth zu seyn strebe. Und jeden geheimen Gedanken meines Herzens werde ich Ihnen aussprechen. Mit unbeschreiblicher Milde sah er mich an. Ich will nicht vor der Zeit dein Vertrauen ablocken lieber Freund, aber du wirst deinen Vater auch als deinen treuen Freund kennen lernen, dies sey versichert.

Wir verlebten einen Abend ganz unter uns, es soll wenig der Fall sein, denn mein Vater muß seinem Posten wegen viel Gesellschaften sehen, auch die Menge der Fremden rechnet auf eine günstige Aufnahme –

[9Ar]Diesen Morgen ließ mich meine Schwägerin einladen, einen Gang mit ihr im *Palais royal* zu machen. Die schönen Frauens der Hauptstadt waren da versammelt, in reizenden Morgenkleidern. Aber ich fand kein Gesicht daß mit keinen ungeschminkten Wangen die Farbe der Jugend u. Heiterkeit gezeigt hätte. Ach wie ich einst mich ergözte an dem lieblichen Farbenspiel in Mariens Gesicht! Wie wir in den Gluthen des Abendroths nebeneinander standen u. die reiche ländliche Gegend überschauten! Ihr Gewand war geröthet vom Strahl des Himmels, aber die himmlische Farbe ihrer Wangen konnte es nicht erreichen. Ich könnte hier ein Idyllendichter werden, denn die Sehnsucht nach der Einfachen Natur die ich hier überall vermisse, stimmt mich zu einer Poesie der Gefühle, die ich in Worte aussprechen möchte.

[9Av]11ter Brief

Eine glänzende Gesellschaft hatte sich heut bey meinem Vater versammelt. Die Männer plauderten unaufhörlich, und die Frauen nicht weniger, aber doch nicht so laut. Eine Freundin meiner Schwägerin *Madame Celange* fiel mir auf; Sie hat einen Ton der Einfachheit angenommen, der fremd hier scheint, sie ist schön, sie wäre sehr schön, wenn sie nicht der Mode zu sklavisch folgte.

Wenn du die hochrothgeschminkten Gesichter erblicktest, die mit einem starken Abschnitt, bis ans Auge hinauf gezeichnet sind, den ängstlich gekräuselten Haarpuz, die goldgeschmückten Arme, Du würdest keine Spur der menschlichen schönen Natur entdecken können, mir ist es als sähe ich einen Marionettenkasten, und höre oft die [9Br]hölzernen Arme und Beine zusammenschlagen, und es hallt traurig wieder, wenn so eine kalte unbelebte Hand sich ans Herz verirrt.

Warum entheiligen die Menschen das höchste edelste ihrer Natur? Warum ist dieser Schleyer in den Gaukelkasten Farben getaucht, um unser Dasein gewunden? um unsre höchste Natur zu vernichten.

Madame Celange sucht mich auf eine Art auf, die mir schmeichelhaft sein könnte. Sie hat nicht den Ton eines gewöhnlichen Frauenzimmers daß nur gefallen will. Sie sucht mit einer

Feinheit und Grazie die Stimmung des Gemüths aufzufinden in der ich mich befinde, um den rechten Ton zu ergreifen der an mein Herz spricht. Man merkt [9Bv]nie ein Bestreben in ihr gefallen zu wollen. Sie macht gern und gefällig jedes kleine Verdienst andrer gelten. Sie hat viel Verstand, viel ausgebildeten Geschmack und Talente. Ich denke mir sie zu edel um ihre Hand zu vergeben, wenn sie ihr Herz nicht geben könnte, und doch scheint es so, denn der Mann spielt die wunderlichste Rolle von der Welt; lieben kann sie ihn ohnmöglich, auch nicht einmal achten, denn er ist schwach, eitel, Egoist im höchsten Sinn. Er liebt auch die Frau nicht, das Mitleiden sie an ihn fesseln könnte. Er denkt aber er liebe sie, und weil er eben glaubt es könne ihm nichts wieder streben, so glaubt er auch es sey der Frau nicht möglich, und es genügt ihm mit diesem Glauben. Sie hat einen Cirkel von Freunden um sich gebildet in dem sie lebt, auch [10]ist überhaupt der Ton hier sich nicht umeinander zu bekümmern, und es wird ihr leichter eine solche herzlose Verbindung zu ertragen, die sie in einem beschränktern Lebenskreise gewiß schon aufgehoben hätte. Eine Art mit Menschen umzugehen hat sie die mich zuweilen befremdet. Ohne diesen Anstrich von *Coquetterie* zu haben, bildet sie einen Kreis junger Männer um sich. Sie scheint die Vertraute, die Rathgeberin eines jeden, und jeder scheint Ansprüche auf ihre Anhänglichkeit zu machen, jeder scheint bereit ihr alles aufzuopfern. Der Mann kommt selten in diesem Cirkel zum Vorschein, scheint auch da nichts zu gelten. Es herrscht eine Zwanghaftigkeit vor in der *Co⟨que⟩tterie* die man nicht Ungebundenheit nennen kann, aber doch nicht ganz passend für ein Frauenzimmer zu sein dünkt.

[10v]*Julie Celange* ist der Geist der sie alle belebt, und keiner wiederstrebt diesem Geist. Keinen befremdet es wenn der andre Vorzüge genießt. Ein Engländer der allen Edelmuth seiner Nation hat, und die schönste geistige und körperliche Bildung, wie ein Dichter sich seinen schönsten Helden denkt, so erscheint *Mowbray.* Zwey junge Franzosen die lang in England waren, und die Tugenden der beyden Nationen, wie ihre Fehler vereinigen sind die Verwandten des Herrn von *Celange*, und sie sind die Eingeweihten des engern Cirkels. Frauens werden nicht leicht in diese Gesellschaft aufgenommen, meine Schwägerinn ist die einzige. Sie hat nicht die Anmassung eine Rolle spielen zu wollen, sie theilt ihre lebhaften Einfälle mit Grazie mit, liebt übrigens ihren Gatten u. ihre Familie, und hat nicht das Interesse der schönen *Julie*, ausser sich etwas zu suchen und daher passt sie sehr gut [11]zur Gesellschafterin. Denn es giebt doch manche Dinge die eine Frau allein nicht unternehmen darf. – Ich bin in diesem Circel freundlich aufgenommen. *Julie* merkt wohl oft wie mein Herz mit etwas anderm beschäftigt ist, wie mir nirgends wohl ist, sie sagte lezt. Ich ehre Ihre Stimmung, Ihre Verschlossenheit sogar, aber wenn die abwesenden alles haben was die heiligsten Gefühle des Herzens einschliesst, so gönnen Sie den anwesenden Freunden, doch ihr Vertrauen. Sie sind jung, und ich kann es Ihnen sagen, weil Sie mich nicht misdeuten. Sie sind liebenswürdig wie wenige Männer; Ich möchte Sie lernten sich selbst kennen; Sie wissen nicht, oder wollen es nicht wißen daß die Liebe so mannichfaltig ist, wie die Rose die ihr Sinnbild ist. Der Kelch bewahrt allein die süssesten, stärckesten Düfte, aber sollen die Blätter die auch mögen schon Wohlgerüche [11v]verbreiten, sich nur allein an den Kelch anschliessen, ohne das Auge des Beschauers ergözen zu wollen, ohne selbst sich zu ergözen? Ihrem Alter ist das eigen, sich in eigner Flamme selbst verzehren zu wollen. Glauben Sie mir lieber Freund. Das Herz ist nicht geschaffen, ein Gefühl allein ewig zu bewahren, es muß sich Luft machen, muß endlich ausströmen in tausend Arme, sonst geht der Kern zu Grunde. Ich kenne ein Herz das Ihre tiefsten Empfindungen versteht, daß sie aufzufassen fähig ist. –

Sie wurde bewegt. Ihre Stimme stockte, und ich sah nach ihr hinauf. Sie fand mich in ihrem Cabinet, wo ich mich an das ofne Fenster sezte, den Cour des Armes verfolgte, auf dem *Pont neuf* konnte ich das Gewühle der Menschen übersehen, ich schaute hinaus in die weite Fläche des Himmels, u. mein Herz suchte Marie, [12]das Andenken an sie. Ein Brief den ich erhielt machte mich traurig. Ich verließ die Gesellschaft um an das Fenster zu flüchten, da fand mich *Julie*. Ich war weich durch meine Gefühle, ich ergriff mit Wärme ihre Hand. Sie sind mir ewig theuer meine Freundin, glauben Sie mein Herz kann nicht diese Gefühle mittheilen, die es beleben. Auf dem Altar der Freundschaft wollte ich Ihnen mein Herz offen darlegen. Sie sollten mich verstehen, mit mir fühlen. –

Sie sind also unglücklich? warum mir sonst Ihr Herz verhüllen.

Nur durch das Schicksal das mir Trennung auflegte. –

Aber auch nicht glücklich sagte sie forschend. Die Glücklichen theilen sich sonst gern mit.

Sie beugte ihr Gesicht auf meine Stirn, drückte einen Kuß darauf; Sie müssen glücklich sein *[12v]*edler Freund; Sie sind meinem Herzen so nah, warum nicht diese Zeichen Ihnen geben, die das Herz zur Sprache erkohr. Eine herzliche Umarmung schloß dieses Gespräch. Ich fürchte daß diese Sprache nicht sein sollte unter Freunden, nur für die Zeichen der heiligsten Liebe sollte dieser Ausdruck aufbewahrt seyn. Aber du hättest *Julie* sehn sollen wie sie mit einer hohen Reinheit vor mir stand, sich auf meine Stirn senkte. Meine Seele voll Sehnsucht nach der Einzig Geliebten glaubte im Süssen Wahn ihre Stimme zu vernehmen. – *Mowbray* rufte *Julien* aus, er fand sie wie sie eben noch ihren Arm um meinen Hals gelegt hatte. Sie fasste seine Hand mit der andern, drückte sie an ihr Herz; Möchte Euch euer Herz so vereinigen, wie Euch das meinige verbindet! Mit einem zauberischen Wesen [13]schloß sie ihre Arme um uns, wir gelobten uns ewige Freundschaft an dem Herzen dieses Engels. Sie war in einer feyerlichen Stimmung. Die beyden andern Freunde kamen auch, brachten allerley bunte Einfälle aufs Tapet und der feyerliche Ton verhallte, und *Julie* wurde leichtsinnig, leichtfertig, möchte ich nicht gern sagen, wie das gewöhnlichste Weib; Eine sonderbarere Mischung des Gemüths habe ich nicht leicht bemerkt. Sie ist was sie will, aber nicht was sie sich bestrebt, sondern wozu sie eben gestimmt wird. Gutmüthig, Edel ist sie immer, aber nicht bedacht immer es zu scheinen; Sie hat eine gefährliche Art zu raisonniren, vewirft oft das heiligste, edelste der Menschlichen Natur im Gespräch, und wenn es vielleicht einen artigen Einfall gibt, sie erlaubt auch in ihrer *[13v]*Gegenwart Dinge zu sagen, die nur der Ausdruck ihres reinen unbefangnen Auges heiligen kann. Ich würde nicht fertig wenn ich die tausendfarbigen *Nüancen* ihres Wesens, oder der Erscheinung ihres Wesens zeichnen wollte. Aber unbegreiflich, liebenswürdig, reizend ist sie; die schönste⟨n⟩ Formen des Gefühls die man sich denken kann, eine Harmonie in jeder Bewegung die unbeschreiblich ist. – –

12ter Brief

Ich komme von einer Landparthie zurück. Ein schöner Frühlingstag lockte uns ins Freye, das erste Grün bedeckt noch mit einem zarten Gewebe die Zweige, die Aeste glänzen im röthlichen Schein, und der blaue glänzend reine Himmel spiegelte sich [14]in den Fluthen des Stroms. Auf dem Landhause der Frau von *Celange* ist eine eigene zauberische Anordnung; In den Gängen alter hundertjähriger Castanien die mit schwer vergüldetem eisernen Gitterwerk das Gebiet der schönen Gebieterin bezeichnen, liegt am Ende ein Schloß mit hohen Kuppeln, die vergoldet sich auf die grauen Steinmasse abheben, schöne regelmässige Säulengänge, eröfnen den Eingang des Heiligthums. Unwillkührlich fasste ich bebend *Juliens* Hand, als ich in einen Saal trat, der prächtig verziert war. Die schönsten hochrothen Tapeten, und die langen Fenster, wo ein mit Geräusch geöfneter rother Vorhang, mir Juliens Gestalt plözlich erleuchtete. Wie [14v]die Göttin der Freude, und Liebe stand sie vor mir. Die braunen schön gelockten Haare hielt ein Kranz von Rosen zusammen. Ihr Auge war heiter wie der kommende Frühling. Verhüllen Sie ihr Gesicht, rief ich bewegt, mir ist als wäre dies sterbliche Auge zu geblendet von diesem sinnlichen Anblick. Warum noch allen Zauber der Farben dazu nehmen, mir diese Gestalt noch reizender zu machen! Wär es wirklich so sprach sie halb scherzend, nicht blenden will ich, aber beglücken möchte ich dieses Herz.

Sie riß hastig die Thür eines andren Zimmers auf, das mit grünen Vorhängen ein andres schauerliches Licht verbreitete.

[15]Nur verstohlen warf die Sonne einige Strahlen hinein. In Schattengestalten verwandelten wir uns; ich stand nicht weniger ruhig neben ihr da. Sie ergriff mit einem zauberischen Wesen eine *Guitarre* versuchte einige Töne, und sang ein Lied was ich ihr selbst gelehrt hatte, mit der angenehmsten Stimme. Sie war bewegt, unruhig, ihre Stimme bebte den Saiten nach. Ich sank ihr sprachlos zu Füssen, hielt die Hand zurück die eben noch beschäftigt war neue Töne zu schaffen, bedeckte sie mit meinen Küssen, und heisse Thränen rollten herab; Man hatte vergeßen die Fenster zu schließen, ein Windstoß brach sich von den Mauern und das Gebäude bebte, der grosse schwere Vorhang rauschte gewaltig [15v]im Zimmer, und bey dem hellern Lichte sah ich an einer der Wände eine herrliche Copie von Raphaels heiliger Cäcilie. Mariens hohe einfache Züge wurden mir lebendig, es war als spräche sie zu mir aus den Augen der Heiligen; ich stand auf, mir war es als striche des Todes kalte Hand alle Bilder der lachenden Phantasie aus meiner Seele; Noch nie war mir die Ankunft *Mowbrays* erfreulicher als in diesem Moment. – – – *Julie* hatte die Bewegungen meines Herzens gefühlt ohne zu errathen was in mir vorging. Wie einem Schwindlenden den plözlich eine hülfreiche Hand vom Abhange des Felsens rettet, so war mir *Mowbrays* Erscheinung. Ich fiel um seinen Hals, drückte ihn an mich, als hätte ich ihn Tage lang [16]nicht gesehn. *Julie* fand dies unbegreiflich. Sie sah mich mit bedeutend forschenden Blicken an. Sie sind noch sehr fremd in unsrem Cirkel lieber Freund, und nur ihr gefälliges Wesen, ihr Antheil an uns, verleitet uns zuweilen, Sie uns näher zu glauben als Sie es wirklich doch sind. Und wir hoffen vielleicht nur verstanden zu werden. Oder betäubt eine Stimme die übrigen alle in Ihrem Herzen? Und sie wollen oder dürfen uns nicht verstehen. – – Sie schien empfindlich, einige Züge bittrer Laune trübten das himmlische reine Gesicht. Es war nur angedeutet, aber ein Hauch mehr u. die schönste Erscheinung hätte sich können in eine der unfreundlichsten verwandeln.

Der Tag verstrich uns nicht so glänzend als es sich angedeutet hatte; wir waren nicht im Einverständniß unsrer Gefühle. Eine übermäßige [16v]Lustigkeit hatte *Julien* ergriffen, sie war ausgelassen, heftig, aber mancher zerstreute traurige Blick fiel zur Erde, wenn sie sich unbemerkt glaubte. – Ach was soll dies alles Lieber, warum bin ich hier! Warum reisst das Schicksal mich unwiederuflich fort von Ihr, von Marien, warum lässt mich diese unwiederstehliche Frau, so ihr Herz sehen, das meine wankt nicht, aber es bebt. Ich habe Muth allem zu wiederstehn. Aber wo ist der Mann der kalt bey so vielen Reizen bleiben könnte, wenn er auch will. Ließ diesen Brief den ich den Abend zu Hause fand, wie die hohe reine Seele mich in eine andre zauberische Welt führt, wo reine ungetheilte schöne Liebe meiner harrt. Ich möchte *Julie* nicht wiedersehen nach diesen lezten Tagen.

[17]13ter Brief

Ich habe mich so viel es sich ohne unfreundlich zu scheinen thun lässt, mehr isolirt. Ich bin seltner im Hause der *Celange*, u. mein Gemüth beruhigt sich wieder nach u. nach, es schweigt der Sturm der Gefühle. Der Zwiespalt im Herzen ist gedämpft. – Meine Schwägerin war krank u. ich brachte viele Stunden mit ihr zu. Auch führte ich sie oft in ein Nonnenkloster wenn sie zu schwach war allein zu gehen. Mein Herz hat dort in neuen Gefühlen sich entfaltet. Die Andacht hat mir eine neue Welt geöfnet. Die verklärten Züge meiner Schwägerin, wenn sie von ihrem Gebet sich erhebt, und der stille *[17v]*Friede auf ihrer Stirn, besänftigt auch meinen Sinn. Wir gehen täglich die Hora zu beten in die Kapelle der Nonnen, die in reinen himmlischen Stimmen, ihr Abendgebet absingen. Ich wähne oft einzelne Töne zu vernehmen die mein Herz stärcker ergreifen. Ein Anblick hat mich überrascht. Wir standen eines Abends noch in der Vorhalle der Kirche, als zwey Gestalten an den Säulen herum schwebten. Wir vernahmen bald zwey Stimmen. Eine alte einfach bekleidete Frau war im Gespräch mit einer jungen Nonne begriffen. Die Alte schien ihr Vorwürfe zu machen, und dringend mit ihr zu sprechen. Lasst dies Frau *Beate* sagte die Nonne. [18]Ich kann nur einen Wunsch noch erfüllen, u. dies wird der wirksamste für Eure Seele sein. Ich kann für Euch beten. Für mich bedarf ich nichts mehr, ich fand den Frieden den ich suchte.

Möchten Sie nie fühlen daß ein frommer Irrthum Sie leitete, möchten Sie diesen Frieden behalten!

Gewiß gute Mutter, ich vermisse die Welt nicht, die ich nicht kenne. Mein Leben ist mir sehr lieb, ich bin glücklich ich fange damit an, wo andre früh oder spät hinstreben, mit einer gleichen Stimmung und Ruhe des Gemüths. Mein Loos ists nicht der einen Familie thätig zu sein, liebende Freunde, Kinder um mich zu sehen, aber es bleiben mir die höchsten Pflichten der Menschheit zu erfüllen übrig, das Gemüth zu erheben. O wenn nur ein Herz ein reines *[18v]*hohes Gefühl durch meinen Gesang erlangt, wenn ich auch nur ein Gemüth auf Momente beruhigen kann, u. einen Weg des Trostes zeigen, so ist dies schon ein grosser Lohn. – Ich muß ins Kloster zurück, lebt wohl gute Mutter. Sie zog einen Beutel hervor. Dies bringt Eurer Tochter, damit einen Theil der Ausgaben ihres Haushalts zu bestreiten. Sie soll ihren Kindern dafür etwas Gutes erzeigen! that sie doch so viel für mich die gute Seele. Als ich krank war, als ich das Gelübde ablegte mein Leben meiner Schuzheiligen zu weihen, that ich auch dieses sie nicht zu verlassen. O es giebt noch einen Weg, dies Gelübde auf eine andre Art abzutragen und der Welt zu nüzen, rief die Frau ungeduldig aus. Noch wär es möglich. Die Zeit ist günstig, man denkt billig, man fühlt jezt menschlich, [19]man würde Euch lossprechen von dem Kloster Gelübde, glaubt mir. Die Nonne legte ihr den Finger auf den Mund. Ihr werdet erreichen, liebe *Beate*, daß ich es vermeiden muß Euch zu sehen. So lebt wohl da ich Euch von meinem Glauben überzeuge. Noch einen freundlichen Blick liebe Heilige, rief die Alte bewegt.

Die Nonne war schnell zurück gegangen, aber sie kehrte wieder, lächelte der Alten zu, u. reichte ihr die Hand, die jene ehrerbietig küsste. Sie war im Eifer ihres Gesprächs weiter vorgekommen, wo wir noch standen, sie sahe uns bestürzt an. Ich sah nie eine schönere Gestalt, u. eine bedeutendere Physionomie. Meine Schwägerin ging auf sie zu. Zürnen Sie nicht rief sie, fromme Schwester, daß wir zu lang hier weilten, aber diese Gestalt *[19v]*erweckte alle unsre Aufmerksamkeit. Wenn Sie auch unser Gespräch gehört hätten sagte die Nonne so würde mir doch Ihr Gesicht Bürge sein daß Sie nichts recht verrathen können. Sie schien mich lang zu betrachten aber ohne falsche Scheinheiligkeit. Sie gab uns ihren Seegen mit einem edlen Anstand, u. schloß die Thüre der Kirche zu.

Frau Beate stand neben uns an der Thüre. Heiliger Gott rief sie aus, wie kann es gerecht seyn daß ein so schönes junges Mädchen sich freywillig in ein Kloster einschliesst. Ich rede ihr Stunden lang vor, daß die Klöster nur die Zuflucht des Alters, des Unglücks, sein sollen, und nicht das [20]Grab der blühenden Jugend. Aber sie hört mich nicht. – Sie erschrack als sie uns wieder ansah, und unser Ansehn sie bestätigte daß wir ihr ganz fremd wären. Wir wollten nicht neugierig und zudringlich scheinen, und verliessen sie. Wie gern hätte ich mehr gehört von der schönen Nonne! Wir waren seitdem täglich in der Messe, aber keine Spur der Heiligen ist mehr zu finden. Jeder schöne reinste Ton, der vom Chore herab tönt, denke ich mir kommt aus Ihrem Munde. In dieser harmonischen Gestalt muß alles Harmonie sein, ihre Sprache ist so schön, so mild ihre Stimme *[20v]*wie muß ihr Gesang erst sein! –

Julie scheint still und ernst mit mir zu seyn, ihr Blick ist bedeutend, selbst in meiner Gegenwart scheint sie zurückhaltender mit ihren beyden Freunden. Fühlt sie selbst endlich daß eine solche Vertraulichkeit zwischen zwey verschiednen Geschlechtern nicht sein sollte? daß man die Bahn des Schicklichen zu leicht überschreiten kann, daß selbst Männer in ihrer unbefange⟨n⟩sten heitersten Stimmung, so sehr sie auch das Hingeben eines lieblichen Weibes ergözt und schmeichelt, doch die zarte Linie nicht gern übertreten sehen, die von Fröhlichkeit zum Leichtsinn führt; ich möchte sie hätte darüber gedacht, zu ihrem eignen [21]Glück sähe ich sie gern belehrt. Mir selbst fühle ich, kann diese Verführerinn nichts mehr anhaben, ich flüchte mich vor jedem gefährlichen Eindruck, in die heilige Nähe der frommen Nonne. Dort ist mirs als würde mir jedes Gefühl für Marien heiliger, und erhebt sich mehr, ich bin ihrer lieber selbst würdiger in den heiligen Mauren.

14ter Brief

Meine Schwägerin hatte die Erlaubniß erhalten in das Kloster zu kommen bey dem Fest der Schuzheiligen; ich war auch in dem Sprechzimmer. Die Nonnen waren geschäftig uns zu bedienen, und reichten durch das Sprachgitter uns die zierlichst geordneten Erquickungen. Eine Orgel die im Eßsaale steht, ertönte feyerlich, man sang Hymnen der heiligen *Cäcilia* zu Ehren. Die Zuhörer waren entzückt wir wähnten uns in einer höhern Sphäre, ich lehnte mich *[21v]*schweigend an das Sprachgitter, meine Augen suchten die schöne Heilige die uns in der Kirche schon entzückte. Die Nonne die die Orgel spielte rufte einige Mahle Schwester *Celeste*: singen Sie doch. Da trat jene schöne Gestalt aus den übrigen hervor, und ihre Stimme tönte feyerlich und entzückend. Sie sang ein Lied, wo eine fromme Seele sich von der Welt los macht, und die Freuden eines höhern Lebens schildert. – Als sie geendet hatte, entzog sie sich beschämt dem Lob der Zuhörer, und flüchtete in eine Ecke des Sprachgitters. Sie sah uns stehen und reichte mit Anmuth uns einen Teller mit den schönsten Blumen geziert. Nehmen Sie mein Herr sagte sie. Sie haben noch keine Erfrischungen genossen. Sie wollen nicht unsere Geister allein durch Ihren Gesang erheben, schöne Schwester?

[22]Gönnen Sie nicht das Vorrecht auch uns ungeweihten uns im Himmel zu wähnen. Warum uns an das Irrdische erinnern? Nehmen Sie immer mein Herr sagte sie, wenn es mehr ist daß ich Ihnen wohl that durch meinen Gesang, so erfreut es mich sehr, aber ich möchte auch daß Sie von diesen Früchten genössen, die ich selbst zog. Durch unsere Gast-

lichkeit können wir ja allein nur zeigen, daß wir für die Welt auch ein Interesse haben. – Sie wollte gehen. Bleiben Sie noch in unsrer Nähe, rief ich, wenn es die Sitten Ihres Klosters erlauben, und vergönnen mir eine Unterhaltung, ich möchte so viel von Ihnen wissen; – Sie würden wenig erfahren können, auch wenn ich reden dürfte. Denn ich bin mit der Welt wenig bekannt, und würde Ihnen schlecht unterhalten mein Herr, da Sie den Ton der grossen Welt kennen. Warum aber haben Sie der Welt entsagen wollen die Sie noch nicht kannten. Wenn es so ist schöne fromme Schwester?

[22v]Sie haben sagte sie erröthend das Gespräch wohl vergessen, daß Sie zufällig hörten; in der Kirche? Gewiß nicht, sagte ich, denn seitdem habe ich täglich das Kloster besucht, um mich an der Stelle wieder zu finden, wo Ihr Bild zuerst mir erschien.

Sie wurde sichtlicher verlegen; Die Gründe die ich der guten alten Beate sagte, sind meine ganze Antwort. Ich bin ruhig, glücklich, gewesen in der friedlichen Wohnung bis jezt.

Mögten Sie es ewig bleiben!

Beten Sie für meinen Frieden; – sie wollte ihr Gesicht wegwenden, ich sahe eine Thräne in dem himmlischen Auge. –

Sie mögen für mich beten, rief ich aus, Ihr Gebet wird mehr fruchten, denn mein irrendes schwankendes Fahrzeug auf dem Meer des Lebens, hat den Hafen der Ruhe lange noch nicht erreicht. Meine Wünsche und Hofnungen haben mich noch nicht heilig gemacht.

[23]Ich sollte nichts mehr sagen, sprach sie lebhaft, aber ich sehe Sie vielleicht nie wieder, und ich möchte Ihnen doch sagen, daß der erste Blick den ich auf Ihnen in der Kirche warf, mir ihr Bild eben so lebendig in die Seele brachte, als Sie mir sagen daß das meinige in Ihnen blieb. – Ich habe oft seitdem meine Stimme im Chor stärcker erhoben, um Ihrer Seele einen Gruß des Friedens zu bringen, werde es auch noch oft thun in der Zukunft. – Es giebt ein geheimes Band unter den Menschen das gewiß immer existirt. Die Geister sind verbunden, und wir sehen uns gewiß nur leiblich zum erstenmahl. Ich bin nicht mehr in der Welt, und der Geist bedarf nicht sich der *conventionellen* Fesseln der Verhältnisse zu unterwerfen, also spreche ich auch mit Ihnen sogar. Ihr Anblick hat ein Gefühl des Wohlwollens in mir erweckt, das mir bis jezt fremd war, [23v]bey andern Menschen. Ich bin reicher durch das Andenken an Sie, und möchte auch Ihnen einen bleibenden schönen Eindruck hinterlassen. Leben Sie wohl mein Herr. Ich faßte ihre Hand durch das Sprachgitter. Ihren Seegen *Celeste*; sie reichte mir die Hand die ich verstohlen küsste, mein Gemüth war bewegt. Thränen fielen auf ihre Hand. Sie bebte, hielt sich einen Moment an das Sprachgitter an, und verschwand aus dem Zimmer.

Ich hörte noch oft ihren Nahmen rufen, aber sie erschien nicht wieder. Wir verliessen das Sprechzimmer, und ich sah noch durch die Pforten der Kirche, das schön gewölbte Gebäude, ganz in der Ferne lag eine weibliche Gestalt knieend am Altar. Es war eine Nonne, und ich fühlte daß es *Celeste* war, die vielleicht für mich betete.

[24]15ter Brief

Es geht in meinen Briefen, oder vielmehr meinen fragmentarischen Erzählungen aus denen du Lieber ein Ganzes machen wirst, bunt genug zu. Sie sollen dir das Bild meines Lebens geben; Sie sollen dir mein Wesen entfalten die geheimen Züge meines Herzens dir zeigen. Wie meinem Schuzgeist lege ich dir mein Wesen vor; dein Blick beleuchte die Enge meines Lebens. –

Ich bin zerstreut, bewegt, unruhig. Diese Zeit war ich in manche Gesellschaft verwickelt, mein Vater mußte um die Geburt des Nachfolgers seines Fürsten zu feyern manche Feste geben. Ich hatte viel zu besorgen bey den Festen, und kaum hatte ich die Stunde frey, die ich mit [24v]meiner Schwägerin in der Messe zubringe. –

Celestens Stimme hat mich oft gestärckt, und hat mir in meinem Geist Mariens Bild schön und rein bewahrt; Es ist eine traurige Existenz das gesellschaftliche Dasein, Beysamenseyn möchte ich sagen, wenn man halb abwesend ist, und doch alle Aufmerksamkeit auf das Gegenwärtige zeigen soll, und alles um uns herum verlangt Interesse zu erwecken und zu erhalten. – Wie oft sah ich indessen zu meiner Beschämung wie die reizenden Frauenzimmer sich bemühen, gefallen zu wollen, wie künstlich sie es berechnet zu haben glauben, den tiefen Eindruck nicht zu verfehlen, und nur auf Momente ist all dies berechnet, und die erste beste neue männliche Gestalt [25]erweckt wieder von neuem die alten Wünsche. Warum ist das schönste Bestreben gefallen zu wollen, in den weiblichen Wesen so oft entweiht worden. Kennten Sie ihren ganzen Vortheil, so würden sie diese schwache Seite gewiß mehr zu verbergen suchen, die nur allzu leicht in die seelenloseste *Coquetterie* ausartet u. leider zur bloßen Gewohnheit nur herabgewürdigt wird. – Und es ist doch der seeligste Genuß ein Wesen zu finden das uns versteht, von uns verstanden wird. Unsre Freundschaft sollten die Weiber mehr zu erwerben suchen als unsre Liebe. Sie sollten Ernst u. Treue uns zeigen, und Standhaftigkeit, nicht Leichtsinn, [25v]Wankelmuth, und Eitelkeit. –

Julie Celange so Ernsthaft sie seyn will lässt zuweilen Unbesonnenheiten sich zu Schulden kommen, die nur eine leichtsinnige Pariserinn begehen kann. Ich musste sie öfter sehen als ich seit langem gewohnt war. Sie hat mich beredet auf einen Masquenball zu gehen der wirklich nur in Frankreich das Interesse haben kann, denn es giebt wenig Gelegenheit wo sich die *Petillance* der Nation, die Geschwäzigkeit so zeigt als unter der Masque, da ist ein ewiges Zischen, Nicken, Plaudern, daß es einem die Brust einengt, und stumm macht. Denn man dünkt sich so arm an Wiz, an Geläufigkeit der Zunge daß jeder Ton versagt. – *Julie* war in allen ihrem Glanz da, u. so leicht und luftig [26]war ihre Erscheinung daß es einen dünkte sie müsste in einem Rosengewölbe zum Abgang entrückt werden. Sie hat schön berechnet wie ihre Gestalt sich am vortheilhaftesten zeigt, und erschien in einer üppigen leichtfertigen Masque, die mich oft erröthend machte. Eine sonderbare Gestalt drängte sich mehrmahls ganz nahe an uns, sie war ganz dicht verschleyert, ihr Gang war Edel und feierlich und sie ragte unter den kleinen leichten weiblichen Gestalten wie ein Wesen einer andren Welt hervor. Ein Arm den sie zuweilen bedeutend erhob zeigte durch die dichte Verhüllung die lieblichste Rundung, einen zierlich geformten Hals und Kopf, sah man durch den Schleyer, der mit goldnen Sternen besäät schien.

[26v]Die *Elegants* denen diese Erscheinung wunderbar schien, die für und wieder die Schönheit der verschleierten Dame stritten boten allen Wiz auf um sie zu erkennen aber umsonst. Sie hob den langen Schleyer mit ihrer Hand zu ihrem Gesichte, und hüllte sich ganz in die weiten Falten, und die Decke wurde immer undurchsichtiger, ich hätte ein Bild von ihr haben mögen, wie sie wie ein höhres Wesen durch die frivole Menge sich durchdrängte, man wich ihr ehrerbietig aus, als hätte jeder ihre Schönheit geahndet. *Julie* war ganz aus ihrer Fassung, denn die Verschleyerte schien sie aufmerksam zu beobachten, sie drängte sich nah an sie, um ihre Stimme zu vernehmen [27]und zumahl wenn wir zusammen sprachen, trat sie immer unvermerkt näher. – Ganz sonderbar war des andern Tags eine Sage verbreitet daß um Ein Uhr die verschleierte Gestalt verschwunden sei, vor den sichtlichen Augen einiger

Masquen. Andre erzählten sie habe den *Fiacre* der sie fragte wo er halten solle gebeten, an eine Mauer zu fahren, wo sie in eine Thüre die nach einem Kirchhof führte durch eine kleine Oefnung sich gedrängt habe, u. dem Kutscher ein Geldstück gegeben, daß man gar nicht mehr kenne. – Wie die lebhafte Phantasie der Franzosen diese Erfindung ausschmückt, ihren Wiz spielen lässt möchte ich dir erzählen können. – Ich bin des Lebens bald müde hier. Liebster, könnte [27v]ich dir ein Bild meines ganzen Lebens entwerfen, wie meine Existenz zerstückelt wird, wie ich bald keinen Gedanken mehr festhalten kann; Die Zeit verstreicht allmählich, wo ich hoffen konnte nach Deutschland zurückkehren zu können, noch spricht mein Vater kein Wort davon; Mariens Briefe kommen seltner, es ist ein fremder Geist zwischen uns getreten. Sie spricht nicht mehr wie sonst, es ist als ob sie an mir irre würde. Sie spricht von der Wankelmüthigkeit unsres Geschlechts, von dem Leichtsinn mit dem wir uns in Verbindungen einlassen könnten. Kurz einen unbegreiflichen Ton; ihr Bruder ist bey ihr, und ein philosophischer Freund. Sie spricht mit Ver[28]trauen von ihm, aber nicht mit Enthousiasmus. Sie scheint eine Ruhe und Ernsthaftigkeit mir zeigen zu wollen, die mich ganz aus meinem gewöhnlichen Ton mit ihr bringt. Ich fühle meine Briefe an sie haben einen Anstrich von Schwermuth der auch sie irre machen kann vielleicht. Ich muß sie selbst sehen, ich muß! Wir gerathen jezt in einen Ton in unsren Briefen der uns auf ewig verstimmen könnte. Ach Gott so weit kann es mit uns kommen! Kann der Mensch das seeligste wärmste Gefühl seiner Seele erkalten sehen, verglimmen, ohne selbst auszulöschen. – Ach dir allein kann ich sagen wie mir ist. Du allein verstehst mich, du weisst wie treu und Einzig ich Marien liebe. Du weisst allein wie in meiner Seele der Gedanke an sie lebt. – Kurz ich sinne Tage, Nächte lang ohne Auffinden zu können was anders mit uns geworden, wie es so unvermerkt dahin kam, wie von einem Zauberschlag [28v]gelähmt erblickte ich zuerst den Brief von ihr wo sie wie aus einem ganz andren Organ zu mir sprach. Es war jeder Hauch der leisen zarten innigen Liebe weggeweht, und warum? – Ach Gott weis ichs, kann ichs wissen. – Sie spricht geheimnißvoll über meine Verbindungen in *Paris*, nicht als wenn sie für mich fürchtete, aber es ist doch eine Art von Vorwurf darinn. Es ist mir unbegreiflich!

Sollte *Julie* sich Wege dahin ausgefunden haben? Sollte sie den Frieden meiner Liebe stören wollen, weil es ihr nicht gelang mich zu ihrem Geliebten zu gewinnen? Nein das kann es nicht seyn, sie ist nicht so weitunternehmend, denn ihren Wunsch mein Herz zu gewinnen, haben gewiß schon neue Neigungen unterdrückt. – – Welche unbekannten Beob[29]achter meiner Handlungen habe ich hier? Könnte man meine Bekanntschaft mit *Julien* die für ein verführerisches Wesen gilt, Marien in einem gefährlichen Lichte gezeigt haben? – Wer wird mir dieses aufhellen? Eine einzige Unteredung mit Marien allein kann ihr mein Wesen rein und ungetrübt darstellen, – aber wann und wie wird dies seyn können. Alles scheint mich hier festhalten zu wollen, mein Vater spricht von einem *Etablissement* in Deutschland gar nichts, er freut sich mich um sich zu haben, findet sich glücklich in der Vereinigung seiner Kinder. Er sorgt mit einer Freygebigeit u. Großmuth für meine Bedürfnisse daß mir nichts zu wünschen übrig bleibt, und ihm sagen was mich zurücktreibt ist unmöglich. Er würde meine Angst um Marien für eine Chimäre halten, unsren veränderten Ton in unsrem Briefwechsel für einen Zwist zweyer Liebenden. [29v]Die Verirrung meines Gemüths ist unbeschreiblich. Die Gesellschaft hat eine Verschwörung gegen meine Ruhe gemacht. Ein Vergnügen verdrängt das andre, ein neues Fest lässt das gegenwärtige schon vergessen. Kurz ich komme nicht zu mir selbst. Auch in die Messe kann ich nicht mehr. Meine Schwägerin ist besser, sie muß wie ich dem Strom der Welt folgen. *Celeste* wird umsonst ihre Silberstimme stärcker erheben, ach ihr Seegensspruch erreicht nicht mein Ohr! Aber auch ihr Friede nicht mein Gemüth. – – Marie, Marie! Welche düstre Wolken haben den reinen Himmel unsrer Liebe getrübt! – – –

[30]16ter Brief

Alles hat sich gegen mich verschworen, um mich zu quälen, u. Schreckbilder in meiner Phantasie zu erwecken. Der S. Gesandte hatte wieder einen Masquenball veranstaltet. Die Gesellschaft die dem vorigen beywohnte war aufs äusserste gespannt ob sich wieder eine so geheimnißvolle Masque zeigen würde. Man dachte ernstlich sie zu verfolgen, und sie zu zwingen sich zu entdecken. –

Du weißt wie mein Gemüth bewegt ist u. fühlst Lieber daß ich wenig Theil an solchen Freuden jezt nehmen kann. Zum Unglück für mich hatte *Julie* ihre ganze Aufmerksamkeit auf mich gerichtet, mich zu ihrem Begleiter sich erbeten auf eine so gefällige Art daß ich es ihr willig zusagen musste. – Es kam keine weis verschleyerte Dame zum Vorschein. Eine große graue Gestalt, ganz in grauem Flor *[30v]*verschleyert trat aber immer neben mir und *Julie*. Die übrigen bemerkten sie nicht, und jeder klagte, daß die schöne Unbekannte sich nicht zeigte. Mir wurde es leicht die graue Gestalt für die nehmliche weiße zu halten, aber ich veschwieg meine Vermuthungen, denn ich fürchtete die Indiskretion der vorwizigen jungen Herrn. *Julie* selbst war zu sehr mit sich beschäftigt und beobachtete sich selbst zu viel um auf etwas neben sich Acht zu geben, einem grossen Spiegel gegenüber hatte sie ihren Plaz genommen, ich musste neben ihr bleiben, und hinter mir stand die graue Gestalt unbeweglich. Tiefe Seufzer schienen ihrem gepressten Herzen Luft zu machen dann u. wann, aber sie sprach kein Wort. – –

Eine kleine unansehnliche Gestalt die eben so wie [31]die grosse gekleidet war, stand neben ihr. Meine Phantasie schuf sich die wunderlichsten Gestalten, da niemand wie ich diese Frauenzimmer bemerkte so wurde ich zuweilen selbst ganz irr über mich, ich glaubte Erscheinungen zu sehen, mir war es als stünde Mariens Geist zürnend neben mir. – *Julie* war leichtfertig, lustig und in dieser Aufwallung von guter Laune ließ sie sich in ein Gespräch mit zwey Damen ein, die sie nicht kennen wollten. Denn sie kannten sie gewiß. Ist nicht die schöne *Celange* hier fragte die eine? Sie fragen nach der leichtsinnigen Frau, sagte die andre? Sehen möchte ich sie doch, fuhr die erste fort. Sie ist unter den Männern bekannter als unter uns, u. ich hörte manches von ihr. Es ist gewiß kein *elegant* der sie nicht kennt. Man muß sie auch nun unter der *[31v]*Masque sehen wollen, denn eine jede Frau möchte sich nicht neben ihr zeigen. – Dies wurde so schnell u. lebhaft gesprochen, daß *Julie* alle Fassung verlohr. Ich that als hörte ich nichts, um ihr die Verlegenheit zu ersparen, u. sah meine geheimisvollen Beobachter an, die grosse Gestalt lehnte sich schmerzlich an die kleinere u. sprach leise mit ihr, u. schien bewegt. – Das Gespräch hatte *Julien* empfindlich beleidigt. Sie konnte sich nicht länger verbergen. Um alles in der Welt lassen Sie uns fort, mir wird die Luft zu enge hier im Saal, ich stellte ihr vor, es sey zu früh. So wollen wir in ein Nebenzimmer, sagte sie; – So eilten wir fort. Ein dunkel beleuchtetes *Cabinet* nahm uns auf. *Julie* war still in sich gekehrt. Ich saß unruhig neben ihr, es war [32]alles so düster so geheimnißvoll: – Sie haben das Gespräch dieser Masquen gehört fing sie nach einer Pause an. Sie fühlen daß es mich bitter kränken muß, was werden Sie denken? – Sie kennen mich doch auch wenig genug, und weis ich ob Sie nicht auch die Neigung haben könnten, übels von mir zu glauben. Zuweilen finde ich Sie so streng, so abgemessen mit mir, daß ich fürchte keine gute Meinung von mir hoffen zu können. Ist es so? ist es wircklich so? Reden Sie um Gottes Willen? Die Welt ist mir nichts, lang bin ich gewohnt diese Menschen unter mir zu sehen. Ich achte Sie nicht, ihre Meinung ist gleichgültig. Aber von Ihnen nur möchte ich nicht verkannt werden. – – Sie wurde immer heftiger, fasste meine Hand mit Wärme. Ihre gute Meinung ist zum Glück meines [32v]Lebens nothwendig. Jezt da ich zum erstenmahl Muth fühle Ihnen meine Gesinnungen für Sie zu enthüllen wage ich auch Ihnen meine Neigung in ihrer ganzen Stärcke zu zeigen, Es giebt nur ein Band unter den Menschen, nicht die *Convenienz* noch der Anstand haben es geschlungen, ich sehe kalt auf diese Aeußern Lebensverhältnisse herab, meine Liebe in all ihrer Wärme hebt sich wie ein reineres Gestirn aus dem dunkel der Vorurtheile hervor, u. glänzend steht allein das Bild des holden Freundes in meiner Seele, den ich beglücken möchte wie noch kein Sterblicher es war, dem meine Liebe diese Welt in einen Himmel umschaffen soll. Aber was [33]ist Ihnen? Sie schweygen? In dieser Minute! Sie lehnte sich schmerzlich bewegt auf meine Brust. Der Moment war mir der peinlichste in meinem Leben. Die Thüre riß sich schnell auf. Die graue Gestalt stürzte herein, die kleinere folgt ihr. Sie sah nach uns hin, u. ein schmerzhafter Ton kam aus ihrem Munde. Gott was sehe ich? – Laß uns fliehen Beate, aus einer solchen Welt! Warum kamen wir her! –

Sie sah noch einmahl mit einem Seufzer nach mir hin, legte den Finger auf den Mund u. verschwand meinen Blicken. – Ich konnte *Julien* kein Wort antworten, drückte bewegt mein glühendes Gesicht an ihre Hand. Sie fühlte nun daß ihr Geständniß nicht die Wirkung auf mich machte die sie berechnet hatte. – Sie wurde [33v]heftig, stand auf, u. zum erstaunen erblickte ich die schönen Züge von einem Ausdruck von Wildheit entstellt der mich bestürzte. – Gehen Sie mein Herr sagte sie ganz kalt u. mit einer scheinbaren Ruhe, schaffen Sie mir meine Leute, ich will fort. Vergessen Sie diesen Abend, diesen Auftritt. Mir wird er unvergeslich sein, denn das Gefühl einer doppelten Beschämung ist zu viel für ein weibliches Gemüth. Gehen Sie, gehen Sie u. lassen mich allein. – – Ich eilte fort wie von Sinnen, hatte kaum die Kraft, die Leute der *Celange* zu finden, u. verschwand aus dem Gewühl der Freude, um mein Herz mit seinem Kummer allein zu [34]wissen. – Wie dieser Ausruf der grauen Gestalt mich bewegte, erschreckte! Wer ist dies Gespenst! Wäre *Celeste* nicht im Heiligen Frieden ihres Herzens ruhig in ihrem Kloster, so könnte diese Gestalt nur sie sein, u. der Nahme ihrer Begleiterin? Ihre Stimme! Könnte sie Beate nicht überredet, verführt haben, diesen Schritt zu wagen. Ich träume, sollten, könnten, diese Gestalten nicht die nehmlichen sein, durch denen Marie vielleicht ungünstige Nachrichten von mir hörte. Wäre es nicht Mariens erzürnter Geist selbst! Es ist zu viel mein Geliebter, diese Ungewißheit von allen Seiten ist zu schwer für mein gequältes Herz. Der Muth eines Mannes hilft in solchen Augenblicken nichts um Ruhe zu geben, wenn das Gemüth so tief leidet.

[34v]17ter Brief

Das Geheimniß der verschleyerten Masque hat sich auf eine traurige Weise aufgelößt. Es ist mir kein Zweifel mehr, daß es *Celeste* war, *Celeste*, die aus einer Anhänglichkeit für mich verführt, gelockt von der Ueberredung ihrer alten Freundin einen Schritt wagte der sie auf ihr ganzes Leben unglücklich machen wird, denn die Wuth einer misverstandnen Heiligkeit hat ihr gewiß diesen Schritt als unverzeihlich vorgestellt. Und durch welche Strafen wird sie einen Fehltritt wieder abbüssen den sie selbst schon so schmerzlich zu bereuen Ursach haben muß. Ach wie muß ich ihr erscheinen: Nun versteh ich alles. Daher kam der schmerzhafte Ausruf Ach Beate! Laß uns aus einer solchen Welt fliehen. – Ich bin in Verzweiflung. Eine Angst erfüllt [35]mein Gemüth die nicht zu beschreiben ist. Alles hat sich gegen mich verschworen mich zu aengstigen. Der Erzbischoff ist ein Vertrauter Freund meines Vaters, auch mein Bruder u. Schwägerinn sind oft mit ihm, u. er vertraut meiner Familie manche Geheimisse seiner kirchlichen Gewalt an. Mein Vater war bey ihm, ich sollte ihn gestern in die Oper abholen u. trat eben ins Zimmer als der Erzbischoff in einer nachdenklichen Stellung am Kamin gelehnt sich mit meinem Vater unterhielt. Sie waren so tief in ihr Gespräch verstrickt daß sie mich lang nicht gewahr wurden.

In der That ein sonderbarer Fall sagte mein Vater.

Ganz sonderbar sagte der Erzbischoff. Glauben Sie mir Graf die Neigungen der Weiber sind unergündlich. Wohl mir daß ich nichts mehr auf dieses bewegliche Geschlecht *[35v]*bauen darf! Wer konnte sich auch so etwas denken. Die junge Nonne hielt den Ruf fürs Kloster für das einzige Glück der Erde. Sie entriß sich einer Familie die sie anbetete, entsagte freywillig jedem Anspruch auf ein weltliches Glück. Achtete die Belustigungen der Welt keines Blicks würdig. Und nun da sie als eine Heilige beynah angebetet wird, da man von ihren Entsagungen der Irrdischen Freuden den festesten Glauben hat, fällt es ihr ein, einen Masquenball zu besuchen. Die Regeln des Ordens sind streng. So gern ich mild wäre, so ist sie in den Händen einer Obern die wenig Schonung hat, die die Sünde für unverzeihlich hält. – Den Bruch eines Gelübdes mit den fürchterlichsten Strafen be[36]droht. –

Thun Sie was Sie können Ehrwürdiger Freund. Sie sind menschlich, Sie verzeihen der Neugierde eines Weibes gewiß in Ihrem Herzen. Daß es nicht mehr war ist mir ganz klar, sie wäre sonst lieber ganz aus dem Kloster geflohen wenn eine unglückliche Leidenschaft sie dazu bewegt hätte.

Wenn ichs könnte fiel ihm der Erzbischoff ein. Man sagt sie habe eine heimliche Neigung im Herzen getragen, und nicht Neugier allein, auch Leidenschaft habe das arme Mädchen zu diesem Schritt bewegt. Mir ist als sähe ich den Schrecken der armen Schwester, als sie sich so unbemerkt wieder in ihre Zelle stehlen wollte, und die Aebtißinn sie mit ihren Nonnen empfing, ihr ihre Verbrechen mit dem heiligsten Eifer vormahlte. Hätte sie lieber die Flucht ergriffen, als einem solchen Schicksal entgegen zu gehen. Ich vermochte mich länger nicht zu fassen ich musste *[36v]*vortreten, meinem Vater ins Gesicht sehen! Zum Glück erleuchtete eine einzige Lampe das Gemach. Aber mit welchem Herzen nahte ich. Schuldig u. doch schuldlos! *Celestens* Gefahr der Schein meines Unrechts gegen sie, es ist zu viel Liebster.

Mich entdecken kann ich nicht, was hälfe es zu wißen, daß ich vermuthen kann um meinetwillen sey dieser Schritt geschehen. Kann ich es bessern. Kann ich nicht durch mein Geständniß meine ganze Familie in Misverhältnisse bringen, u. doch *Celesten* nicht retten. Wärst du bey mir Geliebter. – Ach aber auch du würdest den Knoten den das Schicksal zu ihrem Verderben feindselig knüpfte nicht lösen können. –

[37]18ter Brief

Eben komme ich zurück und habe Frau Beate gesehen! Es ist so wie ich ahndete. Ach wer befreyt mich von diesem schrecklichen Traum. Keine Hand finde ich, die mich liebend erweckte, mir zulispelte. Du hast nur geträumt; Es ist wahr, schrecklich wahr!

Meine Unruhe treibt mich beständig aus dem Hause, als ich heute zu einer Stunde die Boulevards besuchte wo die Pariser Welt sie nicht mehr besucht, sehe ich eine der Barmherzigen Schwestern auf mir zu kommen sie wollte ein Almosen verlangen. Heiliger Gott rief sie aus als sie mir näher trat. Soll ich Sie noch finden, um Ihnen meine Schuld zu bekennen da ich meinen Frieden mit der Welt machen will. [37v]Ich war es die *Celesten* beredete diesen Schritt zu thun! Gott um welchen Preis hat sie diese unschuldige Lust erkauft! Nicht die traurigen Tage die ihrer jezt warten achtet sie, denn sie ist todt für die Welt. Da brach ihr Herz als sie die Geheimnisse eines Verhältnisses enthüllt sahe was sie schon befürchtete. Sie mein Herr fuhr sie mit einem Tone fort der mich zerschmettert hätte wäre ich schuldig gewesen; Sie sind ein junger Mann dem das Glück lächelt, dem die Frauen hold sind, was kümmert es Sie ob ein Mädchen im stillen Sie beweint; aber nehmen Sie sich es zur Lehre sich nicht Vertraulichkeiten zu erlauben die ein frommes Gemüth nur in der Vorstellung schon ängstigen. [38]Gehen Sie hin folgen Sie dem Hang zum Leichtsinn den ihr Geschlecht werth ist zu besizen, da es treue Liebe nicht zu würdigen vermag; aber sein Sie lieber ganz was sie sind, u. führen kein frömmer unschuldig liebendes Herz mehr ins Verderben. – Ich habe mich um mich von der Strafe zu retten in die Arme der Kirche geworfen, und habe dieses Ordensgewand gewählt, um auch ausser den engen Klostermauern die für meinen thätigen Geist zu eingeschränkt sind, einen Wirckungskreis zu haben. *Celeste* ist gerächt, an mir ist sies, denn ich werde ewig beweinen daß ich schwachsinnig genug war, in ihrem reinen Herzen ein Feuer anzufachen, [38v]dessen Gluth der Gegenstand unwürdig war.

Um alles was Ihnen heilig ist, bey *Celesten* selbst beschwör ich Sie, hüllen sie mir dies schreckliche Geheimniß auf. Ich kann nicht schuldig sein, denn ich würde sonst eine Erklärung dieser Art fliehen. Reden Sie ich bitte.

Ich kann jezt nicht bleiben, aber finden Sie sich Morgen in der Kirche der Barmherzigen Schwestern ein; So verließ sie mich.

Immer näher, u. näher drängt die schreckliche Entscheidung, was soll ich noch hören, habe ich nicht aus Beatens Ton schon entdeckt was sie mir sagen wird! wie dieser schreckliche [39]Auftritt der mich selbst so unaussprechlich quälte, auf *Celestens* Gemüth gewirckt haben mag! Ich kenne mich selbst nicht mehr, ich habe seit der traurigen Geschichte nicht einen ruhigen Augenblick mehr. Mein Vater bemerkt meine Unruhe, fragt mich liebend was mir fehlt. Aber warum ihm entdecken was mich drückt. Niemand vermag zu helfen. – Heute wollte mich meine Schwägerin bereden mit ihr zu einem kleinen Feste bey *Julie Celange* zu gehen. Ich fuhr zusammen als ich ihren Nahmen hörte. Meine Schwägerin bemerkte es, doch fragte sie nicht. Sie ist zu zartfühlend um meine Verlegenheit nicht zu bemerken, und doch zu zart um neugierig scheinen zu wollen. Sie legte ihre Hand vertraulich auf meine Stirn, u. sagte nur. [39v]Diese heisse Stirn mag manche glühende Bilder aufbewahren, zu glühend vielleicht für die Wircklichkeit – junger Freund.

19ter Brief

Ich war diesen Morgen um fünf Uhr in der Messe. Die Kirche ist eins der edelsten Gebäude daß ich kenne, man fühlt hier das Glück der Wohlthätigkeit, diese edle Wircksamkeit frommer Gemüther doppelt lebhaft. Die Kirche war gedrängt voll, Genesende, Kranke, die die Nacht schlaflos durchbracht hatten, wollten so ihr Gemüth erheitern, u. stärcken, möge es ihnen gelungen sein! Auch ich hatte eine schlaflose Nacht nach dem Finden der Frau Beate, nach dem Ton, [39Ar]in dem sie mit mir sprach, wie hätte ich da ruhen können. *Celestens* Bild steht immer mir zu Seite, ich sehe sie leidend neben mir, wähne ihre Seufzer zu hören, und bin fest gewurzelt auf dem verhassten Boden, ach u. kann nichts für sie thun!

Beate erblickte mich, sie war beschäftigt Arzeneymittel auszutheilen. Sehen Sie mein Herr so lindre ich jezt die Noth meiner Mitmenschen. Ach wer weis wo die schmachtet die mich zu diesem Beruf einreichte!

Hören Sie auf mich mit diesen schrecklichen Vorstellungen zu foltern. Geben Sie mir Licht über diese schreckliche Geschichte, ich finde sonst keinen Trost mehr, aber klagen Sie mich nicht an, ohne mich gehört zu haben.

Kommen Sie, sprach sie und führte mich in eine Seitenkapelle, die vom Strahle der aufgehenden [39Av]Sonne vergoldet war.

Sie wissen fing sie an, auf welche Art Sie *Celesten* zuerst sahen. Sie erinnern sich meiner Gestalt an der Kirchthüre. Seit dem ersten Blick den sie auf Ihnen warf fand ich sie verändert, sie war oft in Gedanken, fragte mich mit mehr Antheil als sonst nach den Begebenheiten der Welt. Auch nach Ihnen fragte sie, ich hatte nie noch bemerkt daß sie Antheil an einem Männlichen Wesen genommen, ich freute mich darüber, und fasste zuerst einen Funken Hofnung daß es möglich sey, ihr noch eine lachende Seite an der Welt zu zeigen. Ich wusste daß ihre Mutter mit Schmerzen diese Tochter von sich gelassen, daß sie alles wagen würde sie der Gewalt der Kirche zu entreissen sobald die Tochter nur den Beruf zum Kloster [40]nicht mehr so lebendig fühle. Still hatte sie immer für sich seit ihrer Jugend gelebt, sie hatte ihre Talente ausgebildet aber niemahls gewünscht sie vor der Welt zu zeigen. Die Mutter hatte alles gethan zur vollkommnen Ausbildung ihrer Töchter, und es war ihr Stolz, sie in der Welt zeigen zu können, als Muster guter Erziehung. Sie sah daher mit Schmerz *Celesten⟨s⟩* Neigung zur Einsamkeit, und suchte so viel wie möglich den Hang zu unterdrücken aber vergebens. Während die Mutter u. jüngere Tochter sich dem fröhlichen Leben der grossen Welt überliessen, zog sich *Celeste* zurück, u. lebte in stiller Schwärmerey in ihrem Zimmer. Sie wurde krank, ihre zarten Nerven konnten die unermüdete Anstregung ihres Geistes, mit der heiligsten Gewißenhaftigkeit ihrer Religionsübung verbunden, [40v]nicht ertragen. Sie wurde tödlich krank, u. gelobte in der heftigsten Krankheit, wenn sie genesen solle sich dem Kloster zu widmen. Ich vergesse nicht sagte weinend Beate, als ich an ihr Bette trat nach jener schrecklichen Nacht, wo wir jeden Augenblick glauben mussten, der zarte Bau würde sich auflösen, lag sie hellblickend u. freundlich da, rufte mich zu sich u. sagte. Es war eine schwere Nacht, ich habe das Leben theuer erkämpft, aber ich habe auch der Heiligen die ich anrief heilig gelobt ihr meine Tage zu weihen. Du bist Zeuge sagte sie meiner Tochter die an ihrem Bette saß. Du hast Pflichten in der Welt zu erfüllen du liebst deinen Gatten, deine Kinder, du mußt thätig leben, aber ich will für Euch beten, u. deine Kinder unterstüzen. [41]Sie wurde von dieser Nacht an besser. Die Liebe zum Leben kehrte wieder, aber nicht die Liebe zur Welt. Sie wurde immer stiller immer abgezogner, bis sie endlich von ihrer Mutter die Erlaubniß erhielt ins Kloster zu gehen. Mit Schmerz ertheilte sie ihr diese, aber dem heiligen Eifer zu wiederstehen war nicht möglich. Sie müssen alles wissen was vorher ging, Sie müssen recht tief fühlen lernen, welches friedliche Herz Sie zerstörten.

Ich kam oft ins Kloster zu ihr, ich erfuhr immer wenn sie Ihnen gesehen hatte, u. bemerkte einen lebhaftern Antheil an Ihnen. Eine Reihe von Blumentöpfen fand ich eines Tages in ihrem Zimmer, es waren gerade eine bestimmte Zahl. Sie pflegte dieser Blumen sehr sorgfältig, u. sagte bedeutend. Diese Blumen sind meine Gefährten, sie sind die stillen Zeugen meines Glücks, jeden Tag wo mir etwas [41v]Frohes begegnet p⟨f⟩lanze ich eine solche Blume. Wann kann Ihnen etwas frohes begegnen armes Kind! in dem ewigen Einerley.

Du irrst Beate ich bin recht glücklich, und seit einigen Wochen noch viel mehr, denn ich weis daß es ein Wesen giebt, dem ich durch Mittheilung meiner Gefühle die ich meinem Gesang anvertraue wohl machen kann. – Sie wurde roth u. schwieg.

Sahst du den Grafen nicht fuhr sie fort. Ich möchte wohl er wäre glücklich. Ach er wird es werden, in den Armen eines liebenden Weibes, in der Umgebung liebender Kinder. Beate es giebt doch wohl auch Freude in der Welt?

O gewiß, o gewiß, möchten Sie sie nicht veschmäht haben.

Nun giebt es welche, so mögen sie das Loos [42]dieses edlen Menschen sein. – Eine Nonne unterbrach unser Gespräch, daß ich nicht wieder anknüpfen konnte.

Wie mir wurde als ich das alles anhören musste! fühlst Du genug Geliebter?

Am Tag der Schuzheiligen des Klosters durfte ich in das Innere des Klosters, *Celeste* war sehr geschäftig; aber sie musste das Sprechzimmer verlassen, weil sie schnell krank wurde.

Ich sah sie von Tag zu Tag schwermüthiger werden, ich versuchte sie von ihrer Mutter zu unterhalten, ihre Schwester, ich glaubte sie wähnte sich von ihnen vernachlässigt, aber mit Heftigkeit sprach sie. Ich ehre die Bande die mich an meine Familie fesseln u. möchte sie glücklich wissen, aber mein Herz bedarf nicht ihrer Liebe. – Ach Beate, es sieht anders aus in diesem Herzen als du denkst. Nur einen Blick in die Welt möchte ich thun, der ich zu früh entsagte.

[42v]Die Unruh des armen Kindes jammerte mich unausprechlich, ich gab alles um sie zu zerstreuen. Ein Gedanke stieg mir durch den Kopf, sie vielleicht wieder Antheil an der Welt nehmen zu lassen, da es mir gar nicht unmöglich schien, sobald sie Freude daran fände von ihrem Gelübde sich loszumachen, da man immer schon daran dachte die jüngern Nonnen aus den Klöstern zu ziehen, die zu vorzeitig sich ihrem Beruf der Welt entzogen. Aus diesem Grund hielt ich den Schritt den ich ihr vorschlug für verzeihlich. Ach ich dachte nicht, daß ein Haufen Weiber sie richten würden, die selbst unfähig durch ihre zum Haß gewöhnten Herzen Freuden zu fühlen, die sie nicht mehr geniessen können, sich zu strengen Richtern über ein Geschöpf, aufwerfen [43]würden, das Muth genug hatte sich selbst los zu machen. Dies ist auch gewiß in ihren Augen *Celestens* größter Fehler wollte ich wetten.

Ich erfuhr daß der * Gesandte einen Masquirten Ball gab, ich wusste daß Sie geladen waren, *Celeste* die eben beschäftigt war, ein Gewand u. Schleyer für ihre Heilige zu sticken beredete ich, sich in das Gewand zu verhüllen. – Sie fand es so reizend sich mit Ihnen an einem Ort zu finden, die Sehnsucht Sie wieder zu sehen, denn Sie hatten sich lange nicht in der Kirche blicken lassen, war zu lebhaft. Sie hörte meine Vorschläge an, es wurde ausgemacht daß ich des Abends mich einfinden sollte, mit einem [43v]Wagen, an der Mauer des KlosterKirchhofs der eine verborgne Thüre in der Mauer hatte. Es hatten schon manche Nonnen davon Gebrauch gemacht, aber aus unheiligern Zwecken dies bin ich überzeugt. Durch diese Thüre stieg *Celeste* in den Wagen. Der *Fiacre* wusste selbst nicht woher diese Gestalt kam. Sie hatte kaum Kraft den Ort zu sagen wo sie aussteigen wollte. – Ich blieb mit Zittern in ihrer Zelle, u. blieb darin verschlossen, um nicht zu entdecken daß sie fehle. – Mit Ungeduld u. Angst erwartete ich die Zurückkunft des guten Kindes; alles schreckliche was ihr begegnen könnte bestürmte meine Vorstellung, aber der Glaube an das Glück, an meine Gute Sache gaben mir wieder Muth. Sie kam wieder, mit einer Hoheit u. Grazie trat sie vor mir hin daß ich mich ihr zu [44]Füssen werfen musste.

Sie riß ihren Schleyer ab, und seufzte! Nach langem Schweygen sagte sie endlich. Ich habe viel und wenig gesehen, liebe Beate. Zu viel Anmuth für meine Ruhe, und zu wenig Beruhigendes. Ach wer den Muth hätte u. den Ernst den andern Eindrücken Wiederstand zu leisten. – Nein nicht der Schimmer der Gesellschaften reizt mich, wie sich alles müht und drängt zu glänzen, sich geltend zu machen! ach wie kann es leicht werden, eine erhizte Phantasie durch so viele zauberische Künste die die Weiber auszuüben gelernt haben zu berücken! ich verzeih es den Männern, aber ich achte sie nicht.

Der ernsthafte Ton dieser Bemerkung ließ mich ahnden daß *Celeste* nicht befriedigt war, daß die Wünsche ihres Herzens uner[44v]füllt waren.

Haben Sie alles gesehn was Sie wünschten? Sie legte nachdenkend die Hand an ihre glühende Stirn; u. hörte mich nicht und sagte. Hier wird er ewig leben, aber wie steht er da, nicht von dem thörichten Gewühl eines leichtsinnigen Seufzers umgeben, nicht von den Fesseln einer Gauklerin umstrickt. Aber warum klag ich. Kann ich Ansprüche auf seine Neigung machen? Ach wie manchen Schritt mag es der schönen Frau gekostet haben, wie manche Mühe bis sie dieses Herz mit ihren Künsten gefangen nahm, ganz gefangen. Ich kann nicht! Wenn ich ihn auch [45]sähe würde er nicht errathen was ich fühle; mein Wesen kann ich ihm nicht entfalten, ach nur durch eine ununterbrochne Kette meiner Handlungen würde er ahnden können was er mir ist. –

Ich ging von ihr, denn ich fühlte bald daß ich in diesem Moment einem Gemüth daß nur von einem Gegenstand erfüllt ist nicht beyzukommen vermochte.

Den folgenden Tag suchte ich sie zu sprechen, aber sie winkte mir als sie die Hora gesungen hatte u. aus der Kirche ging zu. Sie wollte allein sein. Sie sah bleich aus, ihre Augen glänzten, aber von keiner Freude belebt.

Dieser Ausgang machte mich bestürzt, aber nicht muthlos, ich fühlte daß ein heftiges [45v]Gefühl in *Celestens* Herzen erwacht sey, und hofte auf die Macht der Liebe. Ich wollte es ihr vorstellen wie die Verhältnisse der Männer in den gebildeten Cirkeln gegen die Weiber leicht einen Schein von Vertraulichkeit, von Liebe selbst haben können, ohne etwas mehr zu seyn als Sprache des Tons. – Ich dachte mir sie habe Ihnen hören einer schönen Frau Schmeicheleyen sagen, die sie mit der Sprache der Welt unbekannt für die bedeutende Sprache der Liebe gehalten. Ich hatte keine Ruhe bis ich sie sah, bis ich von ihr ihre Stimmung erfuhr. – Mein Plan war ausgedacht. Sie sollte Sie noch einmahl sehen, u. beobachten u. meine Aufschlüsse die ich ihr gegeben mit Ihrem Betragen vergleichen.

[46]Ich hofte alles von diesem zweyten Sehen, sie hing mit alle dem mit einer Liebe an der Erinnerung an Ihnen, die mich alles hoffen lies, daß Sie diese Gefühle erwiedern müssten, wenn Ihnen die Empfindungen dieses hohen Wesens klar und deutlich würden. Ich wollte die Dollmetscherin sein. *Celestens* Mutter bereitete ich vor, daß die Gesinnungen ihrer Tochter sich verändert hätten, machte ihr Hofnung daß sie vielleicht der Welt wieder gegeben werden könne, aber sie selbst sollte nichts wircken, um für den Erfolg meines Plans nicht verantwortlich sein zu müssen. Sie war auf jeden Fall gefaßt wollte das äusserste thun ihre Tochter der Gewalt der Kirche zu entziehen, und erwartete ungeduldig den Erfolg meiner [46v]Plane. –

Celestens Mutter unterstüzte mich auch mit Geld wenn ich es bedurfte. Ich erspähte genau wo und wann Masquenbälle sein könnten, und suchte mit den Pförtnerinnen des Klosters auf jeden Fall Freundschaft zu stiften. Die eine zumahl war mir sehr günstig weil ich manche Nacht an ihrer Stelle das Kloster hütete, und sie ihren Neigungen indessen folgte. Meinen Grundsäzen nach war es mir Pflicht alles zu thun, um Fesseln zu lösen die nicht die

Geseze der Natur sondern die Vorurtheile und der Eigennuz der Gesellschaft schmiedeten. Wo ich konnte, leistete ich gern hülfreiche Hand um den armen Menschen zum Genuß des Lebens zu helfen.

[47]Mancher fromme Bruder hat in meiner Wohnung seine Capuze abgelegt, u. ist in der Welt erschienen als hätte er stets mit ihr gelebt, stets habe ich treu die Geheimnisse verwahrt. –

Nach manchen in Sehnsucht durchlebten Tagen an denen *Celeste* oft ihre Blicke vergebens aus dem vergitterten Chore herabgesenkt hatte, wo kein Schatten Ihrer Gestalt Ihre Gegenwart verkündigte, wurde sie immer bewegter, eine unbeschreibliche Sehnsucht lag in ihren Blicken, ich errieth den Wunsch des guten Kindes, den sie sich selbst nicht gestand. Sie wollte noch einmal Sie sehen. –

*[47v]*Sie fragte einst ob ich nichts von einer gewißen Dame die *Célange* heist, hörte; ich sagte, so wollte ich gern danach fragen, aber ein Vertrauen ist des andern werth, u. Sie müssen mir sagen warum? Ich möchte wissen wer sie wäre sagte sie seufzend. Nähere Umstände ihres Lebens. An jenem Abend wo ich den kühnen Schritt that, hörte ich einen Mund diesen Nahmen so zutraulich aussprechen. So gefällig war der Ton dieser Stimme! Dieser Mund soll nicht *Celeste* sagen! seufzte sie u. versank in Träume.

Durch eine *reparatur* die im Kloster vorgenommen wurde, war der Zutritt leichter man wurde weniger beobachtet, alles fügte sich ein [48]meinen vorhabenden Plan zu erleichtern. Ich las in einer *Affiche* daß ein Masquenball angekündigt war, u. ich suchte so leis als möglich in *Celesten* wieder die Idee zu erwecken noch einmahl Sie aufzusuchen, und ich wollte sodann mich gegen Sie zu erklären suchen, Ihnen *Celestens* Neigung zu erkennen geben, u. Ihnen den Vorschlag thun sie auf der Stelle zu ihrer Mutter zu bringen.

Es war eine der schönsten Mondnächte als es mir gelang ins Kloster zu schleichen, ich fand *Celesten* in tiefen Gedanken. Sie erschrack als ich herein trat. Ich legte einen grauen Schleyer vor sie hin *[48v]*u. sagte scherzend, jezt ists Zeit sich zu verhüllen, das Gedränge am Hotel des * Gesandten ist groß, eine Menge Masquen strömen hin, wollen wir noch einmal den schönen Freund ausforschen, und beobachten was er eigentlich dieser *Celange* nur zu sagen hat?

Sie blieb stumm, endlich fuhr sie auf u. sagte. Geh, wende dich von mir trügerisches Wesen daß mich zu meinem Untergang führt – und doch kann ich nicht wiederstehen! ich muß ihn noch einmahl sehen, ehe ich auf ewig den Wünschen meines Herzens entsage, denn es ist das leztemahl daß ich so etwas wage, aber [49]es sey. –

Es soll das leztemahl sein daß Ihre Wünsche mit Ihren Pflichten im Streit sind, hoffe ich!

Sie ahndete nicht den Sinn meiner Rede. Aber Beate ich gehe nicht allein.

Dafür ist gesorgt. Zwey gleiche Schleyer hab ich mitgebracht, ich kann es nicht mehr über mich gewinnen Sie allein einen so gefährlichen Schritt wagen zu lassen. Aber es soll das leztemahl sein daß ich Sie dazu bereden werde, nur noch einmahl sollen Sie Ihren Freund sehen, ihn nicht nach Ihrer strengen Meinung beurtheilen, sondern nach den Regeln des Gesellschaftlichen Verhältnisses, u. Sie werden eine bessre Meinung von ihm im Herzen aufnehmen.

*[49v]*Ohne Flecken soll ich sein Bild mit mir in diese stille Zelle tragen, dies war allein mein Wunsch noch.

Mit zitternden Händen riß sie ihr klösterliches Gewand ab, warf den grauen dichten Schleyer um sich, und ging mit festem Schritt mir nach. Ach während wir durch die Steine und Schutthaufen uns durchdrängten wie Schatten auf dem Mondbeglänzten Boden einherschwebten, gelang es der List uns zu entdecken. Eine alte Nonne die mit sich und der Welt keinen Frieden machen konnte, die ihre schreckliche Phantasie aufweckte aus dem Schlummer, ihr Tag u. Nacht keine Ruhe gönnte, riß eben das Fenster auf als wir aus einer kleinen Thüre des Klosters heraus kamen. [50]Sie weckte mit Geschrey die Aebtißinn sagte was sie gesehen hatte, u. alsbald wurden alle Zellen durchsucht. – *Celestens* Schönheit und erhabne *resignation* hatten sie den andern Nonnen schon lang zum Gegenstand ihres Neides gemacht, wie höllische Geister die sich freuen einen neuen Gast zu bekommen, raßten sie in der leeren Zelle herum, jubelten laut daß man nun die geheimen Wege der Heuchlerin entdeckt habe. Eine einzige Nonne, die treu *Celesten* liebte schwieg, und weinte bey dem Freudengeschrey der andern. Sie hat mir gestanden, es sey eine fürchterliche Nacht gewesen. Nun wurde beschlossen das ganze Kloster solle am Eingang des Kreuzgangs den *[50v]*Tag erwarten, ob sie vielleicht nicht die Flucht genommen habe, sondern wiederkehren würde, und nur heimliche Besuche gebe.

Sie hat es gewiß mehr wie einmahl versucht sagte die Nonne die zuerst die Flucht entdeckt hatte, denn sie ist noch so jung, und spricht immer von der Welt mit Abneigung, aber sie that es nur um uns sicher zu machen. Diese Heilige die in unsren Mauren sich so sehr über uns erhebt spielt vielleicht in der Welt eine ganz andre Rolle. – Man kennt diese Sprache schon, in diesem Tone ging das Gespräch fort, und eine übertrieb immer die hämische Bemerkung der andern.

Ach hätten wir Sie gefunden, wie ich es hoffte. [51]Indessen das Gewitter sich im Kloster über uns zusammen zog, traten wir in den Saal, der voll der schönsten Masquen war. Die Frauenzimmer hatten alle ihre Erfindungskraft aufgeboten ihre Schönheit zu zeigen, wir fanden Sie lang nicht, und gingen dicht an den Seiten Wänden herum, um nicht aufzufallen. Der Saal war magisch beleuchtet, hell, und doch schien ein leichtes Gewölcke die Gestalten zu bedecken. Lange suchten wir Sie vergebens. *Celeste* hatte meinen Arm, plözlich rief sie aus⟨,⟩ da ist er, und ich erblickte Sie, neben einer Gestalt die mich entsezte, so sah ich noch kein Weib gekleidet, so leichtsinnig, und mit so ausgesuchter *Coquetterie*. *[51v]Celeste* drückte meine Hand an ihr klopfendes Herz, an dieser Seite hätte ich ihn nicht gewünscht, sprach sie mit schwacher Stimme.

Ich war in der grössten Angst, ich wollte jeden Augenblick benuzen Sie auf uns aufmerksam zu machen, aber vergebens. Hätten Sie gefühlt daß jeder Blick auf die schöne Sylphe ein Dolchstoß in *Celestens* reines Herz wurde. Sie hätten sich nicht den Eindrücken des Moments so hingegeben! Wir standen immer neben ihnen. Da als sie endlich den Saal verließen mit der Masque, konnte sich *Celeste* nicht länger halten, krampfhaft zog sie meine Hand ans Herz. Luft um Gottes willen liebste Beate, ich eilte was ich konnte um eine Thüre zu [52]erreichen. – Möchte dieses Gefühl Ihnen auf ewig warnend seyn daß Sie in *Celestens* Busen erweckten, wie sie Ihnen da fand, den Arm der schönen Masque an Ihre Brust gedrückt, zu ihren Füssen liegend. Es war zu viel! Sie sank sinnlos in meine Arme. –

Meine Plane, alles war vereitelt. Wie konnten Sie in dem Augenblick da Sie das Gelübde der Liebe eines solchen Wesens ablegten für *Celestens* reine Liebe empfänglich sein. Ich war selbst ausser mir über diese Entwickelung, es fiel mir nichts ein in der Bestürzung als *Celesten* zu folgen, die mit übermenschlichen Kräften mich fortzog, und nach dem Weg mich hinführte, den wir schon gemacht *[52v]*hatten. Sie sprach nichts, heftig arbeitete es in ihrem Busen, und nur Seufzer stiegen tief aus der Brust hervor. So kamen wir an das Kloster, drängten uns durch die eingerißne Mauer, und erreichten ungehindert den Eingang. Möchten Sie Zeuge von diesem Moment gewesen sein mein Herr! Als wir an den Eingang des Kreuzgangs kamen, schimmerten uns viele Kerzen entgegen die ganze KlosterGemeinde war versammelt, gräßlich freute sich der Haufe, ein Wesen daß sie nicht fassen könnten, eines Fehltritts anklagen zu können. Mit frommem Abscheu empfing sie die Aebtissinn, u. sah mit heiligem Schrecken ihre Mumerey an.

[53]*Celeste* stand lange ohne sich zu bewegen da. Kein Schrecken zeigte ihr Gesicht. Sie sagte mit Würde indem sie zu den Füssen der Aebtißinn fiel. Hier zu Ihren Füssen bekenne ich mein Vergehn, und unterwerfe mich Ihrer gerechten Strafe heilige Mutter. Allen Strafen die mir die Geseze des Ordens auflegen unterwerfe ich mich willig, sie werden nicht so streng seyn, Ihre Vorwürfe als mein eignes Herz sie mir machen wird. Meine Beleiterin nur sey aller Strafe entlassen, dies einzige wünsche ich, sie büsse nicht meine Vergehungen. Ich bin zu allem bereit.

Leb wohl Beate, sagte sie wehmütig. Ich vergebe dir, mein Herz allein hat ganz gefehlt daß es den schmeichlenden Vorstellungen *[53v]*Gehör geben konnte, aber der Schleyer den heute der Zufall von meinen Augen nahm zerriß. So gehe ich willig jedem Schicksal entgegen. In meinem Gefängniß will ich für dich beten! –

Die Nonnen staunten, so viel *resignation* hatten sie nicht erwartet. – So heftig die Aebtißinn tobte, so konnte sie gegen diese Unterwerfung, diese Willigkeit alles zu tragen was man ihr auflegen würde, nichts thun; *Celestens* Ton war so begeisternd jedes musste ihre eigne Schmerzen mitfühlen, so sehr sie den Zorn äussern wollten.

Aber die bösen Neigungen im menschlichen Herzen überwinden immer die Guten zu bald, so sehr das hohe reine Wesen der erhabnen *Celeste* sie für Augenblicke stuzen [54]machte, so erwachte das Gefühl der Schadenfreude in den Herzen der Nonnen. Sie wollten sie auf alle Art u. Weise demüthigen, man brachte Fesseln, legte sie ihr an, und führte sie in ein unterirrdisches Gewölbe. Dieser Auftritt, und eine fromme Ermahnung der Aebtissinn war das lezte was ich vernahm. Einige Nonnen bedeuteten mich aus Mitleid, jezt sey es Zeit zu fliehen, da alles mit *Celesten* beschäftigt sey, u. ich ihr im Kloster nichts nüzen könne, sondern vielleicht mehr ausser dem Kloster.

Was aus ihr geworden weis ich nicht. Noch bis jezt habe ich keine Nachricht. Was aber meine Unruhe meine Gewißensangst mir zu thun gelassen, sehen Sie mein Herr. Möchte Sie diese Erzählung *[54v]*aufmuntern etwas für *Celesten* zu thun, ob ich gleich nicht weis wie ihr beyzukommen ist.

Ich habe mich verkleidet in die Kirche gestohlen wo ein günstiger Zufall mir die Nonne im Weg führte die so viel Antheil an *Celesten* gezeigt hatte. Sie erzählte mir was während unsrer Abwesenheit in jener schrecklichen Nacht im Kloster vorgegangen, wie man *Celestens* Schritt entdeckt habe, aber was aus ihr geworden wisse sie nicht. Die Aebtißinn selbst habe *Celestens* Zelle durchsucht man erfahre nicht was sie darin gefunden; – Nur zwey alten Nonnen sind die Geheimnisse des Klosters bekannt, u. sie pflegten mit der Aebtissin der verborgenen Opfer, der frommen Wuth, deren mehrere in dem Kloster noch verborgen wären als man glauben könnte.

[55]Sie versprach mir allen ihren Scharfsinn aufzubieten um etwas Bestimmtes zu erfahren –

Nun mein Herr haben Sie die Erzählung gehört, die Ihnen ihr ganzes künftiges Leben ein schreckliches Andenken seyn wird.

Stelle dich nicht wie der Geist der Rache in mein Gedächtniß! ich fühle ewig die Wunde die mir dieser fürchterliche Misverstand geschlagen hat, aber Beate, ich bin weniger schuldig als Sie es glauben mögen. Wüssten Sie welche Angst mich an jenem schrecklichen Abend quälte, wie mir das Herz blutete, Dinge anhören zu müssen, von jener Masque, die mich eben so quälten, als *Celesten.* [55v]Sie würden mich nicht anklagen! Wie konnte ich diese Gefühle für mich in einem so heiligen Herzen ahnden!

O ihr Männer! Einer ist wie der andre, ein Moment kann euch hinreissen, ihr wisst die zart leicht empfängliche Seele eines Weibes nicht zu fassen, was Euch einen Moment fesselt, ist genug das Herz eines Weibes auf Jahre zu beleben! Aber gehen sie mein Herr, ich hoffe dieses traurige Schicksal meiner armen verlohrnen Feundin, wird Sie lehren vorsichtiger seyn.

Um alles in der Welt wenn Sie *Celesten* sehen könnten sagen Sie ihr wie unschuldig [56]ich bin, daß ich ihrer Liebe nicht unwerth ob gleich ich sie nicht erwiedern kann, denn in stärckern festern Banden schmachtet mein Herz schon längst. Sie würde so wie sie jene Erscheinung des schrecklichen Abends jezt hasst, diese andre hohe Gestalt verehren. Sie würde meine Liebe zu ihr theilen.

Ich hatte also auf jeden Fall falsch gerechnet fragte Beate? Ach die Schuld die ich auf mir habe wird immer grösser, was hätte es mir geholfen wenn Sie *Celesten* befreyt hätten, sie würde doch nicht die Ihrige haben werden können!

Nein, nein! sagte ich.

Aber zu den Armen ihrer Mutter zurückzukehren dazu hätte meine Unterredung vielleicht [56v]gefruchtet. –

Beate verließ mich weil ein Kranker ihre Hülfe begehrte, u. ich blieb in der Kapelle allein; wo ich meinem Schmerz ganz überlassen war. Ich beschloß nach dem Kloster wo *Celeste* schmachtet zu gehen, in der Kirche zu verweilen, u. zu erforschen ob mir nichts Aufschluß über das Schicksal dieser unglücklichen geben könnte, aber vergebens! Die kleine Thüre die zur Kirche führt war verschloßen, ein paar alte Frauens knieten davor. Der Eingang zu diesem Ort ist nun auf ewige Zeiten allen Besuchenden verweigert sagte die eine, wollen Sie auch vielleicht eine Nonne zu weltlichen Lustbarkeiten verführen mein Herr fragte sie spottend?

[57]Dieser Vorwurf von einer Fremden war mir entsezlich, ich hielt sie für einen Geist der Hölle, der mir auf jedem meiner Wege Vorwürfe entgegen zischte, und eilte schmerzlich bewegt nach meiner Wohnung. Dir allein kann ich diese schreckliche Geschichte vertrauen, treuer Freund! –

20ter Brief

Wie ein abgeschiedner Geist wandle ich unter den Menschen herum, ich wage fast nicht zu sprechen, weil ich fürchte mich zu verrathen, meine innre Bewegung kund werden zu lassen, und was würde es helfen, wer würde mir Rath geben können zur Rettung dieser Unglücklichen. Ich war heut in einer Gesellschaft bey meinem Vater. Der Erzbischoff kam, u. stand lange mit meinem Vater in einem [57v]Kabinet, u. als ich einen Vorwand fand mich an die Seitenwand zu stellen, hörte ich den Erzbischoff sagen. Ich habe alles aufgeboten, sie zu retten, aber die Aebtißinn besteht darauf sie allein habe in solchen Angelegenheiten des Klosters zu entscheiden, sie ist ganz der weiblichen Rache überlassen; und ich selbst habe nicht erfahren können was sie eigentlich mit ihr vorhat. –

Die Mauern bebten, mir war als müsste ich zu Boden sinken, ich verließ das Gesellschaftszimmer, verlangte Licht, u. suchte mich in mein Cabinet zu flüchten, unter dem Vorwand einer Unpässlichkeit. Diesen Zustand ertrag ich nicht lang mehr, die Ungewißheit dieser Lage, die Furcht mich zu verrathen, meiner [58]Familie dadurch zu schaden, der Wunsch bestimmte Aufschlüsse über *Celesten* zu haben, der mir auf der andern Seite keine Ruhe lässt, lässt mich alle Mittel aufbieten, wo ich Licht über sie bekommen könnte. Da selbst der Erzbischoff nichts weis wird es mir selbst immer unwahrscheinlicher daß ich etwas erfahren könnte. –

Auf der andern Seite wird mir Mariens Schweigen immer schrecklicher. Mein Herz wird hin und her getrieben, Furcht und Zweifel wo ich hinblicke!

Eben erhalte ich diesen Briefe der *Celange* sie ist fort nach England.

Ich konnte keine Gelegenheit finden, schreibt sie, nach jenem Abend, der mir auf einmal *[58v]*zeigte was ich von Ihnen halten muß, mich Ihnen zu nähern; Es sey, da ich einmal mich über mein Geschlecht hinweg sezte, daß ich auch diesen Schritt noch thue, Ihnen eine Erklärung zu thun, junger Freund. –

Ich habe alles wagen wollen um ein Herz zu gewinnen was für mich verlohren ist; Sie haben eine Neigung verschmäht die das Glück Ihres Lebens gründen wollte. Konnten Sie, oder wollten Sie es nicht? – Warum dieses Schweigen über Ihre Gesinnungen? Ich sinne ungern nach, auch Beleidigungen kann ich verzeihen wenn man mir die Gründe darlegt, aber bey Ihnen wäre all mein Scharfsinn verlohren, wenn ich ihn auch an[59]strengen wollte. –

Lassen Sie die Scene des Masquenballs vergeßen sein. Suchen Sie diese Erinnerung an mich los zu werden, auch ich will Sie vergessen. *Mowbrays* Vater ist gestorben, er bietet mir an sein Glück mit ihm zu theilen, da die Fesseln die mich an *Celange* binden leicht sind in meinen Augen. So zereisse ich sie, und suche ein neues freundlicheres Leben. – –

Wo treibt mich meine Phantasie hin! Wären Sie dieser Mann gewesen, der es hätte wagen wollen mich noch glücklich zu machen! – – Ach ich wäre glücklicher gewesen. Urtheilen Sie nicht streng über mich, ich habe *[59v]*mich frühe suchen von dem Zwang los zu machen der unsre Meinungen, und Neigungen bindet. In den *Conventionellen* Gesellschaftlichen Verhältnissen, muß man suchen den Schein zu retten, es gelang mir nicht immer, aber doch hoffe ich, haben Sie nicht das Bild von mir in Ihrer Seele, was ich so vielen gab.

Jede Willkühr rächt sich selbst, der Mensch soll bleiben in dem Kreis in den ihn die Natur stellte. – Oft giebt es Momente wo ich dies fühlte. Das Weib muß bleiben, bey den Gefühlen die ihm die Natur gab! – –

[60]Wir sehen uns vielleicht wieder. Sollte Sie Ihr Schicksal nach England führen so suchen Sie *Mowbray* auf. Sie finden mich vielleicht anders. Besser vielleicht in Ihren Augen. Vielleicht in dem Kreise lieblicher Kinder, die die Leere meines Herzens ausfüllen werden, wenn der Trieb Gefallen zu erregen verstummt⟨,⟩ werden zärtere Laute fähig sein können mich an die Gesellschaft zu binden.

Noch einmal wendet mein Blick sich zu der kurzen Vergangenheit die mich in Ihrer Nähe glücklich sah. Seegen ruhe auf dießem Herzen, in diesem Sinn, der mit Kälte, auf mich blickt; Seyn Sie *[60v]*glücklich. Wenn ein weibliches Wesen dieses hohe

Herz zu rühren vermag so mag es sich dieses Triumphs erfreuen. Leben Sie wohl, leben Sie glücklich. Ich hoffe es noch einst zu werden. *Julie*

Ich sehe Stunden lang dieses Blatt an u. erwache wie aus einem schweren Traum wenn ich mir alles dachte was in mir vorging. Sie hat nicht errathen, welche Kämpfe es mich in Augenblicken kostete, wo ihr ganzer Zauber mich umfing, ihr nicht aus dem innern meines Wesens zu huldigen; –

Welche feindselige Macht hat sich verschworen, mich in solche Verhältnisse zu führen. – Mit einem Herzen daß ganz einer Einzigen gehört, zieht mich ein Zauber zu ihr hin.

[61]Meine Anhänglichkeit an *Celesten* war nicht Liebe, u. doch rächt sich das Schicksal schrecklich an meiner Neigung, u. sie dies hohe reine Wesen wird ein Opfer ihres Gefühls für mich. –

Alle diese Vorstellungen machen einen traurigen Eindruck auf mein Gemüth. – Könnte ich folgends an Mariens Liebe zweifeln, könnte ich ihr Schweigen willkührlich ahnden, ich weis nicht Geliebter wie ich das Leben ertragen könnte! –

21ter Brief

Mein Vater erhielt heut einen Brief aus Deutschland. Meine Tante ist todt; Sie ist still u. einsam in das Land der Dunkelheit gestiegen. – Ihr Todt schmerzt mich. Eine Folge wird es haben, die zur *[61v]*Entscheidung meines Schicksals führen kann. Ich werde nach Deutschland reisen müssen, u. von ihren Gütern Besiz nehmen. Aber auf eine traurige Art Veranlassung gründet sich nun vielleicht die Entwickelung meines Schicksals. –

Muß es so sein im Leben, daß einer immer auf des andern Existenz fortbauen soll! Es ist ein trauriges Geschick daß uns zu Theil ward, wir schreiten auf Gräbern u. Zerstörung empor, schaffen uns wo das Paradies unsrer Geliebten blühte ein neues, und können die Schatten der Todten nicht zurückrufen um mit uns zu geniessen. Hielt die Liebe mich nicht aufrecht, so wandelte ich gern nach den düstern Wohnungen Jenseits, denn was ist das Leben? Im seeligsten Genuß [62]streift des Todes kalte Hand unsre Blüthen ab. – Ach und ists der Tod nicht so ists das Schicksal. Leb wohl Liebster, vielleicht ist dies der lezte Brief von Paris.

Erste Station von Paris.

Es ist so Liebster. Nun bin ich auf dem Wege nach Deutschland, bin dir näher, und – – ich wage kaum zu denken daß ich Marien wiedersehen werde, ich kann ihr nun ohne Hindernisse meine Hand anbieten. Das Schicksal hat mich in Besiz grosser Güter gesezt. Wird sie mich noch lieben? Es ist schrecklich daß ich dahin gekommen bin diese Frage thun zu müssen. An dem höchsten Glück zweifeln zu müssen! –

*[62v]*22ter Brief

Basile aus dem Kloster in der Schweiz.

Sie verzeihen gnädiger Her daß ich so frey bin Ihnen zu schreiben. Da ich aber weis wie oft Ihnen mein Herr schreibt, und wie oft er Ihren Nahmen in seiner schrecklichen Krankheit genannt hat, so glaube ich gewiß er liebt Sie sehr, u. ich eile daher Ihr Gemüth zu beruhigen, indem ich Ihnen Nachricht von ihm gebe. Bis jezt kann ich nur sagen daß er lebt. Ob er leben wird weis nur Gott. [63]In * waren wir schon angelangt. Mein Herr der Bekannte dort hatte wurde in manche Gesellschaften verwickelt, war gesucht u. geliebt von jedermann. Eines Abends kam er blaß; kaum athmend in seine Wohnung, er fiel ohne Leben auf einen Stuhl, als er wieder zu sich kam, weinte er die ganze Nacht. Man durfte ihn nicht anreden, sein Gesicht war schrecklich entstellt bey jedem Laut den er vernahm. Ich saß an der Thüre seines Schlafzimmers die ganze Nacht, wagte nicht mich sehen zu lassen, und doch stieg meine Unruhe immer höher.

Als mich Sorgen und Schmerz endlich erschöpften u. ich einschlief, so fasste mich plözlich eine Hand. Steh auf Basile! Wir müssen fort. Ich kann keine Stunde mehr hier bleiben. Ich stand auf, fasste alle meine Kräfte zu[63v]sammen, u. packte unsre Geräthschaften ein, ich war froh nun wieder einen Laut zu hören von meinem Geliebten Herrn; Als wir uns im Wagen sezen wollten, schlich ein Mann in einen langen Mantel verhüllt um uns herum, ist hier der Graf – fragte er?

Hier ist ein Brief; der Graf sah die Ueberschrift auf dem Umschlag, u. sein voriger Zustand kehrte zurück.

Von dieser Hand will ich nichts mehr sehen! rief er u. verbarg sein Gesicht in seinen Mantel.

Nehmen Sie ihn sagte der Unbekannte mir heimlich, vielleicht wenn er ruhiger ist, wird er ihn annehmen. Es liegt meiner armen guten Dame alles daran.

[64]Ich nahm den Brief. Wir fuhren fort. Als ich frage wohin unser Weg gehe, sagte er wohin du willst, nur weit, weit von hier. Kein Laut soll mich mehr erreichen, ihre Stimme soll in meinem Herzen verhallen, u. er saß mehrere Tage unbeweglich u. winkte nur immer weiter zu fahren. So waren wir an der Grenze der Schweiz, ich wusste niemanden um Rath zu fragen, wohin ich den Weg lenken sollte; Ich glaubte es sey am Besten meinen armen Herrn, durch eine höhere Stimme wieder zu sich zu bringen. Und da ich ein Kloster in der Ferne sah, so musste der Kutscher den Weg dahin lenken. Ich wollte einen Mönch aufsuchen, der meinen Herrn bereden sollte im Kloster auszuruhen, ich selbst war kaum noch meiner bewusst. Die Sorge die ich Nacht u. Tag um meinen Herrn hatte, die unnüzen Versuche die ich angestellt hatte, ihn wieder zum klaren [64v]Bewusstseyn zu bringen, alles dies hatte meine Geistes Kräfte so angestrengt, wie meinen Körper. –

Ein dunkler Buchenwald, führte uns zum Eingang des Klosters. Die Blicke meines Herrn wurden heller. Diese dunklen Räume rief er aus, thun mir wohl, möchte ich da im dunklen Schatten tief, tief ruhen. Er sah umher, und seine Augen senkten sich zum erstenmahl nach vielen Tagen zum Schlummer.

Es ist sonderbar im Leben daß wir oft ein Glück uns wünschen, daß uns beängstigt wenn es da ist. Mir wurde bange bey dem tiefen Schlummer, ich hatte nicht Muth meinen Herrn zu verlassen, ich lauschte auf jeden Athemzug. Ein guter Zufall führte einen Klosterbruder uns in den Weg, der erstaunt [65]sich zu uns wendete, als er einen Blick im Wagen gethan hatte:

Ehrwürdiger Bruder vergönnt uns, irrenden Pilgern eine Freystatt.

Gern, war seine Antwort. Ich lese in Euren Zügen das Bedürfnis sie zu finden.

Mein Herr lag im tiefen Schlummer auf meiner Brust. Dieses blasse schöne Gesicht rührte den Mönch bis zu Thränen.

O gewiß rief ich bewegt, ist es eine höhere Hand die uns leitet, denn ich wusste keinen Rath mehr in meinem Sinn für diesen Unglücklichen, als ich eben in der Nähe dieses Klosters mich fand. Sein erstes Wort nach vielen Tagen, war eine Ausrufung der Freude, über diese schöne Dunkelheit eures Waldes, u. so entschlief er. Nach vielen Wochen ist es der [65v]erste ruhige Schlaf.

Wir berathschlagten nun was zu thun sey, wie wir den Grafen ins Kloster bringen wollten. Der Mönch wollte voraus um seine KlosterGemeinde zur Aufnahme des kranken Gastes vorzubereiten, und ich blieb in der selben Stellung um meinen armen Herrn nicht zu erwecken.

Der Mönch kam nach einiger Zeit wieder, u. brachte einige junge Layen Brüder mit um wenn der Gast nicht erwacht sey ihn zu tragen. Es gelang uns, er wurde aus dem Wagen gehoben, und während die Mönche den Schlafenden in ihre Wohnung trugen, folgte ich ermattet nach. Es war mir als begleitete ich den Entschlafenen zu einer langen Ruhe. Aller Muth u. Freude am Leben war bey mir verschwunden.

[66]Ich fand bey den frommen Männern, Trost u. Erquickung. So viel mir bewusst war, von dem Schicksal meines Herrn, legte ich als Beichtbekenntniß in das Herz des guten Mönchs nieder. Als mein Gemüth beruhigt war durch Mittheilung meines Kummers, mein Körper durch Speise erquickt, fühlte ich mich wieder muthvoller das Schicksal meines guten Herren zu erleichtern. – Der Schlaf war ihm nicht wohlthuend wie wir hoften. Die Ermattung hatte den höchsten Grad erreicht, daher gewann der Schlaf die Oberhand, aber er erwachte nur um seinen Kummer wieder zu fühlen, u. fiel in ein Fieber was in ihm die schrecklichsten Phantasien zu wege brachte. Aber nichts giebt mir Licht genug über den Zufall der diesen Zustand veranlasst haben kann; Untreu! Verrath! ruft er aus wenn er [66v]am heftigsten bewegt ist. Dies ist alles was ich höre. So bald der Abend kömmt, und die Kerzen seine Wohnung erhellen, dann wird er am traurigsten. Aber seine Phantasien sind so verworren, daß niemand erräth wie der Gang seiner Ideen ist. Sie ruft er oft und wünscht Sie zu sehen.

Nun mein Herr haben Sie eine Schilderung unsres Zustandes. Da ich weis wie mein Herr Sie liebt, begreife ich wie Sie leiden müssen bey diesem Bericht. Aber ich fühle auch wieder daß Sie lieber die Wahrheit unsres Zustandes wissen, als in Ungewißheit über das Schicksal meines Geliebten Hern zu sein. Sobald sich etwas in unsrer traurigen Lage ⟨ä⟩ndert, so erfahren Sie es.

Ihr treuergebner Basile

⟨Ehe ich von dem Ort scheide⟩

[1r]Ehe ich von dem Ort scheide wo ich mein Bewusstseyn wiedergefunden sollst du meine Erkenntniß vernehmen. Ich war eine lange Zeit in einem schweren Traum. Jezt bin ich zu neuem Kummer erwacht, aber doch haben die schrecklichen Träume mich verlassen, die mich quälten, da ich meine Sinne nicht zu ordnen vermochte. Unwillkührlich drängten Bilder auf Bilder in mich ein die mich schreckten, u. quälten, und doch konnte ich ihnen nicht entfliehen. – Jezt vermag ich mein Wesen zu sammeln, auf mir selbst ruhen zu lernen. – Ach ich werde ewig nur mich selbst fühlen, allein! traurig allein wird dein Freund den Pfad des Lebens durchwandeln, keine Hand wird ihn leiten, ihn die rechten Wege erspähen helfen. U. wenn er aufhört sein eignes Wesen zu fühlen, wird er nicht sich selbst überleben, in dem geliebten Kreis seiner Familie! Keine Tochter [1v]in der er das liebliche Bild der Jugend ihrer Mutter wieder erblickte, wird die wankenden Schritte des Alters ihn leiten. – Kein Sohn

durch die Thaten eines männlich schönen Geistes das Andenken seines Vaters verherrlichen. Ach diese Hofnungen vernichtete ein einziger schrecklicher Moment!

Ich will Muth fassen, zum leztenmahl meine traurige Geschichte dir aufzeichnen. Du allein sollst sie wissen. – Dann sei sie auf ewig im Dunkel vergraben.

Ich musste ab⟨b⟩rechen, mehrere Tage vergingen ehe ich wieder zu dem Blatt kam, denn ich bedarf es noch mich zu schonen; – Ach Gott für wen erhalte ich dieses traurige Dasein! Ich ehre die Ordnung der Natur, die den Trieb des Lebens so mächtig in dem Geschöpf erhält, aber wozu soll ich leben? – Während mein Geist nach der [2r]ewigen Ruhe strebt, erwacht in dem menschlichen Bewußtseyn noch der Trieb der Selbsterhaltung. Ich thue was ich kann um mich zu erhalten, u. doch strebt das höhre bessre Gefühl immer nach einer Existenz ausser diesem Leben. –

Dort geht die Sonne unter, hinter diesen vielen Bergspizen, die das Auge erspäht, die in blauer Dämmerung ausgebreitet liegen, und den lezten Strahl des erquickenden Lichtes noch empfangen. Dort wohnen glücklichere Menschen wie ich. Ach vielleicht blickt dort ein Auge nach der Sonne noch hin, freut sich eines glücklich durchlebten Tages, und ich war nicht der Glückliche der ihr Freude gab! – – Ich werde weich Geliebter. Die [2v]Bilder meines vergangnen Lebens erstehen in meiner Phantasie. Düster aber nicht schreckend.

Es ist eine ernste Stunde in der ich die F⟨ä⟩den anseze! Es war auch Nacht als ich zu erst den schrecklichen Eindruck empfing, der mein ganzes übriges Leben bestimmte. Hell schimmerten die Kerzen, glänzende Gestalten schwebten um mich herum und nur meine Seele umgab ein finsteres Dunkel. Basile hat dir geschrieben wo wir waren.

[3r]Laß mich schweigen über diesen unglücklichen Aufenthalt. – Man suchte mich mehr auf, als ich es wünschte; ich sah den Knoten um mich immer enger geschlungen, der mich an die Gesellschaft knüpfte. Keine menschliche Macht hielt mich dort zurück, ein Geist hatte seinen Einfluß über mich ausgebreitet. Ich hatte den Willen zu meinem Glück zu eilen, und ich konnte nicht von der Stelle.

Ich schrieb an Marien – aber es kam keine Antwort.

Eine Familie zog mich in ⟨*⟩ besonders an, die Frau war liebenswürdig und sehr gebildet und der Mann ernst u. thätig in seinem Kreise. Ich war gern mit ihnen, und fand meine schönsten Gefühle wieder bey den Schuzgöttern [3v]dieses Ortes.

Ich kam eines Tages in das Haus der Frau von ⟨*⟩ – – Alles war bestürzt, und bewegt. Ich ging durch alle Zimmer des Hauses, bis ich sie endlich fand: Sie sehen uns in wunderbarer Unordnung sagte sie. Wir sollen Morgen den Besuch meines Bruders haben, der sich eben verheyrathet hat. – Alles dies erfuhr ich erst vor einer Stunde. Ich hätte fuhr sie fort diesem sonderbaren Wesen nicht zugetraut daß es je sich würde fesseln lassen. – Sein Brief ist sehr räthselhaft. Er liebt die Frau unaussprechlich. Er sezt hinzu, von ihrem Wesen sage ich dir nichts. Du wirst sie sehen, sie anbeten wie ich. Laß unsern Eintritt in deine Wohnung [4r]gleich mit Harmonie anfangen. Meine Frau singt meisterhaft. – Mit einem Concert empfängst Du sie am angenehmsten. Mir ist dieser Hang, diese Leidenschaft möchte ich sagen, sehr wichtig zu unterhalten, denn ich hoffe dadurch auf ihr Wesen wircken zu können. Sie ist mir oft unerreichbar, so nah scheint sie mir, u. ist doch so unendlich entfernt von mir. Sie ahndet nicht wie ich ihre Liebe in meiner Gewalt erhalten; – und doch gelang es mir. – Aber der Klugheit u. Festigkeit ist alles möglich. – Du wirst dieses unverständlich finden, aber die Zeit wird dies erklären.

[5r]Was aus euch Männern alles werden kann, rief Sie mir entgegen. Eben erhalt ich einen Brief von meinem Bruder der ganz ein andres Wesen ist. Er liebt, hat eine Frau gefunden die

ein Engel ist. So spricht er jezt und hasste ehmals jede Verbindung. – Ihr Männer seid wunderbare Wesen. Was euch gestern so weit war ist euch heute so nahe! Mühe hat es ihm gekostet gesteht er selbst, und List sezte er hinzu dieses seltne Herz zu erringen. O wenn er nur ihrer Werth bleibt! es ist ein wundersamer Mann. Mir selbst die ich ihn doch so gut kenne, grauset es mich mit ihm verbunden zu denken. – Er hat einen bösen Willen, u. wehe dem der in seine Schlingen fällt! – Ich hätte mögen seine Geliebte vorher kennen, ich hätte sie gewarnt, ihr Herz [5v]zu verwahren. – Jetzt ists zu spät! Sie werden bald kommen, vielleicht früher als ich glaube sagt er, denn er sezt hinzu, seine Geliebte habe zuweilen so eine Anwandlung von seltsamem Trübsinn, daß er ihr gern alle Freude machte, und er wolle sie mit mir bekannt machen, damit sie Glauben an das Gute in seiner Familie hätte, wenn er ihr selbst vielleicht nicht immer so vorkäme. –

Ich hörte dies theilnehmend zu, die Schwester entwarf mir mit wenigen Zügen das Bild ihres Bruders, ich sah daß es eine der mächtigen Naturen war, die des höchsten Guten wie des höchsten Bösen fähig sind. Ein Mensch dem alles gelingt, weil er fähig ist jedem Zufall dreist die Stirn zu bieten.

[6r]Hätte ich ahnden können daß Marie dieses Weib war, was er mit List errungen hatte. Nein nicht mit List denn Ach die Weiber sind selbst zu sehr geschmeichelt, wenn man so viel Mühe anwendet um ihr Herz zu gewinnen! Jede List siegt endlich. O ich kenne dieses Geschlecht. – Ach einen festen Willen, einen ernsten Vorsaz sich selbst treu zu bleiben vermögen diese zarten leichtbeweglichen Wesen nicht zu haben, nicht haben zu wollen – –

[1r]Marie an Gra⟨f⟩

Wüsstest du Geliebter, wie sehnlich ich den Tag erwarte der mir deine Briefe bringt, wie ich die Karte wohl zehnmahl übersehe, mir den Weg zeichne den sie nehmen müssen. Nur Ein Gedanke an dich erfüllt meine ganze Seele, ich fühle mich doch nicht so getrennt von dir als ich mirs dachte, als ich bey dir noch war. Denn die freundliche hülfreiche Hand, der gaukelnden Phantasie trägt mich über die traurige einförmige Wircklichkeit hinweg, und ich bin dir nahe; aber oft überrede ich mirs selbst nur, daß es so sey, oft steh ich, schaudernd als wenn ein Abgrund sich vor mir aufgethan hätte, und schaue in die weite, weite Ferne die mich von dir trennt. Ach so weit mein Auge auch reicht, so seh ich [1v]nichts, was mich mit dir verbinden könnte. Ach die entferntesten Spizen der Gebirge, wollte ich weinend begrüssen, wenn ihr Anblick mich an die Gegenden anknüpfte die dich einschließen! – Aber ich sehe nichts Die Erde wird mir oft zu eng. Nur den Himmel über mir, den gleichen Lauf der Göttin des Tages, der mildere Strahl des Mondes, die Gestirne kann ich anrufen, kann sie zu den Boten meiner Liebe mir wählen. Auf diese sieht dein Aug, sie mögen dir eine Ahndung meiner Liebe geben, dein Herz mit meinen Bilde erfüllen.

Wie ich lebe kann ich dir nicht sagen, denn ich weis es kaum selbst. In einem unförmigen Kreis windet sich ein Tag in den andern. Der Onkel ist sehr, sehr krank, sein Gemüth leidet. Da haben wir nun alle Pflichten des weiblichen Daseyns zu erfüllen. Zu ordnen, zu trösten, zu [2r]erheitern wo es noth ist. Und oft muß deine Marie die Farbe ihrer Stimmung mit glühendem Schimmer nur überdecken, wenn es tiefe, düstre Nacht in ihrer Seele ist. Ich muß meiner Mutter meiner Schwester, eine Heiterkeit zeigen, die ich nicht fühle, nur sie aufrecht zu erhalten. Wir leben auf einem Landhause, daß doch eine Stunde von der Stadt entfernt ist. Wir sehen also nicht oft Gesellschaft, u. dies ist noch was mich aufrecht erhält. Die Stunden die ich für mich haben kann, wende ich dazu an mein Wesen zu stärken mit stillem Nachdenken in meinen Büchern zu leben, und Kräfte zu sammeln im stillen, für die Ausübung der Pflichten, die mir jezt die Menschlichkeit auflegt. Dir muß in dem Geräusch der grossen Welt die dich umgiebt, meine Lage seltsam dünken. Aber sie ist mir lieb, wenn ich mir denke [2v]wie ich durch fremde Erscheinungen gestört werden könnte. Ich kann dein Bild rein im Herzen mir erhalten, es drängt sich nichts fremdes zwischen uns.

Auf meiner Reise hierher hatte ich einen Anblick, von dem ich dir noch nichts sagte, ich durchreisste den ehmaligen Bezirk dessen Aufsicht meinem Vater anvertraut war, ich sah die Pläze wieder die mir in meiner Kindheit lieb geworden. – Aber mit ganz andern Farben erschienen mir jezt die Dinge! Der Plaz im Garten wo ich den lezten Abend meiner Abreise stand, wo ich mit schön erfüllten Träumen die neue Welt anblickte, in die ich treten sollte, wo das Streben des regen Herzens nun Befriedigung sah. Denn es war von jeher mein Lieblingswunsch, wieder Reisen zu machen, und ich konnte zuweilen nicht ohne Thränen der Sehnsucht eine Landstrasse ansehen, dem Laut eines Posthorns nicht ohne Rührung zuhören. Meine Welt um mich her wurde mir zu eng. [3r]Aber das Gefühl ist nur der muthigen Jugend eigen, die noch frey die Schwingen bewegt. Ach das Herz lernt bald sich auf einen engen Kreis beschränken, wenn es den hellen Glanzgestalten näher rückt, die in die Lüfte aufsteigen, wenn der Zauber entflohen ist.

Ich hatte vor wenigen meines Gechlechts das Glück meine Neigungen zu befriedigen, den menschlichen Geist in seinen höchsten Erscheinungen der Kunst zu schauen u. die Natur in ihrer reichsten Fülle zu bewundern. Aber ich lernte doch, daß der Sinn in sich selbst wircksam sein muß, und reich, um glücklich zu sein, um das Glück genießen zu können. Es giebt eine Empfänglichkeit für das Schöne die ein eignes Talent fodert. Tausende sahen und erfuhren dieselben Eindrücke aber die rechte Saite ihres Innern blieb unberührt, und die Töne blieben ohne Anklang.

Meine Hofnungen, meine Erwartungen sind [3v]noch übertroffen worden, reicher als ich je ahndete betrat ich den Plaz wieder, die Anhöhe, von der herab ich in ein Gewirr von Sträuchern u. Bäumen sah, in jener holden grünen Dämmerung ruhte oft mein ermüdetes Auge aus, und die Seele schwang sich freyer in das Land der Träume, in der ungebundnen Natur auf. Das Bild meines zukünftigen Geliebten schwebte in tausendfachen Formen in meiner Phantasie. Ich trug ein Ideal hoher männlicher Vollkommenheit in mir; Aber so sehr ich von manchen Erscheinungen des Lebens durch die Wircklichkeit anders belehrt wurde, so wenig war diese Träumerey meiner Jugend in dunkeln Farben verloschen. Du standest wie ein hoher Genius mir zur Seite, deine [4r]Liebe leuchtet mir wie das holde Gestirn des Tags. –

Ach das alles vergehen muß auf der Erde, ich sah mit Schmerz die alte schöne Welt wieder, in der ich meine Jugend genoß. Ein andrer Geist ist in diesem Bezirk sichtbar. Mein Vater war ein seltner Mann, er war Edel Geistvoll, er vereinigte mit einem seltnen Geist u. Kenntnissen die größte Humanität. Er war unaussprechlich geliebt von Menschen aller Art, denn er konnte sich in jede Lage versezen, sah mit scharfem Blick wo es einem jeden mangeln könnte. Es war ihm nichts zu klein, er wusste auch dem kleinsten wie dem grössten Uebel durch Rath und Theilnahme abzuhelfen. – Sie waren alle wie eine Familie anzusehen; auch meine [4v]Mutter vermochte diesen Geist zu verstehen, u. in seine Wünsche sich zu fügen. – –

Hättest du sehen sollen wie unser Wagen umringt war, wie die heissen Herzenswünsche für uns, für die geliebten Töchter ihres ehmahligen Freundes weitertönten. Wir weinten dem Andenken dieses Edlen Vaters manche Thräne.

Wir kamen an das fürstliche Schloß, ach da war es ganz anders. Statt der schönen frey gehaltnen Buchen Gänge die den Eingang verbargen waren die Bäume jezt zierlich abgestuft, beschnitten, Spaliere von zwey Obstbäumen zierten den freyen schönen Pfortenplaz vor dem Hause, auf dem wir als Kinder uns so oft herum tummelten. Der reiche Brunnen, der sonst als ein starcker glänzender Strahl [5r]in ein Becken von bunten Kieseln fiel, die wir unter der Anweisung meines Vaters sammelten, und manche Stunde unsrer kindischen Spiele verging in dieser Art Geschäfte. Wir legten die Steine nach ihren passenden Farben in zierliche Formen, ach wir waren so glücklich dabey, u. es dünkte uns wir hätten ein Denkmahl für Jahrhunderte erbaut; Dies alles ist fort u. ich weinte wie ein Kind, als ich 〈,〉da im Hause alles so anders war, zu dem lezten schönen Plaz gehen wollte, wo ich meine Erinnerungen der lieblichen Jugend noch aufbewahrt glaubte. Ach ich weinte, als ich ein steinenes Becken dort fand, mit unendlichen *Guirlanden*, und bunten Kränzen verdreht als geschmacklose Gruppe kleiner [5v]Liebesgötter da stand, die in kleine Muscheln den Quell auffingen, und mit verdrehten Armen u. Händen den Strahl des Wassers theilten. Die Frau des Oberamtmanns führte mich hin, mit einem zum Lächeln verzerrten Gesicht stand sie da, bildete eine Schlangenlinie mit ihrem magern eckigen Arm u. hob krampfhaft den Zeigefinger in die Höhe nach dem Brunnen deutend, und zischte mir zu. Diesen Ort hätten Sie wohl nicht wieder erkannt, mein Hof, in diesem modern schönen Geschmack verziert.

Leider nicht! rief ich schmerzhaft aus! Muß mich alles erinnern daß die schönste Zeit meines Lebens vorüber ist! Ich fand daß [6r]diese Antwort doch hart sey, u. sezte hinzu. Sie wissen wie lieb einem die Bilder der ersten Jugend bleiben und ich läugne nicht, ich hätte hier nicht die Hand der Kunst erwartet, wo wir so viel thaten um die Freyheit der Natur zu erhalten. Ich kann nicht gerecht seyn in diesem Moment wo ich den Geist der Neuerungssucht so lebendig fühle. Aber ich kann mein lebhaftes Gefühl nicht unterdrücken.

Aber warum gingen Sie mit dieser Liebe zum einfachen schönen der Natur nach Italien, wo Sie alles an die Kunst erinnern musste. Sie hatten wohl auch wenig Freude? sagte sie u. blickte mich mitleidsvoll an. Sie irren sehr sagte ich [6v]ich war sehr glücklich. – Aber warum ist Ihnen jezt die Erinnerung an Kunst gerade so zuwieder bey diesen Bildern, haben mir sehr bedeutende Künstler diese Gruppe am Brunnen sehr gelobt.

Ich konnte kein Wort mehr sagen. Denn die Frau meinen ganzen Unwillen fühlen zu lassen wäre ungerecht gewesen, da sie so beschränkt und arm vor mir stand, in ihren Kunstbegriffen; belehren ließ sie sich nicht, dazu sah sie zu sehr auf mich herab, und sie beleidigen wäre unartig gewesen. Ich hätte gern den Ort auf der Stelle verlassen hätte ich meinem Gefühl folgen dürfen.

Sollte man nicht suchen den Kunstsinn überhaupt zu bilden, denn solche dunkle Begriffe dünkt mich schaden dem ganzen und [7r]wer weis wie mancher edle Sinn für Kunst erstickt wird, wenn das Auge sich an die falschen Verhältnisse gewöhnen lernt; Hätte ich etwas zu sagen in einem bedeutenden Kreis, so würde ich jede geschmacklose Verzierung lieber ganz verbannen.

Ein *Salon* im Garten den mein Vater bestimmt hatte zu einem Plaz wo wir den Unterricht in der Geschichte erhielten, den er uns selbst gab, war ganz ganz verdorben. Die Büsten des *Caesar, Brutus* und andrer hatten uns oft Stoff zu Gesprächen gegeben. Die Wände enthielten auch Darstellungen nach guten Kupfern u. Zeichnungen *copirt*. Ein Bild das mir aus der [7v]schönen Zeit meines Lebens noch immer lieb ist, stellte den Hannibal vor, eine liebliche männliche Knabengestalt, wie er seinem Vater den Eid ablegt die Römer zu rächen. Auch wie er am Rubicon steht, mit sich kämpfend, und sein Muth die Oberhand behält. Diese Bilder beschäftigten mich so oft in meiner Jugend. Die Wände waren nun bedeckt, mit geschmacklosen Portraits, der Familie des Oberamtmanns. Man hatte nicht einmahl auf den Ort gesehen, und über dem Bild eines jungen blassen Kindes, daß in steifer französischer Kleidung mit einem grossen Federhuth, u. [8r]schlecht gezeichneten Jagdhund dasteht, und dessen leere Züge für die Phantasie seines Geschlechts traurige Aussichten eröffnete, blickte mein Hannibal noch hervor, mit dem kräftigen Ausdruck seines künftigen Muthes, und der Lieblichkeit der Jugend vermischt.

Um Gotteswillen rief ich aus, und verbarg mein Gesicht an die Schulter meiner Mutter. Lassen Sie uns diesen Hannibal retten, daß er nicht scheint als bewache er dies kraftlose geistlose Gespenst. Die Einzige Gunst erzeigen Sie mir, wenn es unmöglich ist ihn zu bekennen, so lassen Sie uns ihn verlöschen. – – Meine Mutter vermochte es mich zu beruhigen. Du schwärmst Marie sagte sie lächelnd, aber Thränen standen [9r]in ihren Augen. Wir haben nichts mehr hier zu sagen, der Geist deines Vaters, wie seine Liebe ist fremd hier, mich rührten mehr noch wie dieser Hannibal, die stillen Züge des Kummers, die ich auf den Gesichtern der ehmahligen Untergebnen deines Vaters bemerkte. Die leblosen Gegenstände scheinen nicht allein den engen kleinen Geist ihres Oberherrn zu fühlen.

Wir wollen fort Mutter, sagte ich bewegt, und sie ließ mir den Willen. Wir verschwanden aus dem eingeengten Kreis des wircklichen wie Geister die sich zum Olymp empor heben, und retteten uns nur die Bilder unsrer Jugend in unsren Herzen. –

Lyrik

I. Erzählgedichte

EIN LIED VON REIFFEN

[1r]Seht meine lieben Bäume an,
Wie sie so herrlich stehn,
Auf allen Zweigen angethan
Mit Reiffen wunderschön.

Von unten an bis oben 'naus
Auf allen Zweigelein
Hängt's weis und zierlich, zart und kraus,
Und kann nicht schöner sein.

Und alle Bäume rund umher
All alle weit und breit.
Stehn da, geschmückt mit gleicher Ehr
In gleicher Herrlichkeit.

Und sie beäugeln u. besehn
Kann ⟨j⟩eder Bauersmann
Kann hin und her darunter gehn
Und freuen sich daran.

Auch holt er Weib u. Kinderlein
Vom kleinen Feuerheerd,
[1v]Und Marsch mit ihn den Wald hinein!
Und das ist wohl was werth.

Einfältiger Natur Genuß
Ohn Alfanz drum u. dran
Ist lieblich wie ein Liebeskuß
Von einem frommen Mann.

Ihr Städter habt viel schönes Ding,
Viel Schönes überall,
Crédit u. Geld u. goldnen Ring
Und Bank u. Börsensaal;

Doch Erle, Eiche, Weid' u. Ficht!
In Reifen nah u. fern –
So gut wirds Euch nun einmal nicht,
Ihr lieben reichen Herrn.

[2r]Das hat Natur nach ihrer Art,
Gar eignen Gang zu gehn,
Uns Bauersleuten aufgespart.
Die anders nichts verstehn.

Viel schön, viel schön ist unser Wald!
Dort Nebel überall,
Hier eine weiße Baumgestallt
Im vollen Sonnenstrahl.

Lichthell, still, edel rein u. frei,
Und über alles fein! –
O aller Menschen Seele sei
So lichthell u. so rein!

Wir sehn das an, u. denken noch
Einfältiglich dabei:
Woher der Reif, u. wie er doch
Zu Stande kommen sei?

[2v]Denn gestern abend, Zweiglein rein!
Kein Reiffen in der That! –
Muß einer doch gewesen sein
Der ihn gestreuet hat.

Ein Engel Gottes geht bei Nacht,
Streut heimlich hier u. dort,
Und wenn der Bauersmann erwacht,
Ist er schon wieder fort.

Du Engel, der so gütig ist,
Wir sagen Dank u. Preiß.
O mach uns doch zum heil'gen Christ
Die Bäume wieder weiß!

⟨AM DÜSTERN ABHANG DES FELSENS⟩

[1r]Am düstern Abhang des Felsens; da stand
Umgeben von Eichen ein rüstiges Schloß

Den greulichten Felsen ein Bächlein umwand.
Da wohnete Erlach, sein Leben entfloß –
In Festen dahin. Der volle Pokal
Ertönete häufig in räumigem Saal.

Sein Altar umkränzte mit Freuden so viel,
Die liebliche Tochter, wie Abendroth mild
So stralte ihr Auge, und immer gefiel
*[1v]*Ihr freundlicher Blick, doch ach nicht so mild
Ward ihr Herze so kalt
So höhnend der Mund wenn Liebe es galt.

*[2r]*Einst sahe Sie Adolf von edlem Geschlecht
Beim Ritter Turnier, er sah sie und fand
Daß Edle nichts schüzet zu werden ein Knecht
Der Minne die manches Gemüth schon entbrannt.
Ach schneller wie Blize so traf ihn ihr Blick
Ihr Herze blieb kalt, doch kälter der Blick
Voll bittern Hohnes, verschmäht sie die Hand.

OSSIANS ABSCHIEDS-KLAGE

*[1r]*Auf der grauen Wolke Nebel Size
Ueber Hochlands Felsen rauher Spize
Weilt zum lezten mal mein hoher Geist.
Fingal ist verschwunden, seine Helden,
Welche Thaten seiner Enkel melden,
Daß sie würdig noch der Sänger preisst.

Nicht den Speer mehr in der luftgen Rechten
Wenn die Söhne kleiner Menschen fechten,
Schauet Fingals Geist auf sie herab.
Wenn des Nordes Fittiche sich schwingen
Wenn die Nebel Geister fliegend ringen
Schweben sie nicht um der Vorzeit Grab!

In des Mondes ungewißen Lichte
An den Stamm der dicht bemoosten Fichte
Lehnet nicht des Sängers Harfe mehr
Mit dem Traumbild jener heilgen Tage
Schwieg auch seine ernste Trauer-Klage
Und es horchet niemand um ihn her.

[1v]Fremde Geister sind herauf gestiegen
Aus der finstren Mutter Erde Schoos
Aller Wahn, der Dichtung zu besiegen
Und der Sänger ist nun heimatlos
Wo er wandelt stehen aufgethürmet
Kalte Zweifel ohne Maas und Ziel
Nicht der Glaube an das heilge schirmet
Alles ist des frechen Wizes Spiel.

Von der Erde losgebunden dringet
Ossian in seiner Wolcken Land
Wo des Sängers Harfe wieder klinget,
Wo er seine Helden wieder fand,
Lebet ihr in eurer kalten Klarheit
Deutet Euch des Lebens dunklen Traum
Forschet grübelnd nach der strengen Wahrheit
Aber lasset dort der Dichtung Raum!

⟨ES GLEITET AUF DEN GRÜNEN MEERESWELLEN⟩

[1r]ERSTER GESANG

Es gleitet auf den grünen Meereswellen
Das Schiff im vollen raschen Gange fort
Schon manche Monde sieht die Seegel schwellen
Gonaldo; seufzend nach dem sichern Port
Oft denket er der Heimath ach da quellen!
Die Thränen langsam unaufhaltbar fort,
Doch will er muthig gern die Trennung tragen
Gelängs ihm nur dem Freund auch zu erfragen.

Vor seinem Blick in trüber Schwermuth steigen
Viel Bilder seinem Herzen werth empor
Er sieht die Mutter bebend stehn, und schweigen
Noch dringt der Schwester Klage an sein Ohr.
Er sieht wie traurend sie vom Ufer weichen
Sein Schiff umhüllt ein dichter Nebelflor
Nur noch der Tücher leztes leichtes wehen
Sieht er im Geist, und die Gestalten gehen.

Doch glücklich weckt ihn aus den finstren Träumen
Der Schiffer lauter Jubel und er sieht
Die Nahe Küste, schön umkränzt mit Bäumen
Auf denen feuriger die Sonne glüht.

Er höret leis die Meeres Welle schäumen
Die an das Ufer langsam wälzend zieht.
[1v]Und in des Himmels lichten blauen Räumen
Sieht er der Vögel bunt Geschwader fliegen
Der Blüthen Duft schlürft er in langen Zügen.

Neugierig nahet an des Ganges Strande
Das Volck um jene Männer an zu schaun
Die weit her zogen aus dem fernen Lande.
Sie nahen sich mit fröhlichem Vertraun
Sie kennen nur der holden Eintracht Bande
Auf die sie gern des Lebens Hofnung baun.
Und willig nehmen sie in ihre Mitte
Die Fremden auf, auch ohne ihre Bitte.

Noch wundrend blickt in diese neue Scenen
Gonaldos Aug, und froher Hofnung Schein
Belebt sein Herz, er waget jezt zu wähnen
Daß hülfreich ihm die Götter mögen seyn
Getrocknet sind der Sehnsucht bange Thränen
Es fühlt sein Herz sich weniger allein
Er suchet in der reinen Menschen Blicken
Den stillen Frieden um sich zu erquicken.

⟨DIE TAFEL BEREITET DIE BECHER GEFÜLLT⟩

[1v]Die Tafel bereitet die Becher gefüllt
Ruft der edle Graf, der heim gekehrt
Von der blutigen Jagd.
Die Knechte vernehmens u. keiner wehrt
Sich; zu thun was er sagt.
Es hätte auch schwerlich sich einer erkühnt
Es nicht zu erfüllen, denn sein Gemüth
Das ihm tief in innerer Seele glüht
Verstand das wiederstreben schlecht.
Und streng gebot er was er im Sinn
Der Stimme horchte Jungfrau und Knecht.

[2r]Und allen ein Götterspruch es schien.
Um die Tafel im liebenden Verein
Sassen die Edlen, ergözend sich
Am reichlichen Mahl, und am glühenden Wein.
Die Tafel geschmückt war ohne Zahl,

Mit den köstlichsten Speisen, und Traubensaft
Voll edlen Feuers glänzt im Pokal.
Voll Wohlgefallen er um sich schaut
Und spricht. Fürwahr ihr edlen Herrn
So sehr mich ergözt des Hüfthorns Laut
Mich der Thiere Flucht, die den zackigen Fels
Wohl oftmahls umsprangen, den Schuz sich gesucht
In des Berges Kluft, an des Meeres Bucht
Von uns ereilet im flüchtigen Lauf
[4v]Fiel das Reh und der kletternden Gemsen Hauf
Selbst hoch bis in des Himmels luftiges Blau
Erschallte der Donner vom lauten Geschüz
Der Habicht mit scharfgezacketer Klau,
Fiel zum Boden, der Adler vom felsrigten Siz.
Doch alles reicht an das Wundergesicht
Das uns erschienen; am Felsen nicht.
Im schauerlich wilden Gebüsche versteckt
Da kauzet am Boden die Schreckensgestalt
Halb Menschlich Gebild halb mit Haarwuchs bedeckt
Der furchtbar vom Haupte herunter wallt.
Und nach der Sonne vermag der Blick
Des trüben Auges hinauf nicht zu schaun
O wahrlich ich bebete erschrocken zurück!
Und vermochte dem eignen Aug nicht zu traun.

⟨GEBURT – KINDHEIT – GEBURT⟩

GEBURT

[1r]Hingewandelt ins Gedränge
War die Gattin; in des Lagers
Lustgewühl, denn nicht zum Schaden
Hatte Schwabens stolzer Herzog
Seine Schaar der muthgen Krieger
In das Feld gelocket freudig.

In des Lagers lustgem Schwarm,
Sucht die Gattin dort den Gatten.
Schon neun Monden lag am Herzen
Ihr ein Kind, im Schoos verborgen.
Noch nicht fühlte sie die Schmerzen,
Darum eilt sie in das Lager
Noch zu sehn den lieben Gatten,
Eh genesen würd ihr Schoos.

[1v]Aber als sie im Gedränge
Froher Krieger sich nun findet,
An dem leichten Muth sich labend,
Fährt der Schmerz ihr durch die Glieder.
Und sie fliehet aus dem Lager
Bang erreichet sie die Wohnung
Und ein Knäblein kömmt ans Licht.

KINDHEIT

Fromm u. gut ein biedrer Knabe
Liebet Er die Eltern immer,
Sieht mit frohem Sinn das Leben,
Friedlich in der stillen Wohnung
Bilden sich des Geistes Kräfte
[2r]Doch noch grösser; denn er suchet
Freyheit aus dem engen Kreis.

An dem Heerde harrt die Mutter
Auf den Vater. Heimgekehret
Ist der Sohn, indeß schon, lächelt
Seine Mutter die er liebt.
Seine Schwestern lauschen fröhlich
Harrend auf das frohe Mahl.

Aber ernst bedenkend langsam
Tritt der Vater in die Wohnung
Sieht die Gattin schweigend an,
Fasst den Knaben an den Händen
Und spricht diese Worte aus.
Eben als ich zu Euch eilte
Nahet sich ein Abgesandter,
[2v]Von dem Herzog, er verlanget
Dich geliebten Sohn von mir.

GEBURT

[3r]Einsam saß im stillen Zimmer.
Fromm die Gattin.
Treulich pflegend ihres Kindes
Treulich sorgend für die Tochter.
Ihrer weiblichen Geschäfte
Freute sich des Mannes Geist.

Schon neun Monden unterm Herzen,
Fühlte sie das junge Leben
Daß an ihrer Brust entfaltend
Sich zum neuen Dasein rüstet.
Als der Ruf des Kriegs ertönte,
Doch nicht jenes der verderbend
Sich verbreitet auf der Erde.
[3v]Der mit drohender Geberde
Ueber Länder, Städte ziehet
Und uns raubet des Lebens Ruh.

Nur zum Scheine, sollt er kriegen
So gebots der stolze Herzog
Seiner Krieger Muth zu üben
Rief er sie zum Lager hin.

Lange Tage harrte sehnend
Ihren Schmerz im Busen fühlend
Harrete dies fromme Weib.
Endlich raft sie sich vom Size,
Kleidet sich in feines Leinen,
Und geht selbst zum Lager hin.

[4r]Dort empfangen sie Trompeten,
Trommeln, Pfeifen, Lustgesänge,
Und es scherzt der muthge Krieger
Mit den Waffen, wähnet muthvoll
Auch im Ernsten Kampf zu siegen,
Wenn es gält, ums Vaterland.

Aber nicht der Freude Lieder
Nicht die schmetternden Trompeten,
Können ihren Schmerz ersticken
Der in ihrem Busen wühlt.
Angst voll eilt sie aus dem Lager
Und hat kaum ihr Haus begrüsset,
Als ein Knabe sah das Licht.

[4v]Freundlich sah er in das Leben,
In den klaren blauen Augen
In der schön gewölbten Stirne
Spiegelt sich der Gottheit Bild.
O warum Abgottes Liebling
Musstest du wie andre Knaben
Menschlich leiden, menschlich weinen.

Wie ein Strom bey seinem Ursprung
Sich durch Wiesen still ergiesset
Wie in seiner glatten Fläche
Sich die Welt, der Himmel spiegelt,
Und er ruhig weiter fließet
So entfloh die Jugend dir.

[5r]Nicht die Weißheit hohen Geistes,
Nicht die Pracht der Reichen lachte,
Um sein Lager; fromm und kindlich
In den Sitten; nicht erfahren,
Wie der Mensch gebildet werde,
Der zu zu hohem Ruhm gelang.
Leitete den holden Knaben, klug
Bedächtig nicht die Mutter.
Aber rein und hoch empfindend
Fühlte sie, ihn an der Brust:
Was das Herz der Mutter hebe.

Ihr erschien in reiner Einfalt,
Nur des Lebens Zweck, das Nahe,
Nicht in reichen Geistes Kräften
Mahlte sich die Welt ihr groß.
Nicht die Kunst die oft verbildet,
Wenn nicht hoher Sinn sie richtet
War dem Geist bekannt und werth.
Nicht vergönnet ists dem Menschen.
[5v]Dem es ward dem Geist gegeben,
Auch zu sehen, des Geschlechtes
Des er sich erfreuet, wandeln
In dem Pfad des Vaters wieder.
Rückwärts gehet oft der Sohn
Was im Vater uns entzücket
Kommt nicht wieder, in dem Sohn.
Darum ward es ihm beschieden,
Jenem grossen, hohen Knaben
Allem Reichthum seines Geistes
Seiner Gaben durch sich selber
Sich erfreuend, sich verdankend.

⟨IN ALLER KÖNIGLICHEN PRACHT⟩

[1r]In aller königlichen Pracht
Zeigt Michal sich das Herze lacht

Einem jeden der sie erblickt
So schön und reich ist sie geschmückt.
Die schwarzen Haare glänzend fallen
Um ihren Nacken, lieblich wallen
Herab sie, und wieder herauf gewunden
Sind zierlich sie mit Perln durchwunden.
Es hatt viele Müh und Fleiß
Ihren Fraun gekostet und vielen Schweiß
Bis sie geschmücket ward so reich
Am Glanz und Pracht war keine ihr gleich.
Sie fühlt dies mit königlichem Behagen
Und säumet nicht ihren Frauen zu sagen.
Fürwahr mich kleidet Schmuck und Pracht
Als wär es nur für mich gemacht.
[1v]Gefällig bin ich und wohlgebaut
Darob sich auch freuet, wer mich schaut.
Doch hoffe ich liebe Jungfraun mein
Man preiset nicht die Schaal allein
Und denket nicht das äussrer Schein
Sey werth so hoch gepriesen zu sein.
Auch vertrau ich mir daß dem Mund entfährt
Kein Wort daß meinen Verstand nicht ehrt.
Umsonst sind wir auch nicht so hochgebohren
Unser hoher Sinn soll nicht gehn verlohren.
Und über all an allen Orten
Soll man uns vernehmen in schönen Worten.
Doch wär ich wirklich auch hoch zu loben,
Und würde über die Sterne erhoben,
So weiß ich zu wohl daß allein nicht mir
Der Ruhm gebühret, und für, und für
[2r]Wird Dank mein Herz dem König geben
Dems gefallen hat mich so zu erheben,
Unter vielen Frauen hatt' er die Wahl.
Doch als sein Blick zum erstenmahl
Auf mich fiel, die in Demuth stand
So reicht er mir auch gleich die Hand.
Und bot mir Zepter an und Kron
Zu werden meiner Schönheit Lohn.
So tief das Herz mein Glück empfindet,
So ists nicht allein das was mich bindet.
Wenn nicht auch Tugend und Verstand
Noch fester knüpften der Herzen Band.
Denn vor allen seh ich den Weisen Sinn
Des Königs an für den größten Gewinn.
Auf seine Klugheit kann ich bauen

Und in allen Dingen ihm vertrauen.
Des rühmen kann nicht sich jede Frau,
Denn wollten sie nehmen es gar zu genau,
[2v]Und jede verlangte es sollte ein Engel
Ihr Mann sein ohne Fehl und Mängel,
So würde der schöne Wahn schnell schwinden
Statt Wahrheit würde sie Irrthum finden.
Was auch in froher Jugend Zeit
Vielleicht vermochte zu führen weit
Den König ab von gerader Bahn
Zu weichen ab, Berg ab Berg an
So ist dies leider der Jugend eigen.
Doch jezt da die Jahre sich abwärts neigen,
So wird der Weisheit täglich mehr.
Sein Ruhm bleibt sicher, und seine Ehr.
Als eben sie die Worte sprach
Da öfnet sich ihr reiches Gemach,
Und herein tritt der Höflinge glänzende Schaar
Und schöne Frauen Paar, bey Paar.
Sie neigen sich tief und bleiben stehn
Doch die Königinn winket näher zu gehn.

SELENA UND LYCON. ERZÄHLUNG AUS DER INSEL MAINA

[1r] 1.

In dem stillen Felsbekränzten Thale
Freundlich von der Myrthe angeweht,
Wandelt noch in Hespers lichten Strahle
Selena; Im frohen Geiste steht
Vor ihr da die Zukunft; im Gesichte,
Sieht sie ihr Geschick durch Lieb erhellt,
Lockend winket Hymen, seinem Lichte
Süß vertrauend blickt sie in die Welt.

[1v] 2.

Ach wer spricht sie aus die Träumereien
Wem der Liebe holder Zauber lacht,
Wer mag Farbe, Gluth dem Pinsel leihen,
Liebe nur besizt der Schöpfung Macht.
Selena und Lycon sollten finden
Wie die Götter Treue hoch erfreut,
Harrend am Altar sie zu verbinden;
Naht der Morgen, sich die selge Zeit.

3.

Aber nach des Landes heilgen Sitten
Ist den Liebenden kein Blick vergönnt.
Flehen möcht der Jüngling: zärtlich bitten
Scheu die Braut; sie blieben doch getrennt.
Seit der Jüngling wagt es zu gestehen
Welche Gluth in seinem Innren tobt,
Darf er die Geliebte nimmer sehen,
Der er ewig Treue angelobt.

[2r]

4.

Ach umsonst versuchet sie zu stillen
Der Gedanken reiches, bunt Gewühl
Strebend sich die Zukunft zu enthüllen
Welches Loos ihr durch die Liebe fiel?
Auf vom Size stand sie, bang beklommen,
Ruhen muß der bunten Spindel Lauf
Jeder andre Wunsch ist weggenommen,
Nur die Sehnsucht schwillt den Busen auf.

[2v]

5.

Sie entflieht der Mutter stillem Zimmer
Sucht im Schatten hoher Myrthen Ruh
Angelächelt von der Sterne Schimmer,
Wallet sie dem dunkeln Thale zu.
Ihr zu Füssen wo sich Felsen thürmen
Rauscht ein Bach, der schäumend sich ergießt,
Der getrieben von des Waldes Stürmen,
Wild aus schwarzen Marmor becken fließt.

6.

Auch von banger Sehnsucht Quaal besessen
Irret Lycon in dem Schein der Nacht,
Jener Tage kann er nie vergessen
Wo zuerst des Gottes hohe Macht
Ihn beseelet, wo er vor dem Bilde,
Der Geliebten, stumm und sprachlos stand,
Wo zuerst er jene Götter Milde
Süß erspähend in der Holden fand.

[3r]

7.

Nicht getrennt mehr werden wir uns leben,
Denkt er, wenn der Morgen wieder kehrt
Freundlich wird der Tag sich mir erheben,
Wo nicht Sehnsucht mehr mein Herz verzehrt!

Aber sieh aus Nachtgewölcken steiget
Das im Westen thürmend sich vereint
Luna strahlend, in der Fern ach zeiget!
Sie ein Bild ihm, das ihm hold erscheint.

8.

Ihrer blonden Locken schönes Wallen
Ihr Gewand das sittsam sie umschliesst,
Und den Schleyer sieht er niederfallen
Der wie Lichtgewölcke sie umfliesst.
Nicht des Landes heilige Geseze,
Nicht der Alten Sitte streng Gebot
Achtet er; er böte alle Schäze
Willig auf; selbst achtend nicht den Todt.

[4r] 9.

Nahet heftig sich dem Ort wo schweigend
Selena in tiefer Ruhe wallt
Ihr zu Füssen sprachlos hin sich neigend,
Hört er nicht den Ruf der laut erschallt
Immer kühner fodert er die Rechte,
Die des schlauen Amors List ihm gab
Ach umsonst ruft sie der Götter Mächte
Keiner blicket mild auf sie herab.

10.

Hymen senket traurend sein Gefieder
Flieht des schadenfrohen Bruders Blick
Schauet drohend vom Olymp hernieder
Lässt die Armen Reuevoll zurück.
Wie von eines Geistes Wink beseelet
Reisst Sie los die Hand die er umfasst
Lycon schrecklich haben wir gefehlet
Siehe Morgen deine Braut erblasst.

[3v] 11.

Und nach eines Felsens scharfen Spizen
Irrt der Fuß, ihn lenkt die fromme Schaam
In des grauen Steines tiefen Rizen
Sinkt sie sterbend; ihre Seufzer nahm
Auf der Myrthe zart verschlungne Zweige
Und ihr Aug schliesst sich zu ewger Ruh,
Statt dem Brautgemache eilt dem Reiche,
Kalter Schatten ihre Seele zu.

[5r]

12.

Wie von Götterhänden festgehalten
Sieht es Lycon, retten kann er nicht,
Soll so grausam unser Schicksal walten
Ruft er schmerzlich. Aber treu der Pflicht
Heilger Liebe, folg ich zu den Reichen
Stiller Schatten, Selena auch dir!
Jene hohen Mächte soll erweichen
Meine Klage. Dort verzeih auch mir.

13.

Ausgestrecket seine starcken Hände
Noch zu reissen aus des Abgrunds Macht,
Die Geliebte; An des Felsens Wände
Stürzt er nieder; aber nicht erwacht,
Sie vom Rufe; ach dem süssen Tone
Ihres Lieblings leiht nicht mehr das Ohr
Selena; schon nahet sie dem Throne
Hoher Götter; sieh der Schatten Chor.

[5v]

14.

Aus der Ferne kommet her gezogen
Lycons Freunde eine laute Schaar,
Wenn die Nacht den Erdball überzogen
Wollten sie zum heiligen Altar.
Dorten zu umkränzen zu dem Feste,
Jenes prächtgen Tempels hohen Bau.
Manches Lorbeers schön verschlungne Aeste
Sind gebrochen, manche Zier der Au.

15.

Aber klagend steiget aus dem Schlunde
Jener Felsen, Lycons leztes Ach,
Horch wer rufet? schallts aus einem Munde,
Folgend jenem Klagetone nach.
Und sie eilen nach dem Weg zu spähen
Der sie zu dem finstern Abgrund führt.
Hätte nie ein Auge dies gesehen!
Was so schrecklich nun ihr innres rührt!

[6r]

16.

Hingestrecket auf dem dunklen Steine,
Liegt das Mädchen, noch im stummen Blick
Steht Entsezen; bey der Fackel Scheine
Siehts die Schaar, und weichet scheu zurück.

An dem kalten Boden angeschmieget,
Suchend Schuz in finstrer Erde Schooß
Vor der Kühnheit; ihr zu Füßen lieget
Lycon sterbend, durch der Götter Looß.

17.
Ausgebreitet hebt er seine Arme
Strebend noch im Tode zu ihr hin,
Nicht geheilet von der Sehnsucht Harme
Sieht man noch dem Gram die Stirn umziehn.
In den todten abgelebten Zügen
Liest der Freunde Schaar, mit trübem Blick
Daß der Liebe das Gesez besiegen
Nicht vergönnt; vom höheren Geschick.

[7r] 18.
Und das Herz erfüllt mit heilgem Schauer
Flechten sie des Lorbeers dunkeln Zweig
Um die Myrthe, die ach nicht zur Trauer
Blühte in des Lenzes bunten Reich.
Um die Stirne der entseelten winden
Sie der jungen Zweige üppig Grün.
Ach wir wähnten nicht Euch so zu finden
Eh uns diese bange Stund erschien!

19.
Und der Klagetöne Ruf erschallet
Bis zur Mutter hoher Wohnung hin.
Mit gesenkten trüben Blicken wallet
Jene Schaar, mit Gram erfülltem Sinn.
An des hohen Thores weiter Pforte
Hält der Zug, die Flügel krachen laut.
Und die Mutter hört die Schreckens worte,
So vereint sind Bräutigam und Braut!

GEFÜHL DES LEBENS

*[1r]*Dumpf verklang der Freude Stimme
In dem Innren, eisern hob
Seine kalte Hand der Jüngling;
Nicht die Fackel senkt er leise
Nicht mit lächelnder Geberde
Naht er sich dem stillen Lager
Ach umsonst bekränzt mit Blumen

Ihn die Dichtung, drohend, hebet
Schwinget er die lichte Fackel.
Steht am Scheidewege winkend,
Nach dem düstern kalten Abgrund.
Liebe rufet neu ins Leben
Leise schlägt die blaue Welle
Mit den Sternen Funken spielend
An des Lebens Fahrzeug mahlet
[1v]In des stillen Sinnes Tiefe
Wieder sich die Welt, mit Glanz!
Klar umschwebet nun die Seele
Das Gefühl verjüngten Lebens.
Ach warum die Schatten suchen
Drüben in dem düstren Lande?
Freude winket, Liebe lächelt.
Schließet Euch: des Orkus Pforten

⟨AN DEM FUSS DES OLYMPS⟩

[1r]An dem Fuß des Olymps sitzt Psyche weinend,
Denkend des nähernden Kummers die Purpur Schwingen
Traurend gesenkt, der Schmerz, er belastet
Schwer ihr Gemüth und im Trübsinn entfliehet
Leben und Glück Ihr! Weh mir!
Spricht sie, was that ich, warum entfiel nicht die Lampe
Meiner bebenden Hand? Warum mußt ich ihn erblicken
Seine Göttlichkeit schaun? Ich sollte
Von Angesicht ihn erblicken, den vielgeliebten der Götter!
[1v]Um ihn nimmer toben zu sehen in irrdischer Hölle
Wohl war weise dein Spruch, voll hoher Bedeutung
Du Mutter des geliebtesten Sohns
Jene unseelige Macht, o wäre sie nimmer erschienen
Nicht allein erspäht ich das traurig tiefe Geheimniß
Auch das Unglück noch führet den Blick hinab in die Tiefe
Des Lebens, daß ein seeliger Wahn
Uns ewig möchte erfüllen. – Denn
Wem schenken die Götter sich Eros Umarmung zu freuen
Wagt nicht länger zu schauen im Lichte sein Daseyn.
Wahrheit und Liebe, sie fliehen sich ewig
Denn jene liebt Dämmerung, diese den Tag nur.

PSYCHES KLAGEN! AUS EINER ERZÄHLUNG

[1r]Aus des Lichtes Glanz verstoßen
Decket schwere Nacht mein Herz!
Tausend Thränen sind geflossen;
Doch es schweiget nicht der Schmerz.

Kühn den Schleyer aufzuheben
Wagt die Hand, und fand den Todt!
Ach das Herz kann nun nicht leben!
Streng erfüllt sich sein Gebot.

Göttin aus dem Meer entstiegen
Kühn verschmähet ich dein Drohn!
Sahe was du mir verschwiegen,
Fand den holden Götter Sohn.

Soll ihn nicht mehr wieder finden
Ach auf einmal sollt ich schaun!
Daß die Götter nur dem Blinden,
Glück vergönnen, und ihm traun.

Nicht mit klaren hellen Sinnen
Sollen wir das flüchtge Glück
Fest uns halten; nur beginnen!
Ach! und enden das Geschick!

Wen der Liebe Fessel bindet
Suche nicht der Wahrheit Schein;
Ach der süsse Wahn verschwindet:
Und es bleibt das Herz allein.

⟨KLAGE NICHT ÜBER DAS WANDLENDE LEBEN⟩

[1r]Klage nicht über das wandlende Leben
Ueber die eilig verschwindenden Tage,
Klage nur daß sich der Muth nicht will heben
Ueber die Zeiten Dich siegreich zu tragen.

Ewig bist du im wandlenden Raume
Ewig im rollenden Kreise der Zeit.
Flieh aus des Lebens drückenden Traume
Der nur Sorge und Mismuth dir beut.

Hebe die sinkenden traurenden Schwingen,
Psyche, hinauf zu des Aethers Licht
[1v]Zu den Sternen hinauf uns zu ringen
Ist was den traurenden Herzen gebricht.

In des Lebens drückender Oede
Höret der Geist nicht den tröstenden Laut
Muthig uns über die Zeit zu erheben
Strebet die Seele in höhrer Kraft.

⟨WER STAND AM SEE TIBERIAS⟩

[1r]Erster Chor
Wer stand am See Tiberias
Im weißen Kleid?

Zweyter Chor
Der dem die Augen waren naß
Um unser Leid.

Erster Chor
Um unser Leid?

Zweyter Chor
Um ewiges Leid!

Erster Chor
Wer tilgt das ewge Leid?

Zweyter Chor
Der stand am See Tiberias
Im weißen Lammes Kleid.

Beyde Chöre
Mensch wenn dein Auge dir wird naß
Um unser ewges Leid,
Winkt dir vom See Tiberias
Der Held im weißen Kleid.

TROST

[1r]In der Pinie rauschen, und aus der Myrthe Geflüster
Tönet im lieblichen Ton ewiger Zeiten Gespräch.

Jene verschütteten Tempel, die Säule dem hohen Cronion
Pallas und Juno geweiht, wecken des Staunenden Sinn.
Aber der Ketten Gerassel, die Klage des dienenden Sklaven
Der die Gedanken des Lichts, hoher Gebilde vollbracht,
Hat die Zeit nicht bewahrt; das Grosse ist nur geblieben –
Längst schon der Seufzer verhallt der das Unsterbliche schuf.

DIE PHANTASIE

[1r]Trüb und düster entstieg der Tag aus der wolckigten Hülle
Nicht den Sterblichen lacht freundlich das Leben noch an,
Trauernd zogen die Stunden in gleichem Gange vorüber
An der Wirklichkeit Hand schleichet er freudlos einher.
Jeglicher, dem es geworden des Lebens Pfad zu betreten
Heute wie gestern folgt duldend er seinem Geschick.
Sucht vom dürftigen Boden die Frucht mit Müh zu gewinnen
Ach so flieht ihm der Tag, wenn sich senket der bleyerne Schlummer
Ihm auf die Augen, so gaukeln nicht freundliche Träume,
Ihm um die Stirn, und lohnen nicht ihm die Mühe der Tage.
Aber es blicket hernieder aus seinem hohen Olympos
Zeus; und fühlet wie arm seiner Sterblichen Loos –
Wie im Staube der Mensch nicht sehnend blicket zum Himmel
Denn nicht kennt er den Pfad der ihn leitet hinauf.

[1v]Zweifelnd steigen hervor auf seiner göttlichen Stirne
Manche Gedanken, und trüb blickt er zur Erde herab.
Da ersiehet der Gott mit seinem göttlichen Blicke
In der himmlichen Schaar eine der Töchter sich aus.
Wie die Farben der Iris so spielen ihr liebliche Schwingen
An den Schultern hinab; Rosen bekränzen die Stirn
Einen zierlichen Stab hält sie in göttlicher Rechte
Leicht wie die Wolcken am reinen Blaue des Himmels
Schreitet sie im Olymp schön und gefällig einher.
Geh so spricht er zu ihr der hohe Vater der Götter
Schwebe freundlich hinab zur umnachteten Welt.
Sey dem sterblichen hold, und helle ihm hülfreich das Leb⟨en⟩
Mit dem farbigen Schein, den Dir der Vater verliehn
Trage mit leichtem Flügel den Geist aus der Erde Gewirre
Wenn mit eisernem Arm Noth gefesselt ihn hält.

[2r]So berühre du hohe mit deinem Stabe die Bilder
Und dein lieblicher Glanz helle das Dunkel der Nacht.
Zeig im freundlichen Wehen dem Geist den Weg zu dem Himmel
Aufwärts lenke den Blick, daß er nicht achte der Noth.

Auch die Götter es hält, sie das unerbittliche Schicksal
Wie die Menschen. Es folgt jeder dem hohen Gesez.
Aber lindern will was ich vermag nicht zu heilen
Meine mächtige Hand, darum gehorche dem Ruf.
Und sie horchet dem Ruf, die leicht hin schwebende Göttin
Sinkt zur Erde hinab in das duftige Grau
Aber wie anders lacht nun der Tag dem glücklichen Menschen
Blumen sprießen ihm auf vom dürren traurgen Boden
Auf der Göttin Geheiß, schmücken sie ihm die Stirn.
Tage reyhen sich nun in schönen Reyhn aneinander
Und den bezauberten lacht fröhliche Hoffnung nun an.
Aus der Wircklichkeit Schranke hebt frey er die Augen und schauet
[2v]Die unendliche Welt kühn mit begeistertem Blick;
Alles vermag er zu fassen, und zu erreichen;
So schwebet, leicht mit geflügeltem Schritt Er neu durchs Leben dahin.
Wer sich die hohe Gestalt der farbigten Göttin bewahret
Glücklich wandelt er hin bis in des Erebos Nacht.

⟨KENNST DU DAS LAND⟩

[1r]Kennst Du das Land, wo Myrthen Sträuche blühen
Wo die Zypressen zeugen Eurer That.
Wo vor des Geyers Wuth die Tauben fliehen
Wo Liebe in Sorge, erstirbt und Gram Euch naht?

Kennst du das Land der Ceder wo der Wein
Und ewig glänzend Blumen sich zum Kranz
Auf Zephirs Schwingen, sich an Blumen reihn?
Dort schimmert in den Gärten Rosenblüthe.

Wo die Granate und des Oelbaums Frucht,
Der Nachtigallen Klagen leiser tönen
Der Erde Licht sich blau des Aethers sucht
Die Jungfraun sanft wie Rosen sich verschönen
Sich Alles göttlich nur der Mensch nicht zeigt?

Dies Land der Sonne, kann es mild erscheinen
Wenn seiner Kinder Zorn und Hast nur steigt,
Wenn wild wie der Ton des Lebewohls der Liebe
Die Herzen nur erscheinen rauh und trübe.

⟨HIERHER BRINGET DEN KORB⟩

[1]Erster Gesang

Hierher bringet den Korb, und laßet die Trauben mich wählen
Die zum Kranze bestimmt; auch vergeßt nicht die Herbstlichen Blumen
Die Dunkele Aster, die rothe; die uns lüget das Bild
Der Wohlgedüft hauchenden Rose. Alles bringet zu mir,
Auch schön gefärbetes Weinlaub, daß aufschwelle der Kranz.
Sprach die liebliche Jungfrau, zu den ihr horchenden Mädchens
Die um sie sassen versammelt. Mühe scheuen wir nicht
Das beste zu wählen fürs Auge; spricht sie weiter,
Ach möchte es auch das Auge erhellen, unsrer lieben Gebieterin
Das immer Thränen verdunkeln! Alles versuchte ich schon
[1v]Mich selbst vergeßend, doch nimmer glückt es dem strebenden Sinn.
Zwar mir nicht fremd ist die Ursach, ich tadle nicht ihre Schmerzen
Aber es lebet der Wunsch lebendig in hoffender Seele
Daß es mir einst geläng die trübe Stirn zu entfalten.
Als sie so redet so rundet sich unter den zierlichen Fingern
Schön der werdende Kranz und lacht ergözend dem Blicke.
In weitglänzenden Körben gehäuft stehn Edele Trauben
Auch im goldenen Becher der erste Saft von der Kelter.
[2]Und sie schauet umher als sie vollendet die Arbeit, ordnend den Gang
Zwey und zwey stehen sie, die Körbe haltend, den Becher,
Und es führet den Zug Johanna die edele Jungfrau
Tragend den Kranz, ihr folgen zwey Knaben mit blasenden Flöten.
So durchziehn sie das Haus, die schön gehauenen Stufen
Steigen sie aufwärts, und öffnen das weite Gemach der Gebieterin.
Aber trauernd saß jene am knisternden Feuer und senkte
Nieder den düstern Blick und schaut in die wehende Flamme.
Nicht gab ihr mehr Entzücken der Herbst; der Jubel der Winzer
Noch der lachende Anblick der vollgehäufeten Scheuer;
Denn das leidende Herz ist kalt für jegliche Freude.
[2v]Wundernd schauet sie auf und siehet die blühenden Mädchen
Sieht Johanna die nieder mit Anmuth sich beuget zur Erde
Nimm das Opfer so spricht sie daß wir du Edle dir bringen.
Schon gekeltert brauset der Wein, wir führeten reichlich
Heim gefüllete Fässer, des Herbstes freundliche Gabe.
Sorgsam wählte ich dir aus die schönsten Trauben damit sie
Dir das Auge ergözen. Ehmahls brachte man nicht den Menschen die Opfer
Die gebühren den Göttern, doch nun da das dunklere Auge
Nicht die Götter mehr findet, so wählet man edele Menschen.
Denn die Guten sind Götter und werth der tiefsten Verehrung.
[3]Darum neige dich freundlich zu uns, und koste der Gaben.
Frühe wie noch der Nebel die gelben Gipfel bedeckte

Des hoch wölbenden Baumes, und kalt und trübe der Morgen
Aus dem Meer sich erhob da durchstreift ich suchend den Garten
Wählte die frischesten Blumen zu diesem Kranze, auf daß er
Dir das Auge erfreu, nicht achtend das rauschen des Windes
Der die Tropfen herab in meine Locken mir träufte,
Aus dem welckenden Laub der hoch belaubten Castanie.
Lob nicht will ich darob, du sollst nur wissen Geliebte
Daß der Müh ich nicht achte um dir das Aug zu erfreuen.
Aber es senket gefällig die dunkel schattigten Wimpern
Nieder die hohe Gebieterin und wehrt der quellenden Thräne.
[3v]Alles erkenn ich so spricht sie und danke der zarten Gesinnung
Deines Herzens; Doch schnell vermag das Auge nicht Freude zu heucheln
Wenn vom schneidenden Gram gebeugt es sinket zur Erde.
Anders ist mir das Leben geworden, gestaltlos und finster;
Als ihr lieblichen Mädchen mit treuen Herzen euch mühtet
Und der fröhliche Sinn der lachenden Jugend euch lenkte
Die ein farbiger Schein wie der Iris Bogen umstralet.
Da ihr euch freutet der Blumen, der hochauf schwellenden Trauben
Saß am knisternden Feuer ich einsam, und schaut in die wehende Flamme
Wie begierig sie sich um die saftvollen Aeste umschlinget
Des gefälleten Baums. So auch zehret am Herzen des Lebens Flamme
[4]Ziehend Kraft und Leben heraus, in der Jugend und lässet
Bald die verdorreten Zweiglein; so veraltet und kraftlos
Sinket im Alter der Muth uns wohl. Die Gefühle noch kennend
Doch nicht vermag zu bewahren das Herz die wärmende Gluth mehr.
Einstmahls hoft ich daß wenn der Jugend Schimmer verbleichet
Wieder aufs neue zu leben im Anblick der lieblichen Söhne.
Ach wer hätte gedacht daß trauernd verlassen und einsam
Finden mich würde der Jüngling der die Fackel gesenkt
Sich nahet dem brechenden Herzen! So ertönet die Klag
Aus dem Munde der jammernden Mutter; und es stehen betroffen die lieblichen Jungfraun.
[4v]Wie wenn ferne der Wandrer die Heimath Gefielde ersiehet;
Froh nach langer Verbannung die freundliche Gegend begrüsset.
Und er träumet sich an den heimischen Heerd; und gedenket
Alles wieder zu finden wie ers verließ, den Vater die liebende Mutter
Wieder zu schauen; doch nicht wie ers hofte erreicht er das Ziel
Des Vaters Wohnung verschlossen lieget einsam, es grüsset
Ihn nicht der Hunde Gebell. Im Schatten des dunkelen Ulmbaums
Sizet einsam die Taube, und Unkraut wuchert am Eingang.
Plözlich stehet er da erstarrt und sinket am Boden,
So zerstöret auf einmahl der Mutter Klage die Freude
[5]In dem fröhlichen Sinn, und schüchtern wagen die Mädchen
Nicht zu heben das Auge sie wollen nicht schauen die Thräne.
Wißet sprach sie die Mutter warum mir heute aufs neu
Schmerzlich Erinnrung erwacht? Eben war es der Tag an dem die Söhne mir fielen.

Aus dem Haufen der Mädchen tritt eine hervor es röthet
Höhere Gluth ihr Gesicht, sie spricht o höre die Bitte
Da es uns nicht gelang dir Freude zu geben, so laß uns
Mit dir theilen den Schmerz und sage was du erduldet.
Und sie höret gefällig die Rede die Hausfrau, und saget
Treu erfüllen will ich die Bitte ihr lieblichen Mädchen
Und sie sezten sich nieder auf wohlgepolsterte Sessel.
Zwey der dunkelsten Trauben ersah sich die Hausfrau, sie leget
Sie ins prasslende Feuer und sagt: dieses Opfer sey ihnen gebracht
[5v]Die gestiegen hinab in Aises düstrer Wohnung nicht mehr schauend den Tag
Noch der Monden fröhlichen Wechsel! Hättet ihr sie gesehn die herrlichen Knaben
Als in der Jugend Gefühl sie sorgenlos mich umhüpften!
Otto der ältere spielte schon früh den rüstigen Krieger
Und es folget in allem ihm gern der zweyte er war sein treuer Waffengefährte.
Ach da sah ich voll Stolz auf die lieblichen Knaben wenn durch die glänzenden Strassen
Fröhlich wir zogen, die Ältern brüstend gingen voran in ihrer kindischen Rüstung
Schüchtern folgte der jüngste und schloß die zarteren Händchen
Fester an mein Gewand, ach auch ihn hat verschlungen der Orkus!
Fröhlich begrüsst ich die Nachbarn die freundlichen; die gelocket vom Anblick ◊

[9]Aber es sassen die Jungfraun und keine wagt es zu reden
Ihr stocket die Rede, und der flehende Blick begehrte noch weiter zu hören.
Aber mit leiserer Stimm begann die Mutter und sagte
Nicht vergeß ich des Tags als beyde Söhne am Lager neben mir standen
Es hüllte sie ein die glänzende Rüstung; Sterblich schienen sie nicht
Sie waren den Göttern vergleichbar. Ach es war mir als schritten
Sie kühn ins andere Leben, freudig siehst du uns wieder
Sprach Otto; mit Ruhm gekrönet und Ehre, oder niemals. Den Bruder
Will ich leiten wo ihm sein Alter Rath noch versaget,
Will mit treuem Gemüth die Sorgen theilen, ihn pflegen.
Wär es das Loos deiner Söhn, im Waffengefechte zu fallen,
[9v]Weine nicht über uns, gedenke der hohen Gesinnung
Jener Mutter die einst in früheren Tagen gelebet
Sagen würdest du auch wie sie erbarme dich meiner
Stirb im Gefechte eh du der Knechtschaft Fessel ertrügest.
Blickest du in der Nacht hinauf zum unendlichen Himmel
Und es leuchtet dir glänzend das Zwillingsgestirn entgegen
Dann gedenke der Söhne sie mögen lebend noch wandern
Oder das grünende Grab die entseelten Körper bewahren.
Sprechen wollt er noch manches, da hört er wiehern die Rosse
Die mit mächtigen Hufen den weichen Boden zerstampfend.
[10]Nicht vermochten die Knechte die stolzen Schimmel zu bändgen
Die mit glänzenden Decken des fleckigten Tiegers geschmücket
Und mit silbernen Buckeln; nicht duldend der Diener Behandlung.
Eilend gingen hinab die Söhne die steinernen Stufen

Ruften den bäumenden Roßen mit leiser Stimme; sie horchten
Und sie standen gedultig; und sanft wie ein jähriges Lämmlein.
Als der Flügel des Thors sich öfnet den fliegenden Reutern
Als ich nicht mehr vernahm die Tritte der Rosse da wars mir
Oed und einsam die Wohnung, das Schmeicheln des jüngeren Sohnes
*[10v]*Lockte die Freude mir nicht ins Herz das so schmerzlich bekümmert.
Nur in Schlachtengewühl lebt die Seele, nur horchend was die Gerüchte verkünden.
Manches hatt ich vernommen wie tapfer die Söhne sich hielten
Eben als ihre Schaar zum andern Haufen sich sammelt
War es dem Feinde gelungen mit List, den Plaz zu bestürmen
Sehr bedrängt war das Heer, da kamen zur glücklichen Rettung
Neue Schaaren es flohn die sehr erbitterten Feinde; und sie drohten den Todt
[11]Aus tausend Armen, sollt es ihnen gelingen mit jenen Schaaren zu fechten.
Ach sie droheten nicht vergebens, es stieg aus dem Orkus
Jene Göttin herauf die finster zu rächen die Krieger.
Allzu leicht ist's dem Herzen der trüglichen Oede zu trauen
Die uns Hofnung verkündend, und Stillung der Sehnsucht. Sie schleichet
Allzuleicht uns ins Ohr, und schwere ist's Unglück begreifen
Wenn es nahet wir wähnens noch immer fern vom Haupte. Siegreich hätten die unsern
So hieß es, die Feinde zerstreuet, und wir hoffeten schon
Das Fest des Sieges zu feyern. Ach wie ward mir als ich der wieder kehrenden harrte
Sorglich schmückt ich die Wohnung, und breitete glänzende Decken
Auf das schwellende Lager, da sollten ruhen die Sieger,
*[11v]*Ihres schönsten Schmucks beraubt ich die Eichen des Waldes
Zierte mit Kränzen die Wohnung der Sieger liebend zu kränzen.
Ihrer harreten auch der Jugend zarte Gespielen, heim zur Mutter sie führend
Mit Siegesgepränge so wollten sie die Freunde begleiten.
Jeglicher Fußtritt der Rosse entflammte manch glühende Wange
Lieblicher Mädchens. Der Blick durchirrte die windende Strasse.
Ach sie harrten umsonst der Rückkehr der lieben Gespielen.
Einsam saß ich am Feuer im Hause, und wiegte ein das schlagende Herz
[12]Mit freundliche⟨n⟩ Träume⟨n⟩ der Zukunft; nicht gelang es dem Sinn
Fest zu halten ein Bild, denn Unruh bewegte die Seele
⟨Z⟩weifelnd stieg der Gedanke mir auf daß täuschend die Nachricht.
⟨A⟩ber wie wird mir als plözlich des Hufes Schlag ich vernommen
⟨W⟩eit auf rissen die Pforten des Thors sich mit krachendem Klange
Nicht gewohnet der fremden Behandlung bäumten die Rosse
Wild sich am Thorweg und stampften mit Ungedult auf dem Boden.
Auf vom Size sprang ich, und öffnend die zärtlichen Arme
Kommt ans schlagende Herz erschallt's in der hallenden Wohnung.
⟨A⟩ber als ich erblickte die fremden Züge des Mannes
⟨De⟩r sich bebend mir naht, mit Thränen im glänzenden Auge
*[12v]*Ach da ahndet auf einmahl mein Herz das traurige.
Sprich wo sind die Geliebten, die Söhne die ich erzeuge⟨t⟩
Nicht mehr siehst du sie wieder du sehnlich harrend⟨e⟩ Mutter

Spricht der bebende Fremdling, sie birgt das finstere ◊
Ihren Seegen bring ich die lezten Worte der Kri⟨eger⟩
Andres lenken die Götter als wir es wähnen im ◊
Darum jammere nicht, und ehre die strengen Ge⟨bote⟩
Nicht zu erweichen ist sie die Macht die uns führt ⟨in⟩ den Schatten.
Wirft der Schmerz dich zu Boden, so denke sie star⟨ben⟩ als Helden.
Wahrlich sie trozeten kühn den Speeren der mä⟨chtigen⟩ Feinde.
Nicht dem sterblichen Menschen vergönnt es ein Go⟨tt⟩

[15]Ihrer lieblichen Freundin deren forschenden Blicken nicht entgeht die steigende Unruh
Soll ich so fraget der Mann zu den zarten Jungfraun sich wendend
Soll ich erzählen wie schrecklich die Waffen erklangen, der Schlachtruf?
Gerne möcht ich verhüllen die düsteren Bilder des Todes
Eurem fröhlichen Sinn der noch auf Blumen sich wiegend
Nicht die Gefahren noch kennt, die schrecklichen, die wir erdultet.
Sieben Tage und Nächte erschien uns kein freundlicher Morgen
*[15v]*Immer gerüstet so lagen verborgen im Dunkel des Waldes
Unsre Schaaren; zum drittenmahle gelang es den rüstigen Männer⟨n⟩
Zu zerstreuen den Feind, ihm reiche Beute zu nehmen.
Rückwärts wollten sie fliehen, sich in den Wällen verschanze⟨n⟩
Einer Feste die hoch auf thürmenden Felsen gebauet;
Glücklich war uns gelungen zu kennen der Feinde beginn⟨en⟩
List gebührt sich im Kriege, wo jede Leidenschaft ausbricht;
Denn hat einmal der Mann begonnen das kühnere Wagstü⟨ck⟩
Gegen den Andern zu fechten, so achtet er nichts mehr im Leben.
Wie der Mäher mit Gleichmuth die schwellenden Halme der Wiese.

⟨VON DES REICHEN HERBSTES GABEN⟩

*[1r]*EINE STIMME
Von des reichen Herbstes Gaben
Flechten wir dir einen Kranz;
Laß dein trübes Auge leben
An der bunten Farben Glanz.

CHOR
Aber ach dem bangen Herzen,
Lindert nichts die bittren Schmerzen
Bang und Angstvoll schlägt es nur
Bleich und todt ist die Natur.

EINE STIMME
Laß die Blumen dir verkünden

Was des Lebens Deutung ist;
Wie sie Erd und Himmel binden
Wem sich dieser Sinn erschließt.

Chor
Aber jene trüben Blicke
denen nicht das Licht erscheint
Sinken schon zur Nacht zurücke
Wenn das Auge trostlos weint.

Eine Stimme
Auch der Früchte reiche Fülle
Winkt zum fröhlichen Genuß;
In der farbigt bunten Hülle
Wohnt der Gaben Ueberfluß.

Chor
Stillen können wir die Klagen
Nicht; der tief bewegten Brust.
Aber fühlend mit dir tragen
Was nur dem Gemüth bewusst.

ROMANZE VON DEM BLINDEN HOCHLÄNDER KNABEN

[1r]Sind wir des lärmenden Spieles müde
Geben wir kleiner Knabe! nun Friede!
Auf meine Brust legt Jenny das Köpfgen gelehnt,
Seyd ihr still? wenn ihr nach Ruh Euch sehnt,
Dieser Winkel wird euch nicht entrissen.

Dorthin sezt Euch, und lasst mich sehen
Daß ihr auch horchen könnt, mich verstehen.
Versprach ichs Euch, ich thu Euch kund
Dies eigne Schicksal, sagt mein Mund
Das erfuhr der blinde Hochländer Knabe.

Ein Hochländer Knabe – warum ihn so nennen?
Du wirst mein Liebling, es bald kennen:
Das Land, wo viele Berge sich thürmen
Die Hügel viel höher, als die so uns schirmen!
Dort lebt Er, seit er gebohren ward.

Und niemahl hat ihm die Erde gelacht,
Die Sonne, der Tag, die Sterne, die Nacht,

Die Bäume, die Blumen die Schmetterlinge
Der Fisch in den Strome, des Vogels Schwinge,
Weder Weib, noch Mann, noch Kind!

[1v]Nicht sehnt er sich, noch klagte sein Mund
Sein Geist war hell, sein Kopf gesund
Denn Gott hatte Mitleid mit dem Knaben
Er war sein Freund, lies ihn Freude haben
Die alle wir nicht verstehen könn.

Die Mutter zweifelt nicht⟨,⟩ sie liebt
Die Kinder alle. Doch mehr noch giebt
Sie dem Blinden Kind, wo sie auch verborgen
Ihre Sorge war Er, an jedem Morgen.
Und mehr noch als Mutter Liebe war dies.

So recht von Herzen war sie erfreut
Wenn in rothen Strümpfgen und grünem Kleid
Die Mütze mit lustigen Federn geziert
Den Knaben sie zur Kirche führt
Am Sonntag Morgen, Hand in Hand.

Eine Dogge auch folgt ihr doch nicht aus Noth
Aber zum Spiel, für den Knaben, er gab ihr Brod
Die Dogge war sein Begleiter, wenns ihm gebrach
An Gesellschaft, und Freunden, sie folgte ihm nach
Wenn der bessre Führer zu finden nicht war.

Den Dudelsack konnt er blasen schön,
Und so von Haus zu Hause gehn,
Und jeder war erfreut ihn zu sehn,
Das beste Lied, die schönste Weise konnt er nur verstehn.
Das arme blinde hülflose Kind.

[2r]Wenn er über sich des Adlers Geschrey vernommen
Ward sein Herz von ruhelosem Traum beklommen,
Und wenn der Waldbach brausend schäumet,
Am Ufer das Wasser die Wellen bäumet
So vernahm er es in der nahen Hütte.

Ein See neben der Hütte sich Spiegelhell zeigt
Viel grösser als unsrer. Die Welle friedlich steigt:
Aber von eigner Art, und Macht
Immer wechseln die Gewässer, bey Nacht
Und Tag, und er überfliesst sein Bette.

[2v]Und immer findet das Wasser Bahn
Zum grossen Meer, strebt es hinan,
Ob langsam windend von den Höhen
Alle kleinen Bächlein zu ihm herunter gehen,
Grosse und kleine nimmt er in sich auf.

Dann kehren die trauten Wellen wieder
Den Weg den sie nahmen, und fallen nieder
So war sein Lauf, als die Erde noch neu
Und immer bleibt er dem alten treu
So lang als die Erde und Himmel bestehn.

Und, wenn die Ebbe sich zeigt da kommen
Die Schiffe und Boote, lieblich geschwommen
Zwischen den Wäldern, und Felsen Höhn
Und die Hirten mit den Heerden stehn,
Zu vernehmen die Kunde des fernen Landes.

Diese Kunde woher sie auch kam
Immer das blinde Kind sie freudig vernahm
Sprach man von mächtigen Städten, oder Thal
Wo die Lüfte milder, der Sonnen Strahl
Schöner lachte, oder den Wundern der Tiefe.

[3r]Doch nichts ging über sein behagen
Wenn man ihm von der Wasser Tiefe konnt sagen
Die Masten, die Seegel, des Geschüzes Ton
Das Jubeln des Seemanns, vernahm er schon
Und Stille, die Stille, vor Sturmes Toben.

Doch ach vergeblich ist dies begehren!
Denn nimmer kann er damit verkehren!
Nicht rudern, den Mast nicht lüften, noch schwimmen
Nicht des Seeglers Schiff, noch ein Boot erklimmen
Auf den thürmenden dunklen Wogen!

Wie oft dachte die Mutter nicht, und sprach
Welche Sünde auf ihr wohl lasten mag?
Wenn sie sollt solchen Frevel ihm gewähren
Mein Sohn: thue was du sonst willst, nur dies nicht begehren.
Denn groß ist Gefahr, von solchen Beginnen.

So lebt er nah an Lochlevins Seite
Die immer ihn lockte im Wellen Streite
Er vernahm das hüpfen der Wogen, den Schlag

Der Welle am Felsen; Ohne Unheil dem Obdach
Das die Hütte bedrohte, bis ins zehnte Jahr.

[3v]An einem Tag gebt Acht ich wills sagen
Denn bald vernehmt ihr was zu sich getragen,
Da er ein Fahrzeug sich erfand.
Was der Strom mit sich fortriß, von dem Land
Fern ab, in die mächtige See.

In solchem Fahrzeug glaubt mirs kaum
Wird keine lebende Seele den Raum
Befahren, und das Ufer verlassen.
Weh dem blinden Schiffer! wie wird er sich fassen?
Denn Todt ist sichres, sein einziges Loos.

Doch sagt ihr, was trug ihn: Ihr habt es erfahren
Des Indiers Bogen, die Pfeile kühn, sie waren
Mit sel⟨t⟩nen Thieren, der Vögel glänzende Schwingen
Gaben der Natur, die wundernd uns umfingen,
Die wollten, aus der Ferne, die Schiffer uns schicken.

Oft gab sie der Seefahrer den Freunden umher
Im Hafen verschenkt er die Menge der Güther
Und jegliche Hütte erfreute sich der Gaben
Die alle wohl kennend, beglückten den Knaben
Er kannte, und schäzte ihren Preis.

Eine der seltnen war eine Schaale
Der grünen Schildkröte, der Knabe sie kannte.
[4r]Dünn und geschwungen, du möchtest drinnen
Wohl sizen, doch wie es beginnen?
So weit und tief war das schöne Gewinde.

Es war die grösste die man kannte
Leicht, und dünn, doch hohl am Rande,
So zart wie der Birken junge Rinde
Die Muschel war zum Schwimmen ersehen, vom Kinde,
Und lustig hob sich ihr kühner Nachen
Auf den tosenden Wogen empor.

Eine Sage erzählt uns von jenem Knaben
Die der blinde wohl mochte erfahren haben,
Daß in einer Schaale wie diese auch schon
Ein Englischer Schiffer erblickte den Sohn
Der über die Meeres Tiefe zu ihm geschwommen.

Er lenkte sich vom Ufer, dem Eiland zu
Wo des Vaters Schiff im Hafen fand Ruh
Das Indische Meer mit seinen Inseln schön
Lag vor ihm, schon wollte der Vater weiter gehn,
Da kam der Sohn zu ihm auf der seltenen Fahrt.

[4v]Oft besuchte der Blinde Knabe die Hütte
Die den Schaz bewahret in ihrer Mitte;
Sey es Wahl, oder Zufall, er kam hinein
Wo keine Seele mochte um ihm seyn,
Die Thür war offen und unverschlossen.

Wohl kannt er, ob er blind auch stand
Vor allen Schäzen vom fernen Land,
Wo die Schaale lag, wohl wusst er Bescheid
Da sucht er den Winckel, und verbarg sie im Kleid
Und trug sie mit starcken Armen hinaus.

Mit der glücklichen Beute, war er nun versehen.
Er trug sie an die Sool von Loch Levin Höhen
Und stürzt in die Schaale; und ohne Grauen
Wanckt er hinein. Im innren Schauen,
Sein Kopf verließ ihn nicht, und wogte so hin und nieder.

Und während er so auf den Füssen stand
Spürt er die Bewegung. – Er sezt sich am Rand
Des kleinen Fahrzeugs, das vom Ufer ihn führt
Und immer mehr, er sich von Lande verliehrt
Und des Wassers Gewalt, riß ihn mit sich fort.

[5r]Nur in des Himmels Antgliz beacht
Kam er schnell vom Ufer, und der auch bewacht
Das arme Kind, das schon vier Meilen
Vom Ufer sich fand, eh man ihm nacheilen
Wohl konnte, denn lange war er nicht vermisst.

Doch wie man ihn gewahrt, welch weinen und klagen
Wie konnte die Mutter den Jammer ertragen?
Und laut mit Hände ringen und weinen
Sah man die Arme, am Ufer erscheinen
Und sah nun, den hülflosen blinden Knaben,

Aber der Knabe, der Arme, Blinde! wähnt sich entrückt
Der Niedern Welt, schaut um sich beglückt
Der kühnste Luft Schiffer in höhern Regionen

Glaubt nicht so nahe am Monde zu wohnen
Und war glücklicher niemals, als der Blinde Knabe.

O lasst ihn allein den Weg vollbringen
Einsam, voll Unschuld, und heiter gelingen
Ihm seine Plane, von Engeln bewacht
Denen stets die Unschuld freundlich lacht
So wird dies Kind kein Unglück haben.

[5v]Doch bald ist stiller der Jammer Ton
Der vom Ufer zu Ufer verhallet schon
Und Alt und Jung in einem Chor
Betäuben mit Klagen des Kindchens Ohr,
In allen Sprachen der Küste ertönt der Klage Laut.

Doch schnell und unerwartet erscheint ein Schiff,
Den Seegler zu erreichen es eilend lief,
Von Bucht zu Bucht verfolgt es den einzigen Kahn
Windschnell zu dem Andren Ufer, geht es hinan
Und ist dem Blinden auf der Spur.

Doch bald wird besänftigt der schnelle Schritt
Wie auf der Vogel Jagd der Jäger Ritt,
Zu schonen des Vogels weisse befiederte Brust
In der wilden Ente Nest, die Jungen ihre Lust
So fuhren sie leicht durch den weißen Schaum.

Doch wie der listige Seegler die Wogen theilet
Während schlafend in der Tiefe, das arme Kind weilet!
So unglücklich, wohnt es in der tanzenden Schaale
Die die Wellen durchzieht zum letzenmahle
Doch die Seegler erhaschen die Beute schnell.

So unbemerckt es auch ihnen mag scheinen
So verfolgen sie nicht mit Vorsicht dem kleinen
Je leiser sie thaten, und wollten thun
Kann er doch in seiner Finsternis nicht ruhn
Und errieth ihren Trug, und seine Gefahr.

[6r]Hey da, hey da! So wollt er auch schreyn,
Hey da, hey da, antwortet er fein,
Mit verhaltnem Schmerz. Er bat und weint,
Und was er bat, verstand nicht der Freund,
Lasst mich doch, überlasst mich mir allein.

Und ach er fühlte bald, die Hand! –
Euch ist wohl nicht fremd die magische Wand?
Die in wenig Augenblicken den Wunderbau bedeckt,
Wär er auch von der kühnsten Art, und hoch gestreckt.
Er verschwindet doch in der Luft, oder der Erde.

So hingeschwunden das innre Licht, die Wunder Träume
In deren Glanz die Seele die Räume
Der Welt durchflog, sie waren verschwunden
In nichts! es war ein kläglich Geschick!
Ein schweres, bittres Loos, als er noch nie erfahren.

Doch horch eine Stimme die Glück verspricht
Die die Hügel erfreut, und holdes Licht
Im Herzen verbreitet, ertönet laut
Doch zitternd erwartet er, traut
Nicht dem Gefühl, das er glücklich am Land.

Und als er an das Ufer kam,
Und die Erde ihn auf ihren Rücken nahm
Da fühlt er welche Bande ihn halten
Und der Liebe reges, inniges walten,
Denn alles rief willkommen du lieber Knabe.

[6v]Die Dogge kam, durchbrach die Reihn
Der frohen Menschen und nahte allein,
Hüpfte empor, und küsste die Hand
Des lieben Herrn, wie ein Segenspfand
Und weinte laut, wie ein Klageton.

Unter allen die liebe Mutter kam,
Der fast der Schmerz das Leben nahm!
Sie freute sich den Knaben zu erblicken
Kaum konnt sie ihn ans Herze drücken
Wie froh war sie den lieben Blinden zu halten.

Sie führt ihn in die Hütte, und weinte viel
Als sie ihn wieder in der Wohnung sah am Ziel
Von den Augen thäten die Thränen ihr rinnen
Sie konnte nicht schelten des Kindes Beginnen
Sie war zu glücklich um ihn zu schelten.

Aber als er nun sich so brav gefunden
Die grässliche Tiefe des Meers überwunden
Und ob seine Träume wild auch waren

So war er versöhnt und hatte erfahren
Daß es schön ist, friedlich am Ufer zu bleiben.

Und in des einsamen Hochlands Thale
Bewahrt man immer die Schildkröten Schaale
Spät wird man noch der Nachwelt berichten
Vom blinden Knaben, und seinem Tichten
Und wie eine heilige Hand ihn gerettet.

AUF DEN TODT EINES UNGLÜCKLICHEN FRAUENZIMMERS DAS SICH SELBST DEN TODT GAB

*[1r]*Welch flehendes Gesicht vom Mond erhellet
Winkt mir; wer ists? noch bleicher als der Strahl
Sieh wie das düstre Blut der Brust entquillet
Es glänzet blutig noch der Geister Stahl!
Sprich Ewig freundliche und hohe Schöne
Womit ich deinen irren Geist versöhne?

Wärs unrecht wenn ein grosses Herz dir schlägt.
Wärst du ein zärtlich Weib; der Römer Zier,
Ist niemand, der der Liebe Werth erwägt?
Giebts nicht ein Lohn, in fernen Himmels Höhen
Für die, so groß gedacht, den Todt erflehn?

Warum ihr strengen Mächte die den Geist,
Von niedern Trieben gern befreyen mögt,
Die ihr den Ehrgeiz in dem Busen preißt,
Und glänzend Engel; Götter; Mängel hegt?
Von dem Olymp stieg auch das Menschenbild.
Die Kraft, die manches Helden Brust erfüllt.

*[1v]*Doch brauchet Psyche wohl Jahrhundert Frist
Eh sie des dumpfen Kerkers Raum ermisst.
Im Schwachen Licht des Tages, das verglüht,
Wie wenn in düstrer Gruft die Flamme sprüht,
Gleich Westens König schwach den Scepter schwinget
Der seines Thrones Mauer nicht durch dringet.

Um deren Gruft wir jezt mit Thränen klagen
Sie wurde früh des Todes bittrer Raub,
O mögt ihr Sterne, Trost ihr nicht versagen,
Es sank der schön gebildte Leib im Staub,

Als fesselfrey der Geist zum Aether schwebte
Da fühlte sie, daß sie unsterblich lebte.

Doch du unheilger Hüther solcher Schäze,
Du strenger Richter deines Bruders Blut,
Daß ja dein Hauch den Himmel nicht verleze,
Der auf den Rosenlippen bebend ruht.

[2r]Die Wange die dem Todeshauch sich bot,
Kalt ist die Brust, im schönsten Morgenroth!
Die Augen die der Liebe Pfeil ergoßen
Das Herz das heilig eine Welt umschloßen!
Wenn dir nicht Raum geweihte Erde gab,
Und nicht die Kerzen flammen an dem Grab,

So ziert des Frühlings zarter Blumen Schmuck
Du fühlst nicht schwer der grünen Erde Druck.
Mit Thaues Thränen grüßt der Morgenstrahl
Dir blüht die Erstlingsrose in dem Thal.
Mit goldnen Schwingen schüzen Engel mild,
Den heilgen Boden, der bewahrt dein Bild.

So ruht in Frieden, ohne Nahmen, ohn Stein,
Wem einst das Schicksal hohe Gunst gewähret.
Doch du der frech zu deiner eignen Pein
Das Gute schmähest, fromme That entehret.
Wenn ewige Gerechtigeit dort oben lohnt,
So sey dein Weib, die Kinder nicht verschont!

[2v]Von Sohn zu Enkel fall der Rache Schwert,
Und Fremdlinge bestürmen deinen Heerd.
Es steht der Wandrer fühllos an der Gruft,
Wenn noch des Lebens leztes Schauspiel ruft.
Wenn durch die Strassen tönt der Glocken Laut,
So ruft kalt die fremde Schaar o schaut!

Wo sind sie nun, von Furien ergriffen,
Die herzlos Dolche für die Guten schliffen?
Es fehlt dem Stolze nie sein Untergang
Der Thor nur preißt, der blindes Glück bezwang;
Einst falle jeder so, des Brust nicht warm
Bey andrer Lust, bey andrer stillen Harm.

Doch sage mir, was soll ich bedrängter Geist!
Mein Herz dir zeigen, wenn nicht Mitleid preist?

Dir schallen nicht der Freunde Klagetöne
Dir fließet nicht des treuen Dieners Thräne.

[3r]Es schloßen Fremde deine Augen zu,
Die Fremde Hand legt dich im Grab zur Ruh,
Des Fremdlings Hand schmückt trauernd noch den Stein
Dich lobend ehrt er, und will stumm nicht sein
Zeigt dir gleich nicht des Kummers Lügen Bild,
Der Freunde Schaar, im schwarzen Flor verhüllt,

Und tönt Momente nicht der Klage Ton,
Sie führet leicht der Freunde Wink davon,
Und weint die Liebe nicht an deinem Grab,
Und bildet künstlich nicht dein Bild man ab,
Es schwingt sich nicht der Fackel rother Schein,
Auf deiner Gruft: dir blüht die Ros im Hayn.
Die Engel schütten düftend sie herab
Der Plaz ist heilig wie das heilge Grab.

So ruhet friedlich ohne Denkmahl hier,
Die einst des Reichs, der Palläste Zier,
Wie wir dich liebten, ehrten, ist dir gleich
Es bleibt ein Häufen Staub nur noch zurück.

[3v]Auch dieser ist des Stolzes streng Geschick,
Die Dichter fallen, so wie die sie sangen,
Taub wird das Ohr, dem einst die Harfen klangen,
Die Leyer der der Klage Laut erscholl,
Bedarf der Klage, als des Lebens Zoll.

Das Auge das verlöscht, sieht dich nicht mehr.
Der lezten Angst weicht alles um mich her.
Dem starren Hauch, verblüht des Lebens Bild
Die Muse entflieht wie deine Liebe mild.

⟨NICHT WO IM ENGEN NEBELDUFT VERHÜLLET⟩

[1r]Nicht wo im engen Nebelduft verhüllet
Die Sonn entsteiget grauer Wolcken Schoos
Dort ruhst du nicht, da wurde nicht erfüllet
Was dir beschied der strengen Parce Loos.

Dort wo die lauen Lüfte milder wehen
Wo hell am Stamm die goldnen Früchte glühn

Wo groß und hoch die Palmen rauschend stehen
Dort musstest du des Nordes Kind verblühn.

Du fuhrest hin in ungewiße Meere
Zu suchen – – was? ach wehe! nicht die Ruh!
Wo tönet aus des Lebens trüber Leere
Mir eine Stimme süssen Trostes zu?

[1v]Soll ich mir jenes finstren Abgrunds Rande
Der aus dem Daseyn in ein fremdes führt
Wenn einst zerreissen dieses Lebens Bande
Erblicken dich, den nie mein Herz verliehrt?

Nur Schatten sind es, Träume die mich binden
An dein geliebtes Bild, nichts bleibt von dir.
Laß dieser Schatten Hofnung! nicht verschwinden
Die sey der lezte sichre Leitstern mir!

II. Gelegenheits- und Erlebnisgedichte

1785 – BIS 86. – AN. –

[1r]O wie oft erwacht in meinem Herzen
Liebevoll dein Bild.
Statt der Freude fühlt ich bittre Schmerzen
War mit Sehnsucht meine Brust erfüllt.

Jener Stunde dacht ich weinend immer,
Da ich einst dich fand,
Dachte dein, beim sanften Abend Schimmer,
Oft an meines blauen Flusses Strand.

Endlich heilte meiner Liebe Wunden
Die wohlthätige Zeit.
Und mein Herz hat wieder Ruh gefunden
Aber glaube, nicht Vergessenheit.

AN LEIDENDE

[1r]Euch denen mancher Kummer schon
Getrübt das Erde Leben
Für die schon manche Freuden flohn
O könnt ich Trost euch geben!
Doch Menschen Trost ist nur ein Wahn
Wenn Schmerz die Seele drücket
Dann lieber blicket himmelan
Der euch die Freuden schicket,
Ists auch der euch den Kummer gab
Drum stillet eure Klagen,
Der uns die Leiden sandt herab,
Giebt Muth auch sie zu tragen.
O so beruhigt euer Herz
Und denkt ans bessre Leben,
Was hier ward Quell zu manchem Schmerz
Wird dort uns Freuden geben.
In jenem schönen bessren Land

Da finden wir nicht Thränen
Nicht Kummer mehr, nicht Unbestand
Da hebt kein banges Sehnen,
[1v]Das Herz uns mehr, nach dem was wir
So ängstlich wünschten, hoften hier.
Bald sind die Tage doch verlebt
Und an des Grabes Schwelle
Ist's gleich ob Freude uns umschwebt
Ob Trübe oder Helle
Der Strom der Zeit uns floß dahin
Nichts bleibt von diesem Leben,
Nur gutes Herz und edler Sinn
Kann übern Staub uns heben.

〈SPRICH O SEELE〉

[1r]Sprich o Seele, ach was soll das heben
Dieses Herzens? all das streben.
Warum möchtest denn so gerne
Gern dich heben in die Ferne
Jener Zukunft, die ein gut Geschicke
Weise barg; Doch nur zu deinem Glücke.
Ist es wohl? Denn gut und weise
Ist ja alles was Gott gab. Die Reise
Dieses Lebens treten wir
Unter seiner Führung an. Und doch laufen wir
Immer andre Wege, denken
Daß es so wie wir es möchten lenken
So geschehe. Doch wir Irren.
Wie der Schmetterling umschwirren
Wir der Freude Blume. Aber sie verschwindet
Gleich der Blüthe, die den Strauch umwindet.
Ach und bald zeigt ein oedes dürres Land
Uns daß alles, alles – – – Unbestand.

ZUM 3TEN FEB: 1787

[1r]Noch lag ich tief in Schlum〈m〉er,
Und kan〈n〉te nicht die Welt
Sah glänzen nicht die Sterne
Sah noch nicht jene Ferne
So schön vom Mond erhellt.

Ich hörte nicht die Winde
Die unsren Hain durchwehn
Sah nicht durch Blumen Wiesen
Die Saale lieblich fließen
Sah nicht die Sonne schön.

Da rief ein guter Engel
Dich in des Lebens Tag
Und sprach: Dir sei die Freude,
Auf immer hold sie leite
Durch's Leben Dich gemach.

[1v]Noch liegt in Nacht gehüllet
Ein Wesen daß wie du
Soll sehn den Tag der Erden
Laß es Dir theuer werden,
Du giebst ihm Trost und Ruh.

Es sah den Tag der Erde
Noch schwebte düstre Nacht,
Um seinen Blick. Die Leiden
Kannt es noch nicht; Die Freuden,
Und nicht der Freundschaft Macht.

Doch fester, immer fester
Verknüpfte sich ihr Band
Nun auf des Lebens Wegen,
Giebt sie uns ihren Seegen
Wir wallen Hand in Hand.

⟨EWIGE STERNE⟩

[1r]Ewige Sterne die ihr! den unermeßlichen Aether
Leuchtend umkränzet und stät wandelt im ruhigen Gang;
Hebet den irrenden Sinn in eure Gefilde voll Leben
Daß er finde bey Euch was er, jezt schmerzlich vermisst.
Trüb und wankend erscheinen dem Auge die Bilder des Lebens,
Wenn unwillig der Geist eigene Bahnen sich schafft.

Kühn zerreisst er die Ordnung; das Gleichmaaß,
Die Zeiten; kehrt der verkehrende Sinn eigenwillig sich um.
Aber wohin führt der Weg, den Unsinn und Thorheit sich bahnen.
Sprich wo führet er hin, ruhig forschender Geist? –

Aber es wähnen die Menschen das Ziel am Ausgang zu schauen
Und so führt sie der Wahn immer tiefer in Nacht.

[1v]Laß mich ahnden den Weg, die ewigen gleichen Gesetze,
Und den harmonischen Gang dem die Planeten sich drehn!
Dort herrscht himmlisches Gleichmaas, in jenen verschlungenen Kreisen
Und der mächtige Geist herrschet gewaltig im Licht.
Werden droben nicht auch des Lebens verworrene Töne
Lösen sich in der Lust, ewigen Wohllauts, und Glück? –

KLAGEN!

[1r]Was rauscht und wogt um mich des Lebens Quelle?
Mit ihren Tiefen will sie mich umschlingen?
Doch schnell und schneller folgt die neue Welle?
Wohin soll alle tiefe Sehnsucht dringen?
Ein unermeßliches Gefühl der Liebe
Das in des Herzens zarten Falten lebt.
Wo deutet hin dies ewige Getriebe,
Wenn Phantasie nicht lieblich uns umschwebt?

In tausendfacher Noth und bangem Gram
Daß mir zu arm des Lebens wahre *Scene*!
Ach da der Zauber mich gefangen nahm,
Da sah ich nur das unerreichte Schöne! –
Da drängte mächtig vor des Herzens Gluthen
[1v]In regen Bildern sich das Große an.
Da sah ich nicht des Unglücks rasche Fluthen,
Als ich das Leben freudig lieb gewann! –

Die Liebe senkt gelähmt den matten Flügel
Vom Hauch des rauhen Nordens angeweht.
In Nacht gehüllt sind mir die Sonnen Hügel,
Auf denen lächlend sonst die Hofnung steht!
Da locken mich nicht freudige Gesichte,
In eine schöne bessre Welt hinein!
Nur halb beleuchtet steht im Dämmer Lichte
Des Lebens lezter matter trüber Schein! –

[2r]Der Feuerfunke der die Welt beseelet,
Der neu gestaltet um uns Wald und Flur,
Was ist er uns, wenn süße Hofnung fehlet?
Zu frohem Sinn nur spricht auch die Natur.
Umsonst zeigt sie die wechselnden Gestalten

Der Blumen buntes schön geschmücktes Chor.
Sie mag sich reizend unsren Blick entfalten:
Der süssen Stimme lauscht nicht mehr das Ohr! –

PARODIE

[1r]Doch mich die einst des Lebens Lust geblendet
Mich rührt nicht mehr sein ungewißes Glück
Zum stillen Grabe ist er hingewendet
Nach Höhren Welten strebt der trübe Blick.
Und aus der Freunde Kreis muß ich mich stehlen
Die Sehnsucht meines Busens zu verhelen.

AN GOETHE. 1808. NACH LESUNG VON G'S SONETTEN

[1r]Auch mir ergriffen von des Zaubers Tönen
Fühl ich das Herz, mein Lied es möchte zeigen,
Nur Dir allein, wie ich dem hohen Schönen
Zu huldigen vor Dir! mich möchte neigen.

Doch Dich vor Allen hochgeliebt! zu krönen
Bedürft es mehr als stumme todte Zeichen.
Es mag der Wille sich nach Bildern sehnen,
Doch keins vermag dich würdig zu erreichen.

Der Geist der schaffend alles kann vollenden,
Dem tausend Welten sich im Busen regen,
Der könnt allein von sich ein Bild uns geben.

Soll auch Apollo keine Stimme senden
Die's Ihm verkünde, was uns mag bewegen.
Er wird in Allem Schönen, ewig leben.

AN MEINEN GUTEN GENIUS. CAROLINE

[1r]Eh mich der dunkeln Nächte Schatten rufen
Vernimm noch aus des Herzens innern Grunde,
Wie auf des trüben Daseins lezten Stufen
Es dir gelang zu heilen meine Wunde.

Durch deiner schönen Liebe treues Streben,
Erspäht ich neu belebt, auch schönre Welten.

Ich leb in deinem Glück, ein Einzig Leben
Wenn auch für mich, nicht selbst mehr Freuden gelten.

Kann ich auch nicht dies schöne Herz beschirmen
Muß ich es einst sein Schicksal dulten sehen!
So kann ich sicher deinem Geist vertrauen!

Es wird doch treu in allen Lebens Stürmen
Die Wahrheit, Schönheit, dir zur Seite stehen,
Auf diese Hofnung will ich glaubend schauen.

DIE WECHSELNDEN GEFÄHRTEN. DEN 22TEN FEB: 1809 ZUM GEDÄCHTNISS DES 22TEN FEB: 1790. SONETT

*[1r]*Als das Geschick einst zu dem süßen Lohne
Die Lieb und Treu, begleitend mir gegeben,
Da dünkt mirs nach dem Himmel aufzuschweben
Das Leben reichte seine Blüthen Krone.

Doch ach nun such ich jene hellen Sterne!
Die Noth der Zeiten führt herbey die Schmerzen
Und Glaub und Wahrheit, rufen in der Ferne
Und Angst voll bluten die zerrißnen Herzen!

Die Sorge naht mit grauen Nebel Schleyer
Und will für die Geliebten die mir blieben
Von dem Geschick kein freudig Bild enthüllen.

*[1v]*Nicht eilen wir zu Tagen froher Feyer,
Das Schicksal will des Herzens Kräfte üben
Und nicht auf Erden wird der Schmerz sich stillen! –

WUNSCH. 1809. AN EINEN GROSSEN ESSER

*[1r]*Wozu die Mutter dich gebohren
Und zum Leben auserkohren -
Daß du mögest rein geniessen,
Schwardte Magen, Kälberfüßen.
Eine Bratwurst ohne Ende,
Möge zieren deine Hände.

Unter Eichen, unter Linden
Mögest du stets Braten finden,

Alles Gute magst du hoffen,
Immer sey dein Keller offen.

Was ich dir von Herzen gönne
Blut'ges Fleisch in deine Zähne
So verfließe dir dein Leben
Mit den Braten, mit den Reben.

SO KOMME DENN, UND GIEB MIR SÜSSE TÖNE. AN HENRIETTE KNEBEL 1811

[1r]Gieb mir o Sehnsucht freundliche Gebilde,
Das Herz zu mahlen, dem der Ton entquillet,
Die Freundin grüssend mit des Himmels Milde
Die ihr eigen Wesen schön erfüllet.

[1v]Der Zauber dem die süsse Stimme tönte
Die mir das wunde Herz mit Kraft geheilet,
Die Anmuth, die das Leben mir verschönte,
Begleite Sie, wo sie auch immer weilet.

Sie ist mir fern, doch nur den trüben Blicken
Wohl fasst der Geist sie mit den lichten Schwingen
Der Liebe kann das Schicksal nichts entrücken
Denn muthig, kann sie in die Ferne dringen.

⟨WENN DER MORGEN DICH GRÜSST⟩

[1r]Wenn der Morgen dich grüßt mit seinem röthenden Strahle
Wenn dein Auge erblickt freundlich dem nahenden Tag.
So erscheine Geliebte dies Blatt dir, es sey dir ein Zeichen
Das dem deinigen auch liebend mein zärtliches Herz.
Mir vor allen ist heilig der Tag der ins Leben dich führte
Denn ein hohes Geschenk brachten die Parzen auch mir.

Kränze nicht kann ich winden, was sollen auch Blumen
Sie deuten, nicht Dirs Liebe für dich, denn sie welken zu früh.
Ach es suchet umsonst das Herz sich Bilder und Sprache
Suchet umsonst wie es die Zeichen der Liebe erklärt
Die sich frühe schon nährte wie noch auf glänzenden Flügel
Froher Jugend ertrug denn kühner dem heiteren Sinn.
Aber Sie leiteten mich nicht trügerisch, jene Gefühle
Die mit jeglichem Jahr fester umschlungen im Sinn.

Immer fand ich dich treu und werde dich ewig so finden
Immer lehnet mein Herz treu an das deine sich an.
Mögen schwinden die Tage, mit ihren eilenden Schwingen
Immer findet der Tag heute wie morgen mich treu.

DEN 18TEN JULIUS 1813

[1r]Es kann mein Mund dir keine Kunde geben
Die dich begrüßte zu des Tages Feyer.
Der dich Geliebte mit des Lichtes Schwingen
Getragen zu der niedern Erde Leben.
Du bist uns Gabe höherer Gewalten,
Die freundlich auf der Erde sichtbar schalten.

Zwar mischet in des frohen Jubels Töne
Sich mancher Klagelaut des wunden Herzens,
Entnommen ist sie uns! Des Geistes Schöne
Die sie geschmückt! Sie ist nun frey des Schmerzens.
Du hast mit Milde ihr die Welt geseegnet
Und Edel auch dem Edeln Geist begegnet.

Ach in die Klagen unsrer Liebe drängen
Sich viel Gestalten, die wir nicht erkohren
Sie wollen fremd, der Liebe Kreis verengen
Gefühl beherrschen, daß sie nicht gebohren
Und immer trüber steigt aus finstern Schlünden
Des Lebens Bild, daß wir voll Wehmuth finden!

[1v]Doch unser Herz gehöret unsren Welten,
Und mein Gefühl schließt sich an diese an.
Dir soll des Liedes schwache Stimme melden
Daß ich dir Treu und Einzig zugethan.
Vom Himmel möcht ich Worte mir entlehnen
Die nicht dem trüben, dumpfen Weltgeist fröhnen.

Und Erd und Himmel möchte ich vereinen
Um dir der treuen ewgen Gruß zu bringen
Sie seegnet dich, dort wo wir nicht weinen
Und ich, wo wir noch mit den Schmerzen ringen
Die Liebe doch vermags sich zu erheben
Und Schrankenlos der Geist dich zu umschweben.

Drum sey von uns geseegnet wo du weilest
Wo dich des Tages heitres Licht umfliesst

So wie du Erd und Himmels Blicke theilest
Die Freundschaft dich mit starckem Arm umschließt
So gebe dir die Erde, viele Wonnen
Als Frucht des Guten das dein Herz gewonnen.

[2r]Dir reiche in dem Engelskind, der Frieden
Des edlen Herzens seine Palme zu
Die Gaben die ein hoher Sinn beschieden
Sie geben deinem sanften Herzen Ruh
Und wenn du glücklich bist, so ist mein Leben
Nicht jedem Schmerz des Schicksals preisgegeben.

AN DIE BLAUE WINDE

[1r]Wie sich dein Kinder Aug des Lichtes Pracht
Mit Freundlichkeit im Sonnen Strahl erschließet
Wenn Himmels Blau den gelben Kelch umfließet.
Da herrscht in dir des Lebens ganze Macht.
Doch mit der Sonne scheidend leisem Winken
Sehn wir die Kelche ineinander sinken.
Und dich umgiebt der Träume Hülle Nacht. –
Wenn nun der Herbst die falben Blätter streuet,
Dann bleibst du ohne Wechsel unerfreuet,
Und bietest allen Stürmen deine Brust.
Bist du wie ich von dem Geschick getroffen,
Hast du nicht mehr des Tages Gluth zu hoffen,
Bringt dir des Lichtes Wandeln keine Lust?
Wie ich ermüdet von des Lebens Dauer
Erwartend mit des Gleichmuths stiller Trauer
Was über dich verhängt der Sterne Macht?

⟨HINAUS IM WALD⟩

[1r]Hinaus im Wald, ins grüne Zelt
Dort wo die Freyheit lacht.
Nichts ist was uns gefangen hält
In enger Schranken Macht.

Wir ziehen froh durch stilles Thal,
Die Wiese, und den Wald
Sie sind für uns der schönste Saal,
Wo unser Lied erschallt.

Wir brauchen nicht des Lebens Schein
Der manches Herz entführt,
Und suchen nicht das Glück allein,
Das frühe sich verliehrt.

Starck wie der Eiche alter Zweig
Ist unser deutscher Muth
Wir sind in unsern Herzen reich
Und preisen dieses Guth.

AM 10TEN JÄNNER 1813

[1r]Herr wenn alle Lebens Schrecken
Uns bedrohn, wenn Schmerz sich naht
Gieb uns Trost, dich zu entdecken
Du vereinest Kraft mit That.

Du kannst alle Sorgen stillen
Du, erheben unsern Muth
Reinigen des Herzens Willen
Wenn ihm mangelt höhre Gluth.

Herr du sprichst und es vergehen
Jedes Wahnes Traum Gesicht
Wenn wir deinen Wink verstehen
Leitet uns des Geistes Licht.

Glaubend harren wir voll hoffen
Deiner Hülfe, sie erscheint;
Wenn auch Unheil uns betroffen
Ehe selbst der Mensch es meint.

1815

[1v]Wer in des Herzens tief verborgnen Grunde
Noch Hoffnung, Glauben und die Wahrheit trägt,
Der Wende sich in dieser heilgen Stunde
Gen Himmel, wo des Glückes Stunde schlägt.

Dort wo des Schicksals ernste Worte tönen
Wo nun Vergeltungs Recht, uns wieder gilt
Wo sanft die Bosheit, List, dem Truge fröhnen
Wo Heuchler Kunst, verhüllt der Wahrheit Bild.

Wie hoch im Farben Glanz der Friedens Bogen
Sich hehr und klar im blauen Aether zeigt,
So glänzend kömmt die Hofnung angezogen
Der jeder trübe Nebel gern entweicht.

Noch giebt es Hoffnung, Liebe, Glauben
Noch schlägt ein Edles Herz für Glück,
Das Vater Land, die Freyheit uns zu rauben
Vermag nicht mehr ein wankendes Geschick.

ZUM 18TEN OCTOBER

[1r] Auf der Höhen glänzt die Flamme
Und von Berg zu Berge zeige,
Sich der Freyheit heilger Glanz.
Spät noch sey der Enkel Stamme
Dieses Zeichen hoch geheiligt.
Denn es gab uns schöne Hoffnung.

Wie aus tiefer Thäler Nacht
Mühsam sich der Wandrer suchet
Eine Höhe zu erspähen.
Die der Welt verkündend herrschet
Mit dem Feuerzeichen prangend
Seines Waldes schönster Schmuck.

Nieder stürzet hohe Eichen
Gebet Eure Zweige uns.
Ach so viele Krieger fielen
Um den Tag uns zu erkämpfen.
Fallen muß die heilge Kraft.
Ihrer dankbar zu gedenken.

Denn auch sie erstehn nicht mehr!
Aber in den Herzen lebet
Was die Völcker geb es Gott!
Friedlich an einander knüpfet
Und der Liebe Flamme schlinge,
Sich um Herzen, die es fühlen
Daß es Glück ist, frey zu seyn.

ZUM 18TEN OCTOBER 1814

[1r]Heilig wie auf unsrer Berge Rücken
Die der Flamme dampfend Licht umfliesst.
Walte mit des Lichtes Sonnenblicken
Auch die Macht die unsern Kreis beschliesst.

Wie des Windes Hauch die Flamme treibet
Weit sich dehnend in des Aethers Glanz
Wie das Irrdsche an der Erde bleibet
Und das Licht, sich hebt zum Sternenkranz.

Was wir werden sollen, wenn dies Träumen
Beßrer MenschheitsAhndung Wahrheit ist
Wenn des Geistes Flügel in den Räumen
Hoher Schönheit seinen Lauf ermisst. –

[1v]Sey dies uns ein Vorbild unsres Strebens
Freyheit, Glauben, Muth und Vaterland
Zu erringen; Wagend nicht vergebens
Denn sie sind uns bessrer Welten Pfand.

SONNET. JULI 1815

[1r]Wie in des Abend Strahles die Natur
Von neuem scheint ins Gluten Meer zu sinken
So war es sonst. Ich sah mir tröstend winken
Die Liebe, Hofnung, Frieden wähnt ich nur!

Selbst in des Lebens eng verworrnen Bahnen
Hat ich das bessre daseyn mir erhalten.
Ich sah nur Lieb, und ihren Frieden walten
Und meine Brust wagt hohes nur zu ahnen.

Die Liebe hat des Todes Hand geschieden,
Die Hofnung senkt erlahmt die goldnen Schwingen
Der Friede ist dem Herzen fern entflohen!

Von ferner Welt winkt Ruhe nur der Müden,
Der Blick vermag durch Dunkel nicht zu dringen,
Die Gegenwart spricht froher Hofnung Hohn!

⟨AUF BRÜDER AUF⟩

[1r]Auf Brüder auf der Morgen graut
Es tönt der Trommel Schlag
Es schallet weit der Hörner Laut!
Verlaßt der Zelte Dach.

In freye frische Morgen Luft
Hinaus ins weite Feld,
Dort ists wo uns die Ehre ruft
Wo Muth uns aufrecht hält.

Was wäre ohne Kraft Gefühl,
Der Krieger schweres Loos,
Was führet uns zum schönen Ziel
Was macht uns frey und groß.

[1v]Denn wem nach dem Errungnen Sieg
Das Herz nicht höher strebt
Wen nicht in einem blutgen Krieg
Sein eigner Sinn erhebt,

Der kehre heim mit leisem Tritt
Der folge nicht dem Klang
Der Trommel, nein der fechte mit
Nicht, in der Waffen Drang.

FRANKREICH. IM JAHR 1815

[1r]Du Land mit allem Zauber Schein erhellet
Dem Ceres, Bachus, und Diana hold.
An deinen Küsten hoch das Meer anschwellet,
Des Südens Frucht, prangt in der Sonne Gold.
Du kennest ach des Edens Schäze nicht!
Denn nur was leblos hat den Preis errungen
Für Menschen ist es nicht ein Vaterland,
Wo Treu, und Eidschwur frevelhaft verklungen
Dort sind nur böse Geister anerkannt.

TRINKLIED. FÜR DEUTSCHE

[1r]Wohl sollt ihr füllen des Bechers Rund
Am goldnen Weine Euch laben.

Wer hat es gelobet mit redlichem Mund
Die höchsten, die besten der Gaben

Dem Volck zu erringen, was lang es vermisst
Die Freyheit, die Wahrheit, den Glauben
was Stolz und Übermuth feindlicher List
versuchte den Deutschen zu rauben.

Mit frohem Sinn erblick er neu
In Hoffnung die beßern Zeiten.
Er halte nur fest sich, an Ehre und Treu
So stehen sie ihm auch zur Seiten.

*[1v]*Und wandelnd im menschlichen Busen schwebt,
Der Glaube, der über die Welt uns erhebt.

*[2r]*Auf muthig im Kampfe für Gott und Recht
Was die Völcker am heiligsten halten,
Was erhebet der Menschen gesunken Geschlecht,
Was nur hohes die Geister verwalten.

Im Herzen lebet es ewig und klar
Das Gute soll nicht unterliegen. –
Es bleibet das Rechte uns ewig wahr
Und Gott hilft die Feinde besiegen.

KLAGE UM SCHILLER

*[1r]*Noch eh des Todes Flügel mich umschwingen
Eh langer Schlaf das müde Aug verhüllt!
Soll bebend noch dies Trauer Lied erklingen
Wenn schon die höhre Ahndung mich erfüllt.
Was hier der Seele Einzig süßes Streben
Das ist der Weg zum hohen, Beßren Leben.

Nur durch den Himmel noch mit dir verbunden
Such ich auf Erden trauernd deine Spur!
Was ich in dir du hohes Bild gefunden;
Das gab nur Eine göttliche Natur.
Nur aus dem Quell des Ewig, grossen Guten
Trug dich das Schicksal in des Lebens Fluten.

Du wagtest in des Unermeßnen Tiefen
Mit Kraft und Edlem Willen kühn voran:

Und alle Thaten die zum Großen riefen
Sie wandelte dein Geist auf rascher Bahn.
[1v]Du wolltest nur das Ewige gestalten,
Und in der Schöpfung wie ein Schöpfer walten.

Für Eine Welt nicht, war das große Wesen,
Nur uns gegeben als ein Unterpfand.
Er, sollte uns des Lebens Räthsel lösen,
Er, zeigen uns der Geister Vaterland.
Und wie Er selbst im Leben, Lieben, Leiden
So sollen wir das Beßre auch erstreiten.

Doch eh das Herz, sich diesem Schluß entfaltet,
Vermag es kaum die Welt noch anzuschauen!
Es sieht nur Ewig, traurend, neu, gestaltet
Der Täuschung Bild, aufs neu sich stets erbauen.
Und wendet traurend von den Lustgesängen
Des Lebens; hochbetrübt das Wunde Ohr;
Wenn alle sich berauscht zur Freude drängen,
Doch immer herrschend, tritt der Gram hervor!

⟨IN DES FLÜSSGENS BLAUEM SPIEGEL⟩

[1r]In des Flüßgens blauem Spiegel
Von des Herbstes Glanz beleuchtet
Seh der Sonne Bild ich heller,
Halb begrünt der Bäume Wipfel
Rauschend in des Windes Hauch.
Aber nicht dem Wechsel fühlend
Von des Jahres Wandel; eilet
Frisch und klar die blaue Welle
Die der Glanz des Aethers färbt.
Als ich sinnend an dem Ufer
Welt und Schicksal über denke,
Und in meines Herzens Tiefe
Mich Natur an deine Treue
Die uns trotz des Wechsels lacht
Mit dem Ewigen und Schönen
Hoher Geister Welt mich labe.
Da rauscht aus des Baumes Wipfel
Dürr ein Blatt, wie in die Tiefe
Unermeslich scheints zu sinken.
So, erscheinet in dem Großen
All, der Geister Welt, der Eine;

Mag der Sturm das Blatt versenken,
Mag Zerstörung uns bedrohen.
In dem Spiegel Ewger Liebe
Schimmert stets des Lebens Glanz.

⟨WOHER DIE TREU ENTSTAMMT?⟩

[Ir]Woher die Treu entstammt? möcht ich Euch künden
Des Lebens wandelnd Bild zeigt es nicht an!
Doch strebt das Herz den holden Schein zu finden,
Der unsrer Zweifel Nacht erhellen kann;
Aus Ruhe nur entspringt das Götter Wort.
Und da wo Lieb und Neigung ewig walten
Da klingen diese Zauber Töne fort.
Mag auch der Irrthum unsren Sinn erkalten.
Wir findens wieder; schöner, jenes Wort!

AN G. NACH UMARBEITUNG DES SCHUZGEISTS

[Ir]Was willst du mit des eignen Geistes Fülle?
Beleben ein unseeliges Gebild?
Die zartgewobne reine Geistes Hülle,
Des Lebens Quell soll rauschen ungestillt.
Und nicht im Drang verworrenster Gestalten
Soll sich das Grosse suchen zu entfalten.

Du strebst umsonst das Edle zu erschaffen.
Der Töne Einklang ist vor dir verhallt,
Wenn Du ergreifest solches Zaubers Waffen
Der nur belebt, dies Geistes Misgestalt.
Und in den tief verflochtenen Geweben
Schaft nur unheilger Geist sich solch ein Leben.

[Iv]Nicht wer des grossen Einklangs sich bestrebet
Der alle Wesen reich an Wesen bindet
So sucht zu heben was der Trug belebet,
Und wo die Phantasie nur nieders findet
Da soll der Geist dem selbst Gesänge klingen
Um solchen Preis nicht mit Unedlen ringen.

Für solcher Larven Spiel entfliehn die Musen
Und kehren traurend in ihr altes Reich.
Nicht in des wahren Dichters reinen Busen

Ist Gaukeley, wie Misgetön sich gleich.
Du willst den Schuzgeist hoher Dichtung schänden?
Und willst mit Unfug unsre Sinne blenden?

Du dem Gottes heilge Worte schallen
Der früh die Wahrheit sehnend sich erfleht:
Sie ließ für dich den heilgen Schleyer fallen.
Sie zeigte dir, was Reinheit nur versteht.

⟨NICHT DEN FRIEDEN EINER UNBESTÄNDGEN WELT⟩

[1r]Nicht den Frieden einer unbeständgen Welt
Der mit Täuschung unsern Sinn gebunden;
Sagtest du den deinen zu, o Mittler! Held!
Der die Leiden siegreich überwunden.

Nur den Frieden der in tiefer Brust
Rein und starck das Ewige begründet
Dem in niedern Streben, irrdscher Lust
Nicht das Herz des schwer gebundnen findet

Nur der Frieden, der vom Himmel stammt
Den der Liebe Odem nur entzündet
Der in deiner Thaten Fülle flammt,
Dem das Herz mit Treu zu dir verkündet.

Diesen gieb uns. Hilf daß unser Herz
Im Gedräng der Leidenschaft nicht fehlet,
Unser Daseyn, jeden Erden Schmerz,
Nur die Hofnung beßren Seyns beseelet.

GEBET

[1r]Nicht den Frieden einer falschen Welt.
Den noch niemand hat in ihr gefunden
Sagtest du den deinen zu; Mittler Held!
Der die Leiden siegreich überwunden.

Laß auch mich nicht sinken in das Grab,
Ohne über Welt und Zeit zu siegen.
Was uns je der Erde Freude gab,
Kann es unsrem beßern seyn genügen?

Zu dir blicken laß uns voll Vertraun
Aus des Lebens bangenden Gewühle;
Gieb uns Glauben, Liebe, laß uns schaun.
Was dem Dulder winket an dem Ziele.

[1v]Dann vernehmen wir getrost das Wort
Harret, duldet; schauet nur nach Oben,
Unsre besten Freuden sind schon dort,
Wo nicht mehr des Leidens Stürme toben.

DIE KAISERKRONE

[1r]Was bedeutet die Thräne, in deinem Kelche
Du Schöne! Zierde der Gärten! du bist's
Wenn in dunkelen Blättern, mit üppigem Wuchse gezieret
Deine Glocken erblühn, lebendig stralendes Goldes
Sprich, was deutet die Thräne, die nimmer versiegend entquillt?
Ist ein Bild sie des Herrschers, der weinend über sich selbst
Oder die Menschheit beweint? Herrschend erglänzet dein Bild,
Wie jener über die Andern, die ihm dienen erscheint.
Doch zollet wenn er gerecht ist, Er die Thräne des Mitleids.
[1v]Wär er gerecht nicht, so müsste er selbst sich beweinen. –
Immer bist du ein Bild, des Menschen Lebens;
Ein Bild der Natur! die an Thränen nicht arm
Auch selbst uns die Thräne verliehen! Darum weine nur fort.
Von einem Tage zum andern folget sie diesem Beruf.
So weinen auch immer die Menschen!

⟨NACH DER DONNERWOLCKEN TOBEN⟩

[1r]Nach der Donnerwolcken Toben!
Wenn der Himmel blau uns glänzet,
Und auf die erfrischte Erde, sich in bunten Kreisen
Prachtvoll, tausendfach die Sonne mahlt
Alle Blumen, strahlen freundlich
In den frischen Farben glänzend, wiegen sie;
Ihre Kelche jeder Halm, jede Knospe
ist ein Demant. –

Vögel spielen in dem Aether, und
Der Schmetterlinge Flügel neigen sich im warmen Duft. –
Balsam haucht der Rose Krone, und die
Lilie düftet stärcker nach des Ungewetters Toben. –

[1v]Doch nur in der Blumen Reiche
Stralt die Schönheit; aus dem Boden
Kriechen Würmer; giftige Kröten, ungestaltet: Ungeheuer
Groß im Reich der kleinen Würmer
Alles will der Sonne zu, leben, regen will sich alles.

So vergleich ich, Menschen Euch! die ihr
In den Regionen niedrer Leidenschaften
Lebet, und des hohen Geistes Gaben nieder nach der Erde zieht.
Jeder strebet nach der Sonne, ihre Glut will er erreichen,
Ihre Stralen will er fassen, doch dem Auge fehlts dem Blick,
[2r]Frey zu richten über Welten, über Sonnen, über Sterne.
Und am Boden schleicht das Unheil wo es reines mag vergiften.

Aber in dem blauen Aether, an des Felsens Spizen Zacken,
Der mit leichtem Grün umfangen in den milden Lüften spielt
Wiegt der Adler, sich, der Sonne kühn entgegen
Und verschmähet auf das Niedre; hinzublicken
Und vereint im Strahlen Kranze, fern der niedren Erde Zone
Sich mit Sonne, Klarheit, Licht. –

DEN 17TEN SEPTEMBER 1819

[1r]Dort wo die Berge blau im Duft sich zeigen
Wo Zacken kühn dem Himmel zu, sich heben
Dort in des Lichtes Glanz und heitren Reigen,
Dort soll der Töne Klang sich neu beleben.

Es waltet dort im hohen Luft Gebiete
Der Erde Schmerz des Thales Kummer nicht.
Mir winket zu des Himmels süsser Friede
Es glänzt mir neu der Hofnung Goldnes Licht.

Dort ist mein Blick weit in die Regionen
Des höhern Seyns entrückt, dort naht mir Glanz
Der Jugend schöner Nachblick, aus den Zonen,
Der Phantasie, dort windet sich ihr Kranz.

Entflohnes Glück, winkt freundlich nach dem Herzen
Und es erwacht Erinnrung in der Brust
Die Freuden, wie die bang beweinten Schmerzen
Sie zeigen neue Kraft und neue Lust.

[1v]Und ewig wie das Grosse und das Schöne,
So fühlt das Herz auch deine Allgewalt,
Natur, du dringst durch mannichfache Töne
Ins Herz in allem was dein Blick umstrahlt.

O sey der Trost mir, der mein Aug erfreuet
Du große Macht die Alles stets erfüllt.
Und die noch Blumen auf die Gräber streuet,
Aus dir uns ewig schaffend Hofnung quillt.

CÖLLN. IM JAHR 1821

[1r]Sage wie stehen die Pfeiler, wie freye Bäume des Waldes
In das Hohe Gezweig strebet der steinerne Bau.
Leichte und zierliche Säulen. Sie bilden die festen Gewölbe,
Jegliche scheinet aus Hand des Künstlers gefüget
Für sich zu bestehen, und viele, bilden zusammen
Wie die Blume im Kranz, den Bau der himmlischen Pfeiler
Hoch gewölbete Bogen, entschwingen sich, aus den Friesen,
In das unendliche Blau des hohen Himmels hinauf.

Kaum erräthst du die Hand, die menschliche die sie gefüget.
Wie das Werk der Natur strebet das Ganze empor.
Wie die Form dich ergözt, so groß, so leicht
Dir erscheinet, so verbreitet das Licht, Schatten
Und Spiel, vor dem Aug; Ueber menschlichem Treiben
Schwebt höher noch wie der Gedanke, Gottes Ewiges Licht,
Der Strahl der Sonne; noch freyer strebet zum Blauen hinauf
Der Geist, der den Vater dort suchet, wo er waltet
Und segnet, und erhört des Flehenden Stimme.

Darum schwinge der Geist sich in unendliche Welten.
Wie die Liebe hier unten erscheint, in des Menschen Gedanken
Wenn er Großes erstrebt, wenn das Gute zu suchen
Frey in die Räume des Himmels sich die Seele erhebt,
Seys durch Gebilde, durch Wort zu verkünden
Des Höchsten Erscheinung. So verkündet der Mensch daß Er zum Himmel entflieht.
Nicht in das Leere des menschlichen Seyns sich birgt.

[1v]Doch trübe entsteigen, aus dem düstern Grau die Nebel
Gestalten der Erde. Formlos, ohne die Spur der hohen
Abkunft zu ahnden, suchen sie an den Altären, am
Schimmer des höhern Glanzes, Ruhe nur für die Welt,
Und flehen um niedrige Gabe; hier wo nur Licht

Nur Glaube, nur Sehnsucht nach Oben, uns ziehet.
Nimmt der Flehende wahr, die menschlichen Sorgen. –

So wie der Glocken Geläut, weit in den Aether verhallet,
Wie der traurende Klang uns ans Vergängliche mahnt,
So vermischt mit Leiden des menschlichen Schicksals
Flieht des Himmels Gestalt hohe Begeisterung uns.
Aengstlich suchet der Blick, die hohen Gewölbe
Die Nacht der Erde verscheuchend, und ein Ernstlicher Sinn
Findet das grosse gewiß. –

JANUAR 1823. VERGEBLICHE HOFFNUNG

[1r]Es öffnet morgens sich die Thür
Schön Liebchen tritt nicht mehr herfür!
Des Morgens früh, des Abends spät
Sie nicht mehr an der Thüre steht!

WAS UNS BLEIBT!

[1r]Vernichtet sind des Lebens holde Träume
In oeder Stille deckt die trübe Nacht,
Des Jugendlandes schön erhellte Räume
Und was das Leben beut in aller Pracht.
Bald ists dahin! Und graue Nebel hüllen
Vergangenheit, und Zukunft ein.
Nichts lockt uns mehr, der Sehnsucht Wunsch zu stillen
Auch sie verstummt, bleich ist ihr Rosen Schein!

Die große Kraft die alles Thun belebet
Natur sie öffnet uns des Lichtes Schranke
Sie ists, die wie mit starken Armen hebet
Und nur das Auge das die ewgen Sterne
Gewahren kann, blickt lustvoll nach der Ferne.

Was bleibt uns noch, als Bild des höhren Strebens
Die Sterne, und der Liebe holde Macht.
Von allem was ein höchstes ist des Lebens
Sein Glanz ist nur, wenn uns die Liebe lacht.

[1v]Wer Treue fühlt, dem ist das Heil gefunden
Der weiß das Räthsel unsres Seyns zu kennen.
Denn blühend Ewig ist der Kranz gewunden

Die Flamme, immer kann aufs neu entbrennen.
Wo Lieb im Herzen bleibend sich bewahrt,
Da ist der Aufschluß den wir lösen sollen
Da ist das Ewige uns offenbart
Denn auf des Lebens wandelbaren Wegen
Verirrt der Mensch sich, sucht umsonst den Seegen.

Doch ohne dich vom Himmel uns gesendet
Du hoher Glaube der zwey Welten bindet
Fest aneinander, in sich selbst vollendet,
Die Herzen einet, und das Ewge findet
Selbst da ist was dies Leben uns im Scheine
Sind uns die Sterne, und die Treu nicht Einzig
Genügend. Denn dem Herzen neu entsprungen
Das ohne Ewigkeit in Nichts verstirbt
Nur Glaube der sich übers Grab geschwungen
Hält Ewges fest, und fühlt was er geliebt
Und tiefer wird, wenn selbst die Sterne fallen
Wenn unsrer Herzens Schläge nicht mehr künden
Was wir geliebt, was hier zu Staub zerfallen
Dann wird der hohe Glaub uns neu verbinden.

ALLER STERNE VATER!

[1r]Flehend naht dir voll Vertrauen
Hier du Vater aller Welten
Sizt dein Kind, du lässt uns schauen
In den Leben aller Wesen allen gelten
Deine Worte, die voll Liebe
Voll Erbarmen du uns deutest.

[1v]Groß und mächtig hohe Bahnen
Gehn die Sterne, gehn Planeten
Du lässt uns die Macht wohl ahnen
Die die Morgensonne röthet
Und des Veilchens blau gefärbt.

Groß im kleinen, wie im Grossen
Gieb uns immer Trost und Rath
Sey's des Sturmes dunkles Tosen
Bey der hohen Sonne Lauf, bey der That
Wie bey dem Hoffen, laß uns glaubend auf dich schaun.

[2r]Du trotzt des Sturms Wüthen
Des Meeres Ungestüm
Der Erde nimmer

⟨IN DIE EWGE NACHT HINABGESCHWUNDEN⟩

[1r]In die ewge Nacht hinabgeschwunden
Seid ihr Tage der Vergangenheit
Auch mit manchem bittern Gram verbunden
Floß das Leben aus dem Meer der Zeit.

Ungewiß und schwankend steht das Leben
Ein Gigante; vor dem scheuen Blick
Eh es uns die Wircklichkeit gegeben,
Ach bald sinket es ins nichts zurück.
Finster kalt und düster wie die Schatten
Nahm auch dich die dunkle Gruft hinab,
Hoher, Edler.

⟨KEIN OHR VERNEHME DIESE KLAGE TÖNE⟩

[1r]Kein Ohr vernehme diese Klage Töne
Die nur die Ewge Sehnsucht mir entriß,
Nicht Singen kann das Lied, in welcher Schöne
Dein Geist dies höhre Daseyn mir verhieß.
Wie ich in dir des Lebens Glück gefunden
Das fühlt dies Herz nur, daß dich ewig liebt.

KLAGEN

[1r]Da unten im tiefen Thale
Wo Erlen den schäumenden Bach
Mit grünen Schatten umhüllen
Dort sinn ich dem Leben wohl nach.

Zu der breit blättrigen Decke
Des Grases Frische mich lockt
Die Blumen, die Welle bespület.
Und wähnend verliehrt sich der Schmerz.

Denn frisch die Glut mich umspület
Des Lebens Traum, regt mir das Herz!

Was ich für Leiden empfunden
Sie bleiben tief in der Brust.

Doch wenn die Natur mich umfangen
In trüber Schwermuth Gestalt,
Da fühl ich daß Schmerzend der Busen
Auch seinen Kummer verhallt.

Am Herzen das Treue empfunden
Schlägt lauter der Klage Ton an.
Und Freude ist fremd dem Empfinden
Wenn Kummer das Leben gewann. –

Drum säuselt trauernd ihr Wellen
Folgt langsam dem windenden Lauf
Es fließen der Thränen Quellen
O nehmet mitleidig sie auf! –

Literarische Selbstzeugnisse

I. Reiseberichte und Erinnerungen

Tagebuch ⟨Schweiz⟩

[1r]Den 22ten April 1783 reisten wir früh 3 Uhr von Rudolstadt weg, nach einem traurigen Abschied, obgleich die Reise mir unendliche Freude machte. Jede Freude ist doch mit Bitterkeiten vermischt! Noch den nehmlichen Abend kamen wir in Ketschenbach an wo wir den 23ten blieben. Den 24ten früh paßirten wir *Coburg*. Die Lage der Stadt ist sehr angenehm, aber die engen düstren Gaßen erregen keine angenehme Empfindung, sobald man hin aus ist, wird einem wohler denn die umliegende Gegend ist würklich schön. Und die Festung die sich hinter der Stadt auf einem Berge zeigt macht einen artigen Anblick mit dem Buschwerk Wiesen, und Feldern im Thale. In Lichtenfels hielten wir Mittag, ehe wir dahin kamen hatten wir ein kleines Schrecken⟨,⟩ wir paßirten einen Wald und der Wagen blieb in hohen Geleisen stecken. Es war ein graußer Anblick. Die hohen Tannen verhinderten den Tag ganz durch zu brechen, und der Wagen lag so tief, und wir allein ohne Hülfe! Zum Glück kamen gutwillige Jäger die uns halfen, und wir sezten unsern Weg ohne weitern Verlust als dem der Zeit fort. Lichtenfels ist ganz artig gebaut, es giebt viele arme Einwohner da dem Ansehn nach. Wir sahn bei der Stadt den Main der durchs Thal hinfließt. Er theilt sich da in 2 Arme. Auf der einen Seite von Bergen die das Thal einschliessen liegt die 14 Heilgen Kirche die sehr schön sein soll die wir aber des bösen Wetters wegen nicht sehn konnten. Gegen über liegt das Kloster Banz, die Lage ist herrlich, auf einem hohen Berg mit Buschwerk bewachsen, und von Main umspült. Ich glaube die Geistlichen die diese Mauren bewohnen müßen weniger ihre Freiheit vermissen als andre, denn dem Anschein nach haben sie alles was sie nur ohne Freiheit aber freilich sich wünschen können. Das Kloster ist sehr reich und die herrliche, schöne Lage! – – – Sie können so ganz ungestört (wenns je wahr ist daß die Leidenschaften in Klöstern einschlummern) der schönen Natur genießen, so ununterbrochen sie bewundren. Es schien als wehte Ruhe aus den Mauren herüber, vielleicht nur dem Anscheine nach. Denn wie wahr ists nicht daß oft das Äußerliche uns täuscht! Man fährt noch eine Zeit lang an Ufern des Mains hin [1v]bis er endlich sich, in dem er sich schlängend um Berge windet, nach und nach dem Auge entzieht. Abends um 8 kamen wir in Bamberg an.

Den 25ten früh besahn wir die Stadt die sehr gut gebaut ist, es sind schöne Brücken da zu bemerken über die Regniz die durch die Stadt fließt. Sie sind von einem Herrn von Frankenstein erbaut. Auf der obren steht die Bildsäule des Ritters *St George* mit dem Lindwurm. Wir sahn noch selbigen Morgen den *Dom*, das *Monument* des verstorbnen Fürstens ist darinnen bemerkungswürdig. Seine Statue ist kniend auf den Grabstein in Marmor gehaun, und es soll sehr ähnlich sein. Auch das Begräbnis des Kaisers Heinrichs des II. und seiner Gemahlin ist da zu sehen: Er hat das *Dom*stift errichtet. Von da besahn wir die *Jacobs*kirche die einen sehr schönen Hochaltar hat. Die 12 Apostel sind in Lebensgröße an die Säulen die das Gebäude unterstüzen gemahlt, die Zeit war zu kurz um von dem Werth der Gemählde schließen zu können. Von da besahn wir die Benedicktiner Kirche⟨,⟩ es ist ein Kloster dabei das eine der angenehmsten Lagen hat, die Aussicht ist unbeschreiblich schön, und das Gebäude ist sehr weitläuftig. Wir besahn noch die *Dominikaner* Kirche die nach neusten Geschmack erbaut ist und einen sehr schönen Hochaltar hat.

Nachmittags besahn wir den Seehoff⟨,⟩ es ist ein Lustschloß des Fürstens; 2 Stunden von der Stadt der Weg führt durch eine Allee hin. Das Gebäude ist nicht sehr ansehnlich. Der Garten ist halb in engl. und holländischen Geschmack angelegt, der jezige Fürst liebt nicht diesen Aufenthalt deswegen wird alles nicht recht unterhalten.

Den 26ten verließen wir Bamberg und hielten Mittag in Furchheim eine Festung. Wir machten da die Bekanntschaft des berühmten Kirchenrath Seilers, die uns sehr viel Vergnügen machte. Wir besahn noch in Furchheim die Spiegelfabrick. Um 8 Uhr kamen wir in Erlangen ⟨an⟩. Der Ort ist ganz hübsch und alles ist so ruhig⟨,⟩ man sollte nicht glauben daß es eine Universität ist. Den 27ten früh gingen wir in die Französische Kirche wo wir einen sehr guten Prediger *Mr Acaffi* aus den *Pays de vaud* hörten. Wir besahen auch den Schloßgarten der aber nicht sonderlich ist. Die vielen *Taxus piramiden* geben dem [2r]ganzen ein trauriges Ansehn, hat man eine Partie gesehen so kan⟨n⟩ man von dem ganzen Garten urtheilen denn er ist sehr einförmig.

Nach den Mittags Eßen reisten wir ab und kamen um 6 in Nürenberg an, der Weg dahin ist sehr gut, die Lage von der Stadt angenehm, rings um mit Gärten umgeben, alles war in Blüthen gehüllt, und die *antiquen* Thürme der Stadt gaben einen so angenehmen Anblick mit der verjüngten schönen Natur. Wir besahn noch selbigen Abend einen Spaziergang: er war sehr volkreich, es war ein artiger Anblick so viele Menschen auf einen kleinen Plaz versammelt zu sehn. Den 28ten besahn wir die Seebaldi Kirche die eine der größten Kirchen in Deutschland sein soll, sie hat sehr schöne Gemählde von Albrecht Dürrer. Auch das *Monument* des *St.* Seebaldus ist bemerkungswürdig es ist sehr schön von *bronze* gegoßen, und mit erstau⟨n⟩ender Mühe und Arbeit. Wir besahn auch das Rathauß, sahn den Magistrat in seinen sonderbaren Anzug, er hat viel ähnliches mit dem Spanischen, und im ganzen hat er sehr was grosses, u. ehrwürdiges.

Der Kaisersaal ist sehr groß, die Zimmer sind schön, und haben besonders auch schöne Gemählde, ein Gemählde von Albrecht Dürer Adam und Eva vorstellend verdient bemerkt zu werden. Wir besahn auch das Zeughauß welches sehr groß ist, und besonders der Ordnung und Zierlichkeit wegen womit alles *arrangirt* ist gesehn zu werden verdient, ein Oberst Troß hat sich dadurch verdient gemacht, er hat das ganze in Zeit von 9 Jahren so eingerichtet. Man zeigte uns auch einen grossen Brunnen sehr schön künstlich von *Bronze* gegossen, er steht schon 30 Jahr in einen Hauß, daß man zu dem Entzwecke hat erbauen laßen, und er wird auch wohl so stehn bleiben müßen, denn er ist so Ungeheuer groß daß man [2v]nicht genug Waßer dazu, zusammen bringen kan⟨n⟩. Die Rathsherrn von Abbdera fielen mir dabei ein, und ist es wirklich zu glauben daß die guten Nurenberger sie haben nachahmen wollen. Er kostet entsezlich viel Geld, und man kan⟨n⟩ ihn nie anbringen.

Den 29ten kamen wir um 3 in Anspach an. Die Stadt ist gut gebaut, und das Schloß ist sehr groß. Den 30ten hielten wir Mittag in Dunkelspiel. Die Lage des Orts ist ganz freundlich, in der Hauptkirche sind nicht ganz üble Gemählde. Den Abend kamen wir in Ellwangen an, der Weg dahin ist sehr angenehm, es sind so viel Teiche im Thale, und Berge mit Buschwerk bewachsen schließen die Thäler ein, hin und wieder kleine Gruppen stiller Hütten, und die ganze Gegend war von Strahlen der untergehenden Sonne erleuchtet! Die Berge schimmerten röthlich in den Teichen wieder! mit ganzen warmen Herzen konnte man da ausrufen

Oh wunderschön ist Gottes Erde,
Und werth darauf vergnügt zu sein!. pp.

Des Nachts blieben wir in Ellwangen welches nicht weniger angenehm liegt. Die Stadt ist mit Bergen umgeben, das Schloß liegt auf einem Berge, und gegen über ist eine Wallfahrtskirche. Dies giebt einen artigen Anblick. In Ellwangen ist noch ein Jesuiten *Collegio*. Den 1ten Mai blieben wir Nachts in Gemünd. Den 2ten früh verliessen wir Gemünd, von da kommt man bald in die fruchtbaren Gründe Würtenbergs, alles scheint da schöner. Die Felder so bebaut, alles athmet Fruchtbarkeit. Wir hielten Mittag in Schorndorf. Und um 6 Uhr kamen wir in Stuttgardt an, die Stadt liegt sehr angenehm und hat ein Ansehn von Wohlstand. *[3r]*Den 3ten besahn wir Ludwigsburg; die Lage ist angenehm. Die Häuser wohl gebaut, die ganze Hauptstrasse hin sind auf der einen Seite Gebäude und gegenüber Alleen, dies giebt dem ganzen ein heitres ansehn. Das Schloß ist sehr groß und schön gebaut. Auf den Treppen sind *Collossalische* Bildsäulen angebracht, wo jedes Stück nur aus einem Stein gehaun ist. Im *Cabinet* sind schöne Gemählde. Einige sind besonders merkwürdig. Unter andren die Weiber von Weinsberg. Auch Köpfe von Mengs sind merkwürdig. Es sind auch einige Stücke von *Meme Dürrbusch* da zu sehn die schön sind. In Ludwigsburg ist auch eine *bijouterie* wo sehr artige Arbeiten verfertigt werden.

Wir hielten Mittag in Ludwigsburg, und fuhren dann um 2 Uhr auf den Asperg, eine Festung, die eine herrliche Lage hat. Der Weg hin war nicht schön, und der Eingang ist grausenvoll, man muß durch 3 lange düstre Thore, die durch die Steilheit des Wegs noch fürchterlicher sind. Wir machten da eine so angenehme Bekanntschaft, den General *Schaeler*, *Commendant* der Festung, der die Liebe, Hochachtung aller die ihn kennen verdient, er versüßt manchen armen Gefangnen durch seine Güte, u. Menschlichkeit das bittre Loos der Gefangenschaft. Wir sahn bei Ihm den unglücklichen Schubart, der schon einige Jahre da ist. Er spielte uns auf dem *Clavier*, und er spielt unaussprechlich schön, mit so vielem unbeschreiblichen Ausdruck. Wie schade daß so viel Talente in diesen Mauren eingeschloßen bleiben müssen!

Den 5ten fuhren wir nach der *Solidute* einem Schloß des Herzogs, ob es gleich nur ein Landhauß sein soll. Aber dazu ist es zu gekünstelt. – – – Der Garten ist sehr schön, und hat gar schöne *Sallons*, unter andren der *Lorbeer* Saal, der schöne Statuen hat, und der *Platfond* ist von *Gibal* gemahlt. In der *Capelle* sahn wir 2 Stücke die der Papst den Herzog gab. Eins ist ein *Christus* Kopf, in *marmor* eingelegt. Und das andre stellt *Marien* vor, und ist gestickt. Die Einfaßung von dem einen kostet über 1000 Gulden. Die *Capelle* ist übrigens sehr schön, und hat noch andren hübsche Gemählde. Der Thiergarten ist auch schön *[3v]*es ist viel Wil⟨d⟩pret darinnen, daß sich durch einen Pistolen Schuss versammelt, und da gefüttert wird.

Den 6ten besahn wir Hohenheim, wie weit hat nicht dieses über all die andren schönen regelmässiger gebauten Schlössern den Vorzug. Die Natur seufzt da nicht so ängstlich unter dem Drucke der Kunst, wie bei jenen Schönheiten. Das Landhauß ist ganz einfach, aber bequem eingerichtet und der Garten auch. Am Hauptgebäude ist ein schöner Viehstall, wo Kühe von ganz besondrer Grösse sind, der Herzog hat sie lassen aus der Schweiz kommen. Der Stall wird so schön unterhalten, u. ist sehr reinlich.

Aus dem Garten kommt man in einen kleinen Pfad der zwischen hohen Pappeln hinführt. Ganz ohnvermuthet sieht man da Ruinen die so ziemlich der Natur nachgeahmt sind, daran kleine Hütten, wo eine ganz eingerichte⟨te⟩ Wirtschaft ist, Alles ist da so überraschend. Unter diesen Gebäuden sind besonders merkwürdig die Einsiedelei, der *Sibyllen* Tempel, und die Köhlerhütte. Unter einem Haufen Holz sind schöne Zimmer versteckt, ohne daß mans sich vermuthet was da zu finden. Die Milchkammer ist auch sehr artig, es sind besonders sehr viele Irrdne Gefässe da zu sehn, die von Raphael gemahlt sind, es ist eine Seltenheit, eine so große Sammlung davon zu haben.

Den 7ten früh besahn wir die *Bibliothek*, und sahn dann die Academisten essen. Die Bibliothek ist sehr gut einrichtet. In dem einen Zimmer ist erst ein Naturalien Kabinet, wo eine Uhr von Pfarr Hahn zu sehn ist, der in Echterdingen 2 Stunden von Stuttgardt wohnt. Er hat einen grossen Vorzug bei seinen Arbeiten, daß sie beim ersten Anblick unübersehbar und bei Untersuchung des Ganzen, in äußerstem Grad einfach sind. 11 grosse Zimmer sind für die Bücher bestimmt.

[4r]Die Einrichtung der Academie ist sehr hübsch. Aber es macht einen besondren Einflus aufs freie Menschenherz, die jungen Leute alle Essen zu sehn. Jede Ihrer Bewegungen hängt von dem Wink des Aufsehers ab. Es wird einen nicht wohl zu muthe, Menschen wie Dratpuppen behandlen zu sehn.

Denn 8ten früh machten wir die Bekanntschaft des Pfarrer Hahns in Echterdingen, und sahen seine Rechenmaschiene, die wirklich verdient bemerkt zu werden, wie viele Mühe, und Anstrengung gehört nicht dazu. Man muß das Umfassende Genie, des Künstlers, und die Einfachheit des ganzen bewundren. Wir blieben Mittags in Waldebuch. Und nachts in Tübingen, von da aus ist der Weg bis Schafhausen sehr übel und wenig intressant. Den 9ten hielten wir Mittag in Bahlingen, des Nachts in Altingen. Und den 10ten kamen wir in Schaffhausen an, die Stadt liegt in einem Thal von Weinbergen und Gärtens umgeben. Die Häuser sind sehr hoch⟨,⟩ dies macht die Stadt ein wenig düster. Wie wohl wird einem nicht beim Gefühl der Freiheit! Der *Despotismus* verfinstert nicht die Herzen der Bewohner dieses glücklichen Landes; Sie sind frei, dies giebt dem Wesen einen besondren Anstrich, sie sind alle so gütig, gastfrei, wollen gern alle Menschen wohl wißen.

Den 11ten sahn wir den Rheinfall, dieses grosse unnennbar schöne Schauspiel der Natur. Der Rhein stürzt sich über einen Felsen der 80 Fuß hoch ist, schäumend herab. Es ist ein grosser schöner Anblick, die schäumende Welle mit Getöse um die Felsen herab stürzen zu sehn. So stehn oft Menchen von Wogen des Schicksals umrauscht ohne Trost, ohne Stüze, gleich der grossen Steinmasse die sich da erhebt ruhig unerschüttert da.

Den 12ten früh besahn wir die Bibliothek die vom Rath unterhalten wird; Mann sieht da, das Modell der Brücke über den Rhein, die von Gruman aus Appenzell gebaut ist. Sonst ein ganz gewöhn[4v]licher Zimmermann der sich aber durch die Kühnheit des Werks berühmt gemacht hat. Wir besahn auch das Kabinet des Doktor Ammans der eine schöne Sammlung von Naturalien und auch von Kupferstichen hat. Man zeigte uns den Anfang eines Baus eines Waisenhauses. Diese Einrichtung die so wohlthätig für das Menschengeschlecht ist, hat ihren Ursprung einem Bürger, Gezler genannt, zu danken. Dieser edle Mann weiht nicht nur sein Vermögen, sondern auch sich selbst dieser Anstalt. Er ist der Aufseher des ganzen, sorgt selbst für die Kinder.

Nachmittags nachdem wir noch einmahl den Rheinfall gesehn hatten, sezten wir unsre Reise fort, und kamen Abends in Winterthur an. Den 13ten früh blieben wir in Winterthur, und sahen die *Revue* an, die alle Jahre in März gehalten wird.

Die Stadt ist klein aber wohl gebaut, die Lage ist angenehm, man sieht schon in der Ferne Eisberge. Selbigen Abend kamen wir noch in Zürich an. Die Lage ist ganz herrlich. Die Stadt wird auf der einen Seite vom See, und auf der andren von der Limmat die aus dem See fliesst in 2 Theile getheilt. Die Lage des Gasthofs ist gar schön. Man übersieht den ganzen See, und die Aussicht begränzen ferne Eisberge. Den 14ten früh sahn wir *Lavater.* Man kan⟨n⟩ nichts von ihm sagen, sondern muß sich nur seinem Gefühle, das sich nicht mit Worten ausdrücken läst, überlassen.

Den 15ten besahn wir eine merkwürdige *mechanische* Maschiene. Ein einziges Rad treibt 150 Seidenspulen die sich alle durch das Treiben des Wassers abwicklen. Die Erfindung hat ihren Ursprung in Italien. Wir sahn noch den Saal der Phisikalischen Gesellschaft in Zürich wo uns der Professor Breitinger einige *experimente* machte. Wir machten auch einen Spazierfahrt auf den See und brachten dann den Abend bei *Lavatern* zu.

Den 16ten fuhren wir um 10 von Zürich weg, und hielten Mittag in Baden. Es sind Gesund[5r]brunnen da. Wir besahn die Bäder. Und fuhren nach den Eßen nach Lenzburg daß herrlich liegt, von Baden aus ist man schon im Berner Gebiet. Das Schloss des Landvogts in Lenzburg ist sehr schön gebaut, vielmehr die Lage ist bemerkungswürdig. Es liegt auf einem hohen Fels, und doch sind sehr artige Spaziergänge dabei. Den 17ten blieben wir Nachts in Köllchberg, ein schönes Dorf! Die Dörfer in *Canton* Bern sind gar hübsch, jeder Bauer hat bei seiner Wohnung seine Felder Wiesen, und Gärten. Man fährt von Lenzburg bis Köllchberg immer durch Dörfer die sich sehr lang ausbreiten, es macht einen artigen Anblick, die zerstreuten Hütten so hin und wieder zu sehn. Den 18ten früh besahn wir das *Monument* der *Meme* Langhanß in Hindelbank von Narl verfertigt. Es ist so einfach, und die *idee* ist ganz einzig in ihrer Art. Man denkt der Stein athmet, der Gedanke der Auferstehung drängt sich in die Seele, man glaubt die Statue leben zu sehn.

Um 10 kamen wir in Bern an, die Stadt ist eine der schönsten in der Schweiz, die Einförmigkeit der Gebäude, ist doch auch mit der *elégance* verknüpft, u. die schönen Bogengänge, dies alles giebt ein Ansehn von Wohlstand, u. Ueberfluß. Wir sahn noch den Tag die Promenade es ist eine grosse Terrasse mit *Castanien* bepflanzt, an jeder Seite sind kleine *Sallons* zum Ausruhen. Den 18ten besahn wir noch einen Spaziergang der sehr schön angelegt ist, aber von der Stadt entlegen, dies ist auch Ursache daß er wenig besucht wird. Wir besahn auch das Arsenal, welches sehr gross und gut eingerichtet ist. Man zeigte uns die Bildsäule Wilhelm Tellns mit den Bogen womit er wirklich soll den Apfel vom Kopf seines Sohns geschossen haben.

Den 19ten hielten wir Mittag in Murten. [5v]Im Herausfahren sahen wir das Beinhaus daß gleich am See steht welcher sehr klein ist. Das Haus ist mit eisern Gittern verwahrt. Wie sinkt der Werth des Lebens bei der Betrachtung dieser Knochen herab! So siehts mit aller menschlichen Größe einst aus. Wie niederschlagend wäre der Gedanke für uns wenn wir nicht den Trost des beßren Lebens hätten! 2 Stunden davon liegt *Avenche* wo noch viele Denkmäler der Römer sein. In einer Wiese beim Schloß hat man noch Spuren eines Römischen Pflasters entdeckt, daß mit vieler Kunst gearbeitet ist. Nachts blieben wir in *Payerne* eine kleine Stadt die sehr artig gebaut ist. Den 20ten kamen wir nach *Lausanne*, welche angenehme Empfindung erregt nicht der Anblick des Genfer Sees. Die Stadt liegt auf einer Höhe. Die Straßen sind sehr unangenehm, man mus immer steigen. Denn 21ten fuhren wir nach *Aubonne*, man kommt durch *Morges* welches ganz am See liegt. Die Lage von *Aubonne* ist sehr angenehm u. sie hat, ganz mahlerisch schöne Aussichten.

Abends fuhren wir wieder nach *Lausanne.* Den 22ten frühstückten wir in *Lausanne* und fuhren nach *Vevey.* Der Weg dahin ist nicht angenehm immer zwischen Mauren. Aber die Aussicht ist herrlich. Der See, die Savoyischen Berge, die in grauer Dämmerung gegen über liegen. Und die fruchtbaren Berge des *Pays de Vauds*, welcher *Contrast*! – *Vevey* liegt ganz am See mit Weinbergen, Landhäusern umgeben, Ueber diese hohe Berge mit Sennhütten bestreut. Und hin und wieder blicken rauhe Felsen hervor.

⟨Ein einziger Tag meines frühern Lebens⟩

[1r]Ein einziger Tag meines frühern Lebens, ist die Geschichte aller. Dieser Gewohnheit an das Einförmige danke ich in spätern Jahren viel Genuß. Ich lernte dadurch auf mich selbst ruhen, fremder Hülfe zu meiner Unterhaltung nicht zu bedürfen. Mein Vater einer der intereßantesten Menschen seiner Zeit, war in seinem vierzigsten Jahr von einem Schlag gelähmt, er hörte in der Zeit auf zu leben für die Welt, da andre erst anfangen zu leben, weil die Reife des Geistes da erst den Dingen ihren wahren Werth giebt, und die Leidenschaften sich besänftigen. – Er lebte nur in seiner Familie, und seiner Wißenschaft die er mit Wärme liebte. Der Ort wo wir lebten war klein, der gesellschaftliche Ton, so weit hinter andern Orten in der Nähe zurück, daß es einem späterhin dünkte, man [1v]sey fünfzig Jahr noch zurück in allem was gesellschaftliche Bildung betraf. – Ein Besuch wo man sich zeitig zusammen begab, und so 4–5 Stunden schwazte, von den Begebenheiten des Tags, von der Erndte, von der Wirtschaft, von Familien Geschichten, – dies waren die Unterhaltungen außer unsern Hause. Ich verlangte zuweilen nach solchen Besuchen, weil ich den Ort gern veränderte, u. sah wie es bey andern Menschen zuging. Alles unbekannte war mir wunderbar, u. ich glaubte immer neue Entdeckungen zu machen.

Meine Mutter hatte den größten Theil ihres Lebens auf dem Lande verlebt, sie hatte in früher Jugend aus Neigung u. Ehrfurcht, sich an einen Mann der beynah ihr Vater hätte sein können verbunden, sie liebte ihn mit Wärme, u. lebte ganz für ihn. – [2r]Alles geschah für ihn, und um ihn lebten wir alle am liebsten. Er war heiter, gesprächig, hatte viel Wiz, Lebhaftigkeit des Geistes u. etwas Genialisches in seinem ganzen Wesen, u. treiben. Meine Mutter nahm immer Antheil an seinen Beschäftigungen, u. entsagte gern den Vergnügungen ihres Alters, um sein Leben zu theilen. – Ihre Haushaltung, nahm ihr viel Zeit, sie war oft mit uns, aber doch die meiste Zeit mit meinem Vater. Meine Schwester u. ich lebten mit einer Verwandtin, die älter als Caroline war. Auch eine Französinn hatten wir, aber nicht lange. –

Die Lage unsrer Wohnung war höchst romantisch, an einer kleinen Anhöhe, die mit Obstbäumen bepflanzt war, lag unser Haus, die vordere Seite hatte einen grossen Hof, der mit einem kleinen Garten begränzt war. Vor uns lag ein fürstl. Lustschloß und rechts eine [2v]Alte Kirche, deren schöner Thurm mir manche Phantasien erweckte, u. das Geläute der Glocken was ich zu allen Stunden hörte, stimmte mich oft Ernst u. melancholisch, ich stand stundenlang an meinem Kammerfenster, sah in die dunkeln Fenster des Thurms hinein, u. hörte der Glocke zu, u. sah die Wolcken am Himmel sich bewegen. Mein Horizont war frey; In der Ferne sahen wir schöne Berge, u. ein Altes Schloß auf dem Berge liegen, daß oft das Ziel meiner Wünsche war. Ich stellte es mir auch gar zu hübsch für, über die Heide so hieß die Reyhe Berge vor meinen Augen, zu wandren, u. da neue Dörfer, eine neue Welt zu sehen. – Auch eine Hängbircke, die in einem der Gärten stand, die ich aus meinem Fenster, meiner kleinen Welt über [3r]sehen konnte, hat mir viel Anlaß zu Betrachtungen gegeben.

Ich hatte Unterricht in den Morgenstunden, ich lernte nicht gern, u. es war mir peinlich, wenn ich die Stunde schlagen hörte, u. mein Lehrer begann eine neue Materie des Unterrichts. Französisch lernte ich auch nicht gern, zeichnen u. Schreiben wurden mir auch schwer. Aber am aller unangenehmsten war mir die Tanzstunde. – Mittags freute ich mich immer am Tisch zu gehen, da saß mein Vater u. erwartete uns, er könnte nicht allein gehen, u. seine Jäger deren er viel hatte, mussten ihn stets führen. Er war immer heiter u. freundlich bey Tische, erzählte uns lustige Geschichten, erkundigte sich nach unsern Fleiß, ließ sich auch oft von seine Jägern erzählen wie es in der Welt ging, die ihn interessirte. Er hatte die Wälder die er einst anlegte, mit [3v]Liebe gepflegt, alles war ihm wichtig. Jeder neu erworbene Baum vergrösserte sein Interesse. Ich hörte gar zu gern zu, wenn solche Gespräche kamen. Und dachte mir immer wie es da u. dort aussehen müsste? ich sah die Pläze im Geist. Und lebte mit den Bäumen der Wälder, mit den Höhen u. Thälern, mit den Nebeln, wie Ossian in seiner Welt, am liebsten. – Nach dem Essen kam der Lehrer, u. wir hatten Unterricht in der Geographie, lasen Zeitungen, oder schrieben Briefe; als dann kam noch der französisch Sprachmeister, u. unsre Stunden hatten ein Ende. – Der übrige Theil des Tags gehörte uns; wir gingen auf unsern Berg herum, u. ich bildete mir ein jeder neue Busch den ich fände, sey auch andern fremd. War es böses Wetter, so sezte ich mich still in einen Winkel, u. [4r] hörte Carolinen u. Amalien zu, die eine Art dialogisirten Romanen spielten, eine war immer eine Heldin des Stücks, u. statt zu erzählen wie es geschehen sein, dramatisirten sie die Geschichte. Dieses hatte unendlichen Reiz für mich. Ich saß dabey, u. hörte alles an, u. war begierig wie es enden würde. Wie alle Romanen, u. Theater Stücke, so endete sich dieses auch immer mit einer Heyrath. –

Hatte mein Vater Geschäfte mit seinen Jägern des Abends, so kam meine Mutter, u. die *Cousine* eine fertige Leserinn, las uns vor. Ich arbeitete nicht gern in früherer Zeit, so gern ich jezt thätig bin. Ich hatte noch eine Art Unterhaltung die mich besonders anzog. Ich hatte Figuren aus den *Calendern*, die ich mir künstlich ausschnitt, mit diesen spielte ich die Romane nach, die ich hörte. Es gab aber noch wenige in der Zeit, zumahl deutsche. Die Schwedische Gräfin war [4v]eines unsrer geliebtesten Lektüren. – Der Magdeburgische Greis, wo viele kleine Erzählungen kommen, Gellerts Comödien, Rabners Briefe, kleine historische Sammlungen, waren unser ganzer Vorrath. Reisebeschreibungen lasen wir wenig. – In späterer Zeit war der Grandisson ein grosser Genuß, für die Aeltern, u. ich die Jüngere hatte nur noch die Freude, meinen Papier Männerchen die Nahmen der Helden zu geben, u. auf meine Weise kindisch mit ihnen zu spielen. –

Nach sieben Uhr gingen wir zu unserm Vater, wo wir ein kleines Mahl einnahmen, u. nach dem Essen blieben wir noch bey ihm bis um 9 Uhr, wo meine Mutter uns begleitete, die Mädchens im Hause wurden versammelt, die *Cousine* las einen Abendseegen, es wurde ein geistliches Lied [5r]gesungen, die gute Mutter seegnete ihre Kinder ein. u. so gingen wir gläubig zur Ruhe, u. erwarteten den andern Morgen, um wieder so zu leben. – Noch ehe wir aufstanden, war der geschäftige Vater schon in den Wäldern, besah die Anlagen, ordnete die Holzschläge an, bestimmte die Jagdreviere, und meist war die Mutter mit ihm. Hatte er kein solches Geschäft, so fuhr er mit ihr nach seinen Feldern, er hatte aus Liebe zur Oekonomie Felder gepachtet, da besah er wie jede Pflanzung stand, ließ Anstalten zur Erndte machen, kurz er wies jedes Geschäft des Tags an. Es war uns eine eigne Freude, die Erndte einfahren zu sehen, und an diese wiederkehrende Freude knüpften wir unsre Erinnerungen. Bald halfen wir, die Gemüse aufzubewahren, bald das Obst für den Winter zu lagern, bald halfen wir Einmachen, Obst trocknen, [5v]alles wurde uns wichtig, u. es wurde mit einer Art Wichtigkeit behandelt, wovon man nur in einer einfachen Lebensweise einen Begriff hat, das ganze Haus hatte nur einen Gesichtspunkt, bey einem Oekonomischen Fest. Alles war beschäftigt. Ich zog indeß freylich lieber auf dem Berg herum, den sich meine kindische Phantasie vergrösserte, und suchte Blumen, u. Zweige, und kam oft recht von Dornen zerrissen zurück, u. ganz athemlos, bald wollte ich eine Blume pflücken, die unzugänglich war, bald fiel ich aus Unvorsichtigkeit den Berg herunter, ohne Wunden ging keine meiner Streifereien ab. –

Kam zuweilen ein Besuch der unsre Art zu leben unterbrach, so vernahmen wir nichts neues, denn jedes lebte auf diese Art. [6r]Ein Fest vor uns war ein Besuch, bey einem Alten Geistlichen der Beichtvater unsres Hauses, der mit seiner Frau ein patriarchalisches Leben führte. Die runden Fensterscheiben im Zimmer, der grosse Schrank von Nußbaum mit grossen geschliffnen Glässern besezt, mit Kirschen von Glas, und eine ruhende Kuh von Porzellan, die eine Butterbüchse war, war mir so lieb u. erfreulich als der Kohltopf in Voßens Luise. – Ein schöner bunter Teppich lag auf dem Caffee Tisch. An der Seite des Zimmers war ein Fensterchen daß in die Küche sehen lies, u. der Kaffee uns entgegen dampfte, oder die schönen Kuchen gebacken wurden. – Die Hofnung, die Erwartung was uns bevorstünde war für mich wichtig. – Wenn der Tisch recht mit den Gaben des Herbstes prangte, saß ich recht gemüthlich u. hörte den Gesprächen [6v]die mit Einfalt im Gemüth gehalten wurden zu. Und verlohr mich in dieser Welt. – Wenn um sechs Uhr die grosse Glocke schallte, wir mochten in welchem Gespräch wir auch wollten begriffen sein, so faltete der alte gute Mann seine Hände, u. betete laut, wir beteten mit, die alte Frau Pfarrerin ging zu ihm, rief ihm laut ins Ohr, denn er war taub, glückseeligen guten Abend Papa – und das vorige Gespräch begann wieder. Um sieben Uhr verliessen wir diesen langen Besuch, aber nicht ohne Rührung über die Güte u. Einfalt im edeln Sinn des Worts, unsrer Freunde. – Sie kamen auch öfter zu uns, u. immer war es die nehmliche Art Unterhaltung. Der Alte Pfarrer las wenig, doch die Zeitungen die zuweilen auch unser Gespräch machten, einige theologische Bücher, u. gelehrte Zeitungen [7r]die ich immer mit einer Art Neugierde, u. Ehrfurcht ansah, lagen auf seinem Tisch.

Besuche unsres Alters hatten wir in früher Zeit selten. Sonntags gingen wir in die Kirche, u. der Vater am Hof. Die Mutter ging Donnerstag gewöhnlich hin, das war auch ein Fest für mich, sie gepuzt zu sehen, u. ich beschäftigte mich oft in der Vorstellung damit. – Sonntags hatten wir meistens, oder gaben Besuch. Ein fehlgeschlagner Anschlag auf einen Besuch war immer störend, und die *Cousine*, die gern ausging, sann oft Stunden lang, darüber nach, wo man sich nur könne melden lassen? – Ein grosser schöner mit Bäumen bepflanzter Gang an der Saale, war auch an den Besuch Tagen unser Spaziergang, dort versammelte sich die schöne Welt, u. dort begegneten wir auch unsre Gespielinnen. –

Auch der fürstliche Garten unsrer Wohnung gegen über [7v]war Sonntag unser Ziel. – Alles mir unbekannte u. fremde dünkte mir wunderbar, dieser Zug ist mir aus meiner frühern Jugend auffallend. Der Garten mit holzgeschnizten Figuren, mit einer Laube worin ein grosses Bild war, im Geschmack, des Gartens den der Apotheker in Hermann u. Dorothea beschreibt, dies waren meine Kunstwerke. – Ein plumper Neptun mit einem Dreyzack in einer Bassin war mir auch verwunderungswürdig, u. er kam mir oft in meinen Träumen wieder vor. Auch ein Labyrinth, in dem ich mich so oft zu verirren fürchtete war mir bedeutend.

So lebte u. trieb ich mein Wesen, in engen Umgebungen bis in mein Neuntes Jahr, wo unser guter Vater uns entrissen wurde.

Erinnerungen an Heidelberg

[1r]Es ist unaussprechlich welchen Zauber die Natur um Heidelberg enthält; von Darmstadt an, wo die Berg Kette sich allmählig erhebt, ist es als wenn das ganze Land einen Carackter des Südens annähme. Die Fichtenwälder bey Darmstadt verliehren sich plözlich, und nur eine Ruine eines Alten Schlosses liegt noch in den Nadelwäldern, und erinnert an die Bergspizen des Thüringer Gebürges. – Doch am Fusse des Berges sind schon Weingärten, Nußbäume an den Landstrassen. Die blaue Bergkette erhebt sich aus der Ferne, und die Wolcken thürmen sich als wenn der heisse Südwind sie zusammen gebracht, und nicht der kalt blasende Ost und Nord Wind; Nebelstreifen wie sie sich an den Horizont der Waldberge zusammen reihen, sieht man selten oder gar nicht, in runden Flocken, glänzt der Nebel auf den duftigen blau. Die Wolcken Massen sind schwer, und doch durchsichtig [1v]und wie von einem Rosen Finger berührt an den Säumen.

Es war nach einen warmen Regen, als ich an die Berge kam, die sich um Heidelberg fest zusammen schliessen, und den Neckar in ein enges Thal drängen. –

Weinheim lag hinter uns, eine Krümmung des Weges ließ uns die Ebene von Mannheim erblicken, die zusammen gedrungnen Wolcken thürmten sich hoch, wie Gletscher zusammen. Die Abendsonne bemahlte mit leichtem Strahl die fernen Wolcken, im Vorgrund war es brennend und glühend vom Strahl der untergehenden Sonne, und die Stämme der Bäume, ganz braun roth, die Blätter von dem dunkelsten grün, und die Rebhügel mit den alten Mauern ragten in das dunkle blau des Himmels. Es war eine Frische und Kühlung in der Luft, ein licht und dunkel in den nahen Gegenständen, daß nur die Phantasie ausmahlen kann. –

[2r]Nur die menschlichen Gestalten sehen unerfreulich aus. Schwerbepackte Weiber mit angespannten Zügen, folgten unsre Wagen, mit dem Tagewerck zu Ende, und schwer beladnen Rücken und schreyenden Gesprächen, kehrten sie in ihre Hütten. Die Männer wie die Frauen beladen, gingen in einem dumpfen Zustand neben uns, nicht achtend welchen Grossen Ackt die Natur um sie herum beschloß. Die Sonne verbarg sich, und die Sterne leuchteten uns an die Ufer des Neckars. Brausend kündigte er sich an, als wir bey Neuenheim an seinen Ufern unsern Weg suchten, und über die wunderbar schöne Brücke durch das rasselnde Thor in die Strassen einfuhren. –

[2v]Das Schloß selbst, mit seinen herrlichen Ruinen, mit der üppigen Pflanzenwelt die in der Zerstörung selbst ihr Recht ausübt, ist schon so oft gemahlt, beschrieben, daß nur immer die Ansicht des Individuums etwas Neues geben kann.

Es ist eine Art Trauer über diese Gegend verbreitet, die einen eignen Eindruck bewirckt; Alles strebt zu blühen, zu reifen, in altem Glanz zu erscheinen, was von der Natur ausgeht. Und traurend stehen die Denkmahle des menschlichen Geistes, in den immergrünen Buchen Hainen, der Neckar der rauschend und lebendig die Berge bespült, belebt und erweckt die Sonne, und die warme Luft die die üppigen Epheu Gewinde in den ausgestorbnen Hallen bewegt, findet kein menschliches Wesen, dem sie wohl machen könnte. – [3r]Abstand, von Ehmahls und jezt. –

An dem Thurm nach der Schloßseite hin, stehen noch Statuen der alten Pfalzgrafen frisch und wie heute erst aus der Hand des Künstlers gekommen, wenn nicht einzelne Parthien verstümmelt durch das Alter erschienen. Der Epheu das Einzige Zeichen des belebenden

Organs, umschlingt die Gestalten allein vertraulich. – Und man mag gern wie in Werners Sonett den Gedanken festhalten, daß noch eine liebende Kraft in der Natur ein Symbol giebt, daß das Leben dem Todt nicht fremd wird. – Aus der Bergstadt findet man den Eingang in den Schloßbezirk, durch ein wohl erhaltnes, schön verziertes Thor, welches von rother Stein Masse, in den Baumstücken sich recht anmuthig zeigt. Ein Thor ist noch am Eingang einer Kapelle sichtbar, dessen Verzierung etwas rührendes hat. Engel halten einen Rosenkranz der mit seinen Runden Knospen, und Blättern aussieht als könnten ihn die Engelshände beleben; es ist ein Aus[3v]druck der Andacht in den Bildern, der einen ergreift. Die Innern R⟨ä⟩ume des Schlosses, sind noch mit mehrern Statuen alter Churfürsten geziert, die in verbrämten Mänteln und Helmen die leeren Fenster verbinden.

Noch sieht man die Fenster von denen die erzürnte Land Gräfin nach der schönen Nebenbuhlerin Gräfin Degenfeld eine Pistole losdrückte. – Aber in den hohen Grashalmen und zertrümmerten Steinen, weht jetzt nur die Stimme der klagenden Luft, die in den leeren Gewölben verhallte. Der Fliederbaum durchweht mit dem Dufte seiner betäubenden Blüthen die unbewohnten Hallen. – Und nur der fremde Geist der lauten Heidelberger Jugend, oder die stille Betrachtung des einsamen Wandrers beleben auf kurze Zeit dieses Denkmahl vergangner Grösse, vergangenes Glück ist nicht zu erwähnen. Denn wo ist eine Menschenkunst die nicht ihre Seufzer in den wolckenlosen Aether sandte; – in jeden Raum des Himmels wie der Erde? –

[4r]Auch unsre Welt wird einst noch glücklichern Wesen zu theil werden, als wir sind. – denn sie ist zu schön als daß solche verwirrte Menschliche Gemüther sie zu fassen vermöchten. – Wenn man auf der Höhe des Berges in das schöne bebaute Thal blickt, wo Leben u. Treiben die Menschen an einander knüpft, wenn man die laue balsamische Luft ein athmet, und ein schönes Gleichgewicht in der Atmosphäre erspäht, so ist es einem als müsste auch Alles Außen im schönren Einklang sein. Die Natur wird himmlischer milder, und nur der Mensch tritt in ein gewaltsames Dunkel zurück, welches sein eignes Gemüth um ihn webte. –

Es ist noch keine Zeit gewesen, wo es anders war, denn schon aus Edens Gärten trieb den Menschen das Gefühl seiner Schuld. –

Die Welt ist vollkommen überall
Wo der Mensch nicht hinkömmt mit seiner Qual.

[4v]Ueber dem Berg den das Schloß bekränzt, ist unter dem Königstuhl ein Weg, der gebahnt und ehemahls mit dem Schloßgarten zusammen hing, jetzt sind Gärten und Weinberge die, die Verbindung anzeigen; Man steht bald höher als das Schloß, u. übersieht die leeren Räume und Stein Massen. – Zuweilen erschallt vor einem der Runden Thürme blasende Musick und die Gärten werden an diesen Tagen besucht, die jezt nach neuen Anlagen das Schloß umgeben. –

Um das Gebürg geht der Weg lange fort, und der Neckar bildet zu Füssen die schönsten Krümmungen, Dörfer liegen am Berg, das Kloster Neuburg, auf dessen benachbarten Berg Gipfeln die Engelswiese sichtbar (ein schöner grosser Runder Plaz mit Rasen, dem hohe Buchen kreisförmig umgeben.) Man fühlt daß in jener heiligen Stille, die fromme Jungfrau hätte wandeln können, und die Engel sie umgebend ihr und dem hohen [5r]Kind, Kühlung und Schatten bereitend. – Welcher frommen Sage die Wiese den Nahmen dankt erfährt man nicht. Man glaubt es aber gern, daß dort Engel weilten. –

Die Berge schieben sich dem Auge oft so wunderbar ineinander daß auch der Lauf des Neckars sich oft verliehrt, und sich wie ein Schweizer See ausnimmt.

Man steigt endlich mehr hernieder und kömmt in eine Romantische Bergschlucht, Steine und Strauchwerck verdecken die Aussicht, Felder und recht ergiebige Wiesen Gründe wechseln ab, man verliehrt den Fluß aus den Augen, und in einem von der Welt abgesonderten Thal, findet man den Wolfsbrunnen. Drey gemauerte Teiche beleben mit ihrer Wasser Spiegel die Gegend, ein Haus von Steinen, mit rothen farbigen gehauenen Verzierungen steht als ein Denkmahl vergangner bessrer Zeiten, ein Brunnen der in eine Steinmuschel sich ergiesst, und auch vielerley Zierrath an seinen Röhren noch sichtbar werden lässt, ist auch in der Zeit des [5v]Hauses erbaut.

Nicht anmuthig sondern Grausen erregend, ist diese Wohnung mit ihren Spuren einer beßern Zeit.

Zerbrochne Fenster, zertrümmerte Treppen, unbekleidete Kinder, die im Hause spielen. Dies Alles ist dem Beschauer nicht erfreulich; – Auch die Linde die ⟨Opitz⟩ zu seinen Lieblingsplaz erwählte, ist abgehauen!. –

Man folgt lieber den wasserreichen Canälen die die grossen üppigen Waßerpflanzen erhalten, und die sich von den graßigten Abhängen herunter winden, man hört gern das Geräusch der Mühlräder und gelangt endlich in das Dorf Schlürbach, wo man an Leben und Bewegung erinnert wird. Die Schlucht erweitert sich, die NußBäume mit ihren schönen Blättern bedecken hin und wieder die Hütten der Einwohner. [6r]Man gedenkt da nicht gern der Zauber Sagen des Walds Brunnens, und mag lieber die Fischerkähne am Neckar besteigen, um in die wirkliche Welt wieder den Weg zu finden, und das schön gebaute Carlsthor, ist ein friedliches Ziel das man erreicht. –

[7r]Einsam und geisterartig, zieht ein Schwarz u. weisser Storch an den Mauern herum, u. sucht in den verschlammten Waßer Künsten seine Nahrung. – Die grossen Stein Massen, die nicht die Hand der Zeit vernichtete, sondern die rauhe Hand des Krieges, sieht man daher auch mit mehr beunruhigender Wehmuth an, als wär es nur die Zeit die über diese unzerstörbar scheinenden Massen ihre gebietende Hand gehoben hätte. –

Uns zumahl in neuern Zeiten, die wir alle Schrecken des Krieges erfuhren, kann die Phantasie stets von solchen Bildern noch mehr und schreckhafter aufgeregt werden.

[7v]Ueber den ungeheuren Schlossberg erhebt sich der Königsstuhl, ein schattigter Buchenwald wo noch die Spuren sichtbar, daß alle Umgebungen ehmahls zu den Anlagen des Schlosses gehörten.

Doch ehe wir uns in den tiefen Wald begeben, so muß noch des Thurmes gedacht werden, der am Ende einer Terrasse sichtbar, und dessen gewölbte Fenster das Blau des Himmels umfangen. Man sieht hinab in die Stadt, und die Bergstadt, die den Schloßberg mit der untern Stadt verbindet liegt Romantisch mit ihren zerstreuten Häusern in der Tiefe des Gebürges, wie an dessen Rand. Fruchtbäume, Reben Geländer verzieren die Wohnungen, auch da möchte man wie in Italien ausrufen

Und ein Edler Volck hat einst gelebt! –

Denn in keiner Rücksicht sind die Eingebohrnen Einwohner mit ihren Prachtvollen Naturscenen in Einklang. –

Und eben diese Menschen erinnern noch mehr an dem – ◊

⟨Es ist immer wichtig, lieber Freund⟩

[1r]Erster Brief

Es ist immer wichtig, lieber Freund, das wir indem wir uns Rechenschaft von uns selbst und unsrem Fortschreiten geben, die Eindrücke aufzusuchen uns bestreben, die uns als ein Leitstern erschienen, um unsrem Geist und also auch dem Geschmack eine Richtung zu geben. Entfernt von dem Ersten Reize der Jugend wie ihren schönen Erinnerungen lebe ich nun in der Stille und ländlichen Einsamkeit, und folge dem Geschäft des Tages und der Zeiten, und folge Hesiodus Lehren, die er seinem Bruder giebt, und bestrebe mich mässig zu seyn, die Zeit zu ehren, und die Götter. Von allen Wünschen der Gegenwart frey, und von der Eitelkeit des Lebens fern, erscheinen mir die Bilder des vergangnen Lebens im erhöhtern oder trübern Lichte.

Ich vergeße es nicht wie mich zuerst das Schicksal zu Ihnen führte, mit welcher ungestümen Freude ich die weite todte Stadt E. hinter mir ließ, und des freundlichen Grußes des geliebten D. mich entzog, wie er noch in der Ferne seine schöne Hand segnend über mich erhob, und ich mich zum Wagen heraus beugte so lang wie möglich, um noch dieses Zeichen der Liebe fest zu halten. – Er stand in seinen Umgebungen wie in seiner Zeit Einzig da, und die lieblichen Bilder seiner Seele wollte er den todten geistlosen Massen einhauchen wie ein zweyter Prometheus, er hatte den zündenden Funken entwendet, aber vergeblich! Denn nur Er allein verbarg dieses hohe, Reine Element in seiner eignen Brust. Und nur wenn Anklänge ihm verwandter Geister sein Wesen berührten, erwachte er aus den hohen Träumen seines Eignen. – Er wollte auch auf das Volck wirken welches er leiten sollte. Doch sah er indem er sich herabließ zu den kleinsten Bedürfnißen des Lebens, nicht die Dankbarkeit lebendig werden, die er verdiente.

[1v]Ich kam nach W. – Sie waren noch nicht angekommen. Neugierig folgte mir der Wirth in mein Zimmer, um zu erforschen welchen Heiligen ich mich geweiht habe. An der Menge meiner Bücher die man mir nach trug, das lederne Taschenbuch welches ich selbst an der Brust hielt, dachte man ich sey ein anerkannter Sohn des Apollo. Aber ich fragte nach einem Nahmen, der nur meinem Herzen süß klang, und Sie waren noch nicht angekommen. Von allen Seiten strömten Wagen herbey, schöne Frauen, lustige Studenten, benachbarte Kaufleute, u. Beamte, Gelehrte. Alles war bunt unter einander an der Tafel. Man war gekommen um die Erste Vorstellung des Wallenstein zu sehen: – Kaum war der Nachmittag zu Ende, so strömte man ins Schauspiel. Ich vergesse niemahls den Eindruck den mir dieses Einzige Werk der tragischen Dichtkunst zum Erstenmahl gab. –

Die alten Zeiten kamen lebendig wieder, wo ein durch Krieg gebildetes Volck, nur das Eine Ziel anerkennen will. Man fühlt sich so lebendig in diesen Kreis gezogen, daß man an Alles Unmögliche auch glauben mag. Wie groß und schön ist jeder Einzelne Zug aufgefasst! wie reich kam mir der Geist des Dichters entgegen. Ein Ehrwürdiges Schweigen, eine hohe Erwartung sprach sich überall aus. Alles war Ernst und würdig angeordnet, und so gestimmt. Der gewöhnliche Haufe der nur nach dem Neuen strebt, wusste nicht wie dies zu nehmen sey, und unbewußt wie eine Götter Nähe wallete der Besten, und der Bessre Geist über diese Bühne, – [2r]wo man ahnden lernte, daß es möglich sey, das Höchste wo nicht am Höchsten, doch so auszusprechen, daß es Eingang finde, und nur wo klares ruhiges Auffassen, und Ausdruck möglich war, war ein Riesen Schritt den nur zwey sich befreundete Genien möglich machten. – Die Menge empfing staunend ohne es sich bewußt zu werden wie in die Künstler:

Wie unter heilige Gewalt gegeben,
Empfangen sie der heilge Geister leben,
Der Freyheit hohes Recht, zurück.

Ich weiß das die Nation oder der beßre Theil der Nation, hat Schillers Geist zu würdigen gewusst, und wird es immer wißen. Doch muß man dem Geschmack immer eine lehrende warnende Stimme entgegen schallen laßen, denn ein jeder Stillstand bereitet nur selten den Weg zur höhern Region vor, sondern den Rückschritt. Auch gefällt sich die Menge lieber in bunten Träumen, und lässt die Worte walten, die Gefühle bezeichnen und befriedigt sich selbst damit.

Schlafheit ist eben so wohl der Weg zur Bosheit, als zur Unthätigkeit. Denn man soll nur erst nicht mehr sagen was man wolle, so nimmt ein Fremder Wille Plaz, und herrscht sey er gut oder nicht. – Daß man zu leicht sich mit der Mittelmäßigkeit aussöhnt bringt eben den Schaden als gegen das Schöne zum Kampf zu ziehen. – Im leztern Falle wird selbst durch den Kampf Kraft gewonnen, aber in der Hingebung räumt man der Mittelmäßigkeit ein zu weit ausgedehntes Feld ein, und eben wird die bessre Kraft erschlaft, wird sie überwältigt.

[2v]Ich stand in der Entfernung von Schiller, daß ich ihn sehen konnte, wie erhaben war sein Wesen. Er fühlte was er geleistet hatte, und sein eignes Wesen hatte selbst der Bühne eine höhere Stellung gegeben. Jeder bestrebte sich die Worte des Dichters nicht ohne Bedeutung verhallen zu laßen, die er ihnen mit dem Gefühl seines eignen Herzens eingeflösst hatte. Es war niemand an der unrechten Stelle, und der Dichter hatte eine kluge Auswahl getroffen. Wo er wusste, daß die Schauspieler sehr untergeordnete Gaben hatten, hatte er ihnen doch wenige Worte eingelernt, daß sie an der rechten Stelle waren, und indem, wie in der Fabel von *La Fontaine* die Fliege glaubt den Heuwagen fort zu bringen, so glaubte jede untergeordnete Kraft, sie wäre nöthig zum Ganzen. – Man durfte nur klar sprechen, keine falsche Anmaaßung hinzubringen. So zollte man dem Dichter, über dem man meistens den Schauspieler vergaß, den gerechten Tribut. Die drey Haupt Caracktere wurden durch die Beßten Schauspieler vorgestellt. Max, Thekla, erschienen mir als bleibende, einzige Schauspieler in den Scenen des Abschieds zumahl. Reiche Thränen floßen, manches Herz hatte sich ganz in die Lage versezt. Ich stand mit einem würdigen Gelehrten in einer Loge. Er fühlte menschlich, und war dem Dichter persönlich nahe. – aber ich kann den Eindruck nicht vergessen, als ich mich umsah, und große Thränen meine Wangen benezten daß die Züge meines Nachbars wie aus Erz gegossen hinstarrten, und sich freundlich, gleich blieben. – Im ersten Gefühl war dies mir Sehr schmerzlich. –

II. Reflexionen

⟨SCHÖNE SONNE!⟩

[1r]Schöne Sonne! Wie wohlthätig ist dein Einfluß, auf die Erde, du erwärmst, erfreust alles; so auch mein Herz -- Es ist mir begreiflich wie die bloßen Naturmenschen, dich als Gottheit verehren konnten, denn dein Licht belebt alles. O vielleicht strömen auch unsre Wesen einst ganz in dich, und die Milde, die du auf uns herab schüttest; deine schönen Strahlen kommen wohl durch den Einfluß, reiner abgeschiedner Seelen, zu uns, und beleben uns so mit Freude.

[1v]Es ist vielleicht nicht blos Traum daß der Vater von Morizens Hirtenknaben ihm, den Trost lies in die Sonne, nach seines Geist zu blicken. – Mit inniger Empfindung, rufe auch ich dir zu *hail holy light!..*

⟨WAS IST'S⟩

[1v]Was ist's daß unsren Blick oft so trübt? und uns die Zukunft nur durch tiefe Trauergewölcke blicken läßt? Und dann auf einmal wird der Blick wieder heiter alles trägt sich leicht. Es ist gewiß nur phisische Schwäche, der Geist leidet nicht selbst.

[2r]Dies ist ein Trost, der wohl thut, in so weit daß es zeigt das unsre Uebel nur eingebildet sind. Aber doch ists auch wieder betrübt, daß der Körper so mächtigen Einfluß auf die Seele hat. Ohne den Trost der Religion, eines beßren freiren Seins nach diesen Leben, wäre es eine Andeutung der Vernichtung des trüben Todesschlafs, diese Unthätigkeit, Taubheit, da man nicht den Einfluß der Gottheit, nicht den Reiz der wohlthätigen Natur spürt. Aber so ist es vielleicht nur eine Abspannung, Erschlafung, und die macht, daß wir nach überstandnen Unmuth, uns gestärckt fühlen, und [2v]ein freieres Bewußtsein, unsres Daseins erlangen, daß uns froh macht und die kleinen Uebel des Lebens leichter tragen lehrt.

⟨O ERINNERUNG⟩

[2v]O Erinnerung du ein schöner Trost des Lebens! umhülle mich mit deinen lichten Gewande. Durch dich wird trübe Gegenwart helle! und o Hofnung verlaß auch du mich nie!

⟨SCHÖN IST DER SINKENDE ABEND⟩

[2v]Schön ist der sinkende Abend, wenn die lezten Strahlen der Sonne noch hinter den schwarzen Bergen flammen, und die Sterne sanft schimmern, aber immer glänzender werden. Es ist ein [3r]Bild der Natur, wie alles stufenweis, immer höher, höher steigt. So auch in unsrer Welt, was vor langen Zeiten, nur wie ein kleine Flamme loderte, bricht jezt zu einem hellen Licht aus, daß Wärme, und Freude verbreitet, so mit den Wißenschaften und Künsten. Der Mensch bildet sich immer mehr und mehr. -- Und so nimmt alles zu, einen Grad von Vollkommenheit zu erlangen. Wir genießen einst in vollem Maaße, was wir hier einzeln ausstreuten. Darum sei ruhig Herz bei den Leiden die dich drücken. Laß die schauerlich schöne Abend [3v]stunde, dir ein Bild beßrer reiner Freuden sein, die dein warten.

⟨DER GEDANKE IST SÜSS⟩

[3v]Der Gedanke ist süß, daß du schöner Abendhimmel mit all deinen Sternen, und dem schönen Mond, alle meine Lieben umgiebst. Süß sei Ihnen der Abend, mögten sie die Nähe meines Herzens fühlen, wohl uns daß die Seele über Berge Thäler, Länder und Meere sich heben kann! Aber süßer noch wäre es, wenn wir rein das umschweben unsrer lieben fühlen könnten! -- Es sollte nicht so sein, wäre uns wohl nicht nüzlich. Darum ist es gut wie es ist, aber es ist dennoch ein schöner Traum, daß es [4r]nicht blos Ahndung, Hofnung, sondern Möglichkeit wäre!

⟨GOTT! EWIGES, UNBEGREIFLICHES WESEN!⟩

[4r]Gott! ewiges, unbegreifliches Wesen! Wie viel, wie oft suchten schon Menschen, dein Sein zu enthüllen! und das Gebäude ihrer Träume -- sank in sein Nichts zurück. – Wie oft haben wir schwache, kleine, deiner unwürdige Begriffe von Dir! Wir sinnen, und sinnen, und am Ende staunen wir für deiner uns kurz sehenden Sterblichen zu großen Macht, können uns aus der Labyrinthe der Ideen nicht finden.

O es wird einst eine Zeit sein, wo wir dich näher kennen werden!

⟨WANDLENDE WOLCKEN⟩

[4v]Wandlende Wolcken, ihr ein wahres Bild, der Erdenfreuden, wie schön seid Ihr! Das düstre Grau mit den Strahlen der Sonne gesäumet, ist ähnlich mancher trüben Bangstunde. Der Glanz, der durchbricht, ⟨i⟩st die wohlthätige Hofnung. Und das sanfte reine Blau, ist vielleicht Vorschmack beßrer, reiner Freuden. Natur in dir findet Ruhe das Herz, und doch giebt es so viel Menschen, denen du nichts bist. Sie genießen weniger schöne Momente, als fühlende Seelen, und ihr Herz wird sich nicht so leicht befriedigen laßen, weil sie immer in Dingen Freuden suchen die keine geben können. Aber in deinem Anschaun haben wir alles!

⟨DURCH DÜSTRE WOLKEN⟩

[1r]Durch düstre Wolken brachen einige Strahlen der Sonne, doch sie schwanden, und ein undurchdringliches Dunkel hüllt die Gegend vor mir in Nacht. So schwebt auch die Zukunft vor mir! Soll ich Freuden fühlen oder Kummer tragen lernen? Hier u. dort kein Ausgang? Vater der Wesen ich knie im Staube vor Dir!

What future Bliss he gives us not to know.
But gives that hope may be our blessing now!

Ich fühle innig tief, daß die Decke die die Zukunft verhüllt, heilig ist. Und es ist gut daß wir [1v]sie nicht abnehmen dürfen. Finden wir Freuden so sind sie doch so flüchtig, daß wenn wir sie zu faßen wähnen, sie schon vorbei sind; und sollen wir Kum⟨m⟩er haben, so würde uns die gewiße Aussicht davon, noch schwächer machen, und am Ende wenn es so sein muß, so finden wir doch auch Muth ihn zu tragen. – Es ist ein süßer, süßer Trost daß wir von einer Macht abhängen, die uns immer leitet, trägt, beschüzt. Laß mir o Vater immer den Glauben an deine Vorsehung! – – –

⟨WAS IST DAS LEBEN?⟩

[2r]Was ist das Leben? wer kann uns das enthüllen? Wir lieben es, wünschen es, und dann, sind wir doch froh daß ein Tag nach dem andren vergeht. Und genießen es nicht! Nein dies ist nicht unsre einzige Bestimmung!

⟨PHANTASIE⟩

[2v]Phantasie, wohin leitest du unser Herz? O warum steigen Wünsche in uns auf, Ahnungen, die nie, nie erfüllt werden?

⟨DER STOLZ UNSERES GEISTES⟩

[2v]Der Stolz unseres Geistes sollte schwinden, wenn wir uns beobachten, und sehn, daß oft nicht aus uns selbst unsere Gefühle und guten Empfindungen kommen, eine Brechung der Lichtstrahlen, einige Dünste in der Luft, können das Herz sinken laßen, und, uns selbst, und alles was uns umgiebt, in einen trüben Schimmer zeigen, oder uns über Welt, und Zeit, und Erde heben, in höhere Sphären.

⟨DER WIND HEULT⟩

[3r]Der Wind heult, kalte Regentropfen schlagen ans Fenster, o Boreas schone der zarten Blumen! Auch mein Herz zieht sich zurück, fühlet sehnen u. Leere. Auch so haucht der kalte Hauch der Gleichgültigkeit die Blüthen der Freundschaft an, die schön aufkeimten, ach Ent-

fernung, der Hang zu Ruhm u. Ehre, lies wohl manche Aufwallung dafür stumm werden, u. das treue Herz ward vergeßen. Steig aus de⟨m⟩ Schutt der Vergangenheit wieder hervor, Bild entflohner Freude; sei von mir nicht vergeßen, mir ewig lieb, u. grüne um meinen Scheitel in unverwelcklicher Blüthe.

⟨HEUTE⟩

[3v]Heute fiel mir die Analogie aller Dinge auf, wie alles in der Welt aus einerlei besteht, u. zusammengesezt ist. Aber der Mensch kommt mir zugleich als das vollkommenste Wesen vor, der alles in sich vereint, aus allen Theilen ward er gebildet, u. nur in ihm verfeinern sich im höchsten Grad die Materien. In der Organisirten Schöpfung heißt das. Von der Geister Welt wiß⟨en⟩ wir nichts, u. es ist ein wohlthätiger Schleier (sagt Herder) der die künftige Welt überdeckt.

⟨DIE WELLE⟩

[4r]Die Welle die vor unsern Auge⟨n⟩ über Kiesel schlüpfte, kommt nicht wieder. Sie fließt fort, bis ins weite Meer. Die Nachtigall die uns Abends lieblich vorsang, singt wohl nicht wieder, da wo sie einmal war, Menschen verscheuchten sie, oder sie mußte fort um sich Nahrung zu suchen. Es ist nichts bleibend hienieden. Treue Freundschaft! auch du nicht immer! Ach warum suchen wir Bestand, u. sind doch selbst so wandelbare Wesen! wir wähnen jedes warme Gefühl bleibe ewig. Aber die Zeit streicht ihren Pinsel über das Gemählde, [4v]u. die Farben fließen in unbestimmte Formen zusammen. Wenn wir einst vollkommen werden, wird auch Treue ewig sein! –

⟨SPÜLST DU DENN O ZEIT⟩

[4v]Spülst du denn o Zeit mit deiner Welle, über jede Freude des Lebens? u. löschest aus die lieblichsten Bilder? O ihr vergangne Freuden, bleibt denn nichts von euch, als der Schmerz daß ihr nicht mehr zurückkehrt? Das dachte ich eben als ich einige Briefe durchging. –

O warum ist doch unser Geist in so enge Schranken, warum können wir nicht, die Winde durchschneiden, die Meere in eine⟨m⟩ Augenblick überfliegen, daß das Herz die Nähe einer freundschaftlichen Seele deutlich fühlen könnte. So wallen wir immer [5r]in einer ängstigenden Ungewißheit. Wenn wir vergeßen könnten!

Tis sure the hardest science to forget!

Nein nicht vergeßen sollen wir, sondern starck die nothwendigen Uebel der Trennung tragen! Denn sie ist hofentlich nicht ewig!

⟨WIE DIE SONNE SO SCHÖN⟩

[5r]Wie die Sonne so schön auf die Wipfel meiner Pappeln scheint, die Luft ist rein u. blau! und die Erde düftet süß nach den Stürmen, vor wenig Stunden hallten die Donner fürchterlich wieder, die Blize durchkreuzten die Luft, – – u. nun wieder so schön! So still! es kommt auch einst eine Zeit, wo unser Leben so ungetrübt, u. rein sein wird. Soll uns nicht dieses Vorbild sein? –

[5v]Wie gut ists doch wenn wir die Verhältniße der Dinge ansehen lernen, in der physischen Welt, wie viele Menschen zittern, bei den fürchterlichen Getöse des Donners, glauben den rächenden Gott zu hören. – Man sollte nur stets den Kindern die reinsten einfachsten Begriffe beibringen, von den Auftritten der Natur, sie würden das Leben, leichter u. froher genießen, haben sie auch nicht eben die sonderbarsten Ideen, u. abgeschmäcktesten Begriffe von den Dingen, so thut doch die Dunkelheit, u. Verworrenheit eben so viel Schaden, die Kinder nehmen die schwächsten Eindrücke begierig auf, u. es bleiben alsdann tausend Sachen [6r]in der Seele eingewurzelt, die sie ohnmöglich so leicht wieder austilgen können, u. die alsdann Hinderniße zur Fortschreitung des Eingangs der wahren, u. reinen Begriffe in die Seele legen, die die Zeit u. Vernunft, nicht so leicht daraus vertilgen können.

⟨ES GIEBT OFT MOMENTE⟩

[6r]Es giebt oft Momente wo wir uns so kalt, so leer fühlen; wo die Dinge um uns her uns nichts scheinen, was sind da die Freuden des Lebens? – Sie dünken uns ein Gaukelspiel der Phantasie, eine Lufterscheinung, die den Himmel auf einen Augenblick hellt, u. dann verschwindet, u. wieder in die vorige Dämmrung [6v]zurück sinkt, die Freundschaft das seeligste Gefühl, ist uns nichts, denn die Seele bindet sich an ein Wesen das nicht fester, nicht wahrer ist als wir selbst. –

Sind denn die Dinge wirklich so, ist alles nur Schein, Täuschung? oder kommen sie nur zuweilen einer kranken Einbildungskraft so vor?

⟨VERGANGENHEIT, ZUKUNFT!⟩

[6v]Vergangenheit, Zukunft! wie steht ihr vor der Seele, als ein weites, ofnes Grab. Dort verschlingt die Welle der Zeit eine Freude nach der andern, u. das vergangne Glück kommt nicht wieder, u. was schwebt nicht noch vor uns? [7r]wohin sieht der Blick? in welche unermeßliche Weite der Zukunft sieht das Auge, o wer kann uns das Leben enthüllen.!? ––

⟨DER WAHRSTE, REINSTE GENUSS⟩

[7r]Der wahrste, reinste Genuß unsrer selbst unsres Seins, ist wenn wir die Verbindung der Schöpfung fühlen, u. ein weites Wohlwollen unsre Seele erfüllt, wenn man gleichsam die ganze Welt an sein Herz drücken möchte, u. sagen ich lebe nur für euch, nur in der Liebe für euch fühl ich meine Existenz. Wenn unser Ich ganz weggewischt ist aus den Herzen, und es nur für das große A l l schlägt. Schöne Momente unsres Lebens, warum seid [7v]ihr so selten? –

⟨ES IST EINE SONDERBARE EMPFINDUNG⟩

[7v]Es ist eine sonderbare Empfindung, vergangne Gefühle sich in die Seele zurück zu bringen, u. wenn man denn bemerkt wie unsre Art zu sein wandelt, wie die Vorstellungen in unsrer Seele wechseln, der menschliche Geist ist doch so reich in sich selbst! wie viel verschiedne Ideen kann er aufnehmen! – Ich lernte manches seit ich [8r]nicht zu euch sprach, ihr Blätter, ihr sollt mir ein Denkmal meiner Gefühle sein, u. mir vergangne Freuden oder Schmerz zurück rufen. – Oft stürmte es indeßen in mir, Zauberwelten öfneten sich meinem Blick, u. oft wieder hinab versenkt in tiefes Elend, wo kein Ausgang sich zeigte als der Tod, ward mein Herz. Hingerißen von süßen Gefühlen schwebte ich von einem Momente zum andern. – Doch davon will ich schweigen.

Der Genuß der Kunst gab mir viel, u. ich lernte manches einsehn u. fühlen, was mir [8v]mehr Intereße gab für die Dinge. – Ich verkannte nie die Ewig schaffende, lebende Kraft die alles belebt. – Aber meine Begriffe von ihr änderten sich, wie mein Geist mehr umfaßen lernte. –

Die Gestalten verwandelten sich, mein Herz hängt nicht mehr nun allein so innig an eine andre Welt, von der wir doch so gar nichts wißen, sondern ich lebe mehr der gegenwärtigen, u. was ist weiser? – Ach die Augenblicke die man hat muß man genießen, dafür sind sie uns gegeben. –

⟨EINSAMKEIT!⟩

[9r]Einsamkeit! Süßes Gefühl, für leidende! die sich in den Wirbel der Menschen herum drehen, nach Trost seufzen, sie können ihn in deinem Schooß finden.

Die Stille, die uns umgiebt, ist stärckend, süß, die unruhigen Empfindungen schweigen leichter. Oder auch wenn Thränen fließen, ist es Trost sie ungestört weinen zu können.

Wohl dem, der in sich selbst gern zurück gehen mag! denn kein bewustes Unrecht drückt! Fehler haben ist nun einmal unser Loos, aber wenn Güte, Vernunft, die Oberhand behalten können, so geschieht doch mit Vorsaz kein Böses, dies ist ein kleiner Trost. –

Oft, oft irren wir Menschen, aber unsrer Mitgeschöpfe Irrthum tragen lernen, mit Gedult, bewahrt uns selbst, vor eignem leichter.

⟨STILLER, SCHWEIGENDER ABEND⟩

[9v]Stiller, schweigender Abend, mit deinem Nebelschleier, der die Berge halb umhüllt, der vo⟨m⟩ Monde beleuchtet, rufe mir frohe Gefühle ins Herz! Der Mensch lebt nicht sich immer zu freun. Er muß früh fühlen lernen, daß es Uebel giebt, sie tragen lernen, und die Harmonie in der Schöpfung nicht verkennen, die doch alles erhält, auch wenn wir sie in manchen Momenten nicht fühlen.

⟨WIE MÜHEN SICH MENSCHEN⟩

[9v]Wie mühen sich Menschen, hier oder da, einen Plaz zu bekommen, oder dieses oder jenes zu erlangen! und haben sie's, so ist's wieder etwas anders was sie wünschen! (so dachte ich gestern, als ⟨ich⟩ in Plutarch las, u. heute in Schmidts Geschichte.) [10r]ein Grab nimmt alle unsre Entwürfe, und glänzende Aussichten mit in seinen engen Schoos! Wie klein scheint sich das denkende Wesen! und doch auch wieder groß, bei den Gedanken, daß nicht alles mit uns aufhört! Wir mögen einen Plaz in der Wesenleiter einnehmen, wo wir wollen, mögen in dieser Welt eine Form annehmen, wie wir wollen. Aber beßer und glücklicher werden wir gewiß! gewiß.

I cannot go, where universal love
around me smiles!

sagt *Thomson.*

⟨DIE LEZTEN TAGE, DIESES JAHRES⟩

[10r]Die lezten Tage, dieses Jahres sind heiter und schön. Es brachte mir die Woge der stürmischen Zeit [10v]manche Blume in ihren krausen Wellen. Ich danke Dir Vater! Die Blumen verblüthen, finstre Wolken trübten den Himmel, und ich lernte manches fühlen, was mir schwer zu tragen wird. Aber auch dafür Dank!

Wer sich gedrückt fühlt, findet doch immer auch Kräfte, zu tragen, und was einem oft unmöglich schien, zu überstehn, wird, kommt die Zeit herbei doch leicht.

Weisheit, Macht, und Güte weben
In des Wurms u. Engels Leben
Wahrheit, Harmonie u. Glück.

O daß unser Geist, so oft von den äußern Dingen gedrückt wird! Daß uns diese Harmonie, die alles erhält, belebt, nicht immer fühlbar genug ist!!!

⟨WIE VIELE KLAGEN ÜBER DEN TODT⟩

[1r]Wie viele Klagen über den Todt erschallen täglich u. stündlich aus der Brust der Menschen! – und wer findet einen heilsamen Balsam diesen bittren Kelch zu versüßen? – Der Schritt ins Leben ist die Bedingung des Todes! – Auch Herder musste sterben. Seine grosse Kraft geht hinüber in eine höhere Welt, in höhere Wirckungskreise. Diesen Trost halte fest zweiflendes Herz! Aber uns ist er verlohren, u. wir sehen weinend das Meteor sich in höhere Zonen aufschwingen. Dessen Glut unsere Herzen nicht mehr beleben u. ergözen kann. Er verschwindet wie ein Schatten aus der [1v]sichtbaren Welt, ◊

⟨JEDER MENSCH⟩

[1r]Jeder Mensch sollte die Geschichte seiner Empfindungen für sich selbst aufsezen. Nicht sich ängstlich beobachten, und immer mit seinem Gewißen sich abzufinden, sondern sich mit freyem Sinn prüfen, wie die äußren Gegenstände auf uns wirken. Jede ängstliche strenge Beobachtung unsrer Selbst, verleitet uns zum Stolz. – u. ist deswegen nicht zu empfehlen. Wir möchten uns so gern den Kampf der Neigung gegen die Pflicht recht hoch anrechnen, man ist am ersten auf dem Wege ein Heuchler zu werden bey diesen Prüfungen seines Wesens. –

So viel die Welt gegen *Lavater* schwazt u. so oft er den Anschein hatte, ein Heuchler zu sein, so war er es doch gewiß nicht. [1v]Seine strengen Selbstprüfungen waren ihm Ernst; er litte gewiß am meisten über seine Fehler die er in sich entdeckte. Eigenliebe könnte man es leichter als Heucheley nennen, nach ihm kann niemand sich so streng mehr prüfen. –

Mich selbst prüfen möchte ich nicht, in diesen Blättern. Mein Herz wird auch die Abwege schäzen! Aber Ideen die mir aufkommen, entweder nieder schreiben, oder indem ich über sie nachdenke mir sie klärer zu machen suchen. Dies soll der Zweck sein. –

Je länger man in der Welt lebt, je näher man die Menschen beleuchtet, je mehr flüchtet man sich in sein eignes Herz zurück. – Welche Zwecke, welche Neigungen leiten die, die wir beobachten? [2r]Falsches Streben nach unerreichbaren Dingen ist beynah die ganze Existenz mancher Naturen. Wo ist der Friede zu finden, wenn er nicht in uns ist? – Je gebildeter die Natur, je näher den Abwegen. Kein Mittelweg führt zu dem Genuß einer ruhigen Existenz. Haben wir das Schicksal beschworen so entstehet in uns selbst der Kummer. Immer das unerreichbare zu erringen, strebt die Natur. – Immer in jeder Lage in jedem Moment des Lebens, ist nur Hofnung nach etwas bessern, für etwas bessers der einzige Stab, auf den wir unsre wankende Existenz stüzen. –

Soll dieses ewige streben nach dem bessern zwecklos sein? – Soll er nicht dem Geist die Deutung geben, daß es einen Ort giebt wo endlich alles hoffen – erfüllt wird?

[2v]Man wird gleichgültig gegen Alles was ehmals Bewundrung erweckte, wenn man die Quelle untersucht aus dem unser Glück, oder Unglück entsprang. Wer urtheilt über uns, wessen Meinung kann uns heilig seyn, wenn wir die kümmerlichen Behelfe derer Naturen sehen, die uns richten, deren Urtheil zum Wohl unsrer Existenz beytrug.

Schwimmen Sie nicht alle wie wir in dem Strom des Lebens fort? Haben sie nicht auch Neigungen, Meinungen die wir nicht zu respektieren Ursach haben? –

Wer selbst nicht weiß, was er meint, was er will, wie kann der uns zum Maasstab unsres Verhaltens dienen. Wo ist ein Mensch der dies ausspricht, daß er die Norm unsres Betragens [3r]seyn könne? – Wer von Euch rein ist, hebe den ersten Stein! – sagt Christus, u. wer kann dies nicht bey allen zu allen in der Welt sagen, die sich anmaaßt zu richten. –

⟨MIR TRÄUMTE⟩

[1r]Mir träumte: ich habe getraumet, ich säße mit meiner Mutter u. sähe alte Papiere durch, da fand ich Brieftaschen, worin etwas geschriebnes an S. gerichtet lag. Ich weinte so heftig darüber u. fühlte daß ich schlu⟨ch⟩zete im Traum. Ueber diesem Traum sagte ich im Traum den⟨n⟩ was von Goethe aus dem Lied an Mignon:

[Iv]Kaum will mir die Nacht noch frommen.
Denn die Träume sollen kommen
Nun in trauriger Gestalt.
Immer fühl ich dieser Schmerzen
still im Herzen
Heimlich nagende Gewalt.

REFLEXION ⟨ES IST SCHWER ZU ENTRÄTHSELN⟩

[Ir]Es ist schwer zu enträthseln, wo bey einer guten Natur, Reinheit der Empfindungen, u. Liebe zum Guten, der Glaube an das Böse doch so starck sein kann!

Es befremdet einem schmerzlich, in solchen Gemüthern allen Glauben an das Edle, u. Hohe der menschlichen Natur zu finden, u. doch eben so fähig sie zu sehen, allen Gräueln u. Verbrechen der Menschen Glauben beyzumessen; Ohne selbst Erfahrungen gemacht zu haben. – Es kostet ihnen keinen Kampf das Böse zu suchen, sie suchen es auf, freuen sich darüber, u. beflecken den reinen Spiegel ihrer Seele mit trüben Bildern, u. es wäre ihnen doch so heilsam sich heiligen Glauben an die Reinheit, der Natur, dem [Iv]Göttlichen Glanz im Menschlichen Gem⟨ü⟩th nicht zu verhindern. Sie sind dreyfach ungücklich, u. ich möchte keine solche Existenz bey den größten Anlockungen. Ach der Spruch macht so selig.

Drum Edle Seele entreiß dich dem Wahn
Den himmlischen Glauben bewahre.
Was kein Ohr vernahm, was die Augen nicht sahn.
Es ist dennoch das Gute und Wahre!

Rein wie ein höherer Geist steht dein Bild in meiner Seele. Nicht die Erinnerung vergangner Irrthümer könnte mein Herz irren. – Eine unglückliche Seele, konnte mir dein Bild trüben, Gott verzeihe ihr. – Den Schmerz den sie mir unwißend machte.

UEBER DAS GEBET

[Ir]Die Kraft des Gebets, ist eine⟨m⟩ immer fühlbarer, je mehr man leidet, denn in einem auf einen Gegenstand fest hingerichteten Gemüth, wo auch nicht Hofnung ist, daß wir sichtbar erhört werden, ist schon Trost gefunden, wenn wir es erlangen können, uns von den Gegenständen unsrer Noth zu entfernen, und dadurch schon, daß wir es vermögen von der Erde wegzublicken, wird der Blick gestärckt.

Nicht nach Oben sollen wir schauen, wenn unser Herz menschliche Wünsche hegt, sondern nur wenn wir Fassung bedürfen, wenn wir Gaben des Gemüths erlangen möchten sollen wir zu dem großen Gemüth des Vaters aller Wesen flehen. Aber dennoch giebt es auch Wünsche der Erde die nur ein Gott erhören wird. Ich möchte meinen Kindern die Kraft des Gebets recht tief fühlen lassen, aber nur in Momenten der reinsten Stimmung, wo zu viel [Iv]menschliches sich in die Wünsche noch mischt, da vermag der Blick nicht rein genug zum Himmel zu blicken.

Viele kindische Wünsche sandte ich in meiner Jugend zum höchsten Wesen, dies mocht ich bey meinen Kindern verhüten. Sollte ich nicht ihnen selbst klar machen können, was es ist, ein gl⟨ä⟩ubiges, vertrauendes Gemüth zu dem Schöpfer der Welt zu richten, so möchte ich sie in diesem Blatt dazu anhalten die Bibel zu lesen, im reinen Sinn, die Lehren die Christus gab, sich einzuprägen, alsdenn werden sie auch fühlen, daß es nichts höheres giebt, als das Gebet welches er uns lehrte. Vater unser, der du bist im Himmel⟨.⟩

In den Momenten meines Lebens, wo keine andre Stimme zu mir Eingang finden konnte, wo ich deutlich fühlte nur Gott kann helfen, betete ich das Gebet. –

[2r]Ich kann es nicht vertragen, wenn man zu viel von seinen relig⟨iö⟩sen Gefühlen spricht, wenn man die Kraft seines Gebetes so rühmt wie Stilling. Ich glaube daß es Fälle giebt, wo auch unsre Bedürfnisse durch das Gebet gestillt werden, wo eine unsichtbare Hülfe nahe ist. Ich habe sie im Laufe meines Lebens auch erfahren, u. es ist mir daher schmerzlich wenn man über diesen Glauben spotten kann. – Es ist nichts zufällig, und alles zufällig in der Welt. Es geschieht nichts was nicht von einer höhern Ursache entsteht, u. daher hängt der kleinste Zufall von eine⟨m⟩ höhern ab. Es giebt in der Natur so viel Zusammenhang wo das menschliche Aug, u. der Verstand nicht ahnden, wohl auch nicht ergründen kann, u. wird. Warum sollten wir den Zusammenhang der Geister läugnen, u. ganz absprechen. – Klar gesprochen, zum Beispiel, wird es [2v]einer höhern Macht nicht würdig gedacht sein, den Menschen in leiblichen Bedürfnissen hülfreich zu erscheinen. – ob gleich das Gemüth in jeder Art Noth sich zum Himmel erheben soll, so können doch Mächte die wir nicht ahnden wirksam sein, uns zu helfen, u. die geheimnißreichen Fäden die die physische Welt an einander binden, die Kräfte die An u. abstoßen, die Licht u. Farbe, Nacht u. Tag bewirken, sollten nicht auch solche Kräfte in der Geisterwelt herrschen? Sollte nicht ein Gemüth das der Hülfe bedarf, auch wieder eine anziehende Kraft finden, die hilft, wo sie helfen kann. Warum sollten die Geseze eben da aufhören gültig zu sein, wo die Geisterwelt beginnt. – Ein heftiger heisser Wunsch in des Menschen Brust könnte der nicht eine Antwort finden? – Wer kann sagen, es ist nicht u. wer es ist. – Jeden Glauben der uns wohlthuend ist, sollen wir in uns aufnehmen.

WÜNSCHE

[1r]So sehr ich wünsche daß meine Kinder einst an jedem Ort der Welt sich durch das Gefühl einheimisch finden mögen, ihre Pflicht zu thun u. ihr treu zu leben wo sie auch das Schicksal hinstellt. So wünschte ich, daß sie einst ihren Herzen u. Vertrauen am nächsten sein werden, wenn ich nicht mehr bin; ihnen eine heilige Ehrfurcht u. Liebe für ihr Vaterland, gern erhal ten mögen, u. sie an diese Wünsche meines Herzens mahnen mögen. –

Auch der Ort der die heiligen Ueberreste ihres Geliebten Vaters verwahrt, sey ihren Herzen immer am Heiligsten, die frühen Bande die den Menschen an seine ersten Verhältnisse knüpfen, sind ohnehin die heiligsten. –

Der, der sich gewöhnt seine Wünsche schnell von einem Ort zum andern zu leiten, der nicht das süße Gefühl in sich bewahrt, einem Booden anzugehören, der wird leichtsinnig neue Verhältnisse suchen, neue Freunde, und wird sich isolirt fühlen, in einer Zeit wo er nicht mehr durch der Jugend Phantasien. u. Erinnrung [1v]der ihm fremd werdenden Welt angehört, u. angehören kann. Auch sind meine Kinder mehr wie jede andre Menschen den frühen Verhältnissen ihrer Jugend Dankbarkeit, u. Ehrfurcht schuldig. –

Wenn sie ihre Eltern lieben, wie jene sie liebten, so wird ihnen der Umkreis von den wenigen Meilen, wo diese sich fanden u. liebten, immer ein geheiligter Plaz sein. – Es haften jezt schreckenvolle Erinnerungen an den teuersten Gegenständen, und der Todt hat auf fürchterliche Weise, Denkmahle aufgerichtet, in dem glücklichen Thal wo wir liebten u. lebten. –

Aber es sey dieser Plaz den Herzen meiner geliebten Kinder immer heilig. Und gern mögen sie sich einst wenn das Schicksal sie auch nicht ungekränkt entläßt, zu dem Ruheplaz ihrer Eltern flüchten. –

*[2r]*Wenn einst die Welt, Euch herzlos kalt verstößt,
so flüchtet lieber zu dem stillen Grab,
dort rufet Eurer Eltern Gottheit an,
denn Götter sind wir dann, u. schüzen Euch. –

Wohl uns wenn dieser Gedanke prophetisch ausgerufen! wenn wir uns vollkommen, u. seelig einst über unsrer Gruft begegnen. Wenn mein Geist durch seine Liebe vermag dir nachzuschwingen, Ewiger Geliebter Geist! Ich kann dir nicht fern bleiben, u. seyn, wenn ich leben soll, im höhern Leben. –

⟨DAS RÜHRENDSTE SCHÖNSTE GEBOT⟩

*[1r]*Das rührendste schönste Gebot was Christus seinen Jüngern hinterließ, u. ihnen zum Trost fürs Leben gab, ist: Liebet Euch unter einander. Er der so viel von den Menschen erduldete, dessen heiligsten Gefühle geschmäht wurden, und der über die Bosheit und Verstockung der Welt schmerzlich weinte, sagte aus seinem großen reinen Herzen. Ein neu Gebot geb ich euch. Liebet Euch untereinander.

Was ist ohne Liebe das Leben? Was ists wenn wir den Glauben an das Gute in der menschlichen Natur verliehren? Ein trüber schreckenvoller Anblick ist die Welt!

Mit dem Enthousiasmus des Gefühls, mit dem Glauben der Jugend daß es gute, Edle Zwecke gebe, die allein zum Wohl des Menschen hinführten, daß die Menschen sich auf *[1v]*einander zum Trost, zur Stüze da sein sollen, dieser verliehrt sich, und die Flamme zuckt nur noch dann u. wann auf, und beleuchtet das Bild des lebendigen Wirkens, u. Hervorbringens der Welt mit einem magischen Schein, aber die eigentliche wahre Quelle der Liebe, versiegt mit dem Gefühl unsrer Kraft, die das Schicksal lähmte.

Aber wenn das Herz kein Individuum mehr findet, wenn der Tod der auch die Liebe nicht kennt, sondern nur von der Erde die F⟨ahrt⟩ nach dem Himmel lenkt und mit neuer Liebe uns an die Sterne verknüpft, wenn der Tod in unsern gewöhnlichen Leben und Wirken, das Gefühl der Liebe hemmt, so müssen wir nicht aufhören die Welt zu lieben, denn sonst ist das Leben gar nichts. Aber diese Liebe wird andrer Art, sie verwandelt sich in dem *[2r]*Glauben an das Gute in der Natur, in der Physischen wie in der Moralischen. Auch das wollte Christus seinen Freunden andeuten, indem er die Trennung ahndete, die seine Feinde ihm von ihnen bereitet. Da sein Herz, seine Liebe nicht mehr ihr Trost, ihr Schuz sein konnte, in einer Welt, die seiner Reinheit nicht würdig war, da wollte er dem liebenden Gemüth seiner Freunde eine Stüze lassen, und Sprach Liebet Euch unter einander.

⟨DIE WELT⟩

[2v]Die Welt kann doch nicht so böse sein, als sie uns vorkömmt! Welchen Zweck wollte unser Schöpfer mit uns haben, wenn wir nur existiren sollten, um zu leiden? Wenn es nicht zum bessren einst führet.

Generationen mögen leiden, fürchten, hoffen, u. zu Grund gehen. Es ist nicht für eine Existenz allein daß sie da sind. An die grosse gütige harmonische Seele der Welt, müssen wir lebendig glauben, an die Hand der Allmacht die, die verworrenen Fäden des Menschen Schicksals auflöset und endlich Ruhe, Harmonie, Ordnung sich erschaffen kann u. wird, in dem Chaos der Verwüstungen da sie die Menschlichen u. Dämonischen Leidenschaften der Weltharmonie stürzen. Die schrecklichste Erscheinung in der moralischen Welt ist der Krieg. – Aber wir müssen [3r]es glauben u. hoffen, daß Er für die menschliche Natur nothwendig, und endlich heilsam sein müsse, wenn wir den Glauben an eine leitende, schüzende Macht die Alles leitet in uns bewahren.

BETRACHTUNGEN ⟨WENN DER SCHMERZ⟩

[5]Wenn der Schmerz in unsrer eignen Brust, bey dem Verlust unsres höchsten Besizes, nicht tröstend auf die Hofnung eines Andern bessren Lebens hindeutete, so könnte uns schon die Betrachtung der Welt diese Hofnung lebendig machen. Wenn wir über den Gang der Wissenschaften, u. Künste nachdenken, so fällt es uns auf, daß es so viel Zwischenräume in dem Fortschreiten derselben giebt. Es ist als solle die Natur ihre strebende Kraft versuchen, aufbauen was zur Vollkommenheit des jezigen Zustandes gehört, und dann Pausen machen, um entweder den Faden dieses kunstreichen Gewebes nach Jahrhunderten hier wieder anzuknüpfen, oder in einer höhern Existenz erst vollenden, was uns die beschränkte unsres Erdenlebens verbietet. Zu welchem Gebäude der Grosse Künstler, die Resultate unsrer Künste u. Wissens auch hier, oder dort bedarf so ruhen unsre jezigen u. künftigen Thaten, in der Hand eines liebenden Geistes, dem wir vertrauen sollen; daß Er alles zum Bessren stets leitet. –

⟨WIE DER BLICK STREBT⟩

[5v]Wie der Blick strebt dem unendlichen näher zu kommen, wie es uns ist wenn wir nach den Bergen sehen, die ihre Gipfel in die Wolcken zu verliehren scheinen, da wähnt das Auge es könne de⟨n⟩ Aether erreichen, und wenn der Fuß die Höhen erglimmt hat, so sieht er sich nach oben so weit von dem Gewölbe des Himmels verbannt als wär er im tiefsten Thal. So geht es uns auch moralisch. Immer sinkt die Menschliche Natur wieder zurück in die tiefste Tiefe, wenn man das Leben anschaut, und die Jahrhunderte die man die frühern nennt, sie sind es aber nur uns, weil uns die späteren sich unsrer Zeitrechnung nähern, aber man möchte es wohl für Wahn halten, daß auf dieser Welt in dieser Existenz eine Vollkommenheit die durch ganze Geschlechter geht erreicht werden könne. Wenn man wähnen möchte dem reinen Blau nahe zu sein wird es plözlich Nacht u. düster. – Wenn man sich cultivirte Nationen denkt, die in ruhigen Zeiten nach der höchsten Verfeinerung streben, [6]und sie plözlich in den schreckenvollen Kriegszustand versezt sieht, da ist aller Glaube an moralische Steigerung

der Vollkommenheit plözlich vernichtet. Wenn Mensch gegen Mensch steht, wenn er sein Leben vertheidigt, sein Individuum retten will, wird er sich alle Grausamkeiten gegen den, der ihn anfällt erlauben, er wird wie ein Raubthier nur sein eignes Wesen retten wollen.

So lange Kriege möglich sind, so lange es Einzelne wagen können, an ihren Vortheil, das Glück ihrer Völker zu wagen, wenn kein Herrscher fühlt, das daß Glück des ruhigen Bewohners seines Eigenthums mehr werth ist, als ein schreckenvoller Ruhm der Siege, so lange sind wir immer nur auf einer eingebildeten Höhe. – Wenn fremde Menschen für einen elenden Lohn für ihren erkauften Herrn streiten, wenn Verbrecher denen nichts mehr heilig ist in der Welt, dadurch wieder Mitglieder der Gesellschaft werden, daß sie Soldaten werden, so lange [6v]wird ein Krieg immer das schrecklichste Phänomen in der moralischen Welt sein. Ein losgebundner Zustand ein Leben wo nur rohe Kraft Aeußerung etwas gilt, wie kann der Menschen bilden, und zur Moralität zurückführen? Edle Naturen läutert jeder Zustand wo es darauf ankommt, persönlich etwas zu erretten. Sie werden sich aus dem Ungewitter retten, Ihr Gewissen u. ihr Herz aus dem Sturm auf ein ruhiges Eiland flüchten, aber nur sich flüchten, nicht vorwärts schreiten, aber zügellose Naturen, werden immer verderbter duch diesen Zustand. –

So lange nur Kräfte des Körpers in Anschlag kommen die Zustände zu verbessern, und nicht die Kräfte des Gemüths, so lange sind wir noch viel weiter zurück als es uns unsre Eigenliebe vielleicht vorspiegeln möchte. – Nur der Gedanke kann uns beruhigen, in den Momenten eines hohen geistigen Glaubens, daß nichts geschieht was nicht in einer höhern Weltordnung zu den [7]Planen gehört, die die Gottheit mit der menschlichen Natur vorhat, u. durchführen will. – Jedes Individuum als Geschöpf einer Welt, gehört zum Ganzen, und es kann uns ohne den Willen eines himmlischen Vaters kein Haar auf unsrem Haupte gekrümmt werden.

⟨ICH MÖCHTE ALLEN⟩

[10]Ich möchte allen die ich für ein späteres Leben zu ihre⟨m⟩ eignen Frieden gebildet wünschte, anrathen sich an Freunde nicht anzuschließen die viel Aelter sind. Denn wenn der jüngere die Reife des Lebens erreicht hat, u. auf einer Anhöhe zu stehen meint, wo er seine Blicke aufs Leben sich durch eigne Erfahrung gestärkt oder geschwächt, tritt der Aeltere Freund despotisch dazwischen, und will er soll seine Ansichten nach den seinigen bilden, die das Alter u. Krankheit getrübt hat. Sie werden sich oft misverstehen, u. wenn der Aeltere nicht ein liebend Gemüth hat, so wird sich der jüngere traurend abwenden, von dem sonst geliebten Bild seiner Jugend, daß Krankheit oder Leidenschaft verwischt hat, indem wir die sonst geliebten festen Züge immer sehen, so denken wir uns der [10v]Geist müsste sich auch gleich geblieben sein, u. so empfänglich für unsre Vorstellungen, als wie für die seinen, weil wir noch die Geschmeidigkeit haben uns fremde Formen anzueignen. Aber das ungefällige Alter will sich nicht in neue Formen schmiegen, u. fodert da wo es durch Liebe u. Nachsicht noch Macht haben könnte durch herrische Minen, daß alles was es umgiebt sich seiner Meinung unterwerfen möchte. –

Daher klagen Alte Leute so oft, daß sie sich isolirt sähen, weil sie ihr eignes unfriedlichs Gemüth von der Welt abzieht.

Age is dark and unlovely
It is like the northern blast that flows
over the Mist of the hills.

Eine Frau die immer ihren Jugendlichern Freunden ihre Ansichten nicht störte, sondern schwieg wenn [11]sie anders dachte, u. fühlte, daher sich immer das Vertrauen aller erwarb, die sie umgaben, ist meine gute Mutter. –

⟨WIE WIR DIE KINDER LIEBEN⟩

[1r]Wie wir die Kinder lieben in unsrem Schoos, als uns noch unbekanntes Wesen deren Werden u. Seyn wir ahnden, und nicht mit dem Ruf der Liebe sie ins Daseyn bringen können, wenn wir es möchten. Sie sollen daseyn, leben, von uns das Leben empfangen aus der Hand Gottes. Wir können ihre menschlichen Anlagen leiten, aber nicht dem Geist die Richtung geben, die wir möchten. Wir sehen ihr Schicksal, u. können nicht mit der Hand der Liebe, in das Rad greifen, und sein herabrollen verhüthen! So sehen, u. dichten vielleicht die Geister unsrer geschiednen lieben unser Daseyn, unser Leben an; sie theilen alles mit uns, ohne daß wir es je wißen. Sie leiten unser Gefühl vielleicht wenn sie noch nach der Erde hinwirken wollen; Sie erwarten unser Erwachen in ein andres Leben, wie eine Mutter den ersten Blick ins menschliche Leben ihres Kindes erwartet, und die Liebe ist auch uns nah, wenn wir sie auch nicht zu fühlen vermögen. Ganz getrennt kann das Herz nicht von uns werden, daß für uns schlug! [1v]Eine Reyhe von Jahren mit einander verlebt, kann durch den Todt nicht verlöscht werden! Wir sollen unser Leben so reich ausdehnen wie möglich, wir sollen aus uns machen was möglich ist. Denn so auch ist die Natur, so die Welt in u. ausser uns. Das Menschliche muß ertragen, u. erreicht werden, um die Geliebten vorangegangnen zu erreichen, ihnen gleich zu kommen, sie einst wieder auffinden zu können.

Ach der Gedanke allein, kann trösten, für die lange Einsamkeit in die uns der Todt sezt! Diese Ewige Sehnsucht nach dem Geliebten, wechselt nur ihre Gestalten. Sie ist ewig eins, u. die selbe, nur anders modificirt! –

Welcher Schluß der jezigen Existenz, wird diese Sehnsucht auflösen! –

REFLEXIONEN ⟨DER CARACKTERISTISCHE UNTERSCHIED⟩

[1r]Der Carackteristische Unterschied in Gö. u. S. Poesien ist zu groß als daß er nicht dem Beobachter auffallen sollte.

S. reiner Sinn veredelte die Gegenstände die er behandelte weil der Schimmer seiner Seele daraus hervor leuchtete, er wollte alles was er gedacht hatte veredeln, und drückte den Stempel seines reinen Geistes auf die Erscheinungen seines Gemüths, er stellte auch das Publikum auf einen Standpunkt in seiner Imagination, der hoch war, weil er lieber die Menge zu sich herauf heben wollte, als sich zu ihnen herab lassen. Seine Werke sind für ihn u. die ihn fassen können wie unnatürlich, weil er die Natur immer vor sich sah in seiner Phantasie, aber eine erhöhtere Natur in sich trug.

G. hat den grössten Reichthum des Geistes und Gefühls in sich, und hat Töne in seiner

Gewalt, die die tiefste Wirkung aufs Gemüth machen, wenn er sich selbst ausspricht, u. zu sich selbst spricht; eine Wahrheit und Kraft in seinen Wercken, die tiefe Ehrfurcht und Staunen für sein Genie erwecken. Aber sobald er die Idee hat zu der Menge zu sprechen, so will er herunter steigen, und dadurch verliehrt er das hohe Edle aus dem Gesichte. –

[1v]G. hat die Natur zum Dichter gemacht wie de⟨n⟩ Homer. Schiller hat sich durch seine⟨n⟩ Geist zum Dichter gemacht. –

⟨WIE DER GLAUBE AN GOTT⟩

[1v]Wie der Glaube an Gott an seine wirckende Kraft uns immer lebendiger wird, je länger wir auf dem Schauplaz stehen und die Welt beobachten, so wächst auch der Glaube an eine höhere, reifere Existenz nach diesem Leben. – Sollten wir nur vor den Wundern der Natur als müssige Zuschauer stehen? Nichts ist befriedigend in unsrer jezigen Existenz. Ein Schleyer umhüllt uns von Eintritt ins Leben, so geheimnisvoll als sich der werdende Mensch bildet im Schoosse der Mutter, so wundersam seine Geburt, so wundersam erscheint ihm die Welt u. die Dinge um ihn herum. So wundersam verlischt auch die Flamme des Lebens, und dieser Schritt in die Dunkelheit sollte uns nicht in das Licht führen? Wie unsre Geburt uns ins Leben führt? –

[2r]Nein, nein! sagt Carl Moor. Es ist noch etwas mehr, ich bin noch nicht glücklich gewesen. Du ewiger geliebter Geist, weisst es nun! – dir ist der Schleyer zerrissen, der diese Welt von der andern scheidet. Du bist der Schuzgeist deiner Lieben, du liebtest uns nicht für ein Leben allein.

Erde mag zurück zur Erde stäuben
Flieht der Geist doch aus dem morschen Haus
Seine Asche mag der Sturmwind treiben
Seine Liebe dauert ewig aus.

⟨DAS WEYNACHTS FEST⟩

[1r]Das Weynachts Fest ist eines der grössten für die Menschheit. Es ist der Bund des Unsichtbaren mit dem Sichtbaren. Denn der Glaube an das höchste in der Menschlichen Natur wird dadurch verwircklicht. So stellte uns Gott das höchste Vorbild der göttlichen Natur die in der menschlichen sich ausspricht auf. So sollen wir ringen seinem Sohn uns nachzubilden, um zu werden wie Er, u. durch dieses Streben des Lebens mit Ihm in der Unendlichkeit würdig zu werden. – Es ist das Fest daß dem Glauben an die Unmittelbare Hülfe u. Nähe der Gottheit uns offenbart. Durch Christus kommen wir zum Vater, nur, wenn wir leben, leiden, fühlen wie Er, hoffen auf Gott wie Er in den Stunden seines Todes, sollen wir die Seeligkeit erlangen. –

Von den kleinsten menschlichen Begebenheiten an, führt uns seine Geburt, sein Leben, sein Todt. –

[1v]Dieser Tag der uns ein solches Vorbild gab, ist immerfort heilig, und wie uns in den kurzen Leben der Erde, gute Menschen heilig sind, so soll uns das Andenken, an das heilige Vorbild, der höchsten Güte, heilig seyn. Und der Tag der uns diesem Menschen gab. –

⟨ES IST EIGENLIEBE⟩

[1r]Es ist Eigenliebe, die zu grosse Sorge nach dem Tod für unsre Körper zu haben. Und bloß weil wir nicht das Gefühl unsrer Existenz kennen, über das Leben hinaus, so sorgen wir noch so kleinlich für den Zustand des Körpers!

Aber diese Vorsehung die uns ins Leben bewußtlos führte, die für uns wachte da wir noch nicht fühlten, sie sollte uns an den dunkeln Eingang in den Tod verlaßen?

Wacht Gott nicht stets für uns, in den Momenten der höchsten Angst?

Sollte die Behandlung der Todten willkührlich sein können? Sollte nicht ein höhres Gesetz auch walten, wenn wir es nicht fühlen? – Ich bin nicht ein Gott der lebendigen Allein, sondern auch der Todten, heisst es in dem heiligen tröstenden Wort.

REFLEXIONEN ⟨DIE EHE⟩

[1r]Die Ehe ist das heiligste Bündniß, daß Menschen stiften: Ein Vertrag das Leben zu theilen, zu erleichtern, zu verschönern, den zwey Menschen zusammen errichten. Wie oft aber bindet Leichtsinn diese heilige Bande.

Und unter tausend vielleicht giebt es nur Ein Paar, die M i t E i n a n d e r leben, und nicht n e b e n E i n a n d e r.

⟨WIR SPRECHEN SO VIEL VON TUGEND⟩

[1r]Wir sprechen so viel von Tugend, ehren sie u. haben keinen klaren Begriff von dem was sie eigentlich ist!

Tugend ist meinem Gefühl nach: Das Streben unsre Kräfte zum Guten zu lenken, und ein Gleichmaaß in unsre Handlungen und Wünsche zu bringen, mit denen unser Gewißen im Einklang seyn kann.

Auch Aufopferung, ist Tugend.

Kampf mit dem Hang zum Bösen, das in uns immer die Oberhand behalten will, ist Tugend. Streben nach Vollkommenheit ist nicht Tugend⟨,⟩ sie entsteht, wenn wir das Streben zu erreichen vermögen. Aber weil wir besser werden, sollen wir nach dem Besten streben, nicht um uns glücklich machen ⟨zu⟩ wollen. – Denn das Glück, ist [1v]droben bey dem Ewigen Vater!

Der wird es uns geben, wenn er sieht daß unser Gemüth nach dem Reinen, u. Rechten ernstlich strebte.

⟨EDEL SEY DER GANG DES DEUTSCHEN⟩

[1]Edel sey der Gang des Deutschen, der sich von den Fesseln einer ungerecht drückenden Verfaßung aufrafft, und indem er die Wonne fühlt sich der Hofnung einer beßern Zukunft hingeben zu dürfen, sey er menschlich und mild gegen seine Mitbrüder die nicht seinen Erwartungen und Wünschen entgegen kamen, die ein früheres Gelübde einer täuschenden

Dankbarkeit band. Er unterscheide, unter Absichtsvoller Verblendung, und unter Wahn, den eine Edle Natur sich selbst schuf, weil sie nur an das Edle gern glaubt.

In der neuen Politischen Schöpfungsgeschichte, wo noch manches Licht das Chaos erhellen muß, unter dem Streit der Wünsche u. Hofnungen wo der Glaube sich gern an die alten Formen anschmiegt, und mit den Alterthümlichen Sitten und Vorstellungsarten auch die alten Gebräuche wieder heiligen möchte, wenn man sich in Franckfurt wieder eine Krönung eines deutschen Oberhauptes denkt, wenn man die alten Erz Aemter in ihren alten Verrichtungen obgleich unter ander Nahmen wieder erscheinen sieht, und der Herold ruft vergeblich: ist kein Dalberg da! Welcher Schmerz muß das Herz seiner Freunde erfüllen, wenn der Einzige deutsche Fürst der fühlte und dachte ehmahls wie keiner, der seiner Nation alle Opfer zu bringen bereit war, wenn dieser fehlt, und aus den Herzen wie aus den Neigungen derer entschwunden ist, denen er vielleicht Einst alles war, deren wankende Königs oder Fürsten Size, er erhalten, und um Deutschland so lange wie möglich ganz fremder, kalter, zermalmender Gewalt nicht Preis zu geben, seine eigene Existenz Preis gab, dieser Nahme fehlt nun!!

Möchte nicht einst dieser Ausruf die Nachkommen schmerzen, wenn man seinen ganzen Werth ermißt; und alle seine großen vortreflichen Geistes Anlagen. Weh dem Jahrhundert daß Dich von sich stieß! –

Während seine Freunde um ihn klagen, während ihn die Wiederbringer des deutschen Rechts, und Nahmens, nicht würdig ihrer Aufnahme halten, hätte vielleicht ein Einziges Wort mit dem Kaiser Alexander gewechselt, Ihn *[1v]*wie seinen Nahmen nicht ausgelöscht aus der thätigen Reyhe der Fürsten. Rein wie er selbst hätte er Dalberg sehen müssen und sein Herz erkennen nicht durch fremde kalte Menschen sich von ihm erzählen lassen. Die Funken des erschöpften Geistes, von dem Leben wie von dem Handeln ermüdet, hätten noch das Herz jenes Kaisers ergriffen und gerührt. – Aber ein feindliches Schiksal entführte ihn aus seinem Land. Flüchtig, irrend, sucht er nun in dem Schoosse der Kirche die Ruhe, die ihm der Himmel verleihen möge. Wäre er geblieben, so würde er der Schuz und Erwecker des Landes gewesen sein, dem er unter ungünstigen Einflüssen unter einem Eisernen Zepter wie ein strafender Genius erscheinen musste. – Er würde geseegnet haben, was er zerreissen musste, und dankbar würden sich Kinder u. Enckel seines Wirckens erfreut haben.

Keine Stimme seiner Freunde kömmt ihm vielleicht zu! Dieser schöne anmuthige Geist findet nicht seines gleichen, um den heilbringenden Glauben an das Gute auszusprechen, daß er ewig im Herzen trägt, und trug. – Engel des Friedens mögen ihn umschweben, an den Altären wo er die Menschen seegnen wollte, mögen die Engel ihn hören, und mit himmlischem Glauben sein Herz erfüllen, daß dort das Gute finden wird, was er in einer so verwirrten Welt vergeblich suchte. –

Dankbar lisple die Stimme seiner Freunde, ihr Bild, ihm Trost u. Seegen zu. Alles kann vergehen, aber Dank und Liebe nicht. –

⟨VORSEHUNG⟩

*[1r]*Vorsehung ist: Sorge, Liebe, eines höhern Wesens, in deßen Hand wir ruhen, daß uns kindlichen Sinn giebt: zu hoffen auf den, ohne dessen Willen kein Sperling auf die Erde fällt. – Es begreift diese göttliche Eigenschaft der Liebe, ein weites Feld, zu groß für das menschliche

Gemüth, und wir wissen es nicht zu faßen wie groß Gottes Liebe ist, wie sie sich ausbreitet über ihre Schöpfungen, wie über ihre Geschöpfe, Sonnen, Sterne, und Welten, Geister, Menschen, Geschöpfe, Organisationen. Alles umfasst dieser Geist Gottes mit dem Gefühl der Liebe, der Sorge.

Who sees with equal eyes, as God of all
A Hero perish, or a sparrow fall.
Atoms or systems in a ruin hurl'd
And now a ⟨bubble⟩ burst, and now a world.

⟨WENN WIR VORSICHT, GÖTTLICHE VORSICHT SAGEN⟩

[1v]Wenn wir Vorsicht, Göttliche Vorsicht sagen, so ist es ein Begriff, von dem die Vorsehung verschieden. Die Vorsehung leitet, die Vorsicht schüzt. Die Vorsehung ist die waltende Liebe, die Vorsicht die bewahrende Liebe Gottes.

Die Vorsehung lässt das uns Uebel scheinende geschehen, weil sie, nur zu guten Zwecken leitet, sie hält auch das Auge über uns im Schmerz, im Kummer den wir unsren Ansichten nach für unverdient halten.

Die Vorsicht rettet und schüzt, und ist die handlende Macht, wenn die Vorsehung wirkt.

⟨WAS LIESS UNS UND LÄSST UNS⟩

[1r]Was ließ uns und lässt uns Christus als das heiligste Gesetz zurück, als er von uns schied, als er uns durch seinen Todt den Weg zum Himmel erschloß?

Liebet Euch unter Einander, Vertrauen, Glaube, Friede, sind die Stüzen auf die er das leidende Gemüth hinwies.

Als er nicht mehr hülfreich selbst unter den Menschen wandelte, als seine himmlische Abkunft die Fesseln, das Gesez der Menschheit von sich abwarf, und geheiligt es für das Leben, der Weg dem Herzen nun tröstend ist, daß Gott suchet, da fühlte er für Ewig daß was der Menschlichen Natur nothwendig ist.

Vertrauen auf Gott, Liebe und Glauben, und Frieden in uns. –

Sollten wir nicht uns fest anschließen an diese Lehren, diesen Weg nicht suchen, der uns zum Trost führt? –

⟨DER UNSEEGEN⟩

[1r]Der Unseegen den der verderbliche Einfluß Frankreichs auf die deutsche Nation brachte, wird noch lange die Gemüther verunreinigen, wenn auch schon längst die Spuren des Unheilbringendsten Krieges verschwunden seyn werden.

Diese kalte Egoistische Nation hat wie ein Mehltau ihre Ansichten in die Seelen gehaucht. Und gelehrt, daß der Mensch sich selbst in seinen Willen und Wünschen seine Welt ist, um sich es wohl machen zu können, alles fremde Intresse zum Opfer zu bringen, fähig seyn muß.

Die Deutschen die lange gewohnt sind, einen fremden Einfluß aufzunehmen, die so lange unter diesen Feßeln schmachteten, haben leider diesen Egoismus weil er ihrer Natur wohlmachte [1v]in sich aufgenommen. Sie haben es sich überredet, denn ohne eigene Ueberzeugung handeln sie nicht leicht, obgleich es nicht die Ueberzeugung des Guten ist.

Diese Geschmeidigkeit fremde Vorstellungen sich aneignen zu können, ist aus dem Reichthum ihrer Einbildungskraft entstanden, und ist gut angewendet eine höchst verehrliche Eigenschaft. – Aber in dem innern Streit der Meinungen, in dem Streben nach Gewalt, ohne Opfer bringen zu wollen, liegt das Unheil der Zeit, und der Mangel an Empfänglichkeit für das Große, welches ausgeübt werden sollte. Auch der Glaube ist zerstört, den die geizigen Nachbarn für Schwärmerey halten.

Die Liebe hat der Anblick so vieles Bösen zerstört. Die Freyheit ist unterdrückt worden, die Wahrheit mit einen Schleyer umhüllt. –

[2r]Daher so viele für das Gute empfängliche Gemüther, Haß, Neid, Streit suchen, weil sie nicht groß genug sind, um freyen Sinns das Gute zu ergreifen. Sie glauben lieber daß das Gute nicht da sey, ehe sie es, in ihren, ungleich artigen Herzen aufsuchen. Sie wähnen sich mit ihren Gefühlen das Opfer der Zeit, während sie das Edelste, Beste aufsuchen sollten, und das Heilige suchen u. glauben, damit es komme.

Wer es glaubt, dem ist das Heil'ge nahe.

Dieser Trost muß dem Herzen bleiben, wenn es sich in den schönsten Hoffnungen, und Erscheinungen getäuscht sieht.

REFLEXIONEN ⟨COMPOSITION: IST WETTSTREIT⟩

[1r]Composition: ist Wettstreit der Dichtkunst mit der Musik. Der Tonkünstler versucht die Bilder und Sprache der Dichtkunst in seine Sprache zu übertragen. Er sucht die Worte zu begleiten, auszudrücken durch sein Vermögen was der Dichter erschuf.

Keine Kunst soll der andren untergeordnet seyn, wenn der Werth beyder behauptet werden soll.

[1v]Ein gutes Gedicht wird nicht verschönert durch Composition, der Tonkünstler zeigt nur daß er dem Fluge des Dichters nach eilen will.

Ein schlechtes Gedicht kann durch Musik geadelt werden, aber ein gutes Gedicht wird nur in andren Formen wiedergegeben durch die Musik, nicht verschönert.

FRAGMENTARISCHE GEDANKEN

[1r]Wir können uns Gott ohne die Welt denken, doch die Welt nicht ohne Gott.

[1v]Was uns in der Heiligen Schrift als Wunder vorgetragen wird, ist dem Ganzen Geist der damahligen Zeit angemeßen. Und in Hülfe, und Wohlthun bestand Christus Erscheinung, wie in seinem Geist auch die Apostel fortwirkten.

Wie Paulus die Blindheit des Zauberers, in der Apostelgeschichte schnell verkündigte, so nahmen es die Menschen auch auf. Als unmittelbare Strafe, des Unrechts, und sie fühlten Gottes Hand durch die Apostel wirken.

Geschähe in der neuren Zeit unter diesen Bedingungen diese Begebenheit, so würde diese Erscheinung nicht durch Gottes unmittelbaren Ausspruch gedeutet werden: Man würde grübeln, durch welche Gesetze es möglich sey, und beweisen wollen, wie [2r]so etwas möglich?

Gott ist immer derselbe in seinen Wirkungen. Es geschehen Wunder, täglich. Stündlich, nur der Sinn des Menschen erkennt sie nicht.

⟨PHILOSOPHIE⟩

[2v]Philosophie halte ich dafür, ist die Liebe zur Weisheit, nicht um die Welt und die Erscheinungen ergründen zu wollen, und zu sagen, wo die Gränze des Forschens sey. – Sondern meine Philosophie ist, die Welt erkennen zu wollen, die Kräfte des Geistes, der Wesen, um in den Wirkungen die höchste Kraft aufzufinden, die Gott ist. Wie weit, und wie nahe wir uns nähern oder entfernen von dieser Idee, je glücklicher und reicher sind wir in uns selbst, und für uns. – Nicht wie sich Gott zu der Welt verhält, wo er zu finden sey? – soll das Gemüth [3r]zu erforschen sich bestreben, sondern wie nahe wir durch unser nachdenken und streben, dem höchsten Urquell kommen und dadurch Frieden des Gemüths, und Glauben uns erringen. Das ist mir nach das Streben nach den Göttlichen und natürlichen Dingen.

Metaphysik ist das Gesetz der Seele der Natur, und Natur der Seele zu erspähen, wie sie durch höhren Geist belebt, handlend erscheint. –

[3v]Naturphilosophie kann nur dahin zielen die höchste Kraft, und die Wirkungen des Schöpfers in der Natur zu erspähen, nicht durch natürliche Gesetze, die Kraft aufsuchen wollen, durch die sie bestehen könnte, ohne Gott, und möglich dankbar seyn könnte, ohne Ihn, durch den Alles ist, was gemacht ist.

ERKLÄRUNG DES PFINGSTFESTES

[4r]Als Christus sich von seinen Freunden, von den Theilnehmern seines Innern Lebens, seiner Liebe, sich trennen sollte. Als er ihre Trauer erkannte um ihn, und ihr zukünftiges einsames Leben sah, da erfasste er den Gedanken sie mit dem Heiligen Geist zu trösten. In diesem Fortleben mit ihm, in dem Glauben an die Göttliche Liebe und Lehre, suchte er ihr Gemüth zu stärcken.

Er wies seine Anhänger an die Liebe unter sich, an den Trost des Friedens. Und so bereitete er das Walten des heiligen Geistes vor. So sprach er als ihn die Gegenwart seiner Freunde [4v]mächtig ergriff, die Worte des Trostes aus.

> Meinen Frieden lasse ich Euch, Meinen Frieden gebe ich Euch, nicht wie die Welt ihn giebt. – Wenn aber der Tröster kommen wird, welchen ich Euch senden werde, dieser wird zeugen von mir.

Dieses Zeugniß ist in jeder Seele lebendig, die Liebe verstehen kann, die den Trost der Liebe, des Göttlichen Vertrauens fähig ist zu empfinden.

Jedes lebendige Göttliche Gefühl der Nähe des Ewigen, ist der Trost vom Tröster, ist die Ausgießung des Geistes Gottes. – und wirkt fort wie Gottes Wort, und Seegen.

⟨WIR SOLLEN IMMER BETEN⟩

[1r]Wir sollen immer beten, und zu dem unsere Zuflucht nehmen, der Allein uns Rath und Trost verleihen kann. Keine menschliche Angelegenheit, sollen wir befürchten, erscheine zu gering für den Mächtigen den wir anrufen. Es ist alles menschliche Treiben und Trachten, gering, schon für ein Auge das die Grossen Verhältnisse der Welt ermisst, ist die Angelegenheit das Anliegen eines Einzelnen gering. Bey Gott ist Alles klein, was uns auch Groß erscheinet, und nur das geistige Vertrauen, die Kraft zu vertrauen, sieht Gott an. Aber etwas, was im Stande ist einem Menschlichen Gemüth Sorge und Angst zu machen, ist auch in der Reyhe der Wirkungen aufgenommen, wie das menschliche Gemüth die Dinge, geistig, oder menschlich ergreift, so sind sie auch im höhern Bezug anzunehmen, und wo ein Schmerz eines Einzelnen so zunimmt, daß er keinen Trost ausser sich in der Welt findet, so sey es uns die Weisung, daß die geistige Kraft in Anregung genommen werden muß, und soll, und daß wir Erhörung finden, wenn wir kindlich zu dem flehen, der Allein helfen kann, der uns sagt.

Rufet mich an in der Noth, ich will euch erretten.

⟨WO KEIN GRASHALM⟩

[1r]Wo kein Grashalm, kein Organisirtes Wesen untergeht, wo alles wieder zu dem Grossen Haushalt der Natur gebraucht und verbraucht wird, da sollte der Mensch allein, der die ganze Schöpfung ahnden, die höhere Geisterwelt sich bilden kann, zu denken vermag, Spurlos, wesenlos in die Oede, Ewige, Nacht versinken?

Wer Zweifel auf die allmächtige Hand, eines weisen grossen Schöpfers, in sich aufkommen lassen kann, der ist zu beklagen, und trägt die Hölle im Busen. Der blaue glanzvolle Aether, die Sonne, die die Welt mit Glanz überstrahlt, der Anblick, der Sterne bey Nacht, spricht nicht Alles, Liebe, Ordnung, Barmherzigkeit aus?

[1v]Der Gedanke Gottes, wird leben. Bildendes Wesen, in die Unendlichkeit wirkend, schaffend, die Liebe erhält Alles, und nichts ist verlohren.

O Gott dein Athem ists allein
Der Erd und Staub, lebendig weht,
Du gabst den Sternen ihren Schein
Und bleibst, wenn Erd und Meer vergeht.

BETRACHTUNGEN ⟨WER KANN DAS GEHEIMNISS⟩

[1r]Wer kann das Geheimniß der Ewigen Liebe ergründen? Wer es faßen?

Gott liebte die Welt, erschaffte sie, gab uns sein Ebenbild, ließ uns erfaßen, was er für seine Geschöpfe sey. Er zeigte uns die höchste Liebe für die Menschen im Vorbild Christi: Wie können der Menschen finstre Gedanken, wie ihr Irrwahn, an der Möglichkeit dieser hohen Liebe zweifeln? – Es ist ja der höchste größte Trost, durch Christi Opfer für uns, erhoben zu werden zu ihm.

[1v]Welches hohe Geheimniß, daß es möglich, daß es wahr sey, daß diese Wahrheit uns einst klar werden wird.

Es giebt in den reinen menschlichen Verhältnissen schon eine Erhabenheit der Liebe. Warum wollen sie die Sterblichen, nicht im Unsterblichen auch suchen, und finden?

⟨DER BLICK⟩

[1r]Der Blick in ein Reines, menschliches Gemüth, ist eben so erhebend, als der Anblick des Sternen Himmels.

Wir ahnden bey diesen Blicken die Unsterblichkeit.

⟨ES WAR NICHT DEIN WILLE⟩

[1r]Es war nicht dein Wille Lenker der Schicksale, daß ich den Abend meines Lebens, von der Liebe beleuchtet erblicken sollte! Als ich in die stille Dorfkirche hineintrat, schwammen leichte Abendwolcken, an dem blauen Himmel, u. die Abendsonne übergoß sie mit röthliche⟨m⟩ Glanz. An S. Hand trat ich in die schmucklose Kirche, u. legte das Gelübde ab, ihm treu zu bleiben bis im Todt. Ach es war nicht das Bild meines Lebens, der Wink der Natur, denn ich leite ihn nicht an der Hand bis ins Abendroth des Lebens. Einsam ohne ihn stüze ich mich noch an das Band woran das Schicksal mich festhielt, meine Kinder werden mich lieben, mir wohlthun, aber nicht der Seegen der Liebe wird mich mehr über die Wellen des Lebens empor tragen, und ich wanke einsam dem lezten Ruhplaz entgegen, denn das was mich belebte, kann nur ich fühlen. [1v]Diese Einzige hohe Natur fühlte nur ich so rein u. klar, u. deswegen versteht auch meine Liebe kein andres Wesen. Das Leben konnte durch die irrdischen Ansichten andren, anders dünken, mir ward immer das Glück daß mich das Gefühl für ihn, mit ihm zu leben aus allen Kummer wieder erhob, und ich konnte ganz rein fühlen daß seine Liebe mir alles war.

Ich träumte einst in den ersten Zeiten meiner Bekanntschaft mit ihm, ich sässe in einer Hütte, auf einer hölzernen Bank, es war mir eine Thür durch die ich auf eine himmlische Gegend hinunter sah, u. an seinem Herzen, über Welt u. Zeit erhaben. – So war dieser Traum eine Deutung meines Lebens, ich konnte über alle Bedürfnisse hinweg blicken, in den Stunden wo sein Geist zu mir sprach, u. fühlte in den ersten Jahren unsrer Verbindung wie in den [2]lezten das gleiche Glück, mit mehr Bewußtsein meiner selbst in spätern, denn ich hatte mich durch ihn gebildet, empfänglicher gefunden, und genoß reiner den Anblick seines Geistes. Zuweilen begegnete es mir, daß er Dinge sagte die ich eben gedacht habe, oder sagen wollte, und ich fand froh diese Uebereinstimmung, weil sie mir zeugte, wie ich mir durch das Leben mit ihm, durch das Folgen seines Geistes, seine Ideen angeeignet hatte.

Es kann sobald keine solche Natur wieder existiren wie diese vielleicht nie wieder; denn gerade diese Bedingungen, die erfodert wurden zu seiner Bildung, sind so schwer zu wiederholen, das einfache kindliche Leben seiner Jugend, unter Menschen die ihn nicht zu fassen vermochten, die ihn also durch nichts hinderten, auch in nichts zuvorkamen, gab ihm die erste Kraft, die auch die despotischen Verhältnisse der Militair Akademie nicht unterdrücken konnte, nur hemmen. –

[2v]Weil er von der Wircklichkeit eingeengt wurde, ging die Kraft seines Wesens, ganz in seine Phantasie über, und erträumte sich Freyheit, da er in engen Mauren schmachtete. –

Diese Absonderung von seiner Familie, die nur in der Realität lebte, gab ihm die feste Anhänglichkeit an sie auf, denn er dachte ihrer in seiner Eingeschränkten Lage, mit heisser Sehnsucht, er wiederholte sich in der Phantasie die häuslichen Freuden, dachte sich gern die Mutter, wie sie allen Verrichtungen des Hauswesens sich unterzog. So wenig sein Geist in diesem Zirkel hätte Fortschritte machen können, so sehnte er sich doch oft hin, und hing mehr an der Mutter als am Vater, weil sie ihm ungleicher war in ihrem Streben und Wirken, und Neigungen. Er stand unbewusst welcher Geist ihn beseele unter denen die ihn umgaben, und deßwegen erschien er so groß, und mächtig wie eine höhere Gewalt.

So strömen des Gesanges Wellen
Hervor aus nie entdeckten Quellen. –

[3]Ein solches Wesen, von allem Gemeinen fern, und entfremdet giebt es wohl nicht mehr. Mit aller Einfachen Anspruchlosigkeit seiner Erscheinung übte er immer eine Gewalt auf die aus, die ihn umgaben, Man mochte den hohen Geist zu fassen vermögen oder nicht, man fühlte seine Hoheit, und eine gewisse Scheu etwas unedles in seiner Nähe zu dulden.

Seine Freunde fühlten allen Reichthum seines Wesens, und weil er selbst sie begeisterte, so glaubten sie auch ohne ihn etwas zu sein. Diese Bemerkung fiel mir auf bey Huber. – Dieser wäre ohne S. nichts geworden, in litterarischer Hinsicht, man fühlt, daß seine Flamme ihn belebte. K.s biegsamer Geist, der alle schönen Formen aufzufassen vermag, aber nicht wieder darstellen konnte, wurde auch durch S. belebt und lernte auf dieser Stufe stehen, durch seinen Geist getragen. Ohne S. wären beyde gewiß alles Gute geworden, [3v]was sie durch ihr Gemüth schon seyn mussten, aber diese Art geistiger Bildung hätte K. ohne S. gewiß nicht erlangt. An H. merkt man klar daß er einem fremden Impuls nur folgte, denn die Energie seiner Natur hätte ihn nicht diesen Weg geführt. Er konnte alles Schöne empfinden, u. hatte einen eignen Geist sich in Formen zu finden. Aber das hohe reine Genialische von S. Wercken u. Wesen, haben beyde nicht so gefühlt ich kann es frey sagen, als ich es fühlte, denn mir gab die Liebe Kraft, zu ahnden, u. verstehen. G. verstand ihn allein in den hohen Momenten, unter seinen Freunden, davon war ich Zeuge. Wie glänzende Meteore gingen diese beyden Erscheinungen oft an einander vorüber, u. einer fasste die Flamme des andern auf, ohne sich zu zerstören. S. Geist stieg aber immer aus der tiefsten Tiefe wieder mit Kraft aufwärts zum reinen Element, u. deswegen wird kein solcher Mensch wieder erscheinen, [4]den eine göttliche Kraft so belebte, als ihn.

Kommentar

Dramatik

Über Charlotte Schillers dramatisches Schaffen existieren keinerlei Selbstzeugnisse. Ein Produktionszusammenhang in der Zeit um 1800 liegt allerdings durch die Korrespondenz mit Charlotte von Stein *über deren eigene dramatische Produktion (u. a. „Neues Freiheits-System oder die Verschwörung gegen die Liebe" und „Dido") ab den 1790er Jahren nahe. Ihre Dramen stehen überdies im deutlichen Kontext zu* Friedrich Schillers *Übersetzung und Bearbeitung französischer Stücke für das Weimarer Theater sowie seiner historischen Trauerspiele „Maria Stuart", „Die Jungfrau von Orleans" und „Die Braut von Messina".*

Als Produktionszusammenhang ist zudem der Umzug der Familie nach Weimar bedeutend. Nach der Geburt des dritten Kindes, Caroline Henriette Luise, übersiedelt die Familie zunächst getrennt von Jena nach Weimar (Charlotte Schiller geht zu Charlotte von Stein, Friedrich Schiller zu Goethe) und ist ab 1800 in einer gemieteten Wohnung in der Windischengasse vereint. Im Frühjahr und Sommer 1802 erfolgt der Umzug in das neu erworbene Haus an der Esplanade. Der Kaufvertrag datiert auf den 15. Februar, der Umzug auf den 29. April 1802. Am 1. Juli meldet sie ihrem Freund Fritz von Stein die positive Veränderung:

> Ich hoffe wenn Sie wieder nach Weimar kommen, so soll es Ihnen auch bey uns wohl werden, unser Haus ist recht freundlich, das Haus was die Gräfin Baches ehmals in der *Esplanade* bewohnte haben wir gekauft, u. ich freue mich sehr des Besizes weil die Lage meinen Augen wohlthätig ist, u. ich immer wie in einer Laube size, auch für die Kinder ist es sehr freundlich, u. für eine Wohnung in der Stadt hat sie alles angenehme eines Gartenhauses, weil die *Esplanade* unser Garten ist. Der Einzug, das Arrangement des Hauses, die Veränderungen die wir machen mußten haben uns viel Zeit und Ruhe geraubt, besonders Schiller, der noch nicht zu einer fruchtbaren Stimmung kommen konnte, da die Thätigkeit des Geistes sein höhres Leben ist, so ist es ihm noch nicht recht hell u. gemüthlich. Ich fühle diese Stimmung immer mit, u. mir ist nie wohler als wenn ich Schillers Geist in einer Thätigkeit weis die ihn erhebt. *(Charlotte Schiller an Fritz von Stein, 1. Juli 1802, in: GSA 122/99a,3).*

In die Edition wurden fünf abgeschlossene oder sehr weit ausgearbeitete Dramen aufgenommen, vier Lustspiele und ein Historisches Schauspiel. Nicht aufgenommen wurden die jeweils nur zwei Blatt umfassenden Entwürfe zu Schauspielen mit Kreuzzugs-, Räuber- und Seeräubermotivik (GSA 83/1627–1629).

Ergänzend zu den allgemeinen Editionsprinzipien sind im Fall der dramatischen Texte Akt- und Szenenangaben sowie Figurennamen in Kapitälchen gesetzt. Hinter Figurennamen wurden Ordnungspunkte gesetzt, nach Akt- und Szenenangaben dagegen, soweit vorhanden getilgt. Nebentext wurde kursiviert und in Klammern gesetzt, entsprechend dem Original. Offene Klammern wurden ergänzt, überflüssige Klammern stillschweigend getilgt. Lateinische Schrift wurde gleichfalls kursiviert, bzw. falls im Nebentext stehend, recte wiedergegeben.

I. Lustspiele

Der verunglückte 5te März

Textgrundlage: GSA 83/1622. 7 Blatt Quart. Es handelt sich um einen Doppelbogen, einen Einzelbogen sowie ein Einzelblatt. Format: 19 × 23cm (beige). Nur die erste Seite ist eigenhändig paginiert. Zudem ist ein Bruchstück überliefert in GSA 83/1638, Autun und Manon, *letztes Blatt, verso. Erstdruck:* Urlichs, *S. I/23–30.*

Der kurze Einakter nimmt pasquillierenden Bezug auf ein konkretes kulturpolitisches Ereignis im März 1802, in dessen Zentrum der in Weimar gebürtige Erfolgsschriftsteller und Theaterdichter August von Kotzebue (1761–1819) steht: Nach Jahren des Reisens lässt dieser sich 1801 in Weimar nieder. Auf den 5. März 1802 plant er im neu eröffneten Stadthaus eine Feier zu Ehren Friedrich Schillers, bei der Szenen aus dessen Haupttragödien gegeben werden sollen. Henriette von Egloffstein soll als Jungfrau von Orléans, Amalie von Imhoff als Maria Stuart auftreten, Sophie Mereau das „Lied von der Glocke" rezitieren. Unter einer großen Papiermaché-Glocke soll sodann die Büste Schillers ans Licht kommen. Bereits Zeitgenossen vermuteten, dass Goethe interveniert habe, es existieren jedoch nur vage briefliche Zeugnisse. Zwei Tage vor der Feier lässt Schiller Goethe wissen, er werde sich wohl krank schreiben lassen. Zudem verweigert der Bürgermeister den Schlüssel zum Veranstaltungsort, dem neuen Bürgersaal, und wird am Morgen nach der verhinderten Feier vom Herzog „wegen seiner großen Verdienste zum R a t h erklärt" (Friedrich Schiller an Johann Wolfgang Goethe, 10. März 1802, in: Schiller: NA, Bd. 31, S. 114 f. und S. 445 f.).

Charlotte Schiller parodiert neben Kotzebue weitere bekannte Personen der Weimarer Gesellschaft. Inspiriert mag dies sein durch ihre Besuche bei Kotzebues Donnerstagsgesellschaft zu Anfang des Jahres, in deren Rahmen etwa Amalie von Imhoff die Jungfrau von Orléans gespielt habe. An Fritz von Stein schreibt sie:

> Es giebt hier Theatralische Unterhaltungen aller Art, bey Kozebue ist Donnerstag immer Gesellschaft, da werden Sprüchwörter dramatisirt, u. allerley Spässe gemacht, auch Scenen aus der Jungfrau sind gespielt worden, wo Amelie die Heldin war, u. die prohpehtische *[sic!]* Stellen ihr recht gut gelangen, aber die wo Gefühl zur Sprache kommen sollten, nicht so ausgesprochen wurden. *(Charlotte Schiller an Fritz von Stein, 2. Januar 1802, in: GSA 122/99a,3).*

Zur Zeit der Weimarer Klassik und Jenaer Romantik ist Kotzebue der meistgespielte Autor auf deutschen Bühnen. Als er nach 1800 versucht, einen Platz als Dichter neben den Vertretern der klassischen und romantischen Kunstprogramme zu beanspruchen, begegnen ihm diese umgekehrt mit satirischen Schmähschriften. August Wilhelm Schlegel *veröffentlicht 1801 ano-*

nym ein Büchlein des Titels „Ehrenpforte und Triumphbogen für den Theater-Präsidenten Kotzebue bey seiner gehofften Rückkehr ins Vaterland". Unter anderem enthält dieses ein kurzes Schauspiel, das Kotzebues legendäre Verbannung nach Sibirien und seine Rettung durch Figuren seiner eigenen zahlreichen Schauspiele zum Gegenstand hat.

Charlotte Schillers Stück ist vermutlich im direkten Anschluss an das Ereignis entstanden, also nach dem 5. März 1802. In ihrem Entwurf des parvenühaften und parasitären Künstlertums gegenüber der wahren Dichtkunst lässt sich allerdings auch eine Verbindung sehen zu Friedrich Schillers *Bearbeitung einer Komödie von* Louis-Benoît Picard, *„Médiocre et rampant ou le moyen de parvenir" (1797), die er unter dem Titel „Der Parasit oder die Kunst, sein Glück zu machen" überträgt und laut eigenhändiger Notiz am 5. Mai 1803 vollendet (*Schiller*: Werke, Bd. 9, S. 1097 f.). Es ist zu vermuten, dass Charlotte Schiller die französische Komödie kennt und die Arbeit ihres Mannes daran mitverfolgt. Interessanterweise ist der Name des komischen Helden „Selicour" und damit gleichlautend mit dem des Protagonisten „Celicour" in Charlotte Schillers Lustspiel* Die beyden Wittwen oder Der Brief ohne Aufschrift *(s. folgenden Kommentar).*

Bezogen auf Der verunglückte 5te März *ist eine Parallele in den Äußerungen der Helden auffällig. In II/6 sagt Selicour in unfreiwilliger Selbstentlarvung: „Wenn der Eifer den Mangel des Genies ersetzen könnte –" (*Schiller*: Werke, Bd. 9, S. 552). Charlotte Schillers Firlefanz brüstet sich ähnlich: „Doch guter Will und guter Muth / das Genie auch ersezen thut." (Z. 41 f.) Was die Figurenkonstellation beider Stücke im Vergleich betrifft, fällt die Rolle von Mutterfiguren auf. Während Firlefanz' Mutter in eifernder Verblendung den Publikumserfolg ihres Sohnes als Beweis seines Genies nimmt, hat es Selicour mit zwei Müttern zu tun, seiner eigenen, die er von seinem Aufstieg zum Pariser Höfling ausgeschlossen hat, und der des Ministers, bei dem er sich eine vorteilhafte Stellung erschmeichelt, indem er das Musterstück eines (Schwieger-)Sohnes mimt.*

Für Charlotte Schiller wird sich, auch lange nach dem Tod ihres Mannes, der Verfall Weimarer Kulturhöhe in dem Namen Kotzebue verdichten. Eine besonders beliebte Vokabel für das Engagement des Dichters ist die „Kotzebuiade" (z. B. Charlotte Schiller an Caroline Luise von Mecklenburg-Schwerin, 31. Dezember 1812, in: GSA 83/1922,2). Im Kontext ihrer Beschäftigung mit Kotzebue steht auch ihr 1817 entstandenes Gedicht An G. Nach Umarbeitung des Schuzgeists *(GSA 83/1561), das Goethes Bühnenbearbeitung von Kotzebues Schauspiel in ähnlich kritischer Stoßrichtung kommentiert. Ein briefliches Zeugnis findet sich schließlich 1818:*

> Ich hoffe wir werden den Unfug los, wenn Kotzebue sich enfernt, so wie ich höre den Ersten September nach Mannheim abgehe. Es ist wie bey dem *tour malin*, der die Asche an sich zieht, und wenn diese böse Anziehungskraft vergeht, so wird hoffe ich ein andrer Geist walten. – und die Künste wieder die Oberhand behalten.
> *(Charlotte Schiller an Karl Ludwig von Knebel, 19. August 1818, in: GSA 54/256,6).*

---

10 Ist leichte Waar] ⌈~~Sind leichte Waaren~~⌉ Ist leichte Waar.
21 Denn zur grossen Gesellschaft] ~~dem~~ ⌈Denn⌉ zur grossen ~~Versammlung~~ ⌈Gesellschaft⌉.

47 *Jungfrau von Orleans u. Königinn von Spanien*] *Figuren aus* Friedrich Schillers *„Die Jungfrau von Orleans" (1801) und „Don Carlos" (1787).*

64 was will die zarte Jungfrau unter Waffen?] *Vgl.* Friedrich Schillers *„Die Jungfrau von Orleans", V/2.*

77 Glocke] *Anspielung auf* Friedrich Schillers *„Lied von der Glocke" (1799).*

103 wie macht] ~~Wie wird sein~~ wie macht.

107 das Publikum ruft dann] ~~die~~ das Publikum ~~rufet~~ ⌈ruft dann⌉.

134 Ich das] daß**s**.

150–160 *Bürgermeister* ‹…› verstehst du mich?] *Variante im Bruchstück in GSA 83/1638, letztes Blatt verso:*

Bürgermeister u. Rathsherrn treten herein, ~~*mit*~~
Firle. Ach ihr kommt nun eben recht
hochedle Herren, bin Euer Knecht
Gebt schnell ⌈mir⌉ den Schlüsel ich öfne die Thür
Bürgermeister. Mit nichten sage denn wofür?
dem Schlüssel ~~laß ich~~ behalt ich in meinen Händen
Dies ist mein Amt, und sag du mir
wie du alles willst anders wenden.
der Schlüssel ist mein, der Schlüssel sag ich.
Herr Firlefanz, verstehst du mich?

173 gält um reinen] gält~~e~~ ⌈um⌉.

174 grosser Pracht] ~~Zierde u. Pracht~~ ⌈grosser Pracht⌉.

178 den hohen] de**s**n.

180 die Eiche] {die Fichte und} ⌈die⌉ Eiche.

182 geübter Hand] Hand, ↓~~Aus dem Bergwercke holte aus tiefen Schacht~~↓.

187 das Gaukelspiel] Gaukelspiel ↓~~dies Gaukelspiel. Er~~↓.

191 Nein, nein, nein] Nein, nein, nein ~~nein~~.

193 *gehn schweigend mit verbissnem Grimm ab*] geh~~t~~**n** *schweigend* ⌈*mit verbissnem Grimm ab*⌉ ~~*ab. Der Vor*~~.

Die beyden Wittwen oder Der Brief ohne Aufschrift

Lustspiel in zwey Akten

Textgrundlage: GSA 83/1623. 32 Blatt Quart. Es handelt sich um Doppel- und Einzelbögen, die durch Fadenheftung verbunden sind. Das Format der Bögen variiert von 17 × 20cm bis 17,5 × 21cm (beige und grünlich). Durchgehend eigenhändig paginiert. Ein Druck konnte bisher nicht ermittelt werden.

Es handelt sich um die Bearbeitung eines französischen Stückes von Alexandre Joseph Pierre de Ségur*: „Les deux veuves, comédie en deux actes en vaudeville", Paris 1797. Der Stoff der Vorlage steht in der Tradition der Commedia dell'arte. In einer belagerten Stadt unterzieht der junge, attraktive Kriegsheld Celicour zwei verschwisterte Witwen einer Liebesprobe, indem* *er einen Brief mit offener Adressierung, die beiden gelten könnte, zustellen lässt. Im Umgang beider Frauen mit dem Liebeswerben werden zugleich ihre unterschiedlichen Charakteristiken deutlich, die eine mondän und auf Äußerliches bedacht, die andere tiefsinnig und auf das innere Wesen des Geliebten achtend. Nach geschlagener Schlacht, während der beide Schwestern um sein Schicksal bangen, kehrt Celicour auf übelste Weise kriegsversehrt zu ihnen zurück, allerdings nur als Maske, um herauszufinden, welche ihn in Wahrheit liebt.*

Charlotte Schillers Adaption folgt dem Handlungsablauf, verfährt allerdings recht frei mit der Vorlage. Die musikalische französische Komödie, in der handlungstragende Dialoge als Duo oder Trio gegeben werden mit Hinweisen auf die zu verwendenden Arien, wandelt sie in ein reines Sprechstück um. Durch die Umwandlung der Figurenrede in Prosa ändern sich Stil und Duktus gravierend. Dies gilt etwa für die Szene I/9 (Ségur, S. 32–34), in der sich die beiden Schwestern über den Helden Celicour, ihre Selbsteinschätzung und ihr Interesse an ihm unterhalten, wobei sich dramaturgisch Ausgesprochenes mit Für-Sich-Gesprochenem abwechselt. Ähnliches gilt für die Schlussszene II/6 (Ségur, S. 51–54). Das abschließende Vaudeville des französischen Stückes, bei dem alle Figuren und ein Chor jeweils eine Strophe singen, ist in die deutsche Version nicht übernommen.

Für die Datierung gilt, dem Erscheinungsjahr der Vorlage entsprechend, als Terminus post quem 1797. Ein direkter Produktionszusammenhang mag vorliegen zu Friedrich Schillers Übertragung zweier Stücke von Louis-Benoît Picard, „Encore des Ménechmes“ (1802) und „Médiocre et rampant ou le moyen de parvenir“ (1797). Diese vollendet er am 5. Mai 1803 unter den Titeln „Der Neffe als Onkel“ und „Der Parasit oder die Kunst, sein Glück zu machen“ (Schiller: Werke, Bd. 9, S. 1097 f.; zum „Parasiten“ vgl. auch den Kommentar zu Charlotte Schiller: Der verunglückte 5te März*).*

Mit „Der Neffe als Onkel“ teilt Charlotte Schillers Die beyden Wittwen *die Situationskomik, die aus den Komisierungsstrategien der Figurenverdoppelung und Maskerade entsteht. Im „Neffen“ speist sich die Verwechslungskomik aus der großen Ähnlichkeit zwischen erstem jungem Liebhaber und väterlicher Autoritätsfigur. Zur Konfliktlösung trägt bei, dass auch das Rollenfach der jungen Liebhaberin doppelt besetzt ist. In den* Wittwen *erfolgt der Verdoppelungseffekt durch den identischen Nachnamen der beiden jung verwitweten Schwestern, „Delval“, denen sich der junge Liebhaber in doppelter Gestalt präsentiert.*

Mit dem „Parasiten“ teilen die Wittwen *den Namen des Helden: Friedrich Schiller ändert Picards „Dorival“ in „Selicour“. Auch hier bildet einen wesentlichen Handlungszug der Wettbewerb zweier junger Liebhaber, eines Parvenüs und eines Dichters, um die Tochter eines Ministers, deren Namen Friedrich Schiller von „Laure“ interessanterweise zum Namen seiner eigenen Frau „Charlotte“ ändert (Schiller: Werke, Bd. 9, S. 1124).*

Einen Tag nach der Uraufführung, am 12. Oktober 1803, schreibt er an diese, man habe sich sehr über das Stück gefreut. Am 13. Dezember 1804 kündigt er Cotta an, er plane eine weitere Übersetzung eines Stückes aus dem Französischen. Es ist vorstellbar, dass Charlotte Schiller in die Übersetzungstätigkeit Friedrich Schillers stärker involviert war, als bisher vermutet. Denkbar ist auch, dass ihr Lustspiel Die beyden Wittwen oder Der Brief ohne Aufschrift *das dem Stuttgarter Verleger angekündigte weitere Stück darstellt. Wie man gerade anhand der zeitgenössischen Erzählungen Charlotte Schillers, die um 1800 entstanden sind, ersehen kann, hat Friedrich Schiller Werke seiner Frau nur anonym an die Verleger Unger und Cotta zur Veröffentlichung gegeben. (Vgl. hierzu den Kommentar zu den Zeitgeschichtlichen Erzählungen.)*

Was den Stoff der Wittwen *betrifft, so mag Charlotte Schillers Wahl nicht zuletzt auch eine literarische Aufarbeitung des Wettbewerbs um ‚ihren' Schiller darstellen, in dem sie mit mondäneren Frauen ihres persönlichen Umfeldes seit dem ersten Kennenlernen steht: ihrer Schwester Caroline, die in den 90er Jahren in Jena bei dem jungen Ehepaar Schiller wohnt, sowie Charlotte von Kalbs, Schillers vormaliger Geliebter, in deren Wohnung in der Windischengasse die Schillers ihren ersten Weimarer Wohnsitz nehmen.*

---

1 Die beyden Wittwen oder Der Brief] ↑Die beyden Wittwen oder↑ Der Brief.
12 *mit dem Frühstück*] *mit* {*dem*} *Frühstück.*
19 heutige Ausfall] heutige ~~Ausfall~~ Ausfall.
46 ruhen] ruhe**n** ~~finden~~.
55 überwinden lassen] überwinden ⌈lassen⌉.
62 unerhört] ~~entsetzlich~~ unerhört.
76 beyde haben] beyde ⌈haben⌉.
83 die Eine] ~~eine~~ die Eine.
96 diese Dame] diese ~~der~~ Dame~~n~~.
110 übergeben darfst] übergeben ~~dürftest~~ darfst.
113 die Gluth] ~~meine~~ ⌈die⌉ Gluth.
120 zu ihren Füssen] ⌉zu⌉ ih~~**n**~~ren ~~zu~~ Füssen.
121 welche wird] ~~welcher~~ ⌈welche wird⌉.
128 Vergiß] ~~Vergiß~~ Vergiß.
166 im Namen] ~~von~~ ⌈im⌉ Namen.
179 dem Muster] de~~r~~**m** ~~preiß~~ Muster.
182 unentschieden] ~~zer~~ unentschieden.
195 desto mehr] ~~beßer~~ ⌈desto mehr⌉.
211 er ist allerliebst] ~~es~~ er ist allerliebst.
212 sehr lebhaft] sehr lebhaft.
230 beyde den Brief] ~~denn~~ beyde den Brief.
244 *(will gehen)*] ⌈*(will gehen)*⌈.
266 eben so] eben so ~~sicher~~.
291 Verfasser] ⌈Verfasser⌈ ~~Schreib~~.
303 Dürfte ich in] Dürfte ich {in}.
313 *(ruft in die Coulisse)*] *(~~Kommen~~ ⌈ruft in⌉ die Coulisse).*
323 Gegenstand] ~~gestand~~ Gegenstand.
330 *(für sich)*] ⌈*(für sich)*⌉
335 erscheine. Je länger ich hier bin] erscheine~~n~~ ~~muss~~ Je länger ich ~~hin sehe~~ ⌈hier bin⌉.
337 schmeichelt] ~~aber~~ ⌈schmeichelt⌈.
368 welche wird] welche ~~w+~~ wird.
394 Huldigungen] ~~Huld~~ Huldigungen.
402 beyd⟨en⟩] *Endung am Blattrand.*
416 zum weichen] zu~~m~~ ~~Abziehen~~ weichen.
419 – – –] *Langer Strich.*
460 *(nachsinnend)*] ⌈*(nachsinnend)*⌉.

479 ein Krüppel] + ein Krüppel.
491 kann der es] + kann der es.
572 süssen Irrthum] ⌈süssen ⌈Irrthum.
573 Blindheit] Blindheit ~~und~~.
601 Herz, beym Anblick] Herz, ~~wenn wir~~ beym Anblick.
638 unsre Freundschaft] ~~ihre~~ unsre.
641 *Mühe auf*] ~~*Mühe auf*~~ ⌈*Mühe auf*⌉.

Die Wanduhr oder Der Gukguk

Nach dem Französischen, in einem Ackt

Textgrundlage: GSA 83/1624. 15 Blatt, Quart, bestehend aus: 3 Doppelbögen, ungeheftet, 17,5 × 21,5cm (dunkles Beige), 1 Einzelbogen, 17,5 × 21,5cm (Konzept des 6. Auftritts) sowie 1 Einzelblatt, linksseitig beschnitten, 14 × 21cm (Bruchstück einer späteren Szene).

Als Vorlage konnte das Stück „L'Horloge de bois, ou Un trait d'humanité. Comédie en un acte, mêlée de vaudevilles" von F. Bernard-Valville, Paris 1800, ermittelt werden. Das an einem Grenzort zwischen Frankreich und Spanien angesiedelte Stück spielt im Hause des französischen Offiziers Laramée, bei dessen Frau Marceline der spanische Soldat Diégo Zuflucht sucht. Sie versteckt ihn in der Standuhr, laut Nebentext bei Bernard-Valville „une de ces pendules en bois, dietes Allemandes, avec un coucou". Situationskomik ergibt sich daraus, dass der Versteckte heimlich die Lebensmittelvorräte stibizt, die der Bediente Thomas auf dem Tisch ausbreitet. Auf einer moralisch-didaktischen Ebene zielt die Komödie auf eine Diskussion ehelicher Geschlechterverhältnisse – mit recht modern anmutenden Diskursen über Trunksucht und häusliche Gewalt – sowie der Rollenförmigkeit von Freund- und Feindbildern im (Bürger-)Krieg. Das nach dem Revolutionskalender als „An VIII" datierte Stück weist auch inhaltlich deutliche Bezüge zum revolutionären Frankreich auf.

Charlotte Schillers Arbeitsweise im Umgang mit der Vorlage ist jener des vorherigen Stückes Die beyden Wittwen *vergleichbar. Auch hier sind Vers- (bzw. Gesangs-)partien in Prosadialoge überführt. Die vorliegende Version ist unabgeschlossen, aus einem erhaltenen Bruchstück lässt sich vermuten, dass sie auch die Schlussszenen in Konzeptfassung übertragen hatte.*

---

4 Nicolas] Nic~~o~~las. – *Hier wie an weiteren Stellen ist das „o" durchgestrichen; undeutlich, ob von fremder Hand.*
4–11 Nicolas ‹…› Babette] *Vgl. die Figurennamen bei* Bernard-Valeville: *Laramée, Èloy, Thomas, Diégo, Marceline, Nicole, Un Caporal Francais, Quatres Fusiliers, personages muets.*
12 *Zeit des Kriegs*] ~~*Kriegszeit*~~ *Zeit des Kriegs.*
14 *Pächterstube*] ~~*Ländliche*~~ *Pächterstube.*
32 wie Ihr die] wie Ihr ~~s~~die.

33 Achtzehn] ~~Achzehn~~ ⌉Achtzehn⌉.

48 Mäckler] *Regional gefärbte Form von Makler, im Sinne von Vermittler oder Zwischenhändler.*

55 zu dienen bereit, wenn es] ~~zum~~ zu dienen bereit, wennes.

92 Ruhm] ~~Rhum~~ Ruhm.

98 Schlüssel] ~~Uhrschlüssel~~ Schlüssel.

104 Sie zu besuchen] ⌉Sie⌉ ~~Euch~~ zu besuchen.

119 der Frau den Krieg] der ~~Krieg~~ Frau den Krieg.

139 Sie würden] ~~Ihr~~ Sie würden.

150 man freilich] man ~~sich~~ freilich.

152 O jezt sind die Männer] O ⌈jezt sind⌉ die Männer ~~sind~~.

152 war Sch⟨ö⟩nheit] ~~waren~~ ⌈war⌉ Schonheit.

175 Vesagt Ihr mir] Versagt Ihr mir ~~Grausame~~.

179 Winkel] ~~Winkl~~ Winkel.

194 Sechster Aufttritt] *Variante des Einzelbogens, vermutlich ein Konzept zum 6. Auftritt, das sich vom Ende des 5. bis Anfang des 7. Auftritts entspannt.*

[1r]*dem Brodt Schrank, man klopft starck an die Thüre)* Verbergt Euch, ums Himmels willen. *(Sie macht die Thür des Uhrgehäuses zu, und stellt einen Tisch daran.)* Gute Vorsicht ich verlasse mich auf deine Hülfe!

Sechste Scene

Marcelline. Thomas. Diego in der Uhr versteckt.

~~Thoh~~ Thomas *tritt herein, mit Beute beladen worunter Spanische Uniformen. Das Orchester spielt die Arie* Malbrouck *langsam.)* ⌉Zum⌉ Henker, Frau Marcelline, wie ihr Euch verpallisadirt habt, ~~wah~~ man könnte glauben Ihr fürchtet Euch.

Marcelline *(verlegen).* Fürchten, und für was? Nun denn, ist der Uhrschlüssel fertig?

[1v]Thomas. Vor morgen könnt ihr ihn nicht haben. Er ist nicht fertig.

Marcelline *(für sich)* vortreflich! *(laut)* Ihr habt Euch bereichert scheint mir.

Thomas. *(pralerisch)* Es sind Kleidungen unsrer Feinde, die ich verjagt habe.

Marcelline. Sie wären wahrlich noch hier, wenn solche Mensche wie ~~Ihr~~ ⌈~~Du~~⌉ ihnen nachgesezt hättet.

Thomas. *(wirft seine Bündel ab).* Wäre nicht hier vielleicht noch irgendwo einer versteckt?

Marcelline *(für sich)* Ich zittre für der Entdeckung.

Thomas. Gottlob wir werden das Pack gewiß gänzlich los, denn man thut auch noch Haussuchung; und die ersten die man findet, denen sey Gott gnädig.

Marcelline *(furchtsam)* Du glaubst also es könnten noch |~~wel~~| Feinde verborgen sein?

[2r]Thomas. Ja, ja ich glaub es, und könnte ich Einen auffinden, so wäre mein Glück gemacht.

Marcelline. Dein Glück! und du möchtest dich, durch ein solches Mittel bereichern? Auf solche Weise das Geld zu erwerben bringt keinen Seegen, denn es raubt einem die Ruhe des Gewißens.

Thomas. ~~Wie Euch das auch also beschäftigen kann~~ Wie Euch das so nahe angeht, man möchte glauben Frau Marcelline Ihr hättet jemand versteckt.

MARCELLINE. *(für sich)* Er ist verlohren! *(laut mit Sicherheit)* und wenn es denn so wäre?

THOMAS. Ach da wärt ihr nicht so ruhig! Es könnte auch nicht sein, denn Ihr seid eine viel zu gute Bürgerinn.

MARCELLINE. Das bin ich Thomas. Aber wenn man *[2v]*ohne ungehorsam zu sein menschlich wäre! Die Besten Bürger sind die Menschlichsten.

THOMAS. Menschlich, menschlich! das Wort muß ich auch ewig hören. Jeder Mann führt es im Munde heut zu Tag.

MARCELLINE. Desto schlimmer wenn es nur im Mund und nicht im Herzen ist. Die Bösen gedeihen niemals!

THOMAS. Man sagt doch gewöhnlich, daß nur die Bösen Glück haben.

MARCELLINE *(für sich)* Er ahndet nichts: Geschwind zur Nachbarin, ~~und ihr Verschwiegenheit~~ sie zum Schweigen zu bringen; Es ist alles verlohren wenn ich zaudre. *(laut)* Ich komme gleich wieder Thomas. *(geht eilig ab).*

ACHTER AUFTRITT

THOMAS *allein.* Geh nur, ich werde das Hauß schon hüten.

197 Malbroucks] Malbroucks O.&. – *BERNARD-VALLEVILLE, S. 11: „il entre sur l'air de Malbrouck, que l'orchestre joue lentement".*

206 nachgesezt hätten] nachgesezt hättetn.

229 Sie muß vor allen Dingen] Sie muß ⌉vor allen Dingen⌉.

234 ACHTER AUFTRITT] Achter Auftritt.

253 Hieber] *Gemeint: Säbel. BERNARD-VALLEVILLE, S. 14: „sabre", „couteau de chasse".*

256 SIEBENTER AUFTRITT] Siebenter ~~Achter~~ Auftritt.

258 nun bin ich ruhiger] *Abbruch der Reinschrift. Ein Bruchstück auf einem Einzelblatt mit abgeschnittenem Rand ist erhalten, das auf der 12. Szene bei BERNARD-VALEVILLE basiert. Im Original ist die von Schiller übertragene Passage eine Mischung aus gesungenem („AIR La Croisée", ebd. S. 18) und gesprochenem Dialog.*

⟨NICOLAS⟩. ◊ach fünfzigjähriger Tapferkeit, sollte mich der ◊ahme, eines Anklägers beschimpfen, und meine ◊ besudeln! *(zu Marcelline)* Ich sterbe für ◊nn dein eignes Herz hat mich verrathen! Ein ◊ seine Ehre verlohren hat, kann nicht mehr ◊

⟨MARCELLINE⟩. *(für sich)* braver Mann! Du

⟨NICOLAS⟩. Du freust dich wohl gar noch über deine Grausamkeit? O daß ist zu viel! ich halte es nicht aus. Deine Hartherzigkeit macht mich rasend. *(Er stösst sie mit Gewalt auf einen Stuhl).*

⟨Steinberg⟩

Textgrundlage: GSA 83/1625. 72 Blatt Quart. Es handelt sich um Doppelbögen, die ersten Bögen sind durch Fadenheftung verbunden. Format: 17,5 × 21,5cm (grünlich). Charlotte Schillers Paginierung weist Lücken auf (die Ziffern 53, 54 sowie 74, 75 fehlen). Erhalten sind ferner ein Einzelbogen (beige) im selben Format, paginiert als: 21, 22. Dieses Bruchstück B[1] stellt eine

Variante zu Blatt 46 ff. dar. Erhalten ist ein weiterer Einzelbogen (beige), unpaginiert, Format: 17 × 20cm (beige), überschrieben „Onkel Steinberg". Dieses Bruchstück B^2 *beinhaltet einen kurzen Schlussmonolog, der in der vorliegenden Edition in den Haupttext übernommen wurde.*

Die Komödie handelt von einem Baron Steinberg, der in England eine gebildete Schottin geheiratet hat. Zu seinem Leidwesen interessiert diese sich mehr für Astronomie als für ihn. Aus Rom reist derweilen zufällig Steinbergs Freund Graf Wimpfen an in Begleitung der schönen, leichtfüßigen Italienerin Bettina. Wimpfen, ernst, trocken, will Bettina für sich allein, sie jedoch geht heimlich auf den Maskenball, wo sie auf ihren ehemaligen Liebhaber Steinberg trifft, der seiner gelehrten Gattin eben dahin entfloh. Dass beide Paare, was die Charaktereigenschaften betrifft, in einer chiastischen Konstellation stehen, wird auf Ebene der Dienerfiguren verhandelt. Weitere komische Figur ist Steinbergs standesbewusster Onkel, der auf der Durchreise nach Italien ist; er gibt seine Pläne am Ende indessen auf und begnügt sich mit Reiseliteratur.

Leider sind nur drei Akte erhalten, so dass offen bleibt ob und über welche Intrigenhandlung die Paare in ‚richtiger' Konstellation zusammenfinden. Erhalten ist lediglich der Schlussmonolog des Onkels. Was die Figurennamen betrifft, fällt auf, dass die Dienerin „Nelly" zweimal als „Betty" aufgeführt wird, einmal von Charlotte Schiller korrigiert (Z. 398), einmal nicht (Z. 1447). Der Name des aus Italien anreisenden Freundes Wimpfen kehrt zudem in Charlotte Schillers Historischem Schauspiel ⟨Elisabeth⟩ *wieder, indem der dortige Freiherr „Wizen" zweimal als „Wimpfen" bezeichnet wird (Vgl. Kommentar zu* ⟨Elisabeth⟩, *Z. 887 sowie* B^1, *Z. 137). Dies könnte darauf hindeuten, dass Schiller sich mit beiden Texten zu einer ähnlichen Zeit befasst hat.*

Der Produktionszusammenhang ist offensichtlich ein anderer als im Fall der beiden anderen Lustspiele, die im engen Kontext zu Friedrich Schillers französischen Komödienübertragungen um 1800 stehen. Die englisch-schottische Motivik lässt stärker an Charlotte Schillers engen Austausch mit CHARLOTTE VON STEIN *denken, insbesondere deren Drama „Die zwey Emilien. Drama in vier Aufzügen. Nach dem Englischen" (Stuttgart 1803), das auf dem Roman „The Two Emilys" von* SOPHIA LEE *(1798) basiert.*

---

35 rösten] ~~*Toast*~~ rösten.

36 Geruch,] Geruch, ~~bey dem~~.

51 lausigen] ~~nichtigen~~ ⌈lausigen⌉.

120 ein ander Mahl] einander Mahl

150 Carl dem Sechsten] Carl dem ~~Sechsen~~ Sechsten. – *Gemeint ist vermutlich Kaiser Karl VI. (1711–1740), der Vater von Maria Theresia.*

187 Ich denke] Ich denke.

210 viel Anhänglichkeit] ⌉viel⌉ Anhänglichkeit.

216 FÜNFTER AUFTRITT] *Die Szenenangabe wiederholt sich.*

237 der Mann zögert] der Mann ~~selbst~~.

242 immer bitter] immer ~~erbittert~~.

249 alle andre] alle~~rley~~ andre.

250 wüste Insel?] Insel? ~~Hätte man sie aus Ihrem Besiz vertrieben?~~.

264 Verbindungen] Verbindungen ~~ist gesorgt~~.

278 darf ich Ihnen] ich ⌈Ihnen⌉.
283 ihrer Nation] ~~in Schottland~~ ⌈ihrer Nation⌉.
297 einen falschen Verdacht] ~~Sie gar~~ einen.
301 in einem andern] ~~aus~~ in einem.
323 hungrig] ~~hungrigt~~ hungrig.
325 wie es nur] ~~was~~ wie es nun.
329 Eßsaal] Eßs~~all~~⌈aal⌉.
329 Hund, machen] Hund, ~~fangen,~~ machen.
332 Kenner von sich] Kenner ⌈von sich⌉.
340 Gruppe des *Laocoon*] *Skulptur in den Vatikanischen Museen in Rom, die unter anderem* Lessing *zu seiner ästhetischen Studie „Laokoon" (1766) anregte.*
378 einsilbig] einsjilbig.
378 Ob Nelly] Ob ~~Betty~~ ⌈Nelly⌉.
384 Treffen] Treffen.
389 Siebenter] Siebendter.
392 wünsche besonders] wünsche ⌈besonders⌉.
401 wird es erst] wird es ⌈erst⌉
411 Franz sieh] ~~Anton sieh~~ Franz.
413 Kellner] ↑~~Kellner~~↑.
414 die Wand] die ~~weisse~~ Wand.
421 *Wimpfen.*] ~~*Vorige*~~ *Wimpfen.*
443 daß das Glück] dasß das0
449 Lustfahrten] Lustfarthen.
471 glücklich machen] glücklich ~~seyn, und~~.
486 nachdenkend] ~~erns~~ nachdenkend.
494 werth] ~~unen~~ werth.
497 Neunter Auftritt] *Davor gestrichene Passage:*

~~Neunter Auftritt~~

~~*Franz. Joseph.*~~

~~Joseph. *(will schnell an Franz vorüber gehen, sieht ihm ins Gesicht)* Um alles in der Welt, wo kömmst du her lieber bester Franz.~~

~~Franz. Welche Stimme, wärst dus wirklich mein lieber Joseph? Ich glaubte dich noch über dem Meere, gar weit von mir.~~

498 *aus dem Zimmer*] ~~*Z*~~ *aus dem.*
500 statt mir aufzuhelfen] statt ~~mich~~ ⌈mir⌉.
502 Unfall] ~~Unglück~~ ⌈Unfall⌉.
509 leichte lustige] ~~st~~ leichte.
509 *morose*] *Englisch: mürrisch, griesgrämig; von lateinisch „morosus".*
512 sonderbare] ~~ihre~~ sonderbare.
513 Zehnter Auftritt] ↑~~Zweiter Auftritt~~↑. – *Variante des Bruchstücks* B^1:

[21]Der gnädigen Frau schrieb ich alles um sie über das Betragen ihres Sohnes zu beruhigen, aber sie fragte auch nicht aus Neugierde um nichts.

Steinberg. *(für sich)* Der Kerl wird grob, ich muß es einstecken, denn ich komme sonst nicht zum Ziel. Sag mir doch aber nur ein Wort lieber Joseph, von der *Italienerin*, die mein Vetter in Neapel so liebte, wo ist sie hingekommen?

Joseph. Das weis ich nicht!

Steinberg. Du bist verwünscht Einsilbig.

Joseph. Ach man lernt das auch am Ende.

Steinberg. Sag mir es offenherzig guter Joseph, sieh den Abend wenn deine Herrschaft zu Bett ist, da komm zu mir. Casper soll dir etwas aus dem Flaschenkeller holen.

Joseph. Ach zehn Worte für eins. Ihr Gnaden Ich will haarklein erzählen was ich von dem Schäzgen weis. Der Herr [21v]liebte sie zum tollwerden an einem schönen Morgen nach einer Spazier~~fahrt~~⌈partie die⌉ sie des Nachts ⌈anstellten,⌉ ~~wie sie~~ den Vesuv Feuer speien zu sehen, ~~wollten wo sie lange blieben~~ ⌈soll ich am anderen Morgen⌉, soll der Schönen ein Geschenk bringen, da fand ich das Haus leer, die Zimmer offen, kein Mensch wollte Antwort gegen. Endlich sieht mich ein Nachbar und ruft mir zu. Die schöne Fremde sey fort, mit einem vornehmen Herrn, der nach Rom wollte. Er sey schon lang alle Tage um ihr Haus geschlichen, sie habe ihn hereingelockt, und nun sey die Bekanntschaft so intim geworden daß sie gar mit ihm fort sey.

Steinberg. Unbegreiflich, unerhört, und sie liebte doch den Baron.

Joseph. Ach die Liebe ist in Italien ganz anders, als bey uns!

Steinberg. Aber wie kam mein Vetter so schnell nach England?

Joseph. Der Herr war wüthend als er erfuhr daß er betrogen sey, er wurde ganz ein andrer Mensch, Ernsthaft, [22]traurig, einsylbig, sodaß man ihn überall auch für einen reisenden Engländer hielt. dies ~~verknüpft~~ ⌈verwickelte⌉ ihn in ihre Gesellschaften, und es wurde einem seiner Bekannten halt nicht schwer ihn zu bereden mit ihm zu reisen. Er wurde auf einmahl ein Bücherwurm, las ~~bis~~ ganze Nächte, schrieb, und ging gar mit keiner Frau um, bis in England, ~~wo~~ ⌈da er⌉ durch den Ruf einer gelehrten Frau angelockt wurde, sie aufzusuchen.

Steinberg. Du sollst zwey Flaschen *Tokaier* trinken diesen Abend Joseph nur weiter.

Joseph. ~~Dieses gelehrte Frauenzimmer war seine~~ ⌈Ew. Gnaden sind gar zu gnädig, gebe der Himmel meiner⌉ Herrschaft bald Kraft. Ja wo war ich in meiner Erzählung, dieses gelehrte Frauenzimmer wurde die Frau Baronin, wie sies nun so schnell gemacht hat daß der Herr der die Frauen so hasste sich so leicht zur Heyrath bingen lies, weis ich ⌉nicht⌉ mich haben viele betrogen, ich lache sie aber aus, und betrüge sie wieder, da mit ist unsre Rechnung gemacht.

[22v]Steinberg. *(Ernsthaft)* von dir lieber Joseph schweig diesmal bitte ich, ich bin kein Vertrauter für deinesgleichen.

Joseph. Verzeihen Ihr Gnaden. *(bey Seite)* wenn mir dein Tokaier nicht am Herzen läge, du hättest sollen was andres hören du! Alter!

Steinberg. Aber nur ein Wort noch, merkst du an deinem Herrn daß er seine Wahl bereut? Ist er glücklich?

Joseph. Ach nein Ihr Gnaden, ich höre gar nichts von ihm. So viel er in Gegenwart der gnädigen Frau spricht, um sie zu unterhalten, so wenig spricht er wenn er allein ist mit mir von sich. Gegen seine Gemahlin ist er so sanft, und nachgebend, und aufmerksam daß es mir ein Räthsel ~~geworden~~ ist. ~~wie er~~ da er doch einen ewigen Groll gegen ~~das andre~~ ⌈die Weiber⌉ ~~Geschlecht~~ im Herzen trägt. Ich wäre ganz anders das weis ich. Lieben kann er sie nicht, gewiß nicht. Ob ihn ihre Gelehrsamkeit aber so fesselt davon versteh ich nichts. Meine Frau soll aber gewiß nicht lesen können, wenn ~~sie dadurch~~ ⌈man dadurch⌉ so stumm wird, und so alt.

532 *Italien] Iatlien.*
543 hingekommen] ~~ge~~ hingekommen.
556 Mann sey schon] ~~Fremder~~ ⌈Mann⌉ sey schon ~~lange~~.
563 wurde anfangs] ~~wuh~~ wurde.
564 Er wurde so Ernsthaft] ⌈Er wurde so⌉ ~~So~~ Ernsthaft.
565 hinkam für] ⌉hinkam⌉ für.
570 *Tokaier]* ~~toikeier Jos~~ *Tokaier.*
577 eines gelehrten Frauenzimmers] eine~~r~~**s** gelehrten Frauen⌉zimmers⌉
582 [55]Joseph.] *Paginierung springt um drei Seiten von 52 auf 55.*
582 mir ist alles gleich] alles ~~B+ von andern +~~ gleich.
586 ich hätte] ich ⌈+⌉ hätte.
588 in dem Hause] i~~m~~**n** ⌈dem⌉ Hause.
593 eine gelehrte Frau] eine ⌈gelehrte⌉ Frau.
607 seinen alten Groll] seinen ⌈alten⌉ Groll.
615 *Ende des ersten Akts.]* ↓~~Zweyten Ackts~~↓.
618 *Joseph in einiger]* ↑*nach einer Weile,*↑ *Joseph.*
618 *wieder heran] wieder* ~~*hinzu*~~ *heran.*
620 das schweigen] das ~~ewige~~ schweigen.
625 alle ihre Liebenswürdigkeit] ~~mit~~ alle ihre.
628 etwas ausser] etwas ~~an~~ ausser.
628 Cultur] ~~Be~~ Cultur.
630 zu den nichtigen] ⌉zu⌉ ~~mit~~ ⌈den⌉ nichtigen.
645 *grosse Kisten]* ~~*Ka*~~ *grosse Kisten.*
656 Dame ist aber] Dame ist ~~auch~~.
657 ihre ganze Börse] ihre~~n~~.
678 etwas verbrochen] etwas ~~gethan was d~~ verbrochen.
682 den Leichtsinn] ~~dem~~ di~~e~~**en** Leichtinn.
685 die du wohl irgendwo geschnapt] die ⌈du⌉ wohl irgendwo ~~auf~~geschnapt.
709 unglücklich zu nennen sind] unglücklich ~~sind~~.
710 Schottland] ~~England~~ ⌈Schottland⌉.
710 aussprechen wie] aussprechen wie. ~~mag~~.
712 Als ich auf einmal] Als ich ⌈auf einmal⌉.
713 ließ sich] ~~un~~ ließ sich.
717 ließ das hingehen.] *Gestrichener Passus von hier bis zum Beginn der folgenden Seite:*

hingehen. ~~An einem Tage da mein Herr länger als gewöhnlich ausblieb, sagt er mir als er ins Zimmer trat, In acht Tagen heyrathe ich Joseph.~~

~~Franz. Das ging schnell wahrhaftig.~~

~~Joseph. Ja und ich hatte die Braut noch gar nicht gesehen, konnte auch nicht vorher nach Hause schreiben um der Herrschaft ihre Gesinnung zu erfahren.~~

~~Franz. Da seh ich aber dein Unglück~~ ⌈doch⌉ noch nicht ein Joseph.

[67]~~Joseph. höre nur weiter.~~

721 am Trauungstag] ~~ins~~ am Trauungstag.
731 bald auch] ~~fast auch~~ bald auch.
737 und die Nase] ⌉und⌉ ~~und~~ die Nase.
743 Mein Herr hat] Herr {hat}.
745 eine Ergözung] eine~~n~~ Ergözung.
754 um einer schönen] ~~und für wen~~ um einer schönen freundlichen Dame ~~p~~.
756 unsinnig] ~~fast~~ unsinnig.
771 Bettlern] Bettelrn.
780 führt uns] führt uns ~~sein~~.
793 [76]JOSEPH.] *Sprung in der Paginierung von 72 auf 76.*
799 Der heitre Glanz] ~~Das~~ ⌈Der⌉ heitre ~~Auge~~ ⌈Glanz⌉.
804 Leben angesehen] Leben ~~genoss~~ angesehen.
805 Aber bleiben] ~~Liebe~~ Aber bleiben.
831 silbernen] ~~sch~~ silbernen.
836 noch diesen Abend] ←~~Maria~~← noch diesen Abend.
911 u. 915 *Amor*] *Anspielung auf das Motiv von Amor und Psyche nach Apuleius.*
936 *(zu Maria)*] *(zu Mari~~e~~a).*
949 Wahrhe⟨it⟩] Wahrhei. – *Rechte obere Ecke abgerissen, Buchstaben halb lesbar.*
949, 962, 975, 986, 999 u. 1008] *Auf den Seiten 90, 91, 92, 93, 94 u. 95 fehlt die Paginierung aufgrund abgerissenerer Ecken.*
955 das Zimmer] ~~ihr~~ ⌈das⌉ Zimmer.
956 Plaz ist] Plazist.
963 befremdet es] befremdet es.
975 Ich muß bey jedem Worte mehr] ~~Verzeihen Sie mein eh~~ ⌈Ich muß bey jedem Worte mehr⌉.
975 und meine Neugierde] ~~und,~~ und meine.
978 eine Ausländerin] ~~keine~~ eine.
986 NEUNTER AUFTRITT] Neunter ~~Achter~~ Auftritt.
993 unrecht haben. –] haben.).
999 ist sonderbar!] ist sonderbar!
1000 es nicht gewahr] ~~uns~~ es nicht.
1005 sagen was ich von] sagen ~~daß~~ ⌈was ich von⌉.
1008 nur in Garten] nur in Garten.
1027 unruhigen Sinn] unruhigen ~~Herzen~~ ⌈Sinn⌉.
1031, 1063 u. 1097 *tavaro*] *Gemeint ist vermutlich ein „Tabaro" (spanisch: langer Mantel oder Umhang), wie er als Maskenball-Verkleidung auch in* CHARLOTTE VON STEINS *„Die zwey Emilien" (1803) vorkommt.*
1046 Und ich dich] Und {ich} dich.
1063 *hat den* l'avaro] ~~*hält*~~ *hat.*
1065 hörte viele Stimmen] hörte ⌈viele⌉ Stimmen.
1071 sehr auffallend] ~~doch befremdend~~ sehr aufallend.
1079 *zweyten Ackts.*] *Ackts.*
1084 Wollen Sie nicht] ↑Der Graf ‹…› überraschen.↑.
1086 Ist dir auch] ~~ach ja wohl ist~~ ⌈Ist dir auch⌉.
1090 ein einziges] + ⌉ein⌉ einziges.

1093 mir wieder zurück] mir ⌈wieder⌉ zurück.
1094 vor meiner Seele] ~~+ch~~ vor meiner.
1108 an mir vorbey] ⌈an mir⌉ vorbey.
1109 Orangen] ~~einige~~ Orangen.
1111 sprechen hörte] ~~Thon~~ ⌈sprechen⌉.
1111 aus meinem Gedächtnis] ~~zer~~ aus meinem.
1150 Man muß die Möglichkeit] ~~Sonst~~ Man muß.
1152 Ich will hinein und] ~~empf~~ Ich will hinein ~~zu ihr~~ ⌈und⌉.
1157 *sieht sich dabey*] ⌉*sieht sich dabey*⌉ ~~*sucht das Zimmer*~~.
1159 gutes Gewißen] gutes ~~Gesicht habe~~.
1159 es ist doch nicht recht] ~~es ist doch nicht Recht~~ es ist.
1160 *(laut)* Gleich will] ~~Ich~~ *(laut)* ~~Ich will gleich hin will fragen.~~ Gleich.
1182 Freundschaft zu mir] Freundschaft ⌈zu mir⌉.
1188 ich muß nicht] ~~+~~ ⌈ich⌉ muß nicht.
1189 liebt mich nicht!] liebt mich nicht! ~~und ich!~~.
1200 daß sein Bedienter sogar auf ihre Zimmer] ⌉daß sein⌉ ~~daß~~ ⌈Bedienter⌉ sogar ~~ihr~~ auf ihre Zimmer ⌈~~daß~~[1)] ~~+~~[2)] ~~+~~[3)]⌉.
1201 Freund] ~~guter~~ Freund.
1205 auch nicht für Sünde] ⌈auch⌉ nicht.
1211 Richter] Richter, ~~verläugnete ihn~~.
1218 volle Gläser] volle Gläser ~~ha~~.
1220 daß du das Gesez] daß ~~ged~~ du das.
1247 stets der Wahrheit] ⌈stets⌉ der Warheit zu huldigen. ~~Sie~~.
1251 herrscht mit] herrscht ⌈mit⌉.
1255 wenn ich erst] wenn ich erst.
1259 Gefallen] ~~+~~ Gefallen.
1261 Geschöpf] ~~ges~~ Geschöpf.
1261 heiligen Worten] heiligen ~~s+~~ ⌈~~from~~⌉ Worten.
1262 frommen Weiber] frommen ~~Fr~~ Weiber.
1263 ein Plängen] *Regionale Diminutivform von „Plan“.*
1287 verlezen!] verlezen! ~~traurig ist es~~.
1288 schrecklich] schrecklich ↓meinen philosophischen Grundsäzen nicht treu bleiben zu können.↓
1291 warum er auf] warum er ⌈auf⌉.
1291 erst artig] erst ~~freund~~ ⌉artig⌉ ~~lich~~.
1299 nun wohl] ~~nun~~ nun wohl.
1299 liebe, da] liebe, ~~daß ich~~ da.
1303 würden Sie] würden Sie ~~das~~.
1306 hinein] hneine.
1307 *ins Zimmer*] ~~*her*~~ *ins Zimmer.*
1320 ganz unglücklich] ~~u~~ ⌉ganz⌉ unglücklich. ↑Denn schon lange kenne ich das Gefühl glücklich zu sein nicht mehr.↑
1327 stößt den Dolch] ~~führt~~ stößt.
1329 Nein, nein] Nein, + ⌈nein⌉.
1335 mein voriges ganzes] ⌉m⌉ein ⌈voriges⌉.

1338 war er schon] ~~waren~~⌈war er⌉ schon.
1339 Bettina auch ich wünschte nur ein Wort zu hören; kannst] Bettina ⌈auch ich wünschte⌉ nur ein Wort ~~wenn ichs~~⌈zu⌉ hören; ~~darf~~ kannst.
1343 dafür, bewog] dafür, ~~ge~~ bewog.
1346 Er entsagte seinen Ansprüchen] Er ~~gab~~⌈entsagte⌉ seinen ~~Absich~~ Ansprüchen.
1359 einschlich] ~~ins Herz schlich~~⌈einschlich⌉.
1365 verwundern, auf welche Abwege mein Kopf] ~~uberaschen~~ verwundern, ⌈auf⌉ welche Abwege mein ~~Herz kam~~ Kopf.
1368 Nun was hatten] Nun ~~wie kamen~~⌈was hatten⌉.
1369 an dem weiblichen] an d~~as~~**em**.
1374 kann nicht ruhig] k+ ⌈kann⌉ nicht.
1375 Bey welchen Entdeckungen] ~~zu~~⌈Bey⌉ welchen.
1378 Geliebten wieder fand.] ~~fernen~~ Geliebten wieder fand. ~~Sie sind sein Freund~~.
1385 fremden Frauenzimmer] ⌉fremden⌉ Frauenzimmer.
1391 Thüre offen] ~~auf~~⌈offen⌉.
1393 ⟨Nelly⟩] Betty.
1399 der uns so oft] der ~~Sie~~ uns so oft.
1432 möchte bestimmt] ←~~Ba~~← möchte.
1437 *sezt sich und stüzt traurig] sezt sich ~~hin~~ und stüzt traurig ~~seufzend~~.*
1449 *zwey Trägern] ~~eine~~ zwey.*
1473 Diese sind mir] Diese sind mir ~~mir~~.
1479 eine Art Reiz] eine~~n~~⌈Art⌉ Reiz.
1482 andres suchen] ~~neues~~⌈andres⌉.
1486 grün, roth, und blau dazu zu denken] grün, ~~roth~~ roth, und blau dazu zudenken.
1494 *von Italien] ~~über~~⌈von⌉ Italien.*
1508 Schrot und Korn] ~~Schlag~~ Schrot.
1517 uns die Köpfe] uns ~~zu~~ die Köpfe.

II. Historisches Schauspiel

⟨Elisabeth⟩

Textgrundlage: GSA 83/1626. 46 Blatt, verschiedene Formate. Das Konvolut im Goethe- und Schillerarchiv umschließt ein Einzelbogen, der bis auf die Aufschrift „Erster Ackt“ unbeschrieben ist. Angeordnet ist das Konvolut in 10 Umschlägen:

Anordnung gemäß der Erschließung im GSA	*Formate*	*Editorische Anordnung / Textanfang*
Literaturauszug	*1 Bogen, Quart, 17,5 × 21cm (beige)*	A^0 / Als Magnus…
Fassung A: I. Aufzug am Hofe König Waldemars – Ausgearbeitete Fassung –	*2 Bogen, Folio, 20,5 × 34,5cm sowie 6 Bogen, 19,5 × 28,5cm (beige; grünlich)*	A^1 / Erster Aufzug 3te Scene
Fassung A: I. Aufzug am Hofe König Waldemars – Ansatz zu abweichender Fassung –	*1 Bogen, zweites Blatt beschnitten, Folio, 20,5 × 34,5cm (beige)*	B^2 / Erster Ackt (Knuth, Güldenstern)
Fassung B: I. Aufzug in der Schifferhütte – Ursprüngliche Fassung, im Anschluß an Fassung A begonnen? –	*9 Bogen und Einzelblatt, Folio, 20,5 × 34,5cm (grünlich, beige)*	A^2 / Zweyter Aufzug
Fassung B: I. Aufzug in der Schifferhütte – Spätere Fassung –	*1 Blatt, 20,5 × 34,5cm (grünlich)*	B^3 / Erster Aufzug
Fassung B: I. Aufzug in der Schifferhütte – Spätere Fassung? –	*2 Blatt (abgeschnittener Bogen), Quart, 19 × 21cm* *1 Bogen, Quart 17,5 × 21cm (grünlich)*	B^4 / Schiffer kommt herein gestürzt.
Fragment zur Fassung B (?)	*1 Blatt, 19 × 28cm (grünlich)*	B^5 / Graf Knuth
Bruchstücke bzw. Fragmente zum III. Aufzug	*1 Bogen, Folio, beschnitten, 20,5 × 32cm (beige)* *1 Bogen, Folio: 21,5 × 34,5cm (grünlich)*	A^3 / Dritter Aufzug
Fragment zum III. Aufzug (?)	*1 Bogen, 2 Blatt, Folio, 21,5 × 34,5cm (beige)*	B^6 / Prinzeßinn Elisabeth

Anordnung gemäß der Erschließung im GSA	*Formate*	*Editorische Anordnung / Textanfang*
Bruchstück eines späteren Aufzugs?	*1 Bogen, Folio, 21 × 34,5cm (grün)*	*B*[1] Erste Scene.

In der vorliegenden Edition werden als Dramentext das Exzerpt sowie die drei chronologisch gekennzeichneten Aufzüge sukzessive wiedergegeben: A[0] *„Aus Mallets Geschichte von Dännemark" / A*[1] *„Erster Aufzug" / A*[2] *„Zweyter Aufzug" / A*[3] *„Dritter Aufzug". Innerhalb der Konzepte existieren allerdings Unstimmigkeiten, was den Aufbau betrifft. Am Ende des zweiten Aufzuges heißt es beispielsweise: „Ende des ersten Ackts" (Z. 1189), so dass unklar ist, ob Charlotte Schiller eine Umstellung der Aufzüge im Sinn hat.*

In separater Reihe werden die sechs Bruchstücke angeordnet entsprechend der Chronologie der Handlung, soweit diese sich aus den angegebenen Schauplätzen erschließen lässt. B[1] *Lübeck, Saal / B*[2] *Dänischer Hof, Kopenhagen / B*[3] *Schifferhütte / B*[4] *Schifferhütte / B*[5] *Schifferhütte / B*[6] *Dänischer Hof, Vorsaal. Auch hier existieren einzelne Akt- und Szenenangaben, die darauf hindeuten, dass der Gesamtaufbau noch nicht festliegt. Ob es sich bei den Bruchstücken um eine zweite Fassung handelt, wie im Archiv bei der Ersterschließung angedeutet, ist fraglich.*

Durch das erhaltene historische Exzerpt ist auch Charlotte Schillers stoffliche Quelle bekannt. Es handelt sich um ein Geschichtswerk von Paul Henri Mallet, *das ihr in verschiedenen französischen Fassungen sowie in deutscher Übersetzung zugänglich gewesen sein kann. Die erste und dritte Auflage des französischen Originals, sowie die Übersetzung von Gottfried Schütz sind in der Herzogin Anna Amalia Bibliothek nachgewiesen:*

*[*Paul Henri*]* Mallet*: Histoire de Dannemarc, Tome Premier. Contenant ce qui s'es passé depuis l'établissement de la Monarchie jusques à l'avénement de la Maison d'Oldenbourg au Throne. Par Mr. Mallet, Professeur Royal de Belles-Lettres Françoises, Membre des Académies de Lyon & d'Upsal. Copenhague 1758, S. 326–328.*

Ders.: Histoire de Dannemarc. *Par Mr. P. H. Mallet. 3me édition. Revue, corrigée & considérablement augmentée. Tome quatrième. Geneve, Paris 1787, S. 209–213.*

Gottfried Schütz*: Herrn Professor Mallets Geschichte von Dänemark. Aus dem Französischen übersetzt. Mit einer Vorrede Herrn Gottfried Schützens, Doctors und Professors in Hamburg der Academien der Wissenschaften zu Copenhagen, Berlin und Paris Mitgliedes. Erster Theil. Rostock, Greifswald 1765, S. IV/501–503.*

Aufgrund dreier Textstellen in Charlotte Schillers Exzerpt liegt nahe, dass ihr Exzerpt sich auf die französische Erstausgabe bezieht:

	Mallet 1758	*Mallet* [3]*1787*	*Schütz 1765*	*Charlotte Schiller*
Die Figur Wizen wird namentlich nur in der französischen Erstausgabe erwähnt.	*S. 326: „Les Etats de Suéde evoyerent un Gentilhomme nommé von Wizen en Holstein pour y épouser Elisabeth au nom du Roi Haquin …"*	*S. 210: „Les états de Suède evoyèrent un gentilhomme en Holstein pour y épouser Elisabeth au nom du roi Haquin …"*	*S. 502: „Die Stände von Schweden schickten einen Edelmann nach Hollstein, um sich daselbst im Namen des Königes Haquin mit Elisabeth zu vermählen."*	*Z. 14f.:* „Die Schwedischen Stände sandten einen Edelmann, von Wizen nach Hollstein, um im Nahmen des Königs Hakon die Vermählung zu vollziehen."

	Mallet 1758	*Mallet ³1787*	*Schütz 1765*	*Charlotte Schiller*
Vgl. zu den Ausdrücken: „douleur / dépit" bzw. „Kummer / Schmerz"	*S. 328: „On avoit laissé à Elisabeth de Holstein la liberté de retourner dans sa patrie, mais outrée de douleur elle résolut de renoncer à un monde qui avoit été si injuste envers elle …"*	*S. 213: „On avoit laissé à Elisabeth de Holstein la liberté de retourner dans sa patrie, mais outrée de dépit elle résolut de renoncer à un monde qui avoit été si injuste envers elle …"*	*S. 503: „Der Elisabeth von Hollstein hatte man die Freyheit gelassen in ihr Vaterland zurück zu kehren; im übermäßigen Kummer entschloß sie sich aber, einer Welt zu entsagen, die gegen ihr so ungerecht gewesen …"*	*Z. 35–37:* „Man hatte Elisabeth in Hollstein die Wahl gelassen in ihr Vaterland zurückzukehren. Aber vom Schmerz überwältigt, beschloß sie einer Welt zu entsagen die so ungerecht sie behandelt …"
Auch in Bezug auf Magnus' Abkommen mit Waldemar folgt Charlotte Schiller der französischen Erstausgabe.	*S. 326: „Ils s'étoit engagés à déposer Magnus s'il contrevenoit à la promesse qu'il leur avoit faite de ne point s'opposer à ce marriage, mais ce Roi foible & malheureux, ou plutôt la Reine Blanche sa femme avoit pris des engagements tout contraires avec Valdemar. Ils avoient promis à ce Prince qu'il n'auroit point d'autre épouse que Marguerite sa fille …"*	*S. 210: „Ils s'étoit engagés à déposer Magnus s'il contrevenoit à la promesse qu'il leur avoit faite de permettre ce marriage; mais ce roi foible & malheureux, ou plutôt la reine Blanche sa femme, avoit pris des engagements tout contraires avec Valdemar (*). Ils lui avoient promis que leur fils Haquin n'auroit point d'autre épouse que Marguerite sa fille;"*	*S. 502: „Sie hatten sich anheischig gemacht, Magnus abzusetzen, wenn er dem ihnen gethanen Versprechen, diese Vermählung zu erlauben, zuwider handeln würde. Dieser schwache und unglückliche König, oder vielmehr die Königinn Blanca, seine Gemahlin, hatte mit Waldemar ganz entgegengesetzte Verabredungen genommen. Sie hatten ihm versprochen, daß ihr Sohn Haquin keine andere Gemahlinn als seine Tochter Margareth haben sollte;"*	*Z. 7–11:* „Sie verbanden sich *Magnus* der Königswürde zu entsezen, wenn er sich gegen die Heyrath erklärte. Aber dieser schwache König, oder vielmehr die Königin *Blanca* seine Gemahlin, hatte ganz entgegen gesezte Verträge mit Waldemar geschlossen. Sie hatten diesem Prinzen versprochen daß er keine andre Gemahlin als ihre Tochter Margaretha haben sollte."

Der Titel „Elisabeth" wurde von der Editorin gemäß der Hauptfigur gesetzt. Eine Besonderheit stellt dar, dass Charlotte Schiller der dänischen Königin den Namen „Blanka" gibt, obwohl dies, wie ihr aus dem Exzerpt bekannt sein dürfte, der Name der Gattin des schwedischen Magnus ist. Als weitere Besonderheit fällt auf, dass die historische Figur des Freiherrn Wizen an zwei Stellen als „Wimpfen" oder „Baron Wimpfen" bezeichnet wird, einmal gestrichen (Z. 887), einmal nicht (B^3, Z. 137). Allusionen sind erkennbar zu Shakespeares *„Hamlet", insofern in B^2 der ankommende Knuth einem Hofmann „Güldenstern" begegnet, sowie zu* Goethes *„Iphigenie auf Tauris", insofern Elisabeth von einer „Parze" spricht, die ihr Schicksal bestimme. B^1, Z. 96. Insbesondere der dritte Aufzug mit Elisabeth im öden felsigen Exil erinnert an die von Goethe neu entworfene antike Frauenfigur.*

Die Datierung ihrer Arbeit an diesem Schauspiel erweist sich als schwierig. Zur Handschrift vgl. Abbildung 7. Möglich ist, dass sie an diesem überwiegend im Blankvers gehaltenen Drama schon zur Weimarer Zeit um 1800 arbeitet, parallel also zu FRIEDRICH SCHILLERS Bearbeitungen von Dramen des EURIPIDES (Iphigenie in Aulis), GOETHES (Egmont) und SHAKESPEARES (Macbeth) (weiterführend vgl. SCHILLER: Werke, Bd. 9). Der Konflikt zweier Königinnen, der in Charlotte Schillers Stoffwahl angelegt ist, lässt überdies an FRIEDRICH SCHILLERS „Maria Stuart" (1801) denken.

Für eine spätere Datierung sprächen indessen biographische Zusammenhänge. Als Vorbild der Elisabeth-Figur kommen mehrere Angehörige des Hochadels in Frage, die aus dynastischen Gründen an unliebsame Orte verheiratet werden. Besonders naheliegend ist der Gedanke an Prinzessin Caroline Luise von Sachsen-Weimar, die ab 1810 mit dem Erbprinzen Friedrich Ludwig von Mecklenburg-Schwerin verheiratet ist und mit der Charlotte Schiller bis zu deren frühem Tod (1816) in engem Briefwechsel steht. (Vgl. Charlotte Schillers Prinzessin Caroline Luise gewidmete Gedichte An meinen guten Genius. Caroline *und* Den 18ten Julius 1813.*) Möglich ist auch, dass deren Nachfolgerin Auguste Friederike von Hessen-Homburg, die 1818 den Erzherzog von Mecklenburg-Schwerin ehelicht, für die Hauptfigur Modell gestanden hat. Nachdem Karoline von Bose Charlotte Schiller über deren Ankunft bei Hofe Mitteilung gemacht hat, wendet diese sich in einem Schreiben an Karl Ludwig von Knebel, worin sie der geliebten Verstorbenen gedenkt und zugleich Mitgefühl mit deren Nachfolgerin in den rauhen, nordischen Verhältnissen zeigt:*

> Eine Idee von ihr hat mich recht gerührt; sie hat sich in ihrer Eheberedung ausbedungen, daß man sie nach Homburg bringe, wenn sie auch stürbe. (Doch bleibt es unter uns, bitte ich.) Doch hoffe ich, lebt sie länger, den Kindern zum Trost und Stütze, als sie es erwartet. *(Charlotte Schiller an Knebel, 14. Januar 1818, in: DÜNTZER, S. 342).*

Eine namentliche Übereinstimmung schließlich findet sich mit der aus Karlsruhe stammenden russischen Zarin Elisabeth, Gemahlin von Alexander I., die Charlotte Schiller im Frühjahr 1814 bei einem Besuch in Weimar im Vorfeld des Wiener Kongresses bewundert:

> Ich hoffe Sie sehen in Baaden, die Kaiserin Elisabeth dieses Frühjahr, denn ich hoffe sie genießt den Sommer wieder in ihrem schönen Vaterlande. So eine liebliche u. hohe Frau ist eine seltne Erscheinung. Dieser Ausdruck von Güte, Geisteskraft und Liebenswürdigkeit vereinigt ist einem sehr erfreulich. Sie war zwey volle Tage hier, zu kurz für uns, aber doch hat man diese Edle Einfache Natur schon ins Herz geschloßen als eine langst bekannte, wenn man sie nur sieht. Sie hat mir mit Wohlwollen u. Antheil von Schiller gesprochen, und ich weiß wie sehr sie seine Stücke liebt, in Berlin hat sie sich die Jungfrau von Orleans ausgebeten; Sie würde Schillers Herz recht bewegt haben, hätte er sie gesehen! Denn sie vereinigt recht dies hohe ruhige, mit dem Ausdruck des tiefsten Gefühls und Verstandes, was er so liebte! – Ich möchte Danneker würde berufen ihre Büste zu machen. Die Form ihrer Züge ist so edel und so weiblich, und fein, der Kopf ruht so schön auf den zierlichen Hals. Es würde ihm freuen und gelingen.
> *(Charlotte Schiller an Cotta, 7. Februar 1814, in: DLA Cotta, S. 398 f.)*

---

2 *König von Schweden] Schweden ~~im Jahr 1362~~.*
4 *Schwester Heinrichs] ~~Tocht~~ Schwester.*
5 *Bruders Freund] ~~zw~~ Bruders.*
19 *vor die Küsten] ~~nach~~ ⌈vor die Küsten⌉.*
21 *einen ehrenvollen] ~~viel~~ einen.*
21 *Frau unter andern] Frauen ~~in~~ ⌈unter⌉.*
24 *Hakon einen] einein.*
30 *den⟨n⟩ Herzog Christoph ‹…› ins Grab gebracht.] den der Tod Herzogs Christophs ‹…› wurde von einem hizigen Fieber ins Grab gebracht. – Emendation aufgrund konfligierender Syntax. Vermutlich wurde vergessen* der Tod *sowie die Genetiv-s an* Herzogs Christophs *zu streichen.*
38 *ging nach Schweden] ~~w~~ ging.*
43 *König Waldemar] König ~~Magnus~~ Waldemar.*
46 der Krone] ~~das~~ der Krone.
63 Glück zu finden] ~~Weg~~ ⌈Glück⌉ zu ~~gehen~~ ⌈finden⌉.
66 bey jedem] ~~in jedem~~ bey.
68 so lang das] so lang das ~~Leben~~.
83 recht auch geltend machen] ↑~~recht erheben über zu leisten vers~~↑.
88 zählen] ~~ich~~ zählen.
92 daß Ihr euch] ~~e~~**Ih**r.
93 lebet wohl] ~~doch~~ lebet.
94 *(leise zu Knuth)* Doch] ⌉*(leise zu Knuth)*⌉ Doch ⌈~~z~~⌉.
103 wählte] ~~über eilt gewählt~~ wählte.
106 heim führend sie] ~~sie~~ heim.
108 meine Tochter] ~~für~~ meine Tochter.
111 königliche Braut] Braut ~~ans Ufer~~.
115 Eine Fischerhütte birgt] ~~In~~ Einer Fischerhütte ~~ruht~~ ⌈birgt⌉.
116 Glückeswechsel] ~~Zufall~~ ⌈Glückeswechsel⌉.
117 Und nun gebt] *Davor gestrichen:*

~~König Waldemar. Knuth~~.

~~König. So ists denn wahr? so hast Du sie gesehen.~~
~~Am unsren Ufern von dem Sturm getrieben,~~
~~+‹…›+~~
~~+‹…›+~~

119 Nachbaren] Nachbaren ~~nun~~.
121 der Gemahl wird] ~~dem~~ ⌈der⌉ Gemahl ~~scheint~~ ⌈wird⌉.
123 Die Wogen schlagen] ↑~~Denn nicht ob +‹…›+~~↑ Die Wogen.
124 empöret uns die Braut] Braut ↓~~die schöne Braut~~↓.
127 sich rührend] sich rührend.
130 gehoffet] ~~gesollt~~ gehoffet.
133 das Bündniß] ~~sein~~ das.
136 solch ein Schritt] Schritt ~~nicht~~.
138 Liebe einen] ~~das~~ Liebe.
144 mit zwey Kronen] ~~zwey~~ mit.
146 Kann der Herrscher] ~~was ist uns Liebe?~~ ⌊Kann der Herrscher⌋.

148 Knuth. Mein] ↑~~Mein~~↑ ! Mein.
152 Rechte fodern] fodern ~~kann~~.
153 Margretha] ~~Margeth~~ Margretha.
158 ins Gebot] ~~da~~ ins.
159 des Vaters Macht] ~~sie uns~~ des Vaters.
163 wird recht der Mutter] recht.
165 Ihr habt] ~~Ih~~ Ihr.
169 Wir brauchen nur] ↑~~Wenn Ihr ein~~↑.
172 Verbindungen] ~~G~~ Verbindungen.
173 Ich sage] ~~ob meiner Rede~~ ⌈Ich sage⌉.
180 Freuden kennt] Freuden ~~kennet~~ ⌈kennt⌉.
184 Und schöner lacht] ↑~~Und höher lacht~~↑ Und.
186 Glück entbehrt] ~~entbehret~~ ⌈entbehrt⌉.
187 und wenn er] ↑~~Ob er auch weder~~↑ und.
190 tadele] ~~tadle~~ ⌈tadele⌉.
190 schlingt] ~~schlingend~~ ⌈schlingt⌉.
191 Poles sich] sich ~~ob~~.
192 winden, so] winden, ~~so~~ ⌈so⌉ ~~das den~~ / ~~Geh rufe Blanka Euer harrend~~.
200 die Natur] ~~Welt~~ die Natur.
201 entbehrend] ~~beraubet~~ entbehrend.
202 Hütte] Hütte ~~vergräbt~~.
203 verschafft] verschafft~~tend~~.
205 ein Schuz] ~~als Schuzgeist~~ ⌈ein Schuz⌉.
207 tröstlich] ~~helfend Göttin~~ tröstlich.
208 Dir gehorchen] ~~dies~~ Dir gehorchen.
211 Ich eile.] Ich eile. ~~die Befehle~~.
212 [4A]3te Scene] *Wiederholung in der Paginierung:* ~~3~~**4**.
214 weisst nicht] weisst ~~wohl~~ ⌈nicht⌉.
217 der Kopf] ~~das Herz~~ ⌈der Kopf⌉.
217 Höfling übe] ~~übet~~ ⌈übe⌉.
218 Feiertag heisst] ~~Feiertage bietet~~ ⌈Feiertag heisst⌉.
221 trübe meine Stirne] ~~keine~~ ⌈meine⌉.
227 von künftigen Geschlechtern] ~~von solcher Menge~~ ⌈von künftigen Geschlechtern⌉.
235 Mein eignes] ~~das Glück das Mein~~ ⌈Mein eignes⌉.
235 Opfer] ~~Geschenk~~ ⌈Opfer⌉.
248 Margaretha] ~~E~~ Margaretha.
254 Wahnes] Wahnes ~~Willen~~.
273 thun sollt] ~~thut~~ thun sollt.
285 Tochter] Tochter ~~erscheine~~.
286 ist es mir] ist es mir ~~mir gleich~~.
288 die lebenwarme] ~~die sie~~ die lebenwarme.
289 fassend] fassend ⌈~~haltend~~⌉.
299 die frohe Zeit] Zeit ~~des Lebens~~.
306 der Blumen] Blumen ~~Flor~~.
307 dem Aug erfreulich] ~~doch~~ dem Aug.

322 so wie ich bin] ~~als wir~~ so wie.
333 wird um deine Hand] wird um ⌈+⌉ deine Hand.
334 meiner Macht] ~~ferne~~ meiner ~~ist die~~ ⌈Macht⌉ / ~~königliche Braut, die er nicht wert sein Schwedens~~.
340 Verfaßung] ~~Jener~~ Verfaßung.
343 Eidam, mir folgt] Eidam, ~~das der~~ mir.
354 Wenn ich mich] ~~wenn~~ ⌈Wenn⌉ ich mich.
355 Die Zukunft] ~~So mag~~ ⌈Die Zukunft⌉.
359 ziemt nicht Dir] ~~d~~**D**ir.
375 In diesem Irrgang des Gefühls] ~~+~~**In** diesem Irrgang des Gefühl~~e~~s.
377 Willen mich ganz zu unterziehn] Willen ~~dir~~ mich ganz zu ~~unterwerfen~~ unter ziehn.
380 Mensch du mir] ~~Gro~~ Mensch.
382 Schule] Schule ~~dich~~.
392 angenehm.] angenehm. ~~nicht~~.
407 Norwegen soll] soll ~~sich~~.
409 schweigend] schweigend ~~sollst du~~.
411 sey gehorsam] gehorsam ~~mein~~.
423 wärmt die kalten] ~~He~~ wärmt.
428 erwarte] Erwadte.
432 des Herzens innrer Drang] d~~a~~**e**s Herz**ens** ~~gebot zu sagen~~ ⌈innrer Drang⌉.
436 ungehorsam] ~~deine~~ ungehorsam.
443 Du wirst auch] ~~glaub mir~~ Du wirst.
444 eines regen] eines regen ~~Lebens~~.
445 mehr die Welt gesehen] ~~Menschen sch+ ih+~~ ⌈mehr die Welt gesehen⌉ / ~~Wege findest, die Menschen nicht mehr achtest~~ / ~~wirst du glücklich seyn.~~
464 die nur den Nahmen] ~~die k+ Königin~~ ⌊die nur den Nahmen⌋.
469 daß er ‹…› den Freunden] daß ~~er den~~ ⌈er⌉ ‹…› ~~seinen~~ ⌈den Freunden⌉.
471 Blanka. Ich bin] ↑~~Hier~~↑ Ich bin.
472 wie sichs ziemt] wie ~~sihs~~ ⌈sichs⌉ ziemt.
475 gerne gönnen] gerne ~~allein~~ gönnen.
485 der Verlust uns] ~~selbst das Geschick~~ ⌈~~der Verlust~~⌉ ⌈der Verlust uns⌉ ↓~~uns wieder in der Tochter Schicksal lohnt lohnet~~↓.
489 Art sind] Art~~en erwarten~~ ⌈sind⌉.
491 das Opfer meines] ~~und wollt~~ das Opfer.
499 festen Trittes] Trittes ~~gleich nicht~~.
500 gewöhnen] ~~an den~~ gewöhnen.
503 Alles schön und gut erschien] ~~mir~~ Alles schön und gut erschien ~~Recht e+~~.
506 Verlasst] ~~uns~~ Verlasst.
508 Ihr hättet Recht] ~~was~~ Ihr.
514 die Lust] ↓~~wird erst dies~~↓.
532 Vierte Scene] *Wiederholung der Szenenangabe. Vgl. Z. 261.*
534 mein theurer Herr] Herr ↓Du hast der Tochter starren Sinn noch nicht↓.
540 Liebe Stimme nicht mit] nicht ~~auch~~ mit.
541 mit der des Reiches ‹…› verschmelzen] ~~mit~~ der des Reiches ‹…› ~~kann verbinden~~ ⌈verschmelzen⌉.

545 KÖNIG WALDEMAR.] Waldemar. ↓~~Die alten Sprüche tönen immer fort +~~ / ~~auf das Ohr~~↓.
550 diese Töne wieder,] wieder, ~~die~~ / ⌉die⌉.
553 dem längst] dem ~~All~~ längst.
554 entfremdet] ~~entsagt~~ entfremdet.
567 Ihren Starrsinn bricht] ⌉~~Ihr~~⌉ ~~Könige befehlen~~⌈Ihren Starrsinn bricht⌉.
569 sollen dem] sollen ~~meinem~~⌈dem⌉.
572 doch so] doch so.
582 denn drehen] ~~bunt verwenden~~⌈denn drehen⌉.
584 soll ihr Schicksal] Schicksal ~~st+~~.
585 Ich führe sie] sie ~~nach~~.
587 Wahnes Königinn] ~~falsche~~⌈Wahnes⌉.
594 streben. Stolz]. Stolz.
598 strenger Stille] Stille ~~lebt~~.
599 weiß nicht] ~~sie~~ weiß ~~es~~ nicht.
610 Küste aus nach] nach ~~uns~~.
622 (*für sich*) Ob] ⌉(*für sich*)⌉ Ob.
626 zu meinem Heil.] Heil. ~~Die~~.
629 (*laut*) Wann]. ⌉(*laut*)⌉ Wann.
638 Toben] ~~Unheil~~⌈Toben⌉.
644 da unser eigenes] ~~w~~Das unser ~~eignes~~ eigenes.
646 Drontheim] *Vgl. B[5], Z. 255. Gemeint ist vermutlich das heutige norwegische Trontheim. Der Ortsname erscheint nicht in Charlotte Schillers Quelle* MALLET. *Eine mögliche zeitgenössische Quelle für die entlegene Szenerie, die vor allem im dritten Aufzug bedeutend wird, bildet die Schilderung des nördlich von der Stadt gelegenen Stiftes Drontheim in* A. F. BÜSCHING: *„Große Erdbeschreibung. Bd. 1: Dänemark und Norwegen". (Troppau 1785), S. 506: „Das Stift Drontheim, dän. Trondhiem, liegt [a]m weitesten gegen Norden, und ist über 150 Meilen lang. Es grenzt an Schweden und Rußland; von jenen wird es durch den langen Felsen Kölen, von diesem aber durch den Nordfelsen, und so weiter getrennet".*
649 Reiche] ~~Geisterreich~~⌈Reiche⌉.
655 Knoten] ~~Faden~~⌈Knoten⌉.
659 recht der Ruhe] recht ~~gewichtig~~⌈der⌉ Ruhe.
663 sähe] ~~hätte~~⌈sähe⌉.
679 bewahren die] ~~sie wohl~~⌈bewahren die⌉.
689 Wellen schleudert,] schleudert, ~~der~~.
690 Noth allein nur] allein ~~uns~~⌈nur⌉.
696 nicht entbehren] ⌉nicht⌉ entbehren ~~nicht~~.
702 näher kommt der] der ~~Ton~~.
712 müßten] ~~sollten~~⌈müßten⌉.
718 wär alles verlohren. Sie] wär alles ~~vorbey~~⌈~~dahin~~⌉⌈verlohren⌉. ~~Sie nur Sie~~⌈Sie⌉.
721 unser Haabe] unser ~~leztes~~ Haabe.
736 Die Seele] Seele ~~wär~~.
743 des innren Himmels] ~~des Himmels~~ des innren.
745 hat nie mein Herz] hat ~~stets~~⌈nie⌉ mein.
750 schweben?] ~~warten~~⌈schweben?⌉.

751 der Engel] d~~ie~~**er** ~~Schwester~~ Engel. – *Das Motiv der „Schwester“ bezieht sich wohl auf den Umstand, dass Elisabeth die Schwester Heinrichs von Holstein ist. Möglicherweise ist eine Anspielungsebene auf* Goethes *„Iphigenie auf Tauris“ (1787) zu sehen. Vgl. Z. 5 sowie* ⟨Bruchstücke⟩, *Z. 96.*

766 nassen Blicken] Blicken ~~Ihr~~.

770 rührt mich innig.] innig. ↓~~Gebt Alles was ich nur besize~~↓.

772 meine Eltern] ~~vermacht~~ meine Eltern ~~dies~~.

776 entblösst von] von ~~allem~~.

778 nur das nächste] ~~noch~~ nur das ~~näh~~ nächste.

780 ertragen mögen? Das am] ~~für uns Allein schon Sorgen voll genug~~⌈ertragen mögen? Das am ~~Wechsel~~⌉.

781 Wahrheit] Wahrheit ~~zeigt~~.

790 reich in sich] ~~hoch doch~~ reich.

795 und sollten wir ein] ~~So dachtet ihr wohl~~⌈und sollten wir ein⌉ / ~~nicht, daß einst bey Euren Festgelagen, beym Jagdglük,~~ →#→.

796 Recht wohl über das Geschick uns geben, / und sollen nicht warten so wie der Faden sich] ↑~~Prinzeßinn~~↑ ~~Haben wir ein~~⌈Recht wohl über das Geschick uns geben,⌉ / ~~Strenges Wort gebietet so wie der Faden +ssen.~~⌈und sollen nicht warten so wie der Faden sich⌉.

799 klar, und fein] und ~~hell~~ fein.

800 wird er doch] wird er ~~stets~~ doch.

805 Jezt fühl ich] ↑~~Wenn büßend mit dem Ernst sich~~↑ Jezt.

805 Rede Ton] Rede ~~Sinn~~⌈Ton⌉.

806 umwunden] ~~umhe~~ umwunden.

807 Hofnungen] Hofnungen ~~nicht~~.

810 harrt, muß hier] hier ~~der~~.

812 die rohen Kräfte der Natur sich streiten] Natur ~~tosen~~ sich streiten. ↓~~Vom Drang der Seele Schmerz verhüllet keine~~ / ~~Scheu~~↓.

813 freudig Hoffen] freudig ~~hoff~~.

814 erwartet wenn es] ~~die Zukunft~~⌈erwartet wenn es⌉.

816 fest gebunden] fest ~~zu~~⌈ge⌉b**iu**nden.

819 was uns mangelt] uns ~~fehlt~~⌈mangelt⌈.

825 zur neuen Heymath] ←#← ~~ins~~⌈zur⌉ neue**n**.

829 alle wie Ihr] ~~so~~⌈alle⌉ wie Ihr ~~Euch~~.

831 ich stets des Volckes] ~~mein Muth sich nur~~⌈ich stets des Volckes⌉.

834 erschien, könnt] ~~erscheinen könnte,~~⌈erschien⌉ ~~wär~~⌈könnt⌉.

837 Gute glaubt] glaubt ~~wer~~.

839 glänzet] glänzet.

843 gen Himmel] ~~den Himmel~~⌈gen Himmel⌉.

844 nicht am niedren Stoff] nicht ~~+~~⌈am⌉ ~~+~~ niedren Stoff.

846 Edle des Herzens] Edle des ~~dem~~ Herzens.

848 sich enthüllet] enthüllet ~~das~~.

849 da wähnt man] ~~Schicksal schnell. und so ist~~⌈da wähnt man⌉.

855 Dich hohe] hohe ~~Frau~~.

860 Leben scheint] Leben ~~schei+~~ scheint.

860 oft prüfend] ⌈oft⌉ prüfend ~~schon~~.

861 Oft kömmt der Muth] Muth ~~nicht~~.
873 dacht meiner] dacht ~~ich~~ ⌈meiner⌉.
874 Ich dachte an] ~~(*mit*~~ Ich.
876 Ich bin mit meinen] ~~Ich war mit~~ ⌈Ich bin⌉.
878 Lebens schön / geschlungne Bahn] Lebens ~~s+frey~~ ⌈schön⌉ / ~~Der Welt~~ geschlungne Bahn.
879 in den Wellen nicht verlohren zu]. ~~nicht in~~ In den Wellen nicht ~~zu~~ ⌈verlohren zu⌈.
880 des Todes Nacht] ~~des Tages Licht~~ des Todes.
881 war es mir] ~~wars meine~~ ⌈war es mir⌉.
887 *Wizen*] ~~*Wimpfen*~~ *Wizen. Vgl.* ⟨Bruchstücke⟩, *Z. 137: „Baron Wimpfen". Während „Wizen" der Name der historischen Figur ist und dieser in der französischen Erstausgabe von* Mallet *genannt wird (S. 326), handelt es sich bei „Wimpfen" oder „Baron Wimpfen" um einen Figurennamen, der auch in Charlotte Schillers Lustspiel* ⟨Steinberg⟩ *vorkommt.*
888 *tritt näher*] ~~*hört ihr Kind und*~~ *tritt.*
890 wird der Arm] we~~i~~rd~~en~~ di~~e~~**er** Arm.
893 Einer Stunden] Ein**er** ~~paar~~ Stunden.
899 Sah niemand / noch als seine] Sah ~~noch~~ ⌈niemand⌉ noch als ~~S~~seine.
903 ward es anders] anders ~~in~~.
904 Des Knaben] ~~In~~ Des Knaben.
907 Doch anders] ~~was die Brust~~ ⌈anders⌉ / ~~Brust bewegt das kennt er nicht!~~.
908 Kranz uns blühen, uns] ~~Spiel~~ Kranz uns blühen, ~~was~~ ⌈uns⌉.
916 *(geht ab)*] ~~*(geht*~~ *ab)*.
919 Prinzessinn.] ↑~~Erste Hofdame. Da bin ich~~ wies↑ Prinzessinn.
923 das feuchte Meer] ~~des Meere~~ ⌈das feuchte⌉ Meer.
932 Erste nach der Gefahr] ~~das~~ Erste ~~das~~ nach.
933 an Puz zu] Puz zu ~~denken~~.
950 Krone die ich trage] ~~Krone~~ / Krone die ich trage~~n möchte~~.
958 nicht nöthig, dem] dem ~~glanze~~.
961 leben andrer] ~~d~~andrer.
966 Herzen uns, wenn] wenn ~~man~~.
970 welch Unglück traf uns! tief in der Heymath denkt] ~~ein~~ ⌈welch Unglück traf uns! tief In⌉ ~~was müßen wohl die Wesen~~ in der Heymath ~~denken~~ ⌈denkt⌉.
971 mit Sorgen an uns, hat die Kunde] ~~sorgen wenn~~ ⌈mit Sorgen an uns,⌉ hat die Kunde ~~d+ wohl den Glauben~~.
972 erhalten, von] ~~von uns~~ erhalten, ~~und~~ ⌈von⌉.
975 sies von uns vernommen] sies ~~die Kunde~~ ⌈~~die grossen Herrn~~⌉ von uns ⌈vernommen⌈.
978 Jedem / Schicksal sind wir] ~~J+~~ Jedem / Schicksal ~~könnten wir ja~~ ⌈sind⌉ ~~versagten!~~ ⌈wir ja⌉.
983 dem Schmerz] dem Schmerz ~~Dafür~~.
984 mit Freudigkeit] Freudigkeit ~~sich~~.
990 geliebten Bruders] geliebten ~~Vaters Vaters~~ ⌈Bruders⌉.
991 Schwester nun ein heilig] ~~treuen Tochter~~ ⌈Schwester⌉ heilig ~~lieb~~.
994 Schwester dienen;] ~~Tochter dienen~~ ⌈Schwester dienen;⌉.
997 dir bis an das] das ~~E~~.
1000 und Euch] ~~Daß ich~~ ⌈und Euch⌉.

1007 Euch bringe!] bringe! ~~An der Küste~~.
1015 an diese Küste / trieb] Küste ~~trieb~~ / trieb.
1021 Gerettet ist alles,] alles, ~~Mannschaft~~.
1030 zu seinem Ohr] ~~in~~ zu seinem.
1031 gelangen muß] ~~Ohr~~ gelangen muß ~~in der kürzesten~~ ⌈~~Jezt~~⌉.
1043 empfindend, bitt ich] bitt ich ~~Euch~~.
1047 seinen Hof] seinen Hof⌈seinen Hof⌈.
1048 Ihr sollt] Ihr sollt.
1050 weitre / Ueberfahrt] weitre ~~Ueberfahrt~~. / Ueberfahrt.
1052 könnte wohl] könnte ~~ja~~ wohl.
1056 die Königinn auf eignem Boden] Königinn ~~nicht andrer Hilfe~~ ⌊auf eignem Boden⌋.
1059 grossen Unfall] ~~k+~~ ⌈grossen⌉ Unfall.
1064 Blume selber] ⌉Blume⌉ ~~Zierde~~ selber.
1072 Fläche, auch] auch ~~so~~.
1074 haben wir] haben ~~uns~~ wir.
1079 der Alten] Alten ~~Rechte~~.
1083 Des dritten Volcks] ~~Ein~~ ⌈Des⌉ dritte~~s~~**n**.
1088 Seyd holde Frau Vermittlerin] Seyd ~~immer~~ holde Frau ~~vermittelnd~~ Vermittlerin.
1089 Friedens Engel] ~~holde~~ Friedens.
1091 wir umsonst nicht] wir ~~dem Freyh+~~ umsonst nicht.
1096 viel gewandten / Mann] gewandten ~~Mann~~ / Mann.
1100 Plaz thut] Plaz ~~thugt~~ thut.
1102 ob an der Küste] ~~die~~ ⌈an⌉ der Küste.
1103 deren weisser Sand] ~~deren~~ deren.
1114 Dank zu] zu ~~sagen~~.
1119 wär, so / dächt ich] ~~ist so~~ ⌈wär, so⌉ / ⌉dächt⌉ ~~bitte~~ ich.
1121 leicht dahin, mich] leicht ~~mich~~ ⌈da⌉ hin, ~~und mich~~ ⌈~~b+~~⌉ mich / ~~Denn wird länger nicht~~.
1123 Fahrt. Zur anderen Küste soll] Farth ~~und bis zur~~ ⌈Zur andern⌉ Küste ~~tragen~~ ⌈soll⌉.
1128 zu frühe erfahren] zu ~~schnell~~ frühe ~~im~~ erfahren.
1132 KÖNIGINN. *(bey Seite zu Wizen)*] Königinn. ⌊*(bey Seite zu Wizen)*⌋.
1133 die Fremde des grössern] die Fremde ~~in~~ des ~~Hofes s+~~ grössern.
1143 dem neuen Vaterlande] ~~ins wahre theure Vaterland~~ ⌈dem neuen Vaterlande⌉.
1144 besizen kann, verliehret] besizen kann, ~~der ist~~ ⌊verliehret⌋ / ~~A+ jeglicher Secunde die~~.
1147 dennoch wißen] ~~bald erfahren~~ ⌈dennoch wißen⌉.
1148 und schnell wird auf der Liebe Flügel] wird ~~er~~ auf der Liebe Flügel ~~rasch~~.
1149 Er eilen. –] *Danach Passus bis auf die ersten Worte gestrichen:* KÖNIGINN. Ich hoffe wohl er sehnt ~~sich auch~~ / ~~+‹…›+~~ / ~~+‹…›+~~ / ~~+‹…›+~~ / ~~+‹…›+~~ /.
1151 er fortan] er ~~seine~~ fortan.
1152 an der Küste] ~~Meeres Küste~~ ⌈Küste⌉.
1155 beßre wäre] ~~s~~**w**äre.
1157 stets bestreben] bestreben ~~werde~~.
1163 weich gewöhnten Höfling] ~~Grafen~~ weich.
1167 Indessen Ihr] ~~und~~ Indessen.
1168 denn nicht verlassen] verlassen ~~nicht ohne Schuz~~.
1170 Gastfreund ist der König.] König. ↓~~*Graf Knuth entfernt sich*~~↓.

1171 [12]PRINZESSINN.] *Paginierung:* 1~~1~~**2**.
1178 geworden glaubt] ~~das glaubet mir~~⌈geworden glaubt⌉.
1189 *Ende des Ersten Ackts*] *Unstimmigkeit gegenüber der Angabe:* ZWEYTER AUFZUG. *Vgl. Z. 674.*
1195 wies im] ~~wie mirs~~⌈wies im⌉.
1200 jezt zu führen] jezt ~~ich~~⌈zu⌉ führen.
1210 bindet, und doch] doch ~~verschieden~~.
1215 dieser Pflicht] Pflicht ~~gehöre~~.
1216 geziemt. So wie mir in dies hohen Aethers Blau] ~~gehöre~~ / ~~gehöre~~ geziemt. ~~denn~~⌈~~d+~~⌉ ~~sein wie in~~⌈So wie mir in dies⌉ hohen ~~Aethers~~⌈Aethers Blau⌉.
1219 Freund geprüft?] geprüft? ~~Kein~~.
1222 Entgegen kam] Entgegen ~~wk+~~ kam.
1224 gelobte was ich] was ich ~~nimmer~~.
1225 König halten werde, in des Freyherrn Hand] König ~~nimmer~~ halten werde, in des ~~Freyhey~~ ⌊Freyherrn Hand⌋.
1232 am leichten] ~~ah~~ am.
1233 Sorgen der Königinn] ~~Die~~ Sorgen ~~die als~~⌈der⌉ Königinn.
1234 Drum bleibt er theuer] Drum ~~wird~~⌊bleibt er theuer⌋.
1238 Welt die solches] die ~~unser~~ solches.
1239 für Wahrheit und] für ~~Guth für w~~⌈Wahrheit⌉ und.
1241 nimmer richten] nimmer + richten.
1243 Was seh ich] ~~Was se~~ *[linksbündig]* Was seh ich ~~dort~~?
1244 eine männlich] männlich~~e Gestalt~~.
1245 sichern Tritts] sichern ~~S~~**T**ritts.
1247 ich von Meeres] ich ~~f+~~⌈von⌉ Meeres ~~Wehen~~⌈~~Ungeheuern~~⌈.
1251 Diener] Diener~~n~~.
1258 Hohes Wesen!] ~~Welch~~ Hohes.
1282 ob Ihr wohl / vom Räthsel] wohl / ~~des~~**vom** Räthsel~~s~~.
1284 Hier bin ich nicht] ↑~~Ich bin hier nicht~~↑ Hier.
1285 unbillig wohl] wohl ~~Gewalt~~.
1286 ziemt es] ziemt es ~~nicht~~.
1287 wohl auch] ~~erbitte nicht durch~~⌈wohl auch⌉.
1292 von hohen / Sträuchen bedeckt] von hohen ~~Mauren~~ / Sträuchen ~~Dickicht über~~ bedeckt.
1294 Jahren berührte] Jahren ~~+ Erschüttrn~~⌈berührte⌉.
1294 Mauren, der / mit Epheu] Mauren, ~~umfing~~⌈der⌉ / ~~ueber~~ mit Epheu.
1296 nur andre Fernen. Es ziehn die Wolcken] ~~stll~~ nur andre Fernen. ~~verzeiht mir~~⌈~~nur s~~⌉⌊Es ziehn die Wolcken ~~zum~~⌋.
1297 grau an Euch] grau ~~auf~~⌈an⌉ Euch.
1298 Sonne Glanz, denn / schwarz] Sonne ~~unb+es Bild~~⌈~~Bild d+~~⌉⌈Glanz, denn⌉ / ~~wolckenlos die W+ sind ohne~~⌈schwarz⌉.
1300 Zwar haben alle] ↑~~Zwar daß dies uns die nordens~~↑. Zwar haben ~~wir~~⌈alle⌉.
1300 heimisch,] heimisch, ~~wir~~.
1301 ists nicht überall] ists ~~so oed~~⌈nicht überall⌉.
1307 Herz empfindet] ~~Herz~~ Herz.
1310 Orkans Gewalt] ~~Gewalt des~~ Orkans Gewalt ~~die~~.

1 ⟨Bruchstücke⟩] *Die sechs Bruchstücke mit Szenen, die sich den drei Aufzügen in Ergänzung oder als Varianten zuordnen lassen, wurden mit den Siglen B*[1] *bis B*[6] *versehen, entsprechend der chronologischen Handlungsfolge, in der sie stehen. Den wichtigsten Anhaltspunkt für die Chronologie geben die Ortsangaben.*

2 ⟨B[1]⟩] *Dem gestrichenen Nebentext zufolge spielt die Szene in Lübeck, wohin sich Elisabeth gemäß* Mallet *nach der Heirat eingeschifft hat.*

3 Erste Scene. / *(Saal) Ratsherren.*] *Mehrere Zeilen mit Szenenanfängen gestrichen:*

~~Elisabeth. Abgeordnete der Stadt Lübeck die sie feyerlich empfangen.~~
~~Saal, in einem der staatlichen Gebäude~~
~~Raths Herr der Stadt Lübeck~~
(Saal)
~~Bürgermeister. Erster Rathsherr, mehrere~~ Rathsherren.

5 Abgeordneter ‹…› Koppenhagen. So] Abgeordneter ‹…› Koppenhagen. ⌉~~Bürgermeister.~~⌉ So.

12 Knoten schnürte,] ↓~~Nur Sitte, hergebrachte~~↓.

15 Herz und] Herz und ~~und~~.

17, 30, 43 u. 50 Abgeordneter.] ~~Bürgermeister.~~ Abgeordneter.

19 das holde Antliz,] Antliz, ~~wenn~~.

24 Ihr seyd ein Deutscher? Dies versteh ich gleich] ⌉Ihr⌉ seyd ~~ihr~~ ⌈ein⌉ Deutscher? ~~demnach auch immer froh~~ ⌈Dies~~es~~ versteh ich gleich⌉.

45 Denn trüb ist] ~~nei~~**Denn** ~~d~~ trüb ~~+~~ist.

55 Alten Nordens] Alten ~~Deutschen~~ ⌈Nordens⌉.

56 des launigen] des ~~jungen~~ ⌈launigen⌉.

57 durch eigene] ⌉durch⌉ ~~mit~~ eigene.

62 *P. Elisabeth. und Gefolge*] *Elisabeth. ~~Baron Wizen~~.*

63 Im Nahmen unsrer aller treuen Stadt]. ~~Bürgermeister.~~ Im Nahmen unsrer aller ~~f+~~ ⌈treuen Stadt⌉ ~~Stadt~~.

64 der Bewohner] ~~aller~~ der.

67–70 Jezt da die deutsche Erde ‹…› meinem Ohr ertönen!] Jezt da die ~~dänische~~ ⌈deutsche⌉ Erde ~~mich empfängt~~ ⌈ich verlassen⌉ / denkt lieber ~~daß ich ++ Herz ++~~ ⌈daß ich von der Heymath fern⌉ / daß fremder ~~H++ fort an mich +~~ ⌈Hand jezt mir die Zuflucht bietet⌉ / daß fremde Stimmen meinem Ohr ertönen!

72 zarte Pflege] Pflege ~~hüllt mich u+~~.

73 Des Bruders] ~~Vaters~~ ⌈Bruders⌉.

76 richten nicht] ~~recht entscheiden~~ ⌈richten⌉.

77 Verzeiht mir, Herr!] *~~(Zu Herrn Wizen)~~*. Verzeiht mir ~~Freyherr~~ ⌈~~Edler~~ Herr!⌉.

78 Ich fühle, was ich dem unbekannten] ~~Wenn ich ernst erwäge~~ ⌈Ich fühle⌉ was ich ~~in seine Hand gelobt~~ ⌈dem unbekannten⌉.

80 noch der Blick] Blick ~~sich nach~~.

83 Kunigunde.] ~~Freiherr Wizen.~~ Kunigunde.

83 in die Welt.] in die ~~Zukunft~~ ⌈Welt⌉.

91 Mein Lebensweg] ~~in meinem~~ ⌈Mein Lebensweg⌉.

95 Was auch aus diesem Faden sich] Was ~~sich~~ ⌈auch⌉ aus diesem Faden ~~noch~~ ⌈sich⌉.

96 den mir die Parze drehte, so wie der Schwester] ~~so wie der +~~ den mir die Parze drehte,

so wie der Schwester. ↓~~des Schicksals + gebietet~~↓. – *Die Ausdrücke „Parze" und „Schwester" stellen möglicherweie eine Allusion auf* Goethes *„Iphigenie auf Tauris" (1787), IV/5, dar. Vgl. auch* ⟨Elisabeth⟩, *Z. 751.*

97 ⟨B^{2}⟩] *Einzelblatt Folio. Die Szene gestaltet Knuths Ankunft am dänischen Hof und liegt chronologisch vor der Audienz bei König Waldemar.*

100 *Güldenstern*] *Der Figurenname alludiert eine Nebenfigur, den Hofmann Güldenstern, aus* Shakespeares *„The Tragicall Historie of Hamlet. Prince of Denmark" (1605).*

109 Zeitmaß] ←Knuth← Zeitmaß.

122 was den Herrn] ~~eh der He+~~ was den.

125 will ich das,] das, ~~und~~.

126 und doch wohl?] ↓~~Nur kurz Neugier auf besre~~↓.

127 bringe?] bringed? ~~+~~.

132 ⟨B^{3}⟩] *Variante des zweiten Aufzugs in der Schifferhütte.*

137 *Baron Wimpfen*] *Auch ein Figurenname in Charlotte Schillers Lustspiel* ⟨Steinberg⟩. *Vgl. Kommentar zu* ⟨Elisabeth⟩, *Z. 887.*

139 verschlafen? Sprich] *Passus gestrichen:*

> Anna. ~~Nein wohl nicht! denn die Angst um dich trieb mich~~
> ~~umher, Du bist für diesesmahl entkommen.~~
> ~~Doch auf wie lange? Ach das ist das Uebel!~~
> ~~Ihr wüthet auf dem Meere wie zu Haus, wohl~~
> ~~mögt ihr denken daß der Mensch ders wagt die Wogen~~
> ~~zu durchschreiten auch in auf ungewißem~~
> ~~Boot noch Meister ist. –~~

144 schwatzen. ⌉ – Zaudre wie dus willst –] schwatzen. ⌈– Zaudre wie dus willst –⌉.

145–148 Daß Claß dir ‹…› dir etwas weiter?] *Um die vier Verse ist ein Rahmen gezogen.*

146 um sein Leben] Leben ~~bist~~.

148 Mann dir etwas weiter?] *Nachfolgender Passus größtenteils gestrichen:*

> Anna. ~~Schon möcht ich wieder schelten denn sieh dort steht~~
> ~~die schöne Frau, ermattet, und du? Du sprichst von~~
> ~~ganz was andrem. Hätt ichs gethan? Du~~ würdest ~~zanktest mögen~~
> ~~schelten auf das Geschwäz.~~ – –

150 [9]Euch um Hülfe] *Verso paginiert als: 9.*

151 des Vaters / Lehnstuhl. ‹…› bequem ist] Vaters ~~Sessel~~ / ⌈Lehnstuhl⌉ ~~Sessel~~. ‹…› bequem ~~Euch seyn mag~~⌈ist⌉.

154 Gar manches soll / ‹…› Baron?] ↓~~Ihr dachtet nicht bey Euren Festzuegen,~~ / ~~Bey Eurer s+ wohl ent+~~ ⌈~~bestellten~~⌉ ~~Jagden Lust~~↓.

156 Daß endlich Euch] ←#←.

163 werde so treu bewahren in dem] ~~vergeßen noch nicht~~⌈werde so⌉ treu bewahren in dem ~~treuen~~.

167 des Menschen irr] ~~Uns~~ des Menschen.

168 Hört wie der Fischer] ←F←.

177 ⟨B^{4}⟩] *Variante der Szene in der Schifferhütte.*

191 Worte aus, nicht] nicht ~~suchen bey deinen andern~~ / ~~+~~.

193 Hatt dir die Einsamkeit] Hatt ~~dich~~⌈dir⌉ die.
196 treibt, es hat nicht] nicht ~~immer~~.
203 was hör ich?] ←~~was hör ich?~~←.
204 Sollte Schiffe] Sollte~~n~~.
205 nur Gott ‹…› jezt in] ~~denn~~⌈nur⌉ Gott ‹…› jezt in ~~TodesAngst~~.
213 Menschen, die] ~~Arme~~ Menschen.
220 Hülfe geben] geben ~~können~~.
222 sich gleich] sich ~~ewig~~ gleich.
224 Wild seyd ihr] ~~Ihr~~⌈Wild⌉ seyd ~~wild~~⌈ihr⌉.
227 mir tobt das / dumpfe Rollen] tobt de**a**s ~~Meeres~~ / dumpfe~~s~~.
234 Man spricht von] von ~~dir~~.
236 deine flüchtge Sohle] ~~und~~ deine.
243 hör ich ‹…› wir sind] ~~tönt mir~~ hör ich ‹…› ~~jezt~~⌈wir⌉ sind.
244 *hängen sich freudig] sich ⌈freudig⌉.*
246 Art vergeßen, du] du ~~warst~~.
247 bey uns ists] ists ~~aber~~.
251 ⟨B^5⟩] *Auftritt Knuths im Kontext der Szene in der Fischerhütte. Eigenhändig paginiert als 12. Möglicherweise im Anschluss an* ⟨Elisabeth⟩, *Z. 1170.*
255 Drontheim] *Vgl. Kommentar zu Z. 646.*
256 Ihr mit] Ihr mit.
261 ⟨B^6⟩] *Spätere Szene am dänischen Hof.*
262 *Fräulein Kunigunde] ~~Hof-~~Fräulein.*
266 umschlinget] um~~schließet~~⌈schlinget⌉.
277 braussten verkündend treu mir] braussten ~~+~~⌈verkündend⌉ treu ~~und wahr~~⌈mir⌉.
278 aufwärts] aufwärts.
284 dieses arglose ‹…› gegeben.] dieses ~~reine Herz~~⌈arglose⌉ ‹…› gegeben. ↓~~Ohne Mitleid. Schonen~~↓.
289 das wird mir] mir ~~denn~~.
290 in lieber] ~~in st~~⌈in lieber⌉.
292 Liebe es war] Liebe~~s~~D+ es war.
296 verheissen] + verheissen.
300 an das Land] ↓~~Und alle meine Hofnung + entflieht~~↓.
304 fasst mich] mich ~~st+~~.
309 auch noch fern bin ich] ~~fremd ist~~⌈auch noch fern⌉ bin ich +.
313 wie tief ich traure] ich ~~wein~~.
332 bewölckt ist euer Aug?] ~~unbewölckt~~⌈bewölckt⌉ ist ~~nicht das~~⌈euer⌉ Aug?.
342 Zu gütig.] ←~~zu gütig~~← Zu.
345 herunter wallt, und der] und ~~jene Spize~~⌈der⌉.
349 Sitten wie des] Sitten ~~uns~~.
354 Diadem] ~~d~~**D**iadem.
360 dem Reich erscheinen] dem Reich ~~nicht~~⌈er⌉scheinen.
363 Ranna weinte über Baldurs Todt.] *Figuren aus der skandinavischen Mythologie. Baldur ist der Sohn des Odin und der Frigga, Ranna seine Frau.*
365 unser freyes Haar] ~~dieses~~ unser.

366 geringelt schön im Wind verfliesst] geringelt ~~sich~~ ⌈schön⌉ im Wind ~~sich~~ verfliesst. ↓~~und flüchten wir des A+ J+~~↓.
367 hingegeben,] hingeben, ~~das Haupt~~.
372 Heerde lenkt des] lenkt des ~~Scepters~~.
375 Spielen] ~~neuen~~ Spielen.
378 umzieht] k+H umzieht.
379 dem König zu gefallen] ~~sind da~~ dem König zu gefallen ~~ob +~~.
388 der Schulen] ~~Eu+~~ ⌈der⌉ Schulen.
390 willenlos] ~~nur~~ willenlos.
392 Hofe ergeben] Hofe ~~treu~~ ergeben.
394 Mein Eifer wär es] ↑Ach wär ++↑ ~~Denn wenn~~ Mein.

Epik

> Damit doch jemand im Hause die Feder führt, bin ich auch mit meiner angefangnen Geschichte beschäftigt, die vielleicht doch so wird daß man sie brauchen kann. Ich gehe streng zu wercke und laße mir nichts hingehen, und so wollen wir sehen was heraus kommt. *(Charlotte Schiller an Friedrich Schiller, 15. März 1801, in: SCHILLER: NA, Bd. 39. I, S. 33).*

Innerhalb der umfangreichen Korrespondenz Charlotte Schillers stellt diese Äußerung gegenüber ihrem (schwer erkrankten) Ehemann den einzigen Hinweis auf dichterische Pläne dar. Die Zeit um 1800 bildet offenbar den Auftakt zu ihrem eigenen literarischen Schaffen, innerhalb dessen Erzählwerke den größten Raum einnehmen. Editorisch lassen Sie sich untergliedern in die Gruppen „Zeitgeschichtliche Erzählungen", „Historische Erzählungen" sowie „Romane".

Die Zeitgeschichtlichen Erzählungen der ersten Gruppe sind vermutlich alle um 1800 entstanden. Darauf lässt die redaktionelle Bearbeitung sowie die (anonymisierte) Herausgabe von vier der Texte durch Friedrich Schiller schließen: ⟨Rosalie⟩, *1800 veröffentlicht unter dem Titel „Die Nonne",* ⟨Marianne⟩, *1801 veröffentlicht unter dem Titel „Die neue Pamela",* Autun und Manon *und* Der Prozeß *(1801). Unveröffentlicht blieben dagegen* Die heimliche Heyrath *und* Nancy. *Gemeinsam ist diesen, dass sie Variationen wiederkehrender Motive darstellen und in Stil und Struktur große Ähnlichkeit aufweisen. Alle sind im französischen Ancien régime angesiedelt, spielen überwiegend in Paris und handeln von Standesunterschieden zweier Liebender, vom Heiratszwang durch materialistische oder tyrannische Eltern und vom Nonnendasein als forcierter oder selbstgewählter Alternative. Direkte Vorlagen dieser Erzählungen konnten nicht ermittelt werden. Statt auf konkrete Quellen scheinen sie auf durch französische und englische Autoren popularisierte Narrative (die verfolgte Unschuld, die Mesalliance, das Kloster als Angst- und Schutzraum) Bezug zu nehmen, insbesondere DENIS DIDEROTS „La Réligieuse" (1796), SAMUEL RICHARDSONS „Pamela or Virtue Rewarded" (1740) sowie ABBÉ PRÉVOSTS „Manon Lescaut" (1731). Aufgrund der Ähnlichkeit in Thematik und Struktur wurde in die vorliegende Edition* Der Prozeß *aufgenommen, obwohl keine Handschrift erhalten ist und sich Schillers Autorschaft nicht belegen lässt. Eine weitere Erzählung, die Friedrich Schiller unter dem Titel „Die Brüder" 1802 herausgibt, verweist in jeder Hinsicht auf ganz andere Zusammenhänge, so dass hiervon lediglich eine Zusammenfassung im Kommentar zu* ⟨Der Prozeß⟩ *gegeben wird.*

Die zweite Gruppe der Historischen Erzählungen ist vermutlich über eine Zeitspanne von zwei Jahrzehnten entstanden und gibt Einblick in Schillers Arbeitsprozess im Umgang mit historischen Stoffen aus Mittelalter und Renaissance. Der Bastard von Navarra *ist vermutlich Mitte der 1790er Jahre, jedenfalls aber noch zu Friedrich Schillers Lebenszeit, verfasst, da dieser auf den ersten Seiten Überarbeitungen vorgenommen hat; es handelt sich um eine dem französischen Original sehr nahe Übertragung eines Sagenstoffes aus dem spanischen Mittelalter. Die erst 1816 enstandene Erzählung* Die Königinn von Navarra *stellt demgegenüber die novellistische Anverwandlung und Umdichtung eines umfangreichen und vielsträngigen französischen Romans dar, der sich mit der Renaissancekönigin und Dichterin Marguerite de Navarre befasst. Das dritte Werk,* Johanna, *für das keine direkte Quelle ermittelt werden konnte, steht mit seiner mittelalterlichen Ritter-, Buß- und Kreuzfahrtmotivik der Spätromantik nahe.*

Die dritte Gruppe präsentiert zwei sehr weit ausgearbeitete Romane, ⟨Wallberg⟩ *und* ⟨Berwick⟩. *Sie behandeln jeweils Familien- und Geschlechterkonstellationen zwischen alter und neuer Welt, Amerika und Europa, mit wechselnden Schauplätzen in Frankreich, England, Deutschland und der Schweiz. Während* ⟨Wallberg⟩ *einen Kolonialdiskurs im Bezug auf den Amerikanischen Unabhängigkeitskrieg entfaltet, gilt in* ⟨Berwick⟩ *ein ähnlicher Bezug den Revolutionskriegen in St. Domingo. Durch Überschneidungen in einzelnen Figurennamen ist denkbar, dass beide Romanhandlungen als Teile eines übergeordneten Werks konzipiert waren.*

I. Zeitgeschichtliche Erzählungen

Die heimliche Heyrath

Textgrundlage: GSA 83/1639. Es sind zwei Handschriften von Charlotte Schiller erhalten:
H^1: Reinschrift / Schönschrift, Charlotte Schiller, Folio, 21 × 35cm (grünlich). 20 Blatt, eigenhändig paginiert. Es handelt sich um 9 Bögen und 2 Einzelblatt, Bl. 5 und 20, davon ist letzteres ein abgerissenes rechtsseitiges Blatt eines Bogens, Textverlust durch fehlende rechte untere Ecke.
H^2: Konzeptfassung, Charlotte Schiller, Folio, 21 × 35cm (grünlich). 8 Bögen und 1 Einzelblatt, paginiert als 2–18. Bl. 1 ist nicht erhalten.
Eine graue Banderole liegt bei, die in der Hand Emilie von Gleichen-Rußwurms beschriftet ist: „Die heimliche Heirath Eine Erzählung".

H^1 stellt eine überarbeitete Version von H^2 dar, die Friedrich Schiller redaktionell bearbeitet hatte. Unter den Zeitgeschichtlichen Erzählungen erteilt Die heimliche Heyrath *in mehrfacher Hinsicht bedeutende Aufschlüsse über die Arbeitsweise Charlotte und Friedrich Schillers bezüglich dieses Genres, da es der einzige der Texte ist, für den eine Reinschrift (hier sogar Schönschrift) in ihrer Hand vorliegt, die uns eine Vorstellung erlaubt, inwiefern sie seinen Korrekturen folgt oder von diesen abweicht. Warum Friedrich Schiller diese Erzählung nicht wie die anderen in eine der Zeitschriften „Flora" oder „Journal der Romane" aufgenommen hat, liegt im Dunkeln.*

Der Erstdruck erfolgte in: SCHILLER: NA, Bd. 16. Hg. von Hans Heinrich Borcherdt. Weimar 1954, S. 344–363 (Text) sowie S. 485–488 (Kommentar). Der Herausgeber legt H^2 zugrunde und ergänzt aus H^1 die dort fehlenden Seiten. Dies verdeutlicht das Editionsprinzip der Nationalausgabe, der es um die Bearbeitungstätigkeit Friedrich Schillers, und nicht um die dichterische Tätigkeit Charlotte Schillers ging. Für alle Erzählungen Charlotte Schillers wurden dort daher Friedrich Schillers Bearbeitungen jeweils in Normalschrift, ihr eigener Text dagegen in Petit gesetzt. Im Falle der vorliegenden Erzählung wurde übersehen, dass es sich bei H^1 nicht um eine „Vollständige Abschrift von Schreiberhand ohne Korrekturen von Schiller" (ebd., S. 485), sondern um Charlotte Schillers eigene abschließende Überarbeitung handelt (vgl. hierzu Abbildung 5 im Anhang dieser Ausgabe).

Während für die von Friedrich Schiller anonym veröffentlichten Erzählungen Übersetzungen vermutet wurden, ging man für Die heimliche Heyrath *von einem Original aus. Auch die anderen Texte bilden allenfalls Adaptionen, nicht Übersetzungen direkter fremdsprachlicher Vorlagen. In* Die heimliche Heyrath *fällt im Vergleich dazu die Gestaltung einer jungen Waise auf, die entgegen den Vorstellungen ihres Onkels und auch gegen Stand und Wohlhaben betreffende Konventionen ihren Bräutigam selbstbewusst wählt.*

In einer eröffnenden Rahmenhandlung trifft ein Ich-Erzähler auf einen Herrn Saligny, mit dem gemeinsam er, aus Portugal kommend, nach Paris reist. Auf der Fahrt erzählt ihm Saligny, wie er vor acht Jahren die 17-jährige Marie Montargis kennen und lieben lernte. Gegen die Vorschläge einer vorteilhaften Verbindung durch seine Familie und ebenso gegen den Willen von Maries Onkel und Vormund d'Anville lassen sich die beiden heimlich trauen und versuchen zu fliehen, werden jedoch gefasst. Während Marie ihr Kind zur Welt bringt, in Pflege gibt, und sich in einem Konvent aufhält, wird Saligny für sieben Jahre aus Frankreich verbannt, die er im südlichen Europa, zuletzt in Portugal zubringt. Als Marie mit 25 Jahren die Volljährigkeit erreicht, kann sie über ihre Hand und ihr Vermögen selbst verfügen und wählt Saligny. Die abschließende Rahmenhandlung erzählt von der Wiedervereinigung der Liebenden, die sich in Paris niederlassen. Ein versöhnendes Angebot im Rahmen einer Familienzusammenkunft schlagen Onkel und Tante Maries indessen aus.

*Intertextuelle Bezüge lassen sich zum Komödienmotiv der heimlichen Heirat erkennen, z. B. zu [*Jean Louis Brousse Besfaucherets*: Le mariage secret. Comédie en trois actes (Paris 1792). Wie aus Charlotte Schillers dramatischem Schaffen bekannt ist, hat sie sich in den 1790er Jahren sehr intensiv mit der französischen Komödienkultur befasst (vgl. Kommentar zu ihren Lustspielen). Trotz unsicherer Datierung erschien es sinnvoll, diese Erzählung an den Beginn der Zeitgeschichtlichen Erzählungen zu stellen. Die Reinschrift bzw. Schönschrift erteilt wichtige Aufschlüsse zur orthographischen und grammatischen Praxis, die hier größere Konhärenz als in den Konzeptfassungen anderer Texte aufweist. Besonders bemerkenswert ist die wesentlich ausführlichere Fassung des Schlusses, bei der die Betonung auf der Selbstbehauptung der jüngeren Generation mit ihrer heimlich gegründeten Familie liegt.*

Die Edition folgt H^1 und wird mit einem Stellenkommentar versehen; H^2, aus der insbesondere Friedrich Schillers Bearbeitungsweise erhellt, wird im diplomatischen Druck im Anschluss wiedergegeben; als Textteile fremder Hand stehen seine Einfügungen in Sans Serif.

---

1 Die heimliche Heyrath.] Die heimliche Heyrath. ↓Eine Erzählung.↓ – *Handschriftlicher Titel von Charlotte Schiller, Untertitel vermutlich fremde Hand.*

5 Rückweg] Rück~~reise~~⌈weg⌉.

5 mein Freund Herr Saligny] *Erste Nennung des Protagonisten.*

10–14 Die Scheine, die ich mir ausstellen ließ, in Rochelle an dem Tag meiner Rückkunft ‹…› und daß ich in einer Unruhe bin, die ich nicht bekämpfen kann, bis ich sie wiedergesehn habe.] ⌈~~Sie werden sich über~~⌉ Die Scheine, die ich mir ausstellen ließ, in Rochelle an dem Tag meiner Rückkunft nach Frankreich ~~werden~~ Sie nicht mehr verwundern, wenn Sie die Ursache davon erfahren. Sie werden ~~zugleich fühlen~~ ⌈sodann einsehen⌉, daß jede Hofnung meines künftigen Glücks auf der Treue eines Weibes beruht, ⌈~~+‹…›+~~⌈ und daß ich in einer Unruhe bin, die ich nicht ⌈~~+‹…›+~~⌉ bekämpfen kann, ⌈~~+‹…›+~~⌉ bis ich sie wiedergesehn habe. {~~+‹…›+~~} ⌊~~+ ‹…›+~~⌋ – *Es ist nicht eindeutig ersichtlich, ob es sich um Ergänzungen und anschließende Streichungen durch Kringellinie von Seiten Charlotte Schillers selbst oder durch fremde Hand handelt. Im Vergleich zu H^2 fällt auf, dass die französischen Namen nicht eindeutig in lateinischen Buchstaben geschrieben sind; da es sich um Mischformen handelt, werden sie hier grundsätzlich recte gesetzt.*

50 Es dünkte einem] Es ~~dünkte~~ dünkte ~~einem~~ einem.

59 Eigenschaften mit] Eigenschaften ~~an ihr~~ mit.

68 die Töne, die die Liebe bildete] die Töne, ~~die,~~ die Liebe bildete. – *Streichung durch Unterpunktierung wieder aufgehoben.*

70 ich gestand daß] gestand ~~ih~~ daß.

71 Marie Montargis] *Erste Nennung der Protagonistin.*

76 um diese Zeit] um diese⌈Zeit⌈.

82 die Heyrathsartikel zu unterschreiben ...] die Heyraths~~artikel~~⌈artikel⌉ zu unterschreiben ...

85 Übereilen Sie nichts ‹...› Adieu] *Schiller verwendet üblicherweise keine Anführungszeichen für wörtliche Rede oder eingeschobene Briefe. Sie wurden hier von fremder Hand eingefügt und folgen der Druckkonvention, bei Zitaten am Beginn jeder Zeile ein Anführungszeichen zu setzen.*

92 andre Heyrathsvorschläge] andre ~~Vor~~ Heyrathsvorschläge.

93–96 Herr Saligny, ehe Sie diese Erklärung von mir hören, sagte sie, ‹...› Nein gewiß nicht, mein Fräulein, sagte ich] Herr Saligny, ⌈sagte sie⌉ ehe Sie diese Erklärung ⌉von mir⌉ hören, ~~sagte sie, so ist es mir nöthig zu~~ ⌈muß ich⌉ wißen, ob Sie das Mädchen, mit der Sie sich verheyrathen wollen, wirklich aufrichtig lieben, und ob das Herz bey dieser Wahl intereßirt ist? Nein gewiß nicht, mein Fräulein, sagte ich.

102 bestreben muß zu vergessen] muß⌈meine Wünsche⌈ zu.

122 sagte sie. / Auf alles] sagte sie. ʃ Auf alles. – *Auf Bl. 4v sind gehäuft Absatzmarken eingefügt, die von Charlotte Schiller selbst oder von fremder Hand stammen könnten; vgl. die korrespondierenden Absatzmarken in H^2, die vermutlich Friedrich Schiller eingefügt hat. Die Korrespondenz könnte auf eine zeitlich dichte Produktion von Konzept und Reinschrift hindeuten.*

125 zu überwinden. / Sie sah] zu überwinden. ʃ Sie sah.

127 als Sie mich überreden] als ~~s~~**S**ie ~~es~~ mi~~r~~**ch** überreden. – *Undeutlich, ob eigenhändig oder Friedrich Schillers Hand.*

127 überreden wollen? / Mein Fräulein] überreden wollen? ʃ Mein Fräulein.

129 zweifelten. / Gut, sagte sie] zweifelten. ʃ Gut, sagte sie.

134 Fräulein Grandet] Fräulein ~~Groudet~~⌈Grandet⌉. – *In:* SCHILLER: *NA, Bd. 16 als „Grondet" transkribiert. Es handelt sich hier um eine Mischung von lateinischen und deutschen Buchstaben; vgl. Z. 148, dort eindeutig mit deutschem „a", also: „Grandet".*

136 in Händen habe, mein Onkel, obgleich er] habe, ⌈denn obgleich⌉ mein. – *Vermutlich fremde Hand.*

138 mich in den Besitz] den ~~Besiz~~ Besitz.

140 ohne Liebe Sie zu ihr] Liebe ~~für~~ Sie.

142 Aber ich verdiente wenig Ihre Güte] verdiente ~~wenig~~ Ihre Güte⌈nicht⌉. – *Streichung und Einfügung vermutlich fremde Hand.*

145 und sehen auf mich] sehen⌈Sie⌉auf.

146 Mitleid verdient. / Von Ihnen] Mitleid verdient. ʃ Von Ihnen.

159 genährt hatte! / Dafür lassen] genährt hatte! ʃ Dafür lassen.

168 bin eifersüchtig. / Sie werden] bin eifersüchtig. ʃ Sie werden.

182 und sezte mich] und ~~sagte~~ sezte.

183 Sorge den Heyraths Vertrag] Sorge ~~die~~ den Heyraths~~Antrag zu thun~~ Vertrag.

193 Ich zwang mich sogar] Ich ~~ge+~~ zwang mich so gar.

202 sie heyrathete wirklich] sie⌈heyrathete⌉wirklich.

215 es verschmähe] es ~~versspräche~~ verschmähe.
230 aber so bald ich] aber ~~als~~ ⌈so bald⌉.
242 ewige Treue] ewige ~~Liebe~~ Treue.
244 Ich glaube nicht] Ich ~~glaubte~~ glaube.
272 auch gemeinschaftlich] auch ~~ges~~ gemeinschaftlich.
281 dem Verdacht aussezte] Verdacht ~~aus sezte~~ aussezte. – *Die Durchstreichung erfolgt durch Charlotte Schiller hier mit Kringellinie.*
283 Alles was ich ihr dagegen sagte] Alles ~~nach ihrer Meinung~~ was.
320 Todesmartern die ausdrücklich für] Todesmartern ⌉die ausdrücklich⌉ ~~die~~ für.
323 Pulvers in die Hände] Pulvers ~~zu~~ in.
338 Meilen von Paris] Meilen ⌈~~weit~~⌉ von.
344 wehrte mich, so gut es] gut ~~ich konnte~~ es.
351 mich kehren solle] kehren ~~sollte~~ solle.
368 Verwandten, konnte man sie] konnte ⌈man⌉ sie.
381 zusammengepreßt] zusammen~~gepreßt~~ gepreßt.
411 mir Vorwürfe machen] mir ~~vorwerfen~~ Vorwürfe machen.
415 dieses ankündigt] dieses ~~ankūdigt~~ ankündigt.
430 daß sie sich niemals] sie ⌈sich⌉ niemals
447 Ich er⟨fuhr⟩ von dem Sekretair des Gesandten, daß] ich erhielt.
460 Brief für meinen Bruder mit sich, und übergab] Brief ~~an~~ ⌈für⌉ meinen Bruder mit sich, und ~~gab~~ übergab.
468 der sich auch darnach erkundigte die Bestätigung] der sich ~~auch~~ auch darnach erkundigte die ~~Bestätigun~~ Bestätigung.
490 verpflichtet war] verpflichtet ~~ist~~ war.
522 Anfall der Ohnmacht] Anfall ~~von~~ der.
523 jedes Wort das sie] jedes Wort ~~daß~~ ⌈das⌉ sie.
530 so wollte ich kein Haus] so ~~sollte~~ wollte.
558 fragte sie woher] sie ~~nocher~~ woher.
573 Sie fanden eine gut gewählte] fanden ~~einer~~ eine.
578 nichts fehlte] nichts ~~schien~~ fehlte.
581 befand⟨en⟩, war nicht aufmunternd. Ein Couvert an der S⟨eite⟩ der Frau von Saligny blieb leer, sie befahl ⟨dem⟩ [20v]Bedienten] befanden, war nicht aufmuntern. Ein Couvert an der der S◊ der Frau von Saligny blieb leer, sie befahl ◊ [20v]Bedienten.
583 Briefe zu endigen] zu ~~endigen~~ endigen.
585 die Thüre sich plözlich öffnete] die Thüre sich# ←#plözlich)← öffnete.

⟨Konzeptfassung H^2⟩

Der folgende diplomatische Abdruck der Konzeptfassung H^2 korrespondiert mit den Zeilen 47 bis zum Ende der hier edierten Reinschrift H^1. Bearbeitungen in fremder Hand sind in Sans Serif gesetzt, sie stammen eindeutig von Friedrich Schiller.

[2]Stimme hatte, und ~~gern die~~ Menschen die ein gleiches Talent haben sich gern aufsuchen, so bat sie *Anvillen*, mich zu ihr zu bringen. Ich säumte nicht ihre ~~w~~Wünsche zu

erfüllen, und fand mich ~~den selbigen~~ ein. Sie weigerte sich nicht mir ihre Stimme hören zu lassen, und ich wurde beschämt, nach ihr zu singen. Es dünkte einem, sie hätte tausend Nachtigallen in ihrer Kehle. Sie war mit meiner Stimme zufrieden, und bat mich einen Vertrag einzugehen, und uns alle Musikalien mitzutheilen die wir fänden. Diese Verbindung ging ich gern ein, und unter diesem Vorwand verstrich kein Tag, an dem ich sie nicht sehen konnte.

Wir hatten uns immer etwas Neues mitzutheilen, jeden Tag fast eine neue Arie ⌈zusammen⌉ zu lernen. Wir hatten oft kleine Konzerte bey ihr, und ~~und in~~ ⌈nach⌉ einig**en** Monaten war es zu meinem Glück nothwendig, sie jeden Tag zu sehen und ~~und d~~**D**ie Liebe mischte sich in mein Intereße, so daß ich kaum wußte, wie schnell die Fortschritte geschahen. Es war nicht anders möglich, als daß wir in einer so langen Zeit nicht Momente gefunden hätten, wo wir uns allein sprechen konnten. Ich entdeckte so viel gute ⌈neue⌈ Eigenschaften mit jedem Tage ⌈an ihr⌉, daß ich Marien zu viel für meine Ruhe liebte. Auch ~~mir dünkte es so~~ ⌈glaubte ich zu bemerken⌉, daß sie mich nicht gleichgültig ansah. Ihre Augen, selbst oft ihre Handlungen ließen mich errathen, daß sie meine Gefühle theilte, aber der Abstand unsrer Glücksumstande war zu groß, so daß ich nicht wagen durfte die Gelegenheit einer Erklärung zu benuzen. Die Lieder die ich ihr ~~brachte~~ sang, athmeten nur Liebe, ich klagte über *[2v]*den Zwang, der mir Stillschweigen auflegte; aber dabey blieb es lange, sie sang auch mir meine Worte nach. Ich mußte nun dem Drange meines Herzens folgen, und entschloß mich so deutlich zu reden daß ~~sie~~ ⌉Marie⌉ nicht ausweichen konnte, es war kein andres Mittel, sie mußte mich verstehen. Ich sang ihr ein Lied, worin ich mich beklagte daß sie nicht die Sprache meiner Augen verstehen wollte, daß sie die Töne die, die Liebe bildete nicht hörte, daß sie die Liebe von der sie immer singen hörte, selbst ⌈nur⌉ für ein Lied ~~nur~~ hielt. Der Gedanke belustigte die Gesellschaft, man wollte den Verfasser wissen, ich gestand daß es von mir käme, daß ich beides für ein Mädchen gemacht hätte, die ich sehr geliebt habe; in dem Moment blickte ich nach Marie Montargis hin, und sie verstand mich. Sie ~~wiederholte~~ ⌉sang⌉ mein Lied nach, und beßer als ich es gesungen hatte. Mein Herz dankte es ihr, aber es war dadurch nicht befriedigt. Sie sollte sich auch noch erklären. Ich war sehr überzeugt daß eine mündliche Erklärung nicht übel aufgenommen werden würde, aber ich eilte nicht. Ich wollte erst eine Gewißheit haben, daß man meine Erklärung nicht übel aufnähme. Aber eine Heirath die mir meine Verwandten ⌈um diese Zeit⌉ vorschlugen, that mehr als ich erwartet hatte.

Meine Familie fand eine sehr gute Parthie für mich. Es war ein schönes, reiches Mädchen in Mariens Alter ~~die wenige Hofnung dieer mein Herz Raum geben durfte~~, [3]~~Mariens Herz zu gewinnen, und in der That war diese~~ ⌈Die⌈ Heirath ⌈~~war~~⌉ ~~sehr + für mich in~~ ⌈übertraf in⌉ jeder Hinsicht übertraf sie meine Erwartung. Marie von Montargis wußte um meine Aussichten, und sie bot alle Kräfte auf, meine bestimmte Braut zu sehen. Ihre Schönheit machte sie bestürzt, und sie sezte alle Rücksichten aus den Augen, als sie erfuhr, daß wir schon einig wären, die Heiraths artikel zu unterschreiben. Seit zwey Tagen hatte ich sie nicht besucht, ⌈an⌉ dem dritten welches der Tag war, an dem ~~alles~~ die Artikel unterschrieben werden sollten, fand ich dieses Billet in meiner Wohnung:

Uebereilen Sie nichts in Ihren Heirathsangelegenheiten, Sie könnten es in der Folge bereuen. Es findet sich eine ⌈andre⌉ ~~p~~**P**arthie für Sie, statt der die man Ihnen vorschlug, die noch annehmlicher ist. Kommen Sie unverzüglich zu mir. Ich erwarte Sie. *adieu.*

Ich ~~g+~~ ging hin, und hofte zeitig genug wieder zurück kehren zu ~~können~~ ⌈seyn⌉, um mich ~~zu~~ ⌈bey⌉ der Versammlung meiner Verwandten einzufinden. Ich fand Marien allein, und in tiefem Nachdenken. Ihre Augen waren geschwollen, und rothgeweint, und ~~ich~~ ⌈sie überzeugten⌈ ~~glaubte, daß~~ mich daß sie geweint habe. Ich betrog mich nicht. Ich komme mein Fräulein sagte ich ~~b~~ beym Eintritt, Ihre Befehle zu vernehmen, und von Ihnen zu hören was aus mir werden soll, und welche andre HeirathsVorschläge Sie mir anbieten? Sie erröthete [3v]bey dieser Frage. Aber ~~mein~~ Herr ⌈*Saligny*⌉, ehe Sie diese Erklärung von mir hören, sagte sie, so ist es mir nöthig zu wißen, ob Sie das Mädchen mit der Sie sich verheirathen wollen ~~herzlich und~~ ⌈wirklich⌉ aufrichtig lieben, ~~o. nein~~ ⌈und⌉, ~~und~~ ob das Herz ⌈bei dieser Wahl⌉ interessirt ist ~~bey dieser Wahl~~. Nein ⌉gewiß nicht⌉ mein Fräulein sagte ich, ~~+~~ wenn ich meinem Herzen folgte, so würde ich meine künftige Braut nicht wählen. Sie ist liebenswürdig, aber ehe ich sie sah, war ich von einer frühern Neigung ~~begn+~~ hingerissen. ~~Aber~~ ⌈Doch⌉ die Vernunft widersezt sich den Wünschen meines Herzens; sie ist zu weit über mich erhaben, ~~und~~ als daß ich Ansprüche auf ihre Hand machen könnte. Meine Leidenschaft erreichte den höchsten Grad, und nur die Vernunft ~~überzengt~~ überzeugt mich von der traurigen Nothwendigkeit, daß ich von dieser Seite auf kein Glück zu rechnen habe, und ~~ich~~ mich bestreben muß, Sie zu vergeßen. Meine Verwandten zeigten mir ein Mittel, ich nehme es an, weil ich hoffe daß die Pflichten die mich an eine Frau binden, die Zerstreuungen der Wirthschaft, die Geschäfte meines Berufs, und mehr noch als dies alles die Nothwendigkeit ~~in die ich mich verseze~~, in meinem Herzen Gefühle zu ersticken, die ich meiner Ruhe willen nicht nähren darf, ~~werden mich aus der frühern Leidenschaft~~ ⌉~~lieber~~⌉ ~~entreißen~~ ⌈mir über meine Leidenschaft den Sieg verschaffen⌉ werden.

Und wer ist diese erste Liebe, die Sie unterdrücken wollen, ~~fra~~ unterbrach mich Marie mit Verwirrung? [4]In dem Zustand in dem Sie mich sehen sagte ich, und fiel ihr zu Füßen, ist es mir nicht ⌈mehr⌉ erlaubt, ~~doch~~ mich zu verstellen. Meine Augen, meine Handlungen, meine Verlegenheit in Ihrer Nähe, haben Ihnen ~~müß~~ zeigen müssen, daß Sie es selbst sind, die mir Empfindungen eingeflößt hat, die mir ~~ehemals~~ fremd waren, ehe ich Sie gesehn hatte, und mein Mund gesteht es Ihnen zum erstenmal. Ja mein Fräulein sagte ich, und drückte meinen Kopf auf ihre Knie, Sie ~~selbst~~ sind es selbst die ich anbete. Ich verletzte die Ehrfurcht niemals, die ich Ihnen schuldig bin, ich schwieg so lange, und würde auch jezt noch nicht reden, wenn Sie ⌈selbst⌉ mir nicht selbst die Nothwendigkeit aufgelegt hätten ~~zu~~ mich zu erklären.

Ihr Entschluß, ~~sagte sie~~ ⌈antwortete ~~sie~~Marie ~~darauf~~⌉, ist eines Romanhelden würdig. Sie lieben mich, und willigen doch ein, eine andre zu heirathen, und fast muß ich glauben wenn Sie mich nicht liebten, so würden Sie auch keine andre Wahl treffen. Nein rief ich aus, wäre mein Herz ruhig, so würde ich nicht suchen es so grausam zu beschäftigen. Nur aus Verzweiflung daß ich Ihnen nicht angehören kann, werfe ich mich in die Arme einer andern, und diese Verzweiflung zwingt mich zu einem so gewaltsamen Mittel. ∫ Aber worauf gründen Sie diese Verzweiflung? sagte sie. ∫ Auf alles was mich umgiebt war meine Antwort. Meine Familie ist nicht ansehnlich genug, um mich ~~zu~~ ⌈bis zu⌈ Ihnen erheben zu dürfen. Unter unsern Vermögens[4v]umständen ist ein so ~~gewaltiger~~ ⌈unermeßlicher⌉ Abstand, daß ich mir ⌈nie⌉ schmeicheln darf ein so großes Hinderniß zu überwinden. ∫ Sie sah mich unbeweglich an. Lieben Sie mich auch, fragte sie, so sehr als Sie es mir überreden wollen? ∫ Mein Fräulein Sie thäten Unrecht, wenn Sie daran zweifelten. ∫ Gut, sagte sie, wer hat es Ihnen gesagt daß Sie keine Ansprüche auf mich machen könnten? Ist nur der Stand und das Vermögen das einzige Hinderniß? Das Vermögen gehört mir, und es ist mir erlaubt, den Gebrauch davon zu machen den ich will, wenn ich in das Alter komme, wo ich darüber gebieten kann. Ich schwöre es Ihnen Sie sollen Herr davon sein. ⌉~~+~~⌉ ~~Unsre Geburt ist nicht so weit von~~ Unser Stand scheidet uns nicht, es ist kein großer Unterschied. ~~Ihre künftige Braut~~ Fräulein *Grandet* ist ~~nich~~ von edler Herkunft, mein Adel ~~ist nur durch~~ ⌈schreibt sich nur von⌉ einem Großvater ~~geerbt~~ ⌈her⌉, ~~der~~ ⌉den⌉ sein Amt ~~bekleidete,~~ ⌈adelte.⌉ ~~das ihm den Adel verschaffte,~~ ⌉~~noch eh~~⌉ ~~er starb~~. Sie können künftig auch ein solches Amt kaufen, weil ich die Mittel dazu in Händen habe. Und obgleich mein Onkel mein Vermögen verwaltet und mein Vormund ist, ~~so~~ ist ~~er~~ doch nicht Herr darüber. In ~~weniger~~ ⌈kurzer⌉ Zeit kann ich ~~mir die Rechte nehmen, die~~ ⌈mich in den Besitz⌉ ~~Einkünfte zu ziehen und nach meinem Willen darüber gebieten~~ ⌈meines Vermögens und aller meiner Rechte sezen⌉. Nun! Habe ich nicht recht, daß meine Hand annehmlicher ist, als die des Fräulein *Grandet*~~?~~, ⌉vorausgesetzt,⌉ ~~Wenn~~ ⌈daß⌉ Sie mich wirklich so lieben, wie Sie es mir sagen, und ~~wenn Sie~~ ⌈daß⌉ nur ~~ein bloßer äußerer Anstand~~ ⌈die äußern Verhältnisse⌉ ohne Liebe ⌈Sie⌉ zu ihr ~~hinzieht~~ {hintreiben?}.

[5] ↑Mein Fräulein, erwiderte ich, wie glücklich machte mich diese Güthe ⌈Großmuth⌉, wenn ich sie annehmen↑ ~~Wie glücklich wäre ich, mein Fräulein, erwiederte ich, Ihre vortheilhafte Erklärung~~ zu hören. Aber ich ~~ver~~ verdiente wenig Ihre Güte, wenn ich so ~~selbstlos~~ unedel wäre, sie zu benuzen. Nein mein Fräulein Sie verdienen beßren Mann ~~wie~~ ⌈als⌉ mich zu finden. Ich darf nicht einmal Ihren Hofnungen Gränzen sezen, und noch ⌈weniger Sie⌈ ~~folgends~~ ⌈nicht⌉ Sie verkleinern in einen ⌈noch⌉ niedrigern Stand ~~versezen~~ ⌈herabziehen⌉. Wählen Sie sich einen ~~Parthie~~ ⌈Mann⌉, der Ihrer werth ist, und sehen Sie nur auf mich als auf den Gegenstand, der Ihre Zärtlichkeit, Ihr Mitleid verdient. ∫ Von Ihnen hätte ich einen solchen Rath nicht erwartet sagte sie, diese Großmuth ist ~~nicht~~ zu einer ~~un~~rechten Zeit angebracht, um wahr zu sein. Ich sehe wohl Sie lieben das Fräulein Grondet, ~~da Sie meine Anerbieten so ungern annehmen wollen~~. Gehen Sie mein Herr, sagte sie mit Verdruß, ich will nicht länger Ihr Glück verhindern, gehen Sie ihr diese Aufopfrung zu rühmen; lassen Sie mich ⌈Meisterin⌉ meines Schicksals ~~sein~~ bleiben; ich bot es Ihnen an mit mir zu theilen, Sie schlagen es aus. Das Kloster ~~wird mich in Zukunft solch~~ ⌈soll mich davon⌉ retten, je wieder mir solche ~~Blößen~~ ⌈Schwachheit⌉ ~~zu geben~~ {zu begehen}.

Mein Fräulein rief ich aus indem ich ~~Sie~~ inniger ihre Knie umfaßte (denn sie wollte sich zurückziehen). Ich liebe Sie mit aller der Wärme, die ein Herz empfinden kann das so tief bewegt ist ~~wie mir~~ ⌈als⌉ das meinige. Ich bewundre Ihre Güte für mich, aber ich sehe kein Mittel, um davon Gebrauch machen zu dürfen. *[5v]*Sie sind noch zu jung; Ihre Familie wird sich immer meinen Wünschen wi~~e~~dersetzen ~~und den Ihrigen~~. Sie selbst könnten Ihre Gesinnungen ändern, und mich ~~als einen Unglu~~ dadurch doppelt unglücklich ⌈machen⌉ nachdem ich ~~erst solche~~ ⌈einmal so⌉ ~~schmeichelhe schmeichelde~~ schmeichelnde Hofnungen genährt hatte! ∫ Dafür laßen Sie mich sorgen sagte sie, die Zeit und Umstände werden Ihnen die Mittel darbieten ~~für mich~~ die ~~ich und~~ meine Familie verlangen kann. Was mich ~~anbe~~ angeht sagte sie erröthend so wird es nur bey Ihnen stehn mich so fest an sich zu binden, daß Sie ~~immer~~ von meiner Wankelmüthigkeit nichts zu befürchten haben können. Brechen Sie ~~die Verbindung~~ ganz mit der

Grandet, aber auf eine Art die mich ~~jede~~ ⌈keine⌉ Rückkehr zu ihr ~~nicht~~ mehr fürchten läßt, ich werde von allem unterrichtet, und stehe Ihnen dafür daß ich es Ihnen anrechnen werde. Gehen Sie nun die Menschen aufzusuchen die auf Sie warten, es ist Zeit. Sehen Sie mich nicht eher wieder bis |Sie| sich gänzlich losgesagt haben, aber verbergen Sie die Ursache, ich ~~will~~ allein ⌈will⌉ ~~den~~ Antheil ~~genießen~~ ⌈wißen⌉, den ich daran ~~nehme~~ ⌈habe⌉. Es ist Ihr Intereße mir nicht den kleinsten Schatten von Verdacht im Herzen zu laßen, ⌉denn⌉ ich bin ~~E~~eifersüchtig. ∫ Sie werden alle Ursache haben mein Fräulein ~~meine Aufopferung~~ das Opfer das ich Ihnen bringen soll für aufrichtig zu halten. Den Kummer meiner Verwandten seh ich voraus, ich sehe auch daß ich ~~eh mich s eine Person beleidige d~~ mich der Rache einer Person ausseze, die sich ~~für Veracht~~ von mir verachtet [6]glauben muß, ohne eine gerechte Ursache, aber ich geh dem allen muthig entgegen, ~~weil ich nur dadurch~~ ⌈um⌉ Ihnen ⌈zu⌈ beweisen ~~und versichern kann~~, daß nichts in meinen Augen Gewicht hat, ~~was nicht auf Ihre Liebe oder Ihren Haß gegen mich Bezug hat~~ ⌈~~auf~~ als Ihre Meinung von mir⌉. Sie sollen noch heute von mir hören, sey es schriftlich oder mündlich. ~~Oder~~ ∫ Gehen Sie denn sagte sie, und kommen ⌈wieder,⌉ so bald Sie können, ~~wieder zu mir. Aber nur, nachdem~~ ⌈aber nicht anders, als wenn⌉ Sie sich von ~~jeder~~ ⌈aller andern⌉ Verbindung losgesagt haben~~, kommen Sie wieder~~. ∫ ⌈Ich ging von⌈ ~~verließ~~ Marien in einer großen Verlegenheit. Wo sollte ich einen Vorwand finden, mich loszusagen, ohne schuldig zu erscheinen?

Ich ging zum Fräulein *Grandet*, meine und ihre Verwandten waren versammelt, sie schien mir schön wie ein ⌈~~Engel~~⌈ Engel. Fast reute es mich eine so schöne Beute fahren zu laßen, die mir sicher war, aber diese Aufwallung war fruchtlos. Ich begrüßte sie höflich, und sezte mich zu ihr. Meinen Verwandten ließ ich die Sorge den Heirathsvertrag in Ordnung zu bringen, und während der Zeit ~~sad~~ sann ich auf ein Mittel, uns zu entzweyen. Ich sagte ihr mit einem rauhen Ton, daß ich sie zu prächtig angekleidet fände, daß ich solchen Aufwand in Kleidern bey meiner künftigen Frau nicht dulden würde, da sie nur ihrem Mann allein gefallen sollte. Höflich antwortete sie mir, daß sie sich immer nach dem Willen ihrer Mutter gekleidet habe. Nichts ist auffallend in meinem Anzug sagte sie, bis meiner ~~heura~~ Heirath muß ich mich nach dem Willen meiner Mutter richten, aber hernach sollen Sie Herr sein, und ~~sollen meine~~ wäre mein Anzug [6v]wirklich zu prächtig, so sollen Sie die Freiheit haben daraus zu verbannen was Ihnen nicht anständig ist. Die Antwort die so artig und demüthig war, machte mich stuzen, aber doch wankte ich nicht. Ich fing an vom Spiel, von Gesellschaften zu sprechen, wie ein eifersüchtiger Mann mit der größten ~~Rauheit~~ ⌈Brutalität⌉ nur sprechen kann. Ich zwang mich sogar mehr zu sagen, als ein Eifersüchtiger in der That denken könnte. Ich ~~machte ihr so erklärt~~ ⌈erklärte ihr⌉ den Krieg auf jede Weise, und ließ ihr merken daß wenn sie mich heirathete sie stets unglücklich sein würde. Sie fing an zu weinen, ich verdoppelte meine Unart, und trieb es so weit, daß ~~sie~~ auch ~~ihre~~ ⌈sie die⌉ Geduld verlohr und mir sagte, sie wäre sehr betrübt daß die Sachen schon so weit gekommen wären, daß nach allem was ich ihr von mir sagte, sie ~~sehr beteuert~~ mich nicht anders als mit dem größten Wi~~e~~derwillen heirathen würde.

↑~~Es konnte schwerlich nicht verrätherischer gel~~↑ Schwerlich konnte ~~es~~ ⌈man⌉ einen üblern Streich spielen als der war, den ich ihr spielte, und keine ärgere Verrätherey. Sie war von einer Güte, und Rechtschaffenheit ohne Gränzen. Auch ihr Betragen in der Folge bestätigte es, denn sie fand wirklich so einen Mann bey dem sie alles ⌈das wirklich⌉

erdulden mußte, ~~was~~ ⌈womit⌉ ich ihr nur drohte. Ich ließ mich durch nichts von meinem ~~p~~**Plan** abbringen die Unterhandlungen abzubrechen, und ~~unterließ nicht~~ ⌈ergriff schnell⌉ die Gelegenheit ~~zu benuzen~~, die mir ihre Antwort darbot. Da sie mich mit Wi~~e~~derwillen zu Ihrem Gemahl nehmen sagte ich laut, so ist es [7]nicht mein Wille Sie ~~gegen den Ihrigen zu wählen~~ ⌈zu zwingen⌉; und ich ~~biete es~~ ⌈gebe⌉ Ihnen ~~auch~~ von meiner Seite ⌈Ihre Freiheit wieder⌉ ~~an~~. Es ist unnöthig sagte ich, indem ich mich zu den Verwandten kehrte daß Sie sich so viele Mühe geben, unsren Heirathsvertrag abzuschließen. Wir sind nicht für einander gemacht. ~~Sie~~ ⌈Fräulein Grandet⌉ macht sich mit Freuden von mir los, und ich ziehe mich ohne ~~Reue zu zu es zu bereuen~~ ⌈Reue⌉ zurück.

Die Gesellschaft hatte nur die lezten Worte unsrer Unterredung angehört. Man glaubte das gute Kind hätte ⌈mir⌈ ~~+ einige Dinge~~ ⌈etwas Ungeschicktes⌉ gesagt ~~die nicht am rechten Ort waren und~~ man verlangte eine Erklärung~~. Man~~**und** versuchte ⌈wollte⌉ mich zurück ~~zu~~ halten, aber ich wollte nicht bleiben. Ich erzählte auf eine ~~Einfache~~ ⌈einfache⌉ Weise, daß das Fräulein mir gesagt habe, ~~daß sie mich~~ ⌈sie heirathe mich⌉ mit Wi~~e~~derwillen ~~meine Hand annähme~~, und daß ich als eine rechtschafner Mann ~~glaube~~ ⌈es verschmähe⌉, ~~nicht von dem~~ ⌈das⌉ Ansehn ihrer Familie ~~zu~~ ⌈zu⌉ misbrauchen ⌈~~zu dürfen~~⌈, ~~die mir~~ ⌈ihre Hand⌉ gegen ihre Neigung und Willen geben wollten. Und ~~n~~Nach dieser Erklärung verließ ich das Zimmer.

~~Als ich~~ ⌈Sobald ich⌉ fort war ~~fragte~~ ⌈bestürmte⌉ man das arme Mädchen mit einem Schwall von Fragen, sie ~~sagte~~ ⌈erzählte⌉ auf eine unschuldige natürliche Art, was ich ihr gesagt hätte, und ihre Antworten. Da man mich nicht von einer so rohen Seite kannte, ~~so~~ als sie mich schilderte, und wie ich ihr auch wirklich vorkommen mußte, so glaubte ihr niemand. Da ~~noch dazu~~ ⌈außerdem⌉ die Heirath für mich so vortheilhaft war, so ~~war es unmöglich, daß man mir~~ ⌈~~war~~ konnte mir niemand⌉ zutrauen ~~konnte~~, daß ich ~~mit leichten Herzen~~ ⌈aus Leichtsinn und ohne Ursache⌉ eine solche Verbindung ~~aufheben könnte und ein s~~ ⌈würde aufgehoben haben⌉. Zumahl die Mutter [7v]des Fräuleins war heftig gegen sie aufgebracht. Ihr allein gab man die ganze Schuld des Vorfalls, und ihre Verwandten wollten ihr so übel in der Folge, daß sie sich um ihren Verfolgungen zu entgehen entschloß, ⌈ihre Hand⌉ ganz gegen ihre eigene Neigung ~~ihre Hand einem Manne~~ ⌈weg⌉ zu geben.

Nach der schönen That suchte ich Marie Montargis auf. Ich erzählte ihr was ich gethan hatte. Sie tadelte ~~meinen~~ ⌉ den⌉ Vorwand, den ich gebraucht~~e~~ ⌈hatte, und⌉ der ein liebenswürdiges Mädchen ~~dem Zorn in ihrer~~ Unschuld⌊igerweise⌋ dem Zorn ihrer Verwandten preis gab. Ich selbst fühlte Reue in meinem Herzen, und ~~ich~~ fand ihre Gedanken zu richtig, um mich darüber beklagen zu können, aber so bald ich ihr bewies, daß ich kein andres Mittel hätte finden können, um ~~in dem Moment b~~ ⌈auf der Stelle⌉ alle Verbindung ⌈mit Fraulein Grandet⌉ aufzuheben, ~~als dieses,~~ so erschien ich ihr weniger strafbar.

Acht Tage nach dieser Begebenheit gab ich ihr zu verstehen, daß ich einer solchen schönen Beute nur in der Hofnung ~~losgelassen habe~~, ~~entsagt~~ ⌈entsagt⌉ {hätte} ~~weil ich~~ eine andre zu erhalten ~~wünsche~~. Sie verstand mich, und glaubte ich traue ihren Worten nicht. Ich gestand ihr, daß ich fürchtete ihr Onkel möchte ~~sie~~**ihr** spät oder früh ~~bewegen wollen~~ ⌈~~wo~~⌉, eine Heirath ~~zu thun~~ ⌈vorschlagen⌉, wenn sie es vielleicht am wenigsten erwarte, ~~daß sie ihm nachgeben könne~~, daß sie ~~zu+~~ wenn ihre Vorstellungen fruchtlos blieben doch zulezt aufgeben könne, daß der Ehrgeiz, oder das Intereße, oder die Gefälligkeit gegen ihre Verwandten oder alle diese Gründe sich vereinigen könnten, um ~~sie~~ ihren [8]⌈Entschluß⌉ zu ändern. Ich erinnerte sie an das was sie mir gesagt, daß es nur von mir abhinge uns so fest zu verbinden, daß ich für ihre Unbeständigkeit nichts mehr zu befürchten hätte. Ihre Liebe zu mir vollendete was die Überredungskunst nicht allein vermochte. Wir versprachen uns die Ehe, ~~und~~ eine ~~Papier~~ ⌈schriftliche Versicherung⌉ vertrat die Stelle aller Zeremonie, ~~und~~ wir schwuren uns ewige ~~Liebe~~ Treue, und sahen uns ~~von seit dieser Zeit~~ ⌈von diesem Augenblick⌉ als verheirathet an.

Ich glaube nicht daß es ein größeres Glück giebt in der Welt, als unsre Verbindung. Sechs Monate genossen wir es ohne Unterbrechung und ~~s~~**S**törung. dies**Dieß** ~~is~~ ⌈sind⌉ die einzigen glücklichen Momente die ich in meinem Leben verlebte, sie wurden aber die Ursache aller meiner künftigen Leiden.

Marie fühlte, daß sie einem Wesen sein Dasein geben würde. Dieser Umstand ~~bestürzte uns, und noch weit mehr,~~ ⌈sezte uns in große Bestürzung, umso mehr, ⌉⌈da zu eben der Zeit, ~~+~~ ihr Onkel⌈ ~~da mit ihrer Stände~~ ⌈~~Veränderung, die in~~⌉ ~~die schon bemerklich wurde ihr Onkel~~ auf den Gedanken kam, sie zu verheirathen. Man trug ihr eine große Parthie an, ~~alle Welt~~ ⌈jeder⌉ sah irgendeinen Vortheil in dieser Verbindung. Mariens Vermögen nicht d~~er~~**as** einzige ~~Grund der~~ was den ~~Cha~~ Cavalier anzog der um ihre Hand warb; es war ein Mann von großem Stand, ein schöner Mann, von gutem Ruf und großem Verstand, kurz ein vollkommener ~~Lieb-~~⌈Freyer⌈~~haber~~. Sie hatte keinen gültigen Vorwand ihn auszuschlagen, und doch konnte sie seine Hand nicht annehmen. Ich konnte darüber nicht böse sein, er war selbst so *[8v]*liebenswürdig, daß ich ihre Untreue gegen mich hätte entschuldigen können, denn ich selbst konnte ihm meine Achtung nicht versagen. Beynahe hätte ich den Entschluß ausgeführt, ihm unsre Lage zu entdecken.

Wer fühlt nicht mit uns, in welcher Verlegenheit wir uns fanden! Marie war jung, beide waren wir ohne Erfahrung, und die nächste Gefahr dünkte uns die größte. Es war uns als hätten wir nichts anders zu fürchten als das Aufsehn das ihre ~~Schwa~~ Umstände machen würden, und den Zorn ihres Onkels, und des übrigen Theils ihrer Familie. Es war auch nichts als dieses, was wir in der That zu fürchten hatten, aber es war auch alles zu fürchten. Ich schlug vor, Marie sollte mit ihrem Onkel durch jemand sprechen laßen ~~der über seine~~ ⌈deßen⌉ Meinung Gewicht bey ihm hätte. ~~Sie wollte~~ Sie wollte ~~diese Vorschläge nicht~~ ⌈nichts davon wißen⌉ ~~anhören~~, und gab mir nur zur Antwort daß sie über ihren Zustand ~~in dem sie sich befände~~ in Verzweiflung wäre; aber da es nicht zu ändern sey, und kein Mittel dafür zu finden, so müßten wir den Entschluß fassen zu entfliehen. ~~Daß~~ ~~w~~**W**ir ~~selbst in der Ferne leichter~~ ⌈würden auch in der Entfernung⌉ ⌉leichter⌉ mit der Familie Friede machen könnten, als in der Nähe; Sie ⌈übrigens⌉ verl~~eß~~asse sich gänzlich auf mich, daß ich sie nicht verlassen würde. Ihr ~~Vermögen~~ ⌈Geld das sie vorräthig habe⌉ reichte hin ~~zu unserer~~ ⌈um⌉ ~~Reise~~ aus Frankreich ⌈zu reisen⌉ und uns so lange außer Landes ~~aufzu~~ aufh~~alten~~⌈zuhalten⌉ ~~zu können~~, bis sie ~~ganz unabhängig~~ ⌈Herr⌉ ihres Vermögens ~~in Händen haben könne~~ ⌈sey⌉. Aber ~~daß wäre~~ [9]zu diesem Schritt sey eine Entführung nothwendig, sie wäre bereit mir zu folgen wohin ich wolle. Die Schuld sey von beyden Theilen gleich groß, also müßten wir beide auch gemeinschaftlich dafür büßen.

Dieser Vorschlag machte mich zittern. Ich sagte ihr daß dies der ~~einzige~~ Weg sey mir ein schimpfliches Ende zu bereiten. ~~Ihre Jugend~~ Sie wäre zehn ~~Jahre~~**Jahre** jünger als ich; ~~da hätte wäre~~ da ihr Stand, ihr Vermögen so weit über dem meinigen erhaben wäre, so würde man mich der Verführung und des Raubes beschuldigen. Das wenigste was uns bedrohte, ⌈wäre⌉ für ihre~~n~~ ~~Leib~~ ⌈Person⌉ zeitlebens in einem Kloster ~~zu bleiben zu müssen, und ich durch~~ ⌈eingesperrt zu bleiben, und für⌉ ⌈mich, durch⌈die Hand des Henkers hingerichtet zu werden. Man würde ~~nicht~~ unser erstes Vergehen ⌈nicht⌉ so schwer bestrafen; denn dieses verdiente nicht den To~~d~~**td** ~~aber wohl~~ ⌈wohl aber⌉ der Raub, der so ~~hart~~hart bestraft würde, zumahl da ~~wo man voraussetzen könnte, daß~~ das große Vermögen eines Mädchens, und ihre zarte Jugend bey ~~dem~~ ⌈soviel⌈reifern Alter des Mannes ~~ihn mehr noch~~ ⌈diesen⌉ dem Verdacht aussezte daß ~~er aus~~ ⌈schändlich⌉ Habsucht ~~gehandelt habe~~ ⌈ihn geleitet habe⌉. ∫ Sie fand an keinem meiner Gründe Geschmack, und bestand darauf daß ich sie entführen solle. Alles was ich ihr ~~zu sagen vermochte gegen diesen Plan, konnte~~ ⌈dagegen sagte, konnte⌉ ihre Meinung nicht ändern. Ich wiedersezte mich mit solcher Gewalt, daß sie mir endlich gar Mangel an Liebe vorwarf. Ich werde Ihnen nichts mehr sagen, sagte sie, ~~aber~~ und sah mich unverwandt an; aber morgen *[9v]* werden Sie das Mittel erfahren, ~~daß~~ ⌈das⌉ ich gefunden habe, dieser Sache ~~zu~~ plözlich ein Ende zu machen und mich herauszuziehen.

Ich wußte ihr nichts zu antworten und verließ sie in der größten Verlegenheit, ~~ich war~~ mir war bange für dieses Mittel, von dem sie mir mit einem drohenden Tone sprach. Als ich sie den folgenden Tag aufsuchte, ~~erklarte~~ klärte sich mir dieser Entschluß auf.

Ich erwartete Sie längst, ~~mein Herr sagte~~ ⌈Herr Saligny, sagte⌉ sie mir –

Nun da wir allein sind, so reden Sie ohne Zurückhaltung: was haben Sie beschloßen? Verlaßen Sie mich oder werden Sie mir folgen? ∫Ich komme sagte ich, um Sie ⌉von⌉ Ihrem gestrigen Entschluß abzubringen, Frankreich zu verlaßen, ich sehe nur unglückliche schreckliche Folgen für Sie und mich daraus entspringen. ∫ Und doch habe ich ihn nicht geändert sagte sie. Aber da Sie gleichgültig genug sind, und hart genug mich einem Zustand zu überlaßen, wo ich nur den Eingebungen der Verzweiflung folgen kann, so will ich Sie auf einmal von aller Unruhe befrein, und mich selbst dafür strafen daß ich einen Mann lieben konnte, der mich nur ~~aus~~ zu seinem Vergnügen und nicht aus Anhänglichkeit an meine Person liebte.

Kaum hatte sie diese Worte gesprochen so zog ~~sie~~ ⌉aus einem Koffer⌉ ein zusammengelegtes ~~Papier~~ ⌈Briefchen⌉ ~~aus einem Koffer~~ heraus, ~~worin~~ ⌈in welchem⌉ ein gelbes Pulver ⌈war, das⌉~~, welches~~ ich nicht kannte. Sie that den dritten Theil ~~davon~~ ⌈davon⌉ in einen silbernen Becher, und rührte ⌈es in⌉ ~~das~~ Waßer um. Den übrigen Theil [10] mischte sie unter Zuckerwerk und gab ihrem kleinen Hunde etwas davon. Kaum hatte das kleine Thier das Zuckerwerk verzehrt, so fiel es todt zu den ~~Fußen~~ Füßen seiner Gebieterin. Ich sah das Thier an, und war so erstaunt ~~von dem~~ ⌈über das⌉ was ich sah, daß ich ohne Bewegung stehen blieb. Aber als ich Marien nach den Becher langen ~~sah,~~ und ⌈ihn⌉ zum Munde führen, ⌈sah,⌈ erwachten meine Sinne, ich fiel ihr in den ~~Arm~~**Arm** und ~~warf~~ ⌈schüttete⌉ das Glas auf die Erde, doch blieb noch so viel darin zurück, daß als ich den Rest davon im Hof warf, ein großer Hund des Herrn von *Anville* der ~~davon~~**davon** trank, auch todt zur Erde fiel.

War es dieses Mittel, rief ich erstaunt aus, was Sie zu unsrer Rettung gefunden hätten, theure Geliebte? ∫ Ja es ist es, antwortete sie mir. Sie ⌈allein⌉ verhinderten mich, ~~nur~~ ⌈hier⌉ vor Ihren Augen zu sterben. Sie warfen, das Giftpulver weg, das ich eben verschlucken wollte; aber es ist mir lieb daß Sie meinen Entschluß wißen. Morgen finden Sie mich in dem nämlichen Zustand ~~wieder~~, in den ich meinen Schoßhund versezte. Ich habe noch so viel von dem Pulver übrig als ich nöthig habe.

Nein rief ich und umarmte sie, zu dieser schrecklichen Nothwendigkeit wird es bey Ihnen nicht kommen dürfen, ich bin zu allem entschloßen was Sie ~~wollen,~~ ⌈von mir⌉ ⌈verlangen⌈ ~~daß~~ ⌈das⌉ wir thun sollen. ~~H~~ Tausend ~~Martern des~~ Todes⌈martern,⌉ die ~~alle~~ ⌈ausdrücklich⌉ für mich nur ersonnen ~~wären~~ ⌈würden⌉, können ~~meinen~~ *[10v]*⌉mir⌉ nichts so Schreckliches darbieten, als ~~mein~~ Ihren Todt

Ich führe Sie hin wo Sie wollen, und ~~wofern wenn~~ ⌈sobald⌉ es Ihnen gefällt. Sie sind Herr meines und Ihres Schicksals, nur eine Bitte gewähren Sie mir, mir den Rest dieses Pulvers in die Hände zu geben. ~~Sie is~~ ʃ Sie gab mirs, und ich warf es ins Feuer. Nehmen Sie es sagte sie, es kümmert mich nicht, denn ich bin sicher genug andre Mittel zu finden, wenn Sie mir nicht Wort halten. Fürchten Sie nichts, rief ich, ~~und, +~~ ich werde Sie nie verlaßen. Will es unser Unglück ⌈sagte sie⌉ daß man unsre Flucht aufhält, so werde ich Sie im Angesicht der ganzen Welt rechtfertigen. ʃ Und welchen Tag bestimmen Sie zu unsrer Reise? ~~Auf~~ ⌈Den nächsten⌉ Morgen ~~aber~~ ⌈sagte sie⌉. ʃ ⌉Aber⌉ wir haben nichts vorbereitet, ~~das thut nichts~~ und keine Maasregeln getroffen, daß man uns nicht gleich den ersten Tag einholen könnte. ʃ Das thut nichts sagte sie, ich habe Geld und wir müßen alles wagen. ʃ ~~Mir war es~~ ⌈Es war⌉ ⌉mir schlechter⌉~~daraufdings~~ unmöglich, sie zu einem andern Entschluß zu bringen. Wir beschloßen also, nach ~~*Lyon*~~**Lyon** zu gehen, und von da ⌉nach⌉ *Avignon*.

~~Den~~**Am** folgenden Morgen fand ich Marien ⌈schon⌉ an dem Ort wo wir verabredet hatten uns zu finden. Eine Kammerfrau der sie sich anvertraut hatte, war ihre einzige Begleitung. Da wir nichts bestellen konnten, so mußten wir die erste beste Gelegenheit ergreifen, die wir fanden, und wir kamen glücklich genug ~~8~~ ⌈acht⌉ Meilen weit von Paris. Aber hier am dritten Tag unsrer Reise wurden wir angehalten.

[11]Mariens Abwesenheit hatte ihr ganzes Haus in Verwirrung gebracht, man wußte nicht was aus ihr geworden sey. Überall wurde sie gesucht, und da man sie nicht in Paris fand so sezte man uns nach. Noch ist es mir ~~unerklärlich~~ ⌈ein⌉ ⌈Geheimniß⌈ auf welche Art man uns auf die Spur gekommen ist. Man folgte uns, und holte uns ein. Wir waren noch nicht aufgestanden als man uns überfiel. Ich wehrte mich, so gut es mir nur möglich war; aber die ~~Roheit meiner~~ Anzahl meiner Feinde war zu mächtig, sie gewannen die Oberhand. Man mishandelte mich, aber dafür war ich weniger empfindlicher als für die Art und Weise mit der man meine Geliebte behandelte. Der Mann in deßen Hände wir gerieten, konnte schon durch seinen Stand, und seine Gewalt sich ein Ansehn über uns geben, und er that es auch, und mis**ß**brauchte sein Ansehen ⌈über Marien⌉ auf alle mögliche Weise, ⌈~~über~~⌉ Dies brachte mich zur Verzweiflung; aber ich war nicht im Stande ~~Man~~ Marien anders zu rufen, als durch meinen Schmerz. Ich bat, ich flehte daß man mir alles thun sollte, was man uns wollte, daß man alle Rache gegen mich kehren solle, ~~die wir einflößen könnten~~. Tausend ähnliche Dinge sagte ich die von diesen ~~unbarmherzigen~~ gefühllosen Menschen nicht gehört wurden.

So wie ich für ~~meine~~ die Leiden empfindlich war, so war sie es nicht minder gegen die meinigen. Ich wurde als der größte, strafbarste Verbrecher gebunden. Umsonst rufte sie, daß ich ihr Gemahl wäre! Umsonst fragte sie welche Macht uns zu trennen vermöchte, und warum man mich eines Ver*[11v]*brechens wegen strafen ~~wollte~~**wollte**, deßen sie allein schuldig sey.

Man führte uns nach Paris zurück, und ich wurde ins Gefängnis gebracht. Marie die nicht zu *d'Anville* zurückkehren wollte, wurde unter der Aufsicht eines Verwalters der ~~Jutiz~~ Justiz gelaßen. Man fing an mir den ~~Proz~~**Proz**eß zu machen, und so wie ichs befürchtet hatte beschuldigte man mich des Raubs, und der Verführung. Ich rechtfertigte mich so ~~b~~ gut ich konnte, denn ich wußte zu gut daß ich Marie nicht beleidigte, wenn ichs ~~zeigte~~ bewies daß sie ~~allein~~ mir ~~zu+~~ zuvorgekommen sey, und die ersten Schritte zu unsrer Verbindung gethan hatte. Ich zeigte ihre Briefe, sagte die Wahrheit ~~endlich~~ ⌈offenherzig⌉, und doch glaubte man mir nicht. Die ~~Männer~~ Gemüther waren nicht zu meinem Vortheil gestimmt, und wahrscheinlich hätten meine Feinde den Sieg über mich davon getragen, wenn Marie nicht ~~selbst~~ ihr Versprechen erfüllt ~~hätte~~, und ~~an meiner Rechtfertigung mit~~ ⌈selbst daran⌉ gearbeitet hätte mich zu rechtfertigen ~~wie sie mir es versprochen hatte~~.

Unerschüttert bey den Drohungen ihrer Verwandten, konnte man sie nicht bewegen, daß sie einwilligte mir zu entsagen. Wir wurden zusammen bey meinen Richtern verhört, aber ihre Gegenwart verhinderte ~~Marie~~ ⌉Marien⌉ nicht, mir um den Hals zu fallen, ⌈und⌉ mich mit ihren Thränen zu benezen. Sie ~~erbat~~ ⌈bat mich um⌉ Verzeihung, ~~w~~ weil ich so viel um ihrentwillen leiden müßte. Sie schwur mir [12]von neuem daß sie mich nicht verlaßen würde. Sie wißen sagte sie daß der ~~Toth Todt~~ ⌈Tod⌉ mir nicht furchtbarer ist, ~~und da~~ alles was man auch über Sie beschließen mag, so theile ich es mit Ihnen und werde Sie nicht überleben. Sie warf sich den Richtern zu Füßen, flehte sie an, ihr ihren Gemahl wiederzugeben, versicherte sie, daß sie allein die Schuld habe, ~~daß ich in diesem Zustand sey~~ daß ich nicht in die Flucht habe willigen wollen, als bis ich gesehn habe, daß sie im Begriff gewesen sey, sich zu vergiften; daß ich ihr selbst das Pulver aus der Hand gerißen habe. ~~Sie fuhr i~~In diesem Tone ~~mit den~~ ⌈fuhr sie⌉⌈fort,⌈ ~~Bitten um~~ meine Rechtfertigung ~~fort~~ ⌈zu machen⌉, daß ich tiefbewegt dastand. Ich hatte mein Unglück ⌈bis jezt⌉ mit Standhaftigkeit ertragen, ~~bis auf diesen Punkt, aber diese Probe war zu~~ ⌈bey dieser Probe ihrer Zärtlichkeit⌉ ~~schwer zu bestehen, da ich sah, was sie alles für mich that~~ ⌈verließ mich meine Stärke⌉.

Mein Herz wurde gewaltsam zusammengepreßt, ~~und~~ ich sank ohne Bewußtseyn zur Erde. Als ich ⌈wieder⌉ ~~**zuzu**~~ {mir} selbst kam fand ich mich auf einem Bette. Ich erfuhr nachher, daß die Richter, da sie ~~sahen, daß~~ **m**ich ~~nicht so~~ ⌈weniger⌉ strafbar ~~wäre als sie~~ ⌈fanden als sie anfangs⌉ glaubten, und vielleicht auch gerührt von dem ~~rührenden Schauspiel, wovon~~ ⌈Auftritt, davon⌉ sie Zeugen waren, die ~~Geseze~~ ~~s~~**S**trenge der Geseze zu unsrem Vortheil auslegten. Auch mochten sie vielleicht ~~ab~~ sich überzeugen, daß meine Gegner aus Feindschaft gegen mich ~~so~~ handelten.

Der ~~*Pro*~~ Procurator des Königs selbst, der dies ⌈sein⌉ ~~Entscheidung~~ Urtheil versiegelt überreichte, sagte mit der Festigkeit eines wahren Rechtsgelehrten, daß die Pflichten seines Amtes ⌈ihn⌉ zur Strenge ~~ihn~~ geneigt hätten, *[12v]* aber ⌈~~durch~~⌉ die Umstände, ~~der er jezt Zeuge wäre, verbinden ihn~~ ⌈von denen er Zeuge⌉ ~~sähe er sich verbunden,~~ ⌈gewesen⌉ ~~gegen seine zu~~ ⌈zwängen ihn seine⌉ harten Ansprüche zurück zu nehmen, und er entschiede zu meinem Vortheil. Das Alter des Fräulein von Montargis war den Richtern nicht unbekannt, und ~~unter andern Dingen~~ ⌉so⌉ fiel das Urtheil dahin aus, daß sie ~~in die Hände ihrer~~ ⌈unter den⌉ Schuz ihrer Verwandten zurück~~kehrte~~**kehren**, oder in ein⌊em⌋ Kloster, das ~~sie~~ ⌈man⌉ ihr wählen würde~~n~~, bis ~~zu~~ ⌈die Zeit⌉ ihrer Mündigkeit ~~gehen~~ ⌈abwarten⌉ ~~werde~~ ⌈sollte⌉. Ich wurde auf ~~sieben~~ Jahre aus Frankreich verbannt, von dem Tage an daß ich es verlaßen würde gerechnet. Das Ende meiner Verbannung ~~traf sich~~

~~eben~~ ⌈fiel gerade⌉ in die Zeit, ~~da~~ die die Geseze einem Mädchen vorschreiben, um über ihre Hand ~~zu~~ gebieten zu können.

↑~~Mir wurde alle Unkosten~~↑ Ich wurde verdammt alle Unkosten des Prozesses zu tragen, und für die Erhaltung ⌈und Erziehung⌉ des Kindes zu sorgen, ~~und seine Erziehung~~, auch der Mutter sollte ich ⌈eine⌉ beträchtlich Summe bezahlen. Aber sie ließ ⌈sich⌉ nichts vorschreiben, und entsagte gegen den Willen ihrer Familie, ~~an jeden~~ ⌈allen⌉ ~~a~~**A**nsprüchen, ~~die~~ ⌈welche⌉ ihr dieser richterliche Ausspruch ~~über mich~~ an mich geben konnte. Auch unser Heirathsversprechen erklärte man für ungültig, ~~und wir wiederruften nicht öfentlich~~.

Bald nach diesen Vorfällen wurde Marie Mutter eines Knaben. Ich kam aus dem Gefängnis, und ⌈sah⌉ ~~suchte die besten Mitteln aufzufinden, daß~~ ⌈mich nun vor allen Dingen nach Mitteln um,⌉ ihr meine Briefe richtig ~~überliefert wurden, und ich~~ ⌈in die Hände zu bringen, und⌉ ihre Antworten ~~richtig~~ ⌈zu⌉ erhalten ~~könnte~~. Ich mußte Paris ~~den~~ ⌈gleich am⌉ Tag meiner [13]Befreyung verlaßen, ohne Marien noch einmal ~~zu~~**nur** ⌈zu⌈ sehen! Seit dem lezten traurigen Tage, ~~wo~~ ⌈an dem⌉ wir beyde vor Gericht standen sah ich sie nicht wieder. Ich konnte mich nicht aus der Nähe meines Vaterlandes entfernen, und blieb seitdem immer in Holland, Deutschland, Spanien, oder Italien, ~~und~~ bis auf die zwey lezten Jahre meiner Verbannung die ich in ~~Po~~**Po**rtugal zubrachte. Unter meinem wahren Nahmen, ließ ich mir einen Schein an der ~~G~~**G**ränze ~~Frank~~**Frank**reichs~~s~~ geben, ~~daß ich wirklich~~ aber nicht so als ich das Land wieder betrat; meine Feinde sollen mich nicht länger drücken, und mir Vorwürfe machen, wenn ich die Zeit meiner Verbannung vielleicht noch überschreiten könnte. Sieben Jahre und 8 Tage habe ich Paris verlaßen, und noch einen Monat außerhalb der Stadt ⌈zugebracht⌉, wo ich auch nicht früher wieder erscheinen werde als bis meine Geliebte es verlangt. Sie wird kommen sagte er, ich werde sie bald sehen. Ein langer Brief von ihr der mir dieses ankündigt~~e~~, hat mich zugleich so ausführlich von ihrer Lage unterrichtet, als ~~wäre ich immer in Paris geblieben~~ ⌈hätte ich Paris nie⌉⌈verlaßen⌈.

Wenige Tage nach ihren Wochen, ~~die in ihrem~~ ⌈sie war in ihrem⌉ neunzehnten Jahre, ging sie ins Kloster, wo sie drey Jahre blieb. Nach Verlauf dieser Zeit kehrte ⌈sie⌉ zu ihrem Onkel zurück, ohne nur den mindesten Anschein zu haben, ~~daß~~ ⌈als ob⌉ sie noch ⌈irgend einen⌈ Antheil an ~~etwas nehmen könne, was mich angeht~~ ⌈mir nähme⌉. Mein Nahme wurde in ihrem Beisein nie ausgesprochen, sie selbst sprach ihn nie aus in Gegenwart ihrer Freunde oder Verwandten. *[13v]*Sie schien sich nie nach mir zu erkundigen. Insgeheim sah sie unser Kind zuweilen, ~~und lebte~~ übrigens ~~von~~ ⌉lebte sie von⌉ der Welt ganz abgeschieden, und hatte ganz das Ansehn einer Betschwester. Das Aufsehn das unsre Begebenheit ~~errlgt~~ ⌈erregt⌉ hatte, hatte sich verlohren, und man hatte auch keine Muthmaßung über unsern Briefwechsel.

Ihre jezige Lebensweise hatte einen Schleyer über das ⌈Vergangene⌉ geworfen ~~was sie ehmals gethan hatte,~~ und ~~selbst~~ ⌉es⌉ fanden sich noch ⌈Männer ein, ~~die~~ **welche**⌉ ansehnliche ~~Heirath~~ Heirathsanträge ~~die man ihr~~ machten. Einer von diesen, ~~der~~ von gleichen Range mit ihr ~~war~~, dem auch unsre Geschichte nicht fremd war, ~~konnte sein Herz nicht erwehren, und~~ liebte Marien von ganzer Seele. Sie schlug jeden Antrag aus, und den leztern mit ~~mehr~~ weniger Höflichkeit als die andern. Endlich wurde sie dahin gebracht, laut ~~zu~~ sich zu erklären, daß sie sich niemals verheirathen würde, und allein leben würde.

~~wir~~ Sie that diese Erklärung einige Zeit nach dem Gerücht ⌉von meinem⌉ ⌈Tode⌉, ~~das~~ ⌈das⌉ wir ⌈selbst⌉ ausgestreut hatten, ~~daß ich gestorben sey~~. Wir fanden es nöthig diese Nachricht zu verbreiten, ~~um~~ ⌉damit⌉ ⌈sie⌉ weniger belästigt, und ich ~~mehr~~ ⌈selbst⌉ freyer würde. ~~Das Mittel das~~ ⌈~~welches~~⌉ ~~wir erwählten und das unsre Absichten begünstigte, war folgendes~~. {Wir wählten} ⌊dazu folgendes Mittel⌋

Ich nahm einen andern Nahmen an, den ich auch bis zu unsrer ~~Ladung~~ Landung in Rochelle beybehielt, jezt erst kennen Sie mich unter meinem wahren Nahmen. [14]Der Zufall wollte es, daß ich in Madrid einen jungen Franzosen antraf der Saligny hieß, ~~und~~ wie ich, der ⌈gleichfalls⌈ ~~auch~~ aus Paris war und die Welt durchzog wie ich, er war nicht im Gefolge des Gesandten, und war auch nicht Kaufmann. Ich fragte ihn über seine Familie aus, und erfuhr bald, daß wir nicht verwandt wären. Er wußte ~~nicht~~ meinen Nahmen ⌈nicht⌉, nur aus ~~Vaterlandsliebe~~ ⌈Landmannschaft⌉ hielt ich mich verbunden, ihm ~~guten Rath zu geben über~~ ⌈bei⌉ seiner Lebensart, die sehr ausschweifend war ⌈mit gutem Rath zu dienen⌉. Vorsicht ist in einem Lande ⌈äußerst nöthig⌉, wo + so viele Eifersucht herrscht, ~~sehr nöthig~~, und die Männer ~~alles~~ ⌈alle Mittel für⌉ erlaubt halten, um ihre ⌈beleidigte⌉ Ehre zu rächen, ~~die sie in Gefahr glauben wenn man irgend einen Umgang mit ihren Weibern hat oder mit jemand aus ihrer Familie~~. Aber der junge Saligny machte von meinen guten Lehren keinen Gebrauch; er unterhielt einen großen Aufwand, durch die Freygebigkeit einer Dame begünstigt, was in Spanien nicht selten der Fall ist. Als ich ~~endlich~~ ⌈einmal⌉ von einer kleinen Reise zurück kam, so erfuhr ich, daß er ermordet worden.

Man wußte daß ich ihn kannte, und unterrichtete mich von seinem Schicksal. Ich erhielt von dem Sekretär des Gesandten, daß er meinen Verwandten die Nachricht gäbe, daß ich gestorben sey. ~~Wi~~**Er** mußte~~n~~ im Brief sezen, daß der junge Mensch auf seinem Todtbette ⌈ihn⌈ ~~sie~~ darum ersucht habe. Ich bat ihn, auch einen Todtenschein, und Nachrichten über mein Begräbnis beyzulegen.

*[14v]*Es wurde meiner Familie so glaublich gemacht, ⌈daß⌈ ~~daß~~ sie mich ⌈ganz ernstlich als⌉ ~~i~~**meinen** Todten~~reich glaubten~~, ⌈betrauerte, bis⌉ ~~wenn~~ ich sie ~~nicht~~**selbst** ~~zuerst~~ von dem Gegentheil überzeugt ~~hätte +~~, weil es nöthig ist, daß wir zusammen die **Welt** ~~betrügen~~ ⌈täuschen⌉. Ich schrieb ~~an~~ Marien, um sie nicht auch von dieser Nachricht ~~hintergangen zu wissen~~ ⌈hintergehen zu lassen⌉, wie sich die Sachen verhielten. ⌈Zugleich⌉ ~~Ich~~ schickte ⌈ich⌉ ihr ein Paket an meinen Bruder ~~mit~~, das sie ihm übergeben sollte, wenn sie es für gut finden würde. Einem französischen Kaufmann vertraute ich diese Papiere an. überlieferte ~~es~~ ⌈sie⌉ treu an ~~D+~~***Duval*** der mein Correspondent war. Dieser überlegte mit Marien den Zeitpunkt, wenn sie den Brief an meinen Bruder am besten übergeben könnten.

Duval nahm den Brief ~~meines~~ ⌈für meinen⌉ Bruder mit sich und übergab ihn dem Kaufmann wieder, der ihn meinem Bruder selbst bringen sollte. Mein Bruder fragte nach allem was mich ~~betraf~~ ⌈anging⌉, mit der größten Genauigkeit, aber erfuhr weiter nichts, als daß die Franzosen die in Madrid wohnten, durchgängig ~~sagsag~~ten daß ein Herr von *Saligny* der aus Paris wäre, dort gestorben sey. Mein Bruder legte Trauer um mich an und ließ Messen für meine Seele lesen. Ich erfuhr durch Marie daß er sich gegen unser Kind so betrage, ⌈~~und~~⌉ ~~und solche Sorgfalt für ihn zeigte~~, als wäre es sein leiblicher Sohn. Dieses ~~Betragen~~ machte mir nicht wenig Freude und erweckte meine ganze Dankbarkeit für ihn.

[15]Die Nachricht meines Todes verbreitete sich schnell, meine Verwandten wendeten sich an den Gesandten, ~~und~~ um mehr Gewißheit zu haben und erhielten so wie Herr

von *Anville*, der sich auch ~~an ihn wendete~~ ⌈darnach erkundigte⌉, die Bestätigung davon. Niemand ⌈in Paris⌉ zweifelt an meinem Todt ~~in Paris~~, nur meine Geliebte und Herr *Duval* wissen ~~besser, daß es anders ist~~ ⌈die Wahrheit⌉. Diese Nachricht war der Hauptgrund, ~~daß~~**daß** ~~A~~*Anville* seine Nichte nicht ferner mehr beunruhigte. Der Geldzufluß von meiner Familie hörte auf, aber meine Geliebte die nun in die Rechte eingetreten war, ~~über~~ ⌈von⌉ ihrem Vermögen ~~gebr~~ Gebrauch machen zu können, und die ihre Einkünfte nur halb brauchte weil sie einfach lebte, theilte das Ihrige mit mir, sie schickte mir mehr als ich annehmen wollte. Ich wendete den Über~~+~~**sch**uß meiner Einkünfte dazu an, um ~~auf~~ ⌈mich in⌉ mehrere Handelsspeculationen einzulassen, und habe beträchtlich gewonnen. Meine Geliebte die von jedem Schritt Rechenschaft erhielt billigte mein Verfahren, seit anderthalb Jahren schickte sie mir auf meine Bitte kein Geld mehr, ~~weil sie ihre überflüssigen Einkünfte nun dazu verwenden soll, sich einzurichten, ehe ich zurückkomme~~.

Sie hat ~~dem Anschein gehabt~~ ⌈sich gestellt⌉, ~~von~~ ⌈~~aber~~ als ob sie mit⌉ ihrer Kammerfrau unzufrieden zu seyn und sie + unter einem ⌈schicklichen⌉ Vorwand verabschiedet; ~~Aber d~~**D**ieses Mädchen, d~~ie es~~ ⌈hat in Verabredung⌉ mit *Duval* ~~verabredet hatte, hat ein Haus gemiethet in einem sehr entlegenen Viertel der Stadt~~ ⌈in einem⌉ von der Wohnung des Herrn ~~*d'Anville*~~ ⌈d'Anville⌈ ⌈+ weit entlegenen Viertel der Stadt ein Haus gemiethet⌉. ~~Marie~~**Marie** von Montargis ~~gibt ihr soviel Geld~~ ⌈versah sie mit dem⌉ ⌈benöthigten Geld,⌈ um das Haus gut einzurichten, sie hat selbst auch *[15v]* Bediente~~n gemiethet~~ ⌈angenommen⌉, die ich dort finden soll, wie sie mir ~~schrieb~~ ⌈und⌉, die ~~ich~~ ⌈sie⌉ selbst nicht kannten. Ich sollte nichts vermissen was zu einer gut eingerichteten Wohnung gehört ~~versichert sie mich~~. Bald werde ich sie nun wiedersehen, sie wird mir ~~B~~ in unsrem eignen Wagen entgegen kommen. Es verlangt mich unaussprechlich sie zu sehen, und ich kann hofen, daß ich sie ~~mir~~ treu wiederfinde.

Sieben Jahre in Erwartung ⌈zu leben⌉, ist eine lange Zeit, und man kann sie ~~wohl~~ ⌈sicher⌉ als eine ungewöhnliche ~~sehr ansehen~~ ⌈Gränze⌉ ~~lange Zeit~~ ansehen! Fügen Sie hinzu, wie lange sie ihr Onkel ~~verfolhte,~~ ⌈verfolgte⌉, wohl ists wahr daß sie ihrer eignen Ehre wegen, ihr Versprechen zu halten verflichtet war, aber doch ist es sehr selten, daß das andre Geschlecht für ~~das Gefühl~~ diese~~r~~ Ehre so zart fühlt, zumal wenn sich immer neue Anträge und Aussichten öfnen, ~~wie es bey Marien der Fall war~~. Ich hoffe daß wir nun einer frohen ruhigen Zukunft entgegen ~~sehen~~ ⌈gehen⌉. Mariens Verwandten haben ihre Gewalt über sie verlohren, denn sie ist nun mündig, ~~und kan~~ und kann über ~~auf~~ ⌈ihre⌉ ⌉Hand⌉ gebieten. Ich habe das Ziel meiner Verbannung nicht übertreten, und wir werden nun beyde durch eine rechtmäßige Heirath die ~~Geseze~~ ⌈Gesetze⌉ versöhnen, die wir ~~bey~~ ⌉durch⌉ unsrer frühern Verbindung beleidigten. Wir werden uns nun in der Stille verheirathen. ~~es ist auch das~~ Man hat so viel über uns gesprochen, daß es Zeit ist, [16] ~~das~~ ⌈dem⌉ Geschwäz der Menschen und unsrer Trennung ein Ende zu machen und unsrem Kinde eine Existenz zu verschaffen, wie wir ~~es~~ ⌈sie⌉ ihm zu geben schuldig sind. ∫ Hier endigte *Saligny* seine Erzählung. Nur dieses bitte ich Sie mein Herr, sagte er zu mir, daß Sie mit mir hier meine Geliebte erwarten. Sie sollen uns nicht verlassen, bis Sie ~~das Ende~~ ⌈den Ausgang⌉ unsres sonderbaren Romans mit angesehn haben. Sie sollen uns zum Zeugen dienen bey unsrer Verheirathung, wenn ~~sie~~ nichts ⌈anders Sie⌉ davon abhält. ~~Ich nehme zu vie~~.

Ich nehme zu viel Antheil an einer so außerordentlichen Begebenheit ~~sagte ich ihm~~ als die Ihrige, war meine Antwort, um nicht auch zu wünschen ein Augenzeuge des glücklichen Ausgangs zu seyn. Ich versprach ihm, ihn nicht zu verlassen. ~~Wir +~~.

Wir sagten uns noch manches Verbindliche, als wir durch das ~~R~~Ra~~ss~~ßeln eines Wagens, der an der Thür des Gasthofes halt machte, unterbrochen wurden. Ich trat ~~a~~ans ~~F~~Fen~~st~~ster und sah einen ganz~~en~~ neuen Wagen mit vier Pferden; drey Bedienten und ein Kutscher in einer einfachen grauen Kleidung, begleiteten den Wagen. Ein Herr und ein Frauenzimmer die prächtig angezogen war und und ⌈von⌉ einem Mädchen begleitet die ein Kind führte, ~~richteten ihr~~ ⌈zogen⌉ meine Aufmerksamkeit auf sich. Ich zweifelte nicht mehr daß es Marie von Montargis selbst wäre, und *Salignys* schnelles Eilen bestä~~tigte~~⌈rkte⌉ mich darin. Er war eh ich mirs versah hinunter gesprungen, hob das Kind auf, in seine Arme, ~~und~~ brachte es schnell zu mir und ~~er~~ eilte, die *[16v]*Mutter zu empfangen die eben zur Thüre herein trat. Wer kann die Freude dieser beiden schildern? ~~Marie~~**Marie** wollte sich anfangs gegen *Salignys* Umarmung sträuben, aber er nannte mich ihr. Fürchten Sie nichts es ist mein Freund, und wird hofe ich auch der Ihrige werden. Sprachlos lag eins an des andren Brust, und *Saligny* hielt seine Geliebte ohne Bewußtseyn in seinen Armen, und wurde es erst lange Zeit nachher gewahr. Die Freude, sich nach so langer Trennung wieder zu sehen, würkte zu lebhaft auf ihr Gemüth. Ich trennte sie, denn ich befürchtete einen neuen Anfall der Ohnmacht als sich Marie kaum wieder erholt hatte. Sie konnten lange kein Wort hervor bringen, Thränen erstickten jedes Wort, da~~ß~~**s** sie sagen wollten.

Auch *Duval* wurde mit herzlicher Freude empfangen. Als das Frühstück gebracht wurde, ~~entdeckte ich noch mehr auch~~ ⌈wobey⌉ ich Marie von Montargis in der Nähe ~~ansehen~~ ⌈betrachten⌉ konnte, entdeckte ich immer neue Schönheiten an ihr. ~~D~~Die neu angekommnen Bedienten kamen, um den Dienst zu versehen. ~~Das~~ Marie sagte in ihrer Gegenwarth daß sie erst diesen Morgen aus dem Kloster gekommen wäre, um ~~*Salyn*~~ *Saligny* entgegen zu fahren, daß Herr *Duval* sich die Mühe gegeben habe ihre Bedienten zu wählen. Denn sagte sie zu ~~ihm~~ *Saligny*, da Sie nicht zugegen waren in Paris, so wollte ich kein Haus machen, und zog es vor, im Kloster bis zu Ihrer Zurückkunft zu bleiben.

Als wir wieder allein waren und nur Mariens treue Kammerfrau dabey war so beratschlagten wir was nun [17]weiter zu thun sey. *Duvals* Rath wurde für den besten erklärt. Er schlug vor, ~~daß~~ ⌈Da⌉ man die Taufzeugnisse der Eltern und des Kindes hätte, ~~und~~ ⌈sowie⌉ auch das Urtheil das man über ihre Trauung gesprochen, ~~sso~~ ~~s~~solle man in einer Bittschrift an den Erzbischof von Paris die ganze Geschichte erzählen, und um seine Erlaubnis anhalten daß ~~sich~~ die beyden, so bald wie möglich durch priesterliche Einsegnung verbunden würden, um allem Gerede ein ~~e~~Ende zu machen.

Wir sezten uns alle in ⌈den⌉ Wagen und legten ~~nach~~ ⌈in⌉ einigen Stunden den Weg nach Paris zurück, wo *Saligny* und ~~Marie~~ ⌈Marie⌈ in ihre neue Wohnung von *Duval* eingeführt wurden.

Als ich mich wieder bey ihnen einfand, war der Notarius bey der Hand, der alles was man ihm vorsagte aufsezte, und so die Bittschrift ausfertigte. *Saligny* und Marie von Montargis unterschrieben sich. Der ~~Notar~~**Notar**⌈rius⌈ kam nach einer Stunde vom Erzbischof zurück und brachte die gewünschte Erlaubnis mit, die Trauung vollziehen zu lassen, ~~ich~~ ⌈in⌉ welchem ~~k~~**K**irch~~s~~spiel man es für gut fande. ~~D~~**D**iese Erlaubnis wurde schnell benuzt, und die Trauung vollzogen.

Es war unmöglich, daß ~~*d. Anville*~~d'Anville entdecken konnte, was vorging. Als die Trauung vorbey war, so ließ ~~*Saly*~~ *Saligny* seine Bedienten auf das Chor ~~treten~~ in der Kirche ⌈treten⌉, und erklärte ihnen seine Heirath, er sagte ihnen seinen wahren Nahmen und was ihnen nöthig war von seiner Geschichte zu wissen, er sagte ihnen, daß sie nun seine Heirath erzählen könnten, wo es ihnen gut dünkte.

[17v]Diese Leute waren ~~alle~~ über ⌈diesen Beweis des⌉ ~~dieses~~ Vertrauen so erfreut, als hätten sie große Geschenke von ihrer Herrschaft bekommen, und schienen entschlossen sich lieber in Stücken hauen zu lassen, als zu dulden, daß ihrer Herrschaft die kleinste Beleidigung ~~geschehen könnte~~ ⌈widerführe⌉. Die Freude war allgemein. Als die Trauung vollzogen und das Kind ~~bey~~ in seine Rechte eingesezt war, fuhren wir in unsre Wohnung zurück.

Den folgenden Tag beschlos Frau von *Saligny* daß sie selbst ihrem Onkel ihre Heirath melden wolle. Sie ~~stieg in Wagen~~ fuhr zu ihm, ihr Onkel war sehr erstaunt, sie so prächtig angekleidet zu sehen, da sie sich seit langem in dem Costüm einer Betschwester gezeigt hatte. Er fragte sie woher sie käme, und wo sie den ganzen vorigen Tag zugebracht habe? Statt aller Antwort zeigte sie ihm ihren Trauschein, und erklärte daß sie nun über fünfundzwanzig Jahre alt sey, und ~~von~~ ⌈über⌉ ihre Hand nach ihrer Wahl gebieten könne. So habe sie sich für sich eingerichtet, und bäte ihren Onkel und seine Familie ihre neue Einrichtung zu sehen und den Abend bey ihr zuzubringen. Niemand konnte ~~mehr erstaunen~~ über eine solche Antwort ⌈erstaunter seyn⌉ als *Anville*. Sie ~~erbot~~ ⌈erbot⌉ sich noch, ihn ~~den~~ ⌉gegen⌉ Abend durch ihre Equipage abholen zu lassen, und verließ ihn. Dieser Auftritt ~~erregte~~ ⌈machte⌉ großes ~~Sensation~~ ⌈Aufsehen⌉ in der Familie, ~~dazumal~~ ⌈zumal, da⌉ man auch von ~~ihr~~ Mariens Bedienten erfahren hatte, sie sey seit dem vorigen Abend verheirathet. Sie konnten nicht wissen, wer ihr Gemahl sey, da *Salignys* Todt ~~so gewiß war~~ in ihren Augen ⌊so gewiß war⌋. [18]⌈Ja⌉ Sie konnten ~~nicht~~ auf ihn ⌈nicht⌉ raten, hätten sie auch ⌈sonst⌉ auf ihn fallen können, ~~so wäre ihnen seine Auferstehung noch räthselhafter, und auch~~ ⌈da⌉ die Art wie die beiden ⌈~~ihren~~ einen⌉ Briefwechsel ~~hätten~~ unterhalten ~~können~~ ⌈hatten⌉, ihnen ~~wenig~~ ⌈ein⌉ unauflösbares Räthsel ⌈war⌉. Niemand hatte nur eine ~~A+~~**Ahnung** ⌈davon⌈, noch weniger ~~auch~~ sah man die Möglichkeit ein, daß sich ~~*Saly*~~ *Saligny* gerade zu der rechten Zeit eingefunden durch welchen Zauber ~~er~~ ⌈dies⌉ gerade mit dem Zeitpunkt ⌈zusammen⌈ ~~eintraf als seine Verb~~ ⌈traf, wo ~~die Zeit~~⌉ seine Verbannung zu Ende war, und zugleich auch die Mündigkeit seiner Geliebten begann. Die Familie entschloß sich der Einladung der Nichte zu folgen. Sie fanden ~~nur~~ gute Gesellschaft versammelt, *Salignys* Brüder, und ein paar ~~Freudinnen~~ von Mariens Freundinnen.

~~Zu ihre~~ Ihr Erstaunen nahm immer mehr zu, als sie so viel Menschen fanden. ~~Es war e d~~Das Zimmer war sehr schön eingerichtet, ~~nichts fehlte~~ ⌈es mangelte an nichts⌉. Man trug ~~auf~~ das Essen auf, und mußte ~~s+sich~~ ~~setze~~ ssezen und *Saligny* erschien nicht. Seine Frau machte die Wirthin, und es herrschte eine ~~Art bürgerliches,~~ ernsthaftes Stillschweigen, ⌈das für⌈ ~~das noch im Grunde belustigte, zumal die, die nur~~ ⌈diejenigen, welche nur⌉ durch die Neugierde dabey intereßirt waren, ~~+ die Gesellschaft +~~, ⌈belustigend war⌈. Frau von *Saligny* sagte ihrem Bedienten daß er ihren Gemahl rufen möchte, daß man nur ihn noch erwarte. Er hat noch einen Brief zu schreiben war die Antwort des Bedienten. Herr und Frau von [18v]*Anville* erstaunten immer mehr ~~sie sagten gegen i+~~. Als nun endlich *Saligny*, von einem Bedienten mit einer Fackel begleitet herein trat, stieg ihre Verwundrung auf den höchsten Grad. Er kam ohne Huth wie nur der Herr des Hauses kommen kann, ~~aber~~ ⌈aber⌉ er war prächtig gekleidet.

Ich bitte um Verzeihung sagte er mit einer Verbeugung zu *Anville* und seiner

Gemahlin, ich habe Sie warten lassen. Der Onkel und die Tante schrien laut auf ~~da~~ für Schrecken, als sie ihn erkannten. Ich bin wieder von ⌈den⌉ Todten erstanden sagte *Saligny* zu ihnen, ich bin wieder bei meiner Gemahlin, ich erbitte mir Ihre Freundschaft und versichre Sie ~~von~~ der meinigen, die ~~nicht~~ gewiß aufrichtig ist. Statt aller Antwort stand Herr *d'Anville* vom Tisch auf, und ~~verließ~~ ⌈~~wollte~~ bestand darauf⌉ mit seiner Frau, und Tochter die Gesellschaft ⌈zu verlassen⌉, man mochte ihnen sagen, was man wollte. ~~*Anville* fühlte wohl, daß~~ ⌈~~hier nicht~~⌉ ~~mehr das Recht des Stärkeren gelten könne, und daß er sich nicht ehrenvoll aus dieser Geschichte ziehen könne, und blieb bey seinem Vorsaz, das Haus zu verlassen.~~ ~~v~~Vergebens wollte Frau von *Saligny* ihnen nachgehen, wir hielten sie zurück. Der junge *Anville* blieb bei uns und lobte sehr das Betragen seiner ~~Co~~ Cousine. Man bat ihn sich bey seinen Eltern zu verwenden und ihnen zu beweisen daß Marie nicht anders handeln konnte um ihre Ehre wieder herzustellen. Ob es ihm gelang hat man nicht erfahren.

⟨Rosalie⟩

Textgrundlage: GSA 83/1636. 31 Blatt, Folio, Format ca. 21 × 35cm (gelblich). Blatt 1 bis 20: 9 Bögen sind erhalten, von Charlotte Schiller eigenhändig paginiert als 1–10 bzw. 13–20. Ein Bogen mit den Blattziffern 11 und 12 fehlt. Bl. 21–31: 4 Bögen und 2 Einzelblatt (dickeres Papier, grünlich), von Charlotte Schiller eigenhändig paginiert als 21–23 bzw. 25–31. Das zweite Blatt des Bogens mit der Ziffer 23 ist abgeschnitten. Ein Papierumschlag des Konvoluts trägt folgende Aufschrift von Emilie von Gleichen-Rußwurm:

> *Rosalie / Ein Manuscript von der Hand / Charlottens von Schiller. / Von Schillers Hand bedeutend / hinein corrigirt und gestrichen. / Als die Nonne. Eine Erzählung / steht sie im März Heft der Flora / von 1800. Seite 163–222. / Also hat Charlotte von Schiller / auch in die Flora geschrieben! / Emilie von Gleichen.*

Erstdruck: Die Nonne. Eine Erzählung. In: Flora. Teutschlands Töchtern geweiht. Eine Monatsschrift von Freunden und Freundinnen des schönen Geschlechts 8 (1800) Heft 3, S. 163–222. Manuskriptabschluss war vor dem 5. Februar 1800, das Datum, zu dem Friedrich Schiller die beiden ersten Erzählungen an Cotta sendet (vgl. SCHILLER: *NA, Bd. 30, S. 141). Ein Neudruck erfolgte in:* SCHILLER: *NA, Bd. 16, S. 225–248 (Text) und S. 460–469 (Kommentar). Da der Editionszusammenhang Friedrich Schillers Tätigkeit als Überarbeiter und nicht Charlotte Schillers Autorschaft gilt, ist in der Nationalausgabe ihr Text in Petit, der ihres Ehemannes in regulärer Schriftgröße gesetzt. Die Rechtschreibung wurde vom Editor stillschweigend, auch abweichend vom Erstdruck, korrigiert (z. B. z – tz, ey –ei, th – t); für wörtliche Rede sind Anführungszeichen ergänzt; zum Teil erfolgen Wortergänzungen und Modifikationen in der Interpunktion. Die fehlenden Blatt 11, 12 und 24 sind durch gleichfalls modifizierende Übernahme aus dem Erstdruck ersetzt.*

Die vorliegende Edition folgt dagegen der Handschrift gemäß den übergreifenden Prinzipien. Fehlende Manuskriptblätter werden durch die entsprechenden Textteile aus dem Erstdruck er-

gänzt, als Fremdtext jedoch in Sans Serif gesetzt. Charlotte Schillers Text wird weitestmöglich rekonstruiert, das heißt, Gestrichenes wird in den Haupttext aufgenommen, falls die Streichungen nicht eigenhändig sind. Überarbeitungen Friedrich Schillers stehen in Sans Serif. Häufig betreffen seine Eingriffe das verdeutlichende Überschreiben der Anfangsbuchstaben, besonders im Falle von Nomen. Figurennamen in (überwiegend) lateinischer Schrift (insbesondere Belfort, Beville und Rosalie) sind auf den ersten Blättern von seiner Hand eingefügt, später dann in Charlotte Schillers Hand in den Textverlauf integriert. (Vgl. hierzu auch Abbildung 6 im Anhang dieser Ausgabe). Der Name des männlichen Protagonisten und Ich-Erzählers, Graf von Saint Arnaud, wird in der Hs. zweimal in lateinischer Schrift wiedergegeben, das „u" in der zweiten Silbe scheint eindeutig, während der Konsonant in der ersten Silbe entweder als „rn" oder „m" lesbar ist (Z. 863 u. 920). Im Erstdruck wird der Name als „Amand" transkribiert, in: SCHILLER: *NA wird es als „Armand" wiedergegeben.*

Schillers Text verfährt sehr detailliert, indem Pläne und Abläufe minutiös und in kausaler Abfolge geschildert werden. Friedrich Schillers Überarbeitungen betreffen Stil, Grammatik, Orthographie und Interpunktion; insgesamt nimmt er starke Kürzungen vor. Auffällig sind seine großflächigen, längs und quer geführten Streichungen ganzer Absätze und längerer Abschnitte, die als wahrhafte ‚Gitter' erscheinen (vgl. Bl. 4v, 9r–9v, 23r). Auf diese Weise wird Schillers Text sprachlich und inhaltlich gefiltert. Interessant ist dies in Bezug auf das Motiv des klösterlichen ‚Sprachgitters' innerhalb der Erzählung, durch das die beiden Stimmen des Erzählers und männlichen Protagonisten sowie der weiblichen Hauptfigur reguliert werden.

Kurz zum Inhalt: Der junge französische adlige Graf von Saint Arnaud befreundet sich mit Belfort, dessen Schwester Rosalie sich im Kloster befindet, weil sie eine Heirat aus Konvenienz verweigert. Beide verlieben sich und erwägen, als Arnaud nach Paris zurückkehrt und die junge Frau bei ihrer Familie vorfindet, eine heimliche Heirat. Dabei stellt sich das Problem der unterschiedlichen Konfession; der Protestant Arnaud muss zunächst zum Katholizismus konvertieren. Rosalie, aufgrund väterlicher Repressalien neuerlich im Konvent, gelingt es, ihrem inzwischen in Militärauftrag in London befindlichen Geliebten einen Brief zuzuschmuggeln, dass ihre Einsegnung bevorstehe. Mit Unterstützung von Autoritätsfiguren – einer Tante Arnauds in Grenoble und des Herzogs von L. – kann Arnaud noch rechtzeitig das Kloster erreichen und der Zeremonie beiwohnen. Anstatt sich als Nonne weihen zu lassen, bekennt Rosalie öffentlich, dass sie den Grafen von Saint Arnaud heiraten möchte.

Mit dem Motiv des erzwungenen Klostereintritts behandelt Schiller ein sozialgeschichtliches Problem, das vor allem im katholischen Frankreich seit Mitte des 18. Jahrhunderts kontrovers diskutiert wurde. Viel Aufsehen erregte im Jahr 1758 der Prozess der Nonne Suzanne Simonin, die erfolgreich um die Aufhebung ihres unfreiwilligen Gelübdes gestritten hatte. Dieses Ereignis wurde Anlass für DENIS DIDEROTS *um 1760 entstandenen Roman „La religieuse", der jedoch erst 1796 im Druck erschien, da es dem Autor nach 1749 untersagt war, religionskritische Schriften zu publizieren. Unter dem Titel „Die Nonne" wurde der Roman schließlich 1797 ins Deutsche übersetzt (Die Nonne. Von Diderot. Übersetzt von* CARL FRIEDRICH CRAMER, *deutschem Buchdrucker und Buchhändler zu Paris. Riga 1797). Daneben bildet in erster Linie* JEAN-FRANÇOIS LA HARPES *„Mélanie, drame en drois actes et en vers" (Amsterdam 1770; Erstaufführung 1791 in Paris) eine naheliegende Quelle für Schiller. Das Drama wurde von Zeitgenossen oftmals mit* DIDEROTS *Roman in Verbindung gebracht, so zum Beispiel auch im Nachwort der deutschen Ausgabe von 1797.*

Die Texte Schillers, LA HARPES, *und* DIDEROTS *stimmen in ihrer grundsätzlichen Struktur überein: Um die großzügige Ausstattung und damit den sozialen Rang ihrer Geschwister nicht zu gefährden, wird eine Heranwachsende aus adeligem Hause gedrängt, den Schleier zu nehmen. Während* ⟨Rosalie⟩ *und „Mélanie" in dieser Hinsicht vollkommen übereinstimmen, verschärft sich die Ausgangslage in „La religieuse" durch die außereheliche Abkunft der Heldin. Der bedeutendste Unterschied ist jedoch, dass es bei* Diderot *ein Mönch ist, der die schließliche Flucht aus dem Kloster ermöglicht, während bei* La Harpe *und Schiller der Geliebte als Retter auftritt. Diese Figur ist in* ⟨Rosalie⟩ *wiederum anders gewichtet als in „Mélanie": Dort vergrößern die hoffnungslosen Versuche des Liebhabers, den Vater des Mädchens zum Einlenken zu bewegen, den tragischen Gesamteindruck des Stücks. Bei Schiller steht demgegenüber der Aspekt der Konspiration der jungen Generation gegen elterliche Autorität im Zentrum, die sich im erzählerischen Prozess selbst und im dominanten Motiv des ihre Kommunkationsstrategien filternden Sprachgitters herstellt.*

Das Narrativ der aus elterlichem Zwang oder eigenem Widerstand gegen eine verordnete Konvenienzehe im Kloster weilenden Kostgängerin oder Novizin, wird im 18. Jahrhundert schon lange vor Diderot *popularisiert (Vgl.* René Godenne: *Les nouvelistes des années 1680–1750 et ‚La Religieuse'. In: Diderot Studies 16/1973, S. 55–68;* Jeanne Ponton: *La religieuse dans la littérature française. Québec 1969). Eine Reihe zuvor erschienener Erzähltexte weisen Protagonistinnen mit dem Namen Rosalie auf oder stehen Schillers Konzeption nahe, ohne direkte Vorlagen zu bilden:*

> *[*Anon.*]: La religieuse malgré elle, histoire galante, morale et tragique. Par Mr. B** DEB***. Amsterdam: 1720.*
>
> *[*Anon.*]: Rosalie ou la vocation forcée, mémoires La Comtesse d'Hes***. Amsterdam 1773.*

Schillers Wahl der Namen beider Protagonisten, Rosalie und Arnaud, nimmt möglicherweise Replik auf eine französische Erzählung und deren Autor:

> *[*Francois Thomas Marie de Baculard*]* d'Arnaud: *Rosalie. In: Ders.: Suite des épreuves du sentiment. Bd. 5. Paris 1775, S. 431–522; bzw. Rosalie. In: Ders. Épreuves de sentiment. Bd. 4. Maestricht 1776, S. 365–467.*

Den entsprechenden Band von 1775 besaß Charlotte Schillers Schwester Caroline von Lengefeld, laut handschriftlichem Eigentumsvermerk, der auf 1777 datiert (Vgl. hierzu das „Drehbuch" der Ausstellung des Schillerhauses in Rudolstadt S. 23). Arnauds *„Anecdote" hat mit Schillers* ⟨Rosalie⟩ *sowie ihren weiteren zeitgenössischen Erzählungen das Motiv der rebellischen Liebe gemeinsam, das auch für Texte wie „Manon Lescaut" von* Abbé Prévost *bedeutend ist (vgl.* Allan H. Pasco: *Revolutionary Love in Eighteenth and Nineteenth Century France. Surrey, England 2009, S. 60).*

---

1 ⟨Rosalie⟩] *Handschrift Friedrich Schillers. Der Name der Hauptfigur wird im Text erstmals auf Bl. 2v genannt, bzw. Z. 58 dieser Edition. Herausgeber Cotta hatte Friedrich Schillers Titel „Rosalie" verworfen, weil bereits im Jg. 1799 der „Flora" eine Erzählung dieses Titels erschienen war. Vgl.* Schiller: *NA, Bd. 16, S. 458.*

2 Mein Vater sandte mich in einer frühen Zeit] ↑~~Ich bin aus einer~~↑ Mein Vater sandte mich in ~~einer~~ frühen ~~Zeit~~⌈Jahren⌉.
3 der Befestigungen, und alles] ~~Fortif Festungen~~⌈Befestigungen, und⌉.
4 es nicht lange über diesen Genuß sich erfreuen] ~~es~~⌈es derselben⌉ nicht lange ~~über diesen Genuß sich erfreuen~~⌈genießen⌉.
5 Kaum konnte ich mein Pferd regieren so mußte ich] Kaum ⌈hatte ich⌈ ~~konnte ich~~⌈gelernt⌉ mein Pferd ⌈zu⌉ regieren ~~und hatte andre Kenntnisse erworben~~ so.
8 hatte, leichter] hatte ⌈an diesem Ort⌉, leichter.
8 unterstützt werden könnte,] könnte, ~~und schneller Beistand erhalten konnte~~.
9 Officier und verwundet war] Officier ~~war~~ und ~~auch~~ verwundet ⌈war⌉.
11 aufhörte.] *Danach rechtwinklige Haken zur Absatzmarkierung im Text sowie am rechten Rand.*
13 RitterAkademie] ⌈Ritter⌉Akademie.
16 über unsere Verbindung] ~~über~~ unserer.
16 er zeigte mir so viel] ~~er~~ ~~er~~zeigte mir ~~selbst~~.
17 Härte zeigte] Härte ~~zeigte~~⌈bewieß⌉.
18 *Belfort*] ~~Er~~⌈Belfort⌉.
20 bey sich] ~~bey sich~~⌈zu Hause⌉.
21 Ich scheltete über] ⌉~~Ich scheltete über~~⌉ ⌉Ich⌉⌈schalt⌉.
24 eines Tags] ~~t~~Tags.
24 ihre jüngern Schwestern] ~~h+~~ ihre.
25 einige Meilen von *Paris* als Kostgängerinnen lebten] von {*P.*} ⌉als Kostgängerinnen⌉ ~~*Paris*~~.
28 gern ganz gekannt hätte,] gern ⌈ganz⌉ gekannt hätte, ~~und~~.
31 ihr bescheidner Anzug machte] ~~ließ~~⌈machte⌉.
33 [2]In ihren Augen] ~~In ihren Augen~~ [2]In.
35 Es erbitterte mich] ~~Dies alles~~⌈Es⌉ erbitterte mich.
35 da ich so wenig Anlage an ihr] da ich ⌈bei ihr⌉ so wenig Anlage ~~an ihr~~.
38 Wie? sagte ich ihrem Bruder, du sprachst] Wie⌈?⌉ sagte ich ~~Ih~~ ihrem Bruder, du ~~sagtest~~ ⌈sprachst⌉.
39 Mädchens] Mädchen~~s~~.
40 ein Engel] ⌈ein⌉.
41 entstellten Frauen] Frauen~~s~~.
42 Entweihung und Gotteslästerung] ~~Ent Gottelaster~~ Entweihung.
45 die Welt ausstößt] ~~w~~Welt ~~ausstößt~~⌈verschmäht⌉.
46 Gott weiht, weil] Gott ⌈weiht⌈ ~~opfert~~.
50 *[2v]* man es Ihnen glaubt, oder ich verstände] *[2]*~~Sie mir~~⌈man es⌉ Ihnen glaubt, oder ich ~~wäre ein +~~⌈verstände⌉.
52 Sie werden Nonne, aber nicht i h r e] ~~eine~~ Nonne, aber nicht ihre.
53 unterbrach sie Frau von *Beville*] unter brach sie Frau {von Beville}.
54 hatte, daß sie einen Stand] hatte, {als} daß.
55 Man muß einen Beruf fühlen] ~~Das Man~~ Man muß ~~den~~⌈einen⌉ Beruf fühlen, ~~zum Kloster~~.
58 Anfangs] ~~Anfang~~ Anfangs.
59 zuzubringen] ~~zu zu~~zuzubringen.

61 mich daran unterhalten] da~~ran~~von.

62 Wiederwillen] ~~wie~~Widerwillen.

63 den Unterschied fühlen, ‹…› Was Sie da sagen ist nicht [3]artig] den Unterschied ~~fühlen, der von dem bessren~~ ⌈zwischen dem⌉ Glück, das eine Frau in den Armen eines rechtschaffnen Mannes fühlt, und ~~von~~ dem ⌉demjenigen⌉ ~~+ das Sie finden bey ihrem harten~~ ⌈empfinden, das⌉ der Schmerz ihrer strengen Geiselungen ⌈ihnen gewähren wird⌉? ~~w~~Was Sie da sagen ist nicht [3]~~f+~~ ⌈artig⌉.

66 Urtheil] ~~u~~Urtheil.

68 in ihren Augen] ihre in Augen.

71 Unsere Unterhaltung ging noch über diesen Punkt, ‹…› Entschlüsse in *Rosaliens* Herzen wankend gemacht hatte.] ~~Unsere Unterhaltung ging noch über diesen Punkt,~~ ⌈Wir unterhielten uns noch⌈⌈lange⌉⌉ über diesen Gegenstand⌉ ⌈~~der uns noch lange +~~⌈ und ~~ich glaubte~~ ⌈ich bemerkte⌉ ~~nicht mich der Frau von *Beville* mich dadurch gefällig zu zeigen, und auf der andren Seite fühlte ich~~ daß {ich} einen ~~The~~ großen Theil ~~ihrer Entschlüsse in~~ ⌈von⌉ *Rosaliens* ⌈Entschlüßen⌈ ~~Herzen hatte~~ ⌈Dadurch⌉ wankend gemacht ⌈hatte⌉.∫.

75 da er einen Theil] ~~da er~~ ⌈der⌉.

76 und ich bemerkte, daß mich *Rosaliens* Augen ohne Haß anblickten. Ich sprach auf unsrer Rückreise in eben dem Tone fort als am Sprachgitter, und noch dreister, da ich nur] und ~~ich bemerkte,~~ ⌈ich glaubte⌉ ⌈keinen Widerwillen⌈ ~~daß mich~~ ⌈gegen mich in⌉ *Rosaliens* Augen ~~ohne Haß anblickten~~ ⌈zu bemerken⌉. Ich ~~sprach~~ ~~a~~Auf unsrer Rückreise ⌈setzte ich das Gespräch⌉ in eben dem Tone fort ⌈ja ich ließ mich⌈ ~~als am Sprachgitter~~⌈mit noch größerer Dreistigkeit darüber⌉ ⌈heraus da ich⌈, ~~und noch dreister, dreister da ich~~ nur.

79 zu thun hatte] ~~war~~ ⌈zu thun hatte⌉.

80 anhören lassen würde] ~~anhören l+ laßen würde~~ ⌈in den Kopf sezte⌉.

81 dachte. Ich mußte mich, so viel ich konnte, für dieser scharfsichtigen Frau verstecken.] dachte~~.~~, ~~Ich mußte~~ ⌈denn ich fühlte, daß ich⌉ mich, so viel ich konnte, ~~für~~ ⌈vor⌉ dieser scharfsichtigen Frau verstecken {müßte}.

84 und ist es mein Amt, wie Geistliche] ~~ist es mein Amt, wie~~ ⌈reimt sichs zu meinem Beruf, wie ein⌉ ~~g~~Geistlicher.

85 und der Einsamkeit zu sprechen] und ⌈dem Glück⌉ der Einsamkeit ~~zu~~zu ~~sprechen~~ ⌈schwatzen⌉.

86 Andere mögen ‹…› Wärme: denn ich hätte] ~~w~~Wärme: denn ich ~~würde~~ ⌈hätte⌉.

90 um alle wiedrigen Eindrücke aus dem Verstand dieser Frau zu entfernen, die ihr mein zu lebhafter Ton mochte gegeben haben.] um ~~dieser Frau ihre~~ ⌈alle Besorgnisse⌉ ~~alle widrigen Eindrücke aus dem Verstand~~ dieser Frau ~~zu bringen w+~~ zu ~~entfernen~~ ⌈zerstreuen⌉, die ihr mein zu lebhafter ⌈Ton⌉ ~~s+ Ton mochte gegeben haben~~ ⌈erregt haben mochte.⌉.

92 Sie war Schuld] war Schuld ⌈wußte es zu verhindern⌉.

96 ich erwartete, seit wir] ~~i~~Ich erwartete ~~ich,~~ seit ~~ich~~ wir.

97 verliessen, von dir zu hören] verliessen,⌈dieses Geständnis⌉ von dir zu hören.

97 Ich werde herzlich gern dir alle] Ich werde ⌉Dir⌉ herzlich gern ~~dir~~ alle.

98 stehen. Aber] stehen~~.~~, Aber.

99 das größte] ~~und~~ das.

101 nicht genug Unterwürfigkeit zeigte, bey tausend kleinen Gefälligkeiten die sie von ihr erwartete] ⌈nicht genug⌈ Unterwürfigkeit zeigte, ~~bey tausend kleinen Gefälligkeiten die sie von ihr erwartete~~.

102 und auch ich werde von ihr geliebt] ~~auch ich~~ werde ⌈auch⌉ von ihr geliebt.

103 da wir alle] ~~mit~~ ⌈da⌈ wir alle.

105 jezigen Mann, aber mein Vater] je~~z~~tzigen Mann, ~~aber~~ mein Vater ⌈aber⌉.

107 Da es ein roher] ~~d~~**D**a.

108 Im Gegentheil bringen sie Mann und Vater ‹…› nicht gutwillig ihre Gelübde ablegen] bringen ~~sie~~ Mann und Vater ⌈sie⌉ zur Verzweiflung, und bestehen darauf, sie solle ~~es~~ ⌈es dahin⌈ ~~so dafür bringen~~ ⌈bringen⌉ ~~bürgen~~, daß meine jüngern Schwestern das Kloster wählen. ~~Aber sie sind beide so ungern im Kloster als der Vogel in einem Käfig, und w~~**W**ollten ~~sie~~ ⌈diese auch⌈ nicht gutwillig.

113 daß sie und ich, der sich seinen Vorteil mit der Pistole in der Hand erkämpft hat, alle Güter der Familie brauchen werden.] daß sie und ich, ~~der sich seinen Vortheil mit der Pistole in der Hand erkämpft hat,~~ alle Güter der Familie brauchen werden.

115 zu [4v] der Ausführung] zu [4v] ~~zu~~ der Ausführung.

117 das Vermögen mir ein Hinderniß wäre] das Vermögen ~~mich~~ ⌈mir ein⌉ Hinderniß ~~könnte~~ wäre.

119 Und schwöre Dir seit diesem Augenblick auch niemals einige Ungelegenheit von dieser Seite zu machen.] ~~Und schwöre Dir seit diesem Augenblick auch niemals einige Ungelegenheit von dieser Seite zu~~ machen.

122 Sie ist das stolzeste Mädchen, und entschlossen] Sie ist das stolzeste ⌈und entschlossenste⌉ Mädchen, ~~und entschlossen~~.

123 von ihrem Vorhaben abwenden] Vorhaben ~~abringen abwendig mach~~ abwenden.

123 Noch kürzlich wollte mein Vater sie nicht im Kloster ‹…› ihre Besuche empfangen konnte.] ~~Noch kürzlich wollte mein Vater sie nicht im Kloster laßen. Sie blieb nur im Kloster weil er keine Mädchen um sich haben wollte. Selbst die *Beville* kam erst aus dem Kloster, als~~ ⌈~~weil~~⌉ ~~sie ihre Hochzeitskleider anordnen musste, und nicht mit Anstand im Kloster ihre~~ Besuche empfangen konnte.

129 bestimmt wäre in dieser Welt, sie möchte entweder einen Mann heirathen, den sie nicht liebte] ~~in dieser Welt~~, sie möchte ⌈entweder⌉ eine~~m~~**n** Mann heirathen, de~~m~~**n** ⌉sie nicht⌉ liebte.

130 im Kloster bleiben] Kloster ~~zu~~.

131 in diesem Leben noch] in dieser**m** ~~Welt~~ ⌈Leben⌉ noch.

131 so wollte sie doch] so wollte sie doch ~~zum~~.

132 nicht lebendig sich in die Arme eines Teufels] nicht lebendig ⌈lebendig sich⌉ in die ~~Hände~~ ⌈~~sich~~ Arme⌉ eines ~~Teufels~~ ⌈Ungeheuers⌉.

132 So nannte sie] So ~~müßte~~.

133 aber meine Schwester handelte thoricht, uberdem daß diese Heirath ein Deckmantel für die Welt war, so konnte er bald sterben.] aber ~~meine Schwester~~ ⌈sie⌉ handelte thöricht, ~~überdem daß diese Heirath ein Deckmantel für~~ ⌈Da der Tode sie bald von diesem Manne⌉ ⌈befreit ~~und f+g+~~ haben würde⌈ ~~die Welt war, so konnte er bald sterben~~.

135 Ich erschöpfte mich] mich ⌈vergeblich⌉.

135 Sie machte es noch schlimmer] es ~~noch~~ ⌈immer⌉.

136 nicht Lebewohl] ~~nicht~~ ⌈kein⌉.

140 Sie bereut es jetzt vielleicht] ⌈Jetzt⌈ ~~Sie~~ bereut ~~es~~**sie** jezt ⌈es⌉.

141 Sie bereute] ~~bereute~~ ⌈beklagte⌈.

142 behandelte, und die aeltre Tochter ‹…› so ist eine unglücklicher als die andere. Ich sehe]

behandelt~~e~~ ⌈hatte⌉, ~~und die ältre Tochter zu einer Heirath gezwungen +,~~ aber das Geschehene ist unwiederuflich. ~~Ich glaube, Frau von *Beville* kehrte gern ins Kloster zurück, so ist eine unglücklicher als die andere~~.

145 den ich zu leisten vermag] de~~n~~r ⌈in meiner Gewalt ist⌈ ~~ich zu leisten vermag~~.

147 nach ihrer Neigung] ~~nach ihrer~~ ⌈aus⌉ Neigung.

148 fühlte, zeigte] fühlte, ⌈u.⌉ zeigte.

149 wollte, ich bald Mittel finden würde, sie nachts diesen Mauren und Gittern zu entreißen, und ihren harten Verwandten.] wollte, ~~ich~~ bald Mittel ⌈zu⌉ finden ~~würde~~, sie ~~nachts~~ diesen Mauren ~~und Gittern zu entreißen,~~ und ihren harten Verwandten ⌉zu entreißen⌉.

151 machte Zeichen] machte ⌈Dabei⌉ Zeichen.

152 nicht zu erklären vermochte. Sie überraschten mich wie ihre Worte.] ⌉zu⌉ erklären vermochte. ~~Sie überraschten mich wie ihre Worte~~.

153 Nach einem Zeichen] einem ⌈solchen⌉ Zeichen.

153 indem sie sich] ⌈sie⌉.

154 es würde ihr lieb sein] ihr ~~verg~~ lieb.

155 damit ich den Brief] ~~um~~ damit ~~ich den~~ ⌈ich⌉ den.

156 Aus einer Ecke] Aus ~~der~~ ⌈einer⌉ Ecke.

156 sah ich eine Nonne schleichen] sah ich ⌈zugleich⌉ eine Nonnne ⌈hervor⌉ schleichen.

157 angehört und durch ihre Gegenwart] angehört ~~hätte~~ und ~~die~~ durch.

160 sie aus diesem Ort zu entreißen] sie ~~aus~~ die~~+~~sem Ort ~~zu entreißen~~.

161 die sichersten Mittel anzugeben] die sichersten Mittel ⌉zu ihrer Befreiung⌉ anzugeben.

161 sichersten Mittel anzugeben, um sie aus dem Gefängnisse zu befreyn. In wenig Worten sagte ich ihr die Meinung ihres Bruders und die meinige. – Sie gab mir] Mittel ⌉zu ihrer Befreiung⌉ anzugeben, ~~um sie aus dem Gefängnisse zu befreyn. In wenig Worten sagte ich ihr die Meinung ihres Bruders und die meinige~~. – Sie.

167 nichts davon gesagt hätte.] davon ~~bey~~ gesagt hätte. ~~von dem was sie gehört~~.

169 einzuwenden] ein zu wenden.

170 aber dieses Mädchen] aber ~~für~~.

170 Sie bäte ihn] ⌈Endlich bat sie⌈ ~~Sie bäte~~ ihn.

172 und daß sie ihn im Beisein der Schwester geschrieben habe, der sie den Brief gezeigt habe, und wir betrogen uns nicht.] und daß sie ihn ~~im Beisein der~~ ⌈unter den Augen der⌉ ⌈frommen⌈ Schwester geschrieben habe, ~~der sie den Brief gezeigt habe,~~ und.

175 der ihm nie einen solchen Betrug verzeihen könnte] ihm ~~nie~~ einen solchen Betrug ⌈nie⌉ verzeihen ~~könnte.~~ {würde}.

178 als *Rosalien*] als ~~meine~~.

179 Aber die Nonne] die ~~Schwester~~ ⌈Nonne⌈.

180 statt ihrer ans Sprachgitter] statt ~~ihrer ans~~ ⌈derselben an's⌉.

187 für den heiligen Schwestern] ~~für den~~ ⌈vor den⌉.

188 acht zu geben. Er habe] geben. ~~Denn die Nonnen hätten es ihm~~ Er.

189 zu machen. Der Mann wäre gefährlich ‹…› und mehr als je Abwesenheiten hätte.] machen. ~~Der Mann wäre gefährlich, und daß mehr als je zu befürchten wäre, daß sich *Rosalie* bereden laßen könnte,~~ ⌈und daß⌉ ~~daß sie selbst~~ ⌈diese⌉ seit seiner Anwesenheit weniger Frömmigkeit zeigte. ~~und mehr als je Abwesenheiten hätte~~.

194 Dieser heimliche [7]Brief begleitete einen zeigbaren] Dieser ~~Brief~~ heimliche [7]Brief begleitete einen ~~se~~ zeigbaren.

196 erstaunten] ~~er~~- ⌈in⌉⌈Erstaunen⌈ ~~staunten~~ ⌈setzten⌉.
198 weil ein Unglück] weil ⌈sonst⌉.
199 er dreist genug] er ~~so~~ dreist ~~wäre~~.
199 seinem Vater und ihm die Spize zu bieten; und sich ihrem Zorn aussetzte] ⌈und ihm⌉ die Spize zu bieten; ~~und sich ihrem Zorn aussezte~~.
200 nicht bestechen könnte] nicht ~~ver~~ bestechen.
201 zuschicken] zu schicken.
201 So schrieb er denn ganz in einem pädagogischen Ton, ‹…› manche Gelegenheit darbot, uns Dienste zu leisten.] ⌈In diesem⌈ ~~So schrieb er denn ganz in einem~~ pädagogischen Ton ⌈war der ganze⌈ ⌉Brief geschrieben,⌉ weil er nicht zweifeln konnte, daß ⌈man ihn⌉ seinem Vater ~~diesen Brief sehen~~ ⌈zeigen⌉ würde; ~~er war nicht böse darüber, weil er überdies auf diese Art sich in seine Gunst sezte, und dieses Mittel ihm manche Gelegenheit darbot, uns Dienste zu leisten~~.
206 Man macht in der Liebe] Man ~~könnte~~ ⌈macht in der Liebe⌉.
206 leichtere Fortschritte] Fortschritte ~~in der~~.
207 bey den eingeschlossenen Frauenzimmern als bey denen die in der Welt leben] bey ~~einem~~ ⌈den⌉ eingeschlossenen Frauenzimmer als bey ~~einem~~ ⌈denen⌉ die in der Welt ~~lebt~~ ⌈leben⌉.
208 viel verführerischer] viel ~~verführender~~.
208 und da das Papier sie nicht erröthen macht, so sind sie *[7v]*viel kühner in ihren Ausdrücken auf dem Papier als sie es in Gesprächen sein würden und verstricken]. und ~~denn~~ da das Papier ⌈sie⌉ nicht ~~erröthet so~~ erröthen macht, so sind sie ~~in ihrem~~ *[7v]*viel kühner in ihren Ausdrücken ~~auf dem Papier als sie es in Gesprächen sein würden~~ und.
211 so kostets ihm] so kostets ⌈es⌉ ihm.
215 um all Ihr Mitleid] um ~~all~~ Ihr.
217 Aufenthalt zu befreien] ~~bef~~reißen.
219 so fürchte ich] ~~fürchte~~ ⌈besorge⌉.
222 leicht zu bestimmen sein. Was man] leichtsinnig ~~zu bestimmen sein~~ ⌈erscheinen. Wie⌉ ~~Was~~ man.
224 den Werth] ~~Preis ihrer~~ Werth.
224 nur nach der wenigern] ~~durch +~~ ⌈nur nach der⌉.
226 für das Kloster] ⌈vor dem⌈ ~~für das~~.
229 und doch kommt es mir zu schwach vor ‹…› Verhältnissen der Welt einzustimmen.] und doch ~~kommt~~ ⌈dünkt⌉ es mir ⌈viel⌉ zu schwach ~~vor~~, ~~wenn es darauf ankömmt, Sie mit~~ meinen Gefühlen ⌈um Ihnen die Gefühle⌉ ⌈auszudrücken,⌈ ~~für~~ ⌈die⌉ Sie ~~bekannt zu machen~~ ⌈mir einflößten⌉. Ich fürchte ~~ewig~~ ⌈daß ich mich⌈ ~~nicht mit den~~ ⌈nie in die⌉ Verhältnisse~~n~~ der Welt ~~zu einzustimmen~~.
233 Sie nicht mehr sehen würde. Ich muß entsagen] Sie ⌈alsdann⌉ nicht mehr sehen würde. ~~Ich muß aber Ihnen sagen, daß~~ ⌈~~daß das~~⌈ ~~ganze~~. Ich muß ⌈aber dem Glück⌉ entsagen.
237 Urtheil. Sie sagten *[8v]*mir Ihre Beweise, daß Sie mich lieben; und ich glaube, daß ich eben so wahr gegen Sie bin, wenn ich es Ihnen auch sage, daß ich Sie liebe.] ~~Sie sagten~~ *[8v]* ~~mir Ihre Beweise, daß Sie mich lieben; und ich glaube, daß ich eben so wahr gegen Sie bin, wenn ich es Ihnen auch sage, daß ich Sie liebe~~.
240 man mich nicht dazu zwingt] man ⌈mich⌉ nicht.
246 allen Kummer, den mir] ~~allen~~ ⌈den⌉ Kummer, de~~mn~~.
246 er ließ mich] ~~sie~~ er.

254 das Kloster däucht] Kloster ~~scheint~~.
257 unsern Briefwechsel] ~~meinen~~ ⌈unsern⌉.
264 immer mit devoten Briefen] ~~begleiten~~ immer mit ~~h~~+ devoten.
266 mit einem sichtbaren Brief begleiten. Leben Sie wohl, ‹…› und der Furcht die mich anfällt, überlassen habe.] ~~sichtbaren~~ ⌈vorzeigbaren⌉ Brief begleiten. ~~Leben Sie wohl, ich selbst bemerke es nicht wenn ich zu ausführlich war. Aber geben Sie es meinem um dem müßigen Leben des Klosters Schuld, und vielleicht auch, daß ich jetzt mehr als~~ [9v] ~~ich sollte, der Unruh meines Herzens nachhänge,~~ ⌉bald⌉ ~~mich in Hofnungen wiege, und der Furcht die mich anfällt, überlassen habe.~~
273 vieler Gefahr sezen die Aeltern doch die Tugend] vieler ⌈~~Gefahr~~⌉ ⌈⌈Gefahr⌉⌉ sezen ~~sich~~ die Aeltern doch ~~auch aus~~ die.
275 Aber nur offenherzig welchen Weg] Aber ~~sag~~ nun offenherzig, welche**n** ~~Schritte~~ ⌈Weg⌉.
276 ablegt sehe] ablegt ⌈+⌉.
277 aber was willst] aber was willst.
281 kümmert mich so wenig als der Wind der schon] ~~kummerte~~ kümmerte mich so wenig als ~~das Getöse des Windes~~ ⌈der Wind⌉ ~~das~~ ⌈der⌉.
284 was ich kann, daß ich dir in allem und zu allem dienen will. Ich werde ein unverbrüchliches Geheimniß geloben.] kann, ~~daß ich dir in allem und zu allem~~ ⌈um euch zu dienen⌉ ~~dienen will~~. Ich ~~werde~~ ⌈gelobe⌉ ein unverbrüchliches Geheimniß ~~geloben. Ih~~.
285 auf jede Weise] auf ~~die~~ jede.
287 hineinzuziehen] ~~zu~~ hineinzuziehen.
288 niedrig genug] niedrig ~~get~~.
288 dir gelingen] ~~d~~**D**ir ~~leicht~~ gelingen.
289 aufs Spiel sezen] ~~auf~~ aufs.
290 seit diesem *Moment* so daß wir uns nur als Brüder behandelten.] *Moment* ~~s~~so ~~daß wir uns nur als~~ ⌈Erst, als unter zwey⌉ Brüder**n** ~~behandelten~~.
294 Krieg zu beginnen] zu ~~machen~~.
295 unvermerkt entwöhnt auf günstige oder ungünstige Jahreszeiten zu achten] unvermerkt ~~entwöhnt~~ ⌈daran gewöhnt⌉ auf ~~günstige oder ungünstige~~ ⌈keine⌉ Jahreszeit~~en~~ zu achten.
296 zum Aufbruch entschließen] ~~entschließ~~ zum.
298 Ich begleitete ihren Bruder] ~~Ich~~ ⌈Und⌉ begleitete ⌈deßwegen⌉ ihren.
299 Der Vater hatte endlich erfahren] Der Vater hatte ~~endlich~~.
300 hatte mich entdeckt] ~~entdeckt~~ ⌈mich⌉ entdeckt.
300 nachdrücklich verboten] nachdrücklich ~~ver~~ ⌉ver⌉boten.
302 und dachte so lange nach, bis ich eine sonderbare] und ~~ich~~ dachte so lange nach, bis ich eine sonderbare~~n~~.
304 Mein⟨em⟩ Kammerdiener, dem ich trauen konnte, theilte ich meine Unruhe mit, und wir erdachten ein Mittel, meinen Wunsch zu erfüllen: Er hatte mahlen gelernt] Mein Kammerdiener, ~~den ich hatte~~ dem ich {meine} ~~trauen konnte, hatte mahlen gelernt theilte ich meine Unruhe mit, und wir erdachten ein Mittel, meinen~~ ⌉Unruhe mittheilte,⌉ ~~Wunsch zu erfüllen: Er~~ hatte mahlen gelernt.
306 daß ich mich selbst] daß ⌈ich⌉.
307 Ich holte sie von ihm, in seiner Livree. Mein Kammerdiener hatte mir mit Pastellfarben das Gesicht gemahlt, ich zog eine Livree meines Bedienten an und brachte *Belfort* ein Billet] Ich ~~zog~~ holte sie von ihm, ~~in seiner Livree. Mein Kammerdiener hatte mir mit~~

~~Pastellfarben das Gesicht gemahlt,~~ ~~ich~~ ⌈und⌉ ~~zog~~ ⌈in⌉ einer Livree meines Bedienten ~~an und~~ brachte *Belfort* ⌈ich ihm⌉ ein Billet.

309 Er kannte meine Bedienten] Er kannte ⌈alle⌉ meine ~~Bed~~ Bedienten.

310 im Dienst bey meinem Herrn [183]bey Herrn Saint Amand] ~~im~~ ⌈den⌉ Dienst bey ~~meinem Herrn.~~ [183]bey Herrn Saint Amand. – *Der Bogen mit Bl. 11 und 12 fehlt, es wurde der Text des Erstdrucks übernommen, S. 183–187. Der Name des Protagonisten ist hier als Saint Amand" wiedergegeben, während die vorliegende Edition ihn als „Saint Arnaud" transkribiert (vgl. Z. 936 u. 999).*

370 [13]nicht die glorreichen Feldzüge des großen Mannes] die ~~s+~~ glorreichen Feldzüge ~~des kühnen~~ ⌈~~+~~⌉ ⌉des⌉ großen Mannes. – *Fortsetzung der Handschrift Charlotte Schillers mit Bl. 13.*

371 darauf verlohren] darauf ~~verlohr~~.

371 Wir schlugen] ~~wir~~ ~~w~~Wir ~~trieben~~ ⌈schlugen⌉.

372 Aber als ich hoffte] ~~und~~ ⌈Aber⌉.

372 mit *Belfort* wieder vereinigt zu werden, erfuhr ich] ~~mich~~ mit *Belfort* wieder vereinigt zu werden, ⌈erfuhr⌈ ~~Erfuhr~~ ich.

373 bey Offenbach] bey ⌈Offenbach⌉.

374 erhielt ich auch nicht wenige traurige Nachrichten] erhielt ich ~~auch nicht wenige traurige~~ ⌈keine freudigeren⌉ Nachrichten.

375 Sie habe gegen ihren Vater] ~~und~~ ⌈Sie habe gegen⌉ ihren Vater.

376 die größten] auch die.

378 aufrichtig, sie schien mir immer tugendhaft] aufrichtig, ~~sie schien mir immer tugendhaft~~.

379 seine andern beiden Töchter nicht mehr so hart behandeln werde ‹…› der Vater würde ihnen nun ihre Freyheit lassen.] Töchtern ~~nicht~~ ⌈keinen Zwang⌈ mehr ~~so hart behandeln werde~~ ⌈anthun würde⌉ ~~und so strenge Maasregeln ergreifen; dieses traurige Beispiel, hofte ich, +~~ ⌈sollte⌉ ~~ihn milder gestimmt haben. Seine beiden~~ ⌈Diese⌉ Töchter bekamen nun ein grossen Vermögen ~~und ich hoffte, der Vater würde ihnen nun ihre Freyheit lassen~~.

383 ich schmeichelte mich] ich schmeichelte ~~mich~~ ⌈mir mit⌉.

383 mit froher Hofnung] ~~mit~~**voll** froher Hofnung.

387 sein Herz war zu hart eines solchen Gefühls ‹…› um das Heiratsguth seiner Tochter wieder zu erlangen.] war ~~zu hart~~ eines solchen Gefühls ~~fähig zu sein~~ ⌈nicht empfänglich⌉. Er war aus ~~Erschöpfung~~ ⌈Verdruß über seinen Schwiegersohn⌉ krank geworden, ~~weil er sich so angestrengt hatte, seinen Schwiegersohn zu beleidigen, um~~ ⌈dem er⌉ das Heirathsguth seiner Tochter ~~wieder zu Erlangen~~ ⌈gern entrissen hätte⌉.

389 Es waren beides Menschen] ~~Es~~ ⌈Beide⌉ waren ~~beides~~.

390 Der Schwiegervater opponierte unaufhörlich ‹…› der ihm die Spize bieten konnte.] ~~Der Schwieger-~~ ⌈Jeder⌉ ~~vater opponierte unaufhörlich.~~ ← ~~Und er suchte auf alle Weise seine Ansprüche geltend zu machen~~ #← ⌈~~gegen~~⌉ ~~den Schwiegersohn, der auch gegen ihm keine Schonung hatte, und jeder~~ hatte ⌈in dem andern⌉ einen Mann gefunden, der ~~h+~~ ⌈~~++~~⌉ ⌈ihm⌉ die Spize bieten konnte.

393 Die Klage wurde bald zu einem Criminal Prozess] D~~erie~~ ~~Prozeß~~ ⌈~~Kampf~~ Klage⌉ ~~verwickelte sich~~ ⌈wurde⌉ bald zu einem Criminal ~~Proß~~ Prozess.

395 den Sohn] ~~sagte~~ der Sohn.

396 erhoben; um ihn seine Tochter mit mehr Enthusiasmus beklagen zu lassen, ‹…› das Gefühl des lebhaftesten Mitleidens.] erhoben, ~~um ihn seine Tochter mit mehr~~ ⌈~~Nach+~~⌉

~~Enthusiasmus beklagen zu lassen, lieh er~~ ⌈er lieh⌉ ~~den Worten~~ alle Zärtlichkeiten eines liebenden ~~guten Mannes~~ ⌈Vaters⌉, und das Gefühl ⌉des⌉ lebhaftesten Mitleidens. ←~~emphase~~ / ~~emphase~~←.

402 daß er sich so weit] daß er ~~deswegen~~ sich so weit.

404 sich nur] sich ⌈nur⌈.

404 Ihre gemeinschaftlichen Freunde verdeckten] Ihre gemeinschaftlichen Freunden ⌈verdeckten⌈ ~~bräuchte~~.

405 Parthien] ~~Parthien~~ ⌈Partheien⌉.

407 Aber er erholte sich] ~~Aber er~~ ⌈Demungeachtet⌉ erholte ⌈er⌉ sich.

407 das Bette gehütet. Ich sah *Rosalien* täglich während dieser Zeit] das Bette **ge**hüte~~n~~**t**. ~~musste~~. Ich sah *Rosalien* ~~täglich~~ während dieser Zeit ⌈täglich⌉.

409 erfuhr, verbot er seiner Tochter mich weder zu sehen noch zu sprechen.] ~~erfahren hatte, so~~ ⌈erfuhr⌉, verbot er seiner Tochter ~~mich weder zu sehen noch zu sprechen~~ ⌈allen Umgang mit mir⌉.

411 seiner Tochter] ~~seiner~~ ⌈ihre⌈ ~~Tochter~~.

413 hätte, daß wir uns nicht liebten, ‹…› Ich wußte sein Verbot nicht und ging zu ihm.] hätte, daß wir ⌈einander⌈ ~~uns nicht liebten,~~ ⌈gleichgültig wären⌉ ~~denn es ist seinem Gemüt eigen, nicht ohne Kummer eine glückliche Verbindung~~ [14v]~~zu sehen. Um seinen Beifall zu erhalten, mußte man im ewigen Streit leben. Ich wußte~~ ⌈Da ich⌉ sein Verbot nicht ⌈wußte⌉ ~~und~~ ging ⌈ich⌉ zu ihm.

416 aber ich schrieb es] aber ~~ich~~ ⌈dieses⌉ schrieb ~~e~~**s**ich.

418 zukamen, die selbst ihre Bedienten nicht würden gethan haben.] zukamen, ~~die~~ ⌈deren sich⌉ selbst ihre Bedienten ⌉geweigert haben⌉ ~~nicht~~ würden ~~gethan haben~~.

420 Selbst meine Gegenwart] Selbst ~~in~~ meine~~r~~.

420 nach seiner Tochter zu schlagen, und ihr ein Glas ins Gesichte zu werfen, das] ⌈nach⌉ seine~~r~~ Tochter zu schlagen, und ihr ~~ein~~ ⌈das⌉ Glas ins Gesicht~~e~~ zu werden, ~~w~~**d**as.

424 und daß sie sehr] ~~daß~~ ⌉und daß⌉.

425 verabredeten uns, einander alle Tage zu sehen] verabredeten uns ⌉einander⌉ alle Tage zu sehen.

426 das harte Betragen des Vaters gegen die Tochter, sie verabscheuten ihren Herrn] das ⌉harte⌉ Betragen des Vaters ~~gegen die Tochter, sie verabscheuten ihren Herrn~~.

427 Ich sah sie alle Tage] sie ~~alle Tage~~ ⌈täglich⌉.

428 Aber so sehr sie sich beklagte, so verletzte sie doch niemals die Ehrfurcht, die sie ihrem Vater schuldig war.] sehr ~~wie~~ sie sich beklagte, so ~~entfiel ihr nie~~ ⌈verlezte⌉ ~~fehlte~~ sie doch niemals ~~gegen~~ die Ehrfurcht, die sie ihrem Vater schuldig war.

435 ließ sich behaupten] ~~konnte~~ ⌈ließ sich⌈ ~~ich~~ behaupten.

437 glaubten der Hofnung] ~~glaubten~~ ⌈schmeichelten⌉ ⌈uns mit⌈ ~~der~~ieser Hofnung.

438 Grund genug] Grund~~es~~.

439 beschönigen] ~~besch~~ beschönigen.

439 seiner Rede] ~~Rede~~ ⌈Erklärung⌉.

441 wir machten den Plan, nun ernstlich die Entführung ins Werk zu sezen.] wir ~~nahmen machten den Plan,~~ ⌈dachten⌉ nun ernstlich ⌈daran⌉ ~~an~~ die.

442 aus Frankreich] ~~außer~~ aus.

442 denn ⟨++⟩ Heirath in Paris nicht heimlich thun. Viele wichtige Hindernisse waren uns im Wege. Die größte war, daß ich zu dem reformierten Glauben [15v]mich bekannte]

~~denn ++ Heirath~~ ⌈viele eine heimliche⌉ ~~in Paris nicht heimlich thun, weil ich reformiert war.~~ ⌈Vertrauung in Paris hatte Schwierigkeiten, weil ich mich zum⌉ ~~Viele wichtige Ursachen~~ ⌈~~Hindernisse~~⌉ ~~stan waren uns im Wege. Die größte war, daß ich zu dem~~ reformierten Glauben [15v] mich bekannte.

445 Im Grund] ~~Aber~~ Im.

446 nur eine alte Tante] nur ~~die~~.

450 man gegen ihren Willen] man ~~gegen ihren Willen~~.

451 Sie schrieb mir wieder und eiferte gegen das Kloster ‹…› was sie gegen ein so eingezognes strenges Leben hatte.] Sie ~~schrieb mir~~ ⌉~~wieder~~⌉ ~~und eiferte gegen das Kloster und~~ sah ~~es~~ ⌈dieses⌉ als ein Werk der Christlichen Liebe an. ~~dieses durchzusetzen~~. ~~Sie konnte~~ ⌈Der Haß gegen das Kloster⌉ ⌉ging⌉ ~~mit freyem Herzen~~ ⌈ihr von Herzen⌉ ~~alles sagen, was sie gegen ein so eingezognes strenges Leben hatte~~.

453 die man dort ablegte] man ~~dort~~ ⌈darin⌉.

454 daß sie, als sie zum vierten mal Wittwe geworden, in ihrem zwey und funfzigsten Jahre noch nach dem fünften Mann sich umsah.] daß sie ⌈sich⌉, als sie zum vierten mal Wittwe geworden, in ihrem zwey und funfzigsten Jahre noch ~~den~~ ⌈~~zum~~⌉ ~~fünften mal heirathen wollte~~ ⌈nach⌉ dem fünften Mann ~~sich~~ umsah.

458 Meinung, und versuchte sie dazu zu bewegen, alles für uns zu thun,] Meinung, ~~und versuchte sie dazu zu bewegen, alles für uns zu thun~~.

461 Ich machte ihr die Ehre] ~~Ich reizte ihren Ehrgeiz~~ Ich.

461 die sie erreichte] die sie erreich~~ente könnte~~.

462 entriß. Mein Brief war im Ton eines völligen Kezers. Sie hätte auch sicher alle] entriß. ~~Mein Brief war im Ton eines völligen Kezers~~. Sie hätte auch sicher alles.

463 und Gut und Haabe] und ~~ihr~~ Gutt und ~~Habe~~ Haabe.

467 Ich theilte *Rosalien* diese Nachricht mit, u. bat sie nur noch eine kleine Zeit die Laune ihres Vaters] Ich ⌈theilte⌉ *Rosalien* diese Nachricht mit ⌈u.⌉ bat sie nur noch eine kleine Zeit ⌈die Laune⌉.

469 Ich versprach ihr eine schnelle Rückkunft] ⌈und⌈ ~~Ich~~ versprach ihr eine schnelle ~~Rückkunft~~ ⌈Zurückkunft⌉.

471 nach *Avignon* flüchten, wo ich Bekanntschaften auf meinem Wege machen wollte, die mich dahin führten. Ich hatte es *Rosalien* versprochen] flüchten, ~~wo ich Bekanntschaften auf meinem Wege machen wollte, die mich dahin führten~~. Ich hatte ~~es~~ *Rosalien*.

474 [16v]Zu *Paris* in dem Kloster der ⟨*⟩ legte ich mein Glaubensbekenntnis ab in die Hände eines Geistlichen, ‹…› und den frommen Glauben meiner Geliebten.] Zu *Paris* ~~in dem Kloster der legte ich mein Glaubensbekenntnis ab in die Hände eines Geistlichen, der mich schon früher zu bewegen suchte meinem Glauben zu entsagen. Ich beruhigte durch diesen ←#Schritt mein Gewissen, und den frommen Glauben meiner Geliebten.←~~.

479 Ich verließ *Paris*] ~~Am Morgen nach meiner~~ Ich.

484 daß er alles fähig ist] ~~daß~~ ⌈weßen er⌉ ~~er alles~~ fähig.

486 Er konnte nur mich um sich dulden] konnte ~~nur mich~~ ⌈niemand⌉ um sich dulden ⌈als mich⌉.

488 gesucht, ich ertrug sie mit Gedult, aber so konnte ich es nicht] gesucht, ~~ich ertrug sie mit Gedult~~, aber ~~so~~ ⌈daß⌉ konnte ich ~~es~~ nicht.

493 Ein Officier, der anfangs um meine Hand sich des Vermögens willen bewarb, war nun, da er mich gesehn hatte, und die Liebe sich ins Spiel mischte, noch dringender.] Ein Offizier, der ⌈sich⌉ anfangs ⌈nur um⌈ ⌉~~nur~~⌉ ~~um meine Hand sich~~ des Vermögens willen ~~bewarb,~~ ⌈um meine⌉⌈Hand bewarb,⌈ war nun ⌈dringender⌉, da er mich gesehn hatte, und die Liebe sich ins Spiel mischte, ~~ward~~ ⌈~~wurde~~⌉ ~~nun noch dringender~~.

496 ihm ein offenherziges Geständniß von dem Zustand meines Herzens ablegte] ihm ~~das~~ ⌈ein⌉ offenherziges Geständniß ~~ablegte daß ich ihm~~ von dem Zustand meines Herzens ⌈abgelegt⌈ ~~ablegte~~ ⌈hatte⌉.

498 man wollte mit Gewalt mich überwinden, mir meine Einwilligung abzuzwingen.] wollte ~~mit~~ ⌈~~durch die~~⌉ ~~Gewalt mich überwinden, mir~~ meine Einwilligung ⌈mit Gewalt⌉ ~~abzuzwingen~~ ⌈ertrotzen⌈.

499 als meiner Liebe zu entsagen, als] als ~~meiner Liebe zu entsagen~~, als.

502 verbarg ich mich bei meiner Freundin] ~~blieb~~ ⌈verbarg ich mich bei⌉.

504 Freunde. Ich habe meinen Nahmen geändert. Ich that es, um das Kloster zu verlassen.] Freunde. ~~Ich habe meinen Nahmen geändert. Ich that es, um mein das Kloster zu verlassen~~.

505 eilen Sie] ~~Eilen~~ ⌈eilen⌉.

507 selbst thun, daß man weibliche Züge] thun, ~~um wei~~ ⌈daß man⌉ weibliche.

507 erkennt. Nur Sie erwarte ich, sobald Sie zurückkommen, eile ich in Ihre Arme, flehe um Ihren Schuz.] erkennt. ~~Nur Sie erwarte ich, sobald Sie zurückkommen, eile ich in Ihre Arme, flehe um Ihren Schuz.~~∫.

509 Gott mag meines Vaters Härte gegen mich verzeihen] ∫ Gott ~~mag~~ ⌈verzeihe⌉ meine~~s~~**m** Vater~~s~~ ⌈seine⌉ Härte gegen mich ~~verzeihen~~.

514 gewaltsamen Tod] ~~Todt~~ gewaltsamen Tod~~t~~.

517 Ich eilte nach Paris so sehr es mir möglich war. ‹…› so ließ er mich überall bewachen, und mir auf jeden Tritt folgen.] ↑~~So eilig als ich~~↑ Ich eilte nach Paris so sehr es mir möglich war. ~~Ich~~ ⌉und⌉ stieg in meine~~m~~r gewöhnlichen ~~*Logis*~~ ⌈Wohnung⌉ ab. *Belfort* hatte auch ~~Wache~~ dort seine Aufpasser ~~hinbeor~~ hingesendet. Er wußte den Aufenthaltsort seiner Tochter ⌈nicht⌉, und ~~zweifelte nicht, daß~~ ⌈hoffte durch mich⌉ ~~ich davon unterrichtet wäre und~~ ⌈eine Spur zu erhalten.⌉ ~~s~~Sobald er meine ~~Anku~~ Ankunft in Paris wusste, so ließ er ~~mich überall~~ ⌉sorgfältig⌉ ~~bewachen,~~ ⌈alle meine Schritte bewachen⌉ ~~und mir auf jeden Tritt folgen~~.

521 das Kloster sagte, wo ich sie finden] das Kloster ~~sagte~~, ⌈nannte,⌉ wo ich ~~sie~~ ⌈meine Geliebte⌉ finden.

523 hoffen konnte; wir wollten] konnte; ~~Hatte ich in dem ersten Moment meine Vor~~ wir.

524 Der alte *Belfort* ließ mich auch bis ins Kloster verfolgen. ‹…› Und kam den folgenden Morgen selbst] Der alte Belfort ließ ~~mich~~ ⌈mir seine Leute⌉ auch bis ins Kloster ~~ver~~folgen. ‹…› ~~Und kam den~~ ⌈Am⌉ folgenden Morgen ⌈kam er⌉ selbst.

526 Unter meinem Nahmen ließ er seine Tochter rufen] ~~So~~ ⌈Unter meinem Nahmen⌉ ließ er seine Tochter rufen ~~als unter meinem Nahmen~~.

527 Sie sagte kein Wort] Sie ~~sagte ihm~~ ⌈sagte⌉.

528 Er hatte also Zeit] ~~Er~~ ⌈So⌉ hatte ~~also~~ ⌈er⌉ Zeit ~~+~~ ⌈genug⌉.

530 als ich ihn fand] fand. ~~Die Veränd-~~⌈Dieser⌈~~rung des~~ ⌈+⌉ ~~Auftritts war mir auf eine unangenehme Weise bes überraschend~~.

531 und unsre Begrüßung war mit fürchterlichen Blicken begleitet.] ~~und~~ unsere Begrüßung war~~en~~ ⌈mit⌉ fürchterlichen ~~Blicken +~~ ⌈Blicken begleitet.⌈.

533 wären wir] {so} wären wir.
533 mit mir in gleichem Alter] mit⌈mir in⌈.
536 für den ich schwer gebüsst haben würde, durch meine Reue, wenn mein Kammerdiener mich nicht zurückgehalten hätte, der klüger wie ich war in diesem Moment] ~~den~~ ⌉für den⌉ ich schwer gebüsst haben würde, ~~durch meine Reue~~, wenn mein Kammerdiener mich nicht zurückgehalten hätte, ~~der klüger wie ich war in diesem Moment~~.
538 kam zurück] ~~kam~~ ⌈gieng⌉.
539 und wollte mir den Prozeß machen] und ~~wollte~~ mir den Prozeß machen ⌈laßen:⌉.
540 aber er konnte nichts] konnte ~~mich~~ nichts.
543 mislang ihm.] mislang ihm.∫.
546 Gefangne, doch] Gefangne, ~~zu~~ doch.
547 Denn wenn man es nicht] man ~~nicht gegen~~ ⌈~~versucht~~⌉ ~~d~~ n es.
547 so verbietet man nichts weiter] so verbietet man nichts ~~das weitere~~ weiter.
550 Man versichert mich, daß mein Vater nicht hier ist mich von hier wegzuholen] Man versichert ~~mich~~ ⌈mir⌉, daß mein Vater nicht ~~hier~~ ⌈die⌉ ⌈Gewalt hat⌈ ~~ist~~ mich.
554 auch möchte ich Herrn von *Belfort*] ~~und~~ auch.
560 und die Zeit Sie zurückbringen könnten, daß auch der Glanz meiner Schönheit ‹…› daß ich alles verachte, wofür ein andres Mädchen zittern könnte.] und die Zeit ~~Sie zurückbringen könnten, daß auch~~ ⌈Ihren Sinn verändern können,⌉ ⌈wenn⌈ der Glanz meiner ~~Schönheit entschwindet~~ ⌈Jugend, ~~um Jugend~~ wenn die Reize⌉, die Sie so oft ~~vor mich~~ priesen, ⌈verwelken⌉. ~~Ich fürchte mich, Ihnen nicht~~ ⌈Ach ich fürchte, daß⌉ ⌈ich aufhören werde, Ihnen⌈ ~~immer~~ liebenswürdig ~~vorzukommen,~~ ⌈zu erscheinen!⌉ dieß ist ~~die~~as einzige ~~Sorge, die mich beschäftigt~~ ⌈was mich ängstiget⌉. ~~Das übrige ist zu weit unter mir.~~ Bleiben nur Sie mir treu, so ~~werden~~ ⌈sollen⌉ Sie ~~sehen, daß ich~~ ⌈mich⌉ alles ⌈andre⌉ verachten, ~~was~~ Ehre, ⌈w+⌈ wofür.
567 liebten! Meine ganze Zeit verlebe ich mit den Gedanken an Sie. Schreiben Sie sobald Sie können.] liebten! ~~Meine ganze Zeit verlebe ich mit den Gedanken an Sie. Schreiben Sie sobald Sie können~~.
569 Ich antwortete eilig auf diesen Brief] Ich ~~antwortete eilig~~ ⌈säumte nicht,⌉ auf diesen Brief ⌈zu antworten⌉.
570 aber doch war es nicht hinreichend für einen Zufall, der bald uns beschäftigte.] aber doch war es nicht hinreichend[4] für[1] einen[2] Zufall[3], der bald[2] uns[1] beschäftigte. – *Ziffern zur Umstellung der Syntax über den Satzteilen.*
571 *Belforts* Todt zu erwarten, oder warten bis die Gesetze Rosalien mündig erklärten.] *Belforts* Todt ~~zu erwarten,~~ oder ⌈~~warten bis~~⌉ ~~Rosaliens M+ Mund+~~ ⌉oder⌉ ⌈Rosaliens Mündigkeit zu erwarten⌉ ~~die Geseze Rosalien mundig erklärten~~.
572 Aller Mittel einer Entführung war ich beraubt. Ich bereitete mich vor ‹…› den Vorsaz auszuführen.] Aller Mittel ⌈zu⌉ einer Entführung war ich beraubt. ⌉Unterdessen⌉ ~~Ich bereitete mich vor einen Posten im Hofstaat des Königs zu suchen; ich unterhandelte +++ mir auch einen Plaz, aber ich hatte nicht Zeit den Vorsaz auszuführen~~.
575 *Belforts* Geist konnte nur sich ‹…› Diesen Hang konnte er nie verläugnen.] konnte ~~nur~~ sich ⌈nur⌉ in der Unordnung gefallen, ~~und~~ seine größte Freude bestand darinn, Streitigkeiten zu erregen. ~~Diesen Hang konnte er nie verläugnen~~.
578 wäre ihm sehr zu statten gekommen, ‹…› Er war in der grössten Wuth, seinen Plan zerstört zu sehen.] wäre ihm ~~sehr~~**sehr** zu statten gekommen, ~~um~~um seiner ~~Familie~~ zu-

grundgerichteten Familie wieder aufzuhelfen. ~~Bey allen den Unthaten~~ ⌈Dazu kam noch,⌉ ~~hatte~~ ⌈daß⌉ auch *Rosalie*, ohne es zu wollen, das Geheimniß gefunden ⌈hatte⌉, sein Herz zu gewinnen~~.~~, ~~Er war~~ ⌈und mit⌉ ~~in der grössten Wuth,~~ ⌈Wuth sah er⌉ seinen Plan zerstört ~~zu sehen~~.

582 aus dem er] ~~wovon~~ aus.

584 anzufangen: Er suchte mich auf und] anzufangen: ~~Er suchte mich auf und~~.

585 Gelegenheit mich zu finden.] Gelegenheit ⌈an⌉ mich zu ~~finden~~ ⌈kommen⌉.

586 Er knüpfte ein Gespräch an, wobey ‹…› in guter Gesellschaft zu hören, so sagte ich ihm]. Er ~~suchte mich~~ knüpfte ⌈in großer Gesellschaft⌉ ⌈mit mir⌉ ein Gespräch an, ~~wobey~~ ⌈und⌈ ~~wir viele Zuhörer hatten, ohne sein Vorhaben zu verrathen, aber mit~~ einem Gesicht mit dem man Kinder fürchten mach~~en~~t, ~~kann. Er~~ ⌈und ~~Er+~~⌉ fragte mich, ob ich nicht einen Spaziergang ⌈an einen gewissen Ort⌉ mit ihm machen wollte~~, an einen gewissen Ort~~. ~~Da ich sehr froh war, seine Erklärung in guter Gesellschaft zu hören, so~~ ⌈Ich⌉ sagte ~~ich~~ ihm.

591 das Land] das ~~K+~~ Land.

592 Er glaubte nun desto fester, was ihm *Belfort* gesagt, und nichts dachte er weniger] Er glaubte nun desto fester ⌈an das⌉, was ihm Belfort ⌈von mir⌉ gesagt ~~++~~ ⌈hatte⌈und ~~nichts~~ dachte ~~er~~ ⌈nichts⌉ weniger.

594 Er gerieth in einen heftigen Zorn, daß er sein kaltes Blut ganz verlor; ‹…› so sagte ich mit sanfter [20v]Stimme] ~~Er gerieth in einen heftigen Zorn~~, ⌈Er nahm nun die Miene eines⌉ ⌈zornigen Menschen an,⌈ ~~daß er sein kaltes Blut ganz verlor; er~~ begegnete mir mit einer Ungezogenheit ~~und Heftigkeit~~, die alle Gränzen überschritt. D~~asieß~~ wars, wohin ich ihn bringen wollte~~n~~, um die andren Zeugen auf meiner Seite zu haben.~~,~~ ~~Wie ich sah daß er + ganz aus~~ ⌈und nun antwortete ich ihm⌉ ~~seinem Gleis kam, so sagte ich~~ mit.

598 lassen, oder aufzuhören sich zu ärgern] lassen, ~~oder aufzuhören sich zu ärgern~~.

600 welcher von uns beyden lachen wird über den Ausgang. Die Ruhe und Kälte] welcher von uns beyden ~~lachen wird~~ über den Ausgang ⌉lachen wird⌉. Die ~~Ruhe und Kälte~~ ⌈Kaltblütigkeit⌉.

602 am Degen und eh ich] a~~mn~~ ⌈den⌉ Degen ~~und~~ eh.

603 verwundete er mich leicht am Arme.] ~~verwundete er~~ ⌈hatte er mich⌉ ~~mich leicht~~ am Arme ⌈leicht verwundet⌉.

604 wüthend, und man mochte Mittel anwenden welche man wollte, so wurde es den Zuschauern schwer uns auseinander zu bringen. Ich brachte ihm zwey Stiche] wüthend, ~~und man mochte Mittel an-~~ ⌈aller Mittel ungeachtet⌉ ~~wenden welche man wollte, so wurde es den Zuschauern~~ ⌉die man sich⌉ ⌈gab⌉ ~~schwer~~ uns auseinander zu bringen~~.~~, ~~Ich brachte~~ ⌈brachte ich⌉ ihm.

607 meine Flucht denken] ~~Flucht Entfernung~~ ⌈Flucht⌉.

608 die für mich sehr vortheilhaft sprach. Ich hatte in *Paris* viele gute Freunde, die eifrig für mich arbeiteten.] die ~~für mich sehr vortheil~~- ⌈mir sehr günstig⌉ ~~haft~~ ⌈war;⌉ ~~sprach. Ich hatte in Paris viele gute Freunde,~~ ⌈die vielen Freunde die ich in Paris hatte, verwendeten⌉ ~~die~~sich eifrig für mich ~~arbeiteten~~.

611 krank wurde; Ich erfuhr es erst als ich zurück war. Mir fiel diese Trennung] wurde; ~~Ich erfuhr es erst als ich zurück war~~. Mir ~~kam~~ ⌈fiel⌉.

613 Auch schmeichelte] ~~schmeiche~~ schmeichelte.

615 Ich wurde nicht verfolgt, und schiffte mich in *Calais* ein, ‹…› zu meinem Vortheil ein-

gerichtet, und ich kehrte nach *Paris* zurück.] ↑Nach einem kurzen Aufenthalt in England und Holland erhielt ich meine / ~~Ich nahm den Weg nach Calais ohne verfolgt zu werden~~↑ ~~Ich wurde nicht verfolgt, und schiffte mich in *Calais* ein, ich suchte in England einen~~ ⌈~~nahen~~⌉ ~~Verwandten auf, der dort eine grosse Rolle spielte. Ich blieb nicht lange bey ihm, denn ich hatte grosses Verlangen, Holland zu sehen. Es war im ärgsten Winter, alle Kanäle zugefroren, so daß man überall trocknes Fusses hingehen konnte. Ich schrieb an *Rosalien* und an einige meiner Verwandten, die für mich um Begnadigung gebeten hatten. Alles war zu meinem Vortheil eingerichtet~~ ⌈Begnadigung⌉ und.

621 und empfing Briefe] ~~schrieb~~ ⌈empfing Briefe⌉.

622 ohne daß er ihr von einer Heyrath sprach.] ohne ~~daß er ihr~~ ⌈ihr⌉ von einer Heyrath ~~sprach. Sie~~ ⌈zu sprechen.⌉ ⌈Sie⌈.

623 aber ohne Erfolge, und außer diesem Vorfall lebe sie übrigens in grosser Ruhe. ‹…› Ich ging in der That wieder zu meinen Verwandten.] Erfolge~~, und außer diesem Vorfall lebe sie übrigens in grosser Ruhe. Ich schrieb, daß ich jetzt noch nach England zurückgehe um ein Teil der Zeit noch dort zuzubringen in der sie noch im Kloster sein würde. Ich ging in der That wieder zu meinen Verwandten.~~ →Ich benutzte diese Zeit der Ruhe und ging wieder nach England zu meinen Verwandten, wo meine Gegenwart nöthig war; →.

627 *Rosalien,* dies] die~~s~~**ß**.

628 zurück zu kehren] ~~zu z~~ zurück.

630 er stand ehmals] er war stand ehmals.

633 ansah, denn es war ihr ernstlicher Wille diesen Plan auszuführen] ansah. ~~denn es war ihr ernstlicher Pla Wille diesen Plan auszuführen.~~

633 so fand sich] fand ⌈er⌉ ~~sich~~.

634 Sie war angenehm] Sie + ⌉war⌉.

636 und interessirt wie ein Jude.] und ⌉auf eine⌉ + ~~interessirt wie ein Jude~~ ⌈niedrige Art eigennützig⌉.

641 *Rosalien* wirklich zu dem] ⌉*Rosalien* wirklich⌉ zu.

645 Es war ihnen gelungen] ~~Man hatt~~ Es.

646 ließen sie ihre Zelle] ⌈ließen sie⌉ ihre.

646 *Rosalie* glaubte wie die andern Nonnen auch] glaubte ~~wie die~~ ⌈mit den⌉ andern Nonnen ~~auch~~.

647 die alten frommen Schwestern] alten ~~frommen~~.

648 alles machte sich mit einem Geheimniß und einer Stille und Schnelligkeit, daß *Rosalie*] alles ~~machte sich mit einem~~ ⌈geschah so⌉ Geheimniß⌈voll und schnell⌈ ~~und einer Stille und Schnell~~igkeit~~, daß~~.

650 besuchte, davon konnte unterrichten lassen. Man sagte dieser, sie wäre von ihrem Vater in ein andres Kloster gebracht worden, kurz kein Mensch durfte sie sprechen.] ~~davonda~~**von** konnte unterrichten lassen. ~~Man sagte dieser, sie wäre von ihrem Vater in ein andres Kloster gebracht worden, kurz kein Mensch durfte sie sprechen.~~

653 Sie glaubte es nicht. Diese falschen Erzählungen ‹…› Aber dieser letzte Angriff *[22v]* ließ sie das sichertse Mittel ergreifen, das in der Folge uns rettete.] es nicht. ~~Diese falschen Erzählungen, mit dem vereinigt, daß sie alle Welt verließ, ließ sie über alles in Ungewißheit bleiben. Da zumahl Vater, Schwester, Nonnen und Beichtvater sie~~ ⌈Da man sie aber⌉ unaufhörlich verfolgte~~n~~ ihre Gelübde abzulegen, ~~und so sehr trieben, daß sie~~ ⌈ja sogar sie zu⌉ ~~sie~~ bereden ~~wollten~~ ⌈suchte⌉ eine Bittschrift an den Erzbischoff zu unter-

schreiben, worin sie seine väterliche Milde ~~ansprachen~~ ⌈ansprach⌉, ihre Gelübde ~~in drey Monathen~~, ⌈schon im dritten⌉ ⌈Monat⌈ nachdem sie den Schleyer genommen, ablegen zu dürfen, weil sie einen zu grossen Beruf dazu in sich fühlte, ~~da sie seit ihrer frühsten Kindheit~~ ⌈so entschloß sie sich endlich⌉ ~~die Grundsätze des Klosters eingesogen, weil sie darin erzogen worden und solche falsche Gründe mehr, die alle falsch waren. Aber dieser letzte Angriff~~ [22v] ~~ließ sie~~ das ~~sicherste~~ Mittel ergreifen, das ⌈uns⌉ ~~in der Folge uns~~ rettete.

664 schuldig sey] schuldig ~~war~~.

664 zurückgeben müsste] mü~~sste~~ßte.

665 Man versicherte sie sie solle für nichts sorgen, daß man alle] ~~m~~Man versicherte sie sie ~~solle~~ ⌈habe⌉ für nichts ⌈zu⌉ sorgen, ~~daß~~ ⌈da⌉.

667 Gläubiger verschweigen müßte] ~~ver-~~ ⌈nicht⌉ ~~schweigen müßte~~ ⌈nennen dürfe⌉.

668 Beichtvater zuschicken wollte, oder durch jemand dem sie recht verschwiegen glaubte. Und selbst] Beichtvater ⌈oder einer andern vertrauten Person⌉, zuschicken wollte, ~~oder durch jemand dem sie recht verschwiegen glaubte. Und selbst~~ ⌈Auch⌉ wollte sie.

669 drey Tage im Besiz des Geldes wäre, und Gebrauch davon gemacht hätte. Sie wollte den uneingeschränkten Gebrauch] ⌉im Besiz⌉ des Geldes ~~beseßen~~ ~~w~~wäre, und ~~daß sie es~~ Gebrauch davon gemacht hätte. Sie wollte ~~den~~ ⌈ganz⌉ uneingeschränkten.

671 und wollte sie nicht, daß man Erkundigungen einziehen könnte, wo sie es hingeschickt. Hätte] ~~und wollte sie nicht~~ ⌈Auch und sie verlange⌉, daß man ⌈keine⌉ Erkundigungen einziehen könnte, so sie es hingeschi~~cktck~~t. ~~H~~Hätte.

673 wenn man noch zwey Tage anstehen] ~~d~~ noch zwey Tage ~~erklärte sie.~~ anstehen.

674 Da man ihren festen Geist kannte, ‹…› denn nach allen Vorkehrungen] Da man ihren festen Geist ⌈entschloßnen⌉ kannte, der ++ und bestimmt in ihren Wollen, ⌈Charakter kannte, und sie überdies schon in⌉ ←entschloßnen Charakter kannte, so gab +← ~~so gab man ihr um so freywilliger die verlangte Summe, weil es nur noch~~ drey Wochen ~~Zeit hatte, bis sie~~ ihr Gelübde ablegen ~~werde. Auch glaubte man nicht~~, ⌈ sollte, so gab man ihr die⌉ ↓verlangte Summe; auch glaubte man, es↓ [23] ↑um so eher wagen zu können, da sie in einer so kurzen Zeit keine Abrede mit mir nehmen konnte. ~~+~~ Nach allen gemachten↑ ~~daß sie in einer so kurzen Zeit Nachricht von mir erhalten könne, und daß ich antworten könnte, denn nach allen~~ Vorkehrungen.

678 Es war auch in der That nahe dabey, ‹…› und unsrer wechselseitigen Liebe.] ~~Es war auch in der That nahe dabey, daß sie die Zeit sie täuschte; doch es geschah nicht; sie wendete das Geld auf eine Art an, die ihrer Entschlossenheit Ehre machte, und unsrer wechselseitigen Liebe~~.

682 Neigung und Beruf] ⌈und Beruf⌉.

683 entdeckte sie sich. Sie fiel ihr zu Füßen, versprach ihr, daß sie ihr in der Welt viel Geld geben wollte, um sich gut zu verheirathen] sie sich~~.~~, ~~Sie~~ fiel ihr zu Füßen, ⌈und⌉ versprach ihr, ~~daß sie ihr in der Welt viel Geld geben wollte, um sich gut zu verheirathen.~~ ⌈daß sie sie in der Welt gut und reichlich versorgen und verheirathen wollte⌉ ⌈zu einer guten Heirath zu verhelfen⌉.

685 zum Lohn] ~~Zeichen Lohn~~ ⌈Anfang⌉.

688 Mädchens, die nur aus Nothwendigkeit da im Kloster ist. Sie wiederstand] Mädchens, ~~die nur aus Nothwendigkeit da im Kloster ist.~~ ⌈die unter dem Klosterzwang seufzt⌈ ~~Sie~~ wiederstand.

689 von seiner Hände Arbeit] ~~ein Arbeits-~~ von.

691 nach England zu bringen und eine Antwort zurück] nach England zu[5] bringen[6] und[1] eine[2] Antwort[3] zurück[4]. *Ziffern zur Umstellung der Syntax über den Satzteilen.*

694 Man unterrichtete ihn] ih**mn**.

694 finden könnte. Auch hatte er den Auftrag mich aufzusuchen, wenn er mich nicht in London finden sollte.] könnte. ~~Auch hatte er den Auftrag mich aufzusuchen, wenn er mich nicht in London finden sollte~~.

696 Er betheuerte] ~~betheuerte~~ betheuerte.

698 bey der Handlung] ~~mit ihm~~ ⌈bey der⌉.

699 und suchte mich bey meinen Verwandten auf wo er mich auch fand.] und ~~suchte~~ ⌉fand⌉ mich bey meinen Verwandten ~~und wo er mich auch fand~~.

701 Brief, mein Herr] Brief, ~~mein Herr~~.

702 in unnüze Klagen ausbrechen. Die wenige Aufmerksamkeit, die Sie mir bezeigten seit drey Monaten, wo ich nicht mal Nachrichten von Ihnen erhielt, hat mich in Verzweiflung] in ~~Klagen~~ unnüze~~n~~ Klagen ausbrechen. ~~Die wenige Aufmerksamkeit, die Sie mir bezeigten~~ ⌉Ihr Stillschweigen⌉ seit drey Monaten, ~~wo ich nicht mal Nachrichten von Ihnen erhielt,~~ hat mich in ~~die~~ Verzweiflung.

705 versichert mich] ~~mich~~ ⌈mir⌉.

705 und sie nicht geachtet] ~~und sie~~ ⌈aber⌉ nicht ⌉darauf⌉ geachtet.

707 Schwüre? In dem Beschluß bestärckt mir das Herz ◊ [208]zu durchstossen] ~~In dem Beschluß bestärkt~~ ⌈Fest entschloßen⌉ mir das Herz [208]zu durchstossen. – *Bl. 24 fehlt, der Text wurde ergänzt aus dem Erstdruck, S. 208 f.*

736 Sie wollten mich eine Bittschrift unterzeichnen laßen ‹…› weil mein Beruf sagen sie zu mächtig wäre in meinem Herzen. Welche Betrügerei!] Bittschrift ⌈um⌉⌈Dispensation⌈ ~~unterzeichnen laßen~~ ~~an die geistliche Gewalt, um mir zu erlauben Prozeß zu thun,~~ ⌈unterzeichnen lassen⌉ den Eid ~~einige~~ ⌈drey⌈ Monate ~~früher~~ ⌈~~noch~~ früher⌉ ablegen zu dürfen, ~~wenn ich den Schleyer genommen habe,~~ weil mein Bruf ~~sagen sie~~ zu mächtig ~~wäre~~ ⌈sey⌉ ~~in meinem Herzen~~. Welche**r** Betr**üu**gerei!

740 Mein Vater hat sich von der Tigerhaut entblößt, und ist wie ein Lamm erschienen, aber er ist mir nur tausendmal mehr zu fürchten.] Mein Vater hat ~~sich von~~ de**rie** Tigerhaut ~~entblößt~~ ⌈abgelegt⌉ und ist wie ein Lamm erschienen, aber er ist ⌈mir⌉ nur ⌈desto⌈ ~~tausendmal mehr zu fürchten~~ ⌈furchtbarer⌉.

743 wie den ewigen Versuchungen wiederstehen! Ich versprach] ~~was gegen~~ ⌈wie⌉ d**ieen** ewigen Versuchungen ~~sich verführen~~ wiederstehen! Ich ~~sagte~~.

746 kostete es mich] kostete es ⌈mir⌈ ~~mich~~.

747 Dreyeinigkeitstag] ~~Dreyeinigskeit~~ Dreyeinigkeits tag.

749 er wird Ihnen den Brief sicher überliefern.] er wird ~~Ihnen~~ den Brief sicher ~~über-~~ ⌈in Ihre⌉ ⌈Hände⌈ liefern.

750 Bis zum Tag meiner Einkleidung will ich zubringen ‹…› mir zu den Füßen meines grausamen Vaters, das Herz zu durchstoßen.] ⌈Die Zeit bis⌉ ~~Bis~~ zum Tag meiner Einkleidung ~~will ich mit Verwünschungen über~~ ⌈werde ich zubringen damit zubringen⌉ die Stunde meiner Geburt ~~h+ auszustoßen~~ ⌈zu verwünschen⌉, ~~ich will lernen das Leben~~ ⌈ich werde mich darinn⌉ ⌉üben, das Leben⌉ zu verachten, ~~und grausam gegen mich alles zu wenden, ich will mich entschließen, mir~~ ⌈um mir in dem⌉ ⌈unglücklichsten Falle⌉ zu den Füßen meines grausamen Vaters das Herz ~~zu~~ durchstoßen ⌉zu können⌉.

757 Ich sagte Ihnen daß ich nicht Sie anklagen werde, ich will mich nicht über Sie beklagen;

‹…› ich will Ihr Verfahren loben, damit Sie] daß ~~ich nicht Sie anklagen werde~~, ich ~~will~~ mich nicht über Sie beklage~~n~~; ich würde sonst zweifach unglücklich. Nein, im Gegentheil, ich ~~will~~ ⌉vor der Welt werde⌉ Ihr Verfahren loben, damit ~~s~~**Sie**.

761 angehören durfte] ~~durfte~~ durfte.

765 schon das Fest] schon d~~ie~~**as** {Fest} ~~Festlichkeit~~.

766 um das Schlachtopfer] um ~~sie dem~~ das.

768 Der Todt wird mich schüzen für die Stürme des Lebens, eines Lebens, das unglücklicher als der Todt war.] ~~Der Todt wird mich schüzen für die Stürme des Lebens, eines Lebens, das unglücklicher als der Todt war~~.

769 eine Braut des Herrn zu sein, da ich für einen Sterblichen nur lebe?] eine Braut ~~des Herrn~~ ⌈Gottes⌉ zu sein, da ich ⌈nur⌉ für einen Sterblichen ~~nur~~ lebe?

772 den Ehrgeiz, den Geiz] d~~en~~**ie** Ehr~~geiz~~**sucht**, de~~m~~**n** Geiz.

773 so würde ich mich ganz] ~~so~~ würde.

774 nöthig, daß um eine gute Nonne zu sein, ‹…› es großmütiger ist, selbst so viele Leiden zu enden] nöthig, ~~daß~~ um eine ⌈gute⌈ Nonne ~~sich ganz~~ zu sein, ⌈daß⌉ man sich ganz von der Welt ⌈im Herzen⌉ losgerissen habe~~n muss~~, ehe man ihr ⌈äußerlich⌉ entsagen kann? Ist es nicht ~~besser zu gestehen~~ ⌈großmüthiger gehandelt⌉, ~~daß~~ da man immer unglücklich war, und bestimmt ⌈ist⌉ es immer zu bleiben, ~~es großmüthiger ist, selbst~~ ⌈freiwillig⌉ so viele.

779 sei Ihnen] se~~y~~**i** ~~Ihnen~~**Ihnen**.

779 meiner Verzweiflung] meine~~r~~.

781 die man mir machte, erschrekten mich heftig.] die man mir ~~machte, erschrakten mich heftig~~ ⌈machte, versetzten ~~stürzten~~ mich in die heftigste Bestürzung⌉.

782 Zeit. Ich verließ *London* ohne Abschied, und ging in dem Augenblick fort] Zeit~~.~~, ~~Ich~~ verließ *London* ohne Abschied, und ging i~~n~~m ~~dem~~ Augenblick ~~fort~~ ⌈ab⌉.

783 hatte; um meine Ungeduld auf ihren höchsten Gipfel zu bringen] hatte; ~~zum u~~Um meine Ungeduld auf ~~ihren~~ ⌉den⌉.

784 war der Wind heftig und uns zuwieder] Wind ~~heftig und~~.

785 Dover] ~~Dover~~**Dover**.

785 und kam] und ~~kam~~**langte**.

787 Ich stieg nicht in meinem sonstigen Gasthof ab, denn ich fürchtete *Belforts* Spione. Ich blieb bis zu der Dämmerung in der Vorstadt *Saint Germain*] ~~und~~ Ich stieg nicht in meinem ~~Hotel ab~~ ⌈sonstigen⌉ Gasthof ab, ~~denn ich fürchtete~~ ⌈weil ich⌉ *Belforts* ⌉Kundschafter⌉ ~~Spione. Ich~~ ⌈fürchtete, und⌉ blieb bis zu**r** ~~der~~ Dämmerung in der ~~Vorstadt~~**Vorstadt** *Saint Germain*.

790 in dem ich sie bat, es so einzuleiten bey der Pförtnerin, daß ich den Abend noch eingelaßen würde. Ich empfahl meinen Boten denselben Auftrag bei seiner Schwester. Er war] indem ⌈worin⌉ ich sie bat, es ~~so~~ einzuleithen ~~einzuleiten~~ bei der Pfört~~ner~~nerin ⌈dahin einzuleiten⌉, daß ich den Abend noch eingelaßen würde.] ~~Ich empfahl meinen Boten denselben Auftrag bei seiner Schwester. Er~~ ⌈Mein Bote⌉ war.

793 nehmen, ich erwartete nicht weit davon die Antwort. Ich erhielt sie so wie ich sie wünschte.] nehmen, ~~ich~~ ⌈und⌉ erwartete nicht weit davon ~~die~~ ⌈seine⌉ Antwort, ~~+ Ich erhielt sie so wie ich sie wünschte~~ ⌈die auch nach meinem Wunsche⌉ ⌊ausfiel⌋.

795 [27]Ich wurde im Hof eingelassen, und bald in das Zimmer der Pförtnerin, ‹…› mit der Versicherung ihr ganzes Leben für sie zu sorgen] wurde ~~im~~ ⌈in den⌉ Hof eingelassen, und

~~bald in das~~ ⌈sah mich bald⌉ ⌈in dem⌈ Zimmer der Pförtnerin, ~~zu der~~ ⌈an die⌉ ich mit einem ansehnlichen Geschenk ~~ins Zimmer trat~~ ⌈wendete,⌉ ~~und mit der Ver-~~ ⌈nebst ~~+~~⌉ ⌈der Ver⌈ -sicherung ~~auf ihr~~ ⌈begleitet⌉ ⌈daß ich ihr⌉ ganzes Leben ⌈lang⌉ für sie ~~zu~~ sorgen ⌈würde⌈.

797 sprachlos lagen wir lange] ~~wir lagen lange~~ sprachlos ~~lang~~ lagen wir lange.

797 Sie sprach zuerst wieder. Wir dachten bald an die Maaßregeln, die der folgende Tag nöthig machte] Sie ~~sprach~~ ⌈fand⌉ zuerst ⌈ihre Worte⌉ wieder. ~~Wir dachten bald an~~ ⌈Wir besprachen uns nun über⌉ die Maaßregeln, ~~die mir zu ergreifen nöthig waren~~, die der folgende Tag nöthig machte.

801 Hätte ich ihr gefolgt, so hätte ich sie gleich den ersten Abend entführt; ‹…› Aber sie gab meinen Bitten nach.] ~~Hätte ich ihr gefolgt, so hätte ich sie~~ ⌈Ihr Rath war, ⌈⌈gleich⌉⌉ auf der Stelle⌉ ⌈zu entfliehen,⌈ ~~gleich den ersten Abend entführt;~~ aber die ~~Pfort~~ Pförtnerin wiedersetzte sich ⌈diesem Vorhaben⌉ und ich erklärte ihr, daß es viel besser sey, und tausend Verwickelungen und ~~Zwistigkeiten eines~~ ⌈langwierige⌉ Prozesses ~~zu entgehen, daß~~ ⌈abschneiden würde, wenn⌉ sie mir ihre Hand öffentliche gäbe, ~~als so allein mit mir zu entfliehen~~. Es kostete ⌈Mühe, sie zu bereden,⌈ ~~ihr Mühe sich dazu zu entschließen. Aber sie gab~~ ⌈daß sie endlich⌉ meinen Bitten nach**gab.**

806 Als ich aus dem Kloster kam, setzte ich mich wieder zu Pferde und nahm gerade den Weg zum Herzog von L., der mit mir verwandt war und der mir mit Achtung *[27v]* stets] ~~Als~~ ⌈Sobald⌉ ich ~~aus dem~~ ⌈das⌉ Kloster ~~kam, setzte~~ ⌈verlaßen, warf⌉ ich mich ⌈aufs Pferd⌈ ~~wieder zu Pferde~~ und ~~nahm~~ ⌈eilte⌉ gerade**n** ~~den~~ Wege**s** zum Herzog von L., der mit mir verwandt war ~~und der mir die Ehre erzeigte~~ ⌈und ~~der~~ mir stets⌉ mit Achtung *[27v]* ~~stets~~.

808 von *Paris* entfernt. Ich kam früh um zwey Uhr bey ihm an und ließ mich zu ihm führen. Ich erzählte ihm mein Abentheuer, und meine Plane, und bat ihn um eine Zuflucht bey ihm.] entfernt, ~~ich kam~~ ⌈und ich erreichte ~~beynahe~~ erst⌉ früh um zwey Uhr ~~bey ihm an~~, ⌈am Wohnsitz⌉ ~~und ließ mich zu ihm führen~~. Ich erzählte ihm ⌈in der Geschwindigkeit⌉ mein Abentheuer, und meine Plane, und bat ihn u~~m~~**ns** eine Zuflucht bey ihm ⌈zu geben⌉.

810 Er gewährte sie mir, und versprach noch auch im Kloster sich einzufinden ‹…› helfen könnten.] gewährte ~~+~~**sie** mir, und versprach noch ~~mehr + versprach mir~~ ⌈ausserdem⌉ ⌈sich⌉ auch im Kloster ~~sich~~ ~~einzufinden mit einer~~ ⌈mit einer starken⌉ Begleitung ~~von starcken Leuten~~ ⌈einzufinden⌉, die mir im Fall ich Gewalt brauchen müßte, helfen könnt~~en~~.

812 Der Herzog ging ins Kloster] ~~Der~~**Er** ~~Herzog ging~~ ⌈selbst⌉ ⌈besuchte⌉ ~~ins~~**das** Kloster.

813 Ich ging nachdem meine Geschäfte geendigt waren, nach *Paris* zurück, ich versicherte] ~~Ich ging nachdem meine~~ ⌈Nach Beendigung dieses⌉ Geschäftes ~~geendigt waren,~~ ⌉eilte ich⌉ nach *Paris* zurück, ~~ich~~ ⌈und⌉ versicherte.

816 Dienste zu leisten: ich suchte sie auf, sie schworen mir, sich für mich aufzuopfern. ‹…› ließ mir einen glücklichen Erfolg hoffen.] leisten: ~~ich suchte sie auf, sie schworen mir, sich für mich aufopfern zu aufzuopfern. Und ich führte sie zu dem Plaz, wo ich den Wagen halten ließ. Hier~~ ⌈diesen ~~ih+~~⌉ entdeckte ich ~~ihnen~~ mein Geheimniß, und gab ihnen Pferde, nach dem Kloster zu sprengen. ~~Die Freude, mit der sie~~ ⌈ihre Bereitwilligkeit⌉ ⌉mir⌉ ~~mir~~**zu** folgten, ließ mi~~r~~**ch** einen glücklichen ~~Erfolg~~ ⌉Ausgang⌉ hoffen.

821 Wir nahmen einen andern einsamern Weg, als den gewöhnlichen der nach *Paris* führte ‹…› und es schien nicht daß uns jemand zuvorgekommen wäre.] ~~wir~~**Wir** nahmen einen ~~and~~ andern Weg, als den gewöhnlichen ~~der zum Kloster führte nach Paris führte~~, um nicht entdeckt zu werden. Fünfhundert Schritte ~~davon~~ ⌈vom Kloster⌉ machten wir halt. Es

war noch nicht acht ~~uhr~~**Uhr** ~~des~~ Morgens als wir ankamen, und es schien nicht daß uns jemand zuvorgekommen ⌈sey⌈ ~~wäre~~.

825 Kräfte mich zu erhalten] Kräfte ~~mich zu erhalten~~.

827 um mir Nachricht] um ~~mich zu~~ mir.

828 Er war so verstellt, daß der Teufel selbst ihn für einen Padern hätte nehmen müssen; ‹…› hatte ich noch acht Männer in die Kirche geschickt] daß ~~der~~ Teufel ⌈~~T~~⌉ ~~selbst ihn für einen Padern hätte nehmen müssen; er war obendrein~~ ⌈ihn niemand erkennen konnte; zu~~r~~ ~~Sich~~⌉⌈größerer Sicherheit hatte ich noch acht handfeste⌈ ~~wie ein Bettler angezogen; um für alles sicher zu sein hatte ich noch acht Männer ins~~ ⌉Männer⌉ in die Kirche geschickt.

832 heraus wäre. Auch von den andern in der Nähe stehenden Haufen war ich versichert, daß sie bey dem geringsten Tumult zu Hülfe eilen [28v]würden.] ~~wäre~~sey. Auch von ~~den~~ ⌈dem⌉ andern in der Nähe ~~geblieben~~ stehenden Haufen ~~war~~ ⌈konnte⌉ ich versichert ⌈seyn⌉, daß ⌈er⌈ ~~sie~~ bey dem geringsten Tumult zu Hülfe eilen ⌈würde⌈ [28v]~~würden~~.

833 Einige von meinen Freunden zogen einzeln um das Kloster herum] ~~Einzelne von me~~ Einige ~~von~~ meine~~nr~~ Freunde~~n~~ ~~schatteten~~ ⌈zogen⌉ einzeln um das ~~Kl+~~ Kloster herum.

835 wiedersezen] wi~~e~~dersezen.

836 Da alles so eingerichtet war, so erwartete] ~~Da alles so eingerichtet war, so +~~ ⌈Nach so getroffenen Maßregeln⌉ erwartete.

837 Augenblicke ehe *Rosalie* das Gelübde aussprechen sollte] Augenblicke ⌈vorher⌉ ehe *Rosalie* das Gelübde ~~ablegen~~ aussprechen.

837 Ich ließ die Kutsche vorfahren; und die Pferde meiner Freunde, die vor dem Thore warteten] die Kutsche ~~vorfahren~~ ⌈vorfahren⌉, ~~und die Pferde meinen Freunde Freunde, die jenigen~~ die.

839 herein käme] ~~käme~~ ⌈dränge⌉.

841 Courriers, worin ich auch auf meiner Reise] Cou~~r~~riers, ~~worin~~ ⌈worin⌉ ich auch auf meiner ⌈ganzen⌉ Reise.

842 voller Staub, und unansehnlich] voll~~er~~ Staub, ~~und~~ ~~unansehl~~ unansehnlich.

843 Der Lärm den ich machte, ließ die Zuhörer die Köpfe wenden. ‹…› als sie anfing, [29]weil ich mich dazu eingefunden hatte ohne eingeladen zu sein] Der Lärm den ich machte, ~~ließ~~ ⌈veranlaßte⌉ die Zuhörer ⌉sich nach mir⌉ ~~die Köpfe wenden~~ ⌈umzudrehen⌉, *Belfort* erkannte mich und fühlte nun wohl, daß die *Ceremonie* nicht so ruhig abgehen würde, als sie ~~anfing~~ ⌊angefangen⌋, [29]~~weil ich mich dazu eingefunden hatte ohne~~ ⌈da ich mich als ein ungeladener Gast⌉⌈dabey⌈ ~~eingeladen zu sein~~ ⌈eingefunden⌉.

847 überdies] ~~ohn~~ überdies.

847 im Angesicht] ~~st~~ im Angesicht.

848 gute Maasregeln getroffen] gute ⌈Maasregeln⌈ ~~Vorsicht gebraucht um sie~~ getroffen.

850 und hatte einen abgesonderten Plaz] und ~~hatte~~.

851 Der Herzog] ~~Der~~**Er** ~~Herzog~~.

852 nach der Seite zu meiner Geliebten hin] ~~nach~~ ⌈auf ⌈der Seite ~~der Nonne zu~~ meiner Geliebten ~~hin~~.

856 Schimmer von Fröhlichkeit der sich über ihr Wesen ausgoß, blieb dem Herzog nicht unbemerkt] ~~Fröhlichkeit~~ ⌈Freude⌉ der sich über ihr ~~aus~~ ⌈Wesen aus⌈goß, ~~wurde vom~~ ⌈blieb dem⌉ Herzog.

858 ausgesehn habe] ausgesehn ~~habe~~.

858 mehr wie einmal im innersten Herzen einer Nachlässigkeit ‹…› *Belfort* bemerkte es wohl und so viel ich ihn verstand, wurde er sehr aufgebracht darüber] mehr ~~wie~~**als** einmal einer Nachlässigkeit ~~beschuldigt habe und Furcht~~- ⌈oder Zaghaftigkeit⌉ ~~samkeit~~. ⌈beschuldigt habe⌉ ~~*Belf*~~ ~~Ich mußte~~ ⌈Ich mußte lachen⌉ ~~über diese Anmerkung~~. *Belfort* bemerkte ~~es wohl und so viel ich ihn ver-~~ ⌈daß ich ~~d+~~ über diese Anmerkung⌉⌈lächeln lächel~~n~~te⌈ ~~stand, wurde er~~ ⌈u. schien⌉ sehr aufgebracht ~~darüber~~.

862 die ganz fest [29v]und entschlossen antwortete. Als man die Frage an sie richtete, was sie verlange? so sagte sie] die ⌈sich⌉ ganz fest [29v]und entschlossen ~~antwortete~~ ⌈bezeigte⌉. ~~Als man fragte was~~ ⌈Als man die**die** Frage**Frage**⌉ an sie richtete, was sie verlange? so ~~sagte~~ ⌈antwortete⌉ sie.

863 Ich verlange den Grafen *Saint Arnaud* zum Gemahl] *In der Hs. ist dies die erstmalige namentliche Nennung des männlichen Protagonisten und Ich-Erzählers. Eine weitere Nennung erfolgt in Z. 920. Im Erstdruck, S. 183, ist der Name als „Saint Amand" transkribiert. Vgl. die Übernahme des Textes der fehlenden Bl. 11 und 12, bzw. Z. 339–397 in dieser Edition.*

865 die Leute des Herzogs stellten sich um uns] Herzogs ~~stellten~~ ⌉umgaben uns⌉ ~~sich um uns~~ ⌈sogleich⌉.

866 die Tochter, der künftige Schwiegersohn] Tochter, ~~der vermeintliche~~ ⌈~~künftige~~⌉ ~~Schwiegersohn~~.

867 nicht erwarteten] erwartet~~en~~ ⌈hatten⌉.

869 daß in der Nähe des heiligen Sakraments sehr wenig anständig und ehrfurchtsvoll war] ~~daß~~ ⌈das⌉ in der Nähe ~~des~~ ⌉des⌉ heiligen Sakraments ~~sehr~~ wenig anständig ~~war~~ und.

870 in meinen Arm geschlossen] ~~umarmt, sie~~ ⌉in meinen⌉ ~~in~~ Arm.

870 im Angesicht der ganzen] ~~für~~ ⌈im Angesicht⌉.

872 daß er nicht vermochte ein Wort zu sprechen, und stand unbeweglich] daß er ~~nicht vermochte~~ **k**ein Wort ~~zu sprechen, und stand unbe-~~ ⌈hervorbringen konnte⌉ ~~weglich~~.

873 Bewegung. Er schien ganz steif zu sein oder in Entzückung: zu] Bewegung. ~~Er~~ schien ganz steif ~~zu sein oder in Entzückung~~: ~~z~~**Z**u.

876 ungedultig, ich wendete mich] ungedultig, ~~ich~~ wendete.

881 Ihren bösen Willen] Ihren ~~schlechte Absicht~~ ⌈bösen Willen⌉.

882 in der Gegenwart des Gottes selbst] in der ⌈eignen⌉ Gegenwart des Gottes ~~selbst~~.

883 Sacramente aufbewahrt ruhet. Ich erwähle sie für der ganzen Versammlung] Sacramente ~~aufbewahrt ruhet~~ ⌈wohnt⌉. Ich erwähle sie ~~für~~ ⌈vor⌉ der ganzen ~~Gesell~~ Versammlung.

884 Wollen Sie auch mich zu Ihrem Gemahl haben, mein Fräulein, fragte ich indem ich fortfuhr zu sprechen. Ja mein Herr] ~~w~~**W**ollen |auch⌉ Sie ~~auch~~ mich zu Ihrem Gemahl ~~haben~~, mein Fräulein, fragte ich ⌈Rosalien⌉ ~~indem ich fortfuhr zu sprechen~~. Ja ~~mein Herr~~.

885 sagte sie. Sprechen Sie laut, sagte ich, daß niemand daran zweifeln kann] sie. – Sprechen Sie laut, sagte ich, daß ~~die~~ niemand ~~daran~~ ⌈sey,⌉⌈der daran⌈ ~~zweifeln kan.~~ ⌈zweifelt –⌉.

886 ich nehme Sie an als meinen Gemahl] Sie ~~an~~ als meinen Gemahl ⌈an⌉.

887 feierlich, sagte ich wieder, und steckte ihr einen Ring an] feierlich, ~~sagte ich wieder,~~ ⌈rief ich aus,⌉ ~~und~~ steckte ihr ~~einen~~**zugleich** ⌈einen⌈ Ring an.

888 Ich fuhr fort mich an *Belfort* zu richten. Sie sehen, sagte ich, mein Herr] ~~Ich fuhr fort mich~~ ⌈Sie sehen, fuhr ich⌉ ~~an~~**zu** *Belfort* ~~zu richten. Sehen Sie, sagte ich, mein Herr~~ ⌈fort, ~~in ++~~⌉.

890 Sie geben zu, daß sie in einem Alter ist, daß sie über sich gebieten kann im Laufe ihres übrigen Lebens, [30v]da sie zugeben wollten, ‹…› Weder *Rosalie* noch ich selbst entsagen] Sie ⌈gestehen⌈ ~~geben zu~~ ⌈ein⌉, daß sie in einem Alter ist, ~~daß~~ ⌈wo⌉ sie über ⌈sich selbst⌈ ~~sich gebieten kann im Laufe ihres übrigen Lebens,~~ ↓bestimmen kann, da ~~Sie~~ man ihr erlaubte, sich↓ [30v]↑zum Kloster zu bestimmen↑ ~~da sie zugeben wollten, daß sie sich zum Kloster bestimmt~~. Ich bin aus einer Familie die Ihnen Ehre machen kann. ~~Sie gibt sich mir ohne sich~~ ⌈und ich nehme sie ohne⌉ ⌉~~von~~⌉ ~~bey Ihrer Wahl aufhalten zu lassen, und sie macht mich glücklich, ob sie Ihnen auch glücklich macht, darum dafür sorge ich nicht. Ich verlange von Ihnen nichts zu ihrer~~ Aussteuer. ~~Ich könnte verlangen, daß Sie~~ ⌈ob ich ~~gleich~~ Sie gleich zwingen⌉⌉könnte,⌉ mir eben das ~~gäben~~ ⌈zu geben,⌉ was Sie für das Kloster bestimmt hatten. Aber ~~dieses äußre Interesse verdient jetzt keine Erwähnung,~~ und wir werden zu einer andern Zeit davon sprechen. Weder *Rosalie* noch ich ~~selbst~~ entsagen ~~h~~.

898 Uebrigens mein Herr] Uebrigens ~~mein Herr~~.

898 Gott Rechenschaft abzulegen von Ihren Handlungen, ‹…› Geistlichen, der eben die EinweihungsCeremonie vornehmen sollte] Gott ~~Rechenschaft abzulegen~~ von Ihren Handlungen ⌈Rechnung abzulegen⌉, ~~so werden~~ Sie Ihrer Tochter zurückgeben ⌉werden,⌉ was ihr von Ihnen zukomm~~ent~~ muß, ~~wenn Gott +~~ ⌉~~Ihnen~~⌉ ~~nicht von seinen Reichtum entziehen soll~~. Wollen Sie, ~~mein Herr~~ sagte ich ⌈zu⌉ dem Geistlichen, der eben die Einweihungs⌈Ceremonie⌉.

903 entbehren. Sprechen Sie, mein Herr, ohne Anstand sprechen Sie. Nein sagte er, ich kann es nicht.] entbehren. ~~Sprechen Sie, mein Herr, ohne Anstand sprechen Sie~~. Nein sagte er, ~~ich~~ ⌈das⌉ kann ~~es~~ ⌈ich⌉ nicht! ⌇–⌇.

905 [31]von der Gesellschaft, sagte ich *Rosalien*. Sie machte eine tiefe langsame Verbeugung. Darf ich ihr einen Kuß geben? sagte der Herzog von L.] Gesellschaft~~.~~! ~~sagte ich~~ *Rosalien* ~~Sie~~ machte eine tiefe langsame Verbeugung. ~~Lassen Sie mich~~ ⌈Darf ich⌉ ihr einen Kuß geben? sagte der Herzog von L..

908 daß er ihr Dank wisse für die kühne Handlung. Sie solle herzhaft fortgehen, er würde es wohl zu verhindern wissen, daß man uns daran hinderte.] daß er ~~ihr Dank wisse für~~ diese ~~kühne Handlung. Sie~~ ⌈entschloßne Handlung⌉ ⌈bewundre. Sie⌈ solle ~~herzhaft w+ fortgehen~~ ⌈nun ganz ohne Furcht seyn⌉. Er würde es wohl zu ⌈zu⌈ verhindern wißen, daß man uns ~~störte daran hinderte.~~ ⌈trenne.⌉.

910 Tritt durch die Menge. Ihre Bewegung und die Wärme der Handlung hatte ihre Gesichtsfarbe erhöht, sie schien der Menge wie eine der schönsten Frauen, die man jemals sah. Ich war] ~~die Bewegung~~ durch die Menge. ~~Ihre Bewe-~~ ⌈Die heftige⌈ ~~gung und die Wärme der Handlung~~ ⌈Gemüthsbewegung ~~+~~⌉ hatten ihre Gesichtsfarbe erhöht, ~~sie schien der Menge wie eine~~ ⌈erschien als⌉ eine der schönsten Frauen, die man jemahls ~~sah.~~ ⌈gesehen, ich⌈ ~~Ich~~ war.

912 Wir sahen nicht rechts noch links beym herausgehen, ‹…› damit man uns nicht so schnell folgen könnte] Wir ~~sahen~~ ⌈traten aus⌈ ~~nicht~~ ⌈der Kirche ohne⌉ rechts noch links ~~beym herausgehen~~ ⌈zu sehen⌉, unsre Freunde machten uns Plaz, ~~wir stiegen so schnell~~ ⌈und wir stiegen so⌉ ⌈schnell⌈ wir konnten in Wagen, ~~und mach machten~~ ⌈indem wir⌉ die Kirch⌈thüre zumachten⌈ ~~thüre zu, damit man uns nicht so schnell folgen könnte~~.

915 und sie stieg mit uns im Wagen] und ~~sie~~ stieg mit uns ~~in Wagen~~ ⌈ein⌉.

916 Weg nach L. –] nach ~~L~~–L.

917 Der Herzog von L. und andre Menschen, ‹…› der Frau von *Saint Arnaud*, ‹…› Sie betrug

sich mit vielen Anstand und Grazie, bey Tische übergab sie mir in Gegenwart] und ⌈alle gut⌈ ~~andre Menschen, wie Verwandten, die zu meinem Vortheil~~ ⌈gesinnten unter den Zuhörern ergriffen unsre⌉ ⌈Parthey⌈ ~~entschieden versuchten anfangs *B Belforts* Hize~~ ⌈und hielten suchten Belfort zurück, der⌉ ⌈ganz⌈ ~~zu mässigen, der gegen uns tobte mit den grössten~~ ⌈~~heftigsten~~⌈⌈wüthend war, und ~~in~~ die heftigsten ~~Aus~~⌉ ↓Verwünschungen gegen uns ausstieß.↓ *[31v]* ~~Ausdrücken.~~ Sie nahmen das Mahl ein, ~~das für~~ ⌈zum⌉ das ~~Fe~~ Einkleidungsfeste ⌈das zu der Feierlichkeit dieses Tages⌉ bereitet war, und ~~feierten nun das Hochzeitsfest~~ ⌈begingen so das Hochzeitsfest ⌉ der Frau von ~~*Saint*~~Saint Arnaud. ~~Sie betrug sich mit vielen Anstand und Grazie, bey Tische~~ ⌈Auf der Rückreise übergab mir Rosalie⌉ ~~übergab sie mir~~ in Gegenwart.

924 Mein Schwiegervater blieb unerweichlich. Ohngeachtet aller Schritte, die wir thaten.] blieb ~~unerweichlich. Ohnge-~~ ⌈unerbittlich,⌉ ⌉unge⌉~~achtet aller~~ ⌈so viele⌉ Schritte ~~die~~ wir ⌈auch⌉ thaten.

925 meine Gemahlin ist mir noch immer] Gemahlin ~~+~~ ist mir noch ~~immer~~ ⌈diesen Augenblick⌉.

926 schreibe, alle die Schritte, für sie thun könnte, die ich that] alles ~~die Schritte für~~ ⌉das noch einmal⌉ ~~siefür~~ ⌈sie⌉ thun könnte, ~~die~~ ⌈was⌉ ich that.

⟨Marianne⟩

Textgrundlage: GSA 83/1637. 30 Blatt, Folio, ca. 20,5 × 35cm, teilweise ineinander liegende Bögen. Zwei Handschriften sind durchmischt:

H^1: Bl. 2–8 und 17–18 (gelblich). Charlotte Schiller, eigenhändig paginiert, mit redaktionellen Überarbeitungen in der Hand Friedrich Schillers.

H^2: Bl. 1, 9–16, 19–29 (Bl. 30 unbeschrieben) (grünlich). Schreiberhand, unpaginiert.

Ein Umschlag trägt Emilie von Gleichen-Rußwurms Aufschrift:

> *Die neue Pamela / So / von Schiller überschrieben / Von / Schillers Hand bedeutend hinein corrigirt u. gestrichen / Das Manuscript ist / theils von eines Abschreibers, / theils von Charlottens von Schillers / Hand. Der Styl auch von ihr. / Diese Erzählung steht in /dem Flora-Heft. May 1800 / Seite 81. / bis Seite 157. / ganz treu nach dem von Schiller / corrigirten Manuscript / gedruckt. / Also schrieb Charlotte von Schiller in die / Flora! / Emilie Gleichen.*

Erstdruck: Die neue Pamela. In: Flora. Teutschlands Töchtern geweiht. Eine Monatsschrift von Freunden und Freundinnen des schönen Geschlechts 8 (1800) Heft 5, S. 81–157. Das Manuskript sendet Friedrich Schiller gemeinsam mit dem der ⟨Rosalie⟩ *am 5. Februar 1800 an Cotta. Ein Neudruck erfolgte in:* Schiller: *NA, Bd. 16, S. 248–297 (Text) und S. 469–476 (Kommentar).*

Im Unterschied zu diesem Neudruck restituiert die vorliegende Edition Charlotte Schillers Original. Teile, die nur in H^2 überliefert sind, werden in Sans Serif gesetzt und stehen im Kommentar nach dem Lemma ebenfalls in Sans Serif. In den Passagen in Schreiberhand sind teilweise Anführungszeichen für wörtliche Rede eingefügt; da Schiller diese sonst nicht verwendet, wurden sie grundsätzlich nicht übernommen. Zu einer Reihe von Namen fällt auf, dass sie eventuell nachträglich eingefügt wurden, dies gilt etwa für: Saint Hilaire bzw. St. Hilaire oder Fräulein Harcourt.

Der Titel des Erstdrucks, „Die neue Pamela“, wurde von Friedrich Schiller und dem Herausgeber Cotta vermutlich in Anspielung auf Samuel Richardsons *„Pamela, or Virtue Rewarded“ (1740) gewählt. Ob der intertextuelle Bezug von Charlotte Schiller so eindeutig intendiert war, bleibt zu spekulieren. Die strenge Briefform* Richardsons *und damit die Bindung an die Perspektive Pamelas wurde von Schiller zugunsten eines Erzählverhaltens in der dritten Person aufgegeben. Dem entspricht, dass der zentrale Konflikt nicht im Innenleben der Heldin ausgetragen, sondern mit Nachdruck auf die Gesellschaft projiziert wird.* Richardsons *Pamela, eine mittellose Dienerin in adeligem Hause, muss sich gegen die Nachstellungen ihres Herrn wehren und verwandelt dessen Begierden schließlich – Kraft ihrer Tugendhaftigkeit – in aufrichtige Liebe, sodass sich dieser zu einer Verbindung mit der Bürgerlichen entschließen kann. Demgegenüber kämpfen Schillers Held und Heldin von Anfang an gemeinsam gegen das gesellschaftliche Vorurteil, das ihre Liebe zur unmöglichen Mesalliance erklärt. Diese Problematik wird außerdem geradezu aufgehoben, da sich die Geliebte als aus altem Adel stammend und ihrem Mann daher in ständischer Hinsicht nahezu ebenbürtig erweist.*

Der Bezug, den Herausgeber Schiller und Verleger Cotta durch den Titel „Die neue Pamela“ herstellen, könnte auch durch eine Erzählung Arnauds *vermittelt sein, „Fanni, où la nouvelle Paméla“ (erwähnt in: La France Littéraire. Bd. 1. Paris 1769, S. 167), die unter neuem Titel in dessen Novellensammlung erscheint: [*Francois Thomas Marie de Baculard*] d'*Arnaud*: Fanny, histoire anglaise. In: Ders.: Epreuves de sentiment. Bd. 1. Paris 1773, S. 1–102. In der Erzählung selbst wird auf* Richardsons *Roman direkt angespielt, indem die Heldin gefragt wird, ob sie „Pamela“ gelesen habe: „Vous avez lu Paméla?“ (ebd. S. 24). Bezüge zu seinen Erzählungen, die häufig Frauennamen im Titel führen, liegen aber auch hier wie bereits im Falle von Schillers* ⟨Rosalie⟩ *im Bereich motivischer Gemeinsamkeiten. Der Name von Schillers Heldin erscheint häufig in der Literatur des 18. Jahrhunderts. Man denke an* Pierre Carlet de Marivaux' *Romanserie „La vie de Marianne, ou Les aventures de madame la comtesse de …“ (1731–1743) oder an* Friedrich Wilhelm Gotters *„Mariane, ein bürgerlich Trauerspiel in drey Aufzügen“ (Gotha 1776), eine deutschsprachige Adaption von* La Harpes *„Mélanie, drame en drois actes et en vers“ (Amsterdam 1770).*

---

1 ⟨Marianne⟩] *Titel in Friedrich Schillers Handschrift: „Die neue Pamela“. Dieser Titel wurde im Erstdruck übernommen. In der vorliegenden Edition wurde der Name der Protagonistin als Titel eingesetzt.*

2 *Saint Hilaire*] |*Hilai~~r~~re*.

2 Magistratsperson, und viele Güter erwarb er sich noch, ‹…› durch Verlaßenschaften. Er war edel] Magistratsperson, ~~und viele Güter erwarb er sich noch, weil er wichtige Staatsämter bekleidete; er erwarb sie nicht durch Begünstigungen der Partheyen, sondern durch Verlaßenschaften. Er war edel~~.

8 Alter war, daß sie andere Verbindungen wieder hätte eingehen können] war, ~~daß sie~~ ⌈um auf⌉ andere Verbindungen ~~wieder hätte eingehen~~ ⌈Anspruch machen zu⌉ können.

10 zu erziehen, das Einzige, was ihr übrig blieb, nach dem Verlust eines Mannes, den sie so zärtlich geliebt hatte] erziehen, ~~das Einzige, was ihr übrig blieb, nach dem Verlust eines Mannes, den sie so zärtlich geliebt hatte~~.

12 Verstand, doch wurde er oft durch eine gewisse Schüchternheit verborgen. ‹…› aber doch einer

starken Anhänglichkeit fähig] Verstand, ~~doch wurde er~~ ⌈der aber⌉ oft durch eine gewisse Schüchternheit verborgen ⌈wurde⌉. ~~Er war ein rechtschaffener Mann. Theilnehmend als Freund und mit einem sanften Gemüth, aber doch einer~~ ⌈Bey einer sanften Gemüthsart war er dennoch einer⌉ starken Anhänglichkeit ⌈und eines männlichen Entschlußes⌉ fähig.

15 Wort halten konnte, denn durch seinen Stand berechtigt ‹…› seine Aufmerksamkeit auf ein Mädchen, die weit unter seinem Stand zu seyn schien.] denn ~~durch~~ sein~~en~~ Stand ~~berechtigt~~[4)] und[1)] ~~durch~~ sein[2)] Vermögen[3)] ~~konnte er~~ ⌈berechtigten ihn⌉ auf die größten Partien Anspr~~ü~~**u**che ⌈zu⌉ machen. ~~Seine Mutter hatte viele Pläne zu Verbindungen für ihn, die ihn hätten glücklich machen können;~~ aber er ~~unterstützte sie nicht, er schlug alle Vorschläge aus und richtete seine Aufmerksamkeit auf ein~~ ⌈opferte alle diese Vortheile einem⌉ Mädchen, ~~die~~ ⌈auf, das⌉ weit unter seinem Stand zu seyn schien. – *Vermutlich von Friedrich Schiller eingefügte Ziffern zur Umstellung der Syntax über den Satzteilen, hier nach Einfügung wieder gestrichen.*

21 der Degen, sein Vermögen war klein und wurde nicht durch eine ihm an Glücksgütern gleiche Heirath [1v]vergrößert.] Degen, ~~sein Vermögen war klein und wurde nicht durch eine ihm an Glücksgütern gleiche Heirath~~ ⌈**~~nicht~~**⌈ [1v]~~vergrößert~~.

25 Marschall, der allein die Pflicht auf sich hatte, sie nicht zu verlassen, verlohr bald nach dem Tode ihres Mannes sein Leben auf ähnliche Weise, und es blieb der armen Frau nichts übrig, als auf eine Versorgung zu denken.] Marschall ~~, der allein die Pflicht auf sich hatte, sie nicht zu verlassen,~~ verlohr bald nach dem Tode ihres Mannes sein Leben auf ähnliche Weise, ~~und es blieb der armen Frau nichts übrig, als auf eine Versorgung zu denken~~.

28 Herr von *Clairval*] Herr ⌈von⌉ *Clairval*.

28 Haus. Seine Frau nahm sich der kleinen Marianne tätig an] Haus~~.~~, ~~Seine Frau nahm sich der kleinen Marianne thätig an~~. – *Erste Nennung der weiblichen Hauptfigur.*

30 vierzehentes Jahr, wo der Tod sie von ihrer Wohlthäterin trennte. Schon wollte sie Herr Clairval ins Kloster schicken, wo seine einzige Tochter erzogen wurde, da bat sich eine seiner Freundinnen Mariannen aus, um bei ihrer Tochter angestellt] Jahr, wo ~~der Tod sie von ihrer Wohlthäterin trennte. Schon wollte sie Herr Clairval ins Kloster schicken, wo seine einzige Tochter erzogen wurde, da bat sich eine seiner~~ ⌉eine⌉ Freundin~~nen Mariannen aus, um bei~~ ⌈Clairvals sie⌉ ihrer Tochter ~~angestellt~~.

32–43 [2]zu werden, die Hofdame ‹…› *Saint Hilaire*] *Variante in Schreiberhand H^2 zur vermutlich von Friedrich Schiller gestrichenen ersten halben Seite von Bl. 2 in H^1:*
~~zu werden,~~ ⌈zur Gesellschaft gab, welche⌉ ~~die Hofdame~~ bei der Prinzeßin C. ⌈Hofdame⌉ werden sollte. ~~Er überließ sein Pflegekind der Sorge dieser Frau, die er als gut und vernünftig kannte, und entließ Marianne mit vielen guten Rathschlägen zu ihrer neuen Herrschaft~~.
Ihre junge Gebieterinn war in gleichem Alter mit ihr, und diese neue Lage war der erste Grund zu ihrem künftigen Glück. Sie war eine der ersten Schönheiten, ~~und~~ besaß ⌈einen feinen⌉ Verstand, ~~den sie gut zu ihrem Vortheil zu brauchen wußte. Sie hatte viel gelesen~~ und ~~besaß~~ viel gesellschaftliche Talente ~~und Kenntnisse~~. Als Kammermädchen des Fräuleins von ~~Harcourt~~ ⌈Harcourt⌉ suchte sie sich so viel Kenntnisse zu erwerben, als möglich; sie war immer um sie, und nahm Theil an ihrem Unterricht, und alles was ihre Gebieterinn lernte, brachte sie zu einem gewissen Grad von Vollkommenheit ~~, zumal in der Musik machte sie große Fortschritte~~. Das Fräulein Harcourt mußte ⌈wegen⌉ FamilienGeschäften ~~wegen~~ Frau von Saint Hilaire.

33 Princeß E.] Princeß E. – *Als lateinisches „C" oder deutsches „E" lesbar. Vgl. Z. 631 u. 645.*

36 Ihre junge Gebieterinn] ~~Dies war der erste Schritt zu Mariannens Glück.~~ Ihre.

36 war der erste Grund] war ⌈der erste⌈ ~~der~~ Grund.

39 Kenntniße. Als Kammermädchen des Fräuleins von *Harcourt* suchte sie sich so viel

Kenntnisse zu erwerben, als möglich;] Kenntniße. ~~Sie war fromm und klug und betrug sich~~ Als Kammermädchen des Fräuleins von ⌈*Harcourt*⌈ suchte sie sich so viel Kenntnisse zu erwerben, als möglich; ⌈~~von *Harcourt*,~~⌈.

42 Zumahl in der Musik machte sie grosse Fortschritte. Das Fräulein *Harcourt* musste Familien Geschäfte wegen Frau von *Saint Hilaire*] Zumahl ~~Musik~~ in der Musik machte sie grosse Fortschritte. Das Fräulein *Harcourt* musste ~~aus~~ Familien Geschäfte wegen Frau von ~~*Saint*~~ ⌈*Saint* ~~*Hilaire#*~~⌉#. – *Redaktionelle Einfügezeichen von Friedrich Schiller.*

44 und fühlte] und ~~fühlte~~ ⌈empfand⌉.

46 oft Frau von *St. Hilaire* besuchen] oft ~~Fr~~ ⌈Frau von *St. Hilaire*⌉.

47 Der junge *Saint Hilaire* sah sie] ⌈*Saint Hilaire*⌉.

48 Als einen Tag] ~~Als~~ ~~e~~Einens Tages ⌈als⌉.

48 verschloß blieb Marianne im Vorzimmer allein] ~~bl~~ verschloß blieb Marianne ~~alle~~ im.

49–114 Es ist mir erwünscht ‹…› und das Gespräch wurde unterbrochen.] *Dialog zwischen Saint Hilaire und Marianne, bei dem zwischen der Figurenrede Spiegelstriche eingefügt sind. Friedrich Schiller verstärkt teils die bereits vorhandenen Striche Charlotte Schillers und ergänzt systematisch. Zur besseren Kenntlichmachung der Dialogpartien wurde diese Editionspraxis im vorliegenden Text beibehalten.*

52 sagte sie, bin ich nicht froh, daß ich sehen muß, daß das Fräulein so viele vergebliche Schritte thut, auch daß sie so oft eine Rolle hier spielen muß] sie, ~~bin ich nicht froh, daß ich sehen muß~~ ⌈kann ich mich nicht darüber freuen⌉, daß das Fräulein so viele vergebliche Schritte ~~thut~~ ⌈thun⌉, ~~auch daß sie so oft~~ ⌈und überhaupt⌉ eine Rolle.

55 und wo sie die Zeit vielleicht verliehren] und ~~wo sie~~ die Zeit ~~vielleicht~~.

56 Ich kann nichts darauf antworten] kann ~~nichts darauf ant-~~ ⌈Ihnen auf dieses⌉ ⌉nichts ant⌉worten.

59 um sich zu mir herabzulassen um meine Vertraulichkeiten anzuhören. ‹…› dem Sie aller Bemühungen ungeachtet nicht einmahl erfüllen werden.] um ~~sich zu mir herabzulassen um~~ um meine Vertraulichkeiten anzuhören. ~~Aber sey es, welche Ursache es wolle,~~ ⌈Hätte ich übrigens⌉ ~~hätte ich h+ +~~ ⌈etwas zu sagen⌉ so würde ich ~~nicht~~ keine Schritte weiter verliehren, ⌈um⌉ eine Kleinigkeit zu erlangen, die ~~man mir abgeschlagen hätte, u. Sie nicht die Gefälligkeit hatten, gleich bei der ersten Bitte mein Gesuch zu erfüllen~~ ⌈man so geneigt scheint zu bewilligen⌉, dem Sie aller ~~Bitten Bemühungen ungeachtet nicht nicht + einmahl erfüllen werden~~.

65 und Sie recht oft] ~~und~~ ⌈um⌉ Sie recht oft.

66 Dieses Mittel wäre nicht rechtlich, erwiderte Marianne, könnte man nicht eben so gut das Fräulein aufsuchen] Die~~sess~~ ~~Mittel~~ wäre nicht ~~rechtlich~~ ⌈rechtschaffen⌉ ⌉gehandelt⌉, erwiederte Marianne, ⌈und in diesem Fall⌉ könnte man ~~nicht~~ eben so ~~gut~~ ⌈leicht⌉ das Fräulein aufsuchen.

68 Die Menschen, die verlangen könnten mich hier zu sehen, sind wohl zu unbedeutend, ‹…› daß es ihnen würde nachtheilig sein können, uns zu besuchen. – Und wär ich es selbst] Die Menschen, die ⌈allenfalls ein⌉ ~~v~~Verlangen ⌈haben⌉ könnten mich hier zu sehen, ~~haben gewiß~~ sind wohl zu unbedeutend um ~~über den Gang der Ge~~ ⌈einen Einfluß auf das⌉ ~~schäfte~~Geschäfte zu ~~entscheiden die~~ ⌈haben das⌉ uns herführen~~.,~~ ~~Sie wären zwar~~ ⌊oder unsern⌋ [3]~~nicht so bedeutend in der Welt, um glauben zu können,~~ ⌈Und ohne Zweifel wäre~~n~~⌉ ⌈Ruf in Gefahr zu setzen⌉ ⌈wenn sie uns⌈ ~~daß es ihnen~~ ⌈~~würde~~⌉ ~~nachtheilig sein könnte~~ ⌈~~können~~⌉, ~~uns zu~~ ⌈selbst⌉ besuchten. – Und ~~wär~~ ⌈wenn⌉ ich es ⌈nun⌉ selbst ⌈wäre⌉.

72 fiel sie ihm schnell] ~~erwiederte~~ ⌈fiel⌉ sie {ihm} schnell.

72 die Besuche] ~~ein~~ die Besuche.

74 kein Recht über mich] ~~nicht~~ **k**ein Recht ⌈über mich⌈.

76 ich strebe nicht nach solcher Gunst, und sie würde mich sogar schmerzlich betrüben] ich ~~strebe nicht nach solcher~~ ⌈verlange diese⌉ Gunst ⌈nicht⌉, und sie würde mich sogar ~~schmerzlich betrüben~~ ⌈beleidigen⌉.

78 sehen, wenn Sie verbunden sind, zu uns zu kommen] sehen ~~wenn Sie verbunden sind, zu uns zu kommen~~.

79 Ich muß alles erdulden von Ihrem Stand] Ich muß alles erdul~~t~~**d**en[4)] von[1)] Ihrem[2)] Stand[3)].

81 die das Glück weit unter sich gesetzt hat, und am wenigsten mein Geschlecht] die das Glück ~~ihm~~ weit unter {ihn} ~~sich~~ gesezt hat, und ~~zum-~~ ⌈am wenigsten⌈ ~~ahl~~ ⌈von⌉ meinem Geschlecht.

83 nicht leben kann] nicht ~~ohne Sie~~ leben.

85 beyden bey Ihnen] beyde~~n~~**m**.

85 Dies sind Sie nicht, im Gegentheil sind Sie der Gegenstand] Dies~~s~~**ß** sind Sie nicht, ~~im Gegentheil~~ ⌈schönes Mädchen, Sie⌉ sind ~~Sie~~.

87 wiederholen] wieder ~~h~~ holen.

88 Person auf der Welt] Person ~~die ich je sah~~ auf.

89 genöthigt werden sollen] werden ~~mein~~ sollen.

90 um dem, was Sie sagen so viel zu glauben] ~~um dem, was Sie sagen~~ so ⌈wenn ich Ihren Worten⌉ ~~viel~~ ⌈~~zu~~⌉ glaub**e**~~nte b+~~.

92 fernere Umwege] ~~weniger~~ ⌈fernere⌉ Umwege.

92 Geben Sie mein Herr] Geben Sie ~~mein Herr~~.

94 erbitten. – Wohl] ⌉–⌉ ~~W~~**W**ohl – *Friedrich Schiller fügt hier erneut Spiegelstriche zwischen den Dialogpartien ein bzw. verstärkt vorhandene Striche; charakteristisch ist auch seine Verstärkung der Majuskeln.*

95 *Saint Hilaire*] ~~Herr~~ ⌈*Saint Hilaire*⌉.

97 in unserer Wohnung. Ich versichere hiermit] unsere~~mr~~ ~~Hotel~~. Ich versichere ~~hier~~ ⌈hiermit⌉.

100 mein Herz] meine ~~Herz~~ ⌉Dankbarkeit⌉.

100 Wollen Sie mir] Sie ⌈mir⌉.

101 damit ich darum beraubt sein soll, Sie zu sehen. – Und] damit ich ~~darum beraubt sein soll, Sie~~ ⌈mich selbst der Mittel beraube⌉⌊~~um die Mittel~~⌋, ~~nicht mehr~~ ⌈Sie⌉ zu sehen.**?** ~~zu nehmen~~ ⌈~~rauben~~⌉ ~~nehmen~~ – ~~u~~**U**nd.

105 so versichre ich] so ~~schwöre ich~~.

105 begleiten werde] begleiten werde ~~+~~.

108 Auf welche Art] ~~Wie~~ ⌈Auf welche Art⌉.

109 Aber versprechen Sie lieber weniger und halten, was Sie versprechen] ~~Aber v~~**V**ersprechen Sie ~~nicht zu~~ ⌈lieber⌉ weniger und ⌈halten⌉ ~~+ weniger zu halten~~, was.

110 lachend – und er sagte darauf ganz ernsthaft – Daß Sie glauben sollen, daß ich Sie liebe.] lachend {–} ~~und er sagte darauf ganz ernsthaft~~ – Daß Sie glauben sollen, daß ich Sie liebe, ⌈sagte er⌉ ⌈antwortete er ganz ernsthaft⌉.

115 Marianne hütete sich sorgfältig dem Fräulein nichts von dieser Unterredung zu sagen ‹…› Er ging in ihr Zimmer und fand Mariannen allein.] Marianne hütete sich sorgfältig dem Fräulein ~~nichts~~ etwas von dieser Unterredung zu sagen; ~~die ihr doch so…~~ ⌈sehr⌉ am Herzen lag, und ⌈aber⌉ ~~seit dem Moment gründete sie eine große Hofnung auf die Worte~~

~~des jungen Mannes. Sie hatte erraten, wie alles aus dem Herzen kam, was er ihr sagte, aber um zu prüfen, ob sie sich nicht betrogen hätte,~~ ⌈aber sie⌉ entschloß ~~sie~~ sich, Wort zu halten, und ~~ging das folgende Mal, als~~ ⌈begleitete⌉ das Fräulein ⌈bei ihrem⌈ ~~genötigt war, Herrn *Saint Hilaire* zu besuchen,~~⌈nächsten Besuche in Saint Hilaires Hause⌉ nicht ~~mit ihr~~. Jene kam weniger befriedigt zurück als ~~je~~⌈jemals⌉, und ärgerte sich ⌈über die⌈ ~~abschlägigen Antworten dieser Frau~~ ⌈Zögerungen der Dame⌉. Marianne hörte ihre Klagen ⌈mit geheimer Zufriedenheit⌉, und schmeichelte sich ~~von ihrem Geliebten~~, daß ~~dieser~~ ⌈Saint Hilaire⌈ ⌈nur⌉ um ihrentwillen ~~Genugtuung verschaffen würde~~ ⌈die Sache beendigen würde⌉. Sie betrog sich nicht. Er kam ~~den folgenden Tag~~ ⌈auch gleich den Tag darauf⌉, ~~aber da er gar nicht~~ ⌈aber mit⌈ ~~nach dem Fräulein wollte~~, ~~so erspähte er mit Klugheit den Zeitpunkt~~ ⌈Absicht hatte er einen Zeitpunkt gewählt⌉, ⌈wo⌈ ~~da sie mit der Prinzessin ausging, und als man ihm sagte, daß sie nicht zu Hause wäre~~, ⌈nicht zu Hause war⌉ ~~antwortete er, er wolle ihre Zurückkunft erwarten~~. ⌈Er ließ sich, um ihre Rückkunft zu erwarten,⌉ ~~Er ging~~ in ihr Zimmer ⌈führen⌈und fand Mariannen allein.

127 werden Sie es nun auch durch ihre Dankbarkeit zeigen] werden Sie es nun auch ~~durch ihre~~ ⌈die⌉ Dankbarkeit ~~thun die~~ zeigen.

129 Hier] ~~h~~**H**ier.

130 Ihr Geschenk verliert von der Großmuth] Ihr Geschenk ~~ist nicht~~ verliert von ~~der Großmuth~~ ⌈seinem Werthe⌉.

132 reden Sie auch so ernstlich wie ich Sie frage] reden Sie auch so ernst~~lich~~**haft** ~~wie~~**als** ich Sie frage.

133 einen solchen flüchtigen Gegenstand] einen ~~solchen flüchtigen~~ ⌈so scherzhaften⌉ Gegenstand.

134 Können Sie glauben, daß ich so einfältig wäre, mir einzubilden] Können Sie glauben, ~~daß~~ ich ~~so~~sei ~~einfältig wäre~~ töricht genug ⌈um⌉ mir einzubilden.

135 Es wäre sehr lächerlich von mir, und meine Ernsthaftigkeit würde sehr töricht sein in diesem Fall, aber es ist doch wahr, sagte er ernsthaft.] ~~Es wäre sehr lächerlich von mir, und meine Ernsthaftigkeit würde sehr töricht sein in diesem Fall, aber es ist doch wahr~~ ⌈Dennoch ist es so⌉, sagte er ernsthaft.

136 Sie haben erlangt] Sie ⌉allein⌉ haben erlangt.

137 Verwandte hätten bey mir und meiner Mutter ausrichten können] Ver~~wandschaft~~wandte ~~hätten~~ bey mir und meiner Mutter ⌈hätten⌉ ausrichten können.

139 noch zweifeln, noch an die Wahrheit meiner Liebe nicht glauben?] noch ~~zweifeln, noch an die~~ ⌈an der⌉ Wahrheit meiner Liebe ~~nicht glauben~~? ⌉zweifeln?⌉.

140 Antworten Sie mir auch so als ob Sie mir glaubten. Um ohne Zeugen.] ~~Antworten Sie mir auch so als ob Sie mir glaubten.~~ Um ⌉Um⌉ ohne Zeugen.

141 habe ich einen Zeitpunkt gewählt das Fräulein aufzusuchen, ich wußte es wohl, daß ich sie nicht finden würde.] habe ich ~~einen~~ ⌈eine⌉ Zeit~~punkt~~ gewählt ~~das~~ ⌈wo ich das⌉ Fräulein ~~aufzusuchen, ich wußte es wohl, daß ich sie nicht finden würde~~ ⌈außer dem Hause wußte⌉.

143 zu finden] zu ~~finden~~ ⌈benutzen⌉.

143 Antworten Sie mir offen!] mir ⌈jetzt⌉ offen!

144 sagte sie erröthend] sagte ~~sie~~ ⌉Marianne⌉.

145 Plaz macht] ~~p~~**P**laz macht.

146 Zweck haben Sie] ~~Zwek~~ Zweck haben Sie.

150 für sie] für ~~ihn~~⌈sie⌉.

150 und für ihn] und für ih~~m~~**n**.

151 Ich ziehe es weit vor, mein Leben in Armuth zuzubringen, als Reichthum auf eine tadelhafte Weise zu erlangen.] ~~Ich ziehe~~ ⌈Weit lieber⌈ ~~es weit vor,~~ ⌈will ich⌉ mein Leben in Armuth ~~zu~~zubringen, als Reichthum ~~durch ein~~ auf eine ~~tadelhafte~~ ⌈strafbare⌉ Weise ~~zu erlangen~~ ⌈erwerben⌉.

154 meiner Ehre nachtheilig ist] Ehre ~~schädlich~~ ⌈nachtheilig⌉.

154 was Sie verächtlich in den Augen der Welt machen könnte] was ~~Ihren r+~~ was Sie ~~verächtlich~~ in den Augen der Welt ~~machen~~ ⌈verächtlich machen⌈ könnte.

155 meine Glücksumstände verbieten mir] GlücksumstänLa~~ßen mir keine~~ ⌈verbieten mir⌉.

156 mein Herz ist zu groß um eine andere Verbindung mit Ihnen einzugehen] ~~ich~~ mein Herz ~~und~~ ist zu groß um ~~ihre~~ eine andere Verbindung mit Ihnen ~~zu haben~~ ⌈einzugehen⌉.

157 gethan zu haben.] haben.ʃ

158 eine solche Antwort von Ihnen erwartete] eine ⌈solche⌉ Antwort ~~dieser Art~~ von Ihnen erwartete.

160 Ich weiß zu gut] Ich weiß ⌈zu gut⌉.

161 ersparen Sie sich die Mühe] ⌈ersparen⌈ ⌉Sie⌉ sich ~~nicht~~ die Mühe.

164 daß Armuth] daß ~~Armuth~~ ⌈Mangel⌉.

165 Dies ist meine Gesinnung] Dies ist ~~sind~~ meine Gesinnung.

168 mehr Gesprächen] ⌉ ~~mehr~~⌉ ⌉länger⌉ Gesprächen.

169 er wollte sie vergebens zurückhalten.] ~~er wollte sie~~ ⌈er suchte⌉ vergebens, ⌈sie⌉ zurück ⌈zu⌉ halten.

170 Fräulein *Harcourt*] Fräulein ~~H+~~ ⌈*Harcourt*⌉.

170 und unentschlossen] ~~um~~ ⌉und⌉ unentschlossen.

171 Er dachte noch nicht daran] ~~Er~~ ⌈noch⌉ dachte ~~noch~~ ⌈er⌉ nicht daran.

172 Sie bemerkte von ihrer Seite die heftige Liebe zu ihr in seinen Augen] Sie ~~bemerkte von ihrer Seite die heftige Liebe zu ihr in seinen Augen~~ ⌈selbst war von der Stärke seiner Liebe überzeugt⌉.

173 Sie fühlte zu gut daß er zu sehr fest gehalten wurde und daß sie mit der Zeit ihn dahin bringen würde, den grossen Entschluß zu fassen] Sie fühlte zu gut daß er ~~zu sehr fest gehalten wurde~~ ⌈in ihren Fesseln war,⌉ und daß sie ⌈ihn⌉ mit der Zeit ~~ihn~~ ⌈doch noch⌉ dahin bringen ~~würde~~ ⌈könnte⌉, den grossen Entschluß zu fassen.

175 und daher entwarf sie den Plan, mit aller Tugend und dem Stolz eines Mädchens zu verharren] ~~und daher entwarf sie den Plan, mit aller Tugend~~ und dem ~~Stolz eines Mädchens~~ ⌈darauf gründete sie ihren Plan und entschloß sich, den ganzen Stolz jungfräulicher⌉ ⌉Tugend⌉ zu ~~verharren~~ ⌈behaupten⌉.

176 und es gelang wohl schwerlich je einem Mädchen so wie ihr, sich klug aus so einem gefährlichen Fall zu ziehen] ~~und es gelang wohl schwerlich je einem Mädchen so wie ihr, sich klug aus so einem gefährlichen Fall zu ziehen~~.

178 Sie sagte ihrer Gebieterin den Besuch des jungen *Saint Hilaire*] Sie ~~sagte~~ ⌈entdeckte⌉ Ihrer Gebieterin ~~daß~~ den Besuch des jungen ⌉*Saint Hilaire*⌉.

178 aber ohne ihr die Ursache zu entdecken, weil sie fürchtete, ihn in Verlegenheit zu sezen.] aber ~~ohne ihr die Ursache zu entdecken, weil sie fürchtete, ihn zu +~~ ⌈in Verlegenheit zu sezen⌉ verschwieg ihr die wahre Ursache desselben.

179 Auch den folgenden Tag kam er wieder] Auch den folgenden Tag ~~kam er wieder~~ ⌈erneuerte er denselben⌉.

181 aber ohne zu sprechen] aber ~~schwieg~~ ohne zu sprechen.

182 zu holen, und fing alsdenn an zu sprechen] zu holen, ~~+ und fing alsdenn an zu sprechen~~ ⌈und erst alsdann ließ sie sich in eine Unterredung⌉ ⌉mit ihm ein.⌉.

183 sein Besuch] |sein Besuch ~~+~~.

184 Wäre sie heute nicht auch schon mit der Prinzeß ausgegangen] Wäre sie ⌈nicht⌉ heute ~~nicht auch schon~~ ⌈abermals⌉ mit der Prinzeß ausgegangen.

188 langweilig sein müßte] ~~l~~**L**ang**e**weil~~ige~~ ~~sein~~ ⌈machen⌉ müßte.

189 könnten wohl nicht so viel Zeit] könn~~t~~en wohl ~~keine zu lange~~ ⌈nicht so viel⌉.

191 Er konnte nach manchen Versuchen nicht den Wunsch erreichen] Er konnte ~~nach manchen~~ ⌈aller⌉ Versuche~~n~~ ⌈ungeachtet⌉ nicht den Wunsch erreichen.

193 begrüßte ihn] ~~be~~grüßte ih~~m~~**n**.

196 das Gesuch] ~~d+~~ ⌈das⌉ Gesuch.

197 daß der Sohn] daß der ~~die~~ Sohn.

199 so viel Zeit] ~~einen~~ so viel Zeit.

204 aber sie suchte geschickt] aber ~~es mislang ihm~~ sie suchte.

204 Doch im Herzen] ~~Aber~~ ⌈Doch⌉.

205 auch die Freude] auch die ~~Befriedigung~~ ⌈Freude⌉.

208 Glück, und sie wiederlegte sie nicht] Glück, ~~und~~ sie wi~~e~~derlegt nicht.

209–216 gestand vielmehr, daß ihr eine Verbindung mit *St. Hilaire* Freude machen würde, ‹…› die Freude nicht zurück⟨halten⟩ als er es wagte, ihr den zweiten Brief insgeheim zu geben.] gestand ⌈vielmehr⌉, daß ihr eine Verbindung mit *St. Hilaire* ~~Freude machen würde, weil seine Person, wie sein Vermögen ihr beide gleich wünschenswert schienen~~ ⌈sehr willkommen sein würde.⌉ ~~Aber, sezte sie hinzu, weil die Prinzeßin Miene machte,~~ ⌈Doch als die Prinzeßin entschloßen schien⌉ ihn zur Erklärung ~~+~~ ⌈zu⌉ bringen ~~zu wollen~~, ~~daß sie sie~~ ⌈bat sie dieselbe⌉ dringend⌈,⌉ ~~bäte, zu~~ ⌈sein Geständnis zu⌉ erwarten, ~~denn er selbst~~ ⌉da ihm selbst⌉ ~~habe~~ noch kein~~e~~ Wort darüber ~~gesagt. Die~~ ⌈entfallen sey⌉ Fräulein ⌉*Harcourt*⌉ war liebenswürdig, und schön; die ~~v~~Vermittlung der Prinzeßin hätte ihn in ⌈große⌉ Verlegenheit gebracht ⌈und alle Hofnungen Marian⌉nens⌉ umgestürzt⌉ ~~zur Verzweiflung gebracht~~. Diese ~~wurde sehr dadurch in Bewegung gesetzt~~ ⌈welche um alle diese Bewegungen wußte geriet auch darüber in große Unruhe⌉ ~~und konnte die Freude + nicht zurück+ und als er es wagte, ihr den zweiten Brief insgeheim zu geben~~ ⌈und widersetzte sich weit weniger, als er einen neuen Versuch machte, ihr einen Brief heimlich zuzustecken.⌉.

217 als ob sie ein Verbrechen begehen wollte, und eilte] als ~~beginge~~ ⌈ob⌉ sie ein Verbrechen ~~begehen wollte~~ ⌈beginge⌉, ~~+~~ und eilte.

217 Der Brief war in einem Tone, der ihr alles hoffen ließ, wenn sie sich klug betragen würde.] ~~Der Brief war in einem Tone, der ihr alles hoffen ließ, wenn sie sich klug betragen würde.~~.

219 Dieses ist der sechste Brief, sagte er] Dieses ist der sechste Brief, ~~sagte~~ ⌈schrieb⌉ er⌈,⌉.

222 trauen sollen, nur meinen Handlungen sollen sie trauen] ~~tr~~**g**lau**b**en sollen, ⌈nur⌉ meinen ⌈~~und~~⌉ Handlungen sollen ~~glauben~~ sie trauen.

224 Aber ich entsage auch nicht der Hofnung, Sie vor Gesezen durch die Rechte zu besitzen. Ich würde vergebens den Plan machen. Die Bewegung meines Herzens ist unaussprech-

lich.] ~~Aber ich~~⌈Doch⌉ entsage⌈ich⌉ auch ~~nicht~~ der Hofnung⌈~~+~~ nicht⌉, Sie ~~vor Gesezen durch die Rechte zu besizen~~⌈gesetzmäßig die meinige zu nennen,⌉. ~~Ich~~⌈ich würde⌈ ~~würde~~⌈es⌉ vergebens ~~den Plan machen~~⌈versuchen⌉. ~~Die Bewegung meines Herzens ist unaussprechlich~~.

229 Lande wo man Sie nicht kennt] ~~Land~~ Lande wo man Sie nicht kennt.

232 für Sie fühle] Sie ~~fühle~~⌈empfinde⌉.

234 die Schande] die ~~Schande~~⌈Beschämung⌉.

234 Nur eine Unterredung mit Ihnen allein gewähren Sie mir, Sie werden die Gefühle meines Herzens auflösen, die so verwirrt sind, daß ich selbst nicht zu entwickeln vermag.] Nur eine Unterredung ~~mit Ihnen allein~~⌈unter vier Augen⌉ gewähren Sie mir, Sie werden ~~die Gefühle~~ ⌈mein⌉ ⌈Herz,⌈~~meines Herzens + auflösen die so verwirrt sind,~~ ⌈~~ihn~~⌈das mit sich selbst im Streit ist beruhigen ~~daß ich selbst~~⌈~~sie~~⌉ ~~nicht zu entwickeln vermag~~.

237 mit der größten Ungedult. *adieu.*] ~~+~~⌈mit⌉ der größten Ungedult. *adieu*⌈Marianne!⌉.

238 den andern Morgen] den⌈andern⌉ Morgen.

239 daß sie mit ihm sprechen würde, ihm eine Zusammenkunft versprechen] daß sie mit ihm sprechen ~~würde~~, ihm eine Zusammenkunft ~~versprechen~~⌈zusagen würde⌉.

241 ihm einen Schritt nur] ihm⌈nur⌉ einen Schritt ~~nur~~.

242 das Fräulein aufzusuchen] das Fräulein ~~zu +~~ aufzusuchen.

242 zu Hause sein würde] sei~~n~~ ~~würde~~.

243 weidete sich Marianne an [7v]seiner Unruhe] weidete ~~sie~~ sich Marianne ~~an~~ [7v]⌉an⌉ seiner Unruhe.

244 dem Triumph] ~~den~~ dem Triumph.

245 ihre Eifersucht entzündet] ihre Eifersucht ~~+~~ ⌈entzündet⌉ ~~verdoppelt~~⌈~~dreyfacht~~⌉ ~~auf+~~.

247 Bin ich nicht schon] ich ~~es~~ nicht.

249 Sehen Sie was es Ihnen gefällt aus mir zu machen.] ~~Sehen Sie was es Ihnen gefällt aus mir zu machen.~~.

251 Wiederstreben] Wi~~e~~derstreben.

252 wäre ich leichtgläubig] ~~wenn~~⌈wäre⌉ ich leichtgläubig.

254 Sie denkt an Ihnen, diese Heirath wäre schicklich für Sie, und eine mit mir würde es nicht sein.] Sie ~~denkt an Ihnen~~, ⌈erwartete es.⌉ diese Heirath wäre schicklich für Sie, ~~und~~ ⌈was⌉ eine ~~mit~~ ⌉Verbindung mit⌉ mir⌈niemals seyn⌉ würde ~~es nicht sein~~.

256 und wollte Gott] und wollte Gott ~~sie könnten erfinden~~.

258 mehr zu mir. – Ich werde sie] ~~zu mir~~⌈hierher⌉⌈–⌉. Ich werde ~~sie~~⌈das Fräulein⌉.

259 Doch genug, dies sey mein lezter Besuch, sagte er.] ~~Doch genug~~⌈Gut, sagte er⌉, ~~ich bin~~ dies sey mein lezter Besuch, sagte er.

261 zu Fußen, und benezte ihre Hände mit Thränen] zu Füßen, ~~und benezte~~⌈indem er⌉ ihre Hände mit Thränen⌈benetzte⌉.

263 Ihre Briefe] Ihre Briefe ~~+~~.

264 ich beschwöre] ich beschwöre ~~+~~.

264 ich habe Mittel Sie anderswo anständiger und prächtig zu unterhalten. ‹…› und doch indessen sich mit meiner Zärtlichkeit für Sie beschäftigen könnten.] ich habe Mittel Sie ~~an einem anständigeren Ort~~ anderswo ⌈auf einem⌉ anständige**rn** und ~~prächtig~~ ⌈glänzenden Fuß⌉ zu unterhalten. ~~Ich~~⌈Nicht⌉⌈~~Ohnmöglich~~⌈ ⌈länger⌉ kann ich Sie in einer Lage sehen, ~~wo Sie Ihre Zeit in einem Dienst verleben, der~~⌈die⌉ Ihrer unwürdig ist ~~und doch indessen sich mit meiner Zärtlichkeit für Sie beschäftigen könnten~~.

268 seien Sie selbst nur Ihre Gebieterin] seien Sie ~~selbst nur~~ Ihre ⌈eigene⌉ Gebieterin.

269 erhalten alsdann] erhalten ~~dann~~ ⌈alsdann⌉.

269 Was würde man bey Ihnen] ~~w~~Was würde man ~~bey Ihnen~~ ⌈dazu⌉.

271 ihr ein Mädchen vorziehen kann, die ihr dient?] ihr ein Mädchen vorziehe~~n~~ kann, ⌈das⌈ ~~dien ihr dient?~~ ⌈die in ihren Diensten ist?⌉.

272 Wen können wir in unser Geheimniß ziehen, der ein solches Stillschweigen beobachtet, das für uns so wichtig ist?] ~~+~~ ~~w~~Wen können wir in unser Geheimniß ziehen, ~~der ein solches Stillschweigen~~ ⌈wobei Verschwiegenheit⌉ ~~beobachtet, das für uns so wichtig ist~~ ⌈so nöthig ist⌉?

274 Stadt, wo Sie, noch Ihre Mutter nicht gekannt würden, so könnten Sie, indem Sie Ihre Rolle veränderten, vergessen lassen, was Sie jezt sind] Stadt, ~~wo Sie, noch Ihre Mutter nicht gekannt würden~~, so könnten Sie, ~~indem~~ ⌈ganz⌈ ~~Sie Ihre Rolle veränderten~~, + ~~v~~Vergessen**heit** ~~lassen~~ ⌈bringen⌉, ~~was Sie~~ ⌈~~jezt~~⌈ ⌈was Sie jetzt⌈sind.

277 verlange keine Gunst] ~~+~~ verlange keine Gunst.

278 Ich verlange keinen Dank für die Geschenke, die ich Ihnen machen werde, ‹…› der Welt die zärtlichsten und innigsten Empfindungen meines Herzens zu verbergen.] ~~Ich verlange keinen Dank für die Geschenke, die ich Ihnen machen werde, als dem, daß Sie sie annehmen, und daß Sie mir die Beruhigung geben möchten, daß ich Sie in einer Lage sehn darf, wo ich nicht immer mich~~ ⌈zwingen⌈ ++ ~~muß, der Welt~~ Gesinn ~~die zärtlichsten und innigsten Empfindungen meines Herzens zu verbergen~~.

280–285 [8v]und innigsten Empfindungen ‹…› die ich für Sie fühle!] *Bl. 8v, von Friedrich Schiller überarbeitet und durchgestrichen, der Rest des Blattes ist unbeschrieben. Der Passus wurde vom Schreiber abgeschrieben (9r) und erneut von Friedrich Schiller korrigiert.*

281 Würden Sie es billigen, wenn ich der Welt erklärte, ‹…› würde es mir eine Ehre sein, die Zärtlichkeit zu gestehen, die ich für Sie fühle!] ⌉Aber sagen Sie selbst, würden⌉ ~~Würden~~ Sie es billigen, wenn ich der Welt erklärte, daß ich der Geliebte eines Kammermädchens ~~wäre~~ ⌈sey⌉? Und doch würde ich bald gezwungen werden, es zu thun, wenn Sie mir nicht selbst die Hand reichen, mich vom Abgrund zu retten; aber wenn Sie Ihre Lage verändern, wenn Sie Ihre niedrigen Glücksumstände verbergen, ~~würde~~ ⌈wird⌉ es mir eine Ehre sein, Allen die Zärtlichkeit zu gestehen, die ich für Sie fühle{!}. –
Variante in Schreiberhand H^2, erster Passus von Bl. 9r:
~~+‹…›+ und innigsten Empfindungen meines Herzens verbergen~~ ⌈Aber sagen Sie selbst!⌉ Würden Sie es billigen, wenn ich der Welt erklärte, daß ich der Geliebte eines Kammermädchens ~~wäre~~ ⌉sey⌉? Und doch würde ich bald gezwungen werden, es zu thun, wenn Sie mir nicht selbst die Hand reichen, mich vom Abgrund zu retten; aber wenn Sie Ihre Lage verändern, wenn Sie Ihre niedrigen Glücksumstände verbergen, ~~würde~~ ⌈wird⌉ es mir eine Ehre seyn, ~~die~~ ⌈meine⌉ Zärtlichkeit ~~zu gestehen, die ich~~ für Sie ~~fühle~~ ⌈vor aller⌉⌈Welt⌈ ⌊zu bekennen!⌋.

286–577 Es sind die Gesinnungen ‹…› gab es zu.] *Bl. 9–16 Schreiberhand H^2 mit Korrekturen von Friedrich Schiller. Die Dialoge sind nun mit Anführungszeichen versehen. Aufgrund der Inkonsistenz in der Verwendung wurden Anführungszeichen in H^2 nur im diplomatischen Text wiedergeben.*

287 antwortete sie] antwortete ~~sie~~ ⌈Marianne⌉.

288 Aber könnten Sie auch mein Betragen für recht halten] auch ~~mein Betragen für recht halten~~ ⌈mich noch achten⌉.

290 Käme meine Tugend nicht mit in Anschlag? Und wäre es in der That nicht so, als ob man mich ver-

kauft, wenn ich die Hülfe annähme, die Sie mir anbieten?] ~~Käme meine Tugend nicht mit in Anschlag?~~ ⌈Sähe es nicht ganz so aus⌉ ~~Und wäre es in der That nicht so, als ob man mich verkauft, wenn ich die Hülfe annähme, die Sie mir anbieten?~~ ⌈als wenn ich Ihnen meine Ehre verkauft hätte?⌉.

292 Man würde mich erkennen, und was würde man] ~~Man würde~~ ⌈Denn unfehlbar würde man⌉ mich erkennen, und was ~~würde~~ ⌈müßte⌉ man.

295 Würde ich der Welt so vorkommen in dem Stande] Würde ich ⌈aber⌉ ⌈das⌈ ~~der Welt so vorkommen~~ in.

297 aus Barmherzigkeit für mich thäten] Barmherzigkeit ~~für mich~~.

298 was würde aus mir, wenn ich mich in der Lage erhalten wollte?] würde ⌈alsdann⌈ aus mir, wenn ich mich ⌈für mich selbst⌉ in.

303 durch ein freies Leben in der Wirklichkeit den Anschein eines frühern ausschweifenden Lebens auf mich zu laden?] durch ein ⌈wirklich⌉ freies Leben ~~in der Wirklichkeit~~ den ~~Anschein eines frühern~~ ⌈Schein früherer⌉ ~~a~~**A**usschweif~~end~~**ung**en ~~Lebens~~ auf mich zu laden?

304 wiederfahren, sind aber die meinigen weniger gerecht und verdienen sie nicht Ihren Beifall?] wiederfahren, ~~sind~~ ⌈verdienen⌉ aber die meinigen weniger ~~gerecht und verdienen sie nicht~~ Ihren Beifall?

307 entzücken mich Ihr Verstand und Ihre Tugend eben so sehr] entzück~~en~~t mich Ihr Verstand und Ihre Tugend ~~eben so sehr~~ ⌈nicht weniger⌉.

307 und da Sie zum erstenmal sich auf eine Erklärung einlassen wollen mit mir ‹…› Mit vieler Mühe fand er das Haus endlich nach rastlosem Suchen, und er ging zu ihnen.] und da Sie ⌈sich⌉ zum erstenmal ~~sich~~ ⌈mit mir⌉ auf eine Erklärung einlassen wollen ~~mit mir~~, so erlauben Sie mir nun auch, daß ich Ihnen ⌈alle⌉ meine ~~Gesinnungen~~ ⌈Gedanken⌉ ⌈und⌈ ~~sage, und was ich beschlossen habe~~ Entschließungen mittheile. Ich sah voraus" – – – ~~Kaum~~ ⌈~~Eben~~⌉ ~~wollte er weiter sprechen, als~~ Fräulein Harcourt die ⌈in diesem Augenblick⌉ ins Zimmer trat ⌈unterbrach⌉ ⌈das Gespräch⌈. Er blieb nur einen Augenblick ~~bei ihr~~ und ging in seine Wohnung, um Mariannen ~~das Ende seines Gesprächs~~ zu schreiben. ~~Er tat es, aber er fand~~ ⌈Lange konnte er⌉ keinen sichern Weg ⌈entdecken⌉, ihr seinen Brief zuzustellen~~, und auch den folgenden Tag gelang es ihm nicht. Endlich~~ ⌈endlich⌉ erfuhr er die Krankheit ihrer Mutter und ~~auch dieses~~, daß Marianne bei ihr ~~war~~**sei**, um sie ~~selbst~~ zu warten; ~~denn ihre Armuth erlaubte es ihnen nicht, sich fremder Hülfe zu bedienen.~~ Mit vieler Mühe fand er ~~das Haus endlich nach rastlosem Suchen,~~ ⌈die Wohnung endlich auf⌉ und ~~er ging zu ihnen~~ ⌈erschien vor seiner Geliebten⌉.

317 Marianne war auf eine nicht gewöhnliche Weise erstaunt] Marianne war ~~auf eine~~ nicht ~~gewöhnliche Weise~~ ⌈wenig⌉ erstaunt.

318 ihr Geliebter] ~~ihr Geliebter~~ ⌈*St. Hilaire*⌉.

319 Mildtätigkeit bedürften, und daß sie es werth wären. *[10r]*Er verließ] Mildtätigkeit ⌈eben so sehr⌉ bedürften, ~~und daß sie es werth wären~~ ⌈als sie derselben werth⌉ ⌈wären,⌈ *[10r]*⌉und⌉ ~~Er~~ verließ.

321 Augenblick lang glaubte sie] glaubte ~~sie~~ ⌈Marianne⌉.

329 geben Sie Achtung] Acht~~ung~~.

331 schönen Geldbeutel darinnen] darin~~nen~~.

333 folgenden Inhaltes] Inhalt~~e~~s.

334 Sie sind nicht in dem Zustand] in ~~dem Zustand~~ ⌈der Lage⌉.

340 Die einzige Verbindlichkeit, die Sie dafür haben sollen, ist der Gebrauch] ~~Die einzige Verbindlichkeit, die Sie dafür haben sollen,~~ ⌈Der einzige Dank den ich dafür erwarte⌉, ist.

343 ob ich Achtung für mich bei Ihnen erweckt habe, ‹…› was die Nothwendigkeiten des Lebens und Ihre Gesundheit erfordern.] ob ~~ich~~ ⌈Sie⌉ Achtung ~~für mich bei Ihnen erweckt habe, wenn Sie auch Ihrer Mutter welche bezeigen. Sowohl in der Zierlichkeit Ihres Zimmers, als auch in dem, was die Nothwendigkeiten des Lebens und Ihre Gesundheit erfordern~~ ⌈für meine Wünsche beweisen⌉.

347 Marianne befand sich] sich ~~wohl~~.

349 aber sie kam von ihrem Liebhaber ‹…› daß sie auch nicht so wenig Zeit zu ihrem Entschluß gebraucht haben würde] aber ~~sie~~ ⌈diese⌉ kam von ihrem Liebhaber und sie ~~befürchtete~~ ⌈mußte fürchten⌉, sich eine ~~Art~~ Verpflichtung gegen ihn aufzulegen, wenn sie ~~von seinem Anerbieten~~ ⌈davon⌉ Gebrauch mach~~en~~**te** ~~würde~~. Sie gestand nachher, daß sie ~~auch nicht so wenig Zeit zu ihrem Entschluß gebraucht~~ ⌈längere Zeit zu ihrem Entschluß gebraucht⌉ haben.

354 von seinem Beistand Gebrauch machen könnte, und den Inhalt des Billets wörtlich befolgen, ohne sich zu etwas zu verbinden] von ~~seinem~~ ⌈dem angebotnen⌉ Beistand Gebrauch machen könnte, und den Inhalt des Billets wörtlich befolgen ⌈könnte⌉.

356 denn im Grunde war sie nicht beleidigt, gegen ihren Geliebten, den sie so liebte, Verbindlichkeit zu haben, da er sich auf eine so artige und großmüthige Weise betrug] ~~denn im Grunde war sie nicht beleidigt, gegen ihren Geliebten, den sie so liebte, Verbindlichkeit zu haben, da er sich auf eine so artige und großmüthige Weise betrug~~.

359 und richtete ihre Wohnung, wo nicht prächtig, doch aber so ein, um rechtliche Leute mit Anstand empfangen zu können.] prächtig, doch ~~aber so ein, um rechtliche Leute mit Anstand empfangen zu können~~ ⌈anständig ein⌉.

360 und sie wußte ihm Dank für diese Veränderung und er dankte auch ihr] ~~und sie~~ ⌈und⌉ wußte ih~~m~~**r** Dank für diese Veränderung ~~und er dankte auch ihr~~.

365 mir Verbindlichkeit schuldig zu seyn, wenn Sie mir eine Gefälligkeit erzeigen wollen, die jedoch] Verbindlichkeit ~~schuldig zu seyn~~ ⌈aufzulegen⌉, wenn Sie mir ⌈in⌉ eine**m** ~~Gefälligkeit erzeigen wollen, die~~ ⌈Wunsche nachgeben, der⌉ jedoch.

367 Ihr Körper ist nicht stark genug, um die Beschwerlichkeiten des Tages und der Nächte auszuhalten.] ~~Ihr Körper ist nicht stark genug, um die Beschwerlichkeiten des Tages und der Nächte auszuhalten~~.

374 Er schickte ihr zwei Schüsseln, zwei Teller, Messer, Löffeln und Gabeln, zwei Fackelträger von Silber, kurz alles, was einer Kranken zu ihrem Gebrauch nöthig war.] Er schickte ihr ~~zwei Schüsseln, zwei Teller, Messer, Löffeln und Gabeln, zwei Fackelträger~~ ⌈alles Geräthe⌉ ⌈~~Leuchter~~⌉ von Silber, ~~kurz alles, was~~ ⌈dessen⌉ eine~~r~~ Kranke~~n zu ihrem Gebrauch nöthig war~~ ⌈benöthigt sein konnte⌉.

376 denn er fürchtete fast, Marianne möchte sie nicht annehmen.] ~~denn~~ ⌈weil⌉ er fürchtete ~~fast~~, ⌈daß⌉ Marianne möchte[4)] sie[1)] nicht[2)] annehmen[3)].

379 doch mit der Bedingung, daß er seine Besuche heimlich ablegte, weil sie sich fürchtete Aufsehen zu machen, deswegen sollte er nur abends kommen] ~~aber~~ doch mit der Bedingung, daß er ~~seine Besuche~~ ⌈~~dieselben~~⌉ ~~heimlich ablegte, weil sie sich fürchtete Aufsehen zu machen, deswegen sollte er~~ nur abends kommen ⌈möchte⌉.

389 Ihnen anzugehören. Er that alles] anzugehören.“ ʃ Er. – *Anführungszeichen in der Handschrift.*

392 froh ein so großmüthiges Betragen gegen sie beobachtet zu sehn.] froh eine so großmüthiges ~~Betragen gegen siech beobachtet zu sehn~~ ⌈Begegnung zu erfahren⌉.

395 er hatte eben die Freude] ~~er hatte eben~~ ⌈er bezeigte⌉ ⌈darüber⌈ die**selbe** Freude.

397 antwortete für ihr] antwortete ~~für ihr~~ ⌈statt ihrer⌉.

399 ich werde Sorge dafür tragen] ich ⌈selbst⌉ werde Sorge dafür tragen.

404 Service, vollständig zu dem, was ihr noch fehlte. Hin und wieder war es mit Baumwolle ausgefüllt.] Service, ~~vollständig zu dem~~, ⌈um das⌉ was ihr noch fehlte, ⌈vollständig zu machen⌉. ~~Hin und wieder war es mit Baumwolle ausgefüllt~~.

406 und als sie es besah] und ⌈indem⌈ ~~als~~ sie es ~~nahe besah~~ ⌈durchsuchte⌉.

409 die Wärterinn] die Wärterinn ~~es~~.

413 ladete ich mich selbst ein] ~~ladete~~ ⌈lud⌉ ich.

417 in einem großen Mantel gehüllt] eine~~m~~n großen.

420 Freude zu zeigen] zu ⌈be⌉zeigen.

422 so eine Liebe] ~~so eine~~ ⌈eine so zarte⌉ Liebe.

423 da sie zumal sah, daß er mit so großer Freude die Gelegenheit ergriff, mit ihr zu essen, eine Ehre, die sie nie hatte hoffen können. Sie wuße] ~~da sie zumal sah, daß er mit so großer Freude die Gelegenheit ergriff, mit ihr zu essen, eine Ehre, die sie nie hatte hoffen können~~. Sie ~~wußte~~ ⌈erfuhr⌉.

427 Marianne hat oft gestanden, daß das, was sie ihm für sie thun sah, ihre Überzeugung bestärkt hatte, daß seine Gesinnungen offen und wahr wären.] ~~Marianne hat oft gestanden, daß das, was sie ihm für sie thun sah, ihre Überzeugung bestärkt hatte, daß seine Gesinnungen offen und wahr wären~~.

429 wendete er sich an ihr] an ~~ihr~~ ⌈sie⌉.

437 Ich habe gegen ihr zu viel Verbindlichkeiten, um es zu wagen, ihr den kleinsten Kummer zu verursachen.] ~~Ich habe gegen ihr zu viel Verbindlichkeiten, um es zu wagen, ihr den kleinsten Kummer zu verursachen~~.

439 einer Heirath Ihrer Tochter] Heirath ⌈mit⌉ Ihrer.

440 mich zu verheirathen] zu ~~verheirathen~~ ⌈vermählen⌉.

442 daß es traurig für mich wäre, wenn ich einem Mädchen meine Hand gäbe] es ~~traurig~~ ⌈beschämend⌉ für mich wäre, ~~wenn ich~~ ⌈meine Hand⌉ einem Mädchen ~~meine Hand gäbe~~ ⌈zu geben⌉.

450 diese Art zu leben] diese ~~Art zu leben~~ ⌈Lebensart⌉.

452 Thore Bussy] *Vermutlich handelt es sich um das Stadttor zur Dorfgemeinde Bussy im Osten von Paris, die seit dem 9. Jahrhundert mit dem römischen Namen Villa Buxido nachgewiesen ist.*

465 und im Gegentheil würde mich der Gram und die Verzweiflung töten, ‹…› wie ich hoffen kann, daß Sie das meinige ganz machten.] ~~und~~ im Gegentheil würde mich ~~der~~ Gram und die Verzweiflung töten, wenn ich, ~~indem ich Sie heirathete~~ ⌈durch meine Hand⌉, nicht ganz Ihr Glück so machen könnte, wie ich hoffen kann, daß Sie das meinige ~~ganz machten~~ ⌈machen werden⌉.

479 gewagt und selbst frei war] gewagt ~~war,~~ und.

492 zu kleiden, und er brachte] und ~~er~~ brachte.

513 den St. Hilaire Mariannen] St. ~~Hilaire~~ ⌈*Hilaire*⌉.

518 war an einen Advokaten vermietet, der wieder andre hinein nahm, so] war ~~an einen Advokaten~~ vermietet, ~~der wieder andre hinein nahm~~, so.

522 den Unterricht im Singen] ~~den Unterricht im Singen~~ ⌈die Singstunden⌉.

529 und theils, weil sie *St. Hilaire* immer] ~~und~~ theils, ~~weil sie~~ ⌈damit⌉ *St. Hilaire* ⌈sie⌉ immer.

530 nicht so häufig, und nie gab er der Verleumdung einigen Anlaß. Wenn er sie mit ihren Hausgenossen in Gesellschaft fand] nicht ~~so~~ ⌈zu⌉ häufig, und nie gab er der Verleumdung ~~einigen Anlaß~~ ⌈eine Blöße⌉. ~~Wenn~~ ⌈Fand⌉ er sie ~~mit~~ ihre~~n~~r[3)] Hausgenossen[4)] in[1)] Gesellschaft[2)] fand.

535 er ihr auch machen konnte] ihr ⌈aber⌉ auch.

540 Aber so war es nicht der Fall] ~~Aber so war es~~ ⌈Dies war aber⌉ nicht der Fall.

541 da die Tochter mit Recht befürchten mußte, daß, wenn diese Frau in eine Art Affekt käme, ‹…›, die keinen vortheilhaften Eindruck gegeben hätten.] ⌈und⌉ ~~da~~ die Tochter ⌈mußte⌉ mit Recht ⌈be⌉fürchten ~~mußte~~, daß, wenn diese Frau in ~~eine Art~~ Affekt käme, sie im Zorn Ausdrücke gebrauchen könnte, die keinen vortheilhaften ⌈Begriff⌉ ~~Eindruck gegeben hätten~~ ⌈von ihr erwecken würden⌉.

543 alle Arten Gefälligkeiten] ~~alle Arten~~ ⌈die äußersten⌉ Gefälligkeiten.

544 ob sie gleich oft genug ihrer Mutter unschuldigerweise Anlaß zur Unzufriedenheit gab, denn sie wurde alt und empfindlich] ob sie ⌈ihr⌉ gleich oft genug ~~ihrer Mutter~~ unschuldigerweise Anlaß zur Unzufriedenheit gab, ~~denn sie wurde alt und empfindlich~~ ⌈weil ihr hohes Alter sie eigensinnig⌉ ⌈machte⌉.

546 Lebens verlebt hatte, hatten ihren Geist erbittert, da sie meist auf dem Lande unter dem Landvolke gelebt hatte] Lebens ~~verlebt hatte~~ ⌈zugebracht⌉ hatten ihren Geist erbittert,⌈und⌉ da sie meist ~~auf dem Lande~~ unter dem Landvolke gelebt ~~hatte~~.

548 so hatte sie wenig Anlage zur Höflichkeit. Sie wurde oft hart gegen ihre Tochter ‹…› so entstand dieser kleine Anlaß zur Unzufriedenheit oft bei der Mutter.] wenig ~~Anlage zur Höflichkeit~~ ⌈feine Sitten⌉. ~~Sie wurde oft hart gegen ihre Tochter, wenn sie abends, da sie schon zu Bette war, durch ihr Zimmer ging, da sie die Abende meist mit den jungen Mädchens, die in ihrem Hause wohnten, im Garten zubrachte, und spät dort blieb, so entstand dieser kleine Anlaß zur Unzufriedenheit oft bei der Mutter~~.

552 und sie starb] und ~~sie~~ starb.

553 Geistesgegenwart äußerte sie darin, daß sie] Geistesgegenwart ~~äußerte sie darin, daß~~ ⌈wandte sie dazu an, daß⌉ sie.

557 von ihrem Betragen abhängig war] Betragen ~~abhängig war~~ ⌈abhing⌉.

563 Sie wollte sich dieselbe Achtung bewahren; und dies war nicht der Weg dazu, ‹…› um ihre eigene Klugheit in Sicherheit zu bringen.] ~~Sie wollte sich dieselbe Achtung bewahren; und dies war nicht der Weg dazu, oft mit ihm allein zu seyn. Ihre Jungfer war nicht unbestechlich gegn einen so freigebigen Mann, um sie nicht bei seinen ersten Winken zu verlassen. Sie sah den Zufall, dem sie überlassen wurde,~~ hätte ⌈erlaubte⌉ sie ihm ⌈aber⌉ einige Freiheiten erlaubt, die ihr Verderben werden konnten, so hätte ⌈verlor⌉ sie seine Liebe verloren~~; ihre Weigerungen~~ ⌈hingegen⌈ aber hätten ihn betrübt ⌈konnten ihn betrüben und ihn⌉, und er hätte vielleicht denken können, daß sie ihn verachte. Alle diese Überlegungen bestärkten sie, sich nicht zuviel zuzutrauen und fremden Beistand zu Hülfe zu nehmen, um ihre eigene Klugheit in Sicherheit zu bringen.

570 Sie bat ihren Geliebten, ihr zu erlauben, sich dem Schutz eines Klosters anzuvertrauen, ‹…› um wenigstens den kleinen Wunsch in Erfüllung gebracht zu sehen.]⌈Sie⌉ ~~Sie~~ bat ⌈daher⌉ ihren Geliebten, ihr zu erlauben, ~~sich~~ ⌈daß sie ~~+~~⌉ ~~dem~~ ⌈sich unter⌉⌈den⌈ Schutz eines Klosters ~~anzuvertrauen~~ ⌈begäbe⌉, aber sie wußte wohl, daß er ~~es nicht~~ ⌈das nie⌉ zugeben würde, und ~~sie~~ verlangte ~~daher~~ das größere ⌈nur⌉, um wenigstens den kleinen Wunsch ~~in Erfüllung gebracht zu sehen~~ ⌈zu erreichen⌉.

574 seine Einwilligung leichter zu dem] Einwilligung ⌈desto⌉ leichter.

579–646 [17]So sehr er fühlte, daß ihn diese Veränderung nicht begünstigte ‹…› und nun Vorschläge zum Handel zu thun.] *Bl. 17 und 18, eigenhändig paginiert, erneut in Charlotte Schillers Handschrift,* H^1. *Mit ihrer Fassung korrespondieren Bl. 16 und 17 von* H^2. *Varianten werden in Sans Serif wiedergegeben.*

582 Sie ging in die Kost, und es war ein Grund zu ihrem Glück, durch die Bekanntschaft, die sie dadurch anknüpfte.] es war ~~der eine Vernalaß laßung~~ ⌈ein Grund⌉ zu. – H^2: und durch die Bekanntschaft, die sie dadurch anknüpfte, legte sie einen Grund zu ihrem Glück.

584 immer mit ihr zu sein] H^2: immer bei ihr zu seyn.

585 schlafen, so wollte Mariannen immer Zeugen ihrer Handlungen um sich haben.] H^2: schlafen, damit sie immer Zeugen ihrer Handlungen um sich habe.

587 zwey Töchter] ~~der~~ zwey Töchter.

588 waren nicht häßlich] waren ~~schön~~ nicht.

589 Kostgängerin gewesen in dem Kloster] ~~Kloste~~ Kloster. H^2: Kostgängerinn gewesen[4] in[1] dem[2] Kloster[3]. – *Umordnung der Syntax durch Nummerierung, vermutlich von Friedrich Schiller.*

595 Des Fräuleins Neugierde] Fräuleins ~~wurde Neugierde~~ Neugierde.

597 wo diese Gestalt ihr schon begegnet] wo ~~sie~~ diese.

600 daß es dasselbe Mädchen] ~~daßel~~ dasselbe.

602 Nach zwey Tagen kam sie wieder zu ihnen] zu ~~ihren Bekannt~~ ihnen.

605 Schmuck von großem Werth] von ~~außerordentlich~~ großem.

607 da erblickte] d~~iea~~ erblickte.

608 nur Verschwiegenheit; alles, was ich Ihnen zeigte, soll Sie vorbereiten auf das was Sie wissen wollen] nur Verschwiegenheit; alles, was ich Ihnen zeigte, soll Sie ~~darauf~~ vorbereiten auf das ~~was ich Ihnen zu sagen habe~~ Sie wissen wollen. *H^2:* nur Verschwiegenheit; denn alles, was ich Ihnen zeigte, soll Sie vorbereiten auf das was Sie wissen wollen.

610 mich Ihnen zu verbergen] mich ~~für Sie~~⌈Ihnen⌉.

611 wer ich jetzt bin. Denn gewiß] wer ich ~~jez bin~~ jetzt bin. Denn ~~ich bin~~ gewiß.

616 Sie erzählte ihr nun ihre Geschichte weitläuftig, ‹…› Sie versprach ihr aber die strengste Verschwiegenheit] Tugend, ⌈deren sie sich rühmte,⌉ nicht. – *H^2:* Sie erzählte ihr nun ihre Geschichte weitläuftig, worüber das Fräulein nicht wenig verwundert war, und ~~sie konnte~~ sich ~~der~~ ⌈einiger⌉ Zweifel über Mariannens Frömmigkeit und Tugend, deren sie sich rühmte, nicht ganz erwehren ⌈konnte⌉. ~~Aber sie~~ ⌈Doch⌉ versprach ⌈sie⌉ ihr die strengste Verschwiegenheit.

620 Sie erfuhr nichts, was nicht zu dem paßte, was ihr Marianne erzählt hatte.] *H^2:* nichts, was ~~nicht zu dem paßte, was ihr Marianne erzählt hatte~~ ⌈Mariannens eigenem Geständnis widersprochen hätte.⌉.

621 keinen Ort besuchte] sie nicht ⌈keinen Ort⌈.

622 ohne die zwey Schwestern, aber mit ihrer Mutter. Daß der einzige Mensch, der sie besuchte, *Saint Hilaire* sey] *H^2:* ohne die ~~zwey~~ ⌈beiden⌉ Schwestern, aber ~~mit ihrer~~ ⌈deren⌉ deren Mutter, und daß der einzige Mann, der sie besuchte, *St. Hilaire* sey.

624 daß er sehr selten käme] *H^2:* und ⌈auch⌉ daß er sehr selten käme.

625 streng lebte und eingezogen] *H^2:* streng lebte und eingezogen lebte.

626 zu ihrem Schlafzimmer komme, die beiden Töchter des Advokaten, daß] *H^2:* zu ihrem Schlafzimmer ~~komme~~ ⌈gelange⌉, die beiden Töchter des Advokaten, so daß.

627 den die Hausleute] den ~~man~~ ⌈die Hausleute⌉.

628 die immer die eiserne Thüre öfnen müssten, die zu ihr führe, die immer fest verschlossen sey. Noch zwey Jahre] *H^2:* die ~~immer~~ ⌈auch⌉ ⌈jedesmal⌈ die eiserne Thüre öfnen müßten, die zu ihr führe, ~~und die immer fest verschlossen sey Noch z~~Zwey ⌈ganze⌉ Jahre.

630 das ⟨Glück⟩ *[18v]*sie begünstigten] das *[18v]*sie begünstigten. – *H^2:* das Glück sie begünstigten.

631 Fräulein *Harcourt* war noch bey ihr, und begleitete sie.] *H^2:* Fräulein *Harcourt,* ~~war~~ ⌈die⌉ noch bey ihr ⌈war⌉, begleitete sie.

632 von Crystal] von ~~Cy~~ Crystall.

638 alles ganz vom feinsten Stoff, die schönsten Spizen] alles ~~mit~~ ⌈ganz⌉ vom feinsten Stoff, die schönsten Spizen. ~~Kurz nichts fehlte.~~

639 Neujahrsgeschenk] ~~Neug~~ Neujahrsgeschenk.

640 Sie trug es so, weil er es wünschte, und sie oft darum gebeten hatte] *H^2:* so, ~~weil er es wünschte~~.

641 weil er sie auf der Messe mit einigen seiner Verwandten begegnen wollte, wo es ihm erwünscht war, sie ihnen zufälliger Weise zu zeigen.] weil er sie auf der Messe mit einigen seiner Verwandten begegnen wollte, ~~denn e~~ wo es ihm erwünscht war, sie ihnen ~~zu als durch zufällig zu zeigen~~ zufälliger Weise zu zeigen. – *H^2:* weil er ihr auf der Messe.

643 beurtheilte, nannte] beurtheilte, nannte.

645 zurück nach seinem Gewölbe das sie erst verlassen hatte, um nun Vorschläge zum Handel zu thun.] zurück nach seinem Gewölbe das sie erst verlassen hatte, um ~~nun Vor-~~

~~schläge zum Handel zu thun~~. – *Ende von* H^1. *Die Streichung des Infintivsatzes wurde vermutlich von Friedrich Schiller vorgenommen, in* H^2 *endet Blatt 17v (unpaginiert) mit der Variante:* nach seinem Gewölbe zurück, das sie erst verlassen hatte, um ihren Handel in Richtigkeit zu bringen. *[17v]*Die Spiegel.

647 *[17v]*Die Spiegel *[18r]*fielen ihr in die Augen] *Fortsetzung der Schreiberhandschrift* H^2 *bis zum Ende des Textes, Blatt 28v, mit Überarbeitungen durch Friedrich Schiller. Die Schreiberhandschrift verzichtet in diesem Teil auf Anführungszeichen.*

649 sie sich seit vier Jahren] sie ~~sich~~ ⌈dieselbe⌉ seit vier Jahren.

650 doch erkannte] ~~doch~~ ⌈sie doch im Augenblick⌉ erkannte.

655 gewesen wäre, dünkt mir] wäre, ~~dünkt mir~~.

655 und im Gegentheil] ~~und~~ im Gegentheil.

657 um Sie in einem so hohen Ton sprechen zu lassen] einem ~~so hohen Ton sprechen~~ ⌈solchen Glanz auftreten zu lassen⌉.

661 öffentlichen Mädchens gehörte, die durch ihren Erwerb so reich geworden, daß sie sich mit einer solchen Pracht zeigen könnten.] Mädchen~~s~~ gehörte, ~~die durch ihren Erwerb so reich geworden, daß sie sich mit einer solchen Pracht zeigen könnten~~.

665 gefürchtet. Sie erholte sich dem Schein nach und verließ das Gewölbe, sie nahm den Spiegel, um welchen Preis der Kaufmann nur wollte, denn sie hatte keine Zeit mehr zu handeln.] gefürchtet. ~~Sie erholte sich dem Schein nach und verließ~~ ⌈Eilfertig verließ sie⌉ das Gewölbe, ~~sie nahm den Spiegel, um~~ ⌈nachdem sie,⌉ ⌈ohne weiter⌈ ⌉zu handeln⌉ ⌈dem⌉ ~~welchen Preis der~~ Kaufmann ~~nur wollte, denn sie hatte keine Zeit mehr zu handeln~~ ⌈den Preis, welchen er⌉ ⌈verlangte, für den Spiegel⌈ ⌈bezahlt hatte.⌉.

669 und sie erstaunten] und ~~sie~~ erstaunten.

670 Sie war wirklich] ~~Sie~~Diese war.

672 stiegen im Wagen, und auf dem Wege] stiegen ~~im~~ ⌈in den⌉ Wagen, ~~und~~ auf dem Wege.

680 nur den Vorwand] nur ~~den~~ ⌈diesen⌉ Vorwand.

685 was nur von ihr kam] was ~~nur~~ von.

688 ihm, daß sie der Prinzessinn E. begegnet habe. Sie vergaß weder die *[19r]*Anrede, ‹…› ihre Tränen vor ihrer Hausgesellschaft zurückzuhalten, die ihr zuhörten.] ihm, ~~daß sie~~ ⌈was ihr mit⌉ der Prinzessinn E. begegnet ~~habe~~ ⌈war⌉. ~~Sie vergaß weder die *[19r]*Anrede, noch die Antwort von sich zu erzählen und den Abschied.~~ ~~Es machte ihm einen großen Kummer~~ ⌈Der Vorfall bekümmerte ihn sehr⌉, zumal er sahe, welche Mühe es Mariannen machte, ihre Tränen vor ihre~~r~~**n** Haus~~gesellschaft zurückzuhalten, die ihr zuhörten~~ ⌈genossen zu verbergen⌉.

692 im Garten] i~~m~~n ⌈den⌈ Garten.

699 zurückgeben, was ich von Ihnen empfing und von Ihrer Großmuth] zurückgeben, was ich von ~~Ihnen~~ empfing[3)] ~~und von~~ Ihrer[1)] Großmuth[2)].

700 in der Ferne zeigten] in der Ferne zeigte~~n~~.

705 einen kummervollen Augenblick] ~~e~~Einen kummervollen.

706 Ihrer Ehre wichtig] Ihrer ⌈eigenen⌉ Ehre wichtig.

707 bestimmen, ohne Argwohn tugendhaft ist, denn es ist] bestimmen, ~~ohne Argwohn tugendhaft ist~~, ⌈unbeargwohnt sey⌉, denn es ist.

711 Ich hätte nicht weniger Ihnen] Ich hätte nicht[2)] weniger[3)] Ihnen[1)].

715 fällt. Ich bin zu tief gerührt über die Art, wie mich die Prinzessinn behandelte, um mich nicht lieber selbst aufzuopfern, als ihr die Gedanken von mir zu lassen, die Abscheu in mir erwecken] fällt. ~~Ich bin zu tief gerührt über die Art, wie mich die Prinzessinn behandelte, um mich nicht lieber selbst~~ ⌈als

~~sie länger in einem Argwohn zu lassen, der mir Abscheu erweckt~~⌉ ~~aufzuopfern, als ihr die Gedanken von mir zu lassen, die Abscheu in mir erwecken~~.

724 was sich entscheiden würde] was ~~sich entscheiden~~ ⌈daraus werden⌉ würde.

732 als daß Sie mich länger strafen sollten] ⌈als⌉ daß sie mich ~~länger strafen~~ ⌈ins Unglück stürzen⌉ sollten.

737 Ehre? Sollte ich in meiner Lage bleiben, die mir den Vorwurf zuzöge, daß ich mich selbst nicht leiten könnte? Dies werde und kann ich nicht thun.] Ehre? ~~Sollte ich in meiner Lage bleiben, die mir den Vorwurf zuzöge, daß ich mich selbst nicht leiten könnte? Dies werde und kann ich nicht thun.~~ ⌈Nimmer kann ich⌉ ⌈das!⌈.

740 die an diese fest geknüpft ist, und die sich das Mädchen erhält, die Sie zu Ihrer Gattin wählen wollen.] die an ~~diese~~ ⌈die meinige⌉ fest geknüpft ist~~, und die sich das Mädchen erhält, die Sie zu Ihrer Gattin wählen wollen~~.

742 wenn Sie zu wenig empfindlich dafür wären,] ~~wenn Sie zu wenig empfindlich dafür wären,~~.

745 diese Beharrlichkeit auf ihrer Ansicht könnten wohl am besten glauben machen, daß ihre Tugend in seinem Umgang nicht verlebt wurde; hätte sie sich eine Blöße gegeben, denn hätte sie das] diese Beharrlichkeit ~~auf ihrer Ansicht könnten wohl am besten glauben machen, daß ihre Tugend~~ ⌈war der vollkommenste Beweis, daß sie sich⌉ in seinem Umgang ~~nicht verlebt wurde; hätte sie sich eine Blöße gegeben~~, ⌈keine Blöße gegeben⌉ denn hätte sie das.

748 wichtigen Folgen] wichtigen.

751 zeigte, ihn noch mehr ihre Tugend bewundern ließ, und er schätzte sie nur um desto mehr.] zeigte, ~~ihn~~ ⌈ihm nur⌉ noch mehr ~~ihre Tugend bewundern ließ, und er~~ ⌈Bewunderung ihrer Tugend⌉ ⌈einflößte⌈ ~~schätzte sie nur um desto mehr~~.

757 Sie befürchtete die Prinzessinn] Sie ~~be~~fürchtete.

758 Sie befürchtete beleidigende Ausdrücke] Sie ~~be~~fürchtete ⌈die⌉ beleidigenden Ausdrücke.

760 um die Gefälligkeit bitten] um die Gefälligkeit ⌈zu⌉ bitten.

771 Sie empfing] ~~Sie~~ ⌈Diese⌉ empfing.

775 und stieg im Wagen. Sie fand Mariannen in einer großen Ermattung und Fieber, denn sie konnte kaum sprechen.] und stieg i~~m~~n Wagen. Sie fand Mariannen in eine~~r~~m ⌈heftigen Fieber⌈ ⌉und⌉ große~~r~~n Ermattung ~~und Fieber, denn sie konnte~~ ⌈so daß sie⌉ kaum sprechen ⌈konnte⌉.

777 entfernen. Sie entdeckte dem Fräulein ihre Begebenheit und ihren Zustand] entfernen~~.~~, ~~Sie~~ ⌈und nun⌉ entdeckte ⌈sie⌈ dem Fräulein ihre Begebenheit und ihre~~n Zustand~~ ⌈Unruhe⌉.

779 um aufzustehen, und mich] um ~~aufzustehen, und~~ mich.

779 und Sie zu bewegen] und ~~S~~Sie zu.

780 sie sollen mich nicht] sie sollen ~~mich~~ ⌈es⌉ nicht.

783 anzuhören. Sie soll mir erlauben, daß ich ihr eine genaue Rechenschaft von meinem Leben ablege.] anzuhören. ~~Sie soll mir erlauben, daß ich ihr eine genaue Rechenschaft von meinem Leben ablege~~.

790 stieg sie im Wagen] stieg sie ~~im~~ ⌈in den⌉ Wagen.

796 Prinzessinn zu rechtfertigen] Prinzessinn ~~zu~~ rechtfertigen.

797 Ich versichere Sie von ihrer Tugend, wäre sie nicht, für was ich sie halte] Ich ~~versichere Sie von ihrer~~ ⌈bürge für Mariannens⌉ Tugend, wäre sie nicht, ⌈wo⌉für ~~was~~ ich sie halte.

801 wiederstehen können und ihrem Schmerz] können ~~und ihrem Schmerz~~.

803 Sie_bittet nur die Erlaubnis zu erhalten, sich] nur ⌈um⌈ die Erlaubnis ~~zu erhalten~~.

804 wie räumt sich die Armuth des Mädchens mit der Pracht, in der sie erschien] wie ~~räumt~~ ⌈reimt⌉ sich die ~~Armuth des Mädchens~~ ⌈Pracht, worin⌉ ~~mit der Pracht, in der sie~~ ⌈dieses Mädchen⌉ erschien.

810 daß sie das Gerede] daß siech das.

812 beimessen, auf ihre Versichrung, sie ist so gut, so großmüthig, und sie würde es] beimessen, ~~auf ihre Versichrung~~, sie ist so gut, ⌈und⌉ so großmüthig, und ~~sie~~ würde es.

814 kann, weil sie] kann, ~~weil~~ ⌈da⌉ sie.

815 erzogen worden] worden.

815 Die Prinzessinn wird sich nicht wenig verwundern] „Die Prinzessinn ⌈sagte Fräulein *Harcourt*⌉ wird.

817 sagte das Fräulein] sagte ~~das~~ Fräulein ⌈*Clairval*⌉.

828 daß es ihr sehr freue] es ~~ihr~~ ⌈sie⌉ sehr.

829 und dieses ließ sie] dieses ~~ließ~~lasse sie.

831 ich durch ihre eigene Erzählung bestimmt nicht mehr zweifelhaft über sie sey, so sollen Sie ihr] daß ich ~~durch ihre eigene Erzählung bestimmt~~ ⌈jetzt schon⌉ nicht mehr zweifelhaft über sie sey, ~~so~~ ⌈Sie⌉ sollen ~~Sie~~ ihr.

833 gab sie den Befehl] sie ~~den~~ Befehl.

844 und daß sie sie einer gütigen Aufnahme versicherte. Die beiden Fräuleins] und ~~daß sie sie~~ ⌈versicherte sie⌉ einer gütigen Aufnahme ~~versicherte. Die~~ ~~b~~Beide~~n~~ Fräulein~~s~~.

847 *St. Hilaire*, den sie abends vorher sehr von ihrer Tugend erbaut hatte, aber der wenig über ihre Gefälligkeit gegen ihn erfreut] *St. Hilaire*, de~~n~~r sie ⌈den⌉ Abend~~s~~ vorher sehr von ihrer Tugend erbaut ~~hatte~~, aber ~~der~~ wenig über ihre Gefälligkeit ~~gegen ihn~~ erfreut.

849 Er wollte noch alles versuchen, sich ihrem Entschluss entgegenzusetzen, der] versuchen, ~~sich~~ ihre~~n~~m Entschluss ~~entgegenzusetzen~~ ⌈zu hintertreiben⌉, der.

852 ließ ihm alle Härte vergessen] ließ ih~~m~~n alle.

860 einige Momente] einige ~~Momente~~ ⌈Augenblicke⌉.

862 ist davon ein sichrer Beweis] davon.

871 ihrer Neigung zugeschrieben] ~~ihrer Neigung~~ ⌈einem bösen Hang⌉ zugeschrieben.

874 sie bat um ihre Verzeihung] um ~~ihre~~ Verzeihung.

875 sich für ihr verborgen] sich ~~für~~ ⌈vor⌉ ihr.

880 seiner nicht würdiger erschien] seiner ~~nicht~~ würdiger.

892 *St. Hilaire* machte Marianne nur Zeichen und sie] *St. Hilaire* ~~machte~~ ⌈gab⌉ Marianne ~~nur~~ ⌈ein⌈ Zeichen und ~~sie~~ ⌈diese⌉ bat.

896 nichts mehr für sie verheimlicht] mehr ~~für sie~~ ⌈vor ihnen⌉ verheimlicht.

900 sich Genugtuung auf eine so glückliche Weise verschafft zu haben] sich Genugtuung[6)] auf[1)] eine[2)] so[3)] glückliche[4)] Weise[5)] verschafft zu haben.

901 zu haben. Das Fieber verließ sie bald, und sie erwachte nach sechs Stunden ohne Fieber, doch noch sehr schwach. Sie konnte den ganzen Tag das Bette nicht verlassen, ihr Geliebter mit den beiden Schwestern blieben bei ihr.] zu haben ~~Das Fieber verließ sie bald, und sie erwachte nach sechs Stunden ohne Fieber, doch noch sehr schwach. Sie konnte den ganzen Tag das Bette nicht verlassen, ihr Geliebter mit den beiden Schwestern blieben bei ihr~~.

930 daß sie ⟨sie⟩ gekränkt] daß sie [sie] gekränkt habe.

934 wo die Prinzessinn] ~~wo~~ ⌈bei welcher Gelegenheit⌉ die Prinzessinn.

948 und er war entzückt] und ~~er~~ war.

951 um mich nicht innig zu freuen über das, was] innig zu[3)] freuen[4)] über[1)] das[2)] was.

960 Cabinet, er mußte ihr da alles wiederholen] Cabinet, ~~er mußte~~ ⌈wo er⌉ ihr ~~da~~ alles wiederholen ⌈mußte⌉.

961 mit so einem leidenschaftlichen Ausdruck] mit so[2)] einem[1)] leidenschaftlichen Ausdruck.

972 Diese Zärtlichkeit] Die~~se~~ Zärtlichkeit.

974 so zu erwiedern] so ~~zu~~ erwiedern.

987 die ich für sie habe. Die Prinzessinn] die ich für sie habe.“ ∫ Die Prinzessinn.

995 velassen Sie sich auf mir] auf mi~~r~~ch.

999 ungewiß, wie er die Sache aufnehmen sollte; sollte er sich über solch eine mächtige Vermittlerin freuen, oder sollte er sich betrüben] ungewiß, ~~wie er die~~ ⌈ob er⌈ ~~Sache aufnehmen sollte; sollte er~~ sich über ~~solch~~ eine ⌈so⌉ mächtige Vermittlerin freuen, oder ~~sollte er sich~~ betrüben ⌈sollte⌉.

1003 den sie gefaßt hatte. Ihre Freude war rührend, und sie konnte sich nicht zurückhalten, sie bezeigte] den ~~sie~~ ⌈diese⌉ gefaßt ~~hatte~~. Ihre Freue war rührend, ~~und~~ sie konnte sich nicht zurückhalten, ~~sie~~ ⌈und⌉ bezeigte.

1006 Sie sahen sich nun] sahen ~~sich~~ nun.

1012 nun erreicht zu sehen] nun ⌈bald⌈ erreicht zu sehen.

1017 Kloster entgegen oder denen zum Mährchen zu dienen, die ihre schmeichelhaften Hofnungen kennten] entgegen ~~oder denen zum Märchen zu dienen, die ihre schmeichelhaften Hofnungen kennten~~.

1026 Der gute Sohn überwand den Liebhaber] Sohn ~~überwand~~ ⌈gewann es über⌉ den.

1028 Diese grausamen Betrachtungen] Diese ~~grausamen~~ ⌈qualvollen⌉ Betrachtungen.

1029 und nahm einen solchen Antheil] und nahm ~~solchen~~ ⌈einen so lebhaften⌉ Antheil.

1037 ohngeachtet aller ihrer Kräfte] aller ~~ihrer Kräfte~~ ⌈Bemühungen⌉.

1043 habe die Reue dem Vergnügen Platz gemacht, und dies habe] habe ~~die~~ ⌈das Vergnügen der⌉ Reue ~~dem Vergnügen~~ Platz gemacht, und dies~~e~~ habe.

1052 und nur, wenn es Heirathsangelegenheiten betraf, sonst hatte er immer] ⌈und er hatte⌈ ~~und nur, wenn es~~ bloß einige Heiraths~~angelegenheiten~~anträge ~~betraf~~ ausgenommen, sonst ~~hatte er~~ immer.

1071 vorbereitet für ihren Besuch] vorbereitet ~~für~~ ⌈auf⌉ ihren Besuch.

1077 von *St. Hilaire* gewann] *St. Hilaire* ⌈augen⌉⌈blicklich⌈ gewann.

1087 Frömmigkeit, der sie mich versicherte] Frömmigkeit, ~~der sie mich versicherte~~ ⌈dafür sie mir Bürgin ist⌉.

1089 Sie werden mir eben so viel im Herzen bewahren] mir ~~eben so viel~~ ⌈gleiche Gefühle⌉ im.

1093 sich allein mit der Mutter ihres Geliebten sah] sich ~~allein~~ mit der Mutter ihres Geliebten ⌈allein⌉ sah.

1101 Fräulein *Harcourt* vor den Lohn war genöthigt worden] Fräulein Harcourt ~~vor den Lohn~~ war genöthigt worden.

1104 und sie erklärte] [FS] und ~~sie~~ erklärte.

1106 oder den meiner Freunde] oder ~~dem~~ ⌈den⌉ meiner Freunde.

1112 Liebe so sehr gewann, daß sie selbst den Aufschub der Hochzeit ungeduldig beklagte] Liebe ~~so sehr~~ ⌈ganz⌉ gewann, ~~daß sie~~ ⌈und diese⌉ selbst den Aufschub der Hochzeit mit ~~u~~Ungeduld~~ig~~ ~~befahl~~ ⌈beklagte⌉.

1116 das Geheimniß, sich von allen] Geheimnis, ~~sich~~ von allen.

1118 durch ihre Verwendungen gelangte] durch ihre ⌈Verwendung⌉ gelangte.

Autun und Manon

Textgrundlage: GSA 83/1638. Es existieren zwei Handschriften:

H[1]: Charlotte Schillers Handschrift. 10 Bögen, Folio 23,5 × 38cm (beige). Bl. 1–20; Bl. 21 fehlt, Bl. 22 Einzelblatt (zweites Blatt des Bogens), 23 u. 24; 2 Bögen, Bl. 25–28; drei Einzelblatt, Bl. 29–31. Insgesamt 51 Blatt, eigenhändig paginiert.

H^2: Schreiberhand. Quart (vermindert) (grün), 17,5 × 21cm. 2 Lagen à 4 Bögen, Bl. 1–16; Bl. 17 ist ein Einzelblatt; 1 Doppelbogen mit Bl. 18–21. Bl. 21 fehlt. Bl. 22v enthält ein Bruchstück zu Charlotte Schillers Lustspiel Der verunglückte 5te März *(1802).*

Erhalten ist eine graue Papierbanderole, beschriftet von Emilie von Gleichen-Rußwurm: „Autun und Manon Von Schiller'scher Hand corrigiert."

Der Erstdruck erfolgte unter Friedrich Schillers Herausgeberschaft ohne Angabe der Verfasserin: Autun und Manon. Eine Erzählung. In: Journal der Romane. Drittes Stück. Berlin: Bey Johann Friedrich Unger, 1801, S. 217–338.

Der Neudruck in: SCHILLER: NA, Bd. 16, S. 279–310 (Text), und S. 476–489 (Kommentar), folgt der Schreiberhandschrift H^2 und zieht Charlotte Schillers Handschrift H^1 erst hinzu, wo H^2 abbricht. Ihre eigene Handschrift wird im Rahmen dieser Edition als „eine genaue Abschrift des Quartmanuskriptes h^1 unter Berücksichtigung von Schillers Korrekturen" (ebd. S. 477) ausgewiesen. Das heißt, in der editorischen Praxis der Schiller-Nationalausgabe liegt das Interesse auf Friedrich Schillers redaktioneller, nicht auf Charlotte Schillers literarischer Tätigkeit.

Die vorliegende Edition legt dagegen Charlotte Schillers Handschrift H^1 zugrunde. Im Kommentar werden ihre eigenen sowie Friedrich Schillers Bearbeitungen vermerkt; in Ergänzung erteilt der Kommentar Auskunft über signifikante Abweichungen und Bearbeitungen Friedrich Schillers in der Schreiberhandschrift H^2. Sowohl die Schreiberhand als auch die Bearbeitungen, die durchgängig von Friedrich Schiller stammen, werden in Sans Serif gesetzt.

Bl. 21 fehlt, der Text wird an dieser Stelle aus dem Erstdruck ergänzt und gleichfalls in Sans Serif gesetzt. Direkte Vorlagen für diese Erzählung konnten nicht ermittelt werden, eine Allusion zu „Manon Lescault" des ABBÉ PREVOST (1731) ist durch die namentliche Referenz naheliegend.

---

3 ins Zimmer] ins ~~z~~Zimmer. – *Charlotte Schiller differenziert nicht deutlich zwischen Groß- und Kleinschreibung und verwendet nur selten Majuskeln. An vielen Stellen des Manuskripts hat Friedrich Schiller die Anfänge von Substantiven mit Majuskeln überschrieben.*

4 jungen Dame] ~~jüngeren über~~ jungen.

4 fünfzehn Jahr. Es war die Tochter] *H^2:* fünfzehn Jahr ~~. Es war~~ ⌈und⌉ die Tochter.

5 erfuhr. Sie war kaum aus dem Kloster gekommen um ihren Vater] erfuhr. ~~Es war ihr erster Schritt~~ Sie war kaum aus dem Kloster gekommen ~~wo ihr~~ um.

7 weil ihre Mutter nicht wünschte, daß man eine so große Tochter bey ihr sehen sollte] *H^2:* weil ihre Mutter nicht ~~wünschte, daß man~~ ⌈gern⌉ eine so große Tochter ~~bey ihr sehen sollte~~ ⌈um sich sah⌉.

8 noch so viele Ansprüche] *H^2:* noch ~~so viele~~ Ansprüche.

8 Da sah ich zum erstenmal eine Person die so viel über mein künftiges Schicksal bestimmte] Da sah ich zum⌈ ⌊~~erstmal e~~ erstenmal eine Person die so viel über mein künftiges Schicksal bestimmte⌋. – *H^2:* ~~Da~~ ⌈Damals⌉ sah ich zum erstenmal eine Person die ~~so viel über~~ mein künftiges Schicksal bestimmte.

9 Schicksal bestimmte. Herr von *Ribaupierre*] *H^2:* bestimmte. ∫ Herr.

9 war Offizier] ~~war ihr Gemahl~~ war.

10 durch die er an Erfahrung reicher geworden ‹...› und hatte gewiß niemanden in der Welt betrogen, ausgenommen seine Tochter. Alle seine Plane] ~~wo er~~ durch die er. – *H^2:*

durch die [1v]er ⌈zwar⌉ an Erfahrung reicher geworden aber ~~sein~~ ⌈an⌉ Vermögen ~~hatte dabey nicht zugenommen~~ ⌈desto ärmer geworden⌉. ~~Er war ein Mann von Verstand, frey und offen und hatte gewiß niemanden, seine Tochter ausgenommen, betrogen~~. Alle ~~seine~~ Pläne.

13 mißlangen, er hatte große Verluste erlitten] *H^2:* mißlangen, ~~er hatte große Verluste erlitten~~.

16 nicht eher die Absolution] *H^2:* die Absolution nicht eher.

18 trauen zu lassen] ~~zu verheirat~~ trauen.

20 ihr Gemahl] ~~denn~~ ihr Gemahl.

22 da sie schön war, und jung, und Herr von *Ribaupierre* in seinem acht und funfzigsten Jahr, von seiner beschwerlichen Lebensart, und seinen Wunden zu Grund gerichtet] *H^2:* da sie schön ~~war,~~ und jung und Herr von Ribaupierre in seinem achtundfunfzigsten ~~Jahr von seiner~~ ⌈Jahr war⌉ ~~beschwerlichen Lebensart, und seinen Wunden zu Grund gerichtet~~.

25 mißtrauisch, ganz in entgegen gesezter Art behauptete er, mehr wie andere Menschen das Betragen seiner Frau beurtheilen zu können] mißtrauisch, ganz i~~m~~**n** entgegen ~~si~~ gesetzter. – *H^2:* mißtrauisch, ~~ganz in entgegengesezter Art behauptete er, mehr das Betragen seiner Frau beurtheilen zu können, als andre Menschen~~.

26 und lebte nicht in einer großen Harmonie mit einer Frau] in einer ~~H~~ Harmonie. – *H^2:* und lebte in keiner großen Harmonie mit einer Frau.

28 als daß sie vielleicht nur sich lieber puzte und gern gesehen wurde, als einer Frau erlaubt ist.] ~~als es~~ und. – *H^2:* als daß sie ~~vielleicht nur sich lieber puzte und gern gesehen~~ ⌈mehr Aufmerksamkeit zu⌉ ⌈erregen suchte,⌈ ~~wurde,~~ als einer ⌈verheiratheten⌉ Frau erlaubt ist.

30 Als der Todt diese Ehe zerriß, war es gerade die Zeit der Masquenbälle] ~~Ihr Tod endigte dies~~ Als. – *H^2:* war es gerade ~~die Zeit der~~ ⌈um die⌉ ⌈Carnevalszeit⌈ ~~Maskenbälle~~.

31 besuchte eben einen Ball bey dem Marquis von ⟨*⟩, der sonst ein Freund der Fräulein] *H^2:* besuchte ~~eben~~ einen Ball bey dem Marquis von ⌈S.⌉ der sonst ein Freund de~~r~~s Fräuleins.

33 in einer eleganten Masque] ~~sehr~~ ⌈in einer⌉ eleganten.

36 gestand nachher] gestand ⌈nachher⌉.

37 sey, und sezte den Verlust seiner Frau mit seinem Gewinn im Spiel in eine Classe] *H^2:* sey, ~~und er sezte den Verlust~~ ⌈indem er zugleich⌉ ⌉den Tod⌉ seiner Frau ~~mit~~ ⌈zu⌉ seinem Gewinn ~~in eine Kasse~~ ⌈schlug⌉.

39 Da er sich so groß im Spiel] *H^2:* Da er sich im Spiel so groß.

43 die Sie vergießen, und die Ihnen der Verlust einer Gattin entreißen sollte] *H^2:* die Sie ~~ver-~~ ⌉um eine Gattin⌉ ~~gießen, und die Ihnen der Verlust einer Gattin entreißen sollte~~ ⌉vergießen,⌉.

46 Antwort, mäßigen Sie sich mein Herr] *H^2:* Antwort, ~~mäßigen Sie sich mein Herr~~.

47 ein Vortheil] ~~und~~ ein.

49 meine Betrübniß] ~~mir~~ meine.

54 Der Marquis schalt ihn] Marquis ~~be+ +~~ ⌈schalt⌉ ihn.

54 und bat seine Freunde] *H^2:* er bat seine Freunde.

56 seiner künftigen Frau] seiner ⌈künftigen⌉ Frau.

59 bekannt war, so fürchtete er Händel, die man ihm zuziehen könnte, zumahl da schon hin und wieder ein Gerede entstand, und man von Vergiftung sprach] entstand, ~~daß er~~ und. – *H^2:* war, ~~so~~ fürchtete ~~er~~ ⌈man möchte⌈ ⌈ihm⌉ Händel~~, die man ihm~~ zuziehen ~~könnte~~, zumal da schon hin und wieder ein [3r]Gerede ~~entstand und man~~ von Vergiftung ~~sprach~~ ⌈entstand⌉.

61 den Todt] ~~ihren~~ ⌈den⌉ Todt.

62 gab er selbst] ~~war~~ ⌈gab⌉ er.

63 ihre Aufführung] ~~sie kenne~~ ihre.

65 so berechtigt es zwiefach die andern] *H²:* es die andern zwiefach berechtigt.

68 je mehr] *H²:* desto mehr.

68 Ähnlichkeit zu, und doch war er selbst einer der häßlichsten Menschen] *H²:* zu, ~~und doch war er~~ ⌈ob er gleich⌉ selbst einer der häßlichsten Menschen ⌈war⌉.

71 nehmen, Aufsicht über eine Tochter von siebzehn Jahren zu haben.] nehmen, ⌈Aufsicht über⌉ eine Tochter von siebzehn Jahren zu haben. ~~Doch erschien sie nun~~ ⌈bald⌉ ~~in der Welt~~. – *H²:* über eine Tochter von siebenzehn Jahren Aufsicht zu haben.

72 Doch da er selbst zu schwächlich wurde] *H²:* Doch da er ~~selbst zu~~ ⌈anfing⌉ schwächlich ⌉zu werden⌉ ~~wurde~~.

74 sah ich sie zum ersten Mahle wieder seit der Zeit daß ich sie bey meiner Freundin gesehen hatte.] sah ich sie ~~wieder~~ zum ersten Mahle wieder seit ⌈der Zeit daß⌉ ich. *H²:* seitdem ~~daß~~ ich sie bei meiner Freundinn gesehen hatte.

76 aber doch als ich sie zum zweitenmale sah hatte sie] aber doch ⌈als⌉ ~~bey~~ ⌉ich sie zum⌉ ~~dem~~ zweitenmale ~~daß ich sie~~ sah, ~~war~~ ⌈hatte⌉ sie.

78 Augen und schmachtend, aber auch lebhaft wie sie sie selbst haben wollte, ihre Nase] Augen und ~~doch~~ schmachtend, aber auch lebhaft ~~wach~~ wie sie sie selbst haben wollte, ihre Nase schön geformt. – *H²:* Augen, ~~und~~ ⌈zugleich⌉ schmachtend ⌈und⌈ ~~aber auch~~ lebhaft~~,~~ ~~wie sie sie selbst haben wollte ihre~~ ⌈die⌉ Nase.

80 alle Gesichtszüge] ~~das ganze~~ ⌈alle⌉ Gesichtszüge.

81 Ihr Anstand war edel] Anstand ⌈war⌉ edel.

81 aber erfüllt von einer natürlichen Sittsamkeit] *H²:* aber von einer natürlichen Sittsamkeit ~~erfüllt~~ ⌈begleitet⌉.

82 entzückte. Ich konnte nicht wiederstehen und folgte ganz der Neigung meines Herzens.] entzückte. ~~Kurz~~ Ich. – *H²:* entzückte. ~~Ich konnte nicht widerstehen und folgte ganz der Neigung meines Herzens~~.

83 hatte ich mein Herz] hatte ich ~~hatte ich~~ mein Herz.

84 ich liebte *Manon* oder vielmehr ich betete sie an seit dem ersten Augenblick, [3]da ich sie sah] betete sie ~~vo~~ ⌈an⌉ seit ⌈dem⌉ ersten Augenblick. – *H²:* betete sie ~~an seit dem~~ ⌈vom⌉ ersten Augenblick ~~da~~ ⌈an als⌉ ich sie sah. – *Erste namentliche Nennung der Protagonistin.*

85 sah. Man kann nicht über sein Herz gebieten wie man es möchte.] *H²:* sah. ~~Man kann nicht über sein Herz gebieten wie man es möchte~~.

88 von der Welt wäre, die ich je gesehn hätte] *H²:* von der Welt wä~~are~~ die ich je gesehn ~~hätte~~.

90 zerstörte alle] ~~st+~~ zerstörte alle.

92 dachte mir eine Frau] *H²:* dachte, eine Frau.

95 und nur eine Begebenheit riß mich aus mit dieser, und ließ mir sehen, daß *Manon* mich genug liebte, um im Ernst daran zu denken mir ihre Hand zu geben.] *H²:* und nur eine Begebenheit riß mich aus ⌈bis ein Vorfall⌉ ⌉mich die Entdeckung⌉ ~~mit dieser, und~~ ⌈machen⌉ ließ ~~mir sehen~~, daß Manon mich ~~genug~~ liebte, um im Ernst daran ~~zu denken~~ ⌈dachte⌉ mir ihre Hand zu geben.

99 kamen wir auf die Ehe zu sprechen, und was sie aufheben könnte oder verhindern] ~~fiel~~ kamen wir auf die Ehe zu sprechen, und was sie aufheben könnte ~~und~~ oder verhindern. – *H²:* und was sie aufheben oder verhindern könnte.

102 dürften. Daß] *H²:* dürften, und daß.

103 aufheben sollte] ~~ausschliessen sollte~~ aufheben.

106 immer unglücklich würden in ihrem Leben] *H*^{2}*:* immer in ihrem Leben unglücklich würden.

107 den verderblichen Einfluß] den ⌈verderblichen⌉ Einfluß.

107 Daß Gott dadurch zeigte welchen Abscheu er für solche Verbindungen habe, weil er keinen Segen dazu gäbe, so oft und viel man auch Lossprechungen dafür zu erlangen] Daß Gott dadurch ~~zeigt~~ zeigte. – *H*^{2}*:* Daß Gott dadurch zeigte, welchen Abscheu er ~~für~~ ⌈vor⌉ solchen Verbindungen habe, weil er keinen Segen dazu gäbe, so oft und viel man auch Lossprechungen dafür zu erlangen.

109 suche, die die Kirche gäbe, um dem Ärgerniß nur vorzubeugen, oder mit dem Mantel der christlichen Liebe solche Vergehungen zu decken.] suche, ~~und~~ die die Kirche ~~nur~~ gäbe, um ~~das~~ ⌈dem⌉ Ärgerniß. – *H*^{2}*:* suchte und ~~die die Kirche gäbe, um dem Ärgernis nur vorzubeugen, oder mit dem Mantel der christlichen Liebe solche Vergehungen zu decken~~.

113 Die Niederkunft] ~~Im Fall~~ Die.

114 wie die Eltern] *H*^{2}*:* sowie die Eltern.

116 die Erfüllung] ~~dies~~ die Erfüllung.

116 und ihr sagte] ~~so~~ und.

118 das Leben ihres Kindes hängt davon ab, alle bey denen ich schon Pathenstelle vertrat, und es sind schon mehr als zwanzig sind gestorben] zwanzig ~~die starben~~ sind gestorben. – *H*^{2}*:* das Leben ⌈aber um⌉ ihres Kindes ~~hängt davon ab, alle~~ ⌈willen darf ich⌉ ⌉es nicht, denn alle⌉ bei denen ich ~~schon~~ Patenstelle vertrat, und ~~es~~ ⌈deren⌉ sind schon mehr als zwanzig ⌈sind⌉ gestorben. – *Vgl. das Motiv der gemeinsamen Patenschaft in Charlotte Schillers Erzählung* Nancy.

121 Hartnäckigkeit als ich sie sah] *H*^{2}*:* Hartnäckigkeit ~~als ich sie sah~~.

122 und erinnerte mich] und ~~sagte endlich, ich~~ erinnerte.

124 für ein Mädchen auch war, so war sie mit] *H*^{2}*:* sie auch für ein Mädchen war, war mit.

125 ob ich mehr erstaunen sollte, oder mehr entzückt darüber sein.] *H*^{2}*:* ob ich mehr erstaunen, oder mehr entzückt darüber sein sollte.

126 gegenwärtig. Ich ernannte] *H*^{2}*:* gegenwärtig~~.~~, ⌉ich⌉ ~~Ich~~ ernannte.

128 Ich dankte ihr für] ihr ~~aber~~ für.

128 wir vereinigten uns] wir ~~kamen zu wurden einig~~ ⌈vereinigten uns⌉.

129 und es wurde beschlossen, daß ich nun sie bey ihrem Vater werben lassen sollte. Ich] und ⌈es wurde⌈ beschlossen daß ich nun sie bey ihrem Vater werben lassen ~~soll~~ sollte. ~~Ich konnte ganz über mich~~ Ich.

130 unabhängig da ich in dem Alter war wo ich niemanden mehr schuldig bin Rechenschaft abzulegen, und keine Verwandten mehr, die ich über] Verwandten mehr ~~denen~~ ⌈die⌉ ich. – *H*^{2}*:* unabhängig ~~da ich in dem~~ ⌈und in einem⌉ Alter, wo ich niemanden mehr schuldig war, Rechenschaft abzulegen, ~~und keine~~ ⌈ohne⌉ Verwandten ~~mehr hatte~~, die.

132 keineswegs Ursache gehabt] ~~keine~~ ⌈keineswegs⌉ Ursache gehabt.

134 eine weit vortheilhaftere Verbindung] eine ⌈weit⌈ ~~vornehmere~~ ⌈vortheilhaftere⌉ Verbindung.

135 daß er uns nicht im Wege sein würde, und daß er sogleich meinen Vorschlag annehmen würde.] *H*^{2}*:* daß er uns nicht im Wege seyn ~~würde~~ und ~~daß er~~ sogleich ~~meinen Vorschlag~~ annehmen würde.

137 daß er mir sehr verbunden wäre für die Ehre] *H*^{2}*:* daß er mir sehr für die Ehre verbunden wäre.

138 sich nicht von einem großen Theil seines Vermögens entblößen könne, wovon er an-

ständig leben könnte] ⌈sich⌉ nicht von einem großen Theil seines Vermögens entblößen könne, ~~daß ihn~~ ⌈wovon er⌉ anständig leben ~~laß~~ könnte.

141 außerdem habe er das wenige was er mit großer Mühe] ⌈außerdem habe ⌈ ~~Das~~ ⌈~~Ohne~~⌉ ⌈er das⌉ wenige was er ⌈mit großer Mühe⌉.

142 Vermögens gerettet habe] gerettet ~~habe~~ habe.

144 in die Arme] ~~den~~ ⌈die⌉ Armen.

145 für ihren Vater die Anhänglichkeit und Achtung zu haben, die ihr gebühre als Tochter] die ~~ihr +~~ ihr gebühre als Tochter. – H^2: für ihren Vater die ⌈schuldige⌉ Anhänglichkeit und Achtung zu ~~haben, die ihr als~~ ⌈zeigen⌉ ~~Tochter gebühre.~~

146 Wenn sie nicht seinem Willen gemäß handeln wolle, so wisse er zu gut was er besäße, ‹…› auch bäte er daß man ihm nie davon sprechen solle seine Tochter zu verheirathen, wenn man sein Freund bleiben wollte.] H^2: Wenn sie nicht seinem Willen gemäß handeln wolle, so wisse er zu gut was er besäße, und daß sie nichts von ihm verlangen könne als ~~was ihrer~~ [6v]~~Mutter gehöre, und seine Tochter wisse~~ ⌈aber⌉ ~~selbst zu gut daß diese nicht so viel be-~~ ⌉Mütterliches⌉ ~~sessen hätte daß ein Blinder davon hätte singen können. Sie müßte um sein Ver~~ ⌉Um sein Ver⌉mögen nach seinem Tode ⌈zu⌉ erhalten ~~zu können~~, ⌈müsse sie es erst⌉ durch ihre Anhänglichkeit an ih~~m~~n ~~es sich~~ erwerben, wo nicht so wüßte er woran er sich zu halten habe. Dies ~~ist~~ ⌈sei⌉ ~~m~~sein letzter Entschluß setzte er noch hinzu, ~~den ich nicht ändern werde, auch bäte er daß man~~ ⌈und er bitte sehr⌉ ihm ~~nie~~ ⌉nie mehr⌉ davon sprechen solle, seine Tochter zu verheirathen, wenn man sein Freund bleiben wollte.

149 Sie müßte um sein Vermögen nach seinem Tode erhalten zu können, durch ihre Anhänglichkeit an ihn es sich erwerben.] Sie müßte um sein Vermögen nach seinem Tode ~~zu~~ erhalten zu können, durch ihre Anhänglich+keit an ihn es ~~besizen~~ sich erwerben.

156 lassen, und es wurde uns daher unmöglich ihn wanken zu machen, wiewohl wir alles in Bewegung sezten] H^2: lassen, ~~und es wurde uns daher unmöglich ihn wanken zu machen, wiewohl wir alles in Bewegung setzten~~.

158 uns weiter zu bringen] uns ~~zu~~ weiter zu bringen.

159 hätte uns können unwiederruflich zu Grunde richten] können ~~ohne Rettung in~~ unwiederruflich. – H^2: hätte uns + ⌈bald⌉ unwiederruflich zu Grunde ~~richtete~~ ⌈gerichtet⌉.

160 eine so vortheilhafte Heyrath thun könnte wie mich] H^2:eine ~~so~~ vortheilhafte Heyrath thun könnte, ~~wie mich~~.

161 worauf man nöthig hätte Rücksicht zu nehmen] H^2: worauf man Rücksicht zu nehmen nöthig hätte.

162 daß es hohe Zeit sey] H^2: und daß es hohe Zeit sey.

162 Heyrathsguth zu nehmen] zu nehmen.

164 zusichern wolle, daß er es also jezt ganz genießen könne] H^2: zu [7r]sichern ~~wolle~~ ⌈möchte⌉ ~~und daß er es also jetzt ganz genießen könne~~.

164 Und indem er sich [5]einen Schwiegersohn wähle, so hätte er statt einer Stüze an seiner Tochter zu haben, zwey] H^2: indem er sich einen Schwiegersohn wähle, so hätte er, statt einer ⌈einzigen⌉ Stüze ~~an seiner Tochter zu haben~~ ⌈deren⌉ zwey.

166 daß er dazu verpflichtet wäre] er ⌈dazu⌉ verpflichtet.

167 könnte, wenn er seine Tochter verheirathete] H^2: könnte, ~~wenn er seine Tochter verheirathete~~.

167 denn ein Mädchen dem man Zwang auflegte] denn ~~einem~~ ⌈ein⌉ Mädchen dem an ~~Gewal~~ Zwang auflegte.

168 wäre leicht auf Abwege zu bringen] wäre ~~zu vielem fähig~~⌈leicht auf Abwege zu bringen⌉. ~~Es ge.~~

169 bringen. Man sähe täglich Beispiele davon ‹…› daß seine Tochter auch auf solche Abwege kommen könnte.] *H^2:* bringen. ~~Man sähe täglich Beispiele davon wie weit ein Frauenzimmer sich verirren könne, und er könnte mit Recht fürchten daß seine Tochter auch auf solche Abwege kommen könnte.~~

174 dessen Gemüt durch] ~~der~~⌈dessen Gemüth⌉ durch.

175 Er antwortete ihm auf seine Weise, auf jeden Punkt.] *Dieser Satz fehlt in H^2.*

176 unsre Verbindung] ~~die~~⌈unsre⌉ Verbindung.

178 gegeben hätte] ~~abg~~ gegeben hätte.

180 Drey oder vier Jahre] ~~Vier~~ Drey oder vier Jahre.

182 vollkommen ausgebildet] ~~gen~~ vollkommen ausgebildet.

183 haben, und besser ihre Wirtschaft] *H^2:* haben, besser ihre Wirtschaft.

183 nicht mehr Gefahr laufen in die Zerstreuungen] nicht mehr ~~in die~~⌈Gefahr⌉⌈laufen in die⌉ Zerstreuungen.

184 Was den Punkt meines Vermögens betreffe, [5v]daß ich mich erboten hätte ihm ganz zu überlassen, so lange er lebe, so verstünde man es nicht übel wenn man ihm die Gnade erzeige es ihm genießen zu lassen so lange er lebe, und das ihm als Eigenthum gehöre.] ↓Vermögens↓ betreffe, [5v]daß ich mich erboten hätte ihm ganz zu überlassen, so lange er lebe, so ~~wäre dies nicht ganz unnoth~~ verstünde. – *H^2:* Was ~~den Punkt meines Vermögens~~ ⌈mein Anerbieten⌉ betreffe, ~~daß ich mich erboten hätte ihm ganz zu~~ ⌈ihm den Genuß seines⌉ ⌉Vermögens zu⌉ überlassen, so lang er lebe, so ~~verstünde man es nicht übel wenn man ihm~~ ⌈danke er gar sehr für⌉ die Gnade ~~erzeige es~~ ihm genießen zu lassen ~~so lange er lebe, und das ihm als~~ ⌈was sein⌉ Eigenthum gehöre ⌈sey⌉.

187 gehörten ihm zu, und er wolle es sich bis an sein Ende] *H^2:* gehörten ihm zu, und er wolle es sich auch bis an sein Ende.

189 hätte, darüber zu gebieten nach seiner Phantasie] *H^2:* hätte, ⌈nach Gefallen⌉ darüber zu gebieten ~~nach seiner Phantasie~~.

190 an ihnen begehen wollte] *H^2:* an ihnen be~~gehen wollte~~ ⌈ginge⌉.

192 meinen Todt wünschen] *H^2:* meinen Tod ⌈zu⌉ wünschen.

192 Die Welt giebt Beispiele] Welt ~~gab~~⌈giebt⌉ Beispiele.

193 die einfältig genug gewesen sind, um sich aus misverstandener Güte] die einfältig genug gewesen ~~seien~~⌈sind⌉, um sich aus ~~Dummheit~~ misverstandener. – *H^2:* die einfältig gewesen sind.

194 machen, die sie der Religion und der Frömmigkeit zum Ärgerniß verachteten, nachdem die Väter ihnen alles aufgeopfert] sie ~~zum Ärgerniß~~ der Religion ~~zum Ärgerniß~~ und der ~~Fron~~ Frömmigkeit. – *H^2:* machen, ~~die sie der Religion und der Frömmigkeit zum Ärgernis verachteten, nachdem die Väter ihnen alles aufgeopfert.~~

195 sollen nicht mir] *H^2:* sollen mir nicht.

196 von mir allein abhängen] mir ⌈allein⌉ abhängen.

196 ohne mich wie sich selbst dem Zufalle zu überlassen von einem Schwiegersohne abhängig zu sein.] ohne mich wie sich ⌈selbst⌉ dem Zufalle zu überlassen. – *H^2:* ohne ~~mich wie sich~~ [8r]⌈weder mich⌉ ⌊noch sich⌋ selbst de~~mr Zufalle zu überlassen von einem~~ ⌈selbst der Großmut eines⌉ Schwiegersohnes ~~abhängig~~ zu ~~sein~~ ⌈überlaßen⌈.

198 bedarf auch der Unterstüzung] auch ~~das Beste~~ der.

200 Beschüzers, noch keine rechtliche] Beschüzers, ~~noch~~ noch.

201 Heller schuldig.] *H^2:* Heller schuldig bin.

202 um mir den Stock] um ~~ihn~~ ⌈mir⌉ den.

204 dem gemeinen Menschenverstand zuwieder] ~~wiederstreben~~ ⌈dem gemeinen⌉ Menschenverstand zu wieder. *H^2:* zuwieder.

204 ich verstehe nicht] *H^2:* ich verstehe ~~nicht~~ ⌈noch weniger⌉.

205 wie von einer Heirath] wie ⌈von⌉ einer.

206 man mich einige Abweichungen] man ~~m+~~ mich.

210 Aber das wird mich rechtfertigen daß ich sie nicht heyrathen lasse so lange ich lebe, bin] *H^2:* Aber ~~das wird mich rechtfertigen~~ ⌈keins von⌉ ⌈beiden hat⌈ ~~daß ich sie nicht heyrathen lasse so lange ich lebe, bin~~ ⌈sie von mir zu befürchten. Bin⌉.

213 und weil ich ihrer bedarf heraus geholt. Aber doch wenn es ihr Wille wäre, würde ich meine Tochter nicht zurückhalten, aber doch fürchte ich] *H^2:* und weil ich ihrer bedarf herausgenommen. ~~Aber doch~~ ⌈Indeß,⌉ wenn es ihr Wille wäre, würde ich ~~meine Tochter~~ ⌈sie auch davon⌉ nicht zurückhalten, ~~aber~~ doch fürchte ich.

215 die Befriedigung] Befriedigung ~~is~~.

218 und mehr noch zum Überfluß, sowohl an Kleidung als zu den Bedürfnissen für ihr Vergnügen] Überfluß, so wohl. – *H^2:* und ~~mehr~~ noch zum Überfluß, ~~sowohl an Kleidung als zu den Bedürfnissen für ihr Vergnügen~~.

220 der erste, ihre Bedürfnisse zu befriedigen, und] *H^2:* erste, ~~ihre Bedürfnisse zu befriedigen, und~~.

220 ohne erst zu erwarten] ohne ⌈erst⌉ zu.

221 sie [6v]brauchte mir nie] sie [6v]↑~~brauchte ihr nie~~↑ brauchte.

223 nur Sinnlichkeit] nur ~~die~~ Sinnlichkeit.

224 verlieren, oder ihrer Kammerfrau] *H^2:* verlieren, ~~oder~~ ⌈auch⌉ ihrer Kammerfrau.

225 Ich werde sie immer mit in die Messe] *H^2:* sie ~~immer~~ ⌉jederzeit⌉ ~~mit~~ in die Messe.

226 ohne sie herausgehen zu lassen, daß sie nicht] sie ~~aus~~ herausgehen. *H^2:* lassen, wo sie nicht.

227 Ich werde sehr gut jede Art von Andachtsübungen und Wallfahrten zu hindern wißen, die außer meinen Wänden geschehen könnten.] Art ~~zu~~ von Andachtsübungen und Wallfahrten ~~von~~ ⌉zu⌉ hindern. – *H^2:* Ich werde sehr gut ~~j~~Jede Art von Andachtsübungen und Wallfahrten, die außer meinen [8v]Wänden geschehen könnten ⌈werde ich⌉ zu hindern wissen.

229 Auch selbst werde ich Herrn *d'Auton*] *H^2:* Auch ich werde selbst Herrn *d'Auton*. – *Erste namentliche Nennung des männlichen Protagonisten.*

230 verbieten sie zu sehen] verbieten ~~uns~~ ⌈sie⌉ zu.

230 aber dies werde ich so einrichten daß es unter meinen Augen geschieht] es ~~nur~~ unter. – *H^2:* aber dies ~~werde ich so einrichten~~ ⌈muß immer⌉ ~~daß es~~ unter meinen Augen ~~geschieht~~ ⌈geschehen⌉.

231 ungeachtet betrogen werden] ungeachtet ~~de~~ betrogen.

232 ich und andre Menschen. Denn ich werde nicht fremder Sünden willen verdammt werden, ‹…› keinen Antheil ferner mehr an ihr nehmen] willen ⌉verdammt⌉ ~~bestraft~~ werden ‹…› keinen Antheil ~~mehr~~ ferner mehr. – *H^2:* ich ~~bei andern Menschen, denn~~ ich werde nicht ⌈um⌉ fremder Sünden willen verdammt werden, und ~~ich~~ überlasse sie ihrem eigenen Gewissen, ~~und würde ferner keinen Antheil mehr an ihr nehmen~~.

235 würde sie sich welcher] sie ⌈sich⌉ welcher.

236 büßen, sie würde aller Ansprüche] *H^2:* büßen, und sie würde ⌈in diesem Fall⌉ aller.

236 auf mein Vermögen] auf ~~mei~~ ⌉mein⌉ Vermögen.

236 verlustig werden. Seine lange Antwort] Seine ⌈lange⌉ Antwort. – *H^2:* verlustig werden." ∫ Seine lange Antwort.

238 wie es auch der Fall war] *H^2:* wie ~~es~~ auch.

240 ihre Thränen flossen] Thränen ~~hervor brachen~~ flossen.

245 mich des besten Theils meines Vermögens beraubt] *H^2:* mir den besten Theil meines Vermögens geraubt.

247 mich meines Vermögens] mich ~~im~~ meines.

248 alles verdankt] alles ~~zu~~ verdankt.

248 meine Güte einiges Recht] Güte ~~alles zu danken hat auf meinem Todt~~ einiges.

250 um es einem Menschen zu geben, der] *H^2:* u~~m~~nd ~~es~~ ⌈an⌉ eine~~m~~n Menschen ~~zu geben~~, der.

251 Denn meine Tochter ist nicht dazu gemacht allein das Glück zu haben, daß sie einen Mann fünde, der von anderm Teig geformt wäre als wir alle, und der nach eignen Grundsäzen handeln wird.] Denn meine Tochter ⌈ist nicht dazu⌈ ⌈gemacht⌉ allein ~~wird nicht~~ das Glück {zu} haben. – *H^2:* Denn meine Tochter ~~ist nicht dazu gemacht allein das Glück zu haben, daß sie~~ ⌈wird nicht das Privilegium haben⌉ einen Mann ~~fünde~~ ⌈zu finden⌉, der von andern Teig geformt ~~wäre~~ ⌈ist⌉ als wir alle, und ~~der~~ nach ⌈uneigennützigen⌉ ~~eigenen~~ Grundsätzen handeln wird.

253 ich hätte ihrer Mutter in den Tagen meiner Liebe geschworen, sie ewig zu lieben. Sie war unverständig genug, mi⟨r⟩ so zu glauben] ~~sie ewig su~~ sie ewig zu lieben. Sie war unverständig genug, mich so zu glauben. – *H^2:* ich ~~hätte~~ ⌉hatte⌉ ihrer Mutter in den Tagen meiner Liebe geschworen, sie ewig zu lieben~~.~~, Sie ⌉sie⌉ war unverständig genug mir ~~so zu~~ ⌈zu⌉ glauben.

255 Verblendung, diese Freuden, die wir verstohlen genießen mußten] Freuden, die ~~das~~ ⌈~~die~~⌉ ~~Heimlichkeit noch erhöhte~~ wir verstohlen. *H^2:* Verblendung, ~~diese Freuden, die wir verstohlen~~ [10r] ~~genießen mußten~~.

257 daß wenn sich nicht] daß ~~würde~~ ⌈wenn⌉ ~~sie nicht sie nicht sich~~ sich.

259 ich sie nie geheirathet hätte, ohngeachtet meiner Schwüre und meines Versprechens] ich sie ohngeachtet ~~der~~ ⌈meiner⌉ Schwüre. – *H^2:* ich sie nie ohngeachtet meiner Schwüre und meines Versprechens geheirathet hätte.

260 nur meines Kindes willen] *H^2:* nur ⌈um⌉ meines.

264 selbst, und die Furcht ‹…› in einem solchen Zeitpunkt] selbst, ~~und~~ die. – *H^2:* ~~und~~ die ‹…› solchen Zeit-⌈Augenblick⌉punkt.

265 mich meiner ruhigen Überlegung] mich ~~aus~~ meiner.

265 in einem solchen Zeitpunkt die Dinge aus ganz einem andern] *H^2:* in einem solchen ~~Zeitpunkt~~ ⌈Augenblick⌈ die Dinge aus einem ganz andern.

267 glaubte es, und man knüpfte] *H^2:* es, ~~und~~ man.

268 um die Frucht unsrer Liebe rechtmäßig anzuerkennen, und für mich das Paradis zu erwerben] *H^2:* um ~~die Frucht unserer Liebe rechtmäßig anzuerkennen und für mich~~ das Paradies zu erwerben.

269 ich noch auf der Erde] ich ~~nicht~~ noch.

272 daß ich eine Stunde] *H^2:* indem ich eine Stunde.

273 Verwaltung des Vermögens] Verwaltung ~~meines~~ ⌉des⌉ Vermögens.

277 hätte ihre Mutter] hätte ~~meine Frau~~ ⌈ihre Mutter⌉.

279 vermeiden, was ich nie liebte] vermeiden, ~~das~~ ⌈was⌉ ich.

279 die mir die Ehre ⟨ge⟩bot zu verbergen] Ehre verbot. – *H^2:* die mir die Ehre ~~verbot~~ ⌈befahl⌉ zu verbergen.

281 müssen, und zudem] H^2*:* müssen, ~~und~~ zudem.

283 fuhr fort unter dem Siegel] H^2*:* fuhr er fort und unter dem Siegel.

283 Beichte, und Ihnen fühlen zu lassen] Ihnen ~~lassen~~ ⌈fühlen⌉ zu lassen. – H^2*:* Beichte, ~~und Ihnen fühlen zu lassen~~.

284 meine Anstrengung] meine ~~Verlust~~ Anstrengung.

285 Heyrath, da meine Frau] H^2*:* Heirath, indem meine Frau.

287 behalten, daß ich schweigen mußte] H^2*:* behalten, ~~daß ich schweigen mußte~~.

287 Zulezt bin ich es jezt durch meine Kränklichkeit] H^2*:* ~~zulezt~~ ⌈jetzt⌉ bin ich es ~~jezt~~ durch meine Kränklichkeit.

288 durch eine Tochter] durch ~~meine~~ ⌈eine⌉ Tochter.

288 die mir so viele Verbindlichkeiten hat, und mich doch velassen will, mich entblößt zurücklassen, und vielleicht sieht sie mich gar als ihren Verfolger an] H^2*:* die mir so viele Verbindlichkeiten schuldig ist, und mich doch verlassen ~~will~~, mich entblößt zurücklassen, ~~und~~ ⌈will⌉ vielleicht ~~sieht sie~~ mich gar als ihren Verfolger ~~an~~ ansieht.

289 Aber weil es ihr so wenig] Aber weil ~~sie sich so lei~~ es.

291 daß ⟨man⟩ mir wieder von einer Heirath spricht, und wo ich vermuthen kann, daß es von ihr gebilligt wird] *Emendation, vgl.* H^2*:* daß mir wieder jemand ⌈durch sie veranlaßt⌉ von einer Heirath spricht, ~~und wo ich vermuthen kann, daß es von ihr gebilligt wird~~.

292 begeht die ich erfahre,] H^2*:* begeht, ~~die ich erfahre,~~.

295 sagte, denn seine Tochter] sagte, ~~aber~~ ⌈denn⌉ seine.

296 mich wahrscheinlich aus diesem Grunde] H^2*:* mich ~~wahrscheinlich aus diesem Grunde~~.

298 daß er die Bosheit hatte, bey uns wechselsweis Wiederwillen] daß er die Bosheit hatte, ~~uns eins vom andern ab~~ bey uns ~~einander~~ wechselsweis ~~+ uns zu wieder zu machen~~ Wiederwillen.

300 ich von ihr durch das Beispiel] ~~+~~**ich** ~~d~~ von.

300 Diese Gedanken brachten uns] Gedanken ~~verwirrten uns~~ brachten.

302 mit was die die Heyrath betraf] H^2*:* mit ⌈soweit sie⌉ ~~was~~ die Heirath betraf.

303 wie von allem] H^2*:* sowie von allem.

304 weil es verlohrne Zeit] weil es ~~vergebliche~~ ⌈verlohrne⌉ Zeit.

305 nicht rathen Herrn von *Ribaupierre*] H^2*:* nicht rathen mit Herrn von Ribaupierre.

305 darüber noch zu sprechen] darüber ~~zu~~ noch.

305 er wäre nur zu fest] H^2*:* er wäre ~~nur~~ zu fest.

306 in seinem Entschluß] in ~~s+~~ ⌈seinem⌉ Entschluß.

307 selbst am meisten schaden] selbst ⌉am meisten⌉ schaden.

308 bey Herrn von *Ribaupierre*] H^2*:* mit Herrn von Ribaupierre.

308 und lebte er] und ~~würde~~ ⌈lebte⌉ er.

312 wir könnten, wenn das Wetter nicht günstig wäre zum Spaziergang, unter ihre Thüre sie aufzusuchen] H^2*:* ich könnte, wenn das Wetter nicht günstig[3] wäre[4] zum[1] Spaziergang[2], unter ihre Thüre sie aufsuchen.

314 daß die Welt schon so nahe ihrem Ende sey] H^2*:* daß die Welt ihrem Ende schon so nahe sey.

315 daß ein Priester wieder deine Sache ausfechten solle] daß ~~ein~~ ein Priester. – H^2*:* daß ein Priester deine Sache ausfechten soll.

315 und erlangen was ihr wünscht, wie es deine Mutter angestiftet hat? Aber entsage] H^2*:* ~~und wieder erlangen, wie es deine Mutter angestiftet hat? Aber~~ ⌈~~+~~ wie ehmals bei Deiner Mutter der⌉ ⌈Fall war.⌈ ~~e~~Entsage.

316 Wahn, man hat nicht alle Tage] *H^2:* Wahn, denn man hat nicht alle Tage.

317 *Crisis.* Laß dirs] *Crisis.* ~~Nicht die~~ Laß.

319 Ursache finden kann] Ursache ~~haben~~ finden.

320 Es war mein Entschluß] *H^2:* Es war ⌈anfangs⌉ mein Entschluß.

321 untersagen, der ein so höflicher, geschätzter Liebhaber ist, aber es möchte den Leuten zu so vielen Gerede Anlaß geben] *H^2:* untersagen, ~~der ein so höflicher, geschätzter Liebhaber ist~~, aber es möchte ⌈bei⌉ den Leuten zu ~~so~~ viel Gerede ~~Anlaß geben~~ ⌈machen⌉.

323 ersparen. Willst du daß ich] *H^2:* ersparen, willst du daher, daß ich.

325 und so daß das Publikum wie ich zufrieden sein können mit Eurem Betragen] ich da~~mit~~ zufrieden. – *H^2:* und ~~zwar~~ so, daß ~~das Publikum~~ ⌊die Welt⌋ *[12v]*so wie ich mit Eurem Betragen zufrieden sein könne~~n~~.

326 nicht meinem *Carackter* angemessen ist] nicht ~~in~~ meinem. – *H^2:* meinem Charakter nicht angemessen ist.

327 Punkt, und ich] *H^2:* Punkt, ~~und~~ ich.

327 immer weise warst] immer ~~fromm~~ ⌈weise⌈ warst.

328 und hoffe du wirst es ferner sein] *H^2:* und ~~ich~~ hoff~~t~~e, du wirst es auch ferner seyn.

328 Ich werde niemals mit dir wieder über diesen Punkt sprechen] *H^2:* Ich werde niemals wieder über diese~~n Punkt~~ ⌈Sache⌉ mit dir sprechen.

330 dich unglücklich zu machen, und] dich ~~dein ganzes Leben~~ unglücklich zu machen, ~~und deine Thränen~~ und.

330 Nach dieser Anrede schwieg ⟨er⟩, er hielt Wort] schwieg, er hielt. – *H^2:* schwieg er und er hielt.

331 und seit dieser Zeit öfnete er den Mund nicht mehr über diese Angelegenheit] öfnete er den Mund. – *H^2:* denn seit dieser Zeit öfnete er den Mund über diese Angelegenheit nicht mehr.

332 *[9r]*Ich mußte denn mich entschließen das Vaterland] *H^2:* Ich mußte mich denn entschließen, ⌈entweder⌉ das Vaterland.

333 hinträumen] *H^2:* hin⌈zu⌉träumen.

335 daß ich geliebt] daß ~~ich ge~~ ich geliebt wurde.

336 sogar zuweilen Spaziergänge] *H^2:* sogar Spaziergänge.

337 einander. In *Ribaupierres* Hause] einander. ~~Be~~ In.

338 im Herzen dachte] Herzen ~~+~~ dachte.

340 FamilienGeschäfte nöthigten mich selbst nach A. zu reisen weil ich dabey das meiste Interesse hatte. Auch hoffte ich in höchstens sechs Wochen wieder in Paris zu seyn.] *H^2:* *[13r]*FamilienGeschäfte nöthigten mich ~~selbst~~ nach A. zu reisen, ~~weil ich das meiste Interesse dabei hatte, auch~~ ⌈und ich⌉ hoffte ~~ich~~ in ~~höchstens~~ ⌈längstens⌉ sechs Wochen wieder in Paris zu seyn.

342 geben; nach einigem künstlichen Wiederstand versprach sie mirs, und erbat sich das meinige. Ich hielt Wort] *H^2:* geben, ~~nach einigem künstlichen Widerstand versprach sie mirs, und erbat sich das meinige. Ich hielt Wort~~.

345 gegenüber. Sie gab mir das ihrige nur erst] *H^2:* gegenüber. ~~Sie gab mir d~~Das ihrige ~~nur~~ ⌈erhielt ich⌉ erst.

346 von Perlen umgab] Perlen ~~war herum~~ umgab.

348 *Dido* vor, die auf den Scheiterhaufen steigt, mit dem Dolch in der Hand; das Meer mit Schiffen bedeckt war im Hintergrunde, und deutete auf die Flucht des *Aeneas*] die ~~sich auf d~~ auf den Scheiterhaufen. – *Das Bildmotiv bezieht sich auf den Vierten Gesang von Vergils „Aeneis"; die Betonung des Todes auf dem Scheiterhaufen verweist möglicherweise auf* CHARLOTTE VON STEINS *Drama „Dido" (um 1794).*

349 und deutete auf] und ~~man~~ deutete.
351 stellte einen Reiter vor] Reiter ~~für~~ vor.
352 ein *Amor*, that als] H^2: ein Amor und that, als.
352 und es von einer Stadt zu entfernen suchen] H^2: Stadt ~~zu~~ entfernen ~~suchen~~.
355 Dies Geschenk war von großem Werth, und ich erfuhr von dem Goldschmidt der das meinige gearbeit⟨et⟩ hatte, daß es wohl hundert *Louisdors* werth sein könnte, weil es eine sehr vollendete Arbeit wäre] erfuhr von dem ~~Mahler und~~ Goldschmidt, der das meinige gearbeithatte. – H^2: [13v]Dieas Geschenk war von großem Werth, ~~und ich erfuhr von dem Goldschmied der das meinige gearbeitet hatte, daß es wohl hundert Louisd'ors werth seyn könnte, weil es eine sehr vollendete Arbeit wäre~~.
357 Diese Artigkeit war geistvoll] Diese ~~artig~~ ⌈Artigkeit⌉ war geistvoll. – H^2: ~~Diese Artigkeit~~ ⌈Der Gedanke⌉ war geistvoll.
357 zurückzukehren; so schnell als möglich] H^2: zurückzukehren ~~so schnell als möglich~~.
358 vermeiden wo ich die Treue verlezen könnte die ich ihr geschworen hatte] vermeiden ⌈wo ich⌉ die. – H^2: wo ich ⌈ihr⌉ die Treue ~~verletzen~~ ⌈brechen⌉ könnte ~~die ich ihr geschworen hatte~~.
359 Tod. Wie gelobten uns unzähligmahl ewige Treue.] H^2: Tod. ~~Wie gelobten uns unzähligemal ewige~~ ⌉~~Liebe~~⌉ ~~Treue~~.
362 ich viele Monate] ich ~~drey~~ ⌈viele⌉ Monate.
363 Auch mir schien es daß *Manon* mehr Lebhaftigkeit in den Ausdrücken ihrer Liebe zeigte] H^2: Auch ~~mir schien es, daß~~ Manon ⌈schien mir's zeigte⌉ mehr Lebhaftigkeit in den Ausdrücken ihrer Liebe ~~zeigte~~.
368 leichtern, mittheilendern Verstand] leichtern, ⌈mittheilendern⌉ Verstand.
370 als andre] als ~~eine~~ ⌈andre⌈.
374 bey einigen Damen] bey einigen.
375 wäre, *Manons* Bild] wäre, ~~oh~~ *Manons*.
378 so viel Geist hätte als Reize in ihrem Gesicht] H^2: so viel Geist, als Reize ~~in ihrem Gesicht hätte~~ besäße.
379 Erfindung wäre] H^2: Erfindung ~~wäre~~ ⌈sei⌉.
383 sich rühmen] sich rühmen, ~~und~~.
384 versprachen mir in] versprachen mirih. – H^2: versprachen mir in.
387 noch vergnügt] H^2: doch noch vergnügt.
387 Wie glücklich sind Sie, ein Herz und einen Verstand zu haben, die die Probe bey einer solchen Abwesenheit und der Eifersucht aushalten können] Sie, ~~daß Ihr~~ ⌈ein⌉ Herz und einen Verstand zu haben, ~~das~~ die, die Probe bey einer solchen Abwesenheit ⌉und der Eifersucht⌉ aushalten können. – H^2: Sie, ein [14v]Herz und einen Verstand zu haben, ~~die, die Probe~~ ⌈die⌉ bei einer solchen Abwesenheit ~~und der Eifersucht~~ ⌈die Probe⌉ aushalten ~~kann~~.
389 Ich bin bis zur Wuth eifersüchtig] H^2: Ich bin ~~bis zur Wuth~~ eifersüchtig ⌈bis zum Wahnsinn⌉.
390 daß [11]⟨Sie⟩ von aller Welt] daß [11]von aller Welt. – H^2: daß Sie von aller Welt.
393 je mehr Sie geliebt werden, je mehr werde ich in meinem Herzen meine Neigung und Anhänglichkeit für Sie rechtfertigen] jemehr Sie geliebt werden, je mehr. H^2: werde ich ~~in meinem Herzen~~ meine ⌈eigne⌉ Neigung~~, und Anhänglichkeit für Sie~~ rechtfertigen.
396 Verdienste, ⟨damit⟩ das Opfer] Verdienste, um das. – H^2: Verdienste, damit das.
398 und ich verlange kein Opfer, ich verlange nur Liebe] und ich ~~bitte~~ ⌈verlange kein Opfer,⌉ ~~sie um nichts,~~ ⌈~~bitte ich sie~~⌉ ~~als mich nicht aufzugeben~~ ⌈ich verlange nur Liebe⌉. – H^2: und ich verlange kein Opfer, sondern nur Liebe.

399 sagen Sie mirs nicht, ich würde versuchen] nicht, ~~ich verlange nur Liebe~~ ich.

400 Ihre Nachlässigkeit zu verdecken, Ihre Kaltblütigkeit in Ihren Briefen] *H^2:* Ihre Nachlässigkeit ~~zu verdecken~~ ⌈~~Schuld~~⌉, Ihren ~~Kaltblütigkeit~~ ⌈Kaltsinn⌉ in Ihren Briefen.

402 Gesundheit; und das Mittel Ihnen weniger Gutes zuzutrauen, so daß ich mich selbst verblende, und sogar glaube, daß Sie mich immer lieben] Gesundheit; ~~und zu aber ich habe zu viel~~ und das Mittel Ihnen weniger Gutes zuzutrauen, so daß ich mich selbst verblende und ~~Sie~~ so gar glaube. – *H^2:* Gesundheit ⌈zu entschuldigen!⌉ ~~und das Mittel~~ ⌉~~wie fange ich es an~~⌉ ~~Ihnen weniger Gutes zuzutrauen, so daß ich mich selbst verblende, und sogar glaube, daß Sie mich immer lieben~~.

403 Aber doch ist es mir fast zur Gewißheit geworden] *H^2:* ~~Aber doch~~ ⌈Beinahe⌉ ist es mir ~~fast~~ zur Gewißheit geworden.

406 daß nur eine Idee ist, und Farbe] *H^2:* das nur eine Idee und Farbe ist.

407 Ihre Schönen, und sie gefallen] *H^2:* Schönen und sie ⌈Diese⌈ gefallen.

408 nicht mehr. Die vortheilhafte Abwechlung findet auch ihre Entschuldigung in einem untreuen Herzen: Wie viele Gründe sind dies gegen mich!] Die vortheilhafte Abwechlung ~~bringt~~ ⌈findet⌉ auch ~~keine~~ ⌈ihre⌉ Entschuldigung in einem untreuen Herzen, wie viele Gründe sind dies gegen mich! – *H^2:* nicht mehr. ~~Die vortheilhafte Abwechlung findet auch in einem untreuen Herzen ihre Entschuldigung, wie viele Gründe sind die gegen mich!~~.

410 Wenn werden Sie] *H^2:* Weann.

410 Sie zurückkehren] Sie zurückkehren.

415 Gedanke an Sie] *H^2:* Gedanke an ~~Ihnen~~ ⌈Sie⌉.

418 Theil der Gefühle] Theil der ~~Bewegungen~~ ⌈Gefühle⌉.

423 und unter der Zeit] und ~~während~~ unter.

424 den größten Stoff meiner Unterhaltungen] *H^2:* den größten Stoff meiner Unterhaltungen aus.

428 Sohn eines *Officier La maison du Roi*] eines ⌉*Officier La maison du Roi*⌉.

430 so albern] so albern.

430 niemals andere Aussichten] niemals ~~seine +~~ andere.

431 So belustigte sich *Manon* über ihn, und schrieb mir in einem Ton von ihm] *H^2:* Manon belustigte sich über ihn, und schrieb mir in einem Ton von demselben.

432 können. Alle denen ich ihre Briefe zeigte bewunderten die Feinheit ihrer Satire, sie gewann sich dadurch eine Menge warmer Bewundrer, denn nicht wenige sahen ihre Briefe.] Satire, ~~ihre Briefe~~ sie gewann sich dadurch ~~so~~ ⌈eine Menge⌉ warmer. *H^2:* können. ~~Alle denen ich ihre Briefe zeigte bewunderten die Feinheit ihrer Satyre, sie gewann sich dadurch eine Menge warmer Bewunderer, denn nicht wenige sahen ihre Briefe~~.

437 einige Briefe an seine Tochter von mir über diesen Gegenstand gesehen, und hatte] *H^2:* einige ⌈meiner⌉ Briefe ~~an seine Tochter von mir~~ gesehen, ~~und~~ hatte.

440 liegen. Ich entschloß mich] liegen. ~~Nachdem ich mich~~ Ich.

441 und unsre Heirath zu vollziehen koste es auch was es wolle] *H^2:* und unsre Heirath koste es auch, was es wolle, zu vollziehen.

442 Morgen *Ribaupierre*] *H^2:* Morgen Herrn von Ribaupierre.

442 besuchen während seine Tochter] besuchen ~~im~~ während.

443 mit Absicht] mit ~~Fl~~ Absicht.

445 ohne Vermögen, ohne alle] *H^2:* Vermögen und ohne alle.

450 Er schien verlegen über meine Heftigkeit] *H^2:* Er schien über meine Heftigkeit verlegen.

453 daß die Dinge sehr ihren Gesichtspunkt verändert hätten seit meiner Abreise.] Dinge

⌈sehr⌉ ihren. – H^2: daß ⌈sich⌉ die Dinge ~~ihren Gesichtspunkt~~ sehr verändert hätten[2)] seit meiner Abreise[1)].

454 Ich habe mich in eine Verbindung] habe ⌈mich in⌉ eine.

462 Die Bewegung] ~~Meine~~ ⌈Die⌉ Bewegung.

462 ließ mir] H^2: ließ mi~~r~~ch.

463 aber von denen er] aber ~~die ihm so~~ ⌈von denen er⌉.

466 zur Erklärung zu bringen] H^2: zur Erklärung zu bewegen.

468 solche Ausflüchte] solche ~~feine~~ Ausflüchte.

469 feinste aller Männer] feinste ~~Mann~~ aller.

469–501 daß das Fräulein welche finden ‹…› nicht verheirathen so lange er lebt.] *In H^2 fehlt Bl. 17 (unserer Zählung), so dass für den Passus von Bl. 16v unten bis 18r oben keine Schreiberhandschrift mit Bearbeitungen Friedrich Schillers vorliegt. Dessen Bearbeitungen für das korrespondierende Bl. 13 in H^1 wurden aus dem Erstdruck im „Journal der Romane" ermittelt; im Folgenden verwendetete Sigle: ED.*

472 Eifersucht erwecken] erwecken.

472 ich fühlte sie in mir erwachen] *ED:* ich fühlte so sie in mir erwachen.

474 sie war verwundert] war ~~nicht~~ verwundert.

476 als ich ihr sagte] ihr ~~die~~ sagte.

478 Sie hätten nicht sollen dahin kommen] *ED:* Sie hätten dahin nicht kommen sollen.

478 und ohne meine Einwilligung] *ED:* und ohne meine Einwilligung zu erwarten.

481 Der Ton in dem] indem.

481 sprechen, fuhr ich fort] sprechen, ~~sagte~~ ⌈fuhr⌉ ich.

483 und allem Anschein nach] und ~~nach~~ allem.

486 und hob die Hände] und ~~schlug~~ ⌈hob⌉ die.

489 gegeben, Mißtrauen] gegeben, ~~sich meinem~~ Mißtrauen.

490 Die Erklärung die wir hier haben können, könnte nicht vor sich gehen ohne daß wir gehört würden. Aus mehr als einem Grund ist uns das Geheimniß nothwendig.] *ED:* Hier könnten wir keine Erklärung haben, ohne behorcht zu werden.

492 um drey Uhr heute im Garten] *ED:* heute um drey Uhr im Garten.

492 wir können unter vier Augen dort ohne unterbrochen zu werden sprechen] *ED:* wir können dort unter vier Augen sprechen.

494 Diese Worte waren mit einem so sichren Aussehen und mit so vieler Gutmüthigkeit gesprochen] *ED:* Diese Worte waren mit solcher Unbefangenheit und Aufrichtigkeit gesprochen.

495 die Zusammenkunft] d~~as~~ie ~~V+~~ Zusammenkunft.

497 sagen soll] *ED:* erwidern soll.

499 davon beurtheilen] *ED:* davon urteilen.

499 beurtheilen kan⟨n⟩] beurtheilen kan.

501 und aus dieser Lust] *ED:* und unter der Bedingung.

504 schrieb, überzeugt mich, daß Sie es nicht glauben!] H^2: schrieb, ~~überzeugt mich~~ ⌈läßt mich hoffen⌉, daß Sie ~~es~~ ⌈das Märchen⌈ nicht glauben! – *Dies ist die letzte Bearbeitung von Friedrich Schiller in der Schreiberhandschrift (Bl. 18r oben). Von hier bis zum Ende von H^2 finden sich nur noch Modifikationen, wie etwa Wortumstellungen, die der Schreiber selbst vorgenommen hat.*

508 erklären, sobald] erklären, ~~wenn~~ sobald.

508 obgleich er sie weiß] H^2: ob er sie gleich weiß.

517 Wir kamen an in der Meinung] H^2: Wir kamen in der Meinung an.

519 der sich nicht zu beherrschen wußte wie wir glaubten] H^2: der sich nicht, wie wir glaubten, zu beherrschen wußte.

520 Die Wärme mit der ich zu ihm] ich ⟨zu⟩ ihm.

521 von Mitleid] H^2: von Mitleiden.

524 das Versprechen abzuheben das er eingegangen war] ~~unsere ver-~~ ⌈~~die~~ das Versprechen⌈ ~~bindung~~ abzu~~brechen~~⌈heben⌉ ~~die~~ ⌈das⌉ er.

527 bey seinem Leben] H^2: bei seinen Lebzeiten.

528 mich wegzustoßen] mich ~~abzustoßen, sond~~ wegzustoßen.

530 einem Mann von so geringen Verdiensten geben wollte] einem ~~selchen~~ Mann von so geringen Verdiensten ⌈geben wollte⌉.

532 seine Tochter in seiner] Tochter ~~sich~~ in.

534 so schickte er zu *Melville* dem Vater] H^2: so schickte er zu dem alten Melville.

536 sich zu gleicher Zeit mit seinem Vater] sich ~~+~~ zu gleicher Zeit mit seinem Vater ~~an d~~.

539 sagte er *Melville* dem Vater] H^2: sagte er dem alten Melville.

539 daß er nachgedacht hätte über das] H^2: daß er über das nachgedacht.

540 Kinder ausgedacht hätten] Kinder ~~beschloßen~~ ⌈ausgedacht⌉ hätten.

541 so schnell als möglich] H^2: so bald als möglich.

541 Der jüngere *Melville* konnte] ~~Dem~~ ⌈Der⌉ j~~u~~**ü**nge**re** Melville ~~bez~~ konnte. – H^2: Der junge Melville.

542 ohne Kizel] ohne ~~geheimen~~ Kizel.

542 er ließ nicht einmal seinem Vater Zeit] H^2: er ließ seinem Vater nicht einmal Zeit.

544 Er schlang sich um ⟨den⟩ Hals] Er ~~schlang~~ ⌈schlang sich⌉ um Hals. – H^2: um den Hals.

545 daß er es mit dem besten Herzen] H^2: daß er es mit dem besten Herzen.

546 mässiger war in seinen Ausdrücken] war ⌈in seinen Ausdrücken⌉.

546 dankte dem alten *Ribaupierre*] dankte ~~*Ribaupi Ribaupierre* eben +~~ ⌈dem alten *Ribaupierre*⌉ ~~mit gutem Herzen~~ ⌈~~Vertrauen~~⌉ ~~als dieser hatte gegen ihn im Herzen hatte~~.

548 Da seine Anträge] H^2: und da seine Anträge.

550 die *Ribaupierre* ihnen machte] H^2: die ihnen Ribaupierre machte.

551 als geschehen müsste] geschehen ~~hätte~~ müsste.

552 werden, und wo auch] werden, ~~wenn~~ und.

554 [15]einen solchen Streich] [15] einen ⌈solchen⌉ Streich.

555 sich ⟨dem⟩ zu wiedersezen] sich seinem ~~scheinbaren Willen~~ zu wiedersezen. – H^2: sich dem zu widersetzen.

555 da er immer] H^2: da er ihr immer.

556 hatte keine Gewalt] hatte ~~so~~ keine.

556 ohne irgend Gefahr] irgend ~~eine~~ Gefahr.

557 Comödie, die unnachahmlich war, weil] Comödie, ⌈die unnachahmlich war,⌉ weil.

563 Freude über das Glück zu zeigen] Freude ⌈über das Glück⌈ zu zeigen.

564 da er mir Ihre Hand giebt?] er ~~Sie~~ mir.

566 giebt Ihnen sein Wort mein Herr] H^2: giebt Ihnen sein Wort.

568 versprach mir noch diesen T⟨ages⟩, es auf seiner Tochter] diesen Tochter, es auf seiner Tochter. – H^2: diesen Morgen, es auf seiner Tochter.

569 Ansprüche auf sie] Ansprüche auf sie ~~als Sie mein Herr~~. – H^2: Ansprüche auf ihr.

570 überlasse ich sie ihrer Wahl] H^2: überlasse ich es ihrer Wahl.

570 zu gehorsam glauben] zu gehorsam ~~sind~~ glauben.
571 Sie sind zu klug] H^2: sind Sie zu klug.
572 ihr Zwang anzuthun, und um sich] ihr ~~Gewalt zu~~ ⌈Zwang⌉ an zu thun. – H^2: anzuthun, und sich nicht.
576 und rechtschafnes, geistvolles Mädchen] H^2: rechtschaffenes und geistvolles.
577 hatte sie ihren Worten] sie ~~ihre Worte~~ ⌈~~noch mehr~~ ihren⌉ Worten.
579 nichts thun würde] H^2: etwas thun würde.
579 was der Tugend zuwieder] was ~~mit~~ der Tugend ~~zug~~ zuwieder.
580 indem er ihre Hand] indem ~~sie~~ ⌈er⌉ ihre.
582 Auch ich faßte einen Entschluß, und ob ich] ich ~~nahm einen~~ faßte einen Entschluß, und ~~d~~ ob.
583 *Melville* der Vater] H^2: der alte Melville.
585 und ⟨die⟩ meinigen wären bekannt gewesen] H^2: und die meinigen bekannt gewesen wären.
586 niemals an die Verbindungen gedacht haben, die sie eben] niemals ~~haben um~~ an die Verbindungen ~~gedah~~ gedacht haben, ~~in~~ die sie eben.
587 so fest aneinander] so ~~lebendig lebhaft~~ ⌉fest⌉ ~~stark~~ aneinander.
588 Rath den er ihm als Rechtschafner gäbe] den ~~ihn~~ er. – H^2: als rechtschaffener Mann gäbe.
590 einen Augenblick verlegen darüber, aber da er längst] H^2: einen Augenblick darüber verlegen, aber da er schon längst.
592 Tone bey so vielen Menschen zu sprechen] Tone ~~für die Welt~~ ⌈bey so vielen Menschen⌉ zu.
594 nichts Bessres] nichts ⌈Bessres⌉.
594 um sie zu bestrafen] H^2: sie zu bestrafen.
595 auch nicht seine Einwilligung geben] H^2: auch seine Einwilligung nicht geben.
596 Aber mir versprachen Sie] H^2: Aber Sie versprachen mir.
600 dieses soll Ihnen] H^2: das soll Sie.
602 und in der That machte er es uns unmöglich] H^2: und er machte es uns auch in der That unmöglich.
604 *Melville* der Vater] H^2: Der alte Melville.
606 Betrügerey kannte] Betrügerey ~~ahndete~~ kannte.
610 um zu meiner Gunst jeden] um ~~mir zur Gunst~~ zu meiner Gunst ~~alle~~ jeden.
610 der zwischen uns sich finden mag] H^2: der sich zwischen uns finden mag.
611 ich ganz von] ich ~~ihn~~ ⌈ganz von⌈.
612 in nichts verändern um seinetwillen] H^2: um seinetwillen in nichts verändern.
619 ich bedurfte] H^2: und ich bedurfte.
621 nichts, als uns ewig zu lieben] nichts, ~~um~~ als.
621 um uns zu trennen] H^2: uns zu trennen.
623 ihr ewige Liebe] ihr ~~mei~~ ewige.
625 wie ich die Sache genommen, habe] ich ~~von seinem Sohn gesprochen~~ ⌉die Sache⌉ ⌈genommen,⌉.
630 denn nachdem sie sich [17]über die Nothwendigkeit ihrer freyen Erklärung entschuldigt hatte, so] ~~über~~ [17]~~entschuldigt hatte, daß sie die frey +~~ ⌈über die Nothwendigkeit ihrer freyen Er-⌉klärung ⌈entschuldigt hatte⌉, so. – H^2: denn nachdem sie sich über ◊. – H^2 *bricht an dieser Stelle ab. In* H^1 *sind ab Bl. 17 Friedrich Schillers Bearbeitungen direkt eingetragen. Diese sind im Folgenden in Sans Serif gesetzt.*

631 sie ihr Gespräch an den Sohn] sie⌈ihr Gespräch⌉an.
634 Ich könnte Ihnen nichts] Ihnen ~~nur~~ nichts.
635 meine Achtung und Sie sind] Achtung ~~und~~ Sie.
638 Vater, denn für ⟨den⟩ Sohn war es zu schwer aufzulösen] Vater, ~~denn für~~⌈den⌉ ~~Sohn war es zu schwer aufzulösen~~
639 und in diesem Augenblick befehle ich es] und⌈ich befehl ihm,⌈ in diesem Augenblick ~~befehle ich es~~.
640 Niemals] ~~Man muß~~ Niemals.
641 ein rechtschaffner Mann überflüssig irgendwo scheinen, sey es was es wolle.] ~~man~~ ein rechtschaffner Mann ~~zu viel seyn~~ überflüssig[2)] irgendwo[1)] scheinen, ~~sey es was es wolle~~.
643 besuchen, da deine Liebe] besuchen~~,~~. ~~d~~Da deine.
644 so sey wenigstens] so ~~laß~~⌈sey⌉wenigstens.
644 Verdienst. Er folgte seinem Vater wie ein junger lenkbarer Mensch und wir schieden nach vielen wechselseitigen Höflichkeitsbezeugungen] Verdienst. ~~Er folgte seinem Vater wie ein junger lenkbarer Mensch und w~~Wir ~~trennten uns~~⌈schieden⌉nach vielen ~~Höflichkei~~ wechselseitigen Höflichkeitsbezeugungen.
647 So war ich denn von meinem Nebenbuhler befreyt] denn ⌈~~von~~⌉ meinem Nebenbuhler ~~befreyt~~⌈los⌉.
647 zu sein! *Manon* wie ich kannten wohl die Betrügerey ihres Vaters.] zu sein! ~~*Manon* wie ich kannten wohl die Betrügerey ihres Vaters~~.
649 Wendung, und doch ward ich vom Schmerz verzehrt, ja [17v]mußte jemand leben sehen, dessen Tod mir nicht unerwünscht gewesen.] Wendung, ~~und rächende und doch ward ich vom Schmerz verzehrt, ja [17v]mußte jemand leben sehen, dessen Tod mir nicht unerwünscht gewesen~~.
651 Dieser Jemand sprach] ~~Dieser Jemand~~⌈*Manons* Vater⌉sprach.
651 von *Melville*] von ~~V~~ *Melville*.
652 Er machte ein finstres Gesicht] Er machte ~~s++~~ ⌈weder ihr noch mir⌉ ein finstres Gesicht ~~noch ++~~.
653 Er beobachtete aber ein tiefes Stillschweigen] Er ~~beob~~ beobachtete aber ein ⌈so⌉ tiefes Stillschweigen.
653 daß wir verlegen waren; aber wir hatten nichts zu befürchten, er wollte uns nicht übel. Er hatte uns ermüdet, und zurückgestoßen, und dieses war es was er verlangte.] daß wir ~~verlegenh~~⌈uns in der größten⌉verlegenheit ~~waren~~⌈befanden⌉; aber wir hatten nichts⌈mehr von ihm⌉zu befürchten, er ~~wollte uns nicht übel. Er~~ hatte uns ermüdet, und zurückgestoßen, und⌈mehr⌉ ~~dieses war es was er~~ verlangte {er nicht}.
657 Tochter mir den kleinsten Anlaß] Tochter⌈mir⌉den.
657 Unzufriedenheit] ~~Un~~**Unzu**friedenheit.
658 er ihr bestimmte] er ~~nur h~~ ihr.
659 er bewies mir es einige Monate nachher] er bewies⌈es⌉mir ~~es~~ einige.
660 gesucht, und nun fand] gesucht, ~~die ich und nun~~{jetzt} fand.
660 aber es kam nun die Rede von der Bezahlung] aber ~~es kam nun~~ die Rede⌈war nun⌉von.
662 gemacht die ganze Summe in] gemacht ~~das~~ die ganze Summe ~~zu~~ in.
664 da diese Herren oft einen Lärm auf andrer Unkosten machen, und] da ~~diese Herren oft einen Lärm auf andrer Unkosten~~⌈+⌉ ~~machen, und~~.
665 standen, daß man] daß ~~es~~⌈man⌉.

665 war, mir so bald zu zahlen] war ~~mir~~ ⌉~~so bald~~ mich sogleich⌉ zu zahlen.

667 Credit war nicht so sehr befestigt, als daß ich eine solche große Summe hätte bekom[18]men können] nicht ~~so sehr befestigt, als~~ ⌈groß genug⌉ ~~daß ich~~ ⌈um⌉ eine ~~solche~~ ⌈so⌉ große Summe ~~hätte bekom~~[18]~~men können~~ ⌊aufzubringen⌋.

670 und es wurde ihr] und ~~sie fort~~ es.

672 er zum Pfand] er ~~mit~~ ⌈zum⌉ Pfand.

673 treten, und sie brachte mir zwölftausend Thaler, und sagte mir, ihr Vater] treten~~,~~. ~~und~~ ~~s~~**S**ie brachte mir zwölftausend Thaler ~~mit~~, und sagte ~~mir~~, ihr Vater.

676 als ich brauchte mit dem Geld, was ich noch vorräthig] als ⌈ich zu dem⌈ ~~ich brauchte mit dem~~ Geld ~~was~~ ⌈noch brauchte, das⌉ ich ~~noch~~ vorräthig.

677 auf einmal gesehn hätte daß] gesehn ~~hätte~~ daß.

678 verkaufte (sie glaubte er habe allesverkauft)] verkaufte ~~(sie glaubte er habe allesverkauft)~~.

678 Freude sehr groß] Freude ~~sehr~~ ⌈desto⌉ gr~~oö~~ß**er**.

680 erweckte in meinem Herzen eine tiefe Rührung] erweckte ~~alle~~ ⌈in⌉ meinem Herzen eine tiefe ~~r~~**R**ührung.

681 Er sandte mir am Morgen des nämlichen Tages das Geld] mir ⌈das Geld⌉ am Morgen des nämlichen Tages ~~das Geld~~.

685 die Art und Weise] die ⌈Art und⌈ Weise.

685 behandelte, so sagte er mir] behandelte, ~~so~~ sagte.

689 noch. Da ich sah] noch. ~~d~~**D**a ich.

690 Weise. Ich ging meinen] Weise. ~~und~~ Ich ging ~~+~~ meinen.

692 wollte immer noch in meinen Danksagungen fortfahren, und ihm sagen, welche Verbindlichkeit ich ihm hätte. Aber immer unterbrach er mich, und da ich oft das vorige Gespräch wieder anknüpfen wollte, so sagte er] wollte ⌈noch⌉ immer ~~noch~~ ⌈~~+~~ in⌉ meinen Danksagungen fort fahren, ~~und ihm sagen, welche Verbindlichkeit ich ihm hätte. Aber immer~~ ⌉aber er⌉ unterbrach ~~er~~ mich~~, und da ich oft das vorige Gespräch wieder anknüpfen wollte, so sagte er~~.

695 Ey zum Henker, weil] Henker, ⌈rief er⌉ weil.

695 wieder dasselbe Lied] wieder ~~daselb~~ dasselbe.

696 Ists nicht wahr] Ists ~~n+~~ nicht.

696 hätte mit meinem Vermögen] hätte ⌉nebst⌉ ~~mit~~ meinem.

699 es sei Ihr Guth was ich Ihnen gegeben hätte] Ihr ⌈eigenes⌉ Gut~~h~~ was ich Ihnen gegeben ~~hätte~~.

701 haben, für das was ich für Sie gethan habe] haben, ~~für das was ich für Sie gethan habe~~.

703 sind? Ich gestand] sind? ~~was~~ Ich.

703 zu. Und das ists eben mein lieber Freund] zu. ~~Und~~ ⌈Nun⌉ das ists eben ⌈was ich meyne⌉ ~~mein~~ lieber.

704 klopfte. Sey immer] klopfte. ~~s~~**S**ey.

704 überlaß deinen Kindern wenn du welche hast die Sorge, dir den Hof] über laß deinen Kindern ⌈wenn⌉ ~~welche~~ du welche hast ~~die Sorge~~, dir.

705 ohne dich jemahls zu zwingen, sie in den Fall zu sezen] ohne ~~dich jemahls zu zwingen, sie in~~ ⌈sie und Dich selbst⌉ ⌉je in⌉ den Fall zu sezen.

706 daß du ihnen den Hof machst] du ihnen den. – *Unterstreichung zur Hervorhebung vermutlich Friedrich Schiller.*

706 angenehm sein eigner Herr] angenehm ~~Herr im Hause zu sein~~ sein.

708 handelte und *Manon* (denn ich behandle Euch auf gleiche Weise)] handelte ~~und *Manon* (denn ich behandle Euch auf gleiche Weise)~~.

710 So sehr mich seine Moral auch erbitterte] ~~So sehr mich~~ ⌈So viel ich auch gegen⌉ seine Moral ~~auch erbitterte~~ ⌈einzuwenden hatte⌉.

711 Achtung und Ehrerbietung haben] und ~~Ehrer~~ Ehrerbietung ⌈für sie⌉ haben.

714 verdanken; und im Gegentheil ist sehr natürlich und ein heiliges Gesez daß wir von denen abhängen, die uns unser Dasein verliehen haben] verdanken; ~~und~~ im Gegentheil ist ⌈es⌉ sehr natürlich und ⌈ein heiliges Gesez⌉ daß wir von denen abhängen, ~~die uns~~ ⌈~~+~~⌉ ⌈die die Urheber⌈ ~~unser~~**unsers** Dasein ~~verliehen haben~~ ⌈sind⌉.

719 und so treu, daß er eine solche Anhänglichkeit zu mir hatte] und ~~so treu, daß er~~ ⌈mit⌈ eine**m** solche**n** ~~Anhänglichkeit zu mir hatte~~ ⌈Zutraun⌉.

719 daß nie davon die Rede war daß ich ihm eine schriftliche Sicherheit geben sollte, und als] daß ~~er~~ nie davon ~~spr~~ die Rede war daß ich ihm ~~etwas~~ ⌈eine⌉ schriftliche~~s~~ ~~dafür~~ ⌈~~zur~~ Sicherheit⌈ geben sollte~~,~~. ~~und~~ ⌈Denn⌉ als.

721 überflüssigen] *Von Friedrich Schiller gestrichen, dann durch Unterpunktierung wieder aufgehoben.*

721 zurück gab was er mir zuviel gegeben hatte] gab ~~was er mir zuviel gegeben hatte~~.

722 eine schriftliche Versicherung brachte, so nahm er das übrige wieder, aber fragte mich dabey] eine ⌈schriftliche⌉ Versicherung ⌈~~schriftlich~~⌉ brachte, so nahm er ⌈jenes zwar⌈ ~~das übrige~~ wieder, ~~aber~~ fragte mich ⌈aber⌉ dabey.

723 sezte noch hinzu] sezte ~~noch~~ hinzu.

723 daß Leute von Ehre nicht solche Arten von Vorsicht fassen dürfen, die ihren Ursprung immer dem Mißtraun zu danken hätten.] Ehre ~~nicht solche Arten von~~ ⌈einer solchen⌉ Vorsicht ~~fassen~~ ⌈nicht⌉ **be**dürften, die ihren Ursprung immer dem Mißtraun zu danken ~~hätten~~ ⌈habe⌈.

725 Da diese Gelegenheit mir bewies welchen Antheil er an mir nahm, und an meinem Vortheile, so erfolgte noch ein Vorfall der mir seinen Antheil an meiner Person zeigte] ~~Da~~ ⌈Indem⌉ diese Gelegenheit mir bewies welchen Antheil er an ⌈meinem Vortheile⌈ ~~mir~~ nahm, ~~und zu meinem Vortheil, so~~ erfolgte noch ein Vorfall der mir ~~zeigte welchen~~ ⌈seinen⌉ Antheil ~~er ++~~ ⌈an meiner⌉ Person ~~nahm~~ zeigte.

727 *[19v]*In dem Hause, wo ich wohnte, fand sich ein schönes junges Mädchen, ‹…› wo sie erschien noch öfter als es nöthig war und machte sich zuweilen unnöthige Geschäfte] ein schönes junges Mädchen ⌈und da⌉ ich ~~hatte~~ keine eigne Haushaltung ⌈hatte,⌉ ~~und ich aß bey der~~ ⌈so ~~+~~⌉ ⌈aß ich bey der⌉ Dame, ~~bey der~~ ⌈wo⌉ ich wohnte. Man sagte, das Mädchen sey von einer guten Familie, und ~~wirklich hatte auch~~ ⌈auch hatte sie wirklich⌉ sehr ~~wenig~~ gute Sitten und nicht ~~den~~ gemeinen Anstand. Sie hatte oft ~~Geschäfte~~ ⌈Verrichtungen⌉ in meinen Zimmern, ~~wo sie ankam noch öfter als es~~ ⌈und machte sich noch öfter darin zu thun als es⌉ nöthig war. ~~und machte sich zuweilen unnöthige Geschäfte nur den Vorwand +~~.

732 aufgeregt, und ich, je reiner und heiliger unser Verhältnis war, so regten sich doch in meinem Herzen Gefühle, die es nicht hätte aufnehmen sollen, ich suchte Zeitvertreib] aufgeregt, ~~und ich, je reiner und heiliger unser Verhältnis war, so regten sich doch in meinem Herzen Gefühle, die es nicht hätte aufnehmen sollen, ich suchte Zeitvertreib~~.

734 froher Laune und wir kamen] Laune ~~und~~ wir.

735 spürte bald die Folgen] spürte ~~bald~~ die.

735 Verständnisses, daß eine lange Zeit] Verständnisses, ~~daß~~ ⌉das⌉ eine.
738 davon unterrichtet] da von unterrichtet.
739 nahe war und daß sie] und ⌈wußte⌉ daß.
740 verklagt hatte. Am morgen schon war die Klage ausgestellt und der Verhaftbefehl ausgefertigt.] verklagt hatte. ~~Am Morgen un+~~ ~~s~~Schon war die Klage ausgestellt.⌈Wirklich war schon⌉ ⌈~~und~~ der Verhaftbefehl ausgefertigt.⌉.
743 nicht in Gegenwart] in ~~der~~ Gegenwart.
744 behorchte uns] uns ~~und dieses war~~.
747 erhalten, wo man von dem Mann, der sie begleitet, verlangt, daß er sich von Vergnügungen dieser Art losreißt, und dessen Sitten ohne Flecken seyn sollten.] erhalten, ~~wo man von dem~~ ⌈zu der man einen⌉ ⌈Mann von makellosem Rufe verlangt.⌈~~Mann, der sie begleitet, verlangt, daß er sich von Vergnügungen dieser Art losreißt, und dessen Sitten ohne Flecken seyn sollten~~.
750 wissen, ob Sie nicht] Sie ~~sich~~ nicht.
753 gab ich ihr] gab ich ~~+~~ ihr.
753 dies ist eine Todsünde] ~~dies~~ ⌈Hier⌉ ist eine Todt sünde.
755 gleich verschiedene Male] gleich ⌈d⌈ ~~noch~~ verschiedene Male.
756 daß das erstemal] daß anfangs ⌈das⌉ ⌈erstemal⌈.
756 einem solchen Schritt brachte] solchen ~~Fall~~ ⌈Schritt⌉ brachte.
757 die anderen Male und zu ihrem Nachtheil] die anderenmale und zu ihrem ~~Nahteihl~~ Nachtheil.
760 ohngachtet seine Tochter und ich ihn baten nicht] ohngeachtet ~~seiner~~ ⌈seine⌉ Tochter und ich ih~~m~~n baten ~~es~~ nicht.
761 weil er selbst die Erlaubnis hatte] er ~~selbst~~ die.
762 so hörte er] ~~s~~so hörte er.
764 Er ging überall hin wo er hin wollte, und es ist mir unbegreiflich, daß er in der Zeit von Stunden wieder zu Hause war, mit einem großen Dokument versehen in den *[20v]*Händen.] E~~r~~s ~~ging überall hin wo er hin wollte, und es ist mir~~ ⌈ist mir noch jezt⌉ unbegreiflich, daß er in ~~der Zeit von~~ ⌈einem Zeitraum von zwey⌉ Stunden wieder zu Hause war, ⌈und zwar⌉ mit einem ~~großen~~ Dokument ~~versehen~~ in den *[20v]* ~~in~~ Händen.
766 *emplastrum contra contusionem] Lateinisch für „Pflaster gegen Prellung".*
767 Aber doch hoffe ich ⟨Sie⟩ sind nicht Bösewicht, uns das arme Geschöpf ins Gefängniß zu schicken, aber Sie müssen ihr doch die Furcht dafür einflößen da es in Ihrer Gewalt ist] Aber ~~doch~~ ⌈ich⌉ hoffe ~~ich~~ ⌈Sie⌉ sind ~~nicht~~ ⌈kein solcher⌉ Bösewicht, un~~s~~m das arme Geschöpf ins Gefängniß zu schicken, aber ~~Sie müssen ihr doch~~ die Furcht ~~dafür~~ ⌈müssen Sie ihr⌉ einflößen.
774 um nicht das Ansehn zu haben] und nicht.
774 versprach ihm nur ihm, nachdem] ihm nur ~~ihm~~, nach dem.
776 was er gehoft hatte daß er thun würde] was er ~~gehoft hatte daß er thun würde~~ ⌈erwartet hatte⌉.
776 großer Verlegenheit] großer ~~Verlegenhe Verh~~ Verlegenheit.
777 ihr unangenehme Händel] ihr ~~eine~~ unangenehme.
778 mich zu heirathen, da sie es gegen den Willen von Leuten thun wollte] mich zu[4)] heirathen[5)] ⌈ohne[1)] meinen[2)] Willen[3)]⌉, da sie ~~ent~~ es ⌈zugleich⌉ gegen.
780 betrieb es mit einem solchen Feuer] betrieb ~~es~~ ⌈die Sache⌉ mit.

780 daß die ganze Sache in Zeit von zwey Tagen] daß ~~die ganze Sache~~ ⌈alles⌉ in Zeit.

781 abgethan war, und mit wenigen Kosten] war ~~und mit wenigen Kosten~~.

781 es mir viel Geld kostete da ich noch versprach, mich des Kindes anzunehmen, aber es starb einige Wochen nach der Geburt] mir ~~viel~~ ⌈einiges⌉ Geld kostete ~~da ich noch versprach~~, ⌈indem und daß ich ~~mich~~ versprechen mußte, mich⌉ des Kindes anzunehmen, aber ~~es~~ ⌉dieses⌉ starb ~~einige Wochen~~ ⌈bald⌉ nach der Geburt.

783 noch mehr um sich zu beruhigen denn sie] mehr ~~um sich zu~~ ⌈zu ihrer eigenen⌉ Beruhigenung. ~~denn s~~Sie.

784 *Ribaupierre* stattete sie aus, gab ihr eine Hochzeit.] aus, ⌊gab ihr eine Hochzeit.⌋. – *H^1 ist hier unterbrochen. Bl. 21 fehlt; es muss sich um ein im Bogen liegendes Einzelblatt handeln, da Bl. 20 und 22 gemäß Charlotte Schillers Paginierung einen Bogen bilden.*

786–819 *Das fehlende Bl. 21 wird nach dem Erstdruck ergänzt. Anführungszeichen wurden nicht übernommen*

819 [22]Ihres Vaters Gegenwart] *Fortsetzung von Charlotte Schillers Handschrift H^1.*

819–837 *Bl. 22r ist von Friedrich Schiller, wohl im Anschluss an seine Einzelkorrekturen, komplett mit einem Diagonalstrich durchgestrichen. Auf Bl. 22v sind von ihm die oberen drei Viertel durch Gitterstriche durchgestrichen. Entsprechend fehlen diese Teile im Erstdruck.*

820 daß Sie thöricht sind] Sie ~~thöricht sind~~ ⌈Unrecht haben⌉.

820 Beispiel noch die Meinung] Beispiel ~~noch~~ die.

821 Geschlecht hat. Davon ist nicht] Geschlecht hat. ∫ Davon ist nicht. – *Hier und im Folgenden gehäufte Absatzmarken von Friedrich Schiller.*

822 Spanier, noch Italiener] noch ~~Portuge~~ Italiener.

823 und traue der Frauen Enthaltsamkeit nicht viel, wenn sie] und ~~traue der Frauen~~ ⌈baue auf die⌉ Enthaltsamkeit ~~nicht viel~~ ⌈der Frauen⌉ ⌈nicht sonderlich⌉ wenn sie ~~eingesperrt sind~~.

824 wenn sie nicht aus ihrer eigenen Tugend ihre Anschauung verdankt, und weder fremder Hülfe] nicht ~~aus~~ ihrer eigenen Tugend ~~ihre Anschauung verdankt,~~ ⌈überlassen bleibt⌉ und ~~weder fremder Hülfe~~.

826 mit Wärme gerade das zu ergreifen was unerlaubt ist] mit ~~Herz~~ Wärme gerade ~~das zu ergreifen was unerlaubt ist~~ ⌈nach demjenigen zu streben, was ⌈verboten ist⌈.

827 mehr verdorbene Sitten] mehr ~~++~~ ⌈verdorbene Sitten⌉.

828 Frauen Freyheit] Frauen ⌈+⌉ Freyheit.

829 selten zuerst zuvorkommend sind] selten ~~zuerst zuvorkommend sind~~ ⌈die ersten Schritte⌉ ⌈thun⌈.

831 die ihre Reinheit bewahren] die ~~sich beim +~~ ⌈ihre⌉ Reinheit.

831 als Frauens andrer Nationen] als ~~f~~Frauen~~s~~ ⌈aus den⌉ andrern Nationen.

832 sind immer in der Lage den Versuchungen ausgesezt zu sein durch ihre Verbreitung in den Gesellschaften. Sie wiederstehen, da hingegen die andern nur ihre Sittlichkeit den Mauren verdanken] sind ~~immer in der Lage~~ ⌈durch ihre⌉ ⌈freiere Geselligkeit stets⌈ ⌉den⌉ Versuchungen ausgesezt⌈,⌉ ~~zu sein durch ihre Verbreitung~~ ⌈da im Gegentheil⌉ ~~in den Gesellschaften~~. ⌈++⌉ ~~Sie wiederstehen, da hingegen~~ die andern ~~nur~~ ihre Sittlichkeit ⌈nur⌉ den Mauren verdanken.

834 einschließen. Jeder Zwang ist drückend, ‹…› die Wünsche eines Liebhabers zu erhören und jeden Zufall Troz bieten.] einschließen. ~~Jeder Zwang ist drückend, und ein Mädchen, das eingeschränkt ist, ist weit entfernt nicht der Tugend überdrüssig zu werden, die ihr~~ ⌈sie⌉ ~~sollte Bürgen stellen, statt daß sie sich ihres Reizes erfreuen sollte, und sie~~

~~wird ihr Möglichstes thun, die Wünsche eines Liebhabers zu erhören und jeden Zufall Troz bieten~~.

839 Hätte ich, sagte er zu uns beiden, da ich Euch nicht verheirathen wollte, dir *Manon*, verboten] ~~Hätte~~⌈Wenn⌉ ich, sagte er zu uns beiden, da ich Euch nicht verheirathen wollte, ~~d~~Dir *Manon*, verboten⌈hätte⌉.

841 so ist es immer Zeit die sie heimlich dazu bestimmt, aber wo sie auch keinen Augenblick verliert.] so ~~ist es immer Zeit die sie heimlich dazu bestimmt~~, ⌈muß sie die Zeit dazu stehlen; aber⌉ ~~aber wo sie~~ ⌈sie verliert dann⌉ auch keinen Augenblick ~~verliert~~.

843 Angelegenheiten weiter in einer Viertelstunde als wenn] Angelegenheiten ⌈viel⌉ weiter in einer Viertelstunde als ⌉er es nie bringt,⌉ wenn.

845 den Neigungen deines Herzens folgtest] Herzens ⌈folgen möchtest⌉ ~~folgtest~~.

845 ließ, so nach deiner Phantasie] ließ, ⌈und ganz⌉ ~~so~~ nach.

846 seine Zeit dazu verwendet, um zu klagen, oder mich zum Teufel zu wünschen, und ihr hättet eure Zusammenkünfte unter anderen Umständen nicht so unschuldig gehalten.] Zeit ~~dazu~~ ⌈zu nichts Schlimmern⌉ verwendet, ~~um~~als zu klagen, oder mich ~~zum Teufel zu~~ ⌉zu ver⌉wünschen, und ~~ihr~~ ⌈schwerlich⌉ hättet ⌈ihr⌉ eure Zusammenkünfte unter anderen Umständen ~~nicht~~ ⌈eben⌉ so unschuldig.

848 Außerdem ich nichts für *Autun* in meinem Hause befürchten konnte, so hat mich auch meine Erfahrung belehrt.] ~~Außerdem ich nichts für *Autun* in meinem Hause befürchten konnte, so hat mich auch meine Erfahrung belehrt~~.

851 den anderen Frauens] Frauen~~s~~.

853 Kühnheit verleitet. Ich weiß] Kühnheit ~~zu~~je verleitet. ~~Und~~ Ich.

854 ein Mädchen, um dessen Hand man sich bewirbt mit ganz andern Augen] um ~~die~~ ⌈dessen Hand] man sich bewirbt ~~und~~ mit ganz andern Augen.

857 daß ich die Ehrfurcht für das Fräulein nie würde verlezt haben, [23]und sie sich immer] daß ⌈ich⌉ die Ehrfurcht ~~für sie~~ für das Fräulein nie ~~nimmer~~ würde verlezt haben, [23]und ⌈daß⌉ sie.

859 sagte er, wenigstens bin ich nicht gewiß, ‹…› *Ribaupierre* änderte entweder den Gegenstand seines Gesprächs] sagte er, ~~wenigstens bin ich nicht gewiß, ob Sie ihr immer von der Tugend~~ ⌈+⌉ ~~gepredigt hätten, und ich +~~ ⌈~~hätte~~⌉ ~~es haben fürchten müssen, daß sie Ihren Rath hätte folgen können, wenn ein Mädchen Zutraun in die Menschen sezt, so überläßt sie sich ihrer +~~ ⌈~~Führung~~⌉, ~~und Gott weiß, wohin Sie sie geführt haben könnten~~. ∫ Aber ~~welches~~ ⌈was für ein⌉ Vergnügen ~~ist es für Sie~~ ⌈kann es Ihnen machen⌉ uns der Gefahr auszusezen ⌈~~und dem Zufall~~⌈ ~~der~~ ⌈einer⌉ Versuchung zu unterliegen? Warum willigen Sie nicht in unsre Verbindung, da Sie sie nicht mißbilligen? ∫ So endigte sich immer unser Gespräch und *Ribaupierre* änderte ~~ent-~~ ⌈brach⌉ ⌈entweder⌈ ~~weder den Gegenstand seines Gesprächs~~ ⌈~~+~~ von der Materie ab⌉.

867 ich aß täglich bey ihm] ich ~~+ seine~~ ⌈aß⌉ täglich.

869 lebte. Ich that was ich konnte ihn zu bewegen seine Einwilligung zu geben.] lebte. ~~Ich that was ich konnte ihn zu bewegen seine Einwilligung zu geben~~.

871 uns einander näher] uns ~~näher~~ einander näher.

871 ließ sich zu nichts bereden] ließ ~~sich~~ {zu} nichts bereden ~~Sie versicherte mir daß sie mich ++ liebte daß man~~ ⌈~~sie +~~⌉ ~~+~~.

873 Ich hatte eine Art] Ich hatte ~~mir~~ eine Art.

874 dessen langes Leben] dessen ⌈langes⌉ Leben.

876 seine gute Laune, und wizigen Einfälle] seine⌈gute⌉ Laune, und ~~Einfälle~~ wizigen Einfälle.

877 die ich bis zur Raserey liebte] die ~~+~~⌈ich⌉ bis.

878 und doch fühlte ich keine] doch ⌉~~gingen~~⌉ ~~blieben meine Empfindungen in ihrem ruhigen Gang~~ fühlte ich ~~nicht~~ keine.

880 Herz und der Körper] und ~~der Körper~~⌈die Sinne⌉.

880 von der Vernunft leiten zu lassen die über beide] von ~~Ver~~ der Vernunft ⌉leiten⌉ zu lassen, die⌈über⌉ beide⌈~~sie~~⌉ ~~sich unterwürfig ge+ hätte? hatte~~.

882 Nachdem wir lange auf diese Weise fortgelebt hatten] lange ~~so fort gelebt hatten~~ auf diese Weise fortgelebt hatten.

883 Schwäche, der die Natur in wenig Momenten unterlag] Schwäche, ~~daß~~⌈der⌉ die Natur in wenig Momenten ~~d+~~ unterlag.

885 Christ, und da er fühlte] Christ~~,~~. ~~und d~~Da er.

886 die lezte Ölung] die ~~Sakaramente~~ lezte.

888 Ich sah daraus eine einzige Folge] sah ~~daraus~~⌈darin⌉ eine ~~einzige~~⌈stete⌉ Folge.

889 von erlittenem Verlust] von ⌉erlittenem⌉ Verlust.

889 bey allen traurigen Zufällen und vieler Schuld die er durch] bey alle~~nr~~ ~~traurigen Zufällen und vieler~~ Schuld die er ~~sich~~ durch.

890 hatte, bemerkte ich doch einen unerschöpflichen Grund von Rechtschaffenheit. Gewiß] hatte, ~~so~~ bemerkte ich doch einen unerschöpflichen ~~Vorrath~~⌈Grund⌉ von Rechtschaffenheit ~~in seinen~~. Gewiß.

892 der rechtschaffensten Menschen, dessen Gewissen rein war] der ~~rechtschaffensten~~ ⌈biedersten⌉ Menschen, dessen Gewissen rein ~~und~~ war.

892 weniger gewesen, so hätte er einen Theil seines Unglücks weniger erfahren] gewesen, ~~so hätte einen~~⌈~~er ein~~⌉ ~~Theil seines Unglücks ihm nicht~~⌈~~weniger erfahren~~⌉ ~~zutheil worden~~.

893 er würde unermeßliche Reichtümer erworben haben, die er aber lieber [24]verachtete, als die Stimmung seines guten Gewissens und sein gutes Herz zu betäuben] er ⌉würde⌉ ~~hätte sich~~⌈unermeßliche⌉ Reichtümer erworben haben, die er ~~aber~~ lieber ~~ver~~ [24]verachtete, ~~als~~⌈als daß er⌉⌈~~die Stimmung~~⌉ ~~seines guten~~⌈gegen sein Gewissen⌉⌈gehandelt hatte⌈. ~~Gewissens und sein gutes Herz zu betäuben~~.

896 nicht zum Glück gebohren] nicht ~~gebohren~~ zum.

897 gezwungen hätte, sich auf alles gefaßt zu machen und sich zu verwahren] gezwungen ~~hätte~~, sich ~~auf alles gefaßt zu machen und sich~~⌈gegen alle Zufälle⌉ zu verwahren.

897 verwahren. Nie hätte er im Ernst] verwahren. ~~Nie~~⌈Zwar⌉ hätte er⌈nie⌉ im.

898 ihn nicht gut behandelt hätten] ih~~mn~~ nicht gut behandelt ~~hätten~~⌈würden⌉.

899 Heirath erlaubte] Heirath erlaubte ~~hätte~~.

899 Furcht fur die Zukunft] Furcht ~~für die~~⌈vor der⌉ Zukunft.

900 unüberwindlich gewesen wäre. Ich gebe] gewesen ~~h wäre~~⌈sey⌉. Ich gebe~~n~~.

901 Sie gehört Ihnen schon an, aus vielen Gründen. Ich bitte Euch beide um Eure Verzeihung, daß] an, ~~durch~~ aus vielen Gründen. ~~Ich bitte Euch beide um Eure Verzeihung~~ ⌈Verzeiht mir beyde⌉, daß.

907 Ihnen mit Wahrheit betheuert] Ihnen⌈mit Wahrheit⌈ betheuert.

908 geschäzt hat bey seinem Leben] hat ~~bey seinem Leben~~.

909 als sie es je war, weil ich hoffe daß sie immer die nämliche bleibt, und sie wird niemahls Anlaß geben] es ~~je~~⌈bisher⌉ war, ~~weil ich hoffe daß sie immer die nämliche bleibt~~, und ~~sie wird~~ niemahls Anlaß geben.

911 daß er Euch seinen Seegen gebe] Euch ⌈seinen⌈ Seegen gebe~~t~~.

918 Seegen gebe. Gehen Sie nun sagte er zu mir, sagen Sie meinem Beichtvater was ich Ihnen sagte, und fragen ob] gebe. ∫ Gehen Sie nun sagte er zu mir, ~~sagen~~ ⌈wiederholen⌉ Sie meinem ~~Va~~ Beichtvater was ich Ihnen sagte,und ~~fragen~~ ⌈fragen ihn⌉ ob.

919 ich habe keine Foderung mehr an die Welt zu machen] habe ⌉keine Foderung⌉ ~~nichts~~ mehr and die Welt zu ~~fodern~~ machen.

921 meine Tochter vor meinem Tode noch unter sichrem Schuz und in einer Verbindung die vielleicht manchen Hindernissen] Tochter ~~nach~~ ⌈vor⌉ meinem Tode noch unter sichrem Schuz und ~~fest verbunden~~ in einer Verbindung die vielleicht ~~+~~ ⌉manchen⌉ Hindernissen.

924 und ich kann länger nicht als drey Stunden noch leben.] und ~~ich kann~~ ⌈habe nur⌉ ⌉~~für nicht viel~~⌉ ~~länger nicht als drey~~ ⌈noch für wenige ~~noch~~⌉ Stunden ~~noch leben~~ ⌈Leben⌉ {in mir}.

925 Ich wollte gern diese gute Stimmung nuzen. Aber ich glaubte nicht] ~~Ich~~ ~~Ich wollte gern~~ ⌈Gern hätte ich⌉ diese gute Stimmung ~~nuzen.~~ ⌉benutzt, aber⌉ ~~Aber~~ ich glaubte nicht.

926 wäre; denn seine Sinne waren ⟨stark⟩] wäre; ~~denn~~ denn ~~er hatte in~~ seine Sinne waren ~~++ stark~~ ⌈noch ungeschwächt⌉.

928 aufrichtig, die Thränen] die ~~Thranen~~ Thränen.

930 einsprach; und es ist gewiß, [25]daß er mit dem Muth eines Streiters starb] einsprach; ~~und es ist gewiß,~~ [25]~~daß er mit dem Muth eines Streiters starb~~.

932 verrieth den Wunsch] verrieht ~~die Rückkehr~~ den.

934 Paris. Aber er versicherte, daß er keine Sorge hätte, daß er sie unter diesen Umständen nicht erhalten würde.] Paris. ~~Aber er~~ ⌈Doch⌉ versicherte ⌈er⌉, daß er ~~keine Sorge hätte, daß er~~ ⌈gar nicht zweifle⌉ sie unter diesen Umständen ~~nicht~~ ⌈zu⌉ erhalten ~~würde~~.

938 in einem Sterbenden] in ~~einem~~ ⌈dem⌉ Sterbenden.

940 Er sagte uns ein Gedicht auf seinen Zustand wovon er selbst der Verfasser war. ‹…› stimmte in den Schmerz seiner Tochter, der unaussprechlich war.] ~~Er sagte uns ein Gedicht auf seinen Zustand wovon er selbst der Verfasser war. Ich bat ihm sie uns nachschreiben zu lassen. Er diktierte sie mir, und es waren seine lezten Worte, er drückte mir die Hand, verlangte Gebete, und verschied in meinen Armen. Ich weinte unaufhörlich über seinen Tod, und stimmte seiner Tochter in den Schmerz seiner Tochter, der unaussprechlich war~~. – *Der ganze Passus ist von Friedrich Schiller mit einem linksseitigen Diagonalstrich durchgestrichen.*

947 der Erzbischof hatte nur die Erlaubniß ertheilt] der ~~Erb~~ Erzbischof ~~hatte~~ ⌈habe⌉ nur ~~die Beruhigung~~ die.

948 loß zu machen, indem er ihn darauf verpflichtet hätte nicht mehr ihrer zu gedenken. Und er würde uns sehr gern trauen, wenn Herr von *Ribaupierre* noch im Stande wäre [25v]Zeuge unserer Verbindung zu seyn] loß ~~zu~~zu machen, ~~indem er ihn~~⌈~~darauf~~⌉~~verpflichtet hätte nicht mehr ihrer zu gedenken. Und er würde uns sehr gern verheirathen vertrauen, wenn Herr von *Ribaupierre* noch im Stande wäre~~ [25v]~~Zeuge unserer Verbindung zu seyn~~.

951 verändert, und unsere Heyrath ginge niemand mehr etwas an als uns selbst, und nicht den Todten, dem es jetzt gleichgültig wäre, und wir wären auch nicht in der Lage, uns den gewöhnlichen Ceremonien der Kirche zu entziehen.] verändert, und ~~unsre Heyrath~~ ginge ihn nichts mehr an, ~~niemand mehr etwas an als uns selbst, und nicht den Todten, dem es jetzt gleichgültig wäre, und~~ wir wären ~~auch~~ nicht ⌈mehr⌉ in der Lage, uns den gewöhnlichen ~~Gesetzen~~ ⌈Ceremonien⌉ der Kirche zu entziehen.

954 Es war nothwendig, und wir mußten diesen Schritt thun. ‹…› Sie bat den Geistlichen uns zu trauen, bot ihm eine ansehnliche Summe Geld an, um ihn dahin zu bringen, uns den Seegen zu geben, aber um⟨sonst⟩.] ~~Es war nothwendig, und wir mußten diesen Schritt thun. So wenig ich in der Folge~~ ⌈~~auf~~⌉ ~~den Geistlichen zürnen konnte, so~~ wollte ⌈~~wünschte~~⌉ ~~ich~~ ihn ⌈~~ihm~~⌉ ~~doch im ersten Augenblick alles Böse der Welt~~ zus ~~über ihm zusammen. Im Grunde war sein Eifer nicht zu verdammen, aber ein Sakrament ändert nicht seinen Werth, mag es ertheilt werden unter welchen Umständen es auch will. Und ich hätte mich was mich betrifft eben so gültig verheirathet geglaubt, als wenn ich durch den Papst selbst in Angesicht des ganzen Europa~~ Die ~~die Einsegnung vollzogen hätte. Aber der Beichtvater war vorsichtiger, ich~~ ⌈Ich⌉ erschöpfte ⌈vergeblich⌉ meine Beredsamkeit, so ~~gut wie~~ ⌈wie auch⌉ die Tante des Fräuleins. ~~und thaten unser Möglichstes. Aber die untreue Manon hatte ihren Planen in meinen Gedanken schon damahls wohl folgen wollen. Sie~~ ⌈Man⌉ b~~a~~ot de~~n~~**m** Geistlichen ~~uns zu trauen, bot ihm~~ eine ansehnliche Summe Geld an, um ihn dahin zu bringen ~~aber um~~◊ ⌈aber alles war umsonst⌉.

965 Alles ausgenommen was nicht den Widerstand *Ribaupierres* gegen unsre Verbindung betraf, ‹…› Ich tröstete sie so gut ichs vermochte, oder ich weinte mit ihr.] ~~Alles ausgenommen was nicht den Widerstand Ribaupierres gegen unsre Verbindung betraf, war kein Vater der seine Tochter besser behandelt hätte als er seine Tochter, und ich konnte ihren Schmerz über seinen Verlust nicht tadeln. Ich tröstete sie so gut ichs + vermochte, oder ich weinte mit ihr.~~

968 Ich führte sie in mein Haus] Ich führte ~~sie~~ ⌈nun Manon⌉ in mein Haus.

969 leisten, und ging in *Ribaupierres* Wohnung zurück, wo ihre Tante mit ihrem Sohn noch war, und noch mehrere Verwandten des Verstorbenen.] leisten, ~~und~~ ⌈ich selbst⌈ ging in *Ribaupierres* Wohnung zurück, wo ⌈sich die⌉ ~~ihre~~ Tante ~~und~~ ⌈mit⌉ ihrem Sohn ~~noch war, und~~ ⌈nebst⌉ noch mehrere Verwandten des Verstorbenen ⌈befanden⌈.

971 Sie betrachteten] Sie ~~sah~~ betrachteten.

971 Einsicht die Einrichtungen] Einsicht ~~die~~**alle** Einrichtungen.

972 ordnete dies Leichenbegängniß] ordnete d~~a~~**ie**s Leichenbegängniß.

972 Seelenmessen, kurz ich bemächtigte mich aller Kostbarkeiten als wäre alles für mich geschehen] Seelenmessen, ~~kurz ich bemächtigte mich aller~~ ⌈und nahm alle⌉ Kostbarkeiten ~~als wäre alles~~ ⌈in meine Ver⌉ ⌈wahrung⌈ ~~für mich geschehen~~.

973 geschehen. Aber *Manon* unterschrieb alles, was ich wollte, kurz sie verließ sich ganz auf mich] geschehen. ~~Aber~~ *Manon* unterschrieb alles, was ich wollte, ~~kurz sie~~ ⌈und⌉ verließ sich ganz auf mich.

975 befürchten. Und wurde bald] befürchten. ~~Und wurde~~ ⌈Bald⌉ ⌈war⌈ ~~bald~~ sie.

976 Haus zurückführte] Haus ~~führte~~ zurückführte.

979 Ihre Tante aber erklärte ihr in meiner Gegenwart, daß sie sich sich nicht sobald nach dem Tode ihres Vaters verheirathen] Ihre Tante ~~stellte ihr eine F~~ ⌈aber erklärte ihr⌉ in meiner Gegenwart ~~+~~, daß sie sich sich nicht sobald nach dem Tode ihres Vaters ~~nicht~~ verheirathen. – *Zweites „nicht" von Friedrich Schiller gestrichen.*

980 weil dieser Schritt] diese~~r~~ ~~Schritt~~ ⌈Eilfertigkeit⌉.

981 könnte, die Welt würde sonst gern das Gegentheil der Wahrheit behaupten, ihre Betrübniß bezweifeln. Sie war die erste] könnte, ~~+ die Welt würde~~ ⌈~~sonst~~⌉ ~~gern~~ das Gegentheil der Wahrheit behaupten ihrer Betrübniß behaupten ⌈~~bezweifeln~~⌉. Sie ~~woll~~ war die erste.

982 willigte, dies bedrückte mich, aber doch folgte ich ihrem Willen, und zumal desto eher weil Geschäfte mich wieder nach A. ruften. Ich mußte einen Monat dort bleiben, und die Zeit der Reise dazu gerechnet, betrug es wohl so viel als sie Aufschub wünschte.] willigte, ~~dies be~~- ⌈und ich⌉ ⌈mußte⌈ ~~drückte mich, aber doch be folgte ich ihrem Willen, und~~ ⌈nachgeben, so schwer es mir auch fiel; zumal, da⌉ ~~zumal desto eher weil~~ ⌈dringende⌉ Geschäfte mich wieder nach A. ruften. ~~Ich mußte einen Monat dort bleiben, und die Zeit der Reise dazu gerechnet, betrug es wohl so viel als sie Aufschub wünschte~~.

985 Und da ihre Tante ihr noch sagte, daß es nicht anständig sey, daß ein unverheyrathetes Frauenzimmer *[26v]* allein wohne ‹...› Sie folgte meinem Rath.] ~~Und~~ ~~d~~**D**a ihre Tante ~~ihr noch sagte~~ ⌈dafür hielt⌉, daß es ~~nicht anständig sey, daß~~ ein**em** unverheyrathete~~s~~**n** Frauenzimmer *[26v]* ~~allein wohne~~ ⌉↑nicht anständig sey, ⌈mit so vielen Bedienten⌉ ↑allein zu wohnen,↑ so ~~gab~~ ⌈rieth⌉ ich ihr, ~~den Rath sie solle~~ die Zeit meiner Abwesenheit bey ~~ihrer~~ ⌈der⌉ Tante zu{zu}bringen, ~~auch hoffte~~ ⌈wo die⌉ ~~ich von der Zerstreuung der Gesellschaft und dem muntern~~ ⌈lebhafte Gesellschaft zugleich ihren Kummer zerstreuen⌉ ~~Geist~~ ⌈würde⌉ ~~ihres Vetters einige Erheiterung. Sie folgte meinem Rath~~ {~~für sie hoffen konnt~~}.

990 meiner Reise zu ihr, ich sah] meiner ~~Reise~~ ⌈Abreise⌉ zu ihr, ich sah sie] ~~ih~~ ⌈ich⌉ sah.

991 geben. Aber ich beunruhigte] geben. ~~Aber ich~~ ⌈Dies⌉ beunruhigte.

992 und ein Theil davon in einer entfernten Provinz war, so konnte sie wohl Veranlassungen zum Schreiben haben.] und ⌈weil⌉ ein Theil davon ⌉in einer⌉ ~~in abgelegener~~ ⌈entfernten⌉ Provinz war, ~~so konnte sie wohl~~ ⌈gar leicht⌉ Veranlassungen zum Schreiben haben ⌈konnte⌉.

994 war, dessen Aufschrift] war, de~~n~~**ssen** ⌈Aufschrift⌉.

995 es eben ein Mittel] es ~~eben~~ ⌈gerade⌉ ein ~~Grund~~ ⌈Mittel⌉.

998 Adresse umgekehrt lag, so konnte ich nur den Nahmen *Rosier* lesen] Adresse ~~und das~~ umgekehrt lag, so ~~la~~ konnte ich nur den Nahmen ~~*Gauthier*~~ ⌈*Rosier* ~~*Gasin*~~⌉ lesen. – *Der Name „Rosier" statt „Gauthier" wurde möglicherweise von Friedrich Schiller gewählt, im Folgenden dann von Charlotte Schiller übernommen. Vgl. Z. 1067.*

999 niemals einen ähnlichen Nahmen] niemahls ~~+~~ einen ähnlichen Nahmen.

1001 deren Ende unsre Verbindung vollzogen werden sollte. Unser Abschied] deren ~~Ende~~ ⌈Beendigung⌉ unsre ~~+~~ ~~Verbindung~~ ⌈Heyrath⌉ vollzogen werden sollte~~.~~, ~~Unser~~ ⌈Der⌉ Abschied.

1002 erstemahl. Dies Mahl] erstemahl. Die~~s~~**ß** Mahl.

1002 vor Begierde brennt des Besizes sich] vor Begierde ⌈brennt⌉ des Besizes ~~br~~ sich.

1003 sah einzig die Menschen in A. die] sah ~~einzig die~~ ⌈in A. keine⌉ Menschen, ~~in A.~~ ⌈als⌉ die.

1005 Geschäfte schnell] Geschäfte ⌈nur⌉ schnell.

1007 *Manon*, selbst früher als in meine Wohnung] *Manon*, ~~selbst früher als in~~ ⌈noch eh ich⌉ in meine ⌈eigene⌈ Wohnung ⌈trat⌉.

1007 Hause. Es kamen] Hause ~~und~~ Es kamen.

1008 gewohnt war, so ließ mich] war, {so} ließ.

1010 in einen von diesen] einen ~~+~~ von.

1011 um sie in Verlegenheit zu sezen] sie ~~nicht~~ ⌈in⌉ ~~v~~Verlegen**heit** {zu} ~~machen~~ ⌈sezen⌉.

1012 mich umzukleiden] mich ~~ums~~ umzukleiden.

1013 Geschäften handeln konnten] Geschäften ~~handeln konnten~~ ⌈handelten⌉.

1014 nicht böse werde, wenn] nicht ~~böse werde~~ ⌈darüber böse werden könnte⌉, wenn.

1014 Ich zauderte nicht lange, aber wer begreift wohl wie ich selbst meine Verzweiflung, meine Wuth, da ich nicht denken konnte, daß von *Manons* Seite ein Scherz darunter verborgen wäre. Und] zauderte ⌈also⌉ nicht lange, ~~aber wer begreift wohl wie ich selbst meine Verzweiflung, meine Wuth, da ich nicht denken konnte, daß von *Manons* Seite ein Scherz darunter verborgen wäre. Und~~.

1016 der Brief war *Rosier* unterschrieben] der Brief war ⌈mit dem Nahmen⌈ *Rosier* unterschrieben. – *Der Name des Briefadressaten, der auf Bl. 26v eingeführt wird, wird vermutlich durch die Unterstreichung bestätigt. Es handelt sich wohl nicht um eine Hervorhebung. Vgl. Z. 998.*

1017 hatte, um einen Brief zu verbergen mit dieser Aufschrift] hatte, ~~um~~ ⌈mir⌉ einen Brief ~~zu verbergen~~ mit dieser Aufschrift ⌈zu verbergen⌉.

1019 der Inhalt des Briefs machte mich schaudern] der ~~Brief~~ Inhalt des Briefs machte mich ~~sh~~ schaudern.

1020–1035 Mit der größten Freude, mein Fräulein, ‹…› *Rosier.*] „Mit der größten Freude, mein Fräulein, ‹…› *Rosier.* – *Charlotte Schiller verwendet grundsätzlich keine Anführungszeichen. Vermutlich wurden die Anführungszeichen am Briefbeginn von Friedrich Schiller gesetzt, allerdings keine Schlusszeichen.*

1020 Ihren Brief vom 19ten] vom ~~19ten~~ ⌈neunzehnten⌉.

1023 Liebe so weiten Grenzen haben könnte [27v]und solche Dienste leisten wie Sie ihm leisteten während seiner Krankheit.] Liebe ~~sich~~ so weit~~en Grenzen haben~~ könnte [27v]~~und solche Dienste leisten wie Sie ihm leisteten während seiner Krankheit~~.

1026 Ich bleibe nur noch kurze Zeit hier, spätestens] Ich ~~habe~~ bleibe nur noch kurze Zeit hier, ~~und in~~ spätestens.

1027 und ich hoffe in Ihrer Nähe] und ~~ich hoffe~~ in.

1030 uns im Weg] uns ~~ihm~~ ⌈imn den⌉ Weg.

1031 Nebenbuhler, so schwöre] Nebenbuhler, ~~s~~so ~~schwöre~~schwöre.

1032 dem schrecklichen Anblick] dem ~~shreckli~~ schrecklichen.

1034 daß wohl nie jemand zärtlicher und treuer sein kann als *Rosier*] daß ~~wohl nie jemand~~ ⌈niemand⌉ zärtlicher und treuer ~~seyn kann als~~ ⌈geliebt hat als ihr⌉ *Rosier.*

1037 Bewußtseyn, ein solch unerwarteter Schlag hatte mich betäubt.] Bewußtseyn, ~~ein solch~~ ⌈so hatte mich dieser⌉ unerwartete~~r~~ Schlag ~~hatte mich~~ betäubt.

1038 dem Schmerze] dem Schmerz~~e~~.

1038 Stimme der Rache] der ~~Wuth~~ ⌈Rache⌉.

1039 zuvor zu kommen] zu vorzukommen.

1040 aber ich weiß nicht] ich weiß ~~niht~~ nicht.

1041 meinigen. Ich stieg wieder aufs Pferd und nahm] meinigen. ~~Ich stieg nach~~ Ich stieg wieder aufs Pferd, und ~~ih~~ nahm.

1042 [28]den Plan den Herrn *Rosier* selbst aufzusuchen und zu sehen ob er so boshaft in der Nähe] Plan ~~den Herrn~~ ⌈jenen⌉ *Rosier* selbst ~~aufzusuchen~~ ⌈ausfindig zu machen⌉ und zu sehen ob er ⌈eben⌉ so ~~boshaft~~ ⌈tapfer⌉ in.

1045 einzuziehen, versuchte ichs. Aber] einzuziehen, ~~versuchte ichs~~. Aber.

1046 mehr noch als wüthend] mehr noch ~~ls~~ als.

1048 ging nach A. wo ich] nach A. ⌈zurück⌉ wo.

1048 *Manon* in meinem Herzen verlöscht] *Manon* ~~verlös~~ in.

1052 *Manon* kam den andern Tag zu mir in mein Haus, als sie hörte ich sey wieder in Paris.

Ich ließ mich] *Manon* ~~kam~~ ⌈die meine Ankunft sogleich erfuhr, kam gleich⌉ den andern Tag zu mir in mein Haus, ⌈aber ich⌈ ~~als sie hörte ich sey wieder in Paris. Ich ließ sagen ich wäre~~ ⌈ließ⌉ mich.

1054 schickte die Briefe] schickte ~~die~~ ⌈alle⌉ Briefe.

1056 diese Verrätherey war zu schwarz in meinen Augen, als] diese~~r~~ ⌈Verrätherey⌈ ~~Betrug~~ war zu schwarz in meinen Augen ~~und ich zu +~~ als.

1061 mein Vertrauen mehr] mein Vertrauen ~~in immer stand~~ mehr.

1062 Herz in einem Gespräch mein] Herz ~~mich über~~ ⌈in einem Gespräch⌉ mein.

1063 zusammen sprachen] zusammen sprachen. ~~+~~ ↓~~Ist das Fraulein~~↓

1065 urtheile, so wollte ich fast] urtheile ~~so~~ wollte ~~ich~~ fast. – *Streichungen möglicherweise von Friedrich Schiller.*

1068 hast, und doch täglich] hast, ~~und~~ ⌈da Du⌉ doch.

1071 warum, da sie dir untreu ist] warum, ~~da~~ ⌈wenn⌉ sie.

1072 wollen? Dahinter steckt ein Geheimniß, das sich dir schon hätte aufklären müssen] wollen? ~~Dies alles~~ Dahinter steckt ein Geheimniß, ~~das sich Dir schon hätte aufklären müssen~~.

1073 sicher daß ein Mißverständniß oder zum] daß ~~ein Mißverständniß oder~~ zum.

1074 und des Zufalls] und ⌈ein Spiel⌉ des.

1076 Seine Gründe machten auf mein Herz tiefen Eindruck, ⟨ich⟩ gerieth tiefer mit ihm über diese Materie ins Gespräch als sonst, bat] Gründe ~~nahm~~ ⌈machten auf⌉ mein Herz ~~tiefen~~ ⌈einigen⌉ Eindruck, ~~als Schluß~~ ⌈ich dachte⌉ ⌉der Sache tiefer⌉ ~~wurde in ein Gesp gerieth tiefer mit ihm über diese Materie ins Gespräch als sonst, ich~~ ⌈nach und⌉ bat.

1079 ich sie lezt begegnete] ich ~~sie~~ ⌈ihr neulich⌈ ~~fast~~ begegnete.

1081 ich mein Herz fürchten könnte. Aber suche du sie auf. Ich werde heute] ich ⌈meinem⌈ ~~mein Herz fürchten könnte.~~ ⌈Herzen nicht traue.⌉ ~~Aber geh zu ihr und~~ Aber suche ⌈du⌈ sie auf. ∫ Ich.

1084 erwartete mit Unruhe seine Zurückkunft] erwartete ~~ihn~~ mit ~~u~~Unruhe ~~zurück~~ seine.

1085 auf ihn zu. Welche Nachrichten bringst du mir? Hast du mir Gute] zu. ~~Bringst Du~~ Welche Nachricht bringst du mir? ~~gute oder traurige~~ Hast.

1086 ich soll mit dir schelten] soll ~~mit dir~~ ⌈Dich⌉ schelten.

1087 unschuldig ist wegen des Briefes, von dem du sie die Heldin geglaubt hast.] unschuldig ~~ist wegen~~ ⌈an⌉ ⌈jenem Briefe ist,⌈ ~~des Briefes, von dem du sie die Heldin geglaubt~~ ⌈den Du an sie gerichtet glaubtest⌉ ~~hast~~.

1091 zurück. Er übergab es mir in der That, und der schöne Brief] zurück. ~~Er übergab es mir in der That, und~~ ⌈und auch⌉ der.

1092 den ganzen Irrthum] ~~das~~ ⌈den⌉ ganze**n** Irrthum.

1095 wiederzusehen] wieder zusehen.

1096 in seinem Vaterlande [29v]sich fände] seinem ⌈Vaterlande⌈ [29v]sich.

1098 daß er immer die Freundschaft noch für ihn habe die sie beyde in ihrer frühern Jugend verbunden hätte.] er ~~immer die~~ ⌈noch die alte⌉ Freundschaft ~~noch~~ für ihn habe ~~die sie beyde in ihrer frühern Jugend verbunden hätte~~.

1101 ihm seine Vernunft wiedergeben] ihm ~~wieder~~ seinen ~~v~~Vernunft wiedergeben.

1105 sich im Kopf gesezt] sich i~~m~~**n** ⌉den⌉ Kopf gesezt.

1106 ihm die Wahrheit zu enthüllen, selbst damit war ich nicht zufrieden mehrere Mahle] ihm ~~zu~~ die Wahrheit zu enthüllen, ~~selbst damit war ich nicht zufrieden~~ ⌈und ließ mich's nicht verdrießen⌉ mehreremahle.

1108 abzuweisen beym ersten Male schon] abzuweisen ~~beym erstenmale schon~~.

1109 man erfuhr es] man ~~erfuhr es~~ ⌈sprach viel davon⌉.

1109 können und ich schrieb] können. ~~und i~~Ich schrieb.

1111 lesen. Aber er thut noch mehr, er] lesen. ~~Aber er thut noch mehr~~ ⌈Ja, er treibt es noch weiter⌉, er.

1111 er mich begegnet] er ~~mich~~ ⌉mir⌉ begegnet.

1112 weit entfernt nur die gemeinste Höflichkeit gegen mir zu zeigen] weit entfernt ⌈mir⌉ nur die gemeinste Höflichkeit ~~gegen mir~~ zu.

1113 und alles nur um eines Briefes willen] und ⌈dies⌉ alles ~~nur~~ um.

1114 wollte. Offenherzig gestanden fügte sie noch hinzu] wollte. ~~Offenherzig gestanden~~ ⌈Sagen Sie selbst⌉ fügte sie noch hinzu.

1115 nach dem *Dauphiné*] nach ~~dem~~ *Dauphiné*.

1117 Aussöhnung gegen ein Mädchen zu thun, das er liebt] Aussöhnung ~~und meinem~~ ⌈gegen⌉ ein Mädchen zu thun, ~~das~~ ⌈das⌉.

1117 Denn was er auch für eine Miene machen kann und mich hassen, so betrügt sich doch der arme Junge.] Denn ~~was er auch für eine Miene~~ ⌈wie sehr er sich auch überreden⌉ ⌈mag, daß er mich hasse,⌈ ~~machen kann und mich + hassen~~, so betrügt sich doch der arme ~~Junge~~ ⌈Freund⌉.

1119 um an eine Verändrung Glauben zu haben] Verändrung ~~Glauben zu haben~~ ⌈seiner Gesinnung zu glauben⌉.

1119 für mich verberge es nicht] für ~~mich~~ ⌈mein Theil⌉ verberge ⌈meine Neigung⌉ es.

1120 zu sein und sein weniges Vertrauen zu mir nicht beleidigen könnte, so ist meine Liebe doch gleich stark] sein ~~und sein weniges Vertrauen zu mir nicht beleidigen könnte, so ist meine Liebe doch gleich stark~~.

1121 Ich wollte seine Eifersucht] wollte ~~ihn wieder~~ seine.

1122 Erklärung aufzusuchen. Ich verlohr] Erklärung ~~aufzusuchen~~ ⌈herbeizuführen.⌉ ~~Ich~~ ⌈aber ich⌉ verlohr.

1124 und ich sterbe unverheirathet, wenn ich i h m meine Hand] und ~~ich~~ sterbe unverheirathet, wenn ich ihm meine.

1125 weil es meines Vaters] weil ⌈es⌉ meines.

1127 Aber es muß aufhören] muß ~~sich~~ aufhören.

1127 haben Sie Mitleid] Sie ~~Mietlei~~ Mitleid.

1128 mich unnüzer Weise] mich ~~ohne~~ unnüzer.

1129 Gefälligkeit, ihm nur zu fragen, wenn er] Gefälligkeit, ~~ihm~~ ⌈ihn⌉ nur zu fragen, ~~wenn +~~ ⌈wann⌉ er.

1130 geschrieben habe. – Aber wenn] habe. – ∫ Aber.

1132 Ihnen danken] So werde ich Ihnen ~~allein danken~~ danken.

1134 sehen, in welchem hohen Grad] sehen, ~~auf~~ ⌈in⌉ welchem.

1135 in der Wuth schrieb, dessen Inhalt mir selbst fremd war, weil ich meiner Sinne nicht mächtig war, da ich ihn schrieb. Jezt erst las ich ihn.] schrieb, ⌈und⌉ dessen Inhalt mir ⌈jezt⌉ selbst fremd war, ~~weil ich meiner Sinne nicht mächtig war, da ich ihn~~ ⌈da ich ihn mit einer mehr ruhigen Besinnung⌉ ~~schrieb. Jezt erst las ich ihn~~ ⌈durchlas⌉.

1138–1153 Der Zufall, schrieb ich, ‹…› Ihres Geschlechts –] „Der Zufall, schrieb ich, ‹…› Ihres Geschlechts" – *Anführungszeichen vermutlich von Friedrich Schiller eingefügt.*

1138 entdeckt mir Ihre] mir ~~mir~~ Ihre.
1139 die Antwort bringe über] die Antwort bringen ⌈werde⌉ über.
1140 daß ich ein feiger Mann bin] daß ich ein feiger ~~Mann bin~~ ⌈sey⌉.
1142 Ich will Ihnen nicht von ihm losmachen] Ich will ~~Ihnen~~ ⌈Sie⌉ nicht von ihm ~~losmachen~~ ⌈trennen⌉.
1148 rächen. Wenn Sie sich Mühe geben wollen so finden Sie vielleicht ein Hälmchen Ihres Verdienstes wieder, an das Sie sich stüzen können.] rächen ~~Wenn Sie~~ ⌉sich Mühe⌉ geben wollen so finden Sie vielleicht ein Hälmchen Ihres Verdienstes wieder, an das Sie sich stüzen können.
1149 Alles was ich von Ihnen] ich ~~Ihnen~~ von Ihnen.
1150 verbrannt, denn Ihr Verstand, der fruchtbar ist schöne Sachen zu sagen, bedarf keiner Vorbilder mehr, und] verbrannt, ~~denn Ihr Verstand, der fruchtbar ist schöne Sachen zu sagen, bedarf keiner Vorbilder mehr, und~~.
1152 Ihres Geschlechts] ~~euers~~ Ihres.
1155 daß ich ihn nicht] ihn ⌈billig⌉ nicht.
1156 Mitleiden über dem Kummer] Mitleiden ⌈mit⌉ ⌈+⌉ ~~über~~ dem.
1158 Rücksicht auch kann] Rücksicht ~~auch~~ kann.
1159 vergeben und will ihn behandeln als wäre ich seine Gattin, weil ich es auch in der That sein werde sobald er es verlangt. Und ich gehe über die Achtung weg, die ich mir schuldig bin, als Mädchen] vergeben ~~und will ihn behandeln als wäre ich seine Gattin, weil ich es auch in der That sein werde sobald er es verlangt. Und ich gehe über die Rücksichten weg ihres Achtung weg, die ich mir schuldig bin, als Mädchen~~.
1163 Aber alles in Anschlag genommen sagte] Aber ~~alles in Anschlag genommen,~~ ⌈erlauben Sie mir zu bemerken,⌉ sagte.
1166 der Brief a n m i c h gerichtet war, aber es ist nicht wahr, daß er f ü r m i c h war; ich werde ihm] der Brief an mich gerichtet war, aber es ist nicht wahr, daß er für mich war; ich ~~Ich~~ werde.
1167 sobald er verlangt] er ⌈es⌈ verlangt.
1168 das Frauenzimmer an das er gerichtet war] das ⌈Frauenzimmer⌈ ~~an das er gerichtet war~~ ⌈dem er galt⌉.
1169 Unkosten] ~~unkost~~Unkosten.
1170 will ich mich erklären, wenn es *Autun* verlangt] mich ~~E~~erklären, ~~wenn es *Autun* verlangt~~.
1171 wird hören warum] wird ⌈zugleich erfahren⌉ ~~hören~~ warum.
1173 gehen oder ich müßte mich sehr irren] gehen ~~oder ich müßte mich sehr irren~~.
1174 fragte ⟨der Freund⟩ lächlend] fragte ⌈der Freund⌈ ~~*Autun*~~ lächlend. *Friedrich Schillers aussagelogische Berichtigung wird hier übernommen.*
1174 Daß ein Plaz im Irrhaus seiner wartet sagte *Manon* gleichfalls lächelnd] Daß ~~Sie ihn ins~~ ⌈ein Plaz im⌉ ~~Irrenhaus~~ Irrhaus ⌈seiner wartet⌈ ~~+ laßen sagte~~ ⌈sagte⌉ Manon ⌈gleichfalls⌉ lächlend.
1175 ihm zu bezeugen *[31v]*daß] ihm zu ⌈bezeugen⌈ *[31v]*daß.
1176 Bilde zum Pfand] Bilde ~~zu+~~ zum Pfand.
1177 zurück zu schicken] zurück zuschicken.
1178 so lang ich lebe. Ich sehe wohl] lebe. ∫ Ich.
1181 Schwärmer ist und daß er in Verzweiflung ist, daß er die Mittel nicht gebrauchte, die ich ihm zeigte, den Irrthum aufzuklären.] Schwärmer ~~ist~~ ⌈ist⌉und ~~daß er~~ ⌈sich⌉ {jezt} ~~in Ver-~~

~~zweiflung ist~~ ⌈bittere Vorwürfe macht⌉, daß er die Mittel ~~nicht gebrauchte~~ ⌈verschmäht zu haben⌉, die ich ihm ~~zeigte, den~~ ⌈darbot, um seinen⌉ Irrthum.

1183 mir sobald er will] mir sobald ⌊~~mein Freund~~⌋ er.

1185 Von Ihnen will ⟨ich⟩ meine Verzeihung, schönste *Manon*] Von Ihnen will meine Verzeihung, ~~+~~**schön**ste *Manon*.

1186 lese ich Ihre Unschuld] ich ~~mein~~ Ihre.

1187 Ihnen alles vergeben] Ihnen ⌈alles⌉ vergeben.

1188 Nicht an mir ist es] Nicht ~~mit Ihnen will~~ ⌈an mir ist es⌉.

1188 machen, ich will] machen, ~~aber~~ ich.

1191 ihr Wort gehalten] ihr ~~w~~**W**ort gehalten.

1191 die Vergangenheit] die ~~verganh~~ Vergangenheit.

1192 daß mir selbst] ~~daß~~ ⌈das⌉ mir.

1193 durch sie den Werth meines jezigen Glücks] sie ⌈den Werth⌉ ~~meines jezigte Glück seh~~ meines jezigen Glücks.

Nancy

Textgrundlage: GSA 83/1643. 90 Blatt, Folio, 23 × 37cm. Einzelbögen und Einzelblätter. Der erste Bogen ist beschädigt.

H[1]: Reinschrift, Charlotte Schiller, eigenhändige Blattpaginierung als 1–80.
H[2]: Variante zu Bl. 2v–12v.

Konkrete Quellen konnten für diese Erzählung nicht ermittelt werden. Thematisch steht sie in engem Kontext der anderen Zeitgeschichtlichen Erzählungen, insbesondere Schillers ⟨Marianne⟩. Nancy *vereint eine Vielzahl von Motiven aus der Tradition des empfindsamen Liebesromans, die sich in dieser Kombination vor allem in* PIERRE CARLET DE MARIVAUX' *Romanserie „La vie de Marianne, ou Les aventures de madame la comtesse de …" (1731–1743) wiederfinden. Marianne ist ebenso wie Schillers Nancy ein Findelkind, dessen adelige Abstammung zunächst verborgen bleibt, weshalb ihr wenig Hoffnung auf eine Verbindung mit ihrem Geliebten Valville bleibt. Sowohl dessen Mutter, als auch seine Verwandten versuchen das Verhältnis zu unterbinden, erkennen letztendlich aber Mariannes Tugendhaftigkeit als einen Seelenadel an, der sie zum Stand ihres Bräutigams erhebt. Weitere motivische Parallelen zu* Nancy *sind die erste Begegnung des Liebespaares in der Kirche, die Bedrohung der jungfräulichen Unschuld durch einen ältlichen Wolllüstling, und die zentrale Aussprache zwischen der Heldin und der Mutter des Geliebten. Es würde jedoch zu weit führen,* MARIVAUX' *„Marianne" als direkte Vorlage für* Nancy *zu betrachten. Vielmehr stehen beide in einer Erzähltradition, die ihren Anfang im frühen 18. Jahrhundert nimmt, und eine Vielzahl von Variationen hervorgebracht hat.*

Ein ebenso loser Zusammenhang besteht zu ABBÉ PREVOSTS *„Manon Lescault" (1731). Der Vorname „Nancy" erscheint zudem im Titel einer Erzählung* ARNAUDS, *auf dessen „Rosalie" und „Fanny" bereits in Schillers* ⟨Rosalie⟩ *und* ⟨Marianne⟩ *angespielt wird: [*FRANCOIS THOMAS MARIE DE BACULARD*]* D'ARNAUD*: Nancy, histoire anglaise. In: Ders.: Épreuves de sentiment. Bd. 2. Paris 1773, S. 1–102. Über zwei Figurennamen, „Fontanges" und „Gourville", erfolgt* *möglicherweise eine Allusion auf* Benedikte Nauberts *Roman „Fontanges, oder das Schicksal der Mutter und der Tochter" (Leipzig 1805), der gleichfalls im Ancien régime spielt.*

---

1 Nancy] *Eigenhändige Überschrift auf Blatt 3r.*
3 erwählte, in dem] ~~vor~~ erwählte, ~~und~~ in dem.
4 nicht die Reichthümer] ⌈nicht die⌉ ~~keine~~ Reichthümer.
8 Vermögen. Mein Vater] Vermögen. ~~Dieser Umstand den sich~~ Mein Vater.
16 erwählt hatten] erwähl~~ten~~ hatten.
17 beurtheilen] beurtheil~~t~~en.
18 von mir foderte] ⌈von mir⌉ foderte.
25 Antrieb] ~~Antribt~~ ⌈Antrieb⌉.
28 weil eine angebohrne Antipathie] ~~seine~~ weil eine angebohrne Antipathie.
31 Edelmann in Frankreich seyn] Edelmann ⌈in Frankreich⌉ seyn.
32 zu weich] zu ~~viel~~ weich.
32 zu viel Ehrgefühl] zu viel ~~Ehre hat~~ Ehrgefühl.
44 waren. Sie machte mir] waren. ~~u+ sich viel + ihre Ehre gl+ +~~ Sie machte mir.
44 lebhafte Einwendungen] lebhafte ~~Erinnerungen~~ ⌈Einwendungen⌉.
54 eine neue Comission] eine ⌉neue⌉ Comission.
59 Betrügereyen, acht Stunden des Tags] Betrügereyen. ~~Ich musste in einem Bürau Büreau~~ acht Stunden des Tags ~~zubringen~~.
67 daraus zu befreyen.] *Danach Variante H^2, die mit Bl. 2v–12v in H^1 korrespondiert:*

[3]Es lag mir aber am Herzen das gute Vernehmen mit meiner Mutter nicht zu stören, und auch zugleich meine Verwandten nicht zu beleidigen. Ich schrieb ihnen eine Menge Unwahrheiten über meinen Zustand, schüzte Krankheit vor, aber man wurde vom Gegentheil überzeugt, die Antworten waren in einem boshaften Ton, bald machte man mir den Krieg öffentlich und ich verdiente es, aber ich war deswegen nicht weniger aufgebracht, und unmuthig im Herzen. Ich verlohr mich so sehr im Nachdenken über meine Lage, daß ich eines Tags die Stunde vergaß die mich zu meinen Geschäften rufte. Als ich ins Büreau kam, fand ich daß viele Menschen meiner warteten. Unter andern war es ein Mann der sich für sehr wichtig in der Stadt, und folglich im Staat hielt. Er sezte mich im Angesicht der übrigen zur Rede, und behandelte mich als den untersten Bedienten. Ich musste gelassen diese Herabsetzung ertragen, weil ich zu gut fühlte, daß ich schlecht bestehen würde, wenn es ihm einfallen sollte, mich über die ~~Verw+ Verwahrung~~ Verwaltung meines Amts zur Rede zu stellen Ich ließ seiner Rede freyen Lauf, er sprach im strengen Ton lange fort, er drohte mit dem Intendanten. Ich hörte dem Anschein nach alles *[3v]*ich that mehr ich überhäufte ihn mit Höflichkeit, und gestand mein Unrecht gegen ihn ein. Ich begleitete ihn bis zur Thüre, aber das Herz war tief verwundet, ich beschloß mich zu rächen, sey es auf welche Art es wolle.

Ich sah meine Rechnungen artig durch, und die Ordnung die mir sonst in diesen Dingen mangelte, ward durch Anstrengung bald hergestellt, und ich erwartete gelassen den Brief des Intendanten mit dem mir der Richter gedroht hatte.

Unsre Geschichte machte Aufsehn, der Richter rühmte sich seines Siegs, und frohlockte über die Demüthigungen die ich erdultet habe, man wunderte sich nicht wenig über Geduld, die man nicht von mir erwartete. Als man mich selbst befragte, so erzählte ich selbst den Vorfall mit aller Mäßigung. Man wollte uns wieder versöhnen, und er entschuldige sich bey mir über seine Hize. Ich gestand ihm immerzu daß ich Unrecht habe, und blieb fest enschlossen mich zu rächen, denn ich fürchtete nichts mehr, da meine Rechnungen in Ordnung waren, und ich jede Stunde Rechenschaft ablegen konnte, der Vorwand diesen Dienst zu verlassen wäre mir erwünscht gewesen. [4]Ich fand bald ein Mittel meine Rache auszuführen. Der Richter wurde gedemüthigt, er drohte nicht mehr mit dem Intendanten, den ich auch nicht zu fürchten hatte, weil meine Sachen in Ordnung waren, der Richter aber, der durch mich beschämt worden, wurde die Fabel der Stadt.

Ich war nun gerächt, aber ich hatte noch immer die Last meines Amtes zu tragen. Ich konnte das beschämende Gefühl nicht unterdrücken, daß ich als der Sohn eines Mannes der im Dienst sein Leben für seinen König verlohren hatte, ~~nicht~~ mein Leben in einer kleinen Provinz unbekannt verliehren sollte, und an die entehrenden Geschäfte eines Büreaus gebunden zu sein, während andre junge Leute meines Alters, sich den Weg zum Ruhm durch ihre Tapferkeit im Feld bahnen konnten. Diese Gedanken stürmten so heftig in meiner Seele, daß ich krank wurde, weil mein Gemüth litt. Als ich besser war, sah ich daß mein Nachfolger sich vortreflich in seine Stelle fand, ich wollte ihn ungern verdrängen, und schrieb aufrichtig an den Intendanten, entdeckte ihm meinen Kummer und meine Abneigung gegen diese Art Geschäfte. Es gelang ihm meine Verwandten zu befriedigen, und sie willigten *[4v]*endlich ein, und mit einem leichten Herzen verließ ich die Provinz. Ich kam nach Paris zurück und blieb während meine Verwandten mir einen andren Plaz ausfündig machten sechs Monat bey meiner Mutter.

Als ich eines Morgens die Messe in Notre Dame hörte, stand ich an einem Pfeiler angelehnt aufmerksam da. Eine graue Nonne von dem Orden die für die Findelkinder Sorge tragen, kam auf mich zu, und bat mich bey einem dieser unglücklichen Geschöpfe das man diese Nacht ihnen gebracht habe, Pathenstelle zu vertreten. Es war gewöhnlich daß man nur von denen Personen ~~diese Pflicht~~ diese Pflichten foderte, die das Ansehn eines vornehmen Standes haben, um desto gewisser ein reichliches Almosen zu erhalten. Ich willigte ein, sie fragte mich ob ich eine Gevatterin wisse? und ich zeigte ihr ein sehr gut gekleidetes Frauenzimmer in leichter Trauer, eine aeltere Person die ihre Kammerjungfer schien begleitete sie. Die Nonne ging zu ihr, sie sprachen lang miteinander, ich konnte vernehmen, daß die Dame einige Schwierigkeiten machte über diesen Antrag. Ich kam näher begrüsste sie, und höflich erwiederte sie meine Verbeugung. Endlich willigte sie ein und sprach so gewählt ⌈ausgesucht⌉ und gut, daß ich nicht zweifelte sie sey ⌈von⌉ sehr vornehmen Stande. [5]Ich bot meiner Gevatterin die Hand. Ein kleiner Bedienter machte ihre ganze Begleitung aus, dieser Umstand trug noch mehr zu meiner hohen Meinung bey. Wir hielten das Kind, und stritten wie es ganz gewöhnlich ist, über dem Vorzug, wer von uns ihm einen Nahmen geben sollte. Sie musste endlich nachgeben, und das Kind weil es ein Mädchen war, nennen;

Nach geendigter Ceremonie, traten die Kinder, die die kleine Gemeinde ausmachten auf, und foderten Allmosen ein. Der Anblick dieser unschuldigen Kinder, die alles Mitleid verdienten, erweckte in meinem Herzen meine Mildthätigkeit lebhafter. Auch war ich froh meiner neuen Bekanntschaft eine gute Meinung von mir beyzubringen, mein Allmosen war sehr ansehnlich, und ob es wohl den Gesinnungen entsprach die ich in meinen Herzen für die schöne Unbekannte erwachen fühlte, so ensprach es nicht meinen Einnahmen. Sie gab mit vielem Anstand ihren Antheil, und mehr als von der wenigen Ueberlegung eines jungen Frauenzimmers erwarten durfte.

Meine Freygebigkeit, ließ mich auf der andren Seite auch Ansprüche auf die Erkenntlichkeit der Nonnen machen, ich fragte Sie als ob sie mir nicht im Hospital ein Frühstück geben könnte, weil ich noch nicht gefrühstückt hätte. – Die Nonne führte mich *[5v]*~~ins~~⌈in ein kleines⌉ Refectorium. ↑Meine Gevatterin folgte.↑ Man gab mir was das Kloster vermochte, und was eben vorräthig war. Ich entschuldigte mich bey meiner Begleiterin daß ich ihr kein ausgesuchtes Frühstück anbieten könnte, aber da ich nicht hätte wagen wollen Sie an einen andren Ort zu führen so würde sie mir verzeihen. Mit Artigkeit nahm sie das Compliment auf, und versichterte mir ~~+~~daß + sie für sich selbst kein Frühstück bedürfte, aber die Blässe meines Gesichts hätte sie glauben lassen, daß ich Nahrung und Stärkung bedürfe, und sie ~~hätte~~ ⌈war⌉ um keinen Aufschub zu veranlassen mir gefolgt.

Auf meinen Befehl hatte uns mein Bedienter einen Wagen geholt. Ich bot ihr den Arm, sie stieg in Wagen, ihre Kammerjungfer folgte uns. Man sah keinesweges an ihr das gewöhnliche Betragen der Pariser Damen, noch weniger verrieth sie die Manieren einer Person die zu wenig Lebensart besaß, um zur unrechten Zeit Höflichkeit zu zeigen. Sie betrug sich auf eine Art die mich schnell überzeugte daß sie die Sittsamkeit ihres Geschlechtes mit dem Ton der grossen Welt zu vereinigen wisse, und daß sie ganz die Sicherheit in ihren Betragen sich erworben, die man nur im Umgang mit Menschen aus der gebildeten Classe [6]sich zu eigen machen kann. Jeder Augenblick vermehrte meine hohe Meinung von ihr, die leichte Art ihrer Unterhaltung. Eine Fruchtbarkeit und Natürlichkeit ihres Ausdrucks vemehrte sie immer mehr, und bald wurde ich im Herzen überzeugt, daß man kein schöneres und vollkommeres ~~Frauenzimmer~~ Mädchen finden könnte.

Sie konnte nicht neunzehn Jahr alt seyn; ihre Gestalt war mehr als mittelmässig; ihre Haare von dem schönsten Braun, + fielen ihr bis zu den Füssen herab –, und geringelt um ihre Schultern. Ihre ⌈weisse⌉ Gesichtsfarbe glänzte von dem schönsten Roth, ihre festen Züge hatten die schönsten Formen. Zart war ihre Gestalt, aber nicht schwächlich. Ihr Anstand und Gang war der einer ~~Könnig~~ Königinn. Sie tanzte vortrefflich, und war im Gesang eine Meisterin.

Man glaubte wenn man sie sah, es könne nichts Schöneres geben, sie hatte mehr Vorzüge als je eine von dem betrügerischen Geschlecht. Sie konnte ihre Gesichtszüge eben so schnell ändern, und so ihre Gespräche, als die ~~geschil~~ geschickteste Schauspielerin es nur konnte. Sie nahm den Schein der Offenherzigkeit an, und war doppelzüngig, und forsch. Sie liebte die Zerstäuungen. Gab sich den Aus*[6v]*schweifungen der Liebe hin, und war fähig alles dafür aufzuopfern. Sie opferte ihnen Ehre, Tugend und Reichthum. Sie war kühn bis zur Frechheit, ~~kurz~~ ihr Verstand besass alle ⌈so gut⌉ die leisen Eigenschaften, + ⌈als⌉ ihr Körper die vortreflichsten. Die Kunst sich zu verstellen war ihr {so} eigen! Ich hätte nach einer Bekanntschaft von zwey Jahren einen Eid ablegen wollen, daß sie treu, offen und ohne Eigennuz sey. – Leider ~~ward~~ ⌈bin⌉ ich nicht in der Folge eines andren überzeugt worden.

Als unser Frühstück geendigt war, führte ich sie in ~~unsre~~ ihre Wohnung, eine Alte Dame empfing uns, die man für ihre Tante ~~aug~~ ausgab. Das Haus sah wohleingerichtet aus, und die Verzierungen ⌈und Meubles⌉ waren mehr prächtig zu nennen. Wir blieben während meines Besuchs einige Zeit allein, mir war es unmöglich mich mit der liebenswürdigen Nancy allein zu sehen, ohne meine Gefühle zu verrathen, und doch war mein Zustand zu unruhig um eine Unterhaltung in aller Form zu unternehmen. Ich konnte nichts sagen als sie zu bitten mir in Zukunft die Thür nicht zu verschliessen. Sie gab mir mit vieler Artigkeit die Erlaubnis meine Besuche zu wiederholen, und ich verließ sie.

[7]Nachdenkend und still kam ich nach meiner Wohnung zurück. Ich fühlte in mir eine so plözliche Veränderung, ich war so nachdenkend daß ich mich selbst nicht mehr kannte. Ich fühlte meine Liebe sich nicht vermehren, denn ich liebte vom ersten Moment an so heftig, als ich lieben konnte, da mir die {feine} Lebensart verbot mich sobald wieder ~~zu zeigen~~ bey ihr zu zeigen. Ich hatte den festen Vorsaz die Schicklichkeit nicht zu verlezen, aber mein Herz wiederstand nicht der Versuchung, zum wenigsten die Mauren zu sehen die sie einschlössen. Ich war eh ich michs versah auf der Strasse, an ihrer Thüre vorbey. Sie saß mit einigen jungen Mädchens aus der Nachbarschaft vor ihrer Thüre, es war kein Mann bey ihnen. Ich ging stillschweigend einige mahle an ihnen vorbey, bis sie sich entfernten. Den folgenden Tag wiederholte ich meinen Spaziergang durch die Strasse, u. ich sahe daß Nancy mit ein paar jungen Mädchens ihren Weg nach den Boulevards nahm. Sie sezten sich auf den Rasen, und Nancy sang allein diese Couplets.

Je craine enfin qu'il ne m'+⌈*engage*⌉
Et sa Courtance me fait peur
[7v]*Non si le voi d aventage!*
Je ne repond plus de mon Coeur

Ihre Stimme war himmlisch! ich konnte unmöglich der Versuchung wiederstehen näher zu kommen, ich kam, und sie nahm mich höflich und freundlich auf. Mein Aueßres war anständig, und meine Gesellschaft durfte sich meiner Begleitung nicht schämen. Ich fasste Nancys Hand, wir betrugen uns als alte Bekannte mit einer Art von Vertraulichkeit die, die jungen Frauenzimmer stuzen machte, aber uns machte dies nicht verlegen!

Hätten Sie schöne Gevatterin, einen Geliebten der Ihnen Furcht einflösste? fragte ich Nancy; aber glücklich ist der Mann der Sie Ihnen einflössen kann! Lachend antwortete sie, meine Gesinnungen mein Herr sind in diesen Liedchen nicht ausgesprochen. Die Musick ist neu und schön, man sagt daß ich sie gut vortrage, und dies ist die einzige Ursache die sie mir lieb macht, ohne meine eignen Gedanken dabey auszudrücken. Unsre Unterredung dauerte lange, jedes Wort daß sie sprach bezauberte mich; ich musste die Zartheit ihrer Gedanken, die zierlichen Wendungen die sie ihren Ausdrücken gab bewundern!

[8]Ich begleitete sie an ihre Thüre, die Tante saß auch da, und empfing mich mit Artigkeit. Nancy sagte ihr daß ich der Mann sey der vor zwey Tagen, mit ihr das Kind zur Taufe gehalten habe, und sie nahm mich gut auf. Mit tausend freundlichen Ideen erfüllt trennte sich mein Herz von ihr, mir war es als hätte ihre schöne reine Stimme neue Gefühle für sie noch in meinem ~~Herzen~~ Innern erweckt, denn ich liebte leidenschaftlich den Gesang. Am folgenden Tag machte ich nun bey Nancy meinen Besuch in aller Form. Sie erschien mir reizender als je, mit der grössten Fertigkeit spielte sie mehrere Instrumente.

Nach drey Stunden war es mir als sey ich nur einen Augenblick bey ihr gewesen. Den Abend kam ich wieder an ihre Thüre, und sagte daß ich ~~mich~~ als ~~ihren~~ ⌈ihr⌉ Nachbar wohl um die Erlaubniß bitten dürfe den Abend mit bey ihr zuzubringen. Das Wetter war zum Spaziergang nicht günstig, und wir gingen in einen Sallon, wo wir nach der Begleitung des Gesangs tanzten. Meiner kaum mehr bewusst verließ die liebliche⌈Gesellschaft⌈. ~~sch~~ Einige Tage nachher, bat ich die Tante, und die drey Frauenzimmer, die Nancys Nachbarinnen waren, einen Spaziergang ausser der Stadt mit mir zu machen. Wir brachten den Mittag zusammen [8v]zu, ich machte den Wirth so gut ich konnte, und meine Gesellschaft schien mit mir zufrieden, so wenig ich es selbst war, denn ich hätte diese Gäste gern auf das vollkommenste bewirthet. Beym Hinabsteigen der Stufen that Nancy einen Fehltritt, und beschädigte sich den Fuß; meine Vorsorge zeigte ihr welchen Antheil ich an ihr nahm, ich sandte in aller Eil einen Bothen nach Paris, um einen Wagen kommen zu lassen, weil ich fürchtete sie könne den Weg nicht zu Fuß zurücklegen. Der Fuß war stark geschwollen, und sie kämpfte einige Wochen um sich wieder zu erholen. Ich verließ sie in dieser Zeit selten, u. nur wenn ich zum Essen ging.

Die Tante war gefällig, mehr als je eine Tante die sonst nicht leicht zu behandelnd sind. Mir war nichts mehr im Wege, ich fühlte daß ich stets willkommen war. Ob ich gleich schwieg, so war die Ursach meiner Besuche kein Räthsel, meine Blicke, und mein Betragen erklärten meine Gesinnungen. Ich war nicht zweifelhaft daß Nancy mich verstehe; obgleich sie mit mir auf eine sehr zurückhaltende Weise umging, aber ihre Augen waren die Verräther eines Geheimnisses daß sie zu bewahren strebte. [9]Endlich vermochte ich es nicht länger zu schweigen, ich gestand ihr meine Liebe, und bat sie mir zu sagen, an wen ich mich von ihrer Familie wenden sollte, um ihre Hand zu erhalten. Sie antwortete mir ungezwungen und natürlich, ohne die geringsteZiererey. Für meine Gesinnungen danke sie mir, sagte sie, und ~~sagt~~ sezte hinzu daß sie das Ehrenvolle dieses Antrags fühle. Aber meines eignen Vortheils wegen müsste sie mich bitten mich nicht den Regungen einer vorübergehenden Leidenschaft zu überlassen, die ich in späteren Jahren bereuen könnte. Ich schwor ihr ~~mein~~ ewige Liebe, und betheuerte daß mein Herz jede Probe aushalten könne, daß ich sie so warm liebte daß ich nie meine Verbindung mit ihr bereuen könnte. Sie wäre meine Erste und auch Einzige Liebe. Könnte ich mir es im Ernst schmeicheln daß ich so viel Schönheit und Verdienste besäß, um Ihnen eine solche Leidenschaft einzuflössen; Trauen Sie mir wenden Sie ihr Herz einem Gegenstand zu, der Ihrer würdiger ist. Wenn Sie glauben mich zu lieben so betrügen Sie sich, ich würde mich selbst täuschen, wenn ich es glaubte. Sie wissen nicht wer ich bin, noch wer ich seyn kann, vielleicht so weit unter dem Stande auf den Sie Ansprüche machen können daß Sie sich ~~unser~~ einer Verbindung die so tief [9v]unter Ihrem Stand ist schämen würden. Es sey Ihrentwegen, oder meinetwegen mein Herr, machen Sie sich von mir los, da Sie es noch mit Ehren thun können.

Ihr Rath kommt zu spät, rief ich aus! Jetzt ist es nicht mehr in meiner Gewalt mich von Ihnen loszureissen. Ich kann ~~nichts fürchten~~ von allem was Sie mir sagen nichts fürchten als eine Ungleichheit des Standes. – Wären Sie in Ihrer Geburth so sehr über die meinige erhaben, daß ich mich nicht zu Ihnen erheben könnte, so würde Ihnen meine Zärtlichkeit die Ehrfurcht doch nicht bezeugen die sich ⌉nicht⌉ vermehren würde, weil sie so gewiß ist daß sie nicht zunehmen kann. Wären Sie aus einem Stande unter dem meinigen, so würde meine Liebe den Sieg davon tragen. Seyn Sie vorsichtig in Ihren Betheuerungen rief sie heftig aus; betheuern Sie nicht zu viel, was Sie bereuen könnten! Sie kennen mich nicht. –

Ich kenne Sie, wie ich Sie ewig kennen werde, als das vollkommenste Frauenzimmer! das übrige ist mir gleichgültig, und Sie allein – – -Reden Sie nicht aus, sprach sie. Sie haben ein [10]das Vorurtheil in mir alle Vollkommenheiten finden zu wollen. Würden Sie mich unbefangen ansehen, so würde ich anders erscheinen. Bestehen Sie nicht darauf mir Treu bleiben zu wollen; ich verdiene nicht diese warme Liebe! Kehren Sie in sich selbst zurück, damit Sie nicht einst gerechte Ursache haben, mich ~~einst~~ eben so zu hassen als Sie mich jetzt lieben. Rechnen Sie es sich nicht zur Ehre an einer Verbindung nicht zu entsagen, die Sie beschämen würde. Lange wendete ich umsonst alle Kräfte an, um sie zu einer nähern Erklärung zu bringen, und zu entdecken was ihr ~~ihr~~ Herz für mich sage aber vergebens! Daß ich ihr nicht gleichgültig seyn konnte lies mich ihr Betragen hoffen, aber von ihrem Munde wollte ich das Geständniß ihrer Liebe hören.

Eifersüchtig konnt ich niemals seyn denn ich war der einzige Mann der Zutritt im Hause hatte, auch wusste ich daß sie niemanden bey den Besuchen die sie ihren Nachbarinnen gab, sprechen konnte. Man sagte mir daß ihre Familie unbekannt sey, daß sie erst seit achzehn Monaten mit ihrer Tante in dem Theil der Stadt lebe, als sie zuerst ⌈da⌈ ankamen waren sie in tiefer Trauer. Sie lebten so einsam wie im Kloster, ich sey der erste Mann [10v]dem sie Zutritt gäben. Diese Nachrichten erweckten aufs schrecklichste meine Unruhe, vergebens suchte ich den ⌈geheimnisvollen⌉ Schleyer zu zerreissen, der ihre Herkunft umhüllte, aber noch war der Zeitpunkt nicht gekommen.

Meine Oheime hatten indeßen einen Neuen Plaz für mich aufgefunden, aber ich sollte die Hauptstadt verlassen, und ich schlug sie aus. Meiner Mutter gab ich zu verstehen daß ich von ihr erwartete daß sie ~~mir~~ mein Etablißement meiner Wahl überlasse. Da sie durch kluge Haushaltung das Väterliche Vermögen wieder vermehrt habe, so würde ich jetzt im Stande sein, eine Stelle zu kaufen, die nicht so unansehnlich wäre und die meiner Familie keine Schande mache. Sie schien an meinen Gründen Geschmack zu finden, u. meine Verwandten beschlossen endlich mir freyen Willen zu lassen. Ich wurde wieder Advokat; vorher hatte ich zu diesem Studium eine unüberwindliche Abneigung, und jezt fehlte nicht ⌈viel⌉ so drängte ich mich ins Palais. Unwillig mit mir selbst, daß die Liebe mich in einen solchen Zustand versezen könnte ~~aber~~ that ich ⌈doch⌉ alles um mir einen Plaz zu verschaffen. Ach es ist nicht die einzige Thorheit [11]die sie mich begehen lies. In der ~~Wärme~~ ⌈Heftigkeit⌉ meiner Leidenschaft opferte ich meine Freunde, mein Glück, meine Ehre aber so willig auf.

Meine Beharrlichkeit in dem Besuchen bey Nancy war zu groß, um verborgen bleiben zu können. Auch meiner Mutter wurden sie bekannt. Man wusste daß ich bis zum rasendwerden verliebt sey. Jezt zweifelte sie nicht die Ursache zu errathen warum ich die Stelle ausgeschlagen, die mir meine Verwandten verschaffen wollten. Doch verschwieg sie es ihren Schwägern, und hatte die Nachsicht mich zu schonen. Durch Sanftmuth wollte sie mich gewinnen, nicht durch Gewalt, aber alles war vergeblich. Nancy wurde mir mit jedem Tag gefährlicher. Man lies kein Mittel unversucht um mich von Paris zu entfernen, aber alles bleib fruchtlos. Es blieb Nancy nicht verborgen daß ich Kummer hatte, daß sie die Ursache dessen war, daß ich um ihrentwillen diese Art zu leben wählte, daß ihre Reize und die Wirkung meiner Liebe, meine Lebensweise bestimmt haben. Sie wollte versuchen wieder zur Besinnung zu bringen, da sie sah daß die Liebe zu ihr ~~mich be+~~ meiner Sinne berückt hatte, aber sie brachte durch ihr Betragen [11v]eine Wirkung hervor die mich vom Gegentheil überzeugen musste. Ich bat alle meine Kräfte auf das Geheimniß ihrer Geburt endlich zu entdecken, aber ich richtete nichts aus. Es würde mir noch lang unbekannt geblieben seyn, wenn der Zufall mich nicht begünstigt hätte.

Es war im stärcksten Winter, als ich eines Abends nach Mitternacht aus ihrem Hause ging, der Himmel war finster, kein Stern leuchtete, man erkannte selbst die Erde nicht. Der Wind hatte die Fackel meines Bedienten ausgelöscht. Keine Laterne brannte noch auf der Strasse, und tappend suchte ich im finstern den Weg, als ich plözlich jemanden neben mir bemerkte, ich fragte wer es sey? Eine männliche Stimme erwiederte sind Sie Herr von ~~Montargis~~ Fontanges? Ich bins, war meine Antwort, was wollt ihr? Hier mein Herr ist ein Packet, was man mir für Sie gegeben, in ihre Hände sollte ichs liefern. Fragen Sie nicht woher es kömmt, aber unterrichten Sie sich von seinem Innhalt, die Wahrheiten die es enthält sind Ihnen sehr wichtig. Er gab mir das Packet, und schlich auf der andern Seite ab. Ich konnte ihn selbst nicht sehen, und wusste [12r]die man meiner Mutter gab überein! ich wollte eben fragen ob er Nancy und ihre Tante kenne, als er anfing zu erzählen.

Er habe die Herzogin von C. ehmahls gekannt, ihr Todt habe ihn erschreckt, weil sie ihm hätte nüzlich werden können. Sie hätte sich wohl meiner Tochter auch angenommen sezte er hinzu, die wohl eben so gut gewesen als eine andre, die die verstorbne Herzoging aus dem Hopital de Dieu zu sich nahm. Ich stellte mich als wäre mir diese Begebenheit ganz fremd, und fragte ohne einigen Antheil daran zu zeigen. Wort für Wort erzählte er mir nun Nancys Geschichte. Verläumdete ihre Sitten, erwähnte des Secretairs der im Gefängnis gestorben, und endigte die Rede damit daß er sagte, es gäbe aber doch kein Unglück in der Welt aus dem nicht auch Glück folgte, dann sagte er ferner, demohngeachtet findet Nancy eine gute Versorgung, es bewirbt sich ein junger Mann um ihre Hand der sehr reich und unabhängig ist, er hat keine Verwandte mehr als seine Mutter die eine Betschwester ist. Ihre Abentheuer sind mir übrigens unbekannt, fuhr er fort und seine Reden schmerzten mich immer tiefer. Auch ihre Geburt ist mirs aber dies weis ich, daß die Frau Morin die man [12v]für ihre Tante hält + nur durch ihren Gemeinschaftlichen Diebstahl mit ihr in Verbindung steht. Diese Morin will daß ich helfe, um den armen Schelm zu betrügen, ich soll die Schöne für meine Tochter erkennen, ich soll den HeyrathsContrackt als ihr Vater unterzeichnen, und dafür bietet man mir Hundert LouisDors. Aber sagte ich ernsthaft, diese Geschichte kann üble Folgen haben. Die Justiz kann sich darein mischen, und würden Sie nicht für diesen Schelmenstreich büssen?

Wer sollte rief er aus, mich finden, ~~und wer wird~~ ich habe nichts, keinen eignen Herd, die ganze Welt ist mein. Wer würde dieses Geheimniß ~~entdecken~~ entdecken, die beyden Frauenzimmer gewiß nicht, und der junge Mann wird mit gutem Herzen alles gern glauben. Wer kann es ihm sagen daß ich eine Tochter von gleichem Alter hatte, sehr wenige Menschen in meiner Provinz kannten sie, sie lebte bey meiner Schwester im Kloster, niemand weis daß sie todt ist. Nancy wohnt auch um nicht erkannt zu werden in einem abgelegnen Theile der Stadt, und wird es schon dahin bringen, daß ihr Gemahl sie gleich nach der Hochzeit nach Poitou bringt wo er Güther hat.

70 Erfindungen] Erfind ungen.

75 denn ich] denn ich ~~s~~.

84 Diese Betrachtungen kosteten mir wenig Zeit] Diese Betrachtungen ~~machte ich schnell~~ ⌈kosteten mir wenig Zeit⌉.

87 der König verlange] der König ~~nicht~~ verlange.

97 voll seines Siegs] ~~von~~ ⌈voll⌉ seines Siegs.

102 gestand ihm immer] gestand ⌈ihm⌉ immer.

107 zufrieden] zu frieden.

109 er hofte ich] ~~ich~~ er hofte ich.

122 übergeben] ~~u~~ übergeben.

128 die nicht fehlten] die ~~sich~~ nicht fehlten.

132 in einer kleinen Provinz] in ~~der Mitte~~ einer kleinen Provinz.

134 die Waffen] d~~enie Weg der~~ Waffen.

135 ich ernstlich krank] ich ⌈ernstlich⌉ krank.

140 die Provinz] die Provinz ~~w~~.

146 in der Nacht gefunden hatte. Gewöhnlich] in der Nacht gefunden hatte. Gewöhnlich.

147 sie Complimente dieser Art] sie ~~diese Art~~ Complimente dieser Art.

149 ein junges sehr gut gekleidet Frauenzimmer] ein junges ~~Frauenzimmer~~ sehr gut gekleidet ⌈Frauenzimmer⌉.

153 zweifeln konnte, daß sie] zweifeln konnte, ~~+‹…›+ sey~~ daß sie.

156 mit vieler Höflichkeit über dem Vorzug] ⌈mit vieler Höflichkeit⌉ über ~~die~~ dem Vorzug.

160 erwürkte] erwürkten.

165 auf eine gegenseitige Gefälligkeit Anspruch] ~~einen kleinen Anspruch~~ ⌉~~und eine~~⌉ ~~+++~~ ⌈gegenseitig Gefällig⌉ ~~+++~~ auf ein~~ig~~e gegenseitige Gefälligkeit Anspruch.

171 Coteletes] und ~~geröstete~~ Coteletes.

173 zu führen. Sie nahm] zu führen. ~~Ich hätte sie nicht verlassen wollen ohne~~ Sie nahm.

173 gefällig auf] gefällig ~~a+~~ auf.

174 würde sie] würde sie ~~nicht~~ mir nicht.

176 mich nicht durch] mich nicht ~~krank~~ durch.

178 Ich bot] ~~I+~~ Ich bot.

189 neunzehn] Sie war kaum ~~neunz~~ neunzehn.

189 Ihre Haare] ~~s~~ Ihre Haare.

190 Castanienbraun] Castanien braun.

196 ein schönes Oval] ⌈ein schönes⌉ Oval.

203 und untreu.] ⌈und⌉ untreu. ~~und~~.

205 Eigenschaften wie] Eigenschaften ~~sie~~ ⌈wie⌉

207 genauen Bekanntschaft] einer ⌈genauen⌉ Bekanntschaft.

210 Ich brachte *Nancy*] Ich brachte ~~sie~~ ⌈*Nancy*⌉. – *Erstmalige Erwähnung des Namens im Text.*

210 das Frühstück] d~~ie~~as Frühstück.

220 in zu kurzer Zeit] ~~so~~ in zu kurzer Zeit.

227 Arie der Aretuse in der Proserpina] *Arie aus [Jean-Baptiste] Lully: Proserpine, Tragedie. Seconde edition. Paris 1714, Szene I.3, S. 89. Die Oper basiert auf Motiven aus Ovids „Metamorphosen", Libretto: Philippe Quinault.*

231 *Coeur*] *Caeur.*

236 erstaunte ein wenig] ~~etwas~~ erstaunte ein wenig.

241 ohne mit meinen Gedanken] ohne⌈mit⌉ meinen Gedanken ~~ähnlichkeit zu haben~~.

245 Ich begleitete] ~~wir ka~~ Ich begleitete.

245 ich war sehr verbindlich] ich ~~erzeigte ihr,~~ war sehr verbindlich.

247 und trennte mich von ihr, das Herz mit tausend] und trennte mich ~~mit taus~~ von ihr, ⌈das Herz⌉ mit tausend.

253 bey ihr gewesen] bey ihr ~~ge+~~ gewesen.

261 zusammen zubringen] ⌈zu sammen⌉ ~~dort~~ zubringen.

262 Zeit gehabt] Zeit gehabt ~~ha~~.

263 guten Bewirthung zu geben] guten ~~Bedienung zu geben~~ Bewirthung zu geben.

266 eine Viertelstunde] eine ~~viert~~ Viertelstunde.

266 Sie dankte mir herzlich] Sie dankte mir ~~sehr~~ ⌈herzlich⌉.

267 Der Fuß] Der ~~Sch~~ Fuß.

269 mehr als sonst die Tanten gewöhnlich, die meistens schwer zu behandeln sind] mehr als ~~es~~ sonst die Tanten gewöhnlich ~~sind~~, die ~~gewöh~~ meistens schwer zu behandeln ~~zu~~ sind

271 meines Stillschweigens] meines Stillschweigens ~~der~~.

274 des Geheimnisses] ~~ihres~~ des Geheimnisses.

275 gestand ihr daß] gestand ihr daß ~~daß~~.

277 eine natürliche Art] eine ~~naturl~~ natürliche Art.

279 *die ich ihr ◊*] *Textabbruch. Die nachfolgenden zwei Bögen sowie ein Einzelblatt, eigenhändig paginiert als 9–13. sind in grünlichem Papier und vermindertem Format (21 × 34,5 cm).*

282 könnte; Bey der Wärme] könnte; ~~da ich sie auf imme~~ Bey der Wärme.

287 einen vortheilhafteren Gegenstand] eine vortheilhafteren Gegenstand.

289 dem Stand] dem Stand, ~~und~~.

290 so tief unter] so ~~weit~~ tief unter.

295 Ich hege] Ich hegen.

296 mir zu nachtheilig] mir ⌉zu⌉ ~~zu~~ nachtheilig.

303 allein…] *Vier Punkte im Original.*

307 nicht gerechte Ursache] nicht ~~Gelegenheit~~ gerechte Ursache.

307 einst mehr] einst⌈mehr⌉.

308 einer Verbindung] einer ~~Anhänglichkeit~~ Verbindung.

315 einzuziehen suchte] einzuziehen suchten.

317 nur zuweilen] nur ~~um~~ zuweilen.

321 dies erweckte in mir] dies ~~verunsich~~ ⌈erweckte in⌈ mir.

322 Ich suchte vergeblich den Geheimnisen vollen Schleyer der ihre Geburt] Ich suchte ~~das Geh~~ ⌈vergeblich⌈ ~~durch~~ den Geheimnissen vollen Schleyer ~~ihrer Geburt~~, der.

324 neue Stelle] ⌈neue⌉ Stelle.

325 von ihr erwartete] ~~sie~~ von ihr erwartete.

326 Daß eine] ~~Daß ‹+…+›~~ Daß eine.

327 da sie mein väterliches] ~~Da das Vermögen~~ ⌈~~mein väterliches~~⌉ ~~+‹…›+ noch noch so ganz verlohren wäre, durch ihre Wirtschaftlichkeit so würde ich imstande seyn.~~ da sie mein väterliches.

329 Sie fand an meinen Gründen] Sie fand⌈an⌉ meinen Gründen.

330 den Anschein] ~~das~~ den Anschein.

330 meine Oheime] meine ~~Onke~~ Oheime.

331 Ich kam wieder] Ich ~~nahm~~ ⌈kam⌉ wieder.

333 gedrängt hätte] gedrängt hätte ~~eins T~~.
337 Beharrlichkeit in den Besuchen.] ~~Beharrh~~ Beharrlichkeit ⌈in den Besuchen⌉.
337 groß war, um] groß war, ~~und~~ um.
339 warum ich] ~~daß~~ ⌈warum⌉ ich.
344 des Glücks] des ~~Vortheils, ich~~ Glücks.
346 meiner Liebe und] meiner Liebe ~~war~~ und.
347 Sie nahm die Mine an mich wieder zu Verstand bringen zu wollen] Sie ~~hatte~~ nahm die ~~den Anschein~~ ⌈Mine an⌉ mich wieder zu ⌈Verstand⌉ ~~Vernunft zurück führen~~ ⌈bringen⌈ zu wollen.
356 ich suchte tappend] ich ~~tappte~~ suchte tappend.
363 durch einen so außerordentlichen Weg wolle wissen lassen] ~~auf~~ ⌈durch⌉ einen so außerordentlichen Weg wolle ⌉wissen⌉ ~~hören~~ lassen.
369 auf eine so Geheimnißvolle Weise] ~~mit~~ ⌈auf⌉ ~~so~~ ⌈eine⌉ ~~viel~~ ⌈so⌉ Geheimnißvolle Weise.
371 [12]Rath an Herrn *Fontanges,* über seine Liebe zu *Nancy.*] *Erste namentliche Nennung des Ich-Erzählers. Der Name alludiert möglicherweise auf* Benedikte Nauberts *„Fontanges“ (1805). In* H^2*, Bl. 11v, ist dem Namen „Fontanges“ der durchgestrichene „Montargis“ vorangestellt. Dadurch ergibt sich ein Zusammenhang zu Charlotte Schillers Erzählung* Die heimliche Heyrath, *deren Protagonistin „Marie Montargis“ heißt. Vgl. auch Z. 429.*
373 die ich eingehen wollte denen Menschen] ~~in~~ die ich eingehen wollte ~~der~~ ⌈denen⌈ Menschen.
375 auf alle Weise beschimpfend] auf alle Weise ~~schändlich~~ beschimpfend.
381 die verstorbne Herzogin von C.] die ⌈verstorbne⌉ Herzogin von *C.*
384 lauter Beispiele] ~~nur~~ lauter Beispiele.
386 sie ihres *[12v]*Verbrechens] sie ihre~~rs Schuld nicht~~ *[12v]*Verbrechens.
386 hätte die Herzogin] ~~wäre~~ ⌈hätte⌉ die Herzogin.
387 nicht alles Vermögen] nicht ~~ihre Versprechen, Versprechen + Gewiß~~ alles Vermögen.
391 und gäb sie] ~~be~~ und gäb sie.
392 Sie hätte viel baares Geld und vielen Schmuck, von dem] Sie hätte ~~alles~~ ⌉viel baares⌉ Geld und vielen Schmuck, ~~d~~ von dem.
398 im Gefängniß gestorben] im Gefängniß ~~zu~~ gestorben.
400 viele Anmerkungen] viele ~~Anme~~ ⌈Anmer⌉kungen.
402 eines [13]Mannes von einer so ausgezeichneten Familie] eines [13]⌈Mannes⌉ von einer ⌈so⌉ ausgezeichneten ~~ang~~ Familie.
403 meine Verblendung] meine ~~Verblend~~ Verblendung.
424 endlich trat meine Mutter] endlich ~~kam~~ ⌉trat⌉ meine Mutter.
430 von *Nancy* abzuschrecken] von *Nancy* ~~zu~~ abzuschrecken.
432 meiner würdig sey] meiner ~~werth~~ würdig sey.
433 zu viel Ehrgefühl] ~~die Ehre zu~~ zu viel ~~Ehrgefühl~~ Ehrgefühl.
433 treffen zu können] zu treffen zu können.
434 daß dieses Mittel] ~~b~~ daß dieses Mittel.
436 wäre es überlassen mir das abscheuliche] ~~s~~ wäre es überlassen mir das ~~schre~~ abscheuliche.
438 auf diesen beyden Wegen] {auf} diesen beyden Wegen.
439 mit denen sich] ⌈mit denen⌉ ~~die~~ sich.
441 gleich anfangs den Entschluß] gleich ⌈anfangs⌉ den Entschluß.
444 erlaubte. Sie] erlaubte. ~~die sie mir den~~ Sie.

448 zu machen, wenn nur erst] zu machen, wenn ~~ich~~ nur erst.
452 den Nahmen] d~~i~~e**n** Nahmen.
453 eine andere Belohnung] ⌈eine⌉ andere Belohnung.
455 wäre oft in] wäre ⌈oft⌉ in.
455 seiner Zunge] seiner ~~Sinne~~ ⌈Zunge⌉.
456 für so gewiß nach] für so gewiß ~~daß~~ nach.
460 ich auf meinen Willen beharrte] ich ~~darauf~~ ⌉auf meinen Willen⌉ beharrte.
461 diesem Mädchen] ~~dieses~~ diesem Mädchen.
462 des Verhafts] des ~~Verh+~~ Verhafts.
468 die ungeheuren Kosten] ⌈die⌉ ungeheuren Kosten.
472 ansehnliche Familie] ~~ehr~~ ansehnliche Familie.
475 flößte mir Wiederwillen ein] ~~gab~~ ⌈flößte⌉ mir Wiederwillen ein.
482 eine Verrätherey] eine ~~bes~~ Verrätherey.
485 ich fühle tiefer was Sie mir sagen könnten] ich fühle ~~Sie~~ tiefer ⌈was⌉ ~~als wenn~~ Sie mir sagen könnten.
486 Ich will nur noch an diese Geschichte denken] Ich will nur noch ⌉an diese⌉ ~~daran~~ ⌈Geschichte⌉ denken.
490 diesen Tollheiten] diesen ~~Thor~~ Tollheiten.
491 du mir Wahrheit sagst] du mir Wahreit sagst.
496 wenn sie sich] wenn sie ~~mir~~ ⌈sich⌉.
498 deine Oheime] deine ~~Onkels~~ ⌈Oheime⌉.
502 wähle einmal] ~~er~~wähle einmal.
503 gut von dir] gut von dir. – *Durchstreichung auf Bl. 16v.*
512 ich ahndete es] ich ~~glaubte~~ ⌈ahndete⌉ es.
512 mein Unstern] mein ~~böses~~ Unstern.
513 die Gefahr die mein Loos war zu kennen, ohne Stärcke] ~~mein~~ die Gefahr die ~~meine Bestimmung war zu~~ mein Loos war zu kennen, ~~ihre Drohungen~~ ohne Stärcke.
517 ich fühlte] ich ~~hätte~~ ⌈fühlte⌉.
518 zur Strafe gebracht werden] zur Strafe ~~kommen~~ gebracht werden.
521 ich wüsste daß] ich ~~hat~~ wüsste daß.
525 und auf seine Geschäfte] und ⌈auf⌉ seine Geschäfte.
528 und hieß *Gourville*] ~~aus der~~ und hieß *Gourville*. – *Auch dieser Name erscheint in* NAUBERTS *„Fontanges" (1805). Vgl. Kommentar zu Z. 357.*
528 Anhänglichkeit an einen Prinzen] Anhänglichkeit ⌈an⌉ einen Prinzen.
531 mit seiner Tochter die Reise nach *Paris*] ⌈mit⌉ seiner Tochter die Reise ~~P~~ nach *Paris*.
534 seines ehmaligen Herrn] seines ehemaligen Herrn ~~um eine *Pen*~~.
541 hätte sie sich] ~~hätte~~ sie {sich}.
541 so gut war als eine andre] so gut war als + eine andre.
543 fragte ich was, dieses] fragte ich was, ~~was~~ dieses.
546 Denn dem ohngeachtet] ~~Ab~~ Denn dem ohngeachtet.
548 Reichthum, der unabhängig wäre] Reichthum, der ~~von~~ unabhängig wäre.
550 wahr, sagte er] wahr, sagte er ~~lachend~~.
553 den armen Schelm] den armen ~~Schle~~ Schelm.
556 für meine Tochter] für ~~die~~ meine Tochter.
556 Der Adel] De~~n~~**r** Adel.

570 Kind aus.] Kind aus.
576 Sie verstehen mich] ~~ich will~~ Sie verstehen mich.
581 Der neue Ehmann] Der neue Ehmann ~~ist bestimmt~~.
583 Sie ist schön, und jung] Sie ist schön, ~~und gut gebaut~~ und jung.
586 Ohngeachtet des Zorns] Ohngeachtet de~~rs Niederträchtigkeit~~ Zorns.
591 man will es nur haben] man will {es} nur ~~mein Wort~~ haben.
604 schlagen Sie die unsrigen aus] schlagen Sie ~~uns~~ ⌈die⌉ unsrigen ~~Vorschläge~~ aus.
606 enthaltsamer seyn wird] enthaltsamer ~~ist~~ seyn wird.
609 weil man] ~~w~~ weil man.
624 die Post zu] die Post zu ~~tragen~~ geben.
625 versieht] ~~versch~~ versieht.
632 wovon die ersten Ackte] ~~wo~~ ⌈wovon⌉ die ersten Ackte.
638 Mein Blut] ~~Ich ger~~ Mein Blut.
643 aus dem Wirthshaus] aus dem ~~Wirthsh~~ Wirthshaus.
645 ich wollte über] ich wollte ~~den~~ über.
646 mein Herz nahm] ~~die Ich~~ ⌈mein Herz⌉ nahm.
648 Ich durchstrich beynahe] Ich durchstrich ~~das~~ beynahe.
659 *Nancy*. Ich] *Nancy*, ~~wenn~~ Ich.
660 anstatt] ~~ich~~ anstatt.
661 aber auch] ~~auch~~ aber auch.
661 daß ich dich] daß ich ~~nicht~~ ⌈dich⌉.
667 fragte ich *Nancy*?] fragte ich ~~sagte ich zu~~ *Nancy*?.
668 Sie hätten] ~~S+ hättest~~ Sie hätten.
669 Selbst der Ausspruch des Richters hätte] Selbst ~~die Gerichtshöfe hätten~~ ⌈der Ausspruch des Richters⌉ ⌉hätte⌉.
671 ein gleiches Schicksal theilen] ~~eb~~ ein gleiches Schicksal ~~haben~~ theilen.
676 euch entführt] euch ~~nicht~~ entführt.
681 nicht das äußerste] nicht ~~bis~~ das äußerste.
682 ich konnte mich nicht losmachen] ich konnte ⌈mich⌉ nicht losmachen.
685 Sie hoffen sich] Sie hoffen sich ~~zu~~.
686 den niedrigsten Gewebe des Betrugs] den niedrigsten ~~Betrug~~ ⌈Gewebe⌈~~frey zu sprechen~~ des Betrugs.
693 Moment fiel, war] ~~M+~~ Moment fiel, ~~ward~~ war.
696 fielen an] ~~Es~~ fielen ⌈an⌉.
697 die [22v]die Betrübnis] die ~~dieser Zustand~~ [22v]~~von~~ ⌈die⌉ Betrübnis.
697 machte; mein Geschick riß mich vom Abgrund] machte; ~~trug~~ mein Geschick ~~g~~ riß mich vom Abgrund.
699 Magdalene] ~~Mad~~ Magdalene.
701 Tausend Gedanken stiegen im Inneren auf] Tausend Gedanken ~~zerrissen~~ zerrissen ⌉stiegen im⌉ ~~mein Herz Inneres~~ Inneren auf.
703 die Besinnung ließ. Lange blieb ich] ⌉die⌉ Besinnung ließ ~~ich war~~ Lange blieb ich.
707 rechtfertigen, da sie] rechtfertigen, ~~daß~~ ⌈da⌉ sie.
714 was ich machen wolle] was ich ~~da~~ machen wolle.
715 mich also nur] mich ⌈also⌉ nur.
716 das Gericht] d~~eras +~~ Gericht.

716 für ihre Treulosigkeit] für ~~ihren~~ ihre Treulosigkeit.
719 zweyten Haus mußte ich anklopfen] zweyten ~~Thüren~~ ⌈Haus⌉ mußte ich anklopfen ~~und~~.
720 eine Sänfte holen] eine Sänfte ~~bringen~~ ⌈holen⌉.
722 im Gegentheil] im Gegentheil ~~die Gewissheit von dem~~.
723 von dem ich] ~~das~~ ⌈von dem⌉ ich.
725 zum Rückfall] zu~~r~~**m** ~~Rückkehr genöthigt gesehen,~~ Rückfall.
726 eine mir so entehrende Rückkehr] eine mir so ~~eh~~ entehrende Rückkehr.
727 eine so schwache] eine~~n so schwachen~~ schwache.
732 viel Unglück ahnden ließ] viel Unglück ~~vorsehen~~ ahnden ließ.
733 ein solcher Seelenzustand] ~~die Lage eines solchen Herzens schreck~~ ein solcher Seelenzustand.
738 Fieber vorbey.] Fieber vorbey. ~~Man hatte so~~.
748 mein Herz] ~~in meinen~~ ⌈mein⌉ Herzen.
749 da ich so viel] da ich ~~+~~ so viel.
752 an meinen Empfindungen] ⌈an⌉ meinen Empfindungen.
754 daß ich das Leben nicht verdiene] daß ich ⌈das Leben⌉ nicht verdiene.
764 Ihre helle Gesichtsfarbe] Ihre ⌈helle⌉ Gesichtsfarbe.
765 in ihrem Schönen Gesicht etwas Sanftes] in ihrer ~~Schonh~~ Schönen Gesicht etwa Sauftes.
767 weit entfernt] weit entfernt~~e~~.
772 zu vermehren] zu ~~ver~~ vermehren.
776 Ihre schmachtenden Blicke] Ihre schma⌈chtenden⌈~~chtenden~~ Blicke.
778 den günstigen Zeitpunkt] den günstigen ~~Zeitp~~ Zeitpunkt.
779 mir aufzuklären] ~~mich~~ mir ~~auf~~zuklären.
779 sie eine solche unwürdige Begegnung verdiene, mit der ich] sie ~~ein solches unwürdiges~~ eine solche unwürdige Begegnung verdiene, ⌈mit⌉ d~~ie~~**r** ich.
785 mich eines andren zu überzeugen] mich ~~zu~~ eines andren zu überzeugen.
789 nur drey Personen] nur ~~von~~ drey Personen.
798 wenn sich meine Eltern] wenn ~~sie~~ sich ~~früher verbunden als~~ meine Eltern.
803 in *Candia*] in ~~*Candira*~~ *Candia*.
806 und Rechenschaft] und ~~RechenShhschaft~~.
807 er machte ihr] er machte ~~eine~~ ihr.
811 denn die Mutter starb] ~~und~~ denn die Mutter starb.
811 So sezte er das Kind] ~~Er gab genau seiner Schw~~ So sezte er das Kind.
815 Schande die es ihm] Schande die ⌈es⌉ ihm.
819 von denen sie] ~~die sie selbst~~ von denen sie.
821 mein sterbender Vater] mein ~~Vater~~ sterbender Vater.
824 sogleich] ~~sol~~ sogleich.
828 die Herzogin keinen] die Herzogin ~~nicht + sich in der~~ keinen.
829 die Kinder die eben anfingen] die Kinder ~~denen~~ ⌈die⌉ ~~man~~.
830 über das sie] ~~war~~ über das sie.
851 zu lehren, solche Talente] zu lehren, ⌈solche Talente⌉.
853 Frau *Morin*] ~~die~~ Frau *Morin*.
858 sie richtete ihre Augen] sie ~~warf~~ ⌈richtete⌉ ihre Augen.
865 von einem zu vertrauten Umgang] von einem ⌈zu⌉ vertrauten Umgang.
869 Alle übrigen Bedienten] Alle übrigen ~~dene~~ Bedienten.

871 man behandelte] man ~~ha~~ behandelte.
875 einst darüber eine strenge Behandlung] einst⌈darüber⌉eine strenge Behandlung.
878 auf eine andre Weise] auf⌈eine⌉andre Weise.
881 in den Stand erhalten] in den Stand ~~zu unterhalten~~ erhalten.
888 nicht verließ] nicht ~~verg~~ verließ.
892 ⟨dringen⟩] *Textabbruch, fehlendes Verb emendiert.*
908 nicht früher auf] nicht⌈früher auf⌈.
917 da das Gerede zu laut wurde] da ~~es~~⌈das Gerede⌉zu laut wurde.
935 ziehet man] ziehe**n**t man.
939 ziehlt nicht weiter] ziehlt ~~nicht allein so weit~~ nicht weiter.
944 sich zornig] sich ~~mit~~ zornig.
948 Sie allein sind Ursache] Sie⌈allein⌉sind ~~die einzige~~ Ursache.
953 über meine Leute] über ~~ihm~~⌈meine Leute⌉.
957 Ihr wisst wer sie ist, glaubt mir, seyd verschwiegen über das was sie angeht.] ⌈Ihr⌉~~Sie~~ wiss**ent** wer sie ist, glaub**ent** ~~Sie~~ mir, sey**nd** ~~sie~~ verschwiegen ~~ob~~ über das was sie angeht.
966 für des Interesses] ⌈für⌉des Interesses.
970 mehr gekränkter] ⌈mehr⌉gekränkter.
975 *Garreau*] ~~*Gonerelle*~~ *Garreau*.
977 sich dadurch] sich ~~dadurch~~ dadurch.
978 Bey Lebzeiten] Bey ~~den~~ Lebzeiten.
979 auf eine Art seiner würdig gerächt] auf eine~~+~~⌈Art⌉seiner würdig ~~Art~~ gerächt.
980 an seinem schimpflichen Todt] an seinem ~~Todt, und einer~~ schimpflichen Todt.
981 bey der Ueberzeugung] bey ~~so~~ der Ueberzeugung.
985 von B. meinem Vater zu kam] von B.⌈meinem Vater⌉zu kam.
995 so hätte] ~~aber~~ so hätte.
996 selbst nicht] selbst ⌉nicht⌉.
1006 aber auch] ~~wie~~ aber auch.
1011 Sie sagte auch ihm die Gründe] Sie sagte auch ~~die~~⌈ihm die⌉Gründe.
1014 es soll *Nancy* allein angehören] es soll *Nancy*⌈allein⌉angehören.
1017 werde ich *Nancy* selbst] werde ich ~~an~~ *Nancy* selbst.
1025 Ich gab ein] Ich gab ~~eine~~⌈ein⌉.
1030 als wir allein waren] als wir allein ~~wah~~ waren.
1036 aus Liebe für mich] ~~mir zu~~⌈aus Liebe für⌉mich
1037 es gehört alles ⟨dir⟩] es gehört alles dein.
1041 und machte ihm das Geschenk] und ⌉machte ihm⌉ ~~b gab ihm~~⌈das Geschenk⌉.
1051 treuen und anhänglichen Menschen] treuen und ~~auch~~ anhänglichen Menschen.
1059 ich erbiete mich daß sie Ihnen] ich erbiete mich⌈daß⌉sie Ihnen.
1061 Der Marquis] Der ~~Herz~~ Marquis.
1063 einer solchen großmüthigen Frau] einer solchen ~~treuen~~ großmüthigen Frau.
1068 unterstand sich unanständiger Weise, von meinem Bett ⟨den⟩ Vorhang abzunehmen, und die reichen Ueberzüge meiner Stühle abzureissen. Der Schmerz meines Verlusts, mit der Unverschämtheit] unterstand sich ~~ohne A~~ unanständiger Weise,⌈von⌉meinem Bett ~~ohne~~ Vorhang abzunehmen, und die reichen Ueberzüge meiner Stühle abzureissen. Der Schmerz meines Verlusts, ~~machte mich gleichgültig~~ ⌈~~mit ‹+…+›~~⌉ ~~gegen einer solchen Behandlung~~ mit der Unverschämtheit.

1075 Silberzeug hinzu] Silberzeug ~~herzu~~ hinzu.
1079 denn es] dennes.
1081 ohne ihm von dem Gebrauch] ohne ihm ~~da~~ von dem Gebrauch.
1093 so mishandeln] so ~~zu~~ mishandeln.
1108 nur um Ihre eigne Feinheit] nur ~~zu~~ um ihre eigne~~n~~ Feinheit.
1110 gelten als Ihnen gestehn] ~~gehalt~~ gelten als Ihnen ~~sagen~~ ⌈gestehn⌉.
1111 können, ohne] können, ohne ~~wenigstens es~~.
1113 denn Sie werden] denn Sie ~~werden~~ werden.
1114 die vornehme Geburt] die ~~Geb~~ vornehme Geburt.
1117 seiner Tochter erkaufen wollte] seiner Tochter ~~erkaufte~~ ⌈erkaufen wollte⌈.
1118 noch theuer erkauft] noch ~~mit einem grossen Geschenk~~ theuer erkauft.
1121 denn wie mein Vermögen] denn wie + mein Vermögen.
1124 dies nicht genug] dies ~~allein~~ nicht genug.
1126 von Menschen geführt] von Menschen ~~un~~ geführt.
1127 der wenige Zusammenhang] der ~~weniger~~ ⌈wenige⌉ Zusammenhang.
1127 überzeugt] über zeugt.
1130 nicht daß sie mislungen ist] nicht daß ~~ich nicht~~ sie mislungen ist.
1131 meine Geburt] ~~diese~~ ⌈meine⌉ Geburt.
1137 die übeln Eindrücke] die ~~falschen~~ übeln Eindrücke.
1138 von meiner Tugend] von ~~mir~~ ⌈meiner Tugend⌉.
1140 die Geseze] die Geseze ~~sie für s~~.
1142 mein Herz gegen Sie] mein Herz ~~für~~ ⌈gegen⌉ Sie.
1146 ohne die Schuld] ohne ~~das Ver~~ die Schuld.
1147 Die Unschuld] ~~meine~~ ⌈Die⌉ Unschuld.
1149 behalten Sie ihn] behalten Sie ⌈ihn⌈.
1155 Nur *Gourville* war so unverschämt mir] ~~Was~~ ⌈Nur⌉ *Gourville* + ⌉war so⌉ unverschämt ~~imm~~ mir ~~anzutragen~~.
1158 Sie können sie wieder zusammen] Sie können sie ~~wied~~ ⌈wieder⌉ zusammen.
1161 die Leitung] ~~meine Jugend anvertr~~ die Leitung.
1163 Nun habe ich] + Nun habe ich.
1166 Anlaß habe, Sie] Anlaß habe, ~~sich~~ Sie.
1169 im Herzen, mir] im Herzen, ~~d~~ mir.
1173 voll Thränen] ~~schwer von~~ ⌈voll⌉ Thränen.
1179 das Schweigen brach] das Schweigen ~~sprech~~ brach.
1181 Sie hob mich wieder auf] ~~und~~ Sie hob mich ⌈wieder⌉ auf.
1186 ihn wieder zu nehmen] ihn ~~zu~~ wieder zu nehmen.
1193 kurzem mir so] kurzem ~~so~~ mir so.
1195 aber voll leidenschaftlicher Liebe] aber voll ~~Liebe und~~ leidenschaftlicher Liebe.
1197 zu der sie die Furcht] zu ~~dem~~ ⌈der⌉ sie die Furcht.
1198 in allem Glanz] ~~mit~~ ⌈in⌉ alle**sm** ⌈~~den~~⌉ Glanz.
1199 Mein Entschluss mich] ~~Die Verachtung die ich ihr gezeigt~~ Mein Entschluss mich ~~ge~~.
1200 triftige Gründe] ~~lebhafte~~ ⌈triftige⌉ Gründe.
1202 mein Leben selbst nicht] mein Leben ⌈selbst⌉ nicht.
1208 [39v]eine Auskunst] Auskunst. – *Der Ausdruck „Auskunst“ erscheint auch in* ⟨Rosalie⟩, *Z. 303, in* Die Königinn von Navarra, *Z. 1140 u. 1901, sowie in* Johanna, *Z. 587.*

1211 Schlag auf Schlag] ~~so~~ Schlag auf Schlag.
1215 mit der stolzen Mine die ich] mit der stolzen ~~Gefühl daß~~ ⌈Mine die⌉ ich.
1215 angenommen hatte] angenommen hatten.
1221 schmerzt, daß ich] schmerzt, ~~wenn~~ ⌈daß⌉ ich.
1225 Sie opfern der Neigung zu mir die Neigung ihrer Mutter auf] Sie opfern ⌈der Neigung⌉ ⌈zu⌈ mir ~~den Zorn der Mutter~~ die Neigung ihrer Mutter auf.
1231 brachten wir wechselweis] brachten wir ⌈wechselweis⌉.
1232 Ihre Zimmer] Ihre ⌈Zimmer⌈ ~~Stube~~.
1238 Nach vielen Berathschlagungen] ~~Aber~~ Nach vielen Berathschlagungen.
1239 *Valeran*] ~~*Val*~~ *Valeran*.
1245 roher Mensch] ~~Thor~~ roher Mensch.
1247 daß ich ihm] daß ~~ihr~~ ich ihm.
1250 die Ursach] die ~~Gem~~ Ursach.
1251 zu verläumden] zu ~~verl+~~ verläumden.
1256 zu Ihrem Befehle] zu Ihrem ~~d+~~ Befehle.
1259 Sezen Sie sich sagte *Nancy*] Sezen Sie sich ~~mein Herr~~ sagte *Nancy* ~~und ich werde mein +~~.
1259 aber er gehorchte ihr] aber ~~es gelang~~ ⌈er gehorchte⌉ ihr.
1264 die Ehrfurcht] die Ehrfurcht.
1265 schuldig sind] schuldig sind. ~~Sie haben wohl zu~~.
1266 fürchten habe, weil] fürchten habe, ~~Sie versprach ihm, daß sie alle ihr Ansehn~~ weil.
1277 jemand von meiner Familie] ~~den lezten Mann~~ jemand von meiner Familie.
1279 zwingen Sie mich nicht] zwingen Sie mich nicht ~~+~~.
1279 Ein Mensch Ihres Rangs] Ein Mensch Ihres ~~Standes~~ ⌈Rangs⌉.
1282 Diese stürmische Anrede] Diese stürmische ~~ent~~ Anrede.
1282 ausbeugen] ausbeugen.
1284 welche Gewißheit] welche ~~Sicherheit~~ ⌈Gewißheit⌉.
1284 und des Raubes] und d~~ie~~es Raubes.
1285 Ich sagte es] Ich sagte es ~~nur~~.
1286 der Urheber] der ~~Erfinder~~ ⌈Urheber⌉.
1286 warum regen Sie diese Gespräche wieder auf] warum ~~merken~~ ⌈regen⌉ Sie diese Gespräche ⌈wieder auf⌉.
1288 zu was bringt nicht] ⌈zu⌉ was ~~lässt~~ ⌈bringt⌉ nicht.
1294 bewirbt meine Verhältnisse] bewirbt ~~dieselben~~ meine Verhältnisse.
1297 den Brief an Mutter und Sohn] de~~m~~n Brief an ~~die~~ Mutter, ~~an den~~ ⌈und⌉ Sohn.
1298 um ihn zu zwingen] um ihn ~~den~~ zu zwingen.
1302 der Abfall zu mir] der Abfall ~~von~~zu mir.
1303 die Auflösung] ~~Ihr~~ die Auflösung.
1306 durch die Verachtung] ~~alle~~ ⌈durch die⌉ Verachtung.
1308 Nichtswürdigen] Nichtswürdigen ~~werth~~.
1309 Solltest du] Solltest ~~Sie~~ ⌈du⌉.
1309 das Maas] das Maas ~~Ihre~~.
1309 Elender!] Elender! ~~So ist e~~.
1310 so ist es doch vergeblich] so ist es ⌈doch⌉ vergeblich.
1317 nach dem Tode] nach dem ~~Todte~~ Tode.

1319 ich lauerte] ich lauerte ~~auf~~.
1321 bewegten sich] ~~regt~~ bewegten sich.
1325 mein Vertrauen auflegen] mein Vertraue auflegen ~~ihne~~.
1334 konnten, um ihre Unterhandlungen] konnten, um ~~sich nicht z~~ ihre Unterhandlungen.
1336 was zu Ihrem Nachtheil] was ⌈zu⌉ Ih~~n~~**r**e~~n~~**m** ~~nachtheilig seyn könnte~~ Nachtheil.
1343 bis zu Ihnen] ⌈bis⌉ zu Ihnen.
1345 Dies ist reine Wahrheit] Dies ist ~~ist~~ reine Wahrheit.
1354 *Gourvilles* Rache] *Gourvilles* ~~und~~ Rache.
1361 diesen Gegenstand] diesen ~~Gegenstan~~ Gegenstand.
1364 die Zwietracht] die ~~die~~ Zwietracht.
1366 einen Menschen] ~~an einen~~ einen Menschen.
1368 so wären Sie jezt schon] so wären sie ⌈jezt⌉ schon.
1376 einen solchen vollkommnen Bösewicht] einen solchen ~~Böse-~~⌈vollkommnen⌉⌈Bösewicht⌈ ~~wicht~~.
1377 Ich sann auf] Ich sann ⌈auf⌉.
1382 sehr darunter leiden] sehr ~~darunter~~ darunter leiden.
1389 Ich gestand ihr] Ich gestand ihr ~~bald~~ nun.
1394 mein Bleiben einmal Verdacht] mein Bleiben ~~Ver~~ einmal Verdacht.
1397 einmal sich aufbringen] einmal ⌈sich⌉ aufbringen.
1407 uns einander erhalten] uns ~~einander~~ ⌈einander⌉ erhalten.
1407 die traurigen Folgen] die ⌈traurigen⌉ Folgen.
1409 Sie allein aber] Sie allein aber ~~sind Herr v+.~~
1411 *Paris* zu verlaßen,] ~~mich zu~~ ⌈*Paris* zu⌉ verlaßen , ~~ihre~~.
1416 die uns drohen] die uns drohen.
1417 ist mir] ist ~~dies~~ mir.
1417 daß Sie] daß Sie.
1419 zu entfernen] zu ~~trennen~~ entfernen.
1429 als wir allein waren fragte ich sie] als wir allein waren ~~fing sie~~ ⌈ich⌉ an. ~~Hatten Sie die Güte mit meinen Oheimen sich zu berathschlagen? Soll ich bald an meine Abreise denken, die zu ihrer Befriedigung oder allen zu der meinigen beytragen soll? Es hat mir viel Mühe~~ fragte ich sie.
1432 nach Rom reisen] nach Rom reisen ~~+~~.
1433 dahin wolle man] ⌉dahin⌉ wolle man.
1439 Wäre sie allein in der Stadt, so möchte ⟨ich⟩ sie] ~~Wäre~~ sie allein in der Stadt, so möchte sie.
1442 so bald als möglich] so bald als ~~möglich~~ möglich.
1443 der Hülfe eines Menschen bedurfte] der Hülfe eines ~~Bösewichts bedurfte~~ Menschen bedurfte.
1447 wer am meisten] wer ~~der~~ am meisten.
1457 mit Lobeserhebungen] mit ~~der Apologie~~ Lobeserhebungen.
1458 *Valerans* ganze Bosheit] ~~alles Bosheit~~ *Valerans* ganze Bosheit.
1459 zu bereden] zu ~~bereden~~ bereden.
1459 Ursache ihres Unglücks] Ursache ihres ~~Ver+~~ Unglücks.
1462 verließ mich in] verließ mich ~~mit~~ in.
1465 alles wiße;] alles wiße; ~~daß~~.

1466 zu befreyen; mich umbringen] zu befreyen; + mich umbringen.
1471 Denn er wäre] ~~Er~~⌈Denn er⌉ wäre.
1476 wo wir manches] wo wir ~~alles~~ manches.
1486 sie war immer ihnen ergeben] sie ~~ist~~⌈war⌉ immer ~~ihnen ergeben~~ ihnen ergeben.
1488 Auch ausser dem] Auch ausser⌈dem⌉.
1488 zu unsrer Verbindung] ~~über~~⌈zu⌉ unsrer Verbindung.
1491 sagte ich zu ihr] sagte ich ~~*Nancy*~~ zu ihr.
1496 Es vergingen noch einige Stunden] ~~Wir blieben~~⌈Es vergingen⌉ noch einige Stunden.
1500 mein Vaterland] ~~sein~~⌈mein⌉ Vaterland.
1505 Meine Gründe misfielen] Meine Gründe ~~ge~~⌈mis⌉fielen.
1507 weil sie bis jezt] ~~von denen~~⌈weil sie⌉ ~~sie nicht~~ bis jezt.
1516 ein Geheimniß] ~~das~~⌈ein⌉ Geheimniß ~~zu~~.
1517 Rechenschaft] mehr ~~eigentlich~~ Rechenschaft.
1518 Ich nahm Geld von ihr] Ich nahm ~~das~~ Geld von ihr.
1524 unsrer [59v]Ehe] ~~unsrer~~⌈unsrer⌈ [59v]Ehe.
1527 ich erklärte] ich ~~sezte~~ erklärte.
1530 Nur mir und unsren Kindern] Nur ~~mich~~⌈~~ich~~⌉⌈⌈mir⌉⌉ und unsren Kindern.
1531 Sollte ich] ~~Soll~~ Sollte ich.
1534 den übrigen Theil] ~~das Ende~~ den übrigen Theil.
1535 so gewiss] so ~~fest~~ ⌈gewiss⌉ ~~sicher~~.
1540 Graf B. Er] Graf B. Er.
1541 zu verdanken, und] zu verdanken, ~~auch~~ und.
1550 mich meiner Verbindlichkeit] mich ~~von~~ meiner Verbindlichkeit
1557 so viel wie möglich] ~~schnell ich~~ so ~~f~~viel wie möglich.
1565 Die Gewalt mit der ich mich von Ihnen losreiße] die Gewalt ~~die ich mir anthue~~ mit der ich mich ~~zu dieser Abreise~~ von Ihnen losreiße.
1567 ich seze Ihnen beydes zum Pfand daß ich in Zeit] ich ~~verpfände~~⌈seze⌉ Ihnen beydes zum Pfand daß ich ~~Sie~~ in Zeit.
1569 Ihrer Schönheit] Ihrer ~~ver~~ Schönheit.
1578 nicht wie *Italiener*] nicht wie⌈*Italiener*⌈.
1581 so sehr sey ihr Blut] so ~~sey sie~~⌈sehr sey⌉⌈ihr Blut⌈.
1581 zweymahl eine Ader gelassen] zweymahl⌈eine⌉ Ader gelassen.
1589 mir auch sogar] da sie ~~nahmen~~ mir auch sogar.
1593 Mönch an der Thüre vorbey] Mönch ~~vorbey~~ an der Thüre vorbey.
1594 mein Unglück] mein ⌉Un⌉glück.
1596 bis ich ihn] ~~b+~~ bis ich ihn.
1605 nicht auch mein Ring] ~~sie~~ nicht auch mein~~en~~ Ring.
1623 Trauung. Doch verzögerten] Trauung. ~~Die +~~ Doch verzögerten.
1629 die als unsere Zeugen] die ~~zu~~⌈als⌉ unsere Zeugen.
1633 die Messe] ~~in~~ die Messe.
1640 weil ich hoffte] weil ich ~~hoffte~~ hoffte.
1657 Denn Mädchens ihrer Art] ⌉Denn⌉ Mädchens ~~von~~ ihrer Art.
1659 eins der schönsten] ein~~e~~s der schönsten.
1661 *Nancys* Sitten] ~~ihre~~ *Nancys* Sitten.
1663 fiel uns] ~~unter~~ ~~brach~~⌈fiel⌉ uns.

1665 er wer weis] er ~~dort~~ wer weis.
1668 nur von einem Mädchen verlangen] ~~von der strengsten Tugend~~ ⌈nur von einem Mädchen⌉ ~~nur~~ verlangen.
1675 noch ihr Freund] ~~nicht~~ noch ihr Freund.
1676 Ob mir's gleich] Ob ~~ich~~ ⌈mir's⌉ gleich.
1676 manche hohen Personen nicht danken] manchen hohen Personen ~~es~~ nicht danken.
1681 der Mutter] ~~seiner~~ ⌈der⌉ Mutter.
1686 wieder habe erkennen können] wieder ~~erkennen~~ habe erkennen können.
1688 als Maltheser wieder aufgehoben] als ~~M+~~ Maltheser wieder ~~niedergelegt~~ ⌈aufgehoben⌉.
1706 meine Mutter] meine Mutter ~~d+~~.
1735 sichre Beweise] sichre ~~G+~~ Beweise.
1740 lies ich] ~~so~~ lies ich.
1742 die Geschichte erzählen] die Geschichte ~~zu~~ erzählen.
1743 unausprechliche Freude] ~~u~~ unaussprechliche Freude.
1745 ich brachte Sie] ich ~~konnte seh~~ ⌈brachte⌉ Sie.
1745 und ohne die Ehrfurcht] ~~und~~ ⌈und⌉ ohne die Ehrfurcht.
1748 gegen *Nancy*] ⌈gegen⌉ *Nancy*.
1749 sogar seine Vermittlung] ⌈sogar⌉ seine Vermittlung.
1765 Disposition ⟨hatte⟩] Disposition an.
1771 sie vergab mir die Verheimlichung] ~~Er fing auch~~ sie vergab mir ~~unsre Verheimlichung nach vielen Beweisen seine~~ die Verheimlichung.
1772 Ungewißheit was sie thun sollte] Ungewißheit ⌈was sie thun sollte⌉.
1776 so wenig ich meines Sohns Verbindung aufheben kann] so wenig ich ~~es auch verhindern kann daß~~ meines Sohns ~~seine~~ Verbindung ~~aufhebe~~ aufheben kann.
1781 Sie hat ihn] Sie ~~hatt~~ hat ihn.
1787 sie nicht misbilligen] sie ⌈nicht⌉ misbilligen.
1790 der Welt zu erkennen] ⌈der Welt⌉ ~~d+~~ zu erkennen.
1795 ein Geheimniß] ⌈ein⌉ Geheimniß.
1796 die ich anerkannt habe] die ich ~~dafür~~ ⌈an⌉erkannt.
1798 den guten Ruf] ~~die~~ den guten Ruf.
1801 ich werde so viel] ich werde ~~es~~ so viel.
1812 in den Commandeur sezte] in ~~ihm sezte~~ ⌈den Commandeur sezte⌉.
1816 habe ich verlangt mich mit deiner Familie] habe ich verlangt ⌈mich mit⌉ deiner Familie.
1819 Ueber Deiner Mutter] ⌈Ueber⌉ Deiner Mutter.
1821 Sie glaubt was sie] Sie glaubt ~~mich~~ ~~was~~ was sie.
1825 Du könntest aufhören] Du könntest ~~ers~~ aufhören.
1833 des neu ankommenden] de~~r~~s neu~~e~~ ankommenden.
1834 von dieser schönen Dame] von ~~ihr~~ dieser schönen Dame.
1841 der mich am empfindlichsten] ~~wer~~ ⌈der⌉ mich am ~~dem~~ empfindlichsten.
1845 Bedienung war gering] Bedienung war ~~klein~~ ⌈gering⌉.
1846 und einen Schmuck] und ⌉einen⌉ Schmuck.
1849 Sie liebte nicht den großen Haufen der Gesellschaft] Sie liebte ~~kleine Gesellschaft~~ nicht den großen Haufen der Gesellschaft.
1850 Unter diesem befanden sich] Unter ⌉diesem⌉ ~~ihrem Circel~~ befanden sich.

1856 und über die Art] und ⌈über die Art⌉.
1861 ohne ihr] ~~Beyde~~ ohne ihr.
1869 aber im Grunde] aber ~~z+~~ im Grunde.
1869 wahre Zärtlichkeit] ~~eine~~ wahre Zärtlichkeit.
1872 auf meine Güther] ~~ab~~ auf meine Güther.
1873 auf dem besten meiner Güther, weggenommen] auf dem ~~besten~~ ⌈besten meiner⌉ Gu**ü**ther, ~~hinge weggenommen das am besten~~ weggenommen.
1884 Es war nach Ein Uhr] Es war nach 9zehn Ein Uhr.
1888 beym Schimmer eines Lichts] beym Schimmer eines ~~wachs~~ Lichts.
1889 auf dem Sessel liegen] auf dem Sessel ~~gele~~ liegen.
1894 Jezt ist's mir] Jezt ~~noch~~ ist's mir.
1895 sie zu beschmimpfen] ~~ihre~~ ⌈sie zu⌉ beschimpfen.
1895 Ich hatte Ehrfurcht für] Ich ~~habe~~ ⌈hatte Ehrfurcht für⌉.
1903 des größten Verbrechens] ~~von~~ de~~m~~s größten Verbrechens.
1907 fühlte ich Reue] fühlte ich ich Reue.
1908 Ich fand keine Ruhe] Ich ~~konnte nicht~~ ⌈fand keine⌉ Ruhe~~n~~.
1917 die noch größern Abscheu] die ~~m~~ noch größern Abscheu.
1927 je mehr ich] je mehr ich ~~+~~.
1936 daß ich genöthigt] daß ich ~~zw~~ genöthigt.
1939 nach der Ursache] nach der ~~Veranl~~ Ursache.
1944 niemand um meine] niemand ~~mit~~ ⌈um⌉ meine.
1948 um einem Besuch] um ⌈einem⌈ ~~keinem~~ Besuch.
1953 hätte sie meinen Zorn] hätte sie ~~mir~~ meinen Zorn.
1957 zu mir auf mein Guth zu kommen.] ⌈zu⌉ mir auf mein Guth zu ⌈kommen.⌈ ~~folgen~~.
1964 wenn sie wirklich willens sey zu kommen, ihr Hausgeräthe, und Silberzeug verkaufen] wenn sie ~~die wahre~~ wirklich willens sey zu kommen, ~~ihren Schmuck, und~~ ⌈ihr⌉ Hausgeräthe, und ~~M~~ Silberzeug verkaufen.
1970 über die Art] ~~von~~ ⌈über⌉ d~~er~~**ie** Art.
1972 mich hier suchte] mich hier ~~auf~~suchte.
1974 die Nacht bleibt] ~~geht~~ die Nacht bleibt.
1982 ein Zimmer, das] ein Zimmer, ~~ohne~~ das.
1984 kein *Camin*] kein ~~Ofen~~, *Camin*.
1985 mit eisernen Stäben] mit ~~eisernen~~ eisernen Stäben.
2002 für die ich] für ⌉die⌉ ich.
2009 Aber um meines] Aber um ~~mich besser~~ meines.
2013 Ich besuchte ihr Zimmer] Ich besuchte ~~ihr~~ ihr Zimmer.
2014 aber nicht von] aber ~~nicht~~ nicht von.
2014 Sechzehn Stunden war sie in dem selben Zustand geblieben] ~~sech~~ Sech~~s~~zehn Stunden war sie in dem selben Zustand geblieben ~~Der Zustand~~.
2023 ihre schönen Haar] ihre ⌈schönen⌉ Haar.
2024 die Kleider anziehen] die Kleider ~~ausziehen d~~ anziehen.
2025 Einen Krug] ~~Ich sezte~~ Einen Krug.
2028 hoffen konnte war mir] hoffen konnte ~~meine~~ war mir.
2034 für null und nichtig] für ⌈null und⌉ nichtig.
2036 eines Barbaren] ~~die~~ eines Barbaren.

2041 *Nancys* Leiden] ~~die Leiden~~ *Nancys*⌈Leiden⌉.
2043 dies Leben] dies⌈Leben⌈ ~~Schmerzen~~.
2045 Ich fühlte nur] Ich ~~sah~~⌈fühlte⌉nur.
2047 bestraften mich mehr] bestraften mich ~~für~~ mehr.
2048 und mein Mitleiden] und ~~für~~ mein Mitleiden.
2051 sie sich bessern wolle] sie⌈sich⌉bessern wolle.
2055 und welche Behandlung die sie erfahren habe] und ~~die~~⌈welche⌉Behandlung die sie ~~er-litten~~ erfahren habe.
2058 Ich sah sie lange nicht] Ich ~~blieb~~⌈sah sie⌉lange⌈nicht⌉~~von ihr entfernt~~.
2059 Ich wusste selbst nicht] Ich wusste⌈selbst⌉nicht.
2059 die Messe] ~~in~~ die Messe.
2063 daß es ganz] daß ~~ich~~ es ganz.
2065 in meiner Nähe] in meiner ~~G~~ Nähe.
2069 Ich ging die Einsamkeit] Ich ging ~~in~~ die Einsamkeit.
2070 Ich fühlte nur] Ich ~~versta~~ fühlte nur.
2076 ein Leben aufzuopfern daß mir bis jetzt] ein Leben aufzuopfern daß ~~ich~~⌈mir⌉bis jetzt.
2077 eingegeben habe] eingegeben ~~haben~~ habe.
2078 mich ihre Gegenwart abhielt] mich ihre Gegenwart abhielt ~~meine~~.
2081 meine Verzweiflung oder vielmehr die betrogne Liebe] ⌉~~in~~⌉~~mir~~ meine ~~Liebe~~⌈Verzweiflung⌉ oder vielmehr ~~meine~~⌈die⌉betrogne Liebe.
2084 Abgrund der Vergehungen] Abgrund der ~~Abscheul~~ Vergehungen.
2084 Oder ihr Herz durchbohrt] Oder ihr ~~das~~ Herz durchbohrt.
2086 Sie fiel mir weinend] Sie fiel mir ~~nochmal~~ weinend.
2088 dankte ich ihr] ~~fühlte~~ dankte ich ihr.
2089 neuen Verrath] neun Verrath.
2096 eine aufrichtige Versöhnung] eine aufrichtige Versöhnung ~~zwischen uns~~.
2100 Mit den Bedingungen kamen wir nicht so schnell aufs reine!] Mit d~~ie~~**en** Bedingungen ~~waren schwerer zu erfüllen als mein erster Schritt~~⌈kamen wir nicht so schnell aufs reine!⌉.
2104 *Nancy* hatte bald] ~~*Nancy* erfuhr bald den Erfolg meiner unt~~ *Nancy* hatte bald.
2111 welche Verwirrung] welche ~~+dung sie~~⌈Verwirrung⌉.
2117 ihr Wechsel, gab ihr eine schriftliche Versichrung] ihr Wechsel, ~~die sie~~ gab ihr eine ⌉schriftliche⌉Versichrung.
2118 und eine Berechnung] und einen⌈~~Berechn~~⌉~~auf Rechnung was ich~~ ⌉Berechnung⌉.
2119 Sie mußte] ~~ge~~ Sie mußte.
2120 Dann ließ ich sie in eine leichte *Chaise*] Dann ließ ich sie⌈in⌉eine leichte *Chaise*.
2125 ich würde sie] ich ~~könne~~ würde sie.
2127 ich keine Hofnung] ich ~~mich~~ keine Hofnung.
2128 uns beyde] ~~sich~~ un~~d~~s ~~mich~~ beyde.
2136 ein Traum] ein ~~P~~ Traum.
2138 mein Schicksal] mein⌈Schicksal⌈.
2140 Ich habe selbst] Ich habe ~~mein~~ selbst.
2141 aber ich gedachte nicht an das] aber ~~je~~ ich gedachte nicht⌈an das⌉.
2142 dem Geist] ~~an~~⌈dem⌉Geist.
2144 Ob vielen schlimmen Behandlungen] Ob ~~v+~~ vielen schlimmen Behandlungen.

2155 glaub ich nur meiner Ehre] glaube ich nur ~~den Gründen~~ meiner Ehre.
2161 Ich werde Ihnen von nichts] Ich werde Ihnen ⌈von⌉ nichts.
2169 selbst Sie zu vergessen] selbst ~~Sich~~ Sie zu vergessen.
2171 ein Leben zu verleiden] ein Leben ~~zur Last~~ zu ~~machen~~ verleiden.
2172 die Sehnsucht nicht] die Sehnsucht ⌉nicht⌉.
2173 als Opfer] als ~~das~~ Opfer.
2176 Ich büße alle deren ich] Ich ~~trage~~ ⌈büße⌉ alle ~~die mir~~ ⌈deren ich⌉.
2180 mein leztes Unglück] mein~~e~~ lezte~~n~~**s** Unglück.
2188 von innren Vorwürfen] von ~~innern~~ innren Vorwürfen.
2190 das Packt] d~~en~~**as** Pack**t**.
2192 So viel Grosmuth] ~~Der~~ So viel Grosmuth.
2193 Um mich von] Um ~~den~~ mich von.
2197 eben so viel] ~~so~~ eben so viel.
2202 *Lion*] Gemeint ist die französiche Stadt *Lyon*.
2203 ich wollte den Weg] ich wollte ~~weiter~~ den Weg.
2208 Er verließ] ~~D~~ Er verließ.
2212 zu bereiten] zu ~~bek~~ bereiten.
2226 wenn ich es nicht thäte; hätte er] ~~wen~~ wenn ich es nicht thäte; ~~Hätte~~ ⌈hätte⌉ er.
2231 Treue denen eben] Treue ~~die~~ ⌈denen⌉ eben.
2234 bat an *Nancy*] ~~versprach~~ ⌈bat⌉ an *Nancy*.
2240 Mönch verließ mich] Mönch ~~verließ~~ verließ mich.
2241 und mich wieder] und mich ~~auch~~ wieder.
2242 wenig dazu bey] bey ~~mich zu beruhigen~~.
2243 nur eine Schwäche] nur ~~nur~~.
2248 hielt diesen Anfall] hielt ~~es~~ ⌈diesen Anfall⌉.
2249 der ersten Aufwallung] ~~dem~~ der ersten Aufwallung.
2250 Der Mönch errieth nun leicht was mich bewegte.] ⌈Der Mönch errieth nun leicht⌉ ⌈was mich bewegte.⌈.
2253 denn der Kaufmann] ⌈denn⌉ der Kaufmann.
2260 todt. Sie war] todt. Sie war.
2262 Treulosigkeit] ihre ~~Un~~ Treulosigkeit.
2264 Länger als sechs Wochen] ~~Mehr~~ Länger als sechs Wochen.
2265 ich [78]den Wunsch] ich ~~den~~ [78]den Wunsch.
2267 Der fromme Mönch hielt mich] Der fromme Mönch ~~allein~~ hielt mich.
2270 der schon] ~~als~~ der schon.
2271 Was ich nun erfuhr, entfernte auf ewig aus meinem Herzen jede Ruhe, und jedes Glück.] ~~und nur was erhofte f zu frühe erfuhr ich + die + auf mein ganzes Leben jedes Gefühl von Ruhe aus meinem Herzen entfernen müssen. Eine + A+ um einige Augenblicke ++ ans Sprachgitter.~~ →Was ich nun erfuhr, entfernte auf ewig aus meinem Herzen jede Ruhe, und jedes Glück→.
2274 meines Kummers] ~~s+~~ meines Kummers.
2297 um Zutritt] um ~~Eintritt~~ ⌈Zutritt⌉.
2280 denn ich habe] denn ich ~~selbst~~ habe.
2280 eine gewisse Vertraulichkeit] eine gewisse Vertraulichkeit ~~unter uns~~.
2284 war eine] ~~wäre~~ ⌈war⌉ eine.

2288 aber *Nancy*] ~~ih~~ aber *Nancy*.
2288 Er habe ihr wollen] Er habe ~~sich~~ ⌈ihr⌉ wollen.
2291 Troz zu bieten] Troz zu ~~beut~~ bieten.
2298 herbey geführt schien] herbey geführt ⌈schien⌉.
2299 was *Nancy* immer an sich trug] was *Nancy* # ~~berührt hätte~~ #→immer an sich trug→.
2300 los zu binden, welches sie nie losband] los zu binden, ⌈welches sie nie losband⌉.
2300 da das alte zerrissen] ⌈da das alte⌉ ~~daß~~ zerrissen.
2310 Ich versprach ihr auf ein Mittel zu denken] Ich versprach ihr ~~ein Mittel~~ ⌈auf ein Mittel zu denken⌉.
2315 so war die meinige] so war ⌈die⌉ meinige.
2315 des Abends] ~~ihr~~ des Abends.
2317 diesem Essen] diesem ~~Mittel~~ ⌈Essen⌉.
2323 am andern Morgen] am andern ⌈Morgen⌉.
2324 sie erwachte] sie erwachte ~~ha~~.
2326 in die Züge] in ~~Wuth~~ die Züge.
2332 das geringste Lärmen, sie zu Grunde] das geringste ~~Aufsehn~~ Lärmen, sie ~~und~~ zu Grunde.
2341 deren Jugend] deren ⌈Jugend⌈.
2348 und wollte noch einmahl] ~~ab~~ und wollte ~~ihr~~ noch einmahl.
2357 seyn mögen] ~~seyn~~ seyn mögen.
2364 Beschämung, mein Schmerz] Beschämung, ⌈mein Schmerz⌉.
2366 aufhören werden] aufhören ~~wird~~ ⌈werden⌉.
2366 alle meine Vergehungen] ⌈alle⌉ meine Vergehungen.
2376 Jetzt kann] Jetzt kan.
2379 Triumphieren Sie sich nicht] ~~Rühmen~~ ⌈Triumphieren⌉ Sie sich nicht.
2385 und einen andern] und einen ~~andern~~ ⌈andern⌉.
2388 mein Fall dauerte nur] mein Fall ~~+~~ ⌈dauerte⌉ nur.
2393 Ihren Nahmen] Ihren Nahmen ~~aussprechen~~.
2397 Aber] Aber ~~nich~~ ich bins unwerth.
2404 und von dem eben die Leichtigkeit mit der] ~~unbe~~ und von dem eben die Leichtig⌈keit mit der⌈.
2405 eine Macht] ~~etwas~~ eine Macht.
2412 der ohnmächtigen Versuche] der ~~un~~ ohnmächtigen Versuche.
2419 daß Sie auch] daß ~~ich~~ Sie auch.
2422 Zu gut erkannte ich] Zu gut erkannte ich ~~den Ton, der~~.

⟨Der Prozess⟩

Textgrundlage bildet der Erstdruck: Der Prozeß. Eine Erzählung. In: Journal der Romane. Berlin: Johann Friedrich Unger, 4 (1801), S. 67–191. Neudruck: Schiller, Charlotte von: Der Prozeß. Hg. von der Bibliophilen-Gesellschaft. Berlin 1927; sowie: SCHILLER: NA. Bd. 16, S. 310–343 (Text) und S. 485 (Kommentar). Handschriften sind bisher nicht bekannt. Es handelt sich um eine von zwei Erzählungen, die Charlotte Schiller zugeschrieben werden, da sie im selben Kon-

text wie die anderen Zeitgeschichtlichen Erzählungen anonym von Friedrich Schiller herausgegeben wurden.

Bereits im Rahmen der Neuedition von „Charlotte von Schillers Erzählungen" in der Schiller*-Nationalausgabe (Bd. 16, S. 457 ff.) wurde nur „Der Prozeß" aufgenommen, da er thematisch und motivisch einen engen Zusammenhang zu den anderen Zeitgeschichtlichen Erzählungen, die alle im französischen Ancien régime angesiedelt sind, aufweist. (Vgl. hierzu:* Pailer*, S. 105–110.)*

Erzählt wird die Handlung eingangs in der dritten Person, später wechselt das Erzählverhalten zur ersten Person; als Schauplatz ist implizit Paris erkennbar: Zwei Freunde, Montval und Rigaud, treffen sich nach langer Zeit wieder. Rigaud erzählt von seinem tragischen Geschick: Er liebte die schöne Anna d'Albini, deren Vater, ein italienischer Offizier (im Gefolge des Kardinal Mazzarin), der Mutter etliche Familiengeschäfte hinterlassen hatte, darunter einen Prozess, mit dem Rigauds eigener Vater (als Parlamentsmitglied) betraut war. Der junge Rigaud sieht Anna zum ersten Mal im Audienzzimmer seines Vaters, er freundet sich mit dem Kreis um sie an, besucht die Witwe Albini zu Spielgesellschaften. Der alte Rigaud kommt dem Sohn auf die Schliche und verbietet der Witwe, ihn im Hause zu empfangen. Rigaud erklärt Anna seine Liebe, sie treffen sich heimlich, schließlich mietet er ein Zimmer und arrangiert eine heimliche Heirat. Anna wird schwanger, die beiden Liebenden weihen Annas Mutter ein. Anna wird in deren Haus gebracht zur Entbindung. Zuvor aber erhält der alte Rigaud einen Brief Annas an seinen Sohn, in dem sie ihn um Beistand anfleht. Er lässt den eigenen Sohn ins Gefängnis St. Lazarre bringen und geht dann ins Haus der Albini, wo Anna vor Schreck eine Treppe hinabstürzt. Als ihre Mutter die tödlich verletzte Tochter kalt und gefühllos ins (Armen-) Hospital abtransportieren lässt, wird Rigaud selbst vom Schicksal der Tochter und seines Sohnes gerührt. Anna und das Kind sterben, doch erhält der junge Rigaud die Genugtuung, dass der anhängige Prozess zugunsten der Töchter und gegen die Witwe Albini entschieden wird.

⟨Der Prozeß⟩ *nimmt drastischer als die anderen veröffentlichten Erzählungen das Motiv der heimlichen Heirat erneut auf; es ist die einzige, die den glücklichen Ausgang für die jungen Liebenden und damit – denkt man an die Trennung und das Wiederfinden der Liebenden gegen alle widrigen Verhältnisse – das komödiantische Denouement verweigert. Auf die Möglichkeit eines Priesterbetrugs (also einen Freund oder Bedienten als Priester zu verkleiden, der die Liebenden vermählt) wird ausdrücklich angespielt, sie wird aber ebenso entschieden verworfen. In zeitgenössischen Briefromanen ist dieses Motiv vormodelliert, in der englischen Literatur etwa durch* Frances Sheridans *„Conclusion of the Memoirs of Miss Sidney Bidulph" (1768) und in der deutschen Literatur in* Sophie von La Roches *„Geschichte des Fräulein von Sternheim" (1771).*

Aufgrund der uneinheitlichen Verwendung von Anführungszeichen im Erstdruck wurde auf diese in der Edition ganz verzichtet. An einigen Stellen sind Buchstaben durch Papierschaden unleserlich. Sie wurden in spitzen Klammern emendiert.

⟨Die Brüder⟩

Auch die zweite Erzählung, „Die Brüder", ist nur im Erstdruck überliefert: Die Brüder. Eine Erzählung. In: Flora. Teutschlands Töchtern geweiht. Eine Monatsschrift von Freunden und Freundinnen des schönen Geschlechts 10. 3 (1802) S. 104–272. Erzählt wird eine frühmoderne Familiensaga um zwei ungleiche Brüder, die sich zwischen England und abenteuerlich-exotischen

Schauplätzen entfaltet. Formal weicht sie von den anderen Zeitgeschichtlichen Erzählungen bereits durch ihre romanhafte Länge ab. Erzählt wird in der dritten Person mit ausgedehnten Dialogpartien, wodurch eine Mischung aus epischem und dramatischem Erzählmodus entsteht. Abweichend ist auch die auktoriale Erzählstimme, die an entscheidenden Stellen moralische Wertungen und Warnungen ausspricht.

Zum Handlungsverlauf: Heinrich und Wilhelm Norvis, Söhne eines armen Landkrämers, ziehen nach London. Heinrich spielt die Violine, wird Musikant und heiratet eine Sängerin, die jung stirbt. Er ermöglicht seinem Bruder das Studium der Theologie in Oxford, dieser wird Prediger, später Dechant; er heiratet Lady Clementine, Tochter eines armen schottischen Grafen. Heinrich geht mit portugiesischen und englischen Abenteurern nach der afrikanischen Zocotora-Insel, sein Sohn Heinrich kommt als Jugendlicher zurück zur Familie von Wilhelm, der selbst einen nach ihm benannten Sohn hat. Es entfalten sich Gespräche über Armut und Reichtum, Ökonomie, Verteilung der Güter mit dem jungen „Afrikaner". Im Sommer hält sich die Familie in Anfield auf, das dem Grafen Fermont gehört. Dort verlieben sich beide Söhne in zwei Landmädchen, Heinrich in Friderike (Riekchen) Rymer, Wilhelm in Elisabeth (Lischen) Rose. Elisabeth wird schwanger, Wilhelm, der davon nichts wissen will, wendet sich von ihr ab, heiratet Caroline Fermont und wird schließlich Bischof. Heinrich, der sich und Friederike unter Druck als Eltern des Kindes bekannt hatte, wird zur See geschickt. Er reist nach Sierra Leone, findet seinen alten Vater wieder, kehrt mit diesem etliche Jahre später zurück und findet Riekchen wieder. Elisabeth Rose wurde inzwischen zur Bettlerin und Prostituierten und von Wilhelm selbst als Richter zum Tode verurteilt. Nachdem Wilhelm erfahren hat, wer sie war, will er sich des Sohnes annehmen, dieser ist jedoch einer Krankheit erlegen. Wilhelm verfällt dem Wahnsinn.

„Die Brüder" ist die sechste der Erzählungen, die Friedrich Schiller unter Anonymhaltung des Verfassernamens an die Verleger Unger und Cotta schickt. Das Manuskript von „Die Brüder" bietet er am 16. März 1802 Cotta für die „Flora" an. Nach Erscheinen weist dieser indessen darauf hin, „daß es kein Original, sondern die Übersezung eines bereits übersezten Romans seye" (Cotta an Schiller, 16. September 1802, in: SCHILLER: NA. Bd. 39.I, S. 319).

Das Motiv der Brüder im Wettstreit ist in der Literatur des 18. Jahrhunderts vielfältig. Eine direkte Vorlage konnte auch hier nicht ermittelt werden. Ein englischsprachiger Roman, der ins Französische übertragen war, den Cotta hier möglicherweise meint, stammt von [SUSAN SMYTHIES]: The Brothers. By the Author of the Stage-Coach, and Lucy Wellers. 2 Bde. 2. Aufl. London 1759. Anonym übersetzt als: Les frères, ou, Histoire de Miss Osmond. Amsterdam 1766. Im größeren Zusammenhang der „Literarischen Schriften" Charlotte Schillers steht die Erzählung „Die Brüder" den Romanen ⟨Wallberg⟩ *und* ⟨Berwick⟩ *mit ihrer Auswanderungs- und Kolonialmotivik nahe.*

II. Historische Erzählungen

Der Bastard von Navarra

Textgrundlage: GSA 83/1640. 76 Blatt, Doppelbögen, Quart, Format (zunehmend): 17,5 × 21,5cm bis 19,5 × 24cm (beige). Eigenhändig paginiert, Reinschrift. Sowie ein Bruchstück, 3 Blatt, Quart, 17 × 21cm (grünlich), eigenhändig paginiert als 42 und 43. Ein Druck ist nicht bekannt.

Es handelt sich um die textnahe Übersetzung einer französischen Erzählung, die in zwei Fassungen ermittelt werden konnte:

JEAN DE PRÉCHAC: *Le Batard de Navarre. Nouvelles Historiques. Paris 1683; sowie:*
DERS.: *Le Batard de Navarre. In: Bibliotheque de Campagne, ou amusemens de l'esprit et du coeur. Bd. 13. Genf 1761, S. 117–212.*

Erwähnt findet sich die Sammlung „Bibliotheque de Campagne" in einem Brief von Charlotte von Stein an Charlotte Schiller vom 4. Juli 1795: „Die bibliotheque de Campagne ist hier nirgends als beym Wieland zu haben, und der verleiht keine Bücher mehr weil man ihn gar zu viel drum gebracht hat. Die Herzogin Mutter hat mir von Schillern les ~~Comtes~~ Contes de Tressan angeboten, wollen Sie sie, so laß ich mirs geben." (In: GSA 83/1756,3). Dies könnte Hinweis darauf geben, dass Charlotte Schiller Mitte der 1790er Jahre an dieser Übersetzung gearbeitet hat. Unterschiede zwischen den französischen Vorlagen betreffen Modernisierungen, z. B. in der Bezeichnung der „Mauren" als „Mores" (1683) bzw. „Maures" (1761) oder im spanische Adelstitel, der in der älteren Version „Dom", in der jüngeren „Don" lautet. In der Adaption dieser Termini sowie der Unterteilung der Abschnitte folgt Charlotte Schiller der neueren Version, die hier dem Stellenkommentar zugrunde gelegt wird. Durch die Nähe zum Original werden indessen hauptsächlich Hinweise auf die Namensformen des historischen Personals und der Schauplätze in der französischen Vorlage gegeben.

Die ersten Seiten des Textes weisen starke Überarbeitungsspuren durch Friedrich Schiller auf, bei denen es sich vor allem um orthographische Korrekturen und inhaltliche Kürzungen handelt. Charlotte Schillers Version, die hier restituiert wird, bleibt grundsätzlich näher an der Vorlage.

Die Erzählung spielt im spanischen Mittelalter. Titelheld ist Ramiro I. (1035–1063), der uneheliche Sohn von Sancho el Mayor, rey de Navarra. Schiller greift die Legendenbildung auf, derzufolge er sich durch siegreich gegen die Mauren geschlagene Schlachten sowie durch einen Zweikampf, indem er für seine Stiefmutter rettend eintrat, Würde und Titel eines Königs von Aragon erworben hat.

2–19 In der Zeit da ‹...› Cantarbien befand] *Auf den ersten Seiten finden sich starke Überarbeitungen Friedrich Schillers:*

In der Zeit da die Christen in der berühmten Schlacht von *Xeres* in Andalusien gänzlich geschlagen von den Mauren, und selbst der lezte König der Gothen ~~Rodrigo~~ ⌈Roderich⌉ sein Leben verlohr, fanden jene nirgends mehr Wi~~e~~derstand, und überschwemmten den größten Theil von Spanien.

~~da~~ Die ~~c~~Christen die ihren Anführer verlohren hatten, flüchteten sich ~~eines~~ theils in die Andalus~~ian~~ischen Gebürge, theils nach d~~i~~**en** Pyrenäen. Der eine Theil der sich nach Asturien flüchtete, wählte ~~Pelagus~~ ⌈Don Pelajo⌉ eine~~m~~**n** Abkömmling *[1v]*der gothischen Könige zu ihrem ⌈Beh⌉~~H~~Herrscher, von ihm stammen die Könige von ~~Ovierdo~~ *Oviedo* und *Leon*.

D~~ie~~**r** andere Theil, der in den Felsen der Pyreneän ~~seinen~~ Schuz fand, erwählte einige Zeit darauf Inigo Garzia zu**m** ~~ihrem~~ Könige. ~~Selbst den Mauren war der Muth dieses neuen Anführers bekannt, und kaum ließen sie ihm Zeit, sich seiner Gewalt zu erfreuen, und rückten ihm mit einem zahlreichen Heere entgegen. Aber die Christen von neuem Muthe beseelt u~~⌈U⌉nter der Anführung ~~eines solchen~~ ⌈dieses tapfern⌉ Feldherrn hatten ~~sie das~~ ⌉die Christen das⌉ Glück, die Ungläubigen ~~gänzlich zu schlagen~~ ⌈in mehrern Schlachten⌉ ⌉zu besiegen⌉ und ~~nahmen wieder~~ ⌈ihnen⌉ die Städte Arragoniens, [2]und Navarra's ~~in Besiz~~ zu entreißen.

In kurzer Zeit nahm die Macht der Christen so sehr überhand, daß Don Sancho der Große, ein Enkel und Nachfolger Inigos sich im Besiz der Reiche ~~n~~**N**avarra, Arragonien, Sobrarbo und des Herzogthumes Cantarbien befand.

2 berühmten Schlacht bei Xeres in Andalusien ‹…› lezte König der Gothen] *Préchac, S. 119: „Xerès en Andalousie"; „Don Rodrigue dernier Roi des Goths".*

8 Pelagus ‹…› Könige von Oviedo und Leon] *Préchac, S. 120: „Pélage"; „Rois d'Oviedo & de Léon".*

11 Inigo Garzia] *Préchac, S. 120: „Inigo Garzias".*

17 Don Sancho der Große, ein Enkel und Nachfolger Inigos sich im Besiz der Reiche Navarra, Arragonien, Sobrarbo und des Herzogthumes Cantarbien] *Préchac, S. 120: „Don Sanche surnommé le Grand, Petit-Fils & Successeur d'Inigo, se trouva en possession des Royaumes de Navarre, d'Arragon, & de Sobrarbe, & du Duché de Cantabrie".*

25 ergözen] ~~bel~~ ergözen.

29 Feinheit] ~~Delikatess~~ Feinheit.

30 zeigte] ~~ausübte, so~~ zeigte.

31 Belinden] *An späteren Stellen auch im Nominativ als „Belinda" und „Belinde". Préchac, S. 121 u. passim: „Bélinde".*

34 überging da] überging ~~daß~~ ⌈da⌉.

35 Bestreben] ~~Aufmerks~~ Bestreben.

45 kein König] ~~nicht~~ ⌈kein⌉ König.

46 Mannes] ~~Mannes~~ Mannes.

48 über alle] alle~~s~~.

49 andern niedern] andern ⌈niedern⌉.

50 schönste Belinde] ~~schöns~~ schönste Belinde.

54 unglücklich zu] zu ~~sein~~.

56 Wünsche erfülle;] erfülle; ~~aber zugleich könnte er auch befürchten daß sich seine Leidenschaft mässigen könnte, durch die Befriedigung fürchtete er die~~.

62 länger [5]zu wiederstehen] ~~zu~~ länger.

63 Ein liebenswürdiger Knabe war die Frucht ihrer Verbindung; der König der ihn über alles liebte gab ihm den Nahmen Ramiro.] *PRÉCHAC, S. 124: „Un Prince fort aimable fut le fruit de leurs amours. Le Roi qui l'aima avec des tendresses extraordinaires, le fit nommer Don Ramire.“*

65 als er durch eine Krankheit sich] als ⌈er durch⌉ eine Krankheit ~~ihm~~ ⌈sich⌉.

68 Nunna] *PRÉCHAC, S. 124: „Nuña“. In Charlotte Schillers Fassung zumeist als „Nunna“ wiedergebenen. Hier und in Z. 1036 auch als „Nunea“ lesbar.*

71 nagte an seinem Herzen] ~~macht~~ nagte.

76 vielleicht auch gesellte] ~~oder~~ vielleicht ⌉auch⌉ gesellte ~~auch noch~~.

77 den Gemahl] ~~sie~~ dem.

77 wendete] ~~wendtte~~ wendete.

84 Don Alfonso hatte drey Kinder, Bermudo ein Sohn, und zwey Töchter, davon die ⟨Ä⟩ltste Tigride, und ihre jüngere Schwester Elvire hieß.] davon die Altste. – *PRÉCHAC, S. 125: „Don Alfonse avoit trois enfans, un Prince appellé Bermude, & deux Princesses, dont l'ainée se nommoit Tigride, & la cadette Elvire.“ Die Schreibweise für den Sohn ändert sich in der Vorlage gelegentlich zu „Bermude“, vgl. PRÉCHAC, S. 130 u. 135.*

89 noch jünger. Ihr] ~~sie~~ noch jünger. Ihr ~~Wuchs~~.

90 von ihrem Vater] ⌈von⌉ ihrem Vater.

100 Bewunderung nicht zu bemerken die man ihr zeigte] ~~An~~ Bewunderung ~~die man ihr zollte~~ nicht zu bemerken die man ihr zeigte.

107 der andern] ~~kein Geheimniß~~ der andern ~~verbarg~~.

108 in jeglichem Geschlecht] Geschlecht ~~Schönheit~~.

109 u. 124 *Don Garzian*] *PRÉCHAC, S. 127: „Don Garzias“. Schiller wechselt die Schreibweise später zu „Don Garzias“ (Z. 433).*

122 eben so sehr] eben so ⌈sehr⌉.

124 die Ausführung] ~~diese~~ die.

132 erduldet] ~~erdultden~~ erduldet.

152 den Zeichen] ⌉den⌉ Zeichen.

153 empfangen] ~~empfangen~~ empfangen.

156 begleitet] ~~begle~~ begleitet.

165 heimlich] ~~sich~~ heimlich.

169 unbekannt war] ~~nicht~~ unbekannt.

170 ersten Moment] ⌈ersten⌉ Moment.

172 blickte er aus Ehrfurcht weg] blickte ~~er weg~~ aus.

173 die ihrigen eben so] die ⌈ihrigen eben so⌉.

178 wünschte oft weniger beobachtet zu seyn.] oft ~~er möchte~~ weniger ~~aufmerksam seyn~~ ⌈beobachtet zu seyn.⌈.

179 und da er] ~~so~~ und.

180 suchte er genau] genau ~~sich~~.

181 so fürchtete er] er ~~ihr~~.

183 Kühnheit] ~~Ver~~ Kühnheit.

190 Aber bald ließ] Aber ⌈bald ließ⌉.

190 könne ihn seine Abreise] ~~ließ ihn~~ ⌈ihn⌉ seine.

192 Furcht daß er nicht mehr Gewalt] Furcht daß {er} ~~er die Gewalt~~ nicht mehr ⌈Gewalt⌈.

195 endlich einen Entschluß] endlich ~~dem~~⌈einen⌉ Entschluß.
221 die Aufnahme] d~~er~~**ie** ~~Erfolg~~ Aufnahme.
229 Artigkeit] ~~G+ was~~ Artigkeit.
230 sich in ihrem Urtheil] ~~daß sie~~ sich.
240 wiedersetzten] wieder setzten.
250 durchlesen hatte] hatten.
288 wircklich] ~~in der That~~⌈wircklich⌉.
294 fiel Ramiro] ~~f+~~ fiel Ramiro.
312 Don Ramiro] Don Ramiro ~~seiner Seits~~.
331 noch einen höhern Plaz] noch⌈einen⌉ höher**n** ~~zu stellen,~~ Plaz.
333 entfernen.] entfernen. ~~In jeden Augen~~.
333 und rief] und ~~stellte~~⌈rief⌉.
334 seine Reize noch] noch ~~zu ver~~.
336 den Irrthum] ~~bald~~ d~~ie~~**en** Irrthum.
337 Grossen Vaters] ⌈Grossen⌉ Vaters.
342 der jeden Tag] Tag ~~bedroht würde sei~~.
345 die Wahrheit der Schilderung] die⌈Wahrheit der⌉ Schilderung.
348 [23]zu verbergen, und] [23]~~zu ver~~ zu verbergen, und ~~sie~~.
352 sie fähig waren in Krieg zu ziehen] sie⌈fähig waren⌉ in Krieg⌈zu⌈ ziehen, ~~konnten,~~.
359 zuerst suchte sie] ~~zumahl~~⌈zuerst⌉ ⌉suchte⌉ sie.
360 wie möglich wieder] ~~wieder~~ wie möglich⌈wieder⌉.
362 Die Cantabrer betrogen durch einen verführerischen Zuruf eines Druiden] *Préchac, S. 147: „Les Cantabres abusés par les exhortations séditeuses d'un Druide"*.
375 noch weniger den Entschluß] ~~nicht~~⌈noch⌉ weniger ~~einen~~⌈den⌉ Entschluß.
379 daran denken] ⌈daran⌉ denken.
381 und dem Ruhm,] Ruhm, ~~und~~.
384 u. 388 Cantarbrer] *Abweichende Schreibweise.*
399 er zählte. ‹…› Er *[26v]*⟨sah⟩ sich] zähl~~en~~**te** ~~konnte~~. ‹…› Er *[26v]* *sich*.
409 ihres Bruders,] Bruders, ~~über~~.
412 ihn abschrecken] ~~ihnen~~ ihn.
413 Garzias] Garzia~~n~~**s**.
420 [28]verbergen] ~~verhüllen~~ [28]verbergen.
429 aufnahm] ~~aufnahm~~ aufnahm.
446 seinerseits] seinerseits ~~zu seinem Vortheil die~~.
456 bittre [30]Vorwürfe] ~~tausend~~ bittre [30]Vorwürfe.
468 Kloster von Onia] Oina. – *Préchac, S. 156: „Onia"*.
471 die zu schnell] ~~das~~ die.
480 heyrathen] ~~heir~~ heyrathen.
481 zukäme] ~~nicht~~ zukäme.
482 los zu machen] loszu machen.
483 gab Alfonso seinen] ~~gab~~ gab Alfonso ~~wenig~~⌈seinen⌉.
486 bestärckte sich in] ~~fühlte~~⌈bestärckte sich in⌉.
487 immer mehr] mehr ~~zunehmen~~.
491 Gewalt brauchen würde] ~~s~~ würde.
501 ihres Kummer⟨s⟩ ~~ihres Schmerzens~~ ihres Kummer.

512 ⟨Schwester⟩] *Beim Seitenwechsel wohl versehentlich ausgelassenes Wort. Vgl.* PRÉCHAC, *S. 158: „Don Garzias impatient dans son amour, alla lui-même chercher cet ami, & le conjura avec instance de fair un voyage à Onia, & d'obliger sa soeur".*

517 von ihr foderte] ~~so gar~~ von ihr.

520 blinden Unterwürfigkeit] ~~Anhänglichkeit~~ ⌈blinden Unterwürfigkeit⌉.

523 Äußerungen] ~~Äuße~~ Äußerungen.

549 ein Theil des Gesichtes wurde ‹…› verborgen] ~~aber einen~~ ⌈ein⌉ Theil des Gesichtes ⌉wurde⌉ ~~verbarg~~ ‹…› ⌉verborgen⌉.

552 Catarbien] *Abweichende Schreibweise.*

552 zu verlängern.] *Danach ist ein längerer Passus gestrichen:*
~~Gerade in der äußersten Noth ist die Liebe auch reich an Erfindung, und Don Ramiro fand einen Weg durch den er hoffen konnte seinen Zweck zu erreichen! Der Druide der in ganz Spanien für einen grossen Proh Propheten galt, hatte manche geheime Unterredung mit Don Ramiro, da ihn das Schicksal zu seinem Gefangenen gemacht hatte, er ließ sich von ihm die Mittel entdecken die er anwendete sich des Volckes Zutraun zu erwerben, und die Art wie er sie bekehrte.~~

559 Tigride die Ramiros] ↑~~Tigride ungewiß die das Billet Ramiros~~↑ Tigride.

569 ganze heilige] ~~junge~~ ganze.

578 den zwey grössten] d~~ie~~**en** zwey ⌈grössten⌉.

579 Zuflucht] Zuflucht ~~in ihren Mauren~~.

584 entziehen] ~~ent~~ entziehen.

589 großen Ruf] ~~eine~~ großen.

616 ob unter diesem Prinzen] ob ⌈unter⌉ diesem Prinzen.

617 die Nonne⟨,⟩ [41]der der] ~~die~~ die Nonne [41]⌈der, der⌉ ~~dem~~.

626 dem Prinzen, der] ~~ihrem~~ ⌈dem⌉⌈Prinzen, der⌈.

627 sie hingegen,] sie ⌈hingegen,⌈.

628 *[41v]*ihren Verdiensten] *[41v]*~~ihren Ver-~~ ihren.

632 entspräche] ~~es~~ entspräche.

634 beschäftigt, und] und ~~alles vergaß was di~~.

639 über ihr Gemüth] ~~ihr g~~ über.

640 Ungerechtigkeit] ~~schreckliche~~ Ungerechtigkeit.

643 die treue Schilderung] ~~das gen~~ die treue.

650 Mann auf den] Mann ⌈auf⌉ den.

651 leidenschaftliche Liebe] leidenschaftliche ⌉Liebe⌉.

653 heissen Wünsche] ~~Begierde~~ heissen.

666 verabredeten] ~~unter+~~ verabredeten.

672 wünschte sich] wünschte ⌈sich⌉.

673 beschäftigte, ließ] ließ ~~es~~.

678 anzunehmen sich] ~~sich~~ anzunehmen.

683 nur allein schon] ~~sich~~ nur.

686 fest beschlossen] ~~d+~~ fest.

691 nach dem Hof] Hof ~~des~~.

691 eilig fort] ~~fo~~ eilig fort.

697 Prophet] ~~Proh~~ Prophet.

698 benuzen] ~~benuz~~ benuzen.

714 delikat] ~~zart~~⌈delikat⌉.
731 grössten Verzweiflung] ~~tiefsten~~ grössten.
733 Königen schuldig] schuldig ~~se~~.
737 Vernünfteleyen] ~~Raisonem~~ ~~Vernünfteley~~ Vernünfteleyen.
740 Mann den sie an ihn abschickte] Mann⌈den sie an ihn abschickte⌉.
743 Dieser unerbittliche] Dieser⌈unerbittliche⌉.
745 daß in Zeit von einem] daß ~~der~~⌈in⌉ Zeit~~punkt~~ von ~~Sechs~~ einem.
750 Ihres Anblicks] ~~von~~ Ihres.
757 Cantabrien] ~~Cantarbie~~ Cantabrien.
759 um Tigridens] ~~be~~ um.
762 erwecken] ~~erwecken~~ erwecken.
775 festesten Pläze] *PRÉCHAC, S. 178: „quelque place considérable“.*
782 den Befehl senden] ~~schreiben~~ den⌈Befehl⌈ ⌉senden⌉.
786 aufgehalten ⟨sah⟩] *Beim Seitenwechsel wohl versehentlich ausgelassenes Wort. PRÉCHAC, S. 179: „de se voir arrêté“.*
786 den Verdacht] ~~sein~~ den.
793 gab ihm Ramiro] ~~rief~~⌈gab⌉ ihm.
795 mir mit dem Nahmen] ~~ich mich~~ ⌉mir⌉ mit.
812 Tag noch ankam] ankam ~~an d~~.
815 daß niemand der Gemahl ‹…› zu sein verdiene] niemand verdiene der Gemahl.
819 Fehlschlagen] ~~schlimme~~ Fehlschlagen.
825 die Kämpfenden] ~~sie~~⌈die Kämpfenden⌉.
833 das Todesurtheil] ~~enrüstet~~ das.
835 solchen Mann der] der ~~durch seine Tapferkeit~~.
839 wirckte] ~~wurde~~ wirckte.
841 unbekannt] ~~b~~ unbekannt.
843 den Schuldigen] ~~ihn~~ den.
844 wo er ‹…› bewach⟨t⟩ ⟨wurde⟩] wo er ‹…› bewachen. – *Der grammatische Anschluss ist unstimmig. Vgl. PRÉCHAC, S. 182 f.: „mais le Roi qui fut informé du nom du Criminel, le fit conduire dans un Château fort, où il fut gardé avec beaucoup des soin.“*
851 Abgeordnete] Abgeordnete ~~des Königs~~.
871–914 Ramiros Brief der alle falsche Gerüchte ‹…› wo das Gefühl so laut seine Stimme erhebt in den Herzen der Liebenden] *Bruchstück eines früheren Entwurfs mit einer Variante zu Bl. 55r unten bis 57v unten, paginiert als: 42, 43:*

[42]↑~~der Brief des Do~~↑ Don Ramiros Brief der alle solche Gerüchte aufhören machte, über ~~Don Ramiros~~ seine Lage, gab Tigriden neues Leben, die seither in einer ~~Reyhe~~ beständigen Ungedult und Unruhe gelebt hatte. Selbst der König war seit dieser Zeit über ~~das~~ die großmüthige Unterwerfung des Prinzen gerührt der nicht ~~zur Unterwerfung gebohren war~~ sein Unterthan war, er vergab ihm, und glaubte der ~~Z+~~ Zweykampf mit dem Grafen von Castilien wäre die Folge eines geheimen langgenährten Grolls, ohne je zu argwöhnen daß seine Tochter Antheil daran haben könne. Er antwortete ihm auf die verbindlichste Art, und stellte ihn an die Spize seines Heeres.

Don Ramiro der nichts wünschte als die Gunst des ~~Königs~~ Königs zu verdienen, und der Gnade werth zu scheinen die man ihm erzeigte wollte aber auch zu gleicher Zeit den

Soldaten ~~zeigen~~ durch eine glänzende und bedeutende Handlung zeigen daß sie sich nicht in ihrer guten Meinung von ihm [42v]betrogen hätten, wählte die entschloßensten aus, und nachdem er sich Meister von zwey wichtigen Pläzen gemacht hatte die ihm den Rückzug decken konnten, so drang er weit ins Land hinein das von den Mauren besezt war. Er begegnete feindlichen Truppen die sich seiner Unternehmung wiedersezen wollten; aber er griff sie mit so vieler Tapferkeit an daß er sie gänzlich schlug; und indem er seinen Sieg benuzte machte er sich auch Herr von einem Schloß ~~wo d~~ wohin der Maurische König *Izcam* oft ging um sich ~~zu belustigen~~ mit der Jagd zu belustigen. Kaum ~~war~~ ⌈hatte⌉ dieser Prinz vor wenigen Minuten das Schloß verlassen, so stürzte von der andern Seite Don Ramiro hinein. Die Prinzeßinn *Haca* Tochter des Königs eine der schönsten Damen und noch ein kleines Gefolg das sich fand wurden Don Ramiros Gefangne.

[43]Don Ramiro zog sich in guter Ordnung zurück, und gab sich so viele Mühe um der ~~der~~ ⌈von der⌉ Prinzessinn jede Beschwerlichkeit der Gefangenschaft zu entfernen, und daß niemand die Ehrfurcht verleze die man ihr schuldig sey, daß die Prinzessinn die sich eine schreckliche Vorstellung von der Grausamkeit der Feinde des Gesezes gemacht hatte, mit Gedult nun ihr hartes Schicksal ertrug.

Die Mauren die gehoft ihn in seinem Rückzug zu hindern versuchten einige Ausfälle; aber der Prinz schlug sie immer mit Gewalt zurück, er erhielt selbst in Gegenwart der schönen *Haca* einige Wunden, die ihren Kummer darüber nicht bergen konnte. Da nun alle Vorsichtsregeln genommen waren, daß ohngeachtet der Versuche der Mauren ihn von dem Lande des Königs von *Leon* wieder zu entfernen, ~~so beh~~ kehrte Don Ramiro am Hof des Königs zurück, beladen mit den glorreichen Zeichen seiner Siege. Das ganze Volck empfing ihm mit jauchzen [43v]und Freudengeschrey. Der König ~~der~~ ⌈über⌉ die grossen Verbindlichkeiten die er ihm schuldig war verlegen, und betrübt über die Wunden die er davon getragen, empfing ~~ihn~~ Don Ramiro auf die zärtlichste Weise. Tigride so angenehm überrascht ihn so glücklich wiederkehren zu sehen, nach allen Sorgen ⌈u. Jammer⌉ die sie seinetwegen erduldet, durfte es nicht wagen ihn zuerst im grossen Haufen zu finden, denn ihre Liebe fürchtete sich zu verrathen, und sie glaubte es könnten sich Gefühle ihres Herzens blicken lassen die ⌉in⌉ ihrem Rang ~~und Stand~~ nicht erlaubt sind laut zu werden.

Don Ramiros Ungedult seine Geliebte zu sehen war auf den höchsten Gipfel gestiegen, er bat den König zu erlauben, daß er seiner Tochter seine Gefangne vorstellte, und unter diesem Vorwand konnte er zu ihr kommen. Er wurde mit ⌈den größten⌉ Zeichen der Achtung und Zärtlichkeit empfangen, und es ist schwer ~~sie~~ ⌈da⌉ zu beschreiben wo das Gefühl + so laut spricht, als in den Herzen der Liebenden.

878 Vertrauens] ~~Gunst~~ ⌈Vertrauens⌉.
881 von zwey] ~~zwey der~~ von zwey.
883 von den Mauren] von ⟨den⟩ Mauren.
886 *Izcam*] *Préchac, S. 185: „Izcam".*
886 Jagen] ~~Jag+~~ Jagen.
888 *Haca*] *Préchac, S. 186: „Haca". Bei Schiller wechselnd in deutscher und lateinischer Schrift.*
890 Gefangne] Gefange.
895 ertrug ‹...› Schicksal.] ertrug ‹...› Schicksal ~~ertrug~~. – *Préchac, S. 186: „que Haca qui s'étoit fait une idée affreuse La cruauté des enemis La Loi, en souffrit sa mauvais fortune moins impatiemment."*

902 Trophäen] ~~Trohpe~~ Trophäen.
906 unter dem Haufen des Hofstaats, der ihn umgab] Haufen ~~der Grossen, und~~ des Hofstaats, d**ieer** ihn umgab~~en~~.
913 wo das Gefühl] wo⌈das⌉Gefühl.
939 Sie ließ] Sie ~~gab~~⌈ließ⌉.
952 Prinzeßinn] ~~Maurin~~ Prinzeßinn.
959 daher sie diese Antwort nicht wunderte] ~~und diese~~⌈daher sie diese⌉ Antwort ~~wunderte~~ sie nicht ⌉wunderte⌉ ~~sehr~~.
961 zu benuzen zu lernen. Anfangs nahm] ⌉zu⌉ benutzen zu lernen. ⌈Anfangs nahm⌉.
961 der Prinz] Prinz ~~nahm~~.
964 konnte er nicht besser als] konnte er ⌉nicht besser als⌉.
973 unverrichteter Sache] unverrichteter ~~Dinge~~⌈Sache⌉.
983 belebte einzig] belebte⌈einzig⌉.
985 Nunna] *Hier auch als „Nunea" lesbar. Vgl. Kommentar zu Z. 71.*
986 ahndete daß] daß ~~ihr~~.
987 den Liebenden] de~~r~~n ~~Leidenschaft der~~ Liebenden.
987 Hindernisse] Hindernisse ~~aufzuwer~~.
991 Hofe unter der] Hofe ⌉unter⌉ der.
995 gern von ihm,] ihm, ~~weil sie~~.
1001 wurde nicht] ~~wu+~~ wurde.
1002 habe durch ihr Vertrauen] habe⌈durch ihr Vertrauen⌉.
1007 Erhabenheit und Reinheit] Erhabenheit⌈und Reinheit⌉.
1011 nicht irrdische] nicht ⌉irrdische⌉.
1030 ihm endlich] ihm⌈endlich⌉.
1032 meiden schien] ~~mend~~ meiden.
1036 in Weg stellte.] in Weg stellten.
1038 Ab⟨g⟩esandten] Abesandten. – *Vgl. Z. 1166.* PRÉCHAC, *S. 197: „un Ambassadeur".*
1039 sich öfentlich] ~~der~~ sich.
1047 Gefängniß] ~~den~~ Gefängniß.
1048 bewacht./ [66]⟨Durch⟩ Zügellosigkeit ‹…› waren ⟨diese⟩ aufgebracht] bewacht./ [66]Die Zügellosigkeit ‹…› waren aufgebracht. – *Grammatik unstimmig.*
1055 der Grosse] ~~G~~ der Grosse.
1057 seinen Ruhm] Ruhm ~~solche~~.
1079 [69]bereuen] *Paginierung in der Chronologie vertauscht: 69 vor 68.*
1084 erklärte er] erklärte⌈er⌈ ~~er~~.
1086 Gonsalvo] PRÉCHAC, *S. 201: „Don Gonsalve".*
1093 sich Ramiro] ~~auch~~ sich.
1093 auch die Spize] {auch} die.
1094 gehoft] gehoft ~~hatte~~.
1095 zu erhalten strebte] erhalten ~~hofte~~⌈strebte⌉.
1095 auch zugleich von der] auch ~~von der~~⌈zugleich von⌈ ⌉der⌉.
1097 bekannte, und freywillig] bekannte,⌈und freywillig⌈ ~~und~~.
1098 ausgedacht hätte] ausge~~dacht hätten~~ dacht hätte.
1101 der den Lohn] der⌈den Lohn⌈.
1107 ⟨e⟩rreichen] Erreichen

1109 bey dem König] ⌈bey⌉ dem König.
1122 die Anträge des] die ⌈Anträge des⌉.
1124 noch weniger] noch ~~minder~~ ⌈weniger⌉.
1127 handeln würde] handeln ~~wolle~~ ⌈würde⌉.
1139 er auch das Leben] ⌈er⌉ auch ~~noch~~ ⌈das Leben⌉.
1139 seiner Hülfe] ~~seiner Hülfe noch das Leben~~ ⌈seiner Hülfe⌉.
1155 wegen ihren Weigerungen,] *Abgeschnittene zweite Hälfte des inliegenden Bogens.*
1156 fügen zu wollen] ~~zu~~ fügen.
1160 dieselben Gründe] ~~diese Urs~~ dieselben.
1169 *Izam*] *Abweichende Schreibweise.*
1172 verbreiteten] ~~sezt~~ verbreiteten.
1183 Gewicht] + Gewicht.
1190 andern irrdischen] andern ⌈irrdischen⌉.
1201 ihrentwillen] ~~ders willen~~ ihrentwillen.
1203 nicht allein] nicht ⌈allein⌉.
1205 In dem Streit] In ~~einem~~ ⌈dem⌉ Streit.
1207 beglücken] ~~erfreuen~~ beglücken.
1214 Höfen zu, in] zu, ~~dies F~~ in.

Die Königinn von Navarra

Nach dem Französischen frey bearbeitet

Textgrundlage: GSA 83/1641. 58 Blatt, Einzelbögen, Folio, Format: 21,5 × 34,5cm (grünlich). Erhalten ist eine graue Banderole mit Titel und Untertitel (Emilie von Gleichen-Rußwurm). Eigenhändig paginierte Reinschrift. Enstanden vermutlich 1816. Ein Druck ist nicht bekannt.

Im Zentrum des Geschehens steht die unglückliche Liebe zwischen Margarete von Navarra und dem Herzog von Bourbon, Konnetabel von Frankreich, unter der Regentschaft Franz I., die durch die unvernünftige Leidenschaft von Margaretes Mutter, der Herzogin von Angoulême, für denselben Mann hintertrieben wird und den Liebenden immer wieder neue Entsagung abverlangt. Eine kurze eröffnende Rahmenerzählung markiert die diskursive Situation als eine Zusammenkunft adliger Damen am Hof Franz I., als Teil derer Margarete, gebürtige Prinzessin von Valois, nunmehr verheiratete Königin von Navarra, durch ihre Freundin, die Gräfin von Sancerre, ihre unglücklichen Liebesgeschicke erzählen lässt. Die direkte Quelle Schillers bildet ein Roman:

> *[Charlotte-Rose de Caumont] La Force: Histoire de Marguerite de Valois, reine de Navarre. 6 Bde. Paris 1783 (Romans historiques. XVIe siècle),*

der zuerst 1696 in vierbändiger Ausgabe erschienen ist (weitere Auflagen: Paris 1720 und La Haye 1739). Ein Exemplar der jüngsten Ausgabe ist im Bestand der Herzogin Anna Amalia Bibliothek in Weimar. Die ersten vier Bände enthalten den eigentlichen Roman, die letzten beiden Figurenregister und Materialien. Das Romangeschehen untergliedert sich in eine Rahmenhandlung, die sich über wenige Wochen anno 1526 am französischen Hof in Paris erstreckt, sowie in vierzehn ausgedehnte Binnenerzählungen. Übersicht der sechs Bände:

Bd.	Rahmenhandlung	Binnenerzählungen
I	*Der orientalische Ritter Dragut sucht den französischen Grafen Lautrec auf und stößt auf einen „merveilleux inconnu", bei dem es sich um den inkognito nach Paris zurückgekehrten Herzog von Bourbon handelt. Zwei spanische Prinzessinnen, Alphonsine de Salerne und Donna Maria d'Aragon, suchen Zuflucht, der Unbekannte streckt ihren Verfolger nieder.* *Am Pariser Hof des jüngst aus Spanien zurückgekehrten Francois I. werden beide Prinzessinnen zu Marguerite geführt, die kürzlich mit Henri de Navarre vermählt wurde. Diese lässt ihnen ihre Geschichte durch Gräfin von Sancerre erzählen.*	*1. Die spanischen Prinzessinnen erzählen, wie sie nach Frankreich verschleppt wurden, und zwar vom Duc de Nagéra, welchen der Unbekannte unmittelbar zuvor niedergestreckt hat (S. I/24–98).* *2. Erzählung der Gräfin Sancerre vom ersten Turnierauftritt des Herzogs (bzw. Grafen von Montpensier) bis zu Marguerites Rückkehr aus Spanien und Heirat mit Henri de Navarre (S. I/111–366).*
II	*Maskenball, zu dem zwei Getreue des Herzogs, der Marquis de Guast und Graf Pomperan als Armenier verkleidet auftreten und sich der Königin nähern. Der Marquis zeigt Marguerite zwei Medaillons mit Bildnissen: eines, das sie selbst, eines, das den Herzog darstellt. Das letztere bleibt in ihren Händen (sie wird es später ihrer Freundin Alphonsine geben, der es aus der Tasche fällt, so dass Herzogin Louise es findet).* *Gemeinsam planen die Freunde und Freundinnen Marguerites – insbesondere Alphonsine de Salerne, die Comtesse de Sancerre, Guast, Pomperan und Graf Lautrec – die Liebenden zusammen zu bringen.* *Unversehens taucht die Zuflucht suchende Aphrigia auf. Der Band endet mit dem Heranreiten des Herzogs.*	*1. Lautrec erzählt Dragut, wie er selbst eine unglückliche Liebe zu Marguerite hegt, zugleich aber dem Herzog von Bourbon in tiefer Freundschaft verbunden ist (S. II/25–78).* *2. Fast unmittelbar anschließend folgt der Bericht von Isouf, dem Gefolgsmann Draguts, in dem es um die Verfolgung und Entführung der schönen nordafrikanischen Aphrigia sowie um Draguts Freundschaft mit Azan, dem Prince d'Alger, geht, der die schöne Aphrigia liebt (S. II/94–168).* *3. Bericht der Mademoiselle Villars, Tochter des Herrschers von Mailand, le grand Bayard (S. II/187–203).* *4. Bourbons Freund Pomperan berichtet von den Liebes- und Herrschaftsverwicklungen des spanischen Kaisers sowie des französischen Königs zwischen dynastischen und erotischen Interessen während der Zeit in Madrid (S. II/233–292).*
III	*Zu Beginn unterhalten sich der Herzog und der Kreis der Freunde über die jüngeren Madrider Ereignisse und die vereitelte Verbindung zwischen ihm und Marguerite. Die Freunde planen eine heimliche Wiederbegegnung der Liebenden.* *Erst im letzten Teil des Bandes wird die Rahmenhandlung wieder ereignishaft: Der Astrologe Luc Gauric prophezeit der Herzogin von*	*1. Gräfin Sancerre erzählt von ihrer unglücklichen Liebe zum Comte de Rochefoucault, der durch Louise von Angoulême erzwungenen Heirat mit dem Grafen von Sancerre, der ebenso wie der Graf von Alençon bei der Schlacht von Pavia fiel (S. III/24–73).* *2. Die schöne Aphrigia erzählt ihre abenteuerliche Irrfahrt, die mit dem zuvor von Issouf Erzählten korrespondiert (S. III/90–105).*

Bd.	Rahmenhandlung	Binnenerzählungen
	Angoulême, dass Bourbon sich bald in den Armen seiner größten Feindin sehen werde. Marguerite prophezeit er, dass dies der größte Tag ihres Lebes sei. Wiederbegegnung von Marguerite und Bourbon.	*3. Princesse Renée erzählt ihre gleichfalls durch Hofpolitik vereitelte frühe Liebesbande. Für sie gibt es ein glückliches Ende, insofern sie Hercule de Ferrare heiraten darf, den sie seit Langem insgeheim liebt (S. III/156–226).* *4. Abschließender Bericht des Comte de Tende. (S. III/239–300).*
IV	*Es gelingt Marguerite, die Freundschaft zwischen ihrem Bruder und Bourbon zu restituieren. Der Roman schließt mit der öffentlichen Rehabilitation Bourbons sowie der finalen Trennung der biographischen Geschicke des zentralen Paars. Der Herzog fällt im Erwerb neuerlichen Kriegsruhms bei der Eroberung Roms, das sich, dem Orakel gemäß, als seine ‚größte Feindin' erweist; Marguerite bringt bedeutende Nachkommenschaft zur Welt: die Tochter Jeanne d'Albret, die zukünftige Mutter von „Henri le grand", also Heinrich IV.*	*1. Bericht von la Roche du Maine an Princesse Renée (S. IV/12–67).* *2. Bericht der Princesse Isabelle, Schwester des Königs von Navarra (S. IV/105–129).* *3. Bericht der Madame Lautrec (bzw. Mademoiselle Dorval, die mittlerweile mit Lautrec verheiratet ist) (S. IV/141–230).* *4. Erzählung des Prince d'Alger, Azan (S. IV/250–360).*
V	*Alphabetisches Register der historischen Romanfiguren: „Notices sur les personnages de l'Histoire La Reine de Navarre".*	
VI	*Anhang mit historischen Materialien:* *„Notices sur la vie de François 1er"; „Recueil de quelques poésies de François 1er"; „Remarques et Éclaircissements pour rétablier la vérité des événements de l'Histoire La Reine de Navarre"; „Recueil des lettres" sowie „Table des personnages cité dans le Ve volume de l'Histoire La Reine de Navarre".*	

Schillers Erzählung übernimmt quantitativ etwa ein Zehntel des französischen Romans, indem sie wesentliche Elemente der über die vier Bände verteilten Rahmenhandlung zusammenzieht und die Binnenerzählung Sancerres (I.2) ins Zentrum stellt. Ihre Struktur besteht also aus einer einfachen Veschränkung von Rahmen- und Binnenhandlung. Aus den Romanbänden II bis IV übernimmt Schiller die Maskenball-Episode (II), die Pläne der gemeinsamen Freunde, das Paar zusammen zu bringen sowie den Auftritt des Astrologen Gauric (III) und den Schluss (IV).

Während der französische Roman das Erzählmuster der französischen ‚Histoire tragique' (prototypisch in Madame Lafayettes Romanen und Novellen) mit dem des antiken Liebes- und Abenteuerromans verwebt, dichtet Charlotte Schiller das Geschehen im Erzählmuster der Novelle um, wie es in der Zeit der Klassik und Romantik en vogue ist. Dies lässt sich nicht allein an der einsträngigen Zuspitzung, dem Arrangement von exemplarischem Einzelfall und diskursiver Rahmung, sondern auch am novellistischen Leitmotiv erkennen; auf vielfältigen Ebenen wird das ‚Bild' des Herzogs eingespielt: als Erscheinungsbild im Rahmen von Turnierauftritten, als Miniatur in einem Medaillon sowie als Erinnerungsbild im Herzen der Protagonistin wie ihrer Mutter.

Weitere mögliche Quellen, die Charlotte Schillers Bearbeitung der Legendenbildung um Marguerite de Navarre inspiriert haben könnten, sind: Varrillas: *Histoire de François Premier. Bd. 1, Paris 1685, sowie: „Anne de Bretagne ou l'amour sans foiblesse" (In: Bibliotheque de Campagne ou amusemens de l'esprit et du coeur. Nouvelle Edition rectifié & augmentée. Bd. 13, Genf 1761, S. 5–116). Dieselbe Anthologie enthält auch die französische Vorlage bzw. die zweite Auflage der Erzählung „Le Batard de Navarre" von* Préchac, *die die Vorlage zu Charlotte Schillers* Der Bastard von Navarra *(GSA 83/1640) bildet.*

Ob Schiller von der früheren deutschsprachigen Adaption des Romans von Charlotte-Rose de Caumont-La Force, *„Die geheime Geschichte von Burgund. Nebst den Begebenheiten der Königinn von Navarra" (Stockholm und Leipzig 1746), Kenntnis hatte, ist nicht bekannt. Den einzigen Hinweis auf ihre unmittelbare französische Vorlage bildet ein Brief an Karl Ludwig von Knebel:*

> Ich sende Ihnen hier die ‚Reine de Navarre' mit herzlichem Dank wieder. Sie hat meine Mutter und Schwester wie mich erfreut. Es ist so ein Leben darin, daß man glaubt die Gestalten zu erblicken und die Begebenheiten zu theilen. *(Charlotte Schiller an Karl Ludwig von Knebel, Weimar, 14. August 1816, in:* Düntzer, *S. 292).*

Bereits in den 1790er Jahren kommt Schiller offenbar mit den Novellen der Marguerite de Navarre selbst in Berührung:

> *Hier schick ich Ihnen liebe Lolo die Erzählungen von der Königin von Navarra, welche ich bitte der Frau von Beulwitz zu geben die sie Herrn von Humbold mittheilen kan, den so viel ich von ihr verstanden, ist es das Buch welches er ohnlängst wie Sie mir schrieben zu haben wünschte; Da es nach der Geschichte eine sehr decente Dame geschrieben hat, und ich es auch aus der Bibliothek einer sehr decenten Dame, unßrer Herzogin Louise, geliehen habe, wird ja wohl niemand in ihrem kleinen cirkel ein Ärgerniß dran nehmen. (Charlotte von Stein an Charlotte Schiller, 30. August 1794, in: GSA 83/1856,2.)*

Die zugrunde liegende tragische Liebesgeschichte beruht auf Legendenbildung, wie die wichtigsten Grundlagenwerke zu Leben und Werk der Renaissance-Dichterin und Königin unterstreichen. Der historische Herzog von Bourbon kommt als Charles de Montpensier an den französischen Hof und erhält diesen Titel durch die Heirat mit Suzanne de Bourbon. Nach deren frühem Tod versucht Louise d'Angoulême als nächste Verwandte von Suzanne, Anspruch auf seinen Besitz zu erheben. Dabei fallen auch Hinweise darauf, dass sie sich selbst gerne mit ihm vermählt hätte; hauptsächlich aber führt sie Prozesse gegen ihn. Zu Leben und Werk Marguerites de Navarre siehe:

Pierre Jourda: *Marguerite d'Angoûleme Duchesse d'Alençon, Reine de Navarre (1492–1549). Étude biographique et litéraire. 2 Bde. Paris 1930.*

Lucien Febvre: *Margarete von Navarra. Eine Königin der Renaissance zwischen Macht, Liebe und Religion. Hg. und mit einem Nachwort von* Peter Schöttler. *Aus dem Französischen von* Grete Osterwald. *Frankfurt a. M., New York 1998.*

PATRICIA F. CHOLAKIAN / ROUBEN C. CHOLAKIAN: Marguerite de Navarre. Mother of the Renaissance. New York 2006.

Zur Novelle, der verarbeiteten Romanvorlage sowie dem „Heptaméron" siehe:

GABY PAILER: Liebe, Abenteuer und weibliche Autorschaft. Charlotte Schillers „Die Königinn von Navarra" als novellistische Umdichtung der historischen Geschicke Marguerites de Navarre. In: MARTIN BAISCH / JUTTA EMING (Hg.): Hybridität und Spiel. Der europäische Liebes- und Abenteuerroman von der Antike zur Frühen Neuzeit. Berlin 2013, S. 275–297.

---

1 Die Königinn von Navarra] Die Königinn ~~Erstes Kapitel~~ von Navarra.

3 Die Herzogin von Angouleme, Mutter Franz des Ersten] *Louise de Savoie, Duchesse d'Angoulême (1476–1531), ihr Sohn François (1494–1547), französischer König seit 1515 in Nachfolge von Louis XII (1498–1514). Vgl. LA FORCE, S. I/107: Die Adaption setzt an dieser Stelle ein. Der Passus ist modifiziert zur Eröffnung der Rahmenhandlung.*

6 daß ⟨der Kaiser⟩ den Herzog von *Bourbon* an die Spize seiner Truppen gestellt] daß er den Herzog von *Bourbon* ~~die~~**an** die ~~Spize Truppen übergeben, um nach Mailand zu ziehen~~ Spitze seiner Truppen gestellt. – *Diskrepant zur Vorlage befehligt in Schillers Version der Herzog die französischen Truppen, während er im französischen Text die gegnerischen kaiserlichen Truppen anführt. Vgl. LA FORCE, S. I/107: „La Reine alloit continuer, quand le Roi entra & vint dire à la Régente que les troupes que commandoit le Connétable marchoient vers Milan."*

10 die beyden Prinzeßinnen von Arragonien and der Hand führend] *Der Roman beginnt mit der Rettung zweier aus Spanien entführter Prinzessinnen, Marie d'Aragon und Alphonsine de Salerne. Vgl. LA FORCE, S. I/17–98. Vgl. auch den Kommentar zu Z. 2287.*

20 Gräfin *Sancerre*] *Zur Binnenerzählung mit der Retrospektive der Geschicke des Hauptpaares Margarete und Herzog von Bourbon vgl. LA FORCE, S. I/110–366. Im dritten Band (S. III/24–73) erfolgt die ausführliche Erzählung ihrer eigenen Lebensgeschichte. Die historische Person ist Anne de Polignac, die 1509 den Comte de Sancerre und nach dessen Tod 1518 den Comte La Rochefoucault heiratet. Sie wird im Personenregister des Romans ausgewiesen (S. V/261 f.).*

24 Befehl zu erforschen ob] Befehl ⌈zu erforschen ob⌉.

29 Anmuthig küsste ‹…› Nach einigen Worten begann sie.] *Vgl. LA FORCE, S. I/110: Marguerite verlässt den Raum. Beginn der Binnenerzählung der Gräfin Sancerre.*

30 Anwesenden] ~~Damen~~ Anwesenden.

40 jede nur ersinnliche] ~~alle~~ jede.

44–50 Beyde Geschwister ‹…› Prinzeßinn *Claude* ‹…› Herzog von *Alencon* ‹…› *Lautrec* und *Bonnivet* ‹…› die sie weit führen konnte.] *Im Vergleich zu LA FORCE (S. I/113 f.) gibt Schiller eine sehr verkürzte Wiedergabe der Ereignisse am französischen Hof. Claude (1499–1524), ist die Tochter von Louis XII und Anne de Bretagne, seit 1514 vermählt mit François I. Die historischen Figuren Maréchal Lautrec und (S. V/175–177) l'Amiral Bonnivet (S. V/61–63) stehen mit dem Herzog im Wettbewerb um die Gunst Marguerites; während Lautrec zu seinem engsten Freund wird, wird der zweite zu seinem erbittertsten Feind.*

49 die Kühnheit] ⌈die⌉ Kühnheit.

51 Anna von Bretagne] *Anne de Bretagne (1477–1514), zweite Gattin von Louis XII. La Force, S. I/115.*

56 Ableben] ~~Todt~~ Ableben.

58 der Herzog von *Bourbon*, damahls noch Graf von *Montepensier*] *Charles III de Bourbon-Montepensier (1490–1527). La Force, S. I/117.*

62 Wir drey, denn auch ich muß mich freymüthig unter die Besiegten rechnen] *Diese Information fügt Schiller hinzu und modifiziert damit die Rolle der Erzählerin Sancerre, insbesondere in ihrem Freundschaftsverhältnis zum späteren Herzog von Bourbon. Vgl. La Force, S. I/117.*

63 beständig] ~~sehnlich~~ beständig.

78 Und keiner könnte sich] *Episode um die Princesse de Bourbon, Tochter der Madame de Beaujeu ausgelassen. Folgende Ereignisse um den Kriegszug nach Guyenne stark gerafft. La Force, S. I/119–127.*

82 in *Guienne*, oder nach Italien bestimmt] *Guienne*, ~~aber~~ ⌈oder⌉ nach. *Die Schreibweise des Herzogtums „Guyenne" im Südwesten Frankreichs wechselt mit „Guienne". La Force, S. I/127: „le choix du commandement des troupes qui sont en Guienne, ou de celles qui sont en Italie".*

83 begründen] ~~begründen~~ begründen.

84 Ruhm gönnen] ~~R+~~ Ruhm.

90 Plane] P+ Plane.

94 kamen nicht] ~~erhielten~~ kamen nicht ~~die~~.

105 warum lässt dieser schändliche Nero den tugendhaften Thraseas sterben!] *Publius Clodius Thrasea Paetus (?-66), römischer Senator und Stoiker in der Regierungszeit des Kaisers Nero (37–68). La Force, S. I/130: „Cet infâme Néron fait mourir le vertueux Thraséas!"*

106 Die Hofmeisterin] *La Force, S. I/130: „Les Dames La Princesse".*

111 der Dame] ~~daß~~ dier Dame ~~es~~.

141 die Form des feinen Walthens] *La Force, S. I/134: „les regles La galanterie".*

142 Wir sind] sind ~~uns~~.

146 unterbrach] unter brach.

148 wiederfahren] wieder fahren.

153 Der König von Spanien wirbt um meine Hand, und dieses Herz wird ein Opfer der Staatskunst.] *Carlos I (1500–1558) ist von 1516 bis 1556 spanischer König und ab 1519 als Carlos V Römischer Kaiser. La Force, S. I/135 f.: „mais pour mon malheur je suis loin de mes desirs, & je vous ferai la confidence que je crains bien que mon mariage ne soit arrêté avec le jeune Roi d'Espagne."*

155 So enthüllte mir diese Schöne Seele ihr Herz] *Der Begriff der „Schönen Seele" findet sich nicht im französischen Text. La Force, S. I/136: „C'est ainsi que la Princesse m'ouvroit son cœur".*

156 einen andern Richter] ~~für~~ einen.

157–251 Den Prinzen ‹…› Bei allen Ergießungen] ↑~~Zweytes Capitel.~~↑ *An dieser Stelle beginnt Charlotte Schiller eine Neufassung des vorherigen Erzählabschnitts (4v, 2. Absatz, bis 6r), ohne die vorherige Fassung zu streichen. Diese wird hier als Variante wiedergegeben:*

[4v]Der Prinz ergriff mit allem Eifer seine neue Bestimmung in *Guyenne* und der Graf von *Longueville* verlohr die berühmte Schlacht gegen die Engländer; Er wurde als Ge-

fangner an Hof Heinrichs des Achten gebracht; dort sah er die Prinzeßinn Schwester des Königs, er machte Ludwig darauf aufmerksam, ob er gleich lieber für sich selbst geworben hätte, und König Heinrich nahm nicht ungern diese Ehren volle Anträge an, und war im stillen beruhigt, seine schöne Schwester entfernen zu können, da er nicht mit Unrecht befürchten musste, daß sie die Grossen seines Reichs entzweyen könnte, und durch ihre Reize manche Feindschaft entzünden.

Die Verbindung wurde vollzogen, und der Prinz von *Longueville* vollzog als Abgesandter des Königs diese Verbindung: Als er selbst seine junge reizende Gemahlin erblickte, hatte sein Herz allen Zauber der Liebe empfunden, doch ein Freund warnte ihn zu zeitig, seinem Herzen keinen Herrscher zu geben. Der Ehrgeiz überwand endlich die Liebe, und von dem Rath des Freundes geleitet, ~~legte~~ ⌈bezwang⌉ er d~~en~~**ie** Gefühle~~n~~ der Leidenschaft. ~~Zwang auf.~~

Der Graf von *Montpensier* kehrte Ruhm voll aus seinem Feldzug zurück, und erhielt seitdem den Nahmen *Bourbon*, die Grössten Ehrenbezeugungen wurden ihm zu Theil; Der ~~König~~ Franz der Erste, welcher stets die Grösste Zuneigung zu ihm hegte, zeigte sie ihm nun öffentlich wo er ihm begegnete. Die Mutter die es ohne Beschämung fühlte daß ihre Leidenschaft statt zu vermindern sich vermehrte: Ihr Herz kam auf traurige Abwege, die ihrem Geschlecht eben so wenig, als ihrem [5]Stand zu kamen. Eine ihrer ~~grössten~~ ⌈ihr⌉ feindlich ⌠ver⌡feindeten Damen am Hof. Die Herzogin von *Beaujeu*, entdeckte diese Schwachheit, es gelang dem Auge der Rachsucht nur zu leicht, dies unglückliche Gemüth von einem strafbaren Gefühl zum andern zu ~~bringen und~~ verleiten; und alsdann über sie in ihren vertrauten Cirkeln zu spotten.

Sie selbst musste die glänzenden Eigenschaften des Helden anerkennen, aber die Rache gegen die Herzogin Mutter gab ihr, die Plane ein, die sie entworfen, um des Herzogs Ruhm, durch eine Verbindung ihrer Tochter der reichsten Erbin von Frankreich, an ihre Familie anzuschließen. Sie ließ ihm die Hand ihrer Tochter anbieten. Nicht wenig überrascht von den Vortheilen dieser Verbindung, fühlte sein Herz doch stärker die Bande der Liebe, diese Liebe hatte von neuem alle ihre Rechte behauptet; noch war ihm der Augenblick nicht günstig gewesen, sie ohne Zeugen zu sprechen. Er sah ihre Augen von einem milden Glanz belebt, und er konnte sich keine Deutung geben. Er wurde sehr verlegen darüber. Selbst der Freund der den Antrag der Herzogin an ihn ausrichten sollte, wurde ein Augenzeuge. Dieser Vorfall vereinigte zwey Nebenbuhler, wo keiner die Seele ahndete die das Schicksal ihrer Liebe in ihrer Gewalt hatte.

Lautrec war nicht wenig verwundert als er die wenige Freude bemerkte die der Antrag der Herzogin von *Beaujeu* im Herzen des Prinzen erregte. Er fand ihn so gleichgültig gegen die Aussicht eines so glänzenden Glücks, daß er so gar seinen Tadel aussprach. Der Herzog von *Bourbon* bat sogar auf eine dem ~~T~~**F**reywerber ganz unbegreifliche Weise einen Tag Bedenkzeit sich aus. Sein Freund wollte dies nicht eingehen und erbot sich ihm die Antwort zu überlaßen. – So standen die Sachen, als der Herzog seine Zuflucht zu mir nahm. Er enthüllte mir seinen Kummer, beschwor mich mit *[5v]*Thränen nur einen Schimmer von Hofnung ihm zu geben, daß die Prinzeßin von *Valois* seine Liebe nicht verschmähen würde und ihm seine Neigung vergönne. – Unbekannt mit ihrem Herzen, und mit all ihren Äußerungen nur als eine Gewöhnliche Hochachtung vertraut, säumte ⟨ich⟩ nicht Als er mir die Aussichten seines Glücks eröffnete, das Geheimnis zu enthüllen, welches noch die Verbindung der Prinzeßinn mit dem König von

Spanien am Hofe war. – Nur nicht verschmäht mag meine Liebe werden, rief er heftig bewegt aus! ich mag doch meine Hand nicht einer Andern anbieten, und will nur das Glück aufsuchen daß die Waffen mir anbieten: Mag sie den Erdkreis beherrschen, und Königinn seyn, wie sie es verdient; Ich allein werde sie ewig verehren, und ihr allein ergeben seyn!

Alle meine Vorstellungen waren vergebens! nur das Versprechen ihm eine Unterhaltung mit der Prinzeßinn zu verschaffen konnte ihn beruhigen.

Ihre eigne Großmuth hinderte mich ihr die Gefühle des Herzogs zu enthüllen: Eine sanfte Röthe übergoß ihre Wangen, als ich die Plane der Herzogin von *Beaujeu* aussprach; doch sie wusste sich so gut zu beherrschen, daß sie ihre Freude zeigte, und nur hinzu fügte, daß es ihr schmerzlich seyn würde, wenn der Herzog eines Eiteln Strebens willen diese vortheilhafte Aussicht aus Neigung zu ihr verscherzen könnte. Sie sagte bey der ersten schicklichen Gelegenheit würde sie ihm sprechen und verließ mich schnell.

Ruhig war ich nicht über dem Ausdruck ihres Wesens, sie schien zerstreut so oft ich sie anredete, als wir uns den Abend bey der Königinn fanden: Der Herzog schien in tiefem Nachdenken verlohren, Sie vermied seinen Blicken zu begegnen, u. die ihrigen ruhten nur flüchtig auf den Gegenständen, die sie umgaben.

[6]Am lustigsten war die Herzogin von ~~B+j~~ *Beaujeu* in der Erwartung eines solchen Schwiegersohnes. Sie beleidigte durch ihre laute Fröhlichkeit das bewegte Gemüth der Prinzeßinn, die sie kaum zu verbergen vermochte. Der Herzog schien alle Gewalt über sich selbst zu verliehren, und es war als fing er nun erst an eine Leidenschaft zu zeigen, die seine ganze Seele erfüllte. Die zarte Seele der Prinzessin verstand seinen Zustand nur zu gut! Sie fühlte sich ohne alle Hofnung jemahls den Einzigen Mann, den sie ihrer würdig fand zu besizen, die Nebenbuhlerin triumphirend ihr zur Seite, und auch die Mutter, deren Schwachheit sie wie der ganze Hof wohl kannte, näherte sich, und auch von dieser fürchtete sie beobachtet zu werden.

Dieser Zustand erschöpfte alle erkünstelte Faßung, derer sie sich schmeichelte erlangt zu haben. Sie konnte nicht länger unter Menschen bleiben, und bat die Prinzeßin Renée die sie liebte, einen Vorwand zu finden, um die Versammlung verlaßen zu können. Diese gab eine plötzliche Anwandlung von Unpäßlichkeit vor, und beyde entfernten sich, die Prinzeßinn von *Valois* winkte mir, kaum waren wir ohne Zeugen so ergriff sie meine Hand.

Die Freundin sprach leise. Ich ahnde Ihr Gefühl. Ich weiß wie sie geliebt werden, und kenne die ungeziemende Leidenschaft Ihrer Mutter. – Doch darf ich euch die Gefühle dieses Herzens enthüllen? Hat Er nicht alle Ansprüche auf Ihr Mitleid? Eben in diesem Augenblick, da er durch die unerwarteten Anträge bestürmt wird, fühlt er nur seine Liebe für Sie heftiger. Es mag seyn, antwortete seufzend die Prinzeßinn; darf ich es Ihnen gestehen daß auch mich diese Entdeckung verändert hat! Ich kenne seine Liebe, ich erschrecke mich für mich selbst daß seine Verbindung mich zu erschrecken vermag; daß er mir nicht gleichgültig ist! Ihre schönen Augen glänzten in Thränen. Ach ich kann diese Verbindung nicht ertragen, und doch, muß ich rathen sie zu vollziehen, denn wir sind nicht für einander! So erschloß mir diese schöne Seele ihr Herz, daß nicht bestimmt war, durch die anerkannte ~~Wahl~~ Neigung, Ihre Wahl zu rechtfertigen und die ihrem Schicksal entgegen ging, daß ihrer Liebe feindlich entgegen waltete –

161 Heinrich der Achte der im stillen erfreut war die schöne Schwester entfernen zu können] ~~seine~~ ⌈die⌉ schöne Schwester. – *Die dynastischen Verwicklungen zwischen der französischen und englischen Krone sind in Schillers Version stark gerafft. Die Schwester von Henry VIII, Mary Tudor (1496–1533), heiratet Louis XII 1514, der kurz darauf stirbt. Sie kehrt nach England zurück und verbindet sich mit dem Duke of Suffolc. Vgl.* La Force, *S. I/137 u. I/174.*

168 der Herrschaft] d~~ie~~**er** Herrschaft.

170 Graf von *Montpensier*] ~~Prinz~~ ⌈Graf⌉ von ~~*Bourbon*~~ ⌈*Montpensier*⌉.

175 Herzogin von *Beaujeu*] *Es handelt sich um Anne de France (1461–1522), Tochter von Louis XI und Mutter von Suzanne de Bourbon.*

178 eines Herzogs von *Bourbon*] *Der historische Charles de Montpensier erhält diesen Titel mit der Heirat der Titelerbin Suzanne Duchesse de Bourbon (1491–1521) im Jahr 1505. Bei* La Force *und Schiller dagegen trägt er den Titel bereits, als Louis XII für ihn um diese anhält.*

189 bedeutendsten Augenblicke] Augenblicken.

192 *Lautrec* war nicht wenig verwundert als er den Herzog] den ~~Grafen~~ ⌈Herzog⌉. – *Im französischen Text ist Lautrec eine tragende Figur in der Rahmenhandlung als wichtigster Freund des Herzogs. Seine eigene unglückliche Liebe zu Marguerite und das Liebesglück, das er schließlich mit einer anderen findet, werden über eine ausführliche Binnenerzählung vermittelt.* La Force, *S. II/25–78.*

197 seine Liebe] ~~in~~ seine.

199 ihre geheimen Wünsche] ~~seine~~ ⌈ihre⌉ geheimen.

220 *Beaujeu*] ~~*B+*~~ *Beaujeu.*

227 das ihrige] ~~Ihr Herz~~ das ihrige.

228 Prinzeßinn Renee] *Renée (1510–1547), die Tochter von Louis XII und Anne de Bretagne, spielt im französischen Text eine tragende Rolle. Ihre Geschichte wird als Binnenerzählung mitgeteilt.* La Force, *S. III/156–226.*

242 keiner Hofnung] Hofnung ~~hegen~~.

243 erkünstelter Faßung] ~~Faßung~~ erkünstelter.

256 ich soeben] ich {so}eben.

303 den folgenden Tag] ~~in aller Form~~ ⌈den folgenden⌉ Tag.

313 der den Liebenden] ~~dem~~ ⌈der⌉ d~~ie~~**en** Liebenden.

329–334 Sind Sie nun befriedigt Prinzeßinn! ‹…› wie sehr sie mich beklage.] *Brief des Herzogs.* La Force , *S. I/158.*

352 überwinden] über winden.

371 Dauphin] ~~Dauhin~~ Dauphin.

376 ihr entgegen] ~~mir~~ ⌈ihr⌉ entgegen.

386 die Königinn unterbrach] *Im Roman handelt es sich um Königin Mary, Schwester Heinrichs VIII und dritte Frau Ludwigs XII.* La Force, *S. I/166. Vgl. Kommentar zu Z. 161.*

409 Auge] A+ Auge.

422 Wir vier] Vier vier.

433–444 Bey Allen die ihn erblickten ‹…› alles Unglück das sie gestiftet.] *Gegenüber der Vorlage ist die Information stark gerafft.* La Force, *S. I/172–174.*

447 So waren die Verhältnisse als der gute König Ludwig] ↑~~So waren~~↑. – *Im Roman wird*

zudem mitgeteilt, dass die Gattin Ludwigs XII. nach England zurückkehren darf. La Force, *S. I/174 f. Vgl. Kommentar zu Z. 161 u. 386.*

448 Franz der Erste bestieg den Thron seines Vaters] *Eigentlich seines Schwiegervaters Ludwigs XII.*

451 Die Erste Gunst] ↑Drittes Kapitel.↑ Die Erste Gunst. – *Es handelt sich hier um die einzige nicht gestrichene Kapitelangabe.*

460 *Chantelle*] *Landsitz des Herzogs von Bourbon. Vgl.* La Force, *S. I/177.*

475 Der neue König] Der ⌈neue⌉ König. – *Im Roman ist der erwähnte Gesandte Lautrec.* La Force, *S. I/181.*

481 vollbracht] ~~vollführt~~ ⌈vollbracht⌉.

490 fragte er sie, nur ihr] er ~~ihr~~ sie.

498 die auch Er] die auch ~~ihn~~ ⌈Er⌉.

535 Herzens [15v]aufzunehmen vermag!] Herzens ~~ausfülle!~~ [15v]~~Herzens~~ ~~ausfüllte~~ aufzunehmen vermag! – *Wiederholung auf der neuen Seite ohne Streichung des vorherigen.*

537 Ein Faun hatte ihr gewandt ein Billet in die Hände gespielt. –] ~~Ein ++ ein Billet~~ ⌈Ein Faun hatte ihr Gewandt ein Billet in die Hände gespielt. –⌉.

542 schloß daher fälschlich] ~~schl~~ ⌈schloß⌉ daher ⌈fälschlich⌉.

544 der Ruhm] ~~den~~ ⌈der⌉ Ruhm.

546 sorgfältigsten] ~~s+~~ sorgfältigsten.

558 glücklich] ~~der w~~ glücklich.

562 Dianens Nimphen, und Satyrn] *Vgl.* La Force, *S. I/199: „L'Histoire des Satyres et des Nymphes de Diane", laut Fußnote: „Dans les Poésies La Reine de Navarre, imprimées en 1548 à Lyon". Es handelt sich wohl um Marguerites de Navarre „L'Histoire des satyres et nymphes de Dyane" (bzw. „La Fable du faux cuyder"). Vgl.* Cholakian/Cholakian, *S. 247.*

572 Großmüthiger] ~~Liebenswürdiger~~ ⌈Großmüthiger⌉.

572 nicht Thränen] ~~sich~~ ⌈nicht⌉ Thränen.

577 Mit der größten Achtung und Ehrfurcht empfing der Herzog von *Savoyen* Franz den Ersten ‹…› ließ der König sich vom Bayard zum Ritter schlagen] ↑~~Drittes Capitel~~.↑ Mit der größten. – *Beim Herzog von Savoyen handelt es sich um den Bruder der Herzogin Louise, le Bayard. Vgl.* La Force, *S. I/201.*

584 Man empfindet mit welchem Jubel] *Vgl.* La Force, *S. I/202: Einschaltung der Erzählerin Sancerre, die sich mit folgenden Worten an ihre Zuhörerinnen, die beiden Prinzessinnen, richtet: „Vous pouvez vous imaginer, belles Princesses, avec quelle joie ce jeune & victorieux Monarque fut reçu". Die nachfolgende Schilderung der Nachstellungen der Herzogin sind gegenüber dem Roman bei Schiller stark gekürzt.*

592 unveränderten Weg fort] *Ab hier paraphrasiert und kürzt Schiller stark. Sie lässt etwa die Nebenepisode um das Hündchen Lutine aus, durch das Bourbon Marguerite ein diamantbesetztes Büchlein senden lässt, was sie mit Rücksendung eines Gedichtes beantwortet. Vgl.* La Force, *S. I/212–216.*

597 welcher ihre] welcherihre.

604 alles von der] alles von ~~ihrer~~ ⌈der⌉.

608 entsponnenen Prozeß] *Wesentlich ausführlicher im Roman. Vgl.* La Force, *S. I/224–226.*

619 Gesinnungen] ~~ganze Abneigung~~ ⌈Gesinnungen⌉.

623 Carl der Fünfte sandte einen geheimen Abgeordneten] *Laut Roman handelt es sich um den „Comte de Roeux", der „incognito" anreist. Stark gerafft sind bei Schiller die dort aus-*

führlicheren Unterhandlungen mit dem Herzog, um ihn für den Kaiser zu gewinnen. La Force, *S. I/226–231.*

632 ⟨war⟩ ihm zur Hölle] + ihm zur Hölle.

637 Admiral] *Gemeint ist Bonnivet.*

639 äußre Verhältnise] äudre Verhältnide.

642 für Augenblicke] ~~augenblicklich~~ für Augenblicke.

644 neue Beleidigungen] ~~ihm~~ neue.

644 Ungerechtigkeiten] Ungerechtigkeiten ~~zeigte~~.

645 der Rachegöttinnen] {der} Rachegöttinn**en**.

650 vielleicht zur Rechten Zeit] vielleicht ⌈zur Rechten Zeit⌉.

655 vergebens erwartete, vergönnte ihm der Zufall.] ~~um~~ vergebens. – *Der nachfolgende Passus ist im Vergleich zum Roman stark gerafft. Vgl.* La Force, *S. I/231–240.*

675 vernehmen lassen] ~~gegönnt~~ ⌈vernehmen lassen⌉.

677 ausgesprochen wurden] ausgesprochen ⌈wurden⌉.

679 bestimmte] ~~gewiße~~ ⌈bestimmte⌉.

680 befürchten zu müssen] ~~zu~~ befürchten.

682 [19]Mit aller Lebhaftigkeit] [19] ↑~~Viertes Kapitel~~↑ Mit.

685 *Alencon* der Gemahl] *Alencon* {der} Gemahl.

690 diese Entfernung] diese~~r~~.

702 in denen] indenen.

710 Ballets, die] Ballets, ~~daß~~ ⌈die⌉.

713 sie so schnell] sie {so} schnell.

733 heut zumahl ist sein Bild ‹…› jene Gesänge] ~~die~~ ⌈jene⌉ Gesänge. – *Zu diesem Passus vgl. in* La Force, *S. I/252–261, den wesentlich auführlicheren Rückzug Marguerites in ein Haus am Stadtrand, die höfischen Musik- und Tanzveranstaltungen sowie die Erinnerung an eine höfische Aufführung mit Antikenmotivik: „La fête de Vénus, les jeux de Flore, la grotte de Didon, le ballet des Satyres" (S. I/260).*

739 schöne Edle Seele] *Vgl.* La Force, *S. I/261: „la plus sage personne qui ait jamais été".*

746 sichtbarer Kälte] ~~einem Anschein von~~ ⌈sichtbarer Kälte⌉.

748 Da der König mit aller Gewalt strebte, das Herzogtum Mailand] *In* La Force, *S. I/262–281, erfolgt hier eine längere Unterbrechung der Binnenerzählung durch den Diskurs der Rahmenhandlung.*

753 ließ entdeckten] ließ~~en~~ entdeckten. ~~es~~;.

754 Herzog von *Roeux*] *Der spanische Unterhändler, der den Herzog von Bourbon für Carl V. abwirbt. Vgl.* La Force, *S. V/256 f. Vgl. Kommentar zu Z. 623.*

755 ⟨i⟩m Frohlocken] ~~ihm~~ ⌈Im⌉.

761 Ihm hatten sich die schönsten] ~~+~~**I**hm hatten sich {die}.

763 Eleonore von Portugall] *Vgl.* La Force, *S. I/282 u. V/119.*

772 Auf dem Weg nach *Lyon*] *Vgl.* La Force, *S. I/283. Die Ortsangabe der Zusammenkunft ist „à Moulins".*

774 die er ‹…› vermocht habe] die er ~~hätte~~ ‹…› vermocht habe.

777 Unterthans] ~~Unth~~ Unterthans.

782 versprach] ~~gelobte~~ ⌈versprach⌉.

786 Alles wäre geschehen] La Force, *S. I/284: Durchbrechung der Binnenerzählung durch Anrede der Zuhörerinnen als „belles Princesses".*

798 Diener Pomperan] *Neben Lautrec und dem Marquis de Guast ist der Gentilhomme Pomperan einer der engsten Freunde des Herzogs. Vgl. La Force, S. I/286 u. V/242–247.*

817 vertheidigen.] vertheidigen. ~~Der Admiral vernahm die Nach~~.

820 Anführer] ~~Herzog~~ Anführer.

821 betrauerten] ~~beweinten~~.

822 *Bonivet* überzog Mailand] *Die Information ist hier stark gerafft, vgl. La Force, S. I/290–293.*

842 Sein Verlust ‹…› der ganzen Nation.] *Auslassung des Kriegsgeschehens und der Rolle des spanischen Heerführers Marquis de Pescaire. Vgl. La Force, S. I/293 f. u. V/240 f.*

845 das selbst] das ~~stel~~ selbst.

848 Gehör] ~~Gehör f~~ Gehör.

848 der Schmerz seine Gemahlin zu verliehren] *Zum Tod von Königin Claude vgl. La Force, S. I/294. Vgl. Cholakian/Cholakian , S. 53 (Heirat) u. 85 (Tod).*

851 verehrte, wie ihre] verehrte, {wie} ihre.

853 König von *Navarra*] *Henri d'Albret, roi de Navarre (1503–1555), den Marguerite de Valois, verwitwete Duchesse d'Alençon, 1526 heiratet. Vgl. La Force, S. I/295 u. V/228 f.*

876 Schlacht von *Pavia*] *Die Schlacht bei Pavia in der Lombardei im Februar 1525 bildet den Höhepunkt der Italienischen Kriege zwischen Habsburg, mit Karl V. als Kaiser seit 1519, und den Valois, mit Franz I. als französischem König, seit 1514. Infolge der französischen Niederlage wird Franz I. in Madrid gefangen gehalten und kann sich, unterstützt durch seine zu Unterhandlungen angereiste Schwester Margarete, durch die im Frieden von Madrid abgetretenen Gebiete, zurück nach Frankreich retten. Diese Schlacht bildet zugleich den Höhepunkt bzw. temporalen Bezugspunkt für die Handlung von La Forces Roman ebenso wie für Charlotte Schillers novellistische Umdichtung. Die Rahmenhandlung des Romans zieht sich über wenige Wochen im Jahr 1526 im Anschluss an Margaretes Heirat mit dem König von Navarra. Vgl. La Force, S. I/299.*

882 viel Wunden] vier Wunden.

888 Mit einem Anstand] ~~Er bestand~~ Mit einem.

890 *Lanoy*] *Comte Lannoy, französischer General. Vgl. La Force, S. V/169–171.*

891 knieete] ~~knie~~ knieete.

898 Marquis von *Guast*] *Spanischer General unter Karl V. und, gemäß dem Roman, Vertrauter des Herzogs. Vgl. La Force, S. V/150 f.*

905 Ich verlohr meinen Gemahl, auch der Herzog von *Alencon* fiel!] *Vgl. die ausführlichere Aufzählung der Kriegsverluste in La Force, S. I/304 f.*

936 Vertrauten des Herzogs] *Laut Roman handelt es sich um Peloux, der bei Schiller namentlich erst in Z. 1007 erwähnt wird. Vgl. La Force, S. I/286. Bei diesem Vertrauten des Herzogs handelt es sich wohl um eine fiktive Figur. Auch das Figurenregister im Roman widmet ihm nur wenige Zeilen (S. V/239).*

948 in Madrid] ~~nach~~ ⌈in⌉ Madrid.

952 Der Erste] ~~Der~~ ⌈Der Erste⌉.

958 Marquis von P.] ~~Marsquis~~ Marquis von P. – *Laut Roman der Marquis de Pescaire. Vgl. La Force, S. I/311.*

965 Zustand in dem] Zustand {in} dem.

989 endlich] ~~wieder~~ endlich.

990 Hoffnung] ~~Hofnung~~ Hoffnung.

994 Töne] ~~Hauch~~ Töne.

998 zwischen d⟨ie⟩] den.

1007 Peloux] *Erste namentliche Erwähnung dieses Vertrauten des Herzogs. Vgl. Kommentar zu Z. 936.*

1009 des geliebten Bruders. [27A]Der Herzog von Bourbon] des geliebten Bruders.↓#↓ [27A]Der Herzog von Bourbon ↑#↑.

1018 Vergnügen] ~~Fr~~ Vergnügen.

1022 der Herzogin] ~~der so~~ der.

1026 fodert noch] fodert ⌉noch⌉.

1030 Dürfte ich] ~~Könnte~~ ⌈Dürfte⌉ ich.

1035 er war im Stand] ~~dieser~~ ⌈er⌉ war.

1036 ihre eigne] ~~Ih~~ ihre.

1039 daraus machen] machen ~~würde~~.

1049 Beendigen Sie alles] Beendigen ⦃Sie⦄.

1053 bot alle] ~~bot alles~~ bot.

1054 Aber es war] ⌉Aber⌉ ~~Es war~~ ⌈Es war⌉.

1055 von den Planen] ~~und~~ von.

1055 Madrid] Madrick. – *Eine ähnliche Schreibweise von „Madrid" tritt in der zehnten Novelle des „Heptaméron" auf. Vgl. Marguerite de Navarre: L'Heptaméron des nouvelles. Hg. von Nicole Cazauran. Paris 2000. S. 128: „Durant ce temps le Roy d'Espaigne se retira à Madric".*

1055 anspann] ~~beu~~ anspann.

1059 nicht erlaubt] ~~keine~~ nicht erlaubt.

1060 tief verwahrt, am strengsten] ~~der tiefsten~~ tief verwahrt, am ~~meisten~~ ⌈stengsten⌉.

1062 sie je empfunden] sie ⦃je⦄ empfunden.

1067 zögerten so sehr] ~~blieben so lange~~ zögerten.

1067 Ich konnte der Prinzeßinn meine Sorgen nicht ganz] Ich ~~suchte~~ konnte der Prinzeßinn meine Sorgen ~~zu leicht~~ ⌈nicht ganz⌉.

1069 auch leicht] leicht ~~alle~~.

1069 Schmerz zu erklären] Schmerz ⦃zu⦄ erklären.

1075 Thränen aufs Papier] Thränen ~~stürzten~~ aufs.

1075 stürzend worauf sie eben] ⌉stürzend⌉ worauf sie ⌈eben⌉.

1080 Von neue⟨n⟩ ‹…› / Und größers] Von neue ‹…› / Und ~~grosses~~ größers.

1082 grosser Schmerz wird Sie von neuem] grossesr ~~neues~~ Schmerz wird Sie ⌈von neuem⌉.

1085 eben langte] eben ~~erhielt die~~ langte.

1088 welches liebt] ~~liebet~~ ⌈liebt⌉.

1091 Regentinn] *Während der spanischen Gefangenschaft des Königs ist seine Mutter Louise de Savoye in Regierungsfunktion. Vgl. den Titel „La Régente" in La Force, S. I/325. Vgl. Cholakian/Cholakian, S. 106.*

1092 deren Ausgang] ~~der~~ ⌈deren⌉.

1094 einmal] ~~unt~~ einmal.

1095 erste Trennung die uns traf, seit früher Jugend] *Einschub der Erzählerin Gräfin Sancerre. Vgl. La Force, S. I/325. Ihre eigene Jugendgeschichte erzählt Sancerre im dritten Band (S. III/24–73).*

1099 Verhältnisse der beyden Liebenden betraf] ~~Geschichte~~ ⌈Verhältnisse⌉ der beyden Liebenden ~~betrift~~ ⌈betraf⌉.

1101 kam also] ~~ging~~⌈kam⌉.

1106 Opfer der Thränen und Zwietracht ohne Unterlaß] ~~von~~⌈Opfer der⌉ Thränen und Zwietracht⌈ohne Unterlaß⌉.

1112 an seiner Brust;] Brust; ~~und tausend Umar~~.

1113 unterstüzen] ~~stuz~~ unterstüzen.

1113 sie blickte] sie ~~selbst~~ blickte.

1114 Wiedersehen] ~~ihrer Begegnung seine~~ Wiedersehen.

1115 empfand] ~~fühlte hegte~~ empfand.

1116 Auch die Königinn] ⌉Auch⌉ die.

1116 sobald es] sobaldes.

1117 sich bemühte] ~~strebte~~⌈sich bemühte⌉.

1120 verriethen] ~~war~~ verriethen.

1121 fühlte sich] ~~dach~~ fühlte.

1122 beyden sonst so] beyden⌈sonst so⌉

1123 auffinden, ihre Gefühle auszusprechen] {auf}finden, ⌈ihre Gefühle auszusprechen⌉.

1129 alle die langen] alle⌈die langen⌉.

1132 den Kummer] di~~e~~n ~~Leiden~~ Kummer.

1137 das, was sie so lange leiden müßten.] de~~n~~as ~~vorhergehenden Schmerz,~~ {was sie so} ↓lange leiden müßten↓.

1139 vorzuschlagen] ~~zu~~ vorzuschlagen.

1140 die Niemand] ~~auf~~ die.

1142 verändern] {ver}ändern.

1145 Ergebenheit enthüllt] ~~Dienste entdeckt~~⌈Ergebenheit enthüllt⌉.

1146 für zu kostbar] für {zu} kostbar.

1150 Ehre erzeigen auf] erzeigen ⌉auf⌉.

1151 mir je Rechnung] mir {je} Rechnung.

1152 unbekannt geblieben sind] unbekannt⌈geblieben⌉ sind.

1152 Isabella mit Ihnen] Isabella {mit} Ihnen.

1153 auch über meine Hand] auch {über} meine.

1153 ist für ganz Europa wichtig] ~~könnte grosses Aufsehen~~⌈ist für⌉ ~~in~~ ganz Europa ~~machen~~, ⌈wichtig⌉.

1159 zu nichts] ~~nicht~~ zu nichts.

1161 darein] ~~damit~~ darein.

1161 Vortreflich] ~~Gut~~ Vortreflich.

1164 ihren Reizen hingerißen] ~~ihr bezaubert~~⌈ihren Reizen hingerißen⌉.

1167 Der Herzog von *Alba*, der Cardinal *Salviati*] *La Force, S. I/335: „Le Duc d'Albe, naturellement amoureux & galant, sentit renaître cette passion pour elle; & le Cardinal Salviati, que Sa Seinteté avoit envoyé pour travailler à la negociation, connut avec regret que sa plus grande affaire étoit de domter les mouvements de son cœur." Als historische Figur ist hier auf den zweiten Herzog von Alba (um 1460–1531) angespielt. Bekannter ist der dritte Träger dieses Titels, der in Friedrich Schillers „Don Carlos" (1787) sowie in dessen in Charlottes Heimatort angesiedelter historischer Erzählung „Herzog von Alba und Katharina von Schwarzburg bey einem Frühstück auf dem Schlosse zu Rudolstadt Im Jahr 1547" (im „Teutschen Merkur" 1788) auftritt.*

1168 die Sache] ~~seine~~ die Sache.

1169 zu bezwingen] ~~jezt~~ zu bezwingen.
1175 Kühnheit sonst] Kühnheit ⌈sonst⌉.
1178 wie ich wissen] wissen ~~Sie~~.
1183 weit von mir entfernt!] ~~entfernt~~ weit.
1186 die Versicherung] die~~s~~ Versicherung.
1187 allen Königen] ~~für~~ allen.
1195 es hat auch] hat auch ~~auch~~.
1198 vermehrte sich immer mehr] ~~wurde~~ ⌈vermehrte sich⌉ immer mehr ~~vermehrt~~.
1199 verlängerte] ~~verschob den Ga~~ verlängerte.
1201 bemerkte sie es] sie ~~das~~ ⌈es⌉.
1202 als der Hofnarr] ~~und~~ als.
1204 öffneten] öffneten ~~die Th~~.
1207 *Papethun] Zur Figur des Hofnarren vgl.* La Force, *S. I/342.*
1210 sende ihn. So nach] ihn. {So} nach.
1211 zu lesen] zu~~m~~ lesen~~, +~~.
1215 Urlaubes] ~~Paßes~~ ⌈Urlaubes⌉.
1216 Geseze] ~~öff~~ Geseze.
1217 alle Rechte] ⌉alle⌉ Rechte.
1220 Wie sehr die Prinzeßinn] ~~Welches staunen~~ ⌈Wie sehr⌉ die.
1221 ist leicht zu] ist ⌈leicht ⌉ zu.
1223 um das Bley war ein Zettel] um das ~~Gewicht~~ ⌈Bley⌉ war ~~der nehmliche Rath des Herzogs~~ ⌈ein Zettel⌉.
1226 Hofstaat] ~~Hausl~~ Hofstaat.
1227 ihrer Abreise] ~~dieser~~ ihrer.
1229 sagte ihm noch einige] ~~noch einige~~ sagte.
1230 mit Anmuth] mit ~~Liebheyten~~ Anmuth.
1233 im Königreich *Navarra*] ~~auf dem B~~ im Königreich. – *Vgl.* La Force, *S. I/346 „sur les terres du Roi de Navarre".*
1241 wobey der Kaiser] ~~wo~~ ⌈wobey⌉ der.
1244 die Äußerungen] ~~diese~~ ⌈die⌉.
1245 im scherzhaften Tone] ~~scherzhaft~~ im.
1249 ziemte. Sie sprach spöttisch] ~~eigen,~~ ⌈ziemte.⌉ ~~Sie sagte~~ ⌈~~that~~⌉ ~~spöttisch~~ Sie.
1254 wollen, mit wenig Worten.] wollen, {mit wenig Worten}.
1258 zu sehen hoffe] h~~att~~**off**e.
1269 daß man ihn verhafte. Man hat sie] daß {man} ihn ~~in~~ verhafte. Man hat ~~ihn~~ sie.
1273 Plane errathen.] errathen. ↓~~und gaben sich Zeichen daß sie nichts bemerkte, über ihre Verdachte~~↓.
1275 erkannten in] erkannten ⌉in⌉.
1275 *Leurcy] Zur Figur des gedungenen Zeugen vgl.* La Force, *S. I/350.*
1286 die Hand] ~~über~~ die Hand.
1287 an was dieser Mensch] a~~us~~**n** was dieser ⌈Mensch⌉.
1289 aussagen] aus sagen.
1292 gekränkt] ~~ebenso~~ gekränkt.
1293 deren Besiz] ~~dessen~~ deren.
1294 sie ihm abzutreten] ~~um~~ sie.

1298 wie daß Königreich] ⌉wie⌉ daß.

1302 äußerlicher Ruhe] ~~Ruhe~~ äußerlicher.

1302 *Montmorenzi ‹…› Moncade]* Mancade. *– Der französische Konnetabel Maréchal Anne de Montmorenci und der spanische Herzog Jean de Moncade. Vgl. La Force, S. I/353: „Montmorenci“ und „Moncade“, sowie S. V/208 f. u. V/215–211.*

1303 Kaisers] ~~Königes~~ Kaisers.

1308 indem dieser] indem ~~er~~ dieser.

1317 überhäufte, mit der] ~~bedacht~~. überhäufte, mit ~~dem~~ ⌈der⌉.

1321 gehorchte, und] und ~~nach~~.

1323 HauptBedingung] ⌈Haupt⌉Bedingung.

1328 schnelle Anwort] ⌈schnelle⌉ Antwort.

1331 die Familie] ~~die Fremden~~ die Familie.

1331 Regentin an] Regentin ⌉an⌉.

1332 scheinbarer Wuth] ~~Zorn~~ scheinbarenr ~~Zorn~~ Wuth.

1335 Alle schmerzlichen] ~~A+~~ Alle.

1336 dadurch erleichtern] {da}durch.

1337 sterben wähnte] sterben ~~glaubte~~ wähnte.

1342 König an] König an.

1342 um drey Tage] ~~+ey~~ ⌈drey⌉ Tage.

1345 beyde verwundert aus] beyde ⌈verwundert⌉ aus.

1357 zunehmen, zu seiner bewunderten Gemahlin] zunehmen, {zu seiner bewunderten Gemahlin}.

1360 Reich zu sezen] Reich {zu}.

1362 kennt die Schritte] ~~weiß~~ kennt.

1369 mit den Farben] ~~in aller Farbe die mit der heißesten Leidenschaft~~ mit.

1370 Peloux] ~~Briefeträger~~ Peloux.

1376 um die Erlaubniß] um {die}.

1381 kank gefühlt] ~~übel~~ krank.

1385 Herzen] ~~Herzog~~ Herzen.

1386 Königin] ~~Herzogin von *Ale*~~ Königin.

1391 benuzen, die] benuzen, ⌈die⌉.

1398 lag ihr nun] ihr ⌈nun⌉.

1403 immerwährendem] ~~neuem~~ ⌈immerwährendem⌉.

1407 seltne Größe und Faßung] ~~Faßung.~~ seltne. *– Ende der Binnenerzählung der Gräfin Sancerre. Vgl. La Force, S. I/366.*

1408 Die Feste des Hofes] *Hier beginnt die Adaption aus Band 2 der Romanvorlage. Die Ereignisse, die am Beginn dieses Bandes stehen, werden in sehr geraffter Form wiedergegeben.*

1408 wer dafür] wer {da}für ~~sie~~.

1413 die Königinn und Gräfin *Sancerre*] *In La Force, S. II/5 handelt es sich um die Duchesse d'Estouteville und Comtesse de Sancerre.*

1422 Als die Masquen für beyde Damen] ~~Und~~ ⌈Als⌉ die Masquen ⌉für⌉.

1428 sie fand ‹…› Kaufmann] sie fand so viel Verstand in allem was ⌈~~sie~~**Er**⌉ sagte, daß sie ~~ihn~~ ⌈sie⌉ endlich anhörte. Er ⌈~~Sie~~⌉ sagte Er sey ein Armenischer Kaufmann. – *Die Personalpronomina sind inkonsistent im Bezug auf* Armenier *und* Masque.

1432 Besiz zweyer] ~~Besize~~ ⌈Besiz⌉.

1433 Schwester der *Sophi* ‹…› Mingrelischer Prinz] *Vgl.* La Force, *S. II/12: „soeur du Sophi" und „Prince de Mingrélie".*
1447 verlegen] ~~in Verlegenheit~~ ⌈verlegen⌉.
1450 Händen zurück] Händen ⌈zurück⌉.
1451 ihrer Seele auf] ihrer ⌈Seele⌉.
1453 dieses Spiel] dieses ~~Scene~~ ⌈Spiel⌉.
1455 zurück] zu rück.
1456 bald wieder] ⌈bald⌉ wieder.
1457 lärmenden Haufen] ⌈lärmenden⌉ Haufen.
1457 Sie konnte] konnte ~~sie~~.
1458 von einer schönen Gestalt, reich gekleidet] ~~gekleide~~t von einer schönen Gestalt ⌈reich gekleidet⌉.
1460 erregt wurde] ⌈erregt⌉ wurde.
1477 Erinnerungen] Erinnerungen ~~ihr~~.
1478 dieser habe den Armenier] ~~der Herzog~~ ⌈dieser⌉ habe ~~ihm~~ ⌈den Armenier⌉.
1480 Dichter über] Dichter ⌈über⌉.
1481 einem fremden Zeugen] ~~Jemandem~~ ⌈einem fremden Zeugen⌉.
1481 Händen zu sehen] Händen, ~~welches sie~~ ⌈zu sehen⌉.
1482 gewähren, welche] ~~die~~welche.
1486 Es entdeckte sich ‹…› daß der Begleiter Pomperans der Marsquis von Guast war] *Vgl.* La Force, *S. II/78. Der Passus folgt auf eine längere Auslassung. Davor folgt im Roman die Binnenerzählung von Lautrec über sein Schicksal und seine unerwiderte Neigung für Marguerite (S. II/23–78).*
1487 günstige Meinung] ~~Stimmung~~ günstige.
1490 Armenier] ~~Armenier~~ Armenier.
1490 dem Prinzen von Mingrelien] dem ⌈Prinzen von⌉.
1495 kann nicht genug] nicht ⌈genug⌉.
1495 ausmahlen] aus mahlen.
1496 alle in meinem Busen auf] {alle} in meinem.
1498 sie je ahnden?] sie {je}.
1500 Rechte! um sein Herz zu zerreißen.] Rechte! {um sein Herz zu zerreißen.}.
1501 verschwenden] ~~verlohr~~ verschwenden.
1503 Geschichte der armen Clarissa zu Ende erzählte] erzählen. – *Vgl.* La Force, *S. II/82: „la belle Clarice".*
1507 Aber wer musste] wer ⌈musste⌉ ~~konnte~~.
1521 Unmenschlichkeit zu rügen] rügen.
1523 eingiebt.] eingiebt ~~und s+~~.
1524 entgegen] entweder.
1527 auch Erhohlung] ⌈auch⌈ Erhohlung.
1535 es ihr ins Gesicht] ~~es in~~ ⌈es⌉ ihr {ins} Gesicht.
1536 zu erwecken] ~~ins Leben zu~~ zu erwecken.
1553 So viele Kämpfe] *Sehr geraffte Wiedergabe der fiebrigen Erkrankung Margaretes und der Gespräche ihrer Vertrauten. Vgl.* La Force, *S. II/293–298. Zuvor ausgelassene ausgedehnte Binnenerzählungen verschiedener Romanfiguren (S. II/87–292).*
1554 versagen können] versagen {können}.

1562 Sie wollte] ~~der~~ Sie.
1563 Weg nach *Meulan,* die Prinzeßinn von *Salerno* war mit ihr] *Meulan,* ⌈die Prinzeßinn von Salerno war mit ihr⌉. – *Vgl.* La Force, *S. II/295.*
1566 Herzogs über dem] ⌉über⌉ dem.
1567 den bloßen Nachrichten] sie ⌈den bloßen⌉.
1572 nicht mehr zu] nicht {mehr}.
1573 zu Allem] ~~Alles~~ ⌈zu Allem⌉.
1574 konnte sie wie] konnte ⌉sie⌉.
1575 Klugheit] ~~die~~ Klugheit.
1580 die sie sich anthat] die {sie}.
1584 zwey Reiter in Mäntel verhüllt] ~~ihre~~ Mäntel. – *Mit dem Heranreiten des Herzogs in Begleitung des Korsaren Dragut endet der zweite Band des Romans. In Schillers Version erinnert die Schilderung an eine wichtige Episode aus ihrem Leben, dem Heranreiten Friedrich Schillers gemeinsam mit Wilhelm von Wolzogen in Rudolstadt, wie sie* Caroline von Wolzogen *schildert: „An einem trüben Novembertage im Jahr 1787 kamen zwei Reiter die Straße herunter. Sie waren in Mäntel eingehüllt; wir erkannten unseren Vetter Wilhelm von Wolzogen, der sich scherzend das halbe Gesicht mit dem Mantel verbarg; der andre Reiter war uns unbekannt und erregte unsre Neugier." (*Wolzogen: *Schiller's Leben. Tübingen 1830, S. I/236.) Vgl. hierzu auch* Pailer: *Liebe, Abenteuer, S. 296.*
1585 Gräfin *Sancerre*] ~~Pompe~~ Gräfin.
1585 davon der vom] ~~der sein~~ davon.
1586 Es war der Herzog von Bourbon selbst.] selbst. ~~Einem solchen Herzen der Freundschaft so fähig war dieser Ausdruck der Lebhaftigkeit wohl zu verzeihen.~~ – *In* La Force, *S. II/305 wird der Name des bis dahin als Unbekannter auftretenden Herzogs nicht genannt: „elle s'alla jetter entre les bras de l'inconnu". Ab hier übernimmt Schiller stark gerafft Ereignisse aus der Rahmenhandlung des dritten Bandes.*
1600 meinen Untergang] ~~mich welche~~ meinen.
1609 allen Ansprüchen an die Prinzeßinn entraten] ~~von~~ allen Ansprüchen an die Prinzeßinn ⌈~~ent~~⌉entraten.
1614 däuchte mir] ~~dauerte~~ däuchte.
1615 meine baldige] ~~mir~~ meine.
1623 bringend, mit meiner Rache] bringend, {mit meiner Rache}.
1626 um in Frankreich] ⌉um⌉ in.
1633 Prinzeßinn] ~~Herzogin~~ Prinzeßinn.
1636 *Montpezat*] ~~*Monpre*~~ *Montpezat.* – *Vgl.* La Force *S. III/9 sowie V/224–227.*
1639 sind Sies?] ~~w~~ sind Sies?
1655 es möglich] ~~vorzustellen uns~~ es.
1656 Verkleidung] ~~Masque~~ ⌈Verkleidung⌉.
1659 Landhause] ~~Haus~~ Landhause.
1668 schwer sein] schwer ~~fallen~~ ⌈sein⌉.
1679 Franz der Erste] ~~der Gebieter~~ Franz.
1680 bedeutend und belebend] bedeutend ⌈und belebend⌉.
1698 gegen alle Vernunft] ~~aller~~ gegen.

1704 und ein so theures] und ⌈ein⌉ so.

1711 und in ihrem Wesen] und {in} ihrem.

1721 sie vermochte ‹…› folgendes] sie ~~konnte es nicht ohnmöglich~~ ⌈vermochte es doch nicht⌉ über sich ~~gewinnen~~ ⌈sich nicht an ~~dem~~⌉ dem Zeichen einer solchen Liebe die so sehr ihr Herz bewegte ~~und~~ ⌈~~nicht~~⌉ ~~sich~~ zu ergözen. Sie las ~~fog~~ folgendes.

1728 Diese Gottheit] ~~Gott dem ich~~ ⌈Diese⌉.

1737 geben musste] musste~~n~~.

1740 Prinzessinn Renee] ~~Prinzeßinnen~~ Prinzessinn.

1740 die Gräfin] ~~Freu~~ die.

1742 zu sprechen] ~~sie~~ zu.

1742 Gemüths] ~~Ge+ths Ge+hs~~ Gemüths.

1744 [43A]Glücklich diesen] *Nochmalige Paginierung als:* 43. *Raffung und Umstellung gegenüber dem Roman, insbesondere der Episode, in der die Herzogin von Angoulême mit ihrer Freundin Dorval über das Bild des Herzogs spricht (*La Force*, S. III/126–137). Auslassung der Binnenerzählung mit der Lebensgeschichte der Princesse Renée (S. III/156–226).*

1747 den lustigen Parthieen] de~~m~~**n**.

1759 versprach man ihm] versprach ⌈man⌉.

1766 Peloux blieb] Peloux ~~bl~~ blieb.

1775 uns nur Ihres Unglücks nicht gedenken] uns ⌈nur⌉ Ihres Unglücks ~~vergessen~~ ⌈nicht gedenken⌉.

1777 sprach er] sprach ~~sie~~ er.

1784 Ich stehe] ~~i~~**I**ch.

1788 erheitern, als die] ~~bes~~ erheitern, als die ~~sorgfältigsten~~.

1791 nicht ahndete] nicht ahndete.

1793 sich ruhiger] {sich} ruhiger ~~sich~~.

1794 Arm einer Vertrauten] ~~v~~**V**ertrauten. – *Es handelt sich um Madame Dorval, die am Ende des Romans Lautrec heiraten wird. Vgl.* La Force, *S. III/127 u. 306.*

1794 Gartens umher] Gartens ~~nahte~~ umher.

1796 gewöhnlich sonst] gewöhnlich ⌈sonst⌉.

1801 Ihrige niemahls] Ihrige ~~keine~~ ⌈niemahls⌉.

1808 Herz ‹…› Regentinn] ~~h~~**H**erz ‹…› ~~r~~**R**egentinn.

1814 Kaiserlichen Heers] ~~Heers~~ Kaiserlichen.

1817 ich einen Fieberschauer] {ich} einen ~~todtlich~~ Fieberschauer.

1818 erwartet, und doch] und {doch}.

1820 Sie waren an einen Seitengang gekommen] *Vgl. zu dieser Episode* La Force, *S. III/127–129f.*

1830 tausend Mahl mehr] Mahl ~~tiefer~~ ⌈mehr⌉.

1840 gab uns zwey] uns ~~uns~~.

1845 sein Herz] Herz ~~zu machen~~.

1851 mich zu fliehen] {mich} zu ~~ver~~fliehen.

1859 Diese traurigen] Diese~~s~~.

1865 Fund der ‹…› war ihr] Fund ~~den~~ ⌈der⌉ ‹…› war ihr.

1871 auf ihren Schmerz] ⌈auf⌉ ihren.

1872 besänftigen] ~~bändigen~~ ⌈besänftigen⌉.

1875 Hätte sie] ~~h~~Hätte.
1876 zu geben] zugeben.
1879 denn das Wunderbare] ~~und~~ denn.
1886 unvorbereitet für] unvorbreitet ~~+~~für.
1892 von Angst überwältigt] ~~voll~~ von Angst ⌈dar⌉über wältigt.
1895 so eine Mattigkeit. Sie rief zitternd] {so} eine Mattigkeit. Sie ⌈rief⌉ zitternd ~~und sank ohnmächtig in ihren Sessel~~.
1903 das Vorgefühl] ~~be+ich~~ ⌈das Vorgefühl⌉.
1907 die Stimme ‹…› nicht zu erwecken vermochte] da sie ~~für~~ die Stimme des Geliebten nicht ⌈zu⌉ erwecken ~~konnte~~ ⌈vermochte!⌉. ~~Sie wurden immer ernstlicher besorgt, daß dieser Schlaf ewig daure, daß die Augen auf immer dem Licht verlohren wären. Man bat die Herren endlich sich zu entfernen~~.
1913 mit meiner Liebe] {mit} meiner.
1914 an, u. thue es] an {u.} thue.
1920 Freund Worte] Freund ~~härtre~~ Worte.
1926 Bewußtseyn] ~~Be~~ Bewußtseyn.
1928 Königinn, damit] Königinn, ~~um~~.
1931 Man erfuhr] ~~Sie~~ Man.
1934 sie erschien bald] {sie} erschien ⌈bald⌉.
1939 die gerade] die ~~sich~~ gerade.
1940 bessres Schicksal] ⌈bessres⌉ Schicksal.
1943 viele andre] viele ⌈ander⌉.
1944 *Gauric*] *Laut Roman der Astrologe Luc Gauric. Vgl.* La Force, *S. III/301.*
1947 Ruhe finden] ~~r~~Ruhe.
1949 vermehrte ‹…› die Gesellschaft] ~~trat~~ ⌈vermehrte⌉ die Königinn von *Navarra* ~~zur~~ ⌈die⌉ Gesellschaft.
1950 doch wurde] ~~und~~ doch.
1951 Lustschloß welches Franz der Erste eben bauen ließ] La Force, *S. III/323: „le superbe château que le Roi faisoit bâtir dans le bois de Boulogne". Marguerite lädt ihre Reisegesellschaft ein, in ihrem Haus in Surene zu übernachten: „& que, si elle avoit cette partie agréable, elles partiroient quand tout le monde seroit occupé à se divertir, & qu'elles coucheroient à cette agréable maison qu'ell avoit à Surene".*
1952 Augenblick] ~~so günstigen~~ Augenblick.
1953 Spazierfahrt] ~~Parthie mit~~ Spazierfahrt.
1960 überzeugt] über zeugt.
1960 Constellationen] Sternen Constellationen.
1964 Würden Sie wenn man ein Bild zeigte] *In* La Force, *S. III/325–327, wird diese Frage von Isabelle de Béarn, der Schwester des Königs von Navarra, gestellt. Daraufhin vermutet die Regentin, dass es sie ist, die das Medaillon mit dem Bildnis des Herzogs verloren hat.*
1971 welches angenehme] ~~Welches~~ welches.
1972 welche Verwirrung] ~~welches Cahos von~~ welche.
1974 zu wieviel] ~~welch~~ ⌈zu wieviel⌉.
1978 Und doch wird er zulezt sich in den Armen seiner grausamsten Feindin finden] La Force, *S. III/328: „il se verra bientôt entre les bras de sa plus grande ennemie".*

1990 Lustschloß hurtig] Lustschloß ⌈hurtig⌉.

1993 Er warf einige sonderbare Bemerkungen, und Prophezeihungen hin] *La Force, S. III/330 f.: Gauric sagt Marguerite die künftigen Verbindungen verschiedener anwesender Mitglieder der Hofgesellschaft voraus.*

1996 daß dieser Tag der grösste Ihres Lebens ist, daß die Sonne nicht sinken wird, ehe Sie die grösste Ueberraschung haben werden, die Sie je hatten.] *La Force, S. III/332: „qu'aujourd'hui sera un des plus grands jours de votre vie, & qu'il ne se passera pas entièrement sans que vous ayer la plus grande surprise & le plus sensible plaisir que vous puissiez jamais avoir".*

1999 Königinn] ~~Königin,~~ Königinn.

2008 Lustschloß *Surrene*] *La Force, S. III/334.*

2012 Die Ungeduld des Connetabels] ~~als~~ Die Ungeduld des Connetables ~~ihm~~.

2012 war unbeschreiblich] ~~nicht erlaubte~~ ⌈war unbeschreiblich⌉.

2013 entdecken] ~~verbergen~~ entdecken.

2016 man gehorcht] ~~Sie sind~~ man.

2021 hielt er fest] ~~hatte er in~~ ⌈hielt er fest⌉.

2024 vergönnt mir noch] mir ⌈noch⌉.

2025 und sagte] sagte ~~seufzend~~.

2029 Ach er ist sehr unglücklich!] Ach {er}.

2038 Seufzen ‹…› unterbrachen] ~~unterbrochnen~~ Seufzen ‹…› unter brachen.

2043 Es ist vielleicht zu viel, wenn] ↑Es ist vielleicht zu viel,↑wenn.

2057 nahe war hätte] nahe war hätte.

2064 gefahrvoll] ~~gefahrvoll~~ ⌈gefahrvoll⌉.

2074 reine Freuden] ~~tausend~~ reine.

2077 [49A]verfinsterte sich] *Nochmalige Paginierung als 49.*

2080 übermannt] übermannt.

2080 wo anders finden ‹…› was er verlaßen musste!] ~~mehr~~ wo anders. – *Ende der Adaption aus Band III des Romans.*

2082 war voller Bewegungen] war ~~zu~~ voller ~~von den~~ Bewegungen.

2091 Herz hatte sie] hatte {sie}.

2092 in seinem Herzen] Herzen ~~le~~.

2094 eigner Güte] ~~Herzensg~~**G**üte.

2097 der Zärtlichkeit] ⌉der⌉ Zärtlichkeit.

2098 Propheten] ~~Profe~~ Propheten.

2104 Renee den] Renee, d~~i~~**en**.

2109 Die Königinn von *Navarra* verließ bald die muntre Gesellschaft um sich mit ihrem Königlichen Bruder in sein Kabinet zu begeben] ~~v~~**b**egeben. – *La Force, S. IV/68–75: Wesentlich ausführlichere Unterredung zwischen Marguerite und François I.*

2113 ⟨die⟩ dieses seltne Glück ‹…› verdiente] und dieses. – *Grammatischer Anschluss unstimmig.*

2124 mit Herzlichkeit] ⌈mit⌉ Herzlichkeit.

2128 leise kaum hörbar] ~~leise~~ ⌈kaum hörbar⌉.

2130 und ihre Thränen] und ⌈ihre⌉.

2132 sogleich] ~~ganz~~ ⌈sogleich⌉.

2132 wiederholte er] ~~sagte er~~ wiederholte er.

2137 bin über alles dies] {bin} über alles ⌈dies⌉.

2139 sagte sie gelaßen] sagte ~~d~~Sie.

2141 sterben, die] sterben, ~~denn~~ ⌈die⌉.

2144 Königinn] ~~Königinn~~ Königinn.

2144 Es ist derselbe Unbekannte der den Herzog von Nagera tödete] *Vgl.* La Force, *S. IV/72. Die Information bezieht sich zurück auf die Eröffnung des Romans. Am Beginn von Band I treffen Lautrec und Dragut auf den geheimnisvollen Unbekannten, „le merveilleux inconnu" (S. I/8), der den Duc de Nagéra, den Verfolger der beiden spanischen Prinzessinnen Maria d'Aragon und Alphonsine de Salerne, im Duell niederstreckt (S. I/20). Der Duc de Nagéra ist keine konkrete historische Figur, wie auch die zweizeilige Information im Register des Romans nahelegt (S. V/228).*

2147 die Terrasse] ~~meine~~ ⌈die⌉ Terrasse.

2149 und in seiner Seele] ~~ihn~~ und in seiner Seele ~~entstand nur~~.

2161 wie die größten] ~~werden wie der~~ ⌈wie die größten⌉.

2166 am meisten hierdurch] der es in ⌈am meisten hierdurch⌉ ~~der Tat~~.

2173 kehrten zur Gesellschaft zurück] La Force, *S. IV/75: „se rendirent au public". Im Roman folgt eine ausgedehnte Schilderung einer höfisch-zeremoniellen Festveranstaltung mit ausführlicher Choreographie der Quadrille (S. IV/76–81).*

2191 meiner Mutter] ~~seiner~~ ⌈meiner⌉.

2201 in Ihren Planen] ~~von~~ ⌈in⌉ Ihren.

2210 sie zuweilen] {sie} zuweilen.

2210 Güte welcher] Güte ~~die~~ ⌈welcher⌉.

2223 Carl dem Fünften] ~~5td~~em ⌈Fünften⌉.

2232 Sie zum König] Sie {zum} König.

2245 von einer Freundin] ~~mit~~ von.

2258 schuldlosen] ~~Liebe~~ schuldlosen.

2268 die Krone] ~~die~~ die.

2271 angebetete] ~~verehrte~~ angebetete.

2272 seinen Ruhm gethan, und das Andenken] ~~meinen~~ ⌈seinen⌉ Ruhm gethan ~~habe.~~ und ~~Anden+~~ das.

2279 der unheilbar ist] der ~~ohne Linderung~~ ⌈unheilbar ist, ~~anworte~~⌉.

2281 gerecht] gerecht.

2284 hatten alle die Zeit] hatten ⌈alle⌉ {die} Zeit.

2286 festgesetzte] ~~bestimmte~~ festgesetzte.

2287 Drey Paare waren es, unter denen auch die Gräfin *Sancerre* einem treuen Geliebten am Altare die Hand gab.] ~~noch d~~Drey Paare ⌈waren es⌉, unter denen {auch} die Gräfin *Sancerre. – In* La Force, *S. IV/362–371 werden eine Reihe glücklicher Verbindungen anderer Figuren mitgeteilt, deren Schicksale in einem Geflecht von Binnenerzählungen vermittelt wurden. Die Serialität glücklicher Ausgänge steht kontrapunktisch zum nur flüchtigen, vergeistigten Liebesglück des zentralen tragischen Paars. Schiller beschränkt sich auf die drei engsten weiblichen Vertrauten der Heldin: Renée heiratet den Prince de Ferrarre, Hercule d'Est, Alphonsine de Salerne den Prince Alphonse de Melphe und die Comtesse de Sancerre den Conte La Rochefoucault, den Schiller indessen nicht namentlich erwähnt.*

2289 Gemahl geliebt] Gemahl ~~still~~ ⌈geliebt⌉.

2291 die Hand] ~~de m~~ die Hand.

2294 Nach dem Königlichen Mahl] ~~Ein~~ Nach. – *Das nachfolgende Turnier, das sich auf das Turnier am Romanbeginn bezieht, wird im Roman als höfisch-zeremonielle Veranstaltung dargestellt und als „carrousel" bzw. „quadrille" bezeichnet (*La Force*, S. IV/365–367). In Schillers Adaption wird es als Festzug und Turnier dargestellt im narrativen Rückbezug auf das erste Auftreten des Grafen von Montpensier am Hof. Vgl. Z. 57–64.*

2296 behangen] ~~bedeckt~~ ⌈behangen⌉.

2301 Anführer war der] warder.

2305 Anzüge] Auzüge.

2306 gewählt] gewählt ~~+++~~.

2307 gesellte] ~~misch~~ gesellte.

2309 Das Schild] ~~Sein~~ Das.

2309 Der Himmel und die Erde] ~~di~~Der. *Vgl.* La Force, *S. IV/367: „Le Ciel et la Terre".*

2317 unerkannt] ~~zu~~ unerkannt.

2320 daß sie durch diese] ~~daß~~ ⌈daß⌉ sie ⌈durch diese⌉.

2322 zum Zeitpunkt] ~~zum Ab~~ zum.

2323 er mit Ruhm] {er} mit ~~Rep+~~ Ruhm.

2325 Trennung nicht leicht zu ertragen] Trennung {nicht leicht zu ertragen}.

2327 Wonne] ~~Gl~~ Wonne.

2344 So trat dieser große Edle Mensch ‹…› In der Belagerung Roms fand der heldenmüthige Herzog den Todt] *Das weitere Schicksal des Herzogs rafft Schiller stark gegenüber der Vorlage. Vgl.* La Force, *S. IV/370 f. Bei der Belagerung Roms handelt es sich um den Sacco di Roma von 1527.*

2350 Freunde, und Freundinnen] Freundinnen ~~zu ihrer Bestimmung~~.

2352 wie in ein verlohrnes] wie ⌈in⌉ ein.

2356 ihr unaussprechliches Glück] ihr~~e~~.

2360 Johanna Königinn von *Navarra* Mutter des großen Heinrichs] *Jeanne d'Albret (1528–1572), und Henri IV (1553–1610).*

Johanna

Textgrundlage: GSA 83/1642. 34 Blatt, Einzelbögen, Folio, 21,5 × 34,5cm (beige). Stofflich zugehörig ist vermutlich das Erzählgedicht ⟨Hierher bringet den Korb⟩ *(GSA 83/1655). Ein Druck ist nicht bekannt. Die einzig erhaltene Konzeptfassung weist starke Überarbeitungen auf, möglicherweise von fremder Hand. Erhalten ist eine graue Banderole mit der Aufschrift „Johanna".*

Wie aus der Konzeptfassung naheliegt, lautet Schillers ursprünglicher Titel „Athanasiens Johanna", den sie zunächst umändert in Titel und Untertitel: „Johanna. Aus Athanasiens Taschenbuch", schließlich aber den Untertitel streicht und rechtsbündig ans Ende der Erzählung setzt (vgl. Z. 1365). Es ist daher zu vermuten, dass sich die Angabe nicht auf eine literale

Quelle bezieht, sondern mit dem Namen Athanasia einerseits auf das Motiv der Unsterblichkeit der Seele und andererseits auf konkrete Frauenfiguren aus der christlichen Hagiographie anspielt. Zwei solche Figuren kommen in Frage:

> *Athanasia von Aegina (Aegina,?-860), die jung mit einem Offizier verheiratet wurde, später einen religiösen Mann heiratete, selbst Äbtissin wurde und als Heilige verehrt wird, sowie*
> *Athanasia aus Canopus (Alexandria,?-311), deren drei Töchter Theoktista, Theodotia und Eudoxia wegen ihres Christseins gefangen genommen wurden. Cyrus und Johannes versuchten ihnen zu Hilfe zu kommen, wurden jedoch, ebenso wie Mutter und Töchter selbst, gemartert und getötet.*

Gemäß Schillers ursprünglichem Titel „Athanasiens Johanna" ist die Protagonistin Clotilde von der Wart in der Position der Heiligen oder Märtyrerin zu sehen, bei der die junge Frau Johanna eine vermeintliche Schuld abbüßt. Mit der Heiligen Athanasia (9. Jh.) verbindet Clotilde die Ehe mit einem Offizier; mit der Märtyrerin (4. Jh.) verbindet sie, dass sie statt dreier Töchter drei Söhne hat, die verblenderischem Kriegswesen zum Opfer fallen: Ihren Zwillingen Cyprianus und Wolfgang hat sie in der Familienkapelle ein Monument gesetzt; und ihr jüngster Sohn Adelbert lernt auf seiner Kunstreise, die sich unversehens in eine Kriegsreise verwandelt, im nördlichen Italien die junge „Jeannetta" (Z. 677) kennen, die als büßende „Johanna" zu seiner Mutter Clotilde pilgert. Ein Spiel mit namentlichen Allusionen ist erkennbar, der Name der Protagonistin selbst ist sprechend, insofern sie das Dasein von einer ‚höheren Warte' aus betrachtet.

Motivische, poetologische, und gattungsgeschichtliche Spuren lassen darauf schließen, dass es sich bei dieser historischen Erzählung um ein spätes Werk Charlotte Schillers handelt. Auch hier bildet der Novellendiskurs der Kunstperiode einen bedeutenden Kontext: Die Konzentration auf eine einzige ‚unerhörte Begebenheit', die unerwartete Zusammenführung von Mutter und Sohn, Liebhaber und Geliebter, deutet auf eine Abfassung nach der Popularisierung der Gattung durch Ludwig Tieck im frühen 19. Jahrhundert hin. Zugleich verweisen zentrale Motive der Johanna *auf die Dichtung der romantischen Epoche, wenngleich Schillers Interesse für das Mittelalter klar auf den Stoff begrenzt ist und keinesfalls an die christlichen Utopien eines Novalis oder Achim von Arnim anschließt. Anders als etwa in* Arnims *„Die Kronenwächter" (1817) dienen hier Versatzstücke aus der Epoche Friedrichs II. – der Streit zwischen Guelfen und Ghibellinen in den norditalienischen Provinzen, das ritterliche Ethos, das ferne Jerusalem – vornehmlich als exotische Staffage. Für die Handlung sind diese Bezüge nur von untergeordneter Bedeutung. In den Rückblenden beider Heldinnen, die das Gros des Textes ausmachen, fällt im Übrigen die Neigung zu anthropologischer und gesellschaftlicher Reflexion ins Auge, die sich in dieser Form sonst kaum in Schillers Prosatexten findet. Man denke beispielsweise an Clotildes Erklärung, „daß das Leben nur ein Traum ist, und nichts wahres u. wirkliches uns bleibt, als das Vermögen die Begebenheiten aufzufassen" (Z. 344 f.). Damit nähert sich Schiller im Gegensatz zu ihren um 1800 entstandenen Zeitgeschichtlichen Erzählungen deutlich der Literatursprache der romantischen Periode an.*

An verschiedenen Stellen der Erzählung offenbar vorgesehene Liedeinlagen sind nicht erhalten. Der Anschluss an die Romantik erweist sich allerdings auch in einer Bearbeitung desselben Stoffes in Form des Erzählgedichts in Hexametern ⟨Hierher bringet den Korb⟩. *Erhalten ist nur ein „Erster Gesang", der inhaltlich große Übereinstimmungen mit dem ersten*

Teil der Prosabearbeitung aufweist. Im Zentrum steht eine nicht namentlich bezeichnete „Gebieterin“, der ein Zug junger Frauen und Flötenknaben, den „Johanna die edele Junfrau“ (Z. 23) anführt, Erntegaben darbringt. Sie erinnert sich wehmütig des Verlusts ihrer beiden älteren Söhne und sehnt sich nach einem vermissten jüngeren Sohn.

Erhalten ist ein weiteres Erzählgedicht mit dem Titel Des Pilgers Lied *(GSA 83/1601), das gleichfalls in den Kontext der Erzählung* Johanna *(oder aber des Romans* ⟨Wallberg⟩*) gehören könnte und am Ende des Kommentars zu den Erzählgedichten wiedergegeben wird.*

---

1 Johanna] ~~Athanasiens~~ Johanna. ↓~~Aus Athanasiens Taschenbuch~~↓.

2 das Herz] Herz ~~den~~.

2 sein physisches] sein~~e~~.

4 Vergangenheit und Zukunft anzustellen] Vergangenheit ⌈und Zukunft⌉ anzustellen ~~saß Frau von der~~.

5 in der Wircklichkeit umgeben] ~~umgeben~~ ⌈#⌉ in der Wircklichkeit ⌈umgeben⌉.

6 Frau Clotilde von der Wart] *Erste Nennung des Namens. Vgl. die abweichende Namensform* Wardt *in Z. 1144 u. 1292.*

7 Linden die an die gothischen] ~~Pappeln~~ ⌈Linden⌉ die an ~~ihre hohes~~ ⌈d~~en~~**ie**⌉ gothischen.

9 reich mit Schnizwerk verzierten Pfeiler] ~~üppig~~ ⌈reich mit Schnizwerk⌉ verzierten ~~Pfle~~ Pfeiler.

11 in Fülle der Jugend und Kraft prangend] ~~mit aller~~ ⌈in⌉ Fülle der Jugend und Kraft ~~verziert~~ ⌈prangend⌉. – *An einzelnen Stellen ist schwer zu entscheiden, ob Worte oder Zeichen nachträglich eigenhändig oder von fremder Hand eingefügt sind. Vgl. insbesondere die Überarbeitungen zu Z. 30, 32, 36, 39 u. 64.*

12 Hintergrunde] Hintergrunde ~~st~~.

13 Knabe] ~~blühender~~ Knabe.

14 die er eben ‹…› im Begriff war] ⌈die⌉ Er ~~wollte~~ eben die Stufen des Altars besteigend, ~~und die Blumen dahin~~ ⌈dort sie⌉ ~~wollte~~ ~~aufstellen wollte~~ ⌈in den Krügen aufzustellen im Begriff war⌉.

18 milden Sinn] milde~~s~~**n** ~~Wesen~~ ⌈Sinn⌉.

19 und zu gestalten vermochte] und ⌈zu⌉ gestalten ~~konnte~~ ⌈vermochte⌉.

21 nur eine unsichtbare] ⌈nur⌉ eine.

23 ihrer Diener] ~~d~~**D**iener.

24 die entfernte Hofnung] Hoffnung ~~sie könne vielleicht noch einen Sohn besizen~~.

24 einem gewißen Ziel] einem ⌈gewißen⌉.

24 Gegenwart ihr erträglich] Gegenwart {ihr} erträglich ~~für andre~~ ⌈~~die~~⌉ ~~machen s~~ machen.

29 einer milden Sonne] ⌈einer⌉ milden.

30 heim] ~~zurück~~ ⌈heim⌉.

30 Trauben ‹…› dargebracht werden] Trauben ⌈und Blumen des Herbstes⌉, sollte der Gebieterin (#) dargebracht werden (~~+~~ ⌈#⌉) ~~des Herbstes~~.

32 Zwölf Jungfrauen] [a)]Zwölf.

33 Clotilde] Clotilde ~~alles~~.

35 schmückten] ~~zierten~~ ⌈schmückten⌉.
36 Zeichen der Unschuld] [b)]Zeichen.
37 kamen] ~~üb~~ kamen.
39 (wohl gewählten) Weisen den Gesang.] {(wohl} gewählten{)} Weisen. – *Das letzte Drittel der Seite ist unbeschrieben. Möglicherweise sollte hier ein Lied eingefügt werden, das jedoch nicht erhalten scheint.*
40 dieses Tages] ~~eines~~ ⌈dieses⌉.
41 das hoffen kann] daſs ~~noch~~ hoffen kann.
41 Glück] ~~grösste~~ Glück.
42 noch in vielen Gestalten uns] noch ~~nur~~ ⌈in vielen Gestalten uns⌉.
42 fröhlich] ~~lustig~~ fröhlich.
45 mit ihrer getreuen Johanna] ~~Hedwig~~ Johanna. – *Erste Nennung des Namens.*
47 erseze] ~~u.~~ erseze.
55 Sinnbilder] ~~Atribute~~ Sinnbilder.
57 kindisch] kindisch~~en~~.
64 der Ansichten hat] [c)]der Ansichten hat.
66 man soll] ~~s~~ man.
67 nicht übel] übel ~~(und)~~.
68 ich bin krank.] krank. ~~mein Kopf schmerzt mich;~~.
69 den Grossen] dern Grossen ~~Versammlung~~.
70 ich mit Euch] ~~ihr~~ ich.
71 Als Johanna die Kinder zu ihren Eltern] Johanna ~~sie~~ ⌈die Kinder zu ihren Eltern⌉.
73 Schleyer gehüllt;] gehüllt; ~~und schien des~~.
74 Wesen dem das Gefühl] Wesen [g)]~~dem~~ ⌈~~das~~⌉ ~~das~~ ⌈dem das Gefühl⌉ ~~erzieht~~.
74 trösten, mehr giebt als] trösten, ~~statt~~ ⌈mehr giebt als⌉.
77 eine eiserne Thüre] eine ⌈eiserne⌉.
78 der Kapelle] ~~ein+~~ ⌈der⌉.
78 zwey große] zwei ~~geh~~.
79 Grabmahl] ~~Sarcophagen~~ ⌈Grabmahl⌉.
79 vier Seiten] ⌈vier⌉ Seiten ~~des Sarcophages~~.
79 menschlichen Alter] Alter ~~+~~.
80 Keine Worte] ~~Ein~~ Keine.
81 es betroffen] ~~über ihm (einbrach)~~ ⌈es betroffen⌉.
85 Grabmahl] ~~Sarcophage~~ ⌈Grabmahl⌉.
93 Eigenthum sind] ~~gehören~~ ⌈Eigenthum sind⌉.
97 und den Kampf seiner Wünsche] ⌉und den Kampf⌉ seiner.
101 aufgab] ~~g~~ aufgab.
103 erfüllet] ~~+~~ erfüllet.
104 verbirgt] ~~+~~ verbirgt.
105 müsste denn seiner] müsste ⌈denn⌉.
107 lebe!] ~~nur~~ lebe!.
108 es mir ist] ~~es ist~~ ⌈es⌉.
113 einführen, so wähnte ich!] einführen, ⌈so wähnte ich!⌉.
116 zu erweitern] erweitern ~~wenn~~.
116 eine natürliche Stüze] eine ⌈natürliche⌉.

126 als ich in der zarten] als ⌉ich⌉.
127 Frauen an die Männliche] Frauen~~s~~ an ~~das~~ die.
128 erst reich] ⌈erst⌉ reich.
130 Weg zeigt] ~~weg~~ ⌈Weg⌉.
136 zu diesem] ~~zum~~ ⌈zu diesem⌉.
138 Du Irrst] **I**rrst.
140 schlingen] ~~ziehen~~ schlingen.
143 Herzens] ~~Gemüths~~ ⌈Herzens⌉.
145 würden meine Sprache] ~~fühlten~~ würden.
148 regt die besten] regt.
151 die ihren stillen,] stillen, ~~unwegsamen~~.
154 die Einzige] ~~das~~ ⌈die⌉.
158 laß sie durch üppigen Trunk ‹…› leeres Gemüth] laß ~~ihnen~~ ⌈(sie)⌉ durch üppigen Trunk ihr Leben ⌈~~(zu)~~⌉ verschwenden, oder ~~(s+) den~~ ⌈welchen⌉ ihr unbefriedigtes ⌈leeres⌉ Gemüth. – *Hier sowie auf der verbleibenden Seite 4v ist undeutlich, ob die Überarbeitungen eigenhändig sind.*
159 des Sinnes.] Sinnes. ~~der und der Bilder bedürfen, um sich nicht vor~~.
160 sie glücklich macht] ~~ihnen wohlthut~~ ⌈sie glücklich macht⌉.
162 Nonnen, unter dem] Nonnen, ~~wo~~ ⌈unter dem⌉.
163 in den schwülstigen Lehren der Heiligen ‹…› nach einander ausmahlte,] ~~unter~~ ⌈in⌉ den schwülstigen ~~Worten~~ ⌈Lehren⌉ der Heiligen ↓und in ihren wundervollen Begebenheiten, die eine so ängstliche Phantasie nach einander ausmahlte,↓.
165 Andacht verfinsterter Gemüther] Andacht ~~der dumpfsten verfinsterten~~ verfinsterter ~~(Sinnen)~~ ⌈Gemüther⌉.
168 die menschlichen] ~~das~~ ⌈die⌉.
168 zu überlegen warum] zu ~~beg~~ überlegen ~~wo~~ ⌈warum⌉.
169 LebensAnsichten] ⌈Lebens⌉Ansichten.
171 that nichts] ~~That~~ that.
172 phantastischen Welt Gestalten] ~~anderen~~ ⌈phantastischen⌉ Welt ~~zu~~ Gestalten.
173 es weiter führt ‹…› hinausstrebt] es ~~führe~~ ⌈weiter führt⌉ ‹…› ~~hinaus führt~~ ⌈hinausstrebt⌉.
174 und dahin wo] ~~Entweder durch v+~~ und dahin + ⌈wo⌉.
175 gehören] ~~(passen)~~ ⌈gehören⌉.
176 Wenn von den ‹…› Gemüths aus es mir] Wenn ~~ich~~ von den tiefen Kräften eines menschlichen Gemüths ~~sprach wie~~ ⌈aus⌉ es mir ~~entfuhr~~.
178 in die Welt] ~~für~~ ⌈in⌉.
187 gebeugt] ~~zerknickt~~ gebeugt.
196 Becher] ~~Weid~~ Becher.
201 an den hohen] ~~aus~~ ⌈an⌉.
202 wenn sie mir zu lang ausblieben! – wie eine Henne] lauschte. – ⌈wenn sie mir⌈ – wie ⌉zu lang ausgeblieben!⌉ eine Henne.
211 getötet] ~~gefressen~~ ⌈getötet⌉.
213 nicht dies zum Vorwurf] nicht ~~den~~ ⌈dies zum⌉.
219 für ihn thun] für ihn.
220 Gelübden] Gelübbden.
233 ich muß ewig] muß ~~ewig~~ ewig.

238 versöhnt] ~~erträgt~~ ⌈versöhnt⌉.

240 erfüllt, und dabey nicht der Menschlichkeit vergeßen.] erfüllt, {und dabey nicht der Menschlichkeit vergeßen.}.

241 Dann in einer wildigten Anhöhe ‹…› den Weg ⟨verrammen⟩] ~~in~~ ⌈Dann in⌉ einer wildigten Anhöhe ~~findet~~ ⌈fand⌉ sich ~~eh~~ ein Trupp verborgner ~~Feinde~~ Reuter. Sie wolten den T~~rup~~**apf**ern Vortrab dem Weg veramen.

244 verworrne] ~~h+~~ veworrne.

244 abzurollen] ~~zu entw~~ abzurollen.

244 den Todt] ~~Ihren~~ den Todt.

248 gab ihnen] ~~gab Kraft über man~~ gab ihnen.

249 der siegende Vortrupp] ~~der~~ ⌈der⌉.

249 wilden unwegsamen] wilden ⌈unwegsamen⌉.

253 Cyprianus. Wolfgang] *Erste Nennung der Namen beider Söhne.*

253 drohend] ~~drohend~~ ⌈drohend⌉.

256 seinem treuen] ~~Sein~~ ⌈seinem⌉.

258 sey Trost] ~~der Leitstern~~ ⌈Trost⌉.

259 und weinen. –] weinen. – ↓Ich habe meinen Bruder auch im Tod nicht verlassen. Ein Grab gebe sie uns! –↓.

261 Gefährten] ~~Cameraden~~ ⌈Gefährten⌉.

262 hieben] ~~hauten~~ ⌈hieben⌉.

263 zeitig, daß ihrer] ~~sie~~ ihrer.

265 eindringen. So horchte ich mehrere Tage.] eindringen. ⌈So horchte ich mehrere Tage.⌉.

267 Kundschaften geben] ~~ge~~ geben.

268 und gleich] ~~sank~~ gleich.

271 Aebtißin,] Aebtißin, ↓die mich erzogen hatte.↓.

272 Adelbert] *Erste Nennung des Namens. Später abweichende Schreibweise* Adalbert *z. B. in Z. 786.*

279 Nähe, ihrer traurigen Nähe!] Nähe, {ihrer traurigen Nähe!}.

282 er sehr liebte] e~~s~~**r**.

284 mehr die Künste] mehr {die}.

286 lehrte] ~~lehrte~~ ⌈lehrte⌉.

292 gränzt, wo das Mitteländische Meer die Küsten bespült,] gränzt, ~~dem +~~ ⌈wo das Mittelländische Meer die Küsten bespült,⌉.

293 Zweykampf, in den] {Zwey}kampf, inden.

296 Lang durchzog] ↑~~Durch Länder und~~↑ Lang.

298 bergen wollte;] ~~verbürge~~ ⌈bergen wollte;⌉.

302 immer] ~~ste~~ immer.

305 freyere] ~~freyeres Leben~~ freyere.

306 Mutter fühl] f+ fühl.

309 Kraft ist] ~~der Geist vermag~~ Kraft ist.

315 Geist schien] schien ~~lebhaft~~.

317 Pater] ~~from~~ Pater.

318 Ich schrieb] schrieb ~~es~~.

320 des [8]Lebens] des [8]~~des~~.

323 nichts blieb] ~~mir das Schicksal~~ ⌈~~keinen~~⌉ nichts.
330 Wohnung] ~~Zimmer~~ Wohnung.
342 das Leben] d~~e~~as.
345 das Vermögen] ~~dies~~ ⌈das⌉.
352 eignes Herz] ⌈eignes⌉ Herz ~~lege~~.
352 Leidens einem andern Gemüth doch entronnen ist.] einem↓andern Gemüth doch entronnen ist.↓.
357 erheiterte] ⦃er⦄heiterte.
359 Neid und Bosheit] ~~Uns+~~ ⌈Neid und⌉.
359 kämpfen, weil] weil ~~alle in wen~~.
362 Nahrung] Nahrung ~~fanden~~.
362 Streit] ~~unfrieden~~ Streit.
373 mich an etwas] mich ~~noch~~.
375 Guth des Himmels] ~~gutes~~ Gut.
376 denken über dich] über ~~mich~~ dich.
384 für alles was] was ~~ich~~.
387 zugesellt] ~~zu voll~~ zugesellt.
389 nicht hinreichend] ~~un+~~ nicht.
399 Liebe] ~~Lieb~~ Liebe.
402 ⟨i⟩st – – o laß] Ist ~~d~~– – o laß.
411 dort an dem Denkmahl] ~~da~~ ⌈dort⌉ an.
414 meinem Gefühl] meinem.
420 verließ mit Eile] ~~mit einer~~ verließ.
423 Die muntre Schar] ~~Als~~ Die.
423 denen diese Stunden] denen ~~denen~~.
423 des fröhlichen] ~~eines~~ ⌈des⌉.
424 Beysammenseins schnell verschwunden, wollten auch noch ihrer Freundin, ihre frohe Stimmung mittheilen und als sie] schnell ↓verschwunden, wollten auch noch ihrer Freundin, ihre frohe Stimmung mittheilen und als sie↓.
426 sie durch Musick] ~~ihr~~**sie** ~~Gemüth~~ durch.
429 den folgenden Tag] dein folgenden.
431 Siegmund] *Erste Nennung des Namens.*
438 Siegmund] Riegmund.
438 nur für Johanna] ⌈nur⌉ für.
441 so mild] mild ~~so~~.
441 jede Spur] ~~jedes S~~ jede.
444 belebende] ~~bl~~ belebende.
446 gelang] ~~genaß~~ gelang.
448 Schicksal] Schicksal ~~h~~.
449 selbst das Gefühl] ~~ihr~~ selbst.
449 deren Sorgen ‹…› ruhten] deren ⌈Sorgen⌉ ‹…› ruhten.
450 wohlbekannten Gänge] ~~wohl~~ wohlbekannten Gänge ~~die~~.
452 Zagen,] Zagen, ~~off~~.
452 einmal sich an den ruhigen, ihr so milden Zügen] einmal ⌈sich an⌉ d**~~ie~~**n, ruhigen, ihr so milden Züge.

454 Geschäften] ~~Geschlad~~ Geschäften.
458 Warum suchst du] Warum ~~schläfst auch du nicht? – denn du~~ suchst.
464 gelobe] ~~bes~~ gelobe.
467 die Gefühle] ~~deine~~ ⌈die⌉.
468 lebtest] ~~ble~~ lebtest.
476 ich weiß] weiß ~~da~~.
476 verdammen.] verdammen. ~~Mein Herz ist so lange des Schmerzens gewöhnt, daß einem Gefühl~~.
482 Gibbelinen und Guelfen] *Die Anspielung auf den Streit der Parteigänger des Kaisers Friedrich II., der Ghibellinen (bzw. Waiblinger), mit jenen der Päpste, insbesondere Gregor IX., den Guelfen (bzw. Welfen), verweist zugleich auf Ort und Zeitraum des Geschehens: das nördliche, insbesondere toskanische Italien des frühen 13. Jahrhunderts.*
487 väterlichen Land] Land ~~zu~~.
488 leeren Raum ihrer Familiengruft] ⌈leeren⌉ Raum ihrer ~~väterlichen~~ ⌈Familien⌉gruft.
490 heimlich] ~~unerkannt~~ ⌈heimlich⌉.
490 einer Seestadt] ~~Trieste~~ einer Seestadt. – *Triest ist eine der ältesten Seestädte, die im 12. und 13. Jahrhundert in beständigem kriegerischem Konflikt mit Venedig steht und ab dem 14. Jahrhundert sich der Habsburger Monarchie anschließt. Der Hinweis legt nahe, dass der Vater Johannas aus einer Guelfischen Stadt flieht und mit der Partei der Ghibellinen in Verbindung steht. Vgl. auch Kommentare zu Z. 506 u. 846.*
492 Meine Erzieherin] ~~Eine~~ Meine.
493 frommer] ~~alt~~ frommer.
495 Menschen] ~~ein~~ Menschen.
499 Götter und Heroen] ~~Helden, die v+~~ Götter.
499 Lebens⟨zeit⟩ an] ~~Jugend an~~ ⌈Lebens an⌉.
501 Mauren] Mauren ~~der Gärten~~.
510 entgegen zu gehen.] gehen. ~~Aber die Natur~~.
511 Gefahr der] d~~ie~~er.
516 der Sturm ‹…› ausstreu⟨t⟩.] d~~ie~~er Sturm ‹…› ~~he~~ausstreuen.
518 den Todt.] den ~~Stell~~ Todt.
522 Abglanz] Abg Abglanz.
529 Toben] ~~Getöse~~ ⌈Toben⌉.
535 hatten ganz todtenbleiche] ~~haben~~ hatten.
537 mit dem Angesicht] ~~be~~ mit.
538 ruhten, wie ihr gläubiges Herz] ⌈ruhten⌉, wie ihr gläubiges Herz ~~dem Himmel, in ihren~~.
541 Augen wieder] Augen ⌈wieder⌉.
542 das bleiche Gesicht] d~~ie~~as. ~~bleichen~~ ⌈bleiche⌉.
544 Ausdruck] ~~+~~ ⌈Ausdruck⌉.
545 unthätig] unthätig ~~für~~.
545 Phantasie] Phantasie ~~kann~~.
546 Kampfs] Kmpfs.
547 das stärckste Gemüth] das ⌈stärckste⌉.
550 Lehne des Sessels] ~~b~~Lehne.
555 machen, die ihr meine Lage theilet.] machen, ⌈die ihr meine Lage theilet.⌉.
556 nicht von mir] ~~mich~~ nicht.

579 er beynah empor getragen] er beynah empor getragen.
580 unendlicher] unenlich enlicher.
581 vergönnt] vergönnte.
587 Auskunst und schwang] Auskunst und ~~sezt~~ schwang. – *Zum Ausdruck „Aukunst" vgl.* ⟨Rosalie⟩, *Z. 303,* Nancy, *Z. 1208, und* Die Königinn von Navarra, *Z. 1140 u. 1901.*
587 So ihn umfassend] So ~~s+ lieb~~ ⌈ihn⌉.
591 das hohe Schilf] d~~er~~as.
597 in seiner Nähe] Nähe ~~der Ort,~~.
606 warmen Gefühls] ~~+ses~~ warmen Gefühls.
616 hätte dies ganze] ~~wäre~~ ⌈hätte⌉.
619 empfunden] ~~empfunden~~ empfunden.
624 jene innre] ~~seine~~ ⌈jene innre⌉.
626 gerißen] ~~gerissen~~ ⌈gerißen⌉.
628 Sehnsucht] Sehnsucht ~~neben ihm~~.
631 Zeichen] ~~Signal~~ ⌈Zeichen⌉.
637 sichtbaren Schuz eines Engels] ⌈sichtbaren⌉ Schuz eines Engels ~~erschien~~.
639 den Geliebten] den Geliebten ~~He~~.
642 Finde ich meine Mutter] ~~Meine Mutter~~ Finde.
644 zur Abfahrt] ~~zum~~ zur.
650 dir hat das Schicksal] ~~du hast~~ dir hat.
656 Der Mönch ‹…› sichres Maulthier] ~~I~~Der Mönch ‹…› sichres.
663 ein eigner Geist] ein ⌈eigner⌉.
664 meist reisende] ~~oft~~ ⌈meist⌉.
676 neue Unruhe] ~~Unh~~ ⌈neue⌉ Unruhe.
677 *Jeanetta*] *Erstmals in der italienisch-französischen Namensform.*
684 der selben Welt] der ⌈selben⌉.
685 Liebe allein] ~~Welt~~ Liebe.
685 LandStrasse] ⌈Land⌉Strasse.
689 der Vater] {der} Vater.
693 diese Kleidung] Kleidung ~~und l~~.
695 Zierathen] SZierathen.
697 Ich fand was mir mein Vater verkündigt hatte] Ich fand ~~das Roß geschmückt~~ ⌈was mir mein Vater verkündigt hatte⌉.
697 hob mich] ~~ließ~~ ⌈hob⌉.
705 Sie ist nur die Gebieterin] ~~Wessen~~ Sie ist.
705 Grafen Uberto] ~~Herzog von Urbino~~ Grafen Uberto. – *Erste Nennung dieses Namens; der ursprüngliche Name ist im Folgenden durchgängig durch den neuen ersetzt.*
707 wurde ich fortgezogen] ~~zog ich~~ wurde.
708 beim eignen tiefsten] ~~musste ihm selbst~~ beim eignen tiefsten.
714 aber wild an] ~~m~~wild.
717 gewallfahrtet ‹…› bei Euch auf welche] gewallfarthet ‹…› bei~~e~~ Euch auf ~~welch~~ welche.
723 Weder Ihr mein Vater] Ihr. – *Ungewöhnlich langgezogene Buchstaben.*
728 dem Unerwarteten] ~~deiner~~ dem.
731 umgeben war] ~~sich~~ umgeben ⌈war⌉ ~~sieht~~.
735 anzubieten] anzubieten.

736 mir noch ein schwacher Trost] mir⌈noch⌉ein ~~Trost~~⌈schwacher Trost⌉.
737 Trugbild] Trugbild.
738 hinschwören zu] hinschwören zu.
739 Stunde, mit der] Stunde,⌈mit der⌉~~die~~.
742 fügsam sey] fügsam sey +.
743 Thore] ~~Thüren~~ Thore.
747 Grafen Uberto] ~~Herzog von Urbino~~⌈Grafen Uberto⌉.
747 Graf] ~~Herzog~~⌈Graf⌉.
750 sich schuldig] + ⌉sich⌉ schuldig.
752 bist eine Gefangene] bist⌈eine⌉.
752 Grafen] ~~Herzogs~~⌈Grafen⌉.
756 die Begebenheiten] ~~diese~~⌈die⌉.
758 nach dem Himmel deutend] {nach} dem Himmel ~~zu~~.
759 Die Natur war] Natur ~~u.~~ war.
762 an dem Tage] Tage ~~meines~~.
762 es zu mir genommen] es ~~mit~~⌈zu⌉mir.
765 ein Bild] ~~eine Erinnerung~~ ein Bild.
768 Bruder *Jerome*] *Erste und einzige Nennung dieses Namens.*
771 Der Störer] Störer.
774 nie erkennen] nie erkennen. – *Verblasste Schrift.*
776 Erzieherin] ~~Gouvernante~~⌈Erzieherin⌉.
782 Graf Uberto] ~~Herzog von Urbino~~ Graf Uberto.
784 alle Aussichten] ~~nun~~ alle.
784 Graf] ~~Herzog~~⌈Graf⌉.
786 Adalbert meine] Adalbert ~~deine~~⌈meine⌉. – *Abweichende Schreibweise des Namens, vgl. auch Z. 819, 828, 836, 880, 957, 1014, 1032 u. 1175.*
788 von deiner nahen] ~~die~~ von deiner⌈nahen⌉.
788 Grafen] ~~Herzog~~⌈Grafen⌉.
789 Gegner todt] Gegner⌈todt⌉.
792 *Jeanette*] *Abweichende Schreibweise.*
796 vermochte aufzuhalten,] vermochte⌈aufzuhalten,⌉.
797 gefaßt] gefaßt. – *Schwache Schrift.*
798 In einer gewaltsamen Zeit] ↑~~Die Stunde die Gewalt an die dich dem Abgrund zu euch brachte~~↑ In einer.
800 aufgiebt, u⟨nd⟩ seine] um.
805 Grafen Uberto] *Erstmals im Textverlauf, ohne Nennung und Streichung des vorherigen Figurennamens „Herzog von Urbino".*
806 die Guelfen] ~~daß er~~ die.
806 Friedrichs des Zweyten, der in dem er Toscana verließ, die Guelfen verjagte, und Florenz in eine unumschränkte Gewalt des Guibellinschen Erbes gab] *Der in Italien aufgewachsene Friedrich II. (1194–1250), Enkel des Staufers Friedrich Barbarossa, ist ab 1198 König von Sizilien, ab 1211/12 deutscher König und bis zu seinem Tod Kaiser des römisch-deutschen Reiches. Als zeitlichen Anhaltspunkt kann man hier den Höhepunkt des Konfliktes zwischen Guelfen und Ghibellinen um 1240 vermuten.*
813 jedliche] jegdliches.

816 wehren] wehen.

820 fesseln.] ~~an~~ fesseln.

823 Vertrag der] der ~~+~~.

824 Partheyen] ~~Parht~~ Partheyen.

831 Klagen noch] noch ~~können mich~~.

832 unglücklicher bin als du] unglücklicher ⌈bin⌉ als du. ~~+~~;.

848 Allem was] ~~Alles was~~ Allem.

858 Erzieherin] ~~Gouvernante~~ ⌈Erzieherin⌉.

860 er täglich eine Messe] ~~er~~ ⌈er⌉ täglich {eine}.

860 zu beten] ~~Glück~~ zu ~~er~~beten.

866 LandStrassen] ⌈Land⌉Strassen.

868 ein Nonnenkloster zu erreichen] ein ~~Frau~~ Nonnenkloster ⌈zu erreichen⌉.

869 ich wieder neue Kräfte] ich ⌈wieder neue⌉.

871 ich das Glück] ich {das}.

881 verschließen] ~~bergen~~ verschließen.

885 lauschenden] ~~kalten~~ lauschenden.

889 wenn ich] ich ~~dein~~.

897 Aeusserung] Auesserung.

900 Liebe,] Liebe, ~~die~~.

928 lebhafte Erinnerung] ~~Erinnerung~~ lebhafte.

937 gäbe dich] dich ~~mit~~.

942 Pflugschaar geöffnet,] geöffnet, ~~zu den Früchten des Sommers~~.

944 was möglich] ~~alles~~ ⌈was⌉ möglich.

946 an der wohlbekannten ‹…› Seegen] ~~aus~~ ⌈an⌉ der wohlbekannten Wallfahrt, und ~~erbete-ten~~ ⌈erbaten⌉ noch den ~~P+~~ Seegen.

947 und reine Sehnsucht] und ⌈reine⌉.

949 bestimmter Ritter ‹…› ein Herold] bestimmter Ritter ‹…› ein Herold ~~erschien, um~~.

950 Weg zum Schloß] ~~w+~~ Weg.

952 Edle Frau] ~~die~~ Edle.

954 ehmals] ~~S~~ehmals.

955 keines Glücks] ~~meines~~ keines.

962 Erinnerung mit all seiner Macht ‹…› Wort nehmen. –] Erinnerung ⌈mit all seiner Macht⌉ hatte sie ergriffen, ↓nur Siegmund konnte das Wort nehmen. – ↓.

965 wenige Stunden ‹…› Andacht widmet] ~~einige Tagereise~~ ⌈wenige⌉ Stunden von hier, im ~~nahe~~ Kloster, wo er ⌈~~man~~⌉ einige Tage ~~seines~~ ⌈seiner⌉ Andacht widmet.

968 der Barbarey] ~~einem F+~~ der.

972 nicht fremd] fremd ~~sey~~.

973 Kommenden] ~~Gestalt~~ Kommenden.

976 Rosse besorgte] ~~Pferde b~~ ⌈Rosse besorgte⌉.

981 es einem jeglichen] es ~~ihn~~ einem.

984 leise erst] leise ⌈erst⌉.

984 Polstern] ~~Pllstern~~ Polstern.

991 Sorge tragen] Sorge.

999 zum ertragen] ~~Schmerz~~ zum ~~Schmerz~~ ertragen.

1005 es war finster] ~~Nachts~~ es war.

1012 die Ritter verwundert] die ~~Ueberblieb Uebergeblieben Stu+~~ Ritter.
1013 noch etwas] etwas ~~zu~~.
1014 wo Adalbert] ~~was~~ ⌈wo⌉.
1015 man wusste] ~~sie~~ ⌈man⌉ wusste.
1019 die übrigen Ritter] die ⌈übrigen⌉.
1029 ruhet nur einstweilen] ruhet ~~aus bis Morgen~~ ⌈nur⌉.
1032 zu erkennen –] ihn ⌈zu⌉ erkennen ~~zu~~ –.
1033 an der Brust] ~~ans~~ an der.
1034 geben; Sie sollte die Erste Glückliche seyn.] geben; ⌈Sie sollte die erste Glückliche seyn.⌉.
1038 [24v]mit ihren Händen] ~~mit~~ [24v]mit.
1043 bedeckte] ~~hielt~~ ⌈bedeckte⌉.
1045 erweckt! –] erweckt! – ~~das Wesen lebt auf in Euch~~.
1047 den Mädgens] ~~Siegmund~~ ⌈den Mädgens⌉.
1056 wären diese Bilder] ~~seien~~ wären.
1057 Nachdenken] ~~Überlegung~~ ⌈Nachdenken⌉.
1058 eine Aehnlichkeit] ⌈eine⌉ Aehnlichkeit.
1061 Leuchte] ~~hohe Fackel~~ Leuchte.
1062 keine Speise,] ~~weder~~ ⌈keine⌉ Speise, ~~noch~~.
1074 Syrischen Wüsten] ~~P~~ Syrischen. – *Vgl. Z. 1255.*
1077 Hospizreiter] ⌉Hospizreiter⌉ ~~Tempel~~ ⌈~~Spital~~⌉ Ritter. – *Gemeint ist hier vermutlich der 1099 durch Kreuzfahrer gegründete karitative Johanniter- bzw. Hospitaliterorden, genannt „Souveräner Ritter- und Hospitalorden vom Hl. Johannes zu Jerusalem", der sich nach dem Verlust Jerusalems nach Rhodos und Malta zurückzieht. Daraus entsteht der Malteserorden, der sich als evangelischer Orden 1538 vom Johanniterorden abspaltet.*
1082 An der *Venetischen* Küste haben sie gelandet, u. vom Schiff sey er zu Pferd gestiegen und ⟨habe⟩ sie in die *Friaulischen* Thäler geführt.] ~~M~~ An der venetischen Küste haben sie ‹…› u. vom Schiff sey er gestiegen und sie ‹…› geführt.
1088 u. hätte eine lange Zeit] u. ⌈hätte⌉ eine ~~ganze Weile~~ ⌈lange Zeit⌉.
1090 bleibt nur] bleibt ⌈nur⌉.
1090 ruhig, in dieser Gegend] ruhig, ⌈in dieser Gegend⌉.
1091 dunkel war] war~~d~~.
1092 Welt, und von Euch] Welt, ⌈und von Euch⌉.
1093 dieser Gegend] ~~nahe in~~ dieser.
1094 Kräfte] Kräfte ~~zu~~.
1097 Er sollte leben!] ~~Er lebt rufte sie~~ Er sollte.
1103 wo die lebte] die ~~jen~~ lebte.
1104 doch nicht ohne Theilnahme] ⌈doch nicht⌉ ohne Theilnahme ~~Aber~~.
1108 nicht mehr sehen] nicht ⌈mehr⌉.
1113 innige Neigung] ~~ing+~~ innige.
1116 ermüdete endlich] ermüdete ⌈endlich⌉.
1117 Schlummer] ~~de~~ Schlummer.
1121 versuchte] ~~ves~~ versuchte.
1126 als er das Mädchen] als ⌈er⌉ das.
1132 gebot] ~~gebodt~~ gebot.
1134 verwundert] ~~groß~~ verwundert.

1142 finde ich nicht. –] nicht. – ~~Die Sonne stieg immer höher in den~~.
1144 Im Gang wo Frau von der Wardt] ⌉Im⌉ Gang. – *Abweichende Schreibweise des Nachnamens. Vgl. Z. 1292.*
1146 so alten grauen Waffen,] ~~alten~~ so alten grauen Waffen, ~~und~~.
1147 rothe Dämmerung] ~~roh~~ rothe.
1149 Röthe] ~~+~~ Röthe.
1151 auf dem steinernen] ⌈auf⌉ ~~in~~ ⌈~~an~~⌉ dem ~~weiten~~ steinernen.
1156 reihest] reihest.
1162 Adelberts] ~~Adelb~~ Adelberts.
1162 führen] ~~zu~~ führen.
1165 Geschick] Geschick ~~um Licht~~.
1172 deinen Gefühlen die ich so oft theilte] deinen ~~Gesinnungen~~ ⌉Gefühlen⌉ die ich so oft ~~thl~~ theilte.
1172 sollst du] ~~so~~ sollst.
1177 erhört. Ich habe erfüllt wonach ich strebte. –] erhört. ⌈Ich habe erfüllt wonach ich strebte. –⌉.
1178 nichts mehr] mehr ~~in der Welt~~.
1181 der Gedanke] d~~ie~~er.
1186 [29]das Schicksal ‹…› das Opfer] [~~30~~] [29]das Schicksal ‹…› ~~ihr~~ das.
1186 läugnete] ~~ver~~läugnete.
1196 Mädchens] Mudchens.
1198 Rücksichten] Rücksichten ~~g+~~.
1200 in meinen schönsten] ~~aus~~ ⌈in⌉ meinen.
1209 Sehnsucht eilte] Sehnsucht ~~ritt~~ ⌈eilte⌉.
1211 Gräfin von Uberto] ~~Herzogin von~~ ⌈Gräfin von Uberto⌉.
1213 glaubte leicht] glaubte ~~g+~~ leicht.
1213 Bestätigung] Bestätigung ~~seines~~.
1214 mir Muth geben] ~~mich muthig machen~~ ⌈mir Muth geben⌉.
1216 Grafen] ~~Herzogs~~ ⌈Grafen⌉.
1216 vielerley] ~~den~~ ⌈vielerley⌉.
1218 das Fräulein] d~~ie~~as ~~Gräfin~~ ⌈Fräulein⌉.
1218 Bruder] ~~Phaten~~ Bruder.
1219 Graf] ⌈Graf⌈ ~~Herzog~~.
1223 Gemahl] ~~Herzog~~ ⌈Gemahl⌉.
1235 Grafen] ~~Herzogs~~ ⌈Grafen⌉.
1235 nicht Neigung] ~~sie~~ nicht.
1237 Nähe bleiben;] bleiben; ~~denn~~.
1241 Grafen] ~~Herzogs~~ ⌈Grafen⌉.
1249 dem Kloster] ~~in das~~ ⌈dem⌉.
1258 Abend] ~~Mittag~~ Abend.
1258 verkündet] verkündet ~~des Tages,~~.
1260 Adelbert] ~~die Pfo~~ Adelbert ~~stan~~.
1265 Pilger] ~~Fremden~~ Pilger.
1275 Ich will dich ‹…› zu brechen veranlassen.] Ich will ⌈dich⌉ dein frommes Gelübde nicht {zu} brechen ⌈veranlassen⌉.

1286 Morgen dämmert] Morgen dämmert.
1289 Als so geleit] AlSso.
1292 Als Frau von der Wardt] *Abweichende Schreibweise. Vgl. Z. 1144.*
1295 Kreuzgängen,] Kreuzgängen ~~h+~~.
1299 bedarf] ~~bedürf~~ ⌈bedarf⌉.
1314 der dir so viel Schmerz gab.] der dir so viel Schmerz gab.
1321 Einzelne] Einzelne ~~die~~.
1323 blässer] blässer ~~Die~~.
1330 ertönten anschon] anschon.
1330 des vollen seeligen] des ⌈vollen⌉.
1333 traurigen Laufe meines einsamen Lebens] traurigen Laufe meines einsamen ~~Tages war~~ Lebens.
1342 Allen ein Fest.] ~~ihnen~~ Allen.
1347 wieder betreten] ⌈wieder⌉ betreten.
1352 Kränze die die Bilder] ~~g~~Kränze die die ~~Brüder~~ ⌈Bilder⌈.
1356 selbst beglückt und andre beglückend in diesen Mauern.] ⌈selbst⌉ beglückt ~~in diesen~~ ⌈und andre⌉ ⌈beglückend in diesen⌈ Mauern.
1357 die Freude] ~~das Glück~~ ⌈die Freude⌉.
1359 ruht zwischen] ruht ~~neben~~ ⌈zwischen⌉.
1363 dort hin zu richten] ~~nach dem Himmel~~ ⌈dort hin⌉.
1365 *Aus Athanasiens Taschenbuch*] Aus Athanasiens ~~Tb.~~ ⌈Taschenbuch⌉. – *Vgl. den gestrichenen Untertitel in Z. 1.*

III. Romane

⟨Wallberg⟩

Textgrundlage: GSA 83/1645. 90 Bl. Folio, 21,5 × 36cm (beige), Bl. 56–67 21 × 34,5cm (grünlich und beige); zudem 1 Einzelblatt 14,5 × 21,5cm; Bruchstücke einer früheren Fassung (vgl. Bl. 34–36, 40–49); 2 Bögen, 4 Blatt (beige). Erhalten ist eine Banderole in der Handschrift Emilie von Gleichen-Rußwurms: „Englands weiße Küsten schallten vom Donner der Kanonen wieder. 1–67." Ein weiterer Textteil mit neuer Blattzählung beginnt: „In den Papieren des falschen Alexander Wallberg …".

Im Zentrum steht das Migrationsmotiv: Die Eltern Wallberg sind von Deutschland nach England ausgewandert. Ihre Tochter Cecilia wurde von einem religiösen Sektenführer nach Amerika verschleppt; ihr Sohn Alexander, der über das Handelswesen im väterlichen Haus in die Neue Welt kommt, gründet dort eine Familie und nimmt aktiv am Unabbhängigkeitskrieg teil. Seine Frau Clara ist selbst Kind einer ausgewanderten Familie und unternimmt den umgekehrten Weg zu Alexanders Eltern. Der Roman wird eröffnet mit der Ankunft des Schiffes, auf dem sich Clara und ihre beiden Kinder befinden. In analytischer Anlage werden die Erzählungen Claras über ihr Leben mit Alexander und die der Mutter Elise Wallberg über ihre Jugend und die Schicksale ihrer Kinder Cecilia und Alexander verschränkt. Einen neuen Erzählstrang eröffnet die Aufnahme des Schotten Macdonald in den geselligen Kreis der Familie, der, wie sich herausstellt, Cecilia in Amerika getroffen hat. Das Ende des Kernteils bildet die Rückkehr des sonderbar veränderten Alexanders, der sich als Betrüger erweist, nachdem der echte Alexander wiederkehrt. Während Clara ihrem Kummer erliegt, kommt es am Ende zur Versöhnung der Eltern mit der von Alexander aus Amerika zurückgebrachten Tochter Cecilia. Der zweite Teil ⟨In den Papieren des falschen Alexander Wallberg …⟩ *präsentiert die Aufzeichnungen Roberts, der als Pflegesohn von Anna Morris aufwächst und, wie sich herausstellt, ein uneheliches Kind aus einer Mesalliance des adeligen Offiziers George Fizallen mit einer Bürgerlichen ist. In seinen Bekenntnissen schildert er die ihm zugewiesene Matrosenausbildung, Fahrt nach Amerika und dortige Teilnahme am Unabhängigkeitskrieg, wo er Alexander kennenlernt und (nach dessen vermeintlichem Tod) anstatt letzte Grüße an seine Frau und Familie zu überbringen, sich als derselbe ausgibt. Eine weitere ambivalente Gestalt ist der Sektenführer Watson, der seine Schuld als Kapitän abbüßt, indem er Clara zur Wallberg-Familie bringt.*

Der Roman verarbeitet auf der einen Seite Zeitgeschehen, knüpft auf der anderen Seite aber auch an eine ältere Erzähltradition an. Insbesondere die Alexander-Handlung unterscheidet sich in struktureller Hinsicht grundlegend von den zeitgenössischen Entwicklungs- und Bildungsromanen, die zum Ende des 18. Jahrhunderts auch in Deutschland entstehen. Anders als zum Beispiel in Christoph Martin Wielands *„Geschichte des Agathon"*

(1766/67) und Johann Wolfgang Goethes *„Wilhelm Meisters Lehrjahre" (1795/96) ist der Aufbruch in die Fremde hier nicht Bedingung für die persönliche Vollendung des Helden, der dadurch zum nützlichen Mitglied der Gesellschaft heranreift. Alexanders Fernweh gleicht vielmehr der curiositas, die* Daniel Defoes *„Robinson Crusoe" (1719) auf Reisen führt, und die von Elise Wallberg als Normverletzung gedeutet wird. Schiller, so scheint es, bemüht sich nicht um die Darstellung eines in sich geschlossenen Entwicklungsweges, vielmehr konzentriert sie sich auf die Reihung ungewöhnlicher und abenteuerlicher Begebenheiten. Es empfiehlt sich daher, den Roman als Beginn eines Abenteuerromans im Stil des frühen 18. Jahrhunderts aufzufassen. Hierfür spricht auch die nicht-lineare Form des Erzählens, die eher darauf bedacht ist, eine Vielzahl bemerkenswerter Ereignisse zu versammeln, als die psychologische Entwicklung der Charaktere zu verfolgen. Schon die ersten Seiten versprechen Familiengeheimnisse, die aufgedeckt, und verschollene Freunde, die wiedergefunden werden müssen, sowie Reise- und Kriegsberichte aus exotischen Ländern. Kurios wirkt der Einfall, eine Tigerjagd in Amerika stattfinden zu lassen, die an europäisch inszenierte Hetzjagden erinnert (vgl. Z. 421). Gemeint ist wohl ein Berglöwe. Die Bezeichnung „Tiger" mag angeregt sein durch* Sophie von la Roches *Roman „Erscheinungen am See Oneida" (1798).*

An verarbeitetem Zeitgeschehen ist die nordamerikanische Siedlungsgeschichte hervorzuheben mit den unterschiedlichen Motivationen der Ausgewanderten: Handel, missionarischer Eifer, aber auch neue Formen kommunaler Lebensgestaltung wie etwa der Herrnhuter / mährischen Brüder in der Delaware-Gegend.

Verbunden damit ist die Thematisierung des Unabhängigkeitskrieges, von Kriegslust und -angst überhaupt vor dem Hintergrund der Erfahrung europäischer Kriege. Aus unterschiedlichen Perspektiven von Claras Vater, Alexander und Robert wird die Frage nationaler Zugehörigkeit bearbeitet. Eine wichtige Anregung bildete vermutlich der Kupferstich von Johann Heinrich Müller „The Battle of Bunker's Hill near Boston. June 17th 1775" nach John Trumbulls Gemälde. Friedrich Schiller hat diesen Kupferstich von Müller vermutlich kurz vor Weihnachten 1801 zum Geschenk erhalten (vgl. Abbildung 2 dieser Ausgabe).

Bedeutend ist insgesamt die Doppelgänger-Motivik: Alexander wird in seiner Kindheit bereits mit dem ihm ähnlichen Knaben Edmund konfrontiert, an dessen Stelle er auswandern will. Als Erwachsener muss er die Erfahrung machen, dass sein Kriegskamerad Robert seine Identität angenommen und sich seiner Frau und Familie angeschlossen hat. Auch Cecilia hat bereits in ihrer Kindheit eine doppelte Identität, einerseits die der hochbegabten Tochter, anderseits die der religiös Begeisterten. Beide Qualitäten kommen zusammen in ihrer amerikanischen Existenz als die weise Einsiedlerin Therese, die an den Kranken der Herrnhuter Gemeinde Wohltaten verübt. Die Geschichte der Rückkehr des falschen Alexanders erinnert sicher nicht zufällig an die Kriminalfallgeschichte um den falschen Martin Guerre, die einen der prominentesten Stoffe in Friedrich Schillers *„Merwürdigen Rechtsfällen" aus dem „Pitaval" (1792–1795) bildet.*

Möglicherweise bilden ⟨Wallberg⟩ *und* ⟨Berwick⟩, *die beide Migrationsbewegungen zwischen Europa und Amerika bzw. zwischen Alter und Neuer Welt behandeln, Erzählstränge eines übergreifenden Entwurfs. Insbesondere die Konzeptfassungen zu* ⟨Wallberg⟩ *lassen vermuten, dass ursprünglich ein lateinamerikanischer Zusammenhang geplant war mit einer Fokussierung auf die Lehren des Katholizismus: die erste Station der der Heimat entlockten Tochter, die hier noch Therese heißt, ist Portugal. Weiter gibt es eine Überschneidung in den*

Figurennamen: Der Familienname von Clara ist „Belton“ (Z. 2013). Vgl. den ursprünglichen Namen des Freundes „Morton“ in ⟨Berwick⟩, *Z. 868 u. 879.*

---

5 berechnete] ~~calculierte~~⌈berechnete⌉.
5 Rechnungsgeist] ~~Spekulations=Geist~~⌈Rechnungsgeist⌈.
6 sehnende Auge] ~~Gefühl~~ sehnende.
7 bebend] bebend~~e~~.
8 blutigen Kriegs] ⌈blutigen⌈ ~~langen~~ Kriegs.
9 Welt⟨t⟩heil] *Die Schreibweise variiert, mit Doppel-t etwa in Z. 393 u. 2841, auch in* ⟨Berwick⟩ *teils mit Doppel-t. Im Folgenden daher stillschweigend korrigiert.*
16 ein großer] ein~~e~~ großer.
23 hellem freundlichen Blick] hellen freundlichen.
27 in dem besten Wirthshaus] ~~auf~~ in dem besten ~~Weinh~~ Wirthshaus.
29 Clara Walberg] *Erste Nennung der Protagonistin. Der Name weist große Ähnlichkeit auf zu dem der Titelfigur in* Friederike Lohmanns *Briefroman „Clare von Wallburg“ (Leipzig 1796), auf den ersten Blick jedoch ohne erkennbaren Zusammenhang. Der Familienname steht später fast durchgängig mit Doppel-l.*
30 am Strande] ~~unter den Wartenden~~ am Strande.
32 der mir sehr nahe angehört] ~~der mich lebhaft intereßirt~~⌈der mir sehr nahe angehört⌉.
34 Kapitain] Kapitain ~~e~~.
35 das schüchterne Weib] d~~ie~~as schüchterne ~~Seele~~⌈Weib⌈ ~~weiblichkeit~~.
39 die lezten Worte] die⌈lezten⌉.
44 Alexanders Vater] *Erste namentliche Nennung des Sohnes.*
45 der alte Wallberg] *Erste namentliche Nennung. Ab hier ist die Schreibweise fast durchgehend mit Doppel-l, davon abweichend Z. 1541.*
49 Welchem glücklichen Zufall] welchen.
50 erblickte] ⌉erblickte⌉ ~~sah~~.
55 nachsenden wollte, uns nicht] ~~nach~~⌈nach⌉senden wollte, ~~mich~~⌈uns⌉ nicht.
59 kleineres Fahrzeug] ~~Pakquet Boot~~⌈kleineres Fahrzeug⌉.
60 ankommen würdest] ~~die Reise machtest~~⌈ankommen würdest⌉.
70 Gefühl] Gefühl ~~und~~.
81 konnte nicht deswegen] nicht ~~auf Kosten meines~~ deswegen.
83 mit dem Sie *[3v]*die Natur] ~~die Sie~~ mit dem Sie die *[3v]*die.
85 Antheil] ~~Ehrfurcht~~ Antheil.
89 ihren Kindern] ~~sich~~ ihren.
90 Hülfe] ~~Erleichterung~~⌈Hülfe⌉.
95 sterben] ~~s+~~ sterben.
98 Kapitain wurde ihm noch] ~~Lei+~~ Kapitain wurde ihm ~~herzlich~~⌈noch⌉.
99 Mitglied] ~~ein Mitglied~~⌈Mitglied⌉.
100 weinte.] weinte. ~~an seinem~~.
102 damit Clara] Clara ~~Ihnen durch noch festre Bande der Dankbarkeit~~.
104 endlich in dem Hafen] ~~in den Haafen~~⌈endlich in⌉ ~~des Lebens~~ dem Hafen.
107 böser Dämon] ~~verfehlter~~ böser Dämon.

111 werth zu] ~~lieb zu~~ werth.
110 Frau Wallberg] ~~Madame~~ ⌈Frau⌉ Wallberg.
127 Aber nur über dies eine Gefühl] ~~für Ihre~~ Aber nur über dies eine ~~Gefeh~~ Gefühl.
131 Eilst Du Geliebte] Eilst ⌈Du⌉.
136 liebe Kleinen] lieben Kleinen.
141 den Eindruck] den ~~schönen~~.
145 der unbedeutendste] ~~das~~ ⌈der⌉ unbedeutendste.
154 Mutter] ~~Madame~~ ⌈Mutter⌉
158 auch heut] ~~auch~~ ⌈auch⌉ heut.
161 im Hause] ~~in ihr~~ im Hause.
162 Gelegen⟨heit⟩ [6]ungenutzt gelassen] Gelegenheit [6]ungenutzt zu lassen.
163 mehrere Sprachen] ~~all die Sprachen~~ ⌈mehrere Sprachen⌉ ~~von vielen Nationen~~.
168 Anmaßung] ~~süffisan~~ ⌈Anmaßung⌉.
173 das unbedeutende ‹…› das bedeutende] ~~sich für~~ das unbedeutende des Lebens eben so wichtig zu ~~interessiren~~ ⌈nehmen⌉ als ~~für~~ das bedeutende.
177 Anmuth] ~~Grazie~~ ⌈Anmuth⌉.
179 Auge] Augen.
182 wie tief] wie ~~viel~~ ⌈tief⌉.
183 als wäre ein Band weniger, woran] als w+ wäre ein Band weniger, ~~daß~~ ⌈woran⌉.
194 auf dem Schiff, durch das Meer getrennt,] ~~durch das Meer getrennt~~ auf dem Schiff, ⌈durch das Meer getrennt,⌉.
191–208 Ach der Todt ‹…› auf den Einfall kamen] *Konzeptfassung dieser Passage, 1 Blatt, oktav:*

> *[1r]*# Ach der Todt der unerwartet meine Mutter aus unsern Armen riß hat ~~alles~~ ⌈unser ganzes Leben⌉ zerstört. Mein Vater heftig in seinen Schmerz fühlte nichts mehr was ihn an die Welt festhalte, er wollte nun seinem Vaterlande allein leben. Die kriegerischen Zeiten brauchen ⌈daß⌉ starcke Seelen erwachen. Seit den traurigen Moment der uns die entschlafene entriß, war es wild, stürmend um uns herum. Mein Vater konnte das sanfte einförmige Leben unsrer Einsamkeit nicht ertragen. Er suchte durch warme ~~g+bende~~ ⌈glühende⌉ Bilder das Gemüth Alexanders zu beleben, wenn *[1v]*der Gedanke durch die Waffen das Glück der Einwohner zu vertheidigen, die Gefahren einer langen Noth abzuwenden, so lebendig im Herzen eines verlebten Mannes erwacht, wie muß es nicht in denr kräftigen Seele eines Jünglings würcken. Seit mein Vater seinen Entschluß bekannt machte, Kriegsdienste zu nehmen, wars ~~es~~ ⌈wild u.⌉ traurig um mich herum. Zurückhalten konnte ich sie nicht, wer kann ⌈erwarten,⌉ den heftig wilden Sinn eines Mannes zu bekämpfen! Ich bekam auch Muth unter diesen kriegslustigen Männern, u. schickte mich mit Standhaftigkeit zu der Reise an, als Vater u. Gatte zugleich auf den Einfall kamen ◊

195 einzig seinem Vaterlande ‹…› weihen] ⌈einzig⌉ seinem Vaterlande die übrigen Tage seines Lebens ⌈weihen.⌉.
200 die Leere] ~~das~~ ⌈die⌉ Leere.
203 Hofnung] ~~Ruhe alles~~ ⌈Hofnung⌉.
204 Augenblick] ~~Moment~~ ⌈Augenblick⌉.
206 falscher Meinungen] filscher.

208 zulezt gar unsern Welttheil] ⌈zulezt gar⌈ unsern Weltheil.
211 heilen wollen] ⌉heilen wollen⌉ ~~tadeln~~.
220 Elise] *Vorname der Mutter.*
228 dem Gefühl] de~~r~~**m** ~~Pflicht~~ ⌈Gefühl⌉.
239 Gegenwart] Gegenwart ~~sich~~.
240 ihr Gefühl] ~~ihr~~ ihr.
245–260 Nicht wo in grauen ‹…› tiefre Leitstern mir.] *Vgl. das Gedicht* ⟨Nicht wo im engen Nebelduft verhüllet⟩ *(S. 579f. in dieser Ausgabe).*
245 grauen] ~~finstern~~ ⌈grauen⌉.
246 dichter] ~~grauer~~ ⌈dichter⌉.
253 Soll ich] Soll ~~einst~~ ⌈ich⌉.
255 Lebens] ~~Körpers~~ ⌈Lebens⌉.
256 Herz] ~~G**H**eist~~ ⌈Herz⌉.
263 Herz heben] Herz ~~beleb~~ h~~a~~**e**ben.
267 [9]beynah] [~~10~~9]beynah.
269 Fahrt] Farht.
277 danken. Aber] danken. ~~da ich ihn nicht mehr sehen soll.~~ Aber.
279 geschrieben.] geschrieben. ~~war~~.
284 unendlich mehr,] unendlich mehr, ~~wenn~~ ~~ich~~.
287 an mich.] an mich. ~~gegen Ihnen~~.
292 hier nicht, ich kann nicht in Europa bleiben. –] hier ⌈nicht⌉, ich kann nicht in Europa bleiben. – ~~Ich trage meine~~.
293 meine Schmerzen] ~~meinen~~ meine.
294 Friedens] Friedens ~~soll~~.
295 daß ich schweigen] daß ich ~~meine Augen nicht gegen~~ ~~dieses reine~~ schweigen.
305 Frau Wallberg] ~~Madam~~ ⌈Frau⌉ Wallberg.
306 schonend verbergen] ~~verber~~ schonend.
307 dieses Bestreben] dieses ~~Begebenheit~~ ~~heftig~~ Bestreben.
314 in uns in jedem Moment] ⌉in⌉ uns in jedem Moment ~~wieder.~~
317 verklingt] ~~vermag~~ verklingt.
318 verbleichen] ~~verb~~ verbleichen.
321 dies Andenken] ~~sich~~ dies.
329 Glück] ~~schönes~~ Glück.
338 unser selbst] unser~~s~~.
339 Philadelphia] *Hauptstadt Pennsylvanias und kulturelles Zentrum der Kolonien im 18. Jahrhundert. 1776 wurde hier die Unabhängigkeitserklärung proklamiert.*
341 Erscheinungen] ~~Gestalten~~ ⌈Erscheinungen⌉.
354 uns auch solche] uns ⌈auch⌉.
355 Pflicht, ‹…› Durst nach Wißenschaften] ~~Gl~~ Pflicht ~~zu uns führt~~, ‹…› Durst ~~nach~~.
358 Dann und wann] ~~Oft~~ Dann.
360 des Staats] de~~r~~**s** ~~Ges~~ Staats.
367 ewiger Jugend] ⌈ewiger⌉.
367 mehr als hundertjährigen] ⌈mehr als⌈ ~~Jahr.~~
369 blauen Ströme] ⌈blauen⌉.
390 versehen] versehen, ~~mit den~~.

392 Welttheil] ~~weltheil~~ Welttheil. – *An dieser Stelle eigenhändig korrigiert.*

395 mit einem Strahl unsrer] ~~von~~ ⌈mit⌉ einem Strahl ~~der~~ ⌈unsrer⌉.

396 lebte, dehnten] ~~sein~~ lebte, ~~Dehn~~ dehnten.

398 Portsmuth] *Gemeint ist Portsmouth, ein großer Kriegsmarine- und Handelshafen in England.*

409 grösserm Dunkel] ~~dunkler~~ ⌈grösserm Dunkel⌉.

414 strebte ich] ~~suchte~~ ⌈strebte⌉.

419 viele Gesellschaft] ~~meisten~~ viele.

420 unbeschreiblichen Gewandheit] ⌈unbeschreiblichen⌉.

421 einen Tiger] ~~die~~ ⌈einen⌉ Tiger. – *Die Distinktion des Helden durch den Kampf gegen ein Raubtier ist ein antiker und frühneuzeitlicher Topos. Eine Zuordnung des Tigers zu Nordamerika erfolgt etwa in* Sophie von La Roches *Roman „Erscheinungen am See Oneida" (Leipzig 1798), wo von „Panthern, Tiegern, Wölfen" (S. I/17) berichtet wird mit Bezug auf „Ebelings Staats-Calender" (S. I/19).*

422 im Weg kam.] ⌈im Weg kam.⌈.

423 erschien dieser in der Ferne, den] erschien ⌈dieser⌉ in der Ferne ~~ein Tiger~~, de~~m~~**n**.

427 neu erschrockner nahte] ~~Schrecken~~ ⌈erschrockner⌉.

429 Mehrere Frauens] ⌈Mehrere⌉ ~~Wir~~ Frauens.

430 die zurückgebliebnen] ⌈die zurückgebliebnen⌈ ~~wir~~.

431 genießen.] genießen. ~~und sie~~.

433 bedeckt] ~~geschmückt~~ ⌈bedeckt⌉.

434 reicher mit] reicher ~~mit~~ {mit}.

436 Triumph] ~~Triumpf~~ Triumph.

441 eingeführt werde. Ich wünschte von einer ganz andern Seite] ⌈eingeführt werde⌉ ~~mich zeige~~. Ich wünschte von ⌈einer⌉ ganz andern Seite~~n~~.

447 anblickte,] anblickte, ~~blieb nicht ohne~~.

449 [15]entstand aus einem unbedeutenden Einfall] ~~wurde aus~~ [15]entstand aus eine~~r~~**m** unbedeutenden ~~Begeistrung~~ ⌈Einfall⌉.

455 Augenblick] ~~Moment~~ ⌈Augenblick⌉.

458 fühlt ihr nun] fühlt ihr {nun}.

464 seyn konnte, eine Frau] seyn konnte, ~~so~~ ~~es~~ eine.

470 u. 474 Frau Wallberg] ~~Madam~~ ⌈Frau⌉.

482 diesen Abend heiter zeigen.] diesen Abend ~~in einer Gesellschaft zeigen die~~ ⌈heiter ~~freuen~~ zeigen.⌉ ~~uns dein Vater~~

487 es willig] {es} ~~auch~~ willig.

490 Geschäften] ~~bestimmten~~ Geschäften.

498 Abneigung] ~~un+~~ Abneigung.

499 hierin] ~~nur h+~~ hierin.

504 das Miniatur Gemählde, ‹…› Wie wenn Sie es selbst wären.] d~~ie~~**as** Miniatur Gemählde, was sie ~~noch nicht~~ ⌈schon einmahl⌉ bemerkt hatte. – ~~Sind Sie dieses selbst~~ ⌈Wie Aehnlich ist dieses Bild,⌉ meine Mutter! ⌈Wie wenn Sie es selbst wären.⌉.

506 Kind, ich bin es nicht!] ⌈ich bin es nicht!⌉.

507 zu den schönsten Hofnungen] ~~ent~~ ⌈zu⌉ den schönsten Hofnungen ~~ihrer Tage~~.

510 über meinem Schicksal] ⌈über⌉ meinem.

515 Ringen nach Freyheit] ~~Freyheit~~ Ringen.

520 Eifersucht] ~~+enz~~⌈Eifersucht⌉.
523 auch lange] ⌈auch⌈ lange.
524 erschaffnen Bildern] erschaffnen ~~und erträumten~~.
525 nie einen Roman] ~~keine~~ nie.
529 wurde ich ‹…› Musse] ~~vertieft~~⌈~~wurde~~ wurde ich⌉ ‹…› ⌈Musse⌈.
530 entrückt.] ~~ent+~~ ⌉entrückt.⌉ ~~und freute mich auf~~.
533 weibliche Bildung] ⌈weibliche⌉.
539 mit vollem Vertrauen] mit⌈vollem⌉.
543 Gewitter] Gewitter ~~war~~.
551 seiner Erscheinung] seine~~s~~r.
555 der Mädchen] ~~eines~~ der.
593 [19v]die Ansicht] [19v]~~das Bild~~⌈die Ansicht⌉.
594 aufgeregt] aufgeregt ~~+~~.
598 frühern Lebens] ⌈frühern⌉.
601 innre Welt] ~~u+~~ innre Welt.
605 sprach oft] sprach ~~lang~~⌈oft⌉.
609 Wallberg sich fand, aber] ~~w+~~ Wallberg sich fand, aber ~~er kam mir doch~~.
620 Elise!] ~~Therese~~ ⌈Elise⌉! – *Der Vorname der Mutter und der Tochter war ursprünglich Therese. Vgl. Z. 979. 1019 u. 1091.*
623 und ich musste es zulassen daß er meinen Mund küsste.] ~~und nicht mit +~~ und ich musste⌈es zulassen⌈ ~~ihm~~⌈daß er⌉ meinen Mund ~~überlaßen;~~⌈küsste.⌉ ~~laßen~~.
635 leise sagte sie ⟨*⟩ was fehlt Dir?] leise sagte sie, Wallberg was fehlt Dir? – *Bezugsfehler: eigentlich sollte hier der Name von Elises Vater stehen.*
636 Athemzug] ~~Aht~~ Athemzug.
643 Er unterzog] Er ~~u~~. unterzog.
651 Elise] ~~Therese~~⌈Elise⌉.
661 alles] ~~alles~~ alles.
662 Blick den diese schönen] Blick {den}.
666 lebt mir] ~~lebt~~⌈lebt⌉ mir.
670 über alle Regeln] ~~in dem~~ über alle Regeln.
674 stand schnell auf] stand ~~begeistert~~⌈schnell⌉ auf.
682 beruhigter] ~~beruhigt~~⌈beruhigter⌉.
688 jugendlicher] ⌈jugendlicher⌉.
689 Strudel] ~~Kr~~ Strudel.
691 deutsche Handelsstadt] ⌈deutsche⌉.
692 seyn mussten, wählte H*] ~~war~~ seyn mussten, wählte H…
696 nach Jahren] ⌈nach Jahren⌉.
701 ein neues Geschlecht ‹…› nicht kennt] eine neues ~~Generation~~⌈Geschlecht⌉ dient einem Herrn den ~~sie~~ {es} nicht kennt.
703 den Werken] de~~m~~n Werken.
712 als eine höhere] ⌈als⌉ ~~für~~ eine.
716 die Welt] ~~den B~~ die Welt.
735 *Cecilien] Der Name der Tochter in den Varianten Cecilia (in Z. 753, 1385, 1420, 1422 u. 2283), Cecilie oder, wie hier, dekliniert. Schiller verwendet hierfür überwiegend lateinische Schrift, daher wird der Name duchgängig kursiviert.*

740 sichern, auch] sichern, ⌈auch⌉.

747 zeigte oft] ~~bezeigte~~ ⌈zeigte⌉ oft.

750 verunglückten Gefühls] verunglückten.

751 eignen Herzens] ⌈eignen⌉.

761 schnell aus] schnell ⟨aus⟩.

765 sechs Jahre] ~~acht~~ ⌈sechs⌉ Jahre.

769 feine Art] ⌈feine⌉ ~~+ete~~ Art.

773 Edmunden] *Edmund ist der Name von Alexanders Doppelgänger in der Kindheit.*

777 den [25v]*Squire* aus] den [25v]~~den *Esquire*~~ *Squire*.

778 keinen Aufenthalt] ~~nicht~~ keinen.

782 wie seinen Todt] ~~für~~ ⌈wie⌉ seinen.

787 vernahm] fernahm.

795 so lieb sein] lieb ⌈sein⌈.

799 den vermeinten Edmund] ~~Edmund~~ ⌈den vermeinten⌈ ⌉Edmund⌉.

800 Ich schloß] schloß ~~indeß~~.

812 dem kindlichen] ~~in~~ dem.

819 ein Mensch] ~~einer~~ ein.

822 Freyheit] ~~Liberalität~~ ⌈Freyheit⌉.

822 dem Reichen] ~~einem~~ ⌈dem⌉ Reichen.

823 zarte Fühlbarkeit] ⌈zarte⌉ Fühlbarkeit ~~in manchen~~.

825 beschloß] beschloß ~~daß dieser Bund der uns~~.

829 Ein Mann noch in den besten Jahren mit seiner Schwester, *Watson* ‹…› *Isabella*] Ein ~~junger~~ Mann ⌈noch in den besten Jahren⌉ mit seiner Schwester, *Watson*, ~~wurde uns angelegentlich empfohlen, die Schwester war eine~~ ‹…› *Isabella* ~~eine~~.

832 seinen Träumen] ⌈seinen⌉.

835 darf wohl] ~~kann~~ ⌈darf⌉.

843 je mehr] je ~~weiter~~ mehr.

846 die Beweise] ~~seine~~ ⌈die⌉ Beweise.

849 Wir waren plözlich] ⌈plözlich⌉.

853 ihre Familie] ~~ihren~~ ⌈ihre⌉ Familie~~nkreis~~.

862 ihn auf die Spur des] ihn ~~das~~ ⌈auf die Spur des⌉.

864 jedes glühende] ~~seine~~ jedes.

869 Menschen sprach] Menschen ~~sprach~~ sprach.

871 Wo sind die Glücklichen] Wo ~~ist sind~~ ⌈sind die⌈ Glücklichen ~~Welt~~.

875 stutzte] ~~erröthete, ge~~ stutzte.

878 höhern Zwecke streben] ~~Zwecke~~ ⌈höhern Zwecke⌈ streben, ~~denn ihm + die Welt + aussen Welt~~.

879 erwählen, [28v]die Tugenden ‹…› schenkte] erk erwählen, ~~sich ihre Lebenweisheit zu schaffen sie~~ [28v]die Tugenden die ⟨es⟩ Ihnen ~~das Geschick~~ schenkte.

886 zu ihrem eignen Wohl]. zu~~r~~.

890 den Fähigkeiten] d~~ie~~en Fähigkeiten.

912 glühenden Farben] Farben ~~durch~~.

913 Begebenheiten] ~~Beg~~ Begebenheiten.

918 es schien als sey ihr Gemüth ungewiß.] ⌈es⌉ schien ~~in ihrem Gemüth~~ als sey ihr Gemüth ungewiß.

926 Hofnungen stiegen] Hofnungen stieg stiegen.
929 durch ein Fest] ⌈durch⌉.
936 getheilt] ~~zertheilt~~ ⌈getheilt⌉.
948 sagte sie.] sagte sie ~~bed~~.
949 wenn *Watson*] wenn ~~verzeih~~ *Watson.*
954 *Isabella*, und hielt uns beyde an ihre Brust gedrückt. Liebe Freunde, sagte sie] *Isabella,* ~~aber wand ihre Hand~~ ⌈und hielt uns beyde an ihre⌉ ~~eile so schnell sie konnte aus der ihrigen und reichte sie dem sich verbergenden Mann. Kommen Sie näher theurer~~ ⌉Brust gedrückt.⌉ Lieber~~r~~ Freund**e**, ~~*Watson*~~, sagte sie.
957 wie reich bin ich ‹…› verborgen hatte] wie reich bin ich in ⌈Ihnen⌉ ~~diesen drey Menschen, und sie streckte ihre Arme aus uns zu umpfangen umfangen.~~ Jezt wagte F. zum erstenmahl sein Gesicht zu verhüllen, ⌈er trat aus dem Hintergrund wo er sich verborgen⌉ ⌉hatte⌉.
961 gehörte der Ausdruck meines] gehörte ~~meines~~ der Ausdruck meines.
964 unzufrieden mit sich] ⌈mit sich⌉.
965 sammelte] ~~sammele~~ sammelte.
972 mit aller Aufmerksamkeit] {mit} aller.
979 *Cecilie* erschien als Psyche] ~~Theres~~ *Cecilie. – Ursprünglicher Name: Therese, vgl. Z. 620.*
989 der täuschende Todt hatte uns alle] der ~~getäuschte~~ ⌈täuschende⌉ Todt hatte uns {alle}.
990 vernehmen lies. Die Lampen ◊] *Textabbruch. Letztes Drittel des Blattes nicht beschrieben.*
996 nachdachten,] nachdachten, ~~und keiner wagte die Lampe wieder zu~~.
997 sang diese Worte. ◊] *Halbe Seite unbeschrieben. An dieser Stelle war offenbar eine Liedeinlage geplant. Zur Amor und Psyche-Motivik vgl. die Gedichte* ‹An dem Fuß des Olymps› *und* Psyches Klagen!. *Auch das Fragment* Des Pilgers Lied *könnte in diesen Kontext gehören. Vgl. Kommentar S. 296f.*
1011 lang starr in derselben Stellung. ‹…› *Cecilie*] lang ⌈starr⌉ in derselben Stellung. ↓Und er fiel endlich bewußtlos zu *Ceciliens* Füssen nieder.↓ So war er noch als ~~Theres~~ *Cecilie.*
1019 *Ceciliens*] ~~Theres~~ *Ceciliens.*
1023 ihr Gemüth] ihr~~e~~ Gemüth.
1036 zerbrechliche] ~~gebrechliche~~ ⌈zerbrechliche⌉.
1044 *Isabelle* sey] ~~sie se wäre~~ ⌈*Isabelle* sey⌉.
1061 und Mangel] und ~~un~~ Mangel.
1062 *Cecile*] *Abweichende Schreibweise.*
1063 Sie führte] ~~Sie schien einen~~ + Sie führte.
1063 als nach langer Zeit,] ⌈nach langer Zeit,⌉.
1064–1151 war es mir als sehe ich ‹…› ihr Gesicht an seine Brust] *Folgende Konzeptfassung, 2 Blatt, Folio, bezieht sich auf Bl. 34–36 in der Reinschrift:*

[22]war es mir als sey das Gebäude meine Glücks auf immer zerstört. Therese sah ~~nicht mehr~~ ⌈uns mit einem⌉ Ausdruck scheuen Mistrauens an, und sprach den übrigen Abend ~~kein~~ wenig mehr. Isabelle bat um ein Nachtlager, ⌈weil es schon spät war.⌉ F. dem keine Veränderung in Theresens Gesicht entging, bemerkte bald daß etwas in ihrem innern gewältig kämpfte, er that aber als bemerke er's nicht, u. suchte durch Musik, und kleine Lektüren die Gesellschaft zu beleben. Therese strengte sich an, ~~frey zu scheinen~~ aufmerksam zu scheinen. – Der Abend war mir peinlich, u. ich ergriff mit Freude ↓~~Ich war~~

~~nie gewohnt~~↓ den ⌈ersten schicklichen⌉ Zeitpunkt mich entfernen zu können. – und die Gesellschaft ging bald auseinander. –

Ich war nie gewohnt ~~mir~~ geheime Nachrichten über ⌈das Betragen⌈ meiner Kinder ~~zu~~ anzuhören, und niemand in meinem Hause war darauf gestimmt, auszuforschen ⌈u. mir von ihnen Rechenschaft zu geben.⌈ Aber als ich in mein Zimmer trat, schlich meine alte Kammerfrau bedächtig zu mir, u. sagte mit Ängstlichkeit. Haben Sie unsre Therese nicht beobachtet? Warum fragte ich unbefangen. Ach es ist nicht wie es sein sollte! Ich habe von jeher die Fremden, die Catholischen nicht geliebt. Aber sie bringen über unser Haus keinen Seegen. Gott wirds wissen!

Ich schlich mich fuhr sie fort heut Abend im Garten um ~~so nach dem sie +++~~ ⌈von meiner Arbeit mich zu erholen.⌉ Da kam ein vermummter Mann, der Pilger im Walde fiel mir ein. Eine weibliche Stimme aus Theresens Fenster *[22v]*gab ein Zeichen, u. ging mit grossen Schritten dem Hause zu. Ich wusste nicht was zu thun sey, denn das ungewohnte ~~ist mir~~ bringt mich aus meiner Fassung. ~~Ich~~ Es fiel mir nichts ein als unter Theresens Fenster zu treten, wo ich denn eine starcke Stimme hörte die mit den heftigsten Audrücken Theresen Vorwürfe machte. Sie weinte laut, was sie sprach hörte ich nicht. Nach einer halben Stunde kam die Gestalt wieder, und ich erkannte, da ich ⌈nun⌉ mehr an die Dunkelheit gewöhnt war ~~mir~~**die** Gegenstände deutlicher, und sahe *Don Imanuel*. Als ich diesen Abend durch das ⌈Gesellschafts⌉zimmer ging, bemerkte ich wohl die Verstimmung der Gesellschaft, wo mein~~e~~ guter Pflegling Therese wie eine Bildsäule ~~so~~ da saß. Und reimte ⌈räumte⌉ mir alles zusammen was der Besuch wohl mochte bedeutet haben. Und da es die Ruhe unsrer Tochter betrift, denn ich liebe sie eben so, so kann ich nicht schweigen über diesen Vorfall.

Ich brachte die Nacht unruhig zu, Therese hatte Licht und ich sah eine Gestalt lebhaft sich im Zimmer bewegen. *Isabelle* hatte ein Schlafzimmer auf einen andern Theil des ~~Schlos~~ Hauses, sie war sonst gewohnt in Theresens Zimmer zu bleiben, aber diese hatte noch daß ich es vernehmen konnte befohlen dieses andre Zimmer für ihren Gast in Bereitschaft zu halten.

[23]Den andern Morgen ging ich so früh als möglich ins Besuchzimmer. Therese u. *Isabelle* waren schon dort, erstere sprach heftig: Verfolgen Sie mich ⌈nicht⌉ länger ich bitte Sie, ich habe nach einem harten Kampf in dieser Nacht meine Pflicht erwogen, ich bin F. alls schuldig. Wären Sie in dieser furchtbaren Nacht nicht ~~in mein~~ ⌈von⌉ ~~unth+hends~~ mir geflohen. Sie hätten ~~fassen~~ müssen überzeugt werden, daß diese Sorge und Liebe für mich ⌈in dieser Welt⌉ die Liebe meines ganzen übrigen Lebens fodert. – Undankbares hartes Geschöpf. Er wird sterben, sagte *Isabelle* mit unterdrückter Wuth. Meine Gegenwart unterbrach diese Scene- Der Wagen kam. *Isabelle* nahm ernsthaft Abschied von mir, und kalt von meiner Tochter, und ich sah sie nicht wieder. –

Manche Eltern die von dem Verhältnisse ~~der~~ ⌈ihrer⌉ Kinder zu ihnen andre Begriffe haben, haben mich vielleicht getadelt, daß ich selbst keine Erklärung mit Theresen ⌈suchte,⌈ ~~hatte,~~ ich glaube ~~ihr~~ aber ich hätte mir ihr Zutraun gewinnen können, einmal mit der Lüge vertraut die durch ihr ganzes Leben fortging. Hätte sie mir auch nicht mit Wahrheit geantwortet, ich ~~könnte~~ konnte dieses Gemüth nicht lieben daß für unsrer schonenden zarten Liebe keine Empfänglichkeit hatte, ein einziges freymüthiges Geständniß hätte uns allen Kummer erpsart und ihr vielleicht ein herbes Schicksal! aber es war ⌈ein⌉ vergeblicher Wunsch. Meines Mannes Abwesenheit hatte sich ⌈mehr⌉ verlängert als wir glaubten.

[23r]Er schrieb und bat uns dringend die Anstalten zu Theresens Hochzeit zu beschleunigen. Sein Wunsch war, er wolle sie denselben Tag seiner Ankunft am Altar führen. Ich bitte Euch geliebten suchet alle Hindernisse und Verzögerungen wegzuräumen, waren seine Worte, ich habe eine heimliche Angst in meinem Herzen um Theresens Sicherheit. Und erst wenn ich sie ⌈fest verbunden⌉ an der Hand meines geliebten Sohnes weis, wird ~~mir~~ die Ruhe. ~~und~~ ~~Sicher~~-heit zurückkehren. Sezt alle weiblichen kleinen Rücksichten aus den Augen, erfüllet den Wunsch Eures Vaters, um seiner Ruhe willen. Es sind Zeiten der Unruh und Sorgen, ich fange an unsicher über mich zu werden, und es ist mir wehmüthig Euch geliebten unter sichren Schuz und Rath zu wissen, auf jeden Fall meines Lebens. – Wir sind an die schwachen Fäden gebunden wir armen Sterblichen Wesen, und nur in ~~den Zeiten unsres~~ unsren Uebermuth können wir uns auf unsre Kräfte kühn verlassen. –

Der Brief ihres Vaters ängstigte Therese sichtlich. F. war unaussprechlich glücklich. Die Angst unsres Vaters ist mir traurig sagte er mit glühendem Gesicht. ~~aber es ist doch der Fall im menschlichen Leben einander oft unser Glück sich auf den Schmerz und+~~ Ich ende willig seine Sorgen, denn dieser Zeitpunkt is ja auch mein Glück. Er fasste Theresens Hand. Sie sank mit ihrem Gesicht an seine Brust – und ich wähnte sie glücklich. In Anstalten zur Hochzeit vergingen mehrere Tage, Therese war thätig, sie war ◊

1064 als sehe ich] si~~e~~he.
1069 erleichtern,] erleichtern, +.
1069 Musik] Musik ~~H+~~.
1089 denn ich wußte] ich ~~wart~~ ⌈wußte⌉.
1090 Zug] ~~natürlichen~~ Zug.
1091 ⟨*Ceciliens*⟩] Theresens. – *Versehentlich ursprünglicher Name der Protagonistin.*
1092 länger] ~~mehr~~ ⌈länger⌉.
1093 wenig aber klagend] klagend~~e~~.
1094 deutlich [35]den Pilger im Walde, und Herrn *Watsons*] deutlich ~~die Gestalt~~ [35]⌈den Pilger⌉ ~~des Pilgers~~ im Walde, und ~~die des~~ Herrn *Watsons*.
1101 *Ceciliens*] ~~Theresens~~ ⌈*Ceciliens*⌉.
1105 allein sein.] allein sein. ↓~~+ andern Morgen ging +~~↓.
1111 Sorge und Liebe] Liebe ~~noch~~.
1116 mir schnelle traurige] mir ⌈schnelle⌉.
1120 wie sein selbst] wie sein ~~selb,~~ selbst.
1121 ihr entfernt.] ihr entfernt. ↓~~Sie hätte mir nicht mit~~↓.
1123 sich zog] sich ~~wand~~ ⌈zog⌉.
1125 unsre Liebe] ~~Liebe~~ Liebe.
1126 einziger freyer] ⌈einziger⌉.
1134 alle Hindernisse] alle~~s~~.
1148 ich mildre] ich ~~endige~~ ⌈mildre⌉.
1153 was auf der künftigen] was ⌉auf⌉ ~~zu~~ der künftigen.

1154 Spaziergängen, und war immer mit ihr nur beschäftigt.] Spaziergängen, {und} ↓war immer mit ihr nur beschäftigt.↓.

1158 den Hofnungen] ~~auf die~~ ⌈den⌉.

1172 F. mußte] F. ~~wurde~~ mußte.

1174 lassen um sich zu sammeln. Ich gewährte es ihr] lassen ⌈um sich zu sammeln.⌈ Ich gewährte es ihr ~~gern~~.

1186 Leben Sie wohl.] Leben Sie wohl. ↓~~Ich will starck werden u~~↓.

1190 wollte an dem Fest] wollte ~~durch~~ ⌈an⌉.

1195 hatte verboten] ~~verboten~~ ⌈verboten⌉.

1199 und [38]gab] und [~~36~~ 38]gab.

1226 dahin, er gab] ~~iner~~ gab.

1230 eigne Unbefangenheit] ⌈eigne⌈ Unbefangenheit.

1231 Der Gedanke wenn auch ‹…›, Alexander ganz hülflos zu wißen] Der Gedanke daß wenn auch ich meinem Schmerz unterliegen sollte, Alexander ganz hülflos zu wißen.

1236 Gemählde] Gemählde ~~unsres Schmerzen~~.

1237 unmöglich nach * zurückzukehren] nach ×× zurückzukehren.

1238 So unglücklich] ~~Eben~~ So.

1241 ihren Antheil] ~~Ant~~ ihren.

1247 Wallberg richtete] ~~fasste~~ ⌈richtete⌉.

1251 noch zurück] noch ~~einige Monate~~.

1254 der heftigen] ~~dieer~~ heftigen.

1256 zu halten versuchen] halten.

1259 *Plymouth*] *Hafenstadt in England, Ausgangspunkt der Entdeckungsfahrten von Francis Drake sowie 1620 der Pilgrim Fathers, die auf der Mayflower in die Neue Welt aufbrachen.*

1263 Winter [40]die Reise] Winter [~~41~~ 40]die.

1269 aufzufinden] {auf}zu finden.

1274 verlebt] verlebt.

1278–1420 Ein schwerer drückender Herbsttag ‹…› euch seegne. *Cecilia*] *Konzept 2 Blatt, paginiert; die Passage bezieht sich auf Bl. 41–42 in der Reinschrift:*

> [25]rauschten an den bewegten Aesten, wie ⌈anders⌉ anders war der Tag an dem ich mit Theresen da hin fuhr, mit der Aussicht einer schönen Zukunft für sie im Herzen. – –→Damals lachte uns der Frühling der Natur; wie der Frühling ihrer Liebe! – – → Die Aussicht ins Dorf war durch die entlaubten Bäume lichter geworden, und im tiefen ~~Dunkel~~ Wald ~~ragte~~ ⌈sah⌉ der Kirchthurm hervor, ~~und die Leichensteine die auf einen Hügel waren, waren dem Auge sichtbar über den Zaun des Kirchhofs, ich konnte nicht wiederstehen ich musste F.'s Grabstätte besuchen. mein Begleiter konnte es mir nicht verweigern, ich finde es so gerecht die Ueberreste dieses Edlen zu ehren, und sagte er, daß wenn wir selbst auch Schmerz dabey fühlen, wir es ihm schuldig sind. – Lange stand ich schweigend bey dem Grabhügel der meine Freuden mein ganzes Glück barg, denn ich liebte ihm so innig, und die traurige Ursach seines Todes war auch das Ende meiner ganzen Zufriedenheit. Mein Mann hatte ohne daß ich es wusste ein Monument errichten lassen, was mich tief rührte. Ein Obelisk von Marmor stand und ragte über die einfachen Gräber hervor, wie der dem er verbarg die unter Tausenden hervorragte.~~

~~Dem unglücklichen frühen Todt beweinen ewig die Traurenden.~~ – Er ruhe im schooß einer höhren Liebe, da ~~sie~~ ihm ~~auf~~ ⌈die Irrdische⌈ ~~Erden~~ nicht beglücken sollte. – ~~war alles was darauf stand. – Ich sahe in den einsam verlaßnen Hof des Wohnhauses; lauter hohes Gras war auf den Seiten~~ [26]Ich sahe durch den unbesuchten ~~Hof, f+ E+ ++++~~ Kein Mensch kam heraus uns zu empfangen, es hatte sich alles aus der Wohnung entfernt aus Liebe zu uns. Man wollte den Erinnerungen unsres Jammers entgehen. – Endlich kam der Gärtner u. begrüßte uns, u. öfnete die Thüre, ich fasste stärcker den Arm meines Begleiters, und hielt Alexander, es überfiel mich eine Furcht als könnte ich ihn auch noch verliehren. Die Frau des Gärtners eine ⌈meiner⌉ ehmahligen Bedienten kam, und sagte mir ⌈nach langen Umschweifen⌉, daß sich vor einiger Zeit ein Zigeuner habe ⌈öfter⌉ sehen lassen, der stolz den Eintritt ins Haus versucht, sich sehr nach der ⌈Zurückkunft⌉ ~~her~~ ⌉Herr⌉schaft erkundigt + habe, und da er erfahren wir ⌉würden nicht kommen⌉ ~~kommen nicht mehr~~ + so habe er der Gärtnersfrau sich entdeckt. Es hatte ihm ein Herr sagte er, u. beschrieb *Imanuels* Gestalt, beym Einsteigen in ein Schiff das nach Portugall bestimmt war erblickt, habe ihm viel Geld geboten, daß er etwas bestellen solle, auch habe er ihm gesagt er werde auch bey der Dame an die der Brief sey gewiß viel erhalten. Er könne sich aber nicht aufhalten, in der Stadt dürfe er die Dame nicht aufsuchen, weil der Eintritt ⌈ihm dort⌉ versagt sey, u. foderte lies er die Aussicht auf eine größere Belohnung fahren, um sein Versprechen. Er erh+++ Frau holte de~~m~~ Päckchen u. es war ein Brief [27]von – Theresen. – Du sollst ihm sehen geliebte Tochter, er ist beynah von meinen Thränen verlöscht aber er ist mir das lezte Zeichen ihres Lebens – Sie holte ein Päckgen, und las mit bebender Stimme.

Geliebte Mutter!

Das lezte was mir vom Schicksal vergönnt ist, ehe wir auf immer getrennt sind, ehe ~~uns~~ mich ein fremder Himmelsstrich aufnimmt, sind diese Zeilen. – Mit blutenden Herzen that ich den lezten Schritt Sie zu verlassen, Sie, meinen Vater, die mir ewig lieb u. von mir geliebt bleiben werden. – Ich musste zu unser aller Ruhe fliehen; – Ich kann in dem Raum der uns trennt, und auf immer! nicht nunmehr mehr sein. Stärckere Bande als die, die ich frevelhaft mit F. knüpfen wollten, halten mich an *Imanuel* gebunden. Sein Glaube ist der meinige. Seitdem mir das Licht dieses Glaubens leuchtet, fühle ich mich zu allem fähig was Entsagung heisst. Auch die Bande mussten reissen die mir die Heiligsten waren. Aber es ist kein Muth wenn er nicht alles wagt. Durch Aufopferung allein ist die Lehre bestätigt der ich folge. – Wo ich hingehe, was aus mir werden wird, kann und darf ich nicht sagen. Aber glauben Sie mir ich bin glücklich. Je stärcker meine Liebe zu meiner Pflicht wächst, je mehr werde ich die ehren, denen ich mein dasein danke. –

*[27v]*F. soll glücklich sein, soll mich vergessen! – O wüsste er was mich seine treue reine Liebe unglücklich gemacht hat! Damals als er für mich sterben wollte, wankte mein Herz – – aber die höhre Stimme des Glaubens aus der *Imanuel* sprach, stärckte mich wieder alles zu wagen ⌈für das Wohl meiner Seele,⌉ und er hat gesiegt. – –

~~Als~~ ⌈Daß⌉ ich an jenem Tage Ihre Erwartung, die Erwartung meines Vaters täuschen musste! Dies war der lezte Kampf mit dem Leben. O Sie wissen nicht was er mich gekostet! – Im Kloster zu ×××, wo ich zuerst wieder aus dem Traum meines alten Lebens in dieses neue lebendigere erwachte, lernte ich mich selbst kennen, u. kennen was ich vermag. Ich bin nicht für das Leben in der Welt gebohren, meine höhern beßren Kräfte lernte ich erst kennen als ich mich daraus verbannte. Kein Kloster⌈gelübde⌉ wird mich ↓aber binden, dafür seyn Sie ruhig, geliebte Mutter. –↓ Seyn Sie glücklich Mutter! Vater! Freund. Geben Sie ihrem Alexander alle die Liebe die mir gehörte. Ich will für Sie leben!

Alle Nachforschungen nach mir sind vergebens. Die Kirche die mich aufnahm verbirgt mich. Nicht in diesem Welttheil der Sie trägt, ist meine neues Vaterland. Wenn Ihnen die Sonne am Morgen zu einen schönen thätigen Tag weckt, geht sie mir unter! Und die Nacht wird mir glückliche Träume bringen! Denn ich will des Lebens Werth sein, das ich wählte.

1278 der Nebel] dier Nebel.
1287 auch durch neue Bande] ⌉auch⌉ durch.
1291 ewigter Fackel] ewgiter ~~Hand die~~ Fackel.
1293 Herbst der Erde ihn] der ~~tiefen~~ ⌈Erde⌉.
1295 [41]Wankend] [~~40~~][41]Wankend.
1297 andeutenden, was] andeutendten, was.
1308 von einem Todtenschlafe] von ⌈einem⌉.
1309 wo ist der Ort] ⌉wo ist⌉ der.
1315 ohne Friede] ohne ~~Freude~~ ⌈Friede⌉.
1317 eine Brieftasche hervor ‹…› so erhalten, daß] eine ~~*Portefeuille*~~ ⌈Brieftasche⌉ {her}vor, deß-ren Farben bleich waren, und das Papier kaum mehr ~~fest genug um~~ ⌈so⌉ erhalten, daß.
1326 Flucht] ~~Flucht~~ Flucht.
1332 Schauspiels [42]was] Schauspiels [~~40~~] [42]was.
1334 des Abends] de~~rs~~ ~~Mitternacht~~ Abends.
1339 dunstiger Ferne] dustiger.
1366 verbergen wollte.] verbergen wollte. ~~als ich den Wagen meine Vater rollen hörte.~~.
1370 Verbindung [43]mit F.] Verbindung [~~44~~] [43]mit F.
1387 Gedenken Sie *[43v]*was] Sie ~~was~~ *[43v]*was.
1399 *Watson* saß ‹…› und sorgte] *Watson* saß ‹…› und sorgte.
1400 schreckenvoll] schreckenvoll ~~mich~~.
1407 geführt werden] ~~gehen~~ geführt.
1431 einen Zweck] Zweck~~e~~.
1433 nach der Treppe] dnach der.
1437 in diesem Moment] Iin diesem.
1441 Obelisk. [45]Schatten] Obelisk. # [~~45~~] # Schatten.
1452 zuerst wieder] zuerst ⌈wieder⌉.
1452 [43A]Wir reissten nach *Plymouth*] *Die Paginierung setzt erneut bei 43 ein.*
1458 will, und gleichsam seine eigene Nation vergessen.] will, ⌈und ~~sich~~ gleichsam⌉ ⌈seine eigene Nation vergessen.⌈.
1463 Zeitpunkt] ~~Moment~~ ⌈Zeitpunkt⌈.
1463 kein Freund] keine ~~Hand eines Freundes~~ ⌈Freund⌉.
1465 Welt unter welcher] Welt ~~wo~~ ⌈unter welcher⌉.
1467 gern alle Bildung an] gern ~~jede Leitung an, alles an~~ alle.
1472 Wünsche trugen] ~~gingen~~ trugen.
1477 dort sein Glück] dodt sein.

1479 nicht mir noch einmal] nicht ⌉mir⌉ noch.
1482 Laß uns für unser Kind] uns ⌈für⌉.
1488 dort sollte er] ~~er sollte~~ dort ⌉sollte er⌉.
1495 zur Abfahrt] ~~mit~~ zur.
1502 Seine liebende Sorgfalt verlohr mich nicht aus den Augen;] Seine ⌈liebende⌈ ↓Sorgfalt verlohr mich nicht aus den Augen;↓ ~~Er war beynah beständig bey mir;~~.
1514 wirst du einst] ~~warst~~ wirst.
1514 freiwillig von ihnen] ~~von~~ ⌉freiwillig von⌉.
1516 zu geben] ~~be~~ geben.
1517 Aber es freut mich sehr] ~~aber~~ ⌈Aber⌉ es freut mich {sehr}.
1525 einzige helle Beleuchtung] einzige~~r~~.
1527 uns mehr Ruhe und Zufriedenheit ‹…› verging eine Zeit nach der andern.] uns ~~R~~ mehr Ruhe und Zufriedenheit geben ~~könnten~~ könnte, als rastlos herumzuschweifen, ~~unter~~ [45A]↑In solchen Gesprächen deren Schmerzen sich immer tiefer einprägten je mehr sie gehalten wurden verging eine Zeit nach der andern.↑.
1529 Zutritt zum] Zutritt ~~bey~~.
1535 den der Mond] den ⌈der⌉.
1539 dort mit seinem] dort ⌈mit⌉.
1541 Wal⟨l⟩bergs Familie] *Abweichende Schreibweise, vgl. Z. 29.*
1543 Anlagen eines Weibes] Anlagen ⌈eines Weibes⌉.
1545 der weiblichen] ~~einer~~ ⌈der⌉.
1548 Geist, hätten ihr] ihr ⌈~~es~~⌉.
1551 Treue gelobt.] ~~geschworen~~ gelobt. ~~auf.~~
1555 an den Ufern des *Delaware* ‹…› in einem Ort den die Mährischen Brüder sich erbauten] *Vgl. die Schilderung in: [Conrad] Malte-Brun's neuestes Gemälde von Amerika und seinen Bewohnern. Aus dem Französischen übersetzt und mit Zusätzen vermehrt. E. W. von Greipel, K. K. österr. Major. Leipzig 1819. 6. Buch, S. 196–201. Als mögliche Orte nennt Malte-Brun Bethlehem als „Hauptort der mährischen Brüder", sowie den Marktflecken Dower und den Hauptort Wilmington (vgl. ebd. S. 201).*
1559 Tagwerk der] de**sr** ~~G~~.
1564 windet] ~~geht~~ ⌈windet⌉.
1564 engen Umgeb⟨ung⟩] engen Umgeben.
1564 Denken Sie sich] Denk**ten** ~~Euch~~ ⌈Sie sich⌉.
1566 eine ⟨+⟩ vollendet] eine + ~~+~~⌈+⌉ vollendet.
1567 nicht kennen;] kennen; ~~u. nur~~.
1568 in dieses Leben] in~~s~~ dieses.
1573 das Schicksal grausam gelähmt] das Schicksal grausam gelähmt ~~sein~~.
1576 Besizungen] ~~Besz~~ Besizungen.
1577 konnten, ging] ging.
1579 de⟨m⟩ Verfolgungsgeist] der.
1580 hinflüchten] hinflüchten ~~können~~.
1581 Ruhe haben, und ermüdet] haben ~~können~~, und ~~ver~~ ermüdet.
1587 Zutritt versagt. Ehe ich ‹…› Gegend umher] Zutritt versagt. # ←Ehe ich die Erlaubniß erhielt, streifte ich in der Gegend umher #←.
1589 fand ich eine zierliche kleine einfache Wohnung eines Tags.] fand ich ⌈~~eines Tags~~⌉ eine

zierliche kleine einfache Wohnung ⌈eines Tags.⌉ ~~als ich eines Tages in der Gegend herumstrich, u. auf die Erlaubniß des Obern wartete, um eingelassen zu werden, in dies weibliche Heiligthum~~.

1592 Englisch] ~~Enlis~~ Englisch.

1603 folgte ihr] folgte ~~hier~~ ihr.

1606 Ossian] *Erster Hinweis auf die an* MACPHERSON *angelehnte schottische Hochlandmotivik. In ihrer Jugend befasst sich Charlotte Schiller mit Ossian-Übertragungen, wie insbesondere ihre Korrespondenz mit Karl Ludwig von Knebel und Henry Heron erhellt.*

1620 so bald wie] so bald ⌈bald⌉ ⌉bald⌉ wie.

1620 Unterredung] Unterredung.

1622 anzuflehen] anzuflehen.

1624 u. bald wieder] u. bald.

1633 die sie selbst] die ⌈sie⌉ selbst.

1635 so wüsste ich nicht ‹…› halten möchte] so ~~hielt~~ ⌈wüsste⌉ ich ~~sie für~~ ⌈nicht ob ich⌉ ⌈sie nicht für⌈ ⌉eine Zauberin⌉ und kein menschliches Wesen ⌈halten möchte⌉.

1637 Lezt hatte sich eine Tochter heimlich] Lezt hatte sich eine Tochter ~~+lig~~ ⌈heimlich⌉.

1640 zurück ging zu] ging ⌈zu⌉.

1646 schon in die Welt] schon.

1651 aufzuheben] ~~zu~~ aufzuheben.

1661 Herr, [48A]daß] Herr, [~~49~~] [48A]daß.

1663 erhalten zu können] ~~noch~~ ⌈erhalten⌉ ⌈zu können⌈ ~~zu erhalten~~.

1664 Flamme nicht] Flamme ⌈nicht⌉.

1664 gänzlicher] ~~gl~~ gänzlicher.

1666 Maschine nicht stoppen] stop+en.

1667 Erfahrungen gehört] Erfahrungen ~~gemacht~~.

1670 Ich glaubte] Ich ~~glaub~~.

1676 Augenblick, daß] ⌈Augenblick⌈ ~~Moment~~, daß ~~ich~~.

1679 verschweigen] ~~verbergen~~ ⌈verschweigen⌉.

1680 einzigen höchsten Freund] einzigen ⌈höchsten⌉.

1681 angetroffen habe] angetroffenhabe.

1684 Der Freude wegen] ~~Durch~~ Dieer Freude ⌈wegen⌉.

1686 um die Zweige gewunden,] ~~sich~~ um die Zweige gewunden, ~~sich~~.

1690 weicher gemacht. –] weicher gemacht. – # ~~Glauben Sie mir mein Herr ich bin sehr glücklich in dieser Welt die ich mir wählte, nur die Erinnerungen meines Herzens, können mir die vergangnen Zeiten durch einen trüben Flor zeigen. / Wenn Sie den Willen haben~~ glücklich ~~zu sein, so sind Sie es auch, einer solchen kraftvolle Natur ist nichts unmöglich –~~.

1691 und muß auch zufrieden seyn, da es nicht wiederrufen werden kann;] ~~habe~~ und muß auch zufrieden seyn, ~~nun~~ da es nicht wiederrufen werden kann; #.

1693 die in Ihrem Aeussren herrscht, auch stets die Stimmung ihres Geistes sein! –] die in Ihrem Auessren herrscht, auch ~~die~~ ⌈stets die⌈ Stimmung ihres Geistes sein! – ~~Sie sind nicht allein glücklich wenn Sie es sind~~.

1694 Gemüths in dieser friedlichen Wohnung stören können.] Gemüths ⌈in dieser ~~friedlich~~ friedlichen Wohnung stören können.⌈.

1698 da bleibt man] da ~~ist~~ ⌈bleibt⌉.

1705 Morgen. Ich erzähle Ihnen so offen von mir selbst, als wären Sie mir nicht fremd.] Morgen. ~~und habe keine Hofnung einer bessren~~ ⌈Ich erzähle Ihnen so offen von mir⌉⌈selbst, als wären Sie mir nicht fremd.⌈ ~~Zukunft mehr. Sie fasste bewegt meine Hand, nur kurze Aussichten muß ich mir auf~~.

1711 an die Zukunft] ~~über~~ ⌈an die⌉.

1713 alles worauf] alles ~~was~~.

1716 leblos] ~~nur~~ leblos.

1719 sey nicht gekommen] sey ~~wieder~~ nicht.

1720 daß auch vorher uns] daß ~~einem~~ ⌈auch⌉ vorher {uns}.

1727 ohne Rückhalt] ~~o+~~ ohne.

1731 so viel dürfe] viel ~~h+~~ dürfe.

1732 Welche Schicksale] ~~Wie sie~~ Welche.

1733 sie zuweilen unwillkührlich] ~~ihr~~**sie** zuweilen unwillkührlich ~~entschlu~~.

1735 doch wollte] ~~wollte~~ wollte.

1742 Ich frug] frug.

1744 Therese] *Der ursprüngliche Name der Figur Cecilia fungiert als angenommener Name in den Kolonien.*

1754 Aesten] Aesten ~~Seh~~.

1765 Sie sind nicht allein glücklich wenn Sie es sind. – ‹…› einer solchen kraftvollen Natur ist nichts unmöglich. –] *Charlotte Schiller hat einen zuvor gestrichenen Passus hier eingefügt, vgl. Kommentar zu Z. 1699 ff.*

1770 mehr als ich selbst] ~~selbst~~ mehr.

1781 Gefühl des Schmerzens] ~~Schmerz~~ Gefühl.

1785 Leiden. –] Leiden. – ~~Aber~~.

1791 *Macdonald*] *Name des Schotten, erste Nennung. Möglicherweise hat für diese Figur Henry Heron Modell gestanden, ein schottischer Offizier, mit dem Charlotte von Lengefeld bekannt war und der am Amerikanischen Unabhängigkeitskrieg teilnahm.*

1794 geleitet] ~~sich an~~ geleitet.

1797 nahe fühlte] nahe ~~war~~ ⌈fühlte⌉.

1798 in eben der Zeit] in ~~dem Moment~~ ⌈eben der Zeit⌉.

1811 8 Tage] ~~eini~~ 8 Tage.

1812 Plaz, der] Plaz, ~~wo~~ ⌈der⌉.

1818 rief ich.] rief ich. ~~Mein Herz wird unter dem Kampf~~.

1825 daß ihr eure Gedanken ‹…› Ihr seyd ein sonderbares Geschlecht. Ich nahm den Brief mit Zittern in meine Hände und eilte unter die Eichen.] was ihr ⌈Ihr seyd⌈ – ein sonderbares Geschlecht. – *Der ganze Passus ist durch den Tintendurchdruck der Rückseite schwer leserlich.*

1830 ich mir die Plane des glücklichsten Lebens] ich {mir} die Plane ~~meines~~ ⌈des⌉ glücklichsten Lebens ~~mir~~.

1833 Endzweck] Endzweck.

1837 reisse ich mich] reisse ich ⌉mich⌉.

1837 Ich will an kein] will ~~nicht mehr~~.

1843 daß ich mir] ich ~~von~~ ⌈mir⌉.

1848 fortleben] fortleben.

1852 Plözlich fiel] Plözlich ~~wurde~~.

1852 Ausruf] ~~Angst~~ Ausruf.
1853 Hülfe, u. es gelang] Hülfe, u. ⌈es gelang⌉.
1859 endlich verließ] ~~nach~~ endlich.
1868 Mutter mir] mir ~~ein~~.
1871 die vom heftigen Anfall der Schmerzen in wohlthätigen Schlummer gefallen] die ~~der~~ ⌈vom⌉ heftigen Anfall der Schmerzen in wohlthätigen Schlummer ⌈gefallen⌉ ~~versenkt hatte~~.
1874 noch nicht] nochnicht.
1879 ihn ließ sie] ihn ~~noch~~.
1881 in einem gewaltsamen] ⌈in⌉ einem.
1883 *Macdonald*] ~~+bery~~ ⌈*Macdonald*⌉.
1887 wollte stets mehr] wollte ⌈stets⌉ mehr.
1890 Verwandtschaft] ~~Natur~~ ⌈Verwandtschaft⌉.
1892 zu sehr liebte. Wohin] zu {sehr} liebte. ~~wo~~.
1892 da habe ich] ~~habe ich~~ da.
1893 Die die mich] Die ~~Menschen~~ die mich.
1896 *Macdonalds*] ⌈*Macdonalds*⌈ ~~M+barrys~~.
1905 *Macdonald*] ⌉*Macdonald*⌉ ~~M+y~~.
1908 mit Schmerz] mit ~~Trauer~~ ⌈Schmerz⌉.
1912 *Macdonald*] ~~*Mobramy*~~ ~~*Mowbray*~~ ⌈*Macdonald*⌉. – *Zum Namen „Mowbray" vgl. auch* ⟨Berwick⟩, *Z. 1932.*
1914 zu viel mit seiner Gemeinde selbst] zu viel~~e~~ mit seiner Gemeinde ⌉selbst⌉.
1917 Mit Treue] ↑~~fremde Gegenstände, + Verhältnisse, –~~↑ Mit Treue.
1921 sich dadurch mit] sich ⌈dadurch⌉ mit.
1921 getrennt seyn zu müssen] getrennt ~~zu~~ seyn.
1922 Sehnsucht rechnete sorglich die langen Zwischenräume] Sehnsucht ~~zählte sorgfältig wie bald die Wochen die ihr Herz~~ rechnete sorglich die ⌈langen⌈ Zwischenräume.
1925 sagte *Belton* unter anderm in einem Brief an seine Tochter.] ~~der~~ *Belton* ~~oft seiner Tochter.~~ ⌈unter anderm in einem Brief an seine Tochter.⌉ – *Der Familienname Claras ist „Belton". Vgl. den ursprünglichen, gleichlautenden Namen des Freundes „Morton" in* ⟨Berwick⟩, *Z. 868 u. 879.*
1928 Welche Reden] Welche ~~eifernde~~.
1929 zurückkehren zu machen] zurückkehren ⌈zu machen⌉.
1931 bezwungen] ~~gedemühtigt~~ bezwungen.
1937 seufzet nach dir] ~~seufzet~~ ⌈seufzet⌉ nach dir.
1938 unruhigsten] ~~unruh+~~ unruhigsten.
1942 von einem feurigen Schein] ~~ein Schein~~ ⌉von einem|.
1953 dir für diese Welt] dir ~~+~~ ⌈für diese Welt⌉.
1954 beugen,] beugen, ~~w~~.
1957 ehrenvollen] ~~ehrvol~~ ehrenvollen.
1964 aufnehmen,] aufnehmen, ~~und ich werde den Geist meiner Gattin aufsuchen,~~.
1968 unsres ruhigen Daseins] unsres ⌈ruhigen⌉.
1974 den Menschen] de~~r~~n ~~Welt~~ ⌈Menschen⌉.
1975 zu Grunde richtet.] richtet. ~~wie ein schweres Gewitter zischet es umher, und~~.
1980 zum Nuzen vielleicht.] zum ~~Beßren~~ ⌈Nuzen vielleicht.⌉.

1981 Es hebt u. hebt sich,] Es hebt u. hebt sich, ~~w~~.

1989 ihm schon zu, ehe] ihm⌈schon⌉zu, ~~ohne daß~~⌈ehe⌉.

1993 sie den Eltern] ~~sie den~~⌈sie den⌈ Eltern.

1993 Wolcke des Grams] ~~finstre~~ Wolcke.

1995 manches Jahr hingegangen] hingegangen, ~~der Sieg war ungewiß~~.

1997 Hafens schlug] Hafens ~~schlugen, und es war als~~⌈schlug⌉.

2000 stranden] ~~st+~~⌈stranden⌉.

2023 klares Auge!] klares ~~Ge~~ Auge!.

2024 alles wenn] wenn ~~er~~.

2031 der Zufall] ~~das~~ der.

2045 fröhlich.] fröhlich. ~~Er konnte kaum~~.

2047 in diesem Ton] ⌉in⌉diesem.

2048 Was eine Wolcke] Was ~~wie~~.

2054 [58]Was sich ehmahls so schön] [~~56~~ 58]⌈Was sich ehmahls⌉.

2055 belebte.] belebte. ~~u. nur die feste Form~~.

2056 oft in den vertraulichsten] oft {in} den.

2061 Seelen] Seelen ~~sich~~.

2066 Anerkannten Werth ihres] Anerkannten ~~Wehrt ihres~~⌈Werth ihres⌉.

2066 vermißen könnte.] könnte. ~~daß ihr Auge~~.

2068 so warf sie sich mit Strenge ihre Weiblichkeit vor, ⟨die⟩ auf äussre vergängliche Vorzüge so viel Werth hatte legen können.] Weiblichkeit ~~+~~⌈vor⌉ ~~nur~~ auf ~~aussre~~ äussre ~~Vorzüge solchen~~⌈vergängliche Vorzüge⌈ ⌉~~so viel~~⌉ ~~Werth legen zu können~~ ⌈~~Werth legen~~⌉ so viel Werth hatte legen können.

2070 [58v]In den schönen FrühlingsAbenden, kam Mutter leise an die Thüre ihrer Tochter, und rief sie mit ihr in den Garten zu gehen, der Garten] [58v]↑In den schönen FrühlingsAbenden, ~~sassen Und Tocht~~↑ ~~An einem der schönsten Frühlingstagen~~ ⌈~~Abenden~~⌉, kam Mutter ~~Wallberg~~ leise an die Thüre ihrer Tochter, und rief sie mit ihr in den Garten zu gehen, ~~das Meer lag in blauer Fläche vor ihnen sie~~ der Garten ~~bey~~.

2073 sich ausbreitete] ~~vor ihn~~ sich.

2074 Elise Wallberg] ~~Mutter~~⌈Elise⌉ Wallberg.

2075 von dort war] {von} dort ~~hatte~~⌈war⌉.

2078 in der Hülle der Nacht] ~~im Dunkel~~ im**n** der Hülle.

2080 sein Leben] sein~~e~~.

2083 wiedergeschenkt worden. –] worden. – ↓~~Die Schiffs Glocke + Ein Schiff kam näher, und näher, fröhlich er+ +den des Schiffvolcks eine schöne Militärische Musik tönte von fern, lustig kletterten~~↓.

2084 nun aber doch] nun⌈aber doch⌉.

2086 Mutter bestrebte sich es weniger zu fühlen,] Mutter ⌈bestrebte sich⌈ + es weniger ⌈zu fühlen,⌉.

2088 sich ergözen] ~~mit~~ sich.

2091 ganzes Gemüth] ~~Gemüth~~⌈ganzes Gemüth⌈.

2091 seine Knie] Knie ~~Tage Stunden~~.

2096 der den du] der⌈den⌉du.

2097 Bilder alle] Bilder⌈alle⌈.

2104 einheimisch fühlst] ⌉einheimisch⌉.

2109 war in ihren ganzen] war ~~das~~ in ~~an~~ ihren ganzen.
2112 seines Sohnes] ~~Sohns~~⌈Sohnes⌉.
2113 des Jünglings] ~~seines~~⌈des⌉ ⌉Jünglings⌉ ~~Sohns~~.
2117 sein mögt] sein mögt.
2118 schöne Mann,] Mann, ~~der~~.
2119 nun diesen besize, u. ihn ganz mein nenne, ist es eine W⟨onne⟩ des Lebens.] nun diesen ←besize, u. ihn ganz mein nenne, ist es eine← ↓~~W+~~ des Lebens.↓.
2121 *Macdonald* wiederholte ‹…› Ohne Hoffnung] ↑*Macdonald* wiederhohle Clara oft seine Geschichte, und sezte seufzend hinzu, mein Leben ist zerstört, und↑ Ohne Hoffnung.
2136 Schwester] ~~ihm nahe vorgehenden~~ Schwester.
2136 da sie als Kind ihm] da ~~er~~ sie ~~beynahe~~ als.
2140 je mehr ihr Blick für *[60v]*das Leben] je ~~weiter~~. mehr ihr Blick für ~~das~~ *[60v]*das Leben.
2142 in späteren Tagen] in~~s~~ späteren ~~Zeit~~.
2152 Zukunft wie] Zukunft ~~und~~⌈wie⌉.
2154 eine Zeit] ~~alle Zeiten~~⌈eine⌉ Zeit.
2154 und wie sie] und ~~ewig~~ wie.
2161 Wesen, wurde] Wesen, ⌈wurde⌉.
2161 immer schwerer] ~~sehr~~⌈immer⌉ schwer{er}.
2176 Groß und Schön zeigte, schien verloschen. –] Groß und Schön ~~ist~~ zeigte, schien verloschen. –. – *Die restliche halbe Seite ist unbeschrieben.*
2178 Bäume] ~~Pf~~ Bäume.
2179 reckte] rechte.
2179 Alles war] Alles ~~d~~war.
2181 die Ruhe des zarten] d~~eie~~ ~~Erde~~ Ruhe.
2184 Alexander einst in] einst {in}.
2189 Es wurde stiller] ←den dem ders *[vertikal]*← Es wurde stiller. – *Die Funktion der Randnotiz ist unklar.*
2196 erblickte] ~~er~~ erblickte.
2202 eilten auch den Plaz zu] eilten auf ~~hinzu~~ den ~~Garten~~ Plaz.
2216 Er hatte Clara] ~~W+~~ Er.
2220 Nun wird es klar!] klar! ~~Sieh~~.
2225 in seinem Blute schwimmen] Blute {schwimmen}.
2226 und blieb lange leblos] ~~noch immer~~⌈und blieb lange⌉.
2227 weinend ihre Füsse. –] weinend ⌉ihre Füsse. –⌉.
2236 Während Clara u. Alexander mit Liebe ‹…› grössten Bewegung – Der Schmerz,] ↑Während Clara u. Alexander ~~sich~~ mit Liebe auf der einen Seite, und mit den schmerzlichsten Vorwürfen in Claras Brust kämpften, war alles in der grössten Bewegung –↑ Der Schmerz.
2242 niemand mit ruhiger] niemand ~~gern~~.
2243 musste es seyn. Man fand ‹…› schuldvollen Betrugs.] musste es seyn. {Man fand in einem verborgenen Fach seiner *Chatoulle*} ↓alle Beweise seines unschuldigen, und doch schuldvollen Betrugs.↓.
2249 wohlthuender] ~~glücklicher~~⌈wohlthuender⌉.
2255 Schlacht von Bunkers Hill] *Eigentlich „Bunker Hill". Als Anregung diente vermutlich der Kupferstich von Johann Gotthard Müller nach John Trumbulls Gemälde „The Death of*

General Warren at the Battle of Bunker's Hill near Boston. June 17th 1775". Friedrich Schiller hat diesen Kupferstich von Müller vermutlich kurz vor Weihnachten 1801 als Geschenk erhalten, er bedankt sich bei ihm, auch im Namen seiner Frau, am 3. Januar 1802. Vgl. Christina Tezky / Viola Geyersbach: *Schillers Wohnhaus in Weimar, S. 104. Siehe Abbildung 2 im Anhang dieser Ausgabe.*

2261 mit dem Engländer [64]über seine Lage] mit dem ~~Todten~~⌈Engländer⌉ [64]↑~~noch sein Herz~~↑ über seine Lage.

2267 eine Weibliche Gestalt ‹…› stand mit einer Lampe neben ihm] *Das Wiederfinden beider Geschwister in Amerika nimmt erneut Bezug auf das Amor-und-Psyche-Motiv des Anfangs. Vgl. Z. 997ff.*

2272 enthüllen.] enthüllen. ↓~~Für jezt w~~↓.

2278 Sturm, und Kampf] Kampf ~~musste. Es~~.

2288 Bilder zu zeigen. –] zeigen. – ~~S++~~.

2289 Unglücklichen] ~~Unglück+~~ Unglücklichen.

2294 soll, dem ihr zartes Herz sich vielleicht ewig Gehör giebt⌉] soll, ⌈de~~s~~**m** ihr zartes Herz sich vielleicht ewig Gehör giebt⌉.

2302 Schmerz brachte] Schmerz ~~ließ~~⌈brachte⌉.

2305 war er's der mich zu ihr brachte.] ~~brachte~~⌈war⌉ er's ⌈der⌉ mich zu ihr ⌈brachte.⌉.

2313 sprich ihn] sprich ihn ~~aus~~.

2316 sehnlichsten Wünsche] sehnlichsten⌈Wünsche⌉.

2317 Schuld] Schuld ~~h~~.

2327 auszumitteln] auszu mitteln.

2338 ihn doch nicht] ihn⌈doch⌉.

2343 ganz auszusprechen] ⌈ganz⌉ auszusprechen.

2344 das Schicksal nach so viel Unheil] d~~ie~~**as**⌈Schicksal⌈ ~~böse Welt noch~~⌈nach so viel Unheil⌉.

2349 Nun aber schien der Wagen ihr zu langsam, jede Minute, die ihr überschlich] ⌉Nun aber⌉ ~~Der Wagen schien~~⌈schien der Wagen⌉ ihr ~~mit langsam~~⌈zu langsam, jede⌉ Minute, ⌈die⌉ ~~un-~~ ⌉ihr⌉ über schlich.

2364 und ich würde zum Leben ‹…› die ungewißen Zweifel.] und ich ~~werde~~⌈würde⌉ zum Leben, zum zweyten Mahl mit Dir mich zu vereinigen zurück ~~gerufen~~⌈kehren wenn es Gott wollte.⌉ – Der düstre Traum ist vorüber, die ungewißen ~~zw~~ ⌉Zweifel.⌉.

2373 wollte die Kraft] wollte~~n~~ die ~~Kräfte~~ Kraft.

2375 Tochter wußte] wußte~~n~~.

2377 Sie hob die Arme] Sie hob.

2388 menschlicher] menschlicher.

2390 hinblickt, und du] hinblickt, und du.

2409 empfanden] ~~hörten~~⌈empfanden⌉.

2414 [1]In den Papieren des falschen Alexander Wallberg fanden sich manche Spuren seiner Vergangenheit. Abgerißne Blätter über] Wallberg ~~fand sich wenig Spur seines~~⌈fanden sich manche Spuren⌉ ~~vergangnen Lebens. Ver~~⌈seiner Vergangenheit⌉. Abgerißne Blätter ~~die~~ über. – *Schlussteil des Romans mit neuer Paginierung.*

2415 zeigten] ze~~u~~igten.

2415 mit Wallberg dem Sohn] mit ~~dem~~.

2421 des klaren Hochlandes] des ~~schönen~~⌈klaren⌉.

2422 umgiebt mich nun] mich {nun}.

2424 kein Herz] kein Herz. – *Papier beschädigt.*
2430 *Mimosa*] ~~Sumpflanze,~~ *Mimosa.*
2431 Also haben] Aso.
2434 Soll ich] Sollich.
2444 Man erblickt] Man g.
2449 ein verbundnes Auge] ein~~e~~ ~~Weise~~ ⌈verbundnes Auge⌉.
2458 zu fassen] zufassen.
2459 Bekenntnisse meines Lebens.] ↑~~Ueber den Sinn des Lebens++~~↑ Bekenntnisse.
2466 Rieffe. So groß] Rieffe. So groß auch.
2470 KirchSprengels] *Amtsbezirk eines Bischofs oder Pfarrers.*
2471 vorbey;] vorbey; ~~die+ sie.~~
2475 Alles was] + Alles.
2477 Wenn ich meine] Wenn {ich}.
2478 wie des Gebots] ⌈wie⌉ des.
2479 Stimme] Stimme ~~es.~~
2479 Sinn andeuten] Sinn {an}deuten.
2489 wecken, wenn er sich nicht selbst anstrengen will.] wecken, ⌈wenn er sich nicht selbst anstrengen will.⌉.
2496 aber ohne andren noch mich mittheilen zu können] aber ohne ⌈~~mich~~⌉ andren noch ~~Rechenschaft~~ ⌈mich mittheilen⌉ ~~davon geben~~ zu können.
2497 Haben Sie] + Haben.
2501 Geld ab] Geld ab ⌈ab⌉.
2504 ihn so einsam] ihn {so}.
2504 Pfarrwohnung verließ] Pfarrwohnung ⌈verließ⌉.
2505 ein ruhiger] ein~~s~~ ruhiger.
2507 sollte ich da] ich ⌉da⌉.
2514 ein Ruder] ein~~en~~ Ruder.
2519 mir fremd] mir + fremd.
2521 aus deren Rizen] ~~auch~~ ⌈aus⌉ deren Rizen.
2524 So hatten] So ~~waren~~ ⌈hatten⌉.
2525 Besizerinn dieser Familie hatte] ⌈Besizerinn⌉ dieser Familie hatte ~~in einem.~~
2538 zubereiteten,] zubereiteten, ~~und ich die Kartoffeln aus dem Feuer sorglich heraus suchte, und +++.~~
2540 Unser Herr] Unser Herr ~~der die~~ *[3v]* ~~wilden Enten.~~
2544 Reiter gegen] Reiter ~~mit~~ ⌈gegen⌉.
2548 an das Land] an das ~~feste~~ Land.
2552 ohnmächtig zu uns] zu ~~seinen~~ ⌈uns⌉.
2553 Haupt von dem] Haupt ~~deßen~~ ⌈von dem⌉.
2554 herunter] ~~um~~ herunter.
2555 suchte grosse Tücher um dem Fremden das Lager] ⌈suchte⌉ grosse Tücher um dem Fremden ~~auf.~~
2556 Seufzer nur hoben] Seufzer {nur}.
2559 eignes Gefühl. Ich empfand] eignes Gefühl. Ich ~~fuhl.~~
2562 Der Kranke] DEer Kranke.
2568 des fremden Herrn] des ⌈fremden⌉.

2574 unentbehrlich] unentbehrlich.
2576 Nacht hat in ihm] hat ⟨in⟩.
2579 Ansprüchen an] Ansprüchen hat an.
2584 möge Euch seegnen] ⌉Euch⌉ seegnen.
2597 Obdach.] ~~G+~~ ⌈Obdach⌉. ~~A+ ich an keine Bequemlichkeit dachte~~.
2607 durch den blauen und dunstvollen Himmel] ~~der Himmel blau~~ ⌈durch den blauen⌉ und dunstvollen ~~die Sterne~~ Himmel.
2609 schüzten, wo ich bey Frau Anna oft die Flamme des wankenden Lichts nicht halten konnte. – Daß] schüzten, ⌈wo ich bey Frau Anna oft die Flamme des wankenden Lichts nicht halten konnte.⌉ – Daß.
2615 verspielen] verspielen.
2641 Als wir allein] ~~Ich habe~~ Als.
2642 Dein frühes Schicksal] Dein ⌈frühes⌉.
2643 über die der Alte] ~~über die du eben~~ über.
2648 Geheimniß.] Geheimniß. ~~w~~.
2654 Montalban zunahm] Montalban zunahm~~en~~.
2661 Als ich unter] ~~Ein~~ Als.
2663 las ich] ~~versuchte ich~~ las.
2667 Sydney] *Name für die Protagonistin, der in empfindsamen Briefromanen auftaucht, z. B. in* Frances Sheridans *„Memoirs of Miss Sydney Bidulph" (1761) oder in* Sophie von La Roches *„Geschichte des Fräuleins von Sternheim" (1771).*
2670 erfüllen, auf die] erfüllen, ~~die~~ ⌈auf die⌉.
2675 bewahren] ~~zu~~ bewahren ~~vermögen~~.
2681 als Mensch] als Mensch ~~suchen denken~~.
2688 *George Fizallen*, Hauptmann] *„Fitzallen" ist auch der Name der Betrügerin in* Charlotte von Steins *Drama „Die zwey Emilien" (1803), eine Adaption des Romans „The Two Emilys" (1798) von* Sophia Lee.
2707 erfülle gegen] erfülle ⌈gegen⌉.
2715 Zimmer bringe] bringe~~n~~.
2717 ohne Sonnenblick] ~~s~~ ohne.
2718 mich schaudernd,] ~~mein~~ mich schaudernd, ~~und~~.
2721 deutlicher] ~~leb~~ deutlicher.
2723 entfernten] ~~entfernten~~ entfernten.
2740 Miss ~~All~~ Montalban] ~~All~~ Montalban.
2744 mein Herz] ~~Gemüth~~ Herz.
2746 Wochen, wo ich] Wochen, ~~die~~ ⌈wo⌉ ich.
2754 ihm zu laden] ~~bringen~~ ⌈laden⌉.
2757 Haafen von *Halifax*] ~~Sch~~ Haafen.
2762 aber es ist] Er ist.
2765 dein ermüdend Tagewerck] ermüdend~~e~~.
2766 Wesens] ~~Ans~~ Wesens.
2767 des Compasses] ~~der Mag~~ des Compasses.
2773 Sobald] ~~Aber~~ Sobald.
2800 Element] ~~unb~~ Element.
2804 freudige Fahrt] Farth.

2809 der Breiten] desr ~~Equators~~⌈Breiten⌉.
2810 den Stand der Magnet Nadel] dieen⌈Stand der⌉.
2827 in dunkles Purpurroth gefärbt] in~~mit~~ dunkles Purpurroth ~~gef~~ gefärbt.
2837 Gattin! zu ruhen!] Gattin! ⌈zu ruhen!⌉.
2840 Wir kamen] ~~Kurz~~ Wir.
2840 Welttheils, und landeten bey Neu Orleans,] Welttheils, ⌈und ~~und~~ landeten bey Neu Orleans,⌉.
2841 wir ahnden] wir ~~uns~~ ahnden.
2843 vertheidigen.] vertheidigen. ~~Wir kamen.~~
2844 Daseyn erringen] Daseyn ~~erzeigen~~.
2844 gestiegen, wo ich] ~~wo ich~~ gestiegen.
2845 ich in mir] ich {in}.
2850 an die Küsten von Amerika] ~~ins Inn~~⌈an die Küsten⌉.
2852 unwegsame Gegenden] ~~Welten~~⌈Gegenden⌉.
2853 Einöden hervor] Einöden ~~hinaus~~⌈hervor⌉.
2857 die Eingebohrnen] ~~den~~⌈die⌉ Eingebohren.
2859 alle Vorrechte des menschlichen Vereins] alle Vorrechte des menschlichen ~~W+s~~⌈Vereins⌉.
2865 immer näher] näher ~~an menschliche Wohnungen~~.
2866 erwägt] erwägt ~~oft~~.
2867 zog ich mit] ich ~~de~~.
2872 ehren lernen] ~~verehren~~⌈ehren⌉ lernen.
2882 den Augenblick] den Augenblick.
2886 sterben zu müssen] ~~zu~~ sterben.
2887 *Bunkers Hill*] *Vgl. Z. 2255.*
2892 so lieb wie mir] wie mir.
2911 aber es gelang] aber ~~wie~~.
2939 Häupter allein trafen] Häupter ⌈allein⌉.
2941 und so – von dem Haufen nahender Krieger vorwärts getrieben, eilte ich fort.] und so ~~zu fliehen –~~⌈von dem Haufen nahender Krieger⌉ ↓vorwärts getrieben, eilte ich fort.↓.
2947 schwer, auch ‹…› rauben würde.] schwer, auch ↓körperlich, denn schon damahls fühlte ich, daß meine Wunde am Fuß, mir ihn endlich rauben würde.↓. – *Vgl. den Pitaval-Fall zu Martin Guerre, wo eine Beinprothese zum Distinktionsmerkmal wird.*
2955 Die rohe Einsamkeit] ~~Pf+~~ Die.
2956 Bild stiller] ~~stille~~ Bild.
2957 Diesem Himmel] ~~G~~ Diesem.
2958 durfte nie erreichbar?] ~~Je~~ durfte nie erreichbar? ~~sollte~~.
2961 unbekannt seinen Geliebten] unbekannt ⌈seinen Geliebten⌉.
2966 mein Andenken segnen] mein~~em~~ Andenken ~~ein~~ segnen.
2968 oft in süssen] ~~abe~~ oft.
2969 Alexanders Nahmen zu führen] Nahmen ⌈zu führen⌉.
2973 Portsmuth] ~~Halifax~~⌈Portsmuth⌉. – *Vgl. Z. 398.*
2975 du täuschtest dich] täuschtest ~~du~~.
2977 Hände hob] Hände ~~hobst,~~ hob.
2983 wenn du] ~~als~~ wenn.
2999 daß du mein bist] mein ~~Wesen ahndest~~⌈bist⌉.

3005 den Hinsinkenden unterstüzen wollte, seine Wunde verschließen,] ~~dich~~ ⌈den⌉ Hinsinkenden unterstüzen wollte, ⌈seine Wunde verschließen,⌉. – *Möglicherweise erneute Ekphrase von Trumbulls Bildmotiv: Der gefallene General Joseph Warren zwischen den britischen und amerikanischen Truppen.*

3007 er senkte] er ~~stüt~~.

3009 Fechtend] ~~und~~ Fechtend.

3009 entbehrt, – ich theilte seine Liebe dort schuldlos mit ihm, und nun!] entbehrt, – ~~was ich z+ Antheil~~ ⌈ich theilte seine Liebe dort⌉ ~~der Geliebten fern seyn.~~ ⌈schuldlos mit ihm, und nun!⌉.

3014 andre oder sich!] ~~s+~~ ⌈andre⌉ oder.

3020 Einem Herzen zu folgen] Herzen ⌉zu⌉.

3026 der Gesellschaft] de~~s~~**r** Gesellschaft.

3041 reinen Herzens] reinen ⌈Herzens⌉.

⟨Berwick⟩

Textgrundlage: GSA 83/1644. Die Handschrift ist in 7 Mappen erfasst. Es handelt sich um Einzelbögen mit geringfügigen Abweichungen durchgängig Quart, ca. 18 × 21cm (grünlich u. gelblich):

<u>Mappe 1:</u> „1. Fassung des Anfangsteils. Konzept“
<u>Mappe 2:</u> „2. Fassung des Anfangsteils. Reinschrift“
<u>Mappe 3:</u> „Fortsetzung. Konzept, anschließend an den Anfangsteil in erster Fassung entstanden und an die zweite Fassung angeschlossen“
<u>Mappe 4:</u> „Weitere Fortsetzung, in Briefform. Konzept, anschließend an das vorige entstanden, nicht vollständig (?)“
<u>Mappen 5 bis 7:</u> „Bruchstücke und Fragmente“.

Textgrundlage der vorliegenden Edition bilden die Mappen 2–7. Die Handschriften in Mappe 1 sowie Varianten in den Mappen 5–7 sind im Kommentar als diplomatischer Text wiedergegeben.

Die Anlage des Romans um die gräfliche Familie Berwick ist der des Wallberg-Romans bemerkenswert ähnlich. In beiden Fällen wird die Handlung von einer jungen Mutter angestoßen, die mit Sohn und Tochter aus der Neuen Welt zurückkehrt, um bei ihrer Verwandtschaft in Europa Anschluss zu finden. In ihrer Ausführung erweisen sich die Entwürfe jedoch als verschieden. Anders als ⟨Wallberg⟩*, der dem Erzählmuster des Abenteuerromans folgt, bedient sich* ⟨Berwick⟩ *in erster Linie empfindsamer Erzählmuster. Hiervon zeugt bereits die emotionale Färbung von Natur- und Schicksalsbetrachtungen, sowie die Konzentration auf die Gefühlswelt der liebenden Protagonisten. Der Rückgriff auf die Briefform, um das vergangene Liebesleid des Grafen Berwick möglichst unmittelbar zu vergegenwärtigen, ist eine naheliegende Konsequenz dieser größeren Gewichtung der inneren Handlung. Die Erzählstruktur weist an dieser Stelle Parallelen zu JOHANN WOLFGANG GOETHES „Leiden des jungen Werthers“ (1774) auf. Dies zeigt sich insbesondere im Aufeinanderprallen von Berwicks Glauben an das geniale Individuum und dem kühlen Rationalismus von Maries Bruder Eduard. Nachdrücklich er-*

innert dies an Auseinandersetzungen zwischen Werther und Albert bei Goethe *oder Julius und Guido in* Johann Anton Leisewitz' *„Julius von Tarent" (1774).*

Zuweilen erhalten einzelne Episoden und Figuren lustspielhafte Züge, insbesondere der misogyne Onkel, dessen Bedienstete weibliche Personen von seinem Anwesen fernhalten müssen. Das Motiv des Misogyn mag auf Komödien Molières *und des jungen* Lessing *verweisen. Zugleich ist in der Gestaltung von Onkel- und Dienerfiguren ein Produktionszusammenhang zu Charlotte Schillers Fragment gebliebener Komödie* ⟨Steinberg⟩ *zu vermuten.*

Nicht zuletzt aber verweist das Romangeschehen mit der Perspektive des jungen Reisenden auch auf Entwürfe der Frühromantik, etwa in der Übereinstimmung des Namens „Julius" mit dem des männlichen Protagonisten in Friedrich Schlegels *„Lucinde" (1799). Dem entspräche auch der möglicherweise programmatische Rätsel- und Fragmentcharakter. Ein Zusammenhang zu* Heinrich von Kleists *„Die Verlobung in St. Domingo" (1811) ergibt sich durch den Kolonialschauplatz „Domingo" in Schillers Roman.*

---

1 Erstes Kapitel] *Konzeptfassung des Anfangsteils in Mappe 1. Diese korrespondiert mit Bl. 1–55 der Reinschrift in Mappe 2.*

[1]Erstes Capitel

Es war der schönste Frühlingstag, das zarte Grün in den braunen Aesten schimmerte heller ~~durch~~⌈von⌉ der Sonne beleuchtet. Die Erde duftete ~~ihre~~ Fruchtbar~~keit~~, und glänzten ~~in ihren~~ ⌈in den⌉ frisch aufgerißnen Erdschollen, ~~alles verkündete~~ ⌈unter der Pflugschaar,⌉ →man ahndete nach dem Frühling ein reiches Jahr.→ ~~ein gutes, reiches Jahr~~ Mit Wohlgefallen sah es der junge Reisende, der hofnungsvoll wie die Natur die ihn umgab in die Welt blickte, und um dessen Haupt noch die Phantasie ihren rosenfarbnen Schleyer gehüllt hatte.

Er war schon mehere Monate auf einer Reise begriffen wo er die merkwürdigsten Städte und Gegenden besuchte. Auch durch ⌈~~diese Gegenden~~⌈ ⌈die Gegenden von [xxx]⌉, wollte er nicht im Flug reisen, und alles sehen was die Natur und der Fleiß der Menschen ihm merkwürdiges zeigte. *[1v]*Aus dem Hause wo der Wagen still hielt schallte ihm fröhliche Musick entgegen, ein grosser Garten versammelte dort einen zahlreichen Theil der Stadt, grosse Linden Alleen wie Bänke die Ruhender einladeten, während die andern sich im drehenden Kreise herum ~~drehten~~ wälzten um sich sehen zu lassen. ~~oder zu sehen~~.

Die Einkehrenden Fremden besuchten auch sogleich den Garten, weil sie sicher waren dort Bekanntschaften aus der Stadt zu machen. Nachdem JY von seinem Zimmer Besiz genommen hatte, ging auch er dem Gewühl der Menschen entgegen. Aber bald irrte ihn das Getöse, er fühlte sich so fremd unter lauter gleichgültigen unbekannten Gesichtern, wo jedes nur seinen [2]Zwecken nachging. ~~Aber~~ ⌈Doch⌉ bald zog eine Frau nicht mehr in der ersten Blüthe ihrer Jahre, ~~und~~ ⌈seine Aufmerksamkeit⌈ ⌉auf sich. Sie war⌉von einer jüngern Person begleitet, die ihre Tochter schien, und von einem Knaben zwischen acht und neun Jahren, ~~seine Aufmerksamkeit auf sich~~. Sie schienen ihm fremd zu sein wie er selbst, keinen Antheil an den Menschen zu nehmen, und nur mit sich selbst beschäftigt. Sie suchten bald das Ende der Allee zu erreichen, wo d~~ie~~**as** Gedränge sich verminderte, da zu mahl in dem Moment die neugierige Menge sich auf einen Punkt hindrehte, und eine Mordgeschichte rezidiren zu hören. Das junge Frauenzimmer sah sich oft bedeutend um und Julius entdeckte jedesmahl einen neuen Aufallenden Zug in ihrer Gestalt, bald weilte er auf dem blauen grossen Aug~~en,~~ daß ~~ein braunes Aug~~ dunkle Wimpern beschatteten [2v]bald auf den Nacken der sich gefällig niederstreckte und auf den schönen Wuchs, den er durch das gefaltete Gewand durchscheinen sah. Die Tochter denn dafür erkannte er sie bald war ganz das Ebenbild ihrer Mutter, auch auf ihrem Gesicht verweilte das Auge gern, nur hatte sie gefälligre Formen, ~~das~~ die ⌈runden⌉ Züge, ein Ausdruck von Gram mehr bestimmte, und Ernst und Trauer in ihr Wesen gemischt. Sie schienen gern allein sein zu wollen, und Julius benuzte den günstigen Augenblick wo sie einen Seitengang gewahr wurde, wo in allelerley mannichfaltigen fremden Sträuchen sich eine kleine Parthie ~~zeigte~~ ⌈bildete⌉, wo er herumwandlen konnte, aber ~~er~~ ⌉doch⌉ wollte ~~doch~~ nicht gern die Frauenzimmer aus den Augen verliehren, es war ihm als wären sie ihm nicht ganz fremd, er blieb so viel er konnte an der grossen Allee, ohne d~~ie~~**en** [3]Anschein ~~zu~~ ⌈zu⌉ haben. ~~zu wollen~~ ⌈~~als~~ wolle⌉ ~~als wollte~~ er horchen.

Unser Freund bleibt lange bey seinem Besuch sagte die Mutter …

Ob er nur etwas ausrichtet sagte die Tochter seufzend! ich hoffe es.

Ich nicht sprach die Mutter; mir lächelt keine Hofnung so leicht mehr, sie versuchete mich zu oft schon im Leben. D~~ie~~**er** Jugend nur ist diese Begleiterinn erwünscht. Ich gönne sie dir liebste *Laurette*.

Liebe Mutter wünschest Du auch gar nichts mehr? sagte seufzend das Mädchen.

Viel, sehr viel für dich, für ~~*Jeannie*~~ ⌈*James*⌉ war ihre Antwort und sie streichelte sie freundlich.

Aber nicht für dich?

Nein, meine besten Hofnungen ruhen da, sie deutete weinend nach der Erde. Nur um Eurentwillen möchte ich das die Aufnahme unsres [3v]~~Ver~~ Onkels so wäre, als mein Mann sie mir hoffen lies. Ihr bedürft Schuz Unterstüzung, ~~durch~~ Rath in einem fremden Lande. Ich bin vielleicht bald da, wo man keiner Vorsprache mehr bedarf. Glaubt nicht daß ich euch nicht auf das zärtlichste Liebe meine Kinder, daß ich gern bey Euch bin. Aber die süsse Gewohnheit das Leben mit meinem Gatten zu theilen, nur durch ihn es zu genießen erweckt in mir die unaussprechliche Sehnsucht, die keine Vernunft stillen kann.

Sie weinten alle, und Julius beugte so unbemerkt als ers konnte seinen Kopf aus dem ~~Str~~ Gesträuche heraus, um die traurende Gruppe auch zu sehen, wenn das Gemüth bewegt ist, wenn wir den Schmerz theilen der andre trift, so nähern wirs uns ohne das wir es selbst wißen den ~~Gegenständen, es ist e~~ Traurenden, wir möchten ihnen auch ~~zeigen~~ ⌈wissen lassen⌉ was [4]wir für sie fühlen, durch den Ausdruck unsres Gefühls.

Morton kömmt rief mitten im Schmerz das Mädchen aus, dort sehe ich seine Uniform schimmern.

Ein Mann in mitt~~el~~**le**rn Jahren in der Uniform eines englischen Oficiers gekleidet suchte ~~die~~ ⌈den⌉ Damen ⌈nachzukommen⌈ ~~zu ereilen~~ ⌈~~erreichen~~⌉. Es war als ob sein Herz sich übereilte, und sein Verlangen sie zu erreichen kämpfte mit einer heftigen Gemüthsbewegung die er zurückhalten halten wollte. Sie empfingen sich schweigend. Die Mutter wollte nichts sagen. *Laurette* wollte nicht neugierig scheinen, und es entstand eine Pause. Der Knabe der all das Feuer seines Alters besaß, aber noch nicht das Gewicht darauf zu legen schien was die andern auf die Erscheinung des Oficirs legen mussten unterbrach ~~ab~~ am ersten das schweigen durch eine kindische Frage.

Will der Onkel uns nicht sehen? Laß uns wieder nach *Domingo* gehen Mutter Dort sieht man uns gern.

*[4v]*Sie erwarten so gleichmüthig was ich sagen wollte, und doch sehe ich Spuren des Kummers ~~der Erwartung~~ der sorgenvollen Erwartung in diesen Augen, sagte der Oficier und fasste der Tochter Hand.

Mir kömmt es nicht zu zu fragen, wenn die Mutter noch schweigt sagte *Laurette.*

Frage du sagte jene, mir wird nichts neu sein was ich hören sollt

Ein sonderbarer Mann sagte *Morton*, er will Ihnen alle Vortheile schaffen, will ~~für alles~~ sorgen daß Sie gut und freundlich hier existiren können. Aber nur Sie sehen will er nicht.

Und gerade das wünschte ich, darauf beruhen ⌈eben⌉ alle meine Hofnungen.

Nichts kann seinen Sinn ändern immer wenn ich ihm von Ihren Wünschen sprach, bedeutete daß sie nicht aus Absichten kämen, daß nur Ihr Herz Hülfe, [5]~~Trost~~ bedürfe, nur der Anblick eines Mannes, dem ihr verewigter Freund ~~so~~ geehrt, ~~so~~ geschäzt hätte, dessen Vertrauen Sie ~~an~~ aufsuchten um sich ⌈selbst⌉ zu trösten, Ihnen etwas sein könnte, daß nur Liebe, Antheil noch die Wunden ~~heilen könnten~~ dieses Herzens ⌈heilen könnten⌉ wurde er kalt, finster, sein Gesicht ⌈verzog⌈ ~~verzieht~~ sich convulsirisch. Sagen Sie alles was sie wollen ⌈meiner⌉ ~~meiner~~ Nichte von mir, nur sehen kann ich sie nicht. Ist immer seine Antwort. Fürwahr ein ganz sonderbarer Mann! Er ist nicht ganz von Menschen abgeschieden, denn ich fand ihn selbst in Gesellschaft von Männern, es kann also nicht Menschenhaß sein.

Ein wohlgekleideter freundlicher Mann unterbrach hier das Gespräch: Mein Herr sagte er zu dem Oficier dies sind wohl die Damen für die Sie so freundschaftlich sprechen? bey dem Grafen? *[5v]*Seyn Sie ⌈auch⌉ mein Fürsprecher bey ihnen, ich habe nichts von der Eigenheit meines Freundes angenommen ob ich gleich oft mit ihm lebe.

Welche Eigenheit meinen Sie mein Herr? Sie scheinen den Grafen genau zu kennen? wollen Sie uns vielleicht Ihren Rath ertheilen wie wir diese Dame seine Nichte, die die Reise von Domingo fast blos seinetwillen unternahm, ~~um einen Mann zu sehen, um an seinem Umgang Trost zu suchen für ihr verwundetes Herz,~~ ⌈weil ihn⌉ ~~den~~ ihr verstorbner ~~Freund, ihr~~ Gatte, ~~s~~mehr als alles in der Welt schäzte. Sie hat nur noch Berührungs Punkte mit der Welt durch das was auf ihn Bezug hat, ⌈und wollte sich bey dem Oheim Trost suchen.⌉ Er verkennt uns ganz, ganz jede unsrer Absichten, er will uns Geld aufbürden was wir nicht bedürfen, ⌈Hülfe aller und jeder Art,⌉ und gerade das was ihm so leicht wäre zu gewähren versagt er. Er ist mir eine sonderbare Erscheinung in der Pose.

[6]Mir nicht sagte der andre. Es ist mir der Frauenzimmer wegen leid, aber er geht gewiß nicht von seinen Eigensinn, seiner Laune ab: ich weiß nicht wie ich diesen Zug benennen soll.

Sagen Sie ich bitte was meinen Sie?

Es ist unhöflich in Gegenwart der Damen es zu sagen, denn es ist ganz gegen den guten Ton.

Keine *Complimente* jezt fiel *Laurette* eifrig ins Wort, wir können alles hören, wenn es nicht unanständig ist.

Ich kenne den Grafen bey nah zehn Jahre, fuhr der Fremde fort, und sah ihn noch nie in Gesellschaft einer Frau, selbst in seinen Hause erblickt man keine weibliche Bedienung. Wären Sie zwey Männer, gewiß er würde Sie mit einem Herzen voll Liebe aufnehmen, denn er fühlt Liebe er bedarf Liebe. Ich muß aber *[6v]*glauben, er hasst Ihre Gesellschaft. Dieser Haß ist stärcker als er selbst. ~~Sein ganzes Wesen ist davon erfüllt.~~ Sogar im Gespräch ändert sich sein ganzes Wesen wenn man Geschichten erzählt wo Frauenzimmer die Hauptrollen spielen. Dies Ich kann sie nicht sehen! ist mir der größte Beweis daß er auch in ~~Ihren~~ Rücksicht Ihrer seinen Plan nicht aufgeben wird.

Die Dame weinte heftig. Diese ~~Aussicht~~ ⌈Eröffnung⌉ ist mir sehr schmerzlich, denn ich sehe meine ganze Aussicht auf mein künftiges Leben verbittert. Aber mein verewigter Freund sagte mir nie etwas von dem sonderbaren Zug seines Oheims. Er verließ ihn vielleicht früher als diese ~~Neigung~~ ⌉Abneigung⌉ ~~über~~ sich zeigte, sagte der Fremde. Wie lang ist es daß er ihn nicht sah.

Es ist wohl einige zwanzig Jahre, sagte die Dame.

[7]Seine Geschichte weis niemand fuhr der ~~Fremde~~ ⌈Unbekannte⌉ fort. Er wohnt wohl schon achtzehn Jahre hier, wie man mir sagte, und immer so wie jetzt lebte er, dies weis ich. Er selbst geht niemahls aus seinem Bezirke, er hat ein grosses Guth in der Stadt an sich gekauft. Sein Haus und Garten sind mit Geschmack angelegt und darauf scheint er Werth zu legen. In Gesellschaft ist er ruhig, nicht heiter aber doch mild gestimmt. Er hat einen Tag in der Woche festgesezt wo ihn seine ~~gesellschaftlichen~~ Freunde besuchen, sonst lebt er so viel ich weis meist allein. Künstler aller Art haben ⌈freyen⌉ Zutritt bey ihm, und dies ist auch noch das einzige was er mit Interesse betreibt.

Die Damen hörten aufmerksam zu. Der Oficier ⌈unterbrach das Gespräch u.⌈ sagte der Mutter. Kommen Sie liebe *Madame Berwick*. Sie bedürfen Ruhe in Ihrem Zimmer *[7v]*ich sehe es in Ihrem Gesicht. Dieser Herr wird verzeihen.

Immer sind Sie der treue sorgfältige Freund sagte die ~~Frau~~ Dame. Sie errathen wie mir es zu Muthe ist. Sie würden uns anders aufnehmen als der Onkel sagte sie seufzend.

Darf ich diese Damen morgen in Ihren Zimmern aufsuchen in Ihrer Begleitung fragte der Unbekannte den Oficier? Ich möchte nicht gern sie nur einmal gesehen haben.

Sie sind sehr gütig, sagte *Laurette*, und neigte freundlich den schönen Kopf. Julius konnte noch einmal bey dieser Wendung ihr Gesicht beobachten, und er konnte den Eindruck nicht loswerden. Auch wollte er sie nicht vergessen. Alles was er gehört hatte, noch mehr was er sah machte tiefen Eindruck auf sein Herz. Der sonderbare [8]Oheim war ihm eine eigne Erscheinung. Er hätte ihn aufsuchen mögen, ihn bekehren von seiner Grille, und die traurige Mutter mit der schönen Tochter in Triumph in sein Haus einführen.

Er ging noch manche Gänge des Gartens durch, aber ohne Aufmerksamkeit. Eine weibliche Gestalt zog ihn an. Sie saß einsam u. schien im Nachdenken vertieft. Sie hatte Ähnlichkeit mit Einer Mutter, die er sehr liebte, die er fast bis zur Schwärmerey verehrte. Sie war auch lange seine treue Gefährtin. Seinen Vater kannte er nicht, er wusste nur daß er im Amerikanischen Krieg geblieben sey. Die Mutter hatte ihn mit unendlicher Sorgfalt erzogen, und ward durch die schöne Entwickelung seines Geistes reichlich dafür belohnt. – Er fühlte eine bange Sehnsucht nach der Geliebten Entfernten, die ihm mit willigen Herzen von sich gelassen, weil sie wohl fühlte, daß ihr *[8v]*Sohn nun in einem Alter war, wo er für sich selbst handeln handeln ~~müsse~~, wo er durch die Welt gebildet seine eignen Kräfte ⌈in sich⌉ aufsuchen müsse.

Sie hatte sich indessen zu einer Freundin aufs Land in die Einsamkeit geflüchtet, und sah nur die Welt durch die Briefe ihres Sohnes an. Er gab ihr auch sorgfältig von jeder Begebenheit Nachricht. So blieb sie stets ungetrennt von ihm. Julius suchte sein Zimmer auf, und schrieb noch selbigen Abend einen Brief wo ~~die~~ ⌈er⌉ die sonderbare Erscheinung der Familie, und ~~die Züge des~~ den eignen Carackter des Grafen nicht unbemerkt lies.

Am folgenden Tag wollte er einen Vorwand ersinnen um bey *Madame Berwick* Zutritt zu erhalten u. mit diesen Planen schlief er ein. –

[9]Zweites Kapitel

Die Sonne die durch schwere Wolcken durchbrach, und glühend aufging, strahlte unsern Jungen Freund zu lebhaft ins Gesicht, er fuhr auf aus seinem Schlummer, indem er sich mit der Gestalt der schönen *Laurette* unterhalten, und es war ihm als er erwachte als hörte er die Thüre leise zu machen, und vernahm noch das rauschen eines Gewandes. So ~~lebhaft~~ lebendig stand das Bild in seiner Seele, und seine Stirne glühte von den halbwachenden Träumen. Er stand auf, kleidete sich schnell an, und suchte das Freye. Schon seit seiner frühsten Jugend war er gewohnt, ~~die Morgens in~~ gleich zu der freyen Natur aus den Armen des Schlafen zu fliehen, und die erste halbe Stunde des Tags war ihm immer ein freundlicher Vorbote ~~wie er seinen~~ des folgenden *[9v]*wenn er diese Sehnsucht stillen konnte.

Er eilte auf die Landstrasse die mit Pappeln bepflanzt, dem Wandrer einen freundlichen Anblick gab. Die Thore der Stadt waren schon geöfnet, und fröhlich drängte sich das Landvolck hinein, um Waaren aller Art zu tragen. Er ergözte sich an den frischen Ansehn der Frauens, und an der Stärcke der Männer. Sein Weg führte ihn ziemlich weit ab, und eine Seitenallee zeigte ihm einen ~~Weg~~ Gang ~~zu~~**in** einen wohl angelegten Garten über dessen Mauren ~~die~~ Pappeln ⌈~~mit~~⌉ ~~ihren wehenden Häupter hinausragten~~. die die Mauer einfassten. Eine ~~kleine~~ Thüre ward geöfnet, und ein junger Mann mit einem freundlichen Mädchen traten heraus. Sie wollte eilend weggehen, und ließ den Korb fallen, den sie voll der schönsten Blumen [10]gehäuft hatte.

Alles geht doch verkehrt sagte sie, und bückte sich ~~eins~~ emsig man wird uns doch noch ~~nachh~~ nachkommen und man wird dich auszanken armer Friz. Du hast mir zu viel Blumen gegeben.

Der Blumen wegen zankt man mich nicht aus, aber deinetwegen Marie. Doch ist mir nichts daran gelegen, so lieb mir mein Dienst ist, und so gut der Herr ubrigens, so will ich doch auch meine Freyheit. Ein kleiner Alter Mann, schön gepudert, mit einer hochrothen Weste, und ~~schon~~ im grössten Staat schlich leise aus der Thüre. Ach da ertapp ich Euch noch rufte er hell mit einem unwilligen Ton aus. Du bist ein feiner Bursche Friz, nimmst in der frühsten Morgenstunde Besuche von Jungfern an. Das Mädchen wurde roth, und stotterte. Ich wollte gern Blumen haben, und hier sind sie am schönsten. *[10v]*Seyn Sie nicht böse Herr Haushofmeister. Friz ist nicht schuld an meinem Besuche.

Ich vertheidige mich gar nicht sagte Friz trozig, ich thue meinen Dienst wie sich's gehört, doch ich will Freyheit haben zu sehen wen ich will.

Der Haushofmeister zog seine grosse Tabaksdose hervor, bot dem Mädchen eine

Prise an, und sagte gemässigt. So böse mein ichs auch nicht, ich seh dir auch durch die Finger, bin dir nicht streng, nur daß niemahls dem Herren das Mädchen ~~verg~~ begegnet. Du kämst sonst ~~aus~~ ⌈um⌉ deinen Dienst Friz, und wir alle in Ungnade. Hörst Du's Es hätte sich recht leicht treffen können, daß er Euch begegnet wäre, denn er will im kleinen *Sallon* frühstücken. Geh du zu ihr so viel du willst, wenn deine Arbeit nicht darunter ~~leigt~~ ⌈leidet,⌉ nur laß sie niemahls wieder im Garten. Macht ja daß ihr fortkommt. Das Mächen eilte was sie konnte u. lief fort.

[11]Die Erzählung des Unbekannten ~~gestern~~ ⌈am vorhergehenden Tage,⌉ die Schilderung des Grafen, #→die Erinnerung an *Lauretten,*→ machten Julius auf dieses Geprách aufmerksamer als er es sonst wohl würde gewesen sein. Der grosse gut angelegte Garten, an dessen Ende man ein schönes Wohnhaus erblickte das in einem einfachen doch edlen Geschmack erbaut war, ließ ihn schliessen, daß es vielleicht die Wohnung des sonderbaren Mannes sein könnte. Er schlich so nah er konnte an der Thüre herum und that als suchte er etwas. Der kleine Alte Mann, der geschäftig war wie die Menschen seiner Classe, konnte nicht leicht ein menschliches Gesicht so nahe sehen, ohne einen Laut zu vernehmen, zudringlich drängte er sich an Julius an. Haben Sie etwas verlohren mein Herr?

Er sagte ja und suchte immer fort, durch diese Aemsigkeit wurde die Neugier des Alten immer ⌈mehr erregt⌈ *[11v]*bis es ihm endlich gelang ein Gespräch anzuknüpfen. In Zeit von einer halben Stunde wusste Julius die ganze Geschiche des Gartens, die Entstehung der Anlagen, mit einer Beredsamkeit die nicht ihres gleichen hatte, erzählte der Alte, man brauchte nur zuweilen ein Zeichen des Beyfalls zu geben, ~~mit dem Kopf nicken~~ so wurde er wieder von neuen angeeuert. Zuletzt bot er ihm sogar an ihm den Garten zu zeigen. Julius nahm es an, und sah in den Anlagen ~~z+~~ manche Spuren des Geistes seines Besizers. Ernst und traurig war der Eindruck den das ganze gab, keine Ruinen, noch Urnen waren angebracht, ⌈alles⌉ ~~alles aller Eindruck~~ war durch die Wahl der Baumarten erreicht, und die Natur sprach in einem traurenden Tone; keine blühenden Rosen schlangen sich lustig in ~~das~~ fröhliches Grün, ~~das~~ kein üppiger Farbenwechsel lockte das Auge an. ~~Hohe Linden Gänge, mit~~ Ganz verborgen hinter dichte Hecken hatte sich der Gärtner lustige Blumenstücke angelegt, aber [12]man sahe daß sie nicht zum Plan des ganzen gehörten. Verschiednes Nadelholz machte einzelne Parthien aus, und hin und wieder belebten Bäume mit weissen Blüthensträuchen das dunkle. Einzelne Gruppen von Statuen waren glücklich angebracht, aber nur Männliche Figuren, ~~die Ausdruck von Kraft~~ deren Gestalten, Kraft, oder Schmerz ausdrückten. Gute Abgüsse der Fechter, ~~ein ein guter Faun~~ eine gut ausgeführte Guppe des *Laocon*, Faunen, Flußgötter; waren mit Geschmack gestellt, und so ungern man eigentlich diese Art Kunstwerke als einen Zweck der Verzierung ansieht, so waren sie doch so gestellt daß die Gegenstände um sie herum keine kleinliche Wirkung thaten. Nahe an der Wohnung ward eine Parthie von zwey *Sphinxen* geheimnisvoll bewacht, die einzige Ahndung an weibliche Wesen in dem ganzen Umkreis. Man fand ⌈durch⌉ einen verschlungen Weg den Eingang ins Haus, das einfach und geschmackvoll ~~verziert war,~~ ⌈gebaut⌈ *[12v]*und so auch waren die Verzierungen.

Es überfiel eine sonderbare Bewegung den jungen Reisenden als er die Schwelle betrat. Gefühle mit Grauen und Wehmuth vermischt belebten seine Brust, Die leeren hohen Zimmer schienen ihm wie einen Feenpallast, und er hätte sich gar nicht gewundert wenn ihm aus der Entfernung eine klagende Stimme ~~so~~ irgend eines Prinzen der Schwarzen Inseln entgegen geschallt hätte, und ihn um Rettung angefleht.

Er verweilte eben bey einem *Bas relief* das ringende Faunen vorstellte, als der Haushofmeister ~~zus~~ ihm zurief, da kommt der Herr selbst, er sieht es nicht ungern wenn man sein Haus besieht, aber erzeigen Sie mir den Gefallen und geben sich für einen ⌉reisenden⌉ Künstler aus, es thut Ihnen ja nichts, und mir erspart es doch vielleicht Verdruß, denn ich weis ⌉doch⌉ nicht immer wie die Laune meines Herrn ist.

[13]Ein Mann in einem einfachen Anzug der auch eine ernsthafte Farbe hatte, trat ins Zimmer. Er konnte ⌈weit über⌈ ~~über~~ vierzig Jahre sein, ~~doch von~~ sein Gesicht obgleich nicht jugendlich, ~~doch~~ ⌈war⌉ so, daß die festen Formen nicht leicht durch die Gewalt der Jahre leiden konnten. Ein dunkles sprechendes Auge sah lebhaft doch nicht mit Leidenschaft ~~aus~~ ⌈unter⌉ der schön gewölbten Stirn hervor. Er sah nicht leidend, aber ernst und nachdenkend aus.

Der Haushofmeister eilte geschwäzig ihm zu erzählen daß der Fremde durch die schöne Aussenseite seines Gartens angelockt, sich der kleinen Thüre genähert habe, daß er ihn da gefunden und mit sich ~~heru~~ geführt habe. Weil er wohl wisse daß der Graf dies erlaubte, und nun habe er zu seiner Freude entdeckt daß es ein Künstler sey. Der Graf sah Julius prüfend an, er fuhr unwillkürlich zusammen als er sein *[13v]*Gesicht näher betrachtete, und trat zurück.

Zum Glück hatte Julius stets viel über Kunst gedacht und gelesen, und es wurde ihm nicht schwer ein Gespräch ~~fortzusetzen~~ ⌈darüber anzuspinnen⌉ ohne sich zu verrathen. Er warf bedeutende Ideen hin, die der Graf freudig aufasste, und bald mit Wärme das Gespräch fortsezte. Wenn der junge Mann mit Lebhaftigkeit sprach weilte unwillkührlich des Grafen Auge traurend ~~über d~~ auf den belebten Zügen und er hatte Mühe sich es nicht merken zu lassen welchen Antheil er an Julius nahm.

Ihr Gespräch unterbrachen Bauleute die kamen um die Befehle des Grafen zu vernehmen. Es ist meine Lieblingsneigung ich gestehe es, sagte er zu Julius, ich mag gern erschaffen um mich herum, und das entstehen eines Gebäudes dem ich zusehen kann, hat unendlichen Reiz für mich, auch ist es mir als müsste ich durch irgend etwas mein Dasein verkündigen.

[14]Julius wollte gehen. Bleiben Sie junger Mann, oder kommen Sie wieder, und oft, so lange Sie hier sind. Ihr Gespräch hat Reiz für mich.

Selten ~~geben mir~~ ⌈giebt mir die Unter haltung fremder⌉ Menschen so ein Wohlbehagen, als ich gleich in der ersten Viertelstunde bey Ihnen empfand. Julius verließ diesen wunderbar anziehenden Mann, nicht ohne den festen Vorsaz seine Winke zu benuzen, er versprach sich vielleicht ihn zu der Aufnahme seiner Verwandten endlich zu bereden. Es war ihm erfreulich wenn er glaubte etwas für *Lauretten* thun zu können.

~~Drittes Kapitel~~

Vergebens sah er sich im Garten des Wirthshauses nach den Frauenzimmern um, auch an den Fenstern des großen Hauses spähte er sorgfältig ob er nicht eine weibliche Gestalt erblickte aber vergebens. Den ganzen Tag sah er nichts von ihnen, und es war ihm traurig, es dünkte ihm sein ~~Herz~~ ⌈Auge⌉ habe sich ~~daran~~ ⌈schon an den⌈ Anblick gewöhnt. +

[14v]Er gab seine Empfehlungsbriefe ab, und machte viele Bekanntschaften. Einige empfingen ihn freundlich zuvorkommend. Die Damen brachten Partien in Vorschlag um den artigen Fremden zu unterhalten. Die Männer fragten ernsthaft ob er die Wißenschaften liebte, und welchen Fache er sich vorzüglich gewidmet habe, u. s. w. Kurz die gewöhnliche Fragen die Männer die Anspruch auf eine wissenschaftliche Bildung machen wollen zuerst tun. ~~Sie wollen aber meist nur zeigen was sie selbst wissen und welche~~ ⌈~~Art~~⌉ ~~Gelehrsamkeit sie selbst besizen. Die rühmlichen Anekdoten der Universitäten nur dabey auch nicht vergessen, und je mehr einer aufbringen konnte, je mehr~~ ⌈~~Originales~~⌉ ~~zei+ wo w+ diesen oder jenen Gelehrten gemacht hatte; je mehr staunte man über seine Unterhaltungskunst und über sein Gedächtnis. Andre wollten viel über Litteratur sprechen, und führten meist nur Titel der Bücher an u. man merkte daß sie von der Lektüre oder Rezensionen eben herkamen. Alles dies wurde in einer~~ [15]~~pedantischen Weise vorgetragen und die Zuhörer staunten über die Erkenntnisse der Sprechenden.~~

Julius benahm sich in jeder Unterhaltung mit dem gehörigen Anstand. #→Mit den Männern war er ernst.→ Er schien leicht und froh mit den freundlichen jungen Mädchens, und bemerkte nicht wenn hier oder da ein ~~Zischen~~ ⌈Lispeln⌉ ein heimlicher Ausdruck des Beifalls einen schönen Munde entlockt wurde. Er legte nicht den Werth auf sich den so mancher junge Mann sich gewöhnt wird auf sich zu legen, er ging bescheiden und anspruchslos durch die Welt.

Unwillkührlich drängte sich die Vergleichung seiner Aeltern Bekanntschaften auf, er sah doch keine *Laurette* unter den Mädchens, so gern man auf ihren Gesichtern verweilen konnte. Das ernste, einfache Wesen, das auf sich selbst ruhende in sich selbst geschlossne Gefühl daß er beym ersten Anblick gleich in den Zügen des Grafen las fand er nirgends. Auch die Freude an der Kunst, war bey andren nur *Afectation* merkte er bald, man wollte sagen [15v]und zu verstehen geben, daß man auch nicht fremd sey in diesen Höhn. Manche nannten die bekanntesten Kunstwerke eben so in ~~alph~~ alhaphetischer Ordnung her als sie die Bücher Titel anmerkten. Manche wollten sich in Details einlassen und mit Emphase beschreiben, aber man ~~fühlte~~ ⌈merkte⌉ wohl daß sie nichts dabey fühlten, und nur davon aus Ton sprachen. Ermüdet und unerquickt verließ er die bunten Cirkel, und schlich in seine Wohnung.

Drittes Kapitel

Drey Tage waren vergangen, während er nichts von den Frauenzimmern ansichtig wurde eben so wenig dem englischen Oficier.

An einen düstern Abend wie der Himmel trüb und die Natur unbelebt schien, ohne Sonne und freundliche Beleuchtung, ~~schlich er~~ kam er ermüdet in seinen Zimmer an. Das unerfüllte Sehnen nach etwas ausser uns, die weithin ⌈aus⌉ zielenden Wünsche der Jugend erfüllten seine Brust aber ohne Gegenstand, er umfasste glühend die ganze Welt, aber es war ihm [16]traurig, kein Herz zu finden ~~an~~ ⌈in⌉ dem er sein volles Gefühl wiederfände. Einsamer als je sah er sich in dem grossen weiten Zimmer, das durch die Farbe des Himmels noch traurender wurde. Nachdenkend saß er da, als eine Stimme ihm nah genug zurief ~~die~~ *Laurette n'est point perdu pour toi.*

Kein Menschliches Wesen war in seiner Nähe, der Ton der Stimme war sanft und vernehmlich. Bestürzt stand er auf sah im Zimmer umher, keine Thüre war geöfnet von woher der Ton dringen konnte. Er wusste gar nicht was er aus der Erscheinung machen sollte. Aus den Vorhängen seines Bettes sah er endlich einen *Cakadu* heraus schlüpfen. Er ~~w+ s~~ und da er an übernatürliche Erscheinungen nicht glaubte, so schwäremerisch sein Geist auch die Erscheinungen de~~rs~~ sichtbaren aufasste, so fiel er bald auf den Gedanken, daß dieser Vogel ja diese Stimme war. Er suchte ihn kirr zu machen, lockte ihn durch Näschereyen an sich, und er wurde *[16v]*bald vertraut mit ihm, aber keinen Laut wollte er nicht wieder hören lassen. –

Mit frischen Farben erwachte das Bild der artigen Gestalt wieder in seiner Seele, und er sehnte sich sie nur von fern wieder zu erblicken. Unwillkürlich seufzte er und sprach den Nahmen *Laurette* aus, sogleich fing der *Cacadu* wieder an lebendiger zu werden, und sagte wieder vernehmlich *Laurette n'est point perdu pour toi.* Nun erklärte sich das Räthsel ganz, und Julius ~~entzückt~~ begeistert durch die lebafte Erinnerung drükte den *Cacadu* an sein Herz. Wärst du ein guter Wahrsager rief er aus!

~~Eine kl+ Hand~~ ⌈Man⌉ klopfte leise an seiner Thüre, und ganz scheu blickte ein Kinderkopf ~~zur~~ herein und fragte verschämt, darf ich wohl einen Augenblick herein kommen? Es war *James.* Verzeihen Sie mein Herr sagte er schüchtern, schon drey mahl war ich heute an Ihrer Thüre. Sie waren nicht zu Hause. Ich bin nun schon in allen Zimmern des Hauses [~~18~~17]gewesen, bey Ihnen ist es der lezte Versuch den ich mache. Wir haben etwas verlohren was uns sehr schäzbar ist, meine Schwester besonders die schon den ganzen Tag geweint hat. Die Mutter darf es noch gar nicht wissen. Wir hatten einen *Cacadu* aus *Domingo* mitgebracht! Der Vogel hatte sich an Julius Busen versteckt, und er wollte den armen Kleinen erfreuen, und ihm ~~ihn erst~~ statt aller Antwort den Vogel auf die Hand sezen, aber er wollte nicht heraus. Hier ist vermutlich was du suchst kleiner Freund. Das ganze Gesicht des Knaben änderte sich, und wurde hell ~~u. belebt~~ Was wird die Schwester sagen? Aber Sie geben ihn uns doch wieder fragte er furchtsam. Er hat sich an Sie schon recht gewöhnt, zu mir geht er niemahls, weil ich ihn böse mache, und ärgere mit vielerley Stimmen. *Laurette* schickte mich auch ungern nach ihm aus, denn sie fürchtet ~~ich~~ ⌈er⌉ möchte nicht mit ~~ihm~~ ⌈mir⌉ gehen. Aber es schickt sich nicht für ein Mädchen

*[17v]*dies weis sie wohl an die Thüren herum zu gehen. Aber warum lehrte deine Schwester etwas ~~es~~ ⌈sprechen⌉ was nur auf sie Bezug hat? ich hätte eher geglaubt er gehöre einem Freund von ihr. – Sie haben ja ein freundliches Gesicht sagte *James* ich will es Ihnen wohl sagen, was ich weis. Herr *Montval* hat ihn der Schwester geschenkt, ein sehr guter Freund von uns.

Diese Entdeckung war nicht das erfreulichste bey der Begebenheit; denn es erwachte schnell das Gefühl der Eifersucht in Julius Herzen. Gewiß liebt sie der Mann, und hoft im stillen auf ihre Liebe, um ihr immer wissen zu lassen mit welchen Hofnungen er sich trägt, lernte er diese Worte dem *Cacadu.* dachte er, und er mochte Recht haben. – Hat ihn deine Schwester aber nichts gelernt? fragte er unbefangen. Nein sagte der Knabe, sie deckt zuweilen gar den Käfig zu wenn er die Worte zu oft wiederholt, sie hört es nicht gern, ob sie gleich den Vogel sehr liebt. –

[18]Dies war wieder ermunternd für den Jungen Freund, er bedachte nun welches wohl die beste Art sey den Vogel in *Laurettens* Hände selbst zu geben. Da die Mutter ⌈nicht⌉ ~~nicht wusste~~ um den Verlust wusste konnte er nicht gerade in das Zimmer der Damen gehen, er wollte nicht gern ein unangenehmes Gefühl bey *Laurettten* erwecken. Die Erklärung hätte ihr Verlegenheit verursacht. Auf der andren Seite fand er diese

Gelegenheit so glücklich sich einzuführen. Er konnte sie ~~Er ents~~ nicht vorbey gehen lassen. – Darf ich den Vogel selbst in deiner Schwester Hand geben fragte er?

Jezt geht es gut an antwortete *James*, die Mutter ist im Kabinet und schreibt, und Herr *Morton* ist nur da, er wird es der Mutter nicht wieder sagen, ⌈das der *Cacadu* fort war.⌉ -Kommen Sie nur sagte er ungedultig und zog Julius mit sich fort, denn er brannte vor Begierde den Vogel ~~wieder~~ seiner Schwester zurückzugeben.

*[18v]*Ich lasse dich ungern von mir sagte Julius unwillkürlich doch du gehst zur schönen *Laurette*! Der Vogel begann bey dem Nahmen schon wieder seine alte Phrase, aber jetzt wollte sie Julius ~~sel~~ selbst nicht gern mehr hören, und verhüllte seinen Kopf; um ihn schweigen zu machen.

Mit lauter Stimme rief der Knabe schon an der Thüre. Da ist er! Da ist er! Der Herr bringt ihn selbst. Verlegen stand *Laurette* vom Sessel auf, sie saß neben *Morton* der ihr ~~vorzulesen~~ + vorlas, sie erröthete und ihr *Colorit* wurde noch erhöht.

Sie verzeihen sagte schüchtern Julius, der sich in dem Moment tausend Meilen weit weg wünschte, da er sich plözlich doch am Ziel ~~seiner Wünsche~~ sah, nachdem er sich schon oft gesehnt hatte, er wünschte nur ihre Schwelle betreten zu dürfen; nun da er da war, wusste er nicht sich ~~heraus~~ darein zu finden.

[19]Sie verzeihen, fing er er seine Rede wieder an, meinen Eintritt in Ihr Zimmer, aber der Kleine veranlasste mich dazu durch seine Geständnisse; Er gestand mir daß er nicht zum besten von dem *Cacadu* gelitten sey, und ich fürchtete er möchte ihm wieder entlaufen. Doch wünschte ich ihn in Sicherheit, denn ich habe ihn sehr lieb gewonnen, auch ist er mit mir schon ganz bekannt.

Morton mischte sich als thätiger Freund ~~in das~~ in das Gespräch, denn er bemerkte *Laurettens* Verlegenheit. Sie erzeigen der Dame eine sehr grosse Gefälligkeit ohne sie {zu} kennen mein Herr. O gewiß fiel *Laurette* ins Wort, ich danke Ihnen ⌈recht⌉ sehr. Sie rufte dem Vogel der bey ihrer Stimme ~~seinen Plaz~~ aus Julius Händen auf ihre schön geformte längliche Hand hinüber hüpfte, und seinen Kopf an ihre rothen Lippen drückte. – Wie fanden Sie ihn mein Herr fragte *Morton*, er saß in ~~meinen~~ ⌈den Vorhängen⌈ *[19v]*meines Bettes und überraschte mich unlaublich, ich wusste mich ganz allein, und vernahm plözlich eine menschliche Stimme, die mir zurief *Laurette n'est point perdu pour toi*. Auch gesprochen hast du, rief *Laurette* aus, und suchte ihre Verlegenheit die immer sichtbarer wurde auf alle Art und Weise zu verbergen – Der Kleine erklärte mir bald das Räthsel den die Ungeduld in dem Hause herum trieb. Und der Wunsch dir Freude zu machen, sagte *James* zu seiner Schwester. Nun glaubte ich es sey das ~~sicherste~~ ⌉beste⌉ Mittel ⌈für seine eigne Sicherheit⌉ ihn seiner Gebieterin in die Hände zu geben.

Ich kann Ihnen nicht genug meine Dankbarkeit ausdrücken mein Herr sagte das Mädchen, die freundlich der Erzählung des jungen Mannes zugehört hatte; und gern auf seiner Gestalt zu verweilen schien. Das Thier ist mir sehr lieb, es ist uns auf der weiten Reise übers Meer gefolgt; und ich habe mich so gewöhnt ~~für~~ ⌊Sorge dafür⌋ [20]zu haben, daß mir ein Theil meiner Freude mit ihm entrissen ist wenn ich es vermissen muß. ~~Die Thüre that sich~~

Das Nebenzimmer öffnete sich, und *Madame Berwick* trat zur Gesellschaft, sie erblickte verwundert einen Fremden unter ihrer Familie. *James* nahm zuerst das Wort. Jetzt da das Unglück vorüber ist, sollst du es wissen Mutter. Und die Ursache dieses Besuches, ich lüge nicht gern und verberge dir ungern etwas, aber wir wollten dir so lange wie möglich den Kummer ersparen. Du sollst nun auch wissen warum *Laurette* heut nicht aß, und uns ~~solbal~~ sobald verließ, um zu schlafen wie sie sagte, aber sie weinte will ich dir nur nun gestehen. Er erzählte mit kindischer Weitläuftigkeit die Art der Flucht ihres *Cacadus*, ~~die Weise~~ wie er ihn wieder gefunden, und wie Julius ihn selbst habe überbringen wollen.

[*20v*]*Madame Berwick* nahm ihn eben so verbindlich auf als der übrige Theil ihrer Familie, und nach manchen Gesprächen die der Zufall herbeyführte und die Julius gern so weit wie möglich ausdehnte, denn es lag ihm daran gekannt zu werden, hatte sich unvermerkt eine Art Zutraulichkeit entsponnen, und er konnte ohne Zwang die Damen besuchen so oft er wollte.

Madame Berwick war nichts weniger als streng, nur der Anstand und das Gefühl fürs Schickliche war ihr angebohren. Sie ~~hatte~~ erschien daher manchen ihrer Bekannten kalt, zurückstossend, weil sie nicht mit Leichtsinn auf der Bühne der Welt erschien, sondern ~~ab~~ stets abwog in ihren Sinn was schicklich sey oder nicht; Diese Überlegung bey allem was sie that ließ sie oft kalt und unempfindlich erscheinen, wo andere durch die Lebhaftigkeit ihres Gefühls sich ~~zu Unbesonnenheiten verführen ließen.~~ [21]hinreissen ließen mit Wärme zu handeln und unüberlegt ~~er~~schienen. Sie war freundlich und beynahe zuvorkommend gegen Julius, so wenig sie sonst ihrer Tochter auch zuließ mit jungen Männern umzugehen, ~~so suchte sie doch das Gespräch~~ so unterhielt sie selbst auf eine feine Art das Gespräch zwischen beyden, und ließ~~en~~ beyden Naturen freyen Spielraum sich zu ⌈entfalten.⌈ ~~zeigen~~ Die natürlich angebohrne Sittsamkeit in Julius Wesen, ~~das~~ ⌈die⌉ seine Mutter sorgfältig genährt hatte, die Achtung die er für den weiblichen Carackter zeigte, gewann ihm ⌈auch⌈ das ~~Zutr~~ Vertrauen der *Madame Berwick* ~~so leicht~~ gar bald, und beydes war der Grund zu ihren vertraulichen Gesprächen. –

Ich bin äusserst neugierig die Art Ihrer Bildung zu kennen junger Mann, sagte sie eines Tages zu traulich zu Julius, als sie sich näher kannten.

[*21v*]Ich gebe es gern zu, daß wir Frauens nicht ganz dazu taugen einen Mann zu bilden. Wir ~~sind~~ ⌈haben⌉ so vielseitige Ansichten wie euch aufzufassen vermögen, ~~doch~~ zu wenig Selbstständigkeit die ich ~~gern~~ von der Beständigkeit die wir im hohen Grade besizen sehr ~~mit entfernt halten möchte,~~ unterscheiden möchte. ~~Und doch haben Sie die Bildung die~~ Wir bleiben nur aus Grundsäzen bey unsern Maximen, wo es den Männern zu nothwendig ist ~~stes~~ stehen zu bleiben, weil ihre ~~verschloß~~ ⌉strebende⌉ Natur ~~gern~~ ⌈nach⌉ ~~auf~~ dem Grund jeder Sache ~~kommen~~ forscht. ~~Welches~~ ⌈Was⌉ am meisten Verdienst hat dabey ist wohl ~~uner ohnbezweifelt~~ keinen Zweifel unterworfen. – Sie haben den ernsthaften ⌈forschenden⌉ Geist eines Mannes, und d~~ie~~en vielseitigen beweglichen Sinn eines Weibes in sich vereinigt. Konnte Sie Ihre Mutter allein so ausbilden?

[22]Ich kenne keinen Mann der Einfluß auf meine Bildung gehabt haben könnte. Meine Lehrer waren ~~es~~ ein jeder nur in seiner Wissenschaft etwas, und jeder einseitig also. Von ihnen konnte ich nichts aufnehmen, was zur menschlichen Bildung ⌈blos⌉ gehört. – Meine Mutter ist in gewisser Art eben so abgesondert von den Männern als der Graf von den Frauen. Nur mit dem Unterschied daß sie sie in Gesellschaft gern sieht, mit ihnen umgeht, aber man merkt es wohl daß ~~es~~ nur das Interesse des Kopfs ins Spiel kömmt dabey, und ihr Herz keines Gefühls fähig ist. – Ich glaube auch nur meinet-

wegen suchte sie in Verbindung mit Männern zu bleiben damit ich nicht ~~zu Einseitig mich + würde.~~ zu weichlich würde. Sie hätte sich sonst eben so zurückgezogen.

Ich möchte wohl Ihre Mutter kennen ~~fuhr~~ sagte *Laurette*

*[22v]*Sie würde Sie lieben schöne *Laurette*, sagte er gerührt und fasste ihre Hand. –

Die Mutter wollte nicht gern die Gespräche der beyden ⌉~~zu~~ in⌉ ~~auf~~ einen rührenden Ton sinken lassen und unterbrach durch eine allgemeine Bemerkung diesen ~~Aus-~~ Anfang mit Klugheit ohne daß es die beyden merkten.

Morton, die Mutter und Tochter mit dem jungen Freund, machten eine angenehme belebte~~t~~ Unterhaltung möglich. *Morton* ~~war auf~~ ⌈hatte⌉ viele~~n~~ Seereisen gemacht, alle Welttheile besucht; er hatte viel und ausgebreitete Kenntnisse, theilte sie gern mit und auf diese Art war seine ~~Gespräch~~ ⌈Unterhaltung⌉ niemahls leer. ~~Er legte bey den Frauens auch mehr~~ Bey den Frauens legte er ganz den ernsten trocknen, zuweilen gar rauhen Ton ab, den ⌈man⌉ einem Seeoficier wohl ~~zu~~ verzeihen konnte. – Er war biegsam und geschmeidig.

[23]Er hatte seinem Freund *Berwick* bey seinem Tode versprochen seine Familie nach Europa zu bringen, er hielt treu sein Wort, sorgte für sie als wären sie seine eigne, und es hatte sich eine Art von zärtlichem Zutrauen unter ihnen entsponnen, d~~ie~~as man leicht für ⌈eine stärkere⌉ Anhänglichkeit hätte nehmen können.

Männer von einen gewissen Alter, sehen überhaupt mit mehr Wohlgefallen ein blühendes jugendliches Gesicht, als eine vergangne Schönheit, er war daher zärtlich gegen *Laurette* doch immer mehr mit väterlicher Neigung, Julius gewann aber so bald seine Liebe als *Laurette,* und bald wurde es seinem Herzen schwer eins ~~vor~~ dem andern vorzuziehen. Bey *Madame Berwick,* die nicht die ~~Lebhaftigkeit~~ ⌈Beweglichkeit⌉ einer Französin hatte, ~~sondern nur d den sondern ihre~~ sondern durch ihr Schicksal zum Ernst und Nachdenken gebildet war, hatte ~~nur noch~~ die Faehigkeit schnell und leicht aufzufassen sich in ein lebhaften Interesse *[23v]*an allen menschlichen schönen Erscheinungen verwandelt. So leer ihr d~~ie~~as ~~Welt~~ ⌈Leben⌉ in ihren traurigen Stunden wurde, wenn die Sehnsucht nach ihrem geliebten Verstorbnen zu heftig ~~wurde~~ ⌈erwachte⌉, so ~~reich~~ viel Genuß gab ihr doch die Ansicht der Welt wenn sie ~~heiter war.~~ fähig war die Gegenstände in sich aufzunehmen. Sie war daher eine ~~seher~~ sehr angenehme Gesellschafterin, weil ihr ~~alles~~ nichts entging was dem Menschen ~~mitreissen~~ interessieren kann, und wie sie immer gern die Vorstellungsarten der andren aufasste.

~~*Laurette* mit der Grazie einer~~

Laurette war nicht stumm in der Unterhaltung der übrigen, mit Grazie und Feinheit drückte sie ihre Gefühle aus, noch nicht so empfänglich für das rege Leben ausser sich, weil ihre Phantasie genug Reichthum besaß, würckte manche~~s nicht so tief auf sie~~ Erscheinung des Lebens nicht tief auf sie, weil ihr Gefühl keinen Antheil daran haben [24] konnte. Aber sie gab doch eine gewiße Art ihren Antheil zu erkennen die befriedigte. –

Julius reich in sich selbst, und empfänglich mit einem ofnen Sinn für das Leben, machte den engen Cirkel ~~nicht~~ um vieles ~~reicher~~ ⌈grösser⌉ und weiter. Und das Leben ging schnell hin, bey ihren Gesprächen. Julius hätte immer so leben mögen, er theilte ~~alles~~ alle Genüsse der Existenz mit Menschen die er ehrte. Seine Gefühle für *Lauretten* wurden gemildert aber nicht unterdrückt. Er fühlte daß es einem Mann nicht zieme der noch ~~so~~ ohne Bestimmung in der Welt lebte, seine Wünsche auszusprechen, und dadurch schon war er beruhigter daß er immer mit *Lauretten* lebte, und jeden Eindruck ihres Herzens beobachten konnte.

[24v]~~Drittes~~ ⌈Viertes⌉ Capitel

Das Leben unsres jungen Freundes verfloß in einer gleichförmigen Existenz in einem sanften stäten Laufe. – Er suchte dann und wann den Grafen auf, und fand manichfaltige Unterhaltung für seinem Geist bey ihm, er besaß ⌈einen⌉ unendlichen Reichthum von Kenntnissen aller Art, und theilte sich gern mit. Aber sobald ⌈man⌉ nur an die ~~kleins~~ ⌉leiseste⌉ ~~Erschütterungen~~ ⌈Ahndung an⌉ seines Gefühls~~,~~ ~~s+ au~~ Anspruch machen wollte blieb man ohne ~~Einklang, und~~ Anklang. Julius sann oft Stunden lang nach wie es zu machen sey um ihn fühlbar zu machen, aber vergebens! – Er hatte nun das ganze [25]Verhältniß der *Madame Berwick* zu ihm erfahren. ~~Einen seinen~~ ⌈Sein Aeltrer⌉ Bruder der in französischen Diensten gewesen, hatte sich in Frankreich verheirathet, und zwey Söhne waren aus dieser Verbindung entsprungen. Der Aeltere war ein muthiger kühner junger Mann und folgte dem Wege seines Vaters; sein kühner Muth zog ihm allerley Unanehmlichkeiten zu, und er starb in einen Zweykampf, dem er aus edler Liebe für die Wahrheit sich unterzog. Der Jüngere hatte früh eine entschiedene Neigung Dienste bey der Marine zu nehmen, als jüngerer Sohn der Familie die ~~so~~ ⌈nach u. nach⌉ auch von des Vaters Seite in Frankreich *nationalisirt* war, hatte er wenig [25v]Aussicht zu einem Vermögen zu gelangen, wenn er es nicht ⌈selbst⌉ erwürbe. Er machte verschiedne Seereisen. Bey seiner Zurückkunft ~~fan~~ von der lezten grossen Reise, blieb er länger als gewöhnlich ohne bestimmte Plane, und suchte lange vergebens einen guten Plaz auf; um ~~nach~~ ⌈noch⌉ entferntere Entdeckungsreisen mit zu machen. Aber sein Herz fesselte ihn bald fester als er es glaubte ⌈in einem engern Kreis.⌉. Er wurde in einer Familie bekannt die ihn anzog. Eine Mutter lebte mit zwey Töchtern nach dem Tode ihres Mannes in einer grossen Einsamkeit. Die aeltere Tochter war im Kloster man hörte nie von ihr sprechen in der Familie, und als *Berwick* endlich als Sohn aufgenommen wurde, und in dem *Cabinet* der *Madame le Blanc* einst ein schönes Bild [26]erblickte, und heftig fragte wer es sey, suchte *Antonie* einen scherzhaften ⌈gezwungenen⌉ Ton anzunehmen und verbarg es mit ihrer Hand. Sie sollen das Bild nicht ⌈mehr⌉ sehen, sagte sie, daß mir vielleicht Ihr Herz auch rauben wird, es ist ein unglückliches Mädchen, die zu spät fühlen lernte zu was sie eigentlich bestimmt sey; Es ist meine aeltere Schwester; Still sagte die Mutter; ~~ei~~**Es** ist nicht mehr in unsrer Gewalt etwas für sie zu sein, wenn sie noch lebt; um Gotteswillen sprich nicht mehr von ihr! #→#Ich habe gelernt sezte sie hinzu, das schrecklichste ertragen, deßen meiner eignen Tochter entsagte.→ Dem ganzen Abend war die Unterhaltung ernsthaft u. traurig, und *Berwick* wagte nicht mehr nach ihr zu fragen. Niemand wusste ihm auch unter seinen Bekannten etwa bestimmtes [26v]zu sagen als daß *Antonie* lange schon als ⌉die aeltere⌉ ~~einzige~~ Tochter mit ihrer Mutter in dem Viertel der Stadt wohnte. Da die Familie nie etwas erwähnte, so fragten auch ihre Bekannten nicht nach ihren frühren *relations* und Schicksalen. *Berwick* wurde bey einem Schiff angestellt daß nach *Domingo* seegelte, er ~~machte dort gute Geschäfte~~ suchte alles auf um *Antonien* zu bewegen ihm ihre Hand zu geben, und ihn dorthin zu ~~bl~~ begleiten. Sie liebte ihn innig, und glaubte es sey unmöglich ihr Schicksal von dem seinigen zu trennen, und folgte ihm nach: Die Mutter blieb mit der jüngern Tochter in *Paris. Berwick* fand daß seine Aussichten in *Domingo* vortheilhafter waren, als er es je in Europa erwarten konnte, und die [27]Frau die ~~bald~~ durch noch festere Bande an ihn geknüpft wurde und ihm eine Tochter gab, fand bald daß ~~man~~ nicht der Ort die Glückseligkeit bestimme, sondern daß ein treues Herz den Reichthum in sich selbst bewahre, wo es auch sey. Sie blickte nicht mit Sehnsucht nach dem festen Lande, und lebte ihrem Gatten u. ihrer Tochter. Einige Jahre später wurde ihnen auch die Freude einen Sohn zu besizen; doch fühlte *Berwick* im stillen, daß er nicht lange mehr die Stüze seiner Geliebten seyn würde. Ein Uebel daß ihn lang quälte untergrub seine Gesundheit, er wagte es nicht seiner *Antonie* von den Aussichten ~~seines~~ ⌈ihres⌉ künftigen Schicksals zu unterhalten, er suchte nur den ⌈Geist⌈ wieder mehr mit den Verhältnissen ihres Vaterlandes bekannt zu machen, ihr u. [27v]diese Aussichten in ihr lebendig zu erhalten.

Die liebste Erinnerung seines Lebens, war das Andenken an einen Onkel, der in Deutschland lebte, er hatte in frühern Zeiten einen ~~großen~~ Theil seines Lebens ~~bey~~⌈mit⌉ seinem Vater gelebt, und hatte ~~einen Theil~~ seine~~r~~ gesellschaftliche~~n~~ Bildung Frankreich zu danken. Es war ein edler erhabner Carackter wie es selten welche giebt, wie ein höhres Wesen schritt er durch die Welt, oder über die Welt hinweg, und doch hatte er Sinn und Empfänglichkeit für jedes ⌈rein⌉ Menschliche Verhältniß. Mit einem solchen Bild von ihm im Herzen verließ *Berwick* Europa, und es war natürlich daß er bey einem solchen Mann auch ⌈auf⌉ eine sichre Zuflucht für seine Famlie zu hoffen ein Recht hatte.

[28]Stunden lang unterhielt er seine Familie von diesem Mann, was man von ihm nach den frühern Anlagen seine Geistes erwarten sollte u. durfte. ~~und man verehrte ihn, wie man das Bild einer schönen Erschein~~ Noch früher als er selbst es ahndete wurde *Berwick* der Raub seiner lang im stillen ertragnen Kränklichkeit; Seine einzige Sorge war seine Frau und Kinder nach Europa versezt zu wissen. *Morton* versprach es ihm heilig sie nicht zu verlassen bis er sie in Europa sicher wüsste, er war durch Dankbarkeit und Liebe an *Berwick* gefesselt und erfüllte heilig die Pflichten der Freundschaft.

Er war ein Feund des rechtschafnen *Berwick*, und der Trost seiner traurenden ~~Witwe,~~ Gemahlin. Oft wenn sie in das Andenken [28v]ihres verewigten Freundes verlohren war, und im süssen Traum einer höhern ungetrennten Existenz von ihm, glücklich war, blickte sie gerührt zu *Morton* auf, und ließ sich heilig geloben daß er ihre Kinder nicht verlassen wolle wenn sie auch ihren Gatten gefolgt sein würde. –

Ganz anders fand ⌈sich⌉ die arme *Berwick* in ihre Erwartungen betrogen, als sie nach *Paris* zurückkam, ihre Mutter war todt, die ⌉jüngere⌉ Schwester an einen Mann verheirathet den sie nicht lieben konnte, der mit Stolz und Härte auf ihre Familienverhältnisse herunter sah, bey dieser war also keine Zuflucht für die liebenden Familie zu finden. Sie beschlossen nach Deutschland zu gehen, um den Onkel den *Berwick* so geliebt hatte aufzusuchen. – Wir wissen wie [29]traurig auch da ihre Aussichten verdüstert wurden. Ein glücklicher Zufall bestimmte *Madame Berwick* auch da sie alle Hofnung aufgab das kalte Herz des Grafen zu rühren; ~~ihm je w~~ doch an dem Orte noch zu bleiben; Sie war überall fremd, und gleichgültig wurde ihr daher jeder Ort. Sie konnte nur durch äussere Umstände durch die glückliche Lage der Stadt bewogen werden länger dort zu verweilen, und so wurde**n** ~~das~~⌈die⌉ Band**e** d~~as~~**ie** Julius an diese Familie knüpften durch die Zeit enger ⌈und enger,⌈ weil sie Freiheit hatten sich auszusprechen gegen einander. – Julius Mutter erfuhr treu, alles was er vernahm und sie lernte *Lauretten* lieben durch seine Schilderung. Was sie eigentlich dachte, theilte sie ihrem Sohn aber noch nicht mit, ~~sie hatte ihn~~ mit Fleiß ⌈hatte sie ihn,⌈ so lange sie konnte, ~~ihn~~ für nur zu starcke [29v]Anhänglichkeit bewahrt. – Wie es jetzt im Innern Herzen ihres Geliebten aussah errieth sie leicht. – Doch sie schwieg und nur als er einst sich freyer als sonst über die Verhältnisse beyder Geschlechter ~~sich~~ auslies, antwortete sie ihm.

Ich sehe aus dem ungewöhnlichen Ton deines Briefs Geliebter, daß dein Herz einer *Crisis* entgegen geht, für die ich dich gern bewahrt hätte, wenn ich meiner eignen Erfahrungen zu einer Richtschnur deines Schicksals machen könnte; Doch es sey! Du bist edel u. gut, unser Geschlecht wird dir heilig sein. – Ich muß dich deinem eignen reinen Herzen überlassen.

[30]Viertes Kapitel

An dem Abend eines schönen Tages, wo Julius sich des ~~Lebens~~ ⌈Daseins⌉ erfreut hatte, wo sein Herz offen für das grosse und ernste des Lebens geworden, wo er über die Bestimmung des Menschen sich in ~~tiefe~~ Träume vertieft hatte die ihm die Welt reicher und schöner vor sich ausbreiten ~~lehrten,~~ lehrten, wo er fest und ernst beschloß ein nüzliches Glied in der grossen Reihe der Wesen zu werden, wo ~~ein~~**von** magischem Zauber ⌈beleuchtet⌉ sich ihm seine künftige Existenz zeigte, kam er zum Grafen. Er fühlte oft einen unwiederstehliche Sehnsucht nach ihm, und der Wunsch ⌈daß⌈ dieser ihm sein Herz öffnen möchte kettete ihn noch fester an ihn.

*[30v]*Er fand ihn ernst und in sich gekehrt an einer Zeichnung beschäftigt, {die die Stimmung seiner Seele ausdrückte. –}

Sie sind immer so allein, sagte Julius. Wohl Ihnen daß Sie die äussere Welt so wenig bedürfen. Sie müssen einen grossen Reichthum von eigner Zufriedenheit in sich bewahren, von Heiterkeit nicht sagte er ⌊sollte ich meinen⌊ u. blickte ihn scharf an. – Sie haben nicht unrecht lieber Freund, ich bin nicht heiter, aber ich bedarf es auch nicht: Muß man denn das Leben heiter ansehen?

Man ist es sich doch schuldig –

Geh, geh und flattre auf den rosenfarbnen Flügeln der Jugend, in wircklichen oder erträumten Paradiesen, ich gönne es dir, ~~so la~~ Genieße d~~a~~**sie** ~~Leben~~ ⌈Freude⌉ wenn sie dir hold ist. – Mein Weg geht nicht mehr [+31]in die lachende Welt, ich habe einst auch glücklich gelebt.

Sie könnten es noch; – O gewiß klingen diese Saiten noch harmonisch, wenn der rechte Anklang ertönt.

Nein, nein; sagte er, u. wollte Seufzer verbergen.

Ich würde wohl wissen welcher ⌈bösen⌉ Macht es gelungen wäre ~~diese~~ ⌈die⌉ reinen Bilder Ihre~~s~~**r** ⌈schönen Seele⌈ ~~Herzens~~ zu verdunkeln? – aber warum schweigen Sie so unbeweglich? Kann ~~auch~~ Vertrauen, Hingebung in den Busen eines theilnehmenden Wesens, Ihnen kein schönes Gefühl ⌈mehr⌉ geben? Kann nichts den tiefen Schmerz lindern, der durch diese festen Züge ~~durchzubrechen~~ doch durchschimmert, wenn gleich der Wille starck u. fest ist sich zu verbergen? – Glauben Sie, Graf *[31v]*Sie mögen sich noch so fest überredet, oder ~~anvers~~ ⌈es sich⌉ anvernünftelt haben, daß Sie andrer Menschen nicht bedürfen, ~~nicht~~ ⌉u. weder⌉ Liebe ~~nicht~~ ⌈noch⌉ Vertrauen; Sie werden es einst in einem Moment doch fühlen daß es das seeligste ist was dem Menschen ~~Gefühlen aufb~~ewahrt ist, daß er sich einem andern hingeben kann; – ⌈Wenn es vielleicht zu spät ist?⌉ Wenn ich mir Sie denke fuhr er lebhaft fort, wie anders sie das ⌉Leben⌉ ~~nicht~~ ansehen müssten, mit dem reichen hohen Geiste, der so groß die Welt umfasst, wenn es auch Momente gäbe wo Sie sich der Gefühle Ihres Herzens erfreuen könnten, wo Sie auch andere um sich noch reicher machen könnten, durch das Aufschliessen dieses Geistes! –

~~Sie sprechen wie ein Mensch dem die Welt~~

[32]Nicht weiter ~~lieber~~ junger Freund, mein Weg geht nicht mehr ~~zu~~ diesen Himmel zu. – Sie sind gut, sehr gut, aber weder Sie noch irgend jemand kann mir geben was ich bedarf. –

Sie irren, o gewiß ich selbst wollte Sie glücklich sehen, wollte ~~noch schweigend~~ das Geständnis auf Ihrem Gesichte lesen, daß Sie mir den Frieden Ihres Herzens verdanken. – – *Laurettens* Bild stand lebhaft in seiner Seele, u. es war als stünde sie unsichtbar neben ihm u. flösste ihm Muth ein. Sie haben ganz in der Nähe einen Schaz, der Ihnen unbekannt ist, unbekannt blieb, durch Ihre Kälte, ihre Untheilnahme. Ein einziger Blick würde Sie vielleicht in einen Himmel führen, den Unschuld, u. ⌈ein⌉ reines weibliches Wesen [33]um Sie verbreiten würden. – Sie haben Ihre Verwandte nicht vor sich gelassen; bey denen Sie vielleicht allen verlohrnen Frieden wiedergefunden.

Julius sah schüchtern zu dem Grafen hinauf der unbeweglich dastandt; eine ~~Kälte u. finster~~ kalte finstere Mine hatte sich über sein Gesicht verbreitet. Er schwieg lange.

Ich weis nicht was Sie berechtigt junger Mann, mich zur Rechenschaft zu fodern, mir meine Handlungen vorzuwerfen. ~~w~~ Dieser jugendlichen gutmüthigen Seele verzeihe ich, aber sprechen Sie nicht mehr mit mir, über irgend etwas was ich thun sollte. – Ich kann nicht anders seyn, u. handeln. Sprechen Sie nie über eine Angelegen[33]heit mit mir, wo das andre Geschlecht im Spiel ist. ↓Gewiß ich kann nicht anders. –↓

Und wollen es nicht fiel Julius lebhaft ein. O ich verstehe nun bald wie es mit dem Herzen aussieht. –

Möchten Sie nie dahin kommen auch diese Sprache zu verstehen, die Ihnen jetzt noch unverstehlich ist. – ~~Lebe~~ Ich muß heute etwas thun, was gegen die gewöhnlichen Regeln des Lebens anstösst; Ich muß Sie ⌈bitten mich zu⌉ verlassen, unser Gespräch hat eine Wendung genommen, ~~das~~ die keinen von uns beyden befriedigen wird u. kann. Glauben ⌈Sie⌉ ich fühle was Sie mir seyn möchten. – Aber es ist nicht jeder fähig des andern Weg zu gehen, den er sich erst mühsam so bahnte. Die Dornen sind nur aus dem Wege geräumt, um die Wunden nicht wieder aufzureissen. *[33v]*Aber zum Frieden führt noch keine Bahn. Leb wohl – ⌈Sey du nur glücklich.⌉ Er fasste gerührt seine Hand, u. verließ das Zimmer.

Julius stand wie vom Blize getroffen, er war beleidigt, heftig gereizt, durch diese undurchdringliche Kälte; ~~gegen +~~ Er sah auf immer der ihm geliebten Familie den Weg verschlossen, zu dem Herzen des hart gesinnten Oheims; u. die lezten Worte des Grafen foderten sein Mitleid, seinen Antheil auf eine Art die sein Herz ~~ihm~~ auf ewig zu ihm hinneigte. –

[34]Fünftes Capitel

~~Die Freunde lebten ruhig in ihrem engen Cirkel~~ ↑In ihren engen Zirkel lebten die neuen↑ ⌈Freunde⌈ ↓eine ganze Zeit ungestört↓ fort, und es schien als müsse diese gleichförmige Existenz einige Dauer haben. Durch stille in sich nährende Liebe festgehalten an das liebliche Mädchen wagte Julius nicht an etwas ausser sich zu denken. Er verfolgte ⌈dem Schein nach⌉ seinen vorgesezten Zweck, suchte sich in grössern Gesellschaften die Geschmeidigkeit noch zu geben die nur seinem äussern fehlte. Im innern brauchte sich nichts ⌈neues⌉ mehr zu entwickeln. Die Natur hatte ihm viel gegeben, eine unaussprechliche Weichheit mit ~~der~~ einem festen ernsten Sinn vereinigt der das Gute wollte, und nur dieses zu erreichen strebte.

[34v]Es war eine von denen Naturen ~~die~~ ⌈denen⌉ das Glück hold war. ~~und so durchreiste er leicht u.~~ Er ging leicht, doch feinfühlend durch das Leben hin.

Der Sommer war ~~halb verfloßen~~ ⌈auf der höchsten Stufe.⌉ ~~und noch~~ die ~~lezten~~ heissen Tage erinnerten an ~~den nahenden Herbst~~ ←eine andre Zone.← *Madame* ~~+~~ *Berwick* schlug ~~*Belton*~~ ⌈*Morton*⌉ und ihrer Tochter, mit Julius einen Spaziergang vor. *James* war ~~+~~ ⌈nicht mit⌉ ⌉ihnen.⌉ Ein muthiger Aufstieg führte sie auf eine Wiese die mit ~~hohen~~ bunten Blumen prangte, das Gras wogte hoch ihnen entgegen. Der Weg schlängelte sich an einem Bach hin der klar u. hell die Kiesel des Grundes zeigte, an manchen Stellen aber tief, u. wilder rauschte.

[35]In einiger Entfernung lag die Stadt, u. die wohlangelegten Gärten die ~~sich~~ ⌈man⌉ weit über die Häuser weg erblickte machten einen schönen Anblick, in angenehmer Unordnung sah man die verschiednen Wäldchens u. Alleen liegen, u. alles schien dem Auge sich in Regelmäßigkeit aufzulösen.

Die Wandrer gingen still neben einander her u. ein seltsamer Ernst hatte sich ihrer bemächtigt. Sehen Sie sagte *Laurette* so oft man es auch gesagt hat, u. so oft man dies Bild misbrauchte, ~~so~~ kann ich mir es doch nicht nehmen, so oft ich an diesen Flüßgen vorbey gehe, so schwebt das Bild des Lebens vor mir, u. meines eignen Lebens besonders. Oft war mir mein Schicksal so klar als wie dort jene Stelle. Vergangenheit u. Gegenwart warfen [35v]in der Tiefe meiner Seele einen freundlichen Wiederschein; aber es war auch oft trüb und rauschend wie dort jene Stelle von der Brücke her, nicht wahr Mutter? Auch oft so still tief u. dunkel als wenn ewige Nacht mein Schicksal decken sollte. Die Mutter fasste bewegt der schönen Tochter Hand. Die andre hing nachlässig über einen Zweig einer Weide gelehnt. Julius ~~b+~~ bückte sich unwillkührlich nach de~~m~~**n** Zweig**en** u. seine Lippe berührte die schöne Hand, u. grosse Tropfen fielen auf sie herab. *Laurette* wollte es nicht bemerken, aber sie hob schnell die Hand empor, drückte sie an ihre Brust, um die heiligen Thränen zu bewahren.

Was seh ich rief Madam ~~*Be+*~~ ⌈*Berwick*⌉ aus, dort an der Brücke schimmert ein Gewand wie das meines [36]*James*, und ein weisser leichter Körper schwebt dort auf dem Wasser. Es ist Schaum den ein Fels verursachte sprach ~~*Bel*~~***Mor****ton*.

Ich bin unruhig, ängstlich, sagte die Mutter, ~~ich~~ →und kann mich der bangen Ahndungen nicht erwehren.→ ⌉Ich⌉ versagte ihm heut zu baaden, er war so ungewöhnlich erhizt. ~~als er mich verließ~~ ⌉Er⌉ ging ~~er~~ schnell von mir, als wollte er doch etwas heimlich vor mir halten. ~~Sein Gewissen trieb ihn von mir.~~ Gewiß hat er einen unbekannten Plaz ausgesucht seinen Wunsch ⌈doch⌈ zu befriedigen, u. ist verunglückt! Die Gestalt kam näher, es ist keine Welle rief *Morton* bestürzt; Es ist mein Bruder rief *Laurette*, er streckt seine Hand aus dem Wasser nach Hülfe, ich kann schwimmen, u. so warf sie den *Shawl* ab, ihren Strohhut ⌈auf den Boden⌉, u. schwang sich leicht an dem Weiden Ast hinab in die Fluth.

[36v]Die Mutter bestürzt von dem Anblick sank ohnmächtig in ~~*Beltons*~~ ⌈*Mortons*⌉ Arm, da stand Julius schlang dem dunkeln *Shawl* um seine Brust. Dies war alles was er thun konnte. Es war zu viel auf einmal, der Schrecken über *James*, *Laurettens* Kühnheit, u. der Schmerz der Mutter, alles drängte sich auf einmal in seine Seele, er wollte allen helfen, und that gerade was ~~er~~ in diesem Moment am wenigsten passend ~~fühlte~~ ⌈war⌉.

Er lebt, er lebt schallte *Laurettens* Stimme jubelnd, u. sie ~~schwenkte~~ ⌈+ hatte⌉ den Bruder ~~nach sich~~ ⌉ergriffen⌉ ~~ziehend; + länger +‹…›+~~ ⌈den eine Welle nahe ans Ufer führte.⌉ Kaum ⌉hatte sie ihn⌉ ~~++~~ ⌈herausgezogen mit Hülfe *Mortons*⌉ so sank auch sie leblos auf den weichen Teppich der Wiese ~~am Ufer~~ hin. Nun kann ich ruhen sagte sie, u. nickte lächelnd.

4 glänzend] ~~es~~ glänzend.
6 Natur die ihn umgab] ihm.
10 Städte suchte er,] er, ~~jedes schöne Dorf war ihm erfreu~~.
15 Grosse Linden Alleen] Grossen.
16 sich fortwälzten,] ~~wälzten~~ ⌈fortwälzten,⌉.
18 Julius] *Name des Protagonisten. Vgl. Konzeptfassung, Mappe 1, Bl. 1v, wo der Name zunächst noch offen ist, bzw. als* JY *erscheint.*
19 irrte ihn ‹…› Fahren noch betäubt] ihm ‹…› Fahren ~~nicht ganz hell~~ ~~war~~ noch.
27 Punkt zog] Punkt ~~versam~~ zog.
32 Gewandes durchscheinen] ⌈durchscheinen⌈.
36 vermischt] ver-~~sch~~ mischt.
40 nicht zu beobachten] ⌉nicht zu⌉ ~~aus den Augen zu lassen~~ ⌈beobachten⌉.
47 *Laurette*] *Tochter der Madame Berwick. Erste Nennung.*
48 *James*] *Sohn der Madame Berwick. Erste Nennung.*
55 meinem Gatten] ~~Gemahl~~ ⌈Gatten⌉.
56 Sehnsucht in mir] Sehnsucht ~~wach~~.
59 So wenig er aus] ~~aber~~ So.
60 doch nicht erwehren] ⌉doch⌉ nicht.
64 *Morton*] *Freund des verstorbenen Berwick. Erste Nennung.*
68, 100 u. 394 *Domingo*] *St. Domingo, das heutige Haiti. Schauplatz von* Heinrich von Kleists *„Die Verlobung in St. Domingo" (1811), das sich mit der Revolte gegen die französische Kolonialmacht im Anschluss an die Französische Revolution befasst.*
74 Mann in der That!] Mann ~~füh~~.
79 Freund ehrte,] Freund ehrte, ~~schäzte~~.
87 der Schluß seiner Rede.] d~~aser~~ ~~refrain seiner~~ ⌈Schluß seiner Rede.⌈.
88 nicht kalt] nicht ~~kalts~~.
121 seinen Plan] Plan~~e~~.
137 Madame Berwick] *Erste Nennung. Der Name ist teils in lateinischen, teils in deutschen Buchstaben, hier durchgängig recte.*
150 durchging er] ~~ging~~ ⌈durchging⌉.
150 Gartens, bis] Gartens, ~~durch~~.
154 Amerikanischen Kriege] *Gemeint sind wohl die Amerikanischen Unabhängigkeitskriege der Jahre 1775–1783.*
159 selbst handeln] handeln ~~handeln~~.
170 schwere düstre Wolcken] ⌈düstre⌈.
175 *Laurettens* Bild] Bild ~~b~~.
199 ihr Schelme] ihr~~e~~.
209 deinen Dienst] ~~dienst~~ Dienst.
217 Edeln einfachen] Edeln ~~doch~~.

229 Spuren des Geistes] Spuren ~~d+~~.
233 Melancholisch] Melancholisch ~~st~~.
237 weissen Blüthensträuchen] ~~dunkeln~~ weissen.
239 Abgüsse der Fechter, des *Laocons*] ~~eines~~ ⌈des⌉. *Vgl. Anspielung auf Laokoon in der Komödie* ⟨Steinberg⟩, *Z. 340.*
242 keine kleinliche] ~~kle~~ keine.
243 Sphinxen] ~~Sphyin~~ Sphinxen.
249 die klagende Stimme eines Prinzen der Schwarzen Inseln] ⌉klagende⌉. – *Vermutlich Allusion auf* CHRISTOPH MARTIN WIELAND: *Aspasia. Das Wintermärchen (1776).*
255 Anzug der] der ~~auch~~.
262 schöne Aeussre] Äuessre.
273 Grafen von ihm] ⌈von ihm⌉.
277 Aegyptern] Aegyptern.
293 erwachte zu lebhaft] erwachte {zu}.
294 Ihnen einiger Aufmerksamkeit] ~~eines Blicks~~ ⌈einiger Aufmerksamkeit⌉.
299 aufgenommen schien] aufgenommen ~~ließ~~.
303 Wünsche überflügelten] ~~Hofnung~~ ⌈Wünsche⌉.
307 strebte er] ~~such~~ strebte.
308 Der ganze Tag] ~~Auch d~~Der.
309 sein Aug] sein ~~Herz~~.
310 sein Herz] Herz ~~auch~~.
313 geübt, leicht das Verschiedenste] leicht ~~+~~ das Verschiedensten.
316 Wißenschaften zuerst,] ⌈zuerst,⌈.
317 nach tabellarischer Ordnung] ⌈tabellarischer⌈~~Alphapetischer~~.
320 Antworten, wie mit] mit ~~wie~~.
335 Kunstwercke u. Künstler] Künstler ~~in Alpha~~.
338 in seine Wohnung bescheiden] ~~ermudet~~ in seine Wohnung ⌈bescheiden⌉.
345 wurde düster] wurde ~~finster~~.
345 keine untergehende Sonne] ⌈untergehende⌈.
349 umfasste reich an Liebe] ~~liebe~~reich umfast.
355 u. 450 *Laurette n'est point perdu*⟨e⟩ *pour toi.*] *Deutsch: „Laurette ist überhaupt nicht für dich verloren". Vgl. Z. 370: „perdue" mit weiblicher Endung.*
357 andern des Hauses] andern ~~H~~.
358 Stimme, sie war sanft und vernehmlich] ⌈sie war sanft und⌈⌈vernehmlich⌈.
360 der sichtbaren Welt] ~~wirck-~~⌈sichtbaren⌈~~lichen~~.
365 von sich geben] sich ~~geben~~.
377 Sie nicht zu Hause, ich ⟨bin⟩] *Vorhanden in der Konzeptfassung. Vgl. Mappe 1, Bl. 16v.*
383 hier unruhig] hier.
394 *Montval*] *Vgl. Figurenname in* ⟨Der Prozeß⟩.
401 Als wir in unsre] ~~Wie~~ ⌈Als⌉.
405 gar sehr zu schmeichlen weis. *Laurette* nun hat ihn recht lieb gewonnen] gar ⌈sehr⌉ zu schmeichlen weis. *Laurette* ⌈nun⌈ hat ihn recht lieb ⌈gewonnen⌉.
408 *Lauretten* sprach] ~~sprach~~ ⌈sprach⌉.
412 sich in *Laurettens* Andenken] sich ~~dem~~ ⌈in *Laurettens* Andenken⌉ ~~seiner~~.
426 nun warens sie] warens.

444 wie neu belebt] ⌈neu⌉.
445 Verlust tragen] Verlust ~~trugen~~.
465 nahm zuerst das ⟨Wort.⟩ Mutter] *In der Konzeptfassung vorhanden. Vgl. Mappe 1, Bl. 20r.*
478 dieser war ihrem Gemüth angebohren wie das] ⌉dieser⌉ ~~er~~ war ~~ihr~~ ⌈ihrem Gemüth⌉ angebohren ~~wie der Sinn fürs~~ ⌈wie⌉ das.
479 kalt, zurückstoßend] kalt, ~~st~~.
487 Die angebohrne] Die ~~natürlich~~.
490 das völlige Zutraun] ⌈völlige⌉.
491 verbunden, daß] ~~ge~~ verbunden, daß ~~sie~~.
497 VIERTES KAPITEL] *Der Beginn des vierten Kapitels in der Reinschrift (Mappe 2) korrespondiert mit Bl. 21r in der Konzeptfassung (Mappe 1).*
504 höhere Streben] ⌉höhere⌉.
505 der Handel] der ~~Kaufmann~~.
508 einzigen um sie] sie ~~her~~.
511 *Lectüre*] ~~Lektü~~ *Lectüre.*
512 lebte, als ich in Paris war,] ⌈als ich⌉ ⌈in Paris ~~lebte~~ war,⌈.
515 aus dem grossen Paris] ~~einer der Welt~~ ⌈dem grossen⌉.
515 Sie lebten? wär es] lebten? ~~möchte ich~~.
523 ihre strebende] ihre ~~unruhig~~.
527 Ausharren, [34A]aus Vernunft] [34A]~~dies~~ aus. – *Die Paginierung wiederholt sich auf Bl. 34; danach wieder chronologisch eigenhändig paginiert. Parallel erfolgte eine Neupaginierung mit Bleistift von fremder Hand als 35–54.*
528 Neigungen; einem andern] Neigungen; ⌈einem⌉.
529 Aufgabe. So sehr] So ~~viel~~ sehr.
531 ohne Hilfe] ohne ⌈Hilfe⌈.
540 daß bey ihrem Umgang mit Männern] ~~sie~~ ~~in~~ ⌈bey⌉ ihrem Umgang mit ~~den~~.
540 Kopfes ins Spiel kömmt,] ⌉ins Spiel kömmt,⌉.
541 sie genau beobachtet] ⌉genau⌉.
550 angenehme belebte] ⌈belebte⌉.
558 seinem Wesen] seine~~r~~**m** ~~Natur~~.
565 entlockte] ⌉ent⌉lockte.
567 schönen Gesichts] schönen ~~Gescheh~~.
589 das Eiland] das ~~Land~~.
591 Bedürfnisse der Verfeinerung] Bedürfnisse ~~zur Cultur~~ ⌈der Verfeinerung⌈.
595 unter⟨drückt⟩] *Ergänzt aus der Konzeptfassung, Mappe 1, Bl. 24r.*
603 sobald man auch] sobald, man ⌈auch⌉.
606 ihres Gatten] ihres ~~Gemahl~~.
607 der als Gesandter] der ~~in~~ ⌈als⌉.
611 Militär] Miltiar.
617 den frühen Tod] den ~~Tod~~ ⌈frühen Tod⌈.
618 Krankheit] Krankheit ~~zu~~.
618 Sein Oheim] Sein ~~zwey~~.
623 der Gesellschaft] der ~~Welt~~.
624 u. 633 *Madame Le Blanc*] *In Z. 633: „LeBlanc" (ohne Leerzeichen).*
627 fühlte daß er] daß ~~ihm~~ ⌈er⌉.

628 war ihrer froh] ihrer.
633 *Antonie] Protagonistin Antonie Berwick, geborene Le Blanc (Vgl. Z. 696 u. 698).*
655 nach dem Leben] nach ~~einem~~ ⌈dem⌉.
657 könne, und er sie] und {er}.
657 Seemannes mit ihm theilen lassen] See~~oficiers~~⌈mannes⌉ mit ihm theilen ~~zu~~.
662 der stillen Ruhe] de~~m~~r stillen.
666 vorschlug in *Domingo*] vorschlug sich.
666 ihren Wohnplaz] ~~anzusiedlen~~, ihren.
673 eine andre Art] eine ~~Art~~.
686 empfänglichsten] emp~~fängst~~fänglichsten.
694 Mann auf eine] Mann ~~auch~~ auf.
699 im Stande auf] ⌈auf⌉.
709 u. 710 Berwi⟨c⟩k ‹…› von Berwi⟨c⟩ks Familie] Berwik ‹…› von Berwiks Familie ~~war nichts mehr zu erfahren, dann~~. – *Abweichende Schreibweise des Familiennamens.*
715 Französin, nicht mit] ~~gebohrne~~ Französin, nicht ⌉mit⌉.
717 ein [47]Mann] ~~der~~ ⌈ein⌉.
721 zu rühren. Sie ‹…› Resignation.] zu rühren: →#Sie war gewöhnt den Freuden des Lebens zu entsagen, u. so schmerzlich sie dieses Betragen zu jeder andern Zeit gefühlt haben würde, so ertrug sie es mit Resignation.→.
730 Plan den er] Plan ~~war~~ den ⌈er⌉.
735 eine Neigung] eine ~~zu starcke~~.
737 Freyheit als sonst] ⌈als sonst⌉.
743 Reinheit] ~~Reinig~~ Reinheit.
745 nach manchen] nach ~~+~~ ⌈manchen⌉.
747 in seinem Herzen] in ~~sich~~ ⌉seinem Herzen⌉.
749 mit Widersprüchen] ~~durch~~ ⌈mit⌉.
750 des Gestirn] des ~~schönen~~.
751 reichen Leben [49] nur] ~~Leben~~ reichen Leben [49] ~~das ihm~~.
751 Fähigkeit] Fähigkeit ~~weit oder eng wo~~.
761 Heiterkeit] Heiterkeit ~~rede ich~~.
763 Eure hellen Farben] ⌈hellen⌉.
767 geht nicht mehr] mehr ~~diesen~~.
769 fasste des Grafen] fasste ~~hastig~~.
777 überredet, oder es sich anvernünftelt haben] überredet ~~haben~~, oder es sich anvernünftelt, ⌉haben⌉.
783 es auch Augenblicke] ⌈auch⌉.
787 mir zurück geben] ~~geben~~ ⌈zurück geben⌈.
794 Sie von sich gestossen] Sie ~~sich~~ von.
801 Sprechen Sie nie] ⌈nie⌉.
805 gegen die Regeln des Wohlstandes] ⌈gegen⌉ die Regeln de~~s~~r ~~Gesellschaft~~ ⌈Wohlstandes⌈.
812 tief Seufzen] ~~Seufzen~~ tief.
816 [52Ar]aufgefodert] *Paginierung als 54 fremde Hand; Rest der Seite und des Bogens unbeschrieben.*
818 [53]Er ging] ↑~~Fünftes Kapitel.~~↑ Er. – *Ab hier ist die seit Bl. 34 einsetzende, parallele Neupaginierung von fremder Hand aufgegeben.*

822 wieder den Wohlklang] ~~uns~~ wieder den ~~wohlklang~~.
824 mir wieder wohl] ⌈wieder⌉.
827 unbegreifliche Sinn] ~~unbeschreibliche~~ unbegreifliche.
829 diese Menschen glücklich zu wissen] diese~~r~~ ~~kleinen Familie~~ Menschen ~~ihr Glück zu gründen~~ ⌈glücklich zu wissen⌉.
830 Glück gewesen] Glück ~~gründen~~.
832 *James* [54]fehlte nur noch;] *James* [5+ 54]fehlte nur noch; ~~+~~.
835 einer Brücke] einer ~~H~~.
836 Hügel schmückten] Hügel ~~prangten von den~~.
837 mischten sich bald] ⌈bald⌉.
839 auf der Wiesen] au~~s~~f der ~~Ferne~~ ⌈Wiesen⌉.
841 Welt wie] Welt ~~und~~ ⌈wie⌈.
844 wie vermisse ich] wie ~~gegenwärtig~~ ⌈vermisse ich⌉.
844 entbehren müssen!] entbehren ~~müssen~~ müssen!.
849 *Morton* sehen Sie] Sie ~~dort~~.
855 Strohhut von sich] ⌈von sich⌈ ~~ab~~.
858 sank Ohmächtig in] sank ~~in~~.
860 als *Laurettens* Stimme] als ~~er~~.
864 und ihren Bruder an.] ~~*James* an.~~ ⌈ihren Bruder an⌉#. *Ende von Mappe 2.*
865 [56]Während dem] [~~37~~ 5+~~6~~]~~*James* u. Julius an.~~# Während. – *Beginn von Mappe 3: Aufgrund der ursprünglichen Paginierung als 37 handelt es sich vermutlich um eine Fortsetzung der Konzeptfassung in Mappe 1. Durchgängig ist die Paginierung im Folgenden von Charlotte Schiller angepasst.*
868 *Morton*] ~~*Belton*~~ ⌈*Morton*⌉ – *Vgl. Konzeptfassung, Mappe 1, Bl. 34v und 36v. Belton ist auch der Geburtsname von Clara Wallberg. Vgl.* ⟨Wallberg⟩, *Z. 1925.*
868 Julius am ersten] ~~aus~~ ⌈am ersten⌈.
870 aufnimmt, Laurette muß ihre Kleider wechseln.] ⌈Laurette muß ihre Kleider ~~wechs~~ wechseln.⌈.
875 Mädchens; versuchte] Mädchens ~~hob sich~~.
879 *Morton*] ~~*Belton*~~ *Morton. Vgl. Z. 868.*
880 Weiber Personen] Personen.
881 sollten, daß sie die Damens holen sollten, u. bereitete einstweilen] sollten, ⌉daß sie die Damens holen sollten,⌉ u. bereitete ⌈einstweilen⌉.
884 [57]auch sicher] [~~38~~ ~~56~~ 57]auch sicher.
892 Madam Berwick] ~~G+~~ ⌈Berwick⌈.
900 die die vollen Früchte] die ⌈die⌉.
901 Zög[58]linge] Zög[~~57~~ 58]linge.
905 Familie auf einige Stunden ein Obdach] ~~sich~~ auf einige Stunden ein~~e~~.
910 die Frauenzimmer] die ~~Frauens~~ ⌈Frauenzimmer⌉.
916 Antheil] Antheil ~~be+~~.
917 ist – die Tochter] ist ~~die~~ – die.
919 Verwandte der Sie Ihren Schuz versagten,] ⌈der Sie Ihren Schuz versagten,⌉.
920 Ihre Pflicht ⌈jezt⌉] ⌈jezt⌉.
921 [58A]Sollten] [~~39~~58 6+]Sollten.
922 zu mir reden? Aber wagen Sie es nicht wieder] zu mir reden? ~~mein Herz so angreifen?~~ Aber wagen Sie es nicht wieder ⌈~~so zu reden~~⌈.

924 heftiger, in seinem Gemüth,] ⌈in seinem Gemüth,⌉.
924 unbeweglich.] unbeweglich. ~~u.~~.
926 beleidigen lieber] ~~so~~⌈lieber⌉.
926 Herz, immerhin,] ⌈immerhin,⌉.
931 rufen will. Es ist die lezte Gefälligkeit um die ich Sie ersuche.] ⌈Es ist die lezte Gefälligkeit um die ich Sie ersuche.⌉.
933 so auf ewig] ⌈auf ewig⌉.
934 die Frauenzimmer] ~~Frauens~~⌈Frauenzimmer⌉.
937 der sich nicht zu fassen wusste.] ↓nicht zu fassen wusste.↓.
938 viele Dornen] ~~dornigte Hecken~~⌈Dornen⌉.
940 [59]Wüßtest du alles was ich erlebte] [~~58~~ 59]Wüßtest du alles was ich erlebte ~~habe~~.
942 Wohnung so lange ihr da sein werdet, nicht, im Vorhause] ⌈so lange ihr da sein werdet,⌈ ~~bis dahin~~ nicht, im ~~*Co+ de Co+*~~⌈Vorhause⌉.
943 krank sagst] ~~sagst~~ sagst.
950 dem kleinsten] ~~kleist~~ kleinsten.
953 es kein vorübergehendes] ~~kein~~⌈es kein⌉.
956 [60]weichen] [~~59~~ 60]weichen.
958 Zustand] ~~angstlichen~~ Zustand.
960 sanftesten Sitten,] Sitten, ~~einer~~.
964 seine Beruhigung] ~~Freude~~⌈Beruhigung⌉.
967 befremden daß er nun] nun ~~sich~~.
970 *Laurettens* schöner] schöner ~~unb~~.
972 [61]eignen Sohn] [~~60~~ 61]eignen Sohn.
974 seine eigne Bildung ihm] ⌈eigne⌈ Bildung ihm ~~nicht~~.
975 Urtheil] Urtheil ~~andrer.~~.
976 sich anzumassen] sich ~~anzum~~.
979 ein bedeutender] ein~~e~~.
980 Dieser ließ sich] ⌈sich⌉.
981 die Gäste] die ~~Familie~~.
983 aber nirgend] aber ~~nicht~~.
984 ein paar Knaben] ⌉paar⌉.
984 und ihren Pflichten] und ~~die~~.
985 nur fragen zu] nur ~~zu~~.
989 Sie [62]mir] Sie [~~6+ 61~~ 62]mir.
991 Die Sorgfalt] ~~Ihre~~⌈Die⌉.
994 ihnen mein Haus als eine Zuflucht ansehen liesse,] ⌈mein Haus als⌉ eine Zuflucht ~~wäre,~~ ⌈ansehen liesse,⌉.
998 verstorbnen Neffen] ⌈verstorbnen⌉.
999 würkte schmerzlich] ⌈schmerzlich⌉.
1006 Schicksal [63]Ihres] Schicksal [+ 63]Ihres.
1007 Familie meines *Georgs*] *Vorname Berwicks. Erste und einzige Nennung.*
1008 unmöglich] ~~unmöglich~~ unmöglich.
1010 Aber sehen] Aber ~~seh~~.
1012 Am folgenden Morgen] ↑~~Sechstes Capitel Siebentes~~↑ Am.
1021 selbst weiter und höher] selbt ~~w+~~.

1023 [64]Suche es] [~~46~~ 64]Suche es.
1025 Erfahrungen erringen] Erfahrungen ~~mir~~.
1031 seufzend an mir vorüber.] ⌈mir vorüber.⌈.
1033 Zustand, wenige Tage in der Abtey zu * verlebt, werden mich mir] Zustand, ~~ein~~ ~~an~~ wenige Tage in den ~~Cartheuserkloster~~ ⌉Abtey zu *⌉ verlebt, werden mich ⌉mir⌉ ~~wieder~~.
1037 Hörst du nicht bald] bald ~~wieder~~.
1040 nichts [65]fehlen] nichts [~~47~~ 65]fehlen.
1043 können ⌈auf ewig,⌈] ⌈auf ewig,⌈.
1044 dich in Fällen] in ~~mehr~~.
1052 in heiliger] in ~~frommer~~ ⌈heiliger⌉
1056 [66]Leb wohl] [~~48~~ 66]Leb wohl.
1060 unzählige] ~~hunderte~~ unzählige.
1063 lies er keinen Blick] ~~nicht~~ ⌈keinen Blick⌉
1064 eine zu heilige Empfindung] eine ⌉zu⌉ heiliges ~~Gefühl~~.
1067 die angebliche Veranlassung] ⌈angebliche⌉.
1072 vielleicht [67]gar] vielleicht [~~49~~ ~~66~~ 67]gar.
1073 überlassen und sie in seiner] ~~zu~~ überlassen und sie in seiner ~~un~~.
1074 seitherige] Zeitherige.
1075 wolle ihnen nun] ⌈ihnen⌈.
1085 noch einmahl] ~~w~~**n**och.
1087 die ich nicht begreife] ⌉ich⌉.
1088 in [68]Sie dringen] in [~~+~~68]Sie dringen.
1092 Seine Repräsentanten die ich bis jezt kenne, würden in Ihnen nicht solche Eindrücke] ~~+~~ ⌈Seine⌉ Repräsentanten die ich bis jezt kenne, würden ~~Sie~~ ⌈in Ihnen⌉ nicht ~~mit~~ solche~~n~~ Eindrücke~~n~~.
1095 Ich kann nichts] ~~Was Sie auf~~ Ich kann ~~nichts~~ ⌈nichts⌉.
1097 einem Gesichtspunkt der von] einem ⌈Gesichtspunkt⌉ ~~Lichte~~ d~~as~~**er** ~~mit~~ ⌈von⌉.
1101 Absendung seines Briefs] ~~dieser Zeilen~~ ⌈seines Briefs⌉.
1104 [69]Aber Julius] [+ 69]Aber Julius.
1105 aufzusuchen] aufzu~~such~~suchen.
1106 den Himmel als er sich auf den Weg] dein Himmel als ~~sah~~ er sich auf den Weg ~~gem~~.
1107 in der Tiefe] ⌈der⌉.
1111 der Heiligen] ~~den~~ di~~e~~**er** Heiligen.
1115 die bey einem berühmten] ~~zu~~ ⌈bey⌉.
1117 seine innere Unruh] ⌈innere⌉.
1119 Capuzen [70]übers] ~~weißen~~ Capuzen [~~69~~ 70]übers.
1121 Grafen allein] Grafen ⌈allein⌉.
1122 frommen Ruh, es war als ob ein leichter Hauch] ⌈Ruh, es war⌈ ~~Ruh~~ ⌈als ob⌉ ein leichter Hauch ~~ob an Ruh die durch~~.
1124 Herz genaß. Er sah nicht aus als] ⌈genaß.⌉ ~~sich umfliesst. Aber~~ Er sah nicht aus als ~~wenn~~.
1125 nichts bereute] nichts ~~um zu~~.
1134 sich [71]das Beständige fest halten zu können. Des Menschen] sich [~~70~~ 71]das Beständige fest halten zu können. Des Menschen ~~bilden sich fügen sich gern in diese Art zu~~.

1137 Bezirk, wenn] wenn ~~mich~~.

1141 diesen Aufsaz einst um ihm Rechenschaft von meinem Leben abzulegen.] diesen ⌈Aufsaz einst⌈ ~~Briefe~~ ⌈um⌉ ihm ~~glücklichen Tagen an ihm~~ ⌈Rechenschaft von meinem Leben abzulegen.⌉.

1147 Sag wer ist] ~~wo~~ ⌈wer⌉.

1148 einziger Laut] ~~Ton~~ ⌈Laut⌉.

1149 Auf morgen.] morgen. ~~komm wieder~~.

1151 durch [72]die hohen] durch [69 ~~70~~ 72]die hohen.

1152 Ein Bedienter] ~~Mensch~~ ⌈Bedienter⌉.

1155 zum Morgengruß] ⌈Morgengruß⌈.

1156 noch wachend] noch ~~ohne Schlaf~~.

1160 Lies diese Briefe ‹…› im Alter] Lies diese~~n~~ ~~Brief Aufsaz~~ ⌈Briefe,⌉ die ich in einer ~~Periode~~ ⌈frühern⌉ ⌉Periode⌉ schrieb. ~~wo ich Dir gleich in der Welt blühte,~~⌈Sie ~~ist~~ sind an einen Freund gerichtet.⌉. Darin sich auch ⌈mir einst⌉ nur in einem rosenfarbnen Lichte ⌈die Welt⌉ zeigte, ~~um mir~~ ⌈~~über~~⌉ ⌈aber nur um über mich⌉ im Alter.

1163 Komm nicht] Komm~~e~~.

1164 Meine Ruhe wird] wird ~~es~~.

1165 Du kannst fühlen] ⌉kannst⌉ ~~fühlst~~.

1167 [55]Briefe des Grafen] *Mappe 4: Fortsetzung in Briefform, unvollständig.*

1171 Oder vielleicht] ~~Und~~ ⌈Oder⌈.

1173 Hofnungen diese Herzen beleben die jezt nur das Gefühl unsrer Liebe belebt.] Hofnungen ~~beleben uns~~ ⌈diese Herzen beleben die jezt⌉ ~~aldenn beleben~~, nur das Gefühl unsrer ⌈Liebe belebt.⌈.

1177 Lebens u. Treibens] Lebens u. ~~treib~~.

1181 wir zusammen] zusammen ~~lebten, wo wir~~.

1185 kein Bild getroffen, als das Wiederfinden der Troyanischen Helden] ~~so leicht~~ getroffen, als ~~die Reis~~ das Wiederfinden ~~Ane~~.

1187 Der Groll schweigt, nur der Schmerz in diesen Regionen ist nicht vergeßen, und schweigend deutet Dido auf ihren Gram der sie hinab brachte in das stille Land. –] Der Groll schweigt, ~~und~~ ⌈nur⌉ der Schmerz ~~spricht~~, in diesen ⌈Regionen ist⌈ ~~Regionen~~ ⌈nicht vergeßen,⌉ und ~~deutend schweigend~~ schweigend deutet Dido auf ihren Gram der sie hinab brachte in das stille Land. – ~~Könntest du je ein Mädchen verlassen? Ich sollte fragen könntest du lieben, ehe ich ans verlassen dächte, aber es scheint mir ein unnatürlicher Zustand des Herzens, nichts lieben zu können. –~~.

1189 Gefühls der Liebe zart] ⌉der Liebe⌉.

1191 Frage aufstösst] ⌈aufstösst⌈ ~~aufstieß~~.

1193 schwer gemacht] ~~gemacht~~ gemacht.

1198 Manche Tage schrieb ich dir nicht] ~~blieb der Brief liegen,~~ ⌈schrieb ich dir nicht⌉.

1200 solltest, um] solltest, ~~theils~~.

1200 eine Lustparthie] eine~~n~~ ~~Cirkel~~.

1203 Militär Dienste genommen,] genommen, ~~u. eine Französin gefunden~~.

1210 Ich besinne mich lang ehe ich dir schreibe u. möchte] Ich ~~mache Umwege so viel ich kann lieber~~ ⌈besinne mich lang ehe ich dir schreibe u. möchte⌉.

1211 erzählen, die] erzählen, die ~~denke ich~~.

1219 Die Mutter in einem Alter wo sie noch selbst Anspruch machen kann zu gefallen]

Die Mutter# ⌈in einem Alter⌉ ←wo sie noch selbst Anspruch machen kann zu gefallen#←.

1221 Ziel des Lebens] des ~~Leb~~.

1222 durch die hergebrachten eingeschränkten Begriffe] durch ~~eine~~ ⌈die hergebrachten⌉ ~~ein~~ eingeschränkten ~~Lage~~ ⌈Begriffe⌉.

1231 doch strebt mein Herz von süsser Sehnsucht] doch ~~greift~~ ⌈strebt⌉ mein Herz von süsser ~~Geseh~~ Sehnsucht.

1234 Welt, wo] Welt, ~~die~~.

1237 Darum lebt] Darum ~~ist~~ ⌈lebt⌉.

1238 erfüllt so gerne in] erfüllt ~~nur~~ ⌈so gerne⌉ i~~m~~**n**.

1239 entfliehen] entfliehen ~~auch zu oft~~.

1241 bald wieder,] wieder, ~~Ein Tag uns~~.

1244 einst vereinigten, ‹…› Kunst weinten] einst ~~noch fester~~ vereinigten, die wir ~~über~~ in der Begeisterung des ~~hoh~~ höchsten Genusses der Kunst; weinten.

1246 Geistes in] Geistes ~~auf~~ ⌈in⌉.

1249 Reise! Ich] Reise! ~~ic~~.

1256 und Marie] ~~Julie~~ ⌈Marie⌈.

1258 mich auch körperlich unzertrennlich] mich ⌈auch körperlich⌉.

1258 Wesen zu wähnen] zu ~~fühnen~~ wähnen.

1263 Grund untersuchen] Grund ~~ken~~.

1263 selten bey ihrem Geschlecht] selten ~~mit~~ bey ~~den Frauens~~.

1264 Menschen von *Metier*] Metier.

1269 alles erklärt] alles ~~ent~~.

1271 Resultate] ~~tiefsten~~ Resultate.

1272 Dinge so tief] ⌈tief⌉.

1275 Reich der Wircklichkeit] der ~~Wesen~~ ⌈Wircklichkeit⌉.

1277 Seit wenigen Tagen] Seit ~~zwey~~ ⌈wenigen⌉.

1280 seltnen Reizen] ⌉seltnen⌉.

1281 blauer über dem] über ~~uns~~ ⌉dem⌉.

1286 Wie war mir da] Wie ~~mir~~ war ⌈mir da⌈.

1291 Gesicht das] Gesicht das ~~im~~.

1297 des Gewölbes] des ~~Schaftes~~ ⌈Gewölbes⌉.

1301 Bild eines hohen Genius, mit dieser Fackel. Möchten Sie mich, so durch die düstern Wege des Lebens führen! Ich fasste] Bild ~~des~~ ⌈eines⌉ hohen ~~Geist~~ Genius, mit dieser Fackel. ⌈Möchten⌈ ~~Führen~~ Sie mich, so durch die düstern Wege des Lebens ⌈führen!⌉ Ich fasste ~~bewegt~~.

1307 als sie mich erblickte, Marie] als ~~ich~~ sie mich erblickte, ~~die~~.

1308 verblendete sie] verblendete ~~uns~~.

1310 Möchten es keine Schatten Erscheinungen sein die die Erinnerung] es ~~nicht~~ ⌈keine⌉ Schatten ~~Gestalt~~ Erscheinungen sein die ~~das Bild~~.

1314 unterirdischen dumpfen] ⌉unterirdischen⌉ ~~der~~.

1316 Wagen fuhr vor] fuhr ~~fo~~.

1323 ihr Herz] ihr~~e~~.

1324 Ich hörte früh] ⌈früh⌉.

1326 schon auf?] auf? ~~Herr~~.

1330 so lange warten?] ⌈lange warten?⌉.
1331 Fräulein. Meine Zeit hängt von Ihnen ab.] ~~Ihre~~⌈Meine Zeit hängt von Ihnen ab.⌉.
1333 meine schönste Belohnung.] ⌈schönste⌈ ~~stolzenster Wunsch.~~⌈Belohnung.⌉.
1335 einem Kind] ⌈Kind⌈ ~~Mädchen~~.
1338 vorsezlich einen] ⌉vorsezlich⌉.
1342 einige Felsstücke begränzten Pans Gebiet; die den Ursprung] ~~kleine Buchs~~ Felsstücke begränzten Pans Gebiet; ~~aber aus deren~~⌈die den Ursprung⌉.
1345 Schäfer während] ~~indem~~⌈während⌉.
1345 Sorgfalt gearbeitet] ~~gebildet~~⌈gearbeitet⌉.
1347 seufzte ich heimlich] ich ~~leis~~.
1351 mir, mit [67v] all] mit [67v]~~mit~~.
1356 Mariens Gestalt] ~~Gestalt~~ ⌉Gestalt⌉.
1373 Herzens ganz] ~~ganz~~ ganz.
1378 nicht das Räthsel] nicht ~~lösen~~.
1379 Liebe sprechen] Liebe ~~herrschen~~.
1381 Gehen Sie! ich bitte Sie] Gehen Sie! ~~Ich möcht~~.
1383 Lebens. – Auch ich] Lebens. – ~~Ich~~.
1386 die kleinen Bedenklichkeiten] ⌈kleinen⌉.
1390 Treue und Liebe das ich] Liebe dieas.
1393 Giebt es keinen Laut in Ihrem Busen] ~~einen~~ keinen Laut⌈in Ihrem Busen⌉.
1397 Hier endigte der] endigte ~~das~~.
1399 eine schöne Röthe] ~~er+~~ eine.
1405 Einsam[71] keit] Einsam[71]~~keit~~⌈keit⌉.
1410 aus dem Plaze wo ich zum glücklichsten Wesen] ~~der~~ dem Plaze wo ich ~~der~~⌈zum⌉ glücklichsten ~~Mensch~~.
1412 ich ging ruhig] ging ~~dem Anschein nach~~.
1416 Frau von * erwacht] vomn.
1433 mit inniger Liebe] mit ~~einiger~~.
1435 dachte ich mir welche seelige Zeit wird dies seyn! –] dachte ich mir {welche} ↓seelige Zeit wird dies seyn! –↓.
1442 Hauses in die Details] Hauses ~~um~~.
1442 eingegangen, u. verweilt sich da länger, sagte die Mutter] sagte ←u. verweilt sich da länger, ← die Mutter.
1443 für einen jeden, der sich ihr] für ~~alle die sich ihr~~⌈einen jeden, der sich ihr⌉.
1452 Wesen und Laufbahn] ~~Jugend~~ ⌉Wesen⌉.
1479 wir von der holden Welt] ~~aus~~⌈von⌉.
1483 geboten, mir wurde Angst] ~~wie mir war~~⌈mir wurde⌉ ⌉ Angst⌉.
1487 leichten Lichtstreifen an dem schwarzen Wald] ~~Lich~~ Lichtstreifen an dem ~~dunklen~~ ⌈schwarzen⌉.
1492 auf den Wogen] auf ~~dem Meere~~.
1492 Sie sang ein Lied, was mit dem Zustand meines Herzens übereinstimmte. Sehnsucht und Hofnung sprach ihr Gesang] Sie sang ein ~~Kleines~~ Lied, was mit dem Zustand meines Herzens übereinstimmte. ~~Die~~ / ~~Oed ist das Leben~~ / ~~wenn Liebe nicht lacht.~~ / ~~war immer das Ende jeder Strophe.~~ Sehnsucht und Hofnung sprach ihr ~~Gesang~~⌈Gesang⌉.
1499 wieder zur Natur] ⌉zur⌉.

1500 fodert diese] fodert ~~sie wieder mit~~⌈diese⌉.
1501 gehört nur ihr, wenn [78]man sich ihr] *An dieser Stelle liegt ein Einzelblatt, 15 × 15,5cm, unbeschrieben, tintenbesprenkelt und -befleckt, mit Siegellackspuren.*
1506 mehreren Wochen] meheren.
1514 Eduards] *Bruder Maries.*
1515 Anlagen und ein gutes Herz ehmals.] Anlagen und ~~hatte~~ ein gutes Herz⌈ehmals.⌉.
1523 eignen wir es uns zu. –] uns zu. – ~~Die Mutter mit den beyden schönen Schwestern~~⌈~~wenn ich~~⌉ ~~von mich zu sehen,~~ ⌈~~es ist in~~⌉ ~~so aus jeder von ihnen ein eignes Bild weiblicher Schönheit und Grazie.~~.
1528 viel Bildung] ~~Aus~~Bildung.
1528 wie aus den Töchtern] wie⌈aus⌉.
1535 sich eine so unbeseelte] sich ~~in~~.
1539 die Welt in solchen Formen] die ~~Form der~~.
1543 Lichtkreise herabgezogen] Lichtkreise ~~gezogen~~.
1546 wenn er eine Dichtung es sey welcher Art es wolle, würdig findet] wenn er ~~so etwas~~⌈eine Dichtung es⌉⌈sey welcher Art es wolle,⌈ würdig findet.
1548 entstehen könne,] ⌈könne,⌈.
1553 sollten auch nach der Frucht streben, und mit unsren] ~~nicht~~ auch nach der Frucht streben, und⌈mit⌉.
1556 Natur, im unendlichen, unbegränzten] Natur, ~~sich~~ im unendlichen un~~ersattl+~~ begränzten.
1557 selbst schaffen. / 6TER BRIEF] schaffen. ↓6ter Brief↓.
1562 Durch jede Handlung] ~~So~~ Durch.
1565 in der Dämmerung] in der.
1568 Gefallen sey, Liebe] sey, ~~ob~~.
1570 sie in mir Wohlgefallen] sie {in} mir.
1575 Bruder vor meinem Geiste da.] ~~da in~~⌈vor⌉ meinem Geiste {da.}.
1580 Mit welchem zerrißnen Herzen ich Deutschland verlasse! – –] Deutschland verlasse! – [82v]~~Es ist beschlossen wir müssen uns trennen, auch Marien ruft ihr Schicksal. Ich kam heute zu ihr, sie sah mich von ferne kommen, und als ich ins Haus trat war sie im Begriff nach dem Garten zu gehen; Einen Augenblick kommen Sie mit mir Graf rief sie mir zu. Ich folgte~~ ⌉~~ihr.~~⌉ ~~Ich muß Sie vorbereiten mein Freund, sagte sie gerührt, ich habe Sie vergeblich erwartet, um ein Gespräch mit Ihnen allein zu haben. Ich fühle zu tief daß ich in der Gegenwart meines Bruders verlegen geworden wäre, es Ihnen mit ruhigem Tone sagen zu können. Wir müssen uns trennen mein Freund, Ihre Marie muß in fremde Gegenden eilen, wird sie Ihre Liebe auch mit sich nehmen, rief sie~~ – *Bl. 82v ist vollständig mit Gitterlinien durchgestrichen.*
1582 Herr wohl hinzusezen] wohlhinzusezen.
1583 Herz möchte doch bewegt werden vielleicht] Herz möchte ~~ihm brechen~~⌈doch bewegt werden vielleicht⌉.
1585 Herz ohne selbst zu fühlen, zu einem Mädchen! Möchte er] ⌈ohne selbst zu fühlen,⌈ ~~gegen~~⌈zu⌉ ein**em** Mädchen! ~~Er~~.
1591 aus der vorgezeichneten] aus ~~dem~~⌈der⌉.
1593 uns eben ja ewig] ⌉eben⌉.
1599 Gebäude meines Glücks an] Glücks ~~weg~~⌈an⌉.

1601 können, mit allem ihrem leeren kalten Geschwäz; – weil] ~~so~~ mit allem ihren leeren ⌈kalten⌈ Geschwäz; – ~~und sie be~~.

1606 Dämmerung des Lebens bleiben] Dämmerung ~~bleiben.~~.

1608 Begriffe, und ich] Begriffe, ~~+~~.

1610 Gegenstände, u. ermessen] u. ~~wollen~~.

1614 ihr Schicksal] Schicksal.

1615 unter den blauen Bergen ‹…› zu ihrem Geburtstag.] unter ~~dem~~ den blauen Bergen des Himmels ⌈überuns⌈ ~~sprach ich~~ ⌈vernahm⌉ das Gelübde der ewigen Treue, u. ⌈Liebe.⌈ ⌉Da⌉ das Schicksal uns trennt. ↑Die Freunde meiner Tante hatten↑ ~~Die jungen Herren hatten~~ ein artiges Fest veranstaltet ~~an dem~~ ⌈zu ihrem⌉ Geburtstag. ~~meiner Tante~~.

1621 veranstaltet] ~~ver~~veranstaltet.

1621 zierlich gepuzt, machten einen ansehnlichen Zug aus] gepuzt, ~~und blasende Instrumente folgten~~ ⌈machten einen ansehnlichen Zug aus⌉.

1622 harmonisch den Schall zurück.] harmonisch den ⌉Schall zurück.⌉ ~~und,~~.

1623 erhoben sich das Fahrzeug schwankte stärker.] sich ~~stärker~~ ⌈das Fahrzeug schwankte stärker.⌉.

1625 seelig machte. Wie oft] machte. ~~wie~~.

1627 erschuf. Nur das Bedürfnis, ‹…› Gefühle der Sittlichkeit leben] erschuf. ~~denn~~ ⌈Nur das⌉ ⌉Bedürfnis, das Innre zu enthüllen, schuf den Zwang.⌉ Solche hohe reine Naturen wie Marie, bedürfen nicht eines solchen ⌈künstlichen⌉ ~~+~~**Lä**cheln, ~~diese~~ ⌈die⌉ Gefühle ⌈der Sittlichkeit⌉ leben.

1632 sich eines Halts bedürftig fühlt, so feste Wälle um sich aufrichtet] sich ~~ohne +~~ eines Halts bedürftig fühlt, so feste Wälle ⌈um sich aufrichtt⌈.

1639 Weg, u. an den Felsen] u. ~~i~~an.

1640 Hütte, mit Säulen gestüzt] Hütte, ~~wie ein Tempel~~ mit Säulen gestüzt, ~~die ++~~.

1642 sassen wir lange, plauderten scherzten.] ⌈lange⌉, plauderten ⌈scherzten.⌉.

1643 froh, alles schwäzte munter. Marie] froh. ~~als~~ alles ⌈schwäzte⌉ munter ~~fort schwä+te. und~~.

1643 ernsthaft. Ihre Stimme war angestrengt.] ⌈Ihre Stimme war angestrengt.⌉.

1646 nicht länger mehr] ⌉länger⌉.

1647 nicht mehr behalten] ~~annehmen~~ ⌈behalten⌉.

1649 zur Botanik] ~~Naturgeschichte~~ ⌈Botanik⌉.

1651 [87]Der Graf der mein Interesse theilt dafür wird mein Führer sein. Sie verzeihen, daß ich auch ihn der Gesellschaft] [87]↑~~und der~~↑ Der Graf ~~als~~ ⌈der⌉ mein ~~Lehrer~~ ⌈Interesse theilt dafür⌉ wird mein Führer sein. Sie verzeihen, daß ich auch ihn ~~ihr~~.

1659 uns trennen.] trennen. ~~u. eben deswegen bete~~.

1663 dieser Glaube] dieser ~~Gla~~.

1664 was kann nicht alles] ⌉nicht⌉.

1665 Geliebter!] Geliebter! ~~Sieh unter uns~~.

1666 die manichfaltigsten] die ~~wank~~.

1670 an ihren Bruder] an ~~den~~.

1676 Liebe thätig] ⌈thätig⌉.

1681 ich dich, dich] ich dich,.

1688 ernst nach dem Himmel] ~~hinauf~~ nach dem ~~ewigen Blau~~.

1693 Bund unsrer Herzen. So] ~~unsrer ewigen Liebe~~ unsrer ⌉Herzen.⌉.

1695 andern Kreis] ~~Welt~~ ⌈Kreis⌉.

1698 ihre zartere Organisation] ~~leichte~~⌈zartere⌉.
1706 Du wirst so geschickt] wirst.
1707 thust deinem] thust ~~dir~~.
1708 Reibt dieser] ~~und~~ Reibt.
1709 deine innre Ruhe] deine ⌉innre⌉.
1711 was wir sein sollten, wenn wir nicht lernten uns selbst zu bekämpfen und gewohnt den] ~~sind~~⌈sein sollten⌉, wenn wir nicht ~~gelernt hätten~~⌈lernten⌉ uns selbst zu bekämpfen ⌉und gewohnt⌉ ~~und~~.
1715 durch den Anstrich der Freude, und SelbstUeberwindung] ⌈den Anstrich der⌈Freude, und ⌈Selbst⌉Ueberwindung.
1718 kümmern während das Mädchen sich nach der Laune der Gäste richten muß?] ⌈während das Mädchen sich⌉⌈nach der Laune der Gäste richten muß?⌈.
1732 Der Tante die] D~~i~~**er** Tante ~~w+~~.
1733 anzustimmen. So kamen wir wieder in unsre Wohnung.] {So kamen wir wieder in unsre Wohnung.}.
1735 8TER BRIEF] ↑~~Zweiter Abschnitt~~↑ 8ter Brief.
1742 verließ ich *] ich ~~+~~ ×⌈~~den Ort wo Marie lebt.~~ ⌉.
1744 mir schrecklich zu Muthe] mir ~~als müsste ich hinaus,~~.
1745 Genf ‹…› *Leman*] *Lac Léman oder Genfer See.*
1747 nicht lange zu trösten] ⌈lange⌉.
1748 ist, sonst freut] ist, ~~auch~~.
1750 bleibende leblose] ⌈leblose⌉.
1752 Zeichen das ich allein] Zeichen ~~das ich allein bin~~.
1753 dem engen Kreis] ⌈engen⌉.
1760 Freundschaft hat] Freundschaft ~~für~~.
1761 gehört es, die] ⌈es⌉, ~~das~~.
1763 der meinigen] der ~~deinigen~~.
1763 reicher als alle] ~~viele~~⌈alle⌉.
1764 sich festzuhalten] sich ~~zu~~.
1765 lebe ohne sie, denn] lebe~~n~~ ⌈ohne sie⌉.
1769 löchernden unwegsamen Strassen] löchernden.
1770 ein Dorf] ein ~~elendes~~.
1772 Muth sie fröhlich] Muth ~~etwas das h~~.
1779 Nur den Lichtgestalten] ~~Ich~~ ~~+++~~ Nur.
1782 die ich an den Gränzen Frankreichs hatte] hatten.
1783 den Lauf des Wagens] ~~Wagen~~⌈Lauf⌉ ⌉des Wagens⌉.
1785 Abendschein] Abend⌈schein⌉.
1787 die Gegend] d~~er~~**ie** ~~Weg~~⌈Gegend⌉.
1793 war in einem Lande] war ~~wie~~.
1794 Ich hätte mich eben so gut [4v]auf den Höhen der Cordilleres] ~~Du hättest~~⌈Ich hätte⌉ mich eben so gut ~~in den~~ [4v]auf den Höhen der Cordilleres.
1796 nicht müde werden mich umzusehen] ~~mich satt sehen~~ ⌈müde werden mich umzusehen⌉.
1796 Stimme des *Invaliden*] *Französisch „invalider“: für ungültig erklären.*
1800 Nahmen. Dies sagte er] ~~Wie mich dies~~⌈Dies⌉.

1801 Ich sprang auf, drückte] Ich sprang au~~s~~f ~~dem Wagen~~.
1802 und warf einige] und ⌈warf⌉.
1803 liebe treu dein Vaterland. – Was erwacht] ⌈treu⌉ dein Vaterland. – Was ⌈erwacht⌉.
1809 Herzen. Wäre Marie] Herzen. ~~Dächte ich nicht jeden Aug~~.
1811 müssen. – Auf einmal fühlte ich mich] müssen. – ~~Ich war entzückt, begeistert,~~ Auf einmal ~~war~~ ⌈fühlte ich⌉ ⌈mich⌈ ~~ich~~.
1813 Aber traurig weckte schon die folgende Stunde] ⌈Aber⌉ traurig weckte ~~der~~ ⌈schon die⌉ folgende ~~Morgen~~ ⌈Stunde⌉.
1816 flösten mir weder Freude noch Vertrauen ein] flösten mir ~~keine~~ ⌈weder⌉ Freude ~~ein~~ ⌈noch⌉ ~~Es war so kein~~ Vertrauen ein.
1818 wollte mich durch] mich ~~stärcken~~.
1822 sich wohl niemand] ⌈wohl⌉.
1827 9ter Brief. Paris] ~~Achter~~ ⌈9ter⌉.
1832 Munde die Wiederholung meiner Liebe hört, wenn auch aus deinem Munde sie es vernimmt] ~~hört die stets~~ die Wiederholung meiner Liebe hört, wenn ~~du ihr~~ auch ~~sagst wie mag~~ aus deinem Munde ⌉sie es⌉.
1833 Euch, lebhafter in] ⌉lebhafter⌉.
1834 Daß Leiden] Daß Leiden.
1839 *Paris] Schreibweise gemischt lateinisch und deutsch. Schillers Ansichten des vorrevolutionären Paris sind evtl. geprägt durch Wilhelm von Wolzogens Reiseeindrücke, die er in seinem „Pariser Tagebuch" (1788/89) festhält.*
1845 das Hirn geziert ist.] ist. ~~+++~~.
1846 ein gewisses Wohlbehagen] ⌉gewisses⌉.
1848 Die Gemüther] Die ~~Menschen~~ ⌈Gemüther⌉.
1850 Morgen zurück kommen] ⌈zurück⌉.
1852 helfen wollen, und den Enthusiasmus] ⌈wollen⌉, und den ~~Enthussis~~.
1854 *Que Dieu vous bénisse, que notre bon maitre, qui est si bon père sera charmé de avoir son bon fils!] Deutsch: „Dass Gott sie segne, dass unser Meister, der ein so guter Vater ist, erfreut sein wird seinen guten Sohn zu haben!".*
1856 beste Herr] beste ~~andre~~.
1856 wiederkehren,] wiederkehren, ~~da der Entusiamus +++~~.
1861 Gesicht, eine schöne Gestalt] ⌉eine⌉.
1864 Frau ein artiges] ~~eine~~ ⌈ein⌉.
1865 ihr Aeltester Sohn ist nicht sehr an Jahren von mir verschieden.] ⌈Aeltester⌉ Sohn ist nicht sehr an Jahren von mir verschieden. ~~mit Leib und Seele S+ wie sein Vater.~~.
1868 der reine Geist unsrer ewig geliebten *Leonore*] der ⌈reine⌈ Geist. – *Name der Mutter: Leonore.*
1870 Liebling! Zeige durch] ~~Laß~~ ⌈Zeige⌉.
1871 dieser Edlen Frau] ⌈Edlen⌉.
1873 kann. Es wird mir glücken einst,] ~~Ich werde~~ ⌈Es wird mir glücken einst,⌉.
1874 sagte ich gerührt.] ⌈gerührt.⌈ ~~bewegt.~~.
1875 [9v]schönsten heiligsten] ⌈heiligsten⌉.
1882 Menge der Fremden] ⌈der⌉.
1886 daß mit keinen ungeschminkten] ~~mir~~ mit keinen ~~heiteren~~.
1889 reiche ländliche Gegend] ⌈ländliche⌈.

1890 aber die himmlische] ~~das~~⌈die⌉.

1891 Natur die ich hier überall vermisse,] ⌈die ich hier überall vermisse,⌈.

1896 *Madame Celange* fiel mir auf;] auf; ~~nicht~~.

1897 der Mode zu sklavisch] ~~durch~~ der Mode, ~~die sklavisch~~.

1899 hochrothgeschminkten] hoch⌈roth⌉geschminkten.

1900 den ängstlich gekräuselten Haarpuz, die goldgeschmückten Arme] d~~ie~~**en** ängstlich gekräuselten Haarpuz, die⌈gold⌉geschmückten.

1903 kalte unbelebte Hand] kalte⌈unbelebte⌈.

1906 Schleyer in den] Schleyer ~~+~~⌈in⌉.

1906 unsre höchste Natur] ⌈höchste⌉.

1910 mich befinde,] befinde, ~~Sie möchte~~.

1915 sie ihn ohnmöglich] {ihn}.

1916 Egoist im höchsten Sinn. Er liebt auch die Frau nicht, das Mitleiden sie an ihn fesseln könnte.] Egoist ⌉im höchsten Sinn.⌉ Er liebt auch die Frau nicht, ~~daß~~⌈das⌉ Mitleiden sie ~~nieder zu~~⌈an⌉ ihn ~~ziehen~~⌈fesseln⌉ könnte.

1918 auch es sey der Frau nicht möglich,] auch⌈es sey⌉ d~~ie~~**er** Frau ~~liebe ihn~~⌈nicht möglich,⌉

1923 *Coquetterie*] ~~*Cotte*~~ *Coquetterie.*

1927 *Co*⟨*que*⟩*tterie*] *Cotterie.*

1930 keiner wiederstrebt] keiner ~~wagt~~.

1932 wie ein Dichter sich seinen schönsten Helden denkt, so erscheint *Mowbray.*] ~~Roman~~ Dichter sich seinen ⌉schönsten⌉ Helden denkt, so erscheint *Mowbray.* – *Vgl. die Figur des Schotten in* ⟨Wallberg⟩, *mit wechselnden Namensformen. Zugleich ist dies ein Figurenname aus* SHAKESPEARES *„King Richard II".*

1934 und die Tugenden] und ~~ganz~~.

1935 des engern Cirkels] des ~~kleinen~~.

1938 schönen *Julie*,] *Julie*, ~~sich~~. – *Vorname von Madame Celange.*

1940 etwas anderm beschäftigt] ⌈anderm⌉.

1942 Ihre Stimmung] ~~Gefühle~~⌈Stimmung⌉.

1943 Gefühle des Herzens] ⌈des Herzens⌉.

1945 wie wenige Männer; Ich] ~~es~~ wenige Männer; ~~warum~~.

1946 sich selbst kennen] ~~besser~~⌈selbst⌉.

1947 Rose die ihr] Rose ~~davor~~.

1948 Blätter die auch mögen] mögen.

1950 Alter ist das eigen] ist das ~~Feuer d~~.

1955 Stimme stockte] stockte.

1960 Ich war weich] ~~gerührt~~⌈weich⌉ ~~durch~~.

1966 sonst gern mit] ⌈gern⌉.

1969 schloß dieses Gespräch. Ich fürchte daß diese Sprache] ~~Wir umarmten uns noch einmahl~~⌈schloß dieses ~~Gespr~~ Gespräch⌉. Ich fürchte daß diese~~s~~ ~~G~~**S**prache.

1976 [13]schloß sie ihre Arme um uns, wir gelobten uns ewige Freundschaft an dem Herzen dieses Engels.] ~~uns in~~ ihre Arme ⌈um uns,⌉ wir gelobten uns ewige Freundschaft ⌈an dem Herzen dieses Engels.⌉.

1982 nicht bedacht] bedacht.

1987 *Nüancen* ihres Wesens] ihres ~~*Carak*~~.

1991 Landparthie] Landpar~~tieh~~thie.

1992 erste Grün] erste ~~zarte~~.
1995 mit schwer vergüldetem] mit ~~schön~~.
1997 die vergoldet sich auf die graue Steinmasse abhoben, schöne regelmässige Säulengänge] ~~durch~~⌈sich auf⌉ die graue Steinmasse abhoben, schöne⌈regelmässige⌈.
2001 vor mir. Die braunen schön gelockten Haare hielt ein Kranz von Rosen zusammen.] ~~in den~~⌈Die⌉ braunen schön gelockten Haaren ~~schimmerte~~⌈hielt⌉ ein ~~Rosenkrank~~⌈Kranz von Rosen⌉⌊zusammen.⌋ ~~Ich verb~~.
2003 bewegt, mir ist] bewegt, ~~ich bin~~.
2005 diese Gestalt] ~~Gestalt~~⌈Gestalt⌉.
2009 verwandelten wir] verwandelten ~~sich~~.
2013 war neue Töne] ~~die~~⌈neue⌉.
2014 Man hatte vergeßen] ~~Ein~~ Man.
2015 von den Mauern] ~~dem Gebäude,~~⌈den Mauern⌉.
2018 Raphaels heiliger Cäcilie. Mariens hohe einfache Züge ‹…› mir war es als striche des Todes] Mariens ⌉hohe einfache⌉ Züge wurden mir lebendig, es war als spräche sie zu mir aus den ~~Zügen~~⌈Augen⌉ der Heiligen; ist stand auf, mir war es als ~~führ~~⌈striche⌉. – *Vgl. Figurenname der Tochter in* ⟨Wallberg⟩.
2021 hatte die Bewegungen] hatte ~~meine~~.
2024 ihn Tage lang [16]nicht gesehn. *Julie* fand dies unbegreiflich] ~~sehr~~⌈Tage⌉ lang [16]nicht gesehn. *Julie* fand dies ~~unbeg+~~.
2027 doch sind. Und wir hoffen vielleicht nur verstanden zu werden. Oder betäubt eine Stimme die übrigen alle in Ihrem Herzen? Und sie wollen oder dürfen uns] ⌈Und wir hoffen vielleicht nur ver=~~Ihres~~standen⌉ ⌈zu werden.⌈ Oder betäubt eine Stimme ~~des Herzens~~ die übrigen alle⌈in Ihrem Herzen⌉? Und sie wollen ~~und~~⌈oder⌉.
2033 Lustigkeit hatte *Julien* ergriffen, sie war] hatte ~~sich~~ *Julien* ergriffen, sie ~~tobte, lachte laut~~.
2037 Muth allem zu wiederstehn.] ~~Ihr der Einzigen~~⌈allem zu wiederstehn.⌉
2039 Brief den ich den Abend zu Hause fand, wie die hohe reine Seele mich in eine] ⌈den ich den Abend zu Hause fand⌉, wie die hohe reine Seele mich ins eine.
2043 ohne unfreundlich] ~~undankbar~~⌈unfreundlich⌉.
2044 Hause der *Celange*, u. mein Gemüth] Hause der ~~*Ma*~~ *Celange*, u. mein ~~Herz~~⌈Gemüth⌉.
2047 Mein Herz hat dort in neuen Gefühlen sich entfaltet. Die Andacht hat mir eine neue Welt geöfnet. Die verklärten Züge] ~~Eduard~~ Mein Herz hat dort in neue**n** Gefühle**n** ~~er~~ sich entfaltet. Die Andacht hat ~~mich auf~~ mir eine neue Welt geöfnet. Die ~~Züge~~.
2049 besänftigt auch meinen Sinn.] ⌈auch⌉ meine**n** ~~Herz~~⌈Sinn⌉.
2050 die Hora] ~~in~~ die.
2050 reinen himmlischen Stimmen] ~~englischen~~⌈himmlischen⌉.
2052 Herz stärcker] ⌈stärcker⌉.
2053 als zwey Gestalten] ~~ein Schatten einer~~⌈zwey⌉ Gestalten ~~sich~~.
2062 fange damit an, wo andre früh oder spät hinstreben, mit einer] ⌈damit⌉ an, wo andre ~~doch~~ früh oder spät ~~doch~~ hinstreben, ~~nach~~⌈mit⌉.
2064 um mich zu sehen] ⌈zu⌈.
2066 ich auch nur ein Gemüth auf Momente beruhigen kann, u. einen Weg des Trostes zeigen, so ist dies schon ein grosser Lohn] ⌈auch⌉ nur ein Gemüth auf Momente ~~vielleicht nur~~ beruhigen kann, u. einen ~~Weg~~⌈Weg⌉ des Trostes zeigen, so ist dies schon ein ~~schöner~~ ⌉grosser⌉.

2069 Tochter, damit einen Theil] ~~um~~ ⌈damit einen Theil⌉.

2070 dafür etwas Gutes erzeigen! that sie doch] ~~wohl thun~~ ⌈etwas Gutes erzeigen!⌉ ~~Sie~~ that ⌈sie doch⌉.

2071 Leben meiner Schuzheiligen zu weihen, that ich auch dieses sie nicht zu verlassen] ~~dem Kloster~~ meiner Schuzheiligen zu weihen, that ich auch ⌉dieses sie⌉ ⌈nicht zu verlassen⌉.

2073 abzutragen und der Welt zu nüzen, rief die Frau ungeduldig aus. Noch wär es möglich] ⌈und der Welt zu nüzen,⌉ rief die Frau ⌉ungeduldig⌉ aus. Noch wär es ~~Zeit~~, ⌈~~es~~ möglich⌉.

2075 Kloster Gelübde, glaubt mir.] Kloster ↓Gelübde, glaubt mir.↓.

2075 werdet erreichen] erreichen.

2075 Euch von meinem Glauben überzeuge.] ~~nicht überzeugen kann~~ von ⌈meinem Glauben überzeuge.⌈.

2081 bestürzt an] ⌈an⌉ ~~an~~.

2082 Physionomie. Meine Schwägerin ging auf sie zu. Zürnen Sie nicht rief sie, fromme Schwester, daß wir] ~~Phisio~~ Ph~~i~~ysionomie. Meine Schwägerin ging ⌈auf sie zu.⌈ ~~trat vor,~~ Zürnen Sie nicht rief sie, ~~daß~~ ⌈fromme⌉ Schwester, ⌉daß⌉.

2085 Ihr Gesicht Bürge sein ‹…› mit einem edlen Anstand] Ihr~~e~~ ~~Züge~~ ⌈Gesicht⌉ Bürge sein daß Sie nichts recht verrathen können. Sie schien mich ~~gar nicht zu bemerken~~ ⌉lang zu⌉ ⌈betrachten aber ohne falsche Scheinheiligkeit.⌉ Sie ~~seegnete uns mit~~ ⌉gab uns⌉ ⌈ihren Seegen mit⌉.

2093 neugierig und zudringlich scheinen, und verliessen sie. Wie gern hätte ich mehr gehört von der schönen Nonne!] ~~scheinen~~ und zudringlich, ⌈scheinen,⌉ und verliessen sie. Wie gern ⌈hätte⌉ ich mehr gehört hätte von der schönen Nonne! ~~Kannst du denken~~.

2094 der Heiligen] der ~~schönen~~.

2096 mir kommt ~~nur~~ aus Ihrem] ⌈kommt⌈ ~~nur~~.

2101 Schicklichen zu leicht] ⌉zu⌉ leicht ~~genug~~.

2103 ergözt und schmeichelt] w~~ie~~**und**.

2103 die von Fröhlichkeit] ~~von~~ ⌉von⌉.

2104 gedacht, zu] gedacht, ~~und~~.

2105 anhaben, ich flüchte] anhaben, ~~ich fühle wie~~.

2106 Nonne. Dort ist mirs als] Nonne. + ⌈Dort ist mirs als⌉.

2108 ihrer lieber selbst würdiger] ~~werther~~ lieber ~~würdiger~~ ⌈selbst würdiger⌉.

2110 der Schuzheiligen; ich] ⌈Schuz⌉heiligen; ~~I~~.

2114 uns in einer höhern] ⌈in⌉.

2116 rufte einige Mahle Schwester *Celeste*] ~~mit~~ einige Mahle ⌈Schwester⌉.

2119 Freuden eines höhern Lebens] ~~d~~ eine~~r~~s höhern ~~Welt~~ ⌈Lebens⌉.

2120 des Sprachgitters] des ⌈Sprach⌉gitters.

2121 Anmuth uns] ⌈uns⌉.

2122 mein Herr sagte sie. Sie haben noch keine Erfrischungen genossen. Sie wollen nicht] mein Herr sagte sie ~~mit bewegter Stimme~~. Sie haben noch keine Erfrischungen genossen. ~~Wollen~~ Sie ⌈wollen⌉.

2123 Gönnen Sie nicht] ~~Sollen wir~~ ⌈Gönnen Sie⌉.

2126 Durch unsere Gastlichkeit ‹…› Sitten Ihres Klosters erlauben] ⌈Durch⌉ unsere Gastlichkeit ~~ist das einzige was wir~~ können wir ja allein nur zeigen, daß wir ⌈für⌉ die Welt auch ein Interesse haben. – Sie wollte gehen. ~~ich faßte ihr Gewand.~~ Bleiben Sie noch in unsrer Nähe, ⌈rief ich,⌉ wenn es die Sitten Ihres Klosters ~~vergönnen~~ ⌈erlauben⌉.

2132 und würde Ihnen] ~~konnte~~ würde ⌈Ihnen⌉.

2132 Welt kennen. Warum aber haben Sie der Welt entsagen wollen] ⌈kennen.⌈ Warum aber ⌈haben Sie⌉ der Welt entsagen ⌈wollen⌉.

2135 hörten; in der Kirche? Gewiß nicht] ⌈in der⌈⌈Kirche?⌉ Gewiß nicht ~~nein~~.

2143 denn mein irrendes] ~~all~~ ⌈mein⌉.

2144 Ruhe lange] Ruhe ~~nicht~~.

2145 nicht heilig] nicht ~~zu~~.

2148 in Ihnen blieb] Ih~~r~~nen ~~Herzen~~.

2152 erstenmahl.] erstenmahl. ~~Daher~~.

2158 küsste, mein Gemüth] küsste, ~~und~~.

2161 Kirche, das schön] Kirche, ~~in~~.

2168 dein Blick beleuchte die Enge meines Lebens.] Blick ~~Dein Mitleid, dein Rath sind mir~~ beleuchte ~~mein Leben~~.

2171 Geburt des Nachfolgers] ~~seines~~ ⌈des⌈ ~~Erbprinzens~~.

2174 mir in meinem Geist] ⌈in⌉.

2177 alles um uns herum] ⌈um uns herum⌉.

2177 zu erhalten. – Wie oft sah ich indessen] ~~g~~ erhalten. – Wie oft sah ich ⌈indessen⌉.

2179 wie künstlich] ~~wie~~ wie.

2180 verfehlen, und nur] ~~aber~~ ⌉und⌉.

2181 die alten Wünsche. Warum ist das schönste Bestreben gefallen zu wollen, in den weiblichen Wesen so oft entweiht worden.] ⌈alten⌉ Wünsche. ~~gefallen zu wollen.~~ Warum ist das schönste ~~liebenswurdig~~ Bestreben ⌈gefallen⌉ ⌈zu wollen,⌈ in den weiblichen Wesen so oft entweiht worden. ~~u. wird ihnen zum Spiel? Die~~.

2184 seelenloseste *Coquetterie* ausartet u. leider zur bloßen Gewohnheit] ~~seelenlost~~ seelenloseste *Coquetterie* ausartet u. leider zur bloßen ~~Gewohn~~.

2191 beredet auf] ~~zu~~ ⌈auf⌉.

2196 luftig [26]war ihre Erscheinung] ⌈war⌉ ~~in~~ ihre~~n Wes~~.

2202 Ein Arm den sie zuweilen bedeutend erhob zeigte durch die dichte Verhüllung] ~~Einen~~ ⌈Ein⌉ Arm den sie zuweilen bedeutend erhob zeigte durch d~~a~~**sie**.

2208 ich hätte ein Bild] hätte ~~sie aber~~.

2212 sie immer unvermerkt] ⌈immer⌉.

2219 erzählen können. –]können. – ~~Morgen ist noch ein Masquenball.~~ –.

2224 sie an mir Irre] sie mir.

2225 Leichtsinn mit dem wir uns in Verbindungen einlassen] ~~ind~~ mit dem wir uns in Verbindungen ~~einließe~~.

2228 eine Ruhe] ~~Kälte~~ ⌈Ruhe⌉.

2231 jezt in einen Ton in unsren] jezt in einen Ton ⌈in unsren⌈.

2232 seeligste wärmste Gefühl] ⌈wärmste⌉.

2234 ich Marien liebe] ~~in~~ Marien~~s~~.

2237 wie von einem Zauberschlag] ⌈von⌉ ein**em**.

2242 sie den Frieden] ~~meinen~~ ⌈den⌉.

2245 schon neue Neigungen] schon ⌈+⌉ neue.

2247 ein verführerisches Wesen] ⌈verführerisches⌈ ~~gefährliches~~.

2255 [29v]die Verirrung meines Gemüths ist unbeschreiblich. Die Gesellschaft hat eine] [29v]~~eine~~⌈die⌉ Verirrung meines Gemüths ist unbeschreiblich. Die Gesellschaft hat ~~meine Ruhe~~⌈eine⌉.

2257 ein neues Fest] ein ⌉neues⌉.

2265 beywohnte war] beywohnte ~~wurde~~.

2266 dachte ernstlich] ⌈ernstlich⌉.

2268 bewegt ist] ~~seyn muß,~~⌈ist⌉.

2271 ihr willig] ihr ~~nicht~~.

2271 keine weis verschleyerte] ⌈weis⌉.

2272 trat aber immer] ⌈aber⌉.

2279 ihrem gepressten Herzen] ⌉gepressten⌉.

2281 Gestalt die eben] {die}.

2282 niemand wie] niemand ~~so~~.

2283 zuweilen selbst ganz irr über mich,] ⌈selbst⌉ ganz irr ⌈über mich,⌉.

2287 fragte die eine? Sie fragen nach der leichtsinnigen Frau] fragte die eine? ~~Die~~⌈Sie fragen nach der⌉.

2288 uns, u. ich hörte manches von ihr.] ⌈u. ich hörte manches ~~von ihr~~ von ihr.⌈.

2290 eine jede Frau möchte] ⌈jede⌉ Frau ~~die etwas auf ihren Ruf hält möchte~~⌈möchte⌉.

2295 Saal, ich stellte ihr vor, es sey zu früh. So wollen wir in ein Nebenzimmer, sagte sie;] ~~es ist noch zu früh~~ ich stellte ich ~~ihr~~ vor, ⌈es sey zu früh.⌉ So wollen wir in ein Nebenzimmer, ~~fuhr~~⌈sagte⌉ sie; ~~fort~~.

2300 weis ich ob] ich ~~denn~~.

2301 Zuweilen finde ich sie so streng, ‹…› von Ihnen nur möchte ich nicht verkannt werden.] ~~Sie sind~~ Zuweilen ⌈finde ich sie⌉ so streng, so abgemessen mit mir, daß ich ~~Sie~~⌈fürchte⌉ keine gute~~n~~ Meinung von mir ~~bey Ihnen~~ hoffen zu können. Ist es so? ~~Liebster bester Freund~~⌈ist es wircklich so?⌉ Reden Sie um Gottes Willen? Die Welt ist mir nichts, ~~schon~~ lang bin ich gewohnt diese Menschen unter mir zu sehen. ⌈~~Da es~~⌉ ~~ich +achte~~⌈Ich achte⌈ Sie nicht, ~~also ist mir~~ ihre Meinung {ist} gleichgültig. Aber von Ihnen {nur} möchte ich nicht verkannt werden.

2307 wage ich auch Ihnen] {auch} ~~es~~.

2308 *Convenienz* noch der Anstand] ⌉noch⌉.

2309 Aeußern Lebensverhältnisse] Aueßern.

2310 ihrer Wärme hebt] Wärme ~~kann~~.

2313 Sie schweygen? In dieser Minute! Sie lehnte sich schmerzlich] ⌈In dieser Minute!⌉ Sie lehnte sich schmerzlich.

2316 Laß uns fliehen Beate, aus einer solchen Welt! Warum kamen wir her! –] Beate, ~~und die *Scene*~~ aus einer ⌈solchen⌈ Welt! ~~die keine~~⌈~~die aufgeben die~~⌉ ~~Freude h+ +gehen~~⌈~~v+bitten~~⌉ ↓Warum kamen wir her! –↓.

2318 Mund u. verschwand] u. ~~schlug die Thür~~.

2321 zum erstaunen erblickte ich die schönen Züge] zum erstaunen erblickte ich die schönen Züge ~~+~~.

2324 kaum die Kraft] Kraft~~e~~.

2329 *Celeste* nicht] nicht ~~zu sehr~~.

2331 Begleiterin? Ihre Stimme!] ⌈Ihre Stimme!⌈.

2335 nichts um Ruhe zu geben, wenn das Gemüth so tief leidet] ~~es gehörten~~ um Ruhe zu geben, wenn das Gemüth ~~an dem einzigen~~.

2338 Das Geheimniß der verschleyerten Masque hat sich auf eine traurige Weise aufgelößt. Es ist mir kein Zweifel] ~~Die Geschichte der verschley~~ ⌈Das Geheimniß der verschleyerten⌉ Masque hat sich auf eine traurige ~~Weise +~~ Weise aufgelößt. Es ist mir kein ~~Zw~~.

2340 ihrer alten Freundin] galten.

2341 einer misverstandnen Heiligkeit] ~~heiligen~~ misverstandnen ~~Eifers~~ ⌈Heiligkeit⌉.

2342 Und durch welche Strafen wird sie einen Fehltritt wieder abbüssen den sie selbst schon so schmerzlich zu bereuen Ursach haben muß.] ⌈durch⌉ welche ~~Büßungen~~ ⌈Strafen⌉ wird sie einen ~~Schritt~~ Fehltritt wieder ~~ab versöhnen~~ abüssen den ~~ihr~~ ⌈sie⌉ selbst schon so ~~schmerzlich~~ schmerzlich zu bereuen Ursach ~~hatte~~ ⌈haben muß⌉.

2345 einer solchen Welt] ⌈solchen⌉.

2349 sollte ihn gestern] ihngestern.

2355 ich nichts mehr auf dieses bewegliche Geschlecht [35v]bauen darf!] ich ~~nur~~ nichts mehr ~~mit~~ ⌈auf⌉dieses beweglichen Geschlecht [35v]~~+ bauen~~ ⌈bauen⌉ darf! ~~zu meinem Frieden zutrauen darf!~~.

2357 Glück der Erde.] Erde. +.

2358 Glück. Achtete die Belustigungen] Glück. ⌈~~aufgab~~⌉ Achtete ~~die Freuden,~~.

2359 Heilige beynah angebetet wird, da man von ihren Entsagungen] ~~fast~~ ⌈beynah⌉ angebetet wird, da man ~~ihre~~ ⌈von⌉ ~~auf~~.

2365 Daß es nicht mehr war ist mir ganz klar, sie wäre sonst lieber ganz aus dem Kloster geflohen wenn eine unglückliche Leidenschaft sie dazu bewegt hätte.] Daß es →nicht mehr war ist mir ganz klar, sie wäre sonst ~~aus dem Kloster~~ lieber ganz aus dem Kloster geflohen wenn eine unglückliche Leidenschaft sie dazu bewegt hätte.#→.

2371 ihren Nonnen empfing] ~~Vertrauten~~ ⌈Nonnen⌉.

2372 vormahlte. Hätte sie lieber die Flucht ergriffen, als einem solchen Schicksal entgegen zu gehen. Ich vermochte mich länger nicht zu fassen ich musste] vormahlte. ~~Ich glaube sie wär~~**Hätte** ⌈sie⌉ lieber die Flucht ergriffen, als einem solchen Schicksal entgegen ⌈zu⌉ gehen. Ich vermochte mich länger nicht zu fassen ich ~~sah daß man sich allein glaubte~~.

2376 *Celestens* Gefahr] Gefahr ~~+~~.

2377 ich vermuthen] ich ~~Urs~~.

2379 ganze Familie in] Familie ~~u~~.

2380 Schicksal zu ihrem Verderben feindselig] ⌉zu ihrem Verderben⌉.

2383 Ach wer befreyt] wer hil.

2387 Boulevards besuchte wo] besuchte ~~zu~~.

2390 zu bekennen da ich meinen Frieden mit der Welt machen will. [37v]Ich war es die] ~~ich war~~ ⌈da ich meinen Frieden mit der Welt machen will.⌈ [37v]⌉Ich war⌉.

2393 sie schon befürchtete] ⌉schon⌉.

2394 hätte wäre ich schuldig] ~~wenn~~ ⌈wäre⌉.

2404 ein Feuer] ~~Interesse~~ ⌈Feuer⌉.

2412 aus Beatens Ton schon entdeckt] ~~dem~~ ~~+~~**Beat**ens Ton schon ~~gelesen~~ ⌉entdeckt⌉.

2421 nur. [39v]Diese heisse Stirn mag manche glühende Bilder aufbewahren, zu glühend vielleicht für die Wircklichkeit – junger Freund.] nur. ~~in~~ [39v]Diese~~r~~ heisse~~n~~ Stirn mag manche glühende Bilder aufbewahren, zu glühend vielleicht für die ~~Ge~~ Wircklichkeit – junger Freund. ~~möchten Sie~~.

2425 man fühlt hier das Glück der Wohlthätigkeit, diese edle Wircksamkeit] ~~ahnt~~ fühlt hier das Glück der Wohlthätigkeit, ~~dieses~~.

2428 nach dem Finden der Frau Beate, nach dem Ton, [39Ar]in dem sie] nachdem Finden der Frau Beate, nach dem Ton, [39Ar]indem.

2441 Gestalt an der Kirchthüre] ⌈an der Kirchthüre⌉.

2443 einem Männlichen Wesen] ⌉Männlichen⌉ ~~Menschlichen~~.

2451 Sie sah daher mit Schmerz *Celesten*⟨s⟩ Neigung zur Einsamkeit, und suchte so viel wie möglich den Hang zu unterdrücken] Sie sah ⌈daher⌉ mit Schmerz *Celesten* Neigung zur Einsamkeit, und suchte ~~den~~ ⌈so ~~wie~~ viel⌈ ⌉wie möglich den⌉ Hang zu unterdrücken ~~so viel sie konnte~~.

2467 Eifer zu wiederstehen] Eifer ~~war es nicht möglich~~.

2472 sehr sorgfältig] sehr ~~sog~~.

2485 Wie mir wurde als ich das alles anhören musste! fühlst Du] Wie ⌈mir⌉ wurde ~~mir~~ als ich das alles anhören musste! ~~Du~~.

2491 sie wähnte sich von ihnen vernachlässigt, aber mit Heftigkeit sprach sie. Ich ehre die Bande die mich an meine Familie fesseln u. möchte sie glücklich wissen] sie ~~fürchtete~~ ⌈wähnte⌉ sich von ihnen vernachlässigt, aber mit Heftigkeit sprach sie. Ich ~~kenne~~ ⌈ehre⌉ die Bande ~~eines~~ die mich an meine Familie fesseln u. möchte sie ~~stets~~.

2495 Freude daran fände von ihrem Gelübde sich loszumachen, da man immer] Freude ~~in der Welt~~ ⌈daran⌉ fände ⌈von⌉ ihrem Gelübde sich loszu~~sprechen~~ ⌈machen,⌉ da man immer ~~mehr die~~.

2496 sich ihrem Beruf der Welt entzogen] ~~der Welt~~ ⌈ihrem Beruf der Welt⌉.

2498 Ach ich dachte nicht, daß ein Haufen Weiber ‹…› *Celestens* größter Fehler wollte ich wetten.] Ach ich dachte nicht, ~~daß nicht die Welt~~ ⌈~~richten~~⌉, ~~sondern~~ daß ein Haufen Weiber ⌈sie richten würden,⌉ die ~~weil sie~~ selbst unfähig ~~sind, und~~ durch ⌈ihren⌉ Haß und ⌉ihre zum Haß⌉ ⌈gewöhnten Herzen;⌉ ~~Neid gegen~~ Freuden ⌈zu fühlen,⌉ die sie nicht mehr geniessen können, sich ~~ein~~ zu ⌈~~ihren~~⌉ strengen Richtern ~~aufwerfen~~, über ein Geschöpf, ⌈daß⌉ ~~Urtheile~~ aufwerfen [43]~~*sprechen*~~ ⌈würden⌉, das Muth genug hatte sich selbst los zu machen. Dies ist auch gewiß in ihren Augen Celestens größter Fehler ich wollte ich wetten. ~~So sehr ich die +++ *Celeste* + hasse, so sehr gwahrte ich den +++~~.

2509 des KlosterKirchhofs, das eine verborgne Thüre in der Mauer hatte. Es hatten schon manche Nonnen davon Gebrauch gemacht, aber aus unheiligern Zwecken dies bin ich überzeugt. Durch] ⌈Kloster⌉Kirchhofs ~~des Klosters~~, das eine verborgne Thüre in der Mauer hatte. ~~die man am +Tage nicht sehen~~ ⌈Es hatten schon manche Nonnen davon⌉ ~~konnte.~~⌈Gebrauch gemacht, aber aus unheiligern Zwecken dies⌉ ⌉~~bih~~ bin ich überzeugt.⌉.

2511 Der *Fiacre* wusste selbst nicht] ⌈selbst⌉.

2512 Kraft den Ort] Kraft ~~die~~.

2516 daß ich mich] daß ⌈ich⌉.

2518 seufzte! Nach langem Schweygen sagte sie endlich.] seufzte! ⌈Nach langem Schweygen sagte sie endlich.⌈.

2519 meine Ruhe, und zu wenig Beruhigendes. Ach wer den Muth hätte u. den Ernst] Ruhe, ~~und zu viel Gefahren der Welt die ein leicht bewegliches Gemüth bestricken umgeben,~~ und zu wenig ⌈Beruhigendes.⌈ ⌈Ach wer den Muth hätte u. den⌉.

2521 Nein nicht der Schimmer der Gesellschaften reizt mich] ~~Ach~~⌈Nein nicht⌉ der Schimmer der Gesellschaften reizt mich ~~nicht~~.

2522 machen! ach wie kann es leicht werden, eine erhizte Phantasie durch so viele zauberische Künste die die Weiber auszuüben gelernt haben zu berücken! ich verzeih] machen! ~~was~~ ⌈ach wie⌉ kann ⌈es leicht werden,⌉ eine erhizte Phantasie durch so viele zauberische Künste ⌈die die Weiber auszuüben gelernt haben⌉ ~~sich nicht leicht ab+~~ ⌈zu⌉ berücken! ~~lassen!~~.

2526 uner[44v]füllt waren.] waren. ~~Habe~~.

2528 Stirn; u. hörte mich nicht] ⌈u. hörte mich nicht⌉.

2529 von den Fesseln] von ~~einen~~..

2531 der schönen Frau] der ~~kleinen~~.

2532 Ich kann nicht! Wenn] nicht! ~~Meine~~.

2534 durch eine ununterbrochne] durch ~~eine diese~~.

2539 Kirche ging zu] ging ~~wo +~~.

2539 sah bleich aus,] aus, ~~und~~.

2540 aber von keiner] ~~mit~~ aber ⌈von⌉.

2544 mehr zu seyn als Sprache des Tons.] mehr ~~als~~ zu seyn ⌈als Sprache des Tons.⌉.

2546 bedeutende Sprache der Liebe] ⌈Sprache der Liebe⌉.

2550 sie hing mit alle dem mit einer Liebe an der Erinnerung an Ihnen, die] ⌈mit alle dem⌉ mit einer Liebe an der Erinnerung ~~Ihres Wesens~~ ⌈an Ihnen,⌉.

2552 wenn Ihnen] wenn ~~Sie + kl~~.

2555 verantwortlich sein] verantwortlich ~~zu~~.

2556 Fall gefaßt] gefaßt.

2558 mich auch mit Geld] ⌈auch⌉.

2559 suchte mit den Pförtnerinen des Klosters] suchte ~~mich~~ ⌈mit⌉ ~~mit~~ den Pförtnerinnen des ~~Kosters~~.

2560 sehr günstig] sehr günstig.

2561 Neigungen indessen folgte] Neigungen ~~der Welt~~ ⌉~~sich um~~⌉ ~~zu sehen~~ ⌈indessen⌉.

2564 den armen Menschen] d~~ie~~**en** ⌉armen⌉.

2567 erschienen als hätte er stets mit ihr gelebt, stets habe ich] als ~~wär~~ ⌈hätte⌉ er stets mit ihr ~~fortgegangen~~ ⌈gelebt⌉, ⌈stets⌉ ~~ich~~.

2570 dem vergitterten] dem ~~Ge~~.

2571 Gegenwart verkündigte] verkündigte ~~hatte~~.

2571 Sehnsucht lag] Sehnsucht ~~drückte~~.

2574 Sie fragte einst ob ich nichts von einer gewißen Dame die *Célange* heist, hörte; ‹…› hörte ich einen Mund diesen Nahmen so zutraulich aussprechen.] Sie fragte ~~oft~~ ⌈einst⌉ ob ich nichts von einer gewißen Dame die *Célange* heist, hörte; Ich ~~fr~~ sagte, wenn ~~sie mir auch ihr~~ ⌈~~ganzes~~⌉ ~~Vertrauen schenken wollte~~ so wollte ich gern danach fragen, aber ein Vertrauen ist des andern werth. Sie müssen ↓mir sagen warum?↓ Ich möchte wissen wer sie wäre sagte sie seufzend. ⌈Nähere Umstände ihres Lebens.⌉ An jenem Abend wo ich ~~in den glanzen~~ ⌉den kühnen Schritt⌉ ~~Welt~~ ⌈that⌉, ~~war~~ hörte ich einen Mund diesen Nahmen so zutraulich aussprechen. ~~*La belle Cel*~~.

2579 seufzte sie] ~~seufzt~~ seufzte.

2582 angekündigt war, u. ich suchte] war, ~~ich wählte~~.

2584 erkennen geben] erkennen geben.

2586 Mondnächte als es mir gelang ins Kloster zu schleichen, ich fand *Celesten*] Mondnächten als ~~ich~~ es mir gelang ins Kloster zu schleichen, ich ~~musste~~.

2588 Schleyer vor sie hin] sie.

2592 Sie blieb stumm] ~~Sie +~~ Si.

2599 einen so gefährlichen Schritt wagen zu lassen. Aber] ~~an~~ einen so gefährlichen Schritt wagen zu lassen. Aber.

2607 durch die Steine und Schutthaufen uns durchdrängten] ~~Steinhaufen~~ ⌈Steine⌉ und ~~den~~ Schutthaufen uns durchdrängten ~~wurde es~~.

2610 konnte, die ihre] konnte, ~~+~~.

2611 riß eben das Fenster auf] ⌈das Fenster auf⌉.

2614 schon lang zum] ⌈lang⌉.

2615 neuen Gast zu bekommen, raßten] neuen ~~Bewoh~~ Gast zu bekommen, ~~pienzten~~ raßten.

2619 erwarten, ob] erwarten, ~~und~~.

2620 sondern wiederkehren würde, und nur heimliche] sondern ~~nur~~ wiederkehren würde, und nur ~~ihre~~.

2622 versucht sagte] versucht ~~fuhr~~.

2624 machen. Diese Heilige] machen. ~~wer weis!~~ ⌈~~von~~⌉ ~~welcher Art die~~.

2626 die hämische Bemerkung] ⌈hämische⌉.

2628 [51]Indessen das Gewitter sich im Kloster über uns zusammen zog, traten wir in den Saal] [51]↑Indessen das Gewitter sich im Kloster über uns zusammen zog,↑ ~~ich war immer neben Ihnen um mich zuerst zwei~~ traten ⌈wir⌉.

2634 so sah ich noch kein Weib gekleidet, so leichtsinnig, und mit so ausgesuchter *Coquetterie.* *[51v]Celeste*] so sah ich noch ~~keine weibliche Gestalt~~ ⌈kein Weib⌉ gekleidet, so leichtsinnig, ⌈und mit so ausgesuchter *Coquetterie.*⌉ ~~und doch konnte niemand sich beklagen daß die strengen Regeln des Andstands~~ *[51v]*~~beleidigt war wurden.~~ *Celeste.*

2641 endlich den Saal verließen mit der Masque, konnte] endlich h+ den Saal verließen mit der Masque, ~~als~~.

2642 sie meine Hand] ~~ihre~~ ⌈meine⌉.

2644 warnend seyn daß] warnend ⌈~~für jede Art von +~~⌉ ~~nicht~~ seyn ~~d+~~.

2648 eines solchen Wesens ablegten] eine~~rs~~ ~~andern~~ ⌈solchen Wesens⌉.

2649 es fiel mir nichts ein] es ~~blieb~~ ⌈fiel⌉ mir nichts ~~übrig~~, ⌈ein⌉ ~~als *Celesten*~~.

2652 Kloster, drängten uns durch die eingerißne Mauer] ~~schlichen leise~~ ⌈drängten uns⌉ ~~D~~**d**urch die eingerißnen.

2655 ganze KlosterGemeinde] ⌈Kloster⌉Gemeinde.

2659 stand lange ohne] ⌈lange⌉.

2659 Schrecken zeigte ihr] ~~erfüllte~~ ⌈zeigte⌉.

2663 seyn, Ihre Vorwürfe] ~~diese~~ ⌈Ihre⌉.

2664 sie büsse nicht meine Vergehungen. Ich bin zu allem bereit.] ⌈nicht⌉ meine Vergehungen. Ich bin zu allem ⌈bereit.⌈.

2667 Schleyer den heute] de~~m~~**n**.

2672 begeisternd jedes musste ihre eigne Schmerzen mitfühlen] begeisternd ~~so tief reuig~~ jedes musste ~~ihre eigne~~ ihre ⌈eigne⌉ Schmerzen ~~über~~.

2676 Sie wollten sie auf alle Art u. Weise demüthigen, man brachte Fesseln, legte sie ihr an, und führte sie in ein unterirrdisches Gewölbe. Dieser Auftritt] sie ~~demüthigen~~ auf alle

Art ⌈u. Weise demüthigen⌉, man brachte Fesseln, legte sie ihr an, und führte sie in ein unterirrdisches Gewölbe. ~~nach~~.

2679 Einige Nonnen] ~~Die~~ ⌈Einige⌉.

2683 weis ich nicht. Noch bis jezt habe ich keine Nachricht. Was aber meine Unruhe meine Gewißensangst mir zu thun gelassen, sehen Sie] nicht. →Noch bis jezt habe ich keine Nachricht.→ ~~die einzige Nonne die Antheil~~ Was aber meine Unruhe meine Gewißensangst ~~noch~~ ⌈mir⌉ zu thun gelassen, ~~war das den~~.

2688 unsrer Abwesenheit] unsresr ~~Aufenthalt~~.

2689 aber was aus ihr] was ~~sie~~.

2691 Nonnen sind] ~~seyn~~ ⌈sind⌉.

2691 sie pflegten mit der Aebtissin der verborgenen] ~~pflegten~~ ⌈pflegten mit⌉ der ⌉Aebtissin der⌉.

2696 Sie die Erzählung] ~~das~~ ⌈die⌉.

2698 Stelle dich nicht wie der Geist der Rache in mein Gedächtniß!] ↑~~Nicht so streng fromme Schester! So tief~~↑ Stelle dich nicht wie der Geist der Rache ~~an~~ ⌈in⌉.

2700 Angst mich] Angst ~~u.~~.

2702 *[55v]*Sie würden mich nicht anklagen!] *[55v]*~~Sie würden die Rache die der Nemesis~~ Sie würden mich ~~nicht mehr schuldig halten so~~ ⌈nicht⌉ anklagen!.

2704 hinreissen, ihr] hinreissen, ~~und der andre wieder~~.

2707 armen verlohrnen Feundin] ~~verlohner~~ ⌈verlohrnen⌉.

2708 ich bin, daß ich ihrer Liebe] bin, ⌈~~ich vertraute~~⌉ daß ich ~~wohl~~.

2709 denn in stärckern festern Banden schmachtet mein Herz schon längst. Sie würde] ⌉in⌉ stärckern festern Banden schmachtet mein Herz schon längst. ~~Aber diese~~.

2714 habe wird immer] habe ~~ist also~~.

2718 *[56v]*gefruchtet. – Beate] ~~ge~~ *[56v]*gefruchtet. – ~~Ich~~ Beate.

2721 Aufschluß über das] über ~~dies~~.

2723 knieten davor. Der Eingang] ⌉davor⌉ ~~an der Thüre~~.

2726 entsezlich, ich] entsezlich, ~~ich dachte beynah~~.

2727 jedem meiner Wege] ⌈meiner⌈.

2731 Menschen herum, ich wage] herum, ~~keine~~.

2733 mir Rath] ~~rath~~ Rath.

2738 der weiblichen Rache überlassen] ⌉weiblichen⌉ Rache ~~ich~~.

2745 Mittel aufbieten] Mittel ~~aufsu~~.

2749 geTrieben, Furcht und Zweifel] ~~von der~~ Furcht.

2754 thue, Ihnen] thue, ~~thun~~.

2755 alles wagen] alles ~~wagg~~.

2759 bey Ihnen wäre all] ~~ist~~ ⌈wäre⌉.

2762 vergessen. *Mowbrays* Vater ist] vergessen. ~~Der Vater meines Freundes~~ *Mowbrays* {Vater}.

2765 suche ein neues freundlicheres Leben. – –] ein ~~den Armen eines neuen Freundes mein Glück zu gründen~~. {neues freundlicheres Leben.} – –.

2767 glücklich zu machen] zu ~~sey~~.

2772 so vielen gab.] ⌈gab.⌉ ~~gegeben, die sich ++~~.

2774 die Natur stellte. – Oft giebt es Momente wo ich dies fühlte. Das Weib muß bleiben, bey den Gefühlen die ihm die Natur gab! – –] stellte. – ⌈Oft ~~fehl~~⌉ ~~Dafür muß auch ich büssen~~ ⌈giebt es Momente wo ich dies⌉ ⌉fühlte.⌉ Das Weib muß bleiben, bey den Gefühlen die ihm die Natur gab! – – ~~Wüßten Sie alles was +~~ ⌈~~sich mir~~⌉ ~~in meinem Leben +~~.

2778 Kinder, die die Leere] die, die.

2779 Trieb Gefallen zu erregen] Trieb ~~zu~~ Gefallen.

2782 auf dießem Herzen, in diesem Sinn, der mit Kälte, auf mich blickt; Seyn Sie] auf dießem Herzen, in diesem Sinn, der ~~vielleicht~~ mit Kälte, ~~Verachtung mag ich nicht sagen, auf ein Wesen blickt, daß gewiß der Gefühle~~ ~~weis daß es nicht zu fassen vermochte,~~ auf mich blickt; ~~Ach ich +~~.

2783 Wenn ein weibliches Wesen] Wenn ~~sich wieder~~ ein.

2785 glücklich. Ich hoffe es noch einst zu werden. *Julie*] {Ich hoffe es noch einst zu werden.}.

2787 vorging. Sie] vorging. ~~was ich mit *Julien*~~.

2790 in solche Verhältnisse zu führen. – Mit einem Herzen daß ganz einer Einzigen gehört, zieht] in ⌈solche⌉ Verhältnisse zu führen. – Mit ~~meinem~~ ⌈einem⌉ Herzen daß ganz einer Einzigen gehört. ~~So viel~~.

2795 Alle diese Vorstellungen] ⌉Alle⌉ ~~D~~**d**iese.

2796 könnte ich ihr Schweigen willkührlich ahnden, ich weis nicht Geliebter wie ich das Leben] ⌈ich⌈ ihr Schweigen willkührlich ~~sein~~ ahnden, ich weis nicht Geliebter wie ich ~~da~~.

2800 die zur *[61v]*Entscheidung] die zur ~~meinem~~.

2802 von ihren Gütern] ~~u.~~ von ihren ~~Besizungen~~.

2805 Zerstörung empor] Zerstörung ~~herum~~.

2807 so wandelte] so ~~geist~~wandelte.

2809 streift des Todes] ~~streicht~~ ⌈streift⌉.

2810 Leb Wohl] ~~Die Neig~~ Leb.

2810 vielleicht ist] vielleicht ⌈~~i+~~⌈.

2812 Liebster. Nun bin ich] ~~ich~~ ⌈Nun⌉ bin {ich} ~~nun~~.

2812 näher, und – – ich wage kaum zu denken daß ich Marien wiedersehen werde ‹…› Das Schicksal hat mich in Besiz grosser Güter gesezt.] näher, ~~kann~~ ~~dich vielleicht sehen~~, und – – ich wage kaum zu ~~ahn~~ denken daß ich Marien ⌈wieder⌉sehen werde, ~~daß ich vielleicht mich ihres daß~~ ich ⌈kann⌉ ihr nun ohne Hindernisse meine Hand anbieten. ⌈Das Schicksal⌈ ↓hat mich in Besiz grosser Güter gesezt.↓.

2817–2896 22ter Brief] *Mappe 5: Variante des 22. Briefes von Basile:*

*[1r]*Schon ~~einige~~ eine geraume Zeit sind wir von Paris abgereisst, ich selbst weis kaum wie lange es ist. Dem unglücklichen dehnt sich Zeit weit aus. Wir irrten mehrere Monate von einem Ort zum andern, u. immer wenn ich meinen Herrn fragte ob wir weiter sollten, so eilte er, ich hielt so lange aus als ichs konnte. Aber endlich da kein Zeichen von vernünftiger Fassung ~~mehr~~ heraus schien, fühlte ich mich zu schwach, die Existenz meines armen Herrn allein zu tragen, und da wir eben an ein Kloster kamen, hielt ich es für den Wink einer höhern Macht, da meinen Herrn ~~nieder zu~~ hinzu führen, denn ich hoffte der ~~Zus~~ Trost eines frommen Geistlichen könne vielleicht sein Gemüth beruhigen helfen.

Als wir in die Stadt – – einfuhren überfiel meinen Herrn eine unbeschreibliche Angst. Basile *[1v]*rufte er aus, laß uns umkehren, mir ist es als sänken die dicken Mauren auf mich zusammen. Mir grauset es für dem Eintritt. – Ich wendete ihm ein dieser Ort sey für jezt das Ziel seiner Reise. Seine ganze künftige Bestimmung knüpfe sich da an weil er dort die Güther seiner Tante in Besiz nehmen sollte.

Ich will nichts mit der Welt zu thun haben, rufte er schmerzlicher. Mein Schicksal wird sich schrecklich aufklären! –

Er wurde viel in Gesellschaften gezogen, u. bald bekannt, da die Franzosen überall leicht Zutritt erhalten, u. man ihn halt für einen Eingebohrnen des Landes hielt. So drängte sich jeder an ihn. –

Seine Geschäfte verzögerten sich dadurch. Ein Haus besuchte er besonders oft, es war das Haus der Familie ~~Felden~~ F. Ich sah noch keine Zeit zum Aufbrechen, als er eines Abends todtenbleich zurück[2r]kam. Sein Gesicht war entstellt, er saß unbeweglich die ganze Nacht, nur der Ausruf, so ists wahr! unterbrach zuweilen die fürchterliche Stille. Ich wusste keinen Trost zu geben noch Rath. Die Sorge, der Schreck hatten meine Kräfte erschöpft, ich schlief ein. Ich wurde von einem starcken Arm angefasst. Basile rief mir eine Stimme der Verzweiflung entgegen, schlaf jezt nicht, um Gotteswillen, laß uns fort. Ich fuhr auf, die Freude meines Herrn Stimme zu vernehmen lies mich einen Augenblick seinen Entschluß vergessen. – Ich muß fort, ich muß! rief er einmal über das andre aus. Habe ich dieses verdient! und dann fiel er in eine tiefe Schwermuth zurück.

Ich packte ein so schnell ich konnte, und in in wenigen Stunden waren wir zu Reise bereit.

Was soll aus Ihren Geschäften werden, fragte ich. ~~Es war alles~~ gut nun. Für mich selbst bedarf ich [2v]wenig mehr. Ach ein kleiner Raum wird mir künftig genügen. Sollte es dahin kommen! wäre alles, alles vorbey.

Wir stiegen im Wagen, der Graf blickte wild an ein Haus hinauf, und schaudernd fuhr er zusammen. Ein Vorhang öfnete sich an einem Fenster, und ein bleiches Gesicht konnte ich noch erkennen; –

Eine Stunde nachher kam ein Reuter, er hatte unsren Wagen nachgesezt. Er hatte einen Brief. Der Graf sah die Ueberschrift, u. sein Zustand wurde schrecklich. Mit einer convulsirischen Bewegung warf er den Brief von sich – von dieser Hand will ich nichts mehr sehen rief er aus. Fort Geist der Hölle.

Der Reuter sagte, nehmen Sie den Brief mein Herr, ich darf ihn nicht wieder zurückbringen, was wird die arme Dame sagen!

Sie wird in den Armen eines andern, ~~der Welt +~~ ⌈den sie suchte⌉ [3r]~~sich trösten~~ ⌈ihr Glück finden⌉, rief er mit einem fürchterlichen Ton, u. fiel ohnmähtig in meine Arme.

Ich war unschlüssig ob ich ~~nicht~~ den Wagen fortfahren lassen oder halten sollte, aber meine Herr erwachte endlich, sah sich wild um, u. rufte bittend, fort, fort. Diese Welt um mich herum ist mir zu enge. Der Reuter hatte mir den Brief überlassen u. bat mich ihn dem Grafen zu übergeben, ~~wenn er erwacht sey~~ er müsse eilen, denn er müsse bald wieder zu Hause sein, weil er mit seinem Herrn noch denselben Tag fortgehe. – Ich behielt den Brief, fasste aber den festen Vorsaz ihn noch nicht wieder daran zu erinnern, u. erst wenn er in einem ruhigern Zustand sey ihn ~~den~~ zu übergeben.

[3v]Mit gesenktem Haupt ohne ein Wort zu sprechen, saß mein Herr viele Tage. Des Nachts wenn wir ein Nachtlager erreichten, stieg er ruhig aus, sezte sich in eine Ecke des Zimmers, u. bat mich zu schlafen. Früh morgens sezte er sich maschinenmäßig im Wagen, u. so fuhren wir durch manches Land, durchstreiften Hügel und Thäler. Nichts konnte ihn rühren. Sein Zustand blieb der selbe.

Als wir wohl einen Monat ⌈uns⌉ so herum getrieben ~~worden~~, und mein armer Herr keine Veränderung des Zustands zeigte, so wünschte ich nur ein Kloster zu finden um ihn dem ~~Trost~~ ⌈Schuz⌉ einer höhern Macht zu übergeben. Vielleicht schmeichelte ich mir könnte der Umgang eines frommen [4r]Geistlichen das ⌈leidende⌉ Gemüth beruhigen helfen. Auch nahmen meine eignen Kräfte ab. ~~i~~Ich liebe meinen Herrn unaussprechlich, daß ich auch keine Ruhe finden könnte wenn ich ihn nicht stehts sehen könnte, aber da bey seinen Zustand, Körper u. Geist litt so traute ich meinen Kräften nicht alles lange mehr zu.

Ein schöner hoher Buchenwald nahm uns in seinen Schatten auf, des Himmels ⌈Blau,⌈ war nach einem Regenschauer glänzender als sonst, u. das erfrischte Laub der Bäume ladete ~~mehr~~ ⌈zu⌉ ~~zur Ruhen~~ ruhen unter ihren Schatten. –

Mein Herr ~~war~~ erwachte pözlich aus seinen Zustand, sah sich lebhaft um, u. winkte mir freundlich zu. Basile hier las [4v]uns bleiben. ↑~~Eine Kapelle im~~↑ Er erblickte eine kleine Kappelle am Wege.

2818 Basile aus dem Kloster in der Schweiz.] Basile ~~an Eduard~~ aus dem Kloster / ~~an der Deuts~~ in der Schweiz.

2820 und wie oft] und ~~oft~~.

2822 Ihnen Nachricht] Ihnen ~~schreibe.~~.

2822 Ob er leben wird weis nur Gott. [63]In * waren wir] wird ~~wissen die Götter~~ weis nur Gott. ~~Wir sind schon + Monaten von Paris abge~~⌉~~reisst.~~⌉ ~~Wir waren schon in Deutschland, schon im Begriff Besiz zu nehmen von den Güthern die mein Herr erbte, als ein Zufall den ich mir~~ ⌈~~noch~~⌉ ~~nicht zu erklären~~ [63]~~was unsre Plane scheitern lies.~~ [64]In.

2824 verwickelt, war gesucht u. geliebt von jedermann. Eines Abends] ⌈war gesucht u. geliebt⌉ ⌉von jedermann.⌉ ~~Als er~~.

2824 er fiel ohne Leben auf einen Stuhl, als er wieder zu sich kam, weinte] ~~todt~~ ⌈ohne Leben⌉ auf einen Stuhl, ⌈als er wieder⌈ ⌉zu sich kam,⌉.

2827 Laut den er vernahm. Ich saß] Laut ⌈den er vernahm.⌉ ~~Früh~~.

2833 Als wir uns im Wagen sezen wollten] ~~aber~~ Als wir uns im Wagen ~~sezten,~~.

2835 der Graf – fragte er] frägte.

2836 sah die Ueberschrift] ~~das~~ ⌈die⌉.

2836 Zustand kehrte] Zustand ~~kam~~.

2844 Tage unbeweglich u. winkte nur immer weiter zu fahren. So waren wir] Tage →unbeweglich u. winkte nur immer weiter zu fahren.→ ~~wir~~ ⌈So⌉ waren ⌈wir⌉.

2846 sollte; Ich glaubte] ~~i~~Ich.

2851 wieder zum klaren] zum ~~bew~~.

2855 Er sah umher] sah ~~um~~ ⌉~~sich her~~⌉ ~~sich~~.

2857 Es ist sonderbar] ~~Ich~~ Es.

2862 Antwort. Ich lese] Antwort. ~~Ihr seht mir~~.

2866 Unglücklichen, als ich] Unglücklichen, ~~ich~~.

2868 fand. Sein erstes] ~~daß~~ ⌈Sein⌉.

2871 KlosterGemeinde] ⌉Kloster⌉Gemeinde.

2872 um meinen armen Herrn] ~~den~~ ⌈meinen⌉ armen ⌈Herrn⌉.

2876 begleitete] ~~bew~~ begleitete.

2884 Fieber was in ihm] {in} ihm ⌈~~in~~⌈.

2889 daß niemand erräth wie der Gang seiner Ideen ist. Sie ruft er oft und wünscht Sie zu sehen.] daß ~~kein~~ niemand erräth wie der ~~Lauf~~ ⌈Gang⌉ seiner Ideen ist. Sie ruft er oft ↓und wünscht Sie zu sehen.↓.

2891 Da ich weis] ~~Da Sie ein~~ Da.

2896 Basile] Basile.

2897 ⟨Ehe ich von dem Ort scheide⟩] *Mappe 6: Weiterer Brief Eduard Berwicks, ungezählt.*

2898 wo ich mein Bewusstseyn wiedergefunden sollst du meine Erkenntniß vernehmen. Ich war eine lange Zeit in einem schweren Traum. Jezt bin ich zu neuem] mein ~~traurige Lage.~~ ⌈~~Ich~~⌉ ~~Jezt habe~~ ⌈~~hier~~⌉ ~~ich mein Be~~ Bewusstseyn wiedergefunden ~~Ein zu neuer~~ ⌈sollst du meine⌉ ⌈Erkenntniß vernehmen.⌈ Ich war eine lange Zeit in einem schweren Traum. ⌈Jezt bin ich zu⌈.

2902 Bilder auf Bilder] ⌈auf Bilder⌉.

2905 die rechten Wege erspähen] ⌈rechten⌉ Wege~~, des Lebens rechte~~.

2907 Tochter [1v]in der er das liebliche Bild] Tochter ~~wird~~ [1v]in der er das ⌈liebliche⌉ Bild.

2909 Geistes das Andenken] Geistes ~~sein~~.

2911 Geschichte dir aufzeichnen] Geschichte ~~entdecken,~~.

2914 noch mich zu schonen] noch ~~mir Muth zu erlangen~~.

2914 Dasein! Ich ehre] Dasein! +.

2920 Bergspizen, die das Auge] Bergspizen, ~~senkt sie~~.

2927 ganzes übriges Leben] ⌉übriges⌉.

2928 nur meine Seele umgab ein finsteres Dunkel. Basile hat dir geschrieben wo wir waren.] nur ~~um~~ meine Seele ~~schwebt um zog sich ein schmerzen~~ umgab ein finsteres ~~Gef~~ ⌈Dunkel⌉ ~~dunkles Gefühl~~. Basile hat dir geschrieben wo wir waren. ~~Ich verweilte länger in der Stadt, als ich anfangs wollte, denn der Ton der gebildeten Deutschen zog mich an. Ich war froh über ernsthafte Dinge sprechen zu hören, sie ernst behandeln zu hören, u. nicht~~

2939 und bewegt. Ich ging] bewegt. ~~Heute kommen~~.

2943 sich würde fesseln] sich ~~fess~~.

2948 Wesen wircken] Wesen ~~zu~~.

2949 wie ich ihre Liebe in meiner Gewalt erhalten; – und doch gelang es mir. – Aber der Klugheit] ich ⌈ihre Liebe⌈ ~~sie~~ in meiner Gewalt erhalten; ~~Ihre Liebe würde es mir nicht verzeihen können;~~ – und doch gelang es mir. – Aber {der}.

2952 [5r]Was aus euch Männern alles werden kann] *Mappe 6: Bl. 4v ist nicht beschrieben. Ab Bl. 5r beginnt eine weiterführende Variante desselben Briefes.*

2953 Er liebt, hat eine Frau gefunden] liebt, ⌈hat eine Frau⌉ ~~ist erhört, seine Frau~~ ⌈gefunden⌉.

2957 grauset es mich] grauset es.

2960 zu verwahren.] verwahren. ~~gesucht~~.

2967 mit List errungen hatte. Nein nicht mit List denn Ach die Weiber sind selbst zu sehr geschmeichelt, wenn man] ⌈Nein nicht mit List denn⌉ Ach die Weiber sind selbst zusehr geschmeichelt, wenn ~~man sich~~.

2971 diese zarten] dieses zarte.

2974 [1r]Marie an Gra⟨f⟩] [1r]↑~~er wurde so heftig von Schmerz ergriffen daß er lange Zeit brauchte ehe er seine Sprache wieder erlangen konnte.~~↑ / Marie an Gra – *Mappe 7: Brief Maries an Graf Berwick.*

2978 bey dir noch war] ⌈noch⌉.

2978 gaukelnden Phantasie] gaukelnden ~~Göttin~~.

2984 nichts Die Erde wird] nichts ~~was mir~~ Die ~~Natur~~ ⌈~~Welt~~ Erde⌉.
2986 Mondes, die Gestirne kann] ⌉die Gestirne⌉.
2987 mögen dir eine Ahndung] dir ~~meine Liebe ausdrücken~~.
2991 weiblichen Daseyns zu erfüllen] ⌉Daseyns⌉ ~~Lebens~~.
2997 Wesen zu stärken mit stillem Nachdenken in meinen] zu ~~beleben, auch~~ ⌈stärken⌉ mit stillem Nachdenken ⌈in⌉.
3004 ehmaligen Bezirk dessen Aufsicht meinem Vater] ehmaligen ~~Wohn~~ Bezirk dessen ~~mein Vater~~ ⌈Aufsicht⌉.
3008 mit schön erfüllten Träumen die neue Welt] mit ~~vollen~~ schön erfüllten Träumen die ⌈neue⌉.
3014 den hellen Glanzgestalten näher rückt, die in die Lüfte aufsteigen, wenn der Zauber entflohen ist.] den hellen Glanz ~~fliehen sieht~~ ⌈gestalten⌉ ⌈näher rückt,⌈ ~~dem das neue noch nicht entflohen, d+ + sich weiß.~~ ⌈die in die Lüfte aufsteigen, wenn der Zauber entflohen⌉ ⌈ist.⌈.
3015 den menschlichen Geist in seinen höchsten] d~~ie~~**en** ~~Welt in~~ ⌈menschlichen⌉ ⌈Geist⌈ ~~ihren~~ ⌈in seinen⌉.
3017 ihrer reichsten Fülle] ⌈reichsten⌉.
3018 um das Glück genießen zu können. Es giebt eine Empfänglichkeit für das Schöne die ein eignes Talent] um ⌈das⌉ Glück genießen zu können. ~~Es giebt Genüsse die wir~~ Es giebt eine Empfänglichkeit für das Schöne die ~~mehr~~.
3023 Gewirr von Sträuchern u. Bäumen sah, in jener holden grünen Dämmerung] Gewirr ~~von Zweigen und~~ Sträuchern ~~sah~~ u. Bäumen sah, in ~~jener~~ ⌈jener⌉ holden ⌈grünen⌉ Dämmerung ~~von Grün~~.
3025 Land der Träume] {der}.
3025 Natur auf] ⌈auf⌉.
3027 Vollkommenheit in mir;] mir; ~~herum~~.
3033 Geist u. Kenntnisse] Geist ~~die~~.
3035 mangeln könnte.] könnte. ~~Alle diese Menschen~~.
3037 abzuhelfen. – Sie waren] ~~Wir~~ ⌈Sie⌉.
3040 Töchter ihres] Töchter ~~eines~~.
3042 Wir kamen] ~~Jezt kam~~ Wir.
3042 schönen frey gehaltnen] schönen ~~Obstalleen, die den Hügel herauf führten~~.
3044 Pfortenplaz vor dem Hause] ⌈vor dem Hause⌉.
3046 Kieseln fiel, die] fiel, ~~mit~~.
3047 unsrer kindischen Spiele] uns**rer** kindisch**en**.
3050 als ich ⟨,⟩ da im Hause] ⌈ich⌉ ~~ich~~ da ~~so~~ ⌈im Hause,⌈.
3051 wo ich meine Erinnerungen] wo ⌈ich⌉.
3052 Ach ich weinte, als ich ein steinenes Becken dort fand, mit unendlichen *Guirlanden*, und bunten Kränzen verdreht als] Ach ~~wie weinte ich~~ ⌈ich weinte,⌉ als ich ein steinenes Becken dort fand, ~~mit einer~~ ⌈mit unendlichen⌉ ⌈*Guirlanden*, und bunten Kränzen⌈ verdreht als.
3055 Quell auffingen] auffingen.
3056 zum Lächeln verzerrten Gesicht stand sie da, bildete eine Schlangenlinie] ⌉Lächeln⌉ verzerrten Gesicht stand sie da, ~~machte~~ ⌉bildete⌉.
3061 sezte hinzu. Sie] sezte ~~Sie~~.

3067 Kunst erinnern] Kunst ~~er~~.

3069 zuwieder bey diesen Bildern,] ⌈bey diesen Bildern,⌉.

3070 am Brunnen sehr gelobt] am ⌈~~seh~~⌉ Brunnen ⌈sehr⌉.

3076 Sollte man nicht suchen den Kunstsinn überhaupt zu bilden, ‹…› an die falschen Verhältnisse gewöhnen lernt;] ~~Man~~ Sollte ⌈man nicht⌉ ~~doch~~ suchen den Kunstsinn überhaupt zu bilden, denn solche dunkle Begriffe ⌈dünkt mich⌉ schaden ~~am~~ ⌈dem⌉ ganzen ~~Genuß,~~ und [7r]wer weis wie manches**r** edle ~~Kunstgefühl~~ ⌈Sinn für Kunst⌉ erstickt wird, wenn das Auge sich an ~~den~~ ⌈die⌉ falschen Verhältnisse gewöhnen lent; ~~und das Gute nicht zu unterscheiden versteht~~.

3079 lieber ganz verbannen.] ⌈ganz⌈ verbannen. ~~Lieber gar keinen~~.

3081 Plaz wo wir den Unterricht in der Geschichte erhielten, ‹…› Darstellungen nach guten Kupfern] Plaz wo wir ~~in der~~ ⌈den⌉⌈Unterricht⌈ ~~Geschichte Unterricht~~ ⌈in der Geschichte⌉ erhielten ⌈~~in der Geschichte~~⌉, den er uns selbst gab, war ganz ganz verdorben~~, auch~~. Die Büsten des *Caesar, Brutus* und andrer hatten uns oft Stoff zu Gesprächen gegeben. Die Wände enthielten auch ~~Tableaus aus der~~ Darstellungen ~~aus~~ ⌈nach⌉ guten.

3088 waren nun bedeckt] ⌈nun⌉.

3090 über dem Bild eines jungen blassen Kindes] über ⌈dem Bild⌉ ~~einen Carricatur von Frauen Gestalt, mit dicken rothen Locken, u. einer leeren Geistlosen Gesichts Bild~~.

3092 Züge für die Phantasie] ~~auf~~ ⌈für⌉.

3101 den Gesichtern] ~~Zügen~~ ⌈Gesichtern⌉.

3103 Oberherrn zu fühlen.] Oberherrn zu fühlen. ~~auch die Menschen~~.

3151 die sich zum Olymp empor heben, und retteten uns nur] die ~~es~~ sich zum Olymp empor heben, und ~~reteten~~ ⌈retteten⌉ + ⌈uns nur⌉.

Lyrik

Charlotte Schillers lyrisches Werk wird hier in zwei große Abteilungen untergliedert, die als „Erzählgedichte" und „Gelegenheits- und Erlebnisgedichte" überschrieben sind. Der Unterschied ist ein formaler: Während erstere in Versform oder gebundener Rede einen Erzählzusammenhang vermitteln, sind letztere veranlasst durch ein konkretes Ereignis.

Bei den Erzählgedichten handelt es sich um die Bearbeitung von Stoffen aus Antike, Legende oder Historie. Die Anordnung hier ist, soweit möglich, chronologisch, wobei sich die Datierung häufig indirekt über Stoffe, Quellen, Vorlagen oder Kontexte innerhalb von Charlotte Schillers Gesamtschaffen ermitteln lässt. Einen weiteren Anhaltspunkt liefert die Veränderung der Handschrift. Darüber hinaus lassen sich im zeitlichen Verlauf Arbeitsschwerpunkte erkennen: In der Jugend sind Anregungen durch die Schweizreise erkennbar oder es spielt neben dem Alpendiskurs das schottische Hochland eine wichtige Rolle, besonders im Bezug auf den zeitgenössischen Ossianismus, die Nachdichtungen zu Macphersons *berühmtem Epos. Hierfür, wie für die Adaption von Gedichten* Alexander Popes *war vermutlich das Geschenk einer sechsbändigen Oktav-Ausgabe durch Henry Heron, einen schottischen Adligen, den sie 1787 kennenlernt, bedeutend.*

Während der Ehe mit Friedrich Schiller dominieren dagegen Motive von Ehe und Mutterschaft bis hin zur imaginierten Geburt und Kindheit ihres Ehemannes selbst (evtl. während der Schwabenreise 1793/94 und ihrer Schwangerschaft mit dem ersten Sohn Karl entstanden). Kennzeichnend für die 1790er Jahre ist der Rückgriff auf klassizistisch-antike (bzw. antikisierende) und biblische Stoffe und Metren (Hexameter); eine Gedichtgruppe etwa bezieht sich auf das Märchen von Amor und Psyche (in Anlehnung an Apuleius*), auf das auch im Roman* ⟨Wallberg⟩ *angespielt wird.*

Hinsichtlich der romantischen Mittelalter-Motivik bestehen Überschneidungen zwischen den Historischen Erzählungen und den Erzählgedichten, insbesondere im Stoffkreis um die Erzählung Johanna. *An Alterswerken liegen allegorische, religiöse und politisch-patriotische Themenbearbeitungen vor. In manchen Fällen handelt es sich um Adaptionen aus dem Englischen (*Pope, Wordsworth*). Dass die Herausgeberinnen alle Vorlagen ermitteln konnten, ist kaum zu erwarten. Hier wie im Bereich der Zeitgeschichtlichen Erzählungen ist sicher noch weitere Quellenforschung zu leisten. (Erste Analysen zu einzelnen Gedichten und Adaptionen bieten* Silke Henke/Ariane Ludwig: *„Damit doch jemand im Hause die Feder führt". Weimar 2015).*

Die Gruppe der Gelegenheits- und Erlebnisgedichte wurde an zweite Stelle gesetzt, da sie einen Übergang zu den „Literarischen Selbstzeugnissen" bildet, die den Band abschließen. In der germanistischen Forschung wird einerseits unterschieden zwischen (der Vormoderne zugeordneter) Gelegenheitsdichtung und moderner Erlebnisdichtung. Die Umstellung von Auftragsdichtung zu poetischer Schöpfungstätigkeit wird dabei in der Goethezeit angesiedelt. Interessanterweise ist es Goethe selbst, der bezogen auf seine eigene poetische Produktion den Übergang vom einen zum anderen (an etlichen Stellen) skizziert, wie etwa in seiner „Erläuterung eigener Gedichte“ 1820:

> *Was von meinen Arbeiten durchaus und so auch von den kleineren Gedichten gilt, ist, daß sie alle, durch mehr oder minder bedeutende Gelegenheit aufgeregt, im unmittelbaren Anschauen irgendeines Gegenstandes verfaßt worden, deshalb sie sich nicht gleichen, darin jedoch übereinkommen, daß bei besondern äußern, oft gewöhnlichen Umständen ein Allgemeines, Inneres, Höheres dem Dichter vorschwebte.*
>
> *Weil nun aber demjenigen, der eine Erklärung meiner Gedichte unternimmt, jene eigentlichen, im Gedicht nur angedeuteten Anlässe nicht bekannt sein können, so wird er den innern, höhern, faßlichern Sinn vorwalten lassen; ich habe auch hiezu, um die Poesie nicht zur Prose herabzuziehen, wenn mir dergleichen zur Kenntnis gekommen, gewöhnlich geschwiegen. (GOETHE, in: Werke. Hamburger Ausgabe, S. I/393).*

Charlotte Schillers Personen, Anlässen oder Orten gewidmete Lyrik kann in gewisser Weise als ein steter Übergang von prosaischen Gelegenheiten zu poetisch gestalteten Erlebnissen gelten. Mehrere ihrer Gedichte sind Goethe selbst gewidmet, andere der Weimarer Prinzessin Karoline, Herzogin von Mecklenburg-Schwerin. Häufig beziehen sie sich auf Anlässe im Familienkreis (den Geburtstag ihrer Schwester etwa, den eigenen Hochzeitstag, Tod und Verlust Friedrich Schillers). Natureindrücke, Impressionen, Reflexionen auch im Kontext erster Liebeserfahrungen gehen in den 1810er Jahren in die Darstellung politischer Ereignisse, insbesondere der Revolutions- und Koalitionskriege über. Auch hier wird in der Anordnung weitestmöglich chronologisch verfahren.

Am Ende stehen die Gedichte, deren Datierung unsicher ist. Falls zwei oder mehr Fassungen vorliegen, folgt der Text der ersten (Reinschrift-)Fassung in Charlotte Schillers Hand. Gedichte, bei denen es sich lediglich um leicht modifizierte Umschriften der Werke oder Übertragungen anderer handelt, wurden nicht aufgenommen. Dasselbe gilt für fragmentarisch überlieferte Gedichte, die im Kommentar entweder erwähnt oder im diplomatischen Abdruck wiedergegeben werden.

Als editorisches Prinzip gilt hier die durchgehende Großschreibung am Versbeginn. In den Handschriften ist eine Tendenz zu Majuskeln erkennbar, auch wenn diese nicht immer konsequent durchgeführt ist.

I. Erzählgedichte

EIN LIED VON REIFFEN

Textgrundlage: GSA 83/1570. 1 Bogen Oktav, Format: 13,5 × 18,5cm (beige). Lediglich der Titel, die ersten drei Strophen und der Beginn der vierten erscheinen in der Handschrift Charlotte von Lengefelds, die anschließenden Strophen, hier in Sans Serif gesetzt, in der ihrer Schwester Caroline. Eine gemeinsame Gedichtproduktion der beiden ist vorstellbar, den Handschriften nach zu urteilen in jungen Jahren, möglicherweise im Kontext ihrer Reise in die Französische Schweiz, 1783/84. Vgl. dazu das Tagebuch ⟨Schweiz⟩. *Weiterführend:* Pailer, *S. 29–31.*

4 Auf allen Zweigelein] ~~Zweigelein~~ Zweigelein.
6 oben ‘naus] oben ‘naus.
9 Und kann nicht] Und kan.
12 Stehn da] ~~Sthen~~ Stehn.
14 Und sie beäugeln und besehn] *„Und sie“ noch in Charlotte von Lengefelds Hand. Gleichen-Rußwurm notiert am linken Rand: „Carolinens Hand fängt hier an“.*
23 Alfanz] *Vermutlich kurz für „Alfanzerei“, Possenreißerei, Betrug.*
43 über alles] ~~ü~~ über.
49 kommen sei] kommen.

⟨AM DÜSTERN ABHANG DES FELSENS⟩

Textgrundlage: GSA 83/1552. 1 Bogen Duodez, Format: 9,5 × 13,5cm. Entstanden ist dieser Beginn eines Erzählgedichts mit mittelalterlicher Motivik vermutlich in Charlotte von Lengefelds Jugend, eventuell im Zusammenhang mit der Schweizreise: In der Namensliste ihrer Reisebekanntschaften (s. Kommentar zu Tagebuch ⟨Schweiz⟩) *ist von einer „Melle [Mademoiselle] d'Erlach“ in Bern die Rede. Das Adelsgeschlecht von Erlach findet ebenso im ersten Band der von ihr sorgfältig rezipierten „Geschichten schweizerischer Eidgenossenschaft“ (1786–1808 in 5 Bänden erschienen) des „Schweizer Tacitus“* Johannes von Müller *Erwähnung, und ist seit dem frühen 13. Jahrhundert für Bern belegt; mit Hieronymus von Erlach (1667–1748) steigt es in den Hochadel auf (s.* Hans Ulrich von Erlach*: 800 Jahre Berner von Erlach. Die Geschichte einer Familie. Bern 1989).*

Es handelt sich um ein Konzept mit größeren fragmentarischen, überwiegend gestrichenen Passagen, die hier im diplomatischen Druck wiedergegeben werden.

7 in räumigem Saal.] räumigem Saal. //
~~Er hat eine Tochter wie Abendroth mild~~
~~So stralts aus den Augn~~
~~So blickte ihr Auge in~~
~~So glänzte ihr Auge, doch ihr Herz war kalt~~
~~Ach h+ ihr Herz,~~ so sanft auch gehoben
~~Sich Aber nicht, +~~
~~Sich,~~
10 gefiel] gefiel / ~~Den Reisigen, Beatha, doch nicht so mild~~.
13 Liebe es galt.] galt. //
~~Einst sahe sie Adolf ein edeler Graf,~~
~~beim Ritter gefechte, als schneller~~
~~beim Ritter~~
~~Von Herzen, und~~
~~beim Ritter gefechte, er sah sie~~ noch nie
~~Doch schneller wie Blize so~~ traf
~~ihn ihr Blick. Der arme wagte +~~ ⌈~~er staunte, er zagte~~⌉
~~er sie sie sein Herz, er bebte, und zagte ach wie~~
~~Ihn ihr Aug, er~~
*[2r]*Einst sahe Sie Adolf von edlem Geschlecht
beim Ritterturnier, er sah sie und fand
~~daß er gern + vergäbe sein~~
Daß Edle ~~nichts schüzet zu +~~ ⌈werden ~~ein~~ ein Knecht⌉
~~Der Minne die manches Gemüth~~ schon entbrant
18 traf ihn ihr Blick] Blick/ ~~Doch Beatha blieb kalt und zog sich zurück~~.
20 verschmäht sie die Hand] Hand / ~~Die hülfreich ihr da sich darbot~~ / ~~+~~
[2v]~~Des Ritters, die hülfreich sich darbot~~
~~mit Zorn, und eilend entwand~~
~~sie los +~~
~~sie sich los von der Rechte des Ritters~~
~~des glühenden Adolfs,~~
Die Hülfe ihr darbot mit finstern ~~Aug~~ ⌈Blick⌉
sah sie auf den Ritter, und eilend entwand
~~sie sich seiner Rechten, und floh den Saal~~ ⌈zog sich zurück⌉.
~~doch ach nicht so schnell das her~~
~~doch ach nicht~~ so s~~chnell dem herzen des Grafen.~~ ⌊~~Der volle~~ Pokal⌋
~~Enteilte den~~ Saale doch ach nicht so schnell
Den Herzen des Grafen. Ach nicht mehr so hell.
Sah ~~er den~~ ⌈Adolf⌉ entgegen den fröhlichen Mahl.

OSSIANS ABSCHIEDS-KLAGE

Textgrundlage: GSA 83/1573. 1 Einzelblatt Folio, Format: 21,5 × 34 cm. Umschrift: Gleichen-Rußwurm, GSA 83/1612, S. 97–99. Erstdruck: Urlichs, *S. I/6. Dieser notiert, das Gedicht sei „[w]ahrscheinlich im Jahr 1788 bis 1789 gedichtet, als C. den Ossian fleißig las und theilweise übersetzte." Auch im Briefwechsel mit Karl Ludwig von Knebel, Henry Heron und Charlotte von Stein (vgl. etwa Steins Brief an Charlotte von Lengefeld vom 18. 11. 1788 in: GSA 83/1856,1) finden sich entsprechende Hinweise auf ihren Ossianismus in der Jugend. Eine Reprise erfolgt im Roman* ⟨Wallberg⟩ *mit der Figur eines schottischen Hochländers, der in der amerikanischen Delaware-Gegend Cecilia Wallberg kennenlernt und bei ihr* Macphersons *„Ossian" vorfindet.*

Thematisch reiht sich ein weiteres Manuskript Charlotte Schillers, Ossians Sonnengesang, *hier unmittelbar ein. Überliefert ist es im Freien Deutschen Hochstift (Signatur: Hs-9923, 1 Einzelblatt Oktav). Vermutlich handelt es sich hierbei um eine Umschrift der in* Friedrich Schillers *„Anthologie auf das Jahr 1782" erschienenen Übertragung, die Friedrich Wilhelm von Hoven zugeschrieben wird. Charlotte von Lengefelds Variante weicht nur an einer Stelle von dieser ab: statt „zerrißne Winterwolken" schreibt sie „zerrißne Wolken". Ihre Beschäftigung mit englischsprachiger Literatur lässt sich zudem anhand ihrer Literaturexzerpte weiterverfolgen. Vgl. hierzu insbesondere* Christa Rudnik: *Literarische Exzerpte Charlotte von Schillers, sowie* Vera Helbig *in:* Hühn *u. a., S. 129–135.*

1 Ossians Abschieds-Klage] Ossians ~~Klage~~ Abschieds-Klage.
3 Hochlands Felsen] Hochlands ~~zacke~~ Felsen.
4 Weilt zum lezten mal] Weiltt ~~schmerzlich noch~~ ⌈zum lezten mal⌉.
7 Daß sie würdig] ~~Daß sies werth daß~~ / daß.
12 Wenn die Nebel Geister fliegend ringen] ~~Wenn die Nebel Bilder sanft umringen~~ / ~~Seht ihr nicht fliehend ringen~~ / ~~Ist es nicht mehr~~ Wenn die Nebel Geister + fliegend s**r**ingen.
13 nicht um der Vorzeit Grab] nicht ~~mehr auf + +~~ ⌈um der Vorzeit⌉ Grab.
15 An den Stamm der dicht bemoosten Fichte] ~~a~~**A**n de~~m~~**n** Stamm der dicht ~~belaubten~~ bemoosten.
18 Schwieg auch seine ernste Trauer-Klage] ~~Darob auch~~ Schwieg auch seine ernste ~~traurge~~ ⌈Trauer⌉-Klage.
19 niemand um ihn her.] her. //

~~Neue Menschen sind herauf gestiegen~~
~~Aus der Erde stets~~
~~Aus dem Schoos der ewig~~
~~Aus der Mutter ewig jungen~~
[1v]~~Stumm +~~
~~Nicht Malvinas Geist ist mehr erschienen~~
~~Keiner Helden Söhne geh~~

22 Aller Wahn] Aller ~~Traum~~ Wahn.
23 der Sänger ist nun heimathlos] der Sänger ~~schweigt nun~~ ⌈ist nun heimathlos⌉.
25 Kalte Zweifel] ⌉Kalte⌉ ~~Fremde~~ Zweifel.
26 Nicht der Glaube] ~~Kann~~ Nicht.
27 des frechen Wizes] des ~~kühnen Muthes~~ ⌈frechen Wizes⌉ Spiel.
28 Von der Erde] ~~Darum flüchtet in das Reich des~~ Geister ⌈Schatten ~~Schatten~~⌉ ~~Lichtes~~ / ~~Ossian und seine Helden Schaar~~ / Von.
29 in seiner Wolcken Land] in ~~jenes bessre~~ ⌈seiner Wolcken⌉ Land.

33 Deutet Euch des Lebens dunklen Traum. / Forschet grübelnd nach der strengen Wahrheit]
~~Aber lasst zur der klüger kluge Schar ich entfliehe euch~~
~~Kühne Enkel doch bewahr~~
~~Klüglinge mich findet ihr nicht mehr~~. ⌉Deutet euch des Lebens dunklen Traum⌉
~~Dringet strebend in das Reich der Klarheit~~ ⌈~~Wahrheit~~⌉
~~Machet Euch Haltet Euch des Lebens nichtigen Traum~~.
~~Dringet~~ Forschet ~~strebend~~ ⌈grübelnd⌉ nach der ~~ewigen~~ ⌈strengen⌉ Wahrheit.

35 Aber lasset dort] ~~Aber lasset uns~~ ⌈~~dort~~⌉ ~~der Dichtung Raum~~. / Aber lasset ~~doch~~ dort.

⟨ES GLEITET AUF DEN GRÜNEN MEERESWELLEN⟩

Textgrundlage: GSA 83/1553. 1 Einzelbogen Folio, Format: 20,5 × 34cm (grünlich), Blatt 2 bis auf ca. 3,5cm der Länge nach abgeschnitten.

7 ach da quellen] ach ~~und~~.
12 werth empor] werth ~~hervor~~.
27 Der Blüthen Duft schlürft er] der ~~Blumen~~ ⌈Blüthen⌉ Duft ~~schlüfet~~.
29 Männer an zu schaun] ~~Fremdlinge~~ ⌈Männer⌉ {an}.
30 aus dem fernen Lande]. ~~kalten~~ ⌈fernen⌉.
35 Die Fremden auf] ~~Fremdlinge~~ ⌈Fremden auf⌉.
43 zu erquicken.] erquicken. //
~~Und aus dem Volcke nahet sich bescheiden,~~
~~Ein Mann der freundlich bietet ihm die Hand~~
~~Zu meiner Hütte laß dich Fremdling~~ leide ~~leiten~~
~~Doch steht sie an des ++ißen~~ ⌊~~Hügels~~⌋ ~~Felsens +and~~

Auf dem abgeschnittenen zweiten Blatt sind lediglich Zeilenanfänge und -abschlüsse erkennbar: Recto:
„W", „An", „Au", „D", „Die", „An", „An", „~~Un~~", „~~D~~".
Verso:
„~~hin~~ her", „Menge", „~~den~~", „+den ~~Gedränge~~", „~~Gedränge~~ ⌈weichenden Gedränge⌉", „entfliehn", „+erliehn", „länge", „glühn", „Erde", „Geberde", ~~sich auf der~~ ⌈hin zur⌉ Erde."

⟨DIE TAFEL BEREITET DIE BECHER GEFÜLLT⟩

Textgrundlage: GSA 83/1554. 1 Bogen Quart, Format: 17,5 × 21,5cm (gelblich), unpaginiert. Unter derselben Signatur findet sich eine Prosaskizze beginnend „Wilfred mit dem Beinahmen der Zottige". Es handelt sich um ein Einzelblatt Quart, Format: 19,5 × 22cm, sowie einen Einzelbogen Quart, Format: 18,5 × 23cm, unpaginiert, nur Blatt 1 ist beschrieben. Erzählt wird hier der Gründungsmythos des katalanischen Benediktinerklosters Santa Maria de Montserrat; eine augenfällige Eindeutschung erfahren dabei die überlieferten Personennamen: Juan Guarin („Johann Guarin"), Graf Guifro Pelos bzw. Wifred II. („Wilfred der 2te") und dessen

Tochter Richilda („Rignilda"). (ANON.: Beschreibung der Wallfahrt Catalonia und Thierberg bei Kufstein in Tyrol; nebst einer geschichtlichen Notiz über das Schloss und die Hofmark Thierberg und deren frühere Besitzer. Altötting 1872, S. 19).

[1r]Wilfred, mit dem Beinahmen der Zottige Graf von *Barcelona*, hatte seine besessene Tochter Rignilda zu einem frommen Mann Johann *Guarin* gebracht, der als Einsiedler auf dem *Monserrat* lebte, und dieselbe troz allen Gegenvorstellungen des Einsiedlers bey ihm gelassen, um 9 Tage mit ihm allein in seiner Höle zu leben. *Guarin* war durch ~~das~~ Zuereden seines Nachbars eines andren Einsiedlers sicher gemacht, hatte aber der Versuchung unterlegen u. der Jungfrau Gewalt ~~angeh~~ angethan. Er klagte es seinem Freunde, dieser rieth ihm die Jungfrau zu ermorden und zu entfliehen, um der Verfolgung des Grafen zu entgehen. Dies that *Guarin*; er verrscharrte den Leichnam vor seiner Höle, u. ging nach Rom, wo ihm [1v]der Pabst, gerührt über seine Reue seine Sünden vergab. Allein nun legte er sich selbst die Büssung auf, sein übriges Leben hindurch nackt auf allen vieren im *Monserrat* herum zu kriechen, und mit den wilden Thieren zu leben. Dies that er sieben Jahre hindurch.

Wilfred der 2te hält eine Jagd auf dem *Monserrat*, u. seine Hunde finden den Einsiedler, und stehen bellend vor der behaarten wilden Gestalt still. Ein Jäger geht hinzu, legt dem Unthier einen Strick an, und führt es nach Barcelona. Da *Guarin* keinen ~~menschliche+~~ ⌈menschlichen⌉ Laut von sich giebt, lässt ihn der Graf um seine Tafel führen, u~~nn~~**m** ihn seinen Gästen zu zeigen. Er folgt gedultig, ißt aber nur [2r]mit den Hunden von den Brosamen des Tisches. Die Amme de~~n~~**s** erst drey Monat alten Sohns des Grafen, eilt das Kind auf dem Arm, auch herbey um das Wunder zu schauen. Wie das Kind den Einsiedler erblickt ruft es aus: „Stehe auf, u. schaue den Himmel an; Gott hat dir vergeben! u. augenblicklich darauf fängt es das gewöhnliche Kindergeschrey wieder an.

Guarin umfasst nun des Grafen Knie, entdeckt ihm sein Vergehen, erhält seine Verzeihung und beide eilen den Leichnam der ermordeten aufzusuchen. Es findet sich, daß das Wunderbild auf ihrem Grabe geblieben ist. Wie man das Grab öfnet steigt die Erschlagne lebendig u. blühender als sie war aus der Erde empor. Der Vater der sehr erfreut ist, will sie mit sich nehmen, und verheirathen; aber sie will die [4v]Liebe die ihr Maria bewiesen, nicht unerwiedert lassen, und verlangt von ihrem Vater, daß er von ihrer Aussteuer der Jungfrau an diesem Orte ein Kloster errichte, in dem sie die Aebtißin, u. *Guarin* Seelsorger wird.

Lyrisch imaginiert wird von Charlotte Schiller das Festmahl, zu dem der Graf den auf der Jagd in den Bergen aufgelesenen Guarin mitbringt.

2 Die Tafel bereitet die Becher gefüllt] *Als eigentlicher Textbeginn nicht klar gekennzeichnet, vorangestellt ist eine stark skizzenhafte erste Manuskriptseite (1r sowie Beginn von 1v):*

[1r]Von der Jagd ermüdet mit Beute bescheeret
kehrt heim de~~s~~**r** ⌈Landes⌉ edler Beherrscher ~~des Lands~~,
Wilfred

~~Von der Jagd ermüdet; u~~
~~mit Beute~~
Als der Graf sich, begleitet von seinen Gästen
Zur Tafel ~~sich~~ sezt so hört man
Laut das Jubel
Umringt von edlen ~~Ritt~~ Freunden und Rittern
Kehrt heim von der Jagd
~~Der Grosse~~ Wilfred; der Grosse genannt
Es thät~~en~~ vor seinem Muthe erzittern
Schon mancher Feind im hispanischen Land
[1v]Er wusste ~~im Streit wie im~~ ⌈tapfer die Lanze zu schwingen⌉
~~Und der Jagdruf~~
~~Er dar~~.

5 Die Knechte vernehmens] ~~Es hörens~~ die ~~Freunde, und schnell~~ / Die.
10 Verstand das wiederstreben schlecht] Verstand ~~nicht~~.
11 gebot er was er im Sinn] ~~erfüllte musste die Pflicht~~ ⌈gebot er was er im Sinn⌉.
12 Jungfrau und Knecht] ~~Magd~~ ⌈Jungfrau⌉.
18 Mit den köstlichsten Speisen] ⌉mit⌉ ~~die~~ ⌈den⌉ köstlichsten.
23 Mich der Thiere Flucht] ~~Und die reiche Beute~~ / Mich der Thiere ~~Scheu~~ ⌈Flucht⌉.
24 Wohl oftmahls umsprangen] ~~Wohl kühn durchlaufen, als wär es~~ / wohl.
26 Von uns ereilet] ~~wir haben bezwungen~~ ⌈Von uns ereilet⌉.
27 der kletternden Gemsen Hauf] ~~flüchtigen~~ ⌈kletternden⌉ Gemsen Hauf / ~~Fiel der Vögel Vögel +~~ / ~~Fiel das geflügelte Reh, und der Hirsch, im Lauf~~.
28 Selbst hoch bis ‹…› luftiges Blau] ⌉~~und~~⌉ Selbst ~~auf der~~ ⌈hoch bis⌉ ‹…› luftige~~n~~s Blau.
29 vom lauten Geschüz] ~~des~~ ⌈vom⌉.
33 am Felsen] ~~i~~am Felsen.
36 Menschlich Gebild] ~~ein~~ Menschlich.
39 Des trüben Auges] ~~Nicht zu~~ Des.
40 ich bebete erschrocken] ~~furchtsam~~ ⌈erschrocken⌉.

⟨GEBURT – KINDHEIT – GEBURT⟩

Textgrundlage: GSA 83/1566. 1 Doppelbogen Oktav, Format: 10,5 × 17cm, und 1 Einzelblatt Oktav, Format: 11,5 × 18,5cm. Umschrift: Gleichen-Rußwurm, GSA 83/1612, S. 81 (für den mit „Nicht die Weißheit“ beginnenden Passus bis Manuskriptende). Einen möglichen Entstehungszusammenhang bildet Charlotte Schillers erste Schwangerschaft. Im August 1793 reist sie gemeinsam mit Friedrich Schiller in seine schwäbische Heimat, wo sie in Ludwigsburg am 14. September den Sohn Karl zur Welt bringt. Vgl. Pailer, *S. 85–87.*

Erhalten ist ferner ein sehr spätes fragmentarisches Gedicht, beginnend „Mit dem Kind an der Brust“ (GSA 83/1160), das sich mit der Geburtsmotivik befasst. Es handelt sich um einen Bogen Oktav, Format 13 × 21cm (beige), eigenhändig oben rechts datiert: „Xber 1824“, d. h. Dezember 1824.

4 in des Lagers] i~~m~~**n** des.
7 Seine Schaar] Schaar~~en~~.
8 gelocket freudig] gelocket ~~heimlich~~ ⌈freudig⌉.
18 Froher Krieger] Froher Krieger.
20 Glieder] Glieder/ ~~Unbekannt noch mit den Schmerzen~~.
21 Und sie fliehet] ~~Kam~~ Und.
27 das Leben] Leben / ~~Und erringet~~.
28 Friedlich in der stillen Wohnung] ⌉Friedlich⌉ ~~Heimisch~~ in de~~m~~**r**.
29 Bilden sich] Bilden ~~der~~ sich.
34 der Sohn, indeß schon, lächelt] der Sohn, ~~und lächelt freundlich~~ ⌈indeß schon, lächelt⌉.
42 Und spricht] ~~Spricht~~ Und.
44 nahet] nahtet.
58 Als der Ruf] ~~Fromm war der Gatte n~~ / Als.
67 zum Lager] zum ~~Leg~~ Lager.
85 Und hat] ~~Glücklich und ereilet noch~~ ⌈~~ihre~~⌉ ~~die Wohnung.~~ / Und.
91 O warum] warum.
94 Wie ein Strom] ~~O warum~~ / Wie.
114 die Welt ihr groß] ihr ~~reich reicher~~ ⌈groß⌉.
119 Dem es ward dem Geist gegeben] Dem ~~der Geist, mit Güthe++~~ ⌈es ward dem Geist~~lich~~ gegeben⌉.
121 Des er sich erfreuet] ~~Neben Fortgang~~ / Des.

⟨IN ALLER KÖNIGLICHEN PRACHT⟩

Textgrundlage: GSA 83/1556. 1 Bogen Quart, Format: 16 × 19,5cm (beige). Konzept einer Verserzählung zur biblischen Figur Michal, der Tochter König Sauls, die dessen Kontrahenten David heiratet (1 Sam. 14,49 u. 25,44). Möglicherweise entstanden 1898 auf Anregung von Charlotte von Stein. Diese schreibt am 27. Februar 1798 in Antwort auf einen (nicht erhaltenen) Brief Charlotte Schillers:

> *Was die Erzählung in Versen betrift von der Michal, die Sie mir auftragen so mögte ich sie gern übernehmen, wen ich nur welche machen könte, sie hatte gewiß einen rechten Prinzeßin Anstand, und musste ihr abscheulich vorkommen wie ihr königlicher Gemahl von seinen Ornat entkleidet vor der Bundeslade her Hanßwurst's Sprünge machte, und der ganze* enthusiasmus *den sie vorher vor ihm hatte war nun aufeinmahl vorüber. liebes Lologen ich bitte machen Sie aus der Michal eine Erzählung, wen man immer an so einer schönen Quelle wohnt wie Sie, ich dächte man könte sich manchmahl ein Brünnlein ableiden, um mich herum ist alles unpoetisch. (Charlotte von Stein an Charlotte Schiller, 27. Februar 1798, in: GSA 83/1856,3)*

Innerhalb einer langanhaltenden Stofftradition von sowohl David- als auch Saul-Dramen, ist Voltaires *„Saul" (1763) hier besonders naheliegend, da Charlotte Schiller ähnlich wie dieser die Rolle Davids als korruptes Werkzeug in den Händen der Priesterschaft unterstreicht. Vgl.* Pailer, *S. 96–98.*

2 In aller königlichen Pracht / Zeigt Michal sich das Herze lacht] ↑In aller königlichen Pracht / Zeigt Michal sich das Herze lacht.↑ ~~In ihrer königlichen Pracht~~ / ~~voll Gold und köstlichen Steinen~~, wie lacht.

4 Einem jeden der sie erblickt] ⌉~~gar~~⌉ ~~das Herz~~ Einem jeden ⌈~~Höfling~~⌉ ~~ders erblickt~~ ⌈ders {sie} erblickt⌉.

5 So schön und reich ist sie] ~~wie sich die Königinn~~ ⌈So schön und reich ist sie⌉.

8 und wieder herauf] und.

12 Bis sie geschmücket] ~~+~~Bis.

17 Als wär es] ~~alles~~ ⌈es⌉.

18 Gefällig bin ich] ~~und jung~~ ⌈bin ich⌉.

22–25 Und denket nicht ‹…› Verstand nicht ehrt] *Stark überarbeitete Stelle*:
Und ~~freuet auch sich jedes mahl~~ ⌈denket nicht das äussrer Sein Schein⌉
zu ~~vernehmen meiner Stimme Schall~~ ⌈sey werth so hoch gepriesen zu sein⌉.
Auch ~~hoff~~ ⌈vertrau⌉ ich ⌈mir⌉ daß ~~meinen~~ ⌈dem⌉ Mund entfährt
⌉Kein⌉ ~~Nicht ein~~ Wort daß meinen ~~Stand~~ ⌈Verstand⌉ nicht ehrt.

27 soll nicht gehn] soll nicht ~~gh+~~ gehn.

29 Soll man uns vernehmen] Soll~~en wir reden auch~~ ⌈man uns vernehmen⌉.

32 zu wohl daß] zu ~~wah+~~ wohl.

34 dem König geben] geben.

38 in Demuth] ~~Dehmuth~~ Demuth.

55 Statt Wahrheit] ~~Klugheit~~ ⌈Wahrheit⌉.

55 Irrthum finden] finden.

58 ab von gerader Bahn] {ab} von.

65 ihr reiches Gemach] ihr.

69 Doch die Königinn] ⌉Doch⌉ ~~Bis~~ die.

SELENA UND LYCON. ERZÄHLUNG AUS DER INSEL MAINA

Textgrundlage: GSA 83/1558. 1 Doppelbogen Quart, Format: 18,5 × 22cm, mit eingeschlossenem Einzelblatt Quart, Format: 18,5 × 21cm, sowie 1 Einzelbogen Quart, Format: 19 × 23cm, aneinandergeheftet (beige). 3 Blatt nur einseitig beschrieben (Strophe 9 und 10 als Einzelblatt sowie der letzte Bogen). Eigenhändig am rechten Rand notiert: „Erzählung aus der Insel Maina. 1801". Umschrift: Gleichen-Rußwurm, GSA 83/1612, S. 68–77.

In der vorliegenden Edition wird die von Charlotte Schiller vorgenommene Strophennummerierung beibehalten, die in der Handschrift nicht durchgehend ersichtliche Punktierung der Zahlen dabei einheitlich getilgt. Die eigenhändige Strophennummerierung beginnt erst nach der ersten gestrichenen Strophe; Strophenstreichungen bedingen teils mehrmaliges Überschreiben der jeweiligen Ziffer. Indem Schiller die 9. Strophe auf einem Einzelblatt in zwei Strophen (9 und 10) neu abfasst, die ursprüngliche 9. Strophe streicht und dort mit der 11. Strophe ihre Zählung fortsetzt (unter Angleichung aller übrigen Ziffern), ergibt sich eine andere Reihenfolge, als durch die wohl nicht von Schiller besorgte Fadenbindung des Manuskripts festgelegt. Der Editionstext berücksichtigt den von Schiller indizierten Ablauf.

Schauplatz ist die Insel Maina, eine Halbinsel des Peloponnes. Eine mögliche Anregung bildet die Reiseschilderung zweier Mainoten in napoleonischem Auftrag, „Voyage de Dimo et

Nicolo Stephanopoli en Grèce" (1800), ein Werk, das Charlotte Schiller selbst oder dessen Rezension sie gekannt haben könnte. Vgl. Pailer, *S. 115–117.*

1 Selena und Lycon] Lycon / ~~Geschichte der~~.
~~Aus des Meeres blauen Schooße steiget~~
~~Nun~~ ⌈~~Still~~⌉ ~~die Nacht, verbreitend überall um sich her~~ ⌈~~es füllt ihr düster Flor~~ düstrer⌉
~~es füllt ihr düstrer weisse Nebel. Ihre Zweige neiget~~ ⌈~~schein~~⌉
~~Tief die Ulme, vor des Windes Schall.~~
~~Aus der weiten Ferne hergezogen~~
~~kommt der Vögel leicht beschwingtes Chor.~~
~~Höher steigt der weisse Schaum der Wogen~~
~~schlägt an Klippen; und betäubt das Ohr.~~
5 lichten Strahle] ~~blauen~~ lichten Strahle.
18 sie zu verbinden] ⌈sie⌉ ~~sich~~ zu verbinden.
28 angelobt.] angelobt. – *Strophe gestrichen:*
~~Bis der Tag sich hebt aus grauen Moore~~
~~wo sich Hymens bunte Fackel schwingt~~
~~Das Gebild~~ ⌈~~Gesang~~⌉ ~~ertönet; Jubelchöre~~
~~Froh erschallen; und das Band sich schlingt.~~
~~Dann stürzt bebend in des Jünglings Arme~~
~~sich die Braut; sie trennt nicht mehr der Spuch~~ ⌈~~Spruch~~⌉
~~des Gesezes;~~ [W]~~onne folgt dem Sermo.~~
~~Nicht mehr fürchtend hoher Götter Fluch.~~
34 stand sie] ~~steht~~ ⌈stand⌉ sie.
48 von banger Sehnsucht Qual besessen] von banger Sehnsucht ~~angetrieben~~ Qual besessen.
73 Todt.] Todt. – *Strophe gestrichen:*
~~Stürzt er glühend auf dem Pfad wo schweigend~~
~~Selena wandelt Selena; in Ruh gewiegt~~
~~Ihr zu Füssen; sprachlos hin sich neigend~~
~~Sieht er nicht den Schmerz der~~ ⌈~~die Schaam die~~⌉ ~~sie besiegt.~~
~~Wie von eines Gottes Wink beseelet.~~
~~Reißt sie los die Hand die er umfasst.~~
~~Lycon, schrecklich, haben +~~ ⌈~~wir~~⌉ ~~gefehlet.~~
~~Morgen findet mich der Tag erblasst.~~
78 den Ruf] den ~~Schmerz~~ ⌈Ruf⌉.
80 des schlauen Amors List] des schlauen ~~Gottes~~ ⌈Amors⌉ List.
82 blicket mild auf sie herab] blickktt ~~auf~~ mild ~~die~~**auf** ~~Erd~~ ⌈sie⌉ herab.
85 des schadenfrohen Bruders] des schadenfrohen ⌈Bruders⌉.
86 Schauet drohend vom Olymp] ~~Blickt nicht mehr von dem~~ ⌈Schauet drohend vom⌉ Olymp.
87 Reuevoll zurück] ~~freudlos nun~~ ⌈Reuevoll⌉ zurück.
89 Reisst Sie los] ~~Reisst Selena los der/ Reisst Selena sich mit scheuer Hast~~/ Reisst Sie los.
91 Siehe Morgen deine Braut erblasst.] *Vertikal am rechten Rand eingefügt.*
97 zart verschlungne Zweige] zart ~~+~~ verschlungne Zweige.

117 schon nahet sie dem Throne] ~~Zu andren Fluren~~ schon nahet sie dem Throne.
124 zu dem Feste] ~~+~~**zu** dem Feste.
133 eilen nach dem Weg] eilen ~~einen~~ ⌈nach dem⌉ Weg.
140 Steht Entsezen] steht ~~Entsezten~~ Entsezen.
152 mit trüben Blick] mit trüben Bilck.
168 mit Gram] ~~d+~~**mit** Gram.

GEFÜHL DES LEBENS

Textgrundlage: GSA 83/1574. 1 Einzelblatt Oktav, Format: 11,5 × 19cm (beige). Eigenhändig datiert unten rechts: „1800.“ Überarbeitungen evtl. in fremder Hand oder zu anderer Zeit.

2 Dumpf verklang] ~~Trüb~~ ⌈Dumpf⌉ verklang.
3 In dem Innren] ~~+ a~~In ~~Busen~~ ⌈dem Innren⌉.
7 dem stillen Lager] Lager/ ~~Freundlich nicht erschien er dem als ein Freund~~.
9 drohend, hebet] drohend, ~~drohend~~ ⌈hebet⌉.
10 lichte Fackel] ~~Fackel; immer~~ ⌈lichte Fackel⌉.
14 Leise schlägt] ~~Spielend +~~ Leise schlägt.
16 Lebens Fahrzeug] ~~s heilgem~~ ⌈Lebens⌉ ~~, lieblich~~ ⌈Fahrzeug⌉.
18 mit Glanz!] mit Glanz! / ~~und Klarheit~~.
23 Liebe lächelt] Liebe lächelt / ~~Schön und freundlich, Gegenwärtig~~ / ~~Ist das was~~.

⟨AN DEM FUSS DES OLYMPS⟩

Textgrundlage: GSA 83/1575. 1 Einzelblatt Oktav, Format: 11 × 19cm (beige). Eigenhändig datiert oben links: „1803“. Umschrift: Gleichen-Rußwurm, GSA 83/1612, S. 95 f. S. auch folgendes Gedicht.

7 Spricht sie] Spricht sie.
9 Ich sollte] + Ich sollte.
10 ihn erblicken] ihn ~~noch schaun~~ ⌈erblicken⌉.
12 voll hoher Bedeutung] ~~und~~ voll hoher Bedeutung.
15 traurig tiefe] traurig ~~und~~ tiefe.

PSYCHES KLAGEN! AUS EINER ERZÄHLUNG

Textgrundlage: GSA 83/1610. 1 Bogen Oktav, Format: 11,5 × 19,5cm (beige). Reinschrift. Blatt 2 unbeschrieben. Umschrift: Gleichen-Rußwurm, GSA 83/1612, S. 4–6.

In Z. 6, 13, 14 u. 22 wurden die Dativ-Flexionen auf „m“ (dem, dem, ihm, Wem) zu Akkusativ-„n“ emendiert.

⟨KLAGE NICHT ÜBER DAS WANDLENDE LEBEN⟩

Textgrundlage: GSA 83/1608. 1 Einzelblatt Oktav, Format: 11,5 × 19cm (beige). Umschrift: Gleichen-Rußwurm, GSA 83/1612, S. 48. Vgl. zum antiken Stoff um Amor und Psyche auch das vorangehende Erzählgedicht Psyches Klagen!.

2 Klage nicht über das] ~~an~~⌈über⌉.
3 Ueber die] ~~Nicht~~⌈Ueber⌉.
4 sich der Muth nicht will heben] ~~sich nicht~~⌈sich der⌉ Muth ⌈nicht⌉ will ~~er~~heben.
5 die Zeiten] die Zeit**en**.
8 Flieh aus] ~~Nach~~ Flieh.
9 Der nur Sorge] ~~Der nur Dir~~ / ~~der dir nur Kumer und Ueberdruß beut~~ / Der nur Sorge.
9 und Mismuth] und ~~und~~ Mis muth.
11 des Aethers Licht] ~~blau~~⌈Licht⌉.
12 Zu den Sternen hinauf] ~~Dort ist die Klarheit~~ / ~~Ueber~~⌈Zu⌉ den Sternen ~~führt~~⌈hinauf⌉.
14 In des Lebens] ~~Wenn die Seele der Unmuth erlieget~~ / ~~Sieht sie den~~ / In.
15 den tröstenden Laut] ~~am~~⌈den⌉ tröstenden ~~Wort~~⌈Laut⌉ / ~~Ach es verbleichet des Morgens~~ roths ⌈~~Strahls röthe,~~⌉ / ~~Finster umschlingt uns~~ / ~~Finster verschlingt uns d~~.

⟨WER STAND AM SEE TIBERIAS⟩

Textgrundlage: GSA 83/1580. 1 Einzelblatt Oktav, Format: 11 × 18,5cm (beige), einseitig beschrieben. Oben links eigenhändig datiert: „1810." Archiviert ist unter derselben Signatur eine Abschrift aus Schreiberhand (1 Blatt Quart 17,5 × 22cm, hellbeige, einseitig beschrieben), die den Titel „Wechselgesang" trägt. Umschrift: Gleichen-Rußwurm, GSA 83/1612, S. 90f. Erstdruck: Urlichs, S. I/11f. unter dem Titel „Chöre".

3 Wer stand] ~~D~~**W**er.
15 Der stand] ~~W~~**D**er.

TROST

Textgrundlage: GSA 83/1581. 1 Bogen Oktav, Format: 11,5 × 19cm (beige). Einseitig beschrieben, Blatt 2 unbeschrieben. Umschrift: Gleichen-Rußwurm, GSA 83/1612, S. 80–82. Erstdruck: Urlichs, S. I/13.

DIE PHANTASIE

Textgrundlage: GSA 83/1602. 1 Doppelbogen Quart, Format: 20 × 24cm (beige). Rechtsseitig oben gefaltet, Bl. 3 u. 4. unbeschrieben. Umschrift: Gleichen-Rußwurm, GSA 83/1612, S. 99–102. In Z. 15, 29, 30, 33, 45, 49 wurden Flexionen auf „n" und „m" emendiert. Zu diesem Gedicht weiterführend: Henke/Ludwig, S. 28–32.

5 freudlos einher] freudlos ~~dahin,~~ einher.
9 Ach so flieht] ⌉Ach⌉ ~~S~~so ~~ent~~flieht.
9 wenn sich senket der bleyerne Schlummer] ~~und~~⌈wenn sich⌉ senket der bleyerne ~~Scepter~~ ⌈Schlummer⌉.
10 Ihm auf die Augen, so gaukeln nicht freundliche Träume] ~~Sich~~ ⌈Ihm⌉ auf die Augen ~~herab~~, {so} gaukel~~t~~**n** ~~kein~~ ⌈nicht⌉ freundliche~~r~~ Tra~~u~~**äu**me.
11 Ihm um die Stirn, und lohnen nicht ihm die Mühe der Tage] Stirn~~e~~, ~~und {ge} stärckt ihn für die Mühe des Tags~~ ⌈und lohnen ~~ihm~~ nicht {ihm} die Mühe der Tage⌉.
15 der ihn leitet hinauf] hinauf. / ~~Sinnend schauet der Gott hernieder und +~~ ⌈finsterer ziehen⌉ / ~~Sich die~~.
19 eine der Töchter sich aus] ~~seiner~~ ⌈eine der⌉ Töchter ~~die Farben~~ ⌊sich aus⌋.
20 Wie die Farben der Iris] ~~Die auf farbigen Bogen~~ / Wie.
21 An den Schultern] An den ~~Fersen~~ Schultern.
22 Einen zierlichen Stab hält sie in göttlicher Rechte] ~~So G++t schwebend fliegt sie umher auf dem hoch gethürm~~◊ ⌊~~Olympos~~⌋ ⌈Einen zierlichen Stab hält sie in göttlicher ~~Hände Hand~~ Rechte⌉.
23 Leicht wie die Wolcken am reinen Blaue des Himmels] ~~Wenn sie die Stelle verlässt und~~ / ~~Und ein rosiger Duft zieht ihr folgt der Schwebenden +~~ ⌈Leicht wie ~~die~~ ⌊~~schweben~~ die,⌋ Wolcken ~~hinfliegen~~ am ~~schönen~~ ⌈reinen⌉ Blaue des Himmels⌉.
24 Schreitet sie] ⌉Schreitet⌉ ~~Schwebet~~ sie.
24 schön und gefällig] ~~leicht~~ schön und gefällig.
25 zu ihr] zur.
26 Schwebe freundlich hinab] Schwebe ~~freundlich~~ ⌈~~Tochter~~ freundlich⌉ hinab.
27 ihm hülfreich das Leb⟨en⟩] ihm ~~freundlich~~ ⌈hülfreich⌉ das Leb.
28 den Dir der Vater] den ~~dir~~ Dir.
30 mit eisernem Arm Noth gefesselt ihn hält] mit eisernem Arm ~~ihn~~ ⌈Noth⌉ {ge}fesselt d~~am Boden die N~~ ⌈ihn hält⌉.
32 dein lieblicher Glanz] dein ~~farbiger Schein~~ ⌈lieblicher Glanz⌉.
35 Auch die Götter] Götter~~n~~.
41 wie anders lacht] wie anders ~~wies~~ ⌈lacht⌉.
43 Auf der Göttin] A+**uf** ~~er~~ der Göttin.
43 schmücken sie ihm die Stirn] schmücken ~~ihm Blumen die~~ ⌈sie ~~++~~ ihm die⌉ Stirn.
46 und schauet] und ~~scha~~ schauet.
47 die unendliche Welt] ~~Die unendliche Welt leuchtet im farbigen Schein.~~ / die unendliche Welt.
48 Alles vermag er] vermag er.
49 So schwebet] ~~Nicht dünkt ihm~~ / ~~Sich dünkend~~ / ~~Nicht kennend~~ / So.
50 Wer sich die hohe Gestalt] Wer ⌈sich⌉ die hohe Gestalt.
50 Göttin bewahret] Göttin ~~erblicket~~ ⌈bewahret⌉.
51 bis in des] bis ~~zu~~ ⌈in⌉ des.

⟨KENNST DU DAS LAND⟩

Textgrundlage: GSA 83/1606. 1 Einzelblatt Folio, Format: 20,5 × 34cm (beige). S. auch das Gedicht Trost. *Der Anfang nimmt Bezug auf das Lied der Mignon in* GOETHES *„Wilhelm Meisters Lehrjahre" (1795).*

2 Kennst du das Land] ↑~~Kennst Du das Land, wo die Cypreß und Myrthe~~ ⌈~~Myrthen~~ und ~~Cypreßen~~⌉⌈⌈~~Cypreß blühen~~⌉⌉ / Der**ie** Zeichen ~~Bund~~ ⌈~~That~~⌉, was ihre Zone schuf? / Wo Geyers Raubgier, wie der Taube↑ // Kennst du.
5 in Sorge, erstirbt und] ~~stirbt~~ in Sorge, ⌈erstirbt und⌉.
6 wo der Wein] ~~und~~ ⌈wo⌉⌈der ~~trüben~~ ⌈Weines⌉ Wein⌈.
9 Dort schimmert] Dort ~~grünet~~ ⌈schimmert⌉.
11 Klagen leiser tönen] ~~+ Gesänge~~ ⌈Klagen leiser tönen⌉.
12 Der Erde Licht] ↑~~die Erde + L+~~ ⌈~~glanz sich auf~~⌉ ~~und der + sucht~~↑ / der Erde Licht.
12 blau des Aethers] ~~G~~**A**ethers.
14 Sich Alles] ~~Und~~**Sich** Alles.
14 der Mensch nicht zeigt] der Mensch nicht ~~ist schein~~ ⌈zeigt⌈.
15 Dies Land der Sonne] ~~Das Sonnenland, des milden Festes~~ / dies Land der Sonne.
17 wild wie der Ton des Lebewohls der Liebe] wie ~~Sch~~ ⌈~~+ der~~ Ton des⌉ Lebewohls ~~den~~ ⌈der⌉ Liebe~~nden~~.
18 Die Herzen nun] ~~Die Herzen die sie tragen sich nur~~ / Der**ie** Herzen nun.

Umseitig das Fragment ⟨Umringt mit prachtvollen Sklaven⟩:

[1v]~~Mit Sklaven umringt~~
~~Wie d~~
Umringt mit prachtvollen Sklaven
Erscheint wie es ziemet dem Braven
Im Glanz wie der Herr es ~~bedacht~~ ⌈gebaut⌉
Seine Schritte zu lenken, im Frieden und Streit,
Saß +aftir in seinem Rath.
Tiefe Gedanken ~~durchzogen~~ ⌈bedeckten⌉ die Augen
Und obwohl des Muselmanns Angesicht
Nicht oft von andern Sorgen zeuget
~~Dem der Sinn verborg~~
Geschickt dem Sinn zu verbergen
Doch nicht dem Stolz der entsprungen
Seine Denkens-Wange, und ~~+nden Augen~~ ⌈finstren Brauen⌉
Gestanden mehr noch als sie wollten lassen schauen.

⟨HIERHER BRINGET DEN KORB⟩

Textgrundlage: GSA 83/1555. 10 Blatt Quart, Format ca. 17 × 21cm (grünlich): im Einzelnen 3 Bögen Quart (jeweils recto eigenhändig paginiert als 1, 2, 3, 4, 10, 11), 4 Einzelblatt Quart (gleichfalls recto paginiert als 5, 9, 12, 15). Blatt 12 ist auf 15 × 21cm unter Textverlust beschnitten; Blatt 5 misst mit 4,5cm Überstand des ehemaligen Bogenformats 21 × 21cm. Charlotte Schillers Paginierung nach zu schließen fehlen fünf Blatt (6–8, 13–14).

Dieses Gedicht sowie das nachfolgende ⟨Von des reichen Herbstes Gaben⟩ *steht im Stoffzusammenhang von Charlotte Schillers Historischer Erzählung* Johanna.

4 auch vergeßt nicht] ⌈vergeßt nicht⌉.
7 daß aufschwelle] ~~sich~~⌈auf⌉schwelle.
8 Sprach die liebliche Jungfrau, zu den ihr] ~~So~~ Sprach zu den⌈ihr⌉.
9 Mühe scheuen] Mühe~~t~~.
11 unsrer lieben Gebieterin] ~~hohen~~⌈lieben⌉.
14 Zwar mir nicht] ⌈~~Weißt~~⌉ Zwar⌈mir⌉.
16 trübe Stirn zu enfalten.] ~~St~~ trübe zu enfalten. / ~~Und es wölbte sich an in der thätigen~~.
17 rundet sich] ~~sch+~~ rundet.
19 In weitglänzenden Körben] ~~Und in glänzenden~~⌈~~A+ die g~~⌉⌈⌈In weitglänzenden⌉⌉.
20 der erste Saft von der Kelter] der⌈erste⌉Saft ~~der gekelter~~⌈von der⌉Kelter. / ~~Und es ordnet~~ ⌈~~als sie nun vollendet, ordnet~~⌉ ~~die Jungfrau den Zug der lieblichen Mädchen~~.
21 Und sie schauet ‹…› ordnend den Gang.] ↑Und sie schauet ‹…› ordnend den Gang.↑ ~~Zwölfe Hand in Hand sie tragen die freundlichen Gaben~~ ⌊~~Zug~~ der ~~freundlichen~~ Mädchen;⌋ / ~~Seht Jegliche faßet die andere an~~ ⌊~~folgend~~⌋.
22 die Körbe haltend] ~~und halten~~ die Körbe ~~den~~⌈haltend⌉.
24 ihr folgen] folgen ~~ihr~~.
27 Aber trauernd] ←25← Aber. – *Vermutlich von Charlotte Schiller vorgenommene Verszählung.*
27 Feuer und senkte / Nieder] ⌈und senkte⌈ / ~~und senkte~~ Nieder.
29 Entzücken der Herbst; der Jubel der Winzer] ⌈Entzücken⌉der Herbst; der Jubel der ~~fröhlichen~~.
30 vollgehäufeten Scheuer;] Scheuer; ~~wieder~~.
37 wählte ich dir aus] dir⌈aus⌉.
39 Die gebühren den Göttern] Die⌈gebühren⌉den Göttern ~~gebühren~~.
40 Götter mehr findet, so wählet man edele] mehr ~~sieht~~⌈findet⌉, so wählet man edele ~~lieber die~~⌈edele⌉.
41 der tiefsten Verehrung] der tiefsten Ver-⌊ehrung. ehrung⌋
47 nicht achtend] ~~denn~~ nicht.
50 will ich darob] ich ~~darum~~.
51 das Aug] ~~Herz~~⌈Aug⌉.
52 Aber es senket] ←50← Aber. – *Verszählung Charlotte Schillers.*
55 vermag das Auge nicht Freude] vermag ~~nicht das Herz von Schmerz~~ das Auge⌈nicht⌉.
56 Wenn vom schneidenden Gram gebeugt ‹…› das Leben geworden,] wenn ~~noch der tiefe~~ ⌈vom schneidenden⌉ Gram ~~es belastet~~⌈gebeugt es sinket zur Erde⌉ ~~Anders ist mir das Leben geworden~~, ⌊Anders ist mir das Leben geworden,⌋.
57 gestaltlos und finster ‹…› Die ein farbiger Schein] ~~als ihr lieben um mich mit treuen Herzen euch mühtet~~ / ⌊Als ihr lieblichen Mädchen mit treuen Herzen auch mühtet⌋ / ~~als das fröhliche Herz von der Jugend Glanz noch erhellet~~ / Und der fröhliche Sinn der lachenden Jugend euch lenkte / ~~Der in heller farbiger~~ / Die ein ~~lieblicher~~ ⌈farbiger⌉ Schein.

61 der hochauf schwellenden Trauben] ⌈hochauf⌉.
62 die wehende Flamme] ⌈die⌉ wehende ~~die~~.
65 ziehend Kraft] ~~Sie ziehet~~ ⌈ziehend⌉.
66 so veraltet und kraftlos] ~~und~~ so veraltet ~~kraftlos der~~ kraftlos.
67 Sinket im Alter der Muth uns wohl] ~~in der Juge~~ ⌈~~auch~~ im Alter⌉ der Muth uns ⌈wohl⌉.
68 Doch nicht vermag zu bewahren das Herz die wärmende Gluth mehr] ⌈nicht ~~mehr~~⌉ vermag ~~das Herz~~ zu bewahren ⌈das Herz⌉ nicht mehr die.
71 trauernd verlassen] ~~einst~~ ⌈trauernd⌉.
73 die Klag] ~~Klänge~~ Klag.
74 Aus dem Munde] ←70← Aus. – *Verszählung Charlotte Schillers.*
74 betroffen die lieblichen Jungfraun] ~~betroffen die Jungfraun~~ ⌊betroffen die lieblichen Jungfraun⌋.
77 Und er träumet sich an den heimischen Heerd; und gedenket] Und e~~s~~**r** träumet sich ~~hin~~ ~~i~~**a**n den heimischen Heerd; ↓~~Es verstehen die Ged~~ und gedenket↓.
79 Wieder zu schauen] ←75← Wieder. – *Verszählung Charlotte Schillers.*
79 wie ers hofte erreicht er das Ziel] ers ~~es~~ hofte ~~erreichtet~~ ⌈erreicht⌉ er das ~~freundliche~~.
81 des dunkelen Ulmbaums] de~~r~~**s** dunkelen ~~Linde~~
82 und Unkraut wuchert am Eingang] ~~Nesseln versperren~~ ⌈Unkraut wuchert⌉ ~~den~~**am** Eingang.
88 Erinnrung erwacht] Erinn~~e~~rung erwacht.
88 die Söhne mir fielen.] die Söhne mir fielen. ↓~~Hättet ihr sie gekannt!~~↓.
89 hervor es röthet / höhere Gluth] ~~und bücket~~ ⌈es röthet⌉ / ~~Nieder sich~~ höhere.
91 nicht gelang] ⌈nicht⌉.
92 erduldet] erdul~~t~~**d**et.
94 Treu erfüllen will ich die Bitte; ihr lieblichen Mädchen] Treum erfüllen will ich die Bitte; ~~sezet nieder Euch hier~~ ihr.
95 sezten sich nieder auf wohlgepolsterte Sessel] ~~hin~~ ⌈nieder⌉ auf wohlgepolsterte Sessel~~n~~.
96 ersah sich] ersah ⌈sich⌉.
98 Aises düstrer Wohnung] *Aisa: eine der drei Parzen. Vgl. HEDERICH Sp. 163.*
99 die herrlichen Knaben] ~~lieblichen~~ ⌈herrlichen⌉.
104 Fröhlich wir zogen] ←100← Fröhlich. – *Verszählung Charlotte Schillers.*
108 keine wagt es zu reden] ~~vermochte~~ ⌈wagt es⌉ zu ~~öffnen den Mund~~ ⌊reden⌋.
109 Ihr stocket die Rede] ~~Die Rede versagte~~ ⌈Ihr stocket die Rede⌉.
111 am Lager] ~~hin zum~~ ⌈am⌉.
113 vergleichbar. Ach es war mir als schritten] ~~und es dünkte dem ahnenden Herzen!~~ ⌊Ach es war mir als schritten⌋.
115 oder niemals] nie mals.
121 Sagen würdest du] Lagen.
124 dir glänzend] dir s glänzend.
127 wiehern die Rosse / Die mit mächtigen] ~~stampfen~~ ⌈wiehern⌉ die Rosse. / ~~Die in muthiger~~ / ~~Die des Schmuckes nicht~~ / Die.
130 Die mit glänzenden] ←175← Die. – *Verszählung Charlotte Schillers.*
131 Buckeln; nicht duldend der Diener Behandlung] ~~sie fühlten die +~~ ⌈nicht duldend der Diener⌉ ⌊Behandlung⌋.
133 Ruften] ~~Und im~~ Ruften.

134 Und sie standen] ↑~~Und~~ ⌈~~sie standen~~⌉ ~~gedultig und sanft wie ein jähriges Lämmlein, standen sie da~~↑ Und.

134 wie ein jähriges Lämmlein] ein ⌈~~die da~~⌉ jähriges.

137 des jüngeren Sohnes] jüngeren ~~Bruders~~.

138 Lockte die Freude] ↑~~Lockte mir nicht + ein lächeln~~↑ Lockte.

139 in Schlachtengewühl lebt die Seele, nur horchend was die Gerüchte verkünden.] lebt ~~+~~ die Seele, ⌊~~ich horchte~~ nur horchend ~~jeglicher Zeitung~~⌋ ⌈was die Gerüchte verkünden.⌉.

144 Neue Schaaren] ~~Jene~~ ⌈Neue⌉.

144 drohten den Todt] Todt ↓~~Aus tausend Armen, wenn ihnen es jehnen geläng mit den umgeb+ zu fechten.~~ ⌈~~wenn ihnen die neuen Schaaaren~~⌉↓.

148 ist's dem Herzen der trüglichen Oede zu trauen / ‹…› Sehnsucht. Sie schleichet] ist's ~~es~~ dem Herzen der trüglichen Oede zu trauen / ‹…› Sehnsucht ~~schleicht~~ sie.

150 schwere ist's Unglück begreifen / Wenn es nahet wir wähnens noch immer fern vom Haupte. Siegreich hätten die unsern] ist's ~~es das~~ Unglück ~~zu~~ begreifen / Wenn es ~~mit schwarzen Fittig sich nahet~~ ⌈nahet wir wähnens noch immer fern ~~es~~ vom Haupte⌉. Siegreich hätten die ~~Herrn~~ unsern.

153 der wieder kehrenden harrte] der wieder kehrenden harrte.

155 Auf das Schwellende] ←200← Auf das. – *Verszählung Charlotte Schillers.*

156 Ihres schönsten Schmucks] ↑~~Kränze flocht ich von Eichen~~↑ ~~Eichen~~ Ihres.

159 die Freunde begleiten] begleiten ~~zur Heimath~~.

162 der lieben Gespielen] der ~~liebenden~~ lieben.

164 [12]Mit freundliche⟨n⟩ Träume⟨n⟩] freundliche Träume. – *Nachfolgend Textverderbnis durch abgeschnittenen Rand auf Bl. 12v.*

164 dem Sinn] dem ~~Herzen~~.

168 krachendem Klange] Klange ↓~~nd es bäumten sich wild die Roße; sie fühlten es~~↓.

170 Wild sich] ~~Muthig~~ Wild.

172 erschallt's in der hallenden Wohnung] erschallt's ~~es~~ in der hallenden Wohnung.

173 als ich erblickte die fremden Züge des Mannes] ich ~~auf einmal dem Fremdling neben mir schaue~~ ⌈erblickte die fremden Züge des Mannes⌉.

175 [12v]Ach da ahndet] *Textverderbnis durch abgeschnittenen Rand auf Bl. 12v.*

175 da ahndet auf einmahl mein Herz das traurige] ~~ward mir~~ ahndet ~~des Lebens Freude +~~ ⌈mein Herz das traurige⌉.

179 lezten Worte der] de~~s~~**r**.

180 Andres lenken] ←225← Andres. – *Verszählung Charlotte Schillers.*

182 die uns führt] ~~tief hinab~~ ⌈führt⌉.

183 Wirft der Schmerz] ~~Will~~ ⌈Wirft⌉.

185 vergönnt es] vergönnt es ~~das~~ ein Go ~~Den Waffen~~ zu steh.

186 Ihrer lieblichen Freundin] ⌈+⌉ Ihrer.

186 deren forschenden Blicken nicht entgeht die steigende Unruh] ~~die~~ ⌈~~der~~⌉ ~~b+ nicht entgehet die Unruh~~ deren forschenden Blicken nicht entgeht die steigende ⌈Unruh⌉ ~~entgeht ihre Unruhe~~.

187 Soll ich so] ←245← Soll ich so. – *Verszählung Charlotte Schillers.*

192 kein freundlicher Morgen] Morgen //
~~Der uns Ruhe vergönnt wir standen~~ ⌈zogen⌉ ~~harrend gerüstet~~.
~~zu erwarten den Angriff des uns nacheilenden Feindes~~.

~~Zweymahl hatten wir schon mit Kraft zurück ihn geschlagen~~
~~Und wir hoffeten nun er könne nicht wieder sich sammeln~~.

193 [15v]Immer gerüstet] *Textverlust durch abgeschnittenen Rand auf Bl. 15v.*

193 so lagen verborgen] lagen ~~wir~~.

194 zum drittenmahle gelang es den rüstigen Männer⟨n⟩] ~~schon zweymahl~~ ⌈zum drittenmahle⌉ gelang es ~~den unsren~~ ~~+ den guten~~ ⌊den rüstigen Männer⌋. – *Wort am Rand.*

196 den Wällen] d~~ie~~**en** Wällen.

197 auf thürmenden Felsen] auf ~~Felsen~~ thürmenden Felssen.

198 war uns gelungen] war ~~es~~ ⌈uns⌉.

200 Denn hat einmal] Denn ~~war~~ hat.

201 den Andern] ~~sich selbst~~ ⌈den Andern⌉.

201 im Leben] im Leben ~~+ Lebens~~ / ~~Tobet wild auf dem Feind~~.

⟨VON DES REICHEN HERBSTES GABEN⟩

Textgrundlage: GSA 83/1611. 1 Einzelblatt Folio (H^1), Format: 21 × 34cm (grünlich), 1 Bogen Oktav (H^2), Format: 12,5 × 20,5cm, davon Blatt 2 unbeschrieben, sowie als Konzeptbogen 1 Bogen Quart, Format: 17,5 × 21cm (grünlich). Als mutmaßliche Handschrift letzter Hand, d. h. mit den wenigsten internen Korrekturen, wird H^2 der Edition zugrunde gelegt. Umschrift: Gleichen-Rußwurm, GSA 83/1612, S. 78 f. Dieses Gedicht sowie das vorangehende ⟨Hierher bringet den Korb⟩ *steht im Zusammenhang mit Schillers Historischer Erzählung* Johanna.

1 EINE STIMME.] *Konzept:* Einer. *(ebenso in Z. 11 und 21).*

2 reichen Herbstes] *H^1:* ~~+cht~~ ⌈reichen⌉ Herbstes.

6 bunten Farben] *Konzept:* lichten Farben.

9 bittren Schmerzen] *Konzept:* herben Schmerzen. *H^1:* ~~herben~~ ⌈bittren⌉ Schmerzen.

10 Bang und Angstvoll ‹…› ist die Natur] *Konzept:* Schwer und bang schlägt es nur!/ ~~Suchet nur des S~~ ⌈Schwer und todt⌉ ist die Natur.

13 dir verkünden] *Konzept:* dir ~~erklären bedeuten~~ ⌈verkünden⌉. *H^1:* dir ~~erklären~~ ⌈verkünden⌈.

15 Erd und Himmel binden] *Konzept, rechts vertikal:* Erd ~~und~~ ⌈am⌉ Himmel binden. *Davor ganzer Passus gestrichen:* ~~Wie am Licht~~ / ~~An der Sonnen licht sie nähren~~ / ~~Ihre Kraft,~~ / ~~An das hohe dich zu binden~~ / ~~wie sie Erd und Himmel binden~~ / ~~wie des Herzens~~ /. *H^1:* Erd an Himmel binden.

16 Wem sich ‹…› erschließt.] *Konzept:* ~~Wenn sich Geist in~~ / ~~Wenn der~~ / Wem sich ‹…› erschließt.

18 trüben Blicke] *Konzept und H^1:* irren Blicke.

20 denen nicht das Licht erscheint] *Konzept*: Die ~~das Geistge nicht vereint~~ ⌈nicht Erd und Himmel eint⌉. H^1: denen ~~der Himmel~~ ⌈nicht das Licht⌉ erscheint.

20 Sinken schon zur Nacht zurücke] *Konzept:* Sinken tief in Nacht zurücke. *H^1:* Sinken in die Nacht zurücke.

23 Auch der Früchte reiche Fülle] *Konzept:* ~~heitre~~ ⌈reiche⌉ Fülle. *Davor ganzer Passus gestrichen:* Früchte glänzen doch ~~u. leben~~ ⌈zum erquicken⌉ / In der blumen h+ ~~Rhein~~ Reihn / Lass sie seyn was dem Blick.

25 In der farbigt] *Konzept:* ~~In der Anmuth sch~~ In der farbigt.

26 Ueberfluß.] *Konzept: Danach über eine Seite mit weiterer Strophe nur teilweise gestrichen:*

~~Wenn der Saft der vollen Trauben~~
~~Geist und Leben uns bewachet erfüllt erhöht~~
~~Wenn~~
Chor. In dem ~~Saft~~⌈Rund⌉ der vollen traube
wohnt Geist, und ~~kraft erhält erhöht~~⌈leben schafft⌉⌈~~gewähret~~⌉
~~In der~~
~~I+t nicht mehr si~~
~~Wenn nicht mehr im dunklen Laube~~
~~Sie ergözt~~
Schön umkränzt vom dunklen Laube
~~Ihrer Fülle Kraft sich nährt~~⌈nährt sich ihre Geistes kraft⌉
~~doch Du nährst bey~~⌈in⌉ jedem B+de
~~daß die das Leben dir gewährt erschaft~~
~~Nur des Schicksals~~
~~Was nur erblickend~~
~~Sieh mit~~
Einer. Blicke auf aus deinen Schmerzen
~~Freu~~⌈sieh⌉ der hohen ⌈schönen⌉ Gaben ~~sieh~~ hier
weile gern in unsren Herzen
wie wir dankend nahen dir.

Vertikal am rechten Rand gestrichen: Laß die Gaben dein er / ~~Laß~~⌈Sey⌉ ein Zeichen ⌈dir⌉ ~~sein~~ die Gab, / daß die Gabe dir ein Zeichen / Und +.

H[1]*: Weitere Strophe:*

Eine Stimme.
Blick auf uns, in deinen Schmerzen
Sieh der schönen Gaben Zier
Weile gern in unsren Herzen
Wie wir dankend nahen Dir.

28 Stillen können wir die Klagen] *Konzept*: *Davor ganzer Passus gestrichen:*

+en den trost den wir
Lindern können
Chor. Stillen können wir die Klagen
nicht der tiefbewegten Brust.
Aber Sieh nach A+ +ragen
Spräche nicht der Unschuld Lust
Aber h+ höre unser
Aber + ertragen, ⌈ruhig mit dir tragen⌉
Was nur dem Gemüth bewusst.
Wie + ewig neuen S+e
Sich der H+, des +erneut
So zwischen.

31 den Gemüth] *Konzept und H*[1]: dem Gemüth.

ROMANZE VON DEM BLINDEN HOCHLÄNDER KNABEN

Textgrundlage: GSA 83/1557. 3 Bögen Folio, Format: 20,5 × 34,5cm (dunkelbeige). Es handelt sich um eine deutsche Übertragung von William Wordsworths *Ballade „The Blind Highland Boy (A Tale told by the Fire-side)“. Vergleichend wird hier nicht die Erstfassung (erschienen 1807), sondern die von Charlotte Schiller zugrunde gelegte erste überarbeitete Fassung* Wordsworths *herangezogen („Poems“, Bd. 1, London, 1815, S. 48–60). Hauptunterschied der beiden Versionen ist die Wahl des Vehikels für die Schiffsreise: Ursprünglich beschreibt* Wordsworth *eine profane Haushaltswanne, die er bis zum Erscheinen der Sammelausgabe seiner Gedichte 1815 auf Anregung von* Samuel Taylor Coleridge *(s.* William Knights *editorische Hinweise in „Wordsworth's Poetical Works“, London 1896, S. II/420–431) zu einem Schildkrötenpanzer mythischen Ausmaßes, Mitbringsel eines Indien-Seefahrers, umarbeitet. Weitere Abweichungen in der zweiten Überarbeitung* Wordsworths *für die 1820er Werkausgabe, etwa der Einschluss von Namen aus der griechischen Mythologie, auf die Charlotte Schiller freiwillig sicher nicht verzichtet hätte, legen eine relativ exakte zeitliche Eingrenzung ihrer Übertragung zwischen 1815 und 1820 nahe; ob Charlotte Schiller über die Erstfassung im Bilde, die Entscheidung also eine bewusste war, bliebe noch herauszufinden. In einem Brief an Knebel vom 14. November 1818 erwähnt sie ihre Abschrift aus englischen Romanzen, u. a. „aus der Geschichte des blinden Kindes, das in einer Muschel sich in das Meer wagt“ (*Düntzer*: Briefe von Schiller's Gattin, S. 432).*

In der Übertragung, die zu Beginn noch versweise verfährt und sich zunehmend vom Ausgangstext entfernt, fällt zunächst Schillers teils lautliche Nachbildung des Englischen auf: „Dog“ wird zur „Dogge“, „keen“ zu „kühn“, „fondly braved“ zu „brav gefunden“. Eine gezieltere inhaltliche Neuakzentuierung erreicht sie durch freie Textinterpretation, etwa lautet Wordsworths *Vers „Nor had a melancholy mind“ bei Schiller: „Sein Geist war hell, sein Kopf gesund“.*

Die Tendenz, der dramatischen Schwere des Textes beizukommen, setzt sich fort: Wordsworths *„rivers large and strong“ heißen bei ihr abwiegelnd „Grosse und kleine“, aus „happy burthen“ wird „glückliche Beute“, und auch in der Binnenerzählung der Ballade nimmt sie die Gelegenheit zu behutsamer Manipulation wahr: Während* Wordsworth *das harmlose („delightful“) Fahrzeug des Sohnes dem „gallant Ship of war“ des Vaters gegenüberstellt, entscheidet sich Charlotte Schiller gegen martialische Stilisierung und konnotiert das väterliche Schiff mit „Hafen“ und „Ruh“.*

Der Darstellung der Elternfiguren begegnet Schiller mit besonderer Sorgfalt: Ist es bei Wordsworth *noch das Leiden der Mutter, das angesichts der Seefahrerambitionen des blinden Sohnes zum Gegenstand wird („If she should suffer this“), so stellt Schiller vielmehr den Erziehungsauftrag der Mutter in den Vordergrund: „Wenn sie sollt solchen Frevel ihm gewähren“ (Z. 89). Spätestens im letzten Vers wird ersichtlich, dass damit auch ein religiöser Auftrag einhergeht: anders als bei* Wordsworth *ist es „eine heilige Hand“, die den blinden Knaben rettet. Gerade diese mit dem Ausgangstext subtil konfligierenden Passagen liefern Einblick, auf welche Weise Charlotte Schiller sich mit ihren Übertragungen immer auch selbst literarisch und persönlich positioniert.*

1 Romanze von dem] ~~Das Hochländer Blinde Kind.~~ / Romanze.

2 Sind wir des lärmenden Spiels müde] ~~Sind wir nun müde der lauten~~ / Sind wir des lärmenden Spiels ~~müde~~ müde.

4 Auf meine Brust legt Jenny das Köpfgen gelehnt] ~~Ueber~~ ⌈Auf⌉ meine Brust liegt Jenny das Köpfgen ~~+~~ ⌈gelehnt⌉. / ~~Wollt ihr Ruhe? Am Winkel da sezt Euch zur Ruh.~~ – *Wordsworth: „Jane“*.

7 lasst mich sehen] lasst mich ~~erfahren~~ ⌈sehen⌉.

10 Dies eigne Schicksal] Schicksal, ~~jener~~. – *Wordsworth: „That strange adventure“*.

17 die Erde gelacht] die Erde ~~erblicket~~ ⌈gelacht⌉.

22 Nicht sehnt] ~~Und dennoch sehnt er sich nicht.~~ / Nicht.

22 sein Mund] ~~laut~~ sein Mund.

23 Sein Geist war hell, sein Kopf gesund] *Wordsworth: „Nor had a melancholy mind“*.

26 verstehen könn] könn~~en~~.

32 war sie erfreut] ~~froh,~~ erfreut.

36 Am Sonntag] A~~nsm~~ Sonntag.

37 Eine Dogge] *Wordsworth: „A Dog“*.

39 gebrach] gebrach.

42 konnt er blasen] ~~spielt er~~ konnt.

44 zu sehn] zu sehn, ~~und zu hören~~ ⌊~~ihn zu hören~~⌋ ⌈~~zu vernehmen~~⌉.

46 hülflose Kind.] Kind. //

[2r]~~Er hatte manchen Ruhelosen St+++~~ ⌈Traum⌉
~~Die Ruheloßen Träume ward er zum~~ laut ~~gewahr~~
~~Wenn der Adler über ihm~~
~~Wenn über ihm desr Adlers sein Geschrey~~
~~ertönen lies, vernehmen ließ, so war er ihn~~.

48 beklommen] beklommen, / ~~Und wenn der Giesbach herunter rauschet +++~~ ⌈~~hernieder schäumendt~~⌉ / ~~Das Wasser an dem Ufer~~.

51 nahen Hütte] Hütte. //

~~Am nahen~~ Neben der Hütte ein See sich ~~spiegelt~~ ⌈~~dehnet~~⌉
~~So schmaal nicht als unsrer~~;
~~Neben der Hütte spiegelt sich ein See~~
~~Nicht so klein wie der unsre, den~~.

53 Viel grösser] ~~Welcher wohl größer als der unsre.~~ / Viel grösser.

53 Die Welle friedlich steigt] ~~Die~~ ⌈Die Welle⌉ friedlich~~e~~ ~~Welle~~ steigt.

57 Und immer findet] immer ~~+~~findet.

58 strebt es hinan] ~~sucht~~ ⌈strebt⌉ es hinan.

59 von den Höhen] ~~über~~ ⌈von⌉ den.

61 Grosse und kleine] *Wordsworth: „rivers large and strong“*.

62 Dann kehren] Dann kommt er in Wellen den Weg ~~zurück~~ / ~~Den er genomen und blicket nie~~ / Dann.

64 So war sein Lauf] So ~~ist~~ ⌈war⌉ sein.

70 Hirten mit den Heerden] Hirten mit den.

78 Wenn man ihm] ⌉Wenn⌉ ~~Als wenn~~ ⌈man⌉.

78 Wasser Tiefe] *Wordsworth: „water-side“*.

79 des Geschüzes Ton] des Geschüzes ~~Schall To+sen~~ ⌈Ton⌉.

81 Stille, die Stille] St~~+~~ille, die.

84 Nicht rudern] ~~Den Mast nicht lüften, noch seegeln, noch schwimmen~~ ⌈~~+ichten nicht führen das Ruder~~⌉ / ~~Des Schiffes+~~ / Nicht.

84 Noch schwimmen] Noch.
89 Wenn sie sollt solchen Frevel ihm gewähren] ~~erlau~~ ihm. – *Wordsworth: „If she should suffer this".*
92 So lebt er nah an Lochlevins Seite] ~~So lebt er nahe an Lochlesi~~ / So lebt er nah an Lochlevins ~~Seite~~ Seite. – *Wordsworth: „Loch Levin's".*
93 lockte im Wellen Streite] ~~winkte, mit~~ ⌈lockte im⌉ Wellen.
94 den Schlag] den ~~Tanz~~ ⌈Schlag⌉.
95 Der Welle am Felsen] ~~Doch ohne des Unheils Schatten~~ / Der.
97 ich wills sagen] ~~was ich~~ ⌈ich wills⌉ sage{n}.
103 lebende Seele] *Wordsworth: „human Creature".*
109 der Vögel glänzende Schwingen] ~~und Vögel~~ ⌈der Vögel⌉ glänzende ~~Gefieder~~ ⌈Schwingen⌉.
110 Gaben] ~~Der Vögel~~ / Gaben.
110 uns umfingen] ~~uns entzücken~~ ⌈uns umfingen⌉.
111 aus der Ferne] ~~in~~**aus** ~~F~~**d**er Ferne.
112 Oft gab sie der] ~~Diese Geschenke hatten die Seefahrer verschenkt~~ ⌈~~gebracht~~⌉ / ~~Im Hafen umher, ins den~~ / Oft gab sie der.
113 verschenkt er] ~~bringet~~ ⌈verschenkt⌉ er.
114 erfreut] erfreut~~e~~.
115 beglückten den Knaben] ~~erfreuten~~ ⌈beglückten⌉ den.
116 ihren Preis] ~~sie mit~~ ⌈ihren⌉ Preis.
117 eine Schaale] eine ~~Schaal + Schaal~~ ⌈~~Gehäu++~~⌉ Schaale.
118 Der grünen Schildkröte] ~~Von einer~~ ⌈Der⌉ grünen Schildkröte.
119 Dünn und geschwungen] ~~dünn, und klingend; un~~ / ~~Leicht und gesch~~ / Dünn.
122 Es war die grösste die man kannte] ~~Die grösste wohl in ihrer Art, so breit und leicht hohl~~ / ~~Wie der Birken Rinde, die~~ / Es war die grösste ~~ihrer Art, leicht, zart~~ ⌈die man kannte⌉.
123 Leicht, und dünn] Leicht, ~~zart~~.
125 vom Kinde] ~~dem~~ ⌈vom⌉ Kinde.
128 Eine Sage erzählt uns] ~~Der Blinde Knabe kannte die ++~~ ⌈~~Geschichte~~⌉ / ~~Und wusste daß Aehnliche Schicksal des Knaben~~ / Eine Sage.
130 auch schon] ~~sich ehmahl~~ ⌈auch⌉ schon.
133 Er lenkte sich vom Ufer, dem Eiland zu] Er seegelte von ~~einer Insel~~ ⌈Ufer⌉ in d~~ie~~**as** ~~Bucht Mündung~~ ⌈~~schöne~~ Eiland⌉ / Vom Indischen Meer, ~~von~~ des Vaters Schiff / Er lenkte sich vom Ufer, ~~in~~ da~~s~~**em** Eiland.
135 seinen Inseln schön] seinen Inseln ~~allen~~ ⌈schön⌉.
137 der Sohn zu ihm] der Sohn {zu} ihm ~~dieser~~.
137 Fahrt] Farth. – *Wordsworth: „In his delightful Shell".*
141 um ihm seyn] ~~bey~~ ⌈um⌉ ihm.
144 vom fernen Land] ~~der~~ ⌈vom⌉ fernen Land.
145 wohl wusst er Bescheid] ~~kannt er die er kannt die Th+~~ ⌈~~Winck~~⌉ ~~+~~ wohl wusst er Bescheid.
147 Und trug sie mit starcken Armen hinaus] *Wordsworth knüpft in dieser Strophe an die Binnenerzählung an – „This Story flashed upon his mind; – / A bold thought rouzed him" – und liefert Einblick in die Motivation des stehlenden Knaben, während Charlotte Schiller lediglich dessen gründliche Informiertheit und körperliche Kraft betont.*

148 Mit der glücklichen Beute, war er nun versehen] war er nun ~~belast~~⌈versehen⌉ ~~beladen~~. – *Wordsworth: „happy burthen“*.

149 an die Sool] an d~~as~~ie Sool.

150 Und stürzt in die Schaale] ~~Drauf versucht er sie an das der Tiefe zu~~ / Und ~~schwankt~~ ⌈stürzt⌉ in.

151 Wanckt er hinein. Im innren Schauen] ~~Folgt er dem was sie trieb; und~~. / ~~Schwankt~~ ⌈Wanckt⌉ er hinein. Im.

152 und wogte so hin] und ~~schwankt~~⌈wogte so⌉ hin.

158 Nur in des Himmels Antgliz beacht] ↑Nur ⌈von⌉ des Himmels Antgliz ~~beschauet den~~ ⌈beschirmet⌉ / Ist er schnell geseegelt, und fort↑ // Nur in des Himmels Antgliz beach~~tet~~.

159 Kam er schnell] ~~Ist er schne~~ / Kam er schnell.

161 eh man ihm nacheilen] ~~und~~ eh man ihm ~~erblickt~~⌈nacheilen⌉.

167 den hülflosen blinden Knaben] dem ~~Armen~~⌈hülflosen⌉ blinden Knaben.

170 Der kühnste Luft Schiffer] Der kühnste ⟨Luft⟩ Schiffer in den ~~luft~~ Höhn / Der ~~zu~~ dem Monde zu erlangen sich / Der den Monde zu erlangen.

176 Denen stets die Unschuld] ~~Würde es Anders, so gibt man nicht Acht~~ / ~~Auf die gerne~~ ⌈Denen stets⌉ die Unschuld.

178 [5v]Doch bald ist stiller] Doch ~~still bald ist~~⌈bald ist stiller⌉.

180 Und Alt und Jung in einem Chor] ~~Der Schrey, den Alt und Jung ent im~~ / Und Alt.

184 Den Seegler zu erreichen] ~~Dem Schiffer zu fol erreichen~~ / Den Seegler zu erreichen.

185 den einzigen Kahn] ~~dasen + Boot~~⌈~~Kahn~~⌉⌊den einzigen Kahn⌋.

186 Windschnell zu dem Andren Ufer] ~~Bis zu Und un+~~ / Windschnell.

189 Wie auf der Vogel Jagd] ~~So wie auf der Jagd des Hufes tritt~~ / ~~Verhallt, und leise d~~ / Wie.

190 weisse befiederte Brust] weisse ~~Brust~~ befiederte Brust.

192 So fuhren sie] So ~~be~~fuhren.

193 der listige Seegler] Seegler ~~steuert~~.

199 mit Vorsicht] ~~ohne~~ mit.

203 *[6r]*Hey da, hey da!] da“. – *Wordsworth: „Lei-gha, Lei-gha“*.

205 Er bat und weint] Er ~~schon~~⌈bat und⌉ weint ~~und bat,~~.

209 wohl nicht fremd] wohl ~~bekannt~~ nicht.

210 Augenblicken den Wunderbau bedeckt, / ‹…› der kühnsten Art] Augenblicken ~~den Gegenstand!~~⌈~~bedeckt den~~⌉⌊den Wunderbau bedeckt⌋, / ‹…› den kühnsten Art.

218 die Glück verspricht] ~~verkündet~~ verspricht.

221 Doch zitternd] ~~Von seiner Schaal angstvoll, vertraut nicht~~ scheut / Er d~~ie Stimm~~ / Doch.

224 Und die Erde] ~~Da fuhlt er, welche Freude ihn nahm~~ / Und.

232 Und weinte laut] ~~Die Han~~ Und.

238 und weinte viel] ~~laut~~ viel.

239 sah am Ziel] + sah.

240 thäten die Thränen] ~~flossen~~⌈thäten⌉ die.

243 brav gefunden] *Wordsworth: „fondly braved“*.

247 friedlich am Ufer] ~~im~~ friedlich.

248 Hochlands Thale] Hochlands ~~Hütte~~⌈Thale⌉.

249 die Schildkröten Schaale] die ~~Schaale~~⌈Schildkröten Schaale⌉.

252 Und wie eine heilige Hand ihn gerettet] *Wordsworth: „And how he was preserved“*.

AUF DEN TODT EINES UNGLÜCKLICHEN FRAUENZIMMERS DAS SICH SELBST DEN TODT GAB

Textgrundlage: GSA 83/1618. 4 Bl. Quart. Format: 21,5 × 16,5cm (gelblich). Umschrift: Gleichen-Rußwurm: GSA 83/1612, S. 63–67. Es handelt sich um eine Übertragung von ALEXANDER POPES *„Elegy to the Memory of an Unfortunate Lady" (1717), und bereits die Verszahl (94 Verse gegenüber 82 bei* POPE*) gibt Aufschluss darüber, dass Charlotte Schiller sich von der englischsprachigen Vorlage hier weiter entfernt als noch bei der* WORDSWORTH*-Übertragung im hier vorangehenden Gedicht* Romanze von dem Blinden Hochländer Knaben. *Schiller ändert beispielsweise „the visionary sword" in „der Geister Stahl"; „Like Eastern kings" in „Gleich Westens König"; oder „no kind domestic tear" in „Dir fließet nicht des treuen Dieners Thräne".*

Mit den Werken POPES *wird sie durch den schottischen Reisenden Henry Heron vertraut, den sie 1787 in Weimarer Hofkreisen kennenlernt. Erhalten ist die sechsbändige Werkausgabe in der Bibliothek der Schillers: The Works of* ALEXANDER POPE*, Esq. In Six Volumes Complete. With his Latest Corrections, Additions and Improvements. London 1776. Eine umfassende Recherche zu Charlotte Schillers Übersetzungstätigkeit kann im Rahmen dieser Edition nicht geleistet werden. Während der Bekanntschaft mit Henry Heron tauschen die beiden auch Gedicht-Übertragungen aus etwa von* JAMES THOMSONS *„The Seasons" (1726). (Vgl. Henry Heron an Charlotte von Lengefeld, GSA 83/1759, sowie Charlotte von Lengefeld an Henry Heron, GSA 83/1914).*

1–2 Auf den Todt eines unglücklichen Frauenzimmers das sich selbst den Todt gab] Auf den Todt eines unglücklichen / Frauenzimmers ⌊das sich selbst den Todt gab.⌋ Nach Pope.

3 flehendes Gesicht vom Mond erhellet] ~~flehendes Gesicht~~ ⌈flehendes Gesicht⌉ ~~in Mondes Schimmer,~~ ⌈~~Glanze~~⌉ ~~Lichte~~ ⌈vom Mond erhellet⌉.

5 Sieh wie das düstre Blut der Brust entquillet] Strahl / ~~Die winkt! Wie schäumet des Busens Wunde innen,~~ ⌊Sieh wie das düstre Blut der Brust entquillet⌋.

10 ein zärtlich Weib] ~~der~~ ein.

11 Ist niemand, der der Liebe Werth erwägt?] ↑Ist niemand der, der Liebe Werth erwägt?↑.

16 dem Busen] de~~r~~**m** ~~Brust~~ Busen.

20 brauchet Psyche wohl] Physche ~~oft~~ wohl.

28 mögt ihr] *Umschrift: „möcht ihr".*

46 goldnen Schwingen] ~~glo~~ goldnen.

48 So ruht in Frieden] *Umschrift: „So ruh in Frieden".*

48 ohn Stein] ohn~~e~~.

49 gewähret] ~~gewährte~~ gewähret.

57 noch des Lebens] ~~dich~~ ⌈noch⌉ des.

59 So ruft kalt] *Umschrift: „So rufe kalt".*

59 die fremde Schaar] d~~er~~**ie** ~~Wanderer~~ ⌈fremde Schaar⌉.

63 der blindes Glück] ~~den~~ ⌈der⌉ blindes.

70 Es schloßen Fremde] *Umschrift, S. 60 f.: Ab hier neues Gedicht unter dem Titel „An eine Verstorbene".*

74–77 Zeigt dir gleich nicht ‹…› Wink davon] *Randnotiz in der Umschrift: „Ist mir so unklar diese Stelle".*

76 Momente] *Umschrift: „m~~o~~**e**mento".*

80 Es schwingt sich nicht] *Umschrift: „⌈Und⌉ Es schwingt sich nicht*“.
83 heilig wie das heilge Grab] heilig; ~~+ als das~~ ⌈wie das⌉ heilge.
88 Auch dieser] dieser. *Umschrift: „Und dieser*“.
91 Die Leyer der der Klage Laut] *Umschrift: „Die Leier, die der* ⌈*im*⌉ Klage Laut“.
93 Das Auge das verlöscht] *Umschrift: „Das Auge das ~~v~~erl~~ö~~ischt*“.
94 Der lezten Angst] ~~Es weicht dem lezten Kampf~~ / Der.
95 verblüht] ~~entblüht~~ verblüht.
96 Die Muse entflieht] ⌈ent⌉flieht. – *Umschrift: „Die Muse flieht*“.

⟨NICHT WO IM ENGEN NEBELDUFT VERHÜLLET⟩

Textgrundlage: GSA 83/1609. 1 Einzelblatt Quart, Format: 18 × 22cm (beige). Anlass und Adressat des Gedichtes sind nicht bekannt. Die Handschrift legt eine Datierung auf Charlotte Schillers spätere Lebenszeit nahe. Eine Variante dieses Gedichtes findet sich in Schillers Roman ⟨Wallberg⟩*, S. 408.*

8 die Palmen rauschend stehen] Palmen ~~ragen~~ ⌊rauschend stehen⌋.
9 Dort musstest du] ~~Du~~ Dort.
10 Du fuhrest hin] fuhrest.
12 des Lebens] ~~was~~ ⌈~~dem~~⌉ des.
21 Die sey] ~~Sie~~ ⌈Die⌉ sey.

Erhalten ist schließlich ein fragmentarisches Erzählgedicht, das in den Kontext des Romans ⟨Wallberg⟩ *oder die Erzählung* Johanna *gehören könnte. Signatur: GSA 83/1601. 1 Einzelblatt Quart, Format: 17,5 × 20,5cm (beige, gelblich).*

*[1r]*Des Pilgers Lied.
Es wandelt einsam der Pilger am Stab,
~~Dort~~ ⌈Zu⌉ suchte ~~Und eilt in~~ ⌈~~nach~~⌉ d~~en~~ie fluthenden Wogen,
⌈Dort⌉ ~~Er~~ wirft ⌈er⌉ die Bürde des Lebens ab,
Denn alles hat ihm gelogen.
~~+ wird ihm die +liche +‹…›+~~ der ~~+‹…›+~~
bedecken mit
wer wird ihm decken der Feinde Grab
Nichts andres mehr will er ~~erreichen~~ ⌈~~und suchen~~⌉ ⌈ergreifen⌉
Es ~~fallen~~ ⌈fielen⌉ ~~die Blüthen~~ des Lebens ⌈Blüthen⌉ ihm ab.
getroffen von geistigen Reifen.

Folgende zwei Strophen durchgestrichen:

Die Ehre schimmert ihm ~~+ lieblich und hold~~ ⌈lockend und schön⌉
~~Er wollte das trauen~~

Das Wahnbild wollt er erfassen
die Liebe erschien, und er wollte sie
[1v]~~Die Ehre erschien dem muthigen Sinn~~
~~die Ehre lockte den blendend~~
In allen Gestalten erschien ihm das Glück
~~Im blendenden~~
In des Ruhmes blendenden ~~Glanz,~~ ⌈Kranze,⌉
Im ~~dem~~ Auge der Liebe mit glühendem Blick
In der Andacht heiligen Glanze.

~~doch alles~~ ⌈alle⌉ Schmerzen der trauernden trau
Erweckt ⌈Ist s⌉ ihn getäuscht
Erwachete immer aufs neue. ⌈Ihn⌉ Die Liebe trog Un
durch des lebens
der bewahret sich innig die
bewahret sich ewig
doch alles ~~ver+sch uns~~ verwalte ⌈die**es** Schicksals⌉ ~~Aug~~ Macht
der Wahn ~~und~~ wie die Wahrheit verschwanden
Er fühlt nur drückend des Lebens Nacht
Und des daseyns
Und der ~~ermatteten~~ ⌈ermüdenden⌉ Seele Branden.

Vertikal am linken Rand, durchgestrichen:

←Drum steigt er ~~muthig~~ kühn in die Tiefe hinab
~~Und will~~ ⌈kann⌉ auf der Erde nicht suchen nicht weilen
Die + hielt wohl das tiefe Grab?←

II. Gelegenheits- und Erlebnisgedichte

1785 BIS 86. – AN –

Textgrundlage: GSA 83/1568. 1 Einzelblatt Quart, Format: 18,5 × 22cm (hellbeige). Einseitig beschrieben. Umschriften: Gleichen-Rußwurm: GSA 83/1612, S. 86 f. FDH, Hs-23428,1. Erstdruck: Urlichs, *S. I/3. Wem die schmerzvolle Erinnerung, verfasst vermutlich um den Jahreswechsel 1785/86, gilt, ist nicht bekannt, möglicherweise einer Bekanntschaft aus der zwei Jahre zurückliegenden Schweizreise. Aus dieser Zeit mag auch ein Charlotte von Lengefeld zugeschriebener Schattenriss stammen (vgl. Abb. 1 dieser Ausgabe). In einem Brief vom Mai 1787 erwähnt Henry Heron „eine kleine schwarze Gespielerinn", womit er eine solche Silhouette meinen könnte (in: GSA 83/1759, Nr. 5).*

5 War mit Sehnsucht] *Urlichs: „Und mit Sehnsucht".*
6 Jener Stunde] ~~Tage~~ ⌈Stunde⌉.
8 sanften Abend] ~~san Abends~~ sanften.
13 glaube, nicht Vergessenheit.] *Gleichen-Rußwurm: mit Ausrufungszeichen sowie schwungvoller Unterstreichung versehen.*

AN LEIDENDE

Textgrundlage: GSA 83/1571. 1 Einzelblatt Oktav, Format: 14 × 19cm (gelblich). Umschrift: Gleichen-Rußwurm, GSA 83/1612, S. 7–9.

14 O so beruhigt] ~~Darum~~ ⌈O so⌉ ~~beruht~~ beruhigt.

⟨SPRICH O SEELE⟩

Textgrundlage: GSA 83/1572. 1 Einzelblatt Oktav, Format: 14 × 19cm (dunkelbeige). Auf Bl. 1r unten rechts eigenhändig auf den „24ten Marz 86" datiert. Auf 1v oben rechts ebenfalls eigenhändige Datierung: „Rudolstadt den 20ten Marz 1786", sowie folgende Einzelzeile, möglicherweise ein Briefanfang: „Wohl liebe Freundin, war ich lang".

6 die ein gut Geschicke] ~~mir ein~~ ⌈ein gut⌉.
15 Wie der Schmetterling] ~~Gleich~~ ⌈Wie⌉.
17 den Strauch] ~~Baum~~ ⌈Strauch⌉.

ZUM 3TEN FEB: 1787

Textgrundlage: GSA 83/1559. 1 Blatt Oktav, Format: 13,5 × 16cm (beige). Unterzeichnet ist das Gedicht unten rechts mit „Lotte“. Umschrift: Gleichen-Rußwurm, GSA 83/1612, S. 1. Erstdruck: Urlichs, *S. I/4f. Es handelt sich um ein Gedicht Charlotte von Lengefelds auf den 23. Geburtstag ihrer Schwester Caroline, verheiratete von Beulwitz (1763–1847). Weiterführend:* Pailer, *S. 32–34.*

11 Sonne] *Urlichs: „Sterne“.*
28 ihr Band] ~~das~~ ⌈ihr⌉.
29 Nun] *Urlichs: „Und“.*
31 Wir wallen] Wir ~~woll~~.

⟨EWIGE STERNE⟩

Textgrundlage: GSA 83/1576. 1 Einzelblatt Quart, Format: 18,5 × 23,5cm (hellbeige). Zwischen Z. 18 u. 19 eigenhändig datiert: „im April 1803“. Anitikisierendes Versmaß, ungereimte Hexameter. Die hier vorgenommene Unterteilung in drei sechsversige Strophen ist nur vage erkennbar. Umschrift: Gleichen-Rußwurm, GSA 83/1612, S. 50f.

4 Hebet den irrenden Sinn in eure Gefilde voll Leben] ~~Lasst~~ ⌈Hebet⌉ den irrenden Sinn in eure Gefilde ~~hinaufschaun~~ ⌈voll Leben⌉.
5 Daß er finde bey Euch was er, jetzt schmerzlich] er ~~+~~ finde ⌈bey Euch⌉ was er, ~~ach nur mit~~ ⌈jezt⌉.
7 Wenn unwillig der Geist] ~~des wilden~~ ⌈unwillig der⌉.
13 immer tiefer in Nacht] ~~in die verhüllende~~ ⌈immer tiefer in⌉.
14 Laß mich ahnden] ~~erblicken~~ ⌈ahnden⌉.
18 nicht auch des Lebens verworrene Töne] ~~auch einst~~ ⌈~~vielleicht auch~~⌉ ⌊nicht auch⌋ des Lebens verworrene Töne. /

~~Nicht sich lösen, im Schooß ewiger Harmonien –~~
Nicht auch ⌈~~Einst~~⌉ ~~sich lösen im Schooß seeliger ewiger Harmonie?~~
~~Einst sich lösen am Quell Ewiger, großer Harmonie~~
Sich im Schooß. im April 1803
~~Einst sich enträthseln im Schooß ewiger Harmonie~~ ⌈~~Deiner vollendeter h~~⌉?

19 Lösen sich in der Lust, ewigen Wohllauts, und Glück? –] und Glück? // ~~Lösen einst sich in Lust, am quell ++ ewigen Wohllauts~~.

KLAGEN!

Textgrundlage: GSA 83/1577. 2 Einzelblatt Quart: Bl. 1, 17 × 21cm (beige), ist doppelseitig beschrieben, Bl. 2, 17,5 × 21cm, ist einseitig beschrieben. Beide ursprünglichen Bögen sind mit 2,5cm bzw. 0,5cm Überstand des jeweils zweiten Blattes abgeschnitten. Am Gedichtende rechts eigenhändig datiert: „den 24ten Feb: 1805.“ Umschrift: Gleichen-Rußwurm, GSA 83/1612,

S. 46f. Erstdruck: Urlichs, S. I/7, unter dem Titel „Klage." Das Gedicht bezieht sich auf Friedrich Schillers schwere Erkrankung im Frühjahr 1805. Er stirbt am 9. Mai desselben Jahres. Vgl. dazu Pailer, S. 129f.

2 des Lebens Quelle] des Lebens ~~Strom~~ ⌈Quelle⌉.
3 Mit ihren Tiefen] Mit ~~seinen~~ ⌈ihren⌉.
7 Das in des Herzens] Das ~~aus des~~ in.
9 lieblich uns umschwebt] ~~ewig~~ ⌈lieblich⌉ uns umwebt.
10 In tausendfacher Noth und bangem Gram] ~~Aus~~ ⌈In⌉ tausend facher Noth und ~~ewigem~~ ⌈bangem⌉.
11 Daß mir zu arm des Lebens wahre *Scene*!] ~~Zu~~**Daß** ⌈mir zu⌉ arm ~~ist uns d mir~~ des Lebens wahre *Scene*! / ~~Dort dringet aus der~~ / ~~Aus tausend facher Noth Gewalt Schmerz~~ ⌈~~und +en Schmerz~~⌉ / ~~Ich~~ ⌈~~so~~⌉ ~~fliehe doch wo ist der Zauber~~.
14 Da drängte mächtig vor des Herzens] Da drängte ⌈mächtig⌉ vor ~~die~~**des** ~~regen~~ Herzens ~~rege~~.
18 Die Liebe senkt] ~~Der Liebe Flügel~~ Die Liebe senkt.
19 Vom Hauch des rauhen Nordens] ↑~~vom Duft der Wolken höchstes überschaut~~ / ~~vom Hauch der kalten Wircklichk~~↑ / Vom.
24 Nur halb beleuchtet steht im Dämmer Lichte] ~~De~~ Nur halb ~~erscheinet~~ beleuchtet steht im ~~matten~~ ⌈Dämmer⌉ Lichte.
28 Was ist er uns] ~~des Frühlingshauch~~ Was.
29 spricht auch] *Gleichen-Rußwurm und Urlichs: „redet".*
33 der süssen Stimme lauscht] ~~die~~ der ~~schon~~ süssen ~~Töne~~ ⌈Stimme⌉.

PARODIE

Textgrundlage: GSA 83/1578. 1 Einzelblatt Oktav, Format: 12 × 19cm (beige), einseitig beschrieben. Unten links eigenhändig datiert: „den 17ten Juli 1806." Umschrift: Gleichen-Rußwurm, GSA 83/1612, S. 89. Das Gedicht verfasst Charlotte Schiller in Brückenau bei Fulda, wo sie vom 23. Juni bis 20. Juli zur Kur weilt. Vgl. ihre Briefe an Cotta vom 6. und 24. Juli in: DLA Cotta / Verf. Schiller / Schiller, Charlotte von, Nr. 12 und 13. Weiterführend: Pailer, S. 134f.

2 des Lebens Lust] Lebens ~~glück~~ ⌈Lust⌉.
3 Mich rührt nicht] ~~rühret~~ ⌈rührt⌉.

AN GOETHE. 1808. NACH LESUNG VON G'S SONETTEN

Textgrundlage: GSA 83/1560. 1 Einzelblatt Quart, Format: 19 × 23cm (gelblich), einseitig beschrieben. Das Gedicht ist unten rechts unterzeichnet mit „Charlotte von Schiller geb: v. Lengefeld." Umschriften: Gleichen-Rußwurm, gleichfalls GSA 83/1560; dies.: GSA 83/1612, S. 20f.; Urlichs, S. I/9f., verweist in einer Fußnote auf den Erstdruck: „Abgedruckt im Album des deutschen Vereins, S. 288." Ein weiterer Abdruck erfolgt in der „Süddeutschen Presse", Nr. 261 vom 7. November 1869, mit dem einleitenden Passus:

Sonett an Goethe von Charlotte v. Schiller.

** München, 31. Oktober. Man erinnert sich vielleicht, daß an dem Festtag der Enthüllung der Goethestatue in München am Fuße derselben von dem Vorsitzenden der Münchner Schillerstiftung, Dr. Ernst Förster, ein Lorbeerkranz niedergelegt wurde, welchen Schillers Tochter, Freifrau v. Gleichen Rußwurm mit dieser Bestimmung übersandt hatte. Freifrau von Gleichen-Rußwurm hat mit dem Dank für die Ausführung ihres von inniger Pietät eingegebenen Wunsches ein Gedicht ihrer Mutter eingesendet, das dieselbe im Jahre 1808 an Goethe gerichtet, und das als Zeugnis der auch nach Schillers Tode bei den Seinen lebendig erhaltenen hohen Verehrung für den überlebenden Freund, für den in ungeschwächter Kraft fortwirkenden Genius nicht auf einen kleinen Leserkreis beschränkt bleiben sollte. Wir theilen es deshalb nach eingeholter Erlaubniß unseren Lesern mit.*

2 Auch mir ergriffen] ~~mich~~⌈mir⌉.
6 vor Allen] *Urlichs und Süddeutsche Presse: „von Allen“.*
12 Der könnt allein] ~~auch nur~~⌈allein⌉.
14 Die's Ihm verkünde] ~~i~~Ihm.

AN MEINEN GUTEN GENIUS. CAROLINE

Textgrundlage: GSA 83/1563. 1 Einzelblatt Quart, Format: 18,5 × 23cm (hellbeige), einseitig beschrieben. Erstdruck: Urlichs, S. I/11. Umschrift: Gleichen-Rußwurm, GSA 83/1612, S. 28f. Das Gedicht ist unten rechts eigenhändig datiert: „im Feb: 1808“. Gewidmet ist es Prinzessin Caroline Luise von Sachsen-Weimar (1786–1816), die 1810 mit dem Erbprinzen Friedrich Ludwig von Mecklenburg-Schwerin vermählt wird. Vgl. auch die Gedichte und Kommentare zu ⟨Wenn der Morgen dich grüsst⟩, So komme denn und gib mir süsse Töne, *und* Den 18. Junius 1813. *Weiterführend: Pailer, S. 153f.*

1 Caroline] Caroline.
3 Herzens innern Grunde] ~~tiefsten~~⌈innern⌉.
7 Erspäht ich neu belebt] Er~~blickt~~⌈späht⌉ ich neu ~~gestärckt~~⌈belebt⌉.
8 ein Einzig Leben] ein ~~zweites~~⌈Einzig⌉ Leben.
11 sein Schicksal dulten sehen!] ~~tragen~~⌈dulten⌉ sehen! / ↓So kann ich sicher deinem Geist vertrauen!↓. – *Ursprünglich bilden Z. 10, 11, 13 und 14 ein Quartett. Durch Einfügung von Z. 12 und Anfügung von Z. 15 formt Charlotte Schiller dies in zwei Terzette um.*
15 Auf diese Hofnung] *Urlichs: „Und diese Hoffnung“.*

DIE WECHSELNDEN GEFÄHRTEN. DEN 22TEN FEB: 1809 ZUM GEDÄCHTNISS DES 22TEN FEB: 1790. SONETT

Textgrundlage: GSA 83/1944. 1 Doppelbogen, Quart, Format: 17 × 21cm. Das Gedicht wurde im Kontext von Charlotte Schillers „Reflexionen“ *archiviert, da es sich auf den letzten beiden Seiten der zwei ineinander liegenden Bögen befindet. Die ersten drei Blatt enthalten Aufzeichnungen von 1806 und 1807 und sind von ihr eigenhändig paginiert als: 5, 6, 7. Das Gedicht folgt auf Blatt 4, unpaginiert. Charlotte Schillers der Erinnerung an ihren Hochzeitstag (am*

22. Februar 1790) gewidmetes Gedicht wurde zunächst nur in der von Caroline von Wolzogen *stark überarbeiteten Variante in „Schillers Leben", S. II/67, abgedruckt. Es existieren drei Umschriften von Emilie von Gleichen-Rußwurm: 1) GSA 83/1579, mit ihrem Hinweis: „So steht das Gedicht in dem Original von Lottens Hand. Die Wolzogen hat hinein corrigirt, wie es in Schillers Leben erschienen, ist es durch sie geändert." 2) GSA 83/1612, S. 52f.; 3) Freies Deutsches Hochstift, Hs-23428, 2. Der Druck in:* Urlichs, *S. I/10 legt Gleichen-Rußwurms Umschrift zugrunde. Zum Hochzeitstag siehe auch Charlotte Schillers Aufzeichnung* ⟨An einem Montag⟩ *(GSA 83/1660), die am Schluss der* „Reflexionen" *wiedergegeben wird. Vgl. hierzu auch* Pailer, *S. 130f. Statt eines Stellenkommentars geben wir die drei Versionen vollständig wieder.*

Caroline von Wolzogens Überarbeitung, GSA 83/1579:

*[1r]*Die wechselnden Gefährten
Den 22ten Feb: 1809 zum
Gedächtniß des 22ten Feb: 1790
Sonett.
Als das Geschick einst zu dem süßen Lohne
Die Lieb und Treu, begleitend mir gegeben,
Da dünkt mirs ~~nach dem~~ ⌈zum⌉ Himmel aufzuschweben
Das Leben reichte seine Blüthen Krone.
~~Nun sucht die~~ ⌊Nun⌋ ⌈sucht⌉ ~~Sehnsucht~~ ⌊mir⌋ {Sehnsucht}
~~Doch ach nun such ich~~ jene hellen Sterne!
Die ~~Sehnsucht in des Himmels Raum will dringen~~,
Die Noth der Zeiten führt herbey die Schmerzen
Und Glaub und Wahrheit, ~~rufen~~ ⌈fliehen⌉ in der Ferne
Und ~~Angst voll bluten~~ ⌈Es⌉ ⌊Nichts stillt die Wehmuth⌋ d~~ie~~er zerrißnen Herzen!
Die Sorge naht mit grauen Nebel Schleyer
Und will für die Geliebten die mir blieben
#Von dem Geschick kein freudig Bild enthüllen.
⌊Kein freudig Bild der Zukunft mir enthüllen⌋
*[1v]*Nicht eilen wir zu Tagen froher Feyer,
Das Schicksal will des Herzens Kräfte üben,
Und nicht auf Erden wird ~~sich~~ der Schmerz sich stillen! –
↓Im Himelsraum – ⌈D+ Ster+⌉ D~~er~~ie ~~Zeit führt Noth~~
~~in Schmerzen~~
gebiert nur Schmerzen↓

Emilie von Gleichen-Rußwurms Umschrift, GSA 83/1579:

Die wechselnden Gefährten
Den 20 Feb. 1809 zum Gedächtnis
des 20 Feb. 1790
Sonett
Als das Geschick einst zu dem süßen Lohne
Die Lieb und Treu begleitend mir gegeben,
Da dünkt mir's nach dem Himmel aufzuschweben,

Das Leben reichte seine Blüthen-Krone.
Doch ach nun such ich jene hellen Sterne!
~~Die Sehnsucht in des Himmels Raum will dringen,~~
Die Noth der Zeiten führt herbey die Schmerzen
Und Glaub und Wahrheit, rufen in die Ferne
Nichts stillt die Wehmuth der zerrißnen Herzen!
Die Sorge naht mit grauem Nebel-Schleyer
Und will für die Geliebten die mir blieben
Von dem Geschick kein freudig Bild enthüllen.
[1v]Nicht eilen wir zu Tagen froher Feier,
Das Schicksal will des Herzens Kräfte üben,
Und nicht auf Erden wird der Schmerz sich stillen! –

Wolzogen: Schillers Leben, S. II/67:

Die wechselnden Gefährten.
Den 20 Februar, 1809,
zum Gedächtniß des 20 Februar, 1790.
Als das Geschick dereinst zu süßem Lohne
Mir zu Begleitern Lieb' und Treu' gegeben,
Da dünkt' ich mir zum Himmel aufzuschweben;
Das Leben reichte seine Blüthenkrone.
Nun faßt nur Sehnsucht jene hellen Sterne
Im Himmelsraum; die Zeit gebiert nur Schmerzen.
Und Glaub' und Wahrheit fliehen in die Ferne.
Nichts stillt die Wehmuth der zerriss'nen Herzen.
Die Sorge naht in grauem Nebelschleier,
Und will für die Geliebten, die mir blieben,
Kein freundlich Bild der Zukunft mehr enthüllen.
Nicht eilen wir zu Tagen froher Feier.
Das Schicksal will des Herzens Kräfte üben;
Und nicht auf Erden wird der Schmerz sich stillen.

WUNSCH. 1809. AN EINEN GROSSEN ESSER

Textgrundlage. GSA 83/1569. 2 Einzelblatt Quart, Formate: 15 × 20cm (beige) (H^1: 1809) und 16,5 × 21cm (grünlich) (H^2: 1810). Der Edition liegt die Erstfassung zugrunde. In der Zweitfassung, unter dem modifizierten Titel „Geburtstags Gedicht. Im Jahr 1810", sind rechts an den Zeilen 2, 4, 12 und 14 Initiale notiert (Z. 2 u. 12: „K.", Z. 4: „F." und Z. 14: „S."), die auf eine Verteilung von Sprechrollen beim mündlichen Vortrag hindeuten.

1 WUNSCH. 1809. AN EINEN GROSSEN ESSER] *Titel der Zweitfassung*: Geburtstags Gedicht. Im Jahr 1810.
5 Schwardte Magen] H^2: Schwarte Magen.
11 dein Keller] H^2: der Keller.

13 Blut'ges Fleisch] Blut. ges Fleisch.
15 Mit den Braten] *H*^{2}: ~~Unter~~ ⌈Mit den⌉.

SO KOMME DENN, UND GIEB MIR SÜSSE TÖNE. AN HENRIETTE KNEBEL 1811

Textgrundlage: GSA 83/1562. 1 Einzelblatt Oktav, Format: 12 × 20cm (gelb-grünlich). Im Titel eigenhändig auf 1811 datiert. Umschrift: Gleichen-Rußwurm, GSA 83/1612, S. 85. Erstdruck: Urlichs, *S. I/12. Charlotte Schiller adressiert das Gedicht an Henriette von Knebel (1755–1813), die Schwester des Weimarer Hofrats Karl Ludwig von Knebel, die Prinzessin Caroline Luise von Sachsen-Weimar nach Mecklenburg-Schwerin als Hofdame folgt.*

1 SO KOMME DENN ‹…› 1811] ↑~~Getrennt von Dir!~~↑ / So komme denn, und gieb mir süsse Töne / ↓~~So fleh ich denn, um einen holden Klange~~ an↓ / An Henriette Knebel 1811.
3 freundliche Gebilde] ~~Ges+~~ ⌈Gebilde.⌉
5 Die Freundin grüssend mit des Himmels] ~~Der gern~~ Die Freundin ~~sich~~ ⌈grüssend⌉ mit ⌈des⌉.
6 Die ihr eigen Wesen schön erfüllet] ~~verklärt zeigt, wer~~ ⌈die⌉ ihr ~~Gemüth~~ ⌈eigen Wesen schön⌉ erfüllet. / Mit dem ~~ihr eig+ schönen eigen~~ / ⌊~~sie selbst ihr~~⌋.
6 erfüllet.] erfüllet /
~~der Zauber, der durch ihre süssen~~ Worte ⌈Töne⌉
~~Ein trübes Dasein freundlich hat erhellet~~
~~der gebe mir jezt K+ Gesang zu~~
~~Der ihr+ Seelen Lindrung ha+~~
~~Der mahle ihr in seiner hohen Schöne,~~
~~Die Macht der Freundschaft Macht, die~~.
9 verschönte] verschöne~~t~~**te**.
13 Der Liebe kann das Schicksal nichts entrücken] ~~Und Liebe kann,~~ Der Liebe kann ~~die Erde~~ ⌈das Schicksal⌉ nichts entrücken / ~~denn Zeit und Tod kann mächtig sie bezwingen,~~ / ~~denn sie kann selbst~~.
14 in die Ferne dringen] in die Ferne ~~auch~~ dringen.

⟨WENN DER MORGEN DICH GRÜSST⟩

Textgrundlage: GSA 83/1565. 1 Einzelblatt Folio, Format: 20,5 × 34cm (grünlich), einseitig beschrieben. Es handelt sich wohl um ein Geburtstagsgedicht an eine Freundin, möglicherweise an Prinzessin Caroline Luise von Sachsen-Weimar.

2 seinem röthenden Strahle] ~~rosigten~~ ⌈röthenden⌉.
4 es sey dir ein Zeichen] ~~es sey dir ein Zeichen~~ ⌈es sey dir ein⌉ ⌈~~Denkmal~~⌉ ⌈⌈Zeichen⌉⌉.
5 auch liebend] ~~recht~~ ⌈auch⌉ liebendt.
7 Denn ein hohes Geschenk brachten die Parzen auch mir.] Denn ⌈es ~~brachten mit dir mir~~⌉ ein hohes Geschenk ~~brachten die Parzen auch mir~~ ⌈brachten die Parzen auch mir⌉.

7 Parzen auch mir.] mir. //
~~Frühe schon wandte der mein Blick sich sehnend.~~
~~O denn nur einmal erscheinet~~
~~Jene Schwestern die den Sterblichen führen ins Leben.~~
Am rechten Rand findet sich hier ein Einfügezeichen, das sich möglicherweise auf folgende Zeilen vertikal am linken Rand bezieht:
Die ~~J+ gebieten geb+ dem Schicksal gebieten~~
~~Mit ihrer lenkenden~~ Hand.
Rechts daneben:
Jene göttlichen drey hohe Töchter.
8 nicht kann ich winden] kann ich ~~nicht~~.
9 nicht Dirs Liebe] nicht ~~auf~~⌈Dirs⌉.
10 das Herz] ~~deras Blick~~⌈Herz⌉.
11 Suchet umsonst wie es die Zeichen der Liebe erklärt] ~~O Jeglicher Laut~~ Suchet umsonst wie es die ~~Worte~~ ⌈Zeichen⌉ der ⌊Liebe erklärt⌋ / ~~Nirgends findet es~~ ⌊~~Findet nirgends nirgends.~~⌋.
12 sich frühe schon] ~~frühe~~⌈frühe⌉.
13 Froher Jugend ertrug denn kühner dem heiteren Sinn] Froher Jugend ertrug ~~den Hand in Hand über~~ heiteren ⌊~~den~~⌈denn⌉ kühner dem ~~flüchtigen~~⌈heiteren⌉ Sinn.⌋.
14 Aber sie leiteten] ↑~~Leicht hin über die Erde~~↑ / Aber.
14 jene Gefühle] ~~sie waren~~⌈jene Gefühle⌉.
15 mit jeglichem Jahr] ~~vor~~ mit jeglichem ~~Tag~~ Jahr.
15 im Sinn] im Sinn.
16 Immer fand] ↑~~Treue bes führet vereinig~~↑ / Immer.
18 Tage, mit ihren eilenden Schwingen] Tage, ~~ins Meer~~⌈~~stürmende~~⌉ ~~trübe Meer~~ ⌊mit ihren ~~raus~~ eilenden Schwingen⌋.

DEN 18TEN JULIUS 1813

Textgrundlage: GSA 83/1564. 1 Bogen Quart, Format: 19 × 24cm (gelblich). Eigenhändige Adressierung auf der Rückseite des Bogens: „Der Durchlauchtigen Frau Erbprinzessinn von Mecklenburg Schwerin." Umschrift: Gleichen-Rußwurm, GSA 83/1612, S. 25–28. Erstdruck: Urlichs, S. I/15 f.

10 Entnommen ist sie uns!] *Gemeint ist die kurz zuvor verstorbene Henriette von Knebel.*
20 unsren Welten] undren. *Urlichs: „andern".*
27 treuen ewgen Gruß] ~~ewgen~~⌈+⌉ ewgen.
38 Engelskind] *Gemeint ist Prinzessin Carolines erster Sohn Albrecht (1812–1834).*

AN DIE BLAUE WINDE

Textgrundlage: GSA 83/1582. 1 Einzelblatt Quart (verkürzt), Format: 13 × 21,5cm, einseitig beschrieben (Reinschrift). 1 Bogen Folio (verkürzt), Format: 19 × 28,5cm, nur Bl. 1 beschrieben

(Konzept). Charlotte Schillers Reinschrift ist unter dem Titel eigenhändig datiert: „17ten Okt: 1813." Ihre Konzeptfassung ist rechts neben dem Titel eigenhändig datiert als: „October 1813." Archiviert sind unter derselben Signatur zwei Umschriften von Gleichen-Rußwurm: 1) 1 Einzelblatt Quart, Format: 19,5 × 24,5cm, Briefsiegel: „Bath." 2) 1 Bogen Folio, Format: 22 × 34cm. Dem Titel stellt sie in beiden Umschriften voran: „Abschrift eines ungedruckten Gedichts von Charlotte von Schiller", in 2) ergänzt sie: „geb. von Lengefeld". Unten mittig vermerkt sie: „Abgeschrieben für die Ausstellung in Nürnberg zum hundertjährigen Geburtstag meines theuren Vaters. Von Emilie von Gleichen-Rußwurm geb. von Schiller." Die Umschrift entstand also 1859. Links unten ist mit Bleistift vermerkt: „an Sigmund Soldan", rechts unten: „Schillers Tochter". Weitere Umschrift: Gleichen-Rußwurm GSA 83/1612, S. 30f.

3 im Sonnen Strahl] Sonnen.
4 Wenn Himmels Blau] ~~mildes~~⌈Himmels⌉.
5 Da herrscht in dir] ~~ist~~⌈herrscht⌉.
7 sinken / Und dich ‹…› Nacht. –] sinken / ↓Und dich ‹…› Nacht. –↓.
10 bleibst du ohne Wechsel] ~~unverändert~~⌈ohne Wechsel⌉.
12 von dem Geschick] vo~~m~~**n**.
14 des Lichtes Wandeln] ~~Wechsel~~⌈Wandeln⌉.
15 des Lebens Dauer] de~~n~~**s**.

Charlotte Schillers Konzeptfassung:

[1r]An die blaue Winde October 1813.
Wie sich dein Kinder Aug des Lichtes Pracht,
Mit Lieblichkeit dem Sonnen Strahl verschließet
Da herrscht in dir des Lebens ganze Macht,
Des Himmels blau den gelben Kelch umfließet
Doch mit der Sonne scheidens ersten Winken
Wenn sie den andern Spähren Licht verleiht,
Sehn wir die Kelche in ein ander sinken,
Und leblos, sinkt die Krone, unerfreut,
Den Stürmen rauhen Nordens Preis gegeben
~~Zeigst du die zarte Brust~~
~~verbirgst du dich in grüner Hülle Shuz Schuz~~
~~verbirgst du dich in grüner Hülle~~
Verhüllst du dich in grüner Blätter Schoos.
Du eilst hinweg aus deinen kurzen Leben
Erfüllst der Blumen, wie de~~n~~**s** Lebens Loos.
Wenn nun der falbe Herbst die Blätter streuet
~~dann bleibst du ohne Wechsel~~
Wenn kalter Hauch der Erde dich umweht
dann bleibst du schlummernd, ~~im~~⌈immer⌉ unerneut.
↑Du fühlst wie ich, das Alles schnell vergeht –↑
~~du bist wie ich von dem Geschick getroffen,~~
⌈~~wie~~⌉ ~~des Lichtes Wandel bringt nicht neue Kraft.~~
[2v]Ermüdet von des Lebens langer Dauer

~~nun w+ das Schicksal~~ ⌈neues⌉ ~~andre noch erschaft.~~
~~Erwart ich mit des Gleichmuths stiller Trauer~~
Erwartend keine neue Lebens Lust.
In stillen Gleichmuth, und nie gestörter Trauer
Biet ich dem Lebens Schmerz auch meine Brust!

⟨HINAUS IM WALD⟩

Textgrundlage: GSA 83/1583. 1 Einzelblatt Folio, Format: 20,5 × 34cm (beige), einseitig beschrieben. Umschrift: Gleichen-Rußwurm: GSA 83/1612, S. 83, unter dem Titel: „Zur Wanderlust“. Erstdruck: URLICHS, S. I/14. Dieser vermerkt: „Vielleicht 1813 in Ruhla gedichtet“ unter Hinweis auf Charlotte Schillers Briefwechsel mit Karl Ludwig von Knebel. Vgl. DÜNTZER: Briefe von Schiller's Gattin, S. 139.

3 die Freyheit lacht] Freyheit ~~ruft~~.
5 In enger Schranken] ↑Nichts was Macht↑ / In enger.
6 stilles Thal] stillen~~s Grund~~.
9 Wo unser Lied] ⌉Wo⌈ ~~Und~~ unser.
10 des Lebens Schein] ~~Lebens~~ Lebens.
13 Das frühe sich] ~~wo v+~~ das.
13 der Eiche alter Zweig] ~~Stamm~~ ⌈Zweig⌉.
15 deutscher Muth] deutscher ~~Sinn~~.
16 Wir sind] ↑~~Nicht was auf uns ++ kann~~↑ / Wir sind.
17 Herzen reich] reich / ↓~~Und scheuen nicht die Wuth~~.↓.
18 Und preisen dieses Guth] ~~die~~ Und preisen dieses Guth / ~~Denn uns allein verdanken wir~~ / ~~Wenn sich + des ++ getreu~~ / ~~Nicht + auf~~ / ~~Denn +~~.

AM 10TEN JÄNNER 1813

Textgrundlage: GSA 83/1584. 1 Einzelblatt Quart, Format: 19,5 × 22,5cm (gelblich), recto das Gedicht Am 10ten Jänner 1813, *verso das Gedicht* 1815 *(vgl. folgenden Kommentar). Umschrift: Gleichen-Rußwurm, GSA 83/1612, S. 12f. Erstdruck: URLICHS, S. I/13, unter dem Titel „Gebet“.*

3 wenn Schmerz] wenn ~~Nacht~~.
6 alle Sorgen] ~~Schmerzen~~ ⌈Sorgen⌉.

1815

Textgrundlage: GSA 83/1584. 1 Einzelblatt Quart, Format: 19,5 × 22,5cm (gelblich). Recto das Gedicht Am 10ten Jänner 1813, *verso das Gedicht* 1815 *(vgl. vorhergehenden Kommentar). Umschrift: Gleichen-Rußwurm, GSA 83/1612, S. 13f.*

5 des Glückes Stunde] ~~Beßre Glück~~ ⌈Glückes Stunde⌉ ~~uns~~.
9 verhüllt der Wahrheit] ~~+~~verhü**llt**.
15 Herz für Glück] für.

ZUM 18TEN OCTOBER

Textgrundlage: GSA 83/1585. 1 Einzelblatt Folio, Format: 20,5 × 34cm (gelblich), recto das Gedicht Zum 18ten October, *verso eine Konzeptfassung des Gedichts* Zum 18ten October 1814 *(GSA 83/1586, s. folgenden Kommentar). Umschrift: Gleichen-Rußwurm, GSA 83/1612, S. 36f. Erstdruck: Urlichs, S. I/16.*

4 heilger Glanz] heil~~ig~~**er**.
8 Wie aus] ↑~~wie~~↑ Wie.
10 zu erspähen] zu ~~ersph~~.
11 Die der Welt] ~~wo er Licht gestaltend zeige~~ / ~~daß er sieht der~~ / Die.
13 schönster Schmuck] schönster ~~Hofnung~~.
23 Friedlich] ~~Ewig~~ Friedlich.
24 Flamme schlinge] Flamme ~~so sch~~.
25 Sich um Herzen, die es fühlen] ~~daß es schön ist, frey zu seyn~~ ⌈~~frey zu sein~~ ⌈ ⌈Sich um Herzen, die es fühlen⌉.
26 Daß es Glück ist, frey zu seyn.] →Daß es Glück ist, frey zu seyn→. *Rechts am Rand, neben Z. 21.*

ZUM 18TEN OCTOBER 1814

Textgrundlage: GSA 83/1586. 1 Einzelblatt Oktav, Format: 11,5 × 19cm (gelblich). Eine Konzeptfassung findet sich unter der Signatur GSA 83/1585, verso (s. vorhergehenden Kommentar). Umschrift: Gleichen-Rußwurm, GSA 83/1612, S. 17f.

4 mit des Lichtes] {des}.
9 sich hebt zum Sternenkranz] ~~entsteigt~~ ⌈sich hebt⌉.
11 Wahrheit ist] ⌈ist⌉ ~~sind~~.
17 sie sind uns] ~~der~~ ⌈uns⌉.

Konzeptfassung, GSA 83/1585:

[1v]~~Heilig walte über unsren hohen g~~ ⌈~~auf des Berges Gipfeln Bergen~~⌉
~~die der Flamme dampfend~~ Licht umfließt,
Den 19ten October 1814.

Heilig wie auf unser Berge Rücken,
Die, die Flamme dampfend Licht umfließt
Walte ~~+~~ ⌈mit⌉ des Schicksals Sonnen blicken
Auch d~~er~~**ie** ~~Kreis~~ ⌈Macht⌉ d~~er~~**ie** unser Leben schließt.
Was wir werden sollen, wenn die Träume

Bessrer Menschheit Ahnen, Wahrheit sind
~~wenn in hohem Streben, in den Träumen~~
Wenn des Geistes Flügel in den Träumen
Hoher Schönheit seinen Lauf beginnt
~~Was~~ ⌈Wie⌉ des Windes Hauch die Flamme knicket
Weit sich dehnend in des ~~Aethers~~ ⌈Aethers⌉ ~~blau~~, Glanz
Wie das Niedre an der Erde bleibet
Und das Licht sich hebt zum Sternen Kranz.

~~So nun woll uns der~~
Sey es uns ein Vorbild uns des Strebens
Freyheit, Glauben, Muth und Vaterland
zu erringen, wagend nicht vergebens,
~~Denn sie sind der frey~~
Denn sie sind uns bessrer Welten Pfand,
~~Wehet auch der Erden geister + Flamen~~
~~Wo der des Geistes Flammen erreicht.~~
~~wie + trübe Nebel uns.~~
~~Trüb aus +++.~~

SONNET. JULI 1815

Textgrundlage: GSA 83/1587. 1 Einzelblatt Quart, Format: 17 × 21cm (dunkelbeige). Umschrift: Gleichen-Rußwurm, GSA 83/1612, S. 62 f. Erstdruck: Urlichs, S. I/19, unter dem Titel: „18. Juli 1815".

2 die Natur] ~~sich~~ die ~~Welt~~ ⌈Natur⌉.
3 zu sinken] ~~tauchen~~ ⌈sinken⌉.
6 Selbst in des Lebens eng verworrnen Bahnen] ~~Denn~~ ⌈Selbst⌉ in des Lebens eng verworrnen ~~Kreisen~~ ⌈Bahnen⌉.
8 Frieden walten] Frieden ~~ahnen~~.
11 Die Hofnung] ~~d~~**D**ie.
13 Von ferner Welt winkt Ruhe nur der Müden] ferner ~~höhen~~ ⌈Welt⌉ winkt ~~die~~ Ruhe ~~der~~ ⌈nur der⌉.
14 nicht zu dringen] ~~nur~~ ⌈nicht⌉.
15 Die Gegenwart spricht] ~~Und~~**Die** Gegenwart ~~+~~**sp**richt.

Bruchstücke, verso:

[1v]Wie wenn der Sonne Licht das Thal erhellet
Die Schatten tiefer, ~~und~~ von dem Licht ~~beglänzend~~ ⌈bestralet⌉,
~~So schien die Welt des Geistes~~
So war beleuchtet meine innre Welt,
Die Hofnung, Liebe, Friede, war mein Loos,
Doch wie
Wie schön der Sonne ~~Licht~~ ⌈Strahl⌉ das Thal bescheint
Und Tiefe Schatten, mit den Lichten tauschen,
Uns.

⟨AUF BRÜDER AUF⟩

Textgrundlage: GSA 83/1588. 1 Einzelblatt Oktav, Format: 11,5 × 16,5cm (beige). Oben links eigenhändig datiert: „1815“. Umschrift: Gleichen-Rußwurm, GSA 83/1612, S. 84f. Erstdruck: Urlichs, S. I/17f., unter dem Titel: „Marschlied“.

3 Es schallet weit der Hörner] schallet ~~der Hörner~~.

5 Verlaßt der Zelte] Verlaßt ~~das Enge~~⌈der Zelte~~r~~⌉.

6 freye frische] freye~~r~~.

9 wo Muth] ~~wo F~~ Wo.

12 zum schönen Ziel] zu~~r~~**m** ~~Ruhe~~ schönen Ziel / ~~Was in der Liebe Schooß?~~ // ~~Nur unsre Pflicht getreu u. hold~~ / was macht uns.

14 Denn wem nach dem Errungenen Sieg] Denn we~~r~~**m** nach dem Errungenen ~~Ziel~~⌈Sieg⌉. – *Davor ähnlicher Versanfang, teilweise getrichen:* ↑Dem wer nach ~~überstandner Schlacht~~ / nicht mit sich ~~selbst ver~~ selber Eins./ der kehret heim↑ / Denn wem.

15 höher strebt] höher ~~schlägt~~.

16 wen nicht in einem bluthgen Krieg / Sein] ~~wer nicht sich s+ ++~~ / we~~r~~**n** nicht ~~aus~~⌈in⌉ einem blutgen Krieg / ~~Auch~~ Sein.

18 Der kehre heim] der ~~kher~~.

20 Der Trommel] ~~Waffen~~⌈Trommeln⌉.

FRANKREICH. IM JAHR 1815

Textgrundlage: GSA 83/1589. 1 Bogen Oktav, Format: 11,5 × 18,5cm (beige), nur Blatt 1 einseitig beschrieben. Umschrift: Gleichen-Rußwurm, GSA 83/1612, S. 38.

TRINKLIED. FÜR DEUTSCHE

Textgrundlage: GSA 83/1591. 1 Bogen Oktav, Format: 12 × 19,5cm (beige), nur Blatt 1 beschrieben; 1 Einzelblatt Oktav bzw. der Textausrichtung nach halbes Blatt Quart, Format: 10,5 × 20,5cm (grünlich), einseitig beschrieben; weitere Konzeptfassung auf einem Einzelblatt Quart, Format: 18,5 × 21cm. Umschrift: Gleichen-Rußwurm, GSA 83/1612, S. 39. Erstdruck: Urlichs, S. I/18, ohne die Verse 14f.

10 erblick er neu] erblick er+.

13 ihm auch zur Seiten] Seiten //

[1v]~~Fast hätt des Feindes trügliche Macht~~
~~Erwecket die Truggebilde der Nacht~~
~~Mit wildem Sinn und ohn Erbarmen~~
~~Es siegete Treue, es siegte der Muth~~
~~Es erscholl der Wahrheit Gelübde~~
~~Für Vaterland, Freyheit entfloß das Blut~~
~~Und glaubend das Herz sich nun übte~~

~~Der hohen Gewalt sich vermessen,~~ ⌈erhebend⌉,
~~Es ruhet das Wahngebilde der Nacht~~
~~Und Und F+.~~.

14 Und wandelnd] ~~Denn~~ ⌈Und⌉.
18 Was erhebet] Was ~~hebet d~~.
19 Was nur hohes] was ~~Ewig~~ nur hohes.
23 Und Gott] ~~Die A+~~ Und.

Weitere Konzeptfassung:

[3r]Bald wär es gelungen des Feindes ~~be+~~ ⌈ge⌉ ~~Groll~~ Macht,
~~Die dies Edle uns~~
zu ~~erwecken~~ ⌈rufen⌉ die Trug gebilde der Nacht.
~~Doch~~
~~Statt Treue und Wahrheit empfing~~ ⌈ver+⌉ uns H+ ⌈~~S+~~⌉ ~~+~~
~~Des Glaubens Bild war verhüllet~~
~~Doch Treue siegte, und Wahrheit froh erschien~~
~~Mit Strahlenden Blicken uns winkend~~
Es siegte die Treu, nun gelang es dem Muth
Zu verkünden der Wahrheit Gelübde
~~Und für~~ Für Vaterland, Freyheit entfloß unser Blut
Und ~~bruderlich sich übte~~ ⌈~~W+~~⌉ ⌈glaubend das Herz nun sich übte⌉.
Nun ~~stehet~~ ⌈erstehe⌉ es wieder das deutsche Geschlecht,
Zu bewachen das hohe heilige Recht. –
[3v]Wohl ziemt sich zu füllen des Bechers Rund
Und am Goldnen Trank sich zu laben.
~~Wenn das Herz ver~~
Wer gelobet hat mit Redlichem Mund
Die höchsten der Irrdischen Gaben
Zu gewinnen dem Volck, was es lange vermisst
~~die Hoffnung das Glück der Freyheit zu nähren~~
Die Freyheit, die Wahrheit, den Glauben
Was des Stolzes, des Uebermuths feindliche List,
Dem Deutschen vermochte zu rauben.
~~Dem Becher erfüllt in heiligen Kreis~~
~~Denn Wein muß dem Deutschen man gönnen~~
Mit frohem Sinn erblick er aufs neu
~~Daß wo~~ Die Hoffnung der besseren Zeiten.
Er halte nur fest, auf Ehre und Treu
So stehen sie ihm auch zur Seiten.

KLAGE UM SCHILLER

Textgrundlage: GSA 83/1567. 1 Einzelblatt Quart, Format: 19,5 × 23,5cm (gelblich). Oben rechts eigenhändig datiert: „1815“. Umschriften: Gleichen-Rußwurm: GSA 83/1612, S. 22–24; dies.: FDH, Hs-23428,3. Carl von Schiller: DLA Schiller, Friedrich von / Zugehörige Materia-

lien / Charlotte von Schiller, Gedichte / Verschiedenes. Erstdruck: Urlichs, *S. I/20. Zum Kontext:* Pailer, *Kap. VII.*

4 noch dies] *Gleichen-Rußwurm (GSA): „dieses"; dies. (FDH): „noch die".*
15 Edlem Willen kühn] Edlen Willen. – *Undeutlich durch einen Strich auf der Rückseite. Gleichen-Rußwurm (GSA): „Willen dich"; dies. (FDH): „Willen kühn".* Urlichs: *„Willen dich".*

⟨IN DES FLÜSSGENS BLAUEM SPIEGEL⟩

Textgrundlage: GSA 83/1590. 1 Einzelblatt Folio, Format: 20,5 × 34,5cm (gelblich), einseitig beschrieben. Unten rechts eigenhändig datiert: „1815". Umschrift: Gleichen-Rußwurm, GSA 83/1612, S. 15 f.

2 blauem Spiegel] blauen ~~Spiegel~~ ⌈~~Schatten~~⌉ ⌈Spiegel⌈.
13 Und in meines Herzens] Und ~~mir~~.
26 Schimmert stets] ⌉~~Sinkt~~⌉ ~~lebt auch dieser Eine Ewig, Ist des~~ ⌈+⌉ ~~Lebens Glanz +~~ / ~~den + + 1815.~~ / Schimmert.

⟨WOHER DIE TREU ENTSTAMMT?⟩

Textgrundlage: GSA 83/1592. 1 Einzelblatt Quart, Format: 20,5 × 24cm (beige), einseitig beschrieben. Oben rechts eigenhändig datiert: „April 1817." Umschrift: Gleichen-Rußwurm, GSA 83/1612, S. 31.

2 die Treu] Treu~~e~~.
7 Und da wo] ~~nur~~ ⌈da⌉.
8 diese Zauber Töne] ⌈diese⌉ Zauber ~~Melodien~~ ⌈Töne⌉.
10 Wir findens wieder] ~~immer~~ ⌈wieder⌉.

Von der Gedichtform abgesetzt, notiert Charlotte Schiller:

> In Kratylos, im Plato leitet er das Wort Treue von Ruhe her, ohne Ruhe ist auch Treue die, die Gesinnungen im gleichen Standpunkt zu erhellen vermag, troz des Lebens wechselnder Bewegung nicht zu empfinden. –

Ebenso Teil von Gleichen-Rußwurms Sammelhandschrift (GSA 83/1612, S. 34).

AN G. NACH UMARBEITUNG DES SCHUZGEISTS

Textgrundlage: GSA 83/1561. 1 Einzelblatt Folio, Format: 21,5 × 34cm (dunkelbeige). Umschrift: Gleichen-Rußwurm, GSA 83/1612, S. 54 f. Das Gedicht nimmt Bezug auf die Bearbeitung von August von Kotzebues *„Der Schutzgeist. Dramatische Legende in sechs Akten nebst einem Vorspiel" (1814) durch Goethe für das Weimarer Theater (1817) und ist vermutlich im Anschluss* *daran entstanden. Zu Kotzebue vgl. den Kommentar zu* Der verunglückte 5te März. *Weiterführend:* PAILER, *S. 112–114.*

1 Nach Umarbeitung] ~~Erblickung Aufführung~~ ⌈Umarbeitung⌉. – *Am linken Rand findet sich ein Vermerk von fremder Hand: „An Goethe vor Umarbeitung Kotzebues".*

1 Schuzgeists.] Schuzgeists. ↓~~So wie dem Seher sich Gesichte zeigten~~ / ~~wie~~↓.

3 Gebild?] Gebild? / ~~Dem Trug erhöhen den unheilige Hülle~~.

4 Hülle,] Hülle, / ~~die fliehet für s~~.

5 Des Lebens Quell] Quell~~e~~.

6 verworrenster] verworrens er.

7 suchen zu entfalten.] entfalten //

~~Nur~~ ⌈Dem⌉ wem ~~der Geist mit einer Sternenkrone~~
~~Umstralt, soll rein bewahren sich dem u+ Trug~~
~~Nicht was des Herzens höchsten wahrem Tone~~
~~Entquillt, des düstren +isch~~.

8 strebst umsonst] strebstUmsonst.

9 vor dir verhallt] ~~verstummt~~ ⌊verhallt⌋.

12 tief verflochtenen] ~~tief~~ ⌈~~fremden~~ tief⌉.

13 solch ein Leben.] solch ein Leben. // ~~wie wenn dem Seher sich der Himmel zeiget~~.

15 Der alle Wesen reich an Wesen bindet] ~~Nicht~~ Der alle Wesen reich an Wesen ~~kettet~~.

16 So sucht zu heben was der Trug belebet] ~~solch ein~~ ⌈was der⌉ ~~Trug~~ Trug belebet. / ~~Sich selbst ++ umhüllet~~.

18 selbst Gesänge klingen] selbst ~~des Leyer ++~~ ⌈~~klingt~~⌉ ~~Leyer~~ ⌊Gesänge klingen⌋.

19 Um solchen Preis nicht mit Unedlen ringen.] ~~Nicht~~ / Um solchen ~~ein~~ Preis nicht mit Unedlen ringen. //

~~Sie musten fliehn, umhüllt mit Trauer~~
~~Es fliehn die Musen solchen Larvenspielen~~
~~Und wenn entflohn sie einmahl, nur nicht!~~
~~Nicht dient das heilig hohe Kinder Spiele~~
~~Und mit Gebebe theilt man~~ ⌊~~sie kein Ohr~~⌋
~~Nur hohen Liedes Einfalt ist es leicht,~~
~~Zu rufen in der Noth die höhern Mächte~~
~~Nicht soll es dies Rufen~~.

20 entfliehn] entflieHn.

22 Nicht in des wahren] ~~Nicht aus des~~ Nicht.

23 wie Misgetön sich gleich] ~~und Irr Miston~~ ⌈wie Misgetön sich gleich⌉.

24 den Schuzgeist hoher Dichtung schänden?] de~~m~~**n** Schuzgeist hoher Dichtung ~~schänden~~ ⌈schänden?⌉ / ~~Und führest uns +~~.

26 Du dem Gottes] ~~Ch~~Gottes. – *Die Strophe ist am linken Rand vertikal eingefügt, rechts daneben eine Variante:*

Du dem des Gottes heilge Worte ~~tönen rufen~~ ⌈schallen⌉
~~Der früh~~ die Wahrheit sehnend ~~zu~~ sich ~~rief~~ ⌈erfleht⌈
~~dem~~ sie ⌈~~ins~~⌉ ~~die Binde von dem~~ ⌈dir vorm⌉ Auge wallen
⌉~~hat~~⌉ ~~zu heiliger ++ +höht~~
hat ~~d+ ++ zur hohen Geistes Kraft~~ erhöht.

Am rechten Rand vertikal:

~~O!~~ + ~~Entf+~~ ⌈auf⌉ ewig
~~O wird d~~ Entfern auf ewig solches Mislauts.

Rechts daneben:

Warum des Mislauts Töne wieder ~~wecken~~ ⌈nennen⌉
~~Sie mögen dunkel, Graus und Wahn~~
Sie können nicht was ein G+ ++.

⟨NICHT DEN FRIEDEN EINER UNBESTÄNDGEN WELT⟩

Textgrundlage: GSA 83/1593. 1 Einzelblatt Oktav, Format: 13 × 20cm (beige). Am Gedichtende eigenhändig datiert: „May 1818." Archiviert sind unter derselben Signatur zwei Gedichte, die in der ersten Strophe weitgehend übereinstimmen, ansonsten vollständig voneinander abweichen. Das zweite Gedicht ist von Charlotte Schiller mit dem Titel Gebet *versehen (s. folgenden Kommentar). Umschrift des ersten Gedichts: Gleichen-Rußwurm: GSA 83/1612, S. 32f.*

8 Dem in niedern] ⌉Dem⌉ ~~Den~~ in.
9 gebundnen findet] gebundnen findet //
~~Nur den Frieden laß uns suchen~~
~~Der von deinem milden Geist entstammt~~
~~Nicht was im Gepränge eitler Seelen~~
~~Suchend wähnen, nicht das Feuer flammt~~
~~was dem Geist~~
12 deiner Thaten] deine~~n~~**r**.
15 nicht fehlet] ~~wanket~~ ⌈fehlet⌉.
17 Nur die Hofnung] ~~Sey von~~ ⌈froher⌉ ~~hoher Hofnung~~ / Nur.

GEBET

Textgrundlage: GSA 83/1593. 1 Bogen Oktav, Format: 11,5 × 19cm (beige), nur Blatt 1 beschrieben. Archiviert sind unter derselben Sigle zwei Gedichte, die in der ersten Strophe weitgehend übereinstimmen, ansonsten vollständig abweichen (s. vorherigen Kommentar). Umschrift: Gleichen-Rußwurm: GSA 83/1612, S. 88f.

8 Was uns je] ~~hat~~ ⌈uns je⌉.
9 Kann es unsrem] ~~Kann des Himmels hohes Glück~~ / Kann.
12 laß uns schaun] ~~und~~ laß uns ~~sch+~~.
16 Unsre besten Freuden] Unsre ~~lezten~~.

DIE KAISERKRONE

Textgrundlage: GSA 83/1594. 1 Bogen Oktav, Format: 11,5 × 20cm (beige), nur Bl. 1 beschrieben. Oben rechts eigenhändig datiert: „1818". Umschriften: Gleichen-Rußwurm, GSA 83/1612; S. 10 f., S. 107 u. 109.

6 versiegend entquillt] versiegend entquillet.
15 zum andern folget] ~~folgt~~ ⌈folget⌉.
16 immer] imme.

⟨NACH DER DONNERWOLCKEN TOBEN⟩

Textgrundlage: GSA 83/1595. 1 Bogen Oktav, Format: 12 × 20cm (beige), Blatt 2 nur einseitig beschrieben. Oben rechts eigenhändig datiert, undeutlich: „7ter Feb: 1818". Umschrift: Gleichen-Rußwurm, GSA 83/1612, S. 57–59.

1 Nach der] der.
5 tausendfach] tausend fach.
7 In den frischen Farben] ~~Demant~~ ⌈in den frischen Farben⌉.
8 jeder Halm, jede Knospe] ~~und des Grases Spizen~~ ⌈jeder Halm, jede Knospe⌉.
11 Der Schmetterlinge] ~~der~~ / der Schmetterling.
16 ungestaltet] ~~Alle~~ ungestaltet.
18 der Sonne zu] Sonne ~~nach~~ ⌈zu⌉.
20 in den Regionen niedrer] ~~in den niedren Grüften Eurer~~ / in.
30 der niedren Erde Zone] ~~von Erde~~ der niedren **+Erde** Zone.

DEN 17TEN SEPTEMBER 1819

Textgrundlage: GSA 83/1596. 1 Einzelblatt Oktav, Format: 12 × 20cm (beige). Umschriften von Gleichen-Rußwurm: 1) Unter derselben Sigle mit einem Vermerk am oberen Rand von Karoline von Schiller: „Dieses Original hat Bruder Karl noch / S. Kar". 2) GSA 83/1612, S. 40 f. 3) FDH, Hs-23428, 4–5. Erstdruck: Urlichs, S. I/22. Im September 1819 reist Charlotte Schiller zu ihrem Sohn Karl ins schwäbische Althausen. Neben Briefen an Cotta, Knebel und Fritz von Stein zeugt auch ein Skizzenbuch von diesem Besuch. DLA Inventar-Nr. B94349. Vgl. Pailer, S. 181 f.

8 Mir winket zu] ~~Es~~ ⌈Mir⌉ winket ~~mir zu~~ ⌈zu⌉.
11 naht mir Glanz] ~~mit+~~ ⌈Glanz⌉.
13 Der Phantasie] ↑~~des +chts~~↑ Der.
16 die bang beweinten Schmerzen] + ⌈bang beweinten Schmerzen⌉.
19 auch deine Allgewalt] Auch deine allgewalt.
21 Ins Herz in allem was] Ins Herz ~~mit~~ in ~~jedes~~ In allem was.
23 stets erfüllt] ~~belebet~~ ⌈erfüllt⌉.
25 Aus dir uns ewig] ↑Und ewig ~~regsam~~ ⌈~~schaff~~end⌉↑ Aus.

CÖLLN. IM JAHR 1821

Textgrundlage: GSA 83/1597. 1 Einzelblatt Folio, Format: 20 × 31,5cm (dunkelbeige). Versform: Reimlose Hexameter. Die Einteilung in Strophen zu 8, 9, 7, 7, 7 Versen ist nur angedeutet. Umschrift: Gleichen-Rußwurm, GSA 83/1612, S. 33–36. Vom 14. Juli bis 30. Oktober 1821 besucht Charlotte Schiller ihren Sohn Ernst im Rheinland; aus dieser Zeit stammt ihre Impression des Kölner Doms. Vgl. Pailer, *S. 183, sowie* Henke/Ludwig, *S. 25–27.*

1 Im Jahr] Im ~~den~~.
2 die Pfeiler] ~~Säulen~~ ⌈Pfeiler⌉.
12 so leicht] leicht ~~dir~~.
14 vor dem Aug; Ueber menschlichem Treiben] ~~da~~**vor** dem Aug; Ueber ~~den~~.
16 zum Blauen hinauf] Blau**en** hin**auf**.
22 die Seele] die ~~grosse~~.
23 durch Gebilde] durch ~~Gebl~~.
25 sich birgt] sich ~~ver~~birgt.
27 der hohen] ~~des~~ ⌈der⌉ hohen.
35 des menschlichen Schicksals] de~~r~~**s**.
37 die hohen Gewölbe] Gewölbe~~n~~.
38 Die Nacht der Erde] ⌉Die Nacht⌉ ~~Das Dunk~~ der Erde.
39 Findet das] ~~Findet s+~~.

JANUAR 1823. VERGEBLICHE HOFFNUNG

Textgrundlage: GSA 83/1598. 2 Einzelblatt Oktav, Format: 11,5 × 17cm (dunkelbeige) (H^1) und 12 × 19,5cm (H^2), jeweils einseitig beschrieben. Beide Fassungen sind im Titel eigenhändig datiert als „Januar 1823" (H^1) bzw. „Januar 1825" (H^2, undeutlich). Abweichungen sind minimal. Die Edition folgt der ersten Fassung.

2 Es öffnet morgens] *H^2:* Des Morgens öffnet.
3 herfür!] *H^2:* herfür.
5 an der Thüre steht!] *H^2:* vor der Thüre steht.

WAS UNS BLEIBT!

Textgrundlage: GSA 83/1599. 1 Einzelblatt Folio, Format: 16 (oben) bzw. 18 (unten) × 34cm. Stark bearbeitete Konzeptfassung, oben rechts eigenhändig datiert: „April 1825". Umschrift: Gleichen-Rußwurm, GSA 83/1612, S. 103–105.

1 WAS UNS BLEIBT!] ↑~~Wenn alles weicht, wenn aus sch+ Jugend Traum~~↑ Was.
2 des Lebens] ~~Jugend~~ ⌈Lebens⌉.
9 sie verstummt, bleich ist ihr Rosen Schein] ~~entflieht~~ ⌈~~verbleicht~~⌉ ⌈⌈verstummt⌉⌉, ~~des Lebens~~ ⌈~~wie~~ bleich ist ihr⌉ Rosen Schein! /~~Nur was nicht menschlich, fühlt~~ ⌈~~+~~⌉ ~~das ist~~ / Nur

was Natur im Wechsel ⌈+⌉ ~~bleibet ohne Wanken,~~ / ~~Natur,~~ sie ~~öffnet uns des Lichtes Schranken~~.

12 mit starken Armen hebet] ~~uns~~ mit starken Armen ~~halten~~.

13 Und nur das Auge] ~~Sie bleibt uns treu, und ihre innre Quelle~~ / ~~schäumt + und Leben,~~ / Und.

13 die ewgen Sterne] ~~hellen~~⌈ewgen⌉.

14 Gewahren kann] ⌉~~Erblickt~~ ⌉~~begrüßt~~⌈gewahren kann⌉.

14 der Ferne] der ~~hohen~~.

17 was ein höchstes ist des Lebens] was ~~das~~⌈ein⌉ höchstes ist ~~uns~~.

18 Sein Glanz ist nur, wenn uns die Liebe] ~~So glänzt es nur~~ Sein. Glanz ist nur, wenn uns die Lieb.

19 Wer Treue fühlt] ~~Wenn~~⌈Wer⌉.

20 zu kennen] ~~zu lesen~~⌈~~kennen~~⌉⌊zu kennen⌋.

21 Denn blühend Ewig ist] ~~Denn nur das Ewge kann nicht von Staub zu~~ / Denn blühend.

22 kann aufs neu entbrennen] ~~++~~⌈kann aufs neu entbrennen⌉.

23 sich bewahrt] bewahrt / ~~Natur und +~~.

25 das Ewige uns offenbart] Wesen ⌈Ewige uns offenbart⌉.

26 wandelbaren Wegen] wandelbaren ~~Kreisen~~⌈Wegen⌉.

32 Selbst da] + nicht⌈selbst nicht⌉ / ~~++~~ Selbst da.

33 die Treu nicht Einzig] die Treu~~e~~ ~~+~~⌊nicht Einzig⌋.

34 Genügend. Denn dem Herzen] ~~nicht~~ genügend. Denn ~~auf die~~.

35 in Nichts verstirbt] in Nichts ~~zerfällt verschwindet~~⌈verstirbt⌉.

37 und fühlt] und ~~findet~~ fühlt.

41 Glaub uns neu verbinden] Glaub~~e~~ uns ~~verbinden~~ neu verbinden.

ALLER STERNE VATER!

Textgrundlage: GSA 83/1603. 1 Bogen Oktav, Format: 11,5 × 19cm (beige), nur Bl. 2 einseitig beschrieben. Die Handschrift ist sehr unregelmäßig, vermutlich Charlotte Schillers Augenleiden in den letzten Lebensjahren geschuldet.

1 ALLER STERNE VATER!] ↑Vater! ~~Hier~~ / ~~Flehend naht dein~~ Kind. / ~~Du erfüllest mit~~ Macht u. Ehre / Was dein↑// Aller.

4 uns schauen] schauen / ~~Was du bist~~.

7 Erbarmen du uns deutest] ~~dir sich nahen~~⌊du uns deutest⌋.

9 gehn Planeten] gehn ~~die~~.

14 Gieb uns immer Trost und Rath] ⌉Gieb⌉ ~~Sey~~ uns immer ~~gegenwärtig~~⌈Trost und Rath⌉.

15 Sey's des Sturmes] Sey's der ~~Erde~~⌈Sturmes⌉.

16 Bey der hohen] ~~Sey es~~ / ~~Sey m~~ Bey der hohen.

19 trotzt des Sturms Wüthen] trotzt des Sturms ~~Toben~~⌈~~+~~ Wüthen⌉.

20 Des Meeres] ~~Der~~ Des Meeres.

21 Der Erde nimmer] Der Erde nimer. – *Vgl. Gemminationsstrich in Z. 14.*

⟨IN DIE EWGE NACHT HINABGESCHWUNDEN⟩

Textgrundlage: GSA 83/1604. 1 Einzelblatt Oktav, Format: 11,5 × 19cm (beige), einseitig beschrieben.

4 mit manchem] ~~von~~ ⌈mit⌉.

6 das Leben / Ein Gigante] das Leben / ~~Steht sein Bild vor den~~ / ~~m++ wie ein grosser Riesencörper~~ / ~~wie ein d~~ / Ein.

9 Ach bald sinkt es ins nichts] Ach ~~dann~~ ⌈~~s~~ bald⌉ sinkt es ins ~~das~~.

10 wie die Schatten] ~~wie die F+~~ ⌊wie die Schatten⌋.

⟨KEIN OHR VERNEHME DIESE KLAGE TÖNE⟩

Textgrundlage: GSA 83/1605. 1 Einzelblatt Oktav bzw. der Textausrichtung nach ein abgeschnittenes Blatt Quart, Format: 11,5 × 16,5cm (grünlich), einseitig beschrieben.

3 mir entriß] entriß / ~~Wer weiß das Schicksal meiner Wünsche Töne~~.

4 in welcher Schöne] ~~von~~ ⌈in⌉.

5 mir verhieß] verhieß / ~~Das Lied es kann nur matte Töne~~.

7 ewig liebt] liebt / ~~Nur was uns im~~ / ~~Wie Ruh und Glück dem~~.

KLAGEN

Textgrundlage: GSA 83/1607. 1 Einzelblatt Folio, Format: 20 × 34cm (grünlich). Umschrift: Gleichen-Rußwurm, GSA 83/1612, S. 44f.

3 Wo Erlen den schäumenden Bach] ~~Am Ufer des schäumenden~~ / Wo.

6 Zu der breit blättrigen] ~~Dort in den Blättern~~ / Zu.

7 Des Grases Frische] ~~Die helle Kin+~~ / Des Grases Frische.

9 Und wähnend] ~~Und fühlt die bangende Brust Schmerzen der Welt~~ / Und.

11 regt mir das Herz!] ~~war nicht leicht~~ ⌈regt mir das Herz⌉.

13 Sie bleiben] ~~die fängt nur der~~ / Sie bleiben.

14 Doch wenn] ~~Doch klagende Töne~~ / Doch wenn.

17 Kummer verhallt] Kummer verhallt. / ~~Und jede Klage des Lebens~~ / ~~Empfindet das Herz mit Macht~~ / ~~denn nur die~~.

18 das Treue] d~~er~~**as**.

22 Drum säuselt ‹…› sie auf! –] *Gesamte Strophe vertikal am rechten Rand.*

24 Es fließen] ~~Denn Thränen können~~ / Es fließen.

25 O nehmet] ~~D+ Lauf d+ steigen Da nehmet mit Mitleid ihn auf!~~ / O nehmet.

Literarische Selbstzeugnisse

Die letzte Abteilung von Charlotte Schillers „Literarischen Schriften" versammelt eine Reihe kreativer nicht-fiktionaler Prosaschriften, die sich auf eigene Erlebnisse, Eindrücke und Erfahrungen beziehen. Aus einer Fülle erhaltener autobiographischer Aufzeichnungen, Mitschriften und Notizen bei Lesungen, Literaturexzerpten und Zeitbetrachtungen, konnte hier nur eine repräsentative Auswahl getroffen werden.

Im ersten Teil, „Reiseberichte und Erinnerungen", wurden das Tagebuch ihrer Reise in die Schweiz mit Mutter und Schwester (1783/84), ihr autobiographischer Kindheitsbericht (bis ins neunte Lebensjahr) sowie ihre Erinnerungen an eine Reise nach Heidelberg zu ihrem Sohn Karl (1810) aufgenommen. Den Abschluss bildet der Anfang einer Brieferzählung über die Uraufführung von FRIEDRICH SCHILLERS *„Wallenstein" aus der Perspektive eines nicht näher bestimmten Ich-Erzählers.*

Der zweite Teil versammelt „Reflexionen", ein Titel, den Charlotte Schiller selbst manchen ihrer Zeitbetrachtungen gibt. Hier handelt es sich überwiegend um tagebuchartige oder auch aphoristische Aufzeichnungen aus den Jahren 1787 bis 1824, die im Goethe- und Schiller-Archiv unter der Signatur GSA 83/1944 erschlossen wurden. Abschließend wird eine Reflexion von 1806 aufgenommen, die sich der Erinnerung an Friedrich Schiller ein Jahr nach seinem Tod (am 9. Mai 1805), seinem Wirken, Schaffen und Umgang mit Zeitgenossen, aber auch Charlottes persönlicher Verbundenheit mit ihm widmet. Der Text ⟨Es war nicht dein Wille⟩ *entstammt einem größeren Konvolut von Texten, das sie an ihre Kinder adressiert hat (GSA 83/1661). Auf diese Aufzeichnungen beruft sich* CAROLINE VON WOLZOGEN *in ihrer Biographie „Schillers Leben" (1830), S. I/2:*

> *In dem Nachlaß meiner Schwester, der Wittwe Schillers, fanden sich viele Notizen über sein Leben, meistens Erinnerungen aus Gesprächen mit ihm, welche sie selbst in ein Ganzes zu fassen gedachte, als sich manche ihr unerfreuliche Aeußerungen in das Publikum drängten.*

Charlotte Schillers Erinnerungsschriften zu Wirken und Schaffen Friedrich Schillers verdienten sicherlich eine gesonderte Publikation. Darüber hinaus existiert eine Vielzahl an Aufzeichnungen, die sich mit den literarischen und philosophischen Arbeiten zeitgenössischer Autorinnen und Autoren beschäftigen. Als Beispiel sei die französische Autorin GERMAINE DE STAËL *genannt, zu deren Romanen „Delphine" und „Corinne" eingehende Betrachtungen erhalten sind (GSA 83/1667–1668), die zugleich die Nähe zu Charlotte Schillers Briefliteratur verdeutlichen. Es besteht die Absicht, solche nicht-fiktionalen Schriften im Rahmen einer Hybrid-Edition des gesamten Briefwechsels zu erfassen. Mit den Übergängen und Grenzverwischungen zwischen literarischer Arbeit, Übersetzungstätigkeit und Korrespondenz befasst sich der neuere Sammelband: „Ich bin im Gebiet der Poesie sehr freiheitsliebend". Bausteine für eine intellektuelle Biographie Charlotte von Schillers. Hg. von* HELMUT HÜHN, ARIANE LUDWIG *und* SWEN SCHLOTTER.

Literarische Selbstzeugnisse

I. Reiseberichte und Erinnerungen

Tagebuch ⟨Schweiz⟩

Textgrundlage: GSA 83/1942,2. 6 Blatt Quart, Format: 19 × 23,5cm (beige), letztes Blatt unbeschrieben, mit Fadenheftung verbunden. In Gleichen-Rußwurms Hand steht auf der Vorderseite des Umschlagbogens: „Inliegend / Das / Original / Des / Tagebuchs / Von / Lotte von Lengefeld / – auf / Der Reise nach der Schweiz / 1783. / Abschrift habe ich genommen / Schiller hatte es im Hause, in „Schiller u. Lotte“ ist davon die Rede.“ Erstdruck: Urlichs, *S. I/37–46.*

Charlotte von Lengefelds Mitschrift bzw. Erstschrift zur Schweizreise (H^1) ist in: GSA 83/1942,1 als Teil ihres ledergebundenen Tagebuchs erhalten (Oktav, 8 × 14,5cm), auf dessen Innenseite sie notiert: „Beichte eines Frauenzimmers aus dem 17ten Jahrhundert“. Auffallend an H^1 ist die gehäufte Verwendung der Ich-Form, während in H^2 (GSA 83/1942,2) die Wir-Form perspektivisch dominiert. Neben H^1 findet sich im selben Büchlein ein Fragment gebliebener Bericht von Charlottes Reise in den Grindelwald sowie eine in französischer Schrift und Sprache gehaltene und nach Ortsnamen geordnete Auflistung all jener Personen, mit denen sie auf ihrer Reise bekannt wurde, beginnend: „Les connaissances que j'ai fait pendant mon voyage sont“.

Die Edition basiert auf H^2. H^1 und das „Tagebuch von meiner Reise in Grindelwald“ werden im Anschluss an den Stellenkommentar in diplomatischem Druck wiedergegeben.

Erhaltene Literaturauszüge zu Sophie von La Roches *„Tagebuch einer Reise durch die Schweiz“ (1787) (GSA 83/1991) und* Paul Henri Mallets *„Dictionaire historique, politique et géographique La Suisse“ (1788) (GSA 83/2066) lassen ihr weiterführendes Interesse am Alpen-Schweiz-Diskurs erkennen. S. auch* Pailer, *S. 22–25, sowie* Henke/Ludwig, *S. 46–52.*

---

4 Ketschenbach] *Der heutige Coburger Stadtteil Ketschendorf am Ketschenbach. H^1 erläutert zum Aufenthaltsort:* bei meiner Cousine.

5 Lage der Stadt] Lage ⌈der Stadt⌉.

6 denn die umliegende Gegend] ⌈denn⌉ die.

7 zeigt] ~~erhebt~~ zeigt.

14 es giebt] ~~aber~~ es.

18 bewachsen] bewaschen.

20 alles was sie nur] was ⌈sie⌉ nur.

21 aber freilich] ⌈aber⌉ freilich.

22 wenns je wahr ist] wenns ⌈je⌉ wahr.

24 vielleicht] ~~F++ Vill~~ vielleicht.

24 dem Anscheine nach] nach ~~aber~~.

25 daß oft das Äußerliche] daß {oft} das.
28 es sind schöne Brücken] es ~~ist eine~~ ⌈sind⌉ schöne.
30 Lindwurm] Lindwurm ~~dem er erstach~~.
32 gehaun] gehau~~m~~**n**.
32 und es soll] ⌈es⌉ soll.
33 ähnlich] änhlich.
34 da zu] dazu.
41 Seehoff] *Schloss Seehof in Memmelsdorf bei Bamberg, von 1686 an Sommerresidenz der Bamberger Fürstbischöfe.*
43 der jezige Fürst] *Christoph Franz von Buseck (1724–1805), Bambergs letzter Fürstbischof.*
45 Furchheim] *Festung Forchheim, vom Hochstift Bamberg im Zweiten Markgrafenkrieg (1552) angelegt.*
46 Kirchenrath Seilers] *Georg Friedrich Seiler (1733–1807).* Urlichs, *S. I/39: „Der dort von 1781–84 ohne Anstellung lebte."*
49 wo wir einen sehr guten Prediger] wo ⌈wir⌉ ein{en} sehr.
50 *Mr Acaffi*] ~~ein~~ *Mr Acaffi. –* Urlichs, *S. I/39: „Herrn Agassiz".*
51 *Taxus piramiden*] *Eiben der Gattung „Taxus baccata", die auf Kegelform gestutzt werden.*
54 rings um mit Gärten umgeben] ~~die blühenden Gärten~~ rings.
55 angenehmen] ~~sehr~~ angenehmen.
55 gaben] ~~geb gab~~ ⌈gaben⌉.
56 er war sehr volkreich] ~~es waren sehr viel leute da~~ er.
58 Seebaldi Kirche] See~~w~~**b**aldi. – *Dem Nürnberger Stadtpatron Sebaldus gewidmet.*
59 Albrecht Dürrer] Dürr{er}.
60 Seebaldus] See~~w~~**b**aldus.
60 von *bronze*] ~~in~~**von** *bronze.*
61 ersta⟨u⟩nender] erstauender.
65 Dürer Adam und Eva] Düre{r+}.
66 der Ordnung] ~~wem~~ der.
67 gesehn zu werden verdient] ~~verdient~~ gesehn zu werden ⌈verdient⌉.
67 Oberst Troß hat sich] hat ~~alles~~ sich.
72 Rathsherrn von Abbdera] *S.* Christoph Martin Wielands *Satire „Die Abderiten" (1774–1780): seine Ratsherren von Abdera verkörpern dabei ähnlich den Schildbürgern die Prädestiniertheit des Menschen für diverse Torheiten.*
73 und ist es wirklich] und {ist} es.
76 hielten] ~~h~~ hielten.
76 Dunkelspiel] *Gemeint ist Dinkelsbühl.*
82 Oh wunderschön ‹…› vergnügt zu sein!] *Die letzte Strophe von* Ludwig Heinrich Christoph Höltys *„Aufmunterung zur Freude" lautet komplett: „O wunderschön ist Gottes Erde, / Und werth darauf vergnügt zu seyn / Drum will ich, bis ich Asche werde, / Mich dieser schönen Erde freun!".*
87 von da kommt man] ⌈von⌉ da.
88 Würtenbergs] ~~von~~ Würtenbergs.
89 alles athmet] ~~alles~~ ⌈alles⌉ athmet.
89 Fruchtbarkeit.] Fruchtbarkeit{.} ~~in jeder Blüthe,~~ in ⌈aus⌉ ~~jedem Gräschen!~~.
93 *Collossalische*] ~~schöne~~ *Collossalische.*

95 Weiber von Weinsberg] *Sagenhaftes Modell weiblicher Treue, s. etwa Zacharias Dolendos Kupferstich (16. Jh.) oder Gottfried August Bürgers gleichnamiges Gedicht (18. Jh.).*
96 Auch Köpfe] Auch ~~schöne~~ Köpfe.
96 Mengs] *Der seinerzeit prominente Maler und Porträtzeichner Anton Raphael Mengs (1728–1779).*
99 um 2 Uhr auf den Asperg] um 2⌈Uhr⌉ auf den ~~Aschperg~~⌈Asperg⌉.
101 düstre Thore] d~~u~~üstre Thore.
104 Güte, u. Menschlichkeit] Güte {, u.} Menschlichkeit.
106 und er spielt] ⌈und⌉ er.
107 diesen Mauren] diese n.
108 *Solidute* einem Schloß des Herzogs] ein{em} Schloß.
109 zu gekünstelt] ~~zu schön~~ zu.
111 ist von Gibal gemahlt] ist ~~sehr schön~~ von Gibal. – *Das bis heute erhaltene Deckengemälde im Schloss Solitude zählt zu den Hauptwerken des Württembergischen Hofmalers französischer Herkunft Nicolas Guibal (1725–1784).*
111 2 Stücke] 2 ~~schöne~~ Stücke.
112 und ist gestickt] ⌈und⌉ ist gestickt.
114 Wil⟨d⟩pret] Wilpret. – *Urlichs, S. I/42: „Wildpret".*
117 regelmässiger gebauten] regelmässiger⌈gebauten⌉.
121 u. ist sehr reinlich] {u.} ist s~~o~~**ehr** reinlich.
126 mans sich vermuthet was] *Urlichs, S. I/42: „man vermuthet etwas".*
128 Raphael] Rapahel.
128 eine Seltenheit, eine so große Sammlung] eine ~~grosse~~ Seltenheit, ~~so viele zu haben.~~ eine ⌈so⌉ große.
130 und sahn dann] und⌈sahn⌉ dann.
137 aufs freie Menschenherz] aufs ~~frie~~ freie.
137 Jede Ihrer Bewegungen] Jede⌈Ihrer⌉ Bewegung{en}.
138 Es wird einen nicht wohl] ~~Darüber~~⌈Es⌉ wird.
142 Man muß das Umfassende] Man mu~~s~~**ß** das.
145 des Nachts] ⌈des⌉ Nachts.
151, 152, 157 u. 165 Rhein] Reihn.
151 sahn wir den Reihnfall, dieses große] ~~be~~sahn wir den Reihnfall, dieses große~~s~~.
152 80 Fuß hoch ist] hoch ~~sein soll~~ ist.
157 Gruman] *Urlichs, S. I/44: „Grubenmann".*
159 des Docktor Ammans] *Urlichs, S. I/44: „des Doktors Ammon".*
160 eines Waisenhauses] ~~des~~⌈eines⌉ ~~Wei~~ Waisenhauses.
161 für das Menschengeschlecht] für⌈das⌉.
163 dieser Anstalt] ~~zu~~ dieser.
163 Er ist der Aufseher] Er ist ~~selbst~~.
163 sorgt] ~~Sorg~~ sorgt.
167 *Revue*] +~~Rev+e~~⌈*Revue*⌉.
173 muß sich nur seinen Gefühle] mu~~s~~**ß**⌈sich⌉ nur sein{en} Gefühl{e}.
174 überlassen] ~~reden~~⌈über⌉lassen.
177 hat ihren Ursprung] ~~kam~~ hat.
178 Professor] ~~Prfo~~ Professor.

183 gebaut] ~~gelegen~~ gebaut.
185 Köllchberg] *Kilchberg.*
188 Den 18ten] Den 19ten.
188 Monument der Meme Langhanß] Meme. – *Errichtet zu Ehren der Pfarrersfrau „Madame" Maria Magdalena Langhans, geb. Wäber, die 1751 28jährig im Kindbett starb, wird das Grabmal im 18. Jh. zu den populärsten Kunstwerken Europas gerechnet.*
189 Narl] *Johann August Nahl (1710–1781), Bildhauer des Monuments und zur bewussten Zeit Hausgast im Pfarrhaus.*
193 ist doch auch] ~~und~~ ⌈ist⌉ doch auch ~~auch der ist~~.
193 Bogengänge] ~~A~~ Bogengänge.
194 Wohlstand, u. Ueberflus◊] Wohlstand {, u.}.
195 bepflanzt] ~~befplanzt~~ bepflanzt.
196 besahn wir] besahn ⌈wir⌉.
197 von der Stadt] ~~ein wenig~~ von der.
199 den Bogen womit er] wo⌈mit⌉ er.
199 Apfel] ~~A~~ Apfel.
203 der Werth des Lebens] Werth ⌈des Lebens⌉.
203 So siehts] So siehts ~~aus~~.
207 entdeckt, daß] da~~ß~~.
209 Genfer Sees] ~~Sees~~ ⌈Genfer Sees⌉.
210 man kommt] man ~~muß~~ ⌈kommt⌉.
211 Lage von *Aubonne*] von {*Aubonne*}. – *Für die Einfügung wurde im Textbild sichtlich Platz freigehalten. Zum Aufenthalt in der Stadt teilt* URLICHS *(S. I/46) mit: „Um die Halbschwester der Frau v. Lengefeld, Frau Grivel, zu besuchen."*
211 u. sie hat, ganz mahlerische schöne Aussichten] ⌈u. sie hat,⌉ ganz.

Im Folgenden zwei Aufzeichnungen in H^1 in diplomatischem Abdruck: die Erstschrift der Schweizreise sowie die Schilderung einer Reise in den Grindelwald. Zu letzterer vgl. auch das „Schreiben einer jungen Dame, auf ihrer Reise durch die Schweiz" ihrer Schwester Caroline in: Pomona 5 (1784), bzw. die Handschrift (GSA 83/3622)

.

Tagebuch ⟨H^1⟩

[1r] Den 22ten April 1783 früh 3 uhr reiste ich von R. fort nach einem sehr traurigen Abschied. ~~Jd~~ Jede Freude ist mit Bitterkeit vermischt. Der Abschied von Personen die man liebt ist schrecklich, ach nur zu oft hats dieses Herz schon erfahren! 23 ten bleiben wir in Ketschenbach bei meiner *Cousine.* Die Lage ist so schön, Wiesen mit Teichen ⌈un⌉ ~~vermischt~~ untermischt, hohe ~~St+~~ Schattigte Bäume ~~ist~~ Berge mit Holz bewachsen, Dies alles macht so einen ~~herlich~~ herrlichen Anblick, wechselt so angenehm ab.

24ten passierten wir Coburg. Die Laage ist recht hübsch, ob ⌈es⌉ an un vor sich der Ort selbst nicht ~~hübsch~~ ist. ~~Der *Caracter* der Einwohner, auf das äußre zu schließen ist gütig, gegen jeden gefällige~~ Neben herum sind Berge mit kleinen Gartenhäusern, unten Wiesen und Buschwerk, ~~aber die Aussicht~~ wechselt die Gegend ab. *[1v]* Durch einen Bamberger Forst bei Lichtenfels hatten wir eine sehr gefährliche *Passage*, ~~a~~ zu guten Glück halfen uns Förster aus unsrer Noth. ◊

Der Weg war unendlich garstig, die Aussicht aber schön, ~~feierliches dunkel b+~~ Die hohen Tannen und Fichten ~~machen +~~ gaben dem ganzen ein grausenvolles Ansehn, ~~Bei Lichtenfels sahn wir den Main. Die Empfindung einen der größten ⌊berühmtesten⌋ Flüße Deutschlands zu ⌊⌊sehen⌋⌋ ist recht angenehm.~~ Der Ort ist artig, ~~ob~~ Viele Armseelige Einwohner giebts hier dem Ansehn nach. Bei Lichtenfels sahn wir den Main der durchs Thal hin unter Wiesen und Buschwerk fließt. Er theilt sich da in 2 Arme. Auf den Bergen liegt an der einen Seite die 14 Heilgen Kirche, *[2r]*und auf der andren das Kloster Banz~~,~~. ~~s~~So der Welt zu entsagen, ~~da von ihren mühseligen Wegen auf die das Schicksal uns führt, die uns oft zu Boden~~ Und sich mehr mit den ~~hbeß~~ beßren ~~lb~~ Leben zu beschäftigen, ~~fern~~ von alle den müh~~seeli~~samen Wegen, die das Leben uns führt ausruhen zu können m~~s~~**u**ß süss sein. Die Lage ist so schön, auf einem buschichten Berg steht das Gebäude, unten fließt der Main vorbei. Es wehte Ruhe aus den Klostermauern entgegen die ganze Gegend alles schien Ruhe und Heiterkeit ~~zu~~ ~~ath~~ einzuflössen. Von Lichtenfels fährt man a~~m~~**n** Ufren des Mains eine ganze Strecke hin bis er endlich ~~ums Thal sich~~ ⌈sich⌉ schlänglend um Berge windet, und man verliehrt ihn *[2v]*aus dem Gesichte. Abends nach 8 kamen wir in Bamberg an. Den 25ten besahn wir die Stadt, und die Kirchen. 1 lich den Dom, da sahen wir das Monument des verstorbnen Fürstens von Bam ~~beg~~ berg, er selbst ist in ~~Er~~ Lebensgröße auf seinen Monument von Marmor, Und soll sehr viel Aehnliches haben. Das Begräbniß des Kaisers *Heinrich* de~~rs~~ II und seiner Gemahlin ist da. Er ~~hat das Domstift gestiftet~~ ist der Stifter des Domstiftes. Von da besahen wir die St. Jacobskirche, die einen sehr schönen Hochaltar hat.

Auch sind die ~~die~~ 12 Apostel in Lebensgröße an die Säulen ~~ge~~ herum gemahlt. Die Zeit war so kurz um von ~~dir~~ *[3r]*der Schönheit der Gemählde zu urtheilen. Von da besahen wir die Benedicktiner Kirche, und das Kloster von außen, es ist ein schönes Gebäude. Es liegt auf einem Berg, die Aussicht ist sehr angenehm. Es scheint als hätte das Schicksal den Geistlichen alle die Vorzüge gegeben nach denen so viele ~~seuf~~ vergeblich seufzen.

Des ⌈gegeben⌉ Anblicks der schönen Natur können sie ganz geniessen, das Kloster ~~liegt~~ sieht sehr weitläuftig aus ~~h~~ sie haben sehr viel Plaz. Die andren Vorzüge die mehr Freiheit ~~giebt~~ ⌊geben⌋ sind gar leicht zu entbehrn, dann die Kirche St Getrun die ist hübsch gebaut, das Begräbniß Christi ist in Stein gehauen zu sehen.

*[3v]*Die *Dominikaner* Kirche ist am mehrsten nach dem neuen Geschmack erbaut. Nachmittags ~~s~~ waren wir in Gesellschaft des Herren von + Muffels i~~m~~**n** Seehofe, der Garte⟨n⟩ ist halb in holländischen und engl. Geschmack a angelegt. Es sind viel Wasserkünste da. Das Schloß ist so gar besonders nicht gebaut, auch die *Meublen* sind so besonders nicht.

Der jezige Fürst ist nicht gern dort. Deswegen trägt er auch nicht viel zur Verschönrung bei. Die Brücken in Bamberg über die Regniz sind sehr ~~hü~~ hübsch, von einem Herrn von Frankenstein erbaut. Auf der Obren steht die Bildsäule des *[4r]**St Georg* der den Lindwurm erstach. Vor Bamberg ging ◊ nach Erlang, in Furchheim machten wir die Bekanntschaft des Kirchenrath Seilers der eine so angenehmer als guter Mann scheint. Den 26ten langten wir in Erlang an, es ist ein freundlicher Ort. Wer es nicht weis der glaubt kaum daß eine Universität da ist so ruhig ist alles auf den ~~Stre~~ Straßen. Den

2~~6~~7ten waren wir in der Reformirten französischen Kirche, der Gottesdienst ist sehr einfach aber erbaulich. Der Prediger war *Mr ~~Accaffi~~ Accaffi* aus den *Pays de Vaud*. Dann besahn wir den Schloßgarten der aber nicht sonderlich schön ist. Hat man eine Partie *[4v]*gesehen so übersieht man den ganzen Garten.

Den 27ten kamen wir nach Nürenberg, der Weg von Erlangen nach Nürenberg ist sehr gut, die Stadt ist ringsum mit blühenden Gärten umgeben, das *antique* der Thürme gibt einen abwechselnden schönen Anblick, mit ~~den rings~~ der verjüngten schönen Natur. Den 2~~8~~9ten ~~besahn~~ wir früh die Seewaldi Kirche, die sehr schöne Gemählde hat. Das ~~*Manu*~~ *Monument* des heilgen Seewalds ist sehr schön von *bronze* gegoßen zu sehn. Es ist eine der grössten Kirchen mit in Deutschland. ~~Von da besahn wir Ein schönes Gemählde~~. Auch schöne Gemälde von Albrecht Dürr sind da. Von da besahn wir das Rathhauß, sahn ~~die St+~~ den Magistrat in großen *[5r]*Staat, ~~die Tracht~~ ⌈der Anzug⌉ hat ja was ~~m+~~ majeßtätisches ~~bald wie d. Auß wie die Spanier~~ fast so wie in Spanien. Der Kaisersaal ist ~~se+~~ sehr groß. ~~Alte Bieder treue~~ Die Zimmer sind sehr schön, ⌈hat⌉ schöne Gemälde. Ein Stück von Albrecht Dürr *Adam und Eva* ~~so~~ verdienen bemerkt zu werden.

Das Zeughauß ist unendlich groß, ~~++~~ und sehr schön arrangiert, der Oberste Troß ~~hat es in Ordnung gebracht~~ hat sich sehr verdient dadurch gemacht daß ers sehr ordentlich, schön sich hat lassen zu recht machen. Von da sahn wir den Großen ~~Thurm~~ Brunnen, den der von *bronze* gegoßen ist, er steht schon 60 Jahr, ~~wo +~~ man kan nicht satt Waßer ~~d++ s~~ dazu zusammenbringen. *[5v]*Bei all der Schönheit ⌈und Kunst⌉ des Brunnens, wars doch bald ein Streich der Rathsherrn zu ~~*Abbd A*~~ *Abbdera*, es hat schrecklich viel Geld gekostet und jezt kan ihn niemand brauchen. ~~Von Nuren~~

Den 29~~ten~~ kamen wir bei guter Zeit in Anspach an. Der Ort hat sehr hübsche Gebäude, das Schloß ist unendlich groß. Den ~~2930ten~~ 30ten kamen wir hielten wir Mittag in Dünkelspiel, der Ort ist ~~sehr~~ klein aber die Lage ist ganz freundlich, in der Hauptkirche sind nicht ganz üble Gemälde. Der Weg von Dünkelspiel nach Ellwang ist sehr angenehm, Es giebt so viel Teiche, und Wiesen, ~~+buschichter~~ Berge mit Holz bewachsen verschließen *[6r]*die Aussicht, hin und wieder kleine Gruppen von Hütten, die ganze Gegend wurde noch von den Strahlen der untergehenden Sonne die die ~~Be~~ Gipfel der Berge ~~rot~~ röthete ⌈+⌉ verschönert. Wie mit ganzen warmen Herzen könnt man da ausrufen

O wunderschön ist Gottes Erde
Und werth darauf vergnuegt zu sein.
pp.

Des Nachts blieben wir in Ellwangen welches nicht ~~wenig~~ weniger angenehm liegt. Auf der Seite auf einem Berg ist das Schloß, ~~g+~~ neben daran auf einen abgesonderten Hügel eine Wallfahrtskirche. Es ist auch ein Jesuiter *Collegio* noch da.

*[6v]*Von da geht der Weg nach Gemünd, welches ein ganz ~~hüb~~ hübscher Ort ist, und schöne Kirchen hat, ein Gemählde das Johannes vorstellte ist besonders merkwürdig. In ~~*Donimika*~~ *Dominikaner* Kloster ist die Kirche schön, und sehr schöne Gemählde. ~~Von da her Wir~~ Von Gemünd aus kommt man bald in die fruchtbaren Gründe von Würtenberg. Alles scheint hier schöner, ~~das~~ die Fluren sind so fruchtbar, diese wohlthätig Gottheit athmet aus jeder Blüthe entgegen. Den 2ten kamen wir in Stuttgardt an, welches sehr angenehm liegt. Denn 3ten besahn wir Ludwigsburg, es it eine ~~schöne~~ *bijouterie* *[7r]*da. Das Schloß ist sehr groß alles schön nach der *Simetrie*. Es sind schöne Gemälde im *Cabinet*. Von *Mengs* ~~ist e~~ sind etliche schöne Stücke da: ~~Und gar~~ eins ist die

Weiber von Weinsberg, welches gar schön ist. Einige schöne Stücke von *M.*[eme] *Dürrbusch* sind. Der Ort an und vor sich liegt sehr angenehm, auf einer Seite Häuser, und gegen über *Alleen* und heitre Gänge. Von da gings auf den Aschberg einer Festung, es ist grauenvoll durch ~~das~~ das lange Thor zu fahren, das die Steilheit des Bergs nach fürchterlicher macht. Die Aussicht soll unverbesserlich sein, 10 Dörfer [7v]kan man da sehn. Alles schöne was zum Glücks des Lebens gar unendlich viel ~~beitr~~ beiträgt ist auf den Aschperg vereinigt. ~~Gute Menschen, viel Schöne Aussicht in die~~ freundliche Aussicht versüsst manche kummervolle Minute, Aber noch mehr das Bewußsein: hier wohnen gute Menschen, und dies kan man sagen, war der verehrungswürdigen General v. *Schüler* +.

Den 5ten waren wir auf der *Solidute*, es ist ein schönes Landhauß das fast zu ~~schön~~ prächtig ist. Der Garten ist sehr schön, die *partien* [8r]hin und wieder sind sehr angenehm. In Thiergarten ist das Wilpret so zahm daß es auf den Schuß einer *pistole* sich versammlet, und da gefüttert wird. ~~Die Hirsche haben so viel großes zu ihren~~ Einige *Sallons* sind da die sehr schön sind. Besonders der *Lorbeer*saal, es sind schöne *Statuen* da und die *plat fonds* sind herrlich von ~~*Gibal*~~ *Gibal* gemahlt. Aber den Vorzug von all diesen schönen Gebäuden die mit vieler Verschwendung gebaut sind hat Hohenheim welches wir ~~d+~~ den 6ten besahn. Den ~~Vorzu+~~ Vorzug, die Natur ~~ist da nicht~~ seufzt ⌈da⌉ nicht so ängstig unter den Druck der Kunst als bei ~~all~~ jenen Gebäuden und Gärten.

[8v]~~Die Gebäude~~ sind Das Hauß ist ~~ganz~~ einfach gebaut, der Garten ist ganz artig. Aus dem Garten kommt man auf einen kleinen Pfad zwischen Pappeln, an der andren Seite ~~der~~ ⌈ein⌉ Teich rings um mit den selbigen Bäumen umpflanzt. Ganz versteckt liegen hinter den Bäumen kleine Gruppen von ~~Häusren~~ Gebäuden. Alles überascht so, ~~ganz~~ ohnvermuthet stößt man auf alte Ruinen die, die Kunst der Natur so ziemlich treu nachgeahmt hat. An den Ruinen, sind kleine Hütten daran gehängt, die imer ganz artig [9r]ausmöblirt sind. Der ~~Sibi~~ *Sibillen* tempel ist besonders hübsch, die Schönheit von Hohenheim lässt sich mehr empfinden als beschreiben. Der Herzog hat ganz besonders schönes Vieh von ungewöhnlicher Größe da, welches aus der Schweiz kommt. Der Stall ist sehr hübsch so reinlich, ohne allen üblen Geruch. Fast sollte man sich in die glücklichen Zeiten + *Arcadiens* versezt zu sein glauben. Die Milchkammer ist auch besonders schön. Die irdnen ~~Teller~~ Gefäße sind alle von Ra+ *Raphael* gemahlt. Es ist ~~sehr~~ eine große[9v]Seltenheit, so ~~viel~~ ⌈eine⌉ große Sammelung davon zusammen zu bringen. #

~~Den 8ten reisten wir von Stuttgardt ab. Unterwegen 2 Stunden davon in Echteringen gingen wir zum berühmten *Mechanikus Mechanikus* den Pfarr Hah+ Hahn, wir besahn seine Uhren~~

Den 7ten früh besahn wir die Bibliothek die unendlich zahlreich ist. 11 grosse Zimmer alle voll Bücher. Unten ist ein *Naturalien cabinet*, wo eine schöne Uhr von Pfarr Hahn der sich in Echtertingen aufhält, das schönste an seinen Arbeiten ist, dass sie so [10r]mannigfaltig, und doch das ganze dabei so einfach ist. Den 8ten machten wir selbst seine Bekanntschaft. Der Weg nach Tübingen führt durch sein Dorf. Er war sehr höflich u freundlich, erklärte uns seine Rechenmaschiene die sehr schön ist. Die Beschreibung davon steht in d Merkur. Die Nacht blieben wir in Tübingen. Den 10ten kamen wir in Schafhausen an. Die Stadt liegt in einem Thal, von lauter Weinbergen ~~um~~ umgeben, durch viele + Gärten wo wohnbare Gebäude dabei sind gelangt man endlich zur Stadt. Die Häuser sind sehr hoch dieses macht{s} ein wenig ~~dunk~~ ⌊düster⌋. Wie

wohl thut das Gefühl der Freiheit, der *Despotismus* verfinstert und umwölckt nicht vor Neid und Haß, die +Herzen ⌈der⌉ Bewohner dieses Glücklichen [10v]Landes sie sind frei, freuen sich ihres Glück, theilen es auch gern ihren Brüdern mit. Den 11ten besahn wir den Reihnfall, Schöner kann man sich nichts denken, der Reihn von einen Felsen herunter, die schöne grünlichte Farbe des Fluße heitres Ansehn. Mitten wo die ~~St+~~ Schäumende Welle sich mit Getöse herab stürzt stehn zwei Felsen, die das Waßer um spielt. So stehn oft Menschen von den Wogen des Schicksals umrauscht Ohne Trost, ohne Stüze. Den 12ten früh besahn wir die Bibliothek die von den Rath unterhalten wird. Da ist das Modell der Brücke über den Reihn von Gruman aus Appenzell gebaut, sonst ein ganz gewöhnlicher Zimmermann, aber der sich durch die Brücke verewigt hat. Dann besahn wir das *Cabinet* des *Dr Ammans* der [11r]eine schöne Sammlung von Kupferstichen hat. Wir sahn auch den Bau eines Waisenhauses, das seine Errichtung blos der edlen Mildthätigkeit eines Bürgers Gezler genannt zu danken hat. Der wohlthätige Mann, weiht nicht allein Vermögen der schönen Anstalt sondern auch seine Zeit, er ist selbst der ~~Bes~~ Aufseher, besorgt alles. Friedlich wird einst der Wandrer der vor seinen Grabe vorbei eilt seine Asche seegnen, wird mit den ⌈süßen⌉ Gefühl stehn bleiben und sagen hier ruhte ein Wohlthäter seiner ~~Mitmens~~ Mitmenschen, er erleichterte ihnen die Mühe des Lebens, bildete ihre Kinder zu guten Menschen. [11v]Den 13ten Mai brachten wir den Morgen in Winterthur zu. Sahen die ~~Soldaten~~ *revue* an. Alle Jähr einmal versammlet⌈en⌉ sich in der gan◊ Schweiz alle Bürger und *exerciren* da. Es ist ein kleiner Ort aber die Lage ist schön, so wie in der ganzen Schweiz, ⌈von⌉ da sieht man die Eisberge schon.

Den 13ten ka◊ wir in Zürich an. Die Stadt liegt gar herrlich, ~~an~~ der See und die Limat die daraus entspringt theilen die Stadt in 2 Theile. Den 14ten besahn wir das Waisenhaus welches sehr groß ist. ~~Wir ma~~ Ich machte eine Bekanntschaft die meinem Herzen ewig schäzbar bleiben wird, ~~es ist~~ wir sahen den großen, aber ~~mehr~~ mehr [12r] durch die Güte seines Herzens ~~und edlen Handlungen mir theuren~~ Und die vielen guten Eigenschaften + Theuren *Lavaters*. Den ~~18~~ 15ten besahn wir ~~+ Haus~~ eine merkwürdige *Mechanische Machine*. Ein einzigs Rad treibt 150 Seidenspulen die sich alle durch die Bewegung abwicklen. ~~Die Diese *Methode* ist aus~~ Die Erfindung ist aus *Italien*. Den 18ten früh reisten wir ab. Und blieben in Lenzburg, einem hübschen freundlichen Ort. Der Landvogt hat eine sehr angenehme Wohnung. Das Gebäude steht auf lauter Sals, und oben sind da so schöne *promenaden*. [12v]Von da geht der Weg nach *Cöllch*berg, die Dörfer sind so weitläuftig weil immer jeder Bewohner sein ganzes Guth dabei liegen hat, so stößt man immer unvermuthet auf eine Hütte die durch das Vorstehens doch herrlichen *effect* machen.

Tagebuch von meiner Reise in Grindelwald

[1r]Den 27ten August 1783.

Früh 6 uhr reisten wir von Vevey ab. 2 Stunden weit ist der Weg sehr bergicht, und schlecht. ~~Ab An Seiten~~ ~~Felsen~~ ~~mit Holz l g~~ Immer zwischen Bergen gegen Morgen ~~hohe Felsen~~ Wald und Wiesen wo ~~Mal *chal*~~ *chalets* darauf sind. So gegen Abend Berge mit Holz; gegen Norden der ~~See~~ Genfer See und die *Savoyischen* Gebirge. So geht der Weg fort bis nach *Chastel.* Und dann [1v]kommt man durch das fruchtbare Land *La gruiere* wo der beste Käse gemacht wird in *Buller* hielten wir Mittag sahen in der Kirche den Taufstein der von schönen Marmor ganz besonderer Art ist, ~~mit + von~~ man fand ihn 7 Stunden von *Buller* in einem Fluß. Der Weg geht immer ~~z~~ zwischen Holz, Wiesen und Bauernhäusern bis nach Freiburg so fort. Die Lage dieser Stadt ist ganz einzig in ihrer Art, auf lauter Felsen im Thal fließt die *Serane* hin. Den Abend besahn wir die Jesuiten Kirche die schöne Gemälde hat, [2r]und den Dom der ~~be~~ von ~~einem Meister~~ den nehmlichen Baumeister der das Münster erbaut hat ~~geb~~ gebaut ist. Den 28ten früh besahn wir die *St Madeleinen* Einsiedeley die ganz in Fels gehauen ist den Bericht nach nur von 2 Vorherren verfertigt, es ist aber ganz unglaublich, es ist eine *Capelle* und viel geräumige Zimmer darinnen der Schrein und die Es sind die manche würdig, ~~un~~ sie sind wohl 20 Fuß hoch in Fels gehauen ~~und oben sieht man den~~

[2v]~~he~~ wir besahn noch eine *promenade* Und in der Userlinen Kirche ist eine *Capelle* von Stein wie die ~~die~~ *notre Dame.* Von Freiburg fuhren wir nach Bern. Den 29ten kamen wir nach Thun, ließen uns über den See sezen die Gegend ist gar herrlich zwischen hohen Bergen, unten Dörfer, Die Nacht blieben wir in Unterseen, und fuhren den 30ten zum Staubach + ist ein schönes Schauspiel der Natur. Der Weg zwischen Unterseen Geht zwischen hohen ~~und~~ unsteigbaren Felsen hin die das Thal einschliessen, der Sausbach stürzt sich nicht weit von Staubach zwischen Felsen hinunter nicht so steil aber eben so schön, der Sturz des Staubbach ist t 1000 Fuß hoch.

⟨Ein einziger Tag meines frühern Lebens⟩

Textgrundlage: GSA 83/1655. 2 Doppelbögen Quart, Format: 17 × 21cm (beige), Fadenheftung, letztes Blatt unbeschrieben. Ohne eigenhändigen Titel. Erstdruck: URLICHS, S. I/31–36 unter dem Titel: „Erinnerungen aus den Kinderjahren".

---

3 selbst ruhen] *URLICHS, S. I/31: „selbst zu ruhen".*
6 erst anfangen zu leben] erst ⌈anfangen zu⌉ leben.
7 da erst den Dingen] ⌈da erst⌉ den Dingen.
8 Er lebte nur in seiner Familie] *URLICHS, S. I/31: „Er lebte nur seiner Familie".*
16 war mir wunderbar] war mir ⌈mir⌉ wunderbar.
18 an einen Mann] *URLICHS, S. I/31: „mit einem Mann".*
25 Verwandtin] *URLICHS erläutert (S. I/31): „Amalie von Lengefeld, später verehelichte v. Rauchhaupt in Hildburghausen".*
25 Auch eine ‹…› nicht lange.] ↑Auch eine ‹…› nicht lange.↑.
31 was ich zu allen Stunden] *URLICHS, S. I/32: „das ich zu allen Stunden".*
35 gar zu hübsch für] *URLICHS, S. I/32: „gar zu hübsch vor".*
38 hat mir viel Anlaß] hat ⌈mir⌉ viel.
39 Unterricht] ~~einigen~~ Unterricht.

46 die er einst anlegte] *Urlichs, S. I/33: „die er meistens anlegte".*
51 kam der Lehrer] ~~Sprachenm~~ Lehrer.
51 Geographie] Georgraphie.
55 sezte ich mich still in einen Winkel] *S. Charlotte Schillers Gedichtübertragung* Romanze von dem Blinden Hochländer Knaben, *Z. 5 f.*
57 geschehen sein] *Urlichs, S. I/33: „geschehen sei".*
65 Die Schwedische Gräfin] *S. Christian Fürchtegott Gellerts Roman „Das Leben der Schwedischen Gräfin von G***" (1747–1748).*
66 geliebtesten Lektüren] ~~grössten~~ ⌈geliebtesten⌉.
66 Der Magdeburgische Greis] *Die Moralische Wochenschrift „Der Greis", von 1763 bis 1766 in Magdeburg herausgegeben vom Theologen und Pastor Johann Samuel Patzke.*
67 wo viele kleine Erzählungen kommen] *Urlichs, S. I/34: „worin viele kleine Erzählungen kamen".*
67 Rabners Briefe] *Gottlieb Wilhelm Rabener (1714–1771), Satiriker und Essayist der Aufklärung.*
69 Grandisson] *Samuel Richardsons dritter Briefroman „Sir Charles Grandison" (1753).*
73 nach dem Essen] ~~um~~ nach dem Essen.
75 seegnete] seegn~~l~~**e**te
81 und an diese wiederkehrende] ~~in g~~ und an.
83 Einmachen, Obst trocknen] Einmachen, →Obst trocknen→.
86 Alles war beschäftigt] ~~Bald ward~~ Alles war.
96 Voßens Luise] *Johann Heinrich Voss: „Luise. Ein ländliches Gedicht in drei Idyllen" (1795).*
97 An der Treppe] Am.
98 u. der Kaffee] *Urlichs, S. I/35: „wo der Kaffee".*
104 Frau Pfarrerin] ~~Pfarr~~ Frau Pfarrerin.
111 in früher Zeit] *Urlichs, S. I/35: „in dieser Zeit."*
112 Am Hof] ~~bey~~**Am** Hof.
115 darüber nach, wo man sich] ⌈darüber nach,⌉ wo.
116 an der Saale] a~~m~~**n** der Saale.
122 Hermann u. Dorothea] *Goethes 1797 erschienenes Epos in neun Gesängen.*
123 Ein plumper Neptun] Ein ~~Neptun~~ ←plumper Neptun←.
124 Bassin] ~~Fontaine~~ ⌈Bassin⌉.

Erinnerungen an Heidelberg

Textgrundlage: GSA 83/1656. 4 Bögen Quart, Format: 17,5 × 20cm (beige), wobei ein Bogen nur auf dem ersten Blatt recto beschrieben ist. Rechts oben eigenhändig datiert: „1815". Weiter ein Einzelblatt Oktav, Format: 11,5 × 19,5cm, hier im Anschluss an den Kommentar als diplomatischer Text abgedruckt. Umschrift durch Emilie von Gleichen-Rußwurm unter derselben Signatur.

Charlotte Schiller reist bereits im August 1810 nach Heidelberg, um Arrangements für das Studium ihres ältesten Sohnes Karl zu treffen. Erhalten sind Briefe an verschiedene Korres-

pondenten, wie Prinzessin Karoline, Karl Ludwig von Knebel und Fritz von Stein. Zudem fertigt sie Aquarellzeichnungen an, die im DLA Marbach liegen (vgl. Abbildungen 4 u. 5 dieser Ausgabe).

---

11 und doch durchsichtig] ⌈und doch⌉ durchsichtig. – *Umschrift: „durchsichtig!“.*
18 brennend und glühend] brennend ~~++cht~~ und.
21 ausmahlen] ~~uns~~ ausmahlen.
27 verbarg sich] verbarg s+ sich.
35 in altem Glanz] sin altem. – *Umschrift: „in vollem Glanz“.*
36 immergrünen] immergr~~u~~**ü**nen.
37 belebt und erweckt] ~~++~~**be**lebt.
39 von Ehmahls und jezt] von ~~Einst~~ ⌈Ehmahls⌉.
43 erschienen. Der] erschienen~~,~~. ~~und~~ ~~d~~**D**er.
43 belebenden] beleb**~~t~~en**den.
44 Werners Sonett] Zacharias Werners *„Der steierne Bräutigam und sein Liebchen (Im Heidelberger Schlosse November 1807)“, erschienen 1808 in der „Heidelberger Zeitung für Einsiedler“.*
48 Baumstücken] ~~grünen~~ Baumstücken.
55 eine Pistole] ~~scho~~ ein.
57 durchweht mit dem Düfte seiner betäubenden Blüthen die unbewohnten Hallen] {durch}weht ~~die~~ ⌈mit dem⌉ Düfte ~~bet~~**sein**er betäubenden Blüthen ~~in~~ die. – *Umschrift: „seiner betrübenden Blüthen“.*
59 die stille Betrachtung] Betrachtungen. – *Wortende am Rand.*
64 verwirrte Menschliche Gemüther] verwirrte ⌈Menschliche⌉.
68 Alles Außen im schönren Einklang] *Umschrift: „alles Äußere ein schönerer Einklang“.*
68 nur der Mensch] ⌈nur⌉ der Mensch.
69 gewaltsames Dunkel] gewalsames.
70 schon aus Edens Gärten] ~~selbst~~ ⌈schon⌉.
74 ist unter dem Königstuhl] ~~hat~~ ist ~~zwischen~~ ⌈unter⌉.
76 die Verbindung] ~~den zu~~ die Verbindung.
76 bald höher als das Schloß] bal~~t~~**d** höher.
83 umgeben.)] *Schließende Klammer mit Bleistift aus fremder Hand ergänzt.*
84 hätte wandeln können] *Umschrift: setzt hier einen Schlusspunkt und fährt direkt mit „Einsam und geisterartig“ fort.*
87 auch der Lauf] ⌈auch⌉ der.
88 sich oft verliehrt] sich {oft}.
92 Teiche beleben] Teiche~~,~~ beleben.
93 gehauenen Verzierungen] ~~Spiz~~ gehauenen.
95 noch sichtbar werden läßt] ~~hat~~ noch ~~zeigt,~~ sichtbar.
95 in der Zeit] ~~aus~~ ⌈in⌉ der.
100 Dies Alles ist] ~~Zeigen~~ Dies Alles.
100 Auch die Linde die ⟨Opitz⟩] die Liegneck – *S. Bruchstück im Anhang.*
102 Man folgt lieber] Man ~~ver~~folgt.
102 üppigen Waßerpflanzen] ~~Waßerpflanzen~~ ⌈üppigen⌉ Waßerpflanzen.
103 herunter winden] herunter ~~st+~~ winden.

104 gelangt endlich] gelangt ⌈endlich⌉.
105 NußBäume] {Nuß}Bäume.
106–109 Man gedenkt da ‹…› man erreicht.] gedenkt {da}. – *Auf separatem Bogen gleichen Formats, der, ansonsten unbeschrieben, wohl nachträglich zur Einfügung vorgesehen war. Von fremder Hand recto mit der Ziffer 6 paginiert (2. Blatt mit 8), im Editionstext in dieser Reihenfolge berücksichtigt. Fehlt in der Umschrift.*
117 sieht man daher] ~~sehen~~ ⌈sieht man⌉ daher.
120 Uns zumahl in neuern Zeiten, die wir] ⌈in neuern Zeiten,⌉ die wir.
121 schreckhafter] *Umschrift: „schreckenhafter".*
121 aufgeregt werden.] ~~aufgerührt~~ aufgeregt werden. ~~Hier zu kam fest die Nation, die nach ihrem Streben jenes denkl denkmahl Alter bessrer Zeit zerstören machte~~.
124 in den tiefen Wald] Wald.
126 den Schloßberg] ~~an~~ den.

Auf separatem Einzelblatt findet sich ein Fragment, das sich auf MARTIN OPITZ' *Barock-Gedicht über den Wolfsbrunnen bei Heidelberg bezieht. Angeregt ist dieses Zitat evtl. durch die Lektüre von* AMALIE VON HELVIGS *„Die Sage vom Wolfsbrunnen" (Berlin 1814), zumal die Autorin, geborene von Imhoff, eine Nichte Charlotte von Steins und daher auch Charlotte Schiller gut bekannt war. Im Anhang ihrer Erzählung erwähnt auch* HELVIG *die Linde, in deren Schatten schon Opitz gedichtet habe, und zitiert dieselben vier Verse (S. 153) wie Schiller.*

[1r]Liegenitz sagt vom Wolfsbrunnen bey Heidelberg, wo er oft, als er daselbst studierte seine Abende zubrachte, und unter einer Linde ausruhte

Du edler Brunnen du, mit Ruh u. Lust umgeben
Mit Bergen hier und dort, als eine Burg umringt
Prinz Aller schönen Quell, aus welchen Waßer dringt
Anmuthiger denn Milch, und köstlicher als Reben
u. s. w.

Die Linde ist leider abgehauen und nur die Verzierungen, und alterthümlichen Schnörkel, auf den abgeblichnen Wänden des Brunnen, in Alt französischen Geschmack zeigen daß ehmahls diese Gegend ~~A+~~ Ange[1v]bauet, war und zu einer Fortsetzung desr großen Gartenanlagen, des Heidelberger Schloßes gehört haben muß.

Jezt ist in dieser Bergschlucht nur eine Mühle am Eingang, welche dies Wasser der drey Teiche die in einer Richtung über einander liegen u. sich mit ⌈++⌉ Wasser versehen, treibt.

Eine Ärmliche Wirthschaft haust in der von Aussen noch auf Zier Anspruch machenden Wohnung.

⟨Es ist immer wichtig, lieber Freund⟩

Textgrundlage: GSA 83/1646. 1 Bogen Folio, Format: 21,5 × 34,5cm, doppelseitig beschrieben, unpaginiert. Unter derselben Signatur existiert eine Abschrift von Emilie von Gleichen-Rußwurm, 3 Bögen Quart, 5 Blatt doppelseitig beschrieben, unpaginiert.

Durch die Überschrift „Erster Brief“ und die Ich-Erzählposition liegt die Vermutung nahe, dass es sich um den Beginn einer geplanten oder verlorenen Brieferzählung handelt. Das thematische Zentrum bildet die Uraufführung von FRIEDRICH SCHILLERS *„Wallenstein“. Die Weimarer Uraufführungen datieren auf 1798/1799: „Wallensteins Lager“ im neu eröffneten Weimarer Theater am 12. Oktober 1798; „Die Piccolomini“ am 30. Januar 1799; und „Wallensteins Tod“ am 20. April 1799 (vgl.* SCHILLER: *Werke, Bd. 4, Hg. von Frithjof Stock, Kommentar, S. 762–860).*

4 aufzusuchen uns bestreben] aufzusuchen⌈uns bestreben⌉.

5 auch dem Geschmack] auch⌈dem⌉Geschmack.

11 wie mich zuerst] **m**ich.

12 weite todte Stadt E.] *Auf der Umschrift, Bl. 1v, befindet sich eine Randnotiz in Rötel: „Erfurt“.*

13 des geliebten D. mich] des geliebten D. ~~der noch~~ mich. – *Bl. 1v, fremde Hand: „Dalberg“.*

18 seiner eignen Brust] seiner⌈eignen⌉Brust.

25 lederne Taschenbuch] lederne ~~*Pocket*~~ Tasenbuch.

28 Studenten, benachbarte Kaufleute u. Beamte] Studenten, ~~viel Leut Edelleute~~ ⌈benachbarte Kaufleute⌉ ~~und + und Kaufm+~~ u. BeAmte.

32 Dichtkunst zum Erstenmahl gab] Dichtkunst ~~gab~~ zum.

33 Die alten Zeiten kamen lebendig wieder] ↑~~D+ wurde schön +~~↑ Die alten Zeiten kamen ⌈lebendig⌉wieder.

40 [2v]wo man ahnden lernte] *Umschrift, Bl. 3v: „ahnen konnte“.*

42–47 war ein Riesen Schritt den nur zwey sich befreundete Genien möglich machten. ‹…› Der Freyheit h o h e s Recht, zurück.] machten.{Die Menge empfing staunend ohne es sich bewußt zu werden wie in die Künstler#} ↓#Wie unter heilige Gewalt gegeben, / Empfangen sie der heilge Geister leben, →wenn→ / Der Freyheit hohes Recht, zurück. →Füßen→↓. – *Zitat aus* FRIEDRICH SCHILLERS *Gedicht „Die Künstler“ (1789).*

50 ein jeder Stillstand] ein⌈jeder⌉Stillstand.

53 Schlafheit] Schlaßheit.

58 die bessre Kraft erschlaft] die⌈bessre⌉Krafterschlaft.

59 [2v]Ich stand] [2v]↑~~Ich sah~~↑ Ich.

59 hatte selbst der Bühne] hatte⌈selbst⌉der.

65 doch wenige Worte] wenigen.

67 Anmaassung hinzubringen] hin-~~zu~~zubringen.

74 meine Wangen] meine~~n~~.

75 Im ersten Gefühl war dies mir sehr schmerzlich.] Im ersten → Gefühl war dies mir sehr schmerzlich.→ – *Am rechten Seitenrand, vertikal.*

II. Reflexionen

⟨SCHÖNE SONNE!⟩

Textgrundlage: GSA 83/1944. 1 Doppelbogen, Oktav, Format: 10 × 17cm. Es handelt sich um sieben, wohl sukzessive entstandene Einträge, die durch Symbol getrennt sind. Von insgesamt 4 Blatt hier: Bl. 1. Eigenhändig oben mittig datiert: „den 8ten November 87“. Erstdruck: Urlichs, S. I/47.

3 wie die bloßen Naturmenschen] wie ~~un~~ die bloßen. – *Urlichs, S. I/47: „wie nur die bloßen“.*

4 dein Licht belebt alles] dein Licht, ~~daß wärmer auf die Erde sche~~ belebt alles.

4 strömen] ~~fal~~ strömen.

5 deine schönen Strahlen] ~~ist die~~ deine schönen.

6 durch den Einfluß] ~~von~~ durch den.

7 Morizens Hirtenknaben] *S. Karl Philipp Moritz' „Fragmente aus dem Tagebuche eines Geistersehers“ (1787): Im 7. Kapitel ist hier von einem „weisen Hirtenknaben“ die Rede.*

7 den Trost] ~~zum~~ ⌈den⌉ Trost~~e~~.

10 rufe auch ich dir zu] ~~ich~~ rufe auch ⌈ich⌉.

11 *hail holy light!..] S. John Miltons „Paradise Lost“ (1667); im 3. Buch heißt es hier: „Hail, holy Light, offspring of Heaven first-born!“.*

⟨WAS IST'S⟩

Textgrundlage: GSA 83/1944. 1 Doppelbogen, Oktav, Format: 10 × 17cm, von insgesamt 4 Blatt hier: Bl. 1v–2. Eigenhändig oben mittig datiert: „den 18ten“ (November 1787). Erstdruck: Urlichs, S. I/47f.

2 und uns die Zukunft] und uns ~~eine finstere, unser künftiges~~ die Zukunft.

2 Trauergewölcke] ~~Traurigkeit~~ Trauergewölcke.

4 Es ist gewiß] Es ist ~~nicht~~ gewiß.

5 ein Trost, der] ein Trost, ~~daß~~ der.

5 in so weit, daß es zeigt] in so weit daß, es. – *Urlichs, S. I/48: „er zeigt“.*

5 nur eingebildet] ~~nur~~ nur.

9 Aber so ist es] ~~sondern~~ Aber.

10 nach überstandnem Unmuth] ~~h+~~ nach überstandnem ~~Umut~~ Unmuth.

11 und *[2v]*ein freieres Bewußtsein] und ~~unser~~ *[2v]*~~Dasein f~~ / ⌈ein⌈ freieres.

11 Daseins erlangen] Daseins ~~haben~~⌈erlangen⌉.
13 leichter tragen] leicht{er}.

⟨O ERINNERUNG⟩

Textgrundlage: GSA 83/1944. 1 Doppelbogen, Oktav, Format: 10 × 17cm, von insgesamt 4 Blatt hier: Bl. 2v. Undatiert. Erstdruck: Urlichs, S. I/48.

2 Erinnerung] Errinerung.
2 umhülle mich mit deinen] ~~ums~~ umhülle mich d mit.
3 verlaß auch du mich nie] verlaß ~~mich nie,~~ auch.

⟨SCHÖN IST DER SINKENDE ABEND⟩

Textgrundlage: GSA 83/1944. 1 Doppelbogen, Oktav, Format: 10 × 17cm, von insgesamt 4 Blatt hier: Bl. 2v–4r. Eigenhändig oben rechts datiert: „den 20ten Nber Abends" (November 1787). Erstdruck: Urlichs, S. I/48.

4 stufenweis] ~~nach n~~ stufenweis.
4 in unsrer Welt] in ~~der b~~ unsrer.
7 Und so nimmt alles zu] Und ~~wie~~⌈so⌉ ~~alles mehr zu~~ nimmt ~~ung~~⌈alles⌉ zu.
8 zu erlangen.] zu⌈erlangen.⌈ ~~kommen~~⌈+⌉ ~~+ auch wir~~ +~~genieß~~.

⟨DER GEDANKE IST SÜSS⟩

Textgrundlage: GSA 83/1944. 1 Doppelbogen, Oktav, Format: 10 × 17cm, von insgesamt 4 Blatt hier: Bl. 3v–4r. Undatiert. Erstdruck: Urlichs, S. I/48 f.

3 die Nähe] ~~das nähern~~⌈die Nähe⌉.
4 heben kann!] kan.
5 es, wenn wir rein das umschweben] wenn~~, den~~⌈wir⌉ ++ ~~auch die Nähe uns~~ rein das umschweben.
7 Möglichkeit] ~~mög~~ Möglichkeit.

⟨GOTT! EWIGES, UNBEGREIFLICHES WESEN!⟩

Textgrundlage: GSA 83/1944. 1 Doppelbogen, Oktav, Format: 10 × 17cm, von insgesamt 4 Blatt hier: Bl. 4r. Eigenhändig oben rechts datiert: „den 23" (November 1787). Erstdruck: Urlichs, S. I/49.

3 Wie oft] ~~Und~~ Wie oft.
4 wir schwache, kleine] wir schwache, ~~Menschen,~~ kleine.
4 Begriffe von Dir! Wir sinnen] *Ein eigenhändiges Abschlusssymbol unter dem Wort „sinnen“ weist darauf hin, dass die Reflexion ursprünglich wohl mit „Begriffe von Dir!“ schließen sollte.*
5 zu großen] ~~zu zu großen~~ zu großen.

⟨WANDLENDE WOLCKEN⟩

Textgrundlage: GSA 83/1944. 1 Doppelbogen, Oktav, Format: 10 × 17cm, von insgesamt 4 Blatt hier: Bl 4v. Eigenhändig oben rechts datiert: „den 28ten gegen 4 uhr“ (November 1787). Erstdruck: URLICHS, S. I/49.

3 ähnlich] ~~wie~~ ähnlich.
5 und doch giebt es so viel Menschen] ~~wie es~~ ⌈~~aber ach es giebt~~⌉ ⌊und doch giebt es⌋ ⌉so⌉ viel Menschen.

⟨DURCH DÜSTRE WOLKEN⟩

Textgrundlage: GSA 83/1944. 5 Bögen Oktav, Format: 10,5 × 17cm, geheftet. Es handelt sich um 17, wohl sukzessive entstandene Einträge. Von insgesamt 10 Blatt, teils eigenhändig paginiert, hier: Bl. 1. Eigenhändig oben rechts datiert: „den 1ten Jenner 88“. Erstdruck: URLICHS, S. I/50.

6 *What future Bliss ‹…› may be our blessing now!*] *Als Hauptunterschied zu ALEXANDER POPES Original, zu finden in „An Essay on Man: Epistle I (1734), lässt sich die Anrede beobachten (2. Pers. Sing. statt Charlotte Schillers 1. Pers. Pl.): „What future bliss, he gives not thee to know, / But gives that hope to be thy blessing now!“ URLICHS (S. I/50) weist darauf hin, dass Charlotte Schiller dieselbe Stelle bereits in einem Brief an Wilhelm von Wolzogen als einen ihrer Lieblingsverse zitiert; POPES Werke erhielt sie von Henry Heron 1787 zum Geschenk. Vgl. PAILER, S. 40–43.*
9 so flüchtig] ⌈so⌉ flüchtig.
10 die gewiße Aussicht] die ~~Aussicht~~ ⌈gewiße⌉ Aussicht.
11 noch schwächer] noch ~~kl~~ schwächer.
11 und am Ende] ~~Ab~~ und am.
14 Vorsehung! – – –] Vorsehung! – – – *[2r]*~~So werde ich doch Muth finden können, Alles zu ertragen!~~.

⟨WAS IST DAS LEBEN?⟩

Textgrundlage: GSA 83/1944. 5 Bögen Oktav, Format: 10,5 × 17cm, geheftet. Von insgesamt 10 Blatt hier: Bl. 2r. Eigenhändig oben rechts datiert: „den 13ten Jenner“ (1788). Erstdruck: URLICHS, S. I/50.

2 wer kann uns das enthüllen] wer kan uns ~~Ausflucht geben~~ das.
3 Nein dies ist] ↑~~Nein dieß ist~~↑ Nein.

⟨PHANTASIE⟩

Textgrundlage: GSA 83/1944. 5 Bögen Oktav, Format: 10,5 × 17cm, geheftet. Von insgesamt 10 Blatt hier: Bl. 2v. Eigenhändig oben rechts datiert: „den 26ten Jenner" (1788). Erstdruck: Urlichs, S. I/50.

2 wohin leitest] ~~wie~~ ⌈wohin⌉ leitest.
3 die nie, erfüllt] die ⌈die⌉ ~~nie~~ ⌈nie,⌈ ~~nie wohl~~ erfüllt.

⟨DER STOLZ UNSERES GEISTES⟩

Textgrundlage: GSA 83/1944. 5 Bögen Oktav, Format: 10,5 × 17cm, geheftet. Von insgesamt 10 Blatt hier: Bl. 2v. Undatiert. Erstdruck: Urlichs, S. I/50 f.

2 Stolz] Stolz. – *Urlichs S. I/50*: „*Trotz*".
3 der Lichtstrahlen] der ~~Strahlen~~ ⌈~~licht strahlen~~⌉ ~~des lichts~~ ⌈Lichtstralen⌉.
4 Dünste] ~~damp~~ Dünste.
4 und, uns selbst] ~~das loos der~~ und, uns selbst.
6 Sphären] Spähren.

⟨DER WIND HEULT⟩

Textgrundlage: GSA 83/1944. 5 Bögen Oktav, Format: 10,5 × 17cm, geheftet. Von insgesamt 10 Blatt hier: Bl. 3r. Eigenhändig oben rechts datiert: „den 15ten April" (1788); oben links: „in R." (Rudolstadt). Erstdruck: Urlichs, S. I/51.

2 Boreas] *Name des Nordwinds in der griechischen Mythologie.*
4 kalte Hauch] kalte ~~Nord~~ Hauch.

⟨HEUTE⟩

Textgrundlage: GSA 83/1944. 5 Bögen Oktav, Format: 10,5 × 17cm, geheftet. Von insgesamt 10 Blatt hier: Bl. 3v. Undatiert. Erstdruck: Urlichs, S. I/51.

2 Analogie] Anologie.
3 vollkommenste, Wesen] vollkomenste, ~~das vor~~ Wesen.
6 Von der Geister Welt wiß⟨en⟩] ~~Denn in der Geister Welt hatte ich + höh +~~ Von der

Geister Welt wiß. – *Wort am Blattrand abgeschnitten.* Urlichs, *S. I/51: „Von der Geisterwelt wissen".*

6 der die künftige Welt überdeckt] der ~~uns~~ die ~~zukunft verhüllt~~ künftige Welt.

⟨DIE WELLE⟩

Textgrundlage: GSA 83/1944. 5 Bögen Oktav, Format: 10,5 × 17cm, geheftet. Von insgesamt 10 Blatt hier: Bl. 4. Eigenhändig oben rechts datiert: „Den 16ten April" (1788). Erstdruck: Urlichs, *S. I/51 f.*

2 schlüpfte] ~~floß~~ schlüpfte.
3 Nachtigall] ~~nehmliche Natig~~ Nachtigall.
3 singt] ~~fand~~ singt.
4 mußte fort] mußte fort.
5 immer] imer.
6 sind doch] sind ~~+~~ doch.
9 ewig sein! –] sein~~?~~! –.

⟨SPÜLST DU DENN O ZEIT⟩

Textgrundlage: GSA 83/1944. 5 Bögen Oktav, Format: 10,5 × 17cm, geheftet. Von insgesamt 10 Blatt hier: Bl. 4v–5r. Eigenhändig oben rechts datiert: „Den 1ten Juni" (1788). Erstdruck: Urlichs, *S. I/52.*

2 löschest aus] ~~löchsest aus~~ löschest aus.
3 nichts von euch] euch ~~zurück~~.
6 Meere] ~~Seen~~ Meere.
9 *Tis sure the hardest science to forget!*] *Aus* Popes *„Eloisa to Abelard" (1717). S. Kommentar zu* ⟨Durch düstre Wolken⟩.

⟨WIE DIE SONNE SO SCHÖN⟩

Textgrundlage: GSA 83/1944. 5 Bögen Oktav, Format: 10,5 × 17cm, geheftet. Von insgesamt 10 Blatt hier: Bl. 5r–6v. Eigenhändig oben rechts datiert: „Den 18ten Juni" (1788). Erstdruck: Urlichs, *S. I/52 f.*

5 Vorbild] ~~vorsd~~ Vorbild.
6 physischen] ~~phis~~ physischen.
8 zu hören] ~~dazu~~ ⌈zu⌉ hören.
8 Man sollte] ~~m~~ Man.
11 Dingen] ~~äuß~~ Dingen.
11 die Dunkelheit] ~~eine~~ die.

14 Fortschreitung des Eingangs der wahren] Fortschreitung ⌈des Eingangs⌉ ~~der wahren, u. hellen~~ der.
15 legen] ~~bleiben,~~ legen.
16 daraus vertilgen] ~~heraus~~ daraus.

⟨ES GIEBT OFT MOMENTE⟩

Textgrundlage: GSA 83/1944. 5 Bögen Oktav, Format: 10,5 × 17cm, geheftet. Von insgesamt 10 Blatt hier: Bl. 6. Eigenhändig oben rechts datiert: „Den 23ten Juni“ (1788). Erstdruck: Urlichs, *S. I/53.*

3 der Phantasie] ~~uns~~ der.
4 wieder in die vorige Dämmrung] ~~ihn~~ wieder in die ~~alt~~ vorige.
6 bindet sich] ~~ver~~bindet.
7 als wir selbst] ~~wie~~ ⌈als⌉ wir.

⟨VERGANGENHEIT, ZUKUNFT!⟩

Textgrundlage: GSA 83/1944. 5 Bögen Oktav, Format: 10,5 × 17cm, geheftet. Von insgesamt 10 Blatt hier: Bl. 6v–7r. Eigenhändig oben rechts datiert: „Den 30ten Juni“ (1788). Erstdruck: Urlichs, *S. I/53f.*

4 nicht noch vor uns] nicht ~~vor~~ noch vor uns.

⟨DER WAHRSTE, REINSTE GENUSS⟩

Textgrundlage: GSA 83/1944. 5 Bögen Oktav, Format: 10,5 × 17cm, geheftet. Von insgesamt 10 Blatt hier: Bl. 7. Eigenhändig oben rechts datiert: „Den 20ten July“ (1788). Erstdruck: Urlichs, *S. I/54.*

3 wenn man] ~~m~~ wen man.
6 das große All] All.

⟨ES IST EINE SONDERBARE EMPFINDUNG⟩

Textgrundlage: GSA 83/1944. 5 Bögen Oktav, Format: 10,5 × 17cm, geheftet. Von insgesamt 10 Blatt hier: Bl. 7v–8. Eigenhändig oben rechts datiert: „Im Juny 89. Den 27ten.“ Erstdruck: Urlichs, *S. I/54f.*

2 eine sonderbare Empfindung] ein{e} sonderbares ~~Ge~~ Empfindung.
3 Vorstellungen] ~~Vorstell~~ Vorstellungen.

4 der menschliche Geist ist doch so reich] der ~~mensch +ist~~⌈menschliche Geist ist⌉ doch⌈so⌈.
4 verschiedne] ~~un~~ verschiedne.
5 kann er aufnehmen] kann **mer**.
5 seit ich] ~~ind~~ seit.
7 Zauberwelten öfneten] ~~auf~~ Zauberwelten.
7 oft wieder hinab] oft⌈wieder⌉ hinab.
10 davon will ich schweigen] ~~muß~~⌈will⌉ ich.
11 u. ich lernte] –**u.** ich lernte.
15 nicht mehr nun allein] nun allein. *Urlichs, S. I/55: „nicht mehr allein“*.
16 Welt, von der] Welt, ~~der~~ von.

⟨EINSAMKEIT!⟩

Textgrundlage: GSA 83/1944. 5 Bögen Oktav, Format: 10,5 × 17cm, geheftet. Von insgesamt 10 Blatt hier: Bl. 9r. Eigenhändig oben mittig datiert: „Den 14 ten Xber.“ (Dezember 1789). Erstdruck: Urlichs, S. I/55.

5 ist es Trost] ~~ist~~ ist es Trost.
7 behalten können] behalten,⌈können⌉.
8 ein kleiner Trost] ein ~~gar~~ kleiner.

⟨STILLER, SCHWEIGENDER ABEND⟩

Textgrundlage: GSA 83/1944. 5 Bögen Oktav, Format: 10,5 × 17cm, geheftet. Von insgesamt 10 Blatt hier: Bl. 9v. Undatiert. Erstdruck: Urlichs, S. I/55.

2 Abend, mit deinem] Abend, mit deinen.
4 und die Harmonie] und ~~doch~~ die Harmonie.
5 alles erhält] ~~A~~alles ~~umg~~ erhält.
5 wir sie in manchen] sie ~~verkennen.~~

⟨WIE MÜHEN SICH MENSCHEN⟩

Textgrundlage: GSA 83/1944. 5 Bögen Oktav, Format: 10,5 × 17cm, geheftet. Von insgesamt 10 Blatt hier: Bl. 9v. Eigenhändig oben rechts datiert: „den 30ten Xber.“ (Dezember 1789). Erstdruck: Urlichs, S. I/56.

2 dieses oder jenes] diese~~ns~~ oder jene~~ns~~.
6 das denkende Wesen] das denkend~~en~~. Wesen.
7 mögen in dieser Welt] mögen ~~wieder ins~~⌈in dieser⌉ Welt.
10 *I cannot go, where universal love / around me smiles!*] *In James Thomsons „The Seasons“ (1726) heißt es indes: „I cannot go, where universal love not smiles around.“*

⟨DIE LEZTEN TAGE, DIESES JAHRES⟩

Textgrundlage: GSA 83/1944. 5 Bögen Oktav, Format: 10,5 × 17cm, geheftet. Von insgesamt 10 Blatt hier: Bl. 10. Undatiert; im direkten Anschluss an ⟨Wie mühen sich Menschen⟩ *wohl zum Jahresende 1789 verfasst. Erstdruck:* Urlichs, *S. I/56.*

3 in ihren krausen Wellen] *Urlichs, S. I/56: „in ihrer kräuselnden Welle“.*
4 den Himmel] den ~~+thenden~~ Himmel.
7 zu überschwer] zu ~~unberechen~~ ⌈überschwer⌉.
8 Weisheit, Macht, ‹…› Harmonie u. Glück.] *Aus Johann Gottfried Herders Gedicht „Die Schwestern des Schicksals“ (1787).*
9 In des Wurms] In ~~des~~ des.
11 Daß uns diese Harmonie] Daß ~~wir~~ ⌈uns⌉.
12 belebt] belebt.

⟨WIE VIELE KLAGEN ÜBER DEN TODT⟩

Textgrundlage: GSA 83/1944. 1 Bogen Oktav, Format: 11,5 × 19,5cm, nur Bl. 2 ist beschrieben. Undatiert. In Gleichen-Rußwurms Hand dem Text vorangestellt und wieder gestrichen: „Von der lieben Mutter bei Herders Tod geschrieben.“ Der Weimarer Philosoph und Theologe Johann Gottfried Herder (geb. 1744) stirbt am 18. Dezember 1803. Erstdruck: Urlichs, *S. I/57.*

5 Diesen Trost halte fest zweiflendes Herz!] *Urlichs, S. I/57: „Diesen Trost hatte das zweifelnde Herz.“*
8 sichtbaren Welt, ◊] Welt,. – *Abbruch des Textes nach einem Komma. Restliche Seite unbeschrieben.*

⟨JEDER MENSCH⟩

Textgrundlage: GSA 83/1944. 1 Doppelbogen Oktav, Format: 12 × 18,5cm, Bl. 3 nur einseitig beschrieben, Bl. 4 unbeschrieben. Oben mittig eigenhändig datiert: „Den 10ten April 1805.“ Erstdruck: Urlichs, *S. I/57 f. Mit Johann Kaspar Lavater (1741–1801) wird Charlotte von Lengefeld bereits 1783 bekannt. Eigenhändige Aufzeichnungen sind im DLA Marbach sowie in der Lilly Library in Bloomington, IN (USA) bzw. im Privatbesitz von Peter Boerner erhalten.*

3 sich abzufinden] ⌈sich⌉ ab⌈zu⌉finden.
9 die Welt gegen *Lavater*] ~~lav~~ die Welt.
12 nach ihm kann ‹…› mehr prüfen.] nach ihm kann niemand ↓sich so streng mehr prüfen↓.
21 so entstehet] so ~~so~~ entstehet.
32 respektiren] respetkiren.
35 sagt Christus] ~~steht in~~ sagt.
36 bey allen zu allen in der Welt sagen, die] bey allen ~~Begebenheiten~~ ⌈zu allen in⌉ der Welt sagen, ~~u. urtheilen?~~ die.

⟨MIR TRÄUMTE⟩

Textgrundlage: GSA 83/1944. 1 Bogen Duodez, Format: 9,5 × 11,5cm, Bl. 2 unbeschrieben. Oben rechts eigenhändig datiert: „den 15ten Feb. 1806." Erstdruck: URLICHS, S. I/59. Dieser (S. I/59) setzt im Anschluss Charlotte Schillers Reflexion vom 22. Februar 1806 zum Jahrestag ihrer Heirat mit Friedrich Schiller im Jahr 1790, den sie erstmals ohne ihren am 9. Mai 1805 verstorbenen Gatten verbringen muss. Vgl. die Aufzeichnung ⟨An einem Montag⟩ *im Kommentar zu* ⟨Es war nicht dein Wille⟩ *sowie das Gedicht* Die wechselnden Gefährten. *In der Anfangszeile spielt Schiller mit den vormodernen und modernen Valenzen und Flexionsformen des Verbs „träumen", und zwar in chiastischer Konstellation.*

2 Mir träumte: ich habe getraumet] *URLICHS, S. I/59: „Mir träumte, ich säße".*
2 alte Papiere] alte. – *URLICHS, S. I/59: „alle Papiere".*
4 schlu⟨ch⟩zete] schluzete.
9 Immer fühl ich dieser Schmerzen / still im Herzen / Heimlich nagende Gewalt.] *In GOETHES Gedicht „An Mignon" (1798) heißt es: „Und ich fühle dieser Schmerzen, / Still im Herzen, / Heimlich bildende Gewalt."*

REFLEXION ⟨ES IST SCHWER ZU ENTRÄTHSELN⟩

Textgrundlage: GSA 83/1944. 1 Einzelblatt Oktav, Format: 11 × 19cm. Oben rechts eigenhändig datiert: „Im May 1806". Erstdruck: URLICHS, S. I/60f.

3 in solchen] In.
6 Ohne selbst Erfahrungen gemacht zu haben] ⌈Ohne selbst Erfahrungen gemacht zu haben⌉.
8 ihnen doch] ~~ih+~~ ihnen.
9 heiligen] heiligen.
11 macht] macth.
12 Drum Edle Seele ‹…› Es ist dennoch das Gute und Wahre] *Vgl. letzte Strophe von FRIEDRICH SCHILLERS „Worte des Wahns", in der es ab dem 4. Vers abweichend heißt: „Es ist dennoch, das Schöne, das Wahre! Es ist nicht draußen, da sucht es der Tor, / Es ist in dir, du bringst es ewig hervor."*
14 kein Ohr vernahm, was die Augen] ⌈vernahm ~~dir~~⌉, was ~~kein~~ ⌈die⌉ Augen.
16 ein höherer Geist] eine höherer.
17 Eine unglückliche Seele] *URLICHS (S. I/61) versteht dies als Hinweis auf CHRISTIAN W. OEMLER, dessen Publikationen zu Friedrich Schiller (z. B. „Schiller, oder Scenen und Charakterzüge aus seinem spätern Leben" 1805) Charlotte Schiller empört hatten.*

UEBER DAS GEBET

Textgrundlage: GSA 83/1944. 1 Bogen Quart, Format: 17 × 20,5cm. Eigenhändig oben rechts datiert: „den 18ten Okt 1806." Eigenhändig paginiert als 8 und 9. Erstdruck: URLICHS, S. I/61ff.

7 Nicht nach Oben sollen wir schauen, wenn unser Herz menschliche Wünsche hegt] *Urlichs (S. I/61): „Nicht, wenn unser Herz menschliche Wünsche hegt, sollen wir nach oben schauen“.*

12 zum Himmel zu blicken] *Urlichs, S. I/61: „zum Himmel zu dringen“.*

22 relig⟨iö⟩sen] religoesen.

23 Stilling] *Johann Heinrich Jung, dessen Lebenserinnerungen unter dem Titel „Heinrich Stillings Jugend“ (1777 ohne Jungs Wissen vom befreundeten Goethe veröffentlicht), „Heinrich Stillings Jünglingsjahre“ sowie „Heinrich Stillings Wanderschaft“ (beide 1778) erscheinen, nennt sich ab 1806 Jung-Stilling.*

37 eine anziehende Kraft] eine~~n~~ anziehende.

37 hilft,] hilft ~~?~~,.

WÜNSCHE

Textgrundlage: GSA 83/1944. 1 Bogen Quart, Format: 18,5 × 23,5cm. Bl. 2 nur einseitig beschrieben. Eigenhändig oben rechts datiert: „April 1807“. Erstdruck: Urlichs, S. I/63f.

5 gern erhalten mögen] *Urlichs, S. I/63: „gern erhalten“.*

9 sind ohnehin die heiligsten] sind {ohne} ⌈hin⌉ die.

13 [1v]der ihm fremd] [1v]~~auch~~ der ihm.

14 wie jede andre Menschen] *Urlichs, S. I/63: „wie jeder andere Mensch“.*

25 so flüchtet lieber] *Urlichs, S. I/64: „so flüchtet, Liebe“.*

28 prophetisch] ~~prohfet~~ prophetisch.

30 wenn ich] wenn.

⟨DAS RÜHRENDSTE SCHÖNSTE GEBOT⟩

Textgrundlage: GSA 83/1944. 1 Doppelbogen Quart, Format: 17,5 × 20,5cm, Bl. 3 nur einseitig beschrieben, Bl. 4 unbeschrieben. Von insgesamt 4 Blatt hier: Bl. 1–2r. Eigenhändig oben rechts datiert: „1807 April“. Erstdruck: Urlichs, S. I/64f.

2 was Christus] *Urlichs, S. I/64: „das Christus“.*

3 ist: Liebct] ist~~.~~: Liebet.

5 schmerzlich weinte, sagte] ⌈schmerzlich⌉ weinte. Sagte.

8 schreckenvoller] *Urlichs, S. I/64: „schauervoller“.*

9 mit dem Glauben] *Urlichs, S. I/64: „geht der Glauben“.*

12 das Bild] das ~~Geb~~Bild.

14 Kraft, die das Schicksal lähmte] Kraft, ~~die~~ ⌊die das Schicksal lähmte⌋.

16 F⟨ahrt⟩] Frth. – *Das Wort „Fahrt“ ist bei Schiller häufig verschrieben als „Farth“.*

16 mit neuer Liebe uns an die Sterne verknüpft] ⌈mit⌈ neuer ~~mit~~ Liebe ~~unter~~ ⌈uns an⌉ die Sterne verknüpft, ~~aber~~.

⟨DIE WELT⟩

Textgrundlage: GSA 83/1944. 1 Doppelbogen Quart, Format: 17,5 × 20,5cm, Bl. 3 nur einseitig beschrieben, Bl. 4 unbeschrieben. Von insgesamt 4 Blatt hier: Bl. 2v u. 3r. Undatiert, möglicherweise im Anschluss an ⟨Das rührendste schönste Gebot⟩ *(April 1807) verfasst. Erstdruck:* Urlichs, *S. I/76, als Teil von „Wer kann das Geheimnis der ewigen Liebe ergründen?", datierend auf 1824.*

8 Ruhe] ~~Rh~~ Ruhe.
9 da sie die] {da} die sie.

BETRACHTUNGEN ⟨WENN DER SCHMERZ⟩

Textgrundlage: GSA 83/1944. 1 Doppelbogen Quart, Format: 17 × 21cm. Von insgesamt 4 Blatt hier: Bl. 1r. Eigenhändig oben mittig datiert: „April 1806". Eigenhändige Paginierung als 5. Es wurde die Reihenfolge, wie im GSA erschlossen, beibehalten. Erstdruck: Urlichs, *S. I/60.*

5 so viel Zwischenräume] so⌈viel⌉.
6 giebt. Es] giebt~~,~~. Es
7 des jezigen Zustandes] des⌈+⌉jezigen.

⟨WIE DER BLICK STREBT⟩

Textgrundlage: GSA 83/1944. 1 Doppelbogen Quart, Format: 17 × 21cm. Von insgesamt 4 Blatt hier: Bl. 1v–3r. Eigenhändig oben mittig datiert: „1807". Eigenhändige Paginierung schließt mit den Ziffern 6 und 7 an. Auf Bl. 3 folgt verso das Gedicht Die wechselnden Gefährten. *Bl. 4 mit dem Gedichtende ist unpaginiert und nur einseitig beschrieben. Erstdruck:* Urlichs, *S. I/66 bzw. I/65. Anders als in der Handschrift setzt* Urlichs *nur den Anfangspassus als eigenständigen Eintrag (S. I/66); der Hauptteil erscheint davor als Schlussteil von „Das rührendste schönste Gebot" (S. I/65).*

5 So geht es uns auch moralisch] *Ab hier bis Textende bei* Urlichs *als Schlussteil von* Das rührendste schönste Gebot *abgedruckt.*
8 späteren sich unsrer] späteren ~~besser~~ sich.
12 Verfeinerung] ~~Moralisch~~ Verfeinerung.
12 [6]und sie plözlich] ⌈plözlich⌉.
21 erkauften Herrn] ⌈erkauften⌉ Herrn.
24 Aeußerung] Aueßerung.
26 erretten] erettren. – *Unterstreichung durch fremde Hand (Rötel) vermutlich* Urlichs, *der „halten" transkribiert.*
30 in Anschlag kommen die Zustände zu verbessern] Zustände⌈zu⌉verbessern. – Urlichs, *S. I/66: „zum Anschlag kommen".*

36 gekrümmt werden.] ↓~~Wenn die Physische Welt uns~~↓. – *Beginn eines neuen Textes, Rest der Seite unbeschrieben.*

⟨ICH MÖCHTE ALLEN⟩

Textgrundlage: GSA 83/1944. 1 Bogen Quart, Format: 17 × 21cm. Eigenhändig oben mittig datiert: „1807." Eigenhändige Paginierung als 10 und 11. Erstdruck: Urlichs, S. I/67.

3 nicht anzuschließen] ⌈nicht⌉ anzuschließen.
5 durch eigne Erfahrung gestärkt] durch ⌈eigne⌉ Erfahrung. – *Urlichs, S. I/67: „geschärft".*
14 herrische] *Urlichs, S. I/67: „heroische".*
19 flows] flews. – *Urlichs, S. I/67: „blows".*
23 dachte, u. fühlte] *Urlichs, S. I/67: „dachten und fühlten".*
24 meine gute Mutter] *Louise von Lengefeld (1743–1823).*

⟨WIE WIR DIE KINDER LIEBEN⟩

Textgrundlage: GSA 83/1944. 1 Bogen Oktav, Format: 11,5 × 19cm. Eigenhändig unten links datiert: „den 17ten 7ber 1807". Erstdruck: Urlichs, S. 67 f.

2 lieben in unsrem Schoos] ⌈in unsrem Schoos⌉.
9 je wißen] ⌈je⌉ wißen.
18 auffinden] auf finden.

REFLEXIONEN ⟨DER CARACKTERISTISCHE UNTERSCHIED⟩

Textgrundlage: GSA 83/1944. 1 Bogen Quart, Format: 18,5 × 23cm. Von insgesamt 2 Blatt hier: Bl. 1. Unten rechts im Anschluss des Texts, vermutlich aber zugehörig zum Folgetext ⟨Wie der Glaube an Gott⟩, *eigenhändig datiert: „den 17ten 8ber".*

7 die Menge] die ~~+~~ ⌈Menge⌉ ~~Unzahl~~.
8 sind für ihn u. die ihn fassen können] sind ⌈für ihn u. die ihn fassen können⌉.
9 sah in seiner Phantasie] sah ⌈in seiner Phantasie⌉.
12 u. zu sich selbst spricht, eine Wahrheit] ~~eine wahr~~ u. zu sich selbst.
16 [1v]G. hat die Natur] *Davor zehn engbeschriebene Zeilen in Strophenanordnung – evtl. eine Skizze – gestrichen.*

⟨WIE DER GLAUBE AN GOTT⟩

Textgrundlage: GSA 83/1944. 1 Bogen Quart, Format: 18,5 × 23cm. Von insgesamt 2 Blatt hier: Bl. 1v–2r. Oben rechts eigenhändig datiert: „den 17ten 8ber". Erstdruck: Urlichs, S. 68 f.

1 uns immer lebendiger wird] *Urlichs, S. 68: „uns immer lebendiger macht“.*
9 dieser Schritt] ~~der Eintrit~~ ⌈dieser⌉ Schritt.
11 Carl Moor] *Protagonist in Friedrich Schillers „Die Räuber“ (1781).*
14 Erde mag zurück ‹…› dauert ewig aus.] *Vgl. die Schlussverse in Friedrich Schillers „Elegie auf den Tod eines Jünglings“ (1781) mit den Abweichungen: „zur Erde“ und „flieht der Geist“ vs. „in Erde“ und „fliegt der Geist“. Umschrift (Gleichen-Rußwurm?) des Verses „Seine Asche mag der Sturmwind treiben.“ unterhalb Charlotte Schillers Handschrift.*

⟨DAS WEYNACHTS FEST⟩

Textgrundlage: GSA 83/1944. 1 Einzelblatt Quart, Format: 19,5 × 22,5cm. Eigenhändig unten rechts datiert: „25ten December 1809.“ Erstdruck: Urlichs, S. I/69 f.

3 in der Menschlichen Natur] in der ~~Gottlichen~~ ⌈Menschlichen⌉.
5 der göttlichen Natur] der ~~Menschlichen~~ ⌈göttlichen⌉.
9 offenbart] *Urlichs, S. I/69: „offenbarte“.*
10 die Seeligkeit] ~~in~~ die Seeligkeit.

⟨ES IST EIGENLIEBE⟩

Textgrundlage: GSA 83/1944. 1 Einzelblatt Oktav, Format: 11,5 × 19cm, einseitig beschrieben. Eigenhändig oben rechts datiert: „1809.“ Erstdruck: Urlichs, S. I/70.

7 Wacht Gott nicht stets für uns] nicht ⌈stets⌉. – *Urlichs (S. I/70): „wachte“.*
9 Gesetz] ~~Gesezt~~ Gesetz.

REFLEXIONEN ⟨DIE EHE⟩

Textgrundlage: GSA 83/1944. 1 Doppelbogen Oktav, Format: 10,5 × 17cm, ehemals geheftet, Bl. 1 nur einseitig, Bl. 2–4 unbeschrieben. Eigenhändig oben rechts datiert: „1810.“

5 Mit Einander ‹…› neben Einander] Mit Einander ‹…› neben Einander.

⟨WIR SPRECHEN SO VIEL VON TUGEND⟩

Textgrundlage: GSA 83/1944. 1 Bogen Quart, Format: 17 × 21cm, Blatt 2 unbeschrieben. Eigenhändig oben mittig datiert: „December 1810.“ Erstdruck: Urlichs, S. I/70.

4 meinem Gefühl nach: Das Streben] meinen Gefühl nach. Das.
5 in unsre Handlungen] in unsre~~r~~ Handlungen.

9 Streben zu erreichen] {zu}.
11 glücklich ⟨zu⟩ machen wollen.] *Urlichs: „glücklich zu machen“.*

⟨EDEL SEY DER GANG DES DEUTSCHEN⟩

Textgrundlage: GSA 83/1944. 1 Blatt Folio, Format: 20,5 × 34,5cm. Eigenhändig unten links datiert: „Im Winter 1813.“ Eigenhändig paginiert als 1. Erstdruck: Urlichs, S. I/71 f. Die Reflexion bezieht sich auf Karl Theodor von Dalberg (1744–1817) sowie den russischen Zaren Alexander I. (1777–1825).

6 Absichtsvoller] Absicthsvoller.
17 Einst] *Urlichs, S. I/71: „früher“.*
18 ganz fremder,] ~~nicht~~ ganz fremder,.
22 ermißt] ~~vermißt~~ ⌈ermißt⌉.
28 erkennen] ~~prüfen,~~ erkennen.
30 jenes Kaisers] jenes ~~k++~~ Kaisers.
33 dem er unter ungünstigen] ~~daß~~ ⌈dem⌉ er.
35 Enckel] ~~Eukel~~ Enckel.
39 die Menschen seegnen] ⌈die Menschen⌉ seegnen.
40 finden wird] finden ~~wolle~~ ⌈wird⌉.

⟨VORSEHUNG⟩

Textgrundlage: GSA 83/1944. 1 Bogen Quart, Format: 17 × 20,5cm, Bl. 2 unbeschrieben. Hier: Bl. 1r. Eigenhändig oben rechts datiert: „October 1814.“ Erstdruck: Urlichs, S. I/73, nicht als eigenständiger Text, sondern als Schlussteil von „Wenn wir Vorsicht, göttliche Vorsicht sagen“. Außerdem Teilabdruck in Mosapp: Charlotte von Schiller, S. 219.

4 diese göttliche] diese~~r~~.
6 Welten, Geister] *Urlichs, S. I/73: „Weltengeister“.*
9 *Who sees ‹…› world*] *S. Popes „Essay on Man“ (1734), Zitat aus Epistle I.*
10 *A Hero*] ~~*as*~~ *A Hero.*
11 ⟨*bubble*⟩] *puppel. – Pope: „bubble“. Urlichs, S. I/73: „bubble“.*

⟨WENN WIR VORSICHT, GÖTTLICHE VORSICHT SAGEN⟩

Textgrundlage: GSA 83/1944. 1 Bogen Quart, Format: 17 × 20,5cm, Bl. 2 unbeschrieben. Hier: Bl. 1v. Eigenhändig oben mittig bis rechts datiert: „October 1814.“ Erstdruck: Urlichs, S. I/72, fortgeführt mit der hier vorausgehenden Reflexion ⟨Vorsehung⟩.

⟨WAS LIESS UNS UND LÄSST UNS⟩

Textgrundlage: GSA 83/1944. 1 Bogen Quart, Format: 17 × 21cm. Bl. 1 nur einseitig beschrieben, Bl. 2 unbeschrieben. Eigenhändig oben rechts datiert: „den 20ten December 1814".

⟨DER UNSEEGEN⟩

Textgrundlage: GSA 83/1944. 1 Bogen Quart, Format: 16,5 × 20,5cm. Bl. 2 nur einseitig beschrieben. Eigenhändig oben rechts datiert: „den 11ten März 1815." Erstdruck: URLICHS, S. I/73 f.

6 gelehrt] ~~gelernt~~ ⌈gelehrt⌉.
7 fähig seyn muß] ~~die Deutschen die~~ ⌈fähig seyn muß⌉.
9 unter diesen Feßeln] unter diese~~m~~**n** Feßeln.
14 in dem Streben] ~~es~~ **in** ~~dem~~.
24 Wer es glaubt ‹…› nahe] *Vers aus FRIEDRICH SCHILLERS Gedicht „Thekla. Eine Geisterstimme" (1802).*

REFLEXIONEN ⟨COMPOSITION: IST WETTSTREIT⟩

Textgrundlage: GSA 83/1944. 1 Einzelblatt Duodez, Format: 8,5 × 11,5cm. Eigenhändig oben rechts datiert: „9ber 1818". Bislang unveröffentlicht.

4 auszudrücken] ⌈aus⌈zudrücken.
4 Vermögen] Vermögen ⌈+⌉.

FRAGMENTARISCHE GEDANKEN

Textgrundlage: GSA 83/1944. 1 Doppelbogen Oktav, Format: 11,5 × 19cm. Von insgesamt 4 Blatt: Bl. 1r–2r. Eigenhändig unterhalb des Titels datiert: „October 1816". Bl. 1r ist nur mit zwei Zeilen beschrieben, der weitere Text auf Bl. 1v–2r. Umschrift (Schreiber) unter demselben Titel, jedoch undatiert und ohne den Text von Bl. 1r.

10 durch Gottes] ⌈durch⌉ Gottes.
11 Gesetze] Gesezte.

⟨PHILOSOPHIE⟩

Textgrundlage: GSA 83/1944. 1 Doppelbogen Oktav, Format: 11,5 × 19cm. Von insgesamt 4 Blatt: Bl. 2v–3. Eigenhändig oben mittig datiert: „Den May 1817." Obwohl thematisch verbunden, sind die Abschnitte zu „Metaphysik" und „Naturphilosophie", da räumlich abgesetzt vom

Haupttext, auch als separate Texte vorstellbar. Unter der gleichen Signatur Umschrift durch Schreiber, Jahresziffer dort: „1814“.

10 mir nach das Streben] ~~einem~~ ⌈mir nach das⌉. – *Umschrift lässt für „nach“ eine Lücke.*
11 der Seele der Natur] der ~~Natur~~ Seele.

ERKLÄRUNG DES PFINGSTFESTES

Textgrundlage: GSA 83/1944. 1 Doppelbogen Oktav, Format: 11,5 × 19cm. Von insgesamt 4 Blatt: Bl. 4. Eigenhändig oben mittig datiert: „May 1817.“ Unter der gleichen Signatur existiert eine Umschrift durch Schreiber, Jahreszahl dort als „1814“ verzeichnet.

3 zukünftiges einsames Leben] ⌈zukünftiges⌉ einsames.
5 Fortleben] Fort leben.

⟨WIR SOLLEN IMMER BETEN⟩

Textgrundlage: GSA 83/1944. 1 Einzelblatt Quart, Format: 20 × 24cm, einseitig beschrieben. Eigenhändig oben rechts datiert: „August 1818.“ Teilabdruck in MOSAPP*: Charlotte von Schiller, S. 219.*

2 Zuflucht nehmen] Zuflucht ⌈nehmen⌉.
7 und nur das ‹…› sieht Gott an.] und ↓nur das Geistige Vertrauen, die Kraft zu vertrauen, sieht Gott an↓.

⟨WO KEIN GRASHALM⟩

Textgrundlage: GSA 83/1944. 1 Bogen Oktav, Format: 11,5 × 19,5cm, Bl. 2 unbeschrieben. Eigenhändig oben rechts datiert: „März 1821.“ Umschrift in Schreiberhand.

8 Sonne, die die] ~~die, die~~ Sonne die, die.

BETRACHTUNGEN ⟨WER KANN DAS GEHEIMNISS⟩

Textgrundlage: GSA 83/1944. 1 Bogen Oktav, Format: 11,5 × 19,5cm, Bl. 2 unbeschrieben. Eigenhändig oben rechts datiert „1821“. Teilabdruck in MOSAPP*: Charlotte von Schiller, S. 219 f.*

5 wie ihr Irrwahn] wie {ihr} ~~sein Irrwaln~~ ⌈Irrwahn⌉.
10 Es giebt ‹…› und finden] *Durch Trennstriche vom übrigen Text abgesetzt; als eigenständiger Eintrag denkbar.*

⟨DER BLICK⟩

Textgrundlage: GSA 83/1944. 1 Einzelblatt Oktav, Format: 12 × 19,5cm, ausgefranste Ränder, einseitig beschrieben. Eigenhändig unten rechts datiert: „loschwizen Julius 1824." Vermutlich handelt es sich um Loschwitz bei Dresden.

Erhalten ist ferner ein Skizzenbogen Oktav, Format: 12,5 × 20,5cm, einseitig beschrieben. Eigenhändig unten mittig datiert: „Julius 1824".

⟨ES WAR NICHT DEIN WILLE⟩

Textgrundlage: GSA 83/1661. 2 Bögen Quart, Format: 16,5 × 21cm, geheftet, doppelseitig beschrieben bis auf das zweite Blatt des zweiten Bogens, das nur einseitig und auch nur mit einer Zeile beschrieben ist. Eigenhändig paginiert als 2 [sic!], 2, 3 und 4. Oben rechts datiert: „Den 6ten Xber 1806". Erstdruck: Urlichs, S. I/114–117.

Die Reflexion ⟨Es war nicht dein Wille⟩ *ist Teil eines umfangreichen Konvoluts von Einzelschriften, die im Goethe- und Schiller-Archiv mit dem Titel „Über Schillers Leben und Persönlichkeit" unter der Signatur GSA 83/1661 versammelt sind und die mit der Anrede „Liebe Kinder!" beginnen. Sie alle aufzunehmen, würde Zielsetzung und Rahmen dieser Edition der „Literarischen Schriften" von Charlotte Schiller weit überschreiten. Der Einzeltext wurde ausgewählt, um exemplarisch einen Eindruck von Charlotte Schillers schriftlichen Erinnerungen an Friedrich Schiller zu geben, auch in seinem Umgang mit Zeitgenossen wie Ludwig Ferdinand Huber, Christian Gottfried Körner oder Johann Wolfgang von Goethe.*

8 an das Band] *Urlichs, S. I/114: „auf das Band".*
17 es war mir] {es} war mir. – *Urlichs, S. I/115: „vor mir".*
25 das Folgen] ~~dem~~ ⌈das⌉.
27 schwer zu wiederholen] zu ⌈wiederholen⌉.
39 ungleicher] *Urlichs, S. I/115: „gleicher".*
44 Mit aller Einfachen Anspruchslosigkeit] aller Einfachen, Anspruchslosigkeit. – *Urlichs, S. I/115: „aller Einfachheit".*
49 auch ohne ihn] ohne {ihn}.
50 geworden, in litterarischer Hinsicht] geworden, ⌈in litterarischer Hinsicht⌉.
51 vermag] *Urlichs, S. I/116: „vermochte".*
54 diese Art] diese~~r~~.
55 einem fremden Impuls] einem ⌈fremden⌉.
58 ich kann es frey sagen, als] ~~als~~ ich.
58 fühlte, denn mir gab die Liebe Kraft zu ahnden, u. verstehen] fühlte, ⌈denn mir gab die Liebe Kraft, zu ahnden, u. verstehen⌉.
63 erscheinen] ~~durch~~ erscheinen.
64 so belebte] {so} belebte.

Die Reflexion folgt auf eine Aufzeichnung, die von Charlotte Schiller auf „den 18ten März 1806" datiert ist und ihre Motivation, Erinnerungen an Friedrich Schiller aufzuzeichnen, erläutert:

[1r]Nicht um dem Publikum zu zeigen, wie u. was Schiller war, werde ich ~~mich mir~~ öffentlich auftreten, um die zu widerlegen, die so unendliche unrichtigkeiten gesagt haben. Sey es daß Sie es selbst nicht wussten daß sie unrichtigkeiten sagten, oder hatten sie den Willen Absichtlich die Welt zu belügen, um sich das Ansehen zu geben, als wären sie mit Sch. in Verbindung gewesen?

Meiner Kinder wegen halte ich es nothwendig mich zu erklären; Ich erlebe es wohl nicht dass sie zu dem Alter des Selbsturtheilens kommen, wo sie durch meine Erzählung, von ihrem unvergesslichen Vater, ein wahres Bild sich machen könnten. Sie werden begierig jedes Blatt ergreifen, was ihnen eine Spur von dem Geist dieses hohen Menschen geben könnte. Solche falsche Bilder, solche unrichtige Ansichten wie dieses Buch enthält, könnten sie irre in ihrem Ideal machen, u. das einzige was ich eifrig noch zu thun wünsche, ist meinen Kindern zu zeigen [1v]welchem Vater sie ihr Dasein verdanken, u. ~~was~~ ⌈wie⌉ sie ihn ihr ganzes Leben beweinen sollten.

Am Beginn ihres Textes ⟨Es war nicht dein Wille⟩ *reflektiert sie auf ihre Trauung mit Friedrich Schiller am 22. Februar 1790, auf die bereits die Reflexion* ⟨Mir träumte⟩ *und das Gedicht* Die wechselnden Gefährten *(beide GSA 83/1944) Bezug nehmen. Erhalten ist darüber hinaus eine schlichte Aufzeichnung über den Hergang der Vermählung, die hier im diplomatischen Druck wiedergegeben werden soll. Textgrundlage: GSA 83/1660. 1 Einzelblatt Oktav, Format 11,5 × 15,5 cm (rechts) bzw. 14,5 cm (links). Eigenhändig im Text datiert auf 1806.*

⟨AN EINEM MONTAG⟩

[1r]↑An einem Montag↑ Den 22ten Feb: 1790, wurden wir in Wenigen Jena vom *Diaconus* Schmidt getraut.

Schiller kam ⌈einige Tage vorher⌉ nach Erfurt wo ich u. Caroline war, uns abzuholen. Wir kamen Sonntag Abend nach Jena, wo wir bey Joh. Seegner abstiegen. Den Montag früh fuhren wir drey zusammen, nach Kahle, wo wir meine Mutter abholten. Es war ein Frühlingstag wie heut 1806, wo ich dieses mit Schmerzen niederschreibe. Von Kahle fuhren wir gegen 2 uhr ab, u. kamen um 5 uhr ganz in der Stille in Wenigen [1v]Jena an, stiegen an der Kirche aus. Niemand war bey der Trauung zugegen, als meine Mutter, u. Caroline. – Den Abend brachten wir still u. ruhig miteinander in Gesprächen zu beym Thee. So verging der Tag, der so viele Freuden, in seinem Gefolge hatte, u. so viele Schmerzen!

~~Auch meiner~~ Jeglichen Menschen erwartet sein Tag.
Auch meiner wird kommen!

Abbildungen

Abb. 1. Silhouette Charlotte von Lengefelds, (?), um 1786. Deutsches Literaturarchiv Marbach a. N., Signatur: C20040305–4-1.

Abb. 2. Kupferstich von Johann Heinrich Müller nach John Trumbulls Gemälde *The Battle of Bunker's Hill near Boston. June 17th 1775*. Schillerhaus Weimar. Klassikstiftung Weimar / Museen. Signatur: KGr 1991/00090.

Abb. 3. Charlotte Schiller: Heidelberger Schloss, Aquarell, vermutlich um 1815. Deutsches Literaturarchiv Marbach a. N., Signatur: 7212–17–1.

Abb. 4. Charlotte Schiller: Heidelberg, Neckarlandschaft, Aquarell, vermutlich um 1815. Deutsches Literaturarchiv Marbach a. N., Signatur: D20100714–100.

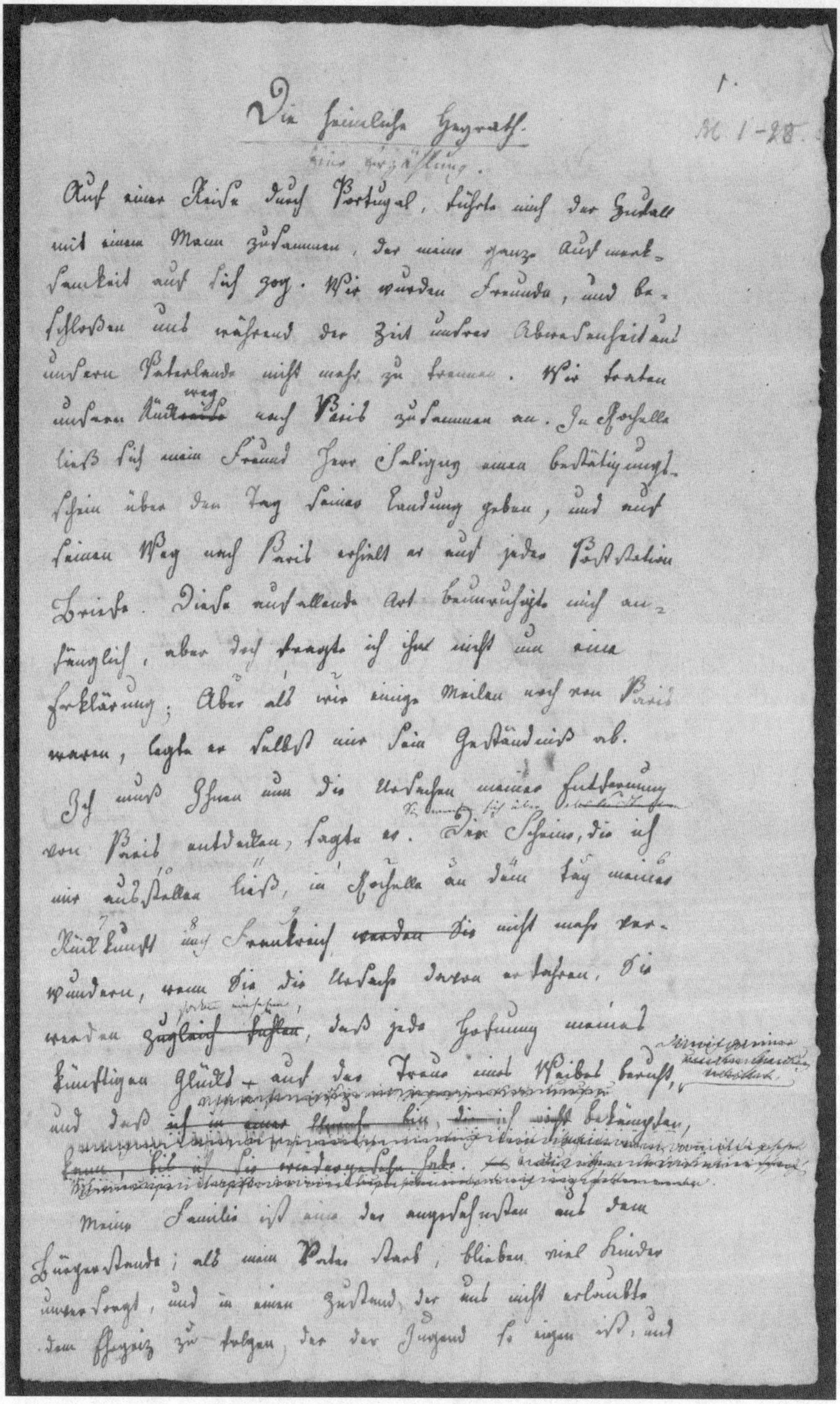

Die heimliche Heyrath.

Eine Erzählung.

Auf einer Reise durch Portugal, führte mich der Zufall mit einem Mann zusammen, der meine ganze Aufmerksamkeit auf sich zog. Wir wurden Freunde, und beschloßen uns während der Zeit unsrer Abwesenheit aus unsern Vaterlande nicht mehr zu trennen. Wir traten unsern Rückweg nach Paris zusammen an. In Rochelle ließ sich mein Freund Herr Saligny einen Bestätigungsschein über den Tag seiner Landung geben, und auf seinen Weg nach Paris erhielt er auf jeder Poststation Briefe. Diese auffallende Art beunruhigte mich anfänglich, aber doch fragte ich ihn nicht um eine Erklärung; Aber als wir einige Meilen noch von Paris waren, legte er selbst mir sein Geständniß ab.

Ich muß Ihnen nun die Ursachen meiner Entfernung [illegible] von Paris entdecken, sagte er. Der Schein, die ich mir ausstellen ließ, in Rochelle an dem Tag meiner Rückkunft nach Frankreich [illegible] nicht mehr verwundern, wenn Sie die Ursache davon erfahren. Sie werden [illegible], daß jede Hofnung meines künftigen Glücks auf das Treue eines Weibes beruht, [illegible] und daß [illegible]

Meine Familie ist eine der angesehensten aus dem Bürgerstande; als mein Vater starb, blieben viel Kinder unversorgt, und in einem Zustand, der uns nicht erlaubte dem Ehrgeiz zu folgen, der der Jugend so eigen ist, und

1. M 1–28.

Abb. 5. Charlotte Schiller: Die heimliche Heyrath. Reinschrift/Schönschrift um 1800. Klassikstiftung Weimar / Goethe- und Schiller-Archiv, Signatur: GSA 83/1639. Bl. 1r.

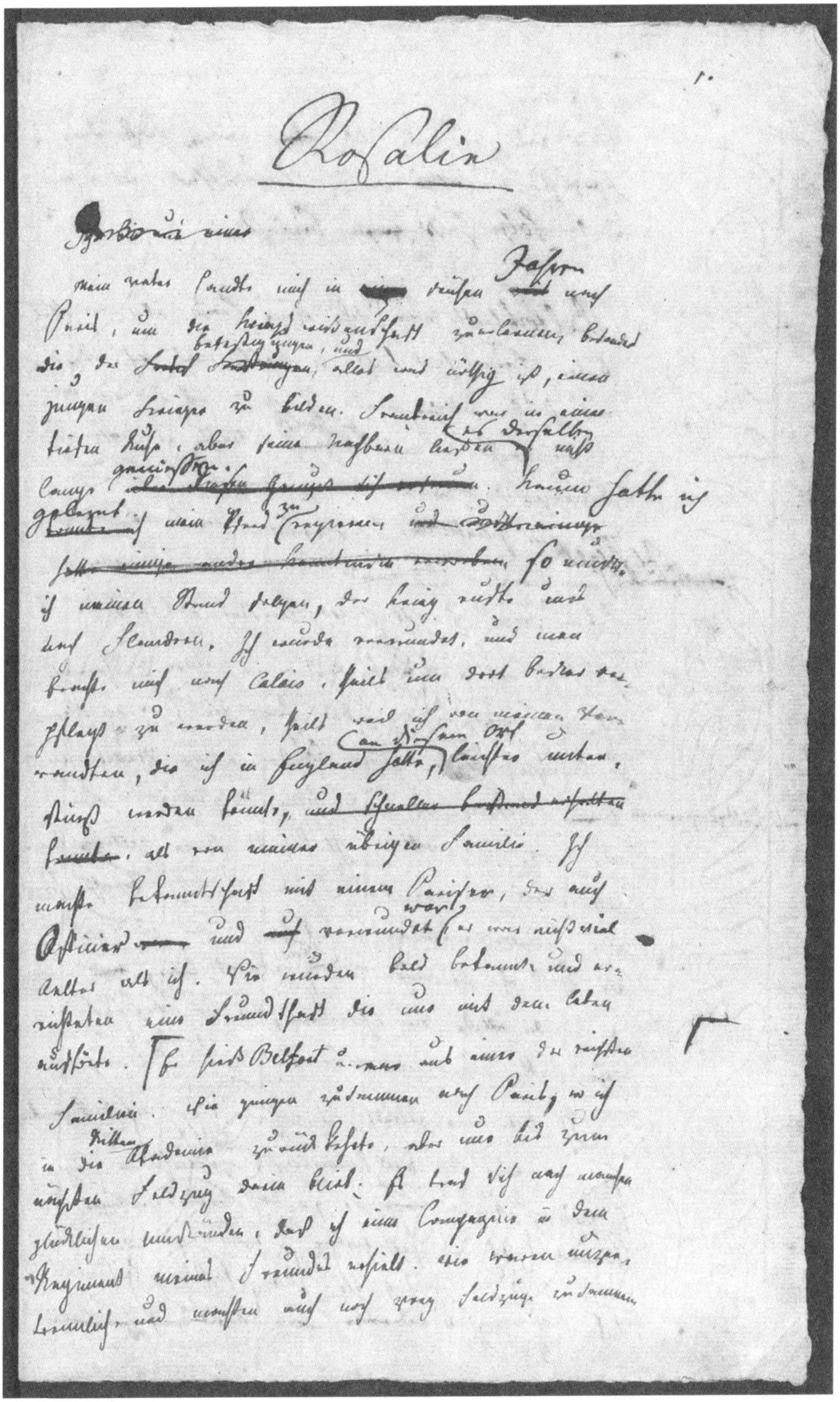

Abb. 6. Charlotte Schiller: ⟨Rosalie⟩. Konzeptfassung mit Bearbeitungen in Friedrich Schillers Handschrift, um 1800. Klassikstiftung Weimar / Goethe- und Schiller-Archiv, Signatur: GSA83/1636. Bl. 1r.

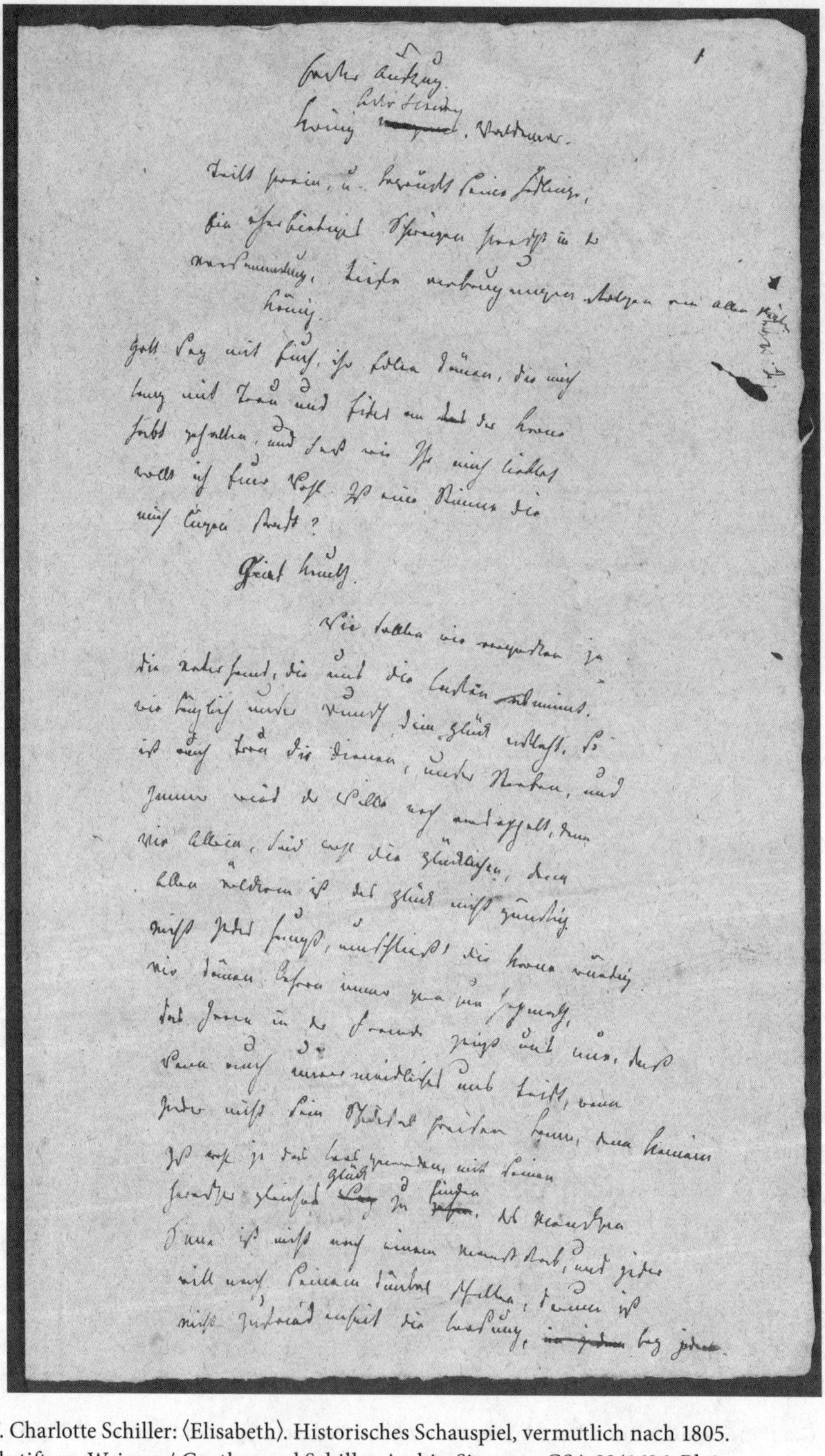

Abb. 7. Charlotte Schiller: ⟨Elisabeth⟩. Historisches Schauspiel, vermutlich nach 1805.
Klassikstiftung Weimar / Goethe- und Schiller-Archiv, Signatur: GSA 83/1626. Bl. 1r.

Bibliographie

1. Handschriften

Textgrundlage der Edition bildet der Schiller-Bestand im Goethe- und Schiller-Archiv Weimar. Folgende Archiveinheiten wurden verwendet:

Dramatik

„Der verunglückte 5. März“, GSA 83/1622, 7 Bl.
„Die beiden Witwen oder Der Brief ohne Aufschrift“, GSA 83/1623, 32 Bl.
„Die Wanduhr oder Der Kuckuck“, GSA 83/1624, 15 Bl.
„Lustspiel (Baron Steinberg)“, GSA 83/1625, 72 Bl.
„Schauspiel aus der dänisch-schwedischen Geschichte“, GSA 83/1626, 46 Bl.

Epik

„Rosalie“ GSA 83/1636, 28 Bl.
„Die neue Pamela“, GSA 83/1637, 30 Bl.
„Autun und Manon“, GSA 38/1638, 51 Bl.,
„Die heimliche Heirat“, GSA 38/1639, 37 Bl.
„Der Bastard von Navarra“, GSA 38/1640, 78 Bl.
„Die Königin von Navarra“, GSA 38/1641, 58 Bl.
„Johanna“, GSA 83/1642, 34 Bl.
„Nancy“, GSA 83/1643, 90 Bl.
„Roman (Familie Berwick)“, GSA 83/1644, 236 Bl.
„Erzählung oder Roman (Familie Walberg)“, GSA 83/1645, 90 Bl.

Lyrik

„Erlach“, GSA 83/1552, 2 Bl.
„Gonaldo“, GSA 83/1553, 2 Bl.
„Graf Wilfred von Barcelona“, GSA 83/1554, 2 Bl.
„Johanna / Erster Gesang: Hierher bringet den Korb …“, GSA 83/1555, 10 Bl.
„Michal / In aller königlichen Pracht …“, GSA 83/1556, 2 Bl.
„Romanze von dem blinden Hochländer Knaben“, GSA 83/1557, 6 Bl.
„Selena und Lycon. Erzählung aus der Insel Maina“, GSA 83/1558, 7 Bl.
„Zum 3. Februar 1787“, GSA 83/1559, 1 Bl.
„An Goethe. Nach Lesung von Goethes Sonetten“, GSA 83/1560, 4 Bl.
„An Goethe. Nach Umarbeitung des Schutzgeists (von Kotzebue)“, GSA 83/1561, 1 Bl.
„An Henriette Knebel“, GSA 83/1562, 1 Bl.
„An meinen guten Genius. Karoline“, GSA 83/1563, 1 Bl.
„Den 18. Julius 1813“, GSA 83/1564, 2 Bl.

„Wenn der Morgen dich grüßt mit seinem rötenden Strahle …“, GSA 83/1565, 1 Bl.
„Geburt“; „Kindheit“; „Geburt“ (anderes Gedicht); „Nicht die Weisheit hohen Geistes …“; Gedichte über Schillers Geburt und Kindheit, GSA 83/1566, 5 Bl.
„Klage um Schiller“, GSA 83/1567, 1 Bl.
„An …, 1785 bis 86“, GSA 83/1568, 1 Bl.
„Wunsch. An einen großen Esser“; „Geburtstagsgedicht; gleichlautende Gedichte an unbekannte Person“, GSA 83/1569, 2 Bl.
„Ein Lied von Reifen, 2 Bl.
„An Leidende“, GSA 83/1571, 1 Bl.
„Sprich, oh Seele, ach was soll das Heben …“, GSA 83/1572, 1 Bl.
„Ossians Abschiedsklage“, GSA 83/1573, 1 Bl.
„Gefühl des Lebens“, GSA 83/1574, 1 Bl.
„An dem Fuß des Olymps sitzt Psyche weinend …“, GSA 83/1575, 1 Bl.
„Ewige Sterne, die ihr den unermeßlichen Aether …“, GSA 83/1576, 1 Bl.
„Klagen“ („Was rauscht und wogt um mich des Lebens Quelle? …“), GSA 83/1577, 2 Bl.
„Parodie“, GSA 83/1578, 1 Bl.
„Die wechselnden Gefährten. Den 22. Februar 1809 zum Gedächtnis des 22. Februar 1790. Sonett“, GSA 83/1579, 1 Bl.
„Wer stand am See Tiberias …“, GSA 83/1580, 2 Bl.
„Trost“, GSA 83/1581, 1 Bl.
„An die blaue Winde“, GSA 83/1582, 4 Bl.
„Hinaus im Wald, ins grüne Zelt …“, GSA 83/1583, 1 Bl.
„Am 10. Jänner 1813“; „Wer in des Herzens tief verborgnem Grunde …“, GSA 83/1584, 1 Bl.
„Zum 18. Oktober 1814“ („Auf den Höhen glänzt die Flamme …“), GSA 83/1585, 1 Bl.
„Zum 18. Oktober 1814“ („Heilig wie auf unser Berge Rücken …“), GSA 83/1586, 1 Bl.
„Sonett“, GSA 83/1587, 1 Bl.
„Auf, Brüder, auf, der Morgen graut …“, GSA 83/1588, 1 Bl.
„Frankreich im Jahr 1815“, GSA 83/1589, 1 Bl.
„In des Flüßchens blauen Spiegel …“, GSA 83/1590, 1 Bl.
„Trinklied für Deutsche“, GSA 83/1591, 3 Bl.
„Woher die Treu’ entstammt …“, GSA 83/1592, 1 Bl.
„Gebet“, GSA 83/1593, 2 Bl.
„Die Kaiserkrone“, GSA 83/1594, 1 Bl.
„Nach der Donnerwolken Toben …“, GSA 83/1595, 2 Bl.
„Den 17. September 1819“, GSA 83/1596, 3 Bl.
„Köln im Jahr 1821“, GSA 83/1597, 1 Bl.
„Vergebliche Hoffnung“, GSA 83/1598, 2 Bl.
„Was uns bleibt“, GSA 83/1599, 1 Bl.
„Mit dem Kind an der Brust …“, GSA 83/1600, 2 Bl.
„Des Pilgers Lied“, GSA 83/1601, 1 Bl.
„Die Phantasie“, GSA 83/1602, 2 Bl.
„Flehend naht dir voll Vertrauen …“, GSA 83/1603, 2 Bl.
„In die ewge Nacht hinabgeschwunden …“, GSA 83/1604, 1 Bl.
„Kein Ohr vernehme diese Klagetöne …“, GSA 83/1605, 1 Bl.

„Kennst Du das Land, wo Myrthensträuche blühen …"; „Umringt mit prachtvollen Sklaven …"; GSA 83/1606, 1 Bl.
„Klagen" („Da unten im tiefen Tale …"), GSA 83/1607, 1 Bl.
„Klage nicht über das wandlende Leben …", GSA 83/1608, 1 Bl.
„Nicht wo im engen Nebelduft verhüllet …", GSA 83/1609, 1 Bl.
„Psyches Klagen. Aus einer Erzählung", GSA 83/1610, 1 Bl.
„Von des reichen Herbstes Gaben …", GSA 83/1611, 4 Bl.
„Auf den Tod eines unglücklichen Frauenzimmers das sich selbst den Tod gab", GSA 83/1618, 3 Bl.
Emilie von Gleichen-Rußwurm: Abschriften der Gedichte von Charlotte von Schiller, geb. von Lengefeld, GSA 83/1612, 113 Bl.

Literarische Selbstzeugnisse
„Erzählung in Briefform über die Uraufführung des Wallenstein / Erster Brief, Konzept", GSA 83/1646 7 Bl., Abschrift, 5 Bl.
„Erinnerungen aus den Kinderjahren", GSA 83/1655, 7 Bl.
„Erinnerungen an Heidelberg", GSA 83/1656, 15 Bl.
„Über Schiller / Schillers Leben bis 1787", GSA 83/1657, 34 Bl.
„Aufzeichnung über Stationen von Schillers Lebensweg bis 1799", GSA 83/1658, 1 Bl.
„Über Schiller", GSA 83/1659, 4 Bl.
„Aufzeichnung über den Hochzeitstag (22. Februar 1790)", GSA 83/1660, 1 Bl.
„Verschiedene Ausarbeitungen über Schillers Leben und Persönlichkeit, z. T. für die Kinder bestimmt", GSA 83/1661, 16 Bl.
„Erinnerungen an Wieland, Herder, Goethe, Schiller", GSA 83/1662, 19 Bl.
„Tagebuch der Reise in die Schweiz", GSA 83/1942, 1+2, 32 Bl.
„Reflexionen in Form von Tagebuchaufzeichnungen", GSA 83/1944, 58 Bl.

Für den Kommentar wurden im Wesentlichen folgende weiteren Archiv-Bestände herangezogen:

Goethe- und Schiller-Archiv Weimar:
Bestand GSA 83: Schiller (Zugehörig: Aufzeichnungen von und Briefwechsel mit Karl Ludwig von Knebel, Henry Heron, Charlotte von Stein, Fritz von Stein, Caroline von Wolzogen, Wilhelm von Wolzogen, Prinzessin Caroline Luise u. a.)
Bestand GSA 54: Knebel.
Bestand GSA 122: Stein – Schardt.

Deutsches Literaturarchiv Marbach am Neckar:
Schiller, Friedrich von / Zug. Materialien / Charlotte von Schiller / Briefe von ihr an / A-Unbekannt. Inventar-Nr. des Originals: 43082–79 (Microfiche MPF A: Schiller Charl. v. Sch.).
Schiller, Friedrich von / Zug. Mat. Charl. v. Schiller / Briefe von ihr an Knebel, K-009392 (Microfiche MPF A: Schiller Charl. v. Sch.).
Briefe an Cotta, 1797–1824: Cotta Verf. Schiller / Schiller, Charlotte von / Cotta / 772 Bl., Abschr. unvollst. / Abschriften der im Krieg verbrannten Originale.
Ascher-Nash, Franzi: Prosa. „Eine ideale Gattin. Eine kleine Monographie über Charlotte

von Schiller (geb. von Lengefeld) (1766–1826)" 50 Bl. z. T. Kopie A: Schiller, 89. I22. I.[Typoskript].

Freies Deutsches Hochstift:

Schiller, Charlotte von / Gedicht: „Oßians Sonnengesang" / Eigh. – 1 Bl. 8°S2. Signatur: Hs-9923.

Schiller, Charlotte von / Gedicht: „Wer das Rechte kann, der soll es wollen …" / Eigh. – 1 Blatt kl 8°S1. / Signatur: Hs-9925.

Schiller, Charlotte von: Gedichte und Aufzeichnungen / 1785/86,1809–15–19. o. O. / Abschriften von Emilie von Gleichen-Rußwurm, geb. von Schiller, angefertigt für Johann Heinrich Hennes. Signatur: Hs. 23428 (1–9).

Schillerhaus Rudolstadt:

Drehbuch der ständigen Ausstellung „Schillerhaus Rudolstadt" (Stand: 04. 02. 2009). [Typoskript].

Lilly Library Bloomington, IN (USA):

Bloomingtoner Bestand aus dem Nachlass von Caroline von Wolzogen aus der Privatsammlung von Peter und Nancy Boerner.

2. Abbildungen

Die Bildquellen für die sieben Abbildungen im Anhang des Kommentarteils sind wie folgt:

Abb. 1. Silhouette Charlotte von Lengefelds, um 1786. Deutsches Literaturarchiv Marbach a. N., Signatur: C20040305-4-1.

Abb. 2. Kupferstich von Johann Heinrich Müller nach John Trumbulls Gemälde „The Battle of Bunker's Hill near Boston. June 17th 1775". Schillerhaus Weimar. Klassikstiftung Weimar / Museen. Signatur: KGr 1991/00090

Abb. 3. Charlotte Schiller: Heidelberger Schloss, Aquarell, vermutlich um 1815. Deutsches Literaturarchiv Marbach a. N., Signatur: 7212-17-1.

Abb. 4. Charlotte Schiller: Heidelberg, Neckarlandschaft, Aquarell, vermutlich um 1815. Deutsches Literaturarchiv Marbach a. N., Signatur: D20100714-100

Abb. 5. Charlotte Schiller: Die heimliche Heyrath. Reinschrift/Schönschrift um 1800. Klassikstiftung Weimar / Goethe- und Schiller-Archiv, Signatur: GSA 83/1639. Bl. 1r.

Abb. 6. Charlotte Schiller: ⟨Rosalie⟩. Konzeptfassung mit Bearbeitungen in Friedrich Schillers Handschrift, um 1800. Klassikstiftung Weimar / Goethe- und Schiller-Archiv, Signatur: GSA83/1636. Bl. 1r.

Abb. 7. Charlotte Schiller: ⟨Elisabeth⟩. Historisches Schauspiel, vermutlich nach 1805. Klassikstiftung Weimar / Goethe- und Schiller-Archiv, Signatur: GSA 83/1626. Bl. 1r.

3. Gedruckte Quellen

Die Bibliographie verzeichnet bisher bekannte Editionen von handschriftlichen Archivbeständen, von fremdsprachlichen Vorlagen, sowie grundlegende Darstellungen zu Charlotte Schiller und dem Beitrag von Autorinnen zur Kunstperiode um 1800. Alle weiteren Quellen, die lediglich in Bezug auf spezifische Werke Schillers ausgewertet wurden, sind im Kommentarteil an der jeweiligen Stelle bibliographisch nachgewiesen.

Edierte Werke und Briefe

Anon. (Hg.): Fünf Briefe von Charlotte von Lengefeld, der nachmaligen Gattin Friedrich Schillers, und deren Schwester Caroline an den Schaffhauser Professor Johann Georg Müller, aus den Jahren 1785 bis 1811 (Veröffentlicht auf den zweihundertsten Geburtstag Friedrich Schillers, den 10. November 1959). Separatdruck aus dem Schulbblatt der Kantone Schaffhausen und Thurgau Nr. 8, 1. Jg., 15. Oktober 1959.

Anon. (Hg.): Briefe Zimmermanns und Charlottens v. Schiller an Charlotte und Friedrich v. Stein. Berlin: Litteratur-Gesellschaft (Mittheilungen aus dem Litteraturarchive in Berlin) 1897.

Anon. (Hg.): Ein Brief Charlottens von Schiller an einen Freund. In: Deutsche Dichtung. Hg. von Karl Emil Franzos 25.1898/1899 (1898), S. 79 f.

Anon. (Hg): Schillers Tod. (Brief der Witwe an Luise Franckh, geb. Schiller vom 12. 6. 1805). In: Der Türmer 7. II (1904/05), S. 259–62.

Briefe an Goethe. Hamburger Ausgabe in 2 Bänden. Hg. von Karl Robert Mandelkow. 2., durchgesehene und erweiterte Auflage. München 1982.

Bobé, Louis (Hg.): Neue Schiller-Briefe. Aus Ernst und Charlotte Schimmelmann's Briefwechsel mit Schiller und dessen Gattin. In: Deutsche Rundschau 74 (1893), S. 64–81.

Borcherdt, Hans Heinrich (Hg.): Charlotte von Schillers Erzählungen. Bearbeitet von Schiller. In: Schillers Werke. Nationalausgabe. Bd. 16. Weimar 1954, S. 225–360.

Deetjen, Werner (Hg.): Schiller und Luise Brachmann. In: Euphorion 29 (1928), S. 357–360.

Distel, Theodor (Hg.): Schillers Wittwe und der Buchhändler S. L. Crusius in Leipzig. In: Archiv für Litteraturgeschichte 14 (1886), S. 292–298.

Döring, Heinrich: Schiller's Familienkreis. Supplementband zu Fr. v. Schillers sämmtlichen Werken. Grimma, Leipzig 1852. [Im Anhang: Gedichte von Charlotte Schiller, S. 103–117].

Düntzer, Heinrich (Hg.): Briefe von Schiller's Gattin an einen vertrauten Freund. Leipzig 1856.

Fehling, Maria (Hg.): Briefe an Cotta. Das Zeitalter Goethes und Napoleons 1794–1815. Stuttgart, Berlin 1925, S. 35–74.

Fulda, Karl: Leben Charlottens von Schiller, geborene von Lengefeld. Berlin 1878. [Im Anhang: Gedichte von Charlotte Schiller, S. 301–321].

Geiger, Ludwig: Charlotte Schiller und ihre Freunde. Auswahl aus ihrer Korrespondenz. Berlin [1908].

Gleichen-Rußwurm, Emilie von, und Heinrich Hennes (Hg.): Schiller und Lotte. 1788. 1789. Stuttgart 1856.

Güntter, Otto (Hg.): Aus dem Schillerkreise (Ungedruckte Briefe von und an Schiller und von Charlotte von Schiller). In: Schwäbischer Schillerverein Marbach-Stuttgart: Fünfundreißigster Rechenschaftsbericht über das Jahr 1. April 1930/31. Stuttgart 1931, S. 58–73.

Hennes, J. H. (Hg.): Fischenich und Charlotte von Schiller. Aus ihren Briefen und anderen Aufzeichnungen. Frankfurt/M. 1875.

Kraus, Helene: Charlotte von Schillers Korrespondenz mit Friedrich August Ukert. Kommentierte Edition ausgewählter Briefe. Masterarbeit (masch.). Friedrich-Schiller-Universität Jena 2015.

Lermann, Hilde (Hg.): Schiller Sohn Ernst. Ein Psychogramm in Briefen. Mit einem Vorwort. Frankfurt/M. 2002.

Nachträge aus Goethe-Correspondenzen. Im Auftrage der von Goetheschen Familie aus Goethes handschriftlichem Nachlass hg. von F. Th. Bratanek. In: Goethe-Jahrbuch (1883), Bd. 4, S. 230–301; und Goethe-Jahrbuch (1887), Bd. 8, S. 36–113 [enthält Briefe Charlotte Schillers an Goethe].

Petersen, Julius (Hg.): Schillers Witwe. Aus ihrem Briefwechsel mit Johann Friedrich Cotta. Marbacher Schillerbuch. Zur 100. Wiederkehr von Schillers Todestag. 1 (1905), S. 365–377.

–: Schillers Witwenpension und die Stadt Frankfurt am Main. Ungedruckte Briefe von Charlotte von Schiller, Wilhelm von Humboldt, dem Freiherrn von Stein. Privatdruck der Gesellschaft der Freunde des Frankfurter Goethe-Museums. Frankfurt/M. 1920.

Pick von Meseritz, Albert (Hg.): Zwei Billets von Angehörigen Schillers. Mitgeteilt von Albert Pick von Meseritz. In: Euphorion 12 (1905), S. 470–472.

[Schiller, Charlotte]: Die Nonne. Eine Erzählung. In: Flora. Teutschlands Töchtern geweiht. Eine Monatsschrift von Freunden und Freundinnen des schönen Geschlechts 8 (1800), Heft 3, S. 163–222 [Exemplar der Bayrischen Staatsbibliothek München].

–: Die neue Pamela. In: Flora. Teutschlands Töchtern geweiht. Eine Monatsschrift von Freunden und Freundinnen des schönen Geschlechts 8 (1800), Heft 5, S. 81–157 [Exemplar der Bayrischen Staatsbibliothek München].

–: Autun und Manon. Eine Erzählung. In: Journal der Romane. Berlin: Johann Friedrich Unger. 3 (1801), S. 217–338. [Exemplar der Bayrischen Staatsbibliothek München].

–: Der Prozeß. Eine Erzählung. In: Journal der Romane. Berlin: Johann Friedrich Unger. 4 (1801), S. 67–191 [Exemplar der Bayrischen Staatsbibliothek München].

[Schiller, Charlotte (?)]: Die Brüder. Eine Erzählung. In: Flora. Teutschlands Töchtern geweiht. Eine Monatsschrift von Freunden und Freundinnen des schönen Geschlechts 10 (1802), Heft 3, S. 104–272 [Exemplar der Bayrischen Staatsbibliothek München].

Schiller, Charlotte von: Der Prozeß. Hg. von der Bibliophilen-Gesellschaft. Berlin 1927.

Schiller, Friedrich: Werke. Nationalausgabe. Im Auftrag des Goethe- und Schiller-Archives, des Schiller-Museums und der Deutschen Akademie. Hg. von Julius Petersen und Gerhard Fricke. Weimar 1943 ff. [Bd. 16: Erzählungen; Bd. 23–41: Briefe].

Schmidt, Karl (Hg.): Schillers Sohn Ernst. Eine Briefsammlung mit Einleitung. Neue Ausgabe. Paderborn 1905.

Seuffert, Bernd (Hg.): Zehn Briefe von Charlotte Schiller. In: Euphorion 12 (1905), S. 450–470.

Stier, Friedrich: Erwähnungen Schillers in unveröffentlichten Briefen Charlotte von Schillers an Knebel. Mitgeteilt von Friedrich Stier. In: Jahrbuch der Deutschen Schillergesellschaft 10 (1966), S. 58–66.

–: Zur Frage des unberechtigten Nachdruckes von Schillers Werken. In: Jahrbuch der deutschen Schillergesellschaft 8 (1964), S. 130–136.

Theml, Christine (Hg.): Auch meine Liebe ist still … Die schönsten Briefe aus der Brautzeit Friedrich Schillers und Charlotte von Lengefelds. Jena 1994.

Urlichs, Ludwig (Hg.): Charlotte von Schiller und ihre Freunde. 3 Bde. Stuttgart 1860–1865.

Vollmer, Wilhelm (Hg.): Briefwechsel zwischen Schiller und Cotta. Stuttgart 1876.

Weber, Richard (Hg.): Schillers Lottchen. Eine Collage aus Briefen, Tagebüchern, Monologen Charlotte und Friedrich von Schillers. Köln 1985.

Weill, Alexandre: Correspondance entre Schiller et sa fiancé. (Suite). In: Journal pour tous, 9 Janvier 1859, S. 669–672.

Wolzogen, Caroline von: Literarischer Nachlaß. Bd. 2. Leipzig 1849. [Charlotte Schillers Briefe an Wilhelm von Wolzogen, S. 169–225].

Fremdsprachliche Vorlagen

Bernard-Valville, F.: L'Horloge de bois, ou Un trait d'humanité. Comédie in un acte, mêlée de vaudevilles Paris 1800 [Exemplar der British Library London].

La Force, [Charlotte-Rose de Caumont]: Histoire de Marguerite de Valois, reine de Navarre. 6 Bde. Paris 1783 (Romans historiques. XVIe siècle) [Exemplar der University of Saskatchewan Library].

Préchac Jean de: Le Batard de Navarre. Nouvelles Historiques. Paris 1683 [Exemplar der Bibliotheque Nationale de France Paris].

–: Le Batard de Navarre. In: Bibliotheque de Campagne, ou amusemens de l'esprit et du coeur. Bd. 13. Genf 1761, S. 117–212. [University of British Columbia Library Online Collections].

Ségur, Alexandre Joseph Pierre de: Les deux veuves, comédie en deux actes en vaudeville. Paris 1797 [Exemplar der University of British Columbia Library].

Darstellungen und Quellenhinweise

Alt, Peter-André: Schiller. Leben – Werk – Zeit. 2 Bde. München 2000.

Anemüller, Ernst: Schiller und die Schwestern von Lengefeld. Detmold 1920.

Aufenanger, Jörg: Schiller und die zwei Schwestern. München 2005.

Bär, Adolf: Charlotte von Lengefeld als Freundin und Braut Schillers. Weimar 1905.

Baur, Eva Gesine. „Mein Geschöpf musst du sein." Das Leben der Charlotte Schiller. 2. Aufl. Hamburg 2005.

Becker-Cantarino, Barbara: Meine Liebe zu Büchern. Sophie von La Roche als professionelle Schriftstellerin. Heidelberg 2008.

–: (Hg.): German Literature of the Eighteenth Century. The Enlightenment and Sensibility. The Camden House History of German Literature. Bd. 5. Rochester, NY 2005.

Bierbaum, Heinrich: Karoline von Wolzogen aus ihren Werken und aus Briefen. Greifswald 1909.

Boerner, Peter: Die Schwenken: Caroline von Wolzogens Dienerin und Gefährtin, Schillers „treue Seele". Hg. Stadt Rudolstadt in Zuammenarbeit mit dem Thüringer Landesmuseum Heidecksburg. Rudolstadt 2011.

Bovenschen, Silvia: Die imaginierte Weiblichkeit. Exemplarische Untersuchungen zu Repräsentationsformen des Weiblichen. Frankfurt/M. 1979.

Brinker-Gabler, Gisela: Deutsche Literatur von Frauen. 2 Bde. München 1988.

Conradi-Bleibtreu, Ellen: Die Schillers. Der Dichter und seine Familie. Leben, Lieben, Leiden in einer Epoche der Umwälzungen. Münster 1986.

Dawson, Ruth: The Contested Quill. Literature by Women in Germany, 1770–1800. Newark und London 2002.

Die Wahrheit hält Gericht. Schillers Helden heute. Hg. von der Stiftung Weimarer Klassik und Kunstsammlungen. Weimar 2005.

Dietrick, Linda: Schiller, Charlotte, *Der verunglückte fünfte März. Die heimliche Heirat.* In: Loster-Schneider, Gudrun, and Gaby Pailer (Hg.): Lexikon deutschsprachiger Epik und Dramatik von Autorinnen (1730–1900). Tübingen 2006, S. 384–387.

Dietrick, Linda, und Birte Giesler (Hg.): Weibliche Kreativität umd 1800. Women's Creativity around 1800. Hannover 2015.

Döring, Heinrich: Schillers Leben. Weimar 1822.

–: Schiller's Familienkreis. Supplementband zu Fr. v. Schillers sämmtlichen Werken. Grimma, Leipzig 1852.

Fischer, Sabine: Auf Augenhöhe? Friedrich und Charlotte Schiller im Porträt. In: Jahrbuch der deutschen Schillergesellschaft 57 (2013), S. 140–173.

–: „Das liebliche Bild Charlottens von Lengefeld". Ludovike Simanowitz malt Schillers Frau. Hg. Stadt Rudolstadt 2012.

Fohrmann, Jürgen: Das Projekt der deutschen Literaturgeschichte. Entstehung und Scheitern einer nationalen Poesiegeschichtsschreibung zwischen Humanismus und Deutschem Kaiserreich. Stuttgart 1989.

Freyer, Stefanie (Hg.): Frauengestalten Weimar-Jena um 1800. Ein bio-bibliographisches Lexikon. Heidelberg 2009.

Fulda, Karl: Leben Charlottens von Schiller, geborene von Lengefeld. Berlin 1878.

Goethe, Johann Wolfgang: Briefe. Historisch-kritische Ausgabe. Hg. von Kurscheidt, Georg, Norbert Oellers und Elke Richter. Berlin 2008 ff.

–: Goethes Briefe. Hamburger Ausgabe in 4 Bänden. Textkritisch durchgesehen und mit Anmerkungen versehen von Karl Robert Mandelkow unter Mitarbeit von Bodo Morawe. München, 3., überarbeitete Aufl. 1986.

–: Werke. Hamburger Ausgabe in 14 Bänden. München 1982.

Golz, Jochen (Hg.): Caroline von Wolzogen 1763–1847. Weimar, Marbach am Neckar 1998.

Goodman, Katherine R., und Edith Waldstein: In the Shadow of Olympus. German Women Writers around 1800. New York, NY 1992.

Gnüg, Hiltrud, and Renate Möhrmann (Hg.): Frauen Literatur Geschichte. 2. Aufl. Frankfurt/M. 2003.

Hahn, Barbara: Unter falschem Namen. Von der schwierigen Autorschaft der Frauen. Frankfurt/M. 1991.

Hederich, Benjamin: Gründliches mythologisches Lexikon (Nachdruck der Ausgabe Leipzig 1770). Darmstadt 1996.

Henke, Silke, und Nikolas Immer (Hg.): Friedrich Schiller. Orte der Erinnerung: Beiträge von Paul Kahl, Michael Davidis, Lutz Unbehaun. Weimar 2011.

–: Schiller und seine Verleger (Beiträge von Siegfried Seifert und Bernhard Fischer). Weimar 2015.

Henke, Silke, und Ariane Ludwig: „Damit doch jemand im Hause die Feder führt". Charlotte von Schiller. Eine Biographie in Büchern, ein Leben in Lektüren. Weimar 2015.

Hühn, Helmut, Ariane Ludwig und Sven Schlotter (Hg.): „Ich bin im Gebiet der Poesie sehr freiheitsliebend". Bausteine für eine intellektuelle Biographie Charlotte von Schillers. Jena 2015.

Immer, Nikolas: Der inszenierte Held. Schillers dramenpoetische Anthropologie. Heidelberg 2007.

Jüngling, Kirsten und Brigitte Roßbeck: Schillers Doppelliebe. Die Lengefeld-Schwestern Caroline und Charlotte. Berlin 2005.

Jannidis, Fotis, Gerhard Lauer, Matias Martinez und Simone Winko (Hg.): Texte zur Theorie der Autorschaft. Stuttgart 2000.

Kiene, Hansjoachim: Schillers Lotte. Porträt einer Frau in ihrer Welt. Frankfurt/M. 1996.

Kittler, Friedrich: Aufschreibesysteme 1800/1900. München 1985.

Kord, Susanne: Sich einen Namen machen. Anonymität und weibliche Autorschaft. Stuttgart, Weimar 1996.

Kord, Susanne, and Simon Richter (Hg.): Unwrapping Goethe's Weimar. Essays in Cultural Studies and Local Knowledge. Rochester, NY 1999.

Koschorke, Albrecht: Geschlechterpolitik und Zeichenökonomie. Zur Geschichte der deutschen Klassik vor ihrer Entstehung. In: Heydebrand, Renate von (Hg.): Kanon Macht Kultur. Theoretische, historische und soziale Aspekte ästhetischer Kanonbildungen (DFG-Symposium 1996). Weimar 1998, S. 581–599.

Košenina, Alexander: Literarische Anthropologie. Die Neuentdeckung des Menschen. Berlin 2008.

Leitner, Thea: Skandal bei Hof. Frauenschicksale an europäischen Königshöfen. 22. Aufl. München und Zürich 2013.

Loster-Schneider, Gudrun, und Gaby Pailer (Hg.): Lexikon deutschsprachiger Epik und Dramatik von Autorinnen (1730–1900). Tübingen 2006.

Martin, Laura (Hg.): Harmony in Discord. German Women Writers in the Eighteenth and Nineteenth Centuries. Oxford 2001.

Martus, Steffen: Werkpolitik. Zur Literaturgeschichte kritischer Kommunikation vom 17. bis ins 20. Jahrhundert mit Studien zu Klopstock, Tieck, Goethe und George. Berlin 2007.

Merseburger, Peter: Mythos Weimar. Zwischen Geist und Macht. 4. Aufl. München 2005.

Mosapp, Hermann: Charlotte von Schiller. Ein Lebens- und Charakterbild. Stuttgart 1896.

Nahler, Horst: Zeugnissammlung und Briefkommentar. Charlotte Schillers Teilnahme an Schillers Korrespondenz. In: Golz, Jochen (Hg.): Edition von autobiographischen Schriften und Zeugnissen zur Biographie. Tübingen 1995 (Sonderheft zu Editio 7), S. 321–330.

Naumann, Ursula: Schiller, Lotte und Line. Eine klassische Dreiecksgeschichte. Frankfurt/M. 2004.

Oellers, Norbert und Robert Steegers: Treffpunkt Weimar. Literatur und Leben zur Zeit Goethes. Stuttgart 1999.

Pailer, Gaby: Charlotte Schiller. Leben und Schreiben im klassischen Weimar. Darmstadt 2009 [Als Hörbuch in der Reihe Audimax 2010].

–: Liebe, Abenteuer und weibliche Autorschaft: Charlotte Schillers *Die Königinn von Navarra* als novellistische Umdichtung der historischen Geschicke Marguerites de Navarre. In: Hybridität und Spiel. Der europäische Liebes- und Abenteuerroman von der Antike zur Frühen Neuzeit. Hg. von Martin Baisch und Jutta Eming. Berlin 2013, S. 275–297.

–: Literaturbeziehungen und Geschlechterentwürfe um 1800: Autorinnen um Schiller. In: Lenz-Jahrbuch 13 (2004–07), S. 59–87.

–: Das männliche Genie als Gegenstand weiblicher Wallfahrten. Schillers Musealisierung durch seine Musen. In: Weltliche Wallfahrten. Auf der Spur des Realen. Hg. von Stefan Börnchen und Georg Mein. München 2010, S. 133–147.

Pailer, Gaby und Melanie Kage: „Im Traum sah ich ein dickes schön gedrucktes und gebundnes Buch..." – Zur Edition von Charlotte Schillers *Literarischen Schriften* mit besonderem Blick auf ihr historisches Schauspiel ⟨*Elisabeth*⟩. In: Jones, Lydia, Bodo Plachta, Gaby Pailer und Catherine Karen Roy (Hg.): Scholarly Editing and German Literature: Revision, Revaluation, Edition. Leiden and Boston 2015, S. 213-228.

Pasco, Allan H.: Revolutionary Love in Eighteenth- and Early Nineteenth-Century France. Surrey, UK 2009.

Pester, Thomas: Schillers Gartenhaus in Jena und der historische Gartenplan von 1799. 2. Aufl. Golmsdorf bei Jena 2005.

Riedel, Volker: Antikerezeption in der deutschen Literatur vom Renaissance-Humanismus bis zur Gegenwart. Eine Einführung. Stuttgart und Weimar 2000.

Rudnik, Christa: Literarische Exzerpte Charlotte von Schillers – ein Beitrag zur Rezeptionsgeschichte um 1800. In: Im Vorfeld der Literatur. Vom Wert archivalischer Überlieferung für das Verständnis von Literatur und ihrer Geschichte: Studien. Weimar 1991, S. 140–146.

Safranski, Rüdiger: Friedrich Schiller oder Die Erfindung des Deutschen Idealismus, München 2004.

Schiller, Friedrich: Werke. Nationalausgabe. Im Auftrag des Goethe- und Schiller-Archives, des Schiller-Museums und der Deutschen Akademie. Hg. von Julius Petersen und Gerhard Fricke. Weimar 1943 ff.

Schiller, Friedrich: Sämtliche Werke. (Hg. von Gerhard Fricke und Herbert G. Göpfert). 8., durchges. Auflage, München 1987. [Lizenzausgabe für die Wissenschaftliche Buchgesellschaft Darmstadt].

Schiller und der Weimarer Hof. Beiträge von Alexander Schmidt, Nikolas Immer und Olaf Müller. Hg. vom Weimarer Schillerverein, Weimar, and Deutsche Schillergesellschaft, Marbach am Neckar. Tübingen 2008.

Schillers Familie. Beiträge von Michael Davidis, Gaby Pailer und Christine Theml. Hg. vom Weimarer Schillerverein und der Deutschen Schillergesellschaft Marbach a. N. Tübingen 2009.

Schiller. Bilder und Texte zu seinem Leben. Hg. von Axel Gelhaus und Norbert Oellers. Unter Mitarbeit von Georg Kurscheidt und Ursula Naumann mit einem Beitrag von Rostwitha Klaiber. Köln u. a. 1999.

Schuster, Gerhard, and Caroline Gille (Hg.): Wiederholte Spiegelungen. Weimarer Klassik 1759–1832. Ständige Ausstellung des Goethe-Nationalmuseums. 2 Bde. München 1999.

Stein, Charlotte von: Dramen (Gesamtausgabe). Hg. von Susanne Kord. Hildesheim 1998.

–: Neues Freiheits System oder Die Verschwörung gegen die Liebe. Hg. von Linda Dietrick und Gaby Pailer. Hannover 2006.

Tezky, Christina und Viola Geyersbach: Schillers Wohnhaus in Weimar. Mit Beiträgen von Jürgen Becker, Jochen Klauß und Susanne Schwabch-Albrecht. München, Wien 1999.

Unbehaun, Lutz: Schillers heimliche Liebe: Der Dichter in Rudolstadt. Köln, Weimar, Wien 2008.

Utermann, Monika: Schillers „Heimliche Neigung". Essay zur Frage: Unterhielt Friedrich Schiller homosexuelle Beziehungen? Aachen 2009.

Wolzogen, Caroline von: Schillers Leben verfaßt aus Erinnerungen der Familie, seinen eignen Briefen und den Nachrichten seines Freundes Körner (Stuttgart, Tübingen: Cotta, 1830). Reprint. Hg. von Peter Boerner. Hildesheim 1990 (Gesammelte Schriften, Bd. 2).

–: Literarischer Nachlaß. 2 Bde. Leipzig 1848/49.
Wychgram, Jakob: Charlotte von Schiller. Bielefeld, Leipzig, 1904.
Wolzogen, Wilhelm von: „Dieses ist der Mittelpunkt der Welt". Pariser Tagebuch 1788/1789. Hg. von Eva Berié und Christoph von Wolzogen. Frankfurt/M. 1989.

Titelregister

Das Titelregister verzeichnet alle Werktitel in zwei Reihen, erstens in Druckreihenfolge, und zweitens alphabetisch. Für alle in den Text aufgenommenen Werke erscheinen zwei Ziffern, die sich auf den edierten Text (recte) bzw. den Kommentar (kursiv) beziehen. Weitere, nur im Kommentar wiedergegebene oder ausführlich besprochene Werktitel sind kursiviert.

1. Druckreihenfolge

2. Alphabetische Reihenfolge